W9-CBL-069

De:

Para:

Pido a Dios que su paz
y su gracia llenen de gozo tu vida.

La Biblia,
al igual que la vida,
es un gran viaje.

Alegrías, penas,
sorpresas, lágrimas,
milagros.

Descubre la paz,
el gozo y la vida que Dios
desea para ti.

Se trata de aprender
a apreciar la vida.

Empieza ahora mismo:
decídete
a vivir.

Porque
la vida es bella,
cada día.

Cada día es bello™

Santa Biblia

Nueva
Traducción
Viviente®

Tyndale House Publishers, Inc., Carol Stream, Illinois

CONTENIDO

ANTIGUO TESTAMENTO

NUEVO TESTAMENTO

LISTADO ALFABÉTICO DE LOS LIBROS DE LA BIBLIA

Querida amiga:

Permíteme contarte la historia acerca de cómo Dios cambió mi vida debido a una adolescente soltera embarazada. Yo estaba asistiendo con una amiga a un evento para recaudar fondos a favor de un centro de asistencia a embarazadas en crisis, y en esa ocasión la conocí. Ya se había practicado dos abortos y lo lamentaba profundamente. Durante aquel encuentro compartió que, gracias al amor de Dios y al apoyo que le daba el centro para embarazadas, había decidido que su bebé viviera. Estaba en el octavo mes de embarazo y se la veía radiante.

Después de conocerla, le pedí a Dios que me mostrara cómo podía ayudar yo a mujeres como esta nueva amiga, y a las organizaciones que las auxilian. Meses más tarde, tuve la oportunidad de interpretar el papel de una joven soltera y embarazada en una película a favor de la vida, titulada Sarah's Choice (La decisión de Sarah). Dios también me dio una canción que honra a la vida y a mujeres como mi amiga. Ahora mi corazón está aún más lleno de compasión por las mujeres que están en situaciones similares. Al viajar por el país compartiendo el mensaje a favor de la vida y la invitación a dar apoyo a los centros para mujeres embarazadas solteras, me he convencido por completo de que el trabajo que hacen está en el centro del corazón de Dios.

Estoy feliz de que tengas esta Biblia en tus manos. Esto significa que has decidido pasar tiempo con las personas que sirven en el centro más cercano a tu domicilio. No quiero dar por sentado que sé cómo te sientes o que sé por lo que estás pasando, pero quiero que sepas que estoy orgullosa de ti. El camino que has elegido no siempre es el más fácil. Sin embargo, es el camino de la vida.

Cuando somos jóvenes, hacemos planes, soñamos despiertas, y pensamos acerca de cómo será tener una vida perfecta. Apuesto que un embarazo no deseado no estaba en tus planes, pero esta experiencia te ha empujado a enfrentar una situación que requiere madurez y sabiduría:

*dos rasgos de la adultez. Al buscar la ayuda de un centro para
embarazadas, has optado por demostrar una enorme valentía durante
este momento desafiante de tu vida.*

*La incertidumbre que muy probablemente enfrentas puede parecerte
abrumadora, y si bien no hay respuestas fáciles, hay algunas cosas de las
cuales estoy segura. En primer lugar, estás envuelta por un amor eterno,
el amor que Jesús nos da gratuitamente. Es un amor que ninguna persona
en la tierra puede dar. El amor eterno no varía según los sentimientos
y no es un amor que podamos ganar. Jesús nos da su amor perdurable
simplemente porque respiramos y porque estamos hechos a su imagen.*

*¡Y más sorprendente aún es que nada de lo que jamás pueda
sucedernos podrá separarnos del amor de Jesús! Compruébalo leyendo
Romanos 8:38-39 (página 905). ¿No te parece asombroso? Te animo
a dedicar un momento a asimilar esa verdad.*

*Mientras avances en el camino que tienes por delante, enfrentarás
momentos difíciles. No te desesperes, amiga. Siempre hay esperanza.
Cuando confías en que Dios te sostendrá, él nunca te defraudará. Él no
puede romper sus promesas. En esta Biblia, encontrarás las promesas que
Dios te ha hecho. Búscalas y escríbelas.*

*Por último, quiero que sepas que no estás sola. Muchas mujeres antes
que tú han vivido un embarazo no deseado. Si bien esto no disminuye
la dificultad y la posible frustración que tal vez estás sintiendo, te da la
perspectiva de que la vida en todas sus formas, planificada y no planificada,
tiene un modo de continuar y de transformarse en algo hermoso.*

*Te animo a mantenerte en contacto con el centro para embarazadas más
cercano a tu domicilio. El personal está a tu disposición para acompañarte y
ofrecerte apoyo compasivo en la travesía que tienes por delante.*

*El mundo cambió por la obediencia de una jovencita soltera
embarazada de nombre María, quien dio a luz al Salvador del mundo.
¡Vivamos en honor a él!*

Con amor y respeto,

Rebecca St. James
CANTAUTORA Y ACTRIZ CRISTIANA
EFESIOS 3:20

CARTA DE DANA

Querida amiga:

Una vez yo estuve en tu situación, y quiero respaldarte en la decisión saludable que has hecho por ti misma y por tu bebé. Cuando me enteré que estaba embarazada, me sentí más sola y asustada de lo que jamás había estado. Me sentía consumida por una desesperación absoluta, y me parecía imposible que algo bueno pudiera resultar de mi situación.

Fue uno de los momentos más deprimentes de mi vida, pero aun en esa etapa tan oscura, Dios estaba sembrando en mí la semilla de la redención. Con la ayuda y el apoyo de mis amigos del centro de asistencia para embarazadas Care Net de mi comunidad elegí la vida para mí misma y para mi hija, y en consecuencia me llené de amor y de esperanza. Sin el amor y el apoyo del centro para embarazadas, no estaría viva hoy mi hermosa hija Dalana.

El personal y los voluntarios del centro para embarazadas en crisis de tu localidad están también a tu disposición. Quieren ponerse a tu lado y afianzar tu capacidad para continuar tomando decisiones positivas para ti y tu bebé. Cualquier obstáculo que estés enfrentando, se puede superar. Dios te ama y tiene un plan hermoso para tu vida. Él redimirá lo que estaba perdido, y sanará todo lo que esté roto.

Mi vida es una demostración de la fidelidad de Dios: él no me abandonó, y tampoco te ha abandonado a ti. Cuando te sientas abatida o desanimada, llámalo y él te responderá. Este libro es la carta de amor que te envía. Mi deseo es que recurras con frecuencia a esta Biblia, y que en ella encuentres descanso y aliento.

Uno de mis versículos favoritos de la Biblia es este:

> «Pues yo sé los planes que tengo para ustedes —dice el
> SEÑOR—. Son planes para lo bueno y no para lo malo,
> para darles un futuro y una esperanza».
> JEREMÍAS 29:11

Este versículo me recuerda que no importa lo desafiante que puedan ser mis circunstancias, Dios mantiene el control y tiene un plan hermoso para mi vida. Me consuela saber que él permanecerá siempre fiel y que obrará en mi vida para darme un futuro lleno de esperanza. Espero que este pasaje te anime a ti tanto como a mí. ¡Son palabras a las que vuelvo cada vez que necesito un recordatorio de la inmensa gracia de Dios!

Dios creó algo bello a partir de las cenizas de la desesperación, y quiere hacer la misma obra restauradora en tu vida, no importa qué situaciones hayas atravesado en el pasado. Recuerda: ¡No estás sola! El personal del centro para embarazadas en crisis de tu localidad quiere acompañarte en esta travesía y sostenerte en todo lo que esté a su alcance.

Con amor y bendiciones,

Dana

¿QUÉ DEBO HACER AHORA?

Al enfrentarte a cambios de planes y a un rumbo inesperado en tu vida, es probable que te estés preguntando cuáles son los próximos pasos que deberías dar. Ya has dado un gran primer paso al acercarte al centro para embarazadas. A continuación encontrarás algunas ideas que puedes considerar al comenzar este nuevo capítulo de tu vida.

He decidido llevar a término mi embarazo, ¿cuál es el siguiente paso?

- Investiga los libros y los recursos en la Internet que te guiarán a lo largo de cada semana de tu embarazo. Estos materiales te ayudarán a entender lo que está ocurriendo en tu cuerpo.
- Busca un médico ginecólogo y obstetra que esté a favor de la vida y en el que puedas confiar.
  - Las enfermeras del consultorio del médico son una ayuda valiosa porque pueden responder a la multitud de tus preguntas.
  - Durante los próximos 9 meses, tu alimentación y tu salud general son de extrema importancia. No dejes de hablar con tu médico sobre una dieta apropiada y equilibrada durante el embarazo.
  - Tu centro médico te ofrecerá una amplia variedad de clases que puedes tomar, que te ayudarán a medida que tu embarazo evolucione; por ejemplo sobre el parto y ejercicios prenatales.
- Habla con una mentora confiable que haya estado embarazada y que pueda ofrecerte apoyo. Tu par y consejera del centro para embarazadas puede vincularte con una mentora a través del grupo local de Madres de Preescolares (MOPS) (www.mops.org).
- Visita el sitio de Option Line, www.optionline.org/es/, para encontrar ayuda en tu localidad.
- Lleva un diario. ¡Siempre resulta alentador leer las experiencias pasadas y encontrar fuerzas para seguir adelante!

Dedica un momento para reflexionar en tu decisión y escribe tus pensamientos en este espacio.

_____

_____

_____

He decidido tener y criar a mi bebé, ¿qué debo hacer ahora?
- Tu centro médico ofrece clases que te prepararán para cuando nazca el bebé.
- Busca un libro sobre crianza que te ponga al tanto sobre tus habilidades para criar a tu hijo.
- Criar a los hijos es un trabajo de tiempo completo. Los padres pueden tomar la decisión de asistir periódicamente a clases que mejorarán sus habilidades para la tarea.
- Hay muchos lugares que dan clases, algunas de ellas gratuitas o a muy bajo costo. A continuación mencionamos algunos lugares donde puedes buscar información:
  - Centros para embarazadas en crisis de tu localidad
    - Visita el sitio www.optionline.org/es/ para ubicar el centro más cercano a tu domicilio.
  - Iglesias locales
  - Tu ginecólogo
  - Centros comunitarios

Dedica un momento para reflexionar en tu decisión y escribe tus pensamientos en este espacio.

_____

_____

_____

He decidido dar al bebé en adopción, ¿qué implica esto?
- Las siguientes organizaciones ofrecen una variedad de recursos que pueden guiarte en el proceso de adopción:
  - National Christian Adoption Fellowship (www.adoptionfellowship.org)
  - Agencias locales de adopción
  - El centro para embarazadas en crisis de tu localidad también puede enviarte a organismos de adopción. Por favor, entiende que los centros para embarazadas no brindan servicios de adopción, pero pueden recomendarte agencias de adopción confiables y darte el apoyo emocional, espiritual, y físico que necesitarás a lo largo del proceso.
  - Option Line. Visita el sitio www.optionline.org/es/ para encontrar un centro para embarazadas en crisis en tu localidad.
- Mantente en contacto con tu par y consejera del centro para embarazadas, a fin de compartir tus sentimientos acerca de la adopción.
- Escribe un diario para registrar los detalles en el proceso de tomar tus decisiones. Te será de gran ayuda mientras atraviesas el proceso de adopción.

Dedica un momento para reflexionar en tu decisión y escribe tus pensamientos en este espacio.

Necesito el apoyo de personas que están en la misma situación que yo, ¿dónde puedo encontrarlas?

- Pregunta en tu centro para embarazadas si hay un grupo de estudio bíblico o una clase para padres en la que puedas participar, o si pueden recomendarte un grupo de apoyo para padres en tu localidad.
- Una vez que haya nacido el bebé, busca un grupo como el que describe el sitio MOPS (www.mops.org), o investiga si en tu vecindario hay un grupo para padres de preescolares.
- Hay muchos foros online que vale la pena consultar.
- Si todavía estás estudiando, averigua en el centro de recursos de tu institución las alternativas de apoyo para embarazadas.

Dedica un momento para escribir tus ideas sobre cómo relacionarte con personas que están pasando por tu misma situación.

Estoy estudiando o trabajando a tiempo completo, y ya me siento agobiada. ¡Socorro!

- Es normal que te sientas agobiada; sin embargo, es importante que encuentres un ámbito tranquilo donde puedas relajarte.
- El ejercicio es bueno para ti y para tu bebé: camina, inscríbete en clases de gimnasia prenatal, o por lo menos dedica diez minutos diarios para hacer estiramientos.
- Mantener un horario o utilizar una lista de control online puede ayudarte a manejar las múltiples exigencias del embarazo. Encontrarás recursos útiles en tu centro para embarazadas solteras, www.optionline.org/es/.

Dedica un momento a poner por escrito algunas ideas sobre administración del tiempo que te ayudarán a equilibrar las exigencias que enfrentas.

Necesito ayuda para hablar con mis amigos y mi familia sobre mi situación, ¿cómo puedo presentar el tema?

- Tu centro para embarazadas puede ayudarte a organizar tus pensamientos y hacer algunas sugerencias para iniciar la conversación.
- Después de organizar tus ideas con la ayuda del centro recuerda que, no importa cuál sea el resultado, te sentirás mejor al haber compartido tu situación con tus amigos y tu familia ahora, no más tarde. Cuanto más esperes, tantos más «y qué si...» te vendrán a la mente.
- Si crees que te emocionarás demasiado al hablar con tus padres, escribe una carta y compártela con ellos, para facilitarte la situación. Esto te dará tiempo para elegir las palabras adecuadas.
- Pide a alguien en quien confíes que esté contigo y sostenga tu mano en el momento en que compartas la noticia.
- Si tus padres no reaccionan de manera positiva, no estarás sola. El centro para embarazadas en crisis de tu localidad puede ayudarles a ti y a tu familia a enfrentar esta circunstancia complicada.

Serénate y bosqueja la o las conversaciones que tendrás que iniciar.

_____

_____

_____

¿Qué haré con mi vida ahora?

- Tu vida no se acaba con esto, pero debes entender que cambiará.
- Determina metas realistas de lo que quieres lograr, y revísalas con alguien que pueda darte otra perspectiva.
- No tengas miedo de pedir ayuda a otras personas.
- Disfruta de los momentos estimulantes que encuentras cada día y procura mantener una actitud positiva.
- Recuerda que hay muchos recursos que te ayudarán a avanzar hacia tu nueva vida como madre:
  - El centro para madres en crisis en tu localidad, www.optionline.org/es/
  - Madres de preescolares, www.mops.org
  - Enfoque a la familia, www.focusonthefamily.org

Sigue soñando. Escribe las metas que te gustaría alcanzar en este nuevo capítulo de tu vida.

_____

_____

_____

LA BIBLIA HABLA SOBRE LA VIDA Y LA FE

Mi propósito es darles una vida plena y abundante. —JUAN 10:10

ADORTO, EL

Estoy pensando en hacerme un aborto.

Los hijos son un regalo del Señor; son una recompensa de su parte. SALMOS 127:3

No planificaste quedar embarazada, «simplemente sucedió». Tal vez no sepas qué hacer. El aborto puede parecerte la salida más fácil porque entonces nadie sabrá que estabas embarazada. Sin embargo, tienes opciones: criarlo o darlo en adopción. Dios dice que *todos* los niños son especiales, aun si no planificaste tenerlos. Elige darle la vida a tu hijo y confía en que Dios te ayudará en cualquier dificultad. Otros versículos que hablan acerca del valor de la vida humana son Génesis 9:6 (página 8), Salmos 139:13-18 (página 500), y Jeremías 1:5 (página 597).

ABUSO, EL

Estoy sufriendo abuso, ¿es mi culpa?

El Señor responde: «He visto violencia contra los indefensos y he oído el gemir de los pobres. Ahora me levantaré para rescatarlos como ellos anhelaron que hiciera». SALMOS 12:5

Si estás sufriendo abuso *no* es tu culpa. Así como los pobres y los indefensos no eran culpables de las agresiones de sus opresores, no puedes ser culpada por sufrir abuso. Dios odia que alguien (sea un pariente o un desconocido) abuse de ti. Llegará el día en el que Dios juzgará a esa persona por su pecado. Pero mientras tanto, no debes estar sola: pide ayuda a un adulto en quien confíes. Otros versículos que te ayudarán a enfrentar el abuso son 1 Samuel 12:22 (página 230), Salmos 147:3 (página 503), Romanos 13:10 (página 909), y 1 Pedro 5:7 (página 984).

ACTITUDES, LAS

No me cae bien uno de mis maestros.

Líbrense de toda amargura [...] Por el contrario, sean amables unos con otros. EFESIOS 4:31-32

Sin duda, a veces los maestros pueden caer mal (¡igual que otras personas!). Pero tener pensamientos de enojo contra ellos no servirá de nada. ¿Qué tipo de actitud decidirás tener? Sea que te gusten o no, siempre debes tratar a las personas de la manera que Dios te trata a ti: con amabilidad y actitud perdonadora; y debes tratar a tus maestros con el respeto que corresponde a su cargo (ver Romanos 13:1, página 909; 1 Pedro 2:13-17, página 982). Si mantienes el enojo, a la larga sólo te lastimarás a ti misma.

Otros versículos sobre las actitudes son Génesis 4:6-7 (página 5), Mateo 5:3-12 (página 768), y Filipenses 4:4-7 (página 947).

ALABANZA, LA

¿Por qué debemos alabar a Dios?

¡Siempre cantaré acerca del amor inagotable del Señor! [...] Tu fidelidad es tan perdurable como los cielos. SALMOS 89:1-2

¡Alabamos a Dios porque es el único que lo merece! ¿Has tenido alguna vez una amiga que constantemente cambiara su decisión de ser o no tu amiga? Dios no actúa así. «Amor inagotable» significa que Dios te amará siempre, no importa lo que hagas. ¡Esa es una muy buena razón para alabarlo! Otros versículos sobre alabar a Dios son Salmos 50:23 (página 458), Salmos 92:1-2 (página 479), Salmos 150:6 (página 504), Efesios 5:20 (página 943), y Filipenses 4:4 (página 947).

AMISTAD, LA

¿Por qué algunas personas actúan como si fueran mis amigos, pero en realidad no lo son?

Hay quienes parecen amigos pero se destruyen unos a otros; el amigo verdadero se mantiene más leal que un hermano. PROVERBIOS 18:24

Algunas personas simulan ser amigas y actúan amistosamente pero no son sinceras. La gente tiene todo tipo de motivaciones para actuar de esa manera. Quizás quieren ganar una buena apariencia (al ser vistos con la gente adecuada), o ganar algo mediante la «amistad». En lugar de cultivar la amistad de tales personas, miremos a Jesús. Él es nuestro amigo verdadero. Y deberíamos tratar a otros de la manera en la que él lo hace con nosotros: con sinceridad, con amor y con fidelidad. ¿Qué clase de amiga eres? Otros versículos que tratan sobre la amistad falsa o verdadera son Rut 1:16-17 (página 218), 1 Samuel 18:1-4 (página 237), Job 2:11-13 (página 411), Salmos 55:12-14 (página 459), y Proverbios 17:17 (página 517).

¿Por qué son importantes los amigos cristianos?

[Los maestros itinerantes] le han contado a la iglesia de aquí de tu cariñosa amistad. Te pido que sigas supliendo las necesidades de esos maestros tal como le agrada a Dios. 3 JUAN 1:6

Los amigos cristianos se ayudan mutuamente a parecerse cada vez más a Cristo; se rinden cuentas mutuamente por sus pensamientos y sus acciones. Y si forman un equipo, ¿cuántas más «obras de amor» pueden realizar? ¡Tú y tus amigos, en conjunto, pueden mejorar su mundo y mejorarse unos a otros! Otros versículos sobre la amistad cristiana son Salmos 133:1-3 (página 498) y Juan 15:13-15 (página 862).

AMOR, EL

¿Debe ser exclusivo el amor?

Mi amado es mío, y yo soy suya. CANTAR DE LOS CANTARES 2:16

Cuando verdaderamente amas a alguien, quieres tener una relación exclusiva con esa persona: desean estar solos, quieren tener intimidad. De eso se trata el matrimonio, un amor exclusivo para toda la vida. Cuando eliges marido, la Biblia dice que perteneces a esa persona para el resto de tu vida, sin otro en el medio. Por eso, no se debe llegar al matrimonio sin pensarlo, despreocupadamente. Si algún día te casas, tu amor deberá ser «sólo de los dos». Otros versículos sobre el amor exclusivo son Génesis 2:21-25 (página 4) y Mateo 6:24 (página 769).

Siento que nadie me ama.

Pues Dios amó tanto al mundo que dio a su único Hijo, para que todo el que crea en él no se pierda, sino que tenga vida eterna. JUAN 3:16

Dios siempre te amará, aun cuando te parezca que nadie más te ama. El hecho de que envió a Jesús, su Hijo, a morir por ti es una prueba de ese amor inagotable. El amor de Dios por ti es tan grande que nunca se acabará. De él puedes estar completamente segura. Lo único que tienes que hacer es decidirte a creer en él, quien te ama completa e inmensamente todo el tiempo. Otros versículos que hablan sobre el amor verdadero y en qué consiste son Cantar de los Cantares 2:16 (página 538), Romanos 8:38-39 (página 905), 1 Corintios 13:4-8 (página 921), 1 Juan 4:11-12 (página 990), y 2 Juan 1:5-6 (página 992).

¿Cómo es el amor verdadero?

El amor es paciente y bondadoso. El amor no es celoso ni fanfarrón ni orgulloso ni ofensivo. No exige que las cosas se hagan a su manera. No se irrita ni lleva un registro de las ofensas recibidas. No se alegra de la injusticia sino que se alegra cuando la verdad triunfa. 1 CORINTIOS 13:4-6

¡El amor es todo esto y mucho más! Lee 1 Corintios 13 para tener una buena perspectiva de cómo es el amor verdadero. Significa ser siempre paciente y amable y nunca celoso. Significa pensar en otros antes que en ti misma, y no mantener rencores ni enojos. Significa no arruinarle las cosas a otro cuando tú tienes un mal día. ¿Amas a la gente con esa clase de amor? Otros versículos que hablan sobre el amor verdadero son Levítico 19:18 (página 101), Proverbios 10:12 (página 511), Cantar de los Cantares 8:6-14 (página 541), Marcos 10:21-22 (página 805), y Lucas 6:31 (página 822).

ÁNGELES, LOS

¿Tengo un ángel de la guarda?

Pues él ordenará a sus ángeles que te protejan por donde vayas. SALMOS 91:11

Los ángeles te cuidan y te protegen, pero no son criaturitas lindas parecidas a bebés, dispuestas a sentarse sobre tu hombro. No puedes ordenarles que hagan lo que se te ocurra. La función de un ángel es la de cuidar a los creyentes. Puedes agradecerle a Dios que haya designado ángeles para protegerte, y puedes confiar en que Dios cuidará de ti dondequiera que vayas. Otros versículos que hablan sobre los ángeles son Hebreos 1:13-14 (página 967) y Hebreos 13:2 (página 976).

APARIENCIA FÍSICA, LA

No tengo buena presencia.

La gente juzga por las apariencias, pero el SEÑOR mira el corazón. 1 SAMUEL 16:7

Cuando la gente te juzga por tu cabello, tu rostro o tu vestimenta, tal vez te hagan a un lado si no te ajustas al último modelo. Afortunadamente, Dios juzga la fe y el carácter, no la apariencia. La apariencia *verdaderamente buena* depende de la actitud de tu corazón, no de tu aspecto exterior. ¿Qué estás haciendo para mejorar la actitud de tu corazón? Otros versículos que hablan acerca del valor que Dios te da son Zacarías 3:3-4 (página 752), Malaquías 3:17 (página 761), Lucas 12:6-7 (página 830), y 1 Pedro 3:3-5 (página 983).

AUTOCOMPASIÓN, LA

Siento pena de mí misma.

¡Quítame la vida ahora, Señor! Prefiero estar muerto y no vivo. JONÁS 4:3

Jonás estaba en medio de un festival de autocompasión. ¿Por qué? Porque pensaba solamente en lo mucho que odiaba a los habitantes de Nínive. *Ellos son los malos. ¿Por qué debería salvarlos Dios?*, pensaba. Su autocompasión surgía de una actitud de juicio, sin amor hacia el pueblo al que Dios quería salvar. Cuando te concentras tanto en ti misma, corres el riesgo de olvidar el bien que Dios está haciendo en la vida de otra persona. Piensa de qué manera podrías hacer el bien a otros. Entonces será menos probable que sientas pena por ti misma. Para conocer más sobre cómo superar la autocompasión, lee 1 Reyes 19:1-18 (página 292).

AUTOESTIMA, LA

¿Soy importante para Dios?

Así que Dios creó a los seres humanos a su propia imagen. A imagen de Dios los creó. GÉNESIS 1:27

Fuimos hechos a la imagen de Dios; somos un reflejo de su gloria. Dios nos ama y nos hizo para que fuéramos como él. Nuestro valor como seres humanos no se basa en las posesiones, ni en los logros, ni en el atractivo físico, ni en la reputación, ni en el género: hombre y mujer fueron hechos a imagen de Dios. Saber que somos valiosos e importantes para Dios nos ayuda a amarlo y a conocerlo personalmente, y a tratar a otros como personas valiosas, creadas a la imagen de Dios. Otros versículos que hablan sobre cuánto te valora Dios son Salmos 139:13-18 (página 500), Lucas 12:67 (página 830), 1 Corintios 6:19-20 (página 916), y Gálatas 4:7 (página 937).

Me pregunto cuánto valgo.

¿Cuánto cuestan cinco gorriones: dos monedas de cobre? [...] Ustedes son más valiosos que toda una bandada de gorriones. LUCAS 12:6-7

¿Cuánto vales? ¡Probablemente, mucho más de lo que crees! Si les preguntas a tus amigos, es probable que te evalúen de acuerdo con lo que haces, lo que dices, o por tu aspecto físico. Dios, en cambio, te valora muchísimo y se interesa inmensamente por ti. Si él cuida de los gorriones, seguramente cuidará mucho más de ti, que eres una criatura hecha a su imagen. ¡Eres incomparablemente valiosa para él! Otros versículos sobre tu valor son Génesis 1:26-28 (página 3), Salmos 8:3-5 (página 438), e Isaías 64:8 (página 594).

BEBER, EL

¿Está bien beber? Mis amigos lo hacen.

¿Quién siente tristeza? [...] Es el que pasa muchas horas [...] probando nuevos tragos. PROVERBIOS 23:29-30

El libro de Proverbios dice que todos los que beben tendrán problemas, y perderán en eso el tiempo que podrían estar usando en algo que los beneficie. Estos versículos no pintan una figura agradable. Después de todo, ¿quién querría parecerse a eso, o tener esas experiencias? El alcohol nubla tu juicio. Puedes perder el control de dónde estás o de lo que estás haciendo. ¡La bebida y las personas con las que estás bebiendo están controlándote! Dios quiere que estemos controlados por su Espíritu, no por el alcohol. Otros versículos que pueden ayudarte a decirle no a la bebida son Proverbios 20:1 (página 519), Gálatas 5:24 (página 939), y Efesios 5:18 (página 943).

BIBLIA, LA

¿Por qué los cristianos recomiendan memorizar la Biblia?

He guardado tu palabra en mi corazón, para no pecar contra ti. SALMOS 119:11

La Biblia es la Palabra inspirada de Dios. Dios guió a los escritores para que registraran sólo lo que él quería decir. La Biblia es nuestro manual (nos dice cómo vivir), nuestro libro de estudio (nos enseña en qué creer), nuestra lámpara (nos muestra cómo es Dios), y nuestro escudo (nos protege del pecado). Dios tiene un mensaje importante para ti: la Biblia. Debes leerla, memorizarla, y obedecerla. Puedes encontrar otros versículos sobre el valor de la Biblia y el beneficio de memorizarla en: Mateo 5:17-19 (página 768), Efesios 6:17 (página 944), 2 Timoteo 3:14-17 (página 962), Hebreos 4:12-13 (página 969), y 2 Pedro 1:16-21 (página 985).

¿Por qué es importante estudiar la Biblia?

Debido a esa experiencia, ahora confiamos aún más en el mensaje que proclamaron los profetas. Ustedes deben prestar mucha atención a lo que ellos escribieron, porque sus palabras son como una lámpara que brilla en un lugar oscuro. 2 PEDRO 1:19

La Biblia es importante porque es la Palabra de Dios, y todas sus palabras son verdaderas. Más aun, es nuestro manual. Si le prestas atención, te enseñará cómo vivir una vida recta. Ilumina tu camino en un mundo oscuro, como lo haría una linterna cuando entras a una habitación a oscuras o caminas por un bosque en tinieblas. Evita que tropieces. ¡Deja que entre la luz! Otros versículos sobre la Biblia son Salmos 119:105 (página 493), Juan 20:31 (página 867), y Hebreos 4:12 (página 969).

CEDER, EL

Lo que estoy haciendo no es tan malo como lo que hacen otros.

Hizo lo malo a los ojos del SEÑOR, aunque no tanto como su padre y su madre. 2 REYES 3:2

El rey Joram es un ejemplo de lo que significa ceder ante el mal. Él no era tan malo como sus padres Acab y Jezabel, pero seguía haciendo lo malo. ¿Justificas las cosas malas que haces diciéndote que otros hacen cosas peores? Este es el momento de que abras los ojos. Dios quiere que lo sigamos en todo y de todo corazón. En vez de compararte con otros, pregúntate qué piensa Dios acerca de tus acciones. Otros versículos que hablan acerca de no ceder ante el mal son Éxodo 34:12 (página 76), Romanos 12:2 (página 909), 2 Corintios 6:14-15 (página 929), y 2 Juan 1:9-11 (página 992).

CELOS, LOS

Me siento celosa de las personas que pueden hacer las cosas mejor que yo.

«¿Qué es esto? —dijo [Saúl] —. Le dan crédito a David por diez miles y a mí sólo por miles. ¡Sólo falta que lo hagan su rey!» 1 SAMUEL 18:8-9

Los celos no son una enfermedad moderna: ¡el rey Saúl de Israel ya sufría ese problema! Siempre habrá alguien con más talento, mejor apariencia, o mejor situación económica. Para evitar los celos, debemos estar agradecidos por lo que tenemos y felices por lo que otros tienen. Nuestro valor como persona no depende de los puntos que anotemos en un partido de básquet o de cuánto dinero tengamos para gastar en ropa nueva. Nuestro valor se demuestra por el gran amor que Dios nos tiene (ver Juan 3:16-17, página 848). Otros versículos que hablan sobre los celos y sus consecuencias son Proverbios 27:4 (página 525), Hechos 17:1-8 (página 886), y 1 Corintios 3:3 (página 914).

CHISME, EL

A veces participo en chismes.

La lengua es algo pequeño que pronuncia grandes discursos. Así también una sola chispa, puede incendiar todo un bosque. SANTIAGO 3:5

¿Han dicho chismes sobre ti? ¿Cómo te sentiste cuando te enteraste? Santiago compara el daño que puede hacer la lengua con el que provoca un incendio. Si eres descuidada con lo que dices, no podrás borrar tus palabras. Es mejor pensar antes de hablar. Pídele a Dios que cambie tu corazón, para que en lugar de destrozar a las personas puedas edificarlas con lo que dices. Otros versículos que hablan sobre el chisme son Levítico 19:16 (página 100), Proverbios 26:20 (página 525), 1 Timoteo 5:13 (página 959), y Santiago 1:26 (página 977).

CIELO, EL

¿Es real el cielo?

En el hogar de mi Padre, hay lugar más que suficiente. Si no fuera así, ¿acaso les habría dicho que voy a prepararles un lugar? Cuando todo esté listo, volveré para llevarlos, para que siempre estén conmigo donde yo estoy. JUAN 14:2-3

El cielo es indudablemente real. Las palabras de Jesús muestran que, aunque no se puede ver, el camino a la vida eterna es tan cierto como el amor inagotable de Dios. Él ya te ha preparado el camino al cielo. Si has decidido creer en él, ¡tienes una habitación reservada! Otros versículos que hablan sobre el cielo son Lucas 18:22 (página 837), 1 Corintios 2:9 (página 914), 2 Pedro 3:13 (página 986), Apocalipsis 3:5 (página 998), y Apocalipsis 21:3-4 (página 1008).

¿Cómo es el cielo?

¡Miren, el hogar de Dios ahora está entre su pueblo! [...] Él les secará toda lágrima de los ojos, y no habrá más muerte ni tristeza ni llanto ni dolor. APOCALIPSIS 21:3-4

Dios no nos dice exactamente cómo será el cielo. Pero sí nos dice que para aquellos que han puesto su confianza en él por medio de Jesucristo, el cielo es un lugar donde no habrá más muerte, ni dolor, ni llanto, ni sufrimiento. Lo mejor de todo es que será un lugar donde la comunión con Dios, el Creador, no terminará nunca. ¡Será maravilloso! Eso significa que no importa qué tipo de dificultad, sufrimiento o soledad atravieses en la tierra, todo ello habrá acabado cuando estés con Jesús. ¡Estarás llena de alegría para siempre! Otros versículos que hablan sobre el cielo son 1 Corintios 2:9 (página 914), Apocalipsis 4:1–5:14 (página 998), Apocalipsis 7:16-17 (página 1000), y Apocalipsis 21:1–22:5 (página 1008).

CODICIA, LA

¿Está mal desear lo que tienen mis amigos?

Los que aman el dinero nunca tendrán suficiente [...] Cuanto más tengas, más se te acercará la gente para ayudarte a gastarlo. ECLESIASTÉS 5:10-11

¿Desearías tener más dinero? ¿Un nuevo equipo de sonido estéreo? ¿Un auto más atractivo? ¿Una orgía de compras? La Biblia dice que aquellos que tienen dinero y posesiones nunca estarán satisfechos. Mientras más tienes, más quieres. Pídele a Dios que te ayude a estar contenta con lo que tienes, sea poco o mucho. Recuerda que Dios ama a los humildes y bendice a los pobres. Para saber cómo manejar tus ambiciones, lee Éxodo 20:17 (página 63), Proverbios 21:25-26 (página 521), Mateo 6:24 (página 769), y Santiago 5:1-6 (página 979).

COMPASIÓN, LA

Mi amiga/o está sufriendo, ¿qué debo hacer?

Llegaron cuatro hombres cargando a un paralítico en una camilla. Como no podían llevarlo hasta Jesús debido a la multitud, abrieron un agujero en el techo, encima de donde estaba Jesús. MARCOS 2:3-4

Cuando te das cuenta de que alguien está sufriendo, ¿haces algo? ¿Te mantienes al margen, sin saber qué hacer o qué decir? Los amigos del paralítico lo llevaron a Jesús, que era quien podía ayudarlo. Cuando tu amiga o amigo están sufriendo física, emocional, o espiritualmente, necesitan tu ayuda. Sé compasiva, ¡y llévalos a Jesús! Otros versículos que hablan acerca de mostrar compasión son Romanos 12:15 (página 909), 2 Corintios 1:67 (página 926), y Gálatas 6:2-3 (página 939).

CONFESIÓN, LA

Lo arruiné todo. ¿Puede perdonarme Dios?

Si confesamos nuestros pecados a Dios, él es fiel y justo para perdonarnos nuestros pecados y limpiarnos de toda maldad. 1 JUAN 1:9

Si quieres tener una conciencia limpia, confiesa tus pecados a Dios. Eso significa que cuando tomas conciencia de tus pecados, los admites como tales ante Dios. Pero una vez que los confiesas, Dios te perdona y los olvida. No necesitas seguir sintiéndote culpable, y no necesitas pedirle perdón a Dios una y otra vez por la misma falta. Dios te ha perdonado, ¡y su perdón es completo y maravilloso! Él te lo ha prometido. Otros versículos sobre el arrepentimiento y el perdón son Joel 2:12 (página 720), Sofonías 2:2-3 (página 747), Lucas 15:10-32 (página 834), Romanos 5:1 (página 902), Santiago 4:8-10 (página 979), y Judas 1:24 (página 995).

CONFIANZA, LA

¿Puedo confiar en Dios realmente?

Yo estoy contigo y te protegeré dondequiera que vayas. Llegará el día en que te traeré de regreso a esta tierra. No te dejaré hasta que haya terminado de darte todo lo que te he prometido. GÉNESIS 28:15

Cuando Dios le hizo esta promesa, Jacob estaba en el camino, usando una piedra como almohada. La misma promesa se aplica a tu vida hoy. Dios dice que nunca te abandonará, y que él es absolutamente digno de confianza. Él es el único de quien puedes estar segura que estará contigo a lo largo de toda tu vida, no importa adónde vayas. Otros versículos que hablan acerca de la confiabilidad de Dios son 1 Corintios 1:9 (página 913) y Hebreos 10:23 (página 973). ¡Si quieres percibir algo del beneficio de confiar en Dios, lee Isaías 26:3 (página 561)!

CONFIANZA EN SÍ MISMO, LA

No puedo hacer nada bien.

Pero Moisés rogó al Señor: «Oh Señor, no tengo facilidad de palabra [...] Se me enredan las palabras». ÉXODO 4:10

No importa cuánto te esfuerces, ¿te parece que siempre fracasas (o que quedas en ridículo) cada vez que haces algo? ¿Te has rendido? Quizás estás pensando: *Si no pruebo, entonces no fracaso.* Esa no es la manera de Dios. Él te conoce y conoce todas tus capacidades, y te ayudará a tener éxito si se trata de algo que él quiere que hagas. ¡Pídele su guía y su ayuda, y vuelve a intentarlo! Otros versículos que hablan acerca del éxito y el fracaso son 1 Crónicas 28:20 (página 348), Proverbios 15:22 (página 516), Romanos 7:15-25 (página 904), y 2 Corintios 3:5 (página 927).

CONSUELO, EL

¿Cómo puedo encontrar consuelo?

Oh Señor, tú eres una torre de refugio para los pobres, una torre de refugio para los necesitados en su angustia. Eres refugio de la tempestad y amparo del calor.
ISAÍAS 25:4

Cuando tu vida se vuelve caótica, puede parecer que no quedan esperanzas. Pero Dios provee consuelo a quienes confían en él. No importa lo que hagas, Dios estará contigo. Puedes estar segura de que Dios te dará consuelo y fortaleza mientras perseveres en los tiempos difíciles. Otros versículos a los que puedes recurrir para encontrar consuelo son Salmos 94:19 (página 480), Salmos 119:50 (página 492), Isaías 49:13 (página 582), y 2 Corintios 1:4 (página 926).

CREACIÓN, LA

¿De dónde venimos?

Cuando Dios creó a los seres humanos, los hizo para que fueran semejantes a él mismo [...] Los bendijo y los llamó «humanos». *GÉNESIS 5:1-2*

El propósito del relato bíblico de la creación es hablarnos de la grandeza de Dios. Con determinación, Dios creó al hombre y a la mujer a su imagen. No fuimos creados por medio de un efecto azaroso de la naturaleza sino por un acto amoroso de Dios. Cuando miras las montañas majestuosas, los grandes océanos, o los cielos interminables, recuerda que todos ellos fueron creados por Dios y que los seres humanos fuimos creados a su imagen. Otros versículos que hablan sobre tu creación son Génesis 1:27 (página 3), Génesis 2:3-7 (página 4), Colosenses 1:16 (página 949), y 1 Timoteo 4:4 (página 958).

CRÍTICA, LA

No me gusta que la gente me diga en qué debo cambiar.

Si rechazas la disciplina, sólo te harás daño a ti mismo, pero si escuchas la corrección, crecerás en entendimiento. *PROVERBIOS 15:32*

Tus padres te dicen que debes ordenar tu habitación. Tu maestro te señala los errores en una tarea. Tu jefe critica tu desempeño en un trabajo. No siempre es divertido que otros señalen tus defectos: todos preferimos que nos alaben. Pero en lugar de enojarte u ofenderte con lo que te dicen, aprovecha la oportunidad para madurar y mejorar como persona. Las críticas pueden ayudarte a crecer en sabiduría, y la sabiduría hará que tu vida sea más productiva y feliz. Encontrarás otros dichos sabios sobre cómo responder a las críticas en Proverbios 12:15-16 (página 513), Proverbios 27:6 (página 525), y Eclesiastés 7:5 (página 533).

CRITICAR A OTROS, EL

A veces juzgo o critico a otros.

No juzguen a los demás, y no serán juzgados. No condenen a otros, para que no se vuelva en su contra. *LUCAS 6:37*

Es fácil meterse con los defectos de otros, y a la vez justificar los propios. ¿Pero sabías que a menudo criticamos a otros por las mismas cosas que nosotros hacemos? En lugar de criticar a los demás, perdónalos tal como Cristo te perdonó a ti (ver Colosenses

3:13, página 951). La próxima vez que abras la boca para juzgar a alguien, recuerda lo que Cristo hizo por ti. Luego mírate a ti misma. ¿Necesitas *tú* cambiar en algo? Lee otros versículos sobre la crítica a otros en Mateo 7:1-2 (página 770) y Santiago 4:11-12 (página 979).

CULPA, LA

Tengo una conciencia culpable.
Mantén limpia tu conciencia. 1 TIMOTEO 1:19

¿Cómo puedes mantener limpia tu conciencia? Atesora tu fe en Cristo, más que ninguna otra cosa, y haz lo correcto. Mientras caminas con Dios, él te hablará y te mostrará la diferencia entre lo bueno y lo malo. Si te desvías, confiésale tu pecado a Dios y él te perdonará (1 Juan 1:9, página 988). Otros versículos que tratan sobre la culpa son Salmos 19:7-13 (página 443), y Salmos 51:1-19 (página 458).

He ido demasiado lejos en lo sexual.
No sigas mirando mis pecados; quita la mancha de mi culpa. Crea en mí, oh Dios, un corazón limpio y renueva un espíritu fiel dentro de mí. SALMOS 51:9-10

Si tienes la conciencia culpable por haber llegado demasiado lejos, díselo a Dios. Él todavía quiere relacionarse contigo y está dispuesto a perdonarte. Dile que sabes que lo que has hecho es malo y que no quieres caer otra vez en la misma trampa. Pídele ayuda para hacer lo correcto e invítalo a que tenga una relación más personal contigo. Otros versículos que pueden ayudarte a enfrentar la culpa son Isaías 55:6-7 (página 587), Ezequiel 33:10-11 (página 681), Hechos 2:37-38 (página 871), y 1 Juan 1:8-9 (página 988).

DECISIONES, LAS

Necesito tomar una decisión. ¿Qué pasos debería dar?
Las personas inteligentes están siempre dispuestas a aprender; tienen los oídos abiertos al conocimiento. PROVERBIOS 18:15

Para llegar a una buena decisión, primero debes asegurarte de contar con los datos. Reúne tanta información como puedas. Presta atención y escucha las ideas de otros. Asegúrate de hablar con Dios acerca de tu decisión y pídele sabiduría. Dar estos pasos no te garantiza que siempre decidirás acertadamente, pero tienes más probabilidades de hacerlo. Nadie es perfecto, todos cometemos errores. Lo importante es que aprendamos de ellos. Otros versículos que hablan acerca de tomar decisiones son Salmos 25:4 (página 445), Proverbios 12:15 (página 513), Jeremías 10:23-24 (página 608), y 2 Corintios 1:17-19 (página 926).

DEPRESIÓN, LA

Estoy deprimida.
Día y noche sólo me alimento de lágrimas [...] Se me destroza el corazón [...] ¿Por qué estoy desanimado? SALMOS 42:3-5

Quizás te sea difícil salir del abismo oscuro en que te encuentras. Cuando te sientas abatida, piensa en lo que Dios hizo por ti en el pasado y en el bien que promete hacer por ti en el futuro si confías en él. A medida que confíes en el Señor y continúes sirviéndole, él te devolverá la alegría. Otros versículos que te darán ánimo cuando estés deprimida son Josué 10:25 (página 184), Salmos 40:1-17 (página 453), e Isaías 42:1-4 (página 575).

DESÁNIMO, EL

He perdido la esperanza.

Me digo: «El Señor es mi herencia, por lo tanto, ¡esperaré en él!».
LAMENTACIONES 3:24

Si sientes que has perdido la esperanza, pídele a Dios que te recuerde quién es él: el Dios siempre fiel, siempre misericordioso. Tus sentimientos de «bajón» no durarán para siempre. Dios sí permanece para siempre. Las personas pueden ponerse en tu contra, los amigos pueden fallarte, tu familia puede abandonarte; pero Dios es fiel. Él está contigo y a favor de ti. Pídele que te ayude a confiar en él en este momento, ¡y puedes estar segura de que tiene algo grandioso reservado para tu futuro! Otros versículos que te darán ánimo son Salmos 119:25-32 (página 492), Isaías 40:29-31 (página 574), Jonás 2:7 (página 732), y Romanos 15:13 (página 911).

Estoy desanimada.

Toda la alabanza sea para Dios, el Padre de nuestro Señor Jesucristo. Dios es nuestro Padre misericordioso y la fuente de todo consuelo. Él nos consuela en todas nuestras dificultades para que nosotros podamos consolar a otros. Cuando otros pasen por dificultades, podremos ofrecerles el mismo consuelo que Dios nos ha dado a nosotros. 2 CORINTIOS 1:3-4

No importa lo grave que sea tu situación, no tienes por qué sentirte deprimida. ¿Por qué? Porque puedes confiar en Dios, el Consolador. Él es el único que puede consolarte por completo, y puede hacerlo aun en medio de los problemas y de las situaciones desalentadoras. Cuando recibes consuelo, puedes dar ese mismo consuelo a otros que están desanimados. Otros versículos que te ayudarán a enfrentar el desánimo son Génesis 21:14-19 (página 17), Salmos 34:18-19 (página 449), Salmos 42:1-11 (página 454), y Lamentaciones 3:19-24 (página 652).

DINERO, EL

¿Tiene algo de malo ganar mucho dinero?

El amor al dinero es la raíz de toda clase de mal. 1 TIMOTEO 6:10

No tiene nada de malo ganar dinero, a menos que pienses que eso te traerá la felicidad. Sólo te hará desear más. Para no caer en el amor al dinero, recuerda que algún día tus riquezas desaparecerán. Siéntete satisfecho con lo que tienes y no olvides compartir con otros. Otros pasajes que hablan sobre el dinero, el contentamiento y las prioridades correctas son Proverbios 30:7-8 (página 528), Ezequiel 7:19 (página 659), Filipenses 4:11-12 (página 947), y Colosenses 3:5 (página 950).

¿Por qué debo darles dinero a Dios y a otras personas?

Y no se olviden de hacer el bien ni de compartir lo que tienen con quienes pasan necesidad. Estos son los sacrificios que le agradan a Dios. HEBREOS 13:16

Sin duda has trabajado duro para ganar lo que tienes. ¿Por qué deberías darle parte de tu dinero a la iglesia o a una persona que está pasando necesidad? Porque de todos modos, ¡todo lo que tienes es de Dios! Cuando te das cuenta de eso, *deseas* devolverle dinero a Dios y compartirlo con aquellos menos afortunados que tú. Otros versículos sobre el dinero y las ofrendas son Malaquías 3:8-12 (página 760), Hechos 2:43-47 (página 871), 1 Timoteo 6:17-19 (página 960), y 1 Juan 3:17 (página 989).

DIOS

¿Quién es Dios?

El Espíritu de Dios me ha creado, y el aliento del Todopoderoso me da vida.   JOB 33:4

Dios es Espíritu. Es la fuente de la vida. Eso significa que no es un ser físico como tú o como yo, limitado a un solo tiempo y lugar. Él está en todas partes y ve todo lo que haces. Está dondequiera que vayas y oye cada palabra que dices. No sólo eso: él nos ha mostrado cómo es y nos ha indicado el camino a la vida eterna. Otros versículos que lo describen a él y a sus obras son Salmos 139.1-24 (página 500), Juan 4:24 (página 849), y Apocalipsis 1:8 (página 996).

DISCERNIMIENTO, EL

¿Cómo puedo saber si Dios me está hablando?

Cuando venga el Espíritu de verdad, él los guiará a toda la verdad. Él no hablará por su propia cuenta, sino que les dirá lo que ha oído. JUAN 16:13

Cuando crees que Dios te está hablando, es sabio preguntarte si te habla Dios o Satanás. Aquí tienes una buena manera de saberlo: compáralo con las Escrituras. Lo que oyes, ¿es compatible con lo que la Biblia dice? Si no lo es, no es Dios quien te habla, y no es su verdad. Por eso es tan importante conocer la Biblia. ¡No dejes de leerla! Permite que el Espíritu de Dios te guíe. Otros versículos sobre el discernimiento son Juan 7:17 (página 853), Hebreos 5:12-14 (página 969), Santiago 1:5 (página 977), y 1 Juan 4:1-3 (página 990).

DUDAS, LAS

¿De verdad se interesa Dios por mí?

¿Cómo puedes decir que el Señor no ve tus dificultades? [...] (El Señor) nunca se debilita ni se cansa; nadie puede medir la profundidad de su entendimiento.   ISAÍAS 40:27-28

Dios se interesa por ti más de lo que te puedas imaginar. Siempre está atento y escucha acerca de tus problemas. Nunca se cansa de ayudarte. Dado que él te creó a ti y a tu mundo, te conoce y te entiende, ¡mejor de lo que tú te entiendes a ti misma! Por todo ello, una relación con Dios es lo más seguro de la tierra. Otros versículos que puedes leer cuando dudes de la bondad de Dios son Salmos 33:20-21 (página 449), Salmos 59:9-10 (página 461), y Salmos 91:1-2, 4 (página 478).

ENEMIGOS, LOS

Parece que todos están en mi contra.

¡No le tengan miedo al enemigo! ¡Recuerden al Señor! NEHEMÍAS 4:14

Cumplir cualquier tarea para Dios es un desafío, especialmente cuando alguien trata de impedírtelo. Pero en lugar de sentirte desanimada o asustada, ¡ponte a la altura del desafío! Si la tarea es verdaderamente para Dios, él está contigo y te impulsa. Concéntrate en tu meta y ve hacia ella. Podría ser que lo que hagas produzca una diferencia eterna para tus amigos, tu familia o tu país. Otros versículos que hablan acerca de cómo hacer frente a los enemigos son Salmos 61:1-4 (página 462), Mateo 5:44 (páginas 769), y Romanos 8:31 (página 905).

ENGAÑAR, EL
Tengo la tentación de hacer copia en los exámenes.
Maldito sea el tramposo. MALAQUÍAS 1:14

Sólo esta vez, te dices a ti misma. *No le hará mal a nadie*. Sin embargo, Dios dice que nunca debes engañar. Él sabe que lo que haces con las cosas «pequeñas» muestra lo que harás en las cosas grandes. Si no te puede confiar las cuestiones pequeñas, ¿cómo podrás manejar una responsabilidad mayor? Dios te ordena ser completamente honesta siempre. Quizás te resulte más difícil este pequeño examen, ¡pero tu vida entera será mucho mejor! Otros versículos sobre la perspectiva de Dios en cuanto al engaño y la honestidad son Proverbios 11:1 (página 512) y Lucas 16:10 (página 835).

ESTRÉS, EL
Estoy estresada.
Por todos lados nos presionan las dificultades [...] Estamos perplejos pero no caemos en la desesperación. 2 CORINTIOS 4:8

Si te sientes que no puedes aguantar más, no te rindas. Es probable que estés sufriendo, pero Dios nunca te abandonará. Él ganó la victoria sobre la muerte, y te ha ofrecido vida eterna. Si has puesto tu fe en Dios por medio de Jesucristo, todo lo que ocurra —bueno y malo— pondrá en evidencia que el poder de Dios vive en ti. Otros versículos que hablan sobre cómo manejar el estrés y las dificultades son Isaías 40:27-31 (página 574), Juan 14:1 (página 861), 2 Corintios 1:3-4 (página 926), y Santiago 5:10-11 (página 979).

ÉXITO, EL
¿Me premiará Dios por ser buena?
Qué alegría para los que [...] se deleitan en la ley del SEÑOR SALMOS 1:1-2

Si lo sigues, Dios promete que te bendecirá. Te cuidará y guiará tus decisiones. Cuanto más disfrutes obedeciendo a Dios, tanto más «fructífera» serás. Eso no significa que nunca tendrás problemas, pero Dios estará complacido con tu vida y con tus actos. Otros versículos que hablan sobre el éxito y las recompensas son Génesis 39:2-3 (página 34), Éxodo 33:14 (página 75), 1 Samuel 18:14 (página 237), Proverbios 16:3 (página 516), y Hechos 16:31 (página 886).

EXPECTATIVAS, LAS
¿Qué espera Dios de mí?
El SEÑOR te ha dicho [...] lo que él exige de ti: que hagas lo que es correcto, que ames la compasión y que camines humildemente con tu Dios. MIQUEAS 6:8

La gente intenta de todo para complacer a Dios. Pero lo que Dios nos dice es que hagamos lo correcto, que seamos misericordiosos, y que caminemos humildemente con él. Mientras tratas de complacer a Dios, pregúntate: *¿Estoy siendo justa con los demás? ¿Estoy mostrando misericordia a quienes me tratan mal? ¿Soy humilde? ¿Hago lo correcto en cualquier circunstancia, no importa cuánta presión esté recibiendo para hacer lo incorrecto?* Camina con Dios, y a él le agradará caminar contigo. Otros versículos para leer son 1 Samuel 15:22 (página 234), Mateo 5:8 (página 768), y Romanos 5:3-5 (página 902).

FAMILIA, LA
No me llevo bien con mi familia.

Abram le dijo a Lot: «No permitamos que este conflicto se interponga entre nosotros o entre los que cuidan nuestros animales. Después de todo, ¡somos parientes cercanos!» GÉNESIS 13:8

En todas las familias hay peleas, pero el hogar no tiene por qué ser un campo de batalla. Abram y Lot andaban juntos, pero la tierra no era suficiente para abastecer a las dos familias numerosas y a todos los animales. De modo que, en lugar de dar lugar a que continuaran las discusiones, Abram (que era el mayor y merecía elegir primero) permitió que Lot escogiera primero una porción del territorio. Si quieres mostrar amor verdadero a otros, pon sus deseos en primer lugar, aun si eso a veces significa no obtener lo que deseas. Otros versículos que hablan sobre problemas de familia y sobre cómo resolverlos son Génesis 37:9-11 (página 33), Lucas 15:28-30 (página 834), Romanos 15:5 (página 910), 1 Corintios 1:10 (página 913), y Gálatas 5:25-26 (página 939). Y si quieres ser una buena influencia en tu familia lee 1 Corintios 2:14 (página 914) y 1 Pedro 3:1-2 (página 983).

FE, LA
¿Por qué Dios no siempre responde?

Entonces Job respondió al SEÑOR: «Tú preguntaste: "¿Quién es este que pone en duda mi sabiduría con tanta ignorancia?". Soy yo y hablaba de cosas sobre las que no sabía nada». JOB 42:1-3

A veces, cuando le preguntas a Dios por qué sucede algo, parece no responder. ¿Por qué? ¿Es porque no le importa, o porque no tiene suficiente poder? No, Dios te ama y es todopoderoso. Pero a veces no ha llegado el momento de darte la respuesta. Dios podría estar diciendo: «¿Confiarás en mí?» Pídele que te ayude a confiar en él aun cuando no entiendas todo. Otros versículos acerca de confiar en las decisiones de Dios son Salmos 36:5-9 (página 450), Isaías 30:15 (página 565), y Lamentaciones 3:25-27 (página 652).

Tengo miedo de que Dios me pida que haga algo demasiado difícil.

El SEÑOR me dio el siguiente mensaje: «Te conocía aun antes de haberte formado en el vientre de tu madre; antes de que nacieras, te aparté». JEREMÍAS 1:4-5

Jeremías también tenía ese temor. Pero era Dios quien lo había creado, y había planificado desde antes lo que quería que Jeremías hiciera. Lo mismo es cierto para cada uno de nosotros. No debemos tener miedo de servir a Dios con todo nuestro ser. Él es quien nos hizo. Él nos diseñó específicamente para la tarea a la cual nos llamó. De modo que cuando Dios te llame, ¡lánzate! Naciste para eso. Otros versículos acerca de confiar en la guía de Dios son Deuteronomio 7:7-11 (página 152), Salmos 89:1-2 (página 476), Lamentaciones 3:22-24 (página 652), y 1 Tesalonicenses 5:23-24 (página 954).

¿Cómo sé que Jesús realmente resucitó?

Cristo murió por nuestros pecados [...] Fue enterrado y al tercer día fue levantado de los muertos [...] Lo vio Pedro y luego lo vieron los Doce. 1 CORINTIOS 15:3-5

¡Lo vieron más de quinientas personas! (Continúa leyendo 1 Corintios 15 para conocer más detalles). Con todos esos testigos oculares, podemos estar seguros de que

Jesucristo resucitó. Si no hubiera sido así, ¿por qué habrían tenido sus seguidores el coraje de morir por su fe, como ocurrió con muchos de ellos? Puedes estar segura de que Jesucristo sí resucitó. Otros versículos sobre la fe en Cristo son Mateo 28:1-20 (página 794), Juan 11:25-28 (página 858), Juan 20:30-31 (página 867), y Romanos 10:16-17 (página 907).

FIESTAS, LAS

¿Está bien participar en fiestas?

Vivamos con decencia a la vista de todos [...] Vístanse con la presencia del Señor Jesucristo. Y no se permitan pensar en formas de complacer los malos deseos.
ROMANOS 13:13-14

Decir que está bien o no, depende de tu definición de *fiesta*. Jesús quiere que seamos tan limpios por dentro como por fuera, y por eso nos dice que evitemos situaciones pecaminosas, tales como beber demasiado o tener sexo fuera del matrimonio. Dios quiere protegerte de lo que podría ocurrirte en el futuro inmediato. Pero también quiere que estés preparada para el futuro lejano: ¡Quiere que estés lista para su segunda venida y para el cielo! Otros versículos que hablan acerca de las fiestas son: Gálatas 5:19-24 (página 939), 1 Pedro 4:3 (página 983), y 1 Juan 2:15-16 (página 989).

FUMAR, EL

Fumar parece interesante. ¿Podría probarlo?

Su cuerpo es el templo del Espíritu Santo [...] Por lo tanto, honren a Dios con su cuerpo.
1 CORINTIOS 6:19-20

Si vives en un edificio que pertenece a otro, respetas las reglas del propietario, ¿verdad? De la misma manera, tu cuerpo le pertenece a Dios, y por este motivo deberías mantenerlo fuerte y saludable para él. Eso significa que no deberías comer en exceso, ni fumar ni tomar drogas. Los cigarrillos son tóxicos para el cuerpo y te acortarán la vida. Honra a Dios: ¡Mantén tu cuerpo saludable! Otros versículos que hablan acerca de honrar a Dios con tu cuerpo son Romanos 12:1 (página 908), 1 Corintios 7:37 (página 917), y 1 Tesalonicenses 5:23-24 (página 954).

HABILIDADES, LAS

¿Y si no soy buena para nada?

A cada uno de nosotros se nos da un don espiritual para que nos ayudemos mutuamente.   1 CORINTIOS 12:7

¡Sí lo eres! Dios le da a cada persona habilidades especiales, y si eres cristiana el Espíritu Santo te ha dado habilidades que puedes usar para hacer crecer el cuerpo de la iglesia. Descubre en qué eres buena. Pregúntales a tus amigos o a los adultos en los que puedes confiar (probablemente tus padres te conozcan mejor que nadie). Y entonces, cuando sepas en qué eres buena, ¡hazlo! Será de mucha ayuda en el cuerpo de Cristo. Otros versículos que hablan acerca de las habilidades son Mateo 25:14-30 (página 789) y Romanos 12:6-11 (página 909).

Soy joven. ¿Qué puedo hacer para Dios?

No permitas que nadie te subestime por ser joven. Sé un ejemplo para todos los creyentes.   1 TIMOTEO 4:12

No pienses que tu edad es un obstáculo. Dios usa todo tipo de personas para causar un impacto en el mundo por medio de aquello que dicen y hacen. Si vives de manera que otros puedan ver en ti la bondad y el amor de Cristo, Dios te usará, sin que importe tu edad. Otros versículos para leer son Jeremías 1:6 (página 597) y 1 Pedro 4:10-11 (página 984).

HERMANOS Y HERMANAS, LOS

Mis hermanos/hermanas piensan que soy muy «mandona» con ellos.

«Escuchen, tuve otro sueño —les dijo [José]—. ¡El sol, la luna y once estrellas se inclinaban ante mí!». GÉNESIS 37:9

A veces parece imposible llevarnos bien con aquellos con quienes deberíamos estar más unidos: nuestra familia. Este era el problema de José y sus hermanos. Estaban celosos de él porque su padre le mostraba favoritismo, y José hizo más difícil la situación cuando alardeó sobre su sueño. Después de haber sido vendido como esclavo y llevado a Egipto, José aprendió algunas lecciones valiosas, entre ellas la de ser cuidadoso al hablar. Cuando estés tentada a fanfarronear sobre tus logros, debes ser sensible a las emociones de otros. En lugar de alardear, agradece a Dios, quien te dio esos dones. Otros versículos que hablan sobre cómo relacionarte con tus hermanos y hermanas son Salmos 133:1-3 (página 498) y 1 Timoteo 5:8 (página 959).

HOMOSEXUALIDAD, LA

¿Está bien ser gay?

Aun las mujeres se rebelaron contra la forma natural de tener relaciones sexuales y, en cambio, dieron rienda suelta al sexo unas con otras. Los hombres, por su parte, en lugar de tener relaciones sexuales normales, con la mujer, ardieron en pasiones unos con otros. ROMANOS 1:26-27

En los tiempos de Pablo también había homosexuales. Pero Dios prohíbe ese comportamiento y dice que no es la manera en la que fue diseñado el sexo. Su plan es: un hombre, una mujer, un matrimonio para toda la vida. Si tienes deseos homosexuales, puedes y debes resistirte a satisfacerlos. Pide ayuda a Dios y a un consejero cristiano confiable. Otros versículos que hablan sobre la homosexualidad son Génesis 19:1-29 (página 15), Levítico 18:22 (página 100), Levítico 20:13 (página 101), y 1 Corintios 6:9-10 (página 916).

HUMILDAD, LA

¿Por qué debo reconocer cuando cometo un error?

Si mi pueblo, que lleva mi nombre, se humilla y ora, busca mi rostro y se aparta de su conducta perversa, yo oiré desde el cielo, perdonaré sus pecados y restauraré su tierra. 2 CRÓNICAS 7:14

Dios te escuchará y te perdonará cuando te muestres humilde, cuando admitas que eres pecadora y que necesitas de él. Dependes de él para todo: vestimenta, casa, familia, la vida misma. Ser humilde significa que reconoces la grandeza de Dios, y que tú eres muy pequeña y en comparación careces de poder. Otros versículos que hablan sobre la humildad son Mateo 18:4 (página 781), Santiago 4:6-7 (página 979), y 1 Pedro 5:5-6 (página 984).

IGLESIA, LA

¿Tengo la responsabilidad de servir en la iglesia de Dios?

Dios me ha dado la responsabilidad de servir a su iglesia. COLOSENSES 1:25

Si eres hija de Dios, él te ha dado dones espirituales para edificar a su iglesia (Romanos 12:6-8, página 909), y tienes el mandato de Dios de proclamar su mensaje de buenas

noticias a aquellos que todavía no lo han escuchado (Mateo 28:18-20, página 794).
Encuentra de qué manera puedes servir en la iglesia y edificarla. ¡Tienes algo para ofrecer! Otros versículos que hablan de la iglesia y de sus propósitos son Mateo 16:18-19 (página 780), Hechos 2:41-47 (página 871), 1 Corintios 12:1-27 (página 920), Efesios 1:22-23 (página 940), y Efesios 2:19-20 (página 941).

INFIERNO, EL
¿Es cierto que hay un infierno?
El hombre pobre murió, y los ángeles lo llevaron a estar con Abraham. El hombre rico también murió y fue enterrado, y su alma fue al lugar de los muertos. Allí, en medio del tormento, vio a Abraham a lo lejos con Lázaro junto a él.   LUCAS 16:22-23

Los que piensan que no hay un infierno se están engañando a sí mismos. La Biblia describe al infierno como un lugar de tormento donde estarás separada para siempre de Dios y de aquellos a quienes amas. Pero no tienes que ir allí si confías en Cristo como tu Salvador y lo sigues como tu Señor. Otros versículos que hablan sobre el infierno son Mateo 5:22 (página 768), 2 Pedro 2:4 (página 985), y Apocalipsis 20:10 (página 1008).

INJUSTICIA, LA
¡La vida es injusta!
Nada es seguro en esta vida. He visto [...] jóvenes buenos que mueren y personas malvadas que tienen una vida larga.   ECLESIASTÉS 7:14-15

Tienes razón. La vida *es* injusta, por lo menos desde nuestra perspectiva humana limitada. A veces, en este mundo, los buenos *no* triunfan. Pero Dios es justo (lo cual significa que es «equitativo» de acuerdo con *sus* pautas, no las nuestras), y él mantiene el control. Recuerda que en este mundo inseguro, Dios es seguro. Confía en él, y ten la certeza de que proveerá todo lo que necesites, porque te ama. No te preocupes por lo que no puedes entender. Haz lo que sabes que es correcto, y deja que Dios se haga cargo de todo. Para leer más sobre la injusticia busca Éxodo 23:1-9 (página 66), Deuteronomio 16:18-20 (página 160), Habacuc 1:2–2:3 (página 743), y Apocalipsis 20:11-15 (página 1008).

INSEGURIDAD, LA
Me siento insegura.
Si Dios está a favor de nosotros, ¿quién podrá ponerse en nuestra contra? Si Dios no se guardó ni a su propio Hijo, sino que lo entregó por todos nosotros, ¿no nos dará también todo lo demás?   ROMANOS 8:31-32

Si te parece que todos están en tu contra, ¡recuerda que Dios está de tu lado! De hecho, está tan a tu favor que dio a Jesucristo para salvarte. ¡Y te dará cualquier otra cosa que necesites! Con la ayuda de Dios, nada puede agobiarte. De modo que la próxima vez que te sientas insegura, recuerda este versículo. Te consolará y te dará la confianza que necesitas para salir adelante. ¡En Dios puedes estar segura! Otros versículos que tratan sobre la inseguridad son Deuteronomio 28:9-10 (página 167), Mateo 7:24-27 (página 770), y Juan 14:1-4 (página 861).

IRA, LA
Pierdo el humor fácilmente.
Todos ustedes deben ser rápidos para escuchar, lentos para hablar y lentos para enojarse.   SANTIAGO 1:19

¿En qué momentos te pones furiosa? ¿Cuando alguien te lastima o no te escucha? ¿Está bien que te pongas furiosa? Santiago dice que la ira no produce nada bueno; antes de hablar, deberías ser paciente y prestar atención a lo que la otra persona tiene para decir. En lugar de concentrarte en la manera en que te hirieron o en tus propios argumentos, es mejor concentrarse en ser paciente y en amar a los demás. Los berrinches no resuelven nada, ¡pero el amor paciente y perseverante lo supera todo! Otros versículos que hablan sobre cómo controlar la ira son Génesis 4:67 (página 5), 1 Corintios 13:5 (página 921), y Efesios 4:31-32 (página 942).

JACTARSE, EL
¿Está bien que me jacte cuando hago algo grandioso?
Si quieres jactarte, jáctate sólo del Señor   *2 CORINTIOS 10:17*

Es normal que te sientas orgulloso de tus logros. Quieres que otros compartan tu alegría. Pero si continúas «restregándolo», eso sería jactarse, y cruza la línea hacia la soberbia. A Dios no le agrada la soberbia. En lugar de alardear sobre lo que has hecho, presume de lo que *Dios* ha hecho. ¡Entonces él se jactará de ti! Otros versículos que hablan acerca de alardear y del orgullo son Génesis 11:4 (página 10), Habacuc 2:4 (página 744), 1 Corintios 4:7 (página 915), y Gálatas 6:14 (página 939).

JESÚS
A fin de cuentas, ¿quién es Jesús?
El Padre tiene vida en sí mismo y le ha entregado a su Hijo ese mismo poder de dar vida. Y le ha dado autoridad para juzgar a todos, porque es el Hijo del Hombre. *JUAN 5:26-27*

Jesús es el Hijo de Dios. Dios Padre lo envió a vivir 33 años en la tierra, para enseñar y hacer milagros que señalaran al cielo. Luego permitió que Jesús muriera en la cruz por nuestros pecados. Pero no se quedó en la tumba: ¡Se levantó de ella y ahora está en el cielo con Dios! Un día nos juzgará a cada uno de nosotros por nuestros actos. Otros versículos sobre Jesús son Isaías 7:14 (página 547), Isaías 9:6 (página 549), Isaías 53:5 (página 585), Sofonías 3:17 (página 748), Juan 5:19-21 (página 850), y Juan 20:20-31 (página 867).

JUICIO, EL
¿Cómo será el día del juicio?
Miles y miles esperan en el valle de la decisión. Es allí donde llegará el día del Señor. El sol y la luna se oscurecerán y las estrellas dejarán de brillar.   *JOEL 3:14-15*

La Biblia dice con claridad que habrá un día de juicio. Miles de millones de personas han vivido en la tierra, y cada una de ellas enfrentará el juicio: los que ya murieron, los que ahora viven y los que estén por nacer. ¿Has aceptado el perdón de Dios por tus pecados? ¿Has advertido a tus amigos sobre las consecuencias del pecado y les has dicho sobre el juicio que Dios hará? Ahora es el momento de hacer tu decisión y de ofrecer la esperanza de las buenas noticias de Dios a las personas con las que te encuentres. Otros versículos que puedes leer son 2 Reyes 17:13 (página 314), 2 Crónicas 7:14 (página 355), Job 4:7-9 (página 412), Abdías 1:15 (página 730), y Nahúm 1:6, 15 (página 740).

JUSTICIA, LA
¿Qué debería hacer cuando veo que alguien es maltratado?
Habla a favor de los que no pueden hablar por sí mismos; garantiza justicia para todos

los abatidos. Sí, habla a favor de los pobres e indefensos, y asegúrate de que se les haga justicia. PROVERBIOS 31:8-9

Nunca es fácil ponerse a favor de los desvalidos, porque la gente podría burlarse de ti. Pero, ¿qué es más importante: lo que dice Dios o lo que dicen otros? Dios insiste en que hables por los indefensos, que los protejas. Si tiendes a mantenerte al margen cuando otros sufren maltrato, pídele a Dios que te dé valentía para mantenerte firme en lo que es justo. Otros versículos que hablan sobre la importancia de ser justos son Proverbios 14:21 (página 515), Amós 5:24 (página 726), Miqueas 6:8 (página 737), y Zacarías 7:9 (página 754).

¿Es correcto tratar a las personas de manera diferente, según su apariencia?

En cambio quiero ver una tremenda inundación de justicia y un río inagotable de rectitud. AMÓS 5:24

¡No lo es! A Dios le aflige que eso ocurra porque es un comportamiento injusto. Martin Luther King, hijo, citó este versículo en su famoso discurso «Tengo un sueño», el 28 de agosto de 1963 en Washington D. C. Dios quiere que hagamos lo que es correcto, bueno y justo para todas las personas; no solamente a los que se parecen a nosotros. Cuando tratas de manera equitativa a la gente, independientemente de su aspecto, estás cumpliendo el plan de Dios. Otros versículos que hablan acerca de tratar a las personas con justicia son Éxodo 23:1-9 (página 66), Deuteronomio 10:17-19 (página 155), Deuteronomio 16:18-20 (página 160), y Salmos 82:3-4 (página 474).

LIDERAZGO, EL

¿Cómo puedo ser un buen ejemplo para mis amigos?

Sé tú mismo un ejemplo para ellos al hacer todo tipo de buenas acciones. TITO 2:7

Si quieres que tus amigos te respeten y se respeten entre sí, ¿por dónde debes comenzar? Por tratarlos bien. Si quieres que alguien sea sincero contigo, asegúrate de serlo *tú*. Entonces ganarás el derecho de que te escuchen y la vida de otros cambiará para bien. Otros pasajes que hablan sobre cómo mostrar un buen ejemplo son Proverbios 20:11 (página 519), 1 Tesalonicenses 1:7-8 (página 952), y 1 Pedro 2:12 (página 982).

LUJURIA, LA

Siempre pienso en lo sexy que él se ve.

Piensen en las cosas del cielo [...] No tengan nada que ver con la inmoralidad sexual, la impureza, las bajas pasiones y los malos deseos. COLOSENSES 3:2, 5

Si se te cae la baba por alguien del sexo opuesto, controla tus hormonas. En lugar de pensar en lo sexy que alguien se ve, concéntrate en las cualidades que Dios valora, tales como el carácter de esa persona, y si tiene una relación con Cristo. Si le entregas tus pensamientos a Dios cada día, él te ayudará a mantener la mente pura. Para descubrir más lee Éxodo 20:17 (página 63), Proverbios 6:24-28 (página 509), Mateo 5:27-30 (página 768), y 2 Timoteo 2:22 (página 962).

LLANTO, EL

¿Está bien llorar?

Jesús lloró. JUAN 11:35

¡Jesús lloró! Cuando murió su amigo, Lázaro, Jesús no reprimió el llanto y mostró abiertamente su profundo dolor. No tenía miedo de lo que pensaran los demás. Jesús comprende nuestras lágrimas, y porque él lloró, está bien que tú llores. Otros versículos que pueden ayudarte cuando estés sufriendo son Salmos 55:22 (página 460), Lamentaciones 2:11 (página 651), y 2 Corintios 1:3 (página 926).

MAL, EL
¿Por qué existe el mal en el mundo?
Por pensar que era una tontería reconocer a Dios, él los abandonó a sus tontos razonamientos y dejó que hicieran cosas que jamás deberían hacerse.
ROMANOS 1:28

¿Por qué está tan mal el mundo? No fue así cuando Dios lo creó. Debido a que la gente decidió seguir su propio camino en lugar del de Dios, comenzaron a hacer cosas malas. Por eso, aun la gente «buena» resulta lastimada. Eso no significa que Dios no tenga poder. Él actuó y está actuando a favor de nuestro bien, aun en medio del mal. Otros versículos que dan una perspectiva acertada sobre el mal y cómo encararlo son Salmos 23:4 (página 444), Salmos 34:14 (página 449), Salmos 101:4 (página 481), Proverbios 24:19 (página 523), Juan 17:15 (página 864), y Romanos 12:9 (página 909).

MALDECIR, EL
¿Está bien o no maldecir?
No hagas mal uso del nombre del Señor tu Dios. El Señor no te dejará sin castigo si usas mal su nombre. *ÉXODO 20:7*

¿Por qué está mal usar el nombre de Dios al maldecir? El nombre de Dios identifica quién es él, así como tu nombre te identifica a ti. Dios es santo, y su nombre está por encima de todos los nombres. El nombre de Dios debe ser honrado; hacer mal uso de su nombre es una ofensa grave. Si usas el nombre de Dios cuando insultas, en realidad estás tratando al propio Dios con desprecio. Otros versículos que hablan sobre las maldiciones son Deuteronomio 5:11 (página 151) y Mateo 5:34 (página 768).

MATRIMONIO, EL
¿Qué del matrimonio?
Entonces te envolví con mi manto para cubrir tu desnudez y te pronuncié mis votos matrimoniales. Hice un pacto contigo, dice el Señor Soberano, y pasaste a ser mía.
EZEQUIEL 16:8

¿Estás suficientemente madura para casarte? Necesitas el consejo sabio de personas adultas confiables. ¿Han hablado tu novio y tú con un pastor o un consejero sobre las cuestiones de la vida y el trasfondo de cada uno? ¿Se han puesto de acuerdo de que su relación será un pacto para siempre, y que no cambiarán de idea después de casarse? Los miembros de la pareja se pertenecen el uno al otro en forma exclusiva y permanente, hasta la muerte. Cuando pronuncies tus votos matrimoniales, debes estar dispuesta a quedarte con tu esposo por el resto de tu vida. Otros versículos que hablan sobre el matrimonio son Génesis 2:18-25 (página 4), Proverbios 5:15-19 (página 508), Malaquías 2:15 (página 760), 1 Corintios 13:1-13 (página 921), y Efesios 5:31-32 (página 943).

MENTIR, EL
Tengo la tentación de mentir.
No se engañen. LEVÍTICO 19:11

Mentir puede parecerte una buena idea, porque te salva del incendio... por ahora. Pero Dios tiene una sola respuesta a la tentación de la mentira (y recuerda que esta incluye exagerar una historia, aunque sea un poquito): ¡*No lo hagas!* ¿Por qué? Porque Dios es honesto y santo, y la mentira lo deshonra. Destruye lo que él creó: la seguridad y la confianza entre las personas. Mentir te lastima a ti, a otros y a Dios. Otros versículos sobre la mentira son Génesis 4:9 (página 5), Proverbios 6:17 (página 508), Proverbios 26:28 (página 525), y Efesios 4:25 (página 942).

METAS, LAS

¿Qué debo hacer con mi vida?
Que él conceda los deseos de tu corazón y haga que todos tus planes tengan éxito.
SALMOS 20:4

Si no estás segura sobre la voluntad de Dios, pídele que te la muestre... ¡y prepárate para obedecer! Mira el ejemplo de Abraham. Dios prometió construir una gran nación a partir de la familia de Abraham, pero para ello él debía seguir el plan de Dios. Esto implicaba dejar su hogar y sus amigos y viajar hacia una nueva tierra. Abraham obedeció, confiando en la promesa de Dios sobre las bendiciones futuras. Quizás Dios quiera guiarte, igual que a Abraham, a un lugar donde le seas útil. ¡No pases por alto el plan de Dios y la bendición para tu vida! Otros versículos que pueden ayudarte a encontrar un propósito para la vida son Salmos 138:8 (página 499), Jeremías 29:11 (página 624), y 2 Pedro 1:3 (página 985).

MIEDO, EL

Quisiera no estar tan asustada.
¡Así que sé fuerte y valiente! No tengas miedo ni sientas pánico frente a ellos.
DEUTERONOMIO 31:6

Si te sientes intranquila cuando enfrentas el peligro, no eres la única. La Biblia está llena de personas que se sintieron débiles cuando tuvieron que enfrentar situaciones difíciles, pero Dios las usó de manera poderosa porque confiaron en él para vencer sus debilidades. Pídele a Dios que te ayude a ser valiente, y él lo hará. Ser valiente no significa ser pedante. Significa pedirle a Dios que te dé coraje, cuando te acerques a otros para hablar con ellos. Dios está contigo siempre, y él te ayudará a vencer tus temores. Otros versículos sobre tener valentía ante el temor son Éxodo 4:10-12 (página 49), Josué 1:9 (página 176), y Hageo 2:4 (página 749).

MUERTE, LA

Tengo miedo de morir.
Aun cuando yo pase por el valle más oscuro, no temeré, porque tú estás a mi lado.
SALMOS 23:4

La muerte provoca miedo porque no se la puede detener. Todos moriremos algún día. Hay una sola persona que puede caminar contigo por el «valle más oscuro» de la muerte y llevarte al otro lado de manera segura: esa persona es Dios, quien puede darte vida eterna. Camina cada día con Jesús, y vive con plenitud un día a la vez. Otros versículos sobre la muerte son Deuteronomio 30:19-20 (página 170), Salmos 89:48 (página 478), Daniel 12:2 (página 709), Romanos 6:23 (página 903), 1 Corintios 15:20-23 (página 923), y 1 Tesalonicenses 4:13-17 (página 953).

NOVIAZGO, EL

¿Cómo debo tratar a mi novio?
Amarás a tu prójimo como a ti mismo. MATEO 22:39

Si tienes presente los dos mandamientos principales, nunca te meterás en problemas.
¿Qué requiere el amar a Dios? ¿Cómo puedes amar a este «prójimo» como a ti misma?
Piensa en la manera en que Dios querría que trataras a este «prójimo», y luego hazlo.
Si realmente amas a tu novio con el amor de Dios, nunca lo obligarás ni lo manipularás
(«si me amaras lo harías...»), y nunca harás nada que vaya en contra de la ley de Dios. Si
quieres otras claves sobre cómo comportarte en un noviazgo, lee Romanos 12:9-10, 21
(página 909), 1 Timoteo 3:2 (página 958), y 1 Pedro 2:17 (página 982).

OCULTISMO, EL

**¿Qué tiene de malo leer el horóscopo, usar la tabla Ouija o participar en una
sesión de espiritismo? ¿No es sólo diversión?**

*Tampoco permitas que el pueblo practique la adivinación, ni la hechicería, ni que
haga interpretación de agüeros, ni se mezcle en brujerías, ni haga conjuros; tampoco
permitas que alguien se preste a actuar como medium o vidente, ni que invoque el
espíritu de los muertos. DEUTERONOMIO 18:10-11*

Estas y otras prácticas ocultistas son peligrosas, y no son en absoluto una «diversión».
Satanás está detrás de estas cosas, y su meta es alejarte de Dios. La Biblia dice explícita-
mente que tales actividades son pecaminosas. Mantente alejada de ellas, y concentra
tu atención en Dios. Él te ama y desea tener una relación contigo. Puedes estar cada
vez más cerca de Dios, en lugar de que Satanás te arrastre para alejarte mediante
prácticas pecaminosas. Cuando quieras conocer el futuro, lee los siguientes versículos:
Jeremías 10:1-12 (página 607), 1 Corintios 2:9 (página 914), 1 Corintios 13:12
(página 922), y Hebreos 10:23 (página 973).

ORACIÓN, LA

¿Por qué debería seguir orando cuando él no responde?

*Jesús dijo a los discípulos: «Tengan fe en Dios [...] Deben creer de verdad que ocurrirá y
no tener ninguna duda en el corazón». MARCOS 11:22-23*

Dios quiere que tengas fe en él, que seas persistente. No dejes de pedirle que te
responda. Sí, te responderá, a su manera, a su tiempo. Si te sientes tentada a dejar de
orar cuando no «escuchas» nada, recuerda la promesa de Jesús: si tu fe en Dios está
basada en sus promesas, recibirás aquello por lo cual has orado (pero debes considerar
también 1 Juan 5:14, página 991). De modo que, en cuanto a hablar con Dios, ¡no te
rindas nunca! Otros versículos sobre recibir aquello por lo cual oras son Mateo 7:7-8
(página 770) y Lucas 11:9-13 (página 829).

¿Es verdad que Dios escucha cuando oramos?

*Así que acerquémonos con toda confianza al trono de la gracia de nuestro Dios. Allí
recibiremos su misericordia y encontraremos la gracia que nos ayudará cuando más
la necesitemos. HEBREOS 4:16*

Dios presta atención a nuestras oraciones. Quiere que te acerques a él con toda confianza, así que no tengas miedo de pedirle a Dios que satisfaga tus necesidades. Asegúrate de estar consciente de quién es la persona a la que le estás hablando. ¡Recuerda
que él es el Creador y el Rey del universo! Él promete darte gracia y misericordia y
ayudarte cuando se lo pidas. Otros versículos que te alentarán a seguir hablando con
Dios son Jeremías 29:12-13 (página 624), Mateo 7:7-8 (página 770), Marcos 11:22-25
(página 807), y Santiago 5:16 (página 980).

¿Da resultado orar?

La oración ferviente de una persona justa tiene mucho poder y da resultados maravillosos. SANTIAGO 5:16

¡La oración tiene consecuencias mucho más grandes de lo que podrías imaginar! Algunas personas ven la oración como un último recurso (algo que se intenta cuando todo lo demás falla). La oración es tan efectiva —recuerda que el poder de Dios es más grande que el nuestro—, que debería ser nuestra *primera* reacción ante cualquier circunstancia. ¡Nuestras oraciones pueden tener resultados maravillosos! Otros versículos que hablan sobre la efectividad de la oración son Juan 16:23-24 (página 863), Santiago 1:6-8 (página 977), y 1 Juan 5:14-15 (página 991).

PACIENCIA, LA

Alguien me insultó.

Un necio se enoja enseguida, pero una persona sabia mantiene la calma cuando la insultan. PROVERBIOS 12:16

Cuando la gente te insulta, es natural que quieras devolverle el insulto. Sin embargo, la venganza no resuelve el problema. Trata de mantener la calma y responder con paciencia. Una respuesta calmada por lo general enfría el enojo de la otra persona y hace más fácil resolver la cuestión. Si te resulta difícil controlar la ira, pídele ayuda a Dios. Él tiene poder para transformar tu corazón. Otros versículos que pueden ayudarte cuando recibas insultos son Salmos 69:20 (página 466), Proverbios 15:4 (página 515), 2 Corintios 12:7-10 (página 933), y 1 Pedro 4:14-15 (página 984).

PADRES, LOS

¿Por qué debo escuchar a mis padres?

Hijo mío, obedece los mandatos de tu padre, y no descuides la instrucción de tu madre [...] Cuando camines, su consejo te guiará. PROVERBIOS 6:20, 22

Es natural que a medida que crezcas quieras ser más independiente. Pero eso no significa que debas dejar de escuchar a tus padres. Si estás luchando para tomar una decisión, presta atención a lo que te digan tus padres u otros adultos que te conozcan bien. ¡Su experiencia puede ayudarte! Otros versículos que hablan de cómo deberías tratar a tus padres son Proverbios 23:25 (página 522) y Colosenses 3:20 (página 951).

PAZ, LA

No tengo paz.

Les he dicho todo lo anterior para que en mí tengan paz. Aquí en el mundo tendrán muchas pruebas y tristezas; pero anímense, porque yo he vencido al mundo. JUAN 16:33

Cuando las situaciones que vivimos escapan de nuestro control, es difícil encontrar paz. Pero Dios tiene el control. Él te dará paz a medida que enfrentes el problema en el que estás. Recuerda que Dios ya superó las dificultades que enfrentas. Descansa en él para encontrar paz. Otros versículos que hablan sobre la paz son Lucas 1:78-79 (página 815), Romanos 5:1 (página 902), y Filipenses 4:6-7 (página 947).

PENSAMIENTOS

¿Realmente importa lo que pienso, siempre y cuando haga lo correcto?

Es lo que sale de su interior lo que los contamina. MARCOS 7:20

Jesús dice que pensar en lo malo es tan malo como hacer lo malo. ¿Por qué? Porque

Dios mira tu corazón, no solamente lo que haces. Los pensamientos impuros contaminan tu corazón y te hacen inaceptable ante Dios, quien es puro y santo. Cuando tus pensamientos te arrastran hacia algo malo, toma la decisión de reorientarlos hacia algo bueno. Otros versículos que se ocupan de la importancia de tus pensamientos son Romanos 12:1-2 (página 908) y Filipenses 4:6-9 (página 947).

PERDÓN, EL

¿Alguna vez podría ser tarde para pedirle a Dios que me perdone?

Actúen ahora, antes de que caiga la intensa furia del Señor y comience el terrible día de la ira del Señor   SOFONÍAS 2:2

El pueblo de Judá había sido claramente advertido por Dios, la autoridad más elevada. Se les ordenó escuchar, pero se negaron a hacerlo. Dios les dio numerosas oportunidades de evitar el juicio, y envió al profeta Sofonías a advertirles que se arrepintieran de sus pecados. Pídele a Dios que te perdone ahora, antes de que sea demasiado tarde. Porque cuando Jesús regrese (y no sabemos cuándo será), entonces sí será demasiado tarde para pedirle perdón. Otros versículos sobre recibir el perdón de Dios son Salmos 86:5 (página 475), Mateo 6:14-15 (página 769), Santiago 2:12-13 (página 978), y 1 Juan 1:8-9 (página 988).

Me siento sucia. No soy suficientemente buena para nadie.

La ropa de Jesúa estaba sucia cuando estuvo de pie ante el ángel [...] (El ángel) se volvió hacia Jesúa y le dijo: «¿Ya ves? He quitado tus pecados y ahora te voy a dar esta ropa nueva y fina». ZACARÍAS 3:3-4

La visión de Zacarías muestra de forma gráfica la manera en la que Dios nos quita la «ropa sucia» (nuestros pecados o los pecados que otros cometieron contra nosotros, tales como el abuso físico o sexual) y nos da «ropa limpia». No podemos hacer nada por nosotros mismos. Cuando Satanás trata de que te sientas sucia y sin valor, recuerda que la ropa limpia de la justicia de Dios te hace digna para acercarte a él. Otros versículos que se ocupan de la limpieza y el perdón de Dios son Salmos 51:1-2 (página 458), Jeremías 33:6-8 (página 629), Efesios 5:25-27 (página 943), y Hebreos 9:22 (página 972).

¿Me ayudará Dios cuando yo haya hecho algo malo?

Toda la gloria sea para Dios, quien es poderoso para evitar que caigan, y para llevarlos sin mancha y con gran alegría a su gloriosa presencia.   JUDAS 1:24

Dios desea perdonarte cuando haces algo malo, y lo que es más importante, él puede evitar que hagas algo malo. Si has confiado en él y en su Hijo Jesucristo, llegará el día en que te dará la seguridad de que estás limpia de cualquier falta que hubieras cometido, y no pecarás nunca más. ¡Qué día maravilloso será entonces, cuando estés con Dios para siempre! Otros versículos sobre el perdón de Dios son 2 Crónicas 7:14 (página 355), Salmos 65:3 (página 463), Hechos 3:19-20 (página 871), Romanos 4:6-8 (página 902), y Hebreos 10:17-18 (página 973).

PERDONAR A OTROS

Él o ella me han lastimado mucho, ¿debo darle una segunda oportunidad?

Mi amor no tendrá límites, porque mi enojo habrá desaparecido para siempre. OSEAS 14:4

La historia de Oseas y su esposa pecadora, Gomer, es la historia de Dios y su pueblo pecador, Israel. Aunque el pueblo había pecado, Dios le dio una segunda oportunidad;

en efecto, ¡a lo largo del Antiguo Testamento le dio *muchas* segundas oportunidades! Dios perdonó y olvidó. Él te pide que hagas lo mismo: que perdones y olvides. Perdonar y olvidar no significa que debas continuar sufriendo de abuso de una persona hiriente y abusiva. Significa mantener una actitud perdonadora. ¿Das a otros una segunda oportunidad? Otros versículos sobre el perdón son Proverbios 19:11 (página 519), Mateo 6:14-15 (página 769), Mateo 18:21-35 (página 782), Romanos 12:17-21 (página 909), y Efesios 4:31-32 (página 942).

No puedo perdonar lo que me hicieron.
Jesús dijo: «Padre, perdónalos, porque no saben lo que hacen». LUCAS 23:34

Nunca es fácil perdonar. Pero Dios nos dice que debemos hacerlo porque él nos perdonó. Su Hijo Jesús perdonó aun a aquellos que lo estaban crucificando. Si te resulta difícil perdonar a alguien que te lastimó un poco, recuerda que Dios te ha perdonado *a ti* por ofenderlo mucho. Pídele que te ayude a perdonar a otros de la misma manera. Otros versículos que hablan sobre perdonar son Oseas 14:4 (página 718), Mateo 6:12-15 (página 769), Mateo 18:21-35 (página 782), y Colosenses 3:13 (página 951).

PEREZA, LA
Odio hacer tareas, ¿tengo que hacerlas?
«Los que no están dispuestos a trabajar que tampoco coman». Sin embargo, oímos que algunos de ustedes llevan vidas de ocio, se niegan a trabajar. 2 TESALONICENSES 3:10-11

Cuando es hora de trabajar, deberías presentarte en el acto. Debes sacarle provecho a tu talento y a tu tiempo, haciendo todo lo que esté a tu alcance para ayudar a tu familia y a otros. Si trabajas duro te será mucho más satisfactorio disfrutar del tiempo de descanso o de recreación. Los siguientes versículos también hablan sobre la pereza y el trabajo: Proverbios 6:6-11 (página 508), Proverbios 12:24 (página 513), y Romanos 12:11 (página 909).

Me encanta dormir hasta tarde.
Si te encanta dormir terminarás en la pobreza. PROVERBIOS 20:13

Esos últimos momentos para dormir son maravillosos; estás en la cama y no quieres levantarte porque estás calentita y cómoda. El libro de Proverbios advierte en contra de la pereza. Eso no significa que nunca debas descansar, pero no debes ser perezosa: podrías perderte las cosas buenas que Dios ha preparado para ti. Otros versículos que tratan sobre la pereza y dormir de más son Proverbios 10:4-5 (página 511), Proverbios 26:14 (página 525), y Eclesiastés 2:24 (página 531).

POPULARIDAD, LA
¿Está mal tratar de impresionar a las personas?
No traten de impresionar a nadie [...] No se ocupen sólo de sus propios intereses, sino también procuren interesarse en los demás. FILIPENSES 2:3-4

Es bueno que te importe lo que otros piensan, pero no si lo llevas al extremo. ¿Por qué? Porque Dios quiere que te concentres en ser como él, en tener la actitud de servicio que tuvo Jesucristo. En lugar de gastar tu energía tratando de impresionar a otros y preocupándote en forma egoísta acerca de lo que otros piensan de ti, prueba este otro camino: piensa en cómo podrías servir a otros, como lo hizo Cristo cuando estaba en la tierra. Otros versículos que te ayudarán a comprender la perspectiva de Dios sobre la popularidad son Lucas 6:26 (página 821), Juan 3:26-30 (página 848), Santiago 4:4 (página 979), y 1 Juan 4:6 (página 990).

No soy popular porque mis amigos me ven como «religiosa».
Esas personas pertenecen a este mundo, por eso hablan desde el punto de vista del mundo, y el mundo les presta atención. En cambio, nosotros pertenecemos a Dios, y los que conocen a Dios nos prestan atención. 1 JUAN 4:5-6

Sorpresa: no puedes agradarles a todos. ¿Por qué? Porque si estás siguiendo a Dios, algunas personas no te entenderán o no querrán estar contigo. Es casi como si estuvieras hablando en otro idioma. Pero la popularidad no es tan importante ni tan duradera como aquello en lo que te estás convirtiendo a los ojos de Dios. ¡Sólo recuerda que perteneces a Dios! Otros versículos que hablan sobre la popularidad son: Mateo 19:30 (página 783), Lucas 16:15 (página 835), Hebreos 13:14 (página 976), y Santiago 4:4 5 (página 979).

PORNOGRAFÍA, LA

¿Qué hay de malo con las imágenes sucias?
Así que hagan morir las cosas pecaminosas y terrenales que acechan dentro de ustedes. No tengan nada que ver con la inmoralidad sexual, la impureza, las bajas pasiones y los malos deseos. COLOSENSES 3:5

Por supuesto, eres curiosa. Pero si actúas siguiendo ese impulso, te harás daño ahora y en el futuro. Según Jesús, mirar esas figuras para estimular tu lujuria es lo mismo que cometer adulterio (compromiso sexual con alguien con quien no estás casada). Aun si nadie más se entera de lo que haces, Dios lo sabe. Una vez que miras esas imágenes, quedarán impresas en tu mente. Es mejor mantener la mente y el corazón limpios, y aprender a mirar a las personas como lo hace Dios: según su valor eterno, que va más allá de la apariencia física. Otros versículos que te dirán por qué no mirar pornografía son Job 31:1 (página 427), Mateo 5:27-28 (página 768), Romanos 8:6 (página 904), y Romanos 12:1-2 (página 908).

POSESIONES, LAS

No tengo mucho dinero ni tanta ropa.
He aprendido a estar contento con lo que tengo. FILIPENSES 4:11

La clave para ser feliz con lo que tienes es mantener en orden las prioridades y sentirte satisfecha con lo que Dios te da, sea poco o mucho. Si te concentras en lo que se espera que hagas en lugar de enfocarte en lo que tienes o en lo que no tienes, aprenderás a sentirte satisfecha. Otros versículos que hablan sobre el contentamiento son Mateo 6:25-33 (página 769), 2 Corintios 6:10 (página 929), y 1 Timoteo 6:6-10 (página 960).

POSTERGACIONES, LAS

Cuando no quiero hacer algo, pongo excusas.
El perezoso afirma: «¡Hay un león en el camino! Sí, estoy seguro de que allí afuera hay un león!». PROVERBIOS 26:13

Hay incontables excusas para evitar el trabajo. En lugar de poner excusas, comienza a establecer metas. Hacer bien una tarea, hasta una de menor importancia, es una de las fuentes más grandes de satisfacción y alegría. Haz bien tu trabajo: ¡Dios te lo ha dado como una manera para amarlo y servirle! Otros versículos que hablan sobre la pereza o las postergaciones son Proverbios 6:9-11 (página 508), Proverbios 20:13 (página 519),

Lucas 14:18 (página 833), Gálatas 6:4-5 (página 939), y 2 Tesalonicenses 3:10-12 (página 956).

PREJUICIO, EL

¿Está bien tratar a algunas personas mejor que a otras?
Atiendan los casos tanto de los pobres como de los ricos. DEUTERONOMIO 1:17

Tratar a algunas personas mejor que a otras es favoritismo, y la Biblia dice que eso está mal. Dios ama a todas las personas de la misma manera. Santiago 2:1 dice: «¿Cómo pueden afirmar que tienen fe en nuestro glorioso Señor Jesucristo si favorecen más a algunas personas que a otras?». Debemos seguir el ejemplo de Dios, y ser siempre equitativos. Otros versículos que hablan sobre el prejuicio son Ester 3:5-6 (página 405), Hechos 10:34-35 (página 879), Gálatas 3:28 (página 937), y Santiago 2:1-9 (página 977).

Algunas personas de la iglesia no me caen bien, ¿tengo que pasar tiempo con ellas?
Pues todos ustedes son hijos de Dios por la fe en Cristo Jesús [...] Ya no hay judío ni gentil, esclavo ni libre, hombre ni mujer, porque todos ustedes son uno en Cristo Jesús. GÁLATAS 3:26, 28

Es natural sentir más simpatía por algunas personas que por otras. Pero no deberías permitir que las diferencias te separen de la gente, especialmente de tus hermanos y hermanas en Cristo (si ya eres cristiana). ¡Después de todo, las personas con las que no te llevas bien son cristianas y pasarás la eternidad con ellas! El apóstol Pablo dice que todos los cristianos son uno a causa de la muerte y el sacrificio de Cristo. Aprende a mirar a los demás a través de los ojos de Dios. Busca lo mejor que hay en ellos, y descubre la contribución que pueden hacer con sus dones. ¡Puedes disfrutar de aquellos que son diferentes a ti! Otros pasajes que pueden ayudarte a resolver el prejuicio son Levítico 19:15 (página 100), 1 Samuel 16:7 (página 234), y Hechos 10:34-35 (página 879).

PREOCUPACIÓN, LA

Me preocupo mucho.
Pongan todas sus preocupaciones y ansiedades en las manos de Dios, porque él cuida de ustedes. 1 PEDRO 5:7

Si constantemente te preocupas, prueba el siguiente remedio: recuerda que a Dios le importas, plantéale qué es lo que te preocupa, y permite que otros cristianos te ayuden. En lugar de ser controlada por lo que te está ocurriendo (o por lo que *podría* ocurrirte), puedes optar por confiar en Dios, quien controla el mundo. Otros versículos que hablan acerca de la preocupación son Éxodo 14:1-14 (página 58), Mateo 6:25-34 (página 769), y Filipenses 4:6-7 (página 947).

Estoy preocupada por los cambios que hay en mi vida en este momento.
No se inquieten por lo que van a comer o lo que van a beber. No se preocupen por esas cosas [...] Su Padre ya conoce sus necesidades. LUCAS 12:29-30

Si estás preocupada por tus circunstancias, la Biblia dice que no hay por qué preocuparse. Dios ya sabe lo que necesitas. Él provee para las necesidades de todas las criaturas de la tierra y para él, tú eres más valiosa que todas ellas. Puedes contar con que Dios te ayudará en el momento de necesidad. Otros versículos que hablan sobre la preocupación son Lucas 12:22-31 (página 831) y Romanos 8:38 (página 905).

PRESIÓN DE LOS AMIGOS, LA

¿Cómo manejo la presión de mis amigos?

Los israelitas [...] abandonaron al Señor [...] (Así que él) los vendió a los enemigos que tenían a su alrededor. JUECES 2:11-14

La mejor manera de reaccionar ante la presión de tus pares es comprometerte a agradar a Dios, en primer lugar, y luego mantenerte fiel a él. A todos nos gusta caer bien, pero tratar de agradar siempre a los demás podría conducirnos a hacer cosas indebidas y hasta a abandonar a Dios. Los israelitas cedieron ante la presión de los pueblos idólatras que los rodeaban y eso los llevó al desastre. De la misma forma, nuestra vida se arruinará si no nos comprometemos a seguir fielmente a Dios. Busca amigos que te alienten a hacer lo bueno, ¡y no tengas miedo de ser alguien que se pone firme por lo que sabe que es correcto! Otros versículos que hablan sobre resistir a la presión de los pares son Éxodo 23:2-3 (página 66), Ester 3:2 (página 404), Daniel 3:1-30 (página 699), y 2 Corintios 6:8-10 (página 929).

¿Debo hacer lo que hacen mis amigos?

No imiten las conductas ni las costumbres de este mundo, más bien dejen que Dios los transforme en personas nuevas al cambiarles la manera de pensar. ROMANOS 12:2

A veces sí, a veces no. Sí cuando hacen lo correcto, y no cuando hacen lo malo. Sin embargo, cuando tus amigos están haciendo algo que sabes que a Dios no le agrada, no es fácil decir que no. Dios te ofrece ayuda. Él quiere que seas una persona «transformada», que siempre lo honra y lo obedece. Él sólo quiere lo mejor para ti, y por eso, parte del compromiso de vivir para él significa a veces decir que *no*, aunque tus amigos se disgusten. Para más explicaciones ver Salmos 1:1 (página 436), Proverbios 4:14 (página 507), Proverbios 22:24 (página 521), 1 Corintios 5:9-11 (página 916), y 2 Corintios 6:14 (página 929).

PRIORIDADES, LAS

¿Qué es lo más importante que debo hacer?

Busquen el reino de Dios por encima de todo lo demás y lleven una vida justa, y él les dará todo lo que necesiten. MATEO 6:33

¿Qué es lo más importante en tu vida? ¿Los amigos? ¿El estudio? ¿El trabajo? ¿Tu familia? Aunque todas estas cosas son buenas, Dios exige el primer lugar. Él quiere que lo elijas por sobre todas las cosas y todas las personas, a fin de que puedas cumplir el propósito para el cual te creó. Consagra tu vida al reino de Dios y deja que él se haga cargo de ti. Otros versículos para leer son Jueces 10:11-14 (página 207), Salmos 119:33-37 (página 492), 1 Juan 5:21 (página 991), y Judas 1:21 (página 995).

Veo televisión todo el tiempo.

Hay una temporada para todo, un tiempo para cada actividad bajo el cielo. ECLESIASTÉS 3:1

Como otras formas de entretenimiento, ver televisión puede darte mucho placer. Sin embargo, tienes que controlar la TV y no dejar que ella te controle a ti. Si miras más de una hora por día, comienza a buscar otras maneras de pasar el tiempo que sean más beneficiosas. ¡En lugar de ser una patata en el sillón, planta patatas! O haz cualquiera de las miles de actividades útiles que existen. ¡La vida es demasiado breve como para pasarse gran tiempo de ella contemplando la pantalla de la TV! Otros versículos que hablan de cómo mantener en orden tus prioridades son Deuteronomio 10:12-13 (página 155), Salmos 90:12 (página 478), Mateo 6:31-34 (página 770), y Efesios 5:16 (página 943).

PROBLEMAS, LOS

¿Cómo puedo manejar los problemas?

Dios es nuestro refugio y nuestra fuerza, siempre está dispuesto a ayudar en tiempos de dificultad. SALMOS 46:1

Nada es demasiado difícil para Dios. Él es poderoso y te ama. Si puede controlar los terremotos, puede controlar tus problemas. Busca a Dios cuando estés en dificultades. Recuerda que él es tu refugio permanente. Él te dará sabiduría y gracia para ocuparte de todos los problemas que te toque enfrentar. Otros versículos que hablan acerca de cómo enfrentar los problemas son Job 2:3 (página 410), Romanos 5:3-4 (página 902), 2 Corintios 4:17-18 (página 928), Santiago 1:4 (página 977), 1 Pedro 1:6-7 (página 981), y 1 Pedro 4:12-13 (página 984).

PROPÓSITO, EL

¿Qué debo hacer con mi vida?

Te bendeciré [...] y serás una bendición para otros. GÉNESIS 12:2

Si no estás segura sobre la voluntad de Dios, pídele que te la muestre... ¡y prepárate para obedecer! Mira el ejemplo de Abraham. Dios prometió construir una gran nación a partir de la familia de Abraham, pero para ello, él debía seguir el plan de Dios. Esto implicaba dejar su hogar y sus amigos y viajar hacia una nueva tierra. Abraham obedeció, confiando en la promesa de Dios sobre las bendiciones futuras. Quizás Dios quiera guiarte, igual que a Abraham, a un lugar donde le seas útil. ¡No dejes que el temor a lo desconocido te haga perder el plan de Dios y la bendición para tu vida! Otros versículos que pueden ayudarte a encontrar un propósito de Dios para tu vida son Salmos 139:3 (página 500), Isaías 2:3 (página 543), Jeremías 29:11 (página 624), y Romanos 12:1-2 (página 908).

¿Podría yo causar impacto en el mundo?

¿Quién sabe si no llegaste a ser reina precisamente para un momento como este? ESTER 4:14

La reina Ester tenía una oportunidad tremenda y temible. Podía enfrentar el riesgo de hablar con el rey y pedir que salvara la vida de su pueblo, los judíos, o podía refugiarse en la posición cómoda que tenía y no hacer nada. Ella eligió actuar, y Dios la utilizó para realizar algo grande. No importa dónde te haya colocado Dios, lo hizo con un propósito. En lugar de pensar que no eres lo suficientemente importante como para hacer un impacto, sólo haz lo que sabes que debes hacer. Pídele a Dios que te guíe, y ¡observa cómo hace grandes cosas por medio de ti! Otros versículos sobre la posibilidad de causar un impacto con tu vida son Génesis 12:1-2 (página 10), Romanos 12:6 (página 909), y Filipenses 1:20-24 (página 945).

PROTECCIÓN, LA

Si le pido a Dios que me proteja, ¿lo hará realmente?

Jabes [...] oró al Dios de Israel diciendo: «¡Ay, si tú me bendijeras y extendieras mi territorio! ¡Te ruego que estés conmigo en todo lo que haga, y líbrame de toda dificultad que me cause dolor!». 1 CRÓNICAS 4:9-10

Vivimos en un mundo lleno de pecado, y por eso es importante pedirle a Dios que te guarde del mal. También es importante que evitemos «jugar con fuego». Quizás pienses que puedes ver esa película erótica o escuchar música pesada y «manejarlo», pero eso es buscarse un problema. El paso importante que debes dar es pedirle a Dios que te proteja, y luego mantenerte en un lugar seguro: cerca de él. Otros versículos que puedes leer son Salmos 11:1-5 (página 439), Salmos 31:19-24 (página 448), Daniel 3:16-18 (página 699), y Filipenses 4:6-7 (página 947).

PUREZA, LA

¿Está bien mirar películas clasificadas «R»?

Cuando ustedes siguen los deseos de la naturaleza pecaminosa, los resultados son más que claros: inmoralidad sexual, impureza, pasiones sensuales [...] En cambio, la clase de fruto que el Espíritu Santo produce en nuestra vida es: amor, alegría, paz, paciencia, gentileza, bondad, fidelidad, humildad y control propio.
GÁLATAS 5:19, 22-23

Tus amigos te presionan. ¿Qué vas a hacer? La Biblia te dice que tengas cuidado con lo que entra en tu mente, porque eso es lo que saldrá de allí. (¿Has escuchado alguna vez el dicho «si entra basura, sale basura»?) Mira la lista que se encuentra en Gálatas 5:19-21 (página 939). Compárala con 5:22-23. ¿Qué clase de persona te gustaría ser? Otros versículos que hablan sobre tus hábitos de pensamiento son Levítico 19:2 (página 100), Mateo 5:27-29 (página 768), Marcos 7:20-22 (página 802), Filipenses 4:8 (página 947), y Tito 2:12 (página 965).

QUEJA, LA

¿Está bien quejarse a veces?

Entonces la gentuza extranjera que viajaba con los israelitas comenzó a tener fuertes antojos por las cosas buenas de Egipto. Y el pueblo de Israel también comenzó a quejarse. NÚMEROS 11:4

Cuando las cosas se complicaron, los israelitas se quejaron. En lugar de recordar a Dios y a su fidelidad, ¡lo arruinaron todo! La Biblia dice que está mal quejarse. Cuando nos quejamos, no estamos apreciando lo que Dios ha hecho. La queja fomenta las actitudes de resentimiento y amargura. Cuando la gente que te rodea se queje, no te sumes a ellos. En lugar de eso, recuerda la fidelidad de Dios. Considera Romanos 12:2 (página 909): «No imiten las conductas [...] de este mundo, más bien dejen que Dios los transforme en personas nuevas al cambiarles la manera de pensar». Otros versículos que hablan acerca de la queja (y de sus malas consecuencias) son Números 21:5-7 (página 129), Eclesiastés 7:14-15 (página 533), Jonás 4:1-3 (página 733), Filipenses 2:14-15 (página 946), y Santiago 5:9 (página 979).

REPUTACIÓN, LA

Procuro trabajar duro y ser amable, pero parece que nadie se da cuenta.

[Respondió Booz] «... sé todo lo que has hecho por tu suegra desde la muerte de tu esposo. He oído que dejaste a tu padre y a tu madre, y a tu tierra natal, para vivir aquí entre gente totalmente desconocida». RUT 2:11

Rut se ganó una excelente reputación porque era una persona trabajadora, amorosa, amable y fiel a su suegra Noemí. Como consecuencia, Booz se fijó en ella, proveyó para las necesidades de Rut y de su familia, ¡y más tarde se casó con ella! Tu reputación se construye a partir de la gente que te observa en la escuela, en el hogar, en la iglesia, y en el trabajo. Si eres siempre trabajadora y amable (no importa quién te mire o si te miran), tú también ganarás una buena reputación. Otros versículos que hablan sobre la reputación son Rut 1:16 (página 218), Proverbios 3:1-4 (página 506), Efesios 6:7 (página 943), Colosenses 4:5 (página 951), 1 Timoteo 3:7 (página 958), y 2 Timoteo 2:15 (página 962).

RESENTIMIENTO, EL
A mi hermano o a mi hermana los tratan mejor que a mí.
El hermano mayor se enojó [...] «Todos estos años, he trabajado para ti como un burro [...] Sin embargo, cuando este hijo tuyo regresa después de haber derrochado tu dinero en prostitutas, ¡matas el ternero engordado para celebrar!». LUCAS 15:28-30

¡No es raro que el hermano mayor estuviera enojado! ¡Daba la impresión de que le estaban dando un tratamiento preferencial al hermano menor! Pero por su enojo, el hermano mayor se perdió la fiesta familiar y malinterpretó la razón por la que el padre estaba celebrando (el hijo perdido había sido encontrado). En otras palabras, el resentimiento no te lleva a ninguna parte. En lugar de enojarte con tu hermano o hermana, aprovecha la oportunidad maravillosa de compartir su alegría. Esta será tu recompensa: ¡tú también estarás más contenta! Otros versículos sobre el resentimiento son Génesis 4:3-7 (página 5), Jueces 8:1-3 (página 204), Proverbios 10:12 (página 511), y Colosenses 3:8 (página 951).

RESPETO, EL
Es difícil respetar a los que ejercen autoridad.
El SEÑOR lo puso a mi merced allí en la cueva, y algunos de mis hombres me dijeron que lo matara, pero yo le perdoné la vida. Pues dije: «Nunca le haré daño al rey; él es el ungido del SEÑOR». 1 SAMUEL 24:10

Aunque el rey Saúl estaba intentando matar a David, este le perdonó la vida cuando tuvo ocasión de matarlo. ¿Por qué? Porque Saúl era el rey que Dios había elegido, y en consecuencia, David lo respetaba como tal. Quizás no entiendas por qué determinado padre, maestro o supervisor ocupan un lugar de autoridad, pero debes tratarlos con respeto en consideración a sus cargos. Y eso significa que no deberías dañarlos nunca, lo cual incluye la murmuración o cualquier otro acto que «mate» su reputación. Otros versículos que hablan sobre el respeto son Gálatas 5:14-15 (página 938), Tito 3:1-2 (página 965), y 1 Pedro 2:17 (página 982).

RESPONSABILIDAD, LA
¿Por qué debo ser responsable por otros?
Yo garantizo personalmente su seguridad. Puedes hacerme responsable a mí si no te lo traigo de regreso. Entonces cargaré con la culpa para siempre. GÉNESIS 43:9

Judá aceptó su completa responsabilidad por su hermano Benjamín. No siempre es fácil ser responsable por otros. A veces esto puede meterte en problemas. Pero actuar con responsabilidad (aun cuando otros no lo hagan) tiene una recompensa: fortalece tu capacidad y tu confianza para el liderazgo, ganas el respeto de otros, y por sobre todas las cosas, agradas a Dios. Otros versículos sobre la responsabilidad son Mateo 20:26-28 (página 784), Mateo 25:29 (página 790), y Romanos 12:6-8 (página 909).

REVERENCIA A DIOS

¿Está bien hacer bromas sobre Dios?

El Señor es bueno, un refugio seguro cuando llegan dificultades [...] Pero arrasará a sus enemigos con una inundación arrolladora. Él perseguirá a sus enemigos en la oscuridad de la noche. NAHÚM 1:7-8

Absolutamente nadie puede impunemente desafiar o burlarse de Dios, el todopoderoso Creador del universo. Él es quien controla el sol, las galaxias, las montañas, y la duración de tu vida. ¿Por qué desafiar su asombroso poder? ¿Por qué arriesgarse a ser juzgada por él? Es mucho mejor darle a Dios la reverencia y la adoración que merece, y recibir las bendiciones de su gracia y su amor. Otros versículos sobre cómo mostrar una actitud reverente a Dios son Éxodo 3:5-6 (página 48), Levítico 19:32 (página 101), 1 Crónicas 16:28-36 (página 338), Habacuc 2:20 (página 744), Hebreos 12:28-29 (página 976), y 1 Pedro 2:17 (página 982).

ROBAR, EL

Me siento tentada a tomar algo que no es mío.

Los deseaba tanto que los tomé. Está todo enterrado debajo de mi carpa; la plata la enterré aún más profundo que el resto de las cosas. JOSUÉ 7:21

Si alguien tiene algo que tú deseas, ¿está bien que lo tomes? ¡Por supuesto que no! ¿Por qué? Porque robar es pecar contra Dios. Éxodo 20:15 (página 63) dice claramente: «No robes». Tal vez deseamos intensamente algo, pero si Dios no nos lo ha dado no debemos tomarlo. En lugar de robar, debemos estar agradecidos por lo que tenemos. Sé una dadora, no una tomadora. Si necesitas algo más para convencerte, continúa leyendo Josué 7:22-26 (página 181) para conocer las graves consecuencias del robo. Otros versículos que hablan sobre robar son Mateo 19:18 (página 783) y Efesios 4:28 (página 942).

SABIDURÍA, LA

¿Cómo puedo vivir con sabiduría?

Si necesitan sabiduría, pídansela a nuestro generoso Dios, y él se la dará; no los reprenderá por pedirla. SANTIAGO 1:5

Tener sabiduría es más que conocimiento teórico; es la habilidad de tomar decisiones sabias y mantener nuestra vida dentro de la voluntad de Dios. Cuando necesites sabiduría, ora a Dios y te dará toda la que necesites. En una situación difícil, no tienes por qué andar a las tropezones en la oscuridad buscando respuestas. Dios te guiará. Otros versículos que hablan sobre la sabiduría son 1 Reyes 3:5-14 (página 274), Salmos 119:96-106 (página 493), Proverbios 4:1-13 (página 507), Mateo 7:24-27 (página 770), y Santiago 3:13-18 (página 978).

SALVACIÓN, LA

¿Es Cristo el único que puede salvarme?

Jesús le contestó: «Yo soy el camino, la verdad y la vida; nadie puede ir al Padre si no es por medio de mí». JUAN 14:6

Jesús no dijo que era *un* camino, *una* verdad y *una* vida sino *el* camino, *la* verdad y *la* vida. Él es tu *único* camino a Dios el Padre. En lugar de pensar en esto como una limitación, piensa en lo maravilloso de que Dios te haya dado la posibilidad de tu salvación. Lo único que tienes que hacer es aceptarlo. ¡Entonces tendrás vida eterna! Otros versículos acerca de la manera para ser salvos son Juan 1:12-13 (página 846), Juan

3:16-17 (página 848), Hechos 2:38 (página 871), Romanos 10:8-10 (página 907), y Efesios 2:1-10 (página 940).

¿Cómo puedo estar segura de que ya soy cristiana?

Pues todos hemos pecado; nadie puede alcanzar la meta gloriosa establecida por Dios. Sin embargo, con una bondad que no merecemos, Dios nos declara justos por medio de Cristo Jesús, quien nos liberó del castigo de nuestros pecados. ROMANOS 3:23-24

Es posible tener la seguridad de que vas a ir al cielo. En primer lugar, ¿has reconocido que eres una pecadora que merece ser castigada? ¿Le has pedido a Jesús, el Hijo de Dios, que te perdone y venga a vivir en tu corazón? ¿Has puesto en él tu confianza para que te salve? ¿Crees en tu corazón y proclamas con tu boca que él es el Señor resucitado? Si es así, eres cristiana. Ahora caminarás con Cristo en esta tierra, ¡y vivirás con él para siempre en el cielo! Otros versículos que pueden ayudarte a entender lo que significa ser cristiana son Juan 14:6 (página 861), Romanos 5:20 (página 903), Romanos 10:9-10 (página 907), 1 Corintios 15:3-6 (página 923), Efesios 2:1-10 (página 940), y Tito 3:5 (página 965).

No soy perfecta. ¿A pesar de eso, me aceptará Dios?

La ley de Dios fue entregada para que toda la gente se diera cuenta de la magnitud de su pecado, pero mientras más pecaba la gente, más abundaba la gracia maravillosa de Dios. ROMANOS 5:20

Nadie es perfecto: *todos* somos pecadores separados de Dios. Nadie es lo suficientemente bueno como para merecer el cielo. Pero Dios no se conformó con dejar la separación entre él y nosotros. Envió a su Hijo Jesús para darte la posibilidad de estar en la presencia de Dios si aceptas el sacrificio de Cristo sobre la cruz como pago por el castigo de tus pecados. Otros versículos acerca de cómo pueden los pecadores ser aceptados por Dios son Mateo 9:10-13 (página 772) y Lucas 15:1-10 (página 834).

¿Cómo puedo conocer a Jesús?

Si confiesas con tu boca que Jesús es el Señor y crees en tu corazón que Dios lo levantó de los muertos, serás salvo. ROMANOS 10:9

Convertirte en cristiana es algo que está tan cerca de ti como lo están tus labios y tu corazón. Si confiesas tu pecado (1 Juan 1:9, página 988), lo abandonas, y te vuelves a Dios (Hechos 2:38, página 871); y si crees en tu corazón y proclamas con tu boca que Cristo es el Señor resucitado, entonces eres una cristiana y puedes comenzar a crecer en tu relación con Jesús. Otros versículos sobre cómo acercarte a Jesús son Mateo 22:36-40 (página 786), Juan 1:1-14 (página 846), Juan 14:6 (página 861), y Juan 15:1-8 (página 862).

SATANÁS

¿Realmente existe Satanás?

Vivían en pecado, igual que el resto de la gente, obedeciendo al diablo —el líder de los poderes del mundo invisible—, quien es el espíritu que actúa en el corazón de los que se niegan a obedecer a Dios. EFESIOS 2:2

¿Es Satanás un tipo vestido de colorado, con un tridente, o es alguien mucho más mortífero? Sí, Satanás es real y es poderoso. Controla a aquellos que «se niegan a obedecer a Dios» y hacen lo malo. Pero si eres cristiana, ya no eres una «esclava» de Satanás. ¿Por qué? Porque Dios derrotó a Satanás cuando Cristo resucitó de los muertos. Cuando obedecemos a Dios y por medio de la fe nos convertimos en sus hijos, él nos da poder para ganar las batallas contra Satanás y lograr la victoria sobre el pecado. Otros versículos que hablan acerca del diablo y sus artimañas son Génesis 3:1-24 (página 4), Efesios 6:11-17 (página 943), 1 Pedro 5:8-9 (página 984), y Apocalipsis 12:9 (página 1003).

SATISFACCIÓN, LA

Nunca me siento satisfecha.

Oh Dios [...] todo mi cuerpo te anhela en esta tierra reseca y agotada donde no hay agua. SALMOS 63:1

Si estás anhelando una satisfacción duradera en tu vida, no la encontrarás en el centro de compras ni entre la «multitud». Sólo Dios puede satisfacer tus anhelos más profundos. Pídele que te ayude a desearlo a él tanto como deseas la comida cuando tienes hambre o el agua cuando tienes sed. Pon a Dios en el primer lugar de tu vida, y él te ayudará a descubrir lo que puede satisfacerte de verdad. Otros versículos que pueden ayudarte a encontrar la satisfacción que buscas son Salmos 23:1-6 (página 444), Habacuc 3:2 (página 744), y Juan 4:1-30 (página 849).

SEPARARSE, EL

¿Por qué debo ser diferente?

Salgan de entre los incrédulos y apártense de ellos, dice el Señor. 2 CORINTIOS 6:17

Ser diferente —«separarte»— es una manera de recordarte a ti misma que perteneces a Dios. Por supuesto, «separarte» del mundo significa algo más que mantenerte alejada de la gente mala. Significa tomar decisiones acertadas en cuanto a lo que piensas y en cuanto a la manera en que usas tu tiempo y tu dinero. Dios dice que no debemos ceder al pecado. No tienes que esforzarte por ser diferente: ¡Solamente obedece a Dios y mantente fiel a él! Entonces los que te rodean serán los «diferentes»: ¡Ellos serán los que están desconectados de la realidad! Otros versículos que puedes leer son Hechos 1:9-11 (página 869), Filipenses 2:5 (página 946), Filipenses 3:20 (página 947), Colosenses 3:1-3 (página 950), y Santiago 1:22 (página 977).

SEXO, EL

Me siento tentada a mudarme para vivir con mi novio. Todo el mundo lo hace.

Huye de todo lo que estimule las pasiones juveniles. En cambio, sigue la vida recta, la fidelidad, el amor y la paz. Disfruta del compañerismo de los que invocan al Señor con un corazón puro. 2 TIMOTEO 2:22

Sigue el consejo de Dios (ver Proverbios 6:32, página 509), ¡y huye! Ni siquiera te pongas en situaciones donde sea posible tener sexo. Y de paso, debes saber que «todo el mundo lo hace» es una gran mentira: todo el mundo *no* lo hace. Además, si realmente amas a alguien, querrás lo mejor para esa persona. Y eso significa no vivir juntos hasta estar casados (ver Proverbios 5:18-20, página 508). Otros versículos que hablan sobre el sexo son Génesis 2:23-24 (página 4), 1 Corintios 7:1-9 (página 916), Efesios 5:1-3 (página 942), Colosenses 3:5 (página 950), y 1 Tesalonicenses 4:1-7 (página 953).

SERVIR A LOS DEMÁS, EL

A veces no tengo ganas de ayudar a otros.

Cuando tus parientes fueron invadidos, te mantuviste al margen y te negaste a ayudarlos [...] Tú actuaste como un enemigo de Israel. ABDÍAS 1:11

Dios dice que esa no es una excusa. El que se niega a ayudar al que está en necesidad, está actuando como si fuera su enemigo. Puedes pecar por *hacer* algo malo, pero también puedes pecar cuando *te niegas a hacer* algo que deberías hacer. Cuando ves a alguien que está pasando dificultades y no lo ayudas, estás pecando contra esa persona y contra Dios. ¡Ayuda a otro y verás el bien que Dios hará! Otros versículos sobre la ayuda a los que pasan necesidad son Mateo 20:26-28 (página 784), Romanos 12:13 (página 909), y Filipenses 2:3-4 (página 946).

¿Por qué debo ayudar a los pobres?

En la resurrección de los justos, Dios te recompensará por invitar a los que no podían devolverte el favor. LUCAS 14:14

Hay mucha gente necesitada en el mundo. Algunos pueden estar a la vuelta de la esquina de tu casa o en tu escuela. Dios se interesa por los pobres, y tú también deberías hacerlo (ver Mateo 22:37-39, página 786). Sea que lo ayudes con compras del mercado o con trabajo en su jardín, o que los invites a la iglesia y los ayudes a entrar en el reino, Dios estará complacido. De modo que haz todo lo que esté a tu alcance para ayudar a los pobres, ¡y Dios te recompensará! Otros versículos sobre ayudar a los que no pueden devolverte son Mateo 25:31-46 (página 790) y Gálatas 6:2-3, 9-10 (página 939).

¿Debo esforzarme por ser amable con los demás?

Pido a Dios que pongas en práctica la generosidad que proviene de tu fe a medida que comprendes y vives todo lo bueno que tenemos en Cristo. Hermano, tu amor me ha dado mucha alegría y consuelo, porque muchas veces tu bondad reanimó el corazón del pueblo de Dios. FILEMÓN 1:6-7

¡Sí! El solo saber que Filemón abría su casa y su corazón a los cristianos le daba alegría a Pablo. Tú también puedes darle alegría y consuelo a otros: al chico nuevo en tu vecindario, a la anciana solitaria en la iglesia, al «rechazado» en la escuela o en el trabajo. Cuando abres tu hogar y tu corazón a otros, les muestras el amor de Cristo y los reanimas. Para ver más sobre servir a otros lee Abdías 1:11 (página 730), Lucas 14:13-14 (página 833), Tito 3:14 (página 965), Hebreos 13:16 (página 976), y Santiago 2:20 (página 978).

SOBERBIA, LA

Si soy lo suficientemente fuerte, ¿realmente necesito a Dios?

Cuando llegó a ser poderoso, Uzías también se volvió orgulloso, lo cual resultó en su ruina. 2 CRÓNICAS 26:16

Uzías creyó que era tan poderoso que no necesitaba obedecer las instrucciones de Dios. (Solamente los sacerdotes estaban autorizados a entrar en el santuario del templo, no los reyes). Por su desobediencia contrajo lepra y tuvo que vivir aislado por el resto de su vida. Cuídate de pensar que puedes hacer la tuya, sin Dios; podrías estar encaminándote hacia una gran caída. Otros textos que hablan sobre la soberbia son Proverbios 16:5, 18 (página 516), Lucas 18:9-14 (página 836), Santiago 4:7-10 (página 979), y Apocalipsis 3:17 (página 998).

SOLEDAD, LA

A veces me siento sola en el mundo.

Oh Señor, tú eres una torre de refugio para los pobres, una torre de refugio para los necesitados en su angustia. ISAÍAS 25:4

Todas las personas experimentan momentos de soledad. ¡A veces nos sentimos solos aunque estemos rodeados por una multitud! Pero en realidad nunca estás sola: Dios está contigo. Él será tu refugio en las tormentas de la vida, incluyendo los momentos de soledad. Él llenará el vacío en tu vida si lo buscas en oración. Él será tu amigo, aun cuando no haya nadie más. Otros versículos que pueden ayudarte cuando te sientas sola son Salmos 27:10 (página 446), Isaías 41:10 (página 574), y 2 Timoteo 4:16-17 (página 963).

SUFRIMIENTO, EL

Me enfermo más seguido que todos los que conozco.
Estas pruebas demostrarán que su fe es auténtica. 1 PEDRO 1:7

No es fácil estar enferma: faltar a la escuela o al trabajo, y no pasar tiempo con tus amigos. ¿Has pensado que estar enferma podría ser bueno para ti? Pedro dice que entonces puedes dejar que tu luz brille, aun cuando sucedan cosas malas. Esas pruebas te enseñarán a ser más paciente y te ayudarán a ser cada vez más parecida a Jesús. Otros versículos que hablan sobre el sufrimiento son Mateo 16:21-28 (página 780), 2 Corintios 1:3-7 (página 926), y 2 Corintios 4:16-18 (página 928).

TEMOR AL FUTURO, EL

Me da miedo dejar mi hogar.
No tengas miedo ni te desanimes, porque el Señor tu Dios está contigo dondequiera que vayas. JOSUÉ 1:9

Aunque Josué estaba dejando su hogar para ir a la guerra, el consejo que Dios le dio también puede ayudarte en tu situación. Quizás te atemoriza salir de tu hogar, pero también puede ser una experiencia que te ayude a madurar. Harás nuevos amigos, tomarás tus propias decisiones, y definirás qué hacer con tu vida. Y, ¿adivina qué? Nunca estarás sola, porque Dios irá contigo. Él ha prometido que nunca nos dejará, y estará cerca cada vez que lo llames. Otros versículos sobre ser valiente en tiempo de cambio son Génesis 12:1-2 (página 10), Salmos 16:7-9 (página 441), Salmos 23:4 (página 444), y 2 Timoteo 1:7 (página 961).

Tengo miedo al futuro.
Sé que el Señor siempre está conmigo; no seré sacudido, porque él está aquí a mi lado. SALMOS 16:8

Nadie sabe lo que sucederá en el futuro. Pueden ocurrir cosas buenas o pueden ocurrir cosas malas. (El Nuevo Testamento incluso dice que aquellos que siguen a Jesús deberían *saber* que les tocará sufrir —ver 2 Timoteo 3:12, página 962). Si estás caminado con Jesús y haciendo lo que él te dice que hagas, no debes temer por lo que pueda ocurrir. Ten confianza de que Dios te cuidará. Otros versículos que se ocupan del temor al futuro son Josué 1:9 (página 176), Salmos 27:1 (página 446), Salmos 91:1-10 (página 478), Proverbios 1:33 (página 506), e Isaías 8:12-13 (página 548).

TENTACIÓN, LA

Tengo ganas de que mi novio venga cuando no hay nadie en casa.
Aléjense de toda clase de mal. 1 TESALONICENSES 5:22

Cuando estás sola, estarás más tentada a hacer aquello que sabes que no deberías hacer. Pero Dios dice que te mantengas pura y que evites cualquier posibilidad de hacer lo malo. Otros versículos que te ayudarán a evitar la tentación son Proverbios 6:24-25 (página 509), 1 Tesalonicenses 4:5 (página 953), 2 Timoteo 2:22 (página 962), y Hebreos 4:14-16 (página 969).

TESTIFICAR, EL

No me gusta hablar sobre mi fe.

Todos fueron llenos del Espíritu Santo. Y predicaban con valentía la palabra de Dios. HECHOS 4:31

Si eres cristiana, debería ser natural compartir tu fe. Una vez que te has dado cuenta de todo lo que Dios ha hecho por ti, y que por tu fe en Cristo has sido llena del Espíritu Santo, tendrás ganas de contarles a otros acerca de Cristo y de su amor. ¿Necesitas más valentía? Igual que los discípulos, puedes orar pidiéndola. Entonces, con la ayuda del Espíritu Santo, busca oportunidades para hablarles de Cristo a tus amigos y vecinos. Otros versículos que te ayudarán son Marcos 13:11 (página 809), Colosenses 4:3-5 (página 951), y Judas 1:22-23 (página 995).

¿Qué ocurre si soy la única cristiana de mi familia?

La vida recta de ustedes les hablará sin palabras. Ellos serán ganados al observar la vida pura y la conducta respetuosa de ustedes. 1 PEDRO 3:1-2

Una vida transformada habla fuerte y claro, y es la mejor manera de causar impacto en tu familia. No necesitas «predicar». Verán cómo has cambiado por la manera en que hables y actúes. Y, ¿quién sabe? Quizás te pidan que expliques cuál es tu esperanza cristiana, y tal vez se acerquen a Cristo porque lo ven en ti. Otros versículos sobre testificar son Salmos 71:15 (página 467), Ezequiel 3:18-19 (página 656), Mateo 28:18-20 (página 794), 2 Timoteo 1:8 (página 961), y 1 Pedro 3:15 (página 983).

TOMAR PARTIDO, EL

¿Qué ocurre si soy la única que toma partido por lo correcto?

Yo soy el único que queda con vida, y ahora me buscan para matarme a mí también. 1 REYES 19:14

Elías creía que él era el único que había tomado partido por lo correcto. Se había puesto firme del lado de Dios y alentaba a la gente a que hicieran lo correcto. Sin embargo, estaban matando a todos los profetas de Dios. Él le aseguró a Elías que no estaba solo: Dios estaba con él, ¡y había varios miles más que servían fielmente a Dios! Cuando pienses que eres la única que queda, no te desesperes. En lugar de ello, continúa obedeciendo a Dios y ayudando a otros a que también aprendan a obedecerlo. Otros versículos sobre tomar partido en soledad son 2 Reyes 1:1-14 (página 298), Esdras 4:1-5 (página 382), y Hechos 21:26-40 (página 891).

Me resulta difícil tomar partido por Jesús.

Sadrac, Mesac y Abed-nego contestaron: «Oh Nabucodonosor [...] el Dios a quien servimos es capaz de salvarnos [...] Pero aunque no lo hiciera, deseamos dejar en claro ante usted que jamás serviremos a sus dioses ni rendiremos culto a la estatua de oro que usted ha levantado». DANIEL 3:16-18

¿Estás bajo presión, como lo estaban los tres amigos de Daniel? ¡Esos tipos sí que tenían agallas! Estaban a punto de ser arrojados a un horno ardiente, y aun así enfrentaron al rey y mantuvieron firme su devoción a Dios. Confiaron en que Dios los libraría, y declararon que aunque no lo hiciera, no renunciarían a él. Cuando la vida se pone difícil, ¿tienes *tú* esas agallas? Otros versículos que hablan sobre tomar partido son 1 Reyes 19:14 (página 292), Esdras 5:11 (página 383), 2 Corintios 5:20 (página 929), Filipenses 1:20-21 (página 945), 2 Timoteo 4:6-7 (página 963), 1 Pedro 4:14-16 (página 984), y Judas 1:3 (página 994).

Quiero ser cristiana, pero también quiero acomodarme a mi ambiente.
Los sabios resplandecerán tan brillantes como el cielo y quienes conducen a muchos a la justicia brillarán como estrellas para siempre. DANIEL 12: 3

Las estrellas se destacan contra el cielo oscuro en la noche. Como las estrellas, las personas que pertenecen a Dios se destacan en un mundo oscuro. Sus palabras, sus acciones, su vida, están en drástico contraste con aquellas personas que viven en el oscuro mundo del pecado. Si sigues a Jesús, no esperes calzar bien en el mundo. Tu vida se destacará como una estrella en el cielo. Tal vez no puedas acomodarte, ¡pero tu vida será notable! Otros versículos que hablan sobre tomar partido por Cristo son Proverbios 4:18 (página 507), Mateo 5:13-16 (página 768), Mateo 10:28-33 (página 773), 1 Pedro 2:12 (página 982), y 1 Pedro 4:12-13 (página 984).

TRABAJO, EL
¿Puede Dios usar a personas «comunes» como yo?
Este mensaje fue dado a Amós, un pastor de ovejas de la ciudad de Tecoa, en Judá. AMÓS 1: 1

¡Dios usó a Amós, un pastor «común y corriente»! Amós no tenía un trabajo particularmente «espiritual», no tenía el oficio de predicador. Sin embargo, Dios lo usó como mensajero. Eso significa que no importa lo «común y corriente» que seas, Dios puede actuar por medio de ti para que otros se acerquen a él. Otros versículos que hablan sobre trabajar para Dios son Efesios 6:7 (página 943), Colosenses 3:23 (página 951), y 3 Juan 1:5 (página 993).

Trabajo más duro que cualquier otro.
Trabajen con entusiasmo, como si lo hicieran para el Señor y no para la gente. EFESIOS 6:7

¿Se dan cuenta los demás de tu esfuerzo? Dios sin duda lo ve, ¡y él te recompensará! También puedes lograr otros excelentes beneficios que la gente te tome en cuenta, que obtengas una buena reputación o que adquieras experiencia y conocimiento, y que madures espiritualmente. Y en especial, cuando te esfuerzas por trabajar en lo que le agrada a Dios, sentirás que él está complacido y sabrás que tu tarea lo satisface. ¡Sólo asegúrate de estar trabajando para él! Otros versículos que tratan de agradar a Dios con tu trabajo son Éxodo 23:12 (página 66), Lucas 12:13-31 (página 830), Lucas 19:11-27 (página 837), y Efesios 4:28 (página 942).

VACÍO, EL
Me siento vacía, como si a mi vida le faltara algo.
He oído todo acerca de ti, SEÑOR [...] En este momento de profunda necesidad, ayúdanos otra vez. HABACUC 3:2

Cuando te sientas vacía, puedes recurrir a nuestro Dios fuerte y poderoso. Lee la Biblia, que es un relato de las cosas maravillosas que hizo, incluyendo la manera en que cuidó a las personas aun cuando se rebelaron contra él. Sea que no te hayas encontrado antes con Dios o que hayas «superado» tu fe infantil del catequismo o de la escuela dominical, vuelve a prestarle atención a Dios. Él está esperando que lo busques porque quiere llenar ese vacío con su paz y su alegría. Otros versículos que hablan acerca del vacío y de la plenitud que Dios nos da son Salmos 63:1-5 (página 462), Eclesiastés 1:2-8 (página 530), y Juan 6:35 (página 852).

VALENTÍA, LA

Me resulta difícil admitir que soy cristiana.

Ellos dieron la siguiente respuesta: «Nosotros somos siervos del Dios del cielo y de la tierra». ESDRAS 5:11

Estos obreros que estaban reconstruyendo el templo entendieron lo difícil que puede ser mantenerse firme en lo que uno cree. Eso no les impidió dar esta respuesta valiente cuando fueron confrontados por un gobernante que les exigía que dijeran quién les había dado permiso para ese proyecto de reconstrucción. No siempre te será fácil declarar tu fe, pero debes hacerlo. Tú también eres una «obrera» de Dios; entonces agrádale *primero* a él. En lugar de tener miedo de ofender a alguien al decirle que eres cristiana, sé valiente. ¡Simplemente dilo! Deja que por tus palabras y tus acciones otros sepan a quién sirves. Otros versículos sobre la valentía son Éxodo 1:15-17 (página 47), Hechos 4:23-31 (página 872), Hechos 5:26-32 (página 873), y Efesios 6:19-20 (página 944).

VENGANZA, LA

Sólo quiero que paguen por lo que me hicieron.

Yo tomaré venganza; yo les pagaré lo que se merecen. A su debido tiempo, sus pies resbalarán. Les llegará el día de la calamidad, y su destino los alcanzará. DEUTERONOMIO 32:35

Cuando nos hieren profundamente, con frecuencia sentimos el deseo de darles a esas personas lo que se merecen. Pero Dios dice que dejemos la venganza en sus manos. Es conveniente dejar que él se ocupe de nuestros enemigos. ¿Recibirán alguna vez lo que se merecen? Sí, dice Dios; si se lo merecen, el castigo será inevitable. Mientras tanto, debemos practicar el perdón y aprender a amar a quienes nos hieren. Jesús dijo: «¡Ama a tus enemigos! ¡Ora por los que te persiguen! De esa manera, estarás actuando como verdadero hijo de tu Padre que está en el cielo» (Mateo 5:44-45, página 769). Otros versículos que hablan sobre la venganza son Lamentaciones 3:55-66 (página 652), Mateo 5:43-48 (página 769), Romanos 12:17-21 (página 909), 1 Pedro 2:21-23 (página 982), y 1 Pedro 3:9 (página 983).

VERDAD, LA

¿Por qué tanta gente piensa que la Biblia es un libro viejo y polvoriento?

Sólo los que son espirituales pueden entender lo que el Espíritu quiere decir. 1 CORINTIOS 2:14

Si decides seguir a Cristo, no esperes que aquellos que no son cristianos entiendan o aprueben tu decisión. Les parecerá tonta, porque no tienen al Espíritu Santo en su interior que les revele la voluntad de Dios. ¡No permitas que eso te impida quitarle el polvo a la Biblia! Es en ella donde encontramos la verdad de Dios. Hazte el hábito de leer tu Biblia a diario, y luego diles a estas personas cómo te está cambiando Dios. Otros versículos sobre la verdad que el Espíritu revela por medio de la Biblia son 2 Timoteo 3:14-17 (página 962), Hebreos 4:12-13 (página 969), y 2 Pedro 1:16-21 (página 985).

VIOLENCIA, LA

Tengo miedo de que alguien me haga daño.

El Señor es mi luz y mi salvación, entonces ¿por qué habría de temer? El Señor es mi fortaleza y me protege del peligro, entonces ¿por qué habría de temblar? SALMOS 27:1

Cuando tienes miedo, Dios está contigo. No importa lo intenso que sean tus temores, habla de ellos con Dios y él te dará coraje. Confiar en Dios no significa que nunca te ocurrirá nada malo, pero sí quiere decir que nunca estarás sola. Cuando ocurran cosas malas a tu alrededor, lee sobre la seguridad y la protección de Dios en Deuteronomio 4:31 (página 150), Salmos 31:1-24 (página 447), y Sofonías 3:17 (página 748).

NOTA DE
LOS EDITORES

La *Santa Biblia,* Nueva Traducción Viviente (NTV), es una nueva traducción en la que se trabajó alrededor de diez años. Es fruto del trabajo de más de cincuenta eruditos en las áreas de teología, traducción, estudios lingüísticos, corrección de estilo, corrección de gramática, tipografía, edición y otros. También representa una asociación entre varios ministerios y editoriales como la editorial Tyndale, la Editorial Unilit y la Asociación Luis Palau.

La meta de cualquier tipo de traducción de la Biblia es compartir con los lectores contemporáneos, tan precisamente como sea posible, el significado y el contenido de los textos antiguos en hebreo, arameo y griego. El desafío para nuestros traductores, lingüistas y teólogos fue crear un texto contemporáneo que comunicara el mensaje con la misma claridad, y causara el mismo impacto, a los lectores de hoy que los textos originales comunicaron y causaron a los lectores y oyentes de los tiempos bíblicos. En fin, esta traducción es de fácil lectura y comprensión, y al mismo tiempo comunica con precisión el significado y el contenido de los textos bíblicos originales. La NTV es una traducción ideal para el estudio, para la lectura devocional y para la alabanza.

Creemos que la Nueva Traducción Viviente —que utiliza la erudición más actualizada con un estilo claro y dinámico— comunicará poderosamente la Palabra de Dios a todos los que la lean. Publicamos la NTV pidiendo a Dios en oración que la use para transmitir de una manera impactante su verdad eterna a la iglesia y al mundo.

Los editores
Agosto del 2010

INTRODUCCIÓN A LA NUEVA TRADUCCIÓN VIVIENTE

Filosofía y metodología de traducción

Las traducciones de la Biblia tienden a estar dirigidas por una de dos teorías generales de traducción. La primera de estas teorías ha sido llamada «equivalencia formal», «literal», o «palabra por palabra». Según esta teoría, el intérprete intenta traducir cada palabra del lenguaje original a su idioma y procura preservar todo lo posible la estructura de la oración y la sintaxis original. La segunda teoría ha sido llamada «equivalencia dinámica», «equivalencia funcional», o «idea por idea». La meta de este enfoque es producir en el idioma al que se traduce el equivalente más cercano al mensaje expresado en el texto original, tanto en estilo como en sentido.

Ambas teorías tienen sus fortalezas. Una traducción realizada con el enfoque de la equivalencia formal preserva aspectos del texto original (modismos antiguos, coherencia terminológica y sintaxis del lenguaje original) que son valiosos para los eruditos y para el estudio profesional. Permite al lector rastrear a lo largo de la traducción los elementos formales del texto en su lenguaje original. Por su parte, la traducción de equivalencia dinámica enfatiza la transmisión del mensaje en el lenguaje original. Le asegura al lector contemporáneo que el sentido del texto sea fácilmente reconocible. Esto permite que el mensaje se transmita de manera directa, sin que el lector deba luchar con modismos extranjeros o con sintaxis complicada. También facilita el estudio serio del texto y la claridad en la lectura, tanto devocional como pública.

La aplicación pura de cualquiera de estas filosofías de traducción pondría a las traducciones en extremos opuestos del espectro. En realidad, todas las traducciones contienen una combinación de estos enfoques. Una traducción realizada con una equivalencia formal estricta sería ininteligible en otro idioma, y una realizada solamente con equivalencia dinámica correría el riesgo de no ser fiel al original. Por esta razón, cuando el texto original es relativamente claro, las traducciones guiadas por la teoría de la equivalencia dinámica por lo general son bastante literales, y cuando el texto original es oscuro, las traducciones orientadas por la teoría de la equivalencia formal a veces resultan bastante dinámicas.

Los traductores de la Nueva Traducción Viviente (NTV) se propusieron transmitir el mensaje de los textos originales de las Escrituras en un idioma contemporáneo claro. Al hacerlo, tuvieron presente los intereses tanto de la equivalencia formal como de la equivalencia dinámica. Por un lado, tradujeron con la mayor sencillez y literalidad posible en los casos en que ese enfoque permitía producir un texto preciso, comprensible y natural. Muchas de las palabras y las frases fueron traducidas de manera literal, preservando los recursos literarios y retóricos esenciales, las metáforas antiguas, y las opciones de palabras que dan estructura a un texto y establecen ecos de significado entre un pasaje y el siguiente.

Por otro lado, los traductores trasladaron el mensaje de una manera más dinámica en los casos en que la traducción literal hubiera resultado confusa, difícil de entender, o hubiera contenido términos arcaicos o extraños. Procuraron clarificar las metáforas y términos difíciles a fin de facilitar al lector la comprensión del texto. En primer término los traductores trabajaron con el significado de las palabras y las frases en su contexto antiguo; luego tradujeron el mensaje en un lenguaje claro y natural. Su meta fue ser fieles a los textos antiguos y a la vez comprensibles. El resultado es una traducción que tiene precisión exegética y fuerza idiomática.

Equipo y proceso de traducción

Para producir una traducción precisa de la Biblia en un lenguaje contemporáneo, el equipo de traducción debía tener la habilidad necesaria para acceder a los patrones de pensamiento de los antiguos escritores, y luego traducir aquellas ideas, connotaciones y efectos en un idioma contemporáneo comprensible. Para iniciar este proceso se requería eruditos bíblicos reconocidos que interpretaran el significado del texto original y lo cotejaran con la traducción preliminar. A fin de evitar sesgos personales y teológicos, el equipo de eruditos debía representar a una variedad de grupos evangélicos capaces de emplear las mejores herramientas exegéticas. Luego serían necesarios correctores de estilo del idioma, que trabajarían junto a ellos para darle al texto una forma comprensible en el lenguaje contemporáneo.

Con estos objetivos en mente, el Comité de Traducción de la Biblia contrató a especialistas que representaban un amplio espectro de denominaciones, perspectivas teológicas y trasfondos de toda la comunidad evangélica. Cada libro de la Biblia fue asignado a tres especialistas con pericia reconocida en ese libro o grupo de libros. Cada uno de ellos hizo una revisión completa de la traducción preliminar y remitió las modificaciones sugeridas al traductor principal correspondiente. Este revisó y resumió las sugerencias y propuso un primer borrador del texto traducido. El borrador sirvió de base para varias etapas adicionales de revisión exegética y estilística. Luego, el Comité de Traducción de la Biblia se reunió, revisó y aprobó cada versículo de la traducción final.

A lo largo de este proceso de traducción y edición, los traductores principales y sus equipos de especialistas tuvieron la oportunidad de revisar la edición realizada por el equipo de correctores de estilo. Esto permitió controlar que no se introdujeran errores exegéticos en las etapas finales del proceso, y que el Comité de Traducción de la Biblia quedara satisfecho con el resultado final. Al elegir un equipo de especialistas calificados y de correctores de estilo hábiles, y al establecer un proceso que permitiera interacción a lo largo de las etapas, la NTV ofrece una traducción refinada que preserva los elementos formales esenciales de los textos bíblicos originales, en un idioma claro y comprensible.

Tyndale House Publishers publicó en inglés por primera vez en 1996 la *Santa Biblia*, New Living Translation (NLT), usando la teoría de traducción más moderna. Poco después de esta primera edición, el Comité de Traducción de la Biblia comenzó un proceso de revisiones y pulido de la traducción. El propósito de esta revisión continua fue el de mejorar el nivel de precisión sin sacrificar la calidad de un texto de fácil comprensión. La segunda edición en inglés se terminó en el 2004, y una actualización adicional, con cambios menores, fue introducida posteriormente en el 2007. La presente traducción de la *Santa Biblia*, Nueva Traducción Viviente, es la primera edición que se publica en español y se comenzó en el año 2001. El Nuevo Testamento se terminó en el año 2009.

Esta publicación de la NTV es una nueva traducción, de los idiomas originales al español, haciendo uso de la misma filosofía y orientaciones que guiaron el proyecto en inglés.

Redactada para ser leída en voz alta

En las Escrituras resulta evidente que los documentos bíblicos fueron escritos para ser leídos en voz alta, con frecuencia durante la adoración pública (ver Nehemías 8; Lucas 4:16-20; 1 Timoteo 4:13; Apocalipsis 1:3). En la actualidad sigue siendo mayor el número de personas que escuchará la lectura de la Biblia en el templo que aquellos que la leerán por sí mismos. Por lo tanto, una nueva traducción debe comunicar con claridad y fuerza cuando se lea en público. La claridad fue una meta primordial para los traductores de la NTV, no sólo para facilitar la lectura y la comprensión en privado, sino también para garantizar un resultado excelente en la lectura pública y un impacto inmediato y poderoso en cualquier oyente.

Los textos que respaldan la traducción de la NTV

Los traductores del Antiguo Testamento utilizaron el texto masorético de la Biblia hebrea en la versión *Biblia Hebraica Stuttgartensia* (1977), con su sistema extenso de notas textuales; esta es una versión actualizada de la *Biblia Hebraica* de Rudolph Kittel (Stuttgart, 1937). Los traductores también compararon con los Rollos del mar Muerto, la Septuaginta y otros manuscritos griegos, el Pentateuco Samaritano, la Peshitta Siríaca, la Vulgata Latina y toda otra versión o manuscrito que arrojara luz sobre el significado de los pasajes difíciles.

Los traductores del Nuevo Testamento utilizaron las dos ediciones clásicas del Nuevo Testamento Griego: *Greek New Testament*, publicado por las Sociedades Bíblicas Unidas (SBU, cuarta edición revisada, 1993) y el *Novum Testamentum Graece*, publicado por Nestle y Aland (NA, vigesimoséptima edición, 1993). Estas dos ediciones, que tienen el mismo texto pero difieren en la puntuación y en las notas textuales, representan, en gran medida, lo mejor de la investigación textual moderna. Sin embargo, en los casos en que las evidencias lingüísticas o de otra índole respaldaran fuertemente una alternativa, los traductores optaron por discrepar de los textos griegos SBU y NA, y siguieron versiones alternativas encontradas en otras fuentes antiguas. Las variaciones textuales importantes son siempre mencionadas en las notas textuales de la NTV.

Cuestiones de traducción

Los traductores hicieron un esfuerzo consciente por ofrecer un texto que fuera fácilmente entendido por un lector corriente en el idioma actual. Con ese propósito procuramos usar solamente estructuras de lenguaje y vocabulario que sean de uso común en la actualidad. Evitamos usar lenguaje que tenga probabilidad de quedar desactualizado en poco tiempo o que refleje regionalismos, eso con la intención de que la NTV tenga un uso tan amplio en tiempo y espacio como sea posible.

Nuestra preocupación por la facilidad de lectura no concierne únicamente al vocabulario o a la estructura de la oración. También prestamos atención a las barreras culturales e históricas que pudieran dificultar la comprensión de la Biblia, y por ello hemos procurado usar términos expresados en un estilo cultural e histórico que pueda comprenderse de inmediato. Para ello:

- Hemos convertido pesos y medidas antiguos a sus equivalentes modernos (por ejemplo, «efa» [unidad de volumen seco] o «codo» [medida de longitud]), ya que por lo general las medidas antiguas no tienen significado para los lectores contemporáneos. En las notas al pie de página ofrecemos las medidas hebreas, arameas o griegas literales, junto con el equivalente métrico moderno.

- En lugar de traducir literalmente los valores antiguos del dinero, los hemos expresado en términos comunes que comunican el significado. Por ejemplo, en el Antiguo Testamento, «siclos» se ha traducido «diez piezas de plata» para expresar el mismo significado original. En el Nuevo Testamento con frecuencia hemos traducido «denario» como «el salario normal de un día de trabajo», para facilitar la comprensión. En la nota al pie de página se agrega: «En griego *un denario*, la paga por una jornada completa de trabajo». En general, brindamos una traducción clara en el idioma moderno y presentamos la traducción literal del hebreo, del arameo o del griego en la nota al pie de página.

- Dado que los nombres de los meses hebreos son desconocidos para la mayoría de los lectores contemporáneos y que además el calendario lunar hebreo varía cada año en relación con el calendario solar que usamos en la actualidad, hemos buscado maneras claras para comunicar el momento del año al que se refieren los meses hebreos (como *abib*). Cuando el texto incluye una traducción expandida o interpretativa, la nota textual ofrece la traducción literal. En los casos en los que es posible determinar una fecha antigua específica en términos de nuestro calendario moderno, usamos las fechas modernas en el texto. La nota al pie de página brinda la fecha hebrea literal y explica las razones de la traducción. Por ejemplo, Esdras 6:15 indica con precisión la fecha en que se completó en Jerusalén el templo posterior al exilio: «El tercer día del mes de *adar*». Esto sucedió durante el sexto año del reinado de Darío (es decir, en el 515 a. C.). Hemos traducido la fecha como 12 de marzo, agregando una nota que presenta el dato hebreo y que identifica el año como el 515 a. C.

- Dado que las referencias antiguas a la hora del día difieren de nuestros métodos modernos de indicar la hora, hemos optado por traducciones que el lector moderno puede comprender de inmediato. Hemos traducido momentos específicos del día mediante equivalencias aproximadas de nuestro sistema horario. En algunas oportunidades, cuando la referencia bíblica era de carácter más general, hemos traducido «al amanecer de la mañana siguiente» o «cuando el sol se ponía».

- Cuando el significado de un nombre propio (o un juego de palabras aplicado al nombre propio) resulta relevante para el sentido de un texto, a menudo se aclara el significado en una nota. Por ejemplo, Éxodo 2:10 dice que la hija del faraón «lo adoptó como su propio hijo y lo llamó Moisés, pues explicó: "Lo saqué del agua"». La nota al pie de página expresa: «*Moisés* suena como un término hebreo que significa "sacar"».

     A veces, cuando el significado de un nombre era claro para los lectores originales, pero no para los de hoy, se le incluye entre paréntesis en el texto. Por ejemplo, Génesis 16:11 dice: «Lo llamarás Ismael (*que significa "Dios oye"*), porque el Señor ha oído tu clamor de angustia». Dado que los oyentes y lectores originales hubieran entendido de inmediato el significado del nombre Ismael, hemos provisto a los lectores modernos de la misma información para que puedan experimentar el texto de manera similar.

- Muchos términos y frases cargan con enorme significado cultural que era obvio para los lectores originales, pero requieren explicación en nuestra cultura. Por ejemplo, en tiempos antiguos la frase «golpeándose el pecho» (Lucas 23:48) significaba que las personas estaban muy afligidas, a menudo, de duelo. Hemos optado por traducir esta frase con un criterio dinámico, en favor de la claridad: «regresaron a casa *con gran dolor*». Luego incluimos una nota al pie de página con la expresión literal del griego: *regresaron a casa golpeándose el pecho*. Sin embargo, en otros casos similares a veces hemos preferido aclarar la expresión literal y hacerla fácilmente comprensible. Por ejemplo, podríamos haber ampliado la expresión literal, y redactar: «Regresaron a su casa golpeándose el pecho, *apenadas*». En ese caso, no habríamos incluido la nota textual al pie de página, ya que el sentido griego literal aparecería con claridad en la traducción.

- A los lectores contemporáneos a veces les resulta difícil comprender el lenguaje metafórico, por lo cual en algunas oportunidades hemos optado por traducir o aclarar el significado de una metáfora. Por ejemplo, el poeta antiguo escribe: «Tu cuello, *como* la torre de David» (Cantar de los Cantares 4:4). Hemos traducido «Tu cuello es *tan hermoso como* la torre de David» para aclarar el sentido favorable que se proponía la comparación. Tenemos otro ejemplo en Eclesiastés 12:3, que puede traducirse de manera literal: «Acuérdate de tu Creador [...] cuando temblarán los guardas de la casa, y se encorvarán los hombres fuertes, y cesarán las muelas porque han disminuido, y se oscurecerán los que miran por las ventanas». Hemos traducido: «Acuérdate de él antes de que tus piernas —guardianas de tu casa— empiecen a temblar, y tus hombros —los guerreros fuertes— se encorven. Acuerdate de él antes de que tus dientes —esos pocos sirvientes que se quedan— dejen de moler, y tus pupilas —las que miran por las ventanas— ya no vean con claridad». Hemos aclarado las metáforas sólo en los casos en que estimamos que un lector promedio podría confundirse con el texto literal.

- Cuando el contenido del texto en su lenguaje original es de estilo poético, lo hemos traducido en forma de poesía. Procuramos separar los renglones de una manera que clarifique y resalte las relaciones entre las frases del texto. La poesía hebrea a menudo utiliza el paralelismo, una forma literaria donde la segunda frase (y a veces una tercera y una cuarta) hace eco de alguna manera a la frase inicial. En el paralelismo hebreo, las frases paralelas subsiguientes continúan y a la vez amplían y agudizan el pensamiento expresado en la frase o línea inicial. Cuando era posible, procuramos reflejar el paralelismo entre las frases en un estilo poético natural.

- El término griego *hoi Ioudaioi* se traduce literalmente en muchas versiones como «los judíos». Sin embargo, en el Evangelio de Juan, este término no siempre se refiere al pueblo judío en general. En algunos contextos, se aplica en forma particular a los líderes religiosos judíos. Hemos intentado captar el significado en estos diversos contextos utilizando términos tales como «el pueblo» (con una nota al pie de página: «En griego *pueblo judío*») o «los líderes religiosos», según correspondiere.

Hemos sido sensibles a los pasajes donde el texto se aplica en forma global a los seres humanos o a la condición humana. En algunos casos usamos el pronombre plural (ellos) en lugar del masculino singular (él). Por ejemplo, una traducción tradicional de Proverbios 22:6 dice: «Instruye al niño en su camino, y aun cuando fuere viejo no se apartará de él». Hemos traducido: «Dirige a tus hijos por el camino correcto, y cuando sean mayores, no lo abandonarán». En ocasiones, también hemos reemplazado los pronombres de la tercera persona por el de la segunda persona, para asegurar la claridad. Una traducción tradicional de Proverbios 26:27 es: «El que cava foso caerá en él; y al que revuelve la piedra, sobre él le volverá». Hemos traducido: «Si tiendes una trampa para otros, tú mismo caerás en ella. Si echas a rodar una roca sobre otros, no los aplastará a ellos sino a ti».

Sin embargo, aclaramos que todos los nombres y pronombres masculinos usados para referirse a Dios (por ejemplo «Padre») se han mantenido sin excepción. Todas las decisiones de este tipo han estado inspiradas por el interés de reflejar con precisión el sentido que se proponían expresar los textos originales de las Escrituras.

Constancia del léxico en la terminología

En favor de la claridad, hemos traducido de manera constante ciertos términos del lenguaje original, especialmente en pasajes sinópticos y en frases retóricas frecuentemente repetidas, y en ciertas categorías terminológicas tales como nombres divinos o términos técnicos no teológicos (por ejemplo, vocablos litúrgicos, legales, culturales, zoológicos y botánicos). En cuanto a los términos teológicos hemos aceptado un rango semántico más amplio de vocablos o frases aceptables para traducir una sola palabra hebrea o griega. Hemos evitado algunos términos teológicos que muchos lectores modernos no entenderían fácilmente. Por ejemplo, evitamos usar palabras tales como «justificación», «santificación» y «regeneración», que son remanentes de las traducciones al latín. En lugar de esas palabras, empleamos expresiones tales como «ser justo ante Dios» y «hechos santos».

Ortografía de los nombres propios

Muchos personajes de la Biblia, especialmente en el Antiguo Testamento, son mencionados en más de una manera (por ejemplo Uzías, Azarías). En favor de la claridad, hemos procurado utilizar una sola ortografía para cada individuo en particular, indicando en una nota al pie de página la ortografía literal en caso de no usar la misma. Esto resulta de especial ayuda al enumerar los reyes de Israel y de Judá. El rey Yoás/Joás de Israel ha sido siempre mencionado como Yoás, mientras que al rey Yoás/Joás de Judá se le menciona siempre como Joás. Una diferencia similar permite distinguir entre Joram de Israel y Yoram de Judá. Estas decisiones se hicieron con el propósito de clarificar el texto para el lector. Cuando los escritores bíblicos antiguos mostraron un propósito teológico al elegir una variante del nombre (por ejemplo Es-baal/Is-boset), hemos mantenido los diferentes nombres y hemos agregado al pie de página una nota explicativa.

En cuanto a los nombres de Jacob e Israel, que se usan alternativamente tanto para el patriarca como para la nación, en general traducimos «Israel» cuando se refiere a la nación y «Jacob» cuando se refiere al individuo. Cuando la traducción elegida difiere del texto hebreo, incluimos una nota textual al pie de página con la siguiente explicación: «Los nombres "Jacob" e "Israel" a menudo son intercambiables en el Antiguo Testamento. Algunas veces hacen referencia al patriarca como individuo y otras veces a la nación».

Traducción de los nombres de la deidad

Todas las menciones de *el*, *elojím* o *eloáj* se tradujeron como «Dios» excepto donde el contexto requería decir «dios(es)». En general hemos traducido el tetragrámaton (*YHWH*) siempre como «el Señor», utilizando el estilo versalita que es frecuente en las traducciones. Esto distingue al vocablo del nombre *adonai,* traducido «Señor». Cuando los nombres *adonai* y *YHWH* se presentan juntos, hemos traducido «Señor Soberano». Así se diferencia *adonai YHWH* de los casos en que *YHWH* aparece con *elojím,* que se traduce «Señor Dios». Cuando *YH* (la forma abreviada de *YHWH*), aparece junto con *YHWH,* hemos traducido «Señor Dios». Cuando *YHWH* se presenta con el término *tsabaot,* hemos traducido «Señor de los Ejércitos Celestiales», para reflejar el significado del nombre. En unos pocos casos hemos usado la transliteración, *Yahveh,* cuando el carácter personal del nombre se invoca en contraste con otro nombre de la deidad o con el nombre de algún otro dios (ver, por ejemplo, Éxodo 3:15; 6:2-3).

En el Nuevo Testamento la palabra griega *jristós* ha sido traducida como «Mesías» cuando el contexto sugiere una audiencia judía. Cuando se supone una audiencia gentil, *jristós* se traduce «Cristo». La palabra griega *kúrios* siempre se traduce «Señor», excepto en los casos en que el texto del Nuevo Testamento cita de manera explícita el Antiguo Testamento, y en ese caso se traduce «Señor».

Notas al pie de página

La NTV contiene varios tipos de notas textuales, todas las cuales se indican en el texto con un asterisco:

- Cuando en beneficio de la claridad la NTV traduce de manera dinámica una frase difícil o potencialmente confusa, por lo general incluimos la traducción literal con una nota al pie de página. Esto le permite al lector ver la fuente literal de nuestra traducción dinámica y comparar de qué manera nuestra traducción se relaciona con otras traducciones más literales. Estas notas se inician con la referencia al hebreo, arameo o griego, identificando de esa manera el lenguaje de la fuente textual subyacente. Por ejemplo, en Hechos 2:42 tradujimos la expresión literal del griego «partimiento del pan» como «la Cena del Señor», para aclarar que este versículo se refiere a la práctica ceremonial de la iglesia más que a una comida común. Luego agregamos una nota al pie de página, que dice: «En griego *partiendo el pan*».
- Las notas al pie de página también se utilizan para ofrecer traducciones alternativas, indicadas con la conjunción «O». Normalmente estas notas ocurren en el caso de pasajes donde algún aspecto del significado está en discusión. A veces también brindamos notas sobre palabras o frases que se alejan de una tradición largamente mantenida. Estas notas se inician con la expresión «Tradicionalmente se traduce». Por ejemplo, la nota sobre la traducción «enfermedad grave de la piel», en Levítico 13:2, dice: «Tradicionalmente se traduce *lepra*. La palabra hebrea empleada en todo este pasaje se usa para describir diversas enfermedades de la piel».
- Cuando nuestros traductores eligieron una alternativa textual que difiere significativamente de nuestros textos hebreos o griegos de referencia (enumerados anteriormente), documentamos esa diferencia en una nota al pie de página. También agregamos notas al pie de página en los casos en que la NTV excluye un pasaje que sí aparece en el texto griego conocido como *Textus Receptus.* En esos casos, ofrecemos en la nota al pie de página una traducción del texto excluido, a pesar de que por lo general se reconoce que se trata de una adición tardía al texto griego y que no forma parte del Nuevo Testamento griego original.
- Todos los pasajes del Antiguo Testamento citados en el Nuevo Testamento están identificados por una nota al pie de página donde se les alude. Cuando el Nuevo

Testamento claramente cita de la traducción griega del Antiguo Testamento, y la versión difiere significativamente del texto hebreo, también colocamos donde corresponde una nota al pie de página en el Antiguo Testamento. Esta nota incluye una traducción de la versión griega y una referencia cruzada al o a los pasajes del Nuevo Testamento donde se cita (por ejemplo, ver las notas sobre Salmos 8:2; 53:3; Proverbios 3.12).

- Algunas notas ofrecen información cultural e histórica sobre lugares, cosas y personas en la Biblia que probablemente serían desconocidos para los lectores modernos. Se espera que estas notas ayuden al lector a comprender el mensaje del texto. Por ejemplo, en Hechos 12:1, esta traducción menciona al «rey Herodes» como «rey Herodes Agripa», y se identifica en la nota como «sobrino de Herodes Antipas y nieto de Herodes el Grande».

- Cuando el significado de un nombre propio (o un juego de palabras en relación con un nombre) es relevante para el sentido del texto, su significado se aclara con una nota al pie de página o se incluye entre paréntesis en el cuerpo del texto. Por ejemplo, la nota referida al nombre «Eva» en Génesis 3:20 dice: «*Eva* suena como un término hebreo que significa "dar vida"». Este juego de palabras en el hebreo ilumina el sentido del texto, que a continuación dice que Eva sería «la madre de todos los que viven».

Al presentar esta traducción para su publicación, estamos conscientes de que todas las traducciones de las Escrituras están sujetas a limitaciones e imperfecciones. Cualquiera que haya intentado comunicar las riquezas de la Palabra de Dios en otro idioma sabrá que es imposible hacer una traducción perfecta. Admitiendo estas limitaciones, hemos buscado la guía y la sabiduría de Dios a lo largo de este proyecto. Nuestra oración es que el acepte nuestros esfuerzos y utilice esta traducción en beneficio de la iglesia y de todos los lectores.

Pedimos a Dios en oración que la NTV supere algunas de las barreras históricas, culturales e idiomáticas que han sido un impedimento para que las personas puedan leer y comprender la Palabra de Dios. Esperamos que los lectores que no están familiarizados con la Biblia encuentren que esta traducción es clara y de fácil comprensión para ellos, y que los lectores más versados en las Escrituras obtengan una perspectiva fresca. Pedimos a Dios que los que lean esta versión adquieran discernimiento y sabiduría para la vida, pero sobre todo, que tengan un encuentro con el Dios de la Biblia y sean transformados para siempre por haberlo conocido.

Comité de Traducción de la Biblia
Agosto del 2010

ANTIGUO
TESTAMENTO

Génesis

El relato de la creación

1 En el principio, Dios creó los cielos y la tierra.* ²La tierra no tenía forma y estaba vacía, y la oscuridad cubría las aguas profundas; y el Espíritu de Dios se movía en el aire sobre la superficie de las aguas.

³Entonces Dios dijo: «Que haya luz»; y hubo luz. ⁴Y Dios vio que la luz era buena. Luego separó la luz de la oscuridad. ⁵Dios llamó a la luz «día» y a la oscuridad «noche».

Y pasó la tarde y llegó la mañana, así se cumplió el primer día.

⁶Entonces Dios dijo: «Que haya un espacio entre las aguas, para separar las aguas de los cielos de las aguas de la tierra»; ⁷y eso fue lo que sucedió. Dios formó ese espacio para separar las aguas de la tierra de las aguas de los cielos ⁸y Dios llamó al espacio «cielo».

Y pasó la tarde y llegó la mañana, así se cumplió el segundo día.

⁹Entonces Dios dijo: «Que las aguas debajo del cielo se junten en un solo lugar, para que aparezca la tierra seca»; y eso fue lo que sucedió. ¹⁰Dios llamó a lo seco «tierra» y a las aguas «mares». Y Dios vio que esto era bueno. ¹¹Después Dios dijo: «Que de la tierra brote vegetación: toda clase de plantas con semillas y árboles que den frutos con semillas. Estas semillas producirán, a su vez, las mismas clases de plantas y árboles de los que provinieron»; y eso fue lo que sucedió. ¹²La tierra produjo vegetación: toda clase de plantas con semillas y árboles que dan frutos con semillas. Las semillas produjeron plantas y árboles de la misma clase. Y Dios vio que esto era bueno.

¹³Y pasó la tarde y llegó la mañana, así se cumplió el tercer día.

¹⁴Entonces Dios dijo: «Que aparezcan luces en el cielo para separar el día de la noche; que sean señales para que marquen las estaciones, los días y los años. ¹⁵Que esas luces en el cielo brillen sobre la tierra»; y eso fue lo que sucedió. ¹⁶Dios hizo dos grandes luces: la más grande para que gobernara el día, y la más pequeña para que gobernara la noche. También hizo las estrellas. ¹⁷Dios puso esas luces en el cielo para iluminar la tierra, ¹⁸para que gobernaran el día y la noche, y para separar la luz de la oscuridad. Y Dios vio que esto era bueno.

¹⁹Y pasó la tarde y llegó la mañana, así se cumplió el cuarto día.

²⁰Entonces Dios dijo: «Que las aguas se colmen de peces y de otras formas de vida. Que los cielos se llenen de aves de toda clase». ²¹Así que Dios creó grandes criaturas marinas y todos los seres vivientes que se mueven y se agitan en el agua y aves de todo tipo, cada uno produciendo crías de la misma especie. Y Dios vio que esto era bueno. ²²Entonces Dios los bendijo con las siguientes palabras: «Sean fructíferos y multiplíquense. Que los peces llenen los mares y las aves se multipliquen sobre la tierra».

²³Y pasó la tarde y llegó la mañana, así se cumplió el quinto día.

²⁴Entonces Dios dijo: «Que la tierra produzca toda clase de animales, que cada uno produzca crías de la misma especie: animales domésticos, animales pequeños que corran por el suelo y animales salvajes»; y eso fue lo que sucedió. ²⁵Dios hizo toda clase de animales salvajes, animales domésticos y animales pequeños; cada uno con la capacidad de producir crías de la misma especie. Y Dios vio que esto era bueno.

²⁶Entonces Dios dijo: «Hagamos a los seres humanos* a nuestra imagen, para que sean como nosotros. Ellos reinarán sobre los peces del mar, las aves del cielo, los animales domésticos, todos los animales salvajes de la tierra y los animales pequeños que corren por el suelo».

²⁷ Así que Dios creó a los seres humanos*
a su propia imagen.
A imagen de Dios los creó;
hombre y mujer los creó.

²⁸Luego Dios los bendijo con las siguientes palabras: «Sean fructíferos y multiplíquense.

1:1 O *En el principio, cuando Dios creó los cielos y la tierra, . . .* o *Cuando Dios comenzó a crear los cielos y la tierra.* 1:26 O al hombre; en hebreo dice *adán.* 1:27 O *al hombre; en hebreo dice *adán.*

Llenen la tierra y gobiernen sobre ella. Reinen sobre los peces del mar, las aves del cielo y todos los animales que corren por el suelo».

²⁹Entonces Dios dijo: «¡Miren! Les he dado todas las plantas con semilla que hay sobre la tierra y todos los árboles frutales para que les sirvan de alimento. ³⁰Y he dado toda planta verde como alimento para todos los animales salvajes, para las aves del cielo y para los animales pequeños que corren por el suelo, es decir, para todo lo que tiene vida»; y eso fue lo que sucedió.

³¹Entonces Dios miró todo lo que había hecho, ¡y vio que era muy bueno!

Y pasó la tarde y llegó la mañana, así se cumplió el sexto día.

2 Así quedó terminada la creación de los cielos y de la tierra, y de todo lo que hay en ellos. ²Cuando llegó el séptimo día, Dios ya había terminado su obra de creación, y descansó* de toda su labor. ³Dios bendijo el séptimo día y lo declaró santo, porque ese fue el día en que descansó de toda su obra de creación.

⁴Este es el relato de la creación de los cielos y la tierra.

El hombre y la mujer en el Edén

Cuando el Señor Dios hizo la tierra y los cielos, ⁵no crecían en ella plantas salvajes ni grano porque el Señor Dios aún no había enviado lluvia para regar la tierra, ni había personas que la cultivaran. ⁶En cambio, del suelo brotaban manantiales* que regaban toda la tierra. ⁷Luego el Señor Dios formó al hombre del polvo de la tierra. Sopló aliento de vida en la nariz del hombre, y el hombre se convirtió en un ser viviente.

⁸Después, el Señor Dios plantó un huerto en Edén, en el oriente, y allí puso al hombre que había formado. ⁹El Señor Dios hizo que crecieran del suelo toda clase de árboles: árboles hermosos y que daban frutos deliciosos. En medio del huerto puso el árbol de la vida y el árbol del conocimiento del bien y del mal.

¹⁰Un río salía de la tierra del Edén que regaba el huerto y después se dividía en cuatro ramales. ¹¹El primero, llamado Pisón, rodeaba toda la tierra de Havila, donde hay oro. ¹²El oro de esa tierra es excepcionalmente puro; también se encuentran allí resinas aromáticas y piedras de ónice. ¹³El segundo, llamado Gihón, rodeaba toda la tierra de Cus. ¹⁴El tercero, llamado Tigris, corría al oriente de la tierra de Asiria. El cuarto se llama Éufrates.

¹⁵El Señor Dios puso al hombre en el jardín de Edén para que se ocupara de él y lo custodiara; ¹⁶pero el Señor Dios le advirtió: «Puedes comer libremente del fruto de cualquier árbol del huerto, ¹⁷excepto del árbol del conocimiento del bien y del mal. Si comes de su fruto, sin duda morirás».

¹⁸Después, el Señor Dios dijo: «No es bueno que el hombre esté solo. Haré una ayuda ideal para él». ¹⁹Entonces el Señor Dios formó de la tierra todos los animales salvajes y todas las aves del cielo. Los puso frente al hombre* para ver cómo los llamaría, y el hombre escogió un nombre para cada uno de ellos. ²⁰Puso nombre a todos los animales domésticos, a todas las aves del cielo y a todos los animales salvajes; pero aún no había una ayuda ideal para él.

²¹Entonces el Señor Dios hizo que el hombre cayera en un profundo sueño. Mientras el hombre dormía, el Señor Dios le sacó una de sus costillas* y cerró la abertura. ²²Entonces el Señor Dios hizo de la costilla a una mujer, y la presentó al hombre.

²³«¡Al fin! —exclamó el hombre—.

¡Esta es hueso de mis huesos
    y carne de mi carne!
Ella será llamada "mujer"
    porque fue tomada del hombre».

²⁴Esto explica por qué el hombre deja a su padre y a su madre, y se une a su esposa, y los dos se convierten en uno solo.

²⁵Ahora bien, el hombre y su esposa estaban desnudos, pero no sentían vergüenza.

El hombre y la mujer pecan

3 La serpiente era la más astuto de todos los animales salvajes que el Señor Dios había hecho. Cierto día le preguntó a la mujer:

—¿De veras Dios les dijo que no deben comer del fruto de ninguno de los árboles del huerto?

²—Claro que podemos comer del fruto de los árboles del huerto —contestó la mujer—. ³Es solo del fruto del árbol que está en medio del huerto del que no se nos permite comer. Dios dijo: "No deben comerlo, ni siquiera tocarlo; si lo hacen, morirán".

⁴—¡No morirán! —respondió la serpiente a la mujer—. ⁵Dios sabe que, en cuanto coman del fruto, se les abrirán los ojos y serán como Dios, con el conocimiento del bien y del mal.

⁶La mujer quedó convencida. Vio que el árbol era hermoso y su fruto parecía delicioso, y quiso la sabiduría que le daría. Así que tomó del fruto y lo comió. Después le dio un poco a su esposo que estaba con ella, y él también comió. ⁷En ese momento, se les abrieron los ojos, y de pronto sintieron vergüenza por su desnudez. Entonces cosieron hojas de higuera para cubrirse.

⁸Cuando soplaba la brisa fresca de la tarde, el hombre* y su esposa oyeron al Señor Dios caminando por el huerto. Así que se escondieron del Señor Dios entre los árboles. ⁹Entonces el Señor Dios llamó al hombre:

2:2 O *cesó; también en* 2:3.   2:6 O *subía neblina.*   2:19 O *Adán; igual en todo el capítulo.*   2:21 O *tomó una parte del costado del hombre.*   3:8 O *Adán; igual en todo el capítulo.*

—¿Dónde estás?

[10]El hombre contestó:

—Te oí caminando por el huerto, así que me escondí. Tuve miedo porque estaba desnudo.

[11]—¿Quién te dijo que estabas desnudo? —le preguntó el Señor Dios—. ¿Acaso has comido del fruto del árbol que te ordené que no comieras?

[12]El hombre contestó:

—La mujer que tú me diste fue quien me dio del fruto, y yo lo comí.

[13]Entonces el Señor Dios, le preguntó a la mujer:

—¿Qué has hecho?

—La serpiente me engañó —contestó ella—. Por eso comí.

[14]Entonces el Señor Dios le dijo a la serpiente:

«Por lo que has hecho, eres maldita
   más que todos los animales, tanto
   domésticos como salvajes.
Andarás sobre tu vientre,
   arrastrándote por el polvo durante toda
   tu vida.
[15]Y pondré hostilidad entre tú y la mujer,
   y entre tu descendencia y la descendencia
   de ella.
Su descendiente te golpeará* la cabeza,
   y tú le golpearás el talón».

[16]Luego le dijo a la mujer:

«Haré más agudo el dolor de tu embarazo,
   y con dolor darás a luz.
Y desearás controlar a tu marido,
   pero él gobernará sobre ti».*

[17]Y al hombre le dijo:

«Dado que hiciste caso a tu esposa y comiste
   del fruto del árbol
   del que te ordené que no comieras,
la tierra es maldita por tu culpa.
   Toda tu vida lucharás para poder vivir
   de ella.
[18]Te producirá espinos y cardos,
   aunque comerás de sus granos.
[19]Con el sudor de tu frente
   obtendrás alimento para comer
hasta que vuelvas a la tierra
   de la que fuiste formado.
Pues fuiste hecho del polvo,
   y al polvo volverás».

El paraíso perdido: el juicio de Dios

[20]Después, el hombre —Adán— le puso a su esposa el nombre Eva, porque ella sería la madre de todos los que viven.* [21]Y el Señor Dios hizo ropa de pieles de animales para Adán y su esposa.

[22]Luego el Señor Dios dijo: «Miren, los seres humanos* se han vuelto como nosotros, con conocimiento del bien y del mal. ¿Y qué ocurrirá si toman el fruto del árbol de la vida y lo comen? ¡Entonces vivirán para siempre!». [23]Así que el Señor Dios los expulsó del jardín de Edén y envió a Adán a cultivar la tierra de la cual él había sido formado. [24]Después de expulsarlos, el Señor Dios puso querubines poderosos al oriente del jardín de Edén; y colocó una espada de fuego ardiente —que destellaba al moverse de un lado a otro— a fin de custodiar el camino hacia el árbol de la vida.

Caín y Abel

4 Ahora bien, Adán* tuvo relaciones sexuales con su esposa, Eva, y ella quedó embarazada. Cuando dio a luz a Caín, dijo: «¡Con la ayuda del Señor, he tenido* un varón!». [2]Tiempo después, dio a luz al hermano de Caín y le puso por nombre Abel.

Cuando crecieron, Abel se hizo pastor de ovejas, mientras que Caín se dedicó a cultivar la tierra. [3]Al llegar el tiempo de la cosecha, Caín presentó algunos de sus cultivos como ofrenda para el Señor. [4]Abel también presentó una ofrenda: lo mejor de las primeras crías de los corderos de su rebaño. El Señor aceptó a Abel y a su ofrenda, pero no aceptó a Caín ni a su ofrenda. Esto hizo que Caín se enojara mucho, y se veía decaído.

[6]«¿Por qué estás tan enojado? —preguntó el Señor a Caín—. ¿Por qué te ves tan decaído? [7]Serás aceptado si haces lo correcto, pero si te niegas a hacer lo correcto, entonces, ¡ten cuidado! El pecado está a la puerta, al acecho y ansioso por controlarte; pero tú debes dominarlo y ser su amo».

[8]Cierto día Caín dijo a su hermano: «Salgamos al campo».* Mientras estaban en el campo, Caín atacó a su hermano Abel y lo mató.

[9]Luego el Señor le preguntó a Caín:

—¿Dónde está tu hermano? ¿Dónde está Abel?

—No lo sé —contestó Caín—. ¿Acaso soy yo el guardián de mi hermano?

[10]Pero el Señor le dijo:

—¿Qué has hecho? ¡Escucha! ¡La sangre de tu hermano clama a mí desde la tierra! [11]Ahora eres maldito y serás expulsado de la tierra que se ha tragado la sangre de tu hermano. [12]La tierra ya no te dará buenas cosechas, ¡por mucho que la trabajes! De ahora en adelante, serás un vagabundo sin hogar sobre la tierra.

[13]Caín respondió al Señor:

—¡Mi castigo* es demasiado grande para soportarlo! [14]Me has expulsado de la tierra y de tu presencia; me has hecho un vagabundo

---

3:15 O herirá; también en 3:15b.   3:16 O Y aunque tendrás deseo por tu marido, / él gobernará sobre ti.   3:20 Eva suena como un término hebreo que significa «dar vida».   3:22 O El hombre, en hebreo dice ha-adán.   4:1a O El hombre; también en 4:25.   4:1b O ha adquirido. Caín suena como un término hebreo que puede significar tanto «producir» como «adquirir».   4:8 Así aparece en el Pentateuco Samaritano, en las versiones griega y siríaca y en la Vulgata Latina; en el texto masorético falta la frase: «Salgamos al campo».   4:13 O Mi pecado.

sin hogar. ¡Cualquiera que me encuentre me matará!

¹⁵El Señor respondió:

—No, porque yo castigaré siete veces a cualquiera que te mate.

Entonces el Señor le puso una marca a Caín como advertencia para cualquiera que intentara matarlo. ¹⁶Luego, Caín salió de la presencia del Señor y se estableció en la tierra de Nod,* al oriente de Edén.

Descendientes de Caín

¹⁷Caín tuvo relaciones sexuales con su esposa, y ella quedó embarazada y dio a luz a Enoc. Luego Caín fundó una ciudad, que llevaba el nombre de su hijo Enoc. ¹⁸Enoc tuvo un hijo llamado Irad, Irad fue el padre de* Mehujael. Mehujael fue el padre de Metusael, Metusael fue el padre de Lamec.

¹⁹Lamec se casó con dos mujeres. La primera se llamaba Ada y la segunda, Zila. ²⁰Ada dio a luz a Jabal, quien fue el primero de los que crían animales y viven en carpas. ²¹El nombre de su hermano fue Jubal, quien fue el primero de los que tocan el arpa y la flauta. ²²La otra esposa de Lamec, Zila, dio a luz un hijo llamado Tubal-caín, el cual se hizo experto en forjar herramientas de bronce y de hierro. Tubal-caín tuvo una hermana llamada Naama. ²³Cierto día Lamec dijo a sus esposas:

«Ada y Zila, oigan mi voz;
    escúchenme, esposas de Lamec.
Maté a un hombre que me atacó,
    a un joven que me hirió.
²⁴ Si se castiga siete veces a quien mate a Caín,
    ¡el que me mate a mí será castigado setenta
        y siete veces!».

Nacimiento de Set

²⁵Adán volvió a tener relaciones sexuales con su esposa, y ella dio a luz otro hijo, al cual llamó Set,* porque dijo: «Dios me ha concedido otro hijo en lugar de Abel, a quien Caín mató». ²⁶Cuando Set creció, tuvo un hijo y lo llamó Enós. Fue en aquel tiempo que la gente por primera vez comenzó a adorar al Señor usando su nombre.

Descendientes de Adán

5 Este es el relato escrito de los descendientes de Adán. Cuando Dios creó a los seres humanos,* los hizo para que fueran semejantes a él mismo. ²Los creó hombre y mujer, y los bendijo y los llamó «humanos».

³Cuando Adán tenía ciento treinta años, fue padre de un hijo que era igual a él, su viva imagen, y lo llamó Set. ⁴Después del nacimiento de Set, Adán vivió ochocientos años más y tuvo otros hijos e hijas. ⁵Adán vivió novecientos treinta años y después murió.

⁶Cuando Set tenía ciento cinco años, fue padre de* Enós. ⁷Después del nacimiento de* Enós, Set vivió ochocientos siete años más y tuvo otros hijos e hijas. ⁸Set vivió novecientos doce años y después murió.

⁹Cuando Enós tenía noventa años, fue padre de Cainán. ¹⁰Después del nacimiento de Cainán, Enós vivió ochocientos quince años más y tuvo otros hijos e hijas. ¹¹Enós vivió novecientos cinco años y después murió.

¹²Cuando Cainán tenía setenta años, fue padre de Mahalaleel. ¹³Después del nacimiento de Mahalaleel, Cainán vivió ochocientos cuarenta años más y tuvo otros hijos e hijas. ¹⁴Cainán vivió novecientos diez años y después murió.

¹⁵Cuando Mahalaleel tenía sesenta y cinco años, fue padre de Jared. ¹⁶Después del nacimiento de Jared, Mahalaleel vivió ochocientos treinta años más y tuvo otros hijos e hijas.
¹⁷Mahalaleel vivió ochocientos noventa y cinco años y después murió.

¹⁸Cuando Jared tenía ciento sesenta y dos años, fue padre de Enoc. ¹⁹Después del nacimiento de Enoc, Jared vivió ochocientos años más y tuvo otros hijos e hijas. ²⁰Jared vivió novecientos sesenta y dos años y después murió.

²¹Cuando Enoc tenía sesenta y cinco años, fue padre de Matusalén. ²²Después del nacimiento de Matusalén, Enoc vivió en íntima comunión con Dios trescientos años más y tuvo otros hijos e hijas. ²³Enoc vivió trescientos sesenta y cinco años ²⁴andando en íntima comunión con Dios. Y un día desapareció, porque Dios se lo llevó.

²⁵Cuando Matusalén tenía ciento ochenta y siete años, fue padre de Lamec. ²⁶Después del nacimiento de Lamec, Matusalén vivió setecientos dos años más y tuvo otros hijos e hijas. ²⁷Matusalén vivió novecientos sesenta y nueve años y después murió.

²⁸Cuando Lamec tenía ciento ochenta y dos años, fue padre de un hijo varón. ²⁹Lamec le puso por nombre a su hijo Noé, porque dijo: «¡Que él nos traiga alivio* de nuestro trabajo y de la penosa labor de cultivar esta tierra que el Señor ha maldecido!».
³⁰Después del nacimiento de Noé, Lamec vivió quinientos noventa y cinco años más y tuvo otros hijos e hijas. ³¹Lamec vivió setecientos setenta y siete años y después murió.

³²Cuando Noé tenía quinientos años, fue padre de Sem, Cam y Jafet.

4:16 *Nod* significa «errante». **4:18** O *el antepasado de;* igual en todo el versículo. **4:25** *Set* probablemente significa «concedido»; el nombre también puede significar «designado». **5:1** O *al hombre;* en hebreo dice *adán;* similar en 5:2. **5:6** O *el antepasado de;* también en 5:9, 12, 15, 18, 21, 25. **5:7** O *el nacimiento de este antepasado;* también en 5:10, 13, 16, 19, 22, 26. **5:29** *Noé* suena como un término hebreo que puede significar tanto «alivio» como «consuelo».

Un mundo descarriado

6 Luego los seres humanos comenzaron a multiplicarse sobre la tierra, y les nacieron hijas. ²Los hijos de Dios vieron a las hermosas mujeres* y tomaron como esposas a todas las que quisieron. ³Entonces el SEÑOR dijo: «Mi Espíritu no tolerará a* los humanos durante mucho tiempo, porque solo son carne mortal. En el futuro, la duración de la vida no pasará de ciento veinte años».

⁴En esos días y durante algún tiempo después, vivían en la tierra gigantes nefilitas, pues siempre que los hijos de Dios tenían relaciones sexuales con las mujeres, ellas daban a luz hijos que luego se convirtieron en los héroes y en los famosos guerreros de la antigüedad.

⁵El SEÑOR vio la magnitud de la maldad humana en la tierra y que todo lo que la gente pensaba o imaginaba era siempre y totalmente malo. ⁶Entonces el SEÑOR lamentó haber creado al ser humano y haberlo puesto sobre la tierra. Se le partió el corazón. ⁷Entonces el SEÑOR dijo: «Borraré de la faz de la tierra a esta raza humana que he creado. Así es, y destruiré a todo ser viviente: a todos los seres humanos, a los animales grandes, a los animales pequeños que corren por el suelo y aun a las aves del cielo. Lamento haberlos creado». ⁸Pero Noé encontró favor delante del SEÑOR.

La historia de Noé

⁹Este es el relato de Noé y su familia. Noé era un hombre justo, la única persona intachable que vivía en la tierra en ese tiempo, y anduvo en íntima comunión con Dios. ¹⁰Noé fue padre de tres hijos: Sem, Cam y Jafet.

¹¹Ahora bien, Dios vio que la tierra se había corrompido y estaba llena de violencia. ¹²Dios observó cuán corrompida se había vuelto la tierra, porque todos en la tierra eran corruptos. ¹³Entonces Dios le dijo a Noé: «He decidido destruir a todas las criaturas vivientes, pues han llenado la tierra de violencia. Así es, ¡los borraré a todos y también destruiré la tierra!

¹⁴Construye una gran barca* de madera de ciprés* y recúbrela con brea por dentro y por fuera para que no le entre agua. Luego construye pisos y establos por todo su interior. ¹⁵Haz la barca de ciento treinta y ocho metros de longitud, veintitrés metros de anchura y catorce metros de altura.* ¹⁶Deja una abertura de cuarenta y seis centímetros* por debajo del techo, alrededor de toda la barca. Pon la puerta en uno de los costados y construye tres pisos dentro de la barca: inferior, medio y superior.

¹⁷»¡Mira! Estoy a punto de cubrir la tierra con un diluvio que destruirá a todo ser vivo que respira. Todo lo que hay en la tierra morirá, ¹⁸pero

confirmaré mi pacto contigo. Así que entren en la barca tú y tu mujer, y tus hijos y sus esposas. ¹⁹Mete en la barca junto contigo a una pareja —macho y hembra— de cada especie animal a fin de mantenerlos vivos durante el diluvio. ²⁰Una pareja de cada especie de ave, de animal, y de animal pequeño que corre por el suelo vendrá a ti para mantenerse con vida. ²¹Y asegúrate de llevar a bordo suficiente alimento para tu familia y para todos los animales».

²²Entonces Noé hizo todo exactamente como Dios se lo había ordenado.

El diluvio cubre la tierra

7 Cuando todo estuvo preparado, el SEÑOR le dijo a Noé: «Entra en la barca con toda tu familia, porque puedo ver que, entre todas las personas de la tierra, solo tú eres justo. ²Toma contigo siete parejas —macho y hembra— de cada animal que yo he aprobado para comer y para el sacrificio,* y una pareja de cada uno de los demás. ³Toma también siete parejas de cada especie de ave. Tiene que haber un macho y una hembra en cada pareja para asegurar que sobrevivan todas las especies en la tierra después del diluvio. ⁴Dentro de siete días, haré que descienda la lluvia sobre la tierra; y lloverá durante cuarenta días y cuarenta noches, hasta que yo haya borrado de la tierra a todos los seres vivos que he creado».

⁵Así que Noé hizo todo tal como el SEÑOR le había ordenado.

⁶Noé tenía seiscientos años cuando el diluvio cubrió la tierra. ⁷Subió a bordo de la barca para escapar del diluvio junto con su esposa, sus hijos y las esposas de ellos. ⁸Con ellos estaban todas las diferentes especies de animales —los aprobados para comer y para el sacrificio, y los no aprobados— junto con todas las aves y los animales pequeños que corren por el suelo. ⁹Entraron en la barca por parejas —macho y hembra— tal como Dios había ordenado a Noé. ¹⁰Después de siete días, las aguas del diluvio descendieron y cubrieron la tierra.

¹¹Cuando Noé tenía seiscientos años, el día diecisiete del mes segundo, todas las aguas subterráneas entraron en erupción, y la lluvia cayó en grandes torrentes desde el cielo. ¹²La lluvia continuó cayendo durante cuarenta días y cuarenta noches.

¹³Ese mismo día Noé había entrado en la barca con su esposa y sus hijos —Sem, Cam y Jafet— y las esposas de ellos. ¹⁴Con ellos en la barca había parejas de cada especie animal —domésticos y salvajes, grandes y pequeños— junto con aves de cada especie. ¹⁵De dos en dos entraron en la barca, en representación de todo ser vivo que respira. ¹⁶Entraron un macho y una hembra de cada

---

6:2 En hebreo *hijas de los hombres*; también en 6:4. 6:3 La versión griega dice *no permanecerá en.* 6:14a Tradicionalmente se traduce *un arca.* 6:14b O *madera de fustete.* 6:15 En hebreo *300 codos* [450 pies] *de longitud, 50 codos* [75 pies] *de anchura y 30 codos* [45 pies] *de altura.* 6:16 En hebreo *una abertura de un codo* [18 pulgadas]. 7:2 En hebreo *de cada animal limpio;* similar en 7:8.

especie, tal como Dios había ordenado a Noé. Luego el SEÑOR cerró la puerta detrás de ellos.

¹⁷Durante cuarenta días, las aguas del diluvio crecieron hasta que cubrieron la tierra y elevaron la barca por encima de la tierra. ¹⁸Mientras el nivel del agua subía más y más por encima del suelo, la barca flotaba a salvo sobre la superficie. ¹⁹Finalmente, el agua cubrió hasta las montañas más altas de la tierra ²⁰elevándose casi siete metros* por encima de las cumbres más altas. ²¹Murieron todos los seres vivos que había sobre la tierra: las aves, los animales domésticos, los animales salvajes, los animales pequeños que corren por el suelo y todas las personas. ²²Todo lo que respiraba y vivía sobre tierra firme murió. ²³Así borró de la tierra a todo ser vivo: las personas, los animales, los animales pequeños que corren por el suelo y las aves del cielo. Todos fueron destruidos. Las únicas personas que sobrevivieron fueron Noé y los que estaban con él en la barca. ²⁴Y las aguas del diluvio cubrieron la tierra durante ciento cincuenta días.

La inundación se retira

8 Entonces Dios se acordó de Noé y de todos los animales salvajes y domésticos que estaban con él en la barca. Envió un viento que soplara sobre la tierra, y las aguas del diluvio comenzaron a retirarse. ²Las aguas subterráneas dejaron de fluir y se detuvieron las lluvias torrenciales que caían del cielo. ³Entonces las aguas del diluvio se retiraron de la tierra en forma gradual. Después de ciento cincuenta días, ⁴exactamente cinco meses después de que comenzó el diluvio,* la barca se detuvo sobre las montañas de Ararat. ⁵Dos meses y medio más tarde,* mientras las aguas seguían bajando, otras cumbres se hicieron visibles.

⁶Pasados otros cuarenta días, Noé abrió la ventana que había hecho en la barca ⁷y soltó un cuervo. El pájaro voló ida y vuelta hasta que las aguas del diluvio terminaron de secarse sobre la tierra. ⁸También soltó una paloma para ver si el agua se había retirado y si la paloma podía encontrar suelo seco; ⁹pero la paloma no pudo encontrar ningún lugar donde posarse, porque el agua aún cubría la tierra. Así que volvió a la barca, y Noé extendió su mano y metió la paloma adentro. ¹⁰Después de esperar otros siete días, Noé volvió a soltar la paloma; ¹¹esta vez la paloma regresó a él por la tarde con una hoja de olivo fresca en su pico. Entonces Noé supo que las aguas del diluvio se habían retirado casi por completo. ¹²Esperó otros siete días y volvió a soltar la paloma. Esta vez el ave no regresó.

¹³Ahora Noé tenía seiscientos un años de edad. El primer día del nuevo año, diez meses y medio después del comienzo del diluvio,* las aguas del diluvio se habían secado de la tierra

casi por completo. Noé levantó la cubierta de la barca y vio que la superficie de la tierra se estaba secando. ¹⁴Pasaron otros dos meses,* ¡y por fin la tierra quedó seca!

¹⁵Entonces Dios le dijo a Noé: ¹⁶«Todos ustedes —tú y tu esposa, y tus hijos y sus esposas— salgan de la barca. ¹⁷Suelta a todos los animales —las aves, los animales y los animales pequeños que corren por el suelo— para que puedan ser fructíferos y se multipliquen por toda la tierra».

¹⁸Entonces Noé, su esposa, sus hijos y las esposas de sus hijos salieron de la barca; ¹⁹y todos los animales, grandes y pequeños, y las aves salieron de la barca, pareja por pareja.

²⁰Luego Noé construyó un altar al SEÑOR y allí sacrificó como ofrendas quemadas los animales y las aves que habían sido aprobados para ese propósito.* ²¹Al SEÑOR le agradó el aroma del sacrificio y se dijo a sí mismo: «Nunca más volveré a maldecir la tierra por causa de los seres humanos, aun cuando todo lo que ellos piensen o imaginen se incline al mal desde su niñez. Nunca más volveré a destruir a todos los seres vivos. ²²Mientras la tierra permanezca, habrá cultivos y cosechas, frío y calor, verano e invierno, día y noche».

Dios confirma su pacto

9 Después Dios bendijo a Noé y a sus hijos, y les dijo: «Sean fructíferos y multiplíquense; llenen la tierra. ²Todos los animales de la tierra, todas las aves del cielo, todos los animales pequeños que corren por el suelo y todos los peces del mar tendrán temor y terror de ustedes. Yo los he puesto bajo su autoridad. ³Se los he dado a ustedes como alimento, como les he dado también los granos y las verduras; ⁴pero nunca deben comer de ninguna carne con su vida, es decir, que aún tenga sangre.

⁵»Yo exigiré la sangre de cualquiera que le quite la vida a otra persona. Si un animal salvaje mata a una persona, ese animal debe morir; y cualquiera que asesine a otro ser humano debe morir. ⁶Si alguien quita una vida humana, la vida de esa persona también será quitada por manos humanas. Pues Dios hizo a los seres humanos* a su propia imagen. ⁷Ahora sean fructíferos y multiplíquense, y vuelvan a poblar la tierra».

⁸Entonces Dios les dijo a Noé y a sus hijos: ⁹«Ahora mismo, yo confirmo mi pacto con ustedes y con sus descendientes, ¹⁰y con todos los animales que estuvieron en la barca con ustedes —las aves, los animales domésticos y todos los animales salvajes—, con toda criatura viviente sobre la tierra. ¹¹Sí, yo confirmo mi pacto con ustedes. Nunca más las aguas de un diluvio matarán a todas las criaturas vivientes; nunca más un diluvio destruirá la tierra».

¹²Entonces Dios dijo: «Les doy una señal de

7:20 En hebreo *15 codos* (22,5 pies). **8:4** En hebreo *el día diecisiete del séptimo mes;* ver 7:11. **8:5** En hebreo *el décimo mes;* 7:11 y la nota en 8:4. **8:13** En hebreo *el día primero del primer mes;* ver 7:11. **8:14** En hebreo *llegó el día veintisiete del segundo mes;* ver nota en 8:13. **8:20** En hebreo *todo animal limpio y toda ave limpia.* **9:6** O *al hombre;* en hebreo dice *ha-adán.*

mi pacto con ustedes y con todas las criaturas vivientes, para todas las generaciones futuras. ¹³He puesto mi arco iris en las nubes. Esa es la señal de mi pacto con ustedes y con toda la tierra. ¹⁴Cuando envíe nubes sobre la tierra, el arco iris aparecerá en las nubes ¹⁵y yo me acordaré de mi pacto con ustedes y con todas las criaturas vivientes. Nunca más las aguas de un diluvio volverán a destruir a todos los seres vivos. ¹⁶Cuando yo vea el arco iris en las nubes, me acordaré del pacto eterno entre Dios y toda criatura viviente sobre la tierra». ¹⁷Entonces Dios le dijo a Noé: «Este arco iris es la señal del pacto que yo confirmo con todas las criaturas de la tierra».

Los hijos de Noé

¹⁸Los hijos de Noé que salieron de la barca con su padre fueron Sem, Cam y Jafet (Cam es el padre de Canaán). ¹⁹De estos tres hijos de Noé provienen todas las personas que ahora pueblan la tierra.

²⁰Después del diluvio, Noé comenzó a cultivar la tierra y plantó un viñedo. ²¹Cierto día, bebió del vino que había hecho y se emborrachó, y estaba recostado y desnudo dentro de su carpa. ²²Cam, el padre de Canaán, vio que su padre estaba desnudo y salió a contárselo a sus hermanos. ²³Entonces Sem y Jafet tomaron un manto, se lo pusieron sobre los hombros y entraron de espaldas a la carpa para cubrir a su padre. Mientras lo hacían, miraban para otro lado a fin de no ver a su padre desnudo.

²⁴Cuando Noé despertó de su estupor, se enteró de lo que había hecho Cam, su hijo menor. ²⁵Entonces maldijo a Canaán, el hijo de Cam:

«¡Maldito sea Canaán!
¡Que sea el más inferior de los siervos
para con sus familiares!».

²⁶Entonces dijo Noé:

«¡Bendito sea el SEÑOR, Dios de Sem,
y sea Canaán su siervo!
²⁷ ¡Que Dios extienda el territorio de Jafet!
Que Jafet comparta la prosperidad de Sem,*
y sea Canaán su siervo».

²⁸Noé vivió trescientos cincuenta años más después del gran diluvio. ²⁹Vivió novecientos cincuenta años y luego murió.

10 Este es el relato de las familias de Sem, Cam y Jafet, los tres hijos de Noé, a quienes les nacieron muchos hijos después del gran diluvio.

Descendientes de Jafet

²Los descendientes de Jafet fueron: Gomer, Magog, Madai, Javán, Tubal, Mesec y Tiras.

³Los descendientes de Gomer fueron: Askenaz, Rifat y Togarma.

⁴Los descendientes de Javán fueron: Elisa, Tarsis, Quitim y Dodanim.* ⁵Los descendientes de ellos llegaron a ser los pueblos marineros que se dispersaron por diversas tierras, cada uno identificado por su propio idioma, clan e identidad nacional.

Descendientes de Cam

⁶Los descendientes de Cam fueron: Cus, Mizraim, Fut y Canaán.

⁷Los descendientes de Cus fueron: Seba, Havila, Sabta, Raama y Sabteca. Los descendientes de Raama fueron: Seba y Dedán.

⁸Cus también fue antepasado de Nimrod, el primer guerrero heroico de la tierra. ⁹Ya que Nimrod fue el mejor cazador del mundo,* su nombre llegó a ser proverbial; la gente decía: «Este hombre es como Nimrod, el mejor cazador del mundo». ¹⁰Él construyó su reino en la tierra de Babilonia,* con las ciudades de Babel, Erec, Acab y Calne. ¹¹Desde allí extendió su territorio a Asiria* y construyó las ciudades de Nínive, Rehobot Ir, Cala, ¹²y Resén (la gran ciudad situada entre Nínive y Cala).

¹³Mizraim fue antepasado de los ludeos, los anameos, los leabitas, los naftuitas, ¹⁴los patruseos, los casluhitas y los caftoritas, de los cuales descendieron los filisteos.*

¹⁵El hijo mayor de Canaán fue Sidón, antepasado de los sidonios. Canaán también fue antepasado de los hititas,* ¹⁶los jebuseos, los amorreos, los gergeseos, ¹⁷los heveos, los araceos, los sineos, ¹⁸los arvadeos, los zemareos y los hamateos. Con el tiempo, los clanes cananeos se dispersaron ¹⁹y el territorio de Canaán se extendió desde Sidón, en el norte, hasta Gerar y Gaza, en el sur, y por el oriente tan lejos como Sodoma, Gomorra, Adma y Zeboim, cerca de Lasa.

²⁰Ellos fueron los descendientes de Cam, identificados por clan, idioma, territorio e identidad nacional.

Descendientes de Sem

²¹También le nacieron hijos a Sem, el hermano mayor de Jafet.* Sem fue antepasado de todos los descendientes de Heber.

²²Los descendientes de Sem fueron: Elam, Asur, Arfaxad, Lud y Aram.

²³Los descendientes de Aram fueron: Uz, Hul, Geter y Mas.

²⁴Arfaxad fue el padre de Sala,* y Sala fue el padre de Heber.

²⁵Heber tuvo dos hijos. El primero se llamó Peleg (que significa «división»), porque durante su

9:27 En hebreo *Que viva en las carpas de Sem.* 10:4 Así aparece en algunos manuscritos hebreos y en la versión griega (ver también 1 Cr 1:7); la mayoría de los manuscritos hebreos dicen *Dodanim.* 10:9 En hebreo *un gran cazador delante del SEÑOR;* también en 10:9b. 10:10 En hebreo *Sinar.* 10:11 O *De esta tierra salió Asiria.* 10:14 En hebreo *casluim, de los cuales descendieron los filisteos, y caftoreos.* Comparar Jr 47:4; Am 9:7. 10:15 En hebreo *antepasado de Het.* 10:21 O *Sem, cuyo hermano mayor era Jafet.* 10:24 La versión griega dice *Arfaxad fue el padre de Cainán, Cainán fue el padre de Sala.* Comparar Lc 3:36.

vida los habitantes del mundo estaban divididos en diferentes grupos según su idioma. Su hermano se llamó Joctán.
²⁶Joctán fue el antepasado de Almodad, Selef, Hazar-mavet, Jera, ²⁷Adoram, Uzal, Dicla, ²⁸Obal, Abimael, Seba, ²⁹Ofir, Havila y Jobab. Todos ellos fueron descendientes de Joctán. ³⁰El territorio que ocupaban se extendía desde Mesa hasta Sefar, en las montañas orientales.

³¹Ellos fueron los descendientes de Sem, identificados por clan, idioma, territorio e identidad nacional.

Conclusión

³²Esos son los clanes que descendieron de los hijos de Noé, ordenados por nación, de acuerdo con la línea de descendencia correspondiente. Todas las naciones de la tierra descendieron de esos clanes después del gran diluvio.

La torre de Babel

11 Hubo un tiempo en que todos los habitantes del mundo hablaban el mismo idioma y usaban las mismas palabras. ²Al emigrar hacia el oriente, encontraron una llanura en la tierra de Babilonia* y se establecieron allí.

³Comenzaron a decirse unos a otros: «Vamos a hacer ladrillos y endurecerlos con fuego». (En esa región, se usaban ladrillos en lugar de piedra y la brea se usaba como mezcla). ⁴Entonces dijeron: «Vamos, construyamos una gran ciudad para nosotros con una torre que llegue hasta el cielo. Eso nos hará famosos y evitará que nos dispersemos por todo el mundo».

⁵Pero el Señor descendió para ver la ciudad y la torre que estaban construyendo, ⁶y dijo: «¡Miren! La gente está unida, y todos hablan el mismo idioma. Esto es apenas el comienzo de lo que se proponan hacer les será imposible! ⁷Vamos a bajar a confundirlos con diferentes idiomas; así no podrán entenderse unos a otros».

⁸De esa manera, el Señor los dispersó por todo el mundo, y ellos dejaron de construir la ciudad. ⁹Por eso la ciudad se llamó Babel,* porque fue allí donde el Señor confundió a la gente con distintos idiomas. Así los dispersó por todo el mundo.

Línea de descendencia desde Sem hasta Abram

¹⁰Este es el relato de la familia de Sem.

Dos años después del gran diluvio, cuando Sem tenía cien años de edad, tuvo a su hijo* Arfaxad. ¹¹Después del nacimiento de Arfaxad, Sem vivió quinientos años más y tuvo otros hijos e hijas.

¹²Cuando Arfaxad tenía treinta y cinco años de edad, tuvo a su hijo Sala. ¹³Después del nacimiento de Sala, Arfaxad vivió cuatrocientos tres años más y tuvo otros hijos e hijas.*

¹⁴Cuando Sala tenía treinta años de edad, tuvo a su hijo Heber. ¹⁵Después del nacimiento de Heber, Sala vivió cuatrocientos tres años más y tuvo otros hijos e hijas.

¹⁶Cuando Heber tenía treinta y cuatro años de edad, tuvo a su hijo Peleg. ¹⁷Después del nacimiento de Peleg, Heber vivió cuatrocientos treinta años más y tuvo otros hijos e hijas.

¹⁸Cuando Peleg tenía treinta años de edad, tuvo a su hijo Reu. ¹⁹Después del nacimiento de Reu, Peleg vivió doscientos nueve años más y tuvo otros hijos e hijas.

²⁰Cuando Reu tenía treinta y dos años de edad, tuvo a su hijo Serug. ²¹Después del nacimiento de Serug, Reu vivió doscientos siete años más y tuvo otros hijos e hijas.

²²Cuando Serug tenía treinta años de edad, tuvo a su hijo Nacor. ²³Después del nacimiento de Nacor, Serug vivió doscientos años más y tuvo otros hijos e hijas.

²⁴Cuando Nacor tenía veintinueve años de edad, tuvo a su hijo Taré. ²⁵Después del nacimiento de Taré, Nacor vivió ciento diecinueve años más y tuvo otros hijos e hijas.

²⁶Después de que Taré cumpliera setenta años de edad, tuvo a Abram, a Nacor y a Harán.

La familia de Taré

²⁷Este es el relato de la familia de Taré. Taré fue el padre de Abram, Nacor y Harán; y Harán fue el padre de Lot. ²⁸Pero Harán murió en Ur de los caldeos —su tierra natal— mientras su padre Taré aún vivía. ²⁹Durante ese tiempo, tanto Abram como Nacor se casaron. El nombre de la esposa de Abram era Sarai, y el nombre de la esposa de Nacor era Milca. (Milca y su hermana Isca eran hijas de Harán, el hermano de Nacor). ³⁰Pero Sarai no podía quedar embarazada y no tenía hijos.

³¹Cierto día, Taré tomó a su hijo Abram, a su nuera Sarai (la esposa de su hijo Abram) y a su nieto Lot (el hijo de su hijo Harán) y salieron de Ur de los caldeos. Taré se dirigía a la tierra de Canaán, pero se detuvieron en Harán y se establecieron allí. ³²Taré vivió doscientos cinco años* y murió mientras aún estaba en Harán.

Llamado de Abram

12 El Señor le había dicho a Abram: «Deja tu patria y a tus parientes y a la familia de tu padre, y vete a la tierra que yo te mostraré. ²Haré de ti una gran nación; te bendeciré

11:2 En hebreo *Sinar.*   11:9 O *Babilonia. Babel* suena como un término hebreo que significa "confusión".   11:10 O *fue el antepasado de;* también en 11:12, 14, 16, 18, 20, 22, 24.   11:11 O *del nacimiento de este antepasado de;* también en 11:13, 15, 17, 19, 21, 23, 25. 11:12-13 La versión griega dice: ¹²*Cuando Arfaxad tenía 135 años de edad, fue padre de Cainán.* ¹³*Después del nacimiento de Cainán, Arfaxad vivió 430 años más y tuvo otros hijos e hijas. Cuando Cainán tenía 130 años de edad, fue padre de Selaj. Después del nacimiento de Selaj, Cainán vivió 330 años más y tuvo otros hijos e hijas.* Comparar con Lc 3:35-36. 11:32 Algunas versiones antiguas dicen *145 años;* comparar 11:26 y 12:4.

y te haré famoso, y serás una bendición para otros. ³Bendeciré a quienes te bendigan y maldeciré a quienes te traten con desprecio. Todas las familias de la tierra serán bendecidas por medio de ti».

⁴Entonces Abram partió como el Señor le había ordenado, y Lot fue con él. Abram tenía setenta y cinco años cuando salió de Harán. ⁵Tomó a su esposa Sarai, a su sobrino Lot, y todas sus posesiones —sus animales y todas las personas que había incorporado a los de su casa en Harán— y se dirigió a la tierra de Canaán. Cuando llegaron a Canaán, ⁶Abram atravesó la tierra hasta llegar a Siquem. Allí estableció el campamento, junto al roble de More. En aquel tiempo, los cananeos habitaban esa región.

⁷Entonces el Señor se le apareció a Abram y le dijo: «Daré esta tierra a tu descendencia».* Y Abram edificó allí un altar y lo dedicó al Señor, quien se le había aparecido. ⁸Después Abram viajó hacia el sur y estableció el campamento en la zona montañosa, situada entre Betel al occidente, y Hai al oriente. Allí edificó otro altar y lo dedicó al Señor, y adoró al Señor. ⁹Entonces Abram continuó viajando por tramos en dirección sur, hacia el Neguev.

Abram y Sarai en Egipto

¹⁰En aquel tiempo, un hambre terrible azotó la tierra de Canaán y obligó a Abram a descender a Egipto, donde vivió como extranjero. ¹¹Al acercarse a la frontera de Egipto, Abram le dijo a su esposa Sarai: «Mira, tú eres una mujer hermosa. ¹²Cuando los egipcios te vean, dirán: "Ella es su esposa. ¡Matémoslo y entonces podremos tomarla!". ¹³Así que, por favor, diles que eres mi hermana. Entonces me perdonarán la vida y me tratarán bien debido al interés que tienen en ti».

¹⁴Efectivamente, cuando Abram llegó a Egipto, todos notaron la belleza de Sarai. ¹⁵Cuando los funcionarios del palacio la vieron, hablaron maravillas de ella al faraón, su rey, y llevaron a Sarai al palacio. ¹⁶Entonces el faraón le dio a Abram muchos regalos a causa de ella: ovejas, cabras, ganado, asnos y asnas, siervos y siervas, y camellos.

¹⁷Pero el Señor envió plagas terribles sobre el faraón y sobre todos los de su casa debido a Sarai, la esposa de Abram. ¹⁸Así que el faraón mandó llamar a Abram y lo reprendió severamente: «¿Qué me has hecho? —preguntó—. ¿Por qué no me dijiste que era tu esposa? ¹⁹¿Por qué dijiste: "Es mi hermana" y con esto me permitiste tomarla como esposa? Ahora bien, aquí tienes a tu esposa. ¡Tómala y vete de aquí!». ²⁰Entonces el faraón ordenó a algunos de sus hombres que los escoltaran, y expulsó a Abram de su territorio junto con su esposa y todas sus pertenencias.

Abram y Lot se separan

13 Entonces Abram salió de Egipto junto con su esposa, con Lot y con todo lo que poseían, y viajó hacia el norte, al Neguev. ²(Abram era muy rico en ganado, plata y oro). ³Desde el Neguev, continuaron viajando por tramos hacia Betel y armaron sus carpas entre Betel y Hai, donde habían acampado antes. ⁴Era el mismo lugar donde Abram había construido el altar, y allí volvió a adorar al Señor.

⁵Lot, quien viajaba con Abram, también se había enriquecido mucho con rebaños de ovejas y de cabras, manadas de ganado y muchas carpas. ⁶Pero la tierra no era suficiente para sustentar a Abram y a Lot si ambos vivían tan cerca el uno del otro con todos sus rebaños y manadas. ⁷Entonces surgieron disputas entre los que cuidaban los animales de Abram y los que cuidaban los de Lot. (En aquel tiempo, también vivían en la tierra los cananeos y los ferezeos).

⁸Finalmente, Abram le dijo a Lot: «No permitamos que este conflicto se interponga entre nosotros o entre los que cuidan nuestros animales. Después de todo, ¡somos parientes cercanos! ⁹Toda la región está a tu disposición. Escoge la parte de la tierra que prefieras, y nos separaremos. Si tú quieres la tierra a la izquierda, entonces yo tomaré la tierra de la derecha. Si tú prefieres la tierra de la derecha, yo me iré a la izquierda».

¹⁰Lot miró con detenimiento las fértiles llanuras del valle del Jordán en dirección a Zoar. Toda esa región tenía abundancia de agua, como el jardín del Señor o la hermosa tierra de Egipto. (Esto ocurrió antes de que el Señor destruyera Sodoma y Gomorra). ¹¹Lot escogió para sí todo el valle del Jordán, que estaba situado al oriente. Se separó de su tío Abram y se mudó allí con sus rebaños y sus siervos. ¹²Entonces Abram se estableció en la tierra de Canaán, y Lot movió sus carpas a un lugar cerca de Sodoma y se estableció entre las ciudades de la llanura. ¹³Pero los habitantes de esa región eran sumamente perversos y no dejaban de pecar contra el Señor.

¹⁴Después de que Lot se fue, el Señor le dijo a Abram: «Mira lo más lejos que puedas en todas las direcciones: al norte y al sur, al oriente y al occidente. ¹⁵Yo te doy toda esta tierra, tan lejos como alcances a ver, a ti y a tu descendencia* como posesión permanente. ¹⁶¡Y te daré tantos descendientes que, como el polvo de la tierra, será imposible contarlos! ¹⁷¡Recorre toda la tierra en cada dirección, pues yo te la entrego».

¹⁸Entonces Abram mudó su campamento a Hebrón y se estableció cerca del robledo que pertenecía a Mamre, y allí construyó otro altar al Señor.

12:7 En hebreo *simiente.*   **13:15** En hebreo *simiente,* también en 13:16.

Abram rescata a Lot

14 En esos días, estalló la guerra en la región. Amrafel, rey de Babilonia;* Arioc, rey de Elasar; Quedorlaomer, rey de Elam; y Tidal, rey de Goim, ²lucharon contra Bera, rey de Sodoma; Birsa, rey de Gomorra; Sinab, rey de Adma; Semeber, rey de Zeboim, y el rey de Bela (también llamada Zoar).

³Este segundo grupo de reyes unieron sus ejércitos en el valle de Sidim (que es el valle del mar Muerto).* ⁴Durante doce años, habían estado sometidos al rey Quedorlaomer pero, en el año trece, se rebelaron contra él.

⁵Un año después, Quedorlaomer y sus aliados llegaron y derrotaron a los refaítas en Astarot-karnaim, a los zuzitas en Ham, a los emitas en Save-quiriataim ⁶y a los horeos en el monte Seir, hasta El-parán, al borde del desierto. ⁷Luego dieron la vuelta y llegaron a En-mispat (que ahora se llama Cades) y conquistaron todo el territorio de los amalecitas y también a los amorreos que vivían en Hazezon-tamar.

⁸Entonces los reyes rebeldes de Sodoma, Gomorra, Adma, Zeboim y Bela (también llamada Zoar) se prepararon para la batalla en el valle del mar Muerto.* ⁹Lucharon contra Quedorlaomer, rey de Elam; Tidal, rey de Goim; Amrafel, rey de Babilonia; y Arioc, rey de Elasar. Eran cuatro reyes contra cinco. ¹⁰Resulta que el valle del mar Muerto estaba lleno de pozos de brea. Así que cuando el ejército de los reyes de Sodoma y Gomorra huía, algunos de ellos cayeron en los pozos de brea, mientras que el resto escapó a las montañas. ¹¹Entonces los invasores victoriosos saquearon Sodoma y Gomorra y emprendieron el regreso a su tierra con el botín de guerra y los alimentos. ¹²También capturaron a Lot —el sobrino de Abram que vivía en Sodoma— y se llevaron todas sus pertenencias.

¹³Uno de los hombres de Lot escapó y le contó todo a Abram, el hebreo, que vivía cerca del robledo que pertenecía a Mamre, el amorreo. Mamre y sus parientes, Escol y Aner, eran aliados de Abram.

¹⁴Cuando Abram se enteró de que su sobrino Lot había sido capturado, movilizó a los trescientos dieciocho hombres adiestrados que habían nacido en su casa. Entonces persiguió al ejército de Quedorlaomer hasta que lo alcanzó en Dan. ¹⁵Allí dividió a sus hombres en grupos y atacó durante la noche. El ejército de Quedorlaomer huyó, pero Abram lo persiguió hasta Hoba, al norte de Damasco. ¹⁶Abram recuperó todos los bienes que habían sido tomados, y trajo de regreso a su sobrino Lot junto con sus pertenencias, las mujeres y los demás cautivos.

Melquisedec bendice a Abram

¹⁷Después de que Abram regresó de su victoria sobre el rey Quedorlaomer y todos sus aliados, el rey de Sodoma salió a encontrarse con él en el valle de Save (que es el valle del Rey).

¹⁸Y Melquisedec, rey de Salem y sacerdote del Dios Altísimo,* le llevó pan y vino a Abram. ¹⁹Melquisedec bendijo a Abram con la siguiente bendición:

«Bendito sea Abram por Dios Altísimo,
    Creador de los cielos y la tierra.
²⁰ Y bendito sea Dios Altísimo,
    que derrotó a tus enemigos por ti».

Luego Abram dio a Melquisedec una décima parte de todos los bienes que había recuperado.

²¹El rey de Sodoma le dijo a Abram:

—Devuélveme a mi pueblo, el cual fue capturado; pero puedes quedarte con todos los bienes que recuperaste.

²²Abram le respondió al rey de Sodoma:

—Juro solemnemente ante el SEÑOR, Dios Altísimo, Creador de los cielos y la tierra, ²³que no tomaré nada de lo que a ti te pertenece, ni un simple hilo ni la correa de una sandalia. De otro modo, podrías decir: "Yo soy quien enriqueció a Abram". ²⁴Aceptaré solamente lo que mis jóvenes guerreros ya han comido, y pido que tú entregues una porción justa de los bienes a mis aliados: Aner, Escol y Mamre.

*La promesa del pacto que el SEÑOR
hace a Abram*

15 Tiempo después, el SEÑOR le habló a Abram en una visión y le dijo:

—No temas, Abram, porque yo te protegeré, y tu recompensa será grande.

²Abram le respondió:

—Oh SEÑOR Soberano, ¿de qué sirven todas tus bendiciones si ni siquiera tengo un hijo? Ya que tú no me has dado hijos, Eliezer de Damasco, un siervo de los de mi casa, heredará toda mi riqueza. ³Tú no me has dado descendientes propios, así que uno de mis siervos será mi heredero.

⁴Después el SEÑOR le dijo:

—No, tu siervo no será tu heredero, porque tendrás un hijo propio, quien será tu heredero.

⁵Entonces el SEÑOR llevó a Abram afuera y le dijo:

—Mira al cielo y, si puedes, cuenta las estrellas. ¡Ese es el número de descendientes que tendrás!

⁶Y Abram creyó al SEÑOR, y el SEÑOR lo consideró justo debido a su fe.

⁷Entonces el SEÑOR le dijo:

—Yo soy el SEÑOR que te sacó de Ur de los caldeos para darte esta tierra como posesión.

⁸Pero Abram respondió:

—Oh SEÑOR Soberano, ¿cómo puedo estar seguro de que realmente voy a poseerla?

⁹Y el SEÑOR le dijo:

—Tráeme una novilla de tres años, una cabra de tres años, un carnero de tres años, una tórtola y un pichón de paloma.

14:1 En hebreo *Sinar*; también en 14:9.   14:3 En hebreo *mar Salado.*   14:8 En hebreo *valle de Sidim* (ver 14:3); también en 14:10.
14:18 En hebreo *El-Elión*; también en 14:19, 20, 22.

¹⁰Entonces Abram le presentó todos esos animales y los mató. Luego partió a cada animal por la mitad y puso las mitades una al lado de la otra; sin embargo, no partió a las aves por la mitad. ¹¹Algunos buitres se lanzaron en picada para comerse a los animales muertos, pero Abram los espantó.

¹²Al ponerse el sol, Abram se durmió profundamente, y descendió sobre él una oscuridad aterradora. ¹³Después el Señor dijo a Abram: «Ten por seguro que tus descendientes serán extranjeros en una tierra ajena, donde los oprimirán como esclavos durante cuatrocientos años, ¹⁴pero yo castigaré a la nación que los esclavice, y al final saldrán con muchas riquezas. ¹⁵En cuanto a ti, morirás en paz y serás enterrado en buena vejez. ¹⁶Cuando hayan pasado cuatro generaciones, tus descendientes regresarán aquí, a esta tierra, porque los pecados de los amorreos no ameritan aún su destrucción».

¹⁷Después de que el sol se puso y cayó la oscuridad, Abram vio un horno humeante y una antorcha ardiente que pasaban entre las mitades de los animales muertos. ¹⁸Entonces el Señor hizo un pacto con Abram aquel día y dijo: «Yo he entregado esta tierra a tus descendientes, desde la frontera de Egipto* hasta el gran río Éufrates, ¹⁹la tierra que ahora ocupan los ceneos, los cenezeos, los cadmoneos, ²⁰los hititas, los ferezeos, los refaítas, ²¹los amorreos, los cananeos, los gergeseos y los jebuseos».

Nacimiento de Ismael

16 Ahora bien, Sarai, la esposa de Abram, no había podido darle hijos; pero tenía una sierva egipcia llamada Agar. ²Entonces Sarai le dijo a Abram: «El Señor no me ha permitido tener hijos. Ve y acuéstate con mi sierva; quizá yo pueda tener hijos por medio de ella». Y Abram aceptó la propuesta de Sarai. ³Entonces Sarai, la esposa de Abram, tomó a Agar, la sierva egipcia, y la entregó a Abram como mujer. (Esto ocurrió diez años después de que Abram se estableció en la tierra de Canaán).

⁴Así que Abram tuvo relaciones sexuales con Agar, y ella quedó embarazada; pero cuando Agar supo que estaba embarazada, comenzó a tratar con desprecio a su señora, Sarai. ⁵Entonces Sarai le dijo a Abram:

—¡Todo esto es culpa tuya! Puse a mi sierva en tus brazos pero, ahora que está embarazada, me trata con desprecio. El Señor mostrará quién está equivocado, ¡tú o yo!

⁶Abram respondió:

—Mira, ella es tu sierva, así que haz con ella como mejor te parezca.

Entonces Sarai comenzó a tratar a Agar con tanta dureza que al final ella huyó.

⁷El ángel del Señor encontró a Agar en el desierto junto a un manantial de agua, en el camino que lleva a Shur. ⁸El ángel le dijo:

—Agar, sierva de Sarai, ¿de dónde vienes y hacia dónde vas?

—Estoy huyendo de mi señora, Sarai —contestó ella.

⁹El ángel del Señor le dijo:

—Regresa a tu señora y sométete a su autoridad ¹⁰—después añadió—: yo te daré más descendientes de los que puedas contar.

¹¹El ángel también dijo:

—Ahora estás embarazada y darás a luz un hijo. Lo llamarás Ismael (que significa «Dios oye»), porque el Señor ha oído tu clamor de angustia. ¹²Este hijo tuyo será un hombre indomable, ¡tan indomable como un burro salvaje! Levantará su puño contra todos, y todos estarán en su contra. Así es, vivirá en franca oposición con todos sus familiares.

¹³A partir de entonces, Agar utilizó otro nombre para referirse al Señor, quien le había hablado. Ella dijo: «Tú eres el Dios que me ve»*. También dijo: «¿De verdad he visto a Aquel que me ve?». ¹⁴Así que ese pozo fue llamado Beer-lajai-roi (que significa «pozo del Viviente que me ve»). Aún se encuentra entre Cades y Bered.

¹⁵Entonces Agar le dio un hijo a Abram, y Abram lo llamó Ismael. ¹⁶Abram tenía ochenta y seis años cuando nació Ismael.

De Abram a «Abraham»

17 Cuando Abram tenía noventa y nueve años, el Señor se le apareció y le dijo: «Yo soy El-Shaddai, "Dios Todopoderoso". Sírveme con fidelidad y lleva una vida intachable. ²Yo haré un pacto contigo, por medio del cual garantizo darte una descendencia incontable».

³Al oír eso, Abram cayó rostro en tierra. Después Dios le dijo: «¡Este es mi pacto contigo: ¡te haré el padre de una multitud de naciones! ⁵Además, cambiaré tu nombre. Ya no será Abram, sino que te llamarás Abraham,* porque serás el padre de muchas naciones. ⁶Te haré sumamente fructífero. Tus descendientes llegarán a ser muchas naciones, ¡y de ellos surgirán reyes!

⁷»Yo confirmaré mi pacto contigo y con tus descendientes* después de ti, de generación en generación. Este es el pacto eterno: yo siempre seré tu Dios y el Dios de todos tus descendientes, ⁸y les daré a ti y a tus descendientes toda la tierra de Canaán, donde ahora vives como extranjero. Será posesión de ellos para siempre, y yo seré su Dios».

La marca del pacto

⁹Entonces Dios le dijo a Abraham: «Es tu responsabilidad obedecer las condiciones del pacto. Tanto tú como todos tus descendientes tendrán esta responsabilidad de por vida. ¹⁰Este

es el pacto que tú y tus descendientes deben cumplir: todo varón entre ustedes debe ser circuncidado. 11Debes cortar la carne del prepucio como señal del pacto entre tú y yo. 12De generación en generación, todo varón debe ser circuncidado al octavo día de su nacimiento. Esto incluye no solamente a los miembros de tu familia sino también a los siervos nacidos en tu casa y a los siervos extranjeros que hayas comprado. 13Todos deben ser circuncidados. Llevarán en su cuerpo la marca de mi pacto eterno. 14Todo varón que no sea circuncidado será excluido de la familia del pacto por romper el pacto».

De Sarai a «Sara»

15Entonces Dios le dijo a Abraham: «Con respecto a Sarai, tu esposa, su nombre no será más Sarai. A partir de ahora, se llamará Sara.* 16Y yo la bendeciré, ¡y te daré un hijo varón por medio de ella! Sí, la bendeciré en abundancia, y llegará a ser la madre de muchas naciones. Entre sus descendientes, habrá reyes de naciones».

17Entonces Abraham se postró hasta el suelo, pero se rió por dentro, incrédulo. «¿Cómo podría yo ser padre a la edad de cien años? —pensó—. ¿Y cómo podrá Sara tener un bebé a los noventa años?». 18Así que Abraham le dijo a Dios:

—¡Que Ismael viva bajo tu bendición especial!

19Pero Dios le respondió:

—No. Sara, tu esposa, te dará a luz un hijo. Le pondrás por nombre Isaac,* y yo confirmaré mi pacto con él y con sus descendientes como pacto eterno. 20Con respecto a Ismael, también a él lo bendeciré, tal como me has pedido. Haré que sea muy fructífero y multiplicaré su descendencia. Llegará a ser padre de doce príncipes, y haré de él una gran nación; 21pero mi pacto se confirmará con Isaac, quien nacerá de ti y de Sara dentro de un año.

22Cuando Dios terminó de hablar, dejó a Abraham.

23Ese mismo día, Abraham tomó a su hijo Ismael, y a todos los varones de su casa, tanto los que habían nacido allí como los que había comprado; y los circuncidó cortándoles el prepucio, tal como Dios le había dicho. 24Abraham tenía noventa y nueve años cuando fue circuncidado, 25y su hijo Ismael tenía trece. 26Tanto Abraham como su hijo Ismael fueron circuncidados ese mismo día, 27y también los demás varones de la casa, tanto los nacidos allí como los comprados como siervos. Todos fueron circuncidados junto con él.

Sara recibe la promesa de un hijo

18 El Señor se le apareció otra vez a Abraham cerca del robledo que pertenecía a Mamre. Un día, Abraham estaba sentado en la entrada de su carpa a la hora más calurosa del día. 2Entonces levantó la vista y vio a tres hombres de pie cerca de allí. Cuando los vio, corrió a recibirlos, y se inclinó hasta el suelo en señal de bienvenida.

3—Mi señor —dijo él—, si le agrada, deténgase aquí un rato. 4Descansen bajo la sombra de este árbol mientras les traen agua para lavarse los pies. 5Ya que han honrado a su siervo con esta visita, permítanme prepararles comida para que recobren fuerzas antes de continuar su viaje.

—Está bien —dijeron ellos—. Haz lo que dijiste.

6Entonces Abraham volvió corriendo a la carpa y le dijo a Sara: «¡Apresúrate! Toma tres medidas abundantes* de la mejor harina que tengas, amásala y hornea pan». 7Luego Abraham corrió hacia el rebaño, escogió un becerro tierno y se lo dio a su siervo, quien lo preparó con rapidez. 8Cuando la comida estuvo lista, Abraham tomó yogur* y leche junto con la carne asada, y sirvió la comida a los hombres. Mientras ellos comían, Abraham los atendía bajo la sombra de los árboles.

9—¿Dónde está Sara, tu esposa? —preguntaron los visitantes.

—Está dentro de la carpa —contestó Abraham.

10Entonces uno de ellos dijo:

—Yo volveré a verte dentro de un año, ¡y tu esposa, Sara, tendrá un hijo!

Sara escuchaba la conversación desde la carpa. 11Abraham y Sara eran muy ancianos en ese tiempo, y hacía mucho que Sara había pasado la edad de tener hijos. 12Así que se rió en silencio dentro de sí misma, y dijo: «¿Cómo podría una mujer acabada como yo disfrutar semejante placer, sobre todo cuando mi señor —mi esposo— también es muy viejo?».

13Entonces el Señor le dijo a Abraham:

—¿Por qué se rió Sara y dijo: "¿Acaso puede una mujer vieja como yo tener un bebé?"? 14¿Existe algo demasiado difícil para el Señor? Regresaré dentro de un año, y Sara tendrá un hijo.

15Sara tuvo miedo, por eso se negó:

—Yo no me reí.

Pero el Señor dijo:

—No es cierto, sí te reíste.

Abraham intercede por Sodoma

16Después de haber comido, los hombres se levantaron y miraron hacia Sodoma. Cuando salieron, Abraham caminó un tramo con ellos para despedirlos.

17—¿Ocultaré mis planes a Abraham? —dijo el Señor—. 18Pues Abraham sin duda llegará a formar una nación grande y poderosa, y todas las naciones de la tierra serán bendecidas por medio de él. 19Yo lo escogí a fin de que él ordene a sus hijos y a sus familias que se mantengan en el camino del Señor haciendo lo que es correcto y justo. Entonces yo haré por Abraham todo lo que he prometido.

20Así que el Señor le dijo a Abraham:

—He oído un gran clamor desde Sodoma y Gomorra, porque su pecado es muy grave.

17:15 Tanto *Sarai* como *Sara* significan «princesa»; el cambio en la escritura tal vez refleje la diferencia entre los dialectos de Ur y Canaán. **17:19** *Isaac* significa «él ríe». **18:6** En hebreo *3 seahs*, unos 20 kilos ó 44 libras. **18:8** O *cuajada.*

²¹Bajaré para ver si sus acciones son tan perversas como he oído. Si no es así, quiero saberlo.

²²Los otros hombres se dieron la vuelta y se dirigieron a Sodoma, pero el Señor se quedó con Abraham. ²³Abraham se le acercó y dijo:

—¿Destruirás tanto al justo como al malvado? ²⁴Supongamos que encuentras cincuenta personas justas en la ciudad, ¿aun así las destruirás y no la perdonarás por causa de los justos? ²⁵Seguro que tú no harías semejante cosa: destruir al justo junto con el malvado. ¡Pues estarías tratando al justo y al malvado exactamente de la misma manera! ¡Sin duda, tú no harías eso! ¿Acaso el Juez de toda la tierra no haría lo que es correcto?

²⁶Y el Señor contestó:

—Si encuentro cincuenta personas justas en Sodoma, perdonaré a toda la ciudad por causa de ellos.

²⁷Entonces Abraham volvió a hablar:

—Ya que he comenzado, permíteme decir algo más a mi Señor, aunque no soy más que polvo y cenizas. ²⁸Supongamos que hubiera solo cuarenta y cinco justos en vez de cincuenta. ¿Destruirás toda la ciudad aunque falten cinco?

El Señor le dijo:

—No la destruiré si encuentro cuarenta y cinco justos allí.

²⁹Entonces Abraham insistió en su petición:

—¿Supongamos que hubiera solamente cuarenta?

El Señor le contestó:

—No la destruiré por causa de esos cuarenta.

³⁰—Por favor, no te enojes, mi Señor —rogó Abraham—. Permíteme seguir hablando. ¿Supongamos que se encontraran solamente treinta justos?

El Señor le contestó:

—No la destruiré si encuentro treinta.

³¹Entonces Abraham dijo:

—Dado que me he atrevido a hablar al Señor, permíteme continuar. ¿Supongamos que hay solamente veinte?

El Señor le contestó:

—Entonces no la destruiré por causa de esos veinte.

³²Finalmente, Abraham dijo:

—Señor, por favor, no te enojes conmigo si hablo una vez más. ¿Y si hubiera tan solo diez?

Y el Señor contestó:

—Entonces no la destruiré por causa de esos diez.

³³Cuando el Señor terminó la conversación con Abraham, siguió su camino, y Abraham regresó a su carpa.

Destrucción de Sodoma y Gomorra

19 Al anochecer, los dos ángeles llegaron a la entrada de la ciudad de Sodoma. Lot estaba allí sentado y, cuando los vio, se puso de pie para recibirlos. Entonces les dio la bienvenida y se inclinó rostro en tierra.

²—Señores míos —dijo él—, vengan a mi casa para lavarse los pies, y sean mis huéspedes esta noche. Entonces mañana podrán levantarse temprano y seguir su camino.

—Oh, no —respondieron ellos—. Pasaremos la noche aquí, en la plaza de la ciudad.

³Pero Lot insistió, y finalmente ellos fueron con él a su casa. Lot preparó un banquete para ellos, con pan sin levadura recién horneado, y ellos comieron; ⁴pero antes de que se fueran a dormir, todos los hombres de Sodoma, tanto jóvenes como mayores, llegaron de todas partes de la ciudad y rodearon la casa. ⁵Y le gritaron a Lot:

—¿Dónde están los hombres que llegaron para pasar la noche contigo? ¡Haz que salgan para que podamos tener sexo con ellos!

⁶Entonces Lot salió de la casa para hablar con ellos y cerró la puerta detrás de él.

⁷—Por favor, hermanos míos —suplicó—, no hagan una cosa tan perversa. ⁸Miren, tengo dos hijas vírgenes. Déjenme traerlas, y podrán hacer con ellas lo que quieran. Pero les ruego que dejen en paz a estos hombres, porque son mis huéspedes y están bajo mi protección.

⁹—¡Hazte a un lado! —gritaron ellos—. Este tipo llegó a la ciudad como forastero, ¡y ahora actúa como si fuera nuestro juez! ¡Te trataremos mucho peor que a esos hombres!

Y se lanzaron contra Lot para tirar la puerta abajo.

¹⁰Pero los dos ángeles* extendieron la mano, metieron a Lot dentro de la casa y pusieron el cerrojo a la puerta. ¹¹Luego dejaron ciegos a todos los hombres que estaban en la puerta de la casa, tanto jóvenes como mayores, los cuales abandonaron su intento de entrar.

¹²Mientras tanto, los ángeles le preguntaron a Lot:

—¿Tienes otros familiares en esta ciudad? Sácalos de aquí, a tus yernos, hijos, hijas o cualquier otro, ¹³porque estamos a punto de destruir este lugar por completo. El clamor contra esta ciudad es tan grande que ha llegado hasta el Señor, y él nos ha enviado para destruirla.

¹⁴Entonces Lot salió con prisa a contarles a los prometidos de sus hijas: «¡Rápido, salgan de la ciudad! El Señor está a punto de destruirla»; pero los jóvenes pensaron que lo decía en broma.

¹⁵Al amanecer de la mañana siguiente, los ángeles insistieron:

—Apresúrate —le dijeron a Lot—. Toma a tu esposa y a tus dos hijas que están aquí. ¡Vete ahora mismo, o serás arrastrado en la destrucción de la ciudad!

¹⁶Como Lot todavía titubeaba, los ángeles lo agarraron de la mano, y también a su esposa y a sus dos hijas, y los llevaron enseguida a un lugar seguro fuera de la ciudad, porque el Señor tuvo misericordia de ellos. ¹⁷Cuando quedaron a salvo fuera de la ciudad, uno de los ángeles ordenó:

19:10 En hebreo *hombres;* también en 19:12, 16.

—¡Corran y salven sus vidas! ¡No miren hacia atrás ni se detengan en ningún lugar del valle! ¡Escapen a las montañas, o serán destruidos!

18—¡Oh, no, mi señor! —suplicó Lot—. 19Ustedes fueron tan amables conmigo y me salvaron la vida, y han mostrado una gran bondad; pero no puedo ir a las montañas. La destrucción me alcanzaría allí también, y pronto moriría. 20Miren, hay una pequeña aldea cerca. Por favor, déjenme ir allá; ¿no ven lo pequeña que es? Así no perderé la vida.

21—Está bien —dijo el ángel—, concederé tu petición. No destruiré la pequeña aldea. 22¡Pero apresúrate! Escapa a la aldea, porque no puedo hacer nada hasta que llegues allí. (Esto explica por qué aquella aldea se conocía como Zoar, que significa «lugar pequeño»).

23Lot llegó a la aldea justo cuando el sol salía en el horizonte. 24Enseguida el SEÑOR hizo llover de los cielos fuego y azufre ardiente sobre Sodoma y Gomorra. 25Las destruyó por completo, junto con las demás ciudades y aldeas de la llanura. Así arrasó a todas las personas y a toda la vegetación; 26pero la esposa de Lot miró hacia atrás mientras lo seguía y quedó convertida en una estatua de sal.

27Abraham se levantó temprano esa mañana y salió de prisa al lugar donde había estado en la presencia del SEÑOR. 28Miró al otro lado de la llanura, hacia Sodoma y Gomorra, y vio que subían columnas de humo desde las ciudades como si fuera el humo de un horno.

29Pero Dios había escuchado la petición de Abraham y salvó la vida de Lot, a quien sacó del desastre que se tragó a las ciudades de la llanura.

Lot y sus hijas

30Tiempo después, Lot abandonó Zoar porque tenía miedo de la gente de allí y fue a vivir a una cueva en las montañas junto con sus dos hijas. 31Cierto día, la hija mayor le dijo a su hermana: «No quedan hombres en ningún lugar de esta región, con los que podamos casarnos como todas las demás; y nuestro padre pronto será demasiado viejo para tener hijos. 32Ven, vamos a emborracharlo con vino, y después tendremos sexo con él. De esa forma preservaremos nuestra descendencia por medio de nuestro padre».

33Así que aquella noche lo emborracharon con vino, y la hija mayor entró y tuvo relaciones sexuales con su padre. Él no se dio cuenta cuando ella se acostó ni cuando se levantó.

34A la mañana siguiente, la hermana mayor le dijo a la menor: «Anoche tuve sexo con nuestro padre. Volvamos a emborracharlo con vino esta noche, y tú entrarás y tendrás sexo con él. De esa forma preservaremos nuestra descendencia por medio de nuestro padre». 35Así que aquella noche ellas volvieron a emborracharlo con vino, y la hija menor entró y tuvo relaciones sexuales con él. Igual que antes, él no se dio cuenta cuando ella se acostó ni cuando se levantó.

36Como resultado, las dos hijas de Lot quedaron embarazadas de su propio padre. 37Cuando la hija mayor dio a luz un hijo, le puso por nombre Moab.* Él llegó a ser padre de la nación conocida ahora como los moabitas. 38Cuando la hija menor dio a luz un hijo, le puso por nombre Ben-ammi.* Él llegó a ser padre de la nación conocida ahora como los amonitas.

Abraham engaña a Abimelec

20 Abraham se trasladó hacia el sur, al Neguev, y vivió un tiempo entre Cades y Shur; luego siguió hasta Gerar. Mientras vivía allí como extranjero, 2Abraham presentó a su esposa, Sara, diciendo: «Ella es mi hermana». Entonces el rey Abimelec de Gerar mandó llamar a Sara e hizo que la trajeran ante él a su palacio.

3Esa noche Dios se le apareció a Abimelec en un sueño y le dijo:

—Eres hombre muerto, porque esa mujer que has tomado, ya está casada!

4Sin embargo, Abimelec todavía no había dormido con ella, así que dijo:

—Señor, ¿destruirás a una nación inocente? 5¿Acaso no me dijo Abraham: "Ella es mi hermana"? Y ella misma dijo: "Sí, él es mi hermano". ¡Yo he actuado con total inocencia! Mis manos están limpias.

6En el sueño, Dios respondió:

—Sí, yo sé que tú eres inocente. Por eso no permití que pecaras contra mí ni dejé que la tocaras. 7Ahora devuelve la mujer a su esposo; y él orará por ti, porque es profeta. Entonces vivirás; pero si no la devuelves, puedes estar seguro de que tú y todo tu pueblo morirán.

8A la mañana siguiente, Abimelec se levantó temprano y enseguida reunió a todos sus siervos. Cuando les dijo a sus hombres lo que había ocurrido, ellos quedaron aterrados. 9Entonces Abimelec mandó llamar a Abraham.

—¿Qué nos has hecho? —preguntó—. ¿Qué delito he cometido que merezca un trato como este, que nos haces culpables a mí y a mi reino de este gran pecado? ¡Nadie debería hacer jamás lo que tú has hecho! 10¿Qué te llevó a cometer semejante acto?

11Abraham contestó:

—Yo pensé: "Este es un lugar donde no hay temor de Dios. Ellos querrán tener a mi esposa y me matarán para conseguirla". 12Ella de verdad es mi hermana, pues ambos tenemos el mismo padre, aunque diferentes madres; y yo me casé con ella. 13Cuando Dios me llamó a abandonar la casa de mi padre y a viajar de lugar en lugar, le dije a ella: "Hazme un favor, por donde vayamos, dile a la gente que yo soy tu hermano".

14Entonces Abimelec tomó algunas de sus ovejas y cabras, ganado y también siervos y siervas, y entregó todo a Abraham. Además le

19:37 *Moab* suena como un término hebreo que significa «del padre».   19:38 *Ben-ammi* significa «hijo de mi pariente».

devolvió a su esposa, Sara. [15]Después Abimelec le dijo:

—Revisa mis tierras y escoge cualquier lugar donde te gustaría vivir.

[16]Y le dijo a Sara:

—Mira, le entrego a tu "hermano" mil piezas de plata* en presencia de todos estos testigos, para compensarte por cualquier daño que pudiera haberte causado. Esto resolverá todo reclamo contra mí, y tu reputación quedará limpia.

[17]Entonces Abraham oró a Dios, y Dios sanó a Abimelec, a su esposa y a sus siervas para que pudieran tener hijos. [18]Pues el SEÑOR había hecho que todas las mujeres quedaran estériles debido a lo que pasó con Sara, la esposa de Abraham.

Nacimiento de Isaac

21 El SEÑOR cumplió su palabra e hizo con Sara exactamente lo que había prometido. [2]Ella quedó embarazada y dio a luz un hijo a Abraham en su vejez. Eso ocurrió justo en el tiempo que Dios dijo que pasaría. [3]Y Abraham le puso por nombre a su hijo, Isaac.* [4]Ocho días después del nacimiento, Abraham circuncidó a Isaac, tal como Dios había ordenado. [5]Abraham tenía cien años de edad cuando nació Isaac.

[6]Sara declaró: «Dios me hizo reír.* Todos los que se enteren de lo que sucedió se reirán conmigo. [7]¿Quién le hubiera dicho a Abraham que Sara amamantaría a un bebé? Sin embargo, ¡le he dado a Abraham un hijo en su vejez!».

Abraham despide a Agar e Ismael

[8]Cuando Isaac creció y estaba a punto de ser destetado, Abraham preparó una gran fiesta para celebrar la ocasión. [9]Pero Sara vio que Ismael —el hijo de Abraham y de su sierva egipcia Agar— se burlaba de su hijo, Isaac.* [10]Entonces ella se dirigió a Abraham y le exigió: «Echa fuera a esa esclava y a su hijo. Él no compartirá la herencia con mi hijo Isaac. ¡No lo permitiré!».

[11]Esto disgustó mucho a Abraham, porque Ismael era su hijo; [12]pero Dios le dijo a Abraham: «No te alteres por el muchacho y tu sierva. Haz todo lo que Sara te diga, porque Isaac es el hijo mediante el cual procederán tus descendientes. [13]Yo también haré una nación de los descendientes del hijo de Agar, porque él también es hijo tuyo».

[14]Así que a la mañana siguiente Abraham se levantó temprano, preparó comida y un recipiente de agua, y amarró todo a los hombros de Agar. Luego la despidió junto con su hijo, y ella anduvo errante por el desierto de Beerseba.

[15]Cuando se acabó el agua, Agar puso al muchacho a la sombra de un arbusto. [16]Entonces se alejó y se sentó sola a unos cien metros de distancia.* Se echó a llorar y dijo: «No quiero ver morir al muchacho».

[17]Pero Dios escuchó llorar al muchacho, y el ángel de Dios llamó a Agar desde el cielo: «Agar, ¿qué pasa? ¡No tengas miedo! Dios ha oído llorar al muchacho, allí tendido en el suelo. [18]Ve a consolarlo, porque yo haré de su descendencia una gran nación».

[19]Entonces Dios abrió los ojos de Agar, y ella vio un pozo lleno de agua. Enseguida llenó su recipiente con agua y dio de beber al niño.

[20]El muchacho creció en el desierto, y Dios estaba con él. Llegó a ser un hábil arquero, [21]se estableció en el desierto de Parán, y su madre arregló que se casara con una mujer de la tierra de Egipto.

Pacto de Abraham con Abimelec

[22]En esos días, Abimelec fue con Ficol, el comandante de su ejército, a visitar a Abraham.

—Es obvio que Dios está contigo, ayudándote en todo lo que haces —dijo Abimelec—. [23]Júrame en nombre de Dios que nunca me engañarás ni a mí, ni a mis hijos, ni a ninguno de mis descendientes. Yo te he sido leal, así que ahora jura que tú me serás leal a mí y a esta nación donde vives como extranjero.

[24]Abraham respondió:

—¡Sí, lo juro!

[25]Entonces Abraham se quejó con Abimelec por un pozo que los siervos de Abimelec habían quitado por la fuerza a los siervos de Abraham.

[26]—No sabía nada —respondió Abimelec—. No tengo idea de quién es el responsable. Nunca antes te has quejado de este asunto.

[27]Entonces Abraham le dio a Abimelec algunas de sus ovejas y cabras, y cabezas de ganado, y los dos hicieron un tratado. [28]Pero Abraham además tomó otras siete corderas y las puso aparte. [29]Y Abimelec preguntó:

—¿Por qué has puesto estas siete separadas de los demás?

[30]Abraham respondió:

—Por favor, recibe estas siete corderas en señal de que aceptas que yo cavé este pozo.

[31]Luego Abraham puso por nombre a ese lugar Beerseba (que significa «pozo del juramento»), porque fue allí donde ambos hicieron el juramento.

[32]Después de haber hecho el pacto en Beerseba, Abimelec partió junto con Ficol, el comandante de su ejército, y los dos regresaron a su hogar, en tierra de los filisteos. [33]Luego Abraham plantó un tamarisco en Beerseba, y allí adoró al SEÑOR, al Dios Eterno.* [34]Y Abraham vivió como extranjero en la tierra de los filisteos durante mucho tiempo.

La prueba de fe de Abraham

22 Tiempo después, Dios probó la fe de Abraham.

—¡Abraham! —lo llamó Dios.

—Sí —respondió él—, aquí estoy.

20:16 En hebreo *1000 [siclos] de plata*, aproximadamente 11,4 kilogramos ó 25 libras de peso.   **21:6** El nombre *Isaac* significa «él ríe».   **21:9** Así aparece en la versión griega y en la Vulgata Latina; en hebreo falta *de su hijo, Isaac.*   **21:16** En hebreo *a distancia de un tiro con arco.*   **21:33** En hebreo *El-Olam.*

²—Toma a tu hijo, tu único hijo —sí, a Isaac, a quien tanto amas— y vete a la tierra de Moriah. Allí lo sacrificarás como ofrenda quemada sobre uno de los montes, uno que yo te mostraré.

³A la mañana siguiente, Abraham se levantó temprano. Ensilló su burro y llevó con él a dos de sus siervos, junto con su hijo Isaac. Después cortó leña para el fuego de la ofrenda y salió hacia el lugar que Dios le había indicado. ⁴Al tercer día de viaje, Abraham levantó la vista y vio el lugar a la distancia. ⁵«Quédense aquí con el burro —dijo Abraham a los siervos—. El muchacho y yo seguiremos un poco más adelante. Allí adoraremos y volveremos enseguida».

⁶Entonces Abraham puso la leña para la ofrenda sobre los hombros de Isaac, mientras que él llevó el fuego y el cuchillo. Mientras caminaban juntos, ⁷Isaac se dio vuelta y le dijo a Abraham:

—¿Padre?

—Sí, hijo mío —contestó Abraham.

—Tenemos el fuego y la leña —dijo el muchacho—, ¿pero dónde está el cordero para la ofrenda quemada?

⁸—Dios proveerá un cordero para la ofrenda quemada, hijo mío —contestó Abraham.

Así que ambos siguieron caminando juntos.

⁹Cuando llegaron al lugar indicado por Dios, Abraham construyó un altar y colocó la leña encima. Luego ató a su hijo Isaac, y lo puso sobre el altar, encima de la leña. ¹⁰Y Abraham tomó el cuchillo para matar a su hijo en sacrificio. ¹¹En ese momento, el ángel del SEÑOR lo llamó desde el cielo:

—¡Abraham! ¡Abraham!

—Sí —respondió Abraham—, ¡aquí estoy!

¹²—¡No pongas tu mano sobre el muchacho! —dijo el ángel—. No le hagas ningún daño, porque ahora sé que de verdad temes a Dios. No me has negado ni siquiera a tu hijo, tu único hijo.

¹³Entonces Abraham levantó los ojos y vio un carnero que estaba enredado por los cuernos en un matorral. Así que tomó el carnero y lo sacrificó como ofrenda quemada en lugar de su hijo. ¹⁴Abraham llamó a aquel lugar Yahveh-jireh (que significa «el SEÑOR proveerá»). Hasta el día de hoy, la gente todavía usa ese nombre como proverbio: «En el monte del SEÑOR será provisto».

¹⁵Luego el ángel del SEÑOR volvió a llamar a Abraham desde el cielo.

¹⁶—El SEÑOR dice: Ya que me has obedecido y no me has negado ni siquiera a tu hijo, tu único hijo, juro por mi nombre que ¹⁷ciertamente te bendeciré. Multiplicaré tu descendencia* hasta que sea incontable, como las estrellas del cielo y la arena a la orilla del mar. Tus descendientes conquistarán las ciudades de sus enemigos, ¹⁸y mediante tu descendencia, todas las naciones de la tierra serán bendecidas. Todo eso, porque me has obedecido.

¹⁹Luego volvieron al lugar donde estaban los siervos y viajaron de regreso a Beerseba, donde Abraham siguió habitando.

²⁰Poco tiempo después, Abraham oyó que Milca, la esposa de su hermano Nacor, le había dado a Nacor ocho hijos. ²¹El mayor se llamaba Uz, el siguiente era Buz, seguido por Kemuel (antepasado de los arameos), ²²Quésed, Hazó, Píldás, Jidlaf y Betuel. ²³(Betuel fue el padre de Rebeca). Además de esos ocho hijos de Milca, ²⁴Nacor tuvo otros cuatro hijos con su concubina Reúma. Sus nombres eran Teba, Gahán, Tahás y Maacá.

Entierro de Sara

23 A la edad de ciento veintisiete años, ²Sara murió en Quiriat-arba (actualmente se llama Hebrón), en la tierra de Canaán. Allí Abraham hizo duelo y lloró por ella.

³Luego, se apartó del cuerpo de su esposa y dijo a los ancianos hititas:

⁴—Aquí estoy, vivo entre ustedes como forastero y extranjero. Por favor, véndanme una parcela de terreno para darle un entierro apropiado a mi esposa.

⁵—Escúchenos, señor —respondieron los hititas a Abraham—, ⁶usted es un príncipe de honor entre nosotros. Escoja la mejor de nuestras tumbas y entiérrela allí. Ninguno de nosotros se negará a ayudarle en ese sentido.

⁷Entonces Abraham se inclinó hasta el suelo ante los hititas ⁸y dijo:

—Ya que ustedes están dispuestos a brindarme esa ayuda, sean tan amables de pedir a Efrón, hijo de Zohar, ⁹que me permita comprar su cueva en Macpela, que está al final de su campo. Yo pagaré el precio total en presencia de testigos, a fin de tener un lugar permanente donde enterrar a mi familia.

¹⁰Efrón estaba sentado allí entre los demás y respondió a Abraham mientras los demás escuchaban. Habló públicamente delante de todos los ancianos hititas de la ciudad.

¹¹—No, mi señor —le dijo a Abraham—, por favor, escúcheme. Yo le regalaré el campo y la cueva. Aquí mismo, en presencia de mi pueblo, se lo regalo. Vaya y entierre a su esposa.

¹²Abraham volvió a inclinarse hasta el suelo ante los ciudadanos del lugar ¹³y respondió a Efrón a oídos de todos.

—No, escúcheme. Yo se lo compraré. Permítame pagar el precio total del campo, para poder enterrar allí a mi esposa.

¹⁴Efrón respondió a Abraham:

¹⁵—Mi señor, por favor, escúcheme. El campo vale cuatrocientas monedas* de plata, ¿pero qué es eso entre amigos? Vaya y entierre a su esposa.

¹⁶Abraham estuvo de acuerdo con el precio sugerido por Efrón y pagó la cantidad total: cuatrocientas monedas de plata, pesadas según la norma de los comerciantes; y los ancianos hititas presenciaron la transacción.

22:17 En hebreo *simiente*; también en 22:17b, 18. **23:15** En hebreo *400 siclos*, aproximadamente 4,6 kilogramos ó 10 libras de peso; también en 23:16.

¹⁷Así fue que Abraham compró la parcela que pertenecía a Efrón en Macpela, cerca de Mamre. La parcela constaba del campo, la cueva y todos los árboles que la rodeaban. ¹⁸Se transfirió a Abraham como posesión permanente en presencia de los ancianos hititas, en la puerta de la ciudad. ¹⁹Después Abraham enterró a su esposa, Sara, allí en Canaán, en la cueva de Macpela, cerca de Mamre (también llamado Hebrón). ²⁰Así que el campo y la cueva de los hititas pasaron a manos de Abraham, para ser usados como lugar de sepultura permanente.

Una esposa para Isaac

24 Abraham ya era un hombre muy anciano, y el SEÑOR lo había bendecido en todo. ²Cierto día Abraham le dijo a su siervo más antiguo, el hombre que estaba a cargo de su casa:

—Haz un juramento poniendo tu mano debajo de mi muslo. ³Jura por el SEÑOR, Dios del cielo y de la tierra, que no dejarás que mi hijo se case con una de esas mujeres cananeas. ⁴Sino que vuelve a mi tierra natal, donde están mis parientes, y encuentra allí una esposa para mi hijo Isaac.

⁵El siervo preguntó:

—¿Pero qué pasaría si no puedo encontrar una joven que esté dispuesta a viajar tan lejos de su casa? ¿Debería, entonces, llevar allí a Isaac para que viva entre sus parientes, en la tierra de donde usted proviene?

⁶—¡No! —contestó Abraham—. Procura no llevar nunca a mi hijo allí. ⁷Pues el SEÑOR, Dios del cielo, quien me sacó de la casa de mi padre y de mi tierra natal, prometió solemnemente dar esta tierra a mis descendientes.* Él enviará a su ángel delante de ti y se encargará de que encuentres allí una esposa para mi hijo. ⁸Si ella no está dispuesta a regresar contigo, entonces quedarás libre de este juramento que haces conmigo; pero bajo ninguna circunstancia llevarás a mi hijo allí.

⁹Entonces el siervo hizo un juramento poniendo su mano debajo del muslo de su señor, Abraham, y juró seguir sus instrucciones. ¹⁰Después tomó diez de los camellos de Abraham y los cargó con toda clase de regalos valiosos de parte de su señor, y viajó hasta la lejana tierra de Aram-naharaim. Una vez allí, se dirigió a la ciudad donde se había establecido Nacor, hermano de Abraham. ¹¹Hizo que los camellos se arrodillaran junto a un pozo justo a las afueras de la ciudad. Era la caída de la tarde, y las mujeres salían a sacar agua.

¹²«Oh SEÑOR, Dios de mi amo, Abraham —oró—. Te ruego que hoy me des éxito y muestres amor inagotable a mi amo, Abraham. ¹³Aquí me encuentro junto a este manantial, y las jóvenes de la ciudad vienen a sacar agua. ¹⁴Mi petición es la siguiente: yo le diré a una de ellas: "Por

favor, deme de beber de su cántaro"; si ella dice: "Sí, beba usted, ¡y también daré de beber a sus camellos!", que sea ella la que has elegido como esposa para Isaac. De esa forma sabré que has mostrado amor inagotable a mi amo».

¹⁵Entonces, antes de terminar su oración, vio a una joven llamada Rebeca, que salía con su cántaro al hombro. Ella era hija de Betuel, quien era hijo de Nacor —hermano de Abraham— y de Milca, su esposa. ¹⁶Rebeca era muy hermosa y tenía edad suficiente para estar casada, pero aún era virgen. Ella descendió hasta el manantial, llenó su cántaro y volvió a subir. ¹⁷Entonces el siervo corrió hasta alcanzarla y le dijo:

—Por favor, deme de beber un poco de agua de su cántaro.

¹⁸—Sí, mi señor, beba —respondió ella.

Enseguida bajó su cántaro del hombro y le dio de beber. ¹⁹Después de darle de beber, dijo:

—También sacaré agua para sus camellos y les daré de beber hasta que se sacien.

²⁰Así que, de inmediato, vació su cántaro en el bebedero y volvió corriendo al pozo a sacar agua para todos los camellos.

²¹El siervo la observaba en silencio mientras se preguntaba si el SEÑOR le había dado éxito en la misión. ²²Cuando los camellos terminaron de beber, sacó un anillo de oro para la nariz de la muchacha y dos pulseras grandes de oro* para sus muñecas.

²³—¿De quién es hija usted? —le preguntó—, y dígame, por favor, ¿tendría su padre algún lugar para hospedarnos esta noche?

²⁴—Soy hija de Betuel —contestó ella—, y mis abuelos son Nacor y Milca. ²⁵Sí, tenemos más que suficiente paja y alimento para los camellos, y también tenemos lugar para huéspedes.

²⁶El hombre se inclinó hasta el suelo y adoró al SEÑOR.

²⁷—Alabado sea el SEÑOR, Dios de mi amo, Abraham —dijo—. El SEÑOR ha mostrado amor inagotable y fidelidad a mi amo, porque me ha guiado directamente a los parientes de mi señor.

²⁸La joven corrió a su casa para contarle a su familia todo lo que había ocurrido. ²⁹Rebeca tenía un hermano llamado Labán, el cual salió corriendo al manantial para encontrarse con el hombre. ³⁰Había visto el anillo en la nariz de su hermana y las pulseras en sus muñecas, y había oído a Rebeca contar lo que el hombre le había dicho. Así que corrió hasta llegar al manantial, donde el hombre aún estaba parado al lado de sus camellos. ³¹Entonces Labán le dijo: «¡Ven y quédate con nosotros, hombre bendecido por el SEÑOR! ¿Por qué estás aquí, fuera de la ciudad, cuando yo tengo un cuarto preparado para ti y un lugar para los camellos?».

³²Entonces el hombre fue con Labán a su casa, y Labán descargó los camellos, y para que

---

24:7 En hebreo *simiente;* también en 24:60.   24:22 En hebreo *un anillo de oro para la nariz, el cual pesaba medio siclo* [6 gramos ó 0,2 onzas] *y dos pulseras de oro que pesaban diez siclos* [114 gramos ó 4 onzas].

se tendieran les proveyó paja, los alimentó, y también trajo agua para que el hombre y los camelleros se lavaran los pies. ³³Luego sirvieron la comida, pero el siervo de Abraham dijo:

—No quiero comer hasta que les haya dicho la razón por la que vine.

—Muy bien —respondió Labán—, dinos.

³⁴—Yo soy siervo de Abraham —explicó—. ³⁵Y el SEÑOR ha bendecido mucho a mi amo; y él se ha enriquecido. El SEÑOR le ha dado rebaños de ovejas y cabras, manadas de ganado, una fortuna en plata y en oro, y muchos siervos y siervas, camellos y burros.

³⁶»Cuando Sara, la esposa de mi amo, era ya muy anciana, le dio un hijo a mi amo, y mi amo le ha dado a él todo lo que posee. ³⁷Mi amo me hizo jurar, y me dijo: "No dejes que mi hijo se case con una de esas mujeres cananeas. ³⁸Sino que vuelve a la casa de mi padre, a mis parientes, y encuentra allí una esposa para mi hijo".

³⁹»Pero yo le dije a mi amo: "¿Y si no encuentro una joven que esté dispuesta a regresar conmigo?". ⁴⁰Y él contestó: "El SEÑOR, en cuya presencia he vivido, enviará su ángel contigo y hará que tu misión tenga éxito. Es verdad, debes encontrar una esposa para mi hijo entre mis parientes, en la familia de mi padre. ⁴¹Entonces habrás cumplido tu obligación; pero si vas a mis parientes y ellos se niegan a dejarla ir contigo, quedarás libre de mi juramento".

⁴²»Así que cuando llegué al manantial, hice esta oración: "Oh SEÑOR, Dios de mi amo, Abraham, te ruego que me des éxito en esta misión. ⁴³Mira, aquí estoy, parado junto a este manantial, y esta es mi petición: cuando venga una joven a sacar agua, yo le diré: 'Por favor, deme de beber un poco de agua de tu cántaro'; ⁴⁴si ella dice: 'Sí, beba usted, y también sacaré agua para sus camellos', que sea ella la que has elegido para ser la esposa del hijo de mi amo".

⁴⁵»Antes que terminar de orar en mi corazón, vi a Rebeca saliendo con un cántaro de agua al hombro. Ella descendió hasta el manantial y sacó agua. Entonces yo le dije: "Por favor, deme de beber". ⁴⁶Enseguida ella bajó el cántaro del hombro y dijo: "Sí, beba usted, ¡y también daré de beber a sus camellos!". Así que bebí, y después ella dio de beber a los camellos.

⁴⁷»Entonces le pregunté: "¿De quién es hija usted?", y ella contestó: "Soy hija de Betuel, y mis abuelos son Nacor y Milca". Así que puse el anillo en su nariz y las pulseras en sus muñecas.

⁴⁸»Después me incliné hasta el suelo y adoré al SEÑOR. Alabé al SEÑOR, Dios de mi amo, Abraham, porque me había guiado directamente a la sobrina de mi amo, para que ella sea la esposa de su hijo. ⁴⁹Así que díganme: ¿quieren o no mostrar amor inagotable y fidelidad a mi amo? Por favor, respóndanme "sí" o "no", y de esa manera sabré qué hacer después.

⁵⁰Entonces Betuel y Labán respondieron:

—Es evidente que el SEÑOR te trajo hasta aquí, así que no hay nada que podamos decir. ⁵¹Aquí está Rebeca; tómala y vete. Efectivamente, que ella sea la esposa del hijo de tu amo, tal como el SEÑOR lo ha dispuesto.

⁵²Cuando el siervo de Abraham oyó la respuesta, se postró hasta el suelo y adoró al SEÑOR. ⁵³Después sacó joyas de plata y de oro, y vestidos, y se los dio a Rebeca. También entregó valiosos regalos a su hermano y a su madre. ⁵⁴Luego comieron, y el siervo y los hombres que lo acompañaban pasaron allí la noche.

Pero temprano a la mañana siguiente, el siervo de Abraham dijo:

—Envíenme de regreso a mi amo.

⁵⁵—Queremos que Rebeca se quede con nosotros al menos diez días —dijeron su madre y su hermano—, y luego podrá irse.

⁵⁶Pero él dijo:

—No me retrasen. El SEÑOR hizo que mi misión tuviera éxito; ahora envíenme, para que pueda regresar a la casa de mi amo.

⁵⁷—Bien —dijeron ellos—, llamaremos a Rebeca y le preguntaremos qué le parece a ella.

⁵⁸Entonces llamaron a Rebeca.

—¿Estás dispuesta a irte con este hombre? —le preguntaron.

—Sí —contestó—, iré.

⁵⁹Entonces se despidieron de Rebeca y la enviaron con el siervo de Abraham y sus hombres. La mujer que había sido niñera de Rebeca la acompañó. ⁶⁰Cuando Rebeca partía le dieron la siguiente bendición:

«Hermana nuestra, ¡que llegues a ser
   la madre de muchos millones!
Que tus descendientes sean fuertes
   y conquisten las ciudades de sus
      enemigos».

⁶¹Después Rebeca y sus siervas montaron en los camellos y siguieron al hombre. Así que el siervo de Abraham se llevó a Rebeca y emprendió el viaje.

⁶²Mientras tanto, Isaac, que vivía en el Neguev, había regresado de Beer-lajai-roi. ⁶³Una tarde, mientras caminaba por los campos y meditaba, levantó la vista y vio que se acercaban los camellos. ⁶⁴Cuando Rebeca levantó la vista y vio a Isaac, se bajó enseguida del camello.

⁶⁵—¿Quién es ese hombre que viene a nuestro encuentro caminando por los campos? —preguntó al siervo.

Y él contestó:

—Es mi amo.

Entonces Rebeca se cubrió el rostro con el velo, ⁶⁶y el siervo le contó a Isaac todo lo que había hecho.

⁶⁷Luego Isaac la llevó a la carpa de Sara, su madre, y Rebeca fue su esposa. Él la amó profundamente, y ella fue para él un consuelo especial después de la muerte de su madre.

Muerte de Abraham

25 Abraham volvió a casarse con una mujer llamada Cetura, ²Ella dio a luz a Zimram, Jocsán, Medán, Madián, Isbac y Súa. ³Jocsán fue el padre de Seba y Dedán. Los descendientes de Dedán fueron los asureos, los letuseos y los leumeos. ⁴Los hijos de Madián fueron: Efa, Efer, Hanoc, Abida y Elda. Todos ellos fueron descendientes de Abraham por medio de Cetura.

⁵Abraham le dio todo lo que poseía a su hijo Isaac; ⁶pero antes de morir, les hizo regalos a los hijos de sus concubinas y los separó de su hijo Isaac, enviándolos a una tierra en el oriente.

⁷Abraham vivió ciento setenta y cinco años, ⁸y murió en buena vejez, luego de una vida larga y satisfactoria. Dio su último suspiro y se reunió con sus antepasados al morir. ⁹Sus hijos Isaac e Ismael lo enterraron en la cueva de Macpela, cerca de Mamre, en el campo de Efrón, hijo de Zohar el hitita. ¹⁰Ese era el campo que Abraham había comprado a los hititas y donde había enterrado a su esposa Sara. ¹¹Después de la muerte de Abraham, Dios bendijo a su hijo Isaac, quien se estableció cerca de Beer-lajai-roi, en el Neguev.

Descendientes de Ismael

¹²Este es el relato de la familia de Ismael, hijo de Abraham por medio de Agar, la sierva egipcia de Sara. ¹³La siguiente lista corresponde a los descendientes de Ismael por nombres y clanes: el hijo mayor fue Nebaiot, seguido por Cedar, Adbeel, Mibsam, ¹⁴Misma, Duma, Massa, ¹⁵Hadar, Tema, Jetur, Nafis y Cedema. ¹⁶Estos doce hijos de Ismael fueron los fundadores de doce tribus —cada una llevaba el nombre de su fundador—, registradas según los lugares donde se establecieron y acamparon. ¹⁷Ismael vivió ciento treinta y siete años. Después dio su último respiro y se reunió con sus antepasados al morir. ¹⁸Los descendientes de Ismael ocuparon la región que va desde Havila hasta Shur, que está al oriente de Egipto, en dirección a Asiria. Allí vivieron en franca oposición con todos sus parientes.*

Nacimiento de Esaú y Jacob

¹⁹Este es el relato de la familia de Isaac, hijo de Abraham. ²⁰Cuando Isaac tenía cuarenta años, se casó con Rebeca, hija de Betuel el arameo, de Padán-aram, y hermana de Labán el arameo.

²¹Isaac rogó al SEÑOR a favor de su esposa, porque ella no podía tener hijos. El SEÑOR contestó la oración de Isaac, y Rebeca quedó embarazada de mellizos. ²²Pero los dos niños luchaban entre sí dentro de su vientre. Así que ella consultó al SEÑOR:

—¿Por qué me pasa esto? —preguntó.

²³Y el SEÑOR le dijo:

—Los hijos que llevas en tu vientre llegarán a ser dos naciones, y desde el principio las dos naciones serán rivales. Una nación será más fuerte que la otra, y tu hijo mayor servirá a tu hijo menor.

²⁴Cuando le llegó el momento de dar a luz, ¡Rebeca comprobó que de verdad tenía mellizos! ²⁵El primero en nacer era muy rojizo y estaba cubierto de mucho vello, como con un abrigo de piel; por eso lo llamaron Esaú.* ²⁶Después nació el otro mellizo, agarrando con la mano el talón de Esaú; por eso lo llamaron Jacob.* Isaac tenía sesenta años cuando nacieron los mellizos.

Esaú vende su derecho del hijo mayor

²⁷Los muchachos fueron creciendo, y Esaú se convirtió en un hábil cazador. Él era un hombre de campo, pero Jacob tenía un temperamento tranquilo y prefería quedarse en casa. ²⁸Isaac amaba a Esaú porque le gustaba comer los animales que cazaba, pero Rebeca amaba a Jacob.

²⁹Cierto día, mientras Jacob preparaba un guiso, Esaú regresó del desierto, agotado y hambriento. ³⁰Esaú le dijo a Jacob:

—¡Me muero de hambre! Dame un poco de ese guiso rojo! (Así es como Esaú obtuvo su otro nombre, Edom, que significa «rojo»).

³¹—Muy bien —respondió Jacob—, pero dame a cambio tus derechos del hijo mayor.

³²—Mira, ¡me estoy muriendo de hambre! —dijo Esaú—. ¿De qué me sirven ahora los derechos del hijo mayor?

³³Pero Jacob dijo:

—Primero tienes que jurar que los derechos del hijo mayor me pertenecen a mí.

Así que Esaú hizo un juramento, mediante el cual vendía todos sus derechos del hijo mayor a su hermano Jacob.

³⁴Entonces Jacob le dio a Esaú guiso de lentejas y algo de pan. Esaú comió, y luego se levantó y se fue. Así mostró desprecio por sus derechos del hijo mayor.

Isaac engaña a Abimelec

26 Un hambre terrible azotó la tierra, como había ocurrido antes en los tiempos de Abraham. Así que Isaac se trasladó a Gerar, donde vivía Abimelec, rey de los filisteos.

²El SEÑOR se le apareció a Isaac y le dijo: «No desciendas a Egipto, sino haz lo que yo te digo. ³Vive aquí como extranjero en esta tierra, y yo estaré contigo y te bendeciré. Yo, con estas palabras, confirmo que te daré todas estas tierras a ti y a tu descendencia,* tal como lo prometí solemnemente a Abraham, tu padre. ⁴Haré que tus descendientes sean tan numerosos como las estrellas de los cielos, y les daré todas estas tierras. Y mediante tu descendencia, todas las naciones de la tierra serán bendecidas. ⁵Yo haré esto porque Abraham me escuchó y obedeció todos mis requisitos, mandatos, decretos e instrucciones». ⁶Entonces Isaac se quedó en Gerar.

25:18 El significado del hebreo es incierto. 25:25 *Esaú* suena como un término hebreo que significa «vello». 25:26 *Jacob* suena como las palabras hebreas para «talón» y «engañador». 26:3 En hebreo *simiente*, también en 26:4, 24.

⁷Cuando los hombres que vivían allí le preguntaron a Isaac acerca de Rebeca, su esposa, él dijo: «Es mi hermana». Tenía temor de decir: «Ella es mi esposa» porque pensó: «Me matarán para conseguirla, pues es muy hermosa»; ⁸pero tiempo después, Abimelec, rey de los filisteos, miró por la ventana y vio a Isaac acariciando a Rebeca.

⁹Al instante, Abimelec mandó llamar a Isaac y exclamó:

—¡Es evidente que ella es tu esposa! ¿Por qué dijiste: "Es mi hermana"?

—Porque tuve temor de que alguien me matara para quitármela —contestó Isaac.

¹⁰—¿Cómo pudiste hacernos semejante cosa? —exclamó Abimelec—. Uno de mis hombres bien podría haber tomado a tu esposa para dormir con ella, y tú nos habrías hecho culpables de un gran pecado.

¹¹Entonces Abimelec dio esta orden a todo el pueblo: «Cualquiera que toque a este hombre o a su esposa, ¡será ejecutado!».

Conflicto por los derechos del agua

¹²Cuando Isaac sembró sus cultivos ese año, cosechó cien veces más grano del que había plantado, porque el SEÑOR lo bendijo. ¹³Se hizo muy rico, y su riqueza siguió aumentando. ¹⁴Adquirió tantos rebaños de ovejas y de cabras, manadas de ganado, y siervos, que los filisteos comenzaron a tenerle envidia. ¹⁵Así que los filisteos taparon con tierra todos los pozos de Isaac. Eran los pozos que habían cavado los siervos de su padre Abraham.

¹⁶Por último, Abimelec ordenó a Isaac que se fuera de la región. «Vete a algún otro lugar —le dijo—, porque te has hecho demasiado poderoso para nosotros».

¹⁷Así que Isaac se mudó al valle de Gerar y allí armó sus carpas y se estableció. ¹⁸También reabrió los pozos que su padre Abraham había cavado, porque los filisteos se los habían tapado después de su muerte, y les puso nuevamente los nombres que Abraham les había dado.

¹⁹Los siervos de Isaac también cavaron en el valle de Gerar y descubrieron un pozo de agua fresca; ²⁰pero después, los pastores de Gerar llegaron a reclamar el manantial. «Esta agua es nuestra», dijeron ellos, y discutieron sobre el pozo con los pastores de Isaac. Por eso Isaac llamó a aquel pozo Esek (que significa «disputa»). ²¹Luego los hombres de Isaac cavaron otro pozo, pero de nuevo hubo conflicto. Por eso Isaac lo llamó Sitna (que significa «hostilidad»). ²²Isaac abandonó ese pozo, siguió adelante y cavó otro. Esta vez no hubo ningún conflicto, entonces Isaac llamó aquel lugar Rejobot (que significa «espacio abierto»), porque dijo: «Al fin el SEÑOR ha creado espacio suficiente para que prosperemos en esta tierra».

²³De allí Isaac se mudó a Beerseba, ²⁴donde el SEÑOR se le apareció la noche de su llegada.

«Yo soy el Dios de tu padre Abraham —dijo—. No tengas miedo, porque yo estoy contigo y te bendeciré. Multiplicaré a tus descendientes, y se convertirán en una gran nación. Lo haré a causa de la promesa que hice a Abraham, mi siervo». ²⁵Luego Isaac construyó allí un altar y adoró al SEÑOR. Estableció su campamento en ese lugar, y sus siervos cavaron otro pozo.

Pacto de Isaac con Abimelec

²⁶Cierto día, el rey Abimelec llegó desde Gerar con su consejero, Ahuzat, y también con Ficol, el comandante de su ejército.

²⁷—¿Por qué han venido aquí? —preguntó Isaac—. Es evidente que ustedes me odian, ya que me echaron de su tierra.

²⁸—Podemos ver claramente que el SEÑOR está contigo —respondieron ellos—. Por eso queremos hacer un tratado contigo bajo juramento. ²⁹Jura que no nos harás daño, ya que nosotros nunca te hemos causado problemas a ti. Siempre te hemos tratado bien, y te despedimos en paz. ¡Y mira ahora cómo el SEÑOR te ha bendecido!

³⁰Entonces Isaac preparó un banquete para celebrar el tratado, y comieron y bebieron juntos. ³¹Temprano a la mañana siguiente, cada uno hizo el solemne juramento de no interferir con el otro. Luego Isaac los envió de regreso a su tierra, y ellos se fueron en paz.

³²Ese mismo día, los siervos de Isaac llegaron y le contaron acerca de un nuevo pozo que habían cavado. «¡Hemos encontrado agua!», exclamaron ellos. ³³Por eso Isaac llamó al pozo Seba (que significa «juramento»). Hasta el día de hoy, la ciudad que surgió allí se llama Beerseba (que significa «pozo del juramento»).

³⁴Cuando Esaú tenía cuarenta años, se casó con dos mujeres hititas: Judit, hija de Beeri, y Basemat, hija de Elón; ³⁵pero las esposas de Esaú amargaron la vida de Isaac y Rebeca.

Jacob roba la bendición de Esaú

27 Cierto día, cuando Isaac ya era viejo y se estaba quedando ciego, llamó a Esaú, su hijo mayor, y le dijo:

—Hijo mío.

—¿Sí, padre? —respondió Esaú.

²—Yo ya soy un hombre viejo —dijo Isaac—, y no sé cuándo moriré. ³Toma tu arco y una aljaba llena de flechas, y ve al campo a cazar un animal para mí. ⁴Prepara mi comida preferida y tráemela aquí para que la coma. Entonces pronunciaré la bendición que te pertenece a ti, mi primer hijo varón, antes de que yo muera.

⁵Rebeca oyó lo que Isaac le había dicho a su hijo Esaú. Entonces, cuando Esaú salió a cazar un animal, ⁶ella le dijo a su hijo Jacob:

—Escucha. Oí a tu padre decirle a Esaú: ⁷«Caza un animal y prepárame una comida deliciosa. Entonces te bendeciré en presencia del SEÑOR antes de morir». ⁸Ahora, hijo mío, escúchame.

Haz exactamente lo que yo te diga. ⁹Vete a los rebaños y tráeme dos de los mejores cabritos. Con ellos prepararé el plato favorito de tu padre. ¹⁰Después lleva la comida a tu padre para que se la coma y te bendiga antes de morir.

¹¹—Pero mira —respondió Jacob a Rebeca—, mi hermano Esaú es muy velludo; en cambio, mi piel es suave. ¹²¿Y si mi padre me toca? Entonces se dará cuenta de que intento engañarlo, y en lugar de bendecirme, me maldecirá.

¹³Pero su madre respondió:

—¡Entonces que la maldición caiga sobre mí, hijo mío! Tú simplemente haz lo que te digo. ¡Sal y tráeme los cabritos!

¹⁴Así que Jacob salió y consiguió los cabritos para su madre. Rebeca preparó con ellos un plato delicioso, tal como le gustaba a Isaac. ¹⁵Después tomó las ropas favoritas de Esaú, que estaban en casa, y se las dio a su hijo menor, Jacob. ¹⁶Con la piel de los cabritos, ella le cubrió los brazos y la parte del cuello donde él no tenía vello. ¹⁷Luego le entregó a Jacob el plato delicioso y el pan recién horneado.

¹⁸Entonces Jacob llevó la comida a su padre.

—¿Padre? —dijo.

—Sí, hijo mío —respondió Isaac—. ¿Quién eres, Esaú o Jacob?

¹⁹—Soy Esaú, tu hijo mayor —contestó Jacob—. Hice tal como me pediste; aquí está lo que cacé. Ahora levántate y come, para que puedas darme tu bendición.

²⁰—¿Cómo es que encontraste la presa tan pronto, hijo mío?

—¡El Señor tu Dios la puso en mi camino! —contestó Jacob.

²¹Entonces Isaac le dijo a Jacob:

—Acércate para que pueda tocarte y asegurarme de que de verdad eres Esaú.

²²Entonces Jacob se acercó a su padre, e Isaac lo tocó.

—La voz es la de Jacob, pero las manos son las de Esaú —dijo Isaac.

²³Sin embargo, no reconoció a Jacob porque, cuando tocó las manos de Jacob, estaban velludas como las de Esaú. Así que Isaac se preparó para bendecir a Jacob.

²⁴—¿De verdad eres mi hijo Esaú? —preguntó.

—Sí, lo soy —contestó Jacob.

²⁵Entonces Isaac dijo:

—Ahora, hijo mío, tráeme lo que cazaste. Primero comeré y después te daré mi bendición.

Entonces Jacob llevó la comida a su padre, e Isaac la comió. También bebió el vino que Jacob le sirvió. ²⁶Luego Isaac le dijo a Jacob:

—Acércate un poco más y dame un beso, hijo mío.

²⁷Así que Jacob se acercó y le dio un beso. Entonces Isaac, al sentir el olor de la ropa, finalmente se convenció y bendijo a su hijo diciendo:

—¡Ah! ¡El olor de mi hijo es como el olor del campo, que el Señor ha bendecido!

²⁸ «Del rocío de los cielos
y la riqueza de la tierra,
que Dios te conceda siempre abundantes
cosechas de grano
y vino nuevo en cantidad.
²⁹ Que muchas naciones sean tus servidoras
y se inclinen ante ti.
Que seas el amo de tus hermanos,
y que los hijos de tu madre se inclinen
ante ti.
Todos los que te maldigan serán malditos,
y todos los que te bendigan serán
bendecidos».

³⁰En cuanto Isaac terminó de bendecir a Jacob y casi antes de que Jacob saliera de la presencia de su padre, Esaú regresó de cazar. ³¹Preparó una comida deliciosa y se la llevó a su padre. Entonces dijo:

—Levántate, padre mío, y come de lo que he cazado, para que puedas darme tu bendición.

³²Pero Isaac le preguntó:

—¿Quién eres tú?

—Soy tu hijo, tu hijo mayor, Esaú —contestó.

³³Isaac comenzó a temblar de manera incontrolable y dijo:

—¿Entonces quién me acaba de servir lo que cazó? Ya he comido, y lo bendije a él poco antes de que llegaras, y esa bendición quedará en pie!

³⁴Cuando Esaú oyó las palabras de su padre, lanzó un grito fuerte y lleno de amargura.

—Oh padre mío, ¿y yo? ¡Bendíceme también a mí! —le suplicó.

³⁵Pero Isaac le dijo:

—Tu hermano estuvo aquí y me engañó. Él se ha llevado tu bendición.

³⁶—Con razón su nombre es Jacob —exclamó Esaú—, porque ahora ya me ha engañado dos veces.* Primero tomó mis derechos del hijo mayor, y ahora me robó la bendición. ¿No has guardado ni una bendición para mí?

³⁷—He puesto a Jacob como tu amo —dijo Isaac a Esaú—, y he declarado que todos sus hermanos serán sus siervos. Le he garantizado abundancia de grano y de vino; ¿qué me queda para darte a ti, hijo mío?

³⁸—¿Pero acaso tienes una sola bendición? Oh padre mío, ¡bendíceme también a mí! —le rogó Esaú.

Entonces Esaú perdió el control y se echó a llorar.

³⁹Finalmente su padre Isaac le dijo:

«Tú vivirás lejos de las riquezas de la tierra
y lejos del rocío que desciende de los cielos.
⁴⁰ Vivirás de la espada
y servirás a tu hermano.
Sin embargo, cuando decidas liberarte,
te sacudirás su yugo del cuello».

27:36 *Jacob* suena como las palabras hebreas para «talón» y «engañador».

Jacob huye a Padán-aram

⁴¹Desde ese momento, Esaú odió a Jacob, porque su padre le había dado la bendición a él. Entonces Esaú comenzó a tramar: «Pronto haré duelo por la muerte de mi padre y después mataré a mi hermano Jacob».

⁴²Entonces Rebeca se enteró de los planes de Esaú y llamó a Jacob y le dijo:

—Escucha, Esaú se consuela haciendo planes para matarte. ⁴³Así que, hijo mío, presta mucha atención. Prepárate y huye a casa de mi hermano Labán, en Harán. ⁴⁴Quédate allí con él hasta que tu hermano se calme. ⁴⁵Cuando él se haya calmado y olvide lo que le hiciste, mandaré a buscarte para que regreses. ¿Por qué tendría que perder a los dos hijos en un solo día?

⁴⁶Luego Rebeca le dijo a Isaac:

—¡Estoy harta de estas mujeres hititas de aquí! Preferiría morir antes que ver a Jacob casado con una de ellas.

28 Entonces Isaac llamó a Jacob, lo bendijo y le ordenó:

—No te cases con ninguna de estas mujeres cananeas. ²En cambio, vete de inmediato a Padán-aram, a la casa de tu abuelo Betuel, y cásate con una de las hijas de tu tío Labán. ³Que el Dios Todopoderoso* te bendiga y te conceda muchos hijos. ¡Y que tus descendientes se multipliquen y formen numerosas naciones! ⁴Que Dios te dé a ti y a tu descendencia* las bendiciones que prometió a Abraham. Que llegues a ser dueño de esta tierra donde ahora vives como extranjero, porque Dios le entregó esta tierra a Abraham.

⁵Así que Isaac despidió a Jacob, y él se fue a Padán-aram a quedarse con su tío Labán, hermano de su madre, hijo de Betuel el arameo.

⁶Esaú se enteró de que su padre Isaac había bendecido a Jacob y lo había enviado a Padán-aram para que encontrara una esposa, y que le había advertido a Jacob: «No te cases con una mujer cananea». ⁷También supo que Jacob había obedecido a sus padres y se había ido a Padán-aram. ⁸A Esaú no le quedaban dudas de que a su padre no le agradaban las mujeres cananeas del lugar. ⁹Por lo tanto, fue a visitar a la familia de su tío Ismael y se casó con una de las hijas de Ismael, además de las esposas que ya tenía. Su nueva esposa se llamaba Mahalat. Era hermana de Nebaiot e hija de Ismael, el hijo de Abraham.

El sueño de Jacob en Betel

¹⁰Mientras tanto, Jacob salió de Beerseba y viajó hacia Harán. ¹¹A la caída del sol, llegó a un buen lugar para acampar, y se quedó allí a pasar la noche. Jacob encontró una piedra donde reposar su cabeza y se acostó a dormir. ¹²Mientras dormía, soñó con una escalera que se extendía desde la tierra hasta el cielo, y vio a los ángeles de Dios que subían y bajaban por ella.

¹³En la parte superior de la escalera estaba el Señor, quien le dijo: «Yo soy el Señor, Dios de tu abuelo Abraham, y Dios de tu padre Isaac. La tierra en la que estás acostado te pertenece. Te la entrego a ti y a tu descendencia. ¹⁴¡Tus descendientes serán tan numerosos como el polvo de la tierra! Se esparcirán en todas las direcciones: hacia el oriente y el occidente, hacia el norte y el sur; y todas las familias de la tierra serán bendecidas por medio de ti y de tu descendencia. ¹⁵Además, yo estoy contigo y te protegeré dondequiera que vayas. Llegará el día en que te traeré de regreso a esta tierra. No te dejaré hasta que haya terminado de darte todo lo que te he prometido».

¹⁶Entonces Jacob se despertó del sueño y dijo: «¡Ciertamente el Señor está en este lugar, y yo ni me di cuenta!»; ¹⁷pero también tuvo temor y dijo: «¡Qué temible es este lugar! No es ni más ni menos que la casa de Dios, ¡la puerta misma del cielo!».

¹⁸A la mañana siguiente, Jacob despertó muy temprano y erigió como columna conmemorativa la piedra en la que había reposado la cabeza y después derramó aceite de oliva sobre ella. ¹⁹Llamó a aquel lugar Betel (que significa «casa de Dios»), aunque antes se llamaba Luz.

²⁰Luego Jacob hizo el siguiente voto: «Si Dios en verdad está conmigo y me protege en este viaje, y si él me provee de comida y de ropa, ²¹y si yo regreso sano y salvo a la casa de mi padre, entonces el Señor ciertamente será mi Dios. ²²Y esta piedra que levanté como columna conmemorativa será un lugar de adoración a Dios, y yo le daré a Dios una décima parte de todo lo que él me dé».

Jacob llega a Padán-aram

29 Entonces Jacob se apresuró y por fin llegó a la tierra del oriente. ²A la distancia vio un pozo. Junto al pozo, en campo abierto, había tres rebaños de ovejas y de cabras esperando a que les dieran de beber; pero una pesada piedra tapaba la boca del pozo.

³Era costumbre del lugar esperar a que llegaran todos los rebaños antes de quitar la piedra y dar de beber a los animales. Después se volvía a tapar la boca del pozo con la piedra. ⁴Jacob se acercó a los pastores y preguntó:

—¿De dónde son ustedes, amigos?

—Somos de Harán —contestaron ellos.

⁵—¿Conocen allí a un hombre llamado Labán, el nieto de Nacor? —les preguntó.

—Sí, lo conocemos —contestaron.

⁶—¿Y él está bien? —preguntó Jacob.

—Sí, está bien —contestaron—. Mire, ahí viene su hija Raquel con los rebaños.

⁷—Todavía estamos a plena luz del día —dijo Jacob—, por lo que es demasiado temprano para reunir a los animales. ¿Por qué no dan ustedes de beber a las ovejas y a las cabras para que así puedan volver a pastar?

28:3 En hebreo *El-Shaddai*. **28:4** En hebreo *simiente*; también en 28:13, 14.

⁸—No podemos dar de beber a los animales hasta que hayan llegado todos los rebaños —contestaron—. Entonces los pastores quitan la piedra de la boca del pozo y damos de beber a todas las ovejas y las cabras.

⁹Todavía estaba Jacob hablando con ellos cuando llegó Raquel con los rebaños de su padre, porque ella era pastora. ¹⁰Ya que Raquel era su prima —la hija de Labán, el hermano de su madre—, y como las ovejas y las cabras eran de su tío Labán, Jacob fue al pozo, quitó la piedra que tapaba la boca y dio de beber al rebaño de su tío. ¹¹Luego Jacob besó a Raquel y lloró en voz alta. ¹²Le explicó a Raquel que él era su primo por parte de su padre, el hijo de su tía Rebeca. Enseguida Raquel salió corriendo y se lo contó a su padre Labán.

¹³En cuanto Labán oyó que su sobrino Jacob había llegado, corrió a encontrarse con él. Lo abrazó y lo besó, y lo llevó a su casa. Cuando Jacob le contó su historia, ¹⁴Labán exclamó: «¡Verdaderamente eres de mi misma sangre!»

Jacob se casa con Lea y con Raquel

Jacob se quedó con Labán alrededor de un mes, y después ¹⁵Labán le dijo:

—No deberías trabajar para mí sin recibir pago, solo porque somos parientes. Dime cuánto debería ser tu salario.

¹⁶Labán tenía dos hijas. La mayor se llamaba Lea, y la menor se llamaba Raquel. ¹⁷No había brillo en los ojos de Lea,* pero Raquel tenía una hermosa figura y una cara bonita. ¹⁸Ya que Jacob estaba enamorado de Raquel, le dijo a su padre:

—Trabajaré para ti siete años si me entregas como esposa a Raquel, tu hija menor.

¹⁹—¡De acuerdo! —respondió Labán—. Prefiero entregártela a ti que a cualquier otro. Quédate y trabaja para mí.

²⁰Así que Jacob trabajó siete años para obtener a Raquel; pero su amor por ella era tan fuerte que le parecieron unos pocos días.

²¹Finalmente llegó el momento de casarse con ella. «He cumplido mi parte del acuerdo —le dijo Jacob a Labán—. Ahora entrégame a mi esposa para acostarme con ella.»

²²Entonces Labán invitó a toda la gente de los alrededores y preparó una fiesta de bodas; ²³pero aquella noche, cuando estaba oscuro, Labán tomó a Lea y se la entregó a Jacob, y él durmió con ella. ²⁴(Labán le había dado a Lea una sierva, Zilpa, para que la atendiera).

²⁵A la mañana siguiente, cuando Jacob se despertó, ¡vio que era Lea!

—¿Qué me has hecho? —le dijo a Labán con furia—. ¡He trabajado siete años por Raquel! ¿Por qué me has engañado?

²⁶—Aquí no es nuestra costumbre casar a la hija menor antes que a la mayor —contestó

Labán—, ²⁷pero espera hasta que termine la semana nupcial y entonces te daré también a Raquel, siempre y cuando prometas trabajar para mí otros siete años.

²⁸Así que Jacob aceptó trabajar siete años más. Una semana después de casarse con Lea, Labán también le entregó a Raquel. ²⁹(Labán le dio a Raquel una sierva, Bilha, para que la atendiera). ³⁰Entonces Jacob durmió también con Raquel, y la amó mucho más que a Lea. Y se quedó allí y trabajó para Labán otros siete años adicionales.

Los muchos hijos de Jacob

³¹Cuando el Señor vio que Lea no era amada, le concedió que tuviera hijos, pero Raquel no podía concebir. ³²Así que Lea quedó embarazada y dio a luz un hijo, a quien llamó Rubén,* porque dijo: «El Señor se ha dado cuenta de mi sufrimiento, y ahora mi esposo me amará».

³³Al poco tiempo, volvió a quedar embarazada y dio a luz otro hijo, a quien llamó Simeón,* porque dijo: «El Señor oyó que yo no era amada y me ha dado otro hijo».

³⁴Después quedó embarazada por tercera vez y dio a luz otro hijo, a quien llamó Leví,* porque dijo: «Ciertamente esta vez mi esposo sentirá cariño por mí, ya que le he dado tres hijos».

³⁵Una vez más Lea quedó embarazada y dio a luz otro hijo, a quien llamó Judá,* porque dijo: «¡Ahora alabaré al Señor!». Y entonces dejó de tener hijos.

30

Cuando Raquel vio que no podía darle hijos a Jacob, tuvo celos de su hermana. Le rogaba a Jacob:

—¡Dame hijos o moriré!

²Entonces Jacob se puso furioso con Raquel.

—¿Acaso yo soy Dios? —le dijo—. ¡Él es el que no te ha permitido tener hijos!

³Entonces Raquel le dijo:

—Toma a mi sierva, Bilha, y duerme con ella. Ella dará a luz hijos por mí,* y a través de ella yo también podré tener una familia.

⁴Entonces Raquel entregó a su sierva Bilha como esposa para Jacob, y él durmió con ella. ⁵Bilha quedó embarazada y le dio a Jacob un hijo. ⁶Raquel le puso por nombre Dan,* porque dijo: «¡Dios me ha hecho justicia! Oyó mi petición y me dio un hijo». ⁷Luego Bilha volvió a embarazarse y dio a Jacob un segundo hijo. ⁸Raquel le puso por nombre Neftalí,* porque dijo: «He luchado mucho con mi hermana, ¡y estoy ganando!».

⁹Mientras tanto, Lea se dio cuenta de que ya no quedaba embarazada, entonces tomó a su sierva, Zilpa, y la entregó a Jacob como esposa. ¹⁰Pronto Zilpa le dio un hijo a Jacob. ¹¹Lea le puso por nombre Gad,* porque dijo: «¡Qué afortunada

29:17 O *Lea tenía ojos apagados*, o *Lea tenía ojos blandos*. El significado del hebreo es incierto.   **29:32** *Rubén* significa «¡Mira, un hijo!». También suena como la frase hebrea: «Él ha visto mi sufrimiento».   **29:33** *Simeón* probablemente significa «el que oye».   **29:34** *Leví* está relacionado al término hebreo que significa «estar unido» o «sentir cariño».   **29:35** *Judá* suena como un término hebreo que significa «alabanza».   **30:3** En hebreo *dará a luz sobre mis rodillas*.   **30:6** *Dan* significa «el juzgó» o «él vindicó».   **30:8** *Neftalí* significa «mi lucha».   **30:11** *Gad* significa «buena fortuna».

soy!». ¹²Entonces Zilpa dio a Jacob un segundo hijo, ¹³y Lea le puso por nombre Aser,* porque dijo: «¡Qué alegría que tengo! Ahora las demás mujeres celebrarán conmigo».

¹⁴Cierto día, durante la cosecha de trigo, Rubén encontró algunas mandrágoras que crecían en el campo y se las llevó a su madre, Lea. Raquel le suplicó a Lea:

—Por favor, dame algunas de las mandrágoras que te trajo tu hijo.

¹⁵—¿No fue suficiente con que me robaras a mi marido? ¿Ahora también te robarás las mandrágoras de mi hijo? —le respondió Lea con enojo.

Raquel contestó:

—Dejaré que Jacob duerma contigo esta noche si me das algunas mandrágoras.

¹⁶Así que, al atardecer, cuando Jacob regresaba de los campos, Lea salió a su encuentro. «¡Debes venir a dormir conmigo esta noche! —le dijo ella—. Pagué por ti con algunas mandrágoras que encontró mi hijo». Por lo tanto, esa noche él durmió con Lea; ¹⁷y Dios contestó las oraciones de Lea, y ella volvió a quedar embarazada y dio a luz un quinto hijo a Jacob. ¹⁸Ella le puso por nombre Isacar,* porque dijo: «Dios me ha recompensado por haber dado a mi sierva como esposa a mi marido». ¹⁹Luego Lea quedó embarazada de nuevo y dio a luz un sexto hijo a Jacob. ²⁰Le puso por nombre Zabulón,* porque dijo: «Dios me ha dado una buena recompensa. Ahora mi marido me tratará con respeto, porque le he dado seis hijos». ²¹Más adelante, ella dio a luz una hija y le puso por nombre Dina.

²²Después Dios se acordó de la dificultad de Raquel y contestó sus oraciones permitiéndole tener hijos. ²³Ella quedó embarazada y dio a luz un hijo. «Dios ha quitado mi deshonra», dijo ella. ²⁴Y le puso por nombre José,* porque dijo: «Que el Señor añada aún otro hijo a mi familia».

Las riquezas de Jacob aumentan

²⁵Poco tiempo después de que Raquel dio a luz a José, Jacob le dijo a Labán:

—Por favor, libérame para que regrese a mi hogar en mi propia tierra. ²⁶Permíteme llevar a mis esposas y a mis hijos, porque me los he ganado sirviéndote a ti, y déjame ir. Tú sabes con cuánto esfuerzo he trabajado para ti.

²⁷—Por favor, escúchame —respondió Labán—. Me he enriquecido, porque* el Señor me ha bendecido por causa de ti. ²⁸Dime cuánto te debo. Sea lo que fuere, yo te lo pagaré.

²⁹—Tú sabes con cuánto esfuerzo he trabajado para ti —respondió Jacob—, y cómo tus rebaños y tus manadas han aumentado a mi cuidado. ³⁰En verdad tenías muy poco antes de que yo llegara, pero tu riqueza aumentó enormemente. El Señor te ha bendecido mediante todo lo que he hecho. Pero yo, ¿qué? ¿Cuándo podré comenzar a mantener a mi propia familia?

³¹—¿Qué salario quieres que te pague? —volvió a preguntar Labán.

—No me des nada. Haz una sola cosa, y yo seguiré ocupándome de tus rebaños y cuidando de ellos. ³²Déjame inspeccionar hoy tus rebaños y separar todas las ovejas y las cabras que estén manchadas o moteadas, junto con todas las ovejas negras. Dame esas a modo de salario. ³³En el futuro, cuando revises los animales que me hayas dado como salario, verás que he sido honesto contigo: si encuentras en mi rebaño alguna cabra que no esté manchada o moteada, o alguna oveja que no sea negra, sabrás que la he robado.

³⁴—De acuerdo —respondió Labán—, será tal como has dicho.

³⁵Ese mismo día, Labán salió y sacó los chivos rayados y moteados, todas las cabras manchadas y moteadas o que tuvieran manchas blancas, y todas las ovejas negras. Puso los animales al cuidado de sus propios hijos, ³⁶quienes se los llevaron a una distancia de tres días de camino del lugar donde estaba Jacob. Mientras tanto, Jacob se quedó y cuidó del resto del rebaño de Labán.

³⁷Luego Jacob tomó algunas ramas verdes de álamo, de almendro y de plátano oriental, y las peló quitándoles tiras de la corteza, de modo que quedaran rayas blancas. ³⁸Después puso esas ramas peladas en los bebederos donde los rebaños iban a tomar agua, porque era allí donde se apareaban; ³⁹y cuando se apareaban frente a las ramas peladas con rayas blancas, tenían crías rayadas, manchadas y moteadas. ⁴⁰Jacob separaba esos corderos del rebaño de Labán. En la época de celo, los ponía frente a los animales de Labán que fueran rayados o negros. Así es como él aumentaba su propio rebaño en lugar de incrementar el de Labán.

⁴¹Cada vez que las hembras más fuertes estaban listas para aparearse, Jacob ponía las ramas peladas en los bebederos frente a ellas. Entonces se apareaban frente a las ramas; ⁴²pero no lo hacía con las hembras más débiles, de modo que los animales más débiles pertenecían a Labán y los más fuertes, a Jacob. ⁴³Como resultado, Jacob se hizo muy rico, con grandes rebaños de ovejas y cabras, siervas y siervos, y muchos camellos y burros.

Jacob huye de Labán

31

Entonces Jacob se enteró de que los hijos de Labán se quejaban de él, y decían: «¡Jacob le robó todo a nuestro padre! Logró toda su riqueza a costa de nuestro padre». ²Y Jacob comenzó a notar un cambio en la actitud de Labán hacia él.

³Entonces el Señor le dijo a Jacob: «Regresa a la tierra de tu padre y de tu abuelo, y a tus parientes de allí y yo estaré contigo».

⁴Entonces Jacob mandó llamar a Raquel y a Lea al campo donde él cuidaba el rebaño ⁵y les dijo:

—Noto un cambio en la actitud de su padre

---

hacia mí, pero el Dios de mi padre ha estado conmigo. 6Ustedes saben con cuánto esfuerzo trabajé para su padre; 7sin embargo, me ha estafado, cambiando mi salario diez veces. Pero Dios no le ha permitido que me haga ningún daño. 8Pues, si él decía: "Los animales manchados serán tu salario", todo el rebaño comenzaba a dar crías manchadas. Y cuando él cambiaba de opinión y decía: "Los animales rayados serán tu salario", entonces todo el rebaño producía crías rayadas. 9De esa manera, Dios ha tomado los animales de su padre y me los ha entregado a mí.

10»En una ocasión, durante la época de apareamiento, tuve un sueño y vi que los chivos que se apareaban con las hembras eran rayados, manchados y moteados. 11Y en mi sueño, el ángel de Dios me dijo: "¡Jacob!". Y yo respondí: "Sí, aquí estoy".

12»El ángel dijo: "Levanta la vista, y verás que solamente los machos rayados, manchados y moteados se aparean con las hembras de tu rebaño. Pues he visto el modo en que Labán te ha tratado. 13Yo soy el Dios que se te apareció en Betel,* el lugar donde ungiste la columna de piedra y me hiciste el voto. Ahora prepárate, sal de este país y regresa a la tierra donde naciste".

14Raquel y Lea respondieron:

—¡Por nuestra parte está bien! De todos modos, nosotras no heredaremos nada de las riquezas de nuestro padre. 15Él ha reducido nuestros derechos a los mismos que tienen las mujeres extranjeras, y después de habernos vendido, derrochó el dinero que tú le pagaste por nosotras. 16Toda la riqueza que Dios le ha quitado a nuestro padre y le ha dado a ti nos pertenece legalmente a nosotras y a nuestros hijos. Así que, adelante, haz todo lo que Dios te ha dicho.

17Entonces Jacob hizo que sus esposas y sus hijos subieran a los camellos 18y puso en marcha a todos sus animales. Reunió todas las pertenencias que había adquirido en Padán-aram y salió hacia la tierra de Canaán, donde vivía su padre Isaac. 19En el momento de partir, Labán estaba lejos, esquilando sus ovejas. Así que Raquel robó los ídolos de familia de su padre y los llevó consigo. 20Jacob fue más listo que Labán el arameo, porque salieron en secreto y nunca le dijeron que se iban. 21De ese modo Jacob se llevó todas sus pertenencias y cruzó el río Éufrates* en dirección a la zona montañosa de Galaad.

Labán persigue a Jacob

22Tres días después, le avisaron a Labán que Jacob había huido. 23Entonces él reunió a un grupo de sus parientes y emprendió la búsqueda. Alcanzó a Jacob siete días después en la zona montañosa de Galaad; 24pero la noche anterior, Dios se le había aparecido a Labán el arameo en un sueño y le había dicho: «Te advierto que dejes en paz a Jacob».

25Labán alcanzó a Jacob, quien acampaba en la zona montañosa de Galaad, y armó su campamento no muy lejos del campamento de Jacob.

26—¿Qué pretendes engañándome de esa manera? —preguntó Labán—. ¿Cómo te atreves a llevarte a mis hijas como si fueran prisioneras de guerra? 27¿Por qué huiste en secreto? ¿Por qué me engañas? ¿Y por qué no me dijiste que querías marcharte? Yo te habría hecho una fiesta de despedida con cánticos y música, al son de panderetas y arpas. 28¿Por qué no me dejaste besar a mis hijas y a mis nietos, y despedirme de ellos? ¡Has actuado como un necio! 29Yo podría destruirte, pero el Dios de tu padre se me apareció anoche y me advirtió: «¡Deja en paz a Jacob!». 30Puedo entender que sientas que debes irte y anhelas intensamente la casa de tu padre, pero ¿por qué robaste mis dioses?

31—Me apresuré a irme porque tuve miedo —contestó Jacob—. Pensé que me quitarías a tus hijas por la fuerza. 32¡Ahora, en cuanto a tus dioses, si puedes encontrarlos, que muera la persona que los haya tomado! Si encuentras alguna otra cosa que te pertenezca, identifícala delante de estos parientes nuestros, y yo te la devolveré.

Pero Jacob no sabía que Raquel había robado los ídolos de familia.

33Labán fue a buscar primero en la carpa de Jacob, luego entró en la de Lea y después buscó en las carpas de las dos esposas esclavas, pero no encontró nada. Por último fue a la carpa de Raquel, 34pero Raquel había tomado los ídolos y los había escondido en la montura de su camello, y estaba sentada encima de ellos. Cuando Labán terminó de buscar en cada rincón de la carpa sin encontrarlos, 35ella le dijo a su padre: «Por favor, perdone, mi señor, si no me levanto ante usted. Es que estoy con mi período menstrual». Labán, pues, continuó su búsqueda, pero no pudo encontrar los ídolos de familia.

36Entonces Jacob se enojó mucho y desafió a Labán.

—¿Cuál es mi delito? —preguntó él—. ¿Qué mal he hecho para que me persigas como si fuera un criminal? 37Has registrado todas mis pertenencias. ¡Muéstrame ahora lo que hayas encontrado que sea tuyo! Ponlo aquí delante de nosotros, a la vista de nuestros parientes, para que todos lo vean. ¡Que ellos juzguen entre nosotros!

38»Durante veinte años estuve contigo, cuidando de tus rebaños. En todo ese tiempo, tus ovejas y tus cabras nunca abortaron. En todos esos años, nunca tomé ni un solo carnero tuyo para comérmelo. 39Si alguno de ellos era atacado por animales salvajes y moría, yo nunca te mostraba el cadáver ni te pedía que lo descontaras de tu rebaño. No, ¡yo mismo me hacía cargo de la pérdida! Tú me hacías pagar por cada animal robado, ya fuera a plena luz del día o en la oscuridad de la noche.

40»Trabajé para ti bajo el sofocante calor del

día y en el frío de la noche, sin dormir. ⁴¹Sí, ¡durante veinte años trabajé como un esclavo en tu casa! Trabajé catorce años para ganarme a tus dos hijas y, después, seis años más por tu rebaño. ¡Y cambiaste mi salario diez veces! ⁴²En realidad, si el Dios de mi padre no hubiera estado de mi parte —el Dios de Abraham y el temible Dios de Isaac*—, tú me habrías despedido con las manos vacías. Pero Dios ha visto tu abuso y mi arduo trabajo. ¡Por eso se te apareció anoche y te reprendió!

Tratado de Jacob con Labán

⁴³Entonces Labán respondió a Jacob:

—Esas mujeres son mis hijas, esos niños son mis nietos, y esos rebaños son mis rebaños; de hecho, todo lo que ves es mío; pero ¿qué puedo hacer ahora respecto a mis hijas y a mis nietos? ⁴⁴Así que hagamos un pacto tú y yo, y ese pacto será un testimonio de nuestro compromiso.

⁴⁵Entonces Jacob tomó una piedra y la erigió como columna conmemorativa. ⁴⁶Y dijo a los miembros de su familia: «Recojan algunas piedras». Entonces ellos juntaron piedras y las apilaron. Luego Jacob y Labán se sentaron junto al montículo de piedras y compartieron una comida para celebrar el suceso. ⁴⁷Con el fin de conmemorar el suceso, Labán llamó a aquel lugar Jegar Sahaduta (que significa «montículo del testimonio» en arameo), y Jacob lo llamó Galaad (que significa «montículo del testimonio» en hebreo).

⁴⁸Entonces Labán declaró: «Este montículo de piedras quedará como testimonio para recordarnos el pacto que hemos hecho hoy». Esto explica por qué ese lugar fue llamado Galaad: «montículo del testimonio», ⁴⁹pero también se le llamó Mizpa (que significa «torre de vigilancia»), pues Labán dijo: «Que el SEÑOR nos vigile a los dos para cerciorarse de que guardemos este pacto cuando estemos lejos el uno del otro. ⁵⁰Si tú maltratas a mis hijas o te casas con otras mujeres, Dios lo verá aunque nadie más lo vea. Él es testigo de este pacto entre nosotros.

⁵¹»Mira este montículo de piedras —continuó Labán— y mira esta columna conmemorativa que he levantado entre nosotros. ⁵²Están entre tú y yo como testigos de nuestros votos. Yo nunca cruzaré este montículo de piedras para hacerte daño, y tú nunca debes cruzar estas piedras o esta columna conmemorativa para hacerme daño». ⁵³Invoco al Dios de nuestros antepasados —el Dios de tu abuelo Abraham y el Dios de mi abuelo Nacor— para que sea juez entre nosotros».

Entonces Jacob juró, delante del temible Dios de su padre Isaac,* respetar la línea fronteriza. ⁵⁴Luego Jacob ofreció un sacrificio a Dios allí en el monte e invitó a todos a un banquete para celebrar el pacto. Después de comer, pasaron la noche en el monte.

⁵⁵*Labán se levantó temprano a la mañana siguiente, besó a sus nietos y a sus hijas, y los bendijo. Después se marchó y regresó a su casa.

32

¹*Cuando Jacob emprendió nuevamente su viaje, llegaron ángeles de Dios a encontrarse con él. ²Al verlos, Jacob exclamó: «¡Este es el campamento de Dios!». Por eso llamaron a aquel lugar Mahanaim.*

Jacob envía regalos a Esaú

³Entonces Jacob envió mensajeros por delante a su hermano Esaú, quien vivía en la región de Seir, en la tierra de Edom. ⁴Y les dijo: «Den este mensaje a mi señor Esaú: "Humildes saludos de tu siervo Jacob. Hasta el momento, estuve viviendo con el tío Labán, ⁵y ahora soy dueño de ganado, burros, rebaños de ovejas y de cabras, y muchos siervos, tanto varones como mujeres. He enviado a estos mensajeros por delante para informar a mi señor de mi llegada, con la esperanza de que me recibas con bondad"».

⁶Después de transmitir el mensaje, los mensajeros regresaron y le informaron a Jacob: «Nos encontramos con su hermano Esaú y ya viene en camino a su encuentro, ¡con un ejército de cuatrocientos hombres!». ⁷Jacob quedó aterrado con la noticia. Entonces separó a los miembros de su casa en dos grupos, y también a los rebaños, a las manadas y a los camellos, ⁸pues pensó: «Si Esaú encuentra a uno de los grupos y lo ataca, quizá el otro grupo pueda escapar».

⁹Entonces Jacob oró: «Oh Dios de mi abuelo Abraham y Dios de mi padre Isaac; oh SEÑOR, tú me dijiste: "Regresa a tu tierra y a tus parientes". Y me prometiste: "Te trataré con bondad". ¹⁰No soy digno de todo el amor inagotable y de la fidelidad que has mostrado a mí, tu siervo. Cuando salí de mi hogar y crucé el río Jordán, no poseía más que mi bastón, ¡pero ahora mis dos campamentos ocupan estos grandes campamentos! ¹¹Oh SEÑOR, te ruego que me rescates de la mano de mi hermano Esaú. Tengo miedo de que venga para atacarme a mí y también a mis esposas y a mis hijos. ¹²Pero tú me prometiste: "Ciertamente te trataré con bondad y multiplicaré tus descendientes hasta que lleguen a ser tan numerosos como la arena a la orilla del mar, imposibles de contar"».

¹³Así que Jacob pasó la noche en aquel lugar. Luego escogió de sus pertenencias los siguientes regalos para entregar a su hermano Esaú: ¹⁴doscientas cabras, veinte chivos, doscientas ovejas, veinte carneros, ¹⁵treinta camellas con sus crías, cuarenta vacas, diez toros, veinte burras y diez burros. ¹⁶Separó esos animales en manadas y asignó cada manada a un siervo distinto. Luego dijo a estos siervos: «Vayan delante de mí con los animales, pero guarden una buena distancia entre las manadas».

31:42 O *el Temor de Isaac.*   **31:53** O *el Temor de su padre, Isaac.*   **31:55** El versículo 31:55 corresponde al 32:1 en el texto hebreo.
32:1 Los versículos del 32:1-32 corresponden al 32:2-33 en el texto hebreo.   **32:2** *Mahanaim* significa «dos campamentos».

¹⁷A los hombres que dirigían el primer grupo les dio las siguientes instrucciones: «Cuando mi hermano Esaú se encuentre con ustedes, él les preguntará: "¿De quién son siervos? ¿Adónde van? ¿Quién es el dueño de estos animales?". ¹⁸Entonces deben contestar: "Pertenecen a su servidor Jacob, pero son un regalo para su señor Esaú. Mire, él viene detrás de nosotros"».

¹⁹Jacob dio las mismas instrucciones a los siervos a cargo del segundo y tercer grupo, y a todos los que iban detrás de las manadas: «Cuando se encuentren con Esaú, deben responder lo mismo, ²⁰y asegúrense de decirle: "Mire, su servidor Jacob viene detrás de nosotros"».

Jacob pensó: «Intentaré apaciguarlo enviando regalos antes de mi llegada, y cuando me encuentre con él en persona, quizá me reciba con bondad». ²¹Así que los regalos fueron enviados por delante, y Jacob pasó la noche en el campamento.

Jacob lucha con Dios

²²Durante la noche, Jacob se levantó y tomó a sus dos esposas, a sus dos mujeres esclavas y a sus once hijos, y cruzó el río Jaboc con ellos. ²³Después de llevarlos a la otra orilla, hizo pasar todas sus pertenencias.

²⁴Entonces Jacob se quedó solo en el campamento, y llegó un hombre y luchó con él hasta el amanecer. ²⁵Cuando el hombre vio que no ganaría el combate, tocó la cadera de Jacob y la dislocó. ²⁶Luego el hombre le dijo:

—¡Déjame ir, pues ya amanece!

—No te dejaré ir a menos que me bendigas —le dijo Jacob.

²⁷—¿Cómo te llamas? —preguntó el hombre.

—Jacob —contestó él.

²⁸—Tu nombre ya no será Jacob —le dijo el hombre—. De ahora en adelante, serás llamado Israel,* porque has luchado con Dios y con los hombres, y has vencido.

²⁹—Por favor, dime cuál es tu nombre —le dijo Jacob.

—¿Por qué quieres saber mi nombre? —respondió el hombre. Entonces bendijo a Jacob allí.

³⁰Jacob llamó a aquel lugar Peniel (que significa «rostro de Dios»), porque dijo: «He visto a Dios cara a cara, y sin embargo, conservo la vida». ³¹El sol salía cuando Jacob dejó Peniel* y se fue cojeando debido a su cadera dislocada. ³²(Hasta el día de hoy, el pueblo de Israel no come del tendón que está cerca de la articulación de la cadera, debido a lo que ocurrió aquella noche cuando el hombre torció el tendón de la cadera de Jacob).

Jacob y Esaú se reconcilian

33 Entonces Jacob levantó la vista y vio a Esaú, quien se acercaba con sus cuatrocientos hombres. Por eso, repartió a los niños entre Lea, Raquel y sus dos esposas esclavas.

²Colocó en el frente a sus dos esposas esclavas con sus respectivos hijos, después a Lea con sus hijos, y por último a Raquel y a José. ³Entonces Jacob se adelantó a todos ellos. Cuando se aproximó a su hermano, se inclinó hasta el suelo siete veces delante de él. ⁴Entonces Esaú corrió a su encuentro y lo abrazó, puso los brazos alrededor de su cuello y lo besó. Y ambos lloraron.

⁵Después Esaú miró a las mujeres y a los niños, y preguntó:

—¿Quiénes son esas personas que vienen contigo?

—Son los hijos que Dios, en su misericordia, me ha dado a mí, tu siervo —contestó Jacob.

⁶Después las esposas esclavas se presentaron con sus hijos y se inclinaron ante él. ⁷Luego se presentó Lea con sus hijos, quienes también se inclinaron ante él. Finalmente se presentaron José y Raquel, y ambos se inclinaron ante él.

⁸—¿Y qué eran todos aquellos grupos y esas manadas que encontré en el camino? —preguntó Esaú.

—Son un regalo, mi señor, para asegurar tu amistad —contestó Jacob.

⁹—Hermano mío, yo tengo más que suficiente —dijo Esaú—. Guarda para ti lo que tienes.

¹⁰—No —insistió Jacob—, si he logrado tu favor, te ruego que aceptes este regalo de mi parte. ¡Y qué alivio es ver tu amigable sonrisa! ¡Es como ver el rostro de Dios! ¹¹Por favor, acepta este regalo que te traje, porque Dios ha sido muy generoso conmigo. Yo tengo más que suficiente.

Debido a la insistencia de Jacob, Esaú finalmente aceptó el regalo.

¹²—Bien —dijo Esaú—, vamos. Yo iré delante de ti.

¹³Pero Jacob respondió:

—Tú mismo puedes ver, mi señor, que algunos de los niños son muy pequeños, y los rebaños y las manadas también tienen sus crías. Si se les hace caminar mucho, aunque fuera un solo día, todos los animales podrían morir. ¹⁴Por favor, mi señor, ve tú primero. Nosotros iremos detrás más lento, a un ritmo que sea cómodo para los animales y para los niños. Nos encontraremos en Seir.

¹⁵—De acuerdo —dijo Esaú—, pero déjame al menos asignarte a algunos de mis hombres para que los guíen y los protejan.

—No es necesario —respondió Jacob—. ¡Basta que me hayas recibido amigablemente, mi señor!

¹⁶Entonces Esaú se dio la vuelta y emprendió el camino de regreso a Seir ese mismo día. ¹⁷Jacob, en cambio, viajó hasta Sucot. Allí se construyó una casa e hizo cobertizos para su ganado. Por eso aquel lugar se llamó Sucot (que significa «cobertizos»).

¹⁸Después de viajar todo el trayecto desde Padán-aram, Jacob llegó sano y salvo a la ciudad

32:28 *Jacob* suena como las palabras hebreas para «talón» y «engañador». *Israel* significa «Dios lucha».   32:31 En hebreo *Penuel*, una variante de Peniel.

de Siquem, en la tierra de Canaán. Una vez allí, estableció su campamento fuera de la ciudad. [19]La parcela donde acampó la compró a la familia de Hamor, el padre de Siquem, por cien monedas de plata.* [20]Y allí edificó un altar y le puso por nombre El-Elohe-Israel.*

Venganza contra Siquem

34 Cierto día, Dina, la hija de Jacob y Lea, fue a visitar a unas jóvenes que vivían en la región. [2]Cuando el príncipe del lugar, Siquem, hijo de Hamor el heveo, vio a Dina, la tomó a la fuerza y la violó. [3]Sin embargo, luego se enamoró de ella e intentó ganarse su cariño con palabras tiernas. [4]Le dijo a su padre Hamor: «Consígueme a esta joven pues quiero casarme con ella».

[5]Entonces Jacob se enteró de que Siquem había deshonrado a su hija Dina, pero como sus hijos estaban en el campo cuidando sus animales, él no dijo nada hasta que regresaron. [6]Hamor, el padre de Siquem, fue a hablar del asunto con Jacob. [7]Mientras tanto, los hijos de Jacob, al enterarse de lo ocurrido, regresaron del campo de inmediato. Quedaron horrorizados y llenos de furia cuando supieron que su hermana había sido violada. Siquem había cometido un acto vergonzoso contra la familia de Jacob,* algo que nunca debió haber hecho.

[8]Hamor habló con Jacob y con sus hijos:

—Mi hijo Siquem está verdaderamente enamorado de su hija —dijo—. Por favor, permítanle casarse con ella. [9]De hecho, formemos también otros matrimonios: ustedes nos entregan a sus hijas para nuestros hijos, y nosotros les entregaremos a nuestras hijas para los hijos de ustedes. [10]Todos ustedes pueden vivir entre nosotros; ¡la tierra está a su disposición! Establézcanse aquí y comercien con nosotros, y siéntanse en libertad de comprar propiedades en la región.

[11]El propio Siquem también habló con el padre de Dina y con sus hermanos:

—Por favor, sean bondadosos conmigo y permitan que me case con ella —les suplicó—. Yo les daré cualquier cosa que me pidan. [12]Sea cual fuere la dote o el regalo que exijan, lo pagaré de buena gana; solo les pido que me entregan a la muchacha como esposa.

[13]Pero como Siquem había deshonrado a la hermana de ellos, Dina, los hijos de Jacob respondieron con engaño a Siquem y a Hamor, su padre. [14]Les dijeron:

—De ninguna manera podemos permitirlo, porque tú no has sido circuncidado. ¡Sería una vergüenza para nuestra hermana casarse con un hombre como tú! [15]Pero hay una solución. Si todos los varones entre ustedes se circuncidan, como lo hicimos nosotros, [16]entonces les entregaremos a nuestras hijas y tomaremos a las hijas de ustedes para nosotros. Viviremos entre ustedes y seremos un solo pueblo; [17]pero

si no aceptan circuncidarse, tomaremos a nuestra hermana y nos marcharemos.

[18]Hamor y su hijo Siquem aceptaron la propuesta. [19]Siquem no demoró en cumplir con el requisito, porque deseaba con desesperación a la hija de Jacob. Siquem era un miembro muy respetado de su familia, [20]y acompañó a su padre, Hamor, a presentar la propuesta a los líderes que estaban a las puertas de la ciudad.

[21]Les dijeron: «Esos hombres son nuestros amigos. Invitémoslos a vivir entre nosotros y comerciemos libremente. Miren, hay suficiente tierra para mantenerlos. Podemos tomar a sus hijas como esposas y permitir que ellos se casen con las nuestras. [22]Pero ellos aceptarán quedarse aquí y formar un solo pueblo con nosotros únicamente si nuestros hombres se circuncidan, como lo hicieron ellos. [23]Además, si nosotros lo hacemos, todos sus animales y sus posesiones con el tiempo serán nuestros. Vamos, aceptemos sus condiciones y dejemos que se establezcan entre nosotros».

[24]Todos los hombres del consejo estuvieron de acuerdo con Hamor y Siquem, y todos los varones de la ciudad fueron circuncidados. [25]Sin embargo, tres días después, cuando aún estaban adoloridos, dos de los hijos de Jacob —Simeón y Leví—, que eran hermanos de Dina por parte de padre y de madre, tomaron sus espadas y entraron en la ciudad sin encontrar resistencia. Entonces masacraron a todos los varones, [26]entre ellos Hamor y su hijo Siquem. Los mataron a espada, y después sacaron a Dina de la casa de Siquem y regresaron a su campamento.

[27]Mientras tanto, los demás hijos de Jacob llegaron a la ciudad. Al encontrar masacrados a los hombres, saquearon la ciudad, porque allí habían deshonrado a su hermana. [28]Se apoderaron de todos los rebaños, las manadas y los burros; se llevaron todo lo que pudieron, tanto de adentro de la ciudad como de los campos. [29]Robaron todas las riquezas y saquearon las casas. También tomaron a todos los niños y a las mujeres, y se los llevaron cautivos.

[30]Después, Jacob les dijo a Simeón y a Leví:

—¡Ustedes me han arruinado! Me han hecho despreciable ante todos los pueblos de esta tierra: los cananeos y los ferezeos. Nosotros somos tan pocos que ellos se unirán y nos aplastarán. ¡Me destruirán, y toda mi familia será aniquilada!

[31]—¿Pero cómo íbamos a permitir que él tratara a nuestra hermana como a una prostituta? —replicaron ellos, enojados.

Regreso de Jacob a Betel

35 Entonces Dios le dijo a Jacob: «¡Prepárate! Múdate a Betel, establécete allí y edifica un altar a Dios, quien te apareció cuando huías de tu hermano Esaú». [2]Entonces Jacob les dijo a todos los de su

---

33:19 En hebreo *100 kesitas;* el valor y el peso del kesita es desconocido.   33:20 *El-Elohe-Israel* significa «Dios, el Dios de Israel».
34:7 En hebreo *vergonzoso en Israel.*

casa: «Desháganse de todos sus ídolos paganos, purifíquense y pónganse ropas limpias. ³Ahora vamos a Betel, donde edificaré un altar al Dios que respondió a mis oraciones cuando yo estaba angustiado. Él ha estado conmigo en todos los lugares por donde anduve».

⁴Entonces le entregaron a Jacob todos los ídolos paganos que conservaban y también los aretes, y él los enterró bajo el gran árbol que está cerca de Siquem. ⁵Cuando salían, Dios mandó terror sobre los habitantes de todas las ciudades de aquella región, así que nadie atacó a la familia de Jacob.

⁶Finalmente Jacob y todos los de su casa llegaron a Luz (también llamada Betel), en Canaán. ⁷Allí Jacob edificó un altar y llamó al lugar El-betel (que significa «Dios de Betel»), porque Dios se le había aparecido allí cuando huía de su hermano Esaú.

⁸Poco tiempo después murió Débora, la mujer que había cuidado a Rebeca desde niña, y fue enterrada bajo el roble que está en el valle de Betel. Desde entonces ese lugar fue llamado Alón-bacut (que significa «roble del llanto»).

⁹Ahora que Jacob había regresado de Padán-aram, Dios se le apareció de nuevo en Betel. Y Dios lo bendijo ¹⁰diciéndole: «Tu nombre es Jacob, pero ya no te llamarás Jacob. A partir de ahora tu nombre será Israel».* Así que Dios le cambió el nombre y lo llamó Israel.

¹¹Entonces Dios dijo: «Yo soy El-Shaddai, "Dios Todopoderoso". Sé fructífero y multiplícate. Llegarás a formar una gran nación; incluso, de ti saldrán muchas naciones. ¡Habrá reyes entre tus descendientes! ¹²Y te entregaré la tierra que les di a Abraham y a Isaac. Así es, te la daré a ti y a tus descendientes». ¹³Luego Dios ascendió desde el lugar donde le había hablado a Jacob.

¹⁴Jacob levantó una columna conmemorativa para marcar el lugar donde Dios le había hablado. Luego derramó vino sobre la columna como sacrificio a Dios y la ungió con aceite de oliva. ¹⁵Jacob llamó a aquel lugar Betel (que significa «casa de Dios»), porque allí Dios le había hablado.

Muertes de Raquel e Isaac

¹⁶Una vez que salieron de Betel, Jacob y su clan avanzaron hacia Efrata; pero Raquel entró en trabajo de parto mientras aún estaban lejos de allí, y sus dolores eran intensos. ¹⁷Luego de un parto muy difícil, la partera finalmente exclamó: «¡No temas; tienes otro varón!». ¹⁸Raquel estaba a punto de morir, pero con su último suspiro puso por nombre al niño Benoni (que significa «hijo de mi tristeza»). Sin embargo, el padre del niño lo llamó Benjamín (que significa «hijo de mi mano derecha»). ¹⁹Así que Raquel murió y fue enterrada en el camino a Efrata (es decir, Belén). ²⁰Jacob levantó una columna conmemorativa sobre la tumba de Raquel, la cual puede verse hasta el día de hoy.

²¹Entonces Jacob* siguió su viaje y acampó más allá de Migdal-eder. ²²Mientras vivía allí, Rubén tuvo relaciones sexuales con Bilha, la concubina de su padre, y Jacob se enteró enseguida.

Estos son los nombres de los doce hijos de Jacob:

²³Los hijos de Lea fueron: Rubén (el hijo mayor de Jacob), Simeón, Leví, Judá, Isacar y Zabulón.
²⁴Los hijos de Raquel fueron: José y Benjamín.
²⁵Los hijos de Bilha, la sierva de Raquel, fueron: Dan y Neftalí.
²⁶Los hijos de Zilpa, la sierva de Lea, fueron: Gad y Aser.

Estos son los nombres de los hijos que le nacieron a Jacob en Padán-aram.

²⁷Entonces Jacob regresó a la casa de su padre Isaac en Mamre, que está cerca de Quiriat-arba (actualmente llamada Hebrón), donde Abraham e Isaac vivieron como extranjeros. ²⁸Isaac vivió ciento ochenta años. ²⁹Después dio su último suspiro y murió en buena vejez, y se reunió con sus antepasados al morir. Y lo enterraron sus hijos Esaú y Jacob.

Descendientes de Esaú

36 Este es el relato de los descendientes de Esaú (también conocido como Edom). ²Esaú se casó con dos mujeres jóvenes de Canaán: Ada, hija de Elón el hitita, y Aholibama, hija de Aná y nieta de Zibeón el heveo. ³También se casó con su prima Basemat, que era hija de Ismael y hermana de Nebaiot. ⁴Ada dio a luz un hijo, a quien llamaron Elifaz. Basemat dio a luz un hijo llamado Reuel. ⁵Aholibama dio a luz varones: Jeús, Jaalam y Coré. Todos esos hijos le nacieron a Esaú en la tierra de Canaán.

⁶Esaú tomó a sus esposas, a sus hijos y a los de su casa, junto con sus animales y su ganado —toda la riqueza que había adquirido en la tierra de Canaán— y se mudó para alejarse de su hermano Jacob. ⁷No había tierra suficiente para sustentar a ambos, debido a la cantidad de animales y posesiones que habían adquirido. ⁸Por eso, Esaú (también conocido como Edom) se estableció en la zona montañosa de Seir.

⁹Este es el relato de los descendientes de Esaú, los edomitas, que habitaron en la zona montañosa de Seir.

¹⁰Estos son los nombres de los hijos de Esaú: Elifaz, hijo de Ada, esposa de Esaú y Reuel, hijo de Basemat, esposa de Esaú. ¹¹Los descendientes de Elifaz fueron: Temán, Omar, Zefo, Gatam y Cenaz. ¹²Timna, la concubina de Elifaz, hijo de Esaú, dio a luz un hijo llamado Amalec. Estos fueron los descendientes de Ada, esposa de Esaú. ¹³Los descendientes de Reuel fueron: Nahat,

---

35:10 *Jacob* suena como las palabras hebreas para «talón» y «engañador». *Israel* significa «Dios lucha». 35:21 En hebreo *Israel;* también en 35:22a. Los nombres «Jacob» e «Israel» a menudo son intercambiables en el Antiguo Testamento. Algunas veces hacen referencia al patriarca como individuo y otras veces a la nación.

Zera, Sama y Miza. Estos fueron los descendientes de Basemat, esposa de Esaú.

¹⁴Esaú también tuvo hijos con Aholibama, hija de Aná y nieta de Zibeón. Sus nombres fueron: Jeús, Jaalam y Coré.

¹⁵Estos son los descendientes de Esaú que llegaron a ser jefes de varios clanes:

Los descendientes del hijo mayor de Esaú, Elifaz, llegaron a ser jefes de los clanes de Temán, Omar, Zefo, Cenaz, ¹⁶Coré, Gatam y Amalec. Ellos fueron, en la tierra de Edom, los jefes de clanes que descendieron de Elifaz. Todos fueron descendientes de Ada, esposa de Esaú.

¹⁷Los descendientes de Reuel, hijo de Esaú, se convirtieron en los jefes de los clanes de Nahat, Zera, Sama y Miza. Esos son los jefes de los clanes en la tierra de Edom que descendieron de Reuel. Todos fueron descendientes de Basemat, esposa de Esaú.

¹⁸Los descendientes de Esaú con su esposa Aholibama llegaron a ser jefes de los clanes de Jeús, Jaalam y Coré. Ellos fueron los jefes de los clanes que descendieron de Aholibama, esposa de Esaú e hija de Aná.

¹⁹Estos son los clanes que descendieron de Esaú (también conocido como Edom), cada uno identificado por el nombre del jefe de su clan.

Habitantes originarios de Edom

²⁰Estos son los nombres de las tribus que descendieron de Seir el horeo, las cuales habitaron en la tierra de Edom: Lotán, Sobal, Zibeón, Aná, ²¹Disón, Ezer y Disán. Estos fueron los jefes de los clanes horeos, descendientes de Seir, que habitaron en la tierra de Edom.

²²Los descendientes de Lotán fueron: Hori y Hemam. La hermana de Lotán se llamaba Timna.

²³Los descendientes de Sobal fueron: Alván, Manahat, Ebal, Sefo y Onam.

²⁴Los descendientes de Zibeón fueron: Aja y Aná (este Aná fue el que descubrió las aguas termales en el desierto mientras cuidaba los burros de su padre).

²⁵Los descendientes de Aná fueron: su hijo Disón, y su hija Aholibama.

²⁶Los descendientes de Disón* fueron: Hemdán, Esbán, Itrán y Querán.

²⁷Los descendientes de Ezer fueron: Bilhán, Zaaván y Acán.

²⁸Los descendientes de Disán fueron: Uz y Arán.

²⁹Así que los jefes de los clanes horeos fueron: Lotán, Sobal, Zibeón, Aná, ³⁰Disón, Ezer y Disán. Los clanes horeos llevan el nombre de sus jefes de clan, los cuales habitaron en la tierra de Seir.

Gobernantes de Edom

³¹Estos son los reyes que gobernaron en la tierra de Edom antes de que los israelitas tuvieran rey:*

³²Bela, hijo de Beor, quien reinó en Edom desde su ciudad de Dinaba.

³³Cuando Bela murió, reinó en su lugar Jobab, hijo de Zera, quien era de Bosra.

³⁴Cuando Jobab murió, reinó en su lugar Husam, quien era de la región de Temán.

³⁵Cuando Husam murió, reinó en su lugar Hadad, hijo de Bedad; y gobernó desde la ciudad de Avit. Él fue quien derrotó a los madianitas en la tierra de Moab.

³⁶Cuando Hadad murió, reinó en su lugar Samla, quien era de la ciudad de Masreca.

³⁷Cuando Samla murió, reinó en su lugar Saúl, quien era de la ciudad de Rehobot del Río.

³⁸Cuando Saúl murió, reinó en su lugar Baal-hanán, hijo de Acbor.

³⁹Cuando Baal-hanán, hijo de Acbor, murió, reinó en su lugar Hadad* y gobernó desde la ciudad de Pau. Su esposa fue Mehetabel, hija de Matred y nieta de Mezaab.

⁴⁰Estos son los nombres de los jefes de los clanes descendientes de Esaú, los cuales habitaron en los lugares que llevan sus mismos nombres: Timna, Alva, Jetet, ⁴¹Aholibama, Ela, Pinón, ⁴²Cenaz, Temán, Mibzar, ⁴³Magdiel e Iram. Esos son los jefes de los clanes de Edom, registrados según los asentamientos en la tierra que ocuparon. Todos ellos descendieron de Esaú, el antepasado de los edomitas.

Los sueños de José

37 Entonces Jacob volvió a establecerse en la tierra de Canaán, donde su padre había vivido como extranjero.

²Este es el relato de Jacob y su familia. Cuando José tenía diecisiete años de edad, a menudo cuidaba los rebaños de su padre. Trabajaba para sus medio hermanos, los hijos de Bilha y Zilpa, dos de las esposas de su padre, así que le contaba a su padre acerca de las fechorías que hacían sus hermanos.

³Jacob* amaba a José más que a sus otros hijos porque le había nacido en su vejez. Por eso, un día, Jacob mandó a hacer un regalo especial para José: una hermosa túnica.* ⁴Pero, por el contrario, sus hermanos lo odiaban porque su padre lo amaba más que a ellos. No dirigían ni una sola palabra amable hacia José.

⁵Una noche José tuvo un sueño, y cuando se lo contó a sus hermanos, lo odiaron más que nunca.

⁶—Escuchen este sueño —les dijo—. ⁷Resulta que estábamos en el campo atando gavillas de

---

36:26 En hebreo *Dishan*, una variante de Disón; comparar 36:21, 28.   36:31 O *antes de que un rey israelita los gobernara.*   36:39 Así aparece en algunos manuscritos hebreos, en el Pentateuco Samaritano y en la versión siríaca (ver también 1 Cr 1:50); la mayoría de los manuscritos hebreos dicen *Hadar*.   37:3a En hebreo *Israel;* también en 37:13. Ver nota en 35:21.   37:3b Tradicionalmente se traduce *un manto de muchos colores.* El significado del hebreo es incierto.

grano. De repente, mi gavilla se levantó, y las gavillas de ustedes se juntaron alrededor de la mía, ¡y se inclinaron ante ella!

⁸Sus hermanos respondieron:

—Así que crees que serás nuestro rey, ¿no es verdad? ¿De veras piensas que reinarás sobre nosotros?

Así que lo odiaron aún más debido a sus sueños y a la forma en que los contaba.

⁹Al poco tiempo José tuvo otro sueño y de nuevo se lo contó a sus hermanos.

—Escuchen, tuve otro sueño —les dijo—. ¡El sol, la luna y once estrellas se inclinaban ante mí!

¹⁰Esta vez le contó el sueño a su padre además de a sus hermanos, pero su padre lo reprendió.

—¿Qué clase de sueño es ese? —le preguntó—. ¿Acaso tu madre, tus hermanos y yo llegaremos a postrarnos delante de ti?

¹¹Sin embargo, mientras los hermanos de José tenían celos de él, su padre estaba intrigado por el significado de los sueños.

¹²Poco tiempo después, los hermanos de José fueron hasta Siquem para apacentar los rebaños de su padre. ¹³Cuando ya llevaban un buen tiempo allí, Jacob le dijo a José:

—Tus hermanos están en Siquem apacentando las ovejas. Prepárate, porque te enviaré a verlos.

—Estoy listo para ir —respondió José.

¹⁴—Ve a ver cómo están tus hermanos y los rebaños —dijo Jacob—. Luego vuelve aquí y tráeme noticias de ellos.

Así que Jacob despidió a José, y él viajó hasta Siquem desde su casa, en el valle de Hebrón.

¹⁵Cuando José llegó a Siquem, un hombre de esa zona lo encontró dando vueltas por el campo.

—¿Qué buscas? —le preguntó.

¹⁶—Busco a mis hermanos —contestó José—. ¿Sabe usted dónde están apacentando sus rebaños?

¹⁷—Sí —le dijo el hombre—. Se han ido de aquí, pero les oí decir: "Vayamos a Dotán".

Entonces José siguió a sus hermanos hasta Dotán y allí los encontró.

José es vendido como esclavo

¹⁸Cuando los hermanos de José lo vieron acercarse, lo reconocieron desde lejos. Mientras llegaba, tramaron un plan para matarlo.

¹⁹—¡Aquí viene el soñador! —dijeron—. ²⁰Vamos, matémoslo y tirémoslo en una de esas cisternas. Podemos decirle a nuestro padre: "Un animal salvaje se lo comió". ¡Entonces veremos en qué quedan sus sueños!

²¹Pero cuando Rubén oyó el plan, trató de salvar a José.

—No lo matemos —dijo—. ²²¿Para qué derramar sangre? Solo tirémoslo en esta cisterna vacía, aquí en el desierto. Entonces morirá sin que le pongamos una mano encima.

Rubén tenía pensado rescatar a José y devolverlo a su padre.

²³Entonces, cuando llegó José, sus hermanos le quitaron la hermosa túnica que llevaba puesta. ²⁴Después lo agarraron y lo tiraron en la cisterna. Resulta que la cisterna estaba vacía; no tenía nada de agua adentro. ²⁵Luego, justo cuando se sentaron a comer, levantaron la vista y vieron a la distancia una caravana de camellos que venía acercándose. Era un grupo de mercaderes ismaelitas que transportaban goma de resina, bálsamo y resinas aromáticas desde Galaad hasta Egipto.

²⁶Judá dijo a sus hermanos: «¿Qué ganaremos con matar a nuestro hermano y encubrir su muerte?* Tendríamos que encubrir el crimen.* ²⁷En lugar de hacerle daño, vendámoslo a esos mercaderes ismaelitas. Después de todo, es nuestro hermano, ¡de nuestra misma sangre!». Así que sus hermanos estuvieron de acuerdo. ²⁸Entonces, cuando se acercaron los ismaelitas, que eran mercaderes madianitas, los hermanos de José lo sacaron de la cisterna y se lo vendieron por veinte monedas* de plata. Y los mercaderes lo llevaron a Egipto.

²⁹Tiempo después, Rubén regresó para sacar a José de la cisterna. Cuando descubrió que José no estaba allí, se rasgó la ropa en señal de lamento. ³⁰Luego regresó a donde estaban sus hermanos y dijo lamentándose: «¡El muchacho desapareció! ¿Qué voy a hacer ahora?».

³¹Entonces los hermanos mataron un cabrito y mojaron la túnica de José con la sangre. ³²Luego enviaron la hermosa túnica a su padre con el siguiente mensaje: «Mira lo que encontramos. Esta túnica, ¿no es la de tu hijo?».

³³Su padre la reconoció de inmediato. «Sí —dijo él—, es la túnica de mi hijo. Seguro que algún animal salvaje se lo comió. ¡Sin duda despedazó a José!». ³⁴Entonces Jacob rasgó su ropa y se vistió de tela áspera, e hizo duelo por su hijo durante mucho tiempo. ³⁵Toda su familia intentó consolarlo, pero él no quiso ser consolado. A menudo decía: «Me iré a la tumba* llorando a mi hijo», y entonces sollozaba.

³⁶Mientras tanto, los mercaderes madianitas* llegaron a Egipto, y allí le vendieron a José a Potifar, quien era un oficial del faraón, rey de Egipto. Potifar era capitán de la guardia del palacio.

Judá y Tamar

38 En esos días, Judá dejó su casa y se fue a Adulam, donde se quedó con un hombre llamado Hira. ²Allí vio a una mujer cananea, la hija de Súa, y se casó con ella. Cuando se acostaron, ³ella quedó embarazada y dio a luz un hijo, y le puso por nombre Er. ⁴Después volvió a quedar embarazada y dio a luz otro hijo, y le

---

37:26 En hebreo *cubrir su sangre.* **37:28** En hebreo *20 siclos,* aproximadamente 228 gramos ó 8 onzas. **37:35** En hebreo *descendre al Seol.* **37:36** En hebreo *los medanitas.* La relación entre los madianitas y los medanitas es incierta; comparar 37:28. Ver también 25:2.

puso por nombre Onán. ⁵Además, dio a luz un tercer hijo y lo llamó Sela. Cuando nació Sela, ellos vivían en Quezib.

⁶Con el transcurso del tiempo, Judá arregló que Er, su hijo mayor, se casara con una joven llamada Tamar. ⁷Pero Er era un hombre perverso ante los ojos del SEÑOR, y el SEÑOR le quitó la vida. ⁸Entonces Judá dijo a Onán, hermano de Er: «Cásate con Tamar, como nuestra ley exige al hermano de un hombre que haya muerto. Tú debes darle un heredero a tu hermano».

⁹Pero Onán no estaba dispuesto a tener un hijo que no fuera su propio heredero. Por eso, cada vez que tenía relaciones sexuales con la mujer de su hermano, derramaba el semen en el suelo. Esto evitaba que ella tuviera un hijo de su hermano. ¹⁰Así que el SEÑOR consideró una maldad que Onán negara un hijo a su hermano muerto, y el SEÑOR también le quitó la vida a Onán.

¹¹Entonces Judá le dijo a Tamar, su nuera: «Vuelve a la casa de tus padres y permanece viuda hasta que mi hijo Sela tenga edad suficiente para casarse contigo». (Pero en realidad, Judá no pensaba hacerlo porque temía que Sela también muriera, igual que sus dos hermanos). Entonces Tamar regresó a vivir a la casa de sus padres.

¹²Unos años después, murió la esposa de Judá. Cumplido el período de luto, Judá y su amigo Hira el adulamita subieron a Timnat para supervisar la esquila de sus ovejas. ¹³Alguien le dijo a Tamar: «Mira, tu suegro sube a Timnat para esquilar sus ovejas».

¹⁴Tamar ya sabía que Sela había crecido, pero aún no se había arreglado nada para que ella se casara con él. Así que se quitó la ropa de viuda y se cubrió con un velo para disfrazarse. Luego se sentó junto al camino, a la entrada de la aldea de Enaim, la cual está rumbo a Timnat. ¹⁵Judá la vio y creyó que era una prostituta, porque ella tenía el rostro cubierto. ¹⁶Entonces se detuvo y le hizo una propuesta indecente:

—Déjame tener sexo contigo —le dijo, sin darse cuenta de que era su propia nuera.

—¿Cuánto me pagarás por tener sexo contigo? —preguntó Tamar.

¹⁷—Te enviaré un cabrito de mi rebaño —prometió Judá.

—¿Pero qué me darás como garantía de que enviarás el cabrito? —preguntó ella.

¹⁸—¿Qué clase de garantía quieres? —respondió él.

Ella contestó:

—Déjame tu sello de identidad junto con su cordón, y el bastón que llevas.

Entonces Judá se los entregó. Después tuvo relaciones sexuales con ella, y Tamar quedó embarazada. ¹⁹Luego ella regresó a su casa, se quitó el velo y se puso la ropa de viuda como de costumbre.

²⁰Más tarde Judá le pidió a su amigo Hira el adulamita que llevara el cabrito a la mujer y recogiera las cosas que le había dejado como garantía, pero Hira no pudo encontrarla. ²¹Entonces preguntó a los hombres de ese lugar:

—¿Dónde puedo encontrar a la prostituta del templo local que se sentaba junto al camino, a la entrada de Enaim?

—Nunca hemos tenido una prostituta del templo aquí —contestaron ellos.

²²Entonces Hira regresó a donde estaba Judá y le dijo:

—No pude encontrarla por ninguna parte, y los hombres de la aldea afirman que nunca ha habido una prostituta del templo pagano en ese lugar.

²³—Entonces deja que se quede con las cosas que le di —dijo Judá—. Envié el cabrito, tal como acordamos, pero tú no pudiste encontrarla. Si regresamos a buscarla, seremos el hazmerreír del pueblo.

²⁴Unos meses después, le dijeron a Judá:

—Tu nuera Tamar se ha comportado como una prostituta y ahora, como consecuencia, está embarazada.

—¡Sáquenla y quémenla! —ordenó Judá.

²⁵Pero cuando la sacaban para matarla, ella envió el siguiente mensaje a su suegro: «El dueño de estas cosas fue quien me dejó embarazada. Fíjese bien. ¿De quién son este sello, este cordón y este bastón?».

²⁶Judá los reconoció enseguida y dijo:

—Ella es más justa que yo, porque no arreglé que ella se casara con mi hijo Sela.

Y Judá nunca más volvió a acostarse con Tamar.

²⁷Cuando llegó el tiempo de que Tamar diera a luz, se descubrió que esperaba gemelos. ²⁸Durante el parto, uno de los niños sacó la mano, entonces la partera le ató un hilo rojo en la muñeca y anunció: «Este salió primero». ²⁹Pero luego el niño metió la mano de vuelta, ¡y salió primero su hermano! Entonces la partera exclamó: «¡Vaya! ¿Cómo hiciste para abrirte brecha y salir primero?». Y lo llamaron Fares.* ³⁰Luego nació el niño que llevaba el hilo rojo en la muñeca, y lo llamaron Zara.*

José en la casa de Potifar

39 Cuando los mercaderes ismaelitas llevaron a José a Egipto, lo vendieron a Potifar, un oficial egipcio. Potifar era capitán de la guardia del faraón, rey de Egipto.

²El SEÑOR estaba con José, por eso tenía éxito en todo mientras servía en la casa de su amo egipcio. ³Potifar lo notó y se dio cuenta de que el SEÑOR estaba con José, y le daba éxito en todo lo que hacía. ⁴Eso agradó a Potifar, quien entonces nombró a José su asistente personal. Lo puso a cargo de toda su casa y de todas sus posesiones. ⁵Desde el día en que José quedó encargado de la casa y de las propiedades de su amo, el SEÑOR comenzó a bendecir la casa de Potifar por causa

38:29 *Fares* significa «abriendo brecha».   38:30 *Zara* significa «rojo» o «brillo».

de José. Todos los asuntos de la casa marchaban bien, y las cosechas y los animales prosperaron. 6Pues Potifar le dio a José total y completa responsabilidad administrativa sobre todas sus posesiones. Con José a cargo, Potifar no se preocupaba por nada, ¡excepto qué iba a comer!

José era un joven muy apuesto y bien fornido, 7y la esposa de Potifar pronto comenzó a mirarlo con deseos sexuales.

—Ven y acuéstate conmigo —le ordenó ella.

8Pero José se negó.

—Mire —le contestó—, mi amo confía en mí y me puso a cargo de todo lo que hay en su casa. 9Nadie aquí tiene más autoridad que yo. Él no me ha negado nada, con excepción de usted, porque es su esposa. ¿Cómo podría yo cometer semejante maldad? Sería un gran pecado contra Dios.

10Día tras día, ella seguía presionando a José, pero él se negaba a acostarse con ella y la evitaba tanto como podía. 11Cierto día, sin embargo, José entró a hacer su trabajo y no había nadie más allí. 12Ella llegó, lo agarró del manto y le ordenó: «¡Vamos, acuéstate conmigo!». José se zafó de un tirón, pero dejó su manto en manos de ella al salir corriendo de la casa.

13Cuando ella vio que tenía el manto en las manos y que él había huido, 14llamó a sus sirvientes. Enseguida todos los hombres llegaron corriendo. —¡Miren! —dijo ella—. ¡Mi esposo ha traído aquí a este esclavo hebreo para que nos deje en ridículo! Él entró en mi cuarto para violarme, pero yo grité. 15Cuando me oyó gritar, salió corriendo y se escapó, pero dejó su manto en mis manos.

16Ella se quedó con el manto hasta que su esposo regresó a la casa. 17Luego le contó su versión de lo sucedido: «Ese esclavo hebreo que trajiste a nuestra casa intentó entrar y aprovecharse de mí; 18pero, cuando grité, ¡salió corriendo y dejó su manto en mis manos!».

José es encarcelado

19Potifar se enfureció cuando oyó el relato de su esposa acerca de cómo José la había tratado. 20Entonces agarró a José y lo metió en la cárcel donde estaban los presos del rey. José quedó allí, 21pero el SEÑOR estaba con él en la cárcel y le mostró su fiel amor. El SEÑOR hizo que José fuera el preferido del encargado de la cárcel. 22Poco después el director puso a José a cargo de los demás presos y de todo lo que ocurría en la cárcel. 23El encargado no tenía de qué preocuparse, porque José se ocupaba de todo. El SEÑOR estaba con él y lo prosperaba en todo lo que hacía.

José interpreta dos sueños

40 Pasado un tiempo, el jefe de los coperos y el jefe de los panaderos del faraón ofendieron a su señor, el rey. 2El faraón se enojó con esos dos funcionarios 3y los puso en la

cárcel donde estaba José, en el palacio del capitán de la guardia. 4Ellos permanecieron en la cárcel durante mucho tiempo, y el capitán de la guardia los asignó a José, quien se ocupaba de ellos.

5Una noche, mientras estaban en la cárcel, el copero y el panadero del faraón tuvieron, cada uno, un sueño, y cada sueño tenía su propio significado. 6Cuando José los vio a la mañana siguiente, notó que los dos parecían preocupados.

7—¿Por qué se ven tan preocupados hoy? —les preguntó.

8—Anoche los dos tuvimos sueños —contestaron ellos—, pero nadie puede decirnos lo que significan.

—La interpretación de los sueños es asunto de Dios —respondió José—. Vamos, cuéntenme lo que soñaron.

9Entonces el jefe de los coperos fue el primero en contarle su sueño a José.

—En mi sueño —dijo él—, vi una vid delante de mí. 10La vid tenía tres ramas, las cuales comenzaron a brotar y a florecer y, en poco tiempo, produjo racimos de uvas maduras. 11Yo tenía la copa del faraón en mi mano, entonces tomé un racimo de uvas y exprimí el jugo en la copa. Después puse la copa en la mano del faraón.

12—El sueño significa lo siguiente —dijo José—: las tres ramas representan tres días; 13dentro de tres días, el faraón te levantará y te pondrá nuevamente en tu puesto como jefe de sus coperos. 14Te pido que te acuerdes de mí y me hagas un favor cuando las cosas te vayan bien. Háblale de mí al faraón, para que me saque de este lugar. 15Pues me trajeron secuestrado desde mi tierra, la tierra de los hebreos, y ahora estoy aquí en la cárcel, aunque no hice nada para merecerlo.

16Cuando el jefe de los panaderos vio que José había dado una interpretación tan positiva del primer sueño, le dijo a José:

—Yo también tuve un sueño. En mi sueño, había tres canastas de pasteles blancos sobre mi cabeza. 17En la canasta de arriba había todo tipo de pasteles para el faraón, pero llegaron las aves y se los comieron de la canasta que estaba sobre mi cabeza.

18—El sueño significa lo siguiente —le dijo José—: las tres canastas también representan tres días. 19En tres días, el faraón te levantará y atravesará tu cuerpo con un poste; luego las aves llegarán y picotearán tu carne.

20Tres días después era el cumpleaños del faraón, quien preparó un banquete para todos sus funcionarios y su personal. Así que llamó* al jefe de los coperos y al jefe de los panaderos para que se unieran a los demás funcionarios. 21Entonces restituyó al jefe de los coperos a su cargo anterior, para que volviera a entregar al faraón su copa. 22Pero el faraón atravesó al jefe de los panaderos con un poste, tal como José había predicho cuando le interpretó el sueño.

40:20 En hebreo *Levantó la cabeza del.*

²³Sin embargo, el jefe de los coperos del faraón se olvidó de José por completo y nunca más volvió a pensar en él.

Los sueños del faraón

41 Dos años después, el faraón soñó que estaba de pie a la orilla del río Nilo. ²En su sueño, vio siete vacas gordas y sanas que salían del río y comenzaban a pastar entre los juncos. ³Luego vio otras siete vacas que salían del Nilo detrás de ellas, pero eran flacas y raquíticas. Esas vacas se pusieron junto a las vacas gordas, en la ribera del río. ⁴¡Entonces las vacas flacas y raquíticas se comieron a las siete vacas gordas y sanas! En ese momento del sueño, el faraón se despertó.

⁵Después volvió a dormirse y tuvo un segundo sueño. Esta vez vio siete espigas llenas de grano, robustas y hermosas, que crecían de un solo tallo. ⁶Luego aparecieron otras siete espigas de grano, pero estaban resecas y marchitadas por el viento oriental. ⁷¡Entonces las espigas secas se tragaron a las siete robustas y bien formadas! El faraón volvió a despertarse y se dio cuenta de que era un sueño.

⁸A la mañana siguiente, el faraón estaba muy perturbado por los sueños. Entonces llamó a todos los magos y a los sabios de Egipto. Cuando el faraón les contó sus sueños, ninguno de ellos pudo decirle lo que significaban.

⁹Finalmente habló el jefe de los coperos del rey: «Hoy he recordado mi falla —le dijo al faraón—. ¹⁰Hace un tiempo, se enojó con el jefe de los panaderos y conmigo, y nos encarceló en el palacio del capitán de la guardia. ¹¹Una noche, el jefe de los panaderos y yo tuvimos, cada uno, un sueño, y cada sueño tenía su propio significado. ¹²Con nosotros, en la cárcel, había un joven hebreo, que era esclavo del capitán de la guardia. Nosotros le contamos nuestros sueños, y él nos explicó el significado de cada sueño. ¹³Y todo sucedió tal como él lo había predicho. Yo fui restituido a mi puesto de copero, y el jefe de los panaderos fue ejecutado y atravesado con un poste».

¹⁴El faraón mandó llamar a José de inmediato, y enseguida lo trajeron de la cárcel. Después de afeitarse y cambiarse de ropa, José se presentó ante el faraón. ¹⁵Entonces el faraón le dijo:

—Anoche tuve un sueño, y nadie aquí puede decirme lo que significa; pero me enteré de que cuando tú oyes un sueño puedes interpretarlo.

¹⁶—No está en mis manos el poder para hacerlo —respondió José—, pero Dios puede decirle lo que su sueño significa y darle tranquilidad.

¹⁷Entonces el faraón le contó su sueño a José.

—En mi sueño —le dijo—, yo estaba de pie a la orilla del río Nilo ¹⁸y vi siete vacas gordas y sanas que salían del río y comenzaban a pastar entre los juncos. ¹⁹Luego vi siete vacas flacas y raquíticas con aspecto enfermizo que salían después de las primeras. Jamás había visto unos animales tan lamentables en toda la tierra de Egipto. ²⁰Entonces esas vacas flacas y raquíticas se comieron a las siete vacas gordas, ²¹pero no nadie lo hubiera creído, ¡porque después seguían siendo tan flacas y raquíticas como antes! Luego me desperté.

²²»Al rato volví a quedarme dormido y tuve otro sueño. Vi también en mis sueños siete espigas llenas de grano, robustas y hermosas, que crecían de un solo tallo. ²³Después aparecieron otras siete espigas de grano, pero estaban infestadas, resecas y marchitadas por el viento oriental. ²⁴Entonces las espigas secas se tragaron a las siete robustas. Les conté esos sueños a los magos, pero ninguno pudo decirme lo que significan.

²⁵José respondió:

—Ambos sueños del faraón significan lo mismo. Dios le da a conocer de antemano al faraón lo que está por hacer. ²⁶Las siete vacas sanas y las siete espigas robustas representan siete años de prosperidad. ²⁷Las siete vacas flacas y raquíticas que salieron después, y las siete espigas resecas y marchitadas por el viento oriental representan siete años de hambre.

²⁸»Esto sucederá tal como lo he descrito, pues Dios ha revelado de antemano al faraón lo que está por hacer. ²⁹Los próximos siete años serán un período de gran prosperidad en toda la tierra de Egipto, ³⁰pero después llegarán siete años de un hambre tan intensa que hará olvidar toda esa prosperidad de Egipto. El hambre destruirá la tierra. ³¹La hambruna será tan grave que borrará hasta el recuerdo de los años buenos. ³²El haber tenido dos sueños similares significa que esos acontecimientos fueron decretados por Dios, y él hará que ocurran pronto.

³³»Por lo tanto, el faraón debería encontrar a un hombre inteligente y sabio, y ponerlo a cargo de toda la tierra de Egipto. ³⁴Después el faraón debería nombrar supervisores de la tierra, a fin de que almacenen una quinta parte de las cosechas durante los siete años buenos. ³⁵Haga que ellos reúnan toda la producción de alimentos en los años buenos que vienen y la lleven a los graneros del faraón. Almacene bien el grano y vigílelo para que haya alimento en las ciudades. ³⁶De esa manera, habrá suficiente para comer cuando lleguen los siete años de hambre sobre la tierra de Egipto. De lo contrario, el hambre destruirá la tierra.

José es nombrado gobernador de Egipto

³⁷Las sugerencias de José fueron bien recibidas por el faraón y sus funcionarios. ³⁸Entonces el faraón preguntó a sus funcionarios: «¿Acaso encontraremos a alguien como este hombre, tan claramente lleno del espíritu de Dios?». ³⁹Así que el faraón dijo a José: «Como Dios te ha revelado el significado de los sueños a ti, es obvio que no hay nadie más sabio e inteligente que tú. ⁴⁰Quedarás a cargo de mi palacio, y toda mi

gente recibirá órdenes de ti. Solo yo, sentado en mi trono, tendré un rango superior al tuyo».

⁴¹El faraón dijo a José: «Yo, aquí en persona, te pongo a cargo de toda la tierra de Egipto». ⁴²Luego el faraón se quitó de la mano el anillo con su sello oficial y lo puso en el dedo de José; lo vistió con ropas de lino de la mejor calidad y le puso un collar de oro. ⁴³Después hizo que José subiera al carro de guerra reservado para su segundo en autoridad, y dondequiera que iba José, se gritaba la orden: «¡Arrodíllense!». Así que el faraón puso a José a cargo de todo Egipto, ⁴⁴y le dijo: «Yo soy el faraón, pero nadie levantará una mano ni un pie en toda la tierra de Egipto sin tu aprobación».

⁴⁵Luego el faraón le puso un nuevo nombre a José, un nombre egipcio: Zafnat-panea.* También le dio una esposa, quien se llamaba Asenat y era hija de Potifera, el sacerdote de On.* Entonces José se hizo cargo de toda la tierra de Egipto. ⁴⁶Tenía treinta años cuando comenzó a servir en el palacio del faraón, rey de Egipto. Después, cuando José salió de la presencia del faraón, inspeccionó toda la tierra de Egipto.

⁴⁷Tal como se había predicho, la tierra produjo cosechas abundantes durante siete años. ⁴⁸Todos esos años, José recogió todas las cosechas que crecieron en Egipto y guardó en las ciudades el grano de los campos aledaños. ⁴⁹Acumuló grandes cantidades de grano, tanto como si fuera arena a la orilla del mar. Al final, dejó de registrar las cantidades porque había tanto que resultaba imposible medirlo.

⁵⁰Durante ese tiempo, antes del primer año de hambre, les nacieron dos hijos a José y su esposa Asenat, hija de Potifera, el sacerdote de On. ⁵¹José llamó a su hijo mayor Manasés,* porque dijo: «Dios me hizo olvidar todas mis angustias y a todos los de la familia de mi padre». ⁵²José llamó a su segundo hijo Efraín,* porque dijo: «Dios me hizo fructífero en esta tierra de mi aflicción».

⁵³Finalmente acabaron los siete años de cosechas abundantes en toda la tierra de Egipto. ⁵⁴Después comenzaron los siete años de hambre, tal como José había predicho. El hambre también azotó a todas las regiones vecinas, pero en todo Egipto había alimento de sobra. ⁵⁵Con el tiempo, sin embargo, el hambre se extendió por toda la tierra de Egipto también. Cuando la gente reclamó alimento al faraón, él les dijo: «Vayan a ver a José y hagan todo lo que él diga». ⁵⁶Entonces, dada la gravedad del hambre en todas partes, José abrió todos los graneros y distribuyó grano a los egipcios, porque el hambre era intensa en toda la tierra de Egipto. ⁵⁷Y llegaba a Egipto gente de todas partes para comprar grano a José, porque el hambre era intensa en todo el mundo.

Los hermanos de José van a Egipto

42 Cuando Jacob oyó que había grano en Egipto, les dijo a sus hijos: «¿Por qué están ahí sin hacer nada, mirándose uno a otro? ²He oído que hay grano en Egipto. Desciendan a Egipto y compren suficiente grano para que sigamos con vida. De no ser así, moriremos».

³Entonces los diez hermanos mayores de José descendieron a Egipto a comprar grano; ⁴pero Jacob no dejó que el hermano menor de José, Benjamín, fuera con ellos, por temor a que pudiera sufrir algún daño. ⁵Así que los hijos de Jacob* llegaron a Egipto junto con otras personas para comprar alimento, porque el hambre también había llegado a Canaán.

⁶Como José era gobernador de Egipto y estaba encargado de vender el grano a todas las personas, sus hermanos tuvieron que acudir a él. Cuando llegaron, se inclinaron delante de él, con el rostro en tierra. ⁷José reconoció a sus hermanos enseguida, pero fingió no conocerlos y les habló con dureza.

—Ustedes, ¿de dónde vienen? —les preguntó.

—De la tierra de Canaán —contestaron—. Venimos a comprar alimento.

⁸Aunque José reconoció a sus hermanos, ellos no lo reconocieron a él. ⁹Entonces recordó los sueños que había tenido acerca de ellos hacía muchos años atrás, y les dijo:

—¡Ustedes son espías! Han venido para ver lo vulnerable que se ha hecho nuestra tierra.

¹⁰—¡No, mi señor! —exclamaron—. Sus siervos han venido simplemente a comprar alimento. ¹¹Todos nosotros somos hermanos, miembros de la misma familia. ¡Somos hombres honrados, señor! ¡No somos espías!

¹²—¡Sí, lo son! —insistió José—. Han venido para ver lo vulnerable que se ha hecho nuestra tierra.

¹³—Señor —dijeron ellos—, en realidad somos doce en total. Nosotros, sus siervos, somos todos hermanos, hijos de un hombre que vive en la tierra de Canaán. Nuestro hermano menor quedó con nuestro padre, y uno de nuestros hermanos ya no está con nosotros.

¹⁴Pero José insistió:

—Como dije, ¡ustedes son espías! ¹⁵Voy a comprobar su historia de la siguiente manera: ¡Juro por la vida del faraón que ustedes nunca se irán de Egipto a menos que su hermano menor venga hasta aquí! ¹⁶Uno de ustedes irá a traer a su hermano. Los demás se quedarán aquí, en la cárcel. Así sabremos si su historia es cierta o no. Por la vida del faraón, si resulta que ustedes no tienen un hermano menor, entonces confirmaré que son espías.

¹⁷Entonces José los metió en la cárcel por tres días. ¹⁸Al tercer día, José les dijo:

—Yo soy un hombre temeroso de Dios. Si

41:45a *Zafnat-panea* probablemente significa «Dios habla y vive».   **41:45b** La versión griega dice *de Heliópolis;* también en 41:50.
41:51 *Manasés* suena como un término hebreo que significa «hacer olvidar».   **41:52** *Efraín* suena como un término hebreo que significa «fructífero».   **42:5** En hebreo *de Israel.* Ver nota en 35:21.

hacen lo que les digo, vivirán. ¹⁹Si de verdad son hombres honrados, escojan a uno de sus hermanos para que se quede en la cárcel. Los demás podrán regresar a casa con el grano para sus familias que mueren de hambre. ²⁰Pero deben traerme a su hermano menor. Eso demostrará que dicen la verdad, y no morirán.

Ellos estuvieron de acuerdo. ²¹Y hablando entre ellos, dijeron: «Es obvio que estamos pagando por lo que le hicimos hace tiempo a José. Vimos su angustia cuando rogaba por su vida, pero no quisimos escucharlo. Por eso ahora tenemos este problema».

²²«¿No les dije yo que no pecaran contra el muchacho? —preguntó Rubén—. Pero ustedes no me hicieron caso, ¡y ahora tenemos que responder por su sangre!».

²³Obviamente ellos no sabían que José entendía lo que decían, pues él les hablaba mediante un intérprete. ²⁴Entonces se apartó de ellos y comenzó a llorar. Cuando recuperó la compostura, volvió a hablarles. Entonces escogió a Simeón e hizo que lo ataran a la vista de los demás hermanos.

²⁵Después José ordenó a sus siervos que llenaran de grano los costales de los hombres, pero también les dio instrucciones secretas de que devolvieran el dinero del pago y lo pusieran en la parte superior del costal de cada uno de ellos. Además les dio provisiones para el viaje. ²⁶Así que los hermanos cargaron sus burros con el grano y emprendieron el regreso a casa.

²⁷Cuando se detuvieron a pasar la noche, uno de ellos abrió su costal a fin de sacar grano para su burro, cuando encontró el dinero en la abertura del costal. ²⁸«¡Miren! —exclamó a sus hermanos—. Me devolvieron el dinero. ¡Aquí está en mi costal!». Entonces se les desplomó el corazón y, temblando, se decían unos a otros: «¿Qué nos ha hecho Dios?».

²⁹Cuando los hermanos llegaron a donde estaba su padre Jacob, en la tierra de Canaán, le contaron todo lo que le había sucedido. ³⁰«El hombre que gobierna la nación nos habló con mucha dureza —le dijeron—. Nos acusó de ser espías en su tierra, ³¹pero nosotros le dijimos: "Somos hombres honrados, no espías. ³²Somos doce hermanos, hijos del mismo padre. Uno de nuestros hermanos ya no está con nosotros, y el menor está en casa con nuestro padre, en la tierra de Canaán".

³³»Entonces el hombre que gobierna la nación nos dijo: "Comprobaré si ustedes son hombres honrados de la siguiente manera: dejen a uno de sus hermanos aquí conmigo, tomen grano para sus familias hambrientas y regresen a casa; ³⁴pero deben traerme a su hermano menor. Entonces sabré que ustedes son hombres honrados y no espías. Después les entregaré a su hermano, y podrán comerciar libremente en la tierra"».

³⁵Luego, al vaciar cada uno su costal, ¡encontraron las bolsas con el dinero que habían pagado por el grano! Los hermanos y su padre quedaron aterrados cuando vieron las bolsas con el dinero, ³⁶y Jacob exclamó:

—¡Ustedes me están robando a mis hijos! ¡José ya no está! ¡Simeón tampoco! ¡Y ahora quieren llevarse también a Benjamín. ¡Todo está en mi contra!

³⁷Entonces Rubén dijo a su padre:

—Puedes matar a mis dos hijos si no te traigo de regreso a Benjamín. Yo me hago responsable de él y prometo traerlo a casa.

³⁸Pero Jacob le respondió:

—Mi hijo no irá con ustedes. Su hermano José está muerto, y él es todo lo que me queda. Si algo le ocurriera en el camino, ustedes mandarían a la tumba* a este hombre entristecido y canoso.

Los hermanos regresan a Egipto

43 El hambre seguía azotando la tierra de Canaán. ²Cuando el grano que habían traído de Egipto estaba por acabarse, Jacob dijo a sus hijos:

—Vuelvan y compren por poco más de alimento para nosotros.

³Pero Judá dijo:

—El hombre hablaba en serio cuando nos advirtió: "No volverán a ver mi rostro a menos que su hermano venga con ustedes". ⁴Si envías a Benjamín con nosotros, descenderemos y compraremos más alimento. ⁵pero si no dejas que Benjamín vaya, nosotros tampoco iremos. Recuerda que el hombre dijo: "No volverán a ver mi rostro a menos que su hermano venga con ustedes".

⁶—¿Por qué fueron ustedes tan crueles conmigo? —se lamentó Jacob*—. ¿Por qué le dijeron que tenían otro hermano?

⁷—El hombre no dejaba de hacernos preguntas sobre nuestra familia —respondieron ellos—. Nos preguntó: "¿Su padre todavía vive? ¿Tienen ustedes otro hermano?". Y nosotros contestamos sus preguntas. ¿Cómo íbamos a saber que nos diría: "Traigan aquí a su hermano"?

⁸Judá le dijo a su padre:

—Envía al muchacho conmigo, y nos iremos ahora mismo. De no ser así, todos moriremos de hambre, y no solamente nosotros, sino tú y nuestros hijos. ⁹Yo garantizo personalmente su seguridad. Puedes hacerme responsable a mí si no te lo traigo de regreso. Entonces cargaré con la culpa para siempre. ¹⁰Si no hubiéramos perdido todo este tiempo, ya habríamos ido y vuelto dos veces.

¹¹Entonces su padre Jacob finalmente les dijo:

—Si no queda otro remedio, entonces al menos hagan esto: carguen sus costales con los mejores productos de esta tierra —bálsamo, miel, resinas aromáticas, pistachos y almendras—; llévenselos al hombre como regalo. ¹²Tomen también el doble del dinero que les devolvieron, ya que probablemente alguien se equivocó. ¹³Después tomen a su hermano y regresen a ver al hombre.

42:38 En hebreo *al Seol.* **43:6** En hebreo *Israel;* también en 43:11. Ver nota en 35:21.

¹⁴Que el Dios Todopoderoso* les muestre misericordia cuando estén delante del hombre, para que ponga a Simeón en libertad y permita que Benjamín regrese. Pero si tengo que perder a mis hijos, que así sea.

¹⁵Así que los hombres cargaron los regalos de Jacob, tomaron el doble de dinero y emprendieron el viaje con Benjamín. Finalmente llegaron a Egipto y se presentaron ante José. ¹⁶Cuando José vio a Benjamín con ellos, le dijo al administrador de su casa: «Esos hombres comerán conmigo hoy al mediodía. Llévalos dentro del palacio. Luego mata un animal y prepara un gran banquete». ¹⁷El hombre hizo conforme a lo que José le dijo y los llevó al palacio de José.

¹⁸Los hermanos estaban aterrados al ver que los llevaban a la casa de José y decían: «Es por el dinero que alguien puso en nuestros costales la última vez que estuvimos aquí. Él piensa hacer como que nosotros lo robamos. Luego nos apresará, nos hará esclavos y se llevará nuestros burros».

Banquete en el palacio de José

¹⁹Los hermanos se acercaron al administrador de la casa de José y hablaron con él en la entrada del palacio.

²⁰—Señor —le dijeron—, ya vinimos a Egipto una vez a comprar alimento; ²¹pero cuando íbamos de regreso a nuestra casa, nos detuvimos a pasar la noche y abrimos nuestros costales. Entonces descubrimos que el dinero de cada uno de nosotros —la cantidad exacta que habíamos pagado— ¡estaba en la parte superior de cada costal! Aquí está, lo hemos traído con nosotros. ²²También trajimos más dinero para comprar más alimento. No tenemos idea de quién puso el dinero en nuestros costales.

²³—Tranquilos, no tengan miedo —les dijo el administrador—. El Dios de ustedes, el Dios de su padre, debe de haber puesto ese tesoro en sus costales. Me consta que recibí el pago que hicieron.

Después soltó a Simeón y lo llevó a donde estaban ellos.

²⁴Luego el administrador acompañó a los hombres hasta el palacio de José. Les dio agua para que se lavaran los pies y alimento para sus burros. ²⁵Ellos prepararon sus regalos para la llegada de José a mediodía, porque les dijeron que comerían allí.

²⁶Cuando José volvió a casa, le entregaron los regalos que le habían traído y luego se postraron hasta el suelo delante de él. ²⁷Después de saludarlos, él les preguntó:

—¿Cómo está su padre, el anciano del que me hablaron? ¿Todavía vive?

²⁸—Sí —contestaron—. Nuestro padre, siervo de usted, sigue con vida y está bien.

Y volvieron a postrarse.

²⁹Entonces José miró a su hermano Benjamín, hijo de su misma madre.

—¿Es este su hermano menor del que me hablaron? —preguntó José—. Que Dios te bendiga, hijo mío.

³⁰Entonces José se apresuró a salir de la habitación porque la emoción de ver a su hermano lo había vencido. Entró en su cuarto privado, donde perdió el control y se echó a llorar. ³¹Después de lavarse la cara, volvió a salir, y más controlado. Entonces ordenó: «Traigan la comida».

³²Los camareros sirvieron a José en su propia mesa, y sus hermanos fueron servidos en una mesa aparte. Los egipcios que comían con José se sentaron en su propia mesa, porque los egipcios desprecian a los hebreos y se niegan a comer con ellos. ³³José indicó a cada uno de sus hermanos dónde sentarse y, para sorpresa de ellos, los sentó según sus edades, desde el mayor hasta el menor. ³⁴También llenó sus platos con comida de su propia mesa, y le dio a Benjamín cinco veces más que a los demás. Entonces festejaron y bebieron libremente con José.

La copa de plata de José

44 Cuando los hermanos estuvieron listos para marcharse, José dio las siguientes instrucciones al administrador del palacio: «Llena sus costales con todo el grano que puedan llevar y pon el dinero de cada uno nuevamente en su costal. ²Luego pon mi copa personal de plata en la abertura del costal del menor de los hermanos, junto con el dinero de su grano». Y el administrador hizo tal como José le indicó.

³Los hermanos se levantaron al amanecer y emprendieron el viaje con sus burros cargados. ⁴Cuando habían recorrido solo una corta distancia y apenas habían llegado a las afueras de la ciudad, José le dijo al administrador del palacio: «Sal tras ellos y detenlos; y cuando los alcances, pregúntales: "¿Por qué han pagado mi bondad con semejante malicia? ⁵¿Por qué han robado la copa de plata* de mi amo, la que usa para predecir el futuro? ¡Qué maldad tan grande han cometido!"».

⁶Cuando el administrador del palacio alcanzó a los hombres, les habló tal como José le había indicado.

⁷—¿De qué habla usted? —respondieron los hermanos—. Nosotros somos sus siervos y nunca haríamos semejante cosa. ⁸¿Acaso no devolvimos el dinero que encontramos en nuestros costales? Lo trajimos de vuelta desde la tierra de Canaán. ¿Por qué robaríamos oro o plata de la casa de su amo? ⁹Si usted encuentra la copa en poder de uno de nosotros, que muera el hombre que la tenga. Y el resto de nosotros, mi señor, seremos sus esclavos.

¹⁰—Eso es justo —respondió el hombre—, pero solo el hombre que haya robado la copa será mi esclavo. Los demás quedarán libres.

¹¹Ellos bajaron rápidamente sus costales de los lomos de sus burros y los abrieron. ¹²El

administrador del palacio revisó los costales de cada uno de los hermanos, desde el mayor hasta el menor, ¡y encontró la copa en el costal de Benjamín! [13]Al ver eso, los hermanos se rasgaron la ropa en señal de desesperación. Luego volvieron a cargar sus burros y regresaron a la ciudad.

[14]José todavía estaba en su palacio cuando Judá y sus hermanos llegaron. Entonces se postraron en el suelo delante de él.

[15]—¿Qué han hecho ustedes? —reclamó José—. ¿No saben que un hombre como yo puede predecir el futuro?

[16]—Oh, mi señor —contestó Judá—, ¿qué podemos responderle? ¿Cómo podemos explicar esto? ¿Cómo podemos probar nuestra inocencia? Dios nos está castigando por nuestros pecados. Mi señor, todos hemos regresado para ser sus esclavos, tanto nosotros, y no solo nuestro hermano que tenía la copa en su costal.

[17]—No —dijo José—. ¡Yo jamás haría algo así! Solo el hombre que robó la copa será mi esclavo. Los demás pueden volver en paz a la casa de su padre.

Judá habla por sus hermanos

[18]Entonces Judá dio un paso adelante y dijo:

—Por favor, mi señor, permita que su siervo le hable solo unas palabras. Le ruego que no se enoje conmigo, a pesar de ser usted tan poderoso como el faraón mismo.

[19]»Mi señor, anteriormente nos preguntó a nosotros, sus siervos: "¿Tienen un padre o un hermano?". [20]Y nosotros respondimos: "Sí, mi señor, tenemos un padre que ya es anciano, y su hijo menor le nació en la vejez. Su hermano de padre y madre murió y él es el único hijo que queda de su madre, y su padre lo ama mucho".

[21]»Usted nos dijo: "Tráiganlo aquí para que lo vea con mis propios ojos". [22]Pero nosotros le dijimos a usted: "Mi señor, el muchacho no puede dejar a su padre, porque su padre moriría". [23]Pero usted nos dijo: "A menos que su hermano menor venga con ustedes, nunca más volverán a ver su rostro".

[24]»Entonces regresamos a la casa de su siervo, nuestro padre, y le dijimos lo que usted nos había dicho. [25]Tiempo después, cuando él nos dijo que regresáramos a comprar más alimento, [26]le respondimos: "No podemos ir a menos que permitas que nuestro hermano menor nos acompañe. Nunca llegaremos a ver el rostro del hombre a menos que nuestro hermano menor esté con nosotros".

[27]»Entonces mi padre nos dijo: "Como ya saben, mi esposa tuvo dos hijos, [28]y uno de ellos se fue y nunca más regresó. Sin duda, fue despedazado por algún animal salvaje, y no he vuelto a verlo. [29]Si ahora alejan de mí a su hermano y él sufre algún daño, ustedes mandarán a la tumba* a este hombre entristecido y canoso".

[30]»Y ahora, mi señor, no puedo regresar a la casa de mi padre sin el muchacho. La vida de nuestro padre está ligada a la vida del muchacho. [31]Si nuestro padre ve que el muchacho no está con nosotros, morirá. Nosotros, sus siervos, ciertamente seremos responsables de haber enviado a la tumba a ese hombre entristecido y canoso. [32]Mi señor, yo le garanticé a mi padre que me haría cargo del muchacho. Le dije que, si no lo llevaba de regreso, yo cargaría con la culpa para siempre.

[33]»Por favor, mi señor, permita que yo me quede aquí como esclavo en lugar del muchacho, y deje que el muchacho regrese con sus hermanos. [34]Pues, ¿cómo podré regresar y ver a mi padre si el muchacho no está conmigo? ¡No podría soportar ver la angustia que le provocaría a mi padre!

José revela su identidad

45 José ya no pudo contenerse. Había mucha gente en la sala, y él les dijo a sus asistentes: «¡Salgan todos de aquí!». Así que estuvo a solas con sus hermanos en el momento de decirles quién era. [2]Entonces perdió el control y se echó a llorar. Lloraba con tanta fuerza que los egipcios podían oírlo, y la noticia pronto llegó hasta el palacio del faraón.

[3]«¡Soy José! —dijo a sus hermanos—. ¿Vive mi padre todavía?». ¡Pero sus hermanos se quedaron mudos! Estaban atónitos al darse cuenta de que tenían a José frente a ellos. [4]«Por favor, acérquense», les dijo. Entonces ellos se acercaron, y él volvió a decirles: «Soy José, su hermano, a quien ustedes vendieron como esclavo en Egipto. [5]Pero no se inquieten ni se enojen con ustedes mismos por haberme vendido. Fue Dios quien me envió a este lugar antes que ustedes, a fin de preservarles la vida. [6]El hambre que ha azotado la tierra estos dos últimos años durará otros cinco años más, y no habrá ni siembra ni siega. [7]Dios me hizo llegar antes que ustedes para salvarles la vida a ustedes y a sus familias, y preservar la vida de muchos más.* [8]Por lo tanto, fue Dios quien me envió a este lugar, ¡y no ustedes! Y fue él quien me hizo consejero* del faraón, administrador de todo su palacio y gobernador de todo Egipto.

[9]»Ahora, ¡apresúrense! Regresen a toda prisa con mi padre y díganle: "Tu hijo José dice: 'Dios me ha hecho señor de toda la tierra de Egipto. ¡Así que ven a verme de inmediato! [10]Podrás vivir en la región de Gosén, donde estarás cerca de mí, con tus hijos y tus nietos, tus rebaños y tus manadas, y todas tus posesiones. [11]Allí te cuidaré, porque aún quedan cinco años de hambre. De lo contrario, tú, los de tu casa y todos tus animales morirán de hambre'".

[12]»¡Miren! —agregó José—. Pueden comprobarlo con sus propios ojos, y también puede hacerlo mi hermano Benjamín, ¡que de veras soy

---

44:29 En hebreo *al Seol;* también en 44:31.   45:7 O *y salvarlos con un extraordinario rescate.* El significado del hebreo es incierto.
45:8 En hebreo *un padre.*

José! ¹³Díganle a mi padre acerca de la posición de honor que tengo aquí en Egipto. Descríbanle todo lo que han visto y, después, traigan a mi padre aquí lo más pronto posible». ¹⁴Llorando de alegría, José abrazó a Benjamín, y Benjamín hizo lo mismo. ¹⁵Luego José besó a cada uno de sus hermanos y lloró sobre ellos, y después comenzaron a hablar libremente con él.

El faraón invita a Jacob a Egipto

¹⁶La noticia pronto llegó al palacio del faraón: «¡Han llegado los hermanos de José!». El faraón y sus funcionarios se alegraron mucho al saberlo.

¹⁷El faraón le dijo a José: «Dile a tus hermanos: "Esto es lo que deben hacer: ¡Apúrense! Carguen sus animales y regresen a la tierra de Canaán. ¹⁸Luego vayan a buscar a su padre y a sus familias y vuelvan aquí. Yo les daré la mejor tierra en Egipto, y comerán de lo mejor que esa tierra produce"».

¹⁹Después el faraón le dijo a José: «Dile a tus hermanos: "Lleven carros de Egipto para transportar a sus hijos y a sus esposas, y traigan a su padre aquí. ²⁰No se preocupen por sus bienes personales, pues lo mejor de la tierra de Egipto será de ustedes"».

²¹Así que los hijos de Jacob hicieron lo que se les dijo. José les proporcionó carros, tal como el faraón había ordenado, y les dio provisiones para el viaje. ²²A cada uno le dio ropa nueva, pero a Benjamín le dio cinco mudas de ropa y trescientas monedas* de plata. ²³También le envió a su padre diez burros cargados con los mejores productos de Egipto, y diez burras cargadas con grano, pan y otras provisiones que necesitaría para el viaje.

²⁴Entonces José despidió a sus hermanos y, cuando se iban, les dijo: «¡No se peleen por todo esto en el camino!». ²⁵Y ellos salieron de Egipto y regresaron donde vivía su padre Jacob, en la tierra de Canaán.

²⁶«¡José todavía vive! —le dijeron a su padre—. ¡Y es el gobernador de toda la tierra de Egipto!». Jacob se quedó atónito al oír la noticia, y no podía creerlo. ²⁷Sin embargo, cuando le repitieron todo lo que José les había dicho y cuando vio los carros que había enviado para llevarlo, su alma se reanimó.

²⁸Entonces Jacob exclamó: «¡Debe ser verdad! ¡Mi hijo José está vivo! Tengo que ir y verlo antes de morir».

Viaje de Jacob a Egipto

46 Entonces Jacob* emprendió el viaje a Egipto con todas sus posesiones. Y cuando llegó a Beerseba, ofreció sacrificios al Dios de su padre Isaac. ²Durante la noche, Dios le habló en una visión.

—¡Jacob! ¡Jacob! —lo llamó.

—Aquí estoy —respondió Jacob.

³—Yo soy Dios,* el Dios de tu padre —dijo la voz—. No tengas temor de descender a Egipto, porque allí haré de tu familia una gran nación. ⁴Yo descenderé contigo a Egipto y te volveré a traer. Morirás en Egipto, pero José estará contigo para cerrar tus ojos.

⁵Entonces Jacob salió de Beerseba, y sus hijos lo llevaron a Egipto. Lo transportaron a él, junto con los pequeños y las esposas, en los carros que el faraón les había provisto. ⁶También se llevaron todos los animales y los bienes personales que habían adquirido en la tierra de Canaán. Así que Jacob partió hacia Egipto con toda su familia ⁷—hijos y nietos, hijas y nietas—; se fue con todos sus descendientes.

⁸Estos son los nombres de los descendientes de Israel —los hijos de Jacob— que fueron a Egipto:

Rubén fue el hijo mayor de Jacob. ⁹Los hijos de Rubén fueron: Hanoc, Falú, Hezrón y Carmi.

¹⁰Los hijos de Simeón fueron: Jemuel, Jamín, Ohad, Jaquín, Zohar y Saúl. (La madre de Saúl fue una mujer cananea).

¹¹Los hijos de Leví fueron: Gersón, Coat y Merari.

¹²Los hijos de Judá fueron: Er, Onán, Sela, Fares y Zara (aunque Er y Onán habían muerto en la tierra de Canaán). Los hijos de Fares fueron: Hezrón y Hamul.

¹³Los hijos de Isacar fueron: Tola, Fúa,* Jasub* y Simrón.

¹⁴Los hijos de Zabulón fueron: Sered, Elón y Jahleel.

¹⁵Esos fueron los hijos de Lea y Jacob que nacieron en Padán-aram, además de su hija Dina. Los descendientes de Jacob por medio de Lea (tanto hombres como mujeres) fueron treinta y tres.

¹⁶Los hijos de Gad fueron: Zifión,* Hagui, Suni, Ezbón, Eri, Arodi y Areli.

¹⁷Los hijos de Aser fueron: Imna, Isúa, Isúi y Bería. La hermana de ellos se llamaba Sera. Los hijos de Bería fueron: Heber y Malquiel.

¹⁸Esos fueron los hijos de Zilpa, la sierva que Lea recibió de su padre Labán. Los descendientes de Jacob por medio de Zilpa fueron dieciséis.

¹⁹Los hijos de Raquel, esposa de Jacob, fueron: José y Benjamín.

²⁰Los hijos de José que nacieron en la tierra de Egipto fueron: Manasés y Efraín. La madre de ellos fue Asenat, hija de Potifera, sacerdote de On.*

²¹Los hijos de Benjamín fueron: Bela, Bequer, Asbel, Gera, Naamán, Ehi, Ros, Mupim, Hupim y Ard.

²²Esos fueron los hijos de Raquel y Jacob. Los descendientes de Jacob por medio de Raquel fueron catorce.

45:31 En hebreo *Israel*; también en 45:28. Ver nota en 35:21. 45:22 En hebreo *300 siclos*, aproximadamente 3,4 kilogramos ó 7,5 libras. 46:1 En hebreo *Israel*; también en 46:29, 30. Ver nota en 35:21. 46:3 En hebreo *Yo soy El*. 46:13a Así aparece en la versión siríaca y en el Pentateuco Samaritano (ver también 1 Cr 7:1); en hebreo dice *Puvá*. 46:13b Así aparece en algunos manuscritos griegos y en el Pentateuco Samaritano (ver también Nm 26:24; 1 Cr 7:1). En hebreo dice *Job*. 46:16 Así aparece en la versión griega y en el Pentateuco Samaritano (ver también Nm 26:15); en hebreo dice *Zifión*. 46:20 La versión griega dice *de Heliópolis*.

²³El hijo de Dan fue Husim.

²⁴Los hijos de Neftalí fueron: Jahzeel, Guni, Jezer y Silem.

²⁵Esos fueron los hijos de Bilha, la sierva que Raquel recibió de su padre Labán. Los descendientes de Jacob por medio de Bilha fueron siete.

²⁶Todos los descendientes directos de Jacob que partieron con él a Egipto, sin contar a las esposas de sus hijos, fueron sesenta y seis. ²⁷Además, José tuvo dos hijos* que nacieron en Egipto. Así que, en total, había setenta* miembros de la familia de Jacob en la tierra de Egipto.

La familia de Jacob llega a Gosén

²⁸Cuando ya estaban cerca de llegar, Jacob mandó que Judá se adelantara a fin de encontrarse con José y averiguar el camino a la región de Gosén. Cuando por fin llegaron, ²⁹José preparó su carro de guerra y viajó hasta Gosén para recibir a su padre Jacob. Cuando José llegó, corrió a los brazos de su padre y lloró sobre su hombro un largo rato. ³⁰Finalmente, Jacob le dijo a José: «Ahora estoy listo para morir porque he vuelto a ver tu rostro y sé que aún vives».

³¹Entonces José dijo a sus hermanos y a toda la familia de su padre: «Iré al faraón y le diré: "Mis hermanos y toda la familia de mi padre han venido a verme desde la tierra de Canaán. ³²Son pastores y crían animales. Han traído sus rebaños y sus manadas y todo lo que poseen"».

³³Después dijo: «Cuando el faraón los llame y les pregunte a qué se dedican, ³⁴ustedes deben decirle: "Nosotros, sus siervos, hemos criado ganado toda nuestra vida, igual que nuestros antepasados". Cuando les digan eso, él los dejará vivir aquí en la región de Gosén, porque los egipcios desprecian a los pastores».

Jacob bendice al faraón

47 Entonces José fue a ver al faraón y le dijo: «Mi padre y mis hermanos han llegado desde la tierra de Canaán. Vinieron con todos sus rebaños, sus manadas y sus posesiones, y ahora están en la región de Gosén.

²José llevó con él a cinco de sus hermanos y se los presentó al faraón. ³El faraón preguntó a los hermanos:

—¿A qué se dedican?

—Nosotros, sus siervos —contestaron ellos—, somos pastores, al igual que nuestros antepasados. ⁴Hemos venido a vivir un tiempo, debido a que en Canaán no hay pastos para nuestros rebaños, porque el hambre es muy intensa allí. Por lo tanto, le rogamos que nos permita vivir en la región de Gosén.

⁵Entonces el faraón le dijo a José: «Ahora que tu padre y tus hermanos han venido a estar aquí contigo, ⁶escoge el lugar que quieras en toda la tierra de Egipto para que ellos vivan. Dales la mejor tierra de Egipto. Que vivan en la región de Gosén, y si alguno de ellos tiene alguna destreza especial, ponlo a cargo de mis rebaños también».

⁷Entonces José hizo entrar a su padre Jacob y se lo presentó al faraón. Entonces Jacob bendijo al faraón.

⁸—¿Cuántos años tienes? —le preguntó el faraón.

⁹Jacob respondió:

—He andado por este mundo ya ciento treinta arduos años; pero mi vida ha sido corta en comparación con la de mis antepasados.

¹⁰Entonces Jacob volvió a bendecir al faraón antes de salir del palacio.

¹¹Por lo tanto, José asignó la mejor tierra de Egipto —la región de Ramsés— a su padre y a sus hermanos, y los estableció allí, tal como el faraón había ordenado. ¹²Y José proveyó alimentos a su padre y a sus hermanos en cantidades proporcionadas al número de familiares, incluidos los niños más pequeños.

Administración de José durante el tiempo de hambre

¹³Mientras tanto, el hambre se hizo tan intensa que se acabó todo el alimento, y la gente por toda la tierra de Egipto y la de Canaán se moría de hambre. ¹⁴José, al vender el grano a la población, con el tiempo, obtuvo todo el dinero que había en Egipto y en Canaán, y lo depositó en la tesorería del faraón. ¹⁵Cuando los habitantes de Egipto y de Canaán se quedaron sin dinero, todos los egipcios acudieron a José.

—¡Ya no tenemos dinero! —clamaron—. Por favor, dénos alimentos, ¡o moriremos ante sus propios ojos!

¹⁶José respondió:

—Ya que no tienen dinero, tráiganme sus animales. Yo les daré alimentos a cambio de sus animales.

¹⁷Entonces llevaron sus animales a José a cambio de alimentos. A cambio de los caballos, rebaños de ovejas y cabras, manadas de ganado y burros, José les proveyó alimentos para un año más.

¹⁸Entonces ese año llegó a su fin. Al año siguiente, ellos acudieron nuevamente a José y le dijeron: «No podemos ocultarle la verdad, señor. Se nos acabó el dinero, y todas nuestras manadas de animales son suyas. Ya no nos queda nada para entregarle, excepto nuestro cuerpo y nuestras tierras. ¹⁹¿Por qué morir delante de sus propios ojos? Cómprenos a nosotros y también a nuestras tierras a cambio de alimentos; ofrecemos nuestras tierras y nos ofrecemos nosotros mismos como esclavos para el faraón. Solamente proveános de grano para que podamos vivir y no muramos, y para que la tierra no quede vacía y desolada».

²⁰José, pues, compró toda la tierra de Egipto para el faraón. Todos los egipcios le vendieron

46:27a La versión griega dice *nueve hijos*, probablemente incluye a los nietos de José por medio de Efraín y Manasés (ver 1 Cr 7:14-20).
46:27b La versión griega dice *setenta y cinco*; ver nota en Ex 1:5.

sus campos debido a que el hambre era severa. Así que pronto toda la tierra pasó a ser posesión del faraón. ²¹Y en cuanto a los habitantes, los hizo esclavos a todos,* desde un extremo de Egipto hasta el otro. ²²Las únicas tierras que no compró fueron las que pertenecían a los sacerdotes. Ellos recibían una ración de alimentos directamente del faraón, por lo cual no tuvieron que vender sus tierras.

²³Entonces José le dijo al pueblo:

—Miren, hoy los he comprado a ustedes y a sus tierras para el faraón. Les proporcionaré semillas para que puedan sembrar los campos. ²⁴Después, cuando llegue el tiempo de la cosecha, una quinta parte de los cultivos será del faraón. Ustedes podrán quedarse con las otras cuatro quintas partes como semilla para sus campos y alimento para ustedes, los de su casa y sus niños.

²⁵—¡Usted nos ha salvado la vida! —exclamaron ellos—. Permítanos, señor nuestro, ser los esclavos del faraón.

²⁶Entonces José emitió un decreto, aún vigente en la tierra de Egipto, según el cual el faraón recibiría una quinta parte de todas las cosechas cultivadas en la tierra. Solo la región perteneciente a los sacerdotes no fue entregada al faraón.

²⁷Mientras tanto, el pueblo de Israel se estableció en la región de Gosén, en Egipto. Allí adquirieron propiedades, y fueron prósperos y la población creció con rapidez. ²⁸Jacob vivió diecisiete años después de haber llegado a Egipto, así que en total vivió ciento cuarenta y siete años.

²⁹Cuando se acercaba el momento de su muerte, Jacob* llamó a su hijo José, y le dijo:

—Te ruego que me hagas un favor. Pon tu mano debajo de mi muslo y jura que me tratarás con amor inagotable al hacer honor a esta última petición: no me entierres en Egipto; ³⁰cuando muera, llévate mi cuerpo de Egipto y entiérrame con mis antepasados.

Entonces José prometió:

—Haré lo que me pides.

³¹—Jura que lo harás —insistió Jacob.

Así que José hizo juramento, y Jacob se inclinó con humildad en la cabecera de su cama.*

Jacob bendice a Manasés y a Efraín

48 Cierto día, no mucho tiempo después, le avisaron a José: «A tu padre ya le queda muy poco tiempo de vida». Entonces José fue a visitarlo, y llevó con él a sus dos hijos, Manasés y Efraín.

²Cuando José llegó, le dijeron a Jacob que su hijo José había venido a verlo. Entonces Jacob* cobró fuerzas y se incorporó en la cama.

³Jacob le dijo a José:

—El Dios Todopoderoso* se me apareció en la aldea de Luz, en la tierra de Canaán, y me bendijo ⁴con estas palabras: "Te haré fructífero y multiplicaré tu descendencia. Haré de ti una multitud de naciones, y daré esta tierra de Canaán a tus descendientes* como posesión perpetua".

⁵»Ahora reclamo como hijos míos a estos dos muchachos tuyos, Efraín y Manasés, quienes nacieron aquí en la tierra de Egipto antes de que yo llegara. Ellos serán mis hijos, como lo son Rubén y Simeón ⁶Pero cualquier otro hijo que te nazca en el futuro será tuyo, y heredará tierra dentro de los límites de los territorios de sus hermanos Efraín y Manasés.

⁷»Hace mucho tiempo, cuando yo regresaba de Padán-aram, Raquel murió en la tierra de Canaán. Todavía íbamos en viaje y bastante lejos de Efrata (es decir, Belén). Con mucha tristeza, la enterré allí, junto al camino que va a Efrata.

⁸Entonces Jacob miró a los dos muchachos.

—¿Son estos tus hijos? —preguntó.

⁹—Sí —le dijo José—, estos son los hijos que Dios me ha dado aquí en Egipto.

Y Jacob dijo:

—Acércalos más a mí, para que pueda bendecirlos.

¹⁰Jacob casi había perdido la vista debido a su avanzada edad y apenas podía ver. Entonces José le acercó a los muchachos, y Jacob los besó y los abrazó. ¹¹Entonces Jacob le dijo a José:

—Nunca pensé que volvería a ver tu rostro, ¡pero ahora Dios me ha permitido ver también a tus hijos!

¹²José retiró a los muchachos de las rodillas de su abuelo, y se inclinó con el rostro hacia el suelo. ¹³Después puso a los muchachos delante de Jacob. Con su mano derecha dirigió a Efraín hacia la mano izquierda de Jacob, y con su mano izquierda puso a Manasés a la mano derecha de Jacob. ¹⁴Pero Jacob cruzó sus brazos cuando los extendió para poner sus manos sobre la cabeza de los muchachos: es decir, puso su mano derecha sobre la cabeza de Efraín —aunque él era el menor— y su mano izquierda sobre la cabeza de Manasés, que era el hijo mayor. ¹⁵Luego bendijo a José con las siguientes palabras:

«Que el Dios delante del cual caminaron
     mi abuelo Abraham y mi padre Isaac
—el Dios que ha sido mi pastor
     toda mi vida, hasta el día de hoy,
¹⁶ el Ángel que me ha salvado de todo mal
     bendiga a estos muchachos.
Que ellos preserven mi nombre
     y el nombre de Abraham y de Isaac.
Y que su descendencia se multiplique
     en gran manera
     por toda la tierra».

47:21 Así aparece en la versión griega y en el Pentateuco Samaritano; en hebreo dice *los trasladó a todos a las ciudades*.   47:29 En hebreo *Israel*; también en 47:31 h Ver nota en 35:21.   47:31 La versión griega dice *e Israel se inclinó en adoración mientras se apoyaba en su bastón*. Comparar Hb 11:21.   48:2 En hebreo *Israel*; también en 48:8, 10, 11, 13, 14, 21. Ver nota en 35:21.   48:3 En hebreo *El-Shaddai*.   48:4 En hebreo *simiente*; también en 48:19.

¹⁷Pero José se molestó cuando vio que su padre puso la mano derecha sobre la cabeza de Efraín. Entonces José se la levantó para pasarla de la cabeza de Efraín a la cabeza de Manasés. ¹⁸—No, padre mío —le dijo—. Este es el hijo mayor; pon tu mano derecha sobre su cabeza.

¹⁹Pero su padre se negó a hacerlo.

—Ya lo sé, hijo mío, lo sé —respondió él—. Manasés también llegará a ser un gran pueblo, pero su hermano menor será aún más grande y de su descendencia se formarán una multitud de naciones.

²⁰Así que, aquel día, Jacob bendijo a los muchachos con esta bendición: «El pueblo de Israel usará el nombre de ustedes cuando impartan una bendición. Dirán: "Que Dios los haga tan prósperos como a Efraín y a Manasés"». De esta manera, Jacob puso a Efraín antes de Manasés.

²¹Entonces Jacob le dijo a José:

—Mira, yo estoy a punto de morir, pero Dios estará contigo y te llevará de regreso a Canaán, la tierra de tus antepasados. ²²Y además de lo que les he dado a tus hermanos, te doy a ti una porción adicional de la tierra* que tomé de los amorreos con mi espada y con mi arco.

Últimas palabras de Jacob para sus hijos

49 Entonces Jacob hizo llamar a todos sus hijos y les dijo: «Júntense alrededor de mí, y les diré lo que le ocurrirá a cada uno de ustedes en los días venideros.

²»Acérquense y escuchen, hijos de Jacob;
  escuchen a Israel, su padre.

³»Rubén, tú eres mi hijo mayor, mi fuerza,
  el hijo de mi juventud vigorosa.
Tú eres el primero en rango y el primero
  en potencia.
⁴Pero eres tan impetuoso como una
  inundación,
  y ya no serás más el primero.
Pues te acostaste con mi esposa;
  deshonraste mi cama matrimonial.

⁵»Simeón y Leví son tal para cual;
  sus armas son instrumentos de violencia.
⁶Que jamás tome parte yo en sus reuniones;
  que nunca tenga nada que ver con sus
  planes.
Pues en su enojo asesinaron hombres,
  y por diversión mutilaron bueyes.
⁷Maldito sea su enojo, porque es feroz;
  maldita sea su ira, porque es cruel.
Los esparciré entre los descendientes
  de Jacob;
  los dispersaré por todo Israel.

⁸»Judá, tus hermanos te alabarán.
  Agarrarás a tus enemigos por el cuello.

Todos tus parientes se inclinarán ante ti.
⁹Judá, mi hijo, es un león joven
  que ha terminado de comerse a
  su presa.
Se agazapa como un león y se tiende;
  como una leona, ¿quién se atreverá a
  despertarlo?
¹⁰El cetro no se apartará de Judá,
  ni la vara de mando de sus descendientes,*
  hasta que venga aquel a quien le pertenece,*
  aquel a quien todas las naciones
  honrarán.
¹¹Él ata su potro a una vid,
  la cría de su burro a una vid escogida.
Lava sus ropas en vino,
  sus vestidos, con el jugo de las uvas.
¹²Sus ojos son más oscuros que el vino,
  y sus dientes, más blancos que la leche.

¹³»Zabulón se asentará junto a la costa
  y será un puerto para los barcos;
  sus fronteras se extenderán hasta
  Sidón.

¹⁴»Isacar es un burro robusto
  que descansa entre dos alforjas.*
¹⁵Cuando vea lo bueno que es el campo
  y lo agradable del terreno,
  doblará su hombro para llevar la carga
  y se someterá al arduo trabajo.

¹⁶»Dan gobernará a su pueblo
  como cualquier otra tribu de Israel.
¹⁷Dan será una serpiente junto al camino,
  una víbora venenosa en el sendero,
  que muerde los talones del caballo
  para que caiga el jinete.
¹⁸¡Oh SEÑOR, confío en ti para la salvación!

¹⁹»Gad será atacado por bandas saqueadoras,
  pero él las atacará cuando ellas se batan
  en retirada.

²⁰»Aser cenará manjares deliciosos
  y producirá comida digna de reyes.

²¹»Neftalí es una cierva en libertad
  que tiene hermosos cervatillos.

²²»José es la cría de un burro salvaje,
  la cría de un burro salvaje junto a
  un manantial,
  uno de los burros salvajes sobre
  la cresta de la tierra.
²³Los arqueros lo atacaron ferozmente;
  le dispararon y lo hostigaron.
²⁴Pero su arco permaneció tenso,
  y sus brazos fueron fortalecidos
  por las manos del Poderoso de Jacob,
  por el Pastor, la Roca de Israel.
²⁵Que el Dios de tu padre te ayude;
  que el Todopoderoso te bendiga

48:22 O *una cresta adicional de la tierra.* El significado del hebreo es incierto. **49:10a** En hebreo *de entre sus pies.* **49:10b** O *hasta que se le rinda tributo y los pueblos obedezcan;* tradicionalmente se traduce *hasta que venga Siloh.* **49:14** O *rediles,* o *apriscos.* **49:22** O *José es un árbol fructífero / un árbol fructífero junto a un manantial. / Sus ramas trepan por encima del muro.* El significado del hebreo es incierto.

con bendiciones de los cielos de arriba,
y con bendiciones de las aguas profundas
de abajo,
y con bendiciones de los pechos y del
vientre.

²⁶ Que mis bendiciones paternas sobre ti
superen las bendiciones de mis
antepasados,*
y alcancen las alturas de los montes
eternos.
Que estas bendiciones descansen sobre
la cabeza de José,
quien es príncipe entre sus hermanos.

²⁷ »Benjamín es un lobo rapaz,
que devora a sus enemigos por la mañana
y reparte su botín por la tarde».

²⁸Estas son las doce tribus de Israel, y esto es
lo que su padre dijo a sus hijos al despedirse de
ellos. Los bendijo con un mensaje apropiado
para cada uno.

Muerte y entierro de Jacob

²⁹Entonces Jacob les dio las siguientes ins-
trucciones: «Yo moriré pronto y me uniré con
mis antepasados. Entiérrenme junto con mi
padre y mi abuelo en la cueva que está en el campo de Efrón el hitita. ³⁰Es la cueva del campo de
Macpela, cerca de Mamre, en Canaán, la cual
Abraham compró a Efrón el hitita como lugar
de sepultura permanente. ³¹Allí están enterrados Abraham y su esposa Sara; allí también están
enterrados Isaac y su esposa Rebeca; y allí enterré
a Lea. ³²Es la parcela de tierra y la cueva que mi
abuelo Abraham les compró a los hititas».

³³Cuando Jacob terminó de dar este encar-
go a sus hijos, metió los pies en la cama, dio su
último suspiro y se reunió con sus antepasados
al morir.

50 José se abrazó al cuerpo de su padre, y
lloró y lo besó. ²Después ordenó a los
médicos que estaban a su servicio que embal-
samaran el cuerpo de su padre, y Jacob* fue
embalsamado. ³El proceso para embalsamarlo
llevó cuarenta días, que es el tiempo habitual.
Y los egipcios guardaron luto por Jacob durante
setenta días.

⁴Cumplido el periodo del luto, José se acercó
a los consejeros del faraón y les dijo: «Les ruego que me hagan el favor de hablar al faraón
por mí. ⁵Díganle que mi padre me hizo pronunciar un juramento. Me dijo: "Escucha, yo estoy a
punto de morir. Lleva mi cuerpo de regreso a la
tierra de Canaán y entiérrame en la tumba que
preparé para mí mismo". Por lo tanto, le ruego
que me permita ir a enterrar a mi padre. Y después del entierro, regresaré sin demora».

⁶El faraón concedió la petición de José y le
dijo: «Ve y entierra a tu padre, tal como él te hizo
prometer». ⁷Entonces José partió para enterrar

a su padre. Lo acompañaron todos los funcionarios del faraón, todos los ancianos de la casa
del faraón, y todos los oficiales de alto rango
de Egipto. ⁸José llevó a los de su propia casa y a
sus hermanos y a los de sus casas, pero dejó en
la tierra de Gosén a los niños pequeños y a los
rebaños y a las manadas. ⁹Una gran cantidad de
carros de guerra con sus conductores acompañaron a José.

¹⁰Cuando llegaron al campo de trillar de Atad,
cerca del río Jordán, llevaron a cabo un gran servicio conmemorativo muy solemne, con un período de siete días de luto por el padre de José.
¹¹Los cananeos que vivían en ese lugar los obser-
varon lamentarse en el campo de trillar de Atad,
y luego cambiaron el nombre del lugar (situado
cerca del Jordán); lo llamaron Abel-mizraim,*
porque dijeron: «Este es un lugar de gran lamento para estos egipcios».

¹²Así que los hijos de Jacob hicieron tal como
él les había ordenado. ¹³Llevaron su cuerpo a la
tierra de Canaán y lo enterraron en la cueva que
está en el campo de Macpela, cerca de Mamre.
Esa es la cueva que Abraham le había comprado a Efrón el hitita como lugar de sepultura
permanente.

José perdona a sus hermanos

¹⁴Después de haber enterrado a Jacob, José
regresó a Egipto junto con sus hermanos y todos
los que lo habían acompañado al entierro de su
padre. ¹⁵Pero ahora que su padre había muerto, los hermanos de José tuvieron temor, y se
decían: «Ahora José mostrará su enojo y se vengará por todo el mal que le hicimos».

¹⁶Entonces enviaron a José un mensaje que
decía: «Antes de morir, tu padre nos mandó que
¹⁷te dijéramos: "Por favor, perdona a tus her-
manos por el gran mal que te hicieron, por el
pecado de haberte tratado con tanta crueldad".
Por eso nosotros, los siervos del Dios de tu padre, te suplicamos que perdones nuestro pecado». Cuando José recibió el mensaje, perdió el
control y se echó a llorar. ¹⁸Entonces sus hermanos llegaron, y se arrojaron al suelo delante de
José y dijeron:

—Mira, ¡somos tus esclavos!

¹⁹Pero José les respondió:

—No me tengan miedo. ¿Acaso soy Dios para
castigarlos? ²⁰Ustedes se propusieron hacerme mal, pero Dios dispuso todo para bien. Él
me puso en este cargo para que yo pudiera salvar la vida de muchas personas. ²¹No, no tengan miedo. Yo seguiré cuidando de ustedes y de
sus hijos.

Así que hablándoles con ternura y bondad, los
reconfortó.

Muerte de José

²²José y sus hermanos con sus familias siguie-
ron viviendo en Egipto. José vivió hasta los ciento

---

diez años de edad. ²³Alcanzó a ver a tres generaciones de los descendientes de su hijo Efraín, y
vivió lo suficiente para ver el nacimiento de los
hijos de Maquir, el hijo de Manasés, a quienes
recibió como suyos.*

²⁴José les dijo a sus hermanos: «Yo pronto
moriré pero ciertamente Dios los ayudará y los
sacará de esta tierra de Egipto. Él los hará volver

a la tierra que solemnemente prometió dar a
Abraham, a Isaac y a Jacob».

²⁵Entonces José hizo jurar a los hijos de Israel
y les dijo: «Cuando Dios venga a ayudarlos y los
lleve de regreso, deben llevarse mis huesos con
ustedes». ²⁶José murió a los ciento diez años de
edad y los egipcios lo embalsamaron, y pusieron
su cuerpo en un ataúd en Egipto.

50:23 En hebreo *quienes nacieron sobre las rodillas de José.*

Éxodo

Los israelitas en Egipto

1 Estos son los nombres de los hijos de Israel (es decir, Jacob) que se trasladaron a Egipto con su padre, cada uno con su familia: ²Rubén, Simeón, Leví, Judá, ³Isacar, Zabulón, Benjamín, ⁴Dan, Neftalí, Gad y Aser. ⁵En total, Jacob tuvo setenta* descendientes en Egipto, incluido José, quien ya se encontraba allí.

⁶Con el tiempo, José y sus hermanos murieron y toda esa generación llegó a su fin. ⁷Pero sus descendientes —los israelitas— tuvieron muchos hijos y nietos. De hecho, se multiplicaron tanto que llegaron a ser sumamente poderosos y llenaron todo el territorio.

⁸Tiempo después, subió al poder de Egipto un nuevo rey que no conocía nada de José ni de sus hechos. ⁹El rey le dijo a su pueblo: «Miren, el pueblo de Israel ahora es más numeroso y más fuerte que nosotros. ¹⁰Tenemos que idear un plan para evitar que los israelitas sigan multiplicándose. Si no hacemos nada, y estalla una guerra, se aliarán con nuestros enemigos, pelearán contra nosotros, y luego se escaparán del reino».*

¹¹Por lo tanto, los egipcios esclavizaron a los israelitas y les pusieron capataces despiadados a fin de subyugarlos por medio de trabajos forzados. Los obligaron a construir las ciudades de Pitón y Ramsés como centros de almacenamiento para el rey. ¹²Sin embargo, cuanto más los oprimían, más los israelitas se multiplicaban y se esparcían, y tanto más se alarmaban los egipcios. ¹³Por eso los egipcios los hacían trabajar sin compasión. ¹⁴Les amargaban la vida forzándolos a hacer mezcla, a fabricar ladrillos y a hacer todo el trabajo del campo. Además, eran crueles en todas sus exigencias.

¹⁵Después, el faraón, rey de Egipto, dio la siguiente orden a las parteras hebreas Sifra y Púa: ¹⁶«Cuando ayuden a las mujeres hebreas en el parto, presten mucha atención durante el alumbramiento.* Si el bebé es niño, mátenlo; pero si es niña, déjenla vivir». ¹⁷Sin embargo, como las parteras temían a Dios, se negaron a obedecer las órdenes del rey, y también dejaron vivir a los varoncitos.

¹⁸Entonces el rey de Egipto mandó llamar a las parteras.

—¿Por qué hicieron esto? —les preguntó—. ¿Por qué dejaron con vida a los varones?

¹⁹—Las mujeres hebreas no son como las egipcias —contestaron ellas—, son más vigorosas y dan a luz con tanta rapidez que siempre llegamos tarde.

²⁰Por eso Dios fue bueno con las parteras, y los israelitas siguieron multiplicándose, y se hicieron cada vez más poderosos. ²¹Además, como las parteras temían a Dios, él les concedió su propia familia.

²²Entonces el faraón dio la siguiente orden a todo su pueblo: «Tiren al río Nilo a todo niño hebreo recién nacido; pero a las niñas pueden dejarlas con vida».

Nacimiento de Moisés

2 En esos días, un hombre y una mujer de la tribu de Leví se casaron. ²La mujer quedó embarazada y dio a luz un hijo. Al ver que era un niño excepcional, lo escondió durante tres meses. ³Cuando ya no pudo ocultarlo más, tomó una canasta de juncos de papiro y la recubrió con brea y resina para hacerla resistente al agua. Después puso al niño en la canasta y la acomodó entre los juncos, a la orilla del río Nilo. ⁴La hermana del bebé se mantuvo a cierta distancia para ver qué le pasaría al niño.

⁵Al poco tiempo, la hija del faraón bajó a bañarse en el río, y sus sirvientas se paseaban por la orilla. Cuando la princesa vio la canasta entre los juncos, mandó a su criada que se la trajera. ⁶Al abrir la canasta la princesa vio al bebé. El niño lloraba, y ella sintió lástima por él. «Seguramente es un niño hebreo», dijo.

⁷Entonces la hermana del bebé se acercó a la princesa.

—¿Quiere que vaya a buscar a una mujer hebrea para que le amamante al bebé? —le preguntó.

⁸—¡Sí, consigue a una! —contestó la princesa. Entonces la muchacha fue y llamó a la madre del bebé.

⁹—Toma a este niño y dale el pecho por mí —le dijo la princesa a la madre del niño—. Te pagaré por tu ayuda». Así que la mujer se fue con el bebé a su casa y lo amamantó.

¹⁰Años más tarde, cuando el niño creció, ella

1:5 Los Rollos del mar Muerto y la versión griega dicen *setenta y cinco*; ver notas en Gn 46:27.   1:10 O *se apoderarán del reino.*
1:16 En hebreo *miren entre las dos piedras;* posiblemente se refiera a un asiento especial que usaba la mujer durante el parto.

se lo devolvió a la hija del faraón, quien lo adoptó como su propio hijo y lo llamó Moisés,* pues explicó: «Lo saqué del agua».

Moisés huye a Madián

¹¹Muchos años después, cuando ya era adulto, Moisés salió a visitar a los de su propio pueblo, a los hebreos, y vio con cuánta dureza los obligaban a trabajar. Durante su visita, vio que un egipcio golpeaba a uno de sus compatriotas hebreos. ¹²Entonces Moisés miró a todos lados para asegurarse de que nadie lo observaba, y mató al egipcio y escondió el cuerpo en la arena.

¹³Al día siguiente, cuando Moisés salió de nuevo a visitar a los de su pueblo, vio a dos hebreos peleando.

—¿Por qué le pegas a tu amigo? —le preguntó Moisés al que había empezado la pelea.

¹⁴El hombre le contestó:

—¿Quién te nombró para ser nuestro príncipe y juez? ¿Vas a matarme como mataste ayer al egipcio?

Entonces Moisés se asustó y pensó: «Todos saben lo que hice». ¹⁵Efectivamente, el faraón se enteró de lo que había ocurrido y trató de matar a Moisés; pero él huyó del faraón y se fue a vivir a la tierra de Madián.

Cuando Moisés llegó a Madián, se sentó junto a un pozo. ¹⁶El sacerdote de Madián tenía siete hijas, quienes fueron al pozo como de costumbre para sacar agua y llenar los bebederos para los rebaños de su padre. ¹⁷Pero llegaron unos pastores y las echaron de allí. Entonces Moisés se levantó de un salto y las rescató de los pastores. Luego sacó agua para los rebaños de las muchachas.

¹⁸Cuando las jóvenes regresaron a la casa de Reuel, su padre, él les preguntó:

—¿Por qué hoy han regresado tan pronto?

¹⁹—Un egipcio nos rescató de los pastores —contestaron ellas—; después nos sacó agua y dio de beber a nuestros rebaños.

²⁰—¿Y dónde está ese hombre? —les preguntó el padre—. ¿Por qué lo dejaron allí? Invítenlo a comer con nosotros.

²¹Moisés aceptó la invitación y se estableció allí con Reuel. Con el tiempo, Reuel le entregó a su hija Séfora por esposa. ²²Más tarde, ella dio a luz un hijo, y Moisés lo llamó Gersón,* pues explicó: «He sido un extranjero en tierra extraña».

²³Con el paso de los años, el rey de Egipto murió; pero los israelitas seguían gimiendo bajo el peso de la esclavitud. Clamaron por ayuda, y su clamor subió hasta Dios. ²⁴Dios oyó sus gemidos y se acordó del pacto que había hecho con Abraham, Isaac y Jacob. ²⁵Miró desde lo alto a los hijos de Israel y supo que ya había llegado el momento de actuar.*

Moisés y la zarza ardiente

3 Cierto día Moisés se encontraba apacentando el rebaño de su suegro, Jetro,* quien era sacerdote de Madián. Llevó el rebaño al corazón del desierto y llegó al Sinaí,* el monte de Dios. ²Allí el ángel del SEÑOR se le apareció en un fuego ardiente, en medio de una zarza. Moisés se quedó mirando lleno de asombro porque aunque la zarza estaba envuelta en llamas, no se consumía. ³«Esto es increíble —se dijo a sí mismo—. ¿Por qué esa zarza no se consume? Tengo que ir a verla de cerca».

⁴Cuando el SEÑOR vio que Moisés se acercaba para observar mejor, Dios lo llamó desde el medio de la zarza:

—¡Moisés! ¡Moisés!

—Aquí estoy —respondió él.

⁵—No te acerques más —le advirtió el SEÑOR—. Quítate las sandalias, porque estás pisando tierra santa. ⁶Yo soy el Dios de tu padre,* el Dios de Abraham, el Dios de Isaac y el Dios de Jacob.

Cuando Moisés oyó esto, se cubrió el rostro porque tenía miedo de mirar a Dios.

⁷Luego el SEÑOR le dijo:

—Ciertamente he visto la opresión que sufre mi pueblo en Egipto. He oído sus gritos de angustia a causa de la crueldad de sus capataces. Estoy al tanto de sus sufrimientos. ⁸Por eso he descendido para rescatarlos del poder de los egipcios, sacarlos de Egipto y llevarlos a una tierra fértil y espaciosa. Es una tierra donde fluyen la leche y la miel, la tierra donde actualmente habitan los cananeos, los hititas, los amorreos, los ferezeos, los heveos y los jebuseos. ⁹¡Mira! El clamor de los israelitas me ha llegado y he visto con cuánta crueldad abusan de ellos los egipcios. ¹⁰Ahora ve, porque te envío al faraón. Tú vas a sacar de Egipto a mi pueblo Israel.

¹¹Pero Moisés protestó:

—¿Quién soy yo para presentarme ante el faraón? ¿Quién soy yo para sacar de Egipto al pueblo de Israel?

¹²Dios contestó:

—Yo estaré contigo. Y esta es la señal para ti de que yo soy quien te envía: cuando hayas sacado de Egipto al pueblo, adorarán a Dios en este mismo monte.

¹³Pero Moisés volvió a protestar:

—Si voy a los israelitas y les digo: "El Dios de sus antepasados me ha enviado a ustedes", ellos me preguntarán: "¿Y cuál es el nombre de ese Dios?". Entonces, ¿qué les responderé?

Dios le contestó a Moisés:

¹⁴—Yo Soy EL QUE Soy.* Dile esto al pueblo de Israel: "Yo Soy me ha enviado a ustedes".

¹⁵Dios también le dijo a Moisés:

—Así dirás al pueblo de Israel: "Yahveh,* el Dios de sus antepasados, el Dios de Abraham, el

---

2:10 *Moisés* suena como un término hebreo que significa «sacar». 2:22 *Gersón* suena como un término hebreo que significa «un extranjero allí». 2:25 O *y reconoció su obligación de ayudarlos.* 3:1a El suegro de Moisés aparece con dos nombres: Jetro y Reuel. 3:1b En hebreo *Horeb*, otro nombre para Sinaí. 3:6 La versión griega dice *tus padres.* 3:14 O *YO SERÉ LO QUE SERÉ.* 3:15 *Yahveh* es una transliteración del nombre propio *YHWH*, que a veces se traduce «Jehová»; en esta traducción, generalmente, se traduce «el SEÑOR» (notar el uso de versalitas).

Dios de Isaac y el Dios de Jacob, me ha enviado a ustedes.

Este es mi nombre eterno
    el nombre que deben recordar por todas
        las generaciones".

¹⁶»Ahora ve y reúne a los ancianos de Israel y diles: "El SEÑOR, el Dios de sus antepasados —el Dios de Abraham, de Isaac y de Jacob— se me apareció y me dijo: 'He estado observando de cerca y veo el trato que reciben de los egipcios. ¹⁷Prometí rescatarlos de la opresión que sufren en Egipto. Los llevaré a una tierra donde fluyen la leche y la miel, la tierra donde actualmente habitan los cananeos, los hititas, los amorreos, los ferezeos, los heveos y los jebuseos'".

¹⁸»Los ancianos de Israel aceptarán tu mensaje. Entonces tú y los ancianos se presentarán ante el rey de Egipto y le dirán: "El SEÑOR, Dios de los hebreos, vino a nuestro encuentro. Así que permítenos, por favor, hacer un viaje de tres días al desierto para ofrecer sacrificios al SEÑOR, nuestro Dios".

¹⁹»Pero yo sé que el rey de Egipto no los dejará ir a menos que sea forzado por una mano poderosa.* ²⁰Así que levantaré mi mano y heriré a los egipcios con todo tipo de milagros que realizaré entre ellos. Entonces, al fin, el faraón los dejará ir. ²¹Además haré que los egipcios los miren con agrado. Te darán obsequios cuando salgan, de modo que no se irán con las manos vacías. ²²Toda mujer israelita pedirá a sus vecinas egipcias y a las mujeres extranjeras que vivan con ellas toda clase de objetos de plata y de oro, y prendas costosas. Con estos vestirán a sus hijos e hijas. Así despojarán a los egipcios de sus riquezas.

Señales del poder del SEÑOR

4 Sin embargo, Moisés protestó de nuevo:
—¿Qué hago si no me creen o no me hacen caso? ¿Qué hago si me dicen: "El SEÑOR nunca se te apareció"?

²Entonces el SEÑOR le preguntó:
—¿Qué es lo que tienes en la mano?
—Una vara de pastor —contestó Moisés.

³—Arrójala al suelo —le dijo el SEÑOR.
Así que Moisés la tiró al suelo, ¡y la vara se convirtió en una serpiente! Entonces Moisés saltó hacia atrás.

⁴Pero el SEÑOR le dijo:
—Extiende la mano y agárrala de la cola.
Entonces Moisés extendió la mano y la agarró, y la serpiente volvió a ser una vara de pastor.

⁵—Realiza esta señal —le dijo el SEÑOR—, y ellos creerán que el SEÑOR, el Dios de sus antepasados, el Dios de Abraham, el Dios de Isaac y Dios de Jacob, de veras se te apareció.

⁶Luego el SEÑOR le dijo a Moisés:
—Ahora mete la mano dentro de tu manto.

Entonces Moisés metió la mano dentro de su manto, y cuando la sacó, la mano estaba blanca como la nieve, afectada por una grave enfermedad de la piel.*

⁷—Ahora vuelve a meter la mano dentro de tu manto —le dijo el SEÑOR.

Así que Moisés metió la mano de nuevo, y cuando la sacó, estaba tan sana como el resto de su cuerpo.

⁸El SEÑOR le dijo a Moisés:
—Si no te creen ni se convencen con la primera señal milagrosa, se convencerán con la segunda. ⁹Y si no te creen ni te escuchan aun después de estas dos señales, entonces recoge un poco de agua del río Nilo y derrámala sobre el suelo seco. En cuanto lo hagas, el agua del Nilo se convertirá en sangre sobre el suelo.

¹⁰Pero Moisés rogó al SEÑOR:
—Oh Señor, no tengo facilidad de palabra; nunca la tuve, ni siquiera ahora que tú me has hablado. Se me traba la lengua y se me enredan las palabras.

¹¹Entonces el SEÑOR le preguntó:
—¿Quién forma la boca de una persona? ¿Quién decide que una persona hable o no hable, que oiga o no oiga, que vea o no vea? ¿Acaso no soy yo, el SEÑOR? ¹²¡Ahora ve! Yo estaré contigo cuando hables y te enseñaré lo que debes decir.

¹³Pero Moisés suplicó de nuevo:
—¡Te lo ruego, Señor! Envía a cualquier otro.

¹⁴Entonces el SEÑOR se enojó con Moisés y le dijo:
—De acuerdo, ¿qué te parece tu hermano Aarón, el levita? Sé que él habla muy bien. ¡Mira! Ya viene en camino para encontrarte y estará encantado de verte. ¹⁵Habla con él y pon las palabras en su boca. Yo estaré con los dos cuando hablen y les enseñaré lo que deben hacer. ¹⁶Aarón será tu vocero ante el pueblo. Él será tu portavoz, y tú tomarás el lugar de Dios ante él al decirle lo que tiene que hablar. ¹⁷Lleva contigo tu vara de pastor y úsala para realizar las señales milagrosas que te mostré.

Moisés regresa a Egipto

¹⁸Luego Moisés volvió a la casa de Jetro, su suegro, y le dijo:
—Por favor, permíteme volver a Egipto para visitar a mis parientes. Ni siquiera sé si todavía viven.
—Ve en paz —le respondió Jetro.

¹⁹Antes de que Moisés saliera de Madián, el SEÑOR le dijo: «Regresa a Egipto, porque ya han muerto todos los que querían matarte».

²⁰Así que Moisés tomó a su esposa y a sus hijos, los montó en un burro, y regresó a la tierra de Egipto. En la mano llevaba la vara de Dios.

²¹El SEÑOR le dijo a Moisés: «Cuando llegues a Egipto, preséntate ante el faraón y haz todos los milagros que te he dado el poder de realizar.

Pero yo le endureceré el corazón, y él se negará a dejar salir al pueblo. Entonces le dirás: "Esto dice el SEÑOR: 'Israel es mi primer hijo varón. ²³Te ordené: deja salir a mi hijo para que pueda adorarme, pero como te has negado, ¡ahora mataré a tu primer hijo varón!'"».

²⁴Rumbo a Egipto, en un lugar donde Moisés se detuvo con su familia para pasar la noche, el SEÑOR enfrentó a Moisés y estuvo a punto de matarlo. ²⁵Pero Séfora, la esposa de Moisés, tomó un cuchillo de piedra y circuncidó a su hijo. Con el prepucio, tocó los pies* de Moisés y le dijo: «Ahora tú eres un esposo de sangre para mí». ²⁶(Cuando dijo «un esposo de sangre», se refirió a la circuncisión). Después de ese incidente, el SEÑOR lo dejó en paz.

²⁷Ahora bien, el SEÑOR le había dicho a Aarón: «Ve al desierto para encontrarte con Moisés». Así que Aarón fue a encontrarse con Moisés en el monte de Dios y lo abrazó. ²⁸Moisés le contó todo lo que el SEÑOR le había ordenado que dijera y también le contó acerca de las señales milagrosas que el SEÑOR le mandó a realizar.

²⁹Luego Moisés y Aarón regresaron a Egipto y convocaron a todos los ancianos de Israel. ³⁰Aarón les dijo todo lo que el SEÑOR le había dicho a Moisés, y Moisés realizó las señales milagrosas a la vista de ellos. ³¹Entonces el pueblo de Israel quedó convencido de que el SEÑOR había enviado a Moisés y a Aarón. Cuando supieron que el SEÑOR se preocupaba por ellos y que había visto su sufrimiento, se inclinaron y adoraron.

Moisés y Aarón hablan con el faraón

5 Después del encuentro con los líderes de Israel, Moisés y Aarón fueron a hablar con el faraón y le dijeron:

—Esto dice el SEÑOR, Dios de Israel: "Deja salir a mi pueblo para que celebre un festival en mi honor en el desierto".

²—¿Ah sí? —replicó el faraón—. ¿Y quién es ese SEÑOR? ¿Por qué tendría que escucharlo y dejar ir a Israel? Yo no conozco a ese tal SEÑOR y no dejaré que Israel se vaya.

³Pero Aarón y Moisés insistieron:

—El Dios de los hebreos nos ha visitado —declararon—. Por lo tanto, déjanos hacer un viaje de tres días al desierto a fin de ofrecer sacrificios al SEÑOR nuestro Dios. Si no lo hacemos, nos matará con una plaga o a filo de espada.

⁴El faraón respondió:

—Moisés y Aarón, ¿por qué distraen al pueblo de sus tareas? ¡Vuelvan a trabajar! ⁵Miren, hay muchos de su pueblo en esta tierra y ustedes les impiden continuar su labor.

¡Ladrillos sin paja!

⁶Ese mismo día, el faraón dio la siguiente orden a los capataces egipcios y a los jefes de cuadrilla israelitas: ⁷«Ya no les provean paja para hacer los ladrillos. ¡Hagan que ellos mismos vayan a

buscarla! ⁸Pero exíjanles que sigan fabricando la misma cantidad de ladrillos que antes. No reduzcan la cuota. Son unos perezosos; por eso claman: "Déjanos ir a ofrecer sacrificios a nuestro Dios". ⁹Cárguenlos con más trabajo. ¡Háganlos sudar! Así aprenderán a no dejarse llevar por mentiras».

¹⁰Entonces los capataces y los jefes de cuadrilla salieron a informarle al pueblo: «El faraón dice lo siguiente: "Ya no les proporcionaré paja. ¹¹Tendrán que ir ustedes mismos a conseguirla por donde puedan. ¡Pero deberán producir la misma cantidad de ladrillos que antes!"». ¹²Así que el pueblo se dispersó por todo Egipto en busca de hierba seca para usar como paja.

¹³Mientras tanto, los capataces egipcios no dejaban de apremiarlos. «¡Cumplan con la cuota diaria de producción —les exigían—, tal como cuando se les proporcionaba la paja! ¹⁴Después azotaban a los jefes de cuadrilla israelitas que los capataces egipcios habían puesto a cargo de los trabajadores. «¿Por qué no cumplieron con sus cuotas ni ayer ni hoy?», les preguntaban.

¹⁵Entonces los jefes de cuadrilla israelitas fueron a rogarle al faraón:

—Por favor, no trate así a sus siervos —le suplicaron—. ¹⁶Ya no nos dan paja, ¡pero aun así los capataces nos exigen que sigamos haciendo ladrillos! Nos golpean, ¡pero no es nuestra culpa! ¡Es culpa de su propia gente!

¹⁷Pero el faraón gritó:

—¡Ustedes son unos holgazanes! ¡Haraganes! Por eso andan diciendo: "Déjanos ir a ofrecer sacrificios al SEÑOR". ¹⁸¡Vuelvan ya mismo a trabajar! No se les dará paja, pero aun así tendrán que producir la cuota completa de ladrillos.

¹⁹Los jefes de cuadrilla israelitas se dieron cuenta de que estaban en serios problemas cuando les dijeron: «No debe disminuir la cantidad de ladrillos que se fabrica por día». ²⁰Al salir del palacio del faraón, se cruzaron con Moisés y con Aarón, quienes estaban esperándolos afuera. ²¹Los jefes de cuadrilla les dijeron: «¡Que el SEÑOR los juzgue y los castigue por habernos hecho repugnantes a los ojos del faraón y sus funcionarios! ¡Ustedes mismos les pusieron una espada en la mano, les dieron una excusa para que nos maten!».

²²Entonces Moisés fue ante el SEÑOR y protestó:

—Señor, ¿por qué trajiste toda esta desgracia a tu propio pueblo? ¿Por qué me enviaste? ²³Desde que me presenté ante el faraón como tu vocero, él se ha vuelto aún más brutal contra tu pueblo, ¡y tú no has hecho nada para rescatarlos!

Promesas de liberación

6 Entonces el SEÑOR le dijo a Moisés: —Ahora verás lo que le haré al faraón. Cuando él sienta el peso de mi mano fuerte, dejará salir al pueblo. De hecho, ¡él mismo los echará de su tierra!

4:25 La palabra hebrea para «pies» podría referirse aquí al órgano sexual masculino.

²Dios también le dijo:

—Yo soy Yahveh, "el SEÑOR"*. ³Me aparecí a Abraham, a Isaac y a Jacob como El-Shaddai, "Dios Todopoderoso"*, pero a ellos no les revelé mi nombre: Yahveh. ⁴Yo reafirmé mi pacto con ellos, mediante el cual prometí darles la tierra de Canaán donde vivían como extranjeros. ⁵Puedes estar seguro de que oí los gemidos de los israelitas que ahora son esclavos de los egipcios, y tengo muy presente mi pacto con ellos.

⁶»Por lo tanto, dile al pueblo de Israel: "Yo soy el SEÑOR. Te libertaré de la opresión que sufres y te rescataré de la esclavitud en Egipto. Te redimiré con mi brazo poderoso y con grandes actos de juicio. ⁷Te tomaré como pueblo mío y seré tu Dios. Entonces sabrás que yo soy el SEÑOR tu Dios, quien te ha librado de la opresión de Egipto. ⁸Te llevaré a la tierra que juré dar a Abraham, a Isaac y a Jacob; te la daré a ti como tu posesión exclusiva. ¡Yo soy el SEÑOR!".

⁹Así que Moisés le dijo al pueblo de Israel lo que el SEÑOR había dicho, pero ellos no quisieron escucharlo más porque estaban demasiado desalentados por la brutalidad de su esclavitud.

¹⁰Luego el SEÑOR le dijo a Moisés:

¹¹—Vuelve a hablar con el faraón, rey de Egipto, y dile que deje salir de su territorio al pueblo de Israel.

¹²—¡Pero SEÑOR! —contestó Moisés—, si mi propio pueblo ya no quiere escucharme, ¿cómo puedo esperar que me escuche el faraón? ¡Soy tan torpe para hablar!*

¹³Pero el faraón habló con Moisés y con Aarón y les dio órdenes para los israelitas y para el faraón, rey de Egipto. El SEÑOR mandó a Moisés y a Aarón que sacaran de Egipto al pueblo de Israel.

Antepasados de Moisés y de Aarón

¹⁴Los siguientes son los antepasados de algunos de los clanes de Israel:

Los hijos de Rubén, el hijo mayor de Israel, fueron: Hanoc, Falú, Hezrón y Carmi. Sus descendientes formaron los clanes de Rubén. ¹⁵Los hijos de Simeón fueron: Jemuel, Jamín, Ohad, Jaquín, Zohar y Saúl. (La madre de Saúl fue una mujer cananea). Sus descendientes formaron los clanes de Simeón.

¹⁶Estos son los descendientes de Leví, tal como aparecen en los registros de familia. Los hijos de Leví fueron: Gersón, Coat y Merari. (Leví vivió hasta los ciento treinta y siete años).

¹⁷Entre los descendientes de Gersón se encontraban Libni y Simi, cada uno de ellos llegó a ser el antepasado de un clan.

¹⁸Entre los descendientes de Coat se encontraban Amram, Izhar, Hebrón y Uziel. (Coat vivió hasta los ciento treinta y tres años).

¹⁹Entre los descendientes de Merari estaban Mahli y Musi.

Los siguientes son los clanes de los levitas, tal como aparecen en los registros de familia:

²⁰Amram se casó con Jocabed, hermana de su padre, y ella dio a luz dos hijos, Aarón y Moisés. (Amram vivió hasta los ciento treinta y siete años).

²¹Los hijos de Izhar fueron: Coré, Nefeg y Zicri.

²²Los hijos de Uziel fueron: Misael, Elzafán y Sitri.

²³Aarón se casó con Eliseba, hija de Aminadab y hermana de Naasón. Ella dio a luz a sus hijos Nadab, Abiú, Eleazar e Itamar.

²⁴Los hijos de Coré fueron: Asir, Elcana y Abiasaf. Sus descendientes formaron los clanes de Coré.

²⁵Eleazar, hijo de Aarón, se casó con una de las hijas de Futiel, y ella dio a luz a su hijo, Finees.

Esos son los antepasados de las familias levitas, registrados según sus clanes.

²⁶El Aarón y el Moisés mencionados en la lista anterior son a quienes el SEÑOR dijo: «Saquen al pueblo de Israel de la tierra de Egipto como a un ejército». ²⁷Moisés y Aarón fueron los que hablaron con el faraón, rey de Egipto, acerca de sacar de Egipto al pueblo de Israel.

²⁸Cuando el SEÑOR habló con Moisés en la tierra de Egipto, ²⁹le dijo:

—¡Yo soy el SEÑOR! Dile al faraón, rey de Egipto, todo lo que te dígo.

³⁰Pero Moisés discutió con el SEÑOR argumentando:

—¡No puedo hacerlo! ¡Soy tan torpe para hablar! ¿Por qué debe escucharme el faraón?

La vara de Aarón se convierte en serpiente

7 Entonces el SEÑOR le dijo a Moisés: «Presta mucha atención a lo que voy a decir. Yo haré que para el faraón parezcas como Dios, y tu hermano Aarón, será tu profeta. ²Dile a Aarón todo lo que yo te mande, y Aarón deberá ordenarle al faraón que deje salir de su territorio al pueblo de Israel. ³Sin embargo, haré que el corazón del faraón se ponga terco, para poder multiplicar mis señales milagrosas y mis maravillas en la tierra de Egipto. ⁴Aun así, el faraón se negará a escucharte; por eso alzaré mi puño contra Egipto. Luego rescataré a mis ejércitos —a mi pueblo, los israelitas— de la tierra de Egipto con grandes actos de juicio. ⁵Cuando levante mi mano poderosa y saque a los israelitas, los egipcios sabrán que yo soy el SEÑOR».

⁶Así que Moisés y Aarón hicieron tal como el SEÑOR les mandó. ⁷Moisés tenía ochenta años, y Aarón, ochenta y tres cuando presentaron sus demandas ante el faraón.

⁸Después el SEÑOR le dijo a Moisés y a Aarón:

6:2 *Yahveh* es una transliteración del nombre propio *YHWH*, que a veces se traduce «Jehová» en esta traducción, se traduce «el SEÑOR» (notar el uso de versalitas). 6:3 *El-Shaddai*, que significa «Dios Todopoderoso», es el nombre de Dios que se usa en Gn 17:1; 28:3; 35:11; 43:14; 48:3. 6:12 En hebreo *Soy de labios incircuncisos*, también en 6:30.

⁹«El faraón les dirá: "Muéstrenme un milagro". Cuando lo haga, dile a Aarón: "Toma tu vara y arrójala al suelo delante del faraón, y la vara se convertirá en una serpiente"».*

¹⁰Entonces Moisés y Aarón fueron a ver al faraón e hicieron lo que el Señor les había ordenado. Aarón tiró su vara al suelo delante del faraón y de sus funcionarios, ¡y la vara se convirtió en una serpiente! ¹¹Entonces el faraón llamó a sus sabios y a sus hechiceros, y los magos egipcios hicieron lo mismo con sus artes mágicas; ¹²tiraron sus varas al suelo, ¡y las varas también se convirtieron en serpientes! Pero la vara de Aarón se tragó las varas de ellos. ¹³Sin embargo, el corazón del faraón siguió endurecido. Continuó negándose a escucharlos, tal como el Señor había dicho.

Plaga de sangre

¹⁴Luego el Señor le dijo a Moisés: «El corazón del faraón es obstinado,* y todavía se niega a dejar salir al pueblo. ¹⁵Así que irás a ver al faraón por la mañana, cuando descienda al río. Párate junto a la ribera del río del Nilo para encontrarte allí con él. No te olvides de llevar contigo la vara que se convirtió en serpiente. ¹⁶Luego anúnciale lo siguiente: "El Señor, Dios de los hebreos, me envió a decirte: 'Deja ir a mi pueblo para que me adore en el desierto'. Hasta ahora te has negado a escucharlo; ¹⁷por lo tanto, esto dice el Señor: 'Te mostraré que yo soy el Señor'. ¡Mira! Con esta vara que tengo en la mano golpearé el agua del Nilo, y el río se convertirá en sangre. ¹⁸Los peces del río morirán, y el agua apestará y los egipcios no podrán beber agua del Nilo"».

¹⁹Luego el Señor le dijo a Moisés: «Dile a Aarón: "Toma tu vara y extiende tu mano sobre las aguas de Egipto —todos sus ríos, canales, estanques y depósitos de agua—; convierte toda el agua en sangre. En todo Egipto el agua se transformará en sangre, incluso el agua almacenada en vasijas de madera y en tinajas de piedra"».

²⁰Moisés y Aarón hicieron tal como el Señor les ordenó. A la vista del faraón y de sus funcionarios, Aarón extendió su vara y golpeó el agua del Nilo. De repente, ¡todo el río se convirtió en sangre! ²¹Murieron todos los peces del río y el agua quedó tan asquerosa que los egipcios no podían beberla. Había sangre por todas partes en la tierra de Egipto. ²²Pero los magos de Egipto volvieron a usar sus artes mágicas y también convirtieron el agua en sangre. De modo que el corazón del faraón siguió endurecido y se negó a escuchar a Moisés y a Aarón, tal como el Señor había dicho. ²³El faraón regresó a su palacio y no le prestó más atención al asunto. ²⁴Entonces los egipcios cavaron en las riberas del río en busca de agua potable, porque no podían beber el agua del Nilo.

²⁵Siete días pasaron desde el momento en que el Señor hirió el Nilo.

Plaga de ranas

8 ¹*Entonces el Señor le dijo a Moisés: «Regresa a ver al faraón y anúnciale lo siguiente: "Esto dice el Señor: 'Deja ir a mi pueblo para que me adore. ²Si te niegas a dejarlo ir, enviaré una plaga de ranas por todo tu territorio. ³El río Nilo se colmará de ranas. Saldrán del río y se meterán en tu palacio, ¡hasta en tu dormitorio y sobre tu cama! Entrarán en las casas de tus funcionarios y de tu gente. Incluso saltarán en tus hornos y en los recipientes donde amasan tu pan. ⁴Las ranas saltarán sobre ti, sobre tu gente y sobre todos tus funcionarios'"».

⁵*Luego el Señor le dijo a Moisés: «Dile a Aarón: "Extiende la vara que llevas en tu mano sobre los ríos, los canales y las lagunas de Egipto, y haz que aparezcan ranas sobre toda la tierra"». ⁶Entonces Aarón extendió su mano sobre las aguas de Egipto, ¡y salieron ranas que cubrieron todo el territorio! ⁷Pero los magos pudieron hacer lo mismo con sus artes mágicas, también lograron que aparecieran ranas en la tierra de Egipto.

⁸Entonces el faraón mandó llamar a Moisés y a Aarón, y les suplicó:

—Rueguen al Señor que quite las ranas de mí y de mi gente. Yo dejaré salir a su pueblo para que ofrezca sacrificios al Señor.

⁹—¡Tú fija la hora! —respondió Moisés—. Dime cuándo quieres que ore por ti, por tus funcionarios y por tu gente. Entonces tú y tus casas se librarán de las ranas, y estas quedarán solo en el río Nilo.

¹⁰—Háganlo mañana mismo —dijo el faraón.

—De acuerdo —respondió Moisés—, se hará como has dicho. Entonces sabrás que no hay nadie como el Señor nuestro Dios. ¹¹Las ranas se alejarán de ti y de tus casas, de tus funcionarios y de tu gente. Quedarán solamente en el río Nilo.

¹²Entonces Moisés y Aarón salieron del palacio del faraón, y Moisés clamó al Señor acerca de las ranas que le había enviado al faraón. ¹³Y el Señor hizo exactamente lo que Moisés había predicho. Murieron todas las ranas en las casas, en los patios y en los campos. ¹⁴Los egipcios las apilaron en grandes montones, y el hedor insoportable llenó todo el territorio. ¹⁵Pero cuando el faraón vio que había alivio, se puso terco* y se negó a escuchar a Moisés y a Aarón, tal como el Señor había dicho.

Plaga de mosquitos

¹⁶Así que el Señor le dijo a Moisés: «Dile a Aarón: "Extiende tu vara y golpea el suelo. El polvo se convertirá en enjambres de mosquitos por toda la tierra de Egipto"». ¹⁷Entonces

---

7:9 En hebreo *tannin*, que en otras partes se refiere a un monstruo marino. La versión griega lo traduce «dragón». **7:14** En hebreo *pesado*. **8:1** Los versículos del 8:1-4 corresponden al 7:26-29 en el texto hebreo. **8:5** Los versículos del 8:5-23 corresponden al 8:1-28 en el texto hebreo. **8:15** En hebreo *hizo pesado su corazón*; también en 8:32.

Moisés y Aarón hicieron tal como el Señor les ordenó. Cuando Aarón extendió la mano y golpeó el suelo con su vara, los mosquitos infestaron todo el territorio y tanto los egipcios como sus animales quedaron cubiertos de ellos. Todo el polvo de la tierra de Egipto se convirtió en mosquitos. [18]Los magos del faraón intentaron hacer lo mismo mediante sus artes ocultas, pero esta vez no pudieron. Y los mosquitos estaban sobre todos: gente y animales por igual.

[19]«¡Es el dedo de Dios!», exclamaron los magos ante el faraón. Pero el corazón del faraón siguió endurecido y no quiso escucharlos, tal como el Señor había dicho.

Plaga de moscas

[20]Luego el Señor le dijo a Moisés: «Mañana, levántate temprano y párate delante del faraón cuando baje al río y dile: "Esto dice el Señor: 'Deja ir a mi pueblo para que me adore. [21]Si te niegas, enviaré enjambres de moscas sobre ti, tus funcionarios, tu gente y todas las casas. Los hogares egipcios se llenarán de moscas, y el suelo quedará cubierto de ellas. [22]Pero esta vez haré una excepción con la región de Gosén, donde vive mi pueblo. Allí no habrá moscas. Entonces sabrás que soy el Señor, y que estoy presente incluso en el corazón de la tierra. [23]Haré una clara distinción entre* mi pueblo y tu pueblo. Esta señal milagrosa ocurrirá mañana'"».

[24]Y el Señor hizo tal como había dicho. Una densa nube de moscas llenó el palacio del faraón y las casas de sus funcionarios. Todo el territorio de Egipto entró en un estado de caos por causa de las moscas.

[25]Entonces el faraón mandó llamar a Moisés y a Aarón y les dijo:

—¡De acuerdo! Vayan y ofrezcan sacrificios a su Dios, pero háganlo aquí, dentro del reino.

[26]Pero Moisés respondió:

—Eso no estaría bien. Los egipcios detestan los sacrificios que ofrecemos al Señor nuestro Dios. Si ofrecemos nuestros sacrificios a la vista de ellos, nos apedrearán. [27]Para ofrecer sacrificios al Señor nuestro Dios, tenemos que salir al desierto, a una distancia de tres días, tal como él nos ordenó.

[28]—Está bien, pueden ir —contestó el faraón—. Los dejaré ir al desierto para ofrecer sacrificios al Señor su Dios, pero no se alejen demasiado. Apúrense y oren por mí.

[29]—En cuanto salga de tu presencia —le respondió Moisés—, oraré al Señor, y mañana mismo la nube de moscas desaparecerá de ti, de tus funcionarios y de toda tu gente. Pero te advierto, faraón, no vuelvas a mentirnos o a engañarnos y luego negarte a dejar salir al pueblo para que ofrezca sacrificios al Señor.

[30]Entonces Moisés salió del palacio del faraón y rogó al Señor que quitara todas las moscas.

[31]El Señor hizo lo que Moisés pidió, y los enjambres de moscas desaparecieron del faraón, de los funcionarios y de su gente. No quedó ni una sola mosca. [32]Pero el faraón volvió a ponerse terco y se negó a dejar salir al pueblo.

Plaga en los animales

9 «Preséntate de nuevo al faraón —le ordenó el Señor a Moisés— y dile: "Esto dice el Señor, Dios de los hebreos: 'Deja ir a mi pueblo para que me adore. [2]Si continúas reteniéndolo y te niegas a dejarlo salir, [3]la mano del Señor herirá a todos tus animales —caballos, burros, camellos, ganado, ovejas y cabras— con una plaga mortal. [4]Sin embargo, el Señor nuevamente hará una distinción entre los animales de los israelitas y entre los de los egipcios. ¡No morirá ni un solo animal de Israel!' [5]El Señor ya determinó cuándo comenzará la plaga: ha declarado que mañana mismo herirá la tierra'"».

[6]Así que el Señor hizo tal como había dicho. A la mañana siguiente, todos los animales de los egipcios murieron, pero los israelitas no perdieron ni un solo animal. [7]Entonces el faraón envió a sus funcionarios a investigar, ¡y comprobaron que los israelitas no habían perdido ni uno de sus animales! Pero aun así, el corazón del faraón siguió obstinado,* y una vez más se negó a dejar salir al pueblo.

Plaga de llagas purulentas

[8]Entonces el Señor les dijo a Moisés y a Aarón: «Tomen puñados de hollín de un horno de ladrillos y que Moisés lance el hollín al aire a la vista del faraón. [9]La ceniza se esparcirá como polvo fino sobre toda la tierra de Egipto y provocará llagas purulentas en las personas y en los animales por todo el territorio».

[10]Entonces Moisés y Aarón tomaron hollín de un horno de ladrillos y se pararon ante el faraón. Mientras él observaba, Moisés lanzó la ceniza al aire, y brotaron llagas purulentas tanto en las personas como en los animales. [11]Ni los magos podían estar delante de Moisés, porque también ellos estaban afectados con las llagas, igual que todos los egipcios. [12]Pero el Señor endureció el corazón del faraón, y tal como el Señor había dicho a Moisés, el faraón se negó a escuchar.

Plaga de granizo

[13]Luego el Señor le dijo a Moisés: «Mañana, levántate temprano, regresa a ver al faraón y dile: "Esto dice el Señor, Dios de los hebreos: 'Deja ir a mi pueblo para que me adore. [14]De lo contrario, enviaré más plagas sobre ti,* tus funcionarios y tu pueblo. Entonces sabrás que no hay nadie como yo en toda la tierra. [15]A estas alturas, bien podría haber ya extendido mi mano y haberte herido a ti y a tu pueblo con una plaga capaz de exterminarlos de la faz de la tierra.

8:23 Así aparece en las versiones griega y latina; en hebreo dice *Haré redención entre.*   9:7 En hebreo *pesado.*   9:14 En hebreo *sobre tu corazón.*

¹⁶Sin embargo, te he perdonado la vida con un propósito: mostrarte mi poder* y dar a conocer mi fama por toda la tierra. ¹⁷Pero todavía actúas como señor y dueño de mi pueblo, te niegas a dejarlo salir. ¹⁸Por eso, mañana, a esta misma hora, enviaré la granizada más devastadora que haya habido en toda la historia de Egipto. ¹⁹¡Rápido! Manda que tus animales y tus siervos regresen del campo para ponerse a salvo. Cualquier persona o animal que quede afuera morirá cuando caiga el granizo'"».

²⁰Algunos de los funcionarios del faraón tuvieron miedo, debido a lo que el SEÑOR había dicho, y enseguida hicieron regresar a los siervos y al ganado de los campos; ²¹pero los que no hicieron caso a la palabra del SEÑOR dejaron a los suyos en la intemperie.

²²Entonces el SEÑOR le dijo a Moisés: «Levanta tu mano al cielo para que caiga el granizo sobre la gente, los animales y todas las plantas a lo largo y a lo ancho de Egipto». ²³Así que Moisés levantó su vara al cielo, y el SEÑOR envió truenos y granizo, y cayeron rayos hacia la tierra. El SEÑOR descargó una terrible granizada sobre toda la tierra de Egipto. ²⁴Nunca en toda la historia de Egipto hubo una tormenta igual, con rayos sin parar y con un granizo tan devastador. ²⁵Dejó a Egipto totalmente en ruinas. El granizo destruyó todo lo que había en campo abierto: personas, animales y plantas por igual; hasta los árboles quedaron destrozados. ²⁶El único lugar donde no cayó granizo fue en la región de Gosén, donde vivía el pueblo de Israel.

²⁷Entonces el faraón enseguida mandó llamar a Moisés y a Aarón.

—Esta vez he pecado —confesó—. El SEÑOR es el justo, y mi pueblo y yo estamos equivocados. ²⁸Por favor, supliquen al SEÑOR que ponga fin a este granizo y a estos truenos tan aterradores. ¡Basta ya! Los dejaré salir; no tienen que quedarse más tiempo.

²⁹—Muy bien —respondió Moisés—. En cuanto salga de la ciudad, levantaré mis manos y oraré al SEÑOR. Entonces los truenos y el granizo cesarán, y sabrás que la tierra pertenece al SEÑOR. ³⁰Sin embargo, yo sé que todavía ni tú ni tus funcionarios temen al SEÑOR Dios.

³¹(Todo el lino y toda la cebada quedaron destrozados por el granizo, porque la cebada estaba en espiga y el lino en flor. ³²Pero ni el trigo ni la espelta sufrieron daño, porque todavía no habían brotado del suelo).

³³Entonces Moisés se fue del palacio del faraón y salió de la ciudad. Cuando elevó sus manos al SEÑOR, los truenos y el granizo cesaron, y se detuvo la lluvia. ³⁴Al ver el faraón que la lluvia, el granizo y los truenos habían cesado, él y sus funcionarios pecaron de nuevo, y el faraón se puso terco una vez más.* ³⁵Como tenía el corazón endurecido, el faraón se negó a dejar salir al pueblo, tal como el SEÑOR había dicho por medio de Moisés.

Plaga de langostas

10 Entonces el SEÑOR le dijo a Moisés: «Regresa a ver al faraón y vuelve a presentar tus demandas. Yo hice que él y sus funcionarios se pusieran tercos* con el fin de mostrar mis señales milagrosas en medio de ellos. ²También lo hice para que ustedes pudieran contarles a sus hijos y a sus nietos acerca de cómo puse en ridículo a los egipcios, acerca de las señales que realicé en medio de ellos, y para que ustedes sepan que yo soy el SEÑOR».

³Así que Moisés y Aarón fueron ante el faraón y le dijeron: «Esto dice el SEÑOR, Dios de los hebreos: "¿Hasta cuándo te negarás a someterte a mí? Deja ir a mi pueblo para que me adore. ⁴Si te niegas, ¡ten cuidado! Pues mañana mismo traeré sobre la tierra una plaga de langostas. ⁵Cubrirán la tierra de tal manera que no podrás ver el suelo. Devorarán lo poquito que quedó después de la granizada, junto con todos los árboles que crecen en el campo. ⁶Invadirán tus palacios y los hogares de tus funcionarios y todas las casas de Egipto. ¡Jamás en la historia de Egipto vieron tus antepasados una plaga como esta!"». Después de decir esas palabras, Moisés dio media vuelta y salió de la presencia del faraón.

⁷Esta vez los funcionarios del faraón se le acercaron y le suplicaron: «¿Hasta cuándo permitirás que este hombre nos tenga como rehenes? ¡Deja que los hombres se vayan a adorar al SEÑOR su Dios! ¿Acaso no te das cuenta de que Egipto está en ruinas?».

⁸Entonces hicieron volver a Moisés y a Aarón ante el faraón.

—Está bien —les dijo—, vayan a adorar al SEÑOR su Dios. Pero ¿exactamente quiénes irán con ustedes?

⁹—Iremos todos —contestó Moisés—: jóvenes y mayores, nuestros hijos y nuestras hijas, y nuestros rebaños y nuestras manadas. Debemos unirnos todos para celebrar un festival al SEÑOR.

¹⁰El faraón replicó:

—¡Verdaderamente necesitarán que el SEÑOR esté con ustedes si dejo que se lleven a sus hijos pequeños! Me doy cuenta de que tienen malas intenciones. ¹¹¡Jamás! Solo los hombres pueden ir a adorar al SEÑOR, ya que eso es lo que pidieron.

Entonces el faraón los echó del palacio.

¹²Así que el SEÑOR le dijo a Moisés: «Extiende tu mano sobre la tierra de Egipto para que vengan las langostas. Que cubran la tierra y devoren todas las plantas que sobrevivieron a la granizada».

¹³Moisés extendió su vara sobre Egipto, y el SEÑOR hizo que un viento del oriente soplara

---

9:16 La versión griega dice *para mostrar mi poder en ti;* comparar Rm 9:17. 9:34 En hebreo *hizo pesado su corazón.* 10:1 En hebreo *hice pesado su corazón y el de sus funcionarios.*

sobre el territorio todo ese día y también durante toda la noche. A la mañana siguiente, el viento del oriente había traído las langostas. ¹⁴Estas invadieron toda la tierra de Egipto en densos enjambres, y se asentaron desde un extremo del territorio hasta el otro. Fue la peor plaga de langostas en la historia de Egipto, y jamás hubo otra igual; ¹⁵pues las langostas cubrieron todo el reino y oscurecieron la tierra. Devoraron todas las plantas del campo y todos los frutos de los árboles que sobrevivieron al granizo. No quedó ni una sola hoja en los árboles ni en las plantas en toda la tierra de Egipto.

¹⁶Entonces el faraón mandó llamar a Moisés y a Aarón de inmediato. «He pecado contra el Señor su Dios y contra ustedes —les confesó—. ¹⁷Perdonen mi pecado una vez más, y rueguen al Señor su Dios para que aleje de mí esta muerte».

¹⁸Moisés salió del palacio del faraón y rogó al Señor. ¹⁹El Señor le respondió y cambió la dirección del viento, y el viento fuerte del occidente se llevó las langostas y las echó en el mar Rojo.* No quedó ni una sola langosta en toda la tierra de Egipto. ²⁰Pero el Señor nuevamente endureció el corazón del faraón, por lo cual no dejó salir al pueblo.

Plaga de tinieblas

²¹Luego el Señor le dijo a Moisés: «Extiende tu mano hacia el cielo, y la tierra de Egipto quedará en una oscuridad tan densa que podrá palparse». ²²Entonces Moisés extendió su mano hacia los cielos, y una densa oscuridad cubrió toda la tierra de Egipto por tres días. ²³Durante todo ese tiempo las personas no pudieron verse unas a otras ni se movieron. Sin embargo, la luz no faltó en ningún momento donde vivían los israelitas.

²⁴Finalmente el faraón llamó a Moisés y le dijo:

—Vayan a adorar al Señor, pero dejen aquí sus rebaños y sus manadas. Sin embargo, pueden llevarse a sus hijos pequeños.

²⁵—¡De ninguna manera! —respondió Moisés—. Tú debes proveernos de animales para los sacrificios y las ofrendas quemadas que presentaremos al Señor nuestro Dios. ²⁶Todos nuestros animales deberán ir con nosotros; ni una sola pezuña puede quedar atrás. Tendremos que seleccionar nuestros sacrificios para el Señor nuestro Dios de entre esos animales, y solo sabremos cómo vamos a adorar al Señor una vez que estemos allí.

²⁷Pero el Señor endureció el corazón del faraón una vez más, y no quiso dejarlos salir.

²⁸—¡Lárgate de aquí! —le gritó el faraón a Moisés—. Te advierto: ¡jamás regreses a verme! El día que me veas la cara, ¡morirás!

²⁹—Muy bien —respondió Moisés—. ¡Nunca más volveré a verte!

Muerte para los primeros hijos varones de Egipto

11 Entonces el Señor le dijo a Moisés: «Heriré al faraón y a la tierra de Egipto con un golpe más. Después, el faraón los dejará salir de su territorio. De hecho, estará tan desesperado por librarse de ustedes que los obligará a irse de su tierra. ²Dile a todos los hombres y a todas las mujeres israelitas que pidan a sus vecinos egipcios objetos de plata y de oro». ³(El Señor había hecho que los egipcios miraran con agrado al pueblo de Israel. Además, en la tierra de Egipto a Moisés se le consideraba un gran hombre, y tanto los funcionarios del faraón como el pueblo egipcio lo respetaban).

⁴Así que Moisés le dijo al faraón: «Esto dice el Señor: "Hoy, a la medianoche, pasaré por el corazón de Egipto. ⁵Todo primer hijo varón de cada familia de Egipto morirá, desde el hijo mayor del faraón, el que se sienta en su trono, hasta el hijo mayor de la sirvienta más humilde que trabaja en el molino. Incluso la primera cría de todos los animales morirá". ⁶Entonces se oirá un lamento desgarrador por toda la tierra de Egipto, un lamento como nunca antes hubo ni habrá después. ⁷Sin embargo, entre los israelitas habrá tal tranquilidad que ni siquiera un perro ladrará. Entonces sabrán que el Señor hace una distinción entre los egipcios y los israelitas. ⁸Todos los funcionarios de Egipto correrán a buscarme y caerán al suelo ante mí y me suplicarán: "Por favor, vete. ¡Apresúrate! Y llévate a todos tus seguidores". ¡Sólo hasta entonces me iré!». Luego Moisés, ardiendo de enojo, salió de la presencia del faraón.

⁹Ahora bien, ya antes, el Señor le había dicho a Moisés: «El faraón no los escuchará, así que haré más milagros poderosos en la tierra de Egipto». ¹⁰Moisés y Aarón realizaron esos milagros en presencia del faraón, pero el Señor endureció el corazón del faraón, y no dejó salir de su territorio a los israelitas.

La primera Pascua

12 Mientras los israelitas todavía estaban en la tierra de Egipto, el Señor dio las siguientes instrucciones a Moisés y a Aarón: ²«A partir de ahora, este mes será el primer mes del año para ustedes. ³Anuncien a toda la comunidad de Israel que el décimo día de este mes cada familia deberá seleccionar un cordero o un cabrito para hacer un sacrificio, un animal por cada casa. ⁴Si una familia es demasiado pequeña para comer el animal entero, lo compartirá con una familia vecina. Dividan el animal según el tamaño de cada familia y la cantidad que cada uno pueda comer. ⁵El animal seleccionado deberá ser un macho de oveja o de cabra, de un año y que no tenga ningún defecto.

⁶»Cuiden bien al animal seleccionado

10:19 En hebreo *mar de juncos*.

hasta la tarde del día catorce de este primer mes. Entonces toda la asamblea de la comunidad de Israel matará su cordero o cabrito al anochecer. 7Después tomarán parte de la sangre y la untarán en ambos lados y en la parte superior del marco de la puerta de la casa donde comen el animal. 8Esa misma noche, asarán la carne al fuego y la comerán acompañada de hojas verdes y amargas, y pan sin levadura. 9No comerán nada de la carne ni cruda ni hervida en agua. Asarán al fuego el animal entero con la cabeza, las patas y las entrañas. 10No dejen ninguna sobra para el día siguiente. Quemen todo lo que no hayan comido antes de la mañana.

11»Estas son las instrucciones para cuando coman esa comida: estén totalmente vestidos,* lleven puestas las sandalias y tengan su bastón en la mano. Coman de prisa, porque es la Pascua del SEÑOR. 12Esa noche pasaré por la tierra de Egipto y heriré de muerte a todo primer hijo varón y a la primera cría macho de los animales en la tierra de Egipto. Ejecutaré juicio contra todos los dioses de Egipto, ¡porque yo soy el SEÑOR! 13Pero la sangre sobre los marcos de las puertas servirá de señal para indicar las casas donde ustedes estén. Cuando yo vea la sangre, pasaré de largo. Esa plaga de muerte no los tocará a ustedes cuando yo hiera la tierra de Egipto.

14»Este será un día para recordar. Cada año, de generación en generación, deberán celebrarlo como un festival especial para el SEÑOR. Esta es una ley para siempre. 15Durante siete días, tendrán que preparar sin levadura todo el pan que coman. El primer día del festival, quiten de sus casas todo rastro de levadura. Cualquiera que coma pan con levadura en esos siete días del festival quedará excluido de la comunidad de Israel. 16El primer día del festival y también el séptimo, todo el pueblo celebrará un día oficial de asamblea santa. Está prohibido hacer cualquier tipo de trabajo en esos días excepto para la preparación de alimentos.

17»Celebren el Festival de los Panes sin Levadura, porque les recordará que este mismo día yo saqué a sus grandes multitudes de la tierra de Egipto. Ese festival será para ustedes una ley perpetua; celebren este día de generación en generación. 18Tendrán que preparar sin levadura todo el pan que coman desde la tarde del día catorce del primer mes hasta la tarde del día veintiuno del mismo mes. 19Durante esos siete días, no debe haber ni un rastro de levadura en sus casas. Cualquiera que coma algo preparado con levadura durante esta semana será excluido de la comunidad de Israel. Estas ordenanzas se aplican tanto a los extranjeros que viven entre ustedes como a los israelitas de nacimiento. 20Durante esos siete días, no coman nada que tenga levadura. Dondequiera que vivan, coman pan únicamente sin levadura».

21Luego Moisés mandó llamar a todos los ancianos de Israel y les dijo: «Vayan y seleccionen un cordero o un cabrito por cada una de sus familias y maten el animal para la Pascua. 22Dejen escurrir la sangre en una vasija, después tomen un manojo de ramas de hisopo y mójenlo en la sangre. Con el hisopo unten la sangre en la parte superior y en ambos lados del marco de la puerta de sus casas. Que nadie salga de la casa hasta la mañana, 23pues el SEÑOR pasará por la región para herir de muerte a los egipcios. Pero cuando él vea la sangre en la parte superior y en ambos lados del marco de la puerta, el SEÑOR pasará esa casa de largo. No permitirá que su ángel de la muerte entre en las casas de ustedes y los hiera de muerte.

24»Recuerden que estas instrucciones son una ley perpetua que ustedes y sus descendientes deberán obedecer para siempre. 25Cuando entren en la tierra que el SEÑOR ha prometido darles, seguirán celebrando esta ceremonia. 26Entonces sus hijos preguntarán: "¿Qué significa esta ceremonia?". 27Y ustedes contestarán: "Es el sacrificio de la Pascua del SEÑOR, porque él pasó de largo las casas de los israelitas en Egipto. Y aunque hirió de muerte a los egipcios, salvó a nuestras familias"». Cuando Moisés terminó de hablar, todos los presentes se postraron hasta el suelo y adoraron.

28Así que el pueblo de Israel hizo tal como el SEÑOR había ordenado por medio de Moisés y Aarón. 29Esa medianoche, el SEÑOR hirió de muerte a todos los primeros hijos varones de la tierra de Egipto, desde el hijo mayor del faraón, el que se sentaba en su trono, hasta el hijo mayor del preso en el calabozo. También mató a las primeras crías de todos sus animales. 30Entonces el faraón, sus funcionarios y todo el pueblo de Egipto se despertaron durante la noche, y se oyó un lamento desgarrador por toda la tierra de Egipto. No había ni una sola casa donde alguien no hubiera muerto.

El éxodo de Israel de Egipto

31Esa noche el faraón mandó llamar a Moisés y a Aarón y les dijo a gritos: «¡Lárguense! ¡Váyanse! ¡Dejen en paz a mi pueblo —les ordenó— y llévense a todos los demás israelitas con ustedes! Vayan y adoren al SEÑOR como han pedido. 32Llévense sus rebaños y sus manadas, como dijeron, y márchense ya. Váyanse, pero bendíganme al salir». 33Todos los egipcios apresuraban al pueblo de Israel a que abandonara la tierra cuanto antes, porque pensaban: «¡Todos moriremos!».

34Entonces los israelitas se llevaron su masa de pan sin agregarle levadura. Envolvieron las tablas de amasar en sus mantos y las cargaron sobre los hombros. 35Los israelitas hicieron lo que Moisés les había indicado: pidieron a los egipcios ropa y objetos de plata y de oro. 36Y el SEÑOR hizo que los egipcios miraran con agrado a los israelitas, y dieron al pueblo de Israel todo

12:11 En hebreo *ciñan sus lomos*.

lo que pidió. ¡Así despojaron a los egipcios de sus riquezas!

[37] Esa noche el pueblo de Israel salió de Ramsés y emprendió viaje hacia Sucot. Eran unos seiscientos mil hombres,* además de las mujeres y los niños. [38] Con ellos salió una gentuza que no era israelita, junto con grandes rebaños y manadas. [39] Hornearon pan plano de la masa sin levadura que habían sacado de Egipto. La masa no tenía levadura porque los israelitas fueron expulsados de Egipto con tanto apuro que no tuvieron tiempo de preparar pan ni cualquier otro alimento.

[40] El pueblo de Israel había vivido cuatrocientos treinta años en Egipto.* [41] De hecho, fue precisamente el día en que se cumplían los cuatrocientos treinta años que toda esa gran multitud del Señor salió de Egipto. [42] Esa misma noche, el Señor cumplió su promesa de sacar a su pueblo de la tierra de Egipto. Así que esa noche le pertenece a él y por eso todos los israelitas deberán conmemorarla cada año, de generación en generación.

Instrucciones para la Pascua

[43] Luego el Señor les dijo a Moisés y a Aarón: «Estas son las instrucciones para el festival de la Pascua: ninguna persona extranjera podrá comer la cena de Pascua, [44] pero cualquier esclavo que haya sido comprado podrá comerla si está circuncidado. [45] Los residentes temporales y los jornaleros tampoco podrán comerla. [46] En cada casa se comerá un solo cordero de Pascua. No saquen nada de la carne fuera de la casa ni quiebren ninguno de los huesos. [47] Toda la comunidad de Israel debe celebrar el festival de la Pascua.

[48] »Si los extranjeros que viven entre ustedes desean celebrar la Pascua del Señor, que primero se circunciden todos sus varones. Solo entonces podrán celebrar la Pascua con ustedes como cualquier israelita de nacimiento. Pero un varón incircunciso jamás comerá la cena de la Pascua. [49] Esta instrucción se aplica a todos, tanto a israelita de nacimiento como a extranjeros que vivan entre ustedes».

[50] Entonces todo el pueblo de Israel cumplió todos los mandatos del Señor que les dio a Moisés y a Aarón. [51] Ese mismo día el Señor sacó de Egipto al pueblo de Israel como un ejército.

Dedicación de los primeros hijos varones

13 Luego el Señor le dijo a Moisés: [2] «Dedícame a todos los primeros hijos varones del pueblo de Israel. Todo primer nacido, tanto de los seres humanos como de los animales, me pertenece».

[5] Entonces Moisés dijo a los israelitas: «Este es un día para recordar por siempre: es el día

que salieron de Egipto, donde eran esclavos. Hoy el Señor los sacó con la fuerza de su mano poderosa. (Recuerden no comer nada que contenga levadura). [4] Este preciso día, a comienzos de la primavera, en el mes de *abib*,* ustedes fueron librados. [5] Una vez que el Señor los haga entrar en la tierra de los cananeos, los hititas, los amorreos, los heveos y los jebuseos, deberán celebrar este suceso cada año, en este mes. (Él les juró a sus antepasados que les daría esa tierra, una tierra donde fluyen la leche y la miel). [6] Durante siete días tendrán que preparar sin levadura el pan que coman. Entonces el séptimo día celebrarán una fiesta al Señor. [7] En esos siete días, coman pan sin levadura. De hecho, durante ese período, no debe haber pan con levadura ni ningún rastro de levadura dentro de su territorio.

[8] »El séptimo día, darán a sus hijos la siguiente explicación: "Hoy celebro lo que el Señor hizo por mí cuando salí de Egipto". [9] Este festival anual será para ustedes una señal visible, como una marca grabada en la mano o en la frente, que les recuerde recitar siempre esta enseñanza del Señor: "Con mano fuerte, el Señor los rescató de Egipto".* [10] Por lo tanto, cumplan el decreto de este festival cada año, en la fecha señalada.

[11] »Cuando el Señor cumpla la promesa que les juró a ustedes y a sus antepasados, esto es lo que deben hacer: el día que él les dé la tierra donde actualmente viven los cananeos, [12] deberán presentar al Señor todo primer hijo varón y toda primera cría macho de los animales, porque a él le pertenecen. [13] Para recuperar la primera cría de un burro, podrán pagar rescate al Señor entregando con sustituto un cordero o un cabrito; pero si no pagan rescate para recuperarlo, tendrán que quebrarle el cuello al animal. Sin embargo, tienen la obligación de pagar rescate por todo primer hijo varón.

[14] »En el futuro, sus hijos les preguntarán: "¿Qué significa todo esto?", y ustedes les dirán: "Con la fuerza de su mano poderosa, el Señor nos sacó de Egipto, donde éramos esclavos. [15] El faraón se puso terco y por nada quiso dejarnos salir, entonces el Señor mató a todos los primeros hijos varones en toda la tierra de Egipto y también a los machos de las primeras crías de los animales. Por eso ahora sacrifico a todos los machos primer nacidos al Señor, pero siempre pagamos rescate para recuperar a los primeros hijos varones". [16] Esta ceremonia servirá como una marca grabada en la mano o en la frente. Es un recordatorio de que el Señor nos sacó de Egipto con la fuerza de su mano poderosa».

Desviación de Israel en el desierto

[17] Cuando por fin el faraón dejó salir a los israelitas, Dios no los guió por el camino principal

---

12:37 O *hombres de guerra*, O *hombres a pie.* 12:40 El Pentateuco Samaritano dice *en Canaán y Egipto;* la versión griega dice *en Egipto y Canaán.* 13:4 En hebreo *En este día del mes de abib.* Este es el primer mes, por lo general, *cae* entre marzo y abril. 13:9 O *Que les recuerde siempre mantener las instrucciones del Señor en la punta d[e] la lengua, porque el Señor los rescató de Egipto con mano poderosa.*

que atraviesa el territorio filisteo, aunque esa era la ruta más corta a la Tierra Prometida. Dios dijo: «Si los israelitas llegaran a enfrentar una batalla, podrían cambiar de parecer y regresar a Egipto». [18]Por eso Dios los hizo dar un rodeo por el camino del desierto, hacia el mar Rojo.* Así los israelitas salieron de Egipto como un ejército preparado para la batalla.*

[19]Moisés llevó consigo los restos de José, porque José había hecho jurar a los hijos de Israel que así lo harían cuando Dios viniera a ayudarlos. Moisés les dijo: «Pueden estar seguros de que Dios vendrá a ayudarlos. Cuando eso suceda, llévense de aquí mis restos con ustedes».

[20]Entonces los israelitas salieron de Sucot y acamparon en Etam, al límite del desierto. [21]El SEÑOR iba delante de ellos, y los guiaba durante el día mediante una columna de nube y les daba luz durante la noche con una columna de fuego. Esto les permitía viajar de día y de noche. [22]El SEÑOR nunca quitó de su lugar, delante de ellos, la columna de nube ni la columna de fuego.

14 Entonces el SEÑOR le dio a Moisés las siguientes instrucciones: [2]«Ordénales a los israelitas que den la vuelta y acampen cerca de Pi-hahirot, entre Migdol y el mar. Que acampen allí, a lo largo de la orilla, frente a Baal-zefón. [3]Entonces el faraón pensará: "Los israelitas están confundidos. ¡Quedaron atrapados en el desierto!". [4]Y una vez más endureceré el corazón del faraón, y él saldrá a perseguirlos.* Lo haré así para manifestar mi gloria por medio del faraón y de todo su ejército. ¡Después los egipcios sabrán que yo soy el SEÑOR!». Así que los israelitas acamparon donde se les dijo.

Los egipcios persiguen a Israel

[5]Cuando al rey de Egipto le llegó la noticia de que los israelitas habían huido, el faraón y sus funcionarios cambiaron de parecer. «¿Qué hemos hecho al permitir que todos estos esclavos israelitas se fueran?», se preguntaban. [6]Entonces el faraón preparó su carro de guerra y llamó a sus tropas. [7]Llevó consigo seiscientos de los mejores carros de guerra, junto con los demás carros de Egipto, cada uno con su respectivo oficial al mando. [8]Así que el SEÑOR endureció el corazón del faraón, rey de Egipto, quien por lo tanto salió a perseguir a los israelitas, los cuales se habían marchado con puños en alto en señal de desafío. [9]Los egipcios los persiguieron con todas las fuerzas del ejército del faraón —todos sus caballos y sus carros de guerra, sus conductores y sus tropas— y alcanzaron a los israelitas mientras acampaban junto al mar, cerca de Pi-hahirot, frente a Baal-zefón.

[10]Mientras el faraón se acercaba, los israelitas levantaron la vista y se llenaron de pánico al ver que los egipcios los alcanzaban. Entonces clamaron al SEÑOR [11]y le dijeron a Moisés:

—¿Por qué nos trajiste aquí a morir en el desierto? ¿Acaso no había suficientes tumbas para nosotros en Egipto? ¿Qué nos has hecho? ¿Por qué nos obligaste a salir de Egipto? [12]¿No te dijimos que esto pasaría cuando aún estábamos en Egipto? Te dijimos: "¡Déjanos en paz! Déjanos seguir siendo esclavos de los egipcios. ¡Es mejor ser un esclavo en Egipto que un cadáver en el desierto!".

[13]Pero Moisés les dijo:

—No tengan miedo. Solo quédense quietos y observen cómo el SEÑOR los rescatará hoy. Esos egipcios que ahora ven, jamás volverán a verlos. [14]El SEÑOR mismo peleará por ustedes. Solo quédense tranquilos.

Israel escapa por el mar Rojo

[15]Luego el SEÑOR le dijo a Moisés: «¿Por qué clamas a mí? ¡Dile al pueblo que se ponga en marcha! [16]Toma tu vara y extiende la mano sobre el mar. Divide las aguas para que los israelitas puedan pasar por en medio del mar, pisando tierra seca. [17]Yo endureceré el corazón de los egipcios y se lanzarán contra los israelitas. La grandeza de mi gloria se manifestará por medio del faraón y de su ejército, sus carros de guerra y sus conductores. [18]Cuando mi gloria se exhiba por medio de ellos, ¡todo Egipto verá mi gloria y sabrán que yo soy el SEÑOR!».

[19]Entonces el ángel de Dios, que iba al frente del pueblo de Israel, se trasladó hacia atrás del campamento. La columna de nube también se cambió de lugar y pasó a estar detrás de ellos. [20]La nube se puso entre los egipcios y el campamento de los israelitas. Al atardecer, la nube se convirtió en fuego e iluminó la noche, pero los egipcios y los israelitas no se acercaron unos a otros en toda la noche.

[21]Luego Moisés extendió la mano sobre el mar y el SEÑOR abrió un camino a través de las aguas mediante un fuerte viento oriental. El viento sopló durante toda la noche y transformó el lecho del mar en tierra seca. [22]Entonces el pueblo de Israel cruzó por en medio del mar, caminando sobre tierra seca, con muros de agua a cada lado.

[23]Entonces los egipcios —con todos los carros de guerra y sus conductores, y con los caballos del faraón— persiguieron a los israelitas hasta el medio del mar. [24]Pero poco antes del amanecer, el SEÑOR miró al ejército egipcio desde la columna de fuego y de nube, y causó gran confusión en sus fuerzas de combate. [25]Torció* las ruedas de los carros, para que les resultara difícil manejarlos. «¡Salgamos de aquí, alejémonos de los israelitas! —gritaban los egipcios—; ¡el SEÑOR está luchando por ellos en contra de Egipto!».

[26]Cuando todos los israelitas habían llegado al otro lado, el SEÑOR le dijo a Moisés: «Extiende otra vez tu mano sobre el mar, y las aguas

---

13:18a En hebreo *mar de juncos.* 13:18b La versión griega dice *salieron de Egipto en la quinta generación.* 14:4 En hebreo *a ellos.*
14:25 Así aparece en la versión griega, en el Pentateuco Samaritano y en la versión siríaca; en hebreo dice *Quitó.*

volverán con fuerza y cubrirán a los egipcios, a sus carros y a sus conductores». ²⁷Entonces, cuando el sol comenzaba a salir, Moisés extendió su mano sobre el mar y las aguas volvieron con fuerza a su estado normal. Los egipcios trataron de escapar, pero el SEÑOR los arrastró al mar. ²⁸Enseguida las aguas volvieron a su lugar y cubrieron todos los carros y a sus conductores, el ejército completo del faraón. No sobrevivió ni uno de los egipcios que entró al mar para seguir a los israelitas.

²⁹En cambio, el pueblo de Israel caminó por en medio del mar sobre tierra seca, mientras las aguas permanecían levantadas como muros a ambos lados. ³⁰Así es como el SEÑOR aquel día rescató a Israel de las manos de los egipcios. Y los israelitas vieron los cadáveres de los egipcios a la orilla del mar. ³¹Cuando el pueblo de Israel vio el gran poder que el SEÑOR había desatado contra los egipcios se llenaron de temor reverente delante de él. Entonces pusieron su fe en el SEÑOR y en su siervo Moisés.

Cántico de liberación

15 Entonces Moisés y el pueblo de Israel entonaron el siguiente cántico al SEÑOR:

«Cantaré al SEÑOR,
porque ha triunfado gloriosamente;
arrojó al mar al caballo y al jinete.
² El SEÑOR es mi fuerza y mi canción;
él me ha dado la victoria.
Él es mi Dios, y lo alabaré;
es el Dios de mi padre,
¡y lo exaltaré!
³ El SEÑOR es un guerrero;
¡Yahweh* es su nombre!
⁴ Arrojó al mar
a los carros y al ejército del faraón.
Los mejores oficiales del faraón
se ahogaron en el mar Rojo.*
⁵ Las aguas profundas brotaron con
fuerza y los cubrieron;
como piedras se hundieron hasta
el fondo.

⁶ »Tu mano derecha, oh SEÑOR,
es gloriosa en poder.
Tu mano derecha, oh SEÑOR,
aplasta al enemigo.
⁷ Con la grandeza de tu majestad,
derribas a los que se levantan
contra ti.
Desatas tu ardiente furia
y los consume como a paja.
⁸ Al soplido de tu aliento,
¡las aguas se apilaron!
El impetuoso oleaje se quedó firme
como un muro;
en el corazón del mar las aguas se
endurecieron.

⁹ »El enemigo se jactaba diciendo:
"Los perseguiré
y los alcanzaré.
Los despojaré
y los consumiré.
Sacaré mi espada;
mi mano poderosa los destruirá".
¹⁰ Pero tú soplaste con tu aliento,
y el mar los cubrió.
Se hundieron como plomo
en las poderosas aguas.

¹¹ »Oh SEÑOR, entre los dioses, ¿quién
es como tú:
glorioso en santidad,
imponente en esplendor,
autor de grandes maravillas?
¹² Levantaste tu mano derecha,
y la tierra se tragó a nuestros enemigos.

¹³ »Con tu amor inagotable
guías al pueblo que redimiste.
Con tu poder los guías
a tu hogar sagrado.
¹⁴ Lo oyen los pueblos y tiemblan;
la angustia se apodera de los que viven
en Filistea.
¹⁵ Los líderes de Edom están aterrados;
los nobles de Moab tiemblan.
Todos los que viven en Canaán se desvanecen;
¹⁶   terror y espanto caen sobre ellos.
El poder de tu brazo
los deja sin vida, como una piedra,
hasta que tu pueblo haya pasado, oh SEÑOR,
hasta que haya pasado el pueblo que
compraste.
¹⁷ Tú lo traerás y lo plantarás en tu propio monte,
el lugar, oh SEÑOR, reservado para tu
morada,
el santuario, oh SEÑOR, que tus manos
establecieron.
¹⁸ ¡El SEÑOR reinará por siempre y para
siempre!».

¹⁹Cuando los carros de guerra, sus conductores y los caballos del faraón entraron al mar, el SEÑOR hizo que las aguas cayeran con fuerza sobre ellos. ¡Pero el pueblo de Israel había cruzado por en medio del mar, pisando tierra seca!

²⁰Entonces la profetisa Miriam, hermana de Aarón, tomó una pandereta, se puso al frente, y todas las mujeres la siguieron, danzando y tocando sus panderetas. ²¹Y Miriam entonaba este cántico:

«Canten al SEÑOR,
porque ha triunfado gloriosamente,
arrojó al mar al caballo y al jinete».

Agua amarga en Mara

²²Entonces Moisés guió al pueblo de Israel lejos del mar Rojo, y se internaron en el desierto

---

15:3 *Yahweh* es una transliteración del nombre propio *YHWH*, que a veces se traduce «Jehová»; en esta traducción generalmente se traduce «el SEÑOR» (notar el uso de versalitas).   15:4 En hebreo *mar de juncos*; también en 15:22.

de Shur. Viajaron por este desierto durante tres días sin encontrar agua. ²³Cuando llegaron al oasis de Mara, no pudieron beber el agua porque era demasiado amarga. Por eso llamaron al lugar Mara (que significa «amarga»).

²⁴Entonces la gente se quejó y se puso en contra de Moisés. «¿Qué vamos a beber?», reclamaron. ²⁵Así que Moisés clamó al Señor por ayuda, y él le mostró un trozo de madera. Moisés echó la madera al agua, y el agua se volvió potable.

Fue allí, en Mara, donde el Señor estableció el siguiente decreto como una norma para probar la fidelidad del pueblo. ²⁶Les dijo: «Si ustedes escuchan atentamente la voz del Señor su Dios y hacen lo que es correcto ante sus ojos, obedeciendo sus mandatos y cumpliendo todos sus decretos, entonces no les enviaré ninguna de las enfermedades que envié a los egipcios; porque yo soy el Señor, quien los sana».

²⁷Después de salir de Mara, los israelitas viajaron hasta el oasis de Elim, donde encontraron doce manantiales y setenta palmeras. Y acamparon allí, junto a las aguas.

Maná y codornices del cielo

16 Después, toda la comunidad de Israel partió de Elim y viajó al desierto de Sin, ubicado entre Elim y el monte Sinaí. Llegaron el día quince del segundo mes, un mes después de salir de la tierra de Egipto.* ²Allí también toda la comunidad de Israel se quejó de Moisés y Aarón.

³«¡Si tan solo el Señor nos hubiera matado en Egipto! —protestaban—. Allá nos sentábamos junto a las ollas llenas de carne y comíamos todo el pan que se nos antojaba, pero ahora tú nos has traído a este desierto para matarnos de hambre».

⁴Entonces el Señor le dijo a Moisés: «Mira, haré llover alimento del cielo para ustedes. Cada día la gente podrá salir a recoger todo el alimento necesario para ese día. Con esto los pondré a prueba para ver si siguen o no mis instrucciones. ⁵El sexto día juntarán el alimento y cuando preparen la comida habrá el doble de lo normal».

⁶Entonces Moisés y Aarón dijeron a todos los israelitas: «Antes de anochecer, sabrán que fue el Señor quien los sacó de la tierra de Egipto. ⁷Por la mañana, verán la gloria del Señor, porque él oyó las quejas de ustedes, que son contra él y no contra nosotros. ¿Qué hemos hecho para que ustedes se quejen de nosotros?». ⁸Luego Moisés añadió: «El Señor les dará de comer carne por la tarde y los saciará con pan por la mañana, porque él oyó todas sus quejas contra él. ¿Qué hemos hecho nosotros? Así es, las quejas de ustedes son contra el Señor, no contra nosotros».

⁹Después Moisés le dijo a Aarón: «Anuncia

lo siguiente a toda la comunidad de Israel: "Preséntense ante el Señor, porque él ha oído sus quejas"». ¹⁰Mientras Aarón hablaba a toda la comunidad de Israel, miraron hacia el desierto, y allí pudieron ver la imponente gloria del Señor en la nube.

¹¹Luego el Señor le dijo a Moisés: ¹²«He oído las quejas de los israelitas. Ahora diles: "Por la tarde tendrán carne para comer, y por la mañana tendrán todo el pan que deseen. Así ustedes sabrán que yo soy el Señor su Dios"».

¹³Esa tarde, llegó una cantidad enorme de codornices que cubrieron el campamento, y a la mañana siguiente los alrededores del campamento estaban húmedos de rocío. ¹⁴Cuando el rocío se evaporó, la superficie del desierto quedó cubierta por copos de una sustancia hojaldrada y fina como escarcha. ¹⁵Los israelitas quedaron perplejos al ver eso y se preguntaban unos a otros: ¿Qué es esto?, porque no tenían idea de lo que era.

Entonces Moisés les dijo: «Este es el pan que el Señor les da para comer. ¹⁶Estas son las instrucciones del Señor: cada grupo familiar juntará todo lo que necesite. Recojan dos kilos* por cada persona en su carpa».

¹⁷Así que los israelitas hicieron lo que se les dijo. Algunos recogieron mucho; otros, solo un poco. ¹⁸Pero cuando lo midieron,* cada uno tenía lo justo y necesario. A los que recogieron mucho no les sobraba, y a los que recogieron poco no les faltaba. Cada familia tuvo justo lo que necesitaba.

¹⁹Entonces Moisés les dijo: «No guarden nada para el día siguiente». ²⁰Sin embargo, algunos no hicieron caso y guardaron un poco hasta la mañana siguiente; pero para entonces se había llenado de gusanos y apestaba, y Moisés se enojó mucho con ellos.

²¹Después de este incidente, cada familia recogía el alimento cada mañana, conforme a su necesidad. Cuando el sol calentaba, los copos que no se habían recogido se derretían y desaparecían. ²²El sexto día recogían el doble de lo habitual, es decir, cuatro kilos* por persona en lugar de dos. Entonces todos los líderes de la comunidad se dirigieron a Moisés en busca de una explicación. ²³Él les dijo: «Esto es lo que el Señor ha ordenado: "Mañana será un día de descanso absoluto, un día sagrado de descanso, reservado para el Señor. Así que horneen o hiervan hoy todo lo que necesiten y guarden para mañana lo que les sobre"».

²⁴Entonces ellos dejaron un poco aparte para el día siguiente, tal como Moisés había ordenado. Al otro día la comida sobrante estaba buena y saludable, sin gusanos ni mal olor. ²⁵Así que Moisés dijo: «Coman este alimento hoy, porque es el día de descanso, dedicado al Señor. Hoy no habrá alimento en el campo para recoger.

16:1 El éxodo ocurrió el día quince del primer mes (ver Nm 33:3). 16:16 En hebreo *un gómer* [4,4 libras]; también en 16:32, 33. 16:18 En hebreo *midieron con un gómer*. 16:22 En hebreo *2 gómeres* [8,8 libras].

²⁶Durante seis días se les permite recoger alimento, pero el séptimo día es el día de descanso; ese día no habrá alimento en el campo».

²⁷Aun así, algunas personas salieron a recoger el día séptimo, pero no encontraron alimento. ²⁸Entonces el SEÑOR le preguntó a Moisés: «¿Hasta cuándo este pueblo se negará a obedecer mis mandatos y mis instrucciones? ²⁹Tienen que entender que el día de descanso es un regalo del SEÑOR para ustedes. Por eso él les provee doble cantidad de alimento el sexto día, a fin de que tengan suficiente para dos días. El día de descanso, todos deben quedarse en el lugar donde estén; no salgan a buscar pan en el séptimo día». ³⁰Así que la gente no recogió alimento el día séptimo.

³¹Los israelitas llamaron maná* al alimento. Era blanco como la semilla de cilantro, y tenía un gusto parecido a obleas con miel.

³²Luego Moisés dijo: «Esto es lo que el SEÑOR ha ordenado: "Llenen un recipiente con dos kilos de maná y consérvenlo para sus descendientes. Así las generaciones futuras podrán ver el pan que les di a ustedes en el desierto cuando los liberé de Egipto"».

³³Entonces Moisés le dijo a Aarón: «Toma una vasija y llénala con dos kilos de maná. Después colócala en un lugar sagrado, delante del SEÑOR, a fin de conservarlo para todas las generaciones futuras». ³⁴Así que Aarón hizo tal como el SEÑOR le ordenó a Moisés. Posteriormente lo colocó dentro del arca del pacto,* frente a las tablas de piedra grabadas con las condiciones del pacto. ³⁵Y los israelitas comieron maná durante cuarenta años, hasta que llegaron a la tierra donde se establecerían. Comieron maná hasta que llegaron a la frontera de la tierra de Canaán.

³⁶(El recipiente utilizado para medir el maná era un gómer, que era la décima parte de un efa; equivalía a dos kilos).*

Agua de la roca

17 Por orden del SEÑOR, toda la comunidad de Israel partió del desierto de Sin y anduvo de un lugar a otro. Finalmente acamparon en Refidim, pero allí no había agua para que el pueblo bebiera. ²Así que el pueblo volvió a quejarse contra Moisés:

—¡Danos agua para beber! —reclamaron.

—¡Cállense! —respondió Moisés—. ¿Por qué se quejan contra mí? ¿Por qué ponen a prueba al SEÑOR?

³Pero ellos, atormentados por la sed, siguieron discutiendo con Moisés:

—¿Por qué nos sacaste de Egipto? ¿Quieres matarnos de sed a nosotros, a nuestros hijos y nuestros animales?

⁴Entonces Moisés clamó al SEÑOR:

—¿Qué hago con este pueblo? ¡Están a punto de apedrearme!

⁵El SEÑOR le dijo a Moisés:

—Pasa por delante del pueblo; toma tu vara, la que usaste para golpear las aguas del Nilo, y llama a algunos ancianos de Israel para que te acompañen. ⁶Yo me pararé frente a ti sobre la roca, en el monte Sinaí.* Golpea la roca, y saldrá agua a chorros. Entonces el pueblo podrá beber.

Así que Moisés golpeó la roca como se le indicó, y el agua brotó a chorros a la vista de los ancianos.

⁷Entonces Moisés llamó a aquel lugar Masá (que significa «prueba») y Meriba (que significa «discusión»), porque el pueblo de Israel discutió con Moisés y puso a prueba al SEÑOR diciendo: «¿Está o no el SEÑOR aquí con nosotros?».

Israel derrota a los amalecitas

⁸Mientras el pueblo de Israel aún se encontraba en Refidim, los guerreros de Amalec lo atacaron. ⁹Así que Moisés le ordenó a Josué: «Escoge a algunos hombres para salir a pelear contra el ejército de Amalec. Mañana yo estaré en la cima de la colina sosteniendo la vara de Dios en mi mano».

¹⁰Josué hizo lo que Moisés le ordenó y peleó contra el ejército de Amalec. Entretanto Moisés, Aarón y Hur subieron a la cima de una colina cercana. ¹¹Mientras Moisés sostenía en alto la vara en su mano, los israelitas vencían; pero, cuando él bajaba la mano, dominaban los amalecitas. ¹²Pronto se le cansaron tanto los brazos que ya no podía sostenerlas en alto. Así que Aarón y Hur le pusieron una piedra a Moisés para que se sentara. Luego se pararon a cada lado de Moisés y le sostuvieron las manos en alto. Así sus manos se mantuvieron firmes hasta la puesta del sol. ¹³Como resultado, Josué aplastó al ejército de Amalec en la batalla.

¹⁴Después de la victoria, el SEÑOR dio a Moisés las siguientes instrucciones: «Escribe esto en un rollo para que sea un recuerdo perpetuo, y léelo en voz alta a Josué: "Yo borraré por completo la memoria de Amalec de debajo del cielo"». ¹⁵Entonces Moisés edificó un altar en ese lugar y lo llamó Yahveh-nisi (que significa «el SEÑOR es mi estandarte»). ¹⁶Dijo: «Por cuanto han levantado su puño contra el trono del SEÑOR, ahora* el SEÑOR estará en guerra con Amalec de generación en generación».

Jetro visita a Moisés

18 Jetro, el suegro de Moisés y sacerdote de Madián, se enteró de todo lo que Dios había hecho por Moisés y por su pueblo, los israelitas, y oyó particularmente cómo el SEÑOR los había sacado de Egipto.

²Anteriormente, Moisés había enviado a su esposa Séfora y a sus dos hijos de regreso a casa de Jetro, y él los había hospedado. ³(El primer hijo de Moisés se llamaba Gersón, porque cuando el niño nació, Moisés dijo: «He sido un extranjero

---

16:31 Maná significa «¿qué es esto?». Ver 16:15.   16:34 En hebreo Lo colocó frente al testimonio; ver nota en 25:16.   16:36 En hebreo Un gómer es la décima parte de un efa.   17:6 En hebreo Horeb, otro nombre para Sinaí.   17:16 O Se han levantado manos hacia el trono del SEÑOR, y ahora.

en tierra extraña».* *A su segundo hijo lo llamó Eliezer, porque dijo: «El Dios de mis antepasados me ayudó y me rescató de la espada del faraón».* ⁵Así que Jetro, el suegro de Moisés, fue a visitarlo al desierto y llevó consigo a la esposa y a los dos hijos de Moisés. Llegaron cuando Moisés y el pueblo acampaban cerca del monte de Dios. ⁶Jetro le había enviado un mensaje a Moisés para avisarle: «Yo, tu suegro, Jetro, vengo a verte, junto con tu esposa y tus dos hijos».

⁷Entonces Moisés salió a recibir a su suegro. Se inclinó ante él y le dio un beso. Luego de preguntarse el uno al otro cómo nos iba, entraron en la carpa de Moisés. ⁸Moisés le contó a su suegro todo lo que el Señor les había hecho al faraón y a los egipcios a favor de Israel. También le habló de todas las privaciones que habían sufrido a lo largo del camino y de cómo el Señor había librado a su pueblo de las dificultades. ⁹Jetro se alegró mucho al oír de todo el bien que el Señor había hecho por Israel al rescatarlo de las manos de los egipcios.

¹⁰«¡Alabado sea el Señor! —exclamó Jetro—. Pues lo rescató de los egipcios y del faraón. ¡Así es, rescató a Israel del poder de Egipto! ¹¹Ahora sé que el Señor es más grande que todos los demás dioses, porque rescató a su pueblo de la opresión de los egipcios arrogantes».

¹²Luego Jetro, el suegro de Moisés, presentó una ofrenda quemada y sacrificios ante Dios. Aarón y todos los ancianos de Israel lo acompañaron a comer lo que fue ofrecido en sacrificio en presencia de Dios.

Consejo sabio de Jetro

¹³Al día siguiente, Moisés se sentó para oír los pleitos que los israelitas tenían unos con otros. Y el pueblo esperó a ser atendido delante de Moisés desde la mañana hasta la tarde.

¹⁴Cuando el suegro de Moisés vio todo lo que él hacía por el pueblo, le preguntó:

—¿Qué logras en realidad sentado aquí? ¿Por qué te esfuerzas en hacer todo el trabajo tú solo, mientras que el pueblo está de pie a tu alrededor desde la mañana hasta la tarde?

¹⁵Moisés contestó:

—Porque el pueblo acude a mí en busca de resoluciones de parte de Dios. ¹⁶Cuando les surge un desacuerdo, ellos acuden a mí, y yo soy quien resuelve los casos entre los que están en conflicto. Mantengo al pueblo informado de los decretos de Dios y les transmito sus instrucciones.

¹⁷—¡No está bien lo que haces! —exclamó el suegro de Moisés—. ¹⁸Así acabarás agotado y también se agotará el pueblo. Esta tarea es una carga demasiado pesada para una sola persona. ¹⁹Ahora escúchame y déjame darte un consejo, y que Dios esté contigo. Tú debes seguir siendo el

representante del pueblo ante Dios, presentándole los conflictos. ²⁰Enséñales los decretos de Dios; transmíteles sus instrucciones; muéstrales cómo comportarse en la vida. ²¹Sin embargo, elige, de entre todo el pueblo, a algunos hombres con capacidad y honestidad, temerosos de Dios y que odien el soborno. Nómbralos jefes de grupos de mil, de cien, de cincuenta y de diez personas. ²²Ellos tendrán que estar siempre disponibles para resolver los conflictos sencillos que surgen entre el pueblo, pero los casos más graves te los traerán a ti. Deja que los jefes juzguen los asuntos de menor importancia. Ellos te ayudarán a llevar la carga, para que la tarea te resulte más fácil. ²³Si sigues este consejo, y si Dios así te lo ordena, serás capaz de soportar las presiones, y la gente regresará a su casa en paz.

²⁴Moisés escuchó el consejo de su suegro y siguió sus recomendaciones. ²⁵Eligió a hombres capaces de entre todo Israel y los nombró jefes del pueblo. Los puso a cargo de grupos de mil, de cien, de cincuenta y de diez personas. ²⁶Estos hombres estaban siempre disponibles para resolver los conflictos sencillos de la gente. Los casos más graves los remitían a Moisés, pero ellos mismos se encargaban de los asuntos de menor importancia.

²⁷Poco tiempo después, Moisés se despidió de su suegro, quien regresó a su propia tierra.

El Señor se manifiesta en el Sinaí

19 Exactamente dos meses después de haber salido de Egipto,* los israelitas llegaron al desierto de Sinaí. ²Después de levantar campamento en Refidim, llegaron al desierto de Sinaí y acamparon al pie del monte Sinaí.

³Entonces Moisés subió al monte para presentarse delante de Dios. El Señor lo llamó desde el monte y le dijo: «Comunica estas instrucciones a la familia de Jacob; anúncialas a los descendientes de Israel: ⁴"Ustedes vieron lo que hice con los egipcios. Saben cómo los llevé a ustedes sobre alas de águila y los traje hacia mí. ⁵Ahora bien, si me obedecen y cumplen mi pacto, ustedes serán mi tesoro especial entre todas las naciones de la tierra; porque toda la tierra me pertenece. ⁶Ustedes serán mi reino de sacerdotes, mi nación santa". Este es el mensaje que debes transmitir a los hijos de Israel».

⁷Entonces Moisés regresó del monte y llamó a los ancianos del pueblo y les comunicó todo lo que el Señor le había ordenado. ⁸Y todo el pueblo respondió a una voz: «Haremos todo lo que el Señor ha ordenado». Entonces Moisés llevó al Señor la respuesta del pueblo.

⁹Luego el Señor le dijo a Moisés: «Yo me presentaré ante ti en una densa nube, para que el pueblo pueda oírme cuando hable contigo; así siempre confiarán en ti».

18:3 *Gersón* suena como un término hebreo que significa «un extranjero allí». 18:4 *Eliezer* significa «Dios es mi ayuda». 19:1 En hebreo *durante el tercer mes de que los israelitas salieron de Egipto, exactamente el mismo día,* es decir, exactamente dos meses lunares después de salir de Egipto. Comparar Nm 33:3.

Moisés le dijo al Señor lo que el pueblo había dicho. [10]Después el Señor le dijo a Moisés: «Desciende y prepara al pueblo para mi llegada. Conságralos hoy y mañana, y haz que laven sus ropas. [11]Asegúrate de que estén preparados para el tercer día, porque ese día el Señor descenderá sobre el monte Sinaí a la vista de todo el pueblo. [12]Marca un límite alrededor del monte y dile al pueblo esta advertencia: "¡Tengan cuidado! No suban al monte, ni siquiera toquen los límites. Cualquiera que toque el monte, será ejecutado. [13]Ninguna mano puede tocar a la persona o al animal que traspasa el límite, sino que esa persona morirá apedreada o atravesada con flechas. Ellos tendrán que morir". Sin embargo, cuando se oiga un toque prolongado del cuerno de carnero entonces el pueblo podrá subir al monte*».

[14]Así que Moisés descendió a donde estaba el pueblo. Consagró a la gente para la adoración, y ellos lavaron sus ropas. Les dijo: [15]«Prepárese para el tercer día y, hasta entonces, absténganse de tener relaciones sexuales».

[16]En la mañana del tercer día, retumbaron truenos y destellaron relámpagos, y una nube densa descendió sobre el monte. Se oyó un fuerte y prolongado toque de cuerno de carnero, y todo el pueblo tembló. [17]Moisés llevó a la multitud fuera del campamento para encontrarse con Dios, y todos se pararon al pie de la montaña. [18]El monte Sinaí estaba totalmente cubierto de humo, porque el Señor había descendido sobre él en forma de fuego. Nubes de humo subían al cielo como el humo que sale de un horno de ladrillos, y todo el monte se sacudía violentamente. [19]A medida que el sonido del cuerno de carnero se hacía cada vez más fuerte, Moisés hablaba y Dios le respondía con voz de trueno. [20]El Señor descendió sobre la cumbre del monte Sinaí y llamó a Moisés a la cima. Así que Moisés subió al monte.

[21]Entonces el Señor le dijo a Moisés:

—Baja de nuevo y advierte al pueblo que no traspase los límites para ver al Señor, porque quien lo haga morirá. [22]Incluso los sacerdotes que se acercan al Señor con regularidad deben purificarse para que el Señor no arremeta contra ellos y los destruya.

[23]—Pero Señor —protestó Moisés—, la gente no puede subir al monte Sinaí. Tú ya nos lo advertiste; me dijiste: "Marca un límite alrededor del monte para que quede apartado como santo".

[24]Pero el Señor dijo:

—Baja ahora y trae a Aarón cuando vuelvas. Mientras tanto, no permitas que los sacerdotes ni el pueblo traspasen el límite para acercarse al Señor; de lo contrario él arremeterá contra ellos y los destruirá.

[25]Entonces Moisés descendió a donde estaba el pueblo y les dijo lo que el Señor había dicho.

Los diez mandamientos para el pueblo del pacto

20 Luego Dios le dio al pueblo las siguientes instrucciones:*

[2]«Yo soy el Señor tu Dios, quien te rescató de la tierra de Egipto, donde eras esclavo.

[3]»No tengas ningún otro dios aparte de mí.

[4]»No te hagas ninguna clase de ídolo ni imagen de ninguna cosa que está en los cielos, en la tierra o en el mar. [5]No te inclines ante ellos ni les rindas culto, porque yo, el Señor tu Dios, soy Dios celoso, quien no tolerará que entregues tu corazón a otros dioses. Extiendo los pecados de los padres sobre sus hijos; toda la familia de los que me rechazan queda afectada, hasta los hijos de la tercera y la cuarta generación. [6]Pero derramo amor inagotable por mil generaciones sobre los* que me aman y obedecen mis mandatos.

[7]»No hagas mal uso del nombre del Señor tu Dios. El Señor no te dejará sin castigo si usas mal su nombre.

[8]»Acuérdate de guardar el día de descanso al mantenerlo santo. [9]Tienes seis días en la semana para hacer tu trabajo habitual, [10]pero el séptimo día es un día de descanso y está dedicado al Señor tu Dios. Ese día, ningún miembro de tu casa hará trabajo alguno. Esto se refiere a ti, a tus hijos e hijas, a tus siervos y siervas, a tus animales y también incluye a los extranjeros que vivan entre ustedes. [11]Pues en seis días el Señor hizo los cielos, la tierra, el mar, y todo lo que hay en ellos; pero el séptimo día descansó. Por eso el Señor bendijo el día de descanso y lo apartó como un día santo.

[12]»Honra a tu padre y a tu madre. Entonces tendrás una vida larga y plena en la tierra que el Señor tu Dios te da.

[13]»No cometas asesinato.

[14]»No cometas adulterio.

[15]»No robes.

[16]»No des falso testimonio contra tu prójimo.

[17]»No codicies la casa de tu prójimo. No codicies la esposa de tu prójimo, ni su siervo, ni su sierva, ni su buey, ni su burro, ni ninguna otra cosa que le pertenezca».

[18]Cuando los israelitas oyeron los truenos y el toque fuerte del cuerno de carnero y vieron los destellos de relámpagos y el humo que salía del monte, se mantuvieron a distancia, temblando de miedo.

[19]Entonces le dijeron a Moisés:

—¡Háblanos tú y te escucharemos, pero que no nos hable Dios directamente, porque moriremos!

[20]—¡No tengan miedo! —les respondió Moisés—, porque Dios ha venido de esta manera para ponerlos a prueba y para que su temor hacia él les impida pecar.

²¹Así que el pueblo se mantuvo a distancia, pero Moisés se acercó a la nube oscura donde estaba Dios.

Uso apropiado de los altares

²²Entonces el Señor le dijo a Moisés: «Dile al pueblo de Israel lo siguiente: "Ustedes han visto con sus propios ojos que les hablé desde el cielo. ²³Recuerden que no deben hacer ningún ídolo ni de plata ni de oro que compita conmigo.

²⁴»Háganme un altar de tierra y ofrézcanme sus sacrificios: sus ofrendas quemadas y ofrendas de paz, sus ovejas y cabras y su ganado. Construyanme un altar donde yo determine que recuerden mi nombre, y allí me presentaré ante ustedes y los bendeciré. ²⁵Si usan piedras para construir un altar, que sean piedras enteras y en su forma original. No den forma a las piedras con ninguna herramienta, pues eso haría que el altar fuera indigno de un uso santo. ²⁶No suban escalones para acercarse a mi altar, si lo hacen, alguien podría mirarles bajo la ropa y ver su desnudez".

Trato justo de los esclavos

21 »Estas son las ordenanzas que darás a Israel:

²»Si compras un esclavo hebreo, este podrá estar a tu servicio por no más de seis años. El séptimo año ponlo en libertad, y no le deberá nada por su libertad. ³Si estaba soltero cuando pasó a ser tu esclavo, saldrá soltero; pero si ya estaba casado antes de ser tu esclavo, entonces su esposa tendrá que ser liberada junto con él.

⁴»Si el amo le dio una esposa mientras era esclavo, y tuvieron hijos o hijas, entonces solo el hombre saldrá libre al séptimo año, pero su esposa e hijos seguirán siendo propiedad del amo. ⁵Sin embargo, el esclavo puede declarar: "Yo amo a mi señor, a mi esposa y a mis hijos; no quiero ser libre". ⁶Si decide quedarse, el amo lo presentará delante de Dios.* Luego el amo lo llevará a la puerta o al marco de la puerta y públicamente le perforará la oreja con un punzón. Después de esto, el esclavo servirá a su amo de por vida.

⁷»Cuando un hombre venda a su hija como esclava, ella no saldrá libre al cabo de los seis años como en el caso de los hombres. ⁸Si ella no satisface a su amo, él deberá permitir que la vuelvan a comprar; pero tendrá prohibido venderla a cualquier extranjero, ya que fue el amo quien no cumplió el contrato con ella. ⁹Sin embargo, si el amo la entrega como esposa a su hijo, ya no podrá tratarla como esclava, sino como a una hija.

¹⁰»Ahora bien, si un hombre ya está casado con una esclava, pero además se casa con otra mujer, este no deberá descuidar los derechos de la primera esposa en cuanto al alimento, al vestido y la intimidad sexual. ¹¹Si no cumple alguna

de estas tres obligaciones, ella quedará libre sin tener que pagar nada.

Casos de daños personales

¹²»Cualquiera que agreda y mate a otra persona será ejecutado, ¹³pero si solo fue un accidente permitido por Dios, yo designaré un lugar de refugio adonde el responsable de la muerte podrá huir para ponerse a salvo. ¹⁴Sin embargo, si alguien mata a otra persona a propósito, tendrán que agarrar al responsable, aunque esté frente a mi altar, y matarlo.

¹⁵»Cualquiera que golpee a su padre o a su madre será ejecutado.

¹⁶»Todo secuestrador será ejecutado, ya sea que encuentren a la víctima en su poder o que la haya vendido como esclavo.

¹⁷»Cualquiera que deshonre* a su padre o a su madre será ejecutado.

¹⁸»Supongamos que dos hombres pelean, y uno golpea al otro con una piedra o con el puño, y la persona herida no muere pero tiene que guardar cama. ¹⁹Si después puede levantarse y salir caminando de la casa, aunque fuera con muletas, entonces no se castigará al agresor, pero estará obligado a compensar a su víctima por el trabajo perdido y a pagar por su recuperación.

²⁰»Si un hombre golpea a su esclavo o a su esclava con un palo y debido a ello el esclavo muere, el amo tendrá que ser castigado. ²¹Pero si en uno o dos días el esclavo se recupera, el amo no recibirá ningún castigo porque el esclavo es su propiedad.

²²»Supongamos que dos hombres pelean y, durante la lucha, golpean accidentalmente a una mujer embarazada y ella da a luz antes de término.* Si ella no sufrió más heridas, el hombre que golpeó a la mujer estará obligado a pagar la compensación que el esposo de la mujer exija y que los jueces aprueben. ²³Pero si hay más lesiones, el castigo debe ser acorde a la gravedad del daño: vida por vida, ²⁴ojo por ojo, diente por diente, mano por mano, pie por pie, ²⁵quemadura por quemadura, herida por herida, moretón por moretón.

²⁶»Si un hombre golpea a su esclavo o a su esclava en el ojo, y debido a ello le deja ciego de ese ojo, tendrá que darle su libertad a modo de compensación por el ojo. ²⁷Y si le rompe un diente a su esclavo o esclava, tendrá que darle la libertad para compensarle el diente.

²⁸»Si un buey* mata a cornadas a un hombre o a una mujer, habrá que apedrear al buey y se prohíbe comer su carne. En ese caso, sin embargo, el dueño del buey no será responsable. ²⁹Pero supongamos que el buey tenía fama de cornear, y el dueño ya había sido advertido pero no lo mantenía bajo control; si el buey posteriormente mata a alguien, habrá que apedrear al buey y el dueño también tendrá que morir. ³⁰Sin embargo, los

---

21:6 O *delante de los jueces.* 21:17 La versión griega dice *Cualquiera que hable irrespetuosamente de.* Comparar Mt 15:4; Mc 7:10. 21:22 O *pierde su bebé;* en hebreo dice *y sus hijos salen.* 21:28 O *un toro o una vaca;* también en 21:29-36.

familiares del muerto podrán aceptar un pago a modo de compensar por la pérdida de vida. El dueño del buey podrá salvar su vida pagando lo que se le exija.

³¹»La misma ordenanza se aplica si el buey cornea a un muchacho o a una muchacha. ³²Pero si el buey cornea a un esclavo, sea hombre o mujer, el dueño del animal pagará al dueño del esclavo treinta monedas de plata,* y el buey morirá apedreado.

³³»Supongamos que alguien cava o destapa un pozo y, por no taparlo, un buey o un burro cae adentro. ³⁴El dueño del pozo compensará en forma total al dueño del animal pero podrá quedarse con el animal muerto.

³⁵»Si el buey de una persona cornea al buey de otra y el animal herido muere, entonces los dos dueños tendrán que vender el buey vivo y repartirse el dinero por partes iguales; también dividirán entre ellos el animal muerto. ³⁶Sin embargo, si el buey tenía fama de cornear y su dueño no lo mantenía bajo control, el dueño tendrá que pagar una compensación total —un buey vivo por el buey muerto— pero podrá quedarse con el animal muerto.

Protección de la propiedad

22 ¹*»Si alguien roba un buey* o una oveja y luego mata o vende el animal, el ladrón tendrá que pagar cinco bueyes por cada buey robado y cuatro ovejas por cada oveja robada.

²*»Si se sorprende a un ladrón en el acto de forzar la entrada a una casa y, durante el enfrentamiento, se le mata a golpes, la persona que mató al ladrón no es culpable de asesinato. ³Pero si sucede a la luz del día, el que mató al ladrón sí es culpable de asesinato.

»El ladrón que sea capturado pagará la cantidad total de lo que haya robado. Si no puede pagar, se venderá como esclavo para pagar por lo robado. ⁴Si alguien roba un buey o un burro o una oveja, y se encuentra el animal en su poder, entonces el ladrón tendrá que pagar el doble del valor del animal robado.

⁵»Si un animal pasta en un campo o en un viñedo, y el dueño deja que se meta a pastar en el campo de otro, el dueño del animal tendrá que compensar al dueño del campo con lo mejor de su cosecha de grano o de uvas.

⁶»Si alguien prende fuego a espinos y el fuego se sale de control y se extiende al campo de un vecino, y por lo tanto, se queman las gavillas de grano o lo que está por cosecharse o todos los cultivos, el que encendió el fuego tendrá que pagar por la cosecha perdida.

⁷»Supongamos que alguien entrega dinero o bienes a un vecino para que se los guarde en un lugar seguro, y al vecino se los roban de su casa. Si se atrapa al ladrón, la compensación consistirá en el doble del valor de lo robado. ⁸Pero si no se encuentra al ladrón, el vecino tendrá que presentarse ante Dios, y él determinará* si el vecino es quien robó los bienes.

⁹»Supongamos que hay un pleito entre dos personas, y ambas afirman ser dueñas de cierto buey o burro, cierta oveja o prenda de vestir, o algún objeto perdido. Ambas partes tendrán que presentarse ante Dios, y la persona a quien Dios declare* culpable tendrá que pagarle el doble al otro.

¹⁰»Ahora supongamos que alguien da un burro, un buey, una oveja o cualquier otro animal al cuidado de otra persona, pero el animal muere, se lastima o se extravía, y nadie vio lo sucedido. ¹¹Entonces el vecino tendrá que hacer un juramento en presencia del SEÑOR. Si el SEÑOR confirma que el vecino no robó el animal, el dueño deberá aceptar el veredicto, y no se exigirá ningún pago; ¹²pero si efectivamente el animal fue robado, el culpable deberá compensar al dueño. ¹³Si un animal salvaje lo despedazó, los restos del animal muerto se presentarán como prueba, y no se exigirá ninguna compensación.

¹⁴»Si alguien pide prestado un animal a un vecino, y el animal se lastima o muere en ausencia del dueño, el que lo pidió prestado tendrá que compensar al dueño en forma total y absoluta; ¹⁵pero si el dueño estaba presente, no se exigirá ninguna compensación. Si el animal fue alquilado, tampoco se exigirá ninguna compensación, porque los posibles daños están incluidos en el alquiler.

Responsabilidad social

¹⁶»Si un hombre seduce a una mujer virgen que no está comprometida y tiene sexo con ella, tendrá que pagar a la familia de la mujer la cantidad acostumbrada por una virgen y casarse con ella. ¹⁷Aun si el padre se niega a que él se case con ella, el hombre tendrá que pagar una cantidad igual al precio que se acostumbra pagar por una virgen.

¹⁸»No dejes con vida a las hechiceras.

¹⁹»Cualquiera que tenga relaciones sexuales con un animal será ejecutado.

²⁰»Cualquiera que ofrezca sacrificios a un dios que no sea el SEÑOR, tendrá que ser destruido.*

²¹»No maltrates ni oprimas a los extranjeros en ninguna forma. Recuerda que tú también fuiste extranjero en la tierra de Egipto.

²²»No exploten a la viuda ni al huérfano. ²³Si los explotas de alguna manera y ellos claman a mí, ten por seguro que oiré su clamor. ²⁴Mi enojo se encenderá contra ti y te mataré a filo de espada. Entonces tus esposas serán las viudas y tus hijos los huérfanos.

21:32 En hebreo *30 siclos de plata,* aproximadamente 342 gramos o 12 onzas.   22:1a El versículo 22:1 corresponde al 21:37 en el texto hebreo.   22:1b O *un toro o una vaca;* también en 22:4, 9, 10.   22:1c Los versículos del 22:2-31 corresponden al 22:1-30 en el texto hebreo.   22:8 O *ante los jueces,* y *ellos determinarán.*   22:9 O *ante los jueces,* y *aquel a quien los jueces declaren.*   22:20 El término hebreo empleado aquí se refiere a la consagración total de cosas o personas al SEÑOR, ya sea destruyéndolas o entregándolas como ofrenda.

²⁵»Si prestas dinero a cualquiera de mi pueblo que pase necesidad, no le cobres interés como acostumbran hacer los prestamistas. ²⁶Si tomas el abrigo de tu prójimo como garantía por un préstamo, se lo devolverás antes de la puesta del sol. ²⁷Puede ser que este abrigo sea la única manta que tiene para abrigarse. ¿Cómo podrá dormir sin abrigo? Si no se lo devuelves y tu prójimo clama a mí por ayuda, yo lo oiré, porque soy misericordioso.

²⁸»No deshonres a Dios ni insultes a ninguno de tus gobernantes.

²⁹»No retengas nada cuando me entregues las ofrendas de tus cosechas y de tu vino.

»Deberás darme el primer hijo varón.

³⁰»También tienes que entregarme las primeras crías de tu ganado, de tus ovejas y de tus cabras. Dejarás la nueva cría con su madre durante siete días y al octavo día me la entregarás.

³¹»Ustedes tienen que ser mi pueblo santo. Por eso, no coman ningún animal que haya sido muerto y despedazado por animales salvajes. Échenselo a los perros.

Un llamado a la justicia

23 »No esparzas rumores falsos. No te hagas cómplice de gente malvada cuando tengas que jurar en el estrado de los testigos.

²»No te dejes llevar por la mayoría en su maldad. Cuando te llamen a testificar en un pleito, no te dejes influir por la multitud para torcer la justicia. ³Tampoco inclines tu testimonio en favor de una persona solo porque sea pobre.

⁴»Si encuentras extraviado el buey o el burro de tu enemigo, devuélveselo a su dueño. ⁵Si ves que el burro de alguien que te odia cayó debajo de su carga, no pases de largo. Detente y ayúdalo.

⁶»Ante una demanda judicial, no le negarás la justicia al pobre.

⁷»Asegúrate que nunca acuses a nadie falsamente de algún mal. Jamás condenes a muerte a una persona inocente o intachable, porque yo nunca declaro inocente al culpable.

⁸»No aceptes sobornos, porque el soborno te lleva a hacerte de la vista gorda en aquello que ves con claridad. El soborno mueve incluso a una persona justa a tergiversar la verdad.

⁹»No oprimas a los extranjeros. Tú sabes lo que es ser extranjero, porque tú también fuiste extranjero en la tierra de Egipto.

¹⁰»Siembra y recoge tus cosechas durante seis años, ¹¹pero el séptimo año deja que la tierra se renueve y descanse sin cultivar. Permite que la gente pobre de tu pueblo coseche lo que crezca por sí mismo durante ese año. Deja el resto para que coman los animales salvajes. Haz lo mismo con tus viñedos y olivares.

¹²»Tienes seis días en la semana para hacer tu trabajo habitual, pero el séptimo día dejarás de trabajar. Así tu buey y tu burro podrán descansar, y también recobrarán sus fuerzas tus esclavos y los extranjeros que vivan en medio de ti.

¹³»Presta mucha atención a todas mis instrucciones. No invoques el nombre de ningún otro dios; ni siquiera menciones sus nombres.

Tres festivales anuales

¹⁴»Cada año, deberás celebrar tres festivales en mi honor. ¹⁵En primer lugar, celebra el Festival de los Panes sin Levadura. Durante siete días, prepararás sin levadura el pan que comas, tal como yo te ordené. Celebra este festival cada año, en el tiempo señalado, a comienzos de la primavera, en el mes de *abib,** porque en esa fecha se cumple el aniversario de tu salida de Egipto. Nadie podrá presentarse ante mí sin una ofrenda.

¹⁶»En segundo lugar, celebra el Festival de la Cosecha* cuando me traigas los primeros frutos de tus cosechas.

»Por último, celebra el Festival de la Cosecha Final* cuando termine la temporada de la cosecha, una vez que hayas cosechado todos los cultivos de tus campos. ¹⁷Cada año, en estas tres ocasiones anuales, todo hombre de Israel deberá presentarse delante del Soberano, el SEÑOR.

¹⁸»No ofrezcas la sangre de mis sacrificios con ningún tipo de pan que contenga levadura. Tampoco dejes hasta la mañana siguiente la grasa de las ofrendas del festival.

¹⁹»Cuando recojas tus cosechas, lleva a la casa del SEÑOR tu Dios lo mejor de la primera cosecha.

»No cocines a un cabrito en la leche de su madre.

Promesa de la presencia del SEÑOR

²⁰»Mira, yo envío un ángel delante de ti para que te proteja en el viaje y te lleve a salvo al lugar que te he preparado. ²¹Préstale mucha atención y obedece sus instrucciones. No te rebeles contra él, porque es mi representante y no perdonará tu rebelión. ²²Pero si te aseguras de obedecerlo y sigues todas mis instrucciones, entonces yo seré enemigo de tus enemigos y me opondré a todos los que se te opongan. ²³Pues mi ángel irá delante de ti y te llevará a la tierra de los amorreos, de los hititas, de los ferezeos, de los cananeos, de los heveos y de los jebuseos, para que vivas en ella. Yo los destruiré por completo. ²⁴No rindas culto a los dioses de estas naciones, ni los sirvas de ninguna manera, ni imites sus prácticas malvadas. En cambio, destruye sus ídolos por completo y destroza sus columnas sagradas.

²⁵»Sirve sólo al SEÑOR tu Dios. Si lo haces, yo te bendeciré* con alimento y agua, y te protegeré

23:15 En hebreo *en el tiempo señalado, en el mes de abib.* En el antiguo calendario lunar hebreo, *abib* es primer mes, por lo general, cae entre marzo y abril.   23:16a O *Festival de las Semanas.* Este festival después se denominó el Festival de Pentecostés (ver Hch 2:1). Hoy en día se celebra como Shavuot.   23:16b O *Festival de la Recolección.* Este festival después se denominó el Festival de los Refugios o el Festival de los Tabernáculos (ver Lv 23:33-36). Hoy en día se celebra como Sucot.   23:25 Así aparece en las versiones griega y latina; en hebreo dice *él te bendecirá.*

de enfermedades. ²⁶No habrá en tu tierra ninguna mujer que pierda su embarazo o sea estéril; te daré una vida larga y plena.

²⁷»Enviaré mi terror delante de ti y sembraré pánico entre todos los pueblos de las tierras que invadas. Haré que todos tus enemigos den la vuelta y salgan corriendo. ²⁸Mandaré terror* delante de ti para expulsar a los heveos, a los cananeos y a los hititas; ²⁹pero no los expulsaré a todos en un solo año, porque la tierra quedaría desierta y los animales salvajes se multiplicarían y serían una amenaza para ti. ³⁰Los expulsaré poco a poco, hasta que tu población aumente lo suficiente para tomar posesión de la tierra. ³¹Y estableceré los límites de tu territorio desde el mar Rojo hasta el mar Mediterráneo,* y desde el desierto oriental hasta el río Éufrates.* Entregaré en tus manos a los pueblos que ahora viven en esa tierra, y tú los expulsarás a tu paso.

³²»No hagas tratados con ellos ni con sus dioses. ³³Ninguno de ellos deberá vivir en tu tierra, porque te harán pecar contra mí. Si sirves a sus dioses, quedarás apresado en la trampa de la idolatría».

Israel acepta el pacto del SEÑOR

24 Luego el SEÑOR instruyó a Moisés: «Sube para encontrarte conmigo, y ven junto con Aarón, Nadab y Abiú, y setenta de los ancianos de Israel. Todos tendrán que adorar de lejos; ²solo a Moisés se le permite acercarse al SEÑOR. Los demás no se acercarán, a nadie del pueblo se le permite subir al monte con él».

³Después Moisés descendió y le repitió al pueblo todas las instrucciones y ordenanzas que el SEÑOR le había dado, y todo el pueblo respondió a una voz: «Haremos todo lo que el SEÑOR ha ordenado».

⁴Entonces Moisés escribió cuidadosamente todas las instrucciones del SEÑOR, y temprano a la mañana siguiente se levantó y construyó un altar al pie del monte. También levantó doce columnas, una por cada tribu de Israel. ⁵Luego envió a unos jóvenes israelitas a presentar ofrendas quemadas y a sacrificar toros como ofrendas de paz al SEÑOR. ⁶Moisés dejó escurrir la mitad de la sangre de estos animales en unos tazones; la otra mitad la salpicó sobre el altar.

⁷Luego tomó el libro del pacto y lo leyó al pueblo en voz alta. Una vez más todos respondieron: «Haremos todo lo que el SEÑOR ha ordenado. Vamos a obedecer».

⁸Entonces Moisés tomó la sangre de los tazones y la salpicó sobre el pueblo, mientras declaraba: «Esta sangre confirma el pacto que el SEÑOR ha hecho con ustedes al darles estas instrucciones».

⁹Después Moisés, Aarón, Nadab y Abiú, y los setenta ancianos de Israel subieron al monte. ¹⁰Allí vieron al Dios de Israel. Debajo de sus pies parecía haber una superficie de lapislázuli de color azul brillante, tan clara como el mismo cielo. ¹¹Aunque estos nobles de Israel pudieron contemplar a Dios, él no los destruyó. De hecho, compartieron una comida para celebrar el pacto, en la cual comieron y bebieron en su presencia.

¹²Luego el SEÑOR le dijo a Moisés: «Sube al monte para encontrarte conmigo. Espera allí, y te daré las tablas de piedra en las que he escrito las instrucciones y los mandatos para que puedas enseñar al pueblo». ¹³Entonces Moisés y su ayudante Josué salieron, y Moisés subió al monte de Dios.

¹⁴Moisés les dijo a los ancianos: «Quédense aquí y espérennos hasta que regresemos. Aarón y Hur se quedan aquí con ustedes; si alguien tiene algún altercado durante mi ausencia, que consulte con ellos».

¹⁵Luego Moisés subió al monte, el cual quedó cubierto por la nube. ¹⁶Entonces la gloria del SEÑOR se posó sobre el monte Sinaí, y durante seis días la nube cubrió el monte. Al séptimo día, el SEÑOR llamó a Moisés desde el interior de la nube. ¹⁷Para los israelitas que estaban al pie del monte, la gloria del SEÑOR, que estaba sobre la cima del monte, parecía como un fuego consumidor. ¹⁸Entonces Moisés fue desapareciendo en la nube a medida que subía al monte, y permaneció en el monte cuarenta días y cuarenta noches.

Ofrendas para el tabernáculo

25 El SEÑOR le dijo a Moisés: ²«Dile al pueblo de Israel que me traiga sus ofrendas sagradas. Acepta las contribuciones de todos los que tengan el corazón dispuesto a ofrendar. ³La siguiente es una lista de las ofrendas sagradas que podrás aceptar de ellos:

oro, plata y bronce;
⁴ hilo azul, púrpura y escarlata;
lino fino y pelo de cabra para tela;
⁵ pieles de carnero curtidas y cuero
de cabra de la mejor calidad;
madera de acacia;
⁶ aceite de oliva para las lámparas;
especias para el aceite de la unción
y para el incienso aromático;
⁷ piedras de ónice y otras piedras preciosas
para incrustar en el efod y en el pectoral
del sacerdote.

⁸»Haz que los israelitas me construyan un santuario santo para que yo habite en medio de ellos. ⁹Deberán construir el tabernáculo y su mobiliario exactamente según el modelo que te mostraré.

Instrucciones para el arca del pacto

¹⁰»Haz que el pueblo construya un arca con madera de acacia, un cofre sagrado que mida un metro con quince centímetros de largo, sesenta

---

23:28A A menudo traducido *el avispón.* El significado del hebreo es incierto.   23:31a En hebreo *desde el mar de juncos hasta el mar de los filisteos.*   23:31b En hebreo *desde el desierto hasta el río.*

y nueve centímetros de ancho, y sesenta y nueve centímetros de alto.* ¹¹Recúbrela de oro puro por dentro y por fuera, y ponle una moldura de oro alrededor. ¹²Funde cuatro anillos de oro y sujétalos a sus cuatro patas, dos anillos en cada lado. ¹³Haz también varas con madera de acacia y recúbrelas de oro. ¹⁴Mete las varas por los anillos que están a los costados del arca para transportarla. ¹⁵Estas varas para transportar el arca deberán quedar dentro de los anillos; nunca las quites. ¹⁶Cuando el arca esté terminada, pon dentro de ella las tablas de piedra, las tablas grabadas con las condiciones del pacto* que te entregaré.

¹⁷»Después haz la tapa del arca —el lugar de la expiación— de oro puro. Tendrá que medir un metro con quince centímetros de largo, por sesenta y nueve centímetros de ancho.* ¹⁸Luego forma dos querubines de oro labrado a martillo y colócalos en los dos extremos de la tapa de la expiación. ¹⁹Moldea los querubines a cada extremo de la tapa de la expiación, de modo que formen una sola pieza de oro con la tapa. ²⁰Los querubines estarán frente a frente, mirando hacia la tapa de la expiación; con las alas extendidas por encima de la tapa para protegerla. ²¹Coloca dentro del arca las dos tablas de piedra grabadas con las condiciones del pacto que te entregaré. Luego pon la tapa de la expiación encima del arca. ²²Allí me encontraré contigo y hablaré desde encima de la tapa de la expiación, entre los querubines de oro, que están suspendidos sobre el arca del pacto.* Desde allí te daré mis mandatos para el pueblo de Israel.

Instrucciones para la mesa

²³»Luego haz una mesa con madera de acacia que mida noventa y dos centímetros de largo, cuarenta y seis centímetros de ancho, y sesenta y nueve centímetros de alto.* ²⁴Recúbrela de oro puro y ponle una moldura de oro alrededor del borde. ²⁵Adórnala con un reborde de ocho centímetros de ancho* y ponle una moldura de oro alrededor del reborde. ²⁶Haz cuatro anillos de oro para la mesa y sujétalos en las cuatro esquinas, junto a las cuatro patas. ²⁷Sujeta los anillos cerca del reborde para sostener las varas que se usan para transportar la mesa. ²⁸Haz estas varas con madera de acacia y recúbrelas de oro. ²⁹Haz recipientes especiales de oro puro para la mesa —tazones, cacerolas, jarras y frascos— los cuales se usarán al derramar las ofrendas líquidas. ³⁰Coloca sobre la mesa el pan de la Presencia para que esté siempre delante de mí.

Instrucciones para el candelabro

³¹»Haz un candelabro de oro puro labrado a martillo. Todo el candelabro y sus decoraciones

serán de una sola pieza: la base, el tronco, las copas para las lámparas, los capullos y los pétalos. ³²Hazlo con seis ramas que salgan del tronco, tres a cada lado. ³³Cada una de las seis ramas tendrá tres copas para las lámparas en forma de flor de almendro, con capullos y pétalos. ³⁴Trabaja artesanalmente el tronco del candelabro con cuatro copas para las lámparas en forma de flor de almendro, con capullos y pétalos. ³⁵También habrá un brote de almendro debajo de cada par de ramas, donde las seis ramas salen del tronco. ³⁶Los brotes de almendro y las ramas deben ser de una sola pieza con el tronco, y de oro puro labrado a martillo. ³⁷Luego haz las siete lámparas para el candelabro y acomódalas de tal manera que reflejen la luz hacia adelante. ³⁸Las despabiladeras de las lámparas y las bandejas también serán de oro puro. ³⁹Necesitarás treinta y cuatro kilos* de oro puro para formar el candelabro y sus accesorios.

⁴⁰»Asegúrate de hacer todo según el modelo que te mostré aquí en la montaña.

Instrucciones para el tabernáculo

26 »Haz el tabernáculo con diez cortinas de lino de tejido fino. Adorna las cortinas con hilo azul, púrpura y escarlata, y con querubines hábilmente bordados. ²Cada una de estas diez cortinas tendrá exactamente la misma medida: doce metros con noventa centímetros de largo, por un metro con ochenta centímetros de ancho.* ³Junta cinco de estas cortinas para hacer una larga, y luego junta las otras cinco para hacer una segunda cortina larga. ⁴En la última cortina de cada conjunto, pondrás presillas de tejido azul a lo largo del borde. ⁵Las cincuenta presillas a lo largo del borde de la cortina del primer conjunto deben coincidir con las cincuenta presillas en el borde de la cortina del otro conjunto. ⁶Luego haz cincuenta broches de oro y úsalos para sujetar las dos cortinas largas. De este modo, el tabernáculo se formará de una pieza completa.

⁷»Confecciona once cortinas con tejido de pelo de cabra, para que sirvan de cubierta para el tabernáculo. ⁸Cada una de estas once cortinas deberá tener exactamente la misma medida: trece metros con ochenta centímetros de largo, por un metro con ochenta centímetros de ancho.* ⁹Junta cinco de estas cortinas para formar una larga, y junta las otras seis para formar una segunda cortina larga. De ese segundo conjunto de cortinas, deja que noventa centímetros de material cuelguen sobre la parte delantera* de la carpa sagrada. ¹⁰Haz cincuenta presillas para el borde de cada cortina larga. ¹¹Luego haz cincuenta broches de bronce y úsalos para

---

25:10 En hebreo 2,5 codos [45 pulgadas] de largo, 1,5 codos [27 pulgadas] de ancho y 1,5 codos de alto. 25:16 En hebreo Pondrás el testimonio dentro del arca; similar en 25:21. El término hebreo para «testimonio» se refiere a las condiciones del pacto del SEÑOR con Israel escritas en las tablas de piedra, y también se refiere al pacto mismo. 25:17 En hebreo 2,5 codos [45 pulgadas] de largo y 1,5 codos [27 pulgadas] de ancho. 25:22 O arca del testimonio. 25:23 En hebreo 2 codos [36 pulgadas] de largo, 1 codo [18 pulgadas] de ancho, y 1,5 codos [27 pulgadas] de alto. 25:25 En hebreo un reborde de un palmo menor [3 pulgadas]. 25:39 En hebreo un talento [75 libras]. 26:2 En hebreo 28 codos [42 pies] de largo y 4 codos [6 pies] de ancho. 26:8 En hebreo 30 codos [45 pies] de largo por 4 codos [6 pies] de ancho. 26:9 En hebreo dobla la sexta sábana delante de la carpa sagrada.

sujetar las presillas de las cortinas largas. De ese modo, la cubierta se formará en una pieza completa. [12]Los noventa centímetros restantes de la cubierta,* dejarás que cuelguen sobre la parte posterior del tabernáculo. [13]Deja que cuelguen de cada lado los cuarenta y seis centímetros* del material restante, de modo que el tabernáculo quede completamente cubierto. [14]Completa la cubierta con una capa protectora de pieles de carnero curtidas y otra capa de cuero de cabra de la mejor calidad.

[15]»Para el armazón del tabernáculo, construye soportes de madera de acacia. [16]Cada soporte deberá medir cuatro metros con sesenta centímetros de largo, por sesenta y nueve centímetros de ancho,* [17]y tendrá dos estacas debajo de cada soporte. Todos los soportes tienen que ser idénticos. [18]Construye veinte de esos soportes para sostener las cortinas del lado sur del tabernáculo. [19]Haz también cuarenta bases de plata, pondrás dos bases debajo de cada soporte y harás que las estacas encajen firmemente en las bases. [20]Para el lado norte del tabernáculo construye otros veinte soportes, [21]con sus cuarenta bases de plata (dos bases por cada soporte). [22]Construye seis soportes para la parte posterior —es decir, el lado occidental del tabernáculo— [23]junto con dos soportes más para reforzar las esquinas de la parte posterior del tabernáculo. [24]Los soportes de las esquinas estarán emparejados por abajo y firmemente sujetados por arriba con un solo anillo, esto formará un solo esquinero. Arma los dos esquineros de la misma manera. [25]Entonces habrá ocho soportes en la parte posterior del tabernáculo sobre dieciséis bases de plata (dos bases por cada soporte).

[26]»Haz travesaños de madera de acacia para unir los soportes: cinco travesaños para el lado norte del tabernáculo [27]y cinco para el lado sur. Prepara también cinco travesaños para la parte posterior del tabernáculo, que dará al occidente. [28]El travesaño central, sujetado a la mitad de la altura de los soportes, pasará de un extremo del tabernáculo al otro. [29]Recubre de oro los soportes y haz anillos de oro para sostener los travesaños. También recubre de oro los travesaños.

[30]»Arma el tabernáculo según el modelo que se te mostró en el monte.

[31]»Para el interior del tabernáculo, confecciona una cortina especial de lino de tejido fino. Adórnala con hilo azul, púrpura y escarlata, y con querubines hábilmente bordados. [32]Cuélgala de ganchos de oro, que estarán sujetos a cuatro postes de madera de acacia. Recubre de oro los postes y colócalos en cuatro bases de plata. [33]Cuelga con broches la cortina interior y coloca el arca del pacto* en la sala detrás de la cortina. Esta cortina separará el Lugar Santo del Lugar Santísimo.

[34]»Después pondrás la tapa del arca —el lugar de la expiación— encima del arca del pacto, dentro del Lugar Santísimo. [35]Coloca la mesa fuera de la cortina interior, en el lado norte del tabernáculo, y ubica el candelabro al otro lado de la sala, es decir, en el lado sur.

[36]»Confecciona otra cortina para la entrada de la carpa sagrada. Elabórala con lino de tejido fino y bórdala con diseños refinados, usando hilo azul, púrpura y escarlata. [37]Fabrica cinco postes con madera de acacia; recúbrelos de oro y cuelga de ellos la cortina con ganchos de oro. También funde cinco bases de bronce para los postes.

Instrucciones para el altar de las ofrendas quemadas

27 »Con madera de acacia, construye un altar cuadrado que mida dos metros con treinta centímetros de ancho y de largo, y un metro con cuarenta centímetros de alto.* [2]Haz cuernos en cada una de las cuatro esquinas, de modo que el altar y los cuernos formen una sola pieza. Recubre con bronce el altar. [3]Haz recipientes para las cenizas, palas, tazones, tenedores para la carne y braseros, todos de bronce. [4]Hazle una rejilla de bronce y ponle cuatro anillos de bronce en las cuatro esquinas. [5]Instala la rejilla a la mitad de la altura del altar, debajo del borde. [6]Para trasladar el altar, haz varas con madera de acacia y recúbrelas de bronce. [7]Mete las varas por los anillos a ambos lados del altar. [8]El altar deberá ser hueco y estar hecho con tablas. Constrúyelo tal como se te mostró en el monte.

Instrucciones para el atrio

[9]»Luego harás el atrio del tabernáculo y lo encerrarás con cortinas de lino de tejido fino. Las cortinas del lado sur medirán cuarenta y seis metros de largo.* [10]Estarán sostenidas por veinte postes encajados firmemente en veinte bases de bronce. Cuelga las cortinas con ganchos y anillos de plata. [11]Confecciona las cortinas del lado norte iguales a las del lado sur: de cuarenta y seis metros de largo, sostenidas por veinte postes encajados firmemente en bases de bronce. Cuelga las cortinas con ganchos y anillos de plata. [12]Las cortinas del lado occidental del atrio medirán veintitrés metros de largo,* estarán sostenidas por diez postes encajados en diez bases. [13]El lado oriental del atrio, o sea el frente, también medirá veintitrés metros de largo. [14]La entrada al atrio estará ubicada en el lado oriental, flanqueada por dos cortinas. La cortina del lado derecho medirá seis metros con noventa centímetros de largo y estará sostenida por tres postes encajados en tres bases. [15]La cortina del lado izquierdo también medirá seis metros con noventa centímetros de largo y estará sostenida por tres postes encajados en tres bases.

26:12 En hebreo *La mitad de la sábana restante.* **26:13** En hebreo *un codo* [18 pulgadas]. **26:16** En hebreo *10 codos* [15 pies] *de alto y 1.5 codos* [27 pulgadas] *de ancho.* **26:33** O *arca del testimonio;* también en 26:34. **27:1** En hebreo *5 codos* [7.5 pies] *de ancho, 5 codos de largo —un cuadrado— y 3 codos* [4.5 pies] *de alto.* **27:9** En hebreo *100 codos* [150 pies]; también en 27:11. **27:12** En hebreo *50 codos* [75 pies]; también en 27:13.

¹⁶»Para la entrada del atrio, confecciona una cortina de nueve metros con veinte centímetros de largo.* Elabórala de lino de tejido fino y adórnala con bordado hermoso de hilo azul, púrpura y escarlata. Sostenla con cuatro postes, cada uno encajado firmemente en su propia base. ¹⁷Todos los postes alrededor del atrio deberán tener anillos y ganchos de plata, y bases de bronce. ¹⁸Así que el atrio entero medirá cuarenta y seis metros de largo, por veintitrés metros de ancho, y tendrá paredes de cortinas de dos metros con treinta centímetros de alto,* hechas de tejido fino de lino. Las bases de los postes serán de bronce.

¹⁹»Todos los objetos que se usen para las ceremonias del tabernáculo, incluidas las estacas para sostener el tabernáculo y las cortinas del atrio, serán de bronce.

Iluminación para el tabernáculo

²⁰»Ordénale al pueblo de Israel que te traiga aceite puro de olivas prensadas para la iluminación, a fin de mantener las lámparas siempre encendidas. ²¹El candelabro estará en el tabernáculo, delante de la cortina interior que protege el arca del pacto.* Aarón y sus hijos deberán mantener las lámparas encendidas toda la noche en la presencia del SEÑOR. Esta es una ley perpetua para el pueblo de Israel, y deberá cumplirse de generación en generación.

Vestiduras para los sacerdotes

28 »Manda llamar a tu hermano Aarón y a sus hijos Nadab, Abiú, Eleazar e Itamar. Apártalos de los demás israelitas para que me sirvan y sean mis sacerdotes. ²Hazle a Aarón vestiduras sagradas que irradien belleza y esplendor. ³Instruye a todos los hábiles artesanos, a quienes he llenado con el espíritu de sabiduría, que confeccionen las vestiduras de Aarón, las cuales lo distinguirán como un sacerdote apartado para mi servicio. ⁴Las vestiduras que deben elaborar son las siguientes: un pectoral, un efod, un manto, una túnica con diseños, un turbante y una faja. Los artesanos harán estas vestiduras sagradas para tu hermano Aarón y para sus hijos, a fin de que los usen cuando me sirvan como sacerdotes. ⁵Por lo tanto, dales tela de lino fino, hilo de oro e hilo azul, púrpura y escarlata.

Diseño del efod

⁶»Los artesanos deberán hacer el efod de lino de tejido fino y bordado hábilmente con hilo de oro e hilo azul, púrpura y escarlata. ⁷Constará de dos piezas —el frente y la espalda— unidas en los hombros por dos hombreras. ⁸La faja decorativa estará confeccionada de los mismos materiales: lino de tejido fino, bordado con oro y con hilo azul, púrpura y escarlata.

⁹»Toma dos piedras de ónice y graba sobre ellas los nombres de las tribus de Israel: ¹⁰seis nombres en cada piedra, dispuestos según el orden de nacimiento de los hijos de Israel. ¹¹Graba estos nombres en las dos piedras con la misma técnica que emplea un joyero para grabar un sello. Luego incrusta las piedras en monturas de filigrana de oro. ¹²Sujeta las dos piedras sobre las hombreras del efod, pues son un recordatorio de que Aarón representa al pueblo de Israel. Aarón llevará estos nombres sobre sus hombros como un recordatorio continuo cada vez que se presente ante el SEÑOR. ¹³Elabora las monturas de filigrana de oro, ¹⁴luego trenza dos cordones de oro puro y sujétalos a las monturas de filigrana, sobre las hombreras del efod.

Diseño del pectoral

¹⁵»Después, con mucho cuidado y gran habilidad, harás un pectoral que se usará cuando se busque una decisión de parte de Dios.* Confecciónalo de modo que haga juego con el efod: de lino de tejido fino, bordado con oro y con hilo azul, púrpura y escarlata. ¹⁶Haz el pectoral de una sola pieza de tela, doblada en forma de bolsa cuadrada, de veintitrés centímetros* cada lado. ¹⁷Incrusta sobre el pectoral cuatro hileras de piedras preciosas.* La primera hilera tendrá una cornalina roja, un peridoto de color verde pálido y una esmeralda. ¹⁸La segunda hilera estará compuesta por una turquesa, un lapislázuli de color azul y una adularia blanca. ¹⁹La tercera hilera consistirá de un jacinto anaranjado, una ágata y una amatista púrpura. ²⁰La cuarta hilera estará formada por un berilo azul y verde, un ónice y un jaspe verde. Todas estas piedras estarán incrustadas en filigranas de oro. ²¹Cada piedra representará a uno de los doce hijos de Israel, y el nombre de la tribu que representa estará grabado en ella como un sello.

²²»Para sujetar el pectoral al efod, prepara cordones trenzados de oro puro. ²³Luego haz dos anillos de oro y sujétalos a las esquinas superiores del pectoral. ²⁴Ata los dos cordones de oro a los dos anillos colocados en el pectoral. ²⁵También ata los otros extremos de los cordones a las monturas de oro que van sobre las hombreras del efod. ²⁶Luego haz otros dos anillos de oro y fíjalos a los bordes interiores del pectoral, junto al efod. ²⁷Y haz otros dos anillos de oro y fíjalos a la parte delantera del efod, debajo de las hombreras, justo por encima del nudo donde la faja decorativa se ciñe al efod. ²⁸Luego sujeta con cordones azules los anillos inferiores del pectoral a los anillos del efod. Así el pectoral quedará firmemente unido al efod por encima de la faja decorativa.

²⁹»De esta manera, Aarón llevará los nombres de las tribus de Israel cerca de su corazón, en el pectoral sagrado,* cuando entre en el Lugar

---

27:16 En hebreo 20 codos [30 pies].   27:18 En hebreo 100 codos [150 pies] de largo y 50 por 50 [75 pies] de ancho y 5 codos [7,5 pies] de alto.   27:21 En hebreo en la carpa de reunión, fuera de la cortina interior que protege el arca; también ver 30:6.   28:15 En hebreo un pectoral para decisión.   28:16 En hebreo un palmo [9 pulgadas].   28:17 La identificación de algunas de estas piedras preciosas es incierta.   28:29 En hebreo el pectoral para decisión; también en 28:30. Ver 28:15.

Santo. Esto servirá para recordarle continuamente que él representa al pueblo cuando entra a la presencia del Señor. ³⁰Dentro del pectoral sagrado meterás el Urim y el Tumim, para que Aarón los lleve sobre su corazón cuando se presente ante el Señor. De este modo, cada vez que Aarón entre a la presencia del Señor, llevará siempre sobre su corazón los objetos que se usan para determinar la voluntad del Señor para su pueblo.

Otras vestiduras para los sacerdotes

³¹»Confecciona el manto que se usa con el efod de una sola pieza de tela azul, ³²con una abertura en el centro por donde Aarón pueda meter la cabeza. Refuerza la abertura con un cuello* tejido para evitar que se rasgue. ³³Haz granadas de hilo azul, púrpura y escarlata, y sujétalas al borde del manto, alternándolas con campanillas de oro. ³⁴Las campanillas de oro y las granadas irán en forma alternada por todo el borde. ³⁵Aarón llevará puesto el manto cada vez que oficie delante del Señor, y las campanillas sonarán cuando entre en la presencia del Señor, en el Lugar Santo, y también cuando salga de allí. Si lleva puesto el manto, no morirá.

³⁶»Luego haz un medallón de oro puro y grábalo como un sello con las palabras Santo para el Señor. ³⁷Con un cordón azul, sujeta el medallón a la parte delantera del turbante de Aarón, donde deberá quedar permanentemente. ³⁸Aarón lo llevará sobre su frente para cargar sobre sí mismo toda culpabilidad de los israelitas cuando consagran sus ofrendas sagradas. Aarón tendrá que llevarlo siempre sobre su frente para que el Señor acepte al pueblo.

³⁹»La túnica con diseños para Aarón, téjela con tela de lino fino. Con el mismo lino, haz también el turbante. Confecciona, además, una faja y adórnala con un bordado colorido.

⁴⁰»Para los hijos de Aarón, confecciona túnicas, fajas y gorros especiales que irradien belleza y esplendor. ⁴¹Viste a tu hermano Aarón, y a sus hijos con estas vestiduras, y luego úngelos y ordénalos. Conságralos para que puedan servir como mis sacerdotes. ⁴²Hazles también ropa interior de lino que usen directamente sobre la piel, y les cubra desde la cadera hasta los muslos. ⁴³Aarón y sus hijos tendrán que llevarla puesta cada vez que entren al tabernáculo o se acerquen al altar en el Lugar Santo para realizar sus tareas sacerdotales. Así no incurrirán en culpa y no morirán. Esta es una ley perpetua para Aarón y para todos sus descendientes.

Dedicación de los sacerdotes

29 »Cuando consagres a Aarón y a sus hijos para que me sirvan como sacerdotes, realiza esta ceremonia: toma un becerro y dos carneros sin defecto. ²Luego, con harina de trigo selecta y sin levadura, prepara panes, panes planos mezclados con aceite de oliva y obleas untadas con aceite. ³Pon todo en una sola cesta y preséntalo en la entrada del tabernáculo junto con el becerro y los dos carneros.

⁴»Lleva a Aarón y a sus hijos a la entrada del tabernáculo,* y lávalos con agua. ⁵Ponle a Aarón sus vestiduras sacerdotales: la túnica, el manto que se usa con el efod, el efod y el pectoral. Después cíñele la faja decorativa del efod. ⁶Colócale el turbante sobre la cabeza y fija el medallón sagrado en el turbante. ⁷Luego úngelo derramando el aceite de la unción sobre su cabeza. ⁸A continuación, trae a sus hijos y vístelos con sus túnicas. ⁹Cíñeles las fajas a Aarón y a sus hijos, y colócales los gorros especiales. Entonces el derecho del sacerdocio les pertenecerá por ley para siempre. De esta manera realizarás la ordenación de Aarón y de sus hijos.

¹⁰»Lleva el becerro a la entrada del tabernáculo, donde Aarón y sus hijos pondrán sus manos sobre la cabeza del animal. ¹¹Luego mata el becerro en presencia del Señor, a la entrada del tabernáculo. ¹²Con tu dedo, unta parte de la sangre sobre los cuernos del altar, y derrama el resto de la sangre al pie del altar. ¹³Toma toda la grasa que rodea las vísceras, el lóbulo largo del hígado, los dos riñones junto con toda la grasa que los rodea, y quema todo sobre el altar. ¹⁴Luego tomarás lo que queda del becerro —con la piel, la carne y el estiércol incluidos— y lo quemarás fuera del campamento como una ofrenda por el pecado.

¹⁵»Acto seguido, Aarón y sus hijos deberán poner las manos sobre la cabeza de uno de los carneros. ¹⁶Luego matarás el carnero y salpicarás la sangre por todos los lados del altar. ¹⁷Corta el carnero en pedazos y lava las vísceras y las patas. Colócalas junto a la cabeza y a los demás pedazos del cuerpo; ¹⁸después quema todo el animal sobre el altar. Esta es una ofrenda quemada al Señor; es un aroma agradable, un regalo especial presentado al Señor.

¹⁹»Luego toma el otro carnero, y haz que Aarón y sus hijos pongan las manos sobre la cabeza del animal. ²⁰Después mátalo y pon un poco de la sangre en el lóbulo de la oreja derecha tanto de Aarón como de sus hijos. Ponles sangre también en el pulgar de la mano derecha y en el dedo gordo del pie derecho. Salpica el resto de la sangre por todos los lados del altar. ²¹Luego toma parte de la sangre del altar y parte del aceite de la unción, y rocíalo sobre Aarón y sus hijos, y sobre sus vestiduras. De esta manera, ellos y sus vestiduras quedarán consagrados.

²²»Como este es el carnero de la ordenación de Aarón y de sus hijos, toma la grasa del carnero —que incluye la grasa de su cola gorda, la grasa que rodea las vísceras, el lóbulo largo del hígado y los dos riñones con toda la grasa que los rodea— junto con el muslo derecho. ²³Luego,

28:32 El significado del hebreo es incierto.   28:43 En hebreo *carpa de reunión.*   29:4 En hebreo *carpa de reunión;* también en 29:10, 11, 30, 32, 42, 44.

de la cesta con pan sin levadura que se colocó en la presencia del Señor, toma un pan redondo, un pan plano mezclado con aceite de oliva y una oblea. ²⁴Pon todo esto en las manos de Aarón y de sus hijos para que lo levanten como una ofrenda especial para el Señor. ²⁵Después toma de sus manos los diferentes panes y quémalos sobre el altar junto con la ofrenda quemada. Es un aroma agradable al Señor, un regalo especial para él. ²⁶Luego toma el pecho del carnero de la ordenación de Aarón y levántalo en presencia del Señor como una ofrenda especial para él. Luego quédate con él, pues esa será tu porción.

²⁷»Aparta las porciones del carnero de la ordenación que les corresponden a Aarón y a sus hijos, entre ellas el pecho y el muslo que fueron levantados como una ofrenda especial ante el Señor. ²⁸En el futuro, cada vez que el pueblo de Israel levante una ofrenda de paz, se apartará una porción para Aarón y sus descendientes. Será un derecho perpetuo para ellos, y también es una ofrenda sagrada de los israelitas al Señor.

²⁹»Las vestiduras sagradas de Aarón deberán ser preservadas para los descendientes que lo sucedan, quienes las usarán cuando sean ungidos y ordenados. ³⁰El descendiente que lo suceda en el cargo de sumo sacerdote llevará puestas estas vestiduras durante siete días mientras ministra en el tabernáculo y en el Lugar Santo.

³¹»Toma el carnero usado en la ceremonia de ordenación y hierve su carne en un lugar sagrado. ³²Luego Aarón y sus hijos comerán esta carne junto con el pan que está en la cesta, a la entrada del tabernáculo. ³³Solo ellos pueden comer la carne y el pan usados para su purificación* en la ceremonia de ordenación. Nadie más tiene permiso porque estos alimentos son apartados y santos. ³⁴Si sobra carne o pan de la ceremonia de ordenación hasta la mañana siguiente, habrá que quemarlo. No debe comerse, porque es sagrado.

³⁵»Así realizarás la ordenación de Aarón y de sus hijos para sus funciones, tal como te lo mandé. La ceremonia de ordenación durará siete días. ³⁶Cada día deberás sacrificar un becerro como ofrenda por el pecado, para purificarlos y hacerlos justos ante el Señor.* Finalizada la ceremonia, limpia el altar purificándolo;* unge el altar con aceite para consagrarlo. ³⁷Purifica el altar y conságralo cada día, durante siete días. Después el altar será completamente santo, y todo lo que lo toque se volverá santo.

³⁸»Ahora te diré los sacrificios que debes ofrecer con regularidad sobre el altar. Cada día ofrecerás dos corderos de un año: ³⁹uno en la mañana y el otro por la tarde. ⁴⁰Con uno de ellos, ofrecerás dos kilos de harina selecta, mezclada con un litro de aceite puro de olivas prensadas; ofrece también un litro de vino* como ofrenda

líquida. ⁴¹Ofrece el otro cordero por la tarde, junto con ofrendas de harina y de vino, igual que las de la mañana. Será un aroma agradable, un regalo especial presentado al Señor.

⁴²»Estas ofrendas quemadas deberás presentarlas cada día, de generación en generación. Ofrécelas en presencia del Señor, a la entrada del tabernáculo; allí me encontraré contigo y te hablaré. ⁴³Me reuniré allí con el pueblo de Israel, en el lugar que se hace sagrado por mi gloriosa presencia. ⁴⁴Así es, consagraré el tabernáculo y el altar, y consagraré a Aarón y a sus hijos para que me sirvan como sacerdotes. ⁴⁵Entonces viviré en medio de los israelitas y seré su Dios, ⁴⁶y ellos sabrán que yo soy el Señor su Dios. Yo soy quien los sacó de la tierra de Egipto para vivir entre ellos. Yo soy el Señor su Dios.

Instrucciones para el altar del incienso

30 »Después construye otro altar con madera de acacia para quemar incienso. ²Hazlo cuadrado, de cuarenta y seis centímetros de largo y de ancho, y noventa y dos centímetros de alto,* con cuernos tallados en las esquinas de la misma pieza de madera del altar. ³Recubre de oro puro la parte superior, los lados y los cuernos del altar, y ponle una moldura de oro alrededor de todo el altar. ⁴Haz dos anillos de oro y sujétalos en dos lados opuestos del altar por debajo de la moldura de oro para que sostengan las varas que sirven para transportarlo. ⁵Haz las varas de madera de acacia y recúbrelas de oro. ⁶Coloca el altar del incienso justo afuera de la cortina interior que protege el arca del pacto,* frente a la tapa del arca —el lugar de la expiación— que cubre las tablas grabadas con las condiciones del pacto,* donde me encontraré contigo.

⁷»Cada mañana, cuando Aarón prepare las lámparas, deberá quemar incienso aromático sobre el altar. ⁸Y cada tarde, cuando encienda las lámparas, también quemará incienso en presencia del Señor. Este acto deberá realizarse de generación en generación. ⁹No ofrecerás sobre ese altar incienso no sagrado, ni ninguna ofrenda quemada, ni ofrendas de granos ni ofrendas líquidas.

¹⁰»Una vez al año, Aarón deberá purificar* el altar untando los cuernos con sangre de la ofrenda que se hace para purificar al pueblo de su pecado. Esta ceremonia se llevará a cabo todos los años, de generación en generación, porque ese altar es el más santo del Señor».

Dinero para el tabernáculo

¹¹Entonces el Señor le dijo a Moisés: ¹²«Cada vez que hagas un censo del pueblo de Israel, cada hombre contado tendrá que pagar al Señor un rescate por sí mismo. Así ninguna plaga herirá a los israelitas cuando los cuentes. ¹³Cada persona contada tendrá que dar una pequeña pieza

---

29:33 O *para su expiación.* **29:36a** O *para hacer expiación.* **29:36b** O *haciendo expiación por él;* similar en 29:37. **29:40** En hebreo ¹⁄₁₀ *de un efa* [4,4 litros]. *de harina selecta* […] *¹⁄₄ de un hin* [¼ de galón] *de aceite puro* […] *¼ de un hin* [un cuarto]. **30:2** En hebreo *un codo* [18 pulgadas] *de largo, un codo de ancho —un cuadrado— y dos codos* [36 pulgadas] *de alto.* **30:6a** O *arca del testimonio;* también en 30:26. **30:6b** En hebreo *que cubre el testimonio;* ver nota en 25:16. **30:10** O *hacer expiación por;* también en 30:10b.

de plata como ofrenda sagrada al SEÑOR. (Este pago es de medio siclo,* según el siclo del santuario, que equivale a veinte geras). ¹⁴Todos los que hayan cumplido veinte años deben dar esa ofrenda sagrada al SEÑOR. ¹⁵Cuando presenten esta ofrenda al SEÑOR para purificar sus vidas y hacerse justos ante él,* el rico no dará más del monto establecido y el pobre no dará menos. ¹⁶Recibe el dinero del rescate de los israelitas y* úsalo para cuidar del tabernáculo.* Esto hará que el SEÑOR se acuerde de los israelitas y servirá para purificarles su vida».

Instrucciones para el lavamanos

¹⁷Luego el SEÑOR le dijo a Moisés: ¹⁸«Haz un lavamanos de bronce con una base también de bronce. Ubícalo entre el tabernáculo y el altar, y llénalo de agua. ¹⁹Allí Aarón y sus hijos se lavarán las manos y los pies ²⁰Tendrán que lavarse con agua cada vez que entren al tabernáculo para presentarse delante del SEÑOR y también cuando se acerquen al altar para quemar sus ofrendas especiales para el SEÑOR; de lo contrario, ¡morirán! ²¹Tendrán que lavarse las manos y los pies siempre, o morirán. Esta es una ley perpetua para Aarón y sus descendientes, tendrán que obedecerla de generación en generación».

El aceite de la unción

²²Luego el SEÑOR le dijo a Moisés: ²³«Recoge especias selectas —5,7 kilos de mirra pura; 2,9 kilos de canela aromática; 5,7 kilos de cálamo aromático;* ²⁴y 5,7 kilos de casia*— calculado según el peso del siclo del santuario. Consigue también 3,8 litros de aceite de oliva.* ²⁵Con la misma técnica que emplea un experto fabricante de incienso, combina estos ingredientes para elaborar el aceite sagrado de la unción. ²⁶Utiliza este aceite sagrado para ungir el tabernáculo, el arca del pacto, ²⁷la mesa y todos sus utensilios, el candelabro y todos sus accesorios, el altar del incienso, ²⁸el altar de las ofrendas quemadas y todos sus utensilios, y el lavamanos con su base. ²⁹Conságralos para que sean completamente santos. Después todo lo que tenga contacto con estos objetos se volverá santo.

³⁰»Unge a Aarón y a sus hijos, a fin de consagrarlos para que me sirvan como sacerdotes. ³¹Y dile al pueblo de Israel: "Este aceite santo de la unción está reservado para mí de generación en generación. ³²Nunca será usado para ungir a ninguna otra persona ni deberán preparar una mezcla igual que ustedes. Es aceite consagrado y tienen que tratarlo como tal. ³³Cualquiera que prepare una mezcla igual a esta o unja a alguien que no sea un sacerdote será excluido de la comunidad"».

El incienso

³⁴Entonces el SEÑOR le dijo a Moisés: «Junta especias aromáticas —gotas de resina, caparazón de moluscos y gálbano— y mezcla estas especias aromáticas con incienso puro, todo en cantidades iguales. ³⁵Con la misma técnica que emplea el fabricante de incienso, combina todas las especias y rocíalas con sal para producir un incienso puro y santo. ³⁶Muele una parte de la mezcla hasta convertirla en un polvo fino y colócalo frente al arca del pacto,* donde me encontraré contigo en el tabernáculo. Todos deben tratar este incienso como algo sumamente santo. ³⁷Nunca usen la fórmula para elaborar incienso para ustedes; está reservada para el SEÑOR, y deben tratarlo como algo santo. ³⁸Cualquiera que prepare incienso igual a este para uso propio será excluido de la comunidad».

Los artesanos: Bezalel y Aholiab

31 Luego el SEÑOR le dijo a Moisés: ²«Mira, he escogido específicamente a Bezalel, el hijo de Uri y nieto de Hur, de la tribu de Judá. ³Lo he llenado del Espíritu de Dios y le he dado gran sabiduría, capacidad y destreza en toda clase de artes manuales y oficios. ⁴Es un maestro artesano, experto en trabajar el oro, la plata y el bronce. ⁵Es hábil en grabar, en incrustar piedras preciosas y en tallar madera. ¡Es un maestro en todo trabajo artístico!

⁶»También he designado personalmente a Aholiab, hijo de Ahisamac, de la tribu de Dan, para que sea su ayudante. Además, he dotado de habilidades especiales a todos los expertos artesanos para que puedan hacer todo lo que te he mandado construir:

⁷ el tabernáculo;*
   el arca del pacto;*
   la tapa del arca: el lugar de la expiación;
   todo el mobiliario del tabernáculo;
⁸ la mesa y sus utensilios;
   el candelabro de oro puro con todos sus accesorios;
   el altar del incienso;
⁹ el altar de las ofrendas quemadas con todos sus utensilios;
   el lavamanos con su base;
¹⁰ las vestiduras finamente confeccionadas:
   las vestiduras sagradas para el sacerdote Aarón y las vestiduras que sus hijos llevarán puestas cuando ministren como sacerdotes;
¹¹ el aceite de la unción;
   y el incienso aromático para el Lugar Santo.

Los artesanos deberán hacer todo tal como yo te he ordenado».

30:13 O *6 gramos ó 0,2 onzas.* **30:15** O *hacer expiación por sus vidas; similar en 30:16.* **30:16** En hebreo *carpa de reunión;* también en 30:18, 20, 26, 36. **30:23** En hebreo *500 siclos* [2,5 libras] *de mirra pura, 250 siclos* [6,25 libras] *de canela aromática, 250 siclos de cálamo aromático.* **30:24** En hebreo *500 siclos* [12,5 libras] *de casia.* **30:24b** En hebreo *un hin* [un galón] *de aceite de oliva.* **30:36** En hebreo *frente al testimonio;* ver nota en 25:16. **31:7a** En hebreo *la carpa de reunión.* **31:7b** En hebreo *el arca del testimonio.*

Instrucciones para el día de descanso

¹²Después el SEÑOR le dio a Moisés las siguientes instrucciones: ¹³«Dile a los israelitas: "Asegúrense de guardar mi día de descanso, porque el día de descanso es una señal del pacto entre ustedes y yo de generación en generación. Se ha establecido para que sepan que yo soy el SEÑOR, quien los hace santos. ¹⁴Deberán guardar el día de descanso, porque es un día santo para ustedes. Cualquiera que lo profane será ejecutado; y el que trabaje ese día será excluido de la comunidad. ¹⁵Tienen seis días en la semana para hacer su trabajo habitual, pero el séptimo día será un día de descanso absoluto, un día santo, dedicado al SEÑOR. Cualquiera que trabaje el día de descanso será ejecutado. ¹⁶Por lo tanto, el pueblo de Israel deberá guardar el día de descanso y conmemorarlo de generación en generación. Es una obligación del pacto para siempre. ¹⁷Es una señal perpetua de mi pacto con el pueblo de Israel. Pues en seis días el SEÑOR hizo los cielos y la tierra, pero en el séptimo dejó de trabajar y descansó"».

¹⁸Cuando el SEÑOR terminó de hablar con Moisés en el monte Sinaí, le dio las dos tablas de piedra grabadas con las condiciones del pacto,* escritas por el dedo de Dios.

El becerro de oro

32 Cuando los israelitas vieron que Moisés tardaba tanto en bajar del monte, se juntaron alrededor de Aarón y le dijeron:

—Vamos, haznos dioses que puedan guiarnos. No sabemos qué le sucedió a ese tipo, Moisés, el que nos trajo aquí desde la tierra de Egipto.

²Aarón les respondió:

—Quítenles a sus esposas, hijos e hijas los aretes de oro que llevan en las orejas y tráiganmelos.

³Todos se quitaron los aretes que llevaban en las orejas y se los llevaron a Aarón. ⁴Entonces Aarón tomó el oro, lo fundió y lo moldeó hasta darle la forma de un becerro. Cuando los israelitas vieron el becerro de oro, exclamaron: «¡Oh Israel, estos son los dioses que te sacaron de la tierra de Egipto!».

⁵Al ver Aarón el entusiasmo del pueblo, edificó un altar frente al becerro. Luego anunció: «¡Mañana celebraremos un festival al SEÑOR!».

⁶Temprano a la mañana siguiente, el pueblo se levantó para sacrificar ofrendas quemadas y ofrendas de paz. Después, todos celebraron con abundante comida y bebida, y se entregaron a diversiones paganas.

⁷El SEÑOR le dijo a Moisés:

—¡Baja ya de la montaña! Tu pueblo, el que sacaste de la tierra de Egipto, se ha corrompido. ⁸¡Qué pronto se apartaron de la forma en que les ordené que vivieran! Fundieron oro y se hicieron un becerro, y se inclinaron ante él y le ofrecieron sacrificios. Andan diciendo: "Oh Israel, estos son tus dioses, que te sacaron de la tierra de Egipto".

⁹Después el SEÑOR dijo:

—He visto lo terco y rebelde que es este pueblo. ¹⁰Ahora quítate de en medio, para que mi ira feroz pueda encenderse contra ellos y destruirlos. Después, Moisés, haré de ti una gran nación.

¹¹Pero Moisés trató de apaciguar al SEÑOR su Dios.

—¡Oh SEÑOR! —le dijo—, ¿por qué estás tan enojado con tu propio pueblo, el que sacaste de la tierra de Egipto con tan gran poder y mano fuerte? ¹²¿Por qué dejar que los egipcios digan: "Su Dios los rescató con la mala intención de matarlos en los montes y borrarlos de la faz de la tierra"? Abandona tu ira feroz; ¡cambia de parecer en cuanto a ese terrible desastre con el que amenazas a tu pueblo! ¹³Acuérdate de tus siervos Abraham, Isaac y Jacob.* Tú mismo te comprometiste con ellos bajo juramento diciendo: "Haré que sus descendientes sean tan numerosos como las estrellas del cielo, y entregaré a sus descendientes toda esta tierra que prometí darles, y ellos la poseerán para siempre".

¹⁴Entonces el SEÑOR cambió de parecer en cuanto al terrible desastre con que había amenazado destruir a su pueblo.

¹⁵Enseguida Moisés se dio la vuelta y descendió del monte. Llevaba en sus manos las dos tablas de piedra grabadas con las condiciones del pacto.* Estaban escritas a ambos lados, por delante y por detrás. ¹⁶Estas tablas eran obra de Dios; cada palabra estaba escrita por Dios mismo.

¹⁷Cuando Josué oyó el alboroto del pueblo, que gritaba desde abajo, exclamó a Moisés:

—¡Parece que hay guerra en el campamento!

¹⁸Pero Moisés respondió:

—No, no son gritos de victoria ni lamentos de derrota. Oigo sonidos de celebración.

¹⁹Cuando se acercaron al campamento, Moisés vio el becerro y las danzas, y ardió de enojo. Entonces tiró las tablas de piedra al suelo, las cuales se hicieron pedazos al pie del monte. ²⁰Tomó el becerro que habían hecho y lo quemó. Luego lo molió hasta hacerlo polvo, lo arrojó al agua y obligó a los israelitas a que la bebieran.

²¹Por último, se dirigió a Aarón y le preguntó:

—¿Qué te hizo este pueblo para que lo llevaras a caer en un pecado tan grande?

²²—No te disgustes tanto, mi señor —contestó Aarón—. Tú sabes bien qué malas es esta gente. ²³Ellos me dijeron: "Haznos dioses que puedan guiarnos. No sabemos qué le sucedió a ese tipo, Moisés, el que nos trajo aquí desde la tierra de Egipto". ²⁴Así que yo les dije: "Los que tengan joyas de oro, que se las quiten". Cuando me

31:18 En hebreo *las tablas del testimonio;* ver nota en 25:16. 32:13 En hebreo *Israel.* Los nombres «Jacob» e «Israel» a menudo son intercambiables en el Antiguo Testamento. Algunas veces hacen referencia al patriarca como individuo y otras veces a la nación. 32:15 En hebreo *las tablas del testimonio;* ver nota en 25:16.

trajeron, no hice más que echarlas al fuego, ¡y salió este becerro!

²⁵Moisés vio que Aarón había permitido que el pueblo se descontrolara por completo y fuera el hazmerreír de sus enemigos.* ²⁶Así que se paró a la entrada del campamento y gritó: «Todos los que estén de parte del Señor, vengan aquí y únanse a mí». Y todos los levitas se juntaron alrededor de él.

²⁷Moisés les dijo: «Esto dice el Señor, Dios de Israel: "Cada uno de ustedes tome su espada, recorra el campamento de un extremo al otro; maten a todos, incluso a sus hermanos, amigos y vecinos"». ²⁸Entonces los levitas obedecieron la orden de Moisés, y ese día murieron unas tres mil personas.

²⁹Entonces Moisés les dijo a los levitas: «Hoy se consagraron a sí mismos* para el servicio del Señor, porque lo obedecieron aun cuando tuvieron que matar a sus propios hijos y hermanos. Hoy se ganaron una bendición».

Moisés intercede por Israel

³⁰Al día siguiente, Moisés les dijo a los israelitas: «Ustedes cometieron un terrible pecado, pero yo subiré de nuevo al monte a encontrarme con el Señor. Quizá pueda lograr que él les perdone* este pecado».

³¹Entonces Moisés volvió a donde estaba el Señor y dijo:

—Qué terrible pecado cometió este pueblo; se hicieron dioses de oro. ³²Ahora, si solo perdonaras su pecado; pero si no, ¡borra mi nombre del registro que has escrito!

³³Pero el Señor respondió a Moisés:

—No, yo borraré de todo aquel que haya pecado contra mí. ³⁴Ahora ve y lleva al pueblo al lugar del que te hablé. Mi ángel irá delante de ti. Cuando llegue el día de pedirles cuentas a los israelitas, ciertamente los haré responsables de sus pecados.

³⁵Después, el Señor envió una terrible plaga sobre ellos porque habían rendido culto al becerro que hizo Aarón.

33

El Señor le dijo a Moisés: «Váyanse, tú y el pueblo que sacaste de la tierra de Egipto. Suban a la tierra que juré dar a Abraham, Isaac y Jacob. A ellos les dije: "Daré esta tierra a sus descendientes". ²Enviaré un ángel delante de ti para expulsar a los cananeos, los amorreos, los hititas, los ferezeos, los heveos y los jebuseos. ³Suban a la tierra donde fluyen la leche y la miel. Sin embargo, yo no los acompañaré, porque son un pueblo terco y rebelde. Si lo hiciera, seguramente los destruiría en el camino».

⁴Cuando los israelitas oyeron estas palabras tan duras, hicieron duelo y dejaron de usar joyas y ropa fina. ⁵Pues el Señor había dicho a

Moisés que les dijera: «Ustedes son un pueblo terco y rebelde. Si yo los acompañara, aunque fuera un solo instante, los destruiría en el camino. Quítense las joyas y la ropa fina mientras decido qué hacer con ustedes». ⁶Así que, desde el momento que partieron del monte Sinaí,* los israelitas dejaron de usar joyas y de ponerse ropa fina.

⁷Moisés tenía la costumbre de armar la carpa de reunión* a cierta distancia del campamento y toda persona que quería hacer alguna petición al Señor iba a la carpa de reunión que estaba fuera del campamento.

⁸Cada vez que Moisés se dirigía a la carpa de reunión, toda la gente se levantaba y permanecía de pie a la entrada de su propia carpa. Todos seguían a Moisés con la vista hasta que entraba en la carpa. ⁹Cuando Moisés entraba en la carpa, la columna de nube descendía y se quedaba en el aire a la entrada mientras el Señor hablaba con Moisés. ¹⁰Cuando el pueblo notaba que la nube se detenía a la entrada de la carpa, cada persona se paraba a la entrada de su propia carpa y se inclinaba. ¹¹Dentro de la carpa de reunión, el Señor hablaba con Moisés cara a cara, como cuando alguien habla con un amigo. Después, Moisés regresaba al campamento, mientras que su asistente, el joven Josué, hijo de Nun, permanecía en la carpa de reunión.

Moisés ve la gloria del Señor

¹²Un día Moisés dijo al Señor:

—Tú me has estado diciendo: "Lleva a este pueblo a la Tierra Prometida". Pero no me has dicho a quién enviarás conmigo. Me has dicho: "Yo te conozco por tu nombre y te miro con agrado". ¹³Si es cierto que me miras con buenos ojos, permíteme conocer tus caminos, para que pueda comprenderte más a fondo y siga gozando de tu favor. Y recuerda que esta nación es tu propio pueblo.

¹⁴El Señor le respondió:

—Yo mismo iré contigo, Moisés, y te daré descanso; todo te saldrá bien.

¹⁵Entonces Moisés dijo:

—Si tú mismo no vienes con nosotros, no nos hagas salir de este lugar. ¹⁶¿Cómo se sabrá que me miras con agrado —a mí y a tu pueblo— si no vienes con nosotros? Pues tu presencia con nosotros es la que nos separa —a tu pueblo y a mí— de todos los demás pueblos de la tierra.

¹⁷El Señor contestó a Moisés:

—Ciertamente haré lo que me pides, porque te miro con agrado y te conozco por tu nombre.

¹⁸Moisés respondió:

—Te suplico que me muestres tu gloriosa presencia.

¹⁹El Señor respondió:

—Haré pasar delante de ti toda mi bondad y

delante de ti proclamaré mi nombre, Yahveh.* Pues tendré misericordia de quien yo quiera y mostraré compasión con quien yo quiera. ²⁰Sin embargo, no podrás ver directamente mi rostro, porque nadie puede verme y seguir con vida.

²¹El Señor siguió diciendo:

—Párate cerca de mí, sobre esta roca. ²²Cuando pase mi gloriosa presencia, te esconderé en la grieta de la roca y te cubriré con mi mano hasta que yo haya pasado. ²³Después retiraré la mano y dejaré que me veas por detrás; pero no se verá mi rostro.

Nueva copia del pacto

34 Luego el Señor le dijo a Moisés: «Talla dos tablas de piedra como las primeras. Escribiré en ellas las mismas palabras que estaban en las que tú hiciste pedazos. ²Prepárate para subir al monte Sinaí mañana temprano y presentarte delante de mí en la cima del monte. ³Nadie puede acompañarte. De hecho, no debe haber nadie en la montaña. Tampoco permitas que los rebaños ni las manadas pasten cerca del monte».

⁴Entonces Moisés talló dos tablas de piedra como las primeras. Temprano en la mañana, subió al monte Sinaí, tal como el Señor le había ordenado, con las dos tablas de piedra en las manos. ⁵Después, el Señor descendió en una nube y se quedó allí con Moisés; y proclamó su propio nombre, «Yahveh».* ⁶El Señor pasó por delante de Moisés proclamando:

«¡Yahveh!* ¡El Señor!
¡El Dios de compasión y misericordia!
Soy lento para enojarme
    y estoy lleno de amor inagotable y
        fidelidad.
⁷ Yo derramo amor inagotable a mil
        generaciones,*
    y perdono la iniquidad, la rebelión y
        el pecado.
Pero no absuelvo al culpable,
    sino que extiendo los pecados de los
        padres sobre sus hijos y sus nietos;
toda la familia se ve afectada,
    hasta los hijos de la tercera y cuarta
        generación».

⁸Al instante Moisés se postró hasta el suelo y adoró. ⁹Entonces dijo:

—Oh Señor, si de verdad cuento con tu favor, te ruego que nos acompañes en el viaje. Es cierto que el pueblo es terco y rebelde, pero te pido que perdones nuestra iniquidad y nuestros pecados. Tómanos como tu posesión más preciada.

¹⁰El Señor respondió:

—Escucha, yo hago un pacto contigo en presencia de todo tu pueblo. Realizaré milagros que jamás se han hecho en ningún lugar de la tierra ni en ninguna otra nación. Todos los que te rodean serán testigos del poder del Señor, el imponente despliegue de poder que yo haré por medio de ti. ¹¹Pero presta atención a todo lo que hoy te ordeno, porque entonces iré delante de ustedes y expulsaré a los amorreos, a los cananeos, a los hititas, a los ferezeos, a los heveos y a los jebuseos.

¹²»Ten mucho cuidado de no hacer tratados con los pueblos que viven en la tierra adonde te diriges. Si los haces, seguirás sus malos caminos y quedarás atrapado. ¹³En cambio, deberás destruir sus altares paganos, destrozar sus columnas sagradas y derribar los postes dedicados a la diosa Asera. ¹⁴No adores a ningún otro dios, porque el Señor, cuyo nombre es Celoso, es Dios celoso de tu relación contigo.

¹⁵»No hagas ningún tipo de tratado con los pueblos que viven en la tierra porque ellos se entregan a pasiones sexuales en pos de sus dioses y les ofrecen sacrificios. Te invitarán a participar con ellos en comer lo que ofrecen en sacrificio, y tú irás con ellos. ¹⁶Acto seguido, aceptarás a sus hijas —quienes hacen sacrificios a otros dioses— como esposas para tus hijos; y ellas seducirán a tus hijos para que cometan adulterio contra mí al rendir culto a otros dioses. ¹⁷No te hagas dioses de metal fundido.

¹⁸»Deberás celebrar el Festival de los Panes sin Levadura. Durante siete días, prepararás sin levadura el pan que comas, tal como yo te ordené. Celebra este festival cada año, en el tiempo señalado, a comienzos de la primavera, en el mes de *abib*,* porque en esa fecha se cumple el aniversario de tu salida de Egipto.

¹⁹»El primer nacido de cada animal me pertenece, incluidos los machos de las primeras crías de tus manadas de ganado y de tus rebaños de ovejas y de cabras. ²⁰Para recuperar la primera cría de un burro, podrás pagar rescate al Señor entregando como sustituto un cordero o un cabrito; pero si no pagas rescate para recuperarlo, tendrás que quebrarle el cuello al animal. Sin embargo, tienes la obligación de pagar el rescate por todo primer hijo varón.

»Nadie podrá presentarse ante mí sin una ofrenda.

²¹»Tienes seis días en la semana para hacer tu trabajo habitual, pero el séptimo día dejarás de trabajar, incluso durante la temporada del arado y de la cosecha.

²²»Deberás celebrar el Festival de la Cosecha,* con los primeros frutos de la cosecha del trigo, y celebrar también el Festival de la Cosecha Final* cuando termine la temporada de la cosecha. ²³Tres veces al año, todo hombre de Israel

---

34:19 *Yahveh* es una transliteración del nombre propio *YHWH*, que a veces se traduce «Jehová»; en esta traducción, generalmente, se traduce «el Señor» (notar el uso de versalitas).   34:5 *Yahveh* es una transliteración del nombre propio *YHWH*, que a veces se traduce «Jehová»; en esta traducción, generalmente, se traduce «el Señor» (notar el uso de versalitas).   34:6 Ver nota en 34:5.   34:7 En hebreo *a miles*.   34:18 En hebreo *en el tiempo señalado, en el mes de abib*. En el antiguo calendario lunar hebreo, ese primer mes, por lo general, cae entre marzo y abril.   34:22a En hebreo *Festival de las Semanas*; comparar 23:16. Este festival después se denominó el Festival de Pentecostés (ver Hch 2:1). Hoy en día se celebra como Shavuot.   34:22b O *Festival de la Recolección*. Este festival después se denominó el Festival de los Refugios o el Festival de los Tabernáculos (ver Lv 23:33-36). Hoy en día se celebra como Sucot.

deberá presentarse delante del Soberano, el Señor, Dios de Israel. ²⁴Yo expulsaré a las naciones en tu paso y expandiré tu territorio, para que nadie codicie ni conquiste tu tierra mientras te presentas ante el Señor tu Dios esas tres veces al año.

²⁵»No ofrezcas la sangre de mis sacrificios con ningún tipo de pan que contenga levadura. Tampoco guardes nada de la carne del sacrificio de la Pascua hasta la mañana siguiente.

²⁶»Cuando recojas tus cosechas, lleva a la casa del Señor tu Dios lo mejor de la primera cosecha.

»No cocines a un cabrito en la leche de su madre.

²⁷Después el Señor le dijo a Moisés: «Escribe todas estas instrucciones, porque ellas indican las condiciones del pacto que hago contigo y con Israel».

²⁸Moisés se quedó en el monte con el Señor durante cuarenta días y cuarenta noches. En todo ese tiempo, no comió pan ni bebió agua. Y el Señor* escribió en las tablas de piedra las condiciones del pacto: los diez mandamientos.*

²⁹Cuando Moisés descendió del monte Sinaí con las dos tablas de piedra grabadas con las condiciones del pacto,* no se daba cuenta de que su rostro resplandecía porque había hablado con el Señor. ³⁰Así que, cuando Aarón y el pueblo de Israel vieron el resplandor del rostro de Moisés, tuvieron miedo de acercarse a él. ³¹Sin embargo, Moisés llamó a Aarón y a los jefes de la comunidad, les pidió que se acercaran y habló con ellos. ³²Luego, todo el pueblo de Israel se acercó y Moisés les transmitió todas las instrucciones que el Señor le había dado en el monte Sinaí. ³³Cuando Moisés terminó de hablar con ellos, se cubrió el rostro con un velo. ³⁴Pero cada vez que entraba en la carpa de reunión para hablar con el Señor, se quitaba el velo hasta que salía de ella. Después le transmitía al pueblo las instrucciones que el Señor le daba, ³⁵y el pueblo de Israel veía el brillante resplandor de su rostro. Así que él volvía a cubrirse el rostro con el velo hasta que entraba nuevamente a hablar con el Señor.

Instrucciones para el día de descanso

35 Luego Moisés mandó llamar a toda la comunidad de Israel y dijo: «Estas son las instrucciones que el Señor ha ordenado que obedezcan: ²tienen seis días en la semana para hacer su trabajo habitual, pero el séptimo será un día de descanso absoluto, un día santo, dedicado al Señor. Cualquiera que trabaje ese día será ejecutado. ³Ni siquiera encenderán fuego en sus casas en el día de descanso».

Ofrendas para el tabernáculo

⁴Luego Moisés le dijo a toda la comunidad de Israel: «Esto es lo que el Señor ha ordenado:

⁵junten una ofrenda sagrada para el Señor. Que todas las personas de corazón generoso presenten al Señor las siguientes ofrendas:

oro, plata y bronce;
⁶ hilo azul, púrpura y escarlata;
lino fino y pelo de cabra para tela;
⁷ pieles de carnero curtidas y cuero de cabra de la mejor calidad;
madera de acacia;
⁸ aceite de oliva para las lámparas;
especias para el aceite de la unción y para el incienso aromático;
⁹ piedras de ónice y otras piedras preciosas para incrustar en el efod y en el pectoral del sacerdote.

¹⁰»Vengan, todos los que sean hábiles artesanos y construyan todo lo que el Señor ha ordenado:

¹¹ el tabernáculo y la carpa sagrada, la cubierta, los broches, los soportes, los travesaños, los postes y las bases;
¹² el arca y las varas para transportarla; la tapa del arca: el lugar de la expiación; la cortina interior que protege el arca;
¹³ la mesa, con las varas para transportarla, y todos sus utensilios; el pan de la Presencia;
¹⁴ para el alumbrado: el candelabro, sus accesorios, las copas para las lámparas y el aceite de oliva para la iluminación;
¹⁵ el altar del incienso y las varas para transportarlo; el aceite de la unción y el incienso aromático; la cortina para la entrada del tabernáculo;
¹⁶ el altar de las ofrendas quemadas, la rejilla de bronce del altar, las varas para transportarlo y sus utensilios; los lavamanos con su base;
¹⁷ las cortinas para las paredes del atrio; los postes y sus bases; la cortina para la entrada del atrio;
¹⁸ las estacas para el tabernáculo y el atrio, y sus cuerdas;
¹⁹ las vestiduras finamente confeccionadas para los sacerdotes, las cuales usarán mientras sirvan en el Lugar Santo: las vestiduras sagradas para el sacerdote Aarón y las vestiduras que sus hijos llevarán puestas cuando ministren como sacerdotes».

²⁰Entonces, toda la comunidad de Israel se despidió de Moisés, y cada cual regresó a su carpa. ²¹Todos aquellos con el corazón motivado y el espíritu conmovido regresaron con ofrendas sagradas al Señor. Trajeron todos los materiales que se necesitaban para levantar el tabernáculo,* para realizar las ceremonias y para confeccionar las vestiduras sagradas. ²²Vinieron todos los

34:28a En hebreo *él*.   34:28b En hebreo *las diez palabras*.   34:29 En hebreo *las dos tablas del testimonio*; ver nota en 25.16.
35:21 En hebreo *la carpa de reunión*.

que tenían el corazón dispuesto, tanto hombres como mujeres, y trajeron al SEÑOR sus ofrendas de oro: broches, aretes, anillos y collares. Presentaron toda clase de objetos de oro como una ofrenda especial para el SEÑOR. 23Todos los que poseían hilo azul, púrpura y escarlata; lino fino y pelo de cabra para tela; pieles de carnero curtidas y cuero de cabra de la mejor calidad, los traían voluntariamente. 24Además, todos los que tenían objetos de plata o de bronce los entregaron como una ofrenda sagrada al SEÑOR, y quienes tenían madera de acacia la dispusieron para que se usara en el proyecto.

25Todas las mujeres que tenían habilidades para la costura y el tejido prepararon hilo azul, púrpura y escarlata, y tela de lino fino, y los entregaron. 26Todas las mujeres de buena voluntad pusieron en práctica su habilidad para hilar el pelo de cabra. 27Los líderes entregaron piedras de ónice y otras piedras preciosas para incrustarlas en el efod y en el pectoral del sacerdote. 28También contribuyeron con especias y aceite de oliva para el alumbrado, el aceite de la unción y el incienso aromático. 29Así, todos los del pueblo de Israel —cada hombre y cada mujer con deseos de colaborar en la obra que el SEÑOR le había dado por medio de Moisés— presentaron sus ofrendas con generosidad al SEÑOR.

30Luego Moisés dijo al pueblo de Israel: «El SEÑOR ha escogido específicamente a Bezalel, el hijo de Uri y nieto de Hur, de la tribu de Judá. 31El SEÑOR llenó a Bezalel del Espíritu de Dios, y le dio gran sabiduría, capacidad y destreza en toda clase de artes manuales y oficios. 32Él es un maestro artesano, experto en trabajar el oro, la plata y el bronce. 33Es hábil en grabar, en incrustar piedras preciosas y en tallar madera. ¡Es un maestro en todo trabajo artístico! 34El SEÑOR les ha dado tanto a él como a Aholiab, hijo de Ahisamac, de la tribu de Dan, la capacidad de enseñar a otros sus habilidades técnicas. 35El SEÑOR los ha dotado de un talento especial en el arte de grabar, de diseñar, de tejer y bordar en hilo azul, púrpura y escarlata de lino fino. Ellos se destacan como artesanos y diseñadores.

36 »El SEÑOR ha dado sabiduría a Bezalel, a Aholiab y a los demás talentosos artesanos, y los ha dotado de habilidad para realizar todas las tareas relacionadas con la construcción del santuario. Que construyan y amueblen el tabernáculo tal como el SEÑOR ordenó».

2Así que Moisés mandó llamar a Bezalel y Aholiab y a todos los otros a quienes el SEÑOR había dotado de modo especial y que estaban ansiosos por ponerse a trabajar. 3Moisés les entregó los materiales que el pueblo de Israel había donado como ofrendas sagradas para completar la construcción del santuario. Sin

embargo, el pueblo seguía entregando ofrendas adicionales cada mañana. 4Finalmente, los artesanos que trabajaban en el santuario dejaron su labor, 5fueron a ver a Moisés y le informaron: «¡La gente ha dado más de lo necesario para terminar la obra que el SEÑOR nos ha ordenado hacer!».

6Entonces Moisés dio una orden, y se envió el siguiente mensaje por todo el campamento: «Hombres y mujeres: no preparen más ofrendas para el santuario. ¡Ya tenemos lo suficiente!». Por lo tanto, la gente dejó de llevar sus ofrendas sagradas. 7Sus contribuciones fueron más que suficientes para completar todo el proyecto.

Construcción del santuario

8Los hábiles artesanos hicieron diez cortinas de lino de tejido fino, para el tabernáculo. Luego, Bezalel* adornó las cortinas con hilo azul, púrpura y escarlata, y con querubines hábilmente bordados. 9Las diez cortinas tenían exactamente la misma medida: doce metros con noventa centímetros de largo, por un metro con ochenta centímetros de ancho.* 10Se juntaron cinco de estas cortinas para hacer una larga, y lo mismo se hizo con las otras cinco para formar una segunda cortina larga. 11Bezalel hizo cincuenta presillas de tejido azul y las puso a lo largo del borde de la última cortina de cada conjunto. 12Las cincuenta presillas a lo largo del borde de una cortina coincidían con las cincuenta presillas a lo largo del borde de la otra cortina. 13Luego hizo cincuenta broches de oro y los usó para sujetar las dos cortinas largas. De ese modo, el tabernáculo se formaba de una pieza completa.

14Además confeccionó once cortinas con tejido de pelo de cabra para que sirvieran de cubierta para el tabernáculo. 15Las once cortinas tenían exactamente la misma medida: trece metros con ochenta centímetros de largo, por un metro con ochenta centímetros de ancho.* 16Bezalel juntó cinco de estas cortinas para formar una larga, y luego juntó las otras seis para formar una segunda cortina larga. 17Hizo cincuenta presillas para colocar en el borde de cada cortina larga 18y también hizo cincuenta broches de bronce para enganchar las dos cortinas largas. De ese modo, la cubierta se formaba de una pieza completa. 19También completó la cubierta con una capa de pieles de carnero curtidas y otra capa de cuero de cabra de la mejor calidad.

20Para el armazón del tabernáculo, Bezalel construyó soportes de madera de acacia. 21Cada soporte medía cuatro metros con sesenta centímetros de largo, por sesenta y nueve centímetros de ancho.* 22y tenía dos estacas debajo de cada soporte. Todos los soportes eran idénticos. 23Bezalel construyó veinte de estos soportes

---

36:8 En hebreo *él*; también en 36:16, 20, 35. Ver 37:1.   **36:9** En hebreo *28 codos [42 pies] de largo y 4 codos [6 pies] de ancho.   **36:15** En hebreo *30 codos [45 pies] de largo y 4 codos [6 pies] de ancho.*   **36:21** En hebreo *10 codos [15 pies] de alto y 1,5 codos [27 pulgadas] de ancho.*

para sostener las cortinas del lado sur del tabernáculo. [24]Hizo también cuarenta bases de plata —dos bases por cada soporte—, y las estacas encajaban firmemente en las bases. [25]Para el lado norte del tabernáculo, construyó otros veinte soportes [26]con sus cuarenta bases de plata (dos bases por cada soporte). [27]Hizo seis soportes para la parte posterior —es decir, el lado occidental del tabernáculo— [28]junto con dos soportes más para reforzar las esquinas de la parte posterior del tabernáculo. [29]Los soportes de las esquinas estaban emparejados por abajo y firmemente sujetados por arriba con un solo anillo, esto formaba un solo esquinero. Ambos esquineros se hicieron de la misma manera. [30]Así que había ocho soportes en la parte posterior del tabernáculo sobre dieciséis bases de plata (dos bases por cada soporte).

[31]Después hizo travesaños de madera de acacia para unir las estructuras: cinco travesaños para el lado norte del tabernáculo [32]y cinco para el lado sur. Preparó también cinco travesaños para la parte posterior del tabernáculo, que da al occidente. [33]Fijó el travesaño central a la mitad de la altura de los soportes, el cual pasaba de un extremo del tabernáculo al otro. [34]Recubrió de oro los soportes e hizo anillos de oro para sostener los travesaños, y también recubrió de oro los travesaños.

[35]Para el interior del tabernáculo, Bezalel hizo una cortina especial, de lino de tejido fino. La adornó con hilo azul, púrpura y escarlata, y con querubines hábilmente bordados. [36]Para colgar la cortina, hizo cuatro postes de madera de acacia y cuatro ganchos de oro. También recubrió de oro los postes y los colocó en cuatro bases de plata.

[37]Luego confeccionó otra cortina, para la entrada de la carpa sagrada. La elaboró con lino de tejido fino y la bordó con diseños refinados, usando hilo azul, púrpura y escarlata. [38]La cortina fue colgada de ganchos de oro que estaban sujetos a cinco postes. Los postes, con sus capiteles decorativos y ganchos, estaban recubiertos de oro, y las cinco bases eran de bronce fundido.

Construcción del arca del pacto

37 Después, Bezalel construyó el arca de madera de acacia, un cofre sagrado de un metro con quince centímetros de largo, por sesenta y nueve centímetros de ancho, y sesenta y nueve centímetros de alto.* [2]La recubrió de oro puro por dentro y por fuera, y le puso una moldura de oro alrededor. [3]Fundió cuatro anillos de oro y los fijó en las cuatro patas, dos anillos a cada lado. [4]Luego hizo varas con madera de acacia y las recubrió de oro. [5]Entonces metió las varas por los anillos que estaban a los costados del arca para transportarla.

[6]Después hizo la tapa del arca —el lugar de la expiación— de oro puro. Medía un metro con quince centímetros de largo, por sesenta y nueve centímetros de ancho.* [7]Formó dos querubines de oro labrado a martillo y los colocó en los dos extremos de la tapa de la expiación. [8]Moldeó los querubines a cada extremo de la tapa de la expiación, de modo que formaban una sola pieza de oro con la tapa. [9]Los querubines estaban frente a frente, mirando hacia la tapa de la expiación; con las alas extendidas por encima de la tapa para protegerla.

Construcción de la mesa

[10]Luego, Bezalel* hizo la mesa con madera de acacia, que medía noventa y dos centímetros de largo, por cuarenta y seis centímetros de ancho, y sesenta y nueve centímetros de alto.* [11]La recubrió de oro puro y le puso una moldura de oro alrededor del borde. [12]La adornó con un reborde de ocho centímetros de ancho* y le puso una moldura de oro alrededor del reborde. [13]Hizo cuatro anillos de oro para la mesa y los fijó en las cuatro esquinas, junto a las cuatro patas. [14]Los anillos fueron fijados cerca del reborde para sostener las varas que se usaban para transportar la mesa. [15]Bezalel hizo las varas con madera de acacia y las recubrió de oro. [16]Después hizo recipientes especiales de oro puro para la mesa —tazones, cacerolas, frascos y jarras—, los cuales se usaban al derramar las ofrendas líquidas.

Construcción del candelabro

[17]Luego, Bezalel hizo el candelabro de oro puro labrado a martillo. Hizo todo el candelabro y sus decoraciones de una sola pieza: la base, el tronco, las copas para las lámparas, los capullos y los pétalos. [18]El candelabro tenía seis ramas que salían del tronco, tres a cada lado. [19]Cada una de las seis ramas tenía tres copas para las lámparas en forma de flor de almendro, con capullos y pétalos. [20]El tronco del candelabro estaba artesanalmente trabajado con cuatro copas para las lámparas en forma de flor de almendro, con capullos y pétalos. [21]Había un brote de almendro debajo de cada par de ramas, donde las seis ramas salían del tronco, todo hecho de una sola pieza. [22]Los brotes de almendro y las ramas eran de una sola pieza con el tronco de oro puro labrado a martillo.

[23]También hizo siete lámparas para el candelabro, las despabiladeras de las lámparas y las bandejas, todo de oro puro.* [24]Para hacer el candelabro completo, junto con sus accesorios, se usaron treinta y cuatro kilos* de oro puro.

Construcción del altar del incienso

[25]Después, Bezalel construyó, con madera de acacia, el altar para quemar el incienso. Lo hizo

---

37:1 En hebreo *2.5 codos* [45 pulgadas] *de largo, 1.5 codos* [27 pulgadas] *de ancho y 1.5 codos* [27 pulgadas] *de alto.*   37:6 En hebreo *2.5 codos* [45 pulgadas] *de largo y 1.5 codos* [27 pulgadas] *de ancho.*   37:10a En hebreo *él;* también en 37:17, 25.   37:10b En hebreo *2 codos* [36 pulgadas] *de largo, un codo de ancho* [18 pulgadas] *y 1.5 codos* [27 pulgadas] *de alto.*   37:12 En hebreo *un palmo menor* [3 pulgadas].   37:24 En hebreo *un talento* [75 libras].

cuadrado, de cuarenta y seis centímetros de largo y de ancho, y noventa y dos centímetros de alto,* con cuernos tallados en las esquinas de la misma pieza de madera del altar. 26Recubrió de oro puro la parte superior, los lados y los cuernos del altar, y le puso una moldura de oro alrededor de todo el altar. 27Hizo los anillos de oro y los fijó en dos lados opuestos del altar, por debajo de la moldura de oro, para que sostuvieran las varas que servían para transportarlo. 28También hizo las varas con madera de acacia y las recubrió de oro.

29Luego elaboró el aceite sagrado de la unción y el incienso aromático con la misma técnica que emplea un experto fabricante de incienso.

Construcción del altar de las ofrendas quemadas

38 Luego, Bezalel* construyó, con madera de acacia, el altar de las ofrendas quemadas. Era cuadrado, de dos metros con treinta centímetros de ancho y de largo, y un metro con cuarenta centímetros de alto.* 2Hizo cuernos en cada una de las cuatro esquinas, de modo que el altar y los cuernos formaban una sola pieza. Recubrió con bronce el altar. 3También hizo de bronce todos los utensilios para el altar: recipientes para las cenizas, palas, tazones, tenedores para la carne y braseros. 4Luego hizo una rejilla de bronce y la instaló, a mitad de la altura del altar, debajo del borde. 5Después fundió cuatro anillos y los fijó a las cuatro esquinas de la rejilla de bronce para que sostuvieran las varas que se usaban para transportar el altar. 6Hizo las varas con madera de acacia y las recubrió de bronce. 7Metió las varas por los anillos que estaban a los lados del altar. El altar era hueco y estaba hecho con tablas.

Construcción del lavamanos

8Además, Bezalel hizo el lavamanos y su base, ambos de bronce usando los espejos de bronce donados por las mujeres que servían a la entrada del tabernáculo.*

Construcción del atrio

9Después, Bezalel hizo el atrio, el cual estaba encerrado con cortinas de lino de tejido fino. Las cortinas del lado sur medían cuarenta y seis metros de largo* 10y estaban sostenidas por veinte postes encajados firmemente en veinte bases de bronce. Bezalel colgó las cortinas con ganchos y anillos de plata. 11Luego confeccionó un conjunto de cortinas semejante para el lado norte: de cuarenta y seis metros de largo, sostenidas por veinte postes encajados firmemente en bases de bronce, y también colgó las cortinas

con ganchos y anillos de plata. 12Las cortinas del lado occidental del atrio medían veintitrés metros de largo,* y estaban colgadas con ganchos y anillos de plata, y sostenidas por diez postes encajados en diez bases. 13El lado oriental del atrio, o sea el frente, también medía veintitrés metros de largo.

14La entrada al atrio estaba ubicada en el lado oriental, flanqueada por dos cortinas. La cortina del lado derecho tenía seis metros con noventa centímetros de largo* y estaba sostenida por tres postes encajados en tres bases. 15La cortina del lado izquierdo también medía seis metros con noventa centímetros de largo y estaba sostenida por tres postes encajados en tres bases. 16Todas las cortinas que se usaron para el atrio eran de lino de tejido fino. 17Cada poste tenía una base de bronce, y todos los ganchos y los anillos eran de plata. Los capiteles de los postes estaban recubiertos de plata, y los anillos para sostener las cortinas eran de plata.

18Para la entrada del atrio, confeccionó una cortina de lino de tejido fino y la adornó con un hermoso bordado de hilo azul, púrpura y escarlata. Medía nueve metros con veinte centímetros de largo y dos metros con treinta centímetros de alto,* igual que las cortinas de las paredes del atrio. 19Estaba sostenida por cuatro postes, cada uno encajado firmemente en su propia base de bronce. Los capiteles de los postes estaban recubiertos de plata, y los ganchos y los anillos también eran de plata.

20Todas las estacas que se usaban en el tabernáculo y en el atrio eran de bronce.

Inventario de materiales

21A continuación se detalla un inventario de los materiales empleados en la construcción del tabernáculo del pacto.* Los levitas compilaron las cifras bajo la dirección de Moisés. Itamar, hijo del sacerdote Aarón, fue el encargado de registrarlas. 22Bezalel, hijo de Uri y nieto de Hur, de la tribu de Judá, llevó a cabo la obra tal como el Señor le había ordenado a Moisés. 23Le ayudó Aholiab, hijo de Ahisamac, de la tribu de Dan, un artesano experto en grabar, en diseñar y en bordar con hilo azul, púrpura y escarlata sobre tela de lino fino.

24El pueblo contribuyó con ofrendas especiales de oro, que sumaron un total de novecientos noventa y cuatro kilos,* calculado según el peso del siclo del santuario. Este oro se usó en todo el tabernáculo.

25Toda la comunidad de Israel dio tres mil cuatrocientos veinte kilos* de plata, calculado según el peso del siclo del santuario. 26Esta plata procedía del impuesto que cada

---

37:25 En hebreo un codo (18 pulgadas) de largo, un codo de ancho —un cuadrado— y dos codos [36 pulgadas] de alto. 38:1a En hebreo él; también en 38:8, 9. 38:1b En hebreo 5 codos (7,5 pies) de ancho, 5 codos de largo —un cuadrado— y 3 codos (4,5 pies) de alto. 38:8 En hebreo la carpa de reunión; también en 38:30. 38:9 En hebreo 100 codos [150 pies]; también en 38:11. 38:12 En hebreo 50 codos (75 pies); también en 38:13. 38:14 En hebreo 15 codos (22,5 pies); también en 38:15. 38:18 En hebreo 20 codos [30 pies] de largo y 5 codos (7,5 pies) de alto. 38:21 En hebreo el tabernáculo, el tabernáculo del testimonio. 38:24 En hebreo 29 talentos y 730 siclos [2193 libras]. Cada siclo pesaba unos 11,4 gramos o 0,4 onzas. 38:25 En hebreo 100 talentos y 1775 siclos [7545 libras].

hombre había pagado al registrarse en el censo. (El impuesto era de un becá, que equivale a medio siclo,* según el peso del siclo del santuario). Recaudaron el impuesto de los 603.550 hombres que ya habían cumplido veinte años de edad. [27] Para construir las cien bases que los soportes de las paredes del santuario y los postes que sostenían la cortina interior se necesitaron tres mil cuatrocientos kilos de plata, es decir, unos treinta y cuatro kilos por cada base.* [28] Los veinte kilos de plata* restantes se usaron para hacer los ganchos y los anillos, y para recubrir los capiteles de los postes.

[29] El pueblo también presentó como ofrenda especial dos mil cuatrocientos siete kilos* de bronce, [30] el cual se usó para fundir las bases de los postes que estaban en la entrada del tabernáculo, y para el altar de bronce con su rejilla de bronce y todos los utensilios del altar. [31] También se usó el bronce para hacer las bases de los postes que sostenían las cortinas alrededor del atrio, las bases para las cortinas que estaban en la entrada del atrio y todas las estacas para el tabernáculo y el atrio.

Vestiduras para los sacerdotes

39 Los artesanos confeccionaron hermosas vestiduras sagradas de tela azul, púrpura y escarlata para que Aarón las usara al ministrar en el Lugar Santo, tal como el SEÑOR le había ordenado a Moisés.

Confección del efod

[2] Bezalel* hizo el efod de lino de tejido fino, y lo bordó con oro e hilo azul, púrpura y escarlata. [3] Para hacer hilo de oro, trabajó a martillo finas láminas de oro y luego las cortó en hilos finos. Con mucho cuidado y gran habilidad, lo bordó en el lino fino junto con el hilo azul, púrpura y escarlata.

[4] El efod constaba de dos piezas —el frente y la espalda— unidas en los hombros por dos hombreras. [5] La faja decorativa estaba confeccionada con los mismos materiales: lino de tejido fino, bordado con oro y con hilo azul, púrpura y escarlata, tal como el SEÑOR le había ordenado a Moisés. [6] Luego se incrustaron las dos piedras de ónice en monturas de filigrana de oro. Las piedras tenían grabadas los nombres de las tribus de Israel como se graba un sello. [7] Bezalel fijó las dos piedras sobre las hombreras del efod, pues eran un recordatorio de que el sacerdote representaba al pueblo de Israel. Todo se realizó tal como el SEÑOR le había ordenado a Moisés.

Confección del pectoral

[8] Bezalel hizo el pectoral con mucho cuidado y con gran habilidad. Lo confeccionó de tal modo que hiciera juego con el efod: de lino de tejido fino, bordado con oro y con hilo azul, púrpura y escarlata. [9] Hizo el pectoral de una sola pieza de tela, doblada en forma de bolsa cuadrada, de veintitrés centímetros* cada lado. [10] Sobre el pectoral, incrustaron cuatro hileras de piedras preciosas.* La primera hilera tenía una cornalina roja, un peridoto de color verde pálido y una esmeralda. [11] La segunda hilera estaba compuesta por una turquesa, un lapislázuli de color azul y una adularia blanca. [12] La tercera hilera consistía de un jacinto anaranjado, una ágata y una amatista púrpura. [13] La cuarta hilera estaba formada por un berilo azul y verde, un ónice y un jaspe verde. Todas estas piedras estaban incrustadas en filigranas de oro. [14] Cada piedra representaba a uno de los doce hijos de Israel, y el nombre de la tribu que representaba estaba grabado en ella como un sello.

[15] Para fijar el pectoral al efod, prepararon cordones trenzados de hilo de oro puro. [16] También hicieron dos monturas de filigrana de oro y dos anillos de oro, y los fijaron a las esquinas superiores del pectoral. [17] Luego ataron los dos cordones de oro a los anillos colocados en el pectoral. [18] También ataron los otros extremos de los cordones a las monturas de oro que iban sobre las hombreras del efod. [19] Después hicieron otros dos anillos de oro, y los fijaron a los bordes interiores del pectoral, junto al efod. [20] Luego hicieron otros dos anillos de oro y los fijaron a la parte delantera del efod, debajo de las hombreras, justo encima del nudo donde la faja decorativa se ciñe al efod. [21] Después sujetaron con cordones azules los anillos inferiores del pectoral a los anillos del efod. De este modo, el pectoral quedaba firmemente unido al efod por encima de la faja decorativa. Todo se realizó tal como el SEÑOR le había ordenado a Moisés.

Otras vestiduras para los sacerdotes

[22] Bezalel confeccionó de una sola pieza de tela azul el manto que se usa con el efod, [23] con una abertura en el centro por donde Aarón pudiera meter la cabeza. Reforzó la abertura con un cuello* tejido para evitar que se rasgara. [24] Hicieron granadas de hilo azul, púrpura y escarlata, y las sujetaron al borde del manto. [25] También hicieron campanillas de oro puro y las colocaron entre las granadas, a lo largo del borde; [26] de modo que las campanillas y las granadas quedaron en forma alternada por todo el borde. El sacerdote llevaba puesto el manto cada vez que oficiaba delante del SEÑOR, tal como el SEÑOR le había ordenado a Moisés.

[27] Confeccionaron túnicas de tela de lino fino para Aarón y sus hijos. [28] Hicieron el turbante y los gorros especiales de lino fino; también

38:26 O 6 gramos ó 0,2 onzas.   38:27 En hebreo 100 talentos [7500 libras] de plata, un talento [75 libras] por cada base.   38:28 En hebreo 1775 siclos [45 libras].   38:29 En hebreo 70 talentos y 2400 siclos [5310 libras].   39:2 En hebreo Él; también en 39:3, 8.   39:9 En hebreo un palmo [9 pulgadas].   39:10 La identificación de algunas de estas piedras preciosas es incierta.   39:23 El significado del hebreo es incierto.

hicieron la ropa interior de lino de tejido fino. ²⁹Las fajas las hicieron de lino de tejido fino y bordadas con hilo azul, púrpura y escarlata, tal como el SEÑOR le había ordenado a Moisés.

³⁰Por último, hicieron el medallón sagrado —la insignia de santidad— de oro puro. Lo grabaron como un sello con las palabras SANTO PARA EL SEÑOR. ³¹Con un cordón azul, sujetaron el medallón al turbante de Aarón, tal como el SEÑOR le había ordenado a Moisés.

Moisés revisa el trabajo

³²Por fin el tabernáculo* quedó terminado. Los israelitas hicieron todo tal como el SEÑOR le había ordenado a Moisés ³³y presentaron a Moisés el tabernáculo completo:

la carpa sagrada con todo su mobiliario, los broches, los soportes, los travesaños, los postes y las bases;
³⁴ las cubiertas para el tabernáculo de pieles de carnero curtidas y cuero de cabra de la mejor calidad;
la cortina interior que protege el arca;
³⁵ el arca del pacto* y las varas para transportarla;
la tapa del arca: el lugar de la expiación;
³⁶ la mesa y todos sus utensilios;
el pan de la Presencia;
³⁷ el candelabro de oro puro, con sus copas simétricas para las lámparas, todos los accesorios y el aceite de oliva para la iluminación;
³⁸ el altar de oro;
el aceite de la unción y el incienso aromático;
la cortina para la entrada de la carpa sagrada;
³⁹ el altar de bronce, la rejilla de bronce, las varas para transportarlo y sus utensilios;
el lavamanos con su base;
⁴⁰ las cortinas para las paredes del atrio;
los postes y sus bases;
la cortina para la entrada del atrio;
las cuerdas y las estacas;
todo el mobiliario para usar durante la adoración en el tabernáculo;
⁴¹ las vestiduras finamente confeccionadas para los sacerdotes, las cuales usaban mientras servían en el Lugar Santo: las vestiduras sagradas para el sacerdote Aarón y las vestiduras que sus hijos llevaban puestas cuando ministraban como sacerdotes.

⁴²Así que los israelitas siguieron todas las instrucciones que el SEÑOR le había dado a Moisés. ⁴³Luego Moisés revisó todo el trabajo. Cuando verificó que todo se había llevado a cabo tal como el SEÑOR le había ordenado, los bendijo.

El tabernáculo queda terminado

40 Luego el SEÑOR le dijo a Moisés: ²«Levanta el tabernáculo* el primer día del nuevo año.* ³Coloca adentro el arca del pacto* y cuelga la cortina interior para encerrar el arca dentro del Lugar Santísimo. ⁴Luego manda traer la mesa y acomoda los utensilios sobre ella. Además manda traer el candelabro e instala las lámparas.

⁵»Ubica el altar de oro para el incienso frente al arca del pacto. Después cuelga la cortina en la entrada del tabernáculo. ⁶Coloca el altar de las ofrendas quemadas delante de la entrada del tabernáculo. ⁷Pon el lavamanos entre el tabernáculo* y el altar, y llénalo de agua. ⁸Luego arma el atrio alrededor de la carpa y cuelga la cortina de la entrada al atrio.

⁹»Toma el aceite de la unción y unge el tabernáculo junto con todo su mobiliario, a fin de consagrarlos y para que queden santos. ¹⁰Unge el altar de las ofrendas quemadas y sus utensilios, a fin de consagrarlos. Entonces el altar será completamente santo. ¹¹Luego unge el lavamanos y su base, a fin de consagrarlos.

¹²»Lleva a Aarón y a sus hijos a la entrada del tabernáculo y lávalos con agua. ¹³Pon le a Aarón las vestiduras sagradas y úngelo, así quedará consagrado para servirme como sacerdote. ¹⁴Luego haz que se acerquen sus hijos y vístelos con sus túnicas. ¹⁵Úngelos como ungiste a su padre, para que ellos también me sirvan como sacerdotes. Al ungirlos, los descendientes de Aarón quedan apartados para el sacerdocio por siempre, de generación en generación».

¹⁶Moisés hizo todo lo que el SEÑOR le había ordenado. ¹⁷Así que el tabernáculo fue armado el primer día del primer mes del segundo año. ¹⁸Moisés levantó el tabernáculo: primero situó las bases, encajó los soportes, fijó los travesaños y colocó los postes. ¹⁹Luego extendió las cubiertas sobre el armazón del tabernáculo y puso las capas protectoras encima, tal como el SEÑOR le había ordenado.

²⁰Entonces tomó las tablas de piedra grabadas con las condiciones del pacto y las puso* dentro del arca. Después sujetó al arca las varas para transportarla y a la tapa del arca —el lugar de la expiación— la colocó encima. ²¹Luego llevó el arca del pacto dentro del tabernáculo y colgó la cortina interior para protegerla de la vista, tal como el SEÑOR le había ordenado.

²²Después Moisés ubicó la mesa en el tabernáculo, en el lado norte del Lugar Santo, justo fuera de la cortina interior; ²³y acomodó sobre la mesa el pan de la Presencia delante del SEÑOR, tal como el SEÑOR le había ordenado.

²⁴Luego puso el candelabro en el tabernáculo, en dirección opuesta a la mesa, en el lado sur del

---

39:32 En hebreo *el tabernáculo, la carpa de reunión;* también en 39:40. 39:35 O *arca del testimonio.* 40:2a En hebreo *el tabernáculo, la carpa de reunión;* también en 40:6, 29. 40:2b En hebreo *el primer día del primer mes.* En el antiguo calendario lunar hebreo, este día cala en marzo o en abril. 40:3 O *arca del testimonio;* también en 40:5, 21. 40:7 En hebreo *la carpa de reunión;* también en 40:12, 22, 24, 26, 30, 32, 34, 35. 40:20 En hebreo *puso el testimonio;* ver nota en 25:16.

Lugar Santo. ²⁵Entonces encendió las lámparas en la presencia del Señor, tal como el Señor le había ordenado. ²⁶También puso en el tabernáculo el altar de oro para el incienso, en el Lugar Santo, delante de la cortina interior; ²⁷y quemó el incienso aromático sobre el altar, tal como el Señor le había ordenado.

²⁸Después colgó la cortina a la entrada del tabernáculo, ²⁹y ubicó el altar de las ofrendas quemadas cerca de la entrada del santuario. Entonces presentó una ofrenda quemada y una ofrenda de grano sobre el altar, tal como el Señor le había ordenado.

³⁰Luego Moisés instaló el lavamanos entre el tabernáculo y el altar, y lo llenó de agua para que los sacerdotes pudieran lavarse. ³¹Moisés, Aarón y los hijos de Aarón sacaban agua del lavamanos para lavarse las manos y los pies. ³²Se lavaban cada vez que se acercaban al altar o entraban al tabernáculo, tal como el Señor le había ordenado a Moisés.

³³Después Moisés colgó las cortinas que daban forma al atrio que rodea el tabernáculo y el altar. Por último levantó la cortina en la entrada del atrio. Así por fin terminó Moisés el trabajo.

La gloria del Señor llena el tabernáculo

³⁴Entonces la nube cubrió el tabernáculo, y la gloria del Señor llenó el tabernáculo. ³⁵Moisés no podía entrar en el tabernáculo, porque la nube se había posado allí, y la gloria del Señor llenaba el tabernáculo.

³⁶Cada vez que la nube se levantaba del tabernáculo, el pueblo de Israel se ponía en marcha y la seguía. ³⁷Pero si la nube no se levantaba, ellos permanecían donde estaban hasta que la nube se elevaba. ³⁸Durante el día, la nube del Señor quedaba en el aire sobre el tabernáculo y, durante la noche, resplandecía fuego dentro de ella, de modo que toda la familia de Israel podía ver la nube. Eso mismo ocurrió durante todos sus viajes.

Levítico

Procedimiento para las ofrendas quemadas

1 El Señor llamó a Moisés desde el tabernáculo* y le dijo: 2«Da las siguientes instrucciones al pueblo de Israel: cuando presentes un animal como ofrenda al Señor, lo puedes tomar de la manada del ganado o del rebaño de ovejas y cabras.

3»Si el animal que ofreces como ofrenda quemada es de la manada, debe ser un macho que no tenga ningún defecto. Llévalo a la entrada del tabernáculo para que seas* aceptado por él.* 4Coloca la mano sobre la cabeza del animal, y el Señor aceptará la muerte del animal en tu lugar a fin de purificarte y hacerte justo ante él.* 5Luego matarás al becerro en la presencia del Señor, y los hijos de Aarón, los sacerdotes, ofrecerán la sangre del animal al salpicarla por todos los lados del altar que está a la entrada del tabernáculo. 6Después se le quitará la piel al animal y se cortará en pedazos. 7Los hijos del sacerdote Aarón encenderán un fuego de leña sobre el altar, 8y acomodarán los pedazos de la ofrenda, junto con la cabeza y la grasa, sobre la leña que arde en el altar. 9Sin embargo, las vísceras y las patas deben lavarse primero con agua. Después el sacerdote quemará el sacrificio completo sobre el altar como ofrenda quemada. Es una ofrenda especial, un aroma agradable al Señor.

10»Si el animal que ofreces como ofrenda quemada es del rebaño, podrá ser una oveja o una cabra, pero deberá ser un macho sin defecto. 11Matarás al animal en el lado norte del altar en la presencia del Señor, y los hijos de Aarón, los sacerdotes, salpicarán su sangre por todos los lados del altar. 12Luego cortarás al animal en pedazos, y los sacerdotes acomodarán los pedazos de la ofrenda, junto con la cabeza y la grasa, sobre la leña que arde en el altar. 13Sin embargo, las vísceras y las patas deben lavarse primero con agua. Después el sacerdote quemará el sacrificio completo sobre el altar como ofrenda quemada. Es una ofrenda especial, un aroma agradable para el Señor.

14»Si ofreces un ave como ofrenda quemada al Señor, elegirás una tórtola o un pichón de paloma. 15El sacerdote llevará el ave al altar, le arrancará la cabeza y la quemará sobre el altar; pero primero deberá escurrir la sangre y dejarla correr sobre un costado del altar. 16El sacerdote también debe quitarle el buche y las plumas*, y echarlos en las cenizas al lado oriental del altar. 17Luego, sujetando el ave por las alas, el sacerdote la abrirá, pero sin despedazarla. Después la quemará como ofrenda quemada sobre la leña que arde en el altar. Es una ofrenda especial, un aroma agradable al Señor.

Procedimiento para la ofrenda de grano

2 »Cuando presentes grano como una ofrenda al Señor, deberá ser de harina selecta. Derramarás sobre la harina aceite de oliva, la rociarás con incienso 2y la llevarás a los hijos de Aarón, los sacerdotes. El sacerdote tomará un puñado de la harina humedecida con aceite, junto con todo el incienso, y quemará esta porción representativa sobre el altar. Es una ofrenda especial, un aroma agradable al Señor. 3Luego, el resto de la ofrenda de grano será entregado a Aarón y a sus hijos. Esta ofrenda será considerada una porción sumamente santa entre las ofrendas especiales presentadas al Señor.

4»Si la ofrenda es de grano cocido al horno, debe ser de harina selecta, pero sin levadura. Se puede presentar en la forma de panes planos mezclados con aceite de oliva, o de obleas untadas con aceite de oliva. 5Si la ofrenda de grano se cocina en un sartén, debe ser de harina selecta humedecida con aceite de oliva, pero sin levadura. 6Pártela en pedazos y derrama sobre ella aceite de oliva; es una ofrenda de grano. 7Si la ofrenda de grano se cocina en una cacerola, debe ser de harina selecta y aceite de oliva.

8»Cualquiera que sea la forma en que se prepare la ofrenda de grano para el Señor, la llevarás al sacerdote, quien la presentará en el altar. 9El sacerdote tomará una porción representativa de la ofrenda de grano y la quemará sobre el altar. Es una ofrenda especial, un aroma agradable al Señor. 10El resto de la ofrenda de grano se entregará a Aarón y a sus hijos como alimento. Esta ofrenda será considerada una porción sumamente santa entre las ofrendas especiales presentadas al Señor.

1:1 En hebreo *la carpa de reunión*; también en 1:3, 5.   1:3 O *sea contenido. El significado del hebreo es incierto.*   1:4 O *para hacer expiación por ti.*   1:16 O *el buche y su*

página 85 . . . **LEVÍTICO 4**

¹¹»No uses levadura cuando prepares alguna de las ofrendas de grano que presentes al Señor, porque ni la levadura ni la miel deben ser quemadas como una ofrenda especial presentada al Señor. ¹²Puedes ponerle levadura y miel a una ofrenda de tus primeras cosechas, pero estas nunca deberán ser ofrecidas sobre el altar como un aroma agradable al Señor. ¹³Sazona con sal todas tus ofrendas de grano, para acordarte del pacto eterno de Dios. Nunca te olvides de poner sal a las ofrendas de grano.

¹⁴»Si presentas al Señor una ofrenda de grano de la primera porción de tu cosecha, lleva grano fresco, molido y tostado sobre el fuego. ¹⁵Pon aceite de oliva sobre esta ofrenda de grano y échale incienso. ¹⁶Luego el sacerdote tomará una porción representativa del grano humedecido con aceite, junto con todo el incienso, y la quemará como una ofrenda especial presentada al Señor.

Procedimiento para la ofrenda de paz

3 »Si presentas un animal de la manada como una ofrenda de paz al Señor, podrá ser macho o hembra, pero no debe tener ningún defecto. ²Pon tu mano sobre la cabeza del animal y mátalo a la entrada del tabernáculo.* Luego los hijos de Aarón, los sacerdotes, salpicarán la sangre por todos los lados del altar. ³El sacerdote presentará parte de esta ofrenda de paz como una ofrenda especial al Señor. Esto incluye toda la grasa que rodea las vísceras, ⁴los dos riñones junto con la grasa que los rodea cerca de los lomos, así como el lóbulo largo del hígado. Todo esto debe ser removido junto con los riñones. ⁵Entonces los hijos de Aarón lo quemarán encima de la ofrenda quemada, sobre la leña que arde en el altar. Es una ofrenda especial, un aroma agradable al Señor.

⁶»Si presentas un animal del rebaño como una ofrenda de paz al Señor, podrá ser macho o hembra, pero no debe tener ningún defecto. ⁷Si presentas una oveja como ofrenda, llévala al Señor, ⁸coloca la mano sobre su cabeza y mátala frente al tabernáculo. Luego los hijos de Aarón salpicarán la sangre de la oveja por todos los lados del altar. ⁹El sacerdote debe presentar la grasa de esta ofrenda de paz como una ofrenda especial al Señor. Esto incluye la grasa de la cola gorda cortada cerca del espinazo, toda la grasa que rodea las vísceras, ¹⁰los dos riñones junto con la grasa que los rodea cerca de los lomos, así como el lóbulo largo del hígado. Todo esto debe ser removido junto con los riñones. ¹¹y entonces el sacerdote lo quemará sobre el altar. Es una ofrenda especial de alimento que se presenta al Señor.

¹²»Si presentas una cabra como ofrenda, llévala al Señor, ¹³coloca la mano sobre su cabeza y mátala frente al tabernáculo. Luego los hijos de

Aarón salpicarán la sangre de la cabra por todos los lados del altar. ¹⁴El sacerdote presentará parte de esta ofrenda como una ofrenda especial al Señor. Esto incluye toda la grasa que rodea las vísceras, ¹⁵los dos riñones junto con la grasa que los rodea cerca de los lomos, así como el lóbulo largo del hígado. Todo esto debe ser removido junto con los riñones, ¹⁶y entonces el sacerdote lo quemará sobre el altar. Es una ofrenda especial de alimento, un aroma agradable al Señor. Toda la grasa le pertenece al Señor.

¹⁷»Nunca deberás comer grasa ni sangre. Esta es una ley perpetua para ti que debe cumplirse de generación en generación, dondequiera que vivas».

Procedimiento para la ofrenda por el pecado

4 El Señor le dijo a Moisés: ²«Da las siguientes instrucciones al pueblo de Israel: de esta manera deben proceder con aquellos que pecan involuntariamente, al hacer algo que viola uno de los mandatos del Señor.

³»Si el sumo sacerdote* peca y así mancha de culpa a toda la comunidad, debe presentar una ofrenda por el pecado que cometió. Debe ofrecer al Señor un becerro sin defecto. ⁴Debe llevar el becerro al Señor a la entrada del tabernáculo,* colocar su mano sobre la cabeza del becerro y matarlo delante del Señor. ⁵Luego, el sumo sacerdote llevará parte de la sangre dentro del tabernáculo, ⁶mojará su dedo en la sangre y la rociará siete veces ante el Señor delante de la cortina interior del santuario. ⁷Después el sacerdote pondrá un poco de la sangre en los cuernos del altar del incienso aromático que está en la presencia del Señor dentro del tabernáculo, y derramará el resto de la sangre del becerro al pie del altar de las ofrendas quemadas que está a la entrada del tabernáculo. ⁸Luego el sacerdote quitará toda la grasa del becerro para presentarla como ofrenda por el pecado. Esto incluye toda la grasa que rodea las vísceras, ⁹los dos riñones junto con la grasa que los rodea cerca de los lomos, así como el lóbulo largo del hígado. Debe quitar todo esto junto con los riñones, ¹⁰así como lo hace con el ganado que se presenta como ofrenda de paz, y quemarlo sobre el altar de las ofrendas quemadas. ¹¹Pero debe tomar todo lo que quede del becerro —la piel, la carne, la cabeza, las patas, las vísceras y el estiércol— ¹²y llevarlo fuera del campamento a un lugar ceremonialmente puro, al lugar donde se han las cenizas. Allí, sobre el montón de las cenizas, lo quemará sobre un fuego de leña.

¹³»Si toda la comunidad israelita peca al violar uno de los mandatos del Señor, pero no se da cuenta de ello, aun así es culpable. ¹⁴En cuanto ellos se den cuenta de su pecado, deben llevar un becerro como una ofrenda por el pecado y presentarlo ante el tabernáculo. ¹⁵Después los

---

3:2 En hebreo *de la carpa de reunión*; también en 3:8, 13.   4:3 En hebreo *el sacerdote ungido*; también en 4:5, 16.   4:4 En hebreo *de la carpa de reunión*; también en 4:5, 7, 14, 16, 18.

ancianos de la comunidad pondrán las manos sobre la cabeza del becerro y lo matarán ante el SEÑOR. ¹⁶Luego el sumo sacerdote llevará parte de la sangre del becerro dentro del tabernáculo, ¹⁷mojará su dedo en la sangre y la rociará siete veces ante el SEÑOR delante de la cortina interior. ¹⁸Después pondrá un poco de la sangre en los cuernos del altar del incienso aromático que está en la presencia del SEÑOR dentro del tabernáculo, y derramará el resto de la sangre al pie del altar de las ofrendas quemadas que está a la entrada del tabernáculo. ¹⁹A continuación el sacerdote quitará toda la grasa del animal y la quemará sobre el altar, ²⁰así como lo hace con el becerro ofrecido como una ofrenda por el pecado del sumo sacerdote. Mediante este proceso, el sacerdote purificará a los israelitas y los hará justos ante el SEÑOR,* y serán perdonados. ²¹Después el sacerdote debe tomar todo lo que quede del becerro, llevarlo fuera del campamento y quemarlo allí, así como lo hace con la ofrenda por el pecado del sumo sacerdote. Esta ofrenda es por el pecado de toda la congregación de Israel.

²²Si uno de los líderes de Israel peca al violar uno de los mandatos del SEÑOR su Dios, pero no se da cuenta de ello, aun así es culpable. ²³En cuanto se dé cuenta de su pecado, debe llevar como ofrenda un chivo sin defecto. ²⁴Pondrá la mano sobre la cabeza del chivo y lo matará en el lugar donde se matan las ofrendas quemadas ante el SEÑOR. Esta es una ofrenda por su pecado. ²⁵Luego el sacerdote mojará su dedo en la sangre de la ofrenda por el pecado y la pondrá en los cuernos del altar para las ofrendas quemadas, y derramará el resto de la sangre al pie del altar. ²⁶Después debe quemar toda la grasa del chivo sobre el altar, así como lo hace con la ofrenda de paz. Mediante este proceso, el sacerdote purificará al líder de su pecado, lo hará justo ante el SEÑOR, y será perdonado.

²⁷Si alguien de la gente común peca al violar uno de los mandatos del SEÑOR, pero no se da cuenta de ello, aun así es culpable. ²⁸Cuando se dé cuenta de su pecado, deberá llevar como ofrenda por su pecado una cabra sin defecto. ²⁹Pondrá la mano sobre la cabeza de la ofrenda por el pecado, y la matará en el lugar donde se matan las ofrendas quemadas. ³⁰Después el sacerdote mojará su dedo en la sangre y la pondrá en los cuernos del altar de las ofrendas quemadas, y derramará el resto de la sangre al pie del altar. ³¹Luego quitará toda la grasa de la cabra, tal como lo hace con la grasa de la ofrenda de paz. Quemará la grasa sobre el altar, y será un aroma agradable al SEÑOR. Mediante este proceso, el sacerdote purificará a la persona, la hará justa ante el SEÑOR, y será perdonado.

³²Si lleva una oveja como ofrenda por el pecado, debe ser una hembra sin defecto. ³³Pondrá la mano sobre la cabeza de la ofrenda

por el pecado y la matará en el lugar donde se matan las ofrendas quemadas. ³⁴Luego el sacerdote mojará su dedo en la sangre de la ofrenda por el pecado y la pondrá en los cuernos del altar de las ofrendas quemadas, y derramará el resto de la sangre al pie del altar. ³⁵Después deberá quitar toda la grasa de la oveja, tal como lo hace con la grasa de una oveja que se presenta como ofrenda de paz. Quemará la grasa sobre el altar encima de las ofrendas especiales presentadas al SEÑOR. Mediante este proceso, el sacerdote purificará a la persona de su pecado, la hará justa ante el SEÑOR, y será perdonada.

Pecados que requieren una ofrenda por el pecado

5 »Si te llaman a testificar sobre algo que hayas visto o que sepas, es pecado negarse a testificar, y serás castigado por tu pecado.

²»O supongamos que, sin saberlo, tocas algo que queda ceremonialmente impuro, como el cadáver de un animal impuro. Cuando te des cuenta de lo que has hecho, debes admitir tu contaminación y tu culpabilidad. Esto rige por igual, ya sea un animal salvaje, un animal doméstico o un animal que corre por el suelo.

³»O supongamos que, sin saberlo, tocas algo que te hace impuro. Cuando te des cuenta de lo que has hecho, debes admitir tu culpabilidad.

⁴»O supongamos que haces un voto imprudente de cualquier clase, ya sea su propósito bueno o malo. Cuando te des cuenta de la necedad del voto, debes admitir tu culpabilidad.

⁵»Cuando te des cuenta de tu culpabilidad en cualquiera de estos casos, deberás confesar tu pecado. ⁶Entonces deberás llevarle al SEÑOR como castigo por tu pecado una hembra del rebaño, ya sea una oveja o una cabra. Esta es una ofrenda por el pecado, con la cual el sacerdote te purificará de tu pecado y te hará justo ante el SEÑOR.*

⁷»Sin embargo, si no te alcanza para comprar una oveja, puedes llevarle al SEÑOR dos tórtolas o dos pichones de paloma como castigo por tu pecado. Una de las aves será la ofrenda por el pecado, y la otra será la ofrenda quemada. ⁸Las llevarás al sacerdote, quien presentará la primera ave como ofrenda por el pecado. Le arrancará el pescuezo, pero sin separar la cabeza del cuerpo. ⁹Después rociará un poco de la sangre de la ofrenda por el pecado en cada lado del altar, y escurrirá el resto de la sangre al pie del altar. Es una ofrenda por el pecado. ¹⁰Luego el sacerdote preparará la segunda ave como ofrenda quemada, siguiendo los procedimientos establecidos. Mediante este proceso, el sacerdote te purificará de tu pecado, te hará justo ante el SEÑOR y serás perdonado.

¹¹»Si no te alcanza para comprar las dos tórtolas o los dos pichones, podrás llevar dos kilos*

4:20 O *hará expiación por el pueblo;* similar en 4:26, 31, 35. 5:6 O *hará expiación por tu pecado;* similar en 5:10, 13, 16, 18. 5:11 En hebreo ¹⁄₁₀ *de un efa* [4,4 libras].

de harina selecta como ofrenda por tu pecado. Puesto que es una ofrenda por el pecado, no la humedecerás con aceite de oliva ni le pondrás incienso. [12]Lleva la harina al sacerdote, quien tomará un puñado como porción representativa. Él la quemará sobre el altar, encima de las ofrendas especiales presentadas al SEÑOR. Es una ofrenda por el pecado. [13]Mediante este proceso, el sacerdote purificará a los que sean culpables de cualquiera de estos pecados, los hará justos ante el SEÑOR, y serán perdonados. El resto de la harina selecta le pertenecerá al sacerdote, tal como la ofrenda de grano».

Procedimiento para la ofrenda por la culpa

[14]El SEÑOR le dijo a Moisés: [15]«Si uno de ustedes peca involuntariamente, al contaminar la propiedad sagrada del SEÑOR, debe llevar al SEÑOR una ofrenda por la culpa. La ofrenda puede ser un carnero sin defecto, de su propio rebaño o puede comprar uno del mismo valor con plata calculada según el peso del siclo del santuario.* [16]La persona tiene que hacer restitución por la propiedad sagrada que dañó, pagando por la pérdida, más un veinte por ciento adicional. Cuando le entregue el pago al sacerdote, él lo purificará con el carnero sacrificado como ofrenda por la culpa, lo hará justo ante el SEÑOR, y será perdonado.

[17]»Supongamos que alguien peca al desobedecer uno de los mandatos del SEÑOR. Aunque no esté consciente de lo que hizo, es culpable y será castigado por su pecado. [18]Como ofrenda por la culpa, debe llevar al sacerdote un carnero sin defecto de su propio rebaño, o puede comprar uno del mismo valor. Mediante este proceso, el sacerdote lo purificará de ese pecado cometido involuntariamente, lo hará justo ante el SEÑOR, y será perdonado. [19]Esta es una ofrenda por la culpa, pues es culpable de una ofensa contra el SEÑOR».

Pecados que requieren una ofrenda por la culpa

6 [1]*Entonces el SEÑOR le dijo a Moisés: [2]«Supongamos que uno de ustedes peca contra su socio y es infiel al SEÑOR. Supongamos que comete una estafa en un trato que involucra un depósito en garantía, o roba, o comete fraude, [3]o encuentra un objeto perdido y luego niega haberlo encontrado, o miente después de haber jurado decir la verdad, o comete cualquier otro pecado como estos. [4]Si ha pecado en cualquiera de estas formas, eres culpable. Debes devolver lo que robaste, o el dinero que tomaste mediante la extorsión, o el depósito recibido en garantía, o el objeto perdido que encontraste, [5]o cualquier cosa que hayas obtenido por jurar en falso. Deberás hacer una restitución

total a la persona perjudicada más un veinte por ciento adicional. En el mismo día, presentarás una ofrenda por la culpa. [6]Como ofrenda por la culpa al SEÑOR, debes llevar al sacerdote un carnero sin defecto de tu propio rebaño, o puedes comprar uno del mismo valor. [7]Mediante este proceso, el sacerdote te purificará delante del SEÑOR, te hará justo ante él,* y serás perdonado de cualquiera de estos pecados que hayas cometido».

Instrucciones adicionales sobre la ofrenda quemada

[8]*Entonces el SEÑOR le dijo a Moisés: [9]«Da a Aarón y a sus hijos las siguientes instrucciones con respecto a la ofrenda quemada: la ofrenda quemada se dejará encima del altar hasta la mañana siguiente, y el fuego del altar debe mantenerse encendido durante toda la noche. [10]En la mañana, después de que el sacerdote de turno se haya puesto las ropas oficiales de lino y también la ropa interior de lino, deberá limpiar las cenizas de la ofrenda quemada y ponerlas junto al altar. [11]Luego deberá quitarse estas vestiduras, cambiarse a su ropa normal y llevar las cenizas fuera del campamento a un lugar ceremonialmente puro. [12]Entretanto, el fuego del altar debe mantenerse ardiendo; nunca deberá apagarse. Cada mañana echará leña nueva al fuego. Luego acomodará la ofrenda quemada sobre él, y también quemará la grasa de las ofrendas de paz. [13]Recuerden, el fuego del altar siempre debe estar encendido; nunca debe apagarse.

Instrucciones adicionales sobre la ofrenda de grano

[14]»Estas son las instrucciones con respecto a la ofrenda de grano: los hijos de Aarón deben presentar esta ofrenda al SEÑOR delante del altar. [15]El sacerdote de turno tomará de la ofrenda de grano un puñado de harina selecta humedecida con aceite de oliva, junto con todo el incienso. Quemará esta porción representativa sobre el altar como un aroma agradable al SEÑOR. [16]Aarón y sus hijos pueden comer el resto de la harina, pero debe ser horneada sin levadura y comida en un lugar sagrado dentro del atrio del tabernáculo.* [17]Recuerden, nunca se debe preparar con levadura; se la he dado a los sacerdotes como su porción de las ofrendas especiales que me presenten. Al igual que la ofrenda por el pecado y la ofrenda por la culpa, la ofrenda de grano es enormemente santa. [18]Cualquiera de los descendientes varones de Aarón podrá comer de estas ofrendas especiales presentadas al SEÑOR; es su derecho perpetuo de generación en generación. Cualquier persona o cosa que toque estas ofrendas quedará consagrada».

5:15 Cada siclo equivalía a 11 gramos ó 0,4 onzas.   **6:1** Los versículos del 6:1-7 corresponden al 5:20-26 en el texto hebreo.   **6:7** *O hará expiación por ti ante el SEÑOR*   **6:8** Los versículos del 6:8-30 corresponden al 6:1-23 en el texto hebreo.   **6:16** En hebreo *de la carpa de reunión;* también en 6:26, 30.

Procedimiento para la ofrenda de ordenación

¹⁹Entonces el Señor le dijo a Moisés: ²⁰«El día en que se unja a Aarón y a sus hijos, ellos deben presentar al Señor una ofrenda de grano de dos kilos* de harina selecta; se ofrecerá la mitad por la mañana y la otra mitad por la tarde. ²¹Debe ser mezclada cuidadosamente con aceite de oliva y cocinada en un sartén. Luego, esta ofrenda de grano la cortarán en rebanadas* y la presentarán como un aroma agradable al Señor. ²²En cada generación, el sumo sacerdote* que tome el lugar de Aarón deberá preparar esta misma ofrenda; le pertenece al Señor y debe ser quemada totalmente. Esta es una ley perpetua. ²³Tales ofrendas de grano hechas por un sacerdote deberán ser quemadas por completo; de esa ofrenda, nadie deberá comer».

*Instrucciones adicionales sobre
la ofrenda por el pecado*

²⁴Entonces el Señor le dijo a Moisés: ²⁵«Da a Aarón y a sus hijos las siguientes instrucciones con respecto a la ofrenda por el pecado: el animal que se presente como ofrenda por el pecado es una ofrenda sumamente santa, y se debe matar en la presencia del Señor, en el lugar donde se matan las ofrendas quemadas. ²⁶El sacerdote que ofrezca el sacrificio como una ofrenda por el pecado deberá comer su porción en un lugar sagrado dentro del atrio del tabernáculo. ²⁷Toda persona o cosa que toque la carne del sacrificio será santa. Si la sangre del sacrificio llegara a salpicar la ropa de la persona, la ropa manchada deberá lavarse en un lugar sagrado. ²⁸Si se usa una olla de barro para hervir la carne del sacrificio, luego deberá que romperla. Si se usa una olla de bronce, esta deberá ser restregada y bien enjuagada. ²⁹Cualquier varón de la familia del sacerdote podrá comer de esta ofrenda; es sumamente santa. ³⁰Sin embargo, la ofrenda por el pecado no se deberá comer si su sangre fue llevada al tabernáculo como ofrenda para purificación* en el Lugar Santo. Deberá ser quemada por completo en el fuego.

*Instrucciones adicionales sobre
la ofrenda por la culpa*

7 »Estas son las instrucciones para la ofrenda por la culpa; la cual es sumamente santa. ²El animal sacrificado como ofrenda por la culpa se debe matar en el lugar donde se matan las ofrendas quemadas, y su sangre debe ser salpicada por todos los lados del altar. ³Después, el sacerdote ofrecerá toda la grasa sobre el altar, que incluye la grasa de la cola gorda, la grasa que rodea las vísceras, ⁴los dos riñones junto con la grasa que los rodea cerca de los lomos, así como el lóbulo largo del hígado. Todo esto hay que quitarlo junto con los riñones, ⁵y los sacerdotes lo quemarán sobre el altar como

una ofrenda especial presentada al Señor. Esta es la ofrenda por la culpa. ⁶Cualquier varón de la familia del sacerdote podrá comer la carne. Debe comerla en un lugar sagrado, porque es sumamente santa.

⁷»Las mismas instrucciones se aplican tanto para la ofrenda por la culpa como para la ofrenda por el pecado. Ambas le pertenecen al sacerdote quien las usa para purificar a alguien, así hace que la persona sea justa ante el Señor.* ⁸En el caso de la ofrenda quemada, el sacerdote podrá quedarse con la piel del animal sacrificado. ⁹Toda ofrenda de grano que haya sido cocida al horno, preparada en una cacerola o en un sartén le pertenece al sacerdote que la presenta. ¹⁰Todas las demás ofrendas de grano, ya sean de harina seca o harina humedecida con aceite de oliva, se repartirán equitativamente entre todos los sacerdotes, los descendientes de Aarón.

*Instrucciones adicionales sobre
la ofrenda de paz*

¹¹»Estas son las instrucciones con respecto a las distintas clases de ofrendas de paz que se pueden presentar al Señor. ¹²Si presentas una ofrenda de paz como una expresión de acción de gracias, el animal de sacrificio acostumbrado debe ser acompañado de varias clases de pan preparados sin levadura: panes planos mezclados con aceite de oliva, obleas untadas con aceite y panes de harina selecta mezclada con aceite de oliva. ¹³Esta ofrenda de paz por acción de gracias también debe ser acompañada de panes hechos con levadura. ¹⁴Un pan de cada clase deberá presentarse como ofrenda al Señor. Estos panes pertenecerán al sacerdote que salpica la sangre de la ofrenda de paz contra el altar. ¹⁵La carne de la ofrenda de paz por acción de gracias deberá comerse en el mismo día que se ofrece. No se permite guardar ninguna parte para la mañana siguiente.

¹⁶»Si llevas una ofrenda para cumplir un voto o como una ofrenda voluntaria, la carne deberá comerse en el mismo día que se ofrece el sacrificio, pero lo que quede podrá comerse al día siguiente. ¹⁷Toda la carne que quede hasta el tercer día deberá quemarse por completo. ¹⁸Si al tercer día se come algo de la carne de la ofrenda de paz, la persona que la presentó no será aceptada por el Señor. No recibirás ningún mérito por haberla presentado, pues para entonces, la carne estará contaminada; si la comes, serás castigado por tu pecado.

¹⁹»No se permite comer carne que toque cualquier cosa ceremonialmente impura; deberá quemarse por completo. Se permite comer el resto de la carne, pero solo por los que queden ceremonialmente impuro y comes carne de una

---

6:20 En hebreo ¹⁄₁₀ *de un efa* (4,4 libras).   6:21 El significado de este término hebreo es incierto.   6:22 En hebreo *el sacerdote ungido.*
6:30 O *una ofrenda para hacer expiación.*   7:7 O *hace expiación.*

ofrenda de paz que se presentó al SEÑOR, serás excluido de la comunidad. 21Si tocas cualquier cosa que sea impura [ya sea contaminación humana o un animal impuro o cualquier otra cosa impura y detestable] y luego comes carne de una ofrenda de paz presentada al SEÑOR, serás excluido de la comunidad».

Prohibición acerca de la sangre y de la grasa

22Después, el SEÑOR le dijo a Moisés: 23«Da las siguientes instrucciones al pueblo de Israel: nunca deberás comer grasa, ya sea de ganado, de oveja o de cabra. 24Nunca deberás comer la grasa de un animal encontrado muerto o despedazado por animales salvajes, aunque puede usarse para cualquier otro propósito. 25Cualquiera que coma la grasa de un animal presentado como ofrenda especial al SEÑOR será excluido de la comunidad. 26Donde sea que vivas, nunca deberás consumir la sangre de ningún ave o animal. 27Todo el que consuma sangre será excluido de la comunidad».

Porción para los sacerdotes

28Entonces el SEÑOR le dijo a Moisés: 29«Da las siguientes instrucciones al pueblo de Israel: cuando presentes una ofrenda de paz al SEÑOR, lleva una parte como ofrenda al SEÑOR. 30Preséntala al SEÑOR con tus propias manos, como una ofrenda especial para él. Lleva la grasa del animal junto con el pecho, y levanta el pecho como una ofrenda especial al SEÑOR. 31Luego, el sacerdote quemará la grasa en el altar, pero el pecho le pertenecerá a Aarón y a sus descendientes. 32El muslo derecho de la ofrenda de paz se le dará al sacerdote como ofrenda. 33El muslo derecho siempre se le dará al sacerdote que ofrece la sangre y la grasa de la ofrenda de paz. 34Pues he apartado el pecho de la ofrenda especial y el muslo derecho de la ofrenda sagrada para los sacerdotes. Aarón y sus descendientes tendrán el derecho perpetuo de participar en las ofrendas de paz presentadas por el pueblo de Israel. 35Esta es la porción que les corresponde. Las ofrendas especiales presentadas al SEÑOR fueron apartadas para Aarón y para sus descendientes desde el momento en que fueron separados para servir al SEÑOR como sacerdotes. 36En el día en que fueron ungidos, el SEÑOR mandó a los israelitas que dieran estas porciones a los sacerdotes como su parte perpetua de generación en generación».

37Esas son las instrucciones para la ofrenda quemada, la ofrenda de grano, la ofrenda por el pecado y la ofrenda por la culpa, así como la ofrenda de ordenación y la ofrenda de paz. 38El SEÑOR le dio esas instrucciones a Moisés en el monte Sinaí cuando le ordenó a los israelitas que presentaran sus ofrendas al SEÑOR en el desierto de Sinaí.

Ordenación de los sacerdotes

8 Entonces el SEÑOR le dijo a Moisés: 2«Trae a Aarón y a sus hijos, junto con sus vestiduras sagradas, y el aceite de la unción, el becerro para la ofrenda por el pecado, los dos carneros y la cesta con el pan preparado sin levadura, 3y convoca a toda la comunidad de Israel para que se reúna a la entrada del tabernáculo».*

4Así que Moisés siguió las instrucciones del SEÑOR, y toda la comunidad se reunió a la entrada del tabernáculo. 5Moisés les anunció: «Esto es lo que el SEÑOR nos ha ordenado que hagamos!». 6Después presentó a Aarón y a sus hijos y los lavó con agua. 7A Aarón le puso la túnica oficial y lo ciñó con una faja alrededor de la cintura. Lo vistió con el manto, le puso encima el efod bien asegurado con la faja decorativa. 8Después Moisés puso el pectoral sobre Aarón y colocó adentro el Urim y el Tumim. 9Además puso el turbante sobre la cabeza de Aarón y, en la parte delantera del turbante, sujetó la medalla de oro —el símbolo de santidad— tal como el SEÑOR le había ordenado.

10Después Moisés tomó el aceite de la unción y ungió el tabernáculo y todo lo que había en él, y así los santificó. 11Roció el altar siete veces con el aceite, de esta manera lo ungió junto con todos los utensilios, al igual que con el lavamanos y su base, para santificarlos. 12Luego derramó un poco de aceite de la unción sobre la cabeza de Aarón, y de esta manera lo ungió y lo santificó para su labor. 13Después, Moisés presentó a los hijos de Aarón. Los vistió con sus túnicas, las ató con las fajas y les colocó los gorros especiales, tal como el SEÑOR le había ordenado.

14Luego Moisés presentó el becerro para la ofrenda por el pecado. Aarón y sus hijos pusieron sus manos sobre la cabeza del becerro. 15Moisés lo mató y tomó parte de la sangre y, con su dedo, la untó sobre los cuatro cuernos del altar para purificarlo. Derramó el resto de la sangre al pie del altar. Mediante este proceso, al purificarlo,* el altar quedó consagrado. 16Después Moisés tomó toda la grasa que rodea las vísceras, el lóbulo largo del hígado, los dos riñones junto con la grasa que los rodea, y lo quemó todo sobre el altar. 17Luego tomó el resto del becerro —incluidos la piel, la carne y el estiércol— y lo quemó en el fuego fuera del campamento, tal como el SEÑOR le había ordenado.

18Luego Moisés presentó el carnero para la ofrenda quemada. Aarón y sus hijos pusieron sus manos sobre la cabeza del carnero, 19y Moisés lo mató. Después tomó la sangre del carnero y la salpicó por todos los lados del altar. 20Luego cortó el carnero en pedazos, quemó la cabeza, algunos de los pedazos y la grasa en el altar. 21Después de lavar las vísceras y las patas con agua, Moisés quemó todo el carnero sobre el altar como una ofrenda quemada. Fue

---

8:3 En hebreo *de la carpa de reunión;* también en 8:4, 31, 33, 35. 8:15 O *al hacer expiación por él;* o *para que las ofrendas de purificación se hicieran sobre él.*

un aroma agradable, una ofrenda especial presentada al SEÑOR, tal como el SEÑOR le había ordenado.

²²Después, Moisés presentó el otro carnero, el de la ordenación. Aarón y sus hijos pusieron sus manos sobre la cabeza del carnero, ²³y Moisés lo mató. Después tomó un poco de la sangre y se la untó a Aarón en el lóbulo de la oreja derecha, en el pulgar de la mano derecha y en el dedo gordo de su pie derecho. ²⁴A continuación, Moisés presentó a los hijos de Aarón y les untó un poco de la sangre en el lóbulo de la oreja derecha, en el pulgar de la mano derecha y en el dedo gordo del pie derecho. Luego salpicó el resto de la sangre por todos los lados del altar.

²⁵Acto seguido, Moisés tomó la grasa del carnero, que incluye la grasa de la cola gorda, la que rodea las vísceras, el lóbulo largo del hígado, los dos riñones con la grasa que los rodea, junto con el muslo derecho. ²⁶Encima de estos puso un pan plano preparado sin levadura, un pan mezclado con aceite de oliva y una oblea untada con aceite de oliva. Estos panes los tomó de la cesta de los panes preparados sin levadura que se había colocado en la presencia del SEÑOR. ²⁷Entonces, Moisés puso todo esto en las manos de Aarón y sus hijos, y los levantó al SEÑOR como una ofrenda especial. ²⁸Luego Moisés se los quitó de las manos y las quemó sobre el altar, encima de la ofrenda quemada. Esta era la ofrenda de ordenación; era un aroma agradable, una ofrenda especial presentada al SEÑOR. ²⁹Después Moisés tomó el pecho y lo levantó como una ofrenda especial al SEÑOR. Esta era la porción que le pertenecía a Moisés del carnero de la ordenación, tal como el SEÑOR le había ordenado.

³⁰A continuación Moisés tomó un poco del aceite de la unción y algo de la sangre que estaba en el altar y los roció sobre Aarón y sus vestiduras y sobre los hijos de Aarón y sus vestiduras. De esta manera, hizo santos a Aarón y a sus hijos junto con sus vestiduras.

³¹Después Moisés les dijo a Aarón y a sus hijos: «Hiervan el resto de la carne de las ofrendas a la entrada del tabernáculo, y cómanla ahí mismo, junto con el pan que está en la cesta de las ofrendas para la ordenación, tal como lo ordené cuando dije: "Aarón y sus hijos se lo comerán". ³²Quemen todo lo sobrante de la carne y del pan. ³³No salgan de la entrada del tabernáculo durante siete días, porque hasta entonces habrá terminado la ceremonia de la ordenación. ³⁴Todo lo que hemos hecho hoy fue ordenado por el SEÑOR con el fin de purificarlos y hacerlos justos ante él.* ³⁵Ahora permanezcan a la entrada del tabernáculo día y noche durante siete días y hagan todo lo que el SEÑOR exige. Si no lo hacen, morirán, porque esto es lo que el SEÑOR ha ordenado».

³⁶Entonces Aarón y sus hijos hicieron todo lo que el SEÑOR había ordenado por medio de Moisés.

Los sacerdotes comienzan su labor

9 Al octavo día, después de la ceremonia de ordenación, Moisés reunió a Aarón, a sus hijos y a los ancianos de Israel. ²Le dijo a Aarón: «Toma un ternero para una ofrenda por el pecado y un carnero para una ofrenda quemada, ambos sin defecto, y preséntalos al SEÑOR. ³Luego dile a los israelitas: "Tomen un chivo como ofrenda por el pecado, y también tomen un ternero y un cordero, ambos de un año y sin defecto, para una ofrenda quemada. ⁴También tomen un toro* y un carnero para una ofrenda de paz, y harina humedecida con aceite de oliva para una ofrenda de grano. Presenten todas estas ofrendas al SEÑOR, porque hoy el SEÑOR se aparecerá a ustedes"».

⁵Así que los israelitas presentaron todas estas cosas a la entrada del tabernáculo,* tal como Moisés le había mandado. Entonces toda la comunidad se acercó y permaneció de pie ante el SEÑOR. ⁶Y Moisés dijo: «Esto es lo que el SEÑOR les ha ordenado que hagan para que la gloria del SEÑOR se aparezca ante ustedes».

⁷Luego Moisés le dijo a Aarón: «Acércate al altar y sacrifica tu ofrenda por el pecado y tu ofrenda quemada para purificarte a ti y al pueblo. Luego presenta las ofrendas del pueblo para purificarlos a ellos y hacerlos justos ante el SEÑOR,* tal como él lo ha ordenado».

⁸De manera que Aarón fue al altar y mató al ternero como ofrenda por el pecado por sí mismo. ⁹Entonces sus hijos le llevaron la sangre, él mojó su dedo en ella y la puso en los cuernos del altar, y después derramó el resto de la sangre al pie del altar. ¹⁰Luego quemó sobre el altar la grasa, los riñones y el lóbulo largo del hígado de la ofrenda por el pecado, tal como el SEÑOR se lo había ordenado a Moisés. ¹¹Sin embargo, quemó la carne y la piel fuera del campamento.

¹²A continuación, Aarón mató al animal para la ofrenda quemada, y sus hijos le llevaron la sangre, y él la salpicó por todos los lados del altar. ¹³Luego ellos le entregaron cada uno de los pedazos de la ofrenda quemada, incluida la cabeza, y los quemó en el altar. ¹⁴Después lavó las vísceras y las patas y las quemó en el altar junto con el resto de la ofrenda quemada.

¹⁵Después Aarón presentó las ofrendas del pueblo. Mató al chivo del pueblo y lo presentó como una ofrenda por el pecado, tal como lo había hecho con la ofrenda por su propio pecado. ¹⁶Luego presentó la ofrenda quemada y la sacrificó en la forma establecida. ¹⁷También presentó la ofrenda de grano y quemó un puñado de la mezcla de harina en el altar, además de la ofrenda quemada habitual de la mañana.

8:34 *O hacer expiación por ustedes.* 9:4 *O una vaca;* también en 9:18, 19. 9:5 En hebreo *de la carpa de reunión;* también en 9:23. 9:7 *O hacer expiación por ellos.*

¹⁸Después Aarón mató al toro y al carnero como ofrenda de paz del pueblo, y sus hijos le llevaron la sangre, y él la salpicó por todos los lados del altar. ¹⁹Luego tomó la grasa del toro y del carnero —la grasa de la cola gorda y de la que rodea las vísceras— junto con los riñones y el lóbulo largo del hígado. ²⁰Puso estas porciones de grasa encima del pecho de estos animales y las quemó en el altar. ²¹Luego Aarón levantó los pechos y los muslos derechos de los animales como una ofrenda especial al SEÑOR, tal como Moisés lo había ordenado.

²²Después Aarón levantó las manos hacia el pueblo y lo bendijo. Después de presentar la ofrenda por el pecado, la ofrenda quemada y la ofrenda de paz, se bajó del altar. ²³Después Moisés y Aarón entraron en el tabernáculo y, cuando salieron, volvieron a bendecir al pueblo, y la gloria del SEÑOR se apareció a toda la comunidad. ²⁴Un fuego ardiente salió de la presencia del SEÑOR y consumió la ofrenda quemada y la grasa que estaba sobre el altar. Cuando los israelitas lo vieron, gritaron de alegría y se postraron rostro en tierra.

Pecado de Nadab y Abiú

10 Nadab y Abiú, hijos de Aarón, pusieron carbones encendidos en sus incensarios y encima esparcieron incienso. De esta manera, desobedecieron al SEÑOR al quemar ante él un fuego equivocado, diferente al que él había ordenado. ²Como consecuencia, un fuego ardiente salió de la presencia del SEÑOR y los consumió por completo, y murieron ahí ante el SEÑOR.

³Así que Moisés le dijo a Aarón: «Esto quiso decir el SEÑOR cuando dijo:

"Demostraré mi santidad
    por medio de los que se acercan a mí.
Demostraré mi gloria
    ante todo el pueblo"».

Y Aarón guardó silencio.

⁴Después Moisés llamó a Misael y a Elzafán, primos de Aarón e hijos de Uziel —que era tío de Aarón— y les dijo: «Vengan y llévense los cuerpos de sus parientes de delante del santuario a un lugar fuera del campamento». ⁵Entonces se acercaron, los agarraron por la ropa y los llevaron fuera del campamento, tal como Moisés lo había mandado.

⁶Luego Moisés les dijo a Aarón y a sus hijos Eleazar e Itamar: «No rasguen su ropa ni dejen de peinarse* en señal de dolor. Si lo hacen, morirán, y el enojo del SEÑOR herirá a toda la comunidad de Israel. Sin embargo, el resto de los israelitas, sus parientes, podrán hacer duelo a causa de la destrucción por fuego de Nadab y Abiú que hizo el SEÑOR. ⁷Pero no salgan de la entrada del tabernáculo* o morirán, porque ustedes fueron ungidos con el aceite de unción del SEÑOR». Entonces hicieron lo que Moisés les ordenó.

Instrucciones sobre la conducta de los sacerdotes

⁸Después el SEÑOR le dijo a Aarón: ⁹«Tú y tus descendientes nunca deben beber vino ni ninguna otra bebida alcohólica antes de entrar en el tabernáculo. Si lo hacen, morirán. Esta es una ley perpetua para ustedes, que se cumplirá de generación en generación. ¹⁰Deben distinguir entre lo sagrado y lo común, entre lo que es ceremonialmente impuro y lo que es puro. ¹¹Y deben enseñarles a los israelitas todos los decretos que el SEÑOR les ha dado por medio de Moisés».

¹²Luego Moisés les dijo a Aarón y a sus hijos que le quedaban, Eleazar e Itamar: «Tomen lo que queda de la ofrenda de grano, después de que se haya presentado una porción como ofrenda especial al SEÑOR, y cómanla junto al altar. Es sumamente santa, por eso asegúrense de que no contenga levadura. ¹³Deberán comerla en un lugar sagrado, porque se les dio a ustedes y a sus descendientes como su porción de las ofrendas especiales que se presentan al SEÑOR. Estos son los mandatos que me fueron dados. ¹⁴Sin embargo, el pecho y el muslo que fueron levantados como ofrenda especial podrán comérselos en cualquier lugar que sea ceremonialmente puro. Estas partes se te han dado a ti y a tus descendientes como su porción de las ofrendas de paz presentadas por el pueblo de Israel. ¹⁵Deberán levantar el muslo y el pecho como ofrenda especial al SEÑOR, junto con la grasa de las ofrendas especiales. Estas partes te pertenecerán a ti y a tus descendientes, tal como el SEÑOR ha ordenado».

¹⁶Luego Moisés les preguntó qué había sucedido con el chivo de la ofrenda por el pecado. Cuando descubrió que había sido quemado, se enojó mucho con Eleazar e Itamar, los hijos que le quedaban a Aarón.

¹⁷—¿Por qué no comieron la ofrenda por el pecado en el lugar sagrado? —les preguntó—. ¡Es una ofrenda santa! El SEÑOR se la dio a ustedes para quitar la culpa de la comunidad y purificar al pueblo, y hacerlo justo ante el SEÑOR.* ¹⁸Puesto que la sangre del animal no fue llevada al Lugar Santo, ustedes debieron haberse comido la carne en el lugar sagrado, como lo ordené.

¹⁹Aarón le contestó a Moisés:

—Hoy, mis hijos presentaron al SEÑOR tanto su ofrenda por el pecado como su ofrenda quemada. No obstante, me ocurrió esta tragedia. ¿Le habría agradado al SEÑOR si yo hubiera comido la ofrenda por el pecado del pueblo en un día tan trágico como este?

10:6 O *ni se descubran la cabeza.* **10:7** En hebreo *de la carpa de reunión;* también en 10:9. **10:17** O *hacer expiación por el pueblo delante del SEÑOR.*

²⁰Cuando Moisés escuchó esto, quedó satisfecho.

Animales ceremonialmente puros e impuros

11 Luego el Señor les dijo a Moisés y a Aarón: ²«Den las siguientes instrucciones al pueblo de Israel: de todos los animales de la tierra, estos son los que pueden usar para alimento: ³puedes comer cualquier animal rumiante y que tenga las pezuñas totalmente partidas. ⁴Sin embargo, no puedes comer los siguientes animales* que tienen las pezuñas partidas o que rumian, pero no ambas cosas. El camello rumia, pero no tiene pezuñas partidas, así que es ceremonialmente impuro para ti. ⁵El damán* rumia, pero no tiene pezuñas partidas, por lo tanto, es impuro. ⁶La liebre rumia, pero no tiene pezuñas partidas, así que es impura. ⁷El cerdo tiene pezuñas partidas de manera pareja, pero no rumia, también es impuro. ⁸No puedes comer la carne de estos animales, ni siquiera tocar el cadáver. Son ceremonialmente impuros para ti.

⁹»De todos los animales que viven en el agua, estos son los que puedes usar como alimento: puedes comer cualquier animal del agua que tenga tanto aletas como escamas, sea que procedan de agua salada o de los arroyos. ¹⁰Sin embargo, nunca comas ningún animal del mar o de los ríos que no tenga aletas ni escamas. Son detestables para ti. Esto incluye tanto a las criaturas pequeñas que viven en aguas poco profundas como a todas las criaturas que viven en aguas profundas. ¹¹Siempre serán detestables para ti. Nunca deberás comer su carne, ni siquiera tocar su cadáver. ¹²Todo animal del agua que no tenga tanto aletas como escamas es detestable para ti.

¹³»Estas son las aves que son detestables para ti y no deberás comerlas: el buitre grifón, el quebrantahuesos, el buitre de cabeza negra, ¹⁴el milano, los halcones de toda clase, ¹⁵los cuervos de toda clase, ¹⁶el búho real, la lechuza campestre, la gaviota, los gavilanes de toda clase, ¹⁷el búho pequeño, el cuervo marino, el búho grande, ¹⁸la lechuza común, la lechuza del desierto, el buitre egipcio, ¹⁹la cigüeña, la garza de toda clase, la abubilla y el murciélago.

²⁰»No debes comer insectos alados que caminan por el suelo; son detestables para ti. ²¹Sin embargo, puedes comer insectos alados que caminan por el suelo y que tengan articulaciones para poder saltar. ²²Los insectos que se permite comer incluyen toda clase de langostas, langostones, grillos y saltamontes. ²³Todos los demás insectos alados que caminan sobre el suelo son detestables para ti.

²⁴»Las siguientes criaturas te harán ceremonialmente impuro; cualquiera que toque el cadáver de uno de esos animales quedará contaminado hasta el anochecer; ²⁵y si levanta el cadáver deberá lavar su ropa, y quedará

contaminado hasta el anochecer: ²⁶todo animal que tenga pezuñas pero que no estén partidas de manera pareja y que no rumie es impuro para ti. Cualquiera que toque el cadáver de dicho animal quedará contaminado. ²⁷De los animales que caminan en cuatro patas, los que se apoyan sobre sus plantas son impuros. Cualquiera que toque el cadáver de dicho animal quedará contaminado hasta el anochecer. ²⁸Si alguien levanta el cadáver, deberá lavar su ropa, y permanecerá contaminado hasta el anochecer. Estos animales son impuros para ti.

²⁹»De los animales pequeños que corren por el suelo, estos serán impuros para ti: la rata-topo, la rata, los lagartos grandes de toda clase, ³⁰el geco, el varano, el lagarto común, la lagartija de arena y el camaleón. ³¹Todos estos animales pequeños son impuros para ti. Cualquiera que toque el cadáver de dichos animales, quedará contaminado hasta el anochecer. ³²Si alguno de estos animales muere y cae sobre algo, ese objeto será impuro; ya sea un objeto hecho de madera, de tela, de cuero o de tela áspera. Cualquiera que sea su uso, deberá sumergirse en agua, y quedará contaminado hasta el anochecer. Después de esto, quedará ceremonialmente puro y podrá usarse de nuevo.

³³»Si uno de estos animales cae en una olla de barro, todo lo que haya en la olla quedará contaminado, y habrá que romper la olla. ³⁴Si el agua de dicho recipiente cae sobre cualquier alimento, este quedará contaminado; y cualquier bebida que haya en el recipiente quedará contaminada. ³⁵Cualquier objeto sobre el que caiga el cadáver de dichos animales quedará contaminado. Si es un horno o un fogón, deberá ser destruido porque está contaminado, y debes tratarlo como tal.

³⁶»Sin embargo, si el cadáver de uno de estos animales cae en un manantial o en una cisterna, el agua permanecerá pura pero cualquiera que toque el cadáver quedará contaminado. ³⁷Si el cadáver cae sobre la semilla que será sembrada en el campo, aun así, la semilla será considerada pura; ³⁸pero si la semilla está húmeda cuando el cadáver cae sobre ella, la semilla quedará contaminada.

³⁹»Si un animal que te está permitido comer muere, y alguien toca el cadáver, esa persona quedará contaminada hasta el anochecer. ⁴⁰Si come de su carne o se lleva el cadáver, deberá lavar su ropa y permanecerá contaminada hasta el anochecer.

⁴¹»Todos los animales pequeños que corren por el suelo son detestables, y nunca deberás comerlos. ⁴²Esto incluye todos los animales que se deslizan sobre el vientre, como también los de cuatro patas y los de muchas patas. Todos esos animales que corren por el suelo son detestables, y nunca deberás comerlos. ⁴³No te contamines

---

11:4 La identificación de algunos animales e insectos, y algunas aves que se mencionan en este capítulo es incierta.   **11:5** O *conejos salvajes,* o *tejones de las rocas.*

a ti mismo al tocarlos. No te hagas ceremonialmente impuro a causa de ellos. 44Pues yo soy el Señor tu Dios. Debes consagrarte y ser santo, porque yo soy santo. Así que no te contamines al tocar cualquiera de estos animales pequeños que corren por el suelo. 45Pues yo, el Señor, soy quien os sacó de la tierra de Egipto para ser tu Dios; por lo tanto, sé santo porque yo soy santo.

46»Estas son las instrucciones con respecto a los animales terrestres, las aves, los seres marinos y los animales que corren por el suelo. 47Mediante estas instrucciones sabrás lo que es impuro y lo que es puro, y también los animales que puedes comer y los que no puedes comer».

Purificación de la mujer después del parto

12 El Señor le dijo a Moisés: «Da las siguientes instrucciones al pueblo de Israel: 2si una mujer queda embarazada y da a luz a un varón, será ceremonialmente impura por siete días, así como es impura durante su período menstrual. 3Al octavo día, circuncide el prepucio del niño. 4Después de esperar treinta y tres días, ella quedará purificada del flujo de sangre del parto. Durante este tiempo de purificación, no debe tocar nada que haya sido consagrado ni tampoco entrar en el santuario hasta que haya terminado su tiempo de purificación. 5Si una mujer da a luz a una hija, quedará ceremonialmente impura durante dos semanas, así como es impura durante su período menstrual. Después de esperar sesenta y seis días, ella quedará purificada del flujo de sangre del parto.

6»Cuando se cumpla el tiempo de la purificación, ya sea por haber tenido un hijo o una hija, la mujer deberá llevar un cordero de un año como ofrenda quemada y un pichón de paloma o una tórtola como ofrenda de purificación. Deberá llevar sus ofrendas al sacerdote a la entrada del tabernáculo.* 7Luego el sacerdote las presentará al Señor para purificarla.* Entonces ella volverá a estar ceremonialmente pura después del flujo de sangre del parto. Estas son las instrucciones para una mujer después del nacimiento de un hijo o una hija.

8»Si a la mujer no le alcanza para comprar un cordero, deberá llevar un par de tórtolas o dos pichones de paloma. Uno será para la ofrenda quemada y el otro para la ofrenda de purificación. El sacerdote los sacrificará para purificarla a ella, y quedará ceremonialmente pura».

Enfermedades graves de la piel

13 El Señor les dijo a Moisés y a Aarón: 2«Si alguien tiene una hinchazón, una erupción o una decoloración de la piel que pueda convertirse en una enfermedad grave de la piel,* esa persona debe ser llevada al sacerdote Aarón o a uno de sus hijos.* 3El sacerdote

examinará la zona afectada de la piel, y si el vello de la zona afectada se ha vuelto blanco y el problema parece estar más profundo que la piel, esta es una enfermedad cutánea grave, y el sacerdote que la examina debe declarar a la persona ceremonialmente impura.

4»Sin embargo, si la zona afectada de la piel es solo una decoloración blanca y no parece estar más profunda que la piel, y si el vello en la mancha no se ha vuelto blanco, el sacerdote pondrá a la persona en cuarentena durante siete días. 5Al séptimo día el sacerdote la volverá a examinar, y si encuentra que la zona afectada no ha cambiado y que el problema no se ha extendido en la piel, el sacerdote la pondrá en cuarentena por siete días más. 6Una vez cumplidos los siete días, el sacerdote la examinará de nuevo, y si encuentra que la zona afectada se ha disminuido y no se ha extendido, el sacerdote declarará a la persona ceremonialmente pura; era solamente una erupción. Entonces, la persona lavará su ropa y quedará ceremonialmente pura; 7pero si la erupción continúa extendiéndose después de que la persona fue examinada por el sacerdote y declarada pura, la persona infectada deberá regresar para ser examinada nuevamente. 8Si el sacerdote encuentra que la erupción se ha extendido, debe declarar a la persona ceremonialmente impura, porque ciertamente es una enfermedad de la piel.

9»Cualquiera que contrae una enfermedad grave de la piel deberá acudir al sacerdote para ser examinado. 10Si el sacerdote encuentra una hinchazón blanca en la piel, y el vello en la mancha se ha vuelto blanco y hay una llaga abierta en la zona afectada, 11es una enfermedad crónica de la piel y el sacerdote deberá declarar a la persona ceremonialmente impura. En tales casos, no es necesario poner a la persona en cuarentena porque es evidente que la piel está contaminada por la enfermedad.

12»Ahora bien, supongamos que la enfermedad se ha extendido por toda la piel de la persona y cubre todo su cuerpo de pies a cabeza. 13Cuando el sacerdote examine a la persona infectada y encuentre que la enfermedad cubre todo su cuerpo, la declarará ceremonialmente pura. Dado que la piel se ha vuelto completamente blanca, la persona es pura. 14Pero si aparecen llagas abiertas, la persona infectada será declarada ceremonialmente impura. 15El sacerdote deberá hacer esta declaración tan pronto como vea una llaga abierta, ya que las llagas abiertas indican la presencia de una enfermedad de la piel. 16Sin embargo, si las llagas abiertas sanan y se vuelven blancas como el resto de la piel, la persona deberá regresar al sacerdote 17para ser examinada de nuevo. Si las zonas afectadas efectivamente se han vuelto blancas,

---

12:6 En hebreo *de la carpa de reunión.* 12:7 O *para hacer expiación por ella;* ver también 12:8. 13:2a Tradicionalmente se traduce *lepra.* La palabra hebrea empleada en todo este pasaje se usa para describir diversas enfermedades de la piel. 13:2b O *uno de sus descendientes.*

el sacerdote declarará ceremonialmente pura a la persona al decir: "¡Eres pura!".

¹⁸»Si alguien tiene una llaga purulenta en la piel que ha empezado a sanar, ¹⁹pero en el mismo sitio aparece una hinchazón blanca o una mancha blanca rojiza, la persona deberá acudir al sacerdote para que la examine. ²⁰Si el sacerdote, al examinarla, ve que el problema está más profundo que la piel y si el vello en el área afectada se ha vuelto blanco, el sacerdote deberá declarar a la persona ceremonialmente impura; la llaga purulenta se ha convertido en una enfermedad grave de la piel. ²¹Sin embargo, si el sacerdote no encuentra vello blanco en la zona afectada y ve que el problema no parece estar más profundo que la piel y ha ido disminuyendo, el sacerdote deberá poner a la persona en cuarentena por siete días. ²²Si durante ese tiempo el mal del área afectada se extiende por la piel, el sacerdote deberá declarar a la persona ceremonialmente impura, porque es una enfermedad grave; ²³pero si la zona afectada no crece ni se extiende, es simplemente la cicatriz de la llaga, y el sacerdote declarará a la persona ceremonialmente pura.

²⁴»Si alguien sufre una quemadura en la piel y la zona quemada cambia de color, poniéndose blanca rojiza o blanca brillante, ²⁵el sacerdote deberá examinarla. Si encuentra que el vello en la zona afectada se ha vuelto blanco y que el problema parece estar más profundo que la piel, entonces ha surgido en la quemadura una enfermedad de la piel. El sacerdote deberá declarar a la persona ceremonialmente impura, porque sin duda se trata de una enfermedad grave de la piel. ²⁶Sin embargo, si el sacerdote no encuentra vello blanco en la zona afectada y ve que el problema no parece estar más profundo que la piel y ha disminuido, el sacerdote deberá poner a la persona en cuarentena por siete días. ²⁷Al séptimo día, el sacerdote deberá examinarla de nuevo. Si la zona afectada se ha extendido en la piel, el sacerdote deberá declarar a la persona ceremonialmente impura, porque es sin duda una enfermedad grave de la piel; ²⁸pero si la zona afectada no ha cambiado ni se ha extendido por la piel, sino que ha disminuido, es simplemente una hinchazón causada por la quemadura. Luego el sacerdote declarará a la persona ceremonialmente pura, porque es simplemente la cicatriz de la quemadura.

²⁹»Si alguien, sea hombre o mujer, tiene una llaga en la cabeza o en la barbilla, ³⁰el sacerdote deberá examinar la llaga. Si encuentra que está más profunda que la piel y contiene vello delgado y amarillo, el sacerdote deberá declarar a la persona ceremonialmente impura. Se trata de una llaga costrosa en la cabeza o en la barbilla. ³¹Si el sacerdote, al examinar la llaga costrosa, encuentra que no está más profunda

que la piel, pero no tiene vello negro, deberá poner a la persona en cuarentena por siete días. ³²Cumplidos los siete días, el sacerdote deberá examinar la llaga de nuevo. Si encuentra que la llaga costrosa no se ha extendido y que no contiene vello amarillo y que no parece estar más profunda que la piel, ³³la persona deberá afeitarse totalmente, con excepción de la zona afectada. Luego el sacerdote deberá poner a la persona en cuarentena durante otros siete días. ³⁴Al séptimo día examinará la llaga de nuevo. Si no se ha extendido y no parece estar más profunda que la piel, el sacerdote declarará a la persona ceremonialmente pura. Entonces la persona lavará su ropa y quedará ceremonialmente pura. ³⁵Sin embargo, si la llaga costrosa empieza a extenderse después de haber sido declarada pura, ³⁶el sacerdote deberá examinarla de nuevo. Si encuentra que la llaga se ha extendido, no hace falta que el sacerdote busque el vello amarillo; la persona infectada quedará ceremonialmente impura. ³⁷Pero si el color de la llaga costrosa no ha cambiado y ha crecido el vello negro, la llaga se ha curado. Entonces el sacerdote declarará a la persona ceremonialmente pura.

³⁸»Si alguien, sea hombre o mujer, tiene manchas blancas brillantes en la piel, ³⁹el sacerdote deberá examinar la zona afectada. Si descubre que las manchas brillantes son de un tono blanco opaco, no es nada más que una erupción de la piel, y la persona quedará ceremonialmente pura.

⁴⁰»Si a un hombre se le cae el cabello y queda calvo, sigue ceremonialmente puro. ⁴¹Si pierde el cabello de la frente, y simplemente quedó calvo de la frente; sigue siendo puro. ⁴²Sin embargo, si aparece una llaga de color blanco rojizo en la zona calva, sea de la parte superior o posterior de la cabeza, es una enfermedad de la piel. ⁴³El sacerdote deberá examinarlo, y si descubre hinchazón alrededor de la llaga blanca rojiza, en cualquier parte de la cabeza del hombre, y tiene la apariencia de una enfermedad de la piel, ⁴⁴el hombre ciertamente está infectado con una enfermedad de la piel y es impuro. Entonces el sacerdote deberá declararlo ceremonialmente impuro debido a la llaga de la cabeza.

⁴⁵»Los que sufran de una enfermedad grave de la piel deberán rasgar su ropa y dejar su cabello sin peinar.* Tienen que cubrirse la boca y gritar: "¡Impuro! ¡Impuro!". ⁴⁶Permanecerán ceremonialmente impuros todo el tiempo que les dure esa enfermedad grave, y deberán vivir aislados en un lugar fuera del campamento.

Tratamiento de ropa contaminada

⁴⁷»Ahora, supongamos que el moho* contamina alguna prenda de vestir de lana o de lino, ⁴⁸alguna tela de lana o de lino, la piel de un animal

13:45 O *y descubrirse la cabeza.* 13:47 Tradicionalmente se traduce *lepra.* La palabra hebrea empleada en todo este pasaje es la misma que se usa para describir diversas enfermedades de la piel en 13:1-46.

o cualquier objeto hecho de cuero. ⁴⁹Si la zona afectada de la ropa, de la piel del animal, de la tela o del artículo de cuero se ha vuelto verdosa o rojiza, está contaminada de moho y tendrá que ser mostrada al sacerdote. ⁵⁰Después de haber examinado la parte afectada, el sacerdote pondrá el artículo en cuarentena por siete días. ⁵¹Al séptimo día el sacerdote lo examinará de nuevo. Si la zona afectada se ha extendido, la ropa o la tela o el cuero sin ninguna duda está contaminado de un moho grave y queda ceremonialmente impuro. ⁵²El sacerdote deberá quemar el objeto —la prenda de vestir, la tela de lana o de lino o el artículo de cuero— pues ha sido contaminado con un moho grave. Tendrá que ser totalmente destruido por fuego.

⁵³»Si, al examinarlo de nuevo, el sacerdote descubre que la zona contaminada no se ha extendido en la prenda de vestir, en la tela o en el cuero, ⁵⁴ordenará que se lave el objeto y luego lo pondrá en cuarentena durante otros siete días. ⁵⁵Entonces el sacerdote lo examinará otra vez. Si ve que la zona afectada no ha cambiado de color después de haber sido lavado, aunque no se haya extendido, el objeto está contaminado. Tendrá que quemarlo por completo, sin importar si la mancha* está por dentro o por fuera. ⁵⁶Sin embargo, si el sacerdote lo examina después de haber sido lavado y ve que la zona afectada se ha desteñido, entonces cortará esa parte de la prenda de vestir, de la tela o del cuero. ⁵⁷Si la mancha reaparece en la prenda de vestir, en la tela o en el artículo de cuero, es evidente que el moho está extendiéndose, y el objeto contaminado tendrá que ser quemado; ⁵⁸pero si la mancha desaparece de la ropa, de la tela o del artículo de cuero después de haber sido lavado, este se debe lavar nuevamente; y entonces quedará ceremonialmente puro.

⁵⁹»Estas son las instrucciones acerca de cómo tratar con el moho que contamina una prenda de vestir de lana o de lino, o tela o cualquier objeto hecho de cuero. Esta es la manera en que el sacerdote determinará si estos artículos son ceremonialmente puros o impuros.

Purificación de las enfermedades de la piel

14 El Señor le dijo a Moisés: ²«Las siguientes instrucciones son para los que buscan la purificación ceremonial de una enfermedad cutánea:* los que han sido sanados deben ser llevados al sacerdote, ³quien los examinará en un lugar fuera del campamento. Si el sacerdote comprueba que alguien ha sanado de una enfermedad grave de la piel, ⁴llevará a cabo una ceremonia de purificación, usando para ello dos aves vivas que estén ceremonialmente puras, un palo de cedro,* un hilo escarlata y una rama de hisopo. ⁵El sacerdote mandará matar una de

las aves sobre una vasija de barro llena de agua fresca. ⁶Tomará el ave viva, el palo de cedro, el hilo escarlata y la rama de hisopo, y los mojará en la sangre del ave muerta sobre el agua fresca. ⁷Luego el sacerdote rociará la sangre del ave muerta siete veces sobre la persona que está siendo purificada de la enfermedad cutánea. Después de purificar a la persona, el sacerdote soltará al ave viva en el campo abierto.

⁸»Entonces, aquellos que están siendo purificados deberán lavar su ropa, rasurarse todo el cuerpo y bañarse con agua; así quedarán ceremonialmente puros y podrán regresar al campamento. Sin embargo, tendrán que permanecer fuera de su carpa durante siete días. ⁹Al séptimo día, nuevamente deberán rasurarse todo el pelo de su cabeza, incluidas la barba y las cejas. También deberán lavar su ropa y bañarse con agua; entonces quedarán ceremonialmente puros.

¹⁰»Al octavo día, cada persona que está siendo purificada debe llevar dos corderos sin defecto y una cordera de un año sin defecto, junto con una ofrenda de grano de seis kilos* de harina selecta humedecida con aceite de oliva, y un tercio de litro* de aceite de oliva. ¹¹Después el sacerdote oficiante presentará a la persona que será purificada, junto con las ofrendas, ante el Señor a la entrada del tabernáculo.* ¹²El sacerdote tomará uno de los corderos y el aceite de oliva y los ofrecerá como una ofrenda por la culpa y los levantará como una ofrenda especial ante el Señor. ¹³Luego matará al cordero en el área sagrada donde se matan las ofrendas por el pecado y las ofrendas quemadas. Al igual que la ofrenda por el pecado, la ofrenda por la culpa le pertenece al sacerdote; es una ofrenda sumamente santa. ¹⁴Luego el sacerdote tomará un poco de la sangre de la ofrenda por la culpa y la untará en el lóbulo de la oreja derecha, en el pulgar de la mano derecha y en el dedo gordo del pie derecho de la persona que está siendo purificada.

¹⁵»Después el sacerdote derramará un poco del aceite de oliva en la palma de su propia mano izquierda. ¹⁶Mojará el dedo derecho en el aceite que tiene en la palma y rociará un poco del aceite siete veces ante el Señor. ¹⁷A continuación untará un poco del aceite que está en la palma sobre la sangre de la ofrenda por la culpa que está en el lóbulo de la oreja derecha, en el pulgar de la mano derecha y en el dedo gordo del pie derecho de la persona que está siendo purificada. ¹⁸El sacerdote untará el resto del aceite que le quede en la mano sobre la cabeza del que está siendo purificado. Mediante este proceso el sacerdote purificará* a la persona ante el Señor.

¹⁹»Luego el sacerdote deberá presentar la ofrenda por el pecado para purificar a la persona que fue sanada de la enfermedad de la

---

13:55 El significado del hebreo es incierto. **14:2** Tradicionalmente se traduce *lepra*, ver nota en 13:2a. **14:4** O *enebro*; también en 14:6, 49, 51. **14:10a** En hebreo ³⁄₁₀ *de un efa* [13.2 libras]. **14:10b** En hebreo *un log* [una taza]; también en 14:21. **14:11** En hebreo *de la carpa de reunión*; también en 14:23. **14:18** O *hará expiación por*; similar en 14:19, 20, 21, 29, 31, 53.

piel. Después, el sacerdote matará al animal que se usará para la ofrenda quemada [20]y la presentará sobre el altar junto con la ofrenda de grano. Mediante este proceso, el sacerdote purificará al que fue sanado y quedará ceremonialmente puro.

[21]»Aquel que sea demasiado pobre y no tenga para comprar estas ofrendas podrá llevar un cordero para la ofrenda por la culpa, para que se levante como una ofrenda especial para purificación. También deberá llevar dos kilos* de harina selecta humedecida con aceite de oliva para la ofrenda de grano y una taza de aceite de oliva. [22]La ofrenda también debe incluir dos tórtolas o dos pichones de paloma, según sus posibilidades. Una de ellas deberá ser usada para la ofrenda por el pecado y la otra para la ofrenda quemada. [23]Al octavo día de la ceremonia de la purificación, la persona que está siendo purificada debe llevar las ofrendas al sacerdote en la presencia del SEÑOR a la entrada del tabernáculo. [24]Entonces el sacerdote tomará el cordero para la ofrenda por la culpa, junto con el aceite de oliva, y los levantará como una ofrenda especial para el SEÑOR. [25]Después matará al cordero para la ofrenda por la culpa. Tomará un poco de la sangre y la untará en el lóbulo de la oreja derecha, en el pulgar de la mano derecha y en el dedo gordo del pie derecho de la persona que se purifica.

[26]»El sacerdote también derramará un poco del aceite de oliva en la palma de su propia mano izquierda. [27]Mojará el dedo derecho en el aceite de la palma y lo rociará siete veces ante el SEÑOR. [28]A continuación untará un poco del aceite que está en la palma de la mano sobre la sangre de la ofrenda por la culpa que está en el lóbulo de la oreja derecha, en el pulgar de la mano derecha y en el dedo gordo del pie derecho de la persona que está siendo purificada. [29]El sacerdote untará el resto del aceite que le quede en la mano sobre la cabeza del que está siendo purificado. Mediante este proceso, el sacerdote purificará a la persona ante el SEÑOR.

[30]»Después el sacerdote ofrecerá las dos tórtolas o los dos pichones de paloma, según lo que la persona pueda pagar. [31]Una de las aves será una ofrenda por el pecado y la otra, una ofrenda quemada; serán presentadas junto con la ofrenda de grano. Mediante este proceso, el sacerdote purificará a la persona ante el SEÑOR. [32]Estas son las instrucciones para la purificación de los que se han recuperado de una enfermedad grave de la piel, pero no les alcanza para llevar las ofrendas que se requieren normalmente para la ceremonia de purificación».

Casas contaminadas

[33]Luego el SEÑOR les dijo a Moisés y a Aarón: [34]«Cuando lleguen a Canaán, la tierra que les doy como posesión, puede ser que yo contamine con moho* algunas de las casas de su tierra. [35]El propietario de una casa así deberá acudir al sacerdote y decirle: "Parece que mi casa tiene algún tipo de moho". [36]Antes que el sacerdote entre a inspeccionar la casa, deberá vaciarla con el fin de que nada de lo que hay dentro sea declarado ceremonialmente impuro. [37]Entonces el sacerdote entrará en la casa y examinará el moho de las paredes. Si encuentra manchas verdosas o rojizas y la contaminación parece estar más profunda que la superficie de la pared, [38]el sacerdote saldrá por la puerta y pondrá la casa en cuarentena durante siete días. [39]Al séptimo día, el sacerdote regresará para inspeccionarla nuevamente. Si encuentra que el moho de las paredes se ha extendido, [40]mandará quitar las piedras de las áreas contaminadas. Luego, el material contaminado será llevado fuera de la ciudad a un lugar designado como ceremonialmente impuro. [41]Entonces se deberá raspar a fondo las paredes de todo el interior de la casa y tirar el material raspado en el lugar impuro fuera de la ciudad. [42]Se traerán piedras nuevas para las que se han quitado, y volverán a cubrirse las paredes con yeso.

[43]»Sin embargo, si el moho vuelve a aparecer después de que todas las piedras hayan sido reemplazadas y las paredes hayan sido raspadas y recubiertas con yeso, [44]el sacerdote deberá regresar a la casa y examinarla de nuevo. Si encuentra que el moho se ha extendido, es evidente que las paredes han sido afectadas con un moho grave, y la casa está totalmente contaminada. [45]Deberá ser demolida y todas sus piedras, maderas y yeso deberán ser llevados fuera de la ciudad al lugar designado como ceremonialmente impuro. [46]Los que entren en la casa durante el tiempo de cuarentena quedarán ceremonialmente impuros hasta el anochecer, [47]y todos los que duerman o coman en la casa deberán lavar su ropa.

[48]»Si el sacerdote regresa para su inspección y encuentra que el moho no ha vuelto a aparecer en la casa después de haber sido cubiertas las paredes con yeso, declarará pura la casa porque es evidente que el moho ha desaparecido. [49]Para purificar la casa, el sacerdote deberá tomar dos aves, un palo de cedro, un poco de hilo escarlata y una rama de hisopo. [50]Matará una de las aves sobre una vasija de barro llena de agua fresca. [51]Tomará el palo de cedro, la rama de hisopo, el hilo escarlata y el ave viva, y los mojará en la sangre del ave muerta y en el agua fresca. Luego rociará la casa siete veces. [52]Cuando el sacerdote haya purificado la casa exactamente de esta forma, [53]soltará al ave viva en el campo abierto fuera de la ciudad. Mediante este proceso, el sacerdote purificará la casa y quedará ceremonialmente pura.

[54]»Estas son las instrucciones para tratar enfermedades graves de la piel,* que incluyen

---

14:21 En hebreo *¹⁄₁₀ de un efa* [4.4 libras].   **14:34** Tradicionalmente se traduce *lepra*; ver nota en 13:47.   **14:54** Tradicionalmente se traduce *lepra*; ver nota en 13:2a.

llagas costrosas, ⁵⁵moho* —tanto sobre la ropa como en una casa—, ⁵⁶hinchazón de la piel, erupciones, o decoloración de la piel. ⁵⁷Este procedimiento determinará si una persona u objeto es ceremonialmente puro o impuro.

»Estas son las instrucciones con respecto a las enfermedades de la piel y al moho».

Secreciones corporales

15 El Señor les dijo a Moisés y a Aarón: ²«Den las siguientes instrucciones al pueblo de Israel: cualquier hombre que tenga una secreción corporal es ceremonialmente impuro. ³Su secreción causa contaminación, ya sea que esta continúe o pare. En cualquiera de los dos casos, el hombre es impuro. ⁴Cualquier cama en la que duerma el hombre con la secreción y cualquier cosa sobre la que se siente será ceremonialmente impura. ⁵De modo que si alguien toca la cama de ese hombre, tendrá que lavar su ropa y bañarse con agua, y permanecerá impuro hasta el anochecer. ⁶Si alguien se sienta donde el hombre con la secreción se sentó, entonces tendrá que lavar su ropa y bañarse con agua, y permanecerá impuro hasta el anochecer. ⁷Si toca al hombre con la secreción, tendrá que lavar su ropa y bañarse con agua, y permanecerá impuro hasta el anochecer. ⁸Si el hombre escupe a alguien, esta persona tendrá que lavar su ropa y bañarse con agua, y permanecerá impura hasta el anochecer. ⁹Cualquier manta se montar sobre la que cabalgue el hombre con la secreción quedará ceremonialmente impura. ¹⁰Si alguien toca cualquier cosa que haya estado debajo de él, quedará impuro hasta el anochecer. Tendrá que lavar su ropa y bañarse con agua, y permanecerá impuro hasta el anochecer. ¹¹Si el hombre toca a alguien sin primero haberse enjuagado las manos, esa persona tendrá que lavar su ropa y bañarse con agua, y permanecerá impura hasta el anochecer. ¹²Cualquier vasija de barro que el hombre toque tendrá que romperse, cualquier utensilio de madera que toque, deberá enjuagarse con agua.

¹³»Cuando el hombre con la secreción sane, deberá contar siete días para el período de purificación. Luego tendrá que lavar su ropa y se bañará con agua fresca, y quedará ceremonialmente puro. ¹⁴Al octavo día tomará dos tórtolas o dos pichones de paloma e irá ante el Señor a la entrada del tabernáculo* y dará sus ofrendas al sacerdote. ¹⁵Entonces el sacerdote presentará una de las aves como ofrenda por el pecado y la otra como ofrenda quemada. Mediante este proceso el sacerdote purificará* al hombre ante el Señor por su secreción.

¹⁶»Siempre que un hombre tenga una emisión de semen, deberá lavar todo su cuerpo con agua, y permanecerá ceremonialmente impuro hasta el próximo anochecer.* ¹⁷Cualquier ropa

o cuero que tenga semen tendrá que lavarse con agua, y permanecerá impuro hasta el anochecer. ¹⁸Después de que un hombre y una mujer hayan tenido relaciones sexuales, los dos deberán lavarse con agua, y permanecerán impuros hasta el próximo anochecer.

¹⁹»Cada vez que una mujer tenga su período menstrual, quedará ceremonialmente impura durante siete días. Cualquiera que la toque durante ese tiempo quedará impuro hasta el anochecer. ²⁰Cualquier cosa sobre la que se acueste o se siente la mujer durante su período menstrual quedará impura. ²¹Si alguien llega a tocar la cama de la mujer, tendrá que lavar su ropa y bañarse con agua, y permanecerá impuro hasta el anochecer. ²²Si alguien toca algún objeto sobre el cual ella se sentó, tendrá que lavar su ropa y bañarse con agua, y permanecerá impuro hasta el anochecer. ²³Esto incluye la cama o cualquier objeto sobre el que ella se haya sentado; si alguien lo toca, quedará impuro hasta el anochecer. ²⁴Si un hombre tiene relaciones sexuales con ella y su sangre la impureza menstrual se le transmitirá a él. Permanecerá impuro durante siete días, y cualquier cama sobre la que él se acueste será impura.

²⁵»Si una mujer tiene durante muchos días un flujo de sangre que no está relacionado con su período menstrual, o si el sangrado continúa más tiempo de su período normal, es ceremonialmente impura. Al igual que durante su período menstrual, la mujer permanecerá impura todo el tiempo que le dure la secreción. ²⁶Cualquier cama sobre la que ella se acueste o cualquier objeto sobre el cual ella se siente durante ese tiempo quedará impuro, al igual que durante su período menstrual normal. ²⁷Cualquiera de ustedes que toque estas cosas quedará ceremonialmente impuro. Tendrá que lavar su ropa y bañarse con agua, y permanecerá impuro hasta el anochecer.

²⁸»Cuando termine el sangrado, ella deberá contar siete días y después quedará ceremonialmente pura. ²⁹Al octavo día llevará dos tórtolas o dos pichones de paloma y los entregará al sacerdote a la entrada del tabernáculo. ³⁰El sacerdote ofrecerá una tórtola como ofrenda por el pecado y la otra como ofrenda quemada. Mediante este proceso, el sacerdote la purificará ante el Señor por la impureza ceremonial causada por su sangrado.

³¹»Así es como ustedes protegerán al pueblo de Israel de la impureza ceremonial. De lo contrario, ellos morirían, porque su impureza contaminaría mi tabernáculo que está en medio de ellos. ³²Estas son las instrucciones que tienen que ver con todo el que tiene secreciones corporales: un hombre que queda impuro a causa de una emisión de semen ³³o una mujer durante su período menstrual. Son aplicables a cualquier hombre o

14:55 Tradicionalmente se traduce *lepra*; ver nota en 13:47. 15:14 En hebreo *de la carpa de reunión*; también en 15:29. 15:15 O *hará expiación por*; también en 15:30. 15:16 En hebreo *hasta el anochecer*; también en 15:18.

mujer que tenga una secreción corporal, y a un hombre que tenga relaciones sexuales con una mujer que esté ceremonialmente impura».

El Día del Perdón

16 El Señor le habló a Moisés después de la muerte de los dos hijos de Aarón, quienes murieron luego de haber entrado y quemado un fuego equivocado en la presencia del Señor. ²El Señor le dijo a Moisés: «Advierte a tu hermano Aarón que no entre cuando quiera en el Lugar Santísimo que está detrás de la cortina interior; si lo hace, morirá. Pues allí está la tapa del arca —el lugar de la expiación—, y yo mismo estoy presente en la nube que está sobre la tapa de la expiación.

³»Cuando Aarón entre en la zona del santuario, deberá seguir fielmente estas instrucciones: deberá llevar un becerro para una ofrenda por el pecado y un carnero para una ofrenda quemada. ⁴Tiene que vestirse con la túnica de lino y la ropa interior de lino que se usa directamente sobre la piel. Amarrará la faja de lino a su cintura y se pondrá sobre la cabeza el turbante de lino. Estas son vestiduras sagradas, por lo que deberá bañarse con agua antes de ponérselas. ⁵Aarón deberá tomar de la comunidad de Israel dos chivos para la ofrenda por el pecado y un carnero para la ofrenda quemada.

⁶»Aarón presentará su propio becerro como ofrenda por el pecado para purificarse a sí mismo y a su familia, y así serán justos ante el Señor.* ⁷Luego deberá tomar los dos chivos y los presentará ante el Señor a la entrada del tabernáculo.* ⁸Después hará un sorteo sagrado para determinar qué chivo será apartado como ofrenda por el Señor y cuál llevará los pecados del pueblo al desierto de Azazel. ⁹Después Aarón presentará como ofrenda por el pecado el chivo escogido por sorteo para el Señor. ¹⁰Al otro chivo, el chivo expiatorio, escogido por sorteo para ser enviado al desierto, lo mantendrán con vida delante del Señor. Cuando sea enviado a Azazel en el desierto, el pueblo será purificado y así serán justos ante el Señor.*

¹¹»Aarón presentará su propio becerro como ofrenda por el pecado para purificarse a sí mismo y a su familia, y así serán justos ante el Señor. Después de haber matado el becerro como ofrenda por el pecado, ¹²tomará un incensario y lo llenará con brasas ardientes del altar que está delante del Señor. Luego tomará dos puñados de incienso aromático en polvo y llevará el incensario y el incienso detrás de la cortina interior. ¹³Allí, en la presencia del Señor, pondrá el incienso sobre las brasas encendidas a fin de que una nube de incienso se eleve sobre la tapa del arca —el lugar de la expiación— que está

sobre el arca del pacto.* Si sigue estas instrucciones, no morirá. ¹⁴Después tomará un poco de la sangre del becerro, mojará su dedo en ella, y la rociará en el lado oriental de la tapa de la expiación. También rociará la sangre siete veces con su dedo delante de la tapa de la expiación.

¹⁵»Luego, Aarón matará el primer chivo como ofrenda por el pecado del pueblo y llevará su sangre detrás de la cortina interior. Allí rociará la sangre del chivo sobre y delante de la tapa de la expiación, tal como lo hizo con la sangre del becerro. ¹⁶Mediante este proceso, purificará* el Lugar Santísimo, y hará lo mismo con todo el tabernáculo, a causa de la contaminación por el pecado y la rebelión de los israelitas. ¹⁷A nadie más se le permitirá estar dentro del tabernáculo cuando Aarón entre para la ceremonia de purificación en el Lugar Santísimo. Nadie podrá entrar hasta que él salga, después de haberse purificado a sí mismo, a su familia y a toda la congregación de Israel, haciéndolos justos ante el Señor.

¹⁸»Luego Aarón saldrá para purificar el altar que está delante del Señor. Tomará un poco de la sangre del becerro y del chivo y la pondrá en cada uno de los cuernos del altar. ¹⁹Después rociará la sangre con su dedo siete veces sobre el altar. De esta manera lo purificará de la contaminación de Israel y lo hará santo.

²⁰»Cuando Aarón haya terminado de purificar el Lugar Santísimo, el tabernáculo y el altar, presentará el chivo vivo. ²¹Pondrá ambas manos encima de la cabeza del chivo y confesará sobre él toda la perversidad, la rebelión y los pecados del pueblo de Israel. De esta forma, traspasará los pecados del pueblo a la cabeza del chivo. Después un hombre, especialmente seleccionado para la tarea, llevará el chivo al desierto. ²²Al irse el chivo al desierto, llevará todos los pecados del pueblo sobre sí mismo a una tierra desolada.

²³»Cuando Aarón vuelva a entrar en el tabernáculo se quitará las vestiduras de lino que llevaba cuando entró en el Lugar Santísimo, y dejará las prendas allí. ²⁴Luego tendrá que bañarse con agua en un lugar sagrado, se pondrá sus vestiduras normales y saldrá para sacrificar una ofrenda quemada por sí mismo y una ofrenda quemada por el pueblo. Mediante este proceso se purificará a sí mismo y también purificará al pueblo, haciéndolos justos ante el Señor. ²⁵Después deberá quemar sobre el altar toda la grasa de la ofrenda por el pecado.

²⁶»El hombre seleccionado para llevar el chivo expiatorio al desierto de Azazel deberá lavar su ropa y bañarse con agua antes de regresar al campamento.

²⁷»El becerro y el chivo presentados como

16:6 O *para hacer expiación por sí mismo y por su familia;* similar en 16:11, 17b, 24, 34.   **16:7** En hebreo *de la carpa de reunión;* también en 16:16, 17, 20, 23, 33.   **16:10** O *desierto,* hará *expiación por el pueblo.*   **16:13** En hebreo *que está encima del testimonio.* El término hebreo para «testimonio» se refiere a las condiciones del pacto del Señor con Israel escritas en las tablas de piedra, que se guardaban dentro del arca, y también se refiere al pacto mismo.   **16:16** O *hará expiación por;* similar en 16:17a, 18, 20, 27, 33.

ofrendas por el pecado, cuya sangre Aarón lleva dentro del Lugar Santísimo para la ceremonia de purificación, se sacarán fuera del campamento. La piel, las vísceras y el estiércol de los animales serán quemados. ²⁸El hombre que los queme deberá lavar su ropa y bañarse con agua antes de regresar al campamento.

²⁹»En el décimo día del mes señalado a comienzos del otoño,* deben negarse a sí mismos.* Ni los israelitas de nacimiento ni los extranjeros que vivan entre ustedes harán ninguna clase de trabajo. Esta es una ley perpetua para ustedes. ³⁰En ese día, se presentarán ofrendas de purificación por ustedes,* y serán purificados de todos sus pecados en la presencia del SEÑOR. ³¹Será un día de descanso absoluto en el que se negarán a sí mismos. Esta es una ley perpetua para ustedes. ³²En generaciones futuras, la ceremonia de purificación* la llevará a cabo el sacerdote que haya ungido y ordenado para servir como sumo sacerdote en lugar de su antepasado Aarón. Se pondrá las vestiduras sagradas de lino ³³y purificará el Lugar Santísimo, el tabernáculo, el altar, a los sacerdotes y a toda la comunidad. ³⁴Esta es una ley perpetua para ustedes a fin de purificar al pueblo de Israel de sus pecados, haciéndolos justos ante el SEÑOR una vez cada año.

Moisés siguió todas estas instrucciones exactamente como el SEÑOR se lo había ordenado.

Prohibición de comer sangre

17 Entonces el SEÑOR le dijo a Moisés: ²«Da las siguientes instrucciones a Aarón, a sus hijos y a todo el pueblo de Israel. Esto ha ordenado el SEÑOR: ³si algún israelita de nacimiento sacrifica un toro,* un cordero o una cabra, dentro o fuera del campamento* en vez de llevarlo a la entrada del tabernáculo* para presentarlo como una ofrenda al SEÑOR, esa persona es tan culpable como un asesino.* Esa persona ha derramado sangre y será excluida de la comunidad. ⁴El propósito de esta regla es evitar que los israelitas sacrifiquen animales en campo abierto; asegurará que lleven sus sacrificios al sacerdote a la entrada del tabernáculo, para que él pueda presentar los animales al SEÑOR como ofrendas de paz. ⁶Entonces el sacerdote podrá salpicar la sangre sobre el altar del SEÑOR a la entrada del tabernáculo, y podrá quemar la grasa como un aroma agradable al SEÑOR. ⁷El pueblo ya no debe serle infiel al SEÑOR al ofrecer sacrificios a ídolos que tienen forma de cabra.* Esta es una ley perpetua para el pueblo, tendrá que obedecerla de generación en generación.

⁸»Dales también este mandamiento: si algún israelita de nacimiento o extranjero que viva entre ustedes ofrece una ofrenda quemada o un sacrificio, ⁹pero no lo lleva a la entrada del

tabernáculo para ofrecerlo al SEÑOR, esa persona será excluida de la comunidad.

¹⁰»Si algún israelita de nacimiento o extranjero que viva entre ustedes come o bebe sangre en cualquier forma, yo me pondré en contra de esa persona, la excluiré de la comunidad. ¹¹porque la vida del cuerpo está en la sangre. Les he dado la sangre sobre el altar con el fin de purificarlos para hacerlos justos ante el SEÑOR.* Es la sangre, dada a cambio de una vida, la que hace posible la purificación. ¹²Por esta razón le he dicho al pueblo de Israel: "Nunca coman ni beban sangre, ni ustedes ni los extranjeros que vivan entre ustedes".

¹³»Si algún israelita de nacimiento o extranjero que viva entre ustedes va de caza y mata un animal o ave que se permite comer, deberá escurrirle la sangre y cubrirla con tierra. ¹⁴La vida de toda criatura está en su sangre. Por eso he dicho al pueblo de Israel: "Nunca coman ni beban sangre, porque la vida de toda criatura está en su sangre". Así que cualquiera que consuma sangre será excluido de la comunidad.

¹⁵»Y si algún israelita de nacimiento o extranjero come la carne de un animal que murió de forma natural o fue despedazado por animales salvajes, deberá lavar su ropa y bañarse con agua. Permanecerá ceremonialmente impuro hasta el anochecer, después de eso quedará puro; ¹⁶pero si no lava su ropa y no se baña, será castigado por su pecado».

Prácticas sexuales prohibidas

18 Entonces el SEÑOR le dijo a Moisés: ²«Da las siguientes instrucciones al pueblo de Israel. Yo soy el SEÑOR su Dios: ³no se comporten como la gente de Egipto, donde ustedes vivían, o como la gente de Canaán, adonde los llevo. No deberán imitar su estilo de vida. ⁴Ustedes deben obedecer todas mis ordenanzas y asegurarse de obedecer mis decretos, porque yo soy el SEÑOR su Dios. ⁵Si obedecen mis decretos y mis ordenanzas, encontrarán vida por medio de ellos. Yo soy el SEÑOR.

⁶»Nunca deberán tener relaciones sexuales con un pariente cercano, porque yo soy el SEÑOR.

⁷»No deshonres a tu padre teniendo relaciones sexuales con tu madre. Ella es tu madre; no deberás tener relaciones sexuales con ella.

⁸»No tengas relaciones sexuales con ninguna de las esposas de tu padre, porque eso deshonraría a tu padre.

⁹»No tengas relaciones sexuales con tu hermana o media hermana, ya sea la hija de tu padre o de tu madre, sea que haya nacido en tu familia o en otra.

¹⁰»No tengas relaciones sexuales con tu nieta, sea la hija de tu hijo o de tu hija, porque eso sería deshonrarte a ti mismo.

16:29a En hebreo En el décimo día del séptimo mes. 16:29b O deben ayunar; también en 16:31. 16:30 O se hará expiación por ustedes, para purificarlos. 16:32 O expiación. 17:3 O una vaca. 17:4a En hebreo de la carpa de reunión; también en 17:5, 6, 9. 17:4b En hebreo será culpable de sangre. 17:7 O demonios en forma de machos de cabra. 17:11 O para hacer expiación por ustedes.

¹¹»No tengas relaciones sexuales con la hija de una mujer que se case con tu padre, porque ella es tu hermana.

¹²»No tengas relaciones sexuales con tu tía, la hermana de tu padre, pues ella es una pariente cercana de tu padre.

¹³»No tengas relaciones sexuales con tu tía, la hermana de tu madre, pues es una pariente cercana de tu madre.

¹⁴»No deshonres a tu tío, el hermano de tu padre, al tener relaciones sexuales con su esposa, pues ella es tu tía.

¹⁵»No tengas relaciones sexuales con tu nuera; es la esposa de tu hijo, de modo que no debes tener relaciones sexuales con ella.

¹⁶»No tengas relaciones sexuales con tu cuñada, la esposa de tu hermano, porque esto deshonraría a tu hermano.

¹⁷»No tengas relaciones sexuales con una mujer y su hija, y no tomes a* su nieta, sea la hija de su hijo o de su hija, para tener relaciones sexuales con ella, porque son parientes cercanos, y esto sería un acto perverso.

¹⁸»Mientras viva tu esposa, no te cases con su hermana ni tengas relaciones sexuales con ella, porque serían rivales.

¹⁹»No tengas relaciones sexuales con una mujer durante su período de impureza menstrual.

²⁰»No te contamines a ti mismo al tener relaciones sexuales con la esposa de tu vecino.

²¹»No permitas que ninguno de tus hijos sea ofrecido como sacrificio a Moloc, pues no debes traer vergüenza al nombre de tu Dios. Yo soy el SEÑOR.

²²»No practiques la homosexualidad, al tener relaciones sexuales con un hombre como si fuera una mujer. Es un pecado detestable.

²³»Un hombre no debe contaminarse a sí mismo al tener sexo con un animal. Tampoco una mujer se ofrecerá a un animal macho a fin de tener relaciones sexuales. Eso es un acto perverso.

²⁴»No se contaminen con ninguna de estas prácticas, porque los pueblos que estoy expulsando delante de ustedes se contaminaron haciendo todas esas prácticas. ²⁵Debido a que toda la tierra se ha contaminado, voy a castigar a los pueblos que viven en ella. Haré que la tierra los vomite. ²⁶Ustedes deberán obedecer todos mis decretos y ordenanzas. No deben cometer ninguno de estos pecados detestables. Esto es aplicable tanto para los israelitas de nacimiento como para los extranjeros que viven entre ustedes.

²⁷»Todas estas actividades detestables las practican los pueblos de la tierra adonde los llevo, y de esta manera la tierra se contaminó. ²⁸Así que no contaminen la tierra ni le den motivos para que los vomite de ella, así como vomitará a los pueblos que viven allí

ahora. ²⁹Cualquiera que cometa alguno de estos pecados detestables será excluido de la comunidad de Israel. ³⁰Por lo tanto, obedezcan mis instrucciones, y no se contaminen a sí mismos al cometer cualquiera de estas prácticas detestables que cometieron los pueblos que vivieron en la tierra antes que ustedes. Yo soy el SEÑOR su Dios».

Santidad en la conducta personal

19 El SEÑOR también le dijo a Moisés: ²«Da las siguientes instrucciones a toda la comunidad de Israel. Sé santo porque yo, el SEÑOR tu Dios, soy santo; ³cada uno de ustedes tenga gran respeto por su madre y su padre, y siempre guarde mis días de descanso. Yo soy el SEÑOR su Dios.

⁴»No pongas tu confianza en ídolos ni te hagas imágenes de dioses hechos de metal. Yo soy el SEÑOR tu Dios.

⁵»Cuando sacrifiques una ofrenda de paz al SEÑOR, ofrécela de la forma apropiada para que Dios te acepte.* ⁶Deberás comer el sacrificio en el mismo día que lo ofrezcas o al día siguiente. Todo lo que quede hasta el tercer día deberá quemarse por completo. ⁷Si al tercer día se come algo del sacrificio, estará contaminado, y no lo aceptaré. ⁸Cualquiera que lo coma al tercer día será castigado por contaminar lo que es santo para el SEÑOR y será excluido de la comunidad.

⁹»Cuando cosechas de tu tierra, no siegues el grano en las orillas de tus campos ni levantes todo el grano que caiga de las segadoras. ¹⁰Harás lo mismo con la cosecha de la uva, no cortes hasta el último racimo de las vides ni recojas las uvas que caigan al suelo. Déjalas para los pobres y para los extranjeros que viven entre ustedes. Yo soy el SEÑOR tu Dios.

¹¹»No robes.

»No se engañen ni se estafen unos a otros.

¹²»No traigas vergüenza al nombre de tu Dios al usarlo para jurar en falso. Yo soy el SEÑOR.

¹³»No defraudes ni le robes a tu prójimo.

»No retengas hasta el día siguiente el salario de tus obreros contratados.

¹⁴»No insultes al sordo ni hagas tropezar al ciego. Debes temer a tu Dios; yo soy el SEÑOR.

¹⁵»No tuerzas la justicia en asuntos legales al favorecer al pobre ni al ser parcial con el rico y poderoso. Siempre juzga con imparcialidad a las personas.

¹⁶»No disemines chismes difamatorios entre tu pueblo.*

»No te quedes con los brazos cruzados cuando la vida de tu prójimo corre peligro. Yo soy el SEÑOR.

¹⁷»No fomentes odio en tu corazón contra ninguno de tus parientes.* Aclara los asuntos con la gente en forma directa, a fin de que no seas culpable de su pecado.

18:17 *O no te cases con.* 19:5 *O lo acepte.* 19:16 En hebreo *No te comportes como mercader con tu propio pueblo.* 19:17 En hebreo *contra tu hermano.*

¹⁸»No busques vengarte, ni guardes rencor contra tus hermanos israelitas, sino ama a tu prójimo como a ti mismo. Yo soy el Señor.

¹⁹»Deberás obedecer todos mis decretos.

»No cruces dos animales de diferente especie. No siembres tu campo con dos clases distintas de semillas. No uses ropa tejida con dos clases diferentes de hilo.

²⁰»Si un hombre tiene sexo con una esclava cuya libertad nunca ha sido comprada, pero está prometida a otro en matrimonio, este deberá pagar a su amo la compensación total. Pero ya que la mujer no es libre, ni el hombre ni la esclava serán condenados a muerte. ²¹Sin embargo, el hombre tendrá que llevar un carnero como ofrenda por la culpa y presentarlo al Señor a la entrada del tabernáculo.* ²²El sacerdote entonces lo purificará* ante el Señor con el carnero de la ofrenda por la culpa, y al hombre se le perdonará el pecado.

²³»Cuando entres en la tierra y plantes árboles frutales, no recogerás el fruto durante los primeros tres años sino que lo considerarás prohibido;* no lo comas. ²⁴En el cuarto año, toda la cosecha deberá ser consagrada al Señor como una celebración de alabanza. ²⁵Por último, en el quinto año podrás comer el fruto. Si lo haces de esta manera, tu cosecha aumentará. Yo soy el Señor tu Dios.

²⁶»No comas carne sin primero escurrirle la sangre.

»No practiques la adivinación ni la brujería.

²⁷»No te recortes el pelo de las sienes ni de la barba.

²⁸»No te hagas cortes en el cuerpo por los muertos ni te hagas tatuajes en la piel. Yo soy el Señor.

²⁹»No deshonres a tu hija convirtiéndola en una prostituta, para que la tierra no se llene de prostitución y perversidad.

³⁰»Guarda mis días de descanso y muestra reverencia por mi santuario. Yo soy el Señor.

³¹»No te contamines al recurrir a los médiums o a los que consultan con los espíritus de los muertos. Yo soy el Señor tu Dios.

³²»Ponte de pie en la presencia de los ancianos y muestra respeto por las personas de edad. Teme a tu Dios. Yo soy el Señor.

³³»No te aproveches de los extranjeros que viven entre ustedes en la tierra. ³⁴Trátalos como a israelitas de nacimiento, y ámalos como a ti mismo. Recuerda que una vez fuiste extranjero cuando vivías en Egipto. Yo soy el Señor tu Dios.

³⁵»No emplees medidas falsas cuando midas la longitud, el peso o la capacidad. ³⁶Tus balanzas y pesas deben ser exactas. Tus recipientes para medir materiales secos o líquidos deben ser exactos.* Yo soy el Señor tu Dios quien te sacó de la tierra de Egipto.

³⁷»Asegúrate de obedecer todos mis decretos y mis ordenanzas poniéndolos en práctica. Yo soy el Señor».

Castigos por la desobediencia

20 El Señor le dijo a Moisés: ²«Da las siguientes instrucciones al pueblo de Israel. Estas son aplicables tanto para los israelitas de nacimiento como para los extranjeros que viven en Israel: si alguno de ellos ofrece a sus hijos en sacrificio a Moloc, será ejecutado. Los miembros de la comunidad lo matarán a pedradas. ³Me pondré en contra de esa persona y la eliminaré de la comunidad, porque al ofrecer a sus hijos a Moloc contaminó mi santuario y deshonró mi santo nombre. ⁴Si los miembros de la comunidad hacen la vista gorda ante aquellos que ofrecen a sus hijos a Moloc, y se niegan a ejecutarlos, ⁵yo mismo me pondré en contra de ellos y de sus familias y los eliminaré de la comunidad. Esto le sucederá a todos los que cometen prostitución espiritual al rendir culto a Moloc.

⁶»También me pondré en contra de todos los que se entregan a la prostitución espiritual al confiar en médiums o en los que consultan a los espíritus de los muertos. Los eliminaré de la comunidad. ⁷Así que consagren su vida para ser santos, porque yo soy el Señor su Dios. ⁸Guarden todos mis decretos poniéndolos en práctica, porque yo soy el Señor quien los hace santos.

⁹»Cualquiera que deshonre* a su padre o a su madre será ejecutado. Esa persona es culpable de un delito de muerte.

¹⁰»Si un hombre comete adulterio con la esposa de su vecino, tanto el hombre como la mujer que cometieron adulterio serán ejecutados.

¹¹»Si un hombre deshonra a su padre al tener sexo con una de las esposas de su padre, tanto el hombre como la mujer serán ejecutados, pues son culpables de un delito de muerte.

¹²»Si un hombre tiene sexo con su nuera, los dos serán ejecutados. Han cometido una gran perversidad y son culpables de un delito de muerte.

¹³»Si un hombre practica la homosexualidad, al tener relaciones sexuales con otro hombre como si fuera una mujer, ambos han cometido un acto detestable. Ambos serán ejecutados, pues son culpables de un delito de muerte.

¹⁴»Si un hombre se casa con una mujer y también con la madre de ella, ha cometido un acto perverso. Tanto el hombre como ambas mujeres deberán morir quemados para eliminar semejante perversidad de entre ustedes.

¹⁵»Si un hombre tiene sexo con un animal, será ejecutado, y deberán matar al animal.

¹⁶»Si una mujer se entrega a un animal macho para tener relaciones sexuales con él, tanto ella como el animal serán ejecutados. Deberán

---

19:21 En hebreo *de la carpa de reunión.* **19:22** En hebreo *hará expiación por él.* **19:23** En hebreo *lo considerarás incircunciso.* **19:36** En hebreo *Emplea un* efa *(medida para áridos) justo y un* hin *(medida para líquidos) justo.* **20:9** La versión griega dice: *Cualquiera que hable irrespetuosamente de.* Comparar Mt 15:4; Mc 7:10.

matar a ambos, pues son culpables de un delito de muerte.

¹⁷»Si un hombre se casa con su hermana, la hija de su padre o de su madre, y tiene relaciones sexuales con ella, es un acto vergonzoso. Serán excluidos públicamente de la comunidad. Puesto que el hombre ha deshonrado a su hermana, se le castigará por su pecado.

¹⁸»Si un hombre tiene relaciones sexuales con una mujer durante su período menstrual, ambos serán excluidos de la comunidad, pues juntos expusieron la fuente de su flujo de sangre.

¹⁹»No tengas relaciones sexuales con tu tía, ya sea hermana de tu madre o de tu padre. Eso deshonraría a un pariente cercano. Ambos son culpables y serán castigados por su pecado.

²⁰»Si un hombre tiene relaciones sexuales con la esposa de su tío, ha deshonrado a su tío. Tanto el hombre como la mujer serán castigados por su pecado, y morirán sin tener hijos.

²¹»Si un hombre le quita la esposa a su hermano, es un acto de impureza. Ha deshonrado a su hermano, y la pareja culpable quedará sin descendencia.

²²»Debes guardar todos mis decretos y mis ordenanzas poniéndolos en práctica; de lo contrario, la tierra a la cual te llevo para que sea tu nuevo hogar te vomitará. ²³No vivas conforme a las costumbres de los pueblos que voy expulsando de delante de ti. Yo los detesto debido a que hacen estas cosas vergonzosas. ²⁴Sin embargo, a ustedes les he prometido: "Poseerás la tierra de ellos porque yo te la daré a ti como posesión, es una tierra donde fluyen la leche y la miel". Yo soy el Señor tu Dios, quien te ha separado de las demás naciones.

²⁵»Por lo tanto, debes distinguir entre los animales ceremonialmente puros y los impuros, y entre las aves puras e impuras. No te contamines al comer alguno de estos animales impuros, aves o criaturas que corran por el suelo. Los he identificado como impuros para ti. ²⁶Sé santo porque yo, el Señor, soy santo. Te he separado de las demás naciones para que seas mío.

²⁷»Los hombres o las mujeres entre ustedes que actúen como médiums o que consulten a los espíritus de los muertos, deberán morir apedreados. Son culpables de un delito de muerte.

Instrucciones para los sacerdotes

21 El Señor le dijo a Moisés: «Da las siguientes instrucciones a los sacerdotes, los descendientes de Aarón: un sacerdote no debe tocar el cadáver de un pariente, pues al hacerlo queda ceremonialmente impuro. ²La única excepción son sus parientes más cercanos: madre o padre, hijo o hija, hermano, ³o hermana virgen que dependa de él por no tener esposo. ⁴Pero un sacerdote no debe contaminarse y hacerse impuro por tocar el cadáver

de alguien que esté relacionado con él solo por matrimonio.

⁵»Los sacerdotes no deben raparse la cabeza ni recortarse la barba, ni hacerse cortes en su cuerpo. ⁶Deben ser apartados como santos para su Dios y nunca deshonrar el nombre de su Dios. Deben ser santos, porque ellos son los que presentan las ofrendas especiales al Señor, ofrendas de alimento para su Dios.

⁷»No se permite a los sacerdotes casarse con una mujer contaminada por la prostitución, ni casarse con una mujer divorciada, porque los sacerdotes están separados como santos para su Dios. ⁸Deberás tratarlos como santos porque ellos son los que ofrecen alimento a tu Dios. Debes considerarlos santos porque yo, el Señor, soy santo y yo te hago santo.

⁹»Si la hija de un sacerdote se contamina a sí misma al hacerse prostituta, ella también contamina la santidad de su padre, y deberá morir quemada.

¹⁰»El sumo sacerdote tiene el rango más alto de todos los sacerdotes. El aceite de la unción fue derramado sobre su cabeza y él fue ordenado para que lleve las vestiduras sacerdotales. Nunca debe tener el cabello despeinado* ni rasgar sus vestiduras. ¹¹No debe contaminarse a sí mismo al acercarse a un cadáver. No se le permite hacerse ceremonialmente impuro ni aun por su padre o su madre. ¹²No deberá contaminar el santuario de su Dios al dejarlo para atender a un muerto, porque fue hecho santo mediante el aceite de la unción de su Dios. Yo soy el Señor.

¹³»Al sumo sacerdote se le permite casarse únicamente con una virgen. ¹⁴No se le permite casarse con una viuda, ni con una divorciada, ni con una mujer contaminada por la prostitución. Tiene que ser una virgen de su propio clan, ¹⁵para que no deshonre a los descendientes de su clan, porque yo soy el Señor quien lo hace santo».

¹⁶Luego el Señor le dijo a Moisés: ¹⁷«Da las siguientes instrucciones a Aarón: en las generaciones futuras, ninguno de tus descendientes que tenga algún defecto físico será apto para ofrecer alimento a su Dios. ¹⁸Nadie que tenga un defecto será apto, ya sea ciego, cojo, desfigurado, deforme, ¹⁹que tenga un pie o un brazo roto, ²⁰jorobado, enano, que tenga defecto en un ojo, que tenga llagas o costras en la piel, o que tenga los testículos dañados. ²¹No se le permite a ningún descendiente de Aarón que tenga algún defecto acercarse al altar para presentar ofrendas especiales al Señor. Ya que tiene un defecto, no se le permite acercarse al altar para ofrecer alimento a su Dios. ²²Sin embargo, puede comer del alimento ofrecido a Dios, incluidas las ofrendas santas y las ofrendas sumamente santas. ²³Pero a causa de su defecto físico, no se le permite entrar en la sala detrás de la cortina interior ni acercarse al altar, porque esto

---

21:10 O *nunca debe descubrirse la cabeza.*

contaminaría mi santuario. Yo soy el Señor quien los hace santos».

²⁴Entonces Moisés les dio estas instrucciones a Aarón, a sus hijos y a todos los israelitas.

22 El Señor le dijo a Moisés: ²«Dile a Aarón y a sus hijos que sean muy cuidadosos con las ofrendas sagradas que los israelitas apartan para mí, a fin de que no deshonren mi santo nombre. Yo soy el Señor. ³Dales las siguientes instrucciones: en todas las generaciones futuras, si alguno de los descendientes de ustedes está ceremonialmente impuro cuando se acerque a las ofrendas sagradas que el pueblo de Israel le consagra al Señor, esta persona tendrá que ser excluida de mi presencia. Yo soy el Señor.

⁴»Si algún descendiente de Aarón tiene una enfermedad de la piel* o cualquier clase de secreción que lo haga ceremonialmente impuro, no se le permite comer de las ofrendas sagradas hasta que haya sido declarado puro. También quedará impuro al tocar un cadáver o al tener una emisión de semen ⁵o al tocar un animal pequeño que sea impuro o al tocar a alguien que por algún motivo esté ceremonialmente impuro. ⁶El que se haya contaminado en cualquiera de estas formas permanecerá impuro hasta el anochecer. No se le permite comer de las ofrendas sagradas hasta que se haya bañado con agua. ⁷Cuando el sol se ponga, volverá a quedar ceremonialmente puro y podrá comer de las ofrendas sagradas, porque este es su alimento. ⁸No se le permite comer un animal que haya muerto de muerte natural o haya sido despedazado por los animales salvajes, porque esto lo contaminará. Yo soy el Señor.

⁹»Los sacerdotes deberán seguir mis instrucciones cuidadosamente. De lo contrario, serán castigados por su pecado y morirán por desobedecer mis instrucciones. Yo soy el Señor quien los hace santos.

¹⁰»A nadie fuera de la familia del sacerdote se le permite comer de las ofrendas sagradas. Ni siquiera los huéspedes ni los obreros contratados en el hogar del sacerdote podrán comerlas. ¹¹Sin embargo, si el sacerdote compra un esclavo, ese esclavo podrá comer de las ofrendas sagradas; y si sus esclavos tienen hijos, ellos también podrán comer de esas ofrendas. ¹²Pero si la hija de un sacerdote se casa con alguien fuera de la familia de los sacerdotes, ella no podrá comer más de las ofrendas sagradas; ¹³pero si queda viuda o se divorcia y no tiene hijos que la sostengan, y ella regresa a vivir a la casa de su padre como en su juventud, podrá volver a comer del alimento de su padre. Aparte de eso, nadie ajeno a la familia del sacerdote podrá comer de las ofrendas sagradas.

¹⁴»Si una de esas personas come de las ofrendas sagradas sin darse cuenta, deberá pagarle al sacerdote por lo que comió, más un veinte por ciento adicional. ¹⁵Los sacerdotes no deben permitir que los israelitas contaminen las ofrendas sagradas que llevan al Señor ¹⁶dejando que personas no autorizadas las coman. Eso los haría culpables y deberán pagar compensación. Yo soy el Señor quien los hace santos».

Ofrendas dignas e indignas

¹⁷El Señor le dijo a Moisés: ¹⁸«Da a Aarón, a sus hijos y a los israelitas estas instrucciones; son aplicables tanto para los israelitas de nacimiento como para los extranjeros que viven entre ustedes; si presentas una ofrenda quemada al Señor, ya sea para cumplir un voto o como una ofrenda voluntaria, ¹⁹serás* aceptado solo si la ofrenda es un animal macho sin defecto. Podrá ser un toro, un carnero o un chivo. ²⁰No presentes un animal con defectos, porque el Señor no lo aceptará a tu favor.

²¹»Si presentas al Señor una ofrenda de paz de la manada o del rebaño, ya sea para cumplir un voto o como ofrenda voluntaria, deberás ofrecer un animal perfecto. No se permite que tenga ninguna clase de defecto. ²²No debes ofrecer un animal ciego, cojo o herido, o que tenga una verruga, llagas en la piel o costras. Nunca ofrecerás tales animales al Señor sobre el altar como ofrendas especiales. ²³Si un toro* o un cordero tuviera una pata más larga o más corta que las demás, se podrá presentar como una ofrenda voluntaria, pero no como una ofrenda para cumplir un voto. ²⁴Tampoco presentarás al Señor un animal que tenga los testículos dañados o que esté castrado. No harás esto en tu propia tierra, ²⁵y no deberás aceptar animales así de los extranjeros y luego ofrecerlos como sacrificio a Dios. Dichos animales no serán aceptados a tu favor, porque están mutilados o tienen defectos.

²⁶El Señor le dijo a Moisés: ²⁷«Cuando nazca un ternero, un cordero o un cabrito, deberá permanecer al lado de su madre durante siete días. A partir del octavo día será aceptable como una ofrenda especial para el Señor. ²⁸No matarás a una cría y a su madre en el mismo día, ya sea de la manada o del rebaño. ²⁹Cuando lleves una ofrenda de agradecimiento al Señor, sacrifícala de la forma apropiada para que seas aceptado. ³⁰Cómete todo el animal sacrificado en el día que lo presentes. No dejes nada del animal para la mañana siguiente. Yo soy el Señor.

³¹»Debes guardar fielmente todos mis mandatos poniéndolos en práctica, porque yo soy el Señor. ³²No deshonres mi santo nombre, porque demostraré mi santidad entre el pueblo de Israel. Yo soy el Señor quien los hace santo. ³³Yo fui el que te rescaté de la tierra de Egipto para ser tu Dios. Yo soy el Señor».

Festivales establecidos

23 El Señor le dijo a Moisés: ²«Da las siguientes instrucciones al pueblo de Israel. Estos son los festivales establecidos por el Señor, los cuales ustedes proclamarán como

---

22:4 Tradicionalmente se traduce *lepra*; ver nota en 13:2a.   22:19 O *serí*   22:23 O *buey*.

días oficiales de asamblea santa: ³tienes seis días en la semana para hacer tu trabajo habitual, pero el séptimo es un día de descanso absoluto, un día oficial de asamblea santa. Es el día de descanso del Señor, y tendrás que guardarlo dondequiera que vivas.

⁴»Además del día de descanso, estos son los festivales establecidos por el Señor, los días oficiales para asamblea santa que deberán celebrarse en las fechas señaladas cada año.

La Pascua y el Festival de los Panes sin Levadura

⁵»La Pascua del Señor comienza a la caída del sol en el día catorce del primer mes.* ⁶Al día siguiente, el día quince del mes, comenzarás a celebrar el Festival de los Panes sin Levadura. Este festival en honor al Señor continúa por siete días, y durante ese tiempo, tendrás que preparar el pan que comas sin levadura. ⁷El primer día del festival, tendrás que dejar el trabajo habitual y celebrarás un día oficial de asamblea santa. ⁸Durante siete días deberás presentar ofrendas especiales al Señor. Al séptimo día, nuevamente el pueblo dejará todo su trabajo habitual para celebrar un día oficial de asamblea santa».

Celebración de la Primera Cosecha

⁹Entonces el Señor le dijo a Moisés: ¹⁰«Da las siguientes instrucciones al pueblo de Israel. Cuando entres en la tierra que te doy y recojas la primera cosecha, lleva al sacerdote el primer manojo tu primera cosecha de grano. ¹¹Al día siguiente del día de descanso, el sacerdote lo levantará ante el Señor a fin de que sea aceptada a tu favor. ¹²Ese mismo día deberás sacrificar un cordero de un año sin defecto como una ofrenda quemada al Señor. ¹³También presentarás una ofrenda de grano de cuatro kilos* de harina selecta humedecida con aceite de oliva. Será una ofrenda especial, aroma agradable al Señor. Además, debes ofrecer un litro* de vino como ofrenda líquida. ¹⁴No comas pan ni grano tostado o fresco antes de llevar la ofrenda a tu Dios. Esta es una ley perpetua para ti, que se cumplirá de generación en generación dondequiera que vivas.

El Festival de la Cosecha

¹⁵»A partir del día que sigue al día de descanso —el día en que lleves el manojo de grano para que sea levantado como una ofrenda especial— contarás siete semanas completas. ¹⁶Cuenta hasta el día después del séptimo día de descanso, entonces son cincuenta días. Entonces presentarás al Señor una ofrenda de grano nuevo. ¹⁷Desde dondequiera que vivas, llevarás dos panes para ser levantados delante del Señor como ofrenda especial. Prepara cada uno de los panes con cuatro kilos de harina selecta, y hornéalos con levadura. Serán una ofrenda al Señor de la primera de tus cosechas. ¹⁸Junto con el pan, presenta siete corderos de un año sin defecto, un becerro y dos carneros como ofrendas quemadas al Señor. Estas ofrendas quemadas, junto con las ofrendas de grano y las ofrendas líquidas, serán una ofrenda especial, un aroma agradable al Señor. ¹⁹Luego deberás ofrecer un chivo como ofrenda por el pecado y dos corderos de un año como ofrenda de paz.

²⁰»El sacerdote levantará los dos corderos como una ofrenda especial al Señor, junto con los panes que representan la primera de las cosechas. Estas ofrendas, que son santas para el Señor, les pertenecen a los sacerdotes. ²¹Ese mismo día será proclamado un día oficial de asamblea santa, un día en que no harás ningún trabajo habitual. Esta es una ley perpetua para ti, que se cumplirá de generación en generación dondequiera que vivas.*

²²»Cuando recojas las cosechas de tu tierra, no siegues los granos en las orillas de tus campos ni levantes lo que caiga de los segadores. Déjalos para los pobres y los extranjeros que viven entre ustedes. Yo soy el Señor tu Dios».

El Festival de las Trompetas

²³El Señor le dijo a Moisés: ²⁴«Das las siguientes instrucciones al pueblo de Israel: el primer día del mes señalado, a principios del otoño,* guardarás un día de descanso absoluto. Será un día oficial de asamblea santa, un día conmemorado con toques fuertes de trompeta. ²⁵No harás ningún trabajo habitual en ese día. En cambio, deberás presentar ofrendas especiales al Señor».

El Día del Perdón

²⁶El Señor le dijo a Moisés: ²⁷«Asegúrate de celebrar el Día del Perdón el décimo día del mismo mes, nueve días después del Festival de las Trompetas.* Lo celebrarás como día oficial de asamblea santa, un día para negarte a ti mismo* y presentar ofrendas especiales al Señor. ²⁸No hagas ningún trabajo durante todo el día porque es el Día del Perdón, cuando se presentan ofrendas de purificación por ti, para hacerte justo* ante el Señor tu Dios. ²⁹Los que no se nieguen a sí mismos en ese día serán excluidos del pueblo de Dios; ³⁰y yo destruiré a aquellos de entre ustedes que hagan algún trabajo en ese día. ³¹No deberás hacer ningún trabajo en

---

23:5 En el antiguo calendario lunar hebreo, ese día caía a fines de marzo, en abril o a principios de mayo. 23:13a En hebreo ²⁄₁₀ de un *efa* [8,8 libras]; también en 23:17. 23:13b En hebreo ¼ de un *hin* [¼ de galón]. 23:21 Esta celebración, llamada el Festival de la Cosecha o el Festival de las Semanas después se denominó el Festival de Pentecostés (ver Hch 2:1). Hoy en día se celebra como Shavuot. 23:24 En hebreo *El primer día del séptimo mes.* En el antiguo calendario lunar hebreo, ese día caía en septiembre o en octubre. Hoy en día se celebra como Rosh Hashaná, el Año Nuevo judío. 23:27a En hebreo *en el décimo día del séptimo mes;* ver 23:24 y la nota al pie de página. En el antiguo calendario lunar hebreo, ese día caía en septiembre o octubre. Hoy en día se celebra como Yom Kippur. 23:27b O *ayunar;* similar en 23:29, 32. 23:28 O *cuando se hace expiación por ti.*

absoluto! Esta es una ley perpetua para ti, que se cumplirá de generación en generación dondequiera que vivas. [32]Este será un día de descanso absoluto, y en ese día debes negarte a ti mismo. Este día de descanso comenzará al atardecer del sol del noveno día del mes y se extenderá hasta el atardecer del décimo día».

El Festival de las Enramadas

[33]El SEÑOR le dijo a Moisés: [34]«Da las siguientes instrucciones al pueblo de Israel: empieza a celebrar el Festival de las Enramadas* el día quince del mes ya señalado, cinco días después del Día del Perdón.* Este festival en honor al SEÑOR durará siete días. [35]El primer día del festival deberás proclamar un día oficial de asamblea santa, en el cual no harás ningún trabajo habitual. [36]Durante siete días presentarás ofrendas especiales al SEÑOR. El octavo día es otra ofrenda santo en el que presentarás tus ofrendas especiales al SEÑOR. Esta será una ocasión solemne, y en ese día no se permite ningún trabajo habitual.

[37]»Estos son los festivales establecidos por el SEÑOR. Los celebrarás cada año como días oficiales de asamblea santa presentando ofrendas especiales al SEÑOR —ofrendas quemadas, ofrendas de grano, sacrificios y ofrendas líquidas— cada una en su debido día. [38]Tendrán que celebrar estos festivales además de los días de descanso habituales del SEÑOR. Las ofrendas también son adicionales a las ofrendas personales, a las ofrendas que das para cumplir tus votos y a las ofrendas voluntarias que le presentas al SEÑOR).

[39]»Recuerda que este festival de siete días en honor al SEÑOR —el Festival de las Enramadas— comienza el día quince del mes establecido,* después que hayas cosechado todo lo que produce la tierra. El primer y el octavo día del festival serán días para descansar completamente. [40]El primer día, recogerás ramas de árboles hermosos:* pueden ser hojas de palmeras, ramas de árboles frondosos y de sauces que crecen junto a los arroyos. Luego celebra con alegría ante el SEÑOR tu Dios durante siete días. [41]Deberás celebrar este festival al SEÑOR cada año durante siete días. Esta es una ley perpetua para ti, que se cumplirá en el mes establecido* de generación en generación. [42]Durante siete días deberás vivir en pequeñas enramadas. Todos los israelitas de nacimiento deberán vivir en enramadas. [43]Esto te recordará a cada nueva generación de israelitas que yo hice que tus antepasados vivieran en enramadas cuando los rescaté de la tierra de Egipto. Yo soy el SEÑOR tu Dios».

[44]Así que Moisés les dio a los israelitas estas instrucciones acerca de los festivales anuales del SEÑOR.

Aceite puro y pan santo

24 El SEÑOR le dijo a Moisés: [2]«Ordena al pueblo de Israel que traiga aceite puro de olivas prensadas para el alumbrado, y así mantener las lámparas continuamente encendidas. [3]Las lámparas del candelabro que está en el tabernáculo, frente a la cortina interior que protege el arca del pacto.* Aarón deberá mantener las lámparas encendidas en la presencia del SEÑOR toda la noche. Esta es una ley perpetua para el pueblo que se cumplirá de generación en generación. [4]Aarón y los sacerdotes se ocuparán de las lámparas que están en el candelabro de oro puro, a fin de que ardan continuamente en la presencia del SEÑOR.

[5]»También deberás hornear doce panes de harina selecta, usarás cuatro kilos* para cada pan. [6]Pon los panes delante del SEÑOR sobre la mesa de oro puro y colócalos en dos hileras, con seis panes en cada hilera. [7]Pon un poco de incienso puro cerca de cada hilera para que sirva como una ofrenda representativa, una ofrenda especial presentada al SEÑOR. [8]Cada día de descanso colocarás este pan ante el SEÑOR como una ofrenda de parte de los israelitas; es un requisito del pacto perpetuo. [9]Los panes les pertenecerán a Aarón y a sus descendientes, quienes los comerán en un lugar sagrado, porque son sumamente santos. Los sacerdotes tendrán el derecho perpetuo de exigir esta porción de las ofrendas especiales presentadas al SEÑOR».

Ejemplo de castigo justo

[10]Cierto día, un hombre de madre israelita y de padre egipcio salió de su carpa y tuvo una pelea con un israelita. [11]Durante la pelea, el hijo de la madre israelita blasfemó el Nombre del SEÑOR* con una maldición. Así que llevaron a este hombre ante Moisés para ser juzgado. Su madre se llamaba Selomit, hija de Dibri de la tribu de Dan. [12]Lo tuvieron bajo vigilancia hasta que les fuera clara la voluntad del SEÑOR sobre este asunto.

[13]Luego el SEÑOR le dijo a Moisés: [14]«Saca al blasfemo fuera del campamento, y diles a los que escucharon la maldición que pongan las manos sobre la cabeza del blasfemo. Después permite que toda la comunidad lo mate a pedradas. [15]Dile al pueblo de Israel: los que maldigan a su Dios serán castigados por su pecado. [16]Todo el que blasfeme el Nombre del SEÑOR morirá apedreado por toda la comunidad de Israel. Cualquier israelita de nacimiento o extranjero entre ustedes que blasfeme el Nombre del SEÑOR será ejecutado.

[17]»El que le quite la vida a otra persona será ejecutado.

[18]»El que mate a un animal que pertenece a

23:34a O *Festival de los Refugios* o *Festival de los Tabernáculos*; en la antigüedad se denominaba el Festival de la Última Cosecha o el Festival de la Recolección (ver Ex 23:16b). Hoy en día se celebra como Sucot.   23:34b En hebreo *el día quince del séptimo mes*; ver 23:27a y la nota al pie de página.   23:39 En hebreo *el día quince del séptimo mes*.   23:40 O *recoge fruto de árboles majestuosos*.   23:41 En hebreo *el séptimo mes*.   24:3 En hebreo *la carpa de reunión, fuera de la cortina interior del testimonio*; ver nota en 16:13.   24:5 En hebreo ²⁄₁₀ *de un efa* [8,8 libras].   24:11 En hebreo el *Nombre*; también en 24:16.

otra persona tendrá que reponerlo: un animal vivo por el muerto.

¹⁹»El que hiera a una persona recibirá la misma herida que haya hecho: ²⁰fractura por fractura, ojo por ojo, diente por diente. Lo que uno haga para lastimar a otro, eso mismo deberá recibir.

²¹»El que mate a un animal tendrá que reponerlo, pero el que mate a una persona será ejecutado.

²²»La misma ley es aplicable tanto para los israelitas de nacimiento como para los extranjeros que viven entre ustedes. Yo soy el Señor su Dios.»

²³Después que Moisés dio todas estas instrucciones a los israelitas, sacaron al blasfemo fuera del campamento y lo apedrearon a muerte. Los israelitas hicieron tal como el Señor le había ordenado a Moisés.

El año de descanso

25 Cuando Moisés estaba en el monte Sinaí, el Señor le dijo: ²«Da las siguientes instrucciones al pueblo de Israel: cuando hayas entrado en la tierra que te doy, la tierra misma deberá guardar un año de descanso ante el Señor cada siete años. ³Durante seis años podrás sembrar tus campos, podar tus viñedos y recoger tus cosechas, ⁴pero durante el séptimo año la tierra deberá tener un año completo para descansar. Es el descanso del Señor. No siembres tus campos ni podes tus viñedos durante ese año. ⁵No almacenes las cosechas que crezcan por sí solas ni recojas las uvas de tus vides no podadas. La tierra deberá tener un año completo para descansar. ⁶Se te permite comer de todo lo que produzca la tierra por sí sola durante su descanso. Esto es aplicable a ti, a tus sirvientes, a tus obreros contratados y a los residentes temporales que viven contigo. ⁷A tu ganado y a los animales salvajes en tu tierra también se les permitirá comer de lo que produzca la tierra.

El año de jubileo

⁸»Además, contarás siete años de descanso, siete conjuntos de siete años, que suman cuarenta y nueve años en total. ⁹Entonces, en el Día del Perdón del año cincuenta,* haz un fuerte y prolongado toque del cuerno de carnero por todo el país. ¹⁰Aparta ese año como un año santo, un tiempo para proclamar libertad por toda la tierra para todos los que viven allí. Será un año de jubileo para ti, cuando puedes volver a la tierra que pertenecía a tus antepasados y regresar a tu propio clan. ¹¹Este año cincuenta será jubileo para ti. Durante ese año no deberás sembrar tus campos ni almacenar ninguno de los cultivos que crezcan por sí solos, ni recoger las uvas de tus vides no podadas. ¹²Durante un año de jubileo para ti y deberás mantenerlo santo. Sin embargo, se te permite comer de todo lo que la tierra produzca por sí sola. ¹³En el año

de jubileo a cada uno se le permite regresar a la tierra que les pertenecía a sus antepasados.

¹⁴»Cuando hagas un acuerdo con tu vecino para comprar o para vender alguna propiedad, no se aproveche el uno del otro. ¹⁵Cuando compres un terreno de tu vecino, el precio que pagues deberá estar basado en el número de años desde el último jubileo. El vendedor debe fijar el precio considerando el número de años que faltan para el siguiente año de jubileo. ¹⁶Mientras más años faltan para el siguiente jubileo, más alto será el precio; mientras menos años, menor será el precio. Después de todo, la persona que vende la tierra en realidad está vendiendo una cierta cantidad de cosechas. ¹⁷Muestra tu temor al Señor al no aprovecharse el uno del otro. Yo soy el Señor tu Dios.

¹⁸»Si quieres vivir con seguridad en la tierra, sigue mis decretos y obedece mis ordenanzas. ¹⁹Entonces la tierra te dará abundantes cosechas, comerás hasta saciarte y vivirás con seguridad. ²⁰Pero puede que preguntes: "¿Qué comeremos durante el año séptimo, ya que no se nos permite sembrar ni cosechar en ese año?". ²¹Ten por seguro que yo te enviaré mi bendición en el sexto año, de modo que la tierra producirá una cosecha abundante, suficiente para tres años. ²²Cuando siembres tus campos en el octavo año, todavía estarás comiendo de la abundante cosecha del sexto año. De hecho, aún estarás comiendo de la abundante cosecha cuando recojas la nueva cosecha en el noveno año.

Rescate de propiedades

²³»La tierra no debe venderse a perpetuidad, porque la tierra es mía. Tú solo eres un extranjero y un arrendatario que trabaja para mí.

²⁴»Con cada compra de tierra tienes que concederle al vendedor el derecho de volver a comprarla. ²⁵Si uno de tus hermanos israelitas se empobrece y se ve obligado a vender alguna propiedad familiar, un pariente cercano deberá comprarla para él. ²⁶Si no hay un pariente cercano para comprar la propiedad, pero la persona que la vendió consigue suficiente dinero para volver a comprarla, ²⁷entonces la persona tendrá el derecho de recuperarla del que la compró. Se descontará el precio de la tierra según el número de años que faltan para el siguiente año de jubileo. De esta forma el primer propietario podrá regresar a su tierra. ²⁸Sin embargo, si al primer propietario no le alcanza para volver a comprar la propiedad, esta quedará en poder del nuevo propietario hasta el siguiente año de jubileo. En el año de jubileo, la propiedad volverá a los primeros dueños, a fin de que ellos puedan regresar a la tierra de su familia.

²⁹»Si alguien vende una casa dentro de una ciudad amurallada, esta persona tiene el derecho de volver a comprarla durante el período de un año completo después de la venta. Durante

25:9 En hebreo *en el décimo día del mes séptimo, en el Día del Perdón*; ver 23:27a y la nota a pie de página.

ese año, el vendedor tiene el derecho de volver a comprarla. ³⁰Sin embargo, si no vuelve a comprarla en el plazo de un año, la venta de la casa dentro de la ciudad amurallada no podrá revertirse. Será la propiedad permanente del comprador. No se le regresará al primer propietario en el año de jubileo. ³¹Pero una casa en una aldea —un asentamiento sin murallas— será considerada como una propiedad en el campo. Está permitido volver a comprar esa casa en cualquier momento, y deberá regresarse a su primer propietario en el año de jubileo.

³²»Los levitas siempre tienen el derecho de volver a comprar una casa que vendan dentro de las ciudades que les asignaron. ³³Y cualquier propiedad que los levitas vendan —todas las casas dentro de las ciudades de los levitas— tendrá que ser devuelta en el año de jubileo. Después de todo, las casas dentro de las ciudades reservadas para los levitas son las únicas propiedades que ellos poseen en todo Israel. ³⁴Los pastizales que rodean las ciudades de los levitas nunca podrán venderse. Es su posesión perpetua.

Rescate de los pobres y de los esclavos

³⁵»Si alguno de tus hermanos israelitas se empobrece y no puede sostenerse a sí mismo, ayúdalo como lo harías con un extranjero o un residente temporal y permítele vivir contigo. ³⁶No le cobres intereses ni obtengas una ganancia a costa de él. En cambio, muestra tu temor a Dios al permitirle que viva contigo como si fuera un pariente. ³⁷Recuerda, no le cobres intereses sobre el dinero que le prestes ni obtengas una ganancia con los alimentos que le vendas. ³⁸Yo soy el Señor tu Dios, quien te sacó de la tierra de Egipto para darte la tierra de Canaán y para ser tu Dios.

³⁹»Si uno de tus hermanos israelitas se empobrece y se ve obligado a venderse a ti, no lo trates como a un esclavo. ⁴⁰En cambio, trátalo como a obrero contratado o como a un residente temporal que vive contigo, y trabajará para ti únicamente hasta el año de jubileo. ⁴¹Entonces, él y sus hijos ya no tendrán ninguna obligación contigo, y regresarán a su clan y a la tierra que se asignó a sus antepasados. ⁴²Los israelitas son mis siervos, a quienes yo saqué de la tierra de Egipto, de modo que nunca deben ser vendidos como esclavos. ⁴³Muestra tu temor a Dios al no tratarlos con dureza.

⁴⁴»Sin embargo, podrás comprar esclavos y esclavas de entre las naciones vecinas. ⁴⁵También podrás comprar los hijos de los residentes temporales que vivan entre ustedes, incluidos los que hayan nacido en tu tierra. Podrás considerarlos como tu propiedad, ⁴⁶y los dejarás como herencia permanente a tus hijos. Podrás tratarlos como esclavos, pero nunca deberás tratar a tus hermanos israelitas de esa manera.

⁴⁷»Supongamos que un extranjero o un residente temporal se enriquece mientras vive entre ustedes. Si uno de tus hermanos israelitas se empobrece y se ve obligado a venderse a dicho extranjero o a un miembro de su familia, ⁴⁸aun así mantendrá el derecho de que alguien pague rescate por él, incluso después de haber sido comprado. Un hermano lo puede volver a comprar, ⁴⁹también un tío o un primo. De hecho, cualquier pariente cercano podrá rescatarlo. También podrá redimirse a sí mismo si ha prosperado. ⁵⁰Tendrá que negociar el precio de su libertad con la persona que lo compró. El precio se basará en el número de años desde el tiempo en que se vendió hasta el siguiente año de jubileo, es decir, lo que costaría contratar a un obrero durante ese período de tiempo. ⁵¹Si aún faltan muchos años para el jubileo, entonces devolverá una parte en proporción a lo que recibió cuando se vendió a sí mismo. ⁵²Si solo faltan unos cuantos años para el año de jubileo, entonces solo pagará una pequeña cantidad por su redención. ⁵³El extranjero deberá tratarlo como a un obrero con contrato anual. No permitirás que un extranjero trate a ninguno de tus hermanos israelitas con dureza. ⁵⁴Si algún israelita aún no ha sido rescatado cuando llegue el año de jubileo, él y sus hijos deberán ser puestos en libertad en ese tiempo. ⁵⁵Pues los hijos de Israel me pertenecen. Son mis siervos, a quienes saqué de la tierra de Egipto. Yo soy el Señor su Dios.

Bendiciones por la obediencia

26 »No se hagan ídolos, ni levanten en su tierra imágenes talladas ni columnas sagradas ni piedras esculpidas para rendirles culto. Yo soy el Señor su Dios. ²Deben guardar mis días de descanso y mostrar reverencia por mi santuario. Yo soy el Señor.

³»Si siguen mis decretos y se aseguran de obedecer mis mandatos, ⁴les enviaré las lluvias de temporada. Entonces la tierra les dará sus cosechas y los árboles del campo producirán su fruto. ⁵La temporada de la trilla continuará aun después del comienzo de la cosecha de la uva, y la cosecha de la uva continuará aun después de la temporada de la siembra del grano. Comerán hasta saciarse y vivirán en seguridad dentro de su tierra.

⁶»Les daré paz en la tierra y podrán dormir sin temor alguno. Libraré la tierra de animales salvajes y mantendré a sus enemigos fuera del país. ⁷De hecho, perseguirán a sus enemigos y los masacrarán a filo de espada. ⁸¡Cinco de ustedes perseguirán a cien, y cien de ustedes perseguirán a diez mil! Todos sus enemigos caerán bajo su espada.

⁹»Los miraré con agrado, los haré fértiles y multiplicaré su pueblo. Cumpliré mi pacto con ustedes. ¹⁰¡Tendrán tal abundancia de cosechas que será necesario deshacerse del grano viejo para que haya lugar para la nueva cosecha! ¹¹Viviré entre ustedes y no los despreciaré. ¹²Caminaré entre ustedes, seré su Dios, y

ustedes serán mi pueblo. ¹³Yo soy el Señor su Dios, quien los sacó de la tierra de Egipto para que ya no fueran esclavos. Yo quebré el cuello el yugo de la esclavitud, a fin de que puedan caminar con la cabeza en alto.

Castigos por la desobediencia

¹⁴»Sin embargo, si no me escuchan ni obedecen todos estos mandatos, ¹⁵y si rompen mi pacto al rechazar mis decretos, al tratar mis ordenanzas con desprecio y al rehusar obedecer mis mandatos, ¹⁶yo los castigaré. Traeré sobre ustedes terrores repentinos: enfermedades debilitantes y altas fiebres que harán que sus ojos fallen y que su vida se consuma poco a poco. Sembrarán sus cosechas en vano porque sus enemigos se las comerán. ¹⁷Me volveré contra ustedes, y sus enemigos los derrotarán. Aquellos quienes los odian los gobernarán, y ustedes huirán, ¡aun cuando nadie los esté persiguiendo!

¹⁸»Y si a pesar de todo esto, todavía me desobedecen, los castigaré siete veces por sus pecados. ¹⁹Quebrantaré su espíritu orgulloso al hacer que el cielo sea tan rígido como el hierro y la tierra tan dura como el bronce. ²⁰Todo su trabajo será en vano, porque la tierra no dará cosechas y los árboles no producirán fruto.

²¹»Si aun así permanecen hostiles conmigo y rehúsan obedecerme, aumentaré siete veces el desastre a causa de sus pecados. ²²Enviaré animales salvajes que los privarán de sus hijos y destruirán su ganado. Ustedes disminuirán en número y sus caminos quedarán desiertos.

²³»Y si todavía no aprenden la lección y continúan su hostilidad hacia mí, ²⁴entonces yo mismo seré hostil con ustedes, y los castigaré siete veces con calamidades por sus pecados. ²⁵Enviaré ejércitos en su contra que llevarán a cabo la maldición del pacto que violaron. Cuando corran a sus ciudades buscando seguridad, les enviaré una plaga para destruirlos ahí mismo, y serán entregados en manos de sus enemigos. ²⁶Destruiré su provisión de alimentos, al punto de que diez mujeres necesitarán un solo horno para preparar el pan de sus familias. Ellas racionarán el alimento por peso, y aunque coman, no se saciarán.

²⁷»Si, a pesar de esto, todavía rehúsan escuchar y aún permanecen hostiles hacia mí, ²⁸entonces yo descargaré toda mi hostilidad. Yo mismo los castigaré siete veces por sus pecados. ²⁹Entonces comerán la carne de sus propios hijos e hijas. ³⁰Destruiré sus santuarios paganos y derribaré sus lugares de culto. Dejaré sus cuerpos sin vida apilados sobre sus ídolos sin vida,* y los despreciaré. ³¹Destruiré sus ciudades queden desoladas y destruiré sus lugares de culto pagano. No me agradará de sus ofrendas, las cuales deberían ser un aroma agradable para mí. ³²Yo mismo devastaré su tierra, y los enemigos que vengan a apoderarse de ella

quedarán horrorizados de lo que verán. ³³Los dispersaré entre las naciones y sacaré mi espada contra ustedes. Sus ciudades quedarán en ruinas y su tierra desolada. ³⁴Entonces, cuando quede desolada, mientras estén desterrados en la tierra de sus enemigos, al fin la tierra gozará de los años de descanso que le fueron negados. ¡Por fin descansará y gozará de los años de descanso que perdió! ³⁵Todo el tiempo que la tierra permanezca en ruinas, gozará del descanso que nunca le permitieron tener cada séptimo año que vivieron en ella.

³⁶»En cuanto a aquellos de ustedes que sobrevivan, los desmoralizaré en la tierra de sus enemigos. Vivirán en tanto temor que el sonido de una hoja llevada por el viento los hará huir. Correrán como si huyeran de una espada, y caerán aun cuando nadie los persiga. ³⁷Aunque nadie vaya tras de ustedes, tropezarán unos con otros, como si huyeran de una espada. No tendrán fuerza para hacerles frente a sus enemigos. ³⁸Morirán en las naciones extranjeras y serán devorados en la tierra de sus enemigos. ³⁹Aquellos de ustedes que sobrevivan se consumirán en las tierras de sus enemigos a causa de sus pecados y de los pecados de sus antepasados.

⁴⁰»Sin embargo, al fin mi pueblo confesará sus pecados y los pecados de sus antepasados por traicionarme y por ser hostiles hacia mí. ⁴¹Cuando yo haga que su hostilidad se vuelva contra ellos y los lleve a la tierra de sus enemigos, entonces, por fin, su obstinado corazón será humillado y pagarán por sus pecados. ⁴²Entonces me acordaré de mi pacto con Jacob, de mi pacto con Isaac y de mi pacto con Abraham, y me acordaré de la tierra. ⁴³Pues la tierra tendrá que ser abandonada para que goce de sus años de descanso mientras quede desolada. Al fin el pueblo pagará por sus pecados, pues continuamente ha rechazado mis ordenanzas y despreciado mis decretos.

⁴⁴»A pesar de todo esto, cuando estén desterrados en la tierra de sus enemigos no los despreciaré ni los rechazaré por completo. No cancelaré mi pacto con ellos destruyéndolos, porque yo soy el Señor su Dios. ⁴⁵Por amor a ellos me acordaré de mi antiguo pacto con sus antepasados, a quienes saqué de la tierra de Egipto a los ojos de todas las naciones, para ser su Dios. Yo soy el Señor».

⁴⁶Estos son los decretos, las ordenanzas y las instrucciones que el Señor dio por medio de Moisés en el monte Sinaí como evidencia de la relación entre él y los israelitas.

Rescate de las ofrendas ofrecidas al Señor

27 El Señor le dijo a Moisés: ²«Da las siguientes instrucciones al pueblo de Israel: si uno de ustedes hace un voto especial para dedicar a alguien al Señor mediante el pago del valor de esa persona, ³esta es la escala

---

26:30 El término hebreo (literalmente *cosas redondas*) probablemente se refiere al estiércol.

de valores que emplearán. Un hombre de entre veinte y sesenta años tendrá el valor de cincuenta siclos* de plata, según el siclo del santuario. 4Una mujer de esa edad tendrá el valor de treinta siclos* de plata. 5Un joven de entre cinco y veinte años tendrá el valor de veinte siclos de plata; una joven de esa edad, diez siclos* de plata. 6Un niño de entre un mes de edad y cinco años tendrá el valor de cinco siclos de plata; una niña de esa edad, tres siclos* de plata. 7Un hombre de más de sesenta años tendrá el valor de quince siclos de plata; una mujer de esa edad, diez siclos* de plata 8Si deseas hacer esa clase de voto, pero no te alcanza para pagar la cantidad requerida, lleva a la persona al sacerdote. Él determinará la cantidad que debes pagar de acuerdo a tus posibilidades.

9»Si el voto implica dar un animal aceptable como una ofrenda al Señor, toda ofrenda al Señor será considerada santa. 10No se te permite cambiarlo o sustituirlo por otro animal, ya sea un animal bueno por uno malo o uno malo por uno bueno. Pero si cambias un animal por otro, entonces tanto el primer animal como el sustituto se considerarán santos. 11Si tu voto tiene que ver con un animal impuro —uno que no es aceptable como ofrenda al Señor— tendrás que llevar el animal al sacerdote. 12Él fijará el valor, y su valuación será definitiva, ya sea alta o baja. 13Si deseas recuperar el animal, tendrás que pagar el valor fijado por el sacerdote, más un veinte por ciento.

14»Si alguien dedica una casa al Señor, el sacerdote irá para valorarla. El cálculo del sacerdote será definitivo, ya sea alto o bajo. 15Si la persona que dedicó la casa quiere volver a comprarla, tendrá que pagar el valor fijado por el sacerdote, más un veinte por ciento. Entonces la casa volverá a ser suya.

16»Si alguno le dedica al Señor una porción de su propiedad familiar, el valor será determinado de acuerdo con la cantidad de semilla que se necesita para sembrarla: cincuenta siclos de plata por un campo sembrado con doscientos veinte kilos de semilla de cebada.* 17Si se dedica el campo al Señor en el año de jubileo, entonces será aplicable la valoración total. 18Pero si dedican el campo después del año de jubileo, el sacerdote hará el cálculo del valor del terreno en proporción con el número de años que falte para el siguiente año de jubileo. Su valor calculado se reduce cada año. 19Si la persona que dedicó el campo desea volver a comprarlo, tendrá que pagar el valor fijado por el sacerdote, más

un veinte por ciento. Entonces el campo volverá a ser suyo legalmente. 20Pero si no desea volver a comprarlo, y el campo se vende a otro, ya no se podrá recuperar. 21Cuando el campo quede libre en el año de jubileo, este será santo, un campo especialmente apartado* para el Señor y llegará a ser propiedad de los sacerdotes.

22»Si alguien le dedica al Señor algún campo que haya comprado, pero que no es parte de su propiedad familiar, 23el sacerdote establecerá su valor basado en el número de años que falten hasta el siguiente año de jubileo. Ese mismo día, tendrá que dar el valor del campo como un donativo sagrado al Señor. 24En el año de jubileo el campo tendrá que ser devuelto al que lo vendió, la persona que lo heredó como una propiedad familiar. 25(Todos los pagos se harán calculados según el peso del siclo del santuario,* que equivale a veinte geras).

26»No se te permite dedicarle al Señor el primogénito de los animales, porque la primera cría del ganado, de las ovejas y de las cabras ya le pertenece al Señor. 27Sin embargo, podrás volver a comprar el primogénito de un animal ceremonialmente impuro al pagar el valor establecido por el sacerdote, más un veinte por ciento. Si no lo vuelves a comprar, el sacerdote lo venderá por el precio establecido.

28»No obstante, todo lo que se haya apartado especialmente para el Señor —ya sea una persona, un animal o una propiedad familiar— nunca deberá ser vendido ni rescatado. Todo lo que se consagre de esta manera ha sido apartado como santo y le pertenece al Señor. 29Ninguna persona apartada especialmente para destrucción podrá ser rescatada. Esa persona será ejecutada.

30»La décima parte de los productos de la tierra, ya sea grano de los campos o fruto de los árboles, le pertenece al Señor y debe ser apartada, es santa para el Señor. 31Si deseas volver a comprar esa décima parte del grano o de la fruta que pertenece al Señor, tendrás que pagar su valor, más un veinte por ciento. 32Cuenta uno de cada diez animales de tus manadas y rebaños, sepáralo es santo para el Señor. 33No podrás ser exigente entre animales buenos y malos, y no podrás sustituir uno por otro. Pero si intercambias un animal por otro, tanto el primer animal como el sustituto serán considerados santos y no podrás comprarlos de nuevo».

34Estos son los mandatos que el Señor dio por medio de Moisés a los israelitas en el monte Sinaí.

27:3 O 570 gramos (20 onzas). 27:4 O 342 gramos (12 onzas). 27:5 O Un joven [...] 228 gramos (8 onzas) de plata; una joven [...] 114 gramos (4 onzas). 27:6 O Un niño [...] 57 gramos (2 onzas) de plata; una niña [...] 34 gramos (1,20 onzas). 27:7 O Un hombre [...] 171 gramos (6 onzas) de plata; una mujer [...] 114 gramos (4 onzas). 27:16 En hebreo 50 siclos (570 gramos ó 20 onzas) de plata por 1 hómer (484 libras) de semilla de cebada. 27:21 El término hebreo empleado aquí se refiere a la consagración total de cosas o personas al Señor, ya sea destruyéndolas o entregándolas como ofrenda; también en 27:28, 29. 27:25 Cada siclo pesaba unos 11 gramos ó 0,4 onzas.

Números

Registro de las tropas de Israel

1 Un año después de la salida de Israel de Egipto, el SEÑOR le habló a Moisés en el tabernáculo* en el desierto de Sinaí. El primer día del segundo mes* de ese año le dijo: ²«Registren los nombres de todos los guerreros de toda la comunidad de Israel, por sus clanes y sus familias. Anoten en la lista a todos los hombres ³que tengan veinte años o más y que sean aptos para la guerra. Tú y Aarón anoten a las tropas ⁴con la ayuda de un jefe de familia por cada tribu.

⁵»Estas son las tribus y los nombres de los jefes que te ayudarán:

Tribu	Jefe
Rubén	Elisur, hijo de Sedeur
⁶ Simeón	Selumiel, hijo de Zurisadai
⁷ Judá	Naasón, hijo de Aminadab
⁸ Isacar	Natanael, hijo de Zuar
⁹ Zabulón	Eliab, hijo de Helón
¹⁰ Efraín, hijo de José	Elisama, hijo de Amiud
Manasés, hijo de José	Gamaliel, hijo de Pedasur
¹¹ Benjamín	Abidán, hijo de Gedeoni
¹² Dan	Ahiezer, hijo de Amisadai
¹³ Aser	Pagiel, hijo de Ocrán
¹⁴ Gad	Eliasaf, hijo de Deuel
¹⁵ Neftalí	Ahira, hijo de Enán

¹⁶Estos son los jefes escogidos de la comunidad, jefes de sus tribus patriarcales, cabezas de los clanes de Israel».

¹⁷Entonces Moisés y Aarón convocaron a los jefes elegidos ¹⁸y reunieron a toda la comunidad de Israel ese mismo día.* Se anotó a toda la gente según su descendencia por sus clanes y sus familias. Los varones de Israel de veinte años o más fueron anotados uno por uno, ¹⁹tal como el SEÑOR le había ordenado a Moisés. Así que Moisés registró sus nombres mientras estaban en el desierto de Sinaí.

²⁰⁻²¹Este es el número de los hombres de veinte años o más que eran aptos para la guerra, como quedaron escritos en el registro según su propio clan y su familia:*

Tribu	Número
Rubén (el hijo mayor de Jacob)*	46.500
²²⁻²³ Simeón	59.300
²⁴⁻²⁵ Gad	45.650
²⁶⁻²⁷ Judá	74.600
²⁸⁻²⁹ Isacar	54.400
³⁰⁻³¹ Zabulón	57.400
³²⁻³³ Efraín, hijo de José	40.500
³⁴⁻³⁵ Manasés, hijo de José	32.200
³⁶⁻³⁷ Benjamín	35.400
³⁸⁻³⁹ Dan	62.700
⁴⁰⁻⁴¹ Aser	41.500
⁴²⁻⁴³ Neftalí	53.400

⁴⁴Moisés, Aarón y los doce jefes de Israel anotaron a estos hombres, agrupados de acuerdo a su familia patriarcal. ⁴⁵Todos los hombres de Israel que tenían veinte años o más y que eran aptos para la guerra fueron registrados por familias. ⁴⁶En total sumaban 603.550.

⁴⁷Pero este total no incluía a los levitas, ⁴⁸porque el SEÑOR le había dicho a Moisés: ⁴⁹«No incluyas a la tribu de Leví en la lista. No los cuentes con el resto de los israelitas. ⁵⁰Pon a los levitas a cargo del tabernáculo del pacto,* así como del mobiliario y sus accesorios. Cuando ustedes viajen, los levitas transportarán el tabernáculo junto con todo su mobiliario, lo cuidarán y acamparán a su alrededor. ⁵¹Cuando sea tiempo de trasladar el tabernáculo, los levitas lo desarmarán, y cuando sea tiempo de detenerse, ellos lo armarán nuevamente. Sin embargo, cualquier persona no autorizada que se acerque al tabernáculo será ejecutada. ⁵²Cada tribu de Israel acampará en un área designada y bajo su propio estandarte; ⁵³pero los levitas acamparán alrededor del tabernáculo del pacto para proteger a la comunidad de Israel del enojo del SEÑOR. Los levitas serán responsables de permanecer en guardia alrededor del tabernáculo».

⁵⁴Así que los israelitas hicieron todo tal como el SEÑOR le había ordenado a Moisés.

Organización del campamento de Israel

2 Entonces el SEÑOR les dio las siguientes instrucciones a Moisés y a Aarón: ²«Cuando los israelitas armen el campamento, a cada tribu

---

1:1a En hebreo *la carpa de reunión.* 1:1b En el antiguo calendario lunar hebreo, ese día caía en abril o en mayo. 1:18 En hebreo *en el primer día del segundo mes;* ver 1:1. 1:20-21a En el texto hebreo, la oración (*Este es el número de los hombres de veinte años o más que eran aptos para la guerra, como quedaron escritos en el registro según su propio clan y su familia*) se repite in 1:22, 24, 26, 28, 30, 34, 36, 38, 40, 42. 1:20-21b En hebreo *de Israel.* Los nombres «Jacob» e «Israel» a menudo son intercambiables en el Antiguo Testamento. Algunas veces hacen referencia al patriarca como individuo y otras veces a la nación. 1:50 O *tabernáculo del testimonio;* también en 1:53.

se le asignará su propio lugar. Las tribus acamparán bajo su propio estandarte a los cuatro costados y a cierta distancia del tabernáculo.*

3-4»Las divisiones de Judá, Isacar y Zabulón acamparán hacia la salida del sol, en el costado oriental del tabernáculo, cada una bajo su estandarte. Estos son los nombres de las tribus, sus jefes y el número de tropas registradas:

Tribu	Jefe	Número
Judá	Naasón,	
	hijo de Aminadab	74.600
5-6 Isacar	Natanael, hijo de Zuar	54.400
7-8 Zabulón	Eliab, hijo de Helón	57.400

9Así que el total de las tropas en el campamento del lado de Judá es de 186.400. Estas tres tribus irán al frente, cada vez que los israelitas viajen hacia su nuevo lugar para acampar.

10-11»Las divisiones de Rubén, Simeón y Gad acamparán al costado sur del tabernáculo, cada una bajo su estandarte. Estos son los nombres de las tribus, sus jefes y el número de tropas registradas:

Tribu	Jefe	Número
Rubén	Elisur, hijo de Sedeur	46.500
12-13 Simeón	Selumiel,	
	hijo de Zurisadai	59.300
14-15 Gad	Eliasaf, hijo de Deuel*	45.650

16Así que el total de las tropas en el campamento del lado de Rubén es de 151.450. Estas tres tribus ocuparán el segundo lugar cada vez que los israelitas viajen.

17»Luego el tabernáculo, llevado por los levitas, saldrá en medio del campamento. Todas las tribus marcharán en el mismo orden en que acampan, cada una en su posición, bajo el estandarte que le corresponde.

18-19»Las divisiones de Efraín, Manasés y Benjamín acamparán en el costado occidental del tabernáculo, cada una bajo su estandarte. Estos son los nombres de las tribus, sus jefes y el número de tropas registradas:

Tribu	Jefe	Número
Efraín	Elisama,	
	hijo de Amiud	40.500
20-21 Manasés	Gamaliel,	
	hijo de Pedasur	32.200
22-23 Benjamín	Abidán,	
	hijo de Gedeoni	35.400

24Así que el total de las tropas en el campamento del lado de Efraín es de 108.100. Estas tres tribus ocuparán el tercer lugar cada vez que los israelitas viajen.

25-26»Las divisiones de Dan, Aser y Neftalí acamparán en el costado norte del tabernáculo, cada una bajo su estandarte. Estos son los nombres de las tribus, sus jefes y el número de tropas registradas:

Tribu	Jefe	Número
Dan	Ahiezer,	
	hijo de Amisadai	62.700
27-28 Aser	Pagiel, hijo de Ocrán	41.500
29-30 Neftalí	Ahira, hijo de Enán	53.400

31Así que el total de las tropas en el campamento del lado de Dan es de 157.600. Estas tres tribus ocuparán el último lugar y marcharán bajo sus estandartes cada vez que los israelitas viajen».

32En resumen, las tropas de Israel anotadas por sus familias sumaron 603.550, 33pero no se incluyó a los levitas en esta lista, tal como el Señor les había ordenado. 34Entonces el pueblo de Israel hizo todo como el Señor le ordenó a Moisés. Cada clan y cada familia establece su campamento y marchaba bajo sus estandartes tal como el Señor les había indicado.

Nombramiento de los levitas

3 Esta es la descendencia de Aarón y de Moisés como quedó registrada cuando el Señor le habló a Moisés en el monte Sinaí. 2Los nombres de los hijos de Aarón eran Nadab (el mayor), Abiú, Eleazar e Itamar. 3Estos hijos de Aarón fueron ungidos y ordenados para ministrar como sacerdotes. 4Pero Nadab y Abiú murieron en la presencia del Señor, en el desierto de Sinaí, cuando quemaron ante el Señor una clase de fuego diferente a la que él había ordenado. Ya que ellos no tuvieron hijos, solo Eleazar e Itamar quedaron para ministrar como sacerdotes junto con su padre Aarón.

5Entonces el Señor le dijo a Moisés: 6«Llama a los de la tribu de Leví, que pasen adelante y preséntalos al sacerdote Aarón para que sean sus ayudantes. 7Servirán a Aarón y a toda la comunidad en el desempeño de sus deberes sagrados dentro y alrededor del tabernáculo.* 8También cuidarán de todo el mobiliario de la carpa sagrada* y servirán en el tabernáculo en representación de todos los israelitas. 9Designa a los levitas como ayudantes de Aarón y de sus hijos porque de entre todo el pueblo de Israel ellos fueron dedicados para este propósito. 10Nombra a Aarón y a sus hijos para que lleven a cabo los deberes del sacerdocio. Pero toda persona no autorizada que se acerque al santuario será ejecutada».

11El Señor le dijo a Moisés: 12«Mira, yo he escogido de entre los israelitas a los levitas para que sirvan como sustitutos de todo primer hijo varón del pueblo de Israel. Los levitas me pertenecen a mí 13porque todos los primeros varones son míos. El día que heri de muerte al primer hijo varón de cada familia egipcia, aparté para mí a todo primer nacido de Israel, tanto de personas como de animales. Ellos son míos. Yo soy el Señor».

Registro de los levitas

¹⁴El Señor le habló de nuevo a Moisés en el desierto de Sinaí y le dijo: ¹⁵«Registra los nombres de los miembros de la tribu de Leví, por sus familias y clanes. Haz una lista de cada varón de un mes o más». ¹⁶Entonces Moisés los anotó, tal como el Señor le había ordenado.

¹⁷Leví tenía tres hijos llamados Gersón, Coat y Merari.

¹⁸Los clanes descendientes de Gersón llevaban el nombre de dos de sus descendientes, Libni y Simei.

¹⁹Los clanes descendientes de Coat llevaban el nombre de cuatro de sus descendientes, Amram, Izhar, Hebrón y Uziel.

²⁰Los clanes descendientes de Merari llevaban el nombre de dos de sus descendientes, Mahli y Musi.

Estos eran los clanes de los levitas, anotados según sus grupos de familia.

²¹Los descendientes de Gersón estaban constituidos por los clanes descendientes de Libni y Simei. ²²Entre los gersonitas había siete mil quinientos varones de un mes o más. ²³Se les asignó el área occidental del tabernáculo para su campamento. ²⁴El jefe de los clanes gersonitas era Eliasaf, hijo de Lael. ²⁵Estos dos clanes eran responsables de cuidar el tabernáculo: la carpa sagrada con sus cubiertas y la cortina de la entrada, ²⁶las cortinas del atrio que rodeaban el tabernáculo y el altar, la cortina a la entrada del atrio, las cuerdas y todos los accesorios relacionados con su uso.

²⁷Los descendientes de Coat estaban constituidos por los clanes descendientes de Amram, Izhar, Hebrón y Uziel. ²⁸Entre los coatitas había ocho mil seiscientos varones de un mes o más.* Ellos eran responsables de cuidar el santuario, ²⁹y se les asignó el área sur del tabernáculo para su campamento. ³⁰El jefe de los clanes coatitas era Elizafán, hijo de Uziel. ³¹Estos cuatro clanes eran responsables de cuidar el arca, la mesa, el candelabro, los altares, los diferentes objetos utilizados en el santuario, la cortina interior y todos los accesorios relacionados con su uso. ³²Eleazar, hijo del sacerdote Aarón, era el administrador principal a cargo de todos los levitas, con la responsabilidad particular de la supervisión del santuario.

³³Los descendientes de Merari estaban constituidos por los clanes descendientes de Mahli y Musi. ³⁴Entre los meraritas había seis mil doscientos varones de un mes o más. ³⁵Se les asignó el área norte del tabernáculo para su campamento. El jefe de los clanes meraritas era Zuriel, hijo de Abihail. ³⁶Estos clanes eran responsables de cuidar la estructura que sostenía el tabernáculo, los travesaños, los postes, las bases y todos los accesorios relacionados

con su uso. ³⁷También eran responsables de los postes del atrio y de todas sus bases, estacas y cuerdas.

³⁸Delante del tabernáculo, hacia el oriente por donde sale el sol,* estaba el área reservada para las carpas de Moisés y las carpas de Aarón y sus hijos. Ellos tenían la máxima responsabilidad sobre el santuario en nombre del pueblo de Israel. Todo el que no fuera sacerdote o levita y se acercara al santuario, sería ejecutado.

³⁹Cuando Moisés y Aarón, por orden del Señor, contaron los clanes de los levitas, el número total de varones de un mes o más de edad llegó a veintidós mil.

Rescate del primer hijo varón

⁴⁰Entonces el Señor le dijo a Moisés: «Ahora cuenta a todos los primeros hijos varones que hay en Israel de un mes o más y anota sus nombres en una lista. ⁴¹Los levitas tienen que ser apartados para mí, como sustitutos de todo primer hijo varón de Israel. Yo soy el Señor. Los animales de los levitas también serán apartados para mí, como sustitutos de la primera cría de los animales de la nación entera de Israel».

⁴²Entonces Moisés contó a los primeros hijos varones del pueblo de Israel, tal como el Señor le había ordenado. ⁴³El número de los primeros hijos varones de un mes o más llegó a 22.273.

⁴⁴Entonces el Señor le dijo a Moisés: ⁴⁵«Toma a los levitas como sustitutos de los primeros hijos varones del pueblo de Israel. Toma también los animales de los levitas como sustitutos de las primeras crías de los animales del pueblo de Israel. Los levitas me pertenecen a mí. Yo soy el Señor. ⁴⁶Los primeros hijos varones de Israel superan al número de levitas por doscientos setenta y tres. Para rescatar a esos primeros hijos varones que exceden, ⁴⁷recoge cinco piezas de plata por cada uno de ellos (cada pieza pesa lo mismo que el siclo del santuario, que equivale a veinte geras).* ⁴⁸Entrega la plata a Aarón y a sus hijos como precio de rescate de los primeros hijos varones que exceden al número de levitas».

⁴⁹Entonces Moisés recogió la plata por el rescate de los primeros hijos varones de Israel que superaron al número de levitas. ⁵⁰Reunió 1365 piezas de plata como pago por los primeros hijos varones de Israel (cada pieza pesa lo mismo que el siclo del santuario).* ⁵¹Así que Moisés les dio la plata del rescate a Aarón y a sus hijos, tal como el Señor le había ordenado.

Deberes del clan de los coatitas

4 Entonces el Señor les dijo a Moisés y a Aarón: ²«Registren los nombres de los miembros de la división coatita de la tribu de Leví por clanes y familias. ³Anoten en una lista

---

3:28 Algunos manuscritos griegos dicen *8300;* ver el total en 3:39. **3:38** En hebreo *hacia la salida del sol, frente a la carpa de reunión.* **3:47** En hebreo *5 siclos* [57 gramos ó 2 onzas]. **3:50** En hebreo *1365 siclos* [15,5 kilos ó 34 libras].

a todos los hombres de entre treinta y cincuenta años que cumplan los requisitos necesarios para servir en el tabernáculo.*

4»Las responsabilidades de los coatitas en el tabernáculo tendrán que ver con los objetos más sagrados. 5Cuando el campamento sea trasladado, Aarón y sus hijos deben ser los primeros en entrar al tabernáculo para bajar la cortina interior y con ella cubrir el arca del pacto.* 6Luego cubrirán la cortina interior con cuero de cabra de la mejor calidad y por encima del cuero pondrán una sola pieza de tela azul. Por último, colocarán en su lugar para trasladar el arca.

7»Luego extenderán una tela azul por encima de la mesa en la que se exhibe el pan de la Presencia y sobre la tela pondrán los tazones, las cacerolas, los frascos, las jarras y el pan especial. 8Después extenderán por encima de todo esto una tela escarlata y, finalmente, sobre la tela escarlata una cubierta de cuero de cabra de la mejor calidad. Luego colocarán las varas para transportar la mesa.

9»Después cubrirán el candelabro con una tela azul, junto con sus lámparas, las despabiladeras de las lámparas, las bandejas y los frascos especiales para el aceite de oliva. 10Luego pondrán por encima de los candelabros y sus accesorios un cuero de cabra de la mejor calidad y montarán todo el bulto sobre una estructura para transportarlo.

11»Luego extenderán una tela azul por encima del altar de oro para el incienso y recubrirán la tela con cuero de cabra de la mejor calidad. Después colocarán las varas para transportar el altar. 12Tomarán todo el mobiliario restante del santuario y lo envolverán en una tela azul, lo cubrirán con un cuero de cabra de la mejor calidad y lo montarán sobre la estructura para transportarlo.

13»Quitarán las cenizas del altar para los sacrificios y lo cubrirán con una tela púrpura. 14Colocarán todos los utensilios del altar —los braseros, los tenedores para la carne, las palas, los tazones y los recipientes— sobre la tela y los cubrirán con un cuero de cabra de la mejor calidad. Finalmente, colocarán en su sitio las varas para transportarlo. 15El campamento estará listo para trasladarse cuando Aarón y sus hijos hayan terminado de cubrir el santuario y todos los objetos sagrados. Entonces los coatitas vendrán y transportarán todo esto al siguiente destino, pero no deberán tocar los objetos sagrados, pues morirán. Así que, estos son los artículos del tabernáculo que los coatitas deben transportar.

16»Eleazar, hijo del sacerdote Aarón, será responsable del aceite del candelabro, el incienso aromático, la ofrenda diaria de grano y el aceite de la unción. Es más, Eleazar será responsable de todo el tabernáculo y de todo lo que hay en él, incluso del santuario y su mobiliario».

17Entonces el SEÑOR les dijo a Moisés y a Aarón: 18«¡No permitan que los clanes de Coat lleguen a ser exterminados de entre los levitas! 19Hagan lo siguiente para que ellos no mueran cuando se acerquen a los objetos más sagrados: Aarón y sus hijos siempre deben entrar con los coatitas y se le asignará a cada uno lo que deba hacer o cargar. 20Los coatitas jamás deben entrar en el santuario a mirar los objetos sagrados ni por un instante, sino morirán».

Deberes del clan de los gersonitas

21El SEÑOR le dijo a Moisés: 22«Registra los nombres de los miembros de la división gersonita de la tribu de Leví por clanes y familias. 23Anota en una lista a todos los hombres de entre treinta y cincuenta años que cumplan los requisitos necesarios para servir en el tabernáculo.

24»Los clanes de los gersonitas serán responsables del servicio en general y de transportar cargas. 25Llevarán las cortinas del tabernáculo, el tabernáculo en sí junto con sus cubiertas, el revestimiento exterior de cuero de cabra de la mejor calidad y la cortina de la entrada del tabernáculo. 26También transportarán las cortinas de las paredes del atrio que rodean el tabernáculo y el altar, la cortina de la entrada del atrio, las cuerdas y todos los accesorios relacionados con su uso. Los gersonitas son responsables de todos estos objetos. 27Aarón y sus hijos dirigirán a los gersonitas en todos sus deberes, ya sea en el traslado de los accesorios o en otros trabajos. También asignarán a los gersonitas la responsabilidad de lo que deberán transportar. 28Estos son los deberes asignados a los clanes gersonitas en el tabernáculo. Ellos serán responsables ante Itamar, hijo del sacerdote Aarón.

Deberes del clan de los meraritas

29»Ahora registra los nombres de los miembros de los clanes y familias de la división de los meraritas de la tribu de Leví. 30Anota en una lista a todos los hombres de entre treinta y cincuenta años que cumplan los requisitos necesarios para servir en el tabernáculo.

31»Su única responsabilidad en el tabernáculo será transportar cargas. Ellos llevarán los soportes del tabernáculo, las travesaños, los postes y las bases; 32asimismo los postes para las paredes del atrio con sus bases, estacas y cuerdas; y los accesorios y todo lo necesario relacionado con su uso. Asígnale a cada hombre por nombre lo que debe transportar. 33Estos son los deberes de los clanes meraritas en el tabernáculo. Ellos son responsables ante Itamar, hijo del sacerdote Aarón».

Resumen del registro

34Así que Moisés, Aarón y los demás jefes de la comunidad anotaron en una lista a los miembros

---

4:3 En hebreo la *carpa de reunión;* también en 4:4, 15, 23, 25, 28, 30, 31, 33, 35, 37, 39, 41, 43, 47.   **4:5** *arca del testimonio.*

de la división coatita por sus clanes y familias. ³⁵La lista incluyó a todos los hombres de entre treinta y cincuenta años que cumplían los requisitos necesarios para servir en el tabernáculo. ³⁶El número total sumó 2750. ³⁷Este fue el total de hombres de los clanes coatitas que cumplían los requisitos para servir en el tabernáculo. Moisés y Aarón los anotaron, tal como el SEÑOR había ordenado por medio de Moisés.

³⁸También anotaron a la división de los gersonitas por sus clanes y familias. ³⁹La lista incluyó a todos los hombres de entre treinta y cincuenta años que cumplían los requisitos necesarios para servir en el tabernáculo. ⁴⁰El número total sumó 2630. ⁴¹Este fue el total de hombres de los clanes gersonitas que cumplían los requisitos para servir en el tabernáculo. Moisés y Aarón los anotaron, tal como el SEÑOR lo había ordenado.

⁴²También anotaron a la división de los meraritas por sus clanes y familias. ⁴³La lista incluyó a todos los hombres de entre treinta y cincuenta años que cumplían los requisitos necesarios para el servicio en el tabernáculo. ⁴⁴El número total sumó 3200. ⁴⁵Este fue el total de hombres de los clanes meraritas que cumplían los requisitos necesarios para servir. Moisés y Aarón los anotaron, tal como el SEÑOR había ordenado por medio de Moisés.

⁴⁶Entonces Moisés, Aarón y los jefes de Israel anotaron en una lista a todos los levitas por sus clanes y familias. ⁴⁷Todos los hombres de entre treinta y cincuenta años que cumplían los requisitos necesarios para servir en el tabernáculo y para transportarlo ⁴⁸sumaban 8580. ⁴⁹Cuando registraron sus nombres, a cada hombre se le asignó su tarea y se le dijo lo que debía transportar, tal como el SEÑOR había ordenado por medio de Moisés.

Así se completó el registro, tal como el SEÑOR le había ordenado a Moisés.

Pureza en el campamento de Israel

5 El SEÑOR dio las siguientes instrucciones a Moisés: ²«Ordena al pueblo de Israel que saque del campamento a toda persona que tenga una enfermedad de la piel* o un flujo, o a quien haya quedado ceremonialmente impuro por tocar un cadáver. ³Esta orden debe aplicarse de la misma manera a hombres y a mujeres. Sácalos para que no contaminen el campamento donde yo habito en medio de ellos». ⁴Entonces los israelitas hicieron lo que el SEÑOR había ordenado a Moisés y sacaron a tales personas del campamento.

⁵Así que el SEÑOR le dijo a Moisés: ⁶«Da al pueblo de Israel las siguientes instrucciones: si alguien del pueblo —sea hombre o mujer— traiciona al SEÑOR al hacerle mal a otra persona, esa

persona es culpable. ⁷Deberá confesar su pecado, restituir completamente el daño hecho más un veinte por ciento adicional y darlo a la persona que perjudicó. ⁸Pero si la persona perjudicada está muerta y no hay ningún pariente cercano a quien pagarle el daño, el pago le pertenece al SEÑOR y deberá dárselo al sacerdote. Además, el culpable llevará un carnero como sacrificio por el pecado y será purificado y hecho justo ante el SEÑOR.* ⁹Todas las ofrendas sagradas que los israelitas lleven a un sacerdote le pertenecen a él. ¹⁰Cada sacerdote puede quedarse con todos los donativos sagrados que reciba».

Protección contra la infidelidad matrimonial

¹¹El SEÑOR le dijo a Moisés: ¹²«Da al pueblo de Israel las siguientes instrucciones: supongamos que la esposa de un hombre se descarría y le es infiel a su marido, ¹³y tiene relaciones sexuales con otro hombre sin que lo sepa su esposo ni nadie más. Ella se contaminó aunque no hubo testigos ni fue sorprendida en el acto. ¹⁴Si su esposo siente celos, y sospecha de ella y necesita saber si ella se ha contaminado o no, ¹⁵el esposo debe llevarla al sacerdote. También presentará por ella una ofrenda de dos kilos* de harina de cebada. No debe mezclarse con aceite de oliva ni incienso, porque se trata de una ofrenda de celos para demostrar si ella es o no culpable.

¹⁶»Entonces el sacerdote la presentará delante del SEÑOR para que sea juzgada. ¹⁷Pondrá un poco de agua santa en un recipiente de barro y mezclará polvo que tomó del piso del tabernáculo. ¹⁸Una vez que el sacerdote haya presentado a la mujer delante del SEÑOR, le desatará el cabello y colocará en las manos de ella la ofrenda de prueba, es decir la ofrenda de celos, para discernir si las sospechas de su esposo son justificadas. El sacerdote se pondrá frente a ella y sostendrá el recipiente de agua amarga que trae una maldición para quienes son culpables. ¹⁹Enseguida el sacerdote pondrá a la mujer bajo juramento y le dirá: "Si ningún otro hombre ha tenido relaciones sexuales contigo y no te has descarriado ni te has contaminado mientras has estado bajo la autoridad de tu esposo, que seas inmune a los efectos de esta agua amarga que trae la maldición. ²⁰Pero si te has descarriado siendo infiel a tu marido y te has contaminado teniendo relaciones sexuales con otro hombre...".

²¹»En este momento el sacerdote pondrá a la mujer bajo juramento al decir: "Que el pueblo sepa que la maldición del SEÑOR cayó sobre ti cuando él te haga estéril al causar que tu útero se encoja* y tu abdomen se hinche. ²²Ahora, que esta agua que trae la maldición entre en tu cuerpo y cause que tu abdomen se hinche y tu útero se encoja".* A la mujer se le exigirá decir:

5:2 Tradicionalmente se traduce *lepra*. La palabra empleada en hebreo puede describir diversas enfermedades de la piel.   5:8 O *traer un carnero para expiación, el cual hará expiación por él*.   5:15 En hebreo ¹⁄₁₀ *de un efa* [4,4 *libras*].   5:21 En hebreo *cuando él cause que tu muslo caiga*.   5:22 En hebreo *y tu muslo caiga*.

"Sí, que así sea". 23Entonces el sacerdote escribirá estas maldiciones en un trozo de cuero y luego las lavará para que caigan dentro del agua amarga. 24Hará que la mujer beba el agua amarga que trae la maldición. Cuando el agua entre en su cuerpo, si ella es culpable, le causará un sufrimiento amargo.

25»Después el sacerdote tomará la ofrenda de celos de la mano de la mujer y la alzará ante el Señor y la llevará al altar. 26Tomará un puñado de harina como porción simbólica, la quemará en el altar y le exigirá a la mujer que beba el agua. 27Si ella se ha contaminado siendo infiel a su marido, el agua que trae la maldición le producirá un sufrimiento amargo. Su abdomen se hinchará y su útero se encogerá,* y su nombre se volverá una maldición entre su pueblo. 28Pero si ella no se ha contaminado y es pura, entonces saldrá ilesa y todavía podrá tener hijos.

29»Esta es la ley ritual para lidiar con los celos. Si una mujer se descarría y se contamina mientras está bajo la autoridad de su marido, 30o si un hombre siente celos y sospecha que su esposa fue infiel, el marido debe presentar a su esposa delante del Señor y el sacerdote aplicará esta ley ritual en su totalidad. 31El marido será inocente de toda culpa en ese caso, pero su esposa será responsable por su propio pecado».

Leyes para los nazareos

6 Entonces el Señor le dijo a Moisés: «Dal al pueblo de Israel las siguientes instrucciones: 2si alguien del pueblo, sea hombre o mujer, hace el voto especial de nazareo, consagrándose al Señor de manera especial, 3dejará el vino y otras bebidas alcohólicas. No usará vinagre hecho de vino ni de otras bebidas alcohólicas, no beberá jugo de uva fresca ni comerá uvas o pasas. 4Mientras esté obligado por su voto de nazareo, no se le permite comer o beber productos derivados de la vid, incluidas las semillas y la cáscara de uva.

5»Durante todo el tiempo que dure su voto, esta persona no se cortará el cabello, porque es santa y apartada para el Señor. Se dejará crecer el cabello hasta que se cumpla el tiempo de su voto. 6Y no se acercará a ningún cadáver durante todo el tiempo de su voto al Señor. 7Aun cuando la persona muerta sea su propio padre, madre, hermano o hermana, no debe contaminarse, porque el cabello que lleva sobre su cabeza es símbolo de su consagración a Dios. 8Este requisito se aplica mientras esté consagrado al Señor.

9»Si alguien cae muerto a su lado, el cabello dedicado quedará contaminado. Tiene que esperar siete días y después se afeitará la cabeza. Entonces quedará limpio de su contaminación. 10En el octavo día llevará al sacerdote, a la entrada del tabernáculo,* dos tórtolas o dos pichones de paloma. 11El sacerdote ofrecerá una de las aves como ofrenda por el pecado y la otra como

ofrenda quemada. De esta manera él lo purificará* de la culpa recibida mediante el contacto con el cadáver. Luego el nazareo reafirmará su compromiso y dejará que su cabello empiece a crecer de nuevo. 12Los días cumplidos de su voto, anteriores a la contaminación, no se tomarán en cuenta. Deberá dedicarse nuevamente al Señor como nazareo por todo el tiempo de su promesa y deberá presentar un cordero de un año como ofrenda por la culpa.

13»Esta es la ley ritual para el nazareo. Al terminar el tiempo de consagración deberá ir a la entrada del tabernáculo 14y ofrecer sus sacrificios al Señor: un cordero de un año sin defecto como ofrenda quemada, una cordera de un año sin defecto como ofrenda por el pecado, un carnero sin defecto como ofrenda de paz, 15una cesta de pan preparado sin levadura —panes de harina selecta mezclados con aceite de oliva y obleas untadas con aceite de oliva— junto con las ofrendas obligatorias de grano y de líquido. 16El sacerdote presentará estas ofrendas ante el Señor: primero la ofrenda por el pecado y la ofrenda quemada; 17enseguida el carnero como ofrenda de paz, junto con la cesta de pan preparado sin levadura. El sacerdote también presentará al Señor las ofrendas obligatorias de grano y de líquido.

18»Después el nazareo se afeitará la cabeza en la entrada del tabernáculo. Tomará el cabello que dedicó y lo pondrá en el fuego, debajo del sacrificio de la ofrenda de paz. 19Después de que el nazareo se afeite la cabeza, el sacerdote tomará una espaldilla hervida del carnero; también tomará de la cesta un pan y una oblea preparados sin levadura, y los pondrá en las manos del nazareo. 20Entonces el sacerdote los levantará ante el Señor como ofrenda especial. Estas son las porciones santas para el sacerdote, junto con el pecho de la ofrenda especial y el muslo de la ofrenda sagrada que se levanta ante el Señor. Después de esta ceremonia el nazareo podrá volver a beber vino.

21»Esta es la ley ritual de los nazareos que juran llevar estas ofrendas al Señor. Si está a su alcance también pueden llevar ofrendas adicionales. Deben asegurarse de cumplir con todo lo que juraron cuando se apartaron como nazareos».

Bendición sacerdotal

22Entonces el Señor le dijo a Moisés: 23«Diles a Aarón y a sus hijos que bendigan al pueblo de Israel con la siguiente bendición especial:

24 "Que el Señor te bendiga
   y te proteja.
25 Que el Señor sonría sobre ti
   y sea compasivo contigo.
26 Que el Señor te muestre su favor
   y te dé su paz"».

5:27 En hebreo *y el muslo de ella caerá.* 6:10 En hebreo *la carpa de reunión;* también en 6:13, 18. 6:11 O *hacer expiación por ellos.*

²⁷Cada vez que Aarón y sus hijos bendigan al pueblo de Israel en mi nombre, yo los bendeciré».

Ofrendas para la dedicación

7 El día en que Moisés levantó el tabernáculo, lo ungió y lo apartó como santo. También ungió y apartó todo el mobiliario y el altar con sus utensilios. ²Después los líderes de Israel —los jefes de las tribus que habían registrado las tropas— llegaron con sus ofrendas. ³Juntos llevaron seis carretas grandes y doce bueyes —una carreta por cada dos jefes y un buey por cada jefe— y los presentaron al SEÑOR delante del tabernáculo.

⁴Luego el SEÑOR le dijo a Moisés: ⁵«Recibe sus ofrendas y usa estos bueyes y carretas para transportar el tabernáculo.* Repártelos entre los levitas según el trabajo de cada uno». ⁶Así que Moisés tomó las carretas y los bueyes, y se los entregó a los levitas. ⁷Le dio dos carretas y cuatro bueyes a la división gersonita para su trabajo ⁸y le dio a la división merarita cuatro carretas y ocho bueyes para su trabajo. Todo el trabajo se realizó bajo el liderazgo de Itamar, hijo del sacerdote Aarón. ⁹Pero a la división coatita no le entregó carretas ni bueyes, porque se requería que hicieran el traslado de los objetos sagrados del tabernáculo sobre sus hombros.

¹⁰Los jefes también presentaron las ofrendas de dedicación para el altar cuando lo ungieron. Cada uno puso sus ofrendas ante el altar. ¹¹El SEÑOR le dijo a Moisés: «Que cada día un jefe lleve su ofrenda para la dedicación del altar».

¹²En el primer día presentó su ofrenda Naasón, hijo de Aminadab, jefe de la tribu de Judá.
¹³Su ofrenda consistía de una bandeja de plata que pesaba un kilo y medio y un tazón de plata que pesaba ochocientos gramos* (calculado según el peso del siclo del santuario). Los dos contenían ofrendas de grano de harina selecta humedecida con aceite de oliva. ¹⁴También llevó un recipiente de oro que pesaba ciento catorce gramos,* lleno de incienso. ¹⁵Llevó un becerro, un carnero y un cordero de un año, para una ofrenda quemada, ¹⁶y un chivo como ofrenda por el pecado. ¹⁷Como ofrenda de paz llevó dos toros, cinco carneros, cinco chivos y cinco corderos de un año. Esta fue la ofrenda que llevó Naasón, hijo de Aminadab.

¹⁸En el segundo día presentó su ofrenda Natanael, hijo de Zuar, jefe de la tribu de Isacar.
¹⁹Su ofrenda consistía de una bandeja de plata que pesaba un kilo y medio y un tazón de plata que pesaba ochocientos gramos (calculado según el peso del siclo del santuario). Los dos contenían ofrendas de grano de harina selecta humedecida con aceite de oliva. ²⁰También llevó un recipiente de oro que pesaba ciento catorce gramos, lleno de incienso. ²¹Llevó un becerro, un carnero y un cordero de un año, para una ofrenda quemada, ²²y un chivo como ofrenda por el pecado. ²³Como ofrenda de paz llevó dos toros, cinco carneros, cinco chivos y cinco corderos de un año. Esta fue la ofrenda que llevó Natanael, hijo de Zuar.

²⁴En el tercer día presentó su ofrenda Eliab, hijo de Helón, jefe de la tribu de Zabulón.
²⁵Su ofrenda consistía de una bandeja de plata que pesaba un kilo y medio y un tazón de plata que pesaba ochocientos gramos (calculado según el peso del siclo del santuario). Los dos contenían ofrendas de grano de harina selecta humedecida con aceite de oliva. ²⁶También llevó un recipiente de oro que pesaba ciento catorce gramos, lleno de incienso. ²⁷Llevó un becerro, un carnero y un cordero de un año, para una ofrenda quemada, ²⁸y un chivo como ofrenda por el pecado. ²⁹Como ofrenda de paz llevó dos toros, cinco carneros, cinco chivos y cinco corderos de un año. Esta fue la ofrenda que llevó Eliab, el hijo de Helón.

³⁰En el cuarto día presentó su ofrenda Elisur, hijo de Sedeur, jefe de la tribu de Rubén.
³¹Su ofrenda consistía de una bandeja de plata que pesaba un kilo y medio y un tazón de plata que pesaba ochocientos gramos (calculado según el peso del siclo del santuario). Los dos contenían ofrendas de grano de harina selecta humedecida con aceite de oliva. ³²También llevó un recipiente de oro que pesaba ciento catorce gramos, lleno de incienso. ³³Llevó un becerro, un carnero y un cordero de un año, para una ofrenda quemada, ³⁴y un chivo como ofrenda por el pecado. ³⁵Como ofrenda de paz llevó dos toros, cinco carneros, cinco chivos y cinco corderos de un año. Esta fue la ofrenda que llevó Elisur, el hijo de Sedeur.

³⁶En el quinto día presentó su ofrenda Selumiel, hijo de Zurisadai, jefe de la tribu de Simeón.
³⁷Su ofrenda consistía de una bandeja de plata que pesaba un kilo y medio y un tazón de plata que pesaba ochocientos gramos (calculado según el peso del siclo del santuario). Los dos contenían ofrendas de grano de harina selecta humedecida con aceite de oliva. ³⁸También llevó un recipiente de oro que pesaba ciento catorce gramos, lleno de incienso. ³⁹Llevó un becerro, un carnero y un cordero de un año para una ofrenda quemada, ⁴⁰y un chivo como ofrenda por el pecado. ⁴¹Como ofrenda de paz llevó

7:5 En hebreo *la carpa de reunión;* también en 7:89.   **7:13** En hebreo *plato de plata que pesa 130 siclos* [3,25 libras] *y un tazón que pesa 70 siclos* [1,75 libras]; también en 7:19, 25, 31, 37, 43, 49, 55, 61, 67, 73, 79, 85.   **7:14** En hebreo *10 siclos* [4 onzas]; también en 7:20, 26, 32, 38, 44, 50, 56, 62, 68, 74, 80, 86.

cinco corderos de un año. Esta fue la ofrenda que llevó Selumiel, hijo de Zurisadai.

⁴²En el sexto día presentó su ofrenda Eliasaf, hijo de Deuel, jefe de la tribu de Gad. ⁴³Su ofrenda consistía de una bandeja de plata que pesaba un kilo y medio y un tazón de plata que pesaba ochocientos gramos (calculado según el peso del siclo del santuario). Los dos contenían ofrendas de grano de harina selecta humedecida con aceite de oliva. ⁴⁴También llevó un recipiente de oro que pesaba ciento catorce gramos, lleno de incienso. ⁴⁵Llevó un becerro, un carnero y un cordero de un año, para una ofrenda quemada, ⁴⁶y un chivo como ofrenda por el pecado. ⁴⁷Como ofrenda de paz llevó dos toros, cinco carneros, cinco chivos y cinco corderos de un año. Esta fue la ofrenda que llevó Eliasaf, hijo de Deuel.

⁴⁸En el séptimo día presentó su ofrenda Elisama, hijo de Amiud, jefe de la tribu de Efraín. ⁴⁹Su ofrenda consistía de una bandeja de plata que pesaba un kilo y medio y un tazón de plata que pesaba ochocientos gramos (calculado según el peso del siclo del santuario). Los dos contenían ofrendas de grano de harina selecta humedecida con aceite de oliva. ⁵⁰También llevó un recipiente de oro que pesaba ciento catorce gramos, lleno de incienso. ⁵¹Llevó un becerro, un carnero y un cordero de un año, para una ofrenda quemada, ⁵²y un chivo como ofrenda por el pecado. ⁵³Como ofrenda de paz llevó dos toros, cinco carneros, cinco chivos y cinco corderos de un año. Esta fue la ofrenda que llevó Elisama, hijo de Amiud.

⁵⁴En el octavo día presentó su ofrenda Gamaliel, hijo de Pedasur, jefe de la tribu de Manasés. ⁵⁵Su ofrenda consistía de una bandeja de plata que pesaba un kilo y medio y un tazón de plata que pesaba ochocientos gramos (calculado según el peso del siclo del santuario). Los dos contenían ofrendas de grano de harina selecta humedecida con aceite de oliva. ⁵⁶También llevó un recipiente de oro que pesaba ciento catorce gramos, lleno de incienso. ⁵⁷Llevó un becerro, un carnero y un cordero de un año, para una ofrenda quemada, ⁵⁸y un chivo como ofrenda por el pecado. ⁵⁹Como ofrenda de paz llevó dos toros, cinco carneros, cinco chivos y cinco corderos de un año. Esta fue la ofrenda que llevó Gamaliel, hijo de Pedasur.

⁶⁰En el noveno día presentó su ofrenda Abidán, hijo de Gedeoni, jefe de la tribu de Benjamín. ⁶¹Su ofrenda consistía de una bandeja de plata que pesaba un kilo y medio y un tazón de plata que pesaba ochocientos gramos (calculado según el peso del siclo del santuario). Los dos contenían ofrendas de

grano de harina selecta humedecida con aceite de oliva. ⁶²También llevó un recipiente de oro que pesaba ciento catorce gramos, lleno de incienso. ⁶³Llevó un becerro, un carnero y un cordero de un año, para una ofrenda quemada, ⁶⁴y un chivo como ofrenda por el pecado. ⁶⁵Como ofrenda de paz llevó dos toros, cinco carneros, cinco corderos de un año. Esta fue la ofrenda que llevó Abidán, hijo de Gedeoni.

⁶⁶En el décimo día presentó su ofrenda Ahiezer, hijo de Amisadai, jefe de la tribu de Dan. ⁶⁷Su ofrenda consistía de una bandeja de plata que pesaba un kilo y medio y un tazón de plata que pesaba ochocientos gramos (calculado según el peso del siclo del santuario). Los dos contenían ofrendas de grano de harina selecta humedecida con aceite de oliva. ⁶⁸También llevó un recipiente de oro que pesaba ciento catorce gramos, lleno de incienso. ⁶⁹Llevó un becerro, un carnero y un cordero de un año, para una ofrenda quemada, ⁷⁰y un chivo como ofrenda por el pecado. ⁷¹Como ofrenda de paz llevó dos toros, cinco carneros, cinco chivos y cinco corderos de un año. Esta fue la ofrenda que llevó Ahiezer, hijo de Amisadai.

⁷²En el onceavo día presentó su ofrenda Pagiel, hijo de Ocrán, jefe de la tribu de Aser. ⁷³Su ofrenda consistía de una bandeja de plata que pesaba un kilo y medio y un tazón de plata que pesaba ochocientos gramos (calculado según el peso del siclo del santuario). Los dos contenían ofrendas de grano de harina selecta humedecida con aceite de oliva. ⁷⁴También llevó un recipiente de oro que pesaba ciento catorce gramos, lleno de incienso. ⁷⁵Llevó un becerro, un carnero y un cordero de un año, para una ofrenda quemada, ⁷⁶y un chivo como ofrenda por el pecado. ⁷⁷Como ofrenda de paz llevó dos toros, cinco carneros, cinco chivos y cinco corderos de un año. Esta fue la ofrenda que llevó Pagiel, hijo de Ocrán.

⁷⁸En el doceavo día presentó su ofrenda Ahira, hijo de Enán, jefe de la tribu de Neftalí. ⁷⁹Su ofrenda consistía de una bandeja de plata que pesaba un kilo y medio y un tazón de plata que pesaba ochocientos gramos (calculado según el peso del siclo del santuario). Los dos contenían ofrendas de grano de harina selecta humedecida con aceite de oliva. ⁸⁰También llevó un recipiente de oro que pesaba ciento catorce gramos, lleno de incienso. ⁸¹Llevó un becerro, un carnero y un cordero de un año, para una ofrenda quemada, ⁸²y un chivo como ofrenda por el pecado. ⁸³Como ofrenda de paz llevó dos toros, cinco carneros, cinco chivos y

cinco corderos de un año. Esta fue la ofrenda que llevó Ahira, hijo de Enán.

84Estas fueron las ofrendas de dedicación que los jefes de Israel llevaron cuando se ungió el altar: doce bandejas de plata, doce tazones de plata y doce recipientes de oro con incienso. 85Cada bandeja de plata pesaba un kilo y medio, y cada tazón de plata, ochocientos gramos. El peso total de la plata fue veintiséis kilos* y medio (calculado según el peso del siclo del santuario). 86Cada uno de los doce recipientes de oro, que contenían el incienso, pesaba ciento catorce gramos (calculado según el peso del siclo del santuario). El peso total del oro fue un kilo con cuatrocientos gramos.* 87Se donaron doce becerros, doce carneros y doce corderos de un año para las ofrendas quemadas, junto con las ofrendas obligatorias de grano. Llevaron doce chivos para las ofrendas por el pecado. 88Se donaron veinticuatro toros, sesenta carneros, sesenta chivos y sesenta corderos de un año como ofrendas de paz. Esa fue la ofrenda para la dedicación del altar después de haber sido ungido.

89Cada vez que Moisés entraba en el tabernáculo para hablar con el Señor, Moisés oía la voz que le hablaba de entre los dos querubines que estaban sobre la tapa del arca —el lugar de la expiación— que está sobre el arca del pacto.* Desde ahí el Señor le hablaba a Moisés.

Preparación de las lámparas

8 El Señor le dijo a Moisés: 2«Da las siguientes instrucciones a Aarón: cuando pongas las siete lámparas en el candelabro, hazlo de manera que la luz alumbre hacia adelante, enfrente del candelabro». 3Y así lo hizo Aarón; instaló las siete lámparas para que reflejaran su luz hacia adelante, tal como el Señor había ordenado a Moisés. 4Todo el candelabro —desde su base hasta el decorado floral— estaba hecho de oro labrado. Se fabricó conforme al diseño exacto que el Señor le había mostrado a Moisés.

Dedicación de los levitas

5Luego el Señor le dijo a Moisés: 6«Ahora bien, separa a los levitas de los demás israelitas y hazlos ceremonialmente puros. 7Para hacerlo, rocíalos con el agua de la purificación y haz que se afeiten todo el cuerpo y que laven su ropa. Entonces quedarán ceremonialmente puros. 8Haz que lleven un becerro y una ofrenda de grano de harina selecta humedecida con aceite de oliva, junto con un segundo becerro para la ofrenda por el pecado. 9Después reúne a toda la comunidad de Israel y presenta a los levitas a la entrada del tabernáculo.* 10Cuando presentes a los levitas delante del Señor, el pueblo de Israel pondrá sus manos sobre ellos. 11Con las manos en alto, Aarón

presentará a los levitas ante el Señor como una ofrenda especial del pueblo de Israel; así los dedicará al servicio del Señor.

12»Enseguida los levitas pondrán sus manos sobre la cabeza de los becerros. Presenta un becerro como ofrenda por el pecado y el otro como ofrenda quemada al Señor, para purificar a los levitas y hacerlos justos ante el Señor.* 13Luego haz que los levitas se pongan de pie delante de Aarón y sus hijos y levanta tus manos y preséntalos como una ofrenda especial al Señor. 14De ese modo apartarás a los levitas del resto del pueblo de Israel, y los levitas me pertenecerán a mí. 15Así ellos podrán entrar en el tabernáculo para realizar su trabajo, porque los purificaste y los presentaste como una ofrenda especial.

16»De todo el pueblo de Israel, los levitas están apartados para mí. Yo los he tomado para mí en lugar de los primeros hijos varones de los israelitas; he tomado a los levitas como sustitutos. 17Pues todo primer nacido de entre el pueblo de Israel es mío, tanto de personas como de animales. Yo los aparté para mí el día que herí de muerte a todos los primeros hijos varones de los egipcios. 18Es cierto, yo tomé a los levitas en lugar de todos los primeros hijos varones de Israel; 19y de todos los israelitas, yo he designado a los levitas como don para Aarón y sus hijos. Ellos servirán en el tabernáculo en nombre de los israelitas y harán sacrificios para purificar* al pueblo, de modo que ninguna plaga los azote cuando se acerquen al santuario».

20Así que Moisés, Aarón y toda la comunidad de Israel dedicaron a los levitas, siguiendo cuidadosamente todas las instrucciones del Señor a Moisés. 21Los levitas se purificaron del pecado y lavaron sus ropas, y Aarón los presentó al Señor como una ofrenda especial. Aarón ofreció entonces un sacrificio para purificarlos y para hacerlos justos delante del Señor.* 22Después los levitas entraron en el tabernáculo para cumplir con sus responsabilidades de ayudar a Aarón y a sus hijos. Así se llevó a cabo todo lo que el Señor le ordenó a Moisés con respecto a los levitas.

23El Señor le dio otras instrucciones a Moisés: 24«Los levitas seguirán esta regla: empezarán su servicio en el tabernáculo a la edad de veinticinco años 25y se jubilarán a los cincuenta años. 26Después de su jubilación podrán ayudar a sus compañeros levitas como guardias en el tabernáculo, pero no podrán oficiar en las ceremonias. Así es como asignarás los deberes a los levitas».

La segunda Pascua

9 Un año después que Israel saliera de Egipto, el Señor le habló a Moisés en el desierto de Sinaí. El primer mes* de ese año le dijo: 2«Di a los israelitas que celebren la Pascua en el tiempo

---

7:85 En hebreo *2400 siclos* [60 libras].   7:86 En hebreo *120 siclos* [3 libras].   7:89 O *el arca del testimonio*.   8:9 En hebreo *la carpa de reunión*; también en 8:15, 19, 22, 24, 26.   8:12 O *hacer expiación por los levitas*.   8:19 O *hacer expiación por*. 8:21 O *entonces hizo expiación por ellos para purificarlos*.   9:1 En el antiguo calendario lunar hebreo, el primer mes, por lo general, cae entre marzo y abril.

establecido: ³al atardecer del día catorce del primer mes.* Asegúrate de seguir todos mis decretos y todas mis ordenanzas acerca de esta celebración».

⁴Entonces Moisés le dijo al pueblo que celebrara la Pascua ⁵en el desierto de Sinaí, al atardecer del día catorce del primer mes. Allí celebraron el festival, así como el Señor le había ordenado a Moisés. ⁶Sin embargo, algunos hombres estaban ceremonialmente impuros por haber tocado un cadáver, y por eso no podían celebrar la Pascua aquel día. Así que ese mismo día se acercaron a Moisés y a Aarón ⁷y les dijeron:

—Hemos quedado ceremonialmente impuros por tocar un cadáver. Pero ¿por qué se nos debe impedir presentar la ofrenda del Señor en la debida fecha con el resto de los israelitas?

⁸Moisés les contestó:

—Esperen aquí hasta que yo reciba del Señor las instrucciones para ustedes.

⁹Esta fue la respuesta del Señor a Moisés: ¹⁰«Da las siguientes instrucciones al pueblo de Israel: si alguien del pueblo, ya sea ahora o en las generaciones futuras, está ceremonialmente impuro en la fecha establecida para la Pascua por tocar un cadáver, o si está de viaje y no puede estar presente en la ceremonia, aun así podrá celebrar la Pascua del Señor. ¹¹Esta persona ofrecerá el sacrificio de la Pascua un mes después, al atardecer del día catorce del segundo mes.* Comerá el cordero de la Pascua con pan sin levadura y hierbas amargas ¹²No dejará nada del cordero para el día siguiente, ni quebrará ninguno de sus huesos, y debe seguir todas las ordenanzas de rigor acerca de la Pascua.

¹³»Aquellos que no estén ceremonialmente impuros ni anden de viaje pero aun así dejen de celebrar la Pascua en la fecha establecida, serán excluidos de la comunidad de Israel. Si no presentan la ofrenda del Señor en la fecha debida, sufrirán las consecuencias de su culpa. ¹⁴Y si el extranjero que vive entre ustedes quiere celebrar la Pascua del Señor, debe seguir estos mismos decretos y ordenanzas. Las mismas leyes se aplican tanto a los israelitas de nacimiento como a los extranjeros que viven entre ustedes».

La nube de fuego

¹⁵El día que se armó el tabernáculo, la nube lo cubrió.* Pero desde la tarde hasta el amanecer la nube que cubría el tabernáculo tomaba la apariencia de una columna de fuego. ¹⁶De esta manera ocurría siempre: por la noche la nube que cubría el tabernáculo tomaba la apariencia de fuego. ¹⁷Cada vez que la nube se elevaba de la carpa sagrada, el pueblo de Israel levantaba el campamento y la seguía; donde la nube se detenía, el pueblo de Israel armaba el campamento.

¹⁸De esta manera los israelitas viajaban y acampaban por orden del Señor, donde él les indicaba que fueran. Permanecían en el campamento todo el tiempo que la nube se quedaba encima del tabernáculo. ¹⁹Si la nube se quedaba por largo tiempo sobre el tabernáculo, los israelitas permanecían allí y llevaban a cabo sus deberes ante el Señor. ²⁰Algunas veces la nube se detenía por pocos días sobre el tabernáculo; entonces el pueblo se quedaba por pocos días, como el Señor ordenaba. Luego, por orden del Señor, levantaban el campamento y se ponían en marcha. ²¹Algunas veces la nube se detenía solo por la noche y se elevaba a la mañana siguiente; pero fuera de día o de noche, cuando la nube se elevaba, el pueblo levantaba el campamento y se ponía en marcha. ²²Si la nube permanecía sobre el tabernáculo por dos días, un mes o un año, el pueblo de Israel acampaba y no se ponía en marcha; pero en cuanto se elevaba, ellos levantaban el campamento y se ponían en marcha. ²³Así que acampaban o viajaban bajo las órdenes del Señor y obedecían todo lo que el Señor les decía por medio de Moisés.

Las trompetas de plata

10 El Señor le dijo a Moisés: ²«Haz dos trompetas de plata labrada a martillo para convocar a la comunidad a reunirse y dar la señal de levantar el campamento. ³Al toque de ambas trompetas, todos deben reunirse ante ti a la entrada del tabernáculo.* ⁴pero si se toca solo una trompeta, entonces solo los líderes —los jefes de los clanes de Israel— tendrán que presentarse ante ti

⁵»Cuando hagas sonar la señal para continuar el viaje, las tribus acampadas en el lado oriental del tabernáculo levantarán el campamento y avanzarán. ⁶Cuando hagas sonar la señal por segunda vez, las tribus acampadas en el lado sur, te seguirán. Haz sonar toques cortos como señal de ponerse en marcha, ⁷pero cuando convoques al pueblo a asamblea, toca las trompetas de manera diferente. ⁸Únicamente los sacerdotes, los descendientes de Aarón, podrán tocar las trompetas. Esta es una ley perpetua para ustedes y tendrá que cumplirse de generación en generación.

⁹»Cuando lleguen a su propia tierra y vayan a la guerra contra sus enemigos que los atacan, darán la alarma con las trompetas. Entonces el Señor su Dios los recordará y los rescatará de sus enemigos. ¹⁰También hagan sonar las trompetas en tiempos de alegría, en sus festivales anuales y al principio de cada mes. Además, toquen las trompetas cuando entreguen las ofrendas quemadas y las ofrendas de paz. Las trompetas le recordarán al Señor su Dios el pacto que hizo con ustedes. Yo soy el Señor su Dios».

9:3 En el antiguo calendario lunar hebreo, ese día caía a fines de marzo, en abril o a principios de mayo.   9:11 En el antiguo calendario lunar hebreo, ese día caía a fines de abril, en mayo o a principios de junio.   9:15 En hebreo *cubrió el tabernáculo, la carpa del testimonio.*   10:3 En hebreo *la carpa de reunión.*

Los israelitas dejan el Sinaí

¹¹Durante el segundo año después que Israel saliera de Egipto, el día veinte del segundo mes,* la nube se elevó del tabernáculo del pacto.* ¹²Entonces los israelitas salieron del desierto de Sinaí y viajaron de un lugar a otro hasta que la nube se detuvo en el desierto de Parán.

¹³Cuando el pueblo salió por primera vez, siguiendo las instrucciones que el Señor había dado por medio de Moisés, ¹⁴las tropas de Judá iban adelante. Estas marchaban detrás de su estandarte, y su jefe era Naasón, hijo de Aminadab. ¹⁵Las siguieron las tropas de la tribu de Isacar, dirigidas por Natanael, hijo de Zuar, ¹⁶y también las tropas de la tribu de Zabulón, dirigidas por Eliab, hijo de Helón.

¹⁷Después se desarmó el tabernáculo, y las siguientes en ponerse en marcha fueron las divisiones gersonitas y meraritas, de los levitas, llevando consigo el tabernáculo. ¹⁸Las tropas de Rubén fueron las próximas en salir y marchaban tras su estandarte. Su jefe era Elisur, hijo de Sedeur. ¹⁹Las siguieron las tropas de la tribu de Simeón, dirigidas por Selumiel, hijo de Zurisadai, ²⁰y también las tropas de la tribu de Gad, dirigidas por Eliasaf, hijo de Deuel.

²¹Luego salió la división coatita de los levitas, que llevaba consigo los objetos sagrados del tabernáculo. El tabernáculo debía estar ya instalado en su nueva ubicación antes de que ellos llegaran al próximo lugar de campamento. ²²Las tropas de Efraín marcharon a continuación, detrás de su estandarte. Su jefe era Elisama, hijo de Amiud. ²³Las siguieron las tropas de la tribu de Manasés, dirigidas por Gamaliel, hijo de Pedasur, ²⁴y también las tropas de la tribu de Benjamín, dirigidas por Abidán, hijo de Gedeoni.

²⁵Las últimas en salir fueron las tropas de Dan que marchaban tras su estandarte, a la retaguardia de todos los campamentos tribales. Su jefe era Ahiezer, hijo de Amisadai. ²⁶Se le unieron las tropas de la tribu de Aser, dirigidas por Pagiel, hijo de Ocrán, ²⁷y también las tropas de la tribu de Neftalí, dirigidas por Ahira, hijo de Enán.

²⁸En ese orden marchaban los israelitas, división por división.

²⁹Un día Moisés le dijo a su cuñado Hobab, hijo de Reuel, el madianita:

—Vamos en camino al lugar que el Señor nos prometió, porque él nos dijo: "Yo se lo daré a ustedes". Ven con nosotros y te trataremos bien, porque el Señor ha prometido maravillosas bendiciones para Israel.

³⁰—No, no iré —respondió Hobab—. Debo regresar a mi propia tierra y a mi familia.

³¹—Por favor, no nos dejes —rogó Moisés—. Tú conoces los lugares del desierto donde debemos acampar. Ven, sé nuestro guía. ³²Si vienes con nosotros, compartiremos contigo todas las bendiciones que el Señor nos dará.

³³Así que después de salir del monte del Señor, marcharon por tres días; y el arca del pacto del Señor iba delante de ellos para indicarles dónde detenerse y descansar. ³⁴Cada día, mientras continuaban su viaje, la nube del Señor se mantenía en el aire sobre ellos. ³⁵Siempre que el arca salía, Moisés gritaba: «¡Levántate, oh Señor, y que se dispersen tus enemigos! ¡Que huyan ante ti!». ³⁶y cuando el arca se ponía en tierra, Moisés decía: «¡Vuelve, oh Señor, a los incontables millares de Israel!».

El pueblo se queja ante Moisés

11 Poco después el pueblo comenzó a quejarse de las privaciones que enfrentaba, y el Señor oyó todo lo que decían. Entonces el enojo del Señor se encendió contra ellos y envió un fuego que ardió entre ellos y destruyó a algunos en las afueras del campamento. ²Así que el pueblo pidió ayuda a gritos a Moisés, y cuando él oró al Señor, el fuego se apagó. ³Después, ese lugar fue conocido como Taberá (que significa «lugar del fuego que arde»), porque el fuego del Señor ardió allí entre ellos.

⁴Entonces la gentuza extranjera que viajaba con los israelitas comenzó a tener fuertes antojos por las cosas buenas de Egipto. Y el pueblo de Israel también comenzó a quejarse: «¡Oh, si tuviéramos un poco de carne! —exclamaban—. ⁵Cómo nos acordamos del pescado que comíamos gratis en Egipto y teníamos todos los pepinos, los melones, los puerros, las cebollas y los ajos que queríamos. ⁶¡Pero ahora lo único que vemos es este maná! Hasta hemos perdido el apetito».

⁷El maná era parecido a pequeñas semillas de cilantro, y era de un color amarillo claro como goma de resina. ⁸La gente salía a recogerlo del suelo. Con el maná se hacía harina en los molinos de mano o se machacaba en un mortero. Luego se hervía en una olla para hacer panes planos que sabían a pastelitos horneados con aceite de oliva. ⁹Durante la noche, el maná caía sobre el campamento juntamente con el rocío.

¹⁰Entonces Moisés escuchó los lloriqueos de las familias a la entrada de sus carpas y el Señor se enfureció. Moisés también estaba muy molesto, ¹¹y le dijo al Señor:

—¿Por qué me tratas a mí, tu servidor, con tanta dureza? ¡Ten misericordia de mí! ¿Qué hice para merecer la carga de todo este pueblo? ¹²¿Acaso yo los engendré? ¿Los traje yo al mundo? ¿Por qué me dijiste que los llevara en mis brazos como una madre a un bebé de pecho? ¿Cómo puedo llevarlos a la tierra que juraste dar a sus antepasados? ¹³¿De dónde se supone que voy a conseguir carne para toda esta gente? No dejan de quejarse conmigo diciendo: ¡Danos carne para comer!". ¹⁴¡Solo no puedo soportar

---

10:11a En el antiguo calendario lunar hebreo, ese día caía a fines de abril, en mayo o a principios de junio. **10:11b** O *tabernáculo del testimonio.*

a todo este pueblo! ¡La carga es demasiado pesada! ¹⁵Si esta es la manera como piensas tratarme, sería mejor que me mataras. ¡Hazme ese favor y ahórrame esta miseria!

Moisés selecciona setenta líderes

¹⁶Entonces el SEÑOR le dijo a Moisés:

—Reúne delante de mí a setenta hombres que sean reconocidos como ancianos y jefes de Israel. Llévalos al tabernáculo* para que permanezcan junto a ti. ¹⁷Yo descenderé y allí hablaré contigo. Tomaré el Espíritu que está sobre ti y lo pondré sobre ellos también. Llevarán la carga del pueblo junto contigo, y de esa manera no tendrás que soportarla tú solo.

¹⁸»También dile al pueblo: "Purifíquense, porque mañana tendrán carne para comer. Ustedes gemían y el SEÑOR oyó sus quejidos: '¡Oh, un poco de carne! ¡Estábamos en mejores condiciones en Egipto!'. Ahora, el SEÑOR les dará carne y tendrán que comérsela. ¹⁹Y no será solo un día, ni dos, ni cinco, ni diez, ni aun veinte. ²⁰La comerán durante un mes entero, hasta que les produzca náuseas y estén hartos de tanta carne. Pues han rechazado al SEÑOR que está aquí entre ustedes y han lloriqueado diciendo: ¿Por qué dejamos Egipto?'".

²¹Entonces Moisés respondió al SEÑOR:

—¡Hay seiscientos mil soldados de infantería aquí conmigo y aun así dices: "Yo les daré carne durante un mes entero"! ²²Aunque matáramos a todos nuestros rebaños y manadas, ¿podría eso satisfacerlos? O si pescáramos todos los peces del mar, ¿alcanzaría?

²³Entonces el SEÑOR le dijo a Moisés:

—¿Acaso mi brazo ha perdido su poder? ¡Ahora verás si mi palabra se cumple o no!

²⁴Así que Moisés salió y comunicó al pueblo las palabras del SEÑOR. Juntó a los setenta ancianos y los colocó alrededor del tabernáculo.* ²⁵Después el SEÑOR descendió en la nube y le habló a Moisés. Entonces les dio a los setenta ancianos del mismo Espíritu que estaba sobre Moisés; y cuando el Espíritu se posó sobre ellos, los ancianos profetizaron; pero esto nunca volvió a suceder.

²⁶Sin embargo, dos hombres, Eldad y Medad, se habían quedado en el campamento. Ellos estaban incluidos en la lista de los ancianos, pero no se presentaron en el tabernáculo. Aun así, el Espíritu también se posó sobre ellos y profetizaron allí en el campamento. ²⁷Un joven corrió y le informó a Moisés: «¡Eldad y Medad están profetizando en el campamento!».

²⁸Entonces Josué, hijo de Nun, que era ayudante de Moisés desde su juventud, protestó:

—Moisés, mi señor, ¡detenlos!

²⁹Pero Moisés respondió:

—¿Estás celoso por mí? Ya quisiera que todos los del pueblo del SEÑOR fueran profetas y que el SEÑOR pusiera su Espíritu sobre todos.

³⁰Entonces Moisés regresó al campamento con los ancianos de Israel.

El SEÑOR envía codornices

³¹Ahora bien, el SEÑOR envió un viento que trajo codornices desde el mar y las dejó caer por todo el campamento. Las codornices volaban por kilómetros en todas las direcciones a una altura de un metro sobre la superficie de la tierra.* ³²Así que el pueblo salió y atrapó codornices todo ese día, a lo largo de la noche y también todo el día siguiente. ¡Nadie recogió menos de dos mil kilos!* Entonces las pusieron a secar por todo el campamento. ³³Pero mientras se saciaban de carne —cuando aún estaba en sus bocas— el enojo del SEÑOR se encendió contra el pueblo y los castigó con una plaga muy grave. ³⁴Así que ese lugar fue llamado Kibrot-hataava (que significa «tumbas de glotonería») porque allí enterraron a la gente que codiciaba la carne de Egipto. ³⁵Después, los israelitas viajaron de Kibrot-hataava a Hazerot, donde se quedaron por algún tiempo.

Quejas de Miriam y Aarón

12 Mientras estaban en Hazerot, Miriam y Aarón criticaron a Moisés porque se había casado con una cusita. ²Dijeron: «¿Ha hablado el SEÑOR solamente por medio de Moisés? ¿Acaso no ha hablado también a través de nosotros?». Y el SEÑOR los oyó. ³(Ahora bien, Moisés era muy humilde, más que cualquier otra persona en la tierra.)

⁴Así que, el SEÑOR llamó de inmediato a Moisés, a Aarón y a Miriam y les dijo: «¡Vayan los tres al tabernáculo*!»; y los tres fueron allí. ⁵Entonces el SEÑOR descendió en la columna de nube y se detuvo en la entrada del tabernáculo.* «¡Aarón y Miriam!», llamó él. Ellos dieron un paso al frente ⁶y el SEÑOR les habló: «Escuchen lo que voy a decir:

»Si hubiera profetas entre ustedes,
    yo, el SEÑOR, me revelaría en visiones;
    me hablaría en sueños.
⁷ Pero no con mi siervo Moisés.
    De toda mi casa, él es en quien confío.
⁸ Yo le hablo a él cara a cara,
    ¡con claridad y no en acertijos!
    Él ve al SEÑOR como él es.
    ¿Entonces, por qué no tuvieron temor de
    criticar a mi siervo Moisés?».

⁹El SEÑOR estaba muy enojado con ellos y se fue. ¹⁰Cuando la nube dejó de estar encima del tabernáculo, allí estaba Miriam, con su piel tan blanca como la nieve, leprosa.* Cuando Aarón vio lo que había pasado con ella, ¹¹clamó a

11:16 En hebreo *la carpa de reunión.* 11:24 En hebreo *la carpa;* también en 11:26. 11:31 O *había un metro de codornices* [2 codos ó 3 pies] *de profundidad sobre la tierra.* 11:32 En hebreo *10 homeres* [4400 libras]. 12:4 En hebreo *la carpa de reunión.* 12:5 En hebreo *la carpa;* también en 12:10. 12:10 O *con una piel enferma.* La palabra empleada en hebreo puede describir diversas enfermedades de la piel.

Moisés: «¡Oh, mi señor! ¡Por favor, no nos castigues por este pecado que tan neciamente cometimos! ¹²No dejes que ella sea como un bebé que nace muerto y que ya está en descomposición».

¹³Entonces Moisés clamó al SEÑOR:

—¡Oh Dios, te suplico que la sanes!

¹⁴Pero el SEÑOR le dijo a Moisés:

—Si al padre de Miriam tan solo le escupiera en la cara, ¿no duraría su contaminación siete días? Por lo tanto, mantenla fuera del campamento durante siete días y después podrá ser aceptada de nuevo.

¹⁵Así que Miriam permaneció fuera del campamento durante siete días, y el pueblo esperó hasta que la trajeron para continuar su viaje. ¹⁶Fue entonces cuando salieron de Hazerot y acamparon en el desierto de Parán.

Doce espías exploran Canaán

13 El SEÑOR le dijo a Moisés: ²«Envía hombres a explorar la tierra de Canaán, la tierra que les daré a los israelitas. Envía a un jefe de cada una de las doce tribus de sus antepasados». ³Entonces Moisés hizo lo que el SEÑOR le ordenó y envió a doce hombres desde el campamento en el desierto de Parán, todos jefes de las tribus de Israel. ⁴Estas eran las tribus y los nombres de sus jefes:

Tribu	Jefe
de Rubén	Samúa, hijo de Zacur
⁵ de Simeón	Safat, hijo de Hori
⁶ de Judá	Caleb, hijo de Jefone
⁷ de Isacar	Igal, hijo de José
⁸ de Efraín	Oseas, hijo de Nun
⁹ de Benjamín	Palti, hijo de Rafú
¹⁰ de Zabulón	Gadiel, hijo de Sodi
¹¹ de Manasés, hijo de José . .	Gadi, hijo de Susi
¹² de Dan	Amiel, hijo de Gemali
¹³ de Aser	Setur, hijo de Micael
¹⁴ de Neftalí	Nahbi, hijo de Vapsi
¹⁵ de Gad	Geuel, hijo de Maqui

¹⁶Estos son los nombres de los hombres que Moisés envió a explorar la tierra. (A Oseas, hijo de Nun, Moisés le dio el nombre de Josué).

¹⁷Moisés envió a los hombres a explorar la tierra y les dio las siguientes instrucciones: «Vayan al norte a través del Neguev hasta la zona montañosa. ¹⁸Fíjense cómo es la tierra y averigüen si sus habitantes son fuertes o débiles, pocos o muchos. ¹⁹Observen cómo es la tierra en que habitan. ¿Es buena o mala? ¿Viven en ciudades amuralladas o sin protección, a campo abierto? ²⁰El terreno, ¿es fértil o estéril? ¿Abundan los árboles? Hagan todo lo posible por traer muestras de las cosechas que encuentren». (Era la temporada de la cosecha de las primeras uvas maduras).

²¹Así que subieron y exploraron la tierra desde el desierto de Zin hasta Rehob, cerca de Lebohamat. ²²Yendo al norte, atravesaron el Neguev y llegaron a Hebrón donde vivían Ahimán, Sesai y

Talmai, todos descendientes de Anac. (La antigua ciudad de Hebrón fue fundada siete años antes de la ciudad egipcia de Zoán). ²³Cuando llegaron al valle de Escol, cortaron una rama con un solo racimo de uvas, tan grande, ¡que tuvieron que transportarlo en un palo, entre dos! También llevaron muestras de granadas e higos. ²⁴A ese lugar se le llamó el valle de Escol (que significa «racimo») por el racimo de uvas que los israelitas cortaron allí.

Informe de los espías

²⁵Después de explorar la tierra durante cuarenta días, los hombres regresaron ²⁶a Moisés, a Aarón y a toda la comunidad de Israel en Cades, en el desierto de Parán. Informaron a toda la comunidad lo que vieron y les mostraron los frutos que tomaron de la tierra. ²⁷Este fue el informe que dieron a Moisés: «Entramos en la tierra a la cual nos enviaste a explorar y en verdad es un país sobreabundante, una tierra donde fluyen la leche y la miel. Aquí está la clase de frutos que allí se producen. ²⁸Sin embargo, el pueblo que la habita es poderoso y sus ciudades son grandes y fortificadas. ¡Hasta vimos gigantes allí, los descendientes de Anac! ²⁹Los amalecitas viven en el Neguev y los hititas, los jebuseos y los amorreos viven en la zona montañosa. Los cananeos viven a lo largo de la costa del mar Mediterráneo* y a lo largo del valle del Jordán».

³⁰Pero Caleb trató de calmar al pueblo que se encontraba ante Moisés.

—¡Vamos enseguida a tomar la tierra! —dijo—. ¡De seguro podemos conquistarla!

³¹Pero los demás hombres que exploraron la tierra con él, no estuvieron de acuerdo:

—¡No podemos ir contra ellos! ¡Son más fuertes que nosotros!

³²Entonces comenzaron a divulgar entre los israelitas el siguiente mal informe sobre la tierra: «La tierra que atravesamos y exploramos devorará a todo aquel que vaya a vivir allí. ¡Todos los habitantes que vimos son enormes! ³³Hasta había gigantes,* los descendientes de Anac. ¡Al lado de ellos nos sentíamos como saltamontes y así nos miraban ellos!».

El pueblo se rebela

14 Entonces toda la comunidad empezó a llorar a gritos y así continuó toda la noche. ²Sus voces se elevaron en una gran protesta contra Moisés y Aarón: «¡Si tan solo hubiéramos muerto en Egipto o incluso aquí en el desierto! —se quejaban— ³¿Por qué el SEÑOR nos está llevando a esta tierra solo para que muramos en batalla? ¡A nuestras esposas y a nuestros hijos se llevarán como botín! ¿No sería mejor volvernos a Egipto?». ⁴Entonces conspiraron entre ellos: «¡Escojamos a un nuevo líder y regresemos a Egipto!».

⁵Entonces Moisés y Aarón cayeron rostro en tierra ante toda la comunidad de Israel. ⁶Dos

de los hombres que exploraron la tierra, Josué, hijo de Nun, y Caleb, hijo de Jefone, se rasgaron la ropa [7] y dijeron a todo el pueblo de Israel: 9 «¡La tierra que atravesamos y exploramos es maravillosa! 8 Si el Señor se agrada de nosotros, él nos llevará a salvo a esa tierra y nos la entregará. Es una tierra fértil, donde fluyen la leche y la miel. 9 No se rebelen contra el Señor y no teman al pueblo de esa tierra. ¡Para nosotros son como presa indefensa! ¡Ellos no tienen protección, pero el Señor está con nosotros! ¡No les tengan miedo!».

10 Sin embargo, toda la comunidad comenzó a decir que apedrearan a Josué y a Caleb. Entonces la gloriosa presencia del Señor se apareció a todos los israelitas en el tabernáculo.* 11 Y el Señor le dijo a Moisés: «¿Hasta cuándo me despreciará este pueblo? ¡Nunca me creerán, aun después de todas las señales milagrosas que hice entre ellos? 12 Negaré que son míos y los destruiré con una plaga. ¡Luego te convertiré en una nación grande y más poderosa que ellos!».

Moisés intercede por el pueblo

13 Pero Moisés respondió:

—¿Qué pensarán los egipcios cuando oigan acerca de esto? —le preguntó al Señor—. Ellos saben muy bien cómo demostraste tu poder cuando rescataste a tu pueblo de Egipto. 14 Si ahora los destruyes, entonces los egipcios lo informarán a los habitantes de esta tierra, los cuales ya escucharon que vives en medio de tu pueblo. Ellos saben, Señor, que te apareciste a tu pueblo cara a cara y que la columna de nube se mantiene en el aire sobre ellos. Saben que de día vas delante de ellos en una columna de nube y por la noche en la columna de fuego. 15 Así que si ahora matas a todo el pueblo de un solo golpe, las naciones que han oído acerca de tu fama dirán: 16 "Como el Señor no pudo llevarlos a la tierra que juró darles, los mató en el desierto".

17 »Por favor, Señor, demuestra que tu poder es tan grande como lo has declarado. Como lo has dicho: 18 "El Señor es lento para enojarse y está lleno de amor inagotable y perdona toda clase de pecado y rebelión; pero no absuelve al culpable. Extiende los pecados de los padres sobre sus hijos; toda la familia se ve afectada, hasta los hijos de la tercera y la cuarta generación".

19 En conformidad con tu magnífico e inagotable amor, por favor, perdona los pecados de este pueblo, así como lo has perdonado desde que salió de Egipto.

20 Entonces el Señor le dijo:

—Los perdonaré como me lo pides. 21 Pero tan cierto como yo vivo y tan cierto como que la tierra está llena de la gloria del Señor, 22 ni uno solo de este pueblo entrará jamás en esa tierra. Todos vieron mi gloriosa presencia y las señales milagrosas que realicé, tanto en Egipto como en el desierto, pero una y otra vez me han puesto a prueba

rehusando escuchar mi voz. 23 Ni siquiera verán la tierra que juré dar a sus antepasados. Ninguno de los que me trataron con desdén la verá. 24 Sin embargo, mi servidor Caleb tiene una actitud diferente a los demás. Él se ha mantenido fiel a mí, por lo tanto, yo lo llevaré a la tierra que él exploró. Sus descendientes tomarán posesión de la porción de la tierra que les corresponde. 25 Ahora bien, den la vuelta y no sigan hacia la tierra donde habitan los amalecitas y los cananeos. Mañana deberán partir al desierto en dirección del mar Rojo.*

El Señor castiga a los israelitas

26 Entonces el Señor les dijo a Moisés y a Aarón: 27 «¿Hasta cuándo debo tolerar a esta perversa comunidad y sus quejas en mi contra? Sí, he oído las quejas que los israelitas tienen contra mí. 28 Ahora bien, díganles lo siguiente: tan cierto como que yo vivo, declara el Señor, haré con ustedes precisamente lo que les oí decir. 29 ¡Todos caerán muertos en este desierto! Ya que se quejaron en contra de mí, cada uno de los registrados que tiene veinte años o más, morirá. 30 No entrarán a ocupar la tierra que juré darles, excepto Caleb, hijo de Jefone, y Josué, hijo de Nun.

31 »Ustedes dijeron que sus niños serían llevados como botín. Pues bien, yo me ocuparé de que entren a salvo a esa tierra y que disfruten lo que ustedes despreciaron. 32 Pero en cuanto a ustedes, caerán muertos en este desierto. 33 Sus hijos serán como pastores que vagarán por el desierto durante cuarenta años y de esa manera, ellos pagarán por la infidelidad de ustedes, hasta que el último de ustedes caiga muerto en el desierto.

34 »Puesto que sus hombres exploraron la tierra durante cuarenta días, ustedes andarán vagando en el desierto por cuarenta años —un año por cada día— y así sufrirán las consecuencias de sus pecados. Entonces sabrán lo que es tenerme como enemigo. 35 ¡Yo, el Señor, he hablado! Sin falta, haré todas estas cosas a cada miembro de la comunidad que conspiró contra mí. ¡Serán destruidos en este desierto, y aquí morirán!».

36 Entonces los diez hombres que Moisés envió a explorar la tierra —que por sus malos informes incitaron la rebelión contra el Señor— 37 fueron heridos de muerte por una plaga delante del Señor. 38 De los doce que exploraron la tierra, solo Josué y Caleb siguieron vivos.

39 Después, cuando Moisés comunicó las palabras del Señor a todos los israelitas, se llenaron de profundo dolor. 40 Así que a la mañana siguiente se levantaron temprano y subieron a la parte alta de las colinas. «¡Vamos! —dijeron—. Reconocemos que hemos pecado, pero ahora estamos listos para entrar a la tierra que el Señor nos prometió».

41 Pero Moisés les dijo: «¿Por qué desobedecen ahora las órdenes del Señor de volver

14:10 En hebreo *la carpa de reunión.*   14:25 En hebreo *mar de juncos.*

al desierto? No les dará resultado. ⁴²No suban ahora a la tierra. Lo único que sucederá es que sus enemigos los aplastarán porque el Señor no está con ustedes. ⁴³Cuando enfrenten a los amalecitas y a los cananeos en batalla, serán masacrados. El Señor los abandonará porque ustedes lo abandonaron a él».

⁴⁴Sin embargo, el pueblo avanzó con insolencia hacia la zona montañosa, aunque ni Moisés ni el arca del pacto del Señor salieron del campamento. ⁴⁵Entonces los amalecitas y los cananeos que vivían en las montañas descendieron, los atacaron y los vencieron, haciéndolos huir hasta Horma.

Leyes acerca de las ofrendas

15 Entonces el Señor le dijo a Moisés: ²«Da las siguientes instrucciones al pueblo de Israel: cuando finalmente se establezcan en la tierra que les doy, ³presentarán ofrendas especiales como un aroma agradable al Señor. Estas ofrendas se pueden presentar en varias formas: como ofrenda quemada, como sacrificio para cumplir un voto, como ofrenda voluntaria o como ofrenda en cualquiera de sus festivales anuales, y las pueden tomar del ganado o de sus rebaños de ovejas y cabras. ⁴Cuando presenten estas ofrendas, también deben dar al Señor una ofrenda de grano de dos kilos* de harina selecta mezclada con un litro* de aceite de oliva. ⁵Por cada cordero presentado como ofrenda quemada o como sacrificio especial, deben también presentar un litro de vino como ofrenda líquida.

⁶»Si el sacrificio es un carnero, entreguen una ofrenda de grano de cuatro kilos* de harina selecta mezclada con un litro y tercio* de aceite de oliva, ⁷y un litro y tercio de vino como ofrenda líquida. Será un aroma agradable al Señor.

⁸»Cuando presenten un becerro como ofrenda quemada, como sacrificio para cumplir un voto o como ofrenda de paz al Señor, ⁹deben también dar una ofrenda de grano de seis kilos* de harina selecta mezclada con dos litros* de aceite de oliva, ¹⁰y dos litros de vino como ofrenda líquida. Esta será una ofrenda especial, un aroma agradable al Señor.

¹¹»Cada sacrificio, ya sea un toro, un carnero, un cordero o un cabrito, se preparará de la manera indicada. ¹²Sigan estas instrucciones con cada ofrenda que presenten. ¹³Todo israelita de nacimiento tiene que seguir estas instrucciones cuando presente una ofrenda especial como un aroma agradable al Señor. ¹⁴Si algún extranjero los visita o vive entre ustedes y quiere presentar una ofrenda especial como un aroma agradable al Señor, tiene que seguir estos mismos procedimientos. ¹⁵Los israelitas de nacimiento y los extranjeros son iguales ante el Señor y están sujetos

a los mismos decretos. Esta es una ley perpetua para ustedes; tendrá que cumplirse de generación en generación. ¹⁶Las mismas instrucciones y ordenanzas se aplicarán tanto a ustedes como a los extranjeros que vivan entre ustedes».

¹⁷Además, el Señor le dijo a Moisés: ¹⁸«Da las siguientes instrucciones al pueblo de Israel: cuando lleguen a la tierra donde los llevo ¹⁹y coman de los cultivos que crecen allí, separarán una parte de ellos como ofrenda sagrada al Señor. ²⁰De la primera harina molida, presenten un pan y sepárenlo como ofrenda sagrada, como lo hacen con el primer grano del campo de trillar. ²¹En todas las generaciones venideras, cada año, presentarán una ofrenda sagrada al Señor de la primera harina molida.

²²»Pero supongamos que ustedes, sin intención, no llevan a cabo estos mandatos que el Señor les dio por medio de Moisés. ²³Y supongamos que en el futuro sus descendientes no hacen todo lo que el Señor les ordenó por medio de Moisés. ²⁴Si el error se cometiera involuntariamente y la comunidad no se diera cuenta de ello, toda la comunidad presentará un becerro como ofrenda quemada, como un aroma agradable al Señor. Esta ofrenda se ofrecerá juntamente con la ofrenda obligatoria de grano y la ofrenda líquida, y con un chivo como ofrenda por el pecado. ²⁵Con esta ofrenda, el sacerdote purificará a toda la comunidad de Israel; de esa manera los hará justos ante el Señor* y quedarán perdonados. Pues fue un pecado sin intención y lo corrigieron con sus ofrendas al Señor: la ofrenda especial y la ofrenda por el pecado. ²⁶Toda la comunidad de Israel será perdonada, incluidos los extranjeros que vivan entre ustedes, porque todo el pueblo estaba involucrado en el pecado.

²⁷»Si un individuo comete un pecado involuntariamente, la persona culpable llevará una cabra de un año como ofrenda por el pecado. ²⁸El sacerdote la sacrificará para purificar* a la persona culpable ante el Señor, y la persona será perdonada. ²⁹Estas mismas instrucciones se aplican tanto a los israelitas de nacimiento como a los extranjeros que viven entre ustedes.

³⁰»Sin embargo, aquellos que descaradamente violen la voluntad del Señor, sean israelitas de nacimiento o extranjeros, blasfeman contra el Señor y deben ser excluidos de la comunidad. ³¹Puesto que trataron la palabra del Señor con desdén y desobedecieron su mandato de manera deliberada, serán completamente excluidos y sufrirán el castigo por su pecado».

Castigo por quebrantar el día de descanso

³²Cierto día, mientras el pueblo de Israel estaba en el desierto, descubrieron a un hombre que recogía madera durante el día de descanso.

15:4a En hebreo ¹/₁₀ *de una efa* (4,4 libras).   **15:4b** En hebreo ¼ *de un hin* [¼ de galón]; también en 15:5.   **15:6a** En hebreo ²/₁₀ *de un efa* (8,8 libras).   **15:6b** En hebreo ⅓ *de un hin* [⅓ de galón]; también en 15:7.   **15:9a** En hebreo ³/₁₀ *de un efa* (13,2 libras).   **15:9b** En hebreo ½ *hin* [½ galón]; también en 15:10.   **15:25** O *hará expiación por toda la comunidad de Israel.*   **15:28** O *hacer expiación por.*

³³Los que lo encontraron lo llevaron ante Moisés, Aarón y el resto de la comunidad. ³⁴Lo mantuvieron bajo vigilancia, pues no sabían qué hacer con él. ³⁵Entonces el Señor le dijo a Moisés: «¡El hombre debe ser ejecutado! Toda la comunidad lo apedreará fuera del campamento». ³⁶Así que la comunidad entera sacó al hombre del campamento y lo apedrearon a muerte, tal como el Señor le había ordenado a Moisés.

Borlas en la ropa

³⁷Entonces el Señor le dijo a Moisés: ³⁸«Da las siguientes instrucciones al pueblo de Israel: en todas las generaciones venideras harán borlas al borde de su ropa y las atarán con un cordón azul. ³⁹Cuando vean las borlas, recordarán y obedecerán todos los mandatos del Señor, en lugar de seguir sus propios deseos y contaminarse, tal como es su tendencia. ⁴⁰Las borlas los ayudarán a recordar que deben obedecer todos mis mandatos y ser santos a su Dios. ⁴¹Yo soy el Señor su Dios que los sacó de la tierra de Egipto para ser su Dios. ¡Yo soy el Señor su Dios!».

Rebelión de Coré

16 Cierto día, Coré, hijo de Izhar, quien era descendiente de Coat, hijo de Leví, conspiró con Datán y Abiram, hijos de Eliab, junto con On, hijo de Pelet de la tribu de Rubén. ²Ellos provocaron una rebelión contra Moisés junto con otros doscientos cincuenta jefes de la comunidad, quienes eran miembros prominentes de la asamblea. ³Todos se unieron contra Moisés y Aarón y les dijeron:

—¡Ustedes han ido demasiado lejos! El Señor santificó a la comunidad entera de Israel y él está con todos nosotros. ¿Qué derecho tienen ustedes para actuar como si fueran superiores al resto del pueblo del Señor?

⁴Cuando Moisés oyó lo que decían, cayó rostro en tierra. ⁵Entonces les dijo a Coré y a sus seguidores:

—Mañana por la mañana el Señor nos mostrará quién le pertenece a él* y quién es santo. El Señor permitirá la entrada a su presencia solo a quienes él elija. ⁶Coré, tú y tus seguidores preparen sus recipientes para quemar incienso. ⁷Mañana enciendan fuego en ellos y quemen incienso ante el Señor. Entonces veremos a quién elige el Señor como su santo. ¡Ustedes, levitas, son los que han ido demasiado lejos!

⁸Moisés le habló de nuevo a Coré: «¡Ahora escuchen, levitas! ⁹¿Les parece de poca importancia que el Dios de Israel los escogiera de entre toda la comunidad para estar cerca de él de manera que sirvan en el tabernáculo del Señor y que estén delante de los israelitas para ministrarles? ¹⁰Coré, él y los de este ministerio especial a ti y a tus hermanos levitas. ¿Ahora también reclaman el sacerdocio? ¹¹¡En realidad es contra

el Señor que tú y tus seguidores se rebelan! Pues, ¿quién es Aarón para que se quejen de él?».

¹²Luego Moisés mandó llamar a Datán y a Abiram, los hijos de Eliab, pero ellos respondieron: —¡Rehusamos presentarnos ante ti! ¹³¿No te basta que nos sacaste de Egipto, una tierra donde fluyen la leche y la miel, para matarnos aquí en este desierto, y que además ahora nos trates como a tus súbditos? ¹⁴Es más, no nos has llevado a una tierra donde fluyen la leche y la miel. Ni nos has dado una nueva patria con campos y viñedos. ¿Intentas engañar a estos hombres?* ¡Nosotros no iremos!».

¹⁵Entonces Moisés se enojó mucho y le dijo al Señor: «¡No aceptes sus ofrendas de grano! Yo no les he quitado ni siquiera un burro, ni jamás he lastimado a ninguno de ellos». ¹⁶Y Moisés le dijo a Coré: «Tú y tus seguidores deberán venir aquí mañana y presentarse ante el Señor. Aarón también estará presente. ¹⁷Tú y cada uno de tus doscientos cincuenta seguidores deberán preparar un incensario y ponerle incienso para que todos puedan presentarlos ante el Señor. Aarón también llevará el suyo».

¹⁸Así que cada hombre preparó un recipiente para quemar incienso, lo encendió y le puso incienso. Después se presentaron a la entrada del tabernáculo* con Moisés y Aarón. ¹⁹Mientras tanto, Coré había incitado a toda la comunidad contra Moisés y Aarón, y todos se reunieron a la entrada del tabernáculo. Entonces la gloriosa presencia del Señor se apareció ante toda la comunidad. ²⁰Y el Señor les dijo a Moisés y a Aarón:

²¹—¡Aléjense de todas estas personas para que pueda destruirlas en el acto!

²²Pero Moisés y Aarón cayeron rostro en tierra y rogaron:

—¡Oh Dios, tú eres el Dios que da aliento a todas las criaturas! ¿Tienes que enojarte con todo el pueblo cuando solo un hombre peca?

²³Y el Señor le dijo a Moisés:

²⁴—Entonces dile a todo el pueblo que se aleje de las carpas de campaña de Coré, Datán y Abiram.

²⁵Así que Moisés se levantó y fue a toda prisa hasta las carpas Datán y Abiram, seguido por los ancianos de Israel. ²⁶«¡Rápido! —le dijo a la gente—, aléjense de las carpas de estos hombres perversos y no toquen ninguna de sus pertenencias. De lo contrario, serán destruidos por el pecado de ellos». ²⁷Entonces todo el pueblo se alejó de las carpas de Coré, Datán y Abiram. Pero Datán y Abiram salieron y esperaron de pie a la entrada de sus carpas, junto con sus esposas, sus hijos y sus pequeños.

²⁸Y Moisés les dijo: «Esta es la manera en que sabrán que el Señor me ha enviado a realizar todas estas cosas, pues no las he hecho por mi propia cuenta. ²⁹Si estos hombres mueren de

---

16:5 La versión griega dice *Dios ha visitado y conoce a los que son suyos.* Comparar 2 Tm 2:19.   **16:14** En hebreo *¿Intentas sacarles los ojos a esos hombres?*   **16:18** En hebreo *la carpa de reunión;* también en 16:19, 42, 43, 50.

muerte natural o si nada fuera de lo común les sucede, entonces el Señor no me ha enviado; ³⁰pero si el Señor hace algo totalmente nuevo y la tierra abre su boca y se los traga con todas sus pertenencias y descienden vivos a la tumba,* entonces ustedes sabrán que estos hombres mostraron desprecio por el Señor».

³¹Apenas Moisés terminó de decir estas palabras, la tierra repentinamente se abrió debajo de ellos. ³²La tierra abrió la boca y se tragó a los hombres, junto con todos los de su casa y todos sus seguidores que estaban junto a ellos y todo lo que poseían. ³³Así que descendieron vivos a la tumba, junto con todas sus pertenencias. La tierra se cerró encima de ellos y desaparecieron de entre el pueblo de Israel; ³⁴y toda la gente que los rodeaba huyó cuando oyeron sus gritos. «¡La tierra nos tragará a nosotros también!», exclamaron. ³⁵Entonces un fuego ardiente salió del Señor y consumió a los doscientos cincuenta hombres que ofrecían incienso.

³⁶*El Señor le dijo a Moisés: ³⁷«Dile a Eleazar, hijo del sacerdote Aarón, que saque todos los incensarios del fuego, porque son santos. También dile que esparza los carbones encendidos. ³⁸Toma los incensarios de estos hombres que pecaron a costa de sus vidas, y de ese metal elabora láminas a martillo para recubrir el altar. Como estos incensarios se usaron en la presencia del Señor, son santos. Que sirvan como advertencia al pueblo de Israel».

³⁹Así que Eleazar, el sacerdote, recuperó los doscientos cincuenta incensarios de bronce usados por los hombres que murieron en el fuego y de ellos elaboró una lámina a martillo para recubrir el altar. ⁴⁰Esta lámina serviría de advertencia a los israelitas para que nadie que no fuera autorizado —nadie que no fuera descendiente de Aarón— entrara jamás a la presencia del Señor para quemar incienso. Si alguien lo hiciera, le sucedería lo mismo que a Coré y a sus seguidores. Entonces cumplieron las instrucciones que le dio a Moisés.

⁴¹Sin embargo, tan pronto como la mañana siguiente, toda la comunidad de Israel comenzó de nuevo a murmurar contra Moisés y Aarón diciendo: «¡Ustedes mataron al pueblo del Señor!». ⁴²Cuando la comunidad se congregó para protestar contra Moisés y Aarón, la gente se dio vuelta hacia el tabernáculo y vio que la nube lo había cubierto y que había aparecido la gloriosa presencia del Señor.

⁴³Entonces Moisés y Aarón fueron al frente del tabernáculo, ⁴⁴y el Señor le dijo a Moisés: ⁴⁵«¡Aléjate de toda esta gente para que la destruya inmediatamente!». Pero Moisés y Aarón cayeron rostro en tierra.

⁴⁶Y Moisés le dijo a Aarón: «Rápido, toma un recipiente para quemar incienso y ponle carbones encendidos del altar. Agrégale incienso y llévalo entre el pueblo para purificarlos y hacerlos justos ante el Señor.* El enojo del Señor ya arde contra ellos y la plaga ha comenzado».

⁴⁷Entonces Aarón hizo como Moisés le dijo y corrió entre el pueblo. La plaga ya había comenzado a matar a la gente, pero Aarón quemó el incienso y purificó* al pueblo. ⁴⁸Se puso entre los vivos y los muertos, y se detuvo la plaga. ⁴⁹Aun así, 14.700 personas murieron por esa plaga, además de las que habían muerto por la rebelión de Coré. ⁵⁰Entonces, debido a que la plaga se detuvo, Aarón regresó donde estaba Moisés a la entrada del tabernáculo.

La vara de Aarón brota

17 ¹*Entonces el Señor le dijo a Moisés: ²«Dile a los israelitas que te traigan doce varas de madera, una por cada jefe de las tribus de los antepasados de Israel, y escribe el nombre de cada jefe en su propia vara. ³Escribe el nombre de Aarón sobre la vara de Leví, pues debe haber una vara por cada jefe de tribu patriarcal. ⁴Coloca las varas en el tabernáculo delante del arca que contiene las tablas del pacto,* donde me encuentro contigo. ⁵Entonces, de la vara del hombre que yo elija saldrán brotes y finalmente pondré fin a las murmuraciones y a las quejas de este pueblo en contra de ustedes».

⁶Así que Moisés dio las instrucciones al pueblo de Israel, y cada uno de los doce jefes de las tribus, incluido Aarón, llevó una vara. ⁷Entonces Moisés colocó las varas en la presencia del Señor en el tabernáculo del pacto.* ⁸Al día siguiente, cuando Moisés entró en el tabernáculo del pacto, encontró que la vara de Aarón, que representaba a la tribu de Leví, ¡había retoñado, echado brotes, florecido y producido almendras maduras!

⁹Después que Moisés sacó todas las varas de la presencia del Señor, las mostró al pueblo y cada hombre tomó su propia vara. ¹⁰Entonces el Señor le dijo a Moisés: «Pon la vara de Aarón permanentemente delante del arca del pacto* para que sirva de advertencia a los rebeldes. Esto deberá poner fin a las quejas contra mí y evitará más muertes».* ¹¹Y Moisés hizo lo que el Señor le ordenó.

¹²Entonces el pueblo de Israel le dijo a Moisés: «¡Estamos perdidos! ¡Moriremos! ¡Estamos arruinados! ¹³Cualquiera que siquiera se acerque al tabernáculo del Señor morirá. ¿Acaso estamos todos condenados a morir?».

Deberes de los sacerdotes y de los levitas

18 Luego el Señor le dijo a Aarón: «Tú, tus hijos y tus parientes de la tribu de Leví serán los responsables de cualquier ofensa relacionada con el santuario; pero solo tú y tus hijos

---

16:30 En hebreo al *Seol*; también en 16:33.   16:36 Los versículos del 16:36-50 corresponden al 17:1-15 en el texto hebreo.   16:46 O *hacer expiación por ellos.*   16:47 O *e hizo expiación por.*   16:47 Los versículos del 16:46-50 corresponden al 17:1-13 / los versículos del 16:46 corresponden al 17:16-28 en el texto hebreo.   17:4 En hebreo *en la carpa de reunión delante del testimonio.* El término hebreo para «testimonio» se refiere a las condiciones del pacto del Señor con Israel escritas en las tablas de piedra que se guardaban dentro del arca, y también se refiere al pacto mismo.   17:7 O *tabernáculo del testimonio*; también en 17:8.   17:10 En hebreo *delante del testimonio*; ver nota en 17:4.

serán los responsables de las faltas relacionadas con el sacerdocio.

²»Trae a tus parientes de la tribu de Leví —tu tribu patriarcal— para que te ayuden, a ti y a tus hijos, a realizar los deberes asignados delante del tabernáculo del pacto.* ³Sin embargo, cuando los levitas realicen los deberes asignados en el tabernáculo, deberán tener cuidado de no acercarse a los objetos sagrados ni al altar. Si lo hacen, tanto tú como ellos morirán. ⁴Los levitas te ayudarán con el cumplimiento de sus responsabilidades del cuidado y el mantenimiento del tabernáculo,* pero no podrá ayudarte ninguna persona que no esté autorizada.

⁵»Ustedes realizarán los deberes sagrados dentro del santuario y en el altar. Si siguen estas instrucciones, el enojo del Señor nunca jamás se encenderá contra el pueblo de Israel ⁶Yo mismo escogí a tus hermanos levitas de entre los israelitas para que sean tus ayudantes especiales. Ellos son un regalo para ti, dedicados al Señor para servir en el tabernáculo, ⁷pero tú y tus hijos, los sacerdotes, deben llevar a cabo, personalmente, todos los rituales sacerdotales relacionados con el altar y con todo lo que está detrás de la cortina interior. Yo te doy el sacerdocio como un privilegio de servicio. Cualquier persona que se acerque al santuario sin estar autorizada, será ejecutada.

Sustento para los sacerdotes y los levitas

⁸El Señor le dio más instrucciones a Aarón: «Yo mismo te he puesto a cargo de todas las ofrendas sagradas que me trae el pueblo de Israel. A ti y a tus hijos les he dado todas estas ofrendas consagradas como su porción perpetua. ⁹A ti te corresponde la porción de las ofrendas sumamente santas que no se quema en el fuego. Esta porción de todas las ofrendas sumamente santas —las ofrendas de grano, las ofrendas por el pecado y las ofrendas por la culpa— será sumamente santa y te pertenece a ti y a tus hijos. ¹⁰La comerás como una ofrenda sumamente santa. Todo varón puede comer de ella y deben tratarla como sumamente santa.

¹¹»También te pertenecen todas las ofrendas sagradas y las ofrendas especiales que los israelitas me presenten al levantarlas ante el altar. Yo te las he dado a ti y a tus hijos e hijas como tu porción perpetua. Todo miembro de tu familia que esté ceremonialmente puro podrá comer de estas ofrendas.

¹²»También te doy las ofrendas de la cosecha que el pueblo presenta al Señor: lo mejor del aceite de oliva y del vino nuevo y del grano. ¹³Todas las primeras cosechas de la tierra que el pueblo presente al Señor te pertenecen. Todo miembro de tu familia que esté ceremonialmente puro podrá comer de estos alimentos.

¹⁴»Todo lo que en Israel haya sido consa-

grado especialmente para el Señor* también te pertenece.

¹⁵»Todo primer nacido, sea humano o animal, que se ofrece al Señor, será tuyo; pero siempre tendrán que redimir a los primeros hijos varones y a las primeras crías de los animales ceremonialmente impuros. ¹⁶Los rescatarán al mes de haber nacido. El precio de rescate es cinco piezas de plata* (calculado según el peso del siclo del santuario, que equivale a veinte geras).

¹⁷»Sin embargo, no podrán redimir las primeras crías del ganado, de las ovejas o de las cabras. Estas están consagradas al Señor: rocía su sangre en el altar y quema su grasa como ofrenda especial de aroma agradable al Señor. ¹⁸La carne de estos animales será tuya, así como el pecho y el muslo derecho que se presentan al levantarlos como una ofrenda especial ante el altar. ¹⁹Así es, te doy todas estas ofrendas sagradas que el pueblo de Israel lleva al Señor. Son para ti y tus hijos e hijas, para que las coman como su porción perpetua. Este es un pacto eterno e inquebrantable* entre tú y el Señor y también se aplica a tus descendientes».

²⁰El Señor le dijo a Aarón: «Ustedes, los sacerdotes, no recibirán ninguna asignación de tierra ni porción de terreno entre el pueblo de Israel. Yo soy tu porción y tu asignación. ²¹En cuanto a la tribu de Leví, tus parientes, los recompensaré por su servicio en el tabernáculo. En lugar de una asignación de tierra, les daré los diezmos de toda la tierra de Israel.

²²»De ahora en adelante, ningún israelita, con excepción de los sacerdotes o los levitas, podrá acercarse al tabernáculo. Si alguien se acerca, será declarado culpable y morirá. ²³Únicamente los levitas podrán servir en el tabernáculo y serán los responsables de toda ofensa cometida contra el tabernáculo. Esta es una ley perpetua para ustedes, y tendrá que cumplirse de generación en generación. Los levitas no recibirán ninguna asignación de tierra entre los israelitas, ²⁴porque yo les he dado los diezmos del pueblo de Israel, que han sido entregados como ofrendas sagradas al Señor. Esta será la porción de los levitas. Por eso les he dicho que no recibirán ninguna asignación de tierra entre los israelitas».

²⁵El Señor también le dijo a Moisés: ²⁶«Da las siguientes instrucciones a los levitas: cuando reciban de los israelitas los diezmos que les he asignado como su porción, entreguen una décima parte de ellos —un diezmo de los diezmos— al Señor como ofrenda sagrada. ²⁷El Señor contará esta ofrenda de ustedes como una ofrenda de cosecha, como si fuera el primer grano de su propio campo de trillar o el vino de su propio lagar. ²⁸La décima parte de los diezmos que reciben de los israelitas, tendrán que presentarla

como ofrenda sagrada para el Señor. Esta es la porción sagrada del Señor y tienen que presentarla al sacerdote Aarón. ²⁹De todas las ofrendas recibidas, asegúrense de dar lo mejor al Señor.

³⁰»Da también las siguientes instrucciones a los levitas: cuando presenten la mejor parte como su ofrenda, esta será considerada como si viniera de su propio campo de trillar o de su lagar. ³¹Levitas, ustedes y sus familias podrán comer este alimento donde quieran, porque constituye su recompensa por servir en el tabernáculo. ³²No serán considerados culpables por aceptar los diezmos ofrecidos al Señor, si dan la mejor porción a los sacerdotes. Sin embargo, tengan cuidado de no considerar las ofrendas sagradas del pueblo de Israel como si fueran algo ordinario. Si lo hacen, morirán».

Agua para la purificación

19 El Señor les dijo a Moisés y a Aarón: ²«Este es otro requisito legal ordenado por el Señor: dígale al pueblo de Israel que traigan una novilla de color rojizo, un animal perfecto sin defectos al que nunca se le haya colocado un yugo para el arado. ³Entréguenla al sacerdote Eleazar, para que sea llevada fuera del campamento y matada en su presencia. ⁴Entonces Eleazar tomará con el dedo un poco de la sangre y la rociará siete veces hacia el frente del tabernáculo.* ⁵La novilla se quemará por completo —la piel, la carne, la sangre y el estiércol— en presencia de Eleazar. ⁶Después, el sacerdote Eleazar tomará un palo de cedro,* una rama de hisopo y un poco de hilo escarlata y los arrojará en el fuego donde se quema la novilla.

⁷»Luego el sacerdote lavará su ropa y se bañará en agua. Después podrá volver al campamento, aunque permanecerá ceremonialmente impuro hasta el anochecer. ⁸El hombre que queme el animal también lavará su ropa y se bañará en agua, y también permanecerá impuro hasta el anochecer. ⁹Luego, alguien que esté ceremonialmente puro recogerá las cenizas de la novilla y las depositará fuera del campamento en un lugar ceremonialmente puro. Las conservarán allí para que la comunidad de Israel las use en el agua para la ceremonia de purificación. Esta ceremonia se realiza para quitar los pecados. ¹⁰El hombre que recoja las cenizas de la novilla también lavará su ropa y quedará ceremonialmente impuro hasta el anochecer. Esta será una ley perpetua para los israelitas y para todo extranjero que viva entre ellos.

¹¹»El que toque el cadáver de un ser humano quedará ceremonialmente impuro durante siete días. ¹²Esta persona debe purificarse el tercer y el séptimo día con el agua de la purificación; entonces quedará purificada; pero si no lo hace el tercer y el séptimo día, quedará impura aun

después del séptimo día. ¹³El que toque un cadáver y no se purifique de la debida manera contamina el tabernáculo del Señor y será excluido de la comunidad de Israel. Ya que no se roció con el agua de la purificación, su contaminación continúa.

¹⁴»La siguiente ley ritual se aplicará cuando alguien muera dentro de una carpa: todos los que entren en esa carpa y los que se encontraban en ella cuando la muerte ocurrió quedarán ceremonialmente impuros durante siete días. ¹⁵Todo recipiente abierto en la carpa que no estaba cerrado con tapa también estará contaminado. ¹⁶Y si alguien en el campo abierto toca el cadáver de alguien que mataron a espada o que murió de muerte natural, o si alguien toca un hueso de ser humano o una tumba, esa persona quedará contaminada durante siete días.

¹⁷»Para quitar la contaminación, pongan en un frasco parte de las cenizas de la ofrenda quemada de la purificación y echen agua fresca sobre ellas. ¹⁸Después, alguien ceremonialmente puro tomará una rama de hisopo y la mojará en el agua. Esa persona debe rociar el agua sobre la carpa, sobre todos los muebles de la carpa y sobre las personas que estaban en ella; también sobre la persona que tocó un hueso humano, o tocó a una persona que mataron o que murió de muerte natural, o tocó una tumba. ¹⁹La persona ceremonialmente pura rociará el agua sobre los que quedaron contaminados el tercer y el séptimo día. Después, el séptimo día, las personas en proceso de purificación deben lavar sus ropas y bañarse. Entonces esa noche quedarán limpios de su contaminación.

²⁰»Pero los que se contaminen y no se purifiquen serán excluidos de la comunidad, porque han contaminado el santuario del Señor. Ya que el agua de la purificación no se ha rociado sobre ellos, quedarán contaminados. ²¹Esta será una ley perpetua para el pueblo. Aquellos que rocíen el agua de la purificación deben lavar sus ropas después de hacerlo, y todo el que use el agua usada para la purificación quedará contaminado hasta el anochecer. ²²Toda cosa o toda persona que toque a alguien contaminado, quedará ceremonialmente impura hasta el anochecer».

Moisés golpea la roca

20 El primer mes del año,* toda la comunidad de Israel llegó al desierto de Zin y acampó en Cades. Mientras estaban allí, Miriam murió y la enterraron.

²Ya que en ese lugar no había agua para que el pueblo bebiera, la gente se rebeló contra Moisés y Aarón. ³El pueblo culpó a Moisés y dijo: «¡Si tan solo hubiéramos muerto con nuestros hermanos delante del Señor! ⁴¿Por qué trajiste a la congregación del pueblo del Señor a este desierto para

---

19:4 En hebreo *la carpa de reunión.* 19:6 O *enebro.* 20:1 En el antiguo calendario lunar hebreo, el primer mes, por lo general, cae entre marzo y abril. No se especifica el número de años desde que salieron de Egipto.

morir, junto con todos nuestros animales? 5¿Por qué nos obligaste a salir de Egipto y nos trajiste a este terrible lugar? ¡Esta tierra no tiene granos ni higos ni uvas ni granadas ni agua para beber!».

6Entonces Moisés y Aarón se apartaron del pueblo y fueron a la entrada del tabernáculo,* donde cayeron rostro en tierra. Allí la presencia gloriosa del SEÑOR se les apareció, 7y el SEÑOR le dijo a Moisés: 8«Tú y Aarón tomen la vara y reúnan a toda la comunidad. En presencia de todo el pueblo, háblale a la roca y de ella brotará agua. De la roca proveerás suficiente agua para satisfacer a toda la comunidad y a sus animales».

9Así que Moisés hizo lo que se le dijo. Tomó la vara del lugar donde se guardaba en la presencia del SEÑOR. 10Luego él y Aarón mandaron a llamar al pueblo a reunirse frente a la roca. —¡Escuchen, ustedes rebeldes! —gritó—. ¿Acaso debemos sacarles agua de esta roca?». 11Enseguida Moisés levantó su mano y golpeó la roca dos veces con la vara y el agua brotó a chorros. Así que toda la comunidad y sus animales bebieron hasta saciarse.

12Sin embargo, el SEÑOR les dijo a Moisés y Aarón: «¡Puesto que no confiaron lo suficiente en mí para demostrar mi santidad a los israelitas, ustedes no los llevarán a la tierra que les doy!». 13Por eso este lugar se conoce como las aguas de Meriba (que significa «discusión») porque allí el pueblo de Israel discutió con el SEÑOR y él demostró su santidad entre ellos.

Edom le niega el paso a Israel

14Mientras Moisés estaba en Cades, envió embajadores al rey de Edom con el siguiente mensaje:

«Esto es lo que dicen tus parientes, los israelitas: tú sabes todas las dificultades por las que hemos pasado. 15Nuestros antepasados bajaron a Egipto y allí vivimos un largo tiempo. Los egipcios nos maltrataron brutalmente, tanto a nosotros como a nuestros antepasados; 16pero cuando clamamos al SEÑOR, él nos oyó y envió a un ángel que nos sacó de Egipto. Ahora estamos acampando en Cades, la ciudad en la frontera de tu territorio. 17Por favor, permítenos atravesar tu territorio. Tendremos cuidado de no pasar por tus campos y viñedos, ni siquiera beberemos el agua de tus pozos. Seguiremos derecho por el camino real, sin desviarnos hasta que hayamos atravesado tu territorio».

18Sin embargo, el rey de Edom dijo: «¡Quédense fuera de mi territorio o saldré a su encuentro con mi ejército!».

19Entonces los israelitas le contestaron: «Nos mantendremos en el camino principal. Si

nuestros animales beben de tu agua, te la pagaremos. Solo permítenos atravesar tu territorio, es todo lo que pedimos».

20Aun así, el rey de Edom respondió: «¡Quédense fuera! Ustedes no pueden pasar por nuestra tierra». Dicho esto movilizó su ejército y salió contra ellos con una fuerza imponente. 21Y como Edom no le permitió a los israelitas atravesar su país, se vieron obligados a regresar.

Muerte de Aarón

22Toda la comunidad israelita partió de Cades y llegó al monte Hor. 23Allí, en la frontera de la tierra de Edom, el SEÑOR les dijo a Moisés y Aarón: 24«Ha llegado el momento en que Aarón se reúna con sus antepasados al morir. Él no entrará a la tierra que le daré al pueblo de Israel, porque ustedes dos se rebelaron contra mis instrucciones con respecto al agua en Meriba. 25Lleva a Aarón y a su hijo Eleazar y suban al monte Hor. 26Ahí le quitarás las vestiduras sacerdotales a Aarón y se las pondrás a su hijo Eleazar. Aarón morirá allí y se reunirá con sus antepasados».

27Así que Moisés hizo lo que el SEÑOR le ordenó. Los tres subieron juntos al monte Hor, mientras toda la comunidad observaba. 28En la cumbre, Moisés le quitó las vestiduras sacerdotales a Aarón y se las puso a Eleazar, hijo de Aarón. Entonces Aarón murió en la cima de la montaña y Moisés y Eleazar descendieron. 29Cuando el pueblo se dio cuenta de que Aarón había muerto, todo Israel lo lloró por treinta días.

Victoria sobre los cananeos

21 El rey cananeo de Arad que vivía en el Neguev oyó que los israelitas se acercaban por el camino que atraviesa Atarim. Así que atacó a los israelitas y tomó a algunos como prisioneros. 2Entonces Israel hizo un voto al SEÑOR: «Si entregas a este pueblo en nuestras manos, destruiremos* por completo todas sus ciudades». 3El SEÑOR oyó la petición de los israelitas y les dio la victoria sobre los cananeos. Así que los israelitas los destruyeron por completo junto con sus ciudades y desde entonces ese lugar se conoce como Horma.*

La serpiente de bronce

4Luego el pueblo de Israel salió del monte Hor y tomó el camino hacia el mar Rojo* para bordear la tierra de Edom; pero el pueblo se impacientó con tan larga jornada 5y comenzó a hablar contra Dios y Moisés: «¿Por qué nos sacaron de Egipto para morir aquí en el desierto? —se quejaron—. Aquí no hay nada para comer ni agua para beber. ¡Además, detestamos este horrible maná!».

6Entonces el SEÑOR envió serpientes venenosas entre el pueblo y muchos fueron mordidos

---

20:6 En hebreo *la carpa de reunión.* 21:2 El término hebreo empleado aquí se refiere a la consagración total de cosas o personas al SEÑOR, ya sea destruyéndolas o entregándolas como ofrenda; también en 21:3. 21:3 *Horma* significa «destrucción». 21:4 En hebreo *mar de juncos.*

y murieron. ⁷Así que el pueblo acudió a Moisés y clamó: «Hemos pecado al hablar contra el Señor y contra ti. Pide al Señor que quite las serpientes».

Así pues, Moisés oró por el pueblo.

⁸Entonces el Señor le dijo a Moisés: «Haz la figura de una serpiente venenosa y átala a un poste. Todos los que sean mordidos vivirán tan solo con mirar la serpiente». ⁹Así que Moisés hizo una serpiente de bronce y la ató a un poste. ¡Entonces los que eran mordidos por una serpiente miraban la serpiente de bronce y sanaban!

Viaje de Israel a Moab

¹⁰Después, los israelitas viajaron a Obot y acamparon allí. ¹¹Luego siguieron a Ije-abarim, en el desierto situado en la frontera oriental de Moab. ¹²De allí viajaron al valle del arroyo Zered y armaron el campamento. ¹³Después partieron y acamparon en el otro lado del río Arnón, en el desierto junto al territorio amorreo. El río Arnón forma la frontera que divide a los moabitas de los amorreos. ¹⁴Por esta razón *El libro de las guerras del Señor* habla de la ciudad de Vaheb en la región de Sufa, de los barrancos del río Arnón, ¹⁵y de los barrancos que se extienden hasta los asentamientos de Ar en la frontera de Moab.

¹⁶De allí los israelitas viajaron a Beer,* el pozo donde el Señor le dijo a Moisés: «Reúne al pueblo y yo les daré agua». ¹⁷Allí los israelitas entonaron el siguiente canto:

«¡Brota, oh pozo!
¡Sí, canten sus alabanzas!
¹⁸ Canten de este pozo,
que príncipes excavaron,
que grandes líderes abrieron
con sus cetros y varas».

Luego los israelitas salieron del desierto y pasaron por Mataná, ¹⁹Nahaliel y Bamot. ²⁰Después fueron al valle en Moab donde está la cima del monte Pisga, con vista a la tierra baldía.*

Victoria sobre Sehón y Og

²¹Después los israelitas enviaron embajadores a Sehón, rey de los amorreos, con el siguiente mensaje:

²²«Permítenos atravesar tu territorio. Tendremos cuidado de no pasar por tus campos y viñedos, ni siquiera beberemos agua de tus pozos. Seguiremos derecho por el camino real hasta que hayamos atravesado tu territorio».

²³Sin embargo, el rey Sehón rehusó permitirles atravesar su territorio. En cambio, movilizó a todo su ejército y atacó a Israel en el desierto y peleó con ellos en Jahaza. ²⁴Así que los israelitas los masacraron a filo de espada y ocuparon

su tierra, desde el río Arnón hasta el río Jaboc. Avanzaron solo hasta los límites de los amonitas porque su frontera estaba fortificada.*

²⁵De manera que Israel tomó todas las ciudades amorreas y se estableció en ellas, incluida la ciudad de Hesbón y sus aldeas vecinas. ²⁶Hesbón había sido la capital de Sehón, rey de los amorreos. Él había derrotado al rey moabita anterior y se había apoderado de toda su tierra hasta el río Arnón. ²⁷Por eso los poetas antiguos escribieron lo siguiente sobre él:

«¡Vengan a Hesbón y que sea reconstruida!
Que la ciudad de Sehón sea restaurada.
²⁸ Un fuego ardiente salió de Hesbón,
un incendio de la ciudad de Sehón.
Quemó la ciudad de Ar en Moab;
destruyó a los gobernantes de las alturas
de Arnón.
²⁹ ¡Qué aflicción te espera, oh pueblo de Moab!
¡Están acabados, oh adoradores de Quemos!
Quemos dejó a sus hijos como refugiados,
a sus hijas como cautivas de Sehón, el rey
amorreo.
³⁰ Los hemos destruido por completo,
desde Hesbón hasta Dibón.
Los hemos exterminado por completo,
hasta lugares tan lejanos como Nofa
y Medeba».*

³¹Así pues, el pueblo de Israel ocupó el territorio de los amorreos. ³²Después que Moisés envió hombres a explorar la región de Jazer, tomaron todas las ciudades de la región y expulsaron a los amorreos que vivían allí. ³³Luego volvieron y se marcharon por el camino que se dirige a Basán, pero Og, rey de Basán, los atacó con todo su pueblo en Edrei. ³⁴El Señor le dijo a Moisés: «No le tengas miedo, porque yo te lo he entregado junto con toda su gente y su tierra. Haz con él lo mismo que hiciste con Sehón, rey de los amorreos, que gobernó en Hesbón». ³⁵Así que Israel mató al rey Og, a sus hijos y a todos sus súbditos; no quedó nadie con vida. Entonces Israel ocupó su territorio.

Balac envía por Balaam

22 Luego el pueblo de Israel viajó a las llanuras de Moab y acampó al oriente del río Jordán, frente a Jericó. ²Balac, hijo de Zipor, el rey moabita, había visto todo lo que los israelitas hicieron a los amorreos. ³Entonces cuando el pueblo de Moab vio que los israelitas eran muchos, se aterró. ⁴El rey de Moab dijo a los ancianos de Madián: «¡Esta muchedumbre devorará todo lo que esté a la vista, como un buey devora el pasto en el campo!».

Entonces Balac, rey de Moab, ⁵envió mensajeros para llamar a Balaam, hijo de Beor, que

21:16 *Beer* significa «bienestar». 21:20 O *a la vista o Jesimón*. 21:24 O *porque la frontera del terreno de los amorreos era escabrosa;* en hebreo dice *porque los límites de los amorreos eran fuertes.* 21:30 O *hasta que el fuego se extienda a Medeba.* El significado del hebreo es incierto.

vivía en Petor,* su tierra natal, cerca del río Éufrates.* Su mensaje decía:

«Mira, una inmensa multitud que cubre la faz de la tierra ha llegado de Egipto y me amenaza. 6Ven, por favor, maldíceme a este pueblo, porque es demasiado poderoso para mí. De esa manera quizás yo pueda conquistarlos y expulsarlos de la tierra. Yo sé que sobre el pueblo que tú bendices, caen bendiciones y el pueblo que tú maldices, caen maldiciones».

7Entonces los mensajeros de Balac y los ancianos de Moab y de Madián, partieron con el dinero para pagarle a Balaam a fin de que maldijera a Israel.* Llegaron donde estaba Balaam y le transmitieron el mensaje de Balac. 8«Quédense aquí esta noche —dijo Balaam—, y en la mañana les diré lo que me indique el SEÑOR». Así que los funcionarios de Moab se quedaron con Balaam.

9Esa noche Dios vino a Balaam y le preguntó:

—¿Quiénes son estos hombres que te visitan?

10Balaam le dijo a Dios:

—Balac, hijo de Zipor, rey de Moab, me envió este mensaje: 11"Mira, una inmensa multitud que cubre la faz de la tierra ha llegado de Egipto. Ven y maldíceme a este pueblo. De esa manera quizás podré hacerles frente y expulsarlos de esta tierra".

12Pero Dios le dijo a Balaam:

—No vayas con ellos ni maldigas a este pueblo, ¡porque es bendito!

13A la mañana siguiente, Balaam se levantó y les dijo a los funcionarios de Balac: «¡Regresen a casa! El SEÑOR no me dejará ir con ustedes».

14Entonces los oficiales moabitas regresaron al rey Balac y le informaron: «Balaam se negó a venir con nosotros». 15Así que Balac intentó de nuevo. Esta vez envió a un mayor número de funcionarios, aún más distinguidos que los que envió la primera vez. 16Llegaron donde estaba Balaam y le transmitieron el siguiente mensaje:

«Esto dice Balac, hijo de Zipor: "Por favor, no permitas que nada te impida venir a ayudarme. 17Te pagaré muy bien y haré todo lo que me pidas. ¡Solamente ven y maldíceme a este pueblo!"».

18Entonces Balaam les respondió a los mensajeros de Balac: «Aunque Balac me diera su palacio repleto de plata y oro, yo no podría hacer absolutamente nada en contra de la voluntad del SEÑOR mi Dios. 19Pero quédense aquí una noche más y veré si el SEÑOR tiene algo más que decirme».

20Esa noche Dios vino a Balaam y le dijo: «Ya que estos hombres vinieron por ti, levántate y ve con ellos, pero solo haz lo que yo te indique».

Balaam y su burra

21A la mañana siguiente Balaam se levantó, ensilló su burra y salió con los funcionarios moabitas; 22pero Dios se enojó porque Balaam iba con ellos. Así que envió al ángel del SEÑOR a pararse en medio del camino para impedirle el paso. Mientras Balaam y dos de sus sirvientes iban montando, 23la burra de Balaam vio al ángel del SEÑOR de pie en el camino, con una espada desenvainada en su mano. La burra se apartó del camino y se desbocó hacia un campo, pero Balaam la golpeó y la obligó a regresar al camino. 24Entonces el ángel del SEÑOR se detuvo en un lugar donde el camino se hacía estrecho entre las paredes de dos viñedos. 25Cuando la burra vio al ángel del SEÑOR, trató de pasar pero aplastó el pie de Balaam contra la pared. Así que Balaam la golpeó de nuevo. 26Entonces el ángel del SEÑOR se adelantó y se plantó en un lugar tan estrecho que la burra no podía pasar del todo. 27Esta vez cuando la burra vio al ángel, se echó al suelo con Balaam encima. Entonces Balaam, furioso, volvió a golpear al animal con su vara.

28Así que el SEÑOR le dio a la burra la capacidad de hablar.

—¿Qué te he hecho para merecer que me pegues tres veces? —le preguntó a Balaam.

29—¡Me has dejado en ridículo! —gritó Balaam—. ¡Si tuviera una espada, te mataría!

30—Pero soy la misma burra que has montado toda tu vida —le contestó la burra—. ¿Alguna vez te he hecho algo así?

—No —admitió Balaam.

31Entonces el SEÑOR abrió los ojos de Balaam y vio al ángel del SEÑOR de pie en el camino con una espada desenvainada en su mano. Balaam se inclinó y cayó rostro en tierra ante él.

32—¿Por qué le pegaste a tu burra tres veces? —le preguntó el ángel del SEÑOR—. Mira, he venido a impedirte el paso porque con terquedad te me opones. 33Tres veces la burra me vio y se apartó del camino; si no, te aseguro que te habría matado a ti y habría dejado a la burra con vida.

34Entonces Balaam le confesó al ángel del SEÑOR:

—He pecado. No comprendí que tú estabas parado en el camino para impedirme el paso. Volveré a casa si te opones a mi viaje.

35Pero el ángel del SEÑOR le dijo a Balaam:

—Ve con estos hombres, pero habla solo lo que yo te diga.

Así que Balaam siguió con los funcionarios de Balac. 36Cuando el rey Balac supo que Balaam estaba en camino, salió a su encuentro en una ciudad moabita, situada en el río Arnón, en la frontera más distante de su tierra.

37—¿No era urgente la invitación que te envié? ¿Por qué no viniste enseguida? —le preguntó Balac a Balaam—. ¿No me creíste cuando te dije que te honraré con una generosa recompensa?

22:5a O *quien estaba en Petor en la tierra de los amavitas.*   22:5b En hebreo *el río.*   22:7 En hebreo *partieron con el dinero de la adivinación en sus manos.*

38—Mira —contestó Balaam—, ya he venido pero no está en mis manos decir lo que yo quiera. Hablaré únicamente el mensaje que Dios ponga en mi boca.

39Luego Balaam acompañó a Balac a Quiriat-huzot. 40Allí el rey sacrificó ganado y ovejas, y envió porciones de la carne a Balaam y a los oficiales que estaban con él. 41A la mañana siguiente Balac subió con Balaam a un lugar llamado Bamot-baal y desde allí se podía ver parte del pueblo de Israel.

Balaam bendice a Israel

23 Entonces Balaam le dijo al rey Balac: «Constrúyeme aquí siete altares y prepara siete becerros y siete carneros para que los sacrifique». 2Balac siguió sus instrucciones y los dos sacrificaron un becerro y un carnero en cada altar.

3Entonces Balaam le dijo a Balac: «Quédate aquí con tus ofrendas quemadas y ve a ver si el SEÑOR me responde. Entonces te diré lo que me revele». Así que Balaam fue solo a la cima de una colina sin vegetación 4y allí se reunió Dios con él. Balaam le dijo:

—Preparé siete altares y sacrifiqué un becerro y un carnero en cada altar.

5El SEÑOR le dio a Balaam un mensaje para el rey Balac y después le dijo:

—Regresa donde está Balac y dale mi mensaje.

6Así que Balaam volvió y encontró al rey de pie, al lado de sus ofrendas quemadas, con todos los funcionarios de Moab. 7Este es el mensaje que Balaam transmitió:

«Balac me mandó a llamar desde Aram;
    el rey de Moab me trajo de las colinas
        del oriente.
"¡Ven —me dijo—, maldice a Jacob!
    Ven y anuncia la ruina de Israel".
8 Pero ¿cómo puedo maldecir
    a quienes Dios no ha maldecido?
¿Cómo puedo condenar
    a quienes el SEÑOR no ha condenado?
9 Desde las cimas del precipicio los veo;
    los miro desde las colinas.
Veo a un pueblo que vive aislado,
    apartado de las otras naciones.
10 ¿Quién puede contar a los descendientes
        de Jacob, tan numerosos como el
        polvo?
¿Quién puede contar siquiera a una
        cuarta parte del pueblo de Israel?
Permíteme morir como los justos;
    deja que mi vida acabe como la de ellos».

11Entonces el rey Balac le reclamó a Balaam:

—¿Qué me has hecho? Te traje para maldecir a mis enemigos. ¡En cambio, los has bendecido!

12Pero Balaam respondió:

—Yo hablaré solo el mensaje que el SEÑOR ponga en mi boca.

Segundo mensaje de Balaam

13Entonces el rey Balac le dijo:

—Ven conmigo a otro lugar. Allí verás otra parte de la nación de Israel, aunque no a todos. ¡Maldice por lo menos a esa parte!

14Así que Balac llevó a Balaam a la meseta de Zofim en la cima del monte Pisga. Allí construyó siete altares y ofreció un becerro y un carnero en cada altar.

15Entonces Balaam le dijo al rey:

—Quédate aquí con tus ofrendas quemadas mientras yo voy allá a encontrarme con el SEÑOR.

16Entonces el SEÑOR se reunió con Balaam y le dio un mensaje. Le dijo: «Regresa con Balac y dale mi mensaje».

17Balaam volvió y encontró al rey de pie junto a sus ofrendas quemadas, con todos los funcionarios de Moab.

—¿Qué dijo el SEÑOR? —preguntó Balac ansiosamente.

18Este es el mensaje que Balaam transmitió:

«¡Levántate, Balac, y escucha!
    Óyeme, hijo de Zipor.
19 Dios no es un hombre, por lo tanto, no miente.
    Él no es humano, por lo tanto, no cambia de
        parecer.
¿Acaso alguna vez habló sin actuar?
    ¿Alguna vez prometió sin cumplir?
20 Escucha, yo recibí la orden de bendecir;
    ¡Dios ha bendecido, y yo no puedo revertirlo!
21 Ninguna desgracia está en su plan para Jacob;
    ningún problema espera a Israel.
Pues el SEÑOR su Dios está con ellos;
    él ha sido proclamado su rey.
22 Dios los sacó de Egipto;
    para ellos, él es tan fuerte como un buey
        salvaje.
23 Ninguna maldición puede tocar a Jacob;
    ninguna magia ejerce poder alguno
        contra Israel.
Pues ahora se dirá de Jacob:
    "¡Qué maravillas ha hecho Dios por Israel!".
24 Este pueblo se levanta como una leona,
    como un majestuoso león que se despierta.
Ellos se niegan a descansar
    hasta que hayan devorado su presa,
    ¡y beben la sangre de los que han matado!».

25Entonces Balac le dijo a Balaam:

—Está bien si no los maldices, ¡pero al menos no los bendigas!

26Así que Balaam le respondió a Balac:

—¿No te dije que solo podía hacer lo que el SEÑOR me indicara?

Tercer mensaje de Balaam

27Entonces el rey Balac le dijo a Balaam:

—Ven, te llevaré a un lugar más. Quizá esto agrade a Dios y te permita maldecirlos desde allí.

²⁸Así que Balac llevó a Balaam a la cima del monte Peor, con vista a la tierra baldía.* ²⁹Allí Balaam le dijo de nuevo a Balac:

—Constrúyeme siete altares y prepara siete becerros y siete carneros para que yo los sacrifique.

³⁰Entonces Balac hizo lo que Balaam le pidió y ofreció un becerro y un carnero en cada altar.

24 Finalmente Balaam comprendió que el SEÑOR estaba decidido a bendecir a Israel, así que no recurrió a la adivinación como antes. En cambio, se dio vuelta y miró hacia el desierto ²donde vio al pueblo de Israel acampado por tribus. Entonces el Espíritu de Dios vino sobre él ³y le dio el siguiente mensaje:

«Este es el mensaje de Balaam, hijo de Beor,
el mensaje del hombre cuyos ojos ven con claridad,
⁴ el mensaje del que oye las palabras de Dios,
del que ve una visión que proviene del Todopoderoso,
y se inclina con los ojos abiertos:
⁵ ¡Qué hermosas son tus carpas, oh Jacob;
qué bellos son tus hogares, oh Israel!
⁶ Se extienden ante mí como arboledas de palmeras,*
como jardines por la ribera.
Son como altos árboles plantados por el SEÑOR,
como cedros junto a las aguas.
⁷ Agua fluirá de sus cántaros;
su descendencia tendrá toda la que necesite.
Su rey será más grande que Agag;
su reino será exaltado.
⁸ Dios lo sacó de Egipto;
para ellos él es tan fuerte como un buey salvaje.
Él devora a las naciones que se le oponen,
quiebra sus huesos en pedazos
y las atraviesa con flechas.
⁹ Como un león, Israel se agazapa y se tiende;
como una leona, ¿quién se atreve a despertarla?
Bendito todo el que te bendice, oh Israel,
y maldito todo el que te maldice».

¹⁰Entonces el rey Balac se enfureció contra Balaam y en señal de enojo palmeó las manos y gritó:

—¡Yo te llamé para maldecir a mis enemigos! En cambio, los has bendecido tres veces. ¹¹¡Fuera de aquí ahora mismo! ¡Vuelve a tu casa! Te prometí una generosa recompensa, pero el SEÑOR te ha impedido que la recibieras.

¹²Balaam le dijo a Balac:

—¿No recuerdas lo que expliqué a tus mensajeros? Dije: ¹³«Aunque Balac me diera su palacio repleto de plata y oro, no podría hacer

absolutamente nada en contra de la voluntad del SEÑOR». ¡Te advertí que únicamente podría decir lo que el SEÑOR me dijera! ¹⁴Ahora me regreso a mi propia gente, pero primero, déjame decirte lo que los israelitas harán a tu pueblo en el futuro.

Últimos mensajes de Balaam

¹⁵Balaam dio el siguiente mensaje:

«Este es el mensaje de Balaam, el hijo de Beor,
el mensaje del hombre cuyos ojos ven con claridad,
¹⁶ el mensaje del que oye las palabras de Dios,
del que tiene conocimiento dado por el Altísimo,
del que ve una visión que proviene del Todopoderoso,
y se inclina con los ojos abiertos:
¹⁷ Lo veo a él, pero no aquí ni ahora.
Lo percibo, pero lejos, en un futuro distante.
Una estrella se levantará de Jacob;
un cetro surgirá de Israel.
Aplastará la frente del pueblo de Moab,
y partirá el cráneo de la gente de Set.
¹⁸ Tomará posesión de Edom
y a Seir, su enemigo, lo conquistará,
mientras Israel marcha adelante en triunfo.
¹⁹ Un gobernante se levantará en Jacob
que destruirá a los sobrevivientes de Ar».

²⁰Luego Balaam miró hacia el pueblo de Amalec y dio este mensaje:

«Amalec fue la más importante de las naciones,
¡pero su destino es la destrucción!».

²¹Después miró hacia los ceneos y transmitió el siguiente mensaje:

«Su casa está segura,
su nido está entre las rocas.
²² Pero los ceneos serán destruidos
cuando Asiria* los lleve cautivos».

²³Balaam concluyó sus mensajes con estas palabras:

«¡Ay!, ¿quién puede sobrevivir
a menos que Dios lo disponga?
²⁴ Naves vendrán de las costas de Chipre;*
y oprimirán a Asiria y afligirán a Heber,
pero ellos también serán destruidos por completo».

²⁵Entonces Balaam y Balac regresaron cada uno a su casa.

Moab seduce a Israel

25 Mientras los israelitas acampaban en la arboleda de Acacias,* algunos hombres se contaminaron al tener* relaciones sexuales con las mujeres moabitas del lugar. ²Estas

23:28 O *con vista a Jesimón.* 24:6 O *como un valle majestuoso.* 24:22 En hebreo *Ashshur;* también en 24:24. 24:24 En hebreo *Quitim.* 25:1a En hebreo *Sitim.* 25:1b Así aparece en la versión griega; en hebreo dice *algunos de los hombres empezaron a tener.*

mujeres los invitaron a los sacrificios a sus dioses, así que los israelitas festejaron con ellas y rindieron culto a los dioses de Moab. ³De ese modo Israel se unió al culto a Baal de Peor, lo cual encendió el enojo del SEÑOR contra su pueblo.

⁴Entonces el SEÑOR le dictó a Moisés la siguiente orden: «Detén a todos los cabecillas y ejecútalos delante del SEÑOR, a plena luz del día, para que su ira feroz se aleje del pueblo de Israel».

⁵Así que Moisés les ordenó a los jueces de Israel: «Cada uno de ustedes debe quitarles la vida a los hombres bajo su autoridad que se han unido a rendir culto a Baal de Peor».

⁶En ese momento, mientras todos lloraban a la entrada del tabernáculo,* un israelita llevó a una madianita a su carpa ante los ojos de Moisés y de todo el pueblo. ⁷Cuando Finees, hijo de Eleazar y nieto del sacerdote Aarón, los vio, se levantó de un salto y salió de la asamblea. Con una lanza ⁸y corrió detrás del hombre hasta su carpa. Con la lanza, Finees atravesó el cuerpo del hombre y perforó hasta el estómago de la mujer. Entonces se detuvo la plaga contra los israelitas, ⁹pero ya habían muerto veinticuatro mil personas.

¹⁰Así que el SEÑOR le dijo a Moisés: ¹¹«Finees, hijo de Eleazar y nieto del sacerdote Aarón, alejó mi enojo de los israelitas porque demostró entre ellos el mismo celo que yo. Así que dejé de destruir a todo Israel, como pensaba hacerlo a causa del enojo. ¹²Ahora dile que establezco con él mi especial pacto de paz, ¹³por medio del cual doy a él y a sus descendientes el derecho perpetuo al sacerdocio. Pues en su celo por mí, su Dios, purificó al pueblo de Israel, y lo hizo justos ante mí».*

¹⁴El israelita que murió con la madianita se llamaba Zimri, hijo de Salu, jefe de una familia de la tribu de Simeón. ¹⁵La mujer se llamaba Cozbi, hija de Zur, jefe de un clan madianita.

¹⁶Entonces el SEÑOR le dijo a Moisés: ¹⁷«Ataca a los madianitas y destrúyelos, ¹⁸porque los agredieron con artimañas y los engañaron para que rindieran culto a Baal de Peor, y también por causa de Cozbi, hija de un jefe madianita, que murió durante la plaga debido a lo ocurrido en Peor».

Segundo registro de las tropas de Israel

26 Una vez que pasó la plaga, el SEÑOR les dijo a Moisés y a Eleazar, hijo del sacerdote Aarón: ²«Registren por familias los nombres de los guerreros de toda la comunidad israelita. Anoten en una lista a todos los hombres de veinte años o más y que sean aptos para la guerra».

³Así que, allí en las llanuras de Moab, junto al río Jordán, frente a Jericó, Moisés y el sacerdote Eleazar dieron las siguientes instrucciones a los jefes de Israel: ⁴«Anoten en una lista a todos

los hombres de Israel de veinte años o más, así como el SEÑOR le ordenó a Moisés».

Este es el registro de todos los descendientes de Israel que salieron de Egipto.

Tribu de Rubén

⁵Estos eran los clanes descendientes de los hijos de Rubén, el hijo mayor de Jacob:*

el clan enoquita, nombrado así por su antepasado Enoc,

el clan faluita, nombrado así por su antepasado Falú,

⁶ el clan hezronita, nombrado así por su antepasado Hezrón,

el clan carmita, nombrado así por su antepasado Carmi.

⁷Esos eran los clanes de Rubén. Sus tropas registradas sumaron 43.730 hombres.

⁸Falú fue el antepasado de Eliab, ⁹y Eliab fue el padre de Nemuel, Datán y Abiram. Datán y Abiram, son los mismos jefes de la comunidad que conspiraron contra Moisés y Aarón, junto con Coré, cuando se rebelaron contra el SEÑOR. ¹⁰Pero la tierra abrió su boca y se los tragó juntamente con Coré, y el fuego devoró a doscientos cincuenta de sus seguidores. Esto sirvió de advertencia a la nación entera de Israel. ¹¹Sin embargo, los hijos de Coré no murieron ese día.

Tribu de Simeón

¹²Estos eran los clanes descendientes de los hijos de Simeón:

el clan jemuelita, nombrado así por su antepasado Jemuel,*

el clan jaminita, nombrado así por su antepasado Jamín,

el clan jaquinita, nombrado así por su antepasado Jaquín,

¹³ el clan zojarita, nombrado así por su antepasado Zohar,*

el clan saulita, nombrado así por su antepasado Saúl.

¹⁴Esos eran los clanes de Simeón. Sus tropas registradas sumaron 22.200 hombres.

Tribu de Gad

¹⁵Estos eran los clanes descendientes de los hijos de Gad:

el clan zefonita, nombrado así por su antepasado Zefón,

el clan haguita, nombrado así por su antepasado Hagui,

el clan sunita, nombrado así por su antepasado Suni,

¹⁶ el clan oznita, nombrado así por su antepasado Ozni,

el clan erita, nombrado así por su antepasado Eri,

25:6 En hebreo *la carpa de reunión.* 25:13 O *hizo expiación por el pueblo de Israel.* 26:5 En hebreo *de Israel;* ver nota en 1:20-21b. 26:12 Así aparece en la versión siríaca (ver también Gn 46:10; Ex 6:15); en hebreo dice *nemuelitas [...] Nemuel.* 26:13 Igual que en los textos paralelos de Gn 46:10 y Ex 6:15; en hebreo dice *zeraíta [...] Zera.*

17 el clan arodita, nombrado así por su
   antepasado Arodi,*
el clan arelita, nombrado así por su
   antepasado Areli.

18 Esos eran los clanes de Gad. Sus tropas
registradas sumaron 40.500 hombres.

Tribu de Judá

19 Judá tenía dos hijos, Er y Onán, que murieron en la tierra de Canaán. 20 Estos eran los clanes descendientes de los hijos sobrevivientes de Judá:
   el clan selaíta, nombrado así por su
      antepasado Sela,
   el clan faresita, nombrado así por su
      antepasado Fares,
   el clan zeraíta, nombrado así por su
      antepasado Zera.

21 Estos eran los subclanes descendientes de los faresitas:
   los hezronitas, nombrados así por su
      antepasado Hezrón,
   los hamulitas, nombrados así por su
      antepasado Hamul.

22 Esos eran los clanes de Judá. Sus tropas
registradas sumaron 76.500 hombres.

Tribu de Isacar

23 Estos eran los clanes descendientes de los hijos de Isacar:
   el clan tolaíta, nombrado así por su
      antepasado Tola,
   el clan funita, nombrado así por su
      antepasado Fua,*
24 el clan jasubita, nombrado así por su
      antepasado Jasub,
   el clan simronita, nombrado así por su
      antepasado Simrón.

25 Esos eran los clanes de Isacar. Sus tropas
registradas sumaron 64.300 hombres.

Tribu de Zabulón

26 Estos eran los clanes descendientes de los hijos de Zabulón:
   el clan seredita, nombrado así por su
      antepasado Sered,
   el clan elonita, nombrado así por su
      antepasado Elón,
   el clan jahleelita, nombrado así por su
      antepasado Jahleel.

27 Esos eran los clanes de Zabulón. Sus tropas
registradas sumaron 60.500 hombres.

Tribu de Manasés

28 Dos clanes descendían de José mediante
Manasés y Efraín.

29 Estos eran los clanes descendientes de Manasés:
   el clan maquirita, nombrado así por su
      antepasado Maquir,
   el clan galaadita, nombrado así por su
      antepasado Galaad, hijo de Maquir.

30 Estos eran los subclanes descendientes de los galaaditas:
   los jezeritas, nombrados así por su
      antepasado Jezer,
   los helequitas, nombrados así por su
      antepasado Helec,
31 los asrielitas, nombrados así por su
      antepasado Asriel,
   los siquemitas, nombrados así por su
      antepasado Siquem,
32 los semidaítas, nombrados así por su
      antepasado Semida,
   los heferitas, nombrados así por su
      antepasado Hefer.
33 (Zelofejad, uno de los descendientes de
   Hefer, no tuvo hijos, pero los nombres de
   sus hijas eran Maala, Noa, Hogla, Milca
   y Tirsa).

34 Esos eran los clanes de Manasés. Sus tropas registradas sumaron 52.700 hombres.

Tribu de Efraín

35 Estos eran los clanes descendientes de los hijos de Efraín:
   el clan sutelaíta, nombrado así por su
      antepasado Sutela,
   el clan bequerita, nombrado así por su
      antepasado Bequer,
   el clan tahanita, nombrado así por su
      antepasado Tahán.

36 Este era el subclan descendiente de los sutelaítas:
   los eranitas, nombrados así por su
      antepasado Erán.

37 Esos eran los clanes de Efraín. Sus tropas registradas sumaron 32.500 hombres.

Todos los clanes de Manasés y Efraín eran los descendientes de José.

Tribu de Benjamín

38 Estos eran los clanes descendientes de los hijos de Benjamín:
   el clan belaíta, nombrado así por su
      antepasado Bela,
   el clan asbelita, nombrado así por su
      antepasado Asbel,
   el clan ahiramita nombrado así por su
      antepasado Ahiram,
39 el clan sufamita, nombrado así por su
      antepasado Sufam,*

26:17 Así aparece en el Pentateuco Samaritano y en las versiones griega y siríaca (ver también Gn 46:16); en hebreo dice *Arod*. 26:23 Así aparece en el Pentateuco Samaritano, en las versiones griega y siríaca y en la Vulgata Latina (ver también 1 Cr 7:1); en hebreo dice *el clan de los puanitas, nombrado así por su antepasado Púa*. 26:39 Así aparece en algunos manuscritos hebreos, en el Pentateuco Samaritano y en las versiones griega y siríaca y en la Vulgata Latina; la mayoría de los manuscritos hebreos dicen *Sefufán*.

el clan hufamita, nombrado así por su antepasado Hufam.

⁴⁰Estos eran los subclanes descendientes de los belaítas:

los arditas, nombrados así por su antepasado Ard,*

los naamitas, nombrados así por su antepasado Naamán.

⁴¹Esos eran los clanes de Benjamín. Sus tropas registradas sumaron 45.600 hombres.

Tribu de Dan

⁴²Este era el clan descendiente de los hijos de Dan:

el clan suhamita, nombrado así por su antepasado Súham.

⁴³Esos eran los clanes suhamitas de Dan. Sus tropas registradas sumaron 64.400 hombres.

Tribu de Aser

⁴⁴Estos eran los clanes descendientes de los hijos de Aser:

el clan imnita, nombrado así por su antepasado Imna,

el clan isuita, nombrado así por su antepasado Isúi,

el clan de beriaíta, nombrado así por su antepasado Bería.

⁴⁵Estos eran los subclanes descendientes de los beriaítas:

los heberitas, nombrados así por su antepasado Heber,

los malquielitas, nombrados así por su antepasado Malquiel.

⁴⁶Aser también tenía una hija llamada Sera.

⁴⁷Esos eran los clanes de Aser. Sus tropas registradas sumaron 53.400 hombres.

Tribu de Neftalí

⁴⁸Estos eran los clanes descendientes de los hijos de Neftalí:

el clan jahzeelita, nombrado así por su antepasado Jahzeel,

el clan gunita, nombrado así por su antepasado Guni,

⁴⁹el clan jezerita, nombrado así por su antepasado Jezer,

el clan silemita, nombrado así por su antepasado Silem.

⁵⁰Esos eran los clanes de Neftalí. Sus tropas registradas sumaron 45.400 hombres.

Resultados del registro

⁵¹En resumen, las tropas registradas de todo Israel sumaron 601.730.

⁵²Entonces el Señor le dijo a Moisés: ⁵³«Reparte la tierra entre las tribus y distribuye

las porciones de tierra de acuerdo a la población de las tribus, conforme al número de los nombres en la lista. ⁵⁴Da una mayor porción de tierra a las tribus más numerosas y una menor a las más pequeñas, de modo que cada una reciba una porción de tierra en proporción al tamaño de su población. ⁵⁵Sin embargo, asigna la tierra por sorteo y dale a cada tribu patriarcal su porción según el número de nombres en la lista. ⁵⁶Cada porción de tierra se asignará por sorteo entre las tribus más grandes y las más pequeñas».

Tribu de Leví

⁵⁷Este es el registro de los levitas enumerados según sus clanes:

el clan gersonita, nombrado así por su antepasado Gersón,

el clan coatita, nombrado así por su antepasado Coat,

el clan merarita, nombrado así por su antepasado Merari.

⁵⁸Los libnitas, los hebronitas, los mahlitas, los musitas y los coreítas eran subclanes de los levitas.

Coat fue el antepasado de Amram; ⁵⁹la esposa de Amram se llamaba Jocabed. Ella también era descendiente de Leví, nacida entre los levitas en la tierra de Egipto. Amram y Jocabed eran los padres de Aarón, Moisés y su hermana Miriam. ⁶⁰Los hijos de Aarón eran Nadab, Abiú, Eleazar e Itamar. ⁶¹Pero Nadab y Abiú murieron cuando en la presencia del Señor quemaron una clase de fuego diferente al que él había ordenado.

⁶²Los hombres de los clanes levitas de un mes o más sumaron 23.000. Pero no se incluyó a los levitas en el registro del resto del pueblo porque a ellos no se les repartió una asignación de tierra cuando fue dividida entre los israelitas.

⁶³Esos son los resultados del registro del pueblo de Israel que Moisés y el sacerdote Eleazar hicieron en las llanuras de Moab, al lado del río Jordán, frente a Jericó. ⁶⁴Nadie en esta lista aparecía en el registro anterior hecho por Moisés y Aarón en el desierto de Sinaí. ⁶⁵Pues el Señor había dicho acerca de ellos: «Todos morirán en el desierto». Ninguno de ellos sobrevivió excepto Caleb, hijo de Jefone y Josué, hijo de Nun.

Las hijas de Zelofehad

27 Cierto día las hijas de Zelofehad —Maala, Noa, Hogla, Milca y Tirsa— presentaron una petición. Zelofehad, su padre, era descendiente de Hefer, hijo de Galaad, hijo de Maquir, hijo de Manasés, hijo de José. ²Estas mujeres acudieron a Moisés, al sacerdote Eleazar, a los jefes de las tribus y a toda la comunidad, a la entrada del tabernáculo.* ³Ellas dijeron: «Nuestro padre murió en el desierto, pero no por estar entre los seguidores de Coré que se

---

26:40 Así aparece en el Pentateuco Samaritano, en algunos manuscritos griegos y en la Vulgata Latina; en hebreo falta *nombrado así por su ancestro Ard.* 27:2 En hebreo *en la carpa de reunión.*

rebelaron contra el SEÑOR, sino que murió debido a su propio pecado y no tuvo hijos varones. 4¿Por qué debería desaparecer el nombre de nuestro padre de entre su clan solo porque no tuvo hijos varones? Dennos una porción de terreno entre el resto de nuestros parientes».

5Entonces Moisés presentó el caso ante el SEÑOR. 6Y el SEÑOR le contestó a Moisés: 7«La petición de las hijas de Zelofehad es legítima. Así que dales una porción de terreno junto con los parientes de su padre. Asígnales la porción de terreno que se hubiera dado a su padre.

8»Y da al pueblo de Israel las siguientes instrucciones: si un hombre muere sin dejar hijo varón, entonces se le dará su herencia a sus hijas. 9Y si tampoco tiene hijas, su herencia se transferirá a sus hermanos. 10Si no tiene hermanos, entrega su herencia a los hermanos de su padre. 11Y si su padre no tiene ningún hermano, entonces entrega su herencia al pariente más cercano dentro de su clan. Este es un requisito legal para el pueblo de Israel, tal como el SEÑOR le ordenó a Moisés».

Josué elegido para dirigir a Israel

12Cierto día el SEÑOR le dijo a Moisés:

—Sube a una de las montañas al oriente del río,* y contempla la tierra que le he dado al pueblo de Israel. 13Después de verla, al igual que tu hermano Aarón, morirás; 14pues los dos se rebelaron contra mis instrucciones en el desierto de Zin. Cuando los israelitas se rebelaron, ustedes no les demostraron mi santidad junto a las aguas.

(Estas son las aguas de Meriba en Cades* en el desierto de Zin).

15Entonces Moisés le dijo al SEÑOR:

16—Oh SEÑOR, tú eres el Dios que da aliento a todas las criaturas. Por favor, nombra a un nuevo hombre como líder de la comunidad. 17Dales a alguien que los guíe dondequiera que vayan y que los conduzca en batalla, para que la comunidad del SEÑOR no ande como ovejas sin pastor.

18El SEÑOR le respondió:

—Toma a Josué, hijo de Nun, en quien está el Espíritu, y pon tus manos sobre él. 19Preséntalo al sacerdote Eleazar ante toda la comunidad y públicamente encárgale que dirija al pueblo. 20Entrégale de tu autoridad para que toda la comunidad de Israel lo obedezca. 21Cuando se necesite dirección del SEÑOR, Josué se presentará ante el sacerdote Eleazar, quien usará el Urim —uno de los sorteos sagrados que se hacen ante el SEÑOR— para determinar su voluntad. De esta manera Josué y el resto de la comunidad de Israel decidirán todo lo que deben hacer.

22Así que Moisés hizo lo que el SEÑOR le ordenó y presentó a Josué ante el sacerdote Eleazar y ante toda la comunidad. 23Luego Moisés impuso sus manos sobre él y le entregó el cargo de dirigir al pueblo, tal como el SEÑOR había ordenado por medio de Moisés.

Ofrendas diarias

28 El SEÑOR le dijo a Moisés: 2«Da al pueblo de Israel estas instrucciones: las ofrendas especiales que ustedes presentan son un aroma agradable para mí; son mi pan. Asegúrense de que sean llevadas en el tiempo indicado y ofrecidas de acuerdo a mis instrucciones.

3»Dile a los israelitas: esta es la ofrenda especial que deberán presentar al SEÑOR como ofrenda quemada diaria. Ofrezcan dos corderos de un año, que no tengan ningún defecto. 4Sacrifiquen un cordero por la mañana y otro al atardecer. 5Con cada cordero entreguen una ofrenda de grano de dos kilos* de harina selecta mezclada con un litro* de aceite puro de olivas prensadas. 6Esta es la ofrenda quemada habitual, instituida en el monte Sinaí, como ofrenda especial, un aroma agradable al SEÑOR. 7Junto con la ofrenda quemada presenten la ofrenda líquida apropiada de un litro de bebida fermentada por cada cordero y derrámenla en el Lugar Santo como ofrenda al SEÑOR. 8Ofrezcan el segundo cordero al atardecer, con la misma ofrenda de grano y ofrenda líquida. También es una ofrenda especial, un aroma agradable al SEÑOR.

Ofrendas del día de descanso

9»En el día de descanso* sacrifiquen dos corderos de un año, sin defecto, junto con una ofrenda de grano de cuatro kilos* de harina selecta humedecida con aceite de oliva y una ofrenda líquida. 10Esta es la ofrenda quemada que se presentará cada día de descanso, además de la ofrenda quemada habitual y su correspondiente ofrenda líquida.

Ofrendas mensuales

11»El primer día de cada mes presenten al SEÑOR una ofrenda quemada adicional de dos becerros, un carnero y siete corderos de un año, todos sin defecto. 12Estas ofrendas deben ser acompañadas de ofrendas de grano de harina selecta humedecida con aceite de oliva, seis kilos* por cada becerro, cuatro kilos por cada carnero, 13y dos kilos por cada cordero. Esta ofrenda quemada será especial, un aroma agradable al SEÑOR. 14Ofrezcan también una ofrenda líquida con cada sacrificio: dos litros* de vino por cada becerro, un litro y medio* por cada carnero y un litro* por cada cordero. Presenten esta ofrenda quemada el primer día de cada mes, durante todo el año.

15»El primer día de cada mes ofrezcan también al SEÑOR un chivo como sacrificio por el

27:12 O *las montañas de Abarim.* **27:14** En hebreo *las aguas de Meriba-cades.* **28:5a** En hebreo *1/10 de un efa* [4,4 libras]; también en 28:13, 21, 29. **28:5b** En hebreo *1/4 de un hin* [1/4 de galón]; también en 28:7. **28:9a** O *el sábado.* **28:9b** En hebreo *2/10 de un efa* [8,8 libras]; también en 28:12, 20, 28. **28:12** En hebreo *3/10 de un efa* [13,2 libras]; también en 28:20, 28. **28:14a** En hebreo *1/2 hin* [1/2 galón]. **28:14b** En hebreo *1/3 de un hin* [1/3 de galón]. **28:14c** En hebreo *1/4 de un hin* [1/4 de galón].

pecado además de la ofrenda quemada habitual y su correspondiente ofrenda líquida.

Ofrendas para la Pascua

16»Deben celebrar la Pascua del SEÑOR el día catorce del primer mes.* 17El siguiente día —el día quince del mes— se iniciará un festival jubiloso de siete días, pero no comerán pan preparado con levadura. 18El primer día del festival será un día oficial para celebrar una asamblea santa y no harán ningún trabajo habitual. 19Como ofrenda especial presenten al SEÑOR una ofrenda quemada: dos becerros, un carnero y siete corderos de un año, todos sin defecto. 20Estas serán acompañadas de las ofrendas de grano de harina selecta humedecidas con aceite de oliva: seis kilos con cada becerro, cuatro kilos con el carnero, 21y dos kilos con cada uno de los siete corderos. 22Ofrezcan también un chivo como ofrenda por el pecado, para purificarse y hacerse justos ante el SEÑOR.* 23Estas ofrendas las presentarán además de la ofrenda quemada habitual de cada mañana. 24Este es el procedimiento que deberán seguir —en cada uno de los siete días del festival— cuando preparen la comida que presenten como ofrenda especial, una aroma agradable al SEÑOR. Estas las ofrecerán además de las ofrendas quemadas habituales y de las correspondientes ofrendas líquidas. 25El séptimo día del festival será otro día especial para celebrar una asamblea santa, y ese día no harán ningún trabajo habitual.

Ofrendas para el Festival de la Cosecha

26»Durante el Festival de la Cosecha,* cuando presenten al SEÑOR lo primero de su nuevo grano, convoquen un día oficial para una asamblea santa y ese día no harán ningún trabajo habitual. 27Ese día, presenten una ofrenda quemada especial como un aroma agradable al SEÑOR, compuesta de dos becerros, un carnero y siete corderos de un año. 28Estas serán acompañadas de las ofrendas de grano de harina selecta humedecidas con aceite de oliva: seis kilos con cada becerro, cuatro kilos con el carnero 29y dos kilos con cada uno de los siete corderos. 30Ofrezcan también un chivo para purificarse y hacerse justos ante el SEÑOR. 31Preparen estas ofrendas quemadas especiales, junto con sus ofrendas líquidas, además de la ofrenda quemada habitual y su correspondiente ofrenda de grano. Asegúrense de que los animales que sacrifiquen no tengan ningún defecto.

Ofrendas para el Festival de las Trompetas

29 »Cada año, el primer día del mes señalado, al principio del otoño*, celebren el Festival de las Trompetas. Convoquen un día oficial para una asamblea santa y no hagan ningún trabajo habitual. 2Ese día deben presentar una ofrenda quemada, como aroma agradable al SEÑOR: un becerro, un carnero y siete corderos de un año, todos sin defecto. 3Estas deben ser acompañadas de las ofrendas de grano de harina selecta humedecidas con aceite de oliva: seis kilos* con el becerro, cuatro kilos* con el carnero 4y dos kilos* con cada uno de los siete corderos. 5Además sacrifiquen un chivo como ofrenda por el pecado, para purificarse y hacerse justos ante el SEÑOR.* 6Estos sacrificios especiales, junto con sus ofrendas obligatorias de grano y las ofrendas líquidas, son además de las ofrendas quemadas habituales, mensuales y diarias. Se las presenta como ofrenda especial al SEÑOR, aroma agradable a él.

Ofrendas para el Día del Perdón

7»Diez días después, el día diez del mismo mes,* convoquen otra asamblea santa. Ese día, el Día del Perdón, el pueblo no debe comer ni hacer ningún trabajo habitual. 8Deberán presentar una ofrenda quemada como aroma agradable al SEÑOR: un becerro, un carnero y siete corderos de un año, todos sin defecto. 9Estas ofrendas deben ser acompañadas de las ofrendas obligatorias de grano de harina selecta humedecidas con aceite de oliva: seis kilos de harina selecta con el becerro, cuatro kilos de harina selecta con el carnero 10y dos kilos dpe harina selecta con cada uno de los siete corderos. 11Sacrifiquen también un chivo como ofrenda por el pecado. Esta es además de la ofrenda por el pecado para el perdón y además de la ofrenda quemada diaria habitual, junto con su ofrenda de grano y sus correspondientes ofrendas líquidas.

Ofrendas para el Festival de las Enramadas

12»Cinco días después, el día quince del mismo mes,* convoquen otra asamblea santa de todo el pueblo y ese día no hagan ningún trabajo habitual. Ese día es el comienzo del Festival de las Enramadas,* un festival de siete días al SEÑOR. 13El primer día del festival presenten, como ofrenda especial, una ofrenda quemada como aroma agradable al SEÑOR: trece becerros, dos carneros y catorce corderos de un año, todos sin defecto. 14Cada una de estas ofrendas deben ser acompañadas por una ofrenda de grano de

28:16 En el antiguo calendario lunar hebreo, ese día caía a fines de marzo, en abril o a principios de mayo.   28:22 O hacer expiación por ustedes mismos; también en 28:30.   28:26 En hebreo el Festival de las Semanas. Este festival después se denominó el Festival de Pentecostés (ver Hch 2:1). Hoy en día se celebra como Shavuot.   29:1 En hebreo el primer día del séptimo mes. En el antiguo calendario lunar hebreo, ese día caía en septiembre o en octubre. Este festival hoy se celebra como Rosh Hashaná, el año nuevo judío.   29:3a En hebreo 3/10 de un efa [13,2 libras]; también en 29:9, 14.   29:3b En hebreo 2/10 de un efa [8,8 libras]; también en 29:9, 14.   29:4 En hebreo 1/10 de un efa [4,4 libras]; también en 29:10, 15.   29:5 O hacer expiación por ustedes mismos.   29:7 En hebreo En el décimo día del séptimo mes; ver 29:1 y la nota a pie de página. En el antiguo calendario lunar hebreo, ese día caía en septiembre o en octubre. Hoy se celebra como Yom Kippur.   29:12a En hebreo En el día quince del séptimo mes; ver 29:1, 7 y la nota a pie de página.   29:12b O Festival de los Refugios o Festival de los Tabernáculos. En la antigüedad se denominaba el Festival de la Última Cosecha o el Festival de la Recolección (ver Ex 23:16b). Hoy en día se celebra como Sucot.

harina selecta humedecida con aceite de oliva: seis kilos para cada uno de los trece becerros, cuatro kilos para cada uno de los dos carneros [15] y dos kilos para cada uno de los catorce corderos. [16]También sacrifiquen un chivo como ofrenda por el pecado además de la ofrenda quemada habitual con su correspondiente ofrenda de grano y ofrenda líquida.

[17]»El segundo día de este festival de siete días, sacrifiquen doce becerros, dos carneros y catorce corderos de un año, todos sin defecto. [18]Cada una de estas ofrendas de becerros, carneros y corderos deben ser acompañadas por su ofrenda obligatoria de grano y su ofrenda líquida. [19]También sacrifiquen un chivo como ofrenda por el pecado además de la ofrenda quemada habitual con su correspondiente ofrenda de grano y ofrenda líquida.

[20]»El tercer día del festival, sacrifiquen once becerros, dos carneros y catorce corderos de un año, todos sin defecto. [21]Cada una de estas ofrendas de becerros, carneros y corderos deben ser acompañadas por su ofrenda obligatoria de grano y su ofrenda líquida. [22]También sacrifiquen un chivo como ofrenda por el pecado además de la ofrenda quemada habitual con su correspondiente ofrenda de grano y ofrenda líquida.

[23]»El cuarto día del festival, sacrifiquen diez becerros, dos carneros y catorce corderos de un año, todos sin defecto. [24]Cada una de estas ofrendas de becerros, carneros y corderos deben ser acompañadas por su ofrenda obligatoria de grano y su ofrenda líquida. [25]También sacrifiquen un chivo como ofrenda por el pecado además de la ofrenda quemada habitual con su correspondiente ofrenda de grano y ofrenda líquida.

[26]»El día quinto del festival, sacrifiquen nueve becerros, dos carneros y catorce corderos de un año, todos sin defecto. [27]Cada una de estas ofrendas de becerros, carneros y corderos deben ser acompañadas por su ofrenda obligatoria de grano y su ofrenda líquida. [28]También sacrifiquen un chivo como ofrenda por el pecado además de la ofrenda quemada habitual con su correspondiente ofrenda de grano y ofrenda líquida.

[29]»El sexto día del festival, sacrifiquen ocho becerros, dos carneros y catorce corderos de un año, todos sin defecto. [30]Cada una de estas ofrendas de becerros, carneros y corderos deben ser acompañadas por su ofrenda obligatoria de grano y su ofrenda líquida. [31]También sacrifiquen un chivo como ofrenda por el pecado además de la ofrenda quemada habitual con su correspondiente ofrenda de grano y ofrenda líquida.

[32]»El séptimo día del festival, sacrifiquen siete becerros, dos carneros y catorce corderos de un año, todos sin defecto. [33]Cada una de estas ofrendas de becerros, carneros y corderos deben ser acompañadas por su ofrenda obligatoria de grano y su ofrenda líquida. [34]También

sacrifiquen un chivo como ofrenda por el pecado además de la ofrenda quemada habitual con su correspondiente ofrenda de grano y ofrenda líquida.

[35]»El octavo día del festival, proclamen otro día santo. No hagan ningún trabajo habitual en ese día. [36]Presenten una ofrenda quemada como regalo especial, aroma agradable al SEÑOR, de un becerro, un carnero y siete corderos de un año, todos sin defecto. [37]Cada una de estas ofrendas deben ser acompañadas por su ofrenda obligatoria de grano y su ofrenda líquida. [38]También sacrifiquen un chivo como ofrenda por el pecado además de la ofrenda quemada habitual con su correspondiente ofrenda de grano y ofrenda líquida.

[39]»Presenten estas ofrendas al SEÑOR durante sus festivales anuales. Estas ofrendas son además de los sacrificios y las ofrendas que presentan en relación con votos o como ofrendas voluntarias, ofrendas quemadas, ofrendas de grano, ofrendas líquidas u ofrendas de paz».

[40]*Así que Moisés dio al pueblo de Israel todas estas instrucciones, tal como el SEÑOR le había ordenado.

Leyes acerca de votos

30 [1]*Moisés mandó llamar a los jefes de las tribus de Israel y les dijo: «Esto es lo que el SEÑOR ha ordenado: [2]un hombre que hace un voto al SEÑOR o una promesa bajo juramento jamás deberá faltar a su palabra. Tiene que cumplir exactamente con lo que dijo que haría.

[3]»Si una mujer joven hace un voto al SEÑOR o una promesa bajo juramento, mientras todavía vive en la casa de su padre, [4]y su padre se entera del voto o de la promesa y este no se opone, entonces todos sus votos y todas sus promesas siguen en pie. [5]Sin embargo, el día que se entera, se niega a darle permiso para que cumpla el voto o la promesa, quedarán anulados todos sus votos y todas sus promesas. El SEÑOR la perdonará porque su padre no le permitió cumplirlos.

[6]»Ahora bien, supongamos que una joven hace un voto o se compromete a sí misma a hacer una promesa impulsiva y luego se casa. [7]Si su marido llega a saber de su voto o de su promesa y no se opone el día que se entera, sus votos y sus promesas siguen en pie. [8]Sin embargo, si su marido se niega a aceptar su voto o promesa impulsiva el día que se entera, sus compromisos quedarán anulados y el SEÑOR la perdonará. [9]Pero si se trata de una viuda o de una divorciada, esta persona deberá cumplir con todos sus votos y todas sus promesas.

[10]»Ahora bien, supongamos que una mujer está casada y vive en casa de su esposo cuando ella hace un voto o se compromete a sí misma con una promesa. [11]Si su marido se entera y no

se opone, entonces su voto o su promesa sigue en pie. ¹²Pero si su marido se niega a aceptarlo el día que se entera, entonces su voto o su promesa quedará anulado y el Señor la perdonará. ¹³Su marido puede confirmar o anular todo voto o toda promesa que haya hecho para negarse a sí misma. ¹⁴Pero si no se opone el día que se entera, esto significa que está de acuerdo con todos sus votos y todas sus promesas. ¹⁵Si él espera más de un día y entonces intenta anular un voto o una promesa, él recibirá el castigo por la culpa de ella».

¹⁶Estas son las ordenanzas que el Señor le dio a Moisés acerca de las relaciones entre el hombre y su esposa y entre el padre y su hija joven que todavía vive en su casa.

Conquista de los madianitas

31 Entonces el Señor le dijo a Moisés: ²«En nombre del pueblo de Israel, toma venganza en contra de los madianitas por haber conducido a mi pueblo a la idolatría. Después morirás y te reunirás con tus antepasados».

³Así que Moisés le dijo al pueblo: «Escojan a algunos hombres y ármenlos para pelear la guerra de venganza del Señor contra Madián. ⁴De cada tribu de Israel envíen mil hombres a la batalla». ⁵Entonces escogieron a mil hombres de cada tribu de Israel, en total reunieron a doce mil hombres armados para la batalla. ⁶Así que Moisés envió a mil hombres de cada tribu, y Finees, hijo del sacerdote Eleazar, los dirigió en la batalla. Llevaban los objetos sagrados del santuario y las trompetas para dar la orden de ataque. ⁷Así que atacaron a Madián, tal como el Señor se había ordenado a Moisés, y mataron a todos los hombres. ⁸Los cinco reyes madianitas —Eví, Requem, Zur, Hur y Reba— murieron en la batalla. También mataron a espada a Balaam, hijo de Beor.

⁹El ejército israelita capturó a las mujeres y a los niños madianitas y tomó como botín el ganado y los rebaños y toda su riqueza. ¹⁰Quemaron todas las ciudades y las aldeas donde los madianitas habían vivido. ¹¹Después que reunieron el botín y a los cautivos, tanto personas como animales, ¹²llevaron todo a Moisés, al sacerdote Eleazar y a toda la comunidad de Israel que acampaba en las llanuras de Moab, al lado del río Jordán frente a Jericó. ¹³Entonces Moisés, el sacerdote Eleazar y todos los jefes de la comunidad salieron a su encuentro afuera del campamento. ¹⁴Pero Moisés se enfureció con los generales y los capitanes* que volvieron de la batalla.

¹⁵«¿Por qué dejaron con vida a las mujeres? —les reclamó—. ¹⁶Precisamente son ellas las que, siguiendo el consejo de Balaam, incitaron al pueblo de Israel a rebelarse contra el Señor en el monte Peor. Son ellas las que causaron la plaga que hirió al pueblo del Señor. ¹⁷Así que maten

a todos los niños varones y a todas las mujeres que hayan tenido relaciones sexuales. ¹⁸Dejen con vida únicamente a las niñas vírgenes; pueden quedarse con ellas. ¹⁹Y todos ustedes, los que hayan matado a alguien o hayan tocado un cadáver deben permanecer fuera del campamento durante siete días. Purifíquense ustedes y sus prisioneros en el tercer día y en el séptimo. ²⁰Purifiquen también toda su ropa y todo lo que está hecho de cuero, pelo de cabra o madera».

²¹Entonces el sacerdote Eleazar les dijo a los hombres que participaron en la batalla: «El Señor le ha dado a Moisés este requisito legal: ²²todo lo que está hecho de oro, plata, bronce, hierro, estaño o plomo, ²³es decir, todos los metales resistentes al fuego, deberán ser pasados por el fuego para que queden ceremonialmente puros. Además deben purificar estos objetos de metal con el agua de la purificación. Pero todo lo que no es resistente al fuego lo purificarán únicamente con el agua. ²⁴El séptimo día laven su ropa y quedarán purificados, entonces podrán regresar al campamento».

Distribución del botín

²⁵Después el Señor le dijo a Moisés: ²⁶«Tú, el sacerdote Eleazar y los jefes de las familias de cada tribu, hagan una lista de todo el botín tomado en la batalla, incluidos la gente y los animales. ²⁷Luego dividan el botín en dos partes y den la mitad a los hombres que lucharon en la batalla y la otra mitad al resto del pueblo. ²⁸De lo que le pertenece al ejército, entreguen primero una porción del botín que le corresponde al Señor: uno de cada quinientos prisioneros, así como del ganado, de los burros, de las ovejas y de las cabras. ²⁹Esta porción de lo que le corresponde al ejército, entrégasela al sacerdote Eleazar como ofrenda al Señor. ³⁰De la mitad que pertenece al pueblo de Israel, toma uno de cada cincuenta de los prisioneros y del ganado, de los burros, de las ovejas, de las cabras y otros animales. Entrega esta porción a los levitas, que están encargados del cuidado del tabernáculo del Señor». ³¹Así que Moisés y el sacerdote Eleazar hicieron lo que el Señor ordenó a Moisés.

³²El botín que quedó de todo lo que los hombres de guerra habían tomado sumó 675.000 ovejas y cabras, ³³72.000 cabezas de ganado, ³⁴71.000 burros ³⁵y 32.000 muchachas vírgenes.

³⁶La mitad del botín se entregó a los hombres de guerra. El total sumó 337.500 ovejas y cabras, ³⁷de las cuales 675 eran la porción para el Señor; ³⁸36.000 cabezas de ganado, de las cuales 72 eran la porción para el Señor; ³⁹30.500 burros de los cuales 61 eran la porción para el Señor; ⁴⁰y 16.000 muchachas vírgenes de las cuales 32 eran la porción para el Señor. ⁴¹Moisés le dio al sacerdote Eleazar la porción del Señor, tal como el Señor lo había ordenado.

⁴²La mitad del botín pertenecía al pueblo de

31:14 En hebreo *los comandantes de miles y los comandantes de cientos;* también en 31:48, 52, 54.

Israel, y Moisés la separó de la mitad que pertenecía a los hombres de guerra. 43El total entregado a los israelitas sumó 337.500 ovejas y cabras, 44 36.000 cabezas de ganado, 45 30.500 burros, 46 16.000 muchachas vírgenes. 47De la mitad entregada al pueblo, Moisés tomó uno de cada cincuenta prisioneros y animales y los dio a los levitas que cuidaban el tabernáculo del Señor. Todo se realizó como el Señor le había ordenado a Moisés.

48Después de contar los generales y los capitanes vinieron a Moisés 49y le dijeron: «Nosotros, tus servidores, contamos a todos los hombres que salieron a la batalla bajo nuestras órdenes; ¡no falta ninguno de nosotros! 50Así que, de nuestra porción del botín, presentamos como ofrenda al Señor los artículos de oro que tomamos: brazaletes, pulseras, anillos, aretes y collares. Esto purificará nuestras vidas ante el Señor y nos hará justos ante él».*

51Entonces Moisés y el sacerdote Eleazar recibieron el oro de todos los comandantes del ejército, que consistía en todo tipo de joyas y artículos artesanales. 52El oro que los generales y los capitanes presentaron como ofrenda al Señor pesaba aproximadamente ciento noventa kilos.* 53Los hombres de guerra habían tomado para sí parte del botín. 54Así que Moisés y el sacerdote Eleazar aceptaron los regalos de los generales y capitanes y llevaron el oro al tabernáculo* como recordatorio al Señor de que el pueblo de Israel le pertenece.

Tribus al oriente del Jordán

32 Las tribus de Rubén y Gad poseían una enorme cantidad de animales. Así que cuando vieron que las tierras de Jazer y Galaad eran ideales para sus rebaños y manadas, 2se acercaron a Moisés, al sacerdote Eleazar y a los otros jefes de la comunidad y les dijeron:

3—Observen las ciudades de Atarot, Dibón, Jazer, Nimra, Hesbón, Eleale, Sibma,* Nebo y Beón. 4El Señor conquistó todo este territorio para la comunidad de Israel y es ideal para todos nuestros animales. 5Si contamos con su favor, permítannos ocupar esta tierra como nuestra propiedad en lugar de darnos tierra al otro lado del río Jordán.

6—¿Significa esto que ustedes pretenden quedarse aquí mientras sus hermanos cruzan el río y combaten sin su apoyo? —preguntó Moisés a los hombres de Gad y de Rubén—. 7¿Por qué quieren desalentar al resto del pueblo de Israel de cruzar a la tierra que el Señor le ha dado? 8Sus antepasados hicieron lo mismo cuando los envié de Cades-barnea a explorar la tierra. 9Después que subieron al valle de Escol y exploraron la tierra, desanimaron al pueblo de Israel para que no entrara a la tierra que el Señor le daba. 10Por eso el Señor se enojó mucho contra ellos y juró: 11"De todos los que rescaté de

Egipto, ninguno de veinte años o más verá jamás la tierra que juré dar a Abraham, a Isaac y a Jacob, porque no me han obedecido de corazón. 12Las únicas excepciones son Caleb, hijo de Jefone el cenezeo, y Josué, hijo de Nun, porque ellos han seguido al Señor de todo corazón".

13»El Señor se enojó con los israelitas y los hizo vagar en el desierto durante cuarenta años hasta que murió la generación entera que había pecado a los ojos del Señor. 14¡Pero ahora aquí están ustedes, raza de pecadores, haciendo exactamente lo mismo! Ustedes están provocando que el Señor se enoje aún más con Israel. 15Si ustedes se alejan de él y él abandona nuevamente al pueblo en el desierto, ustedes serán responsables de la destrucción de la nación entera.

16Pero ellos se acercaron a Moisés y le dijeron:

—Nosotros simplemente queremos construir corrales para nuestros animales y ciudades fortificadas para nuestras esposas e hijos. 17Después tomaremos las armas e iremos al frente de nuestros hermanos israelitas a la batalla, hasta que los llevemos seguros a su tierra. Mientras tanto, nuestras familias se quedarán en las ciudades fortificadas que construiremos aquí, para que no corran peligro de los ataques de la gente del lugar. 18No volveremos a nuestras casas hasta que todo el pueblo de Israel haya recibido su porción de tierra. 19Sin embargo, no reclamamos ninguna parte de la tierra del otro lado del Jordán. Preferimos vivir aquí, al oriente del Jordán y la aceptamos como nuestra porción de tierra.

20Entonces Moisés les dijo:

—Si ustedes cumplen su palabra y se preparan para ir a la batalla del Señor, 21y si sus tropas cruzan el Jordán y siguen en la lucha hasta que el Señor expulse a sus enemigos, 22entonces podrán volver cuando el Señor haya conquistado la tierra. Habrán cumplido con su deber ante el Señor y ante el resto del pueblo de Israel. Y la tierra al oriente del Jordán será su propiedad de parte del Señor. 23Pero si no cumplen su palabra, entonces habrán pecado contra el Señor y estén seguros de que su pecado los alcanzará. 24Adelante, entonces, construyan ciudades para sus familias y corrales para sus rebaños, pero cumplan con todo lo que prometieron.

25Entonces los hombres de Gad y de Rubén respondieron:

—Nosotros, tus servidores, seguiremos tus instrucciones al pie de la letra. 26Nuestros hijos y nuestras esposas, los rebaños y el ganado permanecerán aquí en las ciudades de Galaad. 27Por todos los que puedan portar armas cruzarán del otro lado a fin de combatir para el Señor, así como tú has dicho.

28Así que Moisés dio las órdenes al sacerdote Eleazar, a Josué, hijo de Nun, y a los jefes de los clanes de Israel, 29y dijo: «Los hombres de Gad y de Rubén que están armados para la batalla deben cruzar el Jordán con ustedes y luchar para el SEÑOR. Si lo hacen, cuando terminen de conquistar la tierra denles la región de Galaad como su propiedad. 30Pero si se niegan a armarse y a cruzar con ustedes, entonces estarán obligados a aceptar una porción de tierra en Canaán, con el resto de ustedes».

31Entonces las tribus de Gad y de Rubén volvieron a decir: «Nosotros somos tus servidores, ¡y haremos lo que el SEÑOR ha ordenado! 32Cruzaremos el Jordán hacia Canaán bien armados a luchar para el SEÑOR, pero nuestra propiedad estará aquí en este lado del Jordán».

33Moisés asignó tierra a las tribus de Gad y de Rubén y a la media tribu de Manasés, hijo de José. Les entregó el territorio de Sehón, rey de los amorreos, y la tierra de Og, rey de Basán, toda la tierra con sus ciudades y tierras vecinas.

34Los descendientes de Gad construyeron las ciudades de Dibón, Atarot, Aroer, 35Atarot-sofán, Jazer, Jogbeha, 36Bet-nimra y Bet-arán. Todas eran ciudades fortificadas con corrales para sus rebaños.

37Los descendientes de Rubén construyeron las ciudades de Hesbón, Eleale, Quiriataim, 38Nebo, Baal-meón y Sibma. Cambiaron los nombres de algunas de las ciudades que conquistaron y reconstruyeron.

39Entonces los descendientes de Maquir, de la tribu de Manasés, fueron a Galaad, la conquistaron y expulsaron a los amorreos que vivían allí. 40Moisés dio Galaad a los maquiritas, descendientes de Manasés, y ahí se establecieron. 41El hijo de Jair, otro clan de la tribu de Manasés, conquistó muchas de las ciudades de Galaad y cambió el nombre de esa región a Ciudades de Jair.* 42Mientras tanto, un hombre llamado Noba conquistó el pueblo de Kenat y sus aldeas vecinas y a esa región le dio su propio nombre.

Recorrido de Israel

33 Esta es la ruta que los israelitas siguieron cuando salieron de Egipto bajo el liderazgo de Moisés y Aarón. 2Por orden del SEÑOR, Moisés guardó un registro escrito del avance. Estas son las etapas de la marcha, identificadas por los diferentes lugares donde se detuvieron en la ruta.

3Salieron de la ciudad de Ramsés, a comienzos de la primavera, el día quince del primer mes,* por la mañana después de la primera celebración de la Pascua. El pueblo de Israel marchó desafiante, a la vista de todos los egipcios. 4Mientras tanto, los egipcios enterraban a todos sus primeros hijos varones, a los que el SEÑOR había matado la noche anterior. ¡Esa noche el SEÑOR derrotó a los dioses de Egipto, con grandes actos de juicio!

5Después de dejar Ramsés, los israelitas armaron el campamento en Sucot.

6Luego partieron de Sucot y acamparon en Etam en los límites del desierto.

7Partieron de Etam y retrocedieron hacia Pi-hahirot, frente a Baal-zefón y acamparon cerca de Migdol.

8Partieron de Pi-hahirot y cruzaron el mar Rojo* para internarse en el desierto. Luego viajaron tres días por el desierto de Etam y acamparon en Mara.

9Partieron de Mara y acamparon en Elim donde había doce fuentes de agua y setenta palmeras.

10Partieron de Elim y acamparon al lado del mar Rojo.*

11Partieron del mar Rojo y acamparon en el desierto de Sin.

12Partieron del desierto de Sin y acamparon en Dofca.

13Partieron de Dofca y acamparon en Alús.

14Partieron de Alús y acamparon en Refidim, donde no había agua para que el pueblo bebiera.

15Partieron de Refidim y acamparon en el desierto de Sinaí.

16Partieron del desierto de Sinaí y acamparon en Kibrot-hataava.

17Partieron de Kibrot-hataava y acamparon en Hazerot.

18Partieron de Hazerot y acamparon en Ritma.

19Partieron de Ritma y acamparon en Rimón-peres.

20Partieron de Rimón-peres y acamparon en Libna.

21Partieron de Libna y acamparon en Rissa.

22Partieron de Rissa y acamparon en Ceelata.

23Partieron de Ceelata y acamparon en el monte Sefer.

24Partieron del monte Sefer y acamparon en Harada.

25Partieron de Harada y acamparon en Macelot.

26Partieron de Macelot y acamparon en Tahat.

27Partieron de Tahat y acamparon en Tara.

28Partieron de Tara y acamparon en Mitca.

29Partieron de Mitca y acamparon en Hasmona.

30Partieron de Hasmona y acamparon en Moserot.

31Partieron de Moserot y acamparon en Bene-jaacán.

32Partieron de Bene-jaacán y acamparon en Hor-haggidgad.

33Partieron de Hor-haggidgad y acamparon en Jotbata.

34Partieron de Jotbata y acamparon en Abrona.

35Partieron de Abrona y acamparon en Ezión-geber.

36Partieron de Ezión-geber y acamparon en Cades en el desierto de Zin.

37Partieron de Cades y acamparon en el monte

32:41 En hebreo *Havot-jair.* 33:3 En el antiguo calendario lunar hebreo, ese día caía a fines de marzo, en abril o a principios de mayo. 33:8 En hebreo *el mar.* 33:10 En hebreo *mar de juncos;* también en 33:11.

Hor, en la frontera de Edom. ³⁸Mientras estaban al pie del monte Hor, el Señor ordenó al sacerdote Aarón que subiera al monte y allí murió. Eso sucedió a mediados del verano, el primer día del mes quinto,* a los cuarenta años de la salida de Israel de Egipto. ³⁹Aarón tenía ciento veinte y tres años cuando murió en el monte Hor.

⁴⁰En esa ocasión el rey cananeo de Arad, que vivía en el Neguev, en la tierra de Canaán, oyó que el pueblo de Israel se acercaba a su tierra.

⁴¹Mientras tanto, los israelitas dejaron el monte Hor y acamparon en Zalmona.

⁴²Partieron de Zalmona y acamparon en Punón.

⁴³Partieron de Punón y acamparon en Obot.

⁴⁴Partieron de Obot y acamparon en Ije-abarim en la frontera de Moab.

⁴⁵Partieron de Ije-abarim* y acamparon en Dibón-gad.

⁴⁶Partieron de Dibón-gad y acamparon en Almón-diblataim.

⁴⁷Partieron de Almón-diblataim y acamparon en las montañas al oriente del río,* cerca del monte Nebo.

⁴⁸Partieron de las montañas al oriente del río y acamparon en las llanuras de Moab junto al río Jordán, frente a Jericó. ⁴⁹Acamparon a lo largo del río Jordán desde Bet-jesimot hasta los prados de las Acacias,* en las llanuras de Moab.

⁵⁰Mientras acampaban cerca del río Jordán, en las llanuras de Moab, frente a Jericó, el Señor dijo a Moisés: ⁵¹«Dale las siguientes instrucciones al pueblo de Israel: cuando crucen el río Jordán a la tierra de Canaán, ⁵²expulsen a todos los que viven allí. Destruyan todas las imágenes talladas y fundidas y derriben todos sus santuarios paganos. ⁵³Tomen posesión de su tierra y establézcanse allí, porque a ustedes se la he dado para que la ocupen. ⁵⁴Repartan la tierra entre los clanes por sorteo sagrado, en proporción a su tamaño. A los clanes más grandes se les entregará una porción más grande de tierra y a los clanes más pequeños, una porción menor. La decisión del sorteo sagrado es definitiva. De esta manera se hará la repartición de las porciones de tierra entre sus tribus patriarcales. ⁵⁵Sin embargo, si no expulsan a los habitantes de la tierra, los que se queden serán como astillas en sus ojos y espinas en sus costados. Los acosarán en la tierra que habitan; ⁵⁶y yo haré con ustedes lo mismo que había pensado hacer con ellos».

Límites del país

34 Entonces el Señor le dijo a Moisés: ²«Da las siguientes instrucciones a los israelitas: cuando entren en la tierra de Canaán, la cual les doy como su preciada posesión,

serán los límites. ³La porción sureña de su país se extenderá desde el desierto de Zin, a lo largo del límite con Edom. La frontera sur empezará al oriente del mar Muerto,* ⁴y se extenderá hacia el sur, pasando por el paso de los Escorpiones* rumbo a Zin. El extremo sur será Cades-barnea y de allí seguirá a Hazar-adar hasta llegar a Asmón. ⁵De Asmón, el límite girará hacia el arroyo de Egipto y terminará en el mar Mediterráneo.*

⁶»La frontera occidental será la costa del mar Mediterráneo.

⁷»La frontera norte empezará en el mar Mediterráneo y se extenderá hacia el oriente hasta el monte Hor ⁸y luego a Lebo-hamat pasando por Zedad ⁹y Zifrón hasta Hazar-enán. Esta será la frontera norte.

¹⁰»El límite oriental empezará en Hazar-enán y se extenderá al sur hasta Sefam ¹¹y bajará a Ribla al oriente de Aín. De allí la frontera descenderá a lo largo de la orilla oriental del mar de Galilea,* ¹²y luego a lo largo del río Jordán hasta llegar al mar Muerto. Estos son los límites de su tierra».

¹³Entonces Moisés les dijo a Israel: «Este territorio es la patria que se repartirá por sorteo sagrado entre ustedes. El Señor ordenó que la tierra sea repartida entre las nueve tribus y media restantes. ¹⁴Las familias de las tribus de Rubén, de Gad y de la media tribu de Manasés ya recibieron sus porciones de tierra ¹⁵al oriente del río Jordán, frente a Jericó hacia la salida del sol».

Líderes para repartir la tierra

¹⁶Entonces el Señor le dijo a Moisés: ¹⁷«El sacerdote Eleazar y Josué, hijo de Nun, son los hombres designados para repartir las porciones de tierra entre el pueblo. ¹⁸Además, recluta a un líder de cada tribu para que los ayude en la tarea. ¹⁹Estas son las tribus y los nombres de los líderes:

Tribu	Líder
Judá . . . . Caleb, hijo de Jefone
²⁰ Simeón . . . . Semuel, hijo de Amiud
²¹ Benjamín . . . . Elidad, hijo de Quislón
²² Dan . . . . Buqui, hijo de Jogli
²³ Manasés, hijo de José . . . Haniel, hijo de Efod
²⁴ Efraín, hijo de José . . Kemuel, hijo de Siftán
²⁵ Zabulón . . . . Elizafán, hijo de Parnac
²⁶ Isacar . . . . Paltiel, hijo de Azán
²⁷ Aser . . . . Ahiud, hijo de Selomi
²⁸ Neftalí . . . . Pedael, hijo de Amiud

²⁹Estos son los hombres que el Señor nombró para repartir las porciones de tierra en Canaán entre los israelitas».

Ciudades para los levitas

35 Mientras Israel acampaba junto al Jordán, en las llanuras de Moab, frente a Jericó, el Señor le dijo a Moisés: ²«Ordena a los israelitas que, de las propiedades que

---

33:38 En el antiguo calendario lunar hebreo, ese día caía en julio o en agosto.   33:45 Así aparece en 33:44; en hebreo dice *Iyim*, otro nombre para Ije-abarim.   33:47 O *las montañas de Abarim*; también en 33:48.   33:49 En hebreo *hasta Abel-sitim*.   34:3 En hebreo *el mar Salado*; también en 34:12.   34:4 O *la subida de Acrabim*.   34:5 En hebreo *el mar*; también en 34:6, 7   34:11 En hebreo *el mar de Cineret*.

recibieron, entreguen a los levitas algunas ciudades donde vivir, junto con los pastizales que las rodean. ³Los levitas vivirán en esas ciudades y las tierras que las rodean proveerán pastura para su ganado, rebaños y otros animales. ⁴Los pastizales alrededor de esas ciudades, asignados a los levitas, se extenderán por cuatrocientos sesenta metros* a partir de las murallas de las ciudades en todas direcciones. ⁵Midan novecientos veinte metros* afuera de las murallas de las ciudades en cada dirección —oriente, sur, occidente y norte— y la ciudad quedará en el centro. Esta área será otro pastizal, aún más grande para las ciudades.

⁶»Seis de las ciudades que entreguen a los levitas serán ciudades de refugio, adonde una persona que haya matado a alguien por accidente pueda huir y ponerse a salvo. Además entregarán otras cuarenta y dos ciudades. ⁷En total, darás a los levitas cuarenta y ocho ciudades con los pastizales que las rodean. ⁸Estas ciudades las tomarán de las propiedades del pueblo de Israel. Las tribus más grandes darán más ciudades a los levitas, mientras que las tribus más pequeñas darán menos. Cada tribu dará terreno en proporción al tamaño de la tierra que recibió».

Ciudades de refugio

⁹El Señor le dijo a Moisés: ¹⁰«Dale las siguientes instrucciones al pueblo de Israel: cuando crucen el Jordán para entrar a la tierra de Canaán, ¹¹designen ciudades de refugio adonde una persona pueda huir si ha matado a alguien por accidente. ¹²Estas ciudades servirán como lugares de protección contra los parientes de la víctima que quieran vengar la muerte. No se le quitará la vida al responsable de la muerte antes de que la comunidad lo juzgue. ¹³Designen seis ciudades de refugio para ustedes mismos; ¹⁴tres al oriente del río Jordán y tres al occidente, en la tierra de Canaán. ¹⁵Estas ciudades servirán para proteger a los israelitas, a los extranjeros que vivan entre ustedes y a los comerciantes ambulantes. Cualquiera que mate a alguien por accidente podrá huir allí para ponerse a salvo.

¹⁶»Sin embargo, si alguien golpea y mata a otro con un objeto de hierro, comete homicidio y el asesino debe ser ejecutado. ¹⁷Si alguien con una piedra en la mano golpea y mata a otro, comete homicidio y el asesino debe ser ejecutado. ¹⁸Si alguien golpea y mata a otro con un objeto de madera, comete homicidio y el asesino debe ser ejecutado. ¹⁹El pariente más cercano de la víctima es responsable de quitarle la vida al asesino. Cuando ellos se encuentren, el vengador debe quitarle la vida al asesino. ²⁰Así que, si alguien por odio empuja a otro o le lanza un objeto peligroso y este muere, comete homicidio. ²¹O si alguien por odio golpea a otro con su puño y muere, comete homicidio. En tales casos, el vengador tiene que quitarle la vida al asesino cuando se encuentren.

²²»Ahora bien, supongamos que alguien empuja a otro sin enemistad previa, o lanza algo que, sin intención, golpea a otro, ²³o por accidente deja caer una piedra grande sobre alguien y, aunque no eran enemigos, la persona muere. ²⁴Si esto llegara a suceder, la comunidad debe seguir las siguientes normas al juzgar entre el responsable de la muerte y el vengador, el pariente más cercano de la víctima. ²⁵La comunidad debe proteger al responsable de la muerte del vengador y debe escoltarlo para que regrese a vivir en la ciudad de refugio a la que huyó. Allí permanecerá hasta la muerte del sumo sacerdote, que fue ungido con el aceite sagrado.

²⁶»Sin embargo, si el responsable de la muerte alguna vez sale de los límites de la ciudad de refugio, ²⁷y el vengador lo encuentra fuera de la ciudad y lo mata, su muerte no será considerada homicidio. ²⁸El responsable de la muerte debió haber permanecido dentro de la ciudad de refugio hasta la muerte del sumo sacerdote; pero después de la muerte del sumo sacerdote, el responsable de la muerte podrá volver a su propia tierra. ²⁹Estos son requisitos legales y tendrán que cumplirse de generación en generación, dondequiera que vivan.

³⁰»Todos los asesinos deben ser ejecutados, pero solo si las pruebas son presentadas por más de un testigo. No se puede condenar a muerte a nadie por el testimonio de un solo testigo. ³¹Tampoco se aceptará el pago de rescate por la vida de alguien que haya sido juzgado y encontrado culpable de asesinato y condenado a muerte; siempre se debe ejecutar a los asesinos. ³²Nunca acepten el pago de rescate de alguien que haya huido a una ciudad de refugio, pues haría que el responsable de la muerte de alguien volviera a su tierra antes de la muerte del sumo sacerdote. ³³Esto garantizará que la tierra donde ustedes vivan no se contamine, pues el asesinato contamina la tierra. Y ningún sacrificio, salvo la ejecución del asesino, puede purificar la tierra del asesinato.* ³⁴No deben manchar la tierra donde viven, porque yo mismo habito allí. Yo soy el Señor que habito entre el pueblo de Israel».

Mujeres que heredan terreno

36 Luego los jefes de los clanes de Galaad —descendientes de Maquir, hijo de Manasés, hijo de José— se presentaron ante Moisés y los líderes de las familias de Israel con una petición. ²Dijeron a Moisés:

—El Señor te dijo que repartieras la tierra entre el pueblo de Israel por sorteo sagrado. El Señor te dijo que la porción de tierra que pertenece a nuestro hermano Zelofehad se la dieras a sus hijas. ³Sin embargo, si ellas se casan con hombres de otra tribu, llevarán consigo sus porciones de tierra a la tribu de los hombres con quienes se casen. De esa manera, el área total de la tierra de nuestra tribu se reducirá. Entonces cuando llegue el año de jubileo, esa porción de tierra se agregará a esa nueva tribu, y provocará que nuestra tribu patriarcal la pierda para siempre.

5Así que Moisés les dio a los israelitas, de parte del SEÑOR, el siguiente mandato:

—El reclamo de los hombres de la tribu de José es legítimo. 6Esto es lo que el SEÑOR ordena acerca de las hijas de Zelofehad: permítanles casarse con quienes deseen, siempre y cuando sea alguien de su propia tribu patriarcal. 7No se permite que ninguna tierra se transfiera de una tribu a otra, ya que toda la tierra asignada a cada tribu debe permanecer dentro de la tribu a la que inicialmente fue concedida. 8Las hijas de todas las tribus de Israel que estén en línea para heredar la propiedad, deben casarse dentro de su propia tribu, de esta manera todos los israelitas conservarán sus propiedades patriarcales. 9Ninguna porción de tierra puede pasar de una tribu a otra; cada tribu de Israel debe conservar la porción de tierra que le fue asignada.

10Entonces las hijas de Zelofehad hicieron lo que el SEÑOR le ordenó a Moisés. 11Maala, Tirsa, Hogla, Milca y Noa, todas se casaron con sus primos por parte de su padre 12dentro de los clanes de Manasés, hijo de José. De este modo, su herencia de tierra permaneció dentro de su tribu patriarcal.

13Estos son los mandatos y las ordenanzas que el SEÑOR le dio al pueblo de Israel por medio de Moisés mientras acampaban en las llanuras de Moab junto al río Jordán, frente a Jericó.

Deuteronomio

Introducción al primer discurso de Moisés

1 Estas son las palabras que Moisés dirigió a todo el pueblo de Israel cuando se encontraba en el desierto, al oriente del río Jordán. Ellos acampaban en el valle del Jordán,* cerca de Suf, entre Parán de un lado y entre Tofel, Labán, Hazerot y Dizahab del otro.

²Por lo general, solo lleva once días viajar desde el monte Sinaí* hasta Cades-barnea, siguiendo la ruta del monte Seir. ³Sin embargo, cuarenta años después de que los israelitas salieron de Egipto, el primer día del mes once,* Moisés le habló al pueblo de Israel acerca de todo lo que el SEÑOR le había ordenado que dijera. ⁴Ese hecho ocurrió luego de derrotar a Sehón, rey de los amorreos, quien gobernaba en Hesbón, y a Og, rey de Basán, quien gobernaba en Astarot y en Edrei.

⁵Mientras los israelitas estaban en la tierra de Moab, al oriente del río Jordán, Moisés les explicó con mucho cuidado las siguientes instrucciones que el SEÑOR había dado:

La orden de dejar el Sinaí

⁶«Cuando estábamos en el monte Sinaí, el SEÑOR nuestro Dios nos dijo: "Ya pasaron bastante tiempo en este monte. ⁷Es hora de levantar el campamento y seguir adelante. Vayan al territorio montañoso de los amorreos y a todas las regiones vecinas: el valle del Jordán, las colinas occidentales,* el Neguev y la llanura costera. Vayan a la tierra de los cananeos y al Líbano, y avancen hasta el gran río Éufrates. ⁸¡Miren, les doy toda esta tierra! Entren y tomen posesión de ella, porque es la tierra que el SEÑOR juró dar a sus antepasados —Abraham, Isaac y Jacob— y a todos los descendientes de ellos"».

Moisés nombra líderes de cada tribu

⁹Moisés siguió diciendo: «En aquel tiempo, les dije: "Ustedes son una carga demasiado pesada para sobrellevarla yo solo. ¹⁰El SEÑOR nuestro Dios ha aumentado en cantidad, ¡son tan numerosos como las estrellas! ¹¹¡Que el SEÑOR, Dios de sus antepasados, los multiplique mil veces más y los bendiga tal como lo prometió! ¹²¡Pero ustedes son demasiado peso para llevar! ¿Cómo puedo

lidiar con tantos problemas y discusiones entre ustedes? ¹³Elijan a hombres bien respetados de cada tribu, conocidos por su sabiduría y entendimiento, y yo los nombraré líderes de ustedes".

¹⁴»Y ustedes respondieron: "Es una buena idea". ¹⁵Así que tomé a esos hombres sabios y respetados que ustedes habían elegido de sus respectivas tribus y los designé para que fueran jueces y funcionarios sobre ustedes. Algunos estuvieron a cargo de mil personas; otros, de cien; otros, de cincuenta; y otros, de diez.

¹⁶»En aquel tiempo, les di a los jueces las siguientes instrucciones: "Ocúpense de oír todos los casos de sus hermanos israelitas y también los de los extranjeros que viven entre ustedes. Sean totalmente justos en las decisiones que tomen ¹⁷e imparciales en sus juicios. Atiendan los casos tanto de los pobres como de los ricos. No se acobarden ante el enojo de nadie, porque la decisión que ustedes tomen será la decisión de Dios. Tráiganme a mí los casos que les resulten demasiado difíciles, y yo me ocuparé de ellos".

¹⁸»En aquel tiempo, les di instrucciones a ustedes acerca de todo lo que tenían que hacer.

Exploración de la Tierra Prometida

¹⁹»Entonces, tal como el SEÑOR nuestro Dios nos ordenó, partimos del monte Sinaí y cruzamos el inmenso y terrible desierto, como seguramente ustedes recuerdan, y nos dirigimos hacia el territorio montañoso de los amorreos. Al llegar a Cades-barnea, ²⁰les dije: "Han llegado al territorio montañoso de los amorreos, el cual el SEÑOR nuestro Dios nos da. ²¹¡Miren! El SEÑOR ha puesto esta tierra delante de ustedes. Vayan y tomen posesión de ella como les dijo el SEÑOR en su promesa, el Dios de sus antepasados. ¡No tengan miedo ni se desanimen!".

²²»Sin embargo, todos ustedes se acercaron y me dijeron: "Primero enviemos espías a que exploren la tierra por nosotros. Ellos nos aconsejarán cuál es la mejor ruta para tomar y en qué aldeas entrar".

²³»Me pareció una buena idea, así que elegí a doce espías, uno de cada tribu. ²⁴Se dirigieron hacia la zona montañosa, llegaron hasta el valle de

---

1:1 En hebreo el *Arabá*; también en 1:7.   1:2 En hebreo *Horeb*, otro nombre para Sinaí; también en 1:6, 19.   1:3 En hebreo *En el año cuarenta, el primer día del mes once.* En el antiguo calendario lunar hebreo, ese día caía en enero o en febrero.   1:7 En hebreo la *Sefela.*

Escol y lo exploraron. ²⁵Cortaron algunos frutos y los trajeron; luego nos informaron lo siguiente: "La tierra que el SEÑOR nuestro Dios nos ha dado es en verdad una muy buena tierra".

Rebelión de Israel contra el SEÑOR

²⁶»Sin embargo, ustedes se rebelaron contra la orden del SEÑOR su Dios y se negaron a entrar. ²⁷Se quejaron dentro de sus carpas y dijeron: "Seguro que el SEÑOR nos odia. Por eso nos trajo desde Egipto, para entregarnos en manos de los amorreos para que nos maten. ²⁸¿Adónde podemos ir? Nuestros hermanos nos desmoralizaron cuando nos dijeron: 'Los habitantes de esa tierra son más altos que nosotros y son más fuertes, y las ciudades son grandes, ¡con murallas que llegan hasta el cielo! ¡Hasta vimos gigantes, los descendientes de Anac!'"

²⁹»Pero yo les dije: "¡No se asusten ni les tengan miedo! ³⁰El SEÑOR su Dios va delante de ustedes. Él peleará por ustedes tal como vieron que hizo en Egipto. ³¹También vieron cómo el SEÑOR su Dios los cuidó todo el tiempo que anduvieron por el desierto, igual que un padre cuida de sus hijos; y ahora los trajo hasta este lugar".

³²»Pero aun después de todo lo que él hizo, ustedes se negaron a confiar en el SEÑOR su Dios, ³³quien va delante de ustedes buscando los mejores lugares para que acampen, y guiándolos, de noche con una columna de fuego y de día con una columna de nube.

³⁴»Cuando el SEÑOR oyó que se quejaban, se enojó mucho y entonces juró solemnemente: ³⁵"Ninguno de esta generación perversa vivirá para ver la buena tierra que juré dar a sus antepasados, ³⁶excepto Caleb, el hijo de Jefone. Él verá la tierra porque siguió al SEÑOR en todo. Les daré a él y a sus descendientes parte de esa misma tierra que exploró durante su misión".

³⁷»Además, el SEÑOR se enojó conmigo por culpa de ustedes. Me dijo: "Moisés, ¡tú tampoco entrarás en la Tierra Prometida! ³⁸En cambio, será tu ayudante Josué, hijo de Nun, quien guiará al pueblo hasta llegar a la tierra. Anímalo, porque él irá al frente cuando los israelitas tomen posesión de ella. ³⁹Daré la tierra a tus pequeños del pueblo, a los niños inocentes. Ustedes tenían miedo de que los pequeños fueran capturados, pero serán ellos los que entrarán a poseerla. ⁴⁰En cuanto a ustedes, den la vuelta y regresen por el desierto hacia el mar Rojo.*

⁴¹»Luego ustedes confesaron: "¡Hemos pecado contra el SEÑOR! Ahora iremos y pelearemos por la tierra como el SEÑOR nuestro Dios nos lo ordenó". Entonces los hombres tomaron sus armas porque pensaron que sería fácil atacar la zona montañosa.

⁴²»Pero el SEÑOR me encargó que les dijera: "No ataquen, porque yo no estoy con ustedes. Si insisten en ir solos, serán aplastados por sus enemigos".

⁴³»Eso fue lo que les dije, pero ustedes no quisieron escuchar. En cambio, se rebelaron otra vez contra la orden del SEÑOR y marcharon con arrogancia a la zona montañosa para pelear. ⁴⁴Entonces los amorreos que vivían allí salieron a atacarlos como un enjambre de abejas. Los persiguieron y los vencieron por todo el camino desde Seir hasta Horma. ⁴⁵Luego ustedes regresaron y lloraron ante el SEÑOR, pero él se negó a escucharlos. ⁴⁶Por eso se quedaron en Cades por mucho tiempo.

Memorias de Israel en el desierto

2 »Luego dimos la vuelta y regresamos por el desierto hacia el mar Rojo,* tal como el SEÑOR me había indicado y, durante mucho tiempo, anduvimos de un lugar a otro en la región del monte Seir.

²»Finalmente el SEÑOR me dijo: ³"Ya han estado vagando lo suficiente por esta zona montañosa; ahora diríjanse al norte. ⁴ También da las siguientes órdenes al pueblo: atravesarán el territorio de sus parientes, los edomitas, los descendientes de Esaú, que viven en Seir. Los edomitas se sentirán amenazados, así que vayan con cuidado. ⁵No los molesten, porque yo les he dado como propiedad toda la zona montañosa que rodea el monte Seir, y a ustedes no les daré ni un metro cuadrado de esa tierra. ⁶Páguenles por todo el alimento que necesiten para comer y también por el agua para beber. ⁷Pues el SEÑOR Dios de ustedes los ha bendecido en todo lo que han hecho. Él les ha cuidado cada paso que han dado por este inmenso desierto. En estos cuarenta años, el SEÑOR su Dios los ha acompañado, y no les ha hecho falta nada".

⁸»Entonces pasamos de largo el territorio de nuestros parientes, los descendientes de Esaú, que viven en Seir. Evitamos el camino que pasa por el valle del Arabá, que sube desde Elat y Ezión-geber.

»Luego, cuando nos dirigíamos hacia el norte por la ruta del desierto que atraviesa a Moab, ⁹el SEÑOR nos advirtió: "No molesten a los moabitas, descendientes de Lot, ni comiencen una guerra contra ellos. A los moabitas les he dado la ciudad de Ar como propiedad y a ustedes no les daré nada de su tierra"».

¹⁰(Una raza de gigantes conocida como los emitas vivió en una época en la región de Ar. Eran tan fuertes, altos y numerosos como los anaceos, otra raza de gigantes. ¹¹A los emitas y a los anaceos también se les conoce como refaítas, aunque los moabitas los llaman emitas. ¹²Anteriormente los horeos vivían en Seir, pero fueron expulsados y desplazados de esa tierra por los descendientes de Esaú, de la misma manera que Israel expulsó a los habitantes de Canaán cuando el SEÑOR le dio la tierra de ellos).

¹³Moisés siguió diciendo: «Entonces el SEÑOR nos dijo: "Pónganse en marcha. Crucen el arroyo Zered". Así que cruzamos el arroyo.

¹⁴»¡Treinta y ocho años pasaron desde que

1:40 En hebreo *mar de juncos.* 2:1 En hebreo *mar de juncos.*

partimos por primera vez de Cades-barnea hasta que cruzamos finalmente el arroyo Zered! Para entonces, todos los hombres con edad suficiente para ir a la guerra habían muerto en el desierto, tal como el SEÑOR juró que sucedería. 15El SEÑOR los hirió hasta que todos quedaron eliminados de la comunidad.

16»Cuando todos los hombres con edad para ir a la guerra murieron, 17el SEÑOR me dijo: 18"Hoy cruzarán la frontera con Moab por la ciudad de Ar 19y entrarán en la tierra de los amonitas, que son descendientes de Lot; pero no los molesten ni comiencen una guerra contra ellos. A los amonitas les he dado el territorio de Amón como propiedad y a ustedes no les daré ninguna parte de la tierra de ellos"».

20(Antiguamente, a esa región se le consideraba la tierra de los refaítas, porque ellos habían vivido allí, aunque los amonitas los llamaban zomzomeos. 21También eran fuertes, altos y numerosos como los anaceos. Pero el SEÑOR destruyó a los refaítas para que los amonitas se apoderaran de la tierra de ellos. 22Lo mismo hizo por los descendientes de Esaú, que vivían en Seir, pues destruyó a los horeos para que los de Esaú pudieran establecerse allí. Los descendientes de Esaú viven en esa tierra hasta el día de hoy. 23Algo parecido sucedió cuando los caftoreos de Creta* invadieron y destruyeron a los aveos, que habían vivido en aldeas en la región de Gaza.)

24Moisés siguió diciendo: «Entonces el SEÑOR dijo: "¡Pónganse en marcha! Crucen el valle del Arnón. Miren, les voy a entregar al amorreo Sehón, rey de Hesbón, y también su tierra. Atáquenlo y comiencen a apoderarse de su territorio. 25A partir de hoy, haré que los pueblos de toda la tierra sientan terror a causa de ustedes. Cuando oigan hablar de ustedes, temblarán de espanto y de miedo"».

Victoria sobre Sehón, rey de Hesbón

26Moisés siguió diciendo: «Desde el desierto de Cademot mandé embajadores a Sehón, rey de Hesbón, con la siguiente propuesta de paz:

27"Permítanos atravesar su territorio. Nos quedaremos en el camino principal y no nos desviaremos por los campos ni a un lado ni al otro. 28Véndanos alimentos para comer y agua para beber, y le pagaremos. Solo queremos permiso para pasar por su territorio. 29Los descendientes de Esaú, que viven en Seir, nos permitieron pasar por su tierra, y lo mismo hicieron los moabitas, que viven en Ar. Déjenos pasar hasta que crucemos el Jordán y lleguemos a la tierra que el SEÑOR nuestro Dios nos da".

30»Pero Sehón, rey de Hesbón, no nos permitió cruzar, porque el SEÑOR Dios de ustedes hizo

que Sehón se pusiera terco y desafiante, a fin de ayudarlos a derrotarlo, tal como lo hizo.

31»Así que el SEÑOR me dijo: "Mira, he comenzado a entregarte al rey Sehón y a su tierra. Empieza ya a conquistar y a poseer su territorio".

32Entonces el rey Sehón nos declaró la guerra y movilizó sus fuerzas en Jahaza. 33Sin embargo, el SEÑOR nuestro Dios lo entregó en nuestras manos, y lo aplastamos a él, a sus hijos y a todo su pueblo. 34Conquistamos todas sus ciudades y los destruimos a todos por completo:* hombres, mujeres y niños. No dejamos a nadie con vida. 35Nos llevamos todo su ganado como botín, junto con todas las cosas de valor que había en las ciudades que saqueamos.

36El SEÑOR nuestro Dios también nos ayudó a conquistar Aroer, que está al límite del valle del Arnón, al igual que la aldea situada en el valle junto con todo el territorio que se extiende hasta Galaad. Ninguna ciudad tenía murallas lo suficientemente fuertes para detenernos. 37Sin embargo, evitamos pasar por la tierra de los amonitas, a lo largo del río Jaboc, y también por las ciudades de la zona montañosa, o sea todos los lugares que el SEÑOR nuestro Dios nos ordenó no tocar.

Victoria sobre Og, rey de Basán

3 »Luego dimos la vuelta y nos dirigimos a la tierra de Basán, donde el rey Og nos atacó en Edrei con todo su ejército. 2Pero el SEÑOR me dijo: "No le tengas miedo, porque yo te he dado la victoria sobre Og y sobre todo su ejército, y te daré todo su territorio. Trátalo de la misma manera que trataste a Sehón, rey de los amorreos, quien gobernaba en Hesbón".

3»Así que el SEÑOR nuestro Dios nos entregó al rey Og y a toda su gente, y los matamos a todos. No quedó nadie con vida. 4Conquistamos cada una de las sesenta ciudades del reino, es decir, a toda la región de Argot, dentro de Basán. No dejamos ni una sola ciudad sin conquistar. 5Esas ciudades estaban fortificadas con murallas altas y portones con rejas. Al mismo tiempo, también conquistamos muchas ciudades que no estaban amuralladas. 6Destruimos por completo* el reino de Basán, de la misma manera que habíamos destruido a Sehón, rey de Hesbón. En cada ciudad conquistada, aniquilamos a toda la gente, tanto hombres como mujeres y niños. 7Pero nos quedamos con todos los animales y nos llevamos el botín de todas las ciudades.

8»Por lo tanto, nos apoderamos de la tierra que pertenecía a los dos reyes amorreos del oriente del río Jordán, desde el valle del Arnón hasta el monte Hermón. 9(Los sidonios llaman Sirión al monte Hermón, mientras que los amorreos lo llaman Senir). 10Para entonces ya habíamos

2:23 En hebreo de Caftor.   2:34 El término hebreo empleado aquí se refiere a la consagración total de cosas o personas al SEÑOR, ya sea destruyéndolas o entregándolas como ofrenda.   3:6 El término hebreo empleado aquí se refiere a la consagración total de cosas o personas al SEÑOR, ya sea destruyéndolas o entregándolas como ofrenda; también en 3:6b.

conquistado todas las ciudades de la meseta y todo el territorio de Galaad y de Basán, aun hasta llegar a las ciudades de Salca y de Edrei, que formaban parte del reino de Og, en Basán. ¹¹Og, rey de Basán, fue el último sobreviviente de los gigantes refaítas. Su cama era de hierro y tenía más de cuatro metros de largo y casi dos de ancho.* Aún hoy se puede ver en la ciudad amonita de Rabá.

La división de la tierra al oriente del Jordán

¹²»Cuando tomamos posesión de esa tierra, les di a la tribu de Rubén y a la de Gad el territorio que está pasando Aroer, a lo largo del valle del Arnón, y también la mitad de la zona montañosa de Galaad junto con sus ciudades. ¹³Después le entregué a la media tribu de Manasés el resto de Galaad y todo Basán, que era el antiguo reino de Og (A toda esa región de Argot, en Basán, se le conocía como la tierra de los refaítas. ¹⁴Jair, uno de los líderes de la tribu de Manasés, conquistó toda esa región de Argot, en Basán, hasta llegar a la frontera con los gesureos y maacateos. Jair le puso su propio nombre a la región, es decir, la llamó Ciudades de Jair,* y así se le conoce hasta el día de hoy). ¹⁵Le di Galaad al clan de Maquir, ¹⁶pero también di parte de Galaad a la tribu de Rubén y a la de Gad. La región que les entregué se extiende desde el medio del valle del Arnón, al sur, hasta el río Jaboc, en la frontera amonita. ¹⁷También recibieron el valle del Jordán, es decir, todo el trayecto desde el mar de Galilea hasta el mar Muerto,* donde el río Jordán servía de límite occidental. Hacia el oriente estaban las laderas del monte Pisga.

¹⁸»En aquel tiempo, les di la siguiente orden a las tribus que iban a vivir al oriente del Jordán: "Por más que el SEÑOR su Dios les haya dado esta tierra como propiedad, todos sus hombres de guerra deberán cruzar el Jordán delante de sus hermanos israelitas, armados y listos para ayudarlos; ¹⁹pero a sus esposas e hijos, y la gran cantidad de animales que tienen podrán dejarlos en las ciudades que les di. ²⁰Una vez que el SEÑOR les haya dado seguridad a los demás israelitas —como ya lo ha hecho con ustedes— y cuando ellos tomen posesión de la tierra que el SEÑOR su Dios les da al otro lado del río Jordán, entonces ustedes podrán volver aquí, a la tierra que les he dado".

A Moisés se le prohíbe entrar en la Tierra Prometida

²¹»En aquel tiempo, le di a Josué la siguiente orden: "Tú viste con tus propios ojos todo lo que el SEÑOR tu Dios les hizo a esos dos reyes. Él hará lo mismo con todos los reinos situados al occidente del Jordán. ²²No tengas miedo de esas naciones, porque el SEÑOR tu Dios peleará por ustedes".

²³»En aquel tiempo, le rogué al SEÑOR: ²⁴"Oh SEÑOR Soberano, a mí, tu siervo, recién has comenzado a mostrar tu grandeza y la fuerza de tu mano. ¿Acaso hay otro dios en el cielo o en la tierra que pueda hacer cosas tan grandes y poderosas como las que haces tú? ²⁵Te pido, por favor, que me permitas cruzar el Jordán para ver esa tierra maravillosa que hay del otro lado, la zona montañosa y los montes del Líbano".

²⁶»Pero el SEÑOR estaba enojado conmigo por culpa de ustedes y no quiso escucharme. "¡Ya basta! —exclamó—. Ni una sola palabra más sobre este asunto. ²⁷Pero sube a la cima del monte Pisga y mira la tierra en todas las direcciones. Mírala bien, pero no cruzarás el río Jordán. ²⁸Por lo tanto, encarga a Josué y dale ánimo y fuerzas, porque él guiará al pueblo en el cruce del Jordán. Les dará como posesión toda la tierra que ahora ves frente a ti". ²⁹Así que nos quedamos en el valle que está cerca de Bet-peor.

Moisés llama a Israel a la obediencia

4 »Ahora, Israel, escucha con atención los decretos y las ordenanzas que estoy a punto de enseñarte. Obedécelos para que vivas y para que puedas entrar y poseer la tierra que el SEÑOR, Dios de tus antepasados, te da. ²No agregues ni quites nada a estos mandatos que les doy. Simplemente obedece los mandatos del SEÑOR tu Dios que te doy.

³»Tú viste con tus propios ojos lo que el SEÑOR se hizo en Baal-peor. Allí, el SEÑOR tu Dios destruyó a todos los que habían rendido culto a Baal, el dios de Peor. ⁴Sin embargo, ustedes, todos los que fueron fieles al SEÑOR su Dios, todavía siguen vivos; todos y cada uno de ustedes.

⁵»Mira, ahora te enseño decretos y ordenanzas tal como me lo encargó el SEÑOR mi Dios, para que los obedezcas en la tierra donde estás a punto de entrar y que vas a poseer. ⁶Síguelos al pie de la letra y darás a conocer tu sabiduría y tu inteligencia a las naciones vecinas. Cuando esas naciones se enteren de todos estos decretos, exclamarán: "¡Qué sabio y prudente es el pueblo de esa gran nación!". ⁷Pues, ¿qué gran nación tiene un dios que esté tan cerca de ellos de la manera que el SEÑOR nuestro Dios está cerca de nosotros cada vez que lo invocamos? ⁸¿Y qué gran nación tiene decretos y ordenanzas tan justas e imparciales como este conjunto de leyes que te entrego hoy?

⁹»¡Pero cuidado! Asegúrate de nunca olvidar lo que viste con tus propios ojos. ¡No dejes que esas experiencias se te borren de la mente mientras vivas! Y asegúrate de transmitirlas a tus hijos y a tus nietos. ¹⁰Jamás te olvides del día que estuviste ante el SEÑOR tu Dios en el monte Sinaí,* donde él me dijo: "Convoca al pueblo para que se presente ante mí, y yo mismo lo instruiré. Entonces ellos aprenderán a temerme toda su

---

3:11 En hebreo *9 codos* [13 pies] de largo *y 4 codos* [6 pies] de ancho.   3:14 En hebreo *Havot-jair.*   3:17 En hebreo *desde Cineret hasta el mar del Arabá, el mar Salado.*   4:10 En hebreo *Horeb,* otro nombre para Sinaí; también en 4:15.

vida y les enseñarán a sus hijos que también me teman".

¹¹»Ustedes se acercaron y se pararon al pie del monte mientras las llamas de fuego se elevaban hacia el cielo. El monte estaba envuelto en nubes negras y en una densa oscuridad. ¹²Entonces el SEÑOR les habló desde en medio del fuego. Ustedes oyeron el sonido de sus palabras pero no vieron ninguna figura; solo había una voz. ¹³Él proclamó su pacto, los diez mandamientos,* los cuales escribió en dos tablas de piedra y les ordenó que los cumplieran. ¹⁴Fue en esa ocasión que el SEÑOR me ordenó que les enseñara sus decretos y ordenanzas, para que ustedes los obedecieran en la tierra donde están a punto de entrar y que van a poseer.

Advertencia contra la idolatría

¹⁵»¡Pero tengan mucho cuidado! Ustedes no vieron una figura del SEÑOR el día que les habló desde en medio del fuego, en el monte Sinaí. ¹⁶Así que no se corrompan haciendo ídolos de ninguna clase, sea con figura de hombre o de mujer, ¹⁷de animales de la tierra o de aves del cielo, ¹⁸de animales pequeños que corren por el suelo o de peces de las profundidades del mar. ¹⁹Además, cuando miren hacia los cielos y vean el sol, la luna y las estrellas —todas las fuerzas del cielo—, no caigan en la tentación de rendirles culto. El SEÑOR su Dios se los dio a todos los pueblos de la tierra. ²⁰Recuerden que el SEÑOR su Dios los rescató de ese horno de fundir hierro que es Egipto, para convertirlos en su propio pueblo y en su posesión más preciada, y eso es lo que ahora son.

²¹»Sin embargo, el SEÑOR se enojó conmigo por culpa de ustedes. Juró que yo no cruzaría el río Jordán para entrar en la buena tierra que el SEÑOR su Dios les da como su preciada posesión. ²²Ustedes cruzarán el Jordán para apoderarse de la tierra, pero yo no. En cambio, moriré aquí, al oriente del río. ²³Así que asegúrense de no romper el pacto que el SEÑOR su Dios hizo con ustedes. No se hagan ídolos de ninguna imagen ni de ninguna forma, porque el SEÑOR su Dios lo ha prohibido. ²⁴El SEÑOR su Dios es un fuego devorador; él es Dios celoso.

²⁵»En el futuro, cuando tengan hijos y nietos, y hayan vivido en esa tierra por mucho tiempo, no se corrompan haciendo ídolos de ninguna clase. Esa práctica es mala a los ojos de Dios y provocará su enojo. ²⁶»Hoy pongo al cielo y a la tierra como testigos contra ustedes. Si rompen mi pacto, pronto desaparecerán de la tierra que poseerán al cruzar el Jordán. Vivirán allí poco tiempo y después serán destruidos por completo. ²⁷Pues el SEÑOR los dispersará entre las naciones, donde solo unos pocos sobrevivirán. ²⁸Allí, en tierra extraña, rendirán culto a ídolos hechos de madera y de hierro, a dioses que no ven, ni oyen, ni

comen, ni huelen. ²⁹Sin embargo, desde allí, buscarán nuevamente al SEÑOR su Dios. Y si lo buscan con todo el corazón y con toda el alma, lo encontrarán.

³⁰»En un futuro lejano, cuando estén sufriendo todas esas cosas, finalmente regresarán al SEÑOR su Dios y escucharán lo que él les dice. ³¹Pues el SEÑOR su Dios es Dios compasivo; no los abandonará, ni los destruirá, ni se olvidará del pacto solemne que hizo con sus antepasados.

Hay solo un Dios

³²»Investiga toda la historia, desde el momento en que Dios creó a los seres humanos sobre la tierra hasta ahora, y busca desde un extremo del cielo hasta el otro. ¿Alguna vez se ha visto u oído algo tan grande como esto? ³³¿Hay alguna otra nación que haya escuchado la voz de Dios* hablar desde el fuego —tal como la escuchaste tú— y haya sobrevivido? ³⁴¿Existe algún otro dios que se haya atrevido a sacar a una nación de otra nación y hacerla suya con mano fuerte y brazo poderoso por medio de pruebas, señales asombrosas, milagros, guerras, y hechos aterradores? Eso fue precisamente lo que el SEÑOR tu Dios hizo por ti en Egipto, frente a tus propios ojos.

³⁵»Él te mostró esas cosas, para que supieras que el SEÑOR es Dios y que no hay ningún otro. ³⁶Él te permitió oír su voz desde el cielo para instruirte. Te permitió ver su fuego poderoso aquí, en la tierra, para hablarte desde allí. ³⁷Debido a que él amó a tus antepasados, quiso bendecir a sus descendientes, así que él mismo te sacó de Egipto con un gran despliegue de poder. ³⁸Expulsó a naciones mucho más poderosas que tú para establecerte en la tierra de esas naciones y dártela a ti como preciada posesión, así como sucede hoy.

³⁹»Entonces recuerda lo siguiente y tenlo siempre presente: el SEÑOR es Dios en los cielos y en la tierra, y no hay otro. ⁴⁰Si obedeces todos los decretos y los mandatos que te entrego hoy, les irá bien en todo a ti y a tus hijos. Te doy estas instrucciones para que disfrutes de una larga vida en la tierra que el SEÑOR tu Dios te da para siempre».

Ciudades de refugio al oriente del Jordán

⁴¹Luego Moisés apartó tres ciudades de refugio al oriente del río Jordán. ⁴²Cualquier persona que hubiera matado a otra accidentalmente y sin enemistad previa podía huir a una de esas ciudades para vivir a salvo. ⁴³Las ciudades eran: Beser, situada en la meseta del desierto, para la tribu de Rubén; Ramot, en Galaad, para la tribu de Gad; y Golán, en Basán, para la tribu de Manasés.

Introducción al segundo discurso de Moisés

⁴⁴Este es el conjunto de instrucciones que Moisés presentó a los israelitas: ⁴⁵las leyes, los

---

4:13 En hebreo *las diez palabras.* **4:33** O *la voz de un dios.*

decretos y las ordenanzas que Moisés le dio al pueblo de Israel cuando salieron de Egipto, ⁴⁶mientras acampaban en el valle que está cerca de Bet-peor, al oriente del río Jordán. (Anteriormente, en esa tierra habitaban los amorreos bajo el gobierno del rey Sehón, que reinaba desde Hesbón. Pero Moisés y los israelitas lo aniquilaron junto con su pueblo cuando salieron de Egipto. ⁴⁷Israel se apropió del territorio de Sehón y del territorio de Og, rey de Basán. Estos eran los dos reyes amorreos al oriente del Jordán. ⁴⁸De modo que Israel conquistó toda la región, desde Aroer, en el límite del valle del Arnón, hasta el monte Sirión,* que también es llamado monte Hermón. ⁴⁹Además, conquistó la ribera oriental del río Jordán hacia el sur, hasta el mar Muerto,* al pie de las laderas del monte Pisga.

Los diez mandamientos para el pueblo del pacto

5 Moisés reunió a todo el pueblo de Israel y dijo: «¡Escucha con atención, Israel! Oye los decretos y las ordenanzas que te entrego hoy, ¡para que los aprendas y los obedezcas!

²»El SEÑOR nuestro Dios hizo un pacto con nosotros en el monte Sinaí.* ³El SEÑOR no hizo ese pacto con nuestros antepasados sino con nosotros, los que vivimos hoy. ⁴En el monte, el SEÑOR te habló cara a cara desde en medio del fuego. ⁵Yo serví de intermediario entre tú y el SEÑOR, porque tenías miedo del fuego y no quisiste acercarte al monte. Él me habló a mí, y yo te trasmití sus palabras. Me dijo lo siguiente:

⁶»Yo soy el SEÑOR tu Dios, quien te rescató de la tierra de Egipto, donde eras esclavo.

⁷»No tengas ningún otro dios aparte de mí.

⁸»No hagas ninguna clase de ídolo ni imagen de ninguna cosa que está en los cielos, en la tierra o en el mar. ⁹No te inclines ante ellos ni les rindas culto, porque yo, el SEÑOR tu Dios, soy Dios celoso, quien no tolerará que entregues tu corazón a otros dioses. Extiendo los pecados de los padres sobre sus hijos; toda la familia de los que me rechazan queda afectada, hasta los hijos de la tercera y la cuarta generación. ¹⁰Pero derramo amor inagotable por mil generaciones sobre los* que me aman y obedecen mis mandatos.

¹¹»No hagas mal uso del nombre del SEÑOR tu Dios. El SEÑOR no te dejará sin castigo si usas mal su nombre.

¹²»Guarda el día de descanso* al mantenerlo santo, tal como te lo ordenó el SEÑOR tu Dios. ¹³Tienes seis días en la semana para hacer tu trabajo habitual, ¹⁴pero el séptimo día es de descanso y está dedicado al SEÑOR tu Dios. Ese día, ningún miembro de tu casa hará trabajo alguno. Esto se refiere a ti, a tus hijos e hijas, tus siervos y siervas, tus bueyes, burros

y demás animales, y también incluye a los extranjeros que vivan entre ustedes. Todos tus criados y criadas deberán descansar igual que tú. ¹⁵Recuerda que tú también fuiste esclavo en Egipto y que el SEÑOR tu Dios te sacó de allí con mano fuerte y brazo poderoso. Por esa razón, el SEÑOR tu Dios te ordenó descansar el séptimo día.*

¹⁶»Honra a tu padre y a tu madre tal como el SEÑOR tu Dios te lo ordenó. Entonces tendrás una vida larga y plena en la tierra que el SEÑOR tu Dios te da.

¹⁷»No cometas asesinato.

¹⁸»No cometas adulterio.

¹⁹»No robes.

²⁰»No des falso testimonio contra tu prójimo.

²¹»No codicies la esposa de tu prójimo. Tampoco codicies la casa de tu prójimo ni su tierra, ni su siervo, ni su sierva, ni su buey, ni su burro, ni ninguna otra cosa que le pertenezca.

²²»El SEÑOR les dirigió esas palabras a todos ustedes cuando estaban reunidos al pie del monte. Habló con voz fuerte desde en medio del fuego, envuelto en nubes y una densa oscuridad. Eso fue todo lo que dijo en ese momento y escribió sus palabras en dos tablas de piedra y me las dio.

²³»Sin embargo, cuando ustedes escucharon la voz que salía de en medio de la oscuridad mientras el monte ardía en llamas, todos los ancianos y los jefes de las tribus se acercaron ²⁴y me dijeron: "Mira, el SEÑOR nuestro Dios nos ha mostrado su gloria y su grandeza, y hemos oído su voz salir de en medio del fuego. Hoy comprobamos que Dios puede hablar con los seres humanos, ¡pero aun así seguimos con vida! ²⁵Sin embargo, ¿para qué arriesgarnos otra vez a morir? Si el SEÑOR nuestro Dios vuelve a hablarnos, seguramente moriremos y seremos consumidos por ese imponente fuego. ²⁶¿Puede algún ser vivo oír la voz del Dios viviente que sale de en medio del fuego —como la oímos nosotros— y seguir con vida? ²⁷Ve tú y escucha lo que dice el SEÑOR nuestro Dios. Luego ven a contarnos todo lo que él te diga, y nosotros escucharemos y obedeceremos".

²⁸»El SEÑOR oyó la petición que me hicieron y dijo: "He oído todo lo que los israelitas te dijeron, y tienen razón. ²⁹¡Oh, si siempre tuvieran un corazón así, si estuvieran dispuestos a temerme y a obedecer todos mis mandatos! Entonces siempre les iría bien a ellos y a sus descendientes. ³⁰Ve y diles: 'Regresen a sus carpas'. ³¹Pero tú quédate aquí conmigo, para que te dé todos mis mandatos, decretos y ordenanzas. Enséñaselos al pueblo, para que los obedezcan en la tierra que les doy como posesión"».

³²»Así que Moisés le dijo al pueblo. «Asegúrense de obedecer todos los mandatos del SEÑOR su Dios y de seguir sus instrucciones al pie de la

4:48 Así aparece en la versión siríaca (ver también 3:9); en hebreo dice monte Sión.   4:49 En hebreo tomaron el Arabá del lado oriental del Jordán hasta el mar del Arabá.   5:2 En hebreo Horeb, otro nombre para Sinaí.   5:10 En hebreo para mil o de los.   5:12 O el sábado.   5:15 O día sábado.

letra. ³³Manténganse en el camino que el Señor su Dios les ordenó que siguieran. Entonces tendrán una vida larga y les irá bien en la tierra donde están a punto de entrar y que van a poseer.

Un llamado a la entrega total

6 »Esos son los mandatos, los decretos y las ordenanzas que el Señor tu Dios me encargó que te enseñara. Obedécelos cuando llegues a la tierra donde estás a punto de entrar y que vas a poseer. ²Tú, tus hijos y tus nietos teman al Señor su Dios durante toda la vida. Si obedeces todos los decretos y los mandatos del Señor, disfrutarás de una larga vida. ³Escucha con atención, pueblo de Israel, y asegúrate de obedecer. Entonces todo te saldrá bien, y tendrás muchos hijos en la tierra donde fluyen la leche y la miel, tal como el Señor, Dios de tus antepasados, te lo prometió.

⁴»¡Escucha, Israel! El Señor es nuestro Dios, solamente el Señor.* ⁵Ama al Señor tu Dios con todo tu corazón, con toda tu alma y con todas tus fuerzas. ⁶Debes comprometerte con todo tu ser a cumplir cada uno de estos mandatos que hoy te entrego. ⁷Repíteselos a tus hijos una y otra vez. Habla de ellos en tus conversaciones cuando estés en tu casa y cuando vayas por el camino, cuando te acuestes y cuando te levantes. ⁸Átalos a tus manos y llévalos sobre la frente como un recordatorio. ⁹Escríbelos en los marcos de la entrada de tu casa y sobre las puertas de la ciudad.

¹⁰»El Señor tu Dios pronto te establecerá en la tierra que juró darte cuando hizo un pacto con tus antepasados Abraham, Isaac y Jacob. Es una tierra con ciudades grandes y prósperas que tú no edificaste. ¹¹Encontrarás las casas muy bien abastecidas con bienes que tú no produjiste. Sacarás agua de cisternas que no cavaste y comerás de viñedos y olivares que no plantaste. Cuando hayas comido en esa tierra hasta saciarte, ¹²ten cuidado de no olvidarte del Señor, quien te rescató de la esclavitud de Egipto. ¹³Teme al Señor tu Dios y sírvele a él. Cuando hagas un juramento, hazlo sólo en su nombre.

¹⁴»No rindas culto a ninguno de los dioses de las naciones vecinas, ¹⁵porque el Señor tu Dios, quien vive en medio de ti, es Dios celoso. Se encenderá su enojo contra ti y te borrará de la faz de la tierra. ¹⁶No pondrás a prueba al Señor tu Dios como cuando te quejaste contra él en Masá. ¹⁷Obedece con diligencia los mandatos del Señor tu Dios: todas las leyes y los decretos que te dio. ¹⁸Haz lo que es bueno y correcto a los ojos de Dios, para que te vaya bien en todo. Entonces entrarás en la buena tierra que el Señor juró a tus antepasados y la poseerás; ¹⁹ y expulsarás a todos tus enemigos que viven en la tierra, tal como el Señor dijo que harías.

²⁰»En el futuro tus hijos te preguntarán: "¿Qué significan estas leyes, estos decretos y estas ordenanzas que el Señor nuestro Dios nos mandó obedecer?".

²¹»Entonces tú les dirás: "Nosotros éramos esclavos del faraón en la tierra de Egipto, pero el Señor nos sacó de Egipto con su mano poderosa. ²²El Señor hizo señales milagrosas y maravillas ante nuestros ojos, envió castigos terribles contra Egipto, contra el faraón y contra todo su pueblo. ²³Nos sacó de Egipto para entregarnos esta tierra que había jurado darles a nuestros antepasados. ²⁴Entonces el Señor nuestro Dios nos ordenó obedecer todos estos decretos y temerlo a él, para que siguiera bendiciéndonos y preservara nuestra vida como lo ha hecho hasta el día de hoy. ²⁵Pues cuando obedezcamos todos los mandatos que el Señor nuestro Dios nos ha dado, entonces se nos considerará justos".

El privilegio de la santidad

7 »Cuando el Señor tu Dios te lleve dentro de la tierra donde estás a punto de entrar y que vas a poseer, él te abrirá camino quitando de tu paso a muchas naciones: los hititas, los gergeseos, los amorreos, los cananeos, los ferezeos, los heveos y los jebuseos. Esas siete naciones son más fuertes y numerosas que tú. ²Cuando el Señor tu Dios las entregue en tus manos y las conquistes, debes destruirlas por completo.* No hagas tratados con ellas ni les tengas compasión. ³No te unas en matrimonio con su gente. No permitas que tus hijas ni tus hijos se casen con los hijos o las hijas de esas naciones, ⁴porque ellos harán que tus hijos y tus hijas se aparten de mí para rendir culto a otros dioses. Entonces el enojo del Señor arderá contra ti, y pronto te destruirá. ⁵Lo que tienes que hacer es: destruir sus altares paganos, hacer pedazos sus columnas sagradas, derribar sus postes dedicados a la diosa Asera y quemar sus ídolos. ⁶Pues tú eres un pueblo santo porque perteneces al Señor tu Dios. De todos los pueblos de la tierra, el Señor tu Dios te eligió a ti para que seas su tesoro especial.

⁷»El Señor no te dio su amor ni te eligió porque eras una nación más numerosa que las otras naciones, ¡pues tú eras la más pequeña de todas! ⁸Más bien, fue sencillamente porque el Señor te ama y estaba cumpliendo el juramento que les había hecho a tus antepasados. Por eso te rescató con mano poderosa de la esclavitud y de la mano opresiva del faraón, rey de Egipto. ⁹Reconoce, por lo tanto, que el Señor tu Dios es verdaderamente Dios. Él es Dios fiel, quien cumple su pacto por mil generaciones y derrama su amor inagotable sobre quienes lo aman y obedecen sus mandatos. ¹⁰Pero no duda en castigar ni en destruir a quienes lo rechazan. ¹¹Por lo tanto, obedece todos los mandatos, los decretos y las ordenanzas que te entrego hoy.

6:4 O *El Señor nuestro Dios es un solo Dios*; o *El Señor nuestro Dios, el Señor es uno*; o *El Señor es nuestro Dios, el Señor es uno*. 7:2 El término hebreo empleado aquí se refiere a la consagración total de cosas o personas al Señor, ya sea destruyéndolas o entregándolas como ofrenda; también en 7:26.

¹²»Si prestas atención a estas ordenanzas y las obedeces con fidelidad, el Señor tu Dios cumplirá su pacto de amor inagotable contigo, tal como lo prometió mediante el juramento que les hizo a tus antepasados. ¹³Te amará y te bendecirá y te dará muchos hijos. Hará fértil a tu tierra y a tus animales. Cuando llegues a la tierra que juró dar a tus antepasados, tendrás numerosas cosechas de granos, vino nuevo y aceite de oliva, y también grandes manadas de ganado, ovejas y cabras. ¹⁴Serás la nación más bendecida de toda la tierra. Ningún israelita, sea hombre o mujer, quedará sin tener hijos, y todo tu ganado dará crías. ¹⁵El Señor te protegerá de cualquier enfermedad. No dejará que sufras las enfermedades terribles que conociste en Egipto; en cambio, ¡se las enviará a todos tus enemigos!

¹⁶»Destruye a todas las naciones que el Señor tu Dios entrega en tus manos. No les tengas compasión ni rindas culto a sus dioses, porque caerás en su trampa. ¹⁷Tal vez te preguntes: "¿Cómo podremos conquistar a esas naciones que son mucho más poderosas que nosotros?". ¹⁸¡Pero no les tengas miedo! Sólo recuerda lo que el Señor tu Dios le hizo al faraón y a toda la tierra de Egipto. ¹⁹Acuérdate de los tremendos horrores que el Señor tu Dios envió contra ellos. ¡Tú lo viste todo con tus propios ojos! Y recuerda las señales milagrosas y las maravillas, y la mano fuerte y el brazo poderoso con que él te sacó de Egipto. El Señor tu Dios usará ese mismo poder contra toda la gente a la que tú temes. ²⁰¡Y luego el Señor tu Dios mandará terror* para expulsar a los pocos sobrevivientes que aún hayan quedado escondidos de ti!

²¹»No, no les tengas miedo a esas naciones, porque el Señor tu Dios está contigo y él es Dios grande e imponente. ²²Poco a poco, el Señor tu Dios irá expulsando a esas naciones de tu paso. No las echarás a todas de una sola vez porque, de ser así, los animales salvajes se multiplicarían con demasiada rapidez para ti. ²³Pero el Señor tu Dios entregará a todas esas naciones en tus manos. Las llenará de confusión hasta que queden destruidas. ²⁴Pondrá a sus reyes bajo tu poder, y tú borrarás sus nombres de la faz de la tierra. Nadie podrá hacerte frente, y tú los destruirás a todos.

²⁵»Quema sus ídolos y no codicies ni la plata ni el oro que los recubre. No los lleves contigo, o se convertirán en una trampa para ti, porque son detestables al Señor tu Dios. ²⁶No traigas a tu casa ninguna clase de objetos detestables porque, si lo haces, serás destruido igual que ellos. Aborrece por completo esas cosas, porque están apartadas para ser destruidas.

Un llamado a recordar y a obedecer

8 »Asegúrate de obedecer todos los mandatos que te entrego hoy. Entonces vivirás y te multiplicarás, y entrarás en la tierra que el Señor juró dar a tus antepasados y la poseerás.

²Recuerda cómo el Señor tu Dios te guió por el desierto durante cuarenta años, donde te humilló y te puso a prueba para revelar tu carácter y averiguar si en verdad obedecerías sus mandatos. ³Sí, te humilló permitiendo que pasaras hambre y luego alimentándote con maná, un alimento que ni tú ni tus antepasados conocían hasta ese momento. Lo hizo para enseñarte que la gente no vive solo de pan, sino que vivimos de cada palabra que sale de la boca del Señor. ⁴En todos esos cuarenta años, la ropa que llevabas puesta no se gastó, y tus pies no se ampollaron ni se hincharon. ⁵Ten por cierto que, así como un padre disciplina a su hijo, el Señor tu Dios te disciplina para tu propio bien.

⁶»Por lo tanto, obedece los mandatos del Señor tu Dios andando en sus caminos y temiéndolo. ⁷Pues el Señor te lleva a una buena tierra, con arroyos y lagunas, con fuentes de agua y manantiales que brotan a chorros de los valles y las colinas. ⁸Es una tierra de trigo y cebada, de vides, higueras y granadas, de aceite de oliva y miel. ⁹Es una tierra donde abunda el alimento y no falta nada. Es una tierra donde el hierro es tan común como las piedras y donde el cobre abunda en las colinas. ¹⁰Cuando hayas comido hasta quedar satisfecho, asegúrate de alabar al Señor tu Dios por la buena tierra que te ha dado.

¹¹»Sin embargo, ¡ese es el momento cuando debes tener mucho cuidado! En tu abundancia, ten cuidado de no olvidar al Señor tu Dios al desobedecer los mandatos, las ordenanzas y los decretos que te entrego hoy. ¹²Pues cuando te sientas satisfecho y hayas prosperado y edificado casas hermosas donde vivir, ¹³cuando haya aumentado mucho el número de tus rebaños y tu ganado, y se haya multiplicado tu plata y tu oro junto con todo lo demás, ¡ten mucho cuidado! ¹⁴No te vuelvas orgulloso en esos días y entonces te olvides del Señor tu Dios, quien te rescató de la esclavitud en la tierra de Egipto. ¹⁵No olvides que él te guió por el inmenso y terrible desierto, donde estaba lleno de escorpiones y serpientes venenosas, y que era tan árido y caliente. ¡Él te dio agua de la roca! ¹⁶En el desierto, te alimentó con maná, un alimento desconocido para tus antepasados. Lo hizo para humillarte y para ponerte a prueba por tu propio bien. ¹⁷Todo esto lo hizo para que nunca se te ocurriera pensar: "He conseguido toda esta riqueza con mis propias fuerzas y energías". ¹⁸Acuérdate del Señor tu Dios. Él es quien te da las fuerzas para obtener riquezas, a fin de cumplir el pacto que les confirmó a tus antepasados mediante un juramento.

¹⁹»Pero una cosa te aseguro: si alguna vez te olvidas del Señor tu Dios y sigues a otros dioses, y les rindes culto y te inclinas ante ellos, sin duda serás destruido. ²⁰Tal como el Señor destruyó a otras naciones a tu paso, así también tú serás destruido si te niegas a obedecer al Señor tu Dios.

7:20 A menudo traducido *el avispón*. El significado del hebreo es incierto.

Victoria por la gracia de Dios

9 »¡Escucha, Israel! Hoy estás a punto de cruzar el río Jordán para tomar posesión de la tierra que pertenece a naciones más grandes y más poderosas que tú. ¡Viven en ciudades con murallas que llegan hasta el cielo! ²Los habitantes son altos y fuertes, son descendientes de los famosos gigantes anaceos. Has escuchado que se dice: "¿Quién puede hacer frente a los anaceos?". ³Pero reconoce hoy que el Señor tu Dios es el que cruzará delante de ti como un fuego devorador para destruirlos. Él los subyugará para que los conquistes rápidamente y los expulses enseguida, tal como el Señor te prometió.

⁴»Después de que el Señor tu Dios haya hecho eso por ti, no digas en tu corazón: "¡El Señor nos ha dado esta tierra porque somos muy buena gente!". No, no es así. Es por la perversión de las otras naciones que les da la quita de tu camino. ⁵No es porque seas tan bueno o porque tengas tanta integridad que vas a poseer la tierra de ellas. El Señor tu Dios expulsará a esas naciones de tu paso solo por la perversidad de ellas y para cumplir el juramento que les hizo a tus antepasados Abraham, Isaac y Jacob. ⁶Debes reconocer que el Señor tu Dios no te da esa buena tierra porque tú seas bueno. No, porque no lo eres; eres un pueblo terco.

El becerro de oro

⁷»Recuerda y no olvides jamás cómo hiciste enojar al Señor tu Dios en el desierto. Desde el día que saliste de Egipto hasta ahora, vienes rebelándote constantemente contra él. ⁸Hasta en el monte Sinaí* le provocaste tanto enojo que estaba dispuesto a destruirte. ⁹Eso sucedió cuando yo estaba en el monte recibiendo las tablas de piedra grabadas con las palabras del pacto que el Señor había hecho contigo. Estuve allí cuarenta días y cuarenta noches, y durante todo ese tiempo no probé alimento ni bebí agua. ¹⁰El Señor me dio las dos tablas en las que Dios había escrito con su propio dedo todas las palabras que te había hablado desde en medio del fuego cuando estabas reunido al pie del monte.

¹¹»Pasados los cuarenta días y las cuarenta noches, el Señor me entregó las dos tablas de piedra grabadas con las palabras del pacto. ¹²Luego el Señor me dijo: "¡Levántate! Baja enseguida, porque el pueblo que sacaste de Egipto se ha corrompido. ¡Qué pronto se apartaron de la forma en que les ordené que vivieran! ¡Fundieron oro y se hicieron un ídolo!".

¹³»El Señor también me dijo: "He visto lo terco y rebelde que es este pueblo. ¹⁴Quítate del medio, para que lo destruya y borre su nombre de la faz de la tierra. Luego haré una nación poderosa con tus descendientes, una nación más fuerte y numerosa que este pueblo".

¹⁵»Así que, mientras el monte seguía ardiendo

en llamas, di la vuelta y comencé a bajar; en las manos llevaba las dos tablas de piedra grabadas con las condiciones del pacto. ¹⁶Abajo, ante mis ojos, pude ver que ustedes habían pecado contra el Señor su Dios. Habían fundido oro y se habían hecho un becerro. ¡Qué pronto se apartaron del camino que el Señor les había ordenado seguir! ¹⁷Entonces tomé las tablas de piedra y las tiré al suelo, y se partieron en pedazos a la vista de todos.

¹⁸»Luego me postré hasta el suelo delante del Señor y estuve allí otros cuarenta días y cuarenta noches. No comí pan ni bebí agua, debido al pecado tan grande que ustedes habían cometido al hacer lo que el Señor odiaba, con lo cual provocaron su enojo. ¹⁹Tuve miedo de que ese enojo tan intenso que el Señor, que lo volvió en contra de ustedes, los llevara a destruirlos; pero una vez más, él me escuchó. ²⁰El Señor estaba tan enojado con Aarón que también quería destruirlo a él; pero oré por Aarón, y el Señor le perdonó la vida. ²¹Así que tomé el pecado de ustedes —o sea, el becerro que habían hecho—, lo derretí en el fuego y luego lo molí hasta que quedó hecho polvo, y después lo arrojé en el arroyo que baja del monte.

²²»Ustedes también hicieron enojar al Señor en Taberá,* en Masá* y en Kibrot-hataava.* ²³Además, en Cades-barnea, el Señor les ordenó que salieran, diciendo: "Suban y tomen la tierra que les he dado". Pero ustedes se rebelaron contra la orden del Señor su Dios y se negaron a confiar en él y a obedecerlo. ²⁴Así es, vienen rebelándose contra el Señor desde que los conozco.

²⁵»Por esa razón, me postré hasta el suelo delante del Señor y estuve allí durante cuarenta días y cuarenta noches, porque el Señor dijo que iba a destruirlos. ²⁶Oré al Señor y dije: "Oh Señor Soberano, no los destruyas; son tu propio pueblo. Son tu posesión más preciada, los que redimiste de Egipto con tu gran poder y tu mano fuerte. ²⁷Te ruego que no les tomes en cuenta su terquedad ni su terrible pecado, y que recuerdes, en cambio, a tus siervos Abraham, Isaac y Jacob. ²⁸Si tú destruyes a este pueblo, los egipcios van a decir: 'Los israelitas murieron porque el Señor no pudo llevarlos a la tierra que había prometido darles'. O también podrían decir: 'Los destruyó porque los odiaba; los llevó al desierto a propósito para aniquilarlos'. ²⁹Pero los israelitas son tu pueblo y tu posesión más preciada, los que sacaste de Egipto con tu gran fuerza y tu brazo poderoso".

Nueva copia del pacto

10 »En aquel tiempo, el Señor me dijo: "Talla dos tablas de piedra como las primeras. Y haz también un arca de madera, un cofre sagrado para guardarlas. Sube al monte para encontrarte conmigo, ²y yo escribiré en las tablas las mismas

---

9:8 En hebreo *Horeb*, otro nombre para Sinaí. **9:22a** *Taberá* significa «lugar del fuego que arde». Ver Nm 11:1-3. **9:22b** *Masá* significa «lugar de la prueba». Ver Éx 17:1-7. **9:22c** *Kibrot-hataava* significa «tumbas de glotonería». Ver Nm 11:31-34.

palabras que había en las que hiciste pedazos. Luego coloca las tablas dentro del arca".

³»Así que hice un arca con madera de acacia y tallé dos tablas de piedra como las primeras. Luego subí al monte con las tablas en mano. ⁴Entonces, una vez más, el Señor escribió los diez mandamientos* en las tablas y me las dio. Eran las mismas palabras que el Señor les había dicho desde en medio del fuego el día que se reunieron al pie del monte. ⁵Luego bajé del monte y coloqué las tablas dentro del arca del pacto que había hecho como el Señor me había ordenado. Y las tablas aún están allí, dentro del arca.

⁶(El pueblo de Israel viajó desde los pozos de Jaacán* hasta Mosera, donde Aarón murió y fue enterrado. Su hijo Eleazar tomó su lugar en el servicio como sumo sacerdote. ⁷Luego siguieron viaje a Gudgoda, y de allí a Jotbata, una tierra con muchos arroyos y corrientes de agua. ⁸En aquel tiempo, el Señor designó a los de la tribu de Leví para que se encargaran de llevar el arca del pacto del Señor y estuvieran delante de él para servirlo y pronunciar bendiciones en su nombre. Esas son las responsabilidades de ellos hasta el día de hoy. ⁹Es por eso que la tribu de Leví no posee ninguna parte ni porción de la tierra como las demás tribus israelitas. El propio Señor es su preciada posesión, tal como el Señor Dios de Israel les dijo a los levitas.

¹⁰»En cuanto a mí, yo me quedé en el monte y en la presencia del Señor durante cuarenta días y cuarenta noches como lo había hecho la primera vez. Y nuevamente el Señor escuchó mis ruegos y accedió a no destruirlos a ustedes. ¹¹Luego el Señor me dijo: "Levántate, ponte en marcha de nuevo y guía al pueblo para que tome posesión de la tierra que juré dar a sus antepasados".

Un llamado al amor y a la obediencia

¹²»Y ahora, Israel, ¿qué requiere el Señor tu Dios de ti? Solo requiere que temas al Señor tu Dios, que vivas de la manera que le agrada y que lo ames y lo sirvas con todo tu corazón y con toda tu alma. ¹³Debes obedecer siempre los mandatos y los decretos del Señor que te entrego hoy para tu propio bien.

¹⁴»Mira, los cielos más altos, y la tierra y todo lo que hay en ella pertenecen al Señor tu Dios. ¹⁵Sin embargo, el Señor eligió a tus antepasados para darles su amor. Y a ti, que eres su descendencia, te eligió entre todas las naciones, como se ve hoy. ¹⁶Así que cambia la actitud de tu corazón* y deja de ser terco.

¹⁷»Pues el Señor tu Dios es Dios de dioses y Señor de señores. Él es el gran Dios, poderoso e imponente, que no muestra parcialidad y no acepta sobornos. ¹⁸Se asegura de que los huérfanos y las viudas reciban justicia. Les demuestra amor a los extranjeros que viven en medio de ti y les da ropa y alimentos. ¹⁹Así que tú también tienes

que demostrar amor a los extranjeros porque tú mismo una vez fuiste extranjero en la tierra de Egipto. ²⁰Tienes que temer al Señor tu Dios, adorarlo y aferrarte a él. Cuando hagas juramentos, que sean solo en su nombre. ²¹Sólo él es tu Dios, el único digno de tu alabanza, el que ha hecho los milagros poderosos que viste con tus propios ojos. ²²Cuando tus antepasados llegaron a Egipto, eran solamente setenta personas. ¡Pero ahora el Señor tu Dios te ha vuelto tan numeroso como las estrellas del cielo!

11

»Ama al Señor tu Dios y obedece todos sus requisitos, decretos, ordenanzas y mandatos. ²Ten en cuenta que no dirijo estas palabras a tus hijos, los cuales nunca conocieron la disciplina del Señor tu Dios, ni vieron su grandeza, ni su mano fuerte, ni su brazo poderoso. ³Ellos no vieron las señales milagrosas, ni las maravillas que hizo en Egipto contra el faraón y toda su tierra. ⁴No vieron lo que el Señor les hizo a los ejércitos de Egipto, a sus caballos y a sus carros de guerra; ni cómo los ahogó en el mar Rojo* mientras te perseguían. ¡Los destruyó y, hasta el día de hoy, no se han recuperado!

⁵»Tus hijos no vieron cómo el Señor te cuidó en el desierto hasta que llegaste aquí. ⁶No vieron lo que les hizo a Datán y a Abiram (los hijos de Eliab, un descendiente de Rubén) cuando la tierra se abrió en el campamento israelita y se los tragó junto con los miembros de sus familias, sus carpas y todo ser viviente que les pertenecía. ⁷¡Pero tú sí viste con tus propios ojos que el Señor llevó a cabo todas esas obras poderosas!

Los resultados de obedecer

⁸»Por lo tanto, asegúrate de obedecer cada uno de los mandatos que te entrego hoy, a fin de que tengas fuerzas para tomar la tierra donde estás a punto de entrar. ⁹Si obedeces, disfrutarás de una larga vida en la tierra que Dios juró dar a tus antepasados y a ti, que eres su descendencia, ¡una tierra donde fluyen la leche y la miel! ¹⁰Pues la tierra donde estás a punto de entrar y que vas a poseer no es como la de Egipto, de la cual saliste, donde tenías que plantar tus semillas y hacer zanjas de riego con los pies como si fuera un huerto. ¹¹En cambio, la tierra que pronto tomarás para ti es una región de colinas y valles, con lluvias abundantes; ¹²una tierra que el Señor tu Dios cuida. ¡Él se ocupa de cuidarla en cada época del año!

¹³»Si obedeces cuidadosamente todos los mandatos que te entrego hoy y si amas al Señor tu Dios y lo sirves con todo tu corazón y con toda tu alma, ¹⁴él mandará las lluvias propias de cada estación —las tempranas y las tardías—, para que puedas juntar las cosechas de granos, el vino nuevo y el aceite de oliva. ¹⁵Te dará buenos

---

pastizales para que se alimenten tus animales, y tendrás todo lo que quieras comer.

¹⁶»Pero ten cuidado. No dejes que tu corazón sea engañado y entonces te alejes del Señor y sirvas y rindas culto a otros dioses. ¹⁷Si haces eso, el enojo del Señor arderá contra ti. Entonces cerrará el cielo y detendrá la lluvia, y la tierra dejará de producir sus cosechas, así que pronto morirás en esa buena tierra que el Señor te da.

¹⁸»Por lo tanto, comprométete de todo corazón a cumplir estas palabras que te doy. Átalas a tus manos y llévalas sobre la frente para recordarlas. ¹⁹Enséñalas a tus hijos. Habla de ellas en tus conversaciones cuando estés en tu casa y cuando vayas por el camino, cuando te acuestes y cuando te levantes. ²⁰Escríbelas en los marcos de la entrada de tu casa y sobre las puertas de la ciudad ²¹para que, mientras el cielo esté sobre la tierra, tú y tus hijos prosperen en la tierra que el Señor juró dar a tus antepasados.

²²»Asegúrate de obedecer todos los mandatos que te entrego. Demuéstrale amor al Señor tu Dios andando en sus caminos, y aferrándote a él. ²³Entonces el Señor expulsará a todas esas naciones de tu paso y, aunque ellas son más grandes y más fuertes que tú, tomarás posesión de esa tierra. ²⁴Todo lugar que pises con la planta de tus pies será tuyo. Tus fronteras se extenderán desde el desierto, en el sur, hasta el Líbano, en el norte, y desde el río Éufrates, al oriente, hasta el mar Mediterráneo,* en el occidente. ²⁵Dondequiera que vayas en la tierra, nadie podrá hacerte frente, porque el Señor tu Dios hará que los habitantes te teman y se espanten, tal como lo prometió.

²⁶»Escucha bien: ¡hoy te doy a elegir entre una bendición y una maldición! ²⁷Recibirás bendición si obedeces los mandatos del Señor tu Dios que te entrego hoy; ²⁸pero recibirás maldición si rechazas los mandatos del Señor tu Dios y te apartas de él y rindes culto a dioses que no conocías.

²⁹»Cuando el Señor tu Dios te lleve a la tierra y te ayude a tomar posesión de ella, pronunciarás la bendición en el monte Gerizim y la maldición en el monte Ebal. ³⁰(Esos dos montes se encuentran al occidente del río Jordán, en la tierra de los cananeos que viven en el valle del Jordán,* cerca de la ciudad de Gilgal, a poca distancia de los robles de More). ³¹Estás a punto de cruzar el río Jordán para tomar posesión de la tierra que el Señor tu Dios te da. Una vez que la tomes y estés viviendo en ella, ³²asegúrate de obedecer todos los decretos y las ordenanzas que te entrego hoy.

El lugar de adoración elegido por Dios

12 ¹»Estos son los decretos y las ordenanzas que debes asegurarte de obedecer cuando vivas en la tierra que te da el Señor, Dios de tus antepasados. Obedécelos todos los días de tu vida.

²»Cuando expulses a las naciones que viven allí, deberás destruir todos los lugares donde rinden culto a sus dioses —sobre las cimas de las montañas y de los cerros, y debajo de todo árbol frondoso—; ³destruye sus altares y destroza sus columnas sagradas. ¡Quema los postes dedicados a la diosa Asera y derriba los ídolos tallados! ¡Borra por completo el nombre de sus dioses!

⁴»No adores al Señor tu Dios de la manera en que esos pueblos paganos rinden culto a sus dioses. ⁵Más bien, busca al Señor tu Dios en el lugar de adoración que él mismo elegirá entre todas las tribus, el lugar donde su nombre será honrado. ⁶Allí llevarás tus ofrendas quemadas, tus sacrificios, tus diezmos, tus ofrendas sagradas, las ofrendas para cumplir tus juramentos, tus ofrendas voluntarias y las ofrendas de las primeras crías de tus manadas y rebaños. ⁷Allí, en la presencia del Señor tu Dios, comerás hasta quedar satisfecho junto con tus familias, y te alegrarás por todo lo que hayas logrado gracias a la bendición del Señor tu Dios.

⁸»Tu modelo de adoración tendrá que cambiar. Ahora cada uno hace lo que quiere ⁹porque aún no has llegado al lugar de descanso, a la tierra que el Señor tu Dios te da como preciada posesión. ¹⁰Sin embargo, pronto cruzarás el río Jordán y vivirás en la tierra que el Señor tu Dios te da. Cuando él te dé descanso de todos tus enemigos y estés viviendo a salvo en esa tierra, ¹¹deberás llevar todo lo que yo te ordeno —tus ofrendas quemadas, sacrificios, diezmos, ofrendas sagradas y ofrendas para cumplir tus juramentos— al lugar de adoración designado, el lugar que el Señor tu Dios elija para que su nombre sea honrado.

¹²»Celebra allí, en presencia del Señor tu Dios, con tus hijos e hijas y todos tus sirvientes. Y acuérdate de incluir a los levitas que vivan en tus ciudades, porque ellos no van a recibir ninguna asignación de tierra como las demás tribus. ¹³Asegúrate de no sacrificar tus ofrendas quemadas donde se te ocurra. ¹⁴Sólo podrás hacerlo en el lugar que el Señor elija en el territorio de una de las tribus. Allí presentarás tus ofrendas quemadas y harás todo lo que yo te ordeno.

¹⁵»Puedes matar tus animales y comer su carne en cualquier ciudad y cuando quieras. Puedes comer sin impedimento los animales con los que el Señor tu Dios te haya bendecido. Todo el pueblo, esté o no ceremonialmente puro, podrá comer la carne de esos animales, así como ahora come la carne de gacela y de ciervo. ¹⁶Pero por ninguna razón consumas la sangre, sino derrámala sobre la tierra como si fuera agua.

¹⁷»Sin embargo, en la ciudad donde vivas, no podrás comer de tus ofrendas: ni la décima parte de tu grano y vino nuevo y aceite de oliva, o las primeras crías de tus rebaños y manadas, o cualquier ofrenda para cumplir un juramento, o tus ofrendas voluntarias, o tus ofrendas sagradas. ¹⁸Todas estas las comerás en la presencia del

11:24 En hebreo *hasta el mar occidental.* **11:30** En hebreo el *Arabá.*

SEÑOR tu Dios, en el lugar que él elija. Lo harás allí con tus hijos, tus sirvientes y los levitas que vivan en tus ciudades, y celebrarás en la presencia del SEÑOR tu Dios cada cosa que haces. ¹⁹Y ten mucho cuidado de no desamparar a los levitas mientras vivas en tu tierra.

²⁰»Cuando el SEÑOR tu Dios expanda tu territorio, tal como lo prometió, y tengas ganas de comer carne, podrás comer carne con libertad cada vez que lo desees. ²¹Podría ser que el lugar de adoración designado —el lugar que el SEÑOR tu Dios elija para que su nombre sea honrado— quede muy lejos de tu hogar. De ser así, podrás matar cualquier animal que el SEÑOR te haya dado, tanto el ganado como ovejas y cabras, y comer su carne sin impedimento en la ciudad donde vives, tal como te ordené. ²²Cualquier persona del pueblo, esté o no ceremonialmente pura, podrá comer de esa carne como ahora comen de las gacelas y de los ciervos. ²³Pero nunca consumas la sangre, porque la sangre es vida, y no deberás consumir la vida con la carne. ²⁴En cambio, derrama la sangre sobre la tierra como si fuera agua. ²⁵No consumas la sangre, para que todo te salga bien a ti y a tus descendientes, porque estarás haciendo lo que le agrada al SEÑOR.

²⁶»Lleva todo lo que hayas consagrado y también las ofrendas para cumplir tus juramentos al lugar que el SEÑOR elija. ²⁷Debes presentar la carne y la sangre de tus ofrendas quemadas sobre el altar del SEÑOR tu Dios. Debes derramar la sangre de los otros sacrificios sobre el altar del SEÑOR tu Dios, pero puedes comer la carne. ²⁸Asegúrate de obedecer todos mis mandatos, para que te vaya bien a ti y a todos tus descendientes, porque así estarás haciendo lo que es bueno y agradable ante el SEÑOR tu Dios.

²⁹»Cuando el SEÑOR tu Dios vaya delante de ti y destruya a las naciones, y tú las expulses y te apoderes de su tierra, ³⁰no caigas en la trampa de seguir sus costumbres ni de rendir culto a sus dioses. No preguntes acerca de sus dioses diciendo: "¿De qué manera rinden culto estas naciones a sus dioses? Yo quiero hacer lo mismo". ³¹Tú no adorarás al SEÑOR tu Dios de la manera que las otras naciones rinden culto a sus dioses, llevando a cabo en honor de ellas toda clase de actos detestables que el SEÑOR odia. Hasta sacrifican a sus hijos y a sus hijas en el fuego como ofrenda a sus dioses.

³²*»Por lo tanto, asegúrate de obedecer todos los mandatos que te doy. No les agregues ni les quites nada.

Advertencia contra la idolatría

13 ¹*»Supongamos que, en medio de ti, hay profetas o aquellos que tienen sueños sobre el futuro, y te prometen señales o milagros, ²y resulta que esas señales o milagros se cumplen.

Si de pronto ellos dicen: "Ven, rindamos culto a otros dioses" —dioses que hasta entonces no conocías— ³no les escuches. El SEÑOR tu Dios te está probando para ver si realmente lo amas con todo el corazón y con toda el alma. ⁴Sirve sólo al SEÑOR tu Dios y teme solamente a él. Obedece sus mandatos, escucha su voz y aférrate a él. ⁵Los falsos profetas o los soñadores que traten de descarriarte serán ejecutados, porque fomentan la rebelión contra el SEÑOR tu Dios, quien te libertó de la esclavitud y te sacó de la tierra de Egipto. Ya que tratan de desviarte del camino que el SEÑOR tu Dios te ordenó que siguieras, tendrás que quitarles la vida. De esa manera, eliminarás la maldad que hay en medio de ti.

⁶»Supongamos que alguien trata de persuadirte en secreto —incluso podría ser tu hermano, tu hijo o tu hija, tu amada esposa o tu mejor amigo— y te dice: "Vamos, rindamos culto a otros dioses", dioses que ni tú ni tus antepasados jamás conocieron. ⁷Incluso podrían sugerir que rindas culto a los dioses de los pueblos que viven cerca o de los que viven en los extremos de la tierra. ⁸No les hagas caso ni les escuches. No les tengas compasión ni les perdones la vida ni trates de protegerlos. ⁹¡Deberás quitarles la vida! Da tú el primer golpe, y luego que todo el pueblo se sume. ¹⁰Tienes que apedrear a muerte a los culpables, porque han tratado de alejarte del SEÑOR tu Dios, quien te rescató de la tierra de Egipto, donde eras esclavo. ¹¹Entonces todo Israel oirá y tendrá temor, y ya nadie volverá a actuar con tanta perversidad.

¹²»Cuando comiences a vivir en las ciudades del SEÑOR tu Dios te da, tal vez oigas ¹³que hay sinvergüenzas en medio de ti que llevan por mal camino a los habitantes de su ciudad, diciéndoles: "Vamos, rindamos culto a otros dioses", dioses que hasta entonces tú no conocías. ¹⁴En tales casos, analiza los hechos cuidadosamente. Si encuentras que lo que se dice es cierto y en verdad se cometió ese acto tan detestable en medio de ti, ¹⁵deberás atacar a esa ciudad y destruir por completo* a todos los habitantes junto con todos los animales. ¹⁶Luego debes amontonar todo el botín en el centro de la plaza pública y quemarlo. Prende fuego a toda la ciudad como una ofrenda quemada al SEÑOR tu Dios. La ciudad deberá quedar en ruinas para siempre; no se volverá a edificar jamás. ¹⁷Que nadie guarde nada del botín que fue separado para ser destruido. Entonces el SEÑOR alejará de ti su enojo feroz y te tratará con misericordia. Tendrá compasión de ti y te convertirá en una nación numerosa, tal como le juró a tus antepasados.

¹⁸»El SEÑOR tu Dios será compasivo contigo solo si escuchas su voz y obedeces todos sus mandatos que te entrego hoy, y haces lo que a él le agrada.

12:32 El versículo 12:32 corresponde al 13:1 en el texto hebreo. **13:1** Los versículos del 13:1-18 corresponden al 13:2-19 en el texto hebreo. **13:15** El término hebreo empleado aquí se refiere a la consagración total de cosas o personas al SEÑOR ya sea destruyéndolas o entregándolas como ofrenda; similar en 13:17.

Animales ceremonialmente puros e impuros

14 »Israel, dado que eres el pueblo del Señor tu Dios, nunca te hagas cortaduras en el cuerpo ni te afeites el cabello que está encima de la frente en señal de duelo por un muerto. ²Tú fuiste separado como pueblo santo para el Señor tu Dios, y él eligió entre todas las naciones del mundo, para que seas su tesoro especial.

³»No comerás de ningún animal detestable, porque son ceremonialmente impuros. ⁴Los animales* que sí puedes comer son: el buey, la oveja, la cabra, ⁵el ciervo, la gacela, el corzo, la cabra salvaje, el antílope adax, el antílope y la oveja montés.

⁶»Puedes comer cualquier animal rumiante y que tenga las pezuñas totalmente partidas, ⁷pero no lo comerás si no reúne ambas condiciones. Por lo tanto, no comerás camellos ni liebres ni damanes.* Estos son rumiantes pero no tienen las pezuñas partidas, así que son ceremonialmente impuros para ti. ⁸Tampoco comerás cerdo, pues tiene las pezuñas partidas pero no es un animal rumiante, así que es ceremonialmente impuro para ti. No comerás la carne de ninguno de los animales que acabo de mencionar, ni siquiera tocarás sus cuerpos muertos.

⁹»De todos los animales marinos, puedes comer los que tengan tanto aletas como escamas, ¹⁰pero no comerás de los que no tengan ni aletas ni escamas. Estos son ceremonialmente impuros para ti.

¹¹»Puedes comer cualquier ave que sea ceremonialmente pura, ¹²pero no comerás las siguientes aves: el buitre grifón, el quebrantahuesos, el buitre de cabeza negra, ¹³el milano, el halcón, ningún tipo de ave carroñera, ¹⁴ni cuervos de ninguna clase, ¹⁵ni el búho real, ni la lechuza campestre, ni la gaviota, ni gavilanes de ninguna especie; ¹⁶tampoco mochuelos ni pequeños ni grandes, ni lechuzas comunes, ¹⁷ni lechuzas del desierto, ni el buitre egipcio, ni el cuervo marino, ¹⁸ni la cigüeña, ni garzas de ninguna especie, ni la abubilla, ni el murciélago.

¹⁹»Todos los insectos con alas que caminan por el suelo son ceremonialmente impuros para ti y no los comerás; ²⁰pero sí puedes comer de las aves y de los insectos con alas que son ceremonialmente puros.

²¹»No comas nada que haya muerto de muerte natural. En todo caso, puedes dárselo a algún extranjero que viva en tu ciudad o vendérselo a un desconocido. Pero tú no lo comas, porque eres un pueblo santo, separado para el Señor tu Dios.

»No cocines un cabrito en la leche de su madre.

La entrega de los diezmos

²²»Deberás separar el diezmo de tus cosechas, es decir, la décima parte de todo lo que coseches cada año. ²³Lleva ese diezmo al lugar de adoración designado —el lugar que el Señor tu Dios elija para que su nombre sea honrado— y cómelo allí, en su presencia. Lo harás así con el diezmo de tus granos, tu vino nuevo, tu aceite de oliva y los machos de las primeras crías de tus rebaños y manadas. Esta práctica te enseñará a temer siempre al Señor tu Dios.

²⁴»Ahora bien, cuando el Señor tu Dios te bendiga con una buena cosecha, podría suceder que el lugar de adoración que él elija para que su nombre sea honrado te quede demasiado lejos para llevar tu diezmo. ²⁵En ese caso, puedes vender esa décima parte de tus cosechas y manadas, poner el dinero en una bolsa y dirigirte al lugar que el Señor tu Dios haya elegido. ²⁶Cuando llegues, podrás usar el dinero para comprar cualquier clase de alimento que desees: ganado, ovejas, cabras, vino u otra bebida alcohólica. Luego comerás hasta quedar satisfecho en la presencia del Señor tu Dios y celebrarás con todos los de tu casa. ²⁷No descuides a los levitas de tu ciudad, porque ellos no van a recibir ninguna asignación de tierra como las demás tribus.

²⁸»Al final de cada tercer año, lleva todo el diezmo de la cosecha de ese año a la ciudad más cercana y almacénalo allí. ²⁹Dáselo a los levitas —quienes no recibirán ninguna asignación de tierra como las demás tribus— y también a los extranjeros que vivan en medio de ti, a los huérfanos y a las viudas de tus ciudades, para que coman y se sacien. Entonces el Señor tu Dios te bendecirá en todo tu trabajo.

Liberación de las deudas

15 »Al final de cada séptimo año, tienes que anular las deudas de todos los que te deban dinero. ²Lo harás de la siguiente manera: cada uno anulará los préstamos que le haya hecho a otro hermano israelita; nadie exigirá ningún pago de sus vecinos ni de sus parientes, porque habrá llegado el tiempo del Señor para la liberación de las deudas. ³Sin embargo, esa liberación solo sirve para tus hermanos israelitas, no para los extranjeros que vivan en medio de ti.

⁴»No deberá haber pobres en medio de ti, porque el Señor tu Dios te bendecirá en abundancia en la tierra que te da como preciada posesión. ⁵Recibirás esa bendición solo si obedeces los mandatos del Señor tu Dios que te entrego hoy. ⁶El Señor tu Dios te bendecirá tal como lo prometió. Prestarás dinero a muchas naciones pero nunca tendrás necesidad de pedirles prestado. Tú gobernarás a muchas naciones, pero ellas no te gobernarán a ti.

⁷»Pero si hubiera israelitas pobres en tus ciudades cuando llegues a la tierra que el Señor tu Dios te da, no seas insensible ni tacaño con ellos. ⁸En cambio, sé generoso y préstales lo que necesiten. ⁹No seas mezquino ni le niegues un préstamo a alguien por el hecho de que se acerca el año para anular las deudas. Si te niegas a dar el

préstamo, y la persona con necesidad clama al SEÑOR, serás culpable de pecado. ¹⁰Da al pobre con generosidad, no de mala gana, porque el SEÑOR tu Dios te bendecirá en todo lo que hagas. ¹¹Siempre habrá algunos que serán pobres en tu tierra, por eso te ordeno que compartas tus bienes generosamente con ellos y también con otros israelitas que pasen necesidad.

Liberación para los esclavos hebreos

¹²»Si tu hermano hebreo, hombre o mujer, se vende a ti como siervo* y te sirve por seis años, al séptimo año deberás dejarlo en libertad.

¹³»Cuando liberes a un siervo varón, no lo despidas con las manos vacías. ¹⁴Sé generoso con él y regálale como despedida algo de tus rebaños, de tus granos y de tus vinos. Dale parte de la abundante riqueza con la que el SEÑOR tu Dios te haya bendecido. ¹⁵Recuerda que una vez tú fuiste esclavo en la tierra de Egipto y que el SEÑOR tu Dios te liberó! Por esa razón, te doy este mandato.

¹⁶»Pero supongamos que tu siervo dice: "No te dejaré", porque se ha encariñado contigo y con tu familia, y le ha ido bien en tu casa. ¹⁷En ese caso, toma un punzón y perfórale el lóbulo de la oreja contra la puerta. Entonces será tu siervo por el resto de su vida. Haz lo mismo con tus siervas.

¹⁸»No pienses que liberar a tus siervos es una gran pérdida. Recuerda que, durante seis años, te brindaron un servicio que vale el doble del salario de un obrero contratado, y el SEÑOR tu Dios te bendecirá en todo lo que hagas.

Sacrificio de los machos de las primeras crías

¹⁹»Tienes que separar para el SEÑOR tu Dios los primeros machos que nazcan de las crías de tus rebaños y manadas. No uses la primera cría de tu manada para trabajar el campo ni trasquiles la primera cría de tu rebaño. ²⁰En cambio, tú y tu familia se los comerán cada año en la presencia del SEÑOR tu Dios, en el lugar que él elija. ²¹Sin embargo, si la primera cría tiene algún defecto —si es ciego, cojo o con otra anormalidad— no deberás ofrecerla en sacrificio al SEÑOR tu Dios. ²²Más bien, úsala como alimento para tu familia en la ciudad donde vives. Cualquier persona, esté o no ceremonialmente pura, puede comer de ese animal, tal como cualquiera puede comer de una gacela o de un ciervo. ²³Pero por ninguna razón consumas la sangre. Deberás derramarla sobre la tierra como si fuera agua.

La Pascua y el Festival de los Panes sin Levadura

16 »Celebra la Pascua en honor al SEÑOR tu Dios cada año, a comienzos de la primavera, en el mes de *abib*,* porque ése fue el mes en que el SEÑOR tu Dios te sacó de la tierra de Egipto

durante la noche. ²Tu sacrificio de la Pascua puede ser tanto de tu rebaño como de tu manada, y deberás sacrificarlo al SEÑOR tu Dios en el lugar de adoración designado, el lugar que él elija para que su nombre sea honrado. ³Cómelo junto con pan preparado sin levadura. Come ese pan —el pan del sufrimiento— para que recuerdes toda tu vida el día que saliste de Egipto. ⁴Durante esos siete días, que no se encuentre ni un poco de levadura en las casas de tu tierra. También, cuando sacrifiques el cordero de la Pascua al atardecer del primer día, no dejes que sobre nada para el día siguiente.

⁵»No sacrificarás el animal para la Pascua en cualquier ciudad que el SEÑOR tu Dios te da. ⁶Tendrás que ofrecerlo sólo en el lugar de adoración designado, el lugar que el SEÑOR tu Dios elija para que su nombre sea honrado. Sacrifícalo al atardecer, cuando que el sol, el día del aniversario de tu éxodo de Egipto. ⁷Asa el cordero y cómelo en el lugar que el SEÑOR tu Dios elija. Luego puedes volver a tu carpa a la mañana siguiente. ⁸Durante los seis días siguientes, no comerás pan preparado con levadura. El séptimo día también proclámalo santo en honor al SEÑOR tu Dios, y ese día nadie hará ninguna clase de trabajo.

El Festival de la Cosecha

⁹»Cuenta siete semanas a partir del momento en que comiences a cortar el grano al inicio de la cosecha. ¹⁰Luego celebra el Festival de la Cosecha* en honor al SEÑOR tu Dios. Llévale una ofrenda voluntaria en proporción a las bendiciones que hayas recibido de él. ¹¹Será un tiempo de celebración delante del SEÑOR tu Dios en el lugar de adoración que él designe para que su nombre sea honrado. Celebra con tus hijos e hijas, con tus siervos y siervas, con los levitas que vivan en tus ciudades, con los extranjeros, con los huérfanos y las viudas que vivan en medio de ti. ¹²Recuerda que tú también una vez fuiste esclavo en Egipto, así que asegúrate de obedecer todos estos decretos.

El Festival de las Enramadas

¹³»Celebra el Festival de las Enramadas* durante siete días, al finalizar la temporada de la cosecha, después de trillar el grano y prensar las uvas. ¹⁴Este festival será un tiempo de alegría y celebración con tus hijos e hijas, con tus siervos y siervas, con los levitas, con los extranjeros, con los huérfanos y las viudas que vivan en tus ciudades. ¹⁵Durante siete días, celebrarás este festival para honrar al SEÑOR tu Dios en el lugar que él elija, porque es quien te bendice con cosechas abundantes y prospera todo tu

15:12 O *Si te venden a un hombre o a una mujer de origen hebreo.* 15:15 O como la Pascua al SEÑOR tu Dios. Abib, el primer mes del antiguo calendario lunar hebreo; por lo general, cae entre marzo y abril. 16:10 En hebreo *Festival de las Semanas;* también en 16:16. Esta celebración después se conoció como el Festival de Pentecostés (ver Hch 2:1). Hoy en día se celebra como Shavuot. 16:13 O *Festival de los Refugios o Festival de los Tabernáculos;* también en 16:16. En la antigüedad se denominaba el Festival de la Última Cosecha o el Festival de la Recolección (ver Ex 23:16b). Hoy se celebra como Sucot.

trabajo. Este festival será un tiempo de mucha alegría para todos.

16»Cada año, todo hombre de Israel deberá celebrar estos tres festivales: el Festival de los Panes sin Levadura, el Festival de la Cosecha y el Festival de las Enramadas. En cada una de esas ocasiones, todos los varones tendrán que presentarse ante el SEÑOR tu Dios en el lugar que él elija, pero no se presentarán ante el SEÑOR sin una ofrenda. 17Todos darán según sus posibilidades, de acuerdo con las bendiciones que hayan recibido del SEÑOR tu Dios.

Justicia para el pueblo

18»Nombra jueces y funcionarios de cada una de las tribus en todas las ciudades que el SEÑOR te da. Ellos tendrán que juzgar al pueblo con justicia. 19Por ninguna razón tuerzas la justicia ni muestres parcialidad. Jamás aceptes un soborno, porque el soborno nubla los ojos del sabio y corrompe las decisiones de los íntegros. 20Que siempre triunfe la justicia verdadera, para que puedas vivir y poseer la tierra que el SEÑOR tu Dios te da.

21»Jamás pondrás un poste de madera dedicado a la diosa Asera al lado del altar que edifiques para el SEÑOR tu Dios. 22Y nunca edifiques columnas sagradas para rendir culto, porque el SEÑOR tu Dios las odia.

17 »Nunca sacrifiques al SEÑOR tu Dios ganado, ovejas o cabras que tengan algún defecto o enfermedad, porque él detesta esa clase de ofrendas.

2»Cuando empieces a vivir en las ciudades que el SEÑOR tu Dios te da, podría suceder que un hombre o una mujer del pueblo haga algo malo a los ojos del SEÑOR y desobedezca el pacto. 3Por ejemplo, podría ser que sirviera a otros dioses o rindiera culto al sol, a la luna o a alguna estrella —es decir, a las fuerzas del cielo—, lo cual he prohibido terminantemente. 4Cuando te enteres de algo así, investiga el asunto a fondo. Si resulta cierto que se ha cometido ese acto detestable en Israel, 5entonces llevarás al hombre o a la mujer responsable de esa maldad hasta las puertas de la ciudad y lo matarás a pedradas. 6Sin embargo, nunca quites la vida a nadie por el testimonio de un solo testigo. Siempre tendrá que haber dos o tres testigos. 7Los testigos deberán arrojar las primeras piedras, y luego se sumará el resto del pueblo. De esa manera, limpiarás la maldad que hay en medio de ti.

8»Supongamos que a un juez local le llega un caso demasiado difícil de resolver; por ejemplo, si alguien es culpable de asesinato o de homicidio no premeditado, o bien podría ser una demanda complicada o un caso que involucra distintos tipos de agresión. Esos casos legales llévalos al lugar que el SEÑOR tu Dios elija 9y preséntalos ante los sacerdotes levitas o el juez que esté de turno en esos días. Ellos oirán el caso y declararán el veredicto. 10Tú deberás cumplir el veredicto que ellos anuncien y la sentencia que dicten en el lugar que el SEÑOR elija. Harás todo lo que ellos digan, al pie de la letra. 11Después que hayan interpretado la ley y declarado el veredicto, tendrás que ejecutar la sentencia que impongan en su totalidad; no le hagas ninguna modificación. 12Cualquiera que tenga la arrogancia de rechazar el veredicto de un juez o de un sacerdote que representa al SEÑOR tu Dios tendrá que morir. De esa manera limpiarás la maldad que hay en Israel. 13Entonces todo el pueblo se enterará de lo ocurrido y tendrá miedo de actuar con tanta arrogancia.

Pautas para los reyes

14»Estás por entrar en la tierra que el SEÑOR tu Dios te da. Cuando tomes posesión de ella y te establezcas allí, tal vez se te ocurra pensar: "Deberíamos tener un rey para que nos gobierne, tal como tienen las naciones que nos rodean". 15Si tal cosa sucediera, asegúrate de designar como rey al hombre que el SEÑOR tu Dios elija. Tendrás que nombrar a un hermano israelita, no podrá ser un extranjero.

16»El rey no deberá construir grandes establos para sí ni enviar a su gente a Egipto para comprar caballos, porque el SEÑOR te ha dicho: "Nunca vuelvas a Egipto". 17El rey no deberá tomar muchas esposas para sí, porque ellas apartarán su corazón del SEÑOR. Tampoco deberá acumular para sí grandes cantidades de oro y plata.

18»Cuando se siente en el trono a reinar, deberá producir una copia de este conjunto de instrucciones en un rollo, en presencia de los sacerdotes levitas. 19Tendrá esa copia siempre consigo y la leerá todos los días de su vida. De esa manera, aprenderá a temer al SEÑOR su Dios al obedecer todas las condiciones de esta serie de instrucciones y decretos. 20La lectura diaria impedirá que se vuelva orgulloso y actúe como si fuera superior al resto de sus compatriotas, y también impedirá que se aparte de los mandatos en lo más mínimo. Además, será una garantía de que él y sus descendientes reinarán por muchas generaciones en Israel.

Ofrendas para los sacerdotes y los levitas

18 »Recuerda que los sacerdotes levitas —es decir, toda la tribu de Leví— no recibirán ninguna asignación de tierra entre las demás tribus de Israel. Pero tanto los sacerdotes como los levitas comerán de las ofrendas especiales dadas al SEÑOR, porque esa es la parte que les corresponde. 2No tendrán tierra propia entre los israelitas. El propio SEÑOR es su preciada posesión, tal como les prometió.

3»Del ganado, las ovejas y las cabras que el pueblo traiga como ofrenda, los sacerdotes podrán tomar para sí la espaldilla, la quijada y el estómago. 4También les darás a los sacerdotes la primera porción de los granos, del vino nuevo, del aceite de oliva y de la lana que obtengas en la temporada de esquila. ⁵Pues el Señor tu Dios eligió a la tribu de Leví, de entre todas tus tribus, para que sirva en nombre del Señor por siempre.

⁶»Supongamos que un levita decide dejar su ciudad en Israel, sea cual fuere la ciudad, para mudarse al lugar de adoración que el Señor elija. ⁷Podrá servir allí en nombre del Señor su Dios, igual que sus hermanos levitas que ya estén sirviendo al Señor en ese lugar, ⁸y podrá comer su porción de los sacrificios y las ofrendas, aun cuando también reciba sustento de su familia.

Un llamado a una vida santa

⁹»Cuando entres en la tierra que el Señor tu Dios te da, ten mucho cuidado de no imitar las costumbres detestables de las naciones que viven allí. ¹⁰Por ejemplo, jamás sacrifiques a tu hijo o a tu hija como una ofrenda quemada.* Tampoco permitas que el pueblo practique la adivinación, ni la hechicería, ni que haga interpretación de agüeros, ni se mezcle en brujerías, ¹¹ni haga conjuros; tampoco permitas que alguien se preste a actuar como médium o vidente, ni que invoque el espíritu de los muertos. ¹²Cualquiera que practique esas cosas es detestable a los ojos del Señor. Precisamente porque las otras naciones hicieron esas cosas detestables, el Señor tu Dios las expulsará de tu paso. ¹³Sin embargo, tú debes ser intachable delante del Señor tu Dios. ¹⁴Las naciones que estás por desplazar consultan a los adivinos y a los hechiceros, pero el Señor tu Dios te prohíbe hacer esas cosas».

Profetas verdaderos y profetas falsos

¹⁵Moisés siguió diciendo: «El Señor su Dios les levantará un profeta como yo de entre sus hermanos israelitas. A él tendrán que escucharlo, ¹⁶pues eso fue lo que ustedes le pidieron al Señor su Dios cuando estaban reunidos al pie del monte Sinaí.* Dijeron: "No queremos oír nunca más la voz del Señor nuestro Dios ni ver este fuego ardiente, porque moriremos".

¹⁷Entonces el Señor me dijo: "Lo que el pueblo dice es cierto. ¹⁸Levantaré un profeta como tú de entre sus hermanos israelitas. Pondré mis palabras en su boca, y él dirá al pueblo todo lo que yo le ordene. ¹⁹Yo mismo trataré con cualquiera que no preste atención a los mensajes que el profeta proclame en mi nombre. ²⁰Pero todo profeta que falsamente afirme hablar en mi nombre o hable en nombre de otro dios, tendrá que morir".

²¹»Tal vez se pregunten: "¿Cómo sabremos si una profecía viene o no del Señor?". ²²Si el profeta habla en el nombre del Señor, pero su profecía no se cumple ni ocurre lo que predice, ustedes sabrán que ese mensaje no proviene del Señor. Ese profeta habló sin el respaldo de mi autoridad, y no tienen que temerle.

Ciudades de refugio

19 »Cuando el Señor tu Dios destruya a las naciones que ahora ocupan el territorio que él está por entregarte, tomarás para ti las tierras y te establecerás en las ciudades y en las casas de esas naciones. ²Luego deberás apartar tres ciudades de refugio en la tierra que el Señor tu Dios te da. ³Estudia el territorio* y divide en tres regiones esa tierra que el Señor te da, de modo que haya una de las ciudades en cada región. Entonces cualquier persona que haya matado a otra podrá huir a una de las ciudades de refugio para ponerse a salvo.

⁴»Si un individuo mata a otro accidentalmente y sin enemistad previa, el responsable de la muerte podrá huir a cualquiera de esas ciudades para vivir a salvo. ⁵Por ejemplo, supongamos que una persona va con un vecino a cortar leña al bosque, y cuando uno de los dos levanta el hacha para cortar un árbol, la cabeza del hacha se desprende del mango y mata a la otra persona. En tales casos, el responsable de la muerte puede huir a una de las ciudades de refugio para vivir a salvo.

⁶»Si la ciudad de refugio más cercana queda demasiado lejos, un vengador enfurecido podría rastrear al que causó la muerte y quitarle la vida. En ese caso, la persona moriría injustamente, porque nunca antes había mostrado enemistad hacia el muerto. ⁷Por esa razón, te ordeno que apartes tres ciudades de refugio.

⁸»Si el Señor tu Dios extiende tu territorio como les juró a tus antepasados y te entrega toda la tierra que les prometió, ⁹deberás designar otras tres ciudades de refugio adicionales. (Él te dará esa tierra si te aseguras de obedecer todos mis mandatos que te di, es decir, si siempre amas al Señor tu Dios y andas en sus caminos). ¹⁰De esa manera, evitarás que mueran personas inocentes en la tierra que el Señor tu Dios te da como tu preciada posesión. Entonces no serás responsable de la muerte de inocentes.

¹¹»Pero supongamos que alguien está enemistado con un vecino y le tiende una emboscada a propósito y lo mata, luego huye a una de las ciudades de refugio. ¹²En ese caso, los ancianos de la ciudad del asesino enviarán representantes a la ciudad de refugio para traerlo de regreso y entregarlo al vengador del muerto para que el quite la vida. ¹³¡No sientas lástima por ese asesino! Limpia a Israel de la culpa de asesinar a personas inocentes; entonces todo te saldrá bien.

Interés por la justicia

¹⁴»Cuando llegues a la tierra que el Señor tu Dios te da como preciada posesión, nunca le robes terreno a otro cambiando de lugar los límites de propiedad que tus antepasados establecieron.

¹⁵»No condenes a nadie por algún crimen o

18:10 O *nunca hagas que tu hijo o tu hija pase por fuego.*   **18:16** En hebreo *Horeb*, otro nombre para Sinaí.   **19:3** O *Mantén los caminos en buen estado.*

delito basado en el testimonio de un solo testigo. Los hechos del caso deben ser establecidos por el testimonio de dos o tres testigos.

¹⁶»Si un testigo malicioso se presenta y acusa a alguien de haber cometido algún crimen o delito, ¹⁷tanto el que acusa como el acusado deberán presentarse ante el SEÑOR al acudir a los sacerdotes y a los jueces que estén en ejercicio en esos días. ¹⁸Los jueces tendrán que investigar el caso a fondo. Si el acusador presentara cargos falsos contra otro israelita, ¹⁹le impondrás a él la sentencia que pretendía para la otra persona. De ese modo, limpiarás esa maldad que hay en medio de ti. ²⁰Entonces el resto del pueblo se enterará del caso y tendrá temor de cometer semejante maldad. ²¹¡No muestres compasión por el culpable! La regla que seguirás es vida por vida, ojo por ojo, diente por diente, mano por mano, pie por pie.

Ordenanzas sobre la guerra

20 »Cuando salgas a luchar contra tus enemigos y te enfrentes con caballos y carros de guerra y con un ejército más numeroso que el tuyo, no tengas miedo. ¡El SEÑOR tu Dios, quien sacó de la tierra de Egipto, está contigo! ²Cuando te prepares para una batalla, el sacerdote saldrá a hablarle a las tropas ³y les dirá: "¡Préstenme atención, hombres de Israel! ¡No tengan miedo cuando salgan hoy a pelear contra sus enemigos! No se desanimen ni se asusten, ni tiemblen frente a ellos. ⁴¡Pues el SEÑOR su Dios va con ustedes! ¡Él peleará por ustedes contra sus enemigos y les dará la victoria!".

⁵»Luego, los jefes del ejército se dirigirán a las tropas y dirán: "¿Alguno de ustedes acaba de construir una casa pero aún no la ha estrenado? De ser así, puede irse a su casa. Podría morir en batalla, y otro estrenaría su casa. ⁶¿Alguno de ustedes acaba de plantar un viñedo pero aún no ha comido ninguno de sus frutos? De ser así, puede irse a su casa. Podría morir en batalla, y otro comería sus primeros frutos. ⁷¿Alguno de ustedes acaba de comprometerse con una mujer pero aún no se ha casado con ella? ¡Bien, puede irse a su casa y casarse! Podría morir en batalla, y otro se casaría con ella".

⁸»Luego los jefes también dirán: "¿Alguno de ustedes tiene miedo o está angustiado? De ser así, puede irse a su casa antes de que atemorice a alguien más". ⁹Una vez que los jefes terminen de hablar a las tropas, nombrarán comandantes para cada unidad.

¹⁰»Cuando te acerques a una ciudad para atacarla, primero debes ofrecer condiciones de paz a sus habitantes. ¹¹Si aceptan las condiciones y te abren las puertas, entonces todos ellos quedarán obligados a servirte haciendo trabajos forzados, ¹²pero si no quieren hacer la paz y se preparan para luchar, deberás atacar la ciudad. ¹³Cuando el SEÑOR tu Dios te entregue la ciudad, mata al

filo de espada a todos los hombres de ese pueblo. ¹⁴Sin embargo, podrás quedarte con todas las mujeres, los niños, los animales y el resto del botín de la ciudad. Podrás disfrutar de todo el botín de tus enemigos que el SEÑOR tu Dios te entregue.

¹⁵»Estas instrucciones solo se refieren a las ciudades lejanas, no a las de las naciones que ocupan la tierra donde estás a punto de entrar. ¹⁶En las ciudades que el SEÑOR tu Dios te da como preciada posesión, destruye a todo ser viviente. ¹⁷Tienes que destruir por completo* a los hititas, a los amorreos, a los cananeos, a los ferezeos, a los heveos y a los jebuseos, tal como el SEÑOR tu Dios te ordenó. ¹⁸Así evitarás que los pueblos de esa tierra te enseñen a imitar las costumbres detestables que practican cuando rinden culto a sus dioses, lo cual te haría pecar profundamente contra el SEÑOR tu Dios.

¹⁹»Si al atacar una ciudad la guerra se prolonga, no debes cortar los árboles a hachazos. Puedes comer de los frutos, pero no derribes los árboles. ¿Acaso los árboles son enemigos a los que tienes que atacar? ²⁰Sólo corta los árboles que sabes que no son aptos para comer. Úsalos para la fabricación de todo lo que necesites para atacar la ciudad enemiga hasta que se rinda.

Purificación por causa de un homicidio no resuelto

21 »Cuando estés en la tierra que el SEÑOR tu Dios te da, podría ocurrir que alguien encontrara en el campo a una persona asesinada, y no se supiera quién la mató. ²En un caso así, los ancianos y tus jueces tendrán que medir la distancia que hay desde el lugar del crimen hasta las ciudades cercanas. ³Una vez que hayan determinado cuál es la ciudad más cercana, los ancianos de esa ciudad tendrán que elegir una ternera de la manada que nunca haya sido entrenada para el arado ni usado el yugo. ⁴La llevarán hasta un valle que no haya sido arado ni cultivado y que tenga un arroyo donde siempre fluye el agua. Allí, en el valle, le quebrarán el cuello al animal. ⁵Después se acercarán los sacerdotes levitas, pues el SEÑOR tu Dios los ha elegido para que sirvan delante de él y pronuncien bendiciones en el nombre del SEÑOR. Ellos son los responsables de resolver todos los casos legales y criminales.

⁶»Los ancianos del pueblo tendrán que lavarse las manos sobre la ternera a la cual le quebraron el cuello. ⁷Luego dirán: "Nuestras manos no derramaron la sangre de esta persona ni vimos cómo sucedió. ⁸Oh SEÑOR, perdona a tu pueblo Israel, al cual has redimido. No culpes a tu pueblo de asesinar a un inocente". Así quedarán absueltos de la culpa por la sangre de esta persona. ⁹Si sigues estas instrucciones, harás lo correcto

a los ojos del Señor y purificarás a tu comunidad de la culpa por homicidio.

Matrimonio con una prisionera de guerra

¹⁰»Supongamos que sales a la guerra contra tus enemigos, y el Señor tu Dios los entrega en tus manos, y tú tomas cautivos a algunos de ellos. ¹¹Y supongamos que, entre los cautivos, ves a una mujer hermosa a la cual te sientes atraído y deseas casarte con ella. ¹²Si tal cosa sucediera, podrás llevarla a tu casa, donde ella tendrá que raparse la cabeza, cortarse las uñas ¹³y cambiarse la ropa que llevaba puesta cuando la tomaron prisionera. Ella se quedará en tu casa, pero deberás permitirle hacer duelo por tu padre y su madre durante todo un mes. Después de ese tiempo, podrán unirse, y tú serás su marido y ella será tu esposa. ¹⁴Sin embargo, si una vez ya unidos resulta que no te agrada, tendrás que dejarla en libertad. No podrás venderla ni tratarla como a una esclava, porque la has humillado.

Derechos del primer hijo

¹⁵»Supongamos que un hombre tiene dos esposas y solamente ama a una de ellas, pero ambas le han dado hijos varones. Y supongamos que el primer varón no lo haya tenido con la mujer que no ama. ¹⁶Cuando el hombre divida su herencia, no dará la mayor parte al hijo menor —el que tuvo con la esposa que ama— como si fuera el primer hijo varón. ¹⁷Deberá reconocer los derechos del hijo mayor —el que tuvo con la esposa que no ama— al darle la parte doble que le corresponde. Ese hijo es el primer fruto del vigor de su padre, y a él le corresponden los derechos del primer hijo.

Cómo tratar con un hijo rebelde

¹⁸»Supongamos que un hombre tiene un hijo terco y rebelde, que no quiere obedecer ni a su padre ni a su madre, a pesar de que ellos lo disciplinan. ¹⁹En un caso así, el padre y la madre tendrán que llevarlo ante los ancianos mientras estén juzgando a las puertas de la ciudad. ²⁰Ambos padres les dirán a los ancianos: "Este hijo nuestro es terco y rebelde y se niega a obedecer. Es glotón y borracho". ²¹Entonces todos los hombres de ese ciudad lo matarán a pedradas. De ese modo limpiarás esa maldad que hay en medio de ti, y todo Israel se enterará y tendrá miedo.

Ordenanzas varias

²²»Si alguien cometió un delito digno de muerte, y por eso lo ejecutan y luego lo cuelgan de un árbol, ²³el cuerpo no debe quedar allí colgado toda la noche. Habrá que enterrarlo ese mismo día, porque todo el que ha sido colgado* es maldito a los ojos de Dios. De esa manera, evitarás

que se contamine la tierra que el Señor tu Dios te da como preciada posesión.

22 »Si encuentras deambulando por ahí el buey, la oveja o la cabra de tu vecino, no abandones tu responsabilidad.* Devuelve el animal a su dueño. ²Si el dueño no vive cerca o no sabes quién es, llévalo a tu casa y quédate con él hasta que el dueño vaya a buscarlo. Cuando eso suceda, debes devolvérselo. ³Haz lo mismo si encuentras el burro, la ropa o cualquier otra cosa que tu vecino haya perdido. No abandones tu responsabilidad.

⁴»Si ves en el camino el burro o el buey de tu vecino, no lo ignores. ¡Ve y ayuda a tu vecino a ponerlo otra vez de pie!

⁵»Una mujer no debe vestirse con ropa de hombre, y un hombre no debe vestirse con ropa de mujer. Cualquiera que hace algo así es detestable a los ojos del Señor tu Dios.

⁶»Si, al pasar, encuentras un nido de pájaros en un árbol o caído en el suelo, y ves que adentro hay polluelos o huevos, y que la madre está empollando, no te lleves a la madre junto con los polluelos. ⁷Puedes llevarte las crías pero deja ir a la madre, así prosperarás y disfrutarás de una larga vida.

⁸»Cuando edifiques una casa nueva, debes construir una reja alrededor de la azotea. De ese modo, si alguien se cae del techo, nadie podrá culparte de su muerte.

⁹»No plantes ningún cultivo entre las hileras de vides que tienes en tu viñedo. Si lo haces, tendrás prohibido usar tanto las uvas del viñedo como el otro cultivo que plantaste.

¹⁰»No ares con un buey y un burro unidos al mismo yugo.

¹¹»No uses ropa que esté hecha de lana entretejida con lino.

¹²»Pon cuatro borlas en el borde del manto con el que te cubres: una al frente, otra atrás y dos a los costados.

Ordenanzas sobre la pureza sexual

¹³»Supongamos que un hombre se casa con una mujer pero, después de dormir con ella, la desprecia ¹⁴y la acusa públicamente de conducta vergonzosa diciendo: "Me casé con esta mujer y descubrí que no era virgen". ¹⁵Entonces el padre y la madre de la mujer tendrán que llevar la prueba de la virginidad de su hija a los ancianos mientras estén juzgando a las puertas de la ciudad. ¹⁶El padre deberá decirles: "Yo le di mi hija a este hombre para que fuera su esposa, y ahora él la desprecia. ¹⁷La ha acusado de conducta vergonzosa diciendo: 'Descubrí que su hija no era virgen'. Sin embargo, aquí tengo la prueba de su virginidad". Entonces los padres extenderán la sábana matrimonial delante de los ancianos. ¹⁸Los ancianos tomarán al hombre y

---

21:22 O *luego lo atraviesan en un poste;* similar en 21:23.   21:23 La versión griega dice *porque todo el que sido colgado de un árbol.* Comparar Ga 3:13.   22:1 En hebreo *no te escondas;* similar en 22:3.

lo castigarán. ¹⁹También le impondrán una multa de cien monedas de plata,* que deberá pagar al padre de la mujer por haber acusado públicamente de conducta vergonzosa a una virgen de Israel. La mujer seguirá siendo esposa del hombre, y él jamás podrá divorciarse de ella.

²⁰»Pero supongamos que las acusaciones del hombre son ciertas, y puede demostrar que la mujer no era virgen. ²¹Entonces la llevarán a la puerta de la casa de su padre, y allí los hombres de la ciudad la matarán a pedradas, porque ha cometido un delito vergonzoso en Israel: ha sido promiscua mientras vivía en la casa de sus padres. De ese modo limpiarás esa maldad que hay en medio de ti.

²²»Si se descubre que un hombre comete adulterio, tanto él como la mujer deben morir. De ese modo limpiarás a Israel de semejante maldad.

²³»Supongamos que un hombre conoce a una joven virgen que está comprometida para casarse y tiene relaciones sexuales con ella. Si tal cosa sucediera dentro de una ciudad, ²⁴deberás llevarlos a ambos hasta las puertas de esa ciudad y matarlos a pedradas. La mujer es culpable por no gritar para pedir ayuda. El hombre debe morir por violar a la mujer de otro hombre. De ese modo limpiarás esa maldad que hay en medio de ti.

²⁵»Pero si el hombre encuentra en el campo a la mujer comprometida y la viola, entonces solo el hombre debe morir. ²⁶No le hagan nada a la joven; ella no cometió ningún delito digno de muerte. Es tan inocente como la víctima de un homicidio. ²⁷Dado que el hombre la violó en el campo, se dará por sentado que ella gritó, pero no había nadie para socorrerla.

²⁸»Supongamos que un hombre tiene relaciones sexuales con una joven que aún es virgen pero que aún no está comprometida para casarse. Si los descubren, ²⁹él deberá pagarle al padre de ella cincuenta monedas de plata.* Luego deberá casarse con la joven por haberla violado y jamás en su vida podrá divorciarse de ella.

³⁰*»Un hombre no debe casarse con la ex esposa de su padre, porque ese acto sería una deshonra al padre.

Ordenanzas sobre la adoración

23 ¹*»No se admitirá en la asamblea del Señor a ningún hombre que tenga los testículos aplastados o el pene mutilado.

²»No se admitirá en la asamblea del Señor a ningún hijo ilegítimo ni a sus descendientes hasta la décima generación.

³»No se admitirá en la asamblea del Señor a ningún amonita ni moabita ni tampoco a sus descendientes hasta la décima generación. ⁴Esas naciones no te recibieron con alimento ni agua cuando saliste de Egipto. En cambio, contrataron a Balaam, hijo de Beor, proveniente del lejano Petor, en Aram-naharaim, para que te maldijera. ⁵Pero el Señor tu Dios se negó a escuchar a Balaam y convirtió esa maldición en bendición, porque el Señor tu Dios te ama. ⁶Jamás en tu vida buscarás el bienestar ni la prosperidad de los amonitas ni de los moabitas.

⁷»No detestes a los edomitas ni a los egipcios, porque los edomitas son tus parientes y porque viviste como extranjero entre los egipcios. ⁸Podrá entrar en la asamblea del Señor la tercera generación de los edomitas y de los egipcios.

Ordenanzas varias

⁹»Cuando salgas a la guerra contra tus enemigos, asegúrate de mantenerte lejos de toda impureza.

¹⁰»Cualquier hombre que quede ceremonialmente impuro debido a una emisión nocturna deberá alejarse del campamento y quedarse allí el resto del día. ¹¹Hacia el atardecer, tendrá que bañarse y podrá volver al campamento al ponerse el sol.

¹²»Deberás designar una zona fuera del campamento donde puedas ir a hacer tus necesidades. ¹³Cada persona tendrá una pala* entre sus herramientas. Cuando vayas a hacer tus necesidades, cava un hoyo con la pala y luego cubre el excremento. ¹⁴El campamento debe ser santo, porque el Señor tu Dios se mueve dentro de él para protegerte y derrotar a tus enemigos. Ten cuidado de que él no vea nada vergonzoso en medio de ti, o se alejará de tu lado.

¹⁵»Si un esclavo huye de su amo y se refugia contigo, no lo devuelvas a su amo. ¹⁶Déjalo vivir en medio de ti en cualquier ciudad que elija, y no lo oprimas.

¹⁷»Ningún israelita, sea hombre o mujer, se dedicará a la prostitución ritual del templo. ¹⁸Para cumplir con un juramento, no lleves a la casa del Señor tu Dios ninguna ofrenda que provenga de la ganancia de un hombre* o de una mujer que se haya prostituido, pues ambos son detestables al Señor tu Dios.

¹⁹»No cobres intereses por los préstamos que le hagas a otro israelita, sea que le prestes dinero, alimento o cualquier otra cosa. ²⁰Puedes cobrar intereses a los extranjeros, pero no les cobrarás a los israelitas, para que el Señor tu Dios te bendiga en todo lo que hagas en la tierra donde estás a punto de entrar y que vas a poseer.

²¹»Cuando hagas un voto al Señor tu Dios, no tardes en cumplir lo que le prometiste. Pues el Señor tu Dios te exige que cumplas todos tus votos sin demora, o serás culpable de pecado. ²²Sin embargo, no hay culpa si te abstienes de hacer un voto. ²³Pero una vez que voluntariamente hagas un voto, asegúrate de cumplir lo que prometiste al Señor tu Dios.

²⁴»Cuando entres en el viñedo de un vecino,

22:19 En hebreo *100 siclos de plata*, aproximadamente 1100 gramos o 2,5 libras.   **22:29** En hebreo *50 siclos de plata*, aproximadamente 570 gramos o 1,25 libras.   **22:30** El versículo 22:30 corresponde al 23:1 en el texto hebreo.   **23:1** Los versículos del 23:1-25 corresponden al 23:2-26 en el texto hebreo.   **23:13** O *estaca*.   **23:18** En hebreo *un perro.*

podrás comer todas las uvas que quieras, pero no te llevarás nada en una canasta. 25También, cuando entres en el campo de un vecino, podrás arrancar los granos de trigo con la mano, pero no cortarás las espigas con la hoz.

24

»Supongamos que un hombre se casa con una mujer, pero ella no le agrada. Resulta que él encuentra algo reprochable en ella, entonces le escribe una carta de divorcio, se la entrega y la echa de su casa. 2Una vez que ella abandona la casa, queda libre para volver a casarse. 3Sin embargo, si el segundo marido también la desprecia y se divorcia de ella o se muere, 4el primer marido no se podrá casarse de nuevo con ella, porque ha quedado impura. Sería un acto detestable a los ojos del SEÑOR. No debes manchar de culpa la tierra que el SEÑOR tu Dios te da como preciada posesión.

5»A un hombre recién casado no se le debe reclutar en el ejército ni se le debe asignar alguna otra responsabilidad oficial. Debe estar libre para pasar un año en su casa, haciendo feliz a la mujer con la que se casó.

6»Está mal tomar un conjunto de piedras de molino —ni siquiera la piedra de arriba— como garantía por un préstamo que hayas hecho, porque el dueño las necesita para ganarse la vida.

7»Si alguno secuestra a otro israelita y lo trata como esclavo o lo vende, el criminal deberá morir. De ese modo, limpiarás la maldad que haya en medio de ti.

8»En todos los casos relacionados con enfermedades graves de la piel,* asegúrate de seguir las instrucciones de los sacerdotes levitas; obedece todos los mandatos que les di. 9Acuérdate de lo que el SEÑOR tu Dios le hizo a Miriam cuando saliste de Egipto.

10»Si le prestas algo a tu vecino, no entres en su casa para tomar el objeto que tiene que darte como garantía. 11Debes esperar afuera hasta que él entre y te lo traiga. 12Si tu vecino es pobre y te da su abrigo como garantía por un préstamo, no retengas la prenda durante la noche. 13Devuélvela a su dueño antes de que caiga el sol, para que pueda abrigarse durante la noche y te bendiga; y el SEÑOR tu Dios te considerará justo.

14»Jamás te aproveches de los obreros pobres y desamparados, ya sean hermanos israelitas o extranjeros que vivan en tu ciudad. 15Debes pagarles lo que le corresponde al final del día, antes de que caiga el sol, porque son pobres y cuentan con esa paga para vivir. De lo contrario, ellos podrían clamar al SEÑOR en tu contra, y tú serías culpable de pecado.

16»Los padres no deben morir por los pecados de los hijos ni los hijos deben morir por los pecados de los padres. Los que merezcan la muerte serán ejecutados por sus propios delitos.

17»Debes actuar con justicia con los huérfanos y con los extranjeros que vivan en tu tierra, y nunca

aceptes la ropa de una viuda como garantía por su deuda. 18Recuerda siempre que fuiste esclavo en Egipto y que el SEÑOR tu Dios te rescató de la esclavitud. Es por eso que te doy este mandato.

19»Cuando estés juntando la cosecha y olvides un atado de grano en el campo, no regreses a buscarlo. Déjalo allí para los extranjeros, los huérfanos y las viudas. Entonces el SEÑOR tu Dios te bendecirá en todo lo que hagas. 20Cuando sacudas los olivos para que caigan las aceitunas, no pases por las mismas ramas dos veces. Deja las aceitunas que quedan en el árbol para los extranjeros, los huérfanos y las viudas. 21Cuando coseches las uvas de tu viñedo, no repases las viñes. Deja los racimos que quedan para los extranjeros, los huérfanos y las viudas. 22Recuerda que fuiste esclavo en la tierra de Egipto. Es por eso que te doy este mandato.

25

»Supongamos que dos personas llevan un altercado ante el tribunal, y los jueces declaran que una tiene razón y que la otra está equivocada. 2Si a la persona que está equivocada la condenan a ser azotada, el juez deberá ordenarle que se ponga en el piso y reciba, en su presencia, la cantidad de azotes correspondiente al delito que cometió. 3Pero nunca le den más de cuarenta azotes; más de cuarenta azotes sería una humillación pública para tu hermano israelita.

4»No le pongas bozal al buey para impedirle que coma mientras trilla el grano.

5»Si dos hermanos viven en una misma propiedad, y uno de ellos muere sin tener un hijo varón, la viuda no podrá casarse con alguien que no sea de la familia. En cambio, el hermano de su esposo tendrá que casarse y tener relaciones sexuales con ella para cumplir con los deberes del cuñado. 6Al primer hijo varón que ella tenga de esa relación se le considerará hijo del hermano fallecido, para que su nombre no sea olvidado en Israel.

7»Sin embargo, si el hombre se niega a casarse con la viuda de su hermano, ella deberá ir a la puerta de la ciudad y decirles a los ancianos allí reunidos. "El hermano de mi esposo se niega a preservar el nombre de su hermano en Israel: se niega a cumplir con los deberes del cuñado al no casarse conmigo". 8Entonces los ancianos de la ciudad lo llamarán y hablarán con él. Si aun así se niega y dice: "No quiero casarme con ella", 9la viuda se acercará a él en presencia de los ancianos, le quitará la sandalia de pie y le escupirá la cara. Luego declarará: "Esto es lo que le pasa a un hombre que se niega a darle hijos a su hermano". 10A partir de entonces, todo Israel se referirá a su familia como "¡la familia del hombre al que le quitaron la sandalia!".

11»Si dos israelitas entran en una pelea, y la mujer de uno de ellos trata de rescatar a su marido agarrando al otro hombre por los testículos, 12tendrás que cortarle la mano. No le muestres tres compasión.

24:8 Tradicionalmente se traduce *lepra*. La palabra empleada en hebreo puede describir diversas enfermedades de la piel

13»Usa balanzas exactas cuando tengas que pesar mercadería, 14y que tus medidas sean completas y legítimas. 15Así es, usa siempre pesas y medidas legítimas para que disfrutes de una larga vida en la tierra que el Señor tu Dios te da. 16Todo el que engaña con pesas y medidas falsas es detestable a los ojos del Señor tu Dios.

17»Nunca te olvides de lo que los amalecitas te hicieron cuando salías de Egipto. 18Te atacaron cuando estabas cansado y agotado, e hirieron de muerte a los más débiles que se habían quedado atrás. No tuvieron temor de Dios. 19Por lo tanto, cuando el Señor tu Dios te haya dado descanso de todos tus enemigos en la tierra que te da como preciada posesión, destruirás a los amalecitas y borrarás su memoria de la faz de la tierra. ¡No lo olvides nunca!

Diezmos y ofrendas de las cosechas

26 »Cuando entres en la tierra que el Señor tu Dios te da como preciada posesión y la conquistes y te establezcas en ella, 2coloca una parte de las primicias de cada cosecha en una canasta y llévala al lugar de adoración designado, el lugar que el Señor tu Dios elija para que su nombre sea honrado. 3Preséntate al sacerdote que esté a cargo en ese momento y dile: "Con esta ofrenda reconozco ante el Señor su Dios que he entrado en la tierra que él juró a nuestros antepasados que nos daría". 4Entonces el sacerdote tomará la canasta de tus manos y la colocará frente al altar del Señor tu Dios.

5»En la presencia del Señor tu Dios tendrás que decir: "Mi antepasado Jacob era un arameo errante que fue a vivir como extranjero a Egipto. Su familia era poco numerosa cuando llegó, pero en Egipto creció hasta volverse una nación grande y poderosa. 6Cuando los egipcios nos oprimieron y nos humillaron al hacernos sus esclavos, 7nosotros clamamos al Señor, Dios de nuestros antepasados. Él oyó nuestro clamor y vio las privaciones, el trabajo pesado y la opresión que pasábamos. 8Y así el Señor nos sacó de Egipto con mano fuerte y brazo poderoso, con terror aplastante y con señales milagrosas y con maravillas. 9¡Nos trajo hasta este lugar y nos dio esta tierra donde fluyen la leche y la miel! 10Y ahora, oh Señor, te traigo las primicias de las cosechas que me has dado en la tierra". Luego coloca las primicias ante el Señor tu Dios y póstrate ante él en adoración. 11Después podrás irte y celebrar por todas las cosas buenas que el Señor tu Dios te haya dado a ti y a los de tu casa. No te olvides de incluir en la celebración a los levitas y a los extranjeros que vivan en medio de ti.

12»Cada tres años, tienes que ofrecer un diezmo especial de tus cosechas. Ese año del diezmo especial, los diezmos serán para los levitas, los extranjeros, los huérfanos y las viudas, para que tengan suficiente comida en tus ciudades. 13Entonces, en la presencia del Señor tu Dios, tendrás que declarar: "Tomé la ofrenda sagrada de mi hogar y se la entregué a los levitas, los extranjeros, los huérfanos y las viudas, tal como me lo ordenaste. No desobedecí ni olvidé ninguno de tus mandatos. 14No comí nada de esta ofrenda mientras estuve de luto; no la toqué cuando estuve ceremonialmente impuro; ni ofrecí ninguna porción a los muertos. Obedecí al Señor mi Dios y hice todo lo que me ordenaste. 15Ahora, mira desde tu morada en el cielo y bendice a tu pueblo Israel y a esta tierra que juraste a nuestros antepasados que nos darías, una tierra donde fluyen la leche y la miel!

Un llamado a obedecer los mandatos del Señor

16»Hoy el Señor tu Dios te ordena obedecer todos sus decretos y ordenanzas. Así que asegúrate de obedecerlos de todo corazón. 17Tú has declarado hoy que el Señor es tu Dios y has prometido andar en sus caminos y obedecer sus decretos, mandatos y ordenanzas, y hacer todo lo que él te diga. 18El Señor ha declarado hoy que tú eres su pueblo, su tesoro especial, tal como lo prometió, y que debes obedecer todos sus mandatos. 19Si lo haces, él te pondrá muy por encima de todas las otras naciones que creó. Entonces recibirás alabanza, honra y fama. Serás una nación santa para el Señor tu Dios, tal como lo prometió».

El altar sobre el monte Ebal

27 Entonces Moisés y los líderes de Israel le dieron al pueblo la siguiente orden: «Obedece todos los mandatos que te entrego hoy. 2Cuando cruces el río Jordán y entres en la tierra que el Señor tu Dios te da, erige algunas piedras grandes y recúbrelas con yeso. 3Escribe en ellas todo este conjunto de instrucciones una vez que hayas cruzado el río para entrar en la tierra que el Señor tu Dios te da, una tierra donde fluyen la leche y la miel, tal como te prometió el Señor, Dios de tus antepasados. 4Después de cruzar el Jordán, erige esas piedras en el monte Ebal y recúbrelas con yeso, tal como te ordeno hoy.

5»Luego edifica allí un altar al Señor tu Dios con piedras enteras y en su forma original. No des forma a las piedras con ninguna herramienta de hierro. 6Edifica el altar con esas piedras sin labrar y úsalo para presentar ofrendas quemadas al Señor tu Dios. 7También sacrifica allí ofrendas de paz y celebra, ante el Señor tu Dios, comiendo hasta quedar satisfecho. 8Escribe con claridad todas estas instrucciones sobre las piedras cubiertas de yeso».

9Luego Moisés y los sacerdotes levitas se dirigieron a todo Israel con las siguientes palabras: «¡Escucha en silencio, oh Israel! Hoy te has convertido en el pueblo del Señor tu Dios.

¹⁰Por lo tanto, obedece al Señor tu Dios cumpliendo todos los mandatos y los decretos que te entrego hoy».

Maldiciones desde el monte Ebal

¹¹Ese mismo día, Moisés también le dio al pueblo la siguiente orden: ¹²«Cuando cruces el río Jordán, las tribus de Simeón, de Leví, de Judá, de Isacar, de José y de Benjamín subirán al monte Gerizim para proclamar una bendición sobre el pueblo. ¹³Y las tribus de Rubén, de Gad, de Aser, de Zabulón, de Dan y de Neftalí subirán al monte Ebal y proclamarán una maldición.

¹⁴»Entonces los levitas dirán con voz potente a todo el pueblo de Israel:

¹⁵"Maldito todo el que talle o funda un ídolo y lo erija en secreto. Esos ídolos, productos de artesanos, son detestables al Señor".

Y todo el pueblo responderá: "¡Amén!".

¹⁶"Maldito todo el que deshonre a su padre o a su madre".

Y todo el pueblo responderá: "¡Amén!"

¹⁷"Maldito todo el que robe terreno a su vecino cambiando de lugar los límites de su propiedad".

Y todo el pueblo responderá: "¡Amén!".

¹⁸"Maldito todo el que desvíe a un ciego de su camino".

Y todo el pueblo responderá: "¡Amén!".

¹⁹"Maldito todo el que se niegue a hacer justicia al extranjero, al huérfano o a la viuda".

Y todo el pueblo responderá: "¡Amén!".

²⁰"Maldito todo el que tenga relaciones sexuales con alguna esposa de su padre, porque ese acto es una deshonra al padre".

Y todo el pueblo responderá: "¡Amén!".

²¹"Maldito todo el que tenga relaciones sexuales con un animal".

Y todo el pueblo responderá: "¡Amén!".

²²"Maldito todo el que tenga relaciones sexuales con su hermana, tanto por parte de padre como de madre".

Y todo el pueblo responderá: "¡Amén!".

²³"Maldito todo el que tenga relaciones sexuales con su suegra".

Y todo el pueblo responderá: "¡Amén!".

²⁴"Maldito todo el que ataque a su vecino en secreto".

Y todo el pueblo responderá: "¡Amén!".

²⁵"Maldito todo el que acepte un pago para matar a un inocente".

Y todo el pueblo responderá: "¡Amén!".

²⁶"Maldito todo el que no acepte ni obedezca las condiciones de estas instrucciones".

Y todo el pueblo responderá: "¡Amén!".

Bendiciones de la obediencia

28 »Si obedeces al Señor tu Dios en todo y cumples cuidadosamente sus mandatos que te entrego hoy, el Señor tu Dios te pondrá por encima de todas las demás naciones del mundo. ²Si obedeces al Señor tu Dios, recibirás las siguientes bendiciones:

³ Tus ciudades y tus campos
  serán benditos.
⁴ Tus hijos y tus cosechas
  serán benditos.
  Las crías de tus rebaños y
  manadas serán benditas.
⁵ Tus canastas de fruta y tus paneras
  serán benditas.
⁶ Vayas donde vayas y en todo lo que hagas,
  serás bendito.

⁷»El Señor vencerá a tus enemigos cuando te ataquen. ¡Saldrán a atacarte de una sola dirección, pero se dispersarán por siete!

⁸»El Señor te asegurará bendición en todo lo que hagas y llenará tus depósitos con granos. El Señor tu Dios te bendecirá en la tierra que te da.

⁹»Si obedeces los mandatos del Señor tu Dios y andas en sus caminos, el Señor te confirmará como su pueblo santo, tal como juró que haría. ¹⁰Entonces todas las naciones del mundo verán que eres el pueblo elegido por el Señor y quedarán asombradas ante ti.

¹¹»El Señor te dará prosperidad en la tierra que les juró a tus antepasados que te daría, te bendecirá con muchos hijos, gran cantidad de animales y cosechas abundantes. ¹²El Señor enviará lluvias en el tiempo oportuno desde su inagotable tesoro en los cielos y bendecirá todo tu trabajo. Tú prestarás a muchas naciones pero jamás tendrás necesidad de pedirles prestado. ¹³Si escuchas los mandatos del Señor tu Dios que te entrego hoy y los obedeces cuidadosamente, el Señor te pondrá a la cabeza y no en la cola, y siempre estarás en la cima, nunca por debajo. ¹⁴No te apartes de ninguno de los mandatos que te entrego hoy, ni sigas a otros dioses ni les rindas culto.

Maldiciones de la desobediencia

¹⁵»Pero si te niegas a escuchar al Señor tu Dios y no obedeces los mandatos y los decretos que te entrego hoy, caerán sobre ti las siguientes maldiciones y te abrumarán:

¹⁶ Tus ciudades y tus campos
  serán malditos.
¹⁷ Tus canastas y tus paneras
  serán malditas.
¹⁸ Tus hijos y tus cosechas
  serán malditos.
  Las crías de tus rebaños y manadas
  serán malditas.
¹⁹ Vayas donde vayas y en todo lo que hagas
  serás maldito.

²⁰»El propio Señor te enviará maldiciones, desorden y frustración en todo lo que hagas, hasta que por fin quedes totalmente destruido por hacer lo malo y por abandonarme. ²¹El Señor te afligirá con enfermedades hasta acabar contigo en la tierra donde estás a punto de entrar y que vas a poseer. ²²El Señor te castigará con enfermedades degenerativas, con fiebre e inflamaciones, con calor abrasador, con sequías y tizones en los cultivos. Esas calamidades te perseguirán hasta la muerte. ²³Arriba, los cielos se pondrán rígidos como el bronce, y abajo, la tierra se volverá dura como el hierro. ²⁴El Señor convertirá en polvo la lluvia que riega tu tierra, y el polvo caerá del cielo hasta que quedes destruido.

²⁵»El Señor hará que tus enemigos te derroten. ¡Tú saldrás a atacarlos de una sola dirección pero te dispersarás por siete! Serás un objeto de horror para todos los reinos de la tierra. ²⁶Tus cadáveres serán alimento para las aves carroñeras y los animales salvajes, y no habrá nadie allí para espantarlos.

²⁷»El Señor te afligirá con llagas purulentas como las de Egipto, y con tumores, con escorbuto y picazón incurables. ²⁸El Señor te castigará con locura, ceguera y pánico. ²⁹Andarás a tientas a plena luz del día como un ciego que palpa en la oscuridad pero no encontrarás la senda. Te oprimirán y te asaltarán constantemente, y nadie vendrá en tu ayuda.

³⁰»Estarás comprometido para casarte, pero otro se acostará con tu prometida. Construirás una casa, pero otro vivirá en ella. Plantarás un viñedo pero nunca aprovecharás sus frutos. ³¹Verás descuartizar a tu buey delante de tus ojos pero no comerás ni un solo bocado de la carne. Te quitarán el burro y nunca más te lo devolverán. Entregarán tus ovejas y cabras al enemigo, y nadie saldrá a ayudarte. ³²Presenciarás el momento en el que se lleven a tus hijos e hijas como esclavos. Se te partirá el corazón por ellos, pero no podrás hacer nada para ayudarlos. ³³Una nación extranjera y totalmente desconocida se comerá las cosechas por las que tanto trabajaste. Sufrirás una opresión constante y un trato cruel. ³⁴Te volverás loco al ver todas las calamidades que te rodean. ³⁵El Señor te cubrirá las rodillas y las piernas con llagas incurables. De hecho, te llenarás de llagas desde la cabeza hasta los pies.

³⁶»El Señor te desterrará junto con tu rey, al hará vivir en una nación que ni tú ni tus antepasados conocían. Allí, en el destierro, rendirás culto a dioses de madera y de piedra! ³⁷Serás un objeto de horror, de ridículo y de burla frente a todas las naciones donde el Señor te envíe.

³⁸»Plantarás mucho pero cosecharás poco, porque las langostas se comerán tus cultivos. ³⁹Plantarás viñedos y los cuidarás, pero no beberás el vino ni comerás las uvas, porque los gusanos destruirán las vides. ⁴⁰Cultivarás olivos en todo tu territorio pero nunca podrás usar el aceite de la oliva, porque el fruto caerá antes de que madure. ⁴¹Tendrás hijos e hijas pero los perderás, porque los tomarán prisioneros y los llevarán al cautiverio. ⁴²Enjambres de insectos destruirán tus árboles y tus cultivos.

⁴³»Los extranjeros que vivan en medio ti se harán cada vez más poderosos, mientras que tú con el tiempo te irás debilitando. ⁴⁴Ellos te prestarán dinero, pero tú no tendrás para prestarles a ellos. ¡Ellos serán la cabeza y tú serás la cola!

⁴⁵»Si te niegas a escuchar al Señor tu Dios y a obedecer los mandatos y los decretos que él te ha dado, todas esas maldiciones te perseguirán y te alcanzarán hasta que quedes destruido. ⁴⁶Esos horrores serán para ti una señal de advertencia permanente para ti y tus descendientes. ⁴⁷Si no sirves al Señor tu Dios con alegría y entusiasmo por la gran cantidad de beneficios que has recibido, ⁴⁸servirás a los enemigos que el Señor enviará contra ti. Pasarás hambre y sed, andarás desnudo y carente de todo. El Señor te pondrá sobre el cuello un yugo de hierro que te oprimirá severamente hasta destruirte.

⁴⁹»Desde un extremo de la tierra, el Señor traerá contra ti a una nación lejana que te caerá encima como un buitre en picada. Es una nación que habla un idioma que tú no comprendes, ⁵⁰un pueblo cruel y feroz que no muestra respeto por los ancianos ni piedad por los niños. ⁵¹Sus ejércitos devorarán tus animales y tus cultivos, y tú quedarás destruido. No dejarán ninguna clase de grano, ni vino nuevo, ni aceite de oliva, ni terneros, ni corderos, y te morirás de hambre. ⁵²Atacarán tus ciudades hasta derribar todas las murallas fortificadas de tu territorio, esos muros en los que confiabas para protegerte. Atacarán todas las ciudades de la tierra que el Señor tu Dios te ha dado.

⁵³»El estado de sitio y la terrible aflicción del ataque enemigo serán tan insoportables que terminarás comiéndote la carne de tus propios hijos e hijas, aquellos que el Señor tu Dios te dio. ⁵⁴El más tierno y compasivo de tus hombres no tendrá piedad de su propio hermano ni de su amada esposa ni de sus hijos sobrevivientes. ⁵⁵Se negará a compartir con ellos la carne que esté devorando —la carne de uno de sus propios hijos— porque no tendrá otra cosa para comer durante el estado de sitio y la terrible aflicción que tu enemigo impondrá en todas tus ciudades. ⁵⁶La más tierna y delicada de tus mujeres —tan delicada que sería incapaz de pisar el suelo con la planta de su pie— se volverá egoísta con su esposo, a quien ama, y con sus propios hijos e hijas. ⁵⁷Después de dar a luz, esconderá de ellos la placenta y al bebé recién nacido para comérselos ella sola. No tendrá otra cosa que comer durante el estado de sitio y la terrible aflicción que tu enemigo impondrá en todas tus ciudades.

⁵⁸»Si te niegas a obedecer todas las palabras de instrucción que están escritas en este libro y no temes el nombre glorioso e imponente del Señor tu Dios, ⁵⁹el Señor te abrumará con plagas

indescriptibles a ti y a tus hijos. Esas plagas serán intensas y sin alivio, te harán desgraciado y te dejarán terriblemente enfermo. 60El Señor te afligirá con todas las enfermedades de Egipto que tanto temías, y no tendrás alivio. 61El Señor te afligirá hasta destruirte con todas las enfermedades y las plagas que existen, aun con las que no se mencionan en este libro de instrucción. 62Aunque se multipliquen tanto como las estrellas del cielo, quedarás reducido a unos cuantos, porque no quisiste escuchar al Señor tu Dios.

63»Así como el Señor se deleitaba en prosperarte y en multiplicarte, ahora el Señor se deleitará en destruirte. Serás arrancado de la tierra donde estás a punto de entrar y que vas a poseer. 64Pues el Señor te dispersará por todas las naciones, de un extremo de la tierra hasta el otro. Allí rendirás culto a dioses ajenos que ni tú ni tus antepasados conocían, ¡dioses de madera y de piedra! 65En medio de esas naciones, no encontrarás paz ni lugar de descanso. Allí el Señor hará que te tiemble el corazón, que te falle la vista y que tu alma desfallezca. 66Tu vida siempre penderá de un hilo; día y noche vivirás con miedo, sin ninguna seguridad de sobrevivir. 67Por la mañana dirás: "¡Si tan solo fuera de noche!", y al oscurecer dirás: "¡Si tan solo fuera de día!". Pues te aterrarás al ver los horrores espantosos que habrá a tu alrededor. 68Luego el Señor te enviará en barcos de regreso a Egipto, el lugar que prometí que nunca volverías a ver. Allí tratarás de venderte como esclavo a tus enemigos, pero nadie querrá comprarte».

29

1*Estas son las condiciones del pacto que el Señor le encomendó a Moisés que hiciera con los israelitas cuando estaban en la tierra de Moab, además del pacto que había hecho con ellos en el monte Sinaí.*

Moisés repasa el pacto

2*Entonces Moisés convocó a todo el pueblo de Israel y le dijo: «Tú has visto con tus propios ojos todo lo que el Señor hizo en la tierra de Egipto, tanto al faraón como a todos sus sirvientes y al resto del país; 3presenciaste las grandes demostraciones de su fuerza, las señales asombrosas y los milagros sorprendentes. 4¡Pero hasta el día de hoy, el Señor no te ha dado mente para comprender ni ojos para ver ni oídos para oír! 5Durante cuarenta años te guié por el desierto, sin embargo, ni tu ropa ni tus sandalias se gastaron. 6No comiste pan ni bebiste vino ni otra bebida alcohólica, pero el Señor te dio alimento, para que supieras que él es el Señor tu Dios.

7»Cuando llegamos aquí, Hesbón, rey de Sehón, y Og, rey de Basán, salieron a pelear contra nosotros, pero los derrotamos. 8Nos apoderamos de su tierra y se la dimos a la tribu de Rubén

y a la media tribu de Manasés como su porción de la tierra.

9»Por lo tanto, obedece las condiciones de este pacto para que prosperes en todo lo que hagas. 10Hoy, cada uno de ustedes —los jefes de las tribus, los ancianos, los jefes y todos los hombres de Israel— está en la presencia del Señor su Dios. 11Tus esposas y tus pequeños están contigo, al igual que los extranjeros que viven en medio de ti, quienes cortan tu leña y llevan tu agua. 12Hoy estás aquí para hacer un pacto con el Señor tu Dios. El Señor es quien hace ese pacto, que incluye las maldiciones. 13Hoy, al hacer el pacto, él te confirmará como su pueblo y te reafirmará que él es tu Dios, tal como te lo prometió a ti y se lo juró a tus antepasados Abraham, Isaac y Jacob.

14»Pero no es solo contigo que hago este pacto con sus maldiciones. 15Lo hago tanto contigo, que hoy estás en la presencia del Señor tu Dios, como también con las generaciones futuras, que no están aquí hoy.

16»Tú recuerdas cómo vivíamos en la tierra de Egipto y cómo anduvimos por el territorio de naciones enemigas cuando salimos de allí. 17Tú viste las prácticas detestables de esas naciones y sus ídolos* de madera, de piedra, de plata y de oro. 18Hago este pacto contigo, para que nadie —hombre o mujer, clan o tribu— se aparte del Señor nuestro Dios para rendir culto a esos dioses de otras naciones, y para que ninguna raíz produzca frutos amargos y venenosos en medio de ti.

19»Los que oyen las advertencias de esta maldición no deberían confiarse demasiado y pensar: "Estoy a salvo, a pesar de que sigo los deseos de mi corazón terco". ¡Eso los llevaría a la ruina total! 20Y el Señor jamás perdonará a los que piensan así. Por el contrario, su enojo y su celo arderán contra ellos. Le caerán encima todas las maldiciones escritas en este libro, y el Señor borrará sus nombres de la faz de la tierra. 21El Señor lo apartará de las demás tribus de Israel para echar sobre él todas las maldiciones del pacto registradas en este libro de instrucción.

22»Entonces tus generaciones futuras, tanto tus descendientes como los extranjeros que vengan de tierras lejanas, verán la devastación de la tierra y las enfermedades con las que el Señor la aflige. 23Exclamarán: "Toda esta tierra quedó devastada con azufre y sal, como una tierra baldía, sin cultivos, donde no crece nada, ni siquiera un tallo de pasto. Es como las ciudades de Sodoma y Gomorra, Adma y Zeboim, las cuales el Señor destruyó en su intenso enojo". 24»Todas las naciones vecinas preguntarán: "¿Por qué el Señor afligió así a esa tierra? ¿Por qué se enojó tanto?".

25»Y la respuesta será: "Sucedió porque el pueblo de esa tierra abandonó el pacto que el Señor,

---

29:1a El versículo 29:1 corresponde al 28:69 en el texto hebreo. 29:1b En hebreo *Horeb*, otro nombre para Sinaí. 29:7 Los versículos del 29:2-29 corresponden al 29:1-28 en el texto hebreo. 29:17 El término hebreo (literalmente *cosas redondas*) probablemente se refiere al estiércol.

Dios de sus antepasados, hizo con ellos cuando los sacó de la tierra de Egipto. ²⁶En cambio, se apartaron de él para servir y rendir culto a dioses que no conocían, dioses que no provenían del Señor. ²⁷Por esa razón, el enojo del Señor ardió contra esa tierra y cayeron sobre ella cada una de las maldiciones registradas en este libro. ²⁸¡Con gran enojo y furia, el Señor desarraigó a su propio pueblo de la tierra y lo desterró a otra nación, donde ellos viven hasta el día de hoy!".

²⁹»El Señor nuestro Dios tiene secretos que nadie conoce. No se nos pedirá cuenta de ellos. Sin embargo, nosotros y nuestros hijos somos responsables por siempre de todo lo que se nos ha revelado, a fin de que obedezcamos todas las condiciones de estas instrucciones.

Un llamado a volver al Señor

30 »En el futuro, cuando experimentes todas las bendiciones y las maldiciones que te detallé y estés viviendo entre las naciones a las que el Señor tu Dios te haya desterrado, toma muy en serio todas estas instrucciones. ²Si en aquel tiempo, tú y tus hijos regresan al Señor tu Dios, y si obedecen con todo el corazón y con toda el alma los mandatos que te entrego hoy, ³entonces el Señor tu Dios te devolverá tu bienestar. Tendrá misericordia de ti y te volverá a reunir de entre todas las naciones por donde te dispersó. ⁴Aunque estés desterrado en los extremos de la tierra, el Señor tu Dios te traerá de allí y te reunirá nuevamente. ⁵El Señor tu Dios te hará volver a la tierra que perteneció a tus antepasados, y será tuya de nuevo. ¡Entonces te hará aún más próspero y numeroso que tus antepasados!

⁶»El Señor tu Dios cambiará tu corazón* y el de tus descendientes, para que lo ames con todo el corazón y con toda el alma, y para que tengas vida. ⁷El Señor tu Dios impondrá todas estas maldiciones a tus enemigos y a los que te odian y te persiguen. ⁸Así volverás a obedecer al Señor y cumplirás todos sus mandatos, los que yo te entrego hoy.

⁹»Entonces el Señor tu Dios te prosperará en todo lo que hagas. Te dará muchos hijos, una gran cantidad de animales y hará que tus campos produzcan cosechas abundantes, porque el Señor volverá a deleitarse en ser bondadoso contigo como lo fue con tus antepasados. ¹⁰El Señor tu Dios se deleitará en ti si obedeces su voz y cumples sus mandatos y los decretos escritos en este libro de instrucción, y si te vuelves al Señor tu Dios con todo el corazón y con toda tu alma.

Elección de vida o muerte

¹¹»El mandato que te entrego hoy no es demasiado difícil de entender ni está fuera de tu alcance. ¹²No está guardado en los cielos, tan distante para que tengas que preguntar: "¿Quién subirá al cielo y lo bajará para que podamos oírlo y obedecer?". ¹³Tampoco está guardado más allá del mar,

tan lejos para que tengas que preguntar: "¿Quién cruzará el mar y lo traerá para que podamos oírlo y obedecer?". ¹⁴Por el contrario, el mensaje está muy al alcance de la mano; está en tus labios y en tu corazón para que puedas obedecerlo.

¹⁵»¡Ahora escucha! En este día, te doy a elegir entre la vida y la muerte, entre la prosperidad y la calamidad. ¹⁶Pues hoy te ordeno que ames al Señor tu Dios y cumplas sus mandatos, decretos y ordenanzas andando en sus caminos. Si lo haces, vivirás y te multiplicarás, y el Señor tu Dios te bendecirá a ti y también a la tierra donde estás a punto de entrar y que vas a poseer.

¹⁷»Sin embargo, si tu corazón se aparta y te niegas a escuchar, y si te dejas llevar a servir y rendir culto a otros dioses, ¹⁸entonces te advierto desde ya que sin duda serás destruido. No tendrás una buena y larga vida en la tierra que ocuparás al cruzar el Jordán.

¹⁹»Hoy te he dado a elegir entre la vida y la muerte, entre bendiciones y maldiciones. Ahora pongo al cielo y a la tierra como testigos de la decisión que tomes. ¡Ay, si eligieras la vida, para que tú y tus descendientes puedan vivir! ²⁰Puedes elegir esa opción al amar, al obedecer y al comprometerte firmemente con el Señor tu Dios. Esa* es la clave para tu vida. Y si amas y obedeces al Señor, vivirás por muchos años en la tierra que el Señor juró dar a tus antepasados Abraham, Isaac y Jacob».

Josué se convierte en el líder de Israel

31 Cuando Moisés terminó de dar esas instrucciones* a todo el pueblo de Israel, ²dijo: «Ya tengo ciento veinte años y no puedo seguir guiándote. El Señor me dijo: "No cruzarás el río Jordán". ³Sin embargo, el Señor tu Dios sí cruzará delante de ti. Él destruirá a las naciones que viven allí, y tú tomarás posesión de esa tierra. Josué te guiará para cruzar el río, tal como el Señor prometió.

⁴»El Señor destruirá a las naciones que viven en esa tierra, tal como destruyó a Sehón y a Og, los reyes de los amorreos. ⁵El Señor te entregará a los que viven allí, y tú tendrás que hacer con ellos lo que te ordené. ⁶¡Así que sé fuerte y valiente! No tengas miedo ni sientas pánico frente a ellos, porque el Señor tu Dios, él mismo irá delante de ti. No te fallará ni te abandonará».

⁷Luego Moisés mandó llamar a Josué y, en presencia de todo Israel, le dijo: «¡Sé fuerte y valiente! Pues tú guiarás a este pueblo a la tierra que el Señor juró a tus antepasados que les daría. Tú serás quien la repartirá entre ellos y se la darás como sus porciones de tierra. ⁸No temas ni te desalientes, porque el propio Señor irá delante de ti. Él estará contigo; no te fallará ni te abandonará».

Lectura pública del libro de instrucción

⁹Entonces Moisés escribió en un libro todo el conjunto de instrucciones y se lo dio a los

---

30:6 En hebreo *circuncidará tu corazón.* 30:20 O *Él.* 31:1 Así aparece en los Rollos del mar Muerto y en la versión griega; el texto masorético dice *Moisés fue y habló.*

sacerdotes que llevaban al arca del pacto del Señor y a los ancianos de Israel. ¹⁰Luego Moisés les dio la siguiente orden: «Al final de cada séptimo año —el año de liberación— y durante el Festival de las Enramadas, ¹¹leerán este libro de instrucción a todo el pueblo de Israel cuando se reúna ante el Señor su Dios en el lugar que él elija. ¹²Convoquen a todos —a hombres, mujeres, niños y a los extranjeros que vivan en sus ciudades— para que oigan lo que dice el libro de instrucción y aprendan a temer al Señor su Dios y a obedecer cuidadosamente todas las condiciones de estas instrucciones. ¹³Háganlo para que sus hijos que no saben nada de estas instrucciones, las oigan y aprendan a temer al Señor su Dios. Háganlo mientras vivan en la tierra que van a poseer al cruzar el Jordán».

Predicción de la desobediencia de Israel

¹⁴Luego el Señor le dijo a Moisés: «Ha llegado la hora de tu muerte. Llama a Josué y preséntate con él en el tabernáculo* para entregarle mi encargo a Josué allí». Entonces Moisés y Josué fueron y se presentaron en el tabernáculo. ¹⁵Así que el Señor se les apareció en una columna de nube que se detuvo en la entrada de la carpa sagrada.

¹⁶El Señor le dijo a Moisés: «Estás por morir y vas a reunirte con tus antepasados. Cuando ya no estés aquí, los israelitas comenzarán a rendir culto a dioses ajenos, los dioses de la tierra a la cual se dirigen. Me abandonarán y romperán el pacto que hice con ellos. ¹⁷Entonces mi enojo arderá contra ellos. Los abandonaré, esconderé mi rostro de ellos, y serán devorados. Pasarán terribles dificultades y, en aquel día, dirán: "¿Estas calamidades nos han ocurrido porque Dios ya no está entre nosotros?". ¹⁸En esos días esconderé mi rostro de ellos debido a toda la maldad que cometen al rendir culto a otros dioses.

¹⁹»Por lo tanto, escribe este canto y enséñalo a los israelitas. Ayúdalos a que lo aprendan, para que me sirva de testigo contra ellos. ²⁰Pues los haré entrar en la tierra que juré dar a sus antepasados, una tierra donde fluyen la leche y la miel. Allí llegarán a ser prósperos, comerán todo lo que quieran y engordarán. Pero comenzarán a rendir culto a otros dioses; me despreciarán y romperán mi pacto. ²¹Entonces cuando les ocurran grandes calamidades, este canto servirá de prueba en su contra, porque sus descendientes jamás lo olvidarán. Yo conozco las intenciones de este pueblo, incluso ahora que todavía no han entrado en la tierra que prometí darles».

²²Así que, ese mismo día, Moisés escribió el canto y lo enseñó a los israelitas.

²³Luego el Señor encargó a Josué, hijo de Nun, con las siguientes palabras: «Sé fuerte y valiente porque tendrás que llevar al pueblo de Israel a la tierra que juré darles. Yo estaré contigo».

²⁴Cuando Moisés terminó de escribir todo el conjunto de instrucciones en un libro, ²⁵les dio la siguiente orden a los levitas que llevaban el arca del pacto del Señor: ²⁶«Tomen este libro de instrucción y pónganlo al lado del arca del pacto del Señor su Dios, para que quede allí como testigo contra ustedes, los israelitas. ²⁷Pues yo sé lo rebeldes y tercos que son. Incluso ahora que todavía sigo vivo y estoy con ustedes, se han rebelado contra el Señor. ¡Cuánto más rebeldes se pondrán después de mi muerte!

²⁸»Llamen ahora a todos los ancianos y a los funcionarios de las tribus, para que les hable directamente y ponga al cielo y a la tierra como testigos en su contra. ²⁹Pues yo sé que después de mi muerte ustedes se corromperán por completo y se apartarán del camino que les ordené seguir. En los días futuros, les vendrán calamidades porque harán lo malo a los ojos del Señor y lo enojarán mucho con sus acciones».

El canto de Moisés

⁴⁰Entonces Moisés recitó el canto entero en presencia de toda la congregación de Israel:

32

¹ «¡Escuchen, oh cielos, y hablaré!
    ¡Oye, oh tierra, las palabras que digo!
² Que mi enseñanza caiga sobre ustedes
        como lluvia;
    que mi discurso se asiente como el rocío.
    Que mis palabras caigan como lluvia sobre
        pastos suaves,
    como llovizna delicada sobre plantas
        tiernas.
³ Proclamaré el nombre del Señor;
    ¡qué glorioso es nuestro Dios!
⁴ Él es la Roca, sus obras son perfectas.
    Todo lo que hace es justo e imparcial.
    Él es Dios fiel, nunca actúa mal;
    ¡qué justo y recto es él!

⁵ »Pero ellos se comportaron de manera
        corrupta con él;
    cuando actúan con tanta perversión,
    ¿son realmente sus hijos?*
    Son una generación engañosa y torcida.
⁶ ¿Es así como le pagas al Señor,
    pueblo necio y sin entendimiento?
    ¿No es él tu Padre, quien te creó?
    ¿Acaso no te formó y te estableció?
⁷ Recuerda los días pasados,
    piensa en las generaciones anteriores.
    Pregúntale a tu padre, y él te informará.
    Averigua con los ancianos, y ellos te
        contarán.
⁸ Cuando el Altísimo asignó territorios a
        las naciones,
    cuando dividió a la raza humana,
    fijó los límites de los pueblos
    según el número de su corte celestial.*

31:14 En hebreo *carpa de reunión*; también en 31:14b.   32:5 El significado del hebreo es incierto.   32:8 Así aparece en los Rollos del mar Muerto, que dicen el *número de los hijos de Dios*, y la versión griega, que dice el *número de los ángeles de Dios*; el texto masorético dice el *número de los hijos de Israel*.

9 »Pues el pueblo de Israel pertenece al Señor;
   Jacob es su posesión más preciada.
10 Él lo encontró en un desierto,
   en un páramo vacío y ventoso.
   Lo rodeó y lo cuidó;
   lo protegió como a sus propios ojos.*
11 Como un águila que aviva a sus polluelos
   y revolotea sobre sus crías,
   así desplegó sus alas para tomarlo y alzarlo
   y llevarlo a salvo sobre sus plumas.
12 El Señor, sólo él, lo guió;
   el pueblo no siguió a dioses ajenos.
13 Él lo dejó cabalgar sobre tierras altas
   y saciarse con las cosechas de
      los campos.
   Lo nutrió con miel de la roca
   y con aceite de oliva de los pedregales.
14 Lo alimentó con yogur* de la manada
   y leche del rebaño,
   y también con la grasa de los corderos.
   Le dio de los mejores carneros de Basán
      y cabras,
   junto con el trigo más selecto.
   Bebiste el vino más fino,
   elaborado con el jugo de las uvas.

15 »Pero Israel* pronto engordó y se volvió
      rebelde;
   ¡el pueblo aumentó de peso, se puso gordo
      y relleno!
   Entonces abandonó a Dios, quien lo había
      creado;
   se burló de la Roca de su salvación.
16 Lo provocó a celos al rendir culto a dioses
      ajenos;
   lo enfureció con sus actos detestables.
17 Ofreció sacrificios a demonios, los cuales
      no son Dios,
   a dioses que no conocían,
   a dioses nuevos y recientes,
   a dioses que sus antepasados jamás
      temieron.
18 Descuidaste la Roca que te engendró;
   te olvidaste del Dios que te dio la vida.

19 »El Señor vio todo eso y se alejó de ti,
   provocado al enojo por sus propios hijos
      e hijas.
20 Dijo: "Los abandonaré
   y ya veremos cómo terminan.
   Pues son una generación torcida,
   hijos sin integridad.
21 Ellos despertaron mis celos al rendir culto
      a cosas que no son Dios;
   provocaron mi enojo con sus ídolos
      inútiles.
   Ahora yo despertaré sus celos con gente que
      ni siquiera es pueblo,
   provocaré su enojo por medio de gentiles*
      insensatos.

22 Pues mi enojo arde como el fuego
   y quema hasta las profundidades de la
      tumba.*
   Devora la tierra y todos sus cultivos
   y enciende hasta los cimientos de las
      montañas.
23 Amontonaré calamidades sobre ellos
   y los derribaré con mis flechas.
24 Los debilitaré con hambre,
   alta fiebre y enfermedades mortales.
   Les enviaré los colmillos de bestias salvajes
   y serpientes venenosas que se arrastran
      por el polvo.
25 Por fuera, la espada los matará
   y por adentro, el terror los carcomerá,
   tanto a los muchachos como a las jovencitas,
   tanto a los niños como a los ancianos.
26 Los habría aniquilado por completo,
   habría borrado hasta el recuerdo de ellos,
27 pero temí la burla de los enemigos de Israel,
   quienes podrían entender mal y decir:
   '¡Nuestro poder ha triunfado!
   ¡El Señor no tuvo nada que ver en eso!'"

28 »Pero Israel es una nación insensata;
   su gente es necia, sin entendimiento.
29 ¡Ay, si fueran sabios y entendieran estas cosas!
   ¡Ay, si supieran lo que les espera!
30 ¿Cómo podría una persona perseguir a mil
      de ellos
   y dos personas hacer huir a diez mil,
   a menos que la Roca de ellos los hubiera
      vendido,
   a menos que el Señor se los hubiera
      entregado?
31 Pero la roca de nuestros enemigos no es
      como nuestra Roca,
   hasta ellos mismos se dan cuenta de eso.*
32 Su vid crece de la vid de Sodoma,
   de los viñedos de Gomorra.
   Sus uvas son veneno,
   y sus racimos son amargos.
33 Su vino es veneno de serpientes,
   veneno mortal de cobras.

34 »El Señor dice: "¿Acaso no estoy sellando
      todas esas cosas
   y almacenándolas en mi cofre?
35 Yo tomaré venganza; yo les pagaré lo que
      se merecen.
   A su debido tiempo, sus pies resbalarán.
   Les llegará el día de la calamidad,
   y su destino los alcanzará".

36 »Sin duda, el Señor hará justicia a su pueblo
   y cambiará de parecer acerca de* sus
      siervos,
   cuando vea que ya no tienen fuerzas
   y no queda nadie allí, ni siervo ni libre.
37 Y luego preguntará: "¿Dónde están
   sus dioses,

32:10 En hebreo *como a la niña de su ojo.*   32:14 O *cuajada.*   32:15 En hebreo *Jesurún,* una expresión de cariño para referirse a
Israel.   32:21 *Gentil[es],* que no es judío.   32:22 En hebreo del *Seol.*   32:31 El significado del hebreo es incierto. La versión griega
dice *nuestros enemigos son unos tontos.*   32:36 O *tomará venganza a favor de.*

esas rocas a las que acudieron para
refugiarse?

³⁸ ¿Dónde están ahora esos dioses
que comían la gordura de sus sacrificios
y bebían el vino de sus ofrendas?
¡Que se levanten esos dioses y los ayuden!
¡Que ellos les den refugio!

³⁹ ¡Miren ahora, yo mismo soy Dios!
¡No hay otro dios aparte de mí!
Yo soy el que mata y el que da vida,
soy el que hiere y el que sana.
¡Nadie puede ser librado de mi
mano poderosa!

⁴⁰ Ahora levanto mi mano al cielo
y declaro: 'Tan cierto como que yo vivo,

⁴¹ cuando afile mi espada reluciente
y comience a hacer justicia,
me vengaré de mis enemigos
y daré su merecido a los que me rechazan.

⁴² Haré que mis flechas se emborrachen de
sangre,
y mi espada devorará carne:
la sangre de los masacrados y cautivos,
y las cabezas de los jefes enemigos'".

⁴³ »Alégrense con él, oh cielos,
y que lo adoren todos los ángeles de Dios.*
Alégrense con su pueblo, oh naciones,
y que todos los ángeles se fortalezcan en él.*
Pues él vengará la sangre de sus siervos,
cobrará venganza de sus enemigos.
Dará su merecido a los que lo odian*
y limpiará la tierra para su pueblo»

⁴⁴Entonces Moisés fue con Josué,* hijo de Nun,
y recitó todas las palabras de ese canto al pueblo.

⁴⁵Cuando Moisés terminó de recitar todas esas
palabras al pueblo de Israel, ⁴⁶agregó: «Toma en
serio cada una de las advertencias que te hice hoy.
Transmítelas como una orden a tus hijos, para
que obedezcan cada palabra de esas instrucciones. ⁴⁷No son palabras vacías; ¡son tu vida! Si las
obedeces, disfrutarás de muchos años en la tierra
que poseerás al cruzar el río Jordán».

Anuncio de la muerte de Moisés

⁴⁸Ese mismo día, el SEÑOR le dijo a Moisés:
⁴⁹«Ve a Moab, a las montañas que están al oriente del río,* y sube el monte Nebo, que está frente
a Jericó. Contempla la tierra de Canaán, la tierra
que le doy al pueblo de Israel como su preciada
posesión. ⁵⁰Entonces morirás allí, en la montaña. Te reunirás con tus antepasados tal como tu
hermano Aarón, quien murió en el monte Hor
y se reunió con sus antepasados. ⁵¹Pues los dos
me traicionaron ante los israelitas en las aguas

de Meriba en Cades,* en el desierto de Zin. Allí
ustedes no le demostraron mi santidad al pueblo de Israel. ⁵²Así que verás la tierra desde lejos,
pero no podrás entrar en la tierra que le doy al
pueblo de Israel».

Moisés bendice al pueblo

33

La siguiente es la bendición que Moisés,
hombre de Dios, le dio al pueblo de Israel
antes de morir:

¹ «El SEÑOR vino desde el monte Sinaí
y se nos* apareció en el monte Seir;
resplandeció desde el monte Parán
y llegó desde Meriba-cades
con llamas de fuego en la mano derecha.*

² Él ama verdaderamente a su pueblo;*
todos sus santos están en sus manos.
Ellos siguen sus pasos
y aceptan sus enseñanzas.

⁴ Moisés nos dio la instrucción del SEÑOR,
que es una posesión exclusiva del pueblo
de Israel.*

⁵ El SEÑOR era el rey en Israel*
cuando los líderes del pueblo se reunieron,
cuando las tribus de Israel se juntaron
como una sola».

⁶Moisés dijo lo siguiente sobre la tribu de
Rubén:*

«Que la tribu de Rubén viva y no desaparezca,
aunque sean pocos en cantidad».

⁷Moisés dijo lo siguiente sobre la tribu de Judá:

«Oh SEÑOR, oye el clamor de Judá
y reúnelo como un solo pueblo.
Dale fuerzas para defender su causa,
ayúdalo contra sus enemigos».

⁸Moisés dijo lo siguiente sobre la tribu de Leví:

«Oh SEÑOR, has dado tu Urim y Tumim —el
sorteo sagrado—
a tus siervos fieles, los levitas.*
Los pusiste a prueba en Masá
y luchaste con ellos en las aguas de Meriba.

⁹ Los levitas obedecieron tu palabra
y cumplieron tu pacto.
Fueron más leales a ti
que a sus propios padres.
Ignoraron a sus parientes
y no reconocieron a sus propios hijos.

¹⁰ Ellos enseñan tus ordenanzas a Jacob
y dan tus instrucciones a Israel.
Ofrecen incienso delante de ti
y presentan ofrendas quemadas enteras
sobre el altar.

¹¹ Oh Señor, bendice el servicio de los levitas
   y acepta todo el trabajo de sus manos.
   Hiere a sus enemigos donde más les duela
   y derriba a sus adversarios para que no
      vuelvan a levantarse».

¹² Moisés dijo lo siguiente sobre la tribu de
Benjamín:

«Los de Benjamín son amados por el Señor
   y viven seguros a su lado.
Él los rodea continuamente
   y los protege de todo daño».

¹³ Moisés dijo lo siguiente sobre las tribus de José:

«Que el Señor bendiga su tierra
   con el precioso regalo del rocío de los cielos
   y el agua que está debajo de la tierra,
¹⁴ con los ricos frutos que maduran al sol
   y las cosechas abundantes de cada mes,
¹⁵ con los mejores cultivos de las antiguas
      montañas
   y la abundancia de las colinas eternas,
¹⁶ con lo mejor que da la tierra y su plenitud,
   y el favor de aquel que apareció en la zarza
      ardiente.
Que estas bendiciones reposen sobre la
      cabeza de José
   y coronen la frente del príncipe entre
      sus hermanos.
¹⁷ José tiene la majestad de un toro joven,
   tiene los cuernos de un buey salvaje.
Corneará a naciones lejanas
   y las arrastrará hasta los extremos de la tierra.
Esa es mi bendición para las multitudes de
      Efraín
   y los millares de Manasés».

¹⁸ Moisés dijo lo siguiente sobre la tribu de
Zabulón y la de Isacar:*

«Que los de Zabulón prosperen en sus viajes.
   Que los de Isacar prosperen en su casa.*
¹⁹ Ellos convocan al pueblo a la montaña
   para ofrecer allí los sacrificios apropiados.
Sacan provecho de las riquezas del mar
   y de los tesoros escondidos en la arena».

²⁰ Moisés dijo lo siguiente sobre la tribu de Gad:

«¡Bendito el que extiende el territorio de Gad!
   Gad está agazapado allí como un león
   para arrancar un brazo o una cabeza.
²¹ La gente de Gad se llevó la mejor tierra,
   se le asignó la porción de un líder.
Cuando los líderes del pueblo se reunieron,
   llevaron a cabo la justicia del Señor
   y obedecieron sus ordenanzas para Israel».

²² Moisés dijo lo siguiente sobre la tribu de Dan:

«Dan es un cachorro de león
   que salta desde Basán».

²³ Moisés dijo lo siguiente sobre la tribu de
Neftalí:

«Oh Neftalí, tú eres rico en favor
   y estás lleno de las bendiciones del Señor;
   que sean tuyos el occidente y el sur».

²⁴ Moisés dijo lo siguiente sobre la tribu de Aser:

«Que Aser sea más bendito que los otros
      hijos,
   que sea estimado por sus hermanos,
   que bañe sus pies en aceite de oliva.
²⁵ Que los cerrojos de tus puertas sean de hierro
      y de bronce,
   que vivas protegido todos los días de tu
      vida.
²⁶ «No hay nadie como el Dios de Israel.*
   Él cabalga por el firmamento para ir en tu
      ayuda,
   a través de los cielos, con majestuoso
      esplendor.
²⁷ El Dios eterno es tu refugio,
   y sus brazos eternos te sostienen.
Él quita al enemigo de tu paso
   y grita: "¡Destrúyelo!".
²⁸ Así que Israel vivirá a salvo,
   el próspero Jacob habitará protegido
en una tierra de grano y vino nuevo,
   donde los cielos dejan caer su rocío.
²⁹ ¡Qué bendito eres, oh Israel!
   ¿Quién es como tú, un pueblo rescatado
      por el Señor?
¡Él es tu escudo protector
   y tu espada triunfante!
Tus enemigos se arrastrarán ante ti,
   y tú los pisotearás con fuerza sobre
      la espalda».

Muerte de Moisés

34 Entonces Moisés se dirigió al monte
Nebo desde las llanuras de Moab, y subió
a la cumbre del monte Pisga, que está frente a
Jericó. Y el Señor le mostró todo el territorio:
desde Galaad hasta tan lejos como Dan, ²toda la
tierra de Neftalí, la tierra de Efraín y de Manasés,
toda la tierra de Judá —que se extiende hasta el
mar Mediterráneo—,* ³el Neguev, y el valle del
Jordán junto con Jericó —la ciudad de las palmeras— hasta Zoar. ⁴Entonces el Señor le dijo
a Moisés: «Esta es la tierra que le prometí bajo
juramento a Abraham, a Isaac y a Jacob cuando
dije: "La daré a tus descendientes". Ahora te he
permitido verla con tus propios ojos, pero no
entrarás en ella».

⁵Así que Moisés, siervo del Señor, murió allí,
en la tierra de Moab, tal como el Señor había
dicho. ⁶El Señor lo enterró* en un valle cercano
a Bet-peor, en Moab, pero nadie conoce el lugar
exacto hasta el día de hoy. ⁷Moisés tenía ciento

33:18a En hebreo falta *y la de Isacar.*   **33:18b** En hebreo *en sus carpas de campaña.*   **33:26** En hebreo *de Jesurún,* una expresión de
cariño para referirse a Israel.   **34:2** En hebreo *el mar occidental.*   **34:6** En hebreo *Él lo enterró;* el Pentateuco Samaritano y algunos
manuscritos griegos dicen *Ellos lo enterraron.*

veinte años cuando murió, pero hasta entonces conservó una buena vista y mantuvo todo su vigor. ⁸El pueblo de Israel hizo duelo por Moisés en las llanuras de Moab durante treinta días, hasta que se cumplió el tiempo acostumbrado para el duelo.

⁹Ahora, Josué, hijo de Nun, estaba lleno del espíritu de sabiduría, porque Moisés había puesto sus manos sobre él. Así que el pueblo de Israel lo obedeció haciendo todo lo que el Señor le había ordenado a Moisés.

¹⁰Nunca más hubo en Israel otro profeta como Moisés, a quien el Señor conocía cara a cara. ¹¹El Señor lo envió a la tierra de Egipto para realizar todas las señales milagrosas y las maravillas contra el faraón, contra toda su tierra y contra todos sus sirvientes. ¹²Moisés realizó con gran poder hechos aterradores a la vista de todo Israel.

Josué

Encargo del SEÑOR a Josué

1 Después de la muerte de Moisés, siervo del SEÑOR, el SEÑOR habló a Josué, hijo de Nun y ayudante de Moisés. Le dijo: ²«Mi siervo Moisés ha muerto. Por lo tanto, ha llegado el momento de que guíes a este pueblo, a los israelitas, a cruzar el río Jordán y a entrar en la tierra que les doy. ³Te prometo a ti lo mismo que le prometí a Moisés: "Dondequiera que pongan los pies los israelitas, estarán pisando la tierra que les he dado: ⁴desde el desierto del Néguev, al sur, hasta las montañas del Líbano, al norte; desde el río Éufrates, al oriente, hasta el mar Mediterráneo,* al occidente, incluida toda la tierra de los hititas". ⁵Nadie podrá hacerte frente mientras vivas. Pues yo estaré contigo como estuve con Moisés. No te fallaré ni te abandonaré.

⁶»Sé fuerte y valiente, porque tú serás quien guíe a este pueblo para que tome posesión de toda la tierra que juré a sus antepasados que les daría. ⁷Sé fuerte y muy valiente. Ten cuidado de obedecer todas las instrucciones que Moisés te dio. No te desvíes de ellas ni a la derecha ni a la izquierda. Entonces te irá bien en todo lo que hagas. ⁸Estudia constantemente este libro de instrucción. Medita en él de día y de noche para asegurarte de obedecer todo lo que allí está escrito. Sólo entonces prosperarás y te irá bien en todo lo que hagas. ⁹Mi mandato es: "¡Sé fuerte y valiente! No tengas miedo ni te desanimes, porque el SEÑOR tu Dios está contigo dondequiera que vayas"».

Encargo de Josué a los israelitas

¹⁰Luego Josué les dio la siguiente orden a los jefes de Israel: ¹¹«Vayan por el campamento y díganle al pueblo que preparen sus provisiones. En tres días, cruzarán el río Jordán y tomarán posesión de la tierra que el SEÑOR su Dios les da».

¹²Entonces Josué reunió a la tribu de Rubén, a la tribu de Gad y a la media tribu de Manasés. Les dijo:

¹³—Recuerden lo que les mandó Moisés, siervo del SEÑOR: "El SEÑOR su Dios les dará un lugar de descanso. Él les ha dado esta tierra". ¹⁴Sus esposas, hijos y animales pueden permanecer aquí, en la tierra que Moisés les asignó, al oriente del río Jordán; pero los guerreros fuertes, completamente armados, deben guiar a las otras tribus hasta el otro lado del Jordán para ayudarlas a conquistar su territorio. Quédense con sus hermanos ¹⁵hasta que el SEÑOR les dé descanso a ellos, tal como se lo ha dado a ustedes, y hasta que ellos también tomen posesión de la tierra que el SEÑOR su Dios les da. Solo entonces ustedes podrán regresar y establecerse aquí, al oriente del río Jordán, en la tierra que les asignó Moisés, siervo del SEÑOR.

¹⁶Ellos le respondieron a Josué:

—Haremos todo lo que nos ordenes e iremos a donde nos envíes. ¹⁷Te obedeceremos tal como obedecimos a Moisés. Que el SEÑOR tu Dios esté contigo tal como estuvo con Moisés. ¹⁸Cualquiera que se rebele contra tus órdenes y no obedezca tus palabras y todo lo que tú ordenes, será ejecutado. Así que, ¡sé fuerte y valiente!

Rahab protege a los espías

2 Luego Josué envió en secreto a dos espías desde el campamento israelita que estaba en la arboleda de Acacias* y les dio la siguiente instrucción: «Exploren bien la tierra que está al otro lado del río Jordán, especialmente alrededor de la ciudad de Jericó». Entonces los dos hombres salieron y llegaron a la casa de una prostituta llamada Rahab y pasaron allí la noche.

²Pero alguien le avisó al rey de Jericó: «Unos israelitas vinieron aquí esta noche para espiar la tierra». ³Entonces el rey de Jericó le envió una orden a Rahab: «Saca fuera a los hombres que llegaron a tu casa, porque han venido a espiar todo el territorio».

⁴Rahab, quien había escondido a los dos hombres, respondió: «Es cierto, los hombres pasaron por aquí, pero yo no sabía de dónde venían. ⁵Salieron de la ciudad al anochecer, cuando las puertas estaban por cerrar. No sé hacia dónde fueron. Si se apresuran, probablemente los alcancen». ⁶(En realidad, la mujer había llevado a los hombres a la azotea de su casa y los había escondido debajo de unos manojos de lino que había puesto allí.) ⁷Entonces los hombres del rey buscaron a los espías por todo el camino que lleva a los vados del río Jordán. Y justo después que los hombres del rey se fueron, cerraron la puerta de Jericó.

⁸Esa noche, antes de que los espías se durmieran, Rahab subió a la azotea para hablar con ellos. Les dijo:

⁹—Sé que el Señor les ha dado esta tierra. Todos tenemos miedo de ustedes. Cada habitante de esta tierra vive aterrorizado. ¹⁰Pues hemos oído cómo el Señor les abrió un camino en seco para que atravesaran el mar Rojo* cuando salieron de Egipto. Y sabemos lo que les hicieron a Sehón y a Og, los dos reyes amorreos al oriente del río Jordán, cuyos pueblos ustedes destruyeron por completo. *¹¹*¡No es extraño que nuestro corazón esté lleno de temor! A nadie le queda valor para pelear después de oír semejantes cosas. Pues el Señor su Dios es el Dios supremo arriba, en los cielos, y abajo, en la tierra.

¹²»Ahora júrenme por el Señor que serán bondadosos conmigo y con mi familia, ya que les di mi ayuda. Denme una garantía de que, ¹³cuando Jericó sea conquistada, salvarán mi vida y también la de mi padre, mi madre, mis hermanos y hermanas y sus familias.

¹⁴—Te ofrecemos nuestra propia vida como garantía de la tuya —le prometieron ellos—. Si no nos delatas, cumpliremos nuestra promesa y seremos bondadosos contigo cuando el Señor nos dé la tierra.

¹⁵Entonces, dado que la casa de Rahab estaba construida en la muralla de la ciudad, ella los hizo bajar por una cuerda desde la ventana.

¹⁶—Huyan a la zona montañosa —les dijo—. Escóndanse allí de los hombres que los están buscando por tres días. Luego, cuando ellos hayan vuelto, ustedes podrán seguir su camino.

¹⁷Antes de partir, los hombres le dijeron:

—Estaremos obligados por el juramento que le hemos hecho solo si sigues las siguientes instrucciones: ¹⁸cuando entremos en esta tierra, tú deberás dejar esta cuerda de color escarlata colgada de la ventana por donde nos hiciste bajar; y todos los miembros de tu familia —tu padre, tu madre, tus hermanos y todos tus parientes— deberán estar aquí, dentro de la casa. ¹⁹Si salen a la calle y los matan, no será nuestra culpa; pero si alguien les pone la mano encima a los que estén dentro de esta casa, nos haremos responsables de su muerte. ²⁰Sin embargo, si nos delatas, quedaremos totalmente libres de lo que nos ata a este juramento.

²¹—Acepto las condiciones —respondió ella.

Entonces Rahab los despidió y dejó la cuerda escarlata colgada de la ventana.

²²Los espías subieron a la zona montañosa y se quedaron allí tres días. Los hombres que los perseguían los buscaron por todas partes a lo largo del camino pero, al final, regresaron sin éxito.

²³Luego, los dos espías descendieron de la zona montañosa, cruzaron el río Jordán y le informaron a Josué todo lo que les había

sucedido: ²⁴«El Señor nos ha dado el territorio —dijeron—, pues toda la gente de esa tierra nos tiene pavor».

Los israelitas cruzan el Jordán

3 Temprano en la mañana siguiente, Josué y todos los israelitas salieron de la arboleda de Acacias* y llegaron a la orilla del río Jordán, donde acamparon antes de cruzar. ²Tres días después, los jefes israelitas fueron por el campamento ³y dieron al pueblo las siguientes instrucciones: «Cuando vean a los sacerdotes levitas llevar el arca del pacto del Señor su Dios, dejen sus puestos y síganlos. ⁴Dado que ustedes nunca antes viajaron por este camino, ellos los guiarán. Quédense como a un kilómetro* detrás de ellos, mantengan una buena distancia entre ustedes y el arca. Asegúrense de no acercarse demasiado».

⁵Entonces Josué le dijo al pueblo: «Purifíquense, porque mañana el Señor hará grandes maravillas entre ustedes».

⁶Por la mañana, Josué les dijo a los sacerdotes: «Levanten el arca del pacto y guíen al pueblo hasta el otro lado del río». Así que ellos se pusieron en marcha y fueron delante del pueblo.

⁷El Señor le dijo a Josué: «A partir de hoy, empezaré a convertirte en un gran líder a los ojos de todos los israelitas. Sabrán que yo estoy contigo, tal como estuve con Moisés. ⁸Dales la siguiente orden a los sacerdotes que llevan el arca del pacto: "Cuando lleguen a la orilla del río Jordán, den unos cuantos pasos dentro del río y deténganse allí"».

⁹Entonces Josué les dijo a los israelitas: «Vengan y escuchen lo que dice el Señor su Dios. ¹⁰Hoy sabrán que el Dios viviente está entre ustedes. Sin lugar a dudas, él expulsará a los cananeos, a los hititas, a los heveos, a los ferezeos, a los gergeseos, a los amorreos y a los jebuseos de delante de ustedes. ¹¹¡Miren, el arca del pacto que pertenece al Señor de toda la tierra los guiará al cruzar el río Jordán! ¹²Elijan ahora a doce hombres de las tribus de Israel, uno de cada tribu. ¹³Los sacerdotes llevarán el arca del Señor, el Señor de toda la tierra. En cuanto sus pies toquen el agua, la corriente de agua se detendrá río arriba, y el río se levantará como un muro».

¹⁴Entonces los israelitas salieron del campamento para cruzar el Jordán, y los sacerdotes que llevaban el arca del pacto iban delante de ellos. ¹⁵Era la temporada de la cosecha, y el Jordán desbordaba su cauce. Pero en cuanto los pies de los sacerdotes que llevaban el arca tocaron el agua a la orilla del río, ¹⁶el agua que venía de río arriba dejó de fluir y comenzó a amontonarse a una gran distancia de allí, a la altura de una ciudad llamada Adán, que está cerca de Saretán. Y el agua que estaba río abajo desembocó en el mar Muerto* hasta que el lecho del río quedó

2:10a En hebreo *mar de juncos.*   2:10b El término hebreo empleado aquí se refiere a la consagración total de cosas o personas al Señor, ya sea destruyéndolas o entregándolas como ofrenda.   3:1 En hebreo *Sitim.*   3:4 En hebreo *alrededor de 2000 codos* [½ milla].   3:16 En hebreo *el mar del Arabá, el mar Salado.*

seco. Después, todo el pueblo cruzó cerca de la ciudad de Jericó.

17Mientras tanto, los sacerdotes que llevaban el arca del pacto del SEÑOR se quedaron parados en tierra seca, en medio del lecho, mientras el pueblo pasaba frente a ellos. Los sacerdotes esperaron allí hasta que toda la nación de Israel terminó de cruzar el Jordán por tierra seca.

Monumentos del cruce del Jordán

4 Una vez que todo el pueblo terminó de cruzar el Jordán, el SEÑOR le dijo a Josué: 2«Ahora elige a doce hombres, uno de cada tribu. 3Diles: "Tomen doce piedras del medio del Jordán, del mismo lugar donde están parados los sacerdotes. Llévenlas al lugar donde van a acampar esta noche y amontónenlas allí"».

4Entonces Josué convocó a los doce hombres que había elegido, uno por cada tribu de Israel. 5Les dijo: «Vayan a la mitad del Jordán, frente al arca del SEÑOR su Dios. Cada uno de ustedes debe tomar una piedra y cargarla al hombro; serán doce piedras en total, una por cada tribu de Israel. 6Las usaremos para levantar un monumento conmemorativo. En el futuro, sus hijos les preguntarán: "¿Qué significan estas piedras?". 7Y ustedes podrán decirles: "Nos recuerdan que el río Jordán dejó de fluir cuando el arca del pacto del SEÑOR cruzó por allí". Esas piedras quedarán como un recordatorio en el pueblo de Israel para siempre».

8Así que los hombres hicieron lo que Josué les había ordenado. Tomaron doce piedras del medio del río Jordán, una por cada tribu, tal como el SEÑOR le había dicho a Josué. Las llevaron al lugar donde acamparon esa noche y construyeron allí el monumento.

9Josué también apiló otras doce piedras a la mitad del Jordán, en el lugar donde estaban parados los sacerdotes que llevaban el arca del pacto. Y las piedras siguen allí hasta el día de hoy.

10Los sacerdotes que llevaban el arca estuvieron en medio del río hasta que se hubieron a cabo todos los mandatos del SEÑOR que Moisés le había dado a Josué. Mientras tanto, el pueblo se apresuró a cruzar el lecho del río. 11Y cuando todos estaban a salvo en la otra orilla, los sacerdotes terminaron de cruzar con el arca del SEÑOR mientras el pueblo observaba.

12Los guerreros armados de la tribu de Rubén, de la tribu de Gad y de la media tribu de Manasés iban delante de los israelitas al cruzar el Jordán, tal como Moisés había indicado. 13Esos hombres armados —unos cuarenta mil en total— estaban listos para la guerra, y el SEÑOR iba con ellos mientras cruzaban hacia la llanura de Jericó.

14Ese día, el SEÑOR convirtió a Josué en un gran líder a los ojos de los israelitas, quienes, por el resto de su vida, lo respetaron tanto como habían respetado a Moisés.

15El SEÑOR le había dicho a Josué: 16«Ordénales a los sacerdotes que llevan el arca del pacto* que salgan del lecho del río». 17Así que Josué dio la orden. 18En cuanto los sacerdotes que llevaban el arca del pacto del SEÑOR salieron del lecho del río y sus pies pisaron tierra firme, las aguas del Jordán volvieron a fluir y desbordaron el cauce como antes.

19El pueblo cruzó el Jordán el décimo día del primer mes.* Después acamparon en Gilgal, al oriente de Jericó. 20Fue allí, en Gilgal, donde Josué apiló las doce piedras que había tomado del río Jordán.

21Entonces Josué les dijo a los israelitas: «En el futuro, sus hijos preguntarán: "¿Qué significan estas piedras?". 22Y ustedes podrán decirles: "Aquí es donde los israelitas cruzaron el Jordán sobre tierra seca". 23Pues el SEÑOR su Dios secó el río a la vista de ustedes y lo mantuvo seco hasta que todos cruzaran, tal como hizo con el mar Rojo* cuando lo secó hasta que todos terminamos de cruzar. 24Lo hizo para que todas las naciones de la tierra supieran que la mano del SEÑOR es poderosa, y para que ustedes temieran al SEÑOR su Dios para siempre».

5 Cuando todos los reyes amorreos al occidente del Jordán y todos los reyes cananeos que vivían a lo largo de la costa del mar Mediterráneo* oyeron cómo el SEÑOR había secado el río Jordán para que el pueblo de Israel pudiera cruzar, se desanimaron y quedaron paralizados de miedo a causa de los israelitas.

Israel restablece las ceremonias del pacto

2En esos días, el SEÑOR le dijo a Josué: «Prepara cuchillos de piedra y circuncida a esta segunda generación de israelitas».* 3Así que Josué preparó cuchillos de piedra y circuncidó a toda la población masculina de Israel en Guibat-ha-aralot.*

4Josué tuvo que circuncidarlos, porque todos los hombres que tenían edad suficiente para ir a la guerra cuando salieron de Egipto habían muerto en el desierto. 5Todos los que salieron de Egipto habían sido circuncidados, pero no los que nacieron después del éxodo, durante los años en el desierto. 6Los israelitas anduvieron cuarenta años por el desierto hasta que murieron todos los hombres que salieron de Egipto y que tenían edad para ir a la guerra. Ellos habían desobedecido al SEÑOR, por eso el SEÑOR juró que no los dejaría entrar en la tierra que había prometido darnos, una tierra donde fluyen la leche y la miel. 7Entonces Josué circuncidó a los hijos de esos israelitas —los que habían crecido para tomar el lugar de sus padres— porque no

---

4:16 En hebreo *arca del testimonio*. 4:19 En el antiguo calendario lunar hebreo, ese día caía a fines de marzo, en abril o a principios de mayo. 4:23 En hebreo *mar de juncos*. 5:1 En hebreo *a lo largo del mar*. 5:2 O *circuncida a los israelitas por segunda vez*. 5:3 *Guibat-ha-aralot* significa «colina de prepucios».

habían sido circuncidados en el camino a la Tierra Prometida. *8*Después de ser circuncidados, todos los varones descansaron en el campamento hasta que sanaron.

*9*Luego el SEÑOR le dijo a Josué: «Hoy he hecho que la vergüenza de su esclavitud en Egipto salga rodando como una piedra». Por eso, ese lugar se llama Gilgal* hasta el día de hoy.

*10*Mientras los israelitas acampaban en Gilgal, sobre la llanura de Jericó, celebraron la Pascua al atardecer del día catorce del primer mes.* *11*Justo al día siguiente, empezaron a comer pan sin levadura y grano tostado, cosechado de la tierra. *12*El maná dejó de caer el día que empezaron a comer de las cosechas de la tierra y nunca más se vio. Así que, desde ese momento, los israelitas comieron de las cosechas de Canaán.

El comandante del SEÑOR frente a Josué

*13*Cuando Josué estaba cerca de la ciudad de Jericó, miró hacia arriba y vio a un hombre parado frente a él con una espada en la mano. Josué se acercó y le preguntó:

—¿Eres amigo o enemigo?

14—Ninguno de los dos —contestó—. Soy el comandante del ejército del SEÑOR.

Entonces Josué cayó rostro en tierra ante él con reverencia.

—Estoy a tus órdenes —dijo Josué—. ¿Qué quieres que haga tu siervo?

*15*El comandante del ejército del SEÑOR contestó:

—Quítate las sandalias, porque el lugar donde estás parado es santo.

Y Josué hizo lo que se le indicó.

La caída de Jericó

6 Ahora bien, las puertas de Jericó estaban bien cerradas, porque la gente tenía miedo de los israelitas. A nadie se le permitía entrar ni salir. *2*Pero el SEÑOR le dijo a Josué: «Te he entregado Jericó, a su rey y a todos sus guerreros fuertes. *3*Tú y tus hombres de guerra marcharán alrededor de la ciudad una vez al día durante seis días. *4*Siete sacerdotes caminarán delante del arca; cada uno llevará un cuerno de carnero. El séptimo día, marcharán alrededor de la ciudad siete veces mientras los sacerdotes tocan los cuernos. *5*Cuando oigas a los sacerdotes dar un toque prolongado con los cuernos de carnero, haz que todo el pueblo grite lo más fuerte que pueda. Entonces los muros de la ciudad se derrumbarán, y el pueblo irá directo a atacar la ciudad».

*6*Entonces Josué reunió a los sacerdotes y les dijo: «Tomen el arca del pacto del SEÑOR y asignen a siete sacerdotes para que caminen delante de ella, cada uno con un cuerno de carnero». *7*Después, dio estas órdenes al pueblo: «Marchen

alrededor de la ciudad, los hombres armados irán al frente, delante del arca del SEÑOR».

*8*Después de que Josué les habló al pueblo, los siete sacerdotes con los cuernos de carnero comenzaron a marchar en la presencia del SEÑOR sonando los cuernos mientras marchaban, y el arca del pacto del SEÑOR los seguía. *9*Algunos de los hombres armados marchaban delante de los sacerdotes que llevaban los cuernos, y otros iban detrás del arca mientras los sacerdotes seguían sonando los cuernos. *10*«No griten, ni siquiera hablen —ordenó Josué—. Que no salga ni una sola palabra de ninguno de ustedes hasta que yo les diga que griten. ¡Entonces griten!». *11*Así que, ese día, llevaron el arca del SEÑOR alrededor de la ciudad solo una vez, y luego todos regresaron para pasar la noche en el campamento.

*12*Josué se levantó temprano a la mañana siguiente y, una vez más, los sacerdotes cargaron el arca del SEÑOR. *13*Los siete sacerdotes marcharon delante del arca del SEÑOR sonando los cuernos de carnero. Los hombres armados marcharon delante de los sacerdotes que llevaban los cuernos y detrás del arca del SEÑOR. Durante todo ese tiempo, los sacerdotes no dejaron de sonar los cuernos. *14*Ese segundo día, volvieron a marchar alrededor de la ciudad solo una vez y regresaron al campamento. Hicieron lo mismo durante seis días seguidos.

*15*El séptimo día, los israelitas se levantaron al amanecer y marcharon alrededor de la ciudad como lo habían hecho los días anteriores; pero esta vez, dieron siete vueltas alrededor de la ciudad. *16*En la séptima vuelta, mientras los sacerdotes daban el toque prolongado con los cuernos, Josué les ordenó a los israelitas: «¡Griten, porque el SEÑOR les ha entregado la ciudad! *17*Jericó y todo lo que hay en la ciudad deben ser destruidos* por completo como una ofrenda al SEÑOR. Solo se les perdonará la vida a Rahab, la prostituta, y a los que se encuentren en su casa, porque ella protegió a nuestros espías.

18«No se queden con ninguna cosa que esté destinada para ser destruida, pues, de lo contrario, ustedes mismos serán destruidos por completo y traerán desgracia al campamento de Israel. *19*Todo lo que esté hecho de plata, de oro, de bronce o de hierro pertenece al SEÑOR y por eso es sagrado, así que colóquenlo en el tesoro del SEÑOR».

*20*Cuando el pueblo oyó el sonido de los cuernos de carnero, gritó con todas sus fuerzas. De repente, los muros de Jericó se derrumbaron, y los israelitas fueron directo al ataque de la ciudad y la tomaron. *21*Con sus espadas, destruyeron por completo todo lo que había en la ciudad, incluidos hombres y mujeres, jóvenes y ancianos, ovejas, cabras, burros y todo el ganado.

5:9 *Gilgal*, esta palabra en hebreo suena como la palabra que significa «hacer rodar». **5:10** En el antiguo calendario lunar hebreo, ese día caía a fines de marzo, en abril o a principios de mayo. **6:17** El término hebreo empleado aquí se refiere a la consagración total de cosas o personas al SEÑOR, ya sea destruyéndolas o entregándolas como ofrenda; similar en 6:18, 21.

²²Mientras tanto, Josué les dijo a los dos espías: «Cumplan su promesa con la prostituta. Vayan a su casa y sáquenla de allí junto con toda su familia».

²³Entonces los hombres que habían sido espías entraron en la casa y sacaron a Rahab, a su padre, a su madre, a sus hermanos y a todos los demás parientes que estaban con ella. Trasladaron a toda la familia a un lugar seguro, cerca del campamento de Israel.

²⁴Luego los israelitas quemaron la ciudad y todo lo que había en ella. Solo conservaron las cosas hechas de plata, de oro, de bronce y de hierro para el tesoro de la casa del SEÑOR. ²⁵Así que Josué le perdonó la vida a la prostituta Rahab y a los parientes que estaban en su casa, porque ella escondió a los espías que él había enviado a Jericó. Y Rahab vive con los israelitas hasta el día de hoy.

²⁶En esa ocasión, Josué pronunció la siguiente maldición:

«Que la maldición del SEÑOR caiga sobre
      cualquiera
   que intente reconstruir la ciudad de Jericó.
A costa de su hijo mayor,
   pondrá sus cimientos.
A costa de su hijo menor,
   pondrá sus puertas».

²⁷Así que el SEÑOR estaba con Josué, y la fama de Josué se extendió por todo el territorio.

Hai derrota a los israelitas

7 Sin embargo, Israel desobedeció las instrucciones sobre lo que debía ser apartado para el SEÑOR.* Un hombre llamado Acán había robado algunas de esas cosas consagradas, así que el SEÑOR estaba muy enojado con los israelitas. Acán era hijo de Carmi, un descendiente de Zimri,* hijo de Zera, de la tribu de Judá.

²Josué envió a algunos de sus hombres desde Jericó para que espiaran la ciudad de Hai, que está al oriente de Betel, cerca de Bet-avén. ³Cuando regresaron, le dijeron a Josué: «No es necesario que todos vayamos a Hai; bastará con dos mil o tres mil hombres para atacar la ciudad. Dado que ellos son tan pocos, no hagas que todo nuestro pueblo se canse teniendo que subir hasta allí».

⁴Así que enviaron a unos tres mil guerreros, pero fueron completamente derrotados. Los hombres de Hai ⁵persiguieron a los israelitas desde la puerta de la ciudad hasta las canteras* y mataron como a treinta y seis que iban en retirada por la ladera. Los israelitas quedaron paralizados de miedo ante esto, y su valentía se desvaneció.

⁶Entonces Josué y los ancianos de Israel rasgaron sus ropas en señal de aflicción, se echaron

polvo sobre la cabeza y se inclinaron rostro en tierra ante el arca del SEÑOR hasta que cayó la tarde. ⁷Entonces Josué clamó:

—Oh SEÑOR Soberano, ¿por qué nos hiciste cruzar el río Jordán si vas a dejar que los amorreos nos maten? ¡Si tan solo nos hubiéramos conformado con quedarnos del otro lado! ⁸SEÑOR, ¿qué puedo decir ahora que Israel tuvo que huir de sus enemigos? ⁹Pues cuando los cananeos y todos los demás pueblos de la región oigan lo que pasó, nos rodearán y borrarán nuestro nombre de la faz de la tierra. Y entonces, ¿qué pasará con la honra de tu gran nombre?

¹⁰Pero el SEÑOR le dijo a Josué:

—¡Levántate! ¿Por qué estás ahí con tu rostro en tierra? ¹¹¡Israel ha pecado y ha roto mi pacto! Robaron de lo que ordené que apartaran para mí. Y no solo robaron sino que además mintieron y escondieron los objetos robados entre sus pertenencias. ¹²Por esa razón, los israelitas fueron derrotados por sus enemigos. Ahora Israel mismo será apartado para destrucción. No seguiré más con ustedes a menos que destruyan esas cosas que guardaron y que estaban destinadas para ser destruidas.

¹³»¡Levántate! Ordénale al pueblo que se purifique, a fin de prepararse para mañana. Pues esto dice el SEÑOR, Dios de Israel: "En medio de ti, oh Israel, están escondidas las cosas apartadas para el SEÑOR. Nunca derrotarás a tus enemigos hasta que quites esas cosas que tienes en medio de ti.

¹⁴»Mañana por la mañana, deberán presentarse por tribus, y el SEÑOR señalará a la tribu del culpable. Esa tribu, con sus clanes, deberá dar un paso al frente, y el SEÑOR señalará al clan culpable. Entonces ese clan dará un paso al frente, y el SEÑOR señalará a la familia culpable. Por último, cada miembro de la familia culpable deberá dar un paso al frente, uno por uno. ¹⁵El que haya robado de lo que estaba destinado para ser destruido será quemado con fuego, junto con todo lo que tiene, porque ha roto el pacto del SEÑOR y ha hecho algo horrible en Israel.

El pecado de Acán

¹⁶Temprano a la mañana siguiente, Josué presentó a las tribus de Israel delante del SEÑOR, y la tribu de Judá fue la señalada. ¹⁷Entonces los clanes de Judá dieron un paso al frente, y el clan de Zera fue el señalado. Luego las familias de Zera dieron un paso al frente, y la familia de Zimri fue la señalada. ¹⁸Por último, a cada miembro de la familia de Zimri se le hizo pasar al frente uno por uno, y Acán fue el señalado.

¹⁹Entonces Josué le dijo a Acán:

—Hijo mío, da la gloria al SEÑOR, Dios de Israel, y di la verdad. Confiesa y dime lo que has hecho. No me lo escondas.

7:1a El término hebreo empleado aquí se refiere a la consagración total de cosas o personas al SEÑOR, ya sea destruyéndolas o entregándolas como ofrenda; similar en 7:11, 12, 13, 15.   7:1b Igual que el texto paralelo en 1 Cr 2:6; en hebreo dice *Zabdi*. También en 7:17, 18.   7:5 O *hasta Sebarim*.

²⁰Acán respondió:

—¡Es cierto! He pecado contra el SEÑOR, Dios de Israel. ²¹Entre el botín, vi un hermoso manto de Babilonia,* doscientas monedas de plata* y una barra de oro que pesaba más de medio kilo.* Lo deseaba tanto que los tomé. Está todo enterrado debajo de mi carpa; la plata la enterré aún más profundo que el resto de las cosas.

²²Así que Josué envió a algunos hombres para que investigaran. Ellos fueron corriendo a la carpa y encontraron allí escondidos los objetos robados, tal como Acán había dicho, con la plata enterrada debajo del resto. ²³Entonces tomaron las cosas de la carpa y se las llevaron a Josué y a los demás israelitas. Luego las pusieron sobre el suelo, en la presencia del SEÑOR.

²⁴Después, Josué y todos los israelitas tomaron a Acán junto con la plata, el manto y la barra de oro; también tomaron a sus hijos e hijas, su ganado, sus asnos, sus ovejas, sus cabras, su carpa y todo lo que él tenía y los llevaron al valle de Acor. ²⁵Luego Josué le dijo a Acán: «¿Por qué nos has traído esta desgracia? Ahora el SEÑOR te traerá desgracia a ti». Entonces todos los israelitas apedrearon a Acán y a su familia, y quemaron los cuerpos. ²⁶Apilaron un montón de piedras sobre Acán, las cuales siguen allí hasta el día de hoy. Por eso, desde entonces, al lugar se le llama valle de la Desgracia.* Así el SEÑOR dejó de estar enojado.

Los israelitas derrotan a Hai

8 Entonces el SEÑOR le dijo a Josué: «No tengas miedo ni te desanimes. Toma a todos tus hombres de guerra y ataca la ciudad de Hai, porque te he entregado al rey de Hai, a su pueblo, su ciudad y su tierra. ²La destruirás tal como destruiste a Jericó y a su rey. Pero esta vez podrán quedarse con el botín y los animales. Preparen una emboscada detrás de la ciudad».

³Entonces Josué y todos los hombres de guerra salieron a atacar a Hai. Josué eligió a treinta mil de sus mejores guerreros y los envió de noche ⁴con la siguiente orden: «Escóndanse en emboscada no muy lejos detrás de la ciudad y prepárense para entrar en acción. ⁵Cuando nuestro ejército principal ataque, los hombres de Hai saldrán a pelear como lo hicieron antes, y nosotros huiremos de ellos. ⁶Dejaremos que nos persigan hasta alejarlos de la ciudad. Pues dirán: "Los israelitas huyen de nosotros como lo hicieron antes". Entonces, mientras nosotros huimos de ellos, ⁷ustedes saldrán de golpe de su escondite y tomarán posesión de la ciudad. Pues el SEÑOR su Dios la entregará en sus manos. ⁸Prendan fuego a la ciudad, tal como el SEÑOR lo ordenó. Esas son las instrucciones».

⁹Entonces salieron y fueron al lugar de la emboscada, entre Betel y el lado occidental de Hai;

pero esa noche, Josué se quedó con el pueblo en el campamento. ¹⁰Temprano a la mañana siguiente, Josué despertó a sus hombres y emprendió la marcha hacia Hai, acompañado por los ancianos de Israel. ¹¹Todos los hombres de guerra que estaban con Josué marcharon por delante de la ciudad y acamparon al norte de Hai, donde un valle los separaba de la ciudad. ¹²Esa noche, Josué envió a cinco mil hombres para que esperaran escondidos entre Betel y Hai, al occidente de la ciudad. ¹³De esa manera, el ejército principal se estableció en el norte, y la emboscada al occidente de la ciudad. Josué, por su parte, pasó la noche en el valle.

¹⁴Cuando el rey de Hai vio a los israelitas del otro lado del valle, se apresuró a salir temprano por la mañana con todo su ejército y los atacó desde un lugar con vista al valle del Jordán;* pero no se dio cuenta de que había una emboscada detrás de la ciudad. ¹⁵Entonces Josué y el ejército israelita huyeron en retirada hacia el desierto como si los hubieran vencido por completo. ¹⁶Así que llamaron a todos los hombres de la ciudad, para que salieran a perseguirlos. De esa manera, los alejaron de la ciudad. ¹⁷No quedó ni un solo hombre en Hai o en Betel* que no persiguiera a los israelitas, y la ciudad quedó completamente desprotegida.

¹⁸Entonces el SEÑOR le dijo a Josué: «Apunta hacia Hai con la lanza que tienes en la mano, porque te entregaré la ciudad». Así que Josué hizo lo que se le ordenó. ¹⁹En cuanto Josué dio la señal, todos los hombres que esperaban en la emboscada salieron de golpe de sus puestos e invadieron la ciudad en masa. Enseguida la sitiaron y le prendieron fuego.

²⁰Cuando los hombres de Hai miraron hacia atrás, vieron que salía tanto humo de la ciudad que cubría el cielo, y ya no tenían adónde ir. Pues los israelitas que habían huido hacia el desierto se dieron vuelta y atacaron a los que los perseguían. ²¹Cuando Josué y todos los demás israelitas vieron que la emboscada había dado resultado y que de la ciudad salía humo, se dieron vuelta y atacaron a los hombres de Hai. ²²Mientras tanto, los israelitas que habían entrado en la ciudad salieron y atacaron al enemigo por la retaguardia. De esa manera los hombres de Hai quedaron atrapados en medio, ya que los guerreros israelitas los encerraron por ambos lados. Israel los atacó, y no sobrevivió ni escapó una sola persona. ²³Solo al rey de Hai lo capturaron vivo y lo llevaron ante Josué.

²⁴Cuando el ejército israelita terminó de perseguir y de matar a todos los hombres de Hai en campo abierto, regresó y acabó con la gente que había quedado en la ciudad. ²⁵Ese día fue exterminada toda la población de Hai, incluidos hombres y mujeres, doce mil personas en

---

7:21a En hebreo *de Sinar.*   7:21b En hebreo *200 siclos de plata,* aproximadamente 2,3 kilogramos ó 5 libras.   7:21c En hebreo *50 siclos,* aproximadamente 570 gramos ó 20 onzas.   7:26 En hebreo *valle de Acor.*   8:14 En hebreo el *Arabá.*   8:17 En algunos manuscritos falta *Betel.*

total. 26Pues Josué mantuvo la lanza extendida hasta que todos los habitantes de Hai fueron totalmente destruidos.* 27Solo los animales y los tesoros de la ciudad no fueron destruidos, porque los israelitas los tomaron como botín, tal como el Señor se había ordenado a Josué. 28Luego Josué incendió la ciudad de Hai,* la cual se convirtió en un montón de ruinas y aún sigue desolada hasta el día de hoy.

29Entonces Josué atravesó al rey de Hai con un poste afilado y lo dejó allí colgado hasta la tarde. A la puesta del sol, los israelitas bajaron el cuerpo como Josué ordenó y lo arrojaron frente a la puerta de la ciudad. Apilaron un montón de piedras sobre él, las cuales todavía pueden verse hasta el día de hoy.

El pacto del Señor es renovado

30Luego Josué construyó un altar al Señor, Dios de Israel, en el monte Ebal. 31Siguió los mandatos que Moisés, siervo del Señor, había escrito en el libro de instrucción: «Háganme un altar con piedras sin labrar y que no hayan sido trabajadas con herramientas de hierro»*. Entonces presentaron sobre el altar ofrendas quemadas y ofrendas de paz al Señor. 32Y mientras los israelitas observaban, Josué copió en las piedras del altar* las instrucciones que Moisés les había dado.

33Después, todo Israel —tanto los extranjeros como los israelitas de nacimiento— junto con sus ancianos, jefes y jueces fue dividido en dos grupos. Un grupo se paró frente al monte Gerizim, y el otro, delante del monte Ebal. Ambos grupos quedaron frente a frente y, entre ellos, estaban los sacerdotes levitas que llevaban el arca del pacto del Señor. Todo se hizo de acuerdo a las órdenes que Moisés, siervo del Señor, había dado previamente para bendecir al pueblo de Israel.

34Entonces Josué le leyó al pueblo todas las bendiciones y maldiciones que Moisés había escrito en el libro de instrucción. 35Cada palabra de cada mandato que Moisés había dado se leyó a todos los israelitas reunidos en asamblea, incluso a las mujeres, a los niños y a los extranjeros que vivían entre ellos.

Los gabaonitas engañan a Israel

9 Ahora bien, todos los reyes que estaban al occidente del río Jordán se enteraron de lo que había sucedido. Eran los reyes de los hititas, amorreos, cananeos, ferezeos, heveos y jebuseos, quienes vivían en la zona montañosa, en las colinas occidentales* y a lo largo de la costa del mar Mediterráneo* hasta las montañas del Líbano, al norte. 2Esos reyes unieron sus tropas para pelear como un solo ejército contra Josué y los israelitas.

3Sin embargo, cuando los habitantes de Gabaón oyeron lo que Josué había hecho a Jericó y a la ciudad de Hai, 4recurrieron al engaño para salvarse la vida. Enviaron a unos representantes ante Josué y, sobre sus asnos, cargaron alforjas desgastadas y odres viejos y remendados. 5Se pusieron ropa harapienta y se calzaron sandalias gastadas y remendadas. Además, llevaban pan seco y mohoso. 6Cuando llegaron al campamento de Israel, en Gilgal, les dijeron a Josué y a los hombres de Israel:

—Venimos de una tierra lejana para pedirles que hagan un tratado de paz con nosotros.

7Entonces los israelitas les respondieron a esos heveos:

—¿Cómo podemos saber que ustedes no viven cerca? Pues si viven cerca, no podemos hacer ningún tratado de paz con ustedes.

8Ellos respondieron:

—Nosotros somos sus siervos.

—Pero ¿quiénes son ustedes? —preguntó Josué—. ¿De dónde vienen?

9Ellos contestaron:

—Nosotros sus siervos venimos de un país muy lejano. Hemos oído del poder del Señor su Dios y de todo lo que hizo en Egipto. 10También hemos oído de lo que le hizo a los dos reyes amorreos que vivían al oriente del río Jordán: a Sehón, rey de Hesbón, y a Og, rey de Basán (quien vivía en Astarot). 11Entonces nuestros ancianos y todo nuestro pueblo nos dieron las siguientes instrucciones: "Lleven provisiones para un largo viaje. Vayan al encuentro del pueblo de Israel y díganle: 'Somos sus siervos; les suplicamos que hagan un tratado con nosotros'".

12»Este pan estaba caliente, recién salido del horno, cuando partimos de nuestros hogares. Pero ahora, como pueden ver, está seco y mohoso. 13Estos odres estaban nuevos cuando los llenamos, pero ahora están viejos y rotos. Y nuestra ropa y las sandalias que traemos puestas están desgastadas de tan largo viaje.

14Entonces los israelitas revisaron el alimento de los gabaonitas pero no consultaron al Señor. 15Así que Josué hizo un tratado de paz con ellos y les garantizó seguridad, y los líderes de la comunidad ratificaron el acuerdo mediante un juramento que los obligaba a cumplirlo.

16Tres días después de hacer el tratado, ¡los israelitas se enteraron de que esa gente en realidad vivía cerca! 17Enseguida salieron a investigar y, en tres días, llegaron a sus ciudades, las cuales se llamaban Gabaón, Cafira, Beerot y Quiriat-jearim. 18Sin embargo, como los líderes israelitas habían hecho un voto en el nombre del Señor, Dios de Israel, no atacaron a ninguna de las ciudades gabaonitas.

Entonces el pueblo de Israel se quejó contra sus líderes por causa del tratado. 19Pero

---

8:26 El término hebreo empleado aquí se refiere a la consagración total de cosas o personas al Señor, ya sea destruyéndolas o entregándolas como ofrenda.   8:28 *Hai* significa «ruina».   8:31 Ex 20:25; Dt 27:5-6.   8:32 En hebreo *en las piedras.*   9:1a En hebreo *la Sefela.*   9:1b En hebreo *el mar Grande.*

los líderes respondieron: «Dado que hicimos un juramento en presencia del Señor, Dios de Israel, no podemos tocarlos. 20Lo que tenemos que hacer es dejarlos con vida, porque el enojo divino caería sobre nosotros si no cumpliéramos nuestro juramento. 21Déjenlos vivir». Así que los hicieron cortar leña y llevar agua para toda la comunidad, tal como lo indicaron los líderes israelitas.

22Entonces Josué reunió a los gabaonitas y les dijo:

—¿Por qué nos mintieron? ¿Por qué dijeron que vivían en una tierra lejana, si en realidad viven aquí mismo, entre nosotros? 23¡Malditos sean! De ahora en adelante, siempre serán siervos encargados de cortar madera y de llevar agua para la casa de mi Dios.

24Ellos le respondieron:

—Lo hicimos porque a nosotros, sus siervos, se nos dijo con claridad que el Señor su Dios le ordenó a Moisés, siervo del Señor, que les entregara toda esta tierra y que destruyera a todos sus habitantes. Así que temimos profundamente por nuestra vida a causa de ustedes. Por eso hicimos lo que hicimos. 25Ahora estamos a merced de ustedes; hagan con nosotros lo que mejor les parezca.

26Así que Josué no permitió que el pueblo de Israel matara a los gabaonitas; 27pero desde ese día, los hizo cortar la leña y llevar el agua para la comunidad de Israel y el altar del Señor, donde fuere que el Señor eligiera construirlo. Y a eso se dedican hasta el día de hoy.

Israel derrota a los ejércitos del sur

10 Adonisedec, rey de Jerusalén, oyó que Josué había tomado y destruido por completo* la ciudad de Hai y había matado a su rey, lo mismo que había hecho con la ciudad de Jericó y su rey. También se enteró de que los gabaonitas habían hecho la paz con Israel y ahora eran sus aliados. 2Cuando él y su pueblo oyeron todo eso, tuvieron mucho miedo, porque Gabaón era una ciudad grande, tan grande como las ciudades de la realeza y más grande que la ciudad de Hai. Además, los gabaonitas eran guerreros fuertes. 3Entonces Adonisedec, rey de Jerusalén, envió mensajeros a varios otros reyes: a Hoham, rey de Hebrón, a Piream, rey de Jarmut, a Jafía, rey de Laquis y a Debir, rey de Eglón. 4«Vengan y ayúdenme a destruir Gabaón —les rogó—, porque hizo la paz con Josué y con el pueblo de Israel». 5Entonces esos cinco reyes amorreos unieron sus ejércitos para atacar en conjunto. Pusieron todas sus tropas en posición y atacaron Gabaón

6Enseguida, los hombres de Gabaón enviaron mensajeros a Josué, quien se encontraba en su campamento, en Gilgal. «¡No abandone a sus siervos ahora! —rogaron—. ¡Venga de inmediato! ¡Sálvenos! ¡Ayúdenos! Pues todos los

amorreos que viven en la zona montañosa unieron sus fuerzas para atacarnos».

7Entonces Josué y todo su ejército, incluidos sus mejores guerreros, salieron de Gilgal hacia Gabaón. 8«No les tengas miedo —le dijo el Señor a Josué—, porque te he dado la victoria. Ni uno de ellos podrá hacerte frente».

9Josué marchó toda la noche desde Gilgal y tomó por sorpresa a los ejércitos amorreos. 10El Señor llenó de pánico a los amorreos, y los israelitas masacraron a un gran número de ellos en Gabaón. Después persiguieron a sus enemigos por el camino que lleva a Bet-horón y los fueron matando a lo largo de toda la ruta a Azeca y Maceda. 11Mientras los amorreos estaban en retirada por el camino de Bet-horón, el Señor los destruyó mediante una terrible tormenta de granizo que envió desde el cielo, y que no paró hasta que llegaron a Azeca. El granizo mató a más enemigos de los que mataron los israelitas a filo de espada.

12El día que el Señor les dio a los israelitas la victoria sobre los amorreos, Josué oró al Señor delante de todo el pueblo de Israel y dijo:

«Que el sol se detenga sobre Gabaón,
   y la luna, sobre el valle de Ajalón».

13Entonces el sol se detuvo y la luna se quedó en su sitio hasta que la nación de Israel terminó de derrotar a sus enemigos.

¿Acaso no está registrado ese suceso en *El libro de Jaser?* * El sol se detuvo en medio del cielo y no se ocultó como un día normal.* 14Jamás, ni antes ni después, hubo un día como este, cuando el Señor contestó semejante oración. ¡Sin duda, ese día el Señor peleó por Israel!

15Después Josué y el ejército israelita regresaron a su campamento, en Gilgal.

Josué mata a los cinco reyes del sur

16Durante la batalla, los cinco reyes escaparon y se escondieron en una cueva, en Maceda. 17Cuando Josué oyó que los habían encontrado, 18dio la siguiente orden: «Cubran la abertura de la cueva con rocas grandes y pongan guardias en la entrada, para mantener adentro a los reyes. 19Los demás continúen persiguiendo a los enemigos y mátenlos por la retaguardia. No los dejen volver a sus ciudades, porque el Señor, Dios de ustedes, les ha dado la victoria sobre ellos».

20Entonces Josué y el ejército israelita continuaron con la matanza y derrotaron al enemigo por completo. Exterminaron totalmente a los cinco ejércitos con excepción de un pequeño grupo que logró llegar a sus ciudades fortificadas. 21Luego los israelitas volvieron a salvo al campamento de Maceda, donde estaba Josué. Después de eso, nadie se atrevió a decir ni una sola palabra en contra de Israel.

22Luego Josué dijo: «Quiten las rocas que

10:1 El término hebreo empleado aquí se refiere a la consagración total de cosas o personas al Señor, ya sea destruyéndolas o entregándolas como ofrenda; también en 10:28, 35, 37, 39, 40.   10:13a O *El libro del justo*.   10:13b O *no se puso por casi un día entero.*

cubren la abertura de la cueva y tráiganme a los cinco reyes». ²³Así que hicieron salir de la cueva a los cinco reyes de las ciudades de Jerusalén, de Hebrón, de Jarmut, de Laquis y de Eglón. ²⁴Cuando los sacaron, Josué les dijo a los comandantes de su ejército: «Acérquense y pónganle el pie sobre el cuello a estos reyes». Y ellos hicieron lo que se les dijo.

²⁵«Jamás tengan miedo ni se desanimen —les dijo Josué a sus hombres—. Sean fuertes y valientes, porque el SEÑOR hará lo mismo con todos sus enemigos». ²⁶Entonces Josué mató a cada uno de los cinco reyes y los atravesó con cinco postes afilados, donde quedaron colgados hasta la tarde.

²⁷Mientras se ponía el sol, Josué mandó que descolgaran los cuerpos de los postes y que los arrojaran dentro de la cueva donde se habían escondido los reyes. Luego taparon la abertura de la cueva con un montón de rocas grandes, el cual permanece allí hasta el día de hoy.

Israel destruye las ciudades del sur

²⁸Ese mismo día, Josué tomó y destruyó la ciudad de Maceda. Mató a todos sus habitantes, incluso al rey, y no dejó a nadie con vida. Los destruyó a todos y mató al rey de Maceda, lo mismo que había hecho con el rey de Jericó. ²⁹Después, Josué y los israelitas se dirigieron hacia Libna y la atacaron. ³⁰Allí también el SEÑOR les entregó la ciudad con su rey. Mató a todos sus habitantes sin dejar a nadie con vida. Luego Josué mató al rey de Libna, lo mismo que había hecho con el rey de Jericó.

³¹De Libna, Josué y los israelitas fueron a Laquis y la atacaron. ³²Igual que en las veces anteriores, el SEÑOR les entregó Laquis. Josué la tomó al segundo día y mató a todos sus habitantes, tal como había hecho en Libna. ³³Durante el ataque a Laquis, el rey Horam, de Gezer, llegó con su ejército para ayudar a defender la ciudad. Pero los hombres de Josué lo mataron junto con su ejército y no dejaron a nadie con vida.

³⁴Luego Josué y el ejército israelita siguieron hacia la ciudad de Eglón y la atacaron. ³⁵La tomaron ese mismo día y mataron a todos sus habitantes. Josué destruyó a todos por completo, tal como había hecho en Laquis. ³⁶De Eglón, Josué y el ejército israelita subieron a Hebrón y la atacaron. ³⁷Tomaron la ciudad y mataron a todos sus habitantes, incluso al rey, y no dejaron a nadie con vida. Hicieron lo mismo con todas las aldeas vecinas. Y tal como había hecho en Eglón, Josué destruyó por completo a toda la población.

³⁸Después, Josué y los israelitas se volvieron y atacaron Debir. ³⁹Josué tomó la ciudad con su rey y todas las aldeas vecinas. Destruyó por completo a todos sus habitantes y no dejó a nadie

con vida. Hizo a Debir y a su rey lo mismo que les había hecho a Hebrón, a Libna y a su rey.

⁴⁰Así que Josué conquistó toda la región: a los reyes y a los pueblos de la zona montañosa, el Neguev, las colinas occidentales* y las laderas de las montañas. Destruyó por completo a todos los habitantes del territorio sin dejar a nadie con vida, tal como el SEÑOR, Dios de Israel, lo había ordenado. ⁴¹Josué los masacró desde Cades-barnea hasta Gaza y desde la región que rodea la ciudad de Gosén hasta Gabaón. ⁴²Josué venció a todos esos reyes y conquistó sus territorios en una sola campaña, porque el SEÑOR, Dios de Israel, peleaba por su pueblo.

⁴³Después Josué y el ejército israelita regresaron a su campamento, en Gilgal.

Israel derrota a los ejércitos del norte

11 Cuando el rey Jabín, de Hazor, oyó lo que había sucedido, envió un mensaje a los siguientes reyes: al rey Jobab, de Madón; al rey de Simrón; al rey de Acsaf; ²a todos los reyes de la zona montañosa del norte; a los reyes del valle del Jordán, al sur de Galilea;* a los reyes de las colinas de Galilea;* a los reyes de Nafot-dor, al occidente; ³a los reyes de Canaán, tanto del oriente como del occidente; y a los reyes de los amorreos, de los hititas, de los ferezeos, de los jebuseos en la zona montañosa y de los heveos en las ciudades que están en las laderas del monte Hermón, en la tierra de Mizpa.

⁴Todos esos reyes salieron a pelear. Sus ejércitos unidos formaban una inmensa multitud. Y con todos sus caballos y carros de guerra cubrieron el terreno como la arena a la orilla del mar. ⁵Los reyes unieron sus fuerzas y establecieron su campamento alrededor de las aguas que están cerca de Merom para pelear contra Israel.

⁶Entonces el SEÑOR le dijo a Josué: «No les tengas miedo. Mañana, a esta hora, los entregaré a todos muertos en manos de Israel. Después lisia sus caballos y quema sus carros de guerra».

⁷Así que Josué y todos sus hombres de guerra avanzaron hasta las aguas que están cerca de Merom y atacaron por sorpresa. ⁸Y el SEÑOR les dio la victoria sobre sus enemigos. Los israelitas los persiguieron tan lejos como Gran Sidón y Misrefot-maim y, hacia el oriente, por el valle de Mizpa, hasta que no quedó ningún guerrero del enemigo con vida. ⁹Después Josué lisió los caballos y quemó todos los carros de guerra, tal como el SEÑOR había indicado.

¹⁰Luego Josué regresó y tomó Hazor y mató a su rey. (Hazor había sido por un tiempo la capital de todos esos reinos). ¹¹Los israelitas destruyeron por completo* a todo ser viviente de la ciudad, sin dejar sobrevivientes. No se le perdonó la vida a nadie. Y después Josué quemó la ciudad.

10:40 En hebreo la Sefela.   **11:2a** En hebreo del Arabá, al sur de Cineret.   **11:2b** En hebreo la Sefela; también en 11:16.   **11:11** El término hebreo empleado aquí se refiere a la consagración total de cosas o personas al SEÑOR, ya sea destruyéndolas o entregándolas como ofrenda; también en 11:12, 20, 21.

¹²Josué masacró a todos los demás reyes y a sus pueblos, los destruyó por completo, tal como lo había ordenado Moisés, siervo del Señor. ¹³Pero los israelitas no quemaron ninguna de las ciudades construidas sobre collados salvo Hazor, la cual Josué quemó. ¹⁴Y los israelitas se quedaron con todo el botín y con los animales de las ciudades devastadas, pero mataron a toda la gente, sin dejar a nadie con vida. ¹⁵Tal como el Señor le había ordenado a su siervo Moisés, también Moisés le ordenó a Josué. Y Josué hizo lo que se le indicó, obedeció cuidadosamente todos los mandatos que el Señor le había dado a Moisés.

¹⁶Así que Josué conquistó toda la región: la zona montañosa, el Neguev, toda la área que rodea la ciudad de Gosén, las colinas occidentales, el valle del Jordán,* los montes de Israel y las colinas de Galilea. ¹⁷El territorio israelita ahora se extendía desde el monte Halac, que se eleva hacia Seir, al sur, hasta Baal-gad, al pie del monte Hermón, en el valle del Líbano, al norte. Josué mató a todos los reyes de esos territorios, ¹⁸después de hacer guerra por mucho tiempo para lograrlo. ¹⁹Ninguno de esa región hizo la paz con los israelitas salvo los heveos de Gabaón. Todos los demás fueron derrotados, ²⁰porque el Señor les endureció el corazón y los hizo pelear contra los israelitas. Así fueron totalmente destruidos sin compasión, tal como el Señor le había ordenado a Moisés.

²¹Durante ese período, Josué destruyó a todos los descendientes de Anac, quienes vivían en la zona montañosa de Hebrón, Debir, Anab y en toda la región montañosa de Judá e Israel. Los mató a todos y destruyó sus ciudades por completo. ²²No quedó ningún descendiente de Anac en la tierra de Israel, aunque algunos todavía permanecían en Gaza, Gat y Asdod.

²³Así que Josué tomó control de todo el territorio, tal como el Señor le había indicado a Moisés. Le dio la tierra al pueblo de Israel como su preciada posesión y repartió el territorio entre las tribus. Entonces por fin la tierra descansó de la guerra.

Reyes derrotados al oriente del Jordán

12 Estos son los reyes del oriente del río Jordán a quienes los israelitas mataron y les quitaron sus tierras. El territorio de esos reyes se extendía desde el valle del Arnón hasta el monte Hermón y abarcaba toda la tierra situada al oriente del valle del Jordán.*

²Derrotaron a Sehón, rey de los amorreos, quien vivía en Hesbón. Su reino incluía Aroer, en el límite del valle del Arnón, y se extendía desde la mitad del valle del Arnón hasta el río Jaboc, el cual sirve de frontera con los amonitas. Ese territorio incluía la mitad sur del territorio de Galaad. ³Sehón también controlaba el valle del Jordán y algunas regiones al oriente, desde el mar de Galilea al norte, hasta el mar Muerto* en el sur, incluso la ruta a Bet-jesimot y, más al sur, hasta las laderas del Pisgá.

⁴El rey Og, de Basán —el último de los refaítas— vivía en Astarot y Edrei. ⁵Gobernaba un territorio que se extendía por el norte desde el monte Hermón hasta Salca, por el oriente a todo Basán y hacia el occidente hasta la frontera con los reinos de Gesur y Maaca. Ese territorio incluía la mitad norte de Galaad tan lejos como la frontera con el rey Sehón, de Hesbón.

⁶Moisés, siervo del Señor, y los israelitas habían destruido al pueblo del rey Sehón y al del rey Og. Moisés entregó esas tierras como posesión a la tribu de Rubén, a la tribu de Gad y a la media tribu de Manasés.

Reyes derrotados al occidente del Jordán

⁷La siguiente es una lista de los reyes que Josué y los ejércitos israelitas derrotaron al occidente del Jordán, desde Baal-gad, en el valle del Líbano, hasta el monte Halac, que sube hacia Seir. (Josué les dio esa tierra como posesión a las tribus de Israel, ⁸la cual abarcaba la zona montañosa, las colinas occidentales,* el valle del Jordán, las laderas de las montañas, el desierto de Judá y el Neguev. Los pueblos que vivían en esa región eran los hititas, los amorreos, los cananeos, los ferezeos, los heveos y los jebuseos). Estos son los reyes que Israel derrotó:

⁹ el rey de Jericó,
   el rey de Hai, cerca de Betel,
¹⁰ el rey de Jerusalén,
   el rey de Hebrón,
¹¹ el rey de Jarmut,
   el rey de Laquis,
¹² el rey de Eglón,
   el rey de Gezer,
¹³ el rey de Debir,
   el rey de Geder,
¹⁴ el rey de Horma,
   el rey de Arad,
¹⁵ el rey de Libna,
   el rey de Adulam,
¹⁶ el rey de Maceda,
   el rey de Betel,
¹⁷ el rey de Tapúa,
   el rey de Hefer,
¹⁸ el rey de Afec,
   el rey de Sarón,
¹⁹ el rey de Madón,
   el rey de Hazor,
²⁰ el rey de Simrón-merón,
   el rey de Acsaf,
²¹ el rey de Taanac,
   el rey de Meguido,
²² el rey de Cedes,
   el rey de Jocneam (en el Carmelo),

11:16 En hebreo *la Sefela, el Arabá.* **12:1** En hebreo *el Arabá;* también en 12:3, 8. **12:3** En hebreo *desde el mar de Cineret hasta el mar del Arabá, que es el mar Salado.* **12:8** En hebreo *la Sefela.*

²³ el rey de Dor (en la ciudad de Nafot-dor*),
el rey de Goyim (en Gilgal*) y
²⁴ el rey de Tirsa.

En total, los israelitas derrotaron a treinta y un
reyes.

La tierra aún por conquistar

13 Cuando Josué ya era anciano, el SEÑOR le
dijo: «Estás envejeciendo y todavía queda
mucha tierra por conquistar. ²Aún faltan todas
las regiones de los filisteos y de los gesureos,
³y el territorio más extenso de los cananeos, el
cual se extiende desde el arroyo de Sihor, en la
frontera con Egipto, hasta los límites de Ecrón,
al norte. Abarca el territorio de los cinco gobernantes filisteos de Gaza, Asdod, Ascalón, Gat y
Ecrón. También falta por conquistar la tierra de
los aveos, ⁴al sur. En el norte, la siguiente área
tampoco está conquistada aún: toda la tierra de
los cananeos, incluso Mehara (lugar que pertenece a los sidonios), que se extiende al norte
hasta Afec, en la frontera con los amorreos; ⁵la
tierra de los giblitas y toda la región de montañas del Líbano, que está hacia el oriente, desde
Baal-gad, al pie del monte Hermón, hasta
Lebo-hamat; ⁶y toda la zona montañosa desde
el Líbano hasta Misrefot-maim, incluida toda la
tierra de los sidonios.

»Yo mismo iré expulsando a esos pueblos
de la tierra del paso de los israelitas. Así que
asegúrate de darle esta tierra a Israel como una
preciada posesión, tal como te lo ordené.
⁷Incluye todo este territorio como posesión de
Israel cuando repartas la tierra entre las nueve
tribus y la media tribu de Manasés».

División de la tierra al oriente del Jordán

⁸La media tribu de Manasés, la tribu de Rubén
y la tribu de Gad ya habían recibido sus respectivas porciones de tierra al oriente del Jordán,
pues Moisés, siervo del SEÑOR, se las había asignado anteriormente.

⁹Ese territorio se extendía desde Aroer, en el
límite del valle del Arnón (incluida la ciudad
que está en medio del valle), hasta la llanura
que está pasando Medeba, tan lejos como
Dibón. ¹⁰También incluía todas las ciudades
de Sehón, rey de los amorreos —quien había
reinado en Hesbón—, y se extendía tan lejos
como las fronteras con Amón. ¹¹Abarcaba
Galaad, el territorio de los reinos de Gesur y
Maaca, todo el monte Hermón, todo Basán
hasta Salca ¹²y todo el territorio de Og, rey
de Basán, quien había reinado en Astarot y
Edrei. El rey Og fue el último de los refaítas,
porque Moisés los había atacado y expulsado.
¹³Pero los israelitas no expulsaron a la gente
de Gesur y de Maaca, así que esos pueblos

siguen viviendo entre los israelitas hasta el
día de hoy.

Una porción para la tribu de Leví

¹⁴Moisés no asignó ninguna porción de tierra
a los de la tribu de Leví. En cambio, como el
SEÑOR les había prometido, su porción provenía
de las ofrendas quemadas en el altar del SEÑOR,
Dios de Israel.

La tierra entregada a la tribu de Rubén

¹⁵Moisés había asignado la siguiente porción
a los clanes de la tribu de Rubén:

¹⁶ese territorio se extendía desde Aroer,
en el límite del valle del Arnón (incluida la
ciudad que está en medio del valle), hasta la
llanura que está pasando Medeba. ¹⁷Incluía
Hesbón y las otras ciudades de la llanura:
Dibón, Bamot-baal, Bet-baal-meón,
¹⁸Jahaza, Cademot, Mefaat, ¹⁹Quiriataim,
Sibma, Zaret-sahar en la colina situada
sobre el valle, ²⁰Bet-peor, las laderas del
Pisga y Bet-jesimot.

²¹La tierra de Rubén también abarcaba
todas las ciudades de la llanura y todo el
reino de Sehón. Sehón era el rey amorreo
que había reinado en Hesbón y había
muerto a manos de Moisés junto con los
líderes de Madián —Evi, Requem, Zur, Hur
y Reba—, príncipes que vivían en la región
y aliados de Sehón. ²²Los israelitas también
habían matado a Balaam, hijo de Beor, quien
usaba magia para predecir el futuro. ²³El río
Jordán marcaba el límite occidental de la
tribu de Rubén. A los clanes de la tribu de
Rubén se les dieron las ciudades y las aldeas
vecinas de ese territorio para que fueran
su hogar.

La tierra entregada a la tribu de Gad

²⁴Moisés había asignado la siguiente porción
a los clanes de la tribu de Gad:

²⁵ese territorio incluía Jazer, todas las
ciudades de Galaad y la mitad de la tierra
de Amón tan lejos como la ciudad de Aroer,
justo al occidente de* Rabá. ²⁶Se extendía
desde Hesbón hasta Ramat-mizpa y
Betonim, y desde Mahanaim hasta
Lodebar.* ²⁷En el valle, se encontraban
las ciudades de Bet-aram, Bet-nimra, Sucot,
Zafón y el resto del reino de Sehón, rey de
Hesbón. La frontera occidental se extendía
a lo largo del río Jordán, su extremo norte
llegaba hasta la punta del mar de Galilea* y
luego giraba hacia el oriente. ²⁸A los clanes
de la tribu de Gad se les dieron estas ciudades
y las aldeas vecinas de ese territorio para
que fueran su hogar.

12:23a En hebreo *Nafat-dor*, una variante de Nafot-dor.   12:23b La versión griega dice *Goyim, de Galilea*.   13:25 En hebreo *en frente de*.   13:26 En hebreo *Li-debir* parece ser una variante de Lodebar (comparar 2 Sm 9:4; 17:27; Am 6:13).   13:27 En hebreo *mar de Cineret*.

*La tierra entregada
a la media tribu de Manasés*

²⁹Moisés había asignado la siguiente porción a los clanes de la media tribu de Manasés:

³⁰ese territorio se extendía desde Mahanaim y abarcaba todo Basán, todo el antiguo reino del rey Og y las sesenta ciudades de Jair, en Basán. ³¹También incluía la mitad de Galaad y Astarot y Edrei, ciudades de la realeza que pertenecían al rey Og. Todo eso se les entregó a los clanes de los descendientes de Maquir, hijo de Manasés.

³²Esa fue la asignación de tierras que Moisés había hecho mientras estaba en las llanuras de Moab, al otro lado del río Jordán, al oriente de Jericó. ³³Sin embargo, Moisés no dio ninguna porción de tierra a la tribu de Leví, porque el SEÑOR, Dios de Israel, había prometido que él mismo sería su porción.

División de la tierra al occidente del Jordán

14 Las demás tribus de Israel recibieron porciones de tierra en Canaán asignadas por el sacerdote Eleazar, por Josué, hijo de Nun, y por los jefes de las tribus. ²Esas nueve tribus y media recibieron sus porciones de tierra mediante un sorteo sagrado, según el mandato que el SEÑOR había dado por medio de Moisés. ³Moisés ya le había asignado una porción de tierra a las dos tribus y media que estaban al oriente del río Jordán, pero no había entregado ninguna porción a los levitas. ⁴Los descendientes de José se habían separado en dos tribus distintas: Manasés y Efraín. Y a los levitas no se les dio ninguna porción de tierra, únicamente ciudades donde vivir, rodeadas de pastizales para sus animales y posesiones. ⁵De modo que se distribuyó el SEÑOR había dado a Moisés.

Caleb solicita su tierra

⁶Una delegación de la tribu de Judá, dirigida por Caleb, hijo de Jefone, el cenezeo, se presentó ante Josué, quien estaba en Gilgal. Caleb le dijo a Josué: «Recuerda lo que el SEÑOR le dijo a Moisés, hombre de Dios, acerca de ti y de mí cuando estábamos en Cades-barnea. ⁷Yo tenía cuarenta años cuando Moisés, siervo del SEÑOR, me envió desde Cades-barnea a que explorara la tierra de Canaán. Regresé y di un informe objetivo de lo que vi, ⁸pero los hermanos que me acompañaron asustaron tanto al pueblo que nadie quería entrar en la Tierra Prometida. Por mi parte, seguí al SEÑOR mi Dios con todo mi corazón. ⁹Así que, ese día, Moisés me prometió solemnemente: "La tierra de Canaán, por donde recién caminaste, será tu porción de tierra y la de tus descendientes para siempre, porque seguiste al SEÑOR mi Dios con todo tu corazón".

¹⁰»Ahora, como puedes ver, en todos estos cuarenta y cinco años desde que Moisés hizo esa promesa, el SEÑOR me ha mantenido con vida y buena salud tal como lo prometió, incluso mientras Israel andaba vagando por el desierto. Ahora tengo ochenta y cinco años. ¹¹Estoy tan fuerte hoy como cuando Moisés me envió a esa travesía y aún puedo andar y pelear tan bien como lo hacía entonces. ¹²Así que dame la zona montañosa que el SEÑOR me prometió. Tú recordarás que, mientras explorábamos, encontramos allí a los descendientes de Anac, que vivían en grandes ciudades amuralladas. Pero si el SEÑOR está conmigo, yo los expulsaré de la tierra, tal como el SEÑOR dijo».

¹³Entonces Josué bendijo a Caleb, hijo de Jefone, y le dio Hebrón como su asignación de tierra. ¹⁴Hebrón todavía pertenece a los descendientes de Caleb, hijo de Jefone, el cenezeo, por que él siguió al SEÑOR, Dios de Israel, con todo su corazón. ¹⁵(Antiguamente Hebrón se llamaba Quiriat-arba. Llevaba el nombre de Arba, un gran héroe de los descendientes de Anac).

Y la tierra descansó de la guerra.

La tierra entregada a la tribu de Judá

15 La asignación de tierra para los clanes de la tribu de Judá se extendía hacia el sur hasta la frontera con Edom y llegaba al desierto de Zin.

²La frontera sur comenzaba en la bahía sur del mar Muerto,* ³se extendía al sur del paso del Escorpión* por el desierto de Zin y seguía por el sur de Cades-barnea hasta Hezrón. Luego subía hasta Adar, donde giraba hacia Carca. ⁴De allí, pasaba a Asmón y finalmente alcanzaba el arroyo de Egipto y lo seguía hasta el mar Mediterráneo.* Esa era la frontera sur de ellos.*

⁵El límite oriental se extendía por todo el mar Muerto hasta la desembocadura del río Jordán.

La frontera norte comenzaba en la bahía donde el río Jordán desembocaba en el mar Muerto, ⁶de allí subía a Bet-hogla, luego seguía por el norte de Bet-arabá hasta la peña de Bohán. (Bohán era hijo de Rubén). ⁷Desde allí, atravesaba el valle de Acor hacia Debir y giraba al norte, hacia Gilgal, que está al otro lado de las laderas de Adumín, en el sur del valle. De allí, el límite se extendía a los manantiales de En-semes y seguía hasta En-rogel. ⁸Luego atravesaba el valle de Ben-hinom por las laderas sureñas de los jebuseos, donde está situada la ciudad de Jerusalén. La frontera luego se extendía hacia el occidente, a la cima de la montaña que está sobre el valle de Hinom, y subía hasta el extremo norte del valle de Refaim.

15:2 En hebreo *el mar Salado;* también en 15:5.　15:3 En hebreo *Acrabim*　15:4a En hebreo *el mar,* también en 15:11.　15:4b En hebreo *de unidades.*

⁹De allí, se extendía desde la cima de la montaña hasta el manantial que hay en las aguas de Neftoa,* y de allí, a las ciudades del monte Efrón. Después giraba hacia Baala (también llamada Quiriat-jearim). ¹⁰El límite rodeaba el occidente de Baala hacia el monte Seir, pasaba por la ciudad de Quesalón, en la ladera norte del monte Jearim, y bajaba a Bet-semes y luego a Timna. ¹¹Después seguía hasta la ladera de la colina que está al norte de Ecrón, donde giraba hacia Sicrón y el monte Baala. Pasaba Jabneel y terminaba en el mar Mediterráneo.

¹²La frontera occidental era la costa del mar Mediterráneo.*

Esos son los límites para los clanes de la tribu de Judá.

La tierra entregada a Caleb

¹³El Señor le ordenó a Josué que le asignara una parte del territorio de Judá a Caleb, hijo de Jefone. Así que Caleb recibió la ciudad de Quiriat-arba (también llamada Hebrón), que llevaba el nombre del antepasado de Anac. ¹⁴Caleb expulsó a los tres grupos de anaceos, que son descendientes de Sesai, de Ahimán y de Talmai, hijos de Anac.

¹⁵De allí, salió a luchar contra los habitantes de la ciudad de Debir (antiguamente llamada Quiriat-sefer). ¹⁶Caleb dijo: «Daré a mi hija Acsa en matrimonio al que ataque y tome Quiriat-sefer». ¹⁷Otoniel, hijo de Cenaz, un hermano de Caleb, fue quien conquistó la ciudad; así que Acsa pasó a ser esposa de Otoniel.

¹⁸Cuando Acsa se casó con Otoniel, ella insistió* en que le pidiera un campo a su padre. Mientras ella se bajaba de su burro, Caleb le preguntó:

—¿Qué te pasa?

¹⁹Ella contestó:

—Concédeme otro regalo. Ya me regalaste tierras en el Neguev; ahora te ruego que también me des manantiales.

Entonces Caleb le entregó tanto los manantiales de la parte alta como los de la parte baja.

Las ciudades asignadas a Judá

²⁰Esta fue la tierra asignada a los clanes de la tribu de Judá para que fuera su hogar.

²¹Las ciudades de Judá situadas a lo largo de la frontera con Edom, en el extremo sur eran: Cabseel, Edar, Jagur, ²²Cina, Dimona, Adada, ²³Cades, Hazor, Itnán, ²⁴Zif, Telem, Bealot, ²⁵Hazor-hadata, Queriot-hezrón (también llamada Hazor), ²⁶Amam, Sema, Molada, ²⁷Hazar-gada, Hesmón, Bet-pelet, ²⁸Hazar-sual, Beerseba, Bizotia, ²⁹Baala, Iim, Esem, ³⁰Eltolad, Quesil, Horma, ³¹Siclag, Madmana, Sansana, ³²Lebaot, Silhim, Aín y

Rimón; veintinueve ciudades con sus aldeas vecinas.

³³Las siguientes ciudades situadas en las colinas occidentales* también se le entregaron a Judá: Estaol, Zora, Asena, ³⁴Zanoa, En-ganim, Tapúa, Enam, ³⁵Jarmut, Adulam, Soco, Azeca, ³⁶Saaraim, Aditaim, Gedera y Gederotaim; catorce ciudades con sus aldeas vecinas.

³⁷También estaban incluidas: Zenán, Hadasa, Migdal-gad, ³⁸Dileán, Mizpa, Jocteel, ³⁹Laquis, Boscat, Eglón, ⁴⁰Cabón, Lahmam, Quitlis, ⁴¹Gederot, Bet-dagón, Naama y Maceda; dieciséis ciudades con sus aldeas vecinas.

⁴²Además de esas, estaban: Libna, Eter, Asán, ⁴³Jifta, Asena, Nezib, ⁴⁴Keila, Aczib y Maresa; nueve ciudades con sus aldeas vecinas.

⁴⁵El territorio de la tribu de Judá también incluía la ciudad de Ecrón con los asentamientos y las aldeas que la rodeaban. ⁴⁶De Ecrón, el límite se extendía al occidente e incluía las ciudades cercanas a Asdod con sus aldeas vecinas. ⁴⁷También incluía Asdod con los asentamientos y las aldeas que la rodeaban, y Gaza con sus respectivos asentamientos y aldeas, tan lejos como el arroyo de Egipto y a lo largo de la costa del mar Mediterráneo.

⁴⁸Judá también recibió las siguientes ciudades en la zona montañosa: Samir, Jatir, Sóco, ⁴⁹Dana, Quiriat-sana (también llamada Debir), ⁵⁰Anab, Estemoa, Anim, ⁵¹Gosén, Holón y Gilo; once ciudades con sus aldeas vecinas.

⁵²También estaban incluidas las siguientes ciudades: Arab, Duma, Esán, ⁵³Janum, Bet-tapúa, Afeca, ⁵⁴Humta, Quiriat-arba (también llamada Hebrón) y Sior; nueve ciudades con sus aldeas vecinas.

⁵⁵Además de esas, estaban: Maón, Carmelo, Zif, Juta, ⁵⁶Jezreel, Jocdeam, Zanoa, ⁵⁷Caín, Guibeá y Timna; diez ciudades con sus aldeas vecinas.

⁵⁸Además estaban: Halaul, Bet-sur, Gedor, ⁵⁹Maarat, Bet-anot y Eltecón; seis ciudades con sus aldeas vecinas.

⁶⁰También estaban: Quiriat-baal (también llamada Quiriat-jearim) y Rabá; dos ciudades con sus aldeas vecinas.

⁶¹En el desierto se encontraban las ciudades de Bet-arabá, Midín, Secaca, ⁶²Nibsán, la Ciudad de la Sal y En-gadi; seis ciudades con sus aldeas vecinas.

⁶³Sin embargo, la tribu de Judá no pudo expulsar a los jebuseos que vivían en la ciudad de Jerusalén; así que los jebuseos viven entre el pueblo de Judá hasta el día de hoy.

15:9 O *el manantial de Me-neftoa.*   15:12 En hebreo *el mar Grande;* también en 15:47.   15:18 Algunos manuscritos griegos dicen *él insistió en que ella le pidiera un campo a su padre.*   15:33 En hebreo *la Sefela.*

*La tierra entregada a la tribu de Efraín y
a la tribu occidental de Manasés*

16 La porción de tierra asignada a los descendientes de José se extendía desde el río Jordán, cerca de Jericó, en el oriente de los manantiales de Jericó, atravesaba el desierto y seguía por la zona montañosa de Betel. ²De Betel (también llamada Luz),* iba hacia Astarot, en el territorio de los arquitas. ³Descendía hacia el occidente, al territorio de los jafletitas, hasta Bet-horón de abajo, luego a Gezer y llegaba al mar Mediterráneo.*

⁴Esa fue la tierra asignada a las familias de Manasés y de Efraín, los hijos de José, para que fuera su hogar.

La tierra entregada a la tribu de Efraín

⁵El siguiente territorio se le entregó a los clanes de la tribu de Efraín para que fuera su hogar:

el límite comenzaba en Atarot-adar, al oriente. De allí, iba a Bet-horón de arriba ⁶y seguía hacia el mar Mediterráneo. Desde Micmetat, en el norte, el límite formaba una curva hacia el oriente y pasaba Taanat-silo, al oriente de Janoa. ⁷De Janoa, giraba hacia el sur hasta Atarot y Naarat, tocaba Jericó y terminaba en el río Jordán. ⁸Desde Tapúa, el límite se extendía hacia el occidente a lo largo del barranco de Caná y luego al mar Mediterráneo. Esa es la tierra asignada a los clanes de la tribu de Efraín para que fuera su hogar.

⁹Además, algunas ciudades con sus aldeas vecinas en el territorio asignado a la media tribu de Manasés fueron separadas para la tribu de Efraín. ¹⁰Los de Efraín, sin embargo, no expulsaron a los cananeos de la ciudad de Gezer, así que sus habitantes viven como esclavos entre su pueblo de Efraín hasta el día de hoy.

*La tierra entregada a la tribu occidental
de Manasés*

17 La siguiente porción de tierra se le entregó a la media tribu de Manasés, los descendientes del hijo mayor de José. Maquir, el hijo mayor de Manasés, fue el padre de Galaad. Dado que sus descendientes eran soldados con experiencia, ya se les había asignado la región de Galaad y la región de Basán, al oriente del Jordán. ²Así que la porción de tierra al occidente del Jordán quedó asignada a las familias restantes dentro de los clanes de la tribu de Manasés: Abiezer, Helec, Asriel, Siquem, Hefer y Semida. Estos clanes representan a los descendientes varones de Manasés, hijo de José.

³Sin embargo, Zelofehad, un descendiente de Hefer, hijo de Galaad, hijo de Maquir, hijo de

Manasés, no tuvo hijos varones. Solo tuvo hijas, las cuales se llamaban Maala, Noa, Hogla, Milca y Tirsa. ⁴Ellas se presentaron ante el sacerdote Eleazar, ante Josué, hijo de Nun, y ante los líderes israelitas y les dijeron: «El Señor le ordenó a Moisés que nos diera una porción de tierra al igual que a los hombres de nuestra tribu».

Así que Josué les dio una porción de tierra junto con la de sus tíos, como el Señor había ordenado. ⁵Por lo tanto, todo el territorio asignado a la tribu de Manasés llegó a ser de diez porciones de tierra, además de la tierra de Galaad y de Basán, que estaba al otro lado del río Jordán, ⁶porque las descendientes de Manasés también recibieron una porción de tierra al igual que los descendientes varones. (La tierra de Galaad se les entregó a los otros descendientes varones de Manasés).

⁷El límite de la tribu de Manasés se extendía desde la frontera con Aser hasta Micmetat, cerca de Siquem. Luego se dirigía al sur, desde Micmetat hasta el asentamiento que está cerca del manantial de Tapúa. ⁸Los alrededores de la tierra de Tapúa pertenecían a Manasés, pero la ciudad de Tapúa en sí, situada en la frontera de Manasés, era de la tribu de Efraín. ⁹Desde el manantial de Tapúa, la frontera de Manasés seguía por el barranco de Caná hasta el mar Mediterráneo.* Varias ciudades al sur del barranco estaban dentro del territorio de Manasés, pero en realidad pertenecían a la tribu de Efraín. ¹⁰En términos generales, la tierra situada al sur del barranco pertenecía a Efraín y la tierra al norte del barranco era de Manasés. El límite de Manasés se extendía por el norte del barranco y terminaba en el mar Mediterráneo. Al norte de Manasés, se encontraba el territorio de Aser, y hacia el oriente, estaba el territorio de Isacar.

¹¹Sin embargo, las siguientes ciudades dentro del territorio de Isacar y del de Aser se le entregaron a Manasés: Bet-sán,* Ibleam, Dor (también llamada Nafot-dor),* Endor, Taanac y Meguido, cada una con sus asentamientos vecinos.

¹²Pero los descendientes de Manasés no pudieron conquistar esas ciudades. Fueron incapaces de expulsar a los cananeos, quienes siguieron viviendo allí. ¹³Sin embargo, tiempo después, cuando los israelitas se hicieron más poderosos, forzaron a los cananeos a que trabajaran como esclavos; pero no los expulsaron de la tierra.

¹⁴Los descendientes de José se presentaron ante Josué y le preguntaron:

—¿Por qué no diste solamente una porción de tierra para habitar si el Señor nos bendijo con tanta gente?

¹⁵Josué contestó:

16:2 Aquí aparece en la versión griega (ver también 18:13); en hebreo dice *De Betel a Luz.*   16:3 En hebreo *al mar;* también en 16:6, 8.   17:9 En hebreo *el mar;* también en 17:10.   17:11a En hebreo *Bet-seán,* una variante de *Bet-sán;* también un 17:16.   17:11b El significado del hebreo es incierto.

—Si ustedes son tantos y la zona montañosa de Efraín no les alcanza, despejen sectores de tierra en el bosque, donde viven los ferezeos y los refaítas.

¹⁶Los descendientes de José respondieron:

—Es cierto que la zona montañosa no es lo suficientemente grande para nosotros. Pero todos los cananeos de las tierras bajas tienen carros de combate hechos con hierro, tanto los que viven en Bet-sán y en sus asentamientos vecinos como los que habitan en el valle de Jezreel. Son demasiado poderosos para nosotros.

¹⁷Entonces Josué dijo a la tribu de Efraín y a la de Manasés, los descendientes de José:

—Ya ustedes son tan fuertes y numerosos, se les dará más de una porción de tierra. ¹⁸Los bosques de la zona montañosa también serán suyos. Despejen toda la tierra que quieran de allí y tomen posesión de sus extremos más lejanos. Y también expulsarán a los cananeos de los valles, aunque ellos sean fuertes y tengan carros de combate hechos con hierro.

Distribución de la tierra restante

18 Ahora que la tierra estaba bajo el control de los israelitas, toda la comunidad de Israel se reunió en Silo y levantó el tabernáculo.* ²Sin embargo, aún había siete tribus a las que no se les había asignado sus porciones de tierra.

³Entonces Josué les preguntó: «¿Cuánto tiempo más van a esperar para tomar posesión del resto de la tierra que el SEÑOR, Dios de sus antepasados, les ha dado? ⁴Elijan a tres hombres de cada tribu, y yo los enviaré a que exploren la tierra y tracen un mapa de ella. Cuando regresen, me traerán un informe escrito con la división que proponen para repartir la nueva tierra que será su hogar. ⁵Que dividan la tierra en siete partes sin incluir el territorio de Judá en el sur, ni el de José, en el norte. ⁶Y cuando tengan por escrito las siete divisiones de la tierra y me las traigan, haré un sorteo sagrado en presencia del SEÑOR nuestro Dios para asignarle tierra a cada tribu.

⁷»Sin embargo, los levitas no recibirán ninguna porción de tierra. Su porción consiste en ser sacerdotes del SEÑOR. Y la tribu de Gad, la tribu de Rubén y la media tribu de Manasés no recibirán más tierra, porque ya recibieron sus respectivas porciones, las cuales Moisés, siervo del SEÑOR, les dio al oriente del río Jordán».

⁸Al comenzar los hombres su recorrido para trazar el mapa de la tierra, Josué les ordenó: «Vayan y exploren la tierra y hagan una descripción de ella por escrito. Después, vuelvan a verme, y yo repartiré la tierra entre las tribus por medio de un sorteo sagrado en presencia del SEÑOR aquí, en Silo». ⁹Así que los hombres hicieron lo que se les ordenó y trazaron un mapa de todo el territorio dividido en siete partes, con una lista de las ciudades que había en cada una de las partes. Pusieron todo por escrito y luego regresaron a ver a Josué, al campamento de Silo. ¹⁰Y allí, en Silo, Josué hizo un sorteo sagrado en presencia del SEÑOR para determinar a qué tribu le correspondía cada parte.

La tierra entregada a la tribu de Benjamín

¹¹La primera porción de tierra se entregó a los clanes de la tribu de Benjamín. Se encontraba entre el territorio asignado a la tribu de Judá y el territorio de José.

¹²El límite norte de la tierra de Benjamín comenzaba en el río Jordán, pasaba por el norte de la ladera de Jericó, hacia el occidente, atravesaba la zona montañosa y el desierto de Bet-avén. ¹³De allí, el límite iba al sur, hasta la ciudad de Luz (también llamada Betel), y descendía a Atarot-adar, en la colina que está al sur de Bet-horón de abajo.

¹⁴Luego el límite daba un giro hacia el sur por la cima occidental de la colina que está frente a Bet-horón y terminaba en la aldea de Quiriat-baal (también llamada Quiriat-jearim), la cual pertenecía a la tribu de Judá. Ese era el límite occidental.

¹⁵El límite sur comenzaba en las afueras de Quiriat-jearim. Desde ese punto occidental, se dirigía* al manantial de las aguas de Neftoa* ¹⁶y bajaba al pie de la montaña que está junto al valle de Ben-hinom, en el extremo norte del valle de Refaim. De allí, descendía por el valle de Hinom, cruzaba por el sur de la ladera donde vivían los jebuseos y continuaba en descenso hasta En-rogel. ¹⁷De En-rogel, el límite seguía en dirección norte, llegaba a En-semes y continuaba hacia Gelilot (que está al otro lado de las laderas de Adumín). Después bajaba a la peña de Bohán. (Bohán fue hijo de Rubén). ¹⁸De allí, pasaba por el norte de la ladera que mira al valle del Jordán.* El límite luego descendía al valle, ¹⁹recorría y pasaba la ladera norte de Bet-hogla y terminaba en la bahía norte del mar Muerto,* que corresponde al extremo sur del río Jordán. Ese era el límite sur.

²⁰El límite oriental era el río Jordán.

Esa fue la frontera de la tierra asignada a los clanes de la tribu de Benjamín para que fuera su hogar.

Las ciudades entregadas a la tribu de Benjamín

²¹Las siguientes son las ciudades que se le entregaran a los clanes de la tribu de Benjamín:

Jericó, Bet-hogla, Emec-casís, ²²Bet-arabá, Zemaraim, Betel, ²³Avim, Pará, Ofra, ²⁴Quefar-haamoni, Ofni y Geba; doce ciudades con sus aldeas vecinas. ²⁵También:

18:1 En hebreo *carpa de reunión.* 18:15a O *De allí, iba a Mozah.* El significado del hebreo es incierto. 18:15b O *al manantial de Me-neftoa.* 18:18 En hebreo *que mira al Arabá, o que mira a Bet-arabá.* 18:19 En hebreo *mar Salado.*

Gabaón, Ramá, Beerot, 26Mizpa, Cafira, Mozab, 27Requem, Irpeel, Tarala, 28Zela, Elef, Jebús (también llamada Jerusalén), Guibeá y Quiriat;* catorce ciudades con sus aldeas vecinas.

Esa fue la tierra asignada a los clanes de la tribu de Benjamín para que fuera su hogar.

La tierra entregada a la tribu de Simeón

19 La segunda asignación de tierra se entregó a los clanes de la tribu de Simeón para que fuera su hogar. Su territorio estaba rodeado por el de Judá.

2El territorio de Simeón incluía las ciudades de Beerseba, Seba, Molada, 3Hazar-sual, Bala, Ezem, 4Eltolad, Betul, Horma, 5Siclag, Bet-marcabot, Hazar-susa, 6Bet-lebaot y Saruhén; trece ciudades con sus aldeas vecinas. 7También incluía: Aín, Rimón, Eter y Asán; cuatro ciudades con sus aldeas, 8entre ellas, todas las aldeas vecinas hacia el sur hasta Baalat-beer (también conocida como Ramat del Neguev).

Esa fue la tierra asignada a los clanes de la tribu de Simeón para que fuera su hogar. 9La porción provino de una parte de la tierra que se le había entregado a Judá, porque el territorio de la tribu de Judá era demasiado grande para ellos. Así que la tribu de Simeón recibió su porción de tierra, dentro del territorio de Judá.

La tierra entregada a la tribu de Zabulón

10La tercera asignación de tierra se entregó a los clanes de la tribu de Zabulón para que fuera su hogar.

El límite del territorio de Zabulón comenzaba en Sarid. 11De allí, se dirigía al occidente, pasaba Marala, tocaba Dabeset y seguía hasta el arroyo situado al oriente de Jocneam. 12En dirección opuesta, el límite iba al oriente, desde Sarid hasta la frontera de Quislot-tabor, y desde allí a Daberat, de donde subía hacia Jafía. 13Continuaba por el oriente hasta Gat-hefer, Itacazín y Rimón, y luego giraba hacia Nea. 14El límite norte de Zabulón pasaba Hanatón y terminaba en el valle de Jefte-el. 15Algunas de las ciudades que se incluían eran: Catat, Naalal, Simrón, Idala y Belén; en total eran doce ciudades con sus aldeas vecinas.

16La tierra asignada a los clanes de la tribu de Zabulón para que fuera su hogar incluía esas ciudades con sus aldeas vecinas.

La tierra entregada a la tribu de Isacar

17La cuarta asignación de tierra se entregó a los clanes de la tribu de Isacar.

18Su territorio incluía las siguientes ciudades: Jezreel, Quesulot, Sunem, 19Hafaraim, Sihón, Anaharat, 20Rabit, Quisión, Abez, 21Remet, En-ganim, En-hada y Bet-pases. 22El límite también tocaba Tabor, Sahazima y Bet-semes, y terminaba en el río Jordán; en total eran dieciséis ciudades con sus aldeas vecinas.

23La tierra asignada a los clanes de la tribu de Isacar para que fuera su hogar incluía esas ciudades con sus aldeas vecinas.

La tierra entregada a la tribu de Aser

24La quinta asignación de tierra se entregó a los clanes de la tribu de Aser.

25Su territorio incluía las siguientes ciudades: Helcat, Halí, Betén, Acsaf, 26Alamelec, Amad y Miseal. El límite occidental tocaba Carmelo y Sihor-libnat, 27luego giraba al oriente, hacia Bet-dagón; se extendía tan lejos como Zabulón, en el valle de Jefte-el, e iba al norte, hasta Bet-emec y Neiel. Después continuaba al norte, hacia Cabul, 28Abdón,* Rehob, Hamón y Caná tan lejos como Gran Sidón. 29Luego el límite giraba en dirección a Ramá y a la fortaleza de Tiro, donde daba un giro hacia Hosa y llegaba al mar Mediterráneo.* El territorio también incluía Majaleb, Aczib, 30Uma, Afec y Rehob; en total eran veintidós ciudades con sus aldeas vecinas.

31La tierra asignada a los clanes de la tribu de Aser para que fuera su hogar incluía esas ciudades con sus aldeas vecinas.

La tierra entregada a la tribu de Neftalí

32La sexta asignación de tierra se entregó a los clanes de la tribu de Neftalí.

33Su límite iba desde Jélef, desde el roble de Saananim, y se extendía por Adami-neceb y Jabneel tan lejos como Lacum, y terminaba en el río Jordán. 34El límite occidental pasaba Aznot-tabor, luego Hucoc y tocaba la frontera con Zabulón al sur; la frontera con Aser al occidente; y el río Jordán* al oriente. 35Las ciudades fortificadas que se incluían en ese territorio eran: Sidim, Zer, Hamat, Racat, Cineret, 36Adama, Ramá, Hazor, 37Cedes, Edrei, En-hazor, 38Irón, Migdal-el, Horem, Bet-anat y Bet-semes; en total eran diecinueve ciudades con sus aldeas vecinas.

39La tierra asignada a los clanes de la tribu de Neftalí para que fuera su hogar incluía esas ciudades con sus aldeas vecinas.

La tierra entregada a la tribu de Dan

40La séptima asignación se entregó a los clanes de la tribu de Dan.

⁴¹La tierra asignada para que fuera su hogar incluía las siguientes ciudades: Zora, Estaol, Irsemes, ⁴²Saalabín, Ajalón, Jetla, ⁴³Elón, Timnat, Ecrón, ⁴⁴Elteque, Gibetón, Baalat, ⁴⁵Jehúd, Bene-berac, Gat-rimón, ⁴⁶Mejarcón, Racón y el territorio situado al otro lado de Jope.

⁴⁷Pero los de la tribu de Dan tuvieron dificultades para tomar posesión de su tierra,* así que atacaron la ciudad de Lais.* La tomaron, masacraron a todos sus habitantes y se establecieron allí. Entonces cambiaron el nombre de la ciudad y le pusieron Dan en honor a su antepasado.

⁴⁸La tierra asignada a los clanes de la tribu de Dan para que fuera su hogar incluía esas ciudades con sus aldeas vecinas.

La tierra entregada a Josué

⁴⁹Una vez que toda la tierra quedó dividida entre las tribus, los israelitas le dieron una porción a Josué. ⁵⁰Pues el SEÑOR había dicho que Josué podía tener la ciudad que quisiera. Entonces él eligió Timnat-sera en la zona montañosa de Efraín. Reconstruyó la ciudad y vivió allí.

⁵¹Esos son los territorios que el sacerdote Eleazar, Josué, hijo de Nun, y los jefes de las tribus les asignaron a las tribus de Israel como porciones de tierra mediante un sorteo sagrado en presencia del SEÑOR a la entrada del tabernáculo,* en Silo. Así se dio por terminada la división de la tierra.

Ciudades de refugio

20 El SEÑOR le dijo a Josué: ²«Ahora diles a los israelitas que designen ciudades de refugio, tal como le indiqué a Moisés. ³Cualquier persona que mate a otra por accidente y sin intención podrá huir a una de esas ciudades; serán lugares para refugiarse de parientes que busquen venganza por la muerte de un familiar.

⁴»Al llegar a una de esas ciudades, el que causó la muerte se presentará ante los ancianos en la puerta de la ciudad y les expondrá su caso. Ellos deberán permitirle la entrada a la ciudad y darle un lugar para vivir entre sus habitantes. ⁵Si los parientes de la víctima llegan para vengar la muerte, los líderes no les entregarán al acusado. Pues el acusado mató al otro sin intención y sin enemistad previa. ⁶Pero tendrá que quedarse en esa ciudad y ser juzgado por la asamblea local, la cual dará su veredicto. Y seguirá viviendo allí hasta que muera el sumo sacerdote que estaba ejerciendo su cargo cuando ocurrió el accidente. Solo entonces será libre para regresar a su hogar en la ciudad de donde huyó».

⁷Entonces se designaron las siguientes ciudades de refugio: Cades de Galilea, en la zona montañosa de Neftalí; Siquem, en la zona

montañosa de Efraín; y Quiriat-arba (también llamada Hebrón), en la zona montañosa de Judá. ⁸Al oriente del río Jordán, frente a Jericó, se designaron las siguientes ciudades: Beser, en la llanura desértica de la tribu de Rubén; Ramot, en Galaad, en el territorio de la tribu de Gad; y Golán, en Basán, en la tierra de la tribu de Manasés. ⁹Esas ciudades quedaron apartadas para todos los israelitas y también para los extranjeros que vivían entre ellos. Cualquier persona que matara a otra por accidente podía refugiarse en una de esas ciudades; de esa manera, evitaba que le quitaran la vida por venganza antes de ser juzgada frente a la asamblea local.

Las ciudades entregadas a los levitas

21 Entonces los líderes de la tribu de Leví fueron a consultar un asunto con el sacerdote Eleazar, con Josué, hijo de Nun, y con los líderes de las otras tribus de Israel. ²Se presentaron ante ellos en Silo, en la tierra de Canaán y dijeron: «El SEÑOR le ordenó a Moisés que nos diera ciudades donde vivir y pastizales para nuestros animales». ³Así que, por orden del SEÑOR, el pueblo de Israel —de sus propias porciones de tierra— les dio a los levitas las siguientes ciudades con pastizales:

⁴A los descendientes de Aarón —que eran miembros del clan coatita dentro de la tribu de Leví— se les entregaron trece ciudades que, en un principio, habían sido asignadas a las tribus de Judá, de Simeón y de Benjamín. ⁵A las otras familias del clan coatita se les entregaron diez ciudades de las tribus de Efraín y de Dan, y de la media tribu de Manasés.

⁶El clan de Gersón se les entregaron trece ciudades de las tribus de Isacar, de Aser y de Neftalí, y de la media tribu de Manasés que estaba en Basán.

⁷El clan de Merari se les entregaron doce ciudades de las tribus de Rubén, de Gad y de Zabulón.

⁸Así que los israelitas obedecieron la orden que el SEÑOR le había dado a Moisés y les asignaron a los levitas esas ciudades con pastizales por medio de un sorteo sagrado.

⁹Los israelitas les dieron las siguientes ciudades de las tribus de Judá y de Simeón ¹⁰a los descendientes de Aarón —que eran miembros del clan coatita dentro de la tribu de Leví—, porque ellos fueron los primeros en salir favorecidos. ¹¹Recibieron Quiriat-arba (también llamada Hebrón), en la zona montañosa de Judá, junto con los pastizales que la rodeaban. (Arba era un antepasado de Anac). ¹²Pero los campos abiertos a las afueras de la ciudad y de las aldeas vecinas se le dieron como posesión a Caleb, hijo de Jefone.

¹³Las siguientes ciudades con sus pastizales se les entregaron a los descendientes del sacerdote Aarón: Hebrón (una ciudad de refugio para los que mataban a otra persona por accidente),

---

19:47a O *tuvieron dificultades para retener su tierra.*   19:47b En hebreo *Lesem,* una variante de Lais.   19:51 En hebreo *carpa de reunión.*

Libna, ¹⁴Jatir, Estemoa, ¹⁵Holón, Debir, ¹⁶Aín, Juta y Bet-semes; nueve ciudades de parte de esas dos tribus.

¹⁷De la tribu de Benjamín, se les dieron a los sacerdotes las siguientes ciudades junto con sus pastizales: Gabaón, Geba, ¹⁸Anatot y Almón, cuatro ciudades. ¹⁹Así que, a los sacerdotes, los descendientes de Aarón, se les dieron un total de trece ciudades con sus pastizales.

²⁰Al resto del clan coatita de la tribu de Leví se le asignaron las siguientes ciudades con sus pastizales de la tribu de Efraín: ²¹Siquem, en la zona montañosa de Efraín (una ciudad de refugio para los que mataban a otra persona por accidente), Gezer, ²²Kibsaim y Bet-horón, cuatro ciudades.

²³De la tribu de Dan, se les asignaron a los sacerdotes las siguientes ciudades con sus pastizales: Elteque, Gibetón, ²⁴Ajalón y Gat-rimón, cuatro ciudades.

²⁵La media tribu de Manasés les entregó a los sacerdotes las siguientes ciudades con sus pastizales: Taanac y Gat-rimón, dos ciudades. ²⁶Así que, al resto del clan coatita se le asignaron un total de diez ciudades con sus pastizales.

²⁷Los descendientes de Gersón, otro clan dentro la tribu de Leví, recibieron de parte de la media tribu de Manasés las siguientes ciudades con sus pastizales: Golán, en Basán (una ciudad de refugio para los que mataban a otra persona por accidente) y Beestera, dos ciudades.

²⁸De la tribu de Isacar, recibieron las siguientes ciudades con sus pastizales: Quisión, Daberat, ²⁹Jarmut y Enganim, cuatro ciudades.

³⁰De la tribu de Aser, recibieron las siguientes ciudades con sus pastizales: Miseal, Abdón, ³¹Helcat y Rehob, cuatro ciudades.

³²De la tribu de Neftalí, recibieron las siguientes ciudades con sus pastizales: Cades, en Galilea (una ciudad de refugio para los que mataban a otra persona por accidente), Hamot-dor y Cartán, tres ciudades. ³³Así que, al clan de Gersón se le asignaron un total de trece ciudades con sus pastizales.

³⁴Al resto de los levitas —al clan de Merari— se le dieron, de parte de la tribu de Zabulón, las siguientes ciudades con sus pastizales: Jocneam, Carta, ³⁵Dimna y Naalal, cuatro ciudades.

³⁶De la tribu de Rubén, recibieron las siguientes ciudades con sus pastizales: Beser, Jaza,* ³⁷Cademot y Mefaat, cuatro ciudades.

³⁸De la tribu de Gad, recibieron las siguientes ciudades con sus pastizales: Ramot, en Galaad (una ciudad de refugio para los que mataban a otra persona por accidente), Mahanaim, ³⁹Hesbón y Jazer, cuatro ciudades. ⁴⁰Así que, al clan de Merari se le asignaron un total de doce ciudades.

⁴¹En su totalidad, a los levitas se les entregaron cuarenta y ocho ciudades con pastizales dentro del territorio israelita. ⁴²Cada una de esas ciudades tenía pastizales a su alrededor.

⁴³Así que el Señor le entregó a Israel toda la tierra que había jurado darles a sus antepasados, y los israelitas la tomaron para sí y se establecieron en ella. ⁴⁴Y el Señor les dio descanso en todo el territorio, tal como se lo había prometido solemnemente a los antepasados de ellos. Ningún enemigo pudo hacerles frente, porque el Señor los ayudó a conquistar a todos sus enemigos. ⁴⁵Ni una sola de todas las buenas promesas que el Señor le había hecho a la familia de Israel quedó sin cumplirse; todo lo que él había dicho se hizo realidad.

Las tribus del oriente regresan a su hogar

22 Entonces Josué convocó a la tribu de Rubén, a la tribu de Gad y a la media tribu de Manasés. ²Les dijo: «Ustedes hicieron lo que Moisés, siervo del Señor, les mandó, y obedecieron cada orden que yo les di. ³Durante todo este tiempo, no abandonaron a las otras tribus. Se aseguraron de obedecer los mandatos del Señor su Dios hasta el día de hoy. ⁴Y ahora el Señor su Dios ha dado descanso a las otras tribus, tal como se lo prometió. Así que vuelvan a su hogar, a la tierra que Moisés, el siervo del Señor, les dio como posesión al oriente del río Jordán. ⁵Pero asegúrense de obedecer todos los mandatos y las instrucciones que Moisés les dio. Amen al Señor su Dios, anden en todos sus caminos, obedezcan sus mandatos, aférrense a él y sírvanle con todo el corazón y con toda el alma». ⁶Entonces Josué los bendijo y los despidió, y ellos volvieron a sus hogares.

⁷A la media tribu de Manasés, Moisés le había dado la tierra de Basán, al oriente del río Jordán. (A la otra mitad de la tribu se le entregó tierra al occidente del Jordán). Cuando Josué los bendijo y los despidió, ⁸les dijo: «Vuelvan a sus hogares con toda la riqueza que tomaron de sus enemigos: las numerosas manadas de animales, la plata, el oro, el bronce y el hierro, y la enorme cantidad de ropa. Compartan el botín con sus parientes».

⁹Entonces los hombres de Rubén, de Gad y de la media tribu de Manasés dejaron al resto del pueblo de Israel en Silo, en la tierra de Canaán. Emprendieron el viaje de regreso a su propia tierra de Galaad, el territorio que les pertenecía de acuerdo con el mandato que el Señor había dado por medio de Moisés.

Las tribus del oriente edifican un altar

¹⁰Sin embargo, mientras todavía estaban en Canaán, los hombres de Rubén, de Gad y de la media tribu de Manasés se detuvieron al llegar a un lugar llamado Gelilot,* cerca del río Jordán, para construir un altar grande e imponente.

¹¹Entonces el resto de Israel oyó que los hombres de Rubén, de Gad y de la media tribu de Manasés habían construido un altar en Gelilot, a orillas de la tierra de Canaán, en el lado occidental

---

21:36 En hebreo *Jahaza* una variante de *Jaza*.   22:10 O *al círculo de piedras*, similar en 22:11.

del río Jordán. [12]Entonces toda la comunidad de Israel se reunió en Silo y se preparó para salir a la guerra contra ellos. [13]Pero antes enviaron una delegación a cargo de Finees, hijo del sacerdote Eleazar, para hablar con la tribu de Rubén, la tribu de Gad y la media tribu de Manasés. [14]La delegación estaba formada por diez líderes de Israel, cada uno pertenecía a una de las diez tribus y era cabeza de su familia dentro de los clanes de Israel.

[15]Cuando llegaron a la tierra de Galaad, le dijeron a la tribu de Rubén, a la tribu de Gad y a la media tribu de Manasés:

[16]—Toda la comunidad del Señor exige saber por qué están traicionando al Dios de Israel. ¿Cómo pudieron apartarse del Señor y construirse un altar en rebeldía contra él? [17]¿Acaso no fue suficiente el pecado que cometimos en Peor? Hasta el día de hoy, no estamos completamente limpios de ese pecado, incluso después de la plaga que azotó a toda la comunidad del Señor. [18]Y ahora ustedes le dan la espalda al Señor. Si hoy ustedes se rebelan contra el Señor, mañana él se enojará con todos nosotros.

[19]»Si necesitan el altar porque la tierra de ustedes es impura, entonces únanse a nosotros en la tierra del Señor, donde se encuentra el tabernáculo del Señor, y compartan nuestra tierra. Pero no se rebelen contra el Señor ni contra nosotros al construir un altar diferente del altar único y verdadero del Señor nuestro Dios. [20]¿Acaso no cayó el enojo divino sobre toda la comunidad de Israel cuando Acán, un miembro del clan de Zera, pecó al robar las cosas que estaban apartadas para el Señor?* Él no fue el único que murió a causa de su pecado.

[21]Entonces la gente de Rubén, de Gad y de la media tribu de Manasés les respondieron a esos líderes, cabezas de los clanes de Israel:

[22]—¡El Señor, el Poderoso, es Dios! ¡El Señor, el Poderoso, es Dios! Él conoce la verdad, ¡y que Israel también la sepa! Nosotros no construimos el altar por traición o en rebeldía contra el Señor. Si fuera así, no nos perdonen la vida ni un día más. [23]Si en verdad construimos un altar para nosotros, para apartarnos del Señor o para presentar ofrendas quemadas, ofrendas de grano u ofrendas de paz, que el Señor mismo nos castigue.

[24]»La verdad es que construimos este altar porque tenemos miedo de que, en el futuro, sus descendientes les digan a los nuestros: "¿Qué derecho tienen ustedes de adorar al Señor, Dios de Israel? [25]El Señor ha puesto al río Jordán como una barrera entre nuestra gente y ustedes, gente de Rubén y de Gad. Ustedes no tienen derecho de afirmar que pertenecen al Señor". Así, los descendientes de ustedes podrían impedirles a los nuestros que adoraran al Señor.

[26]»Por eso decidimos construir el altar, no para presentar ofrendas quemadas o sacrificios, [27]sino como un monumento conmemorativo. Les recordará a nuestros descendientes y a los de ustedes que nosotros también tenemos el derecho de adorar al Señor en su santuario con nuestros sacrificios, nuestras ofrendas quemadas y ofrendas de paz. Entonces sus descendientes no podrán decirles a los nuestros: "Ustedes no tienen derecho de afirmar que pertenecen al Señor".

[28]»Si ellos dicen eso, nuestros descendientes podrán responder: "Miren esta réplica del altar del Señor que construyeron nuestros antepasados. No es para sacrificios ni ofrendas quemadas, es para recordarnos la relación que ambos tenemos con el Señor". [29]Lejos de nosotros rebelarnos contra el Señor o apartarnos de él al construir nuestro propio altar para presentar sacrificios, ofrendas quemadas u ofrendas de grano. Únicamente el altar del Señor nuestro Dios —que está delante del tabernáculo— puede usarse para ese propósito.

[30]Cuando el sacerdote Finees y los líderes de la comunidad —cabezas de los clanes de Israel— oyeron eso de boca de la tribu de Rubén, de la tribu de Gad y de la media tribu de Manasés, quedaron conformes. [31]Finees, hijo del sacerdote Eleazar, les respondió:

—Hoy sabemos que el Señor está entre nosotros, porque ustedes no han cometido esa traición contra el Señor como nosotros habíamos pensado. En cambio, han rescatado a Israel de ser destruido por mano del Señor.

[32]Después Finees, hijo del sacerdote Eleazar, y los otros líderes dejaron a la tribu de Rubén y a la tribu de Gad en Galaad y regresaron a la tierra de Canaán para contarles a los israelitas lo que había sucedido. [33]Entonces todos los israelitas quedaron conformes y alabaron a Dios y no hablaron más de hacer guerra contra Rubén y Gad.

[34]La gente de Rubén y de Gad le puso al altar el nombre de «Testigo»*, porque dijeron: «Es un testigo entre nosotros y ellos de que el Señor es también nuestro Dios».

Palabras finales de Josué a Israel

23 Pasaron los años, y el Señor le había dado al pueblo de Israel descanso de todos sus enemigos. Josué, quien ya era muy viejo, [2]reunió a todos los ancianos, a los líderes, a los jueces y a los oficiales de Israel. Les dijo: «Ya estoy muy viejo. [3]Ustedes han visto todo lo que el Señor su Dios hizo por ustedes a lo largo de mi vida. El Señor su Dios peleó por ustedes en contra de sus enemigos. [4]Yo les he repartido, para que sea su hogar, toda la tierra de las naciones que aún no están conquistadas y también la de aquellas que ya hemos conquistado, desde el río Jordán hasta el mar Mediterráneo,* donde

---

22:20 El término hebreo empleado aquí se refiere a la consagración total de cosas o personas al Señor, ya sea destruyéndolas o entregándolas como ofrenda.   22:34 En algunos manuscritos falta esta palabra.   23:4 En hebreo el *mar Grande*.

se pone el sol. [5]Esta tierra será de ustedes, porque el SEÑOR su Dios, él mismo expulsará a toda la gente que ahora vive allí. Ustedes tomarán posesión de esta tierra, tal como el SEÑOR su Dios lo prometió.

[6]»Por lo tanto, asegúrense de seguir todo lo que Moisés escribió en el libro de instrucción. No se desvíen de esas palabras ni a la derecha ni a la izquierda. [7]Asegúrense de no tener nada que ver con los otros pueblos que aún quedan en esta tierra. Ni siquiera mencionen los nombres de sus dioses y mucho menos juren por ellos, ni los sirvan, ni los adoren. [8]Por el contrario, aférrense bien al SEÑOR su Dios como lo han hecho hasta ahora.

[9]»Pues el SEÑOR ha expulsado a naciones grandes y poderosas a favor de ustedes, y hasta ahora nadie ha podido derrotarlos. [10]Cada uno de ustedes hará huir a mil hombres del enemigo, porque el SEÑOR su Dios pelea por ustedes tal como lo prometió. [11]Así que asegúrense de amar al SEÑOR su Dios.

[12]»Pero si se apartan de él y se aferran a las costumbres de los sobrevivientes de esas naciones que aún quedan entre ustedes y se unen en matrimonio con ellos, [13]entonces tengan por seguro que el SEÑOR su Dios ya no expulsará a esos pueblos de su tierra. En cambio, ellos serán como una red y una trampa para ustedes, como un látigo en la espalda y como zarzas con espinas en los ojos, y ustedes desaparecerán de la buena tierra que el SEÑOR su Dios les ha dado.

[14]»Dentro de poco moriré, seguiré el camino de todo ser viviente en este mundo. En lo profundo del corazón, ustedes saben que cada promesa del SEÑOR su Dios se ha cumplido. ¡Ni una sola ha fallado! [15]Pero así como el SEÑOR su Dios les ha dado las buenas cosas que prometió, también traerá calamidad sobre ustedes si lo desobedecen. Los destruirá hasta eliminarlos por completo de esta buena tierra que les ha dado. [16]Si rompen el pacto del SEÑOR su Dios al adorar y al servir a otros dioses, su enojo arderá contra ustedes y pronto desaparecerán de la buena tierra que él les ha dado».

Renuevan el pacto del SEÑOR

24 Entonces Josué convocó a todas las tribus de Israel en Siquem, junto con los ancianos, los líderes, los jueces y los oficiales. Así que todos se reunieron y se presentaron ante Dios.

[2]Josué le dijo al pueblo:

—Esto dice el SEÑOR, Dios de Israel: Hace mucho, tus antepasados, entre ellos Taré, el padre de Abraham y Nacor, vivían del otro lado del río Éufrates* y rindieron culto a otros dioses. [3]Pero yo tomé a tu antepasado Abraham de la tierra que está al otro lado del Éufrates y lo guié a la tierra de Canaán. Le di muchos descendientes

por medio de su hijo Isaac. [4]A Isaac, le di a Jacob y a Esaú. A Esaú le di las montañas de Seir, mientras que Jacob y sus hijos descendieron a Egipto.

[5]»Luego envié a Moisés y a Aarón, y mandé plagas espantosas sobre Egipto; y después te saqué de allí como un pueblo libre. [6]Pero cuando tus antepasados llegaron al mar Rojo,* los egipcios te persiguieron con sus carros de guerra y sus jinetes. [7]Cuando tus antepasados clamaron al SEÑOR, puse oscuridad entre ti y los egipcios. Hice que el mar cayera sobre los egipcios y los ahogara. Con tus propios ojos viste lo que hice. Luego vivíste muchos años en el desierto.

[8]»Finalmente, te llevé a la tierra de los amorreos, al oriente del Jordán. Ellos pelearon contra ti, pero yo los destruí delante de tus ojos. Te di la victoria sobre ellos, y tomaste posesión de su tierra. [9]Después Balac, hijo de Zipor, rey de Moab, empezó una guerra contra Israel. Llamó a Balaam, hijo de Beor, para que te maldijera, [10]pero yo no lo quise escuchar. En cambio, hice que Balaam te bendijera y entonces te rescaté de Balac.

[11]»Cuando cruzaste el río Jordán y llegaste a Jericó, los hombres de Jericó pelearon contra ti, como lo hicieron los amorreos, los ferezeos, los cananeos, los hititas, los gergeseos, los heveos y los jebuseos. Pero yo te di la victoria sobre ellos. [12]Y envié terror* antes de que llegaras, para expulsar a los dos reyes amorreos. No fueron tus espadas ni tus arcos los que te dieron la victoria. [13]Yo te di tierra que no habías trabajado y ciudades que no construiste, en las cuales vives ahora. Te di viñedos y huertos de olivos como alimento, aunque tú no los plantaste.

[14]»Por lo tanto, teme al SEÑOR y sírvelo con todo el corazón. Echa fuera para siempre los ídolos que tus antepasados adoraron cuando vivían del otro lado del río Éufrates y en Egipto. Sirve sólo al SEÑOR. [15]Pero si te niegas a servir al SEÑOR, elige hoy mismo a quién servirás. ¿Acaso optarás por los dioses que tus antepasados sirvieron del otro lado del Éufrates? ¿O preferirás a los dioses de los amorreos, en cuya tierra ahora vives? Pero en cuanto a mí y a mi familia, nosotros serviremos al SEÑOR.

[16]El pueblo respondió:

—Nosotros jamás abandonaríamos al SEÑOR ni serviríamos a otros dioses. [17]Pues el SEÑOR nuestro Dios es el que nos rescató a nosotros y a nuestros antepasados de la esclavitud en la tierra de Egipto. Él hizo milagros poderosos ante nuestros propios ojos. Cuando andábamos por el desierto, rodeados de enemigos, él nos protegió. [18]Fue el SEÑOR quien expulsó a los amorreos y a las otras naciones que vivían aquí, en esta tierra. Por lo tanto, nosotros también serviremos al SEÑOR, porque sólo él es nuestro Dios.

[19]Entonces Josué advirtió a los israelitas:

—Ustedes no son capaces de servir al SEÑOR, porque él es Dios santo y celoso. No les

---

24:2 En hebreo *del río*; también en 24:3, 14, 15.   24:6 En hebreo *mar de juncos*.   24:12 A menudo traducido *el avispón*. El significado del hebreo es incierto.

perdonará su rebelión ni sus pecados. ²⁰Si abandonan al Señor y sirven a otros dioses, él se pondrá en contra de ustedes y los destruirá, aunque les haya hecho tanto bien en el pasado.

²¹Pero los israelitas respondieron a Josué:

—¡Eso no! Nosotros serviremos al Señor.

²²—Ustedes son testigos de su propia decisión —les dijo Josué—. Hoy han elegido servir al Señor.

—Claro que sí —respondieron—, somos testigos de lo que dijimos.

²³—Muy bien —dijo Josué—, entonces destruyan los ídolos que tienen entre ustedes y entréguenle el corazón al Señor, Dios de Israel.

²⁴Entonces los israelitas le dijeron a Josué:

—Serviremos al Señor nuestro Dios. Lo obedeceremos solo a él.

²⁵Entonces, ese día en Siquem, Josué hizo un pacto con ellos, el cual los comprometía a seguir los decretos y las ordenanzas del Señor. ²⁶Josué escribió todas esas cosas en el libro de instrucción de Dios. Como recordatorio del acuerdo, tomó una piedra enorme y la llevó rodando hasta debajo del árbol de terebinto que estaba junto al tabernáculo del Señor.

²⁷Josué le dijo a todo el pueblo:

—Esta piedra escuchó todo lo que el Señor nos dijo. Será un testigo en contra de ustedes si no cumplen lo que le prometieron a Dios.

²⁸Después Josué mandó que todo israelita regresara a su tierra, cada uno a su hogar.

Líderes enterrados en la Tierra Prometida

²⁹Después de eso, Josué, hijo de Nun y siervo del Señor, murió a los ciento diez años de edad. ³⁰Lo enterraron en Timnat-sera, tierra que se le había asignado en la zona montañosa de Efraín, al norte del monte Gaas.

³¹El pueblo de Israel sirvió al Señor durante toda la vida de Josué y de los ancianos que murieron después de él, los cuales habían vivido en persona todo lo que el Señor había hecho por Israel.

³²Los huesos de José —los cuales los israelitas llevaron consigo cuando salieron de Egipto— fueron enterrados en Siquem, en la porción de tierra que Jacob le había comprado a los hijos de Hamor por cien piezas de plata.* Esa tierra estaba situada en el territorio asignado a los descendientes de José.

³³Murió también Eleazar, hijo de Aarón. Fue enterrado en la zona montañosa de Efraín, en la ciudad de Guibeá, la cual se le había entregado a su hijo Finees.

24:32 En hebreo *100 kesitas*; ya no se conoce el valor ni el peso del kesita.

Jueces

Judá y Simeón conquistan la tierra

1 Después de la muerte de Josué, los israelitas le preguntaron al SEÑOR:

—¿Cuál de las tribus debe ser la primera en atacar a los cananeos?

²El SEÑOR contestó:

—Judá, porque yo le he dado la victoria sobre la tierra.

³Entonces los hombres de Judá les dijeron a sus parientes de la tribu de Simeón: «Vengan con nosotros a luchar contra los cananeos que viven en el territorio que se nos asignó. Después nosotros los ayudaremos a ustedes a conquistar su territorio». Así que los hombres de Simeón fueron con los de Judá.

⁴Cuando los hombres de Judá atacaron, el SEÑOR les dio la victoria sobre los cananeos y los ferezeos, y mataron a diez mil guerreros enemigos en la ciudad de Bezec. ⁵Mientras estaban en Bezec, se toparon con el rey Adoni-bezec y lucharon contra él, y derrotaron a los cananeos y a los ferezeos. ⁶Adoni-bezec escapó, pero los israelitas pronto lo capturaron y le cortaron los pulgares de las manos y los dedos gordos de los pies.

⁷Adoni-bezec dijo: «Una vez yo tuve setenta reyes sin los pulgares de las manos y los dedos gordos de los pies, comiendo migajas debajo de mi mesa. Ahora Dios me devolvió lo que les hice». Y se lo llevaron a Jerusalén, donde murió.

⁸Los hombres de Judá atacaron a Jerusalén y la tomaron; mataron a todos sus habitantes y prendieron fuego a la ciudad. ⁹Luego descendieron para combatir contra los cananeos que vivían en la zona montañosa, en el Neguev y en las colinas occidentales.* ¹⁰Judá marchó contra los cananeos en Hebrón (antiguamente llamada Quiriat-arba) y derrotó a las fuerzas de Sesai, Ahimán y Talmai.

¹¹De allí salieron a luchar contra los habitantes de la ciudad de Debir (antiguamente llamada Quiriat-sefer). ¹²Caleb dijo: «Daré a mi hija Acsa en matrimonio al que ataque y tome Quiriat-sefer». ¹³Otoniel, hijo de Cenaz, un hermano menor de Caleb, conquistó la ciudad; así que Acsa pasó a ser esposa de Otoniel.

¹⁴Cuando Acsa se casó con Otoniel, ella insistió* en que le pidiera un campo a Caleb, su padre. Mientras ella se bajaba de su burro, Caleb le preguntó:

—¿Qué te pasa?

¹⁵Ella contestó:

—Concédeme otro obsequio. Ya me regalaste tierras en el Neguev; ahora te ruego que también me des manantiales.

Entonces Caleb le entregó tanto los manantiales de la parte alta como los de la parte baja.

¹⁶Cuando los miembros de la tribu de Judá salieron de Jericó —la ciudad de las palmeras—, los ceneos (que eran descendientes del suegro de Moisés) los acompañaron al desierto de Judá y se establecieron entre la gente del lugar, cerca de la ciudad de Arad, en el Neguev.

¹⁷Luego Judá se unió con Simeón para luchar contra los cananeos que vivían en Sefat, y destruyeron la ciudad por completo.* Por eso la ciudad fue llamada Horma.* ¹⁸Además Judá tomó las ciudades de Gaza, Ascalón y Ecrón, junto con los territorios vecinos.

Israel no conquista toda la tierra

¹⁹El SEÑOR estaba con los de Judá, y ellos tomaron posesión de la zona montañosa; pero no lograron expulsar a los habitantes de las llanuras, quienes tenían carros de combate hechos de hierro. ²⁰Caleb recibió la ciudad de Hebrón, tal como Moisés le había prometido, y expulsó a todos sus habitantes, que eran descendientes de los tres hijos de Anac.

²¹Sin embargo, la tribu de Benjamín no logró expulsar a los jebuseos, quienes vivían en Jerusalén. Por eso, hasta el día de hoy, los jebuseos viven en Jerusalén junto con el pueblo de Benjamín.

²²Los descendientes de José atacaron la ciudad de Betel, y el SEÑOR estuvo con ellos. ²³Enviaron espías a Betel (antes conocida como Luz), ²⁴quienes abordaron a un hombre que salía del poblado y le dijeron: «Muéstranos cómo entrar en la ciudad, y tendremos compasión de ti». ²⁵Entonces él les mostró una vía de acceso, y ellos mataron a todos los habitantes, menos a ese hombre y a su familia. ²⁶Más tarde, el hombre se trasladó a la tierra de los hititas, donde

---

1:9 En hebreo *la Sefela.*   1:14 La versión griega y la Vulgata Latina dicen *él le insistió.*   1:17a El término hebreo empleado aquí se refiere a la consagración total de cosas o personas al SEÑOR, ya sea destruyéndolas o entregándolas como ofrenda.   1:17b *Horma* significa «destrucción».

estableció una ciudad a la que llamó Luz. Este nombre lo conserva hasta el día de hoy.

27La tribu de Manasés no logró expulsar a la gente que vivía en Bet-sán,* Taanac, Dor, Ibleam, Meguido y en todos los asentamientos vecinos, porque los cananeos estaban decididos a quedarse en esa región. 28Con el tiempo, cuando los israelitas se fortalecieron, obligaron a los cananeos a trabajar como esclavos, pero nunca los expulsaron de la tierra por completo.

29La tribu de Efraín no logró expulsar a los cananeos que vivían en Gezer, así que los cananeos siguieron viviendo allí, en medio de los de Efraín.

30La tribu de Zabulón no logró expulsar a los habitantes de Quitrón y de Naalal, así que los cananeos siguieron viviendo en medio de los de Zabulón, pero los cananeos fueron obligados a trabajar como esclavos para ellos.

31La tribu de Aser no logró expulsar a los habitantes de Aco, Sidón, Ahlab, Aczib, Helba, Afec ni Rehob. 32Así que los de Aser se establecieron entre los cananeos, quienes controlaban la tierra, debido a que no lograron expulsarlos.

33Asimismo, la tribu de Neftalí no logró expulsar a los habitantes de Bet-semes ni a los de Bet-anat. Así que Neftalí se estableció entre los cananeos, quienes controlaban la tierra. Sin embargo, los habitantes de Bet-semes y los de Bet-anat fueron obligados a trabajar como esclavos para la gente de Neftalí.

34En cuanto a la tribu de Dan, los amorreos los obligaron a retirarse a la zona montañosa y no les dejaban descender a las llanuras. 35Los amorreos estaban decididos a quedarse en el monte Heres, en Ajalón y en Saalbim; pero cuando los descendientes de José aumentaron en fuerza, obligaron a los amorreos a trabajar como esclavos. 36La frontera de los amorreos iba desde el paso del Escorpión* hasta Sela y desde allí se extendía hacia arriba.

El mensajero del Señor llega a Boquim

2 El ángel del Señor subió de Gilgal a Boquim y dijo a los israelitas: «Yo los saqué de Egipto y los traje a esta tierra que juré dar a sus antepasados, y dije que nunca rompería mi pacto con ustedes. 2Por su parte, ustedes no debían hacer ningún pacto con los habitantes de esta tierra, sino destruir sus altares. Pero desobedecieron mi mandato. ¿Por qué lo hicieron? 3Ahora declaro que ya no expulsaré a los pueblos que viven en la tierra de ustedes. Ellos les serán espinas clavadas en el costado,* y sus dioses serán una tentación constante para ustedes».

4Cuando el ángel del Señor terminó de hablar a los israelitas, el pueblo lloró a gritos. 5Por eso llamaron al lugar Boquim (que significa «llanto»), y allí le ofrecieron sacrificios al Señor.

Muerte de Josué

6Después que Josué despidió al pueblo, cada una de las tribus salió para tomar posesión del territorio que se le había asignado. 7Los israelitas sirvieron al Señor todo el tiempo que vivieron Josué y los líderes que lo sobrevivieron, aquellos que habían visto todas las grandes cosas que el Señor había hecho por Israel.

8Entonces Josué, hijo de Nun y siervo del Señor, murió a los ciento diez años de edad. 9Lo enterraron en Timnat-sera,* tierra que se le había asignado, en la zona montañosa de Efraín, al norte del monte Gaas.

Israel desobedece al Señor

10Después de que murieron todos los de esa generación, creció otra que no conocía al Señor ni recordaba las cosas poderosas que él había hecho por Israel.

11Los israelitas hicieron lo malo a los ojos del Señor y sirvieron a las imágenes de Baal. 12Abandonaron al Señor, Dios de sus antepasados, quien los había sacado de Egipto. Siguieron y rindieron culto a otros dioses —los dioses de los pueblos vecinos— y así provocaron el enojo del Señor. 13Abandonaron al Señor para servir a Baal y a las imágenes de Astarot, 14lo cual hizo que el Señor ardiera de enojo contra Israel y que los entregara en manos de saqueadores, quienes les robaron sus posesiones. Los vendió a los enemigos que tenían a su alrededor, y ya no podían vencerlos. 15Cada vez que los israelitas salían a la batalla, el Señor peleaba en contra de ellos e hizo que sus enemigos los derrotaran, tal como él les había advertido. Y el pueblo estaba muy angustiado.

El Señor rescata a su pueblo

16Entonces el Señor levantó jueces para rescatar a los israelitas de la mano de sus agresores. 17Sin embargo, Israel no hizo caso a los jueces, sino que se prostituyó rindiendo culto a otros dioses. ¡Qué pronto se apartaron del camino de sus antepasados, los cuales habían obedecido los mandatos del Señor!

18Cada vez que el Señor levantaba un juez sobre Israel, él estaba con ese juez y rescataba al pueblo de sus enemigos durante toda la vida del juez. Pues el Señor tenía compasión de su pueblo, que estaba sobrecargado de opresión y sufrimiento. 19Pero al morir el juez, la gente no solo volvía a sus prácticas corruptas, sino que se comportaba peor que sus antepasados. Seguía a otros dioses: los servía y les rendía culto. Además se negaba a abandonar sus prácticas malvadas y sus tercos caminos.

20Por eso el Señor ardió de enojo contra Israel y dijo: «Ya que este pueblo ha violado mi pacto que hice con sus antepasados y no ha hecho caso a mis mandatos, 21ya no expulsaré a las

---

1:27 En hebreo *Bet-seán*, una variante de Bet-sán. 1:36 En hebreo *Acrabim*. 2:3 En hebreo *Estarán en su costado;* comparar Nm 33:55. 2:9 Igual que el texto paralelo en Jos 24:30; en hebreo dice *Timnat-heres*, una variante de Timnat-sera.

naciones que Josué dejó sin conquistar cuando murió. ²²Lo hice para poner a prueba a Israel: para ver si seguiría o no los caminos del Señor, como lo hicieron sus antepasados». ²³Por esa razón el Señor dejó esas naciones donde estaban. No las expulsó de inmediato, ni permitió que Josué las conquistara a todas.

Las naciones que quedaron en Canaán

3 El Señor dejó a ciertas naciones en la tierra para poner a prueba a los israelitas que no habían conocido las guerras de Canaán. ²Lo hizo para enseñar a pelear en la guerra a las generaciones de israelitas que no tenían experiencia en el campo de batalla. ³Estas son las naciones: los filisteos (que vivían bajo el dominio de los cinco gobernantes filisteos), todos los cananeos, los sidonios, y los heveos que vivían en las montañas del Líbano, desde el monte Baal-hermón hasta Lebo-hamat. ⁴El Señor dejó a estos pueblos con el fin de poner a prueba a los israelitas para ver si obedecían los mandatos que el Señor había dado a sus antepasados por medio de Moisés.

⁵Así que los israelitas vivieron entre los cananeos, los hititas, los amorreos, los ferezeos, los heveos y los jebuseos, ⁶y se unieron en matrimonio con ellos: los hijos de los israelitas se casaron con las hijas de esos pueblos, y las hijas de los israelitas fueron dadas en matrimonio a sus hijos. Y los israelitas sirvieron a los dioses de esas naciones.

Otoniel, juez de Israel

⁷Los israelitas hicieron lo malo a los ojos del Señor. Se olvidaron del Señor su Dios y sirvieron a las imágenes de Baal y a los postes dedicados a la diosa Asera. ⁸Entonces el Señor ardió de enojo contra Israel y lo entregó en manos de Cusán-risataim, rey de Aram-naharaim.* Y los israelitas sirvieron a Cusán-risataim durante ocho años.

⁹Pero cuando el pueblo de Israel clamó al Señor por ayuda, el Señor levantó a un libertador para salvarlos. Se llamaba Otoniel, hijo de Cenaz, un hermano menor de Caleb. ¹⁰El Espíritu del Señor vino sobre él, y comenzó a ser juez de Israel. Entró en guerra contra Cusán-risataim, rey de Aram, y le dio la victoria sobre él. ¹¹Y hubo paz en la tierra durante cuarenta años. Luego murió Otoniel, hijo de Cenaz.

Aod, juez de Israel

¹²De nuevo los israelitas hicieron lo malo a los ojos del Señor y, por la maldad de ellos, el Señor le dio dominio sobre Israel al rey Eglón, de Moab. ¹³Eglón se alió con los amonitas y los amalecitas y salió a pelear, derrotó a Israel y tomó posesión de Jericó, la ciudad de las palmeras. ¹⁴Entonces los israelitas sirvieron a Eglón, rey de Moab, durante dieciocho años.

¹⁵Sin embargo, cuando el pueblo de Israel clamó al Señor por ayuda, el Señor nuevamente levantó a un libertador para salvarlos. Se llamaba Aod, hijo de Gera, quien era un hombre zurdo, de la tribu de Benjamín. Los israelitas enviaron a Aod a entregar el dinero del tributo al rey Eglón, de Moab. ¹⁶Así que Aod hizo una daga de dos filos, de unos treinta centímetros* de largo, la ató a su muslo derecho y la escondió debajo de la ropa. ¹⁷Luego le llevó el dinero del tributo a Eglón, quien era muy gordo.

¹⁸Después de entregar el pago, Aod emprendió el regreso junto con los que le habían ayudado a llevar el tributo. ¹⁹Pero cuando Aod llegó a donde estaban los ídolos de piedra, cerca de Gilgal, se regresó. Se presentó ante Eglón y le dijo: «Tengo un mensaje secreto para usted». Entonces el rey les ordenó a sus sirvientes que se callaran y que todos salieran de la habitación.

²⁰Así que Aod se acercó a Eglón, quien estaba sentado solo en una habitación fresca de la planta alta, y le dijo: «¡Tengo un mensaje de Dios para usted!». Cuando el rey Eglón se levantó de su asiento, ²¹Aod sacó con la mano izquierda la daga que tenía atada al muslo derecho y se la clavó al rey en el vientre. ²²La daga entró tan profundo, que la empuñadura se hundió bajo la gordura del rey. Así que Aod no sacó la daga, y al rey se le vaciaron los intestinos.* ²³Entonces Aod cerró las puertas de la habitación, les puso llave y escapó por la letrina.*

²⁴Aod ya se había ido cuando los sirvientes del rey regresaron y encontraron cerradas las puertas de la habitación de la planta alta. Pensaron que tal vez el rey estaba usando la letrina dentro del cuarto, ²⁵así que esperaron. Pero al ver que el rey tardaba mucho en salir, se preocuparon y buscaron una llave. Cuando abrieron las puertas, encontraron a su amo muerto en el suelo.

²⁶Mientras los sirvientes esperaban, Aod escapó y pasó por los ídolos de piedra rumbo a Seirat. ²⁷Cuando llegó a la zona montañosa de Efraín, llamó a tomar las armas. Después encabezó un grupo de israelitas colina abajo.

²⁸«Síganme —les dijo—, porque el Señor les ha dado la victoria sobre Moab, su enemigo». Así que los israelitas lo siguieron y tomaron control de los vados del río Jordán que cruzan hacia Moab, y no dejaron que nadie pasara.

²⁹Atacaron a los moabitas y mataron a unos diez mil de sus guerreros más fuertes y robustos; no escapó ni uno de ellos. ³⁰Así que Israel conquistó a Moab en aquel día, y hubo paz en la tierra durante ochenta años.

Samgar, juez de Israel

³¹Después de Aod fue Samgar, hijo de Anat, quien rescató a Israel. En una ocasión mató a seiscientos filisteos con una aguijada para bueyes.

3:8 *Aram-naharaim* significa «Aram de los dos ríos»; al parecer se situaba entre los ríos Éufrates y Bal, en el noroccidente de la Mesopotamia.   3:16 En hebreo *gomed*, medida de longitud incierta.   3:22 O *y la daga salió por detrás.*   3:23 O *y salió por el portal*; el significado del hebreo es incierto.

Débora, jueza de Israel

4 Muerto Aod, los israelitas volvieron a hacer lo malo a los ojos del Señor. [2]Entonces el Señor los entregó a Jabín, un rey cananeo de Hazor. El comandante de su ejército era Sísara, que vivía en Haroset-goim. [3]Sísara, quien tenía novecientos carros de combate hechos de hierro, oprimió a los israelitas sin piedad durante veinte años, hasta que el pueblo de Israel clamó al Señor por ayuda.

[4]Débora, la esposa de Lapidot, era una profetisa que en ese tiempo juzgaba a Israel. [5]Solía sentarse bajo la Palmera de Débora, entre Ramá y Betel, en la zona montañosa de Efraín, y los israelitas acudían a ella para que los juzgara. [6]Un día Débora mandó a buscar a Barac, hijo de Abinoam, quien vivía en Cedes, en el territorio de Neftalí y le dijo:

—El Señor, Dios de Israel, te ordena: reúne en el monte Tabor a diez mil guerreros de las tribus de Neftalí y de Zabulón. [7]Y yo haré que Sísara, el comandante del ejército de Jabín, vaya al río Cisón junto con sus carros de combate y sus guerreros. Allí te daré la victoria sobre él.

[8]Barac le dijo:

—Yo iré, pero solo si tú vienes conmigo.

[9]—Muy bien —dijo ella—, iré contigo. Pero tú no recibirás honra en esta misión, porque la victoria del Señor sobre Sísara quedará en manos de una mujer.

Así que Débora fue con Barac a Cedes. [10]En Cedes, Barac reunió a las tribus de Zabulón y de Neftalí, y diez mil guerreros subieron con él. Débora también lo acompañó.

[11]Ahora bien, Heber el ceneo, un descendiente de Hobab, cuñado* de Moisés, se había separado de los demás miembros de su tribu y armó su carpa junto al roble de Zaanaim, cerca de Cedes.

[12]Cuando le dijeron a Sísara que Barac, hijo de Abinoam, había subido al monte Tabor, [13]mandó llamar a sus novecientos carros de combate hechos de hierro y a todos sus guerreros, y marcharon desde Haroset-goim hasta el río Cisón.

[14]Entonces Débora le dijo a Barac: «¡Prepárate! Hoy es el día en que el Señor te dará la victoria sobre Sísara, porque el Señor marcha delante de ti». Así que Barac descendió las laderas del monte Tabor al frente de sus diez mil guerreros para entrar en batalla. [15]Cuando Barac atacó, el Señor llenó de pánico a Sísara y a todos sus carros de combate y a sus guerreros. Sísara saltó de su carro de guerra y escapó a pie. [16]Entonces Barac persiguió a los carros y al ejército enemigo hasta Haroset-goim, y mató a todos los guerreros de Sísara. Ni uno solo quedó con vida.

[17]Mientras tanto, Sísara corrió hasta la carpa de Jael, la esposa de Heber, el ceneo, porque la familia de Heber tenía amistad con el rey Jabín, de Hazor. [18]Jael salió al encuentro de Sísara y le dijo:

—Entre en mi carpa, señor. Venga. No tenga miedo.

Así que él entró en la carpa, y ella lo cubrió con una manta.

[19]—Dame un poco de agua, por favor —le dijo él—. Tengo sed.

Así que ella le dio leche de una bolsa de cuero y volvió a cubrirlo.

[20]—Párate en la puerta de la carpa —le dijo a ella—. Si alguien viene y pregunta si hay alguien adentro, dile que no.

[21]Pero cuando Sísara se durmió por tanto agotamiento, Jael se le acercó en silencio con un martillo y una estaca en la mano. Entonces le clavó la estaca en la sien hasta que quedó clavada en el suelo, y así murió.

[22]Cuando Barac llegó en busca de Sísara, Jael salió a su encuentro y le dijo: «Ven, te mostraré al hombre que buscas». Entonces él entró en la carpa tras ella, y allí encontró a Sísara muerto, tendido en el suelo con la estaca atravesada en la sien.

[23]Por lo tanto, ese día Israel vio a Dios derrotar a Jabín, el rey cananeo. [24]Y a partir de entonces, Israel se hizo cada vez más fuerte contra el rey Jabín hasta que finalmente lo destruyó.

Cántico de Débora

5 Ese día, Débora y Barac, hijo de Abinoam, entonaron el siguiente cántico:

[2] «Los líderes de Israel tomaron el mando,
   y el pueblo los siguió con gusto.
   ¡Alabado sea el Señor!

[3] »¡Escuchen, ustedes reyes!
   ¡Presten atención, ustedes gobernantes poderosos!
   Pues cantaré al Señor;
   tocaré música para el Señor, Dios de Israel.

[4] »Señor, cuando saliste de Seir
   y marchaste por los campos de Edom,
   la tierra tembló,
   y los cielos nublados derramaron lluvias torrenciales.

[5] Las montañas temblaron ante la presencia del Señor,
   Dios del monte Sinaí,
   ante la presencia del Señor,
   Dios de Israel.

[6] »En los días de Samgar, hijo de Anat,
   y en los días de Jael,
   la gente evitaba las rutas principales,
   y los viajeros no salían de los caminos sinuosos.

[7] Ya quedaba poca gente en las aldeas de Israel,*
   hasta que Débora surgió como una madre para Israel.

[8] Cuando Israel escogió nuevos dioses,
   la guerra estalló a las puertas de la ciudad.

4:11 *O el suegro.*   5:7 *El significado del hebreo es incierto.*

¡Sin embargo, no se veía ni un escudo ni
    una lanza
    entre cuarenta mil guerreros de Israel!
⁹ Mi corazón está con los comandantes
    de Israel,
    con los que se ofrecieron para la guerra.
    ¡Alabado sea el Señor!

¹⁰ »Piensen en esto, ustedes que cabalgan en
    burros selectos,
    ustedes que se sientan sobre elaboradas
    mantas de caballo
    y ustedes que andan por el camino.
¹¹ Escuchen a los músicos de las aldeas,*
    que están reunidos junto a los
    abrevaderos.
    Relatan las justas victorias del Señor
    y los triunfos de sus aldeanos en Israel.
    Entonces el pueblo del Señor
    descendió a las puertas de la ciudad.

¹² »¡Despierta, Débora, despierta!
    ¡Despierta, despierta y entona un cántico!
    ¡Levántate, Barac!
    ¡Llévate a tus cautivos, hijo de Abinoam!

¹³ »De Tabor descendieron los pocos para
    juntarse con los nobles;
    el pueblo del Señor marchó colina abajo
    contra poderosos guerreros.
¹⁴ Descendieron de Efraín,
    tierra que antes pertenecía a los
    amalecitas;
    te siguieron a ti, Benjamín, con tus tropas.
    De Maquir los comandantes descendieron
    a paso de marcha;
    desde Zabulón llegaron los que llevan el
    bastón de mando.
¹⁵ Los príncipes de Isacar estuvieron con Débora
    y Barac;
    siguieron a Barac a toda prisa hasta el valle.
    Pero en la tribu de Rubén
    hubo gran indecisión.
¹⁶ ¿Por qué se quedaron sentados en su casa
    entre los rediles,
    para oír a los pastores silbar a sus rebaños?
    Así es, en la tribu de Rubén
    hubo gran indecisión.
¹⁷ Galaad permaneció al oriente del Jordán.
    Y ¿por qué Dan se quedó en su casa?
    Aser se sentó sin moverse a la orilla del mar,
    y permaneció en sus puertos.
¹⁸ Pero Zabulón arriesgó la vida,
    igual que Neftalí, en las alturas del campo
    de batalla.

¹⁹ »Los reyes de Canaán llegaron y pelearon
    en Taanac, cerca de los manantiales de
    Meguido,
    pero no se llevaron tesoros de plata.
²⁰ Desde el cielo lucharon las estrellas;
    las estrellas en sus órbitas pelearon contra
    Sísara.

²¹ El río Cisón arrasó con ellos,
    ese antiguo torrente llamado Cisón.
    ¡Marcha hacia adelante con valor, alma mía!
²² Luego los cascos de los caballos martillaron
    el suelo;
    el galope resonante de los poderosos
    corceles de Sísara.

²³ "Que sean malditos los habitantes de Meroz
    —dijo el ángel del Señor—.
    Que sean completamente malditos,
    porque no vinieron para ayudar al Señor,
    para ayudar al Señor contra los poderosos
    guerreros".

²⁴ »La más bendita entre las mujeres es Jael,
    la esposa de Heber, el ceneo.
    Bendita sea más que todas las mujeres que
    viven en carpas.
²⁵ Sísara le pidió agua,
    y ella le dio leche.
    En un tazón digno de nobles,
    le trajo yogur.*
²⁶ Después tomó una estaca con la mano
    izquierda,
    y con la derecha, el martillo del trabajador.
    Golpeó a Sísara con el martillo y le aplastó
    la cabeza;
    con un terrible golpe le atravesó
    las sienes.
²⁷ Él se desplomó, cayó,
    quedó inmóvil, tendido a sus pies;
    y allí donde cayó,
    quedó muerto.

²⁸ »Por la ventana se asomó la madre
    de Sísara.
    Desde la ventana esperaba su regreso
    mientras decía:
    "¿Por qué tarda tanto en llegar su carro?
    ¿Por qué no oímos el sonido de las ruedas
    del carro?".

²⁹ »Sus sabias mujeres le responden,
    y ella se repite estas palabras a sí misma:
³⁰ "Seguramente están repartiendo el botín que
    capturaron,
    que tendrá una o dos mujeres para cada
    hombre.
    Habrá túnicas llenas de todos los colores
    para Sísara,
    y para mí, coloridas túnicas con bordados.
    Seguro que en el botín hay
    túnicas de colores y bordadas de ambos
    lados".

³¹ »¡Señor, que todos tus enemigos mueran
    como Sísara;
    pero los que te aman, que se levanten
    como el sol cuando brilla con toda
    su fuerza!».

Después hubo paz en la tierra durante cuarenta años.

5:11 El significado del hebreo es incierto. 5:25 O *cuajada.*

Gedeón, juez de Israel

6 Los israelitas hicieron lo malo a los ojos del Señor. Entonces el Señor los entregó a los madianitas durante siete años. ²Los madianitas eran tan crueles que los israelitas hicieron escondites en los montes, en las cuevas y en lugares fortificados. ³Cada vez que los israelitas sembraban sus cultivos, venían saqueadores de Madián, de Amalec y del pueblo del oriente, y atacaban a Israel. ⁴Acampaban en territorio israelita y destruían las cosechas hasta la región de Gaza. Se llevaban todas las ovejas, las cabras, el ganado y los burros, y dejaban a los israelitas sin qué comer. ⁵Estas multitudes enemigas, que venían con sus animales y sus carpas, eran como una plaga de langostas; llegaban en numerosas manadas de camellos, imposibles de contar, y no se iban hasta que la tierra quedaba desolada. ⁶Así que Israel se moría de hambre en manos de los madianitas. Entonces los israelitas clamaron al Señor por ayuda.

⁷Cuando clamaron al Señor a causa de Madián, ⁸el Señor les envió un profeta, quien dijo al pueblo de Israel: «Esto dice el Señor, Dios de Israel: "Yo os saqué de la esclavitud en Egipto. ⁹Te rescaté de los egipcios y de todos los que te oprimían. Expulsé a tus enemigos y te di sus tierras. ¹⁰Te dije: 'Yo soy el Señor, tu Dios. No debes rendir culto a los dioses de los amorreos, en cuya tierra ahora vives'. Pero no me hiciste caso"».

¹¹Después el ángel del Señor vino y se sentó debajo del gran árbol de Ofra que pertenecía a Joás, del clan de Abiezer. Gedeón, hijo de Joás, estaba trillando trigo en el fondo de un lagar para esconder el grano de los madianitas. ¹²Entonces el ángel del Señor se le apareció y le dijo:

—¡Guerrero valiente, el Señor está contigo!

¹³—Señor —respondió Gedeón—, si el Señor está con nosotros, ¿por qué nos sucede todo esto? ¿Y dónde están todos los milagros que nos contaron nuestros antepasados? ¿Acaso no dijeron: "El Señor nos sacó de Egipto"? Pero ahora el Señor nos ha abandonado y nos entregó en manos de los madianitas.

¹⁴Entonces el Señor lo miró y le dijo:

—Ve tú con la fuerza que tienes y rescata a Israel de los madianitas. ¡Yo soy quien te envía!

¹⁵—Pero Señor —respondió Gedeón—, ¿cómo podré yo rescatar a Israel? ¡Mi clan es el más débil de toda la tribu de Manasés, y yo soy el de menor importancia en mi familia!

¹⁶El Señor le dijo:

—Yo estaré contigo, y destruirás a los madianitas como si estuvieras luchando contra un solo hombre.

¹⁷—Si de verdad cuento con tu favor —respondió Gedeón—, muéstrame una señal para asegurarme de que es realmente el Señor quien

habla conmigo. ¹⁸No te vayas hasta que te traiga mi ofrenda.

Él respondió:

—Aquí me quedaré hasta que regreses.

¹⁹Entonces Gedeón fue de prisa a su casa. Asó un cabrito y horneó pan sin levadura con una medida* de harina. Luego llevó la carne en una canasta y el caldo en una olla. Puso todo delante del ángel, quien estaba bajo el gran árbol.

²⁰Así que el ángel de Dios le dijo: «Pon la carne y el pan sin levadura sobre esta piedra y derrama el caldo sobre ellos». Y Gedeón hizo lo que le indicó. ²¹Entonces el ángel del Señor tocó la carne y el pan con la punta de la vara que tenía en la mano, y de la piedra salió fuego que consumió todo lo que Gedeón había llevado. Y el ángel del Señor desapareció.

²²Cuando Gedeón se dio cuenta de que era el ángel del Señor, clamó:

—¡Oh Señor Soberano, estoy condenado! ¡He visto cara a cara al ángel del Señor!

²³—No te preocupes —le contestó el Señor—. No tengas miedo; no morirás.

²⁴Entonces Gedeón construyó un altar al Señor en ese lugar y lo llamó Yahveh-shalom (que significa «el Señor es paz»). Ese altar sigue en Ofra, en la tierra del clan de Abiezer, hasta el día de hoy.

²⁵Esa noche el Señor le dijo a Gedeón: «Toma el segundo toro del rebaño de tu padre, el que tiene siete años. Derriba el altar que tu padre levantó a Baal y corta el poste dedicado a la diosa Asera que está junto al altar. ²⁶Después construye un altar al Señor tu Dios en el santuario de esta misma cima, colocando cada piedra con cuidado. Sacrifica al toro y usa como ofrenda quemada sobre el altar, y usa como leña el poste dedicado a la diosa Asera que cortaste».

²⁷Entonces Gedeón llevó a diez de sus criados e hizo lo que el Señor le había ordenado; pero lo hizo de noche, porque les tenía miedo a los demás miembros de la casa de su padre y a la gente de la ciudad.

²⁸Temprano a la mañana siguiente, mientras los habitantes de la ciudad se despertaban, alguien descubrió que el altar de Baal estaba derribado y que habían cortado el poste dedicado a la diosa Asera que estaba al lado. En su lugar se había construido un nuevo altar, y sobre ese altar estaban los restos del toro que se había sacrificado. ²⁹Los habitantes se preguntaban unos a otros: «¿Quién hizo esto?». Y después de preguntar por todas partes y hacer una búsqueda cuidadosa, se enteraron de que había sido Gedeón, el hijo de Joás.

³⁰—Saca a tu hijo —le exigieron a Joás los hombres de la ciudad—. Tendrá que morir por haber destruido el altar de Baal y haber cortado el poste dedicado a la diosa Asera.

³¹Sin embargo, Joás gritó a la turba que lo enfrentaba:

—¿Por qué defienden a Baal? ¿Acaso abogarán por él? ¡Todo el que defienda su causa será ejecutado antes del amanecer! Si de verdad Baal es un dios, ¡que se defienda a sí mismo y destruya al que derribó su altar!

³²A partir de entonces a Gedeón lo llamaron Jerobaal, que significa «Que Baal se defienda a sí mismo», porque él destruyó el altar de Baal.

Gedeón pide una señal

³³Poco tiempo después, los ejércitos de Madián, de Amalec y del pueblo del oriente formaron una alianza en contra de Israel; cruzaron el Jordán y acamparon en el valle de Jezreel. ³⁴Entonces el Espíritu del Señor se apoderó de Gedeón. Y Gedeón tocó el cuerno de carnero como un llamado a tomar las armas, y los hombres del clan de Abiezer se le unieron. ³⁵También envió mensajeros por todo Manasés, Aser, Zabulón y Neftalí para convocar a sus guerreros, y todos ellos respondieron.

³⁶Después Gedeón le dijo a Dios: «Si de veras vas a usarme para rescatar a Israel como lo prometiste, ³⁷demuéstramelo de la siguiente manera: esta noche pondré una lana de oveja en el suelo del campo de trillar; si por la mañana la lana está mojada con el rocío, pero el suelo está seco, entonces sabré que me ayudarás a rescatar a Israel como lo prometiste». ³⁸Y eso fue exactamente lo que sucedió. Cuando Gedeón se levantó temprano a la mañana siguiente, exprimió la lana y sacó un tazón lleno de agua.

³⁹Luego Gedeón le dijo a Dios: «Por favor, no te enojes conmigo, pero deja que te haga otra petición. Permíteme usar la lana para una prueba más. Esta vez, que la lana se quede seca, mientras que el suelo alrededor esté mojado con el rocío». ⁴⁰Así que esa noche, Dios hizo lo que Gedeón le pidió. A la mañana siguiente, la lana estaba seca, pero el suelo estaba cubierto de rocío.

Gedeón derrota a los madianitas

7 Entonces Jerobaal (es decir, Gedeón) y su ejército se levantaron temprano y fueron hasta el manantial de Harod. El campamento de los ejércitos de Madián estaba al norte de ellos, en el valle cercano a la colina de More. ²Entonces el Señor le dijo a Gedeón: «Tienes demasiados guerreros contigo. Si dejo que todos ustedes peleen contra los madianitas, los israelitas se jactarán ante mí de que se salvaron con su propia fuerza. ³Por lo tanto, dile al pueblo: "A todo aquel que le falte valentía o que tenga miedo, que abandone este monte" y se vaya a su casa». Así que veintidós mil de ellos se fueron a su casa, y quedaron solo diez mil dispuestos a pelear.

⁴Pero el Señor le dijo a Gedeón: «Todavía son demasiados. Hazlos descender al manantial, y yo los pondré a prueba para determinar quién

irá contigo y quién no». ⁵Cuando Gedeón bajó con sus guerreros hasta el agua, el Señor le dijo: «Divide a los hombres en dos grupos. En un grupo, pon a todos los que beban el agua en sus manos lamiéndola como hacen los perros. En el otro grupo, pon a todos los que se arrodillan para beber directamente del arroyo». ⁶Solo trescientos de los hombres bebieron con las manos. Los demás se arrodillaron para beber con la boca en el arroyo.

⁷Entonces el Señor le dijo a Gedeón: «Con estos trescientos hombres, rescataré a Israel y te daré la victoria sobre los madianitas. Envía a todos los demás a su casa. ⁸Así que Gedeón recogió las provisiones y los cuernos de carnero de los otros guerreros y mandó a cada uno de ellos a su casa, pero se quedó con los trescientos hombres.

El campamento madianita estaba en el valle, directamente abajo de donde se encontraba Gedeón. ⁹Esa noche el Señor le dijo: «¡Levántate! ¡Desciende al campamento madianita, porque te he dado la victoria sobre ellos! ¹⁰Pero si tienes miedo de atacar, desciende al campamento con tu siervo Fura. ¹¹Escucha lo que dicen los madianitas, y cobrarás mucho ánimo. Entonces estarás ansioso por atacar».

Así que Gedeón, acompañado por Fura, descendió hasta el límite del campamento enemigo. ¹²Los ejércitos de Madián, de Amalec y del pueblo del oriente se habían establecido en el valle como un enjambre de langostas. Sus camellos eran como los granos de arena a la orilla del mar, ¡imposibles de contar! ¹³Entonces Gedeón se acercó sigilosamente, precisamente cuando un hombre le contaba un sueño a su compañero.

—Tuve un sueño —decía el hombre— en el cual un pan de cebada venía rodando cuesta abajo hacia el campamento madianita; ¡entonces cuando golpeaba una carpa, la volteaba y la aplastaba!

¹⁴Su compañero le respondió:

—Tu sueño solo puede significar una cosa: ¡Dios le ha dado a Gedeón, hijo de Joás, el israelita, la victoria sobre Madián y todos sus aliados!

¹⁵Cuando Gedeón oyó el sueño y la interpretación, se inclinó en adoración ante el Señor.* Luego regresó al campamento israelita y gritó: «¡Levántense, porque el Señor les ha dado la victoria sobre las multitudes madianitas!» ¹⁶Así que dividió a los trescientos hombres en tres grupos y le dio a cada hombre un cuerno de carnero y una vasija de barro con una antorcha adentro.

¹⁷Después les dijo: «Fíjense en mí. Cuando yo llegue al límite del campamento, hagan lo mismo que yo. ¹⁸En cuanto yo y los que están conmigo toquemos los cuernos de carnero, ustedes también toquen sus cuernos alrededor

---

7:3 En hebreo *puede abandonar el monte Galaad.* La identificación del monte Galaad es incierta en este contexto. Tal vez es otro nombre para el monte Gilboa.   7:15 Así aparece en la versión griega. En hebreo *dice y lo hizo.*

de todo el campamento y griten: "¡Por el SEÑOR y por Gedeón!"».

19Fue apenas pasada la medianoche,* después del cambio de guardia, cuando Gedeón y los cien hombres que iban con él llegaron al límite del campamento madianita. Entonces de un momento al otro, tocaron los cuernos de carnero y rompieron las vasijas de barro. 20Enseguida los tres grupos tocaron juntos los cuernos y rompieron las vasijas. Con la mano izquierda sostenían la antorcha ardiente, y en la mano derecha llevaban el cuerno, y todos gritaban: «¡Una espada por el SEÑOR y también por Gedeón!».

21Cada hombre permaneció en su puesto alrededor del campamento, y observaron cómo los madianitas corrían de un lado a otro, llenos de pánico y gritando mientras se daban a la fuga. 22Cuando los trescientos israelitas tocaron los cuernos de carnero, el SEÑOR hizo que los guerreros del campamento pelearan entre sí con sus espadas. Los que quedaron con vida huyeron a lugares tan lejanos como Bet-sita, cerca de Zerera, y hasta la frontera de Abel-mehola, cerca de Tabat.

23Entonces Gedeón mandó a buscar a los guerreros de Neftalí, de Aser y de Manasés, quienes se unieron para dar caza al ejército de Madián. 24Gedeón también envió mensajeros por toda la zona montañosa de Efraín que decían: «Desciendan para atacar a los madianitas. Frénenlos antes de que lleguen a los vados del río Jordán en Bet-bara».

Así que los hombres de Efraín hicieron lo que les dijo. 25Capturaron a Oreb y a Zeeb, los dos comandantes de los madianitas, y mataron a Oreb en la roca de Oreb, y a Zeeb en el lagar de Zeeb; y no dejaron de perseguir a los madianitas. Después los israelitas le llevaron las cabezas de Oreb y Zeeb a Gedeón, quien estaba junto al río Jordán.

Gedeón mata a Zeba y a Zalmuna

8 Entonces la gente de Efraín le preguntó a Gedeón:

—¿Por qué nos has tratado así? ¿Por qué no nos llamaste desde el principio cuando saliste a pelear con los madianitas?

Y tuvieron una fuerte discusión con Gedeón.

2Pero Gedeón les contestó:

—¿Qué he logrado yo comparado con lo que han hecho ustedes? ¿Acaso los racimos olvidados de la cosecha de Efraín no son mucho mejores que todos los cultivos de mi pequeño clan de Abiezer? 3Dios les dio a ustedes la victoria sobre Oreb y Zeeb, los comandantes del ejército madianita. ¿Qué he logrado yo en comparación con eso?

Cuando los hombres de Efraín oyeron la respuesta de Gedeón, se calmó su enojo.

4Luego Gedeón cruzó el río Jordán con sus trescientos hombres y, aunque estaban agotados,

continuaron persiguiendo al enemigo. 5Cuando llegaron a Sucot, Gedeón les pidió a los líderes de la ciudad:

—Por favor, denles algo de comer a mis guerreros. Están muy cansados. Estoy persiguiendo a Zeba y Zalmuna, los reyes de Madián.

6Pero los líderes de Sucot le respondieron:

—Primero captura a Zeba y a Zalmuna, y después alimentaremos a tu ejército.

7Entonces Gedeón les dijo:

—Cuando el SEÑOR me dé la victoria sobre Zeba y Zalmuna, volveré y les desgarraré la carne con espinos y zarzas del desierto.

8Desde allí Gedeón subió a Peniel* y una vez más pidió alimentos, pero obtuvo la misma respuesta. 9Así que le dijo a la gente de Peniel: «Cuando vuelva victorioso, derribaré esta torre».

10Para entonces, Zeba y Zalmuna se encontraban en Carcor con quince mil guerreros, que era todo lo que quedaba de los ejércitos aliados del oriente, porque ya habían matado a ciento veinte mil. 11Entonces Gedeón rodeó la ruta de las caravanas que está al oriente de Noba y Jogbeha, y tomó al ejército madianita por sorpresa. 12Así que Zeba y Zalmuna, los dos reyes madianitas, huyeron, pero Gedeón los persiguió y capturó a todos sus guerreros.

13Después, Gedeón regresó de la batalla por el paso de Heres. 14Allí capturó a un joven de Sucot y le exigió que pusiera por escrito los nombres de los setenta y siete líderes y ancianos de la ciudad. 15Luego regresó a Sucot y les dijo a los líderes: «Aquí están Zeba y Zalmuna. Cuando pasamos por aquí antes, ustedes se burlaron de mí diciendo: "Primero captura a Zeba y a Zalmuna, y después alimentaremos a tu agotado ejército"». 16Entonces Gedeón tomó a los ancianos de la ciudad y los castigó con espinos y zarzas del desierto para darles una lección. 17También derribó la torre de Peniel y mató a todos los hombres de la ciudad.

18Después les preguntó a Zeba y a Zalmuna:

—Los hombres que ustedes mataron en Tabor, ¿cómo eran?

—Se parecían a ti —le contestaron—, todos tenían el aspecto de un hijo de rey.

19—¡Eran mis hermanos, los hijos de mi propia madre! —exclamó Gedeón—. Tan cierto como que el SEÑOR vive, les aseguro que no los mataría si ustedes no los hubieran matado a ellos.

20Volviéndose a Jeter, su hijo mayor, le dijo:

—¡Mátalos!

Pero Jeter no sacó la espada, porque era apenas un muchacho y tenía miedo.

21Entonces Zeba y Zalmuna le dijeron a Gedeón:

—¡Sé hombre! ¡Mátanos tú mismo!

Entonces Gedeón se alzó y los mató y tomó los adornos reales que sus camellos llevaban en el cuello.

El efod sagrado de Gedeón

²²Entonces los israelitas dijeron a Gedeón:

—¡Gobiérnanos! Tú y tu hijo y tu nieto serán nuestros gobernantes, porque nos has rescatado de Madián.

²³Pero Gedeón respondió:

—Yo no los gobernaré ni tampoco mi hijo. ¡El SEÑOR los gobernará! ²⁴Sin embargo, tengo una petición que hacerles: que cada uno de ustedes me dé un arete del botín que recogieron de sus enemigos caídos.

(Como los enemigos eran ismaelitas, todos usaban aretes de oro).

²⁵—¡Con todo gusto! —le contestaron.

Así que extendieron un manto, y cada uno de ellos echó un arete de oro que había recogido del botín. ²⁶Todos los aretes de oro pesaron unos diecinueve kilos,* sin contar los ornamentos reales ni los pendientes ni la ropa de púrpura usada por los reyes de Madián, ni las cadenas que sus camellos llevaban en el cuello.

²⁷Entonces Gedeón hizo un efod sagrado con el oro y lo puso en Ofra, su pueblo natal. Pero pronto todos los israelitas se prostituyeron al rendir culto a ese efod, el cual se convirtió en una trampa para Gedeón y su familia.

²⁸Esa es la historia de cómo el pueblo de Israel derrotó a Madián, y este nunca se recuperó. Y hubo paz en la tierra durante el resto de la vida de Gedeón, unos cuarenta años más.

²⁹Luego Gedeón,* hijo de Joás, volvió a su casa. ³⁰Le nacieron setenta hijos varones, porque tuvo muchas esposas. ³¹Además tuvo una concubina en Siquem que le dio un hijo, a quien le llamó Abimelec. ³²Gedeón murió muy anciano, y fue enterrado en la tumba de su padre Joás, en Ofra, en la tierra del clan de Abiezer.

³³En cuanto murió Gedeón, los israelitas se prostituyeron al rendir culto a las imágenes de Baal y al hacer a Baal-berit su dios. ³⁴Se olvidaron del SEÑOR su Dios, quien los había rescatado de todos sus enemigos que los rodeaban. ³⁵Tampoco mostraron lealtad alguna con la familia de Jerobaal (es decir, Gedeón), a pesar de todo el bien que él había hecho por Israel.

Abimelec gobierna en Siquem

9 Un día Abimelec, hijo de Gedeón,* fue a Siquem para visitar a sus tíos, los hermanos de su madre. Les dijo a ellos y al resto de su familia materna: ²«Pregúntenles a los ciudadanos prominentes de Siquem si prefieren ser gobernados por los setenta hijos de Gedeón o por un solo hombre. ¡Y recuerden que soy de la misma sangre que ustedes!

³Entonces los tíos de Abimelec transmitieron ese mensaje a los ciudadanos de Siquem. Y después de escuchar la propuesta, el pueblo de Siquem optó por Abimelec, porque era pariente de ellos. ⁴Le dieron setenta monedas

de plata del templo de Baal-berit, las cuales él usó para contratar a unos hombres alborotadores e imprudentes que aceptaron seguirlo. ⁵Fue a la casa de su padre en Ofra y allí, sobre una misma piedra, mató a sus setenta medio hermanos, los hijos de Gedeón.* Pero Jotam, el hermano menor, escapó y se escondió.

⁶Entonces todos los ciudadanos prominentes de Siquem y de Bet-milo convocaron una reunión bajo el roble que está junto a la columna* de Siquem y proclamaron rey a Abimelec.

Parábola de Jotam

⁷Cuando Jotam se enteró, subió a la cima del monte Gerizim y gritó:

«¡Escúchenme, ciudadanos de Siquem!
   ¡Escúchenme a mí si quieren que Dios
      los escuche a ustedes!
⁸ Cierta vez los árboles decidieron elegir
      un rey.
   Primero le dijeron al olivo:
   "¡Reina sobre nosotros!".
⁹ Pero el olivo se negó diciendo:
   "¿Dejaría yo de producir el aceite de oliva
      que bendice a Dios y a la gente,
   solo para mecerme por encima de los
      árboles?".
¹⁰ »Entonces le dijeron a la higuera:
   "¡Reina sobre nosotros!".
¹¹ Pero la higuera también se negó diciendo:
   "¿Dejaría yo de producir mi dulce fruto,
      solo para mecerme por encima de
      los árboles?".
¹² »Entonces le dijeron a la vid:
   "¡Reina sobre nosotros!".
¹³ Pero la vid también se negó diciendo:
   "¿Dejaría yo de producir el vino
      que alegra a Dios y a la gente,
   solo para mecerme por encima de
      los árboles?".
¹⁴ »Finalmente todos los árboles le dijeron
      al espino:
   "¡Reina sobre nosotros!".
¹⁵ Y el espino les respondió a los árboles:
   "Si realmente quieren que yo sea su rey,
      vengan a refugiarse bajo mi sombra.
   Si no, que salga fuego de mí
      y consuma los cedros del Líbano"».

¹⁶Jotam continuó: «Ahora asegúrense de haber actuado honorablemente y de buena fe al elegir como rey a Abimelec, y de haberse portado bien con Gedeón y todos sus descendientes. ¿Lo trataron con la honra que se merece por todo lo que realizó? ¹⁷Pues él luchó por ustedes y arriesgó su vida cuando los rescató de los madianitas. ¹⁸Pero hoy ustedes se rebelaron contra mi padre y sus descendientes al matar a sus setenta hijos sobre una misma piedra. Y escogieron a Abimelec, hijo

---

8:26 En hebreo *1700 siclos* [43 *libras*].   8:29 En hebreo *Jerobaal*; ver 6:32.   9:1 En hebreo *de Jerobaal* (ver 6:32); también en 9:7, 24
9:5 En hebreo *Jerobaal* (ver 6:32); también en 9:16, 19, 28, 57.   9:6 El significado del hebreo es incierto.

de su esclava, para que sea rey de ustedes, solo porque es su pariente.

19»Si hoy han actuado honorablemente y de buena fe hacia Gedeón y sus descendientes, entonces que tengan alegría con Abimelec y que él tenga alegría con ustedes. 20Pero si no han actuado de buena fe, ¡que salga fuego de Abimelec y consuma a los ciudadanos prominentes de Siquem y de Bet-milo, y que salga fuego de los ciudadanos de Siquem y de Bet-milo y consuma a Abimelec!».

21Entonces Jotam huyó y se fue a vivir a Beer, porque le tenía miedo a su hermano Abimelec.

Siquem se rebela contra Abimelec

22Tres años después de que Abimelec comenzó a gobernar a Israel, 23Dios envió un espíritu que generó conflictos entre Abimelec y los ciudadanos prominentes de Siquem, quienes finalmente se rebelaron. 24Dios estaba castigando a Abimelec por haber asesinado los setenta hijos de Gedeón, y a los ciudadanos de Siquem por apoyarlo en esa traición de asesinar a sus hermanos. 25Los ciudadanos de Siquem le tendieron una emboscada a Abimelec en las cumbres de las colinas y robaban a todo el que pasara por allí. Pero alguien alertó a Abimelec acerca de la conspiración.

26Un día Gaal, hijo de Ebed, se mudó a Siquem con sus hermanos y se ganó la confianza de los ciudadanos prominentes de Siquem. 27Durante el festival anual de la cosecha en Siquem, celebrado en el templo del dios local, hubo vino en abundancia, y todos comenzaron a maldecir a Abimelec. 28«¿Quién es ese Abimelec? —gritó Gaal—. No es un hijo legítimo de Siquem.* Entonces, ¿por qué debemos ser sus siervos? Él no es más que un hijo de Gedeón, y ese Zebul solo es su ayudante. Sirvan a los verdaderos hijos de Hamor, el fundador de Siquem. ¿Por qué tenemos que servir a Abimelec? 29Si yo fuera el encargado aquí, me desharía de Abimelec. Le diría:* "¡Búscate unos soldados y sal a pelear!"».

30Pero cuando Zebul, el jefe de la ciudad, oyó lo que Gaal decía, se puso furioso. 31Le envió mensajeros a Abimelec, quien estaba en Aruma,* para decirle: «Gaal, hijo de Ebed, y sus hermanos se han mudado a Siquem, y ahora están incitando a la ciudad a rebelarse contra ti. 32Ven con un ejército esta noche y escóndete en los campos. 33Por la mañana, a la salida del sol, ataca la ciudad. Cuando Gaal y los que lo acompañan salgan contra ti, podrás hacer con ellos lo que quieras».

34Entonces Abimelec y todos sus hombres fueron de noche, se dividieron en cuatro grupos y se posicionaron alrededor de Siquem. 35Gaal estaba parado junto a las puertas de la ciudad cuando Abimelec y su ejército salieron de su escondite. 36Al verlos, Gaal le dijo a Zebul:

—¡Mira, hay gente bajando de las cumbres!

—Parecen hombres pero son nada más sombras reflejadas en las colinas —contestó Zebul.

37Pero Gaal insistió:

—¡No! Hay gente bajando de las colinas.* Y otro grupo viene por el camino que pasa por el Roble de los Adivinos.*

38Entonces Zebul se volvió contra él y preguntó:

—¿Y qué pasó con esa boca grande tuya que presume tanto? Acaso no fuiste tú el que dijo: "¿Quién es ese Abimelec y por qué debemos ser sus siervos?". ¡Te burlaste de esos hombres, y ahora están en las afueras de la ciudad! ¡Sal a pelear contra ellos!

39Entonces Gaal marchó al frente de los ciudadanos prominentes de Siquem a la batalla contra Abimelec. 40Pero Abimelec lo persiguió, y muchos de los hombres de Siquem cayeron heridos por el camino cuando se retiraban hacia la entrada de la ciudad. 41Entonces Abimelec regresó a Aruma, y Zebul expulsó de Siquem a Gaal y a sus hermanos.

42Al día siguiente, la gente de Siquem salió a los campos para pelear. Cuando Abimelec se enteró, 43dividió a sus hombres en tres grupos y tendió una emboscada en los campos. Cuando vio que algunos hombres salían de la ciudad, él y su grupo saltaron de su escondite y los atacaron. 44Abimelec y sus hombres tomaron por asalto la puerta de la ciudad para impedir que los de Siquem volvieran a entrar, mientras los otros dos grupos de Abimelec mataban a la gente en los campos. 45La batalla duró todo el día, hasta que finalmente Abimelec tomó la ciudad. Entonces mató a los habitantes, redujo la ciudad a escombros y esparció sal por todo el suelo.

46Cuando los ciudadanos prominentes que vivían en la torre de Siquem se enteraron de lo sucedido, corrieron a esconderse en el templo de Baal-berit.* 47Alguien le informó a Abimelec que los ciudadanos se habían juntado en el templo, 48entonces él llevó a sus tropas al monte Salmón. Tomó un hacha, cortó ramas de un árbol y se las puso al hombro. «¡Rápido, hagan lo mismo que hice yo!», dijo a sus hombres. 49Entonces, siguiendo el ejemplo de Abimelec, cada uno de ellos cortó ramas. Amontonaron las ramas contra las paredes del templo y les prendieron fuego. Así murieron todos los que vivían en la torre de Siquem, unas mil personas, tanto hombres como mujeres.

50Luego Abimelec atacó la ciudad de Tebes y la tomó. 51Pero había una torre fuerte dentro de la ciudad, y todos los habitantes, hombres y mujeres, corrieron a refugiarse allí. Se atrincheraron en su interior y subieron al techo de la torre. 52Entonces Abimelec los siguió para atacar la torre; pero cuando se preparaba

---

9:28 En hebreo *¿Quién es Siquem?* 9:29 Así aparece en la versión griega; en hebreo dice *Y dijo.* 9:31 O *en secreto;* en hebreo dice *en Torma;* comparar 9:41. 9:37a O *del centro de la tierra.* 9:37b En hebreo *Elónmeonenim.* 9:46 En hebreo *El-berit,* otro nombre para Baal-berit; comparar 9:4.

para prenderle fuego a la entrada, ⁵³desde el techo, una mujer tiró una piedra de molino, que cayó sobre la cabeza de Abimelec, y le partió el cráneo.

⁵⁴Enseguida él le dijo a su joven escudero: «¡Saca tu espada y mátame! ¡Que no se diga que una mujer mató a Abimelec!». Así que el joven lo atravesó con su espada, y él murió. ⁵⁵Cuando los hombres de Abimelec lo vieron muerto, se desbandaron y regresaron a sus casas.

⁵⁶De esa forma, Dios castigó a Abimelec por el mal que había hecho contra su padre al matar a sus setenta hermanos. ⁵⁷Dios también castigó a los hombres de Siquem por toda su maldad. Así se cumplió la maldición de Jotam, hijo de Gedeón.

Tola, juez de Israel

10 Después de la muerte de Abimelec, la siguiente persona que rescató a Israel fue Tola, hijo de Púa, hijo de Dodo. Era de la tribu de Isacar pero vivía en la ciudad de Samir, en la zona montañosa de Efraín. ²Fue juez de Israel durante veintitrés años. Cuando murió, lo enterraron en Samir.

Jair, juez de Israel

³Después de la muerte de Tola, Jair, de Galaad, fue juez de Israel durante veintidós años. ⁴Sus treinta hijos cabalgaban sobre treinta burros y eran dueños de treinta ciudades en la tierra de Galaad, que aún se llaman las Ciudades de Jair.* ⁵Cuando murió Jair, lo enterraron en Camón.

Los amonitas oprimen a Israel

⁶Una vez más, los israelitas hicieron lo malo a los ojos del Señor. Sirvieron a las imágenes de Baal y de Astoret, y a los dioses de Aram, de Sidón, de Moab, de Amón y de Filistea. Abandonaron al Señor y dejaron de servirle por completo. ⁷Entonces el Señor ardió de enojo contra los israelitas y los entregó en manos de los filisteos y los amonitas, ⁸quienes comenzaron a oprimirlos ese mismo año. Durante dieciocho años oprimieron a los israelitas que vivían al oriente del río Jordán, en la tierra de los amorreos (es decir, Galaad). ⁹Los amonitas también cruzaron al lado occidental del Jordán y atacaron a Judá, a Benjamín y a Efraín.

Los israelitas estaban muy angustiados. ¹⁰Finalmente clamaron al Señor por ayuda y dijeron:

Hemos pecado contra ti porque te hemos abandonado a nuestro Dios para servir a las imágenes de Baal.

¹¹El Señor respondió:

—¿Acaso no los rescaté yo de los egipcios, los amorreos, los amonitas, los filisteos, ¹²los sidonios, los amalecitas y los maonitas? Cuando ellos los oprimían, ustedes clamaban a mí por ayuda, y yo los rescataba. ¹³Sin embargo, ustedes me

abandonaron y sirvieron a otros dioses. Así que ya no los rescataré más. ¹⁴¡Vayan a clamar a los dioses que han escogido! ¡Que los rescaten ellos de este momento de angustia!

¹⁵Pero los israelitas rogaron al Señor diciendo:

—Hemos pecado. Castíganos como bien te parezca, pero rescátanos hoy de nuestros enemigos.

¹⁶Entonces los israelitas dejaron los dioses ajenos para servir al Señor, y él se entristeció a causa del sufrimiento que experimentaban.

¹⁷En esa ocasión, los ejércitos de Amón se habían juntado para la guerra y acamparon en Galaad, y el pueblo de Israel se congregó y acampó en Mizpa. ¹⁸Los líderes de Galaad se dijeron unos a otros: «El primero que ataque a los amonitas será proclamado gobernante de todo el pueblo de Galaad».

Jefté, juez de Israel

11 Jefté era un gran guerrero de la región de Galaad. Era hijo de Galaad, pero su madre era una prostituta. ²La esposa de Galaad tuvo varios hijos, y cuando esos medio hermanos de Jefté crecieron, lo echaron del territorio. «Tú no recibirás ninguna parte de la herencia de nuestro padre —le dijeron—, porque eres hijo de una prostituta». ³Así que Jefté huyó de sus hermanos y vivió en la tierra de Tob. En poco tiempo, tuvo una banda de rebeldes despreciables que lo seguían.

⁴Por ese entonces, los amonitas comenzaron a hacer guerra contra Israel. ⁵Así que cuando los amonitas atacaron, los ancianos de Galaad mandaron a buscar a Jefté a la tierra de Tob y le dijeron:

⁶—¡Ven y sé nuestro comandante! ¡Ayúdanos a pelear contra los amonitas!

⁷Pero Jefté les respondió:

—¿Acaso no son ustedes los mismos que me odiaban y me echaron de la casa de mi padre? ¿Por qué vienen a buscarme ahora que están en apuros?

⁸—Porque te necesitamos —contestaron los ancianos—. Si marchas al frente de nosotros a la batalla contra los amonitas, te proclamaremos gobernante de todo el pueblo de Galaad.

⁹Jefté les dijo a los ancianos:

—A ver si entiendo bien: si voy con ustedes y el Señor me da la victoria sobre los amonitas, ¿de veras me harán gobernante de todo el pueblo?

¹⁰—El Señor es nuestro testigo —contestaron los ancianos—. Prometemos hacer todo lo que tú digas.

¹¹Entonces Jefté fue con los ancianos de Galaad, y el pueblo lo proclamó gobernante y comandante del ejército. En Mizpa, en presencia del Señor, Jefté repitió lo que les había dicho a los ancianos.

¹²Luego Jefté envió mensajeros al rey de Amón, para preguntarle:

10:4 En hebreo *Havot-jair*.

—¿Por qué has salido a pelear contra mi tierra?

¹³El rey de Amón contestó a los mensajeros de Jefté:

—Cuando los israelitas salieron de Egipto, me robaron la tierra desde el río Arnón hasta el río Jaboc, y desde allí hasta el Jordán. Así que ahora, devuélvanme mi tierra pacíficamente.

¹⁴En respuesta, Jefté le envió al rey amonita el siguiente mensaje:

¹⁵«Esto es lo que dice Jefté: Israel no robó ninguna tierra ni a Moab ni a Amón. ¹⁶Cuando los israelitas llegaron a Cades, en su viaje desde Egipto, después de cruzar el mar Rojo,* ¹⁷enviaron mensajeros al rey de Edom para pedirle que les permitiera pasar por su tierra. Pero su petición fue denegada. Entonces le pidieron lo mismo al rey de Moab, pero él tampoco los dejó pasar por su tierra. Por eso el pueblo de Israel se quedó en Cades.

¹⁸»Finalmente, se fueron rodeando por el desierto los territorios de Edom y Moab. Viajaron a lo largo de la frontera oriental de Moab y acamparon al otro lado del río Arnón. Pero ni una sola vez cruzaron el río Arnón para entrar en Moab, porque el Arnón era la frontera de Moab.

¹⁹»Después Israel envió mensajeros al rey Sehón, de los amorreos, quien reinaba desde Hesbón, a fin de pedirle permiso para atravesar su territorio y llegar a su destino. ²⁰Pero Sehón no confiaba lo suficiente en Israel para dejarlo pasar por su tierra. En cambio, movilizó a su ejército en Jahaza y atacó a los israelitas. ²¹Pero el Señor, Dios de Israel, le dio a su pueblo la victoria sobre el rey Sehón. Entonces Israel se apoderó de la tierra de los amorreos, quienes vivían en aquella región, ²²desde el río Arnón hasta el río Jaboc, y desde el desierto oriental hasta el Jordán.

²³»Así que, como ves, fue el Señor, Dios de Israel, quien les quitó la tierra a los amorreos y se la dio a Israel. Entonces, ¿por qué tendríamos que devolvértela a ti? ²⁴Tú quédate con todo lo que te dé tu dios Quemos, y nosotros nos quedaremos con todo lo que nos dé el Señor nuestro Dios. ²⁵¿Acaso eres tú mejor que Balac, hijo de Zipor, rey de Moab? ¿Intentó él presentar argumentos contra Israel por territorios en conflicto? ¿Entró en guerra con los israelitas?

²⁶»Hace trescientos años que Israel vive aquí, tanto en Hesbón como en los asentamientos de alrededor, hasta Aroer y sus asentamientos, y en todas las ciudades a lo largo del río Arnón. ¿Por qué no has hecho ningún esfuerzo hasta ahora para recuperar la tierra? ²⁷Por lo tanto, yo no pequé contra ti.

Más bien, tú me hiciste daño al atacarme. Que el Señor, quien es juez, decida hoy quién de nosotros tiene la razón: si Amón o Israel».

²⁸Pero el rey de Amón no hizo caso al mensaje de Jefté.

El voto de Jefté

²⁹En esa ocasión, el Espíritu del Señor vino sobre Jefté, y él recorrió toda la tierra de Galaad y de Manasés, incluida Mizpa en Galaad y, desde allí, lideró al ejército contra los amonitas. ³⁰Y Jefté hizo un voto al Señor: «Si me das la victoria sobre los amonitas, ³¹yo entregaré al Señor al primero que salga de mi casa para recibirme cuando regrese triunfante. Lo sacrificaré como ofrenda quemada».

³²Así que Jefté dirigió al ejército contra los amonitas, y el Señor le dio la victoria. ³³Aplastó a los amonitas, devastó unas veinte ciudades desde Aroer hasta una zona cerca de Minit, y desde allí hasta Abel-keramim. De esa forma, Israel derrotó a los amonitas.

³⁴Cuando Jefté volvió a su casa en Mizpa, su hija salió a recibirlo tocando una pandereta y danzando de alegría. Ella era su hija única, ya que él no tenía más hijos ni hijas. ³⁵Cuando la vio, se rasgó la ropa en señal de angustia.

—¡Hija mía! —clamó—. ¡Me has destruido por completo! ¡Me has traído una gran calamidad! Pues hice un voto al Señor y no puedo dejar de cumplirlo.

³⁶Y ella le dijo:

—Padre, si hiciste un voto al Señor, debes hacer conmigo lo que prometiste, porque el Señor te ha dado una gran victoria sobre tus enemigos, los amonitas. ³⁷Pero antes, permíteme hacer una sola cosa: déjame subir a deambular por las colinas y a llorar con mis amigas durante dos meses, porque moriré virgen.

³⁸—Puedes ir —le dijo Jefté.

Y la dejó salir por el término de dos meses. Ella y sus amigas subieron a las colinas y lloraron porque ella nunca tendría hijos. ³⁹Cuando volvió a su casa, su padre cumplió el voto que había hecho, y ella murió virgen.

Así que se hizo costumbre en Israel ⁴⁰que las jóvenes israelitas se ausentan cuatro días cada año para lamentar la desgracia de la hija de Jefté.

Efraín lucha con Jefté

12 Luego los hombres de Efraín movilizaron a un ejército y cruzaron el río Jordán hasta Zafón. Entonces enviaron el siguiente mensaje a Jefté:

—¿Por qué no nos llamaste para que te ayudáramos a luchar contra los amonitas? ¡Quemaremos tu casa contigo adentro!

²Jefté respondió:

—¡Yo los convoqué cuando comenzó el con-

11:16 En hebreo *el mar de juncos.*

flicto, pero ustedes se negaron a venir! No quisieron ayudarnos a luchar contra Amón. ³De modo que, al ver que no vendrían, arriesgué mi vida y salí a combatir sin ustedes, y el Señor me dio la victoria sobre los amonitas. Así que, ¿por qué vienen ahora a pelear conmigo?

⁴La gente de Efraín contestó:

—Ustedes, los de Galaad, no son más que fugitivos de Efraín y de Manasés.

Entonces Jefté reunió a todos los hombres de Galaad, atacó a los hombres de Efraín y los derrotó.

⁵Jefté tomó control de los vados del río Jordán y, cada vez que un fugitivo de Efraín trataba de cruzar para volver a su tierra, los hombres de Galaad lo desafiaban preguntándole: «¿Eres miembro de la tribu de Efraín?». Si decía el hombre: «No, no lo soy», ⁶ellos le pedían que pronunciara la palabra *shibolet*. Si era de Efraín, diría *sibolet*, porque la gente de Efraín le cuesta pronunciar bien esa palabra. Entonces se lo llevaban y lo mataban en los vados del Jordán. En total mataron a cuarenta y dos mil de la tribu de Efraín en esos días.

⁷Jefté fue juez de Israel durante seis años. Cuando murió, lo enterraron en una de las ciudades de Galaad.

Ibzán, juez de Israel

⁸Después de la muerte de Jefté, Ibzán, de Belén, fue juez de Israel. ⁹Tuvo treinta hijos y treinta hijas. Envió a sus hijas a casarse con hombres que no pertenecían a su clan, y trajo treinta mujeres jóvenes para que eran de su clan para que se casaran con sus hijos. Ibzán fue juez de Israel durante siete años. ¹⁰Cuando murió, lo enterraron en Belén.

Elón, juez de Israel

¹¹Después de la muerte de Ibzán, Elón, de la tribu de Zabulón, fue juez de Israel durante diez años. ¹²Cuando murió, lo enterraron en Ajalón, en la tierra de Zabulón.

Abdón, juez de Israel

¹³Después de la muerte de Elón, fue juez de Israel Abdón, hijo de Hilel, de Piratón. ¹⁴Tuvo cuarenta hijos varones y treinta nietos varones, quienes cabalgaban sobre setenta burros. Fue juez en Israel por ocho años. ¹⁵Cuando murió, lo enterraron en Piratón, en Efraín, en la zona montañosa de los amalecitas.

Nacimiento de Sansón

13 Una vez más, los israelitas hicieron lo malo a los ojos del Señor, así que el Señor los entregó en manos de los filisteos, quienes los oprimieron durante cuarenta años.

²En esos días, vivía en la ciudad de Zora un hombre llamado Manoa, de la tribu de Dan. Su esposa no podía quedar embarazada, y no tenían hijos. ³Entonces el ángel del Señor se le

apareció a la esposa de Manoa y le dijo: «Aunque no has podido tener hijos, pronto quedarás embarazada y darás a luz un hijo varón. ⁴Así que ten cuidado; no debes beber vino ni ninguna otra bebida alcohólica ni comer ninguno de los alimentos prohibidos.* ⁵Quedarás embarazada y darás a luz un hijo, a quien jamás se le debe cortar el cabello. Pues él será consagrado a Dios como nazareo desde su nacimiento. Él comenzará a rescatar a Israel de manos de los filisteos».

⁶La mujer corrió a decirle a su esposo: «¡Se me apareció un hombre de Dios! Tenía el aspecto de uno de los ángeles de Dios, daba miedo verlo. No le pregunté de dónde era, y no me dijo su nombre. ⁷Pero me dijo: "Quedarás embarazada y darás a luz un hijo. No debes beber vino ni ninguna otra bebida alcohólica, ni comer ninguno de los alimentos prohibidos. Pues tu hijo será consagrado a Dios como nazareo desde el día de su nacimiento hasta el día de su muerte"».

⁸Entonces Manoa oró al Señor diciendo: «Señor, te pido que el hombre de Dios vuelva a nosotros y nos dé más instrucciones acerca del hijo que nacerá».

⁹Dios respondió a la oración de Manoa, y el ángel de Dios se le apareció otra vez a la esposa mientras estaba sentada en el campo; pero Manoa, su esposo, no estaba con ella. ¹⁰Así que, enseguida ella fue corriendo a contarle a su esposo: «¡El hombre que se me apareció el otro día está aquí de nuevo!».

¹¹Manoa regresó corriendo con su esposa y preguntó:

—¿Eres el hombre que le habló a mi esposa el otro día?

—Sí —contestó él—, soy yo.

¹²Entonces Manoa le preguntó:

—Cuando tus palabras se hagan realidad, ¿qué reglas deben gobernar la vida y el trabajo del muchacho?

¹³El ángel del Señor le contestó:

—Asegúrate de que tu esposa siga las instrucciones que le di. ¹⁴No debe comer uvas ni pasas ni beber vino u otra bebida alcohólica, ni comer ningún alimento prohibido.

¹⁵Entonces Manoa le dijo al ángel del Señor:

—Por favor, quédate aquí hasta que preparemos un cabrito para que comas.

¹⁶—Me quedaré —le contestó el ángel del Señor—, pero no comeré nada. En cambio, puedes preparar una ofrenda quemada como sacrificio al Señor.

(Manoa no se daba cuenta de que era el ángel del Señor).

¹⁷Entonces Manoa le preguntó al ángel del Señor:

—¿Cómo te llamas? Pues queremos honrarte cuando todo esto se haga realidad.

¹⁸—¿Para qué preguntas mi nombre? —contestó el ángel del Señor—. Es demasiado maravilloso para que tú lo comprendas.

13:4 En hebreo *ninguna cosa inmunda;* también en 13:7, 14.

¹⁹Después Manoa tomó un cabrito y una ofrenda de grano, y ofreció todo sobre una piedra como sacrificio al Señor. Y mientras Manoa y su esposa observaban, el Señor hizo algo asombroso: ²⁰cuando las llamas del altar se elevaron hacia el cielo, el ángel del Señor ascendió en medio del fuego. Al verlo, Manoa y su esposa se postraron rostro en tierra.

²¹El ángel no volvió a aparecerse a Manoa y a su esposa. Entonces Manoa finalmente se dio cuenta de que era el ángel del Señor, ²²y le dijo a su esposa:

—¡Seguramente moriremos, porque hemos visto a Dios!

²³Pero su esposa dijo:

—Si el Señor hubiera querido matarnos, no habría aceptado nuestra ofrenda quemada ni nuestra ofrenda de grano. No se nos hubiera aparecido, ni habría dicho algo tan maravilloso, ni hecho estos milagros.

²⁴Así que cuando nació su hijo, se lo llamó Sansón. Y el Señor lo bendijo, y el niño creció. ²⁵Y el Espíritu del Señor comenzó a manifestarse en él mientras se encontraba viviendo en Mahne-dan, entre las ciudades de Zora y Estaol.

El acertijo de Sansón

14 Cierto día, estando Sansón en Timnat, se vio atraído por una mujer filistea. ²Cuando volvió a su casa, dijo a su padre y a su madre:

—Me gusta una joven filistea de Timnat y quiero casarme con ella. Consíganmela.

³Pero su padre y su madre se opusieron.

—¿Acaso no hay una sola mujer de nuestra tribu o entre todas las israelitas con la que puedas casarte? —preguntaron—. ¿Por qué tienes que ir a los filisteos paganos buscar una esposa?

Sin embargo, Sansón le dijo a su padre:

—¡Consíguemela! A mí me gusta ella.

⁴Su padre y su madre no se daban cuenta de que el Señor estaba obrando en todo esto, con el fin de crear una oportunidad para actuar contra los filisteos, que en ese tiempo gobernaban a Israel.

⁵Entonces Sansón y sus padres descendían hacia Timnat, de repente un león joven atacó a Sansón cerca de los viñedos de Timnat. ⁶En ese instante, el Espíritu del Señor vino con poder sobre él y despedazó las quijadas del león a mano limpia; tan fácilmente como si hubiera sido un cabrito. Pero no contó nada de lo sucedido ni a su padre ni a su madre. ⁷Cuando Sansón llegó a Timnat, conversó con la mujer y quedó encantado con ella.

⁸Más tarde, cuando volvió a Timnat para la boda, se apartó del camino para ver el cadáver del león. Y encontró un enjambre de abejas que había hecho miel en los restos del animal.

⁹Entonces tomó un poco de miel con las manos y la fue comiendo por el camino. También dio un poco a su padre y a su madre, y ellos comieron; pero no les dijo que había tomado la miel del cadáver del león.

¹⁰Mientras su padre finalizaba los detalles para el casamiento, Sansón dio una fiesta en Timnat, como era costumbre de los jóvenes de la alta sociedad. ¹¹Cuando los padres de la novia* vieron a Sansón, seleccionaron a treinta jóvenes de la ciudad para que fueran sus acompañantes.

¹²Sansón les dijo a estos jóvenes:

—Les propongo un acertijo. Si lo resuelven durante estos siete días de celebración, les daré treinta mantos de lino fino y treinta trajes de ropa para fiesta. ¹³Pero si no pueden encontrar la solución, entonces ustedes me darán a mí treinta mantos de lino fino y treinta trajes de ropa para fiesta.

—Muy bien —dijeron ellos—, dinos tu acertijo.

¹⁴Entonces él recitó:

—Del que come, salió algo para comer;
y del fuerte, salió algo dulce.

Tres días más tarde, seguían intentando resolver el acertijo. ¹⁵Al cuarto* día le dijeron a la mujer de Sansón: «Seduce a tu esposo para que nos explique el acertijo; de lo contrario, quemaremos la casa de tu padre contigo adentro. ¿O acaso nos invitaste a esta fiesta solo para empobrecernos?».

¹⁶Entonces la mujer de Sansón fue a verlo y con lágrimas le dijo:

—Tú no me amas; ¡me odias! Le propusiste un acertijo a mi gente, pero no me contaste a mí la solución.

—Ni a mi padre ni a mi madre se di la respuesta —contestó él—. ¿Por qué te la revelaría a ti?

¹⁷Entonces ella no dejaba de llorar cada vez que estaba con él, y siguió llorando hasta el último día de la celebración. Finalmente, cuando llegó el séptimo día, él le dio la respuesta, porque lo estaba fastidiando con tanta insistencia. Y ella les explicó el acertijo a las jóvenes.

¹⁸Entonces, ese séptimo día, antes de que se pusiera el sol, los hombres de la ciudad se acercaron a Sansón con su respuesta:

—¿Qué es más dulce que la miel?
¿Qué es más fuerte que un león?

Y Sansón respondió:

—¡Si no hubieran arado con mi novilla, jamás habrían descifrado mi acertijo!

¹⁹Entonces el Espíritu del Señor vino con poder sobre Sansón, quien descendió a la ciudad de Ascalón, mató a treinta hombres, les quitó las pertenencias, y dio la ropa a los hombres que habían resuelto el acertijo. Pero Sansón

14:11 En hebreo *Cuando ellos.*   14:15 Así aparece en la versión griega; en hebreo dice *séptimo.*

estaba furioso por lo que había sucedido y se volvió a la casa de sus padres, a vivir con ellos. ²⁰Entonces su mujer fue dada en matrimonio a quien había sido el padrino de Sansón en la boda.

Sansón se venga de los filisteos

15 Más tarde, durante la cosecha del trigo, Sansón fue y llevó un cabrito de regalo a su mujer y dijo:

—Voy al cuarto de mi esposa para acostarme con ella.

Pero el padre de la mujer no lo dejó entrar. ²Y le explicó:

—En verdad creí que la odiabas así que la entregué en matrimonio a tu padrino de boda. Pero mira, su hermana menor es más hermosa todavía. Cásate con ella en su lugar.

³Sansón dijo:

—Esta vez no podrán culparme de todo lo que les haré a ustedes, filisteos.

⁴Entonces salió y atrapó trescientas zorras. Les ató las colas por parejas y amarró una antorcha a cada par de colas. ⁵Después, encendió las antorchas y soltó las zorras para que corrieran por los campos de grano de los filisteos. Así les quemó todo el grano hasta reducirlo a cenizas, hasta las gavillas y el grano sin cortar. También les destruyó los viñedos y los olivares.

⁶—¿Quién hizo esto? —preguntaron los filisteos.

—Sansón —respondieron—, porque su suegro de Timnat entregó a su esposa en matrimonio al que fue el padrino de su boda.

Entonces los filisteos fueron a buscar a la mujer y a su padre, y los quemaron vivos.

⁷—¡Por esto que hicieron —juró Sansón—, no descansaré hasta vengarme de ustedes!

⁸Luego atacó a los filisteos, lleno de furia, y mató a muchos de ellos. Después se fue a vivir a una cueva en la roca de Etam.

⁹En represalia, los filisteos armaron su campamento en Judá y se extendieron hasta cerca de la ciudad de Lehi. ¹⁰Entonces los hombres de Judá les preguntaron a los filisteos:

—¿Por qué nos atacan?

—Vinimos para capturar a Sansón —contestaron los filisteos—, y a vengarnos por lo que nos hizo.

¹¹Entonces tres mil hombres de Judá bajaron a buscar a Sansón, dentro de la cueva en la roca de Etam, y le dijeron:

—¿No te das cuenta de que los filisteos nos gobiernan? ¿Qué nos estás haciendo?

Pero Sansón les contestó:

—Yo sólo les hice a ellos lo que ellos me hicieron a mí.

¹²Pero los hombres de Judá le dijeron:

—Vinimos para amarrarte y entregarte a los filisteos.

—Está bien —les dijo Sansón—. Pero prométanme que no me matarán ustedes.

¹³—Nosotros solo te amarraremos y te entregaremos a los filisteos —respondieron ellos—. No te mataremos.

Así que lo amarraron con dos sogas nuevas y lo sacaron de la roca.

¹⁴Cuando Sansón llegó a Lehi, los filisteos salieron gritando de triunfo. Sin embargo, el Espíritu del SEÑOR vino con poder sobre Sansón, y él rompió las sogas que tenía atadas en los brazos como si fueran hilos de lino quemados, y cayeron de las muñecas. ¹⁵Luego Sansón encontró la quijada de un burro recién matado. La levantó, y la usó para matar a mil filisteos. ¹⁶Después dijo:

«¡Con la quijada de un burro,
   los he apilado en montones!
¡Con la quijada de un burro,
   he matado a mil hombres!».

¹⁷Cuando acabó de jactarse, tiró la quijada; y a ese lugar se le llamó «Colina de la Quijada»*.

¹⁸Después Sansón tuvo mucha sed y clamó al SEÑOR: «Has logrado esta gran victoria por medio de la fuerza de tu siervo, ¿y ahora tengo que morir de sed y caer en manos de estos paganos?». ¹⁹Entonces Dios hizo que brotara agua a chorros de un hoyo en el suelo de Lehi, y Sansón se reanimó al beber. Luego llamó a ese lugar «Manantial del que Clamó»*, el cual todavía se encuentra en Lehi hasta el día de hoy.

²⁰Sansón fue juez de Israel por veinte años, durante el tiempo en que los filisteos dominaban la tierra.

Sansón se lleva las puertas de Gaza

16 Cierto día Sansón fue a la ciudad filistea de Gaza y pasó la noche con una prostituta. ²Pronto corrió la voz* de que Sansón estaba allí, así que los hombres de Gaza se reunieron y esperaron toda la noche en las puertas de la ciudad. Se mantuvieron en silencio durante la noche mientras se decían: «Con la luz de la mañana, lo mataremos».

³Pero Sansón estuvo acostado solamente hasta la medianoche. Luego se levantó, agarró las puertas de la ciudad con sus postes y las levantó con tranca y todo. Se las puso sobre los hombros y las llevó a cuestas hasta la cima de la colina situada frente a Hebrón.

Sansón y Dalila

⁴Tiempo después, Sansón se enamoró de una mujer llamada Dalila, que vivía en el valle de Sorec. ⁵Los gobernantes de los filisteos fueron a verla y le dijeron: «Seduce a Sansón para que te diga qué lo hace tan fuerte, y cómo es posible dominarlo y atarlo sin que se suelte. Luego, cada uno de nosotros te dará mil cien piezas* de plata».

15:17 En hebreo *Ramat-lehi.* **15:19** En hebreo *En-hacore.* **16:2** Así aparece en las versiones griega y siríaca y en la Vulgata Latina; en hebreo falta *Pronto corrió la voz.* **16:5** En hebreo *mil cien siclos,* aproximadamente 12,5 kilogramos ó 28 libras.

⁶Así que Dalila le dijo a Sansón:

—Dime, por favor, qué te hace tan fuerte, y con qué podrían amarrarte sin que te liberes.

⁷Sansón respondió:

—Si me ataran con siete cuerdas de arco que sean nuevas y que aún no se hayan secado, me volvería tan débil como cualquier otro hombre.

⁸Entonces los gobernantes filisteos le llevaron a Dalila siete cuerdas nuevas, y con ellas ató a Sansón. ⁹Dalila había escondido a algunos hombres en una de las habitaciones internas de su casa, y gritó: «¡Sansón! ¡Los filisteos han venido a capturarte!»; pero Sansón rompió las cuerdas de arco como se rompe una cuerda cuando la quema el fuego. Así que no descubrieron el secreto de su fuerza.

¹⁰Después Dalila le dijo:

—¡Hasta ahora te has burlado de mí y me has dicho mentiras! Así que, por favor, dime cómo es posible amarrarte sin que te liberes.

¹¹Sansón respondió:

—Si me ataran con sogas totalmente nuevas, que nunca se hayan usado, me volvería tan débil como cualquier otro hombre.

¹²Así que Dalila tomó sogas nuevas y ató a Sansón con ellas. Los hombres estaban escondidos en otra habitación como antes, y de nuevo Dalila gritó: «¡Sansón! ¡Los filisteos han venido a capturarte!»; pero otra vez Sansón rompió las sogas que le ataban los brazos como si fueran hilos.

¹³Entonces Dalila dijo:

—¡Hasta ahora te has burlado de mí y me has dicho mentiras! Dime ya cómo es posible amarrarte sin que te liberes.

Sansón respondió:

—Si entretejieras las siete trenzas de mi cabello con la tela del telar y lo aseguraras con la lanzadera del telar, me volvería tan débil como cualquier otro hombre.

Así que, mientras él dormía, Dalila le entretejió las siete trenzas del cabello con la tela. ¹⁴Después la aseguró con la lanzadera del telar.* Una vez más gritó: «¡Sansón! ¡Los filisteos han venido a capturarte!»; pero Sansón se despertó, arrancó la lanzadera del telar y sacó de un tirón su cabello del telar y de la tela.

¹⁵Entonces Dalila, haciendo pucheros, le dijo: «¿Cómo puedes decirme "te amo" si no me confías tus secretos? ¡Ya te has burlado de mí tres veces y aún no me has dicho lo que te hace tan fuerte!». ¹⁶Día tras día lo estuvo fastidiando hasta que se hartó de tanta insistencia.

¹⁷Entonces finalmente Sansón le reveló su secreto: «Nunca se me ha cortado el cabello —le confesó—, porque fui consagrado a Dios como nazareo desde mi nacimiento. Si me raparan la cabeza, perdería la fuerza, y me volvería tan débil como cualquier otro hombre».

¹⁸Así que Dalila se dio cuenta de que por fin Sansón le había dicho la verdad, y mandó llamar a los gobernantes filisteos: «Vuelvan una vez más —les dijo—, porque al fin me reveló su secreto». Entonces los gobernantes filisteos volvieron con el dinero en las manos. ¹⁹Dalila arrulló a Sansón hasta dormirlo con la cabeza sobre su regazo, y luego hizo entrar a un hombre para que le afeitara las siete trenzas del cabello. De esa forma, comenzó a debilitarlo,* y la fuerza lo abandonó.

²⁰Entonces ella gritó: «¡Sansón! ¡Los filisteos han venido a capturarte!».

Cuando se despertó, pensó: «Haré como antes y enseguida me liberaré»; pero no se daba cuenta de que el SEÑOR lo había abandonado.

²¹Así que los filisteos lo capturaron y le sacaron los ojos. Se lo llevaron a Gaza, donde lo ataron con cadenas de bronce y lo obligaron a moler grano en la prisión.

²²Pero en poco tiempo, el cabello comenzó a crecerle otra vez.

Victoria final de Sansón

²³Entonces los gobernantes filisteos se juntaron para celebrar un gran festival, en el que ofrecían sacrificios y alababan a su dios Dagón diciendo: «¡Nuestro dios nos ha dado la victoria sobre Sansón, nuestro enemigo!».

²⁴Cuando el pueblo vio a Sansón, también alabó a su dios diciendo: «¡Nuestro dios nos ha entregado a nuestro enemigo! ¡El que mató a tantos de nosotros ahora está en nuestro poder!».

²⁵Los presentes, ya medio borrachos, exigieron: «¡Traigan a Sansón para que nos divierta!». Así que lo sacaron de la prisión para que los entretuviera, y lo pusieron de pie entre las columnas que sostenían la azotea.

²⁶Sansón le dijo al joven sirviente que lo llevaba de la mano: «Pon mis manos sobre las columnas que sostienen el templo. Quiero recostarme en ellas». ²⁷Ahora bien, el templo estaba totalmente lleno de gente. Todos los gobernantes filisteos estaban presentes, y en la azotea había cerca de tres mil hombres y mujeres, mirando el entretenimiento de Sansón.

²⁸Entonces Sansón oró al SEÑOR: «SEÑOR Soberano, acuérdate de mí otra vez. Oh Dios, te ruego que me fortalezcas sólo una vez más. Con un solo golpe, déjame vengarme de los filisteos por la pérdida de mis dos ojos». ²⁹Entonces Sansón apoyó las manos sobre las dos columnas centrales que sostenían el templo; las empujó con ambas manos ³⁰y pidió a gritos: «Déjame morir con los filisteos». Y el templo se derrumbó sobre los gobernantes filisteos y todos los demás presentes. De esa manera, Sansón mató más personas al morir, que las que había matado durante toda su vida.

16:13-14 Así aparece en la versión griega y en la Vulgata Latina; en hebreo falta *me volvería tan débil como cualquier otro hombre. / Así que, mientras él dormía, Dalila entretejió las siete trenzas de su cabello con la tela.* **14**Después la sujetó con la lanzadera del telar. **16:19** O *comenzó a atormentarlo.* La versión griega dice *Él comenzó a debilitarse.*

³¹Más tarde, sus hermanos y otros parientes descendieron a la ciudad para recoger su cuerpo. Lo llevaron de regreso a su tierra y lo enterraron entre Zora y Estaol, donde estaba enterrado Manoa, su padre. Sansón fue juez de Israel durante veinte años.

Los ídolos de Micaía

17 Había un hombre llamado Micaía que vivía en la zona montañosa de Efraín. ²Un día le dijo a su madre:

—Te oí maldecir a la persona que te robó mil cien piezas* de plata. Bueno, yo tengo el dinero; fui yo quien lo tomó.

—El Señor te bendiga por haberlo admitido —respondió la madre.

³Entonces él le devolvió el dinero, y ella dijo:

—Ahora consagro estas monedas de plata al Señor. En honor a mi hijo, haré tallar una imagen y fundir un ídolo.

⁴Así que, cuando Micaía le devolvió el dinero a su madre, ella tomó doscientas monedas de plata y se las dio a un platero, quien las convirtió en una imagen y un ídolo. Y los pusieron en la casa de Micaía. ⁵Micaía construyó un santuario para el ídolo e hizo un efod sagrado y algunos ídolos de familia y nombró como su sacerdote personal a uno de sus hijos.

⁶En esos días, Israel no tenía rey; cada uno hacía lo que le parecía correcto según su propio criterio.

⁷Cierto día llegó a la región un joven que vivía en Belén de Judá. ⁸Había salido de Belén en busca de otro lugar donde vivir y, viajando, llegó a la zona montañosa de Efraín. Mientras estaba de paso, se detuvo por casualidad en la casa de Micaía.

⁹—¿De dónde vienes? —le preguntó Micaía.

Él contestó:

—Soy un levita de Belén de Judá, y busco un lugar para vivir.

¹⁰—Quédate aquí, conmigo —le dijo Micaía—, y podrás ser un padre y sacerdote para mí. Te daré diez piezas* de plata al año, además de una muda de ropa y comida.

¹¹El joven levita aceptó y pasó a ser como uno de los hijos de Micaía.

¹²Luego Micaía lo nombró su sacerdote personal, y el levita vivió en la casa de Micaía. ¹³«Sé que el Señor ahora me bendecirá —dijo Micaía—, porque tengo un levita como sacerdote personal».

Idolatría en la tribu de Dan

18 En esos días, Israel no tenía rey. Y la tribu de Dan buscaba un lugar donde establecerse, porque aún no había entrado en el territorio que se le había asignado cuando se hizo la división de la tierra entre las tribus de Israel. ²Así que los hombres de Dan escogieron de entre sus clanes a cinco guerreros competentes de las ciudades de Zora y Estaol para

que exploraran algún territorio donde la tribu pudiera establecerse.

Cuando los guerreros llegaron a la zona montañosa de Efraín, entraron en la casa de Micaía y allí pasaron la noche. ³Estando en la casa de Micaía, reconocieron el acento del joven levita, así que se le acercaron y le preguntaron:

—¿Quién te trajo aquí? ¿Qué haces en este lugar? ¿Por qué estás aquí?

⁴Él les contó su acuerdo con Micaía, quien lo había contratado como su sacerdote personal.

⁵Entonces ellos dijeron:

—Pregúntale a Dios si nuestro viaje tendrá éxito.

⁶—Vayan en paz —respondió el sacerdote— porque el Señor estará vigilando el camino por donde van.

⁷Así que los cinco hombres siguieron hasta la ciudad de Lais, donde vieron que los habitantes llevaban una vida despreocupada, igual que los sidonios; eran pacíficos y vivían seguros.* También eran ricos, porque su tierra era muy fértil. Además vivían a gran distancia de Sidón y no tenían ningún aliado cerca.

⁸Cuando los hombres regresaron a Zora y a Estaol, sus parientes les preguntaron:

—¿Qué encontraron?

⁹Los hombres les contestaron:

—¡Vamos, ataquémoslos! Hemos visto la tierra, y es muy buena. ¿Qué esperan? No duden en ir y tomar posesión de ella. ¹⁰Cuando lleguen, verán que los habitantes llevan una vida despreocupada. Dios nos ha dado un territorio espacioso y fértil, ¡que no carece de nada!

¹¹Entonces seiscientos hombres de la tribu de Dan salieron de Zora y de Estaol armados para la guerra. ¹²Acamparon en un lugar situado al occidente de Quiriat-jearim, en Judá, por eso hasta el día de hoy se llama Mahne-dan.* ¹³Desde allí siguieron hasta la zona montañosa de Efraín y llegaron a la casa de Micaía.

¹⁴Los cinco hombres que habían explorado la tierra alrededor de Lais les explicaron a los demás: «En una de estas casas hay un efod sagrado, algunos ídolos de familia, una imagen tallada y un ídolo fundido. ¿Qué les parece que deberían hacer?». ¹⁵Entonces los cinco hombres se desviaron del camino y fueron hasta la casa de Micaía, donde vivía el joven levita, y lo saludaron amablemente. ¹⁶Mientras los seiscientos guerreros armados de la tribu de Dan vigilaban la entrada de la puerta, ¹⁷los cinco espías entraron al santuario y tomaron la imagen tallada, el efod sagrado, los ídolos de familia y el ídolo fundido. Ahora bien, el sacerdote también estaba en la puerta con los seiscientos guerreros armados.

¹⁸Cuando el sacerdote vio que los hombres se llevaban todos los objetos sagrados del santuario de Micaía, les dijo:

17:2 En hebreo *mil cien siclos*, aproximadamente 12,5 kilogramos ó 28 libras.   **17:10** En hebreo *diez siclos*, aproximadamente 114 gramos ó 4 onzas.   **18:7** El significado del texto hebreo es incierto.   **18:12** *Mahne-dan* significa «el campamento de Dan».

—¿Qué hacen?

19—Cállate y ven con nosotros —le dijeron—. Sé un padre y sacerdote para todos nosotros. ¿Acaso no es mejor ser el sacerdote de toda una tribu y un clan de Israel, que de la casa de un solo hombre?

20Entonces el joven sacerdote estuvo más que dispuesto a ir con ellos, y se llevó consigo el efod sagrado, los ídolos de familia y la imagen tallada. 21El grupo dio la vuelta y siguió su viaje con sus hijos, el ganado y las posesiones al frente.

22Cuando los de la tribu de Dan estaban ya bastante lejos de la casa de Micaía, los vecinos de Micaía salieron a perseguirlos. 23Estaban gritando cuando los alcanzaron. Entonces los hombres de Dan se dieron vuelta y le dijeron a Micaía:

—¿Qué te pasa? ¿Por qué has reunido a estos hombres y nos persigues de esta forma?

24—¿Cómo me preguntan: "¿Qué te pasa?" —contestó Micaía—. ¡Ustedes se han llevado todos los dioses que yo hice y a mi sacerdote, y no me quedó nada!

25Los hombres de Dan le dijeron:

—¡Ten cuidado con lo que dices! Por aquí hay unos hombres de mal genio que podrían enojarse y matarte a ti y a tu familia.

26Así que los hombres de Dan siguieron su camino. Cuando Micaía vio que eran demasiados para atacarlos, dio la vuelta y regresó a su casa.

27Luego todos los hombres de Dan, con los ídolos de Micaía y su sacerdote, llegaron a la ciudad de Lais, donde los habitantes eran pacíficos y vivían seguros. Entonces los atacaron con espadas y quemaron la ciudad hasta reducirla a cenizas. 28No hubo quien rescatara a los habitantes porque vivían a gran distancia de Sidón y no tenían aliados cerca. Esto sucedió en el valle cerca de Bet-rehob.

Después la gente de la tribu de Dan reconstruyó la ciudad y 29y le cambiaron el nombre. La llamaron Dan en honor a su antepasado, el hijo de Israel, aunque originalmente la ciudad se llamaba Lais.

30Luego colocaron la imagen tallada y nombraron como sacerdote a Jonatán, hijo de Gersón, hijo de Moisés.* Los miembros de esta familia continuaron siendo sacerdotes para la tribu de Dan hasta el tiempo del destierro. 31Así que la tribu de Dan rindió culto a la imagen tallada de Micaía todo el tiempo que el tabernáculo de Dios permaneció en Silo.

El levita y su concubina

19 En esos días, Israel no tenía rey. Hubo un hombre de la tribu de Leví que vivía en un lugar remoto de la zona montañosa de Efraín. Cierto día se llevó a su casa a una mujer de Belén de Judá, que fuera su concubina. 2Pero ella se enojó con él* y volvió a la casa de su padre, en Belén.

Unos cuatro meses después, 3su marido viajó a Belén para hablar personalmente con ella y convencerla de que regresara. Llevó consigo a un siervo y a un par de burros. Cuando llegó a* la casa del padre, este lo vio y le dio la bienvenida. 4Le insistió a quedarse por un tiempo, así que pasó allí tres días, comiendo, bebiendo y durmiendo.

5Al cuarto día, el hombre se levantó temprano y estaba listo para partir, pero el padre de la mujer le dijo a su yerno: «Come algo antes de irte». 6Así que los dos hombres se sentaron a comer y beber juntos. Luego el padre de la mujer le dijo: «Quédate, por favor, otra noche y diviértete». 7El hombre se levantó para irse, pero su suegro siguió insistiendo en que se quedara, así que al final cedió y pasó allí otra noche.

8A la mañana del quinto día, el hombre se levantó temprano nuevamente, listo para partir, pero una vez más el padre de la mujer le dijo: «Come algo; después podrás irte esta tarde». Así que se pasaron otro día de festejo. 9Más tarde, mientras el hombre, su concubina y el siervo se preparaban para marcharse, el suegro le dijo: «Mira, está atardeciendo. Quédate esta noche y diviértete. Mañana podrás levantarte temprano y marcharte».

10Pero esta vez, el hombre estaba decidido a irse. Así que tomó a sus dos burros ensillados y a su concubina, y se dirigió a Jebús (es decir, Jerusalén). 11Ya era tarde cuando se acercaron a Jebús, y el siervo le dijo:

—Paremos en esta ciudad jebusea y pasemos aquí la noche.

12—No —le dijo su amo—, no podemos quedarnos en esta ciudad extranjera donde no hay israelitas. Seguiremos, en cambio, hasta Guibeá. 13Vamos, tratemos de llegar hasta Guibeá o Ramá, y pasaremos la noche en una de esas ciudades.

14Así que siguieron adelante. El sol se ponía cuando llegaron a Guibeá, una ciudad situada en Benjamín, 15y se detuvieron allí para pasar la noche. Descansaron en la plaza de la ciudad, pero nadie los invitó a su casa para pasar la noche.

16Esa noche un anciano regresaba a su hogar después del trabajo en los campos. Era de la zona montañosa de Efraín, pero vivía en Guibeá, donde la gente era de la tribu de Benjamín. 17Cuando vio a los viajeros sentados en la plaza de la ciudad, les preguntó de dónde venían y hacia dónde iban.

18—Regresamos de Belén de Judá —le contestó el hombre—, y vamos hacia una zona remota de la región montañosa de Efraín, donde yo vivo. Viajé a Belén y ahora voy de regreso a mi hogar.* Pero nadie nos ha invitado a su casa para pasar la noche, 19aunque traemos todo lo que

---

18:30 Así aparece en una antigua tradición hebrea, en algunos manuscritos griegos y en la Vulgata Latina; en el texto masorético dice *hijo de Manasés.* **19:2** O *le fue infiel.* **19:3** Así aparece en la versión griega; en hebreo dice *Cuando ella lo llevó a.* **19:18** Así aparece en la versión griega (ver también 19:29); en hebreo dice *ahora me dirijo al tabernáculo del Señor.*

necesitamos. Tenemos paja y forraje para nuestros burros, y bastante pan y vino para nosotros.

²⁰—Serán bienvenidos en mi casa —les dijo el anciano—. Yo les daré todo lo que pudiera faltarles; pero no se les ocurra pasar la noche en la plaza.

²¹Entonces los llevó a su casa y dio alimento a los burros. Después de lavarse los pies, comieron y bebieron juntos.

²²Mientras disfrutaban el momento, un grupo de alborotadores de la ciudad rodeó la casa. Comenzaron a golpear la puerta y a gritarle al anciano:

—Saca al hombre que se hospeda contigo para que podamos tener sexo con él.

²³Entonces el anciano salió para hablar con ellos.

—No, hermanos míos, no hagan algo tan perverso. Pues este hombre es huésped en mi casa, y semejante acto sería vergonzoso. ²⁴Miren, llévense a mi hija virgen y a la concubina de este hombre. Yo se las sacaré, y ustedes podrán abusar de ellas y hacerles lo que quieran. Pero no cometan semejante vergüenza contra este hombre.

²⁵Sin embargo, ellos no le hicieron caso. Entonces el levita tomó a su concubina y la empujó por la puerta. Los hombres de la ciudad abusaron de ella toda la noche, violándola una por una hasta la mañana. Finalmente, al amanecer, la soltaron. ²⁶Cuando ya amanecía, la mujer regresó a la casa donde estaba hospedado su esposo y se desplomó en la puerta de la casa, y permaneció allí hasta que hubo luz.

²⁷Cuando su esposo abrió la puerta para salir, allí encontró a su concubina, tirada, con las manos en el umbral. ²⁸«¡Levántate, vamos!», le dijo. Pero no hubo respuesta.* Entonces subió el cuerpo de la mujer a su burro y se la llevó a su casa.

²⁹Cuando llegó a su casa, tomó un cuchillo y cortó el cuerpo de su concubina en doce pedazos. Después envió un pedazo a cada tribu por todo el territorio de Israel.

³⁰Todos los que lo veían exclamaban: «En todo este tiempo, desde que Israel salió de Egipto, nunca se había cometido un crimen tan horrible. ¡Pensémoslo bien! ¿Qué vamos a hacer? ¿Quién lo denunciará?».

Guerra de Israel contra Benjamín

20 Entonces todos los israelitas se unieron como un solo hombre, desde Dan, al norte, hasta Beerseba, al sur, incluidos los del otro lado del Jordán, en la tierra de Galaad. Toda la comunidad se reunió en asamblea ante la presencia del Señor en Mizpa. ²Los líderes de todo el pueblo, de todas las tribus de Israel —cuatrocientos mil guerreros armados con espadas—, ocuparon sus puestos en la asamblea del pueblo

de Dios. ³(Pronto llegó la noticia a la tierra de Benjamín de que las otras tribus habían subido a Mizpa). Entonces los israelitas preguntaron cómo había sucedido ese crimen tan terrible.

⁴El levita, el esposo de la mujer asesinada, explicó:

—Mi concubina y yo nos detuvimos para pasar la noche en Guibeá, una ciudad que pertenece a la tribu de Benjamín. ⁵Esa noche, algunos de los ciudadanos prominentes de Guibeá rodearon la casa con la intención de matarme, y violaron a mi concubina hasta que quedó muerta. ⁶Entonces corté su cuerpo en doce pedazos y envié los pedazos por todo el territorio asignado a Israel, porque esos hombres han cometido un crimen terrible y vergonzoso. ⁷Ahora bien, ustedes —la comunidad entera de Israel— tienen que decidir aquí y ahora qué debe hacerse al respecto.

⁸Y todo el pueblo se puso de pie al mismo tiempo y proclamó a una voz:

—¡Ninguno de nosotros volverá a su hogar! ¡No, ni una sola persona! ⁹En cambio, haremos lo siguiente con Guibeá: echaremos suertes para decidir quién la atacará. ¹⁰Una décima parte de los hombres* de cada tribu se encargará de abastecer a los guerreros con provisiones; los demás nos vengaremos de Guibeá,* en Benjamín, por la infamia que sus hombres han cometido en Israel.

¹¹Así que los israelitas estaban en total unanimidad, y se juntaron para atacar la ciudad.

¹²Los israelitas enviaron mensajeros a la tribu de Benjamín, diciendo: «¿Qué acto tan terrible se ha cometido en medio de ustedes! ¹³Entréguennos a esos hombres malvados, a esos perturbadores de Guibeá, para que los ejecutemos y así purifiquemos a Israel de semejante maldad».

Pero los de Benjamín no quisieron escuchar. ¹⁴En cambio, salieron de sus ciudades y se juntaron en Guibeá para pelear contra los israelitas. ¹⁵En total, de toda la tribu de Benjamín, llegaron a Guibeá veintiséis mil guerreros armados con espadas, los cuales se sumaron a los setecientos guerreros selectos que vivían allí. ¹⁶Entre las tropas selectas de Benjamín había setecientos hombres zurdos, capaces de tirar una piedra con la honda y acertar en un cabello sin errar el blanco. ¹⁷Israel, a su vez, tenía cuatrocientos mil soldados con experiencia en la guerra, armados con espadas, sin contar a los guerreros de Benjamín.

¹⁸Antes de la batalla, los israelitas fueron a Betel y le preguntaron a Dios:

—¿Cuál de las tribus debe ser la primera en atacar a la gente de Benjamín?

El Señor contestó:

—Judá debe ir primero.

¹⁹Entonces los israelitas salieron temprano a la mañana siguiente y acamparon cerca de Guibeá.

19:28 La versión griega incluye *porque estaba muerta.* **20:10a** En hebreo *diez hombres de cada cien, cien hombres de cada mil, y mil hombres de cada diez mil.* **20:10b** En hebreo *Gueba,* una variante de *Guibeá* en este caso; también 20:33.

20Después avanzaron hacia Guibeá para atacar a los hombres de Benjamín. 21Pero los guerreros de Benjamín, que estaban defendiendo la ciudad, salieron y mataron ese día a veintidós mil israelitas en el campo de batalla.

22Sin embargo, los israelitas se animaron unos a otros, y otra vez tomaron sus posiciones en el mismo lugar donde habían luchado el día anterior. 23Pues habían subido a Betel y habían llorado en presencia del Señor hasta la noche. Le habían preguntado al Señor:

—¿Debemos salir nuevamente a pelear contra nuestros parientes de Benjamín?

Y el Señor había dicho:

—Salgan a pelear contra ellos.

24Así que, al día siguiente, volvieron a pelear contra los hombres de Benjamín, 25pero los hombres de Benjamín mataron a otros dieciocho mil israelitas, todos ellos expertos en el uso de la espada.

26Entonces todos los israelitas subieron a Betel y lloraron en presencia del Señor, y ayunaron hasta la noche. También le llevaron al Señor ofrendas quemadas y ofrendas de paz. 27Los israelitas fueron a buscar dirección del Señor. (En esos días el arca del pacto de Dios estaba en Betel, 28y el sacerdote era Finees, hijo de Eleazar y nieto de Aarón). Los israelitas le preguntaron al Señor:

—¿Debemos volver a pelear contra nuestros parientes de Benjamín o debemos detenernos?

El Señor dijo:

—¡Vayan! Mañana se los entregaré.

29Entonces los israelitas armaron una emboscada alrededor de Guibeá. 30Salieron al tercer día, y tomaron sus posiciones en los mismos lugares que antes. 31Cuando los hombres de Benjamín salieron a atacar, fueron alejados de la ciudad. Y tal como habían hecho antes, comenzaron a matar a los israelitas. Unos treinta israelitas murieron en campo abierto y por los dos caminos, uno que lleva a Betel, y el otro que lleva de vuelta a Guibeá.

32Entonces los guerreros de Benjamín gritaron: «¡Los estamos derrotando igual que antes!»; pero los israelitas habían planeado huir de antemano, para que los hombres de Benjamín salieran a perseguirlos por los caminos y quedaran alejados de la ciudad. 33Cuando los guerreros israelitas llegaron a Baal-tamar, se dieron vuelta y tomaron sus posiciones de batalla. Mientras tanto, los israelitas que estaban escondidos en emboscada al occidente* de Guibeá salieron de repente a pelear. 34Sumaban diez mil los guerreros israelitas selectos que avanzaron contra Guibeá. El enfrentamiento fue tan intenso, que Benjamín no se dio cuenta del desastre que se avecinaba. 35Y el Señor ayudó a Israel a derrotar a Benjamín, y ese día los israelitas mataron a veinticinco mil cien guerreros de Benjamín, todos expertos en el manejo de la

espada. 36Entonces los hombres de Benjamín se dieron cuenta de que estaban vencidos.

Los israelitas habían retrocedido frente a los guerreros de Benjamín para que los que estaban escondidos en emboscada tuvieran más terreno para maniobrar contra Guibeá. 37Entonces los que estaban escondidos en los alrededores se lanzaron contra la ciudad y mataron a todos los habitantes. 38Habían acordado hacer una gran columna de humo desde la ciudad como señal. 39Cuando los israelitas vieron el humo, se dieron vuelta y atacaron a los guerreros de Benjamín.

Para entonces, los guerreros de Benjamín habían matado a unos treinta israelitas y gritaban: «¡Los estamos derrotando como en la primera batalla!». 40Pero cuando los guerreros de Benjamín miraron hacia atrás y vieron el humo que se elevaba al cielo desde todos los rincones de la ciudad, 41los hombres de Israel giraron y los atacaron. En ese instante, los hombres de Benjamín se aterrorizaron, porque se dieron cuenta de que se les venía el desastre encima. 42Así que dieron media vuelta y huyeron frente a los israelitas hacia el desierto. Pero no pudieron escapar de la batalla, y la gente que salió de las ciudades cercanas también pereció.* 43Los israelitas cercaron a los hombres de Benjamín y los persiguieron sin tregua, hasta que por fin los alcanzaron al oriente de Guibeá.* 44Ese día murieron en batalla dieciocho mil de los guerreros más fuertes de Benjamín. 45Los sobrevivientes huyeron al desierto, hacia la roca de Rimón, pero Israel mató a cinco mil de ellos a lo largo del camino. Los israelitas continuaron persiguiéndolos hasta que mataron a otros dos mil cerca de Guidom.

46Ese día la tribu de Benjamín perdió veinticinco mil guerreros fuertes armados con espada, 47y quedaron solo seiscientos hombres, quienes escaparon a la roca de Rimón, donde vivieron durante cuatro meses. 48Entonces los israelitas regresaron al territorio de Benjamín y en todas las ciudades masacraron a todo ser viviente: a la gente, a los animales y a todo lo que encontraron. También quemaron por completo todas las ciudades por las que pasaron.

Esposas para Benjamín

21 Los israelitas habían jurado en Mizpa: «Nunca daremos nuestras hijas en matrimonio a ningún hombre de la tribu de Benjamín». 2Entonces el pueblo de Israel fue a Betel y permaneció en presencia de Dios hasta la noche, llorando amargamente en voz alta. 3«Oh Señor, Dios de Israel —clamaban—, ¿por qué ha sucedido esto en Israel? ¡Ahora Israel ha perdido una de sus tribus!».

4Temprano a la mañana siguiente, el pueblo construyó un altar y allí presentó sus ofrendas quemadas y ofrendas de paz. 5Entonces se preguntaron: «¿Quién de entre las tribus de Israel no estuvo con nosotros en Mizpa cuando nos reunimos en asamblea en presencia del SEÑOR?». En esa ocasión, habían hecho un juramento solemne ante el SEÑOR de que matarían a todo el que se negara a presentarse.

⁶Los israelitas sintieron lástima por su hermano Benjamín y dijeron: «Hoy ha sido cortada una de las tribus de Israel. ⁷¿Cómo podemos encontrar esposas para los pocos hombres que quedan, ya que hemos jurado por el SEÑOR que no les daríamos nuestras hijas en matrimonio?».

⁸Así que preguntaron: «¿Quién de entre las tribus de Israel no estuvo con nosotros en Mizpa cuando nos reunimos en asamblea en presencia del SEÑOR?». Y descubrieron que ninguno de Jabes de Galaad había asistido a la asamblea. ⁹Pues luego de contar a todos los presentes, no había nadie de Jabes de Galaad.

¹⁰Entonces la asamblea envió a doce mil de sus mejores guerreros a Jabes de Galaad con órdenes de matar a todos los habitantes, entre ellos mujeres y niños. ¹¹«Lo que harán —les dijeron— es destruir por completo* a todos los varones y a las mujeres que no sean vírgenes». ¹²Entre los habitantes de Jabes de Galaad, encontraron a cuatrocientas muchachas vírgenes, que nunca se habían acostado con un hombre, y las llevaron al campamento en Silo, que está en la tierra de Canaán.

¹³Así que la asamblea de Israel envió una delegación de paz a los hombres que habían quedado de Benjamín, y que estaban viviendo en la roca de Rimón. ¹⁴Entonces los hombres de Benjamín volvieron a sus hogares y recibieron como esposas a las cuatrocientas mujeres de Jabes de Galaad, a quienes se les había perdonado la vida. Pero no hubo suficientes mujeres para todos los hombres.

¹⁵El pueblo sintió lástima por Benjamín, porque el SEÑOR había dejado un vacío en las tribus de Israel. ¹⁶A raíz de eso, los ancianos de la asamblea preguntaron: «¿Cómo podemos conseguir esposas para los pocos que quedan, ya que las mujeres de la tribu de Benjamín están muertas? ¹⁷Los sobrevivientes deben tener herederos, para que no quede exterminada toda una tribu de Israel. ¹⁸Pero no podemos darles a nuestras hijas en matrimonio porque hemos jurado solemnemente que quien lo haga caerá bajo la maldición de Dios».

¹⁹Entonces se acordaron del festival anual del SEÑOR que se celebra en Silo, al sur de Lebona y al norte de Betel, por el lado oriente del camino que va de Betel a Siquem. ²⁰Así que les dijeron a los hombres de Benjamín que aún necesitaban esposa: «Vayan y escóndanse en los viñedos. ²¹Cuando vean que las jóvenes de Silo salen a danzar, salgan corriendo de los viñedos, y entonces cada uno de ustedes lleve a una de ellas a la tierra de Benjamín, para que sea su esposa. ²²Cuando los padres y los hermanos de las muchachas vengan a reclamarnos, nosotros les diremos: "Sean comprensivos, por favor. Dejen que se queden con sus hijas, porque no encontramos esposas para todos ellos cuando destruimos Jabes de Galaad. Y ustedes no son culpables de romper el voto, ya que, en realidad, no les entregaron a sus hijas en matrimonio"».

²³Así que los hombres de Benjamín hicieron lo que se les dijo. Cada hombre tomó a una de las mujeres mientras danzaban en la celebración, y se la llevó para que fuera su esposa. Regresaron a su propia tierra, reedificaron sus ciudades y vivieron en ellas.

²⁴Luego el pueblo de Israel se retiró por tribus y familias, y cada uno volvió a su propia casa.

²⁵En esos días, Israel no tenía rey; cada uno hacía lo que le parecía correcto según su propio criterio.

21:11 El término hebreo empleado aquí se refiere a la consagración total de cosas o personas al SEÑOR, ya sea destruyéndolas o entregándolas como ofrenda.

Rut

Elimelec traslada a su familia a Moab

1 En los días en que los jueces gobernaban Israel, un hombre severa azotó la tierra. Por eso, un hombre de Belén de Judá dejó su casa y se fue a vivir a la tierra de Moab, junto con su esposa y sus dos hijos. ²El hombre se llamaba Elimelec, y el nombre de su esposa era Noemí. Sus dos hijos se llamaban Mahlón y Quelión. Eran efrateos de Belén, en la tierra de Judá. Así que cuando llegaron a Moab se establecieron allí.

³Tiempo después murió Elimelec, y Noemí quedó sola con sus dos hijos. ⁴Ellos se casaron con mujeres moabitas. Uno se casó con una mujer llamada Orfa y el otro con una mujer llamada Rut. Pero unos diez años después ⁵murieron tanto Mahlón como Quelión. Entonces, Noemí quedó sola, sin sus dos hijos y sin su esposo.

Noemí y Rut regresan a Judá

⁶Estando en Moab, Noemí se enteró de que el Señor había bendecido a su pueblo en Judá al volver a darle buenas cosechas. Entonces Noemí y sus nueras se prepararon para salir de Moab y regresar a su tierra natal. ⁷Acompañada por sus dos nueras, partió del lugar donde vivía y tomó el camino que la llevaría de regreso a Judá.

⁸Sin embargo, ya puestas en camino, Noemí les dijo a sus dos nueras:

—Vuelva cada una a la casa de su madre, y que el Señor las recompense por la bondad que mostraron a sus esposos y a mí. ⁹Que el Señor las bendiga con la seguridad de un nuevo matrimonio.

Entonces les dio un beso de despedida y todas se echaron a llorar desconsoladas.

¹⁰—No —le dijeron—, queremos ir contigo a tu pueblo.

¹¹Pero Noemí respondió:

—¿Por qué habrían de continuar conmigo? ¿Acaso puedo tener más hijos que crezcan y sean sus esposos? ¹²No, hijas mías, regresen a la casa de sus padres, porque ya soy demasiado vieja para volverme a casar. Aunque fuera posible, y me casara esta misma noche y tuviera hijos varones, entonces, ¿qué? ¹³¿Esperarían ustedes hasta que ellos crecieran y se negarían a casarse

con algún otro? ¡Por supuesto que no, hijas mías! La situación es mucho más amarga para mí que para ustedes, porque el Señor mismo ha levantado su puño contra mí.

¹⁴Entonces volvieron a llorar juntas y Orfa se despidió de su suegra con un beso, pero Rut se aferró con firmeza a Noemí.

¹⁵—Mira —le dijo Noemí—, tu cuñada regresó a su pueblo y a sus dioses. Tú deberías hacer lo mismo.

¹⁶Pero Rut respondió:

—No me pidas que te deje y regrese a mi pueblo. A donde tú vayas, yo iré; dondequiera que tú vivas, yo viviré. Tu pueblo será mi pueblo, y tu Dios será mi Dios. ¹⁷Donde tú mueras, allí moriré y allí me enterrarán. ¡Que Dios me castigue severamente si permito que algo nos separe, aparte de la muerte!

¹⁸Cuando Noemí vio que Rut estaba decidida a irse con ella, no insistió más.

¹⁹De modo que las dos siguieron el viaje. Cuando entraron a Belén, todo el pueblo se conmocionó por causa de su llegada.

—¿De verdad es Noemí? —preguntaban las mujeres.

²⁰—No me llamen Noemí —contestó ella—. Más bien llámenme Mara,* porque el Todopoderoso me ha hecho la vida muy amarga. ²¹Me fui llena, pero el Señor me ha traído vacía a casa. ¿Por qué llamarme Noemí cuando el Señor me ha hecho sufrir* y el Todopoderoso ha enviado semejante tragedia sobre mí?

²²Así que Noemí regresó de Moab acompañada de su nuera Rut, la joven moabita. Llegaron a Belén a fines de la primavera, al comienzo de la cosecha de la cebada.

Rut trabaja en el campo de Booz

2 Había en Belén un hombre rico y muy influyente llamado Booz que era pariente de Elimelec, el esposo de Noemí.

²Un día Rut la moabita le dijo a Noemí:

—Déjame ir a los campos de cosecha a ver si alguien en su bondad me permite recoger las espigas de grano dejadas atrás.

Noemí respondió:

—Está bien, hija mía, puedes ir.

³Así que Rut salió a recoger espigas detrás

1:20 Noemí significa «placentera»; Mara quiere decir «amarga».   **1:21** O ha dado testimonio contra mí.

de los cosechadores, y resultó que lo hizo en un campo que pertenecía a Booz, el pariente de su suegro, Elimelec.

⁴Mientras estaba allí, llegó Booz de Belén y saludó a los cosechadores:

—¡El SEÑOR sea con ustedes! —les dijo.

—¡El SEÑOR lo bendiga! —respondieron los cosechadores.

⁵Entonces Booz le preguntó a su capataz:

—¿Quién es esa joven que veo allá? ¿De quién es?

⁶Y el capataz le contestó:

—Es la joven moabita que volvió con Noemí. ⁷Esta mañana me pidió permiso para recoger grano detrás de los segadores. Desde que llegó no ha dejado de trabajar con esmero, excepto por unos momentos de descanso en el refugio.

⁸Booz se acercó a Rut y le dijo:

—Escucha, hija mía. Quédate aquí mismo con nosotros cuando recojas grano; no vayas a ningún otro campo. Sigue muy de cerca a las jóvenes que trabajan en mi campo. ⁹Fíjate en qué parcela están cosechando y síguelas. Advertí a los hombres que no te traten mal. Y cuando tengas sed, sírvete del agua que hayan sacado del pozo.

¹⁰Entonces Rut cayó a sus pies muy agradecida.

—¿Qué he hecho para merecer tanta bondad? —le preguntó—. No soy más que una extranjera.

¹¹—Sí, lo sé —respondió Booz—; pero también sé todo lo que has hecho por tu suegra desde la muerte de tu esposo. He oído que dejaste a tu padre y a tu madre, y a tu tierra natal, para vivir aquí entre gente totalmente desconocida. ¹²Que el SEÑOR, Dios de Israel, bajo cuyas alas viniste a refugiarte, te recompense abundantemente por lo que hiciste.

¹³—Espero continuar siendo de su agrado, señor —respondió ella—. Usted me consoló al hablarme con tanta bondad, aunque ni siquiera soy una de sus trabajadoras.

¹⁴Después, a la hora de comer, Booz la llamó:

—Ven aquí y sírvete de la comida. Puedes mojar tu pan en el vinagre.

De modo que Rut se sentó junto a los cosechadores, y Booz le dio a comer grano tostado. Ella comió todo lo que quiso y hasta le sobró.

¹⁵Cuando Rut regresó a trabajar, Booz ordenó a sus trabajadores:

—Déjenla recoger espigas aun entre las gavillas, y no se lo impidan. ¹⁶Además, arranquen de los manojos algunas espigas de cebada y déjenlas caer a propósito. ¡Permítanle recogerlas y no la molesten!

¹⁷Así que Rut recogió cebada allí todo el día y, cuando la desgranó por la tarde, llenó toda una canasta.* ¹⁸Luego la cargó de vuelta al pueblo y la mostró a su suegra. También le dio el grano tostado que le había sobrado de su comida.

¹⁹—¿Dónde recogiste todo este grano hoy?

—preguntó Noemí—. ¿Dónde trabajaste? ¡Que el SEÑOR bendiga al que te ayudó!

Entonces Rut le contó a su suegra acerca del hombre en cuyo campo había trabajado. Le dijo:

—El hombre con quien trabajé hoy se llama Booz.

²⁰—¡Que el SEÑOR lo bendiga! —le dijo Noemí a su nuera—. Nos muestra su bondad no solo a nosotras sino también a tu marido que murió.* Ese hombre es uno de nuestros parientes más cercanos, uno de los redentores de nuestra familia.

²¹Entonces Rut* dijo:

—Es más, Booz me dijo que volviera y me quedara con sus trabajadores hasta que termine la cosecha.

²²—¡Excelente! —exclamó Noemí—. Haz lo que te dijo, hija mía. Quédate con las jóvenes hasta que termine la cosecha. En otros campos podrían molestarte, pero con él estarás segura.

²³De modo que Rut trabajó junto a las mujeres en los campos de Booz y recogió grano con ellas hasta el final de la cosecha de cebada. Luego siguió trabajando con ellas durante la cosecha de trigo, a comienzos del verano. Y todo ese tiempo vivió con su suegra.

Rut en el campo de trillar

3 Un día Noemí le dijo a Rut:

—Hija mía, es tiempo de que yo te encuentre un hogar permanente para que tengas un porvenir asegurado. ²Booz es nuestro pariente cercano, y él ha sido muy amable al dejarte recoger grano con las jóvenes. Esta noche estará aventando cebada en el campo de trillar. ³Mira, haz lo que te digo. Báñate, perfúmate y vístete con tu ropa más linda. Después baja al campo de trillar pero no dejes que Booz te vea hasta que termine de comer y de beber. ⁴Fíjate bien dónde se acuesta; después acércate a él, destapa sus pies y acuéstate allí. Entonces él te dirá lo que debes hacer.

⁵—Haré todo lo que me dices —respondió Rut.

⁶Así que esa noche bajó al campo donde se trilla el grano y siguió las instrucciones de su suegra.

⁷Después de que Booz terminó de comer y de beber y estuvo de buen ánimo, se acostó al otro extremo del montón de grano y se durmió. Entonces Rut se acercó sin hacer ruido, le destapó los pies y se acostó. ⁸Alrededor de la medianoche, Booz se despertó de pronto y se dio vuelta. Entonces se sorprendió, ¡al encontrar a una mujer acostada a sus pies!

⁹—¿Quién eres? —preguntó.

—Soy Rut, su sierva —contestó ella—. Extienda sobre mí el borde de su manto ya que usted es el redentor de mi familia.

¹⁰—¡El SEÑOR te bendiga, hija mía! —exclamó Booz—. Muestras aún más lealtad familiar ahora que antes, pues no has ido tras algún hombre

2:17 En hebreo *fue como un efa* [22 litros ó 20 kilos]. **3:20** En hebreo *a los vivos y a los muertos.* **2:21** En hebreo *Rut la moabita.*

más joven, sea rico o pobre. [11]Ahora, hija mía, no te preocupes por nada. Yo haré lo que sea necesario, porque todo el pueblo sabe que eres una mujer virtuosa. [12]Pero aunque es cierto que yo soy uno de los redentores de tu familia, hay un pariente más cercano que yo. [13]Quédate aquí esta noche, y por la mañana hablaré con él. Si está dispuesto a redimirte, muy bien; deja que se case contigo. Pero si no está dispuesto a hacerlo, entonces, ¡tan cierto como que el SEÑOR vive, yo mismo te redimiré! Ahora acuéstate aquí hasta la mañana.

[14]Entonces Rut se acostó a los pies de Booz hasta la mañana, pero ella se levantó muy temprano, antes de que hubiera suficiente luz para que una persona pudiera reconocer a otra; pues Booz había dicho:

—Nadie debe saber que estuvo una mujer aquí en el campo de trillar.

[15]Luego Booz le dijo:

—Trae tu manto y extiéndelo.

Entonces él midió seis medidas* de cebada sobre el manto y lo colocó sobre las espaldas de ella. Después él* regresó al pueblo.

[16]Cuando Rut volvió a donde estaba su suegra, Noemí le preguntó:

—¿Qué sucedió, hija mía?

Rut le contó a Noemí todo lo que Booz había hecho por ella [17]y agregó:

—Me dio estas seis medidas de cebada y dijo: "No vuelvas a tu suegra con las manos vacías".

[18]Entonces Noemí le dijo:

—Ten paciencia, hija mía, hasta que sepamos lo que pasa. El hombre no descansará hasta dejar resuelto el asunto hoy mismo.

Booz se casa con Rut

4 Booz fue a la puerta de la ciudad y allí se sentó. En ese momento, pasó por ese lugar el redentor de la familia que Booz había mencionado, así que lo llamó:

—Amigo, ven, siéntate aquí. Quiero hablar contigo.

Así que se sentaron juntos. [2]Enseguida Booz llamó a diez líderes del pueblo y les pidió que se sentaran allí como testigos. [3]Entonces Booz le dijo al redentor de la familia:

—Tú conoces a Noemí, la que volvió de Moab. Está por vender el terreno que pertenecía a Elimelec, nuestro pariente. [4]Pensé que yo debía hablar contigo para que pudieras redimir la tierra si deseas hacerlo. Si quieres la tierra, entonces cómprala ahora en presencia de estos testigos. Pero si no quieres la tierra, házmelo saber ahora mismo, porque, después de ti, soy el pariente más cercano para redimirla.

El hombre respondió:

—Muy bien, yo la redimo.

[5]Entonces le dijo Booz:

—Por supuesto, al comprar tú la tierra de

Noemí, estás obligado a casarte con Rut, la viuda moabita. De esta manera ella podrá tener hijos que lleven el nombre de su esposo y así conservar la tierra para su familia.

[6]—Entonces no puedo redimir la tierra —respondió el pariente redentor— porque esto pondría en peligro mi propia herencia. Redime tú la tierra; yo no lo puedo hacer.

[7]En esos días era costumbre en Israel que cualquiera que transfiriera un derecho de compra se quitara la sandalia y se la entregara a la otra parte. Esto hacía válida la transacción de una manera pública. [8]Entonces el otro redentor de la familia se quitó la sandalia mientras le decía a Booz:

—Compra tú la tierra.

[9]Entonces Booz les dijo a los ancianos y a la gente que estaba alrededor:

—Ustedes son testigos de que hoy le compré a Noemí toda la propiedad de Elimelec, Quelión y Mahlón. [10]Además, junto con la tierra adquirí a Rut, la viuda moabita de Mahlón, para que sea mi esposa. De este modo ella podrá tener un hijo para que el nombre de la familia de su difunto esposo continúe y herede aquí, en su pueblo natal, la propiedad de su familia. Hoy todos ustedes son testigos.

[11]Entonces los ancianos y toda la gente que estaba en la puerta respondieron:

—¡Somos testigos! ¡Que el SEÑOR haga que esta mujer que va a ser parte de tu hogar sea como Raquel y Lea, de quienes descendió toda la nación de Israel! ¡Que prosperes en Efrata y que seas famoso en Belén. [12]Y que el SEÑOR te dé descendientes por medio de esta joven que sean como los de nuestro antepasado Fares, el hijo de Tamar y Judá.

Los descendientes de Booz

[13]Así que Booz llevó a Rut a su casa y la hizo su esposa. Cuando se acostó con ella, el SEÑOR permitió que quedara embarazada y diera a luz un hijo. [14]Entonces las mujeres del pueblo le dijeron a Noemí: «¡Alabado sea el SEÑOR, que te ha dado ahora un redentor para tu familia! Que este niño sea famoso en Israel. [15]Que él restaure tu juventud y te cuide en tu vejez. ¡Pues es el hijo de tu nuera que te ama y que te ha tratado mejor que siete hijos!».

[16]Entonces Noemí tomó al niño, lo abrazó contra su pecho y cuidó de él como si fuera su propio hijo. [17]Las vecinas decían: «¡Por fin ahora Noemí tiene nuevamente un hijo!».

Y le pusieron por nombre Obed. Él llegó a ser el padre de Isaí y abuelo de David.

[18]Este es el registro genealógico de su antepasado Fares:

Fares fue el padre de Hezrón.
[19] Hezrón fue el padre de Ram.
Ram fue el padre de Aminadab.

3:15a Una cantidad desconocida.   **3:15b** La mayoría de los manuscritos hebreos dicen *él;* muchos manuscritos hebreos, la versión siríaca y la Vulgata Latina dicen *ella.*

20 Aminadab fue el padre de Naasón.
   Naasón fue el padre de Salmón.*
21 Salmón fue el padre de Booz.

Booz fue el padre de Obed.
22 Obed fue el padre de Isaí.
   Isaí fue el padre de David.

4:20 Así aparece en algunos manuscritos griegos (ver también 4:21); en hebreo dice Salmá.

1 Samuel

Elcana y su familia

1 Había un hombre llamado Elcana que vivía en Ramá, en la región de Zuf* ubicada en la zona montañosa de Efraín. Era hijo de Jeroham, hijo de Eliú, hijo de Tohu, hijo de Zuf, de la tribu de Efraín. ²Elcana tenía dos esposas: Ana y Penina. Penina tenía hijos, pero Ana no.

³Cada año Elcana viajaba a la ciudad de Silo para adorar al Señor de los Ejércitos Celestiales y ofrecerle sacrificios en el tabernáculo. Los sacerdotes del Señor en ese tiempo eran los dos hijos de Elí: Ofni y Finees. ⁴Cuando Elcana presentaba su sacrificio, les daba porciones de esa carne a Penina y a cada uno de sus hijos. ⁵Sin embargo, a Ana, aunque la amaba, sólo le daba una porción selecta* porque el Señor no le había dado hijos. ⁶De manera que Penina se mofaba y se reía de Ana porque el Señor no le había permitido tener hijos. ⁷Año tras año sucedía lo mismo, Penina se burlaba de Ana mientras iban al tabernáculo.* En cada ocasión, Ana terminaba llorando y ni siquiera quería comer.

⁸«¿Por qué lloras, Ana? —le preguntaba Elcana—. ¿Por qué no comes? ¿Por qué estás desanimada? ¿Solo por no tener hijos? Me tienes a mí, ¿acaso no es mejor que tener diez hijos?».

Oración de Ana por un hijo

⁹Una vez, después de comer lo que fue ofrecido como sacrificio en Silo, Ana se levantó y fue a orar. El sacerdote Elí estaba sentado en su lugar de costumbre junto a la entrada del tabernáculo.* ¹⁰Ana, con una profunda angustia, lloraba amargamente mientras oraba al Señor ¹¹e hizo el siguiente voto: «Oh Señor de los Ejércitos Celestiales, si miras mi dolor y contestas mi oración y me das un hijo, entonces te lo devolveré. Él será tuyo durante toda su vida, y como señal de que fue dedicado al Señor, nunca se le cortará el cabello.*

¹²Mientras Ana oraba al Señor, Elí la observaba ¹³y la veía mover los labios. Pero como no oía ningún sonido, pensó que estaba ebria.

¹⁴—¿Tienes que venir borracha? —le reclamó—. ¡Abandona el vino!

¹⁵—¡Oh no, Señor! —respondió ella—. No he bebido vino ni nada más fuerte. Pero estoy muy desanimada, derramaba ante el Señor lo que hay en mi corazón. ¹⁶¡No piense que soy una mujer perversa! Pues he estado orando debido a mi gran angustia y a mi profundo dolor.

¹⁷—En ese caso —le dijo Elí—, ¡ve en paz! Que el Dios de Israel te conceda lo que le has pedido.

¹⁸—¡Oh, muchas gracias! —exclamó ella.

Así que se fue, comenzó a comer de nuevo y ya no estuvo triste.

Nacimiento y dedicación de Samuel

¹⁹Temprano a la mañana siguiente, la familia se levantó y una vez más fue a adorar al Señor. Después regresaron a su casa en Ramá. Ahora bien, cuando Elcana se acostó con Ana, el Señor se acordó de la súplica de ella, ²⁰y a su debido tiempo dio a luz un hijo a quien le puso por nombre Samuel,* porque dijo: «Se lo pedí al Señor».

²¹Al año siguiente, Elcana y su familia hicieron su viaje anual para ofrecer sacrificio al Señor. ²²Pero Ana no los acompañó y le dijo a su esposo:

—Esperemos hasta que el niño sea destetado. Entonces lo llevaré al tabernáculo y lo dejaré allí con el Señor para siempre.*

²³—Haz lo que mejor te parezca —acordó Elcana—. Quédate aquí por ahora, y que el Señor te ayude a cumplir tu promesa.

Así que ella se quedó en casa y amamantó al niño hasta que lo destetó.

²⁴Cuando el niño fue destetado, Ana lo llevó al tabernáculo en Silo. Ellos llevaron un toro de tres años* para el sacrificio, una canasta* de harina y un poco de vino. ²⁵Después de sacrificar el toro, llevaron al niño a Elí. ²⁶«Señor, ¿se acuerda de mí? —preguntó Ana—. Soy la mujer que estuvo aquí hace varios años orando al Señor. ²⁷Le pedí al Señor que me diera este niño, y él concedió mi petición. ²⁸Ahora se lo entrego al Señor, y le pertenecerá a él toda su vida». Y allí ellos* adoraron al Señor.

1:1 Así aparece en la versión griega; en hebreo dice *Ramataim-zofim*; comparar 1:19.   1:5 O *Debido a que amaba a Ana, él le daba una porción selecta.* El significado del hebreo es incierto.   1:7 En hebreo *la casa del Señor;* también en 1:24.   1:9 En hebreo el *templo del Señor.*   1:11 Algunos manuscritos agregan *Él no beberá vino ni bebidas alcohólicas.*   1:20 *Samuel* suena como el término hebreo que significa «pedido a Dios» u «oído por Dios».   1:22 Algunos manuscritos agregan *te ofrecerá como nazareo para siempre.*   1:24a Así aparece en los Rollos del mar Muerto, en la versión griega y en la siríaca; en el texto masorético dice *tres toros.*   1:24b En hebreo *un efa* (22 litros ó 20 kilos).   1:28 En hebreo *él adoró.*

Oración de alabanza de Ana

2 Luego Ana oró:

«¡Mi corazón se alegra en el SEÑOR!
    El SEÑOR me ha fortalecido.*
Ahora tengo una respuesta para mis
        enemigos;
    me alegro porque tú me rescataste.
² ¡Nadie es santo como el SEÑOR!
    Aparte de ti, no hay nadie;
    no hay Roca como nuestro Dios.

³ »¡Dejen de ser tan orgullosos y altaneros!
    ¡No hablen con tanta arrogancia!
Pues el SEÑOR es un Dios que sabe lo que
        han hecho;
    él juzgará sus acciones.
⁴ El arco de los poderosos está quebrado,
    y los que tropezaban ahora son fuertes.
⁵ Los que estaban bien alimentados ahora
        tienen hambre,
    y los que se morían de hambre ahora están
        saciados.
La mujer que no podía tener hijos ahora
        tiene siete,
    y la mujer con muchos hijos se consume.
⁶ El SEÑOR da tanto la muerte como la vida;
    a unos baja a la tumba* y a otros levanta.
⁷ El SEÑOR hace a algunos pobres y a
        otros ricos;
    a unos derriba y a otros levanta.
⁸ Él levanta al pobre del polvo
    y al necesitado del basurero.
Los pone entre los príncipes
    y los coloca en los asientos de honor.
Pues toda la tierra pertenece al SEÑOR,
    y él puso en orden el mundo.

⁹ »Él protegerá a sus fieles,
    pero los perversos desaparecerán en
        la oscuridad.
Nadie tendrá éxito solo por la fuerza.
¹⁰   Los que pelean contra el SEÑOR,
        serán destrozados.
    Él retumba contra ellos desde el cielo;
    el SEÑOR juzga en toda la tierra.
Él da poder a su rey;
    aumenta la fuerza* de su ungido.»

¹¹Después Elcana regresó a su casa en Ramá
sin Samuel, y el niño servía al SEÑOR como ayudante del sacerdote Elí.

Los hijos perversos de Elí

¹²Ahora bien, los hijos de Elí eran unos sinvergüenzas que no le tenían respeto al SEÑOR
¹³ni a sus obligaciones sacerdotales. Cada vez
que alguien ofrecía un sacrificio, los hijos de Elí
enviaban a un sirviente con un tenedor grande de
tres dientes. Mientras la carne del animal sacrificado aún se cocía, ¹⁴el sirviente metía el tenedor

en la olla y exigía que todo lo que sacara con el
tenedor fuera entregado a los hijos de Elí. Así trataban a todos los israelitas que llegaban a Silo
para adorar. ¹⁵Algunas veces el sirviente llegaba
aun antes de que la grasa del animal fuera quemada sobre el altar. Exigía carne cruda antes de
que hubiera sido cocida, para poder asarla.

¹⁶Si el hombre que ofrecía el sacrificio respondía: «Toma toda la que quieras, pero solo
después de quemarse la grasa», el sirviente
insistía: «No, dámela ahora o la tomaré por la
fuerza». ¹⁷Así que el pecado de estos jóvenes era
muy serio ante los ojos del SEÑOR, porque trataban las ofrendas del SEÑOR con desprecio.

¹⁸Pero Samuel, aunque era solo un niño, servía al SEÑOR; vestía una túnica de lino como la
del sacerdote.* ¹⁹Cada año su madre le hacía un
pequeño abrigo y se lo llevaba cuando iba con
su esposo para el sacrificio. ²⁰Antes de que ellos
regresaran a su casa, Elí bendecía a Elcana y a
su esposa diciendo: «Que el SEÑOR te dé otros
hijos para que tomen el lugar de este que ella
entregó al SEÑOR»*. ²¹Entonces el SEÑOR le dio
a Ana tres hijos y dos hijas. Entre tanto, Samuel
crecía en la presencia del SEÑOR.

²²Ahora bien, Elí ya era muy viejo, pero estaba
consciente de lo que sus hijos le hacían al pueblo de Israel. Por ejemplo, sabía que sus hijos
seducían a las jóvenes que ayudaban a la entrada
del tabernáculo.* ²³Elí les dijo: «He oído lo
que la gente dice acerca de las cosas perversas
que ustedes hacen. ¿Por qué siguen pecando?
²⁴¡Basta, hijos míos! Los comentarios que escucho del pueblo del SEÑOR no son buenos. ²⁵Si
alguien peca contra otra persona, Dios puede*
mediar por el culpable. Pero si alguien peca contra el SEÑOR, ¿quién podrá interceder?». Sin
embargo, los hijos de Elí no hicieron caso a su
padre, porque el SEÑOR ya había decidido quitarles la vida.

²⁶Mientras tanto, el niño Samuel crecía en
estatura física y en el favor del SEÑOR y en el de
toda la gente.

Advertencia para la familia de Elí

²⁷Cierto día un hombre de Dios vino a Elí y
le dio el siguiente mensaje del SEÑOR: «Cuando
el pueblo de Israel era esclavo en Egipto, yo me
revelé* a tus antepasados. ²⁸Elegí a tu antepasado* Aarón de entre todas las tribus de Israel
para que fuera mi sacerdote, ofreciera sacrificios sobre mi altar, quemara incienso y vistiera
el chaleco sacerdotal,* cuando me servía. Y les
asigné las ofrendas de los sacrificios a ustedes,
los sacerdotes. ²⁹Entonces, ¿por qué menosprecian mis sacrificios y ofrendas? ¿Por qué das
más honor a tus hijos que a mí? ¡Pues tú y ellos
han engordado con lo mejor de las ofrendas de
mi pueblo Israel!

2:1 En hebreo *ha exaltado mi cuerno.*   2:6 En hebreo *al Seol.*   2:10 En hebreo *él exalta el cuerno.*   2:18 En hebreo *vestía un efod
de lino.*   2:20 Así aparece en los Rollos del mar Muerto y en los textos masoréticos dice *que él le pidió al SEÑOR.*
2:22 En hebreo *carpa de reunión.* En algunos manuscritos falta esta frase por completo.   2:25 O *los jueces pueden.*   2:27 Así aparece
en la versión griega y en la siríaca; en hebreo dice *¿no me revelé...*   2:28a En hebreo *tu padre.*   2:28b En hebreo *un efod.*

³⁰»Por lo tanto, el Señor, Dios de Israel, dice: prometí que los de tu rama de la tribu de Leví* me servirían siempre como sacerdotes. Sin embargo, honraré a los que me honran y despreciaré a los que me menosprecian. ³¹Llegará el tiempo cuando pondré fin a tu familia para que ya no me sirva como sacerdotes. Todos los miembros de tu familia morirán antes de tiempo; ninguno llegará a viejo. ³²Con envidia mirarás cuando derrame prosperidad sobre tu pueblo de Israel, pero ningún miembro de tu familia jamás cumplirá sus días. ³³Los que sobrevivan llevarán una vida de tristeza y dolor, y sus hijos morirán de muerte violenta.* ³⁴Y para comprobar que lo que dije se hará realidad, ¡haré que tus dos hijos, Ofni y Finees, mueran el mismo día!

³⁵»Entonces levantaré a un sacerdote fiel, quien me servirá y hará lo que yo deseo. Estableceré para él una descendencia duradera, y ellos serán por siempre sacerdotes para mis reyes ungidos. ³⁶Así pues, todos los que sobrevivan de tu familia se inclinarán ante él, mendigando dinero y comida. Dirán: "Le rogamos que nos dé trabajo entre los sacerdotes para que tengamos suficiente para comer"».

El Señor habla a Samuel

3 Mientras tanto, el niño Samuel servía al Señor ayudando a Elí. Ahora bien, en esos días los mensajes del Señor eran muy escasos y las visiones eran poco comunes.

²Una noche, Elí, que para entonces estaba casi ciego, ya se había acostado. ³La lámpara de Dios aún no se había apagado, y Samuel estaba dormido en el tabernáculo* cerca del arca de Dios. ⁴De pronto el Señor llamó:

—¡Samuel!

—Sí —respondió Samuel—. ¿Qué quiere?

⁵Se levantó y corrió hasta donde estaba Elí.

—Aquí estoy. ¿Me llamó usted?

—Yo no te llamé —dijo Elí—. Vuelve a la cama. Entonces, Samuel se volvió a acostar. ⁶Luego, el Señor volvió a llamar:

—¡Samuel!

Nuevamente Samuel se levantó y fue a donde estaba Elí.

—Aquí estoy. ¿Me llamó usted?

—Yo no te llamé, hijo mío —respondió Elí—. Vuelve a la cama.

⁷Samuel todavía no conocía al Señor, porque nunca antes había recibido un mensaje de él. ⁸Así que el Señor llamó por tercera vez, y una vez más Samuel se levantó y fue a donde estaba Elí.

—Aquí estoy. ¿Me llamó usted?

En ese momento Elí se dio cuenta de que era el Señor quien llamaba al niño. ⁹Entonces le dijo a Samuel:

—Ve y acuéstate de nuevo y, si alguien vuelve a llamarte, di: "Habla, Señor, que tu siervo escucha".

Así que Samuel volvió a su cama. ¹⁰Y el Señor vino y llamó igual que antes:

—¡Samuel! ¡Samuel!

Y Samuel respondió:

—Habla, que tu siervo escucha.

¹¹Entonces el Señor le dijo a Samuel:

—Estoy por hacer algo espantoso en Israel. ¹²Llevaré a cabo todas mis amenazas contra Elí y su familia, de principio a fin. ¹³Le advertí que viene juicio sobre su familia para siempre, porque sus hijos blasfeman a Dios* y él no los ha disciplinado. ¹⁴Por eso juré que los pecados de Elí y los de sus hijos jamás serán perdonados ni por medio de sacrificios ni ofrendas.

Samuel, vocero del Señor

¹⁵Entonces Samuel se quedó en la cama hasta la mañana; luego se levantó y abrió las puertas del tabernáculo,* como de costumbre. Tenía miedo de contarle a Elí lo que el Señor le había dicho. ¹⁶Pero Elí lo llamó:

—Samuel, hijo mío.

—Aquí estoy —respondió Samuel.

¹⁷—¿Qué te dijo el Señor? Dímelo todo. ¡Y que el Señor te castigue, y aun te mate, si me ocultas algo!

¹⁸Entonces Samuel le contó todo a Elí; no le ocultó nada.

—Es la voluntad del Señor —respondió Elí—. Que él haga lo que mejor le parezca.

¹⁹El Señor estaba con Samuel mientras crecía, y todo lo que Samuel decía se cumplía. ²⁰Entonces todo Israel, desde Dan en el norte hasta Beerseba en el sur, supo que Samuel había sido confirmado como profeta del Señor. ²¹El Señor siguió apareciéndose en Silo y le daba mensajes a Samuel allí en el tabernáculo. ⁴:¹Y las palabras de Samuel llegaban a todo el pueblo de Israel.

Los filisteos capturan el arca

4 En aquel tiempo, Israel estaba en guerra con los filisteos. El ejército israelita acampaba cerca de Ebenezer y los filisteos estaban en Afec. ²Los filisteos atacaron al ejército de Israel y lo derrotaron matando a cuatro mil hombres. ³Terminada la batalla, las tropas se retiraron a su campamento, y los ancianos de Israel se preguntaban: «¿Por qué permitió el Señor que los filisteos nos derrotaran?». Después dijeron: «Traigamos de Silo el arca del pacto del Señor. Si la llevamos con nosotros a la batalla, nos salvará* de nuestros enemigos».

⁴Así que enviaron hombres a Silo para que trajeran el arca del pacto del Señor de los Ejércitos Celestiales, quien está entronizado entre los querubines. Los hijos de Elí, Ofni y Finees, también estaban allí con el arca del pacto de Dios. ⁵Cuando los israelitas vieron que el arca del

2:30 En hebreo *que tu casa y la casa de tu padre*. 2:33 Así aparece en los Rollos del mar Muerto, que dicen *morirán a espada*; el texto masorético dice *morirán como mortales*. 3:3 En hebreo *el templo del Señor*. 3:13 Así aparece en la versión griega; en hebreo dice *sus hijos se hicieron despreciables*. 3:15 En hebreo *la casa del Señor*. 4:3 O *él nos salvará*.

pacto del Señor llegaba al campamento, ¡su grito de alegría fue tan fuerte que hizo temblar la tierra!

6«¿Qué estará pasando?» —se preguntaron los filisteos—. ¿Qué es todo ese griterío en el campamento de los hebreos?» Cuando les dijeron que era porque el arca del Señor había llegado al campamento, 7entraron en pánico. «¡Los dioses han* llegado a su campamento!» —exclamaron—. ¡Esto es un desastre! ¡Nunca antes nos hemos enfrentado a algo así! 8¡Socorro! ¿Quién podrá librarnos de los dioses poderosos de Israel? Son los mismos dioses que destruyeron a los egipcios con plagas cuando Israel estaba en el desierto. 9¡Filisteos, peleen como nunca antes! ¡Si no lo hacen, seremos esclavos de los hebreos así como ellos han sido esclavos nuestros! ¡Peleen como hombres!»

10Así que los filisteos pelearon con desesperación, y de nuevo derrotaron a Israel. La matanza fue grande; ese día murieron treinta mil soldados israelitas. Los sobrevivientes dieron la vuelta y huyeron, cada uno a su carpa. 11Entonces los filisteos capturaron el arca de Dios y mataron a Ofni y a Finees, los dos hijos de Elí.

Muerte de Elí

12Un hombre de la tribu de Benjamín corrió desde el campo de batalla y, más tarde ese mismo día, llegó a Silo. Había rasgado su ropa y echado polvo sobre su cabeza en señal de dolor. 13Elí esperaba junto al camino para oír noticias de la batalla, pues estaba tan preocupado por la seguridad del arca de Dios que le temblaba el corazón. Cuando llegó el mensajero y contó lo que había sucedido, un clamor resonó por todo el pueblo.

14«¿A qué se debe todo ese ruido?», preguntó Elí.

Entonces el mensajero corrió a donde estaba Elí, 15quien tenía noventa y ocho años de edad y ya estaba ciego, 16y le dijo:

—Acabo de llegar del campo de batalla; estuve allí hoy mismo.

—¿Qué pasó, hijo mío? —preguntó Elí.

17—Israel fue derrotado por los filisteos —le contestó el mensajero—. Masacraron a la gente, también mataron a sus dos hijos, Ofni y Finees, y capturaron el arca de Dios.

18Cuando el mensajero mencionó lo que había sucedido al arca de Dios, Elí cayó de espaldas de su asiento junto a la puerta. Se quebró la nuca y murió, porque era viejo y demasiado gordo. Durante cuarenta años había sido el juez de Israel.

19La nuera de Elí, esposa de Finees, estaba embarazada y próxima a dar a luz. Cuando se enteró de que habían capturado el arca de Dios y que su suegro y su esposo habían muerto, entró en trabajo de parto y dio a luz. 20Ella murió después del parto, pero antes de que muriera las

parteras trataron de animarla. «No tengas miedo —le dijeron—. ¡Tienes un varón!». Pero ella no contestó ni les prestó atención.

21Al niño le puso por nombre Icabod (que significa «¿dónde está la gloria?») porque dijo: «La gloria de Israel se ha ido». Le puso ese nombre porque el arca de Dios había sido capturada y porque murieron su suegro y su esposo. 22Y luego dijo: «La gloria se ha ido de Israel, porque el arca de Dios ha sido capturada».

El arca en territorio filisteo

5 Después de que los filisteos capturaran el arca de Dios, la llevaron del campo de batalla en Ebenezer hasta la ciudad de Asdod. 2Llevaron el arca de Dios al templo del dios Dagón y la pusieron junto a una estatua de Dagón. 3Pero cuando los ciudadanos de Asdod fueron a verla a la mañana siguiente, ¡la estatua de Dagón había caído boca abajo delante del arca del Señor! Así que levantaron a Dagón y nuevamente lo colocaron en su lugar. 4Pero temprano al día siguiente sucedió lo mismo: de nuevo Dagón había caído boca abajo frente al arca del Señor. Esta vez su cabeza y sus manos se habían quebrado y estaban a la entrada; solo el tronco de su cuerpo quedó intacto. 5Por eso, hasta el día de hoy, ni los sacerdotes de Dagón ni nadie más que entra al templo de Dagón, en Asdod, pisan el umbral.

6Entonces la mano dura del Señor hirió a la gente de Asdod y de las aldeas cercanas con una plaga de tumores.* 7Cuando el pueblo se dio cuenta de lo que sucedía, exclamó: «¡No podemos quedarnos con el arca del Dios de Israel ni un minuto más! Está en contra de nosotros! Todos seremos destruidos junto con Dagón, nuestro dios». 8De modo que convocaron a los gobernantes de las ciudades filisteas y les preguntaron:

—¿Qué debemos hacer con el arca del Dios de Israel?

Los gobernantes deliberaron y contestaron:

—Trasládenla a la ciudad de Gat.

Así que trasladaron el arca del Dios de Israel a Gat. 9Pero cuando el arca llegó a Gat, la mano dura del Señor cayó sobre sus hombres, jóvenes y mayores; los hirió con una plaga de tumores, y hubo gran pánico.

10Entonces enviaron el arca de Dios a la ciudad de Ecrón, pero cuando los habitantes de Ecrón vieron que se acercaba, clamaron: «¡Traen el arca del Dios de Israel a nuestra ciudad para matarnos a nosotros también!». 11Entonces el pueblo volvió a llamar a los gobernantes filisteos y les suplicó: «¡Por favor, regresen el arca del Dios de Israel a su propio país, o nos matará* a todos!». Pues ya había comenzado la plaga mortal enviada por Dios, y un gran temor se apoderaba del pueblo. 12Los que no morían, sufrían de tumores; y el clamor del pueblo ascendió al cielo.

4.7 O lit *dios ha.* 5:6 La versión griega y la Vulgata Latina dicen *tumores, y ratas aparecieron en su tierra, y la muerte y la destrucción estaban por toda la ciudad.* 5:11 O *él nos matará.*

Los filisteos devuelven el arca

6 Así que el arca del Señor permaneció en territorio filisteo por un total de siete meses. ²Entonces los filisteos mandaron llamar a sus sacerdotes y adivinos, y les preguntaron:

—¿Qué debemos hacer con el arca del Señor? Díganos cómo devolverla a su propio país.

³—Devuelvan el arca del Dios de Israel junto con un regalo —les dijeron—. Envíen una ofrenda por la culpa, para que la plaga se detenga. Entonces, si se sanan, sabrán que fue la mano de Dios la que causó esta plaga.

⁴—¿Qué clase de ofrenda por la culpa debemos enviar? —preguntaron.

Entonces les respondieron:

—Ya que la plaga los hirió a ustedes y a sus cinco gobernantes, elaboren cinco tumores de oro y cinco ratas de oro como los que asolaron la tierra. ⁵Hagan estas cosas para demostrar su respeto al Dios de Israel. Tal vez entonces él deje de afligirlos a ustedes, a sus dioses y a su tierra. ⁶No sean tercos y rebeldes como lo fueron faraón y los egipcios. Cuando Dios terminó con ellos, estaban deseosos de dejar ir a Israel.

⁷»Así que construyan una carreta nueva y busquen dos vacas que acaben de tener cría. Asegúrense de que las vacas nunca hayan llevado yugo. Engánchenlas a la carreta, pero encierren sus becerros en un corral. ⁸Pongan el arca del Señor en la carreta, y junto a ella coloquen un cofre con las ratas de oro y los tumores de oro que estarán enviando como ofrenda por la culpa. Después dejen que las vacas vayan por donde quieran. ⁹Si cruzan la frontera de nuestra tierra y van hacia Bet-semes, sabremos que fue el Señor quien trajo este terrible desastre sobre nosotros. Si no la cruzan, sabremos que no fue la mano de Dios que causó esta plaga; más bien sucedió por pura casualidad.

¹⁰Así que llevaron a cabo las instrucciones. Engancharon dos vacas a la carreta y encerraron sus crías en un corral. ¹¹Luego pusieron el arca del Señor en la carreta junto con el cofre que contenía los tumores y las ratas de oro. ¹²Y efectivamente, las vacas, sin desviarse a ningún lado, siguieron directo por el camino hacia Bet-semes, mugiendo por todo el camino. Los gobernantes filisteos las siguieron hasta los límites de Bet-semes.

¹³Ahora bien, los habitantes de Bet-semes estaban cosechando trigo en el valle y, cuando vieron el arca, ¡se llenaron de alegría! ¹⁴La carreta entró en el campo de un hombre llamado Josué y se detuvo junto a una roca grande. Entonces la gente hizo pedazos la madera de la carreta para leña, mató a las dos vacas y las sacrificó al Señor como ofrenda quemada. ¹⁵Varios hombres de la tribu de Leví levantaron el arca del Señor y el cofre —que contenía las ratas y los tumores de oro— y los pusieron sobre la roca grande. En ese día el pueblo de Bet-semes ofreció muchos sacrificios y ofrendas quemadas al Señor. ¹⁶Los cinco gobernantes filisteos observaron todo esto y luego regresaron a Ecrón ese mismo día.

¹⁷Los cinco tumores de oro enviados por los filisteos al Señor, como ofrenda por la culpa, eran regalos de los gobernantes de Asdod, Gaza, Ascalón, Gat y Ecrón. ¹⁸Las cinco ratas de oro representaban las cinco ciudades filisteas junto con sus aldeas vecinas, que eran controladas por los cinco gobernantes. La gran roca de Bet-semes, donde colocaron el arca del Señor, todavía está en el campo de Josué como un testimonio de lo que sucedió allí.

Trasladan el arca a Quiriat-jearim

¹⁹Pero el Señor mató a setenta hombres* de Bet-semes porque miraron dentro del arca del Señor. Y el pueblo hizo gran duelo por lo que el Señor había hecho. ²⁰¿Quién puede estar en la presencia del Señor, este Dios santo? —clamaron—. ¿Adónde podremos enviar el arca desde aquí?».

²¹Así que enviaron mensajeros a la gente de Quiriat-jearim y le dijeron: «Los filisteos han devuelto el arca del Señor. ¡Vengan y llévensela!».

7 Entonces los hombres de Quiriat-jearim fueron por el arca del Señor. La llevaron a la casa de Abinadab que estaba en las laderas y comisionaron a su hijo Eleazar para que se encargara de ella. ²El arca permaneció en Quiriat-jearim mucho tiempo: veinte años en total. Durante ese tiempo todos los israelitas se lamentaron porque parecía que el Señor los había abandonado.

Samuel lleva a Israel a la victoria

³Entonces Samuel le dijo a todo el pueblo de Israel: «Si en realidad desean volver al Señor, desháganse de sus dioses ajenos y de las imágenes de Astoret. Tomen la determinación de obedecer solo al Señor; entonces él los rescatará de los filisteos». ⁴Así que los israelitas se deshicieron de todas sus imágenes de Baal y de Astoret y adoraron únicamente al Señor.

⁵Después Samuel les dijo: «Reúnan a todo Israel en Mizpa, y yo oraré al Señor por ustedes». ⁶De manera que se reunieron en Mizpa y, en una gran ceremonia, sacaron agua de un pozo y la derramaron delante del Señor. Asimismo no comieron durante todo el día y confesaron que habían pecado contra el Señor. (Fue en Mizpa donde Samuel se convirtió en juez de Israel).

⁷Cuando los gobernantes filisteos se enteraron de que Israel se había reunido en Mizpa, movilizaron a su ejército y avanzaron. El miedo invadió a los israelitas cuando supieron que los filisteos se acercaban. ⁸«¡No dejes de

6:19 Así aparece en unos cuantos manuscritos hebreos; la mayoría de los manuscritos hebreos dicen *70 hombres, 50.000 hombres.* Tal vez el texto se deba entender como *el Señor mató a 70 hombres y a 50 bueyes.*

rogarle al Señor nuestro Dios que nos salve de los filisteos!», le suplicaron a Samuel. ⁹Entonces Samuel tomó un cordero y lo ofreció al Señor como ofrenda quemada entera. Rogó al Señor que ayuda a Israel, y el Señor le contestó.

¹⁰Entonces, justo en el momento en que Samuel sacrificaba la ofrenda quemada, llegaron los filisteos para atacar a Israel. Pero ese día el Señor habló con una poderosa voz de trueno desde el cielo y causó tal confusión entre los filisteos, que los israelitas los derrotaron. ¹¹Los hombres de Israel los persiguieron desde Mizpa hasta un lugar abajo de Bet-car, matándolos a lo largo del camino.

¹²Luego Samuel tomó una piedra grande y la colocó entre las ciudades de Mizpa y Jesana.* La llamó Ebenezer (que significa «la piedra de ayuda») porque dijo: ¡Hasta aquí el Señor nos ha ayudado!»

¹³De modo que los filisteos fueron sometidos y no volvieron a invadir a Israel por algún tiempo. Y durante toda la vida de Samuel la mano poderosa del Señor se levantó contra los filisteos. ¹⁴Entonces fueron restituidas a Israel las aldeas cercanas a Ecrón y Gat que los filisteos habían tomado, junto con el resto del territorio que habían tomado de Israel. Y en esos días hubo paz entre los israelitas y los amorreos.

¹⁵Samuel continuó como juez de Israel por el resto de su vida. ¹⁶Cada año hacía un recorrido y establecía su tribunal, primero en Betel, luego en Gilgal y después en Mizpa. Juzgaba al pueblo de Israel en cada uno de estos lugares. ¹⁷Luego regresaba a su hogar en Ramá, donde también atendía otros casos. En Ramá, Samuel construyó un altar al Señor.

Israel pide un rey

8 Cuando Samuel envejeció, nombró a sus hijos como jueces de Israel. ²Joel y Abías, sus hijos mayores, establecieron su corte en Beerseba. ³Pero ellos no eran como su padre, porque codiciaban el dinero; aceptaban sobornos y pervertían la justicia.

⁴Finalmente, todos los ancianos de Israel se reunieron en Ramá para hablar del asunto con Samuel. ⁵«Mira, Samuel —le dijeron—, ya eres anciano y tus hijos no son como tú. Danos un rey para que nos juzgue así como lo tienen las demás naciones».

⁶Samuel se disgustó con esta petición y fue al Señor en busca de orientación. ⁷«Haz todo lo que te digan —le respondió el Señor—, porque es a mí a quien rechazan y no a ti; ya no quieren que yo siga siendo su rey. ⁸Desde que los saqué de Egipto me han abandonado continuamente y han seguido a otros dioses. Y ahora te tratan a ti de la misma manera. ⁹Haz lo que te pidan, pero adviérteles seriamente acerca de la manera en que reinará sobre ellos un rey».

Samuel advierte contra tener un rey

¹⁰Entonces Samuel transmitió la advertencia del Señor al pueblo que pedía un rey.

¹¹—Esta es la manera en que un rey gobernará sobre ustedes —les dijo—. El rey reclutará en el ejército a los hijos de ustedes y los asignará a los carros de guerra y a sus conductores, y los hará correr delante de sus carros. ¹²Algunos serán generales y capitanes del ejército,* otros serán obligados a arar y a cosechar los cultivos del rey, y otros harán las armas y el equipo para los carros de guerra. ¹³El rey tomará a las hijas de ustedes y las obligará a cocinar, a hornear y a hacer perfumes para él. ¹⁴Les quitará a ustedes lo mejor de sus campos, viñedos y huertos de olivos, y se los dará a sus oficiales. ¹⁵Tomará una décima parte de su grano y de sus cosechas de uvas y la repartirá entre sus oficiales y miembros de la corte. ¹⁶Les quitará sus esclavos y esclavas, y les exigirá lo mejor de sus ganados* y burros para su propio uso. ¹⁷Les exigirá la décima parte de sus rebaños, y ustedes serán sus esclavos. ¹⁸Cuando llegue ese día, suplicarán alivio de este rey que ahora piden, pero entonces el Señor no los ayudará.

¹⁹Sin embargo, el pueblo se negó a escuchar la advertencia de Samuel.

—Aun así, todavía queremos un rey —dijeron ellos—. ²⁰Nuestro deseo es ser como las naciones que nos rodean. El rey nos juzgará y será nuestro líder en las batallas.

²¹Así que Samuel le repitió al Señor lo que el pueblo dijo, ²²y el Señor respondió: «Haz lo que te piden y dales un rey». Entonces Samuel estuvo de acuerdo y los envió a sus casas.

Saúl conoce a Samuel

9 Había un hombre rico e influyente llamado Cis, de la tribu de Benjamín. Era hijo de Abiel, hijo de Zeror, hijo de Becorat, hijo de Afía, de la tribu de Benjamín. ²Su hijo Saúl era el hombre más apuesto en Israel; era tan alto que los demás apenas le llegaban a los hombros.

³Cierto día, los burros de Cis se extraviaron, y él le dijo a Saúl: «Lleva a un siervo contigo y ve a buscar los burros». ⁴Así que Saúl tomó a un siervo y anduvo por la zona montañosa de Efraín, por la tierra de Salisa, por el área de Saalim y por toda la tierra de Benjamín, pero no pudieron encontrar los burros por ninguna parte.

⁵Finalmente, entraron a la región de Zuf y Saúl le dijo a su siervo:

—Volvamos a casa. ¡Es probable que ahora mi padre esté más preocupado por nosotros que por los burros!

⁶Pero el siervo dijo.

—¡Se me ocurre algo! En esta ciudad vive un hombre de Dios. La gente lo tiene en gran estima porque todo lo que dice se cumple. Vayamos a buscarlo; tal vez pueda decirnos por dónde ir.

7:12 Así aparece en la versión griega y en la siríaca; en hebreo dice *Sen.* 8:12 En hebreo *comandantes de miles y comandantes de cincuenta.* 8:16 Así aparece en la versión griega; en hebreo dice *hombres jóvenes.*

⁷—Pero no tenemos nada que ofrecerle —respondió Saúl—. Hasta nuestra comida se acabó y no tenemos nada que darle.

⁸—Bueno —dijo el siervo—, tengo una pequeña pieza de plata.* ¡Al menos, la podemos ofrecer al hombre de Dios y ver qué pasa!

⁹(En esos días, si la gente quería recibir un mensaje de Dios, decía: «Vamos a preguntarle al vidente», porque los profetas solían ser llamados «videntes».)

¹⁰—Está bien —aceptó Saúl—, ¡hagamos el intento!

Así que se encaminaron hacia la ciudad donde vivía el hombre de Dios. ¹¹Al ir subiendo la colina hacia la ciudad, se encontraron con unas jóvenes que salían a sacar agua. Entonces Saúl y su siervo les preguntaron:

—¿Se encuentra por aquí el vidente?

¹²—Sí —les contestaron—, sigan por este camino; él está junto a las puertas de la ciudad. Acaba de llegar para participar en un sacrificio público que se realizará arriba, en el lugar de adoración. ¹³Apúrense para que lo puedan encontrar antes de que suba a comer. Los invitados no comenzarán a comer hasta que él llegue para bendecir los alimentos.

¹⁴De modo que llegaron a la ciudad y, mientras entraban por las puertas, Samuel iba saliendo hacia ellos para subir al lugar de adoración.

¹⁵Ahora bien, el SEÑOR le había dicho a Samuel el día anterior: ¹⁶«Mañana a esta hora te enviaré a un hombre de la tierra de Benjamín. Úngelo para que sea el líder de mi pueblo, Israel. Él lo librará de los filisteos, porque desde lo alto he mirado a mi pueblo con misericordia y he oído su clamor».

¹⁷Cuando Samuel vio a Saúl, el SEÑOR le dijo: «¡Ese es el hombre del que te hablé! Él gobernará a mi pueblo».

¹⁸Justo en ese momento, Saúl se acercó a Samuel a las puertas de la ciudad y le preguntó:

—¿Podría decirme, por favor, dónde está la casa del vidente?

¹⁹—¡Yo soy el vidente! —contestó Samuel—. Sube al lugar de adoración delante de mí. Allí comeremos juntos, y en la mañana te diré lo que quieres saber y te enviaré de regreso. ²⁰Y no te preocupes por esos burros que se perdieron hace tres días, porque ya los encontraron. Además, estoy aquí para decirte que tú y tu familia son el centro de todas las esperanzas de Israel.

²¹Saúl respondió:

—¡Pero solo soy de la tribu de Benjamín, la más pequeña de Israel, y mi familia es la menos importante de todas las familias de la tribu! ¿Por qué me habla usted de esa manera?

²²Luego Samuel llevó a Saúl y a su siervo al comedor y los sentó en la cabecera de la mesa, y así les honró más que a los treinta invitados

especiales. ²³Después Samuel dio instrucciones al cocinero para que le sirviera a Saúl el mejor corte de carne, la porción que había sido reservada para el invitado de honor. ²⁴El cocinero trajo la carne y la puso frente a Saúl. «Adelante, come —le dijo Samuel—, ¡lo había apartado para ti aun antes de que invitara a los demás!».

Así que ese día Saúl comió con Samuel. ²⁵Cuando bajaron del lugar de adoración y regresaron a la ciudad, Samuel llevó a Saúl a la azotea de la casa y allí le preparó una cama.* ²⁶Al amanecer del día siguiente, Samuel llamó a Saúl: «¡Levántate! ¡Es hora de que sigas tu viaje!». Así que Saúl se preparó y salió de la casa junto a Samuel. ²⁷Cuando llegaron a las afueras de la ciudad, Samuel le dijo a Saúl que mandara a su siervo que se adelantara. Después de que el siervo se fue, Samuel dijo: «Quédate aquí, porque he recibido un mensaje especial para ti de parte de Dios».

Samuel unge a Saúl como rey

10 Entonces Samuel tomó un frasco de aceite de oliva y lo derramó sobre la cabeza de Saúl. Besó a Saúl y dijo: «Hago esto porque el SEÑOR te ha designado para que gobiernes a Israel, su posesión más preciada.* ²Cuando me dejes hoy, verás a dos hombres junto a la tumba de Raquel en Selsa, en los límites del territorio de Benjamín. Ellos te dirán que los burros fueron encontrados y que tu padre dejó de preocuparse por ellos, pero que ahora está preocupado por ti. Está preguntando: "¿Han visto a mi hijo?".

³»Cuando llegues al roble de Tabor, te encontrarás con tres hombres que van camino a Betel para adorar a Dios. Uno llevará tres cabritos, otro tendrá tres panes y el tercero un odre lleno de vino. ⁴Los tres hombres te saludarán y te ofrecerán dos panes, los cuales debes aceptar.

⁵»Cuando llegues a Guibeá de Dios,* donde está la guarnición de los filisteos, encontrarás a un grupo de profetas que desciende del lugar de adoración. Estarán tocando un arpa, una pandereta, una flauta y una lira, y estarán profetizando. ⁶En ese momento el Espíritu del SEÑOR vendrá poderosamente sobre ti y profetizarás con ellos. Serás transformado en una persona diferente. ⁷Después de que sucedan estas señales, haz lo que deba hacerse, porque Dios está contigo. ⁸Luego desciende a Gilgal delante de mí. Allí me encontraré contigo para sacrificar ofrendas quemadas y ofrendas de paz. Deberás esperar siete días hasta que yo llegue y te dé más instrucciones».

Las señales de Samuel se cumplen

⁹Mientras Saúl se daba vuelta para irse, Dios le dio un nuevo corazón, y todas las señales de Samuel se cumplieron en ese día. ¹⁰Cuando Saúl

---

9:8 En hebreo ¼ *siclo de plata,* aproximadamente 3 gramos o 0,1 onzas.   **9:25** Así aparece en la versión griega; en hebreo dice *y allí habló con él.*   **10:1** La versión griega dice *sobre Israel. Y gobernarás al pueblo del SEÑOR y lo salvarás de sus enemigos que lo rodean. Esta será la señal para ti de que el SEÑOR te ha designado para ser el líder de su posesión más preciada.*   **10:5** En hebreo *Guibeat-haelohim.*

y su siervo llegaron a Guibeá, vieron a un grupo de profetas que se les acercaba. Entonces el Espíritu de Dios vino poderosamente sobre Saúl, y él también comenzó a profetizar. 11Cuando los que conocían a Saúl se enteraron de lo sucedido, exclamaron: «¿Qué? ¿Hasta Saúl es profeta? ¿Cómo se convirtió el hijo de Cis en profeta?».

12Además, uno de los que estaban allí dijo: «¿Cualquiera puede convertirse en profeta, sin importar quien sea su padre?»*. Este es el origen del dicho: «¿Hasta Saúl es profeta?».

13Cuando Saúl terminó de profetizar, subió al lugar de adoración.

14—¿Dónde han estado? —les preguntó el tío de Saúl a él y a su siervo.

—Estábamos buscando los burros —le respondió Saúl—, pero no pudimos encontrarlos. Así que acudimos a Samuel para preguntarle dónde estaban.

15—¡Ah! ¿Y qué dijo? —le preguntó su tío.

16—Nos dijo que ya habían encontrado los burros —contestó Saúl.

Pero Saúl no le contó a su tío lo que Samuel había dicho acerca del reino.

Saúl es proclamado rey

17Después Samuel convocó a todo el pueblo de Israel para que se reuniera delante del SEÑOR en Mizpa, 18y dijo: «Esto es lo que el SEÑOR, Dios de Israel, ha declarado: "Los saqué de Egipto; los rescaté de los egipcios y de todas las naciones que los oprimían. 19Pero aunque los rescaté de su miseria y aflicción, hoy han rechazado a su Dios y han dicho: '¡No, en lugar del SEÑOR queremos un rey!'. Por lo tanto, preséntense ahora delante del SEÑOR por tribus y clanes"».

20Entonces Samuel reunió a todas las tribus de Israel delante del SEÑOR, y por sorteo se eligió a la tribu de Benjamín. 21Después llevó a cada familia de la tribu de Benjamín delante del SEÑOR, y se eligió a la familia de los Matri. Finalmente de entre ellos fue escogido Saúl, hijo de Cis. Pero cuando lo buscaron, ¡había desaparecido! 22Entonces le preguntaron al SEÑOR:

—¿Dónde está?

Y el SEÑOR contestó:

—Está escondido entre el equipaje.

23Así que lo encontraron y lo sacaron. Era tan alto que los demás apenas le llegaban al hombro.

24Luego Samuel dijo a todo el pueblo: «Este es el hombre que el SEÑOR ha escogido como su rey. ¡No hay nadie como él en todo Israel!».

Y todo el pueblo gritó: «¡Viva el rey!».

25Después, Samuel le explicó al pueblo cuales eran los derechos y las obligaciones de un rey. Los escribió en un rollo y lo puso delante del SEÑOR. Luego Samuel envió al pueblo a sus casas.

26Cuando Saúl regresó a su casa en Guibeá

lo acompañó un grupo de hombres a quienes Dios les había tocado el corazón. 27Sin embargo, había unos sinvergüenzas que se quejaban: «¿Cómo puede este hombre salvarnos?». Y lo despreciaban y se negaban a llevarle regalos; pero Saúl no se hizo caso.

[Nahas, rey de los amonitas, había estado oprimiendo gravemente a los habitantes de Gad y de Rubén que vivían al oriente del río Jordán. Les sacó el ojo derecho a todos los israelitas que vivían allí, y no permitía que nadie viniera a rescatarlos. De hecho, de todos los israelitas que vivían al oriente del río Jordán, no había uno solo a quien Nahas no le hubiera sacado el ojo derecho. Pero había siete mil hombres que habían escapado de los amonitas y se habían establecido en Jabes de Galaad]*.

Saúl derrota a los amonitas

11 Como un mes después,* el rey Nahas de Amón dirigió su ejército contra la ciudad israelita llamada Jabes de Galaad. Pero los habitantes de Jabes pidieron paz.

—Haz un tratado con nosotros y seremos tus siervos —rogaron.

2—Está bien —dijo Nahas—, pero con una sola condición. ¡Le sacaré el ojo derecho a cada uno de ustedes para deshonrar a todo Israel!

3—¡Danos siete días para enviar mensajeros por todo Israel! —respondieron los ancianos de Jabes—. Si nadie viene a salvarnos, aceptaremos tus condiciones.

4Cuando los mensajeros llegaron a Guibeá de Saúl y le contaron al pueblo acerca de su aprieto, todos se echaron a llorar. 5Saúl había estado arando un campo con sus bueyes, y cuando regresó a la ciudad, preguntó: «¿Qué les pasa? ¿Por qué están llorando?». Así que le contaron del mensaje de Jabes.

6Entonces el Espíritu de Dios vino con poder sobre Saúl y se enojó mucho. 7Así que, tomó dos bueyes, los cortó en pedazos y envió mensajeros para que los llevaran por todo Israel con el siguiente mensaje: «¡Esto es lo que le pasará a los bueyes del que se niegue a seguir a Saúl y a Samuel a la batalla!». Entonces el SEÑOR hizo que la gente tuviera miedo del enojo de Saúl, por lo tanto, todos salieron a la guerra como un solo hombre. 8Cuando Saúl los movilizó en Bezec, se dio cuenta de que había trescientos mil hombres de Israel y treinta mil* de Judá.

9Entonces Saúl envió a los mensajeros de regreso a Jabes de Galaad para decir: «¡Los rescataremos mañana antes del mediodía!». Cuando llegó el mensaje, ¡hubo gran alegría en toda la ciudad!

10Así que los hombres de Jabes dijeron a sus enemigos: «Mañana iremos a ustedes y podrán hacer con nosotros lo que quieran». 11Pero a

---

10:12 En hebreo dijo: «¿Quién es su padre?».   10:27 Este párrafo, que no está incluido en el texto masorético, se encuentra en el Rollo del mar Muerto 4QSam^a.   11:1 Así aparece en la versión griega; en hebreo falta la frase Como un mes después.   11:8 Los Rollos del mar Muerto y la versión griega dicen 70.000.

la mañana siguiente, antes del amanecer, Saúl llegó con su ejército dividido en tres destacamentos. Entonces atacó por sorpresa a los amonitas y los masacró durante toda la mañana. El resto del ejército amonita quedó tan disperso que no había dos de ellos juntos.

¹²Entonces la gente clamó a Samuel:

—¿Ahora, dónde están esos hombres que decían: "¿Por qué debe Saúl gobernarnos?"? ¡Tráiganlos aquí y los mataremos!

¹³Pero Saúl respondió:

—Nadie será ejecutado hoy, ¡porque este día el SEÑOR rescató a Israel!

¹⁴Luego Samuel dijo a la gente:

—¡Vengan, vamos todos a Gilgal para renovar el reino!

¹⁵Así que todos fueron a Gilgal y en una ceremonia solemne delante del SEÑOR proclamaron rey a Saúl. Después ofrecieron ofrendas de paz al SEÑOR, y Saúl y todos los israelitas se llenaron de alegría.

Discurso de despedida de Samuel

12 Entonces Samuel se dirigió a todo Israel:

—He hecho lo que me han pedido y les he dado un rey. ²Ahora el rey es su líder. Estoy aquí delante de ustedes —un hombre ya viejo y canoso— y mis hijos les sirven. He sido su líder desde mi niñez hasta el día de hoy. ³Ahora testifiquen contra mí en presencia del SEÑOR y ante su ungido. ¿A quién le he robado un buey o un burro? ¿Alguna vez he estafado a alguno de ustedes? ¿Alguna vez los he oprimido? ¿Alguna vez he aceptado soborno o he pervertido la justicia? Díganmelo y corregiré cualquier cosa incorrecta que haya hecho.

⁴—No —le contestaron ellos—, nunca nos has engañado ni oprimido y nunca has aceptado soborno alguno.

⁵—El SEÑOR y su ungido son mis testigos hoy —declaró Samuel— de que mis manos están limpias.

—Sí, él es nuestro testigo —respondieron.

⁶—Fue el SEÑOR quien designó a Moisés y a Aarón —continuó Samuel—. Él sacó a sus antepasados de la tierra de Egipto. ⁷Ahora, permanezcan aquí en silencio delante del SEÑOR mientras les recuerdo todas las grandes cosas que el SEÑOR ha hecho por ustedes y por sus antepasados.

⁸«Cuando los israelitas estaban* en Egipto y clamaron al SEÑOR, él envió a Moisés y a Aarón para rescatarlos de Egipto y traerlos a esta tierra. ⁹Sin embargo, los israelitas pronto se olvidaron del SEÑOR su Dios, entonces él los entregó a Sísara, el comandante del ejército de Hazor, y también a los filisteos y al rey de Moab, quienes lucharon contra ellos.

¹⁰»Entonces clamaron al SEÑOR nuevamente y confesaron: "Hemos pecado al apartarnos del SEÑOR y al rendir culto a las imágenes de Baal y Astarot. Pero te adoraremos a ti y solo a ti si nos rescatas de nuestros enemigos". ¹¹Luego el SEÑOR envió a Gedeón,* a Bedán,* a Jefté y a Samuel* para salvarlos, y ustedes vivieron a salvo.

¹²»Pero cuando tuvieron miedo de Nahas, rey de Amón, vinieron a mí y me dijeron que querían un rey para que gobernara sobre ustedes, aun cuando el SEÑOR su Dios ya era su rey. ¹³Está bien, aquí está el rey que han escogido. Ustedes lo pidieron, y el SEÑOR se lo concedió.

¹⁴»Ahora, si ustedes temen al SEÑOR y lo adoran, si escuchan su voz y no se rebelan contra sus mandatos, entonces tanto ustedes como su rey demostrarán que reconocen al SEÑOR como su Dios. ¹⁵Pero si se rebelan contra los mandatos del SEÑOR y rehúsan escucharlo, entonces su mano será tan dura con ustedes como ha sido con sus antepasados.

¹⁶»Ahora quédense aquí y vean la maravilla que el SEÑOR está a punto de hacer. ¹⁷Ustedes saben que nunca llueve en esta época del año durante la cosecha de trigo. Le pediré al SEÑOR que hoy envíe truenos y lluvia. ¡Entonces se darán cuenta de qué tan perversos han sido al pedirle al SEÑOR un rey!

¹⁸Entonces Samuel clamó al SEÑOR, y ese mismo día envió truenos y lluvia. Y todo el pueblo quedó aterrado ante el SEÑOR y de Samuel.

¹⁹—¡Ora al SEÑOR tu Dios por nosotros o moriremos! —le dijeron a Samuel—. A nuestras faltas hemos agregado el pecado de pedir un rey.

²⁰—No teman —los tranquilizó Samuel—, de verdad han hecho mal, pero ahora asegúrense de adorar al SEÑOR con todo el corazón y no le den la espalda. ²¹No vuelvan a rendir culto a ídolos despreciables que no pueden ayudarlos o rescatarlos, ¡son completamente inútiles! ²²El SEÑOR no abandonará a su pueblo, porque eso traería deshonra a su gran nombre. Pues le agradó al SEÑOR hacerlos su pueblo.

²³»En cuanto a mí, ciertamente no pecaré contra el SEÑOR al dejar de orar por ustedes. Y seguiré enseñándoles lo que es bueno y correcto. ²⁴Por su parte, asegúrense de temer al SEÑOR y de servirlo fielmente. Piensen en todas las cosas maravillosas que él ha hecho por ustedes. ²⁵Pero si siguen pecando, ustedes y su rey serán destruidos.

Guerra constante contra los filisteos

13 Saúl tenía treinta* años cuando subió al trono, y reinó durante cuarenta y dos años.*

²Saúl eligió a tres mil soldados selectos del ejército de Israel y mandó a los demás hombres

---

12:8 En hebreo *Cuando Jacob estaba.* Los nombres «Jacob» e «Israel» a menudo son intercambiables en el Antiguo Testamento. Algunas veces hacen referencia al patriarca como individuo y otras veces a la nación. **12:11a** En hebreo *Jerobaal,* otro nombre para Gedeón; ver Jc 6:32. **12:11b** La versión griega y la siríaca dicen *Barac.* **12:11c** La versión griega y la siríaca dicen *Sansón.* **13:1a** Así aparece en unos cuantos manuscritos griegos; el número no se encuentra en el hebreo. **13:1b** En hebreo *reinó... y dos;* el número está incompleto en hebreo. Comparar con Hch 13:21.

a casa. Llevó consigo a dos mil de los hombres escogidos a Micmas y a la zona montañosa de Betel. Los otros mil fueron con Jonatán, el hijo de Saúl, a Guibeá en la tierra de Benjamín.

³Poco tiempo después, Jonatán atacó y derrotó la guarnición de los filisteos en Geba. La noticia corrió rápidamente entre los filisteos. Entonces Saúl tocó el cuerno de carnero por toda la tierra, y dijo: «¡Hebreos, escuchen esto! ¡Levántense! ¡Sublévense!». ⁴Así que todo Israel oyó la noticia que Saúl había destruido la guarnición filistea en Geba y que ahora los filisteos odiaban a los israelitas más que nunca. Entonces todo el ejército israelita fue llamado para unirse a Saúl en Gilgal.

⁵Los filisteos reunieron un ejército poderoso de tres mil* carros de guerra, seis mil hombres para conducirlos, y ¡tantos guerreros como los granos de arena a la orilla del mar! Acamparon en Micmas, al oriente de Bet-avén. ⁶Los hombres de Israel vieron el gran aprieto en el que estaban y, como estaban fuertemente presionados por el enemigo, trataron de esconderse en cuevas, matorrales, rocas, hoyos y cisternas. ⁷Algunos cruzaron el río Jordán y escaparon a la tierra de Gad y de Galaad.

Desobediencia de Saúl y reproche de Samuel

Mientras tanto, Saúl se quedó en Gilgal, y sus hombres temblaban de miedo. ⁸Durante siete días Saúl esperó allí, según las instrucciones de Samuel, pero aun así Samuel no llegaba. Saúl se dio cuenta de que sus tropas habían comenzado a desertar, ⁹de modo que ordenó: «¡Tráiganme la ofrenda quemada y las ofrendas de paz!». Y Saúl mismo sacrificó la ofrenda quemada.

¹⁰Precisamente cuando Saúl terminaba de sacrificar la ofrenda quemada, llegó Samuel. Saúl salió a recibirlo, ¹¹pero Samuel preguntó:

—¿Qué has hecho?

Saúl le contestó:

—Vi que mis hombres me abandonaban, y que tú no llegabas cuando prometiste, y que los filisteos ya están en Micmas, listos para la batalla. ¹²Así que me dije: "¡Los filisteos están listos para marchar contra nosotros en Gilgal, y yo ni siquiera he pedido ayuda al SEÑOR!". De manera que me vi obligado a ofrecer yo mismo la ofrenda quemada antes de que tú llegaras.

¹³—¡Qué tontería! —exclamó Samuel—. No obedeciste al mandato que te dio el SEÑOR tu Dios. Si lo hubieras obedecido, el SEÑOR habría establecido tu reinado sobre Israel para siempre. ¹⁴Pero ahora tu reino tiene que terminar, porque el SEÑOR ha buscado a un hombre conforme a su propio corazón. El SEÑOR ya lo ha nombrado para ser líder de su pueblo, porque tú no obedeciste el mandato del SEÑOR.

Desventaja militar de Israel

¹⁵Después Samuel salió de Gilgal y siguió su camino, pero el resto de las tropas fue con Saúl a encontrarse con el ejército. De Gilgal subieron a Guibeá, en la tierra de Benjamín.* Cuando Saúl contó los hombres que todavía estaban con él, ¡descubrió que solo quedaban seiscientos! ¹⁶Saúl, Jonatán y las tropas acampaban en Geba, en la tierra de Benjamín; mientras que los filisteos levantaron su campamento en Micmas. ¹⁷Tres destacamentos de asalto pronto salieron del campamento de los filisteos. Uno fue al norte hacia Ofra, en la tierra de Sual; ¹⁸otro fue al occidente, a Bet-horón, y el tercero avanzó hacia la frontera sobre el valle de Zeboim, cerca del desierto.

¹⁹No había herreros en la tierra de Israel en esos días. Los filisteos no los permitían, por miedo a que forjaran espadas y lanzas para los hebreos. ²⁰Entonces cada vez que los israelitas necesitaban afilar sus rejas de arado, picos, hachas y hoces,* tenían que llevarlos a un herrero filisteo. ²¹(Lo que les cobraban era lo siguiente: ocho gramos* de plata por afilar una reja de arado o un pico, y cuatro gramos* por afilar un hacha, una hoz o una aguijada para bueyes). ²²Por eso el día de la batalla, nadie del pueblo de Israel tenía espada o lanza, excepto Saúl y Jonatán.

²³El paso de Micmas, mientras tanto, había sido asegurado por un contingente del ejército filisteo.

Plan intrépido de Jonatán

14 Cierto día, Jonatán le dijo a su escudero: «Ven, vamos a donde está la avanzada de los filisteos». Pero Jonatán no le dijo a su padre lo que pensaba hacer.

²Mientras tanto, Saúl y sus seiscientos hombres acamparon en las afueras de Guibeá alrededor del árbol de granadas* en Migrón. ³Entre los hombres de Saúl estaba Ahías, el sacerdote, que vestía el efod, el chaleco sacerdotal. Ahías era hijo de Ahitob, hermano de Icabod, hijo de Finees, hijo de Elí, sacerdote del SEÑOR que había servido en Silo.

Nadie se dio cuenta de que Jonatán había dejado el campamento israelita. ⁴Para llegar al puesto de avanzada de los filisteos, Jonatán tuvo que descender de entre dos peñascos llamados Boses y Sene. ⁵Un peñasco estaba al norte, frente a Micmas; el otro estaba al sur, delante de Geba.

⁶—Crucemos hasta la avanzada de esos paganos —le dijo Jonatán a su escudero—. Tal vez el SEÑOR nos ayude, porque nada puede detener al SEÑOR. ¡Él puede ganar la batalla ya sea que tenga muchos guerreros o solo unos cuantos!

⁷—Haz lo que mejor te parezca —respondió el escudero—. Estoy contigo, decidas lo que decidas.

⁸—Muy bien —le dijo Jonatán—. Cruzaremos

13:5 Así aparece en la versión griega y en la siríaca; en hebreo dice 30.000. 13:15 Así aparece en la versión griega; en hebreo dice Samuel después dejó Gilgal y fue a Guibeá en la tierra de Benjamín. 13:20 Así aparece en la versión griega; en hebreo dice rejas de arado. 13:21a En hebreo un pim [0,25 onzas]. 13:21b En hebreo ⅓ de siclo [0,08 onzas]. 14:2 O alrededor de la roca de Rimón; comparar Jc 20:45, 47; 21:13.

y dejaremos que nos vean. 9Si nos dicen: "Quédense donde están o los mataremos", entonces nos detendremos y no subiremos hacia ellos. 10Pero si nos dicen: "Suban y peleen", entonces subiremos. Esa será la señal del SEÑOR de que nos ayudará a derrotarlos».

11Cuando los filisteos vieron que se acercaban, gritaron: ¡Miren, los hebreos salen de sus escondites!».

12Entonces los hombres de la avanzada le gritaron a Jonatán: «¡Suban aquí y les daremos una lección!».

«Vamos, sube detrás de mí —le dijo Jonatán a su escudero—, ¡porque el SEÑOR nos ayudará a derrotarlos!».

13Así que escalaron usando pies y manos. Entonces los filisteos caían ante Jonatán, y su escudero mataba a los que venían por detrás. 14Mataron a unos veinte hombres en total, y sus cuerpos quedaron dispersos en un espacio de media hectárea.*

15De repente, el ejército de los filisteos se llenó de pánico, tanto los que estaban en el campamento como los que estaban en el campo, hasta las avanzadas y los destacamentos de asalto, y en ese preciso momento hubo un terremoto, y todos quedaron aterrorizados.

Israel derrota a los filisteos

16Entonces los centinelas de Saúl en Guibeá de Benjamín vieron algo muy extraño: el inmenso ejército filisteo comenzó a dispersarse en todas direcciones. 17«Pasen lista y averigüen quién falta», ordenó Saúl. Y cuando hicieron el recuento, descubrieron que Jonatán y su escudero no estaban.

18Entonces Saúl le gritó a Ahías: «¡Trae el efod aquí!». Pues en ese tiempo Ahías llevaba puesto el efod delante de los israelitas.* 19Pero mientras Saúl hablaba con el sacerdote, la confusión en el campamento de los filisteos era cada vez más fuerte. Entonces Saúl le dijo al sacerdote: «No importa, ¡vamos ya!».*

20Enseguida Saúl y sus hombres corrieron a la batalla y encontraron los filisteos estaban matándose unos a otros. Había una terrible confusión en todas partes. 21Aun los hebreos, que anteriormente se habían unido al ejército filisteo, se rebelaron y se unieron a Saúl, a Jonatán y al resto de los israelitas. 22De igual manera, los hombres de Israel que estaban escondidos en la zona montañosa de Efraín, cuando vieron que los filisteos huían, se unieron a la persecución. 23Así que en ese día el SEÑOR salvó a Israel, y la recia batalla se extendió aún más allá de Bet-avén.

Juramento necio de Saúl

24Ahora bien, ese día los hombres de Israel quedaron agotados porque Saúl los había puesto

bajo juramento diciendo: «Que caiga una maldición sobre cualquiera que coma antes del anochecer, antes de que me vengue por completo de mis enemigos». De manera que nadie comió nada en todo el día, 25aun cuando en el suelo del bosque todos habían encontrado panales de miel. 26Así que no se atrevieron a tocar la miel por miedo al juramento que habían hecho.

27Pero Jonatán no había escuchado la orden de su padre, y metió la punta de su vara en un panal y comió la miel. Después de haberla comido, cobró nuevas fuerzas.* 28Pero uno de los hombres le vio y le dijo:

—Tu padre obligó al ejército que hiciera un juramento estricto que cualquiera que comiera algún alimento hoy sería maldito. Por eso todos están cansados y desfallecidos.

29—¡Mi padre nos ha creado dificultades a todos! —exclamó Jonatán—. Una orden como esa solo puede causarnos daño. ¡Miren cómo he cobrado nuevas fuerzas después de haber comido un poco de miel! 30Si a los hombres se les hubiera permitido comer libremente del alimento que encontraran entre nuestros enemigos, ¡imagínese a cuántos filisteos más habríamos podido matar!

31Así que los israelitas persiguieron y mataron a los filisteos todo el día desde Micmas hasta Ajalón, pero los soldados iban debilitándose. 32Esa noche se apresuraron a echar mano del botín y mataron ovejas, cabras, ganado y becerros, pero los comieron sin escurrirles la sangre. 33Entonces alguien le informó a Saúl:

—Mira, los hombres están pecando contra el SEÑOR al comer carne que todavía tiene sangre.

—¡Eso está muy mal! —dijo Saúl—. Busquen una piedra grande y háganla rodar hasta aquí. 34Luego vayan entre las tropas y díganles: "Tráiganme el ganado, las ovejas y las cabras. Mátenlos aquí y escúrranles la sangre antes de comérselos. No pequen contra el SEÑOR al comer carne que aún tiene sangre".

Así que esa noche las tropas llevaron sus animales y los mataron allí. 35Luego Saúl construyó un altar al SEÑOR; fue el primer altar que él le construyó al SEÑOR.

36Después Saúl dijo:

—Persigamos a los filisteos toda la noche y saqueemos sus bienes hasta el amanecer. Destruyamos hasta el último hombre.

Sus hombres respondieron:

—Haremos lo que mejor te parezca.

Pero el sacerdote dijo:

—Primero consultemos al SEÑOR.

37Entonces Saúl le preguntó a Dios:

—¿Debemos perseguir a los filisteos? ¿Nos ayudarás a derrotarlos?

Pero Dios no respondió ese día. 38Entonces Saúl les dijo a sus líderes:

14:14 En hebreo *media yugada*; una «yugada» era la cantidad de terreno que una yunta de bueyes podía arar en un día. 14:18 Así aparece en algunos manuscritos griegos; en hebreo dice *Trae el arca de Dios*. Pues en ese tiempo el arca de Dios estaba con los israelitas. 14:19 En hebreo *Retira tu mano*. 14:27 O *sus ojos se iluminaron*; similar en 14:29.

—¡Algo anda mal! Que vengan aquí todos los comandantes de mi ejército. Debemos descubrir qué pecado se ha cometido hoy. [39]¡Juro por el nombre del SEÑOR, quien rescató a Israel, que el pecador morirá, aun si fuera mi propio hijo Jonatán!

Pero nadie se atrevía a decirle cuál era el problema.

[40]Entonces Saúl dijo:

—Jonatán y yo nos pondremos aquí, y todos ustedes se pondrán allá.

Y el pueblo respondió a Saúl:

—Lo que mejor te parezca.

[41]Entonces Saúl oró:

—Oh, SEÑOR, Dios de Israel, por favor, muéstranos quién es culpable y quién es inocente.*

Entonces hicieron un sorteo sagrado, y Jonatán y Saúl fueron señalados como los culpables, y los demás declarados inocentes.

[42]Después dijo Saúl:

—Ahora hagan otro sorteo para señalar si es Jonatán o soy yo.

Entonces, Jonatán fue indicado como el culpable.

[43]—Dime lo que has hecho —le preguntó Saúl a Jonatán.

—Probé un poco de miel —admitió Jonatán—. Fue solo un poco en la punta de mi vara. ¿Merece eso la muerte?

[44]—Sí, Jonatán —dijo Saúl—, ¡debes morir! Que Dios me castigue e incluso me mate si no mueres por esto.

[45]Pero la gente intervino y le dijo a Saúl:

—Jonatán ganó esta gran victoria para Israel. ¿Debe morir? ¡De ningún modo! Tan cierto como que el SEÑOR vive, ni un solo cabello de su cabeza será tocado, porque hoy Dios lo ayudó a hacer esta gran proeza.

De modo que la gente salvó a Jonatán de la muerte.

[46]Entonces Saúl llamó a su ejército y no persiguieron más a los filisteos, y los filisteos volvieron a sus casas.

Victorias militares de Saúl

[47]Cuando Saúl aseguró su posición de rey sobre Israel, peleó contra sus enemigos en todas las direcciones: contra Moab, Amón, Edom, los reyes de Soba y los filisteos. Y dondequiera que iba, obtenía la victoria.* [48]Realizó grandes proezas y conquistó a los amalecitas y así salvó a Israel de todos aquellos que lo habían saqueado.

[49]Los hijos de Saúl eran Jonatán, Is-boset* y Malquisúa. También tuvo dos hijas, Merab, la mayor, y Mical. [50]La esposa de Saúl era Ahinoam, la hija de Ahimaas. El comandante del ejército de Saúl era Abner, hijo de Ner, tío de Saúl. [51]Cis, el padre de Saúl, y Ner, el padre de Abner, eran hijos de Abiel.

[52]Los israelitas pelearon constantemente con los filisteos durante toda la vida de Saúl. Así que cada vez que Saúl veía a un joven fuerte y valiente, lo reclutaba en su ejército.

Saúl destruye a los amalecitas

15 Cierto día, Samuel le dijo a Saúl: «Fue el SEÑOR quien me dijo que te ungiera como rey de su pueblo, Israel. ¡Ahora escucha este mensaje del SEÑOR! [2]Esto es lo que el SEÑOR de los Ejércitos Celestiales ha declarado: "He decidido ajustar cuentas con la nación de Amalec por oponerse a Israel cuando salió de Egipto. [3]Ve ahora y destruye* por completo a toda la nación amalecita: hombres, mujeres, niños, recién nacidos, ganado, ovejas, cabras, camellos y burros"».

[4]Entonces Saúl movilizó a su ejército en Telaim. Eran doscientos mil soldados de Israel y diez mil hombres de Judá. [5]Después Saúl y su ejército fueron a una ciudad de los amalecitas y se pusieron al acecho en el valle. [6]Saúl envió esta advertencia a los ceneos: «Apártense de donde viven los amalecitas o morirán junto con ellos. Pues ustedes fueron bondadosos con el pueblo de Israel cuando salió de Egipto». Así que los ceneos empacaron sus cosas y se fueron.

[7]Luego Saúl mató a los amalecitas desde Havila hasta llegar a Shur, al oriente de Egipto. [8]Capturó a Agag, el rey amalecita, pero destruyó por completo a todos los demás. [9]Saúl y sus hombres le perdonaron la vida a Agag y se quedaron con lo mejor de las ovejas y las cabras, del ganado, de los becerros gordos y de los corderos; de hecho, con todo lo que les atrajo. Solo destruyeron lo que no tenía valor o que era de mala calidad.

El SEÑOR rechaza a Saúl

[10]Luego el SEÑOR le dijo a Samuel: [11]«Lamento haber hecho a Saúl rey, porque no me ha sido leal y se ha negado a obedecer mi mandato». Al oírlo, Samuel se conmovió tanto que clamó al SEÑOR durante toda la noche.

[12]Temprano a la mañana siguiente Samuel fue a buscar a Saúl. Alguien le dijo: «Saúl fue a la ciudad de Carmelo a levantar un monumento en su propio honor y después continuó a Gilgal».

[13]Cuando por fin Samuel lo encontró, Saúl lo saludó con alegría.

—Que el SEÑOR te bendiga —le dijo—. Llevé a cabo el mandato del SEÑOR.

[14]—Entonces, ¿qué es todo ese balido de ovejas y cabras, y ese mugido de ganado que oigo? —le preguntó Samuel.

[15]—Es cierto que los soldados dejaron con vida lo mejor de las ovejas, las cabras y el ganado

14:41 La versión griega incluye *Si la falta es mía o de mi hijo Jonatán, responde con Urim; pero si la falta es de los hombres de Israel, responde con Tumim.* 14:47 Así aparece en la versión griega; en hebreo dice *actuaba de manera perversa.* 14:49 En hebreo *Isúi,* una variante de Is-boset; también conocido con Es-baal. 15:3 El término hebreo empleado aquí se refiere a la consagración total de cosas o personas al SEÑOR, ya sea destruyéndolas o entregándolas como ofrenda; también en 15:8, 9, 15, 18, 20, 21.

—admitió Saúl—, pero van a sacrificarlos al Señor tu Dios. Hemos destruido todo lo demás.

¹⁶Entonces Samuel le dijo a Saúl:

—¡Basta! ¡Escucha lo que el Señor me dijo anoche!

—¿Qué dijo? —preguntó Saúl.

¹⁷Y Samuel le dijo:

—Aunque tengas en poca estima, ¿acaso no eres el líder de las tribus de Israel? El Señor te ungió como rey de Israel, ¹⁸te envió en una misión y te dijo: "Ve y destruye por completo a los pecadores —a los amalecitas— hasta que todos estén muertos". ¹⁹¿Por qué no obedeciste al Señor? ¿Por qué te apuraste a tomar el botín y a hacer lo que es malo a los ojos del Señor?

²⁰—¡Pero yo sí obedecí al Señor! —insistió Saúl—. ¡Cumplí la misión que él me encargó! Traje al rey Agag, pero destruí a todos los demás. ²¹Entonces mis tropas llevaron lo mejor de las ovejas, de las cabras, del ganado y del botín para sacrificarlos al Señor tu Dios en Gilgal.

²²Pero Samuel respondió:

—¿Qué es lo que más le agrada al Señor:
    tus ofrendas quemadas y sacrificios,
    o que obedezcas a su voz?
¡Escucha! La obediencia es mejor que el
        sacrificio,
    y la sumisión es mejor que ofrecer la grasa
        de carneros.
²³ La rebelión es tan pecaminosa como
        la hechicería,
    y la terquedad, tan mala como rendir
        culto a ídolos.
Así que, por cuanto has rechazado el mandato
        del Señor,
    él te ha rechazado como rey.

Saúl implora perdón

²⁴Entonces Saúl le confesó a Samuel:

—Es cierto, he pecado. He desobedecido tus instrucciones y el mandato del Señor, porque tuve miedo del pueblo y por eso hice lo que ellos me pidieron. ²⁵Pero ahora, por favor, perdona mi pecado y regresa conmigo para que pueda adorar al Señor.

²⁶Pero Samuel respondió:

—¡No volveré contigo! Ya que tú rechazaste el mandato del Señor, él te ha rechazado como rey de Israel.

²⁷Cuando Samuel se dio vuelta para irse, Saúl trató de detenerlo y rasgó el borde de su túnica. ²⁸Entonces Samuel le dijo:

—Hoy el Señor te ha arrancado el reino de Israel y se lo ha dado a otro: a uno que es mejor que tú. ²⁹Y aquel que es la Gloria de Israel, no mentirá ni cambiará de parecer porque no es humano para que cambie de parecer.

³⁰Entonces Saúl volvió a implorar:

—Sé que he pecado. Pero al menos te ruego

que me honres ante los ancianos de mi pueblo y ante Israel al volver conmigo para que adore al Señor tu Dios.

³¹Entonces Samuel por fin accedió y regresó con él, y Saúl adoró al Señor.

Samuel ejecuta al rey Agag

³²Luego Samuel dijo:

—Tráiganme al rey Agag.

Agag llegó lleno de esperanza, porque pensó: «¡Seguramente ya pasó lo peor, y he sido librado de la muerte!».* ³³Pero Samuel le dijo:

—Como tu espada ha matado a los hijos de muchas madres, ahora tu madre se quedará sin hijos.

Y Samuel cortó a Agag en pedazos delante del Señor en Gilgal.

³⁴Después Samuel fue a su casa en Ramá, y Saúl regresó a su casa en Guibeá de Saúl. ³⁵Samuel nunca más volvió a ver a Saúl, pero lloraba por él constantemente. Y el Señor se lamentó de haber hecho a Saúl rey de Israel.

Samuel unge a David como rey

16 Ahora bien, el Señor le dijo a Samuel:

—Ya has hecho suficiente duelo por Saúl. Lo he rechazado como rey de Israel, así que llena tu frasco con aceite de oliva y ve a Belén. Busca a un hombre llamado Isaí que vive allí, porque he elegido a uno de sus hijos para que sea mi rey.

²Pero Samuel le preguntó:

—¿Cómo puedo hacerlo? Si Saúl llega a enterarse, me matará.

—Lleva contigo una novilla —le contestó el Señor— y di que has venido para ofrecer un sacrificio al Señor. ³Invita a Isaí al sacrificio, y te mostraré a cuál de sus hijos ungirás para mí.

⁴Así que Samuel hizo como el Señor le indicó. Cuando llegó a Belén, los ancianos del pueblo salieron a su encuentro temblando.

—¿Qué pasa? —le preguntaron—. ¿Vienes en son de paz?

⁵—Sí —contestó Samuel—, vine para ofrecer un sacrificio al Señor. Purifíquense y vengan conmigo al sacrificio.

Luego Samuel realizó el rito de purificación para Isaí y sus hijos y también los invitó al sacrificio.

⁶Cuando llegaron, Samuel se fijó en Eliab y pensó: «¡Seguramente este es el ungido del Señor!».

⁷Pero el Señor le dijo a Samuel:

—No juzgues por su apariencia o por su estatura, porque yo lo he rechazado. El Señor no ve las cosas de la manera en que tú las ves. La gente juzga por las apariencias, pero el Señor mira el corazón.

⁸Entonces Isaí le dijo a su hijo Abinadab que caminara delante de Samuel. Pero Samuel dijo:

—Este no es el que el Señor ha elegido.

15:32 Los Rollos del mar Muerto y la versión griega dicen *Agag llegó dudando, porque pensó: «De seguro esta es la amargura de la muerte».*

⁹Después Isaí llamó a Simea,* pero Samuel dijo:

—Tampoco es este a quien el Señor ha elegido.

¹⁰De la misma manera, Isaí le presentó sus siete hijos a Samuel. Pero Samuel le dijo:

—El Señor no ha elegido a ninguno de ellos.

¹¹Después Samuel preguntó:

—¿Son estos todos los hijos que tienes?

—Queda todavía el más joven —contestó Isaí—. Pero está en el campo cuidando las ovejas y las cabras.

—Manda llamarlo de inmediato —dijo Samuel—. No nos sentaremos a comer hasta que él llegue.

¹²Entonces Isaí mandó a buscarlo. El joven era trigueño y apuesto, y de hermosos ojos.

Y el Señor dijo:

—Este es, úngelo.

¹³Al estar David de pie entre sus hermanos, Samuel tomó el frasco de aceite de oliva que había traído y ungió a David con el aceite. Y el Espíritu del Señor vino con gran poder sobre David a partir de ese día. Luego Samuel regresó a Ramá.

David sirve en la corte de Saúl

¹⁴Ahora bien, el Espíritu del Señor se había apartado de Saúl, y el Señor envió un espíritu atormentador.*

¹⁵Algunos de los siervos de Saúl le dijeron:

—Un espíritu atormentador de parte de Dios te está afligiendo. ¹⁶Busquemos a un buen músico para que toque el arpa cada vez que el espíritu atormentador te aflija. Tocará música relajante, y dentro de poco estarás bien.

¹⁷—Me parece bien —dijo Saúl—. Búsquenme a alguien que toque bien y tráiganlo aquí.

¹⁸Entonces un siervo le dijo a Saúl:

—Uno de los hijos de Isaí de Belén tiene mucho talento para tocar el arpa. No solo eso, es un guerrero valiente, un hombre de guerra y de buen juicio. También es un joven bien parecido y el Señor está con él.

¹⁹Entonces Saúl mandó mensajeros a Isaí para decirle: «Envíame a tu hijo David, el pastor».

²⁰Isaí hizo caso y envió a su hijo David a Saúl, junto con un cabrito, un burro cargado de pan y un cuero lleno de vino.

²¹Así que David llegó a donde estaba Saúl y quedó a su servicio. Saúl llegó a apreciar mucho a David, y el joven se convirtió en su escudero.

²²Luego Saúl mandó un recado a Isaí con una petición: «Por favor, permite que David quede a mi servicio, porque me simpatiza mucho».

²³Y cada vez que el espíritu atormentador de parte de Dios afligía a Saúl, David tocaba el arpa. Entonces Saúl se sentía mejor, y el espíritu atormentador se iba.

Goliat desafía a los israelitas

17 Los filisteos reunieron su ejército para la batalla y acamparon en Efes-damim, que queda entre Soco en Judá y Azeca. ²Saúl respondió reuniendo a las tropas israelitas cerca del valle de Ela. ³De modo que los filisteos y los israelitas quedaron frente a frente en montes opuestos, separados por el valle.

⁴Luego Goliat, un campeón filisteo de Gat, salió de entre las filas de los filisteos para enfrentarse a las fuerzas de Israel. ¡Medía casi tres metros* de altura! ⁵Llevaba un casco de bronce y una cota de malla, hecha de bronce, pesaba cincuenta y siete kilos.* ⁶También tenía puestos protectores de bronce en las piernas y llevaba una jabalina de bronce sobre el hombro. ⁷El asta de su lanza era tan pesada y gruesa como un rodillo de telar, con una punta de hierro que pesaba casi siete kilos.* Su escudero iba delante de él.

⁸Entonces Goliat se detuvo y gritó mofándose de los israelitas: «¿Por qué salen todos ustedes a pelear? Yo soy el campeón filisteo, pero ustedes no son más que siervos de Saúl. ¡Elijan a un hombre para que venga aquí a pelear conmigo! ⁹Si me mata, entonces seremos sus esclavos; pero si yo lo mato a él, ¡ustedes serán nuestros esclavos! ¹⁰¡Hoy desafío a los ejércitos de Israel! ¡Envíenme a un hombre que me enfrente!».

¹¹Cuando Saúl y los israelitas lo escucharon, quedaron aterrados y profundamente perturbados.

Isaí envía a David al campamento de Saúl

¹²Ahora bien, David era hijo de un hombre llamado Isaí, un efrateo de Belén, en la tierra de Judá. En ese tiempo Isaí era anciano y tenía ocho hijos. ¹³Sus tres hijos mayores —Eliab, Abinadab y Simea—* ya se habían unido al ejército de Saúl para pelear contra los filisteos. ¹⁴David era el menor de los hijos. Sus tres hermanos mayores se quedaron en el ejército de Saúl, ¹⁵pero David iba y venía para ayudar a su padre con las ovejas en Belén.

¹⁶Durante cuarenta días, cada mañana y cada tarde, el campeón filisteo se paseaba dándose aires delante del ejército israelita.

¹⁷Un día, Isaí le dijo a David: «Toma esta canasta* de grano tostado y estos diez panes, y llévaselos de prisa a tus hermanos. ¹⁸Y dale estos diez pedazos de queso a su capitán. Averigua cómo están tus hermanos y tráeme un informe de cómo les va». ¹⁹Los hermanos de David estaban con Saúl y el ejército israelita en el valle de Ela, peleando contra los filisteos.

²⁰Así que temprano a la mañana siguiente, David dejó las ovejas al cuidado de otro pastor y salió con los regalos, como Isaí le había indicado. Llegó al campamento justo cuando el ejército de

---

16:9 En hebreo *Sama,* una variante del nombre Simea; comparar con 1 Cr 2:13; 20:7. **16:14** O *un espíritu maligno;* también en 16:15,16, 23. **17:4** En hebreo *6 codos y 1 palmo* [un total de 3 metros o 9,75 pies]; la versión griega y los Rollos del mar Muerto dicen *4 codos y 1 palmo* [un total de 2 metros o 6,75 pies]. **17:5** En hebreo *5000 siclos* [125 libras]. **17:7** En hebreo *600 siclos* [15 libras]. **17:13** En hebreo *Sama,* una variante del nombre Simea; comparar 1 Cr 2:13; 20:7. **17:17** En hebreo *un efa* [22 litros ó 20 kilos]. **17:18** En hebreo *trae una prenda.*

Israel salía al campo de batalla dando gritos de guerra. ²¹Poco tiempo después las fuerzas israelitas y filisteas quedaron frente a frente, ejército contra ejército. ²²David dejó sus cosas con el hombre que guardaba las provisiones y se apresuró a ir hacia las filas para saludar a sus hermanos. ²³Mientras hablaba con ellos, Goliat, el campeón filisteo de Gat, salió de entre las tropas filisteas. En ese momento, David lo escuchó gritar sus ya acostumbradas burlas al ejército de Israel.

²⁴Tan pronto como las tropas israelitas lo vieron, comenzaron a huir espantados.

²⁵—¿Ya vieron al gigante? —preguntaban los hombres—. Sale cada día a desafiar a Israel. El rey ha ofrecido una enorme recompensa a cualquiera que lo mate. ¡A ese hombre le dará una de sus hijas como esposa y toda su familia quedará exonerada de pagar impuestos!

²⁶David les preguntó a los soldados que estaban cerca de él:

—¿Qué recibirá el hombre que mate al filisteo y ponga fin a su desafío contra Israel? Y a fin de cuentas, ¿quién es este filisteo pagano al que se le permite desafiar a los ejércitos del Dios viviente?

²⁷Estos hombres le dieron a David la misma respuesta. Le dijeron:

—Efectivamente, esa es la recompensa por matarlo.

²⁸Pero cuando Eliab, el hermano mayor de David, lo oyó hablar con los hombres, se enojó.

—¿Qué estás haciendo aquí? —le reclamó—. ¿Qué pasó con esas pocas ovejas que se supone que deberías estar cuidando? Conozco tu orgullo y tu engaño. ¡Solo quieres ver la batalla!

²⁹—¿Qué hice ahora? —contestó David—. ¡Solo hacía una pregunta!

³⁰Entonces caminó hacia otros y les preguntó lo mismo, y recibió la misma respuesta. ³¹Entonces le contaron a Saúl la pregunta de David, y el rey mandó llamarlo.

David mata a Goliat

³²—No te preocupes por este filisteo —le dijo David a Saúl—. ¡Yo iré a pelear contra él!

³³—¡No seas ridículo! —respondió Saúl—. ¡No hay forma de que tú puedas pelear contra ese filisteo y ganarle! Eres tan solo un muchacho, y él ha sido un hombre de guerra desde su juventud.

³⁴Pero David insistió:

—He estado cuidando las ovejas y las cabras de mi padre. Cuando un león o un oso vienen para robar un cordero del rebaño, ³⁵yo lo persigo con un palo y rescato al cordero de su boca. Si el animal me ataca, lo tomo de la quijada y lo golpeo hasta matarlo. ³⁶Lo he hecho con leones y con osos, y lo haré también con este filisteo pagano, ¡porque ha desafiado a los ejércitos del Dios viviente! ³⁷¡El mismo Señor que me rescató

de las garras del león y del oso me rescatará de este filisteo!

Así que Saúl por fin accedió:

—Está bien, adelante. ¡Y que el Señor esté contigo!

³⁸Después Saúl le dio a David su propia armadura: un casco de bronce y una cota de malla. ³⁹David se los puso, se ciñó la espada y probó dar unos pasos porque nunca antes se había vestido con algo semejante.

—No puedo andar con todo esto —le dijo a Saúl—. No estoy acostumbrado a usarlo.

Así que David se lo quitó. ⁴⁰Tomó cinco piedras lisas de un arroyo y las metió en su bolsa de pastor. Luego, armado únicamente con su vara de pastor y su honda, comenzó a cruzar el valle para luchar contra el filisteo.

⁴¹Goliat caminaba hacia David con su escudero delante de él, ⁴²mirando con desdén al muchacho de mejillas sonrosadas.

⁴³—¿Soy acaso un perro —le rugió a David— para que vengas contra mí con un palo?

Y maldijo a David en nombre de sus dioses.

⁴⁴—¡Ven aquí, y les daré tu carne a las aves y a los animales salvajes! —gritó Goliat.

⁴⁵David le respondió al filisteo:

—Tú vienes contra mí con espada, lanza y jabalina, pero yo vengo contra ti en nombre del Señor de los Ejércitos Celestiales, el Dios de los ejércitos de Israel, a quien tú has desafiado. ⁴⁶Hoy el Señor te conquistará, y yo te mataré y te cortaré la cabeza. Y luego daré los cadáveres de tus hombres a las aves y a los animales salvajes, ¡y todo el mundo sabrá que hay un Dios en Israel! ⁴⁷Todos los que están aquí reunidos sabrán que el Señor rescata a su pueblo, pero no con espada ni con lanza. ¡Esta es la batalla del Señor, y los entregará a ustedes en nuestras manos!

⁴⁸Cuando Goliat se acercó para atacarlo, David fue corriendo para enfrentarse con él. ⁴⁹Metió la mano en su bolsa de pastor, sacó una piedra, la lanzó con su honda y golpeó al filisteo en la frente. La piedra se le incrustó allí y Goliat se tambaleó y cayó de cara al suelo.

⁵⁰Así David triunfó sobre el filisteo con solo una honda y una piedra, porque no tenía espada. ⁵¹Después David corrió y sacó de su vaina la espada de Goliat y la usó para matarlo y cortarle la cabeza.

Israel derrota a los filisteos

Cuando los filisteos vieron que su campeón estaba muerto, se dieron la vuelta y huyeron. ⁵²Así que los hombres de Israel y Judá dieron un gran grito de triunfo y corrieron tras los filisteos, persiguiéndolos tan lejos como Gat* y hasta las puertas de Ecrón. Los cuerpos de los filisteos muertos y heridos estuvieron esparcidos a lo largo del camino de Saaraim, hasta Gat y Ecrón. ⁵³Luego el ejército de Israel regresó y saqueó

17:52 Así aparece en algunos manuscritos griegos; en hebreo dice *un valle.*

el campamento abandonado de los filisteos.
⁵⁴(David llevó la cabeza del filisteo a Jerusalén,
pero guardó la armadura en su propia carpa).

⁵⁵Al observar a David pelear contra el filisteo,
Saúl le preguntó a Abner, el comandante de su
ejército:

—Abner, ¿quién es el padre de este muchacho?

—En realidad no lo sé —declaró Abner.

⁵⁶—Bueno, ¡averigua quién es! —le dijo el rey.

⁵⁷Tan pronto como David regresó de matar a
Goliat, Abner lo llevó ante Saúl con la cabeza del
filisteo todavía en la mano.

⁵⁸—Dime quién es tu padre, muchacho —le
dijo Saúl.

—Su nombre es Isaí, y vivimos en Belén —contestó David.

Saúl tiene celos de David

18 Después de que David terminó de hablar
con Saúl, conoció a Jonatán, el hijo del
rey. De inmediato se creó un vínculo entre ellos,
pues Jonatán amó a David como a sí mismo.
⁷A partir de ese día Saúl mantuvo a David con
él y no lo dejaba volver a su casa. ³Jonatán hizo
un pacto solemne con David, porque lo amaba
tanto como a sí mismo. ⁴Para sellar el pacto,
quitó su manto y se lo dio a David junto con su
túnica, su espada, su arco y su cinturón.

⁵Todo lo que Saúl le pedía a David que hiciera,
él lo hacía con éxito. Como resultado, Saúl lo
hizo comandante sobre los hombres de guerra,
un nombramiento que fue bien recibido tanto
por el pueblo como por los oficiales de Saúl.

⁶Cuando el ejército de Israel regresaba triunfante después que David mató al filisteo, mujeres
de todas las ciudades de Israel salieron para
recibir al rey Saúl. Cantaron y danzaron de alegría
con panderetas y címbalos.* ⁷Este era su canto:

«¡Saúl mató a sus miles,
¡y David, a sus diez miles!».

⁸Esto hizo que Saúl se enojara mucho. «¿Qué
es esto? —dijo—. Le dan crédito a David por diez
miles y a mí solo por miles. ¡Solo falta que lo
hagan su rey!». ⁹Desde ese momento Saúl miró
con recelo a David.

¹⁰Al día siguiente, un espíritu atormentador* de parte de Dios abrumó a Saúl, y comenzó a desvariar como un loco en su casa. David
tocaba el arpa, tal como lo hacía cada día. Pero
Saúl tenía una lanza en la mano, ¹¹y de repente
se la arrojó a David, tratando de clavarlo en la pared, pero David lo esquivó dos veces.

¹²Después Saúl tenía miedo de David porque
el Señor estaba con David pero se había apartado de él. ¹³Finalmente lo echó de su presencia
y lo nombró comandante sobre mil hombres, y
David dirigía fielmente a las tropas en batalla.

¹⁴David siguió teniendo éxito en todo lo que
hacía porque el Señor estaba con él. ¹⁵Cuando
Saúl reconoció esto, le tuvo aún más miedo. ¹⁶Pero

todos en Israel y en Judá amaban a David porque
tenía tanto éxito al dirigir a sus tropas en batalla.

David se casa con la hija de Saúl

¹⁷Cierto día, Saúl le dijo a David:

—Estoy listo para darte a mi hija mayor,
Merab, por esposa. Pero antes deberás demostrar que eres un guerrero de verdad al pelear las
batallas del Señor.

Pues Saúl pensó: «Voy a enviar a David contra
los filisteos y dejar que ellos lo maten, en vez de
hacerlo yo mismo».

¹⁸—¿Quién soy yo, y quién es mi familia en
Israel para que yo sea el yerno del rey? —exclamó
David—. ¡La familia de mi padre no es nadie!

¹⁹Así que,* cuando llegó el momento para que
Saúl le diera su hija Merab en matrimonio a David,
Saúl se la dio a Adriel, un hombre de Mehola.

²⁰Mientras tanto, Mical, otra hija de Saúl, se
había enamorado de David, y cuando Saúl se
enteró se puso contento. ²¹«¡Me da otra oportunidad para que los filisteos lo maten!», se dijo
Saúl a sí mismo; pero a David le dijo:

—Hoy tienes una segunda oportunidad para
llegar a ser mi yerno.

²²Después Saúl instruyó a sus siervos para que
le dijeran a David: «El rey te aprecia mucho, al
igual que nosotros. ¿Por qué no aceptas lo que el
rey te ofrece y te conviertes en su yerno?».

²³Cuando los hombres de Saúl le dijeron estas
cosas a David, él respondió: «¿Cómo puede un
hombre pobre y de familia humilde reunir la
dote por la hija de un rey?».

²⁴Cuando los hombres de Saúl le informaron
al rey, ²⁵él les dijo: «Díganle a David que lo único que quiero por dote son los prepucios de cien
filisteos. Vengarme de mis enemigos es todo lo
que realmente quiero». Pero lo que Saúl tenía en
mente era que mataran a David en la pelea.

²⁶David estuvo encantado de aceptar la oferta.
Antes de que se cumpliera la fecha límite, ²⁷él y
sus hombres salieron y mataron a doscientos filisteos. Así que David cumplió con el requisito del
rey entregándole los prepucios. Entonces
Saúl le entregó a su hija Mical por esposa.

²⁸Cuando Saúl se dio cuenta de que el Señor
estaba con David, y cuánto su hija Mical lo amaba, ²⁹le tuvo aún más miedo y quedó como enemigo de David por el resto de su vida.

³⁰Cada vez que los comandantes filisteos atacaban, David tenía más éxito en contra de ellos
que todos los demás oficiales de Saúl; por eso el
nombre de David llegó a ser muy famoso.

Saúl intenta matar a David

19 Saúl les dijo a sus siervos y a su hijo Jonatán
que asesinaran a David; pero Jonatán, debido a su profundo cariño por David, ²le contó
acerca de los planes de su padre. «Mañana por
la mañana —lo previno—, deberás encontrar un
lugar donde esconderte en el campo. ³Yo le pediré

18.6 El tipo de instrumentos representado por la palabra *címbalos* es incierto.   18.10 *Un espíritu maligno.*   18.19 *O pero.*

a mi padre que vaya allí conmigo y le hablaré de ti. Luego te informaré todo lo que pueda averiguar».

⁴A la mañana siguiente, Jonatán habló con su padre acerca de David, diciéndole muchas cosas buenas de él.

—El rey no debe pecar contra su siervo David —le dijo Jonatán—. Él nunca ha hecho nada para dañarte. Siempre te ha ayudado en todo lo que ha podido. ⁵¿Te has olvidado de aquella vez cuando arriesgó su vida para matar al gigante filisteo y de cómo el SEÑOR le dio, como resultado, una gran victoria a Israel? Ciertamente estabas muy contento en aquel entonces. ¿Por qué habrías de matar a un hombre inocente como David? ¡No hay ningún motivo en absoluto!

⁶Así que Saúl escuchó a Jonatán y juró:

—Tan cierto como que el SEÑOR vive, David no será muerto.

⁷Después Jonatán llamó a David y le contó lo que había sucedido. Luego lo llevó ante Saúl, y David sirvió en la corte igual que antes.

⁸Entonces la guerra se desató nuevamente, y David dirigió a sus tropas contra los filisteos. Los atacó con tanta furia que todos huyeron.

⁹Pero cierto día, cuando Saúl estaba sentado en su casa con una lanza en la mano, de repente el espíritu atormentador* de parte del SEÑOR vino sobre él como antes. Mientras David tocaba el arpa, ¹⁰Saúl se arrojó su lanza, pero David la esquivó y, dejando la lanza clavada en la pared, huyó y escapó en medio de la noche.

Mical salva la vida de David

¹¹Entonces Saúl mandó tropas para que vigilaran la casa de David. Se les dio la orden de que mataran a David cuando saliera a la mañana siguiente, pero Mical, la esposa de David, le advirtió: «Si no te escapas esta noche, te matarán por la mañana». ¹²Así que ella lo ayudó a salir por una ventana, y David huyó y escapó. ¹³Luego ella tomó un ídolo* y lo puso en la cama de su esposo, lo cubrió con mantas y puso un cojín de pelo de cabra sobre la cabeza.

¹⁴Cuando las tropas llegaron para arrestar a David, ella les dijo que estaba enfermo y que no podía levantarse de la cama.

¹⁵Pero Saúl envió a las tropas de nuevo para prender a David y les ordenó: «Tráiganmelo con cama y todo para que lo mate!». ¹⁶Pero cuando llegaron para llevarse a David, descubrieron que lo que estaba en la cama era solo un ídolo con un cojín de pelo de cabra en la cabeza.

¹⁷—¿Por qué me traicionaste así y dejaste escapar a mi enemigo? —le reprochó Saúl a Mical.

—Tuve que hacerlo —contestó ella—. Me amenazó con matarme si no lo ayudaba.

¹⁸Así que David escapó y fue a Ramá para ver a Samuel, a quien le contó todo lo que Saúl le había hecho. Entonces Samuel llevó a David a vivir con él en Naiot. ¹⁹Cuando Saúl se enteró de que

David estaba en Naiot de Ramá, ²⁰envió tropas para capturarlo. Pero cuando llegaron y vieron que Samuel dirigía a un grupo de profetas que estaban profetizando, el Espíritu de Dios vino sobre los hombres de Saúl y ellos también comenzaron a profetizar. ²¹Cuando Saúl se enteró de lo que había pasado, envió a otras tropas, ¡pero ellos también profetizaron! Lo mismo sucedió por tercera vez. ²²Finalmente, Saúl mismo fue a Ramá y llegó al gran pozo en Secú.

—¿Dónde están Samuel y David? —preguntó.

—Están en Naiot de Ramá —le informó alguien.

²³Pero camino a Naiot de Ramá, el Espíritu de Dios vino incluso sobre Saúl, ¡y él también comenzó a profetizar por todo el camino hasta Naiot! ²⁴Se quitó la ropa a tirones y quedó desnudo acostado sobre el suelo todo el día y toda la noche, profetizando en presencia de Samuel. La gente que lo vio exclamó: «¿Qué? ¿Hasta Saúl es profeta?».

Jonatán ayuda a David

20 En ese momento David huyó de Naiot de Ramá y encontró a Jonatán.

—¿Qué he hecho? —exclamó—. ¿Cuál es mi delito? ¿Cómo ofendí a tu padre para que esté tan decidido a matarme?

²—¡No es cierto! —contestó Jonatán—. No vas a morir. Mi padre siempre me cuenta todo lo que piensa hacer, aun las cosas más pequeñas. Sé que mi padre no me ocultaría algo como esto. ¡Sencillamente no es cierto!

³Entonces David hizo un juramento delante de Jonatán y le dijo:

—Tu padre sabe perfectamente bien acerca de nuestra amistad, por lo tanto, se dijo a sí mismo: "No le diré nada a Jonatán, ¿para qué lastimarlo?". ¡Pero te juro que estoy a solo un paso de la muerte! ¡Te lo juro por el SEÑOR y por tu propia alma!

⁴—Dime cómo puedo ayudarte —exclamó Jonatán.

⁵—Mañana celebraremos el festival de luna nueva —respondió David—. Siempre he comido con el rey en esa ocasión, pero mañana me esconderé en el campo y me quedaré allí hasta la tarde del tercer día. ⁶Si tu padre pregunta dónde estoy, dile que pedí permiso para ir a mi casa en Belén para un sacrificio anual que celebra mi familia. ⁷Si él dice: «¡Está bien!», sabrás que todo realmente está bien; pero si se enoja y pierde los estribos, sabrás que está decidido a matarme. ⁸Muéstrame la lealtad de quien juró ser mi amigo —porque hicimos un pacto solemne delante del SEÑOR— o mátame tú mismo si he pecado contra tu padre. ¡Pero te ruego que no me traiciones entregándome a él!

⁹—¡Jamás! —exclamó Jonatán—. Tú sabes que si tuviera la menor idea de que mi padre pensara matarte, te lo diría de inmediato.

¹⁰Entonces David le preguntó:

—¿Cómo podré saber si tu padre está enojado o no?

11—Ven al campo conmigo —le respondió Jonatán.

Entonces salieron juntos al campo 12y Jonatán le dijo a David:

—Te prometo por el SEÑOR, Dios de Israel, que para mañana a esta hora, o a más tardar, pasado mañana, hablaré con mi padre e inmediatamente te haré saber qué piensa acerca de ti. Si él habla bien de ti, te lo haré saber. 13Pero si está enojado y quiere matarte, que el SEÑOR me castigue y aun me mate si no te advierto para que puedas escapar y vivir. Que el SEÑOR esté contigo como antes estaba con mi padre. 14Y que tú me trates con el fiel amor del SEÑOR mientras que yo viva. Por si muero, 15trata a mi familia con este fiel amor, aun cuando el SEÑOR elimine a todos tus enemigos de la faz de la tierra.

16Entonces Jonatán hizo un pacto solemne con David* diciendo:

—¡Que el SEÑOR destruya a todos tus enemigos!

17Y Jonatán hizo que David reafirmara su voto de amistad, porque amaba a David tanto como a sí mismo.

18Después Jonatán dijo:

—Mañana celebramos el festival de luna nueva. Te extrañarán cuando vean que tu lugar en la mesa está desocupado. 19Pasado mañana, al atardecer, el lugar donde antes te escondiste y espera allí junto al montón de piedras.* 20Yo saldré y dispararé tres flechas hacia un lado del montón de piedras, como si estuviera disparándole a un blanco. 21Enseguida enviaré a un niño para que me traiga las flechas. Si yo le digo: "Están de este lado", entonces sabrás, tan cierto como que el SEÑOR vive, que todo está bien y que no hay ningún problema. 22Pero si le digo: "Ve más lejos, las flechas están más adelante", significará que tendrás que irte de inmediato, porque es el SEÑOR quien desea que te vayas. 23Y que el SEÑOR nos haga cumplir las promesas que nos hicimos el uno al otro, porque él fue testigo de ellas.

24Entonces David se escondió en el campo. Cuando comenzó el festival de luna nueva, el rey se sentó a comer 25en su lugar de siempre, contra la pared, con Jonatán sentado enfrente* y Abner a su lado. Pero el lugar de David estaba desocupado. 26Ese día Saúl no dijo nada acerca de ello, pero pensó: «Algo debe haber hecho que David quedara ceremonialmente impuro». 27Pero cuando el lugar de David siguió desocupado al día siguiente, Saúl le preguntó a Jonatán:

—¿Por qué el hijo de Isaí no vino a comer ni ayer ni hoy?

28Jonatán le contestó:

—David me rogó que le dejara ir a Belén. 29Me dijo: "Por favor, déjame ir, porque mi familia celebrará un sacrificio. Mi hermano me exigió que estuviera presente. Así que te ruego que me dejes ir a ver a mis hermanos". Por eso no está a la mesa del rey.

30Entonces Saúl se puso muy furioso con Jonatán.

—¡Tú, estúpido hijo de prostituta!* —lo maldijo—. ¿Acaso piensas que no sé que tú quieres que él sea rey en lugar de ti, para vergüenza tuya y de tu madre? 31Mientras ese hijo de Isaí esté vivo, jamás serás rey. ¡Ahora ve y búscalo para que lo mate!

32—¿Pero por qué tiene que morir? —le preguntó Jonatán a su padre—. ¿Qué ha hecho?

33Entonces Saúl le arrojó su lanza a Jonatán con la intención de matarlo. Por fin Jonatán se dio cuenta de que su padre realmente había decidido matar a David.

34Así que Jonatán dejó la mesa enfurecido y se negó a comer durante ese segundo día del festival, porque estaba destrozado por la vergonzosa conducta de su padre hacia David.

35A la mañana siguiente, como habían acordado, Jonatán salió al campo acompañado por un muchachito para que le recogiera las flechas. 36«Comienza a correr —le dijo al niño— para que puedas encontrar las flechas mientras las voy disparando». Entonces el niño corrió y Jonatán disparó una flecha más allá de donde estaba el muchacho. 37Cuando el niño casi llegaba a donde estaba la flecha, Jonatán gritó: «La flecha está más adelante». 38Rápido, apresúrate, no te detengas». Así que con prisa el niño recogió las flechas y regresó corriendo a su amo. 39El muchacho, por supuesto, no sospechaba nada; solo Jonatán y David entendieron la señal. 40Después Jonatán le dio su arco y sus flechas al niño y le dijo que los regresara a la ciudad.

41En cuanto se fue el niño, David salió de su escondite cerca del montón de piedras* y se inclinó ante Jonatán tres veces, rostro en tierra. Mientras se abrazaban y se despedían, los dos lloraban, especialmente David.

42Finalmente, Jonatán le dijo a David: «Ve en paz, porque nos hemos jurado lealtad el uno al otro en el nombre del SEÑOR. Él es testigo del vínculo que hay entre nosotros y nuestros hijos para siempre». Después David se fue, y Jonatán regresó a la ciudad.

David huye de Saúl

21 1*David fue a la ciudad de Nob para ver al sacerdote Ahimelec. Cuando Ahimelec lo vio, se puso a temblar.

—¿Por qué estás solo? —le preguntó—. ¿Por qué nadie te acompaña?

2—El rey me envió en un asunto privado —dijo David—. Me pidió que no le contara a nadie por qué estoy aquí. Les dije a mis hombres dónde

20:16 En hebreo *con la casa de David.* 20:19 En hebreo *la piedra Ezel.* El significado del hebreo es incierto. 20:25 Así aparece en la versión griega; en hebreo dice *con Jonatán de pie.* 20:41 Así aparece en la versión griega; en hebreo dice *cerca del borde sur.* 20:42 Esta oración corresponde al 21:1 en el texto hebreo. 21:1 Los versículos del 21:1 15 corresponden al 21:1 16 en el texto hebreo.

buscarme después. ³Ahora bien, ¿qué hay de comer? Dame cinco panes o cualquier otra cosa que tengas.

⁴—No tenemos nada de pan común —respondió el sacerdote—. Pero aquí está el pan sagrado, el cual pueden comer si tus jóvenes no se han acostado con alguna mujer recientemente.

⁵—No te preocupes —le aseguró David—. Nunca permito que mis hombres estén con mujeres cuando están en plena campaña. Y ya que se mantienen limpios, aun durante misiones normales, ¡cuánto más en esta!

⁶Como no había otro alimento disponible, el sacerdote le dio el pan sagrado: el pan de la Presencia que se ponía delante del Señor en el tabernáculo. Justo en ese día había sido reemplazado por pan recién horneado.

⁷Aquel día estaba allí Doeg el edomita, jefe de los pastores de Saúl, que había sido detenido delante del Señor.*

⁸David le preguntó a Ahimelec:

—¿Tienes una lanza o una espada? El asunto del rey era tan urgente que ¡ni siquiera me dio tiempo de tomar un arma!

⁹—Solo tengo la espada de Goliat el filisteo, a quien tú mataste en el valle de Ela —le contestó el sacerdote—. Está envuelta en una tela detrás del efod. Tómala si quieres, porque es la única que tengo.

—¡Esta espada es sin igual —respondió David—, dámela!

¹⁰Entonces David escapó de Saúl y fue donde el rey Aquis de Gat. ¹¹Pero a los oficiales de Aquis no les agradaba que David estuviera allí. «¿No es éste David, el rey de la tierra? —preguntaron—. ¿No es este a quien el pueblo honra con danzas, y canta:

"Saúl mató a sus miles,
    y David, a sus diez miles"?».

¹²David oyó esos comentarios y tuvo mucho miedo de lo que el rey Aquis de Gat pudiera hacer con él. ¹³Así que se hizo pasar por loco, arañando las puertas y dejando que la saliva escurriera por su barba.

¹⁴Finalmente, el rey Aquis le dijo a sus hombres:

—¿Tienen que traerme a un loco? ¹⁵¡Ya tenemos suficientes de ellos aquí! ¿Por qué habría de permitir que alguien como él sea huésped en mi casa?

David en la cueva de Adulam

22 Entonces David salió de Gat y escapó a la cueva de Adulam. Al poco tiempo sus hermanos y demás parientes se unieron a él allí. ²Luego, otros comenzaron a llegar —hombres que tenían problemas o que estaban endeudados o que simplemente estaban descontentos— y David llegó a ser capitán de unos cuatrocientos hombres.

³Después David se dirigió a Mizpa de Moab, donde le pidió al rey: «Por favor, permite que mi padre y mi madre vivan aquí contigo hasta que sepa lo que Dios tiene pensado para mí». ⁴Así que los padres de David se quedaron en Moab con el rey durante todo el tiempo que David vivió en la fortaleza.

⁵Un día el profeta Gad dijo a David: «Deja la fortaleza y vuelve a la tierra de Judá». Entonces David fue al bosque de Haret.

⁶Las noticias de su llegada a Judá pronto alcanzaron a Saúl. En ese momento, el rey estaba sentado debajo de un árbol de tamarisco en la colina de Guibeá, con su lanza en la mano y rodeado de sus oficiales.

⁷—¡Escuchen bien, hombres de Benjamín! —les gritó Saúl a sus oficiales al oír las noticias—. ¿Acaso ese hijo de Isaí les ha prometido a cada uno de ustedes campos y viñedos? ¿Les ha prometido a todos hacerlos generales y capitanes de su ejército?* ⁸¿Es por eso que han conspirado contra mí? Pues ninguno de ustedes me avisó cuando mi propio hijo hizo un pacto solemne con ese hijo de Isaí. Ni siquiera sienten lástima por mí. ¡Imagínense! ¡Mi propio hijo incita al hijo de Isaí para que me mate, tal como está tratando de hacer hoy mismo!

⁹Entonces Doeg el edomita, que se encontraba entre los hombres de Saúl, habló:

—Cuando estaba en Nob, vi al hijo de Isaí hablando con el sacerdote Ahimelec, hijo de Ahitob. ¹⁰Ahimelec consultó al Señor por él. Luego le dio alimento y la espada de Goliat el filisteo.

Masacran a los sacerdotes

¹¹Entonces el rey Saúl inmediatamente mandó traer a Ahimelec y a toda su familia, quienes servían como sacerdotes en Nob. ¹²Cuando llegaron, Saúl le gritó:

—¡Escúchame, hijo de Ahitob!

—¿Qué quiere, mi rey? —le preguntó Ahimelec.

¹³—¿Por qué han conspirado contra mí, tú y ese hijo de Isaí? —le preguntó Saúl—. ¿Por qué le diste alimento y una espada? ¿Por qué consultaste a Dios por él? ¿Por qué instigaste a matarme, como está tratando de hacer hoy mismo?

¹⁴—Pero señor —respondió Ahimelec—, ¿hay alguien entre todos sus siervos que sea tan fiel como su yerno David? ¡Él es el capitán de su escolta y un miembro altamente honrado de su casa! ¹⁵Por cierto, ¡esta no fue la primera vez que consulté a Dios por él! Que el rey no me acuse a mí y a mi familia de este asunto, porque yo no sabía nada de un complot en contra de usted.

¹⁶—¡Ahimelec, ten por seguro que morirás junto con toda tu familia! —gritó el rey.

¹⁷Y le ordenó a su escolta:

—¡Maten a estos sacerdotes del Señor, porque son aliados de David y conspiradores con él! ¡Ellos sabían que él huía de mí, pero no me lo dijeron!

21:7 El significado del hebreo es incierto.   **22:7** En hebreo *comandantes de miles y comandantes de cientos?*

Pero los hombres de Saúl se negaron a matar a los sacerdotes del Señor.

[18]Entonces Saúl le dijo a Doeg:

—Hazlo tú.

Así que ese día Doeg el edomita los atacó y los mató: ochenta y cinco sacerdotes en total que aún llevaban puestas sus vestiduras sacerdotales. [19]Después se dirigió a Nob, la ciudad de los sacerdotes, y mató a las familias de los sacerdotes —hombres y mujeres, niños y recién nacidos— y a todo el ganado, burros, ovejas y cabras.

[20]Sólo Abiatar, uno de los hijos de Ahimelec, escapó y huyó a donde estaba David. [21]Cuando le dijo que Saúl había matado a los sacerdotes del Señor, [22]David exclamó:

—¡Lo sabía! Cuando vi a Doeg el edomita allí ese día, estaba seguro de que se lo contaría a Saúl. Ahora soy responsable de la muerte de toda la familia de tu padre. [23]Quédate aquí conmigo, no tengas miedo; te protegeré con mi propia vida, porque la misma persona quiere matarnos a los dos.

David protege la ciudad de Keila

23 Un día le llegaron noticias a David de que los filisteos estaban en la ciudad de Keila robando el grano de los campos de trillar. [2]Entonces David le preguntó al Señor:

—¿Debo ir y atacarlos?

—Sí, ve y salva a Keila —le dijo el Señor.

[3]Pero los hombres de David le dijeron:

—Tenemos miedo incluso aquí en Judá. ¡De ninguna manera queremos ir a Keila para luchar contra todo el ejército filisteo!

[4]Así que David consultó de nuevo al Señor, y de nuevo el Señor respondió: «Desciende a Keila, porque yo te ayudaré a conquistar a los filisteos».

[5]Entonces David y sus hombres fueron a Keila. Mataron a los filisteos, tomaron todos sus animales y rescataron a la gente de la ciudad. [6]Cuando Abiatar, hijo de Ahimelec, huyó a donde estaba David en Keila, se llevó consigo el efod.

[7]Pronto Saúl se enteró de que David estaba en Keila. «¡Excelente! —exclamó—. ¡Ya lo tenemos! Dios me lo entregó en mis manos, porque se ha quedado atrapado en una ciudad amurallada». [8]Entonces Saúl movilizó a todo su ejército para marchar hacia Keila y sitiar a David y a sus hombres.

[9]Pero David se enteró de los planes de Saúl y le dijo a Abiatar que trajera el efod para consultar con el Señor. [10]Entonces David oró:

—Oh Señor, Dios de Israel, he oído que Saúl piensa venir a Keila y destruirla porque yo estoy aquí. [11]¿Me traicionarán los líderes de Keila y me entregarán a él?* ¿Y de verdad vendrá Saúl, como me han informado? Oh Señor, Dios de Israel, te ruego que me digas.

Y el Señor le dijo:

—Él vendrá.

[12]De nuevo David preguntó:

—¿Me traicionarán los líderes de Keila a mí y a mis hombres para entregarnos a Saúl?

Y el Señor le contestó:

—Sí, ellos los traicionarán.

David se esconde en el desierto

[13]Entonces David y sus hombres —ahora cerca de seiscientos— salieron de Keila y comenzaron a deambular por toda la región. Pronto llegó la noticia a Saúl de que David había escapado, por lo que decidió no ir a Keila. [14]David se refugió en unas fortalezas que había en el desierto y en la zona montañosa de Zif. Saúl lo perseguía día tras día, pero Dios no permitió que Saúl lo encontrara.

[15]Un día, cerca de Hores, David recibió la noticia de que Saúl estaba camino a Zif para buscarlo y matarlo. [16]Jonatán fue a buscar a David y lo animó a que permaneciera firme en su fe en Dios. [17]«No tengas miedo —le aseguró Jonatán—, ¡mi padre nunca te encontrará! Tú vas a ser el rey de Israel, y yo voy a estar a tu lado, como mi padre bien lo sabe». [18]Luego los dos renovaron su pacto solemne delante del Señor. Después Jonatán regresó a su casa, mientras que David se quedó en Hores.

[19]Pero los hombres de Zif fueron a Saúl en Guibeá y traicionaron a David.

—Sabemos dónde se esconde David —le dijeron—. Está en las fortalezas de Hores en la colina de Haquila, que está en la parte sur de Jesimón. [20]Descienda cuando esté listo, oh rey, ¡y lo atraparemos y se lo entregaremos!

[21]—¡Que el Señor los bendiga! —les dijo Saúl—. ¡Por fin alguien se preocupa por mí! [22]Vayan a verificar dónde se está quedando y quién lo ha visto allí, porque sé que es muy astuto. [23]Descubran sus escondites y vuelvan cuando estén seguros. Después yo iré con ustedes. Y si está en la región, lo rastrearé, ¡aunque tenga que buscar en cada escondite de Judá!

[24]Entonces los hombres de Zif regresaron a su casa antes de que se fuera Saúl.

Mientras tanto, David y sus hombres se trasladaron al desierto de Maón, en el valle de Arabá, al sur de Jesimón. [25]Cuando David se enteró de que Saúl y sus hombres lo estaban buscando, se internó aún más en el desierto hasta llegar a la roca grande, y permaneció allí en el desierto de Maón. Pero Saúl andaba tras él en el desierto.

[26]Saúl y David se encontraban en lados opuestos de una montaña. Justo cuando Saúl y sus hombres comenzaban a cercar a David y a sus hombres, [27]le llegó un mensaje urgente al rey que le informaba que los filisteos nuevamente asaltaban a Israel. [28]Entonces Saúl dejó de perseguir a David y regresó para luchar contra los filisteos. Desde entonces, el lugar donde David

23:11 En algunos manuscritos falta la primera oración de 23:11.

acampó se llama Roca de Escape.* 29*Después David fue a vivir a las fortalezas de En-gadi.

David perdona la vida de Saúl

24 1*Después de que Saúl regresó de pelear contra los filisteos, se le informó que David se había ido al desierto de En-gadi. 2Entonces Saúl escogió a tres mil soldados selectos de todo Israel y fue en busca de David y de sus hombres cerca de los peñascos de las cabras salvajes.

3En el lugar donde el camino pasaba por algunos rediles, Saúl entró en una cueva para hacer sus necesidades. ¡Pero resultó que David y sus hombres estaban escondidos más adentro de esa misma cueva!

4«¡Ahora es tu oportunidad! —los hombres le susurraron a David—. Hoy el SEÑOR te dice: "Te aseguro que pondré a tu enemigo en tu poder, para que hagas con él lo que desees"». Entonces David se le acercó sigilosamente y cortó un pedazo del borde del manto de Saúl.

5Pero comenzó a remorderle la conciencia por haber cortado el manto de Saúl. 6«El SEÑOR sabe que no debería haberle hecho esto a mi señor y rey —dijo a sus hombres—. Que el SEÑOR me libre de hacerle tal cosa a mi señor el rey y atacar al ungido del SEÑOR, porque el SEÑOR mismo lo ha elegido». 7Entonces David contuvo a sus hombres y no les permitió que mataran a Saúl.

Después de que Saúl saliera de la cueva para seguir su camino, 8David salió y le gritó:
—¡Mi señor el rey!
Cuando Saúl miró hacia atrás, David se inclinó hasta el suelo delante de él 9y le gritó a Saúl:
—¿Por qué le hace caso a la gente que dice que quiero hacerle daño? 10Este mismo día puede ver con sus propios ojos que no es verdad. Pues el SEÑOR lo puso a mi merced allí en la cueva, y algunos de mis hombres me dijeron que lo matara, pero yo le perdoné la vida. Pues dije: "Nunca le haré daño al rey; él es el ungido del SEÑOR". 11Mire, padre mío, lo que tengo en mi mano. ¡Es un pedazo del borde de su manto! Yo lo corté, pero no lo maté. Esto prueba que no intento hacerle daño y que no he pecado contra usted, aun cuando usted me ha estado persiguiendo para matarme.

12»Que el SEÑOR juzgue entre nosotros. Tal vez el SEÑOR lo castigue por lo que intenta hacer, pero yo nunca le haré daño. 13Como dice el antiguo proverbio: "De la gente malvada, provienen las malas acciones". Así que puede estar seguro de que nunca le haré daño. 14De todas formas, ¿a quién trata de atrapar el rey de Israel? ¿Debería pasar tiempo persiguiendo a alguien que no vale más que un perro muerto o una sola pulga? 15Por lo tanto, que el SEÑOR juzgue quién de nosotros tiene la razón y que castigue

al culpable. ¡Él es mi defensor y me rescatará de su poder!

16Cuando David terminó de hablar, Saúl le respondió:
—¿Realmente eres tú, David, hijo mío?
Enseguida comenzó a llorar 17y le dijo a David:
—Eres mejor persona que yo, porque has devuelto bien por mal. 18Es cierto, has sido increíblemente bondadoso conmigo hoy, porque cuando el SEÑOR me puso en un lugar donde pudiste haberme matado, no lo hiciste. 19¿Quién otro dejaría ir a su enemigo cuando lo tiene en su poder? Que el SEÑOR te recompense bien por la bondad que hoy me has demostrado. 20Ahora me doy cuenta de que ciertamente tú serás el rey, y de que el reino de Israel prosperará bajo tu gobierno. 21Júrame, entonces, por el SEÑOR, que cuando esto suceda, ¡no matarás a mi familia ni destruirás a mis descendientes!

22Entonces David le prometió esto a Saúl con un juramento. Después Saúl volvió a su casa, pero David y sus hombres regresaron a su fortaleza.

Muerte de Samuel

25 Murió Samuel, y todo Israel se reunió para su funeral. Lo enterraron en su casa en Ramá.

Nabal hace enojar a David

Luego David bajó al desierto de Maón.* 2Había un hombre rico de Maón que tenía propiedades cerca de la ciudad de Carmelo. Tenía tres mil ovejas y mil cabras, y era el tiempo de la esquila. 3Este hombre se llamaba Nabal, y su esposa, Abigail, era una mujer sensata y hermosa. Pero Nabal, descendiente de Caleb, era grosero y mezquino en todos sus asuntos.

4Cuando David se enteró de que Nabal esquilaba sus ovejas, 5envió a diez de sus hombres jóvenes a Carmelo con el siguiente mensaje para Nabal: 6«¡Paz y prosperidad para ti, para tu familia y para todo lo que posees! 7Me dicen que es el tiempo de la esquila. Mientras tus pastores estuvieron entre nosotros cerca de Carmelo, nunca les hicimos daño y nunca se les robó nada. 8Pregunta a tus propios hombres, y te dirán que es cierto. Así que, ¿podrías ser bondadoso con nosotros, ya que hemos venido en tiempo de celebración? Por favor, comparte con nosotros y con tu amigo David las provisiones que tengas a la mano». 9Los hombres le dieron este mensaje a Nabal en nombre de David y esperaron la respuesta.

10«¿Quién es ese tipo David? —les dijo Nabal con desdén—. ¿Quién se cree que es este hijo de Isaí? En estos días hay muchos siervos que se escapan de sus amos. 11¡Debo tomar mi pan, mi agua y la carne que maté para mis esquiladores y dárselos a un grupo de bandidos que viene de quién sabe dónde?».

23:28 En hebreo *Sela-hamalecot.*   **23:29** El versículo 23:29 corresponde al 24:1 en el texto hebreo.   **24:1** Los versículos del 24:1-22 corresponden al 24:2-23 en el texto hebreo.   **25:1** Así aparece en la versión griega (ver también 25:2); en hebreo dice *Parán.*

¹²De modo que los hombres de David regresaron y le dijeron lo que Nabal había dicho. ¹³«¡Tomen sus espadas!», respondió David mientras se ceñía la suya. Enseguida David salió con cuatrocientos hombres, mientras doscientos se quedaron cuidando las pertenencias.

¹⁴Entre tanto, uno de los siervos de Nabal fue a decirle a Abigail: «David envió mensajeros desde el desierto para saludar a nuestro amo, pero él les respondió con insultos. ¹⁵Estos hombres nos trataron muy bien y nunca sufrimos ningún daño de parte de ellos. Nada nos fue robado durante todo el tiempo que estuvimos con ellos. ¹⁶De hecho, día y noche fueron como un muro de protección para nosotros y nuestras ovejas. ¹⁷Es necesario que usted lo sepa y decida qué hacer, porque habrá problemas para nuestro amo y toda la familia. ¡Nabal tiene tan mal genio que no hay nadie que le pueda hablarle!».

¹⁸Sin perder tiempo, Abigail juntó doscientos panes, dos cueros llenos de vino, cinco ovejas matadas y preparadas, un recipiente con casi cuarenta kilos* de trigo tostado, cien racimos de pasas y doscientos pasteles de higo. Lo cargó todo en burros ¹⁹y les dijo a sus siervos: «Vayan adelante y dentro de poco los seguiré». Pero no le dijo a su esposo Nabal lo que estaba haciendo.

²⁰Así que, montada en un burro, Abigail entraba a una barranca de la montaña cuando vio a David y a sus hombres acercándose a ella. ²¹En ese momento, David decía: «¡De nada sirvió ayudar a este tipo! Protegimos sus rebaños en el desierto y ninguna de sus posesiones se perdió o fue robada. Pero él me devolvió mal por bien. ²²¡Que Dios me castigue y me mate* si tan solo un hombre de su casa queda con vida mañana por la mañana!».

Abigail intercede por Nabal

²³Cuando Abigail vio a David, enseguida bajó de su burro y se inclinó ante él hasta el suelo. ²⁴Cayó a sus pies y le dijo:

—Toda la culpa es mía en este asunto, mi señor. Por favor, escuche lo que tengo que decir. ²⁵Sé que Nabal es un hombre perverso y de mal genio; por favor, no le haga caso. Es un necio, como significa su nombre.* Pero yo ni siquiera vi a los hombres que usted envió.

²⁶Ahora, mi señor, tan cierto como que el SEÑOR vive y que usted vive, ya que el SEÑOR impidió que usted matara y tomara venganza por su propia mano, que todos sus enemigos y los que intenten hacerle daño sean tan malditos como lo es Nabal. ²⁷Aquí tengo un regalo que yo, su sierva, le he traído a usted y a sus hombres. ²⁸Le ruego que me perdone si lo he ofendido en alguna manera. El SEÑOR seguramente lo recompensará con una dinastía duradera, porque pelea las batallas del SEÑOR y no ha hecho mal en toda su vida.

²⁹Aun cuando lo persigan aquellos que buscan su muerte, su vida estará a salvo al cuidado del SEÑOR su Dios, ¡segura en su bolsa de tesoros! ¡Pero la vida de sus enemigos desaparecerá como piedras lanzadas por una honda! ³⁰Cuando el SEÑOR haya hecho todo lo que prometió y lo haya hecho líder de Israel, ³¹que esta no sea una sombra en su historial. Entonces su conciencia no tendrá que llevar la pesada carga de derramamiento de sangre y venganza innecesarios. Y cuando el SEÑOR haya hecho estas grandes cosas para usted, por favor, ¡acuérdese de mí, su sierva!

³²David le respondió a Abigail:

—¡Alabado sea el SEÑOR, Dios de Israel, quien hoy te ha enviado a mi encuentro! ³³¡Gracias a Dios por tu buen juicio! Bendita seas, pues me has impedido matar y llevar a cabo mi venganza con mis propias manos. ³⁴Juro por el SEÑOR, Dios de Israel, quien me ha librado de hacerte daño, que si no te hubieras apresurado a venir a mi encuentro, mañana por la mañana ninguno de los hombres de Nabal habría quedado con vida.

³⁵Entonces David aceptó su regalo y le dijo:

—Vuelve a tu casa en paz. Escuché lo que dijiste y no mataremos a tu esposo.

³⁶Cuando Abigail llegó a su casa, encontró a Nabal dando una gran fiesta digna de un rey. Estaba muy borracho, así que no le dijo nada sobre su encuentro con David hasta el amanecer del día siguiente. ³⁷Por la mañana, cuando Nabal estaba sobrio, su esposa le contó lo que había sucedido. Como consecuencia tuvo un derrame cerebral* y quedó paralizado en su cama como una piedra. ³⁸Unos diez días más tarde, el SEÑOR lo hirió y murió.

David se casa con Abigail

³⁹Cuando David oyó que Nabal había muerto, dijo: «¡Alabado sea el SEÑOR, que vengó el insulto que recibí de Nabal y me impidió que tomara venganza por mí mismo. Nabal recibió el castigo por su pecado». Después David envió mensajeros a Abigail pidiéndole que fuera su esposa.

⁴⁰Cuando los mensajeros llegaron a Carmelo, le dijeron a Abigail:

—David nos ha enviado para que la llevemos a fin de que se case con él.

⁴¹Entonces ella se inclinó al suelo y respondió:

—Yo, su sierva, estaría encantada de casarme con David. ¡Aun estaría dispuesta a ser una esclava y lavar los pies de sus siervos!

⁴²Así que enseguida se preparó, llevó a cinco de sus siervas como asistentes, se montó en su burro, y fue con los mensajeros de David. Y se convirtió en su esposa. ⁴³David también se casó con Ahinoam de Jezreel, así que las dos fueron sus esposas. ⁴⁴Mientras tanto, Saúl había dado a su hija Mical, esposa de David, a un hombre de Galim llamado Palti, hijo de Lais.

25:18 En hebreo *5 seahs* [88 libras]. 25:22 Así aparece en la versión griega; en hebreo dice *Que Dios castigue y mate a los enemigos de David.* 25:25 El nombre *Nabal* significa «necio». 25:37 En hebreo *se falló el corazón.*

David vuelve a perdonar la vida de Saúl

26 Ahora bien, algunos hombres de Zif fueron a Guibeá para decirle a Saúl: "David está escondido en la colina de Haquila, que tiene vista a Jesimón".

²Entonces Saúl escogió a tres mil de los soldados selectos de Israel y salió con ellos a perseguir a David en el desierto de Zif. ³Saúl acampó junto al camino que está al lado de la colina de Haquila, cerca de Jesimón, donde David se escondía. Cuando David se enteró de que Saúl había venido al desierto a perseguirlo, ⁴envió espías para verificar la noticia de su llegada.

⁵Cierta noche, David pasó desapercibido al campamento de Saúl para echar un vistazo. Saúl y Abner, hijo de Ner, el comandante del ejército, dormían dentro del círculo formado por sus guerreros, todos bien dormidos.

⁶—¿Quién se ofrece a ir conmigo al campamento? —preguntó David a Ahimelec el hitita y a Abisai, hijo de Sarvia, hermano de Joab.

—Yo voy contigo —contestó Abisai.

⁷Entonces David y Abisai fueron directo al campamento de Saúl y lo encontraron dormido, con su lanza clavada en tierra junto a su cabeza. Abner y los soldados estaban dormidos alrededor de él.

⁸—¡Esta vez, sin duda alguna, Dios te ha entregado a tu enemigo! —le susurró Abisai a David—. Déjame que lo clave en la tierra con un solo golpe de mi lanza; ¡no hará falta darle dos!

⁹—¡No! —dijo David—, no lo mates. Pues ¿quién quedará inocente después de atacar al ungido del Señor? ¹⁰Seguro que el Señor herirá a Saúl algún día, o morirá de viejo o en batalla. ¹¹¡El Señor me libre de que mate al que él ha ungido! Pero toma su lanza y la jarra de agua que están junto a su cabeza, y ¡luego vámonos de aquí!

¹²Entonces David mismo tomó la lanza y la jarra de agua que estaban cerca de la cabeza de Saúl. Luego él y Abisai escaparon sin que nadie los viera ni despertara, porque el Señor hizo que los hombres de Saúl cayeran en un sueño profundo.

¹³David subió a la colina del lado opuesto del campamento hasta que estuvo a una distancia segura. ¹⁴Luego les gritó a los soldados y a Abner hijo de Ner:

—¡Despiértate, Abner!

—¿Quién es? —preguntó Abner.

¹⁵—Bueno, Abner, eres un gran hombre, ¿verdad? —se burló David—. En todo Israel, ¿dónde hay uno que sea tan poderoso como tú? Entonces, ¿por qué no protegiste a tu amo, el rey, cuando alguien entró a matarlo? ¹⁶¡Eso no está nada bien! Juro por el Señor que tú y tus hombres merecen morir, ¡porque no protegiste a tu amo, el ungido del Señor! ¡Mira a tu alrededor! ¿Dónde están la lanza del rey y la jarra de agua que estaban junto a su cabeza?

¹⁷Saúl reconoció la voz de David y gritó:

—¿Eres tú, David, hijo mío?

Y David contestó:

—Sí, mi señor el rey. ¹⁸¿Por qué me persigue? ¿Qué hice? ¿Qué delito cometí? ¹⁹Pero ahora que mi señor el rey escuche a su siervo. Si el Señor lo ha incitado en mi contra, entonces que él acepte mi ofrenda. Pero si esto es solo un plan humano, entonces que los que estén envueltos sean malditos por el Señor. Pues me han expulsado de mi hogar, y ya no puedo vivir entre el pueblo del Señor y han dicho: "Ve, rinde culto a dioses paganos". ²⁰¿Debo morir en tierra extranjera, lejos de la presencia del Señor? ¿Por qué el rey de Israel ha salido a buscar a una sola pulga? ¿Por qué me persigue como a una perdiz en las montañas?

²¹Entonces Saúl confesó:

—He pecado. Hijo mío, vuelve a casa, y ya no trataré de hacerte daño, porque hoy has valorado mi vida. He sido un tonto, y he estado muy, pero muy equivocado.

²²—Aquí está su lanza, oh rey —dijo David—. Permita que uno de sus jóvenes venga por ella. ²³El Señor da su propia recompensa por hacer el bien y por ser leal, y yo rehusé matarlo, aun cuando el Señor lo puso en mi poder, porque usted es el ungido del Señor. ²⁴Ahora que el Señor valore mi vida, así como hoy yo he valorado la suya. Que él me rescate de todas mis dificultades.

²⁵Y Saúl le dijo a David:

—Bendiciones sobre tu vida, David, hijo mío. Harás muchas acciones heroicas y seguramente te irá bien en todo lo que hagas.

Luego David se fue, y Saúl regresó a su casa.

David entre los filisteos

27 Pero David seguía pensando: «Algún día Saúl me va a atrapar. Lo mejor que puedo hacer es escapar y vivir entre los filisteos. Entonces Saúl dejará de buscarme en el territorio israelita, y por fin estaré a salvo».

²Así que David tomó a sus seiscientos hombres y fue y se unió a Aquis, hijo de Maoc, rey de Gat. ³David y sus hombres, junto con sus familias, se establecieron allí con Aquis en Gat. David llevó consigo a sus dos esposas: Ahinoam de Jezreel y Abigail, la viuda de Nabal de Carmelo. ⁴Pronto le llegó a Saúl la noticia de que David había huido a Gat, así que dejó de perseguirlo.

⁵Cierto día, David le dijo a Aquis: «Si te parece bien, preferimos vivir en una de las ciudades que están en el campo en lugar de vivir aquí en la ciudad real».

⁶Entonces Aquis le dio la ciudad de Siclag (que hasta el día de hoy pertenece a los reyes de Judá), ⁷y vivieron allí entre los filisteos un año y cuatro meses.

⁸David y sus hombres pasaban su tiempo asaltando a los gesureos, los gerzitas y a los amalecitas, pueblos que desde los tiempos antiguos vivían cerca de Shur, hacia la tierra de Egipto. ⁹David no dejaba ni a una sola persona con vida

en los pueblos que atacaba. Tomaba las ovejas, las cabras, el ganado, los burros, los camellos y la ropa, antes de volver a casa para ver al rey Aquis.

¹⁰—¿Dónde atacaste hoy? —le preguntaba Aquis.

Y David respondía:

—Atacamos al sur de Judá, a los jerameelitas y a los ceneos.

¹¹Nadie quedaba con vida que pudiera ir a Gat y contar dónde él había estado de verdad. Esto sucedía una y otra vez mientras vivía entre los filisteos. ¹²Aquis le creía a David y pensaba: «A estas alturas el pueblo de Israel lo debe odiar amargamente. ¡Ahora tendrá que quedarse aquí y servirme para siempre!».

Saúl consulta a una médium

28 Por ese tiempo, los filisteos reunieron sus ejércitos para ir a la guerra contra Israel. El rey Aquis le dijo a David:

—Se espera que tú y tus hombres salgan conmigo a la batalla.

²—¡Muy bien! —acordó David—. Ahora comprobarás tú mismo lo que podemos hacer.

Después Aquis le dijo a David:

—Te haré mi guardaespaldas personal de por vida.

³Durante ese tiempo, Samuel había muerto y todo Israel había hecho duelo por él. Fue enterrado en Ramá, su ciudad natal. Saúl había expulsado del territorio de Israel a todos los médiums y a todos los que consultaban los espíritus de los muertos.

⁴Los filisteos montaron su campamento en Sunem, y Saúl reunió a todo el ejército de Israel y acampó en Gilboa. ⁵Cuando Saúl vio al inmenso ejército filisteo, tuvo miedo y se aterrorizó. ⁶Entonces le preguntó al SEÑOR qué debía hacer, pero el SEÑOR rehusó contestarle ya fuera por sueños o por sorteo sagrado* o por medio de los profetas. ⁷Así que Saúl les dijo a sus consejeros:

—Busquen a una mujer que sea médium, para ir y preguntarle qué hacer.

Sus consejeros le respondieron:

—Hay una médium en Endor.

⁸Entonces Saúl se disfrazó con ropa común en lugar de ponerse las vestiduras reales y fue a la casa de la mujer por la noche, acompañado de dos de sus hombres.

—Tengo que hablar con un hombre que ha muerto —le dijo—. ¿Puedes invocar a su espíritu para mí?

⁹—¿Está tratando de que me maten? —preguntó la mujer—. Usted sabe que Saúl ha expulsado a todos los médiums y a todos los que consultan los espíritus de los muertos. ¿Por qué tiende una trampa?

¹⁰Pero Saúl le hizo un juramento en el nombre del SEÑOR y le prometió:

—Tan cierto como que el SEÑOR vive, nada malo le pasará por hacerlo.

¹¹Finalmente, la mujer dijo:

—Bien, ¿el espíritu de quién quiere que invoque?

—Llama a Samuel —respondió Saúl.

¹²Cuando la mujer vio a Samuel, gritó:

—¡Me engañó! ¡Usted es Saúl!

¹³—No tengas miedo —le dijo el rey—. ¿Qué es lo que ves?

—Veo a un dios* subiendo de la tierra —dijo ella.

¹⁴—¿Qué aspecto tiene? —preguntó Saúl.

—Es un hombre anciano envuelto en un manto —le contestó ella.

Saúl se dio cuenta de que era Samuel, y se postró en el suelo delante de él.

¹⁵—¿Por qué me molestas, llamándome a regresar? —le preguntó Samuel a Saúl.

—Porque estoy en graves dificultades —contestó Saúl—. Los filisteos están en guerra conmigo y Dios me ha dejado y no me responde ni por medio de profetas ni por sueños, entonces te llame para que me digas qué hacer.

¹⁶Pero Samuel respondió:

—¿Por qué me preguntas a mí, si el SEÑOR te abandonó y se ha vuelto tu enemigo? ¹⁷El SEÑOR ha hecho exactamente lo que dijo que haría. Te ha arrancado el reino y se lo dio a tu rival, David. ¹⁸Hoy el SEÑOR te ha hecho esto porque rehusaste llevar a cabo su ira feroz contra los amalecitas. ¹⁹Además, el SEÑOR te entregará a ti y al ejército de Israel en manos de los filisteos, y mañana tú y tus hijos estarán aquí conmigo. El SEÑOR derribará al ejército de Israel y caerá derrotado.

²⁰Entonces Saúl cayó al suelo cuan largo era, paralizado por el miedo a causa de las palabras de Samuel. También estaba desfallecido de hambre, porque no había comido nada en todo el día ni en toda la noche.

²¹Cuando la mujer lo vio tan deshecho, le dijo:

—Señor, obedecí sus órdenes a riesgo de mi vida. ²²Ahora haga lo que digo, y déjeme que le dé algo de comer para que pueda recuperar sus fuerzas para el viaje de regreso.

²³Pero Saúl se negó a comer. Entonces sus consejeros también le insistieron que comiera. Así que finalmente cedió, se levantó del suelo y tomó asiento.

²⁴La mujer había estado engordando un becerro, así que fue con rapidez y lo mató. Tomó un poco de harina, la amasó y horneó pan sin levadura. ²⁵Entonces les llevó la comida a Saúl y a sus consejeros, y comieron. Después salieron en la oscuridad de la noche.

Los filisteos rechazan a David

29 Todo el ejército filisteo se movilizó en Afec, y los israelitas acamparon junto al manantial de Jezreel. ²Mientras los gobernantes filisteos dirigían a sus tropas en grupos de cien y de mil, David y sus hombres marcharon con la retaguardia con el rey Aquis. ³Pero los comandantes filisteos reclamaron:

28:6 *En hebreo por el Urim.*   28:13 *O dioses.*

—¿Qué hacen aquí estos hebreos?

Y Aquis les dijo:

—Este es David, el siervo de Saúl, rey de Israel. Él ha estado conmigo por años, y no he encontrado en él ninguna falta, desde que llegó hasta el día de hoy.

⁴Pero los comandantes filisteos se enojaron.

—¡Envíalo de vuelta a la ciudad que le diste! —le exigieron—. No puede ir con nosotros a la batalla. ¿Y si se vuelve contra nosotros durante la batalla y se convierte en nuestro adversario? ¿Qué mejor manera de reconciliarse con su amo que entregándole nuestras cabezas? ⁵¿No es este el mismo David por quien las mujeres de Israel cantan en sus danzas:

"Saúl mató a sus miles,
     y David, a sus diez miles"?

⁶Así que Aquis finalmente mandó traer a David y le dijo:

—Juro por el Señor que has sido un aliado confiable. Pienso que debes ir conmigo a la batalla, porque no he encontrado una sola falta en ti desde que llegaste hasta el día de hoy. Pero los demás gobernantes filisteos no quieren ni oír hablar del tema. ⁷Por favor, no los inquietes y regresa sin llamar la atención.

⁸—¿Qué he hecho para merecer esto? —preguntó David—. ¿Qué ha encontrado en su siervo para que no pueda ir y pelear contra los enemigos de mi señor el rey?

⁹Pero Aquis insistió:

—En lo que a mí respecta, eres tan perfecto como un ángel de Dios. Pero los comandantes filisteos tienen miedo e insisten en que no los acompañes en la batalla. ¹⁰Ahora, levántate temprano en la mañana y vete con tus hombres en cuanto amanezca.

¹¹Entonces David y sus hombres regresaron a la tierra de los filisteos, mientras que el ejército filisteo avanzó hasta Jezreel.

David destruye a los amalecitas

30 Tres días después, cuando David y sus hombres llegaron a su casa en la ciudad de Siclag, encontraron que los amalecitas habían asaltado el Neguev y Siclag; habían destruido Siclag y la quemaron hasta reducirla a cenizas. ²Se habían llevado a las mujeres y a los niños y a todos los demás, pero sin matar a nadie.

³Cuando David y sus hombres vieron las ruinas y se dieron cuenta de lo que había sucedido a sus familias, ⁴lloraron a más no poder. ⁵Las dos esposas de David, Ahinoam de Jezreel y Abigail, la viuda de Nabal de Carmelo, estaban entre los que fueron capturadas. ⁶David ahora se encontraba en gran peligro, porque todos sus hombres estaban muy resentidos por haber perdido a sus hijos e hijas, y comenzaron a hablar acerca de apedrearlo. Pero David encontró fuerzas en el Señor su Dios.

⁷Entonces le dijo a Abiatar, el sacerdote:

—¡Tráeme el efod!

⁸Así que Abiatar lo trajo y David le preguntó al Señor:

—¿Debo perseguir a esta banda de saqueadores? ¿Los atraparé?

Y el Señor le dijo:

—Sí, persíguelos. Recuperarás todo lo que te han quitado.

⁹De modo que David y sus seiscientos hombres salieron y llegaron al arroyo de Besor. ¹⁰Pero doscientos de ellos estaban demasiado cansados para cruzar el arroyo, por lo que David continuó la persecución con cuatrocientos hombres.

¹¹En el camino encontraron a un egipcio en un campo y lo llevaron a David. Le dieron pan para comer y agua para beber. ¹²También le dieron parte de un pastel de higos y dos racimos de pasas, porque no había comido ni bebido nada durante tres días y tres noches. Al poco tiempo recobró sus fuerzas.

¹³—¿A quién le perteneces y de dónde vienes? —le preguntó David.

—Soy egipcio, esclavo de un amalecita —respondió—. Mi amo me abandonó hace tres días porque yo estaba enfermo. ¹⁴Regresábamos de asaltar a los cereteos en el Neguev, el territorio de Judá y la tierra de Caleb, y acabábamos de incendiar Siclag.

¹⁵—¿Me guiarás a esa banda de saqueadores? —preguntó David.

El joven contestó:

—Si haces un juramento en el nombre de Dios que no me matarás ni me devolverás a mi amo, entonces te guiaré a ellos.

¹⁶Así que guió a David hasta los amalecitas, y los encontraron dispersos por los campos comiendo, bebiendo y bailando con alegría por el enorme botín que habían tomado de los filisteos y de la tierra de Judá. ¹⁷Entonces David y sus hombres se lanzaron contra ellos y los mataron durante toda la noche y durante todo el día siguiente hasta la tarde. Ninguno de los amalecitas escapó, excepto cuatrocientos jóvenes que huyeron en camellos. ¹⁸Así que David recuperó todo lo que los amalecitas habían tomado y rescató a sus dos esposas. ¹⁹No faltaba nada: fuera grande o pequeño, hijo o hija, ni ninguna otra cosa que se habían llevado. David regresó con todo. ²⁰También recuperó los rebaños y las manadas, y sus hombres los arrearon delante de los demás animales. «¡Este botín le pertenece a David!», dijeron.

²¹Luego David regresó al arroyo de Besor y se encontró con los doscientos hombres que se habían quedado rezagados porque estaban demasiado cansados para seguir con él. Entonces salieron a encontrarse con David y con sus hombres, y David los saludó con alegría. ²²Pero unos alborotadores entre los hombres de David dijeron:

—Ellos no fueron con nosotros, así que no pueden tener nada del botín que recuperamos. Denles sus esposas e hijos y díganles que se vayan.

²³Pero David dijo:

—¡No, mis hermanos! No sean egoístas con lo que el Señor nos dio. Él nos protegió y nos ayudó a derrotar a la banda de saqueadores que nos atacó. ²⁴¿Quién les hará caso cuando hablan así? Compartiremos por partes iguales tanto con los que vayan a la batalla como con los que cuiden las pertenencias.

²⁵A partir de entonces, David estableció este dicho como decreto y ordenanza en Israel y hasta el día de hoy todavía se cumple.

²⁶Cuando llegó a Siclag, David envió parte del botín a los ancianos de Judá, quienes eran sus amigos. «Esto es un regalo para ustedes —les dijo David—, tomado de los enemigos del Señor».

²⁷Los regalos fueron enviados a la gente de las siguientes ciudades que David había visitado: Betel, Ramot-neguev, Jatir, ²⁸Aroer, Sifmot, Estemoa, ²⁹Racal,* las ciudades de Jerameel, las ciudades de los ceneos, ³⁰Horma, Corasán, Atac, ³¹Hebrón, y a todos los demás lugares que David había visitado con sus hombres.

Muerte de Saúl

31 Ahora bien, los filisteos atacaron a Israel, y los hombres de Israel huyeron ante ellos. Mataron a muchos en las laderas del monte Gilboa. ²Los filisteos cercaron a Saúl y a sus hijos, y mataron a tres de ellos: Jonatán, Abinadab y Malquisúa. ³La batalla se intensificó cerca de Saúl, y los arqueros filisteos lo alcanzaron y lo hirieron gravemente.

⁴Con gemidos, Saúl le dijo a su escudero. «Toma tu espada y mátame antes de que estos

30:29 La versión griega dice *Carmelo.*

filisteos paganos lleguen para atravesarme, burlarse de mí y torturarme».

Pero su escudero tenía miedo y no quiso hacerlo. Entonces Saúl tomó su propia espada y se echó sobre ella. ⁵Cuando su escudero vio que Saúl estaba muerto, se echó sobre su propia espada y murió junto al rey. ⁶Así que Saúl, sus tres hijos, su escudero y sus tropas murieron juntos en ese mismo día.

⁷Cuando los israelitas que se encontraban al otro lado del valle de Jezreel y más allá del Jordán vieron que el ejército israelita había huido y que Saúl y sus hijos estaban muertos, abandonaron sus ciudades y huyeron. Entonces los filisteos entraron y ocuparon sus ciudades.

⁸Al día siguiente, cuando los filisteos salieron a despojar a los muertos, encontraron los cuerpos de Saúl y de sus tres hijos en el monte Gilboa. ⁹Entonces le cortaron la cabeza a Saúl y le quitaron su armadura. Luego proclamaron las buenas noticias de la muerte de Saúl en su templo pagano y a la gente en toda la tierra de Filistea. ¹⁰Pusieron su armadura en el templo de Astarot, y colgaron su cuerpo en la muralla de la ciudad de Bet-sán.

¹¹Pero cuando el pueblo de Jabes de Galaad se enteró de lo que los filisteos le habían hecho a Saúl, ¹²todos los valientes guerreros viajaron toda la noche hasta Bet-sán y bajaron los cuerpos de Saúl y de sus hijos de la muralla. Llevaron los cuerpos a Jabes, donde los incineraron. ¹³Luego tomaron los huesos y los enterraron debajo del árbol de tamarisco en Jabes y ayunaron por siete días.

2 Samuel

David se entera de la muerte de Saúl

1 Después de la muerte de Saúl, David regresó de su victoria sobre los amalecitas y pasó dos días en Siclag. ²Al tercer día llegó un hombre del campamento del ejército de Saúl con sus ropas rasgadas y polvo sobre la cabeza en señal de duelo. El hombre cayó al suelo y se postró delante de David con profundo respeto.

³—¿De dónde vienes? —le preguntó David.

—Me escapé del campamento israelita —le respondió el hombre.

⁴—¿Qué sucedió? —preguntó David—. Cuéntame lo que pasó en la batalla.

—Todo nuestro ejército huyó de la batalla —le contó—. Murieron muchos hombres. Saúl y su hijo Jonatán también están muertos.

⁵—¿Cómo sabes que Saúl y Jonatán están muertos? —le insistió David al joven.

⁶El hombre respondió:

—Sucedió que yo estaba en el monte Gilboa, y allí estaba Saúl apoyado en su lanza mientras se acercaban los enemigos en sus carros de guerra. ⁷Cuando se dio vuelta y me vio, me gritó que me acercara a él. "¿Qué quiere que haga?", le pregunté ⁸y él me contestó: "¿Quién eres?". Le respondí: "Soy un amalecita". ⁹Entonces me suplicó: "Ven aquí y sácame de mi sufrimiento, porque el dolor es terrible y quiero morir".

¹⁰»De modo que lo maté —dijo el amalecita a David—, porque me di cuenta de que no iba a vivir. Luego tomé su corona y su brazalete y se los he traído a usted, mi señor.

¹¹Al escuchar las noticias, David y sus hombres rasgaron sus ropas en señal de dolor. ¹²Hicieron duelo, lloraron y ayunaron todo el día por Saúl y su hijo Jonatán, también por el ejército del SEÑOR y por la nación de Israel, porque ese día habían muerto a espada.

¹³Luego David le dijo al joven que trajo la noticia:

—¿De dónde eres?

—Soy un extranjero —contestó—, un amalecita que vive en su tierra.

¹⁴—¿Y cómo no tuviste temor de matar al ungido del SEÑOR? —le preguntó David.

¹⁵Entonces le ordenó a uno de sus hombres:

—¡Mátalo!

Enseguida el hombre le clavó su espada al amalecita y lo mató, y David dijo:

¹⁶—Te condenaste a ti mismo al confesar que mataste al ungido del SEÑOR.

Canto de David por Saúl y Jonatán

¹⁷David compuso un canto fúnebre por Saúl y Jonatán, ¹⁸y ordenó que se lo enseñaran al pueblo de Judá. Es conocido como el *Cántico del arco* y está registrado en *El libro de Jaser:**

¹⁹ ¡Oh Israel, tu orgullo y tu alegría yacen
    muertos en las colinas!
    ¡Oh, cómo han caído los héroes poderosos!
²⁰ No lo anuncien en Gat,
    ni lo proclamen en las calles de Ascalón,
   o las hijas de los filisteos se alegrarán
    y los paganos se reirán con aires de triunfo.

²¹ Oh, montes de Gilboa,
    que no caiga sobre ustedes lluvia ni rocío,
    ni haya campos fructíferos que produzcan
    ofrendas de grano.*
Pues fue allí donde se contaminó el escudo
    de los héroes poderosos;
    el escudo de Saúl ya no será ungido con
    aceite.
²² El arco de Jonatán era potente,
    y la espada de Saúl realizó su trabajo
    mortífero.
Derramaron la sangre de sus enemigos
    y atravesaron a muchos héroes poderosos.

²³ ¡Cuán amados y agradables fueron Saúl
    y Jonatán!
    Estuvieron juntos en la vida y en la muerte.
Eran más rápidos que águilas,
    más fuertes que leones.
²⁴ Oh, mujeres de Israel, lloren por Saúl,
porque él las vistió con lujosas ropas
    escarlatas,
    con prendas adornadas de oro.

²⁵ ¡Oh, cómo han caído los héroes poderosos
    en batalla!
    Jonatán yace muerto en las colinas.
²⁶ ¡Cómo lloro por ti, Jonatán, hermano mío!
    ¡Oh, cuánto te amaba!
Tu amor por mí fue profundo,
    ¡más profundo que el amor de las mujeres!

1:18 O *El libro del Justo.*   1:21 El significado del hebreo es incierto.

²⁷ ¡Oh, cómo han caído los héroes poderosos!
Despojados de sus armas, yacen muertos.

David es ungido rey de Judá

2 Después de esto, David le preguntó al Señor:

—¿Debo regresar a alguna de las ciudades de Judá?

—Sí —respondió el Señor.

—¿A qué ciudad debo ir? —preguntó David.

—A Hebrón —contestó el Señor.

²Las dos esposas de David eran Ahinoam de Jezreel y Abigail, la viuda de Nabal de Carmelo. David, sus esposas ³y los hombres de David junto con sus familias se mudaron a Judá, y se establecieron en las aldeas cercanas a Hebrón. ⁴Después llegaron los hombres de Judá y ungieron a David rey del pueblo de Judá.

Cuando David se enteró de que los hombres de Jabes de Galaad habían enterrado a Saúl, ⁵les envió el siguiente mensaje: «Que el Señor los bendiga por haber sido tan leales a su señor Saúl y por haberle dado un entierro digno. ⁶¡Que el Señor, a cambio, sea leal a ustedes y los recompense con su amor inagotable! Yo también los recompensaré por lo que han hecho. ⁷Ahora que Saúl ha muerto, les pido que sean mis súbditos valientes y leales, igual que el pueblo de Judá, que me ha ungido como su nuevo rey».

Is-boset es proclamado rey de Israel

⁸Sin embargo, Abner, hijo de Ner, comandante del ejército de Saúl, ya había ido a Mahanaim con Is-boset,* hijo de Saúl. ⁹Allí proclamó a Is-boset rey de Galaad, de Jezreel, de Efraín, de Benjamín, de la tierra de los gesuritas y del resto de Israel.

¹⁰Is-boset, hijo de Saúl, tenía cuarenta años cuando llegó a ser rey, y gobernó desde Mahanaim dos años. Mientras tanto, el pueblo de Judá permaneció leal a David. ¹¹David hizo de Hebrón su ciudad capital y gobernó como rey de Judá siete años y medio.

Guerra entre Israel y Judá

¹²Cierto día, Abner dirigió a sus tropas desde Mahanaim a Gabaón. ¹³Por el mismo tiempo, Joab, hijo de Sarvia, salió al frente de las tropas de David. Los dos ejércitos se encontraron en el estanque de Gabaón y se sentaron frente a frente en lados opuestos del estanque.

¹⁴Entonces Abner le sugirió a Joab:

—Propongo que algunos de nuestros guerreros se enfrenten aquí cuerpo a cuerpo delante de nosotros.

—Muy bien —asintió Joab.

¹⁵Así que se eligieron doce hombres de cada grupo para pelear, doce hombres de Benjamín que representaban a Is-boset, hijo de Saúl, y doce que representaban a David. ¹⁶Cada uno agarró a su oponente del cabello y clavó su espada en el costado del otro, de modo que todos murieron. A partir de entonces, ese lugar en Gabaón se conoce como el Campo de las Espadas.*

¹⁷Ese día se desencadenó una feroz batalla, y las fuerzas de David derrotaron a Abner y a los hombres de Israel.

Muerte de Asael

¹⁸Joab, Abisai y Asael —los tres hijos de Sarvia— estaban entre las fuerzas de David ese día. Asael podía correr como una gacela ¹⁹y comenzó a correr tras Abner; lo persiguió sin tregua y no se detuvo para nada. ²⁰Cuando Abner se dio vuelta y lo vio venir, le gritó:

—¿Eres tú, Asael?

—Sí, soy yo —le contestó.

²¹—¡Ve a pelear con otro! —le advirtió Abner—. Enfréntate a uno de los jóvenes y despójalo de sus armas.

Pero Asael siguió persiguiéndolo.

²²Abner le volvió a gritar:

—¡Vete de aquí! No quiero matarte. ¿Cómo podría dar la cara a tu hermano Joab?

²³Pero Asael se negó a regresar, entonces Abner le clavó la parte trasera de su lanza en el estómago. La lanza le salió por la espalda y Asael cayó muerto al suelo. Todos los que pasaban por allí se detenían, al ver a Asael tendido muerto.

²⁴Cuando Joab y Abisai se enteraron de lo sucedido, salieron a perseguir a Abner.

El sol ya se ponía cuando llegaron a la colina de Amma, cerca de Gía en el camino que lleva al desierto de Gabaón. ²⁵Las tropas de Abner, de la tribu de Benjamín, se reagruparon allí en la cima de la colina para tomar posiciones.

²⁶Abner le gritó a Joab:

—¿Es inevitable que nos matemos unos a otros? ¿No te das cuenta de que lo único que produce es amargura? ¿Cuándo vas a ordenar que tus hombres dejen de perseguir a sus hermanos israelitas?

²⁷Entonces dijo Joab:

—Si no hubieras hablado, solo Dios sabe lo que habría pasado, porque los habríamos perseguido toda la noche de ser necesario.

²⁸De manera que Joab tocó el cuerno de carnero, y sus hombres dejaron de perseguir a las tropas de Israel.

²⁹Durante toda esa noche Abner y sus hombres retrocedieron por el Jordán.* Cruzaron el río Jordán y viajaron toda la mañana* sin detenerse hasta llegar a Mahanaim.

³⁰Mientras tanto, Joab y sus hombres también regresaron a casa. Cuando Joab contó sus bajas, descubrió que solo faltaban diecinueve hombres, además de Asael. ³¹Pero murieron trescientos sesenta hombres de Abner, todos de la tribu de Benjamín. ³²Joab y sus hombres llevaron el cuerpo de Asael a Belén y lo enterraron

en la tumba de su padre. Luego viajaron toda la noche y llegaron a Hebrón al amanecer.

3 Este fue el comienzo de una larga guerra entre los que eran leales a Saúl y los que eran leales a David. Con el paso del tiempo, David se volvió cada vez más fuerte, mientras que la dinastía de Saúl se iba debilitando.

Los hijos de David nacidos en Hebrón

²Estos son los hijos que le nacieron a David en Hebrón:

El mayor fue Amnón, y su madre fue Ahinoam de Jezreel.

³ El segundo fue Daniel,* y su madre fue Abigail, la viuda de Nabal de Carmelo.

El tercero fue Absalón, y su madre fue Maaca, hija de Talmai, rey de Gesur.

⁴ El cuarto fue Adonías, y su madre fue Haguit. El quinto fue Sefatías, y su madre fue Abital.

⁵ El sexto fue Itream, y su madre fue Egla, esposa de David.

Todos estos hijos le nacieron a David en Hebrón.

Abner une fuerzas con David

⁶Como la guerra entre la casa de Saúl y la casa de David continuaba, Abner llegó a ser un poderoso líder entre los que eran leales a Saúl. ⁷Cierto día Is-boset,* hijo de Saúl, acusó a Abner de haberse acostado con una de las concubinas de su padre, una mujer llamada Rizpa, hija de Aja.

⁸Abner se puso furioso. «¿Soy acaso un perro de Judá para que me trates a patadas? —le gritó—. Después de todo lo que hice por tu padre Saúl, por su familia y por sus amigos al no entregarlos a David, ¿en qué recompensa que me culpes por lo de esta mujer? ⁹¡Que Dios me castigue y aun me mate si no hago todo lo posible para ayudar a David a que consiga lo que el SEÑOR le prometió! ¹⁰Voy a tomar el reino de Saúl y entregárselo a David. Voy a establecer el reino de David sobre Israel al igual que sobre Judá, todo el territorio desde Dan en el norte hasta Beerseba en el sur». ¹¹Is-boset no se atrevió a decir ni una sola palabra más, porque tenía miedo de lo que Abner pudiera hacerle.

¹²Entonces Abner envió mensajeros a decirle a David: «¿Acaso no le pertenece a usted toda la tierra? Haga un pacto solemne conmigo y lo ayudaré a que todo Israel se ponga de su parte».

¹³—Muy bien —respondió David—, pero no negociaré contigo a menos que cuando vengas me traigas a mi esposa Mical, hija de Saúl».

¹⁴Además David envió este mensaje a Is-boset, hijo de Saúl: «Devuélveme a mi esposa Mical, pues la compré con la vida* de cien filisteos».

¹⁵Entonces Is-boset quitó a Mical de su marido Palti,* hijo de Lais. ¹⁶Palti la siguió hasta Bahurim, llorando todo el camino, por eso Abner le dijo: «¡Regresa a tu casa!». Así que Palti volvió a casa.

¹⁷Mientras tanto, Abner había consultado con los ancianos de Israel y les dijo: «Desde hace tiempo ustedes han querido hacer a David su rey. ¹⁸¡Ahora es el momento! Pues el SEÑOR ha dicho: "Yo he elegido a David para que salve a mi pueblo Israel de manos de los filisteos y de sus demás enemigos"». ¹⁹Abner también habló con los hombres de Benjamín. Después se fue a Hebrón para decirle a David que todo el pueblo de Israel y de Benjamín aceptaban apoyarlo.

²⁰Cuando Abner y veinte de sus hombres llegaron a Hebrón, David los recibió con un gran banquete. ²¹Luego Abner propuso a David: «Déjeme que vaya y convoque a todo Israel a una asamblea para que apoye a mi señor, el rey. Los israelitas harán un pacto con usted para hacerlo su rey, y usted gobernará todo lo que desea su corazón». Así que David despidió a Abner en paz.

Joab asesina a Abner

²²Pero justo después que David despidió a Abner en paz, Joab y algunas de las tropas de David regresaron de una incursión y traían un gran botín. ²³Cuando Joab llegó, le dijeron que Abner acababa de visitar al rey y que David lo había enviado en paz.

²⁴Entonces Joab fue de prisa a ver al rey y le preguntó: «¿Qué ha hecho usted? ¿Qué pretende al dejar ir a Abner? ²⁵¡Sabe perfectamente bien que vino para espiarlo y averiguar todo lo que está haciendo!».

²⁶Con eso Joab dejó a David y envió mensajeros para que alcanzaran a Abner y le pidieran que regresara. Ellos lo encontraron junto al pozo de Sira y lo trajeron de regreso, sin que David supiera nada. ²⁷Cuando Abner llegó de nuevo a Hebrón, Joab lo llevó aparte, a las puertas de la ciudad, como si fuera a hablar en privado con él. Pero lo apuñaló en el estómago y lo mató en venganza por la muerte de su hermano Asael.

²⁸Cuando David se enteró, declaró: «Juro por el SEÑOR que yo y mi reino somos inocentes para siempre de este crimen cometido contra Abner, hijo de Ner. ²⁹¡Joab y su familia son los culpables! ¡Que la familia de Joab sea maldita! Que nunca falte un hombre de cada generación que padezca de llagas o de lepra,* o que camine con muletas,* o que muera a espada o que mendigue comida!».

³⁰Joab y su hermano Abisai mataron a Abner, porque este había matado a su hermano Asael en la batalla de Gabaón.

3:3 Así aparece en el texto paralelo en 1 Cr 3:1. En la versión griega dice *Daluia*, en los Rollos del mar Muerto dice *Daniel*; en hebreo dice *Quileab*.   3:7 *Is-boset*, otro nombre para Es-baal.   3:14 En hebreo *los prepucios*.   3:15 Así aparece en 1 Sm 25:44; en hebreo dice *Paltiel*, una variante de Palti.   3:29a O *una enfermedad contagiosa de la piel*. La palabra empleada en hebreo puede describir diversas enfermedades de la piel.   3:29b O *que sea afeminado*; en hebreo dice *que maneje el huso*.

David lamenta la muerte de Abner

³¹Entonces David les dijo a Joab y a todos los que estaban con él: «Rásguense la ropa, pónganse tela áspera y hagan duelo por Abner». El rey David en persona caminó detrás del cortejo fúnebre hasta la tumba. ³²Así que enterraron a Abner en Hebrón, y el rey y todo el pueblo lloraron junto a la tumba. ³³Luego el rey cantó este canto fúnebre por Abner:

«¿Acaso tenía que morir Abner como mueren
      los necios?
³⁴ Tus manos no estaban atadas;
      tus pies no estaban encadenados.
   No, fuiste asesinado,
      víctima de un complot perverso».

Entonces todo el pueblo lloró nuevamente por Abner. ³⁵David rehusó comer el día del funeral y todos le suplicaban que comiera. Pero David había hecho el siguiente juramento: «Que el SEÑOR me castigue y aun me mate si como algo antes de que se ponga el sol».

³⁶Esto agradó mucho a los israelitas. De hecho, todo lo que el rey hacía les agradaba. ³⁷Así que todos en Judá y en Israel comprendieron que David no era responsable de la muerte de Abner.

³⁸Después, el rey David les dijo a sus oficiales: «¿No se dan cuenta de que hoy un gran comandante ha caído en Israel? ³⁹Y aunque soy el rey ungido, estos dos hijos de Sarvia, Joab y Abisai, son demasiado fuertes para que yo los controle. Por eso, que el SEÑOR les dé a estos hombres malignos su paga por sus malas acciones».

Asesinato de Is-boset

4 Cuando Is-boset,* el hijo de Saúl, se enteró de la muerte de Abner en Hebrón, se acobardó y todo Israel quedó paralizado de miedo. ²Ahora bien, había dos hermanos, Baana y Recab, que eran capitanes de los destacamentos de asalto de Is-boset. Eran hijos de Rimón, un miembro de la tribu de Benjamín que vivía en Beerot. La ciudad de Beerot ahora forma parte del territorio de Benjamín ³porque los habitantes originarios de Beerot huyeron a Gitaim, donde todavía viven como extranjeros.

⁴(Jonatán, hijo de Saúl, tuvo un hijo llamado Mefiboset,* quien quedó lisiado de niño. Cuando Mefiboset tenía cinco años, llegó la noticia desde Jezreel de que Saúl y Jonatán habían muerto en batalla. Al enterarse la niñera, tomó al niño y huyó; pero, con el apuro, se le cayó y quedó lisiado).

⁵Cierto día, Recab y Baana, los hijos de Rimón de Beerot, fueron a la casa de Is-boset cerca del mediodía mientras él dormía la siesta. ⁶A la portera, quien había estado zarandeando trigo, le dio sueño y se durmió. Así que Recab y Baana pasaron desapercibidos.* ⁷Entraron en la casa y encontraron a Is-boset dormido en su cama.

Lo golpearon, lo mataron y le cortaron la cabeza. Luego tomaron la cabeza y huyeron durante la noche a través del valle del Jordán. *⁸Cuando llegaron a Hebrón le presentaron la cabeza de Is-boset a David y exclamaron:

—¡Mire! Aquí está la cabeza de Is-boset, el hijo de su enemigo Saúl, quien intentó matarlo. ¡El SEÑOR le ha dado hoy a mi señor el rey venganza sobre Saúl y toda su familia!

⁹Pero David les dijo a Recab y a Baana:

—El SEÑOR, quien me salvó de mis enemigos, es mi testigo. ¹⁰Una vez alguien me dijo: "Saúl ha muerto", pensando que me traía buenas noticias. Pero yo lo agarré y lo maté en Siclag. ¡Esa fue la recompensa que le di por sus noticias! ¹¹¿Cuánto más debo recompensar a los hombres malignos que mataron a un hombre inocente en su propia casa y mientras estaba en la cama? ¿No debería hacerlos responsables de su sangre y así liberar al mundo de su presencia?

¹²Entonces David ordenó a sus hombres que los mataran, y así lo hicieron. Les cortaron las manos y los pies, y colgaron sus cuerpos junto al estanque de Hebrón. Luego tomaron la cabeza de Is-boset y la enterraron en la tumba de Abner en Hebrón.

David, rey de todo Israel

5 Luego todas las tribus de Israel fueron a David en Hebrón y le dijeron: «Somos de la misma sangre. ²En el pasado,* cuando Saúl era nuestro rey, en realidad era usted quien dirigía a las fuerzas de Israel. Y el SEÑOR le dijo: "Tú serás el pastor de mi pueblo Israel; tú serás el líder de Israel"».

³De modo que allí en Hebrón el rey David hizo un pacto ante el SEÑOR con todos los ancianos de Israel, y lo ungieron rey de Israel.

⁴David tenía treinta años cuando comenzó a reinar, y reinó cuarenta años. ⁵Había reinado sobre Judá desde Hebrón siete años y seis meses, y desde Jerusalén reinó sobre todo Israel y Judá por treinta y tres años.

David toma a Jerusalén

⁶Luego David guió a sus hombres a Jerusalén para pelear contra los jebuseos, los habitantes originarios de esa tierra, que vivían allí. Los jebuseos se mofaban de David: «¡Jamás entrarás aquí! ¡Hasta los ciegos y los cojos pueden impedir que ingreses!». Pues los jebuseos pensaban que estaban a salvo. ⁷Pero David tomó la fortaleza de Sión, la que ahora se llama Ciudad de David.

⁸El día del ataque, David les dijo a sus tropas: «Odio a esos jebuseos "ciegos" y "cojos".* Todo el que ataque la ciudad, que haga su entrada por el túnel de agua».* Este es el origen del dicho: «Ni el ciego ni el cojo pueden entrar en la casa».*

⁹Así que David hizo de la fortaleza su casa y la llamó la Ciudad de David. Extendió la ciudad,

4:1 *Is-boset*, otro nombre para Es-baal.   **4:4** *Mefiboset*, otro nombre para Merib-baal.   **4:6** Así aparece en la versión griega; en hebreo dice Así que entraron en la casa simulando ir a buscar trigo, pero lo apuñalaron en el estómago. Entonces Recab y Baana escaparon.   **4:7** En hebreo el *Arabá.*   **5:2** O *Por algún tiempo.*   **5:8a** O *Esos "cojos" y "ciegos" jebuseos me odian.*   **5:8b** O *con ganchos de escalar;* el significado del hebreo es incierto.   **5:8c** El significado de este dicho es incierto.

comenzando desde los terraplenes, y continuó hacia adentro.* [10]David se hacía cada vez más poderoso, porque el SEÑOR Dios de los Ejércitos Celestiales estaba con él.

[11]Luego Hiram, rey de Tiro, envió mensajeros a David, junto con madera de cedro, así como carpinteros y canteros, quienes construyeron un palacio para David. [12]Entonces David se dio cuenta de que el SEÑOR lo había confirmado como rey de Israel y que había bendecido su reino por amor a su pueblo Israel.

[13]Después de mudarse de Hebrón a Jerusalén, David tomó más concubinas y esposas, y ellas tuvieron más hijos e hijas. [14]Estos son los nombres de los hijos de David que nacieron en Jerusalén: Samúa, Sobab, Natán, Salomón, [15]Ibhar, Elisúa, Nefeg, Jafía, [16]Elisama, Eliada y Elifelet.

David conquista a los filisteos

[17]Cuando los filisteos se enteraron de que David había sido ungido rey de Israel, movilizaron todas sus fuerzas para capturarlo; pero le avisaron a David que venían, así que entró en la fortaleza. [18]Los filisteos llegaron y se desplegaron por todo el valle de Refaim. [19]Entonces David le preguntó al SEÑOR:

—¿Debo salir a pelear contra los filisteos? ¿Los entregarás en mis manos?

El SEÑOR le contestó a David:

—Sí, adelante. Te aseguro que te los entregaré.

[20]Entonces David fue a Baal-perazim y allí derrotó a los filisteos. «¡El SEÑOR lo hizo! —exclamó David—. ¡Él irrumpió en medio de mis enemigos como una violenta inundación!». Así que llamó a ese lugar Baal-perazim (que significa «el Señor que irrumpe»). [21]Los filisteos abandonaron allí sus ídolos, y David y sus hombres los confiscaron.

[22]Pero poco tiempo después, los filisteos volvieron y de nuevo se desplegaron en el valle de Refaim. [23]De nuevo David le preguntó al SEÑOR qué debía hacer. «No los ataques de frente —le contestó el SEÑOR—. En cambio, rodéalos y, cerca de los álamos,* atácalos por la retaguardia. [24]Cuando oigas un sonido de pies que marchan en las copas de los álamos, ¡mantente alerta! Esa será la señal de que el SEÑOR va delante de ti para herir de muerte al ejército filisteo». [25]Entonces David hizo lo que el SEÑOR le ordenó e hirió de muerte a los filisteos desde Gabaón* hasta Gezer.

Traslado del arca a Jerusalén

6 Entonces David volvió a reunir a las tropas más selectas de Israel, un total de treinta mil. [2]Y las llevó a Baala de Judá* para traer de regreso el arca de Dios, que lleva el nombre del SEÑOR de los Ejércitos Celestiales,* quien está entronizado entre los querubines. [3]Así que pusieron el arca de Dios en una carreta nueva y la retiraron de la casa de Abinadab, que estaba en una colina. Al salir de la casa, Uza y Ahío, hijos de Abinadab, guiaban la carreta [4]que cargaba el arca de Dios. Ahío caminaba delante del arca. [5]David y todo el pueblo de Israel celebraban ante el SEÑOR, entonando canciones* y tocando todo tipo de instrumentos musicales: liras, arpas, panderetas, castañuelas y címbalos.

[6]Cuando llegaron al campo de trillar de Nacón, los bueyes tropezaron, y Uza extendió la mano para sujetar el arca de Dios. [7]Entonces se encendió el enojo del SEÑOR contra Uza, y Dios lo hirió de muerte debido a lo que hizo.* Así fue como Uza murió allí mismo junto al arca de Dios.

[8]Entonces David se enojó porque la ira de Dios se había desatado contra Uza y llamó a ese lugar Pérez-uza (que significa «desatarse contra Uza»), nombre que conserva hasta el día de hoy.

[9]Ahora David tenía miedo del SEÑOR y preguntó: «¿Cómo podré regresar el arca del SEÑOR para que esté bajo mi cuidado?». [10]Por lo tanto, David decidió no trasladar el arca de Dios a la Ciudad de David, sino que la llevó a la casa de Obed-edom, en Gat. [11]El arca del SEÑOR permaneció en la casa de Obed-edom por tres meses, y el SEÑOR bendijo a Obed-edom y a toda su casa.

[12]Entonces le dijeron al rey David: «El Señor ha bendecido a los de la casa de Obed-edom y a todo lo que tiene a causa del arca de Dios». Luego David fue y llevó el arca de Dios de la casa de Obed-edom a la Ciudad de David con gran celebración. [13]Cuando los hombres que llevaban el arca del SEÑOR dieron apenas seis pasos, David sacrificó un toro y un ternero engordado. [14]Y David danzó ante el SEÑOR con todas sus fuerzas, vestido con una vestidura sacerdotal.* [15]David y todo el pueblo trasladaron el arca del SEÑOR entre gritos de alegría y toques de cuernos de carnero.

Mical desprecia a David

[16]Entonces, cuando el arca del SEÑOR entraba a la Ciudad de David, Mical, hija de Saúl, se asomó por la ventana. Cuando vio que el rey David saltaba y danzaba ante el SEÑOR, se llenó de desprecio hacia él.

[17]Así que trasladaron el arca y la colocaron en su lugar dentro de la carpa especial que David le había preparado. David sacrificó al SEÑOR ofrendas quemadas y ofrendas de paz. [18]Cuando terminó de ofrecer sus sacrificios, David bendijo al pueblo en el nombre del SEÑOR de los

---

5:9 En hebreo *el milo*. El significado del hebreo es incierto.   **5:23** O *álamo tembón* o *bálsamo*; también en 5:24. La identificación exacta de esta clase de árbol es incierta.   **5:25** Así aparece en la versión griega (ver también 1 Cr 14:16); en hebreo dice *Geba*.   **6:2a** *Baala de Judá*, otro nombre para Quiriat-jearim; comparar 1 Cr 13:6.   **6:2b** O *el arca de Dios, en la cual el Nombre es proclamado, el nombre del SEÑOR de los Ejércitos Celestiales.* Así aparece en los Rollos del mar Muerto y en la versión griega (ver también 1 Cr 13:8); el texto masorético dice *ante el SEÑOR con toda clase de madera de ciprés.*   **6:7** Así aparece en los Rollos del mar Muerto; en el texto masorético dice *a causa de su irreverencia.*   **6:14** En hebreo un *efod de lino.*

Ejércitos Celestiales. ¹⁹Después repartió a todos los israelitas que estaban allí reunidos, tanto hombres como mujeres, una hogaza de pan, un pastel de dátiles* y un pastel de pasas de uva. Luego todos regresaron a su casa.

²⁰Cuando David regresó a su hogar para bendecir a su propia familia, Mical, la hija de Saúl, salió a su encuentro y le dijo indignada:

—¡Qué distinguido se veía hoy el rey de Israel, exhibiéndose descaradamente delante de las sirvientas tal como lo haría cualquier persona vulgar!

²¹David le replicó a Mical:

—¡Estaba danzando delante del SEÑOR, quien me eligió por encima de tu padre y de su familia! Él me designó como el líder de Israel, el pueblo del SEÑOR, y de este modo celebro delante de él. ²²¡Así es, y estoy dispuesto a quedar en ridículo e incluso a ser humillado ante mis propios ojos! Pero esas sirvientas que mencionaste, ¡de seguro seguirán pensando que soy distinguido!

²³Y Mical, la hija de Saúl, nunca tuvo hijos en toda su vida.

Promesa del SEÑOR a David

7 Una vez que David se instaló en el palacio, y el SEÑOR le dio descanso de los enemigos que lo rodeaban, ²el rey mandó llamar al profeta Natán.

—Mira —le dijo David—, yo vivo en un hermoso palacio de cedro,* ¡mientras que el arca de Dios está allá afuera en una carpa!

³Natán le respondió al rey:

—Adelante, haz todo lo que tienes pensado porque el SEÑOR está contigo.

⁴Pero esa misma noche el SEÑOR le dijo a Natán:

⁵Ve y dile a mi siervo David: "Esto ha declarado el SEÑOR: ¿acaso eres tú el que me debe construir una casa en la que yo viva? ⁶Desde el día en que saqué a los israelitas de Egipto hasta hoy, nunca he vivido en una casa. Siempre fui de un lugar a otro con una carpa y un tabernáculo como mi morada. ⁷Sin embargo, donde quiera que fui con los israelitas, ni una sola vez me quejé ante los jefes de las tribus de Israel, los pastores de mi pueblo Israel. Nunca les pregunté: '¿Por qué no me han construido una hermosa casa de cedro?'".

⁸»Ahora ve y dile a mi siervo David: "Esto ha declarado el SEÑOR de los Ejércitos Celestiales: te saqué de cuidar ovejas en los pastos y te elegí para que fueras el líder de mi pueblo Israel. ⁹He estado contigo dondequiera que has ido y destruí a todos tus enemigos frente a tus propios ojos.

¡Ahora haré que tu nombre sea tan famoso como el de los grandes que han vivido en la tierra! ¹⁰Le daré una patria a mi pueblo Israel y lo estableceré en un lugar seguro donde nunca será molestado. Las naciones malvadas no lo oprimirán como lo hicieron en el pasado, ¹¹cuando designé jueces para que gobernaran a mi pueblo Israel; y te daré descanso de todos tus enemigos.

»Además, el SEÑOR declara que construirá una casa para ti, ¡una dinastía de reyes! ¹²Pues cuando mueras y seas enterrado con tus antepasados, levantaré a uno de tus hijos de tu propia descendencia y fortaleceré su reino. ¹³Él es quien edificará una casa —un templo— para mi nombre, y afirmaré su trono real para siempre. ¹⁴Yo seré su padre, y él será mi hijo. Si peca, lo corregiré y lo disciplinaré con vara, como lo haría cualquier padre. ¹⁵Pero no le retiraré mi favor como lo retiré de Saúl, a quien quité de tu vista. ¹⁶Tu casa y tu reino continuarán para siempre delante de mí,* y tu trono estará seguro para siempre"».

¹⁷Entonces Natán regresó adonde estaba David y repitió todo lo que el SEÑOR le había dicho en la visión.

Oración de gratitud de David

¹⁸Entonces el rey David entró y se sentó delante del SEÑOR y oró:

«¿Quién soy yo, oh SEÑOR Soberano, y qué es mi familia para que me hayas traído hasta aquí? ¹⁹Y ahora, SEÑOR Soberano, sumado a todo lo demás, ¡hablas de darle a tu siervo una dinastía duradera! ¿Tratas a todos de esta manera, SEÑOR Soberano?*

²⁰»¿Qué más puedo decirte? Tú sabes cómo es realmente tu siervo, SEÑOR Soberano. ²¹Debido a tu promesa y según tu voluntad hiciste todas estas grandes cosas y las diste a conocer a tu siervo.

²²»¡Qué grande eres, oh SEÑOR Soberano! No hay nadie como tú. ¡Nunca hemos oído de otro Dios como tú! ²³¿Qué otra nación sobre la tierra es como tu pueblo Israel? ¿Qué otra nación, oh Dios, has redimido de la esclavitud para que sea tu pueblo? Te hiciste un gran nombre cuando redimiste a tu pueblo de Egipto. Realizaste imponentes milagros y expulsaste a las naciones y a sus dioses que le impidieron el paso.* ²⁴Hiciste de Israel tu pueblo para siempre y tú, oh SEÑOR, llegaste a ser su Dios.

²⁵»Y ahora, oh SEÑOR Dios, yo soy tu siervo; haz lo que prometiste respecto a mí y a mi familia. Confírmalo como una promesa que durará para siempre. ²⁶Que tu nombre sea

---

6:19 O *una porción de carne.* El significado del hebreo es incierto.   **7:16** Así aparece en la versión griega y en algunos manuscritos hebreos; el texto masorético dice *delante de ti.*   **7:19** O *Es esta la indicación para toda la humanidad, oh SEÑOR Soberano.*   **7:23** Así aparece en la versión griega (ver también 1 Cr 17:21); en hebreo dice *Te hiciste un gran nombre para ti mismo y hiciste asombrosos milagros para tu tierra. Hiciste esto delante de tu pueblo, a quienes redimiste de Egipto, de naciones y de sus dioses.*

honrado para siempre, de modo que todos digan: "¡El Señor de los Ejércitos Celestiales es Dios sobre Israel!". Que la casa de tu siervo David permanezca delante de ti para siempre.

²⁷"¡Oh Señor de los Ejércitos Celestiales, Dios de Israel, yo me he atrevido a elevarte esta oración porque tú me revelaste todo esto a tu siervo con las siguientes palabras: "Construiré una casa para ti, ¡una dinastía de reyes!". ²⁸Pues tú eres Dios, oh Señor Soberano; tus palabras son verdad, y le has prometido estas cosas buenas a tu siervo. ²⁹Ahora que te complazca bendecir la casa de tu siervo para que permanezca para siempre delante de ti. Has hablado, y cuando concedes una bendición a tu siervo, oh Señor Soberano, ¡es una bendición eterna!».

Victorias militares de David

8 Después David derrotó y sometió a los filisteos al conquistar Gat, su ciudad más grande.* ²David también conquistó la tierra de Moab. Hizo que la gente se acostara en el suelo en una fila y con una soga los midió y los separó por grupos. Ejecutó dos grupos por cada grupo que dejó con vida. Los moabitas a quienes se les perdonó la vida, se convirtieron en súbditos de David y tuvieron que pagarle tributo.

³David también destruyó las fuerzas de Hadad-ezer, hijo de Rehob, rey de Soba, cuando Hadad-ezer marchó para fortalecer su control a lo largo del río Éufrates. ⁴David capturó mil carros de guerra, siete mil conductores de carros de guerra* y veinte mil soldados de infantería. Les lisió los caballos de tiro, excepto los necesarios para cien carros de guerra.

⁵Cuando los arameos de Damasco llegaron para ayudar al rey Hadad-ezer, David mató a veintidós mil de ellos. ⁶Luego puso varias guarniciones militares en Damasco, la capital aramea, y los arameos se convirtieron en súbditos de David y le pagaban tributo. Así que el Señor le daba la victoria a David dondequiera que iba.

⁷David llevó a Jerusalén los escudos de oro de los oficiales de Hadad-ezer, ⁸junto con una gran cantidad de bronce de las ciudades de Tebah* y Berotai que pertenecían a Hadad-ezer.

⁹Cuando Toi, rey de Hamat, se enteró de que David había destruido a todo el ejército de Hadad-ezer, ¹⁰envió a su hijo Joram para felicitar al rey David por su exitosa campaña. Hadad-ezer y Toi habían sido enemigos y con frecuencia estaban en guerra. Joram le obsequió a David muchos regalos de plata, de oro y de bronce.

¹¹El rey David dedicó todos estos regalos al Señor, así como lo hizo con la plata y el oro de las demás naciones que había derrotado ¹²—de Edom,* de Moab, de Amón, de Filistea y de Amalec— y de Hadad-ezer hijo de Rehob, rey de Soba.

¹³A raíz de esto, David se volvió muy famoso. Después de su regreso, aniquiló a dieciocho mil edomitas* en el valle de la Sal. ¹⁴Puso guarniciones militares por todo Edom, y los edomitas se convirtieron en súbditos de David. Es más, el Señor le daba la victoria a David dondequiera que iba.

¹⁵De modo que David reinó sobre todo Israel e hizo lo que era justo y correcto para su pueblo. ¹⁶Joab, hijo de Servia, era el comandante del ejército; Josafat, hijo de Ahilud, era el historiador del reino. ¹⁷Sadoc, hijo de Ahitob, y Ahimelec, hijo de Abiatar, eran los sacerdotes; Seraías era el secretario de la corte. ¹⁸Benaía, hijo de Joiada, era el capitán de la guardia personal del rey,* y los hijos de David servían como líderes sacerdotales.*

Bondad de David hacia Mefiboset

9 Cierto día, David preguntó: «¿Hay alguien de la familia de Saúl que aún siga con vida, alguien a quien pueda mostrarle bondad por amor a Jonatán?». ²Entonces mandó llamar a Siba, un hombre que había sido uno de los siervos de Saúl.

—¿Eres tú Siba? —le preguntó el rey.

—Sí, señor, lo soy —contestó Siba.

³Enseguida el rey le preguntó:

—¿Hay alguien de la familia de Saúl que todavía viva? De ser así, quisiera mostrarle la bondad de Dios.

Siba le contestó:

—Sí, uno de los hijos de Jonatán sigue con vida. Está lisiado de ambos pies.

⁴—¿Dónde está? —preguntó el rey.

—En Lodebar —le contestó Siba—, en la casa de Maquir, hijo de Amiel.

⁵Entonces David mandó a buscarlo y lo sacó de la casa de Maquir. ⁶Su nombre era Mefiboset;* era hijo de Jonatán y nieto de Saúl. Cuando se presentó ante David, se postró hasta el suelo con profundo respeto.

David dijo:

—¡Saludos, Mefiboset!

Mefiboset respondió:

—Yo soy su siervo.

⁷—¡No tengas miedo! —le dijo David—, mi intención es mostrarte mi bondad por lo que le prometí a tu padre, Jonatán. Te daré todas las propiedades que pertenecían a tu abuelo Saúl, y comerás aquí conmigo, a la mesa del rey.

8:1 En hebreo *al conquistar Meteg-ama*, nombre que significa «la brida», posiblemente se refiere al tamaño de la ciudad o al dinero de tributo tomado de ella. Comparar 1 Cr 18:1. **8:4** Así aparece en los Rollos del mar Muerto y en la versión griega (ver también 1 Cr 18:4); en el texto masorético dice *capturó 1700 conductores de carros de guerra*. **8:8** Así aparece en algunos manuscritos griegos (ver también 1 Cr 18:8); en hebreo dice *Beta*. **8:12** Así aparece en algunos manuscritos hebreos y en la versión griega y en la siríaca (ver también 8:14; 1 Cr 18:11); la mayoría de los manuscritos hebreos dice *Aram*. **8:13** Así aparece en algunos manuscritos hebreos y en las versiones griegas y siríacas (ver también 8:14; 1 Cr 18:12); la mayoría de los manuscritos hebreos dice *arameos*. **8:18a** En hebreo *de los cereteos y peleteos*. **8:18b** En hebreo *los hijos de David eran sacerdotes*; comparar con el texto paralelo en 1 Cr 18:17. **9:6** *Mefiboset*, otro nombre para Merib-baal.

⁸Mefiboset se inclinó respetuosamente y exclamó:

—¿Quién es su siervo para que le muestre tal bondad a un perro muerto como yo?

⁹Entonces el rey llamó a Siba, el siervo de Saúl, y dijo:

—Le he dado al nieto de tu amo todo lo que pertenecía a Saúl y a su familia. ¹⁰Tú, tus hijos y tus siervos cultivarán la tierra para él, para que produzca alimento para la casa de tu amo.* Pero Mefiboset, el nieto de tu amo, comerá aquí, a mi mesa. (Siba tenía quince hijos y veinte siervos).

¹¹Siba respondió:

—Sí, mi señor el rey, yo soy su siervo y haré todo lo que me ha ordenado.

A partir de ese momento, Mefiboset comió a la mesa de David,* como si fuera uno de los hijos del rey.

¹²Mefiboset tenía un hijo pequeño llamado Mica. A partir de entonces, todos los miembros de la casa de Siba fueron siervos de Mefiboset. ¹³Y Mefiboset, quien estaba lisiado de ambos pies, vivía en Jerusalén y comía a la mesa del rey.

David derrota a los amonitas

10 Después de un tiempo, murió Nahas,* rey de los amonitas, y su hijo Hanún, subió al trono. ²David dijo: «Le mostraré lealtad a Hanún, así como a su padre Nahas, siempre me fue leal». Entonces David envió embajadores a Hanún para expresarle sus condolencias por la muerte de su padre.

Pero cuando los embajadores de David llegaron a la tierra de Amón, ³los comandantes amonitas le dijeron a Hanún, su amo: «¿Realmente cree que estos hombres vienen para honrar a su padre? ¡No, David los ha enviado a espiar la ciudad para luego venir y conquistarla!». ⁴Entonces Hanún tomó presos a los embajadores de David, les afeitó la mitad de la barba, les cortó los mantos a la altura de las nalgas y los envió avergonzados de regreso a David.

⁵Cuando llegó a oídos de David lo que había sucedido, envió mensajeros para decirles a los hombres: «Quédense en Jericó hasta que les crezca la barba y luego regresen». Pues se sentían muy avergonzados de su aspecto.

⁶Cuando el pueblo de Amón se dio cuenta de qué tan seriamente había provocado el enojo de David, los amonitas contrataron a veinte mil soldados arameos de infantería de las tierras de Bet-rehob y Soba, mil del rey de Maaca y doce mil de la tierra de Tob. ⁷Cuando David se enteró, envió a Joab con todos sus guerreros a pelear contra ellos. ⁸Las tropas amonitas se pusieron en pie de guerra a la entrada de la puerta de la ciudad, mientras los arameos de Soba y Rehob, junto con los hombres de Tob y Maaca, tomaron posiciones para pelear a campo abierto.

⁹Cuando Joab vio que tendría que luchar tanto por el frente como por la retaguardia, eligió a algunas de las tropas selectas israelitas y las puso bajo su propio mando para luchar contra los arameos a campo abierto. ¹⁰Dejó al resto del ejército bajo el mando de su hermano Abisai, quien atacaría a los amonitas. ¹¹«Si los arameos son demasiado fuertes para mí, entonces ven en mi ayuda —le dijo Joab a su hermano—. Si los amonitas son demasiado fuertes para ti, yo iré en tu ayuda. ¹²¡Sé valiente! Luchemos con valor por nuestro pueblo y por las ciudades de nuestro Dios, y que se haga la voluntad del Señor».

¹³Cuando Joab y sus tropas atacaron, los arameos comenzaron a huir. ¹⁴Al ver que los arameos corrían, los amonitas huyeron de Abisai y retrocedieron a la ciudad. Terminada la batalla, Joab regresó a Jerusalén.

¹⁵Al darse cuenta los arameos de que no podían contra Israel se reagruparon. ¹⁶Y se les unieron tropas adicionales que Hadad-ezer mandó llamar del otro lado del río Éufrates.* Estas tropas llegaron a Helam bajo el mando de Sobac, el comandante de las fuerzas de Hadad-ezer.

¹⁷Cuando David oyó lo que sucedía, movilizó a todo Israel, cruzó el río Jordán y guió al ejército a Helam. Los arameos se pusieron en formación de batalla y lucharon contra David; ¹⁸pero nuevamente los arameos huyeron de los israelitas. Esta vez las fuerzas de David mataron a setecientos conductores de carros de guerra y a cuarenta mil soldados de infantería,* entre estos a Sobac, el comandante del ejército.

¹⁹Cuando todos los reyes que estaban aliados con Hadad-ezer vieron que Israel los había derrotado, se rindieron a Israel y se convirtieron en sus súbditos. Después de esto, los arameos tuvieron miedo de ayudar a los amonitas.

David y Betsabé

11 En la primavera,* cuando los reyes suelen salir a la guerra, David envió a Joab y al ejército israelita para pelear contra los amonitas. Destruyeron al ejército amonita y sitiaron la ciudad de Rabá. Sin embargo, David se quedó en Jerusalén.

²Una tarde, después del descanso de mediodía, David se levantó de la cama y subió a caminar por la azotea del palacio. Mientras miraba hacia la ciudad, vio a una mujer de belleza singular que estaba bañándose. ³Luego envió a alguien para que averiguara quién era la mujer y le dijeron: «Es Betsabé, hija de Eliam y esposa de Urías el hitita».

⁴Así que David envió mensajeros para que la trajeran y cuando llegó al palacio, se acostó con ella. Luego ella regresó a su casa. (Betsabé recién había terminado los ritos de purificación

---

9:10 Así aparece en la versión griega; en hebreo dice *el nieto de tu amo.* **9:11** Así aparece en la versión griega; en hebreo dice *mi mesa.* **10:1** Igual que el texto paralelo en 1 Cr 19:1; en hebreo dice *el rey.* **10:16** En hebreo *el río.* **10:18** Así aparece en algunos manuscritos griegos (ver también 1 Cr 19:18); en hebreo dice *soldados en carros de guerra.* **11:1** En hebreo *A comienzos del año.* En el antiguo calendario lunar hebreo, el primer día del año caía en marzo o en abril.

posteriores a su período menstrual). ⁵Tiempo después, cuando Betsabé descubrió que estaba embarazada, le envió el siguiente mensaje a David: «Estoy embarazada».

⁶Entonces David envió un mensaje a Joab: «Mándame a Urías el hitita». Así que Joab se lo envió. ⁷Cuando Urías llegó, David le preguntó cómo marchaba Joab y el ejército, y cómo marchaba la guerra. ⁸Después le dijo a Urías: «Ve a tu casa a descansar».* David incluso le envió un regalo a Urías apenas este dejó el palacio. ⁹Pero Urías no fue a su casa, sino que durmió esa noche a la entrada del palacio con la guardia real.

¹⁰Al enterarse David de que Urías no había ido a su casa, lo mandó llamar y le preguntó:

—¿Qué pasa? ¿Por qué no fuiste anoche a tu casa después de haber estado fuera por tanto tiempo?

¹¹Urías le contestó:

—El arca y el ejército de Israel y el de Judá están viviendo en carpas,* y Joab y los hombres de mi señor están acampando a cielo abierto. ¿Cómo podría yo ir a casa para beber, comer y dormir con mi esposa? Juro que jamás haría semejante cosa.

¹²—Está bien, quédate hoy aquí —le dijo David— y mañana puedes regresar al ejército.

Así que Urías se quedó en Jerusalén ese día y el siguiente. ¹³David lo invitó a cenar y lo emborrachó. Pero aun así no logró que Urías se fuera a la casa con su esposa, sino que nuevamente se quedó a dormir a la entrada del palacio con la guardia real.

David trama la muerte de Urías

¹⁴Entonces, a la mañana siguiente, David escribió una carta a Joab y se la dio a Urías para que se la entregara. ¹⁵La carta le daba las siguientes instrucciones a Joab: «Pon a Urías en las líneas del frente, donde la batalla sea más violenta. Luego retrocedan, para que lo maten». ¹⁶Así que Joab asignó a Urías a un lugar cerca de la muralla de la ciudad donde sabía que peleaban los hombres más fuertes del enemigo. ¹⁷Y cuando los soldados enemigos salieron de la ciudad para pelear, Urías el hitita murió junto con varios soldados israelitas.

¹⁸Luego Joab envió a David un informe de la batalla. ¹⁹Le dijo a su mensajero: «Informa al rey todas las novedades de la batalla. ²⁰Pero tal vez se enoje y pregunte: "¿Por qué las tropas se acercaron tanto a la ciudad? ¿Acaso no sabían que dispararían desde la muralla? ²¹¿No fue Abimelec, hijo de Gedeón,* muerto en Tebes por una mujer que le tiró una piedra de molino desde la muralla? ¿Por qué se acercaron tanto a la muralla?". Entonces dile: "Murió también Urías el hitita"».

²²Por lo tanto, el mensajero fue a Jerusalén y le dio un informe completo a David.

²³—El enemigo salió contra nosotros a campo abierto —le dijo—, y cuando los perseguíamos hasta las puertas de la ciudad, ²⁴los arqueros que estaban en la muralla nos dispararon flechas. Mataron a algunos hombres del rey, entre ellos a Urías el hitita.

²⁵—Bien, dile a Joab que no se desanime —dijo David—. ¡La espada devora a éste hoy y a aquél mañana! La próxima vez esfuércense más, ¡y conquistarán la ciudad!

²⁶Cuando la esposa de Urías se enteró de que su marido había muerto, hizo duelo por él. ²⁷Una vez cumplido el período de luto, David mandó que la trajeran al palacio, y pasó a ser una de sus esposas. Luego ella dio a luz un hijo. Pero el SEÑOR estaba disgustado con lo que David había hecho.

Natán reprende a David

12 Por lo tanto, el SEÑOR envió al profeta Natán para que le contara a David la siguiente historia:

—Había dos hombres en cierta ciudad; uno era rico y el otro, pobre. ²El hombre rico poseía muchas ovejas, y ganado en cantidad. ³El pobre no tenía nada, solo una pequeña oveja que había comprado. Él crió esa ovejita, la cual creció junto con sus hijos. La ovejita comía mismo plato del dueño y bebía de su vaso, y él la acunaba como a una hija. ⁴Cierto día llegó una visita a la casa del hombre rico. Pero en lugar de matar un animal de su propio rebaño o de su propia manada, tomó la ovejita del hombre pobre, la mató y la preparó para su invitado.

⁵Entonces David se puso furioso.

—¡Tan cierto como que el SEÑOR vive —juró—, cualquier hombre que haga semejante cosa merece la muerte! ⁶Debe reparar el daño dándole al hombre pobre cuatro ovejas por la que le robó y por no haber tenido compasión.

⁷Entonces Natán le dijo a David:

—¡Tú eres ese hombre! El SEÑOR, Dios de Israel, dice: "Yo te ungí rey de Israel y te libré del poder de Saúl. ⁸Te di la casa de tu amo, sus esposas y los reinos de Israel y Judá. Y si eso no hubiera sido suficiente, te habría dado más, mucho más. ⁹¿Por qué, entonces, despreciaste la palabra del SEÑOR e hiciste este acto tan horrible? Pues mataste a Urías el hitita con la espada de los amonitas y le robaste a su esposa. ¹⁰De ahora en adelante, tu familia vivirá por la espada porque me has despreciado al tomar la esposa de Urías para que sea tu mujer".

¹¹»Esto dice el SEÑOR: "Por lo que has hecho, haré que tu propia familia se rebele en tu contra. Ante tus propios ojos, daré tus mujeres a otro hombre, y él se acostará con ellas a la vista de todos. ¹²Tú lo hiciste en secreto, pero yo haré que esto suceda abiertamente a la vista de todo Israel".

11:8 En hebreo *y lava tus pies,* una expresión que puede tener una connotación de lavado ritual. **11:11** O *en Sucot.* **11:21** En hebreo *hijo de Jerubeset.* Jerubeset es una variación del nombre Jerobaal, otro nombre para Gedeón; ver Jc 6:32.

David confiesa su culpa

¹³Entonces David confesó a Natán:

—He pecado contra el SEÑOR.

Natán respondió:

—Sí, pero el SEÑOR te ha perdonado, y no morirás por este pecado. ¹⁴Sin embargo, como has mostrado un total desprecio por el SEÑOR* con lo que hiciste, tu hijo morirá.

¹⁵Después que Natán regresó a su casa, el SEÑOR le envió una enfermedad mortal al hijo que David tuvo con la esposa de Urías. ¹⁶Así que David le suplicó a Dios que perdonara la vida de su hijo, y no comió, y estuvo toda la noche tirado en el suelo. ¹⁷Entonces los ancianos de su casa le rogaban que se levantara y comiera con ellos, pero él se negó.

¹⁸Finalmente, al séptimo día, el niño murió. Los consejeros de David tenían temor de decírselo. «No escuchaba razones cuando el niño estaba enfermo —se decían—, ¿qué locura hará cuando le digamos que el niño murió?».

¹⁹Cuando David vio que susurraban entre sí, se dio cuenta de lo que había pasado.

—¿Murió el niño? —preguntó.

—Sí —le contestaron—, ya murió.

²⁰De inmediato David se levantó del suelo, se lavó, se puso lociones* y se cambió de ropa. Luego fue al tabernáculo a adorar al SEÑOR y después volvió al palacio donde le sirvieron comida y comió.

²¹Sus consejeros estaban asombrados.

—No lo entendemos —le dijeron—. Mientras el niño aún vivía, lloraba y rehusaba comer. Pero ahora que el niño ha muerto, usted terminó el duelo y de nuevo está comiendo.

²²—Ayuné y lloré —respondió David— mientras el niño vivía porque me dije: "Tal vez el SEÑOR sea compasivo conmigo y permita que el niño viva". ²³Pero ¿qué motivo tengo para ayunar ahora que ha muerto? ¿Puedo traerlo de nuevo a la vida? Un día yo iré a él, pero él no puede regresar a mí.

²⁴Luego David consoló a Betsabé, su esposa, y se acostó con ella. Entonces ella quedó embarazada y dio a luz un hijo, y David* lo llamó Salomón. El SEÑOR amó al niño ²⁵y mandó decir por medio del profeta Natán que deberían llamarlo Jedidías (que significa «amado del SEÑOR») como el SEÑOR había ordenado.*

David conquista Rabá

²⁶Mientras tanto, Joab luchaba contra la ciudad de Rabá, la capital de Amón y tomó las fortificaciones reales.* ²⁷Entonces Joab envió mensajeros a David para decirle: «He peleado contra Rabá y he capturado el suministro de agua.* ²⁸Ahora traiga al resto del ejército y tome la ciudad; de lo contrario, yo seré quien la conquiste y reciba el reconocimiento por la victoria».

²⁹Entonces David reunió al resto del ejército y fue a Rabá, peleó contra la ciudad y la tomó. ³⁰David quitó la corona de la cabeza del rey* y la colocaron sobre la de él. La corona estaba hecha de oro con gemas incrustadas y pesaba treinta y cuatro kilos.* Además, David se llevó un enorme botín de la ciudad. ³¹También hizo esclavos a los habitantes de Rabá y los forzó a trabajar con* sierras, picos y hachas de hierro, y a trabajar en los hornos de ladrillos.* Así trató a la gente de todas las ciudades amonitas. Luego David regresó a Jerusalén con todo el ejército.

La violación de Tamar

13 Ahora bien, Absalón, hijo de David, tenía una hermana muy hermosa llamada Tamar; y Amnón, su medio hermano, se enamoró perdidamente de ella. ²Amnón se obsesionó tanto con Tamar que se enfermó. Ella era virgen, y Amnón pensó que nunca podría poseerla.

³Pero Amnón tenía un amigo muy astuto, su primo Jonadab, quien era hijo de Simea, hermano de David. ⁴Cierto día Jonadab le dijo a Amnón:

—¿Cuál es el problema? ¿Por qué debe el hijo de un rey verse tan abatido día tras día?

Entonces Amnón le dijo:

—Estoy enamorado de Tamar, hermana de mi hermano Absalón.

⁵—Bien —dijo Jonadab—, te diré lo que tienes que hacer. Vuelve a la cama y finge que estás enfermo. Cuando tu padre venga a verte, pídele que le permita a Tamar venir y prepararte algo de comer. Dile que te hará sentir mejor si ella prepara los alimentos en tu presencia y te da de comer con sus propias manos.

⁶Entonces Amnón se acostó y fingió estar enfermo. Cuando el rey fue a verlo, Amnón le pidió: «Por favor, deja que mi hermana Tamar venga y me prepare mi comida preferida* mientras yo observo, así podré comer de sus manos».

⁷Entonces David aceptó la propuesta y envió a Tamar a la casa de Amnón para que le preparara algo de comer.

⁸Cuando Tamar llegó a la casa de Amnón, fue a donde él estaba acostado para que pudiera verla mientras preparaba la masa. Luego la horneó su comida preferida, ⁹pero cuando ella le llevó la bandeja, Amnón se negó a comer y les dijo a sus sirvientes: «Salgan todos de aquí». Así que todos salieron.

¹⁰Entonces él le dijo a Tamar:

—Ahora trae la comida a mi dormitorio y dame de comer aquí.

12:14 Así aparece en los Rollos del mar Muerto; en el texto masorético dice *los enemigos del SEÑOR.* 12:20 En hebreo *se ungió a sí mismo.* 12:24 En hebreo *él;* una versión alternativa hebrea y algunos manuscritos hebreos dicen *ella.* 12:25 Así aparece en la versión griega; en hebreo dice *a causa del SEÑOR.* 12:26 O *la ciudad real.* 12:27 O *capturado la ciudad de agua.* 12:30a O *de la cabeza de Milcom* (así aparece en la versión griega). Milcom, también llamado Moloc, era el dios de los amonitas. 12:30b En hebreo *un talento* (75 libras). 12:31a O *también sacó a la gente de Rabá y la puso bajo.* 12:31b O *e hizo que pasaran por medio de los hornos de ladrillos.* 13:6 O *un par de panes;* también en 13:8, 10.

Tamar le llevó su comida preferida, ¹¹pero cuando ella comenzó a darle de comer, la agarró y le imploró:

—Ven, mi amada hermana, acuéstate conmigo.

¹²—¡No, hermano mío! —imploró ella—. ¡No seas insensato! ¡No me hagas esto! En Israel no se hace semejante perversidad. ¹³¿Adónde podría ir con mi vergüenza? Y a ti te dirán que eres uno de los necios más grandes de Israel. Por favor, sólo habla con el rey, y él te permitirá casarte conmigo.

¹⁴Pero Amnón no quiso escucharla y, como era más fuerte que ella, la violó. ¹⁵De pronto, el amor de Amnón se transformó en odio, y la llegó a odiar aún más de lo que la había amado.

—¡Vete de aquí! —le ordenó.

¹⁶—¡No, no! —gritó Tamar—. ¡Echarme de aquí ahora es aún peor de lo que ya me has hecho!

Pero Amnón no quiso escucharla. ¹⁷Entonces llamó a su sirviente y le ordenó:

—¡Echa fuera a esta mujer y cierra la puerta detrás de ella!

¹⁸Así que el sirviente la sacó y cerró la puerta detrás de ella. Tamar llevaba puesta una hermosa túnica larga,* como era costumbre en esos días para las hijas vírgenes del rey. ¹⁹Pero entonces, ella rasgó su túnica y echó ceniza sobre su cabeza, y cubriéndose la cara con las manos, se fue llorando. ²⁰Su hermano Absalón la vio y le preguntó: «¿Es verdad que Amnón ha estado contigo? Bien, hermanita, quédate callada por ahora, ya que él es tu hermano. No te angusties por esto». Así pues, Tamar vivió como una mujer desconsolada en la casa de su hermano Absalón.

²¹Cuando el rey David se enteró de lo que había sucedido, se enojó mucho. ²²Absalón nunca habló de esto con Amnón, sin embargo, lo odió profundamente por lo que había hecho a su hermana.

Absalón se venga de Amnón

²³Dos años después, cuando se esquilaban las ovejas de Absalón en Baal-hazor, cerca de Efraín, Absalón invitó a todos los hijos del rey a una fiesta. ²⁴Él fue adonde estaba el rey y le dijo:

—Mis esquiladores ya se encuentran trabajando. ¿Podrían el rey y sus siervos venir a celebrar esta ocasión conmigo?

²⁵El rey contestó:

—No, hijo mío. Si fuéramos todos, seríamos mucha carga para ti.

Entonces Absalón insistió, pero aun así el rey dijo que no iría, aunque le dio su bendición.

²⁶—Bien —le dijo al rey—, si no puedes ir, ¿por qué no envías a mi hermano Amnón con nosotros?

—¿Por qué a Amnón? —preguntó el rey.

²⁷Pero Absalón siguió insistiendo hasta que por fin el rey accedió y dejó que todos sus hijos asistieran, entre ellos Amnón. Así que Absalón preparó un banquete digno de un rey.*

²⁸Absalón les dijo a sus hombres:

—Esperen hasta que Amnón se emborrache; entonces, a mi señal, ¡mátenlo! No tengan miedo. Yo soy quien da la orden. ¡Anímense y háganlo!

²⁹Por lo tanto, cuando Absalón dio la señal, mataron a Amnón. Enseguida los otros hijos del rey montaron sus mulas y huyeron. ³⁰Mientras iban de regreso a Jerusalén, a David le llegó este informe: «Absalón mató a todos los hijos del rey, ¡ninguno quedó con vida!». ³¹Entonces el rey se levantó, rasgó su túnica y se tiró al suelo. Sus consejeros también rasgaron sus ropas en señal de horror y tristeza.

³²Pero justo en ese momento, Jonadab el hijo de Simea, hermano de David, llegó y dijo:

—No, no crea que todos los hijos del rey están muertos, ¡solamente Amnón! Absalón había estado tramando esto desde que Amnón violó a su hermana Tamar. ³³No, mi señor el rey, ¡no todos sus hijos están muertos! ¡Sólo murió Amnón!

³⁴Mientras tanto, Absalón escapó.

En ese momento, el centinela que estaba sobre la muralla de Jerusalén vio a una multitud descendiendo de una colina por el camino desde el occidente. Entonces David corrió y le dijo al rey:

—Veo a una multitud que viene por el camino de Horonaim por la ladera de la colina.*

³⁵—¡Mire! —le dijo Jonadab al rey—, ¡allí están! Ya vienen los hijos del rey, tal como dije.

³⁶Pronto llegaron, llorando y sollozando. Entonces el rey y todos sus siervos lloraron amargamente con ellos. ³⁷Y David hizo duelo por su hijo Amnón por muchos días.

Absalón huyó adonde estaba su abuelo Talmai, hijo de Amiud, rey de Gesur. ³⁸Se quedó en Gesur por tres años. ³⁹Y el rey David,* ya resignado a la muerte de Amnón, anhelaba reencontrarse con su hijo Absalón.*

Joab arregla que Absalón regrese

14 Joab se dio cuenta de cuánto el rey deseaba ver a Absalón. ²Así que mandó llamar a una mujer de Tecoa que tenía fama de ser muy sabia. Le dijo: «Finge que estás de duelo; ponte ropa de luto y no uses lociones.* Actúa como una mujer que ha estado de duelo por mucho tiempo. ³Entonces ve al rey y dile la historia que te voy a contar». Luego Joab le dijo lo que tenía que decir.

⁴Cuando la mujer de Tecoa se acercó al rey, se inclinó rostro en tierra con profundo respeto y exclamó:

13:18 O *una túnica con mangas*, o *una túnica con adornos*. El significado del hebreo es incierto.   13:21 Los Rollos del mar Muerto y la versión griega incluyen *Pero no castigó a su hijo Amnón, porque lo amaba, por ser su hijo mayor*.   13:27 Así aparece en la versión griega y en la latina (comparar también con los Rollos del mar Muerto); en el texto hebreo falta esta oración.   13:34 Así aparece en la versión griega; en hebreo falta esta oración.   13:39a Los Rollos del mar Muerto y la versión griega dicen *Y el espíritu del rey*. 13:39b O *ya no sintió la necesidad de perseguir a Absalón*.   14:2 En hebreo *no te unjas con aceite*.

—¡Oh rey, ayúdeme!

⁵—¿Qué problema tienes? —preguntó el rey.

—¡Ay de mí que soy viuda! —contestó ella—. Mi esposo está muerto y ⁶mis dos hijos se pelearon en el campo y, como no había nadie que los separara, uno de ellos resultó muerto. ⁷Ahora el resto de la familia me exige: "Entréganos a tu hijo y lo ejecutaremos por haber matado a su hermano. No merece heredar la propiedad familiar". Quieren extinguir la única brasa que me queda, y el nombre y la familia de mi esposo desaparecerán de la faz de la tierra.

⁸—Yo me encargo de este asunto —le dijo el rey—. Ve a tu casa, yo me aseguraré de que nadie la toque.

⁹—¡Oh gracias, mi señor el rey! —le respondió la mujer de Tecoa—. Si lo critican por ayudarme, que la culpa caiga sobre mí y sobre la casa de mi padre, y que el rey y su trono sean inocentes.

¹⁰—Si alguien se opone —le dijo el rey—, tráemelo. ¡Te aseguro que nunca más volverá a molestarte!

¹¹Luego ella dijo:

—Por favor, júreme por el SEÑOR su Dios que no dejará que nadie tome venganza contra mi hijo. No quiero más derramamiento de sangre.

—Tan cierto como que el SEÑOR vive —le respondió—, ¡no se tocará ni un solo cabello de la cabeza de tu hijo!

¹²—Por favor, permítame preguntar una cosa más a mi señor el rey —dijo ella.

—Adelante, habla —respondió él.

¹³Ella contestó:

—¿Por qué no hace por el pueblo de Dios lo mismo que prometió hacer por mí? Se ha declarado culpable a sí mismo al tomar esta decisión, porque ha rehusado traer a casa a su propio hijo desterrado. ¹⁴Todos moriremos algún día. Nuestra vida es como agua derramada en el suelo, la cual no se puede volver a juntar. Pero Dios no arrasa con nuestra vida, sino que idea la manera de traernos de regreso cuando hemos estado separados de él.

¹⁵»He venido a rogarle a mi señor el rey porque la gente me ha amenazado. Me dije: "Tal vez el rey me escuche ¹⁶y nos rescate de los que quieren quitarnos la herencia* que Dios nos dio. ¹⁷Sí, mi señor el rey nos devolverá la tranquilidad de espíritu". Sé que usted es como un ángel de Dios que puede distinguir entre lo bueno y lo malo. Que el SEÑOR su Dios esté con usted.

¹⁸—Tengo que saber algo —le dijo el rey—, y dime la verdad.

—¿Sí, mi señor el rey? —respondió ella.

¹⁹—¿Joab te incitó a hacer esto?

Y la mujer contestó:

—Mi señor el rey, ¿cómo podría negarlo? Nadie puede distinguir nada de usted. Sí, Joab me envió y me dijo qué decir. ²⁰Lo hizo para que pueda ver el asunto con otros ojos. ¡Pero usted es

tan sabio como un ángel de Dios, y comprende todo lo que sucede entre nosotros!

²¹Entonces el rey mandó llamar a Joab y le dijo:

—Está bien, ve y trae de regreso al joven Absalón.

²²Joab se inclinó rostro en tierra con profundo respeto y dijo:

—Por fin sé que cuento con su favor, mi señor el rey, porque me ha concedido esta petición. ²³Enseguida Joab fue a Gesur y trajo a Absalón de regreso a Jerusalén. ²⁴Pero el rey dio esta orden: «Absalón puede ir a su propia casa, pero jamás vendrá a mi presencia». De manera que Absalón no vio al rey.

Absalón se reconcilia con David

²⁵Absalón era elogiado como el hombre más apuesto de todo Israel. De pies a cabeza era perfecto. ²⁶Se cortaba el cabello una vez al año, y lo hacía sólo porque era muy pesado. ¡El peso de su cabello era de más de dos kilos!* ²⁷Tenía tres hijos y una hija. Su hija se llamaba Tamar, y era muy hermosa.

²⁸Absalón vivió dos años en Jerusalén, pero nunca pudo ver al rey. ²⁹Así que mandó llamar a Joab para pedirle que intercediera por él, pero Joab se negó a ir. Entonces Absalón volvió a enviar por él una segunda vez, pero de nuevo Joab se negó. ³⁰Finalmente Absalón les dijo a sus siervos: «Vayan y préndanle fuego al campo de cebada de Joab, el que está junto al mío». Entonces fueron y le prendieron fuego al campo tal como Absalón les había mandado.

³¹Entonces Joab fue a la casa de Absalón y le reclamó:

—¿Por qué tus siervos le prendieron fuego a mi campo?

³²Absalón contestó:

—Porque quería que le preguntaras al rey por qué me trajo de Gesur si no tenía intención de verme. Mejor me hubiera quedado allá. Déjame ver al rey; si me encuentra culpable de algo, entonces que me mate.

³³De manera que Joab le dijo al rey lo que Absalón había dicho. Por fin el rey mandó llamar a Absalón, quien fue y se inclinó ante el rey, y el rey lo besó.

Rebelión de Absalón

15 Después Absalón compró un carruaje y caballos, y contrató a cincuenta guardaespaldas para que corrieran delante de él. ²Cada mañana se levantaba temprano e iba a la puerta de la ciudad. Cuando la gente llevaba un caso al rey para que lo juzgara, Absalón le preguntaba de qué parte de Israel era, y la persona le mencionaba a qué tribu pertenecía. ³Entonces Absalón le decía: «Usted tiene muy buenos argumentos a su favor. ¡Es una pena que el rey no tenga disponible a nadie para que los escuche! ⁴Qué lástima que no soy el juez; si lo fuera, todos

14:16 O *la propiedad*; o *la gente.* **14:26** En hebreo *200 siclos* [5 libras] *según la medida oficial.*

podrían traerme sus casos para que los juzgara, y yo les haría justicia».

5Cuando alguien trataba de inclinarse ante él, no lo permitía. En cambio, lo tomaba de la mano y lo besaba. 6Absalón hacía esto con todos los que venían al rey por justicia, y de este modo se robaba el corazón de todo el pueblo de Israel.

7Después de cuatro años,* Absalón le dijo al rey:

—Permíteme ir a Hebrón a ofrecer un sacrificio al SEÑOR y cumplir un voto que le hice. 8Pues mientras su siervo estaba en Gesur en Aram, prometí que le ofrecería sacrificio al SEÑOR en Hebrón* si me traía de regreso a Jerusalén.

9—Está bien —le dijo el rey—. Ve y cumple tu voto.

Así que Absalón se fue a Hebrón. 10Pero mientras estaba allí, envió mensajeros secretos a todas las tribus de Israel para iniciar una rebelión contra el rey. «Tan pronto como oigan el cuerno de carnero —decía el mensaje— deben decir: "Absalón ha sido coronado rey en Hebrón"». 11Absalón llevó consigo a doscientos hombres de Jerusalén como invitados, pero ellos no sabían nada de sus intenciones. 12Mientras Absalón ofrecía los sacrificios, mandó a buscar a Ahitofel, uno de los consejeros de David que vivía en Gilo. En poco tiempo muchos más se unieron a Absalón, y la conspiración cobró fuerza.

David escapa de Jerusalén

13Pronto llegó un mensajero a Jerusalén para decirle a David: «¡Todo Israel se ha unido a Absalón en una conspiración en su contra!».

14—Entonces debemos huir de inmediato, ¡si no será muy tarde! —David dijo a sus hombres—. ¡Apresúrense! Si salimos de Jerusalén antes de que llegue Absalón, tanto nosotros como la ciudad nos salvaremos del desastre.

15—Estamos con usted —respondieron sus consejeros—. Haga lo que mejor le parezca.

16Entonces el rey salió de inmediato junto con todos los de su casa. No dejó a nadie excepto a diez de sus concubinas para cuidaran el palacio.17Así que el rey y toda su gente salieron a pie, y se detuvieron en la última casa 18a fin de que los hombres del rey pasaran al frente.

Había seiscientos hombres de Gat que habían venido con David, junto con los guardaespaldas del rey.* 19Después el rey se dio vuelta y le dijo a Itai, un líder de los hombres de Gat:

—¿Por qué vienes con nosotros? Vuelve al rey Absalón porque tú eres un huésped en Israel, un extranjero en el exilio. 20Llegaste hace poco, ¿debería forzarte a vagar con nosotros? Ni siquiera sé a dónde iremos. Regresa y llévate contigo a tus parientes, y que el SEÑOR te muestre su amor inagotable y su fidelidad.*

21Pero Itai le respondió al rey:

—Juro por el SEÑOR y por el rey que iré dondequiera que mi señor el rey vaya, sin importar lo que pase, ya sea que signifique la vida o la muerte.

22David respondió:

—Está bien, ven con nosotros.

De modo que Itai y todos sus hombres junto con sus familias lo acompañaron.

23Entonces todo el pueblo lloraba a gritos cuando el rey y sus seguidores pasaban. Así que cruzaron el valle de Cedrón y fueron hacia el desierto.

24Sadoc y todos los levitas también fueron con él cargando el arca del pacto de Dios. Pusieron el arca de Dios en el suelo, y Abiatar ofreció sacrificios* hasta que todos dejaron la ciudad.

25Luego el rey le dio instrucciones a Sadoc para que regresara el arca de Dios a la ciudad: «Si al SEÑOR le parece bien —dijo David—, me traerá de regreso para volver a ver el arca y el tabernáculo;* 26pero si él ha terminado conmigo, entonces dejemos que haga lo que mejor le parezca».

27El rey también le dijo al sacerdote Sadoc: «Mira,* este es mi plan. Tú y Abiatar* deben regresar a la ciudad sin llamar la atención junto con tu hijo Ahimaas y con Jonatán, el hijo de Abiatar. 28Yo me detendré en los bajíos del río Jordán* y allí esperaré tu informe». 29De este modo Sadoc y Abiatar devolvieron el arca de Dios a la ciudad y allí se quedaron.

30Entonces David subió el camino que lleva al monte de los Olivos, llorando mientras caminaba. Llevaba la cabeza cubierta y los pies descalzos en señal de duelo. Las personas que iban con él también se cubrieron la cabeza y lloraron mientras subían el monte. 31Cuando alguien le dijo a David que su consejero Ahitofel ahora respaldaba a Absalón, David oró: «¡Oh SEÑOR, haz que Ahitofel le dé consejos necios a Absalón!».

32Al llegar David a la cima del monte de los Olivos, donde la gente adoraba a Dios, Husai el arquita lo estaba esperando. Husai había rasgado sus ropas y había echado polvo sobre su cabeza en señal de duelo. 33Pero David le dijo: «Si vienes conmigo sólo serás una carga. 34Regresa a Jerusalén y dile a Absalón: "Ahora seré tu consejero, oh rey, así como lo fui de tu padre en el pasado". Entonces podrás frustrar y contrarrestar los consejos de Ahitofel. 35Sadoc y Abiatar, los sacerdotes, estarán allí. Diles todo lo que se está planeando en el palacio del rey, 36y ellos enviarán a sus hijos Ahimaas y Jonatán para que me cuenten lo que está sucediendo».

37Entonces Husai, el amigo de David, regresó a Jerusalén y arribó justo cuando llegaba Absalón.

15:7 Así aparece en las versiones griega y siríaca; en hebreo dice *40 años*. 15:8 Así aparece en algunos manuscritos griegos; en hebreo falta *en Hebrón*. 15:18 En hebreo *los cereteos y peleteos*. 15:20 Así aparece en la versión griega; en hebreo dice *y que el amor inagotable y la fidelidad vayan contigo*. 15:24 O *Abiatar subió*. 15:25 En hebreo *y el lugar de su morada*. 15:27 Así aparece en la versión griega; en hebreo dice *¿Eres un vidente?* o *¿Puedes ver?* 15:27b En hebreo falta *y Abiatar; compara* 15:29. 15:28 En hebreo *en los puntos de cruce del desierto*.

David y Siba

16 Cuando David pasó un poco más allá de la cima del monte de los Olivos, Siba, el siervo de Mefiboset,* lo estaba esperando. Tenía dos burros cargados con doscientos panes, cien racimos de pasas, cien ramas con frutas de verano y un cuero lleno de vino.

²—¿Para qué es todo esto? —le preguntó el rey a Siba.

—Los burros son para que monten los que acompañan a la familia —contestó Siba—, y el pan y la fruta son para que coman los jóvenes. El vino es para los que se agoten en el desierto.

³—¿Y dónde está Mefiboset, el nieto de Saúl? —le preguntó el rey.

—Se quedó en Jerusalén —contestó Siba—. Dijo: "Hoy recobraré el reino de mi abuelo Saúl".

⁴—En ese caso —le dijo el rey a Siba—, te doy todo lo que le pertenece a Mefiboset.

—Me inclino ante usted —respondió Siba—, que yo siempre pueda complacerlo, mi señor el rey.

Simei maldice a David

⁵Mientras el rey David llegaba a Bahurim, salió un hombre de la aldea maldiciéndolos. Era Simei, hijo de Gera, del mismo clan de la familia de Saúl. ⁶Les arrojó piedras al rey, a los oficiales del rey y a los guerreros valientes que lo rodeaban.

⁷—¡Vete de aquí, asesino y sinvergüenza! —le gritó a David—. ⁸El Señor te está pagando por todo el derramamiento de sangre en el clan de Saúl. Te robaste el trono, y ahora el Señor se lo ha dado a tu hijo Absalón. Al fin te van a pagar con la misma moneda, ¡porque eres un asesino!

⁹—¿Cómo es posible que este perro muerto maldiga a mi señor el rey? —exclamó Abisai, el hijo de Sarvia—. ¡Déjeme ir y cortarle la cabeza!

¹⁰—¡No! —dijo el rey—. ¿Quién les pidió su opinión a ustedes, los hijos de Sarvia? Si el Señor le dijo que me maldijera, ¿quiénes son ustedes para detenerlo?

¹¹Entonces David les dijo a Abisai y a sus sirvientes:

—Mi propio hijo quiere matarme, ¿acaso no tiene este pariente de Saúl* todavía más motivos para hacerlo? Déjenlo en paz y permítanle que maldiga, porque el Señor le dijo que lo hiciera. ¹²Y tal vez el Señor vea con cuánta injusticia me han tratado y me bendiga a causa de estas maldiciones que sufrí hoy.

¹³Así que David y sus hombres continuaron por el camino, y Simei les seguía el paso desde un cerro cercano, maldiciendo mientras caminaba, tirándole piedras a David y arrojando polvo al aire.

¹⁴El rey y todos los que estaban con él se

fatigaron en el camino, así que descansaron cuando llegaron al río Jordán.*

Ahitofel aconseja a Absalón

¹⁵Mientras tanto, Absalón y todo el ejército de Israel llegaron a Jerusalén acompañados por Ahitofel. ¹⁶Cuando llegó Husai el arquita, el amigo de David, enseguida fue a ver a Absalón.

—¡Viva el rey! —exclamó—. ¡Viva el rey!

¹⁷—¿Es esta la forma en que tratas a tu amigo David? —le preguntó Absalón . ¿Por qué no estás con él?

¹⁸—Estoy aquí porque le pertenezco al hombre que fue escogido por el Señor y por todos los hombres de Israel —le respondió Husai—. ¹⁹De todos modos, ¿por qué no te serviré? Así como fui el consejero de tu padre, ¡ahora seré tu consejero!

²⁰Después Absalón se volvió a Ahitofel y le preguntó:

—¿Qué debo hacer ahora?

²¹—Ve y acuéstate con las concubinas de tu padre —contestó Ahitofel—, porque él las dejó aquí para que cuidaran el palacio. Entonces todo Israel sabrá que has insultado a tu padre más allá de toda esperanza de reconciliación, y el pueblo te dará su apoyo.

²²Entonces levantaron una carpa en la azotea del palacio para que todos pudieran verla, y Absalón entró y tuvo sexo con las concubinas de su padre. ²³Absalón siguió el consejo de Ahitofel, tal como lo había hecho David, porque cada palabra que decía Ahitofel parecía tan sabia como si hubiera salido directamente de la boca de Dios.

17 Entonces Ahitofel dijo a Absalón: «Déjame escoger a doce mil hombres que salgan en busca de David esta noche. ²Lo alcanzaré cuando esté agotado y desanimado. Él y sus tropas se dejarán llevar por el pánico y todos huirán. Luego mataré sólo al rey ³y te traeré de regreso a toda la gente, así como una recién casada vuelve a su marido. Después de todo, es la vida de un solo hombre la que buscas.* Entonces estarás en paz con todo el pueblo». ⁴Este plan les pareció bien a Absalón y a todos los ancianos de Israel.

Husai contrarresta el consejo de Ahitofel

⁵Pero después Absalón dijo:

—Traigan a Husai el arquita. Veamos lo que él piensa acerca de este plan.

⁶Cuando Husai llegó, Absalón le contó lo que Ahitofel había dicho y le preguntó:

—¿Qué opinas? ¿Debemos seguir el consejo de Ahitofel? Si no, ¿qué sugieres?

⁷—Bueno —le contestó Husai— esta vez Ahitofel se equivocó. ⁸Tú conoces a tu padre y

a sus hombres; son guerreros poderosos. En este momento están tan enfurecidos como una osa a la que le han robado sus cachorros. Y recuerda que tu padre es un hombre de guerra con experiencia. Él no pasará la noche con las tropas. ⁹Seguramente ya está escondido en algún pozo o en alguna cueva. Y cuando salga y ataque, y mueran unos cuantos de tus hombres, entonces habrá pánico entre tus tropas, y se correrá la voz de que están masacrando a los hombres de Absalón. ¹⁰Así pues hasta los soldados más valientes, aunque tengan el corazón de un león, quedarán paralizados de miedo, porque todo Israel sabe qué poderoso guerrero es tu padre y qué valientes son sus hombres.

¹¹»Recomiendo que movilices a todo el ejército de Israel y que llames a los soldados desde tan lejos como Dan al norte y Beerseba al sur. De esa manera tendrás un ejército tan numeroso como la arena a la orilla del mar. Y te aconsejo que tú personalmente dirijas las tropas. ¹²Cuando encontremos a David, caeremos sobre él como el rocío que cae sobre la tierra. De este modo ni él ni ninguno de sus hombres quedarán con vida. ¹³Y si David llegara a escapar a una ciudad, tú tendrás a todo Israel allí a tu mando. Luego podremos tomar sogas y arrastrar las murallas de la ciudad al valle más cercano, hasta que cada piedra haya sido derribada.

¹⁴Absalón y todos los hombres de Israel dijeron: «El consejo de Husai es mejor que el de Ahitofel». Pues el SEÑOR había decidido frustrar el consejo de Ahitofel, que en realidad era un plan mejor, ¡para poder traer la calamidad sobre Absalón!

Husai advierte a David

¹⁵Husai les contó a Sadoc y a Abiatar, los sacerdotes, lo que Ahitofel les había dicho a Absalón y a los ancianos de Israel así como lo que él mismo había aconsejado. ¹⁶«¡Rápido! —les dijo—. Encuentren a David e insístanle que no se quede en los bajíos del río Jordán* esta noche. De inmediato debe cruzar e internarse en el desierto. De lo contrario, morirán, él y todo su ejército».

¹⁷Jonatán y Ahimaas se habían quedado en En-rogel para no ser vistos al entrar ni al salir de la ciudad. Habían acordado que una sirvienta les llevaría el mensaje que ellos debían darle al rey David. ¹⁸Sin embargo, un muchacho los vio en En-rogel, y se lo contó a Absalón, así que escaparon a toda prisa a Bahurim donde un hombre los escondió dentro de un pozo en su patio. ¹⁹La esposa del hombre puso una tela sobre la boca del pozo y esparció grano encima para que se secara al sol; por eso nadie sospechó que estaban allí.

²⁰Cuando llegaron los hombres de Absalón, le preguntaron a la mujer:

—¿Has visto a Ahimaas y a Jonatán?

La mujer contestó:

—Estuvieron aquí, pero cruzaron el arroyo.

Entonces los hombres de Absalón los buscaron sin éxito y regresaron a Jerusalén.

²¹Luego los dos hombres salieron del pozo y se apresuraron a ir donde estaba el rey David. «¡Rápido! —le dijeron—, cruce el Jordán esta misma noche!». Y le contaron cómo Ahitofel había aconsejado que lo capturaran y lo mataran. ²²Entonces David y los que estaban con él cruzaron el río Jordán durante la noche, y todos llegaron a la otra orilla antes del amanecer.

²³Cuando Ahitofel se dio cuenta de que no se había seguido su consejo, ensilló su burro y se fue a su pueblo natal, donde puso sus asuntos en orden y se ahorcó. Murió allí y lo enterraron en la tumba de su familia.

²⁴Pronto David llegó a Mahanaim. A estas alturas, Absalón había movilizado a todo el ejército de Israel y estaba guiando a sus tropas a través del río Jordán. ²⁵Absalón había nombrado a Amasa comandante de su ejército para reemplazar a Joab, quien había sido el comandante bajo David. (Amasa era primo de Joab. Su padre era Jeter,* un ismaelita.* Su madre, Abigail, hija de Nahas, era hermana de Sarvia, la madre de Joab). ²⁶Absalón y el ejército israelita armaron el campamento en la tierra de Galaad.

²⁷Cuando David llegó a Mahanaim, fue recibido calurosamente por Sobi, hijo de Nahas, que venía de Rabá de los amonitas; por Maquir, hijo de Amiel, de Lodebar; y por Barzilai de Galaad, que era de Rogelim. ²⁸Ellos trajeron camillas, ollas de cocina, recipientes para servir, trigo y cebada, harina y grano tostado, frijoles, lentejas, ²⁹miel, mantequilla, ovejas, cabras y queso para David y los que estaban con él porque dijeron: «Todos ustedes deben estar muy hambrientos, cansados y con sed después de su largo caminar por el desierto».

Derrota y muerte de Absalón

18 David entonces reunió a los hombres que estaban con él y nombró generales y capitanes* para que los dirigieran. ²Envió a las tropas en tres grupos: un grupo bajo el mando de Joab; otro bajo el mando del hermano de Joab, Abisai hijo de Sarvia; y el tercero bajo Itai de Gat. Entonces el rey les dijo a sus tropas:

—Yo iré con ustedes.

³Pero sus hombres se opusieron terminantemente e insistieron:

—No debe ir. Si tenemos que salir en retirada y huir, aunque maten a la mitad de nosotros, no cambiaría nada para las tropas de Absalón; es a usted al que buscan. Usted vale por diez mil de nosotros.* Es mejor que se quede aquí en la ciudad y nos envíe ayuda si la necesitamos.

17:16 En hebreo *en los puntos de cruce del desierto.* **17:25a** En hebreo *Itra,* una variante de Jeter. **17:25b** Así aparece en algunos manuscritos griegos (ver también 1 Cr 2:17); en hebreo dice *un israelita.* **18:1** En hebreo *nombró comandantes de miles y comandantes de cientos.* **18:3** Así aparece en dos manuscritos hebreos y en algunos manuscritos griegos y latinos; la mayoría de los manuscritos hebreos dice *Ahora hay 10.000 como nosotros.*

⁴—Si ustedes piensan que ese es el mejor plan, lo seguiré —respondió el rey.

De modo que se quedó al lado de la puerta de la ciudad mientras las tropas marchaban en grupos de cientos y de miles.

⁵Entonces el rey les dio esta orden a Joab, a Abisai y a Itai:

—Por consideración a mí, traten con bondad al joven Absalón.

Y todas las tropas escucharon que el rey daba esta orden a sus comandantes.

⁶Así que comenzó la batalla en el bosque de Efraín, ⁷y los hombres de David rechazaron los ataques de las tropas israelitas. Aquel día hubo una gran matanza, y veinte mil hombres perdieron la vida. ⁸La batalla se extendió con furor por todo el campo, y perecieron en el bosque más hombres que los que murieron a espada.

⁹Durante la batalla, Absalón se cruzó con algunos hombres de David. Trató de escapar en su mula, pero al pasar cabalgando debajo de un gran árbol, su cabello* se enredó en las gruesas ramas. La mula siguió y dejó a Absalón suspendido en el aire. ¹⁰Entonces uno de los hombres de David vio lo que había pasado y le dijo a Joab:

—Vi a Absalón colgando de un gran árbol.

¹¹—¿Qué? —preguntó Joab—. ¿Lo viste ahí y no lo mataste? ¡Te hubiera recompensado con diez piezas de plata* y un cinturón de héroe!

¹²—No mataría al hijo del rey ni por mil piezas de plata* —le respondió el hombre a Joab—. Todos escuchamos lo que el rey les dijo a usted, a Abisai y a Itai: "Por consideración a mí, por favor, perdonen la vida del joven Absalón". ¹³Si yo hubiera traicionado al rey y matado a su hijo —y de seguro el rey descubriría quién lo hizo—, usted sería el primero en abandonarme a mi suerte.

¹⁴—Basta ya de esta tontería —dijo Joab.

Enseguida Joab tomó tres dagas y las clavó en el corazón de Absalón mientras estaba colgado, todavía vivo, del gran árbol. ¹⁵Luego diez jóvenes escuderos de Joab rodearon a Absalón y lo remataron.

¹⁶Entonces Joab hizo sonar el cuerno de carnero, y sus hombres regresaron de perseguir al ejército de Israel. ¹⁷Arrojaron el cuerpo de Absalón dentro de un hoyo grande en el bosque y encima apilaron un montón de piedras. Y todo Israel huyó a sus hogares.

¹⁸Mientras aún vivía, Absalón se había erigido a sí mismo un monumento en el valle del Rey, porque dijo: «No tengo hijo que perpetúe mi nombre». Le puso al monumento su propio nombre, y es conocido como el monumento de Absalón hasta el día de hoy.

David hace duelo por la muerte de Absalón

¹⁹Después Ahimaas, hijo de Sadoc, dijo:

—Déjeme ir corriendo para darle al rey las buenas noticias: que el SEÑOR lo ha librado de sus enemigos.

²⁰—No —le dijo Joab—, no serían buenas noticias para el rey saber que su hijo está muerto. Puedes ser mi mensajero otro día, pero hoy no.

²¹Entonces Joab le dijo a un etíope:*

—Ve a decirle al rey lo que has visto.

El hombre se inclinó y se fue corriendo.

²²Pero Ahimaas continuó rogándole a Joab:

—Pase lo que pase, por favor, deje también que yo vaya.

—¿Para qué quieres ir, hijo mío? —le respondió Joab—. No habrá recompensa por las noticias.

²³—Estoy de acuerdo, pero igual permítame ir —le suplicó.

Joab finalmente le dijo:

—Está bien, puedes ir.

Entonces Ahimaas tomó el camino más fácil por la llanura y corrió a Mahanaim y llegó antes que el etíope.

²⁴Mientras David estaba sentado entre las puertas internas y externas de la ciudad, el centinela subió al techo de la entrada de la muralla. Cuando se asomó, vio a un solo hombre que corría hacia ellos.

²⁵Desde arriba le gritó la novedad a David, y el rey respondió:

—Si está solo, trae noticias.

Al acercarse el mensajero, ²⁶el centinela vio que otro hombre corría hacia ellos. Gritó hacia abajo:

—¡Allí viene otro!

El rey respondió:

—También trae noticias.

²⁷—El primer hombre corre como Ahimaas, hijo de Sadoc —dijo el centinela.

—Él es un buen hombre y trae buenas noticias —respondió el rey.

²⁸Ahimaas le gritó al rey:

—¡Todo está bien!

Se inclinó delante del rey rostro en tierra y dijo:

—Alabado sea el SEÑOR su Dios, quien ha entregado a los rebeldes que se atrevieron a hacerle frente a mi señor el rey.

²⁹—¿Qué me dices del joven Absalón? —preguntó el rey—. ¿Está bien?

—Cuando Joab me dijo que viniera, había una gran conmoción —contestó Ahimaas—, pero no supe lo que pasaba.

³⁰—Espera aquí —le dijo el rey.

Y Ahimaas se hizo a un lado.

³¹Enseguida el etíope llegó y le dijo:

—Tengo buenas noticias para mi señor el rey. Hoy el SEÑOR lo ha librado de todos los que se rebelaron en su contra.

³²—¿Qué me dices del joven Absalón? —preguntó el rey—. ¿Se encuentra bien?

Y el etíope contestó:

—¡Que todos sus enemigos, mi señor el rey,

18:9 En hebreo *su cabeza.*   18:11 En hebreo *10 siclos de plata,* aproximadamente 114 gramos o 4 onzas.   18:12 En hebreo *1000 siclos,* aproximadamente 11.4 kilogramos o 25 libras.   18:21 En hebreo *un cus;* similar en 18:23, 31, 32.

ahora y en el futuro, corran con la misma suerte de ese joven!».

³³*Entonces el rey se sintió abrumado por la emoción. Subió a la habitación que estaba sobre la entrada y se echó a llorar. Y mientras subía, clamaba: «¡Oh, mi hijo Absalón! ¡Hijo mío, hijo mío Absalón! ¡Si tan solo yo hubiera muerto en tu lugar! ¡Oh Absalón, mi hijo, mi hijo!».

Joab reprende al rey

19 ¹*Pronto le llegó a Joab la noticia de que el rey estaba llorando y haciendo duelo por Absalón. ²A medida que el pueblo se enteraba del profundo dolor del rey por su hijo, la alegría por la victoria se tornaba en profunda tristeza. ³Ese día todos regresaron sigilosamente a la ciudad, como si estuvieran avergonzados y hubieran desertado de la batalla. ⁴El rey se cubrió el rostro con las manos y seguía llorando: «¡Oh, Absalón, hijo mío! ¡Oh, Absalón, hijo mío, hijo mío!».

⁵Entonces Joab fue a la habitación del rey y le dijo: «Hoy salvamos su vida y la de sus hijos e hijas, sus esposas y concubinas. Sin embargo, al actuar de esa forma hace que nos sintamos avergonzados de nosotros mismos. ⁶Parece que usted ama a los que lo odian y odia a los que lo aman. Hoy nos ha dejado muy en claro que sus comandantes y sus tropas no significan nada para usted. Pareciera que si Absalón hubiera vivido y todos nosotros estuviéramos muertos, estaría contento. ⁷Ahora salga y felicite a sus tropas porque si no lo hace, le juro por el Señor que ni uno solo de ellos permanecerá aquí esta noche. Entonces quedará peor que antes».

⁸Así que el rey salió y tomó su lugar a las puertas de la ciudad y, a medida que se corría la voz por la ciudad de que él estaba allí, todos iban a él.

Mientras tanto, los israelitas que habían apoyado a Absalón huyeron a sus casas. ⁹Y por todas las tribus de Israel había mucha discusión y disputa. La gente decía: «El rey nos rescató de nuestros enemigos y nos salvó de los filisteos, pero Absalón lo echó del país. ¹⁰Ahora Absalón, a quien ungimos para que nos gobernara, está muerto. ¿Por qué no pedirle a David que regrese y sea nuestro rey otra vez?».

¹¹Entonces el rey David envió a los sacerdotes Sadoc y Abiatar para que les dijeran a los ancianos de Judá: «¿Por qué son ustedes los últimos en dar la bienvenida al rey en su regreso al palacio? Pues he oído que todo Israel está listo. ¹²¡Ustedes son mis parientes, mi propia tribu, mi misma sangre! ¿Por qué son los últimos en dar la bienvenida al rey?».

¹³Además David les pidió que le dijeran a Amasa: «Como eres de mi misma sangre, al igual que Joab, que Dios me castigue y aun me mate si no te nombro comandante de mi ejército en su lugar».

¹⁴Así que Amasa* convenció a todos los hombres de Judá, y ellos respondieron unánimemente. Y le mandaron a decir al rey: «Regrese a nosotros, y traiga de vuelta a todos los que lo acompañan».

David regresa a Jerusalén

¹⁵Así que el rey emprendió su regreso a Jerusalén. Cuando llegó al río Jordán, la gente de Judá fue hasta Gilgal para encontrarse con él y escoltarlo hasta el otro lado del río. ¹⁶Simei, hijo de Gera, el hombre de Bahurim de Benjamín, se apresuró a cruzar junto con los hombres de Judá para darle la bienvenida al rey David. ¹⁷Otros mil hombres de la tribu de Benjamín estaban con él, entre ellos Siba, el sirviente principal de la casa de Saúl, los quince hijos de Siba y sus veinte sirvientes. Bajaron corriendo hasta llegar al Jordán para recibir al rey. ¹⁸¡Cruzaron los bajíos del Jordán para llevar a todos los de la casa del rey al otro lado del río, ayudándolo en todo lo que pudieron.

Misericordia de David con Simei

Cuando el rey estaba a punto de cruzar el río, Simei cayó de rodillas ante él.

¹⁹—Mi señor el rey, por favor, perdóneme —le rogó—. Olvide la terrible cosa que su siervo hizo cuando usted dejó Jerusalén. Que el rey lo borre de su mente. ²⁰Estoy consciente de cuánto he pecado. Es por eso que he venido aquí este día, siendo el primero en todo Israel* en recibir a mi señor el rey.

²¹Entonces Abisai hijo de Sarvia dijo:

—¡Simei debe morir, porque maldijo al rey ungido por el Señor!

²²—¿Quién les pidió su opinión a ustedes, hijos de Sarvia? —exclamó David—. ¿Por qué hoy se han convertido en mis adversarios?* ¡Este no es un día de ejecución, sino de celebración! ¡Hoy he vuelto a ser el rey de Israel!

²³Entonces, volviéndose a Simei, David juró:

—Se te perdonará la vida.

Bondad de David hacia Mefiboset

²⁴Ahora bien, Mefiboset,* el nieto de Saúl, descendió de Jerusalén para encontrarse con el rey. No había cuidado sus pies, cortado su barba ni lavado su ropa desde el día en que el rey dejó Jerusalén.

²⁵—¿Por qué no viniste conmigo, Mefiboset? —le preguntó el rey.

²⁶Mefiboset contestó:

—Mi señor el rey, mi siervo Siba me engañó. Le dije: "Ensilla mi burro* para que pueda ir con el rey". Pues como usted sabe, soy lisiado. ²⁷Siba me calumnió cuando dijo que me negué a venir. Pero sé que mi señor el rey es como un ángel de Dios, así que haga como mejor le parezca.

18:33 El versículo 18:33 corresponde al 19:1 en el texto hebreo. 19:1 El texto hebreo dice 19:2 en el texto hebreo. 19:14 O *David*, en hebreo dice *él.* 19:20 En hebreo *en la casa de José.* 19:22 O *mis acusadores.* 19:24 *Mefiboset*, otro nombre para Merib-baal. 19:26 Así aparece en la versión griega, en la siríaca y en la latina; en hebreo dice *Ensillar un burro para mí.*

²⁸Todos mis parientes y yo solo podíamos esperar la muerte de su parte, mi señor, ¡pero en cambio me honró al permitirme comer a su propia mesa! ¿Qué más puedo pedir?

²⁹—Ya dijiste suficiente —respondió David—. He decidido que tú y Siba se dividan tu tierra en partes iguales.

³⁰—Désela toda a él —dijo Mefiboset—. ¡Estoy satisfecho con que haya vuelto a salvo, mi señor el rey!

Bondad de David con Barzilai

³¹Barzilai de Galaad había descendido de Rogelim para escoltar al rey a cruzar el Jordán. ³²Él era muy anciano, tenía unos ochenta años, y era muy rico. Él fue quien proveyó el alimento para el rey durante el tiempo que pasó en Mahanaim.

³³—Cruza el río conmigo y quédate a vivir en Jerusalén —le dijo el rey a Barzilai—. Y allí me haré cargo de ti.

³⁴—No —le respondió—, soy demasiado viejo para ir con el rey a Jerusalén. ³⁵Ahora tengo ochenta años de edad, y ya no puedo disfrutar de nada. La comida y el vino ya no tienen sabor, tampoco puedo oír las voces de los cantantes. Sería nada más una carga para mi señor el rey. ³⁶¡Tan solo cruzar el río Jordán con el rey es todo el honor que necesito! ³⁷Después déjeme regresar para que muera en mi ciudad, donde están enterrados mi padre y mi madre. Pero aquí está su siervo, mi hijo Quimam; permítale que él vaya con mi señor el rey y que reciba lo que usted quiera darle.

³⁸—Muy bien —acordó el rey—. Quimam irá conmigo, y lo ayudaré en cualquier forma que tú quieras; haré por ti cualquier cosa que desees.

³⁹Luego toda la gente cruzó el Jordán junto con el rey. Después que David lo hubo bendecido y besado, Barzilai regresó a su propia casa. ⁴⁰El rey cruzó el Jordán hacia Gilgal, y llevó a Quimam con él. Todas las tropas de Judá y la mitad de las de Israel escoltaron al rey en su camino.

Discusión sobre el rey

⁴¹Pero todos los hombres de Israel se quejaron con el rey:

—Los hombres de Judá se adueñaron del rey y no nos dieron el honor de ayudarlo a usted ni a los de su casa ni a sus hombres a cruzar el Jordán.

⁴²Los hombres de Judá respondieron:

—El rey es un pariente cercano. ¿Por qué tienen que enojarse por eso? ¡No hemos tocado la comida del rey ni hemos recibido algún favor especial!

⁴³—Pero hay diez tribus en Israel —respondieron los otros—. De modo que tenemos diez veces más derecho sobre el rey que ustedes. ¿Qué derecho tienen de tratarnos con tanto desprecio?

¿Acaso no fuimos nosotros los primeros en hablar de traerlo de regreso para que fuera de nuevo nuestro rey?

La discusión continuó entre unos y otros, y los hombres de Judá hablaron con más dureza que los de Israel.

Revuelta de Seba

20 Sucedió que había un alborotador allí de nombre Seba, hijo de Bicri, un hombre de la tribu de Benjamín. Seba tocó un cuerno de carnero y comenzó a repetir:

«¡Abajo la dinastía de David!
　No nos interesa para nada el hijo de Isaí.
Vamos, hombres de Israel,
　todos a sus casas».

²Así que todos los hombres de Israel abandonaron a David y siguieron a Seba, hijo de Bicri. Pero los hombres de Judá se quedaron con su rey y lo escoltaron desde el río Jordán hasta Jerusalén.

³Cuando David llegó a su palacio en Jerusalén, tomó a las diez concubinas que había dejado para que cuidaran el palacio y las puso en reclusión. Les proveyó para sus necesidades, pero no volvió a acostarse con ninguna. De modo que cada una de ellas vivió como una viuda hasta que murió.

⁴Luego David le dijo a Amasa: «Moviliza al ejército de Judá dentro de tres días, y enseguida preséntate aquí». ⁵Así que Amasa salió a notificar a la tribu de Judá, pero le llevó más tiempo del que le fue dado.

⁶Por eso David le dijo a Abisai: «Seba, hijo de Bicri, nos va a causar más daño que Absalón. Rápido, toma a mis tropas y persíguelo antes de que llegue a alguna ciudad fortificada donde no podamos alcanzarlo».

⁷Entonces Abisai y Joab,* junto con la escolta del rey* y todos sus poderosos guerreros salieron de Jerusalén para perseguir a Seba. ⁸Al llegar a la gran roca de Gabaón, Amasa les salió al encuentro. Joab llevaba puesta su túnica militar con una daga sujeta a su cinturón. Cuando dio un paso al frente para saludar a Amasa, sacó la daga de su vaina.*

⁹«¿Cómo estás, primo mío?», dijo Joab, y con la mano derecha lo tomó por la barba como si fuera a besarlo. ¹⁰Amasa no se dio cuenta de la daga que tenía en la mano izquierda, y Joab la clavó en el estómago, de manera que sus entrañas se derramaron por el suelo. Joab no necesitó volver a apuñalarlo, y Amasa pronto murió. Joab y su hermano Abisai lo dejaron tirado allí y siguieron en busca de Seba. ¹¹Uno de los jóvenes de Joab les gritó a las tropas de Amasa: «Si están a favor de Joab y David, vengan y sigan a Joab». ¹²Pero como Amasa yacía bañado en su propia sangre en medio del camino, y el hombre de Joab vio que todos se detenían para verlo, lo arrastró fuera del camino hasta el campo y le echó un

---

20:7a En hebreo *Entonces los hombres de Joab.* **20:7b** En hebreo *los cereteos y los peleteos;* también en 20:23. **20:8** En hebreo *Al adelantarse, se le cayó.*

manto encima. 13Con el cuerpo de Amasa quitado de en medio, todos continuaron con Joab a capturar a Seba, hijo de Bicri.

14Mientras tanto, Seba recorría todas las tribus de Israel y finalmente llegó a la ciudad de Abel-bet-maaca. Todos los miembros de su propio clan, los bicritas,* se reunieron para la batalla y lo siguieron a la ciudad. 15Cuando llegaron las fuerzas de Joab, atacaron Abel-bet-maaca. Construyeron una rampa de asalto contra las fortificaciones de la ciudad y comenzaron a derribar la muralla. 16Pero una mujer sabia de la ciudad llamó a Joab y le dijo:

—Escúcheme, Joab. Venga aquí para que pueda hablar con usted.

17Cuando Joab se acercó, la mujer le preguntó:

—¿Es usted Joab?

—Sí, soy yo —le respondí.

Entonces ella dijo:

—Escuche atentamente a su sierva.

—Estoy atento —le dijo.

18Así que ella continuó:

—Había un dicho que decía: "Si quieres resolver una disputa, pide consejo en la ciudad de Abel". 19Soy alguien que ama la paz y que es fiel en Israel, pero usted está por destruir una ciudad importante de Israel.* ¿Por qué quiere devorar lo que le pertenece al SEÑOR?

20Joab contestó:

—¡Créame, no quiero devorar ni destruir su ciudad! ¡Ese no es mi propósito. Lo único que quiero es capturar a un hombre llamado Seba, hijo de Bicri, de la zona montañosa de Efraín, quien se rebeló contra el rey David. Si ustedes me entregan a ese hombre, dejaré a la ciudad en paz.

—Muy bien —respondió la mujer—, arrojaremos su cabeza sobre la muralla.

22Enseguida la mujer se dirigió a todo el pueblo con su sabio consejo, le cortaron la cabeza a Seba y se la arrojaron a Joab. Así que Joab tocó el cuerno de carnero, llamó a sus tropas y se retiraron del ataque. Todos volvieron a sus casas y Joab regresó a Jerusalén para encontrarse con el rey.

23Ahora bien, Joab era el comandante del ejército de Israel; Benaía, hijo de Joiada, era el capitán de la escolta del rey. 24Adoniram* estaba a cargo de los trabajadores; Josafat, hijo de Ahilud, era el historiador real. 25Seva era el secretario de la corte; Sadoc y Abiatar eran los sacerdotes. 26e Ira, un descendiente de Jair, era el sacerdote personal de David.

David cobra venganza por los gabaonitas

21 Durante el reinado de David hubo un hambre que duró tres años. Entonces David consultó al SEÑOR, y el SEÑOR dijo: "El hambre se debe a que Saúl y su familia son culpables de la muerte de los gabaonitas».

2Entonces el rey mandó llamar a los gabaonitas. No formaban parte de Israel, sino que eran lo que quedaba de la nación de los amorreos. El pueblo de Israel había jurado no matarlos, pero Saúl, en su celo por Israel y Judá, trató de exterminarlos. 3David les preguntó:

—¿Qué puedo hacer por ustedes? ¿Cómo puedo compensarlos para que ustedes vuelvan a bendecir al pueblo del SEÑOR?

4—Bueno, el dinero no puede resolver este asunto entre nosotros y la familia de Saúl —le contestaron los gabaonitas—. Tampoco podemos exigir la vida de cualquier persona de Israel.

—¿Qué puedo hacer por ustedes entonces? —preguntó David—. Solo díganme, y lo haré por ustedes.

5Ellos respondieron:

—Fue Saúl quien planeó destruirnos, para impedir que tengamos un lugar en el territorio de Israel. 6Así que entréguennos siete hijos de Saúl, y los ejecutaremos delante del SEÑOR en Guibeá en el monte del SEÑOR.*

—Muy bien —dijo el rey—, lo haré.

7Debido al juramento que David y Jonatán habían hecho delante del SEÑOR, el rey le perdonó la vida a Mefiboset,* el hijo de Jonatán, nieto de Saúl. 8Sin embargo, les entregó a los dos hijos de Saúl, Armoni y Mefiboset, cuya madre fue Rizpa, la hija de Aja. También les entregó a los cinco hijos de la hija de Saúl, Merab,* la esposa de Adriel, hijo de Barzilai de Mehola. 9Los hombres de Gabaón los ejecutaron en el monte delante del SEÑOR. Los siete murieron juntos al comienzo de la cosecha de la cebada.

10Después Rizpa, la hija de Aja y madre de dos de los hombres, extendió una tela áspera sobre una roca y permaneció allí toda la temporada de la cosecha. Ella evitó que las aves carroñeras despedazaran los cuerpos durante el día e impidió que los animales salvajes se los comieran durante la noche. 11Cuando David supo lo que había hecho Rizpa, la concubina de Saúl, 12fue a ver a la gente de Jabes de Galaad para recuperar los huesos de Saúl y de su hijo Jonatán. (Cuando los filisteos mataron a Saúl y a Jonatán en el monte Gilboa, la gente de Jabes de Galaad robó sus cuerpos de la plaza pública de Bet-sán donde los filisteos los habían colgado). 13De esa manera David obtuvo los huesos de Saúl y Jonatán, al igual que los huesos de los hombres que los gabaonitas habían ejecutado.

14Luego el rey ordenó que enterraran los huesos en la tumba de Cis, padre de Saúl, en la ciudad de Zela, en la tierra de Benjamín. Después Dios hizo que terminara el hambre en la tierra.

20:14 Así aparece en la versión griega y en la latina; en hebreo dice *Todos los barimitas*. **20:19** En hebreo es *una ciudad madre en Israel*. **20:24** Así aparece en la versión griega (ver también 1 Re 4:6; 5:14); en hebreo dice *Adoram*. **21:6** Así aparece en la versión griega (ver también 21:9); en hebreo dice *en Guibeá de Saúl, el escogido del SEÑOR*. **21:7** *Mefiboset*, otro nombre para Merib-baal. **21:8** Así aparece en algunos manuscritos hebreos y griegos y en la versión siríaca (ver también 1 Sm 18:19); la mayoría de los manuscritos hebreos dice *Mical*.

Batallas contra los gigantes filisteos

¹⁵Una vez más los filisteos estaban en guerra con Israel. Y cuando David y sus hombres estaban en lo más reñido de la pelea, a David se le acabaron las fuerzas y quedó exhausto. ¹⁶Isbibenob era un descendiente de los gigantes;* la punta de bronce de su lanza pesaba más de tres kilos,* y estaba armado con una espada nueva. Había acorralado a David y estaba a punto de matarlo. ¹⁷Pero Abisai, hijo de Sarvia, llegó al rescate de David y mató al filisteo. Entonces los hombres de David declararon: «¡No volverás a salir con nosotros a la batalla! ¿Por qué arriesgarnos a que se apague la luz de Israel?».

¹⁸Después hubo otra batalla contra los filisteos en Gob. Mientras peleaban, Sibecai de Husa, mató a Saf, otro descendiente de los gigantes.

¹⁹Durante otra batalla en Gob, Elhanán, hijo de Jaare,* de Belén, mató al hermano de Goliat de Gat.* ¡El asta de su lanza era tan gruesa como un rodillo de telar!

²⁰En otra batalla contra los filisteos en Gat, se enfrentaron con un hombre enorme que tenía seis dedos en cada mano y seis en cada pie, veinticuatro dedos en total, que era también descendiente de los gigantes. ²¹Pero cuando desafió a los israelitas y se mofó de ellos, lo mató Jonatán, hijo de Simea,* hermano de David.

²²Estos cuatro filisteos eran descendientes de los gigantes de Gat, pero David y sus guerreros los mataron.

Cántico de alabanza de David

22 David entonó este cántico al SEÑOR el día que el SEÑOR lo rescató de todos sus enemigos y de Saúl. ²Cantó así:

«El SEÑOR es mi roca, mi fortaleza y
  mi salvador;
³ mi Dios, mi roca, en quien encuentro
  protección.
Él es mi escudo, el poder que me salva
  y mi lugar seguro.
Él es mi refugio, mi salvador,
  el que me libra de la violencia.
⁴Clamé al SEÑOR, quien es digno de alabanza,
  y me salvó de mis enemigos.

⁵»Las olas de la muerte me envolvieron;
  me arrasó una inundación devastadora.
⁶La tumba* me envolvió con sus cuerdas;
  la muerte me tendió una trampa en
  el camino.
⁷Pero en mi angustia, clamé al SEÑOR;
  sí, clamé a Dios por ayuda.
Él me oyó desde su santuario;
  mi clamor llegó a sus oídos.

⁸»Entonces la tierra se estremeció y tembló;

se sacudieron los cimientos de los cielos;
  temblaron a causa de su enojo.
⁹De su nariz salía humo a raudales,
  de su boca saltaban violentas llamas
  de fuego;
  carbones encendidos se disparaban de él.
¹⁰Abrió los cielos y descendió,
  había oscuras nubes de tormenta debajo
  de sus pies.
¹¹Voló montado sobre un poderoso ser
  angélical,*
  remontándose* sobre las alas del viento.
¹²Se envolvió con un manto de oscuridad
  y ocultó su llegada con densas nubes
  de lluvia.
¹³Un gran resplandor brilló alrededor de él,
  y carbones encendidos* se dispararon.
¹⁴El SEÑOR retumbó desde el cielo;
  la voz del Altísimo resonó.
¹⁵Disparó flechas y dispersó a sus enemigos;
  destelló su relámpago, y ellos quedaron
  confundidos.
¹⁶Luego, a la orden del SEÑOR,
  a la ráfaga de su aliento,
pudo verse el fondo del mar,
  y los cimientos de la tierra quedaron
  al descubierto.

¹⁷»Él extendió la mano desde el cielo y me
  rescató;
  me sacó de aguas profundas.
¹⁸Me rescató de mis enemigos poderosos,
  de los que me odiaban y eran demasiado
  fuertes para mí.
¹⁹Me atacaron en un momento de angustia,
  pero el SEÑOR me sostuvo.
²⁰Me condujo a un lugar seguro;
  me rescató porque en mí se deleita.
²¹El SEÑOR me recompensó por hacer
  lo correcto;
  me restauró debido a mi inocencia.
²²Pues he permanecido en los caminos
  del SEÑOR;
  no me he apartado de mi Dios para
  seguir el mal.
²³He seguido todas sus ordenanzas,
  nunca he abandonado sus decretos.
²⁴Soy intachable delante de Dios;
  me he abstenido del pecado.
²⁵El SEÑOR me recompensó por hacer
  lo correcto;
  ha visto mi inocencia.

²⁶»Con los fieles te muestras fiel;
  a los íntegros les muestras integridad.
²⁷Con los puros te muestras puro,
  pero te muestras hostil con
  los perversos.
²⁸Rescatas al humilde,

21:16a *Un* o *un descendiente de los Refaím;* ver también 21:18, 20, 22.   21:16b En hebreo *300 siclos* [7 libras].   21:19a Igual que el texto paralelo en 1 Cr 20:5; en hebreo dice *hijo de Jaare-oregim*.   21:19b Igual que el texto paralelo en 1 Cr 20:5; en hebreo dice *mató a Goliat de Gat*.   21:21 Igual que el texto paralelo en 1 Cr 20:7; en hebreo dice *Sima*, una variante de Simea.   22:6 En hebreo *Seol*.   22:11a En hebreo *un querubín*.   22:11b Así aparece en algunos manuscritos hebreos (ver también Sal 18:10); otros manuscritos hebreos dicen *apareciendo*.   22:13 O *y relámpagos*.

pero tus ojos observan al orgulloso y
lo humillas.
²⁹ Oh Señor, tú eres mi lámpara;
el Señor ilumina mi oscuridad.
³⁰ Con tu fuerza puedo aplastar a un ejército;
con mi Dios puedo escalar cualquier muro.

³¹ »El camino de Dios es perfecto.
Todas las promesas del Señor demuestran
ser verdaderas.
Él es escudo para todos los que buscan su
protección.
³² Pues, ¿quién es Dios aparte del Señor?
¿Quién más que nuestro Dios es una roca
sólida?
³³ Dios es mi fortaleza firme,
y hace perfecto mi camino.
³⁴ Me hace andar tan seguro como un ciervo,
para que pueda pararme en las alturas de
las montañas.
³⁵ Entrena mis manos para la batalla;
fortalece mi brazo para tensar un arco
de bronce.
³⁶ Me has dado tu escudo de victoria;
tu ayuda* me ha engrandecido.
³⁷ Has trazado un camino ancho para mis pies
a fin de evitar que resbalen.

³⁸ »Perseguí a mis enemigos y los destruí;
no paré hasta verlos derrotados.
³⁹ Los consumí;
los herí de muerte para que no pudieran
levantarse;
cayeron debajo de mis pies.
⁴⁰ Me has armado de fuerza para la batalla;
has sometido a mis enemigos debajo de
mis pies.
⁴¹ Pusiste mi pie sobre su cuello;
destruí a todos los que me odiaban.
⁴² Buscaron ayuda, pero nadie fue a rescatarlos.
Hasta clamaron al Señor, pero él se negó a
responder.
⁴³ Los molí tan fino como el polvo de la tierra;
los pisoteé* dentro de la zanja como si
fueran mugre.

⁴⁴ »Me diste la victoria sobre los que me
acusaban.
Me preservaste como gobernante
de naciones;
ahora me sirve gente que ni siquiera
conozco.
⁴⁵ Naciones extranjeras se arrastran ante mí;
en cuanto oyen hablar de mí, se rinden.
⁴⁶ Todas pierden el valor
y salen temblando* desde sus fortalezas.

⁴⁷ »¡El Señor vive! ¡Alabanzas a mi Roca!
¡Exaltado sea Dios, la Roca de mi salvación!

⁴⁸ Él es el Dios que da mi merecido a los que me
dañan;
él derriba a las naciones y las pone bajo
mi control,
⁴⁹ y me libra de mis enemigos.
Tú me mantienes seguro, lejos del alcance
de mis enemigos;
me salvas de violentos oponentes.
⁵⁰ Por eso, oh Señor, te alabaré entre las
naciones;
cantaré alabanzas a tu nombre.
⁵¹ Le das grandes victorias a tu rey;
le muestras inagotable amor a tu ungido,
a David y a todos sus descendientes para
siempre».

Últimas palabras de David

23 Estas son las últimas palabras de David:

«David, hijo de Isaí;
David, el hombre que fue elevado tan alto;
David, el hombre ungido por el Dios de Jacob;
David, el dulce salmista de Israel,* declara:

² »El Espíritu del Señor habla por medio de mí;
sus palabras están en mi lengua.
³ El Dios de Israel habló,
la Roca de Israel me dijo:
"El que gobierna con justicia
y gobierna en el temor de Dios,
⁴ es como la luz de la mañana al amanecer,
como una mañana sin nubes,
como el brillar del sol
sobre la hierba nueva después de la lluvia".

⁵ »¿Acaso no es a mi familia que Dios
ha elegido?
Sí, ha hecho un pacto eterno conmigo.
Su pacto está arreglado y asegurado hasta
el último detalle;
él garantizará mi seguridad y mi éxito.
⁶ Pero los que no conocen a Dios son como
espinos que se desechan,
porque desgarran la mano que los toca.
⁷ Se deben usar herramientas de hierro para
cortarlos;
serán completamente consumidos
por fuego».

Los guerreros más valientes de David

⁸Estos son los nombres de los guerreros más
valientes de David. El primero es Jasobeam el
hacmonita,* quien era el líder de los Tres,* los
tres guerreros más valientes entre los hombres de David. Una vez utilizó su lanza para
matar a ochocientos guerreros enemigos en una
sola batalla.*
⁹El siguiente en rango entre los Tres era

22:36 Así aparece en los Rollos del mar Muerto (ver también Sal 18:35); el texto masorético dice *tu respuesta*.   22:43 Así aparece en los Rollos del mar Muerto (ver también Sal 18:42); el texto masorético dice *los aplasté y pisoteé*.   22:46 Igual que el texto paralelo en Sal 18:45; en hebreo dice *salen ciñéndose a sí mismos*.   23:1 O *el tema favorito de las canciones de Israel; o el favorito del Poderoso de Israel*.   23:8a Igual que el texto paralelo en 1 Cr 11:11; en hebreo dice *Joseb-basebet el tacmonita*.   23:8b Así aparece en la versión griega y en la latina (ver también 1 Cr 11:11); el significado del hebreo es incierto.   23:8c Así aparece en algunos manuscritos griegos (ver también 1 Cr 11:11); el significado del hebreo es incierto, aunque podría traducirse como *los Tres. Fue Adino el eznita quien mató a 800 hombres de una sola vez*.

Eleazar, hijo de Dodai, un descendiente de Ahoa. Una vez Eleazar y David juntos les hicieron frente a los filisteos cuando todo el ejército israelita había huido. ¹⁰Siguió matando a filisteos hasta que se le cansó la mano para levantar su espada, y ese día el SEÑOR le dio una gran victoria. ¡El resto del ejército regresó recién a la hora de recoger el botín!

¹¹El siguiente en rango era Sama, hijo de Age, de Arar. Cierta vez los filisteos se reunieron en Lehí y atacaron a los israelitas en un campo lleno de lentejas. El ejército israelita huyó, ¹²pero Sama* no cedió terreno en medio del campo e hizo retroceder a los filisteos. Así que el SEÑOR le dio una gran victoria.

¹³Cierta vez durante la cosecha, cuando David estaba en la cueva de Adulam, el ejército filisteo estaba acampado en el valle de Refaim. Los Tres (que formaban parte de los Treinta, un grupo selecto entre los hombres de guerra de David) descendieron a la cueva para encontrarse con él. ¹⁴En aquel tiempo, David se alojaba en la fortaleza, y un destacamento filisteo había ocupado la ciudad de Belén.

¹⁵David les comentó a sus hombres un vivo deseo: «¡Ah, cómo me gustaría tomar un poco de esa buena agua del pozo que está junto a la puerta de Belén!». ¹⁶Entonces los Tres atravesaron las líneas filisteas, sacaron agua del pozo junto a la puerta de Belén y se la llevaron a David. Pero David rehusó tomarla, en cambio la derramó como ofrenda al SEÑOR. ¹⁷¡No permita el SEÑOR que la beba! —exclamó—. Esta agua es tan preciosa como la sangre de estos hombres* que arriesgaron la vida para traérmela». De manera que David no la tomó. Estos son ejemplos de las hazañas de los Tres.

Los Treinta valientes de David

¹⁸Abisai, hijo de Sarvia, hermano de Joab, era el líder de los Treinta.* En una ocasión usó su lanza para matar a trescientos guerreros enemigos en una sola batalla. Fue por hazañas como esta que se hizo tan famoso como los Tres. ¹⁹Abisai era el comandante y el más famoso de los Treinta* aunque no era uno de los Tres.

²⁰Estaba también Benaía, hijo de Joiada, un valiente guerrero* de Cabseel, quien hizo muchas proezas heroicas, entre ellas mató a dos campeones* de Moab. En otra ocasión, en un día de mucha nieve, Benaía persiguió a un león hasta un hoyo y lo mató. ²¹Otra vez, armado solamente con un palo, mató a un gran guerrero egipcio que estaba armado con una lanza. Benaía arrancó la lanza de la mano del egipcio

y lo mató con ella. ²²Hazañas como estas hicieron a Benaía tan famoso como los Tres, los guerreros más valientes. ²³Recibió más honores que los demás miembros de los Treinta, aunque no era uno de los Tres. Además David lo nombró capitán de su escolta.

²⁴Los demás miembros de los Treinta incluían a:

Asael, hermano de Joab;
Elhanán, hijo de Dodo, de Belén;
²⁵ Sama de Harod;
Elica, hijo de Harod;
²⁶ Heles de Pelón;*
Ira, hijo de Iques, de Tecoa;
²⁷ Abiezer de Anatot;
Sibecai* de Husa;
²⁸ Salmón de Ahoh;
Maharai de Netofa;
²⁹ Heled,* hijo de Baana, de Netofa;
Itai,* hijo de Ribai, de Guibeá (de la tierra de Benjamín);
³⁰ Benaía de Piratón;
Hurai* de Nahale-gaas;*
³¹ Abi-albón de Arabá;
Azmavet de Bahurim;
³² Eliaba de Saalbim;
los hijos de Jasén;
Jonatán, ³³hijo de Sage,* de Arar;
Ahíam, hijo de Sarar, de Arar;
³⁴ Elifelet, hijo de Ahasbai, de Maaca;
Eliam, hijo de Ahitofel, de Gilo;
³⁵ Hezro de Carmelo;
Paarai de Arba;
³⁶ Igal, hijo de Natán, de Soba;
Bani de Gad;
³⁷ Selec de Amón;
Naharai de Beerot, escudero de Joab;
³⁸ Ira de Jatir;
Gareb de Jatir;
³⁹ Urías el hitita.

En total eran treinta y siete.

David levanta un censo

24 Una vez más el enojo del SEÑOR ardió contra Israel, y provocó que David les hiciera daño al levantar un censo. «Ve y cuenta a las personas de Israel y Judá», le dijo el SEÑOR.

²Entonces el rey les dijo a Joab y a los comandantes* del ejército:

—Hagan un censo de todas las tribus de Israel, desde Dan en el norte hasta Beerseba en el sur, para que yo sepa cuánta gente hay.

³Pero Joab le respondió al rey:

—¡Que el SEÑOR su Dios le dé vida para ver

23:12 En hebreo *él.*   23:17 En hebreo *¿Deberé beber la sangre de estos hombres?*   23:18 Así aparece en algunos manuscritos hebreos y en la versión siríaca; en hebreo dice *los Treinta*; en muchos manuscritos hebreos dice *los Tres.*   23:19 Así aparece en la versión siríaca; en hebreo dice *los Tres.*   23:20a O *hijo de Joiada, hijo de Ish-hai.*   23:20b En hebreo *dos de Ariel.*   23:26 Igual que el texto paralelo en 1 Cr 11:27 (ver también 1 Cr 27:10); en hebreo dice *Palti.*   23:27 Así aparece en algunos manuscritos griegos (ver también 1 Cr 11:29); en hebreo dice *Mebunai.*   23:29a Así aparece en algunos manuscritos hebreos (ver también 1 Cr 11:31); en hebreo dice *Heleb.*   23:29b Igual que el texto paralelo en 1 Cr 11:31; en hebreo dice *Ittai.*   23:30a Así aparece en algunos manuscritos griegos (ver también 1 Cr 11:32); en hebreo dice *Hidai.*   23:30b O *de las barrancas de Gaas.*   23:33 Igual que el texto paralelo en 1 Cr 11:34; en hebreo dice *Jonatán, Sama;* en algunos manuscritos griegos dice *Jonatán hijo de Sage.*   24:2 Así aparece en la versión griega (ver también 24:4 y 1 Cr 21:3); en hebreo dice *Joab el comandante.*

cien veces más personas de las que hay ahora! ¿Pero por qué, mi señor el rey, quiere usted hacer tal cosa?

⁴Sin embargo, el rey insistió en que levantaran el censo, así que Joab y los comandantes del ejército salieron y contaron al pueblo de Israel. ⁵Primero cruzaron el Jordán y acamparon en Aroer, al sur de la ciudad en el valle, en dirección a Gad. Luego fueron a Jazer, ⁶después a Galaad en la tierra de Tahtim-hodsi* y a Danjaán y hasta Sidón. ⁷Luego llegaron a la fortaleza de Tiro y a todas las ciudades de los heveos y los cananeos. Finalmente, fueron al sur de Judá,* aun hasta Beerseba.

⁸Habiendo recorrido toda la tierra durante nueve meses y veinte días, regresaron a Jerusalén. ⁹Joab informó el número de personas al rey. Había en Israel ochocientos mil guerreros competentes que podían manejar una espada, y además quinientos mil en Judá.

Juicio por el pecado de David

¹⁰Pero después de haber levantado el censo, a David le comenzó a remorder la conciencia, y le dijo al SEÑOR: «He pecado grandemente al haber cometido el censo. SEÑOR, te ruego que perdones mi culpa por haber cometido esta tontería».

¹¹A la mañana siguiente, la palabra del SEÑOR vino al profeta Gad, quien era el vidente de David, y le dio este mensaje: ¹²«Ve y dile a David: "Esto dice el SEÑOR: te doy tres opciones; escoge uno de estos castigos, y yo te lo impondré"».

¹³De modo que Gad fue a ver a David y le preguntó:

—¿Vas a elegir tres* años de hambre en toda la tierra, o tres meses de huir de tus enemigos, o tres días de una terrible plaga por todo el país? Piénsalo bien y decide qué respuesta debo darle al SEÑOR, quien me envió.

¹⁴—¡Estoy en una situación desesperada! —le respondió David a Gad—. Mejor que caigamos nosotros en las manos del SEÑOR, porque su misericordia es grande, y que no caiga yo en manos humanas.

¹⁵Por lo tanto, el SEÑOR mandó una plaga sobre Israel esa mañana que duró tres días.* Un total de setenta mil personas murieron en toda la nación, desde Dan en el norte hasta Beerseba en el sur. ¹⁶Sin embargo, cuando el ángel se disponía a destruir Jerusalén, el SEÑOR desistió y le dijo al ángel de la muerte: «¡Detente! ¡Ya es suficiente!». En ese momento el ángel del SEÑOR estaba junto al campo de trillar de Arauna el jebuseo.

¹⁷Cuando David vio al ángel, le dijo al SEÑOR: «¡Soy yo el que pecó e hizo el mal! Pero estas personas son tan inocentes como ovejas, ¿qué han hecho? Que tu enojo caiga sobre mí y mi familia».

David edifica un altar

¹⁸Ese día, Gad fue a ver a David y le dijo: «Sube y edifica un altar al SEÑOR en el campo de trillar de Arauna el jebuseo».

¹⁹Así que David subió para hacer lo que el SEÑOR le había ordenado. ²⁰Cuando Arauna vio al rey y a sus hombres acercándose, salió y se inclinó ante el rey rostro en tierra.

²¹—¿Por qué ha venido, mi señor el rey? —preguntó Arauna.

David le contestó:

—Vine a comprar tu campo de trillar y a edificar allí un altar al SEÑOR, para que él detenga la plaga.

²²—Tómela, mi señor el rey, y úsela como usted quiera —le respondió Arauna a David—. Aquí está para la ofrenda quemada, y puede usar los tablones de trillar y los yugos de los bueyes como leña para hacer un fuego sobre el altar. ²³Le daré todo a usted, su majestad, y que el SEÑOR su Dios acepte su sacrificio.

²⁴Pero el rey le respondió a Arauna:

—No, sino que insisto en comprarla; no le presentaré ofrendas quemadas al SEÑOR mi Dios que no me hayan costado nada.

De modo que David le pagó cincuenta piezas de plata* por el campo de trillar y por los bueyes.

²⁵Allí David edificó un altar al SEÑOR y sacrificó ofrendas quemadas y ofrendas de paz. Y el SEÑOR contestó la oración que hizo por la tierra, y se detuvo la plaga que azotaba a Israel.

24:6 En la versión griega dice *hacia Galaad y hacia Cades en la tierra de los hititas.* 24:7 O *ellos fueron al Neguev de Judá.* 24:13 Así aparece en la versión griega (ver también 1 Cr 21:12); en hebreo dice *siete.* 24:15 En hebreo *por el tiempo designado.* 24:24 En hebreo *50 siclos de plata,* aproximadamente 570 gramos ó 20 onzas.

1 Reyes

David en su vejez

1 El rey David era ya muy anciano y, por más frazadas que le ponían, no podía entrar en calor. ²Así que sus consejeros le dijeron: «Busquemos una joven virgen que lo atienda y lo cuide, mi señor; dormirá en sus brazos y le quitará el frío».

³Entonces buscaron una muchacha hermosa por toda la tierra de Israel y encontraron a Abisag, de Sunem, y se la llevaron al rey. ⁴La joven era muy hermosa; cuidaba al rey y lo atendía, pero el rey no tuvo relaciones sexuales con ella.

Adonías reclama el trono

⁵Por ese tiempo, Adonías, hijo de David, cuya madre era Haguit, comenzó a jactarse diciendo: «Voy a proclamarme rey». Así que consiguió carros de guerra con sus conductores y reclutó cincuenta hombres para que corrieran delante de él. ⁶Ahora bien, su padre, el rey David, jamás lo había disciplinado, ni siquiera le preguntaba: «¿Por qué haces esto o aquello?». Adonías había nacido después de Absalón y era muy apuesto.

⁷Adonías se apoyó en Joab, hijo de Sarvia, y en el sacerdote Abiatar, y ellos aceptaron ayudarlo a llegar a ser rey. ⁸Sin embargo, el sacerdote Sadoc y Benaía, hijo de Joiada, junto con el profeta Natán, Simei, Rei y la guardia personal de David se negaron a ayudar a Adonías.

⁹Adonías se dirigió a la peña de Zohélet,* cerca del manantial de En-rogel, y allí sacrificó ovejas, ganado y terneros engordados. Invitó a todos sus hermanos —los demás hijos del rey David— y a todos los funcionarios reales de Judá; ¹⁰pero no invitó al profeta Natán, ni a Benaía, ni a la guardia personal del rey, ni a su hermano Salomón.

¹¹Entonces Natán fue a ver a Betsabé, la madre de Salomón, y le preguntó: «¿No te has enterado de que el hijo de Haguit, Adonías, se proclamó rey, y nuestro señor David ni siquiera lo sabe? ¹²Si deseas salvar tu vida y la de tu hijo Salomón, sigue mi consejo. ¹³Ve ya mismo a ver al rey David y dile: "Mi señor el rey, ¿acaso no me hiciste un juramento cuando me dijiste: 'Definitivamente tu hijo Salomón será el próximo rey y se sentará en mi trono'? Entonces, ¿por qué Adonías se

ha proclamado rey?". ¹⁴Y mientras tú aún estés hablando con el rey, yo llegaré y confirmaré todo lo que le has dicho».

¹⁵Entonces Betsabé entró en la habitación del rey (David era ya muy viejo y Abisag lo cuidaba) ¹⁶y se inclinó ante él.

—¿En qué te puedo ayudar? —le preguntó el rey.

¹⁷Ella le contestó:

—Mi señor, usted hizo un juramento delante del SEÑOR su Dios cuando me dijo: "Te aseguro que tu hijo Salomón será el próximo rey y se sentará en mi trono". ¹⁸Sin embargo, Adonías se proclamó rey, y mi señor el rey ni siquiera se ha enterado. ¹⁹Ha sacrificado gran cantidad de ganado, terneros engordados y ovejas, y ha invitado a todos los hijos del rey a la celebración. También invitó al sacerdote Abiatar y a Joab, comandante del ejército, pero no invitó a su siervo Salomón. ²⁰Y ahora, mi señor el rey, todo Israel está esperando que usted anuncie quién será el próximo rey. ²¹Si no toma alguna medida, mi hijo Salomón y yo seremos tratados como criminales en cuanto mi señor el rey haya muerto.

²²Mientras ella aún hablaba con el rey, llegó el profeta Natán. ²³Los funcionarios del rey le informaron: «El profeta Natán está aquí y quiere verlo».

Entonces Natán entró y se inclinó ante el rey con el rostro en tierra ²⁴y le preguntó al rey: «Mi señor el rey, ¿ya ha decidido que sea Adonías el próximo rey que se siente en tu trono? ²⁵Hoy él sacrificó gran cantidad de ganado, terneros engordados y ovejas, e invitó a todos los hijos del rey a la celebración. También invitó a los comandantes del ejército y al sacerdote Abiatar. Ahora están festejando y bebiendo con él, y gritan: "¡Que viva el rey Adonías!"; ²⁶pero a mí no me invitó, ni al sacerdote Sadoc, ni a Benaía, ni a tu siervo Salomón. ²⁷¿Acaso mi señor el rey ha hecho esto sin informar a ninguno de sus funcionarios acerca de quién será el próximo rey?».

David proclama rey a Salomón

²⁸Entonces el rey David respondió: «¡Llamen a Betsabé!».

Así que Betsabé volvió a entrar y se quedó de pie delante del rey, ²⁹y el rey repitió su juramento:

1:9 O a la peña de la Serpiente; la versión griega apoya el uso de Zohélet como nombre propio.

—Tan cierto como que el SEÑOR vive y me ha rescatado de todo peligro, ³⁰tu hijo Salomón será el próximo rey y se sentará en mi trono este mismo día, tal como te lo juré delante del SEÑOR, Dios de Israel.

³¹Entonces Betsabé se inclinó ante el rey con el rostro en tierra y exclamó:

—¡Que viva por siempre mi señor, el rey David!

³²Entonces el rey David ordenó: «Llamen al sacerdote Sadoc, al profeta Natán y a Benaía, hijo de Joiada».

Cuando ellos llegaron a la presencia del rey, ³³él les dijo:

—Lleven a Salomón y a mis funcionarios hasta el manantial de Gihón. Salomón irá montado en mi mula. ³⁴Una vez allí, el sacerdote Sadoc y el profeta Natán lo ungirán rey de Israel. Hagan sonar el cuerno de carnero y griten: "¡Que viva el rey Salomón!". ³⁵Luego escóltenlo de regreso, y él se sentará en mi trono. Él me sucederá en el trono, porque yo lo he nombrado para que sea gobernante de Israel y de Judá.

³⁶—¡Amén! —respondió Benaía, hijo de Joiada—. Que el SEÑOR, Dios de mi señor el rey, ordene que así sea. ³⁷Que el SEÑOR esté con Salomón así como ha estado contigo, mi señor el rey, ¡y que engrandezca el reino de Salomón aún más que el suyo!

³⁸Entonces el sacerdote Sadoc y el profeta Natán junto con Benaía, hijo de Joiada, y la guardia personal del rey* llevaron a Salomón hasta el manantial de Gihón; y Salomón iba montado en la mula que pertenecía al rey David. ³⁹Allí el sacerdote Sadoc tomó de la carpa sagrada el frasco de aceite de oliva, y ungió a Salomón con el aceite. Luego hicieron sonar el cuerno de carnero, y toda la gente gritó: «¡Que viva el rey Salomón!». ⁴⁰Toda la multitud siguió a Salomón hasta Jerusalén, tocando flautas y gritando de alegría. La celebración estaba tan alegre y estruendosa que el sonido hacía temblar la tierra.

⁴¹Adonías y sus invitados escuchaban la celebración y los gritos casi al terminar el banquete. Cuando Joab oyó el sonido del cuerno de carnero, preguntó: «¿Qué está pasando? ¿Por qué hay tanto alboroto en la ciudad?».

⁴²No había terminado de hablar, cuando llegó Jonatán, hijo del sacerdote Abiatar.

—Entra —le dijo Adonías—, porque eres un hombre bueno. Seguramente traes buenas noticias.

⁴³—¡Para nada! —respondió Jonatán—. ¡Nuestro señor, el rey David, acaba de proclamar rey a Salomón! ⁴⁴El rey lo envió al manantial de Gihón con el sacerdote Sadoc, el profeta Natán, y Benaía, hijo de Joiada, e iban protegidos por la guardia personal del rey ⁴⁵y Sadoc y Natán lo ungieron rey en el manantial de Gihón. Acaban de regresar, y toda la ciudad está celebrando y festejando. Por eso hay tanto ruido. ⁴⁶Es más, ahora mismo Salomón está sentado en el trono real como rey, ⁴⁷y todos los funcionarios reales han ido a felicitar al rey David y a decirle: "¡Que su Dios aumente la fama de Salomón aún más que la suya, y que engrandezca el reinado de Salomón aún más que el suyo!". Entonces el rey inclinó la cabeza en adoración mientras estaba en su cama ⁴⁸y dijo: "Alabado sea el SEÑOR, Dios de Israel, quien el día de hoy ha escogido a un sucesor que se siente en mi trono mientras yo aún vivo para presenciarlo".

⁴⁹Entonces todos los invitados de Adonías, presos del pánico, saltaron de la mesa del banquete y se dispersaron velozmente. ⁵⁰Adonías tuvo miedo de Salomón, por lo que corrió a la carpa sagrada y se agarró de los cuernos del altar. ⁵¹Pronto llegó a Salomón la noticia de que Adonías, por temor, se había agarrado de los cuernos del altar y rogaba: «¡Que el rey Salomón jure hoy que no me matará!».

⁵²Salomón respondió: «Si él demuestra ser leal, no se le tocará un pelo de la cabeza; pero si causa problemas, morirá». ⁵³Entonces el rey Salomón mandó llamar a Adonías, y lo bajaron del altar. Adonías llegó y se inclinó respetuosamente ante el rey Salomón, quien lo despidió diciéndole: «Vete a tu casa».

Últimas instrucciones de David a Salomón

2 Cuando ya se acercaba el momento de morir, el rey David le dio el siguiente encargo a su hijo Salomón:

²«Yo voy camino al lugar donde todos partirán algún día. Ten valor y sé hombre. ³Cumple los requisitos del SEÑOR tu Dios y sigue todos sus caminos. Obedece los decretos, los mandatos, las ordenanzas y las leyes que están escritos en la ley de Moisés, para que tengas éxito en todo lo que hagas y dondequiera que vayas. ⁴Si lo haces, el SEÑOR cumplirá la promesa que me hizo cuando me dijo: "Si tus descendientes viven como debe ser y me siguen fielmente, con todo el corazón y con toda el alma, siempre habrá uno de ellos en el trono de Israel."

⁵»Además, tú ya sabes lo que me hizo Joab, hijo de Sarvia, cuando mató a mis dos comandantes del ejército: a Abner, hijo de Ner, y a Amasa, hijo de Jeter. Él fingió que fue un acto de guerra, pero estábamos en tiempo de paz,* por lo cual manchó con sangre inocente* su cinto y sus sandalias. ⁶Haz con él lo que mejor te parezca, pero no permitas que envejezca y vaya a la tumba en paz.*

⁷»Sé bondadoso con los hijos de Barzilai, de Galaad. Haz que sean invitados permanentes en

---

1:38 En hebreo *los cereteos y peleteos;* también en 1:44.   2:5a O *En hebreo mató en tiempo de paz en venganza por las muertes que ellos habían provocado en tiempo de guerra.*   2:5b Así aparece en algunos manuscritos griegos y antiguos manuscritos latinos; en hebreo dice *con sangre de guerra.*   2:6 En hebreo *no dejes que su cabeza blanca baje al Seol en paz.*

tu mesa, porque ellos me cuidaron cuando yo huía de tu hermano Absalón.

[8] »Acuérdate de Simei, hijo de Gera, el hombre de Bahurim en la tribu de Benjamín. Él me maldijo con una maldición terrible cuando yo escapaba hacia Mahanaim. Cuando vino a verme al río Jordán, yo le juré por el SEÑOR que no lo mataría; [9] pero ese juramento no lo hace inocente. Tú eres un hombre sabio y sabrás cómo darle una muerte sangrienta».*

[10] Luego David murió y fue enterrado con sus antepasados en la Ciudad de David. [11] David reinó en Israel durante cuarenta años, siete de ellos en Hebrón y treinta y tres en Jerusalén. [12] Salomón lo sucedió y se sentó en el trono de David, su padre, y su reino se estableció firmemente.

Salomón establece su gobierno

[14] Cierto día Adonías, cuya madre era Haguit, fue a ver a Betsabé, la madre de Salomón.

—¿Vienes en son de paz? —le preguntó Betsabé.

—Sí —contestó él—, vengo en paz. [14] Quiero pedirte un favor.

—¿De qué se trata? —le preguntó ella.

[15] Él contestó:

—Como sabes, el reino me correspondía a mí; todo Israel quería que yo fuera el siguiente rey. Pero todo cambió, y el reino pasó a mi hermano porque el SEÑOR así lo quiso. [16] Ahora solo tengo un favor que pedirte, no me lo niegues.

—¿De qué se trata? —preguntó ella.

[17] Él contestó:

—Habla con el rey Salomón de mi parte, porque yo sé que él hará cualquier cosa que tú le pidas. Dile que me permita casarme con Abisag, la muchacha de Sunem.

[18] —Está bien —respondió Betsabé—. Le hablaré al rey por ti.

[19] Entonces Betsabé fue a ver al rey para hablarle en nombre de Adonías. El rey se levantó de su trono para recibirla y se inclinó ante ella. Cuando volvió a sentarse en su trono, ordenó que trajeran un trono para su madre, y ella se sentó a la derecha del rey.

[20] —Tengo un pequeño favor que pedirte —le dijo ella—. Espero que no me lo niegues.

—¿De qué se trata, madre mía? —preguntó el rey—. Tú sabes que no te lo negaré.

[21] —Entonces permite que tu hermano Adonías se case con Abisag, la muchacha de Sunem —contestó ella.

[22] —¿Cómo es posible que tú me pidas que entregue a Abisag en matrimonio a Adonías? —preguntó el rey Salomón—. ¡Sería lo mismo que pedirme que le dé el reino! Tú sabes que él es mi hermano mayor y que tiene de su lado al sacerdote Abiatar y a Joab, hijo de Sarvia.

[23] Entonces el rey Salomón hizo un juramento delante del SEÑOR diciendo:

—Que Dios me hiera e incluso me mate

si Adonías no ha sellado su destino con esta petición. [24] El SEÑOR me ha confirmado y me ha puesto en el trono de David, mi padre; él ha establecido mi dinastía, tal como lo prometió. Por lo tanto, ¡tan cierto como que el SEÑOR vive, Adonías morirá hoy mismo!

[25] Entonces el rey Salomón le ordenó a Benaía, hijo de Joiada, que lo ejecutara; y Adonías murió.

[26] Luego el rey dijo al sacerdote Abiatar: «Regresa a tu casa, en Anatot. Mereces morir, pero no voy a matarte ahora porque tú cargaste el arca del SEÑOR Soberano para David, mi padre, y estuviste con él en todas sus dificultades». [27] De ese modo Salomón expulsó a Abiatar del cargo de sacerdote del SEÑOR, y así se cumplió la profecía que el SEÑOR había dado en Silo acerca de los descendientes de Elí.

[28] Joab no se había unido anteriormente a la rebelión de Absalón, pero sí se había sumado a la rebelión de Adonías. Así que, al enterarse de la muerte de Adonías, corrió a la carpa sagrada del SEÑOR y se agarró de los cuernos del altar. [29] Cuando se lo informaron al rey, Salomón mandó a Benaía, hijo de Joiada, a ejecutarlo.

[30] Benaía fue a la carpa sagrada del SEÑOR y le dijo a Joab:

—¡El rey te ordena que salgas!

Pero Joab respondió:

—No, aquí moriré.

Entonces Benaía regresó a ver al rey y le informó lo que Joab había dicho.

[31] «Haz lo que él pide —respondió el rey—. Mátalo allí, junto al altar, y entiérralo. Así se borrará de la familia de mi padre la culpa de los asesinatos sin sentido que cometió Joab. [32] El SEÑOR cobrará* las muertes de dos hombres que eran más justos y mejores que él, ya que mi padre no sabía nada de las muertes de Abner, hijo de Ner, comandante del ejército de Israel, y de Amasa, hijo de Jeter, comandante del ejército de Judá. [33] Que Joab y sus descendientes sean por siempre culpables de la sangre de ellos, y que el SEÑOR conceda paz a David, a sus descendientes, a su dinastía y a su trono para siempre».

[34] Entonces Benaía, hijo de Joiada, volvió a la carpa sagrada y mató a Joab, y fue enterrado junto a su casa en el desierto. [35] Después, el rey nombró comandante del ejército a Benaía en lugar de Joab, y puso al sacerdote Sadoc en lugar de Abiatar.

[36] Luego el rey mandó llamar a Simei y le dijo:

—Construye una casa aquí en Jerusalén y vive en ella pero no salgas de la ciudad por ningún motivo. [37] Pues el día que salgas y pases el valle de Cedrón, ciertamente morirás, y tu sangre volverá sobre tu propia cabeza.

[38] Simei respondió:

—Tu sentencia es justa, haré todo lo que mi señor el rey mande.

Por lo tanto, Simei vivió en Jerusalén un largo tiempo.

2:9 En hebreo *cómo bajar su cabeza blanca al Seol con sangre.*   2:32 En hebreo *hará volver su sangre sobre su cabeza.*

³⁹Sin embargo, tres años después, dos esclavos de Simei se fugaron a Gat, donde reinaba Aquis, ⁴⁰hijo de Maaca. Cuando Simei supo dónde estaban, ⁴⁰ensilló su burro y fue a Gat a buscarlos. Una vez que los encontró, los llevó de regreso a Jerusalén.

⁴¹Salomón se enteró de que Simei había salido de Jerusalén, que había ido a Gat y regresado.

⁴²Así que el rey lo mandó llamar y le preguntó: «¿No te hice jurar por el Señor y te advertí que no salieras a ninguna parte, o de lo contrario, morirías? Y tú respondiste: "La sentencia es justa; haré lo que mandes". ⁴³Entonces, ¿por qué no cumpliste tu juramento al Señor ni obedeciste mi orden?».

⁴⁴El rey también le dijo: «Seguramente recordarás todas las maldades que le hiciste a mi padre David. Que ahora el Señor traiga todo ese mal sobre tu cabeza; ⁴⁵pero que tú, el rey Salomón, reciba las bendiciones del Señor, y que siempre haya un descendiente de David sentado en este trono, en presencia del Señor».

⁴⁶Entonces, por orden del rey, Benaía, hijo de Joiada, llevó a Simei afuera y lo mató.

De ese modo, el reino quedó afianzado en manos de Salomón.

Salomón pide sabiduría

3 Salomón hizo una alianza con el faraón, rey de Egipto, y se casó con una de sus hijas. Se la llevó a vivir a la Ciudad de David mientras terminaba de construir su palacio, el templo del Señor y la muralla que rodeaba la ciudad. ²En ese tiempo, el pueblo de Israel sacrificaba sus ofrendas en los lugares de culto de la región, porque todavía no se había construido un templo en honor al nombre del Señor.

³Salomón amaba al Señor y seguía todos los decretos de su padre David; sin embargo, él también ofrecía sacrificios y quemaba incienso en los lugares de culto de la región. ⁴El más importante de esos lugares de culto se encontraba en Gabaón; así que el rey fue allí y sacrificó mil ofrendas quemadas. ⁵Esa noche, el Señor se le apareció a Salomón en un sueño y Dios le dijo:

—¿Qué es lo que quieres? ¡Pídeme, y yo te lo daré!

⁶Salomón contestó:

—Tú mostraste fiel amor hacia tu siervo David, mi padre, un hombre transparente y leal, quien te fue fiel. Hoy sigues mostrándole tu fiel amor al darle un hijo que se siente en su trono.

⁷»Ahora pues, Señor mi Dios, tú me has hecho rey en lugar de mi padre, David, pero soy como un niño pequeño que no sabe por dónde ir. ⁸Sin embargo, aquí estoy en medio de tu pueblo escogido, ¡una nación tan grande y numerosa que no se puede contar! ⁹Dame un corazón comprensivo para que pueda gobernar bien a tu pueblo, y sepa la diferencia entre el bien y el mal. Pues, ¿quién puede gobernar por su propia cuenta a este gran pueblo tuyo?

¹⁰Al Señor le agradó que Salomón pidiera sabiduría. ¹¹Así que le respondió:

—Como pediste sabiduría para gobernar a mi pueblo con justicia y no has pedido una larga vida, ni riqueza, ni la muerte de tus enemigos, ¹²¡te concederé lo que me has pedido! Te daré un corazón sabio y comprensivo, como nadie nunca lo jamás tendrá. ¹³Además, te daré lo que no me pediste: riquezas y fama. Ningún otro rey del mundo se comparará a ti por el resto de tu vida. ¹⁴Y si tú me sigues y obedeces mis decretos y mis mandatos como lo hizo tu padre David, también te daré una larga vida.

¹⁵Entonces Salomón se despertó y se dio cuenta de que había sido un sueño. Volvió a Jerusalén, se presentó delante del arca del pacto del Señor y allí sacrificó ofrendas quemadas y ofrendas de paz. Luego invitó a todos sus funcionarios a un gran banquete.

Salomón juzga con sabiduría

¹⁶Tiempo después, dos prostitutas fueron a ver al rey para resolver un asunto. ¹⁷Una de ellas comenzó a rogarle: «Ay, mi señor, esta mujer y yo vivimos en la misma casa. Ella estaba conmigo en la casa cuando yo di a luz a mi bebé. ¹⁸Tres días después, ella también tuvo un bebé. Estábamos las dos solas y no había nadie más en la casa.

¹⁹»Ahora bien, su bebé murió durante la noche porque ella se acostó encima de él. ²⁰Luego ella se levantó a la medianoche y sacó a mi hijo de mi lado mientras yo dormía; puso a su hijo muerto en mis brazos y se llevó al mío a dormir con ella. ²¹A la mañana siguiente, cuando quise amamantar a mi hijo, ¡el bebé estaba muerto! Pero cuando lo observé más de cerca, a la luz del día, me di cuenta de que no era mi hijo».

²²Entonces la otra mujer interrumpió:

—Claro que era tu hijo, y el niño que está vivo es el mío.

—¡No! —dijo la mujer que habló primero—, el niño que está vivo es el mío y el que está muerto es el tuyo.

Así discutían sin parar delante del rey.

²³Entonces el rey dijo: «Aclaremos los hechos. Las dos afirman que el niño que está vivo es suyo, y cada una dice que el que está muerto pertenece a la otra. ²⁴Muy bien, ¡tráiganme una espada!». Así que le trajeron una espada.

²⁵Luego dijo: «¡Partan al niño que está vivo en dos, y denle la mitad del niño a una y la otra mitad a la otra!».

²⁶Entonces la verdadera madre del niño, la que lo amaba mucho, gritó: «¡Oh no, mi señor! ¡Denle el niño a ella, pero, por favor, no lo maten!».

En cambio, la otra mujer dijo: «Me parece bien, así no será ni tuyo ni mío; ¡divídanlo entre las dos!».

²⁷Entonces el rey dijo: «No maten al niño;

dénselo a la mujer que desea que viva, ¡porque ella es la madre!».

²⁸Cuando el pueblo se enteró de la decisión que había tomado el rey, todos en Israel quedaron admirados porque reconocieron la sabiduría que Dios le había dado para impartir justicia.

Funcionarios y gobernadores de Salomón

4 Salomón ya gobernaba todo Israel, ²y sus altos funcionarios eran los siguientes:

Azarías, hijo de Sadoc, era el sacerdote.

³Elihoref y Ahías, hijos de Sisa, eran secretarios de la corte.

Josafat, hijo de Ahilud, era el historiador de la realeza.

⁴Benaía, hijo de Joiada, era el comandante del ejército.

Sadoc y Abiatar eran sacerdotes.

⁵Azarías, hijo de Natán, estaba a cargo de los gobernadores regionales.

Zabud, hijo de Natán, era sacerdote y consejero de confianza del rey.

⁶Ahisar era el administrador de los bienes del palacio.

Adoniram, hijo de Abda, estaba a cargo de los trabajadores.

⁷Salomón también tenía doce gobernadores regionales sobre todo Israel, quienes eran responsables de proveer el alimento para los miembros de la casa del rey. A cada uno de ellos le tocaba suministrar los víveres para un mes del año. ⁸Los nombres de los doce gobernadores eran los siguientes:

Ben-hur, en la zona montañosa de Efraín.

⁹Ben-decar, en Macaz, Saalbim, Bet-semes y Elón-bet-hanán.

¹⁰Ben-hesed, en Arubot, que incluía Soco y toda la tierra de Hefer.

¹¹Ben-abinadab, en todo Nafot-dor.* (Él estaba casado con Tafat, una de las hijas de Salomón).

¹²Baana, hijo de Ahilud, en Taanac y Meguido, en todo Bet-sán,* cerca de Saretán, abajo de Jezreel, que incluía el territorio que va desde Bet-sán hasta Abel-mehola, y hasta Jocmeam.

¹³Ben-geber, en Ramot de Galaad, incluidas las ciudades de Jair (que llevan ese nombre por Jair, de la tribu de Manasés*), situadas en Galaad, y en Argob, región de Baasán, la cual incluía sesenta ciudades grandes y fortificadas, con barrotes de bronce en sus puertas.

¹⁴Ahinadab, hijo de Iddo, en Mahanaim.

¹⁵Ahimaas, en Neftalí. (Él estaba casado con Basemat, otra hija de Salomón).

¹⁶Baana, hijo de Husai, en Aser y en Alot.

¹⁷Josafat, hijo de Parúa, en Isacar.

¹⁸Simei, hijo de Ela, en Benjamín.

¹⁹Geber, hijo de Uri, en la tierra de Galaad,* incluidos los territorios del rey Sihón, de los amorreos, y del rey Og, de Baasán.

También había un gobernador para la tierra de Judá.*

Prosperidad y sabiduría de Salomón

²⁰La gente de Judá y de Israel era tan numerosa como la arena a la orilla del mar. Todos estaban muy satisfechos y tenían suficiente para comer y beber. ²¹*El rey Salomón gobernaba todos los reinos desde el río Éufrates,* en el norte, hasta la tierra de los filisteos y la frontera con Egipto, en el sur. Los pueblos conquistados le enviaban impuestos y le sirvieron durante toda su vida.

²²La cantidad de alimento que se requería a diario en el palacio de Salomón era: seis mil seiscientos kilos de harina selecta y trece mil doscientos kilos de harina gruesa,* ²³también diez bueyes de los corrales de engordar, veinte reses alimentadas con pasto, cien ovejas o cabras, además de ciervos, gacelas, corzos, y aves de corral de primera calidad.*

²⁴El dominio de Salomón se extendía por todos los reinos al occidente del río Éufrates, desde Tifsa hasta Gaza, y había paz en todas sus fronteras. ²⁵Durante la vida de Salomón, los habitantes de Judá e Israel vivieron en paz y con seguridad. Desde Dan, en el norte, hasta Beerseba, en el sur, cada familia tenía su propia casa con jardín.*

²⁶Salomón tenía cuatro mil* establos para los caballos que tiraban sus carros de guerra y doce mil caballos.*

²⁷Los gobernadores regionales proveían sin falta el alimento para el rey Salomón y su corte; cada uno se aseguraba de que no faltara nada durante el mes que se le había asignado. ²⁸También llevaban suficiente cebada y paja para los caballos reales en los establos.

²⁹Dios le dio a Salomón muchísima sabiduría y gran entendimiento, y un conocimiento tan vasto como la arena a la orilla del mar. ³⁰De hecho, su sabiduría superaba la de todos los sabios del Oriente y la de los sabios de Egipto. ³¹Era más sabio que cualquier otro, entre ellos Etán, el ezraíta, y los hijos de Mahol: Hemán, Calcol y Darda. Su fama se extendía por todas las naciones vecinas. ³²Compuso unos tres mil proverbios y escribió mil cinco canciones. ³³Podía hablar con autoridad acerca de todo tipo de plantas, desde el gran cedro del Líbano hasta

4:11 En hebreo *Nafat dor*, una variante de Nafot-dor. 4:12 En hebreo *Bet-seán*, una variante de Bet-sán; también en 4:12b. 4:13 En hebreo *Jair, hijo de Manasés*; comparar 1 Cr 2:22. 4:19a La versión griega dice *de Gad*; comparar 4:13. 4:19b Así aparece en algunos manuscritos griegos; en hebreo falta *de Judá*. El significado del hebreo es incierto. 4:21a Los versículos del 4:21 a 34 corresponden al 5:1-14 en el texto hebreo. 4:21b En hebreo *el río*; también en 4:24. 4:22 En hebreo *30 coros* (14.500 libras) *de harina selecta y 60 coros* (29.000 libras) *de harina gruesa*. 4:23 O *cabras engordadas*. 4:25 En hebreo *cada familia vivía bajo su propia vid y bajo su propia higuera*. 4:26a Así aparece en algunos manuscritos griegos (ver también 2 Cr 9:25); en hebreo dice *40.000*. 4:26b O *12.000 conductores de carros de guerra*.

el diminuto hisopo que crece en las grietas de las paredes. También era versado en materia de animales, aves, reptiles y peces. ³⁴Y los reyes de todas las naciones enviaban a sus embajadores a escuchar la sabiduría de Salomón.

Preparativos para la construcción del templo

5 ¹*Hiram, rey de Tiro, siempre había sido un amigo fiel del rey David. Cuando Hiram se enteró de que Salomón, hijo del rey David, era el nuevo rey de Israel, envió embajadores a felicitarlo.

²Entonces Salomón le respondió a Hiram con el siguiente mensaje:

³«Tú sabes que mi padre, David, no pudo construir un templo para honrar el nombre del Señor su Dios, debido a la cantidad de guerras que le hicieron las naciones vecinas. No pudo construir hasta que el Señor le diera la victoria sobre todos sus enemigos. ⁴Sin embargo, ahora el Señor mi Dios me ha dado paz en todo el territorio; no tengo enemigos, y todo marcha bien. ⁵Así que tengo planeado construir un templo para honrar el nombre del Señor mi Dios, tal como él le había indicado a mi padre David. Pues él le dijo: "Tu hijo, a quien yo pondré en tu trono, construirá el templo para honra de mi nombre".

⁶»En consecuencia, ordena, por favor, que se corten cedros del Líbano para mí. Permite que mis hombres trabajen junto a los tuyos, y yo pagaré a tus hombres el salario que tú pidas. Como bien sabes, ¡no hay nadie por aquí que sepa cortar la madera como ustedes, los sidonios!».

⁷Cuando Hiram recibió el mensaje de Salomón, se puso muy contento y dijo: «Alabado sea hoy el Señor por haberle dado a David un hijo sabio para que sea rey de la gran nación de Israel».⁸Así que le envió la siguiente respuesta a Salomón:

«He recibido tu mensaje y te proporcionaré toda la madera de cedro y ciprés que necesites. ⁹Mis siervos llevarán los troncos desde las montañas del Líbano hasta el mar Mediterráneo* y los pondrán en forma de balsas para que floten a lo largo de la costa hacia el lugar que tú decidas. Luego desarmaré las balsas para que ustedes puedan llevarse los troncos. Puedes pagarme proveyendo alimentos para mi casa».

¹⁰Entonces Hiram proporcionó toda la madera de cedro y ciprés que Salomón quiso. ¹¹Salomón

le enviaba, a cambio, un pago anual de cuatro millones cuatrocientos mil kilos* de trigo para su casa y cuatrocientos cuarenta mil litros* de aceite de oliva puro. ¹²El Señor le dio sabiduría a Salomón tal como se lo había prometido. Así que Hiram y Salomón formaron una alianza de paz.

¹³Luego el rey Salomón impuso trabajo forzado a treinta mil trabajadores de todo Israel. ¹⁴Los envió al Líbano en turnos de diez mil por mes, de modo que cada hombre estuviera un mes en el Líbano y dos meses en casa. Adoniram estaba a cargo de estos trabajadores. ¹⁵Salomón también tenía setenta mil obreros, ochenta mil cortadores de piedra en la zona montañosa ¹⁶y tres mil seiscientos* capataces para supervisar el trabajo. ¹⁷Por orden del rey, ellos extrajeron grandes bloques de piedra de la mejor calidad y les dieron forma para hacer los cimientos del templo. ¹⁸Hombres de la ciudad de Gebal ayudaron a los constructores de Salomón y de Hiram a preparar la madera y la piedra para el templo.

Salomón construye el templo

6 Fue a mediados de la primavera, en el mes de *zif,* durante el cuarto año de su reinado, que Salomón comenzó a construir el templo del Señor. Habían pasado cuatrocientos ochenta años desde el día en que el pueblo de Israel fue rescatado de su esclavitud en la tierra de Egipto.

²El templo que el rey Salomón construyó para el Señor medía veintisiete metros y medio de largo, nueve metros de ancho, y trece metros y medio de alto.* ³La antesala que estaba al frente del templo medía nueve metros* de ancho, coincidía con la anchura total del templo, y se proyectaba cuatro metros y medio* hacia el frente. ⁴Salomón también hizo ventanas angostas y empotradas por todo el templo.

⁵A los costados del edificio y en la parte trasera, construyó un complejo de habitaciones contra las paredes exteriores del templo. ⁶El complejo era de tres pisos; el piso de abajo tenía un ancho de dos metros con treinta centímetros, el piso de en medio, dos metros con ochenta centímetros; y el piso de arriba, tres metros con veinte centímetros.* Las habitaciones estaban unidas a las paredes del templo mediante vigas apoyadas en cornisas que sobresalían de las paredes; de modo que las vigas no estaban insertadas dentro de las paredes mismas.

⁷Las piedras que se usaron en la construcción del templo se labraban en las canteras, de modo que no hubo ruido de martillo, ni de hacha, ni de ninguna otra herramienta de hierro en el lugar de la obra.

⁸La entrada al piso de abajo* estaba en el lado

5:1 Los versículos del 5:1-18 corresponden al 5:15-32 en el texto hebreo.   5:9 En hebreo *el mar.*   5:11a En hebreo 20.000 *coros* [9.700.000 libras].   5:11b Así aparece en la versión griega, que dice 20.000 *batos* [110.000 galones] (ver también 2 Cr 2:10); en hebreo dice 20 *coros,* unos 1100 galones o 4400 litros.   5:16 Así aparece en algunos manuscritos griegos (ver 2 Cr 2:2, 18) en hebreo dice 3300.   6:1 En hebreo *Fue en el mes de zif, que es el segundo mes.* La fecha en el antiguo calendario lunar hebreo, ese mes, por lo general, cae entre abril y mayo.   6:2 En hebreo 60 *codos* [90 pies] *de largo;* 20 *codos* [30 pies] *de ancho* y 30 *codos* [45 pies] *de alto.*   6:3a En hebreo 20 *codos* [30 pies]; también en 6:16, 20.   6:3b En hebreo 10 *codos* [15 pies].   6:6 En hebreo *el piso de abajo medía* 5 *codos* [7,5 pies] *de ancho; el piso del medio,* 6 *codos* [9 pies] *de ancho; y el piso de arriba,* 7 *codos* [10,5 pies] *de ancho.*   6:8 Así aparece en la versión griega; en hebreo dice *piso de en medio.*

sur del templo. Había una escalera de caracol para subir al piso de en medio, y otro tramo de escaleras entre el piso de en medio y el piso de arriba. ⁹Una vez terminada la estructura del templo, Salomón puso un techo de vigas y tablas de cedro. ¹⁰Como ya se dijo, construyó un complejo de habitaciones contra tres lados del edificio, unidas a las paredes del templo mediante vigas de cedro. Cada piso del complejo tenía una altura de dos metros con treinta centímetros.*

¹¹Entonces el Señor le dio el siguiente mensaje a Salomón: ¹²«En cuanto a este templo que estás construyendo, si tú sigues todos mis decretos y ordenanzas y obedeces todos mis mandatos, yo cumpliré por medio de ti la promesa que le hice a tu padre, David. ¹³Viviré entre los israelitas y nunca abandonaré a mi pueblo Israel».

El interior del templo

¹⁴Así que Salomón terminó de construir el templo. ¹⁵Todo el interior, desde el piso hasta el techo, estaba recubierto con paneles de madera. Recubrió las paredes y el techo con paneles de cedro y para el piso utilizó tablas de ciprés. ¹⁶Salomón separó un espacio para el santuario interior —el Lugar Santísimo— al fondo del templo. Tenía nueve metros de profundidad y estaba recubierto con cedro desde el piso hasta el techo. ¹⁷El salón principal del templo, fuera del Lugar Santísimo, medía dieciocho metros* de largo. ¹⁸En todo el templo las paredes de piedra estaban recubiertas con madera de cedro, y el recubrimiento estaba decorado con tallas de calabazas y flores abiertas.

¹⁹Salomón preparó el santuario interior al fondo del templo, donde luego se colocaría el arca del pacto del Señor. ²⁰Este santuario interior medía nueve metros de largo, nueve metros de ancho y nueve metros de alto. Salomón revistió el interior con oro macizo; también revistió el altar, que estaba hecho de cedro.* ²¹Luego revistió el resto del interior del templo con oro macizo y fabricó cadenas de oro para proteger la entrada* al Lugar Santísimo. ²²Así terminó de revestir con oro todo el templo, incluido el altar que pertenecía al Lugar Santísimo.

²³Hizo, además, dos querubines con madera de olivo silvestre y los puso en el santuario interior;* cada uno medía cuatro metros y medio* de altura. ²⁴La distancia entre las puntas de las alas de cada querubín era de cuatro metros y medio, y cada ala medía dos metros con treinta centímetros* de largo. ²⁵Ambos querubines eran exactamente iguales en forma y tamaño, y cada uno medía cuatro metros y medio de alto. ²⁶Salomón puso en el santuario interior del

templo, uno al lado del otro, con las alas extendidas, de modo que las alas interiores se tocaban en el centro de la sala y las exteriores se extendían hasta las paredes; ²⁸y a ambos querubines los revistió de oro.

²⁹Salomón decoró todas las paredes del santuario interior y del salón principal con tallas de querubines, palmeras y flores abiertas; ³⁰y revistió de oro el piso de ambos salones.

³¹Para la entrada del santuario interior, hizo puertas de dos hojas de madera de olivo silvestre, y los marcos tenían forma pentagonal.* ³²Estas puertas estaban decoradas con tallas de querubines, palmeras y flores abiertas. Las puertas, con las decoraciones de querubines y palmeras, estaban revestidas de oro.

³³Luego, en las puertas, hizo marcos cuadrangulares de madera de olivo silvestre para la entrada del templo. ³⁴Había dos puertas plegables de madera de ciprés, y cada puerta tenía bisagras para replegarse hacia atrás. ³⁵Estas puertas estaban decoradas con tallas de querubines, palmeras y flores abiertas. Todas las tallas estaban revestidas de oro de manera uniforme.

³⁶Las paredes del atrio interior estaban construidas de modo que había una hilera de vigas de cedro entre cada tres hileras de piedra labrada.

³⁷Los cimientos del templo del Señor se echaron a mediados de la primavera, en el mes de *zif,** durante el cuarto año del reinado de Salomón. ³⁸Terminaron de construir todo el edificio hasta los últimos detalles a mediados del otoño, en el mes de *bul,** a los once años de su reinado. Así que la construcción del templo duró siete años.

Salomón construye su palacio

7 Salomón también edificó su propio palacio, y le llevó trece años terminar la construcción.

²Uno de los edificios de Salomón se llamaba Palacio del Bosque del Líbano. Medía cuarenta y seis metros de largo, veintitrés metros de ancho, y trece metros y medio de alto.* Había cuatro filas de columnas de cedro, sobre las cuales se apoyaban grandes vigas también de cedro. ³El techo del salón era de cedro. Encima de las vigas que estaban sobre las columnas había cuarenta y cinco cuartos laterales,* dispuestos en tres niveles de quince cuartos cada uno. ⁴En cada extremo del largo salón había tres filas de ventanas unas frente a otras. ⁵Todas las puertas y sus postes* tenían marcos rectangulares y estaban dispuestas en grupos de tres, unas frente a otras.

⁶Salomón también construyó el Salón de

6:10 En hebreo *5 codos* [7,5 pies]. **6:17** En hebreo *40 codos* [60 pies]. **6:20** O *recubrió el altar con cedro.* El significado del hebreo es incierto. **6:21** O *para correr cortinas delante de frente.* El significado del hebreo es incierto. **6:23a** O *sino,* en hebreo *árbol de aceite;* también en 6:31, 33. **6:23b** En hebreo *10 codos* [15 pies]; también en 6:24, 25. **6:24** En hebreo *5 codos* [7,5 pies]. **6:31** El significado del hebreo es incierto. **6:37** En hebreo *fueron puestos en el mes de zif.* En el antiguo calendario lunar hebreo, ese mes, por lo general, cae entre abril y mayo. **6:38** En hebreo *antes del mes de bul, que es el octavo mes.* En el antiguo calendario lunar hebreo, ese mes, por lo general, cae entre octubre y noviembre. **7:2** En hebreo *100 codos* [150 pies] *de largo, 50 codos* [75 pies] *de ancho y 30 codos* [45 pies] *de alto.* **7:3** O *45 vigas, o 45 soportes, o 45 columnas.* Los detalles arquitectónicos de 7:2-6 pueden interpretarse de varias maneras. **7:5** En la versión griega dice *ventanas.*

las Columnas, el cual tenía veintitrés metros de largo y trece metros y medio de ancho.* En el frente había un pórtico, con una especie de cubierta sostenida por columnas.

⁷Además, Salomón construyó la sala del trono, conocida como el Salón de Justicia, donde se sentaba a oír los asuntos legales. El salón estaba recubierto con paneles de cedro desde el piso hasta el techo.* ⁸Las habitaciones privadas de Salomón rodeaban un patio que estaba detrás de este salón, y estaban construidas de la misma forma. También construyó habitaciones privadas del mismo estilo para la hija del faraón, con quien se había casado.

⁹Desde los cimientos hasta los aleros, todos los edificios estaban hechos con enormes bloques de piedra de primera calidad, cortados con sierra y terminados a las medidas exactas en cada uno de sus lados. ¹⁰Algunos de estos enormes bloques que se usaron para los cimientos tenían una longitud de cuatro metros y medio; y otros, de tres metros y medio.* ¹¹Los bloques de piedra de primera calidad que se usaron para las paredes también fueron cortados a medida, y allí también se utilizaron vigas de cedro. ¹²Las paredes del gran atrio se construyeron de tal forma que había una hilera de vigas de cedro por cada tres hileras de piedra acabada, igual que las paredes del atrio interior del templo del SEÑOR, con su antesala.

Mobiliario del templo

¹³El rey Salomón pidió que un hombre llamado Huram* viniera desde Tiro. ¹⁴Este hombre era israelita solo por parte de su madre, una viuda de la tribu de Neftalí, y su padre había sido un artesano del bronce en Tiro. Huram tenía mucha habilidad y talento para hacer todo tipo de trabajo en bronce, y aceptó ir para hacer toda la obra de metal para el rey Salomón.

¹⁵Huram fundió dos columnas de bronce, cada una tenía ocho metros y medio de alto y cinco metros y medio de circunferencia.* ¹⁶Para la parte superior de las columnas, fundió capiteles de bronce, cada uno tenía dos metros y medio* de alto. ¹⁷Cada capitel estaba decorado con siete conjuntos de enrejado y cadenas entrelazadas. ¹⁸También rodeó el enrejado con dos filas de granadas, para decorar los capiteles en la parte superior de las columnas. ¹⁹Los capiteles de las columnas que estaban dentro de la antesala tenían forma de lirios, y medían un metro con ochenta centímetros* de alto. ²⁰Los capiteles sobre las dos columnas estaban rodeados con doscientas granadas ubicadas en dos filas al lado de la superficie redondeada, junto al enrejado. ²¹Huram puso las columnas a la entrada del templo, una hacia el sur y la otra hacia el norte. A la del sur la llamó Jaquín, y a la del norte, Boaz.* ²²Los capiteles de las columnas tenían forma de lirios. Así quedó terminado el trabajo de las columnas.

²³Luego Huram fundió un enorme tazón redondo, que medía cuatro metros y medio de borde a borde, llamado el Mar. Tenía dos metros con treinta centímetros de profundidad y cerca de catorce metros de circunferencia.* ²⁴Por debajo del borde, estaba rodeado por dos hileras de calabazas decorativas. Había unas veinte calabazas por cada treinta centímetros* de la circunferencia, que se habían fundido como parte del tazón.

²⁵El Mar estaba colocado sobre una base formada por doce bueyes de bronce* que miraban hacia fuera. Tres miraban hacia el norte, tres hacia el occidente, tres hacia el sur y tres hacia el oriente; y el Mar estaba asentado sobre ellos. ²⁶El grosor del Mar era de unos ocho centímetros,* su borde era acampanado como una copa y se parecía a una flor de nenúfar. Tenía capacidad para unos cuarenta y dos mil litros* de agua.

²⁷Huram también hizo diez carretas de bronce para llevar agua; cada una medía un metro con ochenta centímetros de largo, lo mismo de ancho, y tenía una altura de un metro con cuarenta centímetros.* ²⁸Las carretas estaban construidas con paneles laterales asegurados con travesaños. ²⁹Tanto los paneles como los travesaños estaban decorados con tallas de leones, bueyes y querubines. Por encima y por debajo de los bueyes y leones había como adorno una guirnalda. ³⁰Cada carreta tenía cuatro ruedas de bronce con sus ejes también de bronce. En las esquinas contaban con unos soportes para los tazones de bronce; estos soportes estaban decorados a cada lado con tallas de guirnaldas. ³¹En la parte superior de cada carreta había un marco redondo para el tazón. Ese marco sobresalía cuarenta y seis centímetros* por encima de la carreta, y como un pedestal redondo; la abertura del marco medía sesenta y nueve centímetros* de lado a lado y estaba decorada por fuera con tallas de guirnaldas. Los paneles de las carretas eran cuadrados, no redondos. ³²Debajo de los paneles había cuatro ruedas conectadas a ejes que se habían fundido en una sola pieza con la carreta. Las ruedas tenían sesenta y nueve centímetros de diámetro ³³y eran semejantes a rue-

---

7:6 En hebreo *50 codos* [75 pies] *de largo y 30 codos* [45 pies] *de ancho.*   7:7 Así aparece en la versión siríaca y en la Vulgata Latina; en hebreo *dice de piso a piso.*   7:10 En hebreo *10 codos* [15 pies] *[...] 8 codos* [12 pies].   7:13 En hebreo *Hiram* (también en 7:40, 45); comparar 2 Cr 2:13. No es la misma persona que se menciona en 5:1.   7:15 En hebreo *18 codos* [27 pies] *de alto y 12 codos* [18 pies] *de circunferencia.*   7:16 En hebreo *5 codos* [7,5 pies].   7:19 En hebreo *4 codos* [6 pies]; también en 7:38.   7:21 *Jaquín* probablemente significa «él establece»; *Boaz* probablemente significa «en él hay fuerza».   7:23 En hebreo *10 codos* [...] *5 codos* [7,5 pies] *de profundidad y 30 codos* [45 pies] *de circunferencia.*   7:24 O *seis calabazas por metro;* en hebreo *dice 10 por codo.*   7:25 En hebreo *12 bueyes;* comparar con 2 Rey 16:17, donde se especifica *bueyes de bronce.*   7:26a En hebreo *un palmo menor* [3 pulgadas].   7:26b En hebreo *2000 batos* [11.000 galones].   7:27 En hebreo *4 codos* [6 pies] *de largo, 4 codos de ancho, y 3 codos* [4 pies] *de alto.*   7:31a En hebreo *un codo* [1,5 pies].   7:31b En hebreo *1½ codos* [2,25 pies]; también en 7:32.

das de carruajes. Los ejes, los rayos, los bordes y los cubos se fundieron con bronce derretido.

³⁴Cada una de las cuatro esquinas de las carretas tenía un agarradero, que también se había fundido en una sola pieza con la carreta. ³⁵A lo largo de la parte superior de cada carreta había un borde que medía veintitrés centímetros* de ancho. Los agarraderos de las esquinas y los paneles laterales se fundieron en unidad en una sola pieza con la carreta. ³⁶Los paneles y los soportes de las esquinas estaban decorados con tallas de querubines, leones y palmeras, colocados según el espacio disponible, y había guirnaldas por todos lados. ³⁷Las diez carretas para llevar agua eran del mismo tamaño y fueron hechas iguales, pues cada una fue fundida en el mismo molde.

³⁸Huram también hizo diez tazones de bronce más pequeños, uno para cada carreta. Cada tazón medía un metro con ochenta centímetros de diámetro y tenía capacidad para ochocientos cuarenta litros* de agua. ³⁹Puso cinco carretas en el lado sur del templo y cinco en el lado norte. El gran tazón de bronce llamado el Mar fue ubicado cerca de la esquina suroriental del templo. ⁴⁰También hizo los lavamanos, las palas y los tazones que se necesitaban.

Finalmente Huram terminó todo el trabajo que el rey Salomón le había asignado que hiciera para el templo del Señor:

⁴¹ las dos columnas;
   los dos capiteles con forma de tazón en la parte superior de las columnas;
   las dos redes de cadenas entrelazadas que decoraban los capiteles;
⁴² las cuatrocientas granadas que colgaban de las cadenas sobre los capiteles (dos filas de granadas por cada red de cadenas que decoraban los capiteles sobre las columnas);
⁴³ las diez carretas para llevar agua que sostenían los tazones;
⁴⁴ el Mar y los doce bueyes que lo sostenían;
⁴⁵ y los recipientes para la ceniza, las palas y los tazones.

Huram hizo todos estos objetos de bronce bruñido para el templo del Señor, tal como le había indicado el rey Salomón. ⁴⁶El rey mandó que se fundieran en moldes de barro en el valle del Jordán, entre Sucot y Saretán. ⁴⁷Salomón no pesó los utensilios porque eran muchos; el peso del bronce no se pudo medir.

⁴⁸Salomón también hizo todo el mobiliario para el templo del Señor:

   el altar de oro;
   la mesa de oro para el pan de la Presencia;
⁴⁹ los candelabros de oro macizo, cinco en el

sur y cinco en el norte, frente al Lugar Santísimo;
   las decoraciones de flores, las lámparas y las tenazas, todo de oro;
⁵⁰ los cuencos pequeños, las despabiladeras para las lámparas, los tazones, la vajilla y los recipientes para quemar incienso, todo de oro macizo;
   y las puertas para las entradas al Lugar Santísimo y al salón principal del templo, con el frente revestido de oro.

⁵¹Así terminó el rey Salomón todo su trabajo para el templo del Señor. Luego trajo todos los obsequios que su padre David había consagrado —la plata, el oro y los diversos objetos— y los guardó en los tesoros del templo del Señor.

Traslado del arca al templo

8 Entonces Salomón mandó llamar a los ancianos de Israel y a todos los jefes de las tribus —los líderes de las familias patriarcales de los israelitas— para que fueran a Jerusalén. Ellos debían trasladar el arca del pacto del Señor desde su sitio en la Ciudad de David, también conocida como Sión, hasta el templo. ²Así que todos los hombres de Israel se reunieron ante el rey Salomón durante el Festival de las Enramadas, que se celebra anualmente a comienzos del otoño, en el mes de *etanim.**

³Una vez que estaban presentes todos los ancianos de Israel, los sacerdotes levantaron el arca. ⁴Los sacerdotes y los levitas trasladaron el arca del Señor, junto con la carpa especial* y todos los objetos sagrados que había en ella. ⁵Delante del arca, el rey Salomón y toda la comunidad de Israel sacrificaron ovejas, cabras y ganado, ¡en tal cantidad que fue imposible llevar la cuenta!

⁶Luego los sacerdotes llevaron el arca del pacto del Señor al santuario interior del templo —el Lugar Santísimo— y la colocaron bajo las alas de los querubines. ⁷Los querubines extendían sus alas por encima del arca y formaban una especie de cubierta sobre el arca y las varas para transportarla. ⁸Estas varas eran tan largas que los extremos podían verse desde el salón principal del templo —el Lugar Santo— que está delante del Lugar Santísimo, pero no podían verse desde afuera; y allí permanecen hasta el día de hoy. ⁹Lo único que había dentro del arca eran las dos tablas de piedra que Moisés había colocado en ella en el monte Sinaí,* donde el Señor hizo un pacto con los israelitas cuando partieron de la tierra de Egipto.

¹⁰Al salir los sacerdotes del Lugar Santo, una densa nube llenó el templo del Señor. ¹¹Los

---

7:35 En hebreo *medio codo de ancho* [9 pulgadas].   7:38 En hebreo *40 batos* [220 galones].   8:2 En hebreo *en el festival del mes de etanim, que es el séptimo mes.* El Festival de las Enramadas comenzaba el día quince del séptimo mes del antiguo calendario lunar hebreo. Ese día caía a fines de septiembre, en octubre o a principios de noviembre.   8:4 En hebreo *el tabernáculo de reunión;* es decir, la carpa mencionada en 2 Crón 6:17 y en 1 Crón 16:1.   8:9 En hebreo en *Horeb,* otro nombre para Sinaí.

sacerdotes no pudieron seguir con la celebración a causa de la nube, porque la gloriosa presencia del Señor llenaba el templo.

Salomón alaba al Señor

¹²Entonces Salomón oró: «Oh Señor, tú dijiste que habitarías en una densa nube de oscuridad. ¹³Ahora te he construido un templo glorioso, ¡un lugar donde podrás habitar para siempre!».

¹⁴Luego el rey se dio vuelta hacia toda la comunidad de Israel, que estaba de pie ante él, y después de bendecir al pueblo, dijo: ¹⁵«Alabado sea el Señor, Dios de Israel, quien cumplió la promesa que le hizo a mi padre David; pues le dijo a mi padre: ¹⁶"Desde el día en que saqué de Egipto a mi pueblo Israel, nunca escogí una ciudad de ninguna de las tribus de Israel como el sitio donde se construyera un templo para honrar mi nombre; pero he elegido a David para que sea rey de mi pueblo Israel"».

¹⁷Después Salomón dijo: «Mi padre David quería construir este templo para honrar el nombre del Señor, Dios de Israel; ¹⁸pero el Señor le dijo: "Tú querías construir el templo para honrar mi nombre; tu intención es buena, ¹⁹pero no serás tú quien lo haga. Será uno de tus hijos quien construirá el templo para honrarme".

²⁰»Ahora el Señor ha cumplido la promesa que hizo, porque he llegado a ser rey en lugar de mi padre David y ocupo el trono de Israel, tal como el Señor lo prometió. He construido este templo para honrar el nombre del Señor, Dios de Israel. ²¹Además he preparado un lugar allí para el arca, la cual contiene el pacto que el Señor hizo con nuestros antepasados cuando los sacó de Egipto».

Oración de dedicación de Salomón

²²Luego Salomón, de pie ante el altar del Señor y frente a toda la comunidad de Israel, levantó las manos al cielo ²³y oró:

«Oh Señor, Dios de Israel, no hay Dios como tú arriba en el cielo ni abajo en la tierra. Tú cumples tu pacto y muestras amor inagotable a quienes andan delante de ti de todo corazón. ²⁴Has cumplido tu promesa a tu siervo David, mi padre. Pronunciaste esa promesa con tu boca y hoy la has cumplido con tus propias manos.

²⁵»Ahora, oh Señor, Dios de Israel, lleva a cabo la otra promesa que le hiciste a tu siervo David, mi padre, cuando le dijiste: "Si tus descendientes cuidan su comportamiento y me siguen con fidelidad, así como tú lo has hecho, siempre habrá uno de tus descendientes sentado en el trono de Israel". ²⁶Ahora, oh Dios de Israel, cumple esta promesa que le hiciste a tu siervo David, mi padre.

²⁷»¿Pero es realmente posible que Dios habite en la tierra? Ni siquiera los cielos más altos pueden contenerte, ¡mucho menos este templo que he construido! ²⁸Sin embargo, escucha mi oración y mi súplica, oh Señor mi Dios. Oye el clamor y la oración que tu siervo te eleva hoy. ²⁹Que noche y día tus ojos estén sobre este templo, este lugar del cual tú has dicho: "Mi nombre estará allí". Que siempre oigas las oraciones que elevo hacia este lugar. ³⁰Que atiendas las peticiones humildes y fervientes de mi parte y de tu pueblo Israel cuando oremos hacia este lugar. Sí, óyenos desde el cielo donde tú vives y, cuando nos escuches, perdona.

³¹»Si alguien agravia a otra persona y se le exige que haga juramento de inocencia ante tu altar en este templo, ³²oye entonces desde el cielo y juzga entre tus siervos, entre el acusador y el acusado. Castiga al culpable según su merecido y absuelve al inocente debido a su inocencia.

³³»Si tu pueblo Israel cae derrotado ante sus enemigos por haber pecado contra ti, pero luego vuelve a ti y reconoce tu nombre y eleva oraciones a ti en este templo, ³⁴oye entonces desde el cielo y perdona el pecado de tu pueblo Israel, y hazlo volver a esta tierra que diste a sus antepasados.

³⁵»Si los cielos se cierran y no hay lluvia porque tu pueblo ha pecado contra ti, y si luego ellos oran hacia este templo y reconocen tu nombre y se apartan de sus pecados, porque tú los has castigado, ³⁶oye entonces desde el cielo y perdona los pecados de tus siervos, tu pueblo Israel. Enséñales a seguir el camino correcto y envía lluvia sobre tu tierra, la tierra que diste a tu pueblo como su preciada posesión.

³⁷»Si hay hambre en la tierra, o pestes, o plagas en los cultivos, o ataques de langostas u orugas, o si los enemigos de tu pueblo invaden el territorio y sitian las ciudades —cualquiera sea el desastre o la enfermedad que ocurra—; ³⁸si luego tu pueblo Israel ora por sus dificultades con las manos levantadas hacia este templo, ³⁹oye entonces desde el cielo donde vives y perdona. Haz con tu pueblo según merecen sus acciones, porque solo tú conoces el corazón de cada ser humano. ⁴⁰Entonces ellos te temerán mientras vivan en la tierra que diste a nuestros antepasados.

⁴¹»En el futuro, los extranjeros que no pertenezcan a tu pueblo Israel oirán de ti. Vendrán de tierras lejanas a causa de tu nombre, ⁴²porque oirán de tu gran nombre, de tu mano fuerte y de tu brazo poderoso. Cuando ellos oren en dirección a este templo, ⁴³oye entonces desde el cielo donde vives y concédeles lo que te pidan. De esa

forma, todos los habitantes de la tierra llegarán a conocerte y a temerte, igual que tu pueblo Israel. También sabrán que este templo que he construido honra tu nombre.

⁴⁴»Si tu pueblo sale a donde tú lo envías a luchar contra sus enemigos, y si ora al Señor en dirección a esta ciudad que has escogido y hacia este templo que yo he construido para honrar tu nombre, ⁴⁵oye entonces desde el cielo sus oraciones y defiende su causa.

⁴⁶»Si ellos pecan contra ti (¿y quién nunca ha pecado?), tal vez te enojes con ellos y permitas que sus enemigos los conquisten y los lleven cautivos a su tierra, ya sea cerca o lejos. ⁴⁷Sin embargo, tal vez en esa tierra, donde estén desterrados, se vuelvan a ti arrepentidos y oren así: "Hemos pecado, hemos hecho lo malo y hemos actuado de manera perversa". ⁴⁸Si ellos se vuelven a ti con todo el corazón y con toda el alma en tierra de sus enemigos, y oran en dirección a la tierra que diste a sus antepasados —hacia esta ciudad que escogiste y hacia este templo que he construido para honrar tu nombre—, ⁴⁹oye entonces sus oraciones y su petición desde el cielo donde vives, y defiende su causa. ⁵⁰Perdona a tu pueblo que ha pecado contra ti. Perdona todas las ofensas que haya cometido en tu contra. Haz que sus captores les tengan compasión, ⁵¹porque es tu pueblo —tu posesión más preciada— que sacaste de Egipto, ese horno para fundir hierro.

⁵²»Que tus ojos estén abiertos a mis peticiones y a las peticiones de tu pueblo Israel. Que los oigas y les respondas cada vez que clamen a ti. ⁵³Pues cuando sacaste a nuestros antepasados de Egipto, oh Señor Soberano, le dijiste a tu siervo Moisés que habías apartado a Israel de todas las demás naciones de la tierra, para que fuera tu posesión más preciada».

Dedicación del templo

⁵⁴Cuando Salomón terminó de elevar estas oraciones y peticiones al Señor, se puso de pie frente al altar del Señor, donde estaba arrodillado con las manos levantadas al cielo. ⁵⁵De pie bendijo en voz alta a toda la congregación de Israel diciendo:

⁵⁶«Alabado sea el Señor, quien ha dado descanso a su pueblo Israel, tal como lo prometió. No ha faltado ni una sola palabra de todas las promesas maravillosas que hizo mediante su siervo Moisés. ⁵⁷Que el Señor nuestro Dios esté con nosotros como estuvo con nuestros antepasados; que nunca nos deje ni nos abandone. ⁵⁸Que ponga en nosotros el deseo de hacer su voluntad en todo y de obedecer todos los mandatos, los decretos y las ordenanzas que dio a nuestros

antepasados. ⁵⁹Y que esta oración que hice en la presencia del Señor esté delante de él continuamente, de día y de noche, para que el Señor nuestro Dios haga justicia conmigo y con su pueblo Israel, según las necesidades de cada día. ⁶⁰Entonces gente de todo el mundo sabrá que el Señor es el único Dios y que no hay otro. ⁶¹Que ustedes sean totalmente fieles al Señor nuestro Dios; que siempre obedezcan sus decretos y mandatos, tal como lo están haciendo hoy».

⁶²Luego el rey y todo Israel junto con él ofrecieron sacrificios al Señor. ⁶³Salomón presentó al Señor una ofrenda de paz de veintidós mil cabezas de ganado y ciento veinte mil ovejas y cabras. Así el rey y todo el pueblo de Israel dedicaron el templo del Señor.

⁶⁴Ese mismo día, el rey consagró la parte central del atrio que está delante del templo del Señor. Allí presentó las ofrendas quemadas,* las ofrendas de grano y la grasa de las ofrendas de paz, porque el altar de bronce que está en la presencia del Señor era demasiado pequeño para tantas ofrendas quemadas, ofrendas de grano y la grasa de las ofrendas de paz.

⁶⁵Entonces Salomón y todos Israel celebraron el Festival de las Enramadas* en presencia del Señor nuestro Dios. Se había reunido una gran multitud desde lugares tan lejanos como Lebo-hamat, en el norte, y el arroyo de Egipto, en el sur. La celebración continuó catorce días en total: siete días para la dedicación del altar y siete días para el Festival de las Enramadas.* ⁶⁶Una vez terminado el festival,* Salomón despidió al pueblo. Ellos bendijeron al rey y regresaron a sus casas llenos de alegría y muy contentos, porque el Señor había sido bueno con su siervo David y con su pueblo Israel.

Respuesta del Señor a Salomón

9 Así que Salomón terminó de construir el templo del Señor y también el palacio real. Llevó a cabo todo lo que había pensado hacer. ²Entonces el Señor se le apareció a Salomón por segunda vez, como lo había hecho en Gabaón. ³El Señor le dijo:

«He oído tu oración y lo que me pediste. He apartado este templo para que sea santo, este lugar que has construido, donde mi nombre será honrado para siempre. Lo vigilaré sin cesar, porque es muy preciado a mi corazón.

⁴»En cuanto a ti, si me sigues con integridad y rectitud como lo hizo tu padre David y obedeces todos mis mandatos, decretos y ordenanzas, ⁵entonces estableceré tu dinastía en el trono de Israel para siempre. Pues a tu padre David le prometí: "Siempre habrá uno de tus descendientes en el trono de Israel".

8:64a O *los holocaustos,* también en 8:61b. **8:65a** En hebreo *el festival;* ver nota en 8:2. **8:65b** En hebreo *siete días y siete días, catorce días;* comparar el texto paralelo en 2 Cr 7:8-10. **8:66** En hebreo *Al octavo día,* probablemente se refiere al día después del Festival de las Enramadas, que duraba siete días; comparar el texto paralelo en 2 Cr 7:9-10.

⁶Pero si tú o tus descendientes me abandonan y desobedecen los mandatos y los decretos que les he dado, y sirven y rinden culto a otros dioses, ⁷entonces desarraigaré a Israel de la tierra que le he dado. Rechazaré este templo que hice santo para honrar mi nombre. Haré que Israel sea objeto de burla y de ridículo entre las naciones. ⁸Y aunque ahora este templo sea imponente, todos los que pasen por allí quedarán horrorizados y menearán la cabeza con asombro. Preguntarán: "¿Por qué habrá hecho el SEÑOR cosas tan terribles a esta tierra y a este templo?".

⁹Y la respuesta será: "Porque los israelitas abandonaron al SEÑOR su Dios, quien sacó a sus antepasados de Egipto, y rindieron culto a otros dioses y se inclinaron ante ellos. Por esa razón el SEÑOR les envió tantas calamidades"».

Salomón hace un acuerdo con Hiram

¹⁰Salomón tardó veinte años en construir el templo del SEÑOR y su propio palacio real. Al cabo de ese tiempo, ¹¹Salomón le dio a Hiram, rey de Tiro, veinte ciudades en la tierra de Galilea. (Hiram había provisto toda la madera de cedro y de ciprés y todo el oro que Salomón había pedido). ¹²Sin embargo, cuando Hiram llegó desde Tiro para ver las ciudades que Salomón le había dado, no le gustaron nada. ¹³«¿Qué clase de ciudades son estas, hermano?», le preguntó. Por eso Hiram llamó a esa región Cabul (que significa «sin ningún valor»), y así se conoce hasta el día de hoy. ¹⁴Sin embargo, Hiram le pagó* a Salomón cuatro mil kilos* de oro.

Numerosos logros de Salomón

¹⁵Este es el relato del trabajo forzado que el rey Salomón impuso para la construcción del templo del SEÑOR, el palacio real, los terraplenes,* la muralla de Jerusalén y las ciudades de Azor, Meguido y Gezer. ¹⁶(El faraón, rey de Egipto, había atacado y conquistado Gezer, mató a la población cananea e incendió la ciudad. Luego se la dio a su hija como regalo de bodas cuando ella se casó con Salomón. ¹⁷Así que Salomón reconstruyó la ciudad de Gezer). También fortificó las ciudades de Bet-horón de abajo, ¹⁸Baalat y Tamar,* en el desierto que está dentro de su tierra. ¹⁹Construyó ciudades como centros de almacenamiento así como ciudades para sus carros de guerra y sus caballos.* Construyó todo lo que quiso en Jerusalén, en el Líbano y por todo su reino.

²⁰En esa tierra todavía había habitantes que no eran israelitas, entre los cuales se encontraban amorreos, hititas, ferezeos, heveos y jebuseos. ²¹Todos ellos eran descendientes de las naciones que el pueblo de Israel no había destruido por completo.* Entonces Salomón les impuso trabajo forzado y los hizo parte de sus trabajadores, y en esa condición trabajan hasta el día de hoy; ²²pero Salomón no obligó a ningún israelita para el trabajo forzado, sino que los puso a su servicio como soldados, funcionarios de gobierno, oficiales y capitanes en su ejército, y comandantes y conductores de sus carros de guerra. ²³Salomón designó a quinientos cincuenta de ellos para que supervisaran a los trabajadores de sus diversos proyectos.

²⁴Salomón trasladó a su esposa, la hija del faraón, de la Ciudad de David al palacio nuevo que le había edificado; luego construyó los terraplenes.

²⁵Tres veces al año Salomón presentaba ofrendas quemadas y ofrendas de paz sobre el altar que había construido para el SEÑOR. También quemaba incienso al SEÑOR. Finalmente terminó el trabajo de construir el templo.

²⁶El rey Salomón también construyó una flota de barcos en Ezión-geber, un puerto cerca de Elat* en la tierra de Edom, a la orilla del mar Rojo.* ²⁷Hiram envió tripulaciones de marineros expertos para navegar los barcos junto con los hombres de Salomón. ²⁸Navegaron hasta Ofir y regresaron con unos catorce mil kilos* de oro, que entregaron a Salomón.

Visita de la reina de Saba

10 Cuando la reina de Saba se enteró de la fama de Salomón, fama que honraba el nombre del SEÑOR,* fue a visitarlo para ponerlo a prueba con preguntas difíciles. ²Llegó a Jerusalén con un gran séquito de asistentes y una enorme caravana de camellos cargados con especias, grandes cantidades de oro y piedras preciosas. Cuando se presentó ante Salomón, habló con él acerca de todo lo que ella tenía en mente. ³Salomón tenía respuestas para todas sus preguntas; nada le resultaba demasiado difícil de explicar. ⁴Cuando la reina de Saba se dio cuenta de lo sabio que era Salomón y vio el palacio que él había construido, ⁵quedó atónita. También estaba asombrada por la comida que se servía en las mesas del rey, por la forma en que estaban organizados sus funcionarios y la ropa espléndida que usaban, por los coperos y por las ofrendas quemadas que ofrecía Salomón en el templo del SEÑOR.

⁶Entonces la reina exclamó: «¡Todo lo que oí en mi país acerca de tus logros* y de tu sabiduría es cierto! ⁷Yo no creía lo que se dijo hasta que llegué aquí y lo vi con mis propios ojos. De hecho,

9:14a O Pues Hiram había pagado. 9:14b En hebreo 120 talentos [9000 libras]. 9:15 En hebreo el Milo; también en 9:24. El significado del hebreo es incierto. 9:18 Una lectura alternativa en el texto masorético dice Tadmor. 9:19 O y sus conductores. 9:21 El término hebreo empleado aquí se refiere a la consagración total de cosas o personas al SEÑOR, ya sea destruyéndolas o entregándolas como ofrenda. 9:26a Así aparece en la versión griega (ver también 2 Re 14:22; 16:6); en hebreo dice Elot, una variante de Elat. 9:26b En hebreo mar de juncos. 9:28 En hebreo 420 talentos [16 toneladas de EE. UU.]. 10:1 O se debía al nombre del SEÑOR. El significado del hebreo es incierto. 10:6 En hebreo tus palabras.

¡lo que había oído no refleja ni la mitad! Tu sabiduría y prosperidad superan ampliamente lo que me habían dicho. 8¡Qué feliz debe estar tu pueblo!* ¡Qué privilegio para tus funcionarios estar aquí en tu presencia día tras día, escuchando tu sabiduría! 9Alabado sea el Señor tu Dios, quien se deleita en ti y te ha puesto en el trono de Israel. Debido al amor eterno del Señor por Israel, él te ha hecho rey para que puedas gobernar con justicia y rectitud».

10Luego le regaló al rey cuatro mil kilos* de oro, grandes cantidades de especias y de piedras preciosas. Nunca más entraron en el reino tantas especias como las que la reina de Saba le regaló al rey Salomón.

11Además, los barcos de Hiram trajeron oro desde Ofir, y también abundantes cargamentos de madera de sándalo rojo* y piedras preciosas. 12Con el sándalo, el rey construyó barandas para el templo del Señor y para el palacio real, e hizo liras y arpas para los músicos. Nunca antes ni después hubo tanta cantidad de madera de sándalo.

13El rey Salomón le dio a la reina de Saba todo lo que ella pidió, además de todos los regalos de costumbre que ya le había entregado con tanta generosidad. Luego ella y todos sus acompañantes regresaron a su tierra.

Riqueza y esplendor de Salomón

14Cada año Salomón recibía unos veintitrés mil kilos* de oro, 15sin contar los ingresos adicionales que recibía de mercaderes y comerciantes, de todos los reyes de Arabia y de los gobernadores de la tierra.

16El rey Salomón fabricó doscientos escudos grandes de oro labrado a martillo; cada uno pesaba casi siete kilos.* 17También hizo trescientos escudos más pequeños de oro labrado a martillo; cada uno pesaba casi dos kilos.* El rey colocó los escudos en el Palacio del Bosque del Líbano.

18Luego el rey hizo un gran trono, decorado con marfil y revestido de oro fino. 19El trono tenía seis escalones y un respaldo redondeado. A cada lado del asiento había apoyabrazos, y a cada lado del trono había una figura de león de pie. 20Había también otros doce leones, uno en cada extremo de los seis escalones. ¡No había trono en todo el mundo que pudiera compararse con el de Salomón!

21Todas las copas del rey Salomón eran de oro macizo, igual que todos los utensilios en el Palacio del Bosque del Líbano. No esta-ban hechos de plata porque en los tiempos de Salomón la plata no se consideraba de valor.

22El rey tenía una flota de barcos mercantes* que navegaba con la flota de Hiram. Una vez cada tres años, los barcos regresaban cargados de oro, plata, marfil, simios y pavos reales.*

23De modo que Salomón llegó a ser más rico y más sabio que cualquier otro rey de la tierra. 24Gente de todas las naciones lo visitaba para consultarlo y escuchar la sabiduría que Dios le había dado. 25Año tras año, cada visitante le llevaba regalos de plata y oro, ropa, armas, especias, caballos y mulas.

26Salomón acumuló gran cantidad de carros de guerra y caballos;* tenía mil cuatrocientos carros y doce mil caballos. Los colocó en las ciudades designadas para guardar los carros y también cerca de él en Jerusalén. 27El rey hizo que en Jerusalén la plata fuera tan abundante como las piedras. Además, la valiosa madera de cedro era tan común como la higuera sicómoro que crece en las colinas de Judá.* 28Los caballos de Salomón se importaban de Egipto y de Cilicia;* los mercaderes del rey los adquirían en Cilicia a precio de mercado. 29En ese tiempo, un carro egipcio costaba seiscientas piezas de plata,* y los caballos se vendían a ciento cincuenta piezas de plata.* Después los exportaban a los reyes de los hititas y a los reyes de Aram.

Las esposas de Salomón

11 Ahora bien, el rey Salomón amó a muchas mujeres extranjeras. Además de la hija del faraón, se casó con mujeres de Moab, de Amón, de Edom, de Sidón y de los hititas. 2El Señor había instruido claramente a los israelitas cuando les dijo: «No se casen con ellas, porque les desviarán el corazón hacia sus dioses». Sin embargo, Salomón se empeñó en amarlas. 3En total, tuvo setecientas esposas de cuna real y trescientas concubinas. En efecto, ellas apartaron su corazón del Señor.

4Cuando Salomón ya era anciano, ellas le desviaron el corazón para que rindiera culto a otros dioses en lugar de ser totalmente fiel al Señor su Dios, como lo había sido David su padre. 5Salomón rindió culto a Astoret, la diosa de los sidonios, y a Moloc,* el detestable dios de los amonitas. 6De ese modo, Salomón hizo lo malo a los ojos del Señor; se negó a seguir al Señor en forma total y absoluta, como lo había hecho David, su padre.

7Incluso construyó un santuario pagano para Quemos, el detestable dios de Moab, y otro para Moloc, el detestable dios de los amonitas, en el monte de los Olivos al oriente de Jerusalén.* 8Salomón construyó esos santuarios para que todas sus esposas extranjeras quemaran incienso e hicieran sacrificios a sus dioses.

9El Señor estaba muy enojado con Salomón, porque su corazón se había apartado del Señor,

---

10:8 La versión griega, la siríaca y la Vulgata Latina dicen *tus esposas.* **10:10** En hebreo *120 talentos* [9000 libras]. **10:11** En hebreo *madera de almug;* también en 10.12. **10:14** En hebreo *25 toneladas* [25 toneladas de EE. UU.]. **10:16** En hebreo *600 siclos* [de oro] [15 libras]. **10:17** En hebreo *3 minas* [4 libras]. **10:22** En hebreo *flota de Tarsis.* **10:26a** En hebreo *caballos.* **10:26** *O y conductores de carros;* también en 10:26b. **10:27** En hebreo *la Sefela.* **10:28a** Posiblemente *Musri,* un distrito cerca de Cilicia; también en 10:29. **10:28** En hebreo *Coa,* posiblemente otro nombre de Cilicia. **10:29a** En hebreo *600 siclos,* aproximadamente 6800 kilos ó 15 libras. **10:29b** En hebreo *150* [siclos], aproximadamente 1700 kilos ó 3,8 libras. **11:5** En hebreo *Milcom,* una variante de Moloc; también en 11:33. **11:7** En hebreo *en la montaña al oriente de Jerusalén.*

Dios de Israel, quien se le había aparecido dos veces. ¹⁰Le había advertido a Salomón específicamente que no le rindiera culto a otros dioses, pero Salomón no hizo caso al mandato del SEÑOR. ¹¹En consecuencia, el SEÑOR le dijo: «Ya que no has cumplido mi pacto y has desobedecido mis decretos, ciertamente te arrancaré el trono y se lo daré a uno de tus siervos; ¹²pero por amor a tu padre David, no lo haré mientras vivas, sino que le quitaré el trono a tu hijo. ¹³Y aun así, no le quitaré el reino entero; lo dejaré ser rey de una tribu por amor a mi siervo David y por amor a Jerusalén, mi ciudad escogida».

Adversarios de Salomón

¹⁴Entonces el SEÑOR levantó a Hadad, el edomita, quien era miembro de la familia real de Edom, para que fuera adversario de Salomón. ¹⁵Sucedió que años atrás, David había derrotado a Edom, y Joab, el comandante del ejército, se había quedado para enterrar a unos soldados de Israel que habían muerto en batalla. Mientras estaban allí, mataron a todos los varones de Edom. ¹⁶Joab y el ejército de Israel se quedaron durante seis meses hasta que acabaron con todos.

¹⁷Sin embargo, Hadad y unos cuantos funcionarios de la corte de su padre lograron escapar y se dirigieron a Egipto. (Hadad era apenas un niño en ese tiempo). ¹⁸Salieron de Madián y se fueron a Parán, donde otros se les unieron. Luego viajaron a Egipto y se presentaron ante el faraón, quien les dio casa, comida y tierras. ¹⁹El faraón se encariñó con Hadad y le dio en matrimonio a su cuñada, la hermana de la reina Tahpenes. ²⁰Ella le dio un hijo, a quien llamaron Genubat. Tahpenes lo crió* en el palacio del faraón entre los propios hijos del faraón.

²¹Cuando le llegó la noticia a Hadad en Egipto de que tanto David como su comandante Joab habían muerto, le dijo al faraón:

—Permíteme regresar a mi país.

²²—¿Por qué? —le preguntó el faraón—. ¿Qué te falta aquí que deseas regresar a tu tierra?

—Nada —contestó él—, pero aun así, te pido que me dejes regresar.

²³Dios también levantó a Rezón, hijo de Eliada, como adversario de Salomón. Rezón había huido de su amo, el rey Hadad-ezer de Soba, ²⁴y había llegado a ser el líder de una banda de rebeldes. Después de que David venció a Hadad-ezer, Rezón y sus hombres huyeron a Damasco, donde él llegó a ser rey. ²⁵Rezón fue enemigo a muerte de Israel por el resto del reinado de Salomón y generó conflictos como lo había hecho Hadad. Rezón odió a Israel profundamente y siguió reinando en Aram.

Jeroboam se rebela contra Salomón

²⁶Otro líder rebelde fue Jeroboam, hijo de Nabat, uno de los propios funcionarios de Salomón. Provenía de la ciudad de Sereda, en Efraín, y su madre era una viuda llamada Zerúa. ²⁷Esta es la historia que explica su rebelión: Salomón estaba reconstruyendo los terraplenes* y reparando las murallas de la ciudad de su padre David. ²⁸Jeroboam era un joven muy capaz. Cuando Salomón vio lo diligente que era, lo puso a cargo de los trabajadores de las tribus de Efraín y Manasés, los descendientes de José.

²⁹Cierto día, mientras Jeroboam salía de Jerusalén, el profeta Ahías de Silo se encontró con él en el camino. Ahías tenía puesto un manto nuevo. Los dos estaban solos en un campo ³⁰cuando Ahías tomó el manto nuevo que llevaba puesto y lo rompió en doce pedazos. ³¹Luego le dijo a Jeroboam: «Toma diez de estos pedazos, porque el SEÑOR, Dios de Israel, dice: "¡Estoy a punto de arrancar el reino de manos de Salomón y te daré a ti diez de las tribus! ³²Pero le dejaré una tribu a Salomón por amor a mi siervo David y por amor a Jerusalén, la ciudad que he escogido entre todas las tribus de Israel. ³³Pues Salomón se ha* apartado de mí y rindió culto a Astoret, diosa de los sidonios; a Quemos, dios de Moab; y a Moloc, dios de los amonitas. Salomón no ha seguido mis caminos ni ha hecho lo que me agrada. Tampoco ha obedecido mis decretos y ordenanzas como lo hizo su padre David.

³⁴"Sin embargo, no le quitaré todo el reino a Salomón por ahora. Por amor a mi siervo David, a quien yo escogí y quien obedeció mis mandatos y decretos, mantendré a Salomón como líder el resto de sus días, ³⁵pero le quitaré el reino a su hijo y te daré a ti diez de las tribus. ³⁶Su hijo tendrá una tribu para que los descendientes de David, mi siervo, sigan reinando y, como una lámpara, brillen en Jerusalén, la ciudad que he escogido para que sea el lugar para mi nombre. ³⁷Te pondré a ti en el trono de Israel, y gobernarás todo lo que tu corazón desee. ³⁸Si prestas atención a lo que te digo y sigues mis caminos y haces todo lo que yo considero correcto, y si obedeces mis decretos y mandatos, como lo hizo mi siervo David, entonces siempre estaré contigo. Estableceré una dinastía duradera para ti, como lo hice con David, y te entregaré Israel. ³⁹Por causa del pecado de Salomón, castigaré a los descendientes de David, aunque no para siempre"».

⁴⁰Salomón intentó matar a Jeroboam, pero él huyó a Egipto, donde reinaba Sisac, y se quedó allí hasta la muerte de Salomón.

Resumen del reinado de Salomón

⁴¹Los demás acontecimientos del reinado de Salomón, con todos sus logros y sabiduría, están registrados en *El libro de los hechos de Salomón*. ⁴²Salomón gobernó en Jerusalén a todo Israel durante cuarenta años. ⁴³Cuando

---

11:20 Así aparece en la versión griega; en hebreo dice *lo destetó*. 11:27 En hebreo *el Milo*. El significado del hebreo es incierto.
11:33 Así aparece en la versión griega, en la siríaca y en la Vulgata Latina; en hebreo dice *Pues ellos me han*.

murió, lo enterraron en la Ciudad de David, la cual llevaba ese nombre por su padre. Luego su hijo Roboam lo sucedió en el trono.

Rebelión de las tribus del norte

12 Roboam fue a Siquem, donde todo Israel se había reunido para proclamarlo rey. ⁷Cuando Jeroboam, hijo de Nabat, se enteró de esto regresó de Egipto,* donde había huido para escapar del rey Salomón. ³Entonces los líderes de Israel mandaron a llamar a Jeroboam, y él junto con toda la asamblea de Israel fueron a hablar con Roboam.

⁴—Su padre fue un amo muy duro —le dijeron—. Alivie los trabajos tan pesados y los impuestos tan altos que su padre impuso sobre nosotros. Entonces seremos sus leales súbditos.

⁵Roboam les respondió:

—Denme tres días para pensarlo; luego regresen y les daré una respuesta.

Entonces el pueblo se retiró.

⁶Después el rey Roboam consultó el asunto con los ancianos que habían sido consejeros de su padre Salomón.

—¿Qué me aconsejan ustedes? —les preguntó—. ¿Cómo debo responder a este pueblo?

⁷Los consejeros ancianos contestaron:

—Si hoy se pone al servicio de este pueblo y les da una respuesta favorable, ellos siempre serán sus leales súbditos.

⁸Sin embargo, Roboam rechazó el consejo de los ancianos y pidió, en cambio, la opinión de los jóvenes que se habían criado con él y que ahora eran sus consejeros.

⁹—¿Qué me aconsejan ustedes? —les preguntó—. ¿Cómo debo responder a esta gente que me pide que alivie las cargas que impuso mi padre?

¹⁰Los jóvenes contestaron:

—Así debería responder a esos que se quejan de todo y que quieren una carga más liviana: "¡Mi dedo meñique es más grueso que la cintura de mi padre! ¹¹Es cierto que mi padre les impuso cargas pesadas, ¡pero yo las haré aún más pesadas! ¡Mi padre los golpeaba con látigos, pero yo los azotaré con escorpiones!".

¹²Tres días después, Jeroboam y toda la gente regresaron para conocer la decisión de Roboam, tal como el rey había ordenado. ¹³Entonces Roboam habló con dureza al pueblo porque rechazó el consejo de los ancianos ¹⁴y siguió el consejo de los más jóvenes. Así que le dijo al pueblo: «Mi padre les impuso cargas pesadas, ¡pero yo las haré aún más pesadas! ¡Mi padre los golpeaba con látigos, ¡pero yo los azotaré con escorpiones!».

¹⁵Por lo tanto, el rey no prestó atención al pueblo. Este giro en la historia ocurrió por voluntad del SEÑOR, porque cumplía el mensaje que el

SEÑOR le había dado a Jeroboam, hijo de Nabat, por medio del profeta Ahías de Silo.

¹⁶Cuando todos los israelitas se dieron cuenta de que el rey no iba a hacerles caso, respondieron:

«¡Abajo la dinastía de David!
No nos interesa para nada el hijo de Isaí.
¡Regresa a tu casa, Israel!
Y tú, David, ¡cuida de tu propia casa!».

Entonces el pueblo de Israel regresó a casa; ¹⁷pero Roboam siguió gobernando a los israelitas que vivían en las ciudades de Judá.

¹⁸Luego el rey Roboam envió a Adoniram,* quien estaba a cargo de los trabajadores, para restaurar el orden, pero el pueblo de Israel lo apedreó a muerte. Cuando el rey Roboam se enteró, enseguida subió a su carro de guerra y huyó a Jerusalén. ¹⁹Hasta el día de hoy, las tribus del norte de Israel se han negado a ser gobernadas por un descendiente de David.

²⁰Cuando los israelitas supieron que Jeroboam había regresado de Egipto, convocaron una asamblea y lo nombraron rey de todo Israel. Así que solo la tribu de Judá permaneció fiel a la familia de David.

Profecía de Semaías

²¹Cuando Roboam llegó a Jerusalén, movilizó a los hombres de Judá y a la tribu de Benjamín —ciento ochenta mil guerreros selectos— para pelear contra los hombres de Israel y recuperar el reino.

²²Ahora bien, Dios le dijo a Semaías, hombre de Dios: ²³«Dile a Roboam, hijo de Salomón, rey de Judá, y también a toda la gente de Judá y de Benjamín y a todo el resto del pueblo: ²⁴"Esto dice el SEÑOR: 'No peleen contra sus parientes, los israelitas. ¡Regrese cada uno a su casa, porque lo que ha sucedido es obra mía!'"». Entonces ellos obedecieron el mensaje del SEÑOR y cada uno volvió a su casa, tal como el SEÑOR había ordenado.

Jeroboam hace becerros de oro

²⁵Jeroboam fortificó la ciudad de Siquem, en la región montañosa de Efraín, la que llegó a ser su capital. Tiempo después, también fortificó la ciudad de Peniel.

²⁶Jeroboam pensó: «Si no tengo cuidado, el reino volverá a la dinastía de David. ²⁷Cuando este pueblo vaya a Jerusalén para ofrecer sacrificios en el templo del SEÑOR, ellos volverán a ser leales al rey Roboam de Judá; a mí me matarán y a él lo nombrarán rey en mi lugar».

²⁸Entonces, siguiendo la recomendación de sus consejeros, el rey hizo dos becerros de oro. Después dijo a la gente:* «Para ustedes es muy complicado ir hasta Jerusalén a adorar. Miren, israelitas, ¡estos son los dioses que los sacaron de Egipto!».

12:2 Así aparece en la versión griega y en la Vulgata Latina (ver también 2 Cr 10:2); en hebreo dice *vivía en Egipto*.   12:18 Así aparece en algunos manuscritos griegos y en la versión siríaca (ver también 4:6; 5:14); en hebreo dice *Adoram*.   12:25 En hebreo *Penuel*, una variante de Peniel.   12:28 En hebreo *a ellos*.

²⁹Jeroboam colocó uno de los ídolos con forma de becerro en Betel y al otro lo puso en Dan, es decir, en ambos extremos de su reino. ³⁰Esto llegó a ser un gran pecado, porque la gente rendía culto a ídolos y viajaba hasta Dan, al norte, para rendir culto al becerro que estaba allí.

³¹Además, Jeroboam construyó edificios en el mismo sitio de los santuarios paganos y consagró sacerdotes de entre la gente común, es decir, personas que no pertenecían a la tribu sacerdotal de Leví. ³²También instituyó un festival religioso en Betel, que se celebraba el día quince del octavo mes,* y que era una imitación del Festival de las Enramadas en Judá. Allí, en Betel, Jeroboam ofrecía sacrificios a los becerros que había hecho, y nombró sacerdotes para los santuarios paganos que había construido. ³³Así que el día quince del octavo mes, una fecha que él mismo había designado, Jeroboam ofreció sacrificios sobre el altar de Betel. Él instituyó un festival religioso para Israel y subió al altar a quemar incienso.

Un profeta denuncia a Jeroboam

13 Por mandato del SEÑOR, un hombre de Dios de la región de Judá fue a Betel y llegó en el momento que Jeroboam se acercaba al altar para quemar incienso. ²Luego, por mandato del SEÑOR, el hombre de Dios gritó: «¡Oh altar, altar! Esto dice el SEÑOR: "En la dinastía de David nacerá un niño llamado Josías, quien sacrificará sobre ti a los sacerdotes de los santuarios paganos que vienen aquí a quemar incienso, y sobre ti se quemarán huesos humanos"». ³Ese mismo día, el hombre de Dios dio una señal para demostrar que su mensaje era verdadero y dijo: «El SEÑOR ha prometido dar una señal: este altar se partirá en dos, y sus cenizas se derramarán en el suelo».

⁴Cuando Jeroboam oyó al hombre de Dios hablar contra el altar de Betel, el rey lo señaló con el dedo y gritó: «¡Detengan a ese hombre!»; pero al instante, la mano del rey se paralizó en esa posición, y no podía moverla. ⁵En ese mismo momento, se produjo una enorme grieta en el altar y las cenizas se desparramaron, tal como el hombre de Dios había predicho en el mensaje que recibió del SEÑOR.

⁶Entonces el rey clamó al hombre de Dios: «¡Te ruego que le pidas al SEÑOR tu Dios que me restaure la mano!». Así que el hombre de Dios oró al SEÑOR, y la mano quedó restaurada y el rey pudo moverla otra vez.

⁷Después el rey dijo al hombre de Dios:
—Ven al palacio conmigo, come algo y te daré un regalo.

⁸Pero el hombre de Dios le dijo al rey:
—Aunque me dieras la mitad de todo lo que posees, no iría contigo. No comería ni bebería

nada en este lugar, ⁹porque el SEÑOR me ordenó: "No comas ni bebas nada mientras estés allí y no regreses a Judá por el mismo camino".

¹⁰Así que salió de Betel y volvió a su casa por otro camino.

¹¹Sucedió que había un profeta anciano que vivía en Betel y sus hijos* fueron a contarle lo que el hombre de Dios había hecho en Betel ese día. También le contaron a su padre lo que el hombre le había dicho al rey. ¹²El profeta anciano les preguntó: «¿Por dónde se fue?». Así que ellos le mostraron a su padre* el camino que el hombre de Dios había tomado. ¹³«¡Rápido, ensillen el burro!», les dijo el anciano. Enseguida le ensillaron el burro y se montó.

¹⁴Entonces salió cabalgando en busca del hombre de Dios y lo encontró sentado debajo de un árbol grande. El profeta anciano le preguntó:
—¿Eres tú el hombre de Dios que vino de Judá?

—Sí, soy yo —le contestó.

¹⁵Entonces le dijo al hombre de Dios:
—Acompáñame a mi casa y come algo.

¹⁶—No, no puedo —respondió—. No se me permite comer ni beber nada en este lugar, ¹⁷porque el SEÑOR me dio este mandato: "No comas ni bebas nada mientras estés allí y no regreses a Judá por el mismo camino".

¹⁸Sin embargo, el profeta anciano le dijo:
—Yo también soy profeta, como tú. Y un ángel me dio este mandato de parte del SEÑOR: "Llévalo a tu casa para que coma y beba algo".

Pero el anciano le estaba mintiendo. ¹⁹Así que regresaron juntos, y el hombre de Dios comió y bebió en la casa del profeta.

²⁰Mientras estaban sentados a la mesa, vino un mandato del SEÑOR al profeta anciano, ²¹quien le gritó al hombre de Dios de Judá: «Esto dice el SEÑOR: "Has desafiado la palabra del SEÑOR y desobedecido el mandato que el SEÑOR tu Dios te dio. ²²Regresaste a este lugar para comer y beber donde él te dijo que no comieras ni bebieras. Por eso, tu cuerpo no será enterrado en la tumba de tus antepasados"».

²³Cuando el hombre de Dios terminó de comer y beber, el profeta anciano ensilló su propio burro y se lo dio, ²⁴y el hombre de Dios siguió su camino. Mientras viajaba, le salió al paso un león y lo mató. Su cuerpo quedó tirado en el camino, y tanto el burro como el león estaban junto al cadáver. ²⁵Unas personas que pasaban por allí, al ver el cuerpo tirado en el camino y el león parado junto a él, fueron a dar la noticia a Betel, donde vivía el profeta anciano.

²⁶Cuando el profeta oyó la noticia, dijo: «Es el hombre de Dios que desobedeció el mandato

---

12:32 En el antiguo calendario lunar hebreo, ese día caía a fines de octubre o a principios de noviembre, exactamente un mes después del Festival de las Enramadas en Judá (ver Lv 23:34).   **13:11** Así aparece en la versión griega; en hebreo dice *su hijo*.   **13:11** Así aparece en la versión griega; en hebreo dice *Ellos habían visto*.   **13:12** Así

del Señor. El Señor cumplió su palabra al hacer que el león lo atacara y lo matara».

²⁷Luego el profeta dijo a sus hijos: «Ensíllenme un burro». Así que ellos ensillaron un burro ²⁸y él salió y encontró el cuerpo tirado en el camino. El burro y el león todavía estaban parados junto al cadáver, pues el león no se había comido el cuerpo ni había atacado al burro. ²⁹Entonces el profeta cargó el cuerpo del hombre de Dios sobre el burro y lo llevó de regreso a la ciudad para hacer duelo por su muerte y enterrarlo. ³⁰Puso el cuerpo en su propia tumba y clamó con profundo dolor: «¡Ay, hermano mío!».

³¹Después el profeta dijo a sus hijos: «Cuando yo muera, entiérrenme en la tumba donde está enterrado el hombre de Dios. Pongan mis huesos al lado de los suyos. ³²Pues el mensaje que el Señor le dijo que proclamara contra el altar de Betel y contra los santuarios paganos en las ciudades de Samaria, ciertamente se cumplirá».

³³A pesar de esto, Jeroboam no abandonó sus caminos perversos. Continuó seleccionando sacerdotes de entre la gente común y nombraba a cualquiera que quisiera ser sacerdote en los santuarios paganos. ³⁴Esto fue un gran pecado y, como consecuencia, la dinastía de Jeroboam fue totalmente eliminada de la faz de la tierra.

Profecía de Ahías contra Jeroboam

14 En ese tiempo, Abías, hijo de Jeroboam, se enfermó gravemente. ²Por eso Jeroboam le dijo a su esposa: «Disfrázate para que nadie se dé cuenta de que eres mi esposa y ve a ver al profeta Ahías en Silo, él hombre que me dijo que yo sería rey. ³Llévale de regalo diez hogazas de pan, algunos pasteles y un frasco de miel, y pregúntale qué le sucederá al niño».

⁴Entonces la esposa de Jeroboam fue a la casa de Ahías en Silo. El hombre ya era anciano y no podía ver; ⁵pero el Señor le había dicho: «La esposa de Jeroboam vendrá aquí haciéndose pasar por otra persona. Ella te preguntará acerca de su hijo, porque está muy enfermo. Dale la respuesta que yo te doy».

⁶Así que, cuando Ahías oyó los pasos de la mujer en la puerta, le dijo: «¡Entra, esposa de Jeroboam! ¿Por qué te haces pasar por otra persona?». Luego dijo: «Tengo malas noticias para darte. ⁷Llévale a Jeroboam, tu esposo, este mensaje del Señor, Dios de Israel: "Yo te saqué de entre la gente común y te hice gobernador de mi pueblo Israel. ⁸Le arranqué el reino a la familia de David y te lo entregué a ti; pero tú no has sido como mi siervo David, quien obedeció mis mandatos y me siguió con todo el corazón y siempre hizo lo que yo quería. ⁹Tú has hecho cosas más malignas que todos los que vivieron antes de ti. Te has hecho otros dioses y me has enfurecido con tus becerros de oro. Como me has dado la espalda, ¹⁰traeré desastre sobre tu dinastía y destruiré a cada uno de tus descendientes varones, tanto

esclavos como libres, en todo Israel. Consumiré tu dinastía real como se quema la basura, hasta que toda haya desaparecido. ¹¹A los miembros de la familia de Jeroboam que mueran en la ciudad, se los comerán los perros y a los que mueran en el campo se los comerán los buitres. Yo, el Señor, he hablado"».

¹²Después Ahías le dijo a la esposa de Jeroboam: «Regresa a tu casa y cuando entres en la ciudad, el niño morirá. ¹³Todo Israel llorará su muerte y lo enterrará. Él será el único miembro de tu familia que tendrá un entierro apropiado, porque este niño es lo único bueno que ve el Señor, Dios de Israel, en toda la familia de Jeroboam.

¹⁴»Además, el Señor levantará un rey sobre Israel que destruirá a la familia de Jeroboam. Esto sucederá hoy, ¡ahora mismo! ¹⁵Luego el Señor sacudirá a Israel como la corriente agita los juncos. Él desarraigará a los israelitas de esta buena tierra que les dio a sus antepasados y los esparcirá más allá del río Éufrates,* porque ellos han enfurecido al Señor con los postes que levantaron para rendir culto a la diosa Asera. ¹⁶Él abandonará a Israel, debido a que Jeroboam pecó e hizo que Israel pecara con él».

¹⁷Entonces la esposa de Jeroboam regresó a Tirsa, y el niño murió en el momento que ella atravesaba la puerta de su casa. ¹⁸Todo Israel lo enterró y lloró su muerte, tal como el Señor había prometido por medio del profeta Ahías.

¹⁹Los demás acontecimientos del reinado de Jeroboam, con todas sus guerras y la forma en que él gobernó, están registrados en *El libro de la historia de los reyes de Israel.* ²⁰Jeroboam reinó veintidós años en Israel. Cuando Jeroboam murió, su hijo Nadab lo sucedió en el trono.

Roboam gobierna en Judá

²¹Mientras tanto, Roboam, hijo de Salomón, reinaba en Judá. Tenía cuarenta y un años cuando subió al trono y reinó diecisiete años en Jerusalén, la ciudad que el Señor había elegido entre todas las tribus de Israel como el lugar para honrar su nombre. La madre de Roboam era una mujer amonita que se llamaba Naama.

²²Durante el reinado de Roboam, los habitantes de Judá hicieron lo malo a los ojos del Señor, y provocaron su enojo con los pecados que cometieron, pues eran aún peores que los pecados de sus antepasados. ²³También se construyeron santuarios paganos y levantaron columnas sagradas y postes dedicados a la diosa Asera en cada colina alta y debajo de todo árbol frondoso. ²⁴Hasta había prostitutos y prostitutas de los santuarios paganos por todo el territorio. La gente imitó las prácticas detestables de las naciones paganas que el Señor había expulsado de la tierra del paso de los israelitas.

²⁵En el quinto año del reinado de Roboam, el rey Sisac de Egipto subió y atacó Jerusalén

14:15 En hebreo *del río.*

26Saqueó los tesoros del templo del Señor y del palacio real; robó todo, incluso todos los escudos de oro que Salomón había hecho. 27Tiempo después, el rey Roboam los reemplazó con escudos de bronce y los confió al cuidado de los comandantes de la guardia, quienes protegían la entrada del palacio real. 28Cada vez que el rey iba al templo del Señor, los guardias llevaban los escudos y luego los devolvían al cuarto de guardia.

29Los demás acontecimientos del reinado de Roboam y todo lo que él hizo están registrados en *El libro de la historia de los reyes de Judá.* 30Hubo guerra constante entre Roboam y Jeroboam. 31Cuando Roboam murió, lo enterraron junto a sus antepasados en la Ciudad de David. Su madre fue una mujer amonita llamada Naama. Luego su hijo Abiam* lo sucedió en el trono.

Abiam gobierna en Judá

15 Abiam* comenzó a gobernar Judá en el año dieciocho del reinado de Jeroboam en Israel. 2Reinó en Jerusalén tres años. Su madre se llamaba Maaca; y era hija de Absalón.*

3Abiam cometió los mismos pecados que había cometido su padre antes de él, y no fue fiel al Señor su Dios como lo había sido su antepasado David; 4pero por amor a David, el Señor su Dios permitió que sus descendientes siguieran reinando, brillando como una lámpara, y le dio un hijo a Abiam para que reinara en Jerusalén después de él. 5Pues David había hecho lo que era agradable a los ojos del Señor y obedeció los mandatos del Señor durante toda su vida, menos en el asunto de Urías el hitita.

6Hubo guerra entre Abiam y Jeroboam* durante todo el reinado de Abiam. 7Los demás acontecimientos del reinado de Abiam y todo lo que él hizo están registrados en *El libro de la historia de los reyes de Judá.* Hubo guerra constante entre Abiam y Jeroboam. 8Cuando Abiam murió, lo enterraron en la Ciudad de David. Luego su hijo Asa lo sucedió en el trono.

Asa gobierna en Judá

9Asa comenzó a gobernar Judá en el año veinte del reinado de Jeroboam en Israel. 10Reinó en Judá cuarenta y un años. Su abuela* era Maaca, hija de Absalón.

11Asa hizo lo que era agradable a los ojos del Señor, igual que su antepasado David. 12Expulsó de la tierra a los prostitutos y prostitutas de los santuarios paganos, y se deshizo de todos los ídolos* que habían hecho sus antepasados. 13Hasta quitó a su abuela Maaca de su puesto de reina madre, porque ella había hecho un poste obsceno dedicado a la diosa Asera. Derribó el poste obsceno y lo quemó en el valle de Cedrón.

14Aunque no se quitaron los santuarios paganos, el corazón de Asa se mantuvo totalmente fiel al Señor durante toda su vida. 15Llevó al templo del Señor la plata, el oro y los diversos objetos que él y su padre habían dedicado.

16Hubo guerra constante entre Asa, rey de Judá, y Baasa, rey de Israel. 17El rey Baasa, de Israel, invadió Judá y fortificó Ramá, para que nadie pudiera entrar ni salir del territorio del rey Asa en Judá.

18En respuesta, Asa tomó toda la plata y todo el oro que quedaban en los tesoros del templo del Señor y del palacio real, y encargó a unos de sus funcionarios que los enviaran todo a Ben-adad, hijo de Tabrimón, hijo de Hezión, rey de Aram, que gobernaba en Damasco, junto con el siguiente mensaje:

19«Hagamos un tratado,* tú y yo, como hicieron tu padre y mi padre. Mira, te envío de regalo plata y oro. Rompe el tratado con el rey Baasa de Israel, para que me deje en paz».

20Ben-adad aceptó la propuesta del rey Asa y envió a los comandantes de su ejército a atacar las ciudades de Israel. Ellos conquistaron las ciudades de Ijón, Dan, Abel-bet-maaca, toda Cineret y toda la tierra de Neftalí. 21Apenas Baasa de Israel se enteró de lo que ocurría, abandonó el proyecto de fortificar Ramá y se retiró a Tirsa. 22Entonces el rey Asa mandó una orden por todo Judá mediante la cual exigía que toda persona, sin excepción, ayudara a transportar las piedras de construcción y la madera que Baasa estaba usando para fortificar Ramá. Asa empleó esos mismos materiales para fortificar la ciudad de Geba en Benjamín y la ciudad de Mizpa.

23Los demás acontecimientos del reinado de Asa —el alcance de su poder, todo lo que hizo y los nombres de las ciudades que construyó— están registrados en *El libro de la historia de los reyes de Judá.* En su vejez se enfermó de los pies. 24Cuando murió, lo enterraron con sus antepasados en la Ciudad de David.

Luego Josafat, hijo de Asa, lo sucedió en el trono.

Nadab gobierna en Israel

25Nadab, hijo de Jeroboam, comenzó a gobernar Israel en el segundo año del reinado de Asa, rey de Judá; y reinó en Israel dos años. 26Él hizo lo malo a los ojos del Señor y siguió el ejemplo de su padre; continuó con los pecados que Jeroboam hizo cometer a Israel.

27Tiempo después, Baasa, hijo de Ahías, de la tribu de Isacar, conspiró contra Nadab y lo asesinó mientras Nadab y el ejército de Israel sitiaban la ciudad filistea de Gibetón. 28Baasa mató a

---

14:31 Conocido también como *Abías.* **15:1** Conocido también como *Abías.* **15:2** En hebreo *Abisalom* (también en 15:10), una variante de *Absalón;* comparar 2 Cr 11:20. **15:6** Así aparece en algunos manuscritos hebreos y griegos; la mayoría de los manuscritos hebreos dicen *entre Roboam y Jeroboam.* **15:10** O *La reina madre;* en hebreo dice *Su madre* (también en 15:13); comparar con 15:2. **15:12** El término hebreo (literalmente *cosas redondas*) probablemente se refiere al estiércol. **15:19** Así aparece en la versión griega; en hebreo dice *Hay un tratado entre.*

Nadab en el tercer año del reinado de Asa, rey de Judá, y lo sucedió en el trono de Israel.

¹⁹En cuanto subió al poder, Baasa masacró a todos los descendientes del rey Jeroboam, para que nadie de la familia real quedara con vida, tal como el Señor había prometido acerca de Jeroboam por medio del profeta Ahías de Silo. ³⁰Así ocurrió porque Jeroboam había provocado el enojo del Señor, Dios de Israel, con los pecados que había cometido y los que hizo cometer a Israel.

³¹Los demás acontecimientos del reinado de Nadab y todo lo que él hizo están registrados en *El libro de la historia de los reyes de Israel.*

Baasa gobierna en Israel

³²Hubo guerra constante entre el rey Asa de Judá y el rey Baasa de Israel. ³³Baasa, hijo de Ahías, comenzó a gobernar todo Israel en el tercer año del reinado de Asa, rey de Judá; y Baasa reinó en Tirsa veinticuatro años. ³⁴Él hizo lo malo a los ojos del Señor y siguió el ejemplo de Jeroboam; continuó con los pecados que Jeroboam hizo cometer a Israel.

16 El Señor le dio el siguiente mensaje al rey Baasa mediante el profeta Jehú, hijo de Hanani: ²«Yo te levanté del polvo para hacerte gobernar a mi pueblo Israel, pero te seguiste el mal ejemplo de Jeroboam. Has provocado mi enojo al hacer pecar a mi pueblo Israel. ³Así que ahora yo te destruiré a ti y a tu familia, tal como destruí a los descendientes de Jeroboam, hijo de Nabat. ⁴A los miembros de la familia de Baasa que mueran en la ciudad se los comerán los perros, y a los que mueran en el campo se los comerán los buitres».

⁵Los demás acontecimientos del reinado de Baasa y el alcance de su poder están registrados en *El libro de la historia de los reyes de Israel.* ⁶Cuando Baasa murió, lo enterraron en Tirsa. Luego su hijo Ela lo sucedió en el trono.

⁷El mensaje del Señor contra Baasa y su familia, por el profeta Jehú, hijo de Hanani, se dio porque Baasa había hecho lo malo a los ojos del Señor (igual que la familia de Jeroboam), y también porque Baasa había destruido a la familia de Jeroboam. Los pecados de Baasa provocaron el enojo del Señor.

Ela gobierna en Israel

⁸Ela, hijo de Baasa, comenzó a gobernar Israel en el año veintiséis del reinado de Asa, rey de Judá; y reinó en la ciudad de Tirsa dos años.

⁹Zimri, que era el comandante de la mitad de los carros de guerra del rey, tramó un plan para matarlo. Cierto día en Tirsa, Ela se emborrachaba en la casa de Arsa, el supervisor del palacio; ¹⁰y entró Zimri, lo hirió y lo mató. Este hecho sucedió durante el año veintisiete del reinado de Asa, rey de Judá. Luego, Zimri lo sucedió en el trono.

¹¹En cuanto subió al poder, Zimri mató a toda la familia real de Baasa; no dejó con vida ni siquiera a un solo hijo varón. Incluso mató a sus parientes lejanos y sus amigos. ¹²De esa forma, Zimri eliminó la dinastía de Baasa, tal como había prometido el Señor por medio del profeta Jehú. ¹³Esto sucedió debido a los pecados que Baasa y su hijo Ela habían cometido y también por sus pecados que hicieron cometer a Israel. Con sus ídolos inútiles, provocaron el enojo del Señor, Dios de Israel.

¹⁴Los demás acontecimientos del reinado de Ela y todo lo que él hizo están registrados en *El libro de la historia de los reyes de Israel.*

Zimri gobierna en Israel

¹⁵Zimri comenzó a gobernar Israel en el año veintisiete del reinado de Asa, rey de Judá, pero su reinado en Tirsa duró solamente siete días. En ese entonces, el ejército de Israel atacaba la ciudad filistea de Gibetón. ¹⁶Cuando los soldados se enteraron de que Zimri había traicionado y asesinado al rey, ese mismo día escogieron a Omri, el comandante del ejército, para que fuera el nuevo rey de Israel. ¹⁷Entonces Omri llevó a todo el ejército de Israel desde Gibetón a Tirsa, la capital de Israel, para atacarla. ¹⁸Cuando Zimri vio que la ciudad había sido tomada, entró en la ciudadela del palacio, estando él adentro le prendió fuego y murió entre las llamas. ¹⁹Pues él también había hecho lo malo a los ojos del Señor. Zimri siguió el ejemplo de Jeroboam en cuanto a todos los pecados que Jeroboam había cometido y que hizo cometer a Israel.

²⁰Los demás acontecimientos del reinado de Zimri y su acto de conspiración están registrados en *El libro de la historia de los reyes de Israel.*

Omri gobierna en Israel

²¹Resulta que los habitantes de Israel se dividieron en dos facciones. La mitad de la gente intentaba proclamar rey a Tibni, hijo de Ginat, mientras que la otra mitad apoyaba a Omri; ²²pero los partidarios de Omri vencieron a los partidarios de Tibni. Entonces Tibni fue asesinado y Omri lo sucedió en el trono.

²³Omri comenzó a gobernar Israel en el año treinta y uno del reinado de Asa, rey de Judá. Reinó doce años en total, seis de ellos en Tirsa. ²⁴Después Omri compró, por sesenta y ocho kilos de plata,* la colina que ahora es conocida como Samaria a su dueño Semer. Construyó una ciudad sobre su colina y la llamó Samaria, en honor a Semer.

²⁵Sin embargo, Omri hizo lo malo a los ojos del Señor, peor aún que todos los reyes anteriores. ²⁶Siguió el ejemplo de Jeroboam, hijo de Nabat, en cuanto a todos los pecados que Jeroboam había cometido y que hizo cometer a

16:24 En hebreo por *2 talentos* (150 libras) *de plata.*

Israel. Con sus ídolos inútiles, el pueblo provocó el enojo del Señor, Dios de Israel.

²⁷Los demás acontecimientos del reinado de Omri, el alcance de su poder y todo lo que él hizo están registrados en *El libro de la historia de los reyes de Israel.* ²⁸Cuando Omri murió, lo enterraron en Samaria. Luego su hijo Acab lo sucedió en el trono de Israel.

Acab gobierna en Israel

²⁹Acab, hijo de Omri, comenzó a gobernar Israel en el año treinta y ocho del reinado de Asa, rey de Judá; y reinó en Samaria veintidós años. ³⁰Sin embargo, Acab, hijo de Omri, hizo lo malo a los ojos del Señor, peor aún que todos los reyes anteriores. ³¹Y como si fuera poco haber seguido el ejemplo de Jeroboam, se casó con Jezabel, hija del rey Et-baal, de los sidonios, y comenzó a inclinarse y a rendir culto a Baal. ³²Primero construyó un templo y un altar para Baal en Samaria. ³³Luego levantó un poste dedicado a la diosa Asera. Acab hizo más para provocar el enojo del Señor, Dios de Israel, que cualquier otro de los reyes anteriores de Israel.

³⁴Fue durante su reinado que Hiel, un hombre de Betel, reconstruyó Jericó. Poner los cimientos le costó la vida a su hijo mayor, Abiram; terminar la obra y colocar las puertas le costó la vida a su hijo menor, Segub.* Todo esto sucedió de acuerdo con el mensaje de parte del Señor acerca de Jericó transmitido por Josué, hijo de Nun.

Elías, alimentado por cuervos

17 Ahora bien, Elías, quien era de Tisbé en Galaad, le dijo al rey Acab: «Tan cierto como que el Señor vive, el Dios de Israel —a quien sirvo—, no habrá rocío ni lluvia durante los próximos años, ¡hasta yo dé la orden!».

²Después el Señor le dijo a Elías: ³«Vete al oriente y escóndete junto al arroyo de Querit, cerca de su desembocadura en el río Jordán. ⁴Bebe del arroyo y come lo que te den los cuervos, porque yo les he ordenado que te lleven comida».

⁵Entonces Elías hizo lo que el Señor le dijo y acampó junto al arroyo de Querit, al oriente del Jordán. ⁶Los cuervos le llevaban pan y carne por la mañana y por la noche, y él bebía del arroyo. ⁷Sin embargo, poco después, el arroyo se secó porque no había llovido en ninguna parte del reino.

La viuda de Sarepta

⁸Luego Elías dijo a Elías: ⁹«Vete a vivir a la aldea de Sarepta, que está cerca de la ciudad de Sidón. Yo le he ordenado a una viuda de allí que te alimente».

¹⁰Elías se dirigió a Sarepta y, cuando llegó a las puertas del pueblo, vio a una viuda juntando leña y le dijo:

—Por favor, ¿podrías traerme un poco de agua en una taza?

¹¹Mientras ella iba a buscarle el agua, la llamó y dijo:

—También tráeme un bocado de pan.

¹²Pero ella respondió:

—Le juro por el Señor su Dios que no tengo ni un pedazo de pan en la casa. Solo me queda un puñado de harina en el frasco y un poquito de aceite en el fondo del jarro. Estaba juntando algo de leña para preparar una última comida, después mi hijo y yo moriremos.

¹³Entonces Elías le dijo:

—¡No tengas miedo! Sigue adelante y haz exactamente lo que acabas de decir, pero primero cocina un poco de pan para mí. Luego, con lo que te sobre, prepara la comida para ti y tu hijo. ¹⁴Pues el Señor, Dios de Israel dice: "Siempre habrá harina y aceite de oliva en tus recipientes, ¡hasta que el Señor mande lluvia y vuelvan a crecer los cultivos!".

¹⁵Así que ella hizo lo que Elías le dijo y ella, su familia y Elías comieron durante muchos días. ¹⁶Siempre había suficiente harina y aceite de oliva en los recipientes, tal como el Señor lo había prometido por medio de Elías.

¹⁷Tiempo después, el hijo de la mujer se enfermó. Cada día empeoraba y finalmente murió. ¹⁸Entonces ella le dijo a Elías:

—¡Ay, hombre de Dios! ¿Qué me ha hecho usted? ¿Ha venido aquí para señalarme mis pecados y matar a mi hijo?

¹⁹Pero Elías contestó:

—Dame a tu hijo.

Entonces tomó el cuerpo del niño de los brazos de la madre, lo cargó por las escaleras hasta la habitación donde él estaba alojado y lo puso sobre la cama. ²⁰Después Elías clamó al Señor: «Oh Señor mi Dios, ¿por qué le has traído desgracia a esta viuda que me abrió su casa, al provocar la muerte de su hijo?».

²¹Entonces Elías se tendió sobre el niño tres veces y clamó al Señor: «¡Oh Señor mi Dios, te ruego que le devuelvas la vida a este niño!». ²²El Señor oyó la oración de Elías, ¡y la vida volvió al niño, y revivió! ²³Entonces Elías bajó al niño de la habitación en el piso de arriba y se lo entregó a su madre.

—¡Mira —le dijo—, tu hijo vive!

²⁴Entonces la mujer le dijo a Elías:

—Ahora estoy convencida de que usted es un hombre de Dios y que de verdad el Señor habla por medio de usted.

Enfrentamiento en el monte Carmelo

18 Más tarde, durante el tercer año de la sequía, el Señor dijo a Elías: «Preséntate ante el rey Acab y dile que ¡pronto enviaré lluvia!». Entonces Elías fue a ver al rey Acab.

Mientras tanto, el hambre se hizo muy intensa

16:34 Una antigua tradición de los escribas hebreos dice *Mató a su hijo mayor cuando puso los cimientos y mató a su hijo menor cuando colocó sus puertas.*

en Samaria. ³Por eso Acab mandó llamar a Abdías, quien estaba a cargo del palacio. (Abdías era un fiel seguidor del SEÑOR. ⁴Cierta vez, cuando Jezabel intentaba matar a todos los profetas del SEÑOR, Abdías escondió a cien de ellos en dos cuevas; metió a cincuenta profetas en cada cueva y les dio comida y agua). ⁵Acab le dijo a Abdías: «Tenemos que revisar todos los manantiales y los valles del reino, y ver si podemos encontrar pasto suficiente para salvar por lo menos algunos de mis caballos y de mis mulas». ⁶Entonces se repartieron el territorio; Acab se fue solo por un lado, y Abdías se fue solo por otro camino.

⁷Mientras Abdías iba caminando, de pronto vio que Elías se le acercaba. Abdías lo reconoció enseguida y se postró hasta el suelo ante él.

—¿De verdad eres tú, mi señor Elías? —preguntó.

⁸—Sí, soy yo —contestó Elías—. Ahora ve y dile a tu amo: "Elías está aquí".

⁹—¡Ay, señor! —protestó Abdías—, ¿qué daño te he hecho para que me mandes a morir a manos de Acab? ¹⁰Te juro por el SEÑOR tu Dios que el rey te ha buscado en cada nación y reino de la tierra, con tal extremo hasta el otro lo procuró encontrarte. Cada vez que alguien se lo afirmaba: "Elías no está aquí", el rey Acab obligaba al rey de esa nación a jurar que había dicho la verdad. ¹¹Y ahora tú me dices: "Ve y dile a tu amo: 'Elías está aquí'". ¹²Apenas yo te deje, el Espíritu del SEÑOR te llevará a quién sabe dónde y cuando Acab llegue aquí y no te encuentre, me matará. Te recuerdo que toda mi vida he sido un fiel siervo del SEÑOR. ¹³¿No te han contado, señor mío, de cuando Jezabel intentaba matar a los profetas del SEÑOR? Yo escondí a cien de ellos en dos cuevas y les di comida y agua. ¹⁴Y ahora tú me dices: "Ve y dile a tu amo: 'Elías está aquí'". Si yo hago esto, señor, sin duda Acab me matará.

¹⁵Pero Elías dijo:

—Te juro por el SEÑOR Todopoderoso, en cuya presencia estoy, que hoy mismo me presentaré ante Acab.

¹⁶Entonces Abdías fue a decirle a Acab que había aparecido Elías, así que Acab fue a encontrarse con él. ¹⁷Cuando Acab vio a Elías, exclamó:

—¿Así que realmente eres tú, el alborotador de Israel?

¹⁸—Yo no le he causado ningún problema a Israel —respondió Elías—. Tú y tu familia son los alborotadores, porque se negaron a obedecer los mandatos del SEÑOR y, en cambio, han rendido culto a las imágenes de Baal. ¹⁹Ahora, convoca a todo Israel para que se reúna conmigo en el monte Carmelo, junto con los cuatrocientos cincuenta profetas de Baal y los cuatrocientos profetas de Asera, a quienes Jezabel mantiene.*

²⁰Entonces Elías convocó a todos los israelitas

y a los profetas al monte Carmelo. ²¹Elías se paró frente a ellos y dijo: «¿Hasta cuándo seguirán indecisos, titubeando entre dos opiniones? Si el SEÑOR es Dios, ¡síganlo! Pero si Baal es el verdadero Dios, ¡entonces síganlo a él!». Sin embargo, la gente se mantenía en absoluto silencio.

²²Entonces Elías les dijo: «Yo soy el único profeta del SEÑOR que queda, pero Baal tiene cuatrocientos cincuenta profetas. ²³Ahora traigan dos toros. Los profetas de Baal pueden escoger el toro que quieran; que luego lo corten en pedazos y lo pongan sobre la leña de su altar, pero sin prenderle fuego. Yo prepararé el otro toro y lo pondré sobre la leña del altar, y tampoco le prenderé fuego. ²⁴Después, invoquen ustedes el nombre de su dios, y yo invocaré el nombre del SEÑOR. El dios que responda enviando fuego sobre la madera, ¡ese es el Dios verdadero!», y toda la gente estuvo de acuerdo.

²⁵Así que Elías dijo a los profetas de Baal: «Empiecen ustedes, porque son muchos. Escojan uno de los toros, prepárenlo e invoquen el nombre de su dios, pero no le prendan fuego a la leña».

²⁶Entonces ellos prepararon uno de los toros y lo pusieron sobre el altar. Después invocaron el nombre de Baal desde la mañana hasta el mediodía, gritando: «¡Oh Baal, respóndenos!»; pero no hubo respuesta alguna. Entonces se pusieron a bailar, cojeando alrededor del altar que habían hecho.

²⁷Cerca del mediodía, Elías comenzó a burlarse de ellos. «Tendrán que gritar más fuerte —se mofaba—, ¡sin duda que es un dios! ¡Tal vez esté soñando despierto o quizá esté haciendo sus necesidades!* ¡Seguramente salió de viaje o se quedó dormido y necesita que alguien lo despierte!».

²⁸Así que ellos gritaron más fuerte y, como acostumbraban hacer, se cortaron con cuchillos y espadas hasta quedar bañados en sangre. ²⁹Gritaron disparates toda la tarde hasta la hora del sacrificio vespertino, pero aún no había respuesta, ni siquiera se oía un solo sonido.

³⁰Entonces Elías llamó a la gente: «¡Vengan acá!». Así que todos se juntaron a su alrededor, mientras él reparaba el altar del SEÑOR que estaba derrumbado. ³¹Tomó doce piedras, una para representar a cada tribu de Israel* ³²y usó las piedras para reconstruir el altar en el nombre del SEÑOR. Luego cavó una zanja alrededor del altar con capacidad suficiente para dos litros de agua.* ³³Apiló la leña sobre el altar, cortó el toro en pedazos y puso los pedazos sobre la madera.

Luego dijo: «Llenen cuatro jarras grandes con agua y echen el agua sobre la ofrenda y la leña».

³⁴Una vez que lo hicieron, les dijo: «¡Háganlo de nuevo!». Cuando terminaron, les dijo: «¡Háganlo

18:19 En hebreo *los cuales comen en la mesa de Jezabel.* 18:27 O *esté ocupado en algún otro lugar, o esté haciendo negocios.* 18:31 En hebreo *cada una de las tribus de los hijos de Jacob, a quien el SEÑOR había dicho: "Tu nombre será Israel".* 18:32 En hebreo *2 seahs* [3 galones] *de semilla.*

por tercera vez!». Así que hicieron lo que les dijo, [35]y el agua corría alrededor del altar, tanto que hasta colmó la zanja.

[36]A la hora que suele hacerse el sacrificio vespertino, el profeta Elías caminó hacia el altar y oró: «Oh SEÑOR, Dios de Abraham, de Isaac y de Jacob,* demuestra hoy que tú eres Dios en Israel y que yo soy tu siervo; demuestra que yo he hecho todo esto por orden tuya. [37]¡Oh SEÑOR, respóndeme! Respóndeme para que este pueblo sepa que tú, oh SEÑOR, eres Dios y que tú los has hecho volver a ti».

[38]Al instante, el fuego del SEÑOR cayó desde el cielo y consumió el toro, la leña, las piedras y el polvo. ¡Hasta lamió toda el agua de la zanja! [39]Cuando la gente vio esto, todos cayeron rostro en tierra y exclamaron: «¡El SEÑOR, él es Dios! ¡Sí, el SEÑOR es Dios!».

[40]Entonces Elías ordenó: «Atrapen a todos los profetas de Baal. ¡No dejen que escape ninguno!».

Entonces los agarraron a todos, y Elías los llevó al valle de Cisón y allí los mató.

Elías ora por lluvia

[41]Luego Elías dijo a Acab: «Vete a comer y a beber algo, porque oigo el rugido de una tormenta de lluvia que se acerca».

[42]Entonces Acab fue a comer y a beber. Elías, en cambio, subió a la cumbre del monte Carmelo, se inclinó hasta el suelo y oró con la cara entre las rodillas.

[43]Luego le dijo a su sirviente:
—Ve y mira hacia el mar.

Su sirviente fue a mirar, y regresó donde estaba Elías y le dijo:
—No vi nada.

Siete veces dijo Elías que fuera a ver. [44]Finalmente, la séptima vez, su sirviente le dijo:
—Vi una pequeña nube, como del tamaño de la mano de un hombre, que sale del mar.

Entonces Elías le gritó:
—Corre y dile a Acab: "Sube a tu carro y regresa a tu casa. ¡Si no te apuras, la lluvia te detendrá!".

[45]Poco después el cielo se oscureció de nubes. Se levantó un fuerte viento que desató un gran aguacero, y Acab partió enseguida hacia Jezreel. [46]Entonces el SEÑOR le dio una fuerza extraordinaria a Elías, quien se sujetó el manto con el cinturón* y corrió delante del carro de Acab todo el camino, hasta la entrada de Jezreel.

Elías huye a Sinaí

19 Cuando Acab llegó a su casa, le contó a Jezabel todo lo que Elías había hecho, incluso la manera en que había matado a todos los profetas de Baal. [2]Entonces Jezabel le mandó este mensaje a Elías: «Que los dioses me hieran e

incluso me maten si mañana a esta hora yo no te he matado, así como tú los mataste a ellos».

[3]Elías tuvo miedo y huyó para salvar su vida. Se fue a Beerseba, una ciudad de Judá, y dejó allí a su sirviente. [4]Luego siguió solo todo el día hasta llegar al desierto. Se sentó bajo un solitario árbol de retama y pidió morirse: «Basta ya, SEÑOR; quítame la vida, porque no soy mejor que mis antepasados que ya murieron».

[5]Entonces se acostó y durmió debajo del árbol. Mientras dormía, un ángel lo tocó y le dijo: «¡Levántate y come!» [6]Elías miró a su alrededor, y cerca de su cabeza había un poco de pan horneado sobre piedras calientes y un jarro de agua. Así que comió y bebió, y volvió a acostarse.

[7]Entonces el ángel del SEÑOR regresó, lo tocó y le dijo: «Levántate y come un poco más, de lo contrario, el viaje que tienes por delante será demasiado para ti».

[8]Entonces se levantó, comió y bebió, y la comida le dio fuerza suficiente para viajar durante cuarenta días y cuarenta noches hasta llegar al monte Sinaí,* la montaña de Dios. [9]Allí llegó a una cueva, donde pasó la noche.

El SEÑOR le habla a Elías

Entonces el SEÑOR le dijo a Elías:
—¿Qué haces aquí, Elías?

[10]—He servido con gran celo al SEÑOR Dios Todopoderoso —respondió Elías—; pero el pueblo de Israel ha roto su pacto contigo, derribó tus altares y mató a cada uno de tus profetas. Yo soy el único que queda con vida, y ahora me buscan para matarme a mí también.

[11]El SEÑOR le dijo:
—Sal y ponte de pie delante de mí, en la montaña.

Mientras Elías estaba de pie allí, el SEÑOR pasó, y un viento fuerte y tempestuoso azotó la montaña. La ráfaga fue tan tremenda que las rocas se aflojaron, pero el SEÑOR no estaba en el viento. Después del viento hubo un terremoto, pero el SEÑOR no estaba en el terremoto. [12]Pasado el terremoto hubo un incendio, pero el SEÑOR no estaba en el incendio. Y después del incendio hubo un suave susurro. [13]Cuando Elías lo oyó, se cubrió la cara con su manto, salió y se paró a la entrada de la cueva.

Entonces una voz le dijo:
—¿Qué haces aquí, Elías?

[14]Él volvió a responder:
—He servido con gran celo al SEÑOR Dios Todopoderoso; pero el pueblo de Israel ha roto su pacto contigo, derribó tus altares y mató a cada uno de tus profetas. Yo soy el único que queda con vida, y ahora me buscan para matarme a mí también.

[15]Entonces el SEÑOR le dijo:
—Regresa por el mismo camino que viniste

18:36 En hebreo *Israel*. Los nombres «Jacob» e «Israel» a menudo son intercambiables en el Antiguo Testamento. Algunas veces hacen referencia al patriarca como individuo y otras veces a la nación.   **18:46** En hebreo *se ciñó sus lomos*.   **19:8** En hebreo *a Horeb*, otro nombre para Sinaí.

y sigue hasta el desierto de Damasco. Cuando llegues allí, unge a Hazael para que sea rey de Aram. ¹⁶Después unge a Jehú, nieto de Nimsi,* para que sea rey de Israel; y unge a Eliseo, hijo de Safat, de la tierra de Abel-mehola, para que tome tu lugar como mi profeta. ¹⁷¡A cualquiera que escape de Hazael, Jehú lo matará; y a los que escapen de Jehú, Eliseo los matará! ¹⁸Sin embargo, preservaré a otros siete mil en Israel, ¡quienes nunca se han inclinado ante Baal ni lo han besado!

Llamado de Eliseo

¹⁹Entonces Elías fue y encontró a Eliseo, hijo de Safat, arando un campo. Había doce pares de bueyes en el campo, y Eliseo araba con el último par. Elías se acercó a él, le echó su manto sobre los hombros y siguió caminando. ²⁰Eliseo dejó los bueyes donde estaban, salió corriendo detrás de Elías y le dijo:

—Deje que primero me despida de mis padres con un beso y luego iré con usted.

Elías respondió:

Regresa, pero piensa en lo que te hice.

²¹Entonces Eliseo regresó a donde estaban sus bueyes y los mató. Con la madera del arado hizo una fogata para asar la carne. Repartió la carne asada entre la gente del pueblo, y todos comieron. Después se fue con Elías como su ayudante.

Ben-adad ataca a Samaria

20 Por ese tiempo, Ben-adad, rey de Aram, movilizó a su ejército con el apoyo de treinta y dos reyes aliados, sus carros de guerra y sus caballos. Sitiaron a Samaria, la capital de Israel, y lanzaron ataques contra la ciudad. ²Ben-adad envió mensajeros a la ciudad para que transmitieran el siguiente mensaje al rey Acab de Israel: «Ben-adad dice: ³"¡Tu plata y tu oro son míos, igual que tus esposas y tus mejores hijos!"».

⁴«Está bien, mi señor el rey —respondió el rey de Israel—. ¡Todo lo que tengo es tuyo!».

⁵Pronto los mensajeros de Ben-adad regresaron y dijeron: «Ben-adad dice: "Ya te he exigido que me des tu plata, tu oro, tus esposas y tus hijos; ⁶pero mañana a esta hora, enviaré a mis funcionarios a registrar tu palacio y las casas de tus funcionarios. ¡Se llevarán todo lo que más valoras!"».

⁷Entonces Acab mandó llamar a todos los ancianos del reino y les dijo:

—¡Miren cómo este hombre está causando problemas! Ya exigía mi plata y mi oro, mis esposas, mis hijos, mi plata y mi oro.

⁸—No cedas ante ninguna otra de sus exigencias —le aconsejaron todos los ancianos y el pueblo.

⁹Así que Acab dijo a los mensajeros de Ben-adad: «Díganle esto a mi señor el rey: "Te daré todo lo que pediste la primera vez, pero no puedo aceptar tu última exigencia"». Entonces los mensajeros le llevaron la respuesta a Ben-adad.

¹⁰Con eso Ben-adad le envió otro mensaje a Acab, que decía: «Que los dioses me hieran e incluso me maten si de Samaria queda polvo suficiente para darle un puñado a cada uno de mis soldados».

¹¹El rey de Israel le envió esta respuesta: «Un guerrero que está preparándose con su espada para salir a pelear no debería presumir como un guerrero que ya ganó».

¹²Ben-adad y los otros reyes recibieron la respuesta de Acab mientras bebían en sus carpas.* «¡Prepárense para atacar!», ordenó Ben-adad a sus oficiales. Entonces se prepararon para atacar la ciudad.

Acab derrota a Ben-adad

¹³Entonces un profeta fue a ver a Acab, rey de Israel, y le dijo:

—Esto dice el SEÑOR: "¿Ves todas esas fuerzas enemigas? Hoy las entregaré en tus manos. Así sabrás que yo soy el SEÑOR".

¹⁴—¿Cómo lo hará? —preguntó Acab.

El profeta contestó:

—Esto dice el SEÑOR: "Lo harán las tropas de los comandantes provinciales".

—¿Debemos atacar nosotros primero? —preguntó Acab.

—Sí —contestó el profeta.

¹⁵Entonces Acab reunió a las tropas de los doscientos treinta y dos comandantes de las provincias. Luego llamó al resto del ejército de Israel, unos siete mil hombres. ¹⁶Cerca del mediodía, mientras Ben-adad y los treinta y dos reyes aliados aún estaban en sus carpas bebiendo hasta emborracharse, ¹⁷el primer contingente, formado por las tropas de los comandantes provinciales, avanzó desde la ciudad.

Mientras se acercaban, la patrulla de avanzada que había mandado Ben-adad le informó:

—Unas tropas avanzan desde Samaria.

¹⁸—Tráiganlos vivos —ordenó Ben-adad—, ya sea que vengan en son de paz o de guerra.

¹⁹Ahora bien, los comandantes de las provincias de Acab junto con todo el ejército habían salido a pelear. ²⁰Cada soldado israelita mató a su oponente arameo, y de pronto todo el ejército arameo sintió pánico y huyó. Los israelitas persiguieron a los arameos, pero el rey Ben-adad y algunos de sus conductores de carros escaparon a caballo. ²¹Sin embargo, el rey de Israel destruyó al resto de los caballos y carros de guerra y masacró a los arameos.

²²Después el profeta le dijo al rey Acab: «Prepárate para otro ataque; empieza a planificar desde ahora, porque el rey de Aram regresará la próxima primavera».*

19:16 En hebreo *descendiente de Nimsi*; comparar 2 Re 9:2, 14.   **20:12** O *en Sucot*; también en 20:16.   **20:22** En hebreo *al inicio del año entrante*; similar en 20:26. En el antiguo calendario lunar hebreo, el primer día del año caía en marzo o en abril.

Segundo ataque de Ben-adad

²³Después de la derrota, los oficiales de Ben-adad le dijeron: «Los dioses de los israelitas son dioses de las montañas, por eso ganaron; pero podemos vencerlos fácilmente en las llanuras. ²⁴¡Solo esta vez reemplaza a los reyes con generales! ²⁵Recluta otro ejército como el que perdiste. Consíguenos la misma cantidad de caballos, carros de guerra y hombres, y nosotros pelearemos contra los israelitas en las llanuras. Sin duda los venceremos». Así que el rey Ben-adad hizo lo que ellos le sugirieron.

²⁶La primavera siguiente, llamó al ejército arameo y avanzó contra Israel, pero esta vez en Afec. ²⁷Entonces Israel reunió a su ejército, montó líneas de abastecimiento y salió a pelear. Pero el ejército de Israel parecía dos pequeños rebaños de cabras en comparación con el inmenso ejército arameo, ¡que llenaba la campiña!

²⁸Entonces el hombre de Dios fue a ver al rey de Israel y le dijo: «Esto dice el SEÑOR: "Los arameos han dicho: 'El SEÑOR es un dios de las montañas y no de las llanuras'. Así que derrotaré a este gran ejército por ti. Entonces sabrás que yo soy el SEÑOR"».

²⁹Los dos ejércitos acamparon, uno frente al otro, durante siete días. Al séptimo día comenzó la batalla. En un solo día los israelitas mataron a cien mil soldados arameos de infantería. ³⁰El resto huyó a la ciudad de Afec, pero la muralla les cayó encima y mató a otros veintisiete mil de ellos. Ben-adad huyó a la ciudad y se escondió en un cuarto secreto.

³¹Los oficiales de Ben-adad le dijeron: «Hemos oído, señor, que los reyes de Israel son compasivos. Entonces pongámonos tela áspera alrededor de la cintura y sogas en la cabeza en señal de humillación, y rindámonos ante el rey de Israel. Tal vez así le perdone la vida».

³²Entonces se pusieron tela áspera y sogas, y fueron a ver al rey de Israel, a quien le suplicaron:

—Su siervo Ben-adad dice: "Le ruego que le perdone la vida".

El rey de Israel respondió:

—¿Todavía vive? ¡Él es mi hermano!

³³Los hombres tomaron la respuesta como una buena señal, y aprovechando esas palabras, enseguida le respondieron:

—¡Sí, su hermano Ben-adad!

—¡Vayan a traerlo! —les dijo el rey de Israel.

Cuando Ben-adad llegó, Acab lo invitó a subir a su carro de guerra.

³⁴Ben-adad le dijo:

—Te devolveré las ciudades que mi padre le quitó a tu padre, y puedes establecer lugares de comercio en Damasco, como hizo mi padre en Samaria.

Entonces Acab le dijo:

—Te dejaré en libertad con estas condiciones.

Así que hicieron un nuevo tratado y Ben-adad quedó en libertad.

Un profeta condena a Acab

³⁵Mientras tanto, el SEÑOR le ordenó a un miembro del grupo de profetas que le dijera a otro: «¡Golpéame!»; pero el hombre se negó a golpearlo. ³⁶Entonces el profeta le dijo: «Como no obedeciste la voz del SEÑOR, un león te matará apenas te separes de mí». Cuando el hombre se fue, sucedió que un león lo atacó y lo mató.

³⁷Luego el profeta se dirigió a otro hombre y le dijo: «¡Golpéame!». Así que el hombre lo golpeó y lo hirió.

³⁸El profeta se puso una venda en los ojos para que no lo reconocieran y se quedó junto al camino, esperando al rey. ³⁹Cuando el rey pasó, el profeta lo llamó:

—Señor, yo estaba en lo más reñido de la batalla, cuando de pronto un hombre me trajo un prisionero y me dijo: "Vigila a este hombre; si por alguna razón se te escapa, ¡pagarás con tu vida o con una multa de treinta y cuatro kilos* de plata!"; ⁴⁰pero mientras yo estaba ocupado en otras cosas, ¡el prisionero desapareció!

—Bueno, fue tu culpa —respondió el rey—. Tú mismo has firmado tu propia sentencia.

⁴¹Enseguida el profeta se quitó la venda de los ojos, y el rey lo reconoció como uno de los profetas. ⁴²El profeta le dijo:

—Esto dice el SEÑOR: "Por haberle perdonado la vida al hombre que yo dije que había que destruir* ahora tú morirás en su lugar, y tu pueblo morirá en lugar de su pueblo".

⁴³Entonces el rey de Israel volvió a su casa en Samaria, enojado y de mal humor.

El viñedo de Nabot

21 Había un hombre llamado Nabot, de Jezreel, que era dueño de un viñedo ubicado en Jezreel al lado del palacio de Acab, rey de Samaria. ²Cierto día Acab le dijo a Nabot:

—Ya que tu viñedo está tan cerca de mi palacio, me gustaría comprarlo para usarlo como huerta. A cambio te daré un viñedo mejor, o bien, si prefieres, te pagaré con dinero.

³Pero Nabot respondió:

—El SEÑOR me libre de entregar la herencia que me dejaron mis antepasados.

⁴Entonces Acab regresó a su casa enojado y de mal humor por la respuesta de Nabot, y se acostó de cara a la pared y no quiso comer.

⁵—¿Qué te pasa? —le preguntó su esposa Jezabel—. ¿Por qué estás tan disgustado que no quieres comer nada?

⁶—Le pedí a Nabot que me vendiera su viñedo, incluso le ofrecí canjeárselo por otro mejor, ¡pero no quiso! —le contestó Acab.

⁷—¿Acaso no eres tú el rey de Israel? —preguntó Jezabel—. Levántate y come algo, no te

---

20:39 En hebreo *un talento* [75 libras]. **20:42** El término hebreo empleado aquí se refiere a la consagración total de cosas o personas al SEÑOR, ya sea destruyéndolas o entregándolas como ofrenda.

preocupes por eso. ¡Yo te conseguiré el viñedo de Nabot!

8Entonces ella escribió cartas en nombre de Acab, las selló con el sello del rey y las envió a los ancianos y a los demás líderes de la ciudad donde vivía Nabot. 9En esas cartas daba la siguiente orden: «Convoquen a todos los ciudadanos a que se reúnan para hacer ayuno y oración y denle a Nabot un lugar de honor. 10Luego, sienten a dos sinvergüenzas frente a él que lo acusen de maldecir a Dios y al rey. Después sáquenlo y mátenlo a pedradas».

11Así que los ancianos y los demás líderes de la ciudad siguieron las instrucciones que Jezabel había escrito en las cartas. 12Proclamaron ayuno y pusieron a Nabot en un lugar prominente ante la gente. 13Luego llegaron los dos sinvergüenzas y se sentaron frente a él. Entonces acusaron a Nabot ante todos los presentes diciendo: «Este hombre maldijo a Dios y al rey». Entonces arrastraron a Nabot hasta sacarlo de la ciudad y lo mataron a pedradas. 14Después los líderes de la ciudad mandaron a decirle a Jezabel: «Nabot fue apedreado hasta morir».

15En cuanto Jezabel oyó la noticia, le dijo a Acab: «¿Recuerdas el viñedo que Nabot no quería venderte? Bueno, pues, ¡ahora es tuyo! ¡Nabot está muerto!». 16Entonces Acab bajó de inmediato al viñedo de Nabot para tomarlo en posesión.

17Pero el Señor dijo a Elías:* 18«Ve a encontrarte con el rey Acab de Israel, que gobierna en Samaria. Estará en Jezreel, en el viñedo de Nabot, adueñándose de él. 19Dale el siguiente mensaje: "Esto dice el Señor: ¿No te bastó con matar a Nabot? ¿También tienes que robarle? Por lo que has hecho, ¡los perros lamerán tu sangre en el mismo lugar donde lamieron la sangre de Nabot!"».

20—Así que, enemigo mío, ¡me has encontrado! —le dijo Acab a Elías.

—Sí —contestó Elías—, te encontré porque te has vendido para hacer lo malo a los ojos del Señor. 21Por eso ahora el Señor dice: "Traeré calamidad sobre ti y te consumiré. ¡Destruiré a cada uno de tus descendientes varones, tanto esclavos como libres, en todo Israel! 22Voy a destruir a tu familia como lo hice con la familia de Jeroboam, hijo de Nabat, y con la familia de Baasa, hijo de Ahías, porque me hiciste enojar mucho y hiciste pecar a Israel".

23»En cuanto a Jezabel, el Señor dice: "Los perros se comerán el cuerpo de Jezabel en la parcela de Jezreel".*

24»A los miembros de la familia de Acab que mueran en la ciudad, se los comerán los perros, y a los que mueran en el campo se los comerán los buitres.

25(Nunca nadie se entregó tanto a hacer lo que es malo a los ojos del Señor como Acab, bajo la

influencia de su esposa Jezabel. 26La peor infamia que cometió fue rendir culto a ídolos* tal como habían hecho los amorreos, pueblo que el Señor había expulsado de la tierra del paso de los israelitas).

27Sin embargo, cuando Acab escuchó este mensaje, rasgó su ropa, se vistió de tela áspera e hizo ayuno. Hasta dormía vestido de tela áspera y andaba de luto.

28Entonces Elías recibió otro mensaje del Señor: 29«¿Viste cómo Acab se ha humillado ante mí? Por haberse humillado, no haré lo que prometí mientras él viva, sino que traeré la desgracia sobre sus hijos. Destruiré su dinastía».

Josafat y Acab

22 Durante tres años no hubo guerra entre Aram e Israel; 2pero al tercer año, el rey Josafat de Judá fue a visitar a Acab, rey de Israel. 3Durante la visita, el rey de Israel dijo a sus funcionarios: «¿Se dan cuenta de que la ciudad de Ramot de Galaad nos pertenece? ¡Sin embargo, no hemos hecho nada por recuperarla de manos del rey de Aram!».

4Entonces se dirigió a Josafat y le preguntó:

—¿Saldrás conmigo a la batalla para recuperar Ramot de Galaad?

—¡Por supuesto! —contestó Josafat al rey de Israel—. Tú y yo somos como una sola. Mis tropas son tus tropas y mis caballos son tus caballos.

5Entonces agregó:

—Pero primero averigüemos qué dice el Señor.

6Así que el rey de Israel convocó a los profetas, unos cuatrocientos en total, y les preguntó:

—¿Debo ir a pelear contra Ramot de Galaad o desistir?

Todos ellos contestaron:

—¡Sí, adelante! El Señor dará la victoria al rey.

7Pero Josafat preguntó:

—¿Acaso no hay también un profeta del Señor aquí? Debemos hacerle la misma pregunta.

8El rey de Israel contestó a Josafat:

—Hay un hombre más que podría consultar al Señor por nosotros, pero lo detesto. ¡Nunca me profetiza nada bueno, solo desgracias! Se llama Micaías, hijo de Imla.

—¡Un rey no debería hablar de esa manera! —respondió Josafat—. Escuchemos lo que tenga que decir.

9De modo que el rey de Israel llamó a uno de sus funcionarios y le dijo:

—¡Rápido! Trae a Micaías, hijo de Imla.

Micaías profetiza contra Acab

10El rey Acab de Israel y Josafat, rey de Judá, vestidos con sus vestiduras reales, estaban sentados en sus respectivos tronos en el campo de trillar que está cerca de la puerta de Samaria. Todos los profetas de Acab profetizaban allí,

---

21:17 En hebreo *Elías el tisbita;* también en 21:28. 21:23 Así aparece en varios manuscritos hebreos, en la versión siríaca y en la Vulgata Latina (ver también 2 Re 9:26, 36). La mayoría de los manuscritos hebreos dicen *en el muro de la ciudad.* 21:26 El término hebreo (literalmente *cosas redondas*) probablemente se refiere al estiércol.

delante de ellos. ¹¹Uno de los profetas llamado Sedequías, hijo de Quenaana, hizo unos cuernos de hierro y proclamó:

—Esto dice el Señor: ¡Con estos cuernos cornearás a los arameos hasta matarlos!

¹²Todos los demás profetas estaban de acuerdo.

—Sí —decían—, sube a Ramot de Galaad y saldrás vencedor, porque ¡el Señor dará la victoria al rey!

¹³Mientras tanto, el mensajero que había ido a buscar a Micaías le dijo:

—Mira, todos los profetas le prometen victoria al rey. Ponte tú también de acuerdo con ellos y asegúrale que saldrá vencedor.

¹⁴Pero Micaías respondió:

—Tan cierto como que el Señor vive, solo diré lo que el Señor me indique.

¹⁵Cuando Micaías se presentó ante el rey, Acab le preguntó:

—Micaías, ¿debemos ir a pelear contra Ramot de Galaad o desistir?

Micaías le respondió con sarcasmo:

—¡Sí, sube y saldrás vencedor, porque el Señor dará la victoria al rey!

¹⁶Pero el rey le respondió con dureza:

—¿Cuántas veces tengo que exigirte que solo me digas la verdad cuando hables de parte del Señor?

¹⁷Entonces Micaías le dijo:

—En una visión, vi a todo Israel disperso por los montes, como ovejas sin pastor, y el Señor dijo: "Han matado a su amo.* Envíalos a sus casas en paz".

¹⁸—¿No te dije? —exclamó el rey de Israel a Josafat—. Nunca me profetiza otra cosa que desgracias.

¹⁹Micaías continuó diciendo:

—¡Escucha lo que dice el Señor! Vi al Señor sentado en su trono, rodeado por todos los ejércitos del cielo, a su derecha y a su izquierda. ²⁰Entonces el Señor dijo: "¿Quién puede seducir a Acab para que vaya a pelear contra Ramot de Galaad y lo maten?".

»Hubo muchas sugerencias, ²¹hasta que finalmente un espíritu se acercó al Señor y dijo: "¡Yo puedo hacerlo!".

²²»"¿Cómo lo harás?", preguntó el Señor.

»El espíritu contestó: "Saldré e inspiraré a todos los profetas de Acab para que hablen mentiras".

»"Tendrás éxito —dijo el Señor—, adelante, hazlo".

²³»Así que, como ves, el Señor ha puesto un espíritu de mentira en la boca de todos tus profetas, porque el Señor ha dictado tu condena.

²⁴Entonces Sedequías, hijo de Quenaana, se acercó a Micaías y le dio una bofetada.

—¿Desde cuándo el Espíritu del Señor salió de mí para hablarte a ti? —le reclamó.

²⁵Y Micaías le contestó:

—¡Ya lo sabrás, cuando estés tratando de esconderte en algún cuarto secreto!

²⁶»¡Arréstenlo! —ordenó el rey de Israel—. Llévenlo de regreso a Amón, el gobernador de la ciudad, y a mi hijo Joás. ²⁷Denles la siguiente orden de parte del rey: "¡Metan a este hombre en la cárcel y no le den más que pan y agua hasta que yo regrese sano y salvo de la batalla!"».

²⁸Pero Micaías respondió: «¡Si tú regresas a salvo, eso significará que el Señor no habló por medio de mí».

Entonces dirigiéndose a los que estaban alrededor, agregó: «¡Todos ustedes, tomen nota de mis palabras!».

Muerte de Acab

²⁹Entonces Acab, rey de Israel, y Josafat, rey de Judá, dirigieron a sus ejércitos contra Ramot de Galaad. ³⁰El rey de Israel dijo a Josafat: «Cuando entremos en la batalla, yo me disfrazaré para que nadie me reconozca, pero tú ponte tus vestiduras reales». Así que el rey de Israel se disfrazó, y ambos entraron en la batalla.

³¹Mientras tanto, el rey de Aram había dado las siguientes órdenes a sus treinta y dos comandantes de carros de guerra: «Ataquen solo al rey de Israel. ¡No pierdan tiempo con nadie más!». ³²Entonces, cuando los comandantes arameos de los carros vieron a Josafat en sus vestiduras reales, comenzaron a perseguirlo. «¡Allí está el rey de Israel!», gritaban; pero cuando Josafat gritó, ³³los comandantes de los carros se dieron cuenta de que no era el rey de Israel y dejaron de perseguirlo.

³⁴Sin embargo, un soldado arameo disparó una flecha al azar hacia las tropas israelitas e hirió al rey de Israel entre las uniones de su armadura. «¡Da la vuelta* y sácame de aquí! —dijo Acab entre quejas y gemidos al conductor de su carro—. ¡Estoy gravemente herido!».

³⁵La encarnizada batalla se prolongó todo ese día, y el rey permaneció erguido en su carro frente a los arameos. La sangre de su herida corría hasta llegar al piso del carro, y al atardecer, murió. ³⁶Justo cuando se ponía el sol, este clamor recorrió las filas israelitas: «¡Estamos perdidos! ¡Sálvese quien pueda!».

³⁷Así que el rey murió, y llevaron su cuerpo a Samaria, donde lo enterraron. ³⁸Después lavaron su carro junto al estanque de Samaria y llegaron los perros y lamieron su sangre en el lugar donde se bañaban las prostitutas,* tal como el Señor lo había anunciado.

³⁹Los demás acontecimientos del reinado de Acab y todo lo que él hizo —incluso la historia del palacio de marfil y las ciudades que construyó— están registrados en *El libro de la historia de los reyes de Israel.* ⁴⁰Así que Acab murió y su hijo Ocozías lo sucedió en el trono.

22:17 En hebreo *Esta gente no tiene amo.*   22:34 En hebreo *Gira tu mano.*   22:38 O *su sangre, y las prostitutas se bañaron [en ella]; o su sangre, y lavaron su armadura.*

Josafat gobierna en Judá

⁴¹Josafat, hijo de Asa, comenzó a gobernar Judá durante el cuarto año del reinado de Acab, rey de Israel. ⁴²Josafat tenía treinta y cinco años cuando subió al trono y reinó en Jerusalén veinticinco años. Su madre era Azuba, hija de Silhi.

⁴³Josafat fue un buen rey, quien siguió el ejemplo de su padre Asa. Hizo lo que era agradable a los ojos del Señor. *Sin embargo, durante su reinado no quitó todos los santuarios paganos, y la gente siguió ofreciendo sacrificios y quemando incienso allí. ⁴⁴Josafat también hizo la paz con el rey de Israel.

⁴⁵Los demás acontecimientos del reinado de Josafat, el alcance de su poder y las guerras que hizo están registrados en *El libro de la historia de los reyes de Judá.* ⁴⁶Expulsó de la tierra a los demás prostitutos y prostitutas de los santuarios paganos, quienes seguían con sus prácticas desde los días de su padre Asa.

⁴⁷(En ese tiempo no había rey en Edom sino solo un regente).

⁴⁸Josafat también construyó una flota de barcos mercantes* para que navegaran hasta Ofir en busca de oro; pero los barcos nunca llegaron a zarpar porque naufragaron en su propio puerto de Ezión-geber. ⁴⁹En una oportunidad, Ocozías, hijo de Acab, le propuso a Josafat: «Deja que mis hombres naveguen con los tuyos en los barcos»; pero Josafat rechazó la propuesta.

⁵⁰Cuando Josafat murió, lo enterraron con sus antepasados en la Ciudad de David. Después su hijo Yoram lo sucedió en el trono.

Ocozías gobierna en Israel

⁵¹Ocozías, hijo de Acab, comenzó a gobernar Israel en el año diecisiete del reinado de Josafat en Judá; reinó en Samaria dos años. ⁵²Él hizo lo malo a los ojos del Señor al seguir el ejemplo de su padre y de su madre y también el ejemplo de Jeroboam, hijo de Nabat, quien había hecho pecar a Israel. ⁵³Ocozías sirvió a Baal y le rindió culto, con lo que provocó el enojo del Señor, Dios de Israel, tal como lo había hecho su padre.

22:43 Los versículos del 22:43b-53 corresponden al 22:44-54 en el texto hebreo.   22:48 En hebreo *flota de barcos de Tarsis.*

2 Reyes

Elías enfrenta al rey Ocozías

1 Después de la muerte del rey Acab, la nación de Moab se rebeló contra Israel.

²Cierto día Ocozías, el nuevo rey de Israel, se cayó por la reja de la ventana de una habitación en el piso superior de su palacio en Samaria y quedó gravemente herido. Entonces envió mensajeros al templo de Baal-zebub, dios de Ecrón, para que consultaran si iba a recuperarse.

³Entonces el ángel del SEÑOR le dijo a Elías, quien era de Tisbé: «Ve y enfrenta a los mensajeros del rey de Samaria, y pregúntales: "¿Acaso no hay Dios en Israel? ¿Por qué recurren a Baal-zebub, dios de Ecrón, a consultarle si el rey va a recuperarse? ⁴Por lo tanto, esto dice el SEÑOR: nunca te levantarás de la cama donde estás; ten por seguro que morirás"». Entonces Elías fue a transmitirles el mensaje.

⁵Cuando los mensajeros regresaron, el rey les preguntó:

—¿Por qué volvieron tan pronto?

⁶Ellos contestaron:

—Se nos cruzó un hombre y nos dijo que regresáramos y le diéramos este mensaje al rey: "Esto dice el SEÑOR: '¿Acaso no hay Dios en Israel? ¿Por qué mandas hombres a preguntarle a Baal-zebub, dios de Ecrón, si vas a recuperarte? Por eso que hiciste, nunca te levantarás de la cama donde estás; ten por seguro que morirás'".

⁷—¿Qué hombre les dijo eso? —preguntó el rey—. ¿Cómo era?

⁸Y ellos contestaron:

—Era un hombre velludo* y tenía un cinto de cuero en la cintura.

—¡Elías de Tisbé! —exclamó el rey.

⁹Entonces envió a un capitán del ejército con cincuenta soldados para que lo arrestaran. Lo encontraron sentado en la cima de una colina, y el capitán le dijo:

—Hombre de Dios, el rey te ordena que vengas con nosotros.

¹⁰Elías respondió al capitán:

—Si yo soy un hombre de Dios, ¡que caiga fuego del cielo y te destruya a ti y a tus cincuenta hombres!

Enseguida cayó fuego del cielo y los mató a todos.

¹¹Entonces el rey envió a otro capitán con otros cincuenta hombres, y el capitán dijo a Elías:

—Hombre de Dios, el rey te exige que bajes de inmediato.

¹²Elías respondió:

—Si yo soy un hombre de Dios, ¡que caiga fuego del cielo y te destruya a ti y a tus cincuenta hombres!

Y de nuevo el fuego de Dios cayó del cielo y los mató a todos.

¹³Por tercera vez, el rey envió a un capitán con cincuenta hombres; pero esta vez el capitán subió a la colina, se arrodilló ante Elías y le suplicó:

—Hombre de Dios, por favor, perdone mi vida y también la vida de estos cincuenta siervos suyos. ¹⁴Sabemos que cayó fuego del cielo y destruyó a los primeros dos grupos; pero ahora, ¡le ruego que me perdone la vida!

¹⁵Entonces el ángel del SEÑOR dijo a Elías: «Desciende con él y no le tengas miedo». Así que Elías se levantó y fue con el capitán a ver al rey.

¹⁶Así que Elías dijo al rey: «Esto dice el SEÑOR: "¿Por qué enviaste mensajeros a Baal-zebub, dios de Ecrón, a preguntarle si te recuperarías? ¿Acaso no hay Dios en Israel para contestar tu pregunta? Ahora, porque hiciste esto, nunca te levantarás de la cama donde estás; ten por seguro que morirás"».

¹⁷Así que Ocozías murió como el SEÑOR lo había anunciado por medio de Elías. Dado que Ocozías no tenía ningún hijo que reinara en su lugar, su hermano Joram* lo sucedió en el trono. Esto ocurrió en el segundo año del reinado de Yoram, hijo de Josafat, rey de Judá.

¹⁸Los demás acontecimientos del reinado de Ocozías están registrados en *El libro de la historia de los reyes de Israel.*

Elías llevado al cielo

2 Cuando el SEÑOR estaba por llevarse a Elías al cielo en un torbellino, Elías y Eliseo estaban en camino desde Gilgal. ²Y Elías le dijo a Eliseo:

—Quédate aquí, porque el SEÑOR me dijo que fuera a Betel.

Eliseo respondió:

—Tan cierto como que el SEÑOR vive y que tú vives, ¡nunca te dejaré!

Así que descendieron juntos a Betel.

³El grupo de profetas de Betel se acercó a Eliseo para preguntarle:

—¿Sabías que hoy el SEÑOR se llevará a tu amo?

1:8 O *Vestía ropa hecha de pelo.*   **1:17** En hebreo *Yoram,* una variante de Joram.

—Claro que lo sé —contestó Eliseo— ¡pero no digan nada!

⁴Entonces Elías le dijo a Eliseo:

—Quédate aquí, porque el Señor me dijo que fuera a Jericó.

Pero Elías le respondió de nuevo:

—Tan cierto como que el Señor vive y que tú vives, ¡nunca te dejaré!

Así que continuaron juntos a Jericó.

⁵Después el grupo de profetas de Jericó se acercó a Eliseo para preguntarle:

—¿Sabías que hoy el Señor se llevará a tu amo?

—Claro que lo sé —contestó Eliseo—, ¡pero no digan nada!

⁶Entonces Elías le dijo a Eliseo:

—Quédate aquí, porque el Señor me dijo que fuera al río Jordán.

Pero una vez más, Eliseo respondió:

—Tan cierto como que el Señor vive y que tú vives, ¡nunca te dejaré!

Así que siguieron juntos.

⁷Cincuenta hombres del grupo de profetas también fueron y observaron de lejos cuando Elías y Eliseo se detuvieron junto al río Jordán. ⁸Luego Elías dobló su manto y con él golpeó el agua. ¡El río se dividió en dos y ambos cruzaron sobre tierra seca!

⁹Cuando llegaron al otro lado, Elías le dijo a Eliseo:

—Dime qué puedo hacer por ti antes de ser llevado.

Y Eliseo respondió:

—Te pido que me permitas heredar una doble porción de tu espíritu y que llegue a ser tu sucesor.

¹⁰—Has pedido algo difícil —respondió Elías—. Si me ves en el momento en que sea llevado de tu lado, recibirás lo que pediste; pero si no me ves, no lo recibirás.

¹¹Mientras iban caminando y conversando, de pronto apareció un carro de fuego, tirado por caballos de fuego. Pasó entre los dos hombres y los separó, y Elías fue llevado al cielo por un torbellino. ¹²Eliseo lo vio y exclamó: «¡Padre mío! ¡Padre mío! ¡Veo los carros de Israel con sus conductores!». Mientras desaparecían de su vista, rasgó su ropa en señal de angustia.

¹³Entonces Eliseo tomó el manto de Elías, el cual se había caído cuando fue llevado, y regresó a la orilla del río Jordán. ¹⁴Golpeó el agua con el manto de Elías y exclamó: «¿Dónde está el Señor, Dios de Elías?». Entonces el río se dividió en dos y Eliseo lo cruzó.

¹⁵Cuando el grupo de profetas de Jericó vio desde lejos lo que había sucedido, exclamaron: «¡El espíritu de Elías reposa sobre Eliseo!». Enseguida salieron a su encuentro y se inclinaron hasta el suelo delante de él.

¹⁶—Señor —le dijeron—, usted tan solo dé a la orden y cincuenta de nuestros hombres más fuertes buscarán a su amo por todo el desierto.

Tal vez el Espíritu del Señor lo haya dejado en alguna montaña o en algún valle.

—No —respondió Eliseo—, no los manden.

¹⁷Pero ellos insistieron tanto que él, avergonzado, finalmente aceptó:

—Está bien —les dijo—, mándenlos.

Así que cincuenta hombres buscaron a Elías durante tres días, pero no lo encontraron. ¹⁸Eliseo aún estaba en Jericó cuando los hombres regresaron. «¿Acaso no les dije que no fueran?», preguntó.

Primeros milagros de Eliseo

¹⁹Cierto día, los líderes de la ciudad de Jericó fueron a visitar a Eliseo.

—Tenemos un problema, señor —le dijeron—. Como puedes ver, esta ciudad está situada en un entorno agradable, pero el agua es mala y la tierra no produce.

²⁰Eliseo dijo:

—Tráiganme un recipiente nuevo y pónganle sal.

Así que se lo llevaron ²¹y Eliseo fue hasta el manantial que suministraba el agua a la ciudad, le echó la sal y dijo: «Esto dice el Señor: "Yo he purificado el agua, y no causará muerte ni esterilidad"».* ²²Desde entonces el agua quedó pura, tal como dijo Eliseo.

²³Después Eliseo salió de Jericó y subió a Betel. Mientras iba por el camino, unos muchachos de la ciudad comenzaron a burlarse y a reírse de él. «¡Vete de aquí, viejo calvo! —gritaban— ¡Vete de aquí, viejo calvo!». ²⁴Eliseo se dio la vuelta, los miró y los maldijo en el nombre del Señor. Entonces dos osos salieron del bosque y atacaron a cuarenta y dos de ellos. ²⁵De allí, Eliseo fue al monte Carmelo y finalmente regresó a Samaria.

Guerra entre Israel y Moab

3 Joram,* hijo de Acab, comenzó a gobernar Israel durante el año dieciocho del reinado de Josafat en Judá y reinó en Samaria doce años. ²Joram hizo lo malo a los ojos del Señor, aunque no tanto como su padre y su madre. Por lo menos derribó la columna sagrada de Baal que su padre había levantado. ³Sin embargo, continuó con los pecados que Jeroboam, hijo de Nabat, había cometido e hizo cometer al pueblo de Israel.

⁴Mesa, rey de Moab, se dedicaba a la cría de ovejas. Acostumbraba pagar al rey de Israel un tributo anual de cien mil corderos y la lana de cien mil carneros; ⁵pero después de la muerte de Acab, el rey de Moab se rebeló contra el rey de Israel. ⁶Entonces el rey Joram sin demora reunió al ejército de Israel y marchó desde Samaria. ⁷Ya en camino, envió este mensaje a Josafat, rey de Judá: «El rey de Moab se ha rebelado contra mí. ¿Saldrás conmigo a la batalla contra él?».

Josafat le respondió: «¡Por supuesto! Tú y yo

2:21 O ni volverá improductiva la tierra; en hebreo dice ni infecundidad.   3:1 En hebreo Yoram, una variante de Joram; también en 3:6.

somos como uno; mis tropas son tus tropas y mis caballos son tus caballos. 8¿Qué camino tomaremos?».

Joram contestó: «Atacaremos desde el desierto de Edom».

9El rey de Edom y sus tropas también se unieron a ellos, y los tres ejércitos dieron un rodeo a través del desierto durante siete días; pero no había agua para los hombres ni para los animales.

10—¿Qué haremos ahora? —clamó el rey de Israel—. El Señor nos ha traído a los tres aquí para que el rey de Moab nos derrote.

11Pero el rey Josafat de Judá preguntó:

—¿Acaso no hay ningún profeta del Señor con nosotros? Si es así, podemos preguntarle al Señor por medio de él qué debemos hacer.

Uno de los oficiales del rey Joram respondió:

—Eliseo, hijo de Safat, está entre nosotros. Él era el ayudante personal de Elías.*

12—Sí, el Señor habla por medio de él —dijo Josafat.

Así que los reyes de Israel, Judá y Edom fueron a consultar a Eliseo.

13—¿Por qué has venido a verme a mí?* —preguntó Eliseo al rey de Israel—. ¡Busca a los profetas paganos de tu padre y de tu madre!

Pero Joram, rey de Israel, dijo:

—¡No! ¿Acaso no ha sido el Señor quien nos trajo a los tres reyes aquí para que el rey de Moab nos derrote?

14Eliseo respondió:

—Tan cierto como que el Señor Todopoderoso vive, a quien sirvo, si no fuera por el respeto que le tengo al rey Josafat de Judá, no perdería el tiempo hablando contigo. 15Ahora, tráiganme a alguien que sepa tocar el arpa.

Mientras tocaban el arpa, el poder* del Señor vino sobre Eliseo, 16quien dijo:

—Esto dice el Señor: "¡Este valle seco se llenará de lagunas! 17Ustedes no verán viento ni lluvia, dice el Señor, pero este valle se llenará de agua. Habrá suficiente para ustedes, para su ganado y para los demás animales; 18pero eso es algo muy sencillo para el Señor, ¡porque él les dará la victoria sobre el ejército de Moab! 19Ustedes conquistarán las mejores ciudades de Moab, incluso las que están fortificadas. Cortarán todos los árboles buenos, taparán todos los manantiales y con piedras arruinarán toda la tierra productiva".

20Al día siguiente, como a la hora que se ofrecía el sacrificio matutino, ¡de repente apareció agua! Fluía desde Edom, y pronto hubo agua por todos lados.

21Mientras tanto, cuando los moabitas se enteraron de que los tres ejércitos marchaban contra ellos, movilizaron a todos los hombres que tenían edad suficiente para ceñirse una espada, y tomaron posiciones a lo largo de

la frontera. 22Ahora bien, cuando se levantaron a la mañana siguiente, el sol se reflejaba en el agua de tal forma que a los moabitas les pareció ver rojo, como si fuera sangre. 23«¡Es sangre! —exclamaban—. ¡Seguro los tres ejércitos se atacaron mutuamente y se mataron unos a otros! ¡Hombres de Moab, vamos a recoger el botín!».

24Sin embargo, cuando los moabitas llegaron al campamento de los israelitas, el ejército de Israel se levantó y los atacó hasta que se dieron la vuelta y huyeron. Las tropas de Israel los persiguieron hasta dentro de la tierra de Moab, destruyendo todo lo que encontraban a su paso.* 25Destruyeron las ciudades, cubrieron con piedras toda la tierra productiva, taparon todos los manantiales y cortaron todos los árboles buenos. Lo último que quedaba en pie era Kir-hareset con sus murallas de piedra, pero algunos hombres con hondas la rodearon y la atacaron.

26Cuando el rey de Moab vio que estaba perdiendo la batalla, salió con setecientos de sus espadachines en un intento desesperado por penetrar en las filas enemigas que estaban cerca del rey de Edom, pero fracasaron. 27Después el rey de Moab tomó a su hijo mayor, el heredero al trono, y lo sacrificó como una ofrenda quemada sobre la muralla. En consecuencia, hubo un gran enojo contra Israel* y los israelitas se retiraron y regresaron a su tierra.

Eliseo ayuda a una viuda pobre

4 Cierto día, la viuda de un miembro del grupo de profetas fue a ver a Eliseo y clamó:

—Mi esposo, quien te servía, ha muerto, y tú sabes cuánto él temía al Señor; pero ahora ha venido un acreedor y me amenaza con llevarse a mis dos hijos como esclavos.

2—¿Cómo puedo ayudarte? —preguntó Eliseo—. Dime, ¿qué tienes en tu casa?

—No tengo nada, solo un frasco de aceite de oliva —contestó ella.

3Entonces Eliseo le dijo:

—Pídeles a tus amigos y vecinos que te presten todas las jarras vacías que puedan. 4Luego ve a tu casa con tus hijos y cierra la puerta. Vierte en las jarras el aceite de oliva que tienes en tu frasco y cuando se llenen ponlas a un lado.

5Entonces ella hizo lo que se le indicó. Sus hijos le traían las jarras y ella las llenaba una tras otra. 6¡Pronto todas las jarras estaban llenas hasta el borde!

—Tráeme otra jarra —le dijo a uno de sus hijos.

—¡Ya no hay más! —le respondió.

Al instante, el aceite de oliva dejó de fluir.

7Cuando ella le contó al hombre de Dios lo que había sucedido, él le dijo: «Ahora vende el aceite de oliva y paga tus deudas; tú y tus hijos pueden vivir de lo que sobre».

3:11 En hebreo *El solía echar agua en las manos de Elías.*   3:13 En hebreo *¿Qué tengo en común contigo?*   3:15 En hebreo *la mano.*
3:24 El significado del hebreo es incierto.   3:27 O *el enojo en Israel fue grande.* El significado del hebreo es incierto.

Eliseo y la mujer de Sunem

⁸Cierto día, Eliseo fue a la ciudad de Sunem y una mujer rica que vivía allí le insistió que fuera a comer a su casa. Después, cada vez que él pasaba por allí, se detenía en esa casa para comer algo.

⁹Entonces la mujer le dijo a su esposo: «Estoy segura de que este hombre que pasa por aquí de vez en cuando es un santo hombre de Dios. ¹⁰Construyamos un pequeño cuarto en el techo para él y pongámosle una cama, una mesa, una silla y una lámpara. Así tendrá un lugar dónde quedarse cada vez que pase por aquí».

¹¹Cierto día, Eliseo regresó a Sunem y subió a ese cuarto para descansar. ¹²Entonces le dijo a su sirviente, Giezi: «Dile a la mujer sunamita que quiero hablar con ella». Cuando ella llegó, ¹³Eliseo le dijo a Giezi: «Dile: "Agradecemos tu amable interés por nosotros. ¿Qué podemos hacer por ti? ¿Quieres que te recomendemos con el rey o con el comandante del ejército?"».

«No —contestó ella—, mi familia me cuida bien».

¹⁴Más tarde, Eliseo le preguntó a Giezi:

—¿Qué podemos hacer por ella?

—Ella no tiene hijos —contestó Giezi—, y su esposo ya es anciano.

¹⁵—Llámala de nuevo —le dijo Eliseo.

La mujer regresó y se quedó de pie en la puerta mientras Eliseo le dijo:

¹⁶—El año que viene, por esta fecha, ¡tendrás un hijo en tus brazos!

—¡No, señor mío! —exclamó ella—. Hombre de Dios, no me engañes así ni me des falsas esperanzas.

¹⁷Efectivamente, la mujer pronto quedó embarazada y al año siguiente, por esa fecha, tuvo un hijo, tal como Eliseo le había dicho.

¹⁸Cierto día, el niño, ya más grande, salió a ayudar a su padre en el trabajo con los cosechadores, ¹⁹y de repente gritó: «¡Me duele la cabeza! ¡Me duele la cabeza!».

Su padre le dijo a uno de sus sirvientes: «Llévalo a casa, junto a su madre».

²⁰Entonces el sirviente lo llevó a su casa, y la madre lo sostuvo en su regazo; pero cerca del mediodía, el niño murió. ²¹Ella lo subió y lo recostó sobre la cama del hombre de Dios; luego cerró la puerta y lo dejó allí. ²²Después le envió un mensaje a su esposo: «Mándame a una de los sirvientes y un burro para que pueda ir rápido a ver al hombre de Dios y luego volver enseguida».

²³—¿Por qué ir hoy? —preguntó él—, No es ni festival de luna nueva ni día de descanso.

Pero ella dijo:

—No importa.

²⁴Entonces ensilló el burro y le dijo al sirviente: «¡Apúrate! Y no disminuyas el paso a menos que yo te lo diga».

²⁵Cuando ella se acercaba al hombre de Dios, en el monte Carmelo, Eliseo la vio desde lejos y le dijo a Giezi: «Mira, allí viene la señora de Sunem. ²⁶Corre a su encuentro y pregúntale: "¿Están todos bien, tú, tu esposo y tu hijo?"».

«Sí —contestó ella—, todo bien».

²⁷Sin embargo, cuando ella se encontró con el hombre de Dios en la montaña, se postró en el suelo delante de él y se agarró de sus pies. Giezi comenzó a apartarla, pero el hombre de Dios dijo: «Déjala. Está muy angustiada, pero el SEÑOR no me ha dicho qué le pasa».

²⁸Entonces ella dijo: «¿Acaso yo te pedí un hijo, señor mío? ¿Acaso no te dije: "No me engañes ni me des falsas esperanzas"?».

²⁹Enseguida Eliseo le dijo a Giezi: «¡Prepárate para salir de viaje,* toma mi vara y vete! No hables con nadie en el camino. Ve rápido y pon la vara sobre el rostro del niño».

³⁰Pero la madre del niño dijo: «Tan cierto como que el SEÑOR vive y usted vive, yo no regresaré a mi casa a menos que usted venga conmigo». Así que Eliseo volvió con ella.

³¹Giezi se adelantó apresuradamente y puso la vara sobre el rostro del niño, pero no pasó nada. No daba señales de vida. Entonces regresó a encontrarse con Eliseo y le dijo: «El niño sigue muerto».

³²En efecto, cuando Eliseo llegó, el niño estaba muerto, acostado en la cama del profeta. ³³Eliseo entró solo, cerró la puerta tras sí y oró al SEÑOR. ³⁴Después se tendió sobre el cuerpo del niño, puso su boca sobre la boca del niño, sus ojos sobre sus ojos y sus manos sobre sus manos. Mientras se tendía sobre él, ¡el cuerpo del niño comenzó a entrar en calor! ³⁵Entonces Eliseo se levantó, caminó de un lado a otro en la habitación, y se tendió nuevamente sobre el niño. ¡Esta vez el niño estornudó siete veces y abrió los ojos!

³⁶Entonces Eliseo llamó a Giezi y le dijo: «¡Llama a la madre del niño!».

Cuando ella entró, Eliseo le dijo: «¡Aquí tienes, toma a tu hijo!». ³⁷Ella cayó a los pies de Eliseo y se inclinó ante él llena de gratitud. Después tomó a su hijo en brazos y lo llevó abajo.

Milagros durante un tiempo de hambre

³⁸Eliseo regresó a Gilgal, y había hambre en la tierra. Cierto día, mientras un grupo de profetas estaba sentado frente a él, le dijo a su sirviente: «Pon una olla grande al fuego y prepara un guisado para el resto del grupo».

³⁹Entonces uno de los jóvenes fue al campo a recoger hierbas y regresó con el bolsillo lleno de calabazas silvestres. Las cortó en tiras y las puso en la olla, sin darse cuenta de que eran venenosas. ⁴⁰Sirvieron un poco del guisado a los hombres, quienes después de comer uno o dos bocados, gritaron: «¡Hombre de Dios, este

4:29 En hebreo *Cíñe tus lomos.*

guisado está envenenado!». Así que no quisieron comerlo.

⁴¹Eliseo les dijo: «Tráiganme un poco de harina». Entonces la arrojó en la olla y dijo: «Ahora está bien, sigan comiendo». Y ya no les hizo daño.

⁴²Otro día, un hombre de Baal-salisa le trajo al hombre de Dios un saco de grano fresco y veinte panes de cebada que había preparado con el primer grano de su cosecha. Entonces Eliseo dijo:

—Dénselo a la gente para que coma.

⁴³—¿Qué? —exclamó el sirviente—. ¿Alimentar a cien personas solo con esto?

Pero Eliseo reiteró:

—Dénselo a la gente para que coma, porque esto dice el Señor: ¡Todos comerán, y hasta habrá de sobra!».

⁴⁴Cuando se lo dieron a la gente, hubo suficiente para todos y sobró, tal como el Señor había prometido.

Sanidad de Naamán

5 El rey de Aram sentía una gran admiración por Naamán, el comandante del ejército, porque el Señor le había dado importantes victorias a Aram por medio de él; pero a pesar de ser un poderoso guerrero, Naamán padecía de lepra.*

²En ese tiempo, los saqueadores arameos habían invadido la tierra de Israel, y entre sus cautivos se encontraba una muchacha a quien habían entregado a la esposa de Naamán como criada. ³Cierto día, la muchacha le dijo a su señora: «Ojalá que mi amo fuera a ver al profeta de Samaria; él lo sanaría de su lepra».

⁴Entonces Naamán le contó al rey lo que había dicho la joven israelita. ⁵«Ve a visitar al profeta —le dijo el rey de Aram—. Te daré una carta de presentación que se la lleves al rey de Israel».

Entonces Naamán emprendió viaje y llevaba de regalo trescientos cuarenta kilos de plata, sesenta y ocho kilos de oro,* y diez mulas de ropa. ⁶La carta para el rey de Israel decía: «Mediante esta carta presento a mi siervo Naamán. Quiero que lo sanes de su lepra».

⁷Cuando el rey de Israel leyó la carta, horrorizado, rasgó sus vestiduras y dijo: «¡Este hombre me manda a un leproso para que lo sane! ¿Acaso soy Dios para dar vida y quitarla? Creo que solo busca pelear conmigo».

⁸Sin embargo, cuando Eliseo, hombre de Dios, supo que el rey de Israel había rasgado sus vestiduras en señal de aflicción, le envió este mensaje: «¿Por qué estás tan disgustado? Envíame a Naamán, así él sabrá que hay un verdadero profeta en Israel».

⁹Entonces Naamán fue con sus caballos y carros de guerra y esperó frente a la puerta de la casa de Eliseo; ¹⁰pero Eliseo le mandó a decir mediante un mensajero: «Ve y lávate siete veces en el río Jordán. Entonces tu piel quedará restaurada, y te sanarás de la lepra».

¹¹Naamán se enojó mucho y se fue muy ofendido. «¡Yo creí que el profeta iba a salir a recibirme! —dijo—. Esperaba que él moviera su mano sobre la lepra e invocara el nombre del Señor su Dios ¡y me sanara! ¹²¿Acaso los ríos de Damasco —el Abaná y el Farfar— no son mejores que cualquier río de Israel? ¿Por qué no puedo lavarme en uno de ellos y sanarme?». Así que Naamán dio media vuelta y salió enfurecido.

¹³Sus oficiales trataron de hacerle entrar en razón y le dijeron: «Señor,* si el profeta le hubiera pedido que hiciera algo muy difícil, ¿usted no lo habría hecho? Así que en verdad debería obedecerlo cuando sencillamente le dice: "¡Ve, lávate y te curarás!"». ¹⁴Entonces Naamán bajó al río Jordán y se sumergió siete veces, tal como el hombre de Dios le había indicado. ¡Y su piel quedó tan sana como la de un niño, y se curó! ¹⁵Después Naamán y todo su grupo regresaron a buscar al hombre de Dios. Se pararon ante él, y Naamán le dijo:

—Ahora sé que no hay Dios en todo el mundo, excepto en Israel. Así que le ruego que acepte un regalo de su siervo.

¹⁶Pero Eliseo respondió:

—Tan cierto como que el Señor vive, a quien yo sirvo, no aceptaré ningún regalo.

Aunque Naamán insistió en que aceptara el regalo, Eliseo se negó. ¹⁷Entonces Naamán le dijo:

—Está bien, pero permítame, por favor, cargar dos de mis mulas con tierra de este lugar, y la llevaré a mi casa. A partir de ahora, nunca más presentaré ofrendas quemadas ni sacrificios a ningún otro dios que no sea el Señor. ¹⁸Sin embargo, que el Señor me perdone en una sola cosa: cuando mi amo, el rey, vaya al templo del dios Rimón para rendirle culto y se apoye en mi brazo, que el Señor me perdone cuando yo también me incline.

¹⁹—Ve en paz —le dijo Eliseo.

Así que Naamán emprendió el regreso a su casa.

La codicia de Giezi

²⁰Ahora bien, Giezi, el sirviente de Eliseo, hombre de Dios, se dijo a sí mismo: «Mi amo no debería haber dejado ir al arameo sin aceptar ninguno de sus regalos. Tan cierto como que el Señor vive, yo iré tras él y le sacaré algo». ²¹Entonces Giezi salió en busca de Naamán.

Cuando Naamán vio que Giezi corría detrás de él, bajó de su carro de guerra y fue a su encuentro.

—¿Está todo bien? —le preguntó Naamán.

5:1 O *de una enfermedad contagiosa de la piel.* La palabra hebrea empleada aquí y en todo este pasaje puede describir diversas enfermedades de la piel.   5:5 En hebreo *10 talentos* [750 libras] *de plata, 6000 siclos* [150 libras] *de oro.*   5:13 En hebreo *Padre mío.*

²²—Sí —contestó Giezi—, pero mi amo me mandó a decirle que acaban de llegar dos jóvenes profetas de la zona montañosa de Efraín; y él quisiera treinta y cuatro kilos* de plata y dos mudas de ropa para ellos.

²³—Por supuesto, llévate el doble* de la plata —insistió Naamán.

Así que le dio dos mudas de ropa, amarró el dinero en dos bolsas y mandó a dos de sus sirvientes para que le llevaran los regalos. ²⁴Cuando llegaron a la ciudadela,* Giezi tomó los regalos de mano de los sirvientes y despidió a los hombres. Luego entró en su casa y escondió los regalos.

²⁵Cuando entró para ver a su amo, Eliseo le preguntó:

—¿Adónde fuiste, Giezi?

—A ninguna parte —le contestó él.

²⁶Pero Eliseo le preguntó:

—¿No te das cuenta de que yo estaba allí en espíritu cuando Naamán bajó de su carro de guerra para ir a tu encuentro? ¿Acaso es momento de recibir dinero y ropa, olivares y viñedos, ovejas y ganado, sirvientes y sirvientas? ²⁷Por haber hecho esto, tú y todos tus descendientes sufrirán la lepra de Naamán para siempre.

Cuando Giezi salió de la habitación, estaba cubierto de lepra; su piel se puso blanca como la nieve.

La cabeza del hacha que flotó

6 Cierto día, el grupo de profetas fue a ver a Eliseo para decirle:

—Como puedes ver, este lugar, donde nos reunimos contigo es demasiado pequeño. ²Bajemos al río Jordán, donde hay bastantes troncos. Allí podemos construir un lugar para reunirnos.

—Me parece bien —les dijo Eliseo—, vayan.

³—Por favor, ven con nosotros —le dijo uno de ellos.

—Está bien, iré —contestó él.

⁴Entonces Eliseo fue con ellos. Una vez que llegaron al Jordán, comenzaron a talar árboles; ⁵pero mientras uno de ellos cortaba un árbol, la cabeza de su hacha cayó al río.

—¡Ay, señor! —gritó—, ¡era un hacha prestada!

⁶—¿Dónde cayó? —preguntó el hombre de Dios.

Cuando le mostró el lugar, Eliseo cortó un palo y lo tiró al agua en ese mismo sitio. Entonces la cabeza del hacha salió a flote.

⁷—Agárrala —le dijo Eliseo.

Y el hombre extendió la mano y la tomó.

Eliseo atrapa a los arameos

⁸Cada vez que el rey de Aram entraba en guerra contra Israel, consultaba con sus funcionarios y les decía: «Movilizaremos nuestras fuerzas en tal y tal lugar».

⁹Sin embargo, de inmediato Eliseo, hombre de Dios, le advertía al rey de Israel: «No te acerques a ese lugar, porque allí los arameos piensan movilizar sus tropas». ¹⁰Entonces el rey de Israel mandaba un aviso al lugar indicado por el hombre de Dios. Varias veces Eliseo le advirtió al rey para que estuviera alerta en esos lugares.

¹¹Esa situación disgustó mucho al rey de Aram y llamó a sus oficiales y les preguntó:

—¿Quién de ustedes es el traidor? ¿Quién ha estado informando al rey de Israel acerca de mis planes?

¹²—No somos nosotros, mi señor el rey —respondió uno de los oficiales—. ¡Eliseo, el profeta de Israel, le comunica al rey de Israel hasta las palabras que usted dice en la intimidad de su alcoba!

¹³—Vayan a averiguar dónde está —les ordenó el rey—, para mandar soldados a capturarlo.

Luego le avisaron: «Eliseo está en Dotán».

¹⁴Así que una noche, el rey de Aram envió un gran ejército con muchos caballos y carros de guerra para rodear la ciudad.

¹⁵Al día siguiente, cuando el sirviente del hombre de Dios se levantó temprano y salió, había tropas, caballos y carros de guerra por todos lados.

—¡Oh señor! ¿Qué vamos a hacer ahora? —gritó el joven a Eliseo.

¹⁶—¡No tengas miedo! —le dijo Eliseo—. ¡Hay más de nuestro lado que del lado de ellos!

¹⁷Entonces Eliseo oró: «Oh SEÑOR, ¡abre los ojos de este joven para que vea!».

Así que el SEÑOR abrió los ojos del joven, y cuando levantó la vista vio que la montaña alrededor de Eliseo estaba llena de caballos y carros de fuego.

¹⁸Cuando el ejército arameo avanzó hacia él, Eliseo rogó: «Oh SEÑOR, haz que ellos queden ciegos». Entonces el SEÑOR los hirió con ceguera, tal como Eliseo había pedido.

¹⁹Luego Eliseo salió y les dijo: «¡Ustedes vinieron por el camino equivocado! ¡Esta no es la ciudad correcta! Síganme y los llevaré a donde está el hombre que buscan», y los guió a la ciudad de Samaria.

²⁰Apenas entraron en Samaria, Eliseo pidió en oración: «Oh SEÑOR, ahora ábreles los ojos para que vean». Entonces el SEÑOR les abrió los ojos, y se dieron cuenta de que estaban en el centro de la ciudad de Samaria.

²¹Cuando el rey de Israel los vio, gritó a Eliseo:

—¿Los mato, padre mío, los mato?

²²—¡Claro que no! —contestó Eliseo—. ¿Acaso matamos a los prisioneros de guerra? Dales de comer y de beber, y mándalos de regreso a su casa, con su amo.

²³Entonces el rey hizo un gran banquete para ellos y luego los mandó de regreso a su

5:22 En hebreo *un talento* (75 libras).   5:23 En hebreo *lleva dos talentos* (150 libras).   5:24 En hebreo *al Ofel.*

amo. Después de este incidente, los saqueadores arameos se mantuvieron lejos de la tierra de Israel.

Ben-adad sitia a Samaria

²⁴Sin embargo, tiempo después, el rey de Aram reunió a todo su ejército y sitió a Samaria. ²⁵Como consecuencia, hubo mucha hambre en la ciudad. Estuvo sitiada por tanto tiempo que la cabeza de un burro se vendía por casi ochenta piezas de plata, y doscientos mililitros de estiércol de paloma se vendía por cinco piezas* de plata.

²⁶Cierto día, mientras el rey de Israel caminaba por la muralla de la ciudad, una mujer lo llamó:

—¡Mi señor el rey, por favor, ayúdeme! —le dijo.

²⁷Él le respondió:

—Si el SEÑOR no te ayuda, ¿qué puedo hacer yo? No tengo comida en el granero ni vino en la prensa para darte.

²⁸Pero después el rey le preguntó:

—¿Qué te pasa?

Ella contestó:

—Esta mujer me dijo: "Mira, comámonos a tu hijo hoy y mañana nos comeremos al mío". ²⁹Entonces cocinamos a mi hijo y nos lo comimos. Al día siguiente, yo le dije: "Mata a tu hijo para que nos lo comamos", pero ella lo había escondido.

³⁰Cuando el rey oyó esto, rasgó sus vestiduras en señal de desesperación; y como seguía caminando por la muralla, la gente pudo ver por debajo del manto que tenía tela áspera puesta directamente sobre la piel. ³¹Entonces el rey juró: «Que Dios me castigue y aun me mate si hoy mismo no separo la cabeza de Eliseo de sus hombros».

³²Eliseo estaba sentado en su casa con los ancianos de Israel cuando el rey mandó a un mensajero a llamarlo; pero antes de que llegara el mensajero, Eliseo dijo a los ancianos: «Un asesino ya mandó a un hombre a cortarme la cabeza. Cuando llegue, cierren la puerta y déjenlo afuera. Pronto oiremos los pasos de su amo detrás de él».

³³Mientras Eliseo decía esto, el mensajero llegó, y el rey* dijo:

—¡Todo este sufrimiento viene del SEÑOR! ¿Por qué seguiré esperando al SEÑOR?

7 Eliseo le respondió:

—¡Escucha el mensaje del SEÑOR! Esto dice el SEÑOR: "Mañana, a esta hora, en los mercados de Samaria, tres kilos de harina selecta costarán apenas una pieza de plata* y seis kilos

de grano de cebada costarán apenas una pieza de plata".*

²El funcionario que atendía al rey le dijo al hombre de Dios:

—¡Eso sería imposible aunque el SEÑOR abriera las ventanas del cielo!

Pero Eliseo le respondió:

—¡Lo verás con tus propios ojos, pero no podrás comer nada de eso!

Unos leprosos visitan el campamento enemigo

³Sucedió que había cuatro hombres con lepra* sentados en la entrada de las puertas de la ciudad. «¿De qué nos sirve sentarnos aquí a esperar la muerte? —se preguntaban unos a otros—. ⁴Si nos quedamos aquí, moriremos, pero con el hambre que hay en la ciudad, moriremos de hambre también allá si regresamos. Así que mejor sería ir y entregarnos al ejército arameo. Si ellos nos perdonan la vida, mucho mejor; pero si nos matan, igual habríamos muerto».

⁵Así que, al ponerse el sol, salieron hacia el campamento de los arameos; pero cuando se aproximaron al límite del campamento, ¡no había nadie! ⁶Pues el SEÑOR había hecho que el ejército arameo escuchara el traqueteo de carros de guerra a toda velocidad, el galope de caballos y los sonidos de un gran ejército que se acercaba. Por eso se gritaron unos a otros: «¡El rey de Israel ha contratado a los hititas y a los egipcios* para que nos ataquen!». ⁷Así que se llenaron de pánico y huyeron en la oscuridad de la noche; abandonaron sus carpas, sus caballos, sus burros y todo lo demás, y corrieron para salvar la vida.

⁸Cuando los leprosos llegaron al límite del campamento, fueron de carpa en carpa, comieron y bebieron vino, sacaron plata, oro y ropa, y escondieron todo. ⁹Finalmente se dijeron entre ellos: «Esto no está bien. Hoy es un día de buenas noticias, ¡y nosotros no lo hemos dicho a nadie! Si esperamos hasta la mañana, seguro que nos ocurre alguna calamidad. ¡Vamos, regresemos al palacio y contémosle a la gente!».

¹⁰Así que regresaron a la ciudad e informaron a los porteros lo que había sucedido. «Salimos al campamento arameo —dijeron—, ¡y allí no había nadie! Los caballos y los burros estaban atados, y todas las carpas estaban en orden, ¡pero no había ni una sola persona!». ¹¹Entonces los porteros gritaron la noticia a la gente del palacio.

Israel saquea el campamento

¹²El rey se levantó de su cama a la mitad de la noche y dijo a sus oficiales:

—Yo sé lo que pasó. Los arameos saben que

6:25 En hebreo *se vendía por 80 siclos* (casi un kilo ó 2 *libras*) *de plata*, y ¼ *de un cab* (una taza) *de estiércol de paloma se vendía por 5 siclos* (57 gramos ó 2 onzas). *Estiércol de paloma* podría ser una clase de vegetal silvestre. 6:33 En hebreo *el.* 7:1a En hebreo un *seah* (1,4 *galones*) *de harina selecta costarán un siclo* (11 *gramos* ó 0,4 *onzas*); también en 7:16, 18. 7:1b En hebreo *2 seahs* (2,5 *galones*) *de grano de cebada costarán un siclo* (11 *gramos* ó 0,4 *onzas*); también en 7:16, 18. 7:3 O *con una enfermedad contagiosa de la piel.* La palabra hebrea empleada aquí y en todo este pasaje puede describir diversas enfermedades de la piel. 7:6 Posiblemente *y la gente de Muzri,* un distrito cerca de Cilicia.

estamos muriendo de hambre, por eso abandonaron su campamento y están escondidos en el campo; esperan que salgamos de la ciudad para capturarlos vivos y tomar la ciudad.

¹³Entonces uno de sus oficiales le dijo:

—Deberíamos mandar espías a investigar. Que se lleven cinco de los caballos que quedan. Si les pasa algo, no será peor que si se quedan aquí y mueren con todos nosotros.

¹⁴Así que prepararon dos carros de guerra con caballos, y el rey envió espías para que averiguaran qué le había sucedido al ejército arameo. ¹⁵Los espías recorrieron todo el camino hasta el río Jordán siguiendo un rastro de prendas y objetos tirados por los arameos cuando huyeron desesperadamente. Luego regresaron y le informaron al rey. ¹⁶Entonces la gente de Samaria salió corriendo y saqueó el campamento de los arameos. Así se cumplió ese día, tal como el SEÑOR había prometido, que se venderían tres kilos de harina selecta por una pieza de plata y seis kilos de grano de cebada por una pieza de plata. ¹⁷El rey asignó al funcionario de más alta para que controlara a las multitudes en la puerta, pero cuando salieron corriendo, lo atropellaron y lo pisotearon y así el hombre murió.

Así que todo sucedió exactamente como el hombre de Dios lo había predicho cuando el rey fue a verlo a su casa. ¹⁸El hombre de Dios le había dicho al rey: «Mañana, a esta hora, en los mercados de Samaria, tres kilos de harina selecta costarán una pieza de plata y seis kilos de grano de cebada costarán una pieza de plata».

¹⁹El funcionario del rey había respondido: «¡Eso sería imposible aunque el SEÑOR abriera las ventanas del cielo!». Y el hombre de Dios había dicho: «¡Lo verás con tus propios ojos, pero no podrás comer nada de eso!». ²⁰Y así fue, las multitudes lo aplastaron y murió a la entrada de la ciudad.

La mujer sunamita regresa a su casa

8 Eliseo le había dicho a la madre del niño que él había resucitado: «Toma a tu familia y múdate a algún otro lugar, porque el SEÑOR ha decretado que habrá hambre en Israel durante siete años». ²Entonces la mujer hizo lo que el hombre de Dios le indicó. Tomó a su familia y se estableció en la tierra de los filisteos por siete años.

³Una vez que pasó el hambre, la mujer regresó de la tierra de los filisteos y fue a ver al rey para recuperar su casa y sus tierras. ⁴Cuando ella entró, el rey estaba conversando con Giezi, el sirviente del hombre de Dios, y acababa de decirle: «Cuéntame algunas de las grandes cosas que ha hecho Eliseo». ⁵Cuando Giezi estaba relatándole al rey la ocasión en que Eliseo le había devuelto la vida a un niño, en ese preciso instante, la madre del niño entró para presentarle al rey la petición de su casa y de sus tierras.

—¡Mire, mi señor el rey! —exclamó Giezi—.

¡Ella es la mujer y este es su hijo, el que Eliseo volvió a la vida!

⁶—¿Es cierto? —le preguntó el rey.

Y ella le contó la historia. Entonces el rey dio instrucciones a uno de sus funcionarios para que la mujer recuperara todo lo que había perdido, incluso el valor de todos los cultivos que se habían cosechado durante su ausencia.

Hazael mata a Ben-adad

⁷Luego Eliseo fue a Damasco, la capital de Aram, donde el rey Ben-adad estaba enfermo. Cuando alguien le informó al rey que el hombre de Dios había llegado, ⁸el rey le dijo a Hazael: «Llévale un regalo al hombre de Dios. Luego dile que le pregunte al SEÑOR: "¿Voy a recuperarme de esta enfermedad?"».

⁹Entonces Hazael cargó cuarenta camellos con los mejores productos de Damasco para regalarle a Eliseo. Fue a verlo y le dijo:

—Tu siervo Ben-adad, rey de Aram, me ha enviado a preguntarte: "¿Voy a recuperarme de esta enfermedad?".

¹⁰Eliseo contestó:

—Ve y dile: "Ciertamente te recuperarás". ¡Pero la verdad es que el SEÑOR me ha mostrado que morirá!

¹¹Eliseo se quedó mirando a Hazael* tan fijamente que Hazael se sintió incómodo.* Así que el hombre de Dios se puso a llorar.

¹²—¿Qué pasa, mi señor? —le preguntó Hazael.

—Yo sé las cosas terribles que tú le harás al pueblo de Israel —contestó Eliseo—. ¡Quemarás sus ciudades fortificadas, matarás a sus muchachos a filo de espada, estrellarás a sus niños contra el suelo y abrirás el vientre a sus mujeres embarazadas!

¹³Entonces Hazael le dijo:

—¿Cómo podría un don nadie como yo* hacer cosas tan grandes como esas?

Eliseo le contestó:

—El SEÑOR me ha mostrado que tú serás rey de Aram.

¹⁴Cuando Hazael se despidió de Eliseo y regresó, el rey le preguntó:

—¿Qué te dijo Eliseo?

—Me dijo que es seguro que te recuperarás —contestó Hazael.

¹⁵Ahora bien, al día siguiente, Hazael agarró una manta, la empapó en agua y se la puso al rey sobre la cara hasta que murió. Entonces Hazael pasó a ser el siguiente rey de Aram.

Yoram gobierna en Judá

¹⁶Yoram, hijo del rey Josafat de Judá, comenzó a gobernar Judá durante el quinto año del reinado de Joram, hijo de Acab, rey de Israel. ¹⁷Yoram tenía treinta y dos años cuando subió al trono, y reinó en Jerusalén ocho años. ¹⁸Sin embargo, siguió el ejemplo de los reyes de Israel

---

8:11a En hebreo *Él lo miró fijamente.*   8:11b El significado del hebreo es incierto.   8:13 En hebreo *un perro.*

y fue tan perverso como el rey Acab, porque se había casado con una de las hijas de Acab. Así que Yoram hizo lo malo a los ojos del Señor. ¹⁹El Señor no quiso destruir a Judá porque había hecho un pacto con David y le había prometido que sus descendientes seguirían gobernando, como una lámpara que brilla para siempre.

²⁰Durante el reinado de Yoram, los edomitas se rebelaron contra Judá y coronaron a su propio rey. ²¹Entonces Yoram* marchó con todos sus carros de guerra a atacar la ciudad de Zair.* Los edomitas rodearon a Yoram y a los comandantes de sus carros de guerra, pero él los atacó* de noche al abrigo de la oscuridad. Sin embargo, el ejército de Yoram lo abandonó y los soldados huyeron a sus casas. ²²Así que Edom ha sido independiente de Judá hasta el día de hoy. La ciudad de Libna también se rebeló por ese mismo tiempo.

²³Los demás acontecimientos del reinado de Yoram y todo lo que hizo están registrados en *El libro de la historia de los reyes de Judá.* ²⁴Cuando Yoram murió, lo enterraron con sus antepasados en la Ciudad de David. Luego su hijo Ocozías lo sucedió en el trono.

Ocozías gobierna en Judá

²⁵Ocozías, hijo de Yoram, comenzó a gobernar Judá durante el año doce del reinado de Joram, hijo de Acab, rey de Israel.

²⁶Ocozías tenía veintidós años cuando subió al trono y reinó en Jerusalén un año. Su madre se llamaba Atalía y era nieta del rey Omri de Israel. ²⁷Ocozías siguió el mal ejemplo de la familia del rey Acab. Hizo lo malo a los ojos del Señor, igual que la familia de Acab, pues eran parientes políticos.

²⁸Ocozías se unió a Joram, hijo de Acab, rey de Israel, en su guerra contra el rey Hazael de Aram, en Ramot de Galaad. Cuando los arameos hirieron al rey Joram en batalla, ²⁹él regresó a Jezreel para recuperarse de las heridas que había recibido en Ramot.* Como Joram estaba herido, el rey Ocozías de Judá fue a visitarlo a Jezreel.

Jehú es ungido rey de Israel

9 Mientras tanto, el profeta Eliseo mandó llamar a un miembro del grupo de profetas. «Prepárate para viajar* —le dijo—, y llévate este frasco de aceite de oliva. Ve a Ramot de Galaad, ²y busca a Jehú, hijo de Josafat, hijo de Nimsi. Llévalo a un cuarto privado, lejos de sus amigos, ³y derrama el aceite sobre su cabeza. Dile: "Esto dice el Señor: 'Yo te unjo para que seas rey de Israel'". Luego abre la puerta ¡y corre por tu vida!»

⁴Entonces el joven profeta hizo lo que se le indicó y fue a Ramot de Galaad. ⁵Cuando llegó, encontró a Jehú sentado junto con otros oficiales del ejército.

—Tengo un mensaje para usted, comandante —le dijo.

—¿Para quién de nosotros? —preguntó Jehú.

—Para usted, comandante —le contestó.

⁶Entonces Jehú dejó a los otros y entró en la casa. Acto seguido, el joven profeta derramó el aceite sobre la cabeza de Jehú y dijo: «Esto es lo que el Señor, Dios de Israel, dice: "Yo te unjo rey del pueblo del Señor, Israel. ⁷Tú destruirás a la familia de Acab, tu amo. Así vengaré el asesinato de mis profetas y de todos los siervos del Señor a quienes Jezabel mató. ⁸Es preciso que toda la familia de Acab sea aniquilada. Destruiré a cada uno de sus descendientes varones, tanto esclavos como libres, en todo Israel. ⁹Destruiré a la familia de Acab así como destruí a las familias de Jeroboam, hijo de Nabat, y de Baasa, hijo de Ahías. ¹⁰Los perros se comerán a Jezabel, la esposa de Acab, en la parcela en Jezreel, y nadie la enterrará"». Enseguida el joven profeta abrió la puerta y salió corriendo.

¹¹Jehú regresó a donde estaban los otros oficiales y uno de ellos le preguntó:

—¿Qué quería ese loco? ¿Está todo bien?

—Ya sabes cómo parlotea un hombre de esos —contestó Jehú.

¹²—Estás ocultando algo —le dijeron ellos—, cuéntanos.

Entonces Jehú les contó:

—Él me dijo: "Esto dice el Señor: 'Yo te he ungido para que seas rey de Israel'".

¹³Enseguida ellos tendieron sus mantos sobre las gradas y tocaron el cuerno de carnero mientras gritaban: «¡Jehú es rey!».

Jehú mata a Joram y a Ocozías

¹⁴Entonces Jehú, hijo de Josafat, hijo de Nimsi, encabezó una conspiración contra el rey Joram. (Joram había estado con el ejército en Ramot de Galaad, defendiendo a Israel contra las fuerzas del rey Hazael de Aram; ¹⁵pero el rey Joram* fue herido durante la batalla y regresó a Jezreel para recuperarse). Así que Jehú dijo a sus hombres: «Si ustedes quieren que yo sea rey, no dejen que nadie salga de la ciudad y vaya a Jezreel para informar lo que hemos hecho».

¹⁶Entonces Jehú subió a un carro de guerra y fue a Jezreel a buscar al rey Joram, quien estaba allí, acostado y herido. El rey Ocozías de Judá también se encontraba allí porque había ido a visitarlo. ¹⁷Cuando el centinela de la torre de Jezreel divisó a Jehú y a sus acompañantes acercándose, gritó a Joram:

—¡Una compañía de soldados se aproxima!

—Manda a un jinete a preguntarles si vienen en son de paz —ordenó el rey Joram.

¹⁸Así que salió un jinete al encuentro de Jehú y le dijo:

—El rey quiere saber si vienes en son de paz.

8:21a En hebreo *Joram,* una variante de Yoram; también en 8:23, 24.   8:21b En la versión griega dice *Seir.*   8:21c O *él salió y escapó.* 8:21a El significado del hebreo es incierto.   8:29 En hebreo *Ramá,* una variante de Ramot.   9:1 En hebreo *Ciñe tus lomos.*   9:15 En hebreo *Yoram,* una variante de Joram; también en 9:17, 21, 22, 23, 24.

—¿Y tú qué sabes de paz? —preguntó Jehú—. ¡Únete a nosotros!

Entonces el centinela gritó al rey: «¡El mensajero llegó hasta ellos, pero no regresa!».

[19]De modo que el rey envió a un segundo jinete, el cual cabalgó hasta donde ellos estaban y les dijo:

—El rey quiere saber si vienen en son de paz.

Y otra vez Jehú respondió:

—¿Y tú que sabes de paz? ¡Únete a nosotros!

[20]El centinela exclamó: «¡El mensajero llegó hasta ellos, pero tampoco regresa! Debe ser Jehú, el hijo de Nimsi, porque conduce como un loco».

[21]«¡Rápido! ¡Preparen mi carro!», ordenó el rey Joram.

Entonces el rey Joram de Israel y el rey Ocozías de Judá salieron en sus carros de guerra a encontrarse con Jehú. Dieron con él en la parcela que había pertenecido a Nabot de Jezreel. [22]El rey Joram preguntó:

—¿Vienes en son de paz, Jehú?

—¿Cómo puede haber paz cuando la idolatría y la brujería de tu madre, Jezabel, están por todas partes? —contestó Jehú.

[23]Entonces el rey Joram, dando vuelta a sus caballos* para huir, le gritó a Ocozías: «¡Traición, Ocozías!». [24]Jehú tensó su arco y le disparó a Joram entre los hombros. La flecha le atravesó el corazón, y Joram cayó muerto dentro de su carro.

[25]Luego Jehú le dijo a su oficial, Bidcar: «Arrójenlo en la parcela que perteneció a Nabot de Jezreel. ¿Recuerdas cuando tú y yo íbamos a caballo detrás de su padre, Acab? El SEÑOR declaró este mensaje en su contra cuando dijo: [26]"Juro solemnemente, dice el SEÑOR, que en esta misma parcela te daré el merecido por el asesinato que vi ayer de Nabot y sus hijos". Así que tírenlo en la propiedad de Nabot, tal como dijo el SEÑOR».

[27]Al ver lo que pasaba, el rey Ocozías de Judá huyó por el camino que lleva a Bet-hagan. Entonces Jehú lo siguió gritando: «¡Dispárenle a él también!». Así que hirieron a Ocozías mientras escapaba en su carro de guerra en la cuesta de Gur, cerca de Ibleam. Pudo llegar hasta Meguido, pero allí murió. [28]Sus sirvientes lo llevaron en un carro de guerra hasta Jerusalén, donde lo enterraron junto a sus antepasados, en la Ciudad de David. [29]Ocozías había comenzado a reinar en Judá durante el año once del reinado de Joram, hijo de Acab.

Muerte de Jezabel

[30]Cuando Jezabel, la reina madre, supo que Jehú había llegado a Jezreel, se pintó los párpados, se arregló el cabello y se sentó frente a una ventana. [31]Cuando Jehú entró por la puerta del palacio, ella le gritó: «¿Has venido en son de

paz, asesino? ¡Tú eres igual a Zimri, quien mató a su amo!».*

[32]Jehú levantó la vista, la vio en la ventana y gritó: «¿Quién está de mi lado?». Entonces dos o tres eunucos se asomaron a verlo. [33]«¡Tírenla abajo!», gritó Jehú. Así que la arrojaron por la ventana, y su sangre salpicó la pared y los caballos; y Jehú pisoteó el cuerpo de Jezabel con las patas de sus caballos.

[34]Luego Jehú entró al palacio, comió y bebió. Después de un rato dijo: «Que alguien se encargue de enterrar a esa maldita mujer, porque era hija de un rey»; [35]pero cuando fueron a enterrarla, solo encontraron el cráneo, los pies y las manos.

[36]Cuando regresaron y le contaron a Jehú, él declaró: «Eso cumple el mensaje que el SEÑOR dio por medio de su siervo Elías de Tisbé, quien dijo: "Los perros se comerán el cuerpo de Jezabel* en la parcela de Jezreel. [37]Sus restos quedarán desparramados como estiércol en la parcela de Jezreel, para que nadie pueda reconocerla"».

Jehú mata a la familia de Acab

10

Acab tenía setenta hijos que vivían en la ciudad de Samaria. Así que Jehú escribió cartas y las envió a Samaria, a los ancianos y funcionarios de la ciudad* y a los tutores de los hijos de Acab. Les escribió: [2]«Los hijos del rey están con ustedes y ustedes tienen a su disposición carros de guerra, caballos, armas y una ciudad fortificada. En cuanto reciban esta carta, [3]escojan al más competente de los hijos de su amo para que sea su rey y prepárense para pelear por la dinastía de Acab».

[4]Entonces se paralizaron de miedo y dijeron: «¡Hemos visto que dos reyes no pudieron contra este hombre! ¿Qué podemos hacer nosotros?».

[5]Así que los administradores del palacio y de la ciudad, junto con los ancianos y con los tutores de los hijos del rey, enviaron el siguiente mensaje a Jehú: «Somos sus sirvientes y haremos todo lo que nos diga. No proclamaremos rey a nadie; haga lo que mejor le parezca».

[6]Jehú respondió con una segunda carta: «Si ustedes están de mi lado y van a obedecerme, tráiganme a Jezreel la cabeza de cada uno de los hijos de su amo mañana, a esta hora». Los setenta hijos del rey estaban al cuidado de los líderes de Samaria, en donde se los había criado desde niños. [7]Cuando llegó la carta, los líderes mataron a los setenta hijos del rey; pusieron las cabezas en canastos y se las entregaron a Jehú, quien estaba en Jezreel.

[8]Un mensajero fue a ver a Jehú y le dijo:

—Han traído las cabezas de los hijos del rey.

Entonces Jehú ordenó:

—Apílenlas en dos montones a la entrada de

9:23 En hebreo *giró las manos.* 9:31 Ver 1 Re 16:9-10, cuando Zimri mató a su señor, el rey Ela. 10:1 Así aparece en algunos manuscritos griegos y en la Vulgata Latina (ver también 10:6); en hebreo *de Jezreel.*

la puerta de la ciudad y déjenlas allí hasta la mañana.

⁹Al día siguiente, Jehú salió y habló a la multitud que se había juntado: «Ustedes no tienen la culpa —les dijo—. Yo soy el que conspiró contra mi amo y lo mató; pero ¿quién mató a todos estos? ¹⁰No tengan duda de que se cumplirá el mensaje que el Señor dio acerca de la familia de Acab. El Señor declaró por medio de su siervo Elías que esto sucedería». ¹¹Después Jehú mató a los demás parientes de Acab que vivían en Jezreel, a todos sus funcionarios importantes, a sus amigos personales y a sus sacerdotes. Así fue cómo a Acab no le quedó ningún descendiente.

¹²Entonces Jehú partió hacia Samaria. En el camino, mientras estaba en Bet-eked de los Pastores, ¹³se cruzó con unos parientes del rey Ocozías, de Judá.

—¿Quiénes son ustedes? —les preguntó.

Y ellos contestaron:

—Somos parientes del rey Ocozías. Vamos a visitar a los hijos del rey Acab y a los hijos de la reina madre.

¹⁴¡Tráiganlos vivos!», gritó Jehú a sus hombres. Así que los capturaron, cuarenta y dos en total, y los mataron junto al pozo de Bet-eked. No escapó ninguno.

¹⁵Cuando Jehú salió de allí, encontró a Jonadab, hijo de Recab, quien venía a su encuentro. Después de saludarse, Jehú le dijo:

—¿Me eres tan leal como yo lo soy contigo?

—Sí, lo soy —contestó Jonadab.

—Si lo eres —dijo Jehú—, entonces estréchame la mano.

Jonadab le dio la mano y Jehú lo ayudó a subirse al carro. ¹⁶Luego Jehú le dijo:

—Ven conmigo y verás lo dedicado que soy al Señor.

Y Jonadab lo acompañó en su carro.

¹⁷Cuando Jehú llegó a Samaria, mató a todos los que quedaban de la familia de Acab, tal como el Señor había prometido por medio de Elías.

Jehú mata a los sacerdotes de Baal

¹⁸Luego Jehú convocó a una reunión a toda la gente de la ciudad y les dijo: «¡La forma en que Acab le rindió culto a Baal no fue nada en comparación con la forma en que yo voy a rendirle culto! ¹⁹Por lo tanto, manden llamar a todos los profetas y a los que veneran a Baal y reúnan a todos sus sacerdotes. Asegúrense de que vengan todos, porque voy a ofrecer un gran sacrificio a Baal. Cualquiera que no venga será ejecutado»; pero el astuto plan de Jehú consistía en destruir a todos los que rendían culto a Baal.

²⁰Después Jehú ordenó: «¡Preparen una asamblea solemne para rendir culto a Baal!». Así que lo hicieron. ²¹Mandó mensajeros por todo Israel para convocar a los que veneraban a

Baal. Asistieron todos —no faltó ninguno— y llenaron el templo de Baal de un extremo al otro. ²²Entonces Jehú le indicó al encargado del guardarropa: «Asegúrate de que todos los que rinden culto a Baal tengan puesto uno de estos mantos». Así que a cada uno de ellos se le dio un manto.

²³Después Jehú entró al templo de Baal con Jonadab, hijo de Recab, y les dijo a los que veneraban a Baal: «Asegúrense de que aquí no haya nadie que adora al Señor, solo los que rinden culto a Baal». ²⁴Así que estaban todos adentro del templo para ofrecer sacrificios y ofrendas quemadas. Ahora bien, Jehú había puesto a ochenta de sus hombres fuera del edificio y les había advertido: «Si dejan que alguno se escape, pagarán con su propia vida».

²⁵Apenas Jehú terminó de sacrificar la ofrenda quemada, les ordenó a sus guardias y oficiales: «¡Entren y mátenlos a todos! ¡Que no escape nadie!». Así que los guardias y oficiales los mataron a filo de espada y arrastraron los cuerpos fuera.* Luego los hombres de Jehú entraron en la fortaleza más recóndita* del templo de Baal ²⁶y sacaron a rastras la columna sagrada* que se usaba para rendir culto a Baal y la quemaron. ²⁷Destrozaron la columna sagrada, demolieron el templo de Baal y lo convirtieron en un baño público; y así quedó hasta el día de hoy.

²⁸De esa forma, Jehú destruyó todo rastro del culto a Baal en Israel. ²⁹Sin embargo, no destruyó los becerros de oro que estaban en Betel y en Dan, con los cuales Jeroboam, hijo de Nabat, había hecho pecar a Israel.

³⁰No obstante, el Señor le dijo a Jehú: «Hiciste bien al seguir mis instrucciones de destruir a la familia de Acab. Por lo tanto, tus descendientes serán reyes de Israel hasta la cuarta generación»; ³¹pero Jehú no obedeció con todo el corazón la ley del Señor, Dios de Israel. Se negó a abandonar los pecados que Jeroboam hizo cometer a Israel.

Muerte de Jehú

³²Por ese tiempo, el Señor comenzó a reducir el tamaño del territorio de Israel. El rey Hazael conquistó varias regiones del país ³³al oriente del río Jordán, entre ellas, toda la tierra de Galaad, de Gad, de Rubén y de Manasés. El área que conquistó se extendía desde la ciudad de Aroer, cerca del valle del Arnón, hasta tan al norte como Galaad y Basán.

³⁴Los otros acontecimientos del reinado de Jehú —todo lo que hizo y todos sus logros— están registrados en *El libro de la historia de los reyes de Israel.*

³⁵Cuando Jehú murió, lo enterraron en Samaria; y su hijo Joacaz lo sucedió en el trono. ³⁶Jehú reinó en Israel desde Samaria durante veintiocho años en total.

10:25a O o *dejaron los cuerpos tirados allí* o *y los arrojaron al atrio más externo.*   10:25b En hebreo *la ciudad.*   10:26 Así aparece en la versión griega, en la siríaca y en la Vulgata Latina; en hebreo dice *columnas sagradas.*

La reina Atalía gobierna en Judá

11 Cuando Atalía, la madre del rey Ocozías de Judá, supo que su hijo había muerto, comenzó a aniquilar al resto de la familia real; [2]pero Josaba, hermana de Ocozías e hija del rey Yoram,* tomó a Joás, el hijo más pequeño de Ocozías, y lo rescató de entre los demás hijos del rey que estaban a punto de ser ejecutados. Para esconderlo de Atalía, Josaba puso a Joás con su nodriza en un dormitorio; por eso no lo asesinaron al niño. [3]Joás permaneció escondido en el templo del Señor durante seis años, mientras Atalía gobernaba el país.

Rebelión contra Atalía

[4]En el séptimo año del reinado de Atalía, el sacerdote Joiada mandó llamar al templo del Señor a los comandantes, a los mercenarios cariteos y a los guardias del palacio. Hizo un pacto solemne con ellos y los obligó hacer un juramento de lealtad allí, en el templo del Señor; luego les mostró al hijo del rey.

[5]Joiada les dijo: «Tienen que hacer lo siguiente: una tercera parte de ustedes, los que están de turno el día de descanso, vigilarán el palacio real; [6]otra tercera parte de ustedes hará guardia en la puerta Sur; y la otra tercera parte se hará detrás de la guardia del palacio. Los tres grupos vigilarán el palacio. [7]Los dos grupos que no están de turno el día de descanso guardarán al rey en el templo del Señor. [8]Formen una escolta alrededor del rey y tengan sus armas en la mano. Maten a cualquiera que intente penetrar las filas. Quédense junto al rey vaya donde vaya».

[9]Así que los comandantes hicieron todo tal como el sacerdote Joiada les había ordenado. Los comandantes se encargaron de los hombres que se presentaban para su turno ese día de descanso, así como de los que terminaban el suyo. Los llevaron a todos ante el sacerdote Joiada, [10]quien les dio las lanzas y los escudos pequeños que habían pertenecido al rey David y estaban guardados en el templo del Señor. [11]Los guardias del palacio se ubicaron alrededor del rey, con sus armas listas. Formaron una hilera desde el lado sur del templo hasta el lado norte y alrededor del altar.

[12]Entonces Joiada sacó a Joás, el hijo del rey, puso la corona sobre su cabeza y le entregó una copia de las leyes de Dios.* Lo ungieron y lo proclamaron rey, y todos aplaudieron y gritaron: «¡Viva el rey!».

Muerte de Atalía

[13]Cuando Atalía oyó el ruido que hacían los guardias del palacio y la gente, fue de prisa al templo del Señor para ver qué pasaba. [14]Cuando llegó, vio al recién coronado rey de pie en el lugar de autoridad, junto a la columna, como era la costumbre durante las coronaciones. Los comandantes y los trompetistas lo rodeaban, y gente de todo el reino celebraba y tocaba las trompetas. Cuando Atalía vio todo esto, rasgó su ropa en señal de desesperación y gritó: «¡Traición! ¡Traición!».

[15]Después el sacerdote Joiada ordenó a los comandantes que estaban a cargo de las tropas: «Llévensela a los soldados que están de guardia frente al templo,* y maten a cualquiera que intente rescatarla». Pues el sacerdote había dicho: «No deben matarla dentro del templo del Señor». [16]Por eso la agarraron y la llevaron a la puerta por donde los caballos entraban al predio del palacio, y allí la mataron.

Reformas religiosas de Joiada

[17]Luego Joiada hizo un pacto entre el Señor y el rey y el pueblo, de que serían el pueblo del Señor. También hizo un pacto entre el rey y el pueblo. [18]Así que toda la gente fue al templo de Baal y entre todos lo destruyeron; demolieron los altares, hicieron pedazos los ídolos y mataron a Matán, el sacerdote de Baal, frente a los altares.

El sacerdote Joiada puso guardias en el templo del Señor. [19]Después los comandantes, los mercenarios cariteos, los guardias del palacio y toda la gente del reino escoltaron al rey desde el templo del Señor; pasaron por la puerta de la guardia y entraron al palacio, y el rey se sentó en el trono real. [20]Toda la gente del reino se alegró, y la ciudad estaba tranquila porque Atalía había sido ejecutada en el palacio del rey.

[21]*Joás* tenía siete años cuando subió al trono.

Joás repara el templo

12 [1]*Joás* comenzó a gobernar Judá durante el séptimo año del reinado de Jehú en Israel y reinó en Jerusalén cuarenta años. Su madre se llamaba Sibia y era de Beerseba. [2]Durante toda su vida Joás hizo lo que era agradable a los ojos del Señor porque el sacerdote Joiada lo aconsejaba; [3]pero aun así, no destruyó los santuarios paganos, y la gente seguía ofreciendo sacrificios y quemando incienso allí.

[4]Cierto día, el rey Joás dijo a los sacerdotes: «Recojan todo el dinero que se hace como ofrenda sagrada al templo del Señor, ya sea el pago de una cuota, el de los votos o una ofrenda voluntaria. [5]Los sacerdotes tomarán de este dinero para pagar cualquier reparación que haya que hacer en el templo».

[6]Sin embargo, en el año veintitrés del reinado de Joás, los sacerdotes aún no habían reparado el templo. [7]Entonces el rey Joás mandó llamar a Joiada y a los demás sacerdotes y les preguntó:

«¿Por qué no han reparado el templo? Ya no tomen más dinero para sus propias necesidades. De ahora en adelante, todo debe usarse en la reparación del templo». 8Así que los sacerdotes acordaron no aceptar más dinero de la gente y también estuvieron de acuerdo en que otros tomaran la responsabilidad de reparar el templo.

9Luego el sacerdote Joiada tomó un cofre grande, le hizo un agujero en la tapa y lo puso al lado derecho del altar, en la entrada del templo del Señor. Los sacerdotes que cuidaban la entrada ponían dentro del cofre todas las contribuciones de la gente. 10Cada vez que el cofre se llenaba, el secretario de la corte y el sumo sacerdote contaban el dinero que la gente había traído al templo del Señor y después lo metían en bolsas. 11Luego entregaban el dinero a los supervisores de la construcción, quienes a su vez lo usaban para pagarle a la gente que trabajaba en el templo del Señor: los carpinteros, los constructores, 12los albañiles y los picapedreros. También utilizaron el dinero para comprar la madera y la piedra labrada necesarias para reparar el templo del Señor, y pagaron todo tipo de gasto relacionado con la restauración del templo.

13El dinero que se traía al templo no se usó para hacer copas de plata ni despabiladeras, tazones, trompetas ni otros objetos de oro o de plata para el templo del Señor. 14Se asignó a los trabajadores, quienes lo utilizaron para hacer las reparaciones del templo. 15No fue necesario pedir cuentas de este dinero a los supervisores de la construcción, porque eran hombres honestos y dignos de confianza. 16Sin embargo, el dinero que se recibió de ofrendas por la culpa y de ofrendas por el pecado no se llevó al templo del Señor. Se le entregó a los sacerdotes para su uso personal.

Fin del reinado de Joás

17En esos días, el rey Hazael de Aram entró en guerra contra Gat y la tomó. Luego se dirigió a atacar Jerusalén. 18Entonces el rey Joás recogió todos los objetos sagrados que Josafat, Yoram y Ocozías —los reyes anteriores de Judá— habían dedicado junto con los que él mismo había dedicado. Después le envió todo a Hazael, junto con el oro que había en los tesoros del templo del Señor y en el palacio real. Como resultado, Hazael suspendió su ataque a Jerusalén.

19Los demás acontecimientos del reinado de Joás y todo lo que hizo están registrados en *El libro de la historia de los reyes de Judá*. 20Ahora bien, los funcionarios de Joás conspiraron contra él y lo asesinaron en Bet-milo, rumbo a Sila. 21Los asesinos eran consejeros de confianza: Josacar,* hijo de Simeat, y Jozabad, hijo de Somer. Joás fue enterrado con sus antepasados en la Ciudad de David. Luego su hijo Amasías lo sucedió en el trono.

Joacaz gobierna en Israel

13 Joacaz, hijo de Jehú, comenzó a gobernar Israel durante el año veintitrés del reinado de Joás en Judá; y reinó en Samaria diecisiete años. 2Él hizo lo malo a los ojos del Señor. Siguió el ejemplo de Jeroboam, hijo de Nabat, y continuó con los pecados que Jeroboam hizo cometer a Israel. 3Por eso el Señor estaba muy enojado con los israelitas y permitió que el rey Hazael de Aram y su hijo Ben-adad los derrotaran en repetidas ocasiones.

4Entonces Joacaz pidió en oración la ayuda del Señor, y el Señor oyó su oración, pues veía la cruel opresión que el rey de Aram ejercía sobre Israel. 5Así que el Señor envió a un hombre para rescatar a los israelitas de la tiranía de los arameos. Después Israel vivió a salvo otra vez como en tiempos anteriores.

6Sin embargo, los israelitas siguieron pecando, siguiendo el mal ejemplo de Jeroboam. También dejaron en pie el poste dedicado a la diosa Asera en Samaria. 7Finalmente, el ejército de Joacaz quedó reducido a cincuenta conductores de carros de guerra, diez carros de guerra y diez mil soldados de infantería. El rey de Aram había matado a los demás, pisoteándolos como al polvo debajo de sus pies.

8Los demás acontecimientos del reinado de Joacaz —todo lo que hizo y el alcance de su poder— están registrados en *El libro de la historia de los reyes de Israel*. 9Cuando Joacaz murió, lo enterraron en Samaria. Luego su hijo Yoás* lo sucedió en el trono.

Yoás gobierna en Israel

10Yoás, hijo de Joacaz, comenzó a gobernar Israel durante el año treinta y siete del reinado de Joás en Judá, y reinó en Samaria dieciséis años. 11Él hizo lo malo a los ojos del Señor. Se negó a apartarse de los pecados que Jeroboam, hijo de Nabat, hizo cometer a Israel.

12Los demás acontecimientos del reinado de Yoás y todo lo que hizo, incluso el alcance de su poder y su guerra contra el rey Amasías de Judá, están registrados en *El libro de la historia de los reyes de Israel*. 13Cuando Yoás murió, lo enterraron en Samaria con los reyes de Israel. Luego su hijo Jeroboam II lo sucedió en el trono.

Última profecía de Eliseo

14Cuando Eliseo cayó enfermo de muerte, el rey Yoás de Israel fue a visitarlo y lloró sobre él diciendo:

—¡Padre mío! ¡Padre mío! ¡Veo los carros de Israel con sus conductores!

15Eliseo le dijo:

—Consigue un arco y algunas flechas.

Y el rey hizo lo que se le indicó. 16Luego Eliseo le dijo:

—Pon tu mano sobre el arco.

12:21 Así aparece en la versión griega y en la siríaca; en hebreo dice *Zabad*. **13:9** En hebreo *Joás*, una variante de Yoás; también en 13:10, 12, 13, 14, 25.

Eliseo puso sus dos manos sobre las manos del rey. [17]Luego le ordenó:

—Abre la ventana que da al oriente.

Él la abrió, y Eliseo le dijo:

—¡Dispara!

Así que el rey disparó una flecha y Eliseo proclamó:

—Esta es la flecha del Señor, una flecha de victoria sobre Aram, porque tú conquistarás por completo a los arameos en Afec.

[18]Luego Eliseo dijo:

—Ahora levanta las demás flechas y golpéalas contra el piso.

Entonces el rey las tomó y golpeó el piso tres veces; [19]pero el hombre de Dios se enojó con él y exclamó:

—¡Tendrías que haber golpeado el piso cinco o seis veces! Así habrías vencido a Aram hasta destruirlo por completo. Ahora saldrás vencedor solamente tres veces.

[20]Después Eliseo murió y fue enterrado.

Unos grupos de saqueadores moabitas solían invadir el país cada primavera. [21]Cierta vez, mientras unos israelitas enterraban a un hombre, divisaron a una banda de esos saqueadores. Entonces en el apuro arrojaron el cuerpo en la tumba de Eliseo y huyeron; pero en cuanto el cuerpo tocó los huesos de Eliseo, ¡el muerto resucitó y de un salto se puso en pie!

[22]El rey Hazael de Aram había oprimido a Israel durante todo el reinado de Joacaz, [23]pero el Señor tuvo bondad y misericordia de los israelitas y no los destruyó por completo. Tuvo compasión de ellos por el pacto que había hecho con Abraham, Isaac y Jacob; y hasta el día de hoy no los ha destruido por completo ni los ha expulsado de su presencia.

[24]El rey Hazael de Aram murió y su hijo Ben-adad le sucedió en el trono. [25]Entonces Yoás, hijo de Joacaz, recuperó de manos de Ben-adad, hijo de Hazael, las ciudades que le habían quitado a Joacaz, su padre. Yoás venció a Ben-adad en tres oportunidades y así recuperó las ciudades israelitas.

Amasías gobierna en Judá

14 Amasías, hijo de Joás, comenzó a gobernar Judá durante el segundo año del reinado de Yoás* en Israel. [2]Amasías tenía veinticinco años cuando subió al trono y reinó en Jerusalén veintinueve años. Su madre se llamaba Joadín y era de Jerusalén. [3]Amasías hizo lo que era agradable a los ojos del Señor, pero no tanto como su antepasado David. Amasías siguió, en cambio, el ejemplo de su padre, Joás. [4]No destruyó los santuarios paganos, y la gente siguió ofreciendo sacrificios y quemando incienso allí.

[5]Cuando Amasías se afianzó en el trono, ejecutó a los funcionarios que habían asesinado a su padre. [6]Sin embargo, no mató a los hijos de los asesinos porque obedeció el mandato del Señor que Moisés había escrito en el libro de la ley: «Los padres no tienen que morir por los pecados de sus hijos, ni los hijos deben morir por los pecados de sus padres. Los que merezcan la muerte serán ejecutados por sus propios delitos»*.

[7]Amasías también mató a diez mil edomitas en el valle de la Sal. Además, conquistó la ciudad de Sela y le cambió el nombre a Jocteel, como se le conoce hasta el día de hoy.

[8]Cierto día, Amasías envió mensajeros al rey Yoás de Israel, hijo de Joacaz y nieto de Jehú, para transmitirle un desafío: «¡Ven y enfréntate conmigo en batalla!»*.

[9]Entonces el rey Yoás de Israel respondió a Amasías, rey de Judá, con el siguiente relato: «En las montañas del Líbano, un cardo le envió un mensaje a un poderoso cedro: "Entrega a tu hija en matrimonio a mi hijo"; pero justo en ese momento, un animal salvaje del Líbano pasó por allí, ¡pisó el cardo y lo aplastó!

[10]»Es cierto que has derrotado a Edom y estás muy orgulloso de eso, pero ¡confórmate con tu victoria y quédate en casa! ¿Para qué causar problemas que solo te traerán calamidad a ti y al pueblo de Judá?».

[11]Sin embargo, Amasías no le hizo caso; entonces Yoás, rey de Israel, movilizó a su ejército contra Amasías, rey de Judá. Los dos ejércitos se pusieron en pie de guerra en Bet-semes, en Judá. [12]El ejército de Israel venció de manera aplastante a Judá, y sus soldados se dispersaron y huyeron a sus casas. [13]En Bet-semes, el rey Yoás de Israel capturó a Amasías, rey de Judá, hijo de Joás y nieto de Ocozías. Después se dirigió a Jerusalén, donde demolió ciento ochenta metros* de la muralla de la ciudad, desde la puerta de Efraín hasta la puerta de la Esquina. [14]Se llevó todo el oro y la plata, y todos los objetos del templo del Señor. También se apoderó de los tesoros del palacio real y tomó rehenes; luego regresó a Samaria.

[15]Los demás acontecimientos del reinado de Yoás y todo lo que hizo, incluso el alcance de su poder y su guerra contra Amasías, rey de Judá, están registrados en *El libro de la historia de los reyes de Israel*. [16]Cuando Yoás murió, lo enterraron en Samaria con los reyes de Israel y su hijo Jeroboam II lo sucedió en el trono.

[17]Amasías, rey de Judá, vivió quince años más después de la muerte del rey Yoás de Israel. [18]Los demás acontecimientos del reinado de Amasías están registrados en *El libro de la historia de los reyes de Judá*.

[19]Hubo una conspiración en Jerusalén contra la vida de Amasías, pero el rey huyó a Laquis; pero sus enemigos mandaron a unos asesinos tras él, y lo mataron allí. [20]Llevaron su cuerpo a Jerusalén sobre un caballo y lo enterraron con sus antepasados en la Ciudad de David.

²¹Todo el pueblo de Judá había coronado a Uzías,* hijo de Amasías, quien tenía dieciséis años de edad, para que reinara en lugar de su padre. ²²Después de la muerte de su padre, Uzías reconstruyó la ciudad de Elat y la restituyó a Judá.

Jeroboam II gobierna en Israel

²³Jeroboam II, hijo de Yoás, comenzó a gobernar Israel durante el año quince del reinado de Amasías en Judá, y reinó en Samaria cuarenta y un años. ²⁴Jeroboam II hizo lo malo a los ojos del SEÑOR. Se negó a apartarse de los pecados que Jeroboam, hijo de Nabat, hizo cometer a Israel. ²⁵Jeroboam II recuperó los territorios de Israel que estaban entre Lebo-hamat y el mar Muerto,* tal como había prometido el SEÑOR, Dios de Israel, por medio del profeta Jonás, hijo de Amitai, profeta de Gat-hefer.

²⁶El SEÑOR vio el amargo sufrimiento de todos en Israel, y no había ningún israelita, ni esclavo ni libre, que los ayudara. ²⁷Como el SEÑOR no había dicho que borraría el nombre de Israel por completo, usó a Jeroboam II, hijo de Yoás, para salvarlos.

²⁸Los demás acontecimientos del reinado de Jeroboam II y todo lo que hizo —incluso el alcance de su poder, sus guerras y cómo recuperó para Israel las ciudades de Damasco y Hamat, que habían pertenecido a Judá*— están registrados en *El libro de la historia de los reyes de Israel.* ²⁹Cuando Jeroboam II murió, lo enterraron en Samaria* con los reyes de Israel. Luego su hijo Zacarías lo sucedió en el trono.

Uzías gobierna en Judá

15 Uzías,* hijo de Amasías, comenzó a gobernar Judá durante el año veintisiete del reinado de Jeroboam II, en Israel. ²Tenía dieciséis años cuando subió al trono y reinó en Jerusalén cincuenta y dos años. Su madre se llamaba Jecolías y era de Jerusalén.

³El rey hizo lo que era agradable a los ojos del SEÑOR, así como su padre Amasías. ⁴Sin embargo, no destruyó los santuarios paganos, y la gente siguió ofreciendo sacrificios y quemando incienso allí. ⁵El SEÑOR hirió al rey con lepra,* enfermedad que le duró hasta el día de su muerte; y vivió aislado en una casa aparte. Su hijo Jotam quedó encargado del palacio real y él gobernaba a los habitantes del reino.

⁶Los demás acontecimientos del reinado de Uzías y todo lo que hizo están registrados en *El libro de la historia de los reyes de Judá.* ⁷Cuando Uzías murió, lo enterraron con sus antepasados en la Ciudad de David; y su hijo Jotam lo sucedió en el trono.

Zacarías gobierna en Israel

⁸Zacarías, hijo de Jeroboam II, comenzó a gobernar Israel durante el año treinta y ocho del reinado de Uzías en Judá, y reinó en Samaria seis meses. ⁹Zacarías hizo lo malo a los ojos del SEÑOR, igual que sus antepasados. Se negó a apartarse de los pecados que Jeroboam, hijo de Nabat, hizo cometer a Israel. ¹⁰Entonces Salum, hijo de Jabes, conspiró contra Zacarías, lo asesinó en público* y ocupó el trono en su lugar.

¹¹Los demás acontecimientos del reinado de Zacarías están registrados en *El libro de la historia de los reyes de Israel.* ¹²Así se cumplió el mensaje que el SEÑOR le había dado a Jehú cuando dijo: «Tus descendientes serán reyes de Israel hasta la cuarta generación».

Salum gobierna en Israel

¹³Salum, hijo de Jabes, comenzó a gobernar Israel durante el año treinta y nueve del reinado de Uzías en Judá, y reinó en Samaria sólo un mes. ¹⁴Manahem, hijo de Gadi, llegó a Samaria desde Tirsa, lo asesinó, y ocupó el trono en su lugar.

¹⁵Los demás acontecimientos del reinado de Salum, incluso su conspiración, están registrados en *El libro de la historia de los reyes de Israel.*

Manahem gobierna en Israel

¹⁶En esos días, Manahem destruyó la ciudad de Tapúa* y sus alrededores hasta Tirsa, porque sus habitantes se negaron a entregar la ciudad. Mató a toda la población y les abrió el vientre a las mujeres embarazadas.

¹⁷Manahem, hijo de Gadi, comenzó a gobernar Israel durante el año treinta y nueve del reinado de Uzías en Judá, y reinó en Samaria diez años. ¹⁸Manahem hizo lo malo a los ojos del SEÑOR. Durante todo su reinado, se negó a apartarse de los pecados que Jeroboam, hijo de Nabat, hizo cometer a Israel.

¹⁹Entonces Tiglat-pileser,* rey de Asiria, invadió la nación; pero Manahem le pagó treinta y cuatro mil kilos* de plata con el fin de obtener su apoyo para afianzar su soberanía real. ²⁰Para conseguir el dinero, Manahem extorsionó a los ricos de Israel obligando a que cada uno le pagara cincuenta piezas* de plata al rey de Asiria. Por eso el rey de Asiria dejó de invadir Israel y se retiró del país.

²¹Los demás acontecimientos del reinado de Manahem y todo lo que hizo reposan registrados en *El libro de la historia de los reyes de Israel.* ²²Cuando Manahem murió, su hijo Pekaía lo sucedió en el trono.

14:21 En hebreo *Azarías*, una variante de Uzías. **14:25** En hebreo *el mar del Arabá.* **14:28** O *a Yaudi*. El significado del hebreo es incierto. **14:29** Así aparece en algunos manuscritos griegos; otros manuscritos *lo enterraron en Samaria.* **15:1** En hebreo *Azarías*, una variante de Uzías; también en 15:6, 7, 8, 17, 23, 27. **15:5** O *con una enfermedad contagiosa de la piel.* La palabra hebrea empleada aquí y en todo este pasaje puede describir diversas enfermedades de la piel. **15:10** O *en Ibleam.* **15:16** Así aparece en algunos manuscritos griegos; otros manuscritos griegos dicen *en Ibleam.* En hebreo dice *Tifsa.* **15:19a** En hebreo *Pul*, otro nombre de Tiglat-pileser. **15:19b** En hebreo *1000 talentos* [37 toneladas]. **15:20** En hebreo *50 siclos* [570 gramos ó 20 onzas].

Pekaía gobierna en Israel

²³Pekaía, hijo de Manahem, comenzó a gobernar Israel durante el año cincuenta del reinado de Uzías en Judá y reinó en Samaria dos años. ²⁴Pekaía hizo lo malo a los ojos del SEÑOR. Se negó a apartarse de los pecados que Jeroboam, hijo de Nabat, hizo cometer a Israel.

²⁵Entonces Peka, hijo de Remalías, comandante del ejército de Pekaía, conspiró contra el rey. Con el apoyo de cincuenta hombres de Galaad, Peka asesinó al rey, y también a Argob y a Arie, en la ciudadela del palacio de Samaria; y Peka ocupó el trono en su lugar.

²⁶Los demás acontecimientos del reinado de Pekaía y todo lo que hizo están registrados en *El libro de la historia de los reyes de Israel.*

Peka gobierna en Israel

²⁷Peka, hijo de Remalías, comenzó a gobernar Israel durante el año cincuenta y dos del reinado de Uzías en Judá, y reinó en Samaria veinte años. ²⁸Peka hizo lo malo a los ojos del SEÑOR. Se negó a apartarse de los pecados que Jeroboam, hijo de Nabat, hizo cometer a Israel.

²⁹Durante el reinado de Peka, el rey Tiglat-pileser de Asiria volvió a atacar a Israel y tomó las ciudades de Ijón, Abel-bet-maaca, Janoa, Cedes y Hazor. También conquistó las regiones de Galaad, Galilea, y todo el territorio de Neftalí; y a los habitantes los llevó cautivos a Asiria. ³⁰Entonces Oseas, hijo de Ela, conspiró contra Peka y lo asesinó. Oseas comenzó a gobernar Israel durante el año veinte de Jotam, hijo de Uzías.

³¹Los demás acontecimientos del reinado de Peka y todo lo que hizo están registrados en *El libro de la historia de los reyes de Israel.*

Jotam gobierna en Judá

³²Jotam, hijo de Uzías, comenzó a gobernar Judá durante el segundo año del reinado de Peka, en Israel. ³³Tenía veinticinco años cuando subió al trono y reinó en Jerusalén dieciséis años. Su madre se llamaba Jerusa y era hija de Sadoc.

³⁴Jotam hizo lo que era agradable a los ojos del SEÑOR. Hizo todo lo que había hecho su padre Uzías. ³⁵pero no destruyó los santuarios paganos, y la gente seguía ofreciendo sacrificios y quemando incienso allí. Él reconstruyó la puerta superior del templo del SEÑOR.

³⁶Los demás acontecimientos del reinado de Jotam y todo lo que hizo están registrados en *El libro de la historia de los reyes de Judá.* ³⁷En esos días, el SEÑOR comenzó a enviar contra Judá al rey Rezín de Aram y al rey Peka de Israel.

³⁸Cuando Jotam murió, lo enterraron con sus antepasados en la Ciudad de David, y su hijo Acaz lo sucedió en el trono.

Acaz gobierna en Judá

16 Acaz, hijo de Jotam, comenzó a gobernar Judá durante el año dieciséis del reinado de Peka en Israel. ²Acaz tenía veinte años cuando subió al trono y reinó en Jerusalén dieciséis años. Él no hizo lo que era agradable a los ojos del SEÑOR su Dios, como sí lo había hecho su antepasado David. ³En cambio, siguió el ejemplo de los *reyes de Israel*, hasta sacrificó a su propio hijo en el fuego.* De esta manera, siguió las prácticas detestables de las naciones paganas que el SEÑOR había expulsado de la tierra del paso de los israelitas. ⁴Ofreció sacrificios y quemó incienso en los santuarios paganos, en las colinas y debajo de todo árbol frondoso.

⁵Entonces el rey Rezín de Aram y el rey Peka de Israel subieron hacia Jerusalén para atacarla. Sitiaron a Acaz pero no pudieron vencerlo. ⁶En esos días, el rey de Edom¹ recuperó la ciudad de Elat para Edom.* Expulsó a la gente de Judá y mandó a edomitas* a habitar el lugar, y allí viven hasta el día de hoy.

⁷El rey Acaz envió mensajeros a Tiglat-pileser, rey de Asiria, con este mensaje: «Yo soy tu siervo y tu vasallo.* Sube a rescatarme de los ejércitos de Aram e Israel, que me atacan». ⁸Después Acaz tomó la plata y el oro del templo del SEÑOR y del tesoro del palacio y envió todo como pago al rey de Asiria. ⁹Entonces el rey de Asiria atacó Damasco, la capital aramea, se llevó cautivos a sus habitantes y los estableció en Kir. También mató al rey Rezín.

¹⁰Luego el rey Acaz se dirigió a Damasco a encontrarse con Tiglat-pileser, rey de Asiria. Mientras estaba allí, observó detenidamente el altar y le envió un modelo del altar al sacerdote Urías, junto con el diseño bien detallado. ¹¹Urías siguió las instrucciones del rey y construyó uno igual, y lo tuvo listo antes de que el rey volviera de Damasco. ¹²Cuando el rey regresó, inspeccionó el altar y hizo sacrificios sobre él. ¹³Presentó una ofrenda quemada y una ofrenda de grano, derramó una ofrenda líquida y roció sobre el altar la sangre de ofrendas de paz.

¹⁴Luego el rey Acaz quitó el antiguo altar de bronce de su lugar al frente del templo del SEÑOR, entre la entrada y el altar nuevo, y lo colocó en el lado norte del altar nuevo. ¹⁵Le dijo al sacerdote Urías: «Usa el altar nuevo* para los sacrificios de las ofrendas quemadas matutinas, la ofrenda de grano vespertina, la ofrenda quemada y la ofrenda de grano del rey, y las ofrendas quemadas de todo el pueblo, así como sus ofrendas de grano y sus ofrendas líquidas. Rocía sobre el altar nuevo la sangre de todas las ofrendas quemadas y todos los sacrificios. El altar de bronce será únicamente para mi uso personal». ¹⁶Así que el sacerdote Urías hizo todo tal como el rey Acaz le ordenó.

16:3 O *hasta hizo pasar a su hijo por el fuego.* 16:6a Así aparece en la Vulgata Latina; en hebreo dice *Rezín, rey de Aram.* 16:6b Así aparece en la Vulgata Latina; en hebreo dice *Aram.* 16:6c Así aparece en la versión griega, en la Vulgata Latina y en una lectura alternativa del texto masorético; en el texto masorético dice *arameos.* 16:7 En hebreo *tu hijo.* 16:15 En hebreo *el gran altar.*

¹⁷Luego el rey quitó los paneles laterales y los tazones de las carretas para llevar agua. También quitó de encima de los bueyes de bronce el gran tazón de bronce llamado el Mar y lo puso sobre el empedrado. ¹⁸Por deferencia al rey de Asiria, también quitó una especie de cubierta que se había construido dentro del palacio para usar los días de descanso,* así como la entrada exterior del rey al templo del SEÑOR.

¹⁹Los demás acontecimientos del reinado de Acaz y todo lo que hizo están registrados en *El libro de la historia de los reyes de Judá.* ²⁰Cuando Acaz murió, lo enterraron con sus antepasados en la Ciudad de David. Luego su hijo Ezequías lo sucedió en el trono.

Oseas gobierna en Israel

17 Oseas, hijo de Ela, comenzó a gobernar Israel durante el año doce del reinado de Acaz en Judá y reinó en Samaria nueve años. ²Él hizo lo malo a los ojos del SEÑOR, aunque no tanto como los reyes de Israel que gobernaron antes que él.

³Salmanasar, rey de Asiria, atacó al rey Oseas, por eso Oseas se vio obligado a pagar un elevado tributo a Asiria. ⁴Sin embargo, Oseas dejó de pagar el tributo anual y conspiró contra el rey de Asiria al pedirle a So, rey de Egipto,* que lo ayudara a liberarse del poder del rey de Asiria. Cuando el rey de Asiria descubrió la traición, tomó a Oseas por la fuerza y lo metió en la cárcel.

Samaria cae ante Asiria

⁵Entonces el rey de Asiria invadió todo el territorio y sitió a la ciudad de Samaria durante tres años. ⁶Finalmente, en el año nueve del reinado de Oseas, Samaria cayó y los israelitas fueron desterrados a Asiria, donde los establecieron en colonias en la región de Halah, en Gozán junto a la ribera del río Habor, y en las ciudades de los medos.

⁷Semejante desgracia ocurrió a los israelitas porque rindieron culto a otros dioses. Pecaron contra el SEÑOR su Dios, quien los había sacado a salvo de Egipto y los había rescatado del poder del faraón, rey de Egipto. ⁸Habían seguido las prácticas de las naciones paganas que el SEÑOR había expulsado de la tierra de su paso, así como las prácticas que los reyes de Israel habían introducido. ⁹Los israelitas también habían hecho muchas cosas en secreto, que no eran agradables al SEÑOR su Dios. Se construyeron santuarios paganos en todas las ciudades, desde el puesto de avanzada más pequeño hasta la ciudad amurallada más grande. ¹⁰Levantaron columnas sagradas y postes dedicados a la diosa Asera en la cima de cada colina alta y debajo de todo árbol frondoso. ¹¹Ofrecieron sacrificios en todas las cumbres de las colinas, tal como lo hacían las naciones que el SEÑOR había expulsado de la tierra de su paso. Así que el pueblo de Israel había hecho muchas cosas perversas, con lo que provocó el enojo del SEÑOR. ¹²Efectivamente, rindieron culto a ídolos* a pesar de las advertencias específicas que el SEÑOR les hizo repetidamente.

¹³Una y otra vez el SEÑOR envió a sus profetas y videntes para dar a Israel y a Judá la siguiente advertencia: «Apártense de sus malos caminos. Obedezcan mis mandatos y decretos, es decir, toda la ley que le ordené a sus antepasados que obedecieran y que les di a ustedes a través de mis siervos, los profetas».

¹⁴Sin embargo, los israelitas no quisieron escuchar. Fueron tan tercos como sus antepasados, quienes se negaron a creer en el SEÑOR su Dios. ¹⁵Rechazaron sus decretos y el pacto que él había hecho con sus antepasados, y despreciaron todas sus advertencias. Rindieron culto a ídolos inútiles, por lo cual ellos mismos se volvieron inútiles. Siguieron el ejemplo de las naciones vecinas, desobedeciendo el mandato del SEÑOR de no imitarlas.

¹⁶Los israelitas rechazaron todos los mandatos del SEÑOR su Dios e hicieron dos becerros de metal. Levantaron un poste dedicado a la diosa Asera y rindieron culto a Baal y veneraron a todas las fuerzas del cielo. ¹⁷Hasta sacrificaron a sus hijos y a sus hijas en el fuego.* Consultaron con adivinos, practicaron la hechicería y se entregaron por completo al mal, con lo cual provocaron el enojo del SEÑOR.

¹⁸Como el SEÑOR estaba muy enojado con los israelitas, los barrió de su presencia. Solo la tribu de Judá quedó en la tierra; ¹⁹pero aun los de Judá se negaron a obedecer los mandatos del SEÑOR su Dios, ya que siguieron las prácticas perversas que Israel había introducido. ²⁰El SEÑOR rechazó a todos los descendientes de Israel. Los castigó entregándolos a sus agresores hasta expulsar a Israel de su presencia.

²¹Pues cuando el SEÑOR* arrancó a Israel del reino de David, los israelitas escogieron a Jeroboam, hijo de Nabat, como su rey; pero Jeroboam alejó a Israel del SEÑOR y lo hizo cometer un gran pecado. ²²Los israelitas persistieron en seguir todos los caminos perversos de Jeroboam. No se apartaron de esos pecados ²³hasta que finalmente el SEÑOR los barrió de su presencia, tal como lo habían advertido todos los profetas. En consecuencia, los israelitas fueron desterrados y deportados a Asiria, donde se encuentran hasta el día de hoy.

Extranjeros en Israel

²⁴El rey de Asiria transportó grupos de gente desde Babilonia, Cuta, Ava, Hamat y Sefarvaim, y los reubicó en las ciudades de Samaria en

---

16:18 El significado del hebreo es incierto.   **17:4** O *al pedirle al rey de Egipto en Sais.*   **17:12** En hebreo *ídolos* (literalmente *cosas redondas*) probablemente se refiere al estiércol.   **17:17** O *Hasta hicieron pasar a sus hijos y a sus hijas por el fuego.*   **17:21** En hebreo *él;* comparar 1 Re 11:31-32.

reemplazo del pueblo de Israel. Ellos tomaron posesión de Samaria y habitaron sus ciudades; ²⁵pero ya que estos colonos extranjeros no adoraban al Señor cuando recién llegaron, el Señor envió leones, que mataron a algunos de ellos.

²⁶Por esa razón mandaron un mensaje al rey de Asiria en el cual le decían: «La gente que ha mandado a habitar las ciudades de Samaria no conoce las costumbres religiosas del Dios de ese lugar. Él ha enviado leones a destruirlos, porque no lo adoraron como se debe».

²⁷Entonces el rey de Asiria ordenó: «Manden de regreso a Samaria a uno de los sacerdotes desterrados; que viva allí y les enseñe a los nuevos residentes las costumbres religiosas del Dios de ese lugar». ²⁸Entonces uno de los sacerdotes que había sido desterrado de Samaria regresó a Betel y les enseñó a los nuevos residentes cómo adorar al Señor.

²⁹Sin embargo, los diversos grupos de extranjeros a la vez siguieron rindiendo culto a sus propios dioses. En todas las ciudades donde habitaban, colocaron sus ídolos en los santuarios paganos que la gente de Samaria había construido. ³⁰Los que eran de Babilonia rendían culto a ídolos de su dios Sucot-benot; los de Cuta rendían culto a su dios Nergal; los que eran de Hamat rendían culto a Asima; ³¹los avitas rendían culto a sus dioses Nibhaz y Tartac; y la gente de Sefarvaim hasta quemaba a sus propios hijos en sacrificio a sus dioses Adramelec y Anamelec.

³²Los nuevos residentes adoraban al Señor, pero también elegían de entre ellos a cualquiera y lo nombraban sacerdote para que ofreciera sacrificios en los lugares de culto. ³³Aunque adoraban al Señor, seguían tras sus propios dioses según las costumbres religiosas de las naciones de donde provenían. ³⁴Todo esto sigue igual hasta el día de hoy. Ellos continúan con sus prácticas antiguas en vez de adorar verdaderamente al Señor y obedecer los decretos, las ordenanzas, las instrucciones y los mandatos que él les dio a los descendientes de Jacob, a quien le cambió el nombre por el de Israel.

³⁵Pues el Señor hizo un pacto con los descendientes de Jacob y les ordenó: «No rindan culto a otros dioses, ni se inclinen ante ellos, ni los sirvan, ni les ofrezcan sacrificios. ³⁶En cambio, adoren solo al Señor, quien los sacó de Egipto con gran fuerza y brazo poderoso. Inclínense solo ante él y ofrezcan sacrificios únicamente a él. ³⁷En todo momento, asegúrense de obedecer los decretos, las ordenanzas, las instrucciones y los mandatos que él escribió para ustedes. No deben rendir culto a otros dioses. ³⁸No olviden el pacto que hice con ustedes ni rindan culto a otros dioses. ³⁹Adoren solo al Señor su Dios. Él es quien los librará de todos sus enemigos».

⁴⁰Sin embargo, la gente no quiso escuchar y siguió con sus prácticas antiguas. ⁴¹Así que, si bien los nuevos residentes adoraban al Señor, también rendían culto a sus ídolos; y hasta el día de hoy, sus descendientes hacen lo mismo.

Ezequías gobierna en Judá

18 Ezequías, hijo de Acaz, comenzó a gobernar Judá durante el tercer año del reinado de Oseas en Israel. ²Tenía veinticinco años cuando subió al trono y reinó en Jerusalén veintinueve años. Su madre se llamaba Abías,* hija de Zacarías. ³Ezequías hizo lo que era agradable a los ojos de Dios, igual que su antepasado David. ⁴Él quitó los santuarios paganos, destrozó las columnas sagradas y derribó los postes dedicados a la diosa Asera. Hizo pedazos la serpiente de bronce que Moisés había hecho, porque la gente de Israel seguía ofreciéndole sacrificios. La serpiente de bronce se llamaba Nehustán.*

⁵Ezequías confiaba en el Señor, Dios de Israel. No hubo nadie como él entre todos los reyes de Judá, ni antes ni después de él. ⁶Permaneció fiel al Señor en todo y obedeció cuidadosamente todos los mandatos que el Señor le había dado a Moisés. ⁷Por eso el Señor estaba con él, y Ezequías tuvo éxito en todo lo que hizo. Se rebeló contra el rey de Asiria y se negó a pagarle tributo. ⁸También conquistó a los filisteos hasta la lejana región de Gaza y su territorio, desde el puesto de avanzada más pequeño hasta la ciudad amurallada más grande.

⁹Durante el cuarto año del reinado de Ezequías, que era el séptimo año del reinado de Oseas en Israel, Salmanasar, rey de Asiria, atacó la ciudad de Samaria y comenzó a sitiarla. ¹⁰Tres años después, durante el sexto año del reinado de Ezequías y el noveno año del reinado de Oseas en Israel, Samaria cayó. ¹¹En ese tiempo, el rey de Asiria desterró a los israelitas a Asiria y los ubicó en colonias en la región de Halah, en Gozán junto a la ribera del río Habor, y en las ciudades de los medos. ¹²Pues ellos se negaron a escuchar al Señor su Dios y a obedecerlo. En cambio, violaron su pacto, es decir, todas las leyes que Moisés, siervo del Señor, les había ordenado que obedecieran.

Asiria invade a Judá

¹³En el año catorce del reinado de Ezequías,* Senaquerib, rey de Asiria, atacó a las ciudades fortificadas de Judá y las conquistó. ¹⁴Entonces el rey Ezequías envió el siguiente mensaje al rey de Asiria que estaba en Laquis: «Yo he actuado mal. Si tú te retiras, te pagaré cualquier tributo que exijas». Así que el rey de Asiria exigió un pago de más de diez mil kilos de plata y mil kilos de oro.* ¹⁵Para reunir esta cantidad, el rey Ezequías usó toda la plata que estaba guardada

---

18:2 Así aparece en el texto paralelo de 2 Cr 29:1; en hebreo dice *Abi*, una variante de Abías.   **18:4** *Nehustán* suena como un término hebreo que significa «serpiente», «bronce» y «cosa impura».   **18:13** El año catorce del reinado del rey Ezequías fue el 701 a. C.   **18:14** En hebreo *300 talentos* [11 toneladas de EE. UU.] *de plata* y *30 talentos* [1,2 toneladas de EE. UU.] *de oro*.

en el templo del SEÑOR y en el tesoro del palacio. [16]Hasta quitó el oro de las puertas del templo del SEÑOR y de los marcos de las puertas que había revestido con oro, y se lo dio todo al rey de Asiria.

[17]Sin embargo, el rey de Asiria mandó desde Laquis a su comandante en jefe, a su comandante de campo y a su jefe del Estado Mayor* con un enorme ejército para enfrentar al rey Ezequías en Jerusalén. Los asirios tomaron posición de batalla junto al acueducto que vierte el agua en el estanque superior, cerca del camino que lleva al campo donde se lavan* telas. [18]Mandaron llamar al rey Ezequías, pero el rey envió a tres funcionarios a recibirlos: Eliaquim, hijo de Hilcías, administrador del palacio; Sebna, secretario de la corte; y Joa, hijo de Asaf, historiador del reino.

Senaquerib amenaza a Jerusalén

[19]Entonces el jefe del Estado Mayor del rey asirio les dijo que le transmitieran a Ezequías el siguiente mensaje:

«El gran rey de Asiria dice: ¿En qué confías que te da tanta seguridad? [20]¿Acaso crees que simples palabras pueden sustituir la fuerza y la capacidad militar? ¿Con quién cuentas para haberte rebelado contra mí? [21]¿Con Egipto? Si te apoyas en Egipto, será como una caña que se quiebra bajo tu peso y te atraviesa la mano. ¡El faraón, rey de Egipto, no es nada confiable!

[22]»Tal vez me digas: "¡Confiamos en el SEÑOR nuestro Dios!"; pero ¿no es él a quien Ezequías insultó? ¿Acaso no fue Ezequías quien derribó sus santuarios y altares, e hizo que todos en Judá y en Jerusalén adoraran solo en el altar que hay aquí, en Jerusalén?

[23]»¡Se me ocurre una idea! Llega a un acuerdo con mi amo, el rey de Asiria. Yo te daré dos mil caballos, ¡si es que puedes encontrar esa cantidad de hombres para que los monten! [24]Con tu pequeño ejército, ¿cómo se te ocurre desafiar siquiera al contingente más débil de las tropas de mi amo, aunque contaras con la ayuda de los carros de guerra y sus conductores de Egipto? [25]Es más, ¿crees que hemos invadido tu tierra sin la dirección del SEÑOR? El SEÑOR mismo nos dijo: "¡Ataquen esta tierra y destrúyanla!"».

[26]Entonces Eliaquim, hijo de Hilcías, como Sebna y Joa le dijeron al jefe del Estado Mayor asirio:

—Por favor, háblanos en arameo porque lo entendemos bien. No hables en hebreo,* porque oirá la gente que está sobre la muralla.

[27]Pero el jefe del Estado Mayor de Senaquerib respondió:

—¿Ustedes creen que mi amo les envió este mensaje solo a ustedes y a su amo? Él quiere que todos los habitantes lo oigan porque, cuando sitiemos a esta ciudad, ellos sufrirán junto con ustedes. Tendrán tanta hambre y tanta sed que comerán su propio excremento y beberán su propia orina.

[28]Después el jefe del Estado Mayor se puso de pie y le gritó en hebreo a la gente que estaba sobre la muralla: «¡Escuchen este mensaje del gran rey de Asiria! [29]El rey dice lo siguiente: "No dejen que Ezequías los engañe. Él jamás podrá librarlos de mi poder. [30]No permitan que les haga confiar en el SEÑOR diciéndoles: 'Con toda seguridad el SEÑOR nos librará. ¡Esta ciudad nunca caerá en manos del rey asirio!'.

[31]»"¡No escuchen a Ezequías! El rey de Asiria les ofrece estas condiciones: hagan las paces conmigo; abran las puertas y salgan. Entonces cada uno de ustedes podrá seguir comiendo de su propia vid y de su propia higuera, y bebiendo de su propio pozo. [32]Me encargaré de llevarlos a otra tierra como esta: una tierra de grano y vino nuevo, de pan y viñedos, de olivares y miel. ¡Escojan la vida y no la muerte!

»"No escuchen a Ezequías cuando trate de engañarlos al decir: '¡El SEÑOR nos librará!'. [33]¿Acaso los dioses de cualquier otra nación alguna vez han salvado a su pueblo del rey de Asiria? [34]¿Qué les sucedió a los dioses de Hamat y de Arfad? ¿Y qué me dicen de los dioses de Sefarvaim, Hena e Iva? ¿Algún dios libró a Samaria de mi poder? [35]¿Cuál de los dioses de alguna nación ha podido salvar alguna vez a su pueblo de mi poder? ¿Qué les hace pensar entonces que el SEÑOR puede librar a Jerusalén de mis manos?"».

[36]El pueblo se quedó en silencio y no dijo ni una palabra, porque Ezequías le había ordenado: «No le respondan».

[37]Entonces Eliaquim, hijo de Hilcías, administrador del palacio; Sebna, secretario de la corte; y Joa, hijo de Asaf, historiador del reino, regresaron a donde estaba Ezequías. Desesperados rasgaron su ropa, entraron para ver al rey y le contaron lo que había dicho el jefe del Estado Mayor asirio.

Ezequías busca la ayuda del SEÑOR

19 Cuando el rey Ezequías oyó el informe, rasgó su ropa, se vistió de tela áspera y entró al templo del SEÑOR. [2]Enseguida envió a Eliaquim, administrador del palacio; a Sebna, secretario de la corte; y a los principales sacerdotes, todos vestidos de tela áspera, a hablar con el profeta Isaías, hijo de Amoz. [3]Ellos le dijeron: «El rey Ezequías dice: "Hoy es un día de dificultad, insulto y deshonra. Es como cuando un niño está a punto de nacer, pero la madre no tiene fuerzas para dar a luz. [4]Tal vez el SEÑOR tu Dios haya oído al jefe del Estado Mayor* asirio, que fue enviado por el rey para desafiar al Dios

18:17a O *al Rabsaces;* también en 18:19, 26, 27, 28, 37.   18:17b O *se blanquean.*   18:26 En hebreo *en el dialecto de Judá;* también en 18:28.   19:4 O *al Rabsaces;* también en 19:8.

viviente, y lo castigue por sus palabras. ¡Te rogamos que ores por los que hemos quedado!"».

⁵Una vez que los funcionarios del rey Ezequías le dieron a Isaías el mensaje del rey, ⁶el profeta respondió: «Díganle a su amo: "Esto dice el SEÑOR: 'No te alteres por ese discurso blasfemo que han pronunciado contra mí los mensajeros del rey de Asiria. ⁷¡Escucha! Yo mismo actuaré en su contra,* y el rey recibirá un mensaje de que lo necesitan en su país. Así que volverá a su tierra, donde haré que lo maten a filo de espada'"».

⁸Mientras tanto, el jefe del Estado Mayor asirio partió de Jerusalén para consultar al rey de Asiria, quien había salido de Laquis y estaba atacando a Libna.

⁹Poco después, el rey Senaquerib recibió la noticia de que el rey Tirhaca de Etiopía* iba al frente de un ejército para luchar contra él. Antes de salir al encuentro de sus agresores, envió mensajeros de regreso a Ezequías, en Jerusalén, con el siguiente mensaje:

¹⁰«Este mensaje está dirigido al rey Ezequías de Judá. No dejes que tu Dios, en quien confías, te engañe con promesas de que Jerusalén no caerá en manos del rey de Asiria. ¹¹Tú sabes perfectamente bien lo que han hecho los reyes de Asiria en todos los lugares donde han ido. ¡Han destruido por completo a todo aquel que se les ha interpuesto en su camino! ¿Por qué serías tú la excepción? ¹²¿Acaso los dioses de otras naciones han rescatado, naciones como Gozán, Harán, Resef y el pueblo de Edén que vivía en Telasar? ¡Mis antecesores los destruyeron a todos! ¹³¿Qué sucedió con el rey de Hamat y el rey de Arfad? ¿Qué les pasó a los reyes de Sefarvaim, de Hena y de Iva?».

¹⁴Después de recibir la carta de mano de los mensajeros y de leerla, Ezequías subió al templo del SEÑOR y desplegó la carta ante el SEÑOR. ¹⁵En presencia del SEÑOR, el rey hizo la siguiente oración: «¡Oh SEÑOR, Dios de Israel, tú estás entronizado entre los poderosos querubines! Solo tú eres el Dios de todos los reinos de la tierra. Solo tú creaste los cielos y la tierra. ¹⁶¡Inclínate, oh SEÑOR, y escucha! ¡Abre tus ojos, oh SEÑOR, y mira! Escucha las palabras desafiantes de Senaquerib contra el Dios viviente.

¹⁷»Es cierto, SEÑOR, que los reyes de Asiria han destruido a todas esas naciones. ¹⁸Han arrojado al fuego a los dioses de esas naciones y los han quemado. ¡Por supuesto que los asirios pudieron destruirlos, pues no eran dioses en absoluto! Eran solo ídolos de madera y de piedra, formados por manos humanas. ¹⁹Ahora, oh SEÑOR nuestro Dios, rescátanos de su poder; así todos los reinos de la tierra sabrán que solo tú, oh SEÑOR, eres Dios».

Isaías predice la liberación de Judá

²⁰Después, Isaías, hijo de Amoz, le envió a Ezequías el siguiente mensaje: «Esto dice el SEÑOR, Dios de Israel: "He oído tu oración con respecto al rey Senaquerib de Asiria, ²¹y el SEÑOR ha pronunciado estas palabras en su contra:

»"La hija virgen de Sión
    te desprecia y se ríe de ti.
La hija de Jerusalén
    menea la cabeza con desdén mientras
      tú huyes.

²² »¿A quién has estado desafiando y
    ridiculizando?
¿Contra quién levantaste la voz?
¿A quién miraste con ojos tan arrogantes?
    ¡Fue al Santo de Israel!
²³ Por medio de tus mensajeros, has desafiado
    al Señor.
Dijiste: 'Con mis numerosos carros
    de guerra
conquisté las montañas más altas,
    sí, las cimas más remotas del Líbano.
Corté sus cedros más altos
    y sus mejores cipreses.
Alcancé sus rincones más lejanos
    y exploré sus bosques más espesos.
²⁴ Cavé pozos en muchas tierras extranjeras
    y me refresqué con sus aguas.
¡Con la planta de mi pie
    detuve todos los ríos de Egipto!'.

²⁵ »Pero ¿acaso no has oído?
Yo lo decidí hace mucho tiempo.
Hace mucho que lo planifiqué,
    y ahora lo llevo a cabo.
Yo determiné que tú aplastaras ciudades
    fortificadas
y las redujeras a un montón de escombros.
²⁶ Por eso sus habitantes tienen tan poco poder
    y están tan asustados y confundidos.
Son tan débiles como la hierba,
    tan fáciles de pisotear como tiernos brotes
      verdes.
Son como hierba que sale en el techo de
    una casa,
que se quema antes de poder crecer alta
    y lozana.

²⁷ »Pero a ti te conozco bien:
    sé dónde te encuentras,
y cuándo entras y sales.
Conozco la forma en que desataste tu furia
    contra mí.
²⁸ Por esa furia en mi contra
    y por tu arrogancia, que yo mismo oí,
te pondré mi gancho en la nariz
    y mi freno en la boca.
Te haré regresar
    por el mismo camino por donde viniste"».

19:7 En hebreo *Yo pondré un espíritu en él.*   **19:9** En hebreo *de Cus.*

²⁹Luego Isaías le dijo a Ezequías: «Esta es la prueba de que es cierto lo que digo:

»Este año ustedes solo comerán lo que crezca
    por sí mismo,
    y el año próximo comerán lo que de
      eso brote.
Sin embargo, el tercer año, plantarán cultivos y
    los cosecharán;
cuidarán de sus viñedos y comerán de
    su fruto.
³⁰Y ustedes, los que quedan en Judá,
    los que han escapado de los estragos
      del ataque,
echarán raíces en su propio suelo,
    crecerán y prosperarán.
³¹Pues desde Jerusalén se extenderá un
    remanente de mi pueblo,
un grupo de sobrevivientes, desde el
    monte Sión.
¡El ferviente compromiso del Señor de los
    Ejércitos Celestiales*
hará que esto suceda!

³²»Y esto dice el Señor acerca del rey de Asiria:

»"Sus ejércitos no entrarán en Jerusalén;
    ni siquiera lanzarán una sola flecha contra
      ella.
No marcharán fuera de sus puertas con
    sus escudos
ni levantarán terraplenes contra sus
    murallas.
³³El rey regresará a su propia tierra
    por el mismo camino por donde vino.
No entrará en esta ciudad
    —dice el Señor—.
³⁴Por mi propia honra y por amor a mi
    siervo David,
defenderé esta ciudad y la protegeré"».

³⁵Esa noche el ángel del Señor fue al campamento asirio y mató a ciento ochenta y cinco mil soldados. Cuando los asirios que sobrevivieron* se despertaron a la mañana siguiente, encontraron cadáveres por todas partes. ³⁶Entonces Senaquerib, rey de Asiria, levantó campamento y regresó a su propia tierra. Volvió a Nínive, la capital del reino, y allí se quedó.

³⁷Cierto día, mientras rendía culto en el templo de su dios Nisroc, sus hijos* Adramelec y Sarezer lo mataron a espada. Luego escaparon a la tierra de Ararat, y otro de sus hijos, Esarhadón, lo sucedió en el trono de Asiria.

Enfermedad y recuperación de Ezequías

20 Por ese tiempo, Ezequías se enfermó gravemente, y el profeta Isaías, hijo de Amoz, fue a visitarlo. Le dio al rey el siguiente mensaje: «Esto dice el Señor: "Pon tus asuntos

en orden porque vas a morir. No te recuperarás de esta enfermedad"».

²Cuando Ezequías oyó el mensaje, volvió su rostro hacia la pared y oró al Señor: ³«Acuérdate, oh Señor, que siempre te he sido fiel y te he servido con singular determinación, haciendo siempre lo que te agrada»; y el rey se echó a llorar amargamente.

⁴Sin embargo, antes de que Isaías saliera del patio central,* recibió este mensaje de parte del Señor: ⁵«Regresa y dile a Ezequías, el líder de mi pueblo: "Esto dice el Señor, Dios de tu antepasado David: 'He oído tu oración y he visto tus lágrimas. Voy a sanarte y en tres días te levantarás de la cama e irás al templo del Señor. ⁶Te añadiré quince años más de vida y te rescataré del rey de Asiria junto con esta ciudad. Defenderé esta ciudad por mi propia honra y por amor a mi siervo David'"».

⁷Entonces Isaías dijo: «Preparen un ungüento de higos». Así que los sirvientes de Ezequías untaron el ungüento sobre la llaga, ¡y Ezequías se recuperó!

⁸Mientras tanto, Ezequías le había preguntado a Isaías:

—¿Qué señal dará el Señor como prueba de que me sanará y en tres días iré al templo del Señor?

⁹Isaías contestó:

—Esta es la señal del Señor para demostrar que cumplirá lo que ha prometido: ¿te gustaría que la sombra del reloj solar se adelantara diez grados o que se atrasara diez grados?*

¹⁰—La sombra siempre se mueve hacia adelante —respondió Ezequías—, así que eso sería fácil. Mejor haz que retroceda diez grados.

¹¹Entonces el profeta Isaías le pidió al Señor que lo hiciera, ¡y el Señor hizo retroceder diez grados la sombra del reloj solar* de Acaz!

Representantes de Babilonia

¹²Poco tiempo después, Merodac-baladán, hijo de Baladán, rey de Babilonia, le envió saludos a Ezequías junto con un regalo, porque se enteró de que Ezequías había estado muy enfermo. ¹³Ezequías recibió a los enviados de Babilonia y les mostró todo lo que había en sus casas del tesoro: la plata, el oro, las especias y los aceites aromáticos. También les llevó a conocer su arsenal, ¡y les mostró todo lo que había en sus tesoros reales! No hubo nada, ni en el palacio ni en el reino, que Ezequías no les mostrara.

¹⁴Entonces el profeta Isaías fue a ver al rey Ezequías y le preguntó:

—¿Qué querían esos hombres? ¿De dónde vinieron?

Ezequías contestó:

—Vinieron de la lejana tierra de Babilonia.

19:31 Así aparece en la versión griega y en la siríaca, en la Vulgata Latina y en una lectura alternativa del texto masorético (ver también Is 37:32); en el texto masorético dice *el Señor*.   19:35 En hebreo *Cuando ellos*.   19:37 Así aparece en la versión griega y en una lectura alternativa del texto masorético (ver también Is 37:38); en el hebreo faltan *sus hijos*.   20:4 Así aparece en la versión griega y en una lectura alternativa del texto masorético; el texto masorético dice *del centro de la ciudad*.   20:9 Ó *La sombra en el reloj solar se ha adelantado diez grados; ¿quieres que se atrase diez grados?*   20:11 En hebreo *de las gradas*.

¹⁵—¿Qué vieron en tu palacio? —preguntó Isaías.

—Lo vieron todo —contestó Ezequías—. Les mostré todo lo que poseo, todos mis tesoros reales.

¹⁶Entonces Isaías dijo a Ezequías:

—Escucha este mensaje del SEÑOR: ¹⁷"Se acerca el tiempo cuando todo lo que hay en tu palacio —todos los tesoros que tus antepasados han acumulado hasta ahora— será llevado a Babilonia. No quedará nada —dice el SEÑOR—. ¹⁸Algunos de tus hijos serán llevados al destierro. Los harán eunucos que servirán en el palacio del rey de Babilonia".

¹⁹Entonces Ezequías dijo a Isaías:

—Este mensaje que me has dado de parte del SEÑOR es bueno.

Pues el rey pensaba: «Por lo menos habrá paz y seguridad mientras yo viva».

²⁰Los demás acontecimientos del reinado de Ezequías —entre ellos el alcance de su poder y cómo construyó un estanque y cavó un túnel* para llevar agua a la ciudad— están registrados en *El libro de la historia de los reyes de Judá.* ²¹Ezequías murió, y su hijo Manasés lo sucedió en el trono.

Manasés gobierna en Judá

21 Manasés tenía doce años cuando subió al trono y reinó en Jerusalén cincuenta y cinco años. Su madre era Hepsiba. ²Él hizo lo malo a los ojos del SEÑOR y siguió las prácticas detestables de las naciones paganas que el SEÑOR había expulsado de la tierra del paso de los israelitas. ³Reconstruyó los santuarios paganos que su padre Ezequías había destruido. Construyó altares para Baal y levantó un poste dedicado a la diosa Asera, tal como lo había hecho el rey Acab de Israel. También se inclinó ante todos los poderes de los cielos y les rindió culto.

⁴Construyó altares paganos dentro del templo del SEÑOR, el lugar sobre el cual el SEÑOR había dicho: «Mi nombre permanecerá en Jerusalén para siempre». ⁵Construyó estos altares para todos los poderes de los cielos en ambos atrios del templo del SEÑOR. ⁶Manasés también sacrificó a su propio hijo en el fuego.* Practicó la hechicería, la adivinación y consultó a los médiums y a los videntes. Hizo muchas cosas perversas a los ojos del SEÑOR y con eso provocó su enojo.

⁷Incluso Manasés hizo una imagen tallada de la diosa Asera y la colocó en el templo, en el mismo lugar donde el SEÑOR había dicho a David y a su hijo Salomón: «Mi nombre será honrado para siempre en este templo y en Jerusalén, la ciudad que he escogido entre todas las tribus de Israel. ⁸Si los israelitas se aseguran de obedecer mis mandatos —todas las leyes que me dio Moisés les dio—, yo no los expulsaré de esta tierra que les di a sus antepasados», ⁹Sin embargo, la gente se negó a escuchar, y Manasés los llevó a cometer cosas aún peores que las que habían hecho las naciones paganas que el SEÑOR había destruido cuando el pueblo de Israel entró en la tierra.

¹⁰Luego el SEÑOR dijo por medio de sus siervos, los profetas: ¹¹«El rey Manasés de Judá ha hecho muchas cosas detestables. Es aún más perverso que los amorreos, quienes vivían en esta tierra antes que Israel. Él hizo que la gente de Judá pecara con sus ídolos.* ¹²Entonces esto es lo que el SEÑOR, Dios de Israel, dice: traeré tanto desastre sobre Jerusalén y Judá que los oídos de quienes lo oigan se estremecerán de horror. ¹³Juzgaré a Israel con el mismo criterio que usé para juzgar a Samaria y con la misma medida* que usé con la familia de Acab. Barreré por completo a la gente de Jerusalén como cuando uno limpia un plato y lo pone boca abajo. ¹⁴Incluso rechazaré al remanente de mi pueblo que haya quedado y los entregaré como botín a sus enemigos. ¹⁵Pues han cometido gran maldad a mis ojos y me han hecho enojar desde que sus antepasados salieron de Egipto».

¹⁶Manasés también asesinó a mucha gente inocente, a tal punto que Jerusalén se llenó de sangre inocente de un extremo a otro. Eso fue además del pecado que hizo cometer a los habitantes de Judá, al inducirlos a hacer lo malo a los ojos del SEÑOR.

¹⁷Los demás acontecimientos del reinado de Manasés y todo lo que él hizo, entre ellos los pecados que cometió, están registrados en *El libro de la historia de los reyes de Judá.* ¹⁸Cuando Manasés murió, lo enterraron en el jardín del palacio, el jardín de Uza. Luego su hijo Amón lo sucedió en el trono.

Amón gobierna en Judá

¹⁹Amón tenía veintidós años cuando subió al trono y reinó en Jerusalén dos años. Su madre se llamaba Mesulemet y era hija de Haruz, de Jotba. ²⁰Él hizo lo malo a los ojos del SEÑOR, tal como su padre Manasés. ²¹Siguió el ejemplo de su padre al rendirles culto a los mismos ídolos que su padre había venerado. ²²Abandonó al SEÑOR, Dios de sus antepasados, y se negó a andar en los caminos del SEÑOR.

²³Tiempo después, los propios funcionarios de Amón conspiraron contra él y lo asesinaron en su palacio; ²⁴pero los habitantes del reino mataron a todos los que habían conspirado contra el rey Amón y luego proclamaron rey a su hijo Josías.

²⁵Los demás acontecimientos del reinado de Amón y lo que hizo están registrados en *El libro de la historia de los reyes de Judá.* ²⁶Fue enterrado en su tumba en el jardín de Uza. Luego su hijo Josías lo sucedió en el trono.

20:20 En hebreo *un curso de agua.* **21:6** O *también hizo pasar a su hijo por fuego.* **21:11** El término hebreo (literalmente *cosas redondas*) probablemente se refiere al estiércol; también en 21:21. **21:13** En hebreo *el mismo cordel que usé con Samaria y la plomada.*

Josías gobierna en Judá

22 Josías tenía ocho años cuando subió al trono y reinó en Jerusalén treinta y un años. Su madre se llamaba Jedida y era hija de Adaía, de Boscat. ²Él hizo lo que era agradable a los ojos del Señor y siguió el ejemplo de su antepasado David; no se apartó de lo que era correcto.

³Durante el año dieciocho de su reinado, el rey Josías envió al templo del Señor a Safán, hijo de Azalía y nieto de Mesulam, secretario de la corte. Le dijo: ⁴«Ve a ver al sumo sacerdote Hilcías y pídele que cuente el dinero que los porteros han recaudado de la gente en el templo del Señor. ⁵Confía este dinero a los hombres que fueron designados para supervisar la restauración del templo. Así ellos podrán usarlo para pagar a los trabajadores que reparan el templo del Señor. ⁶Tendrán que contratar carpinteros, constructores y albañiles. También haz que compren toda la madera y la piedra labrada que necesite para reparar el templo; ⁷pero no les exijas a los supervisores de la construcción que lleven cuenta del dinero que reciben, porque son hombres honestos y dignos de confianza».

Hilcías descubre la ley de Dios

⁸El sumo sacerdote Hilcías le dijo a Safán, secretario de la corte: «¡He encontrado el libro de la ley en el templo del Señor!». Entonces Hilcías le dio el rollo a Safán, y él se lo leyó.

⁹Safán fue a ver al rey y le informó: «Tus funcionarios han entregado el dinero recaudado en el templo del Señor a los trabajadores y a los supervisores del templo». ¹⁰Safán también dijo al rey: «El sacerdote Hilcías me entregó un rollo». Así que Safán se lo leyó al rey.

¹¹Cuando el rey oyó lo que estaba escrito en el libro de la ley, rasgó su ropa en señal de desesperación. ¹²Luego dio las siguientes órdenes a Hilcías, el sacerdote; a Ahicam, hijo de Safán; a Acbor, hijo de Micaías; a Safán, secretario de la corte y a Asaías, consejero personal del rey: ¹³«Vayan al templo y consulten al Señor por mí, y el pueblo y por toda la gente de Judá. Pregunten acerca de las palabras escritas en este rollo que se encontró. Pues el gran enojo del Señor arde contra nosotros, porque nuestros antepasados no obedecieron las palabras de este rollo. No hemos estado haciendo todo lo que dice que debemos hacer».

¹⁴Entonces el sacerdote Hilcías, Ahicam, Acbor, Safán y Asaías se dirigieron al Barrio Nuevo* de Jerusalén para consultar a la profetisa Hulda. Ella era la esposa de Salum, hijo de Ticvah, hijo de Harhas, el encargado del guardarropa del templo.

¹⁵Ella les dijo: «¡El Señor, Dios de Israel, ha hablado! Regresen y díganle al hombre que los envió ¹⁶"Esto dice el Señor: 'Traeré desastre sobre esta ciudad* y sobre sus habitantes. Todas las palabras escritas en el rollo que el rey de Judá leyó se cumplirán, ¹⁷pues los de mi pueblo me han abandonado y han ofrecido sacrificios a dioses paganos. Estoy muy enojado con ellos por todo lo que han hecho. Mi enojo arderá contra este lugar y no se apagará'".

¹⁸»Vayan a ver al rey de Judá, quien los envió a buscar al Señor, y díganle: "Esto dice el Señor, Dios de Israel, acerca del mensaje que acabas de escuchar: ¹⁹'Estabas apenado y te humillaste ante el Señor al oír lo que yo pronuncié contra esta ciudad y sus habitantes, que esta tierra sería maldita y quedaría desolada. Rasgaste tu ropa en señal de desesperación y lloraste delante de mí, arrepentido. Ciertamente te escuché, dice el Señor. ²⁰Por eso, no enviaré el desastre que he prometido hasta después de que hayas muerto y seas enterrado en paz. Tú no llegarás a ver la calamidad que traeré sobre esta ciudad'"».

De modo que le llevaron su mensaje al rey.

Reformas religiosas de Josías

23 Entonces el rey convocó a todos los ancianos de Judá y de Jerusalén. ²Luego subió al templo del Señor junto con todos los habitantes de Judá y de Jerusalén, acompañado por los sacerdotes y los profetas: toda la gente, desde el menos importante hasta el más importante. Allí el rey les leyó todo el libro del pacto, que se había encontrado en el templo del Señor. ³El rey tomó su lugar de autoridad junto a la columna y renovó el pacto en presencia del Señor. Se comprometió a obedecer al Señor cumpliendo sus mandatos, leyes y decretos con todo el corazón y con toda el alma. De esa manera, confirmó todas las condiciones del pacto que estaban escritas en el rollo, y toda la gente se comprometió con el pacto.

⁴Seguidamente el rey dio instrucciones al sumo sacerdote Hilcías, a los sacerdotes de segundo rango y a los porteros del templo para que quitaran del templo del Señor todos los objetos que se usaban para rendir culto a Baal, a Asera y a todos los poderes de los cielos. El rey hizo quemar todas estas cosas fuera de Jerusalén, en las terrazas del valle de Cedrón, y llevó las cenizas a Betel. ⁵Eliminó a los sacerdotes idólatras, que habían sido nombrados por los reyes anteriores de Judá, porque ofrecían sacrificios en los santuarios paganos por todo el territorio de Judá y hasta en los alrededores de Jerusalén. También ofrecían sacrificios a Baal, al sol, a la luna, a las constelaciones y a todos los poderes de los cielos. ⁶El rey quitó del templo del Señor el poste dedicado a la diosa Asera y lo llevó fuera de Jerusalén, al valle de Cedrón, donde lo quemó. Luego molió las cenizas del poste hasta hacerlas polvo y tiró el polvo sobre las tumbas de la gente. ⁷También derribó las habitaciones de los prostitutos y las prostitutas de los santuarios paganos

22:14 O *Segundo Barrio*, un sector nuevo de Jerusalén. En hebreo dice *el Mishneh.*   22:16 En hebreo *este lugar;* también en 22:19, 20.

ubicados dentro del templo del Señor, donde las mujeres tejían mantos para el poste dedicado a la diosa Asera.

⁸Josías trasladó a Jerusalén a todos los sacerdotes que vivían en otras ciudades de Judá. También profanó los santuarios paganos donde habían ofrecido sacrificios, desde Geba hasta Beerseba. Destruyó los santuarios que estaban a la entrada de la puerta de Josué, gobernador de Jerusalén. Esta puerta estaba situada a la izquierda de la puerta principal de la entrada a la ciudad. ⁹A los sacerdotes que habían servido en los santuarios paganos no se les permitió* servir en el altar del Señor, en Jerusalén, pero se les dio permiso para comer pan sin levadura con los otros sacerdotes.

¹⁰Después el rey profanó el altar de Tofet en el valle de Ben-hinom, a fin de que nunca más nadie lo usara para sacrificar a un hijo o una hija en el fuego,* como ofrenda a Moloc. ¹¹También quitó de la entrada del templo del Señor las estatuas de caballos que los reyes anteriores de Judá habían dedicado al sol, las cuales estaban cerca de las habitaciones del eunuco Natán-melec, un funcionario de la corte.* El rey también quemó los carros de guerra dedicados al sol.

¹²Josías derribó los altares que los reyes de Judá habían construido en la azotea del palacio, sobre la habitación de Acaz en el piso de arriba. El rey también destruyó los altares que Manasés había construido en los dos atrios del templo del Señor. Los hizo añicos* y esparció los pedazos en el valle de Cedrón. ¹³El rey también profanó los santuarios paganos que estaban al oriente de Jerusalén y al sur del monte de la Corrupción, donde el rey Salomón de Israel había construido santuarios para Astoret, la diosa detestable de los sidonios; para Quemos, el dios detestable de los moabitas; y para Moloc,* el repugnante dios de los amonitas. ¹⁴Destrozó las columnas sagradas y derribó los postes dedicados a la diosa Asera. Luego profanó estos lugares al esparcir huesos humanos sobre ellos.

¹⁵El rey también derribó el altar que estaba en Betel, el santuario pagano que Jeroboam, hijo de Nabat, había levantado cuando hizo pecar a Israel. Quemó el santuario y lo molió hasta convertirlo en cenizas, y quemó el poste dedicado a la diosa Asera. ¹⁶Luego Josías se dio vuelta y notó que había varias tumbas en la ladera de la colina. Ordenó que sacaran los huesos y los quemó sobre el altar de Betel para profanarlo. (Todo sucedió tal como lo había anunciado el Señor por medio del hombre de Dios cuando Jeroboam se paró junto al altar durante el festival). Después Josías se dio vuelta y miró hacia arriba, a la tumba del hombre de Dios* que había predicho estas cosas.

¹⁷—¿Qué es ese monumento que está allí? —preguntó Josías.

Y la gente de la ciudad contestó:

—¡Es la tumba del hombre de Dios que vino desde Judá y predijo precisamente lo que tú acabas de hacer al altar de Betel!

¹⁸—¡Déjenlo en paz! —respondió Josías—, ¡no molesten sus huesos!

Por lo tanto, no quemaron sus huesos ni los del viejo profeta de Samaria.

¹⁹Después Josías demolió todas las edificaciones que había en los santuarios paganos de los pueblos de Samaria, tal como lo hizo en Betel. Estas construcciones fueron obra de diversos reyes de Israel y con ellas hicieron enojar mucho al Señor.* ²⁰Por último, el rey ejecutó a los sacerdotes de los santuarios paganos sobre sus propios altares y quemó huesos humanos sobre sus altares para profanarlos. Cuando terminó, volvió a Jerusalén.

Josías celebra la Pascua

²¹Luego el rey Josías emitió la siguiente orden para todo el pueblo: «Ustedes deben celebrar la Pascua para el Señor su Dios, como se exige en este libro del pacto».

²²No se había celebrado una Pascua igual desde la época en que los jueces gobernaban en Israel, ni durante todos los años de los reyes de Israel y de Judá. ²³La Pascua se celebró en Jerusalén en honor al Señor, en el año dieciocho del reinado de Josías.

²⁴Josías también se deshizo de los médiums y los videntes, de los dioses familiares, de los ídolos,* y de todas las demás prácticas detestables, tanto en Jerusalén como por toda la tierra de Judá. Lo hizo en obediencia a la leyes escritas en el rollo que el sacerdote Hilcías había encontrado en el templo del Señor. ²⁵Nunca antes hubo un rey como Josías, que se volviera al Señor con todo su corazón, con toda su alma y con todas sus fuerzas, obedeciendo todas las leyes de Moisés. Desde entonces nunca más hubo un rey como él.

²⁶Aun así, el Señor estaba muy enojado con Judá, debido a todas las perversidades que Manasés había hecho para provocarlo. ²⁷Pues el Señor dijo: «También expulsaré a Judá de mi presencia, así como expulsé a Israel; y rechazaré a Jerusalén, mi ciudad escogida, y al templo donde debía honrarse mi nombre».

²⁸Los demás acontecimientos del reinado de Josías y todos sus logros están registrados en *El libro de la historia de los reyes de Judá*.

²⁹Durante el reinado de Josías, el faraón Necao, rey de Egipto, fue al río Éufrates para ayudar al rey de Asiria. El rey Josías y su ejército salieron a enfrentarlo,* pero el rey Necao* mató a Josías cuando se encontraron en Meguido. ³⁰Los funcionarios de Josías llevaron su cuerpo en un carro de guerra desde Meguido hasta Jerusalén y lo enterraron en su tumba. Entonces la gente

---

23:9 En hebreo *no subían a.*   23:10 O *hiciera pasar a su hijo o a su hija por fuego.*   23:11 El significado del hebreo es incierto.   23:12 O *Los quitó enseguida.*   23:13 En hebreo *Milcom*, una variante de *Moloc.*   23:16 Así aparece en la versión griega; en hebreo falta *cuando Jeroboam se paró junto al altar durante el festival. Después Josías se dio vuelta y miró hacia arriba, a la tumba del hombre de Dios.*   23:19 Así aparece en la versión griega, en la siríaca y en la Vulgata Latina; en hebreo falta *el Señor.*   23:24 El término hebreo (literalmente *cosas redondas*) probablemente se refiere al estiércol.   23:29a O *Josías salió a encontrarlo.*   23:29b En hebreo *él.*

de la nación ungió a Joacaz, hijo de Josías, y lo proclamó el siguiente rey.

Joacaz gobierna en Judá

³¹Joacaz tenía veintitrés años cuando subió al trono y reinó en Jerusalén tres meses. Su madre se llamaba Hamutal y era hija de Jeremías, de Libna. ³²Joacaz hizo lo malo a los ojos del Señor, igual que sus antepasados.

³³El faraón Necao metió a Joacaz en la cárcel de Ribla, en la tierra de Hamat, para impedir que gobernara* en Jerusalén. También exigió que Judá pagara un tributo de tres mil cuatrocientos kilos de plata, y treinta y cuatro kilos de oro.*

Joacim gobierna en Judá

³⁴Luego el faraón Necao puso en el trono a Eliaquim, otro de los hijos de Josías, para que reinara en lugar de su padre y le cambió el nombre a Joacim. Joacaz fue llevado a Egipto como prisionero, y allí murió.

³⁵Para obtener la plata y el oro que el faraón Necao exigía como tributo, Joacim recaudaba un impuesto de los habitantes de Judá, para el cual les pedía que pagaran en proporción a sus riquezas.

³⁶Joacim tenía veinticinco años cuando subió al trono y reinó en Jerusalén nueve años. Su madre se llamaba Zebuda y era hija de Pedaías, de Ruma. ³⁷Él hizo lo malo a los ojos del Señor, igual que sus antepasados.

24 Durante el reinado de Joacim, Nabucodonosor, rey de Babilonia, invadió la tierra de Judá. Joacim se rindió y le pagó tributo durante tres años, pero después se rebeló. ²Entonces el Señor mandó contra Judá bandas de saqueadores babilonios,* arameos, moabitas y amonitas a fin de destruirla, tal como el Señor lo había prometido por medio de sus profetas. ³Estas calamidades le sucedieron a Judá por orden del Señor. Él había decidido expulsar a Judá de su presencia debido a los muchos pecados de Manasés, ⁴quien había llenado Jerusalén con sangre inocente. El Señor no perdonaba eso.

⁵Los demás acontecimientos del reinado de Joacim y todos sus logros están registrados en *El libro de la historia de los reyes de Judá*. ⁶Cuando Joacim murió, su hijo Joaquín lo sucedió en el trono.

⁷A partir de entonces, el rey de Egipto no se atrevió a salir más de su país, porque el rey de Babilonia conquistó toda la región que anteriormente pertenecía a Egipto, desde el arroyo de Egipto hasta el río Éufrates.

Joaquín gobierna en Judá

⁸Joaquín tenía dieciocho años cuando subió al trono y reinó en Jerusalén tres meses. Su madre se llamaba Nehusta y era hija de Elnatán, de Jerusalén. ⁹Joaquín hizo lo malo a los ojos del Señor, igual que su padre.

¹⁰Durante el reinado de Joaquín, los oficiales del rey Nabucodonosor de Babilonia subieron contra Jerusalén y la sitiaron. ¹¹El propio Nabucodonosor llegó a la ciudad durante el sitio. ¹²Entonces el rey Joaquín, junto con la reina madre, sus consejeros, sus comandantes y sus oficiales, se rindieron ante los babilonios.

Durante el octavo año de su reinado, Nabucodonosor tomó a Joaquín prisionero. ¹³Como el Señor ya había dicho, Nabucodonosor se llevó todos los tesoros del templo del Señor y del palacio real. Sacó* todos los objetos de oro que el rey Salomón había puesto en el templo. ¹⁴El rey Nabucodonosor se llevó cautiva a toda la población de Jerusalén —unas diez mil personas en total— incluso a los comandantes y a los mejores soldados, y a los artesanos y a otras personas habilidosas. Solo dejaron en el país a la gente más pobre.

¹⁵Nabucodonosor llevó cautivo a Babilonia al rey Joaquín, junto con la reina madre, las esposas del rey, sus funcionarios y las personas más influyentes de la sociedad de Jerusalén. ¹⁶También desterró a siete mil de los mejores soldados, a mil artesanos y a otras personas habilidosas, todos fuertes y aptos para la guerra. ¹⁷Después el rey de Babilonia puso en el trono a Matanías, tío de Joaquín,* para que fuera el siguiente rey y le cambió el nombre a Sedequías.

Sedequías gobierna en Judá

¹⁸Sedequías tenía veintiún años cuando subió al trono y reinó en Jerusalén once años. Su madre se llamaba Hamutal y era hija de Jeremías, de Libna. ¹⁹Sedequías hizo lo malo a los ojos del Señor, igual que Joacim. ²⁰Estas cosas sucedieron debido al enojo que el Señor tenía contra la gente de Jerusalén y de Judá, hasta que finalmente los expulsó de su presencia y los envió al destierro.

Caída de Jerusalén

Sedequías se rebeló contra el rey de Babilonia.

25 Así que el 15 de enero,* durante el noveno año del reinado de Sedequías, Nabucodonosor, rey de Babilonia, dirigió a todo su ejército contra Jerusalén. Rodearon la ciudad y construyeron rampas de asalto contra las murallas. ²Jerusalén estuvo sitiada hasta el año once del reinado de Sedequías.

³Hacia el 18 de julio del año once del reinado de Sedequías,* el hambre en la ciudad ya era muy intensa y se había agotado por completo lo último que quedaba de alimento. ⁴Entonces abrieron

23:33a El significado del hebreo es incierto.   23:33b En hebreo *100 talentos* [7500 libras] *de plata y un talento* [75 libras] *de oro*. 24:2 O *caldeos.*   24:13 O *Cortó en pedazos.*   24:17 En hebreo *su tío.*   25:1 En hebreo *el décimo día del décimo mes, del antiguo calendario lunar hebreo. Varios sucesos del libro de 2 Reyes pueden corroborarse con las fechas que aparecen en los registros del 588 a. C.* 25:3 En hebreo *Hacia el noveno día del [cuarto] mes* [durante el año once del reinado de Sedequías] (comparar Jr 52:6 y la nota al pie de página). Este día fue el 18 de julio del 586 a. C.; ver también la nota en 25:1.

una brecha en la muralla de la ciudad, y todos los soldados huyeron. Como la ciudad estaba rodeada por los babilonios,* esperaron hasta la caída de sol y entonces se deslizaron por la puerta que está entre los dos murallas, detrás del jardín real, y se dirigieron al valle del Jordán.*

⁵Sin embargo, las tropas babilónicas* persiguieron al rey y lo capturaron en las llanuras de Jericó, porque todos sus hombres lo habían abandonado y se habían dispersado. ⁶Lo llevaron ante el rey de Babilonia, que se encontraba en Ribla, donde dictó sentencia contra Sedequías. ⁷Hicieron que Sedequías presenciara la masacre de sus hijos. Luego le sacaron los ojos, lo ataron con cadenas de bronce y lo llevaron a Babilonia.

Destrucción del templo

⁸El 14 de agosto de ese año,* que era el año diecinueve del reinado de Nabucodonosor, llegó a Jerusalén Nabuzaradán, capitán de la guardia y funcionario del rey babilónico. ⁹Quemó por completo el templo del SEÑOR, el palacio real y todas las casas de Jerusalén. Destruyó todos los edificios importantes* de la ciudad. ¹⁰Después supervisó a todo el ejército babilónico mientras derribaba por completo las murallas de Jerusalén. ¹¹Nabuzaradán, capitán de la guardia, se llevó cautivas a las personas que quedaban en la ciudad, a los desertores que habían jurado lealtad al rey de Babilonia, y al resto de la población,* pero el capitán de la guardia permitió que algunos de los más pobres quedaran en Judá para cuidar los viñedos y los campos.

¹³Los babilonios hicieron pedazos las columnas de bronce que estaban al frente del templo del SEÑOR, las carretas de bronce para llevar agua y el enorme tazón de bronce llamado el Mar, y se llevaron todo el bronce a Babilonia. ¹⁴También se llevaron los recipientes para la ceniza, las palas, las despabiladeras de las lámparas, los platos y todos los demás objetos de bronce que se usaban para realizar los sacrificios en el templo. ¹⁵Nabuzaradán, capitán de la guardia, también se llevó los recipientes para quemar el incienso y los tazones, y todos los demás objetos de oro puro o de plata.

¹⁶El peso del bronce de las dos columnas, el Mar y las carretas para llevar agua era tanto que no podía calcularse. Estos objetos se habían hecho para el templo del SEÑOR en tiempos del rey Salomón. ¹⁷Cada columna tenía unos ocho metros* de altura. El capitel de bronce en la parte superior de cada columna era de casi dos metros y medio* de altura y estaba decorado alrededor con una red de granadas hecha de bronce.

¹⁸Nabuzaradán, capitán de la guardia, se llevó consigo como prisioneros al sumo sacerdote Seraías, al sacerdote de segundo rango Sofonías, y a los tres porteros principales. ¹⁹De la gente que seguía escondida en la ciudad, se llevó a un oficial que había estado al mando del ejército judío, a cinco de los consejeros personales del rey, al secretario principal del comandante del ejército, quien estaba a cargo del reclutamiento, y a otros sesenta ciudadanos. ²⁰Nabuzaradán, capitán de la guardia, los llevó a todos ante el rey de Babilonia, que se encontraba en Ribla. ²¹Allí, en Ribla, en la tierra de Hamat, el rey de Babilonia mandó que los ejecutaran a todos. Así que el pueblo de Judá fue expulsado de su tierra y llevado al destierro.

Gedalías gobierna en Judá

²²Luego el rey Nabucodonosor nombró gobernador sobre la gente que había dejado en Judá a Gedalías, hijo de Ahicam y nieto de Safán. ²³Cuando todos los comandantes del ejército y sus hombres se enteraron de que el rey de Babilonia había nombrado gobernador a Gedalías, fueron a verlo a Mizpa. En ese grupo estaban Ismael, hijo de Netanías; Johanán, hijo de Carea; Seraías, hijo de Tanhumet el netofatita y Jezanías,* hijo del maacateo, junto con todos sus hombres.

²⁴Gedalías les juró que los funcionarios babilónicos no querían hacerles ningún daño. «No les tengan miedo. Vivan en la tierra y sirvan al rey de Babilonia, y todo les irá bien», les prometió.

²⁵Después, a mediados del otoño de ese año,* Ismael, hijo de Netanías y nieto de Elisama, quien era de la familia real, fue con diez hombres a Mizpa y mató a Gedalías. También mató a todos los judíos y babilonios que estaban con Gedalías en Mizpa.

²⁶Entonces toda la gente de Judá, desde el menos importante hasta el más importante, junto con los comandantes del ejército, huyeron despavoridos a Egipto, porque tenían miedo de lo que pudieran hacerles los babilonios.

Esperanza para la descendencia real de Israel

²⁷En el año treinta y siete del exilio de Joaquín, rey de Judá, Evil-merodac ascendió al trono de Babilonia. El nuevo rey fue bondadoso con* Joaquín y lo puso en libertad el 2 de abril de ese año.* ²⁸Le habló con amabilidad y le dio una posición superior a la de los demás reyes exiliados en Babilonia. ²⁹Le proporcionó a Joaquín ropa nueva para reemplazar la ropa de prisionero y le permitió comer en presencia del rey por el resto de su vida. ³⁰Así que el rey de Babilonia le dio una ración diaria de comida mientras vivió.

25:4a O *los caldeos;* también en 25:13, 25, 26.   25:4b En hebreo al *Arabá.*   25:5 O *caldeos;* también en 25:10, 24.   25:8 En hebreo *El séptimo día del quinto mes,* del antiguo calendario lunar hebreo. Ese día fue el 14 de agosto del 586 a. C.; ver también la nota en 25:1.   25:9 O *destruyó las casas de todas las personas importantes.*   25:17a En hebreo *18 codos* [27 pies].   25:17b Igual que los textos paralelos en 1 Re 7:16, 2 Cr 3:15 y Jr 52:22, los cuales dicen *3 codos* [7,5 pies]; en hebreo dice *3 codos,* que equivale a 1,4 metros o 4,5 pies.   25:23 Igual que el texto paralelo en Jr 40:8; en hebreo dice *Jaazanías,* una variante de Jezanías.   25:25 En hebreo *en el séptimo mes,* del antiguo calendario lunar hebreo. Ese mes cayó entre octubre y noviembre del 586 a. C.; ver también la nota en 25:1.   25:27a En hebreo *Levantó la cabeza de.*   25:27b En hebreo *el día veintisiete del mes doce,* del antiguo calendario lunar hebreo. Ese día fue el 2 de abril del 561 a. C.; ver también la nota en 25:1.

1 Crónicas

De Adán hasta los hijos de Noé

1 Los descendientes de Adán fueron: Set, Enós, ²Caínán, Mahalaleel, Jared, ³Enoc, Matusalén, Lamec ⁴y Noé.
Los hijos de Noé fueron:* Sem, Cam y Jafet.

Descendientes de Jafet

⁵Los descendientes de Jafet fueron: Gomer, Magog, Madai, Javán, Tubal, Mesec y Tiras.
⁶Los descendientes de Gomer fueron: Askenaz, Rifat* y Togarmá.
⁷Los descendientes de Javán fueron: Elisa, Tarsis, Quitim y Rodanim.

Descendientes de Cam

⁸Los descendientes de Cam fueron: Cus, Mizraim,* Fut y Canaán.
⁹Los descendientes de Cus fueron: Seba, Havila, Sabta, Raama y Sabteca. Los descendientes de Raama fueron: Seba y Dedán. ¹⁰Cus también fue antepasado de Nimrod, quien fue el primer guerrero heroico de la tierra.
¹¹Mizraim fue antepasado de los ludeos, los anameos, los lehabitas, los naftuhitas, ¹²los patruseos, los caslujitas y los caftoritas, de los que descienden los filisteos.*
¹³El hijo mayor de Canaán fue Sidón, antepasado de los sidonios. Canaán también fue antepasado de los hititas,* ¹⁴los jebuseos, los amorreos, los gergeseos, ¹⁵los heveos, los araceos, los sineos, ¹⁶los arvadeos, los zemareos y los hamateos.

Descendientes de Sem

¹⁷Los descendientes de Sem fueron: Elam, Asur, Arfaxad, Lud y Aram.
Los descendientes de Aram fueron:* Uz, Hul, Geter y Mas.*
¹⁸Arfaxad fue el padre de Sela.
Sela fue el padre de Heber.
¹⁹Heber tuvo dos hijos. El primero se llamó Peleg (que significa «división»), porque durante su vida los habitantes del mundo estaban divididos en diferentes grupos según su idioma. Su hermano se llamó Joctán.
²⁰Joctán fue antepasado de Almodad, Selef, Hazar-mavet, Jera, ²¹Adoram, Uzal, Dicla, ²²Obal,* Abimael, Seba, ²³Ofir, Havila y Jobab. Todos ellos fueron descendientes de Joctán.
²⁴De manera que esta es la descendencia por medio de Sem: Arfaxad, Sela,* ²⁵Heber, Peleg, Reu, ²⁶Serug, Nacor, Taré ²⁷y Abram, posteriormente conocido como Abraham.

Descendientes de Abraham

²⁸Los hijos de Abraham fueron: Isaac e Ismael.
²⁹Estos son sus registros genealógicos:
los hijos de Ismael fueron: Nebaiot (el mayor), Cedar, Adbeel, Mibsam, ³⁰Misma, Duma, Massa, Hadad, Tema, ³¹Jetur, Nafis y Cedema. Estos fueron los hijos de Ismael.

³²Los hijos de Cetura, la concubina de Abraham, fueron: Zimram, Jocsán, Medán, Madián, Isbac y Súa.
Los hijos de Jocsán fueron: Seba y Dedán.
³³Los hijos de Madián fueron: Efa, Efer, Hanoc, Abida y Elda.
Todos ellos fueron descendientes de Abraham por medio de su concubina Cetura.

Descendientes de Isaac

³⁴Abraham fue el padre de Isaac. Los hijos de Isaac fueron: Esaú e Israel.*

Descendientes de Esaú

³⁵Los hijos de Esaú fueron: Elifaz, Reuel, Jeús, Jaalam y Coré.
³⁶Los descendientes de Elifaz fueron: Temán, Omar, Zefo,* Gatam, Cenaz y Amalec, quien le nació a Timna.*
³⁷Los descendientes de Reuel fueron: Nahat, Zera, Sama y Miza.

1:4 Así aparece en la versión griega (ver también Gn 5:3-32); en hebreo falta *Los hijos de Noé fueron.* **1:6** Así aparece en algunos manuscritos hebreos y en la versión griega (ver también Gn 10:3); la mayoría de los manuscritos hebreos dicen *Difat.* **1:8** O *Egipto;* también en 1:11. **1:12** En hebreo *caslujitas, de los que descendieron los filisteos, caftoritas.* Ver Jr 47:4; Am 9:7. **1:13** En hebreo *antepasado de Het.* **1:17a** Así aparece en un manuscrito hebreo y en algunos manuscritos griegos (ver también Gn 10:23); en la mayoría de los manuscritos hebreos falta *Los descendientes de Aram fueron.* **1:17b** Igual que el texto paralelo en Gn 10:23; en hebreo dice *Mesec.* **1:22** Así aparece en algunos manuscritos hebreos y en la versión siríaca (ver también Gn 10:28); la mayoría de los manuscritos hebreos dicen *Ebal.* **1:24** Algunos manuscritos griegos dicen *Arfaxad, Caínán, Sela.* Ver las notas en Gn 10:24; 11:12-13. **1:34** *Israel* es el nombre que Dios le dio a Jacob. **1:36a** Así aparece en muchos manuscritos hebreos y en algunos manuscritos griegos (ver también Gn 36:11); la mayoría de los manuscritos hebreos dicen *Zefi.* **1:36b** Así aparece en algunos manuscritos griegos (ver también Gn 36:12); en hebreo dice *Cenaz, Timna y Amalec.*

Pueblos originarios de Edom

³⁸Los descendientes de Seir fueron: Lotán, Sobal, Zibeón, Aná, Disón, Ezer y Disán.

³⁹Los descendientes de Lotán fueron: Hori y Hemam.* La hermana de Lotán se llamaba Timna.

⁴⁰Los descendientes de Sobal fueron: Alván,* Manahat, Ebal, Sefo* y Onam.

Los descendientes de Zibeón fueron: Aja y Aná. ⁴¹El hijo de Aná fue Disón.

Los descendientes de Disón fueron: Hemdán,* Esbán, Itrán y Querán.

⁴²Los descendientes de Ezer fueron: Bilhán, Zaaván y Acán.*

Los descendientes de Disán* fueron: Uz y Arán.

Gobernantes de Edom

⁴³Estos son los reyes que gobernaron en la tierra de Edom antes de que los israelitas tuvieran rey:*

Bela, hijo de Beor, quien reinó desde su ciudad de Dinaba.

⁴⁴Cuando Bela murió, reinó en su lugar Jobab, hijo de Zera, quien era de Bosra.

⁴⁵Cuando Jobab murió, reinó en su lugar Husam, quien era de la región de Temán.

⁴⁶Cuando Husam murió, reinó en su lugar Hadad, hijo de Bedad; y gobernó desde la ciudad de Avit. Él fue quien destrozó al ejército madianita en la tierra de Moab.

⁴⁷Cuando Hadad murió, reinó en su lugar Samla, quien era de la ciudad de Masreca.

⁴⁸Cuando Samla murió, reinó en su lugar Saúl, quien era de la ciudad de Rehobot del Río.

⁴⁹Cuando Saúl murió, reinó en su lugar Baal-hanán, hijo de Acbor.

⁵⁰Cuando Baal-hanán murió, reinó en su lugar Hadad; y gobernó desde la ciudad de Pau.* Su esposa fue Mehetabel, hija de Matred y nieta de Mezaab. ⁵¹Luego Hadad murió.

Los jefes de los clanes de Edom fueron Timna, Alva,* Jetet, ⁵²Aholibama, Ela, Pinón, ⁵³Cenaz, Temán, Mibzar, ⁵⁴Magdiel e Iram. Esos son los jefes de los clanes de Edom.

Descendientes de Israel

2 Los hijos de Israel* fueron: Rubén, Simeón, Leví, Judá, Isacar, Zabulón, ²Dan, José, Benjamín, Neftalí, Gad y Aser.

Descendientes de Judá

³Judá tuvo tres hijos con Bet-súa, una mujer cananea. Sus nombres fueron Er, Onán y Sela; pero el SEÑOR vio que Er, el hijo mayor, era un hombre perverso, de manera que le quitó la vida. ⁴Tiempo después Judá tuvo mellizos con Tamar, su nuera viuda. Sus nombres fueron Pérez y Zera. En total, Judá tuvo cinco hijos.

⁵Los hijos de Pérez fueron: Hezrón y Hamul.

⁶Los hijos de Zera fueron: Zimri, Etán, Hemán, Calcol y Darda,* cinco en total.

⁷El hijo de Carmi (un descendiente de Zimri) fue Acán,* quien trajo calamidad sobre Israel cuando tomó el botín que había sido apartado para el SEÑOR.*

⁸El hijo de Etán fue Azarías.

De Hezrón, nieto de Judá, hasta David

⁹Los hijos de Hezrón fueron: Jerameel, Ram y Caleb.*

¹⁰ Ram fue el padre de Aminadab. Aminadab fue el padre de Naasón, uno de los líderes de Judá.

¹¹ Naasón fue el padre de Salmón.* Salmón fue el padre de Booz.

¹² Booz fue el padre de Obed. Obed fue el padre de Isaí.

¹³El primer hijo de Isaí fue Eliab; el segundo, Abinadab; el tercero, Simea; ¹⁴el cuarto, Natanael; el quinto, Radai; ¹⁵el sexto, Ozem y el séptimo fue David.

¹⁶Sus hermanas se llamaban Sarvia y Abigail. Sarvia tuvo tres hijos: Abisai, Joab y Asael. ¹⁷Abigail contrajo matrimonio con un ismaelita llamado Jeter, y tuvieron un hijo llamado Amasa.

Otros descendientes de Hezrón

¹⁸Caleb, hijo de Hezrón, tuvo hijos con Azuba, su esposa, y con Jeriot.* Los hijos de ella se llamaban Jeser, Sobab y Ardón. ¹⁹Después de la muerte de Azuba, Caleb se casó con Efrata,* y tuvieron un hijo llamado Hur. ²⁰Hur fue el padre de Uri, y Uri fue el padre de Bezalel.

²¹Cuando Hezrón tenía sesenta años de edad se casó con la hermana de Galaad, hija de Maquir, y tuvieron un hijo llamado Segub. ²²Segub fue el padre de Jair, quien gobernó veintitrés ciudades en la tierra de Galaad ²³(pero Gesur y Aram conquistaron las Ciudades de Jair,* y también tomaron Kenat

1:39 Igual que el texto paralelo en Gn 36:22; en hebreo dice y Homam. 1:40a Así aparece en muchos manuscritos hebreos y en algunos manuscritos griegos (ver también Gn 36:23); la mayoría de los manuscritos hebreos dicen Alián. 1:40b Así aparece en algunos manuscritos hebreos (ver también Gn 36:23); la mayoría de los manuscritos hebreos dicen Sofi. 1:41 Así aparece en muchos manuscritos hebreos y en algunos manuscritos griegos (ver también 36:26); la mayoría de los manuscritos hebreos dicen Amram. 1:42a Así aparece en muchos manuscritos hebreos y griegos (ver también Gn 36:27); la mayoría de los manuscritos hebreos dicen Jaacán. 1:42b En hebreo Disón; comparar 1.38 y el texto paralelo en Gn 36:28. 1:43 O antes de que un rey israelita los gobernara. 1:50 Así aparece en muchos manuscritos hebreos, en algunos manuscritos griegos, en la versión siríaca y en la Vulgata Latina (ver también Gn 36:39); la mayoría de los manuscritos hebreos dicen Pai. 1:51 Igual que el texto paralelo en Gn 36:40; en hebreo dice Alga. 2:1 Israel es el nombre que Dios le dio a Jacob. 2:6 Así aparece en muchos manuscritos hebreos, en algunos manuscritos griegos y en la versión siríaca (ver también 1 Re 4:31); en hebreo dice Dara. 2:7 En hebreo Acar; comparar Jos 7:1. Acar significa «desastre». 2:7b El término hebreo empleado aquí se refiere a la consagración total de cosas o personas al SEÑOR, ya sea destruyéndolas o entregándolas como ofrenda. 2:9 En hebreo Quelubai, una variante de Caleb; comparar 2:18. 2:11 Así aparece en la versión griega (ver también Rt 4:21); en hebreo dice Salma. 2:18 O Caleb tuvo una hija llamada Jeriot con su esposa Azuba. El significado del hebreo es incierto. 2:19 En hebreo Efrat, una variante de Efrata; comparar 2:50 y 4:4. 2:23 O conquistó Havot-jair.

y sus sesenta aldeas vecinas). Todos ellos fueron descendientes de Maquir, padre de Galaad.

²⁴Poco después de la muerte de Hezrón en la ciudad de Caleb-efrata, su esposa Abías dio a luz un hijo llamado Asur (padre de* Tecoa).

Descendientes de Jerameel, hijo de Hezrón

²⁵Los hijos de Jerameel, hijo mayor de Hezrón, fueron: Ram (el mayor), Buna, Orén, Ozem y Ahías. ²⁶Jerameel tuvo una segunda esposa llamada Atara, quien fue la madre de Onam.

²⁷Los hijos de Ram, el hijo mayor de Jerameel, fueron: Maaz, Jamín y Equer.

²⁸Los hijos de Onam fueron: Samai y Jada. Los hijos de Samai fueron: Nadab y Abisur.

²⁹Los hijos de Abisur y su esposa Abihail fueron: Ahbán y Molid.

³⁰Los hijos de Nadab fueron: Seled y Apaim. Seled murió sin hijos, ³¹pero Apaim tuvo un hijo llamado Isi. El hijo de Isi fue Sesán, quien tuvo un descendiente llamado Ahlai.

³²Los hijos de Jada, el hermano de Samai, fueron: Jeter y Jonatán. Jeter murió sin hijos, ³³pero Jonatán tuvo dos hijos llamados Pelet y Zaza.

Todos ellos fueron descendientes de Jerameel.

³⁴Sesán no tuvo hijos, aunque sí tuvo hijas. También tuvo un sirviente egipcio llamado Jarha. ³⁵Sesán le dio a Jarha una de sus hijas como esposa y tuvieron un hijo llamado Atai.

³⁶ Atai fue el padre de Natán.
Natán fue el padre de Zabad.
³⁷ Zabad fue el padre de Eflal.
Eflal fue el padre de Obed.
³⁸ Obed fue el padre de Jehú.
Jehú fue el padre de Azarías.
³⁹ Azarías fue el padre de Heles.
Heles fue el padre de Elasa.
⁴⁰ Elasa fue el padre de Sismai.
Sismai fue el padre de Salum.
⁴¹ Salum fue el padre de Jecamías.
Jecamías fue el padre de Elisama.

Descendientes de Caleb, hijo de Hezrón

⁴²Entre los descendientes de Caleb, hermano de Jerameel, se encontraba Mesa (el hijo mayor), quien fue el padre de Zif. También entre los descendientes de Caleb estaban los hijos de Maresa, el padre de Hebrón.*

⁴³Los hijos de Hebrón fueron: Coré, Tapúa, Requem y Sema. ⁴⁴Sema fue el padre de Raham, y Raham fue el padre de Jorcoam. Requem fue el padre de Samai. ⁴⁵El hijo de Samai fue Maón, y Maón fue el padre de Bet-sur.

⁴⁶La concubina de Caleb, Efa, dio a luz a Harán, a Mosa y a Gazez. Harán fue el padre de Gazez.

⁴⁷Los hijos de Jahdai fueron: Regem, Jotam, Gesam, Pelet, Efa y Saaf.

⁴⁸Otra de las concubinas de Caleb, Maaca, dio a luz a Seber y a Tirhana. ⁴⁹También dio a luz a Saaf (el padre de Madmana) y a Seva (el padre de Macbena y de Gibea). Caleb también tuvo una hija llamada Acsa.

⁵⁰Todos ellos fueron descendientes de Caleb.

Descendientes de Hur, hijo de Caleb

Los hijos de Hur, el hijo mayor de Efrata, la esposa de Caleb, fueron: Sobal (el fundador de Quiriat-jearim), ⁵¹Salma (el fundador de Belén) y Haref (el fundador de Bet-gader).

⁵²Los descendientes de Sobal (el fundador de Quiriat-jearim) fueron Haroe, la mitad de los manahetitas, ⁵³y las familias de Quiriat-jearim: los itritas, los futitas, los sumaitas y los misraítas, de quienes procedía la gente de Zora y Estaol.

⁵⁴Los descendientes de Salma fueron: la gente de Belén, los netofatitas, Atrot-bet-joab, la otra mitad de los manahetitas, los zoraítas, ⁵⁵y las familias de escribas que vivieron en Jabes: los tirateos, los simeateos y los sucateos. Todos ellos fueron ceneos, que descendían de Hamat, el padre de la familia de Recab.*

Descendientes de David

3 Estos son los hijos de David que nacieron en Hebrón:

El mayor fue Amnón, y su madre fue Ahinoam de Jezreel.
El segundo fue Daniel, y su madre fue Abigail de Carmelo.
² El tercero fue Absalón, y su madre fue Maaca, hija de Talmai, rey de Gesur.
El cuarto fue Adonías, y su madre fue Haguit.
³ El quinto fue Sefatías, y su madre fue Abital.
El sexto fue Itream, y su madre fue Egla, esposa de David.

⁴Estos seis hijos le nacieron a David en Hebrón, donde reinó siete años y medio.

Luego David reinó otros treinta y tres años en Jerusalén. ⁵Entre los hijos de David que le nacieron en Jerusalén estaban Samúa,* Sobab, Natán y Salomón. La madre de ellos fue Betsabé,* hija de Amiel. ⁶Además David tuvo otros nueve hijos: Ibhar, Elisúa,* Elpelet,* ⁷Noga, Nefeg, Jafía, ⁸Elisama, Eliada y Elifelet.

⁹Estos fueron los hijos de David, sin contar los hijos que nacieron de sus concubinas. La hermana de ellos fue Tamar.

Descendientes de Salomón

¹⁰Los descendientes de Salomón fueron: Roboam, Abías, Asa, Josafat, ¹¹Yoram,*

2:24 O *fundador de;* también en 2:42, 45, 49.   2:42 O *quien fundó Hebrón.* El significado del hebreo es incierto.   2:55 O *fundador de Bet-recab.*   3:5a Así aparece en la versión siríaca (ver también 14:4; 2 Sm 5:14); en hebreo dice *Simea.*   3:5b En hebreo *Bet-súa,* una variante de Betsabé.   3:6a Así aparece en algunos manuscritos hebreos y griegos (ver también 14:5-7 y 2 Sm 5:15); la mayoría de los manuscritos hebreos dicen *Elisama.*   3:6b En hebreo *Elifelet;* comparar el texto paralelo en 14:5-7.   3:11 En hebreo *Joram,* una variante de Yoram.

Ocozías, Joás, ¹²Amasías, Uzías,* Jotam, ¹³Acaz, Ezequías, Manasés, ¹⁴Amón y Josías.

¹⁵Los hijos de Josías fueron: Johanán (el mayor), Joacim (el segundo), Sedequías (el tercero) y Joacaz* (el cuarto).

¹⁶Los sucesores de Joacim fueron su hijo Joaquín y su hermano Sedequías.*

Descendientes de Joaquín

¹⁷Los hijos de Joaquín* —quien fue tomado prisionero por los babilonios— fueron: Salatiel, ¹⁸Malquiram, Pedaías, Senazar, Jecamías, Hosama y Nedabías.

¹⁹Los hijos de Pedaías fueron: Zorobabel y Simei. Los hijos de Zorobabel fueron: Mesulam y Hananías. (La hermana de ellos fue Selomit). ²⁰Sus otros cinco hijos fueron Hasuba, Ohel, Berequías, Hasadías y Jusab-hesed.

²¹Los hijos de Hananías fueron: Pelatías y Jesaías. El hijo de Jesaías fue Refaías y el hijo de Refaías fue Arnán. El hijo de Arnán fue Abdías y el hijo de Abdías fue Secanías.

²²Los descendientes de Secanías fueron: Semaías y sus hijos, Hatús, Igal, Barías, Nearías y Safat; seis en total.

²³Los hijos de Nearías fueron: Elioenai, Ezequías y Azricam; tres en total.

²⁴Los hijos de Elioenai fueron: Hodavías, Eliasib, Pelaías, Acub, Johanán, Dalaías y Anani; siete en total.

Otros descendientes de Judá

4 Los descendientes de Judá fueron: Perez, Hazrón, Carmi, Hur y Sobal.

²Reaía, hijo de Sobal, fue el padre de Jahat. Jahat fue el padre de Ahumai y Lahad. Estas fueron las familias de los zoratitas.

³Los descendientes de* Etam fueron: Jezreel, Isma, Ibdas, una hermana llamada Haze-lelponi, ⁴Penuel (el padre de* Gedor) y Ezer (el padre de Husa). Estos fueron los descendientes de Hur (el hijo mayor de Efrata), el antepasado de Belén.

⁵Asur (el padre de Tecoa) tuvo dos esposas, llamadas Hela y Naara. ⁶Naara dio a luz a Ahuzam, Hefer, Temeni y Ahastari. ⁷Hela dio a luz a Zeret, Izhar,* Etnán ⁸y Cos, quien fue antepasado de Anub, de Zobeba, y de todas las familias de Aharhel, hijo de Harum.

⁹Había un hombre llamado Jabes, quien fue más honorable que cualquiera de sus hermanos. Su madre le puso por nombre Jabes* porque su nacimiento le causó mucho dolor. ¹⁰Él fue quien oró al Dios de Israel diciendo: «¡Ay, si tú me bendijeras y extendieras mi territorio! ¡Te

ruego que estés conmigo en todo lo que haga, y líbrame de toda dificultad que me cause dolor!»; y Dios le concedió lo que pidió.

¹¹Quelub (hermano de Súa) fue el padre de Mehir, y Mehir fue el padre de Estón. ¹²Estón fue el padre de Bet-rafa, Paseah y Tehina. Tehina fue el padre de Ir-nahas. Estos fueron los descendientes de Reca.

¹³Los hijos de Cenaz fueron: Otoniel y Seraías. Los hijos de Otoniel fueron: Hatat y Meonotai.* ¹⁴Meonotai fue el padre de Ofra. Seraías fue el padre de Joab, el fundador del valle de los Artesanos,* así llamado porque eran artesanos.

¹⁵Los hijos de Caleb, hijo de Jefone, fueron: Iru, Ela y Naam. El hijo de Ela fue Cenaz.

¹⁶Los hijos de Jehalelel fueron: Zif, Zifa, Tirías y Asareel.

¹⁷Los hijos de Esdras fueron: Jeter, Mered, Efer y Jalón. Una de las esposas de Mered fue* madre de Miriam, Samai e Isba (el padre de Estemoa). ¹⁸Se casó con una mujer de Judá, quien fue madre de Jered (el padre de Gedor), Heber (el padre de Soco) y Jecutiel (el padre de Zanoa). Mered también se casó con Bitia, una hija del faraón, quien le dio hijos.

¹⁹La esposa de Hodías era hermana de Naham. Uno de sus hijos fue el padre de Keila, el garmita, y otro fue el padre de Estemoa, el maacateo.

²⁰Los hijos de Simón fueron: Amnón, Rina, Ben-hanán y Tilón. Los descendientes de Isi fueron Zohet y Benzohet.

Descendientes de Sela, hijo de Judá

²¹Sela fue uno de los hijos de Judá. Los descendientes de Sela fueron: Er (el padre de Leca); Laada (el padre de Maresa); las familias de trabajadores del lino en Bet-asbea; ²²Joacim; los hombres de Cozeba; y Joás y Saraf, quienes gobernaban Moab y Jasubi-lehem. Todos estos nombres provienen de registros antiguos. ²³Eran los alfareros que vivieron en Netaím y Gedera y trabajaban para el rey.

Descendientes de Simeón

²⁴Los hijos de Simeón fueron: Jemuel,* Jamín, Jarib, Zohar* y Saúl.

²⁵Los descendientes de Saúl fueron: Salum, Mibsam y Misma.

²⁶Los descendientes de Misma fueron: Hamuel, Zacur y Simei.

²⁷Simei tuvo dieciséis hijos y seis hijas, pero ninguno de sus hermanos tuvo familias

---

3:12 En hebreo *Azarías,* una variante de Uzías. 3:15 En hebreo *Salum,* otro nombre de Joacaz. 3:16 En hebreo *Los hijos de Joacim fueron su hijo Jeconías* (una variante de Joaquín) *y su hijo Sedequías.* 3:17 En hebreo *Jeconías,* una variante de Joaquín. 4:3 Así aparece en la versión griega; *en hebreo dice padre da.* El significado del hebreo es incierto. 4:4 O *fundador de;* también en 4:5, 12, 14, 17, 18, y tal vez en otros lugares donde el texto dice *el padre de.* 4:7 Así aparece en una lectura alternativa del texto masorético (ver también la Vulgata Latina); el texto masorético y la versión griega dicen *Zohar.* 4:9 *Jabes* suena como una palabra hebrea que significa «angustia» o «dolor». 4:13 Así aparece en algunos manuscritos griegos y en la Vulgata Latina; en hebreo falta *y Meonotai.* 4:14 O *Joab, el padre de Gue-jarasim.* 4:17 O *La esposa de Jeter fue;* en hebreo dice *Ella fue.* 4:24a Así aparece en la versión siríaca (ver también Gn 46:10; Ex 6:15); en hebreo dice *Nemuel.* 4:24b Igual que en los textos paralelos de Gn 46:10 y Ex 6:15; en hebreo dice *Zera.*

numerosas. De modo que la tribu de Simeón nunca creció tanto como la tribu de Judá.

²⁸Vivieron en Beerseba, Molada, Hazar-sual, ²⁹Bilha, Esem, Tolad, ³⁰Betuel, Horma, Siclag, ³¹Bet-marcabot, Hazar-susim, Bet-birai y Saaraim. Estas ciudades estuvieron bajo su control hasta la época del rey David. ³²Sus descendientes también vivieron en Etam, Aín, Rimón, Toquén y Asán, cinco ciudades ³³y las aldeas vecinas hasta llegar a Baalat.* Este era el territorio que les correspondía, y estos nombres aparecen en sus registros genealógicos.

³⁴Entre los descendientes de Simeón estaban Mesobab, Jamlec, Josías hijo de Amasías, ³⁵Joel, Jehú hijo de Josibías, hijo de Seraías, hijo de Asiel, ³⁶Elioenai, Jaacoba, Jesohaía, Asaías, Adiel, Jesimiel, Benaía ³⁷y Ziza hijo de Sifi, hijo de Alón, hijo de Jedaías, hijo de Simri, hijo de Semaías.

³⁸Estos fueron los nombres de algunos de los jefes de los clanes ricos de Simeón. Sus familias crecieron en número ³⁹y viajaron a la región de Gerar,* en la parte oriental del valle, en busca de pastura para sus rebaños. ⁴⁰Allí encontraron buenos pastizales y una tierra tranquila y pacífica.

Algunos de los descendientes de Cam antes vivían en esa región; ⁴¹pero durante el reinado de Ezequías de Judá, estos líderes de Simeón invadieron la región y destruyeron por completo* las casas de los descendientes de Cam y de los meunitas. Hoy en día no queda ni un rastro de ellos. Mataron a todos los que vivían allí y se apoderaron de la tierra, porque querían los buenos pastizales para sus rebaños. ⁴²Quinientos de estos invasores de la tribu de Simeón fueron al monte Seir, dirigidos por Pelatías, Nearías, Refaías y Uziel, todos hijos de Isi. ⁴³Aniquilaron a los pocos amalecitas que habían sobrevivido y viven allí desde entonces.

Descendientes de Rubén

5 El hijo mayor de Israel* fue Rubén; pero como deshonró a su padre cuando se acostó con una de sus concubinas, los derechos del hijo mayor fueron dados a los hijos de su hermano José. Por esta razón, Rubén no aparece en la lista de los registros genealógicos como el primer hijo varón. ²Aunque los descendientes de Judá llegaron a ser la tribu más poderosa y dieron un gobernante para la nación,* los derechos del hijo mayor le pertenecieron a José.

³Los hijos de Rubén, el hijo mayor de Israel, fueron: Hanoc, Falú, Hezrón y Carmi.

⁴Los descendientes de Joel fueron: Semaías, Gog, Simei, ⁵Micaía, Reaía, Baal ⁶y Beera. Beera fue

el líder de los rubenitas cuando fueron llevados cautivos por el rey Tiglat-pileser* de Asiria.

⁷Los parientes de Beera* aparecen en los registros genealógicos por sus clanes: Jeiel (el jefe), Zacarías ⁸y Bela hijo de Azaz, hijo de Sema, hijo de Joel.

Los rubenitas vivían en la zona que se extiende de Aroer a Nebo y Baal-meón. ⁹Dado que tenían tantos animales en la tierra de Galaad, se extendieron al oriente hacia los límites del desierto que llega hasta el río Éufrates.

¹⁰Durante el reinado de Saúl, los rubenitas derrotaron a los agarenos en batalla. Después se trasladaron a los asentamientos agarenos a lo largo del borde oriental de Galaad.

Descendientes de Gad

¹¹Al lado de los rubenitas, en la tierra de Basán, vivían los descendientes de Gad, hasta Salca al oriente. ¹²Joel fue el líder en la tierra de Basán, y Safán era segundo en autoridad, seguido por Jaanai y Safat.

¹³Sus parientes, los jefes de otros siete clanes, fueron Micael, Mesulam, Seba, Jorai, Jacán, Zía y Heber. ¹⁴Todos ellos fueron los descendientes de Abihail, hijo de Huri, hijo de Jaroa, hijo de Galaad, hijo de Micael, hijo de Jesisai, hijo de Jahdo, hijo de Buz. ¹⁵Ahí, hijo de Abdiel, hijo de Guni, fue el jefe de sus clanes.

¹⁶Los gaditas vivieron en la tierra de Galaad, en Basán y sus aldeas, y por todos los pastizales de Sarón. ¹⁷Todos estos aparecen en los registros genealógicos durante los tiempos del rey Jotam de Judá y del rey Jeroboam de Israel.

Las tribus al oriente del Jordán

¹⁸Había 44.760 guerreros competentes en los ejércitos de Rubén, Gad y la media tribu de Manasés, hábiles en combate y armados de escudos, espadas y arcos. ¹⁹Hicieron guerra contra los agarenos, los jetureos, los nafiseos y los nodabitas. ²⁰Clamaron a Dios durante la batalla, y él contestó su oración porque confiaron en él. De modo que derrotaron a los agarenos y a todos sus aliados. ²¹Entre el botín que tomaron de los agarenos había 50.000 camellos, 250.000 ovejas, 2000 burros y 100.000 cautivos. ²²Muchos de los agarenos murieron en la batalla porque Dios luchaba contra ellos. Los habitantes de Rubén, Gad y Manasés vivieron en su tierra hasta que fueron llevados al destierro.

²³La media tribu de Manasés era muy grande y se extendió por la tierra desde Basán hasta Baal-hermón, Senir y el monte Hermón. ²⁴Estos

---

4:33 Así aparece en algunos manuscritos griegos (ver también Jos 19:8); en hebreo dice *Gedor*.   4:39 Así aparece en la versión griega; en hebreo dice *Baal*.   4:41 El término hebreo empleado aquí se refiere a la consagración total de cosas o personas al SEÑOR, ya sea destruyéndolas o entregándolas como ofrenda.   5:1 *Israel* es el nombre que Dios le dio a Jacob.   5:2 O *y de Judá provino un príncipe*.   5:6 En hebreo *Tilgat-pileser*, una variante de Tiglat-pileser; también en 5:26.   5:7 En hebreo *Sus parientes*.

fueron los jefes de sus clanes: Efer,* Isi, Eliel, Azriel, Jeremías, Hodavías y Jahdiel. Estos hombres tuvieron gran fama como guerreros poderosos y jefes de sus clanes.

²⁵Sin embargo, estas tribus fueron infieles al Dios de sus antepasados. Adoraron a los dioses de las naciones que Dios había destruido. ²⁶Por eso el Dios de Israel hizo que el rey Pul de Asiria (también conocido como Tiglat-pileser) invadiera la tierra y se llevara cautivos a la tribu de Rubén, a la tribu de Gad y a la media tribu de Manasés. Los asirios los desterraron y los llevaron a Halaj, a Habor, a Hara y al río Gozán, donde se encuentran hasta el día de hoy.

La línea sacerdotal

6 ¹*Los hijos de Leví fueron: Gersón, Coat y Merari.

²Entre los descendientes de Coat se encontraban Amram, Izhar, Hebrón y Uziel.
³Los hijos de Amram fueron: Aarón, Moisés y Miriam.

Los hijos de Aarón fueron: Nadab, Abiú, Eleazar e Itamar.

⁴ Eleazar fue el padre de Finees.
Finees fue el padre de Abisúa.
⁵ Abisúa fue el padre de Buqui.
Buqui fue el padre de Uzi.
⁶ Uzi fue el padre de Zeraías.
Zeraías fue el padre de Meraiot.
⁷ Meraiot fue el padre de Amarías.
Amarías fue el padre de Ahitob.
⁸ Ahitob fue el padre de Sadoc.
Sadoc fue el padre de Ahimaas.
⁹ Ahimaas fue el padre de Azarías.
Azarías fue el padre Johanán.
¹⁰ Johanán fue el padre de Azarías, el sumo sacerdote del templo* que Salomón construyó en Jerusalén.
¹¹ Azarías fue el padre de Amarías.
Amarías fue el padre Ahitob.
¹² Ahitob fue el padre de Sadoc.
Sadoc fue el padre de Salum.
¹³ Salum fue el padre de Hilcías.
Hilcías fue el padre de Azarías.
¹⁴ Azarías fue el padre Seraías.
Seraías fue el padre de Josadac, ¹⁵quien fue desterrado cuando el SEÑOR mandó a los habitantes de Judá y de Jerusalén al cautiverio bajo Nabucodonosor.

Los clanes de los levitas

¹⁶*Los hijos de Leví fueron: Gersón,* Coat y Merari.
¹⁷Entre los descendientes de Gersón estaban Libni y Simei.

¹⁸Entre los descendientes de Coat estaban Amram, Izhar, Hebrón y Uziel.
¹⁹Entre los descendientes de Merari estaban Mahli y Musi.

Los siguientes fueron los clanes de los levitas, agrupados de acuerdo a su familia patriarcal:

²⁰Entre los descendientes de Gersón estaban Libni, Jahat, Zima, ²¹Joa, Iddo, Zera y Zeatrai.
²²Entre los descendientes de Coat estaban Aminadab, Coré, Asir, ²³Elcana, Abiasaf,* Asir, ²⁴Tahat, Uriel, Uzías y Saúl.
²⁵Entre los descendientes de Elcana estaban Amasai, Ahimot, ²⁶Elcana, Zofai, Nahat, ²⁷Eliab, Jeroham, Elcana y Samuel.*
²⁸Los hijos de Samuel fueron: Joel* (el mayor) y Abías (el segundo).
²⁹Entre los descendientes de Merari estaban Mahli, Libni, Simei, Uza, ³⁰Simea, Haguía y Asasías.

Los músicos del templo

³¹David nombró a los siguientes hombres para dirigir la música en la casa del SEÑOR después de que el arca fue colocada allí. ³²Ellos se encargaron de la música en el tabernáculo* hasta que Salomón construyó el templo del SEÑOR en Jerusalén. Llevaron a cabo su labor siguiendo todas las ordenanzas que les transmitieron. ³³Estos son los hombres que sirvieron junto con sus hijos:

El músico Hemán pertenecía al clan de Coat.
Su genealogía fue seguida a través de Joel, Samuel, ³⁴Elcana, Jeroham, Eliel, Toa, ³⁵Zuf, Elcana, Mahat, Amasai, ³⁶Elcana, Joel, Azarías, Sofonías, ³⁷Tahat, Asir, Abiasaf, Coré, ³⁸Izhar, Coat, Leví y hasta Israel.*
³⁹El primer ayudante de Hemán fue Asaf, del clan de Gersón.* La genealogía de Asaf fue seguida a través de Berequías, Simea, ⁴⁰Micael, Baasías, Malquías, ⁴¹Etni, Zera, Adaía, ⁴²Etán, Zima, Simei, ⁴³Jahat, Gersón y Leví.
⁴⁴El segundo ayudante de Hemán fue Etán, quien pertenecía al clan de Merari. La genealogía de Etán fue seguida a través de Quisi, Abdi, Maluc, ⁴⁵Hasabías, Amasías, Hilcías, ⁴⁶Amsi, Bani, Semer, ⁴⁷Mahli, Musi, Merari y Leví.

⁴⁸Sus hermanos levitas fueron asignados a otras tareas en el tabernáculo, la casa de Dios.

Los descendientes de Aarón

⁴⁹Solamente Aarón y sus descendientes servían como sacerdotes. Presentaban las ofrendas quemadas y en el altar de las ofrendas quemadas y en el altar

---

5:24 Así aparece en la versión griega y en la Vulgata Latina; en hebreo dice y *Efer.*   6:1 Los versículos del 6:1-15 corresponden al 5:27-41 en el texto hebreo.   6:10 En hebreo *la casa.*   6:16a Los versículos del 6:16-81 corresponden al 6:1-66 en el texto hebreo.   6:16b En hebreo *Gersom,* una variante de Gersón (ver 6:1); también en 6:17, 20, 43, 62, 71.   6:23 En hebreo *Ebiasaf,* una variante de Abiasaf (también en 6:37); comparar el texto paralelo en Ex 6:24.   6:27 Así aparece en algunos manuscritos griegos (ver 6:33-34); en el texto hebreo falta *y Samuel.*   6:28 Así aparece en algunos manuscritos griegos y en la versión siríaca (ver también 6:33 y 1 Sm 8:2); en hebreo falta *Joel.*   6:32 En hebreo *el tabernáculo, la carpa de reunión.*   6:38 *Israel* es el nombre que Dios le dio a Jacob.   6:39 En hebreo falta *del clan de Gersón;* ver 6:43.

del incienso, y llevaban a cabo todas las demás tareas relacionadas con el Lugar Santísimo. Hacían expiación por Israel al hacer todo lo que Moisés, el siervo de Dios, les había ordenado.

⁵⁰Los descendientes de Aarón fueron: Eleazar, Finees, Abisúa, ⁵¹Buqui, Uzi, Zeraías, ⁵²Meraiot, Amarías, Ahitob, ⁵³Sadoc y Ahimaas.

Territorio para los levitas

⁵⁴Este es un registro de las ciudades y del territorio asignados, por sorteo sagrado, a los descendientes de Aarón que pertenecían al clan de Coat. ⁵⁵Este territorio en Judá incluía Hebrón y los pastizales que lo rodeaban, ⁵⁶pero Caleb, hijo de Jefone, recibió los campos y las zonas circundantes que pertenecían a la ciudad. ⁵⁷Así que a los descendientes de Aarón les entregaron las siguientes ciudades, cada una con sus pastizales: Hebrón (una ciudad de refugio),* Libna, Jatir, Estemoa, ⁵⁸Holón,* Debir, ⁵⁹Aín,* Juta* y Bet-semes. ⁶⁰Además, del territorio de Benjamín, recibieron Gabaón,* Geba, Alemet y Anatot, cada una con sus pastizales. De modo que se les entregaron trece ciudades a los descendientes de Aarón. ⁶¹Los demás descendientes de Coat recibieron por sorteo sagrado diez ciudades del territorio de la media tribu de Manasés.

⁶²Los descendientes de Gersón recibieron por sorteo sagrado trece ciudades de los territorios de Isacar, Aser, Neftalí y de la región de Basán al oriente del Jordán, que pertenece a Manasés.

⁶³Los descendientes de Merari recibieron por sorteo sagrado doce ciudades de los territorios de Rubén, Gad y Zabulón.

⁶⁴Así que el pueblo de Israel asignó todas estas ciudades y pastizales a los levitas. ⁶⁵Las ciudades en los territorios de Judá, Simeón y Benjamín, mencionadas anteriormente, se les asignaron por sorteo sagrado.

⁶⁶A los descendientes de Coat les entregaron las siguientes ciudades del territorio de Efraín, cada una con sus pastizales: ⁶⁷Siquem (una ciudad de refugio en la zona montañosa de Efraín),* Gezer, ⁶⁸Jocmeam, Bet-horón, ⁶⁹Ajalón y Gat-rimón. ⁷⁰Los demás descendientes de Coat recibieron las ciudades de Aner y Bileam del territorio de la media tribu de Manasés, cada una con sus pastizales.

⁷¹Los descendientes de Gersón recibieron las siguientes ciudades del territorio de la media tribu de Manasés: Golán (en Basán) y Astarot, cada una con sus pastizales. ⁷²Del territorio de Isacar recibieron Cedes, Daberat, ⁷³Ramot y Anem, cada una con sus pastizales. ⁷⁴Del territorio de

Aser recibieron Masal, Abdón, ⁷⁵Hucoc y Rehob, cada una con sus pastizales. ⁷⁶Del territorio de Neftalí recibieron Cedes en Galilea, Hamón y Quiriataim, cada una con sus pastizales.

⁷⁷Los demás descendientes de Merari recibieron las siguientes ciudades del territorio de Zabulón: Jocneam, Carta,* Rimón* y Tabor, cada una con sus pastizales. ⁷⁸Del territorio de Rubén, al oriente del río Jordán frente a Jericó, recibieron Beser (una ciudad del desierto), Jahaz,* ⁷⁹Cademot y Mefaat, cada una con sus pastizales. ⁸⁰Además, del territorio de Gad recibieron Ramot de Galaad, Mahanaim, ⁸¹Hesbón y Jazer, cada una con sus pastizales.

Descendientes de Isacar

7 Los cuatro hijos de Isacar fueron: Tola, Fúa, Jasub y Simrón.

²Los hijos de Tola fueron: Uzi, Refaías, Jeriel, Jahmai, Jibsam y Semuel. Cada uno de ellos era el jefe de un clan patriarcal. En el tiempo del rey David el número total de guerreros poderosos anotados en el registro de estos clanes era veintidós mil seiscientos.

³Israhías fue hijo de Uzi. Los hijos de Israhías fueron: Micael, Obadías, Joel e Isías. Estos cinco llegaron a ser jefes de clanes. ⁴Todos ellos tuvieron muchas esposas y muchos hijos, de manera que el total de hombres disponibles para el servicio militar entre sus descendientes era treinta y seis mil.

⁵El número total de guerreros poderosos entre todos los clanes de la tribu de Isacar era ochenta y siete mil. Todos ellos aparecen en sus registros genealógicos.

Descendientes de Benjamín

⁶Tres de los hijos de Benjamín fueron: Bela, Bequer y Jediael.

⁷Los cinco hijos de Bela fueron: Ezbón, Uzi, Uziel, Jerimot e Iri. Cada uno de ellos fue jefe de un clan patriarcal. El número total de guerreros poderosos de estos clanes era veintidós mil treinta y cuatro, tal como aparecen en sus registros genealógicos.

⁸Los hijos de Bequer fueron: Zemira, Joás, Eliezer, Elioenai, Omri, Jerimot, Abías, Anatot y Alamet. ⁹Cada uno de ellos era jefe de un clan patriarcal. El número total de guerreros poderosos y jefes de estos clanes era veinte mil doscientos, tal como aparecen en sus registros genealógicos.

¹⁰Bilhán fue hijo de Jediael. Los hijos de Bilhán fueron: Jeús, Benjamín, Aod, Quenaana, Zetán, Tarsis y Ahisahar. ¹¹Cada uno de ellos fue jefe de un clan patriarcal. De estos clanes había

6:57 Igual que el texto paralelo en Jos 21:13; en hebreo dice *les fueron dadas las ciudades de refugio: Hebrón y las ciudades siguientes, cada una con sus pastizales.* **6:58** Igual que el texto paralelo en Jos 21:15; el texto masorético dice *Hilez;* otros manuscritos dicen *Hilén.* **6:59a** Igual que el texto paralelo en Jos 21:16; en hebreo dice *Asán.* **6:59b** Así aparece en la versión siríaca (ver también Jos 21:16); en hebreo falta *Juta.* **6:60** Igual que el texto paralelo en Jos 21:17; en hebreo falta *Gabaón.* **6:66-67** Igual que el texto paralelo en Jos 21:21. El texto hebreo dice *les fueron dadas las ciudades de refugio: Siquem en las montañas de Efraín, y las siguientes ciudades, cada una con sus pastizales.* **6:77a** Así aparece en la versión griega (ver también Jos 21:34); en hebreo falta *Jocneam, Carta.* **6:77b** Así aparece en la versión griega (ver también Jos 19:13); en hebreo dice *Dimna,* una variante de Jahaz. **6:78** En hebreo *Jaza,* una variante de Jahaz.

número total de guerreros poderosos listos para la guerra era diecisiete mil doscientos.
¹²Los hijos de Hir fueron: Supim y Hupim. Husim fue hijo de Aher.

Descendientes de Neftalí

¹³Los hijos de Neftalí fueron: Jahzeel,* Guni, Jezer y Silem.* Todos eran descendientes de la concubina de Jacob, Bilhá.

Descendientes de Manasés

¹⁴Entre los descendientes de Manasés, nacidos de su concubina aramea, se encontraba Asriel. Ella también dio a luz a Maquir, el padre de Galaad. ¹⁵Maquir encontró esposas para* Hupim y Supim. Maquir tenía una hermana llamada Maaca. Uno de los descendientes de Maquir fue Zelofehad, quien solamente tuvo hijas.
¹⁶La esposa de Maquir, Maaca, dio a luz un hijo al que llamó Peres. El nombre de su hermano era Seres. Los hijos de Peres fueron: Ulam y Requem. ¹⁷El hijo de Ulam fue Bedán. Todos estos fueron considerados galaaditas, descendientes de Maquir, hijo de Manasés.
¹⁸Hamolequet, hermana de Maquir, dio a luz a Isod, Abiezer y Mahala.
¹⁹Los hijos de Semida fueron: Ahián, Siquem, Likhi y Aniam.

Descendientes de Efraín

²⁰Los descendientes de Efraín fueron: Sutela, Bered, Tahat, Elada, Tahat, ²¹Zabad, Sutela, Ezer y Elad. A Ezer y a Elad los mataron cuando intentaban robar ganado que pertenecía a los granjeros locales, cerca de Gat. ²²Su padre, Efraín, hizo duelo por ellos durante mucho tiempo, y sus parientes fueron a consolarlo. ²³Después Efraín se acostó con su esposa, y ella quedó embarazada y dio a luz un hijo. Efraín lo llamó Bería,* debido a la desgracia que había sufrido su familia. ²⁴Tuvo una hija llamada Seera. Ella construyó las ciudades de Bet-horón de abajo, Bet-horón de arriba y Uzen-seera.
²⁵Entre los descendientes de Efraín estaban Refa, Resef, Telah, Tahán, ²⁶Laadán, Amiud, Elisama, ²⁷Nun y Josué.

²⁸Los descendientes de Efraín vivieron en el territorio que incluía a Betel y a las ciudades vecinas hacia el sur, Naarán al oriente, Guzer y sus aldeas al occidente, y Siquem y las aldeas vecinas hacia el norte hasta llegar a Aya y sus ciudades. ²⁹A lo largo de la frontera de Manasés se encontraban las ciudades de Bet-sán,* Taanac, Meguido y Dor, junto con sus aldeas vecinas. Los descendientes de José, hijo de Israel,* vivieron en estas ciudades.

Descendientes de Aser

³⁰Los hijos de Aser fueron: Imna, Isúa, Isúi y Bería. Tuvieron una hermana llamada Sera.
³¹Los hijos de Bería fueron: Heber y Malquiel (el padre de Birzavit).
³²Los hijos de Heber fueron: Jaflet, Semer y Hotam. Tuvieron una hermana llamada Súa.
³³Los hijos de Jaflet fueron: Pasac, Bimhal y Asvat.
³⁴Los hijos de Semer fueron:* Ahí, Rohga, Jehúba y Aram.
³⁵Los hijos de su hermano Helem* fueron: Zofa, Imna, Seles y Amal.
³⁶Los hijos de Zofa fueron: Súa, Harnefer, Súal, Beri, Imra, ³⁷Beser, Hod, Sama, Silsa, Itrán* y Beera.
³⁸Los hijos de Jeter fueron: Jefone, Pispa y Ara.
³⁹Los hijos de Ula fueron: Ara, Haniel y Rezia.
⁴⁰Cada uno de estos descendientes de Aser fue cabeza de un clan patriarcal. Eran todos hombres selectos, guerreros poderosos y líderes destacados. El número total de hombres disponibles para el servicio militar era veintiséis mil, tal como aparecen en sus registros genealógicos.

Descendientes de Benjamín

8 El primer hijo de Benjamín fue Bela; el segundo, Asbel; el tercero, Ahara; ²el cuarto, Noha y el quinto, Rafa.
³Los hijos de Bela fueron: Adar, Gera, Abiud,* ⁴Abisúa, Naamán, Ahoa, ⁵Gera, Sefufán e Hiram.
⁶Los hijos de Aod, jefes de los clanes que vivían en Geba, fueron desterrados a Manahat. ⁷Los hijos de Aod fueron: Naamán, Ahías y Gera. Gera, quien los llevó al destierro, fue el padre de Uza y Ahiud.*
⁸Después que Saharaim se divorció de sus esposas Husim y Baara, tuvo hijos en la tierra de Moab. ⁹Su esposa Hodes dio a luz a Jobab, Sibia, Mesa, Malcam, ¹⁰Jeúz, Saquías y Mirma. Todos estos hijos llegaron a ser jefes de clanes.
¹¹Husim, la esposa de Saharaim, ya había dado a luz a Abitob y a Elpaal. ¹²Los hijos de Elpaal fueron: Heber, Misam, Semed (quien construyó las ciudades de Ono y Lod y sus aldeas cercanas), ¹³Bería y Sema. Ellos fueron los jefes de los clanes que vivían en Ajalón, y expulsaron a sus habitantes de Gat.
¹⁴Ahío, Sasac, Jeremot, ¹⁵Zebadías, Arad, Ader, ¹⁶Micael, Ispa y Joha fueron los hijos de Bería.
¹⁷Zebadías, Mesulam, Hizqui, Heber, ¹⁸Ishmerai, Jezlías y Jobab fueron los hijos de Elpaal.
¹⁹Jaquim, Zicri, Zabdi, ²⁰Elienai, Ziletai, Eliel, ²¹Adaías, Beraías y Simrat fueron los hijos de Simei.

7:13a Igual que el texto paralelo en Gn 46:24; en hebreo dice *Jahziel*, una variante de Jahzeel.   7:13b Así aparece en algunos manuscritos hebreos y griegos (ver también Gn 46:24; Nm 26:49); la mayoría de los manuscritos hebreos dicen *Salum*.   7:15 O *Maquir tomó esposa de*. El significado del hebreo es incierto.   7:23 *Bería* suena como un término hebreo que significa «tragedia» o «desgracia».   7:29a En hebreo *bet-seán*, una variante de Bet-sán.   7:29b *Israel* es el nombre que Dios le dio a Jacob.   7:34 O *Los hijos de Semer, su hermano, fueron*.   7:35 Posiblemente otro nombre de *Hotam*; comparar 7:32.   7:37 Posiblemente otro nombre de *Jeter*; comparar 7:38.   8:3 Posiblemente *Gera, padre de Aod*; comparar 8:6.   8:7 O *Gera, es decir, Heglam, fue el padre de Uza y Ahiud.*

²²Ispán, Heber, Eliel, ²³Abdón, Zicri, Hanán, ²⁴Hananías, Elam, Anatotías, ²⁵Ifdaías y Peniel fueron los hijos de Sasac.

²⁶Samserai, Seharías, Atalías, ²⁷Jaresías, Elías y Zicri fueron los hijos de Jeroham.

²⁸Estos fueron los jefes de los clanes patriarcales; según aparecían en sus registros genealógicos; y todos ellos vivieron en Jerusalén.

La familia de Saúl

²⁹Jeiel* (el padre de* Gabaón) vivió en la ciudad de Gabaón. El nombre de su esposa fue Maaca, ³⁰y su hijo mayor fue Abdón. Los otros hijos de Jeiel fueron: Zur, Cis, Baal, Ner,* Nadab, ³¹Gedor, Ahío, Zacarías* ³²y Miclot, quien fue el padre de Simea.* Todas estas familias vivieron unas cerca de otras en Jerusalén.

³³ Ner fue el padre de Cis.
Cis fue el padre de Saúl.
Saúl fue el padre de Jonatán, Malquisúa,
    Abinadab y Es-baal.

³⁴ Jonatán fue el padre de Merib-baal.
Merib-baal fue el padre de Micaía.

³⁵ Micaía fue el padre de Pitón, Melec, Tarea
    y Acaz.

³⁶ Acaz fue el padre de Jada.*
Jada fue el padre de Alemet, Azmavet y Zimri.
Zimri fue el padre de Mosa.

³⁷ Mosa fue el padre de Bina.
Bina fue el padre de Refaías.*
Refaías fue el padre de Elasa.
Elasa fue el padre de Azel.

³⁸Azel tuvo seis hijos: Azricam, Bocru, Ismael, Searías, Obadías y Hanán. Estos fueron los hijos de Azel.

³⁹El hermano de Azel, Esec, tuvo tres hijos: el primero fue Ulam; el segundo, Jehús y el tercero, Elifelet. ⁴⁰Todos los hijos de Ulam fueron guerreros poderosos y expertos arqueros. Tuvieron muchos hijos y nietos: ciento cincuenta en total.

Todos ellos fueron descendientes de Benjamín.

9 Entonces todo Israel quedó anotado en los registros genealógicos en *El libro de los reyes de Israel.*

El retorno de los desterrados

El pueblo de Judá fue desterrado a Babilonia porque fue infiel al SEÑOR. ²Los primeros desterrados en regresar a las propiedades en sus antiguas ciudades fueron los sacerdotes, los levitas, los sirvientes del templo y otros israelitas. ³Algunas personas de las tribus de Judá, Benjamín, Efraín y Manasés volvieron y se establecieron en Jerusalén.

⁴Una familia que regresó fue la de Utai, hijo de Amiud, hijo de Omri, hijo de Imri, hijo de Bani, un descendiente de Pérez, hijo de Judá.

⁵Otros que volvieron pertenecían al clan de los silonitas, entre ellos Asaías (el mayor) y sus hijos.

⁶Del clan de los zeraítas, regresó Jeuel junto con sus parientes.

En total regresaron seiscientas noventa familias de la tribu de Judá.

⁷De la tribu de Benjamín volvieron Salú, hijo de Mesulam, hijo de Hodavías, hijo de Asenúa; ⁸Ibneías, hijo de Jeroham; Ela, hijo de Uzi, hijo de Micri y Mesulam, hijo de Sefatías, hijo de Reuel, hijo de Ibnías.

⁹Todos estos hombres fueron jefes de clanes y aparecían en los registros genealógicos. En total regresaron novecientas cincuenta y seis familias de la tribu de Benjamín.

Los sacerdotes que regresaron

¹⁰Entre los sacerdotes que regresaron se encontraban Jedaías, Joiarib, Jaquín, ¹¹Azarías, hijo de Hilcías, hijo de Mesulam, hijo de Sadoc, hijo de Meraiot, hijo de Ahitob. Azarías fue el funcionario principal de la casa de Dios.

¹²Otros sacerdotes que regresaron fueron Adaía, hijo de Jeroham, hijo de Pasur, hijo de Malquías, y Masai, hijo de Adiel, hijo de Jazera, hijo de Mesulam, hijo de Mesilemit, hijo de Imer.

¹³En total regresaron mil setecientos sesenta sacerdotes. Eran jefes de clanes y hombres muy capaces. Eran los sacerdotes responsables de oficiar en la casa de Dios.

Los levitas que regresaron

¹⁴Los levitas que regresaron fueron Semaías, hijo de Hasub, hijo de Azricam, hijo de Hasabías, un descendiente de Merari; ¹⁵Bacbacar; Heres; Galal; Matanías, hijo de Micaía, hijo de Zicri, hijo de Asaf; ¹⁶Obadías, hijo de Semaías, hijo de Galal, hijo de Jedutún y Berequías, hijo de Asa, hijo de Elcana, quien vivió en la región de Netofa.

¹⁷Los porteros que regresaron fueron Salum, Acub, Talmón, Ahimán y sus parientes. Salum fue el portero principal. ¹⁸Anteriormente eran responsables de la puerta del Rey, al oriente. Estos hombres servían como porteros para los campamentos de los levitas. ¹⁹Salum era hijo de Coré, un descendiente de Abiasaf,* del clan de Coré. Él y sus parientes, los coraítas, eran responsables de cuidar la entrada del santuario, así como sus antepasados habían cuidado el tabernáculo en el campamento del SEÑOR.

²⁰Antiguamente Finees, hijo de Eleazar, había estado a cargo de los porteros, y el

---

8:29a Así aparece en algunos manuscritos griegos (ver también 9:35); en hebreo falta *Jehiel.*   **8:29b** O *fundador de.*   **8:30** Así aparece en algunos manuscritos griegos (ver también 9:36); en hebreo falta *Ner.*   **8:31** Igual que el texto paralelo en 9:37; en hebreo dice *Zequer,* una variante de Zacarías.   **8:32** Igual que el texto paralelo en 9:38; en hebreo dice *Simea,* una variante de Simeam.   **8:36** Igual que el texto paralelo en 9:42; en hebreo dice *Joada,* una variante de Jada.   **8:37** Igual que el texto paralelo en 9:43; en hebreo dice *Rafa,* una variante de Refaías.   **9:19** En hebreo *Ebiasaf,* una variante de Abiasaf; comparar Ex 6:24.

Señor había estado con él. ²¹Posteriormente Zacarías, hijo de Meselemías, fue el responsable de cuidar la entrada del tabernáculo.*

²²En total hubo doscientos doce porteros en esos días, y fueron registrados según las genealogías en sus aldeas. Como sus antepasados eran hombres de confianza, David y Samuel el vidente los asignaron a sus puestos. ²³Estos porteros y sus descendientes, por sus divisiones, eran responsables de cuidar la entrada de la casa del Señor cuando esa casa era una carpa. ²⁴Los porteros estaban colocados en los cuatro puntos cardinales: al oriente, al occidente, al norte y al sur. ²⁵Sus parientes en las aldeas venían con regularidad para ayudarles con las responsabilidades durante ciclos de siete días.

²⁶Los cuatro porteros principales, todos levitas, eran funcionarios de confianza, porque eran responsables de las habitaciones y de los tesoros de la casa de Dios. ²⁷Pasaban la noche alrededor de la casa de Dios, ya que era su deber cuidarla y abrir las puertas cada mañana.

²⁸Algunos de los porteros tenían a su cargo el cuidado de los diversos objetos empleados en el culto. Con el fin de impedir pérdidas, llevaban la cuenta cuando los sacaban y cuando los guardaban. ²⁹Otros eran responsables del mobiliario, de los objetos en el santuario y de los suministros, como la harina selecta, el vino, el aceite de oliva, el incienso y las especias; ³⁰pero eran los sacerdotes los que combinaban las especias. ³¹A Matatías, levita e hijo mayor de Salum el coreíta, se le confió la preparación del pan utilizado para las ofrendas, ³²y algunos de los miembros del clan de Coat tenían a su cargo la preparación del pan que se debía poner en la mesa cada día de descanso.

³³Los músicos, todos levitas prominentes, vivían en el templo. Estaban exentos de otras responsabilidades ya que estaban de servicio a todas horas. ³⁴Todos estos hombres vivían en Jerusalén; eran cabezas de familias levitas y aparecían como líderes prominentes en los registros genealógicos.

El árbol genealógico de la familia de Saúl

³⁵Jeiel (el padre de* Gabaón) vivía en la ciudad de Gabaón. El nombre de su esposa era Maaca, ³⁶y su hijo mayor se llamaba Abdón. Los demás hijos de Jehiel fueron: Zur, Cis, Baal, Ner, Nadab, ³⁷Gedor, Ahío, Zacarías y Miclot. ³⁸Miclot fue el padre de Simeam. Todas estas familias vivían unas cerca de otras en Jerusalén.

³⁹Ner fue el padre de Cis. Cis fue el padre de Saúl. Saúl fue padre de Jonatán, Malquisúa, Abinadab y Es-baal.

⁴⁰Jonatán fue el padre de Merib-baal. Merib-baal fue el padre de Micaía.

⁴¹Los hijos de Micaía fueron: Pitón, Melec, Tarea y Acaz.*

⁴²Acaz fue el padre de Jada.* Jada fue el padre de Alemet, Azmavet y Zimri. Zimri fue el padre de Mosa.

⁴³Mosa fue el padre de Bina. Refaías fue el hijo de Bina. Elasa fue el hijo de Refaías. Azel fue el hijo de Elasa.

⁴⁴Azel tuvo seis hijos, cuyos nombres fueron Azricam, Bocru, Ismael, Searías, Obadías y Hanán. Estos fueron los hijos de Azel.

Muerte del rey Saúl

10 Ahora bien, los filisteos atacaron a Israel, y los hombres de Israel huyeron ante ellos. Mataron a muchos en las laderas del monte Gilboa. ²Los filisteos cercaron a Saúl y a sus hijos, y mataron a tres de ellos: Jonatán, Abinadab y Malquisúa. ³La batalla se intensificó cerca de Saúl, y los arqueros filisteos lo alcanzaron y lo hirieron.

⁴Con gemidos, Saúl le dijo a su escudero: «Toma tu espada y mátame antes de que estos filisteos paganos lleguen para burlarse de mí y torturarme».

Pero su escudero tenía miedo y no quiso hacerlo. Entonces Saúl tomó su propia espada y se echó sobre ella. ⁵Cuando su escudero vio que Saúl estaba muerto, se echó sobre su propia espada y murió. ⁶Así que Saúl y sus tres hijos murieron allí juntos, y su dinastía llegó a su fin.

⁷Cuando los israelitas que estaban en el valle de Jezreel vieron que su ejército había huido y que Saúl y sus hijos estaban muertos, abandonaron sus ciudades y huyeron. Entonces los filisteos entraron y ocuparon sus ciudades.

⁸Al día siguiente, cuando los filisteos salieron a despojar a los muertos, encontraron los cuerpos de Saúl y de sus hijos en el monte Gilboa. ⁹Entonces le quitaron la armadura a Saúl y le cortaron la cabeza. Luego proclamaron las buenas noticias de la muerte de Saúl ante sus ídolos y a la gente en toda la tierra de Filistea. ¹⁰Pusieron su armadura en el templo de sus dioses y colgaron su cabeza en el templo de Dagón.

¹¹Cuando el pueblo de Jabes de Galaad se enteró de todo lo que los filisteos le habían hecho a Saúl, ¹²todos los valientes guerreros llevaron los cuerpos de Saúl y sus hijos de regreso a Jabes. Luego enterraron sus huesos debajo del gran árbol en Jabes y ayunaron por siete días.

¹³De manera que Saúl murió porque fue infiel al Señor. No obedeció el mandato del Señor e incluso consultó a una médium ¹⁴en lugar de buscar la dirección del Señor. Así que el Señor le quitó la vida y le entregó el reino a David, hijo de Isaí.

9:21 O *carpa de reunión.* 9:35 O *fundador de.* 9:41 Así aparece en la versión siríaca y en la Vulgata Latina (ver también 8:35); en hebreo falta *y Acaz.* 9:42 Así aparece en algunos manuscritos hebreos y en la versión griega (ver también 8:36); en hebreo dice *Jara.*

David, rey de todo Israel

11 Luego todos los israelitas se presentaron ante David en Hebrón y le dijeron: «Somos de la misma sangre.* ²En el pasado,* aun cuando Saúl era rey, en realidad era usted quien dirigía a las fuerzas de Israel. Y el Señor su Dios le dijo: "Tú serás el pastor de mi pueblo Israel; tú serás el líder de mi pueblo Israel"».

³De modo que allí en Hebrón David hizo un pacto ante el Señor con todos los ancianos de Israel. Y lo ungieron rey de Israel, tal como el Señor lo había prometido por medio de Samuel.

David toma Jerusalén

⁴Después David fue con todo Israel a Jerusalén (o Jebús, como solían llamarla anteriormente), donde vivían los jebuseos, los habitantes originarios de esa tierra. ⁵El pueblo de Jebús se mofaba de David: «¡Jamás entrarás aquí!»; pero David tomó la fortaleza de Sión, la que ahora se llama Ciudad de David.

⁶David había dicho a sus tropas: «¡El primero que ataque a los jebuseos será el comandante de mis ejércitos!». Así que Joab, cuya madre era Sarvia, una hermana de David, fue el primero en atacar, y entonces llegó a ser el comandante de los ejércitos de David.

⁷David hizo de la fortaleza su casa, y es por eso que se llama Ciudad de David. ⁸Extendió la ciudad desde los terraplenes* hasta la zona circundante, mientras que Joab reedificaba el resto de Jerusalén. ⁹David se hacía cada vez más poderoso porque el Señor de los Ejércitos Celestiales estaba con él.

Los guerreros más valientes de David

¹⁰Estos son los líderes de los guerreros valientes de David. Junto con todo Israel, ellos decidieron hacer rey a David, tal como el Señor había prometido con relación a Israel.

¹¹Este es el registro de los guerreros valientes de David: el primero fue Jasobeam el hacmonita, quien era líder de los Tres, el grupo de guerreros más valientes entre los hombres de David.* Una vez utilizó su lanza para matar a trescientos guerreros enemigos en una sola batalla.

¹²El siguiente en rango entre los Tres era Eleazar, hijo de Dodai,* un descendiente de Ahoa. ¹³Estuvo con David en la batalla contra los filisteos en Pasdamim. Esta batalla ocurrió en un campo lleno de cebada, y el ejército israelita huyó;* ¹⁴pero Eleazar y David* no cedieron terreno en medio del campo e hicieron retroceder a los filisteos. Así que el Señor los salvó dándoles una gran victoria.

¹⁵Cierta vez, cuando David estaba en la roca cerca de la cueva de Adulam, el ejército filisteo estaba acampado en el valle de Refaim. Los Tres (que formaban parte de los Treinta, un grupo selecto entre los hombres de guerra de David) descendieron a la cueva para encontrarse con él. ¹⁶En aquel tiempo, David se alojaba en la fortaleza, y un destacamento filisteo había ocupado la ciudad de Belén.

¹⁷David les comentó a sus hombres un vivo deseo: «¡Ah, cómo me gustaría tomar un poco de esa buena agua del pozo que está junto a la puerta de Belén!». ¹⁸Entonces los Tres atravesaron las líneas filisteas, sacaron agua del pozo junto a la puerta de Belén y se la llevaron a David; pero David rehusó tomarla, en cambio, la derramó como ofrenda al Señor. ¹⁹«¡No permita Dios que la beba! —exclamó—. Esta agua es tan preciosa como la sangre de estos hombres* que arriesgaron la vida para traérmela». De manera que David no la tomó. Estos son ejemplos de las hazañas de los Tres.

Los Treinta valientes de David

²⁰Abisai, hermano de Joab, era el líder de los Treinta.* En una ocasión usó su lanza para matar a trescientos guerreros enemigos en una sola batalla. Fue por hazañas como esta que se hizo tan famoso como los Tres. ²¹Abisai era el comandante y el más famoso de los Treinta, aunque no era uno de los Tres.

²²Estaba también Benaía, hijo de Joiada, un valiente guerrero de Cabseel, quien hizo muchas proezas heroicas, entre ellas mató a dos campeones* de Moab. En otra ocasión, en un día de mucha nieve, Benaía persiguió a un león hasta un hoyo y lo mató. ²³Otra vez, armado solamente con un palo, mató a un gran guerrero egipcio que medía dos metros y medio* de altura y tenía una lanza que era tan gruesa como un rodillo de telar. Benaía arrebató la lanza de la mano del egipcio y lo mató con ella. ²⁴Hazañas como estas hicieron a Benaía tan famoso como los Tres, los guerreros más valientes. ²⁵Recibió más honores que los demás miembros de los Treinta, aunque no era uno de los Tres. Además, David lo nombró capitán de su escolta.

²⁶Entre los guerreros más destacados también se encontraban:

Asael, hermano de Joab;
Elhanan, hijo de Dodo, de Belén;
²⁷ Sama de Harod;*
Heles de Pelón;
²⁸ Ira, hijo de Iques, de Tecoa;
Abiezer de Anatot;
²⁹ Sibecai de Husa;
Salmón* de Ahoh;
³⁰ Maharai de Netofa;
Heled, hijo de Baana, de Netofa;

11:2 O *Por un tiempo.*   11:8 En hebreo el *milo.* El significado del hebreo es incierto.   11:11 Así aparece en algunos manuscritos griegos (ver también 2 Sm 23:8); en hebreo dice *líder de los Treinta,* o *líder de los capitanes.*   11:12 Igual que el texto paralelo en 2 Sm 23:9 (ver también 1 Cr 27:4); en hebreo dice *Dodo,* una variante de Dodai.   11:14 En hebreo *ellos.*   11:19 En hebreo *¿Beberé la sangre vital de estos hombres?*   11:20 Así aparece en una versión siríaca; en hebreo dice *los Tres;* también en 11:21.   11:22 O *dos hijos de Ariel.*   11:23 En hebreo *5 codos* [7.5 pies].   11:27 Igual que el texto paralelo en 2 Sm 23:25; en hebreo dice *Samot de Haror.*   11:29 Igual que el texto paralelo en 2 Sm 23:28; en hebreo dice *Ilai.*

³¹ Itai, hijo de Ribai, de Guibeá (en la tierra
de Benjamín);
Benaía de Piratón;
³² Hurai de las proximidades de Nahale-gaas;*
Abi-albón* de Arabá;
³³ Azmavet de Bahurim;*
Eliaba de Saalbim;
³⁴ los hijos de Jasén,* de Gizón;
Jonatán, hijo de Sage, de Arar;
³⁵ Ahíam, hijo de Sarar,* de Arar;
Elifal, hijo de Ur;
³⁶ Hefer de Mequer;
Ahías de Pelón;
³⁷ Hezro de Carmelo;
Paarai,* hijo de Ezbai;
³⁸ Joel, hermano de Natán;
Mibhar, hijo de Hagrai;
³⁹ Selec de Amón;
Naharai de Beerot, escudero de Joab, hijo
de Sarvia;
⁴⁰ Ira de Jatir;
Gareb de Jatir;
⁴¹ Urías el hitita;
Zabad, hijo de Ahlai;
⁴² Adina, hijo de Siza, el líder rubenita que
tenía treinta hombres consigo;
⁴³ Hanán, hijo de Maaca;
Josafat el mitnita;
⁴⁴ Uzías de Astarot;
Sama y Jehiel, hijos de Hotam, de Aroer;
⁴⁵ Jediael, hijo de Simri;
Joha, su hermano, de Tiz;
⁴⁶ Eliel de Mahanaim;
Jerebai y Josavia, hijos de Elnaam;
Itma de Moab;
⁴⁷ Eliel y Obed;
Jaasiel de Soba.*

Guerreros se unen al ejército de David

12 Los siguientes hombres se unieron a
David en Siclag cuando este se escondía
de Saúl, hijo de Cis. Estos hombres estaban entre
los guerreros que lucharon al lado de David en
el campo de batalla. ²Todos ellos eran expertos arqueros y podían disparar flechas o lanzar piedras con la mano izquierda al igual que
con la derecha. Todos eran parientes de Saúl, de
la tribu de Benjamín. ³El jefe era Ahiezer, hijo
de Semaa, de Guibeá; su hermano Joás era el
segundo en autoridad. Los otros guerreros fueron los siguientes:

Jeziel y Pelet, hijos de Azmavet;
Beraca;
Jehú de Anatot;
⁴ Ismaías de Gabaón, un guerrero famoso y
jefe entre los Treinta;
*Jeremías, Jahaziel, Johanán y Jozabad,
de Gedera;

⁵ Eluzai, Jerimot, Bealías, Semarías y Sefatías,
de Harif;
⁶ Elcana, Isías, Azareel, Joezer y Jasobeam,
quienes eran coreítas;
⁷ Joela y Zebadías, hijos de Jeroham, de Gedor.

⁸Algunos guerreros valientes y experimentados de la tribu de Gad también desertaron y se
unieron a David cuando este estaba en la fortaleza en el desierto. Eran expertos tanto con el
escudo como con la lanza, tan fieros como leones y veloces como ciervos en las montañas.

⁹ Ezer era su jefe.
Obadías era el segundo;
Eliab, el tercero;
¹⁰ Mismana, el cuarto;
Jeremías, el quinto;
¹¹ Atai, el sexto;
Eliel, el séptimo;
¹² Johanán, el octavo;
Elzabad, el noveno;
¹³ Jeremías, el décimo;
Macbanai, el undécimo.

¹⁴Estos guerreros de Gad eran comandantes del ejército. ¡El más débil entre ellos podía
enfrentar a cien soldados, y el más fuerte podía
enfrentar a mil! ¹⁵Estos eran los hombres que
cruzaron el río Jordán durante la época de inundación a principios del año y expulsaron a todos
los que vivían en las tierras bajas situadas en la
ribera oriental y en la occidental.

¹⁶Otros integrantes de la tribu de Benjamín y
de Judá se unieron a David en la fortaleza. ¹⁷David
salió a su encuentro y dijo: «Si vienen en son de
paz para ayudarme, somos amigos; pero si vienen
a traicionarme y a entregarme a mis enemigos a
pesar de que soy inocente, entonces que el Dios
de nuestros antepasados lo vea y los castigue».

¹⁸Así que el Espíritu descendió sobre Amasai,
jefe de los Treinta, y dijo:

«¡Somos tuyos, David!
Estamos de tu lado, hijo de Isaí.
Que la paz y la prosperidad sean contigo,
y el éxito con todos los que te brindan
ayuda,
pues tu Dios es el que te ayuda».

Entonces David permitió que se unieran a él y
los nombró oficiales de su ejército.

¹⁹Algunos hombres de Manasés desertaron
del ejército israelita y se unieron a David cuando
él salió con los filisteos a luchar contra Saúl; pero
resultó que los gobernantes filisteos no permitieron que David y sus hombres los acompañaran. Después de mucha discusión ellos hicieron
volver porque dijeron: «Nos costará la cabeza si
David cambia su lealtad, se une a Saúl y se vuelve
contra nosotros».

11:32a O *de las barrancas de Gaas.* 11:32b Igual que el texto paralelo en 2 Sm 23:31; en hebreo dice *Baharum.* 11:34 Igual que el texto paralelo en 2 Sm 23:31; en hebreo dice *Abiel.* 11:33 Igual que el texto paralelo en 2 Sm 23:33; en hebreo dice *hijos de Hasen.* 11:35 Igual que el texto paralelo en 2 Sm 23:33; en hebreo dice *hijos de Sacar.* 11:37 Igual que el texto paralelo en 2 Sm 23:35; en hebreo dice *Naarai.* 11:47 O *Jaasiel el mesobaíta.* 12:4 Los versículos del 12:4b-40 corresponden al 12:5-41 en el texto hebreo.

²⁰La siguiente es una lista que corresponde a los hombres de Manasés que se unieron a David cuando volvía a Siclag: Adnas, Jozabad, Jediael, Micael, Jozabad, Eliú y Ziletai. Cada uno de ellos comandaba mil hombres de la tribu de Manasés. ²¹Ayudaron a David a perseguir las bandas de saqueadores, porque eran guerreros valientes y capaces que llegaron a ser comandantes de su ejército. ²²Día tras día más hombres se unían a David hasta que llegó a tener un gran ejército, como el ejército de Dios.

²³Estos son los números de los guerreros armados que se unieron a David en Hebrón. Todos deseaban que David fuera el rey en lugar de Saúl, tal como lo había prometido el SEÑOR.

²⁴De la tribu de Judá había 6800 guerreros armados de escudos y lanzas.

²⁵De la tribu de Simeón había 7100 guerreros valientes.

²⁶De la tribu de Leví había 4600 guerreros. ²⁷Entre ellos estaba Joiada, jefe de la familia de Aarón, quien tenía 3700 hombres a su mando. ²⁸Entre ellos también estaba Sadoc, un valiente guerrero joven, con 22 miembros de su familia, todos oficiales.

²⁹De la tribu de Benjamín, parientes de Saúl, había 3000 guerreros. La mayoría de los hombres de Benjamín se había mantenido leal a Saúl hasta ese momento.

³⁰De la tribu de Efraín había 20.800 guerreros valientes, cada uno muy respetado en su propio clan.

³¹De la media tribu de Manasés al occidente del Jordán, 18.000 hombres fueron designados por nombre para ayudar a que David llegara a ser rey.

³²De la tribu de Isacar había 200 jefes junto con sus parientes. Todos estos hombres entendían las señales de los tiempos y sabían cuál era el mejor camino para Israel.

³³De la tribu de Zabulón había 50.000 hábiles guerreros. Estaban bien armados y preparados para la batalla y eran completamente leales a David.

³⁴De la tribu de Neftalí había 1000 oficiales y 37.000 guerreros armados de escudos y lanzas.

³⁵De la tribu de Dan había 28.600 guerreros, todos preparados para la batalla.

³⁶De la tribu de Aser había 40.000 guerreros entrenados, todos preparados para la batalla.

³⁷Del lado oriental del río Jordán —donde vivían las tribus de Rubén y Gad y la media tribu de Manasés— había 120.000 soldados armados de toda clase de armamento.

³⁸Todos estos hombres llegaban a Hebrón en orden de batalla, con el único propósito de hacer rey a David sobre todo Israel. En realidad, todos en Israel estaban de acuerdo en que David debía ser su rey. ³⁹Festejaron y bebieron con David durante tres días, porque sus parientes habían hecho preparativos para su llegada. ⁴⁰Además, gente de lugares tan lejanos como Isacar, Zabulón y Neftalí trajo alimentos en burros, camellos, mulas y bueyes. Llevaron a la celebración cantidades enormes de harina, pasteles de higos, racimos de pasas, vino, aceite de oliva, ganado, ovejas y cabras. Hubo gran alegría por toda la tierra de Israel.

David intenta trasladar el arca

13 David consultó con todos sus oficiales, entre ellos los generales y capitanes de su ejército.* ²Luego se dirigió a toda la asamblea de Israel con las siguientes palabras: «Si ustedes lo aprueban y si es la voluntad del SEÑOR nuestro Dios, enviemos un mensaje a todos los israelitas por toda esta tierra, incluidos los sacerdotes y los levitas en sus ciudades y pastizales, a que se unan a nosotros. ³Es hora de traer de regreso el arca de nuestro Dios, porque la descuidamos durante el reinado de Saúl».

⁴Toda la asamblea estuvo de acuerdo, porque el pueblo comprendía que esto era lo correcto. ⁵De manera que David convocó a todo Israel, desde el arroyo de Sihor en Egipto al sur hasta la ciudad de Lebo-hamat al norte, para que participara en el traslado del arca de Dios de Quiriat-jearim. ⁶Luego David y todo Israel fueron a Baala de Judá (también llamada Quiriat-jearim) para traer de regreso el arca de Dios, que lleva el nombre* del SEÑOR, quien está entronizado entre los querubines. ⁷Pusieron el arca de Dios en una carreta nueva y la retiraron de la casa de Abinadab. Uza y Ahío guiaban la carreta. ⁸David y todo Israel celebraban ante Dios con todas sus fuerzas, entonando canciones y tocando todo tipo de instrumentos musicales: liras, arpas, panderetas, címbalos y trompetas.

⁹Cuando llegaron al campo de trillar de Nacón,* los bueyes tropezaron, y Uza extendió la mano para sujetar el arca. ¹⁰Entonces se encendió el enojo del SEÑOR contra Uza, y lo hirió de muerte porque había puesto su mano sobre el arca. Así fue como Uza murió allí en la presencia de Dios.

¹¹David se enojó porque la ira de Dios se había desatado contra Uza y llamó a ese lugar Pérez-uza (que significa «desatarse contra Uza»), nombre que conserva hasta el día de hoy.

¹²Ahora David tenía miedo de Dios y preguntó: «¿Cómo podré regresar el arca de Dios que esté bajo mi cuidado?». ¹³Por lo tanto, David no trasladó el arca a la Ciudad de David, sino que la llevó a la casa de Obed-edom de Gat. ¹⁴El arca de Dios permaneció en la casa de Obed-edom por

---

13:1 En hebreo *los comandantes de miles y de cientos.*   **13:6** O *el arca de Dios, donde se proclama el Nombre, el nombre.*
13:9 Igual que el texto paralelo en 2 Sm 6:6; en hebreo dice *Quidón.*

tres meses, y el SEÑOR bendijo a los de la casa de Obed-edom y todo lo que él poseía.

La familia y el palacio de David

14 Hiram, rey de Tiro, envió mensajeros a David, junto con madera de cedro, así como canteros y carpinteros para que le construyeran un palacio. ²Entonces David se dio cuenta de que el SEÑOR lo había confirmado como rey de Israel y que había bendecido su reino en abundancia por amor a su pueblo Israel.

³Luego David se casó con varias mujeres más en Jerusalén, y ellas tuvieron más hijos e hijas. ⁴Estos son los nombres de los hijos de David que nacieron en Jerusalén: Samúa, Sobab, Natán, Salomón, ⁵Ibhar, Elisúa, Elpelet, ⁶Noga, Nefeg, Jafía, ⁷Elisama, Eliada* y Elifelet.

David conquista a los filisteos

⁸Cuando los filisteos se enteraron de que David había sido ungido rey de todo Israel, movilizaron todas sus fuerzas para capturarlo; pero le avisaron a David que venían, así que salió a su encuentro. ⁹Los filisteos llegaron y realizaron una incursión en el valle de Refaim. ¹⁰Entonces David le preguntó a Dios:

—¿Debo salir a pelear contra los filisteos? ¿Los entregarás en mis manos?

El SEÑOR le contestó:

—Sí, adelante. Te los entregaré.

¹¹Entonces David y sus tropas subieron a Baal-perazim y allí derrotó a los filisteos. «¡Dios lo hizo! —exclamó David—. ¡Me utilizó para irrumpir en medio de mis enemigos como una violenta inundación!». Así que llamó a ese lugar Baal-perazim (que significa «el Señor que irrumpe»). ¹²Los filisteos abandonaron sus dioses allí, así que David dio órdenes de que fueran quemados.

¹³Poco tiempo después, los filisteos volvieron y de nuevo hicieron una incursión en el valle. ¹⁴Una vez más David le preguntó a Dios qué debía hacer. «No los ataques de frente —le contestó Dios—. En cambio, rodéalos y, cerca de los álamos,* atácalos por la retaguardia. ¹⁵Cuando oigas un sonido como de pies que marchan en las copas de los álamos, ¡entonces sal a atacar! Esa será la señal de que Dios va delante de ti para herir de muerte al ejército filisteo». ¹⁶Entonces David hizo lo que Dios le ordenó e hirió de muerte al ejército filisteo desde Gabaón hasta Gezer.

¹⁷Así la fama de David se extendió por todas partes, y el SEÑOR hizo que todas las naciones tuvieran terror de David.

Preparativos para trasladar el arca

15 David construyó varios edificios para sí en la Ciudad de David. También preparó un lugar para el arca de Dios y levantó una carpa especial para ella. ²Después ordenó: «Nadie, excepto los levitas, podrá llevar el arca de Dios. El SEÑOR los ha elegido a ellos para que carguen el arca del SEÑOR y para que lo sirvan para siempre».

³Luego David convocó a todo Israel a Jerusalén para trasladar el arca del SEÑOR al lugar que le había preparado. ⁴Este es el número de los descendientes de Aarón (los sacerdotes) y de los levitas que fueron convocados:

⁵del clan de Coat, 120, con Uriel como su jefe;
⁶del clan de Merari, 220, con Asaías como su jefe;
⁷del clan de Gerson,* 130, con Joel como su jefe;
⁸de los descendientes de Elizafán, 200, con Semaías como su jefe;
⁹de los descendientes de Hebrón, 80, con Eliel como su jefe;
¹⁰de los descendientes de Uziel, 112, con Aminadab como su jefe.

¹¹Luego David mandó llamar a los sacerdotes, Sadoc y Abiatar, y a los siguientes jefes levitas: Uriel, Asaías, Joel, Semaías, Eliel y Aminadab. ¹²Les dijo: «Ustedes son los jefes de las familias levitas. Deben purificarse ustedes mismos y a todos los demás levitas, a fin de que puedan traer el arca del SEÑOR, Dios de Israel, al lugar que le he preparado. ¹³Como no fueron ustedes, los levitas, los que llevaban el arca la primera vez, el enojo del SEÑOR nuestro Dios se encendió contra nosotros. No habíamos consultado a Dios acerca de cómo trasladarla de la manera apropiada». ¹⁴Así que los sacerdotes y los levitas se purificaron para poder trasladar el arca del SEÑOR, Dios de Israel, a Jerusalén. ¹⁵Entonces los levitas llevaron el arca de Dios sobre los hombros con las varas para transportarla, tal como el SEÑOR le había indicado a Moisés.

¹⁶David también ordenó a los jefes levitas que nombraran un coro de entre los levitas formado por cantores y músicos, para entonar alegres canciones al son de arpas, liras y címbalos. ¹⁷De modo que los levitas nombraron a Hemán, hijo de Joel, junto con sus hermanos levitas: Asaf, hijo de Berequías y Etán, hijo de Cusaías, del clan de Merari. ¹⁸Los siguientes hombres fueron elegidos como sus ayudantes: Zacarías, Jaaziel,* Semiramot, Jehiel, Uni, Eliab, Benaía, Maaseías, Matatías, Elifelehu, Micnías y los porteros Obed-edom y Jeiel.

¹⁹Los músicos Hemán, Asaf y Etán fueron elegidos para hacer resonar los címbalos de bronce. ²⁰Zacarías, Aziel, Semiramot, Jehiel, Uni, Eliab, Maaseías y Benaía fueron elegidos para tocar las arpas.* ²¹Matatías, Elifelehu, Micnías, Obed-edom, Jeiel y Azazías fueron elegidos para tocar las liras. ²²Quenanías, el jefe de los

14:7 En hebreo *Beeliada,* una variante de Eliada; comparar 3:8 y el texto paralelo en 2 Sm 5:16. **14:14** O *álamo temblón* o *bálsamo;* también en 14:15. La identificación exacta de este árbol es incierta. **15:7** En hebreo *Gersom,* una variante de *Gersón.* **15:18** Así aparece en varios manuscritos hebreos y en la versión griega (ver también textos paralelos en 15:20; 16:5); el texto masorético dice *Zacarías hen Jaaziel.* **15:20** El texto hebreo incluye *según alamot,* probablemente indica un término musical. El significado del hebreo es incierto. **15:21** El texto hebreo incluye *según el seminit,* probablemente indica un término musical. El significado del hebreo es incierto.

levitas, fue seleccionado por su habilidad para dirigir el coro.

²³Berequías y Elcana fueron elegidos para vigilar* el arca. ²⁴Sebanías, Josafat, Natanael, Amasai, Zacarías, Benaía y Eliezer —todos sacerdotes— fueron elegidos para tocar las trompetas cuando marchaban delante del arca de Dios. Obed-edom y Jehías también fueron elegidos para vigilar el arca.

Traslado del arca a Jerusalén

²⁵Luego David y los ancianos de Israel junto con los generales del ejército* fueron a la casa de Obed-edom para trasladar el arca del pacto del Señor a Jerusalén con gran celebración. ²⁶Como era evidente que Dios ayudaba a los levitas mientras llevaban el arca del pacto del Señor, sacrificaron siete toros y siete carneros.

²⁷David estaba vestido con un manto de lino fino, al igual que todos los levitas que cargaban el arca y también los cantores y Quenanías, el director del coro. David también llevaba puesta una vestidura sacerdotal.* ²⁸Así que todo Israel trasladó el arca del pacto del Señor entre gritos de alegría, toques de cuernos de carneros y trompetas, el estrépito de címbalos, y la música de arpas y liras.

²⁹Pero cuando el arca del pacto del Señor entraba a la Ciudad de David, Mical, hija de Saúl, se asomó por la ventana. Cuando vio que el rey David saltaba y reía de alegría, se llenó de desprecio hacia él.

16 Trasladaron el arca de Dios y la colocaron dentro de la carpa especial que David le había preparado. Le presentaron a Dios ofrendas quemadas y ofrendas de paz. ²Cuando terminó de ofrecer los sacrificios, David bendijo al pueblo en el nombre del Señor. ³Después repartió a cada hombre y mujer en todo Israel una hogaza de pan, un pastel de dátiles* y un pastel de pasas de uva.

⁴David designó a los siguientes levitas para dirigir al pueblo en adoración ante el arca del Señor, para invocar sus bendiciones, para dar gracias y para alabar al Señor, Dios de Israel. ⁵Asaf, el líder de este grupo, tocaba los címbalos. El segundo era Zacarías, seguido por Jeiel, Semiramot, Jehiel, Matatías, Eliab, Benaía, Obed-edom y Jeiel. Ellos tocaban las arpas y las liras. ⁶Los sacerdotes, Benaía y Jahaziel, tocaban las trompetas continuamente ante el arca del pacto de Dios.

Cántico de alabanza de David

⁷Ese día David le dio a Asaf y a sus compañeros levitas esta canción de agradecimiento al Señor:

⁸ Den gracias al Señor y proclamen su
   grandeza;

que todo el mundo sepa lo que él ha hecho.
⁹ Canten a él; sí, cántenle alabanzas;
   cuéntenle al mundo acerca de sus
      obras maravillosas.
¹⁰ Regocíjense por su santo nombre;
   alégrense ustedes, los que adoran
      al Señor.
¹¹ Busquen al Señor y su fuerza,
   búsquenlo continuamente.
¹² Recuerden las maravillas y los milagros
      que ha realizado,
   y las resoluciones que ha dictado,
¹³ ustedes, hijos de su siervo Israel,
   descendientes de Jacob, los elegidos
      de Dios.

¹⁴ Él es el Señor nuestro Dios;
   su justicia se ve por toda la tierra.
¹⁵ Recuerden su pacto para siempre,
   el compromiso que adquirió con mil
      generaciones.
¹⁶ Es el pacto que hizo con Abraham
   y el juramento que le hizo a Isaac.
¹⁷ Se lo confirmó a Jacob como un decreto
   y al pueblo de Israel como un pacto eterno:
¹⁸ «Te daré la tierra de Canaán
   como tu preciada posesión».

¹⁹ Eso le dijo cuando eran pocos,
   un pequeño grupo de extranjeros
      en Canaán.
²⁰ Anduvieron de nación en nación,
   de un reino a otro.
²¹ Sin embargo, él no permitió que nadie
      los oprimiera.
   A favor de ellos, les advirtió a los reyes:
²² «No toquen a mi pueblo elegido
   ni hagan daño a mis profetas».

²³ ¡Que toda la tierra cante al Señor!
   Cada día anuncien las buenas noticias
      de que él salva.
²⁴ Publiquen sus gloriosas obras entre las
      naciones;
   cuéntenle a todos las cosas asombrosas
      que él hace.
²⁵ ¡Grande es el Señor! ¡Es el más digno
      de alabanza!
   A él hay que temer por sobre todos
      los dioses.
²⁶ Los dioses de las otras naciones no son más
      que ídolos,
   ¡pero el Señor hizo los cielos!
²⁷ Honor y majestad lo rodean;
   fuerza y gozo llenan su morada.

²⁸ Oh naciones del mundo, reconozcan al Señor;
   reconozcan que el Señor es fuerte y
      glorioso.
²⁹ ¡Denle al Señor la gloria que merece!
   Lleven ofrendas y entren en su presencia.
   Adoren al Señor en todo su santo esplendor;

15:23 En hebreo *elegidos como porteros para;* también en 15:24.   15:25 En hebreo *los comandantes de miles.*   15:27 En hebreo *un efod de lino.*   16:3 O *una porción de carne.* El significado del hebreo es incierto.

³⁰ que toda la tierra tiemble delante de él.
El mundo permanece firme y no puede
ser sacudido.

³¹ ¡Que los cielos se alegren, y la tierra se goce!
Digan a todas las naciones: «¡El Señor reina!».

³² ¡Que el mar y todo lo que contiene exclamen
sus alabanzas!
¡Que los campos y sus cultivos estallen
de alegría!

³³ Que los árboles del bosque susurren con
alabanza,
porque el Señor viene a juzgar la tierra.

³⁴ ¡Den gracias al Señor, porque él es bueno!
Su fiel amor perdura para siempre.

³⁵ Exclamen: «¡Sálvanos, oh Dios de nuestra
salvación!
Reúnenos y rescátanos de entre las
naciones,
para que podamos agradecer a tu santo nombre,
alegrarnos y alabarte».

³⁶ ¡Alaben al Señor, Dios de Israel,
quien vive desde siempre y para siempre!

Y todo el pueblo exclamó: «¡Amén!», y alabó al
Señor.

Adoración en Jerusalén y Gabaón

³⁷David dispuso que Asaf y sus hermanos levitas sirvieran continuamente ante el arca del pacto del Señor, encargados de hacer todo lo necesario cada día. ³⁸En este grupo estaban como porteros Obed-edom (hijo de Jedutún), Hosa y otros levitas.

³⁹Mientras tanto, David colocó al sacerdote Sadoc y a sus colegas sacerdotes en el tabernáculo del Señor en el lugar de adoración en Gabaón, donde siguieron sirviendo delante del Señor. ⁴⁰Cada mañana y cada tarde, sacrificaban al Señor las ofrendas quemadas habituales sobre el altar apartado para ese propósito, en obediencia a todo lo que está escrito en la ley del Señor, como él se lo había ordenado a Israel. ⁴¹David también designó a Hemán, a Jedutún y a los demás que fueron elegidos por nombre para darle gracias al Señor, porque «su fiel amor perdura para siempre». ⁴²Acompañaban sus cánticos de alabanza a Dios* con trompetas, címbalos y otros instrumentos; y los hijos de Jedutún fueron designados como porteros.

⁴³Luego todos regresaron a su casa, y David volvió a su hogar para bendecir a su propia familia.

Promesa del Señor a David

17 Una vez instalado en su palacio, David mandó llamar al profeta Natán.
—Mira —le dijo David—, yo vivo en un hermoso palacio de cedro,* ¡mientras que el arca del pacto del Señor está allá afuera debajo de una carpa!

²Natán le respondió a David:
—Haz todo lo que tienes pensado porque Dios está contigo.

³Pero esa misma noche Dios le dijo a Natán:
⁴«Ve y dile a mi siervo David: "Esto ha declarado el Señor: no serás tú el que construya una casa en la que yo viva. ⁵Nunca he vivido en una casa, desde el día en que saqué a los israelitas de Egipto hasta el día de hoy, sino que mi hogar ha sido una carpa, trasladada de un lugar a otro en un tabernáculo. ⁶Sin embargo, no importa dónde haya ido con los israelitas, ni una sola vez me quejé ante los líderes* de Israel, los pastores de mi pueblo. Nunca les pregunté: '¿Por qué no me han construido una hermosa casa de cedro?'".

⁷»Ahora ve y dile a mi siervo David: "Esto ha declarado el Señor de los Ejércitos Celestiales: te saqué de cuidar ovejas en los pastos y te elegí para que fueras el líder de mi pueblo Israel. ⁸He estado contigo dondequiera que has ido y destruí a todos tus enemigos frente a tus propios ojos. ¡Ahora haré que tu nombre sea tan famoso como el de los grandes que han vivido en la tierra! ⁹Le daré una patria a mi pueblo Israel y lo estableceré en un lugar seguro donde nunca será molestado. Las naciones malvadas no lo oprimirán como lo hicieron en el pasado, ¹⁰cuando designé jueces para que gobernaran a mi pueblo Israel; y derrotaré a todos tus enemigos.

»Además, yo declaro que el Señor construirá una casa para ti, ¡una dinastía de reyes! ¹¹Pues cuando mueras y te reúnas con tus antepasados, levantaré a uno de tus descendientes, a uno de tus hijos, y fortaleceré su reino. ¹²Él es quien edificará una casa —un templo— para mí, y afirmaré su trono para siempre. ¹³Yo seré su padre, y él será mi hijo. Nunca le retiraré mi favor, como lo retiré de quien reinó antes de ti. ¹⁴Lo confirmaré como rey sobre mi casa y sobre mi reino para siempre, y su trono estará seguro para siempre"».

¹⁵Entonces Natán regresó a donde estaba David y repitió todo lo que el Señor le había dicho en la visión.

Oración de gratitud de David

¹⁶Entonces el rey David entró y se sentó delante del Señor y oró:

«¿Quién soy yo, oh Señor Dios, y qué es mi familia para que me hayas traído hasta aquí? ¹⁷Y ahora, oh Dios, sumado a todo lo demás, ¡hablas de darle a tu siervo una dinastía

16:42 O para acompañar la música sagrada; o para acompañar el canto a Dios.   17:1 En hebreo una casa de cedro.   17:6 Así
aparece en la versión griega (ver también 2 Sm 7:7); en hebreo dice jueces.

duradera! Hablas como si yo fuera una persona muy importante,* oh SEÑOR Dios.

¹⁸»¿Qué más puedo decirte acerca de la forma en que me has honrado? Tú sabes cómo es realmente tu siervo. ¹⁹SEÑOR, por amor a tu siervo y según tu voluntad, hiciste todas estas grandes cosas y las diste a conocer.

²⁰»Oh SEÑOR, no hay nadie como tú. ¡Ni siquiera hemos oído de otro Dios como tú! ²¹¿Qué otra nación sobre la tierra es como tu pueblo Israel? ¿Qué otra nación, oh Dios, has redimido de la esclavitud para que sea tu pueblo? Te hiciste un gran nombre cuando redimiste a tu pueblo de Egipto. Realizaste imponentes milagros y expulsaste a las naciones que le impidieron el paso. ²²Elegiste a Israel para ser tu pueblo para siempre y tú, oh SEÑOR, llegaste a ser su Dios.

²³»Y ahora, oh SEÑOR, yo soy tu siervo; haz lo que prometiste respecto a mí y a mi familia. Que sea una promesa que dure para siempre. ²⁴Que tu nombre sea afirmado y honrado para siempre, de modo que todos digan: "¡El SEÑOR de los Ejércitos Celestiales es Dios de Israel!". Que la casa de tu siervo David permanezca delante de ti para siempre.

²⁵»Oh Dios mío, me he atrevido a elevarte mi oración porque has revelado a tu siervo que construirás una casa para él, ¡una dinastía de reyes! ²⁶Pues tú eres Dios, oh SEÑOR, y le has prometido estas cosas buenas a tu siervo. ²⁷Ahora te ha complacido bendecir la casa de tu siervo para que permanezca para siempre delante de ti. ¡Pues cuando tú concedes una bendición, oh SEÑOR, es una bendición eterna!».

Las victorias militares de David

18 Después David derrotó y sometió a los filisteos al conquistar Gat y las ciudades vecinas. ²David también conquistó la tierra de Moab, a cuyos moabitas, a quienes se les perdonó la vida, se convirtieron en súbditos de David y tuvieron que pagar tributo.

³David también destruyó las fuerzas de Hadad-ezer, rey de Soba, hasta Hamat,* cuando Hadad-ezer marchó para fortalecer su control a lo largo del río Éufrates. ⁴David capturó mil carros de guerra, siete mil conductores de carros y veinte mil soldados de infantería. Les lisió los caballos de tiro, excepto los necesarios para cien carros de guerra.

⁵Cuando los arameos de Damasco llegaron para ayudar al rey David, David mató a veintidós mil de ellos. ⁶Luego puso varias guarniciones

militares* en Damasco, la capital aramea, y los arameos se convirtieron en súbditos de David y le pagaban tributo. Así que el SEÑOR le daba la victoria a David dondequiera que iba.

⁷David llevó a Jerusalén los escudos de oro de los oficiales de Hadad-ezer, ⁸junto con una gran cantidad de bronce de las ciudades de Tebah* y de Cun, que pertenecían a Hadad-ezer. Tiempo después Salomón fundió el bronce y moldeó un enorme tazón de bronce llamado el Mar, además de las columnas y los diversos objetos de bronce usados en el templo.

⁹Cuando Toi,* rey de Hamat, se enteró de que David había destruido a todo el ejército de Hadad-ezer, rey de Soba, ¹⁰envió a su hijo Joram* para felicitar al rey David por su exitosa campaña. Hadad-ezer y Toi habían sido enemigos y con frecuencia estaban en guerra. Joram le obsequió a David muchos regalos de oro, de plata y de bronce.

¹¹El rey David dedicó todos estos regalos al SEÑOR, junto con el oro y la plata que había traído de las otras naciones: de Edom, de Moab, de Amón, de Filistea y de Amalec.

¹²Abisai, hijo de Sarvia, aniquiló a dieciocho mil edomitas en el valle de la Sal. ¹³Puso guarniciones militares en Edom, y los edomitas se convirtieron en súbditos de David. Es más, el SEÑOR le daba la victoria a David dondequiera que iba.

¹⁴De modo que David reinó sobre todo Israel e hizo lo que era justo y correcto para su pueblo. ¹⁵Joab, hijo de Sarvia, era el comandante del ejército; Josafat, hijo de Ahilud, era el historiador del reino. ¹⁶Sadoc, hijo de Ahitob, y Ahimelec,* hijo de Abiatar, eran los sacerdotes; Seraías* era el secretario de la corte. ¹⁷Benaía, hijo de Joiada, era el capitán de la guardia personal* del rey, y los hijos de David servían como ayudantes principales del rey.

David derrota a los amonitas

19 Después de un tiempo, murió Nahas, rey de los amonitas, y su hijo Hanún,* subió al trono. ²David dijo: «Le mostraré lealtad a Hanún porque su padre Nahas siempre me fue leal». Entonces David envió mensajeros a Hanún para expresarle sus condolencias por la muerte de su padre.

Pero cuando los embajadores de David llegaron a la tierra de Amón, ³los comandantes amonitas le dijeron a Hanún: «¿Realmente cree que estos hombres vienen para honrar a su padre? ¡No, David los ha enviado a espiar la tierra para luego venir y conquistarla!» ⁴Entonces Hanún tomó presos a los embajadores de David, les afeitó la barba, les cortó los mantos a la altura de las nalgas y los envió avergonzados de regreso a David.

17:17 El significado del hebreo es incierto.   18:3 El significado del hebreo es incierto.   18:6 Así aparece en la versión griega y en la Vulgata Latina (ver también 2 Sm 8:6); en hebreo falta *varias guarniciones militares*.   18:8 En hebreo dice *Tibhat*, una variante de Tebah; comparar el texto paralelo en 2 Sm 8:8.   18:9 Igual que el texto paralelo en 2 Sm 8:9; en hebreo dice *Tou*, también en 18:10.   18:10 Igual que el texto paralelo en 2 Sm 8:10; en hebreo dice *Adoram*, una variante de Joram.   18:16a Así aparece en algunos manuscritos hebreos, en la versión siríaca y en la Vulgata Latina (ver también 2 Sm 8:17); la mayoría de los manuscritos hebreos dicen *Abimelec*.   18:16b Igual que el texto paralelo en 2 Sm 8:17; en hebreo dice *Savsa*.   18:17 En hebreo dice *de los quereteos y los peleteos*.   19:1 Igual que el texto paralelo en 2 Sm 10:1; en hebreo falta *Hanún*.

⁵Cuando llegó a oídos de David lo que les había sucedido a sus hombres, envió mensajeros para decirles: «Quédense en Jericó hasta que les crezca la barba y luego regresen». Pues se sentían muy avergonzados de su aspecto.

⁶Cuando el pueblo de Amón se dio cuenta de qué tan seriamente había provocado el enojo de David, Hanún y los amonitas enviaron treinta y cuatro mil kilos* de plata para contratar carros de guerra y sus conductores de Aram-naharaim, de Aram-maaca y de Soba. ⁷También contrataron treinta y dos mil carros de guerra y lograron el apoyo del rey de Maaca y su ejército. Estas fuerzas acamparon en Medeba, donde se unieron las tropas amonitas que Hanún había reclutado en sus propias ciudades. ⁸Cuando David se enteró, envió a Joab con todos sus guerreros a pelear contra ellos. ⁹Las tropas amonitas se pusieron en pie de guerra a la entrada de la ciudad, mientras los otros reyes tomaron posiciones para pelear a campo abierto.

¹⁰Cuando Joab vio que tendría que luchar tanto por el frente como por la retaguardia, eligió a algunas de las tropas selectas israelitas y las puso bajo su propio mando para luchar contra los arameos a campo abierto. ¹¹Dejó al resto del ejército bajo el mando de su hermano Abisai, quien atacaría a los amonitas. ¹²«Si los arameos son demasiado fuertes para mí, entonces ven en mi ayuda —le dijo Joab a su hermano—. Si los amonitas son demasiado fuertes para ti, te ayudaré. ¹³¡Sé valiente! Luchemos con valor por nuestro pueblo y por las ciudades de nuestro Dios, y que se haga la voluntad del SEÑOR».

¹⁴Cuando Joab y sus tropas atacaron, los arameos comenzaron a huir. ¹⁵Al ver que los arameos corrían, los amonitas también huyeron de Abisai y retrocedieron a la ciudad. Así que Joab regresó a Jerusalén.

¹⁶Al darse cuenta los arameos de que no podían contra Israel, enviaron mensajeros para pedir tropas adicionales arameas del otro lado del río Éufrates.* Estas tropas estaban bajo el mando de Hadad-ezer,* el comandante de las fuerzas de Hadad-ezer.

¹⁷Cuando David oyó lo que sucedía, movilizó a todo Israel, cruzó el río Jordán y puso a sus hombres en formación de batalla. Luego entró en combate con los arameos y ellos lucharon contra él; ¹⁸pero nuevamente los arameos huyeron de los israelitas. Esta vez las fuerzas de David mataron a siete mil conductores de carros de guerra y a cuarenta mil soldados de infantería, entre estos a Sobac, el comandante del ejército.

¹⁹Cuando los aliados de Hadad-ezer vieron que Israel los había derrotado, se rindieron a David y se convirtieron en sus súbditos. Después de

esto, los arameos nunca más quisieron ayudar a los amonitas.

David conquista Rabá

20 En la primavera,* cuando los reyes suelen salir a la guerra, Joab dirigió al ejército en una serie de ataques exitosos contra la tierra de los amonitas. Durante esas operaciones sitió la ciudad de Rabá, la atacó y la destruyó. Sin embargo, David se quedó en Jerusalén.

²Cuando David llegó a Rabá quitó la corona de la cabeza del rey* y la colocaron sobre la de él. La corona estaba hecha de oro con gemas incrustadas y David descubrió que pesaba treinta y cuatro kilos.* Además, David se llevó un enorme botín de la ciudad. ³También hizo esclavos a los habitantes de Rabá y los forzó a trabajar con sierras, picos y hachas de hierro.* Así trató David a la gente de todas las ciudades amonitas. Luego David regresó a Jerusalén con todo el ejército.

Batallas contra gigantes filisteos

⁴Después de esto se desató la guerra contra los filisteos de Gezer. Mientras peleaban, Sibecai de Husa mató a Saf,* un descendiente de los gigantes,* y así fueron sometidos los filisteos.

⁵Durante otra batalla contra los filisteos, Elhanán, hijo de Jair, mató a Lahmi, el hermano de Goliat de Gat. ¡El asta de la lanza de Lahmi era tan gruesa como un rodillo de telar!

⁶En otra batalla contra los filisteos en Gat, se enfrentaron con un hombre enorme que tenía seis dedos en cada mano y seis en cada pie, veinticuatro dedos en total, que era también descendiente de los gigantes. ⁷Pero cuando desafió a los israelitas y se mofó de ellos, lo mató Jonatán, hijo de Simea, hermano de David.

⁸Estos filisteos eran descendientes de los gigantes de Gat, pero David y sus guerreros los mataron.

David hace un censo

21 Satanás se levantó contra Israel y provocó que David hiciera un censo del pueblo de Israel. ²De modo que David les dijo a Joab y a los comandantes del ejército:

—Hagan un censo del pueblo de Israel, desde Beerseba en el sur hasta Dan en el norte, y tráiganme un informe para que yo sepa cuántos hay.

³Pero Joab respondió:

—¡Que el SEÑOR multiplique el número de su pueblo cien veces! Pero ¿por qué, mi señor el rey, quiere usted hacer tal cosa? ¿Acaso no son todos servidores suyos? ¿Por qué hará que Israel caiga en pecado?

⁴Sin embargo, el rey insistió en que se levantaran

19:6 En hebreo *1000 talentos* [75 mil libras]. **19:16a** En hebreo *el río.* **19:16b** Igual que el texto paralelo en 2 Sm 10:16; en hebreo dice *Sofac*; también en 19:18. **20:1** En hebreo *A comienzos del año.* En el antiguo calendario lunar hebreo, el primer mes caía generalmente en marzo o en abril. **20:2a** O *de la cabeza de Milcom* (así aparece en la versión griega y en la Vulgata Latina). Milcom, también llamado Moloc, era el dios de los amonitas. **20:2b** En hebreo *1 talento* [75 libras]. **20:3** Igual que el texto paralelo en 2 Sm 12:31; en hebreo dice *y los cortó con sierras, hachas de hierro y sierras.* **20:4a** Igual que el texto paralelo en 2 Sm 21:18; en hebreo dice *Sipai.* **20:4b** En hebreo *descendientes de los refaítas,* también en 20:6, 8.

el censo, así que Joab viajó por todo Israel para contar al pueblo. Luego regresó a Jerusalén ⁵y le informó a David el número de personas. Había en todo Israel un millón cien mil guerreros que podían manejar una espada, y cuatrocientos setenta mil en Judá; ⁶pero Joab no incluyó a las tribus de Leví y Benjamín en el censo, porque estaba muy afligido por lo que el rey le había ordenado hacer.

Juicio por el pecado de David

⁷Dios se disgustó mucho por el censo y castigó a Israel por haberlo levantado. ⁸Entonces David le dijo a Dios: «He pecado grandemente al haber hecho el censo. Te ruego que perdones mi culpa por haber cometido esta tontería».

⁹Entonces el Señor le habló a Gad, el vidente de David, y le dio este mensaje: ¹⁰«Ve y dile a David: "Esto dice el Señor: 'Te doy tres opciones; escoge uno de estos castigos, y yo te lo impondré'"».

¹¹De modo que Gad fue a ver a David y le dijo:

—Estas son las opciones que el Señor te da: ¹²puedes elegir entre tres años de hambre, tres meses de destrucción a espada de tus enemigos o tres días de una terrible plaga durante la cual el ángel del Señor traerá devastación por toda la tierra de Israel. Decide y dime qué respuesta debo darle al Señor, quien me envió.

¹³—¡Estoy en una situación desesperada! —le respondió David a Gad—. Mejor que caiga yo en las manos del Señor, porque su misericordia es muy grande, y no caiga yo en manos humanas.

¹⁴Por lo tanto, el Señor mandó una plaga sobre Israel, y como consecuencia murieron setenta mil personas. ¹⁵Además Dios envió un ángel para destruir a Jerusalén. Sin embargo, en el momento que el ángel se disponía a destruirla, el Señor desistió y le dijo al ángel de la muerte: «¡Detente! ¡Ya es suficiente!». En ese momento el ángel del Señor estaba de pie junto al campo de trillar de Arauna* el jebuseo.

¹⁶David levantó la vista y vio que el ángel del Señor estaba entre el cielo y la tierra con su espada desenvainada, extendida sobre Jerusalén. Entonces David y los líderes de Israel se pusieron tela áspera en señal de su profunda angustia y cayeron rostro en tierra. ¹⁷David le dijo a Dios: «¡Soy yo quien pidió el censo! ¡Soy yo el que pecó e hizo el mal! Pero estas personas son tan inocentes como ovejas, ¿qué han hecho? Oh, Señor mi Dios, que tu enojo caiga sobre mí y mi familia, pero no destruyas a tu pueblo».

David edifica un altar

¹⁸Entonces el ángel del Señor le dijo a Gad que diera instrucciones a David para que subiera y edificara un altar al Señor en el campo de trillar de Arauna, el jebuseo. ¹⁹Así que David subió para hacer lo que el Señor le había ordenado por medio de Gad. ²⁰Mientras Arauna trillaba

el trigo, miró hacia atrás y vio al ángel. Los cuatro hijos de Arauna, que estaban con él, huyeron y se escondieron. ²¹Cuando Arauna vio que se acercaba David, salió del campo de trillar y se inclinó ante David rostro en tierra.

²²David le dijo a Arauna:

—Permíteme comprarte este campo de trillar por el precio total. Así podré edificar allí un altar al Señor para que detenga la plaga.

²³—Tómela, mi señor el rey, y úsela como usted quiera —le respondió Arauna a David—. Yo le daré los bueyes para las ofrendas quemadas y los tablones de trillar como leña para hacer un fuego sobre el altar, y también le daré el trigo para la ofrenda de cereales. Se lo daré todo.

²⁴Pero el rey David le respondió a Arauna:

—No, sino que insisto en comprarla por el precio total. No tomaré lo que es tuyo para dárselo al Señor. No presentaré ofrendas quemadas que no me hayan costado nada!

²⁵Así que David le dio a Arauna seiscientas piezas de oro* en pago por el campo de trillar.

²⁶Allí David edificó un altar al Señor y sacrificó ofrendas quemadas y ofrendas de paz. Cuando David oró, el Señor le contestó enviando fuego desde el cielo para quemar la ofrenda sobre el altar. ²⁷Luego el Señor le habló al ángel, quien envainó la espada.

²⁸Cuando David vio que el Señor había contestado su oración ofreció sacrificios allí, en el campo de trillar de Arauna. ²⁹En ese tiempo el tabernáculo* del Señor y el altar de las ofrendas quemadas que Moisés había hecho en el desierto estaban situados en el lugar de culto en Gabaón; ³⁰pero David no pudo ir allí para consultar a Dios porque quedó aterrado a causa de la espada desenvainada del ángel del Señor.

22 Luego David dijo: «¡Este será el sitio del templo del Señor Dios y el lugar del altar para las ofrendas quemadas de Israel!».

Preparativos para el templo

²De modo que David dio órdenes para reunir a los extranjeros que vivían en Israel, y les encargó la tarea de preparar piedras talladas para construir el templo de Dios. ³David proporcionó grandes cantidades de hierro para los clavos que se necesitarían para las puertas de las entradas y los herrajes, y dio tanto bronce que no se podía pesar. ⁴También proveyó innumerables troncos de cedro, porque los hombres de Tiro y Sidón habían llevado grandes cantidades de cedro a David.

⁵David dijo: «Mi hijo Salomón es aún joven y sin experiencia. Ya que el templo que se edificará para el Señor debe ser una estructura magnífica, gloriosa y reconocida en el mundo entero, comenzaré a hacer los preparativos desde ahora». Así que antes de morir, David reunió una enorme cantidad de materiales de construcción.

21:15 Igual que el texto paralelo en 2 Sm 24:16; en hebreo dice *Ornán*, otro nombre de Arauna; también en 21:18-28. **21:25** En hebreo *600 siclos de oro*, aproximadamente 6,8 kilos ó 15 libras. **21:29** O *carpa sagrada.*

6Luego David mandó llamar a su hijo Salomón y le dio instrucciones para que edificara un templo para el Señor, Dios de Israel. 7«Hijo mío, yo quería edificar un templo para honrar el nombre del Señor mi Dios —le dijo David—, 8pero el Señor me dijo: "Tú has matado a muchos hombres en las batallas que has peleado. Puesto que has derramado tanta sangre ante mis ojos, no serás tú el que edifique un templo para honrar mi nombre; 9pero tendrás un hijo que será un hombre de paz. Le daré paz con sus enemigos de todas las tierras vecinas. Su nombre será Salomón* y, durante su reinado, yo le daré a Israel paz y tranquilidad. 10Es él quien edificará el templo para honrar mi nombre. Él será mi hijo, y yo seré su padre. Además, afirmaré el trono de su reino sobre Israel para siempre".

11»Ahora, hijo mío, que el Señor esté contigo y te dé éxito al seguir sus instrucciones en la edificación del templo del Señor tu Dios. 12Que el Señor te dé sabiduría y entendimiento, para que obedezcas la ley del Señor tu Dios mientras gobiernes a Israel. 13Pues tendrás éxito si obedeces cuidadosamente los decretos y las ordenanzas que el Señor le dio a Israel por medio de Moisés. ¡Sé fuerte y valiente! ¡No tengas miedo ni te desanimes!

14»He trabajado mucho para proveer los materiales para construir el templo del Señor. Hay tres millones cuatrocientos mil kilos de oro, treinta y cuatro millones de kilos de plata,* y tanto hierro y bronce que es imposible pesarlos. También he reunido madera y piedras para las paredes, aunque tal vez necesites agregar más. 15Cuentas con un buen número de hábiles carpinteros, canteros y artesanos de toda clase. 16Además, cuentas con expertos en orfebrería y platería, y trabajadores del bronce y del hierro. ¡Ahora, manos a la obra y que el Señor esté contigo!».

17Después David ordenó a todos los líderes de Israel que ayudaran a Salomón en este proyecto. 18«El Señor su Dios está con ustedes —les declaró—, y les ha dado paz con las naciones vecinas. Él me las entregó, y ahora están sometidas al Señor y a su pueblo. 19Busquen al Señor su Dios con todo el corazón y con toda el alma. Edifiquen el santuario del Señor Dios, para que puedan traer el arca del pacto del Señor y los utensilios sagrados de Dios al templo edificado para honrar el nombre del Señor».

Responsabilidades de los levitas

23 Cuando David ya era muy anciano designó a su hijo Salomón rey de Israel. 2David convocó a todos los líderes de Israel, junto con los sacerdotes y los levitas. 3Contaron a todos los levitas de treinta años o más y el total sumó treinta y ocho mil. 4Entonces David dijo: «De entre los levitas, veinticuatro mil supervisarán el trabajo en el templo del Señor. Otros seis mil servirán como funcionarios y jueces. 5Otros cuatro mil trabajarán como porteros, y cuatro mil alabarán al Señor con los instrumentos musicales que yo hice». 6Después David dividió a los levitas en grupos, nombrados por los clanes que descendían de los tres hijos de Leví: Gersón, Coat y Merari.

Los gersonitas

7Los núcleos familiares de los gersonitas se identificaron por la línea de descendencia de Libni* y Simei, los hijos de Gersón. 8Tres de los descendientes de Libni fueron Jehiel (el jefe de familia), Zetam y Joel. 9Estos fueron los jefes de familia de Libni.

Tres de los descendientes de Simei fueron Selomit, Haziel y Harán. 10Otros cuatro descendientes de Simei fueron Jahat, Ziza,* Jeús y Bería. 11Jahat fue el jefe de familia y Ziza le seguía. Contaron a Jeús y a Bería como una sola familia porque no tuvieron muchos hijos.

Los coatitas

12Cuatro de los descendientes de Coat fueron Amram, Izhar, Hebrón y Uziel.

13Los hijos de Amram fueron Aarón y Moisés. Aarón y sus descendientes fueron apartados para dedicar lo que es sumamente santo, ofrecer sacrificios en la presencia del Señor, servir al Señor y pronunciar bendiciones en su nombre para siempre.

14En cuanto a los hijos de Moisés, hombre de Dios, se los incluyó en la tribu de Leví. 15Los hijos de Moisés fueron Gersón y Eliezer. 16Entre los descendientes de Gersón estaba Sebuel, el jefe de familia. 17Eliezer solo tuvo un hijo, Rehabías, el jefe de familia. Rehabías tuvo muchos descendientes.

18Entre los descendientes de Izhar estaba Selomit, el jefe de familia.

19Entre los descendientes de Hebrón estaban Jerías (el jefe de familia), Amarías (el segundo), Jahaziel (el tercero) y Jecamán (el cuarto).

20Entre los descendientes de Uziel estaban Micaía (el jefe de familia) e Isías (el segundo).

Los meraritas

21Entre los descendientes de Merari estaban Mahli y Musi.

Los hijos de Mahli fueron Eleazar y Cis. 22Eleazar murió sin tener hijos, solamente tuvo hijas. Sus hijas se casaron con sus primos, los hijos de Cis.

23Tres de los descendientes de Musi fueron Mahli, Eder y Jerimot.

24Estos fueron los descendientes de Leví por clanes, los jefes de los grupos de familias, registrados

---

22:9 *Salomón* suena como y probablemente se deriva de la palabra hebrea que significa «paz». 22:14 En hebreo *100.000 talentos* [4000 toneladas de EE.UU.] *de oro, 1.000.000 de talentos* [40.000 toneladas de EE.UU.] *de plata.* 23:7 En hebreo *Laadán* (también en 23:8-9), otro nombre de Libni; comparar 6:17. 23:10 Así aparece en la versión griega y en la Vulgata Latina (ver también 23:11); en hebreo dice *Zina.*

cuidadosamente por nombre. Cada uno debía tener veinte años o más para tener el derecho de servir en la casa del SEÑOR. ²⁵Pues David dijo: «El SEÑOR, Dios de Israel, nos ha dado paz, y él vivirá siempre en Jerusalén. ²⁶Ahora los levitas no tendrán que transportar el tabernáculo* y su mobiliario de un lugar a otro». ²⁷De acuerdo con las últimas instrucciones de David, todos los levitas de veinte años o más fueron registrados para servir.

²⁸El trabajo de los levitas consistía en ayudar a los sacerdotes, los descendientes de Aarón, mientras servían en la casa del SEÑOR. También se ocupaban de cuidar los atrios y los cuartos laterales, ayudaban en las ceremonias de purificación y servían de muchas otras maneras en la casa de Dios. ²⁹Estaban a cargo del pan sagrado que se colocaba sobre la mesa, de la harina selecta para las ofrendas de grano, de las obleas preparadas sin levadura, de los panes cocidos en aceite de oliva y de los demás panes. También eran responsables de verificar todas las pesas y medidas. ³⁰Además, cada mañana y cada tarde se presentaban delante del SEÑOR para entonarle canciones de agradecimiento y alabanza. ³¹Ayudaban con las ofrendas quemadas que se presentaban al SEÑOR cada día de descanso, en las celebraciones de luna nueva y en los demás festivales establecidos. Un número requerido de levitas servía en la presencia del SEÑOR siempre, siguiendo los procedimientos que se les había indicado.

³²Por lo tanto, bajo la supervisión de los sacerdotes, los levitas vigilaban el tabernáculo y el templo,* y llevaban a cabo con fidelidad sus responsabilidades de servicio en la casa del SEÑOR.

Responsabilidades de los sacerdotes

24 Los descendientes de Aarón, los sacerdotes, fueron organizados en grupos para el servicio. Los hijos de Aarón fueron: Nadab, Abiú, Eleazar e Itamar; ²pero Nadab y Abiú murieron antes que su padre y no tuvieron hijos. De modo que solo Eleazar e Itamar quedaron para seguir adelante con el sacerdocio.

³Con ayuda de Sadoc, quien era un descendiente de Eleazar, y de Ahimelec, quien era un descendiente de Itamar, David dividió a los descendientes de Aarón en grupos, de acuerdo a sus diferentes responsabilidades. ⁴Los descendientes de Eleazar se dividieron en dieciséis grupos y los de Itamar en ocho porque había más jefes de familia entre los descendientes de Eleazar.

⁵Todas las tareas se asignaban a los diversos grupos mediante un sorteo sagrado, para no mostrar ninguna preferencia, ya que había muchos funcionarios capacitados que servían a Dios en el santuario entre los descendientes de Eleazar y los de Itamar. ⁶Semaías, hijo de Natanael, un levita, actuó como secretario y anotó los nombres y las responsabilidades en la presencia del rey, de los oficiales, del sacerdote Sadoc, de Ahimelec —hijo de Abiatar—, y de los jefes de familia de los sacerdotes y de los levitas. Los descendientes de Eleazar y de Itamar se turnaban para echar suertes.

⁷ La primera suerte le tocó a Joiarib;
la segunda, a Jedaías;
⁸ la tercera, a Harim;
la cuarta, a Seorim;
⁹ la quinta, a Malquías;
la sexta, a Mijamín;
¹⁰ la séptima, a Cos;
la octava, a Abías;
¹¹ la novena, a Jesúa;
la décima, a Secanías;
¹² la undécima, a Eliasib;
la duodécima, a Jaquim;
¹³ la decimotercera, a Hupa;
la decimocuarta, a Jesebeab;
¹⁴ la decimoquinta, a Bilga;
la decimosexta, a Imer;
¹⁵ la decimoséptima, a Hezir;
la decimoctava, a Afisés;
¹⁶ la decimonovena, a Petaías;
la vigésima, a Hezequiel;
¹⁷ la vigésima primera, a Jaquín;
la vigésima segunda, a Gamul;
¹⁸ la vigésima tercera, a Delaía;
la vigésima cuarta, a Maazías.

¹⁹En la casa del SEÑOR cada grupo cumplía con las responsabilidades asignadas, de acuerdo con los procedimientos establecidos por su antepasado Aarón en obediencia a los mandatos del SEÑOR, Dios de Israel.

Jefes de familia entre los levitas

²⁰Estos fueron los otros jefes de familias descendientes de Leví:

De los descendientes de Amram el jefe fue Sebuel.*
De los descendientes de Sebuel el jefe fue Jehedías.
²¹ De los descendientes de Rehabías el jefe fue Isías.
²² De los descendientes de Izhar el jefe fue Selomit.*
De los descendientes de Selomit el jefe fue Jahat.
²³ De los descendientes de Hebrón, Jerías fue el jefe;* Amarías fue el segundo; Jahaziel, el tercero y Jecamán, el cuarto.
²⁴ De los descendientes de Uziel el jefe fue Micaía.
De los descendientes de Micaía el jefe fue Samir, ²⁵junto con Isías, el hermano de Micaía.
De los descendientes de Isías el jefe fue Zacarías.

²⁶ De los descendientes de Merari los jefes
fueron Mahli y Musi.
De los descendientes de Jaazías el jefe
fue Beno.
²⁷ De los descendientes de Merari, por Jaazías,
los líderes fueron Beno, Soham, Zacur
e Ihri.
²⁸ De los descendientes de Mahli el jefe
fue Eleazar, aunque no tuvo hijos.
²⁹ De los descendientes de Cis, el jefe fue
Jerameel.
³⁰ De los descendientes de Musi, los jefes
fueron Mahli, Eder y Jerimot.

Esos fueron los descendientes de Leví según
sus diversas familias. ³¹ Al igual que a los descendientes de Aarón, se les asignaron responsabilidades por medio de sorteo sagrado sin tomar
en cuenta la edad o el nivel. Se echaron las suertes en la presencia del rey David, de Sadoc, de
Ahimelec y de los jefes de familia de los sacerdotes y de los levitas.

Responsabilidades de los músicos

25 David y los comandantes del ejército
designaron hombres de las familias de
Asaf, de Hemán y de Jedutún para proclamar los
mensajes de Dios acompañados de liras, arpas y
címbalos. La siguiente es una lista de sus nombres y sus responsabilidades.

²De los hijos de Asaf estaban Zacur, José, Netanías
y Asarela. Ellos trabajaban bajo la dirección de
su padre, Asaf, quien proclamaba los mensajes
de Dios por orden del rey.
³De los hijos de Jedutún estaban Gedalías, Zeri,
Jesaías, Simei,* Hasabías y Matatías, seis en
total. Ellos trabajaban bajo la dirección de su
padre, Jedutún, quien proclamaba los
mensajes de Dios al son de la lira dando
gracias y alabando al SEÑOR.
⁴De los hijos de Hemán estaban Buquías,
Matanías, Uziel, Subael,* Jerimot, Hananías,
Hananí, Eliata, Gidalti, Romanti-ezer,
Maloti, Hotir y Mahaziot. ⁵Todos estos fueron
hijos de Hemán, el vidente del rey, pues Dios lo
había honrado con catorce hijos y tres hijas.

⁶Todos estos hombres estaban bajo la dirección
de su padre mientras tocaban música en la casa
del SEÑOR. Entre sus responsabilidades estaba
tocar címbalos, arpas y liras en la casa de Dios.
Asaf, Jedutún y Hemán dependían directamente
del rey. ⁷Todos ellos junto con sus familias estaban capacitados para tocar música delante del
SEÑOR, y todos —doscientos ochenta y ocho en
total— eran músicos por excelencia. ⁸Los músicos se designaban para los turnos de servicio me-

diante el sorteo sagrado sin tomar en cuenta si
eran jóvenes o ancianos, maestros o discípulos.

⁹ La primera suerte le tocó a José, del clan de
Asaf, y a doce de sus hijos y parientes;*
la segunda, a Gedalías y a doce de sus hijos
y parientes.
¹⁰ la tercera, a Zacur y a doce de sus hijos y
parientes,
¹¹ la cuarta, a Zeri* y a doce de sus hijos
y parientes,
¹² la quinta, a Netanías y a doce de sus hijos
y parientes,
¹³ la sexta, a Buquías y a doce de sus hijos
y parientes,
¹⁴ la séptima, a Asarela* y a doce de sus hijos
y parientes;
¹⁵ la octava, a Jesahías y a doce de sus hijos
y parientes,
¹⁶ la novena, a Matanías y a doce de sus hijos
y parientes,
¹⁷ la décima, a Simei y a doce de sus hijos y
parientes,
¹⁸ la undécima, a Uziel* y a doce de sus hijos
y parientes,
¹⁹ la duodécima, a Hasabías y a doce de sus
hijos y parientes;
²⁰ la decimotercera, a Subael y a doce de sus
hijos y parientes,
²¹ la decimocuarta, a Matatías y a doce de sus
hijos y parientes,
²² la decimoquinta, a Jerimot* y a doce de sus
hijos y parientes,
²³ la decimosexta, a Hananías y a doce de sus
hijos y parientes,
²⁴ la decimoséptima, a Josbecasa y a doce de
sus hijos y parientes,
²⁵ la decimoctava, a Hananí y a doce de sus
hijos y parientes,
²⁶ la decimonovena, a Maloti y a doce de sus
hijos y parientes,
²⁷ la vigésima, a Eliata y a doce de sus hijos y
parientes,
²⁸ la vigésima primera, a Hotir y a doce de sus
hijos y parientes,
²⁹ la vigésima segunda, a Gidalti y a doce de
sus hijos y parientes,
³⁰ la vigésima tercera, a Mahaziot y a doce de
sus hijos y parientes,
³¹ la vigésima cuarta, a Romanti-ezer y a doce
de sus hijos y parientes.

Responsabilidades de los porteros

26 Estas son las divisiones de los porteros:

De los coreítas estaba Meselemías, hijo
de Coré, de la familia de Abiasaf.* ²Los hijos
de Meselemías fueron: Zacarías (el mayor),
Jediael (el segundo), Zebadías (el tercero),

Jatniel (el cuarto), ³Elam (el quinto), Johanán (el sexto) y Elioenai (el séptimo).

⁴Los hijos de Obed-edom, también porteros, fueron: Semaías (el mayor), Jozabad (el segundo), Joa (el tercero), Sacar (el cuarto), Natanael (el quinto), ⁵Amiel (el sexto), Isacar (el séptimo) y Peultai (el octavo). Dios había bendecido a Obed-edom en gran manera.

⁶Semaías, el hijo de Obed-edom, tuvo hijos muy capaces que obtuvieron posiciones de gran autoridad en el clan. ⁷Sus nombres fueron: Otni, Rafael, Obed y Elzabad. Sus parientes, Eliú y Samaquías, fueron también hombres muy capaces.

⁸Todos estos descendientes de Obed-edom, entre ellos sus hijos y nietos —sesenta y dos en total— eran hombres muy capaces y competentes para su trabajo. ⁹Los dieciocho hijos y parientes de Meselemías también fueron hombres muy capaces.

¹⁰Hosa, del clan de Merari, designó a Simri jefe de entre sus hijos aunque no era el mayor. ¹¹Entre sus otros hijos estaban Hilcías (el segundo), Tebalías (el tercero) y Zacarías (el cuarto). Los hijos y parientes de Hosa que sirvieron como porteros sumaban trece en total.

¹²Estas divisiones de porteros llevaban el nombre del jefe de su familia y, al igual que los demás levitas, servían en la casa del Señor. ¹³Fueron designados por familias para estar de guardia en las distintas puertas, sin tomar en cuenta su edad o preparación, porque todo se decidía por medio del sorteo sagrado.

¹⁴La responsabilidad por la puerta oriental le tocó a Meselemías* y a su grupo. La puerta del norte fue asignada a Zacarías, un hombre de una sabiduría fuera de lo común. ¹⁵La puerta del sur le tocó a Obed-edom, y sus hijos quedaron a cargo del depósito. ¹⁶A Supim y a Hosa les asignaron la puerta occidental y la entrada que conduce al templo.* Los turnos de guardia se dividían de manera equitativa. ¹⁷Cada día se asignaban seis levitas a la puerta oriental, cuatro a la puerta del norte, cuatro a la puerta del sur y dos pares al depósito. ¹⁸Cada día se asignaban seis levitas a la puerta occidental, cuatro a la entrada que conduce al templo y dos al atrio.*

¹⁹Esas fueron las divisiones de los porteros de los clanes de Coré y Merari.

Los tesoreros y otros funcionarios

²⁰Otros levitas, bajo la dirección de Ahías, estaban a cargo de los tesoros de la casa de Dios y de los tesoros que contenían las ofrendas dedicadas al Señor. ²¹Jehiel* fue el líder de la familia de Libni,* del clan de Gersón. ²²Zetam y su

hermano Joel, hijos de Jehiel, estaban a cargo de los tesoros de la casa del Señor.

²³Estos son los líderes que descendían de Amram, Izhar, Hebrón y Uziel:

²⁴Del clan de Amram, Sebuel fue un descendiente de Gersón, hijo de Moisés. Era el funcionario principal de los tesoros. ²⁵Sus parientes por parte de Eliezer fueron Rehabías, Jesaías, Joram, Zicri y Selomot.

²⁶Selomot y sus parientes estaban a cargo de los tesoros que contenían las ofrendas que el rey David, los jefes de familia, los generales, los capitanes* y otros oficiales del ejército habían dedicado al Señor. ²⁷Estos hombres dedicaron para el mantenimiento de la casa del Señor parte del botín que habían ganado en batalla. ²⁸Selomot* y sus parientes también cuidaban las ofrendas dedicadas al Señor por Samuel, el vidente; Saúl, hijo de Cis; Abner, hijo de Ner, y Joab, hijo de Sarvia. Todas las demás ofrendas que habían sido dedicadas también estaban a su cargo.

²⁹Del clan de Izhar, a Quenanías y a sus hijos se les dieron responsabilidades administrativas* como funcionarios y jueces sobre Israel.

³⁰Del clan de Hebrón, Hasabías y sus parientes —mil setecientos hombres capaces— quedaron a cargo de las tierras israelitas al occidente del río Jordán. Eran responsables de todos los asuntos relacionados con el trabajo del Señor y con el servicio al rey en esa área.

³¹También del clan de Hebrón estaba Jerías, quien era el jefe de los hebronitas, según los registros genealógicos. (En el año cuarenta del reinado de David se hizo una investigación en los registros y se encontraron hombres capaces del clan de Hebrón en Jazer, en la tierra de Galaad.) ³²Había dos mil setecientos hombres capaces entre los parientes de Jerías. El rey David los envió al lado oriental del río Jordán y los puso a cargo de la tribu de Rubén, de la tribu de Gad y de la media tribu de Manasés. Eran responsables de todos los asuntos relacionados con Dios y con el rey.

Comandantes y divisiones militares

27 La siguiente es la lista de los generales y capitanes* israelitas y de sus oficiales, quienes servían al rey. Supervisaban las divisiones del ejército que estaban de guardia cada mes del año. Cada división constaba de veinticuatro mil hombres y servía durante un mes.

²Jasobeam, hijo de Zabdiel, fue el comandante de la primera división de veinticuatro mil soldados, que estaba de guardia durante el primer mes. ³Era descendiente de Pérez y

---

26:14 En hebreo *Selemías,* una variante de Meselemías; comparar 26:2.   26:16 O *la puerta de Salequet en el camino de la puerta alta* (también en 26:18). El significado del hebreo es incierto.   26:18 O *la columnata.* El significado del hebreo es incierto.   26:21 En hebreo *Jehieli* (también en 26:22), una variante de Jehiel; comparar 23:8.   26:21b En hebreo *Laadán,* una variante de Libni; comparar 6:17.   26:26 En hebreo *los comandantes de miles y de cientos.*   26:28 En hebreo *Selomit,* una variante de Selomot.   26:29 O *se les dieron tareas exteriores; o se les dieron tareas alejadas de la zona del templo.*   27:1 En hebreo *comandantes de miles y de cientos.*

estaba a cargo de los oficiales del ejército durante el primer mes.
4Dodai, descendiente de Ahoa, fue el comandante de la segunda división de veinticuatro mil soldados, que estaba de guardia el segundo mes. Su oficial principal era Miclot.
5Benaía, hijo del sacerdote Joiada, era el comandante de la tercera división de veinticuatro mil soldados, que estaba de guardia durante el tercer mes. 6Este fue el Benaía que comandó el grupo selecto del ejército de David conocido como los Treinta. Su hijo Amisabad fue el oficial principal.
7Asael, hermano de Joab, era comandante de la cuarta división de veinticuatro mil soldados, que estaba de guardia durante el cuarto mes. Asael fue sucedido por su hijo Zebadías.
8Sama* el izraíta era comandante de la quinta división de veinticuatro mil soldados, que estaba de guardia durante el quinto mes.
9Ira, hijo de Iques de Tecoa, era el comandante de la sexta división de veinticuatro mil soldados, que estaba de guardia durante el sexto mes.
10Heles, un descendiente de Efraín de Pelón, era el comandante de la séptima división de veinticuatro mil soldados, que estaba de guardia durante el séptimo mes.
11Sibecai, un descendiente de Zera de Husa, era el comandante de la octava división de veinticuatro mil soldados, que estaba de guardia durante el octavo mes.
12Abiezer de Anatot, en el territorio de Benjamín, era el comandante de la novena división de veinticuatro mil soldados, que estaba de guardia durante el noveno mes.
13Maharai, un descendiente de Zera, de Netofa, era el comandante de la décima división de veinticuatro mil soldados, que estaba de guardia durante el décimo mes.
14Benaía de Piratón, en Efraín, era el comandante de la undécima división de veinticuatro mil soldados, que estaba de guardia en el undécimo mes.
15Heled,* un descendiente de Otoniel de Netofa, era el comandante de la duodécima división de veinticuatro mil soldados, que estaba de guardia durante el duodécimo mes.

Jefes de las tribus

16Estos fueron los jefes de las tribus de Israel:

Tribu	Jefe
Rubén	Eliezer, hijo de Zicri
Simeón	Sefatías, hijo de Maaca
17 Leví	Hasabías, hijo de Kemuel
Aarón (los sacerdotes)	Sadoc
18 Judá	Eliú (un hermano de David)
Isacar	Omri, hijo de Micael
19 Zabulón	Ismaías, hijo de Abdías
Neftalí	Jerimot, hijo de Azriel
20 Efraín	Oseas, hijo de Azazías
Manasés (al occidente)	Joel, hijo de Pedaías
21 Manasés de Galaad (al oriente)	Iddo, hijo de Zacarías
Benjamín	Jaasiel, hijo de Abner
22 Dan	Azareel, hijo de Jeroham

Estos fueron los jefes de las tribus de Israel.
23Cuando David hizo el censo no contó a los que tenían menos de veinte años, porque el Señor había prometido hacer a los israelitas tan numerosos como las estrellas del cielo. 24Joab, hijo de Sarvia, comenzó el censo pero nunca lo terminó porque* el enojo de Dios se desató sobre Israel. El número total nunca fue anotado en los registros oficiales del rey David.

Funcionarios del reino de David

25Azmavet, hijo de Adiel, estaba a cargo de los tesoros del palacio.
Jonatán, hijo de Uzías, estaba a cargo de los tesoros regionales en todas las ciudades, aldeas y fortalezas de Israel.
26Ezri, hijo de Quelub, estaba a cargo de los trabajadores que cultivaban las tierras del rey.
27Simei de Ramá estaba a cargo de los viñedos del rey.
Zabdi de Sefam era responsable de las uvas y de las provisiones de vino.
28Baal-hanán de Geder estaba a cargo de los olivares del rey y de las higueras sicómoros de las colinas de Judá.*
Joás era responsable de las provisiones de aceite de oliva.
29Sitrai de Sarón estaba a cargo del ganado en la llanura de Sarón.
Safat, hijo de Adlai, era responsable del ganado en los valles.
30Obil, el ismaelita, estaba a cargo de los camellos.
Jehedías de Meronot estaba a cargo de los burros.
31Jaziz, el agareno, estaba a cargo de los rebaños de ovejas y cabras del rey.
Todos estos oficiales administraban las propiedades del rey David.

32Jonatán, el tío de David, era un sabio consejero del rey, un hombre de gran percepción y un escriba. Jehiel, el hacmonita, era responsable de la educación de los hijos del rey. 33Ahitofel era el consejero real. Husai, el arquita, era el amigo del rey. 34A Ahitofel lo sucedieron Joiada, hijo de Benaía, y Abiatar. Joab era el comandante del ejército del rey.

Instrucciones de David a Salomón

28 David convocó a todas las autoridades de Israel a Jerusalén: los jefes de las tribus, los comandantes de las divisiones del ejército, los otros generales y capitanes,* los que administraban las propiedades y los animales del rey, los funcionarios del palacio, los hombres valientes y todos los demás guerreros valientes del reino. ²David se puso de pie y dijo: «¡Hermanos míos y pueblo mío! Era mi deseo construir un templo donde el arca del pacto del Señor, el estrado de los pies de Dios, pudiera descansar para siempre. Hice los preparativos necesarios para construirlo, ³pero Dios me dijo: "Tú no debes edificar un templo para honrar mi nombre, porque eres hombre de guerra y has derramado mucha sangre".

⁴»Sin embargo, el Señor, Dios de Israel, me eligió a mí de entre toda la familia de mi padre para ser rey sobre Israel para siempre. Pues él ha elegido a la tribu de Judá para gobernar y, de entre las familias de Judá, eligió a la familia de mi padre. De entre los hijos de mi padre al Señor le agradó hacerme a mí rey sobre todo Israel. ⁵De entre mis hijos —porque el Señor me ha dado muchos— eligió a Salomón para sucederme en el trono de Israel y para gobernar el reino del Señor. ⁶Me dijo: "Tu hijo Salomón edificará mi templo y sus atrios, porque lo he elegido como mi hijo, y yo seré su padre. ⁷Y si él sigue obedeciendo mis mandatos y ordenanzas como lo hace ahora, haré que su reino perdure para siempre".

⁸»Así que ahora, con Dios como nuestro testigo, y a la vista del Señor —la asamblea del Señor— les doy este encargo. Asegúrense de obedecer todos los mandatos del Señor su Dios, para que esta buena tierra siga en su posesión y la dejen para sus hijos en herencia permanente.

⁹»Y tú, Salomón, hijo mío, aprende a conocer íntimamente al Dios de tus antepasados. Adóralo y sírvelo de todo corazón y con una mente dispuesta. Pues el Señor ve cada corazón y conoce todo plan y pensamiento. Si lo buscas, lo encontrarás; pero si te apartas de él, te rechazará para siempre. ¹⁰De modo que toma esto en serio; el Señor te ha elegido para construir un templo como su santuario. Sé fuerte y haz el trabajo».

¹¹Entonces David le dio a Salomón los planos para el templo y sus alrededores, que incluían la antesala, los depósitos, las habitaciones de la planta alta, las habitaciones interiores y el santuario interior, el cual era el lugar de la expiación. ¹²David también le dio a Salomón todos los planos de lo que tenía en mente* para los atrios del templo del Señor, para las habitaciones exteriores, para los tesoros y para los cuartos de las ofrendas dedicadas al Señor. ¹³El rey también le dio a Salomón las instrucciones sobre el trabajo de las diferentes divisiones de sacerdotes y de levitas en el templo del Señor, y dejó especificaciones para los artículos del templo que debían usarse para la adoración.

¹⁴David también dio instrucciones referentes a cuánto oro y cuánta plata debía usarse para hacer

los artículos necesarios para el servicio en el templo. ¹⁵Le indicó a Salomón la cantidad de oro que se necesitaba para los candelabros y las lámparas de oro, y la cantidad de plata para los candelabros y las lámparas de plata, según la función de cada uno. ¹⁶Designó la cantidad de oro para la mesa donde se colocaría el pan de la Presencia y la cantidad de plata para las otras mesas.

¹⁷David también indicó la cantidad de oro para los ganchos de oro macizo utilizados para manejar la carne de los sacrificios y para los tazones, las jarras y la vajilla, así como la cantidad de plata para cada uno de los platos. ¹⁸Especificó la cantidad de oro refinado para el altar del incienso. Finalmente, le dio un plano para la «carroza» del Señor, es decir los querubines* de oro cuyas alas se extendían sobre el arca del pacto del Señor. ¹⁹«Cada detalle de este plan —le dijo David a Salomón— lo recibí por escrito de la mano del Señor».*

²⁰David siguió diciendo: «Sé fuerte y valiente y haz el trabajo. No tengas miedo ni te desanimes, porque el Señor Dios, mi Dios, está contigo. Él no te fallará ni te abandonará. Él se asegurará de que todo el trabajo relacionado con el templo del Señor se termine correctamente. ²¹Las diferentes divisiones de sacerdotes y levitas servirán en el templo de Dios. Otros con todo tipo de habilidades se ofrecerán como voluntarios, y los funcionarios y toda la nación están a tus órdenes».

Ofrendas para edificar el templo

29 Luego el rey David se dirigió a toda la asamblea y dijo: «Mi hijo Salomón, a quien Dios evidentemente ha elegido para ser el siguiente rey de Israel, es aún joven y sin experiencia. El trabajo que él tiene por delante es enorme, porque el templo que construirá no es para simples mortales, ¡es para el Señor Dios! ²Usando cada recurso a mi alcance, he reunido todo lo que pude para construir el templo de mi Dios. Así que hay suficiente oro, plata, bronce, hierro y madera, al igual que grandes cantidades de ónice y otras joyas costosas, y todo tipo de piedras finas y mármol.

³»Ahora, debido a la devoción que tengo por el templo de mi Dios, entrego todos mis propios tesoros de oro y de plata para ayudar en la construcción. Esto es además de los materiales de construcción que ya he reunido para su santo templo. ⁴Dono más de ciento dos mil kilos de oro* de Ofir y doscientos treinta y ocho mil kilos de plata* refinada para recubrir las paredes de los edificios ⁵y para los demás trabajos en oro y plata que harán los artesanos. Ahora bien, ¿quiénes de ustedes seguirán mi ejemplo y hoy darán ofrendas al Señor?».

⁶Entonces los jefes de familia, los jefes de las

28:12 O *los planes del espíritu que estaba con él.* **28:18** En hebreo *para la carroza de oro del querubín.* **28:19** O *fue escrito bajo la dirección del Señor.* **29:4a** En hebreo *3000 talentos* [112 toneladas de EE. UU.] *de oro.* **29:4b** En hebreo *7000 talentos* [262 toneladas de EE. UU.] *de plata.*

tribus de Israel, los generales y capitanes del ejército* y los funcionarios administrativos del rey, todos ofrendaron voluntariamente. ⁷Para la construcción del templo de Dios donaron alrededor de ciento setenta mil kilos de oro,* diez mil monedas* de oro, trescientos cuarenta mil kilos de plata,* seiscientos doce mil kilos de bronce* y tres millones cuatrocientos mil kilos de hierro.* ⁸También contribuyeron con gran cantidad de piedras preciosas, que se depositaron en el tesoro de la casa del SEÑOR al cuidado de Jehiel, un descendiente de Gersón. ⁹El pueblo se alegró por las ofrendas, porque había dado libremente y de todo corazón al SEÑOR, y el rey David se llenó de gozo.

Oración de alabanza de David

¹⁰Luego David alabó al SEÑOR en presencia de toda la asamblea:

«¡Oh, SEÑOR, Dios de nuestro antepasado Israel,* que seas alabado por siempre y para siempre! ¹¹Tuyos, oh SEÑOR, son la grandeza, el poder, la gloria, la victoria y la majestad. Todo lo que hay en los cielos y en la tierra es tuyo, oh SEÑOR, y este es tu reino. Te adoramos como el que está por sobre todas las cosas. ¹²La riqueza y el honor solo vienen de ti, porque tú gobiernas todo. El poder y la fuerza están en tus manos, y según tu criterio la gente llega a ser poderosa y recibe fuerzas.

¹³»¡Oh Dios nuestro, te damos gracias y alabamos tu glorioso nombre! ¹⁴¿Pero quién soy yo, y quién es mi pueblo, para que podamos darte algo a ti? ¡Todo lo que tenemos ha venido de ti, y te damos solo lo que tú primero nos diste! ¹⁵Estamos aquí solo por un momento, visitantes y extranjeros en la tierra, al igual que nuestros antepasados. Nuestros días sobre la tierra son como una sombra pasajera, pasan pronto sin dejar rastro.

¹⁶»¡Oh SEÑOR nuestro Dios, aun estos materiales que hemos reunido para construir un templo para honrar tu santo nombre, vienen de ti! ¡Todo te pertenece! ¹⁷Yo sé, mi Dios, que tú examinas nuestro corazón y te alegras cuando encuentras en él integridad. Tú sabes que he hecho todo esto con buenas intenciones, y he visto a tu pueblo dando sus ofrendas por voluntad propia y con alegría.

¹⁸»Oh SEÑOR, Dios de nuestros antepasados Abraham, Isaac e Israel, haz que tu pueblo siempre desee obedecerte. Asegúrate de que su amor por ti nunca cambie. ¹⁹Dale a mi hijo Salomón el deseo de obedecer de todo corazón tus mandatos, leyes y decretos, y de hacer todo lo necesario para edificar este templo, para el cual he hecho estos preparativos».

²⁰Después, David le dijo a toda la asamblea: «¡Alaben al SEÑOR su Dios!». Y todos en la asamblea alabaron al SEÑOR, Dios de sus antepasados, y se inclinaron y se arrodillaron ante el SEÑOR y ante el rey.

Salomón, nombrado rey

²¹Al día siguiente trajeron mil toros, mil carneros y mil corderos como ofrendas quemadas para el SEÑOR. También trajeron ofrendas líquidas y muchos otros sacrificios en nombre de todo Israel. ²²Ese día festejaron y bebieron en la presencia del SEÑOR con gran alegría.

Nuevamente coronaron a Salomón, el hijo de David, como su nuevo rey. Lo ungieron delante del SEÑOR como su líder, y ungieron a Sadoc como sacerdote. ²³Entonces Salomón subió al trono del SEÑOR en lugar de su padre David, y tuvo éxito en todo, y todo Israel lo obedeció. ²⁴Todos los oficiales, los guerreros y los hijos del rey David juraron lealtad al rey Salomón. ²⁵Así que el SEÑOR exaltó a Salomón a los ojos de todo Israel, y le dio un esplendor real aún mayor que a cualquier otro de los reyes anteriores de Israel.

Resumen del reinado de David

²⁶David, hijo de Isaí, reinó sobre todo Israel. ²⁷Durante cuarenta años reinó sobre Israel, siete años en Hebrón y treinta y tres en Jerusalén. ²⁸Murió en buena vejez, habiendo disfrutado de una larga vida, riquezas y honor. Después su hijo Salomón gobernó en su lugar.

²⁹Todos los acontecimientos del reinado de David, de principio a fin, están escritos en *El registro de Samuel el vidente,* en *El registro de Natán el profeta* y en *El registro de Gad el vidente.* ³⁰Entre estos relatos están los hechos poderosos de su reinado así como lo que sucedió a él, a Israel y a todos los reinos vecinos.

29:6 En hebreo *los comandantes de miles y los comandantes de cientos.*   **29:7a** En hebreo *5000 talentos* [188 toneladas de EE. UU.] *de oro.*   **29:7b** En hebreo *10.000 dáricos* [una moneda persa] *de oro, alrededor de 84 kilos ó 185 libras.*   **29:7c** En hebreo *10.000 talentos* [375 toneladas de EE. UU.] *de plata.*   **29:7d** En hebreo *18.000 talentos* [675 toneladas de EE. UU.] *de bronce.*   **29:7e** En hebreo *100.000 talentos* [3750 toneladas de EE. UU.] *de hierro.*   **29:10** *Israel* es el nombre que Dios le dio a Jacob.

2 Crónicas

Salomón pide sabiduría

1 Salomón, hijo de David, tomó firme control de su reino porque el Señor su Dios estaba con él y lo hizo muy poderoso.

²Salomón convocó a todos los líderes de Israel: a los generales y a los capitanes del ejército,* a los jueces, y a todos los jefes políticos y de clanes. ³Después condujo a toda la asamblea al lugar de adoración en Gabaón, porque allí se encontraba el tabernáculo de Dios.* (Este era el tabernáculo que Moisés, siervo del Señor, había construido en el desierto.)

⁴David ya había trasladado el arca de Dios desde Quiriat-jearim a la carpa que le había preparado en Jerusalén; ⁵pero el altar de bronce hecho por Bezalel, hijo de Uri y nieto de Hur, estaba allí* en Gabaón frente al tabernáculo del Señor. Así que Salomón y el pueblo se reunieron en ese lugar para consultar al Señor.* ⁶Allí, frente al tabernáculo, Salomón subió al altar de bronce en la presencia del Señor y sacrificó sobre el altar mil ofrendas quemadas.

⁷Esa noche Dios se le apareció a Salomón y dijo:

—¿Qué es lo que quieres? Pídeme, y yo te lo daré.

⁸Salomón le contestó a Dios:

—Tú mostraste fiel amor a David, mi padre, y ahora me has hecho rey en su lugar. ⁹Oh Señor Dios, ¡te ruego que sigas manteniendo la promesa que le hiciste a David mi padre, pues me has hecho rey sobre un pueblo tan numeroso como el polvo de la tierra! ¹⁰Dame la sabiduría y el conocimiento para guiarlo correctamente,* porque, ¿quién podrá gobernar a este gran pueblo tuyo?

¹¹Dios le dijo a Salomón:

—Por cuanto tu mayor deseo es ayudar a tu pueblo, y no pediste abundancia ni riquezas ni fama ni siquiera la muerte de tus enemigos o una larga vida, sino que has pedido sabiduría y conocimiento para gobernar a mi pueblo como es debido, ¹²ciertamente te daré la sabiduría y el conocimiento que pediste. ¡Pero también te daré abundancia, riquezas y fama como nunca las tuvo ningún otro rey antes que tú y como ninguno las tendrá en el futuro!

¹³Después Salomón se fue de Gabaón, el lugar de adoración donde estaba el tabernáculo, y regresó a Jerusalén y reinó sobre Israel.

¹⁴Salomón acumuló gran cantidad de carros de guerra y caballos;* tenía él cuatrocientos carros y doce mil caballos. Los colocó en las ciudades designadas para guardar los carros y también cerca de él en Jerusalén. ¹⁵El rey hizo que en Jerusalén la plata y el oro fueran tan abundantes como las piedras. Además, la valiosa madera de cedro era tan común como la higuera sicómoro que crece en las colinas de Judá.* ¹⁶Los caballos de Salomón se importaban de Egipto* y de Cilicia;* los mercaderes del rey los adquirían en Cilicia a precio de mercado. ¹⁷En ese tiempo, un carro egipcio costaba seiscientas piezas de plata,* y los caballos se vendían a ciento cincuenta piezas de plata.* Después los exportaban a los reyes de los hititas y a los reyes de Aram.

Preparativos para construir el templo

2 ¹*Salomón decidió construir un templo para honrar el nombre del Señor y también un palacio real para sí mismo. ²*Reunió una fuerza de setenta mil obreros, ochenta mil hombres para extraer piedras de las canteras en la zona montañosa y tres mil seiscientos capataces.

³Salomón también le envió el siguiente mensaje al rey Hiram* de Tiro:

«Envíame troncos de cedro como lo hiciste con mi padre David, cuando construía su palacio. ⁴Estoy a punto de construir un templo para honrar el nombre del Señor mi Dios. Será un lugar apartado para quemar incienso aromático delante de él, para presentar el pan especial del sacrificio y para sacrificar ofrendas quemadas todas las mañanas y todas las tardes en los días de descanso, en las celebraciones de luna nueva y en los demás festivales del Señor nuestro Dios. Él le ha ordenado a Israel que haga estas cosas para siempre.

1:2 En hebreo comandantes de millares y de cientos. 1:3 En hebreo carpa de reunión o carpa sagrada; también en 1:6, 13. 1:5a Así aparece en la versión griega, en la Vulgata Latina y en algunos manuscritos hebreos. En el texto masorético dice colocó. 1:5b En hebreo consultarlo. 1:10 En hebreo para salir y entrar ante este pueblo. 1:14 O conductores de carros de guerra; también en 1:14b. 1:15 En hebreo la Sefela. 1:16a Posiblemente Musri, un distrito cerca de Cilicia; también en 1:17. 1:16b En hebreo Coa, probablemente otro nombre de Cilicia. 1:17a En hebreo 600 [siclos] de plata, aproximadamente 6800 kilos ó 15 libras. 1:17b En hebreo 150 [siclos], aproximadamente 1700 kilos ó 3,8 libras. 2:1 El versículo 2:1 corresponde al 1:18 en el texto hebreo. 2:2 Los versículos del 2:2-18 corresponden al 2:1-17 en el texto hebreo. 2:3 En hebreo Huram, una variante de Hiram; también en 2:11.

⁵»Este tendrá que ser un templo magnífico porque nuestro Dios es más grande que todos los demás dioses; ⁶pero en realidad, ¿quién puede edificar un hogar digno de él? ¡Ni siquiera los cielos más altos pueden contenerlo! ¿Quién soy yo para proponer construirle un templo, excepto como lugar para quemarle sacrificios?

⁷»Envíame, entonces, un maestro artesano que pueda trabajar el oro, la plata, el bronce y el hierro, así como las telas de púrpura, escarlata y azul. Debe ser un experto grabador que pueda trabajar con los artesanos de Judá y de Jerusalén que mi padre David seleccionó.

⁸»Envíame también del Líbano troncos de cedro, de ciprés y de sándalo rojo,* porque sé que no hay nadie que se compare con tus hombres para cortar madera del Líbano. Yo enviaré a mis hombres para ayudarlos. ⁹Se necesitará una enorme cantidad de madera, porque el templo que voy a construir será grande y magnífico. ¹⁰Para quienes corten la madera, enviaré como pago cuatro millones cuatrocientos mil kilos de trigo molido, cuatro millones cuatrocientos mil kilos de cebada,* cuatrocientos cuarenta mil litros de vino y cuatrocientos cuarenta mil litros de aceite de oliva».*

¹¹En respuesta, el rey Hiram le envió a Salomón la siguiente carta:

«¡Es porque el SEÑOR ama a su pueblo que te ha hecho rey de los israelitas! ¹²¡Alaben al SEÑOR, Dios de Israel, quien hizo los cielos y la tierra! Él le dio al rey David un hijo sabio, dotado de capacidad y entendimiento, quien construirá un templo para el SEÑOR y un palacio real para sí mismo.

¹³»Te envío un maestro artesano llamado Huram-abí, un hombre sumamente talentoso. ¹⁴Su madre es de la tribu de Dan, en Israel, y su padre es de Tiro. Es hábil para trabajar el oro, la plata, el bronce y el hierro, y también la piedra y la madera. Es hábil para trabajar con telas de púrpura, azul, escarlata y con lino fino. También sabe grabar y puede realizar cualquier diseño que se le pida. Trabajará con tus artesanos y con los que nombró mi señor David, tu padre.

¹⁵»Envía ahora el trigo, la cebada, el aceite de oliva y el vino que has mencionado. ¹⁶Nosotros cortaremos toda la madera que necesites de las montañas del Líbano y llevaremos los troncos en balsas por la costa del mar Mediterráneo* hasta Jope. Desde allí podrás transportar los troncos hasta Jerusalén».

¹⁷Luego Salomón levantó un censo de todos los extranjeros que vivían en la tierra de Israel, tal como el censo que había hecho su padre, y contó ciento cincuenta y tres mil seiscientos extranjeros. ¹⁸Asignó a setenta mil como obreros, a ochenta mil como cortadores de piedra en la zona montañosa y a tres mil seiscientos como capataces.

Salomón construye el templo

3 Salomón comenzó a construir el templo del SEÑOR en Jerusalén en el monte Moriah, donde el SEÑOR se le había aparecido a David, su padre. El templo se construyó en el campo de trillar de Arauna* el jebuseo, el sitio que David había elegido. ²La construcción comenzó a mediados de la primavera,* durante el cuarto año del reinado de Salomón.

³Estas fueron las medidas que Salomón usó para los cimientos del templo de Dios (según el antiguo estándar de medición).* Tenía veintisiete metros y medio de largo por nueve metros de ancho.* ⁴La antesala que estaba al frente del templo medía nueve metros* de ancho, coincidía con la anchura total del templo, y medía nueve metros de alto.* Después revistió el interior de oro puro.

⁵Cubrió el salón principal del templo con paneles de madera de ciprés, luego lo revistió de oro fino y lo decoró con tallas de palmeras y cadenas. ⁶Adornó las paredes del templo con hermosas joyas y con oro de la tierra de Parvim.* ⁷Revistió de oro las vigas, los umbrales, las paredes y las puertas de todo el templo, e hizo grabar en las paredes figuras de querubines.

⁸Hizo el Lugar Santísimo de nueve metros de ancho, igual que la anchura del templo, por nueve metros de profundidad. Revistió el interior con unos veinte mil kilos* de oro fino. ⁹Los clavos de oro que se usaron pesaban quinientos setenta gramos cada uno.* También revistió de oro las paredes de las habitaciones de la planta alta.

¹⁰Hizo dos figuras en forma de querubines, las revistió de oro y las colocó en el Lugar Santísimo. ¹¹La distancia entre las puntas de las alas de los dos querubines que estaban de pie uno al lado del otro, era de nueve metros. Una de las alas de la primera figura medía dos metros con treinta centímetros* de largo, y tocaba la pared del templo. La otra ala, también

---

2:8 O *enebro;* en hebreo dice *algum,* tal vez una variante de *almug;* comparar 9:10-11 y el texto paralelo en 1 Re 10:11-12.   2:10a En hebreo *20.000 coros* (9.700.000 libras) *de trigo molido, 20.000 coros de cebada.*   2:10b En hebreo *20.000 batos* (110.000 galones) *de vino y 20.000 batos de aceite de oliva.*   2:16 En hebreo el *mar.*   3:1 En hebreo *Ornán,* una variante de Arauna; comparar 2 Sm 24:16.   3:2 En hebreo *el segundo día del segundo mes.* En el antiguo calendario lunar hebreo, ese día caía en abril o en mayo.   3:3a En hebreo *el antiguo estándar de medición;* era un codo que equivalía a 46 centímetros [18 pulgadas]. El moderno equivale a un codo de aproximadamente 53 centímetros [21 pulgadas].   3:3b En hebreo *60 codos* [90 pies] *de largo con 20 codos* [30 pies] *de ancho.*   3:4a En hebreo *20 codos* [30 pies]; también en 3:8, 11, 13.   3:4b Así aparece en algunos manuscritos griegos y siríacos, que dicen *20 codos* [30 pies]; en hebreo *120* [codos], que equivalen a 55 metros o 180 pies.   3:8 En hebreo *600 talentos* [23 toneladas de EE. UU.].   3:9 En hebreo *50 siclos* [20 onzas].   3:11 En hebreo *5 codos* [30 pies]; también en 3:11 b, 13, 15.

de dos metros con treinta centímetros, tocaba el extremo del ala del segundo querubín. ¹²De la misma manera, la segunda figura tenía un ala de dos metros con treinta centímetros de largo que tocaba la pared opuesta. La otra ala, también de dos metros con treinta centímetros de largo, tocaba el ala de la primera figura. ¹³Así que, la distancia entre las puntas de las alas de los dos querubines, uno al lado del otro, era de nueve metros. Estaban de pie con sus rostros hacia el salón principal del templo.

¹⁴En la entrada al Lugar Santísimo colocó de lado a lado una cortina hecha de lino fino decorada con hilo azul, púrpura y escarlata, y bordada con figuras de querubines.

¹⁵Para el frente del templo hizo construir dos columnas que tenían ocho metros de alto,* y encima de cada una puso un capitel que se extendía hacia arriba otros dos metros con treinta centímetros. ¹⁶Hizo una red de cadenas entrelazadas y la usó para decorar la parte superior de las columnas. También hizo cien granadas decorativas y las sujetó a las cadenas. ¹⁷Luego levantó las dos columnas a la entrada del templo, una hacia el sur de la entrada y la otra hacia el norte. A la del sur la llamó Jaquín, y a la del norte, Boaz.*

Mobiliario del templo

4 Salomón* también hizo un altar de bronce de nueve metros de largo por nueve metros de ancho, y cuatro metros y medio de alto.* ²Luego fundió un enorme tazón redondo, que medía cuatro metros y medio de borde a borde, llamado el Mar. Tenía dos metros con treinta centímetros de profundidad y cerca de catorce metros de circunferencia.* ³Por debajo del borde, estaba rodeado por dos hileras de figuras que se parecían a bueyes. Había veinte bueyes por metro* de la circunferencia que se habían fundido como parte del tazón.

⁴El Mar estaba colocado sobre una base formada por doce bueyes de bronce que miraban hacia afuera. Tres miraban hacia el norte, tres hacia el occidente, tres hacia el sur y tres hacia el oriente; y el Mar estaba asentado sobre ellos. ⁵El grosor del Mar era de unos ocho centímetros,* su borde era acampanado como una copa y se parecía a una flor de nenúfar. Tenía capacidad para unos sesenta y tres mil litros* de agua.

⁶También hizo diez tazones más pequeños para lavar los utensilios que se usaban para las ofrendas quemadas. Colocó cinco en el lado sur y cinco en el lado norte; pero los sacerdotes se lavaban en el Mar.

⁷Luego fundió diez candelabros de oro según las especificaciones que se habían establecido

y los colocó en el templo. Puso cinco contra la pared sur y cinco contra la pared norte.

⁸También hizo diez mesas y las colocó en el templo, cinco a lo largo de la pared sur y cinco a lo largo de la pared norte. Luego moldeó cien tazones de oro.

⁹Después edificó un atrio para los sacerdotes, y también el gran atrio exterior. Hizo puertas para las entradas de los atrios y las revistió de bronce. ¹⁰El gran tazón de bronce llamado el Mar fue ubicado cerca de la esquina suroriental del templo.

¹¹Huram-abí también hizo los lavamanos, las palas y los tazones que se necesitaban.

Finalmente Huram-abí terminó todo el trabajo que el rey Salomón le había asignado que hiciera para el templo de Dios:

¹² las dos columnas;
 los dos capiteles con forma de tazón en la parte superior de las columnas;
 las dos redes de cadenas entrelazadas que decoraban los capiteles;
¹³ las cuatrocientas granadas que colgaban de las cadenas sobre los capiteles (dos filas de granadas por cada red de cadenas que decoraban los capiteles sobre las columnas);
¹⁴ las carretas para llevar agua que sostenían los tazones;
¹⁵ el Mar y los doce bueyes que lo sostenían;
¹⁶ los recipientes para la ceniza, las palas, los ganchos para la carne y todos los demás utensilios.

Huram-abí hizo todos estos objetos de bronce bruñido para el templo del SEÑOR, tal como le había indicado el rey Salomón. ¹⁷El rey mandó que se fundieran en moldes de barro en el valle del Jordán, entre Sucot y Saretán.* ¹⁸Salomón utilizó tanto bronce que no se pudo determinar el peso.

¹⁹Salomón también hizo todo el mobiliario para el templo de Dios:

 el altar de oro;
 las mesas para el pan de la Presencia;
²⁰ los candelabros y sus lámparas de oro macizo, para que ardieran frente al Lugar Santísimo, como está establecido;
²¹ las decoraciones de flores, las lámparas y las tenazas, todo del oro más puro;
²² las despabiladeras para las lámparas, los tazones, la vajilla y los recipientes para quemar incienso, todo de oro macizo;
 las puertas para las entradas al Lugar Santísimo y al salón principal del templo, revestidas de oro.

3:15 Así aparece en la versión siríaca (ver también 1 Re 7:15; 2 Re 25:17; Jr 52:21), que dice *18 codos* [27 pies]; en hebreo dice *35 codos,* que equivale a 16,50 metros o 52,5 pies.   **3:17** Jaquín probablemente significa «él afirma»; Boaz probablemente significa «en él está la fuerza».   **4:1a** O *Huram-abí,* en hebreo dice *El.*   **4:1b** En hebreo *20 codos* [30 pies] *de largo, 20 codos de ancho y 10 codos* [15 pies] *de alto.*   **4:2** En hebreo *10 codos* [15 pies] *de lado a lado* (. . .) *5 codos* [7,5 pies] *de profundidad y 30 codos* [45 pies] *de circunferencia.*   **4:3** En hebreo dice *10 por codo.*   **4:5a** En hebreo *un palmo menor* [3 pulgadas].   **4:5b** En hebreo *3000 batos* [16.500 galones].   **4:17** Igual que el texto paralelo en 1 Re 7:46; en hebreo dice *Seredata.*

5 Así terminó Salomón todo su trabajo para el templo del Señor. Luego trajo todos los obsequios que su padre David había consagrado —la plata, el oro y los diversos objetos— y los guardó en los tesoros del templo de Dios.

Traslado del arca al templo

⁷Entonces Salomón mandó llamar a los ancianos de Israel y a todos los jefes de las tribus —los líderes de las familias patriarcales de Israel— para que fueran a Jerusalén. Ellos debían trasladar el arca del pacto del Señor desde su sitio en la Ciudad de David, también conocida como Sión, hasta el templo. ³Así que todos los hombres de Israel se reunieron ante el rey durante el Festival de las Enramadas, que se celebra anualmente a comienzos del otoño.*

⁴Una vez que estaban presentes todos los ancianos de Israel, los levitas levantaron el arca. ⁵Los sacerdotes y los levitas trasladaron el arca junto con la carpa especial* y todos los objetos sagrados que había en ella. ⁶Delante del arca, el rey Salomón y toda la comunidad de Israel sacrificaron ovejas, cabras y ganado, ¡en tal cantidad que fue imposible llevar la cuenta!

⁷Luego los sacerdotes llevaron el arca del pacto del Señor al santuario interior del templo —el Lugar Santísimo— y la colocaron bajo las alas de los querubines. ⁸Los querubines extendían sus alas por encima del arca y formaban una especie de cubierta sobre el arca y las varas para transportarla. ⁹Estas varas eran tan largas que los extremos podían verse desde el salón principal del templo* —el Lugar Santo— pero no desde afuera; y allí permanecen hasta el día de hoy. ¹⁰Lo único que había dentro del arca eran las dos tablas de piedra que Moisés había colocado en ella en el monte Sinaí,* donde el Señor hizo un pacto con los israelitas cuando partieron de Egipto.

¹¹Luego los sacerdotes salieron del Lugar Santo. Todos los sacerdotes presentes se habían purificado, estuvieran o no de turno ese día. ¹²Los levitas que eran músicos —Asaf, Hemán, Jedutún y todos sus hijos y hermanos—, vestidos de mantos de lino fino, estaban de pie en el lado oriental del altar y tocaban címbalos, liras y arpas. A ellos se les unieron ciento veinte sacerdotes que tocaban trompetas. ¹³Los trompetistas y los cantores se unieron para alabar y dar gracias al Señor. Al son de trompetas, címbalos y otros instrumentos, elevaron sus voces y alabaron al Señor con las siguientes palabras:

«¡Él es bueno!
¡Su fiel amor perdura para siempre!».

En ese momento una densa nube llenó el templo del Señor. ¹⁴Los sacerdotes no pudieron seguir con la celebración a causa de la nube, porque la gloriosa presencia del Señor llenaba el templo de Dios.

Salomón alaba al Señor

6 Entonces Salomón oró: «Oh Señor, tú dijiste que habitarías en una densa nube de oscuridad. ²Ahora te he construido un templo glorioso, ¡un lugar donde podrás habitar para siempre!».

³Luego el rey se dio vuelta hacia toda la comunidad de Israel, que estaba de pie ante él, y después de bendecir al pueblo, dijo: ⁴«Alabado sea el Señor, Dios de Israel, quien cumplió la promesa que le hizo a mi padre David; pues le dijo a mi padre: ⁵"Desde el día en que saqué a mi pueblo de la tierra de Egipto, nunca escogí una ciudad de ninguna de las tribus de Israel como el sitio donde se construyera un templo para honrar mi nombre. Tampoco elegí a un rey para que guiara a mi pueblo Israel; ⁶pero ahora he elegido a Jerusalén como el lugar para que mi nombre sea honrado, y he elegido a David para que sea rey de mi pueblo Israel"».

⁷Después Salomón dijo: «Mi padre David quería construir este templo para honrar el nombre del Señor, Dios de Israel. ⁸Pero el Señor le dijo: "Tú querías construir el templo para honrar mi nombre; tu intención es buena, ⁹pero no serás tú quien lo haga. Será uno de tus hijos quien construya el templo para honrarme".

¹⁰»Ahora el Señor ha cumplido la promesa que hizo, porque he llegado a ser rey en lugar de mi padre y ocupo el trono de Israel, tal como el Señor lo prometió. He construido este templo para honrar el nombre del Señor, Dios de Israel. ¹¹Allí he colocado el arca, la cual contiene el pacto que el Señor hizo con el pueblo de Israel».

Oración de dedicación de Salomón

¹²Luego Salomón, de pie ante el altar del Señor y frente a toda la comunidad de Israel, levantó las manos en oración. ¹³Ahora bien, Salomón había hecho una plataforma de bronce de dos metros con treinta centímetros de largo, dos metros con treinta centímetros de ancho y un metro con cuarenta centímetros de altura,* y la había colocado en el centro del atrio exterior del templo. Se puso de pie sobre la plataforma y después se arrodilló frente a toda la comunidad de Israel y levantó las manos hacia el cielo. ¹⁴Oró así:

«Oh Señor, Dios de Israel, no hay Dios como tú en los cielos ni en la tierra. Tú cumples tu pacto y muestras amor inagotable a quienes andan delante de ti de todo corazón. ¹⁵Has cumplido tu promesa a tu siervo David, mi padre. Pronunciaste esa promesa con tu boca y hoy la has cumplido con tus propias manos.

5:3 En hebreo *en el festival que se celebra el mes séptimo.* El Festival de las Enramadas comenzaba el día quince del séptimo mes del antiguo calendario lunar hebreo. Ese día caía a fines de septiembre, en octubre o a principios de noviembre. 5:5 En hebreo *carpa sagrada,* es decir la carpa mencionada en 2 Sm 6:17 y en 1 Cr 16:1. 5:9 Así aparece en algunos manuscritos hebreos y en la versión griega (ver también 1 Re 8:8); el texto masorético dice *desde el arca que está delante del Lugar Santísimo.* 5:10 En hebreo *Horeb,* otro nombre para Sinaí. 6:13 En hebreo *5 codos [7,5 pies] de largo, 5 codos [2,3 metros] de ancho, y 3 codos [1,5 pies] de alto.*

16»Ahora, oh SEÑOR, Dios de Israel, lleva a cabo la otra promesa que le hiciste a tu siervo David, mi padre, cuando le dijiste: "Si tus descendientes cuidan su comportamiento y siguen mi ley con fidelidad, así como tú lo has hecho, siempre habrá uno de ellos sentado en el trono de Israel". 17Ahora, oh SEÑOR, Dios de Israel, cumple esta promesa que le hiciste a tu siervo David.

18»¿Pero es realmente posible que Dios habite en la tierra, entre seres humanos? Ni siquiera los cielos más altos pueden contenerte, ¡mucho menos este templo que he construido! 19Sin embargo, escucha mi oración y mi súplica, oh SEÑOR mi Dios. Oye el clamor y la oración que tu siervo te eleva. 20Que día y noche tus ojos estén sobre este templo, este lugar del cual tú has dicho que allí pondrías tu nombre. Que siempre oigas las oraciones que elevo hacia este lugar. 21Que atiendas las peticiones humildes y fervientes de mi parte y de tu pueblo Israel cuando oremos hacia este lugar. Sí, óyenos desde el cielo donde tú vives y, cuando nos escuches, perdona.

22»Si alguien agravia a otra persona y se le exige que haga juramento de inocencia ante tu altar en este templo, 23oye entonces desde el cielo y juzga entre tus siervos, entre el acusador y el acusado. Paga al culpable según su merecido; absuelve al inocente debido a su inocencia.

24»Si tu pueblo Israel cae derrotado ante sus enemigos por haber pecado contra ti, pero luego vuelve y reconoce tu nombre y eleva oraciones a ti en este templo, 25oye entonces desde el cielo y perdona el pecado de tu pueblo Israel, y hazlo volver a esta tierra que diste a ellos y a sus antepasados.

26»Si los cielos se cierran y no hay lluvia porque tu pueblo ha pecado contra ti, y si luego ellos oran hacia este templo y reconocen tu nombre y se apartan de sus pecados, porque tú los has castigado, 27oye entonces desde el cielo y perdona los pecados de tus siervos, de tu pueblo Israel. Enséñales a seguir el camino correcto y envía lluvia sobre la tierra, la tierra que diste a tu pueblo como su preciada posesión.

28»Si hay hambre en la tierra, o pestes, o plagas en los cultivos, o ataques de langostas u orugas, o si los enemigos de tu pueblo invaden el territorio y sitian las ciudades —cualquiera sea el desastre o la enfermedad que ocurra—; 29si luego tu pueblo Israel ora por sus dificultades con las manos levantadas hacia este templo, 30oye entonces desde el cielo donde vives, y perdona. Haz con tu pueblo según merecen sus acciones, porque solo tú conoces el corazón de cada ser humano. 31Entonces ellos te temerán y andarán en tus caminos mientras vivan en la tierra que diste a nuestros antepasados.

32»En el futuro, los extranjeros que no pertenezcan a tu pueblo Israel oirán de ti. Vendrán de tierras lejanas cuando oigan de tu gran nombre, de tu mano fuerte y de tu brazo poderoso. Cuando ellos oren en dirección a este templo, 33oye entonces desde el cielo donde vives y concédeles lo que te pidan. De esa forma, todos los habitantes de la tierra llegarán a conocerte y a temerte, igual que tu pueblo Israel. También sabrán que este templo que he construido honra tu nombre.

34»Si tu pueblo sale a donde tú lo envías a luchar contra sus enemigos, y si ora a ti en dirección a esta ciudad que has escogido y hacia este templo que yo he construido para honrar tu nombre, 35oye entonces desde el cielo sus oraciones y defiende su causa.

36»Si ellos pecan contra ti (¿y quién nunca ha pecado?), tal vez te enojes con ellos y permitas que sus enemigos los conquisten y los lleven cautivos a una tierra extranjera, ya sea cerca o lejos. 37Sin embargo, tal vez en esa tierra, donde estén desterrados, se vuelvan a ti arrepentidos y oren así: "Hemos pecado, hemos hecho lo malo y hemos actuado de manera perversa". 38Si ellos se vuelven a ti con todo el corazón y con toda el alma en la tierra en la que estén cautivos, y oran en dirección a la tierra que diste a sus antepasados —hacia esta ciudad que escogiste y hacia este templo que he construido para honrar tu nombre—, 39oye entonces sus oraciones y sus peticiones desde el cielo donde vives, y defiende su causa. Perdona a tu pueblo que ha pecado contra ti.

40»Oh Dios mío, que tus ojos estén abiertos y tus oídos atentos a todas las oraciones que se eleven a ti en este lugar.

41 »Ahora levántate, oh SEÑOR Dios, y entra en tu lugar de descanso,
    junto con el arca, símbolo de tu poder.
    Que tus sacerdotes, oh SEÑOR Dios, se vistan de salvación;
    que tus leales servidores se alegren en tu bondad.
42 Oh SEÑOR Dios, no rechaces al rey que has ungido.
    Recuerda tu amor inagotable hacia tu siervo David».

Dedicación del templo

7 Cuando Salomón terminó de orar, cayó fuego del cielo que consumió los sacrificios y las ofrendas quemadas, y la gloriosa presencia del SEÑOR llenó el templo. 2Los sacerdotes no podían entrar en el templo del SEÑOR porque la gloriosa presencia del SEÑOR lo llenaba.

³Cuando todos los israelitas vieron que el fuego descendía y que la gloriosa presencia del Señor llenaba el templo, cayeron postrados rostro en tierra y adoraron y alabaron al Señor diciendo:

«¡Él es bueno!
¡Su fiel amor perdura para siempre!».

⁴Luego el rey y todo el pueblo ofrecieron sacrificios al Señor. ⁵El rey Salomón ofreció un sacrificio de veintidós mil cabezas de ganado y ciento veinte mil ovejas y cabras. Así el rey y todo el pueblo dedicaron el templo de Dios. ⁶Los sacerdotes ocuparon sus puestos asignados al igual que los levitas, quienes cantaban: «¡Su fiel amor perdura para siempre!». Acompañaban el canto con la música de los instrumentos que el rey David había hecho para alabar al Señor. Enfrente de los levitas, los sacerdotes hacían sonar las trompetas mientras todo Israel estaba de pie.

⁷Luego Salomón consagró la parte central del atrio que está delante del templo del Señor. Allí presentó las ofrendas quemadas y la grasa de las ofrendas de paz, porque el altar de bronce que había construido no alcanzaba para tantas ofrendas quemadas, ofrendas de grano y la grasa de los sacrificios.

⁸Durante los siete días siguientes, Salomón y todo Israel celebraron el Festival de las Enramadas.* Se había reunido una gran multitud desde lugares tan lejanos como Lebo-hamat, en el norte, y el arroyo de Egipto, en el sur. ⁹Al octavo día hicieron la ceremonia de clausura, porque habían celebrado la dedicación del altar durante siete días y el Festival de las Enramadas también por siete días. ¹⁰Luego, al final de la celebración,* Salomón despidió al pueblo. Todos estaban llenos de alegría y muy contentos porque el Señor había sido bueno con David, con Salomón y con su pueblo Israel.

Respuesta del Señor a Salomón

¹¹Así que Salomón terminó de construir el templo del Señor y también el palacio real. Llevó a cabo todo lo que había pensado hacer en la construcción del templo y del palacio. ¹²Luego una noche el Señor se le apareció a Salomón y le dijo:

«He oído tu oración y he elegido este templo como el lugar para que se realicen sacrificios. ¹³Puede ser que a veces yo cierre los cielos para que no llueva o mande langostas para que devoren las cosechas o envíe plagas entre ustedes; ¹⁴pero si mi pueblo, que lleva mi nombre, se humilla y ora, busca mi rostro y se aparta de su conducta perversa, yo oiré desde el cielo, perdonaré sus pecados y restauraré su tierra. ¹⁵Mis ojos estarán abiertos y mis oídos atentos a cada oración que se eleve en este lugar. ¹⁶Pues he elegido

este templo y lo he apartado para que sea santo, un lugar donde mi nombre será honrado para siempre. Lo vigilaré sin cesar, porque es muy preciado a mi corazón.

¹⁷»En cuanto a ti, si me sigues fielmente como lo hizo tu padre David y obedeces todos mis mandatos, decretos y ordenanzas, ¹⁸entonces yo estableceré tu dinastía en el trono. Pues hice este pacto con tu padre David cuando le dije: "Uno de tus descendientes siempre gobernará a Israel".

¹⁹»Sin embargo, si tú o tus descendientes me abandonan y desobedecen los decretos y los mandatos que les he dado, y sirven y rinden culto a otros dioses, ²⁰entonces yo desarraigaré al pueblo de la tierra que le he dado. Rechazaré este templo que hice santo para honrar mi nombre; haré que sea objeto de burla y de ridículo entre las naciones; ²¹y aunque ahora este templo sea imponente, todos los que pasen por allí quedarán horrorizados. Preguntarán: "¿Por qué habrá hecho el Señor cosas tan terribles a esta tierra y a este templo?".

²²»Y la respuesta será: "Porque los israelitas abandonaron al Señor, Dios de sus antepasados, quien los sacó de Egipto, y rindieron culto a otros dioses y se inclinaron ante ellos. Por esa razón les envió tantas calamidades"».

Numerosos logros de Salomón

8 Salomón tardó veinte años en construir el templo del Señor y su propio palacio real. Al cabo de ese tiempo, ²Salomón dirigió su atención a la reconstrucción de las ciudades que le había dado el rey Hiram* y estableció israelitas en ellas.

³Salomón también luchó contra la ciudad de Hamat de Soba y la conquistó. ⁴Reconstruyó Tadmor, en el desierto, y construyó ciudades en la región de Hamat como centros de almacenamiento. ⁵Fortificó las ciudades de Bet-horón de arriba y Bet-horón de abajo, reconstruyó sus murallas e instaló portones con rejas. ⁶También reconstruyó Baalat y otros centros de almacenamiento y construyó ciudades para sus carros de guerra y sus caballos.* Construyó todo lo que quiso en Jerusalén, en el Líbano y por todo su reino.

⁷En esa tierra todavía había habitantes que no eran israelitas, entre los cuales se encontraban hititas, amorreos, ferezeos, heveos y jebuseos. ⁸Todos ellos eran descendientes de las naciones que el pueblo de Israel no había destruido. Entonces Salomón les impuso trabajo forzado y los hizo parte de sus trabajadores, y en esa condición trabajan hasta el día de hoy; ⁹pero Salomón no obligó a ningún israelita a ser esclavo. En cambio, los puso a su

---

7:8 En hebreo *el festival* (también en 7:9); ver nota en 5:3.   **7:10** En hebreo *Luego el día veintitrés del séptimo mes.* En el antiguo calendario lunar hebreo, ese día caía en octubre o a principios de noviembre.   **8:2** En hebreo *Huram,* una variante de Hiram; también en 8:18.   **8:6** O *y conductores de carros de guerra.*

servicio como soldados, oficiales en su ejército, y comandantes y conductores de sus carros de guerra. ¹⁰El rey Salomón también designó a doscientos cincuenta de ellos para que supervisaran a los trabajadores.

¹¹Salomón trasladó a su esposa, la hija del faraón, de la Ciudad de David al palacio nuevo que le había edificado, y dijo: «Mi esposa no debe vivir en el palacio del rey David, porque allí ha estado el arca del Señor y es tierra santa».

¹²Luego Salomón presentó ofrendas quemadas al Señor sobre el altar que él había construido frente a la antesala del templo. ¹³Ofrecía sacrificios para los días de descanso, los festivales de luna nueva y los tres festivales anuales —la Pascua, el Festival de las Cosechas* y el Festival de las Enramadas— como Moisés había ordenado.

¹⁴Para asignar las responsabilidades a los sacerdotes, Salomón siguió el reglamento de su padre David. También designó a los levitas para dirigir al pueblo en alabanza y para ayudar a los sacerdotes en sus tareas diarias. Designó porteros para cada puerta según sus divisiones, siguiendo las órdenes de David, hombre de Dios. ¹⁵Salomón no se desvió en absoluto de las órdenes de David respecto a los sacerdotes, los levitas y los tesoros.

¹⁶Así Salomón se aseguró de que todo el trabajo relacionado con la construcción del templo del Señor se llevara a cabo, desde el día en que se echaron los cimientos hasta el día en que se terminó.

¹⁷Tiempo después Salomón fue a Ezióngeber y a Elat,* puertos que están a la orilla del mar Rojo* en la tierra de Edom. ¹⁸Hiram le envió barcos comandados por sus propios oficiales y tripulados por marineros expertos. Estos barcos navegaron hasta Ofir con los hombres de Salomón y regresaron con unas quince mil toneladas* de oro, que entregaron a Salomón.

Visita de la reina de Saba

9 Cuando la reina de Saba se enteró de la fama de Salomón, viajó a Jerusalén para ponerlo a prueba con preguntas difíciles. Llegó con un gran séquito de asistentes y una enorme caravana de camellos cargados con especias, grandes cantidades de oro y piedras preciosas. ²Cuando se presentó ante Salomón, habló con él acerca de todo lo que ella tenía en mente. Salomón tenía respuestas para todas sus preguntas; nada le resultaba demasiado difícil de explicar. ³Cuando la reina de Saba se dio cuenta de lo sabio que era Salomón y vio el palacio que él había construido, ⁴quedó atónita. También estaba asombrada por la comida que se servía en las mesas del rey, por la forma en que estaban organizados sus funcionarios y la ropa espléndida que usaban, por los coperos y sus mantos, y por las ofrendas quemadas que ofrecía Salomón en el templo del Señor.

⁵Entonces la reina exclamó: «¡Todo lo que oí en mi país acerca de tus logros* y de tu sabiduría es cierto! ⁶Yo no creía lo que se dijo hasta que llegué aquí y lo vi con mis propios ojos. De hecho, ¡lo que había oído no refleja ni la mitad de tu sabiduría! Supera ampliamente lo que me habían dicho. ⁷¡Qué feliz debe estar tu pueblo! ¡Qué privilegio para tus funcionarios estar aquí en tu presencia día tras día, escuchando tu sabiduría! ⁸Alabado sea el Señor tu Dios, quien se deleita en ti y te ha puesto en el trono como rey para que gobiernes para él. Debido a que Dios ama a Israel y desea que este reino permanezca para siempre, te ha hecho rey sobre ellos para que puedas gobernar con justicia y rectitud».

⁹Luego le regaló al rey cuatro mil kilos* de oro, grandes cantidades de especias y de piedras preciosas. Nunca antes hubo especias tan finas como las que la reina de Saba le regaló al rey Salomón.

¹⁰(Además, las tripulaciones de Hiram y de Salomón trajeron oro desde Ofir, y también madera de sándalo rojo* y piedras preciosas. ¹¹Con el sándalo, el rey construyó escaleras* para el templo del Señor y para el palacio real, e hizo liras y arpas para los músicos. Nunca antes se habían visto cosas tan hermosas en Judá).

¹²El rey Salomón le dio a la reina de Saba todo lo que ella pidió, regalos de mayor valor que los que ella le había entregado a él. Luego ella y todos sus acompañantes regresaron a su tierra.

Riqueza y esplendor de Salomón

¹³Cada año Salomón recibía unos veintitrés mil kilos* de oro, ¹⁴sin contar los ingresos adicionales que recibía de mercaderes y comerciantes. Además, todos los reyes de Arabia y los gobernantes de las provincias también le llevaban a Salomón oro y plata.

¹⁵El rey Salomón fabricó doscientos escudos grandes de oro labrado a martillo; cada uno pesaba casi siete kilos.* ¹⁶También hizo trescientos escudos más pequeños de oro labrado a martillo; cada uno pesaba tres kilos y medio.* El rey colocó los escudos en el Palacio del Bosque del Líbano.

¹⁷Luego el rey hizo un gran trono, decorado con marfil y revestido de oro puro. ¹⁸El trono tenía seis escalones y un estrado de oro. A cada lado del asiento había apoyabrazos, y a cada lado del trono había una figura de león de pie. También

8:13 O *Festival de las Semanas.* 8:17a Así aparece en la versión griega (ver también 2 Re 14:22; 16:6); en hebreo dice *Elot,* una variante de Elat. 8:17b Igual que el texto paralelo en 1 Re 9:26; en hebreo dice *el mar.* 8:18 En hebreo *450 talentos* [17 toneladas de EE. UU.]. 9:5 En hebreo *tus palabras.* 9:9 En hebreo *120 talentos* [9000 libras]. 9:10 En hebreo *madera de enebro* (también en 9:11), tal vez una variante de *almug.* Comparar el texto paralelo en 1 Re 10:11-12. 9:11 O *entradas.* El significado del hebreo es incierto. 9:13 En hebreo *666 talentos* [25 toneladas de EE. UU.]. 9:15 En hebreo *600 [siclos] de oro labrado a martillo* [15 libras]. 9:16 En hebreo *300 [siclos] de oro* [7,5 libras].

otros doce leones, uno en cada extremo de los seis escalones. ¡No había trono en todo el mundo que pudiera compararse con el de Salomón!

²⁰Todas las copas del rey Salomón eran de oro macizo, igual que todos los utensilios en el Palacio del Bosque del Líbano. No estaban hechos de plata porque en los tiempos de Salomón la plata no se consideraba de valor.

²¹El rey tenía una flota de barcos mercantes* tripulada por marineros enviados por Hiram.* Una vez cada tres años, los barcos regresaban cargados de oro, plata, marfil, simios y pavos reales.

²²De modo que Salomón llegó a ser más rico y más sabio que cualquier otro rey de la tierra. ²³Reyes de todas las naciones lo visitaban para consultarlo y escuchar la sabiduría que Dios le había dado. ²⁴Año tras año, cada visitante le llevaba regalos de plata y oro, ropa, armas, especias, caballos y mulas

²⁵Salomón tenía cuatro mil establos para sus caballos y carros de guerra, y doce mil caballos.* Los colocó en las ciudades designadas para guardar los carros y también cerca de él en Jerusalén. ²⁶Gobernaba a todos los reyes desde el río Éufrates,* en el norte, hasta la tierra de los filisteos y la frontera con Egipto, en el sur. ²⁷El rey hizo que en Jerusalén la plata fuera tan abundante como las piedras. Además, la valiosa madera de cedro era tan común como la higuera sicómoro que crece en las colinas de Judá.* ²⁸Los caballos de Salomón se importaban de Egipto* y de muchos otros países.

Resumen del reinado de Salomón

²⁹Los demás acontecimientos del reinado de Salomón, desde el principio hasta el fin, están registrados en *El registro del profeta Natán,* en *La profecía de Ahías de Silo* y también en *Las visiones de Iddo el vidente* acerca de Jeroboam, hijo de Nabat. ³⁰Salomón gobernó en Jerusalén a todo Israel durante cuarenta años. ³¹Cuando murió, lo enterraron en la Ciudad de David, la cual llevaba ese nombre por su padre. Luego su hijo Roboam lo sucedió en el trono.

Rebelión de las tribus del norte

10 Roboam fue a Siquem, donde todo Israel se había reunido para proclamarlo rey. ²Cuando Jeroboam, hijo de Nabat, se enteró de esto, regresó de Egipto, donde había huido para escapar del rey Salomón. ³Entonces los líderes de Israel mandaron a llamar a Jeroboam, y junto con todo Israel fueron a hablar con Roboam

⁴—Su padre fue un amo muy duro —le dijeron—. Alivie los trabajos tan pesados y los impuestos tan altos que su padre impuso sobre nosotros. Entonces seremos sus leales súbditos.

⁵Roboam les respondió:

—Regresen en tres días y les daré una respuesta.

Entonces el rey se retiró.

⁶Después el rey Roboam consultó el asunto con los ancianos que habían sido consejeros de su padre Salomón.

—¿Qué me aconsejan ustedes? —les preguntó—. ¿Cómo debo responder a este pueblo?

⁷Los consejeros ancianos contestaron:

—Si se muestra bondadoso con este pueblo y hace todo lo posible por complacerlos y darles una respuesta favorable, siempre serán sus leales súbditos.

⁸Sin embargo, Roboam rechazó el consejo de los ancianos y pidió, en cambio, la opinión de los jóvenes que se habían criado con él y que ahora eran sus consejeros.

⁹—¿Qué me aconsejan ustedes? —les preguntó—. ¿Cómo debo responder a esta gente que me pide que alivie las cargas que impuso mi padre?

¹⁰Los jóvenes contestaron:

—Así debería responder a esos que se quejan de todo y que quieren una carga más liviana: "¡Mi dedo meñique es más grueso que la cintura de mi padre! ¹¹Es cierto que mi padre les impuso cargas pesadas, ¡pero yo las haré aún más pesadas! ¡Mi padre los golpeaba con látigos, pero yo los azotaré con escorpiones!".

¹²Tres días después, Jeroboam y toda la gente regresaron para conocer la decisión de Roboam, tal como el rey había ordenado. ¹³Entonces Roboam les habló con dureza, porque rechazó el consejo de los ancianos ¹⁴y siguió el consejo de los más jóvenes. Así le dijo al pueblo: «Mi padre les impuso* cargas pesadas, ¡pero yo las haré aún más pesadas! ¡Mi padre los golpeaba con látigos, ¡pero yo los azotaré con escorpiones!».

¹⁵Por lo tanto, el rey no prestó atención al pueblo. Este giro en la historia ocurrió por voluntad de Dios, porque cumplía el mensaje que el Señor le había dado a Jeroboam, hijo de Nabat, por medio del profeta Ahías de Silo.

¹⁶Cuando todos los israelitas se dieron cuenta* de que el rey no iba a hacerles caso, respondieron:

«¡Abajo la dinastía de David!
    No nos interesa para nada el hijo de Isaí.
¡Regresa a tu casa, Israel!
    Y tú, David, ¡cuida de tu propia casa!».

Entonces el pueblo de Israel regresó a casa; ¹⁷pero Roboam siguió gobernando a los israelitas que vivían en las ciudades de Judá.

¹⁸Luego el rey Roboam envió a Adoniram,* quien estaba a cargo de los trabajadores, a restaurar el orden, pero el pueblo de Israel lo apedreó

9:21a En hebreo *flota de barcos que podía navegar hasta Tarsis.*   9:21b En hebreo *Huram,* una variante de Hiram.   9:21c O y *babuinos.*   9:25 O *12.000 conductores de carros de guerra.*   9:26 En hebreo *el río.*   9:27 En hebreo *la Sefela.*   9:28 Posiblemente *Musri,* un distrito cerca de Cilicia.   10:14 Así aparece en la versión griega y en muchos manuscritos hebreos (ver también 1 Re 12:14), en el texto masorético dice *Yo les pondré.*   10:16 Así aparece en la versión siríaca, en la Vulgata Latina y en muchos manuscritos hebreos (ver también 1 Re 12:16); en el texto masorético falta *se dieron cuenta.*   10:18 En hebreo *Adoram,* una variante del nombre Adoniram; comparar 1 Re 4:6; 5:14; 12:18.

a muerte. Cuando el rey Roboam se enteró, enseguida subió a su carro de guerra y huyó a Jerusalén. [19]Hasta el día de hoy, las tribus del norte de Israel se han negado a ser gobernadas por un descendiente de David.

Profecía de Semaías

11 Cuando Roboam llegó a Jerusalén, movilizó a los hombres de Judá y de Benjamín —ciento ochenta mil guerreros selectos— para pelear contra Israel y recuperar el reino.

[2]Ahora bien, el SEÑOR le dijo a Semaías, hombre de Dios: [3]«Dile a Roboam, hijo de Salomón, rey de Judá, y a todos los israelitas de Judá y de Benjamín: [4]"Esto dice el SEÑOR: 'No peleen contra sus parientes. ¡Regrese cada uno a su casa, porque lo que ha sucedido es obra mía!'"». Entonces ellos obedecieron el mensaje del SEÑOR y no pelearon contra Jeroboam.

Roboam fortifica Judá

[5]Roboam permaneció en Jerusalén y fortificó varias ciudades para la defensa de Judá. [6]Fortificó Belén, Etam, Tecoa, [7]Bet-sur, Soco, Adulam, [8]Gat, Maresa, Zif, [9]Adoraim, Laquis, Azeca, [10]Zora, Ajalón y Hebrón. Estas fueron las ciudades fortificadas de Judá y de Benjamín. [11]Roboam reforzó sus defensas y estableció comandantes en ellas, y almacenó provisiones de alimento, aceite de oliva y vino. [12]También, como medida de seguridad adicional, puso escudos y lanzas en esas ciudades. Así que solo Judá y Benjamín quedaron bajo su control.

[13]Todos los sacerdotes y levitas que vivían en las tribus del norte de Israel se aliaron con Roboam. [14]Los levitas incluso abandonaron sus pastizales y sus propiedades, y se trasladaron a Judá y a Jerusalén, porque Jeroboam y sus hijos no les permitían servir al SEÑOR como sacerdotes. [15]Jeroboam nombró a sus propios sacerdotes para servir en los santuarios paganos, donde rindieron culto a ídolos con forma de cabra y de becerro que él había hecho. [16]De todas las tribus de Israel, los que querían adorar de corazón al SEÑOR, Dios de Israel, siguieron a los levitas a Jerusalén, donde podían ofrecer sacrificios al SEÑOR, Dios de sus antepasados. [17]Esto fortaleció el reino de Judá, y durante tres años apoyaron a Roboam, hijo de Salomón, pues durante esos años ellos siguieron fielmente los pasos de David y de Salomón.

Familia de Roboam

[18]Roboam se casó con su prima Mahalat, hija de Jerimot, quien era hijo de David y Abihail, hija de Eliab, hijo de Isaí. [19]Mahalat tuvo tres hijos: Jeús, Semarías y Zaham.

[20]Tiempo después, Roboam se casó con otra prima, Maaca, hija de Absalón. Maaca dio a luz a Abías, Atai, Ziza y Selomit. [21]Roboam amó a Maaca más que a cualquiera de sus otras esposas y concubinas. En total, tuvo diecitocho esposas y sesenta concubinas que le dieron veintiocho hijos y sesenta hijas.

[22]Roboam nombró líder entre los príncipes a Abías, hijo de Maaca, y así puso en claro que él sería su próximo rey. [23]Roboam actuó sabiamente dándoles a sus demás hijos responsabilidades y estableciendo a algunos en las ciudades fortificadas por todo Judá y Benjamín. Les dio abundantes provisiones y encontró muchas esposas para ellos.

Egipto invade a Judá

12 Cuando Roboam estaba fuerte y firmemente establecido, abandonó la ley del SEÑOR y todo Israel lo siguió en este pecado. [2]Debido a que fueron infieles al SEÑOR, el rey Sisac de Egipto subió y atacó Jerusalén en el quinto año del reinado de Roboam. [3]Llegó con mil doscientos carros, sesenta mil caballos* y un ejército incontable de soldados de infantería, integrado por libios, suquienos y etíopes.* [4]Sisac conquistó las ciudades fortificadas de Judá y luego avanzó para atacar a Jerusalén.

[5]Entonces el profeta Semaías se reunió con Roboam y con los líderes de Judá, quienes habían huido a Jerusalén por causa de Sisac. Semaías les dijo:

—Esto dice el SEÑOR: "Ustedes me abandonaron, y por eso yo los abandono en manos de Sisac".

[6]Entonces los líderes de Israel y el rey se humillaron y dijeron:

—¡El SEÑOR es justo al hacer esto con nosotros!

[7]Cuando el SEÑOR vio el cambio de actitud en ellos, le dio este mensaje a Semaías: «Puesto que el pueblo se ha humillado, no lo destruiré completamente y pronto le daré cierto alivio. No usaré a Sisac para derramar mi enojo sobre Jerusalén; [8]pero serán súbditos de Sisac, para que conozcan la diferencia entre servirme a mí y servir a los gobernantes terrenales». [9]Entonces el rey Sisac de Egipto subió y atacó Jerusalén. Saqueó los tesoros del templo del SEÑOR y del palacio real; robó todo, incluso los escudos de oro que Salomón había hecho. [10]Tiempo después, el rey Roboam los reemplazó con escudos de bronce y los confió al cuidado de los comandantes de la guardia, quienes protegían la entrada del palacio real. [11]Cada vez que el rey iba al templo del SEÑOR, las guardias llevaban los escudos y luego los devolvían al cuarto de guardia. [12]Como Roboam se humilló, se apartó el enojo del SEÑOR y no lo destruyó por completo. Aún quedaban algunas cosas buenas en la tierra de Judá.

Resumen del reinado de Roboam

[13]El rey Roboam se estableció firmemente en Jerusalén y siguió gobernando. Tenía cuarenta y un años cuando subió al trono y reinó diecisiete

---

12:3a O *conductores de carros de guerra, o jinetes.*   12:3b En hebreo y *cusitas.*

años en Jerusalén, la ciudad que el Señor había elegido entre todas las tribus de Israel como el lugar para honrar su nombre. Su madre era una mujer de Amón que se llamaba Naama. [14]Fue un rey malvado, porque no buscó al Señor con todo el corazón.

[15]Los demás acontecimientos del reinado de Roboam, desde el principio hasta el fin, están anotados en *El registro de Semaías el profeta* y en *El registro de Iddo el vidente*, que forman parte del registro genealógico. Roboam y Jeroboam estaban constantemente en guerra el uno contra el otro. [16]Cuando Roboam murió, lo enterraron en la Ciudad de David. Luego su hijo Abías lo sucedió en el trono.

Guerra entre Abías y Jeroboam

13 Abías comenzó a gobernar Judá en el año dieciocho del reinado de Jeroboam en Israel. [2]Reinó en Jerusalén tres años. Su madre se llamaba Maaca,* y era hija de Uriel de Guibeá.

Luego estalló la guerra entre Abías y Jeroboam. [3]Judá, dirigido por el rey Abías, entró en acción con un ejército de cuatrocientos mil guerreros selectos, mientras Jeroboam reunió una tropa selecta de ochocientos mil hombres de Israel.

[4]Cuando el ejército de Judá llegó a la zona montañosa de Efraín, Abías, de pie sobre el monte Zemaraim, le gritó a Jeroboam y a todo Israel: «¡Escúchenme! [5]¿No se dan cuenta de que el Señor, Dios de Israel, hizo un pacto* duradero con David, y les dio a él y a sus descendientes el trono de Israel para siempre? [6]Sin embargo, Jeroboam, hijo de Nabat, un simple siervo de Salomón, hijo de David, se rebeló contra su amo. [7]Luego se le unió toda una banda de sinvergüenzas, quienes desafiaron a Roboam, hijo de Salomón, cuando todavía era joven y sin experiencia y no podía hacerles frente.

[8]»¿Realmente creen que pueden oponerse al reino del Señor el cual es dirigido por los descendientes de David? Puede que ustedes tengan un enorme ejército, y tienen esos becerros de oro que Jeroboam les hizo como dioses; [9]pero han expulsado a los sacerdotes del Señor (los descendientes de Aarón) y a los levitas, y han nombrado a sus propios sacerdotes, al igual que las naciones paganas. ¡Hoy día ustedes permiten que cualquiera sea sacerdote! Quienquiera que se presente para ser dedicado y traiga un becerro y siete carneros puede llegar a ser un sacerdote de esos así llamados dioses de ustedes.

[10]»Pero en cuanto a nosotros, el Señor es nuestro Dios, y no lo hemos abandonado. Solo los descendientes de Aarón sirven al Señor como sacerdotes, y solo los levitas pueden ayudarlos en su trabajo. [11]Ellos presentan ofrendas quemadas e incienso aromático al Señor cada mañana y cada tarde. Colocan el pan de la Presencia en la mesa sagrada y encienden cada noche el candelabro de oro. Nosotros seguimos las instrucciones del Señor nuestro Dios, pero ustedes lo han abandonado. [12]Así que como pueden ver, Dios está con nosotros; él es nuestro líder. Sus sacerdotes tocan las trompetas y nos dirigen en batalla contra ustedes. ¡Oh pueblo de Israel, no luches contra el Señor, Dios de tus antepasados, porque no tendrás éxito!».

[13]Mientras tanto, Jeroboam había enviado en secreto una parte de su ejército para rodear por la retaguardia a los hombres de Judá y tenderles una emboscada. [14]Cuando los de Judá se dieron cuenta de que los estaban atacando por delante y por detrás, clamaron al Señor por ayuda. Entonces los sacerdotes tocaron las trompetas, [15]y los hombres de Judá empezaron a gritar. Al sonido de su grito de batalla, Dios derrotó a Jeroboam y a todo Israel. Los derrotó de forma aplastante delante de Abías y del ejército de Judá.

[16]El ejército israelita huyó de Judá, y Dios lo entregó derrotado en sus manos. [17]Abías y su ejército les causaron grandes pérdidas; ese día murieron quinientos mil soldados selectos de Israel. [18]Así que Judá venció a Israel en esa ocasión porque confió en el Señor, Dios de sus antepasados. [19]Abías y su ejército persiguieron a las tropas de Jeroboam y conquistaron algunas de sus ciudades, entre ellas Betel, Jesana y Efrón, junto con sus aldeas vecinas.

[20]De modo que Jeroboam de Israel nunca recuperó su poder mientras vivió Abías, y finalmente el Señor lo hirió y murió. [21]Mientras tanto, Abías de Judá se hizo cada vez más poderoso. Tuvo catorce esposas, veintidós hijos y dieciséis hijas.

[22]Los demás acontecimientos del reinado de Abías, incluidos sus palabras y sus logros, están registrados en *El comentario de Iddo el profeta*.

Primeros años del reinado de Asa

14 [1]*Cuando Abías murió, lo enterraron en la Ciudad de David. Después su hijo Asa lo sucedió en el trono. Hubo paz en la tierra durante diez años. [2]*Asa hizo lo que era agradable y bueno a los ojos del Señor su Dios. [3]Quitó los altares extranjeros y los santuarios paganos. Destruyó las columnas sagradas y derribó los postes dedicados a la diosa Asera. [4]Ordenó al pueblo de Judá que buscara al Señor, Dios de sus antepasados, y que obedeciera su ley y sus mandatos. [5]Asa también quitó los santuarios paganos y los altares del incienso de cada una de las ciudades de Judá. Entonces el reino de Asa disfrutó un período de paz. [6]Durante los años de paz, Asa pudo reconstruir las ciudades fortificadas en todo Judá. Nadie estuvo en guerra con él durante ese tiempo, porque el Señor le daba descanso de sus enemigos.

13:2 Así aparece en la mayoría de los manuscritos griegos y en la versión siríaca (ver también 2 Cr 11:20-21; 1 Re 15:2); en hebreo dice *Micaías*, una variante de Maaca. **13:5** En hebreo *un pacto de sal.* **14:1** El versículo 14:1 corresponde al 13:23 en el texto hebreo. **14:2** Los versículos del 14:2-15 corresponden al 14:1-14 en el texto hebreo.

⁷Asa le dijo a la gente de Judá: «Construyamos y fortifiquemos ciudades con murallas, torres, puertas y barras. La tierra aún nos pertenece porque buscamos al Señor nuestro Dios, y él nos ha dado paz en todo el territorio». Así que continuaron con estos proyectos hasta completarlos.

⁸El rey Asa tenía un ejército de trescientos mil guerreros de la tribu de Judá, armados con grandes escudos y lanzas. También tenía un ejército de doscientos ochenta mil guerreros de la tribu de Benjamín, armados con arcos y escudos pequeños. Ambos ejércitos estaban constituidos por hombres de guerra bien entrenados.

⁹Cierta vez un etíope* llamado Zera atacó a Judá con un ejército de un millón de soldados* y trescientos carros de guerra. Avanzaron hacia la ciudad de Maresa, ¹⁰por eso Asa desplegó sus ejércitos para la batalla en el valle al norte de Maresa.* ¹¹Entonces Asa clamó al Señor su Dios: «¡Oh Señor, nadie sino tú puede ayudar al débil contra el poderoso! Ayúdanos, oh Señor nuestro Dios, porque solo en ti confiamos. Es en tu nombre que hemos salido contra esta inmensa multitud. ¡Oh Señor, tú eres nuestro Dios; no dejes que simples hombres prevalezcan contra ti!».

¹²Entonces el Señor derrotó a los etíopes* en presencia de Asa y del ejército de Judá, y el enemigo huyó. ¹³Asa y su ejército los persiguieron hasta Gerar, y cayeron tantos etíopes que no pudieron reagruparse. El Señor y su ejército los destruyeron; y el ejército de Judá se llevó un enorme botín.

¹⁴Mientras estaban en Gerar, atacaron todas las ciudades de la región, y un terror de parte del Señor se apoderó de la gente. Como resultado, también se llevaron un enorme botín de esas ciudades. ¹⁵Además, atacaron los campamentos de los pastores y capturaron muchas ovejas, cabras y camellos antes de regresar a Jerusalén.

Reformas religiosas de Asa

15 Luego el Espíritu de Dios vino sobre Azarías, hijo de Obed, ²y salió al encuentro del rey Asa cuando este volvía de la batalla. «¡Escúcheme, Asa! —le gritó—. ¡Escuchen todos ustedes de Judá y de Benjamín! ¡El Señor permanecerá con ustedes mientras ustedes permanezcan con él! Cada vez que lo busquen, lo encontrarán; pero si lo abandonan, él los abandonará a ustedes. ³Por mucho tiempo los israelitas estuvieron sin el verdadero Dios, sin sacerdote que los instruyera y sin la ley que los instruyera; ⁴pero cada vez que estaban en dificultades y se volvían al Señor, Dios de Israel, y lo buscaban, lo encontraban.

⁵»En esos tiempos oscuros no se podía viajar con seguridad y los problemas perturbaban

a los habitantes de todos los países. ⁶Nación luchaba contra nación, ciudad contra ciudad, porque Dios los afligía con todo tipo de dificultades; ⁷pero en cuanto a ustedes, sean fuertes y valientes porque su trabajo será recompensado».

⁸Cuando Asa oyó este mensaje de Azarías el profeta,* se armó de valor y quitó todos los ídolos detestables de la tierra de Judá y de Benjamín, así como de las ciudades que había conquistado en la zona montañosa de Efraín. Además reparó el altar del Señor que estaba frente a la antesala del templo del Señor.

⁹Después Asa convocó a todo el pueblo de Judá y de Benjamín, junto con la gente de Efraín, Manasés y Simeón que se había establecido entre ellos. Pues muchos de Israel se habían mudado a Judá durante el reinado de Asa cuando vieron que el Señor su Dios estaba con él. ¹⁰La gente se reunió en Jerusalén a fines de la primavera,* durante el año quince del reinado de Asa.

¹¹Ese día sacrificaron al Señor setecientas cabezas de ganado y siete mil ovejas y cabras del botín que habían tomado en la batalla. ¹²Luego hicieron un pacto de buscar al Señor, Dios de sus antepasados, con todo el corazón y con toda el alma. ¹³Decidieron que todo el que se negara a buscar al Señor, Dios de Israel, sería ejecutado, fuera joven o anciano, hombre o mujer. ¹⁴Con gran voz hicieron un juramento de lealtad al Señor al estruendo de las trompetas y el fuerte toque de los cuernos de carnero. ¹⁵Todos en Judá estaban contentos con el pacto, porque lo habían hecho de todo corazón. Con fervor buscaron a Dios y lo encontraron; y el Señor les dio el descanso de sus enemigos en todo el territorio.

¹⁶El rey Asa quitó a su abuela* Maaca de su puesto de reina madre, porque ella había hecho un poste obsceno dedicado a la diosa Asera. Derribó el poste obsceno, lo hizo pedazos y lo quemó en el valle de Cedrón. ¹⁷Aunque no se quitaron los santuarios paganos de Israel, el corazón de Asa se mantuvo totalmente fiel durante toda su vida. ¹⁸Llevó al templo de Dios la plata, el oro y los diversos objetos que él y su padre habían dedicado.

¹⁹Así que no hubo más guerra hasta el año treinta y cinco del reinado de Asa.

Últimos años del reinado de Asa

16 En el año treinta y seis del reinado de Asa, Baasa, rey de Israel, invadió Judá y fortificó Ramá para que nadie pudiera entrar ni salir del territorio del rey Asa en Judá.

²En respuesta, Asa retiró la plata y el oro de los tesoros del templo del Señor y del palacio real. Los envió al rey Ben-adad de Aram, quien gobernaba en Damasco, junto con el siguiente mensaje:

14:9a En hebreo *un cusita.* 14:9b O *un ejército de miles y miles;* en hebreo dice *un ejército de mil veces mil.* 14:10 O *en el valle de Sefata cerca de Maresa.* 14:12 En hebreo *cusitas;* también en 14:13. 15:8 Así aparece en la versión siríaca y en la Vulgata Latina (ver también 15:1); en hebreo dice *de Obed el profeta.* 15:10 En hebreo *en el tercer mes.* En el antiguo calendario lunar hebreo, ese mes, por lo general, cae entre mayo y junio. 15:16 En hebreo *su madre.*

³«Hagamos un tratado,* tú y yo, como hicieron tu padre y mi padre. Mira, te envío plata y oro. Rompe el tratado con el rey Baasa de Israel, para que me deje en paz».

⁴Ben-adad aceptó la propuesta del rey Asa y envió a los comandantes de su ejército a atacar las ciudades de Israel. Ellos conquistaron las ciudades de Ijón, Dan y Abel-bet-maaca* y todas las ciudades de almacenamiento de Neftalí. ⁵Apenas Baasa de Israel se enteró de lo que ocurría, abandonó el proyecto de fortificar Ramá y detuvo todo el trabajo. ⁶Entonces el rey Asa convocó a todos los hombres de Judá para que transportaran las piedras de construcción y la madera que Baasa había estado usando para fortificar Ramá. Asa empleó esos mismos materiales para fortificar las ciudades de Geba y Mizpa.

⁷En ese tiempo, Hanani el vidente fue a ver al rey Asa y le dijo: «Por cuanto pusiste tu confianza en el rey de Aram en lugar de confiar en el SEÑOR tu DIOS, perdiste la oportunidad de destruir al ejército del rey de Aram. ⁸¿No recuerdas lo que les pasó a los etíopes* y a los libios y a su enorme ejército, junto con todos sus carros de guerra y los conductores?* En ese tiempo, confiaste en el SEÑOR, y él los entregó en tus manos. ⁹Los ojos del SEÑOR recorren toda la tierra para fortalecer a los que tienen el corazón totalmente comprometido con él. ¡Qué necio has sido! ¡De ahora en adelante estarás en guerra!».

¹⁰Asa se enojó tanto con Hanani por haberle dicho esto, que lo echó en la cárcel y lo puso en el cepo. En ese tiempo, Asa también comenzó a oprimir a algunos de su pueblo.

Resumen del reinado de Asa

¹¹Los demás acontecimientos del reinado de Asa, desde el principio hasta el fin, están registrados en *El libro de los reyes de Judá y de Israel*. ¹²En el año treinta y nueve de su reinado, Asa contrajo una enfermedad grave en los pies. A pesar de lo grave que era, no buscó la ayuda del SEÑOR, sino que recurrió exclusivamente a sus médicos. ¹³Así que murió en el año cuarenta y uno de su reinado. ¹⁴Lo enterraron en la tumba que había tallado para sí en la Ciudad de David. Fue puesto sobre una cama perfumada con especias dulces y ungüentos aromáticos, y la gente encendió una enorme hoguera funeraria en su honor.

Josafat gobierna en Judá

17 Luego Josafat, hijo de Asa, lo sucedió en el trono, y fortaleció a Judá para hacerle frente a cualquier ataque del rey de Israel. ²Estableció tropas en todas las ciudades fortificadas de Judá y asignó guarniciones adicionales en la tierra de Judá y en las ciudades de Efraín que su padre Asa había conquistado.

³El SEÑOR estaba con Josafat porque siguió el ejemplo de los primeros años de su padre,* y no rindió culto a las imágenes de Baal. ⁴Buscó al Dios de su padre y obedeció sus mandatos en lugar de seguir las prácticas malvadas del reino de Israel. ⁵Por eso el SEÑOR estableció el dominio de Josafat sobre el reino de Judá. Todo el pueblo de Judá le llevaba regalos a Josafat, de modo que llegó a ser muy rico y gozó de gran estima. ⁶Estaba profundamente comprometido con* los caminos del SEÑOR. Quitó en todo Judá los santuarios paganos y los postes dedicados a la diosa Asera.

⁷En el tercer año de su reinado, Josafat envió a sus funcionarios a enseñar en todas las ciudades de Judá. Entre los funcionarios estaban Ben-hail, Abdías, Zacarías, Natanael y Micaías. ⁸Junto con ellos envió levitas, incluidos Semaías, Netanías, Zebadías, Asael, Semiramot, Jonatán, Adonías, Tobías y Tobadonías. También envió a los sacerdotes Elisama y Yoram. ⁹Llevaron copias del libro de la ley del SEÑOR y recorrieron todas las ciudades de Judá, enseñando a la gente.

¹⁰Entonces el temor del SEÑOR vino sobre todos los reinos vecinos para que ninguno de ellos quisiera declarar la guerra contra Josafat. ¹¹Algunos de los filisteos le llevaron regalos y plata como tributo, y los árabes le llevaron siete mil setecientos carneros y siete mil setecientos chivos.

¹²Entonces Josafat llegó a ser cada vez más poderoso y construyó fortalezas y ciudades de almacenamiento en todo el territorio de Judá. ¹³Almacenó numerosas provisiones en las ciudades de Judá y estableció un ejército de soldados experimentados en Jerusalén. ¹⁴Su ejército fue inscrito según los clanes patriarcales.

De Judá había una tropa de trescientos mil hombres, organizada en grupos de mil soldados, bajo el mando de Adnas. ¹⁵El siguiente en mando era Johanán, quien comandaba doscientos ochenta mil soldados. ¹⁶Le seguía Amasías, hijo de Zicri, que se había ofrecido para el servicio del SEÑOR, con doscientos mil soldados bajo su mando. ¹⁷De Benjamín había una tropa de doscientos mil soldados equipados con arcos y escudos. Estaba al mando de Eliada, un soldado veterano. ¹⁸El siguiente en mando era Jozabad, quien comandaba ciento ochenta mil hombres armados.

¹⁹Estas eran las tropas establecidas en Jerusalén al servicio del rey, además de las que Josafat puso en las ciudades fortificadas en todo Judá.

Josafat y Acab

18 Josafat disfrutó de muchas riquezas y de gran estima e hizo una alianza con Acab, rey de Israel, al dar a su hijo en matrimonio a la hija de Acab. ²Unos años más tarde fue a Samaria para visitar a Acab, quien preparó

16:3 Así aparece en la versión griega; en hebreo dice *Hay un tratado*. **16:4** Igual que el texto paralelo en 1 Re 15:20; en hebreo *Abel-maim*, es probable que fuera otro nombre de Abel-bet-maaca. **16:8a** En hebreo *cusitas*. **16:8b** O *y los jinetes*. **17:3** Algunos manuscritos hebreos dicen *el ejemplo de su padre David*. **17:6** En hebreo *su corazón tuvo valor para*.

un gran banquete para él y sus funcionarios. Mataron grandes cantidades de ovejas, cabras y ganado para la fiesta. Después Acab persuadió a Josafat para que se uniera a él para recuperar Ramot de Galaad.

³—¿Irás conmigo contra Ramot de Galaad? —preguntó el rey Acab de Israel al rey Josafat de Judá.

—¡Por supuesto! —contestó Josafat—. Tú y yo somos como uno solo, y mis tropas son tus tropas. Ciertamente nos uniremos a ti en batalla.

⁴Entonces agregó:

—Pero primero averigüemos qué dice el Señor.

⁵Así que el rey de Israel convocó a los profetas, cuatrocientos en total, y les preguntó:

—¿Debemos ir a pelear contra Ramot de Galaad, o debo desistir?

—¡Sí, adelante! —contestaron todos ellos—. Dios dará la victoria al rey.

⁶Pero Josafat preguntó:

—¿Acaso no hay también un profeta* del Señor aquí? Debemos hacerle la misma pregunta.

⁷El rey de Israel contestó a Josafat:

—Hay un hombre más que podría consultar al Señor por nosotros, pero lo detesto. ¡Nunca me profetiza nada bueno, solo desgracias! Se llama Micaías, hijo de Imla.

—¡Un rey no debería hablar de esa manera! —respondió Josafat—. Escuchemos lo que tenga que decir.

⁸De modo que el rey de Israel llamó a uno de sus funcionarios y le dijo:

—¡Rápido! Trae a Micaías, hijo de Imla.

Micaías profetiza contra Acab

⁹El rey Acab de Israel y Josafat, rey de Judá, vestidos con sus vestiduras reales, estaban sentados en sus respectivos tronos en el campo de trillar que está cerca de la puerta de Samaria. Todos los profetas de Acab profetizaban allí, delante de ellos. ¹⁰Uno de los profetas llamado Sedequías, hijo de Quenaana, hizo unos cuernos de hierro y proclamó:

—Esto dice el Señor: ¡Con estos cuernos cornearás a los arameos hasta matarlos!

¹¹Todos los demás profetas estaban de acuerdo.

—Sí —decían—, sube a Ramot de Galaad y saldrás vencedor, porque ¡el Señor dará la victoria al rey!

¹²Mientras tanto, el mensajero que había ido a buscar a Micaías le dijo:

—Mira, todos los profetas le prometen victoria al rey. Ponte tú también de acuerdo con ellos y asegúrale que saldrá vencedor.

¹³Pero Micaías respondió:

—Tan cierto como que el Señor vive, solo diré lo que mi Dios diga.

¹⁴Cuando Micaías se presentó ante el rey, Acab le preguntó:

—Micaías, ¿debemos ir a pelear contra Ramot de Galaad, o debo desistir?

Micaías le respondió con sarcasmo:

—¡Sí, sube y saldrás vencedor, tendrás la victoria sobre ellos!

¹⁵Pero el rey le respondió con dureza:

—¿Cuántas veces tengo que exigirte que solo me digas la verdad cuando hables de parte del Señor?

¹⁶Entonces Micaías le dijo:

—En una visión, vi a todo Israel disperso por los montes, como ovejas sin pastor, y el Señor dijo: "Han matado a su amo.* Envíalos a sus casas en paz".

¹⁷—¿No te dije? —exclamó el rey de Israel a Josafat—. Nunca me profetiza otra cosa que desgracias.

¹⁸Micaías continuó diciendo:

—¡Escucha lo que dice el Señor! Vi al Señor sentado en su trono, rodeado por todos los ejércitos del cielo, a su derecha y a su izquierda. ¹⁹Entonces el Señor dijo: "¿Quién puede seducir al rey Acab de Israel para que vaya a pelear contra Ramot de Galaad y lo maten?".

»Hubo muchas sugerencias, ²⁰hasta que finalmente un espíritu se acercó al Señor y dijo: "¡Yo puedo hacerlo!".

»"¿Cómo lo harás?", preguntó el Señor.

²¹»El espíritu contestó: "Saldré e inspiraré a todos los profetas de Acab para que hablen mentiras".

»"Tendrás éxito —dijo el Señor—, adelante, hazlo".

²²»Así que, como ves, el Señor ha puesto un espíritu de mentira en la boca de tus profetas, porque el Señor ha dictado tu condena.

²³Entonces Sedequías, hijo de Quenaana, se acercó a Micaías y le dio una bofetada.

—¿Desde cuándo el Espíritu del Señor salió de mí para hablarte a ti? —le reclamó.

²⁴Y Micaías le contestó:

—¡Ya lo sabrás, cuando estés tratando de esconderte en algún cuarto secreto!

²⁵—¡Arréstenlo! —ordenó el rey de Israel—. Llévenlo de regreso a Amón, el gobernador de la ciudad, y a mi hijo Joás. ²⁶Denles la siguiente orden de parte del rey: "¡Metan a este hombre en la cárcel y no le den más que pan y agua hasta que yo regrese sano y salvo de la batalla!"».

²⁷Pero Micaías respondió: «¡Si tú regresas a salvo, eso significará que el Señor no habló por medio de mí». Entonces, dirigiéndose a los que estaban alrededor, agregó: «¡Todos ustedes, tomen nota de mis palabras!».

Muerte de Acab

²⁸Entonces Acab, rey de Israel, y Josafat, rey de Judá, dirigieron a sus ejércitos contra Ramot de Galaad. ²⁹El rey de Israel dijo a Josafat: «Cuando entremos en la batalla, yo me disfrazaré para

18:6 U otro profeta.   **18:16** En hebreo *Esta gente no tiene amo.*

que nadie me reconozca, pero tú ponte tus vestiduras reales». Así que el rey de Israel se disfrazó, y ambos entraron en la batalla.

³⁰A su vez, el rey de Aram había dado las siguientes órdenes a sus comandantes de carros de guerra: «Ataquen solo al rey de Israel. ¡No pierdan tiempo con nadie más!». ³¹Entonces, cuando los comandantes arameos de los carros vieron a Josafat en sus vestiduras reales, comenzaron a perseguirlo. «¡Allí está el rey de Israel!», gritaban; pero Josafat clamó, y el SEÑOR lo rescató. Dios lo ayudó, apartando a sus atacantes de él. ³²Tan pronto como los comandantes de los carros se dieron cuenta de que no era el rey de Israel, dejaron de perseguirlo.

³³Sin embargo, un soldado arameo disparó una flecha al azar hacia las tropas israelitas e hirió al rey de Israel entre las uniones de su armadura. «¡Da la vuelta y sácame de aquí! —dijo Acab entre quejas y gemidos del conductor del carro—. ¡Estoy gravemente herido!».

³⁴La encarnizada batalla se prolongó todo ese día, y el rey de Israel se mantuvo erguido en su carro frente a los arameos. Por la tarde, justo cuando se ponía el sol, Acab murió.

Josafat nombra jueces

19 Cuando el rey Josafat de Judá regresó a salvo a Jerusalén, ²Jehú, hijo de Hanani el vidente, salió a recibirlo. «¿Por qué habrías de ayudar a los perversos y amar a los que odian al SEÑOR? —le preguntó al rey—. Debido a lo que has hecho, el SEÑOR está muy enojado contigo. ³Sin embargo, hay algo bueno en ti porque quitaste los postes dedicados a la diosa Asera por todo el territorio y has decidido buscar a Dios».

⁴Josafat vivía en Jerusalén pero solía salir a visitar a su gente, y recorría el territorio desde de Beerseba hasta la zona montañosa de Efraín, para animar al pueblo a que volviera al SEÑOR, Dios de sus antepasados. ⁵Nombró jueces en las ciudades fortificadas por toda la nación ⁶y les dijo: «Piensen siempre con cuidado antes de pronunciar juicio. Recuerden que no juzgan para agradar a la gente sino para agradar al SEÑOR. Él estará con ustedes cuando entreguen el veredicto para cada caso. ⁷Teman al SEÑOR y juzguen con integridad, porque el SEÑOR nuestro Dios no tolera que se tuerza la justicia ni que se muestre parcialidad ni que se acepte el soborno».

⁸En Jerusalén Josafat nombró a algunos de los levitas y de los sacerdotes y a los jefes de clanes de Israel para que sirvieran como jueces en casos relacionados con las ordenanzas del SEÑOR y en los conflictos civiles. ⁹Estas fueron las instrucciones que les dio: «Ustedes deben actuar siempre con el temor del SEÑOR, con fidelidad y con un corazón íntegro. ¹⁰Cada vez que les llegue un caso de sus compatriotas que viven en ciudades

distantes —ya sea de asesinato o de alguna otra violación de las leyes, los mandatos, los decretos y las ordenanzas de Dios— deben advertirles que no pequen contra el SEÑOR, para que no se enoje con ustedes ni con ellos. Procedan así y no serán culpables.

¹¹»Amarías, el sumo sacerdote, tendrá la última palabra en todos los casos que tengan que ver con el SEÑOR. Zebadías, hijo de Ismael, jefe de la tribu de Judá, tendrá la última palabra en todos los casos civiles. Los levitas los ayudarán a asegurarse de que se haga justicia. Anímense y cumplan con sus deberes y que el SEÑOR esté con todos los que hacen lo correcto».

Guerra con las naciones vecinas

20 Después de esto, los ejércitos de los moabitas y de los amonitas y algunos meunitas* le declararon la guerra a Josafat. ²Llegaron mensajeros e informaron a Josafat: «Un enorme ejército de Edom* marcha contra ti desde más allá del mar Muerto,* ya está en Hazezon-tamar» (este era otro nombre para En-gadi).

³Josafat quedó aterrado con la noticia y le suplicó al SEÑOR que lo guiara. También ordenó a todos en Judá que ayunaran. ⁴De modo que los habitantes de todas las ciudades de Judá fueron a Jerusalén para buscar la ayuda del SEÑOR.

⁵Josafat se puso de pie ante la comunidad de Judá en Jerusalén, frente al nuevo atrio del templo del SEÑOR, ⁶y oró diciendo: «Oh SEÑOR, Dios de nuestros antepasados, solo tú eres el Dios que está en el cielo. Tú eres el gobernante de todos los reinos de la tierra. Tú eres fuerte y poderoso. ¡Nadie puede hacerte frente! ⁷Oh Dios nuestro, ¿acaso no expulsaste a los que vivían en esta tierra cuando llegó tu pueblo Israel? ¿Acaso no les diste esta tierra para siempre a los descendientes de tu amigo Abraham? ⁸Tu pueblo se estableció aquí y construyó este templo para honrar tu nombre. ⁹Ellos dijeron: "Cuando enfrentemos cualquier calamidad, ya sea guerra,* plagas o hambre, podremos venir a este lugar para estar en tu presencia ante este templo donde se honra tu nombre. Podremos clamar a ti para que nos salves y tú nos oirás y nos rescatarás".

¹⁰»Ahora mira lo que los ejércitos de Amón, Moab y del monte Seir están haciendo. Tú no permitiste que nuestros antepasados invadieran esas naciones cuando Israel salió de Egipto, así que los rodearon y no los destruyeron. ¹¹¡Mira cómo nos pagan ahora, porque han venido para echarnos de tu tierra, la cual nos diste como herencia! ¹²Oh Dios nuestro, ¿no vas a detener a este ejército poderoso que está a punto de atacarnos. No sabemos qué hacer, pero en ti buscamos ayuda».

¹³Mientras todos los hombres de Judá estaban

18:33 En hebreo *Gira tu mano*.   **20:1** Así aparece en algunos manuscritos griegos (ver también 26:7); el hebreo repite *amonitas*.   **20:2a** Así aparece en un manuscrito hebreo; la mayoría de los manuscritos hebreos y de las versiones antiguas dicen *Aram*.   **20:2b** En hebreo *el mar*.   **20:9** O *espada de juicio; o espada, juicio*.

de pie ante el Señor junto con sus esposas, sus hijos y aun los niños pequeños, [14]el Espíritu del Señor vino sobre uno de los hombres allí presentes. Se llamaba Jahaziel, hijo de Zacarías, hijo de Benaía, hijo de Jeiel, hijo de Matanías, un levita, quien era un descendiente de Asaf.

[15]Dijo: «¡Escuchen habitantes de Judá y de Jerusalén! ¡Escuche, rey Josafat! Esto dice el Señor: "¡No tengan miedo! No se desalienten por este poderoso ejército, porque la batalla no es de ustedes sino de Dios. [16]Mañana, marchen contra ellos. Los encontrarán subiendo por la cuesta de Sis al extremo del valle que da al desierto de Jeruel. [17]Sin embargo, ustedes ni siquiera tendrán que luchar. Tomen sus posiciones; luego quédense quietos y observen la victoria del Señor. Él está con ustedes, pueblo de Judá y de Jerusalén. No tengan miedo ni se desalienten. ¡Salgan mañana contra ellos, porque el Señor está con ustedes!"».

[18]Entonces el rey Josafat se inclinó rostro en tierra y todo el pueblo de Judá y de Jerusalén hizo lo mismo en adoración al Señor. [19]Después los levitas de los clanes de Coat y de Coré se pusieron de pie para alabar a viva voz al Señor, Dios de Israel.

[20]Temprano a la mañana siguiente, el ejército de Judá salió al desierto de Tecoa. De camino, el rey Josafat se detuvo y dijo: «¡Escúchenme, habitantes de Judá y de Jerusalén! Crean en el Señor su Dios y podrán permanecer firmes. Créanles a sus profetas y tendrán éxito».

[21]Después de consultar con el pueblo, el rey nombró cantores que caminaran delante del ejército cantando al Señor y alabándolo por su santo esplendor. Esto es lo que cantaban:

«¡Den gracias al Señor;
su fiel amor perdura para siempre!».

[22]Cuando comenzaron a cantar y a dar alabanzas, el Señor hizo que los ejércitos de Amón, de Moab y del monte Seir comenzaran a luchar entre sí. [23]Los ejércitos de Moab y de Amón se volvieron contra sus aliados del monte Seir, y mataron a todos y a cada uno de ellos. Después de destruir al ejército de Seir, empezaron a atacarse entre sí. [24]De modo que cuando el ejército de Judá llegó al puesto de observación en el desierto, no vieron más que cadáveres hasta donde alcanzaba la vista. Ni un solo enemigo había escapado con vida.

[25]El rey Josafat y sus hombres salieron a recoger el botín. Encontraron una enorme cantidad de objetos, vestidos* y otros artículos valiosos, más de los que podían cargar. Había tanto botín que les llevó tres días solo para juntarlo! [26]Al cuarto día se reunieron en el valle de la Bendición,* el cual recibió ese nombre aquel día

porque allí el pueblo alabó y agradeció al Señor. Aún se conoce como valle de la Bendición hasta el día de hoy.

[27]Luego todos los hombres volvieron a Jerusalén, con Josafat a la cabeza, rebosando de alegría porque el Señor les había dado la victoria sobre sus enemigos. [28]Entraron a Jerusalén al son de arpas, liras y trompetas, y se dirigieron al templo del Señor.

[29]Cuando todos los reinos vecinos oyeron que el Señor mismo había luchado contra los enemigos de Israel, el temor de Dios se apoderó de ellos. [30]Así que el reino de Josafat tuvo paz, porque su Dios le había dado descanso por todo el territorio.

Resumen del reinado de Josafat

[31]De manera que Josafat gobernó la tierra de Judá. Tenía treinta y cinco años cuando subió al trono y reinó en Jerusalén veinticinco años. Su madre era Azuba, hija de Silhi.

[32]Josafat fue un buen rey, quien siguió los caminos de su padre Asa. Hizo lo que era agradable a los ojos del Señor. [33]Sin embargo, durante su reinado no quitó todos los santuarios paganos, y la gente nunca se comprometió por completo a seguir al Dios de sus antepasados.

[34]Los demás acontecimientos del reinado de Josafat, desde el principio hasta el fin, están registrados en *El registro de Jehú, hijo de Hanani*, el cual está incluido en *El libro de los reyes de Israel*.

[35]Tiempo después, Josafat, rey de Judá, hizo una alianza con el rey Ocozías de Israel, quien era un hombre muy perverso.* [36]Juntos construyeron una flota de barcos mercantes* en el puerto de Ezión-geber. [37]Luego Eliezer, hijo de Dodava, de Maresa, profetizó contra Josafat y le dijo: «Por haberte aliado con el rey Ocozías, el Señor destruirá tu labor». Así que los barcos naufragaron y nunca se hicieron a la mar.*

Yoram gobierna en Judá

21 Cuando murió Josafat, lo enterraron con sus antepasados en la Ciudad de David. Después su hijo Yoram lo sucedió en el trono.

[2]Los hermanos de Yoram —los otros hijos de Josafat— fueron Azarías, Jehiel, Zacarías, Azaryahu, Micael y Sefatías; todos estos fueron hijos de Josafat, rey de Judá.* [3]Su padre había dado a cada uno de ellos regalos valiosos de plata, oro y objetos costosos, y también les dio algunas de las ciudades fortificadas de Judá; pero designó a Yoram para que fuera el siguiente rey porque era el hijo mayor. [4]Sin embargo, cuando Yoram se afianzó firmemente en el trono mató a todos sus hermanos y a algunos de los otros líderes de Judá.

20:15 Así aparece en algunos manuscritos hebreos y en la Vulgata Latina; la mayoría de los manuscritos hebreos dicen *cadáveres*. 20:26 En hebreo *valle de Beraca*. 20:35 O *que lo indujo a hacer lo malo*. 20:36 En hebreo *flota de barcos que podía ir a Tarsis*. 20:37 En hebreo *nunca salieron rumbo a Tarsis*. 21:2 El texto masorético dice *de Israel*; también en 21:4. El autor de Crónicas considera que Judá representa a la auténtica Israel. (Algunos manuscritos hebreos, la versión griega y la siríaca y la Vulgata Latina dicen *de Judá*).

⁵Yoram tenía treinta y dos años cuando subió al trono y reinó en Jerusalén ocho años. ⁶Sin embargo, siguió el ejemplo de los reyes de Israel y fue tan perverso como el rey Acab, porque se había casado con una de las hijas de Acab. Así que Yoram hizo lo malo a los ojos del SEÑOR. ⁷No obstante, el SEÑOR no quiso destruir la dinastía de David, porque había hecho un pacto con David y le había prometido que sus descendientes seguirían gobernando, como una lámpara que brilla para siempre.

⁸Durante el reinado de Yoram, los edomitas se rebelaron contra Judá y coronaron a su propio rey. ⁹Entonces Yoram marchó con todo su ejército y todos sus carros de guerra. Los edomitas rodearon a Yoram y a sus comandantes de los carros, pero él los atacó* de noche al abrigo de la oscuridad. ¹⁰Aun así, Edom ha sido independiente de Judá hasta el día de hoy. La ciudad de Libna también se rebeló por ese mismo tiempo. Todo esto ocurrió porque Yoram había abandonado al SEÑOR, Dios de sus antepasados. ¹¹Había construido santuarios paganos en la zona montañosa de Judá y había inducido a la gente de Jerusalén y de Judá a apartarse del buen camino y a entregarse a dioses paganos.

¹²Luego el profeta Elías le escribió la siguiente carta a Yoram:

«Esto dice el SEÑOR, Dios de tu antepasado David: "Tú no has seguido el buen ejemplo de tu padre, Josafat, ni el de tu abuelo Asa, rey de Judá. ¹³En cambio, has sido tan perverso como los reyes de Israel. Has llevado al pueblo de Jerusalén y de Judá a rendir culto a los ídolos, tal como lo hizo el rey Acab en Israel. Incluso has matado a tus propios hermanos, hombres que eran mejores que tú. ¹⁴Por eso ahora el SEÑOR está a punto de herirte con un fuerte golpe a ti, a tu pueblo, a tus hijos, a tus esposas y a todo lo que te pertenece. ¹⁵Sufrirás una grave enfermedad abdominal que se empeorará cada día hasta que se te salgan los intestinos"».

¹⁶Después el SEÑOR incitó a los filisteos y a los árabes, pueblos que vivían cerca de los etíopes,* para que atacaran a Yoram. ¹⁷Marcharon contra Judá, derribaron sus defensas y se llevaron todo lo que había de valor en el palacio real, incluso a los hijos y a las esposas del rey. Solo quedó con vida Ocozías,* el menor de sus hijos.

¹⁸Después de todo esto, el SEÑOR afligió a Yoram con una grave enfermedad intestinal. ¹⁹Cada día empeoraba y, al cabo de dos años, se le salieron los intestinos por causa de la enfermedad y murió con terribles dolores. Su pueblo

no hizo una gran hoguera funeraria para honrarlo, como se había hecho con sus antepasados. ²⁰Yoram tenía treinta y dos años cuando subió al trono y reinó en Jerusalén ocho años. Nadie sintió pena cuando murió. Lo enterraron en la Ciudad de David, pero no en el cementerio de los reyes.

Ocozías gobierna en Judá

22 Entonces el pueblo de Jerusalén proclamó como siguiente rey a Ocozías, el hijo menor de Yoram, ya que bandas saqueadoras que llegaron con los árabes* habían matado a todos los hijos mayores. Por eso Ocozías, hijo de Yoram, reinó sobre Judá.

²Ocozías tenía veintidós* años cuando subió al trono y reinó en Jerusalén un año. Su madre se llamaba Atalía y era nieta del rey Omri. ³Ocozías también siguió el mal ejemplo de la familia del rey Acab, porque su madre lo animaba a hacer lo malo. ⁴Hizo lo malo a los ojos del SEÑOR, igual que la familia de Acab. Los parientes de Acab incluso llegaron a ser asesores de Ocozías después de la muerte de su padre y lo llevaron a la ruina.

⁵Siguiendo su mal consejo, Ocozías se unió a Joram,* hijo de Acab, rey de Israel, en su guerra contra el rey Hazael de Aram, en Ramot de Galaad. Cuando los arameos hirieron a Joram en la batalla, ⁶él regresó a Jezreel para recuperarse de las heridas que había recibido en Ramot.* Como Joram estaba herido, el rey Ocozías* de Judá fue a visitarlo a Jezreel.

⁷Ahora bien, Dios había decidido que esta visita sería la ruina de Ocozías. Mientras estaba allí, Ocozías salió con Joram para encontrarse con Jehú, nieto de Nimsi,* a quien el SEÑOR había designado para destruir la dinastía de Acab. ⁸Mientras Jehú llevaba a cabo el juicio contra la familia de Acab, por casualidad se encontró con algunos de los funcionarios de Judá y con parientes* de Ocozías que viajaban con él. Entonces Jehú los mató a todos. ⁹Luego los hombres de Jehú buscaron a Ocozías y lo encontraron escondido en la ciudad de Samaria. Lo llevaron ante Jehú, quien lo mató. Ocozías recibió un entierro digno, porque la gente decía: «Era el nieto de Josafat, un hombre que buscó al SEÑOR con todo el corazón»; pero ninguno de los sobrevivientes de la familia de Ocozías estaba en condiciones de gobernar el reino.

La reina Atalía gobierna en Judá

¹⁰Cuando Atalía, la madre del rey Ocozías de Judá, supo que su hijo había muerto, comenzó a aniquilar al resto de la familia real de Judá. ¹¹Pero Josaba,* hermana de Ocozías e hija del rey Yoram, tomó a Joás, el hijo más pequeño de

---

21:9 *O él salió y escapó.* El significado del hebreo es incierto. **21:16** *En hebreo* los cusitas. **21:17** *En hebreo* Joacaz, *una variante de* Ocozías; comparar 22:1. **22:1** *O* bandas saqueadoras de árabes. **22:2** *Así aparece en algunos manuscritos griegos y en la versión siríaca (ver también* 2 Re 8:26)*; en hebreo dice* cuarenta y dos. **22:5** *En hebreo* Joram, *una variante de Joram; también en 22:6, 7.* **22:6a** *En hebreo* Ramá, *una variante de Ramot.* **22:6b** *Así aparece en algunos manuscritos hebreos, en la versión griega, en la siríaca y en la Vulgata Latina (ver también 2 Re 8:29); la mayoría de los hebreos dice* Azarías. **22:7** *En hebreo* descendiente de Nimsi; *comparar 2 Re 9:2, 14.* **22:8** *Así aparece en la versión griega (ver también 2 Re 10:13); en hebreo dice* e hijos de los hermanos de Azarías. **22:11** *Igual que el texto paralelo en 2 Re 11:2; en hebreo falta* hermana de Ocozías *y dice* Josabet, *una variante de Josaba.*

Ocozías, y lo rescató de entre los demás hijos del rey que estaban a punto de ser ejecutados. Josaba puso a Joás con su nodriza en un dormitorio. De esa manera Josaba, esposa del sacerdote Joiada y hermana de Ocozías, escondió al niño para que Atalía no pudiera asesinarlo. ¹²Joás permaneció escondido en el templo de Dios durante seis años, mientras Atalía gobernaba el país.

Rebelión contra Atalía

23 En el séptimo año del reinado de Atalía, el sacerdote Joiada decidió actuar. Se armó de valor e hizo un pacto con cinco comandantes del ejército: Azarías, hijo de Jeroham; Ismael, hijo de Johanán; Azarías, hijo de Obed; Maaseías, hijo de Adaía, y Elisafat, hijo de Zicri. ²Estos hombres viajaron en secreto por todo Judá y convocaron a los levitas y a los jefes de clanes de todas las ciudades para que fueran a Jerusalén. ³Entonces se reunieron frente al templo de Dios, donde hicieron un pacto solemne con Joás, el joven rey.

Joiada les dijo: «¡Aquí está el hijo del rey! ¡Ha llegado el momento para que él reine! El SEÑOR prometió que un descendiente de David sería nuestro rey. ⁴Tienen que hacer lo siguiente: cuando ustedes, sacerdotes y levitas, empiecen el turno el día de descanso, una tercera parte de ustedes servirán como porteros; ⁵otra tercera parte irá hasta el palacio real; y la otra tercera parte estará en la puerta de los Cimientos. Todos los demás deberán quedarse en los atrios del templo del SEÑOR. ⁶Recuerden, solo los sacerdotes y los levitas de turno pueden entrar al templo del SEÑOR, porque han sido separados como santos. El resto del pueblo deberá obedecer las instrucciones del SEÑOR y permanecer fuera. ⁷Ustedes levitas, formen una escolta alrededor del rey y tengan sus armas en la mano. Maten a cualquiera que intente entrar al templo. Quédense junto al rey dondequiera que vaya».

⁸De manera que los levitas y todo el pueblo de Judá hicieron todo tal como el sacerdote Joiada les había ordenado. Los comandantes se encargaron de los hombres que se presentaban para su turno ese día de descanso, así como los que terminaban el suyo. El sacerdote Joiada no permitió que ninguno se fuera a su casa después de haber terminado su turno. ⁹Luego Joiada dio a los comandantes las lanzas y los escudos grandes y pequeños que habían pertenecido al rey David y estaban guardados en el templo de Dios. ¹⁰Ubicó a todos los hombres alrededor del rey, con sus armas listas. Formaron una hilera desde el lado sur del templo hasta el lado norte y alrededor del altar.

¹¹Entonces Joiada y sus hijos sacaron a Joás, el hijo del rey, pusieron la corona sobre su cabeza y le entregaron una copia de las leyes de Dios.* Lo ungieron y lo proclamaron rey, y todos gritaron: «¡Viva el rey!».

Muerte de Atalía

¹²Cuando Atalía oyó el ruido de la gente que corría y los gritos aclamando al rey, fue de prisa al templo del SEÑOR para ver qué pasaba. ¹³Cuando llegó, vio al recién coronado rey de pie en el lugar de autoridad, junto a la columna de entrada al templo. Los comandantes y los trompetistas lo rodeaban, y gente de todo el reino celebraba y tocaba las trompetas. Los cantores, con instrumentos musicales, dirigían al pueblo en una gran celebración. Cuando Atalía vio todo esto, rasgó su ropa en señal de desesperación y gritó: «¡Traición! ¡Traición!».

¹⁴Después el sacerdote Joiada ordenó a los comandantes que estaban a cargo de las tropas: «Llévensela a los soldados que están de guardia frente al templo,* y maten a cualquiera que intente rescatarla». Pues el sacerdote había dicho: «No deben matarla dentro del templo del SEÑOR». ¹⁵Por eso la agarraron y la llevaron a la entrada de la puerta de los Caballos, en el predio del palacio, y allí la mataron.

Reformas religiosas de Joiada

¹⁶Luego Joiada hizo un pacto entre él mismo, el rey y el pueblo, de que serían el pueblo del SEÑOR. ¹⁷Así que toda la gente fue al templo de Baal y entre todos lo destruyeron; demolieron los altares, destrozaron los ídolos y mataron a Matán, el sacerdote de Baal, frente a los altares.

¹⁸Entonces, siguiendo las instrucciones que había dado David, Joiada puso sacerdotes y levitas a cargo del templo del SEÑOR. También les ordenó que presentaran ofrendas quemadas al SEÑOR, como estaba establecido en la ley de Moisés, y que cantaran y se alegraran tal como David había instruido. ¹⁹También colocó porteros en las puertas del templo del SEÑOR para impedir la entrada a todo aquel que, por cualquier motivo, estuviera ceremonialmente impuro.

²⁰Después los comandantes, los nobles, los gobernantes y toda la gente del reino escoltaron al rey desde el templo del SEÑOR; pasaron por la puerta superior, entraron al palacio y sentaron al rey en el trono real. ²¹Toda la gente del reino se alegró, y la ciudad estaba tranquila porque Atalía había sido ejecutada.

Joás repara el templo

24 Joás tenía siete años de edad cuando subió al trono y reinó en Jerusalén cuarenta años. Su madre se llamaba Sibia y era de Beerseba. ²Joás hizo lo que era agradable a los ojos del SEÑOR mientras vivió el sacerdote Joiada. ³Joiada eligió dos esposas para Joás, y tuvo hijos e hijas.

⁴En un momento dado, Joás decidió reparar y restaurar el templo del SEÑOR. ⁵Mandó llamar a los sacerdotes y a los levitas y les dio las siguientes instrucciones: «Vayan a todas las ciudades de Judá y recojan las ofrendas requeridas

23:11 O *una copia del pacto.*   23:14 O *Sáquenla de las filas* o *Sáquenla del predio del templo.* El significado del hebreo es incierto.

anualmente, para que podamos reparar el templo de su Dios. ¡No se demoren!»; pero los levitas no actuaron de inmediato.

[6]Entonces el rey mandó llamar al sumo sacerdote Joiada y le preguntó: «¿Por qué no has exigido a los levitas que salgan a recaudar los impuestos del templo en las ciudades de Judá y en Jerusalén? Moisés, el siervo del SEÑOR, impuso a la comunidad de Israel este impuesto para el mantenimiento del tabernáculo del pacto*».

[7]A través de los años, los seguidores de la perversa Atalía habían forzado la entrada al templo de Dios y habían usado todos los objetos consagrados del templo del SEÑOR para rendir culto a las imágenes de Baal.

[8]Por esa razón, el rey ordenó que se hiciera un cofre y se colocara fuera de la puerta que conducía al templo del SEÑOR. [9]Luego envió un edicto por todo Judá y Jerusalén para que el pueblo trajera al SEÑOR el impuesto que Moisés, el siervo de Dios, había exigido de los israelitas en el desierto. [10]Esto agradó a todos los líderes y al pueblo, y con gusto llevaron su dinero y lo pusieron en el cofre hasta llenarlo.

[11]Cada vez que el cofre se llenaba, los levitas lo llevaban a los funcionarios del rey. Entonces se presentaban el secretario de la corte y un oficial del sumo sacerdote para vaciar el cofre y luego llevarlo de regreso al templo. Así fue día tras día, por lo tanto, se recogió una gran cantidad de dinero. [12]El rey y Joiada entregaban el dinero a los supervisores de la construcción, quienes contrataron albañiles y carpinteros para restaurar el templo del SEÑOR. También contrataron herreros que hicieron objetos de hierro y de bronce para el templo del SEÑOR.

[13]Los hombres que estaban a cargo de la restauración trabajaron arduamente y la obra siguió progresando. Restauraron el templo de Dios de acuerdo con el diseño original y lo reforzaron. [14]Cuando terminaron con todas las reparaciones, llevaron el dinero que sobró al rey y a Joiada. Este dinero se utilizó para hacer diversos objetos para el templo del SEÑOR: objetos para los servicios de adoración y para las ofrendas quemadas, entre ellos cucharones y otros objetos hechos de oro y de plata. Mientras vivió el sacerdote Joiada, continuamente sacrificaron ofrendas quemadas en el templo del SEÑOR.

[15]Joiada vivió hasta una edad muy avanzada y finalmente murió a los ciento treinta años. [16]Lo enterraron con los reyes en la Ciudad de David, porque había hecho mucho bien en Israel para Dios y su templo.

Se revocan las reformas de Joiada

[17]Después de la muerte de Joiada, los líderes de Judá fueron y se inclinaron ante el rey Joás y lo persuadieron para que escuchara sus consejos. [18]¡Decidieron abandonar el templo del SEÑOR, Dios de sus antepasados y, en cambio, rindieron culto a ídolos y a los postes dedicados a la diosa Asera! A causa de este pecado, el enojo divino cayó sobre Judá y Jerusalén. [19]Sin embargo, el SEÑOR envió profetas para que el pueblo se volviera a él. Los profetas advirtieron al pueblo, pero aun así ellos no quisieron escuchar.

[20]Entonces el Espíritu de Dios vino sobre Zacarías, hijo de Joiada el sacerdote. Se puso de pie delante del pueblo y dijo: "Esto dice Dios: '¿Por qué desobedecen los mandatos del SEÑOR e impiden su propia prosperidad? ¡Ustedes han abandonado al SEÑOR, y ahora él los ha abandonado a ustedes!'».

[21]Entonces los líderes tramaron matar a Zacarías, y el rey Joás ordenó que lo mataran a pedradas en el atrio del templo del SEÑOR. [22]Así fue como el rey Joás pagó a Joiada por su lealtad: mató a su hijo. Las últimas palabras de Zacarías al morir fueron: «¡Que el SEÑOR vea lo que ellos hacen y vengue mi muerte!».

Fin del reinado de Joás

[23]En la primavera de ese año* el ejército arameo marchó contra Joás. Invadieron a Judá y a Jerusalén y mataron a todos los líderes de la nación. Luego enviaron todo el botín a su rey en Damasco. [24]Aunque los arameos atacaron con solo un ejército pequeño, el SEÑOR los ayudó a vencer al ejército mucho más grande de Judá. El pueblo de Judá había abandonado al SEÑOR, Dios de sus antepasados, y por eso se llevó a cabo juicio sobre Joás.

[25]Los arameos se retiraron y dejaron a Joás gravemente herido, pero sus propios oficiales conspiraron para matarlo por haber asesinado al hijo* de Joiada, el sacerdote; lo asesinaron mientras estaba en su cama. Luego lo enterraron en la Ciudad de David, pero no en el cementerio de los reyes. [26]Los asesinos eran Josacar,* hijo de una mujer amonita llamada Simeat, y Jozabad, hijo de una mujer moabita llamada Somer.* [27]El relato sobre los hijos de Joás, las profecías acerca de él y el registro de la restauración del templo de Dios están escritos en El comentario sobre el libro de los reyes. Su hijo Amasías lo sucedió en el trono.

Amasías gobierna en Judá

25 Amasías tenía veinticinco años cuando subió al trono y reinó en Jerusalén veintinueve años. Su madre se llamaba Joadín* y era de Jerusalén. [2]Amasías hizo lo que era agradable a los ojos del SEÑOR, pero no de todo corazón.

[3]Cuando Amasías se afianzó en el trono, ejecutó a los oficiales que habían asesinado a su padre. [4]Sin embargo, no mató a los hijos de los asesinos porque obedeció el mandato del

---

24:6 En hebreo de la carpa del testimonio.   24:23 En hebreo A comienzos del año. En el antiguo calendario lunar hebreo, el primer día del año caía en marzo o en abril.   24:25 Así aparece en la versión griega y en la Vulgata Latina; en hebreo dice a los hijos.   24:26a Igual que el texto paralelo en 2 Re 12:21; en hebreo dice Zabad.   24:26b Igual que el texto paralelo en 2 Re 12:21; en hebreo dice Simrit, una variante de Somer.   25:1 Igual que el texto paralelo en 2 Re 14:2; en hebreo dice Joadán, una variante de Joadín.

SEÑOR que Moisés había escrito en el libro de la ley: «Los padres no tienen que morir por los pecados de sus hijos, ni los hijos deben morir por los pecados de sus padres. Los que merezcan la muerte serán ejecutados por sus propios delitos»*.

⁵Después Amasías organizó al ejército, y designó generales y capitanes* para todo Judá y Benjamín. Hizo un censo y descubrió que tenía un ejército de trescientos mil soldados selectos, hombres de veinte años o más, todos entrenados en el uso de la lanza y el escudo. ⁶También pagó alrededor de tres mil cuatrocientos kilos* de plata para contratar de Israel cien mil hombres de guerra con experiencia.

⁷Entonces un hombre de Dios se presentó ante él y le dijo:

—Su Majestad, no contrate tropas de Israel porque el SEÑOR no está con Israel. ¡Él no ayudará a esa gente de Efraín! ⁸Si usted permite que ellos vayan a la batalla junto con sus tropas, ustedes serán derrotados por el enemigo sin importar qué tan bien peleen. Dios los derribará, porque él tiene el poder para ayudarlos o para hacerlos tropezar.

⁹Amasías le preguntó al hombre de Dios:

—¿Pero qué de toda esa plata que pagué para contratar al ejército de Israel?

El hombre de Dios contestó:

—¡El SEÑOR puede darle a usted mucho más que eso!

¹⁰Así que Amasías dio de baja a las tropas que había contratado y las envió de regreso a Efraín. En consecuencia se enojaron con Judá y regresaron enfurecidos a sus casas.

¹¹Luego Amasías se armó de valor y dirigió a su ejército al valle de la Sal, donde mataron a diez mil soldados edomitas de Seir. ¹²Capturaron a otros dos mil, los llevaron hasta el borde de un precipicio y desde allí los despeñaron. Al caer sobre las rocas abajo, se hicieron pedazos.

¹³Mientras tanto, las tropas contratadas que Amasías había enviado de regreso hicieron incursiones en varias ciudades de Judá entre Samaria y Bet-horón. Mataron a tres mil personas y se llevaron un gran botín.

¹⁴Cuando el rey Amasías regresó de masacrar a los edomitas, trajo consigo los ídolos que había quitado a la gente de Seir. ¡Los puso como sus propios dioses, se inclinó ante ellos y les ofreció sacrificios! ¹⁵Esto hizo enojar mucho al SEÑOR, quien le envió un profeta para que le preguntara:

—¿Por qué acudes a dioses que ni siquiera pudieron salvar a su propio pueblo de tu mano?

¹⁶Pero el rey lo interrumpió y le dijo:

—¿Desde cuándo te nombré consejero del rey? ¡Cállate antes de que te mande matar!

El profeta no insistió más pero hizo esta advertencia:

—Yo sé que Dios ha decidido destruirte porque has hecho esto y te negaste a aceptar mi consejo.

¹⁷Después de consultar con sus consejeros, el rey Amasías de Judá envió a Yoás,* rey de Israel, hijo de Joacaz y nieto de Jehú, el siguiente desafío: «¡Ven y enfréntate conmigo en batalla!»*.

¹⁸Entonces el rey Yoás de Israel respondió a Amasías, rey de Judá, con el siguiente relato: «En las montañas del Líbano, un cardo le envió un mensaje a un poderoso cedro: "Entrega a tu hija en matrimonio a mi hijo"; pero en ese momento, un animal salvaje del Líbano pasó por allí, ¡pisó el cardo y lo aplastó!

¹⁹»Tú dices: "He derrotado a Edom", y estás muy orgulloso de eso; pero mi consejo es que te quedes en casa. ¿Para qué causar problemas que solo te traerán calamidad a ti y al pueblo de Judá?».

²⁰Sin embargo, Amasías no le hizo caso, porque Dios estaba decidido a destruirlo por haber recurrido a los dioses de Edom. ²¹Entonces Yoás, rey de Israel, movilizó a su ejército contra Amasías, rey de Judá. Los dos ejércitos se pusieron en pie de guerra en Bet-semes, en Judá. ²²El ejército de Israel venció de manera aplastante a Judá, y sus soldados se dispersaron y huyeron a sus casas. ²³En Bet-semes, el rey Yoás de Israel capturó a Amasías, rey de Judá, hijo de Joás y nieto de Ocozías. Después lo llevó a Jerusalén, donde demolió ciento ochenta metros* de la muralla de la ciudad, desde la puerta de Efraín hasta la puerta de la Esquina. ²⁴Se llevó todo el oro y la plata, y todos objetos del templo de Dios que habían estado al cuidado de Obed-edom. También se apoderó de los tesoros del palacio real y tomó rehenes; luego regresó a Samaria.

²⁵Amasías, rey de Judá, vivió quince años más después de la muerte del rey Yoás de Israel. ²⁶Los demás acontecimientos del reinado de Amasías, desde el principio hasta el fin, están registrados en *El libro de los reyes de Judá y de Israel.*

²⁷Después que Amasías se alejó del SEÑOR hubo una conspiración en Jerusalén contra su vida, y el rey huyó a Laquis; pero sus enemigos mandaron a unos asesinos tras él, y allí lo mataron. ²⁸Llevaron su cuerpo sobre un caballo y lo enterraron con sus antepasados en la Ciudad de David.*

Uzías gobierna en Judá

26 Todo el pueblo de Judá había coronado a Uzías, hijo de Amasías, quien tenía dieciséis años de edad, para que reinara en lugar de su padre. ²Después de la muerte de su padre, Uzías reconstruyó la ciudad de Elat* y la restituyó a Judá.

25:4 Dt 24:16.   25:5 En hebreo *comandantes de miles y comandantes de cientos.*   25:6 En hebreo *100 talentos* [7500 libras].
25:17a En hebreo *Joás,* una variante de Yoás; también en 25:18, 21, 23, 25.   25:17b En hebreo *Ven, mirémonos cara a cara.*   25:23 En hebreo *400 codos* [600 pies].   25:28 Así aparece en muchos manuscritos hebreos y en otras versiones antiguas (ver también 2 Re 14:20); la mayoría de los manuscritos dicen *la ciudad de Judá.*   26:2 Así aparece en la versión griega (ver también 2 Re 14:22; 16:6); en hebreo dice *Elot,* una variante de Elat.

³Uzías tenía dieciséis años cuando subió al trono y reinó en Jerusalén cincuenta y dos años. Su madre se llamaba Jecolías y era de Jerusalén. ⁴El rey hizo lo que era agradable a los ojos del SEÑOR, así como su padre Amasías. ⁵Uzías buscó a Dios en el tiempo de Zacarías, quien le enseñó a temer a Dios;* y mientras el rey buscó la dirección del SEÑOR, Dios le dio éxito.

⁶Uzías declaró la guerra a los filisteos y derribó las murallas de Gat, Jabnia y Asdod. Luego construyó nuevas ciudades en la región de Asdod y en otras partes de Filistea. ⁷Dios lo ayudó en las guerras contra los filisteos, en sus batallas contra los árabes de Gur* y en sus guerras contra los meunitas. ⁸Los meunitas* le pagaban un tributo anual, y la fama del rey se extendió incluso hasta Egipto, porque había llegado a ser muy poderoso.

⁹Uzías construyó torres fortificadas en Jerusalén en la puerta de la Esquina, en la puerta del Valle y en el ángulo de la muralla. ¹⁰También construyó fuertes en el desierto y cavó muchas cisternas de agua, porque tenía grandes manadas de animales en las colinas de Judá* y en las llanuras. También era un hombre que amaba la tierra. Tenía muchos trabajadores que cuidaban de sus granjas y de sus viñedos, tanto en las laderas como en los valles fértiles.

¹¹Uzías tenía un ejército de guerreros bien entrenados, listos para marchar a la batalla, unidad por unidad. Este ejército había sido reunido y organizado por Jeiel, el secretario del ejército, y por su ayudante Maaseías. Estaban bajo el mando de Hananías, uno de los funcionarios del rey. ¹²Estos regimientos de poderosos guerreros eran comandados por dos mil seiscientos jefes de clanes. ¹³El ejército estaba formado por trescientos siete mil quinientos hombres, todos soldados selectos. Estaban preparados para ayudar al rey contra cualquier enemigo.

¹⁴Uzías proveyó a todo el ejército de escudos, lanzas, cascos, cotas de malla, arcos y piedras para hondas. ¹⁵También edificó estructuras sobre las murallas de Jerusalén, diseñadas por expertos para proteger a los que disparaban flechas y lanzaban grandes piedras* desde las torres y las esquinas de la muralla. Su fama se extendió por todas partes porque el SEÑOR le dio maravillosa ayuda, y llegó a ser muy poderoso.

Pecado y castigo de Uzías

¹⁶Pero cuando llegó a ser poderoso, Uzías también se volvió orgulloso, lo cual resultó en su ruina. Pecó contra el SEÑOR su Dios cuando entró en el santuario del templo del SEÑOR y personalmente quemó incienso sobre el altar del incienso. ¹⁷Azarías, el sumo sacerdote, fue tras él junto con ochenta sacerdotes del SEÑOR, todos

ellos hombres valientes. ¹⁸Enfrentaron al rey Uzías y le dijeron: «No es a usted, Uzías, a quien corresponde quemar incienso al SEÑOR. Eso es función exclusiva de los sacerdotes, los descendientes de Aarón, los cuales son apartados para este servicio. Salga del santuario, porque ha pecado. ¡El SEÑOR Dios no le honrará por esto!».

¹⁹Uzías, que tenía en sus manos un recipiente para quemar incienso, se puso furioso; y mientras expresaba su rabia contra los sacerdotes, ante el altar del incienso en el templo del SEÑOR, de pronto le brotó lepra* en la frente. ²⁰Cuando Azarías, el sumo sacerdote, y los demás sacerdotes vieron la lepra, lo sacaron del templo a toda prisa. El propio rey estaba ansioso por salir porque el SEÑOR lo había herido. ²¹De modo que el rey Uzías tuvo lepra hasta el día de su muerte. Vivió aislado en una casa aparte, porque fue excluido del templo del SEÑOR. Su hijo Jotam quedó encargado del palacio real y él gobernaba a los habitantes del reino.

²²Los demás acontecimientos del reinado de Uzías, desde el principio hasta el fin, están registrados por el profeta Isaías, hijo de Amoz. ²³Cuando Uzías murió, lo enterraron con sus antepasados; su tumba estaba en un cementerio cercano que pertenecía a los reyes, porque el pueblo decía: «Tenía lepra». Su hijo Jotam lo sucedió en el trono.

Jotam gobierna en Judá

27 Jotam tenía veinticinco años cuando subió al trono y reinó en Jerusalén dieciséis años. Su madre se llamaba Jerusa y era hija de Sadoc.

²Jotam hizo lo que era agradable a los ojos del SEÑOR. Hizo todo lo que había hecho su padre Uzías, solo que Jotam no pecó porque no entró en el templo del SEÑOR; pero el pueblo continuó con sus prácticas corruptas.

³Jotam reconstruyó la puerta superior del templo del SEÑOR. También hizo extensas reparaciones en la muralla en la colina de Ofel. ⁴Edificó ciudades en la zona montañosa de Judá y construyó fortalezas y torres en las zonas boscosas. ⁵Jotam entró en guerra contra los amonitas y los venció. Durante los tres años siguientes recibió de ellos un tributo anual de tres mil cuatrocientos kilos* de plata, dos millones doscientos mil kilos de trigo, y dos millones doscientos mil kilos de cebada.*

⁶El rey Jotam llegó a ser muy poderoso porque procuró vivir en obediencia al SEÑOR su Dios.

⁷Los demás acontecimientos del reinado de Jotam, incluidas todas sus guerras y demás actividades, están registrados en *El libro de los reyes de Israel y de Judá.* ⁸Tenía veinticinco años cuando subió al trono y reinó en Jerusalén

---

26:5 Así aparece en la versión griega y en la siríaca; en hebreo dice *quien lo instruyó en visiones divinas.* 26:7 Así aparece en la versión griega; en hebreo dice *Gurbaal.* 26:8 Así aparece en la versión griega; en hebreo dice *amonitas.* Comparar 26:7. 26:10 En hebreo *la Sefela.* 26:15 O *para disparar flechas y lanzar grandes piedras.* 26:19 O *una enfermedad contagiosa de la piel.* La palabra hebrea empleada aquí y en todo este pasaje puede describir diversas enfermedades de la piel. 27:5a En hebreo *100 talentos* [7500 libras]. 27:5b En hebreo *10.000 coros* [4.850.000 libras] *de trigo, y 10.000 coros de cebada.*

dieciséis años. ⁹Cuando Jotam murió, lo enterraron en la Ciudad de David, y su hijo Acaz lo sucedió en el trono.

Acaz gobierna en Judá

28 Acaz tenía veinte años cuando subió al trono y reinó en Jerusalén dieciséis años. Él no hizo lo que era agradable a los ojos del Señor, como sí lo había hecho su antepasado David. ²En cambio, siguió el ejemplo de los reyes de Israel. Fundió imágenes de metal para rendir culto a Baal. ³Ofreció sacrificios en el valle de Ben-hinom y hasta sacrificó a sus hijos en el fuego.* De esta manera, siguió las prácticas detestables de las naciones paganas que el Señor había expulsado de la tierra al paso de los israelitas. ⁴Ofreció sacrificios y quemó incienso en los santuarios paganos, en las colinas y debajo de todo árbol frondoso.

⁵Por todo eso, el Señor su Dios permitió al rey de Aram que derrotara a Acaz y que desterrara a Damasco a un gran número de habitantes de su pueblo. Los ejércitos del rey de Israel también derrotaron a Acaz y causaron muchas bajas en su ejército. ⁶En un solo día Peka, hijo de Remalías y rey de Israel, mató a ciento veinte mil soldados de Judá —todos ellos guerreros con experiencia—, porque habían abandonado al Señor, Dios de sus antepasados. ⁷Luego Zicri, un guerrero de Efraín, mató a Maaseías, el hijo del rey; a Azricam, el comandante del palacio del rey; y a Elcana, el segundo en autoridad después del rey. ⁸Los ejércitos de Israel capturaron a mujeres y niños de Judá, un total de doscientos mil, también tomaron un enorme botín, y se llevaron todo a Samaria.

⁹Ahora bien, un profeta del Señor llamado Obed estaba allí en Samaria cuando el ejército de Israel volvía. Salió a su encuentro y dijo: «El Señor, Dios de sus antepasados, estaba enojado con Judá y por eso les permitió derrotarlos; pero ustedes se han excedido, los han matado sin compasión y todo el cielo está perturbado. ¹⁰Ahora planean hacer esclavos a esta gente de Judá y de Jerusalén. ¿Y qué de sus propios pecados contra el Señor su Dios? ¹¹Escúchenme y devuelvan a los prisioneros que han tomado, porque son sus propios parientes. ¡Tengan cuidado, porque ahora la ira feroz del Señor se ha vuelto contra ustedes!».

¹²Entonces algunos líderes de Israel* —Azarías, hijo de Johanán; Berequías, hijo de Mesilemot; Ezequías, hijo de Salum y Amasa, hijo de Hadlai— estuvieron de acuerdo con esto y se enfrentaron a los hombres que regresaban de la batalla.

¹³«¡No deben traer aquí a los prisioneros! —exclamaron—. ¡De ninguna manera nos queremos aumentar nuestros pecados y culpas!

Nuestra culpa ya es muy grande, y la ira feroz del Señor ya se ha vuelto contra Israel».

¹⁴Entonces los guerreros pusieron en libertad a los prisioneros y entregaron el botín en presencia de los líderes y de todo el pueblo. ¹⁵Luego los cuatro hombres recién mencionados por nombre pasaron adelante y les repartieron ropa del botín a los prisioneros que estaban desnudos. Los proveyeron de ropa y sandalias, les dieron suficiente comida y bebida, y les cubrieron las heridas con aceite de oliva. A los que estaban débiles los montaron en burros y llevaron a todos los prisioneros de regreso a su propia gente en Jericó, la ciudad de las palmeras. Después regresaron a Samaria.

Acaz cierra el templo

¹⁶En ese tiempo el rey Acaz de Judá pidió ayuda al rey de Asiria. ¹⁷Los ejércitos de Edom habían invadido nuevamente Judá y habían tomado prisioneros. ¹⁸Por su parte, los filisteos habían asaltado las ciudades de Judá situadas en las colinas* y en el Neguev. Ya habían tomado y ocupado Bet-semes, Ajalón, Gederot, Soco con sus aldeas, Timna con sus aldeas y Gimzo con sus aldeas. ¹⁹El Señor estaba humillando a Judá por causa de Acaz, rey de Judá,* pues este había incitado a su pueblo a que pecara y le había sido totalmente infiel al Señor.

²⁰Así que cuando llegó Tiglat-pileser,* rey de Asiria, atacó a Acaz en lugar de ayudarlo. ²¹Acaz tomó objetos valiosos del templo del Señor, del palacio real y de las casas de los funcionarios y se los entregó al rey de Asiria como tributo; pero no le sirvió de nada.

²²Aun durante este tiempo de dificultades, el rey Acaz siguió rechazando al Señor. ²³Ofreció sacrificios a los dioses de Damasco que lo habían vencido, porque pensaba: «Puesto que estos dioses ayudaron a los reyes de Aram, me ayudarán a mí también si les ofrezco sacrificios»; pero en lugar de ayudarlo, lo llevaron a la ruina a él y a todo Judá.

²⁴El rey tomó varios objetos del templo de Dios y los hizo pedazos. Cerró las puertas del templo del Señor para que allí nadie pudiera adorar y levantó altares a los dioses paganos en cada esquina de Jerusalén. ²⁵Construyó santuarios paganos en todas las ciudades de Judá para ofrecer sacrificios a otros dioses. De esa manera provocó el enojo del Señor, Dios de sus antepasados.

²⁶Los demás acontecimientos del reinado de Acaz y todo lo que hizo, desde el principio hasta el fin, están registrados en *El libro de los reyes de Judá y de Israel.* ²⁷Cuando Acaz murió, lo enterraron en Jerusalén pero no en el cementerio de los reyes de Judá. Luego su hijo Ezequías lo sucedió en el trono.

28:3 O *hasta hacer pasar a sus hijos por fuego.* **28:12** En hebreo *Efraín,* se refiere al reino norte de Israel. **28:18** En hebreo *la Sefela.* **28:19** El texto masorético dice *de Israel;* también en 28:23, 27. El autor de Crónicas considera que Judá representa a la auténtica Israel. (Algunos manuscritos hebreos y la versión griega dicen *de Judá*). **28:20** En hebreo *Tilgat-pilneser,* una variante de Tiglat-pileser.

Ezequías gobierna en Judá

29 Ezequías tenía veinticinco años cuando subió al trono de Judá y reinó en Jerusalén veintinueve años. Su madre se llamaba Abías, hija de Zacarías. ²Él hizo lo que era agradable a los ojos del Señor, igual que su antepasado David.

Ezequías vuelve a abrir el templo

³En el primer mes del primer año de su reinado, Ezequías reabrió las puertas del templo del Señor y las reparó. ⁴Convocó a los sacerdotes y a los levitas a encontrarse con él en el atrio al oriente del templo. ⁵Les dijo: «¡Levitas, escúchenme! Purifíquense ustedes y purifiquen el templo del Señor, Dios de sus antepasados. Quiten del santuario todos los objetos contaminados. ⁶Nuestros antepasados fueron infieles e hicieron lo malo a los ojos del Señor nuestro Dios. Abandonaron al Señor y el lugar donde él habita; le dieron la espalda. ⁷También cerraron las puertas de la antesala del templo y apagaron las lámparas. Dejaron de quemar incienso y de presentar ofrendas quemadas en el santuario del Dios de Israel.

⁸»Por eso el enojo del Señor ha caído sobre Judá y Jerusalén. Él los hizo objeto de espanto, horror y ridículo, como ustedes pueden ver con sus propios ojos. ⁹Debido a eso, nuestros padres murieron en batalla, y nuestros hijos, hijas y esposas fueron capturados; ¹⁰pero ahora haré un pacto con el Señor, Dios de Israel, para que su ira feroz se aparte de nosotros. ¹¹Hijos míos, ¡no descuiden más sus responsabilidades! El Señor los ha elegido para que estén en su presencia, le sirvan, dirijan al pueblo en la adoración y presenten a él sus ofrendas».

¹²Enseguida los siguientes levitas pusieron manos a la obra:

del clan de Coat: Mahat, hijo de Amasai y Joel, hijo de Azarías;

del clan de Merari: Cis, hijo de Abdi y Azarías, hijo de Jehalelel;

del clan de Gersón: Joa, hijo de Zima y Edén, hijo de Joa;

¹³ de la familia de Elizafán: Simri y Jeiel;
de la familia de Asaf: Zacarías y Matanías;

¹⁴ de la familia de Hemán: Jehiel y Simei;
de la familia de Jedutún: Semaías y Uziel.

¹⁵Estos hombres reunieron a sus hermanos levitas, y todos se purificaron. Luego empezaron a purificar el templo del Señor, tal como el rey lo había ordenado. Se aseguraron de seguir todas las instrucciones del Señor al hacer su trabajo. ¹⁶Los sacerdotes entraron en el santuario del templo del Señor para purificarlo y sacaron al atrio del templo todos los objetos contaminados que encontraron. De allí los levitas los llevaron al valle de Cedrón.

¹⁷Comenzaron a trabajar a principios de la primavera, en el primer día del nuevo año,* y en ocho días habían llegado hasta la antesala del templo del Señor. Luego purificaron el templo del Señor, lo cual llevó ocho días más. Así que terminaron toda la tarea en dieciséis días.

Se vuelve a dedicar el templo

¹⁸Luego los levitas se presentaron ante el rey Ezequías y le dieron el siguiente informe: «Hemos purificado todo el templo del Señor, el altar de las ofrendas quemadas con todos sus utensilios y la mesa del pan de la Presencia con todos sus utensilios. ¹⁹También recuperamos todos los objetos que había desechado el rey Acaz cuando, en su infidelidad, cerró el templo. Ahora están delante del altar del Señor, purificados y listos para su uso».

²⁰Temprano a la mañana siguiente, el rey Ezequías reunió a los funcionarios de la ciudad y fue al templo del Señor. ²¹Llevaron siete toros, siete carneros y siete corderos como ofrenda quemada, junto con siete chivos como ofrenda por el pecado por el reino, por el templo y por Judá. El rey ordenó a los sacerdotes, descendientes de Aarón, que sacrificaran los animales en el altar del Señor.

²²Así que después de matar los toros, los sacerdotes tomaron la sangre y la rociaron sobre el altar. A continuación mataron los carneros y rociaron la sangre sobre el altar y por último, hicieron lo mismo con los corderos. ²³Después, llevaron los chivos para la ofrenda por el pecado ante el rey y ante la asamblea, quienes pusieron sus manos sobre ellos. ²⁴Luego los sacerdotes mataron los chivos como ofrenda por el pecado y rociaron su sangre sobre el altar para hacer expiación por los pecados de todo Israel. El rey había ordenado expresamente que esta ofrenda quemada así como la ofrenda por el pecado se hicieran por todo Israel.

²⁵Luego el rey Ezequías ubicó a los levitas en el templo del Señor provistos de címbalos, liras y arpas. Obedeció todos los mandatos que el Señor le había dado al rey David por medio de Gad, el vidente del rey, y el profeta Natán. ²⁶Después los levitas tomaron sus posiciones alrededor del templo con los instrumentos de David, y los sacerdotes tomaron sus posiciones con las trompetas.

²⁷Entonces Ezequías ordenó que pusieran la ofrenda quemada sobre el altar. Mientras se presentaba la ofrenda quemada, comenzaron los cánticos de alabanza al Señor, al son de las trompetas y de los demás instrumentos de David, rey anterior de Israel. ²⁸Toda la asamblea adoró al Señor mientras los cantores entonaban los cánticos y las trompetas sonaban, hasta que se terminaron todas las ofrendas quemadas. ²⁹Luego el rey y todos los que estaban con él se

---

29:17 En hebreo *el primer día del primer mes.* En el antiguo calendario lunar hebreo, ese día cayó en marzo o al comienzo de abril del 715 a. C.

inclinaron en adoración. ³⁰El rey Ezequías y los funcionarios ordenaron a los levitas que alabaran al Señor con los salmos escritos por David y por el vidente Asaf. De modo que ofrecieron alegres alabanzas y se inclinaron en adoración.

³¹Luego Ezequías exclamó: «Ahora que ustedes se han consagrado al Señor, traigan sus sacrificios y ofrendas de acción de gracias al templo del Señor». Entonces la gente llevó sus sacrificios y ofrendas de acción de gracias, y todos los que tenían el corazón dispuesto llevaron también ofrendas quemadas. ³²El pueblo llevó al Señor setenta toros, cien carneros y doscientos corderos para las ofrendas quemadas. ³³También llevaron seiscientas cabezas de ganado y tres mil ovejas y cabras como ofrendas sagradas.

³⁴Sin embargo, no había suficientes sacerdotes para preparar todas las ofrendas quemadas. Por eso sus parientes, los levitas, los ayudaron hasta terminar el trabajo, y hasta que se purificaran más sacerdotes, porque los levitas habían sido más cuidadosos en cuanto a purificarse que los sacerdotes. ³⁵Hubo abundancia de ofrendas quemadas, junto con las ofrendas líquidas habituales, y una gran cantidad de grasa de las muchas ofrendas de paz.

Así que se restituyó el servicio en el templo del Señor. ³⁶Ezequías y todo el pueblo se alegraron por lo que Dios había hecho por el pueblo, porque todo se había llevado a cabo con tanta rapidez.

Preparativos para la Pascua

30 El rey Ezequías envió mensajes a todo Israel y Judá, y escribió cartas de invitación a la gente de Efraín y Manasés. Les pidió a todos que vinieran al templo del Señor en Jerusalén para celebrar la Pascua del Señor, Dios de Israel. ²El rey, sus funcionarios y toda la comunidad de Jerusalén decidieron celebrar la Pascua un mes más tarde de lo habitual.* ³No pudieron celebrarla en el tiempo establecido porque no era posible purificar suficientes sacerdotes para esa fecha, y el pueblo todavía no se había reunido en Jerusalén.

⁴Esta propuesta para celebrar la Pascua les pareció bien al rey y a todo el pueblo. ⁵De modo que mandaron un edicto por todo Israel, desde Beerseba en el sur hasta Dan en el norte, para invitar a todos a reunirse en Jerusalén para celebrar la Pascua del Señor, Dios de Israel. Hacía tiempo que el pueblo no la celebraba en forma masiva, como lo exigía la ley.

⁶Por orden del rey se enviaron mensajeros por todo Israel y Judá con cartas que decían:

«Oh pueblo de Israel, vuélvanse al Señor, Dios de Abraham, de Isaac y de Israel,* para

que él se vuelva a los pocos de nosotros que hemos sobrevivido la conquista de los reyes asirios. ⁷No sean como sus antepasados y parientes que abandonaron al Señor, Dios de sus antepasados, y se convirtieron en objeto de desdén, como ustedes mismos pueden ver. ⁸No sean tercos como fueron ellos, sino sométanse al Señor y vengan a su templo que él mismo separó como santo para siempre. Adoren al Señor su Dios, para que su ira feroz se aleje de ustedes.

⁹»Pues si ustedes se vuelven al Señor, sus parientes y sus hijos serán tratados con compasión por sus captores, y podrán regresar a esta tierra. El Señor su Dios es bondadoso y misericordioso. Si ustedes se vuelven a él, él no seguirá apartando su rostro de ustedes».

Celebración de la Pascua

¹⁰Los mensajeros corrieron de ciudad en ciudad por todo Efraín y Manasés y hasta el territorio de Zabulón; pero la mayoría de la gente simplemente se reía de los mensajeros y se burlaba de ellos. ¹¹Sin embargo, algunos habitantes de Aser, Manasés y Zabulón se humillaron y fueron a Jerusalén.

¹²Al mismo tiempo, la mano de Dios estaba sobre la gente en la tierra de Judá, y les dio un solo corazón para obedecer las órdenes del rey y de sus funcionarios, quienes seguían la palabra del Señor. ¹³Así que, una gran multitud se reunió en Jerusalén a mediados de la primavera* para celebrar el Festival de los Panes sin Levadura. ¹⁴Pusieron manos a la obra y quitaron todos los altares paganos de Jerusalén. Sacaron todos los altares del incienso y los arrojaron al valle de Cedrón.

¹⁵El día catorce del segundo mes, un mes más tarde de lo habitual,* el pueblo sacrificó el cordero de la Pascua. Eso avergonzó a los sacerdotes y a los levitas, de modo que se purificaron y llevaron ofrendas quemadas al templo del Señor. ¹⁶Después ocuparon sus lugares en el templo, tal como estaba establecido en la ley de Moisés, hombre de Dios. Los levitas llevaron la sangre de los sacrificios a los sacerdotes, quienes la rociaron sobre el altar.

¹⁷Como muchos del pueblo no se habían purificado, a fin de separarlos para el Señor, los levitas tuvieron que matar por ellos el cordero de la Pascua. ¹⁸La mayoría de los que habían venido de Efraín, Manasés, Isacar y Zabulón no se habían purificado. Sin embargo, se les permitió comer la cena de Pascua aunque estuviera en contra de las exigencias de la ley, porque Ezequías oró por ellos diciendo: «Que el Señor, quien es bueno, perdone a los ¹⁹que han decidido seguir al Señor, Dios de sus antepasados,

aunque no estén debidamente purificados para la ceremonia»; ²⁰y el Señor escuchó la oración de Ezequías y sanó a la gente.

²¹Entonces los israelitas que estaban presentes en Jerusalén celebraron con gran alegría el Festival de los Panes sin Levadura durante siete días. Cada día los levitas y los sacerdotes cantaban al Señor, al son de instrumentos resonantes.* ²²Ezequías les dio ánimo a todos los levitas en cuanto a la habilidad que demostraban mientras servían al Señor. La celebración continuó durante siete días y se sacrificaron ofrendas de paz, y la gente dio gracias al Señor, Dios de sus antepasados.

²³Toda la asamblea decidió continuar el festival otros siete días, de modo que celebraron con gran alegría una semana más. ²⁴El rey Ezequías le dio al pueblo mil toros y siete mil ovejas y cabras para las ofrendas, y los funcionarios donaron mil toros y diez mil ovejas y cabras. Mientras tanto, muchos otros sacerdotes se purificaron.

²⁵Toda la asamblea de Judá se alegró, incluidos los sacerdotes, los levitas, todos los que habían venido del territorio de Israel, los extranjeros que vinieron al festival y todos los que vivían en Judá. ²⁶Hubo gran alegría en la ciudad, porque en Jerusalén no se había presenciado una celebración como esta desde los días de Salomón, hijo del rey David. ²⁷Luego los sacerdotes y los levitas se pusieron de pie y bendijeron al pueblo, y Dios escuchó su oración desde su santa morada en el cielo.

Reformas religiosas de Ezequías

31 Cuando terminó el festival, los israelitas que estuvieron presentes fueron a todas las ciudades de Judá, Benjamín, Efraín y Manasés, destrozaron todas las columnas sagradas, derribaron los postes dedicados a la diosa Asera y quitaron los altares y los santuarios paganos. Después de esto, los israelitas regresaron a sus ciudades, cada uno a su hogar.

²Luego Ezequías organizó a los sacerdotes y a los levitas en divisiones para que presentaran las ofrendas quemadas y las ofrendas de paz y para que adoraran, dieran gracias y alabaran al Señor en las puertas del templo. ³El rey también contribuyó personalmente con animales para las ofrendas quemadas diarias de la mañana y de la tarde, para los festivales semanales de los días de descanso y para los festivales mensuales de luna nueva, como también para todos los demás festivales anuales establecidos en la ley del Señor. ⁴Además, exigió al pueblo de Jerusalén que llevara una parte de sus bienes a los sacerdotes y levitas, para que ellos pudieran dedicarse por completo a la ley del Señor.

⁵Cuando los israelitas escucharon estos requisitos respondieron con generosidad; dieron la primera porción de su grano, vino nuevo,

aceite de oliva, miel y de todo lo que producían sus campos. Llevaron grandes cantidades, el diezmo de todo lo que habían producido. ⁶La gente que se había mudado de Israel a Judá, y la gente de Judá, llevaron el diezmo de su ganado, de sus ovejas y de sus cabras, y el diezmo de las cosas que habían dedicado al Señor su Dios, y las apilaron en grandes montones. ⁷Empezaron a apilarlas a fines de la primavera y los montones siguieron creciendo hasta principios del otoño.* ⁸Cuando Ezequías y sus funcionarios fueron y vieron esos enormes montones, ¡le dieron gracias al Señor y a su pueblo, Israel!

⁹—¿De dónde vino todo esto? —preguntó Ezequías a los sacerdotes y a los levitas.

¹⁰Y el sumo sacerdote Azarías, de la familia de Sadoc, le contestó:

—Desde que la gente empezó a llevar sus ofrendas al templo del Señor, hemos tenido suficiente para comer y mucho de sobra. El Señor ha bendecido a su pueblo, y sobró todo esto.

¹¹Ezequías ordenó que se prepararan unos depósitos en el templo del Señor. Cuando estuvieron listos, ¹²la gente fielmente llevó todos los diezmos y las ofrendas al templo. Conanías, el levita, quedó encargado y su hermano Simei lo ayudaba. ¹³Los supervisores bajo su mando fueron Jehiel, Azazías, Nahat, Asael, Jerimot, Jozabad, Eliel, Ismaquías, Mahat y Benaía. El rey Ezequías y Azarías, el funcionario principal en el templo de Dios, hicieron estos nombramientos.

¹⁴Coré, hijo del levita Imna, portero de la puerta Oriental, quedó encargado de distribuir las ofrendas voluntarias entregadas a Dios, los regalos y las cosas que habían sido dedicadas al Señor. ¹⁵Sus fieles ayudantes eran Edén, Miniamín, Jesúa, Semaías, Amarías y Secanías. Ellos distribuían los regalos entre las familias de los sacerdotes en sus ciudades según sus divisiones, repartiéndolos equitativamente entre ancianos y jóvenes por igual. ¹⁶Distribuían los regalos a todos los varones de tres años o más, sin tomar en cuenta su lugar en los registros genealógicos. La distribución era para todos los que iban al templo del Señor para cumplir con sus responsabilidades diarias según sus divisiones. ¹⁷Distribuían los regalos a los sacerdotes que estaban anotados por sus familias en los registros genealógicos, y a los levitas de veinte años o más que estaban anotados según sus funciones y sus divisiones. ¹⁸Las raciones de alimentos también se entregaban a las familias de todos los que estuvieran anotados en los registros genealógicos, incluidos los niños, las esposas, los hijos y las hijas. Pues todos habían sido fieles purificándose a sí mismos.

¹⁹En cuanto a los sacerdotes, los descendientes de Aarón, que vivían en las aldeas sin murallas alrededor de las ciudades, algunos hombres fueron designados por nombre para

---

30:21 O *cantaban al Señor con todas sus fuerzas.* 31:7 En hebreo *en el tercer mes [...] hasta el séptimo mes.* En el antiguo calendario lunar hebreo, el tercer mes, por lo general, cae entre mayo y junio; el séptimo mes, por lo general, cae entre septiembre y octubre.

que distribuyeran raciones a todos los varones entre los sacerdotes y a todos los levitas anotados en los registros genealógicos.

²⁰De esta manera, el rey Ezequías manejó la distribución en todo Judá, haciendo lo agradable y bueno a los ojos del Señor su Dios. ²¹En todo lo que hizo para el servicio del templo de Dios y en sus esfuerzos por seguir las leyes y los mandatos de Dios, Ezequías buscó a su Dios de todo corazón; y como resultado, tuvo mucho éxito.

Asiria invade a Judá

32 Después de que Ezequías llevó a cabo fielmente este trabajo, Senaquerib, rey de Asiria, invadió Judá. Sitió las ciudades fortificadas y dio órdenes a su ejército para que penetraran las murallas. ²Cuando Ezequías se dio cuenta de que Senaquerib también pensaba atacar a Jerusalén, ³consultó con sus funcionarios y consejeros militares, y decidieron bloquear los manantiales fuera de la ciudad. ⁴Organizaron una gran cuadrilla de trabajadores para cegar los manantiales, como consecuencia se cortó el arroyo que corría por los campos, porque dijeron: «¿Por qué han de venir aquí los reyes de Asiria a encontrar abundancia de agua?».

⁵Luego Ezequías se esforzó en reparar todas las secciones caídas de la muralla, erigió torres y construyó una segunda muralla exterior a la primera. También reforzó los terraplenes* en la Ciudad de David y fabricó grandes cantidades de armas y escudos. ⁶Designó oficiales militares con mando sobre los habitantes y los reunió delante de él en la plaza junto a la puerta de la ciudad. Luego Ezequías les dio ánimo diciendo: ⁷«¡Sean fuertes y valientes! No tengan miedo ni se desalienten por causa del rey de Asiria o de su poderoso ejército, ¡porque hay un poder mucho más grande de nuestro lado! ⁸El rey podrá tener un gran ejército, pero no son más que hombres. ¡Con nosotros está el Señor nuestro Dios para ayudarnos y para pelear nuestras batallas por nosotros!». Las palabras de Ezequías alentaron en gran manera a la gente.

Senaquerib amenaza a Jerusalén

⁹Mientras el rey Senaquerib de Asiria aún sitiaba a la ciudad de Laquis, envió a sus oficiales a Jerusalén con el siguiente mensaje para Ezequías y para toda la gente en la ciudad:

¹⁰«Esto dice el rey Senaquerib de Asiria: "¿En qué confían ustedes que les hace pensar que podrán sobrevivir mi sitio de Jerusalén? ¹¹Ezequías ha dicho: 'El Señor nuestro Dios nos librará del rey de Asiria'. ¡Ezequías los está engañando y los está condenando a morir de hambre y de sed! ¹²¿Acaso no se dan cuenta de que fue él mismo Ezequías quien destruyó todos los santuarios y altares del Señor? Él ordenó a Judá y a Jerusalén que

se adorara sólo en el altar del templo y que se ofreciera sacrificios únicamente sobre él.

¹³»¿De seguro ustedes se han dado cuenta de lo que yo y los otros reyes de Asiria antes de mí hemos hecho a todos los pueblos de la tierra? ¿Pudieron acaso los dioses de esas naciones librar a sus pueblos de mi poder? ¹⁴¿Cuál de sus dioses fue capaz de librar a su pueblo del poder destructor de mis antecesores? ¿Qué les hace pensar que su Dios puede librarlos de mí? ¹⁵¡No dejen que Ezequías los engañe! ¡No permitan que se burle así de ustedes! Lo vuelvo a repetir: ningún dios de ninguna nación o reino jamás ha sido capaz de librar a su pueblo de mí o de mis antepasados. ¡Mucho menos podrá su Dios librarlos a ustedes de mi poder!"».

¹⁶Los oficiales de Senaquerib siguieron burlándose del Señor Dios y de su siervo Ezequías, amontonando insulto sobre insulto. ¹⁷El rey también envió cartas en las que menospreciaba al Señor, Dios de Israel. Escribió: «Así como los dioses de todas las demás naciones fueron incapaces de librar a sus pueblos de mi poder, el Dios de Ezequías tampoco será capaz de librar a su pueblo». ¹⁸Los oficiales asirios que entregaron las cartas gritaron esto en hebreo* a las personas que se habían juntado en la muralla de la ciudad, con el fin de atemorizarlas para que luego les fuera más fácil conquistar la ciudad. ¹⁹Estos oficiales hablaban del Dios de Jerusalén como si fuera uno de los dioses paganos hechos por manos humanas.

²⁰Entonces el rey Ezequías y el profeta Isaías, hijo de Amoz, clamaron en oración al Dios del cielo. ²¹Entonces el Señor envió a un ángel que destruyó al ejército asirio junto con todos sus comandantes y oficiales. Senaquerib se vio obligado a regresar a su propia tierra avergonzado; y cuando entró al templo de su dios, algunos de sus propios hijos lo mataron allí mismo a espada.

²²Así es como el Señor libró a Ezequías y al pueblo de Jerusalén del rey Senaquerib de Asiria y de todos los demás que los amenazaban. Entonces hubo paz por todo el país. ²³A partir de entonces el rey Ezequías fue muy respetado entre las naciones vecinas, y llegaron a Jerusalén muchos obsequios para el Señor junto con valiosos regalos para el rey Ezequías.

Enfermedad y recuperación de Ezequías

²⁴Por ese tiempo Ezequías se enfermó gravemente. Así que oró al Señor, quien lo sanó y le dio una señal milagrosa; ²⁵pero Ezequías no respondió de manera adecuada a la bondad que le había sido mostrada y se volvió orgulloso. Por eso el enojo del Señor vino contra él y contra Judá y Jerusalén. ²⁶Entonces Ezequías se humilló y se arrepintió de su soberbia, junto con el pueblo de

32:5 En hebreo el *milo*. El significado del hebreo es incierto.   32:18 En hebreo *en el dialecto de Judá.*

Jerusalén. De modo que el enojo del Señor no cayó sobre ellos durante la vida de Ezequías.

²⁷Ezequías era muy rico y altamente honrado. Construyó edificios especiales para guardar sus tesoros: plata, oro, piedras preciosas y especias, así como los escudos y otros objetos de valor. ²⁸También construyó muchos depósitos para su grano, vino nuevo y aceite de oliva; e hizo muchos establos para su ganado y corrales para sus rebaños de ovejas y cabras. ²⁹Construyó muchas ciudades y adquirió enormes rebaños y manadas, porque Dios le había dado grandes riquezas. ³⁰Bloqueó el manantial de la parte alta de Gihón y condujo el agua por un túnel hasta la parte occidental de la Ciudad de David. De modo que tuvo éxito en todo lo que hizo.

³¹Sin embargo, cuando llegaron embajadores de Babilonia para preguntar por los sorprendentes acontecimientos que habían ocurrido en la tierra, Dios se apartó de Ezequías para ponerlo a prueba y ver lo que realmente había en su corazón.

Resumen del reinado de Ezequías

³²Los demás acontecimientos del reinado de Ezequías y sus actos de devoción están registrados en *La visión del profeta Isaías, hijo de Amoz,* que está incluida en *El libro de los reyes de Judá y de Israel.* ³³Cuando Ezequías murió, lo enterraron en la parte superior del cementerio de los reyes, y todos los habitantes de Judá y de Jerusalén le rindieron honores en su muerte; y su hijo Manasés lo sucedió en el trono.

Manasés gobierna en Judá

33 Manasés tenía doce años cuando subió al trono y reinó en Jerusalén cincuenta y cinco años. ²Hizo lo malo a los ojos del Señor y siguió las prácticas detestables de las naciones paganas que el Señor había expulsado de la tierra al paso de los israelitas. ³Reconstruyó los santuarios paganos que su padre Ezequías había derribado. Construyó altares para las imágenes de Baal y levantó postes dedicados a la diosa Asera. También se inclinó ante todos los poderes de los cielos y les rindió culto.

⁴Construyó altares paganos dentro del templo del Señor, el lugar sobre el cual el Señor había dicho: «Mi nombre permanecerá en Jerusalén para siempre». ⁵Construyó estos altares para todos los poderes de los cielos en ambos atrios del templo del Señor. ⁶Manasés también sacrificó a sus propios hijos en el fuego* en el valle de Ben-hinom. Practicó la hechicería, la adivinación y la brujería, y consultó a los médiums y a los videntes. Hizo muchas cosas que eran malas a los ojos del Señor y con eso provocó su enojo.

⁷Incluso Manasés tomó un ídolo que había tallado y lo colocó en el templo de Dios, en el mismo lugar donde Dios les había dicho a David y a su hijo Salomón: «Mi nombre será honrado para siempre en este templo y en Jerusalén, la ciudad que he escogido entre todas las tribus de Israel. ⁸Si los israelitas se aseguran de obedecer mis mandatos —todas las leyes, los decretos y las ordenanzas que les di por medio de Moisés—, no los expulsaré de esta tierra que aparté para sus antepasados». ⁹Sin embargo, Manasés llevó al pueblo de Judá y de Jerusalén a cometer cosas aún peores de las que habían hecho las naciones paganas que el Señor había destruido cuando el pueblo de Israel entró en la tierra.

¹⁰El Señor les habló a Manasés y a su pueblo, pero no hicieron caso a sus advertencias. ¹¹De modo que el Señor envió a los comandantes de los ejércitos asirios y tomó a Manasés prisionero. Le pusieron un gancho en la nariz, lo sujetaron con cadenas de bronce y se lo llevaron a Babilonia; ¹²pero cuando estaba sumido en profunda angustia, Manasés buscó al Señor su Dios y se humilló con sinceridad ante el Dios de sus antepasados. ¹³Cuando oró, el Señor lo escuchó y se conmovió por su petición. Así que el Señor hizo que Manasés regresara a Jerusalén y a su reino. ¡Entonces Manasés finalmente se dio cuenta de que el Señor es el único Dios!

¹⁴Después de esto, Manasés reconstruyó la muralla exterior de la Ciudad de David, desde el occidente del manantial de Gihón en el valle de Cedrón, hasta la puerta del Pescado, y continuó alrededor de la colina de Ofel; edificó la muralla muy alta. Además colocó a sus oficiales militares en todas las ciudades fortificadas de Judá. ¹⁵Manasés también quitó los dioses ajenos y el ídolo del templo del Señor. Derribó todos los altares que había construido en el monte donde estaba el templo y todos los altares que había en Jerusalén, y los arrojó fuera de la ciudad. ¹⁶Después restauró el altar del Señor y allí sacrificó ofrendas de paz y ofrendas de acción de gracias. También alentó al pueblo de Judá para que adorara al Señor, Dios de Israel. ¹⁷Sin embargo, la gente seguía ofreciendo sacrificios en los santuarios paganos, aunque solo los ofrecía al Señor su Dios.

¹⁸Los demás acontecimientos del reinado de Manasés, su oración a Dios y las palabras que los videntes le hablaron en nombre del Señor, Dios de Israel, están registrados en *El libro de los reyes de Israel.* ¹⁹La oración de Manasés, el relato de la forma en que Dios le respondió, y el relato de todos sus pecados y su infidelidad están escritos en *El registro de los videntes.** Incluye una lista de los sitios donde, antes de que se humillara y se arrepintiera, construyó santuarios paganos y levantó ídolos y postes dedicados a la diosa Asera. ²⁰Cuando Manasés murió, lo enterraron en su palacio. Luego su hijo Amón lo sucedió en el trono.

Amón gobierna en Judá

²¹Amón tenía veintidós años cuando subió al trono y reinó en Jerusalén dos años. ²²Él hizo lo malo a los ojos del Señor, así como su padre

---

33:6 O *también hizo pasar a sus hijos por fuego.*   **33:19** O *El registro de Hozai.*

Manasés. Rindió culto y ofreció sacrificios a todos los ídolos que su padre había hecho; ²³pero a diferencia de su padre, no se humilló ante el Señor, sino que Amón pecó aún más.

²⁴Tiempo después, los propios funcionarios de Amón conspiraron contra él y lo asesinaron en su palacio; ²⁵pero los habitantes del reino mataron a todos los que habían conspirado contra el rey Amón y luego proclamaron rey a su hijo Josías.

Josías gobierna en Judá

34 Josías tenía ocho años cuando subió al trono y reinó en Jerusalén treinta y un años. ²Hizo lo que era agradable a los ojos del Señor y siguió el ejemplo de su antepasado David; no se apartó de lo que era correcto.

³Durante el octavo año de su reinado, siendo aún joven, Josías comenzó a buscar al Dios de su antepasado David. Luego, en el año doce, empezó a purificar a Judá y a Jerusalén, destruyendo todos los santuarios paganos, los postes dedicados a la diosa Asera, los ídolos tallados y las imágenes fundidas. ⁴Ordenó que demolieran los altares de Baal y que derribaran los altares del incienso que había encima. También se aseguró de que despedazaran los postes dedicados a la diosa Asera, los ídolos tallados y las imágenes fundidas, y que los pedazos fueran esparcidos sobre las tumbas de aquellos que les habían ofrecido sacrificios. ⁵Quemó los huesos de los sacerdotes paganos sobre sus propios altares, y de esta manera purificó a Judá y a Jerusalén.

⁶Hizo lo mismo en las ciudades de Manasés, Efraín, Simeón e incluso hasta tan lejos como Neftalí, y en las regiones* que las rodean. ⁷Destruyó los altares paganos y los postes dedicados a la diosa Asera, y redujo los ídolos a polvo. Derribó todos los altares del incienso en toda la tierra de Israel y, finalmente, volvió a Jerusalén.

⁸En el año dieciocho de su reinado, después de haber purificado el país y el templo, Josías encargó a Safán, hijo de Azalía, a Maaseías, el gobernador de Jerusalén y a Joa, hijo de Yoaz, el historiador real, para que repararan el templo del Señor su Dios. ⁹Estos hombres le dieron al sumo sacerdote Hilcías el dinero que habían recaudado en los levitas que servían como porteros en el templo de Dios. Las ofrendas las traían la gente de Manasés, de Efraín y los que quedaban de Israel; al igual que la gente de todo Judá, de Benjamín y de Jerusalén.

¹⁰El sumo sacerdote les confió el dinero a los hombres designados para supervisar la restauración del templo del Señor. A su vez ellos pagaban a los trabajadores que hacían las reparaciones y la renovación del templo. ¹¹Contrataron carpinteros y constructores, los cuales compraban piedras labradas para las paredes y madera para las vigas y los soportes. Restauraron lo que los reyes anteriores de Judá habían permitido que cayera en ruinas.

¹²Los obreros servían fielmente bajo el liderazgo de Jahat y Abdías, levitas del clan de Merari, y de Zacarías y Mesulam, levitas del clan de Coat. Otros levitas, todos músicos hábiles, ¹³quedaron encargados de los trabajadores de los diversos oficios. Incluso otros ayudaban como secretarios, oficiales y porteros.

Hilcías descubre la ley de Dios

¹⁴Mientras sacaban el dinero recaudado en el templo del Señor, el sacerdote Hilcías encontró el libro de la ley del Señor que escribió Moisés. ¹⁵Hilcías le dijo a Safán, secretario de la corte: «¡He encontrado el libro de la ley en el templo del Señor!». Entonces Hilcías le dio el rollo a Safán.

¹⁶Safán llevó el rollo al rey y le informó: «Sus funcionarios están haciendo todo lo que se les asignó. ¹⁷El dinero que se recaudó en el templo del Señor ha sido entregado a los supervisores y a los trabajadores». ¹⁸Safán también dijo al rey: «El sacerdote Hilcías me entregó un rollo». Así que Safán se lo leyó al rey.

¹⁹Cuando el rey oyó lo que estaba escrito en la ley, rasgó su ropa en señal de desesperación. ²⁰Luego dio las siguientes órdenes a Hilcías; a Ahicam, hijo de Safán; a Acbor, hijo de Micaías;* a Safán, secretario de la corte y a Asaías, consejero personal del rey: ²¹«Vayan al templo y consulten al Señor por mí y por todo el remanente de Israel y de Judá. Pregunten acerca de las palabras escritas en el rollo que se encontró. Pues el gran enojo del Señor ha sido derramado sobre nosotros, porque nuestros antepasados no obedecieron la palabra del Señor. No hemos estado haciendo todo lo que este rollo dice que debemos hacer».

²²Entonces Hilcías y los otros hombres se dirigieron al Barrio Nuevo* de Jerusalén para consultar a la profetisa Hulda. Ella era la esposa de Salum, hijo de Ticvah, hijo de Harhas,* el encargado del guardarropa del templo.

²³Ella les dijo: «¡El Señor, Dios de Israel, ha hablado! Regresen y dígane al hombre que los envió: ²⁴"Esto dice el Señor: 'Traeré desastre sobre esta ciudad* y sobre sus habitantes. Todas las maldiciones escritas en el rollo que fue leído al rey de Judá se cumplirán, ²⁵pues los de mi pueblo me han abandonado y han ofrecido sacrificios a dioses paganos. Estoy muy enojado con ellos por todo lo que han hecho. Mi enojo será derramado sobre este lugar y no se apagará'".

²⁶»Vayan a ver al rey de Judá, quien los envió a buscar al Señor, y dígane: "Esto dice el Señor, Dios de Israel, acerca del mensaje que acabas de escuchar: ²⁷'Estabas apenado

---

34:6 Así aparece en la versión siríaca. En hebreo dice *en sus templos* o *en sus ruinas*. El significado del hebreo es incierto.   34:20 Igual que el texto paralelo en 2 Re 22:12; en hebreo dice *Abdón, hijo de Micaía*.   34:22a O *Segundo Barrio*, un sector nuevo de Jerusalén. En hebreo dice *el Mishneh*.   34:22b Igual que el texto paralelo en 2 Re 22:14; en hebreo dice *de Tocat, hijo de Hasrah*.   34:24 En hebreo *este lugar*; también en 34:27, 28.

te humillaste ante Dios al oír las palabras que él pronunció contra la ciudad y sus habitantes. Te humillaste, rasgaste tu ropa en señal de desesperación y lloraste delante de mí, arrepentido. Ciertamente te escuché, dice el SEÑOR. [28]Por eso, no enviaré el desastre que te he prometido hasta después de que hayas muerto y seas enterrado en paz. Tú mismo no llegarás a ver la calamidad que traeré sobre esta ciudad y sus habitantes'"».

De modo que llevaron su mensaje al rey.

Reformas religiosas de Josías

[29]Entonces el rey convocó a todos los ancianos de Judá y de Jerusalén. [30]Luego subió al templo del SEÑOR junto con todos los habitantes de Judá y de Jerusalén, acompañado por los sacerdotes y los levitas: toda la gente, desde el menos importante hasta el más importante. Allí el rey les leyó todo el libro del pacto que se había encontrado en el templo del SEÑOR. [31]El rey tomó su lugar de autoridad junto a la columna y renovó el pacto en presencia del SEÑOR. Se comprometió a obedecer al SEÑOR cumpliendo sus mandatos, leyes y decretos con todo el corazón y con toda el alma. Prometió obedecer todas las condiciones del pacto que estaban escritas en el rollo. [32]Además, exigió a todos los que estaban en Jerusalén y en Benjamín que hicieran una promesa similar. El pueblo de Jerusalén lo hizo, y renovó su pacto con Dios, el Dios de sus antepasados.

[33]Josías quitó todos los ídolos detestables de toda la tierra de Israel y obligó a todos a adorar al SEÑOR su Dios. Durante el resto de la vida de Josías, no se apartaron del SEÑOR, Dios de sus antepasados.

Josías celebra la Pascua

35 Josías anunció que se celebraría la Pascua del SEÑOR en Jerusalén, y entonces se sacrificó el cordero de la Pascua el día catorce del primer mes.* [2]Josías también asignó a los sacerdotes sus responsabilidades y los animó en su trabajo en el templo del SEÑOR. [3]Dio esta orden a los levitas, quienes debían enseñar a todo Israel y quienes habían sido apartados para servir al SEÑOR: «Pongan el arca sagrada en el templo que construyó Salomón, hijo de David, rey de Israel. Ustedes ya no tienen que seguir cargándola de un sitio a otro sobre sus hombros. Ahora dediquen su tiempo a servir al SEÑOR su Dios y a su pueblo Israel. [4]Preséntense para su turno según las divisiones de familia de sus antepasados, de acuerdo con las instrucciones del rey David de Israel y las de su hijo Salomón.

[5]»Luego preséntense en el santuario, en el lugar designado para su respectiva división de familia, y ayuden a las familias que les hayan sido asignadas cuando estas traigan sus ofrendas al templo. [6]Maten los corderos de la Pascua, purifíquense y prepárense para ayudar a los que lleguen. Sigan

todas las instrucciones que el SEÑOR dio por medio de Moisés».

[7]Después Josías proveyó treinta mil corderos y cabritos para las ofrendas de la Pascua del pueblo, junto con tres mil cabezas de ganado; todos eran de los rebaños y de las manadas del rey. [8]Los funcionarios del rey también hicieron contribuciones voluntarias al pueblo, a los sacerdotes y a los levitas. Hilcías, Zacarías y Jehiel, administradores del templo de Dios, dieron a los sacerdotes dos mil seiscientos corderos y cabritos y trescientas cabezas de ganado como ofrendas de la Pascua. [9]Los jefes de los levitas —Conanías y sus hermanos Semaías y Natanael, al igual que Hasabías, Jeiel y Josabad— dieron cinco mil corderos y cabritos, y quinientas cabezas de ganado a los levitas para sus ofrendas de la Pascua.

[10]Cuando todos estaba listo para la celebración de la Pascua, los sacerdotes y los levitas ocuparon sus lugares, organizados según sus divisiones, tal como el rey les había ordenado. [11]Luego los levitas mataron los corderos de la Pascua y presentaron la sangre a los sacerdotes, quienes la rociaron sobre el altar mientras los levitas preparaban los animales. [12]Repartieron las ofrendas quemadas entre la gente de acuerdo a sus grupos de familia, para que las ofrecieran al SEÑOR según estaba establecido en el libro de Moisés. Hicieron lo mismo con el ganado. [13]Luego asaron los corderos de la Pascua como estaba establecido. Hirvieron las ofrendas sagradas en ollas, calderos y sartenes, y las llevaron rápidamente a la gente para que comiera.

[14]Después los levitas prepararon las ofrendas de la Pascua para sí mismos y para los sacerdotes, descendientes de Aarón, porque los sacerdotes habían estado ocupados desde la mañana hasta la noche presentando las ofrendas quemadas y las porciones de grasa. Los levitas se hicieron cargo de todos estos preparativos.

[15]Los músicos, descendientes de Asaf, estaban en sus lugares asignados y seguían las órdenes que les habían dado David, Asaf, Hemán y Jedutún, vidente del rey. Los porteros cuidaban las puertas y no era necesario que se alejaran de sus puestos de servicio porque sus hermanos levitas les preparaban sus ofrendas de la Pascua.

[16]Toda la ceremonia de la Pascua del SEÑOR se terminó en ese día. Todas las ofrendas quemadas fueron sacrificadas en el altar del SEÑOR, como lo había ordenado el rey Josías. [17]Todos los israelitas que estaban presentes en Jerusalén celebraron la Pascua y el Festival de los Panes sin Levadura durante siete días. [18]Desde los tiempos del profeta Samuel no se había celebrado una Pascua semejante. Ninguno de los reyes de Israel jamás había celebrado la Pascua como lo hizo Josías, porque hizo participar a todos los sacerdotes y levitas, a todo el pueblo de Jerusalén y a la gente de todo Judá e Israel. [19]Esta celebración de la Pascua ocurrió en el año dieciocho del reinado de Josías.

35:1 En el antiguo calendario lunar hebreo, ese día fue el 5 de abril del 622 a. C.

Josías muere en batalla

²⁰Después de que Josías terminó de restaurar el templo, Necao, rey de Egipto, dirigió a su ejército desde Egipto, para hacer la guerra en Carquemis, junto al río Éufrates. Entonces Josías y su ejército salieron a enfrentarlo;* ²¹pero el rey Necao envió mensajeros a Josías con el siguiente mensaje:

«¿Qué quieres de mí, rey de Judá? ¡No tengo nada contra ti! ¡Voy de camino a pelear contra otra nación, y Dios me ha dicho que me apresure! No interfieras con Dios, quien está conmigo, o él te destruirá».

²²Sin embargo, Josías se negó a escuchar a Necao, a quien Dios realmente le había hablado, y no quiso regresar. En cambio, se disfrazó y dirigió al ejército en la batalla, en la llanura de Meguido. ²³Entonces los arqueros enemigos hirieron al rey Josías con sus flechas y el rey gritó a sus hombres: «¡Sáquenme de la batalla, porque estoy gravemente herido!».

²⁴Así que sacaron a Josías de su carro de guerra y lo pusieron en otro. Luego lo regresaron a Jerusalén, donde murió. Lo enterraron allí, en el cementerio de los reyes, y todo Judá y Jerusalén hicieron duelo por él. ²⁵El profeta Jeremías compuso cantos fúnebres en honor de Josías, y hasta el día de hoy los coros siguen entonando estos tristes cantos acerca de su muerte. Estos cantos de duelo se han convertido en una tradición y están registrados en *El libro de los lamentos*.

²⁶Los demás acontecimientos del reinado de Josías y sus actos de devoción (realizados según lo que estaba escrito en la ley del SEÑOR), ²⁷desde el principio hasta el fin, están registrados en *El libro de los reyes de Israel y de Judá*.

Joacaz gobierna en Judá

36 Entonces la gente de la nación tomó a Joacaz, hijo de Josías, y lo proclamó el siguiente rey en Jerusalén.

²Joacaz* tenía veintitrés años cuando subió al trono y reinó en Jerusalén tres meses.

³Luego fue quitado por el rey de Egipto, quien exigió que Judá pagara un tributo de tres mil cuatrocientos kilos de plata, y treinta y cuatro kilos de oro.*

Joacim gobierna en Judá

⁴El rey de Egipto puso en el trono a Eliaquim, hermano de Joacaz, para que fuera el siguiente rey de Judá y de Jerusalén, y le cambió el nombre a Joacim. Después Necao se llevó a Joacaz a Egipto como prisionero.

⁵Joacim tenía veinticinco años cuando subió al trono y reinó en Jerusalén once años. Él hizo lo malo a los ojos del SEÑOR su Dios.

⁶Luego el rey Nabucodonosor de Babilonia fue a Jerusalén y la conquistó, sujetó a Joacim con cadenas de bronce y lo llevó a Babilonia. ⁷Nabucodonosor también se llevó algunos de los tesoros del templo del SEÑOR y los colocó en su palacio* en Babilonia.

⁸Los demás acontecimientos del reinado de Joacim, incluidas todas las maldades que cometió y todo lo que se descubrió en su contra, están registrados en *El libro de los reyes de Israel y de Judá*. Después su hijo Joaquín ocupó su lugar en el trono.

Joaquín gobierna en Judá

⁹Joaquín tenía dieciocho* años cuando subió al trono y reinó en Jerusalén tres meses y diez días. Joaquín hizo lo malo a los ojos del SEÑOR.

¹⁰En la primavera de ese año,* el rey Nabucodonosor llevó a Joaquín a Babilonia. En esa ocasión, también se llevaron muchos tesoros del templo del SEÑOR. Nabucodonosor puso en el trono a Sedequías, tío* de Joaquín, para que fuera el siguiente rey de Judá y de Jerusalén.

Sedequías gobierna en Judá

¹¹Sedequías tenía veintiún años cuando subió al trono y reinó en Jerusalén once años. ¹²Él hizo lo malo a los ojos del SEÑOR su Dios y se negó a humillarse cuando el profeta Jeremías le habló directamente de parte del SEÑOR. ¹³También se rebeló contra el rey Nabucodonosor, a pesar de que había hecho un juramento de lealtad en nombre de Dios. Sedequías era un hombre duro y terco, y rehusó volverse al SEÑOR, Dios de Israel.

¹⁴Asimismo, todos los jefes de los sacerdotes y el pueblo se volvieron cada vez más infieles. Siguieron todas las prácticas paganas de las naciones vecinas y profanaron el templo del SEÑOR que había sido consagrado en Jerusalén.

¹⁵Repetidas veces el SEÑOR, Dios de sus antepasados, envió a sus profetas para advertirles, porque tenía compasión de su pueblo y de su templo. ¹⁶Sin embargo, el pueblo se mofaba de estos mensajeros de Dios y despreciaba sus palabras. Se burlaron con desprecio de los profetas hasta que el enojo del SEÑOR no pudo ser contenido y ya no se podía hacer nada.

Caída de Jerusalén

¹⁷Entonces el SEÑOR mandó al rey de Babilonia contra ellos. Los babilonios* mataron a los hombres jóvenes de Judá, y los persiguieron incluso dentro del templo. No tuvieron compasión de la gente, y mataron tanto a los jóvenes como a las muchachas, a los ancianos y a los débiles. Dios los entregó a todos en manos de Nabucodonosor. ¹⁸El rey se llevó a Babilonia todos los objetos,

35:20 O *Josías salió a encontrarlo.* 36:2 En hebreo *Yoajaz,* una variante de Joacaz; también en 36:4. 36:3 En hebreo *100 talentos* [7500 libras] *de plata* y *1 talento* [75 libras] *de oro.* 36:7 O *templo.* 36:9 Así aparece en un manuscrito hebreo, en algunos manuscritos griegos, y en la versión siríaca (ver también 2 Re 24:8); la mayoría de los manuscritos hebreos dicen *ocho.* 36:10a En hebreo *A comienzos del año.* En el antiguo calendario lunar hebreo, el primer día del año fue el 13 de abril del 597 a. C. 36:10b Igual que el texto paralelo en 2 Re 24:17; en hebreo dice *hermano* o *pariente.* 36:17 O *caldeos.*

grandes y pequeños, que se usaban en el templo de Dios, y los tesoros tanto del templo del Señor como del palacio del rey y de sus funcionarios. ¹⁹Luego su ejército quemó el templo de Dios, derribó las murallas de Jerusalén, incendió todos los palacios y destruyó por completo todo lo que había de valor.* ²⁰Se llevaron desterrados a Babilonia a los pocos sobrevivientes, y se convirtieron en sirvientes del rey y sus hijos hasta que el reino de Persia llegó al poder.

²¹Así se cumplió el mensaje del Señor anunciado por medio de Jeremías. La tierra finalmente disfrutó de su tiempo de descanso, y quedó desolada hasta que se cumplieron los setenta años, tal como el profeta había dicho.

36:19 O *destruyó por completo todos los objetos valiosos del templo.* 538 a. C.   36:22b Ver Jr 25:11-12; 29:10.

Ciro permite el regreso de los desterrados

²²En el primer año de Ciro, rey de Persia,* el Señor cumplió la profecía que había dado por medio de Jeremías.* Movió el corazón de Ciro a poner por escrito el siguiente edicto y enviarlo a todo el reino:

²³«Esto dice Ciro, rey de Persia:

"El Señor, Dios del cielo, me ha dado todos los reinos de la tierra. Me encargó construirle un templo en Jerusalén, que está en Judá. Cualquiera que pertenezca al pueblo del Señor puede regresar para realizar esta tarea, ¡y que el Señor su Dios esté con ustedes!"».

36:22a El primer año del reinado de Ciro en Babilonia fue el año

Esdras

Ciro permite el regreso de los desterrados

1 En el primer año de Ciro, rey de Persia,* el
SEÑOR cumplió la profecía que había dado
por medio de Jeremías.* Movió el corazón de
Ciro a poner por escrito el siguiente edicto y
enviarlo a todo el reino:

²«Esto dice Ciro, rey de Persia:

"El SEÑOR, Dios del cielo, me ha dado todos
los reinos de la tierra. Me encargó construirle
un templo en Jerusalén, que está en Judá.
³Cualquiera que pertenezca a su pueblo
puede ir a Jerusalén de Judá para reconstruir
el templo del SEÑOR, Dios de Israel, quien vive
en Jerusalén, ¡y que su Dios esté con ustedes!
⁴En el lugar que se encuentre este remanente
judío, que sus vecinos los ayuden con los
gastos, dándoles plata y oro, provisiones
para el viaje y animales, como también una
ofrenda voluntaria para el templo de Dios en
Jerusalén"».

⁵Luego Dios movió el corazón de los sacerdotes, de los levitas y de los jefes de las tribus de
Judá y de Benjamín, para que fueran a Jerusalén
a reconstruir el templo del SEÑOR. ⁶Todos los vecinos colaboraron, dándoles objetos de plata y
de oro, provisiones para el viaje y animales. Les
dieron muchos regalos valiosos además de todas
las ofrendas voluntarias.

⁷El propio rey Ciro sacó los objetos que el rey
Nabucodonosor se había llevado del templo del
SEÑOR en Jerusalén y había colocado en el templo de sus dioses. ⁸Ciro le ordenó a Mitrídates, el
tesorero de Persia, que contara esos artículos y se
los entregara a Sesbasar, el líder de los desterrados
que regresaban a Judá.* ⁹La siguiente es una lista
de los artículos que se devolvieron:

tazones de oro	30
tazones de plata	1000
recipientes de plata para quemar	
incienso*	29
¹⁰ copas de oro	30
copas de plata	410
otros artículos	1000

¹¹En total eran cinco mil cuatrocientos artículos de oro y plata. Sesbasar los llevó todos

consigo cuando los desterrados se fueron de
Babilonia hacia Jerusalén.

Los desterrados que regresaron con Zorobabel

2 Esta es la lista de los desterrados judíos de las
provincias que regresaron de su cautive-
rio. El rey Nabucodonosor los había desterrado
a Babilonia, pero ahora regresaron a Jerusalén y
a las otras ciudades de Judá donde vivían originalmente. ²Sus líderes fueron Zorobabel, Jesúa,
Nehemías, Seraías, Reelaías, Mardoqueo, Bilsán,
Mispar, Bigvai, Rehum y Baana.

Este es el total de los hombres de Israel que regresó del destierro:

³ la familia de Paros	2172
⁴ la familia de Sefatías	372
⁵ la familia de Ara	775
⁶ la familia de Pahat-moab	
(descendientes de Jesúa y Joab)	2812
⁷ la familia de Elam	1254
⁸ la familia de Zatu	945
⁹ la familia de Zacai	760
¹⁰ la familia de Bani	642
¹¹ la familia de Bebai	623
¹² la familia de Azgad	1222
¹³ la familia de Adonicam	666
¹⁴ la familia de Bigvai	2056
¹⁵ la familia de Adín	454
¹⁶ la familia de Ater	
(descendientes de Ezequías)	98
¹⁷ la familia de Bezai	323
¹⁸ la familia de Jora	112
¹⁹ la familia de Hasum	223
²⁰ la familia de Gibar	95
²¹ la gente de Belén	123
²² la gente de Netofa	56
²³ la gente de Anatot	128
²⁴ la gente de Bet-azmavet*	42
²⁵ la gente de Quiriat-jearim,*	
Cafira y Beerot	743
²⁶ la gente de Ramá y Geba	621
²⁷ la gente de Micmas	122
²⁸ la gente de Betel y Hai	223
²⁹ los ciudadanos de Nebo	52
³⁰ los ciudadanos de Magbis	156
³¹ los ciudadanos de Elam occidental*	1254

1:1a El primer año del reinado de Ciro en Babilonia fue el 538 a. C.   **1:1b** Ver Jr 25:11-12; 29:10.   **1:8** En hebreo *Sesbasar, príncipe de Judá*.   **1:9** El significado de esta palabra hebrea es incierto.   **2:24** Igual que el texto paralelo en Ne 7:28; en hebreo dice *Azmavet*.   **2:25** Así aparece en algunos manuscritos hebreos y en la versión griega (ver también Ne 7:29); en hebreo dice *Quiriat-arim*.   **2:31** O *del otro Elam*.

³²los ciudadanos de Harim 320
³³los ciudadanos de Lod, Hadid y Ono 725
³⁴los ciudadanos de Jericó. 345
³⁵los ciudadanos de Senaa 3630

³⁶Estos son los sacerdotes que regresaron del destierro:
la familia de Jedaías
(por la línea genealógica de Jesúa) 973
³⁷la familia de Imer. 1052
³⁸la familia de Pasur 1247
³⁹la familia de Harim 1017

⁴⁰Estos son los levitas que regresaron del destierro:
la familia de Jesúa y la de Cadmiel
(descendientes de Hodavías) 74
⁴¹los cantores de la familia de Asaf 128
⁴²los porteros de las familias de Salum,
Ater, Talmón, Acub, Hatita y Sobai 139

⁴³Regresaron del destierro los descendientes de estos sirvientes del templo:
Ziha, Hasufa, Tabaot,
⁴⁴Queros, Siaha, Padón,
⁴⁵Lebana, Hagaba, Acub,
⁴⁶Hagab, Salmai,* Hanán,
⁴⁷Gidel, Gahar, Reaía,
⁴⁸Rezín, Necoda, Gazam,
⁴⁹Uza, Paseah, Besai,
⁵⁰Asena, Meunim, Nefusim,
⁵¹Bacbuc, Hacufa, Harhur,
⁵²Bazlut, Mehída, Harsa,
⁵³Barcos, Sísara, Tema,
⁵⁴Nezía y Hatifa.

⁵⁵Regresaron del destierro los descendientes de estos sirvientes del rey Salomón:
Sotai, Hasoferet, Peruda,
⁵⁶Jaala, Darcón, Gidel,
⁵⁷Sefatías, Hatil, Poqueret-hazebaim y Ami.

⁵⁸En total, los sirvientes del templo y los descendientes de los sirvientes de Salomón fueron trescientas noventa y dos personas.

⁵⁹Otro grupo regresó en esos días de las ciudades de Tel-mela, Tel-harsa, Querub, Addán e Imer. Sin embargo, ni ellos ni sus familias pudieron demostrar que eran descendientes de Israel. ⁶⁰Ese grupo incluía a las familias de Delaía, Tobías y Necoda: un total de seiscientas cincuenta y dos personas.

⁶¹También regresaron tres familias de sacerdotes: Habaía, Cos y Barzilai. (Este Barzilai se había casado con una mujer que era descendiente de Barzilai de Galaad y había tomado el nombre de la familia de ella). ⁶²Buscaron sus nombres en los registros genealógicos pero no los encontraron, así que no los calificaron para servir

como sacerdotes. ⁶³El gobernador les dijo que no comieran de la porción de los sacrificios que correspondía a los sacerdotes hasta que un sacerdote pudiera consultar al Señor sobre ese asunto por medio del Urim y el Tumim, o sea, el sorteo sagrado.

⁶⁴Así que un total de cuarenta y dos mil trescientas sesenta personas regresaron a Judá, ⁶⁵además de siete mil trescientos treinta y siete sirvientes y doscientos cantores, tanto hombres como mujeres. ⁶⁶Llevaron consigo setecientos treinta y seis caballos, doscientas cuarenta y cinco mulas, ⁶⁷cuatrocientos treinta y cinco camellos y seis mil setecientos veinte burros.

⁶⁸Cuando llegaron al templo del Señor en Jerusalén, algunos de los jefes de familia entregaron ofrendas voluntarias para la reconstrucción del templo de Dios en su sitio original, ⁶⁹y cada jefe dio todo lo que pudo. El total de esas ofrendas fue seiscientas un mil monedas de oro,* tres mil kilos* de plata y cien túnicas para los sacerdotes.

⁷⁰Entonces los sacerdotes, los levitas, los cantores, los porteros, los sirvientes del templo y algunos miembros del pueblo se establecieron en aldeas cerca de Jerusalén. El resto de la gente regresó a sus respectivas ciudades por todo el territorio de Israel.

Reconstrucción del altar

3 A comienzos del otoño,* cuando los israelitas ya se habían establecido en sus ciudades, todo el pueblo se reunió en Jerusalén con un mismo propósito. ²Entonces Jesúa, hijo de Jehosadac,* se unió a sus hermanos sacerdotes y a Zorobabel, hijo de Salatiel, con su familia, para reconstruir el altar del Dios de Israel. Querían sacrificar ofrendas quemadas sobre el altar, según las instrucciones de la ley de Moisés, hombre de Dios. ³A pesar de que tenían miedo de los lugareños, reconstruyeron el altar en su sitio original. Luego, cada mañana y cada tarde, comenzaron a sacrificar ofrendas quemadas al Señor sobre el altar.

⁴Celebraron el Festival de las Enramadas como está establecido en la ley y sacrificaron la cantidad específica de ofrendas quemadas para cada día del festival. ⁵También ofrecieron las ofrendas quemadas habituales y las ofrendas requeridas para las celebraciones de luna nueva y los festivales anuales, tal como lo había establecido el Señor. La gente también ofreció ofrendas voluntarias al Señor. ⁶Quince días antes de que comenzara el Festival de las Enramadas,* los sacerdotes empezaron a sacrificar ofrendas quemadas al Señor. Esto ocurrió aun antes de que comenzaran a echar los cimientos del templo del Señor.

2:46 Así aparece en una lectura alternativa del texto masorético (ver también Ne 7:48); el texto masorético dice *Samlai*.   **2:69a** En hebreo *61.000 daricos de oro*, unos 500 kilogramos ó 1100 libras de peso.   **2:69b** En hebreo *5000 minas* [6250 libras].   **3.1** En hebreo *en el séptimo mes*. No se especifica el año, de modo que pudo haber sido durante el primer año de Ciro (538 a. C.) o el segundo (537 a. C.). El séptimo mes del antiguo calendario lunar hebreo cayó entre septiembre y octubre del 538 a. C. o entre octubre y noviembre del 537 a. C. La referencia al mes tiene que ver con que es sagrado para el pueblo de Israel, porque en él se celebra el Festival de las Enramadas (Lv 23:23-43; Nm 29).   **3:2** En hebreo *Josadac*, una variante de Jehosadac; también en 3:8.   **3:6** En hebreo *El primer día del séptimo mes*. En el antiguo calendario lunar hebreo, ese día caía en septiembre o en octubre. El Festival de las Enramadas comenzaba el día quince del séptimo mes.

El pueblo comienza a reconstruir el templo

⁷Luego el pueblo contrató albañiles y carpinteros, y compró troncos de cedro de los habitantes de Tiro y Sidón, a quienes les pagaron con alimentos, vino y aceite de oliva. Transportaron troncos desde las montañas del Líbano hasta Jope haciéndolos flotar a lo largo de la costa del mar Mediterráneo,* ya que el rey Ciro había dado permiso para hacerlo.

⁸La construcción del templo de Dios comenzó a mediados de la primavera,* en el segundo año después de la llegada a Jerusalén. La fuerza laboral estaba formada por todos los que habían regresado del destierro, entre ellos Zorobabel, hijo de Salatiel, Jesúa, hijo de Josadac, junto con sus hermanos sacerdotes y todos los levitas. Pusieron al frente de la reconstrucción del templo del Señor a los levitas mayores de veinte años de edad. ⁹Jesúa, sus hijos y parientes, junto con Cadmiel y sus hijos, todos descendientes de Hodavías,* supervisaron a los que trabajaban en el templo de Dios. Para esta tarea contaron con la colaboración de los levitas de la familia de Henadad.

¹⁰Cuando los constructores terminaron los cimientos del templo del Señor, los sacerdotes se pusieron sus mantos y tomaron su lugar para tocar sus trompetas. Luego los levitas descendientes de Asaf hicieron sonar sus címbalos para alabar al Señor, tal como lo había establecido el rey David. ¹¹Con alabanza y agradecimiento entonaron el siguiente canto al Señor:

«¡Él es tan bueno!
¡Su fiel amor por Israel permanece para
    siempre!».

Luego todo el pueblo dio un fuerte grito, alabando al Señor, porque se habían echado los cimientos del templo del Señor.

¹²Sin embargo, muchos de los sacerdotes, levitas y otros líderes de edad avanzada que habían visto el primer templo lloraron en voz alta al ver los cimientos del nuevo templo. Los demás, en cambio, gritaban de alegría. ¹³Los gritos de alegría se mezclaron con el llanto y produjeron un clamor que podía oírse a gran distancia.

Los enemigos se oponen a la reconstrucción

4 Cuando los enemigos de Judá y de Benjamín oyeron que los desterrados estaban reconstruyendo un templo al Señor, Dios de Israel, ²fueron a ver a Zorobabel y a los otros líderes, y les dijeron:

—Déjennos participar en la construcción junto con ustedes, porque nosotros también adoramos a su Dios. Le venimos haciendo sacrificios desde que el rey Esar-hadón, de Asiria, nos trajo a estas tierras.

³Zorobabel, Jesúa y los otros líderes de Israel respondieron:

—De ninguna manera pueden tomar parte en esta obra. Nosotros solos construiremos el templo para el Señor, Dios de Israel, tal como nos ordenó Ciro, rey de Persia.

⁴Entonces los habitantes del lugar intentaron desalentar e intimidar al pueblo de Judá para impedirle que siguiera trabajando. ⁵Sobornaron a algunos funcionarios para que actuaran en contra de ellos y frustraran sus planes. Esta situación continuó durante todo el reinado de Ciro, rey de Persia, y duró hasta que Darío subió al trono de Persia.*

*Más oposición durante el reinado
de Jerjes y Artajerjes*

⁶Años más tarde, cuando Jerjes* comenzó su reinado, los enemigos de Judá escribieron una carta con acusaciones contra el pueblo de Judá y de Jerusalén.

⁷Tiempo después, durante el reinado de Artajerjes, rey de Persia,* los enemigos de Judá, dirigidos por Bislam, Mitrídates y Tabeel, le enviaron una carta a Artajerjes escrita en arameo, que fue traducida al idioma del rey.

⁸*El gobernador Rehum y Simsai, el secretario de la corte, escribieron la carta, en la cual le contaban al rey Artajerjes acerca de la situación en Jerusalén. ⁹Saludaban al rey en nombre de todos sus colegas: los jueces y los dirigentes locales, el pueblo de Tarpel, los persas, los babilonios y los de Erec y Susa (es decir, Elam). ¹⁰También enviaron saludos de parte del resto del pueblo que el gran y noble Asurbanipal* había deportado y reubicado en Samaria y en todas las tierras vecinas de la provincia situada al occidente del río Éufrates.* ¹¹La siguiente es una copia de la carta:

«Al rey Artajerjes, de parte de sus leales súbditos de la provincia situada al occidente del río Éufrates:

¹²»El rey debería saber que los judíos que llegaron a Jerusalén de Babilonia están reconstruyendo esa ciudad rebelde y malvada. Ya han echado los cimientos y pronto terminarán sus murallas. ¹³El rey también debería saber que, si esa ciudad se reconstruye y se completan sus murallas, su reino se verá perjudicado, porque los judíos se negarán a pagar los tributos, los derechos aduaneros y los peajes correspondientes.

¹⁴»Ya que nosotros somos leales súbditos* de usted y no queremos que se deshonre al rey de esa manera, hemos enviado esta información a su majestad. ¹⁵Sugerimos que se investigue en los registros de sus antepasados, en los que descubrirá la

3:7 En hebreo *el mar.*   **3:8** En hebreo *en el segundo mes.* En el antiguo calendario lunar hebreo, ese mes cayó entre abril y mayo del 536 a. C.   **3:9** En hebreo *hijos de Judá* (es decir, *bene Yehudah*). *Bene* también podría entenderse aquí como el nombre propio Binúi; *Yehudah* probablemente es otro nombre de Hodavías. Comparar 2:40; Ne 7:43; 1 Esdras 5:58 (libro apócrifo).   **4:5** Darío reinó del 521 al 486 a. C.   **4:6** En hebreo *Asuero,* otro nombre de Jerjes. Reinó del 486 al 465 a. C.   **4:7** Artajerjes reinó del 465 al 424 a. C.   **4:8** El texto original de 4:8–6:18 está escrito en arameo.   **4:10a** En arameo *Asnapar,* otro nombre de Asurbanipal.   **4:10b** En arameo *la provincia situada más allá del río;* también en 4:11, 16, 17, 20.   **4:14** En arameo *Ya que nosotros comemos la sal del palacio.*

rebelde que fue esa ciudad en la antigüedad. De hecho, fue destruida a causa de su larga y conflictiva historia de rebelión contra los reyes y las naciones que la controlaban. [16]Advertimos al rey que, si esa ciudad se reconstruye y sus murallas se completan, su majestad perderá la provincia situada al occidente del río Éufrates».

[17]Entonces el rey Artajerjes envió la siguiente respuesta:

«Al gobernador Rehum, a Simsai, secretario de la corte, y a sus colegas de Samaria y de toda la provincia situada al occidente del río Éufrates: saludos.

[18]»La carta que me enviaron fue traducida y leída en mi presencia. [19]Ordené que se investigara en los registros y, efectivamente, comprobé que Jerusalén ha sido un semillero de insurrección contra muchos reyes. De hecho, ¡la rebelión y las revueltas son normales allí! [20]Reyes poderosos han gobernado Jerusalén y toda la provincia al occidente del río Éufrates, y han recibido tributos, derechos aduaneros y peajes. [21]Por lo tanto, emitan órdenes para que esos hombres dejen de trabajar. Queda prohibido reconstruir esa ciudad, a menos que yo lo ordene expresamente. [22]Sean diligentes y no descuiden este asunto, porque no debemos permitir que la situación perjudique los intereses del trono».

[23]Cuando Rehum, Simsai y sus colegas oyeron la lectura de esa carta del rey Artajerjes, se fueron de prisa hacia Jerusalén. Entonces, con una demostración de fuerza, obligaron a los judíos a abandonar la construcción.

Se reanuda la reconstrucción

[24]Por lo tanto, se detuvo la obra del templo de Dios en Jerusalén, y quedó suspendida hasta el segundo año del reinado de Darío, rey de Persia.*

5 En ese tiempo, los profetas Hageo y Zacarías, hijo de Iddo, profetizaron a los judíos que estaban en Judá y en Jerusalén. Hablaron en nombre del Dios de Israel, quien estaba sobre ellos. [2]Zorobabel, hijo de Salatiel, y Jesúa, hijo de Jehosadac,* respondieron y continuaron la reconstrucción del templo de Dios en Jerusalén. Los profetas de Dios estaban con ellos y los ayudaban.

[3]Sin embargo, Tatnai, el gobernador de la provincia situada al occidente del río Éufrates,* y Setar-boznai junto con sus colegas pronto llegaron a Jerusalén y preguntaron: «¿Quién les dio permiso para reconstruir este templo y restaurar esta estructura?». [4]También pidieron los

nombres de todos los varones que trabajaban en la construcción del templo; [5]pero como Dios cuidaba a su pueblo, no pudieron impedir que los líderes judíos siguieran construyendo hasta que se enviara un informe a Darío y él comunicara su decisión al respecto.

Carta de Tatnai al rey Darío

[6]La siguiente es una copia de la carta que el gobernador Tatnai, Setar-boznai y los demás funcionarios de la provincia situada al occidente del río Éufrates le enviaron al rey Darío:

[7]«Al rey Darío: saludos.

[8]»El rey debería saber que fuimos al sitio donde se construye el templo del gran Dios, en la provincia de Judá. Lo están reconstruyendo con piedras especialmente preparadas y le están colocando madera en las murallas. La obra prosigue con gran energía y éxito.

[9]»Les preguntamos a los líderes: "¿Quién les dio permiso para reconstruir este templo y restaurar esta estructura?". [10]También exigimos sus nombres para poder comunicarle a usted quiénes eran esos líderes.

[11]»Ellos dieron la siguiente respuesta: "Nosotros somos siervos del Dios del cielo y de la tierra, y estamos reconstruyendo el templo que, hace muchos años, edificó aquí un gran rey de Israel. [12]No obstante, debido a que nuestros antepasados hicieron enojar al Dios del cielo, él los entregó en manos de Nabucodonosor, rey de Babilonia,* quien destruyó el templo y desterró al pueblo a Babilonia. [13]Sin embargo, el rey Ciro, de Babilonia,* en el primer año de su reinado, emitió un decreto que ordenaba reconstruir el templo de Dios. [14]El rey Ciro devolvió las copas de oro y de plata que Nabucodonosor había tomado del templo de Dios en Jerusalén y había colocado en el templo de Babilonia. Esas copas fueron retiradas de ese templo y entregadas a un hombre llamado Sesbasar, a quien el rey Ciro había designado gobernador de Judá. [15]El rey le indicó que devolviera las copas a su lugar en Jerusalén y reconstruyera el templo de Dios en su sitio original. [16]Así que ese tal Sesbasar llegó y echó los cimientos del templo de Dios en Jerusalén. Desde entonces, la gente ha estado trabajando en la reconstrucción, pero aún no está terminado".

[17]»Por lo tanto, si al rey le place, solicitamos que se haga una investigación en los archivos reales de Babilonia, a fin de descubrir si es verdad que el rey Ciro emitió un decreto para la reconstrucción del templo de Dios en Jerusalén; y luego, que el rey nos haga saber su decisión sobre este asunto».

4:24 El segundo año del reinado de Darío fue el 520 a. C. El relato que comienza en 4:1-5 se reanuda en 4:24. 5:2 En arameo *Josadac,* una variante de Jehosadac. 5:3 En arameo *la provincia situada más allá del río;* también en 5:6. 5:12 En arameo *Nabucodonosor el caldeo.* 5:13 Aquí se identifica al rey Ciro de Persia como el rey de Babilonia porque Persia había conquistado al Imperio babilónico.

Darío aprueba la reconstrucción

6 Entonces el rey Darío dio órdenes para que se investigara en los archivos de Babilonia, los cuales estaban guardados en la tesorería. ²Sin embargo, fue en la fortaleza de Ecbatana, en la provincia de Media, donde se encontró un rollo que decía lo siguiente:

«Memorando:

³»En el primer año del reinado del rey Ciro, se emitió un decreto en relación con el templo de Dios en Jerusalén.

»Que se reconstruya el templo con los cimientos originales en el sitio donde los judíos solían ofrecer sus sacrificios. Tendrá veintiún metros de alto y veintisiete metros de ancho.* ⁴A cada tres hileras de piedras especialmente preparadas, se les pondrá encima una capa de madera. Todos los gastos correrán por cuenta de la tesorería real. ⁵Además, las copas de oro y de plata que Nabucodonosor tomó del templo de Dios en Jerusalén y llevó a Babilonia serán devueltas a Jerusalén y colocadas nuevamente en el lugar que corresponden. Que sean devueltas al templo de Dios».

⁶Entonces el rey Darío envió el siguiente mensaje:

«Por consiguiente, Tatnai, gobernador de la provincia situada al occidente del río Éufrates,* y Setar-boznai junto con sus colegas y otros funcionarios del occidente del río Éufrates, ¡manténganse bien lejos de allí! ⁷No estorben la construcción del templo de Dios. Dejen que se reconstruya en su sitio original y no le pongan trabas al trabajo del gobernador de Judá ni al de los ancianos de los judíos.

⁸»Además, por la presente, decreto que ustedes tendrán que ayudar a esos ancianos de los judíos mientras reconstruyan el templo de Dios. Ustedes tienen que pagar el costo total de la obra, sin demora, con los impuestos que se recaudan en la provincia situada al occidente del río Éufrates, a fin de que la construcción no se interrumpa.

⁹»Denles a los sacerdotes de Jerusalén todo lo que necesiten, sean becerros, carneros o corderos, para las ofrendas quemadas que presenten al Dios del cielo; y sin falta, provéanles toda la sal y todo el trigo, el vino y el aceite de oliva que requieran para cada día. ¹⁰Entonces ellos podrán ofrecer sacrificios aceptables al Dios del cielo y orar por el bienestar del rey y sus hijos.

¹¹»También declaro que a los que violen de cualquier manera este decreto se les arrancará una viga de su casa; luego, serán atados a esa viga y azotados, y su casa será reducida a un montón de escombros.* ¹²Que el Dios que eligió la ciudad de Jerusalén como el lugar donde se dé honra a su nombre destruya a cualquier rey o nación que viole este mandato y destruya este templo.

»Yo, Darío, he emitido el presente decreto. Que se obedezca al pie de la letra».

Dedicación del templo

¹³Tatnai, gobernador de la provincia situada al occidente del río Éufrates, y Setar-boznai junto con sus colegas acataron enseguida el mandato del rey Darío. ¹⁴Así que los ancianos de los judíos continuaron la obra y fueron muy animados por la predicación de los profetas Hageo y Zacarías, hijo de Iddo. Por fin el templo quedó terminado, como lo había ordenado el Dios de Israel y decretado Ciro, Darío y Artajerjes, reyes de Persia. ¹⁵La construcción del templo se completó el 12 de marzo,* durante el sexto año del reinado de Darío.

¹⁶Luego, el pueblo de Israel, los sacerdotes, los levitas y todos los demás que habían regresado del destierro dedicaron el templo de Dios con gran alegría. ¹⁷Durante la ceremonia de dedicación del templo de Dios, sacrificaron cien becerros, doscientos carneros y cuatrocientos corderos. También presentaron doce chivos como ofrenda por el pecado de las doce tribus de Israel. ¹⁸Luego los sacerdotes y levitas se agruparon según sus diferentes divisiones para servir en el templo de Dios en Jerusalén, tal como está establecido en el libro de Moisés.

Celebración de la Pascua

¹⁹Los que regresaron del destierro celebraron la Pascua el 21 de abril.* ²⁰Los sacerdotes y los levitas se habían purificado y estaban ceremonialmente puros. Así que mataron el cordero de la Pascua para todos los que regresaron del destierro, para sus hermanos sacerdotes y para ellos mismos. ²¹El pueblo de Israel que había regresado del destierro comió la cena de Pascua junto con los demás de la tierra que habían dejado sus costumbres inmorales para adorar al SEÑOR, Dios de Israel. ²²Luego celebraron el Festival de los Panes sin Levadura durante siete días. Hubo mucha alegría en toda la tierra, porque el SEÑOR había hecho que el rey de Asiria* les diera su favor al ayudarlos a reconstruir el templo de Dios, el Dios de Israel.

6:3 En arameo *Su altura será de 60 codos* [90 pies], *y su anchura será de 60 codos*. La opinión general sostiene que este versículo debería modificarse, a fin de que diga: «Su altura será de 30 codos [13,80 metros ó 45 pies], su largo será de 60 codos [27,60 metros ó 90 pies] y su anchura será de 20 codos [9,20 metros ó 30 pies]»; comparar 1 Re 6:2. La modificación con respecto al ancho tiene apoyo en la versión siríaca. **6:6** En arameo *la provincia situada más allá del río*; también en 6:6b, 8, 13. **6:11** En arameo *montón de estiércol*. **6:15** En arameo el *tercer día del mes de adar*, del antiguo calendario lunar hebreo. Varios sucesos del libro de Esdras pueden corroborarse con las fechas que aparecen en los registros persas que se han conservado y pueden relacionarse de manera precisa con nuestro calendario moderno. Ese día fue el 12 de marzo del 515 a. C. **6:19** En hebreo *el día catorce del primer mes*, del antiguo calendario lunar hebreo. Ese día fue el 21 de abril del 515 a. C.; ver también la nota en 6:15. **6:22** Aquí se identifica al rey Darío, de Persia, como el rey de Asiria porque Persia había conquistado el Imperio babilónico, el cual incluía al antiguo Imperio asirio.

Esdras llega a Jerusalén

7 Muchos años después, durante el reinado de Artajerjes, rey de Persia,* hubo un hombre llamado Esdras. Era hijo* de Seraías, hijo de Azarías, hijo de Hilcías, ²hijo de Salum, hijo de Sadoc, hijo de Ahitob, ³hijo de Amarías, hijo de Azarías, hijo* de Meraiot, ⁴hijo de Zeraías, hijo de Uzi, hijo de Buqui, ⁵hijo de Abisúa, hijo de Finees, hijo de Eleazar, hijo de Aarón, el sumo sacerdote.* ⁶Este Esdras era un escriba muy instruido en la ley de Moisés, la cual el SEÑOR, Dios de Israel, había dado al pueblo de Israel. Él subió de Babilonia a Jerusalén, y el rey le dio todo lo que pidió, porque la bondadosa mano del SEÑOR su Dios estaba sobre él. ⁷Algunos del pueblo de Israel junto con varios sacerdotes, levitas, cantores, porteros y sirvientes del templo viajaron con él en el séptimo año del reinado de Artajerjes.

⁸Esdras llegó a Jerusalén en agosto* de ese año. ⁹Había hecho arreglos para partir de Babilonia el 8 de abril, el primer día del nuevo año,* y llegó a Jerusalén el 4 de agosto,* pues la bondadosa mano de su Dios estaba sobre él. ¹⁰Así fue porque Esdras había decidido estudiar y obedecer la ley del SEÑOR y enseñar sus decretos y ordenanzas al pueblo de Israel.

Carta de Artajerjes a Esdras

¹¹La siguiente es una copia de la carta que el rey Artajerjes le dio a Esdras, el sacerdote y escriba que estudiaba y enseñaba los mandatos y decretos del SEÑOR a Israel:

¹²*«De Artajerjes, rey de reyes, al sacerdote Esdras, maestro de la ley del Dios del cielo: ¡saludos!

¹³»Yo decreto que cualquier israelita de mi reino, incluidos los sacerdotes y levitas, puede ofrecerse como voluntario para regresar contigo a Jerusalén. ¹⁴Por la presente, yo y mis siete consejeros te ordenamos que averigües la situación en que están Judá y Jerusalén, basado en la ley de tu Dios, la cual está en tus manos. ¹⁵También te encargamos que lleves contigo plata y oro, los cuales presentamos como una ofrenda voluntaria al Dios de Israel, quien vive en Jerusalén. ¹⁶»Además, llevarás toda la plata y el oro que obtengas de la provincia de Babilonia, como también las ofrendas voluntarias que el pueblo y los sacerdotes ofrezcan para el templo de su Dios en Jerusalén. ¹⁷Usarás estos donativos específicamente para comprar toros, carneros, corderos y las ofrendas de grano y las ofrendas líquidas correspondientes, para que se ofrezca todo

en el altar del templo de tu Dios en Jerusalén. ¹⁸El oro y la plata que sobren pueden usarse para lo que tú y tus colegas crean que sea la voluntad de su Dios.

¹⁹»En cuanto a las copas que te confiamos para el servicio del templo de tu Dios, entrégalas todas al Dios de Jerusalén. ²⁰Si precisas alguna otra cosa para el templo de tu Dios o para otra necesidad similar, puedes tomarla de la tesorería real.

²¹»Yo, el rey Artajerjes, por la presente, envío el siguiente decreto a todos los tesoreros de la provincia situada al occidente del río Éufrates:* "Deben darle a Esdras, el sacerdote y maestro de la ley del Dios del cielo, todo lo que él les pida. ²²Le darán hasta tres mil cuatrocientos kilos* de plata, veintidós mil litros* de trigo, dos mil litros de vino, dos mil litros de aceite de oliva* y sal en cantidad ilimitada. ²³Procuren proveer todo lo que el Dios del cielo exija para su templo, pues, ¿por qué hemos de correr el riesgo de provocar el enojo de Dios contra los dominios del rey o de sus hijos? ²⁴También decreto que a ningún sacerdote, levita, cantor, portero, sirviente del templo ni a ningún otro trabajador de este templo de Dios se le exija el pago de tributos, derechos aduaneros o peajes de ninguna clase".

²⁵»Y tú, Esdras, usa la sabiduría que tu Dios te ha dado a fin de nombrar magistrados y jueces que conozcan las leyes de tu Dios, para que gobiernen a toda la gente de la provincia situada al occidente del río Éufrates. Enseña la ley a todo el que no la conozca. ²⁶Cualquiera que se niegue a obedecer la ley de tu Dios y la ley del rey será castigado de inmediato, ya sea por muerte, destierro, confiscación de bienes o encarcelamiento».

Esdras alaba al SEÑOR

²⁷¡Alaben al SEÑOR, Dios de nuestros antepasados, que hizo que el rey deseara embellecer el templo del SEÑOR en Jerusalén! ²⁸¡Y alábenlo, porque me demostró tal amor inagotable al honrarme delante del rey, sus consejeros y todos sus poderosos nobles! Me sentí alentado, porque la bondadosa mano del SEÑOR mi Dios estuvo sobre mí. Así que reuní a algunos de los líderes de Israel para que regresaran conmigo a Jerusalén.

Los desterrados que regresaron con Esdras

8 La siguiente es una lista de los jefes de familia junto con las genealogías de los que regresaron conmigo de Babilonia durante el reinado del rey Artajerjes:

² de la familia de Finees: Gersón;
de la familia de Itamar: Daniel;
de la familia de David: Hatús, ³descendiente
de Secanías;

de la familia de Paros: Zacarías y otros
ciento cincuenta hombres que fueron
registrados;

⁴ de la familia de Pahat-moab: Elioenai, hijo
de Zeraías, y otros doscientos hombres;

⁵ de la familia de Zatu*: Secanías, hijo de
Jahaziel, y otros trescientos hombres;

⁶ de la familia de Adín: Ebed, hijo de Jonatán,
y otros cincuenta hombres;

⁷ de la familia de Elam: Jesaías, hijo de Atalías,
y otros setenta hombres;

⁸ de la familia de Sefatías: Zebadías, hijo de
Micael, y otros ochenta hombres;

⁹ de la familia de Joab: Obadías, hijo de Jehiel,
y otros doscientos dieciocho hombres;

¹⁰ de la familia de Bani:* Selomit, hijo de
Josifías, y otros ciento sesenta hombres;

¹¹ de la familia de Bebai: Zacarías, hijo de Bebai,
y otros veintiocho hombres;

¹² de la familia de Azgad: Johanán, hijo de
Hacatán, y otros ciento diez hombres;

¹³ de la familia de Adonicam, a la cual llegó
después:* Elifelet, Jeiel, Semaías, y
sesenta hombres;

¹⁴ de la familia de Bigvai: Utai, Zacur* y otros
setenta hombres.

Viaje de Esdras a Jerusalén

¹⁵Reuní a los desterrados junto al canal de
Ahava, y acampamos allí tres días, mientras revisaba la lista de las personas y los sacerdotes que
habían llegado. Descubrí que ni un solo levita se
había ofrecido para acompañarnos. ¹⁶Entonces
mandé llamar a Eliezer, Ariel, Semaías, Elnatán,
Jarib, Elnatán, Natán, Zacarías y Mesulam, los
cuales eran jefes del pueblo. También mandé
llamar a Joiarib y Elnatán, quienes eran hombres
con discernimiento. ¹⁷Los envié a ver a Iddo, el
líder de los levitas de Casifia, para pedirle a él, a
sus parientes y a los sirvientes del templo que
nos enviaran ministros para el templo de Dios
en Jerusalén.

¹⁸Como la bondadosa mano de nuestro Dios
estaba sobre nosotros, nos enviaron a un hombre llamado Serebías junto con dieciocho de sus
hijos y hermanos. Serebías era muy sagaz, un
descendiente de Mahli, quien era descendiente
de Leví, hijo de Israel.* ¹⁹También enviaron
a Hasabías junto con Jesaías, de los descendientes de Merari, a veinte de sus hijos y hermanos, ²⁰y a doscientos veinte sirvientes del
templo. Los sirvientes del templo, un grupo de

trabajadores instituido originalmente por el rey
David y sus funcionarios, eran ayudantes de los
levitas. Todos estaban registrados por nombre.

²¹Allí, junto al canal de Ahava, di órdenes de
que todos ayunáramos y nos humilláramos ante
nuestro Dios. En oración le pedimos a Dios que
nos diera un buen viaje y nos protegiera en el
camino tanto a nosotros como a nuestros hijos
y nuestros bienes. ²²Pues me dio vergüenza
pedirle al rey soldados y jinetes* que nos acompañaran y nos protegieran de los enemigos
durante el viaje. Después de todo, ya le habíamos
dicho al rey que «la mano protectora de nuestro Dios está sobre todos que lo adoran, pero
su enojo feroz se desata contra quienes lo abandonan» ²³Así que ayunamos y oramos intensamente para que nuestro Dios nos cuidara, y él
oyó nuestra oración.

²⁴Nombré doce jefes de los sacerdotes
—Serebías, Hasabías y otros diez sacerdotes—
²⁵para que se encargaran de transportar la plata,
el oro, los recipientes de oro y los demás artículos que el rey, sus consejeros y funcionarios, y
todo el pueblo de Israel había presentado para
el templo de Dios. ²⁶Pesé el tesoro mientras se lo
entregaba a ellos y esto sumaba lo siguiente:

22 toneladas* de plata,
3400 kilos* de objetos de plata,
3400 kilos de oro,

²⁷ 20 recipientes de oro, equivalentes al valor
de 1000 monedas de oro,*
2 objetos finos de bronce pulido, tan valiosos
como el oro.

²⁸Luego les dije a los sacerdotes: «Ustedes y
esos tesoros están santos, separados al Señor. La
plata y el oro son una ofrenda voluntaria para el
Señor, Dios de nuestros antepasados. ²⁹Cuiden
bien esos tesoros hasta que se los entreguen a
los principales sacerdotes, a los levitas y a los
jefes de Israel, quienes los pesarán en los depósitos del templo del Señor en Jerusalén».
³⁰Entonces los sacerdotes y los levitas aceptaron
la tarea de transportar esos tesoros de plata y de
oro al templo de nuestro Dios en Jerusalén.

³¹El 19 de abril,* levantamos el campamento
junto al canal de Ahava y nos dirigimos a
Jerusalén. La bondadosa mano de nuestro Dios
nos protegió y nos salvó de enemigos y bandidos
a lo largo del camino. ³²Así que llegamos a salvo
a Jerusalén, donde descansamos tres días.

³³Al cuarto día de nuestra llegada, la plata, el
oro y los demás objetos de valor fueron pesados
en el templo de nuestro Dios y encomendados
a Meremot, hijo del sacerdote Urías, y a Eleazar,
hijo de Finees, junto con Jozabad, hijo de Jesúa, y

8:5 Así aparece en algunos manuscritos griegos (ver también 1 Esdras 8:32 [libro apócrifo]). En hebreo falta *Zatu*. **8:10** Así aparece en algunos manuscritos griegos (ver también 1 Esdras 8:36 [libro apócrifo]). En hebreo falta *Bani*. **8:13** O *quienes fueron los últimos de su familia*. **8:14** Así aparece en la versión griega, en la siríaca y en otra lectura alternativa del texto masorético; otra lectura masorética dice *Zabud*. **8:18** *Israel* es el nombre que Dios le dio a Jacob. **8:22** O *conductores de carros de guerra*. **8:26a** En hebreo *650 talentos* [24 toneladas de TM]. **8:26b** En hebreo *100 talentos* [7500 libras], también en 8:26. **8:27** En hebreo *1000 dáricos*, cerca de 8,60 kilogramos ó 19 libras. **8:31** En hebreo *el día doce del primer mes*, del antiguo calendario lunar hebreo. Esta fue el 19 de abril del 458 a. C.; ver también la nota en 6:15.

Noadías, hijo de Binúi, ambos levitas. [34]Ellos rindieron cuenta de todo por número y peso, y el peso total quedó asentado en los registros oficiales.

[35]Luego, los desterrados que habían regresado del cautiverio sacrificaron ofrendas quemadas al Dios de Israel. Ofrecieron doce toros por todo el pueblo de Israel, además de noventa y seis carneros y setenta y siete corderos. También sacrificaron doce chivos como ofrenda por el pecado. Todo se ofreció como una ofrenda quemada al Señor. [36]Los decretos del rey fueron entregados a sus funcionarios de más alta posición y a los gobernadores de la provincia situada al occidente del río Éufrates,* quienes colaboraron dando su apoyo al pueblo y al templo de Dios.

Oración de Esdras acerca de los matrimonios mixtos

9 Una vez realizadas estas cosas, los líderes judíos vinieron a verme y dijeron: «Muchos del pueblo de Israel e incluso algunos sacerdotes y levitas no se han mantenido separados de los otros pueblos que viven en esta tierra. Han adoptado las prácticas detestables de los cananeos, los hititas, los ferezeos, los jebuseos, los amonitas, los moabitas, los egipcios y los amorreos. [2]Pues los hombres de Israel se han casado con mujeres de esos pueblos y también las han tomado como esposas para sus hijos. De manera que la raza santa se ha corrompido a causa de esos matrimonios mixtos. Peor aún, los primeros en cometer este ultraje han sido los líderes y los funcionarios».

[3]Al oír esto, me rasgué el manto y la camisa, me arranqué el pelo de la cabeza y de la barba, y me senté completamente horrorizado. [4]Entonces todos los que temblaban ante las palabras del Dios de Israel vinieron y se sentaron conmigo a causa de este ultraje cometido por los que habían regresado del destierro. Allí me quedé sentado, totalmente horrorizado, hasta la hora del sacrificio de la tarde.

[5]A la hora del sacrificio, me levanté de donde había estado sentado haciendo duelo con mis ropas rasgadas. Caí de rodillas y levanté las manos al Señor mi Dios. [6]Hice la siguiente oración:

«Oh Dios mío, estoy totalmente avergonzado; me da vergüenza elevar mi rostro a ti. Pues nuestros pecados se han amontonado tanto que son más altos que nosotros, y nuestra culpa llega a los cielos. [7]Desde el tiempo de nuestros antepasados hasta el día de hoy, hemos vivido sumergidos en el pecado. Por esa razón, nosotros, nuestros reyes y nuestros sacerdotes hemos estado a merced de los reyes paganos de la tierra. Nos han matado, capturado, robado y deshonrado, tal como estamos hoy.

[8]»Sin embargo, ahora se nos concedió un breve momento de gracia, porque el Señor

nuestro Dios ha permitido que unos cuantos de nosotros sobreviéramos como un remanente. Él nos ha dado seguridad en este lugar santo. Nuestro Dios nos ha iluminado los ojos y nos ha concedido un poco de alivio de nuestra esclavitud. [9]Pues éramos esclavos pero, en su amor inagotable, nuestro Dios no nos abandonó en nuestra esclavitud. Por el contrario, hizo que los reyes de Persia nos trataran favorablemente. Él nos dio nuevas fuerzas, para que pudiéramos reconstruir el templo de nuestro Dios y reparar las ruinas. Nos dio una muralla de protección en Judá y en Jerusalén.

[10]»Ahora, Dios nuestro, ¿qué podemos decir después de semejantes cosas? ¡Pues una vez más hemos abandonado tus mandatos! [11]Tus siervos, los profetas, nos advirtieron cuando dijeron: "La tierra en la que están a punto de entrar y poseer está totalmente contaminada por las prácticas detestables de los pueblos que la habitan. De un extremo al otro, la tierra está llena de corrupción. [12]¡No permitan que sus hijas se casen con los hijos de ellos! ¡No tomen a las hijas de ellos como esposas para sus hijos! Jamás promuevan la paz y la prosperidad para esas naciones. Si ustedes siguen estas instrucciones, serán fuertes y disfrutarán de las buenas cosas que la tierra produce, y dejarán esta prosperidad como herencia a sus hijos para siempre".

[13]»Ahora somos castigados por nuestra perversión y nuestra gran culpa; pero en realidad, el castigo que recibimos es mucho menor de lo que merecemos, porque tú, Dios nuestro, has permitido que algunos de nosotros sobreviéramos como un remanente. [14]Sin embargo, aun así, otra vez estamos quebrantando tus mandatos y nos estamos casando con personas que cometen esos actos detestables. ¿Acaso no será suficiente tu enojo para destruirnos, para que ni aun este pequeño remanente sobreviva? [15]Oh Señor, Dios de Israel, tú eres justo. Nos acercamos a ti con nuestra culpa, sin ser más que un remanente que ha escapado, aunque en semejante condición ninguno de nosotros puede estar en tu presencia».

El pueblo confiesa su pecado

10 Mientras Esdras oraba y hacía esa confesión llorando y postrado rostro en tierra delante del templo de Dios, una gran multitud de Israel —hombres, mujeres y niños— se congregó y lloró amargamente con él. [2]Luego Secanías, hijo de Jehiel, descendiente de Elam, le dijo a Esdras: «Hemos sido infieles a nuestro Dios, porque nos hemos casado con mujeres paganas de esta tierra; pero a pesar de esto, hay esperanza para Israel. [3]Hagamos ahora un pacto

8:36 En hebreo *la provincia situada más allá del río.*

con nuestro Dios mediante el cual nos divorciaremos de nuestras esposas paganas y las echaremos de aquí junto con sus hijos. Seguiremos tu consejo y el de los demás que respetan los mandatos de nuestro Dios. Que se haga todo de acuerdo con la ley de Dios. ⁴Levántate, porque es tu deber decirnos cómo debemos proceder para arreglar esta situación. Nosotros te respaldamos, por lo tanto, sé fuerte y actúa».

⁵Entonces Esdras se puso de pie y exigió que los jefes de los sacerdotes, los levitas y todo el pueblo de Israel juraran que harían lo que dijo Secanías. Así que todos hicieron un juramento solemne. ⁶Luego Esdras se retiró de la parte delantera del templo de Dios y fue a la habitación de Johanán, hijo de Eliasib. Pasó la noche* allí sin comer ni beber nada. Seguía en duelo a causa de la infidelidad de los que habían regresado del destierro.

⁷Luego se proclamó por todo el territorio de Judá y en Jerusalén que todos los desterrados debían presentarse en Jerusalén. ⁸Si los jefes y los ancianos así lo decidían, los que no acudieran en el plazo de tres días perderían el derecho a todas sus propiedades y serían expulsados de la asamblea de los desterrados.

⁹En el plazo de tres días, todo el pueblo de Judá y de Benjamín se reunió en Jerusalén. La asamblea tuvo lugar el 19 de diciembre,* y todos los israelitas estaban sentados en la plaza, frente al templo de Dios. Temblaban por la seriedad del asunto y también porque estaba lloviendo. ¹⁰Entonces Esdras, el sacerdote, se puso de pie y les dijo:

—Ustedes han cometido un pecado terrible; al casarse con mujeres paganas, han aumentado la culpa de Israel. ¹¹Por lo tanto, confiesen ahora su pecado al SEÑOR, Dios de sus antepasados, y hagan lo que él exige. Apártense de los habitantes de esta tierra y sepárense de esas mujeres paganas.

¹²Entonces toda la asamblea levantó la voz y respondió:

—¡Sí, tienes razón; debemos hacer lo que tú dices!

¹³Luego agregaron:

—No es algo que pueda resolverse en uno o dos días, porque muchos de nosotros estamos implicados en este asunto sumamente pecaminoso. Además, estamos en temporada de lluvias, así que no podemos quedarnos aquí afuera mucho más tiempo. ¹⁴Que nuestros líderes actúen en nombre de todos nosotros. Que todo el que tenga una esposa pagana venga en una determinada hora, acompañado por los líderes y jueces de su ciudad, para que la ira feroz de nuestro Dios por esto se aleje de nosotros.

¹⁵Los únicos que se opusieron a estas medidas fueron Jonatán, hijo de Asael, y Jahazías, hijo de Ticva, ambos respaldados por Mesulam y el levita Sabetai.

¹⁶Así que adoptaron el plan sugerido por la asamblea. Esdras escogió jefes para que representaran a sus familias y nombró a cada representante por nombre. El 29 de diciembre* los jefes se pusieron a investigar el asunto. ¹⁷Para el 27 de marzo, que era el primer día del nuevo año,* ya habían terminado de resolver los casos de todos los hombres que se habían casado con mujeres paganas.

Los culpables de matrimonios mixtos

¹⁸Los siguientes son los sacerdotes que habían tomado mujeres paganas como esposas:
De la familia de Jesúa, hijo de Jehosadac,* y sus hermanos: Maaseías, Eliezer, Jarib y Gedalías.
¹⁹Ellos juraron divorciarse de sus esposas, y cada uno reconoció su culpabilidad presentando un carnero como ofrenda por la culpa.
²⁰De la familia de Imer: Hananí y Zebadías.
²¹De la familia de Harim: Maaseías, Elías, Semaías, Jehiel y Uzías.
²²De la familia de Pasur: Elioenai, Maaseías, Ismael, Natanael, Jozabad y Elasa.

²³Los culpables de este pecado de entre los levitas eran Jozabad, Simei, Kelaía (también llamado Kelita), Petaías, Judá y Eliezer.

²⁴El culpable de este pecado de entre los cantores era Eliasib.

Los culpables de este pecado de entre los porteros eran Salum, Telem y Uri.

²⁵Los culpables de este pecado de entre los demás israelitas eran los siguientes:
De la familia de Paros: Ramía, Jezías, Malquías, Mijamín, Eleazar, Hasabías* y Benaía.
²⁶De la familia de Elam: Matanías, Zacarías, Jehiel, Abdi, Jeremot y Elías.
²⁷De la familia de Zatu: Elioenai, Eliasib, Matanías, Jeremot, Zabad y Aziza.
²⁸De la familia de Bebai: Johanán, Hananías, Zabai y Atlai.
²⁹De la familia de Bani: Mesulam, Maluc, Adaía, Jasub, Seal y Jeremot.
³⁰De la familia de Pahat-moab: Adna, Quelal, Benaía, Maaseías, Matanías, Bezalel, Binúi y Manasés.
³¹De la familia de Harim: Eliezer, Isías, Malquías, Semaías, Simeón, ³²Benjamín, Maluc y Semarías.

10:6 Igual que el texto paralelo en 1 Esdras 9:2 (libro apócrifo); en hebreo dice *Fue.*   **10:9** En hebreo el *día veinte del noveno mes,* del antiguo calendario lunar hebreo. Ese día fue el 19 de diciembre del 458 a. C.; ver también la nota en 6:15.   **10:16** El *primer día del décimo mes,* del antiguo calendario lunar hebreo. Ese día fue el 29 de diciembre del 458 a. C.; ver también la nota en 6:15.   **10:17** Para el *primer día del primer mes,* del antiguo calendario lunar hebreo. Ese día fue el 27 de marzo del 457 a. C.; ver también la nota en 6:15.   **10:18** En hebreo *Josadac,* una variante de Jehosadac.   **10:25** Igual que el texto paralelo en 1 Esdras 9:26 (libro apócrifo); en hebreo dice *Malquías.*

33De la familia de Hasum: Matenai, Matata,
Zabad, Elifelet, Jeremai, Manasés y Simei.
34De la familia de Bani: Madai, Amram, Uel,
35Benaía, Bedías, Quelúhi, 36Vanías, Meremot,
Eliasib, 37Matanías, Matenai y Jaasai.
38De la familia de Binúi:* Simei, 39Selemías,
Natán, Adaía, 40Macnadebai, Sasai, Sarai,

41Azareel, Selemías, Semarías, 42Salum,
Amarías y José.
43De la familia de Nebo: Jeiel, Matatías, Zabad,
Zebina, Jadau, Joel y Benaía.

44Cada uno de estos hombres tenía una esposa
pagana, y algunos hasta tenían hijos con ellas.*

10:37-38 Así aparece en la versión griega; en hebreo dice *Jaasai.* 38*Bani, Binúi.* **10:44** O *y las echaron con sus hijos.* El significado del
hebreo es incierto.

Nehemías

1 Estas son las memorias de Nehemías, hijo de Hacalías.

Preocupación de Nehemías por Jerusalén

A finales del otoño, en el mes de *quisleu*, del año veinte del reinado del rey Artajerjes,* me encontraba en la fortaleza de Susa. [2] Hananí, uno de mis hermanos, vino a visitarme con algunos hombres que acababan de llegar de Judá. Les pregunté por los judíos que habían regresado del cautiverio y sobre la situación en Jerusalén.

[3] Me dijeron: «Las cosas no andan bien. Los que regresaron a la provincia de Judá tienen grandes dificultades y viven en desgracia. La muralla de Jerusalén fue derribada, y las puertas fueron consumidas por el fuego».

[4] Cuando oí esto, me senté a llorar. De hecho, durante varios días estuve de duelo, ayuné y oré al Dios del cielo, [5] y dije:

«Oh Señor, Dios del cielo, Dios grande y temible que cumples tu pacto de amor inagotable con los que te aman y obedecen tus mandatos, [6] ¡escucha mi oración! Mírame y verás que oro día y noche por tu pueblo Israel. Confieso que hemos pecado contra ti. ¡Es cierto, incluso mi propia familia y yo hemos pecado! [7] Hemos pecado terriblemente al no haber obedecido los mandatos, los decretos y las ordenanzas que nos diste por medio de tu siervo Moisés.

[8] »Te suplico que recuerdes lo que le dijiste a tu siervo Moisés: "Si me son infieles los dispersaré entre las naciones; [9] pero si vuelven a mí y obedecen mis mandatos y viven conforme a ellos, entonces aunque se encuentren desterrados en los extremos más lejanos de la tierra, yo los volveré a traer al lugar que elegí para que mi nombre sea honrado".

[10] »El pueblo que rescataste con tu gran poder y mano fuerte es tu siervo. [11] ¡Oh Señor, te suplico que oigas mi oración! Escucha las oraciones de aquellos quienes nos deleitamos en darte honra. Te suplico que hoy me concedas éxito y hagas que el rey me dé su favor.* Pon en su corazón el deseo de ser bondadoso conmigo».

En esos días yo era el copero del rey.

Nehemías va a Jerusalén

2 A comienzos de la siguiente primavera, en el mes de *nisán*,* durante el año veinte del reinado de Artajerjes, le servía el vino al rey y, como nunca antes había estado triste en su presencia, [2] me preguntó:

—¿Por qué te ves tan triste? No me parece que estés enfermo; debes estar profundamente angustiado.

Entonces quedé aterrado, [3] pero le contesté:

—Viva el rey para siempre. ¿Cómo no voy a estar triste cuando la ciudad donde están enterrados mis antepasados está en ruinas, y sus puertas han sido consumidas por el fuego?

[4] El rey preguntó:

—Bueno, ¿cómo te puedo ayudar?

Después de orar al Dios del cielo, [5] contesté:

—Si al rey le agrada, y si está contento conmigo, su servidor, envíeme a Judá para reconstruir la ciudad donde están enterrados mis antepasados.

[6] El rey, con la reina sentada a su lado, preguntó:

—¿Cuánto tiempo estarás fuera? ¿Cuándo piensas regresar?

Después de decirle cuánto tiempo estaría ausente, el rey accedió a mi petición.

[7] Además le dije al rey:

—Si al rey le agrada, permítame llevar cartas dirigidas a los gobernadores de la provincia al occidente del río Éufrates,* indicándoles que me permitan viajar sin peligro por sus territorios de camino a Judá. [8] Además, le ruego que me dé una carta dirigida a Asaf, el encargado del bosque del rey, con instrucciones de suministrarme madera. La necesitaré para hacer vigas para las puertas de la fortaleza del templo, para las murallas de la ciudad y para mi propia casa.

1:1 En hebreo *En el mes de quisleu del año veinte*. Varias fechas que aparecen en Nehemías pueden corroborarse con las fechas que aparecen en los registros persas que se han conservado y pueden relacionarse de manera precisa con nuestro calendario moderno. En el antiguo calendario lunar hebreo, ese mes cayó entre noviembre y diciembre del 446 a. C. Es probable que el *año veinte* se refiera al reinado del rey Artajerjes I. Comparar 2:1; 5:14. 1:11 En hebreo *hoy a la vista de este hombre*. 2:1 En hebreo *En el mes de nisán*. En el antiguo calendario lunar hebreo, ese mes cayó entre abril y mayo del 445 a. C. 2:7 En hebreo *la provincia más allá del río*; también en 2:9.

Entonces el rey me concedió estas peticiones porque la bondadosa mano de Dios estaba sobre mí.

⁹Cuando llegué ante los gobernadores de la provincia al occidente del río Éufrates, les entregué las cartas del rey. Debo agregar que el rey mandó oficiales del ejército y jinetes* para protegerme. ¹⁰Ahora bien, cuando Sanbalat, el horonita, y Tobías, el oficial amonita, se enteraron de mi llegada, se molestaron mucho porque alguien había venido para ayudar al pueblo de Israel.

Nehemías inspecciona la muralla de Jerusalén

¹¹Entonces llegué a Jerusalén. Tres días después, ¹²me escabullí durante la noche, llevando conmigo a unos cuantos hombres. No le había dicho a nadie acerca de los planes que Dios había puesto en mi corazón para Jerusalén. No llevamos ningún animal de carga, con excepción del burro en el que yo cabalgaba. ¹³Salí por la puerta del Valle cuando ya había oscurecido y pasé por el pozo del Chacal* hacia la puerta del Estiércol para inspeccionar las murallas caídas y las puertas quemadas. ¹⁴Luego fui a la puerta de la Fuente y al estanque del Rey, pero mi burro no pudo pasar por los escombros. ¹⁵A pesar de que aún estaba oscuro, subí por el valle de Cedrón* e inspeccioné la muralla, antes de regresar y entrar nuevamente por la puerta del Valle.

¹⁶Los funcionarios de la ciudad no supieron de mi salida ni de lo que hice, porque aún no le había dicho nada a nadie sobre mis planes. Todavía no había hablado con los líderes judíos: los sacerdotes, los nobles, los funcionarios, ni con ningún otro en la administración; ¹⁷pero ahora les dije:

—Ustedes saben muy bien las dificultades en que estamos. Jerusalén yace en ruinas y sus puertas fueron destruidas por fuego. ¡Reconstruyamos la muralla de Jerusalén y pongamos fin a esta desgracia!

¹⁸Después les conté cómo la bondadosa mano de Dios estaba sobre mí, y acerca de mi conversación con el rey.

De inmediato contestaron:

—¡Sí, reconstruyamos la muralla!

Así que comenzamos la buena obra.

¹⁹Sin embargo, cuando Sanbalat, Tobías y Gesem el árabe se enteraron de nuestro plan, se burlaron con desprecio.

—¿Qué están haciendo? —preguntaron—. ¿Se rebelan contra el rey?

²⁰Yo contesté:

—El Dios del cielo nos ayudará a tener éxito. Nosotros, sus siervos, comenzaremos a reconstruir esta muralla; pero ustedes no tienen ninguna parte ni derecho legal o reclamo histórico en Jerusalén.

Reconstrucción de la muralla de Jerusalén

3 Entonces Eliasib, el sumo sacerdote, y los demás sacerdotes comenzaron a reconstruir la puerta de las Ovejas. La dedicaron y colocaron las puertas, levantaron la muralla hasta llegar a la torre de los Cien, la cual también dedicaron, y hasta la torre de Hananeel. ²Trabajaron junto a ellos personas de la ciudad de Jericó, y más allá de ellos estaba Zacur, hijo de Imri.

³La puerta del Pescado la construyeron los hijos de Senaa. Colocaron las vigas, levantaron las puertas e instalaron sus cerrojos y barras. ⁴Meremot, hijo de Urías y nieto de Cos, reparó la siguiente sección de la muralla. A su lado estaban Mesulam, hijo de Berequías y nieto de Mesezabeel, y luego Sadoc, hijo de Baana. ⁵Contiguo a ellos estaban los habitantes de Tecoa, aunque sus líderes se negaron a trabajar con los supervisores de la construcción.

⁶La puerta de la Ciudad Antigua* la repararon Joiada, hijo de Paseah, y Mesulam, hijo de Besodías. Colocaron las vigas, levantaron las puertas e instalaron sus cerrojos y barras. ⁷Junto a ellos estaban Melatías de Gabaón, Jadón de Meronot, gente de Gabaón y gente de Mizpa, el cuartel general del gobernador de la provincia al occidente del río Éufrates.* ⁸Contiguo a ellos estaba Uziel, hijo de Harhaía, orfebre de profesión, quien también trabajó en la muralla. Después estaba Hananías, fabricante de perfumes. Omitieron una sección de Jerusalén mientras edificaban el muro Ancho.*

⁹Junto a ellos, en la muralla, estaba Refaías, hijo de Hur, jefe de la mitad del distrito de Jerusalén. ¹⁰Luego Jedaías, hijo de Harumaf, reparó la muralla frente a su propia casa, y junto a él estaba Hatús, hijo de Hasabnías. ¹¹Enseguida se encontraban Malquías, hijo de Harim, y Hasub, hijo de Pahat-moab, quienes repararon otra sección de la muralla y la torre de los Hornos. ¹²Salum, hijo de Halohes, y sus hijas repararon la siguiente sección. Él era jefe de la otra mitad del distrito de Jerusalén.

¹³La puerta del Valle la repararon los habitantes de Zanoa, dirigidos por Hanún. Levantaron las puertas e instalaron sus cerrojos y barras. También repararon cuatrocientos cincuenta metros* de la muralla hasta la puerta del Estiércol.

¹⁴Malquías, hijo de Recab, el jefe del distrito de Bet-haquerem reparó la puerta del Estiércol. La reconstruyó, levantó las puertas e instaló sus cerrojos y barras.

¹⁵La puerta de la Fuente la reparó Salún,* hijo de Col-hoze, jefe del distrito de Mizpa. Él la reedificó, la techó, levantó las puertas e instaló sus cerrojos y barras. Luego reparó la muralla del estanque de Siloé* cerca del jardín del rey y reconstruyó la muralla hasta las escaleras que descienden de la

---

2:9 O *conductores de carros de guerra.* 2:13 O *el pozo de la Serpiente.* 2:15 En hebreo *el valle.* 3:6 O *La puerta del Mishneh* o *La puerta de Jesana.* 3:7 O *la provincia más allá del río.* 3:8 O *Fortificaron Jerusalén hasta el muro Ancho.* 3:13 En hebreo *1000 codos* [1500 pies]. 3:15a Así aparece en la versión siríaca; en hebreo *Salum.* 3:15b En hebreo *estanque de Sela,* otro nombre del estanque de Siloé.

Ciudad de David. ¹⁶Junto a él estaba Nehemías, hijo de Azbuc, jefe de la mitad del distrito de Bet-sur. Él reconstruyó la muralla desde un lugar frente a las tumbas de la familia de David hasta el depósito de agua y la casa de los Guerreros.

¹⁷Junto a él, hizo reparaciones un grupo de levitas que trabajaba bajo la supervisión de Rehum, hijo de Bani. Luego estaba Hasabías, jefe de la mitad del distrito de Keila, quien supervisaba la construcción de la muralla en nombre de su propio distrito. ¹⁸Próximo a ellos estaban sus compatriotas dirigidos por Binúi,* hijo de Henadad, jefe de la otra mitad del distrito de Keila.

¹⁹Junto a ellos, Ezer, hijo de Jesúa, jefe de Mizpa, reparó otra sección de la muralla frente a la subida hacia el arsenal cerca del ángulo de la muralla. ²⁰Junto a él estaba Baruc, hijo de Zabai, quien reparó con entusiasmo una sección adicional, desde el ángulo hasta la puerta de la casa de Eliasib, el sumo sacerdote. ²¹Meremot, hijo de Urías y nieto de Cos, reconstruyó otra sección de la muralla que se extendía desde la puerta de la casa de Eliasib hasta el otro extremo.

²²Los sacerdotes de la región vecina hicieron las subsiguientes reparaciones. ²³Después de ellos, Benjamín y Hasub repararon la sección frente a su casa, y Azarías, hijo de Maaseías y nieto de Ananías, reparó la sección frente a su casa. ²⁴A continuación Binúi, hijo de Henadad, reconstruyó otra sección de la muralla desde la casa de Azarías hasta el ángulo y la esquina. ²⁵Palal, hijo de Uzai, continuó con la tarea desde el punto opuesto al ángulo y la torre que sobresale de la casa superior del rey, al lado del patio de la guardia. Próximo a él estaban Pedaías, hijo de Faros, ²⁶junto con los sirvientes del templo que vivían en la colina de Ofel, quienes repararon la muralla hasta un punto frente a la puerta del Agua hacia el oriente y la torre saliente. ²⁷Otros seguían los habitantes de Tecoa, quienes repararon otra sección frente a la gran torre saliente hasta el muro de Ofel.

²⁸Los sacerdotes repararon la muralla encima de la puerta de los Caballos. Cada uno reparó la sección justo frente a su propia casa. ²⁹A continuación Sadoc, hijo de Imer, también reconstruyó la muralla frente a su propia casa, y más allá de él estaba Semaías, hijo de Secanías, guardián de la puerta Oriental. ³⁰Junto a ellos Hananías, hijo de Selemías, y Hanún, el sexto hijo de Salaf, repararon otra sección, mientras Mesulam, hijo de Berequías, reconstruyó la muralla frente a donde vivía. ³¹Malquías, uno de los orfebres, reparó la muralla hasta las viviendas para los sirvientes del templo y los comerciantes, frente a la puerta de la Inspección. Luego él siguió hasta la habitación de la planta alta de la esquina. ³²Los otros orfebres y comerciantes repararon la muralla desde esa esquina hasta la puerta de las Ovejas.

Los enemigos se oponen a la reconstrucción

4 ¹*Cuando Sanbalat se enteró de que estábamos reconstruyendo la muralla, se enojó muchísimo. Se puso furioso y se burló de los judíos, ²diciendo ante sus amigos y los oficiales del ejército de Samaria: «¿Qué cree que está haciendo este pobre y debilucho grupo de judíos? ¿Acaso creen que pueden construir la muralla en un día por tan solo ofrecer unos cuantos sacrificios?* ¿Realmente creen que pueden hacer algo con piedras rescatadas de un montón de escombros, y para colmo piedras calcinadas?».

³Tobías, el amonita, que estaba a su lado, comentó: «¡Esa muralla se vendría abajo si tan siquiera un zorro caminara sobre ella!».

⁴Entonces oré: «Escúchanos, Dios nuestro, porque se burlan de nosotros. ¡Que sus burlas recaigan sobre sus propias cabezas, y que ellos mismos sean llevados cautivos a una tierra extraña! ⁵No pases por alto su culpa. No borres sus pecados, porque han provocado tu enojo delante de* los que construyen la muralla».

⁶Por fin se completó la muralla alrededor de toda la ciudad hasta la mitad de su altura, porque el pueblo había trabajado con entusiasmo.

⁷*Sin embargo, cuando Sanbalat, Tobías, los árabes, los amonitas y los asedeos se enteraron de que la obra progresaba y que se estaban reparando las brechas en la muralla de Jerusalén, se enfurecieron. ⁸Todos hicieron planes para venir a luchar contra Jerusalén y causar confusión entre nosotros. ⁹Así que oramos a nuestro Dios y pusimos guardias en la ciudad día y noche para protegernos.

¹⁰Entonces el pueblo de Judá comenzó a quejarse: «Los trabajadores se están cansando, y los escombros que quedan por sacar son demasiados. Jamás podremos construir la muralla por nuestra cuenta».

¹¹Mientras tanto, nuestros enemigos decían: «Antes de que se den cuenta de lo que está pasando, caeremos encima de ellos, los mataremos y detendremos el trabajo».

¹²Los judíos que vivían cerca de los enemigos venían y nos decían una y otra vez: «¡Llegarán de todos lados y nos atacarán!». ¹³De manera que coloqué guardias armados detrás de las partes más bajas de la muralla, en los lugares más descubiertos. Puse a la gente por familias para que hiciera guardia con espadas, lanzas y arcos.

¹⁴Luego, mientras revisaba la situación, reuní a los nobles y a los demás del pueblo y les dije: «¡No le tengan miedo al enemigo! ¡Recuerden al Señor, quien es grande y glorioso, y luchen por sus hermanos, sus hijos, sus hijas, sus esposas y sus casas!».

¹⁵Cuando nuestros enemigos se enteraron de

3:18 Así aparece en algunos manuscritos hebreos, en algunos manuscritos griegos y en la versión siríaca (ver también 3:24; 10:9); la mayoría de los manuscritos hebreos dicen *Bavai*. 4:1 Los versículos del 4:1-23 corresponden al 3:33-38 en el texto hebreo. 4:2 El significado del hebreo es incierto. 4:5 O *porque han arrojado insultos en la cara de.* 4:7 Los versículos del 4:7-23 corresponden al 4:1-17 en el texto hebreo. 4:12 El significado del hebreo es incierto.

que conocíamos sus planes y que Dios mismo los había frustrado, todos volvimos a nuestro trabajo en la muralla. ¹⁶Sin embargo, de ahí en adelante, solo la mitad de los hombres trabajaba mientras que la otra mitad hacía guardia con lanzas, escudos, arcos y cotas de malla. Los líderes se colocaron detrás del pueblo de Judá ¹⁷que edificaba en el trabajo. Los obreros seguían con el trabajo, sosteniendo con una mano la carga y con la otra un arma. ¹⁸Todos los que construían tenían una espada asegurada a su costado. El que tocaba la trompeta quedó conmigo para tocar alarma.

¹⁹Entonces les expliqué a los nobles, a los oficiales y a todo el pueblo lo siguiente: «La obra es muy extensa y nos encontramos muy separados unos de otros a lo largo de la muralla. ²⁰Cuando oigan el sonido de la trompeta, corran hacia el lugar donde esta suene. ¡Entonces nuestro Dios peleará por nosotros!».

²¹Trabajábamos desde temprano hasta tarde, desde la salida hasta la puesta del sol; y la mitad de los hombres estaba siempre de guardia. ²²También les dije a todos los que vivían fuera de las murallas que se quedaran en Jerusalén. De esa manera ellos y sus sirvientes podían colaborar con los turnos de guardia de noche y trabajar durante el día. ²³Durante ese tiempo, ninguno de nosotros —ni yo, ni mis parientes, ni mis sirvientes, ni los guardias que estaban conmigo— nos quitamos la ropa. En todo momento llevamos nuestras armas, incluso cuando íbamos por agua.*

Nehemías defiende a los oprimidos

5 En esos días, algunos de los hombres y sus esposas elevaron una protesta contra sus hermanos judíos. ²Decían: «Nuestras familias son tan numerosas que necesitamos más comida para sobrevivir».

³Otros decían: «Hemos hipotecado nuestros campos, viñedos y casas para conseguir comida durante el hambre».

⁴Otros más decían: «Para poder pagar los impuestos, tuvimos que pedir dinero prestado dando nuestros campos y viñedos como garantía. ⁵Pertenecemos a la misma familia de los que son ricos, y nuestros hijos son iguales a los de ellos. Sin embargo, tenemos que vender nuestros hijos como esclavos solo para conseguir lo necesario para vivir. Ya hemos vendido a algunas de nuestras hijas, y no hay nada que podamos hacer, porque nuestros campos y viñedos ya están hipotecados a otros».

⁶Cuando oí sus quejas me enojé muchísimo. ⁷Después de pensarlo bien, denuncié a esos nobles y a los funcionarios y les dije: «¡Ustedes perjudican a sus propios parientes al cobrar intereses cuando les piden dinero prestado!». Entonces convoqué a una reunión pública para tratar el problema.

⁸En la reunión les dije:

—Estamos haciendo todo lo posible para rescatar a nuestros parientes judíos que han tenido que venderse a extranjeros paganos, pero ahora son ustedes los que los someten a esclavitud. ¿Cuántas veces tendremos que redimirlos?

Ellos no tenían nada que argumentar en su defensa. ⁹Entonces insistí:

—¡No está bien lo que ustedes hacen! ¿Acaso no deberían andar en el temor de nuestro Dios para evitar que nos pongan en ridículo las naciones enemigas? ¹⁰Yo mismo, al igual que mis hermanos y mis trabajadores, he estado prestando dinero y grano al pueblo, pero ahora dejemos de cobrarles intereses. ¹¹Devuélvanles hoy mismo sus campos y viñedos, sus olivares y sus casas. Además devuelvan los intereses que cobraron cuando prestaron dinero, grano, vino nuevo y aceite de oliva.

¹²Entonces ellos respondieron:

—Devolveremos todo y no exigiremos nada al pueblo; haremos como tú dices.

Luego llamé a los sacerdotes e hice que los nobles y los funcionarios juraran que cumplirían su promesa.

¹³Sacudí los dobleces de mi manto y les dije:

—¡Si no cumplen su promesa, que así los sacuda Dios de sus casas y de sus propiedades!

Entonces toda la asamblea respondió:

—¡Amén!

Todos alabaron al Señor y cumplieron con lo prometido.

¹⁴Durante los doce años en los que fui gobernador de Judá —desde el año veinte hasta el año treinta y dos del reinado del rey Artajerjes*— ni yo ni mis funcionarios reclamamos la ración de comida que nos corresponde. ¹⁵Los gobernadores anteriores, por contraste, impusieron pesadas cargas al pueblo, al exigir una ración diaria de comida y vino, además de cuarenta piezas* de plata. Hasta sus ayudantes se aprovechaban del pueblo. Sin embargo, como yo temía a Dios, no actué de esa manera.

¹⁶También me dediqué a trabajar en la muralla y me negué a adquirir tierras. Además, exigí a todos mis sirvientes que dedicaran tiempo a trabajar en la muralla. ¹⁷No pedí nada, aunque con frecuencia daba de comer a ciento cincuenta funcionarios judíos en mi mesa, sin contar a todos los visitantes de otras tierras! ¹⁸Las provisiones que se requerían para esos días incluían: un buey, seis ovejas o cabras selectas y una gran cantidad de carne de ave. Además, cada diez días necesitábamos una abundante provisión de toda clase de vino. Sin embargo, rehusé exigir la ración que me correspondía como gobernador porque el pueblo ya tenía una carga pesada.

¹⁹Oh Dios mío, acuérdate de todo lo que he hecho por este pueblo y bendíceme.

4:23 O *Cada uno llevaba su arma en la mano derecha.* En hebreo dice *Cada uno su arma el agua.* El significado del hebreo es incierto. **5:14** Es decir, 445-433 a. C. **5:15** En hebreo *40 siclos* [456 gramos o una libra].

Continúa la oposición a la reconstrucción

6 Sanbalat, Tobías, Gesem el árabe y los demás enemigos nuestros descubrieron que yo había terminado la reconstrucción de la muralla y que no quedaba ninguna brecha; a pesar de que todavía no habíamos levantado las puertas en sus respectivos lugares. ²Así que Sanbalat y Gesem enviaron un mensaje pidiéndome que me encontrara con ellos en una de las aldeas* de la llanura de Ono.

Pero me di cuenta de que ellos tramaban hacerme daño, ³de modo que les respondí con el siguiente mensaje: «Estoy ocupado en una gran tarea, así que no puedo ir. ¿Por qué habría de dejar el trabajo para ir a encontrarme con ustedes?».

⁴Cuatro veces me enviaron el mismo mensaje, y cada vez les respondí lo mismo. ⁵La quinta vez, el sirviente de Sanbalat llegó con una carta abierta en su mano ⁶que decía:

«Circula un rumor entre las naciones vecinas, y Gesem* me asegura que es cierto, que tú y los judíos piensan rebelarse y que por eso reconstruyen la muralla. Según sus informes, tú te propones ser el rey. ⁷También informa que has nombrado profetas en Jerusalén para que proclamen acerca de ti: "¡Atención! ¡Hay rey en Judá!".

»Puedes tener la seguridad de que este informe llegará a oídos del rey, de modo que sugiero que vengas a hablar conmigo del asunto».

⁸Yo respondí: «Todo lo que dices es puro cuento. Tú mismo inventaste todo».

⁹Solo trataban de intimidarnos, creían que podrían desalentarnos y detener la obra. De modo que seguí con el trabajo más decidido que nunca.*

¹⁰Más adelante fui a visitar a Semaías, hijo de Delaía y nieto de Mehetabel, que estaba recluido en su casa. Me dijo:

—Reunámonos dentro del templo de Dios y cerremos las puertas con cerrojos. Tus enemigos vienen a matarte esta noche.

¹¹Pero yo respondí:

—¿Acaso debería una persona en mi posición huir del peligro? ¿Acaso debería alguien en mi posición entrar al templo para salvar su vida? ¡No lo haré!

¹²Me di cuenta de que Dios no le había hablado, sino que decía esa profecía contra mí porque Tobías y Sanbalat lo habían contratado. ¹³Ellos esperaban intimidarme y hacerme pecar. De esa forma podrían acusarme y desacreditarme.

¹⁴Oh Dios mío, acuérdate de todas las cosas malvadas que Tobías y Sanbalat han hecho; y recuerda a la profetisa Noadías y a todos

los profetas como ella que trataron de intimidarme.

Los trabajadores completan la muralla

¹⁵Así que el 2 de octubre,* a los cincuenta y dos días después de comenzar la obra, se terminó la muralla. ¹⁶Cuando se enteraron nuestros enemigos y las naciones vecinas, se sintieron aterrorizados y humillados. Se dieron cuenta de que esa obra se había realizado con la ayuda de nuestro Dios.

¹⁷Durante esos cincuenta y dos días, circularon muchas cartas entre Tobías y los nobles de Judá. ¹⁸Pues muchos en Judá le habían jurado lealtad porque su suegro era Secanías, hijo de Ara, y Johanán, su hijo, estaba casado con la hija de Mesulam, hijo de Berequías. ¹⁹Constantemente ellos me hablaban de las buenas acciones de Tobías, y luego le contaban todo lo que yo decía. Por su parte, Tobías no dejaba de enviarme cartas amenazadoras a fin de intimidarme.

7 Cuando quedó terminada la muralla e instalé las puertas en sus sitios, se nombraron porteros, cantores y levitas. ²A mi hermano Hananí le entregué la responsabilidad de gobernar Jerusalén junto con Hananías, el comandante de la fortaleza, porque era un hombre fiel que temía a Dios más que la mayoría. ³Les dije: «No dejen abiertas las puertas durante las horas más calurosas del día;* y aun mientras los porteros estén de guardia, mantengan las puertas cerradas con las barras puestas. Asignen a los residentes de Jerusalén para que hagan guardia cada uno con un turno regular. Algunos servirán en puestos de centinela y otros frente a su propia casa».

Nehemías registra al pueblo

⁴En ese tiempo, la ciudad era grande y espaciosa, pero poco poblada y ninguna de las casas se había reconstruido. ⁵Entonces mi Dios me dio la idea de reunir a todos los nobles y dirigentes de la ciudad, junto con los ciudadanos comunes, para que se registraran. Yo había encontrado el registro genealógico de los primeros que habían regresado a Judá. Allí estaba escrito lo siguiente:

⁶Esta es la lista de los desterrados judíos de las provincias que regresaron de su cautiverio. El rey Nabucodonosor los había desterrado a Babilonia, pero ahora regresaron a Jerusalén y a las otras ciudades de Judá donde vivían originalmente. ⁷Sus líderes fueron Zorobabel, Jesúa, Nehemías, Seraías,* Reelaías,* Nahamaní, Mardoqueo, Bilsán, Mispar,* Bigvai, Rehum* y Baana.

6:2 Así aparece en la versión griega; en hebreo dice *en Quefirim.* **6:6** En hebreo *Gasmu,* una variante de Gesem. **6:9** Así aparece en la versión griega; en hebreo dice *Pero ahora para fortalecer mis manos.* **6:15** En hebreo *el día veinticinco del mes de elul,* del antiguo calendario lunar hebreo. Este día fue el 2 de octubre del 445 a. C.; ver también la nota en 1:1. **7:3** O *Mantengan las puertas de Jerusalén cerradas hasta que el sol esté caliente.* **7:7a** Igual que el texto paralelo en Esd 2:2; en hebreo dice *Azarías.* **7:7b** Igual que el texto paralelo en Esd 2:2; en hebreo dice *Raamías.* **7:7c** Igual que el texto paralelo en Esd 2:2; en hebreo dice *Misperet.* **7:7d** Igual que el texto paralelo en Esd 2:2; en hebreo dice *Nehum.*

Este es el total de los hombres de Israel que regresó del destierro:

8 la familia de Paros 2172
9 la familia de Sefatías 372
10 la familia de Ara 652
11 la familia de Pahat-moab
   (descendientes de Jesúa y Joab) . . 2818
12 la familia de Elam 1254
13 la familia de Zatu 845
14 la familia de Zacai 760
15 la familia de Bani* 648
16 la familia de Bebai 628
17 la familia de Azgad 2322
18 la familia de Adonicam 667
19 la familia de Bigvai 2067
20 la familia de Adín 655
21 la familia de Ater
   (descendientes de Ezequías) 98
22 la familia de Hasum 328
23 la familia de Bezai 324
24 la familia de Jora* 112
25 la familia de Gibar* 95
26 la gente de Belén y Netofa 188
27 la gente de Anatot 128
28 la gente de Bet-azmavet 42
29 la gente de Quiriat-jearim,
   Cafira y Beerot 743
30 la gente de Ramá y Geba 621
31 la gente de Micmas 122
32 la gente de Betel y Hai 123
33 la gente de Nebo occidental* 52
34 los ciudadanos de Elam
   occidental* 1254
35 los ciudadanos de Harim 320
36 los ciudadanos de Jericó 345
37 los ciudadanos de Lod,
   Hadid y Ono 721
38 los ciudadanos de Senaa 3930

39 Estos son los sacerdotes que regresaron del destierro:
   la familia de Jedaías (por la línea
   genealógica de Jesúa) 973
40 la familia de Imer 1052
41 la familia de Pasur 1247
42 la familia de Harim 1017

43 Estos son los levitas que regresaron del destierro:
   la familia de Jesúa y la de Cadmiel
   (descendientes de Hodavías*) 74
44 los cantores de la familia de Asaf 148
45 los porteros de las familias de Salum,
   Ater, Talmón, Acub, Hatita y Sobai . . . 138

46 Regresaron del destierro los descendientes de estos sirvientes del templo:

Ziha, Hasufa, Tabaot,
47 Queros, Siaha,* Padón,
48 Lebana, Hagaba, Salmai,
49 Hanán, Gidel, Gahar,
50 Reaía, Rezín, Necoda,
51 Gazam, Uza, Paseah,
52 Besai, Mehunim, Nefusim,*
53 Bacbuc, Hacufa, Harhur,
54 Bazlut,* Mehída, Harsa,
55 Barcos, Sísara, Tema,
56 Nezía y Hatifa.

57 Regresaron del destierro los descendientes de estos sirvientes del rey Salomón:
   Sotai, Hasoferet, Peruda,*
58 Jaala,* Darcón, Gidel,
59 Sefatías, Hatil, Poqueret-hazebaim y Amí.*

60 En total, los sirvientes del templo y los descendientes de los sirvientes de Salomón fueron trescientas noventa y dos personas.

61 Otro grupo regresó en esos días de las ciudades de Tel-mela, Tel-harsa, Querub, Addán* e Imer. Sin embargo, ni ellos ni sus familias pudieron demostrar que eran descendientes de Israel. 62 Ese grupo incluía a las familias de Delaía, Tobías y Necoda: un total de seiscientas cuarenta y dos personas.

63 También regresaron tres familias de sacerdotes: Habaía, Cos y Barzilai. (Este Barzilai se había casado con una mujer que era descendiente de Barzilai de Galaad y había tomado el nombre de la familia de ella). 64 Buscaron sus nombres en los registros genealógicos pero no los encontraron, así que no calificaron para servir como sacerdotes. 65 El gobernador les dijo que no comieran de la porción de los sacrificios que correspondía a los sacerdotes hasta que un sacerdote pudiera consultar al SEÑOR sobre ese asunto por medio del Urim y el Tumim, o sea, el sorteo sagrado.

66 Así que un total de cuarenta y dos mil trescientas sesenta personas regresaron a Judá, 67 además de siete mil trescientos treinta y siete sirvientes y doscientos cuarenta y cinco cantores, tanto hombres como mujeres. 68 Llevaron consigo setecientos treinta y seis caballos, doscientas cuarenta y cinco mulas,* 69 cuatrocientos treinta y cinco camellos y seis mil setecientos veinte burros.

70 Algunos de los jefes de familia dieron ofrendas para la obra. El gobernador entregó a la tesorería mil monedas de oro,* cincuenta tazones de oro y quinientas treinta túnicas para los sacerdotes. 71 Los otros jefes dieron

7:15 Igual que el texto paralelo en Esd 2:10; en hebreo dice *Binúi.*   7:24 Igual que el texto paralelo en Esd 2:18; en hebreo dice *Harif.*
7:25 Igual que el texto paralelo en Esd 2:20; en hebreo dice *Gabaón.*   7:33 O *de la otra Nebo.*   7:34 O *de la otra Elam.*   7:43 Igual que el texto paralelo en Esd 2:40; en hebreo dice *Hodeva.*   7:47 Igual que el texto paralelo en Esd 2:44; en hebreo dice *Siá.*   7:52 Igual que el texto paralelo en Esd 2:50; en hebreo dice *Nefisesim.*   7:54 Igual que el texto paralelo en Esd 2:52; en hebreo dice *Bazlit.*   7:57 Igual que el texto paralelo en Esd 2:55; en hebreo dice *Sotai, Soferet, Perida.*   7:58 Igual que el texto paralelo en Esd 2:56; en hebreo dice *Jala.*
7:59 Igual que el texto paralelo en Esd 2:57; en hebreo dice *Amón.*   7:61 Igual que el texto paralelo en Esd 2:59; en hebreo dice *Adón.*
7:68 Así aparece en algunos manuscritos hebreos (ver también Esd 2:66); la mayoría de los manuscritos hebreos no incluye este versículo.
Los versículos del 7:69-73 corresponden al 7:68-72 en el texto hebreo.   7:70 En hebreo *1000 dáricos de oro,* alrededor de 8600 kilos ó 19 libras.

al tesoro veinte mil monedas de oro* y unas mil trescientas toneladas métricas* de plata para la obra. ⁷²El resto del pueblo entregó veinte mil monedas de oro, alrededor de mil doscientas toneladas métricas* de plata y sesenta y siete túnicas para los sacerdotes.

⁷³Entonces los sacerdotes, los levitas, los porteros, los cantores, los sirvientes del templo y algunos miembros del pueblo se establecieron cerca de Jerusalén. El resto de la gente regresó a sus respectivas ciudades por todo el territorio de Israel.

Esdras lee la ley

8 En octubre,* cuando los israelitas ya se habían establecido en sus ciudades, ⁸:¹todo el pueblo se reunió con un mismo propósito en la plaza, justo dentro de la puerta del Agua. Le pidieron al escriba Esdras que sacara el libro de la ley de Moisés, la cual el SEÑOR había dado a Israel para que la obedeciera.

²Así que el 8 de octubre* el sacerdote Esdras llevó el libro de la ley ante la asamblea, que incluía a los hombres y a las mujeres y a todos los niños con edad suficiente para entender. ³Se puso frente a la plaza, justo dentro de la entrada de la puerta del Agua, desde temprano por la mañana hasta el mediodía y leyó en voz alta a todos los que podían entender. Todo el pueblo escuchó atentamente la lectura del libro de la ley.

⁴El escriba Esdras estaba de pie sobre una plataforma de madera que se había construido para la ocasión. A su derecha se encontraban Matatías, Sema, Anías, Urías, Hilcías y Maaseías. A su izquierda estaban Pedaías, Misael, Malquías, Hasum, Hasbadana, Zacarías y Mesulam. ⁵Esdras estaba de pie en la plataforma a plena vista de todo el pueblo. Cuando vieron que abría el libro, se pusieron todos de pie.

⁶Entonces Esdras alabó al SEÑOR, el gran Dios, y todo el pueblo, con las manos levantadas, exclamó: «¡Amén! ¡Amén!». Luego se inclinaron y, con el rostro en tierra, adoraron al SEÑOR.

⁷Entonces los levitas —Jesúa, Bani, Serebías, Jamín, Acub, Sabetai, Hodías, Maaseías, Kelita, Azarías, Jozabed, Hanán y Pelaías— instruyeron al pueblo en la ley mientras todos permanecían en sus lugares. ⁸Leían del libro de la ley de Dios y explicaban con claridad el significado de lo que se leía, así ayudaban al pueblo a comprender cada pasaje.

⁹Luego Nehemías, el gobernador, Esdras, el sacerdote y escriba, y los levitas que interpretaban para el pueblo dijeron:

—¡No se lamenten ni lloren en un día como este! Pues hoy es un día sagrado delante del SEÑOR su Dios.

Pues todo el pueblo había estado llorando mientras escuchaba las palabras de la ley. ¹⁰Nehemías* continuó diciendo: «Vayan y festejen con un banquete de deliciosos alimentos y bebidas dulces, y regalen porciones de comida a los que no tienen nada preparado. Este es un día sagrado delante de nuestro Señor. ¡No se desalienten ni entristezcan, porque el gozo del SEÑOR es su fuerza!».

¹¹También los levitas clamaban al pueblo y decían: «¡Cállense! ¡No lloren! Pues este es un día sagrado». ¹²Así que el pueblo se fue a comer y a beber en una gran fiesta, a compartir porciones de la comida y a celebrar con gran alegría porque habían oído y entendido las palabras de Dios.

El Festival de las Enramadas

¹³El 9 de octubre* los jefes de familia de todo el pueblo, junto con los sacerdotes y los levitas, se reunieron con el escriba Esdras para repasar la ley más detalladamente. ¹⁴Mientras estudiaban la ley descubrieron que el SEÑOR había ordenado, por medio de Moisés, que los israelitas debían vivir en enramadas durante el festival a celebrarse durante ese mes.* ¹⁵Él había dicho que debía proclamarse al pueblo en todas sus ciudades y en Jerusalén, que fueran a las colinas a buscar ramas de olivo, olivo silvestre,* mirto, palmeras y otros árboles frondosos. Con esas ramas debían construirse enramadas para que habitaran en ellas durante el festival, como está establecido en la ley.

¹⁶Así que el pueblo salió y cortó ramas y las usó para levantar enramadas en las azoteas de sus casas, en sus patios, en los atrios del templo de Dios o en las plazas justo dentro de la puerta del Agua y de la puerta de Efraín. ¹⁷Entonces todos los que habían regresado del cautiverio vivieron en las enramadas durante el festival, ¡y todos ellos se llenaron de alegría! Los israelitas no habían celebrado de esa forma desde los días de Josué,* hijo de Nun.

¹⁸Esdras leyó del libro de la ley de Dios en cada uno de los siete días del festival. Luego, al octavo día, realizaron una asamblea solemne, tal como lo exigía la ley.

El pueblo confiesa sus pecados

9 El 31 de octubre* el pueblo volvió a reunirse en asamblea. Esta vez ayunaron, se vistieron de tela áspera y se echaron polvo sobre la cabeza. ²Los de ascendencia israelita

---

7:71a En hebreo *20.000 dáricos de oro*, alrededor de 170 kilos ó 375 libras; también en 7:72. 7:71b En hebreo *2200 minas* [2750 libras]. 7:72 En hebreo *2000 minas* [2500 libras]. 7:73 En hebreo *en el séptimo mes*. En el antiguo calendario lunar hebreo, ese mes cayó entre octubre y noviembre del 445 a. C. 8:2 En hebreo *el primer día del séptimo mes*, del antiguo calendario lunar hebreo. Ese día fue el 8 de octubre del 445 a. C.; ver también la nota en 1:1. 8:10 En hebreo *él*. 8:13 En hebreo *El segundo día*, del séptimo mes del antiguo calendario lunar hebreo. Este día fue el 9 de octubre del 445 a. C.; ver también las notas en 1:1 y 8:2. 8:14 En hebreo *en el séptimo mes*. En el antiguo calendario lunar hebreo, ese mes cayó entre septiembre y octubre. Ver Lv 23:39-43. 8:15 O *pino*; En hebreo dice *árbol de aceite*. 8:17 En hebreo *Jesúa*, una variante de Josué. 9:1 En hebreo *El día veinticuatro del mismo mes*, el séptimo mes del antiguo calendario lunar hebreo. Ese día fue el 31 de octubre del 445 a. C.; ver también las notas en 1:1 y 8:2.

se separaron de todos los extranjeros para confesar sus propios pecados y los pecados de sus antepasados. ³Permanecieron de pie en el mismo lugar durante tres horas* mientras se les leía en voz alta el libro de la Ley del SEÑOR su Dios. Luego confesaron sus pecados y adoraron al SEÑOR su Dios durante tres horas más. ⁴Los levitas —Jesúa, Bani, Cadmiel, Sebanías, Buni, Serebías, Bani y Quenaní— estuvieron de pie en la escalera de los levitas y clamaron al SEÑOR su Dios en voz alta.

⁵Luego los jefes de los levitas —Jesúa, Cadmiel, Bani, Hasabnías, Serebías, Hodías, Sebanías y Petaías— llamaron al pueblo: «¡Levántense y alaben al SEÑOR su Dios, porque él vive desde la eternidad hasta la eternidad!». Entonces oraron:

«¡Que tu glorioso nombre sea alabado! ¡Que sea exaltado por sobre toda bendición y alabanza!

⁶»Solo tú eres el SEÑOR. Tú hiciste el firmamento, los cielos y todas las estrellas; hiciste la tierra, los mares y todo lo que hay en ellos. Tú los preservas a todos, y los ángeles del cielo te adoran.

⁷»Eres el SEÑOR Dios, quien eligió a Abram y lo sacó de Ur de los caldeos y le dio un nuevo nombre, Abraham. ⁸Cuando demostró ser fiel, hiciste un pacto con él para darle a él y a sus descendientes la tierra de los cananeos, de los hititas, de los amorreos, de los ferezeos, de los jebuseos y de los gergeseos, y has cumplido lo que prometiste, porque tú siempre eres fiel a tu palabra.

⁹»Tú viste la miseria de nuestros antepasados en Egipto y escuchaste sus lamentos cuando estaban junto al mar Rojo.* ¹⁰Realizaste señales milagrosas y maravillas contra el faraón, sus funcionarios y su pueblo, porque tú sabías con cuánta arrogancia trataban a nuestros antepasados. Tú tienes una gloriosa reputación que jamás ha sido olvidada. ¹¹¡Divídiste el mar para que tu pueblo pudiera cruzar por tierra seca! Luego arrojaste a sus perseguidores a las profundidades del mar. Se hundieron como piedras en aguas turbulentas. ¹²Guiaste a nuestros antepasados mediante una columna de nube durante el día y una columna de fuego durante la noche para que pudieran encontrar el camino.

¹³»Bajaste al monte Sinaí y les hablaste desde el cielo. Les diste ordenanzas e instrucciones justas, y decretos y mandatos buenos. ¹⁴Les diste instrucciones acerca de tu sagrado día de descanso. Además, por medio de tu siervo Moisés, les ordenaste que obedecieran todos tus mandatos, decretos e instrucciones.

¹⁵»Les diste pan del cielo cuando tenían hambre y agua de la roca cuando tenían sed.

Les ordenaste que fueran y tomaran posesión de la tierra que habías jurado darles.

¹⁶»Sin embargo, nuestros antepasados fueron arrogantes y tercos, y no prestaron ninguna atención a tus mandatos. ¹⁷Se negaron a obedecerte y no se acordaron de los milagros que habías hecho a favor de ellos. En cambio, se pusieron tercos y nombraron a un líder para que los llevara de regreso a su esclavitud en Egipto; pero tú eres Dios de perdón, bondadoso y misericordioso, lento para enojarte y rico en amor inagotable. No los abandonaste, ¹⁸ni siquiera cuando se hicieron un ídolo en forma de becerro y dijeron: "¡Este es tu dios que te sacó de Egipto!". Cometieron terribles blasfemias.

¹⁹»En tu gran misericordia no los abandonaste para que murieran en el desierto. La columna de nube todavía los guiaba de día, y la columna de fuego les mostraba el camino durante la noche. ²⁰Enviaste tu buen Espíritu para que los enseñara, y no dejaste de alimentarlos con maná del cielo ni de darles agua para su sed. ²¹Durante cuarenta años los sustentaste en el desierto, y nada les faltó. ¡No se les desgastó la ropa, ni se les hincharon los pies!

²²»Luego ayudaste a nuestros antepasados a conquistar reinos y naciones, y colocaste a tu pueblo en todos los rincones de la tierra.* Se apoderaron de la tierra del rey Sehón de Hesbón, y de la tierra del rey Og de Basán. ²³Hiciste que sus descendientes fueran tan numerosos como las estrellas del cielo y los llevaste a la tierra que habías prometido a sus antepasados.

²⁴»Entraron y tomaron posesión de la tierra. Tú sometiste naciones enteras delante de ellos. ¡Hasta los cananeos, que habitaban esa tierra, se sintieron impotentes! Tu pueblo pudo hacer lo que quiso con esas naciones y con sus reyes. ²⁵Nuestros antepasados conquistaron ciudades fortificadas y tierras fértiles. Se apoderaron de casas llenas de cosas buenas, con cisternas ya cavadas y viñedos y olivares, además de frutales en abundancia. De modo que comieron hasta saciarse y engordaron y disfrutaron de todas tus bendiciones.

²⁶»Sin embargo, a pesar de todo esto, fueron desobedientes y se rebelaron contra ti. Dieron la espalda a tu ley, mataron a tus profetas, quienes les advertían que volvieran a ti, y cometieron terribles blasfemias. ²⁷Así que los entregaste en manos de sus enemigos, quienes los hicieron sufrir; pero en sus momentos de angustia clamaron a ti, y desde el cielo los escuchaste. En tu gran misericordia, les enviaste libertadores que los rescataron de sus enemigos.

²⁸»No obstante, apenas tenían paz, volvían

a cometer maldades ante tus ojos, y una vez más permitiste que sus enemigos los conquistaran. Sin embargo, cada vez que tu pueblo volvía y nuevamente clamaba a ti por ayuda, desde el cielo tú lo escuchabas una vez más. En tu maravillosa misericordia, los rescataste muchas veces.

²⁹»Les advertías que regresaran a tu ley, pero ellos se volvieron orgullosos y obstinados, y desobedecieron tus mandatos. No siguieron tus ordenanzas que dan vida a quienes las obedecen. Tercamente te dieron la espalda y se negaron a escuchar. ³⁰En tu amor fuiste paciente con ellos durante muchos años. Enviaste tu Espíritu, quien les advertía por medio de los profetas. ¡Pero aun así no quisieron escuchar! Entonces nuevamente permitiste que los pueblos de la tierra los conquistaran; ³¹pero en tu gran misericordia no los destruiste por completo ni los abandonaste para siempre. ¡Qué Dios tan bondadoso y misericordioso eres tú!

³²»Ahora, Dios nuestro —Dios grande, poderoso y temible que cumple su pacto de amor inagotable—, no permitas que todas las privaciones que hemos sufrido te parezcan insignificantes. Grandes dificultades cayeron sobre nosotros, nuestros reyes, nuestros líderes, nuestros sacerdotes, nuestros profetas y nuestros antepasados —todo tu pueblo—, desde los días cuando los reyes de Asiria por primera vez nos vencieron hasta el día de hoy. ³³Cada vez que nos castigaste actuaste con justicia. Hemos pecado grandemente, y nos diste solo lo que merecíamos. ³⁴Nuestros reyes, líderes, sacerdotes y antepasados no obedecieron tu ley ni prestaron atención a las advertencias de tus mandatos y leyes. ³⁵Aun cuando tenían su propio reino no te sirvieron, a pesar de que derramaste tu bondad sobre ellos. Les diste un territorio grande y fértil, pero ellos se negaron a abandonar su perversidad.

³⁶»Por eso, ¡hoy somos esclavos en esta tierra de abundancia que diste a nuestros antepasados para que la disfrutaran! Somos esclavos aquí en esta buena tierra. ³⁷Los abundantes productos agrícolas de esta tierra se amontonan en las manos de los reyes que has puesto sobre nosotros por causa de nuestros pecados. Ellos ejercen su poder sobre nosotros y nuestros animales. Les servimos según su antojo, y pasamos por mucho sufrimiento».

El pueblo decide obedecer

³⁸*Entonces el pueblo respondió: «En vista de todo esto,* hacemos una promesa solemne y la ponemos por escrito. En este documento sellado están los nombres de nuestros líderes, levitas y sacerdotes».

10
¹*La siguiente es una lista de las personas que ratificaron el documento sellado.

El gobernador:
Nehemías, hijo de Hacalías, y también Sedequías.

²Los siguientes sacerdotes:
Seraías, Azarías, Jeremías, ³Pasur, Amarías, Malquías, ⁴Hatús, Sebanías, Maluc, ⁵Harim, Meremot, Obadías, ⁶Daniel, Ginetón, Baruc, ⁷Mesulam, Abías, Mijamín, ⁸Maazías, Bilgaí y Semaías. Estos eran los sacerdotes.

⁹Los siguientes levitas:
Jesúa, hijo de Azanías, Binúi, de la familia de Henadad, Cadmiel, ¹⁰y los demás levitas: Sebanías, Hodías, Kelita, Pelaías, Hanán, ¹¹Micaía, Rehob, Hasabías, ¹²Zacur, Serebías, Sebanías, ¹³Hodías, Bani y Beninu.

¹⁴Los siguientes jefes del pueblo:
Paros, Pahat-moab, Elam, Zatu, Bani, ¹⁵Buni, Azgad, Bebai, ¹⁶Adonías, Bigvai, Adín, ¹⁷Ater, Ezequías, Azur, ¹⁸Hodías, Hasum, Bezai, ¹⁹Harif, Anatot, Nebai, ²⁰Magpías, Mesulam, Hezir, ²¹Mesezabeel, Sadoc, Jadúa, ²²Pelatías, Hanán, Anaías, ²³Oseas, Hananías, Hasub, ²⁴Halohes, Pilha, Sobec, ²⁵Rehum, Hasabna, Maaseías, ²⁶Ahías, Hanán, Anán, ²⁷Maluc, Harim y Baana.

Promesa del pueblo

²⁸Luego el resto del pueblo —los sacerdotes, los levitas, los porteros, los cantores, los sirvientes del templo y todos los que se habían separado de la gente pagana de esa tierra para obedecer la ley de Dios, junto con sus mujeres, hijos, hijas y todos los que tenían edad suficiente para entender— ²⁹se unió a sus jefes y se comprometió mediante juramento. Juraron que caería una maldición sobre ellos mismos si dejaban de obedecer la ley de Dios dada por medio de su siervo Moisés. Prometieron solemnemente seguir al pie de la letra todos los mandatos, las ordenanzas y los decretos del SEÑOR, nuestro Señor:

³⁰«Nos comprometemos a no permitir que nuestras hijas se casen con los habitantes paganos de la tierra ni a permitir que nuestros hijos se casen con sus hijas.

³¹»También prometemos no comprar mercadería ni grano que la gente de esta tierra traiga para vender en el día de descanso o en cualquier otro día sagrado. Cada séptimo año dejaremos que nuestras tierras descansen y perdonaremos toda deuda.

³²»Además, nos comprometemos a obedecer el mandato de pagar el impuesto anual del templo de cuatro gramos de plata* para los gastos del templo de nuestro Dios.

9:38a *El versículo 9:38 corresponde al 10:1 en el texto hebreo.* 9:38b *Ó A pesar de todo esto.* 10:1 *Los versículos del 10:1-39 corresponden al 10:2-40 en el texto hebreo.* 10:32 *En hebreo impuesto de ⅓ de un siclo [0,08 de una onza].*

³³Este monto servirá para el pan de la Presencia; las ofrendas regulares de grano y las ofrendas quemadas; las ofrendas de los días de descanso, las celebraciones de luna nueva y los festivales anuales; las ofrendas sagradas y las ofrendas para hacer expiación por el pecado de Israel. Servirá para proporcionar todo lo necesario para el trabajo del templo de nuestro Dios.

³⁴»Hicimos sorteos sagrados para determinar cuándo —en tiempos regulares cada año— las familias de los sacerdotes, los levitas y la gente común deberán llevar leña al templo de Dios para ser quemada en el altar del Señor nuestro Dios, como está escrito en la ley.

³⁵»Nos comprometemos a llevar cada año al templo del Señor la primera parte de toda cosecha, sea producto de la tierra o de nuestros árboles frutales. ³⁶Aceptamos entregar a Dios nuestros primeros hijos varones y las primeras crías de todo nuestro ganado y de nuestros rebaños, como lo establece la ley. Los presentaremos a los sacerdotes que ejercen el ministerio en el templo de nuestro Dios. ³⁷Almacenaremos los productos agrícolas en los depósitos del templo de nuestro Dios. Llevaremos lo mejor de nuestra harina y otras ofrendas de grano, lo mejor de nuestra fruta, lo mejor de nuestro vino nuevo y el nuestro aceite de oliva. Además, prometemos llevar a los levitas una décima parte de todo lo que nuestra tierra produzca, porque son los levitas quienes recogen los diezmos en todas nuestras poblaciones rurales.

³⁸»Un sacerdote —descendiente de Aarón— estará con los levitas cuando reciban esos diezmos. Una décima parte de todos los diezmos que se reúnan será entregada por los levitas al templo de nuestro Dios para ser colocada en los depósitos. ³⁹El pueblo y los levitas tienen que trasladar estas ofrendas de grano, de vino nuevo y de aceite de oliva a los depósitos y colocarlas en recipientes sagrados cerca de los sacerdotes de turno, los porteros y los cantores.

»Todos nos comprometemos a no descuidar el templo de nuestro Dios».

El pueblo habita en Jerusalén

11 Los jefes del pueblo vivían en Jerusalén, la ciudad santa. Mediante los sorteos sagrados eligieron a una décima parte del pueblo de otras ciudades de Judá y de Benjamín para que vivieran allí también, mientras que el resto siguió viviendo donde estaba; ²y el pueblo elogiaba a todos los que se ofrecían para reubicarse en Jerusalén.

³La siguiente es una lista de los nombres de los funcionarios provinciales que fueron a vivir a Jerusalén. (La mayoría del pueblo, de los sacerdotes, de los levitas, de los sirvientes del templo y de los descendientes de los sirvientes de Salomón siguieron viviendo en sus propias casas en las diversas ciudades de Judá, ⁴pero algunos de los de Judá y de Benjamín repoblaron Jerusalén).

De la tribu de Judá:

Ataías, hijo de Uzías, hijo de Zacarías, hijo de Amarías, hijo de Sefatías, hijo de Mahalaleel, de la familia de Fares. ⁵También Maaseías, hijo de Baruc, hijo de Col-hoze, hijo de Hazaías, hijo de Adaías, hijo de Joiarib, hijo de Zacarías, de la familia de Sela.* ⁶Fueron cuatrocientos sesenta y ocho descendientes de Fares los que se establecieron en Jerusalén, todos ellos hombres excepcionales.

⁷De la tribu de Benjamín:

Salú, hijo de Mesulam, hijo de Joed, hijo de Pedaías, hijo de Colaías, hijo de Maaseías, hijo de Itiel, hijo de Jesaías; ⁸después de él estaban Gabai y Salai: en total novecientos veintiocho parientes. ⁹El funcionario principal de ellos era Joel, hijo de Zicri, y su asistente era Judá, hijo de Senúa, el segundo en autoridad de la ciudad.

¹⁰De los sacerdotes:

Jedaías, hijo de Joiarib; Jaquín; ¹¹y Seraías, hijo de Hilcías, hijo de Mesulam, hijo de Sadoc, hijo de Meraiot, hijo de Ahitob, que era el supervisor del templo de Dios. ¹²También ochocientos veintidós de sus colaboradores, quienes trabajaban en el templo. También Adaías, hijo de Jeroham, hijo de Pelalías, hijo de Amsi, hijo de Zacarías, hijo de Pasur, hijo de Malquías, ¹³junto con doscientos cuarenta y dos de sus colaboradores, quienes eran jefes de sus familias. También Amasai, hijo de Azareel, hijo de Azai, hijo de Mesilemot, hijo de Imer, ¹⁴y ciento veintiocho de sus* excepcionales colaboradores. El funcionario principal de ellos era Zabdiel, hijo de Gedolim.

¹⁵De los levitas:

Semaías, hijo de Hasub, hijo de Azricam, hijo de Hasabías, hijo de Buni. ¹⁶También Sabetai y Jozabad, quienes estaban a cargo del trabajo fuera del templo de Dios. ¹⁷También Matanías, hijo de Micaía, hijo de Zabdí, descendiente de Asaf, quien dirigía las acciones de gracias y la oración. También Bacbuquías, ayudante de Matanías, y Abda, hijo de Samúa, hijo de Galal, hijo de Jedutún. ¹⁸En total, había doscientos ochenta y cuatro levitas en la ciudad santa.

¹⁹De los porteros:

Acub, Talmón y ciento setenta y dos colaboradores que vigilaban las puertas.

11:5 En hebreo *hijo del silonita.*   11:14 Así aparece en la versión griega; en hebreo dice *de los excepcionales colaboradores de ellos.*

²⁰Los demás sacerdotes, levitas e israelitas vivían en las otras ciudades de Judá, dondequiera que se encontraran su herencia familiar. ²¹Sin embargo, todos los sirvientes del templo, bajo la dirección de Ziha y Gispa, se establecieron en la colina de Ofel.

²²El funcionario principal de los levitas en Jerusalén era Uzi, hijo de Bani, hijo de Hasabías, hijo de Matanías, hijo de Micaía, descendiente de Asaf. Los integrantes de la familia de Asaf eran los cantores en el templo de Dios. ²³Las responsabilidades diarias de los cantores se llevaban a cabo según los términos establecidos por un mandato real.

²⁴Petaías, hijo de Mesezabeel, descendiente de Zera, hijo de Judá, era el consejero real en todos los asuntos de la administración pública.

²⁵En cuanto a las aldeas vecinas con sus campos abiertos, parte de la gente de Judá vivía en Quiriat-arba y sus asentamientos, en Dibón y sus asentamientos y en Jecabseel y sus aldeas. ²⁶También residían en Jesúa, Molada, Bet-pelet, ²⁷Hazar-sual, Beerseba y sus asentamientos, ²⁸Siclag y Mecona y sus asentamientos. ²⁹También vivían en En-rimón, Zora, Jarmut, ³⁰Zanoa y Adulam y sus aldeas vecinas. También vivían en Laquis y sus campos aledaños y en Azeca y sus aldeas cercanas. De manera que el pueblo de Judá vivía desde Beerseba en el sur hasta el valle de Hinom.

³¹Parte de la gente de Benjamín vivía en Geba, Micmas, Aía y Betel y sus asentamientos. ³²También vivían en Anatot, Nob, Ananías, ³³Hazor, Ramá, Gitaim, ³⁴Hadid, Seboim, Nebalat, ³⁵Lod, Ono y el valle de los Artesanos.* ³⁶Algunos de los levitas que residían en Judá fueron enviados a vivir con la tribu de Benjamín.

Historia de los sacerdotes y los levitas

12 La siguiente es una lista de los sacerdotes y los levitas que regresaron con Zorobabel, hijo de Salatiel y Jesúa, el sumo sacerdote:

Seraías, Jeremías, Esdras,
² Amarías, Maluc, Hatús,
³ Secanías, Harim,* Meremot,
⁴ Iddo, Ginetón,* Abías,
⁵ Miniamín, Moadías,* Bilga,
⁶ Semaías, Joiarib, Jedaías,
⁷ Salú, Amoc, Hilcías y Jedaías.

Estos eran los jefes de los sacerdotes y sus colaboradores en los días de Jesúa.

⁸Los levitas que regresaron con ellos eran Jesúa, Binúi, Cadmiel, Serebías, Judá y Matanías,

quien junto con sus colaboradores estaba a cargo de las canciones de acción de gracias. ⁹Sus colaboradores, Bacbuquías y Uni, se ubicaban frente a ellos durante el servicio.

¹⁰ Jesúa, el sumo sacerdote, fue padre de Joiacim.
Joiacim fue padre de Eliasib.
Eliasib fue padre de Joiada.
¹¹ Joiada fue padre de Johanán.*
Johanán fue padre de Jadúa.

¹²Ahora bien, cuando Joiacim era sumo sacerdote, los jefes de familia de los sacerdotes eran los siguientes:

Meraías era jefe de la familia de Seraías.
Hananías era jefe de la familia de Jeremías.
¹³ Mesulam era jefe de la familia de Esdras.
Johanán era jefe de la familia de Amarías.
¹⁴ Jonatán era jefe de la familia de Maluc.*
José era jefe de la familia de Secanías.*
¹⁵ Adna era jefe de la familia de Harim.
Helcai era jefe de la familia de Meremot.*
¹⁶ Zacarías era jefe de la familia de Iddo.
Mesulam era jefe de la familia de Ginetón.
¹⁷ Zicri era jefe de la familia de Abías.
También había un* jefe de la familia de Mijamín.
Piltai era jefe de la familia de Moadías.
¹⁸ Samúa era jefe de la familia de Bilga.
Jonatán era jefe de la familia de Semaías.
¹⁹ Matenai era jefe de la familia de Joiarib.
Uzi era jefe de la familia de Jedaías.
²⁰ Calai era jefe de la familia de Salú.*
Éber era jefe de la familia de Amoc.
²¹ Hasabías era jefe de la familia de Hilcías.
Natanael era jefe de la familia de Jedaías.

²²Durante los años cuando Eliasib, Joiada, Johanán y Jadúa servían como sumos sacerdotes, se mantuvo un registro de las familias de los levitas. Durante el reinado de Darío el persa* se mantuvo otro registro de los sacerdotes. ²³Hasta los días de Johanán, nieto* de Eliasib, se mantuvo un registro de los jefes de las familias de los levitas en *El libro de historia*.

²⁴Estos eran los jefes de familia de los levitas: Hasabías, Serebías, Jesúa, Binúi,* Cadmiel y otros colaboradores, quienes se ubicaban frente a ellos durante las ceremonias de alabanza y acción de gracias, un lado le respondía al otro, como lo ordenó David, hombre de Dios. ²⁵Este grupo incluía a Matanías, a Bacbuquías y a Obadías.

Mesulam, Talmón y Acub eran los porteros a cargo de los depósitos cerca de las puertas.

11:35 O y *Gue-jarasim.* comparar 7:42; 12:15; Esd 2:39.   12:4 Así aparece en algunos manuscritos hebreos y en la Vulgata Latina (ver también 12:16); la mayoría de los manuscritos hebreos dice *Gineto.*   12:5 En hebreo *Mijamín, Maadías;* comparar 12:17.   12:11 En hebreo *Jonatán;* comparar 12:22.   12:14a Así aparece en la versión griega (ver también 10:4; 12:2); en hebreo dice *Melicú.*   12:14b Así aparece en muchos manuscritos hebreos, en algunos manuscritos griegos y en la versión siríaca (ver también 12:3); la mayoría de los manuscritos hebreos dice *Sebanías.*   12:15 Así aparece en algunos manuscritos griegos (ver también 12:3); en hebreo dice *Meraiot.*   12:17 En el texto hebreo falta el nombre del jefe de esta familia.   12:20 En hebreo *Salú;* comparar 12:7.   12:22 Es probable que *Darío el persa* sea Darío II, quien reinó entre el 423 y el 404 a. C., o tal vez Darío III, quien reinó entre el 336 y el 331 a. C.   12:23 En hebreo *descendiente;* comparar 12:10-11.   12:24 En hebreo *hijo de* (o sea, *ben*), lo que probablemente debería entenderse aquí como el nombre propio Binúi: comparar Esd 3:9 y la nota al pie de página.

²⁶Todos ellos sirvieron en los días de Joiacim, hijo de Jesúa, hijo de Jehosadac,* y en los días de Nehemías, el gobernador, y de Esdras, el sacerdote y escriba.

Dedicación de la muralla de Jerusalén

²⁷Para la dedicación de la nueva muralla de Jerusalén se les pidió a los levitas de toda la tierra que fueran a Jerusalén para colaborar en las ceremonias. Debían tomar parte en la feliz celebración con sus canciones de acción de gracias y con música de címbalos, arpas y liras ²⁸Se reunió a los cantores de la zona alrededor de Jerusalén y de las aldeas de los netofatitas. ²⁹También llegaron de Bet-gilgal y de las zonas rurales cercanas a Geba y Azmavet porque los cantores habían levantado sus propios asentamientos en los alrededores de Jerusalén. ³⁰Primero los sacerdotes y los levitas se purificaron a sí mismos, luego purificaron al pueblo, a las puertas y a la muralla.

³¹Conduje a los líderes de Judá a la parte superior de la muralla y organicé dos grandes coros para dar acción de gracias. Uno de los coros se dirigió hacia el sur* por encima de la muralla hasta la puerta del Estiércol. ³²Osaías y la mitad de los jefes de Judá los seguían, ³³con Azarías, Esdras, Mesulam, ³⁴Judá, Benjamín, Semaías y Jeremías. ³⁵Luego iban algunos sacerdotes que tocaban trompetas, junto con Zacarías, hijo de Jonatán, hijo de Semaías, hijo de Matanías, hijo de Micaías, hijo de Zacur, descendiente de Asaf. ³⁶Los compañeros de Zacarías eran Semaías, Azareel, Milalai, Gilalai, Maai, Natanael, Judá y Hananí. Tocaban los instrumentos musicales indicados por David, hombre de Dios. Esdras, el escriba, lideraba esta procesión. ³⁷En la puerta de la Fuente subieron los escalones de la subida de la muralla de la ciudad en dirección hacia la Ciudad de David. Pasaron frente a la casa de David y luego siguieron al oriente hacia la puerta del Agua.

³⁸El segundo coro que daba acción de gracias se dirigió hacia el norte,* dando la vuelta por el otro lado para encontrarse con el primer coro. Yo los seguía sobre la muralla, junto con la otra mitad del pueblo, y pasamos por la torre de los Hornos hacia el muro Ancho, ³⁹y luego sobre la puerta de Efraín hacia la puerta de la Ciudad Antigua,* pasamos la puerta del Pescado y la torre de Hananeel, hasta la torre de los Cien. Luego seguimos hacia la puerta de las Ovejas y nos detuvimos a la altura de la puerta de la Guardia.

⁴⁰Luego los dos coros que daban acción de gracias siguieron hacia el templo de Dios y allí tomaron sus lugares. Lo mismo hice yo, junto con el grupo de jefes que estaba conmigo. ⁴¹Íbamos con los sacerdotes que tocaban las trompetas: Eliacim, Maaseías, Miniamín, Micaías, Elioenai, Zacarías y Hananías— ⁴²y con los cantores —Maaseías, Semaías, Eleazar, Uzi, Johanán, Malquías, Elam y

Ezer—; tocaban y cantaban a toda voz bajo la dirección de Izrahías, el director del coro.

⁴³Se ofrecieron muchos sacrificios durante aquel día de gozo porque Dios había dado al pueblo razón de alegrarse. También las mujeres y los niños participaron en la celebración, y la alegría del pueblo de Jerusalén podía oírse a gran distancia.

Provisiones para el culto en el templo

⁴⁴Ese día se designaron hombres para que se encargaran de los depósitos para las ofrendas, la primera parte de la cosecha y los diezmos. Eran responsables de recolectar los campos fuera de las ciudades las porciones específicadas por la ley para los sacerdotes y los levitas. Pues todo el pueblo de Judá se complacía en los sacerdotes y los levitas y en el trabajo que prestaban. ⁴⁵Ellos, junto con los cantores y los porteros, llevaban a cabo el servicio para su Dios y el servicio de purificación, como lo habían ordenado David y su hijo Salomón. ⁴⁶La costumbre de tener directores para dirigir los coros al entonar himnos de alabanza y de acción de gracias a Dios comenzó mucho tiempo antes, en los días de David y Asaf. ⁴⁷De modo que ahora, en los días de Zorobabel y de Nehemías, todo Israel llevaba una provisión diaria de comida para los cantores, los porteros y los levitas. Los levitas, a su vez, daban a los sacerdotes —los descendientes de Aarón— parte de lo que ellos recibían.

Diversas reformas de Nehemías

13 Ese mismo día, mientras se leía al pueblo el libro de Moisés, se encontró el pasaje que dice que jamás se debe admitir a un amorreo o a un moabita en la asamblea de Dios,* ²porque ellos se habían negado a darles comida y agua a los israelitas en el desierto. Por el contrario, contrataron a Balaam para que los maldijera, aunque nuestro Dios convirtió la maldición en bendición. ³Cuando se leyó este pasaje de la ley, inmediatamente se excluyó de la asamblea a todos los que tenían ascendencia extranjera.

⁴Antes de esto, el sacerdote Eliasib, quien había sido designado para supervisar los depósitos del templo de nuestro Dios y quien también era pariente de Tobías, ⁵había rediseñado un gran depósito y lo había puesto a disposición de Tobías. Anteriormente usaban el cuarto para almacenar ofrendas de grano, incienso, otros utensilios para el templo, diezmos de granos, de vino nuevo, de aceite de oliva (destinados a los levitas, a los cantores y a los porteros), y también las ofrendas para los sacerdotes.

⁶En esa época yo no estaba en Jerusalén porque había ido a presentarme ante Artajerjes, rey de Babilonia, en el año treinta y dos de su reinado.* aunque más tarde le pedí permiso para

---

12:26 En hebreo *Josadac*, una variante de Jehosadac. 12:31 En hebreo *hacia la derecha*. 12:38 En hebreo *hacia la izquierda*. 12:39 O *la puerta del Mishneh*, o también *la puerta de Jesana*. 13:1 Ver Dt 23:3-6. 13:6 Aquí se identifica al rey Artajerjes de Persia como el rey de Babilonia porque Persia había conquistado el Imperio babilónico. El año treinta y dos de Artajerjes fue el 433 a. C.

regresar. ⁷Cuando regresé a Jerusalén, me enteré del acto perverso de Eliasib de proporcionarle a Tobías una habitación en los atrios del templo de Dios. ⁸Me disgusté mucho y saqué del cuarto todas las pertenencias de Tobías. ⁹Luego exigí que purificaran las habitaciones y volví a colocar los utensilios para el templo de Dios, las ofrendas de grano y el incienso.

¹⁰También descubrí que no se les había entregado a los levitas las porciones de comida que les correspondían, de manera que todos ellos y los cantores que debían dirigir los servicios de adoración habían regresado a trabajar en los campos. ¹¹Inmediatamente enfrenté a los dirigentes y les pregunté: «¿Por qué ha sido descuidado el templo de Dios?». Luego pedí a todos los levitas que regresaran y los reintegré para que cumplieran con sus obligaciones. ¹²Entonces, una vez más, todo el pueblo de Judá comenzó a llevar sus diezmos de grano, de vino nuevo y de aceite de oliva a los depósitos del templo.

¹³Como supervisores de los depósitos asigné al sacerdote Selemías, al escriba Sadoc y a Pedaías, uno de los levitas. Como ayudante de ellos nombré a Hanán, hijo de Zacur y nieto de Matanías. Estos hombres gozaban de una excelente reputación, y su tarea consistía en hacer distribuciones equitativas a sus compañeros levitas.

¹⁴Recuerda esta buena obra, oh Dios mío, y no olvides todo lo que fielmente he hecho por el templo de mi Dios y sus servicios.

¹⁵En esos días vi a unos hombres de Judá pisando en sus lagares en el día de descanso. Además, recogían granos y los cargaban sobre burros, y traían su vino, sus uvas, sus higos y toda clase de productos a Jerusalén para venderlos en el día de descanso. Así que los reprendí por vender sus productos en ese día. ¹⁶Algunos hombres de Tiro que vivían en Jerusalén, traían pescado y toda clase de mercancía. La vendían al pueblo de Judá el día de descanso, ¡y nada menos que en Jerusalén! ¹⁷De modo que confronté a los nobles de Judá. «¿Por qué profanan el día de descanso de este modo tan perverso? —les pregunté—. ¹⁸¿Acaso no fueron cosas como estas las que hicieron sus antepasados y provocaron que nuestro Dios hiciera caer sobre nosotros y nuestra ciudad toda esta desgracia? ¡Ahora ustedes provocan aún más enojo contra Israel al permitir que el día de descanso sea profanado de esta manera!».

¹⁹Entonces ordené que todos los viernes* se cerraran las puertas de Jerusalén al caer la

noche, y que no se abrieran hasta que terminara el día de descanso. Envié a algunos de mis propios sirvientes a vigilar las puertas para que no pudiera entrar ninguna mercadería en los días de descanso. ²⁰Los mercaderes y los comerciantes de diversos productos acamparon fuera de Jerusalén una o dos veces; ²¹pero yo les hablé duramente diciendo: «¿Qué pretenden al acampando aquí afuera alrededor de la muralla? ¡Si lo hacen otra vez, los arrestaré!». Esa fue la última vez que aparecieron en el día de descanso. ²²Luego ordené a los levitas que se purificaran y vigilaran las puertas para preservar la santidad del día de descanso.

¡Recuerda también esta buena obra, oh Dios mío! Ten compasión de mí conforme a tu grande e inagotable amor.

²³Por el mismo tiempo, me di cuenta de que algunos de los hombres de Judá se habían casado con mujeres de Asdod, Amón y Moab. ²⁴Además, la mitad de sus hijos hablaban el idioma de Asdod o de algún otro pueblo y no podían hablar en absoluto la lengua de Judá. ²⁵De modo que confronté a los hombres y pedí que cayeran maldiciones sobre ellos. Golpeé a algunos y les arranqué el cabello. Los hice jurar en el nombre de Dios que no permitirían que sus hijos o sus hijas se casaran con la gente pagana de la región. ²⁶«¿Acaso no fue exactamente eso lo que llevó a Salomón, rey de Israel, a pecar? —exclamé—. No había rey de ninguna nación que pudiera compararse con él, Dios lo amaba y lo hizo rey sobre todo Israel; pero incluso él fue inducido a pecar por sus mujeres extranjeras. ²⁷¿Cómo pudieron siquiera pensar en cometer semejante acción pecaminosa y ser infieles a Dios al casarse con mujeres extranjeras?».

²⁸Uno de los hijos de Joiada, hijo de Eliasib, el sumo sacerdote, se había casado con la hija de Sanbalat, el horonita, por lo cual lo expulsé de mi presencia.

²⁹Recuérdalos, oh Dios mío, porque han profanado el sacerdocio y los votos solemnes de los sacerdotes y los levitas.

³⁰Así que expulsé todo lo que fuera extranjero y asigné tareas a los sacerdotes y a los levitas, asegurándome de que cada uno supiera lo que tenía que hacer. ³¹También me aseguré de que llegara el suministro de leña para el altar y las primeras porciones de la cosecha en los tiempos establecidos.

Recuerda esto a mi favor, oh Dios mío.

Ester

El banquete del rey

1 Estos hechos sucedieron en los días del rey Jerjes,* quien reinó sobre ciento veintisiete provincias, desde la India hasta Etiopía.* ²En esa época, Jerjes gobernaba su imperio desde el trono real, ubicado en la fortaleza de Susa. ³En el tercer año de su reinado, hizo un banquete para todos sus nobles y funcionarios. Invitó a todos los oficiales del ejército de Persia y Media,* y también a los príncipes y nobles de las provincias. ⁴La celebración duró ciento ochenta días y fue una gran exhibición de la opulenta riqueza de su imperio y de la pompa y el esplendor de su majestad.

⁵Cuando todo terminó, el rey ofreció un banquete para todo el pueblo que se encontraba en la fortaleza de Susa, desde el más importante hasta el más insignificante. El banquete duró siete días y se realizó en el patio del jardín del palacio. ⁶El patio estaba elegantemente decorado con cortinas de algodón blanco y colgantes azules, sostenidos con cuerdas de lino y cintas de color púrpura que pasaban por anillos de plata incrustados en columnas de mármol. Había divanes de oro y de plata sobre un piso de mosaicos de cuarzo,* mármol, nácar y otras piedras costosas.

⁷Las bebidas se servían en copas de oro de distintos diseños, y había vino real en abundancia, lo cual reflejaba la generosidad del rey. ⁸Por decreto del rey, no había límite de consumo, porque el rey había dado instrucciones a todos los empleados del palacio de que sirvieran a cada hombre cuanto quisiera.

⁹Al mismo tiempo, la reina Vasti hizo un banquete para las mujeres en el palacio real del rey Jerjes.

Destitución de la reina Vasti

¹⁰Al séptimo día de la fiesta, cuando el rey Jerjes estaba muy alegre a causa del vino, les ordenó a los siete eunucos que le servían —Mehumán, Bizta, Harbona, Bigta, Abagta, Zetar y Carcas— ¹¹que le trajeran a la reina Vasti con la corona real en la cabeza. Quería que los nobles y los demás hombres contemplaran su belleza, porque era una mujer sumamente hermosa;

¹²pero cuando le comunicaron la orden del rey a la reina Vasti, ella se negó a ir. Esa respuesta enfureció al rey y lo hizo arder de enojo.

¹³Entonces el rey consultó de inmediato con sus sabios consejeros, quienes conocían todas las leyes y costumbres persas, porque siempre les pedía consejo. ¹⁴Sus nombres eran: Carsena, Setar, Admata, Tarsis, Meres, Marsena y Memucán, siete nobles de Persia y Media. Esos hombres se reunían frecuentemente con el rey y ocupaban los cargos más altos del imperio.

¹⁵—¿Qué debe hacerse con la reina Vasti? —preguntó el rey—. ¿Qué sanción impone la ley para una reina que se niega a obedecer las órdenes que el rey le envía debidamente por medio de sus eunucos?

¹⁶Memucán contestó al rey y a los nobles:

—La reina Vasti ofendió no solo al rey sino también a cada noble y ciudadano del imperio. ¹⁷Ahora, en todas partes, las mujeres comenzarán a despreciar a sus maridos cuando se enteren de que la reina Vasti se negó a presentarse ante el rey. ¹⁸Antes de que termine este día, las esposas de todos los nobles del rey en toda Persia y Media oirán lo que hizo la reina y empezarán a tratar a sus maridos de la misma manera. Nada pondrá fin a su desprecio y enojo.

¹⁹»Así que, si al rey le agrada, sugerimos que emita un decreto por escrito, una ley de los persas y los medos que no pueda ser revocada. Debería ordenar que la reina Vasti sea excluida para siempre de la presencia del rey Jerjes y que el rey elija otra reina más digna que ella. ²⁰¡Cuando se publique este decreto en todo el vasto imperio del rey, los maridos de todas partes, sea cual fuere su rango, recibirán el respeto que merecen de parte de sus esposas!

²¹El rey y sus nobles consideraron que esa propuesta tenía sentido, así que el rey siguió el consejo de Memucán. ²²Envió cartas por todo el imperio, a cada provincia en su propio sistema de escritura y en su propio idioma, proclamando que todo hombre debía ser jefe en su propia casa y decir lo que le viniera en gana.*

1:1a En hebreo *Asuero,* otro nombre para Jerjes; también en todo el libro de Ester. Jerjes reinó del 486 al 465 a. C.   1:1b En hebreo *Cus.*
1:6 En hebreo *pórfido:* roca compacta y dura, de color rojizo oscuro con cristales de feldespato y cuarzo.   1:22 O *y hablar el idioma de su propio pueblo.*

Ester se convierte en reina

2 Una vez que se le pasó el enojo, Jerjes comenzó a pensar en Vasti y en lo que ella había hecho, y también en el decreto que él había firmado. ²Así que sus asistentes personales le sugirieron lo siguiente: «Busquemos en todo el imperio jóvenes hermosas y vírgenes para el rey. ³Que el rey nombre delegados en cada provincia para que reúnan a esas hermosas jóvenes en el harén real en la fortaleza de Susa. Hegai, el eunuco del rey a cargo del harén, se ocupará de que todas ellas reciban tratamientos de belleza. ⁴Después, la joven que más agrade al rey será reina en lugar de Vasti». Al rey le pareció muy bueno ese consejo, así que decidió ponerlo en práctica.

⁵Por esos días, en la fortaleza de Susa había un judío llamado Mardoqueo, hijo de Jair. Pertenecía a la tribu de Benjamín y era descendiente de Cis y Semei. ⁶Su familia* había estado entre los que, junto con Joaquín,* rey de Judá, fueron desterrados de Jerusalén y llevados a Babilonia por el rey Nabucodonosor. ⁷Mardoqueo tenía una prima joven muy hermosa y atractiva que se llamaba Hadasa, a la cual también le decían Ester. Cuando el padre y la madre de ella murieron, Mardoqueo la adoptó, la integró a su familia y la crió como su propia hija.

⁸Como resultado del decreto del rey, Ester, junto con muchas otras jóvenes, fue llevada al harén del rey en la fortaleza de Susa y entregada al cuidado de Hegai. ⁹Hegai quedó muy impresionado con Ester y la trató con mucha amabilidad. Enseguida ordenó que le prepararan una dieta especial y se le hicieran tratamientos de belleza. También le asignó siete doncellas escogidas especialmente del palacio del rey y la trasladó junto con ellas al mejor lugar del harén.

¹⁰Ester no le había revelado a nadie su nacionalidad ni su trasfondo familiar porque Mardoqueo le había ordenado que no lo hiciera. ¹¹Todos los días, Mardoqueo daba un paseo cerca del patio del harén para averiguar cómo estaba Ester y qué le sucedía.

¹²Antes de ser llevada a la cama del rey, a cada joven se le hacían obligatoriamente tratamientos de belleza durante doce meses: los primeros seis con aceite de mirra, y los siguientes con perfumes y ungüentos especiales. ¹³Cuando llegaba el momento para presentarse en el palacio del rey, se le permitía elegir la ropa y las joyas que quisiera llevarse del harén. ¹⁴Esa noche la llevaban a las habitaciones privadas del rey, y a la mañana siguiente, la pasaban a un segundo harén,* donde vivían las esposas del rey. Allí quedaba al cuidado de Saasgaz, el eunuco del rey que se ocupaba de las concubinas. Jamás volvía a la presencia del rey a menos que a él le hubiera agradado de manera especial y la mandara llamar por su nombre.

¹⁵Ester era hija de Abihail, tío de Mardoqueo. (Mardoqueo había adoptado como hija a su prima menor, Ester). Cuando a Ester le llegó el turno de ser llevada ante el rey, ella siguió el consejo de Hegai, el eunuco encargado del harén. No pidió nada aparte de lo que él le sugirió, y todos los que la veían, la admiraban.

¹⁶Llevaron a Ester ante el rey Jerjes, en el palacio real, a comienzos del invierno* del séptimo año de su reinado. ¹⁷Y el rey amó a Ester más que a todas las demás jóvenes. Estaba tan encantado con ella que le puso la corona real sobre la cabeza y la declaró reina en lugar de Vasti. ¹⁸Para celebrar la ocasión, ofreció un gran banquete en honor de Ester a todos sus nobles y funcionarios, decretó día de fiesta para las provincias y entregó generosos regalos a todos.

¹⁹Aun después de que todas las jóvenes fueron trasladadas al segundo harén* y Mardoqueo fue designado funcionario del palacio,* ²⁰Ester siguió manteniendo en secreto su trasfondo familiar y su nacionalidad. Todavía seguía los consejos de Mardoqueo, tal como cuando vivía en su casa.

La lealtad de Mardoqueo hacia el rey

²¹Cierto día, mientras Mardoqueo estaba de guardia en la puerta del rey, dos de los eunucos del rey, Bigtana* y Teres —guardias que custodiaban la entrada a las habitaciones privadas del rey— se enojaron con el rey Jerjes y conspiraron para asesinarlo. ²²Por Mardoqueo se enteró del complot y le pasó la información a la reina Ester. Entonces ella se lo contó al rey y le dio el crédito a Mardoqueo por la noticia. ²³Cuando se hizo la investigación y se confirmó lo que decía Mardoqueo era cierto, los dos hombres fueron atravesados con un poste afilado. Todo el suceso quedó registrado en *El libro de la historia del reinado del rey Jerjes.*

El complot de Amán contra los judíos

3 Tiempo después, el rey Jerjes ascendió a Amán, hijo de Hamedata el agagueo, lo puso por encima de todos los demás nobles y lo convirtió en el funcionario más poderoso del imperio. ²Todos los funcionarios del rey se inclinaban ante Amán en señal de respeto cada vez que él pasaba porque el rey lo había ordenado; pero Mardoqueo se negó a inclinarse ante él o a rendirle homenaje.

³Entonces los funcionarios del palacio que estaban a la puerta del rey le preguntaron a Mardoqueo: «¿Por qué desobedeces la orden del rey?». ⁴Todos los días le hablaban de lo mismo, pero aun así él se negaba a cumplir la orden. Entonces le informaron a Amán para saber

---

2:6a En hebreo *Él*. **2:6b** En hebreo *Jeconías*, una variante de Joaquín. **2:14** O *a otra parte del harén*. **2:16** En hebreo *del décimo mes, el mes de tebet*. Varias fechas que aparecen en el libro de Ester pueden corroborarse con las fechas que aparecen en los registros persas que se han conservado y pueden relacionarse de manera precisa con nuestro calendario moderno. En el antiguo calendario lunar hebreo, ese mes cayó entre diciembre del 479 a. C. y enero del 478 a. C. **2:19a** El significado del hebreo es incierto. **2:19b** En hebreo *y Mardoqueo se sentara a la puerta del rey*. **2:21** En hebreo *Bigtán*; comparar 6:2.

si él toleraría la conducta de Mardoqueo, ya que Mardoqueo les había dicho que era judío.

⁵Cuando Amán vio que Mardoqueo no se inclinaba ante él ni le rendía homenaje, se llenó de furia. ⁶Como se había enterado de la nacionalidad de Mardoqueo, decidió que no bastaba con matar solamente a él. Entonces, buscó la forma de destruir a todos los judíos a lo largo y ancho del imperio de Jerjes.

⁷Así que, en el mes de abril,* durante el año doce del reinado de Jerjes, echaron al piara a suertes en presencia de Amán (las suertes se llamaban *purim*) a fin de determinar cuál era el mejor día y mes para llevar a cabo el plan. Se escogió el día 7 de marzo, casi un año después.*

⁸Luego Amán se acercó al rey Jerjes y le dijo:

—Hay cierta raza dispersada por todas las provincias del imperio que se mantiene aislada de todas las demás. Tienen leyes diferentes de los demás pueblos y se niegan a obedecer las leyes del rey. Por lo tanto, no conviene a los intereses del rey que ese pueblo siga con vida. ⁹Si al rey le agrada, emita un decreto para destruirlos, y yo donaré diez mil bolsas* grandes de plata a los administradores del imperio para que los depositen en la tesorería del reino.

¹⁰El rey estuvo de acuerdo y, para confirmar su decisión, se quitó del dedo el anillo con su sello oficial y se lo entregó a Amán, hijo de Hamedata el agagueo, el enemigo de los judíos. ¹¹El rey dijo: «Tanto el dinero como el pueblo son tuyos para que hagas con ellos lo que mejor te parezca».

¹²Así que, el 17 de abril,* citaron a los secretarios del rey, y se escribió un decreto tal como lo dictó Amán. Lo enviaron a los funcionarios del rey de más alta posición, a los gobernadores, a los nobles de cada provincia en sus propios sistemas de escritura y en sus propios idiomas. El decreto se redactó en nombre del rey Jerjes y fue sellado con el anillo del rey. ¹³Se enviaron comunicados a todas las provincias del imperio mediante mensajeros veloces, con orden de matar, masacrar y aniquilar a todos los judíos —jóvenes y ancianos, mujeres y los niños— en un solo día. El plan estaba programado para el 7 de marzo del año siguiente.* Las pertenencias de los judíos serían entregadas a los que los mataran.

¹⁴Una copia del decreto debía emitirse como ley en cada provincia y proclamarse a todos los pueblos, a fin de que estuvieran preparados para cumplir con su deber el día señalado. ¹⁵Por orden del rey, se despachó el decreto mediante mensajeros veloces, y también se proclamó en la fortaleza de Susa. Luego el rey y Amán se sentaron a beber, pero la ciudad de Susa entró en confusión.

Mardoqueo pide ayuda a Ester

4 Cuando Mardoqueo se enteró de todo lo que había ocurrido, se rasgó su ropa, se vistió de tela áspera, se arrojó ceniza y salió por la ciudad llorando a gritos con un amargo lamento. ²Llegó hasta la puerta del palacio porque no se permitía que nadie entrara por la puerta del palacio vestido de luto. ³A medida que la noticia del decreto real llegaba a todas las provincias, había más duelo entre los judíos. Ayunaban, lloraban y se lamentaban, y muchos se vestían con tela áspera y se acostaban sobre ceniza.

⁴Cuando las doncellas y los eunucos de la reina Ester se le acercaron y le contaron lo de Mardoqueo, ella se angustió profundamente. Le envió ropa para reemplazar la tela áspera, pero él la rechazó. ⁵Luego Ester llamó a Hatac, uno de los eunucos del rey que había sido designado como su asistente. Le ordenó que fuera a ver a Mardoqueo y averiguara qué era lo que le preocupaba y por qué estaba de luto. ⁶Entonces Hatac salió a buscar a Mardoqueo a la plaza, frente a la puerta del palacio.

⁷Mardoqueo lo puso al tanto de todo lo que había pasado, hasta le dijo el monto exacto de dinero que Amán había prometido depositar en la tesorería del reino para la destrucción de los judíos. ⁸Mardoqueo le entregó a Hatac una copia del decreto emitido en Susa, que ordenaba la muerte de todos los judíos. Le pidió a Hatac que se lo mostrara a Ester y le explicara la situación. También le pidió a Hatac que la exhortara a presentarse ante el rey para suplicarle compasión e intercediera a favor de su pueblo. ⁹Así que Hatac volvió a Ester con el mensaje de Mardoqueo.

¹⁰Entonces Ester le ordenó a Hatac que volviera a ver a Mardoqueo y le diera el siguiente mensaje: ¹¹«Todos los funcionarios del rey e incluso la gente de las provincias saben que cualquiera que se presenta ante el rey en el patio interior sin haber sido invitado está condenado a morir, a menos que el rey le extienda su cetro de oro. Y el rey no me ha llamado a su presencia en los últimos treinta días». ¹²Así que Hatac* le dio el mensaje de Ester a Mardoqueo.

¹³Mardoqueo le envió la siguiente respuesta a Ester: «No te creas que por estar en el palacio escaparás cuando todos los demás judíos sean asesinados. ¹⁴Si te quedas callada en un momento como este, el alivio y la liberación para los judíos surgirán de algún otro lado, pero tú y tus parientes morirán. ¿Quién sabe si no llegaste a ser reina precisamente para un momento como este?».

¹⁵Entonces Ester envió la siguiente respuesta a Mardoqueo: ¹⁶«Ve y reúne a todos los judíos

---

3:7a En hebreo *El primer mes, el mes de nisán.* En el antiguo calendario lunar hebreo, ese mes cayó entre abril y mayo del 474 a. C.; ver también la nota de 2:16. **3:7b** Así aparece en 3:13, que dice *el día trece del mes doce, el mes de adar;* en hebreo dice *el mes doce,* del antiguo calendario lunar hebreo. La fecha elegida fue el 7 de marzo del 473 a. C.; ver también la nota de 2:16. **3:9** En hebreo *10.000 talentos,* alrededor de 340 toneladas métricas ó 375 toneladas de EE. UU. **3:12** En hebreo *el día trece del primer mes,* del antiguo calendario lunar hebreo. Dicho día fue el 17 de abril del 474 a. C.; ver también la nota de 2:16. **3:13** En hebreo *el día trece del mes doce, el mes de adar,* del antiguo calendario lunar hebreo. La fecha elegida fue el 7 de marzo del 473 a. C.; ver también la nota de 2:16. **4:12** Así aparece en la versión griega; en hebreo dice *ellos le dieron.*

que están en Susa y hagan ayuno por mí. No coman ni beban durante tres días, ni de noche ni de día; mis doncellas y yo haremos lo mismo. Entonces, aunque es contra la ley, entraré a ver al rey. Si tengo que morir, moriré». ¹⁷Así que Mardoqueo se puso en marcha e hizo todo tal como Ester le había ordenado.

La petición de Ester al rey

5 Al tercer día del ayuno, Ester se puso las vestiduras reales y entró en el patio interior del palacio, que daba justo frente a la sala del rey. El rey estaba sentado en su trono real, mirando hacia la entrada. ²Cuando vio a la reina Ester de pie en el patio interior, ella logró el favor del rey y él le extendió el cetro de oro. Entonces Ester se acercó y tocó la punta del cetro.

³Entonces el rey le preguntó:

—¿Qué deseas, reina Ester? ¿Cuál es tu petición? ¡Te la daré, aun si fuera la mitad del reino!

⁴Y Ester contestó:

—Si al rey le agrada, venga el rey con Amán hoy al banquete que preparé para el rey.

⁵El rey se dirigió a sus asistentes y dijo: «Díganle a Amán que venga de prisa a un banquete, como lo ha solicitado Ester». Así que el rey y Amán fueron al banquete preparado por Ester.

⁶Mientras bebían vino, el rey le dijo a Ester:

—Ahora dime lo que realmente quieres. ¿Cuál es tu petición? ¡Te la daré, aun si fuera la mitad del reino!

⁷Ester contestó:

—Mi petición y mi más profundo deseo es que, ⁸si he logrado el favor del rey y si al rey le agrada conceder mi petición y hacer lo que le pido, le ruego que venga mañana con Amán al banquete que preparé para ustedes. Entonces explicaré de qué se trata todo este asunto.

El plan de Amán para matar a Mardoqueo

⁹¡Amán salió muy contento del banquete! Sin embargo, cuando vio a Mardoqueo sentado a la puerta del palacio y que no se puso de pie ni tembló de miedo ante su presencia, se enfureció mucho. ¹⁰No obstante, se contuvo y se fue a su casa.

Luego Amán reunió a sus amigos y a Zeres, su esposa, ¹¹y se jactó ante ellos de su gran riqueza y sus muchos hijos. Hizo alarde de los honores que el rey le había dado y de la forma en que lo había ascendido por encima de todos los otros nobles y funcionarios.

¹²Amán también añadió: «¡Y eso no es todo! La reina Ester nos invitó exclusivamente al rey y a mí a un banquete que preparó para nosotros. ¡Y me invitó a cenar mañana nuevamente con ella y con el rey! ¹³Sin embargo, todo eso no vale nada mientras vea al judío Mardoqueo sentado allí, a la puerta del palacio».

¹⁴Entonces Zeres, la esposa de Amán, y todos sus amigos sugirieron: «Levanta un poste afilado que mida veintidós metros y medio de altura* y, mañana por la mañana, pídele al rey que atraviese a Mardoqueo en el poste. Después de eso, podrás seguir alegremente tu camino al banquete con el rey». A Amán le gustó la idea, y ordenó que colocaran el poste.

El rey honra a Mardoqueo

6 Esa noche el rey no podía dormir, entonces ordenó a un asistente que le trajera el libro de la historia de su reino para que se lo leyeran. ²En los registros descubrió el relato de cuando Mardoqueo informó del complot que Bigtana y Teres, dos de los eunucos que cuidaban la puerta de las habitaciones privadas del rey, habían tramado para asesinar al rey Jerjes.

³—¿Qué recompensa o reconocimiento le dimos a Mardoqueo por este acto? —preguntó el rey.

Sus asistentes contestaron:

—Nunca se ha hecho nada.

⁴—¿Quién está en el patio exterior? —preguntó el rey.

Resulta que Amán acababa de llegar al patio exterior del palacio para pedirle al rey que atravesara a Mardoqueo en el poste que había preparado.

⁵Entonces los asistentes contestaron al rey:

—Es Amán el que está en el patio.

—Háganlo pasar —ordenó el rey.

⁶Entonces Amán entró, y el rey dijo:

—¿Qué debo hacer para honrar a un hombre que verdaderamente me agrada?

Amán pensó para sí: «¿A quién querría honrar el rey más que a mí?». ⁷Así que contestó:

—Si el rey desea honrar a alguien, ⁸debería sacar uno de los mantos reales que haya usado el rey y también un caballo que el propio rey haya montado, uno que tenga un emblema real en la frente. ⁹Que el manto y el caballo sean entregados a uno de los funcionarios más nobles del rey y que esta persona se asegure de que vistan con el manto al hombre a quien el rey quiere honrar y lo paseen por la plaza de la ciudad en el caballo del rey. Durante el paseo, que el funcionario anuncie a viva voz: "¡Esto es lo que el rey hace a quien él quiere honrar!".

¹⁰—¡Perfecto! —le dijo el rey a Amán—. ¡Rápido! Lleva mi manto y mi caballo, y haz todo lo que has dicho con Mardoqueo, el judío que se sienta a la puerta del palacio. ¡No pierdas ni un detalle de lo que has sugerido!

¹¹Entonces Amán tomó el manto y se lo puso a Mardoqueo, lo hizo montar el caballo del rey, y lo paseó por la plaza de la ciudad, gritando: «¡Esto es lo que el rey hace a quien él quiere honrar!». ¹²Después Mardoqueo regresó a la puerta del palacio, mientras que Amán se apresuró a volver a su casa desalentado y totalmente humillado.

¹³Cuando Amán le contó a su esposa, Zeres, y a todos sus amigos lo que había sucedido, sus sabios consejeros y su esposa dijeron: «Ya que Mardoqueo —este hombre que te ha humillado— es de origen judío, jamás tendrás éxito con tus planes contra él. Será tu ruina seguir oponiéndote a él».

¹⁴Mientras estaban hablando, llegaron los eunucos del rey y enseguida se llevaron a Amán al banquete que Ester había preparado.

El rey ejecuta a Amán

7 Entonces el rey y Amán fueron al banquete de la reina Ester. ²En esta segunda ocasión, mientras bebían vino, el rey volvió a decir a Ester:

—Dime lo que desees, reina Ester. ¿Cuál es tu petición? ¡Yo te la daré, aun si fuera la mitad del reino!

³La reina Ester contestó:

—Si he logrado el favor del rey, y si al rey le agrada conceder mi petición, pido que mi vida y la vida de mi pueblo sean libradas de la muerte. ⁴Pues mi pueblo y yo hemos sido vendidos para ser muertos, masacrados y aniquilados. Si solo nos hubieran vendido como esclavos, yo me quedaría callada, porque sería un asunto por el cual no merecería molestar al rey.

⁵—¿Quién sería capaz de hacer semejante cosa? —preguntó el rey Jerjes—. ¿Quién podría ser tan descarado para tocarte a ti?

⁶Ester contestó:

—Este malvado Amán es nuestro adversario y nuestro enemigo.

Amán se puso pálido de miedo delante del rey y de la reina. ⁷Entonces el rey, enfurecido, se levantó de un salto y salió al jardín del palacio.

Amán, en cambio, se quedó con la reina Ester para implorar por su vida, porque sabía que el rey pensaba matarlo. ⁸En su desesperación se dejó caer sobre el diván donde estaba reclinada la reina Ester, justo cuando el rey volvía del jardín del palacio.

El rey exclamó: «¿Hasta se atreve a atacar a la reina aquí mismo, en el palacio, ante mis propios ojos?». Entonces, en cuanto el rey habló, sus asistentes le cubrieron la cara a Amán en señal de condena.

⁹Luego Harbona, uno de los eunucos del rey, dijo:

—Amán ha levantado un poste afilado de veintidós metros y medio* en el patio de su casa. Tenía pensado utilizarlo para atravesar a Mardoqueo, el hombre que salvó al rey de ser asesinado.

—¡Que atraviesen a Amán en ese poste! —ordenó el rey.

¹⁰Entonces atravesaron a Amán con el poste que había levantado para Mardoqueo, y la furia del rey se calmó.

Un decreto para ayudar a los judíos

8 Ese mismo día, el rey Jerjes entregó a la reina Ester las propiedades de Amán, el enemigo de los judíos. Luego llevaron a Mardoqueo ante el rey, porque Ester le había contado al rey el parentesco que había entre ellos. ²El rey se quitó el anillo con su sello oficial —el cual había recuperado de Amán— y se lo dio a Mardoqueo, y Ester nombró a Mardoqueo como encargado de las propiedades de Amán.

³Luego Ester volvió a presentarse ante el rey, cayó a sus pies y le suplicó con lágrimas que detuviera el plan siniestro que Amán, el agagueo, había conspirado contra los judíos. ⁴Nuevamente el rey extendió su cetro de oro hacia Ester. De modo que ella se levantó y permaneció de pie delante de él.

⁵Ester dijo:

—Si al rey le place y yo he logrado su favor, y si al rey le parece correcto y yo le resulto agradable, que se emita un decreto que anule las órdenes de Amán, hijo de Hamedata el agagueo, quien ordenó la destrucción de los judíos en todas las provincias del rey. ⁶Pues, ¿cómo podría soportar ver a mi pueblo y a mi familia ser masacrados y destruidos?

⁷Entonces el rey Jerjes dijo a la reina Ester y a Mardoqueo, el judío:

—Le he dado a Ester las propiedades de Amán, a quien atravesaron en un poste porque trató de destruir a los judíos. ⁸Ahora envíen un mensaje a los judíos en nombre del rey, que exprese lo que ustedes quieran, y séllenlo con el anillo del rey. Sin embargo, recuerden que todo lo que ya se ha escrito en nombre del rey y lo que se ha sellado con su anillo jamás puede ser revocado.

⁹Así que, el 25 de junio,* reunieron a los secretarios del rey, y se escribió un decreto tal como Mardoqueo lo dictó. Lo enviaron a los judíos y a los funcionarios de más alta posición, a los gobernadores y a los nobles de las ciento veintisiete provincias, que se extendían desde la India hasta Etiopía.* Este decreto se escribió en los propios sistemas de escritura y en los propios idiomas de cada región del imperio, incluido el de los judíos. ¹⁰El decreto se redactó en nombre del rey Jerjes y fue sellado con el anillo del rey. Mardoqueo envió los comunicados por medio de mensajeros veloces, quienes montaban caballos rápidos, criados especialmente para el servicio del rey.

¹¹El decreto del rey les daba autoridad a los judíos de todas las ciudades para unirse y defender su vida. Se les permitía matar, masacrar y aniquilar a cualquiera, de cualquier nacionalidad o provincia, que los atacara a ellos o a sus esposas e hijos. También podían apoderarse de los bienes de sus enemigos. ¹²El día escogido para llevar a cabo esa acción en todas las

---

7:9 En hebreo *50 codos* [75 pies].   8:9a En hebreo el *día veintitrés del tercer mes, el mes de siván,* del antiguo calendario lunar hebreo. Ese día fue el 25 de junio del 474 a. C.; ver también la nota en 3:16.   8:9b En hebreo *hasta Cus.*

provincias del rey Jerjes fue el 7 de marzo del año siguiente.*

13En cada provincia debía emitirse una copia de ese decreto como ley y proclamarse a todos los pueblos, para que los judíos estuvieran preparados para vengarse de sus enemigos el día señalado. 14Así que, impulsados por el mandato del rey, los mensajeros salieron a toda prisa sobre caballos rápidos, criados para el servicio del rey. Este mismo decreto también se proclamó en la fortaleza de Susa.

15Luego Mardoqueo salió de la presencia del rey vestido con el manto real azul y blanco, con una gran corona de oro y con una capa de púrpura y lino de la más alta calidad. La gente de Susa también celebró el nuevo decreto y 16los judíos se llenaron de gozo y alegría y recibieron honra en todas partes. 17En cada provincia y ciudad, en cada lugar donde llegaba el decreto del rey, los judíos se alegraban mucho, festejaban a lo grande, y declararon día feriado de celebración. También muchas personas del territorio se hicieron judíos por temor a lo que pudieran hacerles los judíos.

La victoria de los judíos

9 Así que, el 7 de marzo,* los dos decretos del rey entraron en vigencia. Ese día, los enemigos de los judíos tenían la esperanza de dominarlos, pero ocurrió todo lo contrario. Fueron los judíos quienes dominaron a sus enemigos. 2Los judíos se reunieron en sus ciudades, en todas las provincias del rey, para atacar a todo el que intentara hacerles daño; pero nadie pudo hacerles frente porque todos les tenían miedo. 3Además, todos los nobles de las provincias, los funcionarios de más alta posición, los gobernadores y los funcionarios reales ayudaron a los judíos por temor a Mardoqueo. 4Pues a Mardoqueo lo había ascendido a un alto cargo en el palacio del rey, y su fama se extendía por todas las provincias a medida que se hacía más y más poderoso.

5Así que, el día señalado, los judíos hirieron de muerte a sus enemigos a filo de espada. Mataron y aniquilaron a sus enemigos e hicieron lo que quisieron con quienes los odiaban. 6En la fortaleza de Susa, los judíos mataron a quinientos hombres. 7También mataron a Parsandata, a Dalfón, a Aspata, 8a Porata, a Adalía, a Aridata, 9a Parmasta, a Arisai, a Aridai y a Vaizata; 10los diez hijos de Amán, hijo de Hamedata, el enemigo de los judíos; pero no se quedaron con ninguna de sus pertenencias.

11Ese mismo día, cuando se le informó al rey el número de muertos en la fortaleza de Susa, 12hizo llamar a la reina Ester y le dijo:

—Los judíos mataron a quinientos hombres solo en la fortaleza de Susa, además de los diez hijos de Amán. Así que aquí mismo eso, ¿qué habrá pasado en el resto de las provincias? Ahora bien, ¿qué más quieres? Te será concedido; dímelo y lo haré.

13Ester contestó:

—Si al rey le agrada, que a los judíos de Susa se les dé permiso para hacer mañana lo que hicieron hoy, y que los cuerpos de los diez hijos de Amán sean atravesados en un poste.

14El rey estuvo de acuerdo, y el decreto se hizo público en Susa. Atravesaron los cuerpos de los diez hijos de Amán. 15Luego, el 8 de marzo,* los judíos de Susa se reunieron y mataron a trescientos hombres más, y otra vez tampoco se quedaron con ninguna de sus pertenencias.

16Mientras tanto, los demás judíos en todas las provincias del rey se reunieron para defender su vida. Quedaron aliviados de todos sus enemigos, al matar a setenta y cinco mil de los que los odiaban; pero no se quedaron con ninguna de sus pertenencias. 17Eso ocurrió en todas las provincias el 7 de marzo, y el día 8* descansaron para celebrar su victoria con un día de fiesta y alegría. 18(Los judíos de Susa mataron a sus enemigos el día 7 de marzo, continuaron el 8, y luego el día 9* descansaron y se designaron su día de fiesta y alegría). 19De manera que, hasta el día de hoy, los judíos del campo que viven en aldeas remotas celebran un día feriado anualmente en el día señalado a fines del invierno,* en el cual se alegran y se mandan regalos de comida unos a otros.

El Festival de Purim

20Mardoqueo registró esos acontecimientos y envió cartas a los judíos que vivían cerca y lejos, en todas las provincias del rey Jerjes, 21para motivarlos a celebrar cada año un festival durante esos dos días.* 22Les dijo que debían celebrar esos días con alegría y festejos, obsequiándose porciones de comida unos a otros y haciendo regalos a los pobres. Ese festival conmemoraría el tiempo en que los judíos quedaron aliviados de sus enemigos, cuando su dolor se convirtió en alegría y su duelo en gozo.

23Así que los judíos aceptaron la propuesta de Mardoqueo y adoptaron esa costumbre anual. 24Amán, hijo de Hamedata el agagueo, el enemigo de los judíos, había conspirado para aplastarlos y destruirlos en la fecha escogida al echar suertes (a las suertes se las llamaba *purim*); 25pero cuando Ester se presentó ante el rey, él emitió un decreto que causó que el plan siniestro de Amán se volviera en su contra, y tanto Amán como sus hijos fueron atravesados en

---

8:12 En hebreo el *día trece del mes doce, el mes de adar,* del antiguo calendario lunar hebreo. La fecha elegida fue el 7 de marzo del 473 a. C.; ver también la nota de 2:16.   **9:1** En hebreo el *día trece del mes doce, el mes de adar,* del antiguo calendario lunar hebreo. Ese día fue el 7 de marzo del 473 a. C.; ver también la nota de 2:16.   **9:15** En hebreo el *día catorce del mes de adar,* del antiguo calendario lunar hebreo. Ese día fue el 8 de marzo del 473 a. C.; ver también la nota de 2:16.   **9:17** En hebreo el *día trece del mes de adar, y el día catorce descansaron.* Esos días fueron el 7 y el 8 de marzo del 473 a. C.; ver también la nota de 2:16.   **9:18** En hebreo mataron a sus enemigos el *día trece y el día catorce,* y luego descansaron el *día quince,* del mes hebreo: adar.   **9:19** En hebreo el *día catorce del mes de adar.* En el calendario lunar hebreo, ese día cae en febrero o en marzo.   **9:21** En hebreo el *día catorce y el día quince de adar,* del calendario lunar hebreo.

un poste afilado. ²⁶Por eso la celebración se llama Purim, porque es la palabra que se empleaba antiguamente para la frase «echar suertes».

Por lo tanto, debido a la carta de Mardoqueo y a la experiencia que vivieron, ²⁷los judíos de todo el reino se pusieron de acuerdo para iniciar esa tradición y pasarla a sus descendientes y a todos los que se hacían judíos. Declararon que jamás dejarían de celebrar cada año esos dos días prescritos en la fecha señalada. ²⁸Esos días se recordarían y se mantendrían de generación en generación y serían celebrados por cada familia en todas las provincias y ciudades del imperio. El Festival de Purim nunca dejaría de celebrarse entre los judíos, ni se extinguiría de entre sus descendientes el recuerdo de lo ocurrido.

²⁹Luego, la reina Ester, hija de Abihail, junto con Mardoqueo, el judío, escribieron otra carta en la cual la plena autoridad de la reina respaldaba la carta de Mardoqueo para establecer el Festival de Purim. ³⁰Se enviaron cartas con deseos de paz y seguridad a los judíos de las ciento veintisiete provincias del imperio de Jerjes.

³¹Esas cartas establecían la celebración anual del Festival de Purim en las fechas señaladas, como lo habían decretado el judío Mardoqueo y la reina Ester. (El pueblo decidió celebrar el festival, de la misma manera que había decidido establecer el tiempo de ayuno y luto para sí y sus descendientes). ³²Así que el mandato de Ester confirmó la costumbre del Purim, y todo quedó escrito en los registros.

La grandeza de Jerjes y de Mardoqueo

10 El rey Jerjes impuso un tributo en todo su imperio, incluso hasta las costas lejanas. ²Sus grandes logros y el relato completo de la grandeza de Mardoqueo, a quien el rey había ascendido, están registrados en *El libro de la historia de los reyes de Media y Persia.* ³Mardoqueo, el judío, llegó a ser primer ministro, segundo en mando después del propio rey Jerjes. Fue un hombre muy importante entre los judíos, de gran estima ante ellos, porque siguió actuando a favor de su pueblo y defendiendo el bienestar de todos sus descendientes.

Job

1 Había un hombre llamado Job que vivía en la tierra de Uz. Era un hombre intachable, de absoluta integridad, que tenía temor de Dios y se mantenía apartado del mal. ²Tenía siete hijos y tres hijas. ³Poseía siete mil ovejas, tres mil camellos, quinientas yuntas de bueyes y quinientas burras; también tenía muchos sirvientes. En realidad, era la persona más rica de toda aquella región.

⁴Los hijos de Job se turnaban en preparar banquetes en sus casas e invitaban a sus tres hermanas para que celebraran con ellos. ⁵Cuando las fiestas terminaban —a veces después de varios días— Job purificaba a sus hijos. Se levantaba temprano por la mañana y ofrecía una ofrenda quemada por cada uno de ellos, porque pensaba: «Quizá mis hijos hayan pecado y maldecido a Dios en el corazón». Esta era una práctica habitual de Job.

Primera prueba de Job

⁶Un día los miembros de la corte celestial* llegaron para presentarse delante del SEÑOR, y el Acusador, Satanás,* vino con ellos. ⁷El SEÑOR le preguntó a Satanás:

—¿De dónde vienes?

Satanás contestó al SEÑOR:

—He estado recorriendo la tierra, observando todo lo que ocurre.

⁸Entonces el SEÑOR preguntó a Satanás:

—¿Te has fijado en mi siervo Job? Es el mejor hombre en toda la tierra; es un hombre intachable y de absoluta integridad. Tiene temor de Dios y se mantiene apartado del mal.

⁹Satanás le respondió al SEÑOR:

—Sí, pero Job tiene una buena razón para temer a Dios. ¹⁰siempre has puesto un muro de protección alrededor de él, de su casa y de sus propiedades. Has hecho prosperar todo lo que hace. ¡Mira lo rico que es! ¹¹Así que extiende tu mano y quítale todo lo que posee, ¡ten por seguro que te maldecirá en tu propia cara!

¹²—Muy bien, puedes probarlo —dijo el SEÑOR a Satanás—. Haz lo que quieras con todo lo que posee, pero no le hagas ningún daño físico.

Entonces Satanás salió de la presencia de SEÑOR.

¹³Un día cuando los hijos y las hijas de Job celebraban en casa del hermano mayor, ¹⁴llegó un mensajero a casa de Job con las siguientes noticias: «Sus bueyes estaban arando y los burros comiendo a su lado, ¹⁵cuando los sabeanos nos asaltaron. Robaron todos los animales y mataron a los trabajadores, y yo soy el único que escapó para contárselo».

¹⁶Mientras este mensajero todavía hablaba, llegó otro con esta noticia: «Cayó del cielo el fuego de Dios y calcinó a las ovejas y a todos los pastores; yo soy el único que escapó para contárselo».

¹⁷Mientras este mensajero todavía hablaba, llegó un tercero con esta noticia: «Tres bandas de saqueadores caldeos robaron sus camellos y mataron a los sirvientes; yo soy el único que escapó para contárselo».

¹⁸No había terminado de hablar el tercer mensajero cuando llegó otro con esta noticia: «Sus hijos e hijas estaban festejando en casa del hermano mayor y, ¹⁹de pronto, un fuerte viento del desierto llegó y azotó la casa por los cuatro costados. La casa se vino abajo y todos ellos murieron; yo soy el único que escapó para contárselo».

²⁰Job se levantó y rasgó su vestido en señal de dolor; después se rasuró la cabeza y se postró en el suelo para adorar ²¹y dijo:

«Desnudo salí del vientre de mi madre
 y desnudo estaré cuando me vaya.
El SEÑOR me dio lo que tenía
 y el SEÑOR me lo ha quitado.
¡Alabado sea el nombre del SEÑOR!».

²²A pesar de todo, Job no pecó porque no culpó a Dios.

Segunda prueba de Job

2 Un día los miembros de la corte celestial* llegaron nuevamente para presentarse delante del SEÑOR, y el Acusador, Satanás,* vino con ellos. ²El SEÑOR le preguntó:

—¿De dónde vienes?

Satanás contestó al SEÑOR:

—He estado recorriendo la tierra, observando todo lo que ocurre.

³Entonces el SEÑOR preguntó a Satanás:

—¿Te has fijado en mi siervo Job? Es el mejor hombre en toda la tierra; es un hombre intachable y de absoluta integridad. Tiene temor de Dios

---

1:6a En hebreo *los hijos de Dios.*   1:6b En hebreo *y el satán;* similar en todo este capítulo.   2:1a En hebreo *los hijos de Dios.*   2:1b En hebreo *y el satán;* similar en todo este capítulo.

y se mantiene apartado del mal. Además ha conservado su integridad a pesar de que tú me incitaste a que le hiciera daño sin ningún motivo.

⁴Satanás respondió al SEÑOR:

—¡Piel por piel! Cualquier hombre renunciaría a todo lo que tiene para salvar su vida. ⁵Así que extiende tu mano y quítale la salud, ¡ten por seguro que te maldecirá en tu propia cara!

⁶—Muy bien, haz con él lo que quieras —dijo el SEÑOR a Satanás— pero no le quites la vida.

⁷Entonces Satanás salió de la presencia de Dios e hirió a Job con terribles llagas en la piel, desde la cabeza hasta los pies.

⁸Job, sentado entre cenizas, se rascaba con un trozo de teja. ⁹Su esposa le dijo: «¿Todavía intentas conservar tu integridad? Maldice a Dios y muérete».

¹⁰Sin embargo, Job contestó: «Hablas como una mujer necia. ¿Aceptaremos solo las cosas buenas que vienen de la mano de Dios y nunca lo malo?». A pesar de todo, Job no dijo nada incorrecto.

Los tres amigos de Job comparten su angustia

¹¹Cuando tres de los amigos de Job se enteraron de la tragedia que había sufrido, viajaron juntos desde sus respectivos hogares para consolarlo y confortarlo. Sus nombres eran Elifaz, el temanita; Bildad, el suhita y Zofar, el naamatita. ¹²Cuando vieron a Job de lejos, apenas lo reconocieron. Con fuertes lamentos, rasgaron sus vestidos y echaron polvo al aire sobre sus cabezas en señal de dolor. ¹³Entonces, durante siete días y siete noches, se sentaron en el suelo junto a Job, y ninguno le decía nada porque veían que su sufrimiento era demasiado grande para expresarlo con palabras.

Primer discurso de Job

3 Por fin habló Job y maldijo el día de su nacimiento. ²Dijo:

³ «Que sea borrado el día en que nací,
    y la noche en que fui concebido.
⁴ Que ese día se convierta en oscuridad;
    que se pierda aun para Dios en las alturas,
    y que ninguna luz brille en él.
⁵ Que la oscuridad y la penumbra absoluta
    reclamen ese día para sí;
    que una nube negra lo ensombrezca
    y la oscuridad lo llene de terror.
⁶ Que esa noche sea borrada del calendario
    y que nunca más se cuente entre los días
        del año
    ni aparezca entre los meses.
⁷ Que esa noche sea estéril,
    que no tenga ninguna alegría.
⁸ Que maldigan ese día los expertos en
        maldiciones,
    los que, con una maldición, podrían
        despertar al Leviatán.*

⁹ Que las estrellas de la mañana de ese día
    permanezcan en oscuridad;
    que en vano espere la luz
    y que nunca llegue a ver la aurora.
¹⁰ Maldigo ese día por no haber cerrado el
        vientre de mi madre,
    por haberme dejado nacer para presenciar
        toda esta desgracia.

¹¹ ¿Por qué no nací muerto?
    ¿Por qué no morí al salir del vientre?
¹² ¿Por qué me pusieron en las rodillas de
        mi madre?
    ¿Por qué me alimentó con sus pechos?
¹³ Si hubiera muerto al nacer, ahora descansaría
        en paz;
    estaría dormido y en reposo.
¹⁴ Descansaría con los reyes y con los primeros
        ministros del mundo,
    cuyos grandiosos edificios ahora yacen
        en ruinas.
¹⁵ Descansaría junto a príncipes, ricos en oro,
    cuyos palacios estuvieron llenos de plata.
¹⁶ ¿Por qué no me enterraron como a un niño
        que nace muerto,
    como a un niño que nunca vivió para ver
        la luz?
¹⁷ Pues una vez muertos, los malvados no causan
        más problemas
    y los cansados encuentran reposo.
¹⁸ Aun los cautivos logran tranquilidad en
        la muerte,
    donde no hay guardias que los maldigan.
¹⁹ El rico y el pobre están allí,
    y el esclavo se libera de su dueño.

²⁰ »Oh, ¿por qué dar luz a los desdichados,
    y vida a los amargados?
²¹ Ellos desean la muerte, pero no llega;
    buscan la muerte con más fervor que a
        tesoro escondido.
²² Se llenan de alegría cuando finalmente mueren,
    y se regocijan cuando llegan a la tumba.
²³ ¿Por qué dar vida a los que no tienen futuro,
    a quienes Dios ha rodeado de dificultades?
²⁴ No puedo comer a causa de mis suspiros;
    mis gemidos se derraman como el agua.
²⁵ Lo que yo siempre había temido me ocurrió;
    se hizo realidad lo que me horrorizaba.
²⁶ No tengo paz ni tranquilidad;
    no tengo descanso; sólo me vienen
        dificultades».

Primera respuesta de Elifaz a Job

4 Entonces Elifaz el temanita respondió a Job:

⁷ «¿Podrías ser paciente y permitirme que
    te diga unas palabras?
Pues, ¿quién podría quedarse callado?

³ »Antes alentabas a mucha gente
    y fortalecías a los débiles.

3:8 La identidad del Leviatán es discutida, las ideas van desde una criatura terrestre hasta un mítico monstruo marino de la literatura antigua.

⁴ Tus palabras daban apoyo a los que caían;
  animabas a los de rodillas temblorosas.
⁵ Sin embargo, ahora que las desgracias te
  acosan, te desanimas;
  te llenas de miedo cuando te afectan a ti.
⁶ ¿No te da confianza tu reverencia a Dios?
  ¿No te da esperanza tu vida de integridad?

⁷ »¡Detente a pensar! ¿Mueren los inocentes?
  ¿Cuándo han sido destruidos los justos?
⁸ La experiencia me dice que los que siembran
  problemas
  y cultivan el mal, eso cosecharán.
⁹ Un soplo de Dios los destruye
  y se desvanecen con una ráfaga de su enojo.
¹⁰ Ruge el león y gruñen los gatos monteses,
  pero a los leones fuertes se les romperán
  los dientes.
¹¹ El feroz león morirá de hambre por falta
  de presa,
  y los cachorros de la leona serán
  dispersados.

¹² »En secreto recibí esta verdad,
  como si me la hubieran susurrado al oído.
¹³ Me llegó en una inquietante visión durante
  la noche,
  cuando la gente duerme profundamente.
¹⁴ El miedo se apoderó de mí,
  y mis huesos temblaron.
¹⁵ Un espíritu* pasó frente a mi cara,
  y se me pusieron los pelos de punta.*
¹⁶ El espíritu se detuvo, pero no pude ver
  su forma;
  había una silueta delante de mis ojos.
  En el silencio, oí una voz que dijo:
¹⁷ "¿Puede un mortal ser inocente ante Dios?
  ¿Puede alguien ser puro ante el Creador?".

¹⁸ »Si Dios no confía en sus propios ángeles
  y acusa a sus mensajeros de necedad,
¹⁹ ¡cuánto menos confiará en los seres humanos
  hechos de barro!
  Están hechos de polvo, son aplastados tan
  fácilmente como una polilla.
²⁰ Están vivos en la mañana pero muertos por
  la tarde
  y desaparecen para siempre sin dejar rastro.
²¹ Se les arrancan las cuerdas, se derrumba
  la carpa
  y mueren en ignorancia.

Continúa la respuesta de Elifaz

5 ¹ »Por más que grites por ayuda, ¿quién te
  responderá?
  ¿Cuál de los ángeles* te ayudará?
² Te aseguro que el resentimiento destruye
  al necio,
  y los celos matan al ingenuo.
³ He visto a los necios triunfar
  momentáneamente en la vida,
  pero después llega la calamidad repentina.

⁴ Sus hijos quedan abandonados y lejos de
  toda ayuda;
  los oprimen en el tribunal y no hay quien
  los defienda.
⁵ Su cosecha la devoran los hambrientos,
  aun cuando esté rodeada de zarzas;*
  los sedientos suspiran por su riqueza.
⁶ El mal no germina del suelo
  ni la aflicción brota de la tierra,
⁷ pero la gente nace para tener problemas
  tan cierto como que las chispas vuelan
  del fuego.

⁸ »Si yo estuviera en tu lugar, me acercaría a Dios
  y le presentaría mi caso.
⁹ Él hace grandezas, demasiado maravillosas
  para comprenderlas,
  y realiza milagros incontables.
¹⁰ Él envía lluvia a la tierra
  y agua a los campos.
¹¹ Él hace prosperar a los pobres
  y protege a los que sufren.
¹² Él frustra los planes de los que traman
  para que el trabajo de sus manos
  no prospere.
¹³ Él atrapa a los sabios en su propia astucia
  y desbarata sus ingeniosas maquinaciones.
¹⁴ Encuentran oscuridad en pleno día
  y andan a tientas al mediodía, como si fuera
  de noche.
¹⁵ Él rescata a los pobres de las palabras
  hirientes de los fuertes
  y los rescata de las garras de los poderosos;
¹⁶ por fin los pobres tienen esperanza
  y las fauces de los malvados son cerradas.

¹⁷ »¡Pero considera la alegría de aquellos a
  quienes Dios corrige!
  Cuando peques, no menosprecies la
  disciplina del Todopoderoso.
¹⁸ Pues aunque él hiere, también venda las heridas;
  él golpea, pero sus manos también sanan.
¹⁹ Él te rescatará de seis desastres;
  aun en el séptimo, te guardará del mal.
²⁰ Te salvará de la muerte en tiempo de hambre
  y del poder de la espada en tiempo
  de guerra.
²¹ Estarás seguro ante la calumnia
  y no tendrás miedo cuando llegue
  la destrucción.
²² Te reirás de la destrucción y del hambre,
  y no tendrás terror de los animales salvajes.
²³ Estarás en paz con las piedras del campo
  y los animales salvajes estarán en
  paz contigo.
²⁴ Sabrás que tu hogar está seguro;
  cuando revises tus posesiones, no te
  faltará nada.
²⁵ Tendrás muchos hijos;
  ¡tus descendientes serán tan abundantes
  como la hierba!

4:15a O *viento;* también en 4:16. **4:15b** O *su viento me produjo escalofríos.* **5:1** En hebreo *los santos.* **5:5** El significado del hebreo de esta frase es incierto.

²⁶ Llegarás a la tumba de edad avanzada,
    ¡como una gavilla de grano cosechada a su
        debido tiempo!

²⁷ »Hemos estudiado la vida y resulta que todo
        esto es verdad;
    escucha mi consejo y aplícalo a ti mismo».

Segundo discurso de Job: respuesta a Elifaz

6

Entonces Job habló de nuevo:

²«Si se pudiera pesar mi sufrimiento
    y poner mis problemas en la balanza,
³ pesarían más que toda la arena del mar.
    Por eso hablé impulsivamente.
⁴ Pues el Todopoderoso me ha derribado con
        sus flechas;
    y el veneno de ellas infecta mi espíritu.
    Los terrores de Dios están alineados
        contra mí.
⁵ ¿Acaso no tengo derecho a quejarme?
    ¿No rebuznan los burros salvajes cuando
        no encuentran hierba
    y mugen los bueyes cuando no tienen qué
        comer?
⁶ ¿No se queja la gente cuando a la comida le
        falta sal?
    ¿Hay alguien que desee comer la insípida
        clara del huevo?*
⁷ Cuando la miro, mi apetito desaparece;
    ¡solo pensar en comerla me da asco!

⁸ »¡Ah, que se otorgara mi petición!
    ¡Que Dios me concediera mi deseo!
⁹ Quisiera que él me aplastara,
    quisiera que extendiera su mano y
        me matara.
¹⁰ Al menos puedo consolarme con esto:
    a pesar del dolor,
    no he negado las palabras del Santísimo;
¹¹ pero no tengo fuerzas para seguir,
    no tengo nada por lo cual vivir.
¹² ¿Tengo yo la fuerza de una roca?
    ¿Está mi cuerpo hecho de bronce?
¹³ No, estoy desamparado por completo,
    sin ninguna oportunidad de salir adelante.

¹⁴ »Uno debería ser compasivo con un amigo
        abatido,
    pero tú me acusas sin ningún temor del
        Todopoderoso.*
¹⁵ Hermanos míos, han demostrado ser tan poco
        confiables como un arroyo de temporada
    que desborda su cauce en la primavera,
¹⁶ cuando crece por el hielo y por la nieve
        derretida;
¹⁷ pero en la estación cálida, el agua desaparece
    y el arroyo se desvanece en el calor.
¹⁸ Las caravanas se desvían de su ruta para
        refrescarse,
    pero no hay nada para beber y por
        eso mueren.

¹⁹ Las caravanas de Temán van en busca de
        esta agua;
    los viajeros de Saba esperan encontrarla.
²⁰ Confían que esté pero se decepcionan;
    cuando llegan, sus esperanzas se
        desvanecen.
²¹ Tampoco ustedes han sido de ayuda,
    han visto mi calamidad y les da miedo.
²² Pero ¿por qué? ¿Alguna vez les he pedido que
        me regalen algo?
    ¿Les he suplicado que me den algo suyo?
²³ ¿Les he pedido que me rescaten de mis
        enemigos
    o que me salven de personas despiadadas?
²⁴ Enséñenme, y me quedaré callado;
    muéstrenme en qué me equivoqué.
²⁵ Las palabras sinceras pueden causar dolor,
    pero ¿de qué sirven sus críticas?
²⁶ ¿Creen que sus palabras son convincentes
    cuando ignoran mi grito de desesperación?
²⁷ Ustedes hasta serían capaces de enviar a un
        huérfano a la esclavitud*
    o de vender a un amigo.
²⁸ ¡Mírenme!
    ¿Les mentiría en su propia cara?
²⁹ Dejen de suponer que soy culpable,
    porque no he hecho nada malo.
³⁰ ¿Piensan que estoy mintiendo?
    ¿Acaso no conozco la diferencia entre el
        bien y el mal?

7

¹ ¿No es toda la vida humana una lucha?
    Nuestra vida es como la de un jornalero,
² como la de un trabajador que anhela estar
        bajo la sombra,
    como la de un sirviente que espera cobrar
        su sueldo.
³ A mí también me ha tocado vivir meses
        en vano,
    largas y pesadas noches de miseria.
⁴ Tumbado en la cama, pienso: "¿Cuándo llegará
        la mañana?";
    pero la noche se alarga y doy vueltas hasta
        el amanecer.
⁵ Mi cuerpo está cubierto de gusanos y
        de costras;
    se me abre la piel y supura pus.

Job clama a Dios

⁶ »Mis días pasan más rápido que la lanzadera
        de un telar
    y terminan sin esperanza.
⁷ Oh, Dios, recuerda que mi vida es apenas
        un suspiro,
    y nunca más volveré a ser feliz.
⁸ Ahora me ves, pero no será por mucho
        tiempo;
    me buscarás, pero ya me habré ido.
⁹ Así como las nubes se disipan y se desvanecen,
    los que mueren* ya no volverán.

6:6 O el insípido jugo de la planta malva?   **6:14** O abatido / o él podría perder su temor del Todopoderoso.   **6:27** En hebreo de echar
suertes sobre un huérfano.   **7:9** En hebreo *que descienden al Seol.*

¹⁰ Se han ido de su hogar para siempre
   y jamás volverán a verlos.

¹¹ »No puedo evitar hablar;
   debo expresar mi angustia.
   Mi alma llena de amargura debe quejarse.
¹² ¿Soy yo un monstruo marino o un dragón
   para que me pongas bajo custodia?
¹³ Pienso: "Mi cama me dará consuelo,
   y el sueño aliviará mi sufrimiento";
¹⁴ pero entonces me destrozas con sueños
   y me aterras con visiones.
¹⁵ Preferiría ser estrangulado;
   mejor morir que sufrir así.
¹⁶ Odio mi vida y no quiero seguir viviendo.
   Oh, déjame en paz durante los pocos días
   que me quedan.

¹⁷ ¿Qué son los seres humanos para que nos
   des tanta importancia,
   para que pienses tanto en nosotros?
¹⁸ Pues nos examinas cada mañana
   y nos pruebas a cada momento.
¹⁹ ¿Por qué no me dejas en paz?,
   ¡al menos el tiempo suficiente para
   poder tragar!
²⁰ Si he pecado, ¿qué te he hecho,
   oh, vigilante de toda la humanidad?
   ¿Por qué me haces tu blanco?
   ¿Acaso te soy una carga?
²¹ ¿Por qué mejor no perdonas mi pecado
   y me quitas la culpa?
   Pues pronto me acostaré en el polvo y allí moriré.
   Cuando me busques, me habré ido».

Primera respuesta de Bildad a Job

8 Entonces Bildad, el suhita, respondió a Job:

² «¿Hasta cuándo seguirás hablando así?
   Suenas como un viento rugiente.
³ ¿Acaso Dios tuerce la justicia?
   ¿Tuerce el Todopoderoso lo que es recto?
⁴ Seguramente tus hijos pecaron contra él,
   y por eso el castigo estaba bien merecido;
⁵ pero si oras a Dios
   y buscas el favor del Todopoderoso,
⁶ si eres puro y vives con integridad,
   sin duda que él se levantará y devolverá
   la felicidad a tu hogar.
⁷ Aunque comenzaste con poco,
   terminarás con mucho.

⁸ »Sólo pregunta a la generación anterior;
   presta atención a la experiencia de nuestros
   antepasados.
⁹ porque nosotros nacimos apenas ayer, y no
   sabemos nada;
   nuestros días sobre la tierra son tan fugaces
   como una sombra.
¹⁰ Sin embargo, los que vivieron antes que
   nosotros te enseñarán;
   te enseñarán la sabiduría de antaño.

¹¹ »¿Pueden crecer altas las cañas del papiro
   donde no hay pantanos?
   ¿Pueden crecer en abundancia las hierbas
   de pantano donde no hay agua?
¹² Cuando están floreciendo y aún no están
   listas para ser cortadas,
   empiezan a marchitarse más rápido que
   la hierba.
¹³ Lo mismo les ocurre a todos los que se
   olvidan de Dios;
   las esperanzas de los que viven sin Dios
   se evaporan.
¹⁴ Su confianza pende de un hilo;
   se apoyan en una tela de araña.
¹⁵ Se aferran a su hogar para sentirse seguros,
   pero esa seguridad no durará;
   intentan retenerla con firmeza, pero no
   permanecerá.
¹⁶ Los que no tienen a Dios parecen una planta
   frondosa que crece al sol,
   y que extiende sus ramas por el jardín;
¹⁷ sus raíces penetran entre las piedras
   y se sujetan a las rocas;
¹⁸ pero cuando se la arranca de raíz,
   ¡es como si nunca hubiera existido!
¹⁹ Así termina su vida,
   y del suelo brotan otras plantas para
   reemplazarla.

²⁰ »Sin embargo, mira, Dios no rechazará a una
   persona íntegra,
   tampoco dará una mano a los malvados.
²¹ Él volverá a llenar tu boca de risas
   y tus labios con gritos de alegría.
²² Los que te odian se vestirán de vergüenza,
   y el hogar de los malvados será destruido».

Tercer discurso de Job: respuesta a Bildad

9 Entonces Job habló de nuevo:

² «Sí, yo sé que en teoría todo esto
   es verdad.
   Pero ¿cómo puede una persona ser
   declarada inocente a los ojos de Dios?
³ Si alguien quisiera llevar a Dios a juicio,*
   ¿sería posible responderle siquiera una
   vez entre mil?
⁴ Dios es tan sabio y tan poderoso.
   ¿Quién lo ha desafiado alguna vez con éxito?

⁵ »Él mueve las montañas sin dar aviso,
   en su enojo las voltea.
⁶ Él sacude la tierra de su lugar
   y tiemblan sus cimientos.
⁷ Si él lo ordena, el sol no saldrá
   ni brillarán las estrellas.
⁸ Él solo extendió los cielos
   y marcha sobre las olas del mar.
⁹ Él hizo todas las estrellas: la Osa y el Orión,
   las Pléyades y las constelaciones del cielo
   del sur.

9:3 O *Si Dios quisiera llevar a alguien ante los tribunales.*

10 Él hace grandezas, demasiado maravillosas
    para comprenderlas,
    y realiza milagros incontables.

11 »Sin embargo, cuando él se acerca no
    puedo verlo;
    cuando se mueve, no lo veo pasar.

12 Si arrebata la vida de alguien, ¿quién
    podrá detenerlo?
    ¿Quién se atreve a preguntarle: "¿Qué
    haces?"?

13 Dios no contiene su enojo;
    aun los monstruos del mar* son aplastados
    bajo sus pies.

14 »Así que, ¿quién soy yo para intentar responder
    a Dios
    o incluso razonar con él?

15 Aunque yo tuviera razón, no tendría ninguna
    defensa;
    sólo podría rogar misericordia.

16 Y aunque lo llamara y él me respondiera,
    dudo que me preste atención.

17 Pues él me ataca con una tormenta
    y vez tras vez me hiere sin motivo.

18 No me deja recobrar el aliento
    sino que me llena de amargas tristezas.

19 Si es cuestión de fuerza, él es el fuerte,
    y si de justicia, ¿quién se atreverá a llevarlo
    al tribunal?

20 Aunque soy inocente, mi boca me declararía
    culpable,
    aunque soy intachable, la misma boca*
    demostraría que soy malvado.

21 »Soy inocente,
    pero para mí no marca ninguna diferencia;
    desprecio mi vida.

22 Inocente o perverso, para Dios es lo mismo,
    por eso digo: "Él destruye tanto al
    intachable como al perverso".

23 Cuando azota la plaga,*
    él se ríe de la muerte del inocente.

24 Toda la tierra está en manos de los malvados,
    y Dios ciega los ojos de los jueces.
    Si no es él quien lo hace, ¿entonces quién?

25 »Mi vida pasa más rápido que un corredor
    y se va volando sin una pizca de felicidad;

26 desaparece como un barco veloz hecho
    de papiro,
    como un águila que se lanza en picada
    sobre su presa.

27 Si decidiera olvidar mis quejas,
    abandonar mi cara triste y alegrarme,

28 aun así le tendría pavor a todo el dolor
    porque, oh Dios, sé que no me encontrarías
    inocente.

29 Pase lo que pase, seré declarado culpable;
    entonces, ¿para qué seguir luchando?

30 Incluso aunque me lavara con jabón
    y limpiara mis manos con lejía,

31 me hundirías en un pozo lleno de lodo,
    y mis propias ropas sucias me odiarían.

32 »Dios no es un mortal como yo,
    por eso no puedo discutir con él ni llevarlo
    a juicio.

33 Si tan solo hubiera un mediador entre
    nosotros,
    alguien que pudiera acercarnos el uno al
    otro.

34 Ese mediador podría hacer que Dios dejara
    de golpearme,
    y ya no viviría aterrorizado de su castigo.

35 Entonces podría hablar con él sin temor,
    pero no puedo lograrlo con mis propias
    fuerzas.

Job expresa su petición a Dios

10 ¹ »Estoy harto de mi vida.
    Dejen que desahogue mis quejas
    abiertamente,
    mi alma llena de amargura debe quejarse.

² Le diré a Dios: "No me condenes de plano,
    dime qué cargos tienes en mi contra.

³ ¿Qué ganas con oprimirme?
    ¿Por qué me rechazas, siendo yo obra de
    tus manos,
    mientras miras con favor los planes de los
    malvados?

⁴ ¿Son tus ojos como los de un ser humano?
    ¿Ves las cosas de la misma manera que
    la gente?

⁵ ¿Dura tu vida lo mismo que la nuestra?
    ¿Es tu vida tan corta

⁶ que tienes que apurarte a descubrir mi
    culpa
    y a buscar mi pecado?

⁷ Aunque sabes que no soy culpable,
    no hay quien me rescate de tus manos.

⁸ »Tú me formaste con tus manos; tú
    me hiciste,
    sin embargo, ahora me destruyes por
    completo.

⁹ Recuerda que me hiciste del polvo,
    ¿me harás volver tan pronto al polvo?

¹⁰ Tú guiaste mi concepción
    y me formaste en el vientre.*

¹¹ Me vestiste con piel y carne
    y tejiste mis huesos junto con mis
    tendones.

¹² Me diste vida y me mostraste tu amor
    inagotable,
    y con tu cuidado preservaste mi vida.

¹³ »Sin embargo, tu verdadero motivo
    —tu verdadera intención—

¹⁴ era vigilarme y, si cometía pecado,
    no perdonar mi culpa.

¹⁵ Si soy culpable, mala suerte para mí;

9:13 En hebreo los *ayudantes de Rahab*, nombre de un mítico monstruo marino que en la literatura antigua representa el caos.
9:20 O *el demostraría.*   9:23 O *el desastre.*   10:10 En hebreo *Tú me derramaste como a leche / y me cuajaste como a queso.*

aun si soy inocente, no puedo mantener mi
cabeza en alto
porque estoy lleno de vergüenza y
sufrimiento.
16 Y si mantengo mi cabeza en alto, tú me
persigues como un león
y despliegas contra mí tu imponente poder.
17 Una y otra vez testificas en mi contra;
derramas sobre mí tu creciente enojo
y desplazas tropas de relevo contra mí.

18 »"¿Por qué entonces me sacaste del vientre
de mi madre?
¿Por qué no me dejaste morir al nacer?
19 Sería como si nunca hubiera existido;
habría ido directamente del vientre a
la tumba.
20 Me quedan pocos días, así que déjame en paz
para que tenga un momento de consuelo
21 antes de irme —para nunca más volver—
a la tierra de oscuridad y penumbra absoluta.
22 Es una tierra tan oscura como la medianoche,
una tierra de penumbra y confusión
donde aun la luz es tan oscura como
la medianoche"».

Primera respuesta de Zofar a Job

11

Entonces Zofar el naamatita respondió
a Job:

2 «¿No debería alguien responder a este
torrente de palabras?
¿Se declara inocente a una persona solo
porque habla mucho?
3 ¿Debo quedarme en silencio mientras tú
sigues parloteando?
Cuando te burlas de Dios, ¿no debería
alguien hacerte sentir vergüenza?
4 Tú afirmas: "Mis creencias son puras"
y "estoy limpio a los ojos de Dios".
5 Si tan solo Dios hablara;
¡si tan solo te dijera lo que piensa!
6 Si tan solo te declarara los secretos de la
sabiduría,
porque la verdadera sabiduría no es un
asunto sencillo.
¡Escucha! ¡Sin duda Dios te está castigando
mucho menos de lo que mereces!

7 »¿Puedes tú resolver los misterios de Dios?
¿Puedes descubrir todo acerca del
Todopoderoso?
8 Tal conocimiento es más alto que los cielos
y tú, ¿quién eres?
Es más profundo que el averno*
¿y qué sabes tú?
9 Es más extenso que la tierra
y más ancho que el mar.
10 Si Dios pasa por aquí y mete a alguien en
la cárcel
o llama al orden a los tribunales, ¿quién
puede detenerlo?

11 Pues él sabe quiénes son los impostores
y toma nota de todos sus pecados.
12 El que tiene la cabeza hueca no llegará a
ser sabio
como tampoco un burro salvaje puede
dar a luz un niño.*

13 »¡Si tan solo prepararas tu corazón
y levantaras tus manos a él en oración!
14 Abandona tus pecados
y deja atrás toda iniquidad.
15 Entonces tu rostro se iluminará con
inocencia;
serás fuerte y estarás libre de temor.
16 Olvidarás tu sufrimiento;
será como agua que corre.
17 Tu vida será más radiante que el mediodía;
y aun la oscuridad brillará como la mañana.
18 Tener esperanza te dará valentía.
Estarás protegido y descansarás seguro.
19 Te acostarás sin temor;
muchos buscarán tu ayuda.
20 Pero los malos serán cegados;
no tendrán escapatoria;
su única esperanza es la muerte».

Cuarto discurso de Job: respuesta a Zofar

12

Entonces Job habló de nuevo:

2 «Ustedes sí que lo saben todo, ¿no es
cierto?
Y cuando mueran, ¡la sabiduría morirá
con ustedes!
3 Ahora bien, yo también sé algunas cosas,
y ustedes no son mejores que yo.
¿Quién no sabe estas cosas que acaban
de decir?
4 Sin embargo, mis amigos se ríen de mí
porque clamo a Dios y espero una
respuesta.
Soy un hombre justo e intachable,
sin embargo, se ríen de mí.
5 La gente que está tranquila se burla de los
que están en dificultades.
Le da un empujón a los que tropiezan.
6 Los ladrones están en paz
y los que provocan a Dios viven seguros,
aunque todavía siguen bajo el control
de Dios.

7 »Solo pregunten a los animales, y ellos les
enseñarán;
pregunten a los pájaros del cielo, y ellos
les contarán.
8 Hablen a la tierra, y ella los instruirá;
dejen que los peces del mar les hablen.
9 Pues todos ellos saben
que mi desgracia* ha venido de la mano
del Señor.
10 ya que la vida de todo ser viviente está en
sus manos,
así como el aliento de todo ser humano.

11:8 En hebreo *que el Seol.*   11:12 O *tampoco un burro salvaje puede dar a luz un burrito dócil.*   12:9 En hebreo *que esto.*

¹¹ El oído pone a prueba las palabras que oye
igual que la boca distingue los sabores.
¹² La sabiduría pertenece a los ancianos,
y el entendimiento a los mayores.

¹³ »Pero la verdadera sabiduría y el poder se
encuentran en Dios;
el consejo y el entendimiento le
pertenecen.
¹⁴ Lo que él destruye no se puede volver a
construir.
Cuando él mete a alguien en la cárcel,
no hay escapatoria.
¹⁵ Si él detiene la lluvia, la tierra se convierte
en un desierto;
si libera las aguas, se inunda la tierra.
¹⁶ Así es, la fuerza y la sabiduría le pertenecen
a él;
los que engañan y los engañados, los dos
están bajo su poder.
¹⁷ Él se lleva a los consejeros y les quita el
buen juicio;
los jueces sabios se vuelven necios.
¹⁸ Él despoja a los reyes del manto real
y son llevados lejos con cuerdas alrededor
de la cintura.
¹⁹ Él se lleva lejos a los sacerdotes, despojados
de su posición;
derroca a los que llevan muchos años en
el poder.
²⁰ Él hace callar al consejero de confianza
y quita la percepción a los ancianos.
²¹ Él derrama deshonra sobre los príncipes
y desarma a los fuertes.

²² »Él descubre los misterios escondidos en
la oscuridad;
trae luz a la más profunda penumbra.
²³ Él levanta naciones y las destruye;
hace crecer a las naciones y las abandona.
²⁴ Él quita el entendimiento a los reyes,
y los deja vagando en un desierto sin salida.
²⁵ Ellos andan a tientas en la oscuridad sin
una luz;
él los hace tambalear como borrachos.

Job quiere defender su caso ante Dios

13 ¹ »Miren, he visto todo esto con mis
propios ojos,
y lo he escuchado con mis propios oídos y
ahora comprendo.
² Tengo tanto conocimiento como ustedes;
no son mejores que yo.
³ En cuanto a mí, hablaría directamente con el
Todopoderoso;
quiero defender mi caso ante Dios mismo.
⁴ En cuanto a ustedes, me calumnian con
mentiras.
Como médicos, son unos matasanos
inútiles.
⁵ ¡Si tan solo se quedaran callados!
Es lo más sabio que podrían hacer.

⁶ Escuchen los cargos que presento;
presten atención a mis argumentos.

⁷ »¿Acaso defienden a Dios con mentiras?
¿Presentan argumentos engañosos en
su nombre?
⁸ ¿Mostrarán parcialidad en su testimonio a
favor de él?
¿Serán los abogados defensores de Dios?
⁹ ¿Qué ocurrirá cuando descubra lo que hacen?
¿Creen que pueden engañarlo tan
fácilmente como lo hacen con la gente?
¹⁰ Si en secreto hacen inclinar los testimonios
a su favor,
ciertamente se meterán en problemas
con él.
¹¹ ¿No les da terror su majestad?
¿No los deja abrumados el temor que
sienten por él?
¹² Sus frases vacías valen tanto como las cenizas;
su defensa es tan frágil como una vasija
de barro.

¹³ »Ahora quédense en silencio y déjenme
en paz.
Permítanme hablar y afrontaré las
consecuencias.
¹⁴ Así es, me jugaré la vida
y diré lo que realmente pienso.
¹⁵ Dios podría matarme, pero es mi única
esperanza;*
voy a presentar mi caso ante él.
¹⁶ Esto es lo que me salvará: no soy ningún
impío.
Si lo fuera, no podría estar delante de él.

¹⁷ »Presten mucha atención a lo que voy a decir;
escúchenme hasta el final.
¹⁸ He preparado mi defensa;
seré declarado inocente.
¹⁹ ¿Quién puede discutir conmigo sobre esto?
Y si demuestran que estoy equivocado, me
quedaré callado y moriré.

Job pregunta cómo pecó

²⁰ »Oh, Dios, concédeme estas dos cosas
y entonces podré enfrentarme contigo:
²¹ quítame de encima tu mano dura
y no me atemorices con tu temible
presencia.
²² Ahora llámame, ¡y te responderé!
O deja que te hable y contéstame tú.
²³ Dime, ¿qué he hecho mal?
Muéstrame mi rebelión y mi pecado.
²⁴ ¿Por qué te alejas de mí?
¿Por qué me tratas como a tu enemigo?
²⁵ ¿Atemorizarías a una hoja llevada por
el viento?
¿Perseguirías a la paja seca?
²⁶ »Escribes amargas acusaciones en mi contra
y sacas a relucir todos los pecados de mi
juventud.

13:15 Una lectura alternativa del texto masorético dice *Dios podría matarme, pero espero en él*.

²⁷ Pones mis pies en el cepo,
    examinas todos mis caminos
    y rastreas todas mis pisadas.
²⁸ Me consumo como madera que se pudre,
    como un abrigo carcomido por la polilla.

14

¹ »¡Qué frágil es el ser humano!
    ¡Qué breve es la vida, tan llena de
    dificultades!
² Brotamos como una flor y después nos
    marchitamos;
    desaparecemos como una sombra pasajera.
³ ¿Tienes que vigilar a una criatura tan frágil
    y exiges que yo te rinda cuentas?
⁴ ¿Quién podrá sacar pureza de una persona
    impura?
    ¡Nadie!
⁵ Tú has determinado la duración de nuestra
    vida.
    Tú sabes cuántos meses viviremos,
    y no se nos concederá ni un minuto más.
⁶ Así que, ¡déjanos tranquilos, déjanos descansar!
    Somos como los jornaleros, entonces
    déjanos terminar nuestro trabajo en paz.

⁷ »¡Hasta un árbol tiene más esperanza!
    Si lo cortan, volverá a brotar
    y le saldrán nuevas ramas.
⁸ Aunque sus raíces hayan envejecido en la tierra
    y su tocón esté podrido,
⁹ al sentir el agua renacerá
    y echará nuevos brotes como un árbol
    recién plantado.

¹⁰ »En cambio, cuando los seres humanos
    mueren, pierden su fuerza;
    dan su último suspiro, y después, ¿dónde
    están?
¹¹ Como el agua se evapora de un lago
    y el río desaparece en la sequía,
¹² así mismo la gente yace en la tumba y jamás
    se levanta.
    Hasta que los cielos dejen de existir, nadie
    despertará
    ni será perturbado de su sueño.

¹³ »¡Cómo quisiera que me escondieras en
    la tumba*
    y que allí me dejaras olvidado hasta que
    pase tu enojo!
    ¡Pero anota en tu calendario para que te
    acuerdes de mí!
¹⁴ ¿Pueden los muertos volver a vivir?
    De ser así, esto me daría esperanza durante
    todos mis años de lucha
    y con anhelo esperaría la liberación de
    la muerte.
¹⁵ Me llamarías y yo te respondería,
    y tú me añorarías a mí, la obra de tus manos.
¹⁶ Entonces, cuidarías mis pasos
    en lugar de vigilar mis pecados.

¹⁷ Mis pecados estarían sellados en una bolsa
    y cubrirías mi culpa.

¹⁸ »En cambio, de la manera que las montañas
    caen y se derrumban
    y como las rocas se despeñan por el
    precipicio,
¹⁹ como el agua desgasta las piedras
    y las inundaciones arrastran la tierra,
    así mismo tú destruyes la esperanza de la
    gente.
²⁰ Tú siempre puedes más que ellos, y
    desaparecen de la escena.
    Los desfiguras cuando mueren y los
    despides.
²¹ Ellos nunca saben si sus hijos crecen
    con honor
    o si se hunden en el olvido.
²² Sufren con dolor;
    su vida está llena de desgracia».

Segunda respuesta de Elifaz a Job

15

Luego Elifaz el temanita respondió:

² «¡Un hombre sabio no contestaría con
    tanta palabrería!
    No eres más que un charlatán.
³ Los sabios no se enredan en palabras vanas.
    ¿De qué sirven tales palabras?
⁴ ¿No tienes temor de Dios
    ni reverencia a él?
⁵ Tus pecados le dicen a tu boca qué decir,
    y tus palabras se basan en el astuto engaño.
⁶ Tu propia boca te condena, no yo;
    tus propios labios testifican contra ti.

⁷ »¿Acaso eres la primera persona que nació?
    ¿Naciste antes de que fueran creadas
    las colinas?
⁸ ¿Estuviste presente durante el concilio
    secreto de Dios?
    ¿Tienes tú el monopolio de la sabiduría?
⁹ ¿Qué sabes tú que no sepamos nosotros?
    ¿Qué entiendes tú que no entendamos
    nosotros?
¹⁰ De nuestro lado están los hombres de edad
    y de canas,
    ¡más ancianos que tu padre!

¹¹ »¿Es el consuelo de Dios demasiado poco
    para ti?
    ¿No te es suficiente su palabra amable?
¹² ¿Qué te ha quitado la razón?
    ¿Qué ha debilitado tu visión,*
¹³ para que te vuelvas en contra de Dios
    y digas estas cosas malvadas?
¹⁴ ¿Acaso puede algún mortal ser puro?
    ¿Puede alguien nacido de mujer ser justo?
¹⁵ Mira, Dios ni siquiera confía en los ángeles.*
    Ni los cielos son completamente puros
    a sus ojos,

14:13 En hebreo *en el Seol.* **15:12** O *¿Por qué tus ojos brillan de enojo;* en hebreo dice *¿Por qué parpadean tus ojos.* **15:15** En hebreo *los santos.*

16 ¡mucho menos una persona corrupta y pecadora
que tiene sed de maldad!

17 »Si escuchas, yo te explicaré,
y te responderé con mi propia experiencia.

18 Se confirma en las palabras de los sabios,
que a su vez escucharon lo mismo de
sus padres;

19 de aquellos a quienes se les dio la tierra
mucho antes de que llegara algún
extranjero.

20 »Los malos se retuercen de dolor toda
su vida.
Para los despiadados están reservados
años de desgracia.

21 En sus oídos resuena el sonido del terror,
y aun en los días buenos temen el ataque
del destructor.

22 No se atreven a salir en la oscuridad
por miedo a ser asesinados.

23 Deambulan diciendo: "¿Dónde podré
encontrar pan?".*
Saben que se acerca el día de su
destrucción.

24 Ese día oscuro los llena de terror.
Viven en aflicción y angustia
como si una rey que se prepara para la batalla.

25 Pues amenazan a Dios con el puño,
desafiando al Todopoderoso.

26 Con sus fuertes escudos en alto,
avanzan insolentes contra él.

27 »Esos malvados están gordos y son
prósperos;
su cintura se hincha de grasa,

28 pero sus ciudades quedarán en ruinas.
Vivirán en casas abandonadas
a punto de derrumbarse.

29 No durarán sus riquezas
ni sus bienes permanecerán.
Sus posesiones ya no se extenderán hasta
el horizonte.

30 »No escaparán de las tinieblas.
El sol abrasador secará sus retoños
y el aliento de Dios los destruirá.

31 Que no se engañen más confiando en
riquezas huecas,
porque su única recompensa será el vacío.

32 Como árboles, serán cortados en la flor de
la vida;
sus ramas no reverdecerán jamás.

33 Serán como una vid cuyas uvas se recogen
demasiado temprano,
como un olivo que pierde sus flores antes
de que se forme el fruto.

34 Pues los que viven sin Dios son estériles.
Sus casas, enriquecidas mediante el
soborno, se quemarán.

35 Conciben desgracia y dan a luz maldad;
su vientre produce engaño».

Quinto discurso de Job: respuesta a Elifaz

16 Entonces Job volvió a hablar:

2 «Ya escuché todo esto antes,
¡qué consejeros tan miserables son
ustedes!

3 ¿Nunca dejarán de decir más que
palabrería?
¿Qué los mueve a seguir hablando?

4 Si ustedes estuvieran en mi lugar, yo podría
decir lo mismo.
Podría lanzar críticas y menear mi cabeza
ante ustedes.

5 Sin embargo, yo les daría palabras de ánimo;
intentaría aliviar su dolor.

6 En cambio, sufro si me defiendo,
y no sufro menos si me niego a hablar.

7 »Oh Dios, tú me has molido
y arrasaste con mi familia.

8 Me has reducido a piel y huesos, como si
tuvieras que demostrar mi pecado,
mi carne consumida testifica en mi
contra.

9 Dios me odia y me despedaza en su enojo.
Rechina los dientes contra mí
y me atraviesa con su mirada.

10 La gente me abuchea y se ríe de mí.
Con desprecio me dan bofetadas en
la mejilla,
y una turba se junta en mi contra.

11 Dios me ha entregado a los pecadores
y me ha arrojado en manos de los
malvados.

12 »Yo vivía tranquilo hasta que él me quebró;
me tomó por el cuello y me hizo pedazos.
Después me usó como blanco

13 y ahora sus arqueros me rodean.
Sus flechas me atraviesan sin misericordia
y el suelo está empapado con mi sangre.*

14 Una y otra vez él se estrella contra mí,
arremete como un guerrero.

15 Me visto de tela áspera en señal de
mi dolor.
Mi orgullo yace en el polvo.

16 Mis ojos están enrojecidos de tanto llorar;
los rodean sombras oscuras.

17 Sin embargo, no he hecho nada malo
y mi oración es pura.

18 »Oh tierra, no escondas mi sangre;
deja que clame por mí.

19 Ahora mismo, mi testigo está en el cielo;
mi abogado está en las alturas.

20 Mis amigos me desprecian,
y derramo mis lágrimas ante Dios.

21 Necesito un mediador entre Dios y yo,
como una persona que intercede entre
amigos.

22 Pues pronto me tocará recorrer ese camino
del que nunca volveré.

15:23 La versión griega dice *Él está designado a ser comida para los buitres.* 16:13 *En hebreo mi hiel.*

Job sigue defendiendo su inocencia

17

¹ »Mi espíritu está destrozado,
   y mi vida está casi extinguida.
   La tumba está lista para recibirme.

² Estoy rodeado de burlones;
   observo que se mofan de mí de manera
      implacable.

³ »Debes defender mi inocencia, oh Dios,
   ya que nadie más se levantará en mi favor.

⁴ Les cerraste la mente para que no
      comprendieran,
   pero no permitas que triunfen.

⁵ Traicionan a sus amigos para su propio
      beneficio,
   haz que sus hijos desfallezcan de hambre.

⁶ »Dios me ha puesto en ridículo ante la gente;
   me escupen en la cara.

⁷ Mis ojos están hinchados de tanto llorar,
   y soy solamente una sombra de lo que fui.

⁸ Los íntegros se horrorizan cuando me ven;
   los inocentes se levantan contra los que no
      tienen a Dios.

⁹ Los justos siguen avanzando,
   y los de manos limpias se vuelven cada vez
      más fuertes.

¹⁰ »En cuanto a todos ustedes, regresen con
      mejores argumentos,
   aunque seguiré sin encontrar a un solo
      sabio entre ustedes.

¹¹ Mis días se acaban.
   Mis esperanzas han desaparecido;
   los deseos de mi corazón están destruidos.

¹² Estos hombres dicen que la noche es día;
   afirman que la oscuridad es luz.

¹³ ¿Qué pasará si voy a la tumba*
   y tiendo mi cama en las tinieblas?

¹⁴ ¿Qué pasará si llamo padre a la tumba
   y madre o hermana a los gusanos?

¹⁵ ¿Dónde está entonces mi esperanza?
   ¿Podrá alguien encontrarla?

¹⁶ No, mi esperanza descenderá conmigo a
      la tumba.
   ¡Descansaremos juntos en el polvo!».

Segunda respuesta de Bildad a Job

18

Entonces Bildad el suhita respondió:

² «¿Cuánto tiempo pasará hasta que
      dejes de hablar?
   ¡Habla con sentido si quieres que te
      respondamos!

³ ¿Crees que somos animales?
   ¿Piensas que somos tontos?

⁴ Aunque con enojo te arranques el pelo,
   ¿se destruirá la tierra por eso?
   ¿Hará que las rocas tiemblen?

⁵ »Ciertamente la luz de los malvados se
      apagará;
   las chispas de su fuego ya no brillarán.

⁶ La luz en su carpa se oscurecerá;
   la lámpara colgada del techo se extinguirá.

⁷ La zancada confiada de los malvados se
      acortará.
   Sus propias artimañas provocarán su ruina.

⁸ Los malos quedan atrapados en una red;
   caen en el pozo.

⁹ Una trampa los agarra por los talones;
   el cepo los aprieta con fuerza.

¹⁰ Un lazo está escondido en el suelo;
   una cuerda atraviesa su camino.

¹¹ »El terror rodea a los malvados
   y les causa problemas a cada paso.

¹² El hambre agota sus fuerzas
   y la calamidad queda a la espera de
      que tropiecen.

¹³ La enfermedad les carcome la piel;
   la muerte devora sus miembros.

¹⁴ Son arrancados de la seguridad de sus hogares
   y llevados al rey de los terrores.

¹⁵ Los hogares de los malvados se quemarán por
      completo;
   azufre ardiente llueve sobre sus casas.

¹⁶ Sus raíces se secarán
   y sus ramas se marchitarán.

¹⁷ Desaparecerá de la tierra todo recuerdo de
      su existencia;
   nadie se acordará de sus nombres.

¹⁸ Serán sacados de la luz, arrojados a las tinieblas
   y expulsados del mundo.

¹⁹ No tendrán hijos ni nietos,
   ni habrá sobrevivientes donde habitaban.

²⁰ La gente del occidente se queda consternada
      por su destino,
   y la gente del oriente está horrorizada.

²¹ Dirán: "Este fue el hogar de una persona
      malvada,
   el lugar de alguien que rechazó a Dios"».

Sexto discurso de Job: respuesta a Bildad

19

Entonces Job volvió a hablar:

² «¿Hasta cuándo me torturarán?
   ¿Hasta cuándo intentarán aplastarme con
      sus palabras?

³ Ya me han insultado diez veces.
   Deberían avergonzarse de tratarme tan mal.

⁴ Aunque yo hubiera pecado,
   eso es asunto mío y no de ustedes.

⁵ Creen que son mejores que yo
   al usar mi humillación como prueba de
      mi pecado,

⁶ pero es Dios quien me hizo daño
   cuando me atrapó en su red.*

⁷ »Yo clamo: "¡Socorro!" pero nadie me
      responde;
   protesto, pero no hay justicia.

⁸ Dios ha cerrado mi camino para que no
      pueda moverme;
   hundió mi senda en oscuridad.

17:13 En hebreo *al Seol*; también en 17:16.   19:6 O *porque soy como una ciudad sitiada.*

⁹ Me ha despojado del honor
  y ha quitado la corona de mi cabeza.
¹⁰ Por todos lados me ha destruido, y estoy
  acabado.
  Arrancó de raíz mi esperanza como un
  árbol caído.
¹¹ Su furia arde contra mí;
  me considera un enemigo.
¹² Sus tropas avanzan
  y construyen caminos para atacarme;
  acampan alrededor de mi carpa.

¹³ »Mis familiares se mantienen lejos,
  y mis amigos se han puesto en mi contra.
¹⁴ Mi familia se ha ido
  y mis amigos íntimos se olvidaron de mí.
¹⁵ Mis sirvientes y mis criadas me consideran
  un extraño;
  para ellos soy como un extranjero.
¹⁶ Cuando llamo a mi sirviente, no viene,
  ¡tengo que rogarle!
¹⁷ Mi aliento le da asco a mi esposa;
  mi propia familia me rechaza.
¹⁸ Hasta los niños me menosprecian;
  cuando me levanto para hablar, me vuelven
  la espalda.
¹⁹ Mis amigos íntimos me detestan;
  los que yo amaba se han puesto en
  mi contra.
²⁰ Quedé reducido a piel y huesos
  y he escapado de la muerte por un pelo.

²¹ »Tengan misericordia de mí, amigos míos,
  tengan misericordia,
  porque la mano de Dios me ha golpeado.
²² ¿Me perseguirán ustedes también como lo
  hace Dios?
  ¿No me han despellejado ya bastante?

²³ »Oh, que mis palabras fueran grabadas;
  oh, que quedaran escritas en un
  monumento,
²⁴ talladas con cincel de hierro y rellenas
  de plomo,
  y labradas en la roca para siempre.

²⁵ »Pero en cuanto a mí, sé que mi Redentor
  vive,
  y un día por fin estará sobre la tierra.
²⁶ Y después que mi cuerpo se haya
  descompuesto,
  ¡todavía en mi cuerpo veré a Dios!*
²⁷ Yo mismo lo veré;
  así es, lo veré con mis propios ojos.
  ¡Este pensamiento me llena de asombro!

²⁸ »¿Cómo se atreven a seguir persiguiéndome,
  diciendo: "Es su propia culpa"?
²⁹ Ustedes mismos deben tener temor
  al castigo,
  pues su actitud lo merece.
  Entonces sabrán que de verdad hay
  un juicio».

19:26 O *sin mi cuerpo veré a Dios.* El significado del hebreo es incierto.

Segunda respuesta de Zofar a Job

20 Entonces Zofar el naamatita respondió:

² «Debo responder
  porque estoy muy molesto.
³ He tenido que soportar tus insultos,
  pero ahora mi espíritu me mueve a responder.

⁴ »¿No te das cuenta que desde el principio
  del tiempo,
  desde que el hombre fue puesto sobre la
  tierra por primera vez,
⁵ el triunfo de los malos ha durado poco
  y la alegría de los que viven sin Dios ha
  sido pasajera?
⁶ Aunque el orgullo de los incrédulos llegue
  hasta los cielos
  y toquen las nubes con la cabeza,
⁷ aun así, ellos desaparecerán para siempre
  y serán desechados como su propio
  estiércol.
  Sus conocidos preguntarán:
  "¿Dónde están?".
⁸ Se desvanecerán como un sueño y nadie los
  encontrará;
  desaparecerán como una visión nocturna.
⁹ Quienes alguna vez los vieron, no los verán
  más;
  sus familias nunca volverán a verlos.
¹⁰ Sus hijos mendigarán de los pobres
  porque tendrán que devolver las riquezas
  que robaron.
¹¹ A pesar de ser jóvenes
  sus huesos yacerán en el polvo.

¹² »Ellos disfrutaron del dulce sabor de
  la maldad,
  dejando que se deshiciera bajo su lengua.
¹³ La saborearon,
  dejándola mucho tiempo en la boca;
¹⁴ pero de repente, la comida en su estómago
  se vuelve ácida,
  un veneno en su vientre.
¹⁵ Vomitarán la riqueza que se tragaron;
  Dios no permitirá que la retengan.
¹⁶ Chuparán el veneno de cobras
  y la víbora los matará.
¹⁷ Nunca más disfrutarán de las corrientes de
  aceite de oliva
  ni de los ríos de leche y miel.
¹⁸ Devolverán todo lo que consiguieron con
  tanto esfuerzo;
  su riqueza no les traerá alegría.
¹⁹ Pues oprimieron a los pobres y los dejaron
  sin nada;
  se adueñaron de sus casas.
²⁰ Estuvieron siempre llenos de avaricia y nunca
  quedaron satisfechos;
  no queda nada de todo lo que soñaron.
²¹ Comen hasta hartarse pero después no les
  queda nada,
  por eso, su prosperidad no perdurará.

²² »En medio de la abundancia, caerán en
dificultades
y el sufrimiento se apoderará de ellos.
²³ Que Dios les llene la vida de problemas;
que Dios haga llover su enojo sobre ellos.
²⁴ Cuando intenten escapar de un arma
de hierro,
una flecha de bronce los atravesará.
²⁵ Cuando les arranquen la flecha de la espalda
la punta brillará con sangre.*
El terror de la muerte los invade.
²⁶ Sus tesoros serán lanzados a la más densa
oscuridad.
Un fuego descontrolado devorará sus bienes,
y consumirá todo lo que les queda.
²⁷ Los cielos pondrán al descubierto su culpa,
y la tierra testificará contra ellos.
²⁸ La inundación arrasará con su casa;
el enojo de Dios descenderá en torrentes
sobre ellos.
²⁹ Esa es la recompensa que Dios da a los
malvados;
es la herencia decretada por Dios».

Séptimo discurso de Job: respuesta a Zofar

21

Entonces Job habló de nuevo:

² «Escuchen con atención lo que digo;
es una forma de consolarme.
³ Ténganme paciencia y déjenme hablar.
Después de que haya hablado, podrán
seguir burlándose de mí.

⁴ »Mi queja es con Dios, no con la gente.
Tengo buenas razones para estar tan
impaciente.
⁵ Mírenme y quédense atónitos;
tápense la boca con la mano, totalmente
sorprendidos.
⁶ Cuando pienso en lo que estoy diciendo, me
estremezco
y mi cuerpo tiembla.

⁷ »¿Por qué prosperan los malvados
mientras se vuelven viejos y poderosos?
⁸ Llegan a ver a sus hijos crecidos y
establecidos,
y disfrutan de sus nietos.
⁹ Sus hogares no corren ningún peligro,
y Dios no los castiga.
¹⁰ Sus toros nunca dejan de procrear;
sus vacas tienen terneros y nunca pierden
sus crías.
¹¹ Dejan brincar a sus niños como corderitos;
sus pequeños saltan y bailan,
¹² cantan con panderetas y arpas
y celebran al sonido de la flauta.
¹³ Pasan sus días con prosperidad;
luego van a la tumba* en paz.
¹⁴ Sin embargo, le dicen a Dios: "Vete,
no queremos nada de ti ni de tus
caminos.

¹⁵ ¿Quién es el Todopoderoso y por qué
debemos obedecerle?
¿En qué nos beneficiaría orar?".
¹⁶ (Creen que su prosperidad depende de ellos;
pero yo no tendré nada que ver con esa
forma de pensar).

¹⁷ »Sin embargo, la luz de los malvados parece
no extinguirse nunca.
¿Alguna vez tienen problemas?
¿Acaso Dios les reparte dolores con enojo?
¹⁸ ¿Se los lleva el viento como la paja?
¿Los arrastra la tormenta como al heno?
¡De ninguna manera!

¹⁹ »Ustedes dicen: "Bien, ¡al menos Dios
castigará a los hijos de ellos!";
pero yo digo que él debería castigar a los
que pecan
para que comprendan su juicio.
²⁰ Que vean con sus propios ojos su
destrucción,
y beban en abundancia del enojo del
Todopoderoso.
²¹ Pues, después de muertos,
no les importará lo que le suceda a su
familia.

²² »Pero ¿quién podrá enseñarle algo a Dios,
si es él quien juzga aun a los más
poderosos?
²³ Una persona muere próspera,
muy cómoda y segura,
²⁴ la viva imagen de la salud,
en excelente forma y llena de vigor.
²⁵ Otra persona muere en amarga pobreza,
sin haber saboreado nunca de la
buena vida.
²⁶ Sin embargo, a los dos se les entierra en el
mismo polvo;
los mismos gusanos los comen a ambos.

²⁷ »Miren, yo sé lo que están pensando;
conozco los planes que traman contra mí.
²⁸ Me hablarán de gente rica y malvada,
cuyas casas desaparecieron a causa de
sus pecados.
²⁹ pero pregunten a los que han visto
mucho mundo
y ellos les dirán la verdad.
³⁰ Los malvados se salvan en tiempos de
calamidad
y se les permite escapar del desastre.
³¹ Nadie los critica abiertamente
ni les dan su merecido por lo que
hicieron.
³² Cuando los llevan a la tumba,
una guardia de honor vigila su sepultura.
³³ Un gran cortejo fúnebre va al cementerio.
Muchos presentan sus respetos cuando
los sepultan
y descansan en paz bajo tierra.

20:25 En hebreo *con hiel.* 21:13 En hebreo *al Seol.*

³⁴ »¿Cómo podrán consolarme sus frases
    huecas?
    ¡Todas sus explicaciones son mentiras!».

Tercera respuesta de Elifaz a Job

22 Entonces Elifaz el temanita respondió:

² «¿Puede una persona hacer algo para
    ayudar a Dios?
    ¿Puede aun el sabio ser de ayuda para él?
³ ¿Saca algún provecho el Todopoderoso con
    que tú seas justo?
    Y si fueras perfecto, ¿le sería de
    beneficio?
⁴ ¿Acaso él te acusa y trae juicio contra ti
    porque eres tan piadoso?
⁵ ¡No! ¡Se debe a tu maldad!
    ¡Tus pecados no tienen límite!

⁶ »Por ejemplo, debes haber prestado dinero a
    tu amigo
    y le exigiste alguna prenda como garantía.
    Sí, lo dejaste desnudo.
⁷ Debes haber negado agua a quien tenía sed
    y comida al hambriento.
⁸ Probablemente pienses que la tierra
    le pertenece a los poderosos,
    ¡y que solo los privilegiados tienen derecho
    a ella!
⁹ Debes haber despedido a las viudas con las
    manos vacías
    y acabado con las esperanzas de los
    huérfanos.
¹⁰ Por eso estás rodeado de trampas
    y tiemblas de temores repentinos.
¹¹ Por eso no puedes ver en la oscuridad
    y olas de agua te cubren.

¹² »Dios es grande, más alto que los cielos,
    está por encima de las estrellas más lejanas;
¹³ pero tú respondes: "¿Por eso Dios no puede ver
    lo que hago!
    ¿Cómo puede juzgar a través de las densas
    tinieblas?
¹⁴ Pues densas nubes se arremolinan a su
    alrededor y no puede vernos.
    Él está allá arriba, caminando en la bóveda
    del cielo".

¹⁵ »¿Seguirás en las antiguas sendas
    por donde anduvieron los malvados?
¹⁶ Ellos fueron cortados en la flor de la vida,
    los cimientos de su vida arrasados como
    por un río.
¹⁷ Pues dijeron a Dios: "¡Déjanos en paz!
    ¿Qué puede hacernos el Todopoderoso?".
¹⁸ Sin embargo, él era quien llenaba sus hogares
    de cosas buenas;
    así que yo no tendré nada que ver con esa
    forma de pensar.

¹⁹ »Los justos se alegrarán al ver la destrucción
    de los malvados,
    y los inocentes se reirán con desprecio.

²⁰ Dirán: "Miren cómo han sido destruidos
    nuestros enemigos;
    los últimos fueron consumidos en
    el fuego".

²¹ »Sométete a Dios y tendrás paz,
    entonces te irá bien.
²² Escucha las instrucciones de Dios
    y guárdalas en tu corazón.
²³ Si te vuelves al Todopoderoso, serás
    restaurado,
    por lo tanto, limpia tu vida.
²⁴ Si renuncias a tu codicia del dinero
    y arrojas tu precioso oro al río,
²⁵ el Todopoderoso será tu tesoro.
    ¡Él será tu plata preciosa!».

²⁶ »Entonces te deleitarás en el Todopoderoso
    y levantarás tu mirada a Dios.
²⁷ Orarás a él, y te escuchará,
    y cumplirás los votos que le hiciste.
²⁸ Prosperarás en todo lo que decidas hacer
    y la luz brillará delante de ti en el camino.
²⁹ Si la gente tiene problemas y tú dices:
    "Ayúdalos",
    Dios los salvará.
³⁰ Hasta los pecadores serán rescatados;
    serán rescatados porque tienes las
    manos puras».

Octavo discurso de Job: respuesta a Elifaz

23 Entonces Job volvió a hablar:

² «Hoy mi queja todavía es amarga,
    y me esfuerzo por no gemir.
³ Si tan solo supiera dónde encontrar a Dios,
    iría a su tribunal.
⁴ Expondría mi caso
    y presentaría mis argumentos.
⁵ Luego escucharía su respuesta
    y entendería lo que me dijera.
⁶ ¿Usaría su inmenso poder para discutir
    conmigo?
    No, él me daría un juicio imparcial.
⁷ Las personas sinceras pueden razonar con él,
    así que mi juez me absolverá para siempre.
⁸ Voy hacia el oriente, pero él no está allí;
    voy hacia el occidente, pero no puedo
    encontrarlo.
⁹ No lo veo en el norte, porque está escondido;
    miro al sur, pero él está oculto.

¹⁰ »Sin embargo, él sabe a dónde voy;
    y cuando me ponga a prueba, saldré tan
    puro como el oro.
¹¹ Pues he permanecido en las sendas de Dios;
    he seguido sus caminos y no me he
    desviado.
¹² No me he apartado de sus mandatos,
    sino que he atesorado sus palabras más que
    la comida diaria.
¹³ Pero una vez que él haya tomado su decisión,
    ¿quién podrá hacerlo cambiar de parecer?
    Lo que quiere hacer, lo hace.

14 Por lo tanto, él hará conmigo lo que tiene
   pensado;
      él controla mi destino.
15 Con razón estoy tan aterrado ante su
   presencia;
      cuando lo pienso, el terror se apodera
      de mí.
16 Dios me ha enfermado el corazón;
      el Todopoderoso me ha aterrado.
17 No me han destruido las tinieblas que me
   rodean;
      ni la densa e impenetrable oscuridad que
      está por todas partes.

*Job pregunta por qué los malvados
no son castigados*

24

1 »¿Por qué el Todopoderoso no trae a
   juicio a los malvados?
      ¿Por qué los justos deben esperarlo en vano?
2 La gente malvada roba tierras moviendo los
   límites de propiedad;
      roba animales y los pone en sus propios
      campos.
3 Los malos le quitan el burro al huérfano
      y a la viuda le exigen el buey como garantía
      por un préstamo.
4 A los pobres los echan del camino;
      los necesitados tienen que esconderse
      juntos para estar a salvo.
5 Igual que los burros salvajes en los lugares
   desolados,
      los pobres pasan todo su tiempo buscando
      comida,
      hasta en el desierto buscan alimento para
      sus hijos.
6 Cosechan un campo que no es suyo,
      y recogen las sobras en los viñedos de los
      malvados.
7 Pasan la noche desnudos en medio del frío,
      sin ropa ni abrigo para cubrirse.
8 Las lluvias de la montaña los empapan
      y se amontonan contra las rocas en busca
      de refugio.
9 »Los malvados, a la viuda le arrebatan del
   pecho a su hijo,
      y toman al bebé como garantía de un
      préstamo.
10 El pobre tiene que andar desnudo, sin ropa;
      cosecha alimentos para otros mientras él
      mismo se muere de hambre.
11 Prensa el aceite de oliva pero no le permiten
   probarlo,
      y pisa las uvas en el lagar mientras pasa sed.
12 Los gemidos de los moribundos se elevan
      desde la ciudad,
      y los heridos claman por ayuda,
      sin embargo, Dios no hace caso a sus
      lamentos.

13 »La gente malvada se rebela contra la luz;
      se niega a reconocer los caminos de la luz
      y a permanecer en sus sendas.
14 El asesino se levanta de madrugada
      para matar al pobre y al necesitado;
      por la noche es un ladrón.
15 El adúltero espera el anochecer
      porque piensa: "Nadie me verá";
      esconde su cara para que nadie lo
      reconozca.
16 Los ladrones entran a las casas de noche
      y duermen durante el día;
      no están familiarizados con la luz.
17 La noche oscura es su mañana;
      hacen alianza con los terrores de la
      oscuridad.

18 »No obstante, ellos desaparecen como
   espuma en el río.
      Todo lo que poseen está maldito
      y tienen miedo de entrar en sus propios
      viñedos.
19 La tumba* consume a los pecadores
      tal como la sequía y el calor consumen
      la nieve.
20 Sus propias madres se olvidan de ellos.
      Los gusanos los encontrarán dulces
      al paladar.
      Nadie se acordará de ellos.
      Los malvados son quebrantados como un
      árbol en medio de la tormenta.
21 Engañan a la mujer que no tiene hijo que
   la defienda
      y se niegan a ayudar a la viuda necesitada.

22 »Dios, en su poder, arrastra a los ricos.
      Puede ser que lleguen lejos, pero no tienen
      asegurada la vida.
23 Quizá se les permita vivir seguros,
      pero Dios siempre los vigila.
24 Aunque ahora son importantes,
      en un momento habrán desaparecido
      como todos los demás,
      cortados como las espigas del grano.
25 ¿Puede alguien decir lo contrario?
      ¿Quién puede demostrar que estoy
      equivocado?».

Tercera respuesta de Bildad a Job

25

1 Entonces Bildad el suhita respondió:

2 «Dios es poderoso y temible;
      él impone la paz en los cielos.
3 ¿Quién puede contar su ejército celestial?
      ¿No brilla su luz en toda la tierra?
4 ¿Cómo puede un mortal ser inocente
      ante Dios?
      ¿Puede alguien nacido de mujer
      ser puro?
5 Dios es más glorioso que la luna;
      brilla con más intensidad que las estrellas.
6 Comparadas con él, las personas son gusanos;
      nosotros los mortales somos simples
      lombrices».

24:19 En hebreo *Seol.*

Noveno discurso de Job: respuesta a Bildad

26

Entonces Job habló de nuevo:

2 «¡Qué manera de ayudar a los indefensos!
¡Cómo salvas a los débiles!

3 ¡Cómo has iluminado mi estupidez!
¡Qué consejo tan sabio has ofrecido!

4 ¿De dónde sacaste esas frases tan sabias?
¿El espíritu de quién habla por medio de ti?

5 »Tiemblan los muertos;
los que habitan debajo de las aguas.

6 El averno* está desnudo en presencia de Dios;
el lugar de destrucción* está al descubierto.

7 Dios extiende el cielo del norte sobre el espacio vacío
y cuelga a la tierra sobre la nada.

8 Envuelve la lluvia con sus densas nubes
y las nubes no estallan con el peso.

9 Él cubre el rostro de la luna*
y la envuelve con las nubes.

10 Él creó el horizonte cuando separó las aguas;
estableció los límites entre el día y la noche.

11 Los cimientos del cielo tiemblan;
se estremecen ante su reprensión.

12 El mar se calmó por su poder;
con su destreza aplastó al gran monstruo marino.*

13 Su Espíritu hizo hermosos los cielos,
y su poder atravesó a la serpiente deslizante.

14 Eso es solo el comienzo de todo lo que él hace,
apenas un susurro de su poder.
¿Quién podrá, entonces, comprender el trueno de su poder?».

Discurso final de Job

27

Job siguió hablando:

2 «Juro por el Dios viviente, quien me ha quitado mis derechos,
por el Todopoderoso, quien llenó mi alma de amargura,

3 Mientras viva,
mientras Dios me dé aliento,

4 mis labios no pronunciarán maldad
y mi lengua no hablará mentiras.

5 Jamás admitiré que ustedes tengan la razón;
defenderé mi integridad hasta la muerte.

6 Insistiré en mi inocencia sin vacilar;
mientras viva, mi conciencia estará tranquila.

7 »Que mi enemigo sea castigado como los malvados,
y mi adversario como aquellos que hacen maldad.

8 Pues, ¿qué esperanza tienen los incrédulos
cuando Dios acaba con ellos
y les quita la vida?

9 ¿Escuchará Dios su clamor
cuando la desgracia venga sobre ellos?

10 ¿Pueden deleitarse en el Todopoderoso?
¿Pueden clamar a Dios cuando quieran?

11 Yo les enseñaré acerca del poder de Dios;
no esconderé nada con respecto al Todopoderoso.

12 Aunque ustedes han visto todo esto,
sin embargo, me dicen estas cosas inútiles.

13 »Esto es lo que los malvados recibirán de Dios;
esta es la herencia del Todopoderoso.

14 Quizás tengan muchos hijos,
pero sus hijos morirán en la guerra o de hambre.

15 A los sobrevivientes los matará una plaga
y ni siquiera las viudas llorarán por ellos.

16 »Tal vez la gente malvada tenga montones de dinero
y amontonen mucha ropa,

17 pero los justos usarán esa ropa
y los inocentes se repartirán ese dinero.

18 Los malvados construyen casas tan frágiles
como una tela de araña,*
tan débiles como un refugio hecho de ramas.

19 Los malvados se acuestan siendo ricos
pero, cuando despierten, descubren que toda su riqueza se ha esfumado.

20 El terror los anega como una inundación
y son arrastrados por las tormentas de la noche.

21 El viento del oriente se los lleva, y desaparecen;
los arrasa por completo.

22 Se arremolina en torno a ellos sin misericordia.
Luchan por huir de su poder,

23 pero todos los abuchean
y se burlan de ellos.

Job habla acerca de sabiduría y entendimiento

28

1 »La gente sabe de dónde extraer la plata
y cómo refinar el oro.

2 Saben de dónde sacar hierro de la tierra
y cómo separar el cobre de la roca.

3 Saben cómo hacer brillar la luz en la oscuridad
y explorar las regiones más lejanas de la tierra
mientras buscan minerales en lo profundo.

4 Cavan pozos y abren minas
lejos de donde vive la gente.
Descienden por medio de cuerdas,
balanceándose de un lado a otro.

5 En la superficie de la tierra se cultivan alimentos
pero muy abajo, la tierra está derretida como por fuego.

26:6a En hebreo *Seol.* **26:6b** En hebreo *Abadón.* **26:9** O *cubre su trono.* **26:12** En hebreo *Rahab,* nombre de un mítico monstruo marino que en la literatura antigua representa el caos. **27:18** Así aparece en la versión griega y en la siríaca (ver también 8:14); en hebreo dice *una polilla.*

⁶ Abajo, las piedras contienen lapislázuli
    precioso
  y el polvo contiene oro.
⁷ Son tesoros que ningún ave de rapiña
    puede ver
  ni el ojo de halcón alcanza a distinguir.
⁸ Ningún animal salvaje ha pisado esos tesoros;
  ningún león ha puesto su garra sobre ellos.
⁹ La gente sabe cómo romper la roca
    más dura
  y volcar de raíz a las montañas.
¹⁰ Construyen túneles en las rocas
  y descubren piedras preciosas.
¹¹ Represan el agua que corre en los arroyos
  y sacan a la luz los tesoros escondidos.

¹² »Pero ¿sabe la gente dónde encontrar
    sabiduría?
  ¿Dónde puede hallar entendimiento?
¹³ Nadie sabe dónde encontrar sabiduría
  porque no se halla entre los vivos.
¹⁴ "Aquí no está", dice el océano;
  "Aquí tampoco", dice el mar.
¹⁵ No se puede comprar con oro;
  no se puede adquirir con plata.
¹⁶ Vale más que todo el oro de Ofir,
  mucho más que el precioso ónice o el
    lapislázuli.
¹⁷ La sabiduría es más valiosa que el oro y
    el cristal;
  no se puede comprar con joyas engastadas
    en oro fino.
¹⁸ El coral y el jaspe no sirven para adquirirla;
  la sabiduría vale mucho más que los rubíes.
¹⁹ No se puede canjear por el precioso peridoto
    de Etiopía.*
  Es más valiosa que el oro más puro.

²⁰ »Pero ¿sabe la gente dónde encontrar
    sabiduría?
  ¿Dónde puede hallar entendimiento?
²¹ Se esconde de los ojos de toda la humanidad;
  ni siquiera las aves del cielo con su vista
    aguda pueden descubrir la sabiduría.
²² La Destrucción* y la Muerte dicen:
  "Solo hemos oído rumores acerca de dónde
    encontrarla".

²³ »Únicamente Dios entiende el camino a
    la sabiduría;
  él sabe dónde se puede encontrar,
²⁴ porque él mira hasta el último rincón de
    la tierra
  y ve todo lo que hay bajo los cielos.
²⁵ Él decidió con qué fuerza deberían soplar
    los vientos
  y cuánta lluvia debería caer.
²⁶ Hizo las leyes para la lluvia
  y trazó un camino para el rayo.
²⁷ Entonces vio la sabiduría y la evaluó;
  la colocó en su lugar y la examinó
    cuidadosamente.

²⁸ Esto es lo que Dios dice a toda la humanidad:
  "El temor del Señor es la verdadera sabiduría;
  apartarse del mal es el verdadero
    entendimiento"».

Job habla de sus bendiciones pasadas

29
Job siguió hablando:

² «Añoro los días del pasado,
  cuando Dios me cuidaba,
³ cuando iluminaba el camino delante de mí
  y yo caminaba seguro en la oscuridad.
⁴ Cuando yo estaba en la flor de la vida,
  la amistad con Dios se sentía en mi hogar.
⁵ El Todopoderoso todavía estaba conmigo,
  y mis hijos me rodeaban.
⁶ Mis vacas daban leche en abundancia,
  y mis olivares derramaban ríos
    de aceite.

⁷ ¡Qué tiempos aquellos cuando iba a las
    puertas de la ciudad
  y ocupaba mi lugar entre los líderes
    reconocidos!
⁸ Los jóvenes me daban paso cuando
    me veían,
  e incluso los ancianos se ponían de pie en
    señal de respeto cuando yo llegaba.
⁹ Los príncipes guardaban silencio
  y se cubrían la boca con las manos.
¹⁰ Las más altas autoridades de la ciudad se
    quedaban calladas,
  y refrenaban la lengua en señal de respeto.

¹¹ »Los que me oían, me elogiaban;
  los que me veían hablaban bien de mí.
¹² Pues yo ayudaba a los pobres en su
    necesidad
  y a los huérfanos que requerían ayuda.
¹³ Ayudaba a los que estaban sin esperanza
    y ellos me bendecían;
  y hacía cantar de alegría el corazón
    de las viudas.
¹⁴ Siempre me comportaba con honradez;
  la rectitud me cubría como un manto
  y usaba la justicia como un turbante.
¹⁵ Yo era los ojos de los ciegos,
  y los pies de los cojos.
¹⁶ Era un padre para los pobres
  y ayudaba a los extranjeros en necesidad.
¹⁷ Rompía la cara de los opresores incrédulos
  y arrancaba a sus víctimas de entre sus
    dientes.

¹⁸ »Yo pensaba: "Ciertamente moriré rodeado
    de mi familia
  después de una larga y buena vida.*
¹⁹ Pues soy como un árbol con raíces que llegan
    al agua,
  con ramas que se refrescan con el rocío.
²⁰ Todo el tiempo me rinden nuevos honores
  y mi fuerza se renueva continuamente".

28:19 En hebreo *de Cus.*   28:22 En hebreo *Abadón.*   29:18 En hebreo *después de haber contado mis días como arena.*

21 »Todos escuchaban mis consejos;
    estaban en silencio esperando que
    yo hablara.
22 Y después que hablaba, no tenían nada
    que agregar
    porque mi consejo les satisfacía.
23 Anhelaban mis palabras como la gente anhela
    la lluvia;
    las bebían como a la lluvia refrescante
    de primavera.
24 Cuando estaban desanimados, yo les
    sonreía;
    mi mirada de aprobación era preciosa
    para ellos.
25 Como hace un jefe, yo les decía qué hacer.
    Vivía como un rey entre sus tropas
    y consolaba a los que estaban de luto.

Job habla de su angustia

30 1 »Sin embargo, ahora, los que son más
    jóvenes que yo se burlan de mí,
    jóvenes cuyos padres no son dignos de
    correr con mis perros ovejeros.
2 ¡De qué me sirven
    esos pobres desgraciados!
3 Están flacos por el hambre
    y huyen a los desiertos,
    a tierras baldías, desoladas y tenebrosas.
4 Arrancan verduras silvestres de entre los
    arbustos
    y comen de las raíces de los árboles
    de retama.
5 Son expulsados de la sociedad,
    y la gente les grita como si fueran ladrones.
6 Así que ahora viven en barrancos aterradores,
    en cuevas y entre las rocas.
7 Suenan como animales aullando entre
    los arbustos,
    apiñados debajo de las ortigas.
8 Ellos son necios, hijos de nadie,
    gentuza de la sociedad.

9 »¡Y ahora se burlan de mí con canciones
    vulgares!
    ¡Se mofan de mí!
10 Me desprecian y no se me acercan,
    excepto para escupirme en la cara.
11 Pues Dios ha cortado la cuerda de mi arco;
    me ha humillado
    y por eso ellos ya no se contienen.
12 Esa gentuza se me opone descaradamente;
    me arroja al suelo
    y tiende trampas a mis pies.
13 Me cierra el camino
    y hace todo lo posible para destruirme.
    Sabe que no tengo quien me ayude.
14 Me ataca por todos lados;
    me asalta cuando estoy abatido.
15 Vivo aterrorizado;
    mi honor ha volado con el viento,
    y mi prosperidad se ha desvanecido como
    una nube.

16 »Y ahora la vida se me escapa;
    la depresión me persigue durante el día.
17 De noche, mis huesos se llenan de dolor
    que me atormenta incesantemente.
18 Con mano fuerte, Dios me agarra de
    la camisa;
    me toma del cuello de mi abrigo.
19 Me ha lanzado al barro;
    no soy más que polvo y ceniza.

20 »Clamo a ti, oh Dios, pero no respondes;
    estoy delante de ti, pero ni siquiera miras.
21 Te has vuelto cruel conmigo;
    utilizas tu poder para atormentarme.
22 Me lanzas al torbellino
    y me destruyes en la tormenta.
23 Y sé que me envías a la muerte,
    el destino de todos los que viven.

24 »Por cierto que nadie se pondrá en contra
    del necesitado
    cuando clama por ayuda en medio de
    su miseria.
25 ¿No lloraba yo por los que estaban en
    apuros?
    ¿No me lamentaba profundamente por
    los necesitados?
26 Entonces busqué el bien, pero en su lugar me
    vino el mal.
    Esperaba la luz, pero cayó la oscuridad.
27 Mi corazón está atribulado e inquieto;
    me atormentan los días de sufrimiento.
28 Camino en penumbra, sin la luz del sol.
    Clamo por ayuda en la plaza pública;
29 pero me consideran hermano de los
    chacales
    y compañero de los búhos.
30 Mi piel se ha oscurecido,
    y mis huesos arden de fiebre.
31 Mi arpa toca música triste,
    y mi flauta acompaña a los que lloran.

Job declara su inocencia

31 1 »Hice un pacto con mis ojos,
    de no mirar con codicia sexual a
    ninguna joven.
2 Pues, ¿qué ha escogido para nosotros el Dios
    del cielo?
    ¿Cuál es nuestra herencia del Todopoderoso
    en las alturas?
3 ¿No es calamidad para los malvados
    y desgracia para quienes hacen el mal?
4 ¿No ve Dios todo lo que hago
    y cada paso que doy?

5 »¿Acaso he mentido
    o he engañado a alguien?
6 Que Dios me pese en la balanza de justicia,
    porque sabe que soy íntegro.
7 Si me he desviado de su camino,
    o si mi corazón ha codiciado lo que vieron
    mis ojos
    o si soy culpable de cualquier otro pecado

8 entonces, que otro coma las cosechas que
    he sembrado.
    Que todo lo que planté, sea desarraigado.

9 »Si mi corazón ha sido seducido por una
    mujer,
    o si he codiciado a la mujer de mi prójimo,
10 entonces, que mi esposa le pertenezca a*
    otro hombre,
    y que otros hombres se acuesten con ella.
11 Pues la codicia sexual es un pecado
    vergonzoso,
    un delito que debería ser castigado.
12 Es un fuego que arde todo el camino hasta el
    infierno;*
    habría arrasado con todo lo que poseo.

13 »Si he sido injusto con mis siervos o con
    mis siervas
    cuando me han presentado sus quejas,
14 ¿cómo podría enfrentarme con Dios?
    ¿Qué podría decir cuando él me
    interrogara?
15 Pues Dios me creó tanto a mí como a mis
    siervos;
    nos formó a ambos en el vientre.

16 »¿He rehusado ayudar al pobre
    o he acabado con las esperanzas de las
    viudas?
17 ¿He sido tacaño con mi comida
    o me he negado a compartirla con los
    huérfanos?
18 No, desde la niñez he cuidado a los huérfanos
    como un padre,
    y toda mi vida me he ocupado de las viudas.
19 Cuando veía sin vestido a los que no tienen
    hogar
    y a los necesitados sin nada que ponerse,
20 ¿acaso no me alababan
    por darles ropas de lana para combatir
    el frío?

21 »Si he levantado la mano contra un huérfano
    sabiendo que los jueces se pondrían de
    mi parte,
22 entonces, ¡que se disloque mi hombro!
    ¡Que mi brazo se descoyunte!
23 Eso sería mejor que enfrentarme al juicio
    de Dios.
    Si la majestad de Dios está en mi contra,
    ¿qué esperanza queda?

24 »¿He puesto mi confianza en el dinero
    o me he sentido seguro a causa de mi oro?
25 ¿Me he regodeado de mi riqueza
    y de todo lo que poseo?
26 »¿He mirado alguna vez al sol que brilla en
    los cielos
    o a la luna que recorre su sendero de plata,
27 y he sido seducido en lo secreto de mi corazón
    a lanzarles besos de adoración?

28 Si así fuera, los jueces deberían castigarme,
    porque significaría que he negado al Dios
    del cielo.

29 »¿Me he alegrado alguna vez cuando una
    calamidad ha herido a mis enemigos
    o me entusiasmé cuando les ha tocado
    sufrir?
30 No, nunca he pecado por maldecir a nadie
    ni por pedir venganza.

31 »Mis siervos nunca han dicho:
    "Él dejó que otros pasaran hambre".
32 Nunca he negado la entrada a un desconocido,
    más bien, he abierto mis puertas a todos.

33 »¿He intentado ocultar mis pecados como
    hacen otros,
    escondiendo mi culpa en el corazón?
34 ¿Acaso me he quedado callado
    y encerrado por miedo a la multitud
    o al desprecio de las masas?

35 »¡Si tan solo alguien me escuchara!
    Miren, voy a respaldar mi defensa con
    mi firma.
    Que el Todopoderoso me responda;
    que escriba los cargos que tiene contra mí.
36 Me enfrentaría a la acusación con orgullo,
    y la llevaría como una corona.
37 Pues le diría exactamente lo que he hecho;
    vendría ante él como un príncipe.

38 »Si mi tierra me acusa
    y todos sus surcos claman juntos contra mí,
39 o si he robado sus cosechas
    o he matado a sus propietarios,
40 entonces que en esa tierra crezcan cardos en
    lugar de trigo,
    y malezas en lugar de cebada».

Aquí terminan las palabras de Job.

Eliú responde a los amigos de Job

32 Los tres amigos de Job no quisieron res-
    ponderle más porque él insistía en su
inocencia. 2 Entonces Eliú, hijo de Baraquel el buzita,
del clan de Ram, se enojó, porque Job no quería admitir que había pecado y que Dios tenía
razón cuando lo castigó. 3 También se enojó con
los tres amigos de Job porque, al no lograr refutar los argumentos de Job, hacían parecer que
Dios* estaba equivocado. 4 Eliú había esperado
que los demás hablaran con Job porque eran
mayores que él; 5 pero cuando vio que ellos ya no
tenían respuesta, habló con enojo. 6 Eliú, hijo de
Baraquel el buzita, dijo:

«Yo soy joven y ustedes ancianos,
    por eso me contuve de decirles lo que pienso.
7 Me dije: "Los que tienen más edad deben hablar
    porque la sabiduría viene con los años".

31:10 En hebreo *muela para.* **31:12** En hebreo *al Abadón.* **32:3** Así aparece en la antigua tradición de los escribas hebreos; el texto masorético dice *Job.*

⁸ Sin embargo, hay un espíritu* dentro de las personas,
el aliento del Todopoderoso en ellas,
que las hace inteligentes.
⁹ No siempre los ancianos son sabios;
a veces las personas de edad no comprenden la justicia.
¹⁰ Así que, escúchenme
y déjenme decirles lo que pienso.

¹¹ »He esperado todo este tiempo
prestando mucha atención a sus argumentos,
observando cómo buscaban a tientas las palabras.
¹² He escuchado,
pero ninguno de ustedes ha logrado refutar a Job
ni responder a sus argumentos.
¹³ Y no me digan: "Él es demasiado sabio para nosotros;
solo Dios podrá convencerlo".
¹⁴ Si Job hubiera estado discutiendo conmigo,
¡yo le respondería con la misma lógica que ustedes!
¹⁵ Ustedes se sientan ahí desconcertados sin nada más que decir.
¹⁶ ¿Seguiré esperando ahora que se han quedado callados?
¿Permaneceré en silencio yo también?
¹⁷ No, sino que daré mi opinión
y expresaré lo que pienso.
¹⁸ Pues estoy lleno de palabras contenidas
y el espíritu que hay en mí me obliga a hablar.
¹⁹ Soy como un barril de vino sin respiradero;
¡como un cuero de vino a punto de estallar!
²⁰ Tengo que hablar para encontrar alivio,
así que déjenme dar mis respuestas.
²¹ No haré favoritismos
ni intentaré adular a nadie.
²² Pues si intentara usar la adulación,
pronto mi Creador me destruiría.

Eliú presenta sus argumentos contra Job

33 ¹ »Job, escucha mis palabras;
presta atención a lo que tengo que decir.
² Ahora que he comenzado a hablar,
déjame continuar.
³ Hablo con toda sinceridad;
digo la verdad.
⁴ El Espíritu de Dios me ha creado,
y el aliento del Todopoderoso me da vida.
⁵ Respóndeme, si puedes;
presenta tu argumento y define tu posición.
⁶ Mira, tú y yo, ambos, pertenecemos a Dios;
yo también fui formado del barro.
⁷ Así que no tienes que tenerme miedo;
no seré duro contigo.

⁸ »Tú has hablado en mi presencia
y he escuchado tus palabras.
⁹ Dijiste: "Yo soy puro; no tengo pecado;
soy inocente; no tengo culpa.
¹⁰ Dios busca pleito conmigo
y me considera su enemigo.
¹¹ Él puso mis pies en el cepo
y vigila todos mis movimientos".

¹² »Pero estás equivocado, y te mostraré el porqué,
pues Dios es más grande que todo ser humano.
¹³ Así que, ¿por qué presentas cargos contra él?
¿Por qué dices que no responde a las quejas de la gente?
¹⁴ Pues Dios habla una y otra vez,
aunque la gente no lo reconozca.
¹⁵ Habla en sueños, en visiones nocturnas,
cuando el sueño profundo cae sobre las personas
mientras están acostadas.
¹⁶ Susurra a sus oídos
y las aterroriza con advertencias.
¹⁷ Él hace que se aparten de sus malas acciones;
no las deja caer en el orgullo.
¹⁸ Él las protege de la tumba,
de cruzar el río de la muerte.

¹⁹ »Otras veces Dios emplea el dolor para disciplinar a la gente en su lecho de enfermo,
con dolores incesantes en sus huesos.
²⁰ Ellos pierden el apetito;
no desean ni la comida más deliciosa.
²¹ Su carne se consume
y son puro hueso.
²² Están a las puertas de la muerte;
los ángeles de la muerte los esperan.

²³ »Pero si aparece un ángel del cielo
—un mensajero especial para interceder por una persona
y para declarar que es recta—
²⁴ él le tendrá compasión y dirá:
"Sálvalo de la tumba,
porque he encontrado un rescate por su vida".
²⁵ Entonces su cuerpo se volverá tan sano
como el de un niño,
fuerte y juvenil otra vez.
²⁶ Cuando él ore a Dios,
será aceptado
y Dios lo recibirá con alegría
y lo restaurará a una relación correcta.
²⁷ Declarará a sus amigos:
"Pequé y torcí la verdad,
pero no valió la pena.*
²⁸ Dios me rescató de la tumba
y ahora mi vida está llena de luz".

²⁹ »Así es, Dios actúa de esa forma
una y otra vez por las personas.
³⁰ Él las rescata de la tumba
para que disfruten de la luz de la vida.
³¹ Toma nota, Job; escúchame,
porque tengo más para decir.

32:8 O *Espíritu;* también en 32:18.   33:27 La versión griega dice *pero [Dios] no me castigó como lo merecía mi pecado.*

³² Sin embargo, si tienes algo que decir, adelante,
   habla, porque deseo verte justificado;
³³ pero si no, entonces escúchame.
   ¡Guarda silencio y te enseñaré sabiduría!».

Eliú acusa a Job de arrogancia

34

Entonces Eliú dijo:

² «Escúchenme, ustedes hombres
   sabios;
   presten atención, ustedes que tienen
   conocimiento.
³ Job dijo: "El oído pone a prueba las palabras
   que oye
   igual que la boca distingue los sabores".
⁴ Así que, juzguemos por nosotros mismos lo
   que es correcto;
   aprendamos juntos lo que es bueno.
⁵ Pues Job también dijo: "Yo soy inocente,
   pero Dios ha quitado mis derechos.
⁶ Soy inocente, pero me llaman mentiroso;
   mi sufrimiento es incurable, aunque yo
   no haya pecado".

⁷ »Díganme, ¿hubo una vez un hombre
   como Job,
   con sed de conversaciones irreverentes?
⁸ Él escoge como compañeros a hombres
   malvados;
   pasa su tiempo con hombres perversos.
⁹ Ha llegado a decir: "¿Por qué malgastar
   el tiempo
   intentando agradar a Dios?".

¹⁰ »Escúchenme, ustedes que tienen
   entendimiento.
   ¡Todo el mundo sabe que Dios no peca!
   El Todopoderoso no puede hacer nada malo.
¹¹ Él paga a las personas según lo que hayan
   hecho;
   las trata como se merecen.
¹² En verdad, Dios no hará el mal;
   el Todopoderoso no torcerá la justicia.
¹³ ¿Algún otro puso la tierra al cuidado de Dios?
   ¿Quién colocó al mundo en su sitio?
¹⁴ Si Dios retirara su espíritu
   y quitara su aliento,
¹⁵ todos los seres vivientes dejarían de existir
   y la humanidad volvería al polvo.

¹⁶ »Ahora escúchame, si eres sabio;
   presta atención a lo que digo.
¹⁷ ¿Podría Dios gobernar si odiara la justicia?
   ¿Condenarás al juez todopoderoso?
¹⁸ Pues él dice a los reyes: "Ustedes son
   malvados",
   y a los nobles: "Ustedes son injustos".
¹⁹ A él no le importa la grandeza que pueda
   tener una persona
   y no presta más atención al rico que
   al pobre,
   él creó a todos.
²⁰ En un instante mueren;
   fallecen en la mitad de la noche;

los poderosos se van sin la intervención
de mano humana.

²¹ »Pues Dios observa cómo vive la gente;
   ve todo lo que ellos hacen.
²² No hay oscuridad tan densa
   que pueda esconder a los malos de sus ojos.
²³ No decidimos nosotros el momento
   de presentarnos ante Dios para ser
   juzgados.
²⁴ Él lleva a los poderosos a la ruina sin consultar
   a nadie,
   y pone a otros en su lugar.
²⁵ Él sabe lo que hacen,
   y por la noche los vence y los destruye.
²⁶ Los derriba porque son malvados,
   lo hace abiertamente para que todos
   lo vean.
²⁷ Pues se apartaron y dejaron de seguirlo;
   no respetan ninguno de sus caminos.
²⁸ Hacen que los pobres clamen, y esto atrae la
   atención de Dios;
   él oye los clamores de los necesitados.
²⁹ Sin embargo, si él opta por quedarse callado,
   ¿quién puede criticarlo?
   Cuando esconde su rostro, nadie puede
   encontrarlo,
   ya sea un individuo o una nación.
³⁰ Él no deja que los incrédulos gobiernen,
   para que no sean una trampa para la gente.

³¹ »¿Por qué la gente no le dice a Dios: "He
   pecado
   pero no volveré a pecar"?
³² O bien: "No sé qué mal hice, dímelo;
   si he actuado mal, me detendré de
   inmediato".

³³ »¿Debe Dios adaptar su justicia a tus
   exigencias
   a pesar de que lo hayas rechazado?
   La elección es tuya, no mía.
   Adelante, haznos partícipes de tu
   sabiduría.
³⁴ Después de todo, las personas inteligentes
   me dirán
   y la gente sabia me oirá decir:
³⁵ "Job habla por ignorancia;
   sus palabras carecen de percepción".
³⁶ Job, te mereces la pena máxima
   por tu manera malvada de responder.
³⁷ Pues a tu pecado has añadido rebelión;
   no muestras ningún respeto
   y dices muchas palabras de enojo
   contra Dios».

Eliú le recuerda a Job la justicia de Dios

35

Entonces Eliú dijo:

² «¿Te parece correcto que afirmes:
   "Soy justo delante de Dios"?
³ También te preguntas: "¿Y yo qué gano?
   ¿De qué sirve vivir una vida recta?".

4 »Yo te contestaré
　y a todos tus amigos también.
5 Levanta tus ojos a los cielos
　y mira las nubes en lo alto.
6 Si pecas, ¿en qué afecta eso a Dios?
　Incluso si pecas una y otra vez,
　¿qué efecto tendrá sobre él?
7 Si eres bueno, ¿es algún gran regalo para él?
　¿Qué podrías darle tú?
8 No, tus pecados afectan únicamente a
　personas como tú,
　y tus buenas acciones afectan solo a seres
　humanos.

9 »La gente clama al ser oprimida;
　gime bajo el peso de los poderosos.
10 Sin embargo, no preguntan: "¿Dónde está
　Dios, mi Creador,
　el que da canciones en la noche?
11 ¿Dónde está el que nos hace más inteligentes
　que los animales
　y más sabios que las aves de los cielos?".
12 Cuando claman, Dios no les responde
　a causa de la soberbia de ellos,
13 pero es un error decir que Dios no escucha,
　que el Todopoderoso no le importa.
14 Tú dices que no puedes verlo,
　sin embargo, si esperas, te hará justicia.*
15 Dices que Dios no responde con enojo a los
　pecadores
　y que no le importa mucho la perversidad.*
16 Pero Job, hablas tonterías;
　has hablado como un necio».

36 Eliú siguió hablando:
2 «Déjame seguir, y te mostraré la
　verdad,
　¡porque no he terminado de defender
　a Dios!
3 Presentaré argumentos profundos
　a favor de la justicia de mi Creador.
4 Estoy diciendo solo la verdad,
　porque soy un hombre de gran
　conocimiento.

5 »Dios es poderoso, ¡pero no desprecia a nadie!
　Él es poderoso tanto en fuerza como en
　entendimiento.
6 No deja con vida a los malvados
　pero hace justicia a los afligidos.
7 Nunca quita los ojos de los inocentes,
　sino que los pone en tronos en compañía
　de reyes
　y los exalta para siempre.
8 Si están encadenados,
　y atrapados en una red de dificultades,
9 él les muestra la causa;
　les hace ver sus pecados de soberbia.

10 Él capta su atención
　y ordena que se aparten de la maldad.
11 »Si escuchan y obedecen a Dios,
　serán bendecidos con prosperidad por el
　resto de su vida.
　Todos sus años serán agradables.
12 Pero si se niegan a escucharlo,
　serán muertos a filo de espada*
　y morirán por falta de entendimiento.
13 Los incrédulos están llenos de resentimiento.
　Aun cuando Dios los castiga,
　se niegan a pedirle auxilio.
14 Mueren en plena juventud,
　después de haber malgastado la vida en
　inmoralidad.
15 Pero por medio del sufrimiento, él rescata a
　los que sufren,
　pues capta su atención mediante la
　adversidad.

16 »Job, Dios está alejándote del peligro,
　y te lleva a un lugar libre de angustia.
　Está poniendo en tu mesa la mejor comida.
17 pero te obsesiona saber si los incrédulos serán
　juzgados.
　No te preocupes, el juicio y la justicia
　prevalecerán.
18 Ten cuidado, o la riqueza podrá seducirte;*
　No dejes que el soborno te haga pecar.
19 ¿Podrá toda tu riqueza*
　o podrán todos tus grandes esfuerzos
　protegerte de la angustia?
20 No desees el amparo de la noche
　porque allí es cuando la gente será
　destruida.*
21 ¡Mantente en guardia! Apártate de lo malo,
　porque Dios envió este sufrimiento
　para protegerte de una vida de maldad.

Eliú le recuerda a Job el poder de Dios
22 »Mira, Dios es todopoderoso.
　¿Quién es un maestro como él?
23 Nadie puede indicarle lo que tiene que hacer,
　ni decirle: "Has hecho mal".
24 En cambio, glorifica tú sus obras poderosas,
　entonando canciones de alabanza.
25 Todo el mundo ha visto estas cosas,
　aunque solo desde lejos.
26 »Mira, Dios es más grande de lo que podemos
　comprender;
　sus años no se pueden contar.
27 Él hace subir el vapor de agua
　y luego lo destila en lluvia.
28 La lluvia se derrama desde las nubes,
　y todos se benefician.
29 ¿Quién puede comprender el despliegue de
　las nubes
　y el trueno que retumba desde los cielos?

35:13-14 Estos versículos también se pueden traducir de la siguiente manera: 13*Desde luego, Dios no escucha su clamor vacío; / al Todopoderoso no le importa. / *14*¡Cuánto menos escuchará cuando dices que no lo ves, / y que tu caso está delante de él y estás esperando justicia!*　35:15 Así aparece en la versión griega y en la latina; el significado de esta palabra hebrea es incierto.　36:12 O *cruzarán el río [de la muerte].*　36:18 O *Pero no dejes que tu enojo te lleve a burlarte.*　36:19 O *Podrán todos tus clamores por auxilio.*　36:16-20 O El significado del hebreo es incierto.

30 Mira cómo Dios extiende el relámpago a su
alrededor
e ilumina las profundidades del mar.
31 Por medio de esos actos poderosos él nutre*
a la gente,
dándole comida en abundancia.
32 Él llena sus manos de rayos
y lanza cada uno a su objetivo.
33 El trueno declara su presencia;
la tormenta anuncia su enojo indignado.*

37 1 »Cuando pienso en esto, mi corazón
late con fuerza;
tiembla dentro de mi pecho.
2 Escucha con atención el estruendo de la voz
de Dios
cuando retumba de su boca.
3 Resuena por todo el cielo
y sus relámpagos brillan en todas direcciones.
4 Después llega el rugido del trueno,
la tremenda voz de su majestad;
él no la retiene cuando habla.
5 La voz de Dios es gloriosa en el trueno.
Ni siquiera podemos imaginar la grandeza
de su poder.

6 »Él ordena que caiga la nieve en la tierra
y le dice a la lluvia que sea torrencial.
7 Hace que todos dejen de trabajar
para que contemplen su poder.
8 Los animales salvajes buscan refugio
y se quedan dentro de sus guaridas.
9 El viento tormentoso sale de su cámara,
y los vientos impetuosos traen el frío.
10 El aliento de Dios envía el hielo
y congela grandes extensiones de agua.
11 Él carga las nubes de humedad
y después salen relámpagos brillantes.
12 Las nubes se agitan bajo su mando
y hacen por toda la tierra lo que él
ordena.
13 Él hace que estas cosas sucedan para castigar
a las personas
o para mostrarles su amor inagotable.

14 »Job, presta atención a esto,
¡detente y considera los maravillosos
milagros de Dios!
15 ¿Sabes cómo Dios controla la tormenta
y hace que los relámpagos salgan de
las nubes?
16 ¿Entiendes cómo él mueve las nubes
con maravillosa perfección y destreza?
17 Cuando te sofocas de calor dentro de
tus ropas
y el viento del sur pierde su fuerza y todo
se calma,
18 él hace que los cielos reflejen el calor como
un espejo de bronce.
¿Puedes tú hacer eso?

19 »Entonces, enséñanos qué decirle a Dios.
Somos demasiado ignorantes para
presentar nuestros propios argumentos.
20 ¿Se debe avisar a Dios que quiero hablar?
¿Puede una persona hablar cuando está
confundida?*
21 No podemos mirar al sol,
porque brilla con fuerza en el cielo
cuando el viento se lleva las nubes.
22 También el esplendor dorado proviene del
monte de Dios;*
él está vestido de deslumbrante esplendor.
23 No nos podemos imaginar la potencia del
Todopoderoso;
pero aunque él es justo y recto,
no nos destruye.
24 Por eso en todas partes la gente le teme;
todos los sabios le muestran reverencia».

El SEÑOR desafía a Job

38 Entonces el SEÑOR respondió a Job
desde el torbellino:

2 «¿Quién es este que pone en duda mi
sabiduría
con palabras tan ignorantes?
3 Prepárate, muestra tu hombría
porque tengo algunas preguntas para ti
y tendrás que contestarlas.

4 »¿Dónde estabas tú cuando puse los
cimientos de la tierra?
Dímelo, ya que sabes tanto.
5 ¿Quién decidió sus dimensiones
y extendió la cinta de medir?
6 ¿Qué sostiene sus cimientos
y quién puso su piedra principal
7 mientras las estrellas de la mañana cantaban
a coro
y todos los ángeles* gritaban de alegría?

8 »¿Quién contuvo el mar dentro de sus límites
cuando brotó del vientre
9 y cuando lo vestí de nubes
y lo envolví en densa oscuridad?
10 Pues lo encerró detrás de portones con rejas
y puse límite a sus orillas.
11 Dije: "De aquí no pasarás.
¡Aquí se detendrán tus orgullosas olas!"

12 »¿Alguna vez has ordenado que aparezca
la mañana
o has causado que el amanecer se levante
por el oriente?
13 ¿Has hecho que la luz del día se extienda
hasta los confines de la tierra
para poner fin a la perversidad de la noche?
14 A medida que la luz se aproxima,
la tierra va tomando forma como el
barro bajo un sello;
se viste de brillantes colores.*

36:31 O él gobierna.   36:33 O incluso el ganado sabe cuándo se acerca la tormenta. El significado del hebreo es incierto.
37:20 O hablar sin ser tragado.   37:22 O desde el norte; o desde la morada.   38:7 En hebreo los hijos de Dios.   38:14 O sus
rasgos se destacan como los pliegues en un manto.

¹⁵ La luz molesta a los malvados
   y detiene el brazo que se levanta para
      hacer violencia.

¹⁶ »¿Has explorado las fuentes donde nacen
      los mares?
   ¿Has recorrido sus profundidades?
¹⁷ ¿Sabes dónde se encuentran las puertas de
      la muerte?
   ¿Has visto las puertas de la absoluta
      penumbra?
¹⁸ ¿Tienes idea de la magnitud de la tierra?
   ¡Dímelo, si es que lo sabes!

¹⁹ »¿De dónde viene la luz
   y adónde va la oscuridad?
²⁰ ¿Puedes llevar a cada una a su hogar?
   ¿Sabes cómo llegar allí?
²¹ ¡Pero claro que ya conoces todo esto!
   ¡Pues naciste antes de que todo fuera creado,
   y tienes muchísima experiencia!

²² »¿Has visitado los depósitos de la nieve
   o has visto donde se guarda el granizo?
²³ (Los he reservado como armas para el tiempo
      de angustia,
   para el día de la batalla y de la guerra).
²⁴ ¿Dónde está el camino hacia la fuente de luz?
   ¿Dónde está el hogar del viento del oriente?

²⁵ »¿Quién creó un canal para los torrentes
      de lluvia?
   ¿Quién trazó el sendero del relámpago?
²⁶ ¿Quién hace caer la lluvia en tierra árida,
   en el desierto donde nadie vive?
²⁷ ¿Quién envía la lluvia para saciar la
      tierra seca
   y hace que brote la hierba tierna?

²⁸ »¿Tiene padre la lluvia?
   ¿Quién da a luz el rocío?
²⁹ ¿Quién es la madre del hielo?
   ¿Quién da a luz la escarcha que viene
      del cielo?
³⁰ Pues el agua se convierte en hielo, duro
      como la roca,
   y la superficie del agua se congela.

³¹ »¿Puedes tú guiar el movimiento de las
      estrellas
   y atar el grupo de las Pléyades
   o aflojar las cuerdas de Orión?
³² ¿Puedes ordenar la secuencia de las
      estaciones
   o guiar a la Osa con sus cachorros a través
      del cielo?
³³ ¿Conoces las leyes del universo?
   ¿Puedes usarlas para regular la tierra?

³⁴ »¿Puedes gritar a las nubes
   y hacer que llueva?
³⁵ ¿Puedes hacer que aparezca el relámpago
   y que caiga hacia donde lo dirijas?
³⁶ ¿Quién da la intuición al corazón
   y el instinto a la mente?

³⁷ ¿Quién es lo suficientemente sabio para
      contar las nubes?
   ¿Quién puede inclinar los cántaros de
      los cielos
³⁸ cuando la tierra reseca está árida
   y el suelo, convertido en terrones?

³⁹ »¿Puedes acechar la presa para la leona
   y saciar el hambre de los cachorros
⁴⁰ cuando están tendidos en sus guaridas
   o se agazapan en los matorrales?
⁴¹ ¿Quién da la comida a los cuervos
   cuando sus crías claman a Dios
   y andan errantes con hambre?

El Señor *continúa su desafío*

39 ¹ »¿Sabes cuándo dan a luz las cabras
         salvajes?
     ¿Has visto nacer a los ciervos en su
         ambiente natural?
² ¿Sabes cuántos meses llevan a las crías en
      su vientre?
   ¿Eres consciente del momento de parto?
³ Se agachan para dar a luz
   y tener sus crías.
⁴ Estas crecen en campo abierto
   y luego se van del hogar para no regresar.

⁵ »¿Quién le da libertad al burro salvaje?
   ¿Quién desató sus cuerdas?
⁶ Yo lo puse en el desierto;
   su hogar es la tierra baldía.
⁷ Detesta el ruido de la ciudad
   y no tiene arriero que le grite.
⁸ Las montañas son su pastizal
   donde busca cada brizna de hierba.

⁹ »¿Acaso aceptará el buey salvaje ser domado?
   ¿Pasará la noche en tu establo?
¹⁰ ¿Puedes enganchar un buey salvaje a
      un arado?
   ¿Acaso arará un campo para ti?
¹¹ Teniendo en cuenta su fuerza, ¿podrás
      confiar en él?
   ¿Puedes irte y confiar en que el buey haga
      tu trabajo?
¹² ¿Podrás contar con él para que traiga el grano
      a tu casa
   y lo ponga en tu campo de trillar?

¹³ »El avestruz agita sus alas con ostentación
   pero estas no pueden competir con el
      plumaje de la cigüeña.
¹⁴ El avestruz pone sus huevos en la tierra,
   y deja que se calienten en el polvo.
¹⁵ No le preocupa que alguien los aplaste
   o que un animal salvaje los destruya.
¹⁶ Trata con dureza a sus polluelos,
   como si no fueran suyos.
   No le importa si mueren,
¹⁷ porque Dios no le dio sabiduría
   ni le dio entendimiento.
¹⁸ Pero siempre que se levanta para correr
   le gana al jinete con el caballo más veloz.

19 »¿Diste la fuerza al caballo
   o adornaste su cuello con largas crines?
20 ¿Le diste la capacidad de saltar como una
      langosta?
   ¡Su majestuoso resoplido es aterrador!
21 Patea la tierra y se alegra de su fuerza
   cuando se lanza a la batalla.
22 Se ríe del miedo y no tiene temor.
   No huye de la espada.
23 Se oye el sonido de las flechas golpeándolo
   y brillan las lanzas y las jabalinas.
24 Patea el suelo con furia
   y se lanza a la batalla cuando suena el
      cuerno de carnero.
25 Resopla al sonido del cuerno.
   Percibe la batalla a lo lejos.
   Se estremece bajo las órdenes del capitán
   y el ruido de la batalla.

26 »¿Es tu sabiduría la que hace que el halcón
      alce vuelo
   y extienda sus alas hacia el sur?
27 ¿Es por tu mandato que el águila se eleva
   y hace su nido en las cumbres?
28 Vive en los acantilados,
   y tiene su hogar en las rocas lejanas y
      escarpadas.
29 Desde allí acecha a su presa
   vigilándola con ojos penetrantes.
30 Sus crías engullen sangre.
   Donde hay un cadáver, allí los encontrarás».

40

Entonces el SEÑOR le dijo a Job:

2 «¿Todavía quieres discutir con el
      Todopoderoso?
   Tú criticas a Dios, pero ¿tienes las
      respuestas?».

Job responde al SEÑOR

3 Entonces Job respondió al SEÑOR:

4 «No soy nada, ¿cómo podría yo encontrar
      las respuestas?
   Me taparé la boca con la mano.
5 Ya hablé demasiado;
   no tengo nada más que decir».

El SEÑOR desafía otra vez a Job

6 Luego el SEÑOR respondió a Job desde el
   torbellino:

7 «Prepárate, muestra tu hombría
   porque tengo algunas preguntas para ti
   y tendrás que contestarlas.

8 »¿Pondrás en duda mi justicia
   y me condenarás sólo para probar que
      tienes razón?
9 ¿Acaso eres tan fuerte como Dios?
   ¿Puede tronar tu voz como la suya?

10 Bien, vístete de tu gloria y esplendor,
   de tu honor y majestad.
11 Da rienda suelta a tu enojo;
   deja que se derrame contra los orgullosos.
12 Humíllalos con una mirada;
   pisa a los malvados allí donde están.
13 Entiérralos en el polvo;
   enciérralos en el mundo de los muertos.
14 Entonces hasta yo te elogiaría,
   porque tu propia fuerza te podría salvar.

15 »Echa un vistazo al Behemot,*
   a quien hice, al igual que a ti.
   Come hierba como un buey.
16 Mira qué fuertes son sus lomos
   y los músculos de su vientre.
17 Su rabo es tan fuerte como un cedro;
   los tendones de sus muslos se entrelazan.
18 Sus huesos son tubos de bronce;
   sus extremidades son barras de hierro.
19 Es un excelente ejemplo de la obra de Dios,
   y sólo su Creador puede amenazarlo.
20 Las montañas le ofrecen su mejor alimento,
   donde juegan los animales salvajes.
21 Se tiende bajo los lotos*
   donde los juncos del pantano lo esconden.
22 Las plantas de loto le dan sombra
   entre los sauces junto al arroyo.
23 El río tempestuoso no le molesta,
   ni le preocupa cuando el creciente Jordán
   se arremolina a su alrededor.
24 Nadie puede sorprenderlo con la guardia baja
   ni ponerle un aro en la nariz para llevárselo.

Continúa el desafío del SEÑOR

41

1* »¿Puedes capturar al Leviatán* con
      un anzuelo
   o poner un lazo alrededor de su quijada?
2 ¿Puedes atar su nariz con una cuerda
   o atravesar su boca con una estaca?
3 ¿Te rogará misericordia
   o suplicará compasión?
4 ¿Querrá trabajar para ti
   y ser tu esclavo toda la vida?
5 ¿Puedes hacer de él una mascota, como con
      un pájaro,
   o darlo a tus niñas para que jueguen
      con él?
6 ¿Intentarán los mercaderes comprarlo
   para venderlo en sus carpas?
7 ¿Será herida su piel por las lanzas
   o su cabeza por un arpón?
8 Si le pones la mano encima,
   te dará una batalla que no olvidarás.
   ¡No volverás a intentarlo!
9 *Es inútil tratar de capturarlo;
   el cazador que lo intente será derribado.
10 Y como nadie se atreve a molestarlo a él,
   ¿quién podrá hacerme frente a mí?

40:15 La identidad del Behemot es discutida, las ideas van desde una criatura terrestre hasta un mítico monstruo marino de la literatura antigua.   40:21 O *arbusto de zarza;* también en 40:22.   41:1a Los versículos del 41:1-8 corresponden al 40:25-32 en el texto hebreo.   41:1b La identidad del Leviatán es discutida, las ideas van desde una criatura terrestre hasta un mítico monstruo marino de la literatura antigua.   41:9 Los versículos del 41:9-34 corresponden al 41:1-26 en el texto hebreo.

¹¹ ¿Quién me ha dado algo para que tenga que
pagárselo?
Todo lo que hay debajo del cielo es mío.

¹² »Quiero hacer hincapié en las extremidades
del Leviatán,
en su enorme fuerza y en su apariencia tan
llena de gracia.

¹³ ¿Quién puede quitarle la piel,
y quién puede penetrar su doble capa
de armadura?*

¹⁴ ¿Quién podría abrir sus mandíbulas a
la fuerza?
¡Sus dientes dan terror!

¹⁵ Sus escamas son como hileras de escudos
fuertemente selladas.

¹⁶ Están tan apretadas
que el aire no puede pasar entre ellas.

¹⁷ Cada escama está fuertemente pegada a
la siguiente;
están entrelazadas y nada puede
traspasarlas.

¹⁸ »Cuando estornuda, ¡lanza destellos de luz!
Sus ojos son como el rojo del amanecer.

¹⁹ De su boca saltan relámpagos;
destellan llamas de fuego.

²⁰ Humo sale de sus narices
como el vapor de una olla calentada al
fuego hecho de juncos.

²¹ Su aliento podría encender el carbón,
porque de su boca salen llamaradas.

²² »La tremenda fuerza del cuello del Leviatán
infunde terror dondequiera que va.

²³ Su carne es dura y firme
y no se puede traspasar.

²⁴ Su corazón es duro como la roca,
duro como piedra de molino.

²⁵ Cuando se levanta, los poderosos tienen miedo;
el terror se apodera de ellos.

²⁶ No hay espada que pueda detenerlo
ni lanza, ni dardo, ni jabalina.

²⁷ El hierro no es más que paja para esa criatura,
y el bronce, madera podrida.

²⁸ Las flechas no lo hacen huir;
las piedras tiradas con honda son como
trocitos de hierba.

²⁹ Los garrotes son como una brizna de hierba,
y se ríe del silbido de las jabalinas.

³⁰ Su vientre está cubierto de escamas tan
afiladas como el vidrio;
escarba el suelo cuando se arrastra por
el lodazal.

³¹ »El Leviatán hace hervir el agua con su
sacudimiento;
agita las profundidades como una olla
de ungüento.

³² Deja en su estela agua reluciente
que hace que el mar parezca blanco.

³³ En la tierra es sin igual,
ninguna otra criatura es tan intrépida.

³⁴ De todas las criaturas, es la más orgullosa.
Es el rey de las bestias».

Job responde al Señor

42 Entonces Job respondió al Señor:

² «Sé que todo lo puedes,
y que nadie puede detenerte.

³ Tú preguntaste: "¿Quién es este que pone
en duda mi sabiduría con tanta
ignorancia?".
Soy yo y hablaba de cosas sobre las que no
sabía nada,
cosas demasiado maravillosas para mí.

⁴ Tú dijiste: "¡Escucha y yo hablaré!
Tengo algunas preguntas para ti
y tendrás que contestarlas".

⁵ Hasta ahora solo había oído de ti,
pero ahora te he visto con mis propios ojos.

⁶ Me retracto de todo lo que dije,
y me siento en polvo y ceniza en señal de
arrepentimiento».

Conclusión: el Señor bendice a Job

⁷ Después de que el Señor terminó de hablar
con Job, le dijo a Elifaz el temanita: «Estoy
enojado contigo y con tus dos amigos, porque
no hablaron con exactitud acerca de mí, como
lo hizo mi siervo Job. ⁸ Así que, tomen siete toros
y siete carneros, vayan a mi siervo Job y ofrezcan
una ofrenda quemada por ustedes mismos. Mi
siervo Job orará, y yo aceptaré la oración a favor
de ustedes. No los trataré como se merecen, a
pesar de no haber hablado de mí con exactitud,
como lo hizo mi siervo Job». ⁹ Así que Elifaz el
temanita, Bildad el suhita y Zofar el naamatita,
hicieron lo que el Señor les mandó, y el Señor
aceptó la oración de Job.

¹⁰ Cuando Job oró por sus amigos, el Señor
le restauró su bienestar. Es más, ¡el Señor le
dio el doble de lo que antes tenía! ¹¹ Entonces
todos sus hermanos, hermanas y anteriores
amigos vinieron y festejaron con él en su casa.
Lo consolaron y lo alentaron por todas las pruebas que el Señor había enviado en su contra;
y cada uno de ellos le regaló dinero* y un anillo de oro.

¹² Así que el Señor bendijo a Job en la segunda
mitad de su vida aún más que al principio. Pues
ahora tenía catorce mil ovejas, seis mil camellos,
mil yuntas de bueyes y mil burras. ¹³ Además dio
a Job otros siete hijos y tres hijas. ¹⁴ Llamó a su
primera hija Jemina, a la segunda Cesia y a la tercera Keren-hapuc. ¹⁵ En toda la tierra no había
mujeres tan bellas como las hijas de Job, y su
padre les dejó una herencia en su testamento
junto con sus hermanos.

¹⁶ Después de esto, Job vivió ciento cuarenta años y pudo ver a cuatro generaciones de sus
hijos y nietos. ¹⁷ Luego murió siendo muy
anciano, después de vivir una vida larga y plena.

41:13 Así aparece en la versión griega; en hebreo dice *su brida.* **42:11** En hebreo *un kesita;* el valor y el peso del kesita son desconocidos.

Salmos

1 ¹ Qué alegría para los que
   no siguen el consejo de malos,
ni andan con pecadores,
   ni se juntan con burlones;
² sino que se deleitan en la ley del Señor
   meditando en ella día y noche.
³ Son como árboles plantados a la orilla
   de un río,
   que siempre dan fruto en su tiempo.
Sus hojas nunca se marchitan,
   y prosperan en todo lo que hacen.

⁴ ¡No sucede lo mismo con los malos!
   Son como paja inútil que esparce
   el viento.
⁵ Serán condenados cuando llegue el juicio;
   los pecadores no tendrán lugar entre
   los justos.
⁶ Pues el Señor cuida el sendero de los justos,
   pero la senda de los malos lleva a la
   destrucción.

2 ¹ ¿Por qué se enojan tanto las naciones?
   ¿Por qué pierden el tiempo haciendo
   planes inútiles?
² Los reyes de la tierra se preparan para
   la batalla,
   los gobernantes conspiran juntos
en contra del Señor
   y en contra de su ungido.
³ «¡Rompamos las cadenas! —gritan—,
   ¡y liberémonos de ser esclavos de Dios!».

⁴ Pero el que gobierna en el cielo se ríe;
   el Señor se burla de ellos.
⁵ Después los reprende con enojo;
   los aterroriza con su intensa furia.
⁶ Pues el Señor declara:
   «He puesto a mi rey elegido en el trono
   de Jerusalén,* en mi monte santo».

⁷ El rey proclama el decreto del Señor:
   «El Señor me dijo: "Tú eres mi hijo.*
   Hoy he llegado a ser tu Padre.*
⁸ Sólo pídelo, y te daré como herencia
   las naciones,
   toda la tierra como posesión tuya.

⁹ Las quebrarás* con vara de hierro
   y las harás pedazos como si fueran ollas
   de barro"».

¹⁰ Ahora bien, ustedes reyes, ¡actúen con
   sabiduría!
   ¡Quedan advertidos, ustedes gobernantes
   de la tierra!
¹¹ Sirvan al Señor con temor reverente
   y alégrense con temblor.
¹² Sométanse al hijo de Dios,* no sea que
   se enoje
   y sean destruidos en plena actividad,
porque su ira se enciende en un instante.
   ¡Pero qué alegría para todos los que se
   refugian en él!

3 *Salmo de David, acerca de cuando huía de su
   hijo Absalón.*

¹ Oh Señor, tengo tantos enemigos;
   son muchos los que están en mi contra.
² Son tantos los que dicen:
   «¡Dios no lo rescatará!».   *Interludio**

³ Pero tú, oh Señor, eres un escudo que
   me rodea;
   eres mi gloria, el que sostiene mi cabeza
   en alto.
⁴ Clamé al Señor,
   y él me respondió desde su monte santo.
                                   Interludio

⁵ Me acosté y dormí,
   pero me desperté a salvo,
   porque el Señor me cuidaba.
⁶ No tengo miedo a los diez mil enemigos
   que me rodean por todas partes.

⁷ ¡Levántate, oh Señor!
   ¡Rescátame, Dios mío!
   ¡Abofetea a todos mis enemigos!
   ¡Destroza los dientes de los malvados!
⁸ La victoria proviene de ti, oh Señor;
   bendice a tu pueblo.   *Interludio*

4 *Para el director del coro: salmo de David;
   acompáñese con instrumentos de cuerda.*

¹ Respóndeme cuando clamo a ti,
   oh Dios, tú que me declaras inocente.

2:6 En hebreo *de Sión.* 2:7a O *Hijo;* también en 2:12. 2:7b U *Hoy te doy a conocer como mi hijo.* 2:9 La versión griega dice
gobernarás. Comparar Ap 2:27. 2:12 El significado del hebreo es incierto. 3:2 En hebreo *Selah.* El significado de esta palabra es
incierto, aunque es probable que sea un término literario o musical. Se traduce *Interludio* en todo el libro de Salmos.

Libérame de mis problemas;
ten misericordia de mí y escucha
mi oración.

2 ¿Hasta cuándo, señores, arruinarán mi
reputación?
¿Hasta cuándo harán acusaciones
infundadas contra mí?
¿Hasta cuándo seguirán con sus mentiras?
Interludio

3 De algo pueden estar seguros:
el SEÑOR ha separado para sí a los justos;
el SEÑOR me responderá cuando lo llame.

4 No pequen al dejar que el enojo los controle;
reflexionen durante la noche y quédense en
silencio. *Interludio*

5 Ofrezcan sacrificios con un espíritu correcto
y confíen en el SEÑOR.

6 Muchos dicen: «¿Quién nos mostrará tiempos
mejores?».
Haz que tu rostro nos sonría, oh SEÑOR.

7 Me has dado más alegría
que los que tienen cosechas abundantes
de grano y de vino nuevo.

8 En paz me acostaré y dormiré,
porque solo tú, oh SEÑOR, me mantendrás
a salvo.

5 *Para el director del coro: salmo de David;
acompáñese con flauta.*

1 Oh SEÑOR, óyeme cuando oro;
presta atención a mi gemido.

2 Escucha mi grito de auxilio, mi Rey y
mi Dios,
porque sólo a ti dirijo mi oración.

3 SEÑOR, escucha mi voz por la mañana;
cada mañana llevo a ti mis peticiones y
quedo a la espera.

4 Oh Dios, la maldad no te agrada;
no puedes tolerar los pecados de los
malvados.

5 Por lo tanto, los orgullosos no pueden estar
en tu presencia,
porque aborreces a todo el que hace lo
malo.

6 Destruirás a los que dicen mentiras;
el SEÑOR detesta a los asesinos y a los
engañadores.

7 Gracias a tu amor inagotable, puedo entrar
en tu casa;
adoraré en tu templo con la más profunda
reverencia.

8 Guíame por el camino correcto, oh SEÑOR,
o mis enemigos me conquistarán;
allana tu camino para que yo la siga.

9 Mis enemigos no pueden decir la verdad;
sus deseos más profundos son destruir
a los demás.

Lo que hablan es repugnante, como el mal
olor de una tumba abierta;
su lengua está llena de adulaciones.*

10 Oh Dios, decláralos culpables
y haz que caigan en sus propias trampas;
expúlsalos a causa de sus muchos pecados,
porque se rebelaron contra ti.

11 Pero que se alegren todos los que en ti se
refugian;
que canten alegres alabanzas por siempre.
Cúbrelos con tu protección,
para que todos los que aman tu nombre
estén llenos de alegría.

12 Pues tú bendices a los justos, oh SEÑOR;
los rodeas con tu escudo de amor.

6 *Para el director del coro: salmo de David;
acompáñese con instrumento de ocho cuerdas.*

1 Oh SEÑOR, no me reprendas en tu enojo
ni me disciplines en tu ira.

2 Ten compasión de mí, SEÑOR, porque
soy débil;
sáname, SEÑOR, porque mis huesos
agonizan.

3 Mi corazón está angustiado;
¿cuánto falta, oh SEÑOR, para que me
restaures?

4 Vuelve, oh SEÑOR, y rescátame;
por tu amor inagotable, sálvame.

5 Pues los muertos no se acuerdan de ti;
¿quién puede alabarte desde la tumba?*

6 Estoy agotado de tanto llorar;
toda la noche inundo mi cama con llanto,
la empapo con mis lágrimas.

7 El dolor me nubla la vista;
tengo los ojos gastados a causa de todos
mis enemigos.

8 Váyanse todos los que hacen el mal,
porque el SEÑOR ha oído mi llanto.

9 El SEÑOR ha escuchado mi ruego;
el SEÑOR responderá a mi oración.

10 Que todos mis enemigos sean deshonrados
y aterrorizados;
que retrocedan de golpe, avergonzados.

7 *Salmo de David, quien lo cantó al SEÑOR acerca
de Cus, de la tribu de Benjamín.*

1 A ti acudo en busca de protección, oh SEÑOR
mi Dios.
¡Sálvame de los que me persiguen!
¡Rescátame!

2 Si no lo haces, me atacarán como leones,
me despedazarán y no habrá quien me
rescate.

3 Oh SEÑOR, Dios mío, si he hecho mal
o soy culpable de injusticia,

4 si he traicionado a un amigo
o he saqueado a mi adversario sin razón,

5:9 La versión griega dice *de mentiras*. Comparar Rom 3.13. 6:TÍTULO En hebreo *con instrumentos de cuerda; según el seminit.*

⁵ entonces que mis enemigos me capturen.
Deja que me pisoteen
y arrastren mi honor por el suelo.

Interludio

⁶ ¡Levántate, oh SEÑOR, con enojo!
¡Hazle frente a la furia de mis enemigos!
¡Despierta, Dios mío, y trae justicia!
⁷ Reúne a las naciones delante de ti;
gobiérnalas desde lo alto.
⁸ El SEÑOR juzga a las naciones.
Declárame justo, oh SEÑOR,
¡porque soy inocente, oh Altísimo!
⁹ Acaba con la maldad de los perversos,
y defiende al justo.
Pues tú miras lo profundo de la mente y
del corazón,
oh Dios justo.

¹⁰ Dios es mi escudo,
quien salva a los de corazón recto y sincero.
¹¹ Dios es un juez honrado;
todos los días se enoja con los malvados.

¹² Si una persona no se arrepiente,
Dios* afilará su espada,
tensará su arco y le pondrá la cuerda.
¹³ Preparará sus armas mortales
y disparará sus flechas encendidas.

¹⁴ Los malvados conciben el mal;
están preñados de dificultades
y dan a luz mentiras.
¹⁵ Cavan una fosa profunda para atrapar
a otros,
luego caen en su propia trampa.
¹⁶ Los problemas que provocan a otros se
vuelven en su contra;
la violencia que maquinan les cae sobre su
propia cabeza.

¹⁷ Daré gracias al SEÑOR porque él es justo;
cantaré alabanzas al nombre del SEÑOR
Altísimo.

8 *Para el director del coro: salmo de David;*
*acompáñese con instrumento de cuerda.**

¹ Oh SEÑOR, Señor nuestro, ¡tu majestuoso
nombre llena la tierra!
Tu gloria es más alta que los cielos.
² A los niños y a los bebés les has enseñado
a hablar de tu fuerza,*
así silencias a tus enemigos
y a todos los que se te oponen.

³ Cuando miro el cielo de noche y veo la obra
de tus dedos
—la luna y las estrellas que pusiste en su
lugar—, me pregunto:
⁴ ¿qué son los simples mortales para que
pienses en ellos,

los seres humanos para que de ellos
te ocupes?*
⁵ Sin embargo, los hiciste un poco menor
que Dios*
y los* coronaste de gloria y honor.
⁶ Los pusiste a cargo de todo lo que creaste,
y sometiste todas las cosas bajo su
autoridad:
⁷ los rebaños y las manadas
y todos los animales salvajes,
⁸ las aves del cielo, los peces del mar,
y todo lo que nada por las corrientes
oceánicas.

⁹ Oh SEÑOR, Señor nuestro, ¡tu majestuoso
nombre llena la tierra!

9 *Para el director del coro: salmo de David; cántese*
con la melodía de «Muerte del hijo».

¹ Te alabaré, SEÑOR, con todo mi corazón;
contaré de las cosas maravillosas que
has hecho.
² Gracias a ti, estaré lleno de alegría;
cantaré alabanzas a tu nombre,
oh Altísimo.

³ Mis enemigos retrocedieron,
tambalearon y murieron cuando apareciste.
⁴ Pues has juzgado a mi favor;
desde tu trono juzgaste con imparcialidad.
⁵ Reprendiste a las naciones y destruiste a los
malvados;
borraste sus nombres para siempre.
⁶ El enemigo está acabado, quedó en ruinas
eternas;
las ciudades que arrancaste de raíz ya
pasaron al olvido.

⁷ Pero el SEÑOR reina para siempre,
desde su trono lleva a cabo el juicio.
⁸ Juzgará al mundo con justicia
y gobernará a las naciones con
imparcialidad.

⁹ El SEÑOR es un refugio para los oprimidos,
un lugar seguro en tiempos difíciles.
¹⁰ Los que conocen tu nombre confían en ti,
porque tú, oh SEÑOR, no abandonas a los
que te buscan.

¹¹ Canten alabanzas al SEÑOR, que reina en
Jerusalén.*
Cuéntenle al mundo acerca de sus
inolvidables hechos.
¹² Pues el vengador de los que son asesinados
cuida de los indefensos;
no pasa por alto el clamor de los que
sufren.

¹³ SEÑOR, ten misericordia de mí.
Mira cómo me atormentan mis enemigos;
arrebátame de las garras de la muerte.

6:5 En hebreo *el Seol?* **7:12** En hebreo *él.* **8:TÍTULO** En hebreo *según el gitit.* **8:2** La versión griega dice *a darte alabanza.* Comparar Mt 21:16. **8:4** En hebreo *¿qué es el hombre para que pienses en él, / el hijo del hombre para que de él te ocupes?* **8:5a** O *Sin embargo, lo hiciste un poco menor que los ángeles;* en hebreo dice *Sin embargo, lo hiciste a él* [es decir, al hombre] *un poco menor que Elohim.* **8:5b** En hebreo *lo* [es decir, al hombre]; similar en 8:6.

¹⁴ Sálvame, para que te alabe públicamente en
las puertas de Jerusalén,
para que me alegre porque me has
rescatado.

¹⁵ Las naciones han caído en el hoyo que cavaron
para otros;
sus propios pies quedaron atrapados en la
trampa que tendieron.

¹⁶ Al Señor lo conocen por su justicia;
los malvados son presos de sus propias
acciones. *Interludio de silencio**

¹⁷ Los malvados descenderán a la tumba;*
este es el destino de las naciones que se
olvidan de Dios.

¹⁸ Pero aquellos que pasen necesidad no
quedarán olvidados para siempre;
las esperanzas del pobre no siempre serán
aplastadas.

¹⁹ ¡Levántate, oh Señor!
¡No permitas que simples mortales te
desafíen!
¡Juzga a las naciones!

²⁰ Haz que tiemblen de miedo, oh Señor;
que las naciones sepan que no son más
que seres humanos. *Interludio*

10

¹ Oh Señor, ¿por qué permaneces
tan distante?
¿Por qué te escondes cuando estoy
en apuros?

² Con arrogancia los malvados persiguen a los
pobres;
¡que sean atrapados en el mal que traman
para otros!

³ Pues hacen alarde de sus malos deseos;
elogian al codicioso y maldicen al Señor.

⁴ Los malvados son demasiado orgullosos para
buscar a Dios;
parece que piensan que Dios está muerto.

⁵ Sin embargo, prosperan en todo lo que hacen.
No ven que les espera tu castigo,
miran con desdén a todos sus enemigos.

⁶ Piensan: «¡Jamás nos sucederá algo malo!
¡Estaremos para siempre sin problemas!».

⁷ Su boca está llena de maldiciones, mentiras
y amenazas;*
tienen maldad y violencia en la punta de
la lengua.

⁸ Se esconden en emboscada en las aldeas,
a la espera para matar a gente inocente;
siempre buscan víctimas indefensas.

⁹ Como leones agazapados en sus escondites,
esperan para lanzarse sobre los débiles.
Como cazadores capturan a los indefensos
y los arrastran envueltos en redes.

¹⁰ Sus pobres víctimas quedan aplastadas;
caen bajo la fuerza de los malvados.

¹¹ Los perversos piensan: «¡Dios no nos mira!
¡Ha cerrado los ojos y ni siquiera ve lo
que hacemos!».

¹² ¡Levántate, oh Señor!
¡Castiga a los perversos, oh Dios!
¡No te olvides de los indefensos!

¹³ ¿Por qué los perversos desprecian a Dios y
quedan impunes?
Piensan: «Dios nunca nos pedirá cuentas».

¹⁴ Pero tú ves los problemas y el dolor que
causan;
lo tomas en cuenta y los castigas.
Los indefensos depositan su confianza en ti;
tú defiendes a los huérfanos.

¹⁵ ¡Quiébrale los brazos a esta gente malvada
y perversa!
Persíguelos hasta destruir al último
de ellos.

¹⁶ ¡El Señor es rey por siempre y para
siempre!
Las naciones paganas desaparecerán
de la tierra.

¹⁷ Señor, tú conoces las esperanzas de los
indefensos;
ciertamente escucharás sus clamores y
los consolarás.

¹⁸ Harás justicia a los huérfanos y a los
oprimidos,
para que ya no los aterre un simple
mortal.

11

Para el director del coro: salmo de David.

¹ Yo confío en la protección del Señor.
Así que, ¿por qué me dicen:
«¡Vuela como un ave a las montañas para
ponerte a salvo!

² Los malvados ponen las cuerdas a
sus arcos
y acomodan sus flechas sobre las
cuerdas.
Disparan desde las sombras
contra los de corazón recto.

³ Cuando los fundamentos de la ley y del orden
se desmoronan,
¿qué pueden hacer los justos?»?

⁴ Pero el Señor está en su santo templo;
el Señor aún gobierna desde el cielo.
Observa de cerca a cada uno
y examina a cada persona sobre la tierra.

⁵ El Señor examina tanto a los justos como a
los malvados
y aborrece a los que aman la violencia.

⁶ Hará llover carbones encendidos y azufre
ardiente sobre los malvados,
y los castigará con vientos abrasadores.

⁷ Pues el Señor es justo y ama la justicia;
los íntegros verán su rostro.

9:11 En hebreo *Sión*; también en 9:14   9:16 En hebreo *Higaion Selah*. El significado de esta frase es incierto.   9:17 En hebreo *al Seol*.   10:7 La versión griega dice *maldición y amargura*. Comparar Rm 3:14.

12 *Para el director del coro: salmo de David; acompáñese con instrumento de ocho cuerdas.**

¹ ¡Auxilio, oh Señor, porque los justos
desaparecen con rapidez!
¡Los fieles se han esfumado de la tierra!

² Los vecinos se mienten unos a otros;
se halagan con la lengua y se engañan con
el corazón.

³ Que el Señor les corte esos labios aduladores
y silencie sus lenguas jactanciosas.

⁴ «Mintamos todo lo que queramos —dicen—.
Son nuestros los labios; ¿quién puede
detenernos?».

⁵ El Señor responde: «He visto violencia
contra los indefensos
y he oído el gemir de los pobres.
Ahora me levantaré para rescatarlos
como ellos anhelaron que hiciera».

⁶ Las promesas del Señor son puras
como la plata refinada en el horno,
purificada siete veces.

⁷ Por lo tanto, Señor, sabemos que protegerás
a los oprimidos;
los guardarás para siempre de esta
generación mentirosa,

⁸ aunque los malvados anden pavoneándose
y se alabe el mal por toda la tierra.

13 *Para el director del coro: salmo de David.*

¹ Oh Señor, ¿hasta cuándo te olvidarás de mí?
¿Será para siempre?
¿Hasta cuándo mirarás hacia otro lado?

² ¿Hasta cuándo tendré que luchar con angustia
en mi alma,
con tristeza en mi corazón día tras día?
¿Hasta cuándo mi enemigo seguirá
dominándome?

³ Vuélvete hacia mí y contéstame, ¡oh Señor,
mi Dios!
Devuélvele el brillo a mis ojos, o moriré.

⁴ No permitas que mis enemigos se regodeen
diciendo: «¡Lo hemos derrotado!».
No dejes que se regodeen en mi caída.

⁵ Pero yo confío en tu amor inagotable;
me alegraré porque me has rescatado.

⁶ Cantaré al Señor
porque él es bueno conmigo.

14 *Para el director del coro: salmo de David.*

¹ Solo los necios dicen en su corazón:
«No hay Dios».
Ellos son corruptos y sus acciones son malas;
¡no hay ni uno solo que haga lo bueno!

² El Señor mira desde los cielos
a toda la raza humana;

observa para ver si hay alguien realmente
sabio,
si alguien busca a Dios.

³ Pero no, todos se desviaron;
todos se corrompieron.*
No hay ni uno que haga lo bueno,
¡ni uno solo!

⁴ ¿Será posible que nunca aprendan los que
hacen el mal?
Devoran a mi pueblo como si fuera pan
y ni siquiera piensan en orar al Señor.

⁵ El terror se apoderará de ellos,
pues Dios está con los que lo obedecen.

⁶ Los perversos frustran los planes de los
oprimidos,
pero el Señor protegerá a su pueblo.

⁷ ¿Quién vendrá del monte Sión para rescatar
a Israel?
Cuando el Señor restaure a su pueblo,
Jacob gritará de alegría e Israel se gozará.

15 *Salmo de David.*

¹ Señor, ¿quién puede adorar en tu santuario?
¿Quién puede entrar a tu presencia en tu
monte santo?

² Los que llevan una vida intachable y hacen
lo correcto,
los que dicen la verdad con corazón
sincero.

³ Los que no se prestan al chisme
ni le hacen daño a su vecino,
ni hablan mal de sus amigos.

⁴ Los que desprecian a los pecadores
descarados,
y honran a quienes siguen fielmente
al Señor
y mantienen su palabra aunque salgan
perjudicados.

⁵ Los que prestan dinero sin cobrar intereses
y no aceptan sobornos para mentir acerca
de un inocente.
Esa gente permanecerá firme para siempre.

16 *Salmo* de David.*

¹ Mantenme a salvo, oh Dios,
porque a ti he acudido en busca de refugio.

² Le dije al Señor: «Tú eres mi dueño».
Todo lo bueno que tengo proviene de ti».

³ ¡Los justos de la tierra
son mis verdaderos héroes!
¡Ellos son mi deleite!

⁴ A quienes andan detrás de otros dioses se les
multiplican los problemas.
No participaré en sus sacrificios de sangre
ni siquiera mencionaré los nombres de
sus dioses.

12:título En hebreo *según el seminit.* **14:3** La versión griega dice *se volvieron inútiles.* Comparar Rm 3:12. **16:título** En hebreo *mictam.* Puede ser un término literario o musical.

⁵ Señor, solo tú eres mi herencia, mi copa
de bendición;
tú proteges todo lo que me pertenece.
⁶ La tierra que me has dado es agradable;
¡qué maravillosa herencia!

⁷ Bendeciré al Señor, quien me guía;
aun de noche mi corazón me enseña.
⁸ Sé que el Señor siempre está conmigo;
no seré sacudido, porque él está aquí
a mi lado.

⁹ Con razón mi corazón está contento
y yo me alegro;*
mi cuerpo descansa seguro,
¹⁰ porque tú no dejarás mi alma entre los
muertos*
ni permitirás que tu santo* se pudra en
la tumba.
¹¹ Me mostrarás el camino de la vida,
me concederás la alegría de tu presencia
y el placer de vivir contigo para siempre.*

17 Oración de David.

¹ Oh Señor, oye mi ruego pidiendo justicia;
escucha mi grito de auxilio.
Presta oído a mi oración,
porque proviene de labios sinceros.
² Declárame inocente,
porque tú ves a los que hacen lo correcto.

³ Pusiste a prueba mis pensamientos y
examinaste mi corazón durante la noche;
me has escudriñado y no encontraste
ningún mal.
Estoy decidido a no pecar con mis
palabras.
⁴ He seguido tus mandatos,
los cuales me impidieron ir tras la gente
cruel y perversa.
⁵ Mis pasos permanecieron en tu camino;
no he vacilado en seguirte.

⁶ Oh Dios, a ti dirijo mi oración porque sé que
me responderás;
inclínate y escucha cuando oro.
⁷ Muéstrame tu amor inagotable de
maravillosas maneras.
Con tu gran poder rescatas
a los que buscan refugiarse de sus
enemigos.
⁸ Cuídame como cuidarías tus propios ojos;*
escóndeme bajo la sombra de tus alas.
⁹ Protégeme de los perversos que me atacan,
del enemigo mortal que me rodea.
¹⁰ No tienen compasión;
¡escucha cómo se jactan!
¹¹ Me rastrean y me rodean,
a la espera de cualquier oportunidad para
tirarme al suelo.

¹² Son como leones hambrientos, deseosos por
despedazarme;
como leones jóvenes, escondidos en
emboscada.

¹³ ¡Levántate, oh Señor!
¡Enfréntalos y haz que caigan de rodillas!
¡Con tu espada rescátame de los perversos!
¹⁴ Con el poder de tu mano, oh Señor,
destruye a los que buscan su recompensa
en este mundo;
pero sacia el hambre de los que son
tu tesoro.
Que sus hijos tengan abundancia
y dejen herencia a sus descendientes.
¹⁵ Porque soy recto, te veré;
cuando despierte, te veré cara a cara y
quedaré satisfecho.

18

Para el director del coro. Salmo de David, siervo
del Señor. Entonó este cántico al Señor el día
que el Señor lo rescató de todos sus enemigos y de Saúl.
Cantó así:

¹ Te amo, Señor;
tú eres mi fuerza.
² El Señor es mi roca, mi fortaleza y mi
salvador;
mi Dios es mi roca, en quien encuentro
protección.
Él es mi escudo, el poder que me salva
y mi lugar seguro.
³ Clamé al Señor, quien es digno de alabanza,
y me salvó de mis enemigos.

⁴ Me enredaron las cuerdas de la muerte;
me arrasó una inundación devastadora.
⁵ La tumba* me envolvió con sus cuerdas;
la muerte me tendió una trampa en el
camino.
⁶ Pero en mi angustia, clamé al Señor;
sí, oré a mi Dios para pedirle ayuda.
Él me oyó desde su santuario;
mi clamor llegó a sus oídos.

⁷ Entonces la tierra se estremeció y tembló;
se sacudieron los cimientos de las
montañas;
temblaron a causa de su enojo.
⁸ De su nariz salía humo a raudales,
de su boca saltaban violentas llamas
de fuego;
carbones encendidos se disparaban de él.
⁹ Abrió los cielos y descendió;
había oscuras nubes de tormenta debajo
de sus pies.
¹⁰ Voló montado sobre un poderoso ser
angelical,*
remontándose sobre las alas del viento.
¹¹ Se envolvió con un manto de oscuridad
y ocultó su llegada con oscuras nubes
de lluvia.

16:9 La versión griega dice y mi lengua grita sus alabanzas. Comparar Hch 2:26.   16:10a En hebreo en el Seol.   16:10b O tu Santo.   16:11 La versión griega dice Me has mostrado el camino de la vida / y me llenarás con la alegría de tu presencia. Comparar Hch 2:28.   17:8 En hebreo como a la pupila de tu ojo.   18:5 En hebreo El Seol.   18:10 En hebreo un querubín.

¹² Nubes densas taparon el brillo a su alrededor,
   e hicieron llover granizo y carbones
   encendidos.*

¹³ El Señor retumbó desde el cielo;
   la voz del Altísimo resonó
   en medio del granizo y de los carbones
   encendidos.

¹⁴ Disparó sus flechas y dispersó a sus enemigos;
   destelló su relámpago, y quedaron muy
   confundidos.

¹⁵ Luego, a tu orden, oh Señor,
   a la ráfaga de tu aliento,
   pudo verse el fondo del mar,
   y los cimientos de la tierra quedaron
   al descubierto.

¹⁶ Él extendió la mano desde el cielo y
   me rescató;
   me sacó de aguas profundas.

¹⁷ Me rescató de mis enemigos poderosos,
   de los que me odiaban y eran demasiado
   fuertes para mí.

¹⁸ Me atacaron en un momento de angustia,
   pero el Señor me sostuvo.

¹⁹ Me condujo a un lugar seguro;
   me rescató porque en mí se deleita.

²⁰ El Señor me recompensó por hacer lo
   correcto;
   me restauró debido a mi inocencia.

²¹ Pues he permanecido en los caminos
   del Señor;
   no me he apartado de mi Dios para
   seguir el mal.

²² He seguido todas sus ordenanzas,
   nunca he abandonado sus decretos.

²³ Soy intachable delante de Dios;
   me he abstenido del pecado.

²⁴ El Señor me recompensó por hacer lo
   correcto;
   él ha visto mi inocencia.

²⁵ Con los fieles te muestras fiel;
   a los íntegros les muestras integridad.

²⁶ Con los puros te muestras puro,
   pero te muestras hostil con los perversos.

²⁷ Rescatas al humilde,
   pero humillas al orgulloso.

²⁸ Enciendes una lámpara para mí.
   El Señor, mi Dios, ilumina mi oscuridad.

²⁹ Con tu fuerza puedo aplastar a un ejército;
   con mi Dios puedo escalar cualquier muro.

³⁰ El camino de Dios es perfecto.
   Todas las promesas del Señor demuestran
   ser verdaderas.
   Él es escudo para todos los que buscan
   su protección.

³¹ Pues ¿quién es Dios aparte del Señor?
   ¿Quién más que nuestro Dios es una
   roca sólida?

³² Dios me arma de fuerza
   y hace perfecto mi camino.

³³ Me hace andar tan seguro como un ciervo,
   para que pueda pararme en las alturas de
   las montañas.

³⁴ Entrena mis manos para la batalla;
   fortalece mi brazo para tensar un arco
   de bronce.

³⁵ Me has dado tu escudo de victoria.
   Tu mano derecha me sostiene;
   tu ayuda me ha engrandecido.

³⁶ Has trazado un camino ancho para mis pies
   a fin de evitar que resbalen.

³⁷ Perseguí a mis enemigos y los alcancé;
   no me detuve hasta verlos vencidos.

³⁸ Los herí de muerte para que no pudieran
   levantarse;
   cayeron debajo de mis pies.

³⁹ Me has armado de fuerza para la batalla;
   has sometido a mis enemigos debajo
   de mis pies.

⁴⁰ Pusiste mi pie sobre su cuello;
   destruí a todos los que me odiaban.

⁴¹ Pidieron ayuda, pero nadie fue a rescatarlos.
   Hasta clamaron al Señor, pero él se negó
   a responder.

⁴² Los molí tan fino como el polvo que se lleva
   el viento.
   Los barrí y los eché a la calle como
   suciedad.

⁴³ Me diste la victoria sobre los que me acusaban.
   Me nombraste gobernante de naciones;
   ahora me sirve gente que ni siquiera
   conozco.

⁴⁴ En cuanto oyen hablar de mí, se rinden;
   naciones extranjeras se arrastran ante mí.

⁴⁵ Todas pierden el valor
   y salen temblando de sus fortalezas.

⁴⁶ ¡El Señor vive! ¡Alabanzas a mi Roca!
   ¡Exaltado sea el Dios de mi salvación!

⁴⁷ Él es el Dios que da su merecido a los que
   me dañan;
   él somete a las naciones bajo mi control

⁴⁸   y me rescata de mis enemigos.
   Tú me mantienes seguro, lejos del alcance de
   mis enemigos;
   me salvas de adversarios violentos.

⁴⁹ Por eso, oh Señor, te alabaré entre las
   naciones;
   cantaré alabanzas a tu nombre.

⁵⁰ Le das grandes victorias a tu rey;
   le muestras amor inagotable a tu ungido,
   a David y a todos sus descendientes para
   siempre.

19 *Para el director del coro: salmo de David.*

¹ Los cielos proclaman la gloria de Dios
   y el firmamento despliega la destreza de
   sus manos.

² Día tras día no cesan de hablar;
   noche tras noche lo dan a conocer.

18:12 O *y relámpagos;* también en 18:13.

³ Hablan sin sonidos ni palabras;
    su voz jamás se oye.*
⁴ Sin embargo, su mensaje se ha difundido
        por toda la tierra
    y sus palabras, por todo el mundo.

Dios preparó un hogar para el sol en los cielos,
⁵ y este irrumpe como un novio radiante luego
        de su boda.
    Se alegra como un gran atleta, ansioso por
        correr la carrera.
⁶ El sol sale de un extremo de los cielos
    y sigue su curso hasta llegar al otro extremo;
    nada puede ocultarse de su calor.

⁷ Las enseñanzas del Señor son perfectas,
    reavivan el alma.
Los decretos del Señor son confiables,
    hacen sabio al sencillo.
⁸ Los mandamientos del Señor son rectos,
    traen alegría al corazón.
Los mandatos del Señor son claros,
    dan buena percepción para vivir.
⁹ La reverencia al Señor es pura,
    permanece para siempre.
Las leyes del Señor son verdaderas,
    cada una de ellas es imparcial.
¹⁰ Son más deseables que el oro,
    incluso que el oro más puro.
Son más dulces que la miel,
    incluso que la miel que gotea del panal.
¹¹ Sirven de advertencia para tu siervo,
    una gran recompensa para quienes las
        obedecen.

¹² ¿Cómo puedo conocer todos los pecados
        escondidos en mi corazón?
    Límpiame de estas faltas ocultas.
¹³ ¡Libra a tu siervo de pecar intencionalmente!
    No permitas que estos pecados me
        controlen.
Entonces estaré libre de culpa
    y seré inocente de grandes pecados.

¹⁴ Que las palabras de mi boca
    y la meditación de mi corazón
sean de tu agrado,
    oh Señor, mi roca y mi redentor.

20 *Para el director del coro: salmo de David.*

¹ Que el Señor responda a tu clamor en
        tiempos de dificultad;
    que el nombre del Dios de Jacob te proteja
        de todo mal.
² Que te envíe ayuda desde su santuario
    y te fortalezca desde Jerusalén.*
³ Que se acuerde de todas tus dádivas
    y mire con agrado tus ofrendas quemadas.
                                    Interludio

⁴ Que él conceda los deseos de tu corazón
    y haga que todos tus planes tengan éxito.

⁵ Que gritemos de alegría cuando escuchemos
        de tu triunfo
    y levantemos una bandera de victoria en el
        nombre de nuestro Dios.
    Que el Señor conteste a todas tus oraciones.
⁶ Ahora sé que el Señor rescata a su
        rey ungido.
    Le responderá desde su santo cielo
    y lo rescatará con su gran poder.
⁷ Algunas naciones se jactan de sus caballos y
        sus carros de guerra,
    pero nosotros nos jactamos en el nombre
        del Señor nuestro Dios.
⁸ Esas naciones se derrumbarán y caerán,
    pero nosotros nos levantaremos y
        estaremos firmes.
⁹ ¡Da la victoria a nuestro rey, oh Señor!
    Responde a nuestro grito de auxilio.

21 *Para el director del coro: salmo de David.*

¹ ¡Cuánto se alegra el rey en tu fuerza,
        oh Señor!
    Grita de alegría porque tú le das la victoria.
² Pues le diste el deseo de su corazón;
    no le has negado nada de lo que te
        ha pedido.   *Interludio*

³ Le das la bienvenida con éxito y prosperidad;
    le colocaste una corona del oro más puro
        sobre la cabeza.
⁴ Te pidió que le preservaras la vida,
    y le concediste su petición;
    los días de su vida se alargan para
        siempre.
⁵ Tu victoria le da mucha honra,
    y lo has vestido de esplendor y majestad.
⁶ Lo has dotado de bendiciones eternas
    y le has dado la alegría de tu presencia.
⁷ Pues el rey confía en el Señor;
    el amor inagotable del Altísimo cuidará
        que no tropiece.

⁸ Capturarás a todos tus enemigos;
    con tu poderosa mano derecha atraparás
        a todos los que te odian.
⁹ Cuando te manifiestes,
    los arrojarás a un horno en llamas.
En su enojo el Señor los consumirá;
    el fuego los devorará.
¹⁰ Borrarás a sus hijos de la faz de la tierra;
    nunca tendrán descendientes.
¹¹ Aunque conspiren contra ti,
    sus maquinaciones malignas jamás
        prosperarán.
¹² Pues se darán vuelta y saldrán corriendo
    cuando vean que tus flechas apuntan
        hacia ellos.
¹³ Levántate, oh Señor, en tu poder;
    con música y cánticos celebramos tus
        poderosos actos.

19:3 O *No existe discurso ni idioma en el cual no se oiga su voz.* 20:2 En hebreo *Sión.*

22

*Para el director del coro: salmo de David;
cántese con la melodía de «Cierva de la
aurora».*

¹ Dios mío, Dios mío, ¿por qué me has
    abandonado?
  ¿Por qué estás tan lejos cuando gimo
    por ayuda?
² Cada día clamo a ti, mi Dios, pero no
    respondes;
  cada noche oyes mi voz, pero no
    encuentro alivio.

³ Sin embargo, tú eres santo,
  estás entronizado en las alabanzas
    de Israel.
⁴ Nuestros antepasados confiaron en ti,
  y los rescataste.
⁵ Clamaron a ti, y los salvaste;
  confiaron en ti y nunca fueron
    avergonzados.

⁶ Pero yo soy un gusano, no un hombre;
  ¡todos me desprecian y me tratan
    con desdén!
⁷ Todos los que me ven se burlan de mí;
  sonríen con malicia y menean la cabeza
    mientras dicen:
⁸ «¿Este es el que confía en el SEÑOR?
  Entonces ¡que el SEÑOR lo salve!
  Si le SEÑOR lo ama tanto,
  ¡que lo rescate él!».

⁹ Sin embargo, me sacaste a salvo del vientre
    de mi madre
  y, desde que ella me amamantaba, me
    hiciste confiar en ti.
¹⁰ Me arrojaron en tus brazos al nacer;
  desde mi nacimiento, tú has sido
    mi Dios.

¹¹ No te quedes tan lejos de mí,
  porque se acercan dificultades,
  y nadie más puede ayudarme.
¹² Mis enemigos me rodean como una manada
    de toros;
  ¡toros feroces de Basán me tienen cercado!
¹³ Como leones abren sus fauces contra mí;
  rugen y despedazan a su presa.
¹⁴ Mi vida se derrama como el agua,
  y todos mis huesos se han dislocado.
  Mi corazón es como cera
  que se derrite dentro de mí.
¹⁵ Mi fuerza se ha secado como barro cocido;
  la lengua se me pega al paladar.
  Me acostaste en el polvo y me diste por
    muerto.
¹⁶ Mis enemigos me rodean como una jauría
    de perros;
  una pandilla de malvados me acorrala;
  han atravesado mis manos y mis pies.
¹⁷ Puedo contar cada uno de mis huesos;
  mis enemigos me miran fijamente y
    se regodean.

¹⁸ Se reparten mi vestimenta entre ellos
  y tiran los dados* por mi ropa.

¹⁹ ¡Oh SEÑOR, no te quedes lejos!
  Tú eres mi fuerza, ¡ven pronto en
    mi auxilio!
²⁰ Sálvame de la espada;
  libra mi preciosa vida de estos perros.
²¹ Arrebátame de las fauces del león
  y de los cuernos de estos bueyes salvajes.

²² Anunciaré tu nombre a mis hermanos;
  entre tu pueblo reunido te alabaré.
²³ ¡Alaben al SEÑOR, todos los que le temen!
  ¡Hónrenlo, descendientes de Jacob!
  ¡Muéstrenle reverencia, descendientes
    de Israel!
²⁴ Pues no ha pasado por alto ni ha tenido en
    menos el sufrimiento de los necesitados;
  no les dio la espalda,
  sino que ha escuchado sus gritos de auxilio.

²⁵ Te alabaré en la gran asamblea;
  cumpliré mis promesas en presencia de
    los que te adoran.
²⁶ Los pobres comerán y quedarán satisfechos;
  todos los que buscan al SEÑOR lo alabarán;
  se alegrará el corazón con gozo eterno.
²⁷ Toda la tierra reconocerá al SEÑOR y
    regresará a él;
  todas las familias de las naciones se
    inclinarán ante él.
²⁸ Pues el poder de la realeza pertenece
    al SEÑOR;
  él gobierna a todas las naciones.

²⁹ Que los ricos de la tierra hagan fiesta
    y adoren;
  inclínense ante él todos los mortales,
  aquellos cuya vida terminará como polvo.
³⁰ Nuestros hijos también lo servirán;
  las generaciones futuras oirán de las
    maravillas del Señor.
³¹ A los que aún no han nacido les contarán
    de sus actos de justicia;
  ellos oirán de todo lo que él ha hecho.

23

Salmo de David.

¹ El SEÑOR es mi pastor;
  tengo todo lo que necesito.
² En verdes prados me deja descansar;
  me conduce junto a arroyos tranquilos.
³   Él renueva mis fuerzas.
  Me guía por sendas correctas,
  y así da honra a su nombre.
⁴ Aun cuando yo pase
  por el valle más oscuro,*
  no temeré,
  porque tú estás a mi lado.
  Tu vara y tu cayado
  me protegen y me confortan.

22:18 En hebreo *echan suertes.*   23:4 O *el oscuro valle de la muerte.*

⁵ Me preparas un banquete
   en presencia de mis enemigos.
Me honras ungiendo mi cabeza con aceite.
   Mi copa se desborda de bendiciones.
⁶ Ciertamente tu bondad y tu amor inagotable
      me seguirán
   todos los días de mi vida,
y en la casa del Señor viviré
   por siempre.

24 *Salmo de David.*

¹ La tierra es del Señor y todo lo que hay
      en ella;
   el mundo y todos sus habitantes le
      pertenecen.
² Pues él echó los cimientos de la tierra sobre
      los mares
   y los estableció sobre las profundidades
      de los océanos.

³ ¿Quién puede subir al monte del Señor?
   ¿Quién puede estar en su lugar santo?
⁴ Solo los de manos limpias y corazón puro,
   que no rinden culto a ídolos
   y nunca dicen mentiras.
⁵ Ellos recibirán la bendición del Señor
   y tendrán una relación correcta con Dios
      su salvador.
⁶ Gente que puede buscarte
   y adorar en tu presencia, oh Dios de Jacob.
                              Interludio

⁷ ¡Ábranse, portones antiguos!
   Ábranse, puertas antiguas,
   y dejen que entre el Rey de gloria.
⁸ ¿Quién es el Rey de gloria?
   El Señor, fuerte y poderoso;
   el Señor, invencible en batalla.
⁹ ¡Ábranse, portones antiguos!
   Ábranse, puertas antiguas,
   y dejen que entre el Rey de gloria.
¹⁰ ¿Quién es el Rey de gloria?
   El Señor de los Ejércitos Celestiales,
   él es el Rey de gloria.   *Interludio*

25* *Salmo de David.*

¹ Oh Señor, te entrego mi vida.
² ¡Confío en ti, mi Dios!
   No permitas que me avergüencen,
   ni dejes que mis enemigos se regodeen en
      mi derrota.
³ Nadie que confíe en ti será jamás avergonzado,
   pero la deshonra les llega a los que tratan
      de engañar a otros.

⁴ Muéstrame la senda correcta, oh Señor;
   señálame el camino que debo seguir.
⁵ Guíame con tu verdad y enséñame,
   porque tú eres el Dios que me salva.
   Todo el día pongo en ti mi esperanza.

⁶ Recuerda, oh Señor, tu compasión y tu amor
      inagotable,
   que has mostrado desde hace siglos.
⁷ No te acuerdes de los pecados de rebeldía
      durante mi juventud.
   Acuérdate de mí a la luz de tu amor
      inagotable,
   porque tú eres misericordioso, oh Señor.

⁸ El Señor es bueno y hace lo correcto;
   les muestra el buen camino a los que
      andan descarriados.
⁹ Guía a los humildes para que hagan lo
      correcto;
   les enseña su camino.
¹⁰ El Señor guía con fidelidad y amor inagotable
   a todos los que obedecen su pacto y
   cumplen sus exigencias.

¹¹ Por el honor de tu nombre, oh Señor,
   perdona mis pecados, que son muchos.
¹² ¿Quiénes son los que temen al Señor?
   Él les mostrará el sendero que deben elegir.
¹³ Vivirán en prosperidad,
   y sus hijos heredarán la tierra.
¹⁴ El Señor es amigo de los que le temen;
   a ellos les enseña su pacto.
¹⁵ Mis ojos están siempre puestos en el Señor,
   porque él me rescata de las trampas de mis
      enemigos.

¹⁶ Vuélvete a mí y ten misericordia de mí,
   porque estoy solo y profundamente
      angustiado.
¹⁷ Mis problemas van de mal en peor,
   ¡oh, líbrame de todos ellos!
¹⁸ Siente mi dolor, considera mis dificultades
   y perdona todos mis pecados.
¹⁹ Mira cuántos enemigos tengo,
   ¡y de qué manera despiadada me odian!
²⁰ ¡Protégeme! ¡Rescata mi vida de sus manos!
   No permitas que me avergüencen, pues yo
      en ti me refugio.
²¹ Que la integridad y la honestidad me
      protejan,
   porque en ti pongo mi esperanza.

²² Oh Dios, rescata a Israel
   de todos sus problemas.

26 *Salmo de David.*

¹ Decláreme inocente, oh Señor,
   porque he actuado con integridad;
   he confiado en el Señor sin vacilar.
² Ponme a prueba, Señor, e interrógame;
   examina mis intenciones y mi corazón.
³ Pues siempre estoy consciente de tu amor
      inagotable,
   y he vivido de acuerdo con tu verdad.
⁴ No paso tiempo con mentirosos
   ni ando con hipócritas.

25 Este salmo es un poema acróstico hebreo; cada verso comienza con una letra del alfabeto hebreo en forma consecutiva.

⁵ Detesto las reuniones de los que hacen el mal
   y me niego a juntarme con los perversos.
⁶ Me lavo las manos para declarar mi inocencia.
   Vengo ante tu altar, oh SEÑOR,
⁷ entonando un cántico de gratitud,
   y contando de todas tus maravillas.
⁸ Amo tu santuario, SEÑOR,
   el lugar donde habita tu gloriosa presencia.

⁹ No permitas que sufra el destino de los
      pecadores
   ni me condenes junto con los asesinos.
¹⁰ Tienen las manos sucias de maquinaciones
      malignas
   y constantemente aceptan sobornos.
¹¹ Pero yo no soy así; llevo una vida intachable;
   por eso, rescátame y muéstrame tu
      misericordia.
¹² Ahora piso tierra firme,
   y en público alabaré al SEÑOR.

27 *Salmo de David.*

¹ El SEÑOR es mi luz y mi salvación,
   entonces ¿por qué habría de temer?
El SEÑOR es mi fortaleza y me protege
      del peligro,
   entonces ¿por qué habría de temblar?
² Cuando los malvados vengan a devorarme,
   cuando mis enemigos y adversarios me
      ataquen,
   tropezarán y caerán.
³ Aunque un ejército poderoso me rodee,
   mi corazón no temerá.
Aunque me ataquen,
   permaneceré confiado.

⁴ Lo único que le pido al SEÑOR
   —lo que más anhelo—
es vivir en la casa del SEÑOR todos los días
      de mi vida,
   deleitándome en la perfección del SEÑOR
   y meditando dentro de su templo.
⁵ Pues él me ocultará allí cuando vengan
      dificultades;
   me esconderá en su santuario.
Me pondrá en una roca alta donde nadie
      me alcanzará.
⁶ Entonces mantendré mi cabeza en alto,
   por encima de los enemigos que me
      rodean.
En su santuario ofreceré sacrificios con
      gritos de alegría,
   y con música cantaré y alabaré al SEÑOR.

⁷ Escúchame cuando oro, oh SEÑOR;
   ¡ten misericordia y respóndeme!
⁸ Mi corazón te ha oído decir: «Ven y conversa
      conmigo».
   Y mi corazón responde: «Aquí vengo, SEÑOR».
⁹ No me des la espalda;
   no rechaces a tu siervo con enojo.

Tú siempre has sido mi ayudador.
No me dejes ahora; no me abandones,
   ¡oh Dios de mi salvación!
¹⁰ Aunque mi padre y mi madre me abandonen,
   el SEÑOR me mantendrá cerca.

¹¹ Enséñame cómo vivir, oh SEÑOR.
   Guíame por el camino correcto,
   porque mis enemigos me esperan.
¹² No permitas que caiga en sus manos.
   Pues me acusan de cosas que nunca hice;
   cada vez que respiran, me amenazan con
      violencia.

¹³ Sin embargo, yo confío en que veré la
      bondad del SEÑOR
   mientras estoy aquí, en la tierra de
      los vivientes.

¹⁴ Espera con paciencia al SEÑOR;
   sé valiente y esforzado;
   sí, espera al SEÑOR con paciencia.

28 *Salmo de David.*

¹ A ti elevo mi oración, oh SEÑOR, roca mía;
   no cierres tus oídos a mi voz.
Pues si guardas silencio,
   mejor sería darme por vencido y morir.
² Escucha mi oración que pide misericordia,
   cuando clamo a ti por ayuda,
   cuando levanto mis manos hacia tu
      santo templo.

³ No me arrastres junto con los perversos
   —con los que hacen lo malo—,
   los que hablan con sus vecinos amablemente
   mientras traman maldades en su corazón.
⁴ ¡Dales el castigo que tanto merecen!
   Mídelo en proporción a su maldad.
¡Págales conforme a todas sus malas
      acciones!
   Hazles probar en carne propia lo que ellos
      les han hecho a otros.
⁵ No les importa nada lo que el SEÑOR hizo
   ni lo que sus manos crearon.
Por lo tanto, él los derrumbará
   y, ¡jamás serán reconstruidos!

⁶ ¡Alaben al SEÑOR!
   Pues él oyó que clamaba por misericordia.
⁷ El SEÑOR es mi fortaleza y mi escudo;
   confío en él con todo mi corazón.
Me da su ayuda y mi corazón se llena
      de alegría;
   prorrumpo en canciones de acción
      de gracias.

⁸ El SEÑOR le da fuerza a su pueblo;
   es una fortaleza segura para su rey ungido.
⁹ ¡Salva a tu pueblo!
   Bendice a Israel, tu posesión más
      preciada.*
Guíalos como un pastor
   y llévalos en tus brazos por siempre.

28:9 En hebreo *Bendice a tu herencia.*

29 *Salmo de David.*

1 Honren al Señor, oh seres celestiales;*
  honren al Señor por su gloria y fortaleza.
2 Honren al Señor por la gloria de su nombre;
  adoren al Señor en la magnificencia de
  su santidad.

3 La voz del Señor resuena sobre la superficie
  del mar;
  el Dios de gloria truena;
  el Señor truena sobre el poderoso mar.
4 La voz del Señor es potente;
  la voz del Señor es majestuosa.
5 La voz del Señor parte los enormes cedros;
  el Señor hace pedazos los cedros del
  Líbano.
6 Hace brincar como terneras a las montañas
  del Líbano;
  hace saltar el monte Hermón* como a un
  buey joven y salvaje.
7 La voz del Señor resuena
  con relámpagos.
8 La voz del Señor hace temblar al lugar
  desolado;
  el Señor sacude el desierto de Cades.
9 La voz del Señor retuerce los fuertes robles*
  y desnuda los bosques.
  En su templo todos gritan: «¡Gloria!».

10 El Señor gobierna las aguas de la inundación;
  el Señor gobierna como rey para siempre.
11 El Señor le da fuerza a su pueblo;
  el Señor lo bendice con paz.

30 *Salmo de David. Cántico para la dedicación del templo.*

1 Te exaltaré, Señor, porque me rescataste;
  no permitiste que mis enemigos triunfaran
  sobre mí.
2 Oh Señor, mi Dios, clamé a ti por ayuda,
  y me devolviste la salud.*
3 Me levantaste de la tumba,* oh Señor;
  me libraste de caer en la fosa de la muerte.

4 ¡Canten al Señor, ustedes los justos!
  Alaben su santo nombre.
5 Pues su ira dura solo un instante,
  ¡pero su favor perdura toda una vida!
  El llanto podrá durar toda la noche,
  pero con la mañana llega la alegría.

6 Cuando yo tenía prosperidad, decía:
  «¡Ahora nada puede detenerme!».
7 Tu favor, oh Señor, me hizo tan firme como
  una montaña;
  después te apartaste de mí, y quedé
  destrozado.

8 A ti clamé, oh Señor.
  Le supliqué al Señor que tuviera
  misericordia, le dije:

9 «¿Qué ganarás si me muero,
  si me hundo en la tumba?
  ¿Acaso podrá mi polvo alabarte?
  ¿Podrá hablar de tu fidelidad?
10 Escúchame, Señor, y ten misericordia de mí;
  ayúdame, oh Señor».

11 Tú cambiaste mi duelo en alegre danza;
  me quitaste la ropa de luto y me vestiste
  de alegría,
12 para que yo te cante alabanzas y no me
  quede callado.
  Oh Señor, mi Dios, ¡por siempre te
  daré gracias!

31 *Para el director del coro: salmo de David.*

1 Oh Señor, a ti acudo en busca de protección;
  no dejes que me avergüencen.
  Sálvame, porque tú haces lo correcto.
2 Inclina tu oído para escucharme;
  rescátame pronto.
  Sé mi roca de protección,
  una fortaleza donde estaré a salvo.
3 Tú eres mi roca y mi fortaleza;
  por el honor de tu nombre, sácame de
  este peligro.
4 Rescátame de la trampa que me tendieron
  mis enemigos,
  porque solo en ti encuentro protección.
5 Encomiendo mi espíritu en tu mano;
  rescátame, Señor, porque tú eres un
  Dios fiel.

6 Detesto a los que rinden culto a ídolos
  inútiles;
  yo confío en el Señor.
7 Me gozaré y me alegraré en tu amor
  inagotable,
  porque has visto mis dificultades
  y te preocupas por la angustia de mi alma.
8 No me entregaste a mis enemigos
  sino que me pusiste en un lugar seguro.

9 Ten misericordia de mí, Señor, porque estoy
  angustiado.
  Las lágrimas me nublan la vista;
  mi cuerpo y mi alma se marchitan.
10 Estoy muriendo de dolor;
  se me acortan los años por la tristeza.
  El pecado me dejó sin fuerzas;
  me estoy consumiendo por dentro.
11 Todos mis enemigos me desprecian,
  y mis vecinos me rechazan,
  ¡ni mis amigos se atreven a acercarse a mí!
  Cuando me ven por la calle,
  salen corriendo para el otro lado.
12 Me han olvidado como si estuviera muerto,
  como si fuera una vasija rota.
13 He oído cantidad de rumores sobre mí,
  y el terror me rodea.

30:1 En hebreo *hijos de Dios.* 29:6 En hebreo *Sirión,* otro nombre para el monte Hermón. 29:9 O *hace que las ciervas se retuerzan de dolor durante el parto.* 30:3 En hebreo *del Seol.*

Mis enemigos conspiran en mi contra,
hacen planes para quitarme la vida.

14 Pero yo confío en ti, oh Señor,
digo: «¡Tú eres mi Dios!».
15 Mi futuro está en tus manos;
rescátame de los que me persiguen
sin tregua.
16 Que tu favor brille sobre tu siervo;
por causa de tu amor inagotable, rescátame.
17 No permitas que me avergüencen,
oh Señor,
pues a ti clamo por ayuda.
Que los malvados pasen vergüenza,
que queden callados en la tumba.*
18 Silencia sus labios mentirosos,
esos labios orgullosos y arrogantes que
acusan al justo.

19 Qué grande es la bondad
que has reservado para los que te temen.
La derramas en abundancia sobre los que
acuden a ti en busca de protección,
y los bendices ante la mirada del mundo.
20 Los escondes en el refugio de tu presencia,
a salvo de los que conspiran contra ellos.
Los proteges en tu presencia,
los alejas de las lenguas acusadoras.

21 Alaben al Señor,
porque me ha mostrado las maravillas de
su amor inagotable;
me mantuvo a salvo cuando atacaban mi
ciudad.
22 Lleno de pánico, clamé:
«¡Me han separado del Señor!».
Pero tú oíste que supliqué misericordia
y respondiste a mi pedido de auxilio.

23 ¡Amen al Señor todos los justos!
Pues el Señor protege a los que le son
leales,
pero castiga severamente a los arrogantes.
24 Así que, ¡sean fuertes y valientes,
ustedes los que ponen su esperanza en
el Señor!

32 *Salmo* de David.

1 ¡Oh, qué alegría para aquellos
a quienes se les perdona la desobediencia,
a quienes se les cubre su pecado!
2 Sí, ¡qué alegría para aquellos
a quienes el Señor les borró la culpa* de
su cuenta,
los que llevan una vida de total
transparencia!

3 Mientras me negué a confesar mi pecado,
mi cuerpo se consumió,
y gemía todo el día.
4 Día y noche tu mano de disciplina pesaba
sobre mí;

mi fuerza se evaporó como agua al calor
del verano.
Interludio

5 Finalmente te confesé todos mis pecados
y ya no intenté ocultar mi culpa.
Me dije: «Le confesaré mis rebeliones al
Señor»,
¡y tú me perdonaste! Toda mi culpa
desapareció.
Interludio

6 Por lo tanto, que todos los justos oren a ti,
mientras aún haya tiempo,
para que no se ahoguen en las
desbordantes aguas del juicio.
7 Pues tú eres mi escondite;
me proteges de las dificultades
y me rodeas con canciones de victoria.
Interludio

8 El Señor dice: «Te guiaré por el mejor
sendero para tu vida;
te aconsejaré y velaré por ti.
9 No seas como el mulo o el caballo, que no
tienen entendimiento,
que necesitan un freno y una brida para
mantenerse controlados».

10 Muchos son los dolores de los malvados,
pero el amor inagotable rodea a los que
confían en el Señor.
11 ¡Así que alégrense mucho en el Señor y estén
contentos, ustedes los que le obedecen!
¡Griten de alegría, ustedes de corazón puro!

33 1 Que los justos canten de alegría al
Señor;
les corresponde a los puros alabarle.
2 Alaben al Señor con melodías de la lira;
toquen música para él en el arpa de diez
cuerdas.
3 Entónenle un cántico nuevo de alabanza;
toquen el arpa con destreza y canten con
alegría.
4 Pues la palabra del Señor es verdadera
y podemos confiar en todo lo que él hace.
5 Él ama lo que es justo y bueno;
el amor inagotable del Señor llena la tierra.

6 El Señor tan solo habló
y los cielos fueron creados.
Sopló la palabra,
y nacieron todas las estrellas.
7 Asignó los límites al mar
y encerró los océanos en enormes
depósitos.
8 Que todo el mundo tema al Señor
y todos estén ante él con temor reverente.
9 Pues cuando habló, el mundo comenzó a
existir;
apareció por orden del Señor.

31:17 En hebreo *en el Seol.* 32:título En hebreo *masquil.* Puede ser un término literario o musical. 32:2 La versión griega dice *el pecado.* Comparar Rm 4:7.

¹⁰ El Señor frustra los planes de las naciones
y hace fracasar todas sus intrigas.
¹¹ Pero los planes del Señor se mantienen
firmes para siempre;
sus propósitos nunca serán frustrados.

¹² Qué alegría para la nación cuyo Dios es el
Señor,
cuyo pueblo él eligió como herencia.

¹³ El Señor mira desde el cielo
y ve a toda la raza humana.
¹⁴ Desde su trono observa
a todos los que viven en la tierra.
¹⁵ Él hizo el corazón de ellos,
así que entiende todo lo que hacen.
¹⁶ El ejército mejor equipado no puede salvar
a un rey,
ni una gran fuerza es suficiente para salvar
a un guerrero.
¹⁷ No confíes en tu caballo de guerra para
obtener la victoria;
por mucha fuerza que tenga, no te
puede salvar.

¹⁸ Pero el Señor vela por los que le temen,
por aquellos que confían en su amor
inagotable.
¹⁹ Los rescata de la muerte
y los mantiene con vida en tiempos
de hambre.

²⁰ Nosotros ponemos nuestra esperanza en
el Señor;
él es nuestra ayuda y nuestro escudo.
²¹ En él se alegra nuestro corazón,
porque confiamos en su santo nombre.
²² Que tu amor inagotable nos rodee, Señor,
porque solo en ti está nuestra esperanza.

34* *Salmo de David, acerca de cuando se hizo
pasar por loco frente a Abimelec, quien lo
echó de su presencia.*

¹ Alabaré al Señor en todo tiempo;
a cada momento pronunciaré sus
alabanzas.
² Solo en el Señor me jactaré;
que todos los indefensos cobren ánimo.
³ Vengan, hablemos de las grandezas
del Señor;
exaltemos juntos su nombre.

⁴ Oré al Señor, y él me respondió;
me libró de todos mis temores.
⁵ Los que buscan su ayuda, estarán radiantes
de alegría;
ninguna sombra de vergüenza les
oscurecerá el rostro.
⁶ En mi desesperación oré, y el Señor me
escuchó;
me salvó de todas mis dificultades.
⁷ Pues el ángel del Señor es un guardián;
rodea y defiende a todos los que le temen.

⁸ Prueben y vean que el Señor es bueno;
¡qué alegría para los que se refugian en él!
⁹ Teman al Señor, ustedes los de su pueblo
santo,
pues los que le temen tendrán todo lo que
necesitan.
¹⁰ Hasta los leones jóvenes y fuertes a veces
pasan hambre,
pero a los que confían en el Señor no les
faltará ningún bien.

¹¹ Vengan, hijos míos, y escúchenme,
y les enseñaré a temer al Señor.
¹² ¿Quieres vivir una vida
larga y próspera?
¹³ ¡Entonces refrena tu lengua de hablar el mal
y tus labios de decir mentiras!
¹⁴ Apártate del mal y haz el bien;
busca la paz y esfuérzate por mantenerla.

¹⁵ Los ojos del Señor están sobre los que hacen
lo bueno;
sus oídos están abiertos a sus gritos de
auxilio.
¹⁶ Pero el Señor aparta su rostro de los que
hacen lo malo;
borrará todo recuerdo de ellos de la faz
de la tierra.
¹⁷ El Señor oye a los suyos cuando claman a
él por ayuda;
los rescata de todas sus dificultades.
¹⁸ El Señor está cerca de los que tienen
quebrantado el corazón;
él rescata a los de espíritu destrozado.

¹⁹ La persona íntegra enfrenta muchas
dificultades,
pero el Señor llega al rescate en cada
ocasión.
²⁰ Pues el Señor protege los huesos de los
justos;
¡ni uno solo es quebrado!

²¹ Sin duda, la calamidad alcanzará a los
perversos,
y los que odian a los justos serán
castigados.
²² Pero el Señor redimirá a los que le sirven;
ninguno que se refugie en él será
condenado.

35 *Salmo de David.*

¹ Oh Señor, ponte en contra de los que se
me oponen;
pelea contra los que luchan contra mí.
² Ponte tu armadura y toma tu escudo;
prepárate para la batalla y ven en mi ayuda.
³ Levanta tu lanza y tu jabalina
contra los que me persiguen.
Quiero oírte decir:
«¡Yo te daré la victoria!».

34 Este salmo es un poema acróstico hebreo: cada verso comienza con la letra del alfabeto hebreo en forma consecutiva.

4 Avergüenza y causa deshonra a los que tratan
de matarme;
hazlos retroceder y humilla a los que
quieren hacerme daño.
5 Sopla y espárcelos como paja en el viento,
un viento mandado por el ángel del
Señor.
6 Haz que su camino sea oscuro y resbaladizo,
y que el ángel del Señor los persiga.
7 Yo no les hice ningún mal, pero ellos me
tendieron una trampa;
no les hice ningún mal, pero cavaron una
fosa para atraparme.
8 Por eso, ¡que la ruina les llegue de repente!
¡Que queden atrapados en la trampa que
me tendieron!
Que se destruyan en la fosa que cavaron
para mí.

9 Entonces me alegraré en el Señor;
estaré feliz porque él me rescata.
10 Con cada hueso de mi cuerpo lo alabaré:
«Señor, ¿quién se compara contigo?
¿Quién otro rescata a los indefensos de las
manos de los fuertes?
¿Quién otro protege a los indefensos y a los
pobres de quienes les roban?».

11 Testigos maliciosos testifican en mi contra
y me acusan de crímenes que desconozco
por completo.
12 Me pagan mal por bien
y estoy enfermo de desesperación.
13 Sin embargo, cuando ellos se enfermaban,
yo me entristecía;
me afligía a mí mismo ayunando por ellos,
pero mis oraciones no tenían respuesta.
14 Estaba triste como si fueran mis amigos o
mi familia,
como si me lamentara por mi propia
madre.
15 Pero ahora que yo estoy en dificultades, ellos
se ponen contentos;
con aires de triunfo se unen en mi contra.
Me ataca gente que ni siquiera conozco;
me calumnia sin cesar.
16 Se burla de mí y me insulta;
me gruñe.

17 ¿Hasta cuándo, oh Señor, te quedarás
observando sin actuar?
Rescátame de sus ataques feroces;
¡Protege mi vida de estos leones!
18 Después te daré gracias frente a la gran
asamblea;
te alabaré delante de todo el pueblo.
19 No permitas que mis enemigos traicioneros se
regodeen en mi derrota;
no permitas que los que me odian sin
motivo se deleiten en mi tristeza.
20 No hablan de paz;
conspiran contra personas inocentes que
no se meten con nadie.

21 Gritan: «¡Ajá!
¡Con nuestros ojos lo vimos hacerlo!».

22 Oh Señor, tú sabes de todo esto;
no te quedes callado.
No me abandones ahora, oh Señor.
23 ¡Despierta! ¡Levántate en mi defensa!
Toma mi caso, Dios mío y Señor mío.
24 Declárame inocente, oh Señor mi Dios,
porque tú haces justicia;
no permitas que mis enemigos se rían de
mí en mis dificultades.
25 No les permitas decir: «¡Miren, conseguimos
lo que queríamos!
¡Ahora lo comeremos vivo!».

26 Que sean humillados y avergonzados
los que se alegran de mis dificultades;
que sean cubiertos de vergüenza y de
deshonra
los que triunfan sobre mí.
27 Pero dales mucha alegría a los que vinieron
a defenderme;
que todo el tiempo digan: «¡Grande es el
Señor,
quien se deleita en bendecir a su siervo
con paz!».
28 Entonces proclamaré tu justicia
y te alabaré todo el día.

36 Para el director del coro: salmo de David,
el siervo del Señor.

1 A los malvados el pecado les susurra en lo
profundo del corazón;
no tienen temor de Dios en absoluto.
2 Ciegos de presunción,
no pueden ver lo perversos que son en
realidad.
3 Todo lo que dicen es retorcido y engañoso;
se niegan a actuar con sabiduría o a hacer
el bien.
4 Se quedan despiertos por la noche tramando
planes pecaminosos;
sus acciones nunca son buenas,
no hacen ningún intento por alejarse del mal.

5 Tu amor inagotable, oh Señor, es tan inmenso
como los cielos;
tu fidelidad sobrepasa las nubes.
6 Tu rectitud es como las poderosas montañas,
tu justicia, como la profundidad de los
océanos.
Tú cuidas de la gente y de los animales por
igual, oh Señor.
7 ¡Qué precioso es tu amor inagotable,
oh Dios!
Todos los seres humanos encuentran refugio
a la sombra de tus alas.
8 Los alimentas con la abundancia de tu
propia casa
y les permites beber del río de tus delicias.
9 Pues tú eres la fuente de vida,
la luz con la que vemos.

¹⁰ Derrama tu amor inagotable sobre los que
   te aman;
   haz justicia a los de corazón sincero.
¹¹ No permitas que los orgullosos me pisoteen
   ni que los malvados me intimiden.
¹² ¡Miren! ¡Han caído los que hacen el mal!
   Están derribados, jamás volverán a
   levantarse.

37*

Salmo de David.

¹ No te inquietes a causa de los malvados
   ni tengas envidia de los que hacen lo malo.
² Pues como la hierba, pronto se desvanecen;
   como las flores de primavera, pronto se
   marchitan.

³ Confía en el Señor y haz el bien,
   entonces vivirás seguro en la tierra y
   prosperarás.
⁴ Deléitate en el Señor,
   y él te concederá los deseos de tu corazón.

⁵ Entrega al Señor todo lo que haces;
   confía en él, y él te ayudará.
⁶ Él hará resplandecer tu inocencia como
   el amanecer,
   y la justicia de tu causa brillará como el
   sol de mediodía.

⁷ Quédate quieto en la presencia del Señor,
   y espera con paciencia a que él actúe.
   No te inquietes por la gente mala que
   prospera,
   ni te preocupes por sus perversas
   maquinaciones.

⁸ ¡Ya no sigas enojado!
   ¡Deja a un lado tu ira!
   No pierdas los estribos,
   que eso solo trae daño.
⁹ Pues los perversos serán destruidos,
   pero los que confían en el Señor poseerán
   la tierra.

¹⁰ Pronto los perversos desaparecerán;
   por más que los busques, no los
   encontrarás.
¹¹ Los humildes poseerán la tierra
   y vivirán en paz y prosperidad.

¹² Los malvados conspiran contra los justos;
   les gruñen de manera desafiante.
¹³ Pero el Señor simplemente se ríe,
   porque ve que el día de su juicio se acerca.

¹⁴ Los perversos sacan sus espadas
   y ponen cuerdas a sus arcos
   para matar al pobre y al oprimido,
   para masacrar a los que hacen
   lo correcto.
¹⁵ Pero sus espadas atravesarán su propio
   corazón,
   y se les quebrarán los arcos.

¹⁶ Es mejor ser justo y tener poco
   que ser malvado y rico.
¹⁷ Pues la fuerza de los malvados será
   destrozada,
   pero el Señor cuida a los justos.

¹⁸ Día a día el Señor cuida a los inocentes,
   y ellos recibirán una herencia que
   permanece para siempre.
¹⁹ No serán avergonzados en tiempos difíciles;
   tendrán más que suficiente aun en tiempo
   de hambre.

²⁰ Pero los perversos morirán;
   los enemigos del Señor son como las flores
   del campo,
   desaparecerán como el humo.

²¹ Los perversos piden prestado y nunca pagan,
   pero los justos dan con generosidad.
²² Los bendecidos por el Señor poseerán
   la tierra,
   pero aquellos a quienes él maldice,
   morirán.

²³ El Señor dirige los pasos de los justos;
   se deleita en cada detalle de su vida.
²⁴ Aunque tropiecen, nunca caerán,
   porque el Señor los sostiene de la mano.

²⁵ Una vez fui joven, ahora soy anciano,
   sin embargo, nunca he visto abandonado
   al justo
   ni a sus hijos mendigando pan.
²⁶ Los justos siempre prestan con generosidad
   y sus hijos son una bendición.

²⁷ Aléjate del mal y haz el bien,
   y vivirás en la tierra para siempre.
²⁸ Pues el Señor ama la justicia
   y nunca abandonará a los justos.

   Los mantendrá a salvo para siempre,
   pero los hijos de los perversos morirán.
²⁹ Los justos poseerán la tierra
   y vivirán allí para siempre.

³⁰ Los justos ofrecen buenos consejos;
   enseñan a diferenciar entre lo bueno y
   lo malo.
³¹ Han hecho suya la ley de Dios,
   por eso, nunca resbalarán de su camino.

³² Los malvados esperan en emboscada a los
   justos,
   en busca de una excusa para matarlos.
³³ Pero el Señor no permitirá que los perversos
   tengan éxito
   ni que los justos sean condenados cuando
   los lleven a juicio.

³⁴ Pon tu esperanza en el Señor
   y marcha con paso firme por su camino.
   Él te honrará al darte la tierra
   y verás destruidos a los perversos.

37 Este salmo es un poema acróstico hebreo: cada estrofa comienza con una letra del alfabeto hebreo en forma consecutiva.

35 He visto a gente malvada y despiadada
florecer como árboles en tierra fértil.
36 Pero cuando volví a mirar, ¡habían desaparecido!
¡Aunque los busqué, no pude encontrarlos!

37 Miren a los que son buenos y honestos,
porque a los que aman la paz les espera un
futuro maravilloso.
38 Pero los rebeldes serán destruidos,
para ellos no hay futuro.

39 El Señor rescata a los justos;
él es su fortaleza en tiempos de dificultad.
40 El Señor los ayuda,
los rescata de los malvados.
Él salva a los justos,
y ellos encuentran refugio en él.

38 Salmo de David, en el cual le pide a Dios que se acuerde de él.

1 ¡Oh Señor, no me reprendas en tu enojo
ni me disciplines en tu ira!
2 Tus flechas me han herido muy adentro
y tus golpes me aplastan.
3 Debido a tu enojo, todo mi cuerpo está
enfermo;
mi salud está arruinada a causa de mis
pecados.
4 Mi culpa me abruma,
es una carga demasiado pesada para
soportar.
5 Mis heridas se infectan y dan mal olor
a causa de mis necios pecados.
6 Me retuerzo atormentado por el dolor;
todo el día estoy lleno de profunda tristeza.
7 Una fiebre galopante me quema por dentro,
y mi salud está arruinada.
8 Estoy agotado y totalmente destrozado;
mis gemidos salen de un corazón
angustiado.

9 Señor, tú sabes lo que anhelo,
oyes todos mis suspiros.
10 Mi corazón late aceleradamente, se me
acaban las fuerzas
y estoy quedando ciego.
11 Mis seres queridos y amigos no se me acercan,
por temor a la enfermedad;
hasta mi propia familia se mantiene a
distancia.
12 Mientras tanto, mis enemigos tienden
trampas para matarme;
los que desean mi mal hacen planes para
arruinarme;
se pasan el día maquinando su traición.

13 Pero yo hago oídos sordos a sus amenazas;
me quedo callado ante ellos como quien
no puede hablar.
14 Opté por no oír nada,
y tampoco respondo.
15 Pues a ti te espero, oh Señor.
Tú debes responder por mí, oh Señor
mi Dios.

16 Dije en oración: «No dejes que mis enemigos
se burlen de mí,
ni que se regodeen en mi caída».

17 Estoy al borde del colapso,
haciendo frente a un dolor constante.
18 Pero confieso mis pecados;
estoy profundamente arrepentido por lo
que hice.
19 Tengo muchos enemigos agresivos;
me odian sin razón.
20 Me pagan mal por bien
y se me oponen porque procuro lo
bueno.
21 No me abandones, oh Señor;
no te quedes lejos, Dios mío.
22 Ven pronto a ayudarme,
oh Señor, mi salvador.

39 Para Jedutún, director del coro: salmo de David.

1 Me dije: «Tendré cuidado con lo que hago
y no pecaré en lo que digo.
Refrenaré la lengua
cuando los que viven sin Dios anden
cerca».
2 Pero mientras estaba allí en silencio
—sin siquiera hablar de cosas buenas—,
el torbellino en mi interior se hizo cada
vez peor.
3 Cuanto más pensaba,
más me enardecía,
hasta que disparé un fuego de palabras:
4 «Señor, recuérdame lo breve que será mi
tiempo sobre la tierra.
Recuérdame que mis días están contados,
¡y cuán fugaz es mi vida!
5 La vida que me has dado no es más larga que
el ancho de mi mano.
Toda mi vida es apenas un instante para ti;
cuando mucho, cada uno de nosotros es
apenas un suspiro».   *Interludio*

6 Somos tan solo sombras que se mueven
y todo nuestro ajetreo diario termina en
la nada.
Amontonamos riquezas
sin saber quién las gastará.
7 Entonces, Señor, ¿dónde pongo mi esperanza?
Mi única esperanza está en ti.
8 Rescátame de mis rebeliones.
No permitas que los necios se burlen
de mí.
9 En silencio estoy delante de ti; no diré ni
una palabra,
porque mi castigo proviene de ti.
10 ¡Pero por favor, deja de castigarme!
Estoy agotado por los golpes de tu mano.
11 Cuando nos disciplinas por nuestros pecados,
consumes como una polilla lo que
estimamos precioso.
Cada uno de nosotros es apenas
un suspiro.   *Interludio*

¹² ¡Oh Señor, oye mi oración!
¡Escucha mis gritos de auxilio!
No cierres tus ojos ante mis lágrimas.
Pues soy tu invitado,
un viajero de paso,
igual que mis antepasados.
¹³ Déjame solo para que pueda volver a sonreír
antes de que parta de este mundo y no
exista más.

40 *Para el director del coro: salmo de David.*

¹ Con paciencia esperé que el Señor me
ayudara,
y él se fijó en mí y oyó mi clamor.
² Me sacó del foso de desesperación,
del lodo y del fango.
Puso mis pies sobre suelo firme
y a medida que yo caminaba, me estabilizó.
³ Me dio un canto nuevo para entonar,
un himno de alabanza a nuestro Dios.
Muchos verán lo que él hizo y quedarán
asombrados;
pondrán su confianza en el Señor.

⁴ Ah, qué alegría para los que confían en
el Señor,
los que no confían en los orgullosos
ni en aquellos que rinden culto a ídolos.
⁵ Oh Señor mi Dios, has realizado muchas
maravillas a nuestro favor.
Son tantos tus planes para nosotros que
resulta imposible enumerarlos.
No hay nadie como tú.
Si tratara de mencionar todas tus obras
maravillosas,
no terminaría jamás.

⁶ No te deleitas en las ofrendas ni en los
sacrificios.
Ahora que me hiciste escuchar, finalmente
comprendo:*
tú no exiges ofrendas quemadas ni
ofrendas por el pecado.
⁷ Entonces dije: «Aquí estoy.
Como está escrito acerca de mí en las
Escrituras:
⁸ me complace hacer tu voluntad, Dios mío,
pues tus enseñanzas están escritas en
mi corazón».

⁹ A todo tu pueblo le conté de tu justicia.
No tuve temor de hablar con libertad,
como tú bien lo sabes, oh Señor.
¹⁰ No oculté en mi corazón las buenas noticias
acerca de tu justicia;
hablé de tu fidelidad y de tu poder salvador.
A todos en la gran asamblea les conté
de tu fidelidad y tu amor inagotable.

¹¹ Señor, no me prives de tus tiernas
misericordias;

que tu amor inagotable y tu fidelidad
siempre me protejan.
¹² Pues me rodean las dificultades,
¡son demasiadas para contar!
Es tal la acumulación de mis pecados
que no puedo ver una salida.
Suman más que los cabellos de mi cabeza
y he perdido toda mi valentía.

¹³ Por favor, Señor, ¡rescátame!
Ven pronto, Señor, y ayúdame.
¹⁴ Que los que tratan de destruirme
sean humillados y avergonzados,
que los que se deleitan en mis dificultades
retrocedan con deshonra;
¹⁵ que su vergüenza los horrorice,
porque dijeron: «¡Ajá! ¡Ahora sí lo
atrapamos!».

¹⁶ Pero que todos los que te buscan
se alegren y se gocen en ti;
que los que aman tu salvación
griten una y otra vez: «¡El Señor es
grande!».
¹⁷ En cuanto a mí, pobre y necesitado,
que el Señor me tenga en sus
pensamientos.
Tú eres mi ayudador y mi salvador;
oh Dios mío, no te demores.

41 *Para el director del coro: salmo de David.*

¹ ¡Qué alegría hay para los que tratan bien a
los pobres!
El Señor los rescata cuando están
en apuros.
² El Señor los protege
y los mantiene con vida;
los prospera en la tierra
y los rescata de sus enemigos.
³ El Señor los atiende cuando están enfermos
y les devuelve la salud.

⁴ «Oh Señor, ten misericordia de mí —pedí
en oración—,
sáname, porque contra ti he pecado».
⁵ Pero mis enemigos solo hablan mal de mí.
Preguntan: «¿Falta mucho para que se
muera y pase al olvido?».
⁶ Me visitan como si fueran mis amigos,
pero mientras tanto juntan chismes
y, cuando se van, los divulgan a los cuatro
vientos.
⁷ Los que me odian susurran cosas acerca
de mí
y se imaginan lo peor.
⁸ «Tiene alguna enfermedad fatal —dicen—.
¡Jamás se levantará de la cama!».
⁹ Hasta mi mejor amigo, en quien tenía plena
confianza,
quien compartía mi comida, se ha puesto
en mi contra.

40:6 El texto griego dice *Me has dado un cuerpo.* Comparar Hb 10:5.

[10] Señor, ten misericordia de mí.
¡Devuélveme la salud para que pueda darles
su merecido!
[11] Sé que soy de tu agrado,
porque no permitiste que mis enemigos
triunfaran sobre mí.
[12] Has preservado mi vida porque soy inocente;
me has traído a tu presencia y eso es para
siempre.
[13] Alaben al Señor, Dios de Israel,
quien vive desde la eternidad hasta
la eternidad.
¡Amén y amén!

LIBRO SEGUNDO (Salmos 42–72)

42 *Para el director del coro: salmo* de los
descendientes de Coré.*

[1] Como el ciervo anhela las corrientes de
las aguas,
así te anhelo a ti, oh Dios.
[2] Tengo sed de Dios, del Dios viviente.
¿Cuándo podré ir para estar delante de él?
[3] Día y noche solo me alimento de lágrimas,
mientras que mis enemigos se burlan
continuamente de mí diciendo:
«¿Dónde está ese Dios tuyo?».

[4] Se me destroza el corazón
al recordar cómo solían ser las cosas:
yo caminaba entre la multitud de
adoradores,
encabezaba una gran procesión hacia la
casa de Dios,
cantando de alegría y dando gracias
en medio del sonido de una gran
celebración.

[5] ¿Por qué estoy desanimado?
¿Por qué está tan triste mi corazón?
¡Pondré mi esperanza en Dios!
Nuevamente lo alabaré,
¡mi Salvador y [6]mi Dios!

Ahora estoy profundamente desalentado,
pero me acordaré de ti,
aun desde el lejano monte Hermón, donde
nace el Jordán,
desde la tierra del monte Mizar.
[7] Oigo el tumulto de los embravecidos mares,
mientras me arrasan tus olas y las
crecientes mareas.
[8] Pero cada día el Señor derrama su amor
inagotable sobre mí,
y todas las noches entono sus cánticos
y oro a Dios, quien me da vida.

[9] «¡Oh Dios, roca mía! —clamo—,
¿por qué me has olvidado?
¿Por qué tengo que andar angustiado,
oprimido por mis enemigos?».

[10] Sus insultos me parten los huesos.
Se burlan diciendo: «¿Dónde está ese
Dios tuyo?».

[11] ¿Por qué estoy desanimado?
¿Por qué está tan triste mi corazón?
¡Pondré mi esperanza en Dios!
Nuevamente lo alabaré,
¡mi Salvador y mi Dios!

43 [1] ¡Declárame inocente, oh Dios!
Defiéndeme contra esta gente que
vive sin ti;
rescátame de estos mentirosos injustos.
[2] Pues tú eres Dios, mi único refugio seguro.
¿Por qué me hiciste a un lado?
¿Por qué tengo que andar angustiado,
oprimido por mis enemigos?
[3] Envía tu luz y tu verdad,
que ellas me guíen.
Que me lleven a tu monte santo,
al lugar donde vives.
[4] Allí iré al altar de Dios,
a Dios mismo, la fuente de toda
mi alegría.
Te alabaré con mi arpa.
¡oh Dios, mi Dios!

[5] ¿Por qué estoy desanimado?
¿Por qué está tan triste mi corazón?
¡Pondré mi esperanza en Dios!
Nuevamente lo alabaré,
¡mi Salvador y mi Dios!

44 *Para el director del coro: salmo* de los
descendientes de Coré.*

[1] Oh Dios, lo oímos con nuestros propios oídos,
nuestros antepasados nos han contado
de todo lo que hiciste en su época,
hace mucho tiempo atrás:
[2] Con tu poder expulsaste a las naciones paganas
y entregaste toda la tierra a nuestros
antepasados.
Aplastaste a sus enemigos
y liberaste a nuestros antepasados.
[3] No fue con sus espadas que conquistaron
la tierra,
ni sus brazos fuertes les dieron la victoria.
Fueron tu mano derecha y tu brazo fuerte,
y la luz cegadora de tu rostro que los ayudó,
porque tú los amabas.

[4] Tú eres mi Rey y mi Dios;
tú decretas las victorias de Israel.*
[5] Solo con tu poder hacemos retroceder a
nuestros enemigos,
solo en tu nombre podemos pisotear a
nuestros adversarios.
[6] No confío en mi arco
ni dependo de que mi espada me salve.

42:título En hebreo *masquil*. Puede ser un término literario o musical.   44:título En hebreo *masquil*. Puede ser un término literario
o musical.   44:4 En hebreo *para Jacob*. Los nombres «Jacob» e «Israel» a menudo son intercambiables en el Antiguo Testamento.
Algunas veces hacen referencia al patriarca como individuo y otras veces a la nación.

7 Tú eres el que nos da la victoria sobre nuestros
enemigos;
avergüenzas a los que nos odian.
8 Oh Dios, todo el día te damos gloria
y alabamos tu nombre constantemente.
Interludio

9 Pero ahora nos hiciste a un lado en deshonra;
ya no estás al frente de nuestros ejércitos
en batalla.
10 Nos haces huir en retirada de nuestros
enemigos
y dejas que los que nos odian saqueen
nuestra tierra.
11 Nos descuartizaste como a ovejas
y esparciste entre las naciones.
12 Vendiste a tu precioso pueblo por una
miseria
y no ganaste nada con la venta.
13 Permites que nuestros vecinos se burlen de
nosotros;
somos objeto de desprecio y desdén de
quienes nos rodean.
14 Nos has hecho el blanco de sus bromas;
menean la cabeza ante nosotros en señal
de desprecio.
15 No podemos escapar de la constante
humillación;
tenemos la vergüenza dibujada en
el rostro.
16 Lo único que oímos son los insultos de
los burlones;
lo único que vemos es a nuestros enemigos
vengativos.

17 Todo esto ocurrió aunque nunca te hemos
olvidado
ni desobedecimos tu pacto.
18 Nuestro corazón no te abandonó
ni nos hemos extraviado de tu camino.
19 Sin embargo, nos aplastaste en el desierto,
donde vive el chacal;
nos cubriste de oscuridad y muerte.
20 Si nos hubiéramos olvidado del nombre de
nuestro Dios
o hubiéramos extendido las manos en
oración a dioses ajenos,
21 con toda seguridad Dios lo habría sabido,
porque conoce los secretos de cada
corazón.
22 Pero por tu causa, nos matan cada día;
nos tratan como a ovejas en el matadero.

23 ¡Despierta, oh Señor! ¿Por qué duermes?
¡Levántate! No nos rechaces para siempre.
24 ¿Por qué miras para otro lado?
¿Por qué pasas por alto nuestro sufrimiento
y opresión?
25 Nos desplomamos en el polvo,
quedamos boca abajo en la mugre.
26 ¡Levántate! ¡Ayúdanos!
Rescátanos a causa de tu amor inagotable.

45

*Para el director del coro: cántico de amor.
Entónese con la melodía de «Los lirios». Salmo**
de los descendientes de Coré.

1 Hermosas palabras conmueven mi corazón;
por eso recitaré un bello poema acerca
del rey,
pues mi lengua es como la pluma de un
hábil poeta.

2 Eres el más apuesto de todos;
de tus labios se desprenden palabras
amables.
Dios mismo te ha bendecido para
siempre.
3 ¡Ponte la espada, oh poderoso guerrero!
¡Eres tan glorioso, tan majestuoso!
4 Cabalga con majestad hacia la victoria
y defiende la verdad, la humildad y
la justicia.
¡Avanza para realizar obras imponentes!
5 Tus flechas son afiladas; traspasan el corazón
de tus enemigos,
y las naciones caen a tus pies.

6 Tu trono, oh Dios,* permanece por siempre y
para siempre;
tú gobiernas con un cetro de justicia.
7 Amas la justicia y odias la maldad.
Por eso Dios —tu Dios— te ha ungido
derramando el aceite de alegría sobre ti
más que sobre cualquier otro.
8 Mirra, áloe y casia perfuman tu manto;
en palacios de marfil, la música de cuerdas
te entretiene.
9 Hijas de reyes hay entre las mujeres de
tu corte;
a tu derecha está la reina,
¡lleva joyas del oro más fino de Ofir!

10 Escúchame, oh hija de la realeza; toma en
serio lo que te digo:
olvídate de tu pueblo y de tu familia, que
están lejos.
11 Pues tu esposo, el rey, se deleita en tu belleza;
hónralo, porque él es tu señor.
12 La princesa de Tiro* te colmará de regalos;
los ricos suplicarán tu favor.
13 La novia, una princesa, luce gloriosa
en su vestido dorado.
14 Con sus hermosas vestiduras la llevan ante
el rey,
acompañada por sus damas de honor.
15 ¡Qué procesión tan alegre y entusiasta,
cuando entran en el palacio del rey!

16 Tus hijos se convertirán en reyes como
su padre;
los harás gobernantes de muchas tierras.
17 Traeré honra a tu nombre en todas las
generaciones;
Por eso, las naciones te alabarán por
siempre y para siempre.

45:TÍTULO En hebreo *masquil*. Puede ser un término literario o musical.   **45:6** O *Tu trono divino.*   **45:12** En hebreo *La hija de Tiro.*

46

*Para el director del coro: cántico de los descendientes de Coré; entónese con voces de soprano.**

¹ Dios es nuestro refugio y nuestra fuerza,
    siempre está dispuesto a ayudar en
    tiempos de dificultad.
² Por lo tanto, no temeremos cuando vengan
    terremotos
    y las montañas se derrumben en el mar.
³ ¡Que rujan los océanos y hagan espuma!
    ¡Que tiemblen las montañas mientras
    suben las aguas!   *Interludio*

⁴ Un río trae gozo a la ciudad de nuestro Dios,
    el hogar sagrado del Altísimo.
⁵ Dios habita en esa ciudad; no puede ser
    destruida;
    en cuanto despunte el día, Dios la
    protegerá.
⁶ ¡Las naciones se encuentran en un caos,
    y sus reinos se desmoronan!
    ¡La voz de Dios truena,
    y la tierra se derrite!
⁷ El Señor de los Ejércitos Celestiales está
    entre nosotros;
    el Dios de Israel* es nuestra fortaleza.
                                Interludio

⁸ Vengan, vean las obras gloriosas del Señor:
    miren cómo trae destrucción sobre el
    mundo.
⁹ Él hace cesar las guerras en toda la tierra;
    quiebra el arco y rompe la lanza
    y quema con fuego los escudos.
¹⁰ «¡Quédense quietos y sepan que yo soy Dios!
    Toda nación me honrará.
    Seré honrado en el mundo entero».

¹¹ El Señor de los Ejércitos Celestiales está
    entre nosotros;
    el Dios de Israel es nuestra fortaleza.
                                Interludio

47

Para el director del coro: salmo de los descendientes de Coré.

¹ ¡Vengan todos! ¡Aplaudan!
    ¡Griten alegres alabanzas a Dios!
² Pues el Señor Altísimo es imponente;
    es el gran Rey de toda la tierra.
³ Él subyuga a las naciones frente a nosotros;
    pone a nuestros enemigos bajo nuestros
    pies.
⁴ Escogió la Tierra Prometida como nuestra
    herencia y posesión,
    el orgullo de los descendientes de Jacob,
    a quienes ama.   *Interludio*

⁵ Dios ascendió con un grito poderoso;
    el Señor ha ascendido al estruendo de
    las trompetas.

⁶ Canten alabanzas a Dios, canten alabanzas;
    ¡canten alabanzas a nuestro Rey, canten
    alabanzas!
⁷ Pues Dios es el Rey de toda la tierra.
    Alábenlo con un salmo.*
⁸ Dios reina sobre las naciones,
    sentado en su santo trono.
⁹ Los gobernantes del mundo se han reunido
    con el pueblo del Dios de Abraham.
    Pues todos los reyes de la tierra pertenecen
    a Dios.
    Él es exaltado en gran manera en todas
    partes.

48

Un cántico. Salmo de los descendientes de Coré.

¹ ¡Qué grande es el Señor,
    cuán digno de alabanza
    en la ciudad de nuestro Dios,
    situada sobre su monte santo!
² Es alto y magnífico;
    ¡toda la tierra se alegra al verlo!
    ¡El monte Sión, el monte santo,*
    es la ciudad del gran Rey!
³ Dios mismo está en las torres de Jerusalén
    dándose a conocer como su defensor.

⁴ Los reyes de la tierra unieron sus fuerzas
    y avanzaron contra la ciudad.
⁵ Pero al verla, se quedaron pasmados;
    se llenaron de miedo y huyeron.
⁶ El terror se apoderó de ellos
    y se retorcieron de dolor como una mujer
    en parto.
⁷ Los destruiste como a los poderosos barcos
    de Tarsis
    que fueron despedazados por un potente
    viento del oriente.

⁸ Habíamos oído de la gloria de la ciudad,
    pero ahora la hemos visto en persona,
    la ciudad del Señor de los Ejércitos
    Celestiales.
    Es la ciudad de nuestro Dios;
    él hará que sea segura para siempre.
                                Interludio

⁹ Oh Dios, meditamos en tu amor inagotable
    adoramos en tu templo.
¹⁰ Como lo merece tu nombre, oh Dios,
    serás alabado hasta los extremos de
    la tierra;
    tu fuerte mano derecha está llena
    de victoria.
¹¹ Que se goce la gente del monte Sión;
    que se alegren todas las ciudades de Judá
    a causa de tu justicia.

¹² Vayan a inspeccionar la ciudad de Jerusalén;*
    anden por ella y cuenten sus muchas
    torres.

46:título En hebreo *según alamot*. 46:7 En hebreo *de Jacob*; también en 46:11. Ver nota en 44:4. 47:7 En hebreo *masquil*. Puede ser un término literario o musical. 48:2 O *monte Sión, en el extremo norte*; en hebreo dice *monte de Sión, las alturas de Zafón*. 48:12 En hebreo *Sión*.

13 Fíjense en las murallas fortificadas
  y recorran todas sus ciudadelas,
para que puedan describirlas
  a las generaciones futuras.
14 Pues así es Dios.
  Él es nuestro Dios por siempre y para siempre,
  y nos guiará hasta el día de nuestra muerte.

49 *Para el director del coro: salmo de los descendientes de Coré*

1 ¡Escuchen esto todos los pueblos!
  ¡Presten atención, habitantes de todo el mundo!
2 Los de las altas esferas y la gente común,
  ricos y pobres: ¡oigan!
3 Pues mis palabras son sabias
  y mis pensamientos están llenos de buena percepción.
4 Escucho con atención muchos proverbios
  y resuelvo enigmas con la inspiración del sonido de un arpa.

5 ¿Por qué tendría que temer cuando vienen dificultades,
  cuando los enemigos me rodean?
6 Ellos se fían de sus posesiones
  y se jactan de sus grandes riquezas.
7 Sin embargo, no pueden redimirse de la muerte*
  pagándole un rescate a Dios.
8 La redención no se consigue tan fácilmente,
  pues nadie podrá jamás pagar lo suficiente
9 como para vivir para siempre
  y nunca ver la tumba.

10 Los sabios finalmente tendrán que morir,
  al igual que los necios y los insensatos,
  y dejarán toda su riqueza atrás.
11 La tumba es su hogar eterno,
  donde permanecerán para siempre.
  Podrán ponerle su propio nombre a sus propiedades,
12   pero su fama no durará.
  Morirán, al igual que los animales.
13 Ese es el destino de los necios,
  aunque sean recordados como si hubieran sido sabios.* *Interludio*

14 Como ovejas, son llevados a la tumba,*
  donde la muerte será su pastor.
  Por la mañana, los justos gobernarán sobre ellos.
  Sus cuerpos se pudrirán en la tumba,
  lejos de sus grandiosas propiedades.
15 Pero en mi caso, Dios redimirá mi vida,
  me arrebatará del poder de la tumba. *Interludio*

16 Así que no te desanimes cuando los malvados se enriquezcan,
  y en sus casas haya cada vez más esplendor.

17 Pues al morir, no se llevan nada consigo;
  sus riquezas no los seguirán a la tumba.
18 En esta vida se consideran dichosos
  y los aplauden por su éxito.
19 Pero morirán como todos sus antepasados,
  y nunca más volverán a ver la luz del día.
20 La gente que se jacta de su riqueza no comprende;
  morirán, al igual que los animales.

50 *Salmo de Asaf.*

1 El Señor, el Poderoso, es Dios y habló;
  convocó a toda la humanidad
  desde donde sale el sol hasta donde se pone.
2 Desde el monte Sión, la perfección de la belleza,
  Dios brilla con un resplandor glorioso.
3 Nuestro Dios se acerca,
  pero no en silencio.
  A su paso el fuego devora todo lo que encuentra,
  y a su alrededor se desata una gran tormenta.
4 Pone al cielo arriba y a la tierra abajo
  como testigos del juicio a su pueblo.
5 «Tráiganme a mi pueblo fiel,
  a los que hicieron un pacto conmigo,
  al ofrecer sacrificios».
6 Luego dejen que los cielos proclamen la justicia divina,
  porque Dios mismo será el juez. *Interludio*

7 «Oh pueblo mío, escucha cuando te hablo.
  Estas son las acusaciones que tengo contra ti, oh Israel:
  ¡yo soy Dios, tu Dios!
8 No tengo quejas de tus sacrificios
  ni de las ofrendas quemadas que ofreces constantemente.
9 Pero no necesito los toros de tus establos
  ni las cabras de tus corrales.
10 Pues todos los animales del bosque son míos,
  y soy dueño del ganado de mil colinas.
11 Conozco a cada pájaro de las montañas,
  y todos los animales del campo me pertenecen.
12 Si tuviera hambre, no te lo diría a ti,
  porque mío es el mundo entero y todo lo que hay en él.
13 ¿Acaso me alimento de carne de toro?
  ¿Acaso bebo sangre de cabra?
14 Haz que sea la gratitud tu sacrificio a Dios
  y cumple los votos que le has hecho al Altísimo.
15 Luego llámame cuando tengas problemas,
  y yo te rescataré,
  y tú me darás la gloria».

49:7 O *nadie puede redimir la vida de otro.*   **49:13** El significado del hebreo es incierto.   **49:14** En hebreo *al Seol;* también en 49:14b, 15.

16 Pero Dios dice a los perversos:
«¿Para qué se molestan en recitar mis
decretos
y en fingir que obedecen mi pacto?
17 Pues rechazan mi disciplina
y tratan mis palabras como basura.
18 Cuando ven ladrones, les dan su aprobación,
y se pasan el tiempo con adúlteros.
19 Tienen la boca llena de maldad,
y la lengua repleta de mentiras.
20 Se la pasan calumniando a su hermano,
a su propio hermano de sangre.
21 Mientras ustedes hacían todo esto, yo
permanecí en silencio,
y pensaron que no me importaba.
Pero ahora los voy a reprender,
presentaré todas las acusaciones que tengo
contra ustedes.
22 Arrepiéntanse todos los que se olvidan de mí,
o los despedazaré
y nadie los ayudará.
23 Pero el dar gracias es un sacrificio que
verdaderamente me honra;
si permanecen en mi camino,
les daré a conocer la salvación de Dios».

51 *Para el director del coro: salmo de David,
cuando el profeta Natán fue a verlo después
que cometió adulterio con Betsabé.*

1 Ten misericordia de mí, oh Dios,
debido a tu amor inagotable;
a causa de tu gran compasión,
borra la mancha de mis pecados.
2 Lávame de la culpa hasta que quede limpio
y purifícame de mis pecados.
3 Pues reconozco mis rebeliones;
día y noche me persiguen.
4 Contra ti y solo contra ti he pecado;
he hecho lo que es malo ante tus ojos.
Quedará demostrado que tienes razón en
lo que dices
y que tu juicio contra mí es justo.*
5 Pues soy pecador de nacimiento,
así es, desde el momento en que me
concibió mi madre.
6 Pero tú deseas honradez desde el vientre*
y aun allí me enseñas sabiduría.

7 Purifícame de mis pecados,* y quedaré
limpio;
lávame, y quedaré más blanco que la nieve.
8 Devuélveme la alegría;
deja que me goce
ahora que me has quebrantado.
9 No sigas mirando mis pecados;
quita la mancha de mi culpa.
10 Crea en mí, oh Dios, un corazón limpio
y renueva un espíritu fiel dentro de mí.
11 No me expulses de tu presencia
y no me quites tu Espíritu Santo.*

12 Restaura en mí la alegría de tu salvación
y haz que esté dispuesto a obedecerte.
13 Entonces enseñaré a los rebeldes tus caminos,
y ellos se volverán a ti.
14 Perdóname por derramar sangre, oh Dios
que salva;
entonces con alegría cantaré de tu perdón.
15 Desata mis labios, oh Señor,
para que mi boca pueda alabarte.

16 Tú no deseas sacrificios; de lo contrario,
te ofrecería uno.
Tampoco quieres una ofrenda quemada.
17 El sacrificio que sí deseas es un espíritu
quebrantado;
tú no rechazarás un corazón arrepentido
y quebrantado, oh Dios.
18 Mira a Sión con tu favor y ayúdala;
reconstruye las murallas de Jerusalén.
19 Entonces te agradarán los sacrificios
ofrecidos con un espíritu correcto;
con ofrendas quemadas y ofrendas
quemadas enteras.
Entonces volverán a sacrificarse toros
sobre tu altar.

52 *Para el director del coro: salmo* de David,
acerca de cuando Doeg, el edomita, le dijo a
Saúl: «David fue a ver a Ahimelec».*

1 ¿Por qué te jactas de tus delitos, gran
guerrero?
¿No te das cuenta de que la justicia de
Dios permanece para siempre?
2 Todo el día conspiras destrucción.
Tu lengua es cortante como una navaja
afilada;
eres experto en decir mentiras.
3 Amas el mal más que el bien
y las mentiras más que la verdad.
Interludio

4 Te encanta destruir a la gente con
tus palabras,
¡mentiroso!
5 Pero Dios te herirá de muerte de una
vez por todas;
te sacará de tu casa
y te desarraigará de la tierra de los
vivientes.
Interludio

6 Los justos lo verán y se asombrarán;
se reirán y dirán:
7 «Miren lo que les pasa a los guerreros
poderosos
que no ponen su confianza en Dios,
sino que confían en sus riquezas
y se vuelven más y más atrevidos en
su maldad».

8 Pero yo soy como un olivo que florece en la
casa de Dios

51:4 La versión griega dice *y ganarás tu caso en los tribunales.* Comparar Rm 3:4.   **51:6** O *de corazón;* en hebreo dice *en las partes íntimas.*   **51:7** En hebreo *Purifícame con un hisopo.*   **51:11** O *tu espíritu de santidad.*   **52:título** En hebreo *masquil.* Puede ser un término literario o musical.

y siempre confiaré en su amor inagotable.
⁹ Te alabaré para siempre, oh Dios,
por lo que has hecho.
Confiaré en tu buen nombre
en presencia de tu pueblo fiel.

53

Para el director del coro: meditación, salmo* de David.

¹ Solo los necios dicen en su corazón:
«No hay Dios».
Ellos son corruptos y sus acciones son malas;
¡no hay ni uno que haga lo bueno!

² Dios mira desde los cielos
a toda la raza humana;
observa para ver si hay alguien realmente
sabio,
si alguien busca a Dios.
³ Pero no, todos se desviaron;
todos se corrompieron.*
No hay ni uno que haga lo bueno,
¡ni uno solo!

⁴ ¿Será posible que nunca aprendan los que
hacen el mal?
Devoran a mi pueblo como si fuera pan
y ni siquiera piensan en orar a Dios.
⁵ El terror se apoderará de ellos,
un terror como nunca habían conocido.
Dios esparcirá los huesos de tus enemigos.
Los avergonzarás, porque Dios los ha
rechazado.

⁶ ¿Quién vendrá del monte Sión para rescatar
a Israel?
Cuando Dios restaure a su pueblo,
Jacob gritará de alegría e Israel se gozará.

54

Para el director del coro: salmo* de David, acerca de cuando los zifeos fueron a decirle a Saúl: «Sabemos dónde se esconde David». Acompáñese con instrumentos de cuerda.

¹ ¡Ven con tu gran poder, oh Dios,
y rescátame!
Defiéndeme con tu poder.
² Escucha mi oración, oh Dios;
presta atención a mi ruego.
³ Pues me atacan desconocidos;
gente violenta trata de matarme.
No les importa Dios en lo más mínimo.
Interludio

⁴ Pero Dios es mi ayudador;
¡el Señor me mantiene con vida!
⁵ Que los planes malvados de mis enemigos se
tornen en su contra;
haz lo que prometiste y acaba con ellos.

⁶ Sacrificaré una ofrenda voluntaria a ti;
alabaré tu nombre,
porque es bueno, oh Señor.

⁷ Pues me libraste de mis dificultades
y me ayudaste a triunfar sobre mis
enemigos.

55

Para el director del coro: salmo* de David; acompáñese con instrumentos de cuerda.

¹ Escucha mi oración, oh Dios;
¡no pases por alto mi grito de auxilio!
² Por favor, escúchame y respóndeme,
porque las dificultades me abruman.
³ Mis enemigos me gritan,
me lanzan perversas amenazas a viva voz.
Me cargan de problemas
y con rabia me persiguen.

⁴ Mi corazón late en el pecho con fuerza;
me asalta el terror de la muerte.
⁵ El miedo y el temblor me abruman,
y no puedo dejar de temblar.
⁶ Si tan solo tuviera alas como una paloma,
¡me iría volando y descansaría!
⁷ Volaría muy lejos,
a la tranquilidad del desierto.
Interludio

⁸ Qué rápido me escaparía
lejos de esta furiosa tormenta de odio.

⁹ Confúndelos, Señor, y frustra sus planes,
porque veo violencia y conflicto en
la ciudad.
¹⁰ Día y noche patrullan sus murallas para
cuidarla de invasores,
pero el verdadero peligro es la maldad
que hay dentro de la ciudad.
¹¹ Todo se viene abajo;
las amenazas y el engaño abundan por
las calles.

¹² No es un enemigo el que me hostiga,
eso podría soportarlo.
No son mis adversarios los que me insultan
con tanta arrogancia,
de ellos habría podido esconderme.
¹³ En cambio, eres tú, mi par,
mi compañero y amigo íntimo.
¹⁴ ¡Cuánto compañerismo disfrutábamos
cuando caminábamos juntos hacia la
casa de Dios!

¹⁵ Que la muerte aceche a mis enemigos;
que la tumba* se los trague vivos,
porque la maldad habita en ellos.

¹⁶ Pero clamaré a Dios,
y el Señor me rescatará.
¹⁷ Mañana, tarde y noche
clamo en medio de mi angustia,
y el Señor oye mi voz.
¹⁸ Él me rescata y me mantiene a salvo
de la batalla que se libra en mi contra,
aunque muchos todavía se me oponen.

53:título En hebreo *según mahalat; un masquil.* Pueden ser términos literarios o musicales.   **53:3** La versión griega dice *se han vuelto inútiles.* Comparar Rm 3:12.   **54:título** En hebreo *masquil.* Puede ser un término literario o musical.   **55:título** En hebreo *masquil.* Puede ser un término literario o musical.   **55:15** En hebreo *que el Seol.*

¹⁹ Dios, quien siempre ha gobernado,
   me oirá y los humillará.   *Interludio*
Pues mis enemigos se niegan a cambiar
   de rumbo;
   no tienen temor de Dios.

²⁰ En cuanto a mi compañero, él traicionó a
   sus amigos;
   no cumplió sus promesas.
²¹ Sus palabras son tan suaves como la
   mantequilla,
   pero en su corazón hay guerra.
Sus palabras son tan relajantes como
   una loción,
   ¡pero por debajo son dagas!

²² Entrégale tus cargas al Señor,
   y él cuidará de ti;
   no permitirá que los justos tropiecen
   y caigan.

²³ Pero tú, oh Dios, mandarás a los perversos
   a la fosa de destrucción;
   los asesinos y los mentirosos morirán jóvenes,
   pero yo confío en que tú me salves.

56 *Para el director del coro: salmo* de David,
acerca de cuando los filisteos lo capturaron en
Gat. Cántese con la melodía de «La paloma en los robles
distantes».*

¹ Oh Dios, ten misericordia de mí,
   porque la gente me acosa.
   Mis enemigos me atacan todo el día.
² Los que me calumnian no dejan de
   acosarme,
   y muchos me atacan descaradamente.
³ Pero cuando tenga miedo,
   en ti pondré mi confianza.
⁴ Alabo a Dios por lo que ha prometido.
   En Dios confío, ¿por qué habría de tener
   miedo?
   ¿Qué pueden hacerme unos simples
   mortales?

⁵ Siempre tergiversan lo que digo;
   se pasan el día tramando cómo hacerme
   daño.
⁶ Se juntan para espiarme,
   vigilan cada paso que doy, ansiosos de
   matarme.
⁷ No permitas que estos malvados se salgan
   con la suya;
   en tu enojo, oh Dios, derríbalos.

⁸ Tú llevas la cuenta de todas mis angustias*
   y has juntado todas mis lágrimas en
   tu frasco;
   has registrado cada una de ellas en
   tu libro.

⁹ Mis enemigos emprenderán la retirada
   cuando yo clame a ti por ayuda.
   Una cosa sé: ¡Dios está de mi lado!

¹⁰ Alabo a Dios por lo que ha prometido;
   sí, alabo al Señor por lo que ha
   prometido.
¹¹ En Dios confío, ¿por qué habría de tener
   miedo?
   ¿Qué pueden hacerme unos simples
   mortales?

¹² Cumpliré los votos que te hice, oh Dios,
   y ofreceré un sacrificio de gratitud por
   tu ayuda.
¹³ Pues me rescataste de la muerte;
   no dejaste que mis pies resbalaran.
Así que ahora puedo caminar en tu
   presencia, oh Dios,
   en tu luz que da vida.

57 *Para el director del coro: salmo* de David,
acerca de cuando huyó de Saúl y entró en una
cueva. Cántese con la melodía de «¡No destruyas!».*

¹ ¡Ten misericordia de mí, oh Dios, ten
   misericordia!
   En ti busco la protección.
Me esconderé bajo la sombra de tus alas
   hasta que haya pasado el peligro.
² Clamo al Dios Altísimo,*
   a Dios, quien cumplirá su propósito
   para mí.
³ Él mandará ayuda del cielo para rescatarme,
   y avergonzará a los que me persiguen.
                                    Interludio
Mi Dios enviará su amor inagotable y
   su fidelidad.

⁴ Me rodean leones feroces
   que con avidez devoran a sus presas
   humanas;
   sus dientes penetran como lanzas y flechas,
   y sus lenguas cortan como espadas.

⁵ ¡Exaltado seas, oh Dios, por encima de los
   cielos más altos!
   Que tu gloria brille sobre toda la tierra.

⁶ Mis enemigos me tendieron una trampa;
   estoy cansado de tanta angustia.
Cavaron un pozo profundo en mi camino,
   pero ellos mismos cayeron en la trampa.
                                    Interludio

⁷ Mi corazón está confiado en ti, oh Dios;
   mi corazón tiene confianza.
   ¡Con razón puedo cantar tus alabanzas!
⁸ ¡Despiértate, corazón mío!
   ¡Despiértense, lira y arpa!
   Con mi canto despertaré al amanecer.
⁹ Te daré gracias, Señor, en medio de toda
   la gente;
   cantaré tus alabanzas entre las naciones.
¹⁰ Pues tu amor inagotable es tan alto como
   los cielos;
   tu fidelidad llega hasta las nubes.

56: título En hebreo *mictam*. Puede ser un término literario o musical.   **56:8** *O mis andanzas.*   **57: título** En hebreo *mictam*.
Puede ser un término literario o musical.   **57:2** En hebreo *Elohim-Elión.*

11 Exaltado seas, oh Dios, por encima de los
   cielos más altos;
   que tu gloria brille sobre toda la tierra.

58 *Para el director del coro: salmo* de David;
cántese con la melodía de «¡No destruyas!».*

1 Gobernantes,* ¿saben acaso el significado
   de la palabra justicia?
   ¿Juzgan a la gente con imparcialidad?
2 ¡No! En el corazón traman injusticia
   y desparraman violencia por toda la tierra.
3 Estos malvados son pecadores de nacimiento,
   desde que nacieron mienten y siguen
   su propio camino.
4 Escupen veneno como serpientes mortíferas;
   son como cobras que se niegan a escuchar,
5 y hacen oídos sordos a las melodías de los
   encantadores de serpientes,
   aunque toquen con mucha destreza.

6 ¡Quiébrales los colmillos, oh Dios!
   ¡Destrózales las mandíbulas a estos leones,
   oh Señor!
7 Que desaparezcan como agua en tierra
   sedienta;
   que sean inútiles las armas en sus manos.*
8 Que sean como caracoles que se disuelven y
   se hacen baba,
   como un niño que nace muerto y que
   nunca verá el sol.
9 Dios los barrerá a todos, tanto a jóvenes
   como a ancianos,
   más rápido de lo que se calienta una
   olla sobre espinos ardientes.

10 Los justos se alegrarán cuando vean la
   injusticia vengada;
   se lavarán los pies en la sangre de los
   perversos.
11 Entonces, por fin, todos dirán:
   «Es verdad que hay recompensa para los
   que viven para Dios;
   es cierto que existe un Dios que juzga con
   justicia aquí en la tierra».

59 *Para el director del coro: salmo* de David,
acerca de cuando Saúl envió soldados a vigilar
la casa de David para matarlo. Cántese con la melodía
de «¡No destruyas!».*

1 Rescátame de mis enemigos, oh Dios;
   protégeme de los que han venido a
   destruirme.
2 Rescátame de estos criminales;
   sálvame de estos asesinos.
3 Me han tendido una emboscada.
   Enemigos feroces están a la espera,
   Señor,
   aunque yo ni pequé ni los he ofendido.
4 No hice nada malo,

sin embargo, se preparan para atacarme.
   ¡Despierta! ¡Mira lo que sucede y ayúdame!
5 Oh, Señor, Dios de los Ejércitos Celestiales,
   el Dios de Israel,
   despierta y castiga a esas naciones hostiles;
   no tengas misericordia de los traidores
   malvados.   *Interludio*

6 Salen de noche
   gruñendo como perros feroces
   mientras merodean por las calles.
7 Escucha la basura que sale de sus bocas;
   sus palabras cortan como espadas.
   Dicen con desdén: «Después de todo,
   ¿quién puede oírnos?».
8 Pero tú Señor, te ríes de ellos;
   te burlas de las naciones hostiles.
9 Tú eres mi fuerza; espero que me rescates,
   porque tú, oh Dios, eres mi fortaleza.
10 En tu amor inagotable, mi Dios estará a mi lado
   y me dejará mirar triunfante a todos mis
   enemigos.

11 No los mates, porque mi pueblo pronto
   olvida esa clase de lecciones;
   hazlos tambalear con tu poder y ponlos
   de rodillas,
   oh Señor, escudo nuestro.
12 Debido a las cosas pecaminosas que dicen,
   y a la maldad que está en sus labios,
   haz que queden atrapados por su orgullo,
   por sus maldiciones y por sus mentiras.
13 ¡Destrúyelos en tu enojo!
   ¡Arrásalos por completo!
   Entonces todo el mundo sabrá
   que Dios reina en Israel.*   *Interludio*

14 Mis enemigos salen de noche
   gruñendo como perros feroces
   mientras merodean por las calles.
15 Escarban en busca de comida,
   pero se van a dormir insatisfechos.*

16 En cuanto a mí, yo cantaré de tu poder;
   cada mañana cantaré con alegría acerca
   de tu amor inagotable.
   Pues tú has sido mi refugio,
   un lugar seguro cuando estoy angustiado.
17 Oh Fortaleza mía, a ti canto alabanzas,
   porque tú, oh Dios, eres mi refugio,
   el Dios que me demuestra amor inagotable.

60 *Para el director del coro: salmo* de David útil
para enseñar, acerca de cuando peleó contra
Aram-naharaim y Aram-soba, y Joab regresó y mató a
doce mil edomitas en el valle de la Sal. Cántese con la
melodía de «Lirio del testimonio».*

1 Nos has rechazado, oh Dios, y quebraste
   nuestras defensas.
   Te enojaste con nosotros; ahora,
   restáuranos al gozo de tu favor.

58: TÍTULO En hebreo *mictam*. Puede ser un término literario o musical.   58:1 U *Oh dioses.*   58:7 O *Que los pisoteen y se marchiten
como el pasto.* El significado del hebreo es incierto.   59: TÍTULO En hebreo *mictam*. Puede ser un término literario o musical.
59:13 En hebreo *en Jacob.* Ver nota en 44:4.   59:15 O *y rugen si no consiguen lo suficiente.*   60: TÍTULO En hebreo *mictam*. Puede
ser un término literario o musical.

² Sacudiste nuestra tierra y la abriste en dos.
    Sella las grietas, porque la tierra tiembla.
³ Has sido muy estricto con nosotros,
    nos hiciste beber de un vino que nos dejó
    tambaleantes.
⁴ Pero has levantado un estandarte para los que
    te temen:
    un punto de reunión en medio del ataque.
                                        Interludio

⁵ Rescata ahora a tu pueblo amado;
    respóndenos y sálvanos por medio de
    tu poder.
⁶ Por su santidad,* Dios ha prometido:
    «Dividiré a Siquem con alegría
    y mediré el valle de Sucot.
⁷ Galaad es mío
    y también Manasés.
    Efraín, mi casco, producirá mis guerreros,
    y Judá, mi cetro, producirá mis reyes.
⁸ Pero Moab, mi lavamanos, se convertirá en
    mi siervo,
    y sobre Edom me limpiaré los pies
    y gritaré triunfante sobre Filistea».

⁹ ¿Quién me llevará a la ciudad fortificada?
    ¿Quién me dará la victoria sobre Edom?
¹⁰ ¿Nos has rechazado, oh Dios?
    ¿Ya no marcharás junto a nuestros
    ejércitos?
¹¹ Por favor, ayúdanos contra nuestros enemigos,
    porque toda la ayuda humana es inútil.
¹² Con el auxilio de Dios haremos cosas
    poderosas,
    pues él pisoteará a nuestros enemigos.

61

Para el director del coro: salmo de David;
acompáñese con instrumentos de cuerda.

¹ Oh Dios, ¡escucha mi clamor!
    ¡Oye mi oración!
² Desde los extremos de la tierra,
    clamo a ti por ayuda
    cuando mi corazón está abrumado.
    Guíame a la imponente roca de seguridad,
³   porque tú eres mi amparo seguro,
    una fortaleza donde mis enemigos no
    pueden alcanzarme.
⁴ Permíteme vivir para siempre en tu
    santuario,
    ¡a salvo bajo el refugio de tus alas!
                                        Interludio

⁵ Pues has oído mis votos, oh Dios;
    me diste una herencia reservada para los
    que temen tu nombre.
⁶ ¡Añade muchos años a la vida del rey!
    ¡Que sus años abunden de generación en
    en generación!
⁷ Que reine bajo la protección de Dios para
    siempre,
    y que tu amor inagotable y tu fidelidad
    lo cuiden.

⁸ Entonces cantaré alabanzas a tu nombre
    para siempre,
    mientras cumplo mis votos cada día.

62

Para Jedutún, director del coro: salmo
de David.

¹ Espero en silencio delante de Dios,
    porque de él proviene mi victoria.
² Solo él es mi roca y mi salvación,
    mi fortaleza donde jamás seré sacudido.

³ ¡Cuántos enemigos contra un solo
    hombre!
    Todos tratan de matarme.
    Para ellos no soy más que una pared
    derribada
    o una valla inestable.
⁴ Piensan derrocarme de mi alta posición.
    Se deleitan en decir mentiras sobre mí.
    Cuando están frente a mí, me elogian,
    pero en su corazón me maldicen.
                                        Interludio

⁵ Que todo mi ser espere en silencio delante
    de Dios,
    porque en él está mi esperanza.
⁶ Solo él es mi roca y mi salvación,
    mi fortaleza donde no seré sacudido.
⁷ Mi victoria y mi honor provienen solamente
    de Dios;
    él es mi refugio, una roca donde ningún
    enemigo puede alcanzarme.
⁸ Oh pueblo mío, confía en Dios en todo
    momento;
    dile lo que hay en tu corazón,
    porque él es nuestro refugio.   *Interludio*

⁹ La gente común no vale más que una
    bocanada de viento,
    y los poderosos no son lo que parecen ser;
    si se les pesa juntos en una balanza,
    ambos son más livianos que un soplo
    de aire.

¹⁰ No te ganes la vida mediante la extorsión
    ni pongas tu esperanza en el robo.
    Y si tus riquezas aumentan,
    no las hagas el centro de tu vida.

¹¹ Dios ha hablado con claridad,
    y yo lo he oído muchas veces:
    el poder, oh Dios, te pertenece a ti;
¹²   el amor inagotable, oh Señor, es tuyo;
    ciertamente pagas a todos
    de acuerdo a lo que hayan hecho.

63

Salmo de David, de cuando estaba
en el desierto de Judá.

¹ Oh Dios, tú eres mi Dios;
    de todo corazón te busco.
    Mi alma tiene sed de ti;
    todo mi cuerpo te anhela

60:6 O *En su santuario.*

en esta tierra reseca y agotada
donde no hay agua.
2 Te he visto en tu santuario
y he contemplado tu poder y tu gloria.
3 Tu amor inagotable es mejor que la vida
misma,
¡cuánto te alabo!
4 Te alabaré mientras viva,
a ti levantaré mis manos en oración.
5 Tú me satisfaces más que un suculento
banquete;
te alabaré con cánticos de alegría.

6 Recostado, me quedo despierto
pensando y meditando en ti durante
la noche.
7 Como eres mi ayudador,
canto de alegría a la sombra de tus alas.
8 Me aferro a ti;
tu fuerte mano derecha me mantiene seguro.

9 Pero los que traman destruirme acabarán
arruinados;
descenderán a las profundidades de la tierra.
10 Morirán a espada
y se convertirán en comida de chacales.
11 Pero el rey se alegrará en Dios;
todos los que confían en él lo alabarán,
mientras que los mentirosos serán
silenciados.

64 Para el director del coro: salmo de David.

1 Oh Dios, escucha mi queja;
protege mi vida de las amenazas de mis
enemigos.
2 Escóndeme de las conspiraciones de esta
turba malvada,
de esta pandilla de malhechores.
3 Afilan su lengua como espada
y apuntan como flechas sus palabras
amargas.
4 Le tiran a los inocentes desde una emboscada,
los atacan de repente y sin temor.
5 Se animan unos a otros al hacer el mal
y maquinan cómo tender sus trampas en
secreto.
«¿Quién se dará cuenta?», preguntan.
6 Dicen mientras traman sus delitos:
«¡Hemos orquestado el plan perfecto!».
Es cierto, el corazón y la mente del ser
humano son astutos.

7 Pero Dios mismo les lanzará sus flechas
y los herirá de repente.
8 Su propia lengua los arruinará,
y quienes los vean, menearán la cabeza en
señal de desprecio.
9 Entonces todos temerán;
proclamarán los poderosos actos de Dios,
y se darán cuenta de todas las cosas
asombrosas que él hace.
10 Los justos se alegrarán en el Señor,

y en él encontrarán refugio.
Y los que hacen lo correcto
lo alabarán.

65 Para el director del coro: cántico. Salmo de David.

1 Qué poderosa alabanza, oh Dios,
te pertenece en Sión.
Cumpliremos los votos que te hemos hecho
2 porque tú respondes a nuestras oraciones.
Todos nosotros tenemos que acudir a ti.
3 Aunque nuestros pecados nos abruman,
tú los perdonas todos.
4 ¡Cuánta alegría para los que escoges y
acercas a ti,
aquellos que viven en tus santos atrios!
¡Qué festejos nos esperan
dentro de tu santo templo!

5 Fielmente respondes a nuestras oraciones
con imponentes obras,
oh Dios nuestro salvador.
Eres la esperanza de todos los que habitan
la tierra,
incluso de los que navegan en mares
distantes.
6 Con tu poder formaste las montañas
y te armaste de una fuerza poderosa.
7 Calmaste los océanos enfurecidos,
con sus impetuosas olas,
y silenciaste los gritos de las naciones.
8 Los que viven en los extremos de la tierra
quedan asombrados ante tus maravillas.
Desde donde sale el sol hasta donde se pone,
tú inspiras gritos de alegría.

9 Cuidas la tierra y la riegas,
la enriqueces y la haces fértil.
El río de Dios tiene agua en abundancia;
proporciona una exuberante cosecha
de grano,
porque así ordenaste que fuera.
10 Con lluvias empapas la tierra arada,
disuelves los terrones y nivelas los
surcos.
Ablandas la tierra con aguaceros
y bendices sus abundantes cultivos.
11 Coronas el año con una copiosa cosecha;
hasta los senderos más pisoteados
desbordan de abundancia.
12 Las praderas del desierto se convierten
en buenos pastizales,
y las laderas de las colinas florecen
de alegría.
13 Los prados se visten con rebaños de ovejas,
y los valles están alfombrados con grano.
¡Todos gritan y cantan de alegría!

66 Para el director del coro: cántico. Salmo.

1 ¡Griten alabanzas alegres a Dios todos los
habitantes de la tierra!

2 ¡Canten de la gloria de su nombre!
Cuéntenle al mundo lo glorioso que es él.
3 Díganle a Dios: «¡Qué imponentes son
tus obras!
Tus enemigos se arrastran ante tu gran
poder.
4 Todo lo que hay en la tierra te adorará;
cantará tus alabanzas
aclamando tu nombre con cánticos
gloriosos».   *Interludio*

5 Vengan y vean lo que nuestro Dios ha
hecho,
¡los imponentes milagros que realiza
a favor de la gente!
6 Abrió un camino seco a través del mar Rojo,*
y su pueblo cruzó a pie.
Allí nos alegramos en él.
7 Pues con su gran poder gobierna para
siempre.
Observa cada movimiento de las naciones;
que ningún rebelde se levante desafiante.
Interludio

8 Que el mundo entero bendiga a nuestro Dios
y cante sus alabanzas a viva voz.
9 Nuestra vida está en sus manos,
él cuida que nuestros pies no tropiecen.
10 Nos pusiste a prueba, oh Dios;
nos purificaste como se purifica la plata.
11 Nos atrapaste en tu red
y pusiste sobre nuestra espalda la carga de
la esclavitud.
12 Luego colocaste un líder sobre nosotros.*
Pasamos por el fuego y por la inundación,
pero nos llevaste a un lugar de mucha
abundancia.

13 Ahora vengo a tu templo con ofrendas
quemadas
para cumplir los votos que te hice,
14 sí, los votos sagrados que hice
cuando me encontraba en graves
dificultades.
15 Por eso sacrifico ofrendas quemadas a ti,
lo mejor de mis carneros como aroma
agradable,
y un sacrificio de toros y chivos.
Interludio

16 Vengan y escuchen todos los que temen
a Dios,
y les contaré lo que hizo por mí.
17 Pues clamé a él por ayuda,
lo alabé mientras hablaba.
18 Si no hubiera confesado el pecado de
mi corazón,
mi Señor no me habría escuchado.
19 ¡Pero Dios escuchó!
y prestó oídos a mi oración.
20 Alaben a Dios, quien no pasó por alto
mi oración
ni me quitó su amor inagotable.

67 *Para el director del coro: cántico. Salmo,
acompáñese con instrumentos de cuerda.*

1 Que Dios tenga misericordia y nos bendiga;
que su rostro nos sonría con favor.
Interludio

2 Que se conozcan tus caminos en toda la tierra
y tu poder salvador entre los pueblos por
todas partes.
3 Que las naciones te alaben, oh Dios,
sí, que todas las naciones te alaben.
4 Que el mundo entero cante de alegría,
porque tú gobiernas a las naciones
con justicia
y guías a los pueblos del mundo.
Interludio

5 Que las naciones te alaben, oh Dios,
sí, que todas las naciones te alaben.
6 Entonces la tierra dará sus cosechas,
y Dios, nuestro Dios, nos bendecirá
en abundancia.
7 Así es, Dios nos bendecirá,
y gente de todo el mundo le temerá.

68 *Para el director del coro: cántico. Salmo
de David.*

1 Levántate, oh Dios, y dispersa a tus enemigos;
que todos los que odian a Dios corran por
sus vidas.
2 Sóplalos y disípalos como si fueran humo;
derrítelos como la cera en el fuego;
que los malvados perezcan en la presencia
de Dios.
3 Pero que los justos se alegren;
que se gocen en la presencia de Dios;
que estén llenos de alegría.
4 ¡Canten alabanzas a Dios y a su nombre!
Canten alabanzas en alta voz al que cabalga
sobre las nubes.
Su nombre es el SEÑOR;
¡alégrense en su presencia!

5 Padre de los huérfanos, defensor de
las viudas,
este es Dios y su morada es santa.
6 Dios ubica a los solitarios en familias;
pone en libertad a los prisioneros y los
llena de alegría.
Pero a los rebeldes los hace vivir en una tierra
abrasada por el sol.

7 Oh Dios, cuando sacaste a tu pueblo de
Egipto,
cuando marchaste a través de las áridas
tierras baldías,   *Interludio*
8 la tierra tembló y los cielos derramaron
lluvia a raudales
delante de ti, el Dios del Sinaí,
delante de Dios, el Dios de Israel.
9 Enviaste lluvia en abundancia, oh Dios,
para refrescar la tierra agotada.

66:6 En hebreo *del mar.*   **66:12** O *Hiciste que cabalgara gente sobre nuestra cabeza.*

¹⁰ Finalmente allí se estableció tu pueblo
y, con una abundante cosecha, oh Dios,
proveíste para tu pueblo necesitado.

¹¹ El Señor da la palabra,
y un gran ejército* trae las buenas
noticias.

¹² Los reyes enemigos y sus ejércitos huyen,
mientras las mujeres de Israel reparten
el botín.

¹³ Hasta los que vivían entre los rediles
encontraron tesoros,
palomas con alas de plata
y plumas de oro.

¹⁴ El Todopoderoso esparció a los reyes
enemigos
como una tormenta de nieve que sopla
en el monte Salmón.

¹⁵ Las montañas de Basán son majestuosas,
con muchas cumbres altas que llegan
al cielo.

¹⁶ Oh montañas empinadas, ¿por qué miran
con envidia
al monte Sión, donde Dios decidió vivir,
donde el Señor vivirá para siempre?

¹⁷ Rodeado de incontables millares de carros
de guerra,
el Señor llegó del monte Sinaí y entró en
su santuario.

¹⁸ Cuando ascendiste a las alturas,
llevaste a una multitud de cautivos;
recibiste regalos de la gente,
incluso de quienes se rebelaron contra ti.
Ahora el Señor Dios vivirá allí, en medio
de nosotros.

¹⁹ ¡Alaben al Señor, alaben a Dios nuestro
salvador!
Pues cada día nos lleva en sus brazos.
Interludio

²⁰ ¡Nuestro Dios es un Dios que salva!
El Señor Soberano nos rescata de
la muerte.

²¹ Pero Dios aplastará las cabezas de sus
enemigos,
aplastará los cráneos de los que aman sus
caminos perversos.

²² El Señor dice: «Haré descender a mis
enemigos desde Basán;
los levantaré desde las profundidades
del mar.

²³ Ustedes, pueblo mío, se lavarán los pies en
la sangre de ellos,
¡y hasta los perros tendrán su porción!».

²⁴ Ya asoma tu procesión, oh Dios,
la procesión de mi Dios y Rey mientras él
entra en el santuario.

²⁵ Los cantores van adelante, los músicos van
detrás;

en medio hay jovencitas que tocan
panderetas.

²⁶ Alaben a Dios todos los del pueblo de Israel;
alaben al Señor, la fuente de vida de Israel.

²⁷ Miren, la pequeña tribu de Benjamín va
al frente;
le sigue una gran multitud de gobernantes
de Judá
y todos los gobernantes de Zabulón y
Neftalí.

²⁸ Oh Dios, haz que tu poder se presente;
despliega tu poder, oh Dios, como lo has
hecho en el pasado.

²⁹ Los reyes de la tierra traen tributo
a tu templo en Jerusalén.

³⁰ Reprende a estas naciones enemigas,
a estos animales salvajes que acechan
entre los juncos,
a esta manada de toros en medio de los
becerros más débiles.
Hazlos traer barras de plata como humilde
tributo.
Dispersa a las naciones que se deleitan
en la guerra.

³¹ Que Egipto venga con regalos de metales
preciosos;*
que Etiopía* se incline en sumisión
a Dios.

³² Canten a Dios, reinos de la tierra,
canten alabanzas al Señor.   *Interludio*

³³ Canten al que cabalga por los cielos antiguos;
su poderosa voz truena desde los cielos.

³⁴ Cuéntenles a todos acerca del poder de Dios.
Su majestad brilla sobre Israel;
su fuerza es poderosa en los cielos.

³⁵ Dios es imponente en su santuario;
el Dios de Israel le da poder y fuerza a
su pueblo.

¡Alabado sea Dios!

69

*Para el director del coro: salmo de David;
cántese con la melodía de «Los lirios».*

¹ Sálvame oh Dios,
porque las aguas de la inundación me
llegan al cuello.

² Me hundo cada vez más en el fango;
no encuentro dónde apoyar mis pies.
Estoy en aguas profundas,
y el torrente me cubre.

³ Estoy agotado de tanto gritar por ayuda;
tengo la garganta reseca.
Mis ojos están hinchados de tanto llorar,
a la espera de la ayuda de mi Dios.

⁴ Los que me odian sin motivo
suman más que los cabellos de mi
cabeza.
Muchos enemigos tratan de destruirme
con mentiras,
me exigen que devuelva lo que no robé.

5 Oh Dios, tú sabes lo necio que soy;
   de ti no puedo ocultar mis pecados.
6 No dejes que los que confían en ti sean
      avergonzados por mi culpa,
   oh Señor Soberano de los Ejércitos
      Celestiales.
   No permitas que sean humillados por
      mi causa,
   oh Dios de Israel.
7 Pues yo soporto insultos por amor a ti;
   tengo la humillación dibujada en todo
      mi rostro.
8 Hasta mis propios hermanos fingen no
      conocerme,
   me tratan como a un extraño.
9 El celo por tu casa me ha consumido,
   y los insultos de los que te insultan han
      caído sobre mí.
10 Cuando lloro y ayuno,
   se burlan de mí.
11 Cuando me visto de tela áspera en señal
      de dolor,
   se ríen de mí.
12 Soy el blanco de los chismes de la ciudad,
   y todos los borrachos cantan de mí.

13 Pero sigo orando a ti, Señor,
      con la esperanza de que esta vez me
      muestres tu favor.
   En tu amor inagotable, oh Dios,
      responde a mi oración con tu salvación
      segura.
14 Rescátame del lodo,
   ¡no dejes que me hunda aún más!
   Sálvame de aquellos que me odian
   y sácame de estas aguas profundas.
15 No permitas que el torrente me cubra,
   ni que las aguas profundas me traguen,
   ni que el foso de la muerte me devore.

16 Contesta a mis oraciones, oh Señor,
      pues tu amor inagotable es maravilloso;
   cuida de mí,
      pues tu misericordia es muy abundante.
17 No te escondas de tu siervo;
      contéstame rápido, ¡porque estoy en graves
      dificultades!
18 Ven y rescátame,
   líbrame de mis enemigos.

19 Tú conoces mi vergüenza, mi desprecio y
      mi deshonra;
   ves todo lo que hacen mis enemigos.
20 Sus insultos me han destrozado el corazón,
   y estoy desesperado.
   Si al menos una persona me tuviera
      compasión;
   si tan solo alguien volviera y me consolara.
21 En cambio, de comida, me dan veneno*
   y me ofrecen vino agrio para la sed.

22 Que la abundante mesa servida ante ellos se
      convierta en una trampa,
   y que su prosperidad se vuelva un engaño.*
23 Que sus ojos queden ciegos para que no
      puedan ver,
   y haz que sus cuerpos tiemblen
      continuamente.*
24 Derrama tu furia sobre ellos,
   consúmelos en el ardor de tu enojo.
25 Que su casa quede desolada
   y sus carpas, desiertas.
26 A quien tú has castigado, agregan insultos;
   añaden dolor a quienes tú has herido.
27 Amontona sus pecados en una enorme pila,
   y no los dejes en libertad.
28 Borra sus nombres del libro de la vida;
   no dejes que sean incluidos entre
      los justos.

29 Estoy afligido y dolorido;
   rescátame, oh Dios, con tu poder salvador.

30 Entonces alabaré el nombre de Dios con
      cánticos,
   y lo honraré con acción de gracias.
31 Pues al Señor esto le agradará más que el
      sacrificio de ganado
   o que presentar un toro con cuernos y
      pezuñas.
32 Los humildes verán a su Dios en acción y se
      pondrán contentos;
   que todos los que buscan la ayuda de Dios
      reciban ánimo.
33 Pues el Señor oye el clamor de los
      necesitados;
   no desprecia a su pueblo encarcelado.

34 Alábenlo el cielo y la tierra,
   los mares y todo lo que en ellos se mueve.
35 Pues Dios salvará a Jerusalén*
   y reconstruirá las ciudades de Judá.
   Su pueblo vivirá allí
   y se establecerá en su propia tierra.
36 Los descendientes de quienes lo obedecen
      heredarán la tierra,
   y los que lo aman vivirán allí seguros.

70 *Para el director del coro: salmo de David, en el
cual le pide a Dios que se acuerde de él.*

1 Por favor, Dios, ¡rescátame!
   Ven pronto, Señor, y ayúdame.
2 Que los que tratan de matarme
   sean humillados y pasen vergüenza.
   Que los que se deleitan en mis dificultades
   retrocedan con deshonra.
3 Que su vergüenza los horrorice,
   porque dijeron: «¡Ajá! ¡Ahora sí lo
      atrapamos!».
4 Pero que todos aquellos que te buscan
   estén llenos de alegría y de felicidad en ti.

69:21 O *hiel.*   69:22 La versión griega dice *Que la abundante mesa servida ante ellos se convierta en un trampa, / un en engaño que
les haga pensar que todo está bien. / Que sus bendiciones los hagan tropezar, / y que reciban lo que se merecen.* Comparar Rm 11:9.
69:23 La versión griega dice *y que la espalda se les encorve para siempre.* Comparar Rm 11:10.   69:35 En hebreo *Sión.*

Que los que aman tu salvación
   griten una y otra vez: «¡Grande es Dios!».
5 En cuanto a mí, pobre y necesitado,
   por favor, Dios, ven pronto a socorrerme.
Tú eres mi ayudador y mi salvador;
   oh Señor, no te demores.

71

1 Oh Señor, a ti acudo en busca de
      protección;
   no permitas que me avergüences.
2 Sálvame y rescátame,
   porque tú haces lo que es correcto.
Inclina tu oído para escucharme
   y ponme en libertad.
3 Sé tú mi roca de seguridad,
   donde siempre pueda esconderme.
Da la orden de salvarme,
   porque tú eres mi roca y mi fortaleza.
4 Dios mío, rescátame del poder de los
      perversos,
   de las garras de los crueles opresores.
5 Oh Señor, solo tú eres mi esperanza;
   en ti he confiado, oh Señor, desde
      mi niñez.
6 Así es, estás conmigo desde mi nacimiento;
   me has cuidado desde el vientre de
      mi madre.
   ¡Con razón siempre te alabo!

7 Mi vida es un ejemplo para muchos,
   porque tú has sido mi fuerza y protección.
8 Por eso nunca puedo dejar de alabarte;
   todo el día declaro tu gloria.
9 Y ahora, en mi vejez, no me hagas a un lado;
   no me abandones cuando me faltan
      las fuerzas.
10 Pues mis enemigos murmuran contra mí
   y juntos confabulan matarme.
11 Dicen: «Dios lo ha abandonado.
   Vayamos y agarrémoslo,
   porque ahora nadie lo ayudará».

12 Oh Dios, no te quedes lejos;
   Dios mío, por favor, apresúrate a
      ayudarme.
13 Trae deshonra y destrucción a los que
      me acusan;
   humilla y avergüenza a los que quieren
      hacerme daño.
14 Seguiré con la esperanza de tu ayuda;
   te alabaré más y más.
15 A todos les hablaré de tu justicia;
   todo el día proclamaré tu poder salvador,
   aunque no tengo facilidad de palabras.*
16 Alabaré tus obras poderosas, oh Señor
      Soberano,
   y les contaré a todos que solo tú eres justo.

17 Oh Dios, tú me has enseñado desde mi
      tierna infancia,
   y yo siempre les cuento a los demás
   acerca de tus hechos maravillosos.

18 Ahora que estoy viejo y canoso,
   no me abandones, oh Dios.
Permíteme proclamar tu poder a esta nueva
      generación,
   tus milagros poderosos a todos los que
   vienen después de mí.

19 Tu justicia, oh Dios, alcanza los cielos más
      altos;
   ¡has hecho cosas tan maravillosas!
   ¿Quién se compara contigo, oh Dios?
20 Has permitido que sufra muchas privaciones,
   pero volverás a darme vida
   y me levantarás de las profundidades de
      la tierra.
21 Me restaurarás incluso a mayor honor
   y me consolarás una vez más.

22 Entonces te alabaré con música de arpa,
   porque eres fiel a tus promesas, oh mi Dios.
Te cantaré alabanzas con la lira,
   oh Santo de Israel.
23 Gritaré de alegría y cantaré tus alabanzas,
   porque me redimiste.
24 Todo el día
   hablaré de tus justas acciones,
   porque todos los que trataron de hacerme
      daño
   fueron humillados y avergonzados.

72

Salmo de Salomón.

1 Oh Dios, concede al rey tu amor por la justicia,
   y da rectitud al hijo del rey.
2 Ayúdale a juzgar correctamente a tu pueblo,
   que los pobres siempre reciban un trato
      imparcial.
3 Que las montañas den prosperidad a todos
   y que las colinas sean fructíferas.
4 Ayúdale a defender al pobre,
   a rescatar a los hijos de los necesitados
   y a aplastar a sus opresores.
5 Que te teman* mientras el sol brille
   y mientras la luna permanezca en el cielo;
   ¡sí, para siempre!

6 Que el gobierno del rey tenga la frescura de
   las lluvias de primavera sobre la hierba
      recién cortada,
   de los aguaceros que riegan la tierra.
7 Que florezcan todos los justos durante su
      reinado;
   que haya prosperidad abundante hasta
   que la luna deje de existir.
8 Que reine de mar a mar,
   y desde el río Éufrates* hasta los extremos
   de la tierra.
9 Los nómadas del desierto se inclinarán
      ante él;
   sus enemigos caerán a sus pies sobre
      el polvo.

71:15 O *aunque no puedo contarlo.*   72:5 La versión griega dice *Que perduren.*   72:8 En hebreo *el río.*

10 Los reyes occidentales, de Tarsis y de otras
     tierras distantes,
   le llevarán tributo.
   Los reyes orientales, de Saba y de Seba,
   le llevarán regalos.
11 Todos los reyes se inclinarán ante él,
   y todas las naciones le servirán.

12 Rescatará a los pobres cuando a él clamen;
   ayudará a los oprimidos, que no tienen
     quién los defienda.
13 Él siente compasión por los débiles y los
     necesitados,
   y los rescatará.
14 Los redimirá de la opresión y la violencia,
   porque sus vidas le son preciosas.

15 ¡Viva el rey!
   Que se le entregue el oro de Saba.
   Que la gente siempre ore por él
   y lo bendiga todo el día.
16 Que haya grano en abundancia por toda
     la tierra,
   que brote aun en la cima de las colinas.
   Que los árboles frutales florezcan como los
     del Líbano
   y los habitantes crezcan como la hierba
     en el campo.
17 Que el nombre del rey permanezca para
     siempre;
   que se perpetúe mientras el sol brille.
   Que todas las naciones sean bendecidas
     por medio de él,
   y lo elogien.

18 Alaben al Señor Dios, el Dios de Israel,
   el único que hace semejantes maravillas.
19 ¡Alaben su glorioso nombre por siempre!
   Que toda la tierra se llene de su gloria.
   ¡Amén y amén!

20 (Aquí terminan las oraciones de David, hijo
     de Isaí).

Libro Tercero (Salmos 73–89)

73 *Salmo de Asaf.*

1 En verdad Dios es bueno con Israel,
   con los de corazón puro.
2 Pero en cuanto a mí, casi perdí el equilibrio;
   mis pies resbalaron y estuve a punto
     de caer,
3 porque envidiaba a los orgullosos
   cuando los veía prosperar a pesar de
     su maldad.
4 Pareciera que viven sin problemas;
   tienen el cuerpo tan sano y fuerte.
5 No tienen dificultades como otras
     personas;
   no están llenos de problemas como
     los demás.
6 Lucen su orgullo como un collar de piedras
     preciosas

y se visten de crueldad.
7 ¡Estos gordos ricachones tienen todo
   lo que su corazón desea!
8 Se burlan y hablan solo maldades;
   en su orgullo procuran aplastar a otros.
9 Se jactan contra los cielos mismos,
   y sus palabras se pasean presuntuosas
     por toda la tierra.
10 Entonces la gente se desanima y se
     confunde,
   al tragarse todas esas palabras.
11 «¿Y qué sabe Dios? —preguntan—.
   ¿Acaso el Altísimo sabe lo que está
     pasando?».

12 Miren a esos perversos:
   disfrutan de una vida fácil mientras sus
     riquezas se multiplican.

13 ¿Conservé puro mi corazón en vano?
   ¿Me mantuve en inocencia sin ninguna
     razón?
14 En todo el día no consigo más que
     problemas;
   cada mañana me trae dolor.

15 Si yo realmente hubiera hablado a otros
     de esta manera,
   habría sido un traidor a tu pueblo.
16 Traté de entender por qué los malvados
     prosperan,
   ¡pero qué tarea tan difícil!
17 Entonces entré en tu santuario, oh Dios,
   y por fin entendí el destino de los
     perversos.
18 En verdad, los pones en un camino
     resbaladizo
   y haces que se deslicen por el precipicio
     hacia su ruina.
19 Al instante quedan destruidos,
   totalmente consumidos por los terrores.
20 Cuando te levantes, oh Señor,
   te reirás de sus tontas ideas
   como uno se ríe por la mañana de lo que
     soñó en la noche.

21 Entonces me di cuenta de que mi corazón se
     llenó de amargura,
   y yo estaba destrozado por dentro.
22 Fui tan necio e ignorante,
   debo haberte parecido un animal sin
     entendimiento.
23 Sin embargo, todavía te pertenezco;
   me tomas de la mano derecha.
24 Me guías con tu consejo
   y me conduces a un destino glorioso.
25 ¿A quién tengo en el cielo sino a ti?
   Te deseo más que cualquier cosa en
     la tierra.
26 Puede fallarme la salud y debilitarse
     mi espíritu,
   pero Dios sigue siendo la fuerza de
     mi corazón;
   él es mío para siempre.

²⁷ Los que lo abandonen, perecerán,
   porque tú destruyes a los que se alejan de ti.
²⁸ En cuanto a mí, ¡qué bueno es estar cerca
   de Dios!
      Hice al Señor Soberano mi refugio,
      y a todos les contaré las maravillas que
      haces.

74 *Salmo* de Asaf.*

¹ Oh Dios, ¿por qué nos has rechazado tanto
   tiempo?
      ¿Por qué es tan intensa tu ira contra las
      ovejas de tu propia manada?
² Recuerda que somos el pueblo que elegiste
   hace tanto tiempo,
      ¡la tribu a la cual redimiste como tu
      posesión más preciada!
      Y acuérdate de Jerusalén,* tu hogar aquí
      en la tierra.
³ Camina por las espantosas ruinas de la
   ciudad;
      mira cómo el enemigo ha destruido tu
      santuario.

⁴ Allí tus enemigos dieron gritos victoriosos
   de guerra;
      allí levantaron sus estandartes de batalla.
⁵ Blandieron sus hachas
      como leñadores en el bosque.
⁶ Con hachas y picos,
      destrozaron los paneles tallados.
⁷ Redujeron tu santuario a cenizas;
      profanaron el lugar que lleva tu nombre.
⁸ Luego pensaron: «¡Destruyamos todo!».
      Entonces quemaron por completo todos
      los lugares de adoración a Dios.

⁹ Ya no vemos tus señales milagrosas;
      ya no hay más profetas,
      y nadie puede decirnos cuándo acabará
      todo esto.
¹⁰ ¿Hasta cuándo, oh Dios, dejarás que tus
   enemigos te insulten?
      ¿Permitirás que deshonren tu nombre
      para siempre?
¹¹ ¿Por qué contienes tu fuerte brazo derecho?
      Descarga tu poderoso puño y destrúyelos.

¹² Tú, oh Dios, eres mi rey desde hace siglos,
      traes salvación a la tierra.
¹³ Dividiste el mar con tu fuerza
      y les rompiste la cabeza a los monstruos
      marinos.
¹⁴ Aplastaste las cabezas del Leviatán*
      y dejaste que se lo comieran los animales
      del desierto.
¹⁵ Hiciste que brotaran los manantiales y
   los arroyos,
      y secaste ríos que jamás se secan.

¹⁶ Tanto el día como la noche te pertenecen;
      tú creaste el sol y la luz de las estrellas.*
¹⁷ Estableciste los límites de la tierra
      e hiciste el verano, así como el invierno.

¹⁸ Mira cómo te insultan estos enemigos, Señor;
      una nación insensata ha deshonrado
      tu nombre.
¹⁹ No permitas que estas bestias salvajes
      destruyan a tus tórtolas;
      no te olvides para siempre de tu pueblo
      dolido.

²⁰ Recuerda las promesas de tu pacto,
      ¡porque la tierra está llena de oscuridad
      y violencia!
²¹ No permitas que humillen otra vez a los
   oprimidos,
      en cambio, deja que el pobre y el necesitado
      alaben tu nombre.

²² Levántate, oh Dios, y defiende tu causa;
      recuerda cómo te insultan estos necios
      todo el día.
²³ No pases por alto lo que han dicho tus
   enemigos
      ni su creciente alboroto.

75 *Para el director del coro: salmo de Asaf. Cántese con la melodía de «¡No destruyas!».*

¹ ¡Te damos gracias, oh Dios!,
      te damos gracias porque estás cerca;
      por todas partes, la gente habla de tus
      hechos maravillosos.

² Dios dice: «En el momento que tengo
   pensado,
      haré justicia contra los perversos.
³ Cuando la tierra tiembla y sus habitantes
      viven en caos,
      yo soy quien mantiene firme sus
      cimientos.   *Interludio*

⁴ »Al orgulloso le advertí: "¡Deja de jactarte!".
      Al perverso le dije: "¡No levantes tus
      puños!
⁵ No levantes tus puños desafiantes contra
      los cielos
      ni hables con semejante arrogancia"».
⁶ Pues nadie en la tierra —del oriente ni del
   occidente,
      ni siquiera del desierto—
      debería alzar* un puño desafiante.
⁷ Dios es el único que juzga;
      él decide quién se levantará y quién caerá.
⁸ Pues el Señor sostiene una copa en la mano,
      llena de vino espumoso mezclado con
      especias.
      Él derrama el vino en señal de juicio,
      y todos los malvados lo beberán
      hasta la última gota.

74:título En hebreo *masquil*. Puede ser un término literario o musical.   **74:2** En hebreo *del monte Sión*.   **74:14** La identidad del Leviatán es discutida, las ideas van desde una criatura terrestre hasta un mítico monstruo marino de la literatura antigua.   **74:16** O *y la luna*; en hebreo dice *luz*.   **75:6** En hebreo *debería levantar*.

9 En cuanto a mí, siempre proclamaré lo que
    Dios ha hecho;
    cantaré alabanzas al Dios de Jacob.
10 Pues Dios dice: «Quebraré la fuerza de los
    malvados,
    pero aumentaré el poder de los justos».

76 Para el director del coro: salmo de Asaf. Cántico; acompáñese con instrumentos de cuerda.

1 Dios recibe honra en Judá;
    su nombre es grande en Israel.
2 Jerusalén* es el lugar donde habita;
    el monte Sión es su hogar.
3 Allí quebró las flechas encendidas del enemigo,
    los escudos, las espadas y las armas
    de guerra.   *Interludio*

4 Tú eres glorioso y superas en majestad
    a las montañas eternas.*
5 Nuestros enemigos más audaces fueron
    saqueados
    y yacen ante nosotros en el sueño de
    la muerte.
    No hay guerrero que pueda levantarse
    contra nosotros.
6 A la ráfaga de tu aliento, oh Dios de Jacob,
    sus caballos y carros de guerra quedan
    inmóviles.

7 ¡Con razón eres tan temido!
    ¿Quién puede quedar en pie ante ti cuando
    estalla tu ira?
8 Desde el cielo sentenciaste a tus enemigos;
    la tierra tembló y permaneció en silencio
    delante de ti.
9 Te levantas para juzgar a los que hacen lo
    malo, oh Dios,
    y para rescatar a los oprimidos de
    la tierra.   *Interludio*

10 La rebeldía del ser humano sólo resalta
    tu gloria,
    porque tú la usas como un arma.*

11 Haz votos al SEÑOR tu Dios y cúmplelos;
    que todos le lleven tributo al Temible.
12 Él quiebra el orgullo de los príncipes,
    y los reyes de la tierra le temen.

77 Para Jedutún, director del coro: salmo de Asaf.

1 Clamo a Dios; sí, a gritos;
    ¡oh, si Dios me escuchara!
2 Cuando estaba en graves dificultades,
    busqué al Señor.
    Toda la noche oré con las manos levantadas
    hacia el cielo,
    pero mi alma no encontró consuelo.
3 Pienso en Dios y gimo,
    abrumado de tanto anhelar su ayuda.
                                        Interludio

4 No me dejas dormir;
    ¡estoy tan afligido que ni siquiera
    puedo orar!
5 Pienso en los viejos tiempos,
    que acabaron hace tanto,
6 cuando mis noches estaban llenas de alegres
    canciones.
    Ahora busco en mi alma y considero la
    diferencia.
7 ¿Me habrá rechazado para siempre el Señor?
    ¿Nunca más volverá a ser bondadoso
    conmigo?
8 ¿Se ha ido para siempre su amor inagotable?
    ¿Han dejado de cumplirse sus promesas
    para siempre?
9 ¿Se ha olvidado Dios de ser bondadoso?
    ¿Habrá cerrado de un portazo la entrada a
    su compasión?   *Interludio*

10 Y yo digo: «Este es mi destino;
    el Altísimo volvió su mano contra mí».
11 Pero después me acuerdo de todo lo que
    has hecho, oh SEÑOR;
    recuerdo tus obras maravillosas de
    tiempos pasados.
12 Siempre están en mis pensamientos;
    no puedo dejar de pensar en tus obras
    poderosas.

13 Oh Dios, tus caminos son santos.
    ¿Existe algún dios tan poderoso como tú?
14 ¡Eres el Dios de grandes maravillas!
    Demuestras tu asombroso poder entre las
    naciones.
15 Con tu fuerte brazo, redimiste a tu pueblo,
    los descendientes de Jacob y de José.
                                        Interludio

16 Cuando el mar Rojo te vio,* oh Dios,
    sus aguas miraron y temblaron;
    el mar se estremeció hasta las
    profundidades.
17 Las nubes derramaron lluvia;
    el trueno retumbó en el cielo;
    tus flechas destellaron como rayos.
18 Tu trueno rugió desde el torbellino;
    ¡los relámpagos iluminaron el mundo!
    La tierra tembló y se estremeció.
19 Te abriste camino a través del mar
    y tu sendero atravesó las poderosas aguas,
    ¡una senda que nadie sabía que estaba allí!
20 Guiaste a tu pueblo por ese camino como a un
    rebaño de ovejas,
    con Moisés y Aarón de pastores.

78 Salmo* de Asaf.

1 Oh pueblo mío, escucha mis enseñanzas;
    abre tus oídos a lo que digo,
2   porque te hablaré por medio de una
    parábola.

76:2 En hebreo *Salem*, otro nombre para Jerusalén. 76:4 Así aparece en la versión griega; en hebreo dice *a las montañas llenas de bestias de presa.* 76:10 El significado del hebreo es incierto. 77:16 En hebreo *las aguas te vieron.* 78: TÍTULO En hebreo *masquil.* Puede ser un término literario o musical.

Te enseñaré lecciones escondidas de nuestro
pasado,
³ historias que hemos oído y conocido,
que nos trasmitieron nuestros antepasados.
⁴ No les ocultaremos estas verdades a nuestros
hijos;
a la próxima generación le contaremos
de las gloriosas obras del Señor,
de su poder y de sus imponentes maravillas.
⁵ Pues emitió sus leyes a Jacob;
entregó sus enseñanzas a Israel.
Les ordenó a nuestros antepasados
que se las enseñaran a sus hijos,
⁶ para que la siguiente generación las
conociera
—incluso los niños que aún no habían
nacido—,
y ellos, a su vez, las enseñarán a sus
propios hijos.
⁷ De modo que cada generación volviera
a poner su esperanza en Dios
y no olvidara sus gloriosos milagros,
sino que obedeciera sus mandamientos.
⁸ Entonces no serán obstinados, rebeldes
e infieles
como sus antepasados,
quienes se negaron a entregar su corazón
a Dios.

⁹ Los guerreros de Efraín, aunque estaban
armados con arcos,
dieron la espalda y huyeron el día de
la batalla.
¹⁰ No cumplieron el pacto de Dios
y se negaron a vivir según sus enseñanzas.
¹¹ Se olvidaron de lo que él había hecho,
de las grandes maravillas que les había
mostrado,
¹² de los milagros que hizo para sus antepasados
en la llanura de Zoán, en la tierra de
Egipto.
¹³ Partió en dos el mar y los guió a cruzarlo,
¡mientras sostenía las aguas como si fueran
una pared!
¹⁴ Durante el día los guiaba con una nube,
y toda la noche, con una columna de fuego.
¹⁵ Partió las rocas en el desierto para
darles agua
como de un manantial burbujeante.
¹⁶ Hizo que de la roca brotaran corrientes
de agua,
¡y que el agua fluyera como un río!

¹⁷ Sin embargo, ellos siguieron pecando contra él,
al rebelarse contra el Altísimo en el
desierto.
¹⁸ Tercamente pusieron a prueba a Dios en sus
corazones,
al exigirle la comida que tanto ansiaban.
¹⁹ Hasta hablaron en contra de Dios al decir:
«Dios no puede darnos comida en el
desierto.

²⁰ Por cierto, puede golpear una roca para
que brote agua,
pero no puede darle pan y carne a su
pueblo».
²¹ Cuando el Señor los oyó, se puso furioso;
el fuego de su ira se encendió contra
Jacob.
Sí, su enojo aumentó contra Israel,
²² porque no le creyeron a Dios
ni confiaron en su cuidado.
²³ Pero él ordenó que se abrieran los cielos;
abrió las puertas del cielo.
²⁴ Hizo que lloviera maná para que comieran;
les dio pan del cielo.
²⁵ ¡Se alimentaron con comida de ángeles!
Dios les dio todo lo que podían consumir.
²⁶ Soltó el viento del oriente en los cielos
y guió al viento del sur con su gran poder.
²⁷ ¡Hizo llover tanta carne como si fuera polvo
y cantidad de aves como la arena a la orilla
del mar!
²⁸ Hizo caer las aves dentro del campamento
y alrededor de sus carpas.
²⁹ El pueblo comió hasta saciarse;
él les dio lo que les antojaba.
³⁰ Pero antes de que saciaran su antojo,
mientras aún tenían la comida en la boca,
³¹ la ira de Dios aumentó contra ellos,
e hirió de muerte a sus hombres más
fuertes;
derribó a los mejores jóvenes de Israel.

³² Sin embargo, el pueblo siguió pecando;
a pesar de sus maravillas, se negaron a
confiar en él.
³³ Entonces, hizo que la vida de ellos terminara
en fracaso,
y sus años en horror.
³⁴ Cuando Dios comenzó a matarlos,
finalmente lo buscaron.
Se arrepintieron y tomaron en serio a Dios.
³⁵ Entonces recordaron que Dios era su roca,
que el Dios Altísimo* era su redentor.
³⁶ Pero todo fue de dientes para afuera;
le mintieron con la lengua;
³⁷ con el corazón no eran leales a él.
No cumplieron su pacto.
³⁸ Sin embargo, él tuvo misericordia y perdonó
sus pecados,
y no los destruyó a todos.
Muchas veces contuvo su enojo
y no desató su furia.
³⁹ Se acordó de que eran simples mortales
que desaparecen como una ráfaga de
viento que nunca vuelve.
⁴⁰ ¡Cuántas veces se rebelaron contra él en
el desierto
y entristecieron su corazón en esa tierra
seca y baldía!
⁴¹ Una y otra vez pusieron a prueba la paciencia
de Dios

y provocaron al Santo de Israel.
42 No se acordaron de su poder
ni de cómo los rescató de sus enemigos.
43 No recordaron las señales milagrosas que
hizo en Egipto
ni sus maravillas en la llanura de Zoán.
44 Pues él convirtió los ríos en sangre,
para que nadie pudiera beber de los
arroyos.
45 Envió grandes enjambres de moscas para
que los consumieran
y miles de ranas para que los arruinaran.
46 Les dio sus cultivos a las orugas;
las langostas consumieron sus cosechas.
47 Destruyó sus vides con granizo
y destrozó sus higueras con aguanieve.
48 Dejó su ganado a merced del granizo,
sus animales, abandonados a los rayos.
49 Desató sobre ellos su ira feroz,
toda su furia, su enojo y hostilidad.
Envió contra ellos
a un grupo de ángeles destructores.
50 Se enfureció contra ellos;
no perdonó la vida de los egipcios,
sino que los devastó con plagas.
51 Mató al hijo mayor de cada familia egipcia,
la flor de la juventud en toda la tierra
de Egipto.*
52 Pero guió a su propio pueblo como a un
rebaño de ovejas,
los condujo a salvo a través del desierto.
53 Los protegió para que no tuvieran temor,
en cambio, sus enemigos quedaron
cubiertos por el mar.
54 Los llevó a la frontera de la tierra santa,
a la tierra de colinas que había conquistado
para ellos.
55 A su pueblo expulsó a las naciones de esa
tierra,
la cual repartió por sorteo a su pueblo
como herencia
y estableció a las tribus de Israel en sus
hogares.

56 Pero ellos siguieron tentando al Dios Altísimo
y rebelándose contra él;
no obedecieron sus leyes.
57 Le dieron la espalda y fueron tan infieles
como sus padres;
eran tan poco fiables como un arco torcido.
58 Hicieron enojar a Dios al construir santuarios
a otros dioses;
con sus ídolos lo pusieron celoso.
59 Cuando Dios los oyó, se enojó mucho,
y rechazó a Israel por completo.
60 Entonces abandonó su morada en Silo,
el tabernáculo donde había vivido en medio
de su pueblo.
61 Permitió que el arca de su poder fuera
capturada;
cedió su gloria a manos enemigas.

62 Entregó a su pueblo para que los masacraran
a espada,
porque estaba muy enojado con su propio
pueblo, su posesión más preciada.
63 A los jóvenes los mataron con fuego;
las muchachas murieron antes de entonar
sus canciones de boda.
64 Masacraron a los sacerdotes,
y sus viudas no pudieron llorar su muerte.
65 Entonces el Señor se levantó como si
despertara de un sueño,
como un guerrero que vuelve en sí de una
borrachera.
66 Derrotó a sus enemigos en forma aplastante
y los mandó a la vergüenza eterna.
67 Pero rechazó a los descendientes de José;
no escogió a la tribu de Efraín.
68 En cambio, eligió a la tribu de Judá,
y al monte Sión, al cual amaba.
69 Allí construyó su santuario tan alto como
los cielos,
tan sólido y perdurable como la tierra.
70 Escogió a su siervo David
y lo llamó del redil.
71 Tomó a David de donde cuidaba a las ovejas
y a los corderos
y lo convirtió en pastor de los
descendientes de Jacob:
de Israel, el pueblo de Dios;
72 lo cuidó con sinceridad de corazón
y lo dirigió con manos diestras.

79 *Salmo de Asaf*

1 Oh Dios, naciones paganas conquistaron
tu tierra,
tu posesión más preciada.
Profanaron tu santo templo
y convirtieron a Jerusalén en un montón
de ruinas.
2 Dejaron los cadáveres de tus siervos
como alimento para las aves del cielo.
La carne de tus justos
se ha convertido en comida para los
animales salvajes.
3 La sangre fluyó como agua por toda Jerusalén;
no queda nadie para enterrar a los muertos.
4 Nuestros vecinos se mofan de nosotros;
somos objeto de desprecio y desdén de
quienes nos rodean.

5 Oh SEÑOR, ¿hasta cuándo seguirás enojado
con nosotros? ¿Será para siempre?
¿Hasta cuándo arderá tu celo como
el fuego?
6 Derrama tu ira sobre las naciones que se
niegan a reconocerte,
sobre los reinos que no invocan tu nombre.
7 Pues devoraron a tu pueblo, Israel,*
y convirtieron la tierra en un desierto
desolado.

78:51 En hebreo *en las carpas de Cam.*   **79:7** En hebreo *devoraron a Jacob.* Ver nota en 44:4.

8 ¡No nos hagas responsables por los pecados
de nuestros antepasados!
Que tu compasión satisfaga pronto
nuestras necesidades,
porque estamos al borde de la
desesperación.

9 ¡Ayúdanos, oh Dios de nuestra salvación!
Ayúdanos por la gloria de tu nombre;
sálvanos y perdona nuestros pecados
por la honra de tu nombre.

10 ¿Por qué se les permite a las naciones
paganas burlarse
y preguntar: «Dónde está su Dios»?
Muéstranos tu venganza contra las naciones,
porque han derramado la sangre de tus
siervos.

11 Escucha el lamento de los prisioneros.
Demuestra tu gran poder al salvar a los
condenados a muerte.

12 Oh Señor, multiplica siete veces tu venganza
contra nuestros vecinos
por la burla que han lanzado contra ti.

13 Entonces nosotros, tu pueblo, las ovejas de
tu prado,
te agradeceremos por siempre y para
siempre,
y alabaremos tu grandeza de generación
en generación.

80 *Para el director del coro: salmo de Asaf;
cántese con la melodía de «Lirios del pacto».*

1 Te pido que escuches, oh Pastor de Israel,
tú, que guías como a un rebaño a los
descendientes de José.
Oh Dios, entronizado por encima de los
querubines,
despliega tu radiante gloria
2 ante Efraín, Benjamín y Manasés.
Muéstranos tu gran poder.
¡Ven a rescatarnos!

3 Oh Dios, haznos volver a ti;
haz que tu rostro brille sobre nosotros.
Solo entonces seremos salvos.

4 Oh Señor, Dios de los Ejércitos Celestiales,
¿hasta cuándo seguirás enojado con
nuestras oraciones?

5 Nos diste tristeza por comida,
y nos hiciste beber lágrimas en
abundancia.

6 Nos convertiste en el desprecio* de las
naciones vecinas.
Nuestros enemigos nos tratan como si
fuéramos una broma.

7 Haznos volver a ti, oh Dios de los Ejércitos
Celestiales;
haz que tu rostro brille sobre nosotros.
Solo entonces seremos salvos.

8 Nos sacaste de Egipto como a una vid;

expulsaste a las naciones paganas y nos
trasplantaste a tu tierra.

9 Limpiaste el terreno para nosotros,
y echamos raíces y llenamos la tierra.

10 Nuestra sombra cubrió las montañas;
nuestras ramas cubrieron los poderosos
cedros.

11 Extendimos las ramas al occidente, hacia el
mar Mediterráneo;
nuestros retoños se extendieron al oriente,
hacia el río Éufrates.*

12 Pero ahora, ¿por qué has derribado nuestras
murallas
de modo que todos los que pasan pueden
robarse nuestros frutos?

13 Los jabalíes del bosque los devoran,
y los animales salvajes se alimentan de ellos.

14 Te suplicamos que regreses, oh Dios de los
Ejércitos Celestiales.
Observa desde los cielos y mira nuestro
aprieto.
Cuida de esta vid

15 que tú mismo plantaste,
este hijo que criaste para ti.

16 Somos cortados y quemados por nuestros
enemigos;
que perezcan al ver tu ceño fruncido.

17 Fortalece al hombre que amas,
al hijo que elegiste.

18 Entonces jamás volveremos a abandonarte.
Revívenos para que podamos invocar tu
nombre una vez más.

19 Haznos volver a ti, oh Señor Dios de los
Ejércitos Celestiales;
haz que tu rostro brille sobre nosotros.
Solo entonces seremos salvos.

81 *Para el director del coro: salmo de Asaf;
acompáñese con instrumento de cuerda.*

1 Entonen alabanzas a Dios, nuestra fuerza;
canten al Dios de Jacob.

2 ¡Canten! Toquen la pandereta.
Hagan sonar la dulce lira y el arpa.

3 ¡Toquen el cuerno de carnero en la luna nueva
y otra vez en la luna llena, para convocar a
un festival!

4 Pues los decretos de Israel así lo exigen;
es una ordenanza del Dios de Jacob.

5 Él lo hizo ley para Israel*
cuando atacó a Egipto para ponernos
en libertad.

Oí una voz desconocida que decía:

6 «Ahora quitaré la carga de tus hombros;
liberaré tus manos de las tareas pesadas.

7 Clamaste a mí cuando estabas en apuros, y
yo te salvé;
respondí desde el nubarrón
y puse a prueba tu fe cuando no había
agua en Meriba.   *Interludio*

8 »Escúchame, pueblo mío, en tanto te doy
    severas advertencias.
    ¡Oh Israel, si tan solo me escucharas!
9 Jamás debes tener un dios extranjero;
    nunca debes inclinarte frente a un dios
    falso.
10 Pues fui yo, el Señor tu Dios,
    quien te rescató de la tierra de Egipto.
    Abre bien tu boca, y la llenaré de cosas
    buenas.

11 »Pero no, mi pueblo no quiso escuchar;
    Israel no quiso que estuviera cerca.
12 Así que dejé que siguiera sus tercos deseos,
    y que viviera según sus propias ideas.
13 ¡Oh, si mi pueblo me escuchara!
    ¡Oh, si Israel me siguiera y caminara por
    mis senderos!
14 ¡Qué rápido sometería a sus adversarios!
    ¡Qué pronto pondría mis manos sobre
    sus enemigos!
15 Los que odian al Señor se arrastrarían
    delante de él;
    quedarían condenados para siempre.
16 Pero a ustedes los alimentaría con el
    mejor trigo;
    los saciaría con miel silvestre de la roca».

82 *Salmo de Asaf.*

1 Dios preside la corte de los cielos;
    pronuncia juicio en medio de los seres
    celestiales:
2 «¿Hasta cuándo dictarán decisiones
    injustas
    que favorecen a los malvados?   *Interludio*

3 »Hagan justicia al pobre y al huérfano;
    defiendan los derechos de los oprimidos
    y de los desposeídos.
4 Rescaten al pobre y al indefenso;
    líbrenlos de las garras de los malvados.
5 Pero esos opresores no saben nada;
    ¡son tan ignorantes!
    Andan errantes en la oscuridad
    mientras el mundo entero se estremece
    hasta los cimientos.
6 Yo digo: "Ustedes son dioses;
    son todos hijos del Altísimo.
7 Pero morirán como simples mortales
    y caerán como cualquier otro gobernante"».

8 Levántate, oh Dios, y juzga a la tierra,
    porque todas las naciones te pertenecen.

83 *Un cántico. Salmo de Asaf.*

1 ¡Oh Dios, no guardes silencio!
    No cierres tus oídos;
    no te quedes callado, oh Dios.
2 ¿No oyes el alboroto que hacen tus
    enemigos?

¿No ves que tus arrogantes adversarios
    se levantan?
3 Inventan intrigas astutas contra tu pueblo;
    conspiran en contra de tus seres preciados.
4 «Vengan —dicen—, exterminemos a Israel
    como nación;
    destruiremos hasta el más mínimo
    recuerdo de su existencia».
5 Efectivamente, esta fue su decisión
    unánime.
    Firmaron un tratado de alianza en
    tu contra:
6 los edomitas y los ismaelitas;
    los moabitas y los agarenos;
7 los giblitas, los amonitas y los amalecitas;
    y los habitantes de Filistea y de Tiro.
8 Asiria también se unió a ellos
    y se alió con los descendientes
    de Lot.   *Interludio*

9 Haz con ellos lo mismo que hiciste con los
    madianitas
    y como hiciste también con Sísara y con
    Jabín en el río Cisón.
10 Fueron destruidos en Endor,
    y sus cadáveres en descomposición
    fertilizaron la tierra.
11 Que sus poderosos nobles mueran como
    murieron Oreb y Zeb;
    que todos sus príncipes mueran como
    Zeba y Zalmuna,
12 porque dijeron: «¡Vamos a apoderarnos de
    estos pastizales de Dios
    y a usarlos para nuestro beneficio!»
13 ¡Oh mi Dios, espárcelos como a arbustos
    que ruedan,
    como a paja que se lleva el viento!
14 Así como el fuego quema un bosque
    y una llama incendia las montañas,
15 persíguelos con tu tormenta feroz,
    atérralos con tu tempestad.
16 Desacredítalos por completo
    hasta que se sometan a tu nombre,
    oh Señor.
17 Que sean avergonzados y aterrorizados
    para siempre;
    que mueran en deshonra.
18 Entonces aprenderán que solo tú te llamas
    el Señor,
    que solo tú eres el Altísimo,
    supremo sobre toda la tierra.

84 *Para el director del coro: salmo de los descendientes de Coré; acompáñese con instrumento de cuerda.**

1 ¡Qué bella es tu morada,
    oh Señor de los Ejércitos Celestiales.
2 Anhelo y hasta desfallezco de deseo
    por entrar en los atrios del Señor.
    Con todo mi ser, mi cuerpo y mi alma,
    gritaré con alegría al Dios viviente.

84:título En hebreo *según el gitit.*

³ Hasta el gorrión encuentra un hogar
    y la golondrina construye su nido y cría
        a sus polluelos
    cerca de tu altar,
    ¡oh Señor de los Ejércitos Celestiales,
        mi Rey y mi Dios!
⁴ Qué alegría para los que pueden vivir en
        tu casa
    cantando siempre tus alabanzas.
                                    Interludio

⁵ Qué alegría para los que reciben su fuerza
        del Señor,
    los que se proponen caminar hasta
        Jerusalén.
⁶ Cuando anden por el Valle del Llanto,*
    se convertirá en un lugar de manantiales
        refrescantes;
    las lluvias de otoño lo cubrirán de
        bendiciones.
⁷ Ellos se harán cada vez más fuertes,
    y cada uno se presentará delante de
        Dios en Jerusalén.*

⁸ Oh Señor Dios de los Ejércitos Celestiales,
        oye mi oración;
    escucha, oh Dios de Jacob.   *Interludio*

⁹ ¡Oh Dios, mira con favor al rey, nuestro escudo!
    Muestra bondad a quien has ungido.

¹⁰ Un solo día en tus atrios,
    ¡es mejor que mil en cualquier otro lugar!
    Prefiero ser un portero en la casa de mi Dios
    que vivir la buena vida en la casa de los
        perversos.
¹¹ Pues el Señor Dios es nuestro sol y nuestro
        escudo;
    él nos da gracia y gloria.
    El Señor no negará ningún bien
    a quienes hacen lo que es correcto.
¹² Oh Señor de los Ejércitos Celestiales,
    qué alegría tienen los que confían en ti.

85 Para el director del coro: salmo de los descendientes de Coré.

¹ ¡Señor, tú derramaste bendiciones sobre
        tu tierra!
    Devolviste el bienestar a Israel.*
² Perdonaste la culpa de tu pueblo;
    sí, cubriste todos sus pecados.   *Interludio*
³ Contuviste tu furia
    y refrenaste tu enojo encendido.

⁴ Ahora, restáuranos, oh Dios de nuestra
        salvación;
    aparta tu enojo de nosotros una
        vez más.
⁵ ¿Seguirás enojado con nosotros para
        siempre?
    ¿Extenderás tu ira a todas las generaciones?
⁶ ¿No volverás a darnos vida,
    para que tu pueblo pueda alegrarse en ti?

⁷ Muéstranos tu amor inagotable, oh Señor,
    y concédenos tu salvación.

⁸ Presto mucha atención a lo que dice Dios
        el Señor,
    pues él da palabras de paz a su pueblo fiel.
    Pero no le permitas volver a sus necios
        caminos.
⁹ Sin duda, la salvación de Dios está cerca de
        los que le temen,
    por lo tanto, nuestra tierra se llenará de
        su gloria.

¹⁰ El amor inagotable y la verdad se
        encontraron;
    ¡la justicia y la paz se besaron!
¹¹ La verdad brota desde la tierra,
    y la justicia sonríe desde los cielos.
¹² Sí, el Señor derrama sus bendiciones,
    y nuestra tierra dará una abundante
        cosecha.
¹³ La justicia va delante de él como un heraldo,
    preparando el camino para sus pasos.

86 Oración de David.

¹ Inclínate, oh Señor, y escucha mi oración;
    contéstame, porque necesito tu ayuda.
² Protégeme, pues estoy dedicado a ti.
    Sálvame, porque te sirvo y confío en ti;
    tú eres mi Dios.
³ Ten misericordia de mí, oh Señor,
    porque a ti clamo constantemente.
⁴ Dame felicidad, oh Señor,
    pues a ti me entrego.
⁵ ¡Oh Señor, eres tan bueno, estás tan dispuesto
        a perdonar,
    tan lleno de amor inagotable para los que
        piden tu ayuda!
⁶ Escucha atentamente mi oración,
        oh Señor;
    oye mi urgente clamor.
⁷ A ti clamaré cada vez que esté en apuros,
    y tú me responderás.

⁸ Ningún dios pagano es como tú,
        oh Señor;
    ¡nadie puede hacer lo que tú haces!
⁹ Todas las naciones que has hecho
    vendrán y se inclinarán ante ti, Señor;
    alabarán tu santo nombre.
¹⁰ Pues tú eres grande y haces obras
        maravillosas;
    solo tú eres Dios.

¹¹ Enséñame tus caminos, oh Señor,
    para que viva de acuerdo con tu verdad.
    Concédeme pureza de corazón,
    para que te honre.
¹² Con todo el corazón te alabaré, oh Señor
        mi Dios;
    daré gloria a tu nombre para siempre,

84:6 *O Valle de los Álamos; en hebreo dice valle de Baca.*   84:7 *En hebreo Sión.*   85:1 *En hebreo a Jacob. Ver nota en 44:4.*

13 porque muy grande es tu amor por mí;
     me has rescatado de las profundidades
         de la muerte.*

14 Oh Dios, gente insolente se levanta en
         mi contra;
     una pandilla violenta trata de matarme.
     No significas nada para ellos.

15 Pero tú, oh Señor,
     eres Dios de compasión y misericordia,
   lento para enojarte
     y lleno de amor inagotable y fidelidad.

16 Mírame y ten misericordia de mí.
     Dale tu fuerza a tu siervo;
     salva a este hijo de tu sierva.

17 Envíame una señal de tu favor.
     Entonces, los que me odian pasarán
         vergüenza,
     porque tú, oh Señor, me ayudas y me
         consuelas.

87 *Cántico. Salmo de los descendientes de Coré.*

1 En el monte santo
     está la ciudad fundada por el Señor.

2 Él ama a la ciudad de Jerusalén
     más que a cualquier otra de Israel.*

3 Oh ciudad de Dios,
     ¡qué cosas gloriosas se dicen de ti!
                              Interludio

4 Incluiré a Egipto* y a Babilonia entre los que
         me conocen,
     también a Filistea y a Tiro, e incluso a la
         distante Etiopía.*
     ¡Ahora todas son ciudadanas de
         Jerusalén!

5 Con respecto a Jerusalén* se dirá:
     «Allí todos disfrutan de los derechos de
         ciudadanía».
     Y el Altísimo en persona bendecirá a esa
         ciudad.

6 Cuando el Señor escriba en el registro a las
         naciones, dirá:
     «Ahora todas son ciudadanas de Jerusalén».
                              Interludio

7 La gente tocará flautas* y cantará:
     «¡La fuente de mi vida brota de Jerusalén!».

88 *Para el director del coro: salmo de los descendientes de Coré. Cántico; entónese con la melodía de «El sufrimiento de la aflicción». Salmo* de Hemán el ezraíta.

1 Oh Señor, Dios de mi salvación,
     a ti clamo de día.
     A ti vengo de noche.

2 Oye ahora mi oración;
     escucha mi clamor.

3 Mi vida está llena de dificultades,
     y la muerte se acerca.*

4 Estoy como muerto,
     como un hombre vigoroso al que no
         le quedan fuerzas.

5 Me han dejado entre los muertos,
     y estoy tendido como un cadáver en
         la tumba.
   Soy olvidado,
     estoy separado de tu cuidado.

6 Me arrojaste a la fosa más honda,
     a las profundidades más oscuras.

7 Tu ira me oprime;
     con una ola tras otra me has cercado.
                              Interludio

8 Alejaste a mis amigos
     al hacerme repulsivo para ellos.
   Estoy atrapado y no hay forma de escapar.

9   Los ojos se me cegaron de tantas
         lágrimas.
   Cada día suplico tu ayuda, oh Señor;
     levanto a ti mis manos para pedir
         misericordia.

10 ¿Acaso tus obras maravillosas sirven de algo
         a los muertos?
     ¿Se levantan ellos y te alaban? *Interludio*

11 ¿Pueden anunciar tu amor inagotable los que
         están en la tumba?
     ¿Pueden proclamar tu fidelidad en el lugar
         de destrucción?*

12 ¿Puede la oscuridad hablar de tus obras
         maravillosas?
     ¿Puede alguien en la tierra del olvido
         contar de tu justicia?

13 Oh Señor, a ti clamo;
     seguiré rogando día tras día.

14 Oh Señor, ¿por qué me rechazas?
     ¿Por qué escondes tu rostro de mí?

15 Desde mi juventud, estoy enfermo y al borde
         de la muerte.
   Me encuentro indefenso y desesperado
     ante tus terrores.

16 Tu ira feroz me ha abrumado;
     tus terrores me paralizaron.

17 Todo el día se arremolinan como las aguas
         de una inundación
     y me han cercado por completo.

18 Me has quitado a mis compañeros y a mis
         seres queridos;
     la oscuridad es mi mejor amiga.

89 *Salmo* de Etán el ezraíta.

1 ¡Siempre cantaré acerca del amor inagotable
         del Señor!
     Jóvenes y ancianos oirán de tu fidelidad.

86:13 En hebreo *del Seol.*   87:2 En hebreo *Ama a las puertas de Sión más que a todas las moradas de Jacob.* Ver nota en 44:4.   87:4a En
hebreo *Rahab*, nombre de un mítico monstruo marino que en la literatura antigua representa el caos. Aquí se utiliza como un nombre
poético para Egipto.   87:4b En hebreo *Cus.*   87:5 En hebreo *Sión.*   87:7 O *bailará.*   88:título En hebreo *masquil.* Puede ser un
término literario o musical.   88:3 En hebreo *al Seol.*   88:11 En hebreo *en Abadón?*   89:título En hebreo *masquil.* Puede ser un
término literario o musical.

² Tu amor inagotable durará para siempre;
  tu fidelidad es tan perdurable como
  los cielos.

³ Dijo el Señor: «Hice un pacto con David,
  mi siervo escogido.
  Le hice este juramento:
⁴ "Estableceré a tus descendientes como reyes
  para siempre;
  se sentarán en tu trono desde ahora y hasta
  la eternidad"».   *Interludio*

⁵ Todo el cielo alabará tus grandes maravillas,
  Señor;
  multitudes de ángeles te alabarán por tu
  fidelidad.
⁶ Pues, ¿quién se compara con el Señor en
  todo el cielo?
  ¿Qué ángel poderosísimo se asemeja en
  algo al Señor?
⁷ Los poderes angélicos más altos quedan en
  reverencia ante Dios con temor;
  él es mucho más imponente que todos
  los que rodean su trono.
⁸ ¡Oh Señor Dios de los Ejércitos Celestiales!
  ¿Dónde hay alguien tan poderoso como
  tú, Señor?
  Eres completamente fiel.

⁹ Gobiernas los océanos;
  dominas las olas embravecidas por
  la tormenta.
¹⁰ Aplastas al gran monstruo marino;*
  dispersas a tus enemigos con tu brazo
  poderoso.
¹¹ Los cielos te pertenecen y la tierra
  también;
  todo lo que hay en el mundo es tuyo;
  tú lo creaste todo.
¹² Creaste el norte y el sur;
  el monte Tabor y el monte Hermón
  alaban tu nombre.
¹³ ¡Poderoso es tu brazo!
  ¡Fuerte es tu mano!
  Tu mano derecha se levanta en alto con
  gloriosa fuerza.
¹⁴ La rectitud y la justicia son el cimiento de
  tu trono;
  el amor inagotable y la verdad van como
  séquito delante de ti.
¹⁵ Felices son los que oyen el alegre llamado a
  la adoración,
  porque caminarán a la luz de tu presencia,
  Señor.
¹⁶ Todo el día se alegran de tu maravillosa
  fama;
  se regocijan por tu justicia.
¹⁷ Tú eres la fuerza gloriosa de ellos.
  A ti te agrada hacernos fuertes.
¹⁸ Así es, nuestra protección viene del
  Señor,
  y él, el Santo de Israel, nos ha dado
  nuestro rey.

¹⁹ Hace mucho tiempo hablaste a tu pueblo fiel
  en una visión.
  Dijiste: «He levantado a un guerrero;
  lo seleccioné de la gente común para que
  fuera rey.
²⁰ Encontré a mi siervo David;
  lo ungí con mi aceite santo.
²¹ Con mi mano lo mantendré firme,
  con mi brazo poderoso lo haré fuerte.
²² Sus enemigos no lo vencerán
  ni lo dominarán los malvados.
²³ Aplastaré a sus adversarios frente a él
  y destruiré a los que lo odian.
²⁴ Mi fidelidad y mi amor inagotable lo
  acompañarán,
  y con mi autoridad crecerá en poder.
²⁵ Extenderé su gobierno sobre el mar,
  su dominio sobre los ríos.
²⁶ Y él clamará a mí: "Tú eres mi Padre,
  mi Dios y la Roca de mi salvación"
²⁷ Lo convertiré en mi primer hijo varón,
  el rey más poderoso de la tierra.
²⁸ Lo amaré y le daré mi bondad para siempre;
  mi pacto con él nunca tendrá fin.
²⁹ Me aseguraré de que tenga heredero,
  su trono será interminable, como los días
  del cielo.
³⁰ Pero, si sus descendientes abandonan mis
  enseñanzas
  y dejan de obedecer mis ordenanzas,
³¹ si desobedecen mis decretos
  y dejan de cumplir mis mandatos,
³² entonces castigaré su pecado con vara
  y su desobediencia con azotes.
³³ Pero jamás dejaré de amarlo
  ni de cumplir la promesa que le hice.
³⁴ Por nada romperé mi pacto;
  no retiraré ni una sola palabra que he dicho.
³⁵ Le hice un juramento a David
  y por mi santidad no puedo mentir:
³⁶ su dinastía seguirá por siempre;
  su reino perdurará como el sol.
³⁷ Será tan eterno como la luna,
  ¡la cual es mi fiel testigo en el cielo!»
                                    Interludio

³⁸ Pero ahora lo has rechazado y desechado
  y estás enojado con tu rey ungido.
³⁹ Has renunciado al pacto que hiciste con él;
  arrojaste su corona al polvo.
⁴⁰ Derribaste las murallas que lo protegían
  y destruiste cada fuerte que lo defendía.
⁴¹ Todos los que pasan por allí le han robado,
  y se ha convertido en la burla de sus
  vecinos.
⁴² Has fortalecido a sus enemigos
  e hiciste que se alegraran.
⁴³ Has hecho inservible su espada
  y te negaste a ayudarlo en la batalla.
⁴⁴ Pusiste fin a su esplendor
  y derrocaste su trono.

89:10 En hebreo *a Rahab*, nombre de un mítico monstruo marino que en la literatura antigua representa el caos.

45 Lo has hecho envejecer antes de tiempo
 y lo deshonraste en público. *Interludio*

46 Oh Señor, ¿hasta cuándo seguirá esto?
 ¿Te esconderás para siempre?
 ¿Hasta cuándo arderá tu ira como el fuego?

47 Recuerda lo breve que es mi vida,
 ¡qué vacía e inútil es la existencia humana!

48 Nadie puede vivir para siempre; todos
 morirán;
 nadie puede escapar del poder de
 la tumba.* *Interludio*

49 Señor, ¿dónde está tu amor inagotable?
 Le diste tu palabra a David mediante una
 promesa fiel.

50 ¡Considera, Señor, cómo pasan vergüenza
 tus siervos!
 Llevo en mi corazón los insultos de mucha
 gente.

51 Tus enemigos se han burlado de mí, oh Señor,
 se mofan de tu rey ungido por dondequiera
 que va.

52 ¡Alaben al Señor para siempre!
 ¡Amén y amén!

LIBRO CUARTO (Salmos 90–106)

90 *Oración de Moisés, hombre de Dios.*

1 Señor, a lo largo de todas las generaciones,
 ¡tú has sido nuestro hogar!

2 Antes de que nacieran las montañas,
 antes de que dieras vida a la tierra y al mundo,
 desde el principio y hasta el fin, tú
 eres Dios.

3 Haces que la gente vuelva al polvo con
 solo decir:
 «¡Vuelvan al polvo, ustedes, mortales!».

4 Para ti, mil años son como un día pasajero,
 tan breves como unas horas de la noche.

5 Arrasas a las personas como si fueran sueños
 que desaparecen.
 Son como la hierba que brota en la mañana.

6 Por la mañana se abre y florece,
 pero al anochecer está seca y marchita.

7 Nos marchitamos bajo tu enojo;
 tu furia nos abruma.

8 Despliegas nuestros pecados delante de ti
 —nuestros pecados secretos— y los ves
 todos.

9 Vivimos la vida bajo tu ira,
 y terminamos nuestros años con un
 gemido.

10 ¡Setenta son los años que se nos conceden!
 Algunos incluso llegan a ochenta.
 Pero hasta los mejores años se llenan de
 dolor y de problemas;
 pronto desaparecen, y volamos.

11 ¿Quién puede comprender el poder de tu
 enojo?

Tu ira es tan imponente como el temor
 que mereces.

12 Enséñanos a entender la brevedad de
 la vida,
 para que crezcamos en sabiduría.

13 ¡Oh Señor, vuelve a nosotros!
 ¿Hasta cuándo tardarás?
 ¡Compadécete de tus siervos!

14 Sácianos cada mañana con tu amor inagotable,
 para que cantemos de alegría hasta el final
 de nuestra vida.

15 ¡Danos alegría en proporción a nuestro
 sufrimiento anterior!
 Compensa los años malos con bien.

16 Permite que tus siervos te veamos obrar
 otra vez,
 que nuestros hijos vean tu gloria.

17 Y que el Señor nuestro Dios nos dé su
 aprobación
 y haga que nuestros esfuerzos prosperen;
 sí, ¡haz que nuestros esfuerzos prosperen!

91
1 Los que viven al amparo del Altísimo
 encontrarán descanso a la sombra
 del Todopoderoso.

2 Declaro lo siguiente acerca del Señor:
 Solo él es mi refugio, mi lugar seguro;
 él es mi Dios y en él confío.

3 Te rescatará de toda trampa
 y te protegerá de enfermedades mortales.

4 Con sus plumas te cubrirá
 y con sus alas te dará refugio.
 Sus fieles promesas son tu armadura y
 tu protección.

5 No tengas miedo de los terrores de la noche
 ni de la flecha que se lanza en el día.

6 No temas a la enfermedad que acecha en
 la oscuridad,
 ni a la catástrofe que estalla al mediodía.

7 Aunque caigan mil a tu lado,
 aunque mueran diez mil a tu alrededor,
 esos males no te tocarán.

8 Simplemente abre tus ojos
 y mira cómo los perversos reciben
 su merecido.

9 Si haces al Señor tu refugio
 y al Altísimo tu resguardo,

10 ningún mal te conquistará;
 ninguna plaga se acercará a tu hogar.

11 Pues él ordenará a sus ángeles
 que te protejan por donde vayas.

12 Te sostendrán con sus manos
 para que ni siquiera te lastimes el pie con
 una piedra.

13 Pisotearás leones y cobras;
 ¡aplastarás feroces leones y serpientes bajo
 tus pies!

14 El Señor dice: «Rescataré a los que me aman;
 protegeré a los que confían en mi nombre.

89:48 En hebreo *del Seol.*

15 Cuando me llamen, yo les responderé;
   estaré con ellos en medio de las
      dificultades.
   Los rescataré y los honraré.
16 Los recompensaré con una larga vida
   y les daré mi salvación».

92 *Salmo. Cántico para entonar el día de descanso.*

1 Es bueno dar gracias al Señor,
   cantar alabanzas al Altísimo.
2 Es bueno proclamar por la mañana tu amor
      inagotable
   y por la noche tu fidelidad,
3 al son del arpa de diez cuerdas
   y de la melodía de la lira.

4 Todo lo que has hecho por mí, Señor, ¡me
      emociona!
   Canto de alegría por todo lo que has hecho.
5 ¡Oh Señor, qué grandes son tus obras!
   Y qué profundos son tus pensamientos.
6 Solo un simplón no sabría
   y un necio no entendería que:
7 aunque los malvados broten como maleza
   y los malhechores florezcan,
   serán destruidos para siempre.

8 Tú, oh Señor, para siempre serás exaltado.
9 Tus enemigos, Señor, sin duda perecerán;
   todos los malhechores quedarán
      esparcidos.
10 Pero tú me has hecho fuerte como un
      buey salvaje;
   me has ungido con el mejor aceite.
11 Mis ojos vieron la caída de mis enemigos;
   mis oídos escucharon la derrota de mis
      perversos oponentes.
12 Pero los justos florecerán como palmeras
   y se harán fuertes como los cedros
      del Líbano;
13 trasplantados a la casa del Señor,
   florecen en los atrios de nuestro Dios.
14 Incluso en la vejez aún producirán fruto,
   seguirán verdes y llenos de vitalidad.
15 Declararán: «¡El Señor es justo!
   ¡Es mi roca!
   ¡No existe maldad en él!».

93 1 ¡El Señor es rey! Se viste de majestad.
   Ciertamente el Señor se viste de
      majestad y está armado con fuerza.
   El mundo permanece firme
   y no puede ser sacudido.

2 Tu trono, oh Señor, permanece desde
      tiempos inmemoriales;
   tú mismo existes desde el pasado eterno.
3 Las aguas crecieron, oh Señor.
   Los diluvios han rugido como truenos;
   las inundaciones elevaron sus impetuosas
      olas.

4 Pero más poderoso que el estruendo de los
      mares enfurecidos,
   más potente que las rompientes olas en
      la orilla;
   el Señor, quien está en lo alto, es más
      poderoso que estos.
5 Tus leyes soberanas no pueden ser
      modificadas;
   tu reino, oh Señor, es santo por siempre
   y para siempre.

94 1 Oh Señor, Dios de venganza,
   oh Dios de venganza, ¡haz que tu
      gloriosa justicia resplandezca!
2 Levántate, oh juez de la tierra;
   dales su merecido a los orgullosos.
3 ¿Hasta cuándo, Señor?
   ¿Hasta cuándo los perversos tendrán
      permiso para regodearse?
4 ¿Hasta cuándo hablarán con arrogancia?
   ¿Hasta cuándo se jactarán estos malvados?
5 Aplastan a tu pueblo, Señor,
   lastiman a los que llamas tuyos.
6 Matan a las viudas y a los extranjeros,
   y asesinan a los huérfanos.
7 «El Señor no está mirando —dicen—,
   y además, al Dios de Israel* no le
      importa».

8 ¡Piénsenlo mejor, necios!
   ¿Cuándo por fin se darán cuenta?
9 El que hizo los oídos, ¿acaso es sordo?
   El que les formó los ojos, ¿acaso es ciego?
10 Él castiga a las naciones, ¿acaso no los
      castigará a ustedes?
   Él todo lo sabe, ¿acaso no sabe también
      lo que ustedes hacen?
11 El Señor conoce los pensamientos de
      la gente;
   ¡sabe que no valen nada!

12 Felices aquellos a quienes tú disciplinas,
      Señor,
   aquellos a los que les enseñas tus
      instrucciones.
13 Los alivias en tiempos difíciles
   hasta que se cave un pozo para capturar
      a los malvados.
14 El Señor no rechazará a su pueblo,
   no abandonará a su posesión más
      preciada.
15 El juicio volverá a basarse en la justicia,
   y los de corazón íntegro la procurarán.

16 ¿Quién me protegerá de los perversos?
   ¿Quién me defenderá de los malvados?
17 Si el Señor no me hubiera ayudado,
   pronto me habría quedado en el silencio
      de la tumba.
18 Clamé: «¡Me resbalo!»,
   pero tu amor inagotable, oh Señor,
   me sostuvo.

94:7 En hebreo *de Jacob*. Ver nota en 44:4.

¹⁹ Cuando mi mente se llenó de dudas,
    tu consuelo renovó mi esperanza y
    mi alegría.

²⁰ ¿Acaso pueden los líderes injustos afirmar
    que Dios está de su lado,
    los líderes cuyos decretos permiten
    la injusticia?
²¹ Se unen contra los justos
    y condenan a muerte a los inocentes.
²² Pero el Señor es mi fortaleza;
    mi Dios es la roca poderosa donde
    me escondo.
²³ Dios hará que los pecados de los malvados
    se tornen contra ellos;
    los destruirá por sus pecados.
    El Señor nuestro Dios los destruirá.

95

¹ ¡Vengan, cantemos al Señor!
    Aclamemos con alegría a la Roca de
    nuestra salvación.
² Acerquémonos a él con acción de gracias.
    Cantémosle salmos de alabanza,
³ porque el Señor es Dios grande,
    un gran Rey sobre todos los dioses.
⁴ En sus manos sostiene las profundidades
    de la tierra
    y las montañas más imponentes.
⁵ El mar le pertenece, pues él lo creó;
    sus manos también formaron la tierra firme.

⁶ Vengan, adoremos e inclinémonos.
    Arrodillémonos delante del Señor,
    nuestro creador,
⁷ porque él es nuestro Dios.
    Somos el pueblo que él vigila,
    el rebaño a su cuidado.

¡Si tan solo escucharan hoy su voz!
⁸ El Señor dice: «No endurezcan el corazón
    como Israel en Meriba,
    como lo hizo el pueblo en el desierto
    de Masá.
⁹ Allí sus antepasados me tentaron y pusieron
    a prueba mi paciencia,
    a pesar de haber visto todo lo que hice.
¹⁰ Durante cuarenta años estuve enojado con
    ellos y dije:
    "Son un pueblo cuyo corazón se aleja de mí;
    rehúsan hacer lo que les digo".
¹¹ Así que en mi enojo juré:
    "Ellos nunca entrarán a mi lugar de
    descanso"».

96

¹ ¡Canten al Señor una nueva canción!
    ¡Que toda la tierra cante al Señor!
² Canten al Señor, alaben su nombre;
    cada día anuncien las buenas noticias de
    que él salva.
³ Anuncien sus gloriosas obras entre las naciones;
    cuéntenles a todos las cosas asombrosas
    que él hace.

⁴ ¡Grande es el Señor! ¡Es el más digno
    de alabanza!
    A él hay que temer por sobre todos
    los dioses.
⁵ Los dioses de las otras naciones no son
    más que ídolos,
    ¡pero el Señor hizo los cielos!
⁶ Honor y majestad lo rodean;
    fuerza y belleza llenan su santuario.

⁷ Oh naciones del mundo, reconozcan al Señor;
    reconozcan que el Señor es fuerte y
    glorioso.
⁸ ¡Den al Señor la gloria que merece!
    Lleven ofrendas y entren en sus atrios.
⁹ Adoren al Señor en todo su santo esplendor;
    que toda la tierra tiemble delante de él.
¹⁰ Digan a todas las naciones: «¡El Señor reina!».
    El mundo permanece firme y no puede
    ser sacudido.
    Él juzgará a todos los pueblos con
    imparcialidad.

¹¹ ¡Que los cielos se alegren, y la tierra se goce!
    ¡Que el mar y todo lo que contiene
    exclamen sus alabanzas!
¹² ¡Que los campos y sus cultivos estallen de
    alegría!
    Que los árboles del bosque susurren con
    alabanza
¹³ delante del Señor, ¡porque él viene!
    Viene a juzgar la tierra.
    Juzgará al mundo con justicia
    y a las naciones con su verdad.

97

¹ ¡El Señor es rey!
    ¡Que se goce la tierra!
    ¡Que se alegren las costas más lejanas!
² Nubes oscuras lo rodean.
    La rectitud y la justicia son el cimiento
    de su trono.
³ Fuego se extiende delante de él
    y calcina a todos sus enemigos.
⁴ Sus relámpagos destellan por el mundo;
    la tierra lo ve y tiembla.
⁵ Las montañas se derriten como cera delante
    del Señor,
    delante del Señor de toda la tierra.
⁶ Los cielos proclaman su justicia;
    toda nación ve su gloria.
⁷ Los que rinden culto a ídolos quedan
    deshonrados
    —todos los que se jactan de sus inútiles
    dioses—
    pues todos los dioses tienen que inclinarse
    ante él.
⁸ ¡Jerusalén* oyó y se alegró,
    y todas las ciudades de Judá están felices
    a causa de tu justicia, oh Señor!
⁹ Pues tú, oh Señor, eres supremo en toda
    la tierra,
    exaltado muy por encima de todos los dioses.

97:8 En hebreo *Sión*.

¹⁰ ¡Ustedes, los que aman al Señor, odien
el mal!
Él protege la vida de sus justos
y los rescata del poder de los perversos.
¹¹ La luz brilla sobre los justos,
y la alegría sobre los de corazón recto.
¹² ¡Que todos los justos se alegren en el Señor
y alaben su santo nombre!

98 Salmo.

¹ Canten al Señor una nueva canción,
porque ha hecho obras maravillosas.
Su mano derecha obtuvo una poderosa
victoria;
su santo brazo ha mostrado su poder
salvador.
² El Señor anunció su victoria
y reveló su justicia a toda nación.
³ Recordó su promesa de amar y de ser fiel
a Israel.
¡Los extremos de la tierra han visto la
victoria de nuestro Dios!

⁴ Aclamen al Señor, habitantes de toda
la tierra;
¡prorrumpan en alabanza y canten de
alegría!
⁵ Canten alabanzas al Señor con el arpa,
con el arpa y dulces melodías,
⁶ con trompetas y el sonido del cuerno
de carnero.
¡Toquen una alegre sinfonía delante
del Señor, el Rey!

⁷ ¡Que el mar y todo lo que contiene le
exclamen alabanzas!
¡Que se le unan la tierra y todas sus
criaturas vivientes!
⁸ ¡Que los ríos aplaudan con júbilo!
¡Que las colinas entonen sus cánticos
de alegría
⁹ delante del Señor!
Pues el Señor viene a juzgar la tierra.
Juzgará al mundo con justicia,
y a las naciones con imparcialidad.

99 ¹ ¡El Señor es rey!
¡Que tiemblen las naciones!
Está sentado en su trono, entre los
querubines.
¡Que se estremezca toda la tierra!
² El Señor se sienta con majestad en
Jerusalén,*
exaltado sobre todas las naciones.
³ Que ellas alaben tu nombre grande
y temible.
¡Tu nombre es santo!

⁴ Rey poderoso, amante de la justicia,
tú has establecido la imparcialidad.
Has actuado con justicia

y con rectitud en todo Israel.*
⁵ ¡Exalten al Señor nuestro Dios!
¡Póstrense ante sus pies porque él es santo!

⁶ Moisés y Aarón estaban entre sus sacerdotes;
Samuel también invocó su nombre.
Clamaron al Señor por ayuda,
y él les respondió.
⁷ Habló a Israel desde la columna de nube,
y los israelitas siguieron las leyes y los
decretos que les dio.
⁸ Oh Señor nuestro Dios, tú les respondiste;
para ellos fuiste Dios perdonador,
pero los castigaste cuando se desviaron.

⁹ Exalten al Señor nuestro Dios
y adoren en su monte santo, en Jerusalén,
¡porque el Señor nuestro Dios es santo!

100 Salmo de agradecimiento.

¹ ¡Aclamen con alegría al Señor, habitantes de
toda la tierra!
² Adoren al Señor con gozo.
Vengan ante él cantando con alegría
³ ¡Reconozcan que el Señor es Dios!
Él nos hizo, y le pertenecemos;*
somos su pueblo, ovejas de su prado.
⁴ Entren por sus puertas con acción de gracias;
vayan a sus atrios con alabanza.
Denle gracias y alaben su nombre.
⁵ Pues el Señor es bueno.
Su amor inagotable permanece para
siempre,
y su fidelidad continúa de generación
en generación.

101 Salmo de David.

¹ Cantaré de tu amor y de tu justicia,
oh Señor;
te alabaré con canciones.
² Tendré cuidado de llevar una vida intachable,
¿cuándo vendrás a ayudarme?
Viviré con integridad
en mi propio hogar.
³ Me negaré a mirar
cualquier cosa vil o vulgar.
Detesto a los que actúan de manera
deshonesta;
no tendré nada que ver con ellos.
⁴ Rechazaré las ideas perversas
y me mantendré alejado de toda clase
de mal.
⁵ No toleraré a los que calumnian a sus vecinos;
no soportaré la presunción ni el orgullo.

⁶ Buscaré a personas fieles
para que sean mis compañeros;
solo a los que sean irreprochables
se les permitirá servirme.

99:2 En hebreo *Sión*. 99:4 En hebreo *Jacob* Ver nota en 44:4. 100:3 Así aparece en otra lectura del texto masorético; otra lectura y algunas versiones antiguas dicen *y no nosotros mismos*.

7 No permitiré que los engañadores sirvan en
mi casa,
y los mentirosos no permanecerán en mi
presencia.
8 Mi tarea diaria será descubrir a los perversos
y liberar de sus garras a la ciudad del
Señor.

102

*Oración de quien está abrumado de
problemas y se desahoga ante el Señor.*

1 Señor, ¡oye mi oración!
¡Escucha mi ruego!
2 No te alejes de mí
en el tiempo de mi angustia.
Inclínate para escuchar
y no tardes en responderme cuando
te llamo.
3 Pues mis días desaparecen como el humo,
y los huesos me arden como carbones
al rojo vivo.
4 Tengo el corazón angustiado, marchito
como la hierba,
y perdí el apetito.
5 Por mi gemir,
quedé reducido a piel y huesos.
6 Soy como un búho en el desierto,
como un búho pequeño en un lugar
remoto y desolado.
7 Me acuesto y sigo despierto,
como un pájaro solitario en el tejado.
8 Mis enemigos se burlan de mí día tras día;
se mofan de mí y me maldicen.
9 Me alimento de cenizas;
las lágrimas corren por mis mejillas y se
mezclan con mi bebida,
10 a causa de tu enojo y de tu ira,
pues me levantaste y me echaste.
11 Mi vida pasa tan rápido como las sombras
de la tarde;
voy marchitándome como hierba.

12 Pero tú, oh Señor, te sentarás en tu trono
para siempre;
tu fama durará por todas las generaciones.
13 Te levantarás y tendrás misericordia de
Jerusalén;*
ya es tiempo de tener compasión de ella,
ahora es el momento en que prometiste
ayudar.
14 Pues tu pueblo ama cada piedra de sus murallas
y atesora hasta el polvo de sus calles.
15 Entonces las naciones temblarán ante el Señor;
los reyes de la tierra temblarán ante
su gloria.
16 Pues el Señor reconstruirá Jerusalén;
él aparecerá en su gloria.
17 Escuchará las oraciones de los desposeídos;
no rechazará sus ruegos.

18 Que esto quede registrado para las
generaciones futuras,

para que un pueblo aún no nacido alabe
al Señor.
19 Cuéntenles que el Señor miró hacia abajo,
desde su santuario celestial.
Desde los cielos miró la tierra
20 para escuchar los gemidos de los
prisioneros,
para poner en libertad a los condenados
a muerte.
21 Por eso la fama del Señor se celebrará
en Sión,
y sus alabanzas en Jerusalén,
22 cuando las multitudes se reúnan
y los reinos vengan a adorar al Señor.

23 En la mitad de mi vida, me quebró las fuerzas,
y así acortó mis días.
24 Pero clamé a él: «Oh mi Dios, el que vive
para siempre,
¡no me quites la vida en la flor de mi
juventud!
25 Hace mucho tiempo echaste los cimientos
de la tierra
y con tus manos formaste los cielos.
26 Ellos dejarán de existir, pero tú permaneces
para siempre;
se desgastarán como ropa vieja.
Tú los cambiarás
y los desecharás como si fueran ropa.
27 Pero tú siempre eres el mismo;
tú vivirás para siempre.
28 Los hijos de tu pueblo
vivirán seguros;
los hijos de sus hijos
prosperarán en tu presencia».

103

Salmo de David.

1 Que todo lo que soy alabe al Señor;
con todo el corazón alabaré su santo
nombre.
2 Que todo lo que soy alabe al Señor;
que nunca olvide todas las cosas buenas
que hace por mí.
3 Él perdona todos mis pecados
y sana todas mis enfermedades.
4 Me redime de la muerte
y me corona de amor y tiernas
misericordias.
5 Colma mi vida de cosas buenas;
¡mi juventud se renueva como la del
águila!

6 El Señor da rectitud
y hace justicia a los que son tratados
injustamente.
7 Dio a conocer su carácter a Moisés
y sus obras al pueblo de Israel.
8 El Señor es compasivo y misericordioso,
lento para enojarse y está lleno de amor
inagotable.

102:13 En hebreo *Sión;* también en 102:16.

⁹ No nos reprenderá todo el tiempo,
   ni seguirá enojado para siempre.
¹⁰ No nos castiga por todos nuestros pecados;
   no nos trata con la severidad que
      merecemos.
¹¹ Pues su amor inagotable hacia los que
      le temen
   es tan inmenso como la altura de los cielos
      sobre la tierra.
¹² Llevó nuestros pecados tan lejos de nosotros
   como está el oriente del occidente.
¹³ El Señor es como un padre con sus hijos,
   tierno y compasivo con los que le temen.
¹⁴ Pues él sabe lo débiles que somos;
   se acuerda de que somos tan solo polvo.
¹⁵ Nuestros días sobre la tierra son como
      la hierba;
   igual que las flores silvestres, florecemos
      y morimos.
¹⁶ El viento sopla, y desaparecemos
   como si nunca hubiéramos estado aquí.
¹⁷ Pero el amor del Señor permanece para
      siempre
   con los que le temen.
   ¡Su salvación se extiende a los hijos de
      los hijos
¹⁸ de los que son fieles a su pacto,
   de los que obedecen sus mandamientos!

¹⁹ El Señor ha hecho de los cielos su trono,
   desde allí gobierna todo.

²⁰ Alaben al Señor, ustedes los ángeles,
   ustedes los poderosos que llevan a cabo
      sus planes,
   que están atentos a cada uno de sus
      mandatos.
²¹ ¡Sí, alaben al Señor, ejércitos de ángeles
   que le sirven y hacen su voluntad!
²² Alabe al Señor todo lo que él ha creado,
   todo lo que hay en su reino.

   Que todo lo que soy, alabe al Señor.

104 ¹ Que todo lo que soy, alabe al
      Señor.

¡Oh Señor mi Dios, eres grandioso!
   Te has vestido de honor y majestad.
² Te has envuelto en un manto de luz.
   Despliegas la cortina de estrellas de los cielos;
³   colocas las vigas de tu hogar en las nubes
      de lluvia
   Haces de las nubes tu carro de guerra;
   cabalgas sobre las alas del viento.
⁴ Los vientos son tus mensajeros,
   las llamas de fuego, tus sirvientes *

⁵ Colocaste el mundo sobre sus cimientos,
   así jamás se removerá.
⁶ Vestiste a la tierra con torrentes de agua,
   agua que cubrió aun a las montañas.

⁷ A tu orden, el agua huyó;
   al sonido de tu trueno, salió corriendo.
⁸ Las montañas se elevaron y los valles se
      hundieron
   hasta el nivel que tú decretaste.
⁹ Después, fijaste un límite para los mares,
   para que nunca más cubrieran la tierra.

¹⁰ Tú haces que los manantiales viertan agua
      en los barrancos,
   para que los arroyos broten con fuerza y
      desciendan desde las montañas.
¹¹ Proveen agua a todos los animales,
   y los burros salvajes sacian su sed.
¹² Las aves hacen sus nidos junto a los arroyos
   y cantan entre las ramas de los árboles.
¹³ Desde tu hogar celestial, envías lluvia sobre
      las montañas
   y colmas la tierra con el fruto de tus
      obras.
¹⁴ Haces crecer el pasto para los animales
   y las plantas para el uso de la gente.
   Les permites producir alimento con el fruto
      de la tierra:
¹⁵   vino para que se alegren,
   aceite de oliva para aliviarles la piel,
   y pan para que se fortalezcan.
¹⁶ Los árboles del Señor están bien cuidados,
   los cedros del Líbano que plantó.
¹⁷ Allí hacen sus nidos las aves,
   y en los cipreses las cigüeñas hacen
      su hogar.
¹⁸ En lo alto de las montañas viven las cabras
      salvajes,
   y las rocas forman un refugio para los
      damanes.*

¹⁹ Creaste la luna para que marcara las
      estaciones,
   y el sol sabe cuándo ponerse.
²⁰ Envías la oscuridad, y se hace de noche,
   la hora en que merodean los animales
      del bosque.
²¹ Los leones jóvenes rugen por su presa,
   acechan en busca del alimento que Dios
      les provee.
²² Al amanecer, se escabullen
   y se meten en sus guaridas para descansar.
²³ Entonces la gente sale a trabajar
   y realiza sus labores hasta el anochecer.

²⁴ Oh Señor, ¡cuánta variedad de cosas
      has creado!
   Las hiciste todas con tu sabiduría;
   la tierra está repleta de tus criaturas.
²⁵ Allí está el océano, ancho e inmenso,
   rebosando de toda clase de vida,
   especies tanto grandes como pequeñas.
²⁶ Miren los barcos que pasan navegando,
   y al Leviatán,* al cual hiciste para que
      juegue en el mar.

104:4 La versión griega dice *Él envía a sus ángeles como vientos, / a sus sirvientes como llamas de fuego.* Comparar Hb 1:7.
104:18 O *conejos salvajes,* o *tejones de las rocas.*   104:26 La identidad del Leviatán es discutida, las ideas van desde una criatura terrestre hasta un mítico monstruo marino de la literatura antigua.

²⁷ Todos dependen de ti
   para recibir el alimento según su
      necesidad.
²⁸ Cuando tú lo provees, ellos lo recogen.
   Abres tu mano para alimentarlos,
   y quedan sumamente satisfechos.
²⁹ Pero si te alejas de ellos, se llenan de pánico.
   Cuando les quitas el aliento,
      vuelven otra vez al polvo.
³⁰ Cuando les das tu aliento,* se genera la vida
   y renuevas la faz de la tierra.

³¹ ¡Que la gloria del SEÑOR continúe para
      siempre!
   ¡El SEÑOR se deleita en todo lo que
      ha creado!
³² La tierra tiembla ante su mirada;
   las montañas humean cuando él las toca.

³³ Cantaré al SEÑOR mientras viva.
   ¡Alabaré a mi Dios hasta mi último suspiro!
³⁴ Que todos mis pensamientos le agraden,
   porque me alegro en el SEÑOR.
³⁵ Que todos los pecadores desaparezcan de la
      faz de la tierra;
   que dejen de existir para siempre los
      perversos.

   Que todo lo que soy alabe al SEÑOR.

   ¡Alabado sea el SEÑOR!

105

¹ Den gracias al SEÑOR y proclamen su
      grandeza;
   que todo el mundo sepa lo que él ha
      hecho.
² Canten a él; sí, cántenle alabanzas;
   cuéntenle a todo el mundo acerca de sus
      obras maravillosas.
³ Regocíjense por su santo nombre;
   alégrense ustedes, los que adoran al
      SEÑOR.
⁴ Busquen al SEÑOR y a su fuerza,
   búsquenlo continuamente.
⁵ Recuerden las maravillas y los milagros que
      ha realizado,
   y los decretos que ha dictado,
⁶ ustedes, hijos de su siervo Abraham,
   descendientes de Jacob, los elegidos
      de Dios.

⁷ Él es el SEÑOR nuestro Dios;
   su justicia se ve por toda la tierra.
⁸ Siempre se atiene a su pacto,
   al compromiso que adquirió con mil
      generaciones.
⁹ Es el pacto que hizo con Abraham
   y el juramento que le hizo a Isaac.
¹⁰ Se lo confirmó a Jacob como un decreto
   y al pueblo de Israel como un pacto
      eterno.
¹¹ «Te daré la tierra de Canaán
   como tu preciada posesión».

¹² Eso lo dijo cuando eran unos pocos,
   un pequeño grupo de extranjeros
      en Canaán.
¹³ Anduvieron de nación en nación,
   de un reino a otro.
¹⁴ Sin embargo, él no permitió que nadie
   los oprimiera.
   A favor de ellos, les advirtió a los reyes:
¹⁵ «No toquen a mi pueblo elegido
   ni hagan daño a mis profetas».

¹⁶ Mandó hambre a la tierra de Canaán,
   y cortó la provisión de alimentos.
¹⁷ Luego envió a un hombre a Egipto delante
      de ellos:
   a José, quien fue vendido como esclavo.
¹⁸ Le lastimaron los pies con grilletes
   y en el cuello le pusieron un collar
      de hierro.
¹⁹ Hasta que llegó el momento de cumplir
      sus sueños,*
   el SEÑOR puso a prueba el carácter
      de José.
²⁰ Entonces el faraón mandó a buscarlo y
   lo puso en libertad;
   el gobernante de la nación le abrió la
      puerta de la cárcel.
²¹ José quedó a cargo de toda la casa del rey;
   llegó a ser el administrador de todas sus
      posesiones.
²² Con total libertad instruía a los asistentes
      del rey
   y enseñaba a los consejeros del rey.

²³ Luego Israel llegó a Egipto;
   Jacob vivió como extranjero en la tierra
      de Cam.
²⁴ Y el SEÑOR multiplicó a los israelitas
   hasta que llegaron a ser más poderosos
      que sus enemigos.
²⁵ Después puso a los egipcios en contra del
      pueblo de Israel,
   y ellos conspiraron contra los siervos
      del SEÑOR.

²⁶ Pero el SEÑOR envió a su siervo Moisés,
   junto con Aarón, a quien había escogido.
²⁷ Ellos realizaron señales asombrosas entre
      los egipcios,
   y maravillas en la tierra de Cam.
²⁸ El SEÑOR cubrió a Egipto con oscuridad,
   porque los egipcios desobedecieron las
      órdenes de dejar ir a su pueblo.
²⁹ Convirtió sus aguas en sangre
   y envenenó a todos los peces.
³⁰ Luego las ranas infestaron la tierra
   y hasta invadieron las habitaciones
      del rey.
³¹ Cuando el SEÑOR habló, enjambres de moscas
   descendieron sobre los egipcios,
   y hubo una nube de mosquitos por
      todo Egipto.

104:30 O *Cuando envías tu Espíritu.*   **105:19** En hebreo *su palabra.*

32 Les envió granizo en lugar de lluvia,
   y destellaron relámpagos sobre la tierra.
33 Arruinó sus vides y sus higueras
   y destrozó todos los árboles.
34 Habló, y vinieron oleadas de langostas,
   langostas jóvenes en cantidades
      innumerables.
35 Se comieron todo lo verde que había en
      la tierra
   y destruyeron todos los cultivos de los
      campos.
36 Después mató al hijo mayor de cada hogar
      egipcio,
   el orgullo y la alegría de cada familia.

37 El SEÑOR sacó a su pueblo de Egipto, cargado
      de oro y de plata;
   y ni una sola persona de las tribus de Israel
      siquiera tropezó.
38 Egipto se alegró cuando se fueron,
   porque les tenía mucho miedo.
39 El SEÑOR desplegó una nube sobre ellos para
      que los cubriera
   y les dio un gran fuego para que iluminara
      la oscuridad.
40 Ellos le pidieron carne, y él les envió
      codornices;
   les sació el hambre con maná, pan
      del cielo.
41 Partió una roca, y brotó agua a chorros
   que formó un río a través de la tierra árida
      y baldía.
42 Pues recordó la promesa sagrada
   que le había hecho a su siervo Abraham.
43 Así que sacó a su pueblo de Egipto con alegría,
   a sus escogidos, con gozo.
44 Les dio las tierras de las naciones paganas,
   y cosecharon cultivos que otros habían
      sembrado.
45 Todo eso sucedió para que siguieran los
      decretos del SEÑOR
   y obedecieran sus enseñanzas.

¡Alabado sea el SEÑOR!

106
1 ¡Alabado sea el SEÑOR!

   ¡Den gracias al SEÑOR, porque él
      es bueno!
   Su fiel amor perdura para siempre.
2 ¿Quién podrá enumerar los gloriosos
      milagros del SEÑOR?
   ¿Quién podrá alabarlo lo suficiente?
3 Hay alegría para los que tratan con justicia
      a los demás
   y siempre hacen lo que es correcto.

4 Acuérdate de mí, SEÑOR, cuando le muestres
      favor a tu pueblo;
   acércate y rescátame.
5 Déjame tener parte en la prosperidad de
      tus elegidos.

Permite que me alegre por el gozo de
      tu pueblo;
   concédeme alabarte con los que son
      tu herencia.

6 Hemos pecado como nuestros antepasados.
   ¡Hicimos lo malo y actuamos de manera
      perversa!
7 Nuestros antepasados en Egipto
   no quedaron conmovidos ante las obras
      milagrosas del SEÑOR.
   Pronto olvidaron sus muchos actos de bondad
      hacia ellos;
   en cambio, se rebelaron contra él en el
      mar Rojo.*
8 Aun así, él los salvó:
   para defender el honor de su nombre
   y para demostrar su gran poder.
9 Ordenó al mar Rojo* que se secara
   y condujo a Israel a través del mar como
      si fuera un desierto.
10 Así los rescató de sus enemigos
   y los libertó de sus adversarios.
11 Después el agua volvió y cubrió a sus
      enemigos;
   ninguno de ellos sobrevivió.
12 Entonces el pueblo creyó las promesas
      del SEÑOR
   y le cantó alabanzas.

13 Sin embargo, ¡qué pronto olvidaron lo que
      él había hecho!
   ¡No quisieron esperar su consejo!
14 En el desierto dieron rienda suelta a sus
      deseos,
   pusieron a prueba la paciencia de Dios en
      esa tierra árida y baldía.
15 Entonces les dio lo que pedían,
   pero al mismo tiempo les envió una plaga.
16 La gente del campamento se puso celosa de
      Moisés
   y tuvo envidia de Aarón, el santo sacerdote
      del SEÑOR.
17 Por esa causa la tierra se abrió,
   se tragó a Datán
   y enterró a Abiram junto con los otros
      rebeldes.
18 Sobre sus seguidores cayó fuego;
   una llama consumió a los perversos.

19 Los israelitas hicieron un becerro en el
      monte Sinaí;*
   se inclinaron ante una imagen hecha
      de oro.
20 Cambiaron a su glorioso Dios
   por la estatua de un toro que come hierba.
21 Se olvidaron de Dios, su salvador,
   quien había realizado tantas grandezas
      en Egipto:
22 obras tan maravillosas en la tierra de Cam,
   hechos tan asombrosos en el mar Rojo.

106:7 En hebreo *en el mar, el mar de juncos.* **106:9** En hebreo *mar de juncos;* también en 106:22. **106:19** En hebreo *en Horeb,* otro nombre para Sinaí.

23 Por lo tanto, él declaró que los destruiría.
    Pero Moisés, su escogido, intervino entre
    el Señor y los israelitas;
    le suplicó que apartara su ira y que no los
    destruyera.

24 El pueblo se negó a entrar en la agradable
    tierra,
    porque no creían la promesa de que Dios
    los iba a cuidar.

25 En cambio, rezongaron en sus carpas
    y se negaron a obedecer al Señor.

26 Por lo tanto, él juró solemnemente
    que los mataría en el desierto,

27 que dispersaría a sus descendientes entre
    las naciones,
    y los enviaría a tierras distantes.

28 Después nuestros antepasados se unieron
    para rendir culto a Baal en Peor;
    ¡hasta comieron sacrificios ofrecidos a
    los muertos!

29 Con todo eso provocaron el enojo del Señor,
    entonces se desató una plaga en medio
    de ellos.

30 Pero Finees tuvo el valor de intervenir
    y la plaga se detuvo.

31 Por eso, desde entonces,
    se le considera un hombre justo.

32 También en Meriba, provocaron el enojo
    del Señor,
    y le causaron serios problemas a Moisés.

33 Hicieron que Moisés se enojara*
    y hablara como un necio.

34 Israel no destruyó a las naciones que había
    en la tierra,
    como el Señor le había ordenado.

35 En cambio, los israelitas se mezclaron con
    los paganos
    y adoptaron sus malas costumbres.

36 Rindieron culto a sus ídolos,
    y eso resultó en su ruina.

37 Hasta sacrificaron a sus propios hijos
    e hijas a los demonios.

38 Derramaron sangre inocente,
    la sangre de sus hijos e hijas.
    Al sacrificarlos a los ídolos de Canaán,
    contaminaron la tierra con asesinatos.

39 Se contaminaron a sí mismos con sus malas
    acciones,
    y su amor a los ídolos fue adulterio a los
    ojos del Señor.

40 Por eso, el enojo del Señor se encendió
    contra su pueblo,
    y él aborreció a su posesión más preciada.

41 Los entregó a las naciones paganas
    y quedaron bajo el gobierno de quienes
    los odiaban.

42 Sus enemigos los aplastaron
    y los sometieron a su cruel poder.

43 Él los rescató una y otra vez,
    pero ellos decidieron rebelarse en su
    contra,
    y finalmente su pecado los destruyó.

44 Aun así, él sintió compasión por la angustia
    de ellos
    y escuchó sus clamores.

45 Recordó el pacto que les había hecho
    y desistió a causa de su amor inagotable.

46 Hasta hizo que sus captores
    los trataran con amabilidad.

47 ¡Oh Señor nuestro Dios, sálvanos!
    Vuelve a reunirnos de entre las naciones,
    para que podamos agradecer a tu santo
    nombre,
    alegrarnos y alabarte.

48 Alaben al Señor, Dios de Israel,
    quien vive desde siempre y para siempre.
    Que todo el pueblo diga: ¡Amén!».

¡Alabado sea el Señor!

Libro Quinto (Salmos 107–150)

107

1 ¡Den gracias al Señor, porque él
    es bueno!
    Su fiel amor perdura para siempre.

2 ¿Los ha rescatado el Señor? ¡Entonces,
    hablen con libertad!
    Cuenten a otros que él los ha rescatado de
    sus enemigos.

3 Pues ha reunido a los desterrados de muchos
    países,
    del oriente y del occidente,
    del norte y del sur.

4 Algunos vagaban por el desierto,
    perdidos y sin hogar.

5 Con hambre y con sed
    estaban a punto de morir.

6 «Señor, socorro!», clamaron en medio de
    su dificultad,
    y él los rescató de su aflicción.

7 Los llevó directo a un lugar seguro,
    a una ciudad donde pudieran vivir.

8 Que alaben al Señor por su gran amor
    y por las obras maravillosas que ha hecho
    a favor de ellos.

9 Pues él satisface al sediento
    y al hambriento lo llena de cosas
    buenas.

10 Algunos estaban en oscuridad y en una
    profunda penumbra,
    presos del sufrimiento con cadenas
    de hierro.

11 Se rebelaron contra las palabras de Dios,
    se burlaron del consejo del Altísimo.

12 Por eso los doblegó con trabajo forzado;
    cayeron, y no hubo quien los ayudara.

13 «¡Socorro, Señor!», clamaron en medio de
    su dificultad,

y él los salvó de su aflicción.

14 Los sacó de la oscuridad y de la profunda
penumbra;
les rompió las cadenas.

15 Que alaben al SEÑOR por su gran amor
y por las obras maravillosas que ha hecho
a favor de ellos.

16 Pues rompió las puertas de bronce de
su prisión;
partió en dos los barrotes de hierro.

17 Algunos fueron necios; se rebelaron
y sufrieron por sus pecados.

18 No podían ni pensar en comer,
y estaban a las puertas de la muerte.

19 «¡Socorro, SEÑOR!», clamaron en medio de
su dificultad,
y él los salvó de su aflicción.

20 Envió su palabra y los sanó;
los arrebató de las puertas de la muerte.

21 Que alaben al SEÑOR por su gran amor
y por las obras maravillosas que ha hecho
a favor de ellos.

22 Que ofrezcan sacrificios de agradecimiento
y canten con alegría por sus gloriosos actos.

23 Algunos se hicieron a la mar en barcos
y surcaron las rutas comerciales del mundo.

24 También observaron el poder del SEÑOR en
acción,
sus impresionantes obras en los mares
más profundos.

25 Él habló, y se desataron los vientos
que agitaron las olas.

26 Los barcos fueron lanzados hacia los cielos
y cayeron nuevamente a las profundidades;
los marineros se acobardaron de terror.

27 Se tambaleaban y daban tumbos como
borrachos,
no sabían qué más hacer.

28 «SEÑOR, ¡socorro!», clamaron en medio de
su dificultad,
y él los salvó de su aflicción.

29 Calmó la tormenta hasta convertirla en un
susurro
y aquietó las olas.

30 ¡Qué bendición fue esa quietud
cuando los llevaba al puerto sanos y salvos!

31 Que alaben al SEÑOR por su gran amor
y por las obras maravillosas que ha hecho a
favor de ellos.

32 Que lo exalten públicamente delante de la
congregación
y ante los líderes del pueblo.

33 Él transforma ríos en desiertos
y manantiales de agua en tierra árida y
sedienta.

34 Convierte la tierra fructífera en tierras
saladas y baldías,
a causa de la maldad de sus habitantes.

35 Pero también convierte desiertos en lagunas

y la tierra seca en fuentes de agua.

36 Lleva a los hambrientos para que se
establezcan allí
y construyan sus ciudades.

37 Siembran los campos, plantan viñedos,
y recogen cosechas abundantes.

38 ¡Cuánto los bendice!
Allí crían familias numerosas
y sus manadas de animales aumentan.

39 Cuando disminuye la cantidad de ellos y se
empobrecen
por la opresión, las dificultades y el dolor,

40 el SEÑOR derrama desprecio sobre sus
príncipes
y los hace vagar por tierras baldías y sin
sendero.

41 Pero rescata de la dificultad a los pobres
y hace crecer a sus familias como rebaños
de ovejas.

42 Los justos verán estas cosas y se alegrarán
mientras los perversos son bruscamente
silenciados.

43 Los sabios tomarán todo muy en serio;
verán en nuestra historia el fiel amor
del SEÑOR.

108 *Cántico. Salmo de David.*

1 Mi corazón está confiado en ti, oh Dios;
¡con razón puedo cantar tus alabanzas con
toda el alma!

2 ¡Despiértense, lira y arpa!
Con mi canto despertaré al amanecer.

3 Te daré gracias, SEÑOR, en medio de toda
la gente;
cantaré tus alabanzas entre las naciones.

4 Pues tu amor inagotable es más alto que
los cielos;
tu fidelidad alcanza las nubes.

5 Exaltado seas, oh Dios, por encima de los
cielos más altos.
Que tu gloria brille sobre toda la tierra.

6 Rescata ahora a tu pueblo amado;
respóndenos y sálvanos con tu poder.

7 Por su santidad,* Dios ha prometido:
«Dividiré a Siquem con alegría
y mediré el valle de Sucot.

8 Galaad es mío,
y también Manasés.
Efraín, mi casco, producirá mis guerreros,
y Judá, mi cetro, producirá mis reyes.

9 Pero Moab, mi lavamanos, se convertirá en
mi siervo,
y sobre Edom limpiaré mis pies,
y gritaré triunfante sobre Filistea».

10 ¿Quién me llevará a la ciudad fortificada?
¿Quién me dará la victoria sobre Edom?

11 ¿Nos has rechazado, oh Dios?
¿Ya no marcharás junto a nuestros ejércitos?

108:7 O *En su santuario.*

¹² Por favor, ayúdanos contra nuestros
enemigos,
porque toda la ayuda humana es inútil.
¹³ Con la ayuda de Dios, haremos cosas poderosas,
pues él pisoteará a nuestros enemigos.

109 *Para el director del coro: salmo de David.*

¹ Oh Dios, a quien alabo,
no te quedes distante y callado
² mientras los perversos me calumnian
y dicen mentiras acerca de mí.
³ Me rodean con palabras de odio
y sin razón pelean contra mí.
⁴ Yo los amo, pero ellos tratan de destruirme
con acusaciones,
¡incluso mientras oro por ellos!
⁵ Me devuelven mal por bien
y odio a cambio de mi amor.

⁶ Dicen:* «Consigan a un malvado para que
se ponga en su contra;
envíen a un acusador para que lo lleve
a juicio.
⁷ Cuando llegue el momento de juzgar su caso,
que lo declaren culpable.
Tomen como pecados sus oraciones.
⁸ Que sean pocos sus años;
que otro tome su lugar.
⁹ Que sus hijos queden huérfanos de padre,
y su esposa quede viuda.
¹⁰ Que sus hijos vaguen como mendigos
y que los echen de sus hogares destruidos.
¹¹ Que los acreedores se apoderen de toda su
propiedad,
y que los extraños se lleven todo lo que
ha ganado.
¹² Que nadie sea amable con él;
que ninguno tenga piedad de sus hijos
sin padre.
¹³ Que toda su descendencia muera;
que el nombre de su familia quede borrado
en una sola generación.
¹⁴ Que el Señor jamás olvide los pecados de
su padre;
que los pecados de su madre nunca se
borren de los registros.
¹⁵ Que el Señor siempre recuerde estos
pecados,
y que su nombre desaparezca de la
memoria humana.
¹⁶ Pues rehusó mostrar bondad a los demás;
persiguió al pobre y al necesitado,
y acosó hasta la muerte a los de corazón
quebrantado.
¹⁷ Le encantaba maldecir a otros;
ahora, maldícelo tú a él.
Jamás bendijo a nadie;
ahora, no lo bendigas a él.
¹⁸ Maldecir le resulta tan natural como la ropa
que usa,

o el agua que bebe
o los alimentos deliciosos que come.
¹⁹ Ahora, que sus maldiciones se vuelvan en su
contra y se le peguen como la ropa;
que le aprieten como un cinturón».

²⁰ Que esas maldiciones sean el castigo
del Señor
para los acusadores que hablan mal de mí.
²¹ Pero a mí trátame bien, Señor Soberano,
¡por el honor de tu propia fama!
Rescátame
porque eres tan fiel y tan bueno.
²² Pues soy pobre y estoy necesitado,
y mi corazón está lleno de dolor.
²³ Me desvanezco como una sombra al
anochecer;
me quitan de encima como una langosta.
²⁴ Mis rodillas están débiles de tanto ayunar
y estoy reducido a piel y huesos.
²⁵ Soy objeto de burla para la gente;
cuando me ven, menean la cabeza en señal
de desprecio.

²⁶ ¡Ayúdame, Señor mi Dios!
Sálvame a causa de tu amor inagotable.
²⁷ Haz que vean que esto proviene de ti,
que tú mismo lo has hecho, Señor.
²⁸ Entonces que me maldigan si quieren,
¡pero tú me bendecirás!
Cuando me ataquen, ¡serán deshonrados!
¡Pero yo, tu siervo, seguiré alegrándome!
²⁹ Que mis acusadores se vistan de vergüenza;
que la humillación los cubra como
un manto.
³⁰ Pero yo daré gracias al Señor una y
otra vez,
lo alabaré ante todo el mundo.
³¹ Pues él está junto al necesitado,
listo para salvarlo de quienes lo
condenan.

110 *Salmo de David.*

¹ El Señor le dijo a mi Señor:
«Siéntate en el lugar de honor a mi derecha,
hasta que humille a tus enemigos
y los ponga por debajo de tus pies».

² El Señor extenderá tu poderoso reino desde
Jerusalén,*
y gobernarás a tus enemigos.
³ Cuando vayas a la guerra,
tu pueblo te servirá por voluntad propia.
Estás envuelto en vestiduras santas,
y tu fuerza se renovará cada día como el
rocío de la mañana.

⁴ El Señor ha hecho un juramento y no
romperá su promesa:
«Tú eres sacerdote para siempre, según el
orden de Melquisedec».

[5] El Señor está a tu derecha para protegerte;
 derribará a muchos reyes cuando estalle
  su enojo.
[6] Castigará a las naciones
 y llenará de cadáveres sus territorios;
 destrozará cabezas por toda la tierra.
[7] Pero él se refrescará en los arroyos junto
  al camino.
 Saldrá vencedor.

111 [1] ¡Alabado sea el Señor!

 Daré gracias al Señor con todo
  mi corazón
 al reunirme con su pueblo justo.
[2] ¡Qué asombrosas son las obras del Señor!
 Todos los que se deleitan en él deberían
  considerarlas.
[3] Todo lo que él hace revela su gloria y
  majestad;
 su justicia nunca falla.
[4] Él nos hace recordar sus maravillosas
  obras.
 ¡Cuánta gracia y misericordia tiene
  nuestro Señor!
[5] Da alimento a los que le temen;
 siempre recuerda su pacto.
[6] Ha mostrado su gran poder a su pueblo
 al entregarle las tierras de otras naciones.
[7] Todo lo que hace es justo y bueno,
 y todos sus mandamientos son confiables;
[8] siempre son verdaderos,
 para ser obedecidos fielmente y con
  integridad.
[9] Él pagó el rescate completo por su pueblo
 y les ha garantizado para siempre el pacto
  que hizo con ellos.
 ¡Qué santo e imponente es su nombre!
[10] El temor del Señor es la base de la verdadera
  sabiduría;
 todos los que obedecen sus mandamientos
  crecerán en sabiduría.

 ¡Alábenlo para siempre!

112 [1] ¡Alabado sea el Señor!

 Qué felices son los que temen al
  Señor
 y se deleitan en obedecer sus mandatos.
[2] Sus hijos tendrán éxito en todas partes;
 toda una generación de justos será
  bendecida.
[3] Ellos mismos serán ricos,
 y sus buenas acciones durarán para
  siempre.
[4] La luz brilla en la oscuridad para los justos;
 son generosos, compasivos y rectos.
[5] Les va bien a los que prestan dinero con
  generosidad
 y manejan sus negocios equitativamente.

[6] A estas personas no las vencerá el mal;
 a los rectos se los recordará por mucho
  tiempo.
[7] Ellos no tienen miedo de malas noticias;
 confían plenamente en que el Señor
  los cuidará.
[8] Tienen confianza y viven sin temor,
 y pueden enfrentar triunfantes a sus
  enemigos.
[9] Comparten con libertad y dan con
  generosidad a los necesitados;
 sus buenas acciones serán recordadas
  para siempre.
 Ellos tendrán influencia y recibirán
  honor.
[10] Los perversos lo verán y se pondrán
  furiosos.
 Rechinarán los dientes de enojo;
 se escabullirán avergonzados con sus
  esperanzas frustradas.

113 [1] ¡Alabado sea el Señor!

 Sí, alábenle, oh siervos del Señor,
 ¡alaben el nombre del Señor!
[2] Bendito sea el nombre del Señor
 ahora y para siempre.
[3] En todas partes —del Oriente al Occidente—,
 alaben el nombre del Señor.
[4] Él está por encima de las naciones;
 su gloria es más alta que los cielos.

[5] ¿Quién puede compararse con el Señor
  nuestro Dios,
 quien está entronizado en las alturas?
[6] Él se inclina para mirar
 el cielo y la tierra.
[7] Levanta del polvo a los pobres,
 y a los necesitados, del basurero.
[8] Los pone entre príncipes,
 ¡incluso entre los príncipes de su propio
  pueblo!
[9] A la mujer sin hijos le da una familia
 y la transforma en una madre feliz.

 ¡Alabado sea el Señor!

114 [1] Cuando los israelitas escaparon
  de Egipto
 —cuando la familia de Jacob dejó esa tierra
  extranjera—,
[2] la tierra de Judá se convirtió en el santuario
  de Dios,
 e Israel llegó a ser su reino.

[3] El mar Rojo* los vio venir y se apuró
 a quitarse del camino;
 el agua del río Jordán se hizo a un
  lado.
[4] ¡Las montañas saltaron como carneros,
 las colinas brincaron como corderos!

---

111 Este salmo es un poema acróstico hebreo; luego de la nota introductoria de alabanza, cada línea comienza con una letra del alfabeto hebreo en forma consecutiva. 112 Este salmo es un poema acróstico hebreo; luego de la nota introductoria de alabanza, cada línea comienza con una letra del alfabeto hebreo en forma consecutiva. 114:3 En hebreo *El mar;* también en 114:5.

⁵ ¿Qué te pasa, mar Rojo, qué te llevó a quitarte
del camino?
¿Qué sucedió, río Jordán, que te hiciste a
un lado?
⁶ Montañas, ¿por qué saltaron como carneros?
Colinas, ¿por qué brincaron como
corderos?

⁷ Tiembla, oh tierra, ante la presencia del Señor,
ante el Dios de Jacob.
⁸ Él convirtió la roca en una laguna de agua;
sí, de la roca sólida fluyó un manantial.

115

¹ No a nosotros, oh Señor, no a
nosotros
sino a tu nombre le corresponde toda
la gloria,
por tu amor inagotable y tu fidelidad.
² ¿Por qué dejar que las naciones digan:
«Dónde está el Dios de Israel»?
³ Nuestro Dios está en los cielos
y hace lo que le place.
⁴ Los ídolos de ellos no son más que objetos
de plata y oro;
manos humanas les dieron forma.
⁵ Tienen boca pero no pueden hablar,
tienen ojos pero no pueden ver.
⁶ Tienen oídos pero no pueden oír,
y tienen nariz, pero no pueden oler.
⁷ Tienen manos pero no pueden sentir,
tienen pies pero no pueden caminar,
y tienen garganta pero no pueden emitir
sonidos.
⁸ Y los que hacen ídolos son iguales a ellos,
como también todos los que confían en ellos.

⁹ ¡Oh Israel, confía en el Señor!
Él es tu ayudador y tu escudo.
¹⁰ ¡Oh sacerdotes, descendientes de Aarón,
confíen en el Señor!
Él es su ayudador y su escudo.
¹¹ ¡Todos los que temen al Señor, confíen en
el Señor!
Él es su ayudador y su escudo.

¹² El Señor se acuerda de nosotros y nos
bendecirá.
Bendecirá al pueblo de Israel
y bendecirá a los sacerdotes, los
descendientes de Aarón.
¹³ Bendecirá a los que temen al Señor,
tanto a los grandes como a los humildes.

¹⁴ Que el Señor los bendiga ricamente,
tanto a ustedes como a sus hijos.
¹⁵ Que sean bendecidos por el Señor,
quien hizo los cielos y la tierra.
¹⁶ Los cielos pertenecen al Señor,
pero él ha dado la tierra a toda la
humanidad.
¹⁷ Los muertos no pueden cantar alabanzas
al Señor

porque han entrado en el silencio de
la tumba.
¹⁸ ¡Pero nosotros podemos alabar al Señor
ahora y para siempre!

¡Alabado sea el Señor!

116

¹ Amo al Señor porque escucha mi voz
y mi oración que pide misericordia.
² Debido a que él se inclina para escuchar,
¡oraré mientras tenga aliento!
³ La muerte me envolvió en sus cuerdas;
los terrores de la tumba* se apoderaron
de mí.
Lo único que veía era dificultad y dolor.
⁴ Entonces invoqué el nombre del Señor:
«¡Señor, por favor, sálvame!».
⁵ ¡Qué bondadoso es el Señor! ¡Qué bueno es él!
¡Tan misericordioso, este Dios nuestro!
⁶ El Señor protege a los que tienen fe como
de un niño;
estuve frente a la muerte, y él me salvó.
⁷ Que mi alma descanse nuevamente,
porque el Señor ha sido bueno conmigo.

⁸ Me rescató de la muerte,
quitó las lágrimas de mis ojos,
y libró a mis pies de tropezar.
⁹ ¡Así que camino en la presencia del Señor
mientras vivo aquí en la tierra!
¹⁰ Creí en ti, por tanto dije:
«Señor, estoy muy afligido».
¹¹ En mi ansiedad clamé a ti:
«¡Estas personas son todas mentirosas!».

¹² ¿Qué puedo ofrecerle al Señor
por todo lo que ha hecho a mi favor?
¹³ Levantaré la copa de la salvación
y alabaré el nombre del Señor por salvarme.
¹⁴ Cumpliré las promesas que le hice al Señor
en presencia de todo su pueblo.

¹⁵ Al Señor le conmueve profundamente
la muerte de sus amados.
¹⁶ Oh Señor, soy tu siervo;
sí, soy tu siervo, nací en tu casa;
me has liberado de mis cadenas.
¹⁷ Te ofreceré un sacrificio de agradecimiento
e invocaré el nombre del Señor.
¹⁸ Cumpliré mis votos al Señor
en presencia de todo su pueblo,
¹⁹ en la casa del Señor,
en el corazón de Jerusalén.

¡Alabado sea el Señor!

117

¹ Alaben al Señor, todas ustedes,
las naciones.
Todos los pueblos de la tierra, alábenlo.
² Pues nos ama con amor inagotable;
la fidelidad del Señor permanece para
siempre.

¡Alabado sea el Señor!

118

¹ ¡Den gracias al Señor, porque él
    es bueno!
  Su fiel amor perdura para siempre.

² Que todo Israel repita:
    «Su fiel amor perdura para siempre».
³ Que los descendientes de Aarón, los
    sacerdotes, repitan:
    «Su fiel amor perdura para siempre».
⁴ Que todos los que temen al Señor repitan:
    «Su fiel amor perdura para siempre».

⁵ En mi angustia oré al Señor,
    y el Señor me respondió y me liberó.
⁶ El Señor está de mi parte, por tanto,
    no temeré;
    ¿qué me puede hacer un simple mortal?
⁷ Así es, el Señor está de mi parte; él me
    ayudará;
    miraré triunfante a los que me odian.
⁸ Es mejor refugiarse en el Señor
    que confiar en la gente.
⁹ Es mejor refugiarse en el Señor
    que confiar en príncipes.

¹⁰ Aunque me rodearon naciones hostiles,
    las destruí a todas con la autoridad del Señor.
¹¹ Así fue, me rodearon y me atacaron,
    pero las destruí a todas con la autoridad
    del Señor.
¹² Me rodearon como un enjambre de
    abejas;
    se enardecieron contra mí como un
    fuego crepitante;
    pero las destruí a todas con la autoridad
    del Señor.
¹³ Mis enemigos hicieron todo lo posible para
    matarme,
    pero el Señor me rescató.
¹⁴ El Señor es mi fuerza y mi canción;
    me ha dado la victoria.
¹⁵ Se entonan canciones de alegría y de victoria
    en el campamento de los justos.
    ¡El fuerte brazo derecho del Señor ha
    hecho proezas gloriosas!
¹⁶ El fuerte brazo derecho del Señor se levanta
    triunfante.
    ¡El fuerte brazo derecho del Señor ha
    hecho proezas gloriosas!
¹⁷ No moriré; sino que viviré
    para contar lo que hizo el Señor.
¹⁸ El Señor me castigó severamente,
    pero no me dejó morir.

¹⁹ Ábranme las puertas por donde entran
    los justos,
    y entraré y daré gracias al Señor.
²⁰ Estas puertas conducen a la presencia
    del Señor
    y los justos entran allí.
²¹ Te doy gracias por contestar mi oración,
    ¡y por darme la victoria!

²² La piedra que los constructores rechazaron
    ahora se ha convertido en la piedra
    principal.
²³ Esto es obra del Señor
    y es maravilloso verlo.
²⁴ Este es el día que hizo el Señor;
    nos gozaremos y alegraremos en él.
²⁵ Te rogamos, Señor, por favor, sálvanos.
    Te rogamos, por favor, Señor, haznos
    triunfar.
²⁶ Bendigan al que viene en el nombre del
    Señor.
    Desde la casa del Señor, los bendecimos.
²⁷ El Señor es Dios y brilla sobre nosotros.
    Lleven el sacrificio y átenlo con cuerdas
    sobre el altar.
²⁸ ¡Tú eres mi Dios y te alabaré!
    ¡Eres mi Dios y te exaltaré!

²⁹ ¡Den gracias al Señor, porque él es
    bueno!
    Su fiel amor perdura para siempre.

119*

Alef

¹ Felices son los íntegros,
    los que siguen las enseñanzas del Señor.
² Felices son los que obedecen sus leyes
    y lo buscan con todo el corazón.
³ No negocian con el mal
    y andan solo en los caminos del Señor.
⁴ Nos has ordenado
    que cumplamos cuidadosamente tus
    mandamientos.
⁵ ¡Oh, cuánto deseo que mis acciones
    sean un vivo reflejo de tus decretos!
⁶ Entonces no tendré vergüenza
    cuando compare mi vida con tus
    mandatos.
⁷ A medida que aprendo tus justas ordenanzas,
    te daré las gracias viviendo como debo
    hacerlo.
⁸ Obedeceré tus decretos;
    ¡por favor, no te des por vencido conmigo!

Bet

⁹ ¿Cómo puede un joven mantenerse puro?
    Obedeciendo tu palabra.
¹⁰ Me esforcé tanto por encontrarte,
    no permitas que me aleje de tus mandatos.
¹¹ He guardado tu palabra en mi corazón,
    para no pecar contra ti.
¹² Te alabo, oh Señor;
    enséñame tus decretos.
¹³ Recité en voz alta
    todas las ordenanzas que nos has dado.
¹⁴ Me alegré en tus leyes
    tanto como en las riquezas.
¹⁵ Estudiaré tus mandamientos
    y reflexionaré sobre tus caminos.

119 Este salmo es un poema acróstico hebreo; hay 22 estrofas, una para cada letra del alfabeto hebreo en forma consecutiva. Cada uno de los 8 versos de cada estrofa comienza con la letra hebrea que se menciona en el encabezamiento.

¹⁶ Me deleitaré en tus decretos
   y no olvidaré tu palabra.

Guímel

¹⁷ Sé bueno con este siervo tuyo,
   para que viva y obedezca tu palabra.
¹⁸ Abre mis ojos, para que vea
   las verdades maravillosas que hay en tus
      enseñanzas.
¹⁹ No soy más que un extranjero en la tierra.
   ¡No escondas de mí tus mandatos!
²⁰ Siempre me conmueve
   el deseo de conocer tus ordenanzas.
²¹ Tú reprendes al arrogante;
   los que se alejan de tus mandatos son
      malditos.
²² No permitas que se burlen de mí y me
      insulten,
   pues he obedecido tus leyes.
²³ Hasta los príncipes se sientan y hablan
      contra mí,
   pero yo meditaré en tus decretos.
²⁴ Tus leyes me agradan;
   me dan sabios consejos.

Dálet

²⁵ Estoy tirado en el polvo;
   revíveme con tu palabra.
²⁶ Te conté mis planes y me respondiste.
   Ahora, enséñame tus decretos.
²⁷ Ayúdame a comprender el significado de
      tus mandamientos,
   y meditaré en tus maravillosas obras.
²⁸ Lloro con tristeza;
   aliéntame con tu palabra.
²⁹ Líbrame de mentirme a mí mismo;
   dame el privilegio de conocer tus
      enseñanzas.
³⁰ He optado por ser fiel;
   estoy decidido a vivir de acuerdo con
      tus ordenanzas.
³¹ Me aferro a tus leyes.
   SEÑOR, ¡no dejes que pase vergüenza!
³² Perseguiré tus mandatos,
   porque tú aumentas mi comprensión.

He

³³ Enséñame tus decretos, oh SEÑOR;
   los cumpliré hasta el fin.
³⁴ Dame entendimiento y obedeceré tus
      enseñanzas;
   las pondré en práctica con todo mi
      corazón.
³⁵ Hazme andar por el camino de tus mandatos,
   porque allí es donde encuentro mi
      felicidad.
³⁶ Dame entusiasmo por tus leyes
   en lugar de amor por el dinero.
³⁷ Aparta mis ojos de cosas inútiles
   y dame vida mediante tu palabra.*
³⁸ Confirma a tu siervo tu promesa,
   la promesa que hiciste a los que te temen.

³⁹ Ayúdame a abandonar mis caminos
      vergonzosos,
   porque tus ordenanzas son buenas.
⁴⁰ ¡Anhelo obedecer tus mandamientos!
   Renueva mi vida con tu bondad.

Vav

⁴¹ SEÑOR, concédeme tu amor inagotable,
   la salvación que me prometiste.
⁴² Entonces podré responder a los que se
      burlan de mí,
   porque confío en tu palabra.
⁴³ No arrebates de mí tu palabra de verdad,
   pues tus ordenanzas son mi única
      esperanza.
⁴⁴ Seguiré obedeciendo tus enseñanzas
   por siempre y para siempre.
⁴⁵ Caminaré en libertad,
   porque me he dedicado a tus
      mandamientos.
⁴⁶ A los reyes les hablaré de tu ley,
   y no me avergonzaré.
⁴⁷ ¡Cuánto me deleito en tus mandatos!
   ¡Cómo los amo!
⁴⁸ Honro y amo tus mandatos;
   en tus decretos medito.

Zain

⁴⁹ Recuerda la promesa que me hiciste;
   es mi única esperanza.
⁵⁰ Tu promesa renueva mis fuerzas;
   me consuela en todas mis dificultades.
⁵¹ Los orgullosos me tratan con un desprecio
      total,
   pero yo no me aparto de tus enseñanzas.
⁵² Medito en tus antiguas ordenanzas;
   oh SEÑOR, ellas me consuelan.
⁵³ Me pongo furioso con los perversos,
   porque rechazan tus enseñanzas.
⁵⁴ Tus decretos han sido el tema de mis
      canciones
   en todos los lugares donde he vivido.
⁵⁵ De noche reflexiono sobre quién eres,
      SEÑOR;
   por lo tanto, obedezco tus enseñanzas.
⁵⁶ Así paso mis días:
   obedeciendo tus mandamientos.

Jet

⁵⁷ ¡SEÑOR, eres mío!
   ¡Prometo obedecer tus palabras!
⁵⁸ Deseo tus bendiciones con todo el corazón;
   ten misericordia, como lo prometiste.
⁵⁹ Consideré el rumbo de mi vida
   y decidí volver a tus leyes.
⁶⁰ Me apresuraré sin demora
   a obedecer tus mandatos.
⁶¹ Gente malvada trata de arrastrarme al pecado,
   pero estoy firmemente anclado a tus
      enseñanzas.
⁶² Me levanto a medianoche para agradecerte
   por tus justas ordenanzas.

⁶³ Soy amigo de todo el que te teme,
de todo el que obedece tus mandamientos.
⁶⁴ Oh Señor, tu amor inagotable llena la tierra;
enséñame tus decretos.

Tet
⁶⁵ Señor, has hecho muchas cosas buenas a
mi favor
tal como lo prometiste.
⁶⁶ Creo en tus mandatos;
ahora enséñame el buen juicio y dame
conocimiento.
⁶⁷ Yo solía desviarme, hasta que me disciplinaste;
pero ahora sigo de cerca tu palabra.
⁶⁸ Tú eres bueno y haces únicamente el bien;
enséñame tus decretos.
⁶⁹ Los arrogantes me difaman con mentiras,
pero la verdad es que obedezco tus
mandamientos con todo el corazón.
⁷⁰ El corazón de ellos es torpe y necio,
yo, en cambio, me deleito en tus
enseñanzas.
⁷¹ El sufrimiento me hizo bien,
porque me enseñó a prestar atención a
tus decretos.
⁷² Tus enseñanzas son más valiosas para mí
que millones en oro y plata.

Yod
⁷³ Tú me hiciste; me creaste.
Ahora dame la sensatez de seguir tus
mandatos.
⁷⁴ Que todos los que te temen encuentren en
mí un motivo de alegría,
porque he puesto mi esperanza en tu
palabra.
⁷⁵ Señor, sé que tus ordenanzas son justas;
me disciplinaste porque lo necesitaba.
⁷⁶ Ahora deja que tu amor inagotable me
consuele,
tal como le prometiste a este siervo tuyo.
⁷⁷ Rodéame con tus tiernas misericordias para
que viva,
porque tus enseñanzas son mi deleite.
⁷⁸ Trae deshonra sobre los arrogantes que
mintieron sobre mí;
mientras tanto, me concentraré en tus
mandamientos.
⁷⁹ Permite que esté unido a todos los que
te temen,
los que conocen tus leyes.
⁸⁰ Que sea intachable en guardar tus decretos;
entonces nunca seré avergonzado.

Caf
⁸¹ Estoy agotado de tanto esperar a que me
rescates
pero he puesto mi esperanza en tu palabra.
⁸² Mis ojos se esfuerzan por ver cumplidas tus
promesas,
¿cuándo me consolarás?
⁸³ Estoy arrugado como un odre ahumado,
pero no me olvidé de obedecer tus decretos.

⁸⁴ ¿Hasta cuándo tendré que esperar?
¿Cuándo castigarás a los que me
persiguen?
⁸⁵ Estos arrogantes que odian tus enseñanzas
cavaron hoyos profundos para atraparme.
⁸⁶ Todos tus mandatos son confiables.
Protégeme de aquellos que me persiguen
sin causa.
⁸⁷ Casi acaban conmigo,
pero me negué a abandonar tus
mandamientos.
⁸⁸ En tu amor inagotable, perdona mi vida;
entonces podré continuar obedeciendo
tus leyes.

Lámed
⁸⁹ Tu eterna palabra, oh Señor,
se mantiene firme en el cielo.
⁹⁰ Tu fidelidad se extiende a cada generación,
y perdura igual que la tierra que creaste.
⁹¹ Tus ordenanzas siguen siendo verdad hasta
el día de hoy,
porque todo está al servicio de tus planes.
⁹² Si tus enseñanzas no me hubieran sostenido
con alegría,
ya habría muerto en mi sufrimiento.
⁹³ Jamás olvidaré tus mandamientos,
pues por medio de ellos me diste vida.
⁹⁴ Soy tuyo, ¡rescátame!,
porque me he esforzado mucho en
obedecer tus mandamientos.
⁹⁵ Aunque los malvados se escondan por el
camino para matarme,
con calma, mantendré mi mente puesta
en tus leyes.
⁹⁶ Aun la perfección tiene sus límites,
pero tus mandatos no tienen límite.

Mem
⁹⁷ ¡Oh, cuánto amo tus enseñanzas!
Pienso en ellas todo el día.
⁹⁸ Tus mandatos me hacen más sabio que
mis enemigos,
pues me guían constantemente.
⁹⁹ Así es, tengo mejor percepción que mis
maestros,
porque siempre pienso en tus leyes.
¹⁰⁰ Hasta soy más sabio que los ancianos,
porque he obedecido tus mandamientos.
¹⁰¹ Me negué a andar por cualquier mal camino,
a fin de permanecer obediente a tu
palabra.
¹⁰² No me he apartado de tus ordenanzas,
porque me has enseñado bien.
¹⁰³ ¡Qué dulces son a mi paladar tus palabras!
Son más dulces que la miel.
¹⁰⁴ Tus mandamientos me dan entendimiento;
¡con razón detesto cada camino falso de
la vida!

Nun
¹⁰⁵ Tu palabra es una lámpara que guía mis pies
y una luz para mi camino.

106 Lo prometí una vez y volveré a prometerlo:
obedeceré tus justas ordenanzas.
107 He sufrido mucho, oh SEÑOR;
restaura mi vida, como lo prometiste.
108 SEÑOR, acepta mi ofrenda de alabanza
y enséñame tus ordenanzas.
109 Mi vida pende de un hilo constantemente,
pero no dejaré de obedecer tus enseñanzas.
110 Los malvados me han tendido sus trampas,
pero no me apartaré de tus mandamientos.
111 Tus leyes son mi tesoro;
son el deleite de mi corazón.
112 Estoy decidido a obedecer tus decretos
hasta el final.

Sámec

113 Detesto a los que tienen divididas sus lealtades,
pero amo tus enseñanzas.
114 Tú eres mi refugio y mi escudo;
tu palabra es la fuente de mi esperanza.
115 Lárguense de mi vida, ustedes los de mente
malvada,
porque tengo la intención de obedecer los
mandatos de mi Dios.
116 ¡SEÑOR, sostenme como prometiste para
que viva!
No permitas que se aplaste mi esperanza.
117 Sostenme y seré rescatado;
entonces meditaré continuamente en tus
decretos.
118 Pero has rechazado a todos los que se
apartan de tus decretos,
quienes no hacen más que engañarse a
sí mismos.
119 Desechas a los perversos de la tierra como
si fueran desperdicios;
¡con razón me encanta obedecer tus leyes!
120 Me estremezco por mi temor a ti;
quedo en temor reverente ante tus
ordenanzas.

Ayin

121 No me dejes a merced de mis enemigos,
porque he hecho lo que es correcto
y justo.
122 Te ruego que me des seguridad de una
bendición.
¡No permitas que los arrogantes me
opriman!
123 Mis ojos se esfuerzan por ver tu rescate,
por ver la verdad de tu promesa cumplida.
124 Soy tu siervo; trátame con tu amor inagotable
y enséñame tus decretos.
125 Da discernimiento a este siervo tuyo;
entonces comprenderé tus leyes.
126 SEÑOR, es tiempo de que actúes,
porque esta gente malvada ha
desobedecido tus enseñanzas.
127 De verdad, amo tus mandatos
más que el oro, incluso que el oro más fino.
128 Cada uno de tus mandamientos es recto,
por eso detesto todo camino falso.

Pe

129 Tus leyes son maravillosas.
¡Con razón las obedezco!
130 La enseñanza de tu palabra da luz,
de modo que hasta los simples pueden
entender.
131 Abro la boca y jadeo
anhelando tus mandatos.
132 Ven y muéstrame tu misericordia,
como lo haces con todos los que aman
tu nombre.
133 Guía mis pasos conforme a tu palabra,
para que no me domine el mal.
134 Rescátame de la opresión de la gente
malvada,
entonces podré obedecer tus
mandamientos.
135 Mírame con amor;
enséñame tus decretos.
136 Torrentes de lágrimas brotan de mis ojos,
porque la gente desobedece tus
enseñanzas.

Tsade

137 Oh SEÑOR, tú eres recto,
y tus ordenanzas son justas.
138 Tus leyes son perfectas
y absolutamente confiables.
139 La indignación me agobia,
porque mis enemigos despreciaron tus
palabras.
140 Tus promesas fueron sometidas a una
prueba rigurosa;
por eso las amo tanto.
141 Soy insignificante y despreciado,
pero no olvido tus mandamientos.
142 Tu justicia es eterna,
y tus enseñanzas son totalmente ciertas.
143 Cuando la presión y el estrés se me vienen
encima,
yo encuentro alegría en tus mandatos.
144 Tus leyes siempre tienen razón;
ayúdame a entenderlas para poder vivir.

Cof

145 Oro con todo el corazón; ¡respóndeme,
SEÑOR!
Obedeceré tus decretos.
146 A ti clamo; rescátame
para que pueda obedecer tus leyes.
147 Me levanto temprano, antes de que salga
el sol;
clamo en busca de ayuda y pongo mi
esperanza en tus palabras.
148 Me quedo despierto durante toda la noche,
pensando en tu promesa.
149 Oh SEÑOR, en tu fiel amor oye mi clamor,
que el seguir tus ordenanzas me reanime.
150 Los que no respetan la ley vienen a
atacarme;
viven alejados de tus enseñanzas.
151 Pero tú estás cerca, oh SEÑOR,
y todos tus mandatos son ciertos.

¹⁵² Desde los primeros días
  sé que tus leyes durarán para siempre.

Resh

¹⁵³ Mira mi sufrimiento y rescátame,
  porque no me he olvidado de tus
  enseñanzas.
¹⁵⁴ ¡Defiende mi caso, ponte de mi lado!
  Protege mi vida como lo prometiste.
¹⁵⁵ Los perversos están lejos de ser rescatados,
  porque no se interesan en tus decretos.
¹⁵⁶ Señor, qué grande es tu misericordia;
  que el seguir tus ordenanzas me reanime.
¹⁵⁷ Muchos me persiguen y me molestan,
  sin embargo, no me he desviado de
  tus leyes.
¹⁵⁸ Ver a esos traidores me enferma el corazón,
  porque no les importa nada tu palabra.
¹⁵⁹ Mira cómo amo tus mandamientos,
  Señor.
  Por tu amor inagotable, devuélveme la vida.
¹⁶⁰ La esencia misma de tus palabras es verdad;
  tus justas ordenanzas permanecerán para
  siempre.

Shin

¹⁶¹ Gente poderosa me acosa sin razón,
  pero mi corazón tiembla solo ante tu
  palabra.
¹⁶² Me alegro en tu palabra
  como alguien que descubre un gran
  tesoro.
¹⁶³ Odio y detesto toda falsedad,
  pero amo tus enseñanzas.
¹⁶⁴ Te alabaré siete veces al día
  porque todas tus ordenanzas son justas.
¹⁶⁵ Los que aman tus enseñanzas tienen
  mucha paz
  y no tropiezan.
¹⁶⁶ Anhelo que me rescates, Señor,
  por eso, he obedecido tus mandatos.
¹⁶⁷ Obedecí tus leyes,
  porque las amo mucho.
¹⁶⁸ Así es, obedezco tus leyes y tus
  mandamientos
  porque tú sabes todo lo que hago.

Tau

¹⁶⁹ Oh Señor, escucha mi clamor;
  dame la capacidad de discernir que me
  prometiste.
¹⁷⁰ Escucha mi oración;
  rescátame como lo prometiste.
¹⁷¹ Que la alabanza fluya de mis labios,
  porque me has enseñado tus decretos.
¹⁷² Que mi lengua cante de tu palabra,
  porque todos tus mandatos son correctos.
¹⁷³ Tiéndeme una mano de ayuda,
  porque opté por seguir tus mandamientos.
¹⁷⁴ Oh Señor, he anhelado que me rescates,
  y tus enseñanzas son mi deleite.
¹⁷⁵ Déjame vivir para que pueda alabarte,
  y que tus ordenanzas me ayuden.

¹⁷⁶ He andado descarriado como una oveja
  perdida;
  ven a buscarme,
  porque no me he olvidado de tus mandatos.

120 *Cántico para los peregrinos que suben a Jerusalén.*

¹ Llevé mis problemas al Señor;
  clamé a él, y respondió a mi oración.
² Rescátame, oh Señor, de los mentirosos
  y de todos los embusteros.
³ ¡Ay, lengua engañosa! ¿Qué hará Dios contigo?
  ¿Cómo aumentará tu castigo?
⁴ Te atravesarán con flechas afiladas
  y te quemarán con brasas encendidas.

⁵ Cuánto sufro en el lejano Mesec.
  Me duele habitar en el distante Cedar.
⁶ Estoy cansado de vivir
  entre personas que odian la paz.
⁷ Busco la paz,
  pero, cuando hablo de paz, ¡ellos quieren
  guerra!

121 *Cántico para los peregrinos que suben a Jerusalén.*

¹ Levanto la vista hacia las montañas,
  ¿viene de allí mi ayuda?
² ¡Mi ayuda viene del Señor,
  quien hizo el cielo y la tierra!

³ Él no permitirá que tropieces;
  el que te cuida no se dormirá.
⁴ En efecto, el que cuida a Israel
  nunca duerme ni se adormece.

⁵ ¡El Señor mismo te cuida!
  El Señor está a tu lado como tu sombra
  protectora.
⁶ El sol no te hará daño durante el día,
  ni la luna durante la noche.

⁷ El Señor te libra de todo mal
  y cuida tu vida.
⁸ El Señor te protege al entrar y al salir,
  ahora y para siempre.

122 *Cántico para los peregrinos que suben a Jerusalén. Salmo de David.*

¹ Me alegré cuando me dijeron:
  «Vayamos a la casa del Señor».
² Y ahora, aquí estamos,
  de pie dentro de tus puertas, oh Jerusalén.
³ Jerusalén es una ciudad bien construida;
  sus murallas compactas son impenetrables.
⁴ Todas las tribus de Israel —que son el pueblo
  del Señor—
  peregrinan hasta aquí.
  Vienen a dar gracias al nombre del Señor,
  como la ley requiere de Israel.
⁵ Aquí están los tronos donde se emiten
  los juicios,
  los tronos de la dinastía de David.

⁶ Oren por la paz de Jerusalén;
   que todos los que aman a esta ciudad
      prosperen.
⁷ Oh Jerusalén, que haya paz dentro de
      tus murallas
   y prosperidad en tus palacios.
⁸ Por amor a mi familia y a mis amigos, diré:
      «Que tengas paz».
⁹ Por amor a la casa del SEÑOR nuestro Dios,
   buscaré lo mejor para ti, oh Jerusalén.

123

Cántico para los peregrinos que suben a Jerusalén.

¹ Levanto mis ojos a ti,
   oh Dios, entronizado en el cielo.
² Seguimos buscando la misericordia del
      SEÑOR nuestro Dios,
   así como los sirvientes fijan los ojos en
      su amo
   y la esclava observa a su ama, atenta al
      más mínimo gesto.
³ Ten misericordia de nosotros, SEÑOR, ten
      misericordia
   porque ya estamos hartos de tanto
      desprecio.
⁴ Ya estamos más que hartos de las burlas de
      los orgullosos
   y del desprecio de los arrogantes.

124

Cántico para los peregrinos que suben a Jerusalén. Salmo de David.

¹ ¿Qué habría ocurrido si el SEÑOR no hubiera
      estado de nuestro lado?
   Que todo Israel repita:
² ¿Qué habría ocurrido si el SEÑOR no hubiera
      estado de nuestro lado
   cuando nos atacaron?
³ Nos habrían tragado vivos
   en el ardor de su enojo.
⁴ Las aguas nos habrían envuelto;
   un torrente nos habría inundado.
⁵ Así es, las impetuosas aguas de su furia
   nos habrían ahogado hasta la vida misma.
⁶ ¡Alaben al SEÑOR,
   quien no permitió que nos despedazaran
      con sus dientes!
⁷ Escapamos como un pájaro de la trampa
      del cazador;
   ¡la trampa se rompió y somos libres!
⁸ Nuestra ayuda viene del SEÑOR,
   quien hizo el cielo y la tierra.

125

Cántico para los peregrinos que suben a Jerusalén.

¹ Los que confían en el SEÑOR están seguros
      como el monte Sión;
   no serán vencidos, sino que permanecerán
      para siempre.
² Así como las montañas rodean a Jerusalén,

así rodea el SEÑOR a su pueblo, ahora
      y siempre.
³ Los perversos no gobernarán la tierra de
      los justos,
   porque entonces los justos podrían ser
      tentados a hacer el mal.
⁴ Oh SEÑOR, haz bien a los que son buenos,
   a los que tienen el corazón en armonía
      contigo.
⁵ Pero expulsa a los que recurren a caminos
      torcidos, oh SEÑOR;
   llévatelos junto con aquellos que hacen
      el mal.

   ¡Que Israel tenga paz!

126

Cántico para los peregrinos que suben a Jerusalén.

¹ Cuando el SEÑOR trajo a los desterrados de
      regreso a Jerusalén,*
   ¡fue como un sueño!
² Nos llenamos de risa
   y cantamos de alegría.
   Y las otras naciones dijeron:
      «Cuántas maravillas ha hecho el SEÑOR
      por ellos».
³ ¡Así es, el SEÑOR ha hecho maravillas
      por nosotros!
   ¡Qué alegría!

⁴ Restaura nuestro bienestar, SEÑOR,
   como los arroyos renuevan el desierto.
⁵ Los que siembran con lágrimas
   cosecharán con gritos de alegría.
⁶ Lloran al ir sembrando sus semillas,
   pero regresan cantando cuando traen
      la cosecha.

127

Cántico para los peregrinos que suben a Jerusalén. Salmo de Salomón.

¹ Si el SEÑOR no construye la casa,
   el trabajo de los constructores es una
      pérdida de tiempo.
   Si el SEÑOR no protege la ciudad,
   protegerla con guardias no sirve
      para nada.
² Es inútil que te esfuerces tanto,
   desde la mañana temprano hasta tarde en
      la noche,
   y te preocupes por conseguir alimento;
   porque Dios da descanso a sus amados.

³ Los hijos son un regalo del SEÑOR;
   son una recompensa de su parte.
⁴ Los hijos que le nacen a un hombre joven
   son como flechas en manos de un
      guerrero.
⁵ ¡Qué feliz es el hombre que tiene su aljaba
      llena de ellos!
   No pasará vergüenza cuando enfrente
      a sus acusadores en las puertas de la
      ciudad.

126:1 En hebreo *Sión*.

128
Cántico de los peregrinos que suben a Jerusalén.

1 ¡Qué feliz es el que teme al SEÑOR,
todo el que sigue sus caminos!
2 Gozarás del fruto de tu trabajo;
¡qué feliz y próspero serás!
3 Tu esposa será como una vid fructífera,
floreciente en el hogar.
Tus hijos serán como vigorosos retoños
de olivo
alrededor de tu mesa.
4 Esa es la bendición del SEÑOR
para los que le temen.

5 Que el SEÑOR te bendiga continuamente
desde Sión;
que veas prosperar a Jerusalén durante
toda tu vida.
6 Que vivas para disfrutar de tus nietos.
¡Que Israel tenga paz!

129
Cántico para los peregrinos que suben a Jerusalén.

1 Desde mi temprana juventud, mis enemigos
me han perseguido.
Que todo Israel repita:
2 Desde mi temprana juventud, mis enemigos
me han perseguido
pero nunca me derrotaron.
3 Tengo la espalda cubierta de heridas,
como si un agricultor hubiera arado
largos surcos.
4 Pero el SEÑOR es bueno;
cortó las cuerdas con que me ataban
los impíos.

5 Que todos los que odian a Jerusalén*
retrocedan en vergonzosa derrota.
6 Que sean tan inútiles como la hierba que
crece en un techo,
que se pone amarilla a la mitad de su
desarrollo,
7 que es ignorada por el cosechador
y despreciada por el que hace los manojos.
8 Y que los que pasan por allí
se nieguen a darles esta bendición:
«El SEÑOR los bendiga;
los bendecimos en el nombre del SEÑOR».

130
Cántico para los peregrinos que suben a Jerusalén.

1 Desde lo profundo de mi desesperación,
oh SEÑOR,
clamo por tu ayuda.
2 Escucha mi clamor, oh Señor.
Presta atención a mi oración.

3 SEÑOR, si llevaras un registro de nuestros
pecados,
¿quién, oh Señor, podría sobrevivir?
4 Pero tú ofreces perdón,
para que aprendamos a temerte.

5 Yo cuento con el SEÑOR;
sí, cuento con él;
en su palabra he puesto mi esperanza.
6 Anhelo al Señor
más que los centinelas el amanecer,
sí, más de lo que los centinelas anhelan
el amanecer.

7 Oh Israel, espera en el SEÑOR;
porque en el SEÑOR hay amor inagotable;
su redención sobreabunda.
8 Él mismo redimirá a Israel
de toda clase de pecado.

131
Cántico para los peregrinos que suben a Jerusalén. Salmo de David.

1 SEÑOR, mi corazón no es orgulloso;
mis ojos no son altivos.
No me intereso en cuestiones demasiado
grandes
o impresionantes que no puedo asimilar.
2 En cambio, me he calmado y aquietado,
como un niño destetado que ya no llora
por la leche de su madre.
Sí, tal como un niño destetado es mi alma
en mi interior.

3 Oh Israel, pon tu esperanza en el SEÑOR,
ahora y siempre.

132
Cántico de los peregrinos que suben a Jerusalén.

1 SEÑOR, acuérdate de David
y de todo lo que sufrió.
2 Le hizo una promesa solemne al SEÑOR;
le juró al Poderoso de Israel:*
3 «No iré a mi hogar
ni me permitiré descansar;
4 no dejaré que mis ojos duerman
ni cerraré los párpados adormecidos
5 hasta que encuentre un lugar donde
construir una casa para el SEÑOR,
un santuario para el Poderoso de Israel».

6 Oímos que el arca estaba en Efrata;
luego la encontramos en los campos
distantes de Jaar.
7 Vayamos al santuario del SEÑOR;
adoremos al pie de su trono.
8 Levántate, oh SEÑOR, y entra en tu lugar
de descanso,
junto con el arca, símbolo de tu poder.
9 Que tus sacerdotes se vistan de santidad;
que tus leales servidores canten de
alegría.
10 Por amor a tu siervo David,
no rechaces al rey que has ungido.
11 El SEÑOR le hizo un juramento a David
con una promesa que nunca retirará:
«Pondré a uno de tus descendientes
en tu trono.

129:5 En hebreo *Sión*. 132:2 En hebreo *de Jacob*; también en 132:5. Ver nota en 44:4.

¹² Si tus descendientes obedecen las
  condiciones de mi pacto
  y las leyes que les enseño,
entonces tu linaje real
  continuará por siempre y para siempre».

¹³ Pues el Señor ha escogido a Jerusalén;*
  ha querido que sea su hogar.

¹⁴ «Este es mi lugar de descanso para siempre
    —dijo—;
  viviré aquí porque este es el hogar que
  he deseado.

¹⁵ Bendeciré a esta ciudad y la haré próspera;
  saciaré a sus pobres con alimento.

¹⁶ Vestiré a sus sacerdotes con santidad;
  sus fieles servidores cantarán de alegría.

¹⁷ Aquí aumentaré el poder de David;
  mi ungido será una luz para mi pueblo.

¹⁸ Vestiré de vergüenza a sus enemigos,
  pero él será un rey glorioso».

133
*Cántico para los peregrinos que suben
a Jerusalén. Salmo de David.*

¹ ¡Qué maravilloso y agradable es
  cuando los hermanos conviven en armonía!

² Pues la armonía es tan preciosa como el
  aceite de la unción
  que se derramó sobre la cabeza de Aarón,
  que corrió por su barba
  hasta llegar al borde de su túnica.

³ La armonía es tan refrescante como el rocío
  del monte Hermón
  que cae sobre las montañas de Sión.
  Y allí el Señor ha pronunciado su bendición,
  incluso la vida eterna.

134
*Cántico para los peregrinos que suben
a Jerusalén.*

¹ Alaben al Señor, todos ustedes, siervos
  del Señor,
  que sirven de noche en la casa del Señor.

² Levanten manos santas en oración,
  y alaben al Señor.

³ Que el Señor, quien hizo el cielo y la tierra
  te bendiga desde Jerusalén.*

135
¹ ¡Alabado sea el Señor!

  ¡Alaben el nombre del Señor!
  Alábenle, ustedes, los que sirven al Señor,
² los que sirven en la casa del Señor,
  en los atrios de la casa de nuestro Dios.

³ Alaben al Señor, porque él es bueno;
  celebren con música su precioso nombre.

⁴ Pues el Señor escogió a Jacob para sí,
  a Israel, como su tesoro especial.

⁵ Yo conozco la grandeza del Señor:
  nuestro Señor es más grande que cualquier
  otro dios.

⁶ El Señor hace lo que le place
  por todo el cielo y toda la tierra,
  y en los océanos y sus profundidades.

⁷ Hace que las nubes se eleven sobre toda
  la tierra.
  Envía relámpagos junto con la lluvia
  y suelta el viento desde sus depósitos.

⁸ Destruyó al primer hijo varón de cada hogar
  egipcio
  y a las primeras crías de los animales.

⁹ Realizó señales milagrosas y maravillas
  en Egipto
  en contra del faraón y todo su pueblo.

¹⁰ Hirió de muerte a grandes naciones
  y masacró a reyes poderosos:

¹¹ a Sehón, rey de los amorreos;
  a Og, rey de Basán,
  y a todos los reyes de Canaán.

¹² Entregó sus tierras como herencia,
  como preciada posesión a su pueblo Israel.

¹³ Tu nombre, oh Señor, permanece para
  siempre;
  tu fama, oh Señor, se conoce en cada
  generación.

¹⁴ Pues el Señor hará justicia a su pueblo
  y tendrá compasión de sus siervos.

¹⁵ Los ídolos de las naciones no son más que
  objetos de plata y oro,
  manos humanas les dieron forma.

¹⁶ Tienen boca pero no pueden hablar,
  tienen ojos pero no pueden ver.

¹⁷ Tienen oídos pero no pueden oír,
  tienen nariz pero no pueden oler.

¹⁸ Y los que hacen ídolos son iguales a ellos,
  como también todos los que confían
  en ellos.

¹⁹ ¡Oh Israel, alaba al Señor!
  ¡Oh sacerdotes —descendientes de Aarón—,
  alaben al Señor!

²⁰ ¡Oh levitas, alaben al Señor!
  ¡Todos los que temen al Señor, alaben
  al Señor!

²¹ El Señor sea alabado desde Sión,
  porque él vive aquí en Jerusalén.

  ¡Alabado sea el Señor!

136
¹ ¡Den gracias al Señor, porque él
  es bueno!
  Su fiel amor perdura para siempre.
² Den gracias al Dios de dioses.
  Su fiel amor perdura para siempre.
³ Den gracias al Señor de señores.
  Su fiel amor perdura para siempre.

⁴ Den gracias al único que puede hacer
  milagros poderosos.
  Su fiel amor perdura para siempre.
⁵ Den gracias al que hizo los cielos con tanta
  habilidad.

132:13 En hebreo *Sión.*   134:3 En hebreo *Sión.*

Su fiel amor perdura para siempre.
⁶ Den gracias al que ubicó la tierra en medio
de las aguas.
Su fiel amor perdura para siempre.
⁷ Den gracias al que hizo las lumbreras
celestiales:
Su fiel amor perdura para siempre.
⁸ el sol para que gobierne de día,
Su fiel amor perdura para siempre.
⁹ y la luna y las estrellas para que gobiernen
de noche.
Su fiel amor perdura para siempre.
¹⁰ Den gracias al que mató a los hijos mayores
de Egipto.
Su fiel amor perdura para siempre.
¹¹ Él sacó a Israel de Egipto.
Su fiel amor perdura para siempre.
¹² Actuó con mano fuerte y brazo poderoso.
Su fiel amor perdura para siempre.
¹³ Den gracias al que separó las aguas del
mar Rojo.*
Su fiel amor perdura para siempre.
¹⁴ Hizo cruzar a salvo a Israel.
Su fiel amor perdura para siempre.
¹⁵ Pero arrojó al mar Rojo al faraón y a su
ejército.
Su fiel amor perdura para siempre.
¹⁶ Den gracias al que guió a su pueblo por el
desierto.
Su fiel amor perdura para siempre.
¹⁷ Den gracias al que hirió de muerte a reyes
poderosos.
Su fiel amor perdura para siempre.
¹⁸ Mató a reyes poderosos:
Su fiel amor perdura para siempre.
¹⁹ a Sehón, rey de los amorreos,
Su fiel amor perdura para siempre.
²⁰ y a Og, rey de Basán.
Su fiel amor perdura para siempre.
²¹ Dios entregó las tierras de estos reyes como
herencia.
Su fiel amor perdura para siempre.
²² como preciada posesión a su siervo Israel.
Su fiel amor perdura para siempre.
²³ Él se acordó de nosotros en nuestras
debilidades.
Su fiel amor perdura para siempre.
²⁴ Nos salvó de nuestros enemigos.
Su fiel amor perdura para siempre.
²⁵ Él provee alimento a todo ser viviente.
Su fiel amor perdura para siempre.
²⁶ Den gracias al Dios del cielo.
Su fiel amor perdura para siempre.

137
¹ Junto a los ríos de Babilonia, nos
sentamos y lloramos
al pensar en Jerusalén.*
² Guardamos las arpas,
las colgamos en las ramas de los álamos.

³ Pues nuestros captores nos exigían que
cantáramos;
los que nos atormentaban insistían en un
himno de alegría:
«¡Cántennos una de esas canciones acerca
de Jerusalén!».
⁴ ¿Pero cómo podemos entonar las canciones
del Señor
mientras estamos en una tierra pagana?
⁵ Si me olvido de ti, oh Jerusalén,
que mi mano derecha se olvide de cómo
tocar el arpa.
⁶ Que la lengua se me pegue al paladar
si dejo de recordarte,
si no hago de Jerusalén mi mayor alegría.

⁷ Oh Señor, recuerda lo que hicieron los
edomitas
el día en que los ejércitos de Babilonia
tomaron a Jerusalén.
«¡Destrúyanla! —gritaron—.
¡Allánenla hasta reducirla a escombros!».
⁸ Oh Babilonia, serás destruida;
feliz será el que te haga pagar
por lo que nos has hecho.
⁹ ¡Feliz será el que tome a tus bebés
y los estrelle contra las rocas!

138 *Salmo de David.*

¹ Te doy gracias, oh Señor, con todo el corazón;
delante de los dioses cantaré tus alabanzas.
² Me inclino ante tu santo templo mientras
adoro;
alabo tu nombre por tu amor inagotable y
tu fidelidad,
porque tus promesas están respaldadas
por todo el honor de tu nombre.
³ En cuanto oro, tú me respondes;
me alientas al darme fuerza.

⁴ Todos los reyes del mundo te darán gracias,
Señor,
porque cada uno de ellos escuchará tus
palabras.
⁵ Así es, cantarán acerca de los caminos del
Señor,
porque la gloria del Señor es muy grande.
⁶ Aunque el Señor es grande, se ocupa de los
humildes,
pero se mantiene distante de los orgullosos.

⁷ Aunque estoy rodeado de dificultades,
tú me protegerás del enojo de mis enemigos.
Extiendes tu mano,
y el poder de tu mano derecha me salva.
⁸ El Señor llevará a cabo los planes que tiene
para mi vida,
pues tu fiel amor, oh Señor, permanece
para siempre.
No me abandones, porque tú me creaste.

136:13 En hebreo *mar de juncos;* también en 136:15.   **137:1** En hebreo *Sión;* también en 137:3.

139 *Para el director del coro: salmo de David.*

¹ Oh Señor, has examinado mi corazón
   y sabes todo acerca de mí.
² Sabes cuándo me siento y cuándo me levanto;
   conoces mis pensamientos aun cuando me
      encuentro lejos.
³ Me ves cuando viajo
   y cuando descanso en casa.
   Sabes todo lo que hago.
⁴ Sabes lo que voy a decir
   incluso antes de que lo diga, Señor.
⁵ Vas delante y detrás de mí.
   Pones tu mano de bendición sobre mi cabeza.
⁶ Semejante conocimiento es demasiado
      maravilloso para mí,
   ¡es tan elevado que no puedo entenderlo!

⁷ ¡Jamás podría escaparme de tu Espíritu!
   ¡Jamás podría huir de tu presencia!
⁸ Si subo al cielo, allí estás tú;
   si desciendo a la tumba,* allí estás tú.
⁹ Si cabalgo sobre las alas de la mañana,
   si habito junto a los océanos más lejanos,
¹⁰ aun allí me guiará tu mano
   y me sostendrá tu fuerza.
¹¹ Podría pedirle a la oscuridad que me ocultara,
   y a la luz que me rodea, que se convierta
      en noche;
¹²   pero ni siquiera en la oscuridad puedo
         esconderme de ti.
   Para ti, la noche es tan brillante como el día.
   La oscuridad y la luz son lo mismo para ti.

¹³ Tú creaste las delicadas partes internas de
      mi cuerpo
   y me entretejiste en el vientre de mi madre.
¹⁴ ¡Gracias por hacerme tan maravillosamente
      complejo!
   Tu fino trabajo es maravilloso, lo sé
      muy bien.
¹⁵ Tú me observabas mientras iba cobrando
      forma en secreto,
   mientras se entretejían mis partes en
      la oscuridad de la matriz.
¹⁶ Me viste antes de que naciera.
   Cada día de mi vida estaba registrado en
      tu libro.
   Cada momento fue diseñado
      antes de que un solo día pasara.

¹⁷ ¡Qué preciosos son tus pensamientos acerca
      de mí,* oh Dios.
   ¡No se pueden enumerar!
¹⁸ Ni siquiera puedo contarlos;
   ¡suman más que los granos de la arena!
   Y cuando despierto,
      ¡todavía estás conmigo!

¹⁹ ¡Oh Dios, si tan solo destruyeras a los
      perversos!
   ¡Lárguense de mi vida, ustedes asesinos!

²⁰ Blasfeman contra ti;
   tus enemigos hacen mal uso de tu nombre.
²¹ Oh Señor, ¿no debería odiar a los que te
      odian?
   ¿No debería despreciar a los que se te
      oponen?
²² Sí, los odio con todas mis fuerzas,
   porque tus enemigos son mis enemigos.

²³ Examíname, oh Dios, y conoce mi corazón;
   pruébame y conoce los pensamientos que
      me inquietan.
²⁴ Señálame cualquier cosa en mí que te ofenda
   y guíame por el camino de la vida eterna.

140 *Para el director del coro: salmo de David.*

¹ Oh Señor, rescátame de los malvados;
   protégeme de los que son violentos,
² de quienes traman el mal en el corazón
   y causan problemas todo el día.
³ Su lengua pica como una serpiente;
   veneno de víbora gotea de sus labios.

            Interludio

⁴ Oh Señor, líbrame de la mano de los perversos;
   protégeme de los violentos
   porque traman un complot en mi contra.
⁵ Los orgullosos tendieron una trampa para
      atraparme;
   extendieron una red;
   colocaron trampas a lo largo del camino.

            Interludio

⁶ Le dije al Señor: «¡Tú eres mi Dios!».
   ¡Escucha, oh Señor, mis súplicas por
      misericordia!
⁷ Oh Señor Soberano, tú eres el poderoso que
      me rescató.
   Tú me protegiste en el día de la batalla.
⁸ Señor, no permitas que los malvados se
      salgan con la suya;
   no dejes que prosperen sus maquinaciones
      malignas
   porque se volverán orgullosos.

            Interludio

⁹ Que mis enemigos sean destruidos
   por lo mismo mal que han planeado
      contra mí.
¹⁰ Que les caigan carbones encendidos sobre
      la cabeza;
   que sean arrojados al fuego
   o a pozos llenos de agua donde no haya
      escapatoria.
¹¹ No dejes que los mentirosos prosperen en
      nuestra tierra;
   haz que les caigan grandes calamidades
      a los violentos.

¹² Pero a los que ellos persiguen, yo sé que el
      Señor los ayudará
   y hará justicia a los pobres.

139:8 En hebreo *al Seol.*   **139:17** O *Qué preciosos son para mí tus pensamientos.*

¹³ Sin duda, los rectos alaban tu nombre;
los justos vivirán en tu presencia.

141 *Salmo de David.*

¹ Oh SEÑOR, clamo a ti. ¡Por favor, apresúrate!
¡Escucha cuando clamo a ti por ayuda!
² Acepta como incienso la oración que te ofrezco,
y mis manos levantadas, como una ofrenda
vespertina.

³ Toma control de lo que digo, oh SEÑOR,
y guarda mis labios.
⁴ No permitas que me deslice hacia el mal
ni que me involucre en actos perversos.
No me dejes participar de los manjares
de quienes hacen lo malo.

⁵ ¡Deja que los justos me golpeen!
¡Será un acto de bondad!
Si me corrigen, es un remedio calmante;
no permitas que lo rechace.

Pero oro constantemente
en contra de los perversos y de lo que hacen.
⁶ Cuando a sus líderes los arrojen por un
acantilado,
los perversos escucharán mis palabras y
descubrirán que son verdad.
⁷ Como las piedras que levanta el arado,
los huesos de los perversos quedarán
esparcidos, sin que nadie los entierre.*

⁸ Busco tu ayuda, oh SEÑOR Soberano.
Tú eres mi refugio; no dejes que me maten.
⁹ Líbrame de las trampas que me han tendido
y de los engaños de los que hacen el mal.
¹⁰ Que los perversos caigan en sus propias redes,
pero a mí, déjame escapar.

142 *Salmo* * *de David, acerca de su experiencia*
en la cueva. Oración.

¹ Clamo al SEÑOR;
ruego la misericordia del SEÑOR.
² Expongo mis quejas delante de él
y le cuento todos mis problemas.
³ Cuando me siento agobiado,
solo tú sabes qué camino debo tomar.
Vaya adonde vaya,
mis enemigos me han tendido trampas.
⁴ Busco a alguien que venga a ayudarme,
¡pero a nadie se le ocurre hacerlo!
Nadie me ayudará;
a nadie le importa un bledo lo que
me pasa.
⁵ Entonces oro a ti, oh SEÑOR,
y digo: «Tú eres mi lugar de refugio.
En verdad, eres todo lo que quiero en
la vida.
⁶ Oye mi clamor,
porque estoy muy decaído.

Rescátame de mis perseguidores,
porque son demasiado fuertes para mí.
⁷ Sácame de la prisión
para que pueda agradecerte.
Los justos se amontonarán a mi alrededor,
porque tú eres bueno conmigo».

143 *Salmo de David.*

¹ Oye mi oración, oh SEÑOR;
¡escucha mi ruego!
Respóndeme, porque eres fiel y justo.
² No lleves a juicio a tu siervo,
porque ante ti nadie es inocente.
³ El enemigo me ha perseguido;
me ha tirado al suelo
y me obliga a vivir en la oscuridad como
los que están en la tumba.
⁴ Estoy perdiendo toda esperanza;
quedé paralizado de miedo.
⁵ Recuerdo los días de antaño.
Medito en todas tus grandes obras
y pienso en lo que has hecho.
⁶ A ti levanto mis manos en oración;
tengo sed de ti como la tierra reseca
tiene sed de lluvia.   *Interludio*

⁷ Ven pronto, SEÑOR, y respóndeme,
porque mi abatimiento se profundiza.
No te apartes de mí,
o moriré.
⁸ Hazme oír cada mañana acerca de tu amor
inagotable,
porque en ti confío.
Muéstrame por dónde debo andar,
porque a ti me entrego.
⁹ Rescátame de mis enemigos, SEÑOR;
corro a ti para que me escondas.
¹⁰ Enséñame a hacer tu voluntad,
porque tú eres mi Dios.
Que tu buen Espíritu me lleve hacia
adelante
con pasos firmes.
¹¹ Para gloria de tu nombre, oh SEÑOR, preserva
mi vida;
por tu fidelidad, sácame de esta angustia.
¹² En tu amor inagotable, silencia a todos mis
enemigos
y destruye a todos mis adversarios,
porque soy tu siervo.

144 *Salmo de David.*

¹ Alaben al SEÑOR, mi roca.
Él entrena mis manos para la guerra
y da destreza a mis dedos para la batalla.
² Él es mi aliado amoroso y mi fortaleza,
mi torre de seguridad y quien me rescata.
Es mi escudo, y en él me refugio.
Hace que las naciones* se sometan a mí.

141:7 En hebreo *esparcidos en la boca del Seol.* **142:TÍTULO** En hebreo *masquil.* Puede ser un término literario o musical.
144:2 Algunos manuscritos dicen *mi pueblo.*

³ Oh SEÑOR, ¿qué son los seres humanos para
    que te fijes en ellos,
    los simples mortales para que te preocupes
        por ellos?
⁴ Pues son como un suspiro;
    sus días son como una sombra pasajera.

⁵ Abre los cielos, SEÑOR, y desciende;
    toca las montañas para que echen humo.
⁶ ¡Lanza tus rayos y esparce a tus enemigos!
    ¡Dispara tus flechas y confúndelos!
⁷ Alcánzame desde el cielo y rescátame;
    sálvame de las aguas profundas,
    del poder de mis enemigos.
⁸ Su boca está llena de mentiras;
    juran decir la verdad pero, al contrario,
        mienten.

⁹ ¡Te entonaré una nueva canción, oh Dios!
    Cantaré tus alabanzas con un arpa de diez
        cuerdas.
¹⁰ ¡Pues tú concedes la victoria a los reyes!
    Rescataste a tu siervo David de la espada
        mortal.
¹¹ ¡Sálvame!
    Rescátame del poder de mis enemigos.
    Su boca está llena de mentiras;
    juran decir la verdad pero, al contrario,
        mienten.

¹² Que nuestros hijos florezcan en su juventud
        como plantas bien nutridas;
    que nuestras hijas sean como columnas
        elegantes,
    talladas para embellecer un palacio.
¹³ Que nuestros graneros estén llenos
        de toda clase de cosechas;
    que los rebaños en nuestros campos se
        multipliquen a miles,
    y hasta de a diez miles,
¹⁴   y que nuestros bueyes estén muy cargados
        de alimentos.
    Que ningún enemigo penetre nuestras
        murallas,
    ni nos lleve cautivos,
    ni haya gritos de alarma en las plazas de
        nuestras ciudades.
¹⁵ ¡Felices los que viven así!
    Felices de verdad son los que tienen a Dios
        como el SEÑOR.

145* *Salmo de alabanza de David.*

¹ Te exaltaré, mi Dios y Rey,
    y alabaré tu nombre por siempre y para
        siempre.
² Te alabaré todos los días;
    sí, te alabaré por siempre.
³ ¡Grande es el SEÑOR, el más digno de
        alabanza!
    Nadie puede medir su grandeza.

⁴ Que cada generación cuente a sus hijos de
        tus poderosos actos
    y que proclame tu poder.
⁵ Meditaré* en la gloria y la majestad de
        tu esplendor,
    y en tus maravillosos milagros.
⁶ Tus obras imponentes estarán en boca
        de todos;
    proclamaré tu grandeza.
⁷ Todos contarán la historia de tu maravillosa
        bondad;
    cantarán de alegría acerca de tu justicia.

⁸ El SEÑOR es misericordioso y compasivo,
    lento para enojarse y lleno de amor
        inagotable.
⁹ El SEÑOR es bueno con todos;
    desborda compasión sobre toda su creación.
¹⁰ Todas tus obras te agradecerán, SEÑOR,
    y tus fieles seguidores te darán alabanza.
¹¹ Hablarán de la gloria de tu reino;
    darán ejemplos de tu poder.
¹² Contarán de tus obras poderosas
    y de la majestad y la gloria de tu reinado.
¹³ Pues tu reino es un reino eterno;
    gobiernas de generación en generación.

El SEÑOR siempre cumple sus promesas;
    es bondadoso en todo lo que hace.*
¹⁴ El SEÑOR ayuda a los caídos
    y levanta a los que están agobiados por
        sus cargas.
¹⁵ Los ojos de todos buscan en ti la esperanza;
    les das su alimento según la necesidad.
¹⁶ Cuando abres tu mano,
    sacias el hambre y la sed de todo ser
        viviente.
¹⁷ El SEÑOR es justo en todo lo que hace;
    está lleno de bondad.
¹⁸ El SEÑOR está cerca de todos los que
        lo invocan,
    sí, de todos los que lo invocan de verdad.
¹⁹ Él concede los deseos de los que le temen;
    oye sus gritos de auxilio y los rescata.
²⁰ El SEÑOR protege a todos los que lo aman,
    pero destruye a los perversos.

²¹ Alabaré al SEÑOR,
    y que todo el mundo bendiga su santo
        nombre
    por siempre y para siempre.

146 ¹ ¡Alabado sea el SEÑOR!
    Que todo lo que soy alabe al SEÑOR.
²   Alabaré al SEÑOR mientras viva;
    cantaré alabanzas a mi Dios con el último
        aliento.

³ No pongan su confianza en los poderosos;
    no está allí la ayuda para ustedes.

145 Este salmo es un poema acróstico hebreo: cada verso (incluso 13b) comienza con una letra del alfabeto hebreo en forma consecutiva.
145:5 Algunos manuscritos dicen *Hablará de.* 145:13 Las dos últimas líneas de 145:13 no se encuentran en muchos manuscritos antiguos.

⁴ Ellos, al dar su último suspiro, vuelven
   al polvo,
   y todos sus planes mueren con ellos.
⁵ Pero felices son los que tienen como
   ayudador al Dios de Israel,*
   los que han puesto su esperanza en el
   Señor su Dios.
⁶ Él hizo el cielo y la tierra,
   el mar y todo lo que hay en ellos.
   Él cumple todas sus promesas para
   siempre.
⁷ Hace justicia al oprimido
   y da alimento al que tiene hambre.
   El Señor libera a los prisioneros.
⁸ El Señor abre los ojos de los ciegos
   El Señor levanta a los agobiados.
   El Señor ama a los justos.
⁹ El Señor protege a los extranjeros que viven
   entre nosotros.
   Cuida de los huérfanos y las viudas,
   pero frustra los planes de los perversos.
¹⁰ El Señor reinará por siempre.
   Él será tu Dios, oh Jerusalén,* por todas las
   generaciones.

¡Alabado sea el Señor!

147

¹ ¡Alabado sea el Señor!

   ¡Qué bueno es cantar alabanzas a
      nuestro Dios!
   ¡Qué agradable y apropiado!
² El Señor reconstruye a Jerusalén
   y trae a los desterrados de vuelta a Israel.
³ Él sana a los de corazón quebrantado
   y les venda las heridas.
⁴ Cuenta las estrellas
   y llama a cada una por su nombre.
⁵ ¡Qué grande es nuestro Señor! ¡Su poder
   es absoluto!
   ¡Su comprensión supera todo
      entendimiento!
⁶ El Señor sostiene a los humildes,
   pero derriba a los perversos y los hace
      morder el polvo.

⁷ Canten su gratitud al Señor;
   al son del arpa, entonen alabanzas a
      nuestro Dios.
⁸ Él cubre los cielos con nubes,
   provee lluvia a la tierra,
   y hace crecer la hierba en los pastizales
      de los montes.
⁹ Da alimento a los animales salvajes
   y alimenta a las crías del cuervo cuando
      chillan.
¹⁰ No se complace en la fuerza del caballo
   ni en el poder del ser humano.
¹¹ No, el Señor se deleita en los que le temen,
   en los que ponen su esperanza en su amor
      inagotable.

¹² ¡Glorifica al Señor, oh Jerusalén!
   ¡Alaba a tu Dios, oh Sión!
¹³ Pues él ha reforzado las rejas de tus puertas
   y ha bendecido a tus hijos que habitan
      dentro de tus murallas.
¹⁴ Envía paz por toda tu nación
   y te sacia el hambre con el mejor trigo.
¹⁵ Envía sus órdenes al mundo;
   ¡qué veloz corre su palabra!
¹⁶ Envía la nieve como lana blanca
   y esparce la escarcha sobre la tierra
      como ceniza.
¹⁷ Lanza el granizo como piedras.*
   ¿Quién puede resistir su frío congelante?
¹⁸ Luego, a su orden todo se derrite;
   envía sus vientos y el hielo se disuelve.
¹⁹ Dios reveló su palabra a Jacob,
   sus decretos y ordenanzas a Israel.
²⁰ No ha hecho esto con ninguna otra
      nación;
   las demás naciones no conocen
      sus ordenanzas.

¡Alabado sea el Señor!

148

¹ ¡Alabado sea el Señor!

   ¡Alaben al Señor desde los cielos!
   ¡Alábenlo desde el firmamento!
² ¡Alábenlo, todos sus ángeles!
   ¡Alábenlo, todos los ejércitos celestiales!
³ ¡Alábenlo, sol y luna!
   ¡Alábenlo, todas las estrellas brillantes!
⁴ ¡Alábenlo, los altos cielos!
   ¡Alábenlo, los vapores que están mucho
      más allá de las nubes!
⁵ Que toda cosa creada alabe al Señor,
   pues él dio la orden y todo cobró vida.
⁶ Puso todo lo creado en su lugar por siempre
      y para siempre.
   Su decreto jamás será revocado.

⁷ Alaben al Señor desde la tierra,
   ustedes, criaturas de las profundidades
      del océano,
⁸ el fuego y el granizo, la nieve y las nubes,*
   el viento y el clima que le obedecen,
⁹ ustedes, las montañas y todas las
      colinas,
   los árboles frutales y los cedros,
¹⁰ los animales salvajes y todo el ganado,
   los animales pequeños que corren por el
      suelo y las aves,
¹¹ los reyes de la tierra y toda la gente,
   los gobernantes y los jueces de la tierra,
¹² los muchachos y las jovencitas,
   los ancianos y los niños.

¹³ Que todos alaben el nombre del Señor,
   porque su nombre es muy grande;
   ¡su gloria está por encima de la tierra
      y el cielo!

146:5 En hebreo *de Jacob.* Ver nota en 44:4.   146:10 En hebreo *Sión.*   147:17 En hebreo *como migas de pan.*   148:8 O *neblina,*
o humo.

¹⁴ Dios hizo fuerte a su pueblo
   y honró a sus fieles:
   los del pueblo de Israel que están cerca de él.

¡Alabado sea el SEÑOR!

149
¹ ¡Alabado sea el SEÑOR!

   Canten al SEÑOR una nueva canción;
cantas sus alabanzas en la asamblea de
   los fieles.
² Oh Israel, alégrate de tu Creador.
   Oh pueblo de Jerusalén,* regocíjate de
      tu Rey.
³ Alaba su nombre con danza,
   y acompáñala con panderetas y arpas,
⁴ porque el SEÑOR se deleita en su pueblo;
   él corona al humilde con victoria.
⁵ Que los fieles se alegren de que él los honra;
   que canten de alegría mientras descansan
      en sus camas.

⁶ Que las alabanzas de Dios estén en sus labios
   y tengan una espada afilada en las manos,
⁷ para tomar venganza contra las naciones
   y castigar a los pueblos,

149:2 En hebreo *Sión.*

⁸ para encadenar a sus reyes con grilletes
   y a sus líderes con cadenas de hierro,
⁹ para ejecutar el juicio que está escrito
      contra ellos.
   Este es el privilegio glorioso que tienen
      sus fieles.

¡Alabado sea el SEÑOR!

150
¹ ¡Alabado sea el SEÑOR!

   Alaben a Dios en su santuario;
¡alábenlo en su poderoso cielo!
² Alábenlo por sus obras poderosas;
   ¡alaben su grandeza sin igual!
³ Alábenlo con un fuerte toque del cuerno
      de carnero;
   ¡alábenlo con la lira y el arpa!
⁴ Alábenlo con panderetas y danzas;
   ¡alábenlo con instrumentos de cuerda
      y con flautas!
⁵ Alábenlo con el sonido de los címbalos;
   alábenlo con címbalos fuertes y resonantes.
⁶ ¡Que todo lo que respira cante alabanzas
      al SEÑOR!

¡Alabado sea el SEÑOR!

Proverbios

El propósito de los proverbios

1 Estos son los proverbios de Salomón, hijo de David, rey de Israel.

2 El propósito de los proverbios es enseñar
   sabiduría y disciplina,
   y ayudar a las personas a comprender la
   inteligencia de los sabios.

3 Su propósito es enseñarles a vivir una vida
   disciplinada y exitosa,
   y ayudarles a hacer lo que es correcto,
   justo e imparcial.

4 Estos proverbios darán inteligencia al
   ingenuo,
   conocimiento y discernimiento al joven.

5 Que el sabio escuche estos proverbios y se
   haga aún más sabio.
   Que los que tienen entendimiento reciban
   dirección

6 al estudiar el significado de estos proverbios
   y estas parábolas,
   las palabras de los sabios y sus enigmas.

7 El temor del Señor es la base del verdadero
   conocimiento,
   pero los necios desprecian la sabiduría y
   la disciplina.

La exhortación de un padre: adquiere sabiduría

8 Hijo mío, presta atención cuando tu padre
   te corrige;
   no descuides la instrucción de tu madre.

9 Lo que aprendas de ellos te coronará de gracia
   y será como un collar de honor alrededor
   de tu cuello.

10 Hijo mío, si los pecadores quieren engatusarte,
   ¡dales la espalda!

11 Quizás te digan: «Ven con nosotros.
   ¡Escondámonos y matemos a alguien!
   ¡Vamos a emboscar a los inocentes, solo
   para divertirnos!

12 Vamos a tragarlos vivos, como lo hace la
   tumba;*
   vamos a tragarlos enteros, como a quienes
   descienden a la fosa de la muerte.

13 ¡Piensa en todas las grandes cosas que
   conseguiremos!

Llenaremos nuestras casas con todo
   lo robado.

14 Ven, únete a nosotros;
   entre todos compartiremos el botín».

15 ¡Hijo mío, no vayas con ellos!
   Mantente alejado de sus caminos.

16 Ellos corren a cometer malas acciones;
   van de prisa a matar.

17 Si un pájaro ve que le tienden una trampa,
   sabe que tiene que alejarse.

18 En cambio, esa gente se tiende una
   emboscada a sí misma,
   pareciera que busca su propia muerte.

19 Así terminan todos los que codician el dinero;
   esa codicia les roba la vida.

La Sabiduría hace oír su voz en las calles

20 La Sabiduría hace oír su voz en las calles;
   clama en la plaza pública.

21 La Sabiduría clama a los que están reunidos
   frente a la entrada de la ciudad
   y a las multitudes por la calle principal:

22 «Simplones, ¿hasta cuándo insistirán en
   su ignorancia?
   Burlones, ¿hasta cuándo disfrutarán de
   sus burlas?
   Necios, ¿hasta cuándo odiarán el saber?

23 Vengan y escuchen mi consejo.
   Les abriré mi corazón
   y los haré sabios.

24 »Los llamé muy a menudo pero no quisieron
   venir;
   les tendí la mano pero no me hicieron caso.

25 No prestaron atención a mi consejo
   y rechazaron la corrección que les ofrecí.

26 ¡Por eso me reiré cuando tengan problemas!
   Me burlaré de ustedes cuando les llegue
   la desgracia,

27 cuando la calamidad caiga sobre ustedes
   como una tormenta,
   cuando el desastre los envuelva como
   un ciclón,
   y la angustia y la aflicción los abrumen.

28 »Entonces, cuando clamen por ayuda, no
   les responderé.
   Aunque me busquen con ansiedad, no
   me encontrarán.

1:12 En hebreo *como el Seol.*

²⁹ Pues odiaron el conocimiento
    y decidieron no temer al Señor.
³⁰ Rechazaron mi consejo
    y no prestaron atención cuando los
        corregía.
³¹ Por lo tanto, tendrán que comer el fruto
        amargo de vivir a su manera
    y se ahogarán con sus propias intrigas.
³² Pues los simplones se apartan de mí hacia
        la muerte.
    Los necios son destruidos por su
        despreocupación.
³³ En cambio, todos los que me escuchan
        vivirán en paz,
    tranquilos y sin temor del mal».

Los beneficios de la sabiduría

2 ¹ Hijo mío, presta atención a lo que digo
    y atesora mis mandatos.
² Afina tus oídos a la sabiduría
    y concéntrate en el entendimiento.
³ Clama por inteligencia
    y pide entendimiento.
⁴ Búscalos como si fueran plata,
    como si fueran tesoros escondidos.
⁵ Entonces comprenderás lo que significa
        temer al Señor
    y obtendrás conocimiento de Dios.
⁶ ¡Pues el Señor concede sabiduría!
    De su boca provienen el saber y el
        entendimiento.
⁷ Al que es honrado, él le concede el tesoro
        del sentido común.
    Él es un escudo para los que caminan
        con integridad.
⁸ Él cuida las sendas de los justos
    y protege a los que le son fieles.

⁹ Entonces comprenderás lo que es correcto,
        justo e imparcial
    y encontrarás el buen camino que debes
        seguir.
¹⁰ Pues la sabiduría entrará en tu corazón,
    y el conocimiento te llenará de alegría.
¹¹ Las decisiones sabias te protegerán;
    el entendimiento te mantendrá a salvo.

¹² La sabiduría te salvará de la gente mala,
    de los que hablan con palabras retorcidas.
¹³ Estos hombres se alejan del camino correcto
    para andar por sendas tenebrosas.
¹⁴ Se complacen en hacer lo malo
    y disfrutan los caminos retorcidos
        del mal.
¹⁵ Sus acciones son torcidas,
    y sus caminos son errados.

¹⁶ La sabiduría te librará de la mujer inmoral,
    de las palabras seductoras de la mujer
        promiscua.
¹⁷ Ella abandonó a su marido
    y no hace caso del pacto que hizo ante Dios.

¹⁸ Entrar a su casa lleva a la muerte;
    es el camino a la tumba.*
¹⁹ El hombre que la visita está condenado;
    nunca llegará a los senderos de la vida.

²⁰ Tú, en cambio, sigue los pasos de los hombres
        buenos
    y permanece en los caminos de los justos.
²¹ Pues solo los justos vivirán en la tierra
    y los íntegros permanecerán en ella.
²² Pero los perversos serán quitados de la tierra,
    y los traidores serán arrancados de raíz.

La confianza en el Señor

3 ¹ Hijo mío, nunca olvides las cosas que
        te he enseñado;
    guarda mis mandatos en tu corazón.
² Si así lo haces, vivirás muchos años,
    y tu vida te dará satisfacción.
³ ¡Nunca permitas que la lealtad ni la bondad
        te abandonen!
    Átalas alrededor de tu cuello como un
        recordatorio.
    Escríbelas en lo profundo de tu corazón.
⁴ Entonces tendrás tanto el favor de Dios
        como el de la gente,
    y lograrás una buena reputación.

⁵ Confía en el Señor con todo tu corazón,
    no dependas de tu propio entendimiento.
⁶ Busca su voluntad en todo lo que hagas,
    y él te mostrará cuál camino tomar.

⁷ No te dejes impresionar por tu propia
        sabiduría.
    En cambio, teme al Señor y aléjate del mal.
⁸ Entonces dará salud a tu cuerpo
    y fortaleza a tus huesos.

⁹ Honra al Señor con tus riquezas
    y con lo mejor de todo lo que produces.
¹⁰ Entonces él llenará tus graneros,
    y tus tinajas se desbordarán de buen vino.

¹¹ Hijo mío, no rechaces la disciplina del Señor
    ni te enojes cuando te corrige.
¹² Pues el Señor corrige a los que ama,
    tal como un padre corrige al hijo que es
        su deleite.*

¹³ Alegre es el que encuentra sabiduría,
    el que adquiere entendimiento.
¹⁴ Pues la sabiduría da más ganancia que la plata
    y su paga es mejor que el oro.
¹⁵ La sabiduría es más preciosa que los rubíes;
    nada de lo que desees puede compararse
        con ella.
¹⁶ Con la mano derecha, te ofrece una larga vida;
    con la izquierda, riquezas y honor.
¹⁷ Te guiará por sendas agradables,
    todos sus caminos dan satisfacción.
¹⁸ La sabiduría es un árbol de vida a los que
        la abrazan;
    felices son los que se aferran a ella.

2:18 En hebreo *a los espíritus de los muertos*.   **3:12** La versión griega dice *y castiga a los que recibe como hijos*. Comparar Hb 12:6.

19 Con sabiduría el SEÑOR fundó la tierra,
   con entendimiento creó los cielos.
20 Con su conocimiento se abrieron las fuentes
   profundas de la tierra
   e hizo que el rocío se asiente bajo el cielo
   de la noche.

21 Hijo mío, no pierdas de vista el sentido
   común ni el discernimiento.
   Aférrate a ellos,
22 porque refrescarán tu alma;
   son como las joyas de un collar.
23 Te mantienen seguro en tu camino,
   y tus pies no tropezarán.
24 Puedes irte a dormir sin miedo;
   te acostarás y dormirás profundamente.
25 No hay por qué temer la calamidad repentina
   ni la destrucción que viene sobre los
   perversos,
26 porque el SEÑOR es tu seguridad.
   Él cuidará que tu pie no caiga en una
   trampa.

27 No dejes de hacer el bien a todo el que lo
   merece,
   cuando esté a tu alcance ayudarlos.
28 Si puedes ayudar a tu prójimo hoy, no le
   digas:
   «Vuelve mañana y entonces te ayudaré».
29 No trames hacerle daño a tu vecino,
   porque los que viven cerca confían en ti.
30 No busques pelea sin motivo,
   cuando nadie te ha hecho daño.

31 No envidies a las personas violentas,
   ni imites su conducta.
32 El SEÑOR detesta a esa gente perversa;
   en cambio, ofrece su amistad a los justos.
33 El SEÑOR maldice la casa del perverso,
   pero bendice el hogar de los justos.
34 El SEÑOR se burla de los burlones,
   pero muestra su bondad a los humildes.*

35 Los sabios heredan honra,
   ¡pero los necios son avergonzados!

El sabio consejo de un padre

4 1 Hijos míos, escuchen cuando su padre
   los corrige.
   Presten atención y aprendan buen juicio,
2 porque les doy una buena orientación.
   No se alejen de mis instrucciones.
3 Pues yo, igual que ustedes, fui hijo de mi padre,
   amado tiernamente como el hijo único de
   mi madre.

4 Mi padre me enseñó:
   «Toma en serio mis palabras.
   Sigue mis mandatos y vivirás.
5 Adquiere sabiduría, desarrolla buen juicio.
   No te olvides de mis palabras ni te alejes
   de ellas.

6 No des la espalda a la sabiduría, pues ella te
   protegerá;
   ámala, y ella te guardará.
7 ¡Adquirir sabiduría es lo más sabio que
   puedes hacer!
   Y en todo lo demás que hagas, desarrolla
   buen juicio.
8 Si valoras la sabiduría, ella te engrandecerá.
   Abrázala, y te honrará.
9 Te pondrá una hermosa guirnalda de flores
   sobre la cabeza;
   te entregará una preciosa corona»

10 Hijo mío, escúchame y haz lo que te digo,
   y tendrás una buena y larga vida.
11 Te enseñaré los caminos de la sabiduría
   y te guiaré por sendas rectas.
12 Cuando camines, no te detendrán;
   cuando corras, no tropezarás.
13 Aférrate a mis instrucciones, no las dejes ir;
   cuídalas bien, porque son la clave de
   la vida.

14 No hagas lo que hacen los perversos
   ni sigas el camino de los malos.
15 ¡Ni se te ocurra! No tomes ese camino.
   Aléjate de él y sigue avanzando.
16 Pues las personas malvadas no pueden
   dormir sin hacer la mala acción
   del día.
   No pueden descansar sin antes hacer
   tropezar a alguien.
17 ¡Se alimentan de la perversidad
   y beben el vino de la violencia!

18 El camino de los justos es como la primera
   luz del amanecer,
   que brilla cada vez más hasta que el día
   alcanza todo su esplendor.
19 Pero el camino de los perversos es como la
   más densa oscuridad;
   ni siquiera saben con qué tropiezan.

20 Hijo mío, presta atención a lo que te digo.
   Escucha atentamente mis palabras.
21 No las pierdas de vista.
   Déjalas llegar hasta lo profundo de tu
   corazón,
22 pues traen vida a quienes las encuentran
   y dan salud a todo el cuerpo.

23 Sobre todas las cosas cuida tu corazón,
   porque este determina el rumbo de
   tu vida.
24 Evita toda expresión perversa;
   aléjate de las palabras corruptas.

25 Mira hacia adelante
   y fija los ojos en lo que está frente a ti.
26 Traza un sendero recto para tus pies;
   permanece en el camino seguro.
27 No te desvíes,
   evita que tus pies sigan el mal.

3:34 La versión griega dice *El SEÑOR se opone a los orgullosos / pero muestra su favor a los humildes.* Comparar St 4:6; 1P 5:5.

Evita a las mujeres inmorales

5 ¹ Hijo mío, presta atención a mi sabiduría,
escucha cuidadosamente mi sabio consejo.
² Entonces demostrarás discernimiento,
y tus labios expresarán lo que has
aprendido.
³ Pues los labios de una mujer inmoral son tan
dulces como la miel
y su boca es más suave que el aceite.
⁴ Pero al final ella resulta ser tan amarga como
el veneno,
tan peligrosa como una espada de dos filos.
⁵ Sus pies descienden a la muerte,
sus pasos conducen derecho a la tumba.*
⁶ Pues a ella no le interesa en absoluto el
camino de la vida.
Va tambaleándose por un sendero torcido y
no se da cuenta.

⁷ Así que ahora, hijos míos, escúchenme.
Nunca se aparten de lo que les voy a decir:
⁸ ¡Aléjate de ella!
¡No te acerques a la puerta de su casa!
⁹ Si lo haces perderás el honor,
y perderás todo lo que has logrado a manos
de gente que no tiene compasión.
¹⁰ Gente extraña consumirá tus riquezas,
y otro disfrutará del fruto de tu trabajo.
¹¹ Al final, gemirás de angustia
cuando la enfermedad consuma tu cuerpo.
¹² Dirás: «¡Cuánto odié la disciplina!
¡Si tan solo no hubiera despreciado todas
las advertencias!
¹³ ¿Por qué no escuché a mis maestros?
¿Por qué no presté atención a mis
instructores?
¹⁴ He llegado al borde de la ruina
y ahora mi vergüenza será conocida por
todos».

¹⁵ Bebe el agua de tu propio pozo,
comparte tu amor solo con tu esposa.*
¹⁶ ¿Para qué derramar por las calles el agua de
tus manantiales
teniendo sexo con cualquiera?*
¹⁷ Deben reservarla solo para los dos;
jamás la compartan con desconocidos.
¹⁸ Que tu esposa sea una fuente de bendición
para ti.
Alégrate con la esposa de tu juventud.
¹⁹ Es una cierva amorosa, una gacela llena
de gracia.
Que sus pechos te satisfagan siempre.
Que siempre seas cautivado por su amor.
²⁰ Hijo mío, ¿por qué dejarte cautivar por una
mujer inmoral
o acariciar los pechos de una mujer
promiscua?

²¹ Pues el Señor ve con claridad lo que hace el
hombre,
examina cada senda que toma.
²² Un hombre malvado queda preso por sus
propios pecados;
son cuerdas que lo atrapan y no lo sueltan.
²³ Morirá por falta de control propio;
se perderá a causa de su gran insensatez.

Lecciones para la vida diaria

6 ¹ Hijo mío, si has salido fiador por la deuda
de un amigo
o has aceptado garantizar la deuda de un
extraño,
² si quedaste atrapado por el acuerdo que
hiciste
y estás enredado por tus palabras,
³ sigue mi consejo y sálvate,
pues te has puesto a merced de tu amigo.
Ahora trágate tu orgullo;
ve y suplica que tu amigo borre tu nombre.
⁴ No postergues el asunto, ¡hazlo enseguida!
No descanses hasta haberlo realizado.
⁵ Sálvate como una gacela que escapa del
cazador,
como un pájaro que huye de la red.

⁶ Tú, holgazán, aprende una lección de las
hormigas.
¡Aprende de lo que hacen y hazte sabio!
⁷ A pesar de que no tienen príncipe
ni gobernador ni líder que las haga trabajar,
⁸ se esfuerzan todo el verano,
juntando alimento para el invierno.
⁹ Pero tú, holgazán, ¿hasta cuándo seguirás
durmiendo?
¿Cuándo despertarás?
¹⁰ Un rato más de sueño, una breve siesta,
un pequeño descanso cruzado de brazos.
¹¹ Entonces la pobreza te asaltará como un
bandido;
la escasez te atacará como un ladrón
armado.

¹² ¿Cómo son las personas despreciables y
perversas?
Nunca dejan de mentir,
¹³ demuestran su engaño al guiñar con los ojos,
al dar golpes suaves con los pies o hacer
gestos con los dedos.
¹⁴ Sus corazones pervertidos traman el mal,
y andan siempre provocando problemas.
¹⁵ Sin embargo, serán destruidos de repente,
quebrantados en un instante y sin la menor
esperanza de recuperarse.

¹⁶ Hay seis cosas que el Señor odia,
no, son siete las que detesta:
¹⁷ los ojos arrogantes,
la lengua mentirosa,
las manos que matan al inocente,
¹⁸ el corazón que trama el mal,
los pies que corren a hacer lo malo,

5:5 En hebreo al *Seol.*   5:15 En hebreo *Bebe el agua de tu propia cisterna, / el agua de tu propio pozo.*   5:16 En hebreo *¿Para qué
derramar tus manantiales por las calles, / tus arroyos en las plazas de la ciudad?*

¹⁹ el testigo falso que respira mentiras,
    y el que siembra discordia en una familia.

²⁰ Hijo mío, obedece los mandatos de tu padre,
    y no descuides la instrucción de tu madre.

²¹ Guarda siempre sus palabras en tu corazón;
    átalas alrededor de tu cuello.

²² Cuando camines, su consejo te guiará.
    Cuando duermas, te protegerá.
    Cuando despiertes, te orientará.

²³ Pues su mandato es una lámpara
    y su instrucción es una luz;
    su disciplina correctiva
    es el camino que lleva a la vida.

²⁴ Te protegerán de la mujer inmoral,
    de la lengua suave de la mujer promiscua.

²⁵ No codicies su belleza;
    no dejes que sus miradas coquetas te
    seduzcan.

²⁶ Pues una prostituta te llevará a la pobreza,*
    pero dormir con la mujer de otro hombre
    te costará la vida.

²⁷ ¿Acaso puede un hombre echarse fuego sobre
    las piernas
    sin quemarse la ropa?

²⁸ ¿Podrá caminar sobre carbones encendidos
    sin ampollarse los pies?

²⁹ Así le sucederá al hombre que duerme con la
    esposa de otro hombre.
    El que la abrace no quedará sin castigo.

³⁰ Tal vez haya excusas para un ladrón
    que roba porque se muere de hambre.

³¹ Pero si lo atrapan, deberá pagar siete veces la
    cantidad que robó,
    aunque tenga que vender todo lo que hay
    en su casa.

³² Pero el hombre que comete adulterio es un
    necio total,
    porque se destruye a sí mismo.

³³ Será herido y deshonrado.
    Su vergüenza no se borrará jamás.

³⁴ Pues el marido celoso de la mujer se
    enfurecerá,
    y no tendrá misericordia cuando se cobre
    venganza.

³⁵ No aceptará ninguna clase de compensación
    ni habrá suma de dinero que lo satisfaga.

Más advertencia sobre mujeres inmorales
7 ¹ Hijo mío, sigue mi consejo,
    atesora siempre mis mandatos.

² ¡Obedece mis mandatos y vive!
    Guarda mis instrucciones tal como cuidas
    tus ojos.*

³ Átalas a tus dedos como un recordatorio;
    escríbelas en lo profundo de tu corazón.

⁴ Ama a la sabiduría como si fuera tu hermana
    y haz a la inteligencia un querido miembro
    de tu familia.

⁵ Deja que ellas te prevengan de tener una
    aventura con una mujer inmoral
    y de escuchar las adulaciones de una
    mujer promiscua.

⁶ Mientras estaba junto a la ventana de mi casa,
    mirando a través de la cortina,

⁷ vi a unos muchachos ingenuos;
    a uno en particular que le faltaba sentido
    común.

⁸ Cruzaba la calle cercana a la casa de una
    mujer inmoral
    y se paseaba frente a su casa.

⁹ Era la hora del crepúsculo, al anochecer,
    mientras caía la densa oscuridad.

¹⁰ La mujer se le acercó,
    vestida de manera seductora y con corazón
    astuto.

¹¹ Era rebelde y descarada,
    de esas que nunca están conformes con
    quedarse en casa.

¹² Suele frecuentar las calles y los mercados,
    ofreciéndose en cada esquina.

¹³ Lo rodeó con sus brazos y lo besó,
    y mirándolo con descaro le dijo:

¹⁴ «Acabo de hacer mis ofrendas de paz
    y de cumplir mis votos.

¹⁵ ¡Tú eres precisamente el que estaba buscando!
    ¡Salí a encontrarte y aquí estás!

¹⁶ Mi cama está tendida con hermosas colchas,
    con coloridas sábanas de lino egipcio.

¹⁷ La he perfumado
    con mirra, áloes y canela.

¹⁸ Ven, bebamos sin medida la copa del amor
    hasta el amanecer.
    Disfrutemos de nuestras caricias,

¹⁹ ahora que mi esposo no está en casa.
    Se fue de viaje por mucho tiempo.

²⁰ Se llevó la cartera llena de dinero
    y no regresará hasta fin de mes».*

²¹ Y así lo sedujo con sus dulces palabras
    y lo engatusó con sus halagos.

²² Él la siguió de inmediato,
    como un buey que va al matadero.
    Era como un ciervo que cayó en la trampa,

²³ en espera de la flecha que lo atravesaría
    el corazón.
    Era como un ave que vuela directo a la red,
    sin saber que le costará la vida.

²⁴ Por eso, hijos míos, escúchenme
    y presten atención a mis palabras.

²⁵ No dejen que el corazón se desvíe tras ella.
    No anden vagando por sus caminos
    descarriados.

²⁶ Pues ella ha sido la ruina de muchos;
    numerosos hombres han caído en sus
    garras.

²⁷ Su casa es el camino a la tumba.*
    Su alcoba es la guarida de la muerte.

6:26 En hebreo *te reducirá a un pedazo de pan.*   7:2 En hebreo *como la pupila de tu ojo.*   7:20 En hebreo *hasta la luna llena.*
7:27 En hebreo al *Seol.*

Llamado de la Sabiduría

8 ¹ ¡Escuchen cuando la Sabiduría llama!
  ¡Oigan cuando el entendimiento alza
    su voz!
² La Sabiduría toma su puesto en las
    encrucijadas,
  en la cumbre de la colina, junto al camino.
³ Junto a las puertas de entrada a la ciudad,
  en el camino de ingreso, grita con fuerza:
⁴ «¡A ustedes los llamo, a todos ustedes!
  Levanto mi voz a toda persona.
⁵ Ustedes, ingenuos, usen el buen juicio.
  Ustedes, necios, muestren un poco de
    entendimiento.
⁶ ¡Escúchenme! Tengo cosas importantes
    que decirles.
  Todo lo que digo es correcto
⁷ pues hablo la verdad
  y detesto toda clase de engaño.
⁸ Mi consejo es sano;
  no tiene artimañas ni falsedad.
⁹ Mis palabras son obvias para todos los que
    tienen entendimiento,
  claras para los que poseen conocimiento.
¹⁰ Elijan mi instrucción en lugar de la plata
  y el conocimiento antes que el oro puro.
¹¹ Pues la sabiduría es mucho más valiosa que
    los rubíes.
  Nada de lo que uno pueda desear se
    compara con ella.

¹² »Yo, la Sabiduría, convivo con el buen juicio.
  Sé dónde encontrar conocimiento y
    discernimiento.
¹³ Todos los que temen al Señor odiarán
    la maldad.
  Por eso odio el orgullo y la arrogancia,
  la corrupción y el lenguaje perverso.
¹⁴ El sentido común y el éxito me pertenecen.
  La fuerza y la inteligencia son mías.
¹⁵ Gracias a mí reinan los reyes
  y los gobernantes dictan decretos justos.
¹⁶ Los mandatarios gobiernan con mi ayuda
  y los nobles emiten juicios justos.*

¹⁷ »Amo a todos los que me aman.
  Los que me buscan, me encontrarán.
¹⁸ Tengo riquezas y honor,
  así como justicia y prosperidad duraderas.
¹⁹ ¡Mis dones son mejores que el oro, aun el oro
    más puro;
  mi paga es mejor que la plata refinada!
²⁰ Camino en rectitud,
  por senderos de justicia.
²¹ Los que me aman heredan riquezas;
  llenaré sus cofres de tesoros.

²² »El Señor me formó desde el comienzo,
  antes de crear cualquier otra cosa.
²³ Fui nombrada desde la eternidad,
  en el principio mismo, antes de que
    existiera la tierra.

²⁴ Nací antes de que los océanos fueran creados,
  antes de que brotara agua de los manantiales.
²⁵ Antes de que se formaran las montañas,
  antes que las colinas, yo nací,
²⁶ antes de que el Señor hiciera la tierra y
    los campos
  y los primeros puñados de tierra.
²⁷ Estaba presente cuando él estableció los
    cielos,
  cuando trazó el horizonte sobre los océanos.
²⁸ Estaba ahí cuando colocó las nubes arriba,
  cuando estableció los manantiales en lo
    profundo de la tierra.
²⁹ Estaba ahí cuando puso límites a los mares,
  para que no se extendieran más allá de
    sus márgenes.
  Y también cuando demarcó los cimientos
    de la tierra,
³⁰   era la arquitecta a su lado.
  Yo era su constante deleite,
  y me alegraba siempre en su presencia.
³¹ ¡Qué feliz me puse con el mundo que él creó;
  cuánto me alegré con la familia humana!

³² »Y ahora, hijos míos, escúchenme,
  pues todos los que siguen mis caminos
    son felices.
³³ Escuchen mi instrucción y sean sabios;
  no la pasen por alto.
³⁴ ¡Alegres son los que me escuchan,
  y están atentos a mis puertas día tras día,
  y me esperan afuera de mi casa!
³⁵ Pues todo el que me encuentra, halla la vida
  y recibe el favor del Señor.
³⁶ Pero el que no me encuentra se perjudica
    a sí mismo.
  Todos los que me odian aman la muerte».

9 ¹ La Sabiduría edificó su casa,
  labró sus siete pilares.
² Preparó un gran banquete,
  mezcló los vinos y puso la mesa.
³ Envió a sus sirvientes para que invitaran a
    todo el mundo.
  Ahora convoca desde el lugar más alto con
    vista a la ciudad:
⁴ «Entren conmigo», clama a los ingenuos.
  Y a quienes les falta buen juicio, les dice:
⁵ «Vengan, disfruten mi comida
  y beban el vino que he mezclado.
⁶ Dejen atrás sus caminos de ingenuidad y
    empiecen a vivir;
  aprendan a usar el buen juicio».

⁷ El que reprende a un burlón recibirá un
    insulto a cambio;
  el que corrige al perverso saldrá herido.
⁸ Por lo tanto, no te molestes en corregir a
    los burlones;
  solo ganarás su odio.
  En cambio, corrige a los sabios
  y te amarán.

8:16 Algunos manuscritos hebreos y la versión griega dicen *y los nobles son jueces sobre la tierra.*

⁹ Instruye a los sabios,
    y se volverán aún más sabios.
Enseña a los justos,
    y aprenderán aún más.

¹⁰ El temor del Señor es la base de la sabiduría.
    Conocer al Santo da por resultado el buen
    juicio.

¹¹ La sabiduría multiplicará tus días
    y dará más años a tu vida.

¹² Si te haces sabio, serás tú quien se beneficie.
    Si desprecias la sabiduría, serás tú quien
    sufra.

Llamado de la Necedad

¹³ La mujer llamada Necedad es una atrevida
    y aunque no se da cuenta es una ignorante.

¹⁴ Se sienta a la entrada de su casa,
    en el lugar más alto con vista a la ciudad.

¹⁵ Llama a los hombres que pasan por ahí,
    ocupados en sus propios asuntos.

¹⁶ «Entren conmigo», les dice a los ingenuos.
    Y a los que les falta buen juicio, les dice:

¹⁷ «¡El agua robada es refrescante,
    lo que se come a escondidas es más
    sabroso!».

¹⁸ Pero lo que menos se imaginan es que allí
    están los muertos.
    Sus invitados están en lo profundo de
    la tumba.*

Proverbios de Salomón

10 Los proverbios de Salomón:

Un hijo sabio trae alegría a su padre;
    un hijo necio trae dolor a su madre.

² Las riquezas mal habidas no tienen ningún
    valor duradero;
    pero vivir debidamente puede salvar
    tu vida.

³ El Señor no dejará que el justo pase hambre,
    pero se niega a satisfacer los antojos del
    perverso.

⁴ Los perezosos pronto se empobrecen;
    los que se esfuerzan en su trabajo se hacen
    ricos.

⁵ El joven sabio cosecha en el verano,
    pero el que se duerme durante la siega es
    una vergüenza.

⁶ Los justos se llenan de bendiciones;
    las palabras de los perversos encubren
    intenciones violentas.

⁷ Tenemos buenos recuerdos de los justos,
    pero el nombre del perverso se pudre.

⁸ El sabio con gusto recibe instrucción,
    pero el necio que habla hasta por los codos
    caerá de narices.

⁹ Las personas con integridad caminan seguras,
    pero las que toman caminos torcidos
    tropezarán y caerán.

¹⁰ Quien guiña el ojo aprobando la maldad,
    causa problemas,
    pero una reprensión firme promueve la paz.*

¹¹ Las palabras de los justos son como una
    fuente que da vida;
    las palabras de los perversos encubren
    intenciones violentas.

¹² El odio provoca peleas,
    pero el amor cubre todas las ofensas.

¹³ Las palabras sabias provienen de los labios
    de la gente con entendimiento,
    pero a los que les falta sentido común,
    serán castigados con vara.

¹⁴ Las personas sabias atesoran el conocimiento,
    pero el hablar por hablar del necio invita al
    desastre.

¹⁵ La riqueza del rico es su fortaleza,
    la pobreza del pobre es su ruina.

¹⁶ Las ganancias de los justos realzan sus vidas,
    pero la gente malvada derrocha su dinero
    en el pecado.

¹⁷ Los que aceptan la disciplina van por el
    camino que lleva a la vida,
    pero los que no hacen caso a la corrección
    se descarriarán.

¹⁸ Encubrir el odio te hace un mentiroso;
    difamar a otros te hace un necio.

¹⁹ Hablar demasiado conduce al pecado.
    Sé prudente y mantén la boca cerrada.

²⁰ Las palabras del justo son como la plata
    refinada;
    el corazón del necio no vale nada.

²¹ Las palabras del justo animan a muchos,
    pero a los necios los destruye su falta de
    sentido común.

²² La bendición del Señor enriquece a una
    persona
    y él no añade ninguna tristeza.

²³ Al necio le divierte hacer el mal,
    pero al sensato le da placer vivir sabiamente.

²⁴ Los temores del perverso se cumplirán;
    las esperanzas del justo se concederán.

²⁵ Cuando lleguen las tormentas de la vida,
    arrasarán con los perversos;
    pero los justos tienen un cimiento eterno.

²⁶ Los perezosos irritan a sus patrones,
    como el vinagre a los dientes o el humo a
    los ojos.

9:18 En hebreo *en el Seol.*   **10:10** Como en la versión griega; la versión hebrea dice *pero el necio que habla hasta por los codos caerá
de narices.*

27 El temor del Señor prolonga la vida,
   pero los años de los perversos serán
   truncados.

28 Las esperanzas del justo traen felicidad,
   pero las expectativas de los perversos no
   resultan en nada.

29 El camino del Señor es una fortaleza para
   los que andan en integridad,
   pero destruye a los que hacen maldad.

30 Los justos nunca serán perturbados,
   pero los perversos serán quitados de
   la tierra.

31 La boca del justo da sabios consejos,
   pero la lengua engañosa será cortada.

32 Los labios del justo hablan palabras
   provechosas,
   pero la boca de los malvados habla
   perversidad.

11 1 El Señor detesta el uso de las balanzas
      adulteradas,
      pero se deleita en pesas exactas.

2 El orgullo lleva a la deshonra,
   pero con la humildad viene la sabiduría.

3 La honestidad guía a la gente buena;
   la deshonestidad destruye a los
   traicioneros.

4 Las riquezas no servirán para nada en el día
   del juicio,
   pero la vida recta puede salvarte de la
   muerte.

5 La honestidad dirige los pasos de los justos;
   los perversos caen bajo el peso de su
   pecado.

6 La justicia rescata a las personas buenas;
   los traidores quedan atrapados por su
   propia ambición.

7 Cuando los perversos mueren, sus esperanzas
   mueren con ellos,
   porque confían en sus propias y deficientes
   fuerzas.

8 Los justos son rescatados de dificultades,
   y estas caen sobre los perversos.

9 Los que no tienen a Dios destruyen a sus
   amigos con sus palabras,
   pero el conocimiento rescatará a
   los justos.

10 Toda la ciudad festeja cuando el justo triunfa;
   grita de alegría cuando el perverso muere.

11 Los ciudadanos íntegros son de beneficio
   para la ciudad y la hacen prosperar,
   pero las palabras de los perversos la
   destruyen.

12 Es necio denigrar al vecino;
   una persona sensata guarda silencio.

13 El chismoso anda contando secretos;
   pero los que son dignos de confianza
   saben guardar una confidencia.

14 Sin liderazgo sabio, la nación se hunde;
   la seguridad está en tener muchos
   consejeros.

15 Es peligroso dar garantía por la deuda de
   un desconocido;
   es más seguro no ser fiador de nadie.

16 La mujer bondadosa se gana el respeto,
   pero los hombres despiadados solo ganan
   riquezas.

17 Tu bondad te recompensará,
   pero tu crueldad te destruirá.

18 Los malvados se enriquecen temporalmente,
   pero la recompensa de los justos
   permanecerá.

19 Los justos encuentran la vida;
   los malvados hallan la muerte.

20 El Señor detesta a los de corazón retorcido,
   pero se deleita en los que tienen
   integridad.

21 Los malvados seguramente recibirán
   castigo,
   pero los hijos de los justos serán liberados.

22 Una mujer hermosa sin discreción
   es como un anillo de oro en el hocico de
   un cerdo.

23 Los justos pueden esperar una recompensa,
   mientras que a los perversos solo les
   espera juicio.

24 Da con generosidad y serás más rico;
   sé tacaño y lo perderás todo.

25 El generoso prosperará,
   y el que reanima a otros será reanimado.

26 La gente maldice a los que acaparan el grano,
   pero bendice al que lo vende en tiempo
   de necesidad.

27 Si buscas el bien, hallarás favor;
   pero si buscas el mal, ¡el mal te encontrará!

28 El que confía en su dinero, se hundirá,
   pero los justos reverdecen como las hojas
   en primavera.

29 Los que traen problemas a su familia heredan
   el viento.
   El necio será sirviente del sabio.

30 La semilla de las buenas acciones se
   transforma en un árbol de vida;
   una persona sabia gana amigos.*

11:30 O *el que gana almas es sabio.*

31 Si los justos reciben su recompensa aquí en
la tierra,
¡cuánto más los pecadores perversos!*

12 1 Para aprender, hay que amar la disciplina;
es tonto despreciar la corrección.

2 El SEÑOR aprueba a los que son buenos,
pero condena a quienes traman el mal.

3 La perversidad nunca produce estabilidad,
pero los justos tienen raíces profundas.

4 Una esposa digna es una corona para su
marido,
pero la desvergonzada es como cáncer a
sus huesos.

5 Los planes de los rectos son justos,
pero el consejo de los perversos es
traicionero.

6 Las palabras de los perversos son como una
emboscada mortal,
pero las palabras de los justos salvan vidas.

7 Los perversos mueren y no dejan rastro,
mientras que la familia de los justos
permanece firme.

8 La persona sensata gana admiración,
pero la persona con la mente retorcida
recibe desprecio.

9 Más vale ser una persona común con
sirvientes,
que darse aires de grandeza y no tener
para comer.

10 Los justos cuidan de sus animales,
pero los perversos siempre son crueles.

11 El que se esfuerza en su trabajo tiene comida
en abundancia,
pero el que persigue fantasías no tiene
sentido común.

12 Cada ladrón envidia el botín del otro,
pero los justos están bien arraigados y dan
su propio fruto.

13 Los perversos quedan atrapados por sus
propias palabras,
pero los justos escapan de semejante
enredo.

14 Las palabras sabias producen muchos
beneficios,
y el arduo trabajo trae recompensas.

15 Los necios creen que su propio camino es
el correcto,
pero los sabios prestan atención a otros.

16 Un necio se enoja enseguida,
pero una persona sabia mantiene la calma
cuando la insultan.

17 Un testigo honrado dice la verdad,
un testigo falso dice mentiras.

18 Algunas personas hacen comentarios
hirientes,
pero las palabras del sabio traen alivio.

19 Las palabras veraces soportan la prueba
del tiempo,
pero las mentiras pronto se descubren.

20 El corazón que trama el mal está lleno de
engaño;
¡el corazón que procura la paz rebosa
de alegría!

21 Nada malo le sucederá a los justos,
pero los perversos se llenarán de
dificultades.

22 El SEÑOR detesta los labios mentirosos,
pero se deleita en los que dicen la
verdad.

23 Los sabios no hacen alarde de sus
conocimientos,
pero los necios hacen pública su necedad.

24 Trabaja duro y serás un líder;
sé un flojo y serás un esclavo.

25 La preocupación agobia a la persona;
una palabra de aliento la anima.

26 Los justos dan buenos consejos a sus
amigos,*
los perversos los llevan por mal camino.

27 Los perezosos ni siquiera cocinan la presa
que han atrapado,
pero los diligentes aprovechan todo lo
que encuentran.

28 El camino de los justos conduce a la vida;
ese rumbo no lleva a la muerte.

13 1 El hijo sabio acepta la disciplina de sus
padres;*
el burlón se niega a escuchar la corrección.

2 Con palabras sabias te conseguirás una buena
comida,
pero la gente traicionera tiene hambre de
violencia.

3 Los que controlan su lengua tendrán una
larga vida;
el abrir la boca puede arruinarlo todo.

4 Los perezosos ambicionan mucho y obtienen
poco,
pero los que trabajan con esmero
prosperarán.

5 Los justos odian las mentiras;
los perversos son motivo de vergüenza y
deshonra.

11:31 La versión griega dice *Si los justos apenas se salvan / ¿qué será de los pecadores impíos?* Comparar 1 P 4:18.   **12:26** O *Los justos son cautelosos en la amistad,* o *Los justos son librados del mal.* El significado del hebreo es incierto.   **13:1** En hebreo *Un hijo sabio acepta la disciplina de su padre.*

⁶ La justicia protege el camino del intachable,
   pero el pecado engaña a los malvados.

⁷ Hay quienes son pobres y se hacen pasar
   por ricos;
   hay otros que, siendo ricos, se hacen pasar
   por pobres.

⁸ El rico puede pagar rescate por su vida,
   pero al pobre ni siquiera lo amenazan.

⁹ La vida del justo está llena de luz y de
   alegría,
   pero la luz del pecador se apagará.

¹⁰ El orgullo lleva a conflictos;
   los que siguen el consejo son sabios.

¹¹ La riqueza lograda de la noche a la mañana
   pronto desaparece;
   pero la que es fruto del arduo trabajo
   aumenta con el tiempo.

¹² La esperanza postergada aflige al corazón,
   pero un sueño cumplido es un árbol
   de vida.

¹³ Los que desprecian el consejo buscan
   problemas;
   los que respetan un mandato tendrán
   éxito.

¹⁴ La instrucción de los sabios es como una
   fuente que da vida;
   los que la aceptan evitan las trampas de
   la muerte.

¹⁵ Una persona de buen juicio es respetada;
   una persona traicionera va directo a la
   destrucción.*

¹⁶ Las personas sabias piensan antes de actuar;
   los necios no lo hacen y hasta se jactan de
   su necedad.

¹⁷ El mensajero no confiable cae en problemas,
   pero el mensajero fiel trae alivio.

¹⁸ Si desprecias la crítica constructiva, acabarás
   en pobreza y deshonra;
   si aceptas la corrección, recibirás honra.

¹⁹ Es agradable ver que los sueños se hacen
   realidad,
   pero los necios se niegan a abandonar el
   mal para alcanzarlos.

²⁰ Camina con sabios y te harás sabio;
   júntate con necios y te meterás en
   dificultades.

²¹ Los problemas persiguen a los pecadores,
   mientras que las bendiciones recompensan
   a los justos.

²² La gente buena deja una herencia a sus
   nietos,
   pero la riqueza de los pecadores pasa a
   manos de los justos.

²³ La granja del pobre puede que produzca
   mucho alimento,
   pero la injusticia arrasa con todo.

²⁴ Quienes no emplean la vara de disciplina
   odian a sus hijos.
   Los que en verdad aman a sus hijos se
   preocupan lo suficiente para
   disciplinarlos.

²⁵ Los justos comen hasta quedar bien
   satisfechos,
   pero el estómago de los perversos quedará
   vacío.

14

¹ La mujer sabia edifica su hogar,
   pero la necia con sus propias manos
   lo destruye.

² Los que siguen el buen camino temen al
   Señor;
   los que van por mal camino lo desprecian.

³ Las palabras arrogantes del necio se
   convierten en una vara que lo golpea,
   pero las palabras de los sabios los
   protegen.

⁴ Sin bueyes un establo se mantiene limpio,
   pero se necesita un buey fuerte para una
   gran cosecha.

⁵ El testigo honrado no miente;
   el testigo falso respira mentiras.

⁶ El burlón busca la sabiduría y nunca la
   encuentra,
   pero para el entendido, el conocimiento
   es cosa fácil.

⁷ No te acerques a los necios,
   porque no encontrarás conocimiento en
   sus labios.

⁸ Los prudentes saben a dónde van,
   en cambio, los necios se engañan a
   sí mismos.

⁹ Los necios se burlan de la culpa,
   pero los justos la reconocen y buscan la
   reconciliación.

¹⁰ Cada corazón conoce su propia amargura,
   y nadie más puede compartir totalmente
   su alegría.

¹¹ La casa de los perversos será destruida,
   pero la humilde morada de los justos
   prosperará.

¹² Delante de cada persona hay un camino que
   parece correcto,
   pero termina en muerte.

¹³ La risa puede ocultar un corazón afligido,
   pero cuando la risa termina, el dolor
   permanece.

13:15 Así aparece en la versión griega; en hebreo dice *el camino del traidor es duradero.*

¹⁴ Los descarriados reciben su merecido;
la gente buena recibe su recompensa.

¹⁵ ¡Solo los simplones creen todo lo que se
les dice!
Los prudentes examinan cuidadosamente
sus pasos.

¹⁶ Los sabios son precavidos* y evitan el peligro;
los necios, confiados en sí mismos, se
precipitan con imprudencia.

¹⁷ Los que se enojan fácilmente cometen locuras,
y los que maquinan maldad son odiados.

¹⁸ Los simplones están vestidos de necedad,*
pero los prudentes son coronados de
conocimiento.

¹⁹ Los malvados se inclinarán ante los buenos;
los perversos harán reverencia a las puertas
de los justos.

²⁰ A los pobres hasta sus vecinos los desprecian,
mientras que a los ricos les sobran
«amigos».

²¹ Denigrar al prójimo es pecado;
benditos los que ayudan a los pobres.

²² Si te propones hacer el mal, te perderás;
si te propones hacer el bien recibirás amor
inagotable y fidelidad.

²³ El trabajo trae ganancias,
¡pero el solo hablar lleva a la pobreza!

²⁴ La riqueza es una corona para los sabios;
el esfuerzo de los necios solo produce
necedad.

²⁵ El testigo veraz salva vidas,
pero el testigo falso es un traidor.

²⁶ Los que temen al SEÑOR están seguros;
él será un refugio para sus hijos.

²⁷ El temor del SEÑOR es fuente que da vida,
ofrece un escape de las trampas de la
muerte.

²⁸ Una población que crece es la gloria del rey;
un príncipe sin súbditos no tiene nada.

²⁹ Los que tienen entendimiento no pierden los
estribos;
los que se enojan fácilmente demuestran
gran necedad.

³⁰ La paz en el corazón da salud al cuerpo;
los celos son como cáncer en los huesos.

³¹ Quienes oprimen a los pobres insultan a su
Creador,
pero quienes los ayudan lo honran.

³² Los perversos son aplastados por el desastre,
pero los justos tienen un refugio cuando
mueren.

³³ La sabiduría es venerada en el corazón
comprensivo;
la sabiduría no* se encuentra entre los
necios.

³⁴ La justicia engrandece a la nación,
pero el pecado es la deshonra de cualquier
pueblo.

³⁵ El rey se alegra de los siervos sabios,
pero se enoja con aquellos que lo
avergüenzan.

15 ¹ La respuesta apacible desvía el enojo,
pero las palabras ásperas encienden
los ánimos.

² La lengua de los sabios hace que el
conocimiento sea atractivo,
pero la boca de un necio escupe tonterías.

³ Los ojos del SEÑOR están en todo lugar,
vigilando tanto a los malos como a los
buenos.

⁴ Las palabras suaves son un árbol de vida;
la lengua engañosa destruye el espíritu.

⁵ Solo un necio desprecia la disciplina de
sus padres;*
el que aprende de la corrección es sabio.

⁶ En la casa del justo hay tesoros,
pero las ganancias del perverso le acarrean
dificultades.

⁷ Los labios del sabio dan buenos consejos;
el corazón del necio no tiene nada para
ofrecer.

⁸ El SEÑOR detesta el sacrificio de los perversos,
pero se deleita con las oraciones de los
íntegros.

⁹ El SEÑOR detesta el camino de los perversos,
pero ama a quienes siguen la justicia.

¹⁰ El que abandona el buen camino será
severamente disciplinado;
el que odia la corrección morirá.

¹¹ Ni la Muerte ni la Destrucción* ocultan
secretos al SEÑOR,
¡mucho menos el corazón humano!

¹² Los burlones odian ser corregidos,
por eso se alejan de los sabios.

¹³ El corazón contento alegra el rostro;
el corazón quebrantado destruye el
espíritu.

¹⁴ El sabio tiene hambre de conocimiento,
mientras que el necio se alimenta de basura.

¹⁵ Para el abatido, cada día acarrea dificultades;
para el de corazón feliz, la vida es un
banquete continuo.

14:16 En hebreo *Los sabios temen.* 14:18 O *heredan necedad.* 14:33 Así aparece en la versión griega y en la siríaca; el hebreo no incluye el *no.* 15:5 En hebreo *de su padre.* 15:11 En hebreo *el Seol y el Abadón.*

¹⁶ Más vale tener poco, con el temor del Señor,
que tener grandes tesoros y vivir llenos
de angustia.

¹⁷ Un plato de verduras con alguien que
amas
es mejor que carne asada con alguien
que odias.

¹⁸ El que pierde los estribos con facilidad
provoca peleas;
el que se mantiene sereno, las detiene.

¹⁹ El camino de los perezosos está obstruido
por espinas,
pero la senda de los íntegros es una
carretera despejada.

²⁰ Los hijos sensatos traen alegría a su padre;
los hijos necios desprecian a su madre.

²¹ La necedad alegra a los que les falta juicio;
la persona sensata permanece en el buen
camino.

²² Los planes fracasan por falta de consejo;
muchos consejeros traen éxito.

²³ A todo el mundo le gusta una respuesta
apropiada;
¡es hermoso decir lo correcto en el
momento oportuno!

²⁴ Para los sabios, el camino de la vida avanza
hacia arriba;
ellos dejan la tumba* atrás.

²⁵ El Señor derriba la casa de los orgullosos,
pero protege la propiedad de las viudas.

²⁶ El Señor detesta los planes perversos,
pero se deleita en las palabras puras.

²⁷ El avaro causa mucho dolor a toda la
familia,
pero los que odian el soborno vivirán.

²⁸ El corazón del justo piensa bien antes de
hablar;
la boca de los perversos rebosa de palabras
malvadas.

²⁹ El Señor está lejos de los perversos,
pero oye las oraciones de los justos.

³⁰ Una mirada alegre trae gozo al corazón;
las buenas noticias contribuyen a la
buena salud.

³¹ Si escuchas la crítica constructiva,
te sentirás en casa entre los sabios.

³² Si rechazas la disciplina, solo te harás daño a
ti mismo,
pero si escuchas la corrección, crecerás en
entendimiento.

³³ El temor del Señor enseña sabiduría;
la humildad precede a la honra.

15:24 En hebreo *el Seol.*

16

¹ Podemos hacer nuestros propios planes,
pero la respuesta correcta viene del
Señor.

² La gente puede considerarse pura según su
propia opinión,
pero el Señor examina sus intenciones.

³ Pon todo lo que hagas en manos del Señor,
y tus planes tendrán éxito.

⁴ El Señor ha hecho todo para sus propios
propósitos,
incluso al perverso para el día de la
calamidad.

⁵ El Señor detesta a los orgullosos.
Ciertamente recibirán su castigo.

⁶ Con amor inagotable y fidelidad se perdona
el pecado.
Con el temor del Señor el mal se evita.

⁷ Cuando la vida de alguien agrada al Señor,
hasta sus enemigos están en paz con él.

⁸ Es mejor tener poco con justicia,
que ser rico y deshonesto.

⁹ Podemos hacer nuestros planes,
pero el Señor determina nuestros pasos.

¹⁰ El rey habla con sabiduría divina;
nunca debe juzgar injustamente.

¹¹ El Señor exige el uso de pesas y balanzas
exactas,
él es quien fija los parámetros de la justicia.

¹² El rey detesta las fechorías,
porque su gobierno se basa en la justicia.

¹³ El rey se complace en las palabras de labios
justos;
ama a quienes hablan con la verdad.

¹⁴ El enojo del rey es amenaza de muerte;
el sabio tratará de aplacarlo.

¹⁵ Cuando el rey sonríe, hay vida;
su favor refresca como lluvia de primavera.

¹⁶ ¡Cuánto mejor es adquirir sabiduría
que oro,
y el buen juicio que la plata!

¹⁷ El camino de los íntegros lleva lejos
del mal;
quien lo siga estará a salvo.

¹⁸ El orgullo va delante de la destrucción,
y la arrogancia antes de la caída.

¹⁹ Es mejor vivir humildemente con los pobres,
que compartir el botín con los orgullosos.

²⁰ Los que están atentos a la instrucción
prosperarán;
los que confían en el Señor se llenarán
de gozo.

21 Los sabios son conocidos por su
   entendimiento,
   y las palabras agradables son persuasivas.

22 La discreción es fuente que da vida para
    quienes la poseen,
    pero la disciplina se desperdicia en
    los necios.

23 De una mente sabia provienen palabras
    sabias;
    las palabras de los sabios son persuasivas.

24 Las palabras amables son como la miel:
    dulces al alma y saludables para el cuerpo.

25 Delante de cada persona hay un camino que
    parece correcto,
    pero termina en muerte.

26 Es bueno que los trabajadores tengan hambre;
    el estómago vacío los motiva a seguir su
    labor.

27 Los sinvergüenzas crean problemas;
    sus palabras son un fuego destructor.

28 El alborotador siembra conflictos;
    el chisme separa a los mejores amigos.

29 Los violentos engañan a sus compañeros,
    los llevan por un camino peligroso.

30 Con los ojos entrecerrados se trama el mal;
    con una sonrisita se planean las maldades.

31 Las canas son una corona de gloria
    que se obtiene por llevar una vida justa.

32 Mejor es ser paciente que poderoso;
    más vale tener control propio que
    conquistar una ciudad.

33 Podremos tirar los dados,*
    pero el SEÑOR decide cómo caen.

17

1 Mejor comer pan duro donde reina
   la paz,
   que vivir en una casa llena de banquetes
   donde hay peleas.

2 El sirviente sabio gobernará sobre el hijo
   sinvergüenza de su amo
   y compartirá la herencia con los demás
   hijos.

3 El fuego prueba la pureza del oro y de la plata,
   pero el SEÑOR prueba el corazón.

4 Los malhechores están ansiosos por escuchar
   el chisme;
   los mentirosos prestan suma atención a la
   calumnia.

5 Los que se burlan del pobre insultan a su
   Creador;
   los que se alegran de la desgracia de otros
   serán castigados.

6 Los nietos son la corona de gloria de los
   ancianos;
   los padres* son el orgullo de sus hijos.

7 Las palabras elocuentes no son apropiadas
   para el necio;
   mucho menos las mentiras para el
   gobernante.

8 El soborno es como tener un amuleto de
   la suerte;
   ¡el que lo da, prospera!

9 Cuando se perdona una falta, el amor
   florece,
   pero mantenerla presente separa a los
   amigos íntimos.

10 Es más efectivo un solo regaño al que tiene
    entendimiento
    que cien latigazos en la espalda del necio.

11 Los malvados están ansiosos por rebelarse,
    pero serán severamente castigados.

12 Es menos peligroso toparse con una osa a
    la que le han robado sus crías
    que enfrentar a un necio en plena
    necedad.

13 Si pagas mal por bien,
    el mal nunca se irá de tu casa.

14 Comenzar una pelea es como abrir las
    compuertas de una represa,
    así que detente antes de que estalle la
    disputa.

15 Absolver al culpable y condenar al inocente
    son dos actos que el SEÑOR detesta.

16 Es absurdo pagar por la educación de un
    necio,
    puesto que no tiene deseos de aprender.

17 Un amigo es siempre leal,
    y un hermano nace para ayudar en tiempo
    de necesidad.

18 Es una insensatez dar garantía por la deuda
    de otro
    o ser fiador de un amigo.

19 Al que le gusta pelear, le gusta pecar;
    el que confía en sus altas murallas invita
    al desastre.

20 El corazón retorcido no prosperará;
    la lengua mentirosa cae en problemas.

21 Los padres de un necio sufren;
    no hay alegría para el padre de un rebelde.

22 El corazón alegre es una buena medicina,
    pero el espíritu quebrantado consume las
    fuerzas.

23 Los perversos aceptan sobornos a escondidas
    para pervertir el curso de la justicia.

16:33 En hebreo *Podremos echar suertes.*   **17:6** En hebreo esta palabra se refiere solo a los hombres.

²⁴ Los sensatos mantienen sus ojos en la
   sabiduría,
   pero los ojos del necio vagan por los
   confines de la tierra.

²⁵ Los hijos necios traen* dolor a su padre
   y amargura a la que los dio a luz.

²⁶ Está mal castigar al justo por ser bueno
   o azotar a los líderes por ser honestos.

²⁷ El verdadero sabio emplea pocas palabras;
   la persona con entendimiento es serena.

²⁸ Hasta los necios pasan por sabios si
   permanecen callados;
   parecen inteligentes cuando mantienen
   la boca cerrada.

18

¹ La gente poco amistosa solo se preocupa
   de sí misma;
   se opone al sentido común.

² A los necios no les interesa tener
   entendimiento;
   solo quieren expresar sus propias
   opiniones.

³ Hacer el mal resulta en la vergüenza,
   y la conducta escandalosa trae desprecio.

⁴ Las palabras sabias son como aguas
   profundas;
   la sabiduría fluye del sabio como un arroyo
   burbujeante.

⁵ No es correcto absolver al culpable
   o negarle la justicia al inocente.

⁶ Con sus palabras, los necios se meten
   continuamente en pleitos;
   van en busca de una paliza.

⁷ La boca de los necios es su ruina;
   quedan atrapados por sus labios.

⁸ Los rumores son deliciosos bocaditos
   que penetran en lo profundo del
   corazón.

⁹ El perezoso es tan malo
   como el que destruye cosas.

¹⁰ El nombre del Señor es una fortaleza firme;
   los justos corren a él y quedan a salvo.

¹¹ Los ricos piensan que su riqueza es una gran
   defensa;
   imaginan que es una muralla alta y segura.

¹² La arrogancia va delante de la destrucción;
   la humildad precede al honor.

¹³ Precipitarse a responder antes de escuchar
   los hechos
   es a la vez necio y vergonzoso.

¹⁴ El espíritu humano puede soportar un cuerpo
   enfermo,
   ¿pero quién podrá sobrellevar un espíritu
   destrozado?

¹⁵ Las personas inteligentes están siempre
   dispuestas a aprender;
   tienen los oídos abiertos al conocimiento.

¹⁶ Ofrecer un regalo puede abrir puertas;
   ¡es una vía de acceso a la gente importante!

¹⁷ El primero que habla en la corte parece tener
   la razón,
   hasta que comienza el interrogatorio.

¹⁸ Tirar una moneda* puede acabar con la
   disputa;
   resuelve los desacuerdos entre grandes
   oponentes.

¹⁹ Un amigo ofendido es más difícil de
   recuperar que una ciudad fortificada.
   Las disputas separan a los amigos como
   un portón cerrado con rejas.

²⁰ Las palabras sabias satisfacen igual que una
   buena comida;
   las palabras acertadas traen satisfacción.

²¹ La lengua puede traer vida o muerte;
   los que hablan mucho cosecharán las
   consecuencias.

²² El hombre que halla esposa encuentra
   un tesoro,
   y recibe el favor del Señor.

²³ El pobre ruega misericordia;
   el rico responde con insultos.

²⁴ Hay quienes parecen amigos pero se
   destruyen unos a otros;
   el amigo verdadero se mantiene más leal
   que un hermano.

19

¹ Es mejor ser pobre y honesto,
   que deshonesto y necio.

² El entusiasmo sin conocimiento no vale nada;
   la prisa produce errores.

³ La gente arruina su vida por su propia
   necedad,
   y después se enoja con el Señor.

⁴ Las riquezas atraen muchos amigos;
   la pobreza los aleja a todos.

⁵ El testigo falso no quedará sin castigo;
   el mentiroso tampoco escapará.

⁶ Son muchos los que buscan favores del
   gobernante;
   ¡todos son amigos del que da regalos!

⁷ Los parientes del pobre lo desprecian;
   ¡cuánto más lo evitarán sus amigos!
   Por más que el pobre les ruegue,
   los amigos ya no están.

17:25 En hebreo *Un hijo necio trae.*   18:18 En hebreo *Echar suertes.*

⁸ Adquirir sabiduría es amarse a uno mismo;
  los que atesoran el entendimiento
  prosperarán.

⁹ El testigo falso no quedará sin castigo,
  y el mentiroso será destruido.

¹⁰ ¡No es correcto que un necio viva rodeado
  de lujos
  ni que un esclavo gobierne sobre príncipes!

¹¹ Las personas sensatas no pierden los
  estribos;
  se ganan el respeto pasando por alto las
  ofensas.

¹² El enojo del rey es como el rugido del león,
  pero su favor es como el rocío sobre
  el pasto.

¹³ El hijo necio es una calamidad para su padre;
  una esposa que busca pleitos es tan molesta
  como una gotera continua.

¹⁴ Los padres* pueden dar en herencia a sus
  hijos casa y fortuna,
  pero solo el Señor puede dar una esposa
  comprensiva.

¹⁵ Los perezosos duermen profundamente,
  pero su ocio los deja con hambre.

¹⁶ Guarda los mandamientos y guardarás
  tu vida;
  despreciarlos te llevará a la muerte.

¹⁷ Si ayudas al pobre, le prestas al Señor,
  ¡y él te lo pagará!

¹⁸ Disciplina a tus hijos mientras haya
  esperanza;
  de lo contrario, arruinarás sus vidas.

¹⁹ Los que pierden los estribos con facilidad
  tendrán que sufrir las consecuencias.
  Si los proteges de ellas una vez, tendrás
  que volver a hacerlo.

²⁰ Consigue todo el consejo y la instrucción
  que puedas,
  para que seas sabio por el resto de tu vida.

²¹ Puedes hacer todos los planes que quieras,
  pero el propósito del Señor prevalecerá.

²² Lo que hace atractiva a una persona es su
  lealtad.
  Es mejor ser pobre que deshonesto.

²³ El temor del Señor conduce a la vida;
  da seguridad y protección contra cualquier
  daño.

²⁴ Los perezosos toman la comida en la mano,
  pero ni siquiera se la llevan a la boca.

²⁵ Si castigas al burlón, los ingenuos aprenderán
  una lección;
  si corriges al sabio, será aún más sabio.

²⁶ Los hijos que maltratan a su padre o echan
  fuera a su madre
  son una deshonra pública y una vergüenza.

²⁷ Hijo mío, si dejas de escuchar la instrucción,
  le darás la espalda al conocimiento.

²⁸ Un testigo corrupto ridiculiza la justicia;
  la boca del perverso se traga de golpe la
  maldad.

²⁹ El castigo está hecho para los burlones,
  y la espalda de los necios, para recibir
  golpes.

20 ¹ El vino produce burlones; la bebida
  alcohólica lleva a la pelea.
  Los que se dejan llevar por la bebida, no
  pueden ser sabios.

² La furia del rey es como el rugido del león;
  quien provoca su enojo, pone en peligro
  su vida.

³ Evitar la pelea es una señal de honor;
  solo los necios insisten en pelear.

⁴ Los que por pereza no aran en la temporada
  correspondiente
  no tendrán alimento en la cosecha.

⁵ Aunque el buen consejo esté en lo profundo
  del corazón,
  la persona con entendimiento lo extraerá.

⁶ Muchos se dicen ser amigos fieles,
  ¿pero quién podrá encontrar uno realmente
  digno de confianza?

⁷ Los justos caminan con integridad;
  benditos son los hijos que siguen sus pasos.

⁸ Cuando el rey se sienta a juzgar en el tribunal,
  analiza todas las pruebas,
  y separa lo malo de lo bueno.

⁹ ¿Quién puede decir: «He limpiado mi
  corazón;
  soy puro y estoy libre de pecado»?

¹⁰ El Señor detesta las pesas falsas y las medidas
  engañosas;*
  al igual que cualquier tipo de engaño.

¹¹ Aun a los niños se les conoce por su modo
  de actuar,
  si su conducta es o no pura y recta.

¹² Los oídos para oír y los ojos para ver;
  ambos son regalos del Señor.

¹³ Si te encanta dormir terminarás en la
  pobreza.
  ¡Mantén los ojos abiertos y tendrás comida
  en abundancia!

¹⁴ El comprador regatea el precio diciendo:
  «Esto no vale nada»,
  ¡y después se jacta por una buena compra!

19:14 En hebreo esta palabra se refiere solo a los hombres.   **20:10** En hebreo *una piedra y una piedra, un efa y un efa.*

15 Las palabras sabias son más valiosas
    que mucho oro y multitud de rubíes.

16 Al que salga fiador por la deuda de un
    desconocido, pídele una garantía.
    Exígele un depósito como garantía si
    lo hace por extranjeros.*

17 El pan robado tiene un sabor dulce,
    pero se transforma en arena dentro de
    la boca.

18 Con buenos consejos los planes tienen éxito;
    no entres en guerra sin consejos sabios.

19 El chismoso anda por ahí ventilando secretos,
    así que no andes con los que hablan
    de más.

20 Si insultas a tu padre o a tu madre,
    se apagará tu luz en la más densa
    oscuridad.

21 Una herencia que se obtiene demasiado
    temprano en la vida
    al final no es de bendición.

22 No digas: «Me voy a vengar de este mal»;
    espera a que el Señor se ocupe del asunto.

23 El Señor detesta el engaño;
    no le agradan las balanzas adulteradas.

24 El Señor dirige nuestros pasos,
    entonces, ¿por qué tratar de entender todo
    lo que pasa?

25 No te acorrales al hacer una promesa
    apresurada a Dios
    y calcular el costo después.

26 El rey sabio esparce a los perversos como
    trigo,
    y luego los atropella con su rueda de trillar.

27 La luz del Señor penetra el espíritu humano*
    y pone al descubierto cada intención
    oculta.

28 El amor inagotable y la fidelidad protegen
    al rey;
    su trono se afianza por medio de su amor.

29 La gloria de los jóvenes es su fuerza;
    las canas de la experiencia son el esplendor
    de los ancianos.

30 El castigo físico limpia la maldad;*
    semejante disciplina purifica el corazón.

21

1 El corazón del rey es como un arroyo
    dirigido por el Señor,
    quien lo guía por donde él quiere.

2 La gente puede considerarse en lo correcto
    según su propia opinión,
    pero el Señor examina el corazón.

3 Al Señor le agrada más cuando hacemos lo
    que es correcto y justo
    que cuando le ofrecemos sacrificios.

4 Los ojos arrogantes, el corazón orgulloso,
    y las malas acciones, son pecado.

5 Los planes bien pensados y el arduo trabajo
    llevan a la prosperidad,
    pero los atajos tomados a la carrera
    conducen a la pobreza.

6 La riqueza fruto de una lengua mentirosa
    es una neblina que se esfuma y una trampa
    mortal.*

7 La violencia de los perversos arrasará con
    ellos,
    porque se niegan a hacer lo que es justo.

8 El culpable camina por un sendero torcido;
    el inocente anda por un camino recto.

9 Es mejor vivir solo en un rincón de la azotea
    que en una casa preciosa con una esposa
    que busca pleitos.

10 Los malvados desean el mal;
    no muestran compasión a sus vecinos.

11 Si castigas al burlón, los ingenuos llegan a
    ser sabios;
    si instruyes al sabio será aún más sabio.

12 El Justo* sabe lo que ocurre en el hogar de
    los perversos;
    él traerá desastre sobre ellos.

13 Los que tapan sus oídos al clamor del pobre
    tampoco recibirán ayuda cuando pasen
    necesidad.

14 El regalo en secreto calma el enojo;
    el soborno por debajo de la mesa aplaca
    la furia.

15 La justicia es una alegría para los justos,
    pero hace temblar a los malhechores.

16 La persona que se aparta del sentido común
    terminará en compañía de los muertos.

17 Los que aman el placer se vuelven pobres;
    los que aman el vino y el lujo nunca
    llegarán a ser ricos.

18 Los perversos son castigados en lugar de
    los justos,
    y los traidores, en lugar de las personas
    honradas.

19 Es mejor vivir solo en el desierto
    que con una esposa que se queja y busca
    pleitos.

20 Los sabios tienen riquezas y lujos,
    pero los necios gastan todo lo que
    consiguen.

20:16 Otra lectura del texto masorético es *por una mujer promiscua.*   20:27 O *El espíritu humano es la luz del Señor.*   20:30 El
significado del hebreo es incierto.   21:6 Así aparece en la versión griega; en hebreo dice *neblina para aquellos que buscan la
muerte.*   21:12 O *El hombre justo.*

²¹ El que busca la justicia y el amor inagotable
encontrará vida, justicia y honor.

²² El sabio conquista la ciudad de los fuertes
y arrasa la fortaleza en que confían.

²³ Cuida tu lengua y mantén la boca cerrada,
y no te meterás en problemas.

²⁴ Los burlones son orgullosos y altaneros;
actúan con una arrogancia que no tiene
límites.

²⁵ Por mucho que desee, el perezoso acabará
en la ruina,
porque sus manos se niegan a trabajar.

²⁶ Hay quienes se la pasan codiciando todo
el tiempo,
¡pero a los justos les encanta dar!

²⁷ El sacrificio del malvado es detestable,
sobre todo cuando lo ofrece con malas
intenciones.

²⁸ El testigo falso será silenciado,
pero al testigo creíble se le permitirá hablar.

²⁹ El perverso finge para salir del apuro,
pero el honrado piensa antes de actuar.

³⁰ No hay sabiduría humana ni entendimiento
ni proyecto
que puedan hacerle frente al Señor.

³¹ El caballo se prepara para el día de la batalla,
pero la victoria pertenece al Señor.

22 ¹ Elige una buena reputación sobre las
muchas riquezas;
ser tenido en gran estima es mejor que la
plata o el oro.

² El rico y el pobre tienen esto en común:
a ambos los hizo el Señor.

³ El prudente se anticipa al peligro y toma
precauciones.
El simplón avanza a ciegas y sufre las
consecuencias.

⁴ La verdadera humildad y el temor del Señor
conducen a riquezas, a honor y a una
larga vida.

⁵ Los corruptos van por un camino espinoso
y traicionero;
el que aprecie la vida lo evitará.

⁶ Dirige a tus hijos por el camino correcto,
y cuando sean mayores, no lo abandonarán.

⁷ Así como el rico gobierna al pobre,
el que pide prestado es sirviente del que
presta.

⁸ Los que siembran injusticia cosecharán
desgracia,
y su régimen de terror se acabará.*

⁹ Benditos son los generosos,
porque alimentan a los pobres.

¹⁰ Echa fuera al burlón, y también se acabarán
las peleas.
Los pleitos y los insultos desaparecerán.

¹¹ El que ama la pureza del corazón y habla con
gracia
tendrá al rey como amigo.

¹² El Señor preserva a los que tienen
conocimiento,
pero arruina los planes de los traicioneros.

¹³ El perezoso afirma: «¡Hay un león allí afuera!
¡Si salgo, me puede matar!».

¹⁴ La boca de la mujer inmoral es una trampa
peligrosa;
los que provoquen el enojo del Señor
caerán en ella.

¹⁵ El corazón del muchacho está lleno de
necedad,
pero la disciplina física la alejará de él.

¹⁶ La persona que saca ventaja oprimiendo al
pobre,
o llenando de regalos al rico, terminará en
la pobreza.

Dichos de los sabios

¹⁷ Escucha las palabras de los sabios;
aplica tu corazón a mi enseñanza.

¹⁸ Pues es bueno guardar estos dichos en tu
corazón
y tenerlos siempre a flor de labios.

¹⁹ Yo te enseño hoy —sí, a ti—
para que confíes en el Señor.

²⁰ Te he escrito treinta dichos*
llenos de consejos y de conocimiento.

²¹ Así podrás conocer la verdad
y llevar un informe preciso a quienes te
enviaron.

²² No le robes al pobre tan solo porque puedes
hacerlo,
ni saques provecho de los necesitados en la
corte,

²³ porque el Señor es su defensor.
Él destruirá a todo el que los destruya.

²⁴ No te hagas amigo de la gente irritable,
ni te juntes con los que pierden los estribos
con facilidad,

²⁵ porque aprenderás a ser como ellos
y pondrás en peligro tu alma.

²⁶ No te comprometas a garantizar la deuda de
otro
ni seas fiador de nadie.

²⁷ Si no puedes pagar,
te quitarán hasta la cama en la que
duermes.

22:8 La versión griega incluye un proverbio adicional: *Dios bendice a la persona que da con alegría, pero sus acciones inútiles acabarán.*
Comparar 2 Co 9:7. **22:20** O *dichos excelentes*; el significado del hebreo es incierto.

28 No engañes a tu vecino cambiando de lugar
    los antiguos límites de propiedad
    establecidos por generaciones pasadas.

29 ¿Has visto a alguien realmente hábil en su
    trabajo?
    Servirá a los reyes
    en lugar de trabajar para la gente común.

23

1 Cuando te sientes a la mesa de un
    gobernante,
    fíjate bien en lo que te sirven.
2 Si eres de buen comer,
    ponle un cuchillo a tu garganta;
3 no desees todos los manjares,
    porque tal vez tenga la intención de
    engañarte.

4 No te desgastes tratando de hacerte rico.
    Sé lo suficientemente sabio para saber
    cuándo detenerte.
5 Las riquezas desaparecen en un abrir y cerrar
    de ojos,
    porque les saldrán alas
    y se irán volando como las águilas.

6 No aceptes comer con los tacaños
    ni desees sus manjares.
7 Están siempre pensando cuánto cuesta.*
    «Come y bebe», te invitan, pero no lo dicen
    con sinceridad.
8 Vomitarás lo poco que hayas comido,
    y se desperdiciarán tus cumplidos.

9 No gastes saliva con los necios,
    porque despreciarán hasta el más sabio
    consejo.

10 No engañes a tu vecino cambiando de lugar
    los antiguos límites de propiedad;
    ni te apropies de la tierra de huérfanos
    indefensos.
11 Pues el Redentor* de ellos es fuerte;
    él mismo levantará cargos en tu contra.

12 Entrégate a la instrucción;
    presta suma atención a las palabras de
    conocimiento.

13 No dejes de disciplinar a tus hijos;
    no morirán si les das unos buenos azotes.
14 La disciplina física
    bien puede salvarlos de la muerte.*

15 Hijo mío, si tu corazón es sabio,
    ¡mi propio corazón saltará de alegría!
16 Todo mi ser celebrará
    cuando hables con rectitud.

17 No envidies a los pecadores,
    en cambio, teme siempre al SEÑOR.
18 Si lo haces, serás recompensado;
    tu esperanza no se frustrará.

19 Hijo mío, presta atención y sé sabio:
    mantén tu corazón en el camino recto.

20 No andes de juerga con borrachos
    ni festejes con glotones,
21 porque van camino a la pobreza,
    y por dormir tanto, vestirán harapos.

22 Escucha a tu padre, que te dio la vida,
    y no desprecies a tu madre cuando sea
    anciana.
23 Adquiere la verdad y nunca la vendas;
    consigue también sabiduría, disciplina y
    buen juicio.
24 El padre de hijos justos tiene motivos para
    alegrarse.
    ¡Qué satisfacción es tener hijos sabios!*
25 ¡Por eso, alegra a tu padre y a tu madre!
    Que sea feliz la que te dio a luz.

26 Oh, hijo mío, dame tu corazón;
    que tus ojos se deleiten en seguir mis
    caminos.
27 Una prostituta es una trampa peligrosa;
    la mujer promiscua es tan peligrosa como
    caer en un pozo estrecho.
28 Se esconde y espera como lo hace un ladrón,
    ansiosa por hacer que más hombres sean
    infieles.

29 ¿Quién tiene angustia? ¿Quién siente tristeza?
    ¿Quién es el que siempre pelea? ¿Quién
    está siempre quejándose?
    ¿Quién tiene moretones sin motivo? ¿Quién
    tiene los ojos rojos?
30 Es el que pasa muchas horas en las tabernas,
    probando nuevos tragos.
31 No te fijes en lo rojo que es el vino,
    ni en cómo burbujea en la copa, ni en lo
    suave que se desliza.
32 Pues al final muerde como serpiente
    venenosa;
    pica como una víbora.
33 Tendrás alucinaciones
    y dirás disparates.
34 Te tambalearás como un marinero en
    alta mar,
    aferrado a un mástil que se mueve.
35 Y entonces dirás: «Me golpearon pero no
    lo sentí.
    Ni siquiera me di cuenta cuando me
    dieron la paliza.
    ¿Cuándo despertaré
    para ir en busca de otro trago?».

24

1 No envidies a la gente malvada,
    ni desees su compañía.
2 Pues en su corazón traman violencia
    y sus palabras siempre traen problemas.

3 Una casa se edifica con sabiduría
    y se fortalece por medio del buen juicio.
4 Mediante el conocimiento se llenan sus
    cuartos
    de toda clase de riquezas y objetos
    valiosos.

23:7 El significado del hebreo es incierto.   23:11 O *redentor.*   23:14 En hebreo *del Seol.*   23:24 En hebreo *tener un hijo sabio.*

⁵ Los sabios son más poderosos que los fuertes,*
   y los que tienen conocimiento se hacen
   cada vez más fuertes.
⁶ Así que, no vayas a la guerra sin consejo sabio;
   la victoria depende de que tengas muchos
   consejeros.

⁷ La sabiduría es demasiado elevada para los
   necios.
   Entre los líderes en la puerta de la ciudad,
   los necios no tienen nada que decir.

⁸ Una persona que maquina el mal
   se gana la fama de alborotador.
⁹ Las intrigas del necio son pecaminosas;
   todos detestan al burlón.

¹⁰ Si fallas bajo presión,
   tu fuerza es escasa.

¹¹ Rescata a los que están injustamente
   condenados a muerte;
   sálvalos mientras van tambaleando hacia
   su muerte.
¹² No te excuses diciendo: «Ay, no lo sabíamos».
   Pues Dios conoce cada corazón y él te ve.
   El que cuida tu alma sabe bien que tú sabías.
   Él pagará a cada uno según merecen sus
   acciones.

¹³ Come miel, hijo mío, porque es buena,
   y el panal es dulce al paladar.
¹⁴ Así también, la sabiduría es dulce a tu alma.
   Si la encuentras, tendrás un futuro brillante,
   y tus esperanzas no se truncarán.

¹⁵ No estés al acecho frente a la casa del justo,
   ni ataques el lugar donde vive.
¹⁶ Los justos podrán tropezar siete veces, pero
   volverán a levantarse.
   En cambio, basta una sola calamidad para
   derribar al perverso.

¹⁷ No te alegres cuando tus enemigos caigan;
   no te pongas contento cuando tropiecen.
¹⁸ Pues el Señor se molestará contigo
   y quitará su enojo de ellos.

¹⁹ No te inquietes por causa de los que hacen
   el mal,
   ni envidies a los perversos.
²⁰ Pues la gente mala no tiene futuro;
   la luz de los perversos se apagará.

²¹ Hijo mío, teme al Señor y al rey.
   No te juntes con los rebeldes,
²²   porque repentinamente les vendrá la
   calamidad.
   ¿Quién sabe qué castigo les caerá
   de parte del Señor y del rey?

Más dichos de los sabios

²³A continuación hay más dichos de los sabios:

   No es correcto mostrar favoritismo al emitir
   un juicio.

²⁴ El juez que dice al perverso: «Eres inocente»,
   será maldecido por muchos y denunciado
   por las naciones.
²⁵ En cambio, les irá bien a los que condenan al
   culpable;
   recibirán bendiciones en abundancia.

²⁶ Una respuesta sincera
   es como un beso amistoso.

²⁷ Antes de construir tu casa
   haz tus planes y prepara los campos.

²⁸ No testifiques contra tus vecinos sin motivo;
   no mientas cuando hables de ellos.
²⁹ No digas: «¡Ahora me voy a vengar de lo que
   me hicieron!
   ¡Me desquitaré con ellos!».

³⁰ Pasé por el campo de un perezoso,
   por el viñedo de uno que carece de sentido
   común.
³¹ Vi que habían crecido espinos por todas partes.
   Estaba cubierto de maleza,
   y sus muros destruidos.
³² Entonces, mientras miraba y pensaba en lo
   que veía,
   aprendí esta lección:
³³ un rato más de dormir, un poquito más de
   sueño,
   un breve descanso con los brazos
   cruzados,
³⁴ entonces la pobreza te asaltará como un
   bandido;
   la escasez te atacará como un ladrón
   armado.

Más proverbios de Salomón

25 Estos son más proverbios de Salomón,
   reunidos por los consejeros del rey
Ezequías de Judá.

² Es privilegio de Dios ocultar un asunto,
   y privilegio del rey descubrirlo.
³ Nadie puede comprender la altura de los
   cielos, la profundidad de la tierra,
   ¡ni todo lo que pasa por la mente del rey!

⁴ Quita las impurezas de la plata
   y quedará lista para el orfebre.
⁵ Quita al perverso de la corte del rey
   y su reino se afianzará por medio de
   la justicia.

⁶ No exijas una audiencia con el rey
   ni insistas en hacerte un lugar entre los
   grandes.
⁷ Es mejor esperar a que te inviten a la mesa
   principal
   y no que te echen y pases vergüenza en
   público.

   Tan solo por haber visto algo,
⁸   no vayas corriendo a los tribunales.

24:5 Así aparece en la versión griega; en hebreo dice *Un hombre sabio es fuerza.*

Pues, ¿qué harás si a fin de cuentas
   tu prójimo te desmiente y te hace pasar
   vergüenza?

⁹ Cuando discutas con tu prójimo,
   no reveles los secretos que otros te
   confiaron.

¹⁰ Te podrían acusar de chismoso,
   y nunca recuperarás tu buena reputación.

¹¹ El consejo oportuno es precioso,
   como manzanas de oro en canasta
   de plata.

¹² La crítica constructiva es, para quien la
   escucha,
   como un pendiente u otras joyas de oro.

¹³ Los mensajeros confiables refrescan como
   la nieve en verano.
   Reviven el espíritu de su patrón.

¹⁴ La persona que promete un regalo pero
   nunca lo da
   es como las nubes y el viento que no traen
   lluvia.

¹⁵ La paciencia puede persuadir al príncipe,
   y las palabras suaves pueden quebrar los
   huesos.

¹⁶ ¿Te gusta la miel?
   ¡No comas demasiada, porque te darán
   ganas de vomitar!

¹⁷ No visites a tus vecinos muy seguido,
   porque se cansarán de ti y no serás
   bienvenido.

¹⁸ Decir mentiras acerca de otros
   es tan dañino como golpearlos con un
   hacha,
   herirlos con una espada
   o lanzarles una flecha afilada.

¹⁹ Confiar en alguien inestable en tiempos de
   angustia
   es como masticar con un diente roto o
   caminar con un pie cojo.

²⁰ Cantar canciones alegres a quien tiene el
   corazón afligido
   es como quitarle a alguien el abrigo
   cuando hace frío
   o echarle vinagre a una herida.*

²¹ Si tus enemigos tienen hambre, dales
   de comer.
   Si tienen sed, dales agua para beber.
²² Amontonarás carbones encendidos de
   vergüenza sobre su cabeza,
   y el Señor te recompensará.

²³ Tan cierto como que el viento del norte
   trae lluvia,
   ¡la lengua chismosa causa enojo!

²⁴ Mejor vivir solo en un rincón de la azotea
   que en una casa preciosa con una esposa
   que busca pleitos.

²⁵ Las buenas noticias que llegan de lejos
   son como el agua fresca para el que tiene
   sed.

²⁶ Si el justo se doblega ante el perverso
   es como contaminar una fuente o enturbiar
   un manantial.

²⁷ No es bueno comer mucha miel,
   ni buscar honores para uno mismo.

²⁸ Una persona sin control propio
   es como una ciudad con las murallas
   destruidas.

26

¹ Como la nieve no es para el verano ni la
   lluvia para la cosecha,
   tampoco el honor es para los necios.

² Como gorrión que revolotea o golondrina que
   vuela sin rumbo,
   la maldición inmerecida no llegará a quien
   iba dirigida.

³ Guía al caballo con el látigo, al burro con
   el freno,
   ¡y al necio con la vara en la espalda!

⁴ No respondas a los argumentos absurdos
   de los necios
   o te volverás tan necio como ellos.

⁵ Responde a los argumentos absurdos de los
   necios
   o se creerán sabios en su propia opinión.

⁶ Confiarle a un necio que lleve un mensaje,
   ¡es como cortarse los pies o tomar veneno!

⁷ Un proverbio en boca de un necio
   es tan inútil como una pierna paralizada.

⁸ Honrar a un necio
   es tan absurdo como atar la piedra a la
   honda.

⁹ Un proverbio en boca de un necio
   es como una rama espinosa agitada por un
   borracho.

¹⁰ El patrón que contrata a un necio o a
   cualquiera que pasa
   es como un arquero que lanza su flecha
   al azar.

¹¹ Así como el perro vuelve a su vómito,
   el necio repite su necedad.

¹² Hay más esperanza para los necios
   que para los que se creen sabios.

¹³ El perezoso afirma: «¡Hay un león en el camino!
   ¡Sí, estoy seguro de que allí afuera hay
   un león!».

25:20 Así aparece en la versión griega; en hebreo *echar vinagre sobre la soda.*

14 Así como la puerta gira sobre sus bisagras,
   el perezoso da vueltas en la cama.

15 Los perezosos toman la comida con la mano
   pero ni siquiera se la llevan a la boca.

16 Los perezosos se creen más listos
   que siete consejeros sabios.

17 Entrometerse en los pleitos ajenos
   es tan necio como jalarle las orejas a un perro.

18 Tanto daña
   un loco que dispara un arma mortal

19 como el que miente a un amigo
   y luego le dice: «Solo estaba bromeando».

20 El fuego se apaga cuando falta madera,
   y las peleas se acaban cuando termina
   el chisme.

21 El buscapleitos inicia disputas con tanta
   facilidad
   como las brasas calientes encienden el
   carbón o el fuego prende la madera.

22 Los rumores son deliciosos bocaditos
   que penetran en lo profundo del corazón.

23 Las palabras suaves* pueden ocultar un
   corazón perverso,
   así como un barniz atractivo cubre una
   olla de barro.

24 La gente podrá encubrir su odio con palabras
   agradables,
   pero se están engañando.

25 Fingen ser amables, pero no les creas;
   tienen el corazón lleno de muchas maldades.*

26 Aunque su odio esté encubierto por engaños,
   sus fechorías serán expuestas en público.

27 Si tiendes una trampa para otros,
   tú mismo caerás en ella.
   Si echas a rodar una roca sobre otros,
   no los aplastará a ellos sino a ti.

28 La lengua mentirosa odia a sus víctimas,
   y las palabras aduladoras llevan a la ruina.

27

1 No te jactes del mañana,
   ya que no sabes lo que el día traerá.

2 Que te alabe otro y no tu propia boca;
   que lo haga un desconocido, no tus
   propios labios.

3 Una piedra es pesada, y la arena también,
   pero el resentimiento causado por el necio
   es aún más pesado.

4 El enojo es cruel, y la ira es como una
   inundación,
   pero los celos son aún más peligrosos.

5 ¡Una reprensión franca
   es mejor que amar en secreto!

6 Las heridas de un amigo sincero
   son mejores que muchos besos de un
   enemigo.

7 El que tiene el estómago lleno rechaza la miel;
   pero al hambriento, hasta la comida amarga
   le sabe dulce.

8 El que se aleja de su hogar
   es como el ave que se aleja de su nido.

9 El perfume y el incienso alegran el corazón,
   y el dulce consejo de un amigo es mejor
   que la confianza propia.

10 Nunca abandones a un amigo,
   sea tuyo o de tu padre.
   Cuando ocurra la calamidad, no tendrás que
   pedirle ayuda a tu hermano.
   Mejor es recurrir a un vecino que a un
   hermano que vive lejos.

11 Sé sabio, hijo mío, y alegra mi corazón.
   Entonces podré responder a los que me
   critican.

12 El prudente se anticipa al peligro y toma
   precauciones.
   El simplón sigue adelante a ciegas y sufre
   las consecuencias.

13 Al que salga fiador por la deuda de un
   desconocido, pídele una garantía.
   Exígele un depósito como garantía si lo
   hace por extranjeros.*

14 Un saludo alegre y en voz alta temprano en
   la mañana,
   ¡será considerado una maldición!

15 Una esposa que busca pleitos es tan molesta
   como una gotera continua en un día de
   lluvia.

16 Poner fin a sus quejas es como tratar de
   detener el viento
   o de sostener algo con las manos llenas
   de grasa.

17 Como el hierro se afila con hierro,
   así un amigo se afila con su amigo.

18 Como a los que cuidan de la higuera se les
   permite comer del fruto,
   así serán recompensados los empleados
   que protegen los intereses de su patrón.

19 Así como el rostro se refleja en el agua,
   el corazón refleja a la persona tal como es.

20 Así como la Muerte y la Destrucción* nunca
   se sacian,
   el deseo del hombre nunca queda satisfecho.

21 El fuego prueba la pureza del oro y de la plata,
   pero la persona es probada por las
   alabanzas que recibe.*

26:23 Así aparece en la versión griega; en hebreo dice *ardientes.*   26:25 En hebreo *siete maldades.*   27:13 Así aparece en la versión griega y en la latina (ver también 20:16); en hebreo dice *por una mujer promiscua.*   27:20 En hebreo el *Seol y el Abadón.*   27:21 O *por las adulaciones que recibe.*

²² Es imposible separar al necio de su necedad,
aunque lo muelas como al grano en un
mortero.

²³ Mantente al tanto del estado de tus rebaños
y entrégate de lleno al cuidado de tus
ganados,

²⁴ porque las riquezas no duran para siempre,
y tal vez la corona no pase a la próxima
generación.

²⁵ Cuando se haya cosechado el heno y aparezca
la nueva cosecha
y se recojan las hierbas de los montes,

²⁶ tus ovejas proveerán la lana para vestirte,
y tus cabras servirán para comprar un
campo.

²⁷ Y tendrás suficiente leche de cabra para ti,
para tu familia y para tus criadas.

28

¹ Los perversos huyen aun cuando nadie
los persigue,
pero los justos son tan valientes como
el león.

² Cuando hay corrupción moral en una nación,
su gobierno se desmorona fácilmente.
En cambio, con líderes sabios y entendidos
viene la estabilidad.

³ El pobre que oprime a los pobres
es como la lluvia torrencial que destruye
la cosecha.

⁴ Rechazar la ley es enaltecer a los perversos,
obedecer la ley es luchar contra ellos.

⁵ Los malvados no comprenden la justicia,
pero los que siguen al Señor la entienden
a la perfección.

⁶ Es mejor ser pobre y honesto
que ser rico y deshonesto.

⁷ Los jóvenes que obedecen la ley son sabios,
los que tienen amigos desenfrenados traen
vergüenza a sus padres.*

⁸ Los ingresos que se obtienen por cobrar altos
intereses
terminarán en el bolsillo del que trata bien
a los pobres.

⁹ Dios detesta la oración
del que no hace caso de la ley.

¹⁰ El que lleva a la gente buena por mal camino
caerá en su propia trampa,
pero los honrados heredarán cosas
buenas.

¹¹ Los ricos se creen sabios,
pero no pueden engañar a un pobre que
tiene discernimiento.

¹² Cuando los justos triunfan, todo el mundo
se alegra.

Cuando los perversos toman el control,
todos se esconden.

¹³ Los que encubren sus pecados no
prosperarán,
pero si los confiesan y los abandonan,
recibirán misericordia.

¹⁴ Benditos los que tienen temor de hacer
lo malo;*
pero los tercos van directo a graves
problemas.

¹⁵ Para los pobres, un gobernante malvado es
tan peligroso
como un león rugiente o un oso a punto
de atacar.

¹⁶ Un gobernante sin entendimiento oprimirá
a su pueblo,
pero el que odia la corrupción tendrá una
larga vida.

¹⁷ La conciencia atormentada del asesino lo
llevará a la tumba.
¡No lo protejas!

¹⁸ Los intachables serán librados del peligro,
pero los corruptos serán destruidos de
repente.

¹⁹ El que se esfuerza en su trabajo tiene comida
en abundancia,
pero el que persigue fantasías termina en
la pobreza.

²⁰ La persona digna de confianza obtendrá gran
recompensa,
pero el que quiera enriquecerse de la
noche a la mañana, se meterá en
problemas.

²¹ Nunca es bueno mostrar parcialidad,
incluso algunos hacen lo malo por un
simple pedazo de pan.

²² Los avaros tratan de hacerse ricos de la
noche a la mañana,
pero no se dan cuenta que van directo a
la pobreza.

²³ A fin de cuentas, la gente aprecia la crítica
sincera
mucho más que la adulación.

²⁴ El que roba a su padre y a su madre,
y dice: «¿Qué tiene de malo?»,
es igual que un asesino.

²⁵ La avaricia provoca pleitos;
confiar en el Señor resulta en la
prosperidad.

²⁶ Los que confían en su propia inteligencia
son necios,
pero el que camina con sabiduría está
a salvo.

28:7 En hebreo *su padre.*   28:14 O *los que temen al Señor;* en hebreo dice *los que temen.*

²⁷ Al que ayuda al pobre no le faltará nada,
en cambio, los que cierran sus ojos ante
la pobreza serán maldecidos.

²⁸ Cuando los perversos toman el control, todos
se esconden.
Cuando los perversos caen en la calamidad,
los justos prosperan.

29 ¹ Quien se niega tercamente a aceptar
la crítica
será destruido de repente sin poder
recuperarse.

² Cuando los justos gobiernan, el pueblo
se alegra.
Pero cuando los perversos están en el
poder, el pueblo gime.

³ El hombre que ama la sabiduría hace feliz a
su padre,
pero si anda con prostitutas, desperdicia
su fortuna.

⁴ El rey que hace justicia da estabilidad a su
nación,
pero uno que exige sobornos la destruye.

⁵ Adular a un amigo
es tenderle una trampa para los pies.

⁶ La gente malvada queda atrapada por el
pecado,
pero los justos escapan con gritos de alegría.

⁷ Los justos se preocupan por los derechos
del pobre;
al perverso no le importa en absoluto.

⁸ Los burlones pueden alborotar a toda una
ciudad,
pero los sabios calman los ánimos.

⁹ Si un sabio lleva a un necio a juicio
habrá alboroto y burlas pero no se
solucionará nada.

¹⁰ Los sanguinarios odian a las personas
intachables,
pero los honrados procuran ayudarlas.*

¹¹ Los necios dan rienda suelta a su enojo,
pero los sabios calladamente lo controlan.

¹² Si un gobernante presta atención a los
mentirosos,
todos sus consejeros serán perversos.

¹³ El pobre y el opresor tienen esto en común:
el Señor les da la vista a ambos.

¹⁴ Si un rey juzga al pobre con justicia,
su trono perdurará para siempre.

¹⁵ Disciplinar a un niño produce sabiduría,
pero un hijo sin disciplina avergüenza a
su madre.

¹⁶ Cuando los perversos están en autoridad, el
pecado abunda,
pero los justos vivirán para verlos caer.

¹⁷ Disciplina a tus hijos, y te darán tranquilidad
de espíritu
y alegrarán tu corazón.

¹⁸ Cuando la gente no acepta la dirección divina,
se desenfrena.
Pero el que obedece la ley es alegre.

¹⁹ No solo con palabras se disciplina a un
sirviente;
podrá entender las palabras, pero no
hará caso.

²⁰ Hay más esperanza para un necio
que para la persona que habla sin pensar.

²¹ El sirviente mimado desde pequeño
se volverá un rebelde.

²² La persona enojada comienza pleitos;
el que pierde los estribos con facilidad
comete todo tipo de pecados.

²³ El orgullo termina en humillación,
mientras que la humildad trae honra.

²⁴ Si ayudas a un ladrón, solo te perjudicas a
ti mismo;
juras decir la verdad, pero no testificarás.

²⁵ Temer a la gente es una trampa peligrosa,
pero confiar en el Señor significa
seguridad.

²⁶ Muchos buscan el favor del gobernante,
pero la justicia proviene del Señor.

²⁷ Los justos desprecian a los injustos;
los perversos desprecian a los justos.

Los dichos de Agur

30 Los dichos de Agur, hijo de Jaqué, contienen el siguiente mensaje.*

Cansado estoy, oh Dios;
cansado, oh Dios, y agotado.*

² Soy demasiado torpe para ser humano
y me falta el sentido común.

³ No he dominado la sabiduría humana,
ni conozco al Santo.

⁴ ¿Quién sino Dios sube a los cielos y desciende
de ellos?
¿Quién retiene el viento en sus puños?
¿Quién envuelve los océanos en su manto?
¿Quién ha creado el mundo entero?
¿Cuál es su nombre? ¿Y el nombre de
su hijo?
¡Dime, si lo sabes!

⁵ Toda palabra de Dios demuestra ser
verdadera.

29:10 O *Los sanguinarios odian a las personas intachables / y procuran matar a los honrados;* en hebreo dice *Los sanguinarios odian a las personas intachables, / mientras que los honrados van en busca de su vida.* **30:1a** O *hijo de Jaqué, de Massa;* o *hijo de Jaqué, un oráculo.* **30:1b** En hebreo también puede traducirse *El hombre hace esta declaración a Itiel, / a Itiel y a Ucal.*

Él es un escudo para todos los que buscan
su protección.
⁶ No agregues nada a sus palabras,
o podría reprenderte y ponerte al
descubierto como un mentiroso.

⁷ Oh Dios, te ruego dos favores;
concédemelos antes de que muera.
⁸ Primero, ayúdame a no mentir jamás.
Segundo, ¡no me des pobreza ni riqueza!
Dame solo lo suficiente para satisfacer mis
necesidades.
⁹ Pues si me hago rico, podría negarte y decir:
«¿Quién es el Señor?».
Y si soy demasiado pobre, podría robar y así
ofender el santo nombre de Dios.

¹⁰ Nunca difames al empleado ante su patrón,
porque te maldecirá, y sufrirás las
consecuencias.

¹¹ Algunas personas maldicen a su padre
y no son agradecidos con su madre.
¹² Se consideran puros en su propia opinión,
pero están sucios y no se han lavado.
¹³ Contemplan a su alrededor con soberbia
y miran a otros con desdén.
¹⁴ Tienen sus dientes como espadas
y los colmillos como cuchillos.
Devoran al pobre de la tierra
y a los necesitados de entre la
humanidad.

¹⁵ La sanguijuela tiene dos bocas que chupan,
y gritan: «¡Más, más!».*

Hay tres cosas que nunca se sacian;
no, son cuatro las que nunca dicen
«¡basta!»:
¹⁶ la tumba,*
la matriz estéril,
el desierto árido,
y el fuego abrasador.

¹⁷ El ojo que se burla de su padre
y desprecia las instrucciones de su madre
será arrancado por los cuervos del valle
y devorado por los buitres.

¹⁸ Hay tres cosas que me asombran;
no, son cuatro las que no comprendo:
¹⁹ cómo planea el águila por el cielo,
cómo se desliza la serpiente sobre la roca,
cómo navega el barco en el océano,
y cómo ama el hombre a la mujer.

²⁰ La mujer adúltera devora al hombre,
luego se limpia la boca y dice: «¿Qué hice
de malo?».

²¹ Hay tres cosas que hacen temblar la tierra;
no, son cuatro las que no puede soportar:
²² al esclavo que llega a ser rey,
al necio autoritario que prospera,

²³ a la mujer amargada que finalmente
encuentra marido,
y a la criada que toma el lugar de su señora.

²⁴ Hay cuatro cosas sobre la tierra que son
pequeñas pero extraordinariamente
sabias:
²⁵ las hormigas no son fuertes
pero almacenan su alimento todo
el verano.
²⁶ Los damanes* no son poderosos
pero construyen su hogar entre las rocas.
²⁷ Las langostas no tienen rey
pero marchan en fila.
²⁸ Las lagartijas son fáciles de atrapar
pero se encuentran hasta en los palacios
reales.

²⁹ Hay tres cosas que caminan con paso firme
y majestuoso;
no, son cuatro las que se dan aires al andar:
³⁰ el león, rey de los animales, que no retrocede
ante nada,
³¹ el gallo que se pavonea,
el macho cabrío,
y el rey al frente de su ejército.

³² Si como un necio has sido orgulloso o has
tramado el mal,
tapa tu boca de vergüenza.

³³ Así como al batir la crema se obtiene
mantequilla
y al golpearse la nariz sale sangre,
al provocar el enojo surgen peleas.

Los dichos del rey Lemuel

31 Los dichos del rey Lemuel contienen el
siguiente mensaje,* que le enseñó su
madre.

² Oh hijo mío, oh hijo de mi vientre,
oh hijo de mis votos,
³ no desperdicies tu vigor con mujeres,
esas que arruinan a los reyes.

⁴ No es para los reyes, oh Lemuel, beber
mucho vino.
Los gobernantes no deberían ansiar
bebidas alcohólicas.
⁵ Pues si beben, podrían olvidarse de la ley
y no harían justicia a los oprimidos.
⁶ Las bebidas alcohólicas son para los que se
están muriendo,
y el vino para los que sufren angustias
amargas.
⁷ Que beban para olvidar su pobreza
y nunca más se acuerden de sus
problemas.

⁸ Habla a favor de los que no pueden hablar
por sí mismos;
garantiza justicia para todos los abatidos.

30:15 En hebreo *dos hijas que gritan: «¡Dame, dame!».*   30:16 En hebreo *el Seol.*   30:26 O *conejos salvajes,* o *tejones de las rocas.*
31:1 O *de Lemuel, rey de Massa;* o *del rey Lemuel, un oráculo.*

⁹ Sí, habla a favor de los pobres e indefensos,
  y asegúrate de que se les haga justicia.

La esposa de carácter noble
¹⁰ *¿Quién podrá encontrar una esposa virtuosa
  y capaz?
  Es más preciosa que los rubíes.
¹¹ Su marido puede confiar en ella,
  y ella le enriquecerá en gran manera la vida.
¹² Esa mujer le hace bien y no mal,
  todos los días de su vida.

¹³ Ella encuentra lana y lino
  y laboriosamente los hila con sus manos.
¹⁴ Es como un barco mercante
  que trae su alimento de lejos.
¹⁵ Se levanta de madrugada y prepara el
  desayuno para su familia
  y planifica las labores de sus criadas.

¹⁶ Va a inspeccionar un campo y lo compra;
  con sus ganancias planta un viñedo.
¹⁷ Ella es fuerte y llena de energía
  y es muy trabajadora.
¹⁸ Se asegura de que sus negocios tengan
  ganancias;
  su lámpara está encendida hasta altas
  horas de la noche.

¹⁹ Tiene sus manos ocupadas en el hilado,
  con sus dedos tuerce el hilo.
²⁰ Tiende la mano al pobre
  y abre sus brazos al necesitado.

²¹ Cuando llega el invierno, no teme por su familia,
  porque todos tienen ropas abrigadas.*

²² Ella hace sus propias colchas.
  Se viste con túnicas de lino de alta calidad
  y vestiduras de color púrpura.
²³ Su esposo es bien conocido en las puertas de
  la ciudad,
  donde se sienta junto con los otros líderes
  del pueblo.
²⁴ Confecciona vestimentas de lino con
  cintos
  y fajas para vender a los comerciantes.

²⁵ Está vestida de fortaleza y dignidad,
  y se ríe sin temor al futuro.
²⁶ Cuando habla, sus palabras son sabias,
  y da órdenes con bondad.
²⁷ Está atenta a todo lo que ocurre en su hogar,
  y no sufre las consecuencias de la pereza.

²⁸ Sus hijos se levantan y la bendicen.
  Su marido la alaba:
²⁹ «Hay muchas mujeres virtuosas y capaces
  en el mundo,
  ¡pero tú las superas a todas!».

³⁰ El encanto es engañoso, y la belleza no
  perdura,
  pero la mujer que teme al Señor será
  sumamente alabada.
³¹ Recompénsenla por todo lo que ha hecho.
  Que sus obras declaren en público su
  alabanza.

31:10 Los versículos 10-31 conforman un poema acróstico; cada verso comienza con letras consecutivas del alfabeto hebreo.
31:21 Así aparece en la versión griega y en la latina; en hebreo dice *escarlata*.

Eclesiastés

1 Estas son las palabras del Maestro,* hijo del rey David y gobernante de Jerusalén.

Nada tiene sentido

2 «Nada tiene sentido —dice el Maestro—, ¡ningún sentido en absoluto!».

3 ¿Qué obtiene la gente con trabajar tanto bajo el sol? 4 Las generaciones van y vienen, pero la tierra nunca cambia. 5 El sol sale y se pone, y se apresura a dar toda la vuelta para volver a salir. 6 El viento sopla hacia el sur y luego gira hacia el norte. Da vueltas y vueltas soplando en círculos. 7 Los ríos desembocan en el mar, pero el mar nunca se llena. Luego el agua vuelve a los ríos y sale nuevamente al mar. 8 Todo es tan tedioso, imposible de describir. No importa cuánto veamos, nunca quedamos satisfechos. No importa cuánto oigamos, nada nos tiene contentos.

9 La historia no hace más que repetirse; ya todo se hizo antes. No hay nada realmente nuevo bajo el sol. 10 A veces la gente dice: «¡Esto es algo nuevo!»; pero la verdad es que no lo es, nada es completamente nuevo. 11 Ninguno de nosotros recuerda lo que sucedió en el pasado, y las generaciones futuras tampoco recordarán lo que hacemos ahora.

El Maestro habla sobre la inutilidad de la sabiduría

12 Yo, el Maestro, fui rey de Israel y viví en Jerusalén. 13 Me dediqué a buscar el entendimiento y a investigar con sabiduría todo lo que se hacía debajo del cielo. Pronto descubrí que Dios le había dado una existencia trágica al género humano. 14 Observé todo lo que ocurría bajo el sol, y a decir verdad, nada tiene sentido, es como perseguir el viento.

15 Lo que está mal no puede corregirse;
   lo que se ha perdido no puede recuperarse.

16 Me dije: «A ver, soy más sabio que todos los reyes que gobernaron Jerusalén antes que yo. Tengo más sabiduría y conocimiento que cualquiera de ellos». 17 Así que me dispuse a aprender de todo: desde la sabiduría hasta la locura y la insensatez; pero descubrí por experiencia que procurar esas cosas es como perseguir el viento.

18 Cuanta más sabiduría tengo, mayor es mi desconsuelo;
   aumentar el conocimiento solo trae más dolor.

La inutilidad de los placeres

2 Me dije: «Vamos, probemos los placeres. ¡Busquemos "las cosas buenas" de la vida!»; pero descubrí que eso también carecía de sentido. 2 Entonces dije: «La risa es tonta. ¿De qué sirve andar en busca de placeres?». 3 Después de pensarlo bien, decidí alegrarme con vino. Y mientras seguía buscando sabiduría, me aferré a la insensatez. Así traté de experimentar la única felicidad que la mayoría de la gente encuentra en su corto paso por este mundo.

4 También traté de encontrar sentido a la vida edificándome enormes mansiones y plantando hermosos viñedos. 5 Hice jardines y parques, y los llené con toda clase de árboles frutales. 6 Construí represas para juntar agua con la cual regar todos mis huertos florecientes. 7 Compré esclavos y esclavas, y otros nacieron en mi propiedad. También tuve enormes manadas y rebaños, más que cualquiera de los reyes que vivieron en Jerusalén antes que yo. 8 Junté grandes cantidades de plata y de oro, el tesoro de muchos reyes y provincias. Contraté cantores estupendos, tanto hombres como mujeres, y tuve muchas concubinas hermosas. ¡Tuve todo lo que un hombre puede desear!

9 De modo que me hice más poderoso que todos los que vivieron en Jerusalén antes que yo, y mi sabiduría nunca me falló. 10 Todo lo que quise lo hice mío; no me negué ningún placer. Hasta descubrí que me daba gran satisfacción trabajar mucho, la recompensa de toda mi labor; 11 pero al observar todo lo que había logrado con tanto esfuerzo, vi que nada tenía sentido, era como perseguir el viento. No había absolutamente nada que valiera la pena en ninguna parte.

El sabio y el necio

12 Entonces decidí comparar la sabiduría con la locura y la insensatez (porque, ¿quién puede hacer eso mejor que yo, que soy el rey?*). 13 Pensé: «La sabiduría es mejor que la insensatez, así como la luz es mejor que la oscuridad.

1:1 En hebreo *Qohelet*; este término se traduce «el Maestro» en todo el libro.   **2:12** El significado del hebreo es incierto.

[14]Pues el sabio puede ver hacia dónde va, pero el necio camina a oscuras». Sin embargo, me di cuenta de que el sabio y el necio tienen el mismo destino: [15]los dos mueren. Así que me dije: «Ya que voy a terminar igual que el necio, ¿de qué vale toda mi sabiduría? ¡Nada de eso tiene sentido!». [16]Pues tanto el sabio como el necio van a morir. Al sabio no se le recordará más que al necio. En los días futuros, ambos serán olvidados.

[17]Por lo tanto, llegué a odiar la vida, porque todo lo que se hace aquí, bajo el sol, es tan complicado. Nada tiene sentido, es como perseguir el viento.

La inutilidad del trabajo

[18]Llegué a odiar todo el trabajo que hice en este mundo porque tengo que dejarles a otros lo que yo he ganado. [19]¿Y quién sabe si mis sucesores serán sabios o necios? Sin embargo, ellos se van a apoderar de todo lo que yo he adquirido bajo el sol a través de mi destreza y esfuerzo. ¡Qué absurdo! [20]Así que, desilusionado, me di por vencido y cuestioné el valor de todo mi duro trabajo en este mundo.

[21]Algunas personas trabajan con sabiduría, conocimiento y destreza, pero luego tienen que dejarle el fruto de su labor a alguien que no ha trabajado para conseguirlo. Eso tampoco tiene sentido, es una gran tragedia. [22]Entonces, ¿qué gana la gente con tanto esfuerzo y preocupación en esta vida? [23]Sus días de trabajo están llenos de dolor y angustia, ni siquiera de noche pueden descansar la mente. Nada tiene sentido.

[24]Entonces llegué a la conclusión de que no hay nada mejor que disfrutar de la comida y la bebida, y encontrar satisfacción en el trabajo. Luego me di cuenta de que esos placeres provienen de la mano de Dios. [25]Pues, ¿quién puede comer o disfrutar de algo separado de él?* [26]Dios da sabiduría, conocimiento y alegría a quienes son de su agrado; pero si un pecador se enriquece, Dios le quita las riquezas y se las da a quienes lo agradan. Eso tampoco tiene sentido, es como perseguir el viento.

Todo a su debido tiempo

3 [1]Hay una temporada para todo,
   un tiempo para cada actividad bajo el cielo.
[2]Un tiempo para nacer y un tiempo para morir.
   Un tiempo para sembrar y un tiempo para cosechar.
[3]Un tiempo para matar y un tiempo para sanar.
   Un tiempo para derribar y un tiempo para construir.
[4]Un tiempo para llorar y un tiempo para reír.
   Un tiempo para entristecerse y un tiempo para bailar.
[5]Un tiempo para esparcir piedras y un tiempo para juntar piedras.
   Un tiempo para abrazarse y un tiempo para apartarse.
[6]Un tiempo para buscar y un tiempo para dejar de buscar.
   Un tiempo para guardar y un tiempo para botar.
[7]Un tiempo para rasgar y un tiempo para remendar.
   Un tiempo para callar y un tiempo para hablar.
[8]Un tiempo para amar y un tiempo para odiar.
   Un tiempo para la guerra y un tiempo para la paz.

[9]¿Qué es lo que en verdad gana la gente a cambio de tanto trabajo? [10]He visto la carga que Dios puso sobre nuestros hombros. [11]Sin embargo, Dios lo hizo todo hermoso para el momento apropiado. El sembró la eternidad en el corazón humano, pero aun así el ser humano no puede comprender todo el alcance de lo que Dios ha hecho desde el principio hasta el fin. [12]Así que llegué a la conclusión de que no hay nada mejor que alegrarse y disfrutar de la vida mientras podamos. [13]Además, la gente debería comer, beber y aprovechar el fruto de su trabajo, porque son regalos de Dios.

[14]También sé que todo lo que Dios hace es definitivo. No se le puede agregar ni quitar nada. El propósito de Dios es que el ser humano le tema. [15]Los sucesos del presente ya ocurrieron en el pasado, y lo que sucederá en el futuro ya ocurrió antes, porque Dios hace que las mismas cosas se repitan una y otra vez.

Las injusticias de la vida

[16]También noté que, bajo el sol, la maldad está presente en el juzgado. Sí, ¡hasta en los tribunales de justicia hay corrupción! [17]Me dije: «A su debido tiempo, Dios juzgará a todos, tanto a los malos como a los buenos, por cada cosa que hayan hecho».

[18]También reflexioné acerca de la condición humana, sobre cómo Dios les hace ver a los seres humanos que son como los animales. [19]Pues tanto las personas como los animales tienen el mismo destino: ambos respiran* y ambos mueren. Así que las personas no tienen una verdadera ventaja sobre los animales. ¡Qué absurdo! [20]Ambos terminan en el mismo lugar: del polvo vienen y al polvo vuelven. [21]Pues, ¿quién puede demostrar que el espíritu humano va hacia arriba y el espíritu de los animales desciende al fondo de la tierra? [22]Entonces me di cuenta de que no hay nada mejor para la gente que ser feliz con su trabajo. ¡Para eso estamos en este mundo! Nadie nos traerá de la muerte para que disfrutemos de la vida después de que hayamos muerto.

2:25 Así aparece en la versión griega y en la siríaca; en hebreo dice *separado de mí?*   3:19 O *ambos tienen el mismo espíritu.*

4 Además, observé toda la opresión que sucede bajo el sol. Vi las lágrimas de los oprimidos, y no había nadie para consolarlos. Los opresores tienen mucho poder y sus víctimas son indefensas. [2]Entonces llegué a la conclusión de que los muertos están mejor que los vivos; [3]pero los más afortunados de todos son los que aún no nacen, porque no han visto toda la maldad que se comete bajo el sol.

[4]Luego observé que a la mayoría de la gente le interesa alcanzar el éxito porque envidia a sus vecinos; pero eso tampoco tiene sentido, es como perseguir el viento.

[5] «Los necios se cruzan de brazos,
y acaban en la ruina».

[6]Sin embargo,

«es mejor tener un puñado con tranquilidad
que tener dos puñados con mucho
esfuerzo
y perseguir el viento».

Las ventajas de tener compañía

[7]También observé otro ejemplo de algo absurdo bajo el sol. [8]Es el caso de un hombre que está totalmente solo, sin hijos ni hermanos, no obstante trabaja mucho para acumular toda la riqueza posible. Sin embargo, luego se pregunta: «¿Para quién trabajo? ¿Por qué me privo de tantos placeres?». Nada tiene sentido, todo es tan deprimente.

[9]Es mejor ser dos que uno, porque ambos pueden ayudarse mutuamente a lograr el éxito. [10]Si uno cae, el otro puede darle la mano y ayudar; pero si cae uno y está solo, ese sí que está en problemas. [11]Del mismo modo, si dos personas se recuestan juntas, pueden brindarse calor mutuamente; pero ¿cómo hace uno solo para entrar en calor? [12]Alguien que está solo puede ser atacado y vencido, pero si son dos, se ponen de espalda con espalda y vencen; mejor todavía si son tres, porque una cuerda triple no se corta fácilmente.

La inutilidad del poder político

[13]Es mejor ser un joven pobre pero sabio que ser un rey viejo y necio que rechaza todo consejo. [14]Un joven así podría salir de la pobreza y triunfar. Hasta podría llegar a ser rey, aunque hubiera estado en la cárcel. [15]Sin embargo, luego todo el mundo corre a aliarse con otro joven* que lo reemplaza. [16]Lo rodean innumerables multitudes,* pero luego surge otra generación y lo rechaza a él también. Así que nada tiene sentido, es como perseguir el viento.

Precauciones al acercarse a Dios

5 [1]*Cuando entres en la casa de Dios, abre los oídos y cierra la boca. El que presenta ofrendas a Dios sin pensar hace mal. [2]*No hagas promesas a la ligera y no te apresures a presentar tus asuntos delante de Dios. Después de todo, Dios está en el cielo, y tú estás aquí en la tierra. Por lo tanto, que sean pocas tus palabras.

[3]Demasiada actividad trae pesadillas; demasiadas palabras te hacen necio.

[4]Cuando le hagas una promesa a Dios, no tardes en cumplirla, porque a Dios no le agradan los necios. Cumple todas las promesas que le hagas. [5]Es mejor no decir nada que hacer promesas y no cumplirlas. [6]No dejes que tu boca te haga pecar, y no te defiendas ante el mensajero del templo al decir que la promesa que hiciste fue un error. Esa actitud enojaría a Dios y quizá destruya todo lo que has logrado.

[7]Hablar no cuesta nada, es como soñar despierto y tantas otras actividades inútiles. Tú, en cambio, teme a Dios.

La inutilidad de las riquezas

[8]No te sorprendas si ves que un poderoso oprime a un pobre o que no se hace justicia en toda la tierra. Pues todo funcionario está bajo las órdenes de otro superior a él, y la justicia se pierde entre trámites y burocracia. [9]¡Hasta el rey saca todo lo que puede de la tierra para su propio beneficio!*

[10]Los que aman el dinero nunca tendrán suficiente. ¡Qué absurdo es pensar que las riquezas traen verdadera felicidad! [11]Cuanto más tengas, más se te acercará la gente para ayudarte a gastarlo. Por lo tanto, ¿de qué sirven las riquezas? ¡Quizás solo para ver cómo se escapan de las manos!

[12]La gente trabajadora siempre duerme bien, coma mucho o coma poco; pero los ricos rara vez tienen una buena noche de descanso.

[13]He notado otro gran problema bajo el sol: acaparar riquezas perjudica al que ahorra. [14]Se invierte dinero en negocios arriesgados que fracasan, y entonces todo se pierde. A fin de cuentas, no queda nada para dejarles a los hijos. [15]Todos llegamos al final de nuestra vida tal como estábamos el día que nacimos: desnudos y con las manos vacías. No podemos llevarnos las riquezas al morir.

[16]Esto es otro problema muy serio: las personas no se van de este mundo mejor de lo que llegaron. Todo su esfuerzo es en vano, como si trabajaran para el viento. [17]Viven toda su vida bajo una carga pesada: con enojo, frustración y desánimo.

[18]Aun así, he notado al menos una cosa positiva. Es bueno que la gente coma, beba y disfrute del trabajo que hace bajo el sol durante el corto tiempo de vida que Dios le concedió, y que acepte su destino. [19]También es algo bueno recibir riquezas de parte de Dios y la buena salud para disfrutarlas. Disfrutar del trabajo

4:15 En hebreo *un segundo joven*. **4:16** En hebreo *Hay un sinfín de gente, de los que están delante de ellos*. **5:1** El versículo 5:1 corresponde al 4:17 en el texto hebreo. **5:2** Los versículos del 5:2-20 corresponden al 5:1-19 en el texto hebreo. **5:9** El significado del hebreo en los versículos 8 y 9 es incierto.

y aceptar lo que depara la vida son verdaderos regalos de Dios. ²⁰A esas personas Dios las mantiene tan ocupadas en disfrutar de la vida que no pasan tiempo rumiando el pasado.

6 He visto otro mal terrible bajo el sol que pesa tremendamente sobre la humanidad. ²Dios les da a algunos mucha riqueza, honor y todo lo que pudieran desear, pero luego no les da la oportunidad de disfrutar de esas cosas. Se mueren, y algún otro —incluso un extraño— termina disfrutando de toda esa abundancia. Eso no tiene sentido, es una tragedia terrible.

³Un hombre podría tener cien hijos y llegar a vivir muchos años. Pero si no encuentra satisfacción en la vida y ni siquiera recibe un entierro digno, sería mejor para él haber nacido muerto. ⁴Entonces su nacimiento habría sido insignificante, y él habría terminado en la oscuridad. Ni siquiera habría tenido un nombre ⁵ni habría visto la luz del sol o sabido que existía. Sin embargo, habría gozado de más paz que si se hubiera crecido para convertirse en un hombre infeliz. ⁶Podría vivir mil años o el doble, y ni aun así, encontrar satisfacción; y si al final de cuentas tiene que morir como todos, ¿de qué le sirve?

⁷Toda la gente se pasa la vida trabajando para tener qué comer, pero parece que nunca le alcanza. ⁸Entonces, ¿de verdad están los sabios en mejores condiciones que los necios? ¿Ganan algo los pobres con ser sabios y saber comportarse frente a otros?

⁹Disfruta de lo que tienes en lugar de desear lo que no tienes; soñar con tener cada vez más no tiene sentido, es como perseguir el viento.

El futuro: algo definido y a la vez incierto

¹⁰Todo ha sido decidido. Ya se sabía desde hace tiempo lo que cada persona habría de ser. Así que no sirve de nada discutir con Dios acerca de tu destino.

¹¹Cuantas más palabras decimos, menos sentido tienen. Entonces, ¿para qué sirven?

¹²En la brevedad de nuestra vida sin sentido, ¿quién conoce cómo pasar mejor nuestros días? Nuestra vida es como una sombra. ¿Quién sabe lo que sucederá en este mundo después de la muerte?

Sabiduría para la vida

7 ¹ Vale más una buena reputación que un perfume costoso.
Y el día que morimos es mejor que el día que nacemos.

² Vale más pasar el tiempo en funerales que en festejos.
Al fin y al cabo, todos morimos,
así que los que viven deberían tenerlo muy presente.

³ Es mejor el llanto que la risa,
porque la tristeza tiende a pulirnos.

⁴ El que es sabio piensa mucho en la muerte,
mientras que el necio sólo piensa en divertirse.

⁵ Es mejor ser criticado por un sabio
que alabado por un necio.

⁶ La risa del necio se apaga enseguida,
como los espinos que crepitan en el fuego.
Eso tampoco tiene sentido.

⁷ La extorsión vuelve necio al sabio,
y el soborno corrompe el corazón.

⁸ Vale más terminar algo que empezarlo.
Vale más la paciencia que el orgullo.

⁹ Controla tu carácter,
porque el enojo es el distintivo de los necios.

¹⁰ No añores «viejos tiempos»;
no es nada sabio.

¹¹ La sabiduría es aún mejor cuando uno tiene dinero;
ambas cosas son de beneficio a lo largo de la vida.

¹² La sabiduría y el dinero abren casi todas las puertas,
pero solo la sabiduría puede salvarte la vida.

¹³ Acepta el modo en que Dios hace las cosas,
porque, ¿quién puede enderezar lo que él torció?

¹⁴ Disfruta de la prosperidad mientras puedas,
pero cuando lleguen los tiempos difíciles,
reconoce que ambas cosas provienen de Dios.
Recuerda que nada es seguro en esta vida.

Los límites de la sabiduría humana

¹⁵He visto de todo en esta vida sin sentido, incluso jóvenes buenos que mueren y personas malvadas que tienen una vida larga. ¹⁶Así que, ¡no seas demasiado bueno ni demasiado sabio! ¿Para qué destruirte a ti mismo? ¹⁷Por otra parte, tampoco seas demasiado malo. ¡No seas necio! ¿Para qué morir antes de tiempo? ¹⁸Presta atención a estas instrucciones, porque todo el que teme a Dios evitará caer en ambos extremos.*

¹⁹¡Un solo sabio es más fuerte que diez ciudadanos prominentes de una ciudad!

²⁰No hay una sola persona en la tierra que siempre sea buena y nunca peque.

²¹No escuches conversaciones ajenas a escondidas: podrías escuchar que tu siervo te maldice. ²²Pues sabes bien de las veces que tú mismo maldijiste a otros.

²³Siempre hice todo lo posible para que la sabiduría guiara mis acciones y mis pensamientos. Me dije: «Me propongo ser sabio», pero no funcionó. ²⁴La sabiduría siempre está lejos y es difícil de encontrar. ²⁵Busqué por todas partes,

7:18 O *seguirá ambas cosas.*

decidido a encontrarla y a entender la razón de las cosas. Me había propuesto demostrarme a mí mismo que la maldad es una tontería y la insensatez, una locura.

²⁶Descubrí que una mujer seductora* es una trampa más amarga que la muerte. Su pasión es una red, y sus manos suaves son cadenas. Los que agradan a Dios escaparán de ella, pero los pecadores caerán en su trampa.

²⁷«Llegué a la siguiente conclusión —dice el Maestro—, la descubrí después de analizar la cuestión desde todos los ángulos posibles. ²⁸Aunque lo he investigado una y otra vez, veo que aún no encuentro lo que buscaba. Hay solo un hombre virtuoso entre mil, ¡pero ni una sola mujer! ²⁹Sin embargo, sí encontré lo siguiente: Dios creó al ser humano para que sea virtuoso, pero cada uno decidió seguir su propio camino descendente».

8 ¹ Qué maravilloso es ser sabio,
poder analizar e interpretar las cosas.
La sabiduría ilumina el rostro de una persona,
suaviza la dureza de sus facciones.

La obediencia al rey

²Obedece al rey porque lo juraste ante Dios. ³No trates de evitar cumplir con tu deber ni te juntes con los que conspiran maldad, porque el rey puede hacer lo que se le antoje. ⁴Sus órdenes tienen el respaldo de su gran poder. Nadie puede oponerse ni cuestionarlas. ⁵Quienes lo obedezcan no serán castigados. Los sabios encontrarán el momento y la forma de hacer lo correcto, ⁶pues hay un tiempo y un modo para cada cosa, incluso cuando uno está en apuros.

⁷Además, ¿cómo puede uno evitar lo que no sabe que está por suceder? ⁸Nadie puede retener su espíritu y evitar que se marche. Nadie tiene el poder de impedir el día de su muerte. No hay forma de escapar de esa cita obligatoria: esa batalla oscura. Y al enfrentarse con la muerte, la maldad no rescatará al malvado.

El justo y el malvado

⁹He reflexionado mucho acerca de todo lo que ocurre bajo el sol, donde las personas tienen poder para herirse unas a otras. ¹⁰He visto que hay malvados que reciben honores en su entierro. Sin embargo, eran los mismos que frecuentaban el templo, ¡y hoy se les alaba* en la misma ciudad donde cometieron sus delitos! Eso tampoco tiene sentido. ¹¹Cuando no se castiga enseguida un delito, la gente siente que no hay peligro en cometer maldades. ¹²Sin embargo, aunque una persona peque cien veces y siga gozando de muchos años de vida, yo sé que les irá mejor a los que temen a Dios. ¹³Los malvados no prosperarán, porque no temen a

Dios. Sus días nunca se prolongarán, como lo hacen las sombras del anochecer.

¹⁴Y eso no es todo lo que carece de sentido en nuestro mundo. En esta vida, a las personas buenas se les suele tratar como si fueran malvadas, y a las malvadas, como si fueran buenas. ¡Eso no tiene ningún sentido!

¹⁵Entonces sugiero que se diviertan, ya que en este mundo no hay nada mejor para la gente que comer, beber y disfrutar de la vida. De ese modo, tendrán algo de felicidad junto con todo el arduo trabajo que Dios les da bajo el sol.

¹⁶Mientras buscaba la sabiduría y observaba las cargas que lleva la gente aquí en la tierra, descubrí que la actividad no cesa ni de día ni de noche. ¹⁷Me di cuenta de que nadie puede descubrir todo lo que Dios está haciendo bajo el sol. Ni siquiera los más sabios lo descubren todo, no importa lo que digan.

La muerte nos llega a todos

9 También me dediqué a investigar lo siguiente: si bien Dios tiene en sus manos las acciones de los sabios y de los justos, nadie sabe si Dios les mostrará su favor. ²A la larga, a todos los espera el mismo destino, sean justos o malvados, buenos o malos,* religiosos o no religiosos, estén o no ceremonialmente puros. Las personas buenas reciben el mismo trato que los pecadores, y las personas que hacen promesas a Dios reciben el mismo trato que los que no las hacen.

³¡Parece tan trágico que todo el mundo bajo el sol tenga el mismo destino! Por eso la gente no presta más atención en ser buena. En cambio, cada uno elige su propio camino de locura, porque nadie tiene esperanza. Sea como sea, lo único que hay por delante es la muerte. ⁴Hay esperanza solo para los que están vivos. Como se suele decir: «¡Más vale perro vivo que león muerto!».

⁵Los que están vivos al menos saben que un día van a morir, pero los muertos no saben nada. Ya no reciben más recompensas, y nadie los recuerda. ⁶Lo que hayan hecho en su vida —amar, odiar, envidiar— pasó ya hace mucho. Ya no son parte de nada en este mundo. ⁷Así que, ¡adelante! Come tus alimentos con alegría y bebe tu vino con un corazón contento, porque Dios lo aprueba! ⁸¡Vístete con ropa elegante y échate un poco de perfume!

⁹Vive feliz junto a la mujer que amas, todos los insignificantes días de vida que Dios te haya dado bajo el sol. La esposa que Dios te da es la recompensa por todo tu esfuerzo terrenal. ¹⁰Todo lo que hagas, hazlo bien, pues cuando vayas a la tumba* no habrá trabajo ni proyectos ni conocimiento ni sabiduría.

¹¹Observé algo más bajo el sol. El corredor

7:26 En hebreo *una mujer.*   8:10 Así aparece en algunos manuscritos hebreos y en la versión griega; muchos manuscritos hebreos dicen *se les olvida.*   9:2 Así aparece en la versión griega, en la siríaca y en la Vulgata Latina; el hebreo no incluye *o malvados.*   9:10 En hebreo *al Seol.*

más veloz no siempre gana la carrera y el guerrero más fuerte no siempre gana la batalla. Los sabios a veces pasan hambre, los habilidosos no necesariamente son ricos y los bien instruidos no siempre tienen éxito en la vida. Todo depende de la suerte, de estar en el lugar correcto en el momento oportuno.

¹²La gente nunca puede predecir cuándo vendrán tiempos difíciles. Como los peces en la red o los pájaros en la trampa, la gente queda atrapada por tragedias repentinas.

Reflexiones sobre la sabiduría y la necedad

¹³Hay otro aspecto de la sabiduría que me quedó grabado al observar cómo funciona el mundo. ¹⁴Había una ciudad pequeña con unos cuantos habitantes, y vino un rey poderoso con su ejército y la sitió. ¹⁵Un hombre pobre pero sabio sabía cómo salvar la ciudad, y así la ciudad fue rescatada. Sin embargo, pasado el incidente, a nadie se le ocurrió darle las gracias. ¹⁶Por lo tanto, aunque la sabiduría es mejor que la fuerza, los sabios —si son pobres— también serán despreciados. Lo que digan no será valorado por mucho tiempo.

¹⁷ Es mejor oír las palabras suaves de una
    persona sabia
que los gritos de un rey necio.

¹⁸ Es mejor tener sabiduría que armas de guerra,
pero un solo pecador puede destruir
    muchas cosas buenas.

10

¹ Así como las moscas muertas apestan
    todo un frasco de perfume,
una pizca de necedad arruina gran
    sabiduría y honor.

² Una persona sabia elige el camino correcto;
el necio toma el rumbo equivocado.

³ ¡Se puede identificar a los necios
tan solo de ver cómo andan por la calle!

⁴ Si tu jefe se enoja contigo, ¡no renuncies
    a tu puesto!
Un espíritu sereno puede superar
    grandes errores.

Las ironías de la vida

⁵He visto otro mal bajo el sol: los reyes y gobernantes cometen un grave error ⁶cuando le otorgan gran autoridad a gente necia y asignan cargos inferiores a personas con capacidad comprobada. ⁷Hasta he visto sirvientes cabalgar como príncipes, ¡y príncipes andar a pie como si fueran sirvientes!

⁸ Cuando cavas un pozo,
    puedes caerte en él.
Cuando derrumbas una pared vieja,
    puede morderte una serpiente.

⁹ Cuando trabajas en una cantera,
las piedras pueden caerte encima
    y aplastarte.
Cuando cortas leña,
se corre peligro en cada golpe del hacha.

¹⁰ Si se usa un hacha sin filo hay que hacer
    doble esfuerzo,
por lo tanto, afila la hoja.
Ahí está el valor de la sabiduría:
    ayuda a tener éxito.

¹¹ Si una serpiente te muerde antes de que
    la encantes,
¿de qué te sirve ser encantador de
    serpientes?

¹² Las palabras sabias traen aprobación,
pero a los necios, sus propias palabras
    los destruyen.

¹³ Los necios basan sus pensamientos en
    suposiciones insensatas,
por lo tanto, llegan a conclusiones locas y
    malvadas;
¹⁴ hablan y hablan sin parar.

Nadie sabe a ciencia cierta qué es lo que
    va a suceder,
nadie puede predecir el futuro.

¹⁵ Los necios se agotan tanto con un poco de
    trabajo
que ni siquiera saben cómo regresar a su
    casa.

¹⁶ ¡Qué tristeza sufrirá el pueblo gobernado por
    un sirviente,*
cuyos líderes hacen fiesta desde la mañana!

¹⁷ Dichoso el pueblo que tiene por rey a un líder
    noble
y cuyos dirigentes festejan en el momento
    apropiado
para trabajar con fuerza y no para
    emborracharse.

¹⁸ Por la pereza se hunde el techo;
por el ocio gotea la casa.

¹⁹ Una fiesta da alegría,
un buen vino, felicidad,
¡y el dinero lo da todo!

²⁰ Nunca te burles del rey, ni siquiera en tu mente;
y no te mofes de los poderosos, ni siquiera
    dentro de tu dormitorio.
Pues un pajarito podría transmitir tu mensaje
y contarles lo que dijiste.

Las incertidumbres de la vida

11

¹ Envía tu grano por los mares,
    y a su tiempo recibirás ganancias.*
² Coloca tus inversiones en varios lugares,*
porque no sabes qué riesgos podría haber
    más adelante.

10:16 O *un niño.* **11:1** O *Da con generosidad, / porque tus dádivas, en algún momento, volverán a ti.* En hebreo dice *Arroja tu pan a las aguas, / porque, después de muchos días, volverás a encontrarlo.* **11:2** En hebreo *entre siete o incluso ocho.*

³ Cuando las nubes están cargadas, vienen las lluvias.
Un árbol puede caer hacia el norte o hacia el sur, pero donde cae, allí queda.

⁴ El agricultor que espera el clima perfecto nunca siembra;
si contempla cada nube, nunca cosecha.

⁵ Así como no puedes entender el rumbo que toma el viento ni el misterio de cómo crece un bebecito en el vientre de su madre,* tampoco puedes entender cómo actúa Dios, quien hace todas las cosas.

⁶ Siembra tu semilla por la mañana, y por la tarde no dejes de trabajar porque no sabes si la ganancia vendrá de una actividad o de la otra, o quizás de ambas.

Consejos para jóvenes y ancianos

⁷ La luz es agradable; ¡qué hermoso es ver el amanecer de un nuevo día.

⁸ Si alguien llega a la ancianidad, que disfrute de cada día de vida; pero que también recuerde que habrá muchos días oscuros. Todo lo que aún vendrá carece de sentido.

⁹ Gente joven:* ¡la juventud es hermosa! Disfruten de cada momento de ella. Hagan todo lo que quieran hacer, ¡no se pierdan nada! Pero recuerden que tendrán que rendirle cuentas a Dios de cada cosa que hagan. ¹⁰ Así que dejen de preocuparse y mantengan un cuerpo sano; pero tengan presente que la juventud —con toda la vida por delante— no tiene sentido.

12 No dejes que la emoción de la juventud te lleve a olvidarte de tu Creador. Hónralo mientras seas joven, antes de que te pongas viejo y digas: «La vida ya no es agradable». ² Acuérdate de él antes de que la luz del sol, de la luna y de las estrellas se vuelva tenue a tus ojos viejos, y las nubes negras oscurezcan para siempre tu cielo. ³ Acuérdate de él antes de que tus piernas —guardianas de tu casa— empiecen a temblar, y tus hombros —los guerreros fuertes— se encorven. Acuérdate de él antes de que tus dientes —esos pocos sirvientes que te quedan— dejen de moler, y tus pupilas —las que miran por las ventanas— ya no vean con claridad.

⁴ Acuérdate de él antes de que la puerta de las oportunidades de la vida se cierre y disminuya el sonido de la actividad diaria. Ahora te levantas con el primer canto de los pájaros, pero un día todos esos trinos apenas serán perceptibles.

⁵ Acuérdate de él antes de que tengas miedo de caerte y te preocupes de los peligros de la calle; antes de que el cabello se te ponga blanco como un almendro en flor y arrastres los pies sin energía como un saltamontes moribundo, y la alcaparra ya no estimule el deseo sexual. Acuérdate de él antes de que te falte poco para llegar a la tumba —tu hogar eterno— donde los que lamentan tu muerte llorarán en tu entierro.

⁶ Sí, acuérdate de tu Creador ahora que eres joven, antes de que se rompa el cordón de plata de la vida y se quiebre la vasija de oro. No esperes hasta que la jarra de agua se haga pedazos contra la fuente y la polea se rompa en el pozo. ⁷ Pues ese día el polvo volverá a la tierra, y el espíritu regresará a Dios, que fue quien lo dio.

Reflexiones finales acerca del Maestro

⁸ «Nada tiene sentido —dice el Maestro—, ningún sentido en absoluto».

⁹ Ten en cuenta lo siguiente: el Maestro fue considerado sabio y le enseñó a la gente todo lo que sabía. Escuchó con atención muchos proverbios, los estudió y los clasificó. ¹⁰ El Maestro se esmeró por encontrar las palabras correctas para expresar las verdades con claridad.* ¹¹ Las palabras de los sabios son como el aguijón para el ganado: dolorosas pero necesarias. El conjunto de sus dichos es como la vara con clavos que usa el pastor* para guiar a sus ovejas. ¹² Pero ahora, hijo mío, déjame darte un consejo más: ten cuidado, porque escribir libros es algo que nunca termina y estudiar mucho te agota.

¹³ Aquí culmina el relato. Mi conclusión final es la siguiente: teme a Dios y obedece sus mandatos, porque ese es el deber que tenemos todos. ¹⁴ Dios nos juzgará por cada cosa que hagamos, incluso lo que hayamos hecho en secreto, sea bueno o sea malo.

11:5 Algunos manuscritos dicen *Así como no puedes entender cómo un bebecito recibe aliento de vida en el vientre de su madre.* 11:9 En hebreo *Joven* (masculino). 12:10 O *procuró escribir lo que era correcto y verdadero.* 12:11 O *un pastor.*

Cantar de los Cantares

1 Este es el Cantar de los Cantares de Salomón,
la mejor de las canciones.

*La joven**

² Bésame, una y otra vez,
porque tu amor es más dulce que el vino.

³ ¡Qué fragante es tu perfume!
Tu nombre es como la fragancia que se
esparce.
¡Con razón todas las jóvenes te aman!

⁴ ¡Llévame contigo, ven, corramos!
El rey me ha traído a su alcoba.

Las jóvenes de Jerusalén

Cuánto nos alegramos por ti, oh rey;
elogiamos tu amor aún más que el vino.

La joven

Con razón te quieren las jóvenes.

⁵ Soy morena pero hermosa,
oh mujeres de Jerusalén,
morena como las carpas de Cedar,
morena como las cortinas de las carpas
de Salomón.

⁶ No me miren así por ser morena,
el sol ha bronceado mi piel.
Mis hermanos se enojaron conmigo;
me obligaron a cuidar de sus viñedos,
por eso no pude cuidarme a mí misma,
mi propio viñedo.

⁷ Dime, mi amor, ¿hacia dónde llevarás hoy tu
rebaño?
¿Dónde harás descansar tus ovejas al
mediodía?
¿Por qué tendría yo que vagar como una
prostituta*
entre tus amigos y sus rebaños?

El joven

⁸ Oh, más hermosa mujer, si no lo sabes,
sigue las huellas de mi rebaño
y apacienta tus cabritos junto a las carpas
de los pastores.

⁹ Amada mía, tú eres tan cautivante
como una yegua entre los sementales del
faraón.

¹⁰ ¡Qué hermosas son tus mejillas!
¡Tus pendientes las encienden aún más!
¡Qué hermoso es tu cuello
realzado con un collar de joyas!

¹¹ Te haremos unos pendientes de oro
con cuentas de plata.

La joven

¹² El rey esta descansando en su sofá,
encantado por la fragancia de mi
perfume.

¹³ Mi amante es como una bolsita de mirra
que reposa entre mis pechos.

¹⁴ Es como un ramito de aromáticas flores
de alheña
de los viñedos de En-gadi.

El joven

¹⁵ ¡Qué hermosa eres, amada mía,
qué hermosa!
Tus ojos son como palomas.

La joven

¹⁶ ¡Y tú eres tan apuesto, amor mío,
tan agradable que no puedo expresarlo!
La tierna hierba es nuestra cama;

¹⁷ las ramas fragantes de los cedros son
los soportes de nuestra casa
y los abetos aromáticos, las vigas del
techo.

La joven

2 ¹ Soy el azafrán de primavera que florece
en la llanura Sarón,*
el lirio del valle.

El joven

² Como un lirio entre los cardos
es mi amada entre las jóvenes.

La joven

³ Como el manzano más selecto del huerto
es mi amante entre los jóvenes.
Me siento bajo su sombra placentera
y saboreo sus deliciosos frutos.

⁴ Él me escolta hasta la sala de banquetes;
es evidente lo mucho que me ama.

1:1 Los encabezados que identifican a los personajes no aparecen en el texto original; sin embargo, el hebreo, a menudo, permite deducirlos por medio del género de quien habla.   1:7 En hebreo *como una mujer con velo.*   2:1 Tradicionalmente se traduce *Soy la rosa de Sarón.* La llanura de Sarón es una región en la llanura costera de Palestina.

⁵ Fortalézcanme con pasteles de pasas,
   refrésquenme con manzanas,
   porque desfallezco de amor.
⁶ Su brazo izquierdo está debajo de mi cabeza,
   y su brazo derecho me abraza.

⁷ Prométanme, oh mujeres de Jerusalén,
   por las gacelas y los ciervos salvajes,
   que no despertarán al amor hasta que
      llegue el momento apropiado.*

⁸ ¡Ay, oigo que viene mi amado!
   Viene saltando por las montañas,
   brincando por las colinas.
⁹ Mi amante es como una gacela veloz
   o un venado joven.
   ¡Miren! Allí está, detrás del muro,
      asomándose por la ventana,
      mirando dentro de la habitación.

¹⁰ Mi amante me dijo:
   «¡Levántate, amada mía!
   ¡Ven conmigo, mi bella mujer!
¹¹ Mira, el invierno se acabó
   y las lluvias ya pasaron.
¹² Las flores están brotando,
   ha llegado la temporada de los pájaros
      cantores;*
   y el arrullo de las tórtolas llena el aire.
¹³ Las higueras comienzan a formar su fruto,
   y las vides fragantes están en flor.
   ¡Levántate, amada mía!
   ¡Ven conmigo, mi bella mujer!».

El joven

¹⁴ Mi paloma se esconde detrás de las rocas,
   detrás de un peñasco en el precipicio.
   Déjame ver tu cara;
      déjame oír tu voz.
   Pues tu voz es agradable,
      y tu cara es hermosa.

Las jóvenes de Jerusalén

¹⁵ Atrapen todos los zorros,
   esos zorros pequeños,
   antes de que arruinen el viñedo del amor,
   ¡porque las vides están en flor!

La joven

¹⁶ Mi amado es mío, y yo soy suya.
   Él apacienta entre los lirios.
¹⁷ Antes de que soplen las brisas del amanecer
   y huyan las sombras de la noche,
   regresa a mí, amor mío, como una gacela
   o un venado joven sobre montes
      empinados.*

La joven

3 ¹ Una noche, mientras estaba en mi cama,
   suspiré por mi amado;
   suspiraba por él, pero él no venía.

² Así que me dije: «Me levantaré y recorreré
      la ciudad,
   y buscaré por todas las calles y las plazas.
   Buscaré a mi amado».
      Entonces busqué por todas partes pero no
         lo encontré.
³ Los guardias me detuvieron mientras hacían
      sus rondas,
   y yo les pregunté: «¿Han visto ustedes al
      hombre que amo?».
⁴ Y apenas me alejé de ellos,
   ¡encontré a mi amado!
   Lo tomé y lo abracé con fuerza,
   y lo llevé a la casa de mi madre,
   a la cama de mi madre, donde fui
      concebida.

⁵ Prométanme, oh mujeres de Jerusalén,
   por las gacelas y los ciervos salvajes,
   que no despertarán al amor hasta que
      llegue el momento apropiado.*

Las jóvenes de Jerusalén

⁶ ¿Quién es ese que viene majestuosamente
      desde el desierto
   como una nube de humo?
   ¿Quién es el que viene perfumado con mirra e
      incienso
   y todo tipo de especias?
⁷ Miren, es el carruaje de Salomón,
   rodeado de sesenta héroes,
   los mejores soldados de Israel.
⁸ Son espadachines hábiles,
   guerreros con experiencia.
   Cada uno lleva una espada al costado,
   están listos para defender al rey contra
      un ataque nocturno.
⁹ El carruaje del rey Salomón está hecho
   con madera importada del Líbano.
¹⁰ Sus postes son de plata,
   su techo de oro,
   sus cojines de púrpura.
   El carruaje fue decorado con amor
   por las jóvenes de Jerusalén.

La joven

¹¹ Salgan a ver al rey Salomón,
   mujeres jóvenes de Jerusalén.*
   Lleva puesta la corona que su madre le regaló
      el día de su boda,
      el día más feliz de su vida.

El joven

4 Eres hermosa, amada mía;
   tan hermosa que no puedo expresarlo.
   Tus ojos son como palomas
      detrás del velo.
   Tu cabello cae en ondas,
   como una rebaño de cabras que serpentea
      por las laderas de Galaad.

2:7 O *que no despertarán al amor hasta que esté listo.*   2:12 O *la temporada para podar las vides.*   2:17 O *sobre las colinas de Beter.*
3:5 O *que no despertarán al amor hasta que esté listo.*   3:11 En hebreo *de Sión.*

² Tus dientes son blancos como ovejas
recién esquiladas y bañadas.
Tu sonrisa es perfecta,
cada diente hace juego con su par.*
³ Tus labios son como una cinta escarlata;
tu boca me cautiva.
Tus mejillas son como granadas color
rosa
detrás de tu velo.
⁴ Tu cuello es tan hermoso como la torre
de David,
adornado con los escudos de mil héroes.
⁵ Tus pechos son como dos cervatillos,
los mellizos de una gacela que pastan
entre los lirios.
⁶ Antes de que soplen las brisas del amanecer
y huyan las sombras de la noche,
correré a la montaña de mirra
y al cerro del incienso.
⁷ Toda tú eres hermosa, amada mía,
bella en todo sentido.

⁸ Ven conmigo desde el Líbano, esposa mía;
ven conmigo desde el Líbano.
Desciende del* monte Amaná,
de las cumbres del Senir y del Hermón,
donde los leones tienen sus guaridas
y los leopardos viven entre las colinas.

⁹ Has cautivado mi corazón,
tesoro mío,* esposa mía.
Lo tienes como rehén con una sola mirada
de tus ojos,
con una sola joya de tu collar.
¹⁰ Tu amor me deleita,
tesoro mío, esposa mía.
Tu amor es mejor que el vino,
tu perfume, más fragante que las
especias.
¹¹ Tus labios son dulces como el néctar,
esposa mía.
Debajo de tu lengua hay leche y miel.
Tus vestidos están perfumados
como los cedros del Líbano.

¹² Tú eres mi jardín privado, tesoro mío,
esposa mía,
un manantial apartado, una fuente
escondida.
¹³ Tus muslos* resguardan un paraíso de
granadas
con especias exóticas:
alheña con nardo,
¹⁴ nardo con azafrán,
cálamo aromático y canela,
con toda clase de árboles de incienso, mirra
y áloes,
y todas las demás especias deliciosas.
¹⁵ Tú eres una fuente en el jardín,
un manantial de agua fresca
que fluye de las montañas del Líbano.

La joven

¹⁶ ¡Despierta, viento del norte!
¡Levántate, viento del sur!
Soplen en mi jardín
y esparzan su fragancia por todas partes.
Ven a tu jardín, amado mío;
saborea sus mejores frutos.

El joven

5 ¹ ¡He entrado en mi jardín, tesoro mío,*
esposa mía!
Recojo mirra entre mis especias,
y disfruto del panal con mi miel
y bebo vino con mi leche.

Las jóvenes de Jerusalén

Oh amante y amada: ¡coman y beban!
¡Sí, beban su amor hasta saciarse!

La joven

² Yo dormía, pero mi corazón estaba atento,
cuando oí que mi amante tocaba a la
puerta y llamaba:
«Ábreme, tesoro mío, amada mía,
mi paloma, mi mujer perfecta.
Mi cabeza está empapada de rocío,
mi cabello, con la humedad de la noche».

³ Pero yo le respondí:
«Me he quitado el vestido,
¿por qué debería vestirme otra vez?
He lavado mis pies,
¿por qué debería ensuciarlos?».

⁴ Mi amante trató de abrir el cerrojo de la
puerta,
y mi corazón se estremeció dentro de mí.
⁵ Salté para abrirle la puerta a mi amor,
y mis manos destilaron perfume.
Mis dedos goteaban preciosa mirra
mientras yo corría el pasador.
⁶ Le abrí a mi amado,
¡pero él ya se había ido!
Se me desplomó el corazón.
Lo busqué
pero no pude encontrarlo.
Lo llamé
pero no tuve respuesta.
⁷ Los guardias nocturnos me encontraron
mientras hacían sus rondas.
Me golpearon y me lastimaron
y me arrancaron el velo,
aquellos guardias del muro.

⁸ Oh mujeres de Jerusalén, prométanme:
si encuentran a mi amante,
díganle que desfallezco de amor.

Las jóvenes de Jerusalén

⁹ ¿Por qué es tu amante mejor que todos
los demás,

4:2 En hebreo *No falta ninguno; cada uno tiene su par.* **4:8** O *Mira hacia abajo desde el.* **4:9** En hebreo *hermana mía;* también en
4:10, 12. **4:13** En hebreo *renuevos.* **5:1** En hebreo *mi hermana;* también en 5:2.

oh mujer de singular belleza?
¿Qué hace que tu amante sea tan especial
para que te hagamos esa promesa?

La joven

¹⁰ Mi amado es trigueño y deslumbrante,
¡el mejor entre diez mil!
¹¹ Su cabeza es del oro más fino,
su cabello ondulado es negro como
el cuervo.
¹² Sus ojos brillan como palomas
junto a manantiales de agua,
montados como joyas
lavadas en leche.
¹³ Sus mejillas son como jardines de especias
que esparcen aromas.
Sus labios son como lirios,
perfumados con mirra.
¹⁴ Sus brazos son como barras de oro torneadas,
adornados con berilo.
Su cuerpo es como marfil reluciente,
resplandece de lapislázuli.
¹⁵ Sus piernas son como columnas de mármol
colocadas sobre bases de oro puro.
Su porte es majestuoso,
como los nobles cedros del Líbano.
¹⁶ Su boca es la dulzura misma;
él es deseable en todo sentido.
Así es mi amante, mi amigo,
oh mujeres de Jerusalén.

Las jóvenes de Jerusalén

6

¹ ¿Adónde se ha ido tu amante,
oh mujer de singular belleza?
Dinos por cuál camino se fue
para ayudarte a encontrarlo.

La joven

² Mi amante ha bajado a su jardín,
a sus lechos de especias,
para pasear por los jardines
y juntar los lirios.
³ Yo soy de mi amante, y mi amante es mío.
Él apacienta entre los lirios.

El joven

⁴ Eres hermosa, amada mía,
como la bella ciudad de Tirsa.
Sí, eres tan hermosa como Jerusalén,
tan majestuosa como un ejército con sus
estandartes desplegados al viento.
⁵ Aparta de mí tus ojos,
porque me dominan.
Tu cabello cae en ondas,
como un rebaño de cabras que serpentea
por las laderas de Galaad.
⁶ Tus dientes son blancos como ovejas
recién bañadas.

Tu sonrisa es perfecta,
cada diente hace juego con su par.*
⁷ Tus mejillas son como granadas de color
rosado
detrás de tu velo.

⁸ Aun entre sesenta reinas
y ochenta concubinas
e incontables doncellas,
⁹ yo todavía elegiría a mi paloma, a mi mujer
perfecta,
la favorita de su madre,
muy amada por quien la dio a luz.
Las jóvenes la ven y la alaban;
hasta las reinas y las concubinas del palacio
le entonan alabanzas:
¹⁰ «¿Quién es esa, que se levanta como la aurora,
tan hermosa como la luna,
tan resplandeciente como el sol,
tan majestuosa como un ejército con sus
estandartes desplegados al viento?».

La joven

¹¹ Bajé a la arboleda de nogales
y salí al valle para ver los nuevos brotes
primaverales,
para ver si habían brotado las vides
o si las granadas ya estaban florecidas.
¹² Antes de darme cuenta,
mis fuertes deseos me habían llevado
a la carroza de un hombre noble.*

Las jóvenes de Jerusalén

¹³*Vuelve, vuelve a nosotras, oh doncella de
Sulam.
Regresa, regresa, para que te veamos
otra vez.

El joven

¿Por qué miran así a esta jovencita de Sulam,
mientras se mueve con tanta gracia entre
dos filas de bailarines?*

7

¹* ¡Qué hermosos son tus pies con
sandalias!
Oh, doncella y princesa.
Las curvas de tus muslos son como joyas,
la obra de un habilidoso artesano.
² Tu ombligo tiene la forma perfecta,
como una copa llena de vino mezclado.
Entre tus muslos hay un manojo de trigo,
rodeado de lirios.
³ Tus pechos son como dos cervatillos,
mellizos de una gacela.
⁴ Tu cuello es tan hermoso como una torre
de marfil.
Tus ojos son como los manantiales cristalinos
de Hesbón,
junto a la puerta de Bat-rabim.

6:6 En hebreo *No falta ninguno; cada uno tiene su par.*   **6:12** *O a las carrozas reales de mi pueblo, o a las carrozas de Aminadab.* El significado del hebreo es incierto.   **6:13a** El versículo 6:13 corresponde al 7:1 en el texto hebreo.   **6:13b** *O como harían ante el movimiento de dos ejércitos, o como harían ante el baile de Mahanaim.* El significado del hebreo es incierto.   **7:1** Los versículos del 7:1-13 corresponden al 7:2-14 en el texto hebreo.

Tu nariz es tan fina como la torre del Líbano
con vista a Damasco.
5 Tu cabeza es tan majestuosa como el monte
Carmelo,
y el brillo de tus cabellos irradia realeza.
El rey quedó cautivado con tus rizos.
6 ¡Qué hermosa eres!
¡Qué encantadora, mi amor, qué llena
de delicias!
7 Eres esbelta como una palmera
y tus pechos son como los racimos de
su fruto.
8 Dije: «Treparé a la palmera
y tomaré su fruto».
Que tus pechos sean como racimos de uvas
y tu aliento, como la fragancia de manzanas.
9 Que tus besos sean tan apasionantes como
el mejor de los vinos,
que se desliza suavemente por los labios
y los dientes.*

La joven
10 Yo soy de mi amante,
y él me declara como suya.
11 Ven, amor mío, salgamos a las praderas
y pasemos la noche entre las flores
silvestres.*
12 Levantémonos temprano y vayamos a
los viñedos
para ver si brotaron las vides,
si ya abrieron las flores,
y si las granadas están en flor.
Allí te daré mi amor.
13 Allí las mandrágoras dan su aroma,
y los mejores frutos están a nuestra puerta,
deleites nuevos y antiguos,
que he guardado para ti, amado mío.

La joven
8
1 ¡Cómo quisiera que fueras mi hermano,
el que mamó de los pechos de mi madre!
Así podría besarte sin pensar en quién
nos mira,
y nadie me criticaría.
2 Te llevaría al hogar de mi infancia,
y allí tú me enseñarías.*
Te daría a beber vino con especias,
mi dulce vino de granada.
3 Tu brazo izquierdo estaría bajo mi cabeza
y tu brazo derecho me abrazaría.

4 Prométanme, oh mujeres de Jerusalén,
que no despertarán al amor hasta que
llegue el momento apropiado.*

Las jóvenes de Jerusalén
5 ¿Quién es esa que viene majestuosamente
desde el desierto
recostada sobre su amante?

La joven
Desperté tus deseos bajo el manzano,
donde tu madre te dio a luz,
donde con tanto dolor te trajo al mundo.
6 Ponme como un sello sobre tu corazón,
como un sello sobre tu brazo.
Pues el amor es tan fuerte como la muerte,
y sus celos, tan duraderos* como la
tumba.*
El amor destella como el fuego
con la llama más intensa.
7 Las muchas aguas no pueden apagar
el amor,
ni los ríos pueden ahogarlo.
Si un hombre tratara de comprar amor
con toda su fortuna,
su oferta sería totalmente rechazada.

Los hermanos de la joven
8 Tenemos una hermanita
demasiado joven para tener pechos.
¿Qué haremos con nuestra hermana
si alguien pide casarse con ella?
9 Si es virgen como un muro,
la protegeremos con una torre de plata;
pero si es promiscua como una puerta
que gira,
le trabaremos la puerta con una barra
de cedro.

La joven
10 Yo era virgen como un muro,
ahora mis pechos son como torres.
Cuando mi amante me mira
se deleita con lo que ve.

11 Salomón tiene un viñedo en Baal-hamón
y lo renta a arrendatarios.
Cada uno de ellos paga mil monedas
de plata*
por cosechar la fruta.
12 Sin embargo, yo soy la dueña de mi viñedo y
yo decido a quién dárselo,
y Salomón no tiene que pagar mil monedas
de plata;
pero yo daré doscientas monedas
a quienes cuiden de sus vides.

El joven
13 Amada mía, tú que te entretienes en los
jardines,
tus compañeros tienen la dicha de oír
tu voz.
¡Déjame oírla también!

La joven
14 ¡Ven conmigo, mi amor! Sé como una gacela,
o como un venado joven sobre los montes
de especias.

7:9 Así aparece en la versión griega, en la siríaca y en la Vulgata Latina; en hebreo dice *sobre los labios de los que duermen.*   7:11 O *en las aldeas.*   8:2 O *allí ella me enseñará,* o *allí ella me dio a luz.*   8:4 O *que no despertarán al amor hasta que esté listo.*   8:6a O *su pasión, tan duradera.*   8:6b En hebreo *como el Seol.*   8:11 En hebreo *mil siclos de plata.*

Isaías

1 Estas son las visiones que tuvo Isaías, hijo de
Amoz, acerca de Judá y Jerusalén durante
los años en que Uzías, Jotam, Acaz y Ezequías
eran reyes de Judá.*

Mensaje para el rebelde pueblo de Judá

² ¡Escuchen, oh cielos! ¡Presta atención, oh tierra!
    Esto dice el Señor:
«Los hijos que crié y cuidé
    se han rebelado contra mí.
³ Hasta un buey conoce a su dueño,
    y un burro reconoce los cuidados de
        su amo,
pero Israel no conoce a su amo.
    Mi pueblo no reconoce mis cuidados
        a su favor».
⁴ ¡Qué nación tan pecadora,
    pueblo cargado con el peso de su culpa!
Está lleno de gente malvada,
    hijos corruptos que han rechazado
        al Señor.
Han despreciado al Santo de Israel
    y le han dado la espalda.

⁵ ¿Por qué buscar más castigo?
    ¿Se rebelarán para siempre?
Tienen la cabeza herida
    y el corazón angustiado.
⁶ Desde los pies hasta la cabeza, están llenos
        de golpes,
    cubiertos de moretones, contusiones y
        heridas infectadas,
sin vendajes ni ungüentos que los alivien.
⁷ Su país yace en ruinas,
    y sus ciudades han sido incendiadas.
Los extranjeros saquean sus campos frente
        a sus propios ojos
    y destruyen todo lo que ven a su paso.
⁸ La hermosa Jerusalén* está abandonada
        como el refugio del cuidador en un viñedo,
como la choza en un campo de pepinos
        después de la cosecha,
como una ciudad indefensa y sitiada.
⁹ Si el Señor de los Ejércitos Celestiales
        no hubiera perdonado la vida a unos cuantos
            entre nosotros,*
    habríamos sido exterminados como Sodoma
        y destruidos como Gomorra.

¹⁰ Escuchen al Señor, líderes de «Sodoma».
    Escuchen la ley de nuestro Dios, pueblo
        de «Gomorra».
¹¹ «¿Qué les hace pensar que yo deseo sus
        sacrificios?
    —dice el Señor—.
Estoy harto de sus ofrendas quemadas
        de carneros
    y de la grasa del ganado engordado.
No me agrada la sangre
    de los toros ni de los corderos ni de
        las cabras.
¹² Cuando vienen a adorarme,
    ¿quién les pidió que desfilaran por mis
        atrios con toda esa ceremonia?
¹³ Dejen de traerme sus regalos sin sentido.
    ¡El incienso de sus ofrendas me da asco!
En cuanto a sus celebraciones de luna nueva,
        del día de descanso
    y de sus días especiales de ayuno,
todos son pecaminosos y falsos.
    ¡No quiero más de sus piadosas reuniones!
¹⁴ Odio sus celebraciones de luna nueva y sus
        festivales anuales;
    son una carga para mí. ¡No los soporto!
¹⁵ Cuando levanten las manos para orar, no
        miraré;
    aunque hagan muchas oraciones, no
        escucharé,
porque tienen las manos cubiertas con
        la sangre de víctimas inocentes.

¹⁶ ¡Lávense y queden limpios!
    Quiten sus pecados de mi vista.
    Abandonen sus caminos malvados.
¹⁷ Aprendan a hacer el bien.
    Busquen la justicia
    y ayuden a los oprimidos.
Defiendan la causa de los huérfanos
    y luchen por los derechos de las viudas.

¹⁸ »Vengan ahora. Vamos a resolver este asunto
        —dice el Señor—.
Aunque sus pecados sean como la escarlata,
    yo los haré tan blancos como la nieve.
Aunque sean rojos como el carmesí,
    yo los haré tan blancos como la lana.
¹⁹ Si tan solo me obedecen,
    tendrán comida en abundancia.

1:1 Estos reyes gobernaron entre los años 792 y 686 a. C.   **1:8** En hebreo *La hija de Sión*.   **1:9** La versión griega dice *a unos cuantos
de nuestros hijos*. Comparar Rm 9:29.

²⁰ Pero si se apartan y se niegan a escuchar,
la espada de sus enemigos los devorará.
¡Yo, el Señor, he hablado!».

Jerusalén, la infiel

²¹ Miren cómo Jerusalén, que antes era
tan fiel,
se ha convertido en una prostituta.
Antes era el centro de la justicia y la rectitud,
pero ahora está repleta de asesinos.

²² Antes eras como la plata pura,
ahora te has vuelto como escoria sin valor.
Antes eras pura,
ahora eres como el vino diluido en agua.

²³ Tus líderes son rebeldes,
compañeros de ladrones.
A todos ellos les encantan los sobornos
y exigen que se los den,
pero se niegan a defender la causa de los
huérfanos
y a luchar por los derechos de
las viudas.

²⁴ Por lo tanto, el Señor, el Señor de los
Ejércitos Celestiales,
el Poderoso de Israel, dice:
«¡Me vengaré de mis enemigos
y a mis adversarios les daré su
merecido!

²⁵ Levantaré el puño en tu contra;
te derretiré para sacarte la escoria
y te quitaré todas tus impurezas.

²⁶ Otra vez te daré buenos jueces,
y consejeros sabios como los que
antes tenías.
Entonces Jerusalén volverá a ser llamada
Centro de Justicia
y Ciudad Fiel».

²⁷ Sión será restaurada por medio de la
justicia;
los que se arrepientan serán revividos
por la rectitud.

²⁸ Pero los rebeldes y los pecadores serán
destruidos por completo,
y los que abandonen al Señor serán
consumidos.

²⁹ Sentirás vergüenza de haber rendido culto
a los ídolos
en los bosques de los robles sagrados.
Te sonrojarás por haber adorado
en los jardines consagrados a los ídolos.

³⁰ Serás como un gran árbol con las hojas
marchitas,
como un jardín sin agua.

³¹ Los más fuertes de ustedes desaparecerán
como la paja;
sus malas acciones serán la chispa que la
encienda.
Ellos y sus malas acciones se quemarán
juntos,
y nadie podrá apagar el fuego.

El reinado futuro del Señor

2 Esta es una visión que tuvo Isaías, hijo de
Amoz, acerca de Judá y de Jerusalén:

² En los últimos días, el monte de la casa del
Señor
será el más alto de todos,
el lugar más importante de la tierra.
Se levantará por encima de las demás colinas,
y gente del mundo entero vendrá allí para
adorar.

³ Vendrá gente de muchas naciones y dirán:
«Vengan, subamos al monte del Señor,
a la casa del Dios de Jacob.
Allí él nos enseñará sus caminos,
y andaremos en sus sendas.
Pues de Sión saldrá la enseñanza del Señor;
de Jerusalén saldrá su palabra».

⁴ El Señor mediará entre las naciones
y resolverá los conflictos internacionales.
Ellos forjarán sus espadas en rejas de arado
y sus lanzas en herramientas para podar.
No peleará más nación contra nación,
ni seguirán entrenándose para la guerra.

Advertencia de juicio

⁵ Vengan, descendientes de Jacob,
caminemos a la luz del Señor.

⁶ Pues el Señor ha rechazado a su pueblo,
a los descendientes de Jacob,
porque han llenado la tierra con prácticas
del oriente
y con hechiceros, igual que los filisteos.
Han formado alianzas con paganos.

⁷ Israel está lleno de plata y de oro;
sus tesoros no tienen fin.
Su tierra está llena de caballos de guerra
y tampoco tienen fin sus carros de guerra.

⁸ La tierra está llena de ídolos.
El pueblo rinde culto a cosas que hizo
con sus propias manos.

⁹ Por eso ahora serán humillados,
y todos serán rebajados;
no los perdones.

¹⁰ Escabúllanse en cuevas en medio de las rocas.
En el polvo, escóndanse
del terror del Señor
y de la gloria de su majestad.

¹¹ El orgullo humano será rebajado,
y la arrogancia humana será humillada.
Solo el Señor será exaltado
en aquel día de juicio.

¹² Pues el Señor de los Ejércitos Celestiales
tiene asignado un día de juicio.
Él castigará al orgulloso y al poderoso
y derribará todo lo que esté enaltecido.

¹³ Cortará los altos cedros del Líbano
y todos los poderosos robles de Basán.

¹⁴ Aplanará las altas montañas
y todas las colinas elevadas.

¹⁵ Derribará cada torre alta
y cada muro fortificado.

16 Destruirá todos los grandes barcos mercantes*
    y todas las naves magníficas.
17 El orgullo humano será humillado,
    y la arrogancia humana será rebajada.
    Solo el Señor será enaltecido
        en aquel día de juicio.

18 Los ídolos desaparecerán por completo.
19 Cuando el Señor se levante para sacudir
        la tierra,
    sus enemigos se escabullirán en hoyos en
        el suelo.
    En cuevas en las rocas se esconderán
        del terror del Señor
    y de la gloria de su majestad.
20 En aquel día de juicio abandonarán los ídolos
        de oro y de plata
    que se hicieron para rendirles culto.
    Abandonarán sus dioses y los dejarán a los
        roedores y a los murciélagos,
21   mientras ellos se escabullen en cuevas
    y se esconden en los acantilados entre
        los peñascos.
    Tratarán de escapar del terror del Señor
    y de la gloria de su majestad,
        cuando él se levante para sacudir la tierra.
22 No pongan su confianza en los simples
        humanos;
    son tan frágiles como el aliento.
    ¿Qué valor tienen?

Juicio contra Judá

3 1El Señor, el Señor de los Ejércitos
        Celestiales,
    les quitará a Jerusalén y a Judá
    todo aquello en lo que confían:
        hasta el último pedazo de pan
        y la última gota de agua;
2 todos sus héroes y soldados;
        jueces y profetas;
        adivinos y ancianos;
3 oficiales militares y altos funcionarios;
        consejeros, hábiles artesanos y astrólogos.

4 Haré que sus líderes sean muchachos,
    y que niños pequeños sean sus gobernantes.
5 Se oprimirán unos a otros:
        hombre contra hombre y
        vecino contra vecino.
    Los jóvenes insultarán a sus mayores,
    y la gente vulgar mirará con desdén
        a la gente honorable.

6 En esos días, un hombre le dirá a su
        hermano:
    «Como tú tienes abrigo, ¡sé nuestro líder!
    ¡Hazte cargo de este montón de ruinas!».
7 Pero él responderá:
    «¡No! No puedo ayudarlos.
    No tengo comida ni ropa que me sobre;
        ¡no me pongan al mando!».

8 Pues Jerusalén tropezará,
    y Judá caerá,
    porque hablan contra el Señor y se niegan
        a obedecerlo.
    Lo provocan descaradamente.
9 El aspecto mismo de su rostro los delata.
    Exhiben su pecado como la gente de
        Sodoma
    y ni siquiera tratan de esconderlo.
    ¡Están condenados!
    Han traído destrucción sobre ellos
        mismos.

10 Díganles a los justos que a ellos les irá bien
        en todo.
    ¡Disfrutarán de la rica recompensa que se
        han ganado!
11 En cambio, los malvados están condenados,
    porque recibirán exactamente lo que se
        merecen.

12 Líderes inmaduros oprimen a mi pueblo,
    y las mujeres lo gobiernan.
    Oh, pueblo mío, tus líderes te engañan;
    te llevan por el camino equivocado.

13 El Señor ocupa su lugar en el tribunal,
    ¡y presenta su caso contra su pueblo!
14 El Señor se presenta para pronunciar juicio
    sobre los ancianos y los gobernantes de
        su pueblo:
    «Ustedes han destruido a Israel, mi viñedo.
    Sus casas están llenas de cosas robadas a
        los pobres.
15 ¿Cómo se atreven a aplastar a mi pueblo,
    al restregar la cara de los pobres contra
        el polvo?»,
    reclama el Señor, el Señor de los Ejércitos
        Celestiales.

Advertencia a Jerusalén

16 El Señor dice: «La hermosa Sión*
        es altanera:
    estira su elegante cuello,
    coquetea con los ojos y
    camina con pasos delicados
        haciendo sonar los brazaletes de
        sus tobillos.
17 Por eso el Señor le mandará costras a su
        cabeza.
    El Señor dejará calva a la hermosa Sión».

18 En aquel día de juicio
    el Señor la despojará de todo lo que la
        embellece:
    adornos, diademas, collares con forma de
        luna creciente,
19   aretes, pulseras, velos,
20 pañuelos, brazaletes para el tobillo, fajas,
    perfumes, dijes,
21 anillos, joyas,
22   vestidos de fiesta, túnicas, mantos, bolsos,

2:16 En hebreo *todos los barcos de Tarsis.*   **3:16** O *Las mujeres de Sión* (con los cambios correspondientes al plural hasta el versículo 24);
en hebreo dice *Las hijas de Sión;* también en 3:17.

²³ espejos, ropas de lino de alta calidad,
adornos para la cabeza y mantillas.

²⁴ En lugar de oler a dulce perfume, apestará.
Usará una soga como faja
y su elegante cabello se le caerá.
Usará tela áspera en lugar de vestidos
costosos,
y la vergüenza reemplazará su belleza.*

²⁵ Los hombres de la ciudad morirán a espada,
y sus guerreros morirán en batalla.

²⁶ Las puertas de Sión llorarán y se lamentarán.
La ciudad será como una mujer violada,
acurrucada en el suelo.

4 En aquel día quedarán tan pocos hombres
que siete mujeres pelearán por uno solo y
le dirán: «¡Deja que todas nos casemos contigo! Nos ocuparemos de nuestra propia comida
y ropa. Solo déjanos tomar tu apellido, para que
no se burlen de nosotras diciendo que somos
solteronas».

Una promesa de restauración

² Pero en aquel día, el retoño* del SEÑOR
será hermoso y glorioso.
El fruto de la tierra será el orgullo y la gloria
de todos los sobrevivientes de Israel.

³ Los que queden en Sión
serán un pueblo santo,
los que sobrevivan la destrucción de
Jerusalén
y estén registrados entre los vivientes.

⁴ El Señor lavará la inmundicia de la hermosa
Sión*
y limpiará a Jerusalén de sus manchas
de sangre
con el aliento abrasador de su ardiente juicio.

⁵ Entonces el SEÑOR proveerá sombra para
el monte Sión
y para todos los que se reúnan allí;
les dará una cubierta de nubes durante el día
y por la noche, humo y ardiente fuego,
que cubrirá la tierra gloriosa.

⁶ Será un refugio del calor del día
y un albergue contra las tormentas y la lluvia.

Un canto acerca de la viña del SEÑOR

5 ¹ Ahora cantaré para aquel a quien amo
un canto acerca de su viña.
Mi amado tenía una viña
en una colina rica y fértil.

² Aró la tierra, le quitó las piedras
y sembró en ella las mejores vides.
En medio de su viña construyó una torre
de vigilancia
y talló un lagar en las rocas cercanas.
Luego esperó una cosecha de uvas dulces,
pero las uvas que crecieron eran amargas.

³ Ahora ustedes, pueblo de Jerusalén y de Judá,
juzguen entre mi viña y yo.

⁴ ¿Qué más podría hacer por mi viña,
que no haya hecho ya?
¿Por qué, cuando esperaba uvas dulces,
mi viña me dio uvas amargas?

⁵ Déjenme decirles ahora
lo que haré con mi viña:
echaré abajo sus cercos
y dejaré que se destruya.
Derrumbaré sus muros
y dejaré que los animales la pisoteen.

⁶ La convertiré en un lugar silvestre,
donde no se podan las vides ni se remueve
la tierra;
un lugar cubierto de cardos y espinos.
Ordenaré a las nubes
que no dejen caer la lluvia sobre ella.

⁷ La nación de Israel es la viña del SEÑOR de
los Ejércitos Celestiales
El pueblo de Judá es su agradable huerto.
Él esperaba una cosecha de justicia,
pero, en cambio, encontró opresión.
Esperaba encontrar rectitud,
pero, en cambio, oyó gritos de violencia.

Culpa de Judá y su juicio

⁸ ¡Qué aflicción para ustedes que se apropian
de una casa tras otra y de un campo
tras otro
hasta que todos queden desalojados y
ustedes vivan solos en la tierra!

⁹ Pero yo he oído al SEÑOR de los Ejércitos
Celestiales
hacer un juramento solemne:
«Muchas casas quedarán abandonadas;
hasta mansiones hermosas estarán vacías.

¹⁰ Cuatro hectáreas* de viñedo no producirán
ni veintiún litros* de vino
y diez canastas de semilla solo darán una
canasta* de grano».

¹¹ Qué aflicción para los que se levantan
temprano por la mañana
en busca de un trago de alcohol,
y pasan largas noches bebiendo vino
hasta tener una fuerte borrachera.

¹² Proveen vino y música hermosa para sus
grandes fiestas
—lira y arpa, pandereta y flauta—
pero nunca piensan en el SEÑOR
ni se dan cuenta de lo que él hace.

¹³ Por lo tanto, mi pueblo irá al destierro muy
lejos
porque no me conoce.
La gente importante y los que reciban honra
se morirán de hambre,
y la gente común morirá de sed

3:24 Así aparece en los Rollos del mar Muerto; en el texto masorético dice *vestidos costosos / porque en lugar de belleza.* **4:2** O el *Retoño.* **4:4** O *de las mujeres de Sión;* en hebreo dice *de las hijas de Sión.* **5:10a** En hebreo *Unas diez yugadas,* es decir, la superficie que araban diez yuntas de bueyes en un día. **5:10b** En hebreo *un bato* [6 galones]. **5:10c** En hebreo *un homer* [182 litros ó 220 litros] *de semilla solo producirá un efa* [22 litros ó 20 kilos].

¹⁴ La tumba* se relame de expectativa
    y abre bien grande la boca.
Los importantes y los humildes,
    y la turba de borrachos, todos serán
        devorados.

¹⁵ La humanidad será destruida y la gente
        derribada;
    hasta los arrogantes bajarán la mirada con
        humildad.

¹⁶ Pero el Señor de los Ejércitos Celestiales será
        exaltado por su justicia;
    la santidad de Dios se demostrará por su
        rectitud.

¹⁷ En aquel día, los corderos encontrarán buenos
        pastos,
    y entre las ruinas apacentarán las ovejas
        engordadas y los cabritos.*

¹⁸ ¡Qué aflicción para los que arrastran sus
        pecados
    con sogas hechas de mentiras,
    que arrastran detrás de sí la maldad como
        si fuera una carreta!

¹⁹ Hasta se burlan de Dios diciendo:
    «¡Apresúrate, haz algo!,
    queremos ver lo que puedes hacer.
    Que el Santo de Israel lleve a cabo
        su plan,
    porque queremos saber qué es».

²⁰ ¡Qué aflicción para los que dicen
    que lo malo es bueno y lo bueno es malo,
    que la oscuridad es luz y la luz es oscuridad,
    que lo amargo es dulce y lo dulce es
        amargo!

²¹ ¡Qué aflicción para los que se creen sabios en
        su propia opinión
    y se consideran muy inteligentes!

²² ¡Qué aflicción para los que son campeones a
        la hora de beber vino
    y se jactan de la cantidad de alcohol que
        pueden tomar!

²³ Aceptan sobornos para dejar en libertad a
        los perversos,
    y castigan a los inocentes.

²⁴ Por lo tanto, así como las lenguas de fuego
        consumen los rastrojos,
    y la hierba seca se marchita y cae en medio
        de la llama,
    así las raíces de ellos se pudrirán
    y sus flores se marchitarán.
Pues han rechazado la ley del Señor de los
        Ejércitos Celestiales;
    han despreciado la palabra del Santo de
        Israel.

²⁵ Por eso el enojo del Señor arde contra su
        pueblo
    y ha levantado el puño para aplastarlo.
Los montes tiemblan
    y los cadáveres de su pueblo están tirados
        por las calles como basura.

Pero aun así, el enojo del Señor no está
        satisfecho.
    ¡Su puño todavía está listo para asestar el
        golpe!

²⁶ Él enviará una señal a las naciones lejanas
    y llamará con un silbido a los que están en
        los confines de la tierra;
    ellos irán corriendo a Jerusalén.

²⁷ No se cansarán, ni tropezarán.
    No se detendrán para descansar ni para
        dormir.
Nadie tendrá flojo el cinturón
    ni rotas las tiras de ninguna sandalia.

²⁸ Sus flechas estarán afiladas
    y sus arcos listos para la batalla.
De los cascos de sus caballos saltarán chispas,
    y las ruedas de sus carros de guerra girarán
        como un torbellino.

²⁹ Rugirán como leones,
    como los más fuertes entre los leones.
Se lanzarán gruñendo sobre sus víctimas y
        se las llevarán,
    y no habrá nadie para rescatarlas.

³⁰ Rugirán sobre sus víctimas en aquel día
        de destrucción,
    como el rugido del mar.
Si alguien extiende su mirada por toda
        la tierra,
    solo verá oscuridad y angustia;
    hasta la luz quedará oscurecida por
        las nubes.

Purificación y llamado de Isaías

6 El año en que murió el rey Uzías,* vi al Señor
    sentado en un majestuoso trono, y el borde
de su manto llenaba el templo. ²Lo asistían poderosos serafines, cada uno tenía seis alas. Con dos
alas se cubrían el rostro, con dos se cubrían los
pies y con dos volaban. ³Se decían unos a otros:

«¡Santo, santo, santo es el Señor de los
        Ejércitos Celestiales!
    ¡Toda la tierra está llena de su gloria!».

⁴Sus voces sacudían el templo hasta los cimientos, y todo el edificio estaba lleno de humo.

⁵Entonces dije: «¡Todo se ha acabado para mí!
Estoy condenado, porque soy un pecador. Tengo
labios impuros, y vivo en medio de un pueblo de
labios impuros; sin embargo, he visto al Rey, el
Señor de los Ejércitos Celestiales».

⁶Entonces uno de los serafines voló hacia mí
con un carbón encendido que había tomado del
altar con unas tenazas. ⁷Con él tocó mis labios y
dijo: «¿Ves? Este carbón te ha tocado los labios.
Ahora tu culpa ha sido quitada, y tus pecados
perdonados».

⁸Después oí que el Señor preguntaba: «¿A
quién enviaré como mensajero a este pueblo?
¿Quién irá por nosotros?».

—Aquí estoy yo —le dije—. Envíame a mí.

5:14 En hebreo *El Seol.*   5:17 Así aparece en la versión griega; en hebreo dice *y forasteros.*   6:1 El rey Uzías murió en el año 740 a. C.

⁹Y él me dijo:

—Bien, ve y dile a este pueblo:

"Escuchen con atención, pero no entiendan;
   miren bien, pero no aprendan nada".
¹⁰ Endurece el corazón de este pueblo;
   tápales los oídos y ciérrales los ojos.
De esa forma, no verán con sus ojos,
   ni oirán con sus oídos,
ni comprenderán con su corazón
   para que no se vuelvan a mí en busca
   de sanidad.*

¹¹Entonces yo dije:

—Señor, ¿cuánto tiempo durará esto?

Y él contestó:

—Hasta que sus ciudades queden vacías,
   sus casas queden desiertas
   y la tierra entera quede seca y baldía,
¹² hasta que el SEÑOR haya mandado a todos
   lejos
   y toda la tierra de Israel quede desierta.
¹³ Si aún sobrevive una décima parte, un
   remanente,
   volverá a ser invadida y quemada.
Pero así como el terebinto o el roble dejan un
   tocón cuando se cortan,
   también el tocón de Israel será una semilla
   santa.

Mensaje para Acaz

7 Cuando Acaz, hijo de Jotam y nieto de Uzías,
era rey de Judá, Rezín, rey de Siria,* y Peka,
hijo de Remalías, rey de Israel, salieron para atacar a Jerusalén. Sin embargo, no pudieron llevar
a cabo su plan.

²A la corte real de Judá había llegado la
siguiente noticia: «¡Siria se ha aliado con Israel*
en contra de nosotros!». Por eso, el corazón del
rey y el de su pueblo temblaron de miedo, como
tiemblan los árboles en medio de una tormenta.

³Entonces el SEÑOR dijo a Isaías: «Toma a tu
hijo Sear-jasub* y ve al encuentro del rey Acaz.
Lo encontrarás al final del acueducto que conduce el agua al estanque superior, cerca del camino que lleva al campo donde se lavan* las
telas. ⁴Dile que deje de preocuparse; que no hay
por qué temer a la ira feroz de esos dos tizones
apagados que son Rezín, rey de Siria y Peka, hijo
de Remalías. ⁵Es verdad que los reyes de Siria
y de Israel han conspirado contra él diciendo:
⁶"Atacaremos a Judá y lo conquistaremos y pertenecerá a nosotros. Después pondremos en el
trono de Judá al hijo de Tabeel". ⁷Pero esto dice
el SEÑOR Soberano:

»"Esta invasión nunca sucederá,
   nunca se llevará a cabo;

⁸ pues Siria no es más fuerte que Damasco,
   su capital,
   y Damasco no es más fuerte que Rezín,
   su rey.
En cuanto a Israel, dentro de sesenta y cinco
   años
   será aplastado y destruido por completo.
⁹ Israel no es más fuerte que Samaria, su
   capital,
   y Samaria no es más fuerte que Peka, hijo
   de Remalías, su rey.
A menos que ustedes tengan una fe firme,
   no puedo hacer que permanezcan firmes"».

Señal de Emanuel

¹⁰Más tarde, el SEÑOR le envió al rey Acaz el
siguiente mensaje: ¹¹«Acaz, pídele al SEÑOR tu
Dios una señal de confirmación. Hazla tan difícil como quieras: tan alta como los cielos o tan
profunda como el lugar de los muertos».*

¹²Pero el rey se negó.

—No —dijo el rey—. No pondré a prueba al
SEÑOR así.

¹³Entonces Isaías le dijo:

—¡Escuchen bien, ustedes de la familia real
de David! ¿Acaso no les basta con agotar la
paciencia humana? ¿También tienen que agotar la paciencia de mi Dios? ¹⁴Muy bien, el
Señor mismo les dará la señal. ¡Miren! ¡La virgen* concebirá un niño! Dará a luz un hijo y
lo llamarán Emanuel (que significa "Dios está
con nosotros"). ¹⁵Cuando ese hijo tenga edad
suficiente para escoger lo correcto y rechazar
lo malo, estará comiendo yogur* y miel. ¹⁶Pues
antes de que el niño tenga esa edad, las tierras
de los dos reyes que tanto temes quedarán
desiertas.

¹⁷»Luego el SEÑOR hará venir sobre ti, sobre
tu nación y sobre tu familia, hechos como nunca hubo desde que Israel se separó de Judá.
¡Pondrá al rey de Asiria en tu contra!

¹⁸»En ese día, el SEÑOR llamará con un silbido
al ejército del sur de Egipto y al ejército de
Asiria. Ellos te rodearán como un enjambre de
moscas o abejas. ¹⁹Vendrán en inmensas multitudes y se establecerán en las regiones fértiles y
también en los valles desolados, en las cuevas y
en los lugares llenos de espinos. ²⁰En ese día, el
Señor contratará a una «navaja» procedente del
otro lado del río Éufrates* —el rey de Asiria— y
la usará para afeitarte por completo: tu tierra,
tus cosechas y tu pueblo.*

²¹»En ese día, un campesino se considerará
afortunado si le quedan una vaca y dos ovejas
o cabras. ²²Sin embargo, habrá suficiente leche
para todos, porque quedarán pocos habitantes en la tierra. Comerán yogur y miel hasta

6:9-10 La versión griega dice Y él dijo: «Ve y dile a este pueblo: / "Cuando ustedes oigan lo que digo, no entenderán. / Cuando vean lo que hago, no comprenderán". / Pues el corazón de este pueblo está endurecido, / y sus oídos no pueden oír, / y han cerrado los ojos, / así que unos ojos no pueden ver, / y sus oídos no pueden oír, / y su corazón no puede entender, / y no pueden volver a mí, para que los sane. Comparar Mt 13:14-15; Mc 4:12; Lc 8:10; Hch 28:26-27.   7:1 En hebreo Aram; también en 7:2, 4, 5 y 8.   7:2 En hebreo Efraín; término que se refiere al reino del norte de Israel; también en 7:5, 8, 9 y 17.   7:3 Sear-jasub significa «regresará un remanente».   7:3b O se limpiaban.   7:11 En hebreo tan profunda como el Seol.   7:14 O la joven.   7:15 O cuajada; también en 7:22.   7:20a En hebreo el río.   7:20b En hebreo los rapará la cabeza, el vello de las piernas y la barba.

saciarse. ²³En aquel día, los viñedos lozanos que hoy valen mil piezas de plata* se convertirán en parcelas llenas de zarzas. ²⁴Toda la tierra se convertirá en una gran extensión repleta de zarzas y espinos, en un territorio de cacería lleno de animales salvajes. ²⁵Nadie irá a las laderas fértiles donde antes crecían los huertos, porque estarán cubiertas de zarzas y de espinos; allí apacentarán el ganado, las ovejas y las cabras.

Futura invasión de los asirios

8 Luego el SEÑOR me dijo: «Haz un letrero grande y escribe con claridad el siguiente nombre: Maher-shalal-hash-baz*». ²Les pedí al sacerdote Urías y a Zacarías, hijo de Jeberequías, ambos conocidos como hombres honrados, que fueran testigos de lo que yo hacía.

³Después me acosté con mi esposa y ella quedó embarazada, y dio a luz un hijo. Y el SEÑOR me dijo: «Ponle por nombre Maher-shalal-hash-baz. ⁴Pues antes de que este hijo tenga edad suficiente para decir "papá" o "mamá", el rey de Asiria se llevará la abundancia de Damasco y las riquezas de Samaria».

⁵Entonces el SEÑOR volvió a hablar conmigo y me dijo: ⁶«Mi cuidado del pueblo de Judá es como el delicado fluir de las aguas de Siloé, pero ellos lo han rechazado. Se alegran por lo que les sucederá al* rey Rezín y al rey Peka.* ⁷Por lo tanto, el Señor los arrollará con una poderosa inundación del río Éufrates,* el rey de Asiria con toda su gloria. La inundación desbordará todos los canales ⁸y cubrirá a Judá hasta la altura. Extenderá sus alas y sumergirá a tu tierra de un extremo al otro, Emanuel.

⁹ »Reúnanse, naciones, y llénense de terror.
    Escuchen, todas ustedes, tierras lejanas:
prepárense para la batalla, ¡pero serán
    aplastadas!
    Sí, prepárense para la batalla, ¡pero serán
    aplastadas!
¹⁰ Convoquen a sus asambleas de guerra, pero
    no les servirán de nada;
    desarrollen sus estrategias, pero no tendrán
    éxito,
    ¡porque Dios está con nosotros!».*

Un llamado a confiar en el SEÑOR

¹¹El SEÑOR me dio una firme advertencia de no pensar como todos los demás. Me dijo:

¹² «No llames conspiración a todo, como hacen
    ellos,
    ni vivas aterrorizado de lo que a ellos les
    da miedo.
¹³ Ten por santo en tu vida al SEÑOR de los
    Ejércitos Celestiales;

    él es a quien debes temer.
    Él es quien te debería hacer temblar.
¹⁴ Él te mantendrá seguro.
    En cambio, para Israel y Judá
    será una piedra de tropiezo;
    una roca que los hace caer.
    Y para el pueblo de Jerusalén
    será una red y una trampa.
¹⁵ Muchos tropezarán y caerán
    y no volverán a levantarse;
    caerán en la trampa y serán capturados».

¹⁶ Preserva las enseñanzas de Dios;
    confía sus instrucciones a quienes me
    siguen.
¹⁷ Yo esperaré al SEÑOR,
    que se ha apartado de los descendientes
    de Jacob;
    en él pondré mi esperanza.

¹⁸Yo y los hijos que el SEÑOR me ha dado servimos como señales y advertencias a Israel de parte del SEÑOR de los Ejércitos Celestiales, quien habita en su templo en el monte Sión.

¹⁹Tal vez alguien les diga: «Preguntemos a los médiums y a los que consultan los espíritus de los muertos; con sus susurros y balbuceos nos dirán qué debemos hacer». Pero ¿acaso no deberá el pueblo pedirle a Dios que lo guíe? ¿Deberían los vivos buscar orientación de los muertos?

²⁰¡Busquen las instrucciones y las enseñanzas de Dios! Quienes contradicen su palabra están en completa oscuridad. ²¹Irán de un lugar a otro, fatigados y hambrientos. Y porque tienen hambre, se pondrán furiosos y maldecirán a su rey y a su Dios. Levantarán la mirada al cielo ²²y luego la bajarán a la tierra, pero dondequiera que miren habrá problemas, angustia y una oscura desesperación. Serán lanzados a las tinieblas de afuera.

Esperanza en el Mesías

9 ¹*Sin embargo, ese tiempo de oscuridad y de desesperación no durará para siempre. La tierra de Zabulón y de Neftalí será humillada, pero habrá un tiempo en el futuro cuando Galilea de los gentiles,* que se encuentra junto al camino que va del Jordán al mar, será llena de gloria.

² *El pueblo que camina en oscuridad
    verá una gran luz.
    Para aquellos que viven en una tierra de
    densa oscuridad,*
    brillará una luz.
³ Harás que crezca la nación de Israel,
    y sus habitantes se alegrarán.
    Se alegrarán ante ti
    como la gente se goza en la cosecha,
    y como los guerreros cuando se dividen
    el botín.

7:23 En hebreo *mil siclos de plata*, aproximadamente 11,04 kilos ó 25 libras. **8:1** *Maher-shalal-hash-baz* significa «rápido para saquear y rápido para llevar». **8:6a** O *Se alegran a causa del*. **8:6b** En hebreo *y al hijo de Remalías*. **8:7** En hebreo *el río*. **8:10** En hebreo *¡Emanuel!* **9:1a** El versículo 9:1 corresponde al 8:23 en el texto hebreo. **9:1b** *Gentil[es]*, que no es judío. **9:2a** Los versículos del 9:2-21 corresponden al 9:1-20 en el texto hebreo. **9:2b** La versión griega dice *una tierra donde la muerte arroja su sombra*. Comparar con Mt 4:16.

⁴ Pues tú quebrantarás el yugo de su esclavitud
y levantarás la pesada carga de sus
hombros.
Romperás la vara del opresor,
tal como lo hiciste cuando destruiste al
ejército de Madián.
⁵ Las botas de los guerreros
y los uniformes manchados de sangre
por la guerra
serán quemados;
serán combustible para el fuego.
⁶ Pues nos ha nacido un niño,
un hijo se nos ha dado;
el gobierno descansará sobre sus hombros,
y será llamado:
Consejero Maravilloso,* Dios Poderoso,
Padre Eterno, Príncipe de Paz.
⁷ Su gobierno y la paz
nunca tendrán fin.
Reinará con imparcialidad y justicia desde
el trono de su antepasado David
por toda la eternidad.
¡El ferviente compromiso del Señor de los
Ejércitos Celestiales
hará que esto suceda!

Enojo del Señor contra Israel

⁸ El Señor se ha pronunciado contra Jacob;
su juicio ha caído sobre Israel.
⁹ Y los habitantes de Israel* y de Samaria,
quienes hablaron con tanta soberbia y
arrogancia,
pronto se enterarán.
¹⁰ Decían: «Reemplazaremos los ladrillos rotos
de nuestras ruinas con piedra labrada
y volveremos a plantar cedros donde
cayeron las higueras sicómoros».

¹¹ Pero el Señor traerá a los enemigos de Rezín
contra Israel
e incitará a todos sus adversarios.
¹² Los sirios* desde el oriente y los filisteos
desde el occidente
sacarán sus colmillos y devorarán a Israel.
Pero aun así no quedará satisfecho el enojo
del Señor;
su puño sigue preparado para dar el golpe.

¹³ Pues después de tanto castigo, el pueblo
seguirá sin arrepentirse;
no buscará al Señor de los Ejércitos
Celestiales.
¹⁴ Por lo tanto, en un solo día el Señor destruirá
tanto la cabeza como la cola,
la noble rama de palma y el humilde junco.
¹⁵ Los líderes de Israel son la cabeza,
y los profetas mentirosos son la cola.
¹⁶ Pues los líderes del pueblo lo han engañado;
lo han llevado por la senda de la
destrucción.

¹⁷ Por eso el Señor no se complace en los jóvenes,
ni tiene misericordia siquiera de las viudas
y los huérfanos.
Pues todos son unos hipócritas perversos,
y todos ellos hablan necedades.
Pero aun así no quedará satisfecho el enojo
del Señor.
Su puño sigue preparado para dar el golpe.

¹⁸ Esa perversidad es como un incendio
de maleza
que no solo quema las zarzas y los espinos
sino que también hace arder los bosques.
Su fuego hace subir nubes de humo.
¹⁹ La tierra quedará ennegrecida
por la furia del Señor de los Ejércitos
Celestiales.
El pueblo será combustible para el fuego,
y nadie perdonará la vida ni siquiera de su
propio hermano.
²⁰ Atacarán a su vecino de la derecha
pero seguirán con hambre.
Devorarán a su vecino de la izquierda,
pero no quedarán satisfechos.
Al final, se comerán hasta a sus propios hijos.*
²¹ Manasés se alimentará de Efraín,
Efraín se alimentará de Manasés,
y los dos devorarán a Judá.
Pero aun así no quedará satisfecho el enojo
del Señor;
su puño sigue preparado para dar el golpe.

10 ¹ ¡Qué aflicción les espera a los jueces
injustos
y a los que emiten leyes injustas!
² Privan a los pobres de la justicia
y les niegan sus derechos a los necesitados
de mi pueblo.
Explotan a las viudas
y se aprovechan de los huérfanos.
³ ¿Qué harán cuando yo los castigue,
cuando envíe el desastre sobre ustedes
desde una tierra lejana?
¿A quién acudirán en busca de ayuda?
¿Dónde estarán seguros sus tesoros?
⁴ Irán tropezando como prisioneros
o quedarán tendidos entre los muertos.
Pero aun así no quedará satisfecho el enojo
del Señor;
su puño sigue preparado para dar el golpe.

Juicio contra Asiria

⁵ «¡Qué aflicción le espera a Asiria, la vara de
mi ira.
Yo la empleo como garrote para expresar
mi enojo.
⁶ Envío a Asiria contra una nación pagana;
contra un pueblo con el cual estoy enojado.
Asiria los saqueará,

9:6 O *Consejero, Maravilloso.* 9:9 En hebreo *de Efraín*, término que se refiere al reino del norte de Israel. 9:12 En hebreo *arameos*.
9:20 O *se comerán hasta sus propios brazos.*

y los pisoteará como a polvo debajo de
sus pies.

⁷ Pero el rey de Asiria no comprenderá que
es mi instrumento;
su mente no funciona de esa forma.
Su plan solo consiste en destruir;
en aplastar a las naciones, una tras otra.

⁸ Dirá:
"Pronto cada uno de mis príncipes será
un rey.

⁹ Hemos destruido a Calno como hicimos antes
con Carquemis.
Hamat cayó ante nosotros como antes
había caído Arfad,
y destruimos a Samaria como lo hicimos
con Damasco.

¹⁰ Sí, hemos acabado con muchos reinos
cuyos dioses eran más grandes que los
de Jerusalén y de Samaria.

¹¹ Por eso derrotaremos a Jerusalén y a sus dioses,
tal como destruimos a Samaria con sus
dioses'".

¹²Después de que el SEÑOR haya utilizado al
rey de Asiria para llevar a cabo sus propósitos en
el monte Sión y en Jerusalén, se volverá contra el
rey de Asiria y lo castigará, porque es soberbio y
arrogante. ¹³Se jacta diciendo:

«Esto lo hice con el poder de mi brazo;
lo planifiqué con mi astuta sabiduría.
Derribé las defensas de las naciones
y me llevé sus tesoros.
Como un toro, he derribado a sus reyes.

¹⁴ Les robé las riquezas como a nidos
y me he adueñado de reinos como un
campesino recoge huevos.
Nadie puede siquiera batir un ala en mi contra.
Nadie puede decir ni pío en protesta».

¹⁵ Ahora bien, ¿puede jactarse el hacha de tener
un poder mayor que la persona que
la usa?
¿Es la sierra mayor que la persona que corta?
¿Puede golpear una vara a menos que la
mueva una mano?
¿Puede caminar solo un bastón de madera?

¹⁶ Por lo tanto, el Señor, el SEÑOR de los Ejércitos
Celestiales,
enviará una plaga entre las orgullosas
tropas de Asiria,
y un fuego ardiente consumirá su gloria.

¹⁷ El SEÑOR, la Luz de Israel, será un fuego;
el Santo será una llama.
Devorará con fuego los espinos y las zarzas,
y en una sola noche quemará al enemigo
por completo.

¹⁸ El SEÑOR consumirá la gloria de Asiria
igual que un incendio consume un bosque
en tierra fértil,

o una plaga a los enfermos.

¹⁹ De ese glorioso bosque, solo sobrevivirán
unos cuantos árboles;
tan pocos, que un niño podrá contarlos.

Esperanza para el pueblo del SEÑOR

²⁰ En ese día, el remanente que quedará
en Israel,
los sobrevivientes de la casa de Jacob,
ya no seguirán confiando en aliados
que buscan destruirlos.
En cambio, confiarán fielmente en el SEÑOR,
el Santo de Israel.

²¹ Un remanente regresará;*
sí, el remanente de Jacob regresará al Dios
Poderoso.

²² Pero aunque los hijos de Israel son tan
numerosos
como la arena a la orilla del mar,
solo un remanente regresará.
El SEÑOR, con razón, ha decidido destruir
a su pueblo.

²³ Sí, el Señor, el SEÑOR de los Ejércitos Celestiales,
ya ha decidido destruir toda la tierra.*

²⁴Así que esto dice el Señor, el SEÑOR de los
Ejércitos Celestiales: «Oh, mi pueblo de Sión, no
temas a los asirios cuando te opriman con vara
y con garrote como lo hicieron los egipcios hace
mucho tiempo. ²⁵Dentro de poco se acabará mi
enojo contra ustedes, y después mi ira se levantará para destruirlos a ellos». ²⁶El SEÑOR de los
Ejércitos Celestiales los azotará con su látigo,
como hizo cuando Gedeón venció a los madianitas en la roca de Oreb, o cuando se levantó la
vara del SEÑOR para ahogar al ejército egipcio en
el mar.

²⁷ En ese día, el SEÑOR acabará con la
servidumbre de su pueblo;
romperá el yugo de la esclavitud
y se lo quitará de los hombros.*

²⁸ Miren, los asirios están ahora en Ajat.
Están atravesando Migrón
y almacenando su equipo en Micmas.

²⁹ Están cruzando el paso de montaña
y acampando en Geba.
El poblado de Ramá queda paralizado
de temor
y toda la gente de Guibeá, el pueblo de Saúl,
corre para salvar su vida.

³⁰ Griten de terror,
gente de Galim.
Grítenle una advertencia a Lais.
¡Pobre Anatot!

³¹ Allá va la gente de Madmena, todos huyen;
los ciudadanos de Gebim tratan de
esconderse.

10:21 En hebreo *Sear-jasub;* ver 7:3; 8:18.   10:22-23 La versión griega dice *solo un remanente se salvará. / Pues él ejecutará su
sentencia sin demora, de manera terminante y con justicia; / porque Dios ejecutará su sentencia de manera terminante sobre el mundo
entero. Comparar Rm 9:27-28.*   10:27 Así aparece en la versión griega; en hebreo dice *el yugo será quebrantado, / por lo mucho que tú
has engordado.*

³² El enemigo se detiene en Nob por el resto
  del día;
    amenaza con el puño al hermoso monte
    de Sión, el monte de Jerusalén.

³³ ¡Pero miren! El Señor, el SEÑOR de los Ejércitos
  Celestiales,
    con gran fuerza cortará al poderoso árbol
    de Asiria.
  Echará abajo a los soberbios;
    ese árbol altanero será talado.
³⁴ Cortará con un hacha los árboles de los
  bosques;
    el Líbano caerá ante el Poderoso.*

Retoño del linaje de David

11 ¹Del tocón de la familia de David* saldrá
    un brote.
  Sí, un Retoño nuevo que dará fruto de la
    raíz vieja.
² Y el Espíritu del SEÑOR reposará sobre él:
    el Espíritu de sabiduría y de entendimiento,
  el Espíritu de consejo y de poder,
    el Espíritu de conocimiento y de temor
    del SEÑOR.
³ Él se deleitará en obedecer al SEÑOR;
    no juzgará por las apariencias
  ni tomará decisiones basadas en rumores.
⁴ Hará justicia a los pobres
    y tomará decisiones imparciales con los
    que son explotados.
  La tierra temblará con la fuerza de su palabra,
    y bastará un soplo de su boca para destruir
    a los malvados.
⁵ Llevará la justicia como cinturón
    y la verdad como ropa interior.

⁶ En ese día el lobo y el cordero vivirán juntos,
    y el leopardo se echará junto al cabrito.
  El ternero y el potro estarán seguros junto
    al león,
    y un niño pequeño los guiará a todos.
⁷ La vaca pastará cerca del oso,
    el cachorro y el ternero se echarán juntos,
    y el león comerá heno como las vacas.
⁸ El bebé jugará seguro cerca de la guarida de
    la cobra;
    así es, un niño pequeño meterá la mano
    en un nido de víboras mortales y no
    le pasará nada.
⁹ En todo mi santo no habrá nada que
    destruya o haga daño,
  porque así como las aguas llenan el mar,
    así también la tierra estará llena de gente
    que conocerá al SEÑOR.

¹⁰ En ese día, el heredero del trono de David*
    será estandarte de salvación para el mundo
    entero.

Las naciones se reunirán junto a él,
    y la tierra donde vive será un lugar
    glorioso.*
¹¹ En ese día, el Señor extenderá su mano por
    segunda vez
    para traer de regreso al remanente de
    su pueblo:
  los que queden en Asiria y el norte de Egipto;
    en el sur de Egipto, Etiopía* y Elam;
    en Babilonia,* Hamat y todas las tierras
    costeras distantes.
¹² Levantará bandera en medio de las naciones
    y reunirá a los desterrados de Israel.
  Juntará al pueblo disperso de Judá
    desde los confines de la tierra.

¹³ Entonces por fin terminarán los celos entre
    Israel* y Judá
    y dejarán de ser rivales.
¹⁴ Unirán sus fuerzas para caer encima de
    Filistea al occidente.
  Juntos, atacarán y saquearán a las naciones
    situadas al oriente.
  Ocuparán las tierras de Edom y de Moab,
    y Amón los obedecerá.
¹⁵ El SEÑOR abrirá un camino seco a través del
    golfo del mar Rojo.*
  Moverá su mano sobre el río Éufrates*
    y enviará un poderoso viento para dividirlo
    en siete corrientes,
    de manera que se podrá cruzar a pie con
    facilidad.
¹⁶ Abrirá una carretera para el remanente de
    su pueblo,
    el remanente que viene de Asiria,
  tal como lo hizo por Israel hace mucho
    tiempo
    cuando regresó de Egipto.

Cantos de alabanza por la salvación

12 ¹En aquel día, tú cantarás:
    «¡Te alabaré, oh SEÑOR!
  Estabas enojado conmigo, pero ya no.
    Ahora me consuelas.
² Miren, Dios ha venido a salvarme.
    Confiaré en él y no tendré temor.
  El SEÑOR Dios es mi fuerza y mi canción;
    él me ha dado la victoria».

³ ¡Con alegría ustedes beberán abundantemente
    de la fuente de la salvación!
⁴ En ese día maravilloso cantarán:
    «¡Den gracias al SEÑOR! ¡Alaben su nombre!
  Cuenten a las naciones lo que él ha hecho;
    háganles saber lo poderoso que es.
⁵ Canten al SEÑOR, porque ha hecho cosas
    maravillosas.
  Den a conocer su alabanza en el mundo
    entero.

10:34 O con un hacha / así como caen hasta los poderosos árboles del Líbano. **11:1** En hebreo *Del tocón del linaje de Isaí.* Isaí era el padre del rey David. **11:10a** En hebreo *la raíz de Isaí.* **11:10b** La versión griega dice *En aquel día, el heredero del trono de David* literalmente *la raíz de Isaí vendrá / y reinará sobre los gentiles. / Ellos pondrán sus esperanzas en él.* Comparar Rm 15:12. **11:11a** En hebreo *en Patros, Cus.* **11:11b** En hebreo *en Sinar.* **11:13** En hebreo *Efraín,* término que se refiere al reino del norte de Israel. **11:15a** En hebreo *destruirá la lengua del mar de Egipto.* **11:15b** En hebreo *el río.*

⁶ ¡Que todos los habitantes de Jerusalén* griten
sus alabanzas con alegría!
Pues grande es el Santo de Israel, que vive
en medio de ustedes».

Mensaje acerca de Babilonia

13 Isaías, hijo de Amoz, recibió el siguiente
mensaje acerca de la destrucción de
Babilonia:

² «Levanta una bandera de señales en la cumbre
descubierta de una colina;
llama al ejército contra Babilonia.
Hazles señas con la mano para darles ánimo
mientras marchan hacia los palacios de los
grandes y poderosos.
³ Yo, el SEÑOR, he consagrado a estos soldados
para realizar esta tarea.
Es cierto, he llamado a guerreros poderosos
para que manifiesten mi enojo,
y ellos se alegrarán cuando yo sea
exaltado».

⁴ ¡Oigan el ruido que hay en los montes!
¡Escuchen, mientras marchan los enormes
ejércitos!
Es el ruido y el griterío de muchas naciones.
El SEÑOR de los Ejércitos Celestiales ha
convocado a este ejército.
⁵ Vienen desde países distantes,
desde más allá de los horizontes lejanos.
Son las armas del SEÑOR para descargar
su enojo;
con ellas destruirá toda la tierra.

⁶ Griten de terror, porque ha llegado el día
del SEÑOR,
el momento para que el Todopoderoso
destruya.
⁷ Todos los brazos están paralizados de temor,
cada corazón se derrite
⁸ y todos se aterran.
Les sobrevendrán punzadas de angustia,
como las de una mujer que está de parto.
Se miran unos a otros sin poder hacer nada,
con el rostro encendido de miedo.

⁹ Pues miren, el día del SEÑOR ya viene,
el día terrible de su furia y de su ira feroz.
La tierra quedará desolada,
y con ella los pecadores serán destruidos.
¹⁰ Los cielos se pondrán negros sobre ellos;
las estrellas no darán luz.
El sol estará oscuro cuando salga
y la luna no iluminará.

¹¹ «Yo, el SEÑOR, castigaré al mundo por su
maldad
y a los perversos por su pecado.
Aplastaré la arrogancia de los soberbios
y humillaré el orgullo de los poderosos.
¹² Haré que la gente sea más escasa que el oro;

más escasa que el oro fino de Ofir.
¹³ Pues sacudiré los cielos
y la tierra se saldrá de su lugar
cuando el SEÑOR de los Ejércitos Celestiales
manifieste su furor
en el día de su ira feroz».

¹⁴ En Babilonia todos correrán como gacelas
perseguidas,
como ovejas sin pastor.
Intentarán encontrar a los suyos
y huir a su propia tierra.
¹⁵ El que sea capturado será destruido,
atravesado con una espada.
¹⁶ Ante sus propios ojos, estrellarán a sus niños
pequeños hasta matarlos.
Sus hogares serán saqueados, y sus mujeres
violadas.

¹⁷ «Miren, yo incitaré a los medos contra
Babilonia.
No se les puede tentar con plata
ni sobornar con oro.
¹⁸ Los ejércitos agresores traspasarán a los
jóvenes con sus flechas.
No tendrán misericordia de los indefensos
bebés
ni compasión de los niños».

¹⁹ Babilonia, el más glorioso de los reinos,
la flor del orgullo caldeo,
será devastada como Sodoma y Gomorra
cuando Dios las destruyó.
²⁰ Babilonia nunca más volverá a ser habitada;
permanecerá vacía de generación en
generación.
Los nómadas se negarán a acampar allí,
y los pastores no llevarán a sus ovejas
para que pasen la noche.
²¹ Las bestias del desierto se instalarán en
la ciudad en ruinas
y en las casas rondarán criaturas aullantes.
Los búhos vivirán en medio de las ruinas
y las cabras salvajes irán allí para danzar.
²² Las hienas aullarán en las fortalezas
y los chacales harán su guarida en los
lujosos palacios.
Los días de Babilonia están contados;
pronto llegará el momento de su
destrucción.

Burla contra el rey de Babilonia

14 Pero el SEÑOR tendrá misericordia de
los descendientes de Jacob y una vez
más elegirá a Israel como su pueblo especial. Lo
hará regresar para que se establezca otra vez en
su propia tierra. Y gente de varias naciones vendrá para encontrarse con ellos y unirse al pueblo
de Israel.* ² Las naciones del mundo ayudarán a que el pueblo del SEÑOR regrese, y los que
vengan a vivir en su tierra los servirán. Los que

12:6 En hebreo *Sión.* **14:1** En hebreo *la casa de Jacob.* Los nombres «Jacob» e «Israel» a menudo son intercambiables en el Antiguo
Testamento. Algunas veces hacen referencia al patriarca como individuo y otras veces a la nación.

conquistaron a Israel, ellos mismos serán capturados, e Israel gobernará a sus enemigos.
³En aquel día maravilloso cuando el SEÑOR le dé descanso a su pueblo de sus angustias y temores, de la esclavitud y de las cadenas, ⁴te mofarás del rey de Babilonia y dirás:

«El hombre poderoso ha sido destruido.
Sí, se acabó tu insolencia.*
⁵ Pues el SEÑOR aplastó tu poder malvado
y puso fin a tu reino perverso.
⁶ Atacabas al pueblo con incesantes golpes de furia
y dominabas a las naciones dentro de tu poder sofocante
con una tiranía implacable.
⁷ Sin embargo, finalmente la tierra está en reposo y tranquila.
¡Ahora puede volver a cantar!
⁸ Hasta los árboles del bosque
—los cipreses y los cedros del Líbano—
cantan esta alegre canción:
"¡Dado que te talaron,
nadie vendrá ahora para talarnos a nosotros!".

⁹ »En el lugar de los muertos* hay mucha emoción
por tu llegada.
Los espíritus de los líderes mundiales y de los reyes poderosos que murieron hace tiempo
se ponen de pie para verte llegar.
¹⁰ Todos exclaman a una voz:
"¡Ahora eres tan débil como nosotros!
¹¹ Tu poder y tu fuerza fueron enterrados contigo.*
En tu palacio ha cesado el sonido del arpa.
Ahora los gusanos son tu sábana
y las lombrices, tu manta".

¹² »¡Cómo has caído del cielo,
oh estrella luciente, hijo de la mañana!
Has sido arrojado a la tierra,
tú que destruías a las naciones del mundo!
¹³ Pues te decías a ti mismo:
"Subiré al cielo para poner mi trono por encima de las estrellas de Dios.
Voy a presidir en el monte de los dioses,
muy lejos en el norte.*
¹⁴ Escalaré hasta los cielos más altos
y seré como el Altísimo".
¹⁵ En cambio, serás bajado al lugar de los muertos,
a las profundidades más hondas.

¹⁶ Allí todos te mirarán y se preguntarán:
"¿Puede ser este el que sacudía la tierra
y hacía temblar a los reinos del mundo?
¹⁷ ¿Es este el que destruyó el mundo
y lo convirtió en una tierra baldía?
¿Es este el rey que demolía las grandes ciudades del mundo
y no tenía compasión de sus prisioneros?".

¹⁸ »Los reyes de las naciones yacen en gloria majestuosa,
cada cual en su propia tumba,
¹⁹ pero tú serás sacado de tu sepultura
como una rama inútil.
Como un cadáver pisoteado bajo los pies,
serás arrojado a una fosa común
con los que murieron en batalla.
Descenderás al abismo.
²⁰ No te darán un entierro apropiado,
porque destruiste a tu nación
y masacraste a tu pueblo.
Los descendientes de una persona tan malvada
nunca más recibirán honra.
²¹ ¡Maten a los hijos de este hombre!
¡Que mueran por los pecados de su padre!
Que no se levanten para conquistar la tierra,
y llenar el mundo con sus ciudades».

²² Esto dice el SEÑOR de los Ejércitos Celestiales:
«¡Yo yo mismo me he levantado contra Babilonia!
Destruiré a sus hijos, y a los hijos de sus hijos
—dice el SEÑOR—.
²³ Convertiré a Babilonia en un lugar desolado,
tierra de búhos,
lleno de pantanos y de ciénagas;
barreré la tierra con la escoba de la destrucción.
¡Yo, el SEÑOR de los Ejércitos Celestiales,
he hablado!».

Mensaje acerca de Asiria

²⁴ El SEÑOR de los Ejércitos Celestiales hizo este juramento:

«Sucederá tal como yo lo tengo planeado.
Será tal como lo he decidido.
²⁵ Quebrantaré a los asirios cuando estén en Israel;
los pisotearé en mis montañas.
Mi pueblo ya no será más esclavo de ellos
ni se doblará ante sus cargas pesadas.
²⁶ Tengo un plan para toda la tierra,
una mano de juicio sobre todas las naciones.
²⁷ El SEÑOR de los Ejércitos Celestiales ha hablado;
¿quién podrá cambiar sus planes?
Cuando levante su mano,
¿quién lo podrá detener?».

Mensaje acerca de Filistea

²⁸ Recibí este mensaje en el año que murió el rey Acaz:*

²⁹ Ustedes, filisteos, no se alegren
de que la vara que los golpeaba se haya roto,
de que el rey que los atacaba esté muerto.
Pues de esa serpiente nacerá otra serpiente
aún más venenosa,
¡una serpiente terrible que los destruirá!

14:4 Así aparece en los Rollos del mar Muerto; el significado del texto masorético es incierto.   14:9 En hebreo el Seol; también en 14:15.   14:11 En hebreo fueron bajados al Seol.   14:13 O en las alturas de Zafón.   14:28 El rey Acaz murió en el año 715 a. C.

³⁰ Alimentaré a los pobres en mis pastos;
      los necesitados se acostarán en paz.
   En cuanto a ustedes, los aniquilaré con
         el hambre
      y destruiré a los pocos que queden.
³¹ ¡Giman en las puertas! ¡Lloren en las ciudades!
   ¡Paralícense de miedo, filisteos!
   Un poderoso ejército viene como humo desde
         el norte;
      cada soldado avanza con prisa, ansioso
         por pelear.

³²¿Qué les diremos a los mensajeros de los
   filisteos? Diles:

   «El Señor edificó a Jerusalén;*
      sus murallas brindarán refugio a su pueblo
         oprimido».

Mensaje acerca de Moab

15 Recibí este mensaje acerca de Moab:

   En una sola noche será reducido a
         escombros el pueblo de Ar,
      y la ciudad de Kir, destruida.
² Tu pueblo irá al templo de Dibón para
         lamentarse.
   Ellos irán a sus santuarios sagrados para
         llorar.
   Gemirán por la suerte de Nebo y de Medeba,
      y en su angustia se raparán la cabeza y se
         cortarán la barba.
³ Vagarán por las calles vestidos de tela áspera;
   de cada hogar y plaza pública saldrá el
         sonido de gemidos.
⁴ Los habitantes de Hesbón y de Eleale gritarán;
      sus voces se oirán hasta en Jahaza.
   Los guerreros más valientes de Moab gritarán
         de terror.
      Se paralizarán de temor.

⁵ Mi corazón llora por Moab.
   Su pueblo huye a Zoar y a Eglat-selisiya.
   Sube llorando por el camino a Luhit.
      Se pueden oír sus gritos de angustia a lo
         largo del camino a Horonaim.
⁶ ¡Hasta las aguas de Nimrim se secaron!
   Las riberas cubiertas de hierba se quemaron.
   Desaparecieron las plantas tiernas;
      no queda nada verde.
⁷ La gente toma sus posesiones
      y las carga a través del barranco de los Sauces.
⁸ Se oye un grito de angustia por toda la tierra
         de Moab,
      desde un extremo hasta el otro,
      desde Eglaim hasta Beer-elim.
⁹ El arroyo cercano a Dibón* corre rojo por
         la sangre,
      ¡pero todavía no he terminado con Dibón!
   Los leones cazarán a los sobrevivientes,
      tanto a los que traten de escapar
      como a los que se queden atrás.

16 ¹ Envíen corderos de Sela como tributo
         al gobernante de la tierra.
   Envíenlos a través del desierto
      hasta el monte de la hermosa Sión.
² Las mujeres de Moab fueron abandonadas
         como aves sin nido
      en los vados del río Arnón.
³ «Ayúdenos —claman—,
      defiéndannos de nuestros enemigos.
   Protéjannos de sus ataques implacables;
      no nos traicionen ahora que hemos
         escapado.
⁴ Permitan que nuestros refugiados se queden
         entre ustedes;
      escóndanlos de nuestros enemigos hasta
         que haya pasado el terror».

   Cuando hayan terminado la opresión y la
         destrucción,
      y hayan desaparecido los saqueadores
         enemigos,
⁵ Dios establecerá como rey a uno de los
         descendientes de David.
   Él reinará con misericordia y verdad;
   hará siempre lo que es justo
      y estará deseoso de hacer lo correcto.

⁶ Hemos oído hablar del soberbio Moab,
      de su orgullo, de su arrogancia y de su furia;
      pero todo su alarde ha desaparecido.
⁷ Toda la tierra de Moab llora;
      sí, todos se lamentan en Moab
   por los pasteles de pasas de Kir-hareset.
      Ya no queda ninguno.
⁸ Las granjas de Hesbón están abandonadas;
      los viñedos de Sibma están desiertos.
   Los gobernantes de las naciones han
         quebrantado a Moab,
      esa vid tan hermosa.
   Sus zarcillos se extendían hacia el norte hasta
         la ciudad de Jazer
      y trepaban hacia el oriente hasta entrar en
         el desierto.
   Sus sarmientos se extendían tan lejos hacia
         el occidente
      que cruzaban por encima del mar Muerto.*

⁹ Así que ahora lloro por Jazer y por los viñedos
         de Sibma;
      mis lágrimas correrán por Hesbón y Eleale.
   Ya no hay gritos de júbilo
      por sus frutos de verano y sus cosechas.
¹⁰ Se acabó la alegría;
      desapareció el gozo de la cosecha.
   No habrá cantos en los viñedos
      ni más gritos felices,
      ni se pisarán las uvas en los lagares.
   Yo puse fin a la alegría por sus cosechas.
¹¹ El clamor de mi corazón por Moab es como
         el lamento de un arpa;
      estoy lleno de angustia por Kir-hareset.*

14:32 En hebreo *a Sión.*   **15:9** Así aparece en los Rollos del mar Muerto, en algunos manuscritos griegos y en la Vulgata Latina; en el texto masorético dice *Dimón*; también en 15:9b.   **16:8** En hebreo *el mar.*   **16:11** En hebreo *Kir-hares*, una variante de Kir-hareset.

¹² El pueblo de Moab rendirá culto en sus
santuarios paganos,
pero no le servirá de nada.
Clamará a los dioses en sus templos,
pero nadie lo podrá salvar.

¹³El SEÑOR ya ha dicho estas cosas acerca
de Moab en el pasado. ¹⁴Pero ahora, el SEÑOR
dice: «Dentro de tres años, contando cada día,*
se acabará la gloria de Moab. De su gran población, solo unos cuantos de su pueblo quedarán vivos».

Mensaje acerca de Damasco e Israel

17 Recibí este mensaje acerca de Damasco:

«¡Miren! ¡La ciudad de Damasco
desaparecerá!
Se convertirá en un montón de escombros.
² Las ciudades de Aroer quedarán desiertas.
Las manadas pastarán en las calles y se
echarán sin que nada las perturbe,
sin que nadie las espante.
³ Las ciudades fortificadas de Israel* también
serán destruidas,
y se acabará el poder de la realeza de
Damasco.
Todo lo que quede de Siria*
tendrá el mismo destino de la desaparecida
gloria de Israel»,
proclama el SEÑOR de los Ejércitos
Celestiales.

⁴ «En aquel día, la gloria de Israel* se
desvanecerá,
su robusto cuerpo se irá consumiendo.
⁵ Toda la tierra parecerá un campo de grano
después de que los segadores han recogido
el cereal.
Estará desolada,
como los campos del valle de Refaim
después de la cosecha.
⁶ Solo quedarán unos cuantos de su pueblo,
como aceitunas sueltas en un olivo después
de la cosecha.
Solo dos o tres quedan en las ramas más altas,
cuatro o cinco esparcidas aquí y allá entre
las restantes»,
proclama el SEÑOR, Dios de Israel.

⁷ Entonces, por fin el pueblo buscará a su
Creador
y volverá los ojos al Santo de Israel.
⁸ Ya no buscarán ayuda de sus ídolos,
ni rendirán culto a lo que hicieron con
sus propias manos.
Nunca más se inclinarán ante los postes
dedicados a la diosa Asera,
ni rendirán culto en los santuarios paganos
que construyeron.

⁹ Sus ciudades más grandes quedarán como
bosques desiertos;
como la tierra que abandonaron* los
heveos y los amorreos
cuando llegaron los israelitas, hace ya mucho
tiempo.
Estarán totalmente desoladas.
¹⁰ ¿Por qué? Porque te has apartado del Dios
que puede salvarte.
Te has olvidado de la Roca que puede
esconderte.
Así que tal vez plantes las mejores vides
e importes los tallos más costosos.
¹¹ Tal vez echen retoños en el día que las
trasplantes.
Sí, hasta es posible que florezcan la misma
mañana que las plantes,
pero nunca recogerás ni una uva de ellas.
Su única cosecha será una carga de
aflicción y de dolor continuo.

¹² ¡Escuchen! Los ejércitos de muchas naciones
rugen como los bramidos del mar.
Escuchen el trueno de sus fuerzas
poderosas
que avanzan como olas estruendosas.
¹³ Pero aunque rujan como las olas grandes
de la playa,
Dios los hará callar y huirán
como la paja que esparce el viento;
como los arbustos que ruedan antes
de una tormenta.
¹⁴ En la noche, Israel espera aterrado;
pero al amanecer, sus enemigos están
muertos.
Esta es la justa recompensa para quienes
nos saquean;
un final apropiado para quienes nos
destruyen.

Mensaje acerca de Etiopía

18 ¹ Escucha, Etiopía,* tierra de ondulantes
velas*
que está ubicada a la cabecera del Nilo,
² que envía embajadores,
río abajo en rápidos barcos.

¡Vayan, veloces mensajeros!
Llévenle un mensaje a un pueblo de gente
alta con piel suave,
temido en todas partes
por sus conquistas y destrucción,
y cuya tierra está dividida por ríos.

³ Todos ustedes, habitantes del mundo,
todos los que viven en la tierra:
cuando levante mi bandera de guerra,
¡miren!
Cuando toque el cuerno de carnero,
¡escuchen!

16:14 En hebreo *Dentro de tres años, como los contaría un siervo obligado por un contrato.* 17:3a En hebreo *de Efraín,* para referirse al reino del norte de Israel. 17:3b En hebreo *Aram.* 17:4 En hebreo de *Jacob.* Ver nota 14:1. 17:9 Así aparece en la versión griega; en hebreo dice *como lugares del bosque y de las ramas más altas.* 18:1a En hebreo *Cus.* 18:1b O *tierra de muchas langostas;* en hebreo dice *tierra del zumbido de alas.*

4 Pues el Señor me ha dicho:
«Observaré en silencio desde el lugar donde
habito,
tan silencioso como sube el calor en un
día de verano,
o como se forma el rocío de la mañana
durante la cosecha».
5 Aun antes que ustedes comiencen a atacar,
mientras sus planes maduran como uvas,
el Señor cortará sus brotes nuevos con
podaderas;
cortará y descartará las ramas extendidas.
6 Su poderoso ejército quedará muerto por los
campos,
abandonado para los buitres de las
montañas y los animales salvajes.
Los buitres despedazarán los cadáveres
durante el verano
y los animales salvajes roerán los huesos
durante el invierno.

7 En aquel tiempo, el Señor de los Ejércitos
Celestiales recibirá obsequios
de esa tierra dividida por ríos;
de ese pueblo de gente alta y de piel suave,
temido en todas partes por sus conquistas
y destrucción.
Llevarán obsequios a Jerusalén,*
donde habita el Señor de los Ejércitos
Celestiales.

Mensaje acerca de Egipto

19 Este es el mensaje que recibí acerca de
Egipto:

¡Miren! El Señor avanza contra Egipto,
montado sobre una nube veloz.
Los ídolos de Egipto tiemblan;
el corazón de los egipcios se paraliza
de miedo.

2 «Yo haré que egipcio pelee contra egipcio:
hermano contra hermano,
vecino contra vecino,
ciudad contra ciudad,
provincia contra provincia.
3 Los egipcios se desanimarán,
y yo confundiré sus planes.
Rogarán a sus ídolos que les den sabiduría
e invocarán a los espíritus, a médiums y
a los que consultan los espíritus de
los muertos.
4 Entregaré a Egipto
a un amo duro y cruel;
un rey feroz los gobernará»,
dice el Señor, el Señor de los Ejércitos
Celestiales.

5 Las aguas del Nilo no subirán para inundar
los campos;
el lecho del río estará totalmente seco.
6 Los canales del Nilo se secarán

y los arroyos de Egipto apestarán
por la podredumbre de las cañas y los juncos.
7 Toda la vegetación en las orillas del río
y todos los sembrados en sus riberas
se secarán y se los llevará el viento.
8 Los pescadores se lamentarán porque no
tienen trabajo;
se quejarán los que lanzan sus anzuelos
al Nilo
y los que usan redes se desanimarán.
9 No habrá lino para los cosechadores,
ni hilo para los tejedores.
10 Estarán desesperados,
y todos los obreros tendrán el corazón
angustiado.

11 ¡Qué necios son los funcionarios de Zoán!
El mejor consejo que pueden dar al rey de
Egipto es absurdo y equivocado.
¿Seguirán jactándose de su sabiduría delante
del faraón?
¿Se atreverán a presumir acerca de sus
sabios antepasados?
12 ¿Dónde están tus sabios consejeros, faraón?
Que ellos te digan lo que Dios tiene
planeado,
lo que el Señor de los Ejércitos Celestiales
le hará a Egipto.
13 Los funcionarios de Zoán son unos necios,
y los funcionarios de Menfis* son
engañados.
Los líderes del pueblo
hicieron descarriar a Egipto.
14 El Señor envió sobre ellos un espíritu de
necedad,
para que todas sus sugerencias sean
equivocadas.
Ellos hacen que Egipto se tambalee
como un borracho en su vómito.
15 No hay nada que Egipto pueda hacer;
todos son débiles:
la cabeza y la cola;
la noble rama de palma y el humilde junco.

16 En aquel día, los egipcios serán tan débiles
como las mujeres. Se encogerán de miedo bajo
el puño levantado del Señor de los Ejércitos
Celestiales. 17 Tan solo pronunciar el nombre de
Israel los aterrorizará, porque el Señor de los
Ejércitos Celestiales ha trazado planes en contra de ellos.

18 En aquel día, cinco de las ciudades de Egipto
seguirán al Señor de los Ejércitos Celestiales, y
hasta comenzarán a hablar hebreo, la lengua de
Canaán. Una de esas ciudades será Heliópolis, la
Ciudad del Sol.*

19 En aquel día habrá un altar al Señor en el corazón de Egipto, y habrá un monumento al Señor
en su frontera. 20 Este servirá de señal y de testimonio de que se adora al Señor de los Ejércitos
Celestiales en la tierra de Egipto. Cuando el

18:7 En hebreo *al monte Sión.*   19:13 En hebreo *Nof.*   19:18 O *será la Ciudad de la Destrucción.*

pueblo clame al Señor por ayuda contra quienes lo oprimen, él enviará un salvador que lo rescatará. 21El Señor se dará a conocer a los egipcios; así es, conocerán al Señor y le darán a él sus sacrificios y ofrendas. Harán un voto al Señor y lo cumplirán. 22El Señor herirá a Egipto, y después lo sanará porque los egipcios se volverán al Señor, y él escuchará sus súplicas y los sanará.

23En aquel día, habrá una carretera que conecte Egipto con Asiria. Los egipcios y los asirios se moverán libremente entre los dos países, y ambos pueblos adorarán a Dios. 24Además, Israel será su aliado; los tres estarán juntos, e Israel será una bendición para ellos. 25Pues el Señor de los Ejércitos Celestiales dirá: «Bendito sea Egipto, mi pueblo; bendita sea Asiria, la tierra que yo hice; bendito sea Israel, mi posesión más preciada».

Mensaje acerca de Egipto y Etiopía

20 El año en que el rey Sargón de Asiria envió a su comandante en jefe para que conquistara la ciudad filistea de Asdod,* 2el Señor le dijo a Isaías, hijo de Amoz: «Quítate la ropa de tela áspera que has estado usando y también las sandalias». Isaías hizo lo que se le indicó, y anduvo desnudo y descalzo.

3Entonces el Señor dijo: «Mi siervo Isaías ha andado desnudo y descalzo durante los últimos tres años como señal: un símbolo de las terribles dificultades que haré caer sobre Egipto y Etiopía.* 4Pues el rey de Asiria llevará prisioneros a los egipcios y a los etíopes.* Los hará andar desnudos y descalzos, tanto jóvenes como ancianos, con las nalgas descubiertas para vergüenza de Egipto. 5Entonces los filisteos se llenarán de pánico, porque contaban con el poder de Etiopía y hacían alarde de los aliados que tenían en Egipto. 6Dirán: "Si esto le puede suceder a Egipto, ¿qué de nosotros? Contábamos con que Egipto nos protegiera del rey de Asiria"».

Mensaje acerca de Babilonia

21 Este es el mensaje que recibí acerca de Babilonia, el desierto junto al mar:*

Desde el desierto se acerca el desastre y te caerá encima,
como un remolino que entra arrasando desde el Neguev.

2Veo una visión aterradora:
veo al traidor traicionando,
al destructor destruyendo.
Adelante, ustedes, elamitas y medos;
ataquen y asedien.
Yo pondré fin a todos los gemidos
que provocó Babilonia.

3El estómago me duele y me arde de dolor;
me dominan agudas punzadas de angustia,

como las de una mujer en parto.
Me desmayo cuando oigo lo que Dios se propone hacer;
tengo demasiado miedo para mirar.
4La cabeza me da vueltas y se me acelera el corazón;
anhelaba que llegara la noche,
pero ahora la oscuridad me da terror.

5¡Miren! Están preparando un gran banquete;
están extendiendo alfombras para que la gente se siente.
Todos comen y beben.
Pero ¡rápido!, tomen los escudos y prepárense para la batalla.
¡Los están atacando!

6Mientras tanto, el Señor me dijo:
«Pon un centinela sobre la muralla de la ciudad;
que advierta a gritos lo que ve.
7Deberá estar atento por carros de guerra
tirados por un par de caballos,
y jinetes sobre burros y camellos.
Que el centinela esté bien alerta».

8Luego el centinela* gritó:
«Día tras día me he mantenido de pie sobre la torre de vigilancia, mi señor;
noche tras noche he permanecido en mi puesto.
9Y ahora, por fin, ¡mire!
¡Ahí viene un hombre en un carro de guerra con un par de caballos!».
Entonces el centinela dijo:
«¡Ha caído Babilonia, ha caído!
¡Todos los ídolos de Babilonia
yacen en el suelo, hechos pedazos!».

10Pueblo mío, trillado y aventado,
te he transmitido lo que el Señor de los Ejércitos Celestiales dijo;
todo lo que me ha dicho el Dios de Israel.

Mensaje acerca de Edom

11Este es el mensaje que recibí acerca de Edom:*

Alguien de Edom* sigue llamándome:
«Centinela, ¿cuánto falta para la mañana?
¿Cuándo se acabará la noche?».
12El centinela contesta:
«Ya llega la mañana, pero pronto volverá la noche.
Si quieres preguntar otra vez, entonces regresa y pregunta».

Mensaje acerca de Arabia

13Este es el mensaje que recibí acerca de Arabia:

Oh caravanas de Dedán,
escóndanse en los desiertos de Arabia.

20:1 Asiria tomó la ciudad de Asdod en el 711 a. C.   **20:3** En hebreo *Cus*, también en el 20:5.   **20:4** En hebreo *los cusitas*.   **21:1** En hebreo *del desierto junto al mar*.   **21:8** Así aparece en los Rollos del mar Muerto y en la versión siríaca; en el texto masorético dice *un león*.   **21:11a** En hebreo *Duma*, que significa «silencio» o «quietud». Es un juego de palabras con la palabra *Edom*.   **21:11b** En hebreo *Seir*, otro nombre para Edom.

¹⁴ Oh gente de Tema,
   lleven agua a esta gente sedienta,
   alimento a estos refugiados agotados.
¹⁵ Han huido de la espada,
   de la espada desenvainada,
   del arco tensado
   y de los terrores de la batalla.

¹⁶El Señor me dijo: «Dentro de un año, contando cada día,* toda la gloria de Cedar se acabará. ¹⁷Solo sobrevivirán unos cuantos de sus valientes arqueros. ¡Yo, el Señor, Dios de Israel, he hablado!».

Mensaje acerca de Jerusalén

22 Este es el mensaje que recibí acerca de Jerusalén, el valle de la Visión:*

¿Qué sucede?
   ¿Por qué todo el mundo corre a las azoteas?
² Toda la ciudad está en un terrible alboroto.
   ¿Qué veo en esta ciudad tan parrandera?
   Hay cadáveres por todas partes,
      no murieron en batalla, sino a causa del
      hambre y de la enfermedad.
³ Todos tus líderes huyeron;
   se rindieron sin ofrecer ninguna
      resistencia.
   Los habitantes trataron de escabullirse,
      pero también fueron capturados.
⁴ Por eso dije: «Déjenme a solas para llorar;
   no intenten consolarme.
   Déjenme llorar por mi pueblo
      mientras presencio su destrucción».

⁵ ¡Oh qué día de derrota tan aplastante!
   ¡Qué día de confusión y de terror
      enviado por el Señor, el Señor de los Ejércitos
         Celestiales,
   sobre el valle de la Visión!
   Las murallas de Jerusalén han sido derribadas
   y gritos de muerte resuenan desde las
      laderas de los montes.
⁶ Los elamitas son los arqueros.
   Están en sus carros de guerra con los
      conductores.
   Los hombres de Kir sostienen los escudos.
⁷ Los carros de guerra llenan tus hermosos
      valles
   y los conductores de los carros irrumpen
      por tus puertas.
⁸ Judá ha sido despojado de sus defensas.
   Ustedes corren al arsenal* a buscar sus
      armas.
⁹ Inspeccionan las brechas en las murallas de
      Jerusalén.*
   Almacenan agua en la cisterna de abajo.
¹⁰ Recorren las casas y derriban algunas
      para tomar las piedras y reforzar las
         murallas.

¹¹ Entre las murallas de la ciudad construyen
      un estanque
   para el agua de la cisterna vieja.
   Sin embargo, nunca piden ayuda a Aquel que
      hizo todo esto.
   Nunca tuvieron en cuenta a Aquel que lo
      planificó hace mucho tiempo.

¹² En ese día, el Señor, el Señor de los Ejércitos
      Celestiales,
   los llamó a llorar y a lamentarse.
   Les dijo que se raparan la cabeza en señal
      de dolor por sus pecados
   y que usaran ropa de tela áspera para
      expresar su remordimiento.
¹³ En cambio, ustedes bailan y juegan;
   matan reses y ovejas;
   comen carne y beben vino.
   Y dicen: «¡Comamos y bebamos,
      que mañana moriremos!».

¹⁴El Señor de los Ejércitos Celestiales me ha revelado lo siguiente: «Hasta el día en que mueran, nunca se les perdonará este pecado». Ese es el juicio del Señor, el Señor de los Ejércitos Celestiales.

Mensaje para Sebna

¹⁵Esto me dijo el Señor, el Señor de los Ejércitos Celestiales: «Enfréntate a Sebna, el administrador del palacio, y dale este mensaje:

¹⁶ »¿Quién te crees que eres,
      y qué haces aquí,
   construyéndote una hermosa sepultura,
      un monumento en lo alto de la roca?
¹⁷ Pues el Señor está a punto de arrojarte lejos,
      hombre poderoso.
   Te agarrará,
¹⁸ te arrugará y hará de ti una bola
   y te lanzará a una tierra árida y distante.
   Allí morirás,
      y tus gloriosos carros de guerra quedarán
         rotos e inútiles.
   ¡Eres una vergüenza para tu amo!

¹⁹»Sí, te sacaré de tu puesto —dice el Señor—, te derribaré de tu elevada posición. ²⁰Y entonces llamaré a mi siervo Eliaquim, hijo de Hilcías, para que te reemplace. ²¹Lo vestiré con tus vestiduras reales y le daré tu título y tu autoridad. Y será un padre para el pueblo de Jerusalén y de Judá. ²²Le daré la llave de la casa de David, la posición más elevada dentro de la corte real. Cuando él abra puertas, nadie podrá cerrarlas; cuando él cierre puertas, nadie podrá abrirlas. ²³Le traerá honor al nombre de su familia, porque yo lo pondré firmemente en su lugar como un clavo en la pared. ²⁴Le darán grandes responsabilidades, y él les traerá honor incluso a los miembros más humildes de su familia.*

21:16 En hebreo *dentro de un año, como lo contaría un siervo obligado por un contrato.* Algunos manuscritos antiguos dicen *dentro de tres años,* así aparece en el 16:14.   22:1 En hebreo *acerca del valle de la Visión.*   22:8 En hebreo *a la Casa del Bosque;* ver 1 Re 7:2-5.   22:9 En hebreo *la ciudad de David.*   22:24 En hebreo *Colgarán de él toda la gloria de la casa de su padre; su descendencia y vástagos, todas sus vasijas de menor importancia, desde los tazones hasta todas las jarras.*

²⁵Pero el SEÑOR de los Ejércitos Celestiales también dice: «Llegará el día en que yo sacaré el clavo que parecía tan firme; saldrá y caerá al suelo y todo lo que sostiene se caerá junto con él. ¡Yo, el SEÑOR, he hablado!».

Mensaje acerca de Tiro

23 Este es el mensaje que recibí acerca de Tiro:

¡Lloren, oh naves de Tarsis,
    porque quedaron destruidos el puerto y
    las casas de Tiro!
Los rumores que oyeron en Chipre*
    son ciertos.
² Laméntense en silencio, gente de la costa,
    y ustedes, mercaderes de Sidón.
Sus comerciantes cruzaban el mar;
³   navegando sobre aguas profundas;
    les traían granos desde Egipto*
    y cosechas de todo el Nilo.
Ustedes eran el mercado del mundo.

⁴ Pero ahora tú pasas vergüenza, ciudad de
    Sidón,
    porque Tiro, la fortaleza del mar, dice:
«Ahora estoy sin hijos;
    no tengo hijos ni hijas».
⁵ Cuando en Egipto oigan la noticia acerca
    de Tiro,
    habrá gran dolor.
⁶ ¡Avisen ahora a Tarsis!
    ¡Giman, ustedes que viven en tierras lejanas!
⁷ Con la larga historia que tenían ustedes,
    ¿son estas silenciosas ruinas lo único que
    queda de su ciudad, antes tan llena
    de alegría?
Piensen en toda la gente que enviaron para
    establecerse en lugares distantes.

⁸ ¿Quién hizo caer este desastre sobre Tiro,
    la gran fundadora de reinos?
Sus comerciantes eran todos príncipes;
    sus mercaderes, nobles.
⁹ El SEÑOR de los Ejércitos Celestiales lo hizo
    para destruir tu orgullo
    y dejar por el suelo a toda la nobleza de
    la tierra.
¹⁰ Vengan, habitantes de Tarsis,
    arrasen la tierra como el Nilo en sus
    inundaciones,
    porque Tiro está indefensa.*
¹¹ El SEÑOR extendió su mano sobre el mar
    y sacudió los reinos de la tierra.
Él se ha pronunciado contra Fenicia,*
    ordenó que fueran destruidas sus
    fortalezas.
¹² Él dice: «Nunca más volverás a alegrarte,
    hija de Sidón, porque has sido aplastada.
Aunque huyas a Chipre,
    no encontrarás descanso».

¹³ Miren a la tierra de Babilonia,*
    ¡la gente de esa tierra ha desaparecido!
Los asirios han entregado a Babilonia
    a los animales salvajes del desierto.
Levantaron rampas de asalto contra sus
    muros,
    derribaron los palacios
    y convirtieron la ciudad en un montón
    de escombros.

¹⁴ ¡Giman, oh barcos de Tarsis,
    porque su puerto está destruido!

¹⁵Durante setenta años, el tiempo que dura la vida de un rey, Tiro será olvidada; pero luego la ciudad volverá a la vida, como en la canción acerca de la prostituta:

¹⁶ Toma un arpa y camina por las calles,
    ramera olvidada;
    entona una dulce melodía y canta tus
    canciones
    para que te vuelvan a recordar.

¹⁷Así es, después de setenta años, el SEÑOR devolverá la vida a Tiro; pero no será distinta de lo que era antes. Volverá a ser una prostituta para todos los reinos del mundo. ¹⁸Sin embargo, al final, sus ganancias le serán entregadas al SEÑOR. Sus riquezas no serán acumuladas, sino que darán buenos alimentos y vestidos de buena calidad a los sacerdotes del SEÑOR.

Destrucción de la tierra

24 ¹ ¡Miren! El SEÑOR está a punto de
    destruir la tierra
    y convertirla en una inmensa tierra baldía.
El devasta la superficie de la tierra
    y dispersa a los habitantes.
² Sacerdotes y laicos,
    sirvientes y amos,
    criadas y señoras,
    compradores y vendedores,
    prestamistas y prestatarios,
    banqueros y deudores: no se perdonará
    a nadie.
³ La tierra será totalmente vaciada y saqueada.
    ¡El SEÑOR ha hablado!

⁴ La tierra está de duelo y se seca,
    y las cosechas se arruinan y se marchitan;
    hasta los mejores habitantes de la tierra
    se van consumiendo.
⁵ La tierra sufre por los pecados de sus
    habitantes,
    porque han torcido las instrucciones
    de Dios,
    han violado sus leyes
    y quebrantado su pacto eterno.
⁶ Por lo tanto, una maldición consume la tierra;
    sus habitantes tienen que pagar el precio
    por su pecado.

23:1 En hebreo *Quitim;* también en 23:12. 23:3 En hebreo *desde Shijor,* una rama del río Nilo. 23:10 El significado del hebreo en este versículo es incierto. 23:11 En hebreo *Canaán.* 23:13 O *Caldea.*

El fuego los destruye,
y solo unos cuantos quedan con vida.
⁷ Las vides se marchitan,
y no hay vino nuevo;
todos los parranderos suspiran y se
lamentan.
⁸ Se ha callado el alegre sonido de las
panderetas;
ya no se escuchan los felices gritos de
celebración
y las melodiosas cuerdas del arpa están
silenciosas.
⁹ Se han acabado los placeres del vino y del
canto;
las bebidas alcohólicas se vuelven
amargas en la boca.
¹⁰ La ciudad se retuerce en el caos;
todas las casas están cerradas con llave
para que no entren intrusos.
¹¹ Se reúnen las turbas en las calles, clamando
por vino;
el gozo se ha convertido en tristeza
y la alegría ha sido expulsada de la tierra.
¹² La ciudad ha quedado en ruinas;
sus puertas echadas abajo.
¹³ Es lo mismo en toda la tierra,
solo queda un remanente,
como las aceitunas sueltas que quedan en
el olivo
o las pocas uvas que quedan en la vid
después de la cosecha.

¹⁴ Pero los que quedaron, gritan y cantan de
alegría;
los del occidente alaban la majestad
del Señor.
¹⁵ En las tierras del oriente, denle gloria al
Señor;
en las tierras más allá del mar, alaben el
nombre del Señor, Dios de Israel.
¹⁶ ¡Oímos cantos de alabanza desde los confines
de la tierra,
canciones que le dan gloria al Justo!

Sin embargo, tengo el corazón cargado de
angustia.
Lloren por mí, porque me estoy
marchitando.
Sigue prevaleciendo el engaño,
y hay traición por todas partes.
¹⁷ Terror, trampas y redes serán su suerte,
gente de la tierra.
¹⁸ Los que huyan aterrorizados, caerán en una
trampa,
y los que escapen de la trampa, quedarán
atrapados en una red.

La destrucción cae de los cielos como la lluvia;
tiemblan los cimientos de la tierra.
¹⁹ La tierra se ha hecho pedazos;
se ha derrumbado por completo;
se sacude con violencia.

²⁰ La tierra se tambalea como un borracho;
tiembla como una carpa en medio de
una tormenta.
Cae para no volver a levantarse,
porque es muy pesada la culpa de su
rebelión.

²¹ En aquel día, el Señor castigará a los dioses
de los cielos
y a los soberbios gobernantes en las
naciones de la tierra.
²² Serán acorralados y echados a la cárcel.
Serán encerrados en prisión
y por fin serán castigados.
²³ Entonces, la gloria de la luna menguará,
y el resplandor del sol se desvanecerá,
porque el Señor de los Ejércitos Celestiales
reinará en el monte Sión.
Reinará con gran gloria en Jerusalén,
a los ojos de todos los líderes de su pueblo.

Alabanza por el juicio y la salvación

25 ¹ Oh Señor, honraré y alabaré tu
nombre,
porque tú eres mi Dios.
¡Tú haces cosas maravillosas!
Las planeaste hace mucho tiempo,
y ahora las has realizado.
² Tú conviertes ciudades poderosas en
montones de ruinas;
ciudades con murallas fuertes se
convierten en escombros.
Hermosos palacios en tierras lejanas
desaparecen
y jamás serán reconstruidos.
³ Por lo tanto, naciones fuertes proclamarán
tu gloria;
naciones despiadadas te temerán.

⁴ Oh Señor, tú eres una torre de refugio para
los pobres,
una torre de refugio para los necesitados
en su angustia.
Eres refugio de la tempestad
y amparo del calor.
Pues los actos opresivos de la gente despiadada
son como una tormenta que azota los
muros,
⁵ o como el calor implacable del desierto.
Sin embargo, tú haces callar el rugido de las
naciones extranjeras.
Como la sombra de una nube aplaca el
incesante calor,
tú silencias las canciones vanidosas de la
gente despiadada.

⁶ En Jerusalén,* el Señor de los Ejércitos
Celestiales
preparará un maravilloso banquete
para toda la gente del mundo.
Será un banquete delicioso
con vino añejo y carne de primera calidad.

25:6 En hebreo *En esta montaña;* también en 25:10.

7 Allí él quitará la nube de tristeza,
la sombra de muerte que cubre la tierra.
8 ¡Él devorará a la muerte para siempre!*
El Señor Soberano secará todas las
lágrimas
y quitará para siempre los insultos y las
burlas
contra su tierra y su pueblo.
¡El Señor ha hablado!

9 En aquel día, la gente proclamará:
«¡Este es nuestro Dios!
¡Confiamos en él, y él nos salvó!
Este es el Señor en quien confiamos.
¡Alegrémonos en la salvación que nos trae!».
10 Pues la mano de bendición del Señor
descansará sobre Jerusalén.
Moab, en cambio, será aplastado;
será como la paja pisoteada y abandonada
para que se pudra.
11 Dios echará hacia abajo al pueblo de Moab
como el nadador empuja hacia abajo el
agua con las manos.
Pondrá fin a su orgullo
y a todas sus malas acciones.
12 Las altas murallas de Moab serán demolidas;
derribadas al suelo,
echadas al polvo.

Canto de alabanza al Señor

26 En aquel día, todos en la tierra de Judá
cantarán esta canción:

¡Nuestra ciudad es fuerte!
Estamos rodeados por las murallas de la
salvación de Dios.
2 Abran las puertas a todos los que son justos;
dejen entrar a los fieles.
3 ¡Tú guardarás en perfecta paz
a todos los que confían en ti;
a todos los que concentran en ti sus
pensamientos!
4 Confíen siempre en el Señor,
porque el Señor Dios es la Roca eterna.
5 Él humilla a los orgullosos
y derriba a la ciudad arrogante;
él la echa al polvo.
6 Los pobres y los oprimidos la pisotean,
y los necesitados caminan sobre ella.

7 Sin embargo, para los que son justos,
el camino no es empinado ni accidentado.
Tú eres Dios. Haces lo que es justo
y allanas el camino delante de ellos.
8 Señor, mostramos nuestra confianza en ti
al obedecer tus leyes;
el deseo de nuestro corazón es glorificar
tu nombre.
9 Te busco durante toda la noche;
en la mañana busco de todo corazón a Dios.
Pues solo cuando tú vengas a juzgar la tierra,
la gente aprenderá lo correcto.

10 Tu bondad con los malvados
no los lleva a hacer el bien.
Aunque otros hagan el bien, los malvados
siguen haciendo el mal
y no les importa la majestad del Señor.
11 Oh Señor, ellos no prestan ninguna atención
a tu puño levantado.
Demuéstrales tu fervor por defender a
tu pueblo;
entonces quedarán avergonzados.
Que tu fuego consuma a tus enemigos.

12 Señor, tú nos concederás la paz;
en realidad, todo lo que hemos logrado
viene de ti.
13 Oh Señor, Dios nuestro, otros nos han
gobernado,
pero tú eres el único a quien adoramos.
14 Aquellos a quienes servimos antes, están
muertos y bajo tierra;
¡sus espíritus difuntos nunca volverán!
Tú los atacaste y los destruiste,
y hace tiempo que pasaron al olvido.
15 Oh Señor, tú hiciste grande nuestra
nación;
así es, tú nos hiciste grandes.
Tú extendiste nuestras fronteras,
¡y te damos toda la gloria!

16 Señor, en nuestra angustia te hemos
buscado;
bajo la carga de tu disciplina hemos
orado.
17 Como la mujer embarazada
se retuerce y grita de dolor mientras da
a luz,
así estábamos en tu presencia, Señor.
18 También nosotros nos retorcemos de agonía,
pero nuestros sufrimientos no resultan
en nada.
No le hemos dado salvación a la tierra,
ni le trajimos vida al mundo.
19 Pero los que mueren en el Señor vivirán;
¡sus cuerpos se levantarán otra vez!
Los que duermen en la tierra
se levantarán y cantarán de alegría.
Pues tu luz que da vida descenderá como
el rocío
sobre tu pueblo, en el lugar de los muertos.

Restauración para Israel

20 Ve a tu casa, pueblo mío,
¡y pon cerrojo a tus puertas!
Escóndete por un breve tiempo,
hasta que haya pasado el enojo del Señor.
21 ¡Miren! El Señor viene del cielo
para castigar a la gente de la tierra por sus
pecados.
La tierra no seguirá escondiendo a los
asesinados;
los sacará a la vista de todos.

25:8 La versión griega dice *La muerte es devorada en victoria.* Comparar 1 Co 15:54.

27 En aquel día, el SEÑOR tomará su espada veloz y terrible para castigar al Leviatán:* la serpiente que se mueve con gran rapidez, la serpiente que se retuerce y se enrolla. Él matará al dragón del mar.

² «En aquel día,
canten acerca del viñedo fértil.
³ Yo, el SEÑOR, lo vigilaré,
y lo regaré con cuidado.
Día y noche lo vigilaré para que nadie pueda
hacerle daño.
⁴ Mi enojo habrá desaparecido.
Si encuentro zarzas y espinos en crecimiento,
los atacaré;
los quemaré,
⁵ a menos que vuelvan a mí en busca
de ayuda.
Que se reconcilien conmigo;
sí, que se reconcilien conmigo».
⁶ Se acerca el tiempo cuando los descendientes
de Jacob echarán raíces;
¡Israel brotará y florecerá,
y llenará de fruto el mundo entero!

⁷ ¿Ha golpeado el SEÑOR a Israel
como golpeaba a sus enemigos?
¿Lo ha castigado
como los castigaba a ellos?
⁸ No, pero desterró a Israel para que rindiera
cuentas;
quedó desterrado de su tierra,
como si hubiera sido arrasado por una
tormenta del oriente.
⁹ El SEÑOR lo hizo para purificar a Israel* de
su perversidad;
para quitarle todo su pecado.
Como resultado, todos los altares paganos
serán reducidos a polvo.
No quedará en pie ningún poste dedicado
a la diosa Asera ni ningún santuario
pagano.
¹⁰ Las ciudades fortificadas quedarán en silencio
y vacías,
las casas estarán abandonadas y las calles
cubiertas de mala hierba.
Allí pastarán los terneros,
masticando ramas y tallos.
¹¹ La gente está como las ramas secas de un árbol,
que se arrancan y se usan para encender el
fuego debajo de las ollas para cocinar.
Israel es una nación tonta y necia,
porque sus habitantes se han apartado
de Dios.
Por lo tanto, aquel que los hizo
no les tendrá lástima ni misericordia.

¹²Sin embargo, llegará el día cuando el SEÑOR los reunirá como grano seleccionado a mano. Uno por uno los irá reuniendo, desde el río Éufrates* al oriente, hasta el arroyo de Egipto al occidente. ¹³En aquel día se tocará la gran trompeta y muchos de los que se morían en el destierro en Asiria y en Egipto regresarán a Jerusalén para adorar al SEÑOR en su monte santo.

Mensaje acerca de Samaria

28 ¹ ¡Qué aflicción le espera a la orgullosa ciudad de Samaria,
la corona gloriosa de los borrachos de
Israel!*
Está asentada a la cabeza de un valle fértil,
pero su belleza gloriosa se marchitará
como una flor.
Es el orgullo de un pueblo
que el vino derribó.
² Pues el Señor enviará un poderoso ejército
en su contra;
como un potente granizo y una lluvia
torrencial,
se lanzarán sobre ella como las aguas
embravecidas de una inundación
y la aplastarán contra el suelo.
³ La orgullosa ciudad de Samaria,
la corona gloriosa de los borrachos
de Israel,*
será pisoteada bajo los pies de sus
enemigos.
⁴ Está asentada a la cabeza de un valle fértil,
pero su belleza gloriosa se marchitará
como una flor.
Cualquiera que la vea la arrancará,
como a higo que brota temprano y pronto
se arranca y se come.

⁵ Entonces por fin el SEÑOR de los Ejércitos
Celestiales
será la corona gloriosa de Israel;
será el orgullo y la alegría
del remanente de su pueblo.
⁶ Él dará a sus jueces
anhelo de justicia
y gran valentía
a sus guerreros que vigilan las puertas.

⁷ Sin embargo, ahora Israel es dirigido por
borrachos
que dan tumbos por el vino y se tambalean
a causa del alcohol.
Los sacerdotes y los profetas se tambalean a
causa del alcohol,
y se pierden por el vino.
Dan tumbos cuando tienen visiones
y se tambalean cuando emiten sus
decisiones.
⁸ Sus mesas están cubiertas de vómito;
hay inmundicia por todas partes.
⁹ ¿Quién se cree el SEÑOR que somos?
—preguntan—,

27:1 La identidad del Leviatán es discutida, las ideas van desde una criatura terrestre hasta un mítico monstruo marino de la literatura antigua. 27:9 En hebreo a *Jacob*. Ver nota en 14:1. 27:12 En hebreo *el río*. 28:1 En hebreo *¡Qué aflicción le espera a la corona de gloria de los borrachos de Efraín!*, refiriéndose a Samaria, la capital del reino del norte de Israel. 28:3 En hebreo *La corona de gloria de los borrachos de Efraín*; ver nota en 28:1.

¿por qué nos habla así?
¿Acaso somos niños pequeños,
  recién destetados?
¹⁰ ¡Una y otra vez nos repite todo,
  línea por línea,
    renglón por renglón,
  un poco aquí
    y un poco allá!».

¹¹ Así que ahora, ¡Dios tendrá que hablar a
  su pueblo
  por medio de opresores extranjeros que
    hablan una lengua extraña!
¹² Dios le ha dicho a su pueblo:
  «Aquí hay un lugar de descanso;
    que reposen aquí los fatigados.
  Este es un lugar tranquilo para descansar»;
    pero ellos no quisieron escuchar.
¹³ Por eso el Señor nuevamente les explicará
  su mensaje en detalle:
  línea por línea,
    renglón por renglón,
  un poco aquí
    y un poco allá;
  para que tropiecen y caigan.
    Ellos serán heridos, caerán en la trampa y
    serán capturados.

¹⁴ Por lo tanto, escuchen este mensaje del
  Señor,
  ustedes, gobernantes burlones de Jerusalén.
¹⁵ Se jactan diciendo: «Hemos hecho un trato
    para burlar a la muerte
  y hemos llegado a un acuerdo para evitar
    la tumba.*
  La destrucción que se aproxima nunca podrá
    tocarnos,
  porque nos hemos edificado un fuerte
    refugio hecho de mentiras y engaños».

¹⁶ Por lo tanto, esto dice el Señor Soberano:
  «¡Miren! Pongo una piedra de cimiento en
    Jerusalén,*
  una piedra sólida y probada.
  Es una preciosa piedra principal sobre la cual
    se puede construir con seguridad.
  El que crea jamás será sacudido.*
¹⁷ Los probaré con la cuerda de medir de la
  justicia
  y con la plomada de la rectitud.
  Puesto que su refugio está construido
    de mentiras,
  un granizo lo echará abajo.
  Puesto que está hecho de engaños,
    una inundación lo arrasará.
¹⁸ Anularé el trato que ustedes hicieron para
    burlar a la muerte,
  y revocaré su acuerdo para evitar la tumba.
  Cuando el terrible enemigo arrase la tierra,
    ustedes serán pisoteados.

¹⁹ Una y otra vez vendrá esa inundación,
  mañana tras mañana,
  día y noche,
    hasta que arrase con todos ustedes».

Este mensaje llenará de terror al pueblo.
²⁰ La cama que ustedes hicieron es demasiado
    pequeña para acostarse en ella
  y las mantas son demasiado estrechas para
    cubrirlos.
²¹ El Señor vendrá, como lo hizo contra los
    filisteos en el monte Perazim,
  y contra los amorreos en Gabaón.
  Vendrá para hacer algo extraño;
    vendrá para hacer algo poco común:
²² el Señor, el Señor de los Ejércitos
  Celestiales,
  ha dicho con claridad que está decidido
    a aplastar toda la tierra.
  Así que no se burlen más,
    de lo contrario, su castigo será
    aún mayor.

²³ Escúchenme;
  escuchen y presten mucha atención.
²⁴ ¿Acaso el agricultor siempre ara pero nunca
    siembra?
  ¿Está continuamente labrando la tierra y
    nunca plantando?
²⁵ ¿No siembra finalmente sus semillas
    —comino negro, comino, trigo, cebada y
    trigo espelta—
  cada uno en la forma correcta,
    y cada uno en el lugar que le corresponde?
²⁶ El agricultor sabe exactamente qué hacer
    porque Dios le ha dado entendimiento.
²⁷ Nunca se usa un mazo pesado para trillar el
    comino negro,
  sino que se golpea con varas livianas.
  Nunca se pasa una rueda de trillar sobre el
    comino,
  al contrario, se golpea suavemente con
    un mayal.
²⁸ El grano para el pan se muele con facilidad,
    por eso no lo tritura demasiado.
  Lo trilla bajo las ruedas de una carreta,
    pero no lo pulveriza.
²⁹ El Señor de los Ejércitos Celestiales es un
    maestro maravilloso,
  y le da gran sabiduría al agricultor.

Mensaje acerca de Jerusalén

29 ¹ «¡Qué aflicción le espera a Ariel,* la
    Ciudad de David!
  Año tras año ustedes celebran sus fiestas.
² Sin embargo, traeré desastre sobre ustedes,
  y habrá mucho llanto y dolor.
  Pues Jerusalén se convertirá en lo que
    significa su nombre, Ariel:
    un altar cubierto de sangre.

28:15 En hebreo *el Seol;* también en 28:18. 28:16a En hebreo *en Sión.* 28:16b La versión griega dice: *¡Miren! Pongo una piedra en los cimientos de Jerusalén* (literalmente *Sión*), */ una preciosa piedra principal como cimiento, escogida para gran honor. / Todo el que confíe en él jamás será avergonzado.* Comparar Rm 9:33; 1 P 2:6. 29:1 *Ariel* tiene un sonido similar a un término hebreo que significa «hogar» o «altar».

³ Yo seré su enemigo,
   rodearé a Jerusalén y atacaré sus murallas.
Edificaré torres de asalto
   y la destruiré.
⁴ Entonces, tú hablarás desde lo profundo de
   la tierra;
      tus palabras saldrán desde bien abajo,
      del polvo.
Tu voz susurrará desde el suelo
   como un fantasma invocado de la tumba.

⁵ »Pero de pronto, tus despiadados enemigos
   serán aplastados
      como el polvo más fino.
Tus numerosos atacantes serán expulsados
   como la paja ante el viento.
De repente, en un instante,
⁶ yo, el Señor de los Ejércitos Celestiales,
      intervendré a tu favor
con trueno, terremoto y gran ruido,
   con torbellino, tormenta y fuego
      consumidor.
⁷ Todas las naciones que pelean contra
   Jerusalén*
      ¡desaparecerán como un sueño!
Los que atacan sus murallas
   se esfumarán como una visión en
      la noche.
⁸ La persona con hambre sueña con comida,
   pero se despierta todavía con hambre.
La persona con sed sueña con beber,
   pero cuando llega la mañana, sigue
      desfallecida de sed.
Así será con tus enemigos;
   con los que ataquen al monte Sión».

⁹ ¿Estás asombrado y escéptico?
      ¿No lo crees?
Entonces adelante, sé ciego.
   Eres necio, pero no por culpa del vino;
   te tambaleas, ¡pero no por causa del licor!
¹⁰ Pues el Señor derramó sobre ti un espíritu
   de sueño profundo;
ha cerrado los ojos de tus profetas y
   visionarios.

¹¹Para ellos, todos los sucesos futuros de esta
visión son como un libro sellado. Cuando se lo
des a los que sepan leer, dirán: «No podemos
leerlo porque está sellado». ¹²Cuando se lo des a
los que no sepan leer, dirán: «No sabemos leer».

¹³ Así que el Señor dice:
   «Este pueblo dice que me pertenece;
me honra con sus labios,
   pero su corazón está lejos de mí.
Y la adoración que me dirige
   no es más que reglas humanas, aprendidas
      de memoria».
¹⁴ Por esa causa, una vez más asombraré a estos
   hipócritas
      con maravillas extraordinarias.

La sabiduría de los sabios pasará,
   y la inteligencia de los inteligentes
      desaparecerá».

¹⁵ ¡Qué aflicción les espera a los que intentan
   esconder sus planes del Señor,
a los que hacen sus malas acciones en
   la oscuridad!
«El Señor no puede vernos —dicen—,
   no sabe lo que está pasando».
¹⁶ ¿Será posible que sean tan necios?
   ¡Él es el Alfarero y, por cierto, es mayor que
      ustedes, el barro!
¿Acaso la cosa creada puede decir acerca del
   que la creó:
      «Él no me hizo»?
¿Alguna vez ha dicho una vasija:
   «El alfarero que me hizo es un tonto»?

¹⁷ Pronto —y no pasará mucho tiempo—
   los bosques del Líbano se convertirán en
      un campo fértil,
   y el campo fértil se convertirá en bosque.
¹⁸ En aquel día, los sordos oirán cuando se lean
      las palabras de un libro
   y los ciegos verán a través de la neblina y la
      oscuridad.
¹⁹ Los humildes se llenarán de una alegría nueva
      de parte del Señor;
   los pobres se alegrarán en el Santo de
      Israel.
²⁰ Los burlones ya no existirán,
   los arrogantes desaparecerán,
   y los que traman el mal serán muertos.
²¹ Los que condenan a los inocentes
   con sus falsos testimonios desaparecerán.
Un destino parecido les espera a los que usan
      el engaño para pervertir la justicia
   y mienten para destruir a los inocentes.

²²Por eso el Señor, quien redimió a Abraham,
dice al pueblo de Israel:*

   «Mi pueblo ya no será avergonzado,
      ni palidecerá de temor.
²³ Pues cuando vean a sus numerosos hijos
      y todas las bendiciones que yo les he dado,
   reconocerán la santidad del Santo de Jacob;
      quedarán asombrados ante el Dios de Israel.
²⁴ Entonces los descarriados adquirirán
      entendimiento,
   y los que se quejan de todo aceptarán la
      instrucción.

La alianza inútil entre Judá y Egipto

30 ¹ »¡Qué aflicción les espera a mis hijos
      rebeldes
         —dice el Señor—.
Ustedes hacen planes contrarios a los míos;
   hacen alianzas que no son dirigidas por
      mi Espíritu,
   y de esa forma aumentan sus pecados.

29:7 En hebreo *Ariel.* 29:13 La versión griega dice *Su adoración es una farsa / porque enseñan ideas humanas como si fueran
mandatos de Dios.* Comparar Mc 7:7. 29:22 En hebreo *de Jacob.* Ver nota en 14:1.

² Pues sin consultarme,
　bajaron a Egipto en busca de ayuda;
　pusieron su confianza en la protección del
　　faraón
　y trataron de esconderse bajo su sombra.
³ Pero por confiar en el faraón serán
　　humillados,
　y por depender de él, serán avergonzados.
⁴ Pues, aunque el poder del faraón se extiende
　　hasta Zoán,
　y sus funcionarios han llegado a Hanes,
⁵ todos los que confíen en él serán
　　avergonzados.
　Él no los ayudará;
　todo lo contrario, los avergonzará».

⁶Este es el mensaje que recibí con respecto a los
animales del Neguev:

　La caravana se mueve lentamente
　　a través del terrible desierto hacia Egipto
　—burros cargados de riquezas
　y camellos cargados de tesoros—
　　para pagar por la protección de Egipto.
　Viajan a través del desierto,
　　lugar de leonas y leones,
　　lugar donde viven las víboras y las
　　　serpientes venenosas.
　A pesar de todo esto, Egipto no les dará nada
　　a cambio.
⁷　¡Las promesas de Egipto no sirven para
　　　nada!
　Por lo tanto, lo llamaré Rahab,
　　el dragón inofensivo.*

Advertencia para la rebelde Judá

⁸ Ahora ve y escribe estas palabras;
　escríbelas en un libro.
　Así quedarán hasta el fin de los tiempos
　　como testigo
⁹ de que este pueblo es rebelde y terco
　que se niega a hacer caso a las
　　instrucciones del SEÑOR.
¹⁰ Les dicen a los videntes:
　　«¡Dejen de ver visiones!».
　Les dicen a los profetas:
　　«No nos digan lo que es correcto.
　Díganos cosas agradables,
　　cuéntennos mentiras.
¹¹ Olvídense de toda esta tristeza,
　　apártense de su senda estrecha.
　Dejen de hablarnos acerca del
　　"Santo de Israel"».

¹²Esta es la respuesta del Santo de Israel:

　«Dado que ustedes desprecian lo que les digo
　　pero más bien confían en la opresión y en
　　　las mentiras,
¹³ la calamidad caerá sobre ustedes de repente,
　　como una pared pandeada que explota y
　　　se cae.

En un instante se desplomará
　y se derrumbará.
¹⁴ Ustedes serán aplastados como una vasija
　　de barro;
　hechos añicos de una manera tan
　　completa, que
　no habrá un pedazo lo suficientemente
　　grande
　para llevar los carbones de una
　　hoguera
　ni un poco de agua del pozo».

¹⁵ Esto dice el SEÑOR Soberano,
　　el Santo de Israel:
　«Ustedes se salvarán solo si regresan a mí
　　y descansan en mí.
　En la tranquilidad y en la confianza está su
　　fortaleza;
　pero no quisieron saber nada de esto.
¹⁶ "No —dijeron ustedes—, nuestra ayuda vendrá
　　de Egipto;
　ellos nos darán caballos veloces para entrar
　　en batalla".
　Sin embargo, la única velocidad que verán
　　¡será la de sus enemigos dándoles caza!
¹⁷ Uno de ellos perseguirá a mil de ustedes
　　y cinco de ellos los harán huir a todos.
　Quedarán como un asta de bandera solitaria
　　sobre una colina
　o como un estandarte hecho jirones en la
　　cima de un monte lejano».

Bendiciones para el pueblo de Dios

¹⁸ Así que el SEÑOR esperará a que ustedes
　　acudan a él
　para mostrarles su amor y su compasión.
　Pues el SEÑOR es un Dios fiel.
　Benditos son los que esperan su ayuda.

¹⁹ Oh pueblo de Sión, que vives en Jerusalén,
　　ya no llorarás más.
　Él será compasivo si le pides ayuda;
　　sin ninguna duda, él responderá a los
　　　clamores.
²⁰ Aunque el Señor te dio a comer
　　adversidad
　y a beber sufrimiento,
　él seguirá contigo a fin de enseñarte;
　　verás a tu maestro con tus propios ojos.
²¹ Tus oídos lo escucharán.
　　Detrás de ti, una voz dirá:
　«Este es el camino por el que debes ir»,
　　ya sea a la derecha o a la izquierda.
²² Entonces destruirás todos tus ídolos
　　de plata
　y tus valiosas imágenes de oro.
　Los desecharás como trapos sucios,
　　y les dirás: «¡Adiós y hasta nunca!».

²³Entonces el SEÑOR te bendecirá con lluvia
durante el tiempo de la siembra. Habrá cosechas

30:7 En hebreo *Rahab, el que queda quieto*. Rahab es el nombre de un mítico monstruo marino que en la literatura antigua representa
el caos. Aquí se utiliza como un nombre poético para Egipto.

maravillosas y muchos pastizales para tus animales. ²⁴Los bueyes y los burros que cultivan los campos comerán buen grano, y el viento llevará la paja. ²⁵En aquel día, cuando tus enemigos sean masacrados y caigan las torres, descenderán corrientes de agua de cada monte y colina. ²⁶La luna será tan resplandeciente como el sol, y el sol brillará siete veces más, como la luz de siete días en uno solo. Así será cuando el SEÑOR comience a sanar a su pueblo y a curar las heridas que hizo.

²⁷ ¡Miren! El SEÑOR viene desde muy lejos,
    ardiendo de enojo,
        rodeado de un humo espeso que sube.
    Sus labios están llenos de furia;
        sus palabras consumen como el fuego.
²⁸ Su ardiente aliento fluye como una
        inundación
    hasta el cuello de sus enemigos.
    Él zarandeará a las naciones soberbias para
        destrucción;
        les pondrá el freno en la boca y las llevará
            a la ruina.

²⁹ Sin embargo, el pueblo de Dios entonará una
        canción de alegría,
    como los cantos de los festivales sagrados.
    Estarás lleno de alegría,
        como cuando un flautista dirige a un grupo
            de peregrinos
    a Jerusalén, el monte del SEÑOR,
        a la Roca de Israel.
³⁰ Y el SEÑOR hará oír su majestuosa voz
    y demostrará la fuerza de su brazo
        poderoso.
    Descenderá con llamas consumidoras,
        con aguaceros, con tormentas eléctricas
            y enormes granizos.
³¹ Por orden del SEÑOR, los asirios serán
        destrozados;
    los herirá de muerte con su cetro real.
³² Y cuando el SEÑOR los golpee con su vara
        de castigo,
    su pueblo celebrará con arpas y panderetas.
    Él levantará su brazo poderoso y peleará
        contra los asirios.
³³ Tofet, el lugar de incineración,
    hace tiempo que está preparado para el
        rey asirio;
    la pira tiene un gran montón de leña.
    La encenderá el aliento del SEÑOR, como
        fuego de volcán.

Es inútil confiar en Egipto

31 ¹ ¡Qué aflicción les espera a los que
        buscan ayuda en Egipto!
    Al confiar en sus caballos, en sus carros de
        guerra y en sus conductores,
    y al depender de la fuerza de ejércitos
        humanos
    en lugar de buscar ayuda en el SEÑOR,
        el Santo de Israel.

² En su sabiduría, el SEÑOR enviará una gran
        calamidad;
    no cambiará de parecer.
    Se levantará contra los malvados
        y contra quienes los ayudan.
³ ¡Pues estos egipcios son simples seres
        humanos, no son Dios!
    Sus caballos son solo carne, no espíritus
        poderosos.
    Cuando el SEÑOR levante el puño contra ellos,
        quienes los ayudan tropezarán,
    y aquellos que reciben ayuda caerán;
        todos caerán y morirán juntos.

⁴Pero el SEÑOR me ha dicho:

    «Cuando un león joven y fuerte
        ruge sobre la oveja que ha matado,
    no lo asustan los gritos ni los ruidos
        de toda una multitud de pastores.
    De la misma manera, el SEÑOR de los
            Ejércitos Celestiales
        descenderá para pelear en el monte Sión.
⁵ El SEÑOR de los Ejércitos Celestiales se moverá
        en el aire sobre Jerusalén
    y la protegerá como un ave protege su nido.
    Defenderá y salvará la ciudad;
        pasará sobre ella y la rescatará».

⁶Pueblo mío, aunque eres rebelde y perverso,
ven y regresa al SEÑOR. ⁷Yo sé que llegará el día
glorioso cuando cada uno de ustedes desechará
los ídolos de oro y las imágenes de plata que han
hecho sus manos pecadoras.

⁸ «Los asirios serán destruidos,
        pero no por las espadas de los hombres.
    La espada de Dios los golpeará,
        se dejarán llevar por el pánico y huirán.
    Los fuertes jóvenes asirios
        serán llevados cautivos.
⁹ Hasta los más fuertes temblarán de terror,
    y los príncipes huirán al ver sus banderas
        de guerra»,
dice el SEÑOR, cuyo fuego está en Sión
    y sus llamas arden desde Jerusalén.

Liberación definitiva de Israel

32 ¹ ¡Miren! ¡Se acerca un rey justo!,
        y príncipes honrados gobernarán
            bajo su mando.
² Cada uno será como refugio del viento
    y resguardo de la tormenta;
    como corrientes de agua en el desierto
        y sombra de una gran roca en tierra
            reseca.
³ Entonces todo el que tenga ojos podrá ver
        la verdad,
    y todo el que tenga oídos podrá oírla.
⁴ Hasta los impulsivos estarán llenos de sentido
        común y de entendimiento;
    y los que tartamudean hablarán con
        claridad.

⁵ En aquel día, los necios que viven sin Dios no
   serán héroes,
   los canallas no serán respetados.
⁶ Pues los necios hablan necedades
   y hacen planes malvados;
   practican la impiedad
   y difunden enseñanzas falsas acerca
      del SEÑOR;
   privan de alimento a los hambrientos
   y no dan agua a los sedientos.
⁷ Las sutiles artimañas de los canallas son
      maliciosas;
   traman planes torcidos.
   Mienten para condenar a los pobres,
   aun cuando la causa de los pobres es justa.
⁸ Pero los generosos proponen hacer lo que
      es generoso
   y se mantienen firmes en su generosidad.

⁹ Escuchen, mujeres, ustedes que están
   acostumbradas a la buena vida.
   Escúchenme, ustedes que son tan
      engreídas.
¹⁰ Dentro de poco tiempo, algo más de un año,
   ustedes que son tan despreocupadas, de
      repente comenzarán a preocuparse.
   Pues se perderán sus cultivos de frutas,
   y no habrá cosecha.
¹¹ Tiemblen, mujeres de la buena vida;
   abandonen su autosuficiencia.
   Quítense sus ropas bonitas
   y pónganse tela áspera en señal de su dolor.
¹² Golpéense el pecho con profunda pena por
      sus abundantes granjas
   y por sus vides llenas de fruto.
¹³ Pues su tierra se cubrirá de espinos y zarzas,
   sus hogares alegres y ciudades felices
      desaparecerán.
¹⁴ El palacio y la ciudad quedarán abandonados,
   y pueblos de mucha actividad estarán
      vacíos.
   Los burros retozarán y las manadas pastarán
      en los fuertes abandonados* y en las torres
      de vigilancia,
¹⁵ hasta que al fin se derrame el Espíritu
   sobre nosotros desde el cielo.
   Entonces el desierto se convertirá en campo
      fértil,
   y el campo fértil dará cosechas abundantes.

¹⁶ La justicia gobernará en el desierto
   y la rectitud en el campo fértil.
¹⁷ Y esta rectitud traerá la paz,
   es cierto, traerá tranquilidad y confianza
      para siempre.
¹⁸ Mi pueblo vivirá seguro, tranquilo en
      su hogar
   y encontrará reposo.
¹⁹ Aunque se destruya el bosque
   y se derrumbe la ciudad,

²⁰ el SEÑOR bendecirá grandemente a su pueblo.
   Dondequiera que siembre la semilla,
   brotarán cosechas abundantes
   y su ganado y sus burros pastarán con
      libertad.

Mensaje acerca de Asiria

33 ¹ ¡Qué aflicción los espera a ustedes,
   asirios, que han destruido a otros*
   pero nunca han sido destruidos!
   Traicionan a los demás,
   pero nunca han sido traicionados.
   Cuando terminen de destruir,
   serán destruidos.
   Cuando terminen de traicionar,
   serán traicionados.
² Pero tú, SEÑOR, ten misericordia de nosotros,
   porque hemos esperado en ti.
   Sé nuestro brazo fuerte cada día
   y nuestra salvación en los tiempos difíciles.
³ El enemigo corre al sonido de tu voz;
   cuando te pones en pie, ¡las naciones
      huyen!
⁴ Así como la oruga y la langosta despojan
   los campos y las vides,
   de la misma forma será despojado el
      ejército caído de Asiria.

⁵ Aunque el SEÑOR es muy grande y vive en
      el cielo
   hará de Jerusalén* el hogar de su justicia
   y rectitud.
⁶ En aquel día, él será tu cimiento seguro,
   y te proveerá de una abundante reserva de
      salvación, sabiduría y conocimiento;
   el temor del SEÑOR será tu tesoro.

⁷ Pero ahora tus valientes guerreros lloran
      en público;
   tus embajadores de paz lloran con amarga
      desilusión.
⁸ Tus caminos están abandonados;
   ya nadie viaja por ellos.
   Los asirios rompieron su tratado de paz
   y no les importan las promesas que
      hicieron delante de testigos;*
   no le tienen respeto a nadie.
⁹ La tierra de Israel se marchita con el duelo;
   el Líbano se seca a causa de la vergüenza.
   La llanura de Sarón es ahora un desierto;
   Basán y el Carmelo han sido saqueados.

¹⁰ Pero el SEÑOR dice: «Ahora me levantaré;
   ahora mostraré mi poder y mi fuerza.
¹¹ Ustedes, los asirios, no producen más que
   hierba seca y rastrojos;
   su propio aliento se convertirá en fuego
   y los consumirá.
¹² Su pueblo será totalmente quemado,
   como los espinos que se cortan y se echan
      al fuego.

32:14 En hebreo *el Ofel.* **33:1** En hebreo *¡Qué aflicción te espera, destructor.* El texto hebreo no menciona específicamente a Asiria como el objeto de la profecía que aparece en este capítulo. **33:5** En hebreo *Sión;* también en el 33:14. **33:8** Así aparece en los Rollos del mar Muerto; en el texto masorético dice *no les importan para nada las ciudades.*

¹³ ¡Escuchen lo que yo hice, naciones lejanas!
¡Y ustedes que están cerca, reconozcan
mi poder!».

¹⁴ Los pecadores de Jerusalén tiemblan de temor;
el terror se apodera de los que no tienen
a Dios.
«¿Quién puede vivir con este fuego
devorador? —claman—.
¿Quién puede sobrevivir a este fuego
consumidor?».

¹⁵ Los que son honestos y justos,
los que se niegan a obtener ganancias por
medio de fraudes,
los que se mantienen alejados de los
sobornos,
los que se niegan a escuchar a los que traman
asesinatos,
los que cierran los ojos para no ceder ante
la tentación de hacer el mal;

¹⁶ estos son los que habitarán en las alturas.
Las rocas de los montes serán su fortaleza;
se les proveerá alimentos,
y tendrán agua en abundancia.

¹⁷ Sus ojos verán al rey en todo su esplendor,
y verán una tierra que se pierde en la
distancia.

¹⁸ Recordarán este tiempo de terror y
preguntarán:
«¿Dónde están los oficiales asirios
que contaban nuestras torres?
¿Dónde están los contadores
que anotaban el botín sacado de nuestra
ciudad caída?».

¹⁹ Ustedes ya no verán a esa gente feroz y
violenta,
con su idioma extraño y desconocido.

²⁰ En cambio, verán a Sión como lugar de
festivales sagrados;
verán a Jerusalén, una ciudad tranquila
y segura.
Será como una carpa con las sogas tensas
y con las estacas firmemente clavadas.

²¹ Para nosotros el SEÑOR será el Poderoso.
Será como un ancho río de protección
que ningún enemigo puede cruzar;
por el cual no puede navegar ningún
barco enemigo.

²² Pues el SEÑOR es nuestro juez,
nuestro legislador y nuestro rey;
él cuidará de nosotros y nos salvará.

²³ Las velas de los enemigos cuelgan flácidas
de los mástiles rotos, junto con aparejos
inútiles.
El pueblo de Dios repartirá el tesoro;
¡hasta los cojos recibirán su porción!

²⁴ El pueblo de Israel ya no dirá:
«Estamos enfermos e indefensos»,
porque el SEÑOR perdonará sus pecados.

Mensaje para las naciones

34

¹ Vengan aquí y escuchen, oh naciones
de la tierra;
que el mundo y todo lo que hay en él oigan
mis palabras.

² Pues el SEÑOR está furioso contra las
naciones;
su furia es contra todos sus ejércitos.
Los destruirá* por completo,
los condenará a ser masacrados.

³ Sus muertos quedarán sin sepultura,
y el hedor de los cuerpos podridos llenará
la tierra;
de los montes fluirá su sangre.

⁴ Arriba, los cielos se esfumarán
y desaparecerán como quien enrolla un
pergamino.
Las estrellas caerán de los cielos
como caen las hojas marchitas de una vid,
o los higos secos de una higuera.

⁵ Y cuando mi espada haya terminado su
trabajo en los cielos,
caerá sobre Edom,
la nación que he señalado para ser
destruida.

⁶ La espada del SEÑOR está empapada
en sangre
y cubierta de grasa,
con la sangre de corderos y cabras,
con la grasa de carneros preparados para
el sacrificio.
Sí, el SEÑOR ofrecerá un sacrificio en la
ciudad de Bosra
y hará una gran matanza en Edom.

⁷ Hasta morirán hombres tan fuertes como los
bueyes salvajes,
los jóvenes junto a los veteranos.
La tierra quedará empapada en sangre
y el suelo enriquecido con la grasa.

⁸ Pues es el día de la venganza del SEÑOR,
el año cuando Edom recibirá el pago por
todo lo que le hizo a Israel.*

⁹ Los arroyos de Edom se llenarán de brea
ardiente
y el suelo se cubrirá de fuego.

¹⁰ Este juicio sobre Edom nunca tendrá fin;
el humo de la nación en llamas se levantará
para siempre.
La tierra quedará abandonada de generación
en generación;
nadie volverá a vivir allí.

¹¹ Será frecuentada por el búho del desierto y
la lechuza blanca,
el búho grande y el cuervo.*
Pues Dios medirá esa tierra con cuidado;
la medirá para el caos y la destrucción.

¹² Se llamará la Tierra de Nada,
y pronto todos sus nobles desaparecerán.*

34:2 El término hebreo empleado aquí se refiere a la consagración total de cosas o personas al SEÑOR, ya sea destruyéndolas o entregándolas como ofrenda; similar en 34:5.   **34:8** En hebreo *a Sión*.   **34:11** La identificación de algunas de estas aves es incierta.   **34:12** El significado del hebreo es incierto.

¹³ Los espinos invadirán sus palacios;
    en sus fuertes crecerán la ortiga y el cardo.
Las ruinas serán guarida de los chacales
    y se convertirán en hogar de los búhos.
¹⁴ Los animales del desierto se mezclarán allí
        con las hienas,
    y sus aullidos llenarán la noche.
Las cabras salvajes se balarán unas a otras en
        medio de las ruinas,
    y las criaturas de la noche* irán a ese lugar
        para descansar.
¹⁵ Allí el búho hará su nido y pondrá sus huevos,
    empollará a sus polluelos y los cubrirá con
        sus alas.
También irán los buitres,
    cada uno con su compañera.

¹⁶ Escudriñen el libro del Señor
    y vean lo que él hará.
Ninguno de estos animales ni de estas aves
        estará ausente,
    y a ninguno le faltará su pareja,
porque el Señor lo ha prometido.
    Su Espíritu hará que todo esto se haga
        realidad.
¹⁷ Él ha medido y dividido la tierra,
    y se la ha dado en propiedad a esas
        criaturas.
Ellas la poseerán para siempre,
    de generación en generación.

Esperanza de una restauración

35 ¹ Hasta el lugar desolado y el desierto
        estarán contentos en esos días;
    la tierra baldía se alegrará y florecerá el
        azafrán de primavera.
² Así es, habrá abundancia de flores,
    de cantos y de alegría.
Los desiertos se pondrán tan verdes como
        los montes del Líbano,
    tan bellos como el monte Carmelo o la
        llanura de Sarón.
Allí el Señor manifestará su gloria,
    el esplendor de nuestro Dios.
³ Con esta noticia, fortalezcan a los que tienen
        cansadas las manos,
    y animen a los que tienen débiles las
        rodillas.
⁴ Digan a los de corazón temeroso:
    «Sean fuertes y no teman,
porque su Dios viene para destruir a sus
        enemigos;
    viene para salvarlos».

⁵ Y cuando él venga, abrirá los ojos de los ciegos
    y destapará los oídos de los sordos.
⁶ El cojo saltará como un ciervo,
    y los que no pueden hablar ¡cantarán de
        alegría!
Brotarán manantiales en el desierto
    y corrientes regarán la tierra baldía.

⁷ El suelo reseco se convertirá en laguna
    y los manantiales de agua saciarán la
        tierra sedienta.
Crecerán las hierbas de pantano, las cañas
        y los juncos
    donde antes vivían los chacales del
        desierto.

⁸ Un gran camino atravesará esa tierra, antes
        vacía;
    se le dará el nombre de Carretera de la
        Santidad.
Los de mente malvada nunca viajarán por ella.
    Será solamente para quienes anden por los
        caminos de Dios;
    los necios nunca andarán por ella.
⁹ Los leones no acecharán por esa ruta,
    ni ninguna otra bestia feroz.
No habrá ningún otro peligro;
    solo los redimidos andarán por ella.
¹⁰ Regresarán los que han sido rescatados por
        el Señor;
    entrarán cantando a Jerusalén,*
    coronados de gozo eterno,
estarán llenos de regocijo y de alegría;
    desaparecerán el luto y la tristeza.

Asiria invade a Judá

36 En el año catorce del reinado de
    Ezequías,* Senaquerib, rey de Asiria,
atacó a las ciudades fortificadas de Judá y las
conquistó. ²Entonces el rey de Asiria mandó a
su jefe del Estado Mayor* desde Laquis con un
enorme ejército para enfrentar al rey Ezequías
en Jerusalén. Los asirios tomaron posición de
batalla junto al acueducto que vierte el agua en
el estanque superior, cerca del camino que lleva
al campo donde se lavan* telas.

³Estos son los funcionarios que salieron a
reunirse con ellos: Eliaquim, hijo de Hilcías, administrador del palacio; Sebna, secretario de la
corte; y Joa, hijo de Asaf, historiador del reino.

Senaquerib amenaza a Jerusalén

⁴Entonces el jefe del Estado Mayor del rey asirio les dijo que le transmitieran a Ezequías el
siguiente mensaje:

«El gran rey de Asiria dice: ¿En qué confías
que te da tanta seguridad? ⁵¿Acaso crees que
simples palabras pueden sustituir la fuerza y
la capacidad militar? ¿Con quién cuentas
para haberte rebelado contra mí? ⁶¿Con
Egipto? Si te apoyas en Egipto, será como
una caña que se quiebra bajo tu peso y te
atraviesa la mano. ¡El faraón, rey de Egipto,
no es nada confiable!

⁷»Tal vez me digas: "¡Confiamos en el
Señor nuestro Dios!"; pero ¿no es él a quien
Ezequías insultó? ¿Acaso no fue Ezequías
quien derribó sus santuarios y altares, e hizo

34:14 En hebreo *Lilit,* posiblemente una referencia a un mítico demonio nocturno.   **35:10** En hebreo *Sión.*   **36:1** El año catorce del
reinado de Ezequías fue el 701 a. C.   **36:2a** O *al Rabsaces;* también en 36:4, 11, 12, 22.   **36:2b** O *se blanquean.*

que todos en Judá y en Jerusalén adoraran solo en el altar que hay aquí, en Jerusalén?

8»¡Se me ocurre una idea! Llega a un acuerdo con mi amo, el rey de Asiria. Yo te daré dos mil caballos, ¡si es que puedes encontrar esa cantidad de hombres para que los monten! 9Con tu pequeño ejército, ¿cómo se te ocurre desafiar siquiera al contingente más débil de las tropas de mi amo, aunque contaras con la ayuda de los carros de guerra y sus conductores de Egipto? 10Es más, ¿crees que hemos invadido tu tierra sin la dirección del SEÑOR? El SEÑOR mismo nos dijo: "¡Ataquen esta tierra y destrúyanla!"».

11Entonces tanto Eliaquim como Sebna y Joa le dijeron al jefe del Estado Mayor asirio:

—Por favor, háblanos en arameo porque lo entendemos bien. No hables en hebreo,* porque oirá la gente que está sobre la muralla.

12Pero el jefe del Estado Mayor de Senaquerib respondió:

—Ustedes creen que mi amo les envió este mensaje solo a ustedes y a su amo? Él quiere que todos los habitantes lo oigan porque, cuando sitiemos a esta ciudad, ellos sufrirán junto con ustedes. Tendrán tanta hambre y tanta sed que comerán su propio excremento y beberán su propia orina.

13Después el jefe del Estado Mayor se puso de pie y le gritó en hebreo a la gente que estaba sobre la muralla: «¡Escuchen este mensaje del gran rey de Asiria! 14El rey dice lo siguiente: "No dejen que Ezequías los engañe. Él jamás podrá librarlos. 15No permitan que los haga confiar en el SEÑOR diciéndoles: 'Con toda seguridad el SEÑOR nos librará. ¡Esta ciudad nunca caerá en manos del rey asirio!'.

16»"¡No escuchen a Ezequías! El rey de Asiria les ofrece estas condiciones: hagan las paces conmigo; abran las puertas y salgan. Entonces cada uno de ustedes podrá seguir comiendo de su propia vid y de su propia higuera, y bebiendo de su propio pozo. 17Me encargaré de llevarlos a otra tierra como esta: una tierra de grano y vino nuevo, de pan y viñedos.

18»"No dejen que Ezequías los engañe al decir: '¡El SEÑOR nos librará!'. ¿Acaso los dioses de cualquier otra nación alguna vez han salvado a su pueblo del rey de Asiria? 19¿Qué les sucedió a los dioses de Hamat y de Arfad? ¿Y qué me dicen de los dioses de Sefarvaim? ¿Algún dios libró a Samaria de mi poder? 20¿Cuál de los dioses de alguna nación ha podido salvar alguna vez a su pueblo de mi poder? ¿Qué les hace pensar entonces que el SEÑOR puede librar a Jerusalén de mis manos?"».

21El pueblo se quedó en silencio y no dijo ni una palabra, porque Ezequías le había ordenado: «No le respondan».

22Entonces Eliaquim, hijo de Hilcías, administrador del palacio; Sebna, secretario de la corte; y Joa, hijo de Asaf, historiador del reino, regresaron a donde estaba Ezequías. Desesperados rasgaron su ropa, entraron para ver al rey y le contaron lo que había dicho el jefe del Estado Mayor asirio.

Ezequías busca la ayuda del SEÑOR

37 Cuando el rey Ezequías oyó el informe, rasgó su ropa, se vistió de tela áspera y entró al templo del SEÑOR. 2Enseguida envió a Eliaquim, administrador del palacio; a Sebna, secretario de la corte; y a los principales sacerdotes, todos vestidos de tela áspera, a hablar con el profeta Isaías, hijo de Amoz. 3Ellos le dijeron: «El rey Ezequías dice: "Hoy es un día de dificultad, insulto y deshonra. Es como cuando un niño está a punto de nacer, pero la madre no tiene fuerzas para dar a luz. 4Tal vez el SEÑOR tu Dios haya oído al jefe del Estado Mayor* asirio, que fue enviado por el rey para desafiar al Dios viviente, y lo castigue por sus palabras. ¡Te rogamos que ores por los que hemos quedado!"».

5Una vez que los funcionarios del rey Ezequías le dieron a Isaías el mensaje del rey, 6el profeta respondió: «Dígale a su amo: "Esto dice el SEÑOR: 'No te alteres por ese discurso blasfemo que han pronunciado contra mí los mensajeros del rey de Asiria. 7¡Escucha! Yo mismo actuaré en su contra,* y el rey recibirá un mensaje de que lo necesitan en su país. Así que volverá a su tierra, donde haré que lo maten a filo de espada'"».

8Mientras tanto, el jefe del Estado Mayor asirio partió de Jerusalén para consultar al rey de Asiria, quien había salido de Laquis y estaba atacando a Libna.

9Poco después, el rey Senaquerib recibió la noticia de que el rey Tirhaca de Etiopía* iba al frente de un ejército para luchar contra él. Antes de salir al encuentro de sus agresores, envió mensajeros de regreso a Ezequías, en Jerusalén, con el siguiente mensaje:

10«Este mensaje está dirigido al rey Ezequías de Judá. No dejes que tu Dios, en quien confías, te engañe con promesas de que Jerusalén no caerá en manos del rey de Asiria. 11Tú sabes perfectamente bien lo que han hecho los reyes de Asiria en todos los lugares donde han ido. ¡Han destruido por completo a todo aquel que se les interpuesto en su camino! ¿Por qué serías tú la excepción? 12¿Acaso los dioses de otras naciones las han rescatado, naciones como Gozán, Harán, Resef y el pueblo de Edén que vivía en Telasar? ¡Mis antecesores los destruyeron a todos! 13¿Qué sucedió con el rey de Hamat y el rey de Arfad? ¿Qué les pasó a los reyes de Sefarvim, de Hena y de Iva?».

36:11 En hebreo *en el dialecto de Judá;* también en 36:13.   37:4 O *al Rabsaces;* también en 37:8.   37:7 En hebreo *Yo pondré un espíritu en él.*   37:9 En hebreo *de Cus.*

¹⁴Después de recibir la carta de mano de los mensajeros y de leerla, Ezequías subió al templo del Señor y desplegó la carta ante el Señor. ¹⁵En presencia del Señor, el rey hizo la siguiente oración: ¹⁶«¡Oh Señor de los Ejércitos Celestiales, Dios de Israel, tú estás entronizado entre los poderosos querubines! Solo tú eres el Dios de todos los reinos de la tierra. Solo tú creaste los cielos y la tierra. ¹⁷Inclínate, oh Señor, y escucha! ¡Abre tus ojos, oh Señor, y mira! Escucha las palabras desafiantes de Senaquerib contra el Dios viviente.

¹⁸»Es cierto, Señor, que los reyes de Asiria han destruido a todas esas naciones. ¹⁹Han arrojado al fuego los dioses de esas naciones y los han quemado. ¡Por supuesto que los asirios pudieron destruirlos, pues no eran dioses en absoluto! Eran solo ídolos de madera y de piedra, formados por manos humanas. ²⁰Ahora, oh Señor nuestro Dios, rescátanos de su poder; así todos los reinos de la tierra sabrán que solo tú, oh Señor, eres Dios».*

Isaías predice la liberación de Judá

²¹Después, Isaías, hijo de Amoz, le envió a Ezequías el siguiente mensaje: «Esto dice el Señor, Dios de Israel: "Ya que oraste respecto al rey Senaquerib de Asiria, ²²el Señor ha pronunciado estas palabras en su contra:

»"La hija virgen de Sión
    te desprecia y se ríe de ti.
La hija de Jerusalén
    menea la cabeza con desdén mientras
    tú huyes.

²³ »¿A quién has estado desafiando y
        ridiculizando?
    ¿Contra quién levantaste la voz?
¿A quién miraste con ojos tan arrogantes?
    ¡Fue al Santo de Israel!
²⁴ Por medio de tus mensajeros, has desafiado
        al Señor.
    Dijiste: 'Con mis numerosos carros
        de guerra
conquisté las montañas más altas,
    sí, las cimas más remotas del Líbano.
Corté los cedros más altos
    y sus mejores cipreses.
Alcancé sus rincones más lejanos
    y exploré sus bosques más espesos.
²⁵ Cavé pozos en muchas tierras extranjeras*
    y me refresqué con sus aguas.
¡Con la planta de mi pie
    detuve todos los ríos de Egipto!'.

²⁶ "Tero ¿acaso no has oído?
    Yo lo decidí hace mucho tiempo.
Hace mucho que lo planifiqué,
    y ahora lo llevo a cabo.

Yo determiné que tú aplastaras ciudades
        fortificadas
    y las redujeras a un montón de escombros.
²⁷ Por eso sus habitantes tienen tan poco poder
    y están tan asustados y confundidos.
Son tan débiles como la hierba,
    tan fácil de pisotear como tiernos brotes
    verdes.
Son como hierba que sale en el techo de
    una casa,
    que se quema* antes de poder crecer alta
    y lozana.

²⁸ »"Pero a ti te conozco bien:
    sé dónde te encuentras,
y cuándo entras y sales.
    Conozco la forma en que desataste tu
    furia contra mí.
²⁹ Por esa furia en mi contra
    y por tu arrogancia, que yo mismo oí,
te pondré mi gancho en la nariz
    y mi freno en la boca.
Te haré regresar
    por el mismo camino por donde viniste"».

³⁰Luego Isaías le dijo a Ezequías: «Esta es la prueba de que es cierto lo que digo:

»Este año ustedes solo comerán lo que crezca
        por sí mismo,
    y el año próximo comerán lo que de eso
    brote.
Sin embargo, el tercer año, plantarán cultivos y
        los cosecharán;
    cuidarán de sus viñedos y comerán de
    su fruto.
³¹ Y ustedes, los que quedan en Judá,
    los que han escapado de los estragos
    del ataque,
echarán raíces en su propio suelo,
    crecerán y prosperarán.
³² Pues desde Jerusalén se extenderá un
        remanente de mi pueblo,
    un grupo de sobrevivientes, desde el
    monte Sión.
¡El ferviente compromiso del Señor de los
    Ejércitos Celestiales
    hará que esto suceda!».

³³Y esto dice el Señor acerca del rey de Asiria:

»"Sus ejércitos no entrarán en Jerusalén;
    ni siquiera lanzarán una sola flecha contra
    ella.
No marcharán fuera de sus puertas con sus
        escudos
    ni levantarán terraplenes contra sus murallas.
³⁴ El rey regresará a su propia tierra
    por el mismo camino por donde vino.
No entrará en esta ciudad
    —dice el Señor—.

37:20 Así aparece en los Rollos del mar Muerto (ver también 2 Re 19:19); el texto masorético dice *solo tú eres el Señor*. 37:25 Así aparece en los Rollos del mar Muerto (ver también 2 Re 19:24); en el texto masorético faltan las palabras *en muchas tierras extranjeras*. 37:27 Así aparece en los Rollos del mar Muerto y en algunos manuscritos griegos (ver también 2 Re 19:26); la mayoría de los manuscritos hebreos dicen *como un campo con terrazas*.

35 Por mi propia honra y por amor a mi siervo
  David,
    defenderé esta ciudad y la protegeré"».

36Esa noche el ángel del Señor fue al campamento asirio y mató a ciento ochenta y cinco mil soldados. Cuando los asirios que sobrevivieron* se despertaron a la mañana siguiente, encontraron cadáveres por todas partes. 37Entonces Senaquerib, rey de Asiria, levantó campamento y regresó a su propia tierra. Volvió a Nínive, la capital del reino, y allí se quedó.

38Cierto día, mientras rendía culto en el templo de su dios Nisroc, sus hijos Adramelec y Sarezer lo mataron a espada. Luego escaparon a la tierra de Ararat, y otro de sus hijos, Esarhadón, lo sucedió en el trono de Asiria.

Enfermedad y recuperación de Ezequías

38 Por ese tiempo, Ezequías se enfermó gravemente, y el profeta Isaías, hijo de Amoz, fue a visitarlo. Le dio al rey el siguiente mensaje: «Esto dice el Señor: "Pon tus asuntos en orden porque vas a morir. No te recuperarás de esta enfermedad"».

2Cuando Ezequías oyó el mensaje, volvió su rostro hacia la pared y oró al Señor: 3«Acuérdate, oh Señor, de que siempre te he sido fiel y te he servido con singular determinación, haciendo siempre lo que te agrada»; y el rey se echó a llorar amargamente.

4Luego Isaías recibió este mensaje de parte del Señor: 5«Regresa y dile a Ezequías: "Esto dice el Señor, Dios de tu antepasado David: 'He oído tu oración y he visto tus lágrimas. Te añadiré quince años más de vida 6y te rescataré del rey de Asiria junto con esta ciudad. Así es, defenderé esta ciudad'".

7»Esta es la señal del Señor para demostrar que cumplirá lo que ha prometido: 8"¡Haré retroceder diez gradas la sombra del sol en el reloj solar* de Acaz!"». Así que la sombra se movió diez gradas hacia atrás en el reloj solar.

Poema de alabanza de Ezequías

9Cuando el rey Ezequías se recuperó, escribió el siguiente poema:

10 Yo dije: «¿En la flor de mi vida
    tengo que entrar en el lugar de
      los muertos?*
    ¿Acaso seré privado del resto de
      mis años?».
11 Dije: «Nunca más veré al Señor Dios
    en la tierra de los vivos.
  Nunca más veré a mis amigos
    ni estaré con los que viven en este mundo.
12 Se me voló la vida
    como la carpa de un pastor en medio de
      una tormenta.
  Fue cortada,

como cuando el tejedor corta la tela
      del telar.
  De repente, mi vida se había acabado.
13 Esperé con paciencia toda la noche,
    pero me sentía como si unos leones me
      estuvieran despedazando.
  De repente, mi vida se había acabado.
14 En mi delirio, gorjeaba como una golondrina
      o una grulla,
    y después gemía como una paloma
      torcaza.
  Se me cansaban los ojos de mirar al cielo
      en busca de ayuda.
  Estoy en apuros, Señor. ¡Ayúdame!».

15 Pero ¿qué podía decir?
    Pues él mismo envió esta enfermedad.
  Ahora caminaré con humildad durante el
      resto de mis años
    a causa de esta angustia que he sentido.
16 Señor, tu disciplina es buena,
    porque lleva a la vida y a la salud.
  ¡Tú restauras mi salud
    y me permites vivir!
17 Sí, esta angustia ha sido buena para mí,
    porque me has rescatado de la muerte
    y has perdonado todos mis pecados.
18 Pues los muertos* no pueden alabarte;
    no pueden levantar la voz en alabanza.
  Los que bajan a la tumba
    ya no pueden esperar en tu fidelidad.
19 Solo los vivos pueden alabarte como yo
      lo hago hoy.
  Cada generación le habla de tu fidelidad
      a la siguiente.
20 Imagínense: el Señor está dispuesto a
      sanarme.
    Cantaré sus alabanzas con instrumentos
      todos los días de mi vida
      en el templo del Señor.

21Isaías les había dicho a los siervos de Ezequías: «Preparen un ungüento de higos y úntenlo sobre la llaga, y Ezequías se recuperará».
22Y Ezequías había preguntado: «¿Qué señal probará que iré al templo del Señor?».

Mensajeros de Babilonia

39 Poco tiempo después, Merodac-baladán, hijo de Baladán, rey de Babilonia, le envió saludos a Ezequías junto con un regalo. Se enteró de que Ezequías había estado muy enfermo y que se había recuperado. 2Ezequías quedó encantado con los enviados de Babilonia y les mostró todo lo que había en sus casas del tesoro: la plata, el oro, las especias y los aceites aromáticos. También los llevó a conocer su arsenal, ¡y les mostró todo lo que había en sus tesoros reales! No hubo nada, ni en el palacio ni en el reino, que Ezequías no les mostrara.

37:36 En hebreo *Cuando ellos.* 38:8 En hebreo *las gradas.* 38:10 En hebreo *entrar por las puertas del Seol?* 38:18 En hebreo *el Seol.*

³Entonces el profeta Isaías fue a ver al rey Ezequías y le preguntó:

—¿Qué querían esos hombres? ¿De dónde vinieron?

Ezequías contestó:

—Vinieron de la lejana tierra de Babilonia.

⁴—¿Qué vieron en tu palacio? —preguntó Isaías.

—Lo vieron todo —contestó Ezequías—. Les mostré todo lo que poseo, todos mis tesoros reales.

⁵Entonces Isaías dijo a Ezequías:

—Escucha este mensaje del Señor de los Ejércitos Celestiales: ⁶"Se acerca el tiempo cuando todo lo que hay en tu palacio —todos los tesoros que tus antepasados han acumulado hasta ahora— será llevado a Babilonia. No quedará nada —dice el Señor—. ⁷Algunos de tus hijos serán llevados al destierro. Los harán eunucos que servirán en el palacio del rey de Babilonia".

⁸Entonces Ezequías dijo a Isaías:

—Este mensaje que me has dado de parte del Señor es bueno.

Pues el rey pensaba: «Por lo menos habrá paz y seguridad mientras yo viva».

Consuelo para el pueblo de Dios

40 ¹«Consuelen, consuelen a mi pueblo —dice su Dios—.

² Hablen con ternura a Jerusalén
y díganle que se acabaron sus días tristes
y que sus pecados están perdonados.
Sí, el Señor le dio doble castigo
por todos sus pecados».

³ ¡Escuchen! Es la voz de alguien que clama:
«¡Abran camino a través del desierto
para el Señor!
¡Hagan una carretera derecha a través de
la tierra baldía
para nuestro Dios!

⁴ Rellenen los valles
y allanen los montes y las colinas;
enderecen las curvas
y suavicen los lugares ásperos.

⁵ Entonces se revelará la gloria del Señor
y todas las personas la verán.
¡El Señor ha hablado!».*

⁶ Una voz dijo: «¡Grita!».
Y yo pregunté: «¿Qué debo gritar?».

«Grita que los seres humanos son como
la hierba.
Su belleza se desvanece tan rápido
como las flores en un campo.

⁷ La hierba se seca y las flores se marchitan
bajo el aliento del Señor.

Y así sucede también con los seres
humanos.

⁸ La hierba se seca y las flores se marchitan,
pero la palabra de nuestro Dios permanece
para siempre».

⁹ ¡Oh Sión, mensajera de buenas noticias,
grita desde las cimas de los montes!
Grítalo más fuerte, oh Jerusalén.*
Grita y no tengas miedo.
Diles a las ciudades de Judá:
«¡Aquí viene su Dios!».

¹⁰ Sí, el Señor Soberano viene con poder
y reinará con brazo poderoso.
Miren, él trae consigo su recompensa.

¹¹ Alimentará su rebaño como un pastor;
llevará en sus brazos los corderos
y los mantendrá cerca de su corazón.
Guiará con delicadeza a las ovejas
con crías.

No existe otro que se iguale al Señor

¹² ¿Quién ha sostenido los océanos en la mano?
¿Quién ha medido los cielos con los dedos?
¿Quién sabe cuánto pesa la tierra,
o ha pesado los montes y las colinas en
una balanza?

¹³ ¿Quién puede dar consejos al Espíritu del
Señor?*
¿Quién sabe lo suficiente para aconsejarlo
o instruirlo?

¹⁴ ¿Acaso el Señor alguna vez ha necesitado
el consejo de alguien?
¿Necesita que se le instruya sobre lo que
es bueno?
¿Le enseñó alguien al Señor lo que es
correcto,
o le mostró la senda de la justicia?

¹⁵ No, porque todas las naciones del mundo
no son más que un grano de arena en el
desierto.
No son más que una capa de polvo
sobre la balanza.
Él levanta el mundo entero
como si fuera un grano de arena.

¹⁶ Toda la madera de los bosques del Líbano
y todos los animales del Líbano no serían
suficientes
para presentar una ofrenda quemada digna
de nuestro Dios.

¹⁷ Las naciones del mundo no valen nada para él.
Ante sus ojos, cuentan menos que nada,
son solo vacío y espuma.

¹⁸ ¿Con quién podemos comparar a Dios?
¿Qué imagen se puede encontrar que se
le parezca?

40:3-5 La versión griega dice: Es una voz que clama en el desierto: / «¡Preparen el camino para la venida del Señor! / ¡Abran un camino para nuestro Dios! / Rellenen los valles, / allanen los montes y las colinas. / Y entonces se revelará la gloria del Señor, / y todas las personas verán la salvación enviada por Dios. / ¡El Señor ha hablado!». Comparar Mt 3:3; Mc 1:3; Lc 3:4-6.   **40:9** O ¡Oh mensajero de las buenas noticias, grítale a Sión desde las cimas de los montes! Grítaselo más fuerte a Jerusalén.   **40:13** La versión griega dice: ¿Quién puede conocer los pensamientos del Señor? Comparar Rm 11:34; 1 Co 2:16.

¹⁹ ¿Se le puede comparar con un ídolo formado
en un molde,
revestido de oro y decorado con cadenas
de plata?
²⁰ Y si la gente es demasiado pobre para eso,
al menos escojen una madera que no
se pudre
y un artesano habilidoso
¡para que talle una imagen que no se caiga!

²¹ ¿Acaso no han oído? ¿No entienden?
¿Están sordos a las palabras de Dios,
las palabras que habló antes de que existiera
el mundo?
¿Son tan ignorantes?
²² Dios se sienta sobre el círculo de la tierra;
la gente que hay abajo le parecen saltamontes.
Él despliega los cielos como una cortina,
y hace con ellos su carpa.
²³ Él juzga a los poderosos del mundo
y los reduce a nada.
²⁴ Apenas comienzan, recién están echando
raíces,
cuando él sopla sobre ellos y se marchitan;
se los lleva el viento como a la paja.

²⁵ «¿Con quién me compararán?
¿Quién es igual a mí?», pregunta el Santo.

²⁶ Levanten la mirada a los cielos.
¿Quién creó todas las estrellas?
Él las hace salir como un ejército, una tras otra,
y llama a cada una por su nombre.
A causa de su gran poder y su incomparable
fuerza,
no se pierde ni una de ellas.

²⁷ Oh Jacob, ¿cómo puedes decir que el SEÑOR
no ve tus dificultades?
Oh Israel, ¿cómo puedes decir que Dios
no toma en cuenta tus derechos?
²⁸ ¿Acaso nunca han oído?
¿Nunca han entendido?
El SEÑOR es el Dios eterno,
el Creador de toda la tierra.
Él nunca se debilita ni se cansa;
nadie puede medir la profundidad de
su entendimiento.
²⁹ Él da poder a los indefensos
y fortaleza a los débiles.
³⁰ Hasta los jóvenes se debilitan y se cansan,
y los hombres jóvenes caen exhaustos.
³¹ En cambio, los que confían en el SEÑOR
encontrarán nuevas fuerzas;
volarán alto, como con alas de águila.
Correrán y no se cansarán;
caminarán y no desmayarán.

Dios ayuda a Israel

41 ¹ «Escuchen en silencio ante mí, tierras
más allá del mar.
Traigan sus argumentos más convincentes.
Vengan ahora y hablen;
el tribunal está listo para oír su caso.

² »¿Quién ha incitado a ese rey del oriente,
llamándolo en justicia para el servicio
de Dios?
¿Quién le da victoria a ese hombre sobre
muchas naciones
y permite que pisotee a los reyes?
Con su espada, reduce a polvo a los ejércitos
y con su arco los esparce como la paja ante
el viento.
³ Los persigue y avanza seguro,
aunque pisa terreno desconocido.
⁴ ¿Quién ha hecho obras tan poderosas,
llamando a cada nueva generación desde
el principio del tiempo?
Soy yo, el SEÑOR, el Primero y el Último;
únicamente yo lo soy».

⁵ Las tierras más allá del mar observan con
temor;
las tierras lejanas tiemblan y se movilizan
para la guerra.
⁶ Los fabricantes de ídolos se alientan unos
a otros
y se dicen: «¡Sé fuerte!».
⁷ El escultor anima al orfebre,
y el que hace moldes colabora en el yunque.
«Muy bien —dicen—, está quedando bien».
Con cuidado juntan las piezas,
después sujetan el ídolo para que no
se caiga.

⁸ «Pero en cuanto a ti, Israel, mi siervo,
Jacob, a quien he escogido,
descendiente de mi amigo Abraham,
⁹ te he llamado desde los confines de la tierra,
diciéndote: "Eres mi siervo".
Pues te he escogido
y no te desecharé.
¹⁰ No tengas miedo, porque yo estoy contigo;
no te desalientes, porque yo soy tu Dios.
Te daré fuerzas y te ayudaré;
te sostendré con mi mano derecha
victoriosa.

¹¹ »¿Ves? Todos tus furiosos enemigos están
allí tendidos,
confundidos y humillados.
Todo el que se te oponga morirá
y quedará en la nada.
¹² Buscarás en vano
a los que trataron de conquistarte.
Los que te ataquen
quedarán en la nada.
¹³ Pues yo te sostengo de tu mano derecha;
yo, el SEÑOR tu Dios.
Y te digo:
"No tengas miedo, aquí estoy para
ayudarte.
¹⁴ Aunque seas un humilde gusano, oh Jacob,
no tengas miedo, pueblo de Israel, porque
yo te ayudaré.
Yo soy el SEÑOR, tu Redentor.
Yo soy el Santo de Israel".

¹⁵ Serás un nuevo instrumento para trillar,
con muchos dientes afilados.
Despedazarás a tus enemigos,
convirtiendo a los montes en paja.
¹⁶ Los lanzarás al aire
y el viento se los llevará;
un remolino los esparcirá.
Entonces te alegrarás en el SEÑOR;
te gloriarás en el Santo de Israel.

¹⁷ »Cuando los pobres y los necesitados busquen
agua y no la encuentren,
y tengan la lengua reseca por la sed,
entonces yo, el SEÑOR, les responderé;
yo, el Dios de Israel, nunca los abandonaré.
¹⁸ Abriré ríos para ellos en los altiplanos.
Les daré fuentes de agua en los valles
y llenaré el desierto con lagunas de agua;
por la tierra reseca correrán ríos
alimentados por manantiales.
¹⁹ Plantaré árboles en el desierto árido:
cedros, acacias, mirtos, olivos, cipreses,
abetos y pinos.
²⁰ Lo hago para que todos los que vean este
milagro
comprendan lo que significa:
que el SEÑOR es quien lo ha hecho,
el Santo de Israel lo ha creado.

²¹ »Expongan el caso de sus ídolos
—dice el SEÑOR—.
Que demuestren lo que pueden hacer
—dice el Rey de Israel*—.
²² Que intenten decirnos lo que sucedió hace
mucho tiempo,
para que podamos examinar las pruebas.
O que nos digan lo que nos depara el futuro,
para que podamos saber lo que sucederá.
²³ Sí, díganos lo que ocurrirá en los próximos
días.
Entonces sabremos que ustedes son dioses.
¡Por lo menos hagan algo, bueno o malo!
Hagan algo que nos asombre y nos
atemorice.
²⁴ ¡Pero no! Ustedes son menos que nada y no
pueden hacer nada en absoluto.
Quienes los escogen se contaminan a sí
mismos.

²⁵ »Yo incité a un líder que vendrá del norte;
lo he llamado por su nombre desde el
oriente.
Le daré la victoria sobre reyes y príncipes;
los pisoteará como el alfarero pisa la arcilla.
²⁶ ¿Quién les dijo desde el principio
que esto sucedería?
¿Quién predijo esto,
haciéndoles admitir que él tenía razón?
¡Nadie dijo una sola palabra!
²⁷ Yo fui el primero en decirle a Sión:
"¡Mira! ¡La ayuda está en camino!"*.

Enviaré a Jerusalén un mensajero con
buenas noticias.
²⁸ Ninguno de sus ídolos les dijo esto;
ni uno respondió cuando pregunté.
²⁹ Como ven, todos son objetos necios y
sin ningún valor;
sus ídolos son tan vacíos como el viento.

El Siervo escogido del SEÑOR

42 ¹ »Miren a mi siervo, al que yo
fortalezco;
él es mi elegido, quien me complace.
He puesto mi Espíritu sobre él;
él hará justicia a las naciones.
² No gritará,
ni levantará su voz en público.
³ No aplastará a la caña más débil,
ni apagará una vela que titila.
Les hará justicia a todos los agraviados.
⁴ No vacilará ni se desalentará
hasta que prevalezca la justicia en toda
la tierra.
Aun las tierras lejanas más allá del mar
esperarán sus instrucciones».

⁵ Dios, el SEÑOR, creó los cielos y los extendió;
creó la tierra y todo lo que hay en ella.
Él es quien da aliento a cada uno
y vida a todos los que caminan sobre la
tierra.
Y es él quien dice:
⁶ «Yo, el SEÑOR, te he llamado para manifestar
mi justicia.
Te tomaré de la mano y te protegeré,
y te daré a mi pueblo, los israelitas,
como símbolo de mi pacto con ellos.
Y serás una luz para guiar a las naciones.
⁷ Abrirás los ojos de los ciegos;
pondrás a los cautivos en libertad,
soltando a los que están en calabozos
oscuros.

⁸ »¡Yo soy el SEÑOR; ese es mi nombre!
No le daré mi gloria a nadie más,
ni compartiré mi alabanza con ídolos
tallados.
⁹ Todo cuanto profeticé se ha hecho realidad,
y ahora profetizaré de nuevo;
les diré el futuro antes de que suceda».

Canción de alabanza al SEÑOR

¹⁰ ¡Canten al SEÑOR un nuevo cántico!
¡Canten sus alabanzas desde los confines
de la tierra!
Canten, ustedes que navegan los mares,
los que viven en las costas lejanas.
¹¹ Únanse al coro, ciudades del desierto;
que las aldeas de Cedar se alegren.
Que el pueblo de Sela cante de alegría;
que grite alabanzas desde las cumbres
de los montes.

¹² Que el mundo entero glorifique al Señor;
    que cante su alabanza.
¹³ El Señor marchará como un héroe poderoso;
    saldrá como guerrero lleno de furia.
  Lanzará su grito de batalla
    y aplastará a todos sus enemigos.

¹⁴ Dirá: «He guardado silencio por mucho
      tiempo;
    sí, me he contenido.
  Pero ahora, como una mujer que da a luz,
    gritaré, gemiré y jadearé.
¹⁵ Allanaré los montes y las colinas
    y arruinaré toda su vegetación.
  Convertiré los ríos en tierra seca
    y secaré todas las lagunas.
¹⁶ Guiaré al ciego Israel por una senda nueva,
    llevándolo por un camino desconocido.
  Iluminaré las tinieblas a su paso
    y allanaré el camino delante de ellos.
  Ciertamente yo haré estas cosas;
    no los abandonaré.
¹⁷ Pero los que confían en ídolos,
    los que dicen: "Ustedes son nuestros dioses",
    se alejarán avergonzados.

Israel no ha querido escuchar ni ver

¹⁸ »¡Escuchen ustedes, sordos!
    ¡Miren y vean, ciegos!
¹⁹ ¿Quién es tan ciego como mi propio pueblo,
      mi siervo?
    ¿Quién es tan sordo como mi mensajero?
  ¿Quién es tan ciego como mi pueblo elegido,
    el siervo del Señor?
²⁰ Ustedes ven y reconocen lo que es correcto,
    pero se niegan a hacerlo.
  Escuchan con sus oídos,
    pero en realidad no prestan atención».

²¹ Debido a que el Señor es justo,
    él ha exaltado su ley gloriosa;
²² pero a su pueblo lo han robado y saqueado,
    lo han esclavizado, metido en prisión y
      atrapado.
  Es blanco fácil para cualquiera,
    y no tiene a nadie que lo proteja,
    a nadie que lo lleve de regreso a casa.

²³ ¿Quién escuchará estas lecciones del pasado
    y verá la ruina que le espera en el futuro?
²⁴ ¿Quién permitió que robaran e hirieran a
      Israel?
  Fue el Señor, contra quien pecamos,
    porque los israelitas no quisieron andar
      por su camino,
  ni quisieron obedecer su ley.
²⁵ Por lo tanto, él derramó su furia sobre ellos
    y los destruyó en batalla.
  Las llamas los envolvieron,
    pero aun así se negaron a entender.
  El fuego los consumió,
    pero no aprendieron su lección.

El Salvador de Israel

43 ¹ Pero ahora, oh Jacob, escucha al Señor,
    quien te creó.
  Oh Israel, el que te formó dice:
  «No tengas miedo, porque he pagado
      tu rescate;
    te he llamado por tu nombre; eres mío.
² Cuando pases por aguas profundas,
    yo estaré contigo.
  Cuando pases por ríos de dificultad,
    no te ahogarás.
  Cuando pases por el fuego de la opresión,
    no te quemarás;
    las llamas no te consumirán.
³ Pues yo soy el Señor, tu Dios,
    el Santo de Israel, tu Salvador.
  Yo di a Egipto como rescate por tu libertad;
    en tu lugar di a Etiopía* y a Seba.
⁴ Entregué a otros a cambio de ti.
    Cambié la vida de ellos por la tuya,
  porque eres muy precioso para mí.
    Recibes honra, y yo te amo.

⁵ »No tengas miedo, porque yo estoy contigo.
    Te reuniré a ti y a tus hijos del oriente y
      del occidente.
⁶ Les diré al norte y al sur:
    "Traigan a mis hijos e hijas de regreso a
      Israel
  desde los rincones más lejanos de la tierra.
⁷ Traigan a todo el que me reconoce como
      su Dios,
  porque yo los he creado para mi gloria.
    Fui yo quien los formé"».

⁸ Saquen a la gente que tiene ojos pero
      está ciega;
    que tiene oídos pero está sorda.
⁹ ¡Reúnan a las naciones!
    ¡Convoquen a los pueblos del mundo!
  ¿Cuál de sus ídolos acaso predijo cosas
      semejantes?
    ¿Cuál de ellos puede predecir lo que
      sucederá mañana?
  ¿Dónde están los testigos de tales
      predicciones?
    ¿Quién puede comprobar que han dicho
      la verdad?

¹⁰ »Pero tú eres mi testigo, Israel —dice el
      Señor—,
    tú eres mi siervo.
  Tú has sido escogido para conocerme, para
      creer en mí
  y comprender que solo yo soy Dios.
    No hay otro Dios;
    nunca lo hubo y nunca lo habrá.
¹¹ Yo, sí, yo soy el Señor,
    y no hay otro Salvador.
¹² Primero predije tu rescate,
    y después te salvé y lo proclamé ante el
      mundo.

43:3 En hebreo *Cus.*

Ningún dios extranjero jamás lo ha hecho.
Tú, Israel, eres testigo de que yo soy el
único Dios
—dice el SEÑOR—.
¹³ Desde la eternidad y hasta la eternidad, yo
soy Dios.
No hay quien pueda arrebatar a nadie de
mi mano;
nadie puede deshacer lo que he hecho».

Victoria prometida por el SEÑOR
¹⁴Esto dice el SEÑOR, tu Redentor, el Santo de
Israel:

«Por tu bien, enviaré un ejército contra
Babilonia
y obligaré a los babilonios* a huir en esos
barcos de los que están tan orgullosos.
¹⁵ Yo soy el SEÑOR, tu Santo,
el Creador y Rey de Israel.
¹⁶ Yo soy el SEÑOR, que abrió un camino a través
de las aguas,
e hizo una senda seca a través del mar.
¹⁷ Yo llamé al poderoso ejército de Egipto
con todos sus carros de guerra y sus caballos.
Los sumergí debajo de las olas, y se ahogaron;
su vida se apagó como mecha humeante.

¹⁸ »Pero olvida todo eso;
no es nada comparado con lo que voy
a hacer.
¹⁹ Pues estoy a punto de hacer algo nuevo.
¡Mira, ya he comenzado! ¿No lo ves?
Haré un camino a través del desierto,
crearé ríos en la tierra árida y baldía.
²⁰ Los animales salvajes de los campos me
darán las gracias,
y también los chacales y los búhos,
por darles agua en el desierto.
Sí, haré ríos en la tierra árida y baldía,
para que mi pueblo escogido pueda
refrescarse.
²¹ Yo hice a Israel para mí mismo,
y algún día me honrará delante del mundo
entero.

²² »Sin embargo, querida familia de Jacob, tú te
niegas a pedirme ayuda.
¡Oh Israel, te has cansado de mí!
²³ No me has traído ovejas ni cabras para
ofrendas quemadas.
No me has honrado con sacrificios,
aun cuando no te he agobiado ni fatigado
con exigencias de ofrendas de granos y
de incienso.
²⁴ No me has traído el cálamo aromático,
ni me has agradado con la grasa de los
sacrificios.
En cambio, me has agobiado con tus
pecados
y me has cansado con tus faltas.

²⁵ »Yo, sí, yo solo, borraré tus pecados por amor
a mí mismo
y nunca volveré a pensar en ellos.
²⁶ Revisemos juntos la situación,
y presenta tu defensa para demostrar tu
inocencia.
²⁷ Desde el principio, tu primer antepasado
pecó contra mí,
todos tus líderes quebrantaron mis leyes.
²⁸ Por eso yo he avergonzado a tus sacerdotes;
he decretado la destrucción total* de Jacob
y la vergüenza para Israel.

44 ¹ »Ahora, escúchame, Jacob, mi siervo,
Israel, mi elegido.
² El SEÑOR que te hizo y que te ayuda, dice:
"No tengas miedo, oh Jacob, siervo mío,
mi amado Israel,* mi elegido.
³ Pues derramaré agua para calmar tu sed
y para regar tus campos resecos;
derramaré mi Espíritu sobre tus
descendientes,
y mi bendición sobre tus hijos.
⁴ Prosperarán como la hierba bien regada,
como sauces en la ribera de un río.
⁵ Algunos dirán con orgullo: 'Yo le pertenezco
al SEÑOR';
otros dirán: 'Soy descendiente de Jacob'.
Algunos escribirán el nombre del SEÑOR en
sus manos
y tomarán para sí el nombre de Israel"».

Necedad de los ídolos
⁶Esto dice el SEÑOR, el Rey y Redentor de
Israel, el SEÑOR de los Ejércitos Celestiales:

«Yo soy el Primero y el Último;
no hay otro Dios.
⁷ ¿Quién es como yo?
Que se presente y les demuestre su poder;
que haga lo que yo he hecho desde tiempos
antiguos
cuando establecí a un pueblo y expliqué
su futuro.
⁸ No tiemblen; no tengan miedo.
¿Acaso no proclamé mis propósitos
para ustedes hace mucho tiempo?
Ustedes son mis testigos, ¿hay algún
otro Dios?
¡No! No hay otra Roca, ni una sola».

⁹ ¡Qué necios son los que fabrican ídolos!
Esos objetos tan apreciados, en realidad
no valen nada.
Los que adoran ídolos no saben esto,
así que todos terminan avergonzados.
¹⁰ ¿Quién, sino un tonto, se haría su propio dios,
un ídolo que no puede ayudarlo en nada?
¹¹ Los que rinden culto a ídolos caerán en la
deshonra

43:14 O *caldeos.* **43:28** El término hebreo empleado aquí se refiere a la consagración total de cosas o personas al SEÑOR, ya sea destruyéndolas o entregándolas como ofrenda. **44:2** En hebreo *Jesurún,* una expresión de cariño para referirse a Israel.

junto con todos esos artesanos, simples
humanos,
que se declaran capaces de fabricar un dios.
Tal vez unan sus fuerzas,
pero estarán unidos en el terror y la
vergüenza.

¹² El herrero se ubica frente a su fragua para
hacer una herramienta afilada,
martillándola y dándole forma con todas
sus fuerzas.
Su trabajo le da hambre y se siente débil;
le da sed y se siente desmayar.
¹³ Después el tallador mide un bloque de
madera
y sobre él traza un diseño.
Trabaja con el cincel y el cepillo
y lo talla formando una figura humana.
Le da belleza humana
y lo pone en un pequeño santuario.
¹⁴ Corta cedros;
escoge cipreses y robles;
planta pinos en el bosque
para que la lluvia los alimente.
¹⁵ Luego usa parte de la madera para hacer
fuego
y con esto se calienta y hornea su pan.
Después, aunque parezca increíble, toma
lo que queda
y se hace un dios para rendirle culto;
hace un ídolo
y se inclina ante él.
¹⁶ Quema parte del árbol para asar la carne
y para darse calor.
Dice: «Ah, ¡qué bien se siente uno con
este fuego!».
¹⁷ Luego toma lo que queda
y hace su dios: ¡un ídolo tallado!
Cae de rodillas ante el ídolo,
le rinde culto y le reza.
«¡Rescátame! —le dice—,
¡tú eres mi dios!».

¹⁸ ¡Cuánta estupidez y cuánta ignorancia!
Tienen los ojos cerrados y no pueden ver;
tienen la mente cerrada y no pueden
pensar.
¹⁹ La persona que hizo el ídolo nunca se detiene
a reflexionar:
«¡Vaya, es solo un pedazo de madera!
Quemé la mitad para tener calor
y la usé para cocer el pan y asar la carne.
¿Cómo es posible que lo que queda sea un
dios?
¿Acaso debo inclinarme a rendir culto a
un pedazo de madera?».
²⁰ El pobre iluso se alimenta de cenizas;
confía en algo que no puede ayudarlo en
absoluto.
Sin embargo, no es capaz de preguntarse:
«Este ídolo que tengo en la mano, ¿no será
una mentira?».

Restauración de Jerusalén

²¹ «Presta atención, oh Jacob,
porque tú eres mi siervo, oh Israel.
Yo, el Señor, te hice
y no te olvidaré.
²² He disipado tus pecados como una nube
y tus ofensas como la niebla de la mañana.
Vuelve a mí,
porque yo pagué el precio para ponerte en
libertad».

²³ Canten, oh cielos, porque el Señor ha hecho
algo tan maravilloso.
¡Griten de júbilo, oh profundidades de la
tierra!
¡Pónganse a cantar
oh montes, bosques y todos los árboles!
Pues el Señor ha redimido a Jacob
y es glorificado en Israel.

²⁴ Esto dice el Señor,
tu Redentor y Creador:
«Yo soy el Señor, que hizo todas las cosas;
yo solo extendí los cielos.
¿Quién estaba conmigo
cuando hice la tierra?
²⁵ Expongo a los falsos profetas como
mentirosos
y dejo en ridículo a los adivinos;
hago que los sabios den malos consejos,
y así demuestro que son unos necios.
²⁶ Sin embargo, yo sí cumplo las predicciones
de mis profetas.
Por medio de ellos le digo a Jerusalén:
"Este lugar volverá a ser habitado",
y a las ciudades de Judá: "Ustedes serán
reconstruidas;
yo restauraré todas sus ruinas".
²⁷ Cuando hable a los ríos y les diga:
"¡Séquense!",
se secarán.
²⁸ Cuando diga de Ciro: "Él es mi pastor",
sin falta él hará lo que yo digo.
Él ordenará: "Reconstruyan Jerusalén";
y dirá: "Restauren el templo"».

Ciro, el escogido del Señor

45 ¹ Esto le dice el Señor a Ciro, su ungido,
cuya mano derecha llenará de poder.
Ante él, los reyes poderosos quedarán
paralizados de miedo;
se abrirán las puertas de sus fortalezas
y nunca volverán a cerrarse.
² Esto dice el Señor:

«Iré delante de ti, Ciro,
y allanaré los montes;*
echaré abajo las puertas de bronce
y cortaré las barras de hierro.
³ Te daré tesoros escondidos en la
oscuridad,
riquezas secretas.

45:2 Así aparece en los Rollos del mar Muerto y en la versión griega; el texto masorético dice *las protuberancias.*

Lo haré para que sepas que yo soy el Señor,
Dios de Israel, el que te llama por tu
nombre.

4 »¿Por qué te he llamado para esta tarea?
¿Por qué te llamé por tu nombre, cuando
no me conocías?
Es por amor a mi siervo Jacob,
Israel, mi escogido.

5 Yo soy el Señor;
no hay otro Dios.
Te he preparado para la batalla,
aunque tú ni siquiera me conoces,

6 para que el mundo entero, desde el oriente
hasta el occidente,
sepa que no hay otro Dios.
Yo soy el Señor, y no hay otro.

7 Yo formo la luz y creo las tinieblas,
yo envío los buenos tiempos y los malos;
yo, el Señor, soy el que hace estas
cosas.

8 »Ábranse, oh cielos,
y derramen su justicia.
Que la tierra se abra de par en par,
para que broten juntas la salvación y la
justicia.
Yo, el Señor, las he creado.

9 »¡Qué aflicción espera a los que discuten
con su Creador!
¿Acaso discute la olla de barro con su
hacedor?
¿Reprocha el barro al que le da forma
diciéndole:
"¡Detente, lo estás haciendo mal!"?
¿Exclama la olla:
"¡Qué torpe eres!"?

10 ¡Qué terrible sería si un recién nacido le
dijera a su padre:
"¿Por qué nací?"
o le dijera a su madre:
"¿Por qué me hiciste así?"!».

11 Esto dice el Señor,
el Santo de Israel, tu Creador:
«¿Pones en tela de juicio lo que hago por
mis hijos?
¿Acaso me das órdenes acerca de la obra
de mis manos?

12 Yo soy el que hizo la tierra
y creó a la gente para que viviera en ella.
Con mis manos extendí los cielos;
todas las estrellas están a mis órdenes.

13 Levantaré a Ciro para que cumpla mi
propósito justo,
y guiaré sus acciones.
Él restaurará mi ciudad y pondrá en libertad
a mi pueblo cautivo,
¡sin buscar recompensa!
¡Yo, el Señor de los Ejércitos Celestiales,
he hablado!».

Futura conversión de los gentiles

14 Esto dice el Señor:

«Gobernarás a los egipcios,
a los etíopes* y a los sabeos.
Ellos acudirán a ti con toda su mercancía,
y toda ella te pertenecerá.
Te seguirán como prisioneros encadenados
y caerán de rodillas ante ti y dirán:
"Dios está contigo y él es el único Dios,
no hay otro"».

15 Verdaderamente, oh Dios de Israel, Salvador
nuestro,
tú obras de manera misteriosa.

16 Los artesanos que hacen ídolos serán
humillados;
todos serán avergonzados.

17 Pero el Señor salvará al pueblo de Israel
con salvación eterna;
por los siglos de los siglos,
nunca más será humillado ni avergonzado.

18 Pues el Señor es Dios;
él creó los cielos y la tierra
y puso todas las cosas en su lugar.
Él hizo el mundo para ser habitado,
no para que fuera un lugar vacío y
de caos.
«Yo soy el Señor —afirma—,
y no hay otro.

19 Yo proclamo firmes promesas en público;
no susurro cosas oscuras en algún rincón
escondido.
No le habría dicho al pueblo de Israel* que
me buscara
si no fuera posible encontrarme.
Yo, el Señor, solo digo la verdad,
y solo declaro lo correcto.

20 »Reúnanse y vengan,
fugitivos de las naciones vecinas.
¡Qué necios son los que llevan consigo sus
ídolos de madera
y dirigen sus oraciones a dioses que no
pueden salvarlos!

21 Consulten entre ustedes, defiendan su causa;
reúnanse y resuelvan qué decir.
¿Quién dio a conocer estas cosas desde hace
mucho?
¿Cuál de los ídolos alguna vez les dijo que
iban a suceder?
¿Acaso no fui yo, el Señor?
Pues no hay otro dios aparte
de mí,
un Dios justo y Salvador;
fuera de mí no hay otro.

22 ¡Que todo el mundo me busque
para la salvación!,
porque yo soy Dios; no hay otro.

23 He jurado por mi propio nombre,
he dicho la verdad
y no faltaré a mi palabra:

45:14 En hebreo *cusitas*.   **45:19** En hebreo *de Jacob*. Ver nota en 14:1.

toda rodilla se doblará ante mí,
    y toda lengua me confesará su lealtad».*
²⁴ La gente declarará:
    «El Señor es la fuente de mi justicia y de
        mi fortaleza».
    Y todos los que estaban enojados con él,
        se le acercarán y quedarán avergonzados.
²⁵ En el Señor, todas las generaciones de Israel
        serán justificadas,
    y en él se enorgullecerán.

Los falsos dioses de Babilonia

46 ¹ Bel y Nebo, los dioses de Babilonia,
        se inclinan cuando los bajan al suelo.
    Se los llevan en carretas tiradas por bueyes.
        Los pobres animales se tambalean por
            el peso.
² Tanto los ídolos como sus dueños se doblegan.
    Los dioses no pueden proteger a la gente,
    y la gente no puede proteger a los dioses;
        juntos van al cautiverio.

³ «Escúchenme, descendientes de Jacob,
        todos los que permanecen en Israel.
    Los he protegido desde que nacieron;
        así es, los he cuidado desde antes
            de nacer.
⁴ Yo seré su Dios durante toda su vida;
        hasta que tengan canas por la edad.
    Yo los hice y cuidaré de ustedes;
        yo los sostendré y los salvaré.

⁵ »¿Con quién me compararán?
        ¿Quién es igual que yo?
⁶ Hay quienes derrochan su plata y su oro
    y contratan a un artesano para que de
        estos les haga un dios.
    Luego, ¡se inclinan y le rinden culto!
⁷ Lo llevan sobre los hombros
        y cuando lo bajan, allí se queda.
    ¡Ni siquiera se puede mover!
    Cuando alguien le dirige una oración,
        no obtiene respuesta;
        no puede rescatar a nadie de sus
            dificultades.

⁸ »¡No olviden esto! ¡Ténganlo presente!
        Recuérdenlo, ustedes los culpables.
⁹ Recuerden las cosas que hice en el pasado.
    ¡Pues solo yo soy Dios!
    Yo soy Dios, y no hay otro como yo.
¹⁰ Solo yo puedo predecir el futuro
        antes que suceda.
    Todos mis planes se cumplirán
        porque yo hago todo lo que deseo.
¹¹ Llamaré a una veloz ave de rapiña desde el
        oriente,
    a un líder de tierras lejanas, para que venga
        y haga lo que le ordeno.
    He dicho lo que haría,
        y lo cumpliré.

¹² »Escúchame, pueblo terco,
        que estás tan lejos de actuar con justicia.
¹³ Pues estoy listo para rectificar todo,
        no en un futuro lejano, ¡sino ahora mismo!
    Estoy listo para salvar a Jerusalén*
        y mostrarle mi gloria a Israel.

Predicción de la caída de Babilonia

47 ¹ »Desciende, hija virgen de Babilonia,
        y siéntate en el polvo
    porque han terminado tus días de estar
        sentada en el trono.
    Oh hija de Babilonia,* nunca volverás a ser
        la encantadora princesa, tierna y delicada.
² Toma las pesadas ruedas de molino y muele
        la harina;
    quítate el velo y despójate de tu túnica.
    Descúbrete a la vista del público.
³ Quedarás desnuda y llena de vergüenza.
    Me vengaré de ti sin piedad».

⁴ Nuestro Redentor, cuyo nombre es el Señor
        de los Ejércitos Celestiales,
    es el Santo de Israel.

⁵ «Oh Babilonia hermosa, siéntate ahora en
        oscuridad y en silencio.
    Nunca más serás conocida como la reina
        de los reinos.
⁶ Pues yo estaba enojado con mi pueblo escogido
    y lo castigué al dejar que cayera en tus
        manos.
    Sin embargo, tú, Babilonia, no les tuviste
        compasión.
    Hasta oprimiste a los ancianos.
⁷ Dijiste: "¡Reinaré para siempre, como reina
        del mundo!".
    No reflexionaste sobre lo que hacías,
        ni pensaste en las consecuencias.

⁸ »Escucha esto, nación amante de los placeres,
        que vives cómodamente y te sientes segura.
    Tú dices: "Yo soy la única, y no hay otra.
        Nunca seré viuda ni perderé a mis hijos".
⁹ Pues ambas cosas caerán sobre ti en un
        instante:
    la viudez y la pérdida de tus hijos.
    Así es, esas calamidades caerán sobre ti,
        a pesar de tu brujería y de tu magia.

¹⁰ »Te sentías segura en tu maldad.
        "Nadie me ve", dijiste.
    Pero tu "sabiduría" y tu "conocimiento" te
        han descarriado,
    y dijiste: "Yo soy la única, y no hay otra".
¹¹ Por eso te alcanzará el desastre,
        y serás incapaz de alejarlo por medio de
            encantos.
    La calamidad caerá sobre ti,
        y no podrás comprar tu libertad.
    Una catástrofe te sorprenderá;
        una para la cual no estás preparada.

45:23 En hebreo *confesará*; la versión griega dice *confesará y alabará a Dios.* Comparar Rm 14:11.   **46:13** En hebreo *Sión.*
47:1 O *Caldea;* también en 47:5.

12 »¡Usa ahora tus encantamientos!
  Usa los conjuros que estuviste
    perfeccionando todos estos años.
  Tal vez te hagan algún bien,
    tal vez puedan hacer que alguien te
      tenga miedo.
13 Tanto consejo recibido te ha cansado.
    ¿Dónde están tus astrólogos,
  esos que miran a las estrellas y hacen
    predicciones todos los meses?
  Que den la cara y te salven de lo que te
    depara el futuro.
14 Pero ellos son como la paja que arde en
    el fuego;
  no pueden salvarse a sí mismos de las
    llamas.
  No recibirás ninguna ayuda de ellos;
    su chimenea no es lugar para sentarse
      y calentarse.
15 Y todos tus amigos,
    con los que has hecho negocios desde
      la niñez,
  cada uno seguirá su propio camino,
    haciendo oídos sordos a tus gritos.

La obstinación del pueblo de Dios

48 ¹ »Escúchame, oh familia de Jacob,
    tú que llevas el nombre de Israel
  y naciste en la familia de Judá.
  Escucha, tú que haces juramentos en el
    nombre del Señor
  e invocas al Dios de Israel.
  No cumples tus promesas,
2   aunque te llamas a ti misma la ciudad santa
  y dices que confías en el Dios de Israel,
    cuyo nombre es el Señor de los Ejércitos
      Celestiales.
3 Hace mucho tiempo te dije lo que iba a
    suceder.
  Entonces, de repente entré en acción
    y todas mis predicciones se hicieron
      realidad.
4 Pues yo sé lo terca y obstinada que eres;
    tu cuello es tan inflexible como el hierro
  y tu cabeza es tan dura como el bronce.
5 Por eso te dije lo que iba a suceder;
    te anuncié de antemano lo que iba a hacer.
  Así nunca podrías decir: "Mis ídolos lo
    hicieron;
    mi imagen de madera y mi dios de metal
      ordenaron que sucediera".
6 Oíste mis predicciones y las viste cumplidas,
    pero te niegas a admitirlo.
  Ahora te diré cosas nuevas,
    cosas secretas que aún no has oído.
7 Son totalmente nuevas; no son del pasado.
    Así que no podrás decir: "¡Eso ya lo
      sabíamos!".

8 »Sí, te diré cosas completamente nuevas;
    cosas que nunca antes habías oído.

  Pues conozco muy bien lo traidora que eres;
    fuiste rebelde desde tu nacimiento.
9 Sin embargo, por el amor y la honra de mi
    nombre,
  contendré mi enojo y no te aniquilaré.
10 Te he refinado, pero no como se refina la
    plata;
  más bien te he refinado en el horno del
    sufrimiento.
11 Te rescataré por amor de mí;
    sí, por amor de mí mismo.
  No permitiré que se manche mi reputación,
    ni compartiré mi gloria con los ídolos.

Liberados de Babilonia

12 »Escúchame, oh familia de Jacob,
    ¡Israel, mi escogido!
  Solo yo soy Dios,
    el Primero y el Último.
13 Fue mi mano la que puso los cimientos de
    la tierra,
  mi mano derecha la que extendió los cielos
    en las alturas.
  Cuando llamo a las estrellas para que
    salgan,
    aparecen todas en orden».

14 ¿Alguna vez te ha dicho esto uno de tus
    ídolos?
  Vengan, todos ustedes, y escuchen:
  El Señor ha escogido a Ciro como su aliado;
    lo usará para poner fin al imperio de
      Babilonia
  y para destruir a los ejércitos babilónicos.*
15 «Lo he dicho: ¡Llamo a Ciro!
    Lo enviaré a cumplir este encargo y lo
      ayudaré para que triunfe.
16 Acérquense y escuchen esto:
    desde el principio les he dicho con claridad
      lo que sucedería».

  Ahora, el Señor Soberano y su Espíritu
    me han enviado con este mensaje.

17 Esto dice el Señor,
    tu Redentor, el Santo de Israel:
  «Yo soy el Señor tu Dios,
    que te enseña lo que te conviene
  y te guía por las sendas que debes
    seguir.
18 ¡Ah, si solo hubieras hecho caso a mis
    mandatos!
  Entonces habrías tenido una paz que
    correría como un río manso
  y una justicia que pasaría sobre ti como
    las olas del mar.
19 Tus descendientes habrían sido como la
    arena del mar,
    ¡imposibles de contar!
  No habría sido necesario destruirte
    ni cortar el nombre de tu familia».

48:14 O caldeos.

²⁰ Sin embargo, incluso ahora, ¡sean libres de
su cautiverio!
Salgan de Babilonia y de los babilonios.*
¡Canten este mensaje!
Grítenlo hasta los extremos de la tierra.
El SEÑOR ha redimido a sus siervos:
a los del pueblo de Israel.*
²¹ No tuvieron sed
cuando él los guió a través del desierto.
Él partió la roca,
y brotó agua a chorros para que bebieran.
²² «Pero no hay paz para los malvados»,
dice el SEÑOR.

El Siervo del SEÑOR es encomendado

49
¹ Escúchenme, todos ustedes en tierras
lejanas;
presten atención, ustedes que están muy
lejos.
El SEÑOR me llamó desde antes que naciera;
desde el seno de mi madre me llamó por
mi nombre.
² Hizo que mis palabras de juicio fueran tan
filosas como una espada.
Me ha escondido bajo la sombra de su
mano.
Soy como una flecha afilada en su aljaba.

³ Él me dijo: «Israel, tú eres mi siervo
y me traerás gloria».

⁴ Yo respondí: «¡Pero mi labor parece tan inútil!
He gastado mis fuerzas en vano, y sin
ningún propósito.
No obstante, lo dejo todo en manos del
SEÑOR;
confiaré en que Dios me recompense».

⁵ Y ahora habla el SEÑOR,
el que me formó en el seno de mi madre
para que fuera su siervo,
el que me encomendó que le trajera a
Israel de regreso.
El SEÑOR me ha honrado
y mi Dios me ha dado fuerzas.

⁶ Él dice: «Harás algo más que devolverme al
pueblo de Israel.
Yo te haré luz para los gentiles,*
y llevarás mi salvación a los confines de
la tierra».

⁷ El SEÑOR, el Redentor
y Santo de Israel,
le dice al que es despreciado y rechazado por
las naciones,
al que es el siervo de los gobernantes:
«Los reyes se pondrán en posición de firmes
cuando tú pases.
Los príncipes se inclinarán hasta el suelo
por causa del SEÑOR, el fiel,
el Santo de Israel, que te ha escogido».

Promesas de restauración para Israel

⁸ Esto dice el SEÑOR:

«En el momento preciso te responderé;*
en el día de salvación te ayudaré.
Te protegeré y te daré a las naciones
para que seas mi pacto con ellas.
Por medio de ti restableceré la tierra de Israel
y la devolveré a su propio pueblo.
⁹ Les diré a los prisioneros: "Salgan en libertad"
y a los que están en tinieblas: "Vengan a
la luz".

Ellos serán mis ovejas, que se apacentarán en
pastos verdes
y en colinas que antes estaban desiertas.
¹⁰ No tendrán hambre ni sed
y el sol ardiente ya no los alcanzará.
Pues el SEÑOR en su misericordia los guiará;
los guiará junto a aguas frescas.
¹¹ Y convertiré mis montes en senderos llanos
para ellos.
Las carreteras se levantarán por encima de
los valles.
¹² ¡Miren! Mi pueblo regresará desde muy lejos;
desde tierras del norte y del occidente,
y desde tan al sur como Egipto».*

¹³ ¡Oh, cielos, canten de alegría!
¡Oh, tierra, gózate!
¡Oh, montes, prorrumpan en cantos!
Pues el SEÑOR ha consolado a su pueblo
y le tendrá compasión en medio de su
sufrimiento.

¹⁴ Sin embargo, Jerusalén* dice: «El SEÑOR me
ha abandonado;
el Señor me ha olvidado».

¹⁵ ¡Jamás! ¿Puede una madre olvidar a su niño
de pecho?
¿Puede no sentir amor por el niño al que
dio a luz?
Pero aun si eso fuera posible,
yo no los olvidaría a ustedes.
¹⁶ Mira, he escrito tu nombre en las palmas de
mis manos.
En mi mente siempre está la imagen de las
murallas de Jerusalén convertidas en
ruinas.
¹⁷ Dentro de poco tus descendientes regresarán,
y los que procuran destruirte se irán.
¹⁸ Mira a tu alrededor y observa,
porque todos tus hijos volverán a ti.
Tan cierto como que yo vivo —dice el SEÑOR—,
ellos serán como joyas o adornos de novia
para que tú los exhibas.

¹⁹ »Hasta los lugares más desolados de tu tierra
abandonada
pronto estarán repletos de tu gente.
Tus enemigos que te esclavizaron
estarán muy lejos.

48:20a O *los caldeos.*   **48:20b** En hebreo *a su siervo Jacob.* Ver nota en 14:1.   **49:6** *Gentil(es),* que no es judío.   **49:8** La versión griega dice *te escuché.* Comparar 2 Co 6:2.   **49:12** Así aparece en los Rollos del mar Muerto, que dicen *desde la región de Asuán,* que está en el sur de Egipto. En el texto masorético dice *desde la región de Sinim.*   **49:14** En hebreo *Sión.*

²⁰ Las generaciones nacidas en el destierro
regresarán y dirán:
"¡Necesitamos más espacio! ¡Este lugar
está lleno de gente!".
²¹ Entonces te preguntarás:
"¿Quién me ha dado todos estos
descendientes?
Pues la mayoría de mis hijos fueron muertos,
y los demás, llevados al destierro.
Aquí me quedé solo.
¿De dónde viene toda esta gente?
¿Quién dio a luz a estos niños?
¿Quién los crió por mí?"».

²² Esto dice el SEÑOR Soberano:
«Mira, les daré una señal a las naciones que
no temen a Dios.
Te traerán a tus hijos pequeños en sus brazos;
traerán a tus hijas sobre los hombros.
²³ Reyes y reinas te servirán
y atenderán a todas tus necesidades.
Se inclinarán hasta el suelo ante ti
y lamerán el polvo de tus pies.
Entonces sabrás que yo soy el SEÑOR.
Los que confían en mí nunca serán
avergonzados».

²⁴ ¿Quién puede arrebatar el botín de las manos
de un guerrero?
¿Quién puede exigirle a un tirano* que
deje en libertad a sus cautivos?
²⁵ Pero el SEÑOR dice:
«Los cautivos de los guerreros serán puestos
en libertad,
y se recuperará el botín de los tiranos.
Pues yo pelearé contra quienes peleen
contigo,
y salvaré a tus hijos.
²⁶ Alimentaré a tus enemigos con su propia
carne
y se embriagarán con ríos de su propia
sangre.
Todo el mundo sabrá que yo, el SEÑOR,
soy tu Salvador y tu Redentor;
el Poderoso de Israel».*

50

Esto dice el SEÑOR:
«¿Despedí a la madre de ustedes porque
me divorcié de ella?
¿Los vendí a ustedes como esclavos a mis
acreedores?
No, fueron vendidos a causa de sus propios
pecados;
su madre también fue llevada a causa de
los pecados de ustedes.
² ¿Por qué no había nadie cuando vine?
¿Por qué nadie respondió cuando llamé?
¿Se debe a que no tengo poder para rescatar?
¡No, no es esa la razón!

¡Pues yo puedo hablarle al mar y hacer que
se seque!
Puedo convertir los ríos en desiertos llenos
de peces muertos.
³ Yo soy quien viste de tinieblas los cielos,
y los cubro con ropajes de luto».

El Siervo obediente del SEÑOR

⁴ El SEÑOR Soberano me ha dado sus palabras
de sabiduría,
para que yo sepa consolar a los fatigados.
Mañana tras mañana me despierta
y me abre el entendimiento a su voluntad.
⁵ El SEÑOR Soberano me habló,
y yo lo escuché;
no me he rebelado, ni me he alejado.
⁶ Les ofrecí la espalda a quienes me golpeaban
y las mejillas a quienes me tiraban de la
barba;
no escondí el rostro
de las burlas y los escupitajos.

⁷ Debido a que el SEÑOR Soberano me ayuda,
no seré avergonzado.
Por lo tanto, he puesto el rostro como una
piedra,
decidido a hacer su voluntad.
Y sé que no pasaré vergüenza.
⁸ El que me hace justicia está cerca.
Ahora, ¿quién se atreverá a presentar
cargos en mi contra?
¿Dónde están mis acusadores?
¡Que se presenten!
⁹ Miren, el SEÑOR Soberano está de mi lado.
¿Quién me declarará culpable?
Todos mis enemigos serán destruidos
como ropa vieja que ha sido comida por
la polilla.

¹⁰ Entre ustedes, ¿quién teme al SEÑOR
y obedece a su siervo?
Si caminan en tinieblas,
sin un solo rayo de luz,
confíen en el SEÑOR
y dependan de su Dios.
¹¹ Pero tengan cuidado, ustedes que viven en
su propia luz,
y que se calientan en su propia fogata.
Esta es la recompensa que recibirán de mí:
pronto caerán en gran tormento.

Un llamado a confiar en el SEÑOR

51

¹ «Escúchenme, todos los que tienen
esperanza de ser liberados,
todos los que buscan al SEÑOR.
Consideren la piedra de la que fueron
tallados,
la cantera de la que fueron extraídos.
² Sí, piensen en Abraham, su antepasado,
y en Sara, que dio a luz a su nación.
Cuando llamé a Abraham, era un solo hombre;

49:24 Así aparece en los Rollos del mar Muerto, en la versión siríaca y en la Vulgata Latina (ver también 49:25); el texto masorético dice
una persona justa.   **49:26** En hebreo *de Jacob.* Ver nota en 14:1.

pero, cuando lo bendije, se convirtió
en una gran nación».

³ El Señor volverá a consolar a Israel*
y tendrá piedad de sus ruinas.
Su desierto florecerá como el Edén,
sus lugares desolados como el huerto
del Señor.
Allí se encontrarán gozo y alegría;
los cantos de gratitud llenarán el aire.

⁴ «Escúchame, pueblo mío;
óyeme, Israel,
porque mi ley será proclamada
y mi justicia llegará a ser una luz para las
naciones.
⁵ Mi misericordia y mi justicia ya se acercan,
mi salvación viene en camino;
mi brazo fuerte hará justicia a las naciones.
Las tierras lejanas me buscarán
y con esperanza aguardarán mi brazo
poderoso.
⁶ Levanten los ojos a los altos cielos
y miren la tierra abajo.
Pues los cielos desaparecerán como humo
y la tierra se gastará como una prenda de
vestir.
Los habitantes de la tierra morirán como
moscas,
pero mi salvación permanece para siempre;
mi reinado de justicia nunca tendrá fin.

⁷ »Escúchenme, ustedes que distinguen entre
lo bueno y lo malo,
ustedes que atesoran mi ley en el corazón.
No teman las burlas de la gente,
ni tengan miedo de sus insultos.
⁸ Pues la polilla los devorará a ellos como
devora la ropa
y el gusano los comerá como se come
la lana.
Pero mi justicia permanecerá para siempre;
mi salvación continuará de generación en
generación».

⁹ ¡Despierta, oh Señor, despierta! ¡Vístete
de fuerza!
¡Mueve tu poderoso brazo derecho!
Levántate como en los días de antaño,
cuando mataste a Egipto, al dragón
del Nilo.*
¹⁰ ¿Acaso no eres el mismo hoy,
el que secó el mar,
haciendo un camino en las profundidades
para que tu pueblo pudiera escapar y
cruzar al otro lado?
¹¹ Regresarán los que fueron rescatados por
el Señor
y entrarán cantando a Jerusalén,*
coronados de alegría eterna.

Desaparecerán el dolor y el luto
y estarán llenos de gozo y de alegría.

¹² «Yo, sí, yo soy quien te consuela.
Entonces, ¿por qué les temes a simples
seres humanos
que se marchitan como la hierba y
desaparecen?
¹³ Sin embargo, has olvidado al Señor, tu
Creador,
el que extendió el cielo como un dosel
y puso los cimientos de la tierra.
¿Vivirás en constante terror de los opresores
humanos?
¿Seguirás temiendo el enojo de tus
enemigos?
¿Dónde están ahora su furia y su enojo?
¡Han desaparecido!
¹⁴ Pronto quedarán libres los cautivos.
¡La prisión, el hambre y la muerte no serán
su destino!
¹⁵ Pues yo soy el Señor tu Dios,
que agito el mar haciendo que rujan las
olas.
Mi nombre es Señor de los Ejércitos
Celestiales.
¹⁶ Y he puesto mis palabras en tu boca
y te he escondido a salvó dentro de mi
mano.
Yo extendí* el cielo como un dosel
y puse los cimientos de la tierra.
Yo soy el que le dice a Israel:
"¡Tú eres mi pueblo!"».

¹⁷ ¡Despierta, oh Jerusalén, despierta!
Has bebido la copa de la furia del Señor.
Has bebido la copa del terror,
la has vaciado hasta la última gota.
¹⁸ Ni uno de tus hijos queda con vida
para tomarte de la mano y guiarte.
¹⁹ Estas dos calamidades te han ocurrido:
la desolación y la destrucción, el hambre y
la guerra.
Y ¿quién ha quedado para compadecerse
de ti?
¿Quién ha quedado para consolarte?*
²⁰ Pues tus hijos se han desmayado y yacen en
las calles,
tan indefensos como antílopes atrapados
en una red.
El Señor ha derramado su furia;
Dios los ha reprendido.

²¹ Pero ahora escuchen esto, ustedes los
afligidos,
que están completamente borrachos,
aunque no por haber bebido vino.
²² Esto dice el Señor Soberano,
su Dios y Defensor:

51:3 En hebreo *Sión*; también en 51:16.   **51:9** En hebreo *mataste a Rahab; atravesaste al dragón.* Rahab es el nombre de un mítico monstruo marino que en la literatura antigua representa el caos. Aquí se utiliza como un nombre poético para Egipto.   **51:11** En hebreo *Sión.*   **51:16** Así aparece en la versión siríaca (ver también 51:13); el texto hebreo dice *planté.*   **51:19** Así aparece en los Rollos del mar Muerto, en la versión griega, en la latina y en la siríaca; el texto masorético dice *¿Cómo podré consolarte?*

«Miren, yo les quité de las manos la copa
aterradora;
ya no beberán más de mi furia.
²³ En cambio, entregaré esa copa a quienes los
atormentan,
a los que dijeron: "Los pisotearemos en
el polvo
y caminaremos sobre sus espaldas"».

Liberación para Jerusalén

52 ¹ ¡Despierta, oh Sión, despierta!
Vístete de fuerza.
Ponte tus ropas hermosas, oh ciudad santa
de Jerusalén,
porque ya no volverá a entrar por tus
puertas la gente impura que no teme
a Dios.
² Levántate del polvo, oh Jerusalén
y siéntate en un lugar de honor.
Quítate del cuello las cadenas de la esclavitud,
oh hija cautiva de Sión
³ Pues esto dice el Señor:
«Cuando te vendí al destierro
no recibí pago alguno;
ahora puedo redimirte
sin tener que pagar por ti».

⁴Esto dice el Señor Soberano: «Hace mucho
tiempo, mi pueblo decidió vivir en Egipto. Ahora
es Asiria la que lo oprime. ⁵¿Qué es esto? —pregunta el Señor—. ¿Por qué está esclavizado mi
pueblo nuevamente? Quienes lo gobiernan gritan de júbilo; todo el día blasfeman mi
nombre.* ⁶Pero yo revelaré mi nombre a mi pueblo, y
llegará a conocer mi poder. Entonces, por fin mi
pueblo reconocerá que soy yo quien le habla».

⁷ ¡Qué hermosos son sobre los montes
los pies del mensajero que trae buenas
noticias,
buenas noticias de paz y de salvación,
las noticias de que el Dios de Israel* reina!
⁸ Los centinelas gritan y cantan de alegría,
porque con sus propios ojos
ven al Señor regresando a Jerusalén.*
⁹ Que las ruinas de Jerusalén canten de alegría,
porque el Señor ha consolado a su
pueblo,
ha redimido a Jerusalén.
¹⁰ El Señor ha manifestado su santo poder
ante los ojos de todas las naciones,
y todos los confines de la tierra verán
la victoria de nuestro Dios.

¹¹ ¡Salgan! Salgan y dejen atrás su cautiverio,
donde todo lo que tocan es impuro.
Salgan de allí y purifíquense,
ustedes que vuelven a su tierra con los
objetos sagrados del Señor.
¹² No saldrán con prisa,

como quien corre para salvar su vida.
Pues el Señor irá delante de ustedes;
atrás los protegerá el Dios de Israel.

El Siervo sufriente del Señor

¹³ Miren, mi siervo prosperará;
será muy exaltado.
¹⁴ Pero muchos quedaron asombrados cuando
lo* vieron.
Tenía el rostro tan desfigurado, que apenas
parecía un ser humano,
y por su aspecto, no se veía como un
hombre.
¹⁵ Y él alarmará* a muchas naciones;
los reyes quedarán mudos ante él.
Verán lo que no se les había contado;
entenderán lo que no habían oído hablar.*

53 ¹ ¿Quién ha creído nuestro mensaje?
¿A quién le ha revelado el Señor su
brazo poderoso?
² Mi siervo creció en la presencia del Señor
como un tierno brote verde;
como raíz en tierra seca.
No había nada hermoso ni majestuoso en
su aspecto,
nada que nos atrajera hacia él.
³ Fue despreciado y rechazado:
hombre de dolores, conocedor del dolor
más profundo.
Nosotros le dimos la espalda y desviamos
la mirada;
fue despreciado, y no nos importó.

⁴ Sin embargo, fueron nuestras debilidades
las que él cargó,
fueron nuestros dolores* los que él
agobiaron.
Y pensamos que sus dificultades eran un
castigo de Dios;
¡un castigo por sus propios pecados!
⁵ Pero él fue traspasado por nuestras rebeliones
y aplastado por nuestros pecados.
Fue golpeado para que nosotros estuviéramos
en paz,
fue azotado para que pudiéramos ser
sanados.
⁶ Todos nosotros nos hemos extraviado
como ovejas;
hemos dejado los caminos de Dios para
seguir los nuestros.
Sin embargo, el Señor puso sobre él
los pecados de todos nosotros.

⁷ Fue oprimido y tratado con crueldad,
sin embargo, no dijo ni una sola palabra.
Como cordero fue llevado al matadero,
y como oveja en silencio ante sus
trasquiladores,
no abrió su boca.

52:5 La versión griega dice *Los gentiles blasfeman continuamente mi nombre por causa de ustedes.* Comparar Rm 2:24. **52:7** En hebreo *de Sión.* **52:8** En hebreo *a Sión.* **52:14** Así aparece en la versión siríaca; en hebreo dice *te.* **52:15a** O *purificará.* **52:15b** La versión griega dice *Los que nunca se enteraron de él, verán, / y los que nunca oyeron de él, entenderán.* Comparar Rm 15:21. **53:4** O *Sin embargo, eran nuestras enfermedades que él cargó; / eran nuestras dolencias.*

8 Al ser condenado injustamente,
se lo llevaron.*
A nadie le importó que muriera sin
descendientes;
ni que le quitaran la vida a mitad de
camino.*
Pero lo hirieron de muerte
por la rebelión de mi pueblo.
9 Él no había hecho nada malo,
y jamás había engañado a nadie.
Pero fue enterrado como un criminal;
fue puesto en la tumba de un hombre rico.

10 Formaba parte del buen plan del SEÑOR
aplastarlo
y causarle dolor.
Sin embargo, cuando su vida sea entregada
en ofrenda por el pecado,
tendrá muchos descendientes.
Disfrutará de una larga vida,
y en sus manos el buen plan del SEÑOR
prosperará.
11 Cuando vea todo lo que se logró mediante
su angustia,
quedará satisfecho.
Y a causa de lo que sufrió
mi siervo justo hará posible
que muchos sean contados entre los justos,
porque él cargará con todos los pecados
de ellos.
12 Yo le rendiré los honores de un soldado
victorioso,
porque se expuso a la muerte.
Fue contado entre los rebeldes.
Cargó con los pecados de muchos e
intercedió por los transgresores.

Gloria futura de Jerusalén

54 1 «¡Canta, oh mujer sin hijos,
tú que nunca diste a luz!
Prorrumpe en canciones de alegría a toda
voz, oh Jerusalén,
tú que nunca tuviste dolores de parto.
Pues la mujer desolada ahora tiene más hijos
que la que vive con su esposo
—dice el SEÑOR—.
2 Agranda tu casa; construye una ampliación.
Extiende tu hogar y no repares en gastos.
3 Pues pronto estarás llena a rebosar;
tus descendientes ocuparán otras naciones
y repoblarán las ciudades en ruinas.

4 »No temas, ya no vivirás avergonzada.
No tengas temor, no habrá más deshonra
para ti.
Ya no recordarás la vergüenza de tu juventud
ni las tristezas de tu viudez.
5 Pues tu Creador será tu marido;
¡el SEÑOR de los Ejércitos Celestiales es
su nombre!

Él es tu Redentor, el Santo de Israel,
el Dios de toda la tierra.
6 Pues el SEÑOR te llamó para que te libres de
tu dolor,
como si fueras una esposa joven
abandonada por su marido
—dice tu Dios—.
7 Por un breve instante te abandoné,
pero con gran compasión te recibiré
de nuevo.
8 En un estallido de enojo aparté de ti mi rostro
por un poco de tiempo.
Pero con amor eterno tendré compasión
de ti
—dice el SEÑOR, tu Redentor—.

9 »Así como juré en tiempos de Noé
que nunca más permitiría que un diluvio
cubra la tierra,
ahora también juro
que nunca más me enojaré contigo ni te
castigaré.
10 Pues las montañas podrán moverse
y las colinas desaparecer,
pero aun así mi fiel amor por ti permanecerá;
mi pacto de bendición nunca será roto
—dice el SEÑOR, que tiene misericordia
de ti—.

11 »¡Oh ciudad azotada por las tormentas,
atribulada y desolada!
Te reconstruiré con joyas preciosas
y haré tus cimientos de lapislázuli.
12 Haré tus torres de rubíes relucientes,
tus puertas de gemas brillantes
y tus muros de piedras preciosas.
13 Yo les enseñaré a todos tus hijos,
y ellos disfrutarán de una gran paz.
14 Estarás segura bajo un gobierno justo e
imparcial;
tus enemigos se mantendrán muy
lejos.
Vivirás en paz,
y el terror no se te acercará.
15 Si alguna nación viniera para atacarte,
no será porque yo la haya enviado;
todo el que te ataque caerá derrotado.

16 »Yo he creado al herrero
que aviva el fuego de los carbones bajo
la fragua
y hace las armas de destrucción.
Y he creado a los ejércitos que destruyen.
17 Pero en aquel día venidero,
ningún arma que te ataque triunfará.
Silenciarás cuanta voz
se levante para acusarte.
Estos beneficios los disfrutan los siervos
del SEÑOR;
yo seré quien los reivindique.
¡Yo, el SEÑOR, he hablado!

53:8a La versión griega dice *Fue humillado y no le hicieron justicia.* Comparar Hch 8:33.   **53:8b** O *En cuanto a sus contemporáneos, / ¿a quién le importó que le quitaran la vida estando a mitad de camino?* La versión griega dice *¿Quién puede hablar de sus descendientes? / Pues su vida fue quitada de la tierra.* Comparar Hch 8:33.

Invitación a la salvación del Señor

55 ¹ ¿Alguien tiene sed?
Venga y beba,
¡aunque no tenga dinero!
Vengan, tomen vino o leche,
¡es todo gratis!
² ¿Por qué gastar su dinero en alimentos que
no les dan fuerza?
¿Por qué pagar por comida que no les
hace ningún bien?
Escúchenme, y comerán lo que es bueno;
disfrutarán de la mejor comida.

³ »Vengan a mí con los oídos bien abiertos.
Escuchen, y encontrarán vida.
Haré un pacto eterno con ustedes.
Les daré el amor inagotable que le prometí
a David.
⁴ Vean cómo lo usé a él para manifestar mi
poder entre los pueblos,
lo convertí en un líder entre las naciones.
⁵ Tú también darás órdenes a naciones que
no conoces,
y pueblos desconocidos vendrán corriendo
a obedecerte,
porque yo, el Señor tu Dios,
el Santo de Israel, te hice glorioso».

⁶ Busquen al Señor mientras puedan
encontrarlo;
llámenlo ahora, mientras está cerca.
⁷ Que los malvados cambien sus caminos
y alejen de sí hasta el más mínimo
pensamiento de hacer el mal.
Que se vuelvan al Señor, para que les tenga
misericordia.
Sí, vuélvanse a nuestro Dios, porque él
perdonará con generosidad.

⁸ «Mis pensamientos no se parecen en nada
a sus pensamientos
—dice el Señor—.
Y mis caminos están muy por encima de
lo que pudieran imaginarse.
⁹ Pues así como los cielos están más altos que
la tierra,
así mis caminos están más altos que sus
caminos
y mis pensamientos, más altos que sus
pensamientos.

¹⁰ »La lluvia y la nieve descienden de los cielos
y quedan en el suelo para regar la tierra.
Hacen crecer el grano,
y producen semillas para el agricultor
y pan para el hambriento.
¹¹ Lo mismo sucede con mi palabra.
La envío y siempre produce fruto;
lograrán todo lo que yo quiero,
y prosperará en todos los lugares donde
yo la envíe.
¹² Ustedes vivirán con gozo y paz.
Los montes y las colinas se pondrán a cantar
y los árboles de los campos aplaudirán.

¹³ Donde antes había espinos, crecerán cipreses;
donde crecía la ortiga, brotarán mirtos.
Estas cosas le darán gran honra al nombre
del Señor;
serán una señal perpetua de su poder y
de su amor».

Bendiciones para todas las naciones

56 Esto dice el Señor:

«Sean justos e imparciales con todos;
hagan lo que es bueno y correcto,
porque vendré pronto para rescatarlos
y para manifestar mi justicia entre
ustedes.
² Benditos todos los
que se aseguran de cumplir esto.
Benditos los que honran mis días de
descanso,
y procuran no hacer el mal.

³ »No permitan que los extranjeros que se
comprometen con el Señor digan:
"El Señor nunca dejará que yo sea parte
de su pueblo".
Y no permitan que los eunucos digan:
"Soy un árbol seco, sin hijos y sin futuro".
⁴ Pues esto dice el Señor:
Bendeciré a los eunucos
que guardan como santos mis días de
descanso,
deciden hacer lo que a mí me agrada
y me entregan su vida.
⁵ Les daré —dentro de las paredes de mi casa—
un recordatorio y un nombre,
mucho más grande del que hijos o hijas
pudieran darles.
Pues el nombre que les doy es eterno,
¡nunca desaparecerá!

⁶ »También bendeciré a los extranjeros que
se comprometan con el Señor,
quienes lo sirvan y amen su nombre,
quienes lo adoren y no profanen el día de
descanso,
y quienes se mantengan fieles a mi pacto.
⁷ Los llevaré a mi monte santo de Jerusalén
y los llenaré de alegría en mi casa de
oración.
Aceptaré sus ofrendas quemadas y sus
sacrificios,
porque mi templo será llamado casa
de oración para todas las naciones.
⁸ Pues el Señor Soberano,
que hace volver a los marginados de
Israel, dice:
Traeré a otros también,
además de mi pueblo Israel».

Condenación de los líderes pecadores

⁹ ¡Vengan, animales salvajes de los campos!
¡Vengan, animales salvajes de los bosques!
¡Vengan a devorar a mi pueblo!

¹⁰ Pues los líderes de mi pueblo,
    los guardianes del Señor, sus pastores,
    son ciegos e ignorantes.
Son como perros guardianes silenciosos
    que no advierten cuando viene el peligro.
Les encanta estar echados, durmiendo y
    soñando.
¹¹ Como perros glotones, nunca quedan
        satisfechos.
Son pastores ignorantes;
    cada uno va por su propio camino
    y busca ganancias personales.
¹² «Vengan —dicen ellos—, consigamos vino
    y hagamos una fiesta.
Emborrachémonos todos.
¡Mañana lo haremos de nuevo,
    y tendremos una fiesta aún más grande!».

57

¹ La gente buena se muere;
    muchas veces, los justos mueren antes
        de que llegue su hora.
Pero a nadie parece importarle el por qué,
    tampoco se lo preguntan a sí mismos.
Parece que nadie entiende
    que Dios los está protegiendo del mal que
        vendrá.
² Pues los que andan por el camino de la
        justicia
    descansarán en paz cuando mueran.

Condenación de la idolatría

³ «Pero ustedes, vengan acá, hijos de brujas,
    descendientes de adúlteros y de prostitutas!
⁴ ¿De quién se burlan
    haciendo muecas y sacando la lengua?
    ¡Hijos de pecadores y mentirosos!
⁵ Rinden culto con gran pasión a sus ídolos,
    debajo de los robles y debajo de todo árbol
        frondoso.
Sacrifican a sus hijos abajo, en los valles,
    entre los peñascos de los acantilados.
⁶ Sus dioses son las piedras pulidas de
        los valles;
    ustedes les rinden culto con ofrendas
        líquidas y ofrendas de grano.
Ellos son su herencia, no yo.
    ¿Creen que todo esto me hace feliz?
⁷ Ustedes cometieron adulterio en cada
        monte alto;
    allí rindieron culto a los ídolos
    y me fueron infieles.
⁸ Han puesto símbolos paganos
    en los marcos de las puertas y detrás de ellas.
Me han abandonado
    y se han metido en la cama con esos
        dioses detestables.
Se han entregado a ellos
    y les encanta ver sus cuerpos desnudos.
⁹ Le han dado aceite de oliva a Moloc*
    con muchos obsequios de perfumes.
Han viajado muy lejos,

incluso al mundo de los muertos,*
    a fin de encontrar nuevos dioses a quienes
        amar.
¹⁰ Se han cansado en su búsqueda,
    pero nunca se han dado por vencidos.
El deseo les dio nuevas fuerzas,
    y no se fatigaron.

¹¹ »¿Les tienen miedo a estos ídolos?
    ¿Les producen terror?
¿Por eso me han mentido
    y se han olvidado de mí y de mis palabras?
¿Será por mi largo silencio
    que ya no me temen?
¹² Ahora pondré al descubierto sus supuestas
        buenas obras;
    ninguna de ellas los ayudará.
¹³ Veamos si sus ídolos pueden salvarlos
    cuando clamen a ellos por ayuda.
¡Vaya, un soplo de viento puede derrumbarlos!
    ¡Basta con que uno respire sobre ellos para
        que caigan de cabeza!
Pero el que confíe en mí, heredará la tierra
    y poseerá mi monte santo».

Dios perdona a los que se arrepienten

¹⁴ Dios dice: «¡Reconstruyan el camino!
    Quiten las rocas y las piedras del camino
    para que mi pueblo pueda volver del
        cautiverio».
¹⁵ El Alto y Majestuoso que vive en la eternidad,
    el Santo, dice:
«Yo vivo en el lugar alto y santo
    con los de espíritu arrepentido y humilde.
Restauro el espíritu destrozado del humilde
    y revivo el valor de los que tienen un
        corazón arrepentido.
¹⁶ Pues no pelearé contra ustedes para siempre;
    no estaré siempre enojado.
Si lo estuviera, moriría toda la gente,
    sí, todas las almas que he creado.
¹⁷ Estaba enojado,
    así que castigué a este pueblo tan avaro.
Me aparté de ellos,
    pero continuaron por su propio terco
        camino.
¹⁸ He visto lo que hacen,
    ¡pero aun así, los sanaré
    y los guiaré!
Consolaré a los que se lamentan,
¹⁹   llevando palabras de alabanza a sus labios.
Que tengan paz abundante, tanto cerca
        como lejos
    —dice el Señor que los sana—.
²⁰ Pero los que aún me rechazan son como el
        mar agitado,
    que nunca está tranquilo,
    sino que continuamente revuelve el lodo y
        la tierra.
²¹ No hay paz para el perverso
    —dice mi Dios—.

57:9a O *al rey.*   57:9b En hebreo *al Seol.*

Verdadera y falsa adoración

58

¹ »Grita con la voz de un toque de
    trompeta.
¡Grita fuerte! No seas tímido.
¡Háblale a mi pueblo Israel* de sus pecados!
² Sin embargo, ¡se hacen los piadosos!
Vienen al templo todos los días
    y parecen estar encantados de aprender
        todo sobre mí.
Actúan como una nación justa
    que nunca abandonaría las leyes de su Dios.
Me piden que actúe a su favor,
    fingiendo que quieren estar cerca de mí.
³ "¡Hemos ayunado delante de ti! —dicen ellos—.
    ¿Por qué no te impresionamos?
Hemos sido muy severos con nosotros
        mismos,
    y ni siquiera te das cuenta".

»¡Les diré por qué! —les contesto—.
    Es porque ayunan para complacerse a
        sí mismos.
Aun mientras ayunan,
    oprimen a sus trabajadores.
⁴ ¿De qué les sirve ayunar,
    si siguen con sus peleas y riñas?
Con esta clase de ayuno,
    nunca lograrán nada conmigo.
⁵ Ustedes se humillan
    al hacer penitencia por pura fórmula:
inclinan la cabeza
    como cañas en el viento,
se visten de tela áspera
    y se cubren de cenizas.
¿A eso le llaman ayunar?
    ¿Realmente creen que eso agrada al SEÑOR?

⁶ »¡No! Esta es la clase de ayuno que quiero:
pongan en libertad a los que están
        encarcelados injustamente;
    alivien la carga de los que trabajan para
        ustedes.
Dejen en libertad a los oprimidos
    y suelten las cadenas que atan a la gente.
⁷ Compartan su comida con los hambrientos
    y den refugio a los que no tienen hogar;
denles ropa a quienes la necesiten
    y no se escondan de parientes que precisen
        su ayuda.

⁸ »Entonces su salvación llegará como el
        amanecer,
    y sus heridas sanarán con rapidez;
su justicia los guiará hacia adelante
    y atrás los protegerá la gloria del SEÑOR.
⁹ Entonces cuando ustedes llamen, el SEÑOR
        les responderá.
    "Sí, aquí estoy", les contestará enseguida.

»Levanten el pesado yugo de la opresión;
    dejen de señalar con el dedo y de esparcir
        rumores maliciosos.

¹⁰ Alimenten a los hambrientos
    y ayuden a los que están en apuros.
Entonces su luz resplandecerá desde la
        oscuridad,
    y la oscuridad que los rodea será tan
        radiante como el mediodía.
¹¹ El SEÑOR los guiará continuamente,
    les dará agua cuando tengan sed
    y restaurará sus fuerzas.
Serán como un huerto bien regado,
    como un manantial que nunca se seca.
¹² Algunos de ustedes reconstruirán las
        ruinas desoladas de sus ciudades.
Entonces serán conocidos como
    reconstructores de muros
    y restauradores de casas.

¹³ »Guarden como santo el día de descanso;
    en ese día no se ocupen de sus propios
        intereses,
sino disfruten del día de descanso
    y hablen del día con delicia, por ser el
        día santo del SEÑOR.
Honren el día de descanso en todo lo que
        hagan ese día
    y no sigan sus propios deseos ni hablen
        palabras inútiles.
¹⁴ Entonces el SEÑOR será su delicia.
    Yo les daré gran honor
y los saciaré con la herencia que prometí a
        su antepasado Jacob.
    ¡Yo, el SEÑOR, he hablado!».

Advertencias contra el pecado

59

¹ ¡Escuchen! El brazo del SEÑOR no
    es demasiado débil para no
        salvarlos,
ni su oído demasiado sordo para no oír
    su clamor.
² Son sus pecados los que los han separado
    de Dios.
A causa de esos pecados, él se alejó
    y ya no los escuchará.
³ Las manos de ustedes son manos de asesinos,
    y tienen los dedos sucios de pecado.
Sus labios están llenos de mentiras
    y su boca vomita corrupción.

⁴ A nadie le importa ser justo y honrado;
    las demandas legales de la gente se basan
        en mentiras.
Conciben malas acciones
    y después dan a luz el pecado.
⁵ Incuban serpientes mortales
    y tejen telas de araña.
El que caiga en sus telarañas morirá,
    y aun acercarse a ellas será peligroso.
⁶ Con sus telas de araña no se puede hacer
        ropa
    y nada de lo que ellos hacen es útil.
Todo lo que hacen está lleno de pecado,
    y la violencia es su sello característico.

58:1 En hebreo *Jacob*. Ver nota en 14:1.

⁷ Sus pies corren para hacer lo malo
  y se apresuran a matar.
Solo piensan en pecar;
  siempre hay sufrimiento y destrucción
  en sus caminos.
⁸ No saben dónde encontrar paz
  o qué significa ser justo y bueno.
Han trazado caminos torcidos
  y quienes los siguen no conocen un
  momento de paz.

⁹ Por eso no hay justicia entre nosotros
  y no sabemos nada acerca de vivir con
  rectitud.
Buscamos luz, pero solo encontramos
  oscuridad;
buscamos cielos radiantes, pero
  caminamos en tinieblas.
¹⁰ Andamos a tientas, como los ciegos junto
  a una pared,
  palpando para encontrar el camino, como
  la gente que no tiene ojos.
Hasta lo más radiante del mediodía,
  tropezamos como si estuviera oscuro.
Entre los vivos,
  somos como los muertos.
¹¹ Gruñimos como osos hambrientos;
  gemimos como el arrullo lastimero de
  las palomas.
Buscamos la justicia, pero nunca llega;
  buscamos el rescate, pero está muy lejos
  de nosotros.
¹² Pues nuestros pecados se han acumulado
  ante Dios
  y testifican en contra de nosotros.
Así es, sabemos muy bien lo pecadores
  que somos.
¹³ Sabemos que nos hemos rebelado contra el
  Señor y también lo hemos negado;
  le hemos dado la espalda a nuestro Dios.
Sabemos que hemos sido injustos y opresores,
  preparando con cuidado nuestras mentiras
  engañosas.
¹⁴ Nuestros tribunales se oponen a los justos,
  y no se encuentra justicia por ninguna parte.
La verdad tropieza por las calles
  y la honradez ha sido declarada ilegal.
¹⁵ Sí, la verdad ha desaparecido
  y se ataca a todo el que abandona la maldad.

El Señor miró y le desagradó
  descubrir que no había justicia.
¹⁶ Estaba asombrado al ver que nadie intervenía
  para ayudar a los oprimidos.
Así que se interpuso él mismo para salvarlos
  con su brazo fuerte,
  sostenido por su propia justicia.
¹⁷ Se puso la justicia como coraza
  y se colocó en la cabeza el casco de
  salvación.

Se vistió con una túnica de venganza
  y se envolvió en un manto de pasión divina.
¹⁸ Él pagará a sus enemigos por sus malas obras
  y su furia caerá sobre sus adversarios;
  les dará su merecido hasta los confines de
  la tierra.
¹⁹ En el occidente, la gente respetará el nombre
  del Señor;
  en el oriente, lo glorificará.
Pues él vendrá como una tempestuosa marea,
  impulsado por el aliento del Señor.*

²⁰ «El Redentor vendrá a Jerusalén
  para rescatar en Israel
a los que se hayan apartado de sus pecados*
  —dice el Señor—.

²¹ »Y este es mi pacto con ellos —dice el
Señor—. Mi Espíritu no los dejará, ni tampoco
estas palabras que les he dado. Estarán en sus
labios y en los labios de sus hijos, y de los hijos
de sus hijos, para siempre. ¡Yo, el Señor, he
hablado!

Gloria futura de Jerusalén

60

¹ »¡Levántate, Jerusalén! Que brille tu
  luz para que todos la vean.
Pues la gloria del Señor se levanta para
  resplandecer sobre ti.
² Una oscuridad negra como la noche cubre
  a todas las naciones de la tierra,
pero la gloria del Señor se levanta y
  aparece sobre ti.
³ Todas las naciones vendrán a tu luz;
  reyes poderosos vendrán para ver tu
  resplandor.

⁴ »¡Levanta los ojos, porque todo el mundo
  vuelve a casa!
Tus hijos llegan desde tierras lejanas;
  tus hijas pequeñas serán traídas en brazos.
⁵ Resplandecerán tus ojos
  y tu corazón se estremecerá de alegría
porque los mercaderes del mundo entero
  vendrán a ti.
Te traerán las riquezas de muchos países.
⁶ Enormes caravanas de camellos convergirán
  en ti;
  los camellos de Madián y de Efa.
Los habitantes de Saba traerán oro e
  incienso
  y vendrán adorando al Señor.
⁷ A ti te serán dados los rebaños de Cedar
  y los carneros de Nebaiot serán traídos
  para mis altares.
Aceptaré sus ofrendas
  y haré glorioso mi templo.

⁸ »¿Y qué veo volando hacia Israel como las
  nubes,
  como las palomas hacia su nido?

59:19 O *Cuando el enemigo venga como una tempestuosa marea, / el Espíritu del Señor lo hará retroceder.* 59:20 En hebreo *El
Redentor vendrá a Sión / para rescatar a los de Jacob / que se hayan apartado de sus pecados.* La versión griega dice *El que rescata
vendrá a favor de Sión / y apartará a Jacob de la maldad.* Comparar Rm 11:26.

9 Son barcos de los confines de la tierra,
de países que confían en mí,
con los grandes barcos de Tarsis a
la cabeza.
Traen al pueblo de Israel de regreso a
su hogar desde muy lejos,
transportando su plata y su oro.
Honrarán al Señor tu Dios,
al Santo de Israel,
porque él te ha llenado de esplendor.

10 »Vendrán extranjeros para reconstruir
tus ciudades
y sus reyes te servirán.
Aunque te destruí en mi enojo,
ahora tendré misericordia de ti por
mi gracia.
11 Tus puertas permanecerán abiertas de día
y de noche
para recibir las riquezas de muchos países.
Los reyes del mundo serán llevados como
cautivos
en un desfile victorioso.
12 Las naciones que se nieguen a servirte
serán destruidas.

13 »La gloria del Líbano será tuya
—los bosques de ciprés, de abeto y de pino—
para embellecer mi santuario.
¡Mi templo será glorioso!
14 Los descendientes de los que te atormentan
vendrán a inclinarse ante ti.
Los que te despreciaron
te besarán los pies.
Te llamarán la Ciudad del Señor,
y Sión del Santo de Israel.

15 »Aunque una vez fuiste despreciada y odiada,
y nadie pasaba por tus calles,
yo te haré hermosa para siempre,
una alegría para todas las generaciones.
16 Reyes poderosos y grandes naciones
colmarán todas tus necesidades,
como si fueras un niño
amamantado por una reina.
Por fin sabrás que yo, el Señor,
soy tu Salvador y tu Redentor,
el Poderoso de Israel.*
17 Cambiaré tu bronce por oro,
tu hierro por plata,
tu madera por bronce
y tus piedras por hierro.
Haré que la paz sea tu líder
y la justicia tu gobernante.
18 La violencia desaparecerá de tu tierra;
se terminarán la desolación y la destrucción
de la guerra.
La salvación te rodeará como las murallas de
una ciudad
y la alabanza estará en los labios de todos
los que entren allí.

19 »Ya no necesitarás que el sol brille durante
el día,
ni que la luna alumbre durante la noche,
porque el Señor tu Dios será tu luz perpetua,
y tu Dios será tu gloria.
20 Tu sol nunca se pondrá;
tu luna nunca descenderá.
Pues el Señor será tu luz perpetua.
Tus días de duelo llegarán a su fin.
21 Todo tu pueblo será justo;
poseerá para siempre su tierra,
pues yo lo plantaré allí con mis propias
manos
con el fin de darme gloria a mí mismo.
22 La familia más pequeña se convertirá en mil
personas
y el grupo más diminuto se convertirá en
una nación poderosa.
A su debido tiempo, yo, el Señor, haré que
esto suceda».

Buenas noticias para los oprimidos

61 1 El Espíritu del Señor Soberano está
sobre mí,
porque el Señor me ha ungido
para llevar buenas noticias a los pobres.
Me ha enviado para consolar a los de corazón
quebrantado
y a proclamar que los cautivos serán
liberados
y que los prisioneros serán puestos en
libertad.*
2 Él me ha enviado para anunciar a los que
se lamentan
que ha llegado el tiempo del favor del
Señor*
junto con el día de la ira de Dios contra
sus enemigos.
3 A todos los que se lamentan en Israel*
les dará una corona de belleza en lugar
de cenizas,
una gozosa bendición en lugar de luto,
una festiva alabanza en lugar de
desesperación.
Ellos, en su justicia, serán como grandes robles
que el Señor ha plantado para su propia
gloria.

4 Reconstruirán las ruinas antiguas,
reparando ciudades destruidas hace
mucho tiempo.
Las resucitarán,
aunque hayan estado desiertas por muchas
generaciones.
5 Los extranjeros serán sus siervos;
alimentarán a los rebaños de ustedes,
ararán sus campos
y cuidarán de sus viñedos.
6 Ustedes serán llamados sacerdotes del Señor,
ministros de nuestro Dios.

60:16 En hebreo *de Jacob.* Ver nota en 14:1. 61:1 La versión griega dice *y los ciegos verán.* Comparar Lc 4:18. 61:2 O *para
proclamar el año aceptable del Señor.* 61:3 En hebreo *en Sión.*

Se alimentarán de los tesoros de las
naciones
y se jactarán de sus riquezas.
⁷ Disfrutarán de una doble honra
en lugar de vergüenza y deshonra.
Poseerán una doble porción de prosperidad
en su tierra,
y una alegría eterna será suya.

⁸ «Pues yo, el Señor, amo la justicia;
odio el robo y la fechoría.
Recompensaré fielmente a mi pueblo por
su sufrimiento
y haré un pacto eterno con él.
⁹ Sus descendientes serán reconocidos
y honrados entre las naciones.
Todo el mundo se dará cuenta de que es
un pueblo
al que el Señor ha bendecido».

¹⁰ ¡Me llené de alegría en el Señor mi Dios!
Pues él me vistió con ropas de salvación
y me envolvió en un manto de justicia.
Soy como un novio en su traje de bodas
o una novia con sus joyas.
¹¹ El Señor Soberano mostrará su justicia a las
naciones del mundo.
¡Todos lo alabarán!
Su justicia será como un huerto a comienzos
de la primavera,
cuando brotan las plantas por todas
partes.

Isaías ora por Jerusalén

62 ¹ Debido a que amo a Sión,
no me quedaré quieto.
Debido a que mi corazón suspira por
Jerusalén,
no puedo quedarme callado.
No dejaré de orar por ella
hasta que su justicia resplandezca como
el amanecer
y su salvación arda como una antorcha
encendida.
² Las naciones verán tu justicia
y los líderes del mundo quedarán cegados
por tu gloria.
Tú recibirás un nombre nuevo
de la boca del Señor mismo.
³ El Señor te sostendrá en su mano para que
todos te vean,
como una corona espléndida en la mano
de Dios.
⁴ Nunca más te llamarán «La ciudad
abandonada»*
ni «La tierra desolada»*.
Tu nuevo nombre será «La ciudad del deleite
de Dios»*
y «La esposa de Dios»*,
porque el Señor se deleita en ti
y te reclamará como su esposa.

⁵ Tus hijos se dedicarán a ti, oh Jerusalén,
como un joven se dedica a su esposa.
Entonces Dios se regocijará por ti
como el esposo se regocija por su esposa.

⁶ Oh Jerusalén, yo he puesto centinelas en
tus murallas;
ellos orarán continuamente, de día y de
noche.
No descansen, ustedes que dirigen sus
oraciones al Señor.
⁷ No le den descanso al Señor hasta que
termine su obra,
hasta que haga de Jerusalén el orgullo de
toda la tierra.
⁸ El Señor le ha jurado a Jerusalén por su
propia fuerza:
«Nunca más te entregaré a tus enemigos;
nunca más vendrán guerreros extranjeros
para llevarse tu grano y tu vino nuevo.
⁹ Ustedes cultivaron el grano, y ustedes lo
comerán,
alabando al Señor.
Dentro de los atrios del templo,
ustedes mismos beberán el vino que
prensaron».

¹⁰ ¡Salgan por las puertas!
¡Preparen la carretera para el regreso de
mi pueblo!
Emparejen el camino, saquen las rocas
y levanten una bandera para que la vean
todas las naciones.
¹¹ El Señor ha enviado el siguiente mensaje a
cada país:
«Díganle al pueblo de Israel:*
"Miren, ya viene su Salvador.
Vean, él trae consigo su recompensa"».
¹² Serán llamados «El pueblo santo»
y «El pueblo redimido por el Señor».
Y Jerusalén será conocida como «El lugar
deseable»
y «La ciudad ya no abandonada».

Juicio contra los enemigos del Señor

63 ¹ ¿Quién es este que viene desde Edom,
desde la ciudad de Bosra
con sus ropas teñidas de rojo?
¿Quién es este que lleva vestiduras reales
y marcha en su gran fuerza?

«¡Soy yo, el Señor, proclamando su salvación!
¡Soy yo, el Señor, quien tiene el poder
para salvar!».

² ¿Por qué están tan rojas tus ropas,
como si hubieras estado pisando uvas?

³ «Estuve pisando el lagar yo solo;
no había nadie allí para ayudarme.
En mi enojo, he pisado a mis enemigos
como si fueran uvas.

62:4a En hebreo *Azuba* significa «abandonada».   62:4b En hebreo *Semamá* significa «desolada».   62:4c En hebreo *Hefzi-bá*
significa «en ella tengo mis delicias».   62:4d En hebreo *Beulá* significa «casada».   62:11 En hebreo *Díganle a la hija de Sión*.

En mi furia he pisado a mis adversarios;
su sangre me ha manchado la ropa.
⁴ Ha llegado la hora de cobrar venganza por
mi pueblo,
de rescatar a mi pueblo de sus opresores.
⁵ Estaba asombrado al ver que nadie intervenía
para ayudar a los oprimidos.
Así que yo mismo me interpuse para salvarlos
con mi brazo fuerte,
y mi ira me sostuvo.
⁶ Aplasté a las naciones en mi enojo,
las hice tambalear y caer al suelo,
y derramé su sangre sobre la tierra».

Alabanza por la liberación
⁷ Hablaré del amor inagotable del Señor;
alabaré al Señor por todo lo que ha
hecho.
Me alegraré por su gran bondad con Israel,
que le concedió según su misericordia y
su amor.
⁸ Él dijo: «Ellos son mi pueblo.
Ciertamente no volverán a traicionarme».
Y se convirtió en su Salvador.
⁹ Cuando ellos sufrían, él también sufrió,
y él personalmente* los rescató.
En su amor y su misericordia los redimió;
los levantó y los tomó en brazos
a lo largo de los años.
¹⁰ Pero ellos se rebelaron contra él
y entristecieron a su Santo Espíritu.
Así que él se convirtió en enemigo de ellos
y peleó contra ellos.
¹¹ Entonces recordaron los días de antaño
cuando Moisés sacó a su pueblo de Egipto.
Clamaron: «¿Dónde está el que llevó a Israel
a través del mar
con Moisés como pastor?
¿Dónde está el que envió a su Santo Espíritu
para que estuviera en medio de su pueblo?
¹² ¿Dónde está aquel que manifestó su poder
cuando Moisés levantó su mano,
el que dividió el mar delante de ellos
y se hizo famoso para siempre?
¹³ ¿Dónde está el que los hizo pasar por el
fondo del mar?
Eran como magníficos sementales
que corrían por el desierto sin tropezar.
¹⁴ Al igual que el ganado que desciende a un
valle pacífico,
el Espíritu del Señor les daba descanso.
Tú guiaste a tu pueblo, Señor,
y te ganaste una magnífica reputación».

Oración por misericordia y perdón
¹⁵ Señor, mira desde el cielo;
míranos desde tu santo y glorioso hogar.
¿Dónde están la pasión y el poder
que solías manifestar a nuestro favor?

¿Dónde están tu misericordia y tu
compasión?
¹⁶ ¡Ciertamente tú sigues siendo nuestro Padre!
Aunque Abraham y Jacob* nos
desheredaran,
tú, Señor, seguirías siendo nuestro Padre.
Tú eres nuestro Redentor desde hace siglos.
¹⁷ Señor, ¿por qué permitiste que nos
apartáramos de tu camino?
¿Por qué nos diste un corazón terco para
que dejáramos de temerte?
Regresa y ayúdanos, porque somos tus siervos,
las tribus que son tu posesión más preciada.
¹⁸ Por poco tiempo tu pueblo santo poseyó tu
lugar santo,
y ahora nuestros enemigos lo han
destruido.
¹⁹ Algunas veces parece como si nunca te
hubiéramos pertenecido;
es como si nunca hubiéramos sido
conocidos como tu pueblo.

64
¹*¡Oh, si irrumpieras desde el cielo y
descendieras!
¡Cómo temblarían los montes en tu
presencia!
²*Así como el fuego hace que arda la leña
y que hierva el agua,
tu venida haría que las naciones temblaran.
¡Entonces tus enemigos se enterarían de
la razón de tu fama!
³ Cuando descendiste hace mucho tiempo,
hiciste obras terribles, por encima de
nuestras mayores expectativas.
¡Y cómo temblaron los montes!
⁴ Desde el principio del mundo,
ningún oído ha escuchado,
ni ojo ha visto a un Dios como tú,
quien actúa a favor de los que esperan en él.
⁵ Tú recibes a quienes hacen el bien con gusto;
a quienes siguen caminos de justicia.
Pero has estado muy enojado con nosotros,
porque no somos justos.
Pecamos constantemente;
¿cómo es posible que personas como
nosotros se salven?
⁶ Estamos todos infectados por el pecado y
somos impuros.
Cuando mostramos nuestros actos de
justicia,
no son más que trapos sucios.
Como las hojas del otoño, nos marchitamos
y caemos,
y nuestros pecados nos arrasan como
el viento.
⁷ Sin embargo, nadie invoca tu nombre
ni te ruega misericordia.
Por eso tú te apartaste de nosotros
y nos entregaste* a nuestros pecados.

63:9 En hebreo *y el ángel de su presencia.*   **63:16** En hebreo *Israel.* Ver nota en 14:1.   **64:1** El versículo 64:1 corresponde al 63:19 en el texto hebreo.   **64:2** Los versículos del 64:2-12 corresponden al 64:1-11 en el texto hebreo.   **64:7** Así aparece en la versión griega, en la siríaca y en la aramea; en hebreo dice *nos derretiste.*

8 Y a pesar de todo, oh Señor, eres nuestro
    Padre;
        nosotros somos el barro y tú, el alfarero.
    Todos somos formados por tu mano.
9 No te enojes tanto con nosotros, Señor;
    por favor, no te acuerdes de nuestros
        pecados para siempre.
    Te pedimos que nos mires
        y veas que somos tu pueblo.
10 Tus ciudades santas están destruidas.
    Sión es un desierto;
        sí, Jerusalén no es más que una ruina
            desolada.
11 El templo santo y hermoso
    donde nuestros antepasados te alababan
        fue incendiado
    y todas las cosas hermosas quedaron
        destruidas.
12 Después de todo esto, Señor, ¿aún rehusarás
        ayudarnos?
    ¿Permanecerás callado y nos castigarás?

Juicio y salvación final

65 El Señor dice:

«Estaba listo para responder, pero nadie
        me pedía ayuda;
    estaba listo para dejarme encontrar, pero
        nadie me buscaba.
"¡Aquí estoy, aquí estoy!",
    dije a una nación que no invocaba mi
        nombre.*
2 Todo el día abrí mis brazos a un pueblo
        rebelde.*
    Pero ellos siguen sus malos caminos
        y sus planes torcidos.
3 Todo el día me insultan en mi propia cara
    al rendir culto a ídolos en sus huertos
        sagrados
    y al quemar incienso en altares paganos.
4 De noche andan entre las tumbas
    para rendir culto a los muertos.
Comen carne de cerdo
    y hacen guisos con otros alimentos
        prohibidos.
5 Sin embargo, se dicen unos a otros:
    "¡No te acerques demasiado, porque me
        contaminarás!
    ¡Yo soy más santo que tú!".
Ese pueblo es un hedor para mi nariz,
    un olor irritante que nunca desaparece.

6 »Miren, tengo escrito mi decreto* delante
        de mí:
    no me quedaré callado;
    les daré el pago que se merecen.
Sí, les daré su merecido;
7 tanto por sus propios pecados,
    como por los de sus antepasados
        —dice el Señor—.

También quemaron incienso en los montes
    y me insultaron en las colinas.
    ¡Les daré su merecido!

8 »Pero no los destruiré a todos
        —dice el Señor—.
Tal como se encuentran uvas buenas en un
        racimo de uvas malas
    (y alguien dice: "¡No las tires todas;
        algunas de ellas están buenas!"),
    así mismo, no destruiré a todo Israel.
Pues aún tengo verdaderos siervos allí.
9 Conservaré un remanente del pueblo de
        Israel*
    y de Judá, para que posea mi tierra.
Aquellos a quienes yo escoja la heredarán
    y mis siervos vivirán allí.
10 La llanura de Sarón se llenará nuevamente
        de rebaños
    para mi pueblo que me busca,
    y el valle de Acor será lugar de pastoreo
        para las manadas.

11 »Pero como el resto de ustedes abandonó
        al Señor
    y se olvidó de su templo,
y como preparó fiestas para honrar al dios
        de la Fortuna
    y le ofreció vino mezclado al dios del
        Destino,
12 ahora yo los "destinaré" a ustedes a la espada.
Todos ustedes se inclinarán delante del
        verdugo.
Pues cuando los llamé, ustedes no me
        respondieron;
    cuando hablé, no me escucharon.
Pecaron deliberadamente —ante mis propios
        ojos—
    y escogieron hacer lo que saben que yo
        desprecio.

13 Por lo tanto, esto dice el Señor Soberano:
«Mis siervos comerán,
    pero ustedes pasarán hambre.
Mis siervos beberán,
    pero ustedes tendrán sed.
Mis siervos se alegrarán,
    pero ustedes estarán tristes y avergonzados.
14 Mis siervos cantarán de alegría,
    pero ustedes llorarán de angustia y
        desesperación.
15 El nombre de ustedes será una maldición
        entre mi pueblo,
    porque el Señor Soberano los destruirá
    y llamará a sus verdaderos siervos por otro
        nombre.
16 Todos los que invoquen una bendición
    o hagan un juramento
    lo harán por el Dios de la verdad.
Dejaré a un lado mi enojo

65:1 O *a una nación que no llevaba mi nombre.*   **65:1-2** La versión griega dice: *Me encontró un pueblo que no me buscaba. / Me mostré a los que no preguntaban por mí. / Todo el día les extendía los brazos, / pero ellos eran desobedientes y rebeldes.* Comparar Rm 10:20-21.   **65:6** O *sus pecados están escritos;* en hebreo dice: *escrito está.*   **65:9** En hebreo *remanente de Jacob.* Ver nota en 14:1.

y olvidaré la maldad de los tiempos
pasados.
17 ¡Miren! Estoy creando cielos nuevos y una
tierra nueva,
y nadie volverá siquiera a pensar en
los anteriores.
18 Alégrense; regocíjense para siempre en mi
creación.
¡Y miren! Yo crearé una Jerusalén que será
un lugar de felicidad
y su pueblo será fuente de alegría.
19 Me gozaré por Jerusalén
y me deleitaré en mi pueblo.
Y el sonido de los llantos y los lamentos
jamás se oirá en ella.

20 »Los bebés ya no morirán a los pocos días
de haber nacido,
ni los adultos morirán antes de haber
tenido una vida plena.
Nunca más se considerará anciano a alguien
que tenga cien años;
solamente los malditos morirán tan
jóvenes.
21 En esos días, la gente habitará en las casas
que construya
y comerá del fruto de sus propios
viñedos.
22 A diferencia del pasado, los invasores no
les quitarán sus casas
ni les confiscarán sus viñedos.
Pues mi pueblo vivirá tan larga vida como
los árboles,
y mis escogidos tendrán tiempo para
disfrutar de lo adquirido con su arduo
trabajo.
23 No trabajarán en vano,
y sus hijos no estarán condenados a la
desgracia,
porque son un pueblo bendecido por el
SEÑOR,
y sus hijos también serán bendecidos.
24 Les responderé antes que me llamen.
Cuando aún estén hablando de lo que
necesiten,
¡me adelantaré y responderé a sus
oraciones!
25 El lobo y el cordero comerán juntos.
El león comerá heno, como el buey;
pero las serpientes comerán polvo.
En esos días, nadie será herido ni destruido
en mi monte santo.
¡Yo, el SEÑOR, he hablado!».

66 Esto dice el SEÑOR:

«El cielo es mi trono
y la tierra es el estrado de mis pies.
¿Podrían acaso construirme un templo tan
bueno como ese?
¿Podrían construirme un lugar de
descanso así?

2 Con mis manos hice tanto el cielo como
la tierra;
son míos, con todo lo que hay en ellos.*
¡Yo, el SEÑOR, he hablado!

»Bendeciré a los que tienen un corazón
humilde y arrepentido,
a los que tiemblan ante mi palabra.
3 Pero a los que escojan sus propios caminos
y se deleiten en sus pecados detestables,
no les aceptaré sus ofrendas.
Cuando tales personas sacrifiquen un toro,
no será más aceptable que un sacrificio
humano.
Cuando sacrifiquen un cordero,
será como si hubieran sacrificado un perro.
Cuando traigan una ofrenda de grano,
igual sería que ofrecieran sangre de cerdo.
Cuando quemen incienso,
será como si hubieran bendecido a
un ídolo.
4 Yo les enviaré grandes dificultades:
todas las cosas que ellos temían.
Cuando los llamé, no me respondieron.
Cuando les hablé, no me escucharon.
Pecaron deliberadamente ante mis
propios ojos
y escogieron hacer lo que saben que yo
desprecio».

5 Escuchen este mensaje del SEÑOR,
ustedes que tiemblan ante sus palabras:
«Su propio pueblo los odia
y los expulsa por ser leales a mi nombre.
"¡Que el SEÑOR sea honrado! —se burlan—.
¡Alégrense en él!".
Pero ellos serán avergonzados.
6 ¿Qué es ese alboroto que hay en la ciudad?
¿Qué es ese ruido tan terrible que viene
del templo?
Es la voz del SEÑOR,
vengándose de sus enemigos.

7 »Aun antes de que comenzaran los dolores
de parto,
Jerusalén dio a luz un hijo.
8 ¿Acaso alguien ha visto algo tan extraño
como esto?
¿Quién ha oído hablar de algo así?
¿Acaso ha nacido una nación en un solo día?
¿Acaso ha surgido un país en un solo
instante?
Pero para cuando le comiencen los dolores
de parto a Jerusalén,*
ya habrán nacido sus hijos.
9 ¿Llevaría yo a esta nación al punto de nacer
para después no dejar que naciera?
—pregunta el SEÑOR—.
¡No! Nunca impediría que naciera esta
nación
—dice su Dios—.

¹⁰ »¡Alégrense con Jerusalén!
　　Gócense con ella, todos ustedes que
　　　la aman
　　y ustedes que se lamentan por ella.
¹¹ Beban abundantemente de su gloria,
　　como bebe un pequeño hasta saciarse de
　　　los pechos consoladores de su madre».

¹² Esto dice el Señor:
　　«Yo le daré a Jerusalén un río de paz y de
　　　prosperidad.
　　Las riquezas de las naciones fluirán
　　　hacia ella.
　　Sus hijos se alimentarán de sus pechos,
　　serán llevados en sus brazos y sostenidos
　　　en sus piernas.
¹³ Los consolaré allí, en Jerusalén,
　　como una madre consuela a su hijo».

¹⁴ Cuando vean estas cosas, su corazón se
　　　alegrará.
　　Florecerán como la hierba.
　　Todos verán la mano de bendición del Señor
　　　sobre sus siervos,
　　y su ira contra sus enemigos.
¹⁵ Miren, el Señor viene con fuego,
　　y sus veloces carros de guerra retumban
　　　como un torbellino.
　　Él traerá castigo con la furia de su ira
　　y con el ardiente fuego de su dura
　　　represión.
¹⁶ El Señor castigará al mundo con fuego
　　y con su espada.
　　Juzgará a la tierra
　　y muchos morirán a manos de él.

¹⁷ «Los que se "consagran" y se "purifican"
en un huerto sagrado con su ídolo en el centro,
celebrando con carne de cerdo, de rata y con
otras carnes detestables, tendrán un final terrible», dice el Señor.

¹⁸ «Yo puedo ver lo que están haciendo y sé lo
que están pensando. Por eso reuniré a todas las
naciones y a todos los pueblos, y ellos verán mi
gloria. ¹⁹Realizaré una señal entre ellos y enviaré a los sobrevivientes a que lleven mi mensaje a
las naciones: a Tarsis, a los libios* y a los lidios*
(que son famosos arqueros), a Tubal y a Grecia*
y a todas las tierras más allá del mar que no han
oído de mi fama ni han visto mi gloria. Allí declararán mi gloria ante las naciones. ²⁰Ellos traerán
de regreso al remanente de sus hermanos de entre las naciones y los llevarán a mi monte santo
en Jerusalén, como ofrenda al Señor. Irán a caballo, en carros de guerra, en carretas, en mulas
y en camellos —dice el Señor—; ²¹y nombraré a
algunos de ellos para que sean mis sacerdotes y
levitas. ¡Yo, el Señor, he hablado!

²² »Tan cierto como que mis cielos nuevos y mi
　　　tierra nueva permanecerán,
　　así también ustedes serán mi pueblo para
　　　siempre,
　　con un nombre que nunca desaparecerá
　　　—dice el Señor—.
²³ Toda la humanidad vendrá a adorarme
　　　semana tras semana
　　y mes tras mes.
²⁴ Y cuando salgan, verán
　　　los cadáveres de los que se han rebelado
　　　contra mí.
　　Los gusanos que los devoran nunca morirán,
　　y el fuego que los quema nunca se apagará.
　　Todos los que pasen por allí
　　　se llenarán de horror absoluto».

66:19a Así aparece en algunos manuscritos griegos que dicen *Fut* (es decir, *Libia*); en hebreo dice *Pul*.　66:19b En hebreo *Lud*.
66:19c En hebreo *Javán*.

Jeremías

1 Estas son las palabras de Jeremías, hijo de Hilcías, uno de los sacerdotes de Anatot, ciudad de la tierra de Benjamín. ²El SEÑOR le dio mensajes a Jeremías por primera vez durante el año trece del reinado de Josías, hijo de Amón, rey de Judá.* ³Los mensajes del SEÑOR continuaron durante el reinado de Joacim, hijo de Josías, hasta el año once del reinado de Sedequías, otro de los hijos de Josías. En agosto* de ese año once, la gente de Jerusalén fue llevada cautiva.

El llamado de Jeremías y las primeras visiones

⁴El SEÑOR me dio el siguiente mensaje:

⁵ —Te conocía aun antes de haberte formado en el vientre de tu madre;
antes de que nacieras, te aparté
y te nombré mi profeta a las naciones.

⁶ —Oh SEÑOR Soberano —respondí—. ¡No puedo hablar por ti! ¡Soy demasiado joven!

⁷ —No digas: "Soy demasiado joven" —me contestó el SEÑOR—, porque debes ir dondequiera que te mande y decir todo lo que te diga. ⁸No le tengas miedo a la gente, porque estaré contigo y te protegeré. ¡Yo, el SEÑOR, he hablado!

⁹Luego el SEÑOR extendió su mano, tocó mi boca y dijo:

«¡Mira, he puesto mis palabras en tu boca!
¹⁰ Hoy te doy autoridad
para que hagas frente a naciones y reinos.
A algunos deberás desarraigar, derribar,
destruir y derrocar;
a otros deberás edificar
y plantar».

¹¹Después el SEÑOR me dijo:

—¡Observa, Jeremías! ¿Qué es lo que ves?

—Veo una rama de almendro —contesté.

¹² —Así es —dijo el SEÑOR—, y eso significa que yo estoy vigilando* y ciertamente llevaré a cabo todos mis planes.

¹³Después el SEÑOR me habló nuevamente.

—¿Qué es lo que ves ahora? —me preguntó.

—Veo una olla de agua hirviendo que se derrama desde el norte —contesté.

¹⁴ —Sí —dijo el SEÑOR—, porque el terror del norte hervirá y se derramará sobre la gente de esta tierra. ¹⁵¡Escucha! Estoy llamando a los ejércitos de los reinos del norte para que vengan a Jerusalén. ¡Yo, el SEÑOR, he hablado!

»Establecerán sus tronos
a las puertas de la ciudad;
atacarán los muros de Jerusalén
y a todas las demás ciudades de Judá.
¹⁶ Pronunciaré juicio
contra mi pueblo a causa de toda su maldad,
por haberme abandonado y por quemar
incienso a otros dioses.
¡Sí, ellos rinden culto a ídolos que hicieron
con sus propias manos!

¹⁷ »Levántate y prepárate para entrar en acción.
Ve y diles todo lo que te ordene decir.
No les tengas miedo,
sino haré que parezcas un necio delante de ellos.
¹⁸ Mira, hoy te he hecho fuerte,
como ciudad fortificada que no se puede conquistar,
como columna de hierro o pared de bronce.
Te enfrentarás contra toda esta tierra:
contra los reyes, los funcionarios, los sacerdotes y el pueblo de Judá.
¹⁹ Ellos pelearán contra ti, pero fracasarán,
porque yo estoy contigo y te protegeré.
¡Yo, el SEÑOR, he hablado!

El SEÑOR acusa a su pueblo

2 El SEÑOR me dio otro mensaje y me dijo: ²«Ve y anuncia a gritos este mensaje a Jerusalén. Esto dice el SEÑOR:

»Recuerdo qué ansiosa estabas por complacerme
cuando eras una joven recién casada,
cómo me amabas y me seguías
aun a través de lugares desolados.

1:2 El año trece del reinado de Josías fue el 627 a. C. 1:3 En hebreo *en el quinto mes*, del antiguo calendario lunar hebreo. Varios sucesos del libro de Jeremías pueden corroborarse con las fechas que aparecen en los registros babilónicos que se han conservado y pueden relacionarse de manera precisa con nuestro calendario moderno. El quinto mes del año once del reinado de Sedequías cayó entre los meses de agosto y septiembre del 586 a. C. Ver también 52:12 y la nota al pie de página. 1:12 La palabra hebrea traducida «vigilando» (*shoqed*) suena como la palabra hebrea para «almendro» (*shaqed*) del versículo 11.

³ En esos días Israel estaba consagrado
al Señor,
era el primero de sus hijos.*
Todos los que lastimaron a su pueblo fueron
declarados culpables,
y sobre ellos cayó la calamidad.
¡Yo, el Señor, he hablado!».

⁴¡Escuchen la palabra del Señor, pueblo de
Jacob, todas las familias de Israel! ⁵Esto dice el
Señor:

«¿Qué mal encontraron en mí sus
antepasados
que los llevó a alejarse tanto de mi lado?
Rindieron culto a ídolos inútiles
y ellos mismos se volvieron inútiles.
⁶ No preguntaron: "¿Dónde está el Señor
que nos sacó a salvo de Egipto
y nos guió a través del árido desierto,
por una tierra desolada y llena de hoyos,
una tierra de sequía y muerte,
donde no vive ni viaja nadie?".

⁷ »Cuando los traje a una tierra fértil
para que disfrutaran de sus bienes y
de su abundancia,
contaminaron mi tierra y
corrompieron la posesión que le había
prometido.
⁸ Los sacerdotes no preguntaron:
"¿Dónde está el Señor?".
Aquellos que enseñaron mi palabra me
ignoraron,
los gobernantes se volvieron en mi contra,
y los profetas hablaron en nombre de Baal,
perdiendo su tiempo con ídolos inútiles.
⁹ Por lo tanto, presentaré mi acusación en
su contra,
—dice el Señor—.
Aun presentaré cargos contra los hijos de
sus hijos
en los años venideros.

¹⁰ »Vayan al occidente y miren en la tierra
de Chipre;*
vayan al oriente y busquen en la tierra
de Cedar.
¿Acaso alguien ha oído algo
tan extraño como esto?
¹¹ ¿Alguna vez una nación ha cambiado sus
dioses por otros,
aun cuando no son dioses en absoluto?
¡Sin embargo, mi pueblo ha cambiado a su
glorioso Dios*
por ídolos inútiles!
¹² Los cielos están espantados ante semejante
cosa
y retroceden horrorizados y consternados
—dice el Señor—.
¹³ Pues mi pueblo ha cometido dos maldades:
me ha abandonado a mí

—la fuente de agua viva—
y ha cavado para sí cisternas rotas
¡que jamás pueden retener el agua!

Los resultados del pecado de Israel

¹⁴ »¿Por qué Israel se ha convertido en esclavo?
¿Por qué se lo han llevado como botín?
¹⁵ Leones fuertes rugieron contra él,
y la tierra ha sido destruida.
Ahora las ciudades están en ruinas,
ya nadie vive en ellas.
¹⁶ Los egipcios, en pie de guerra, llegaron desde
sus ciudades de Menfis* y Tafnes,
han destruido la gloria y el poder de Israel.
¹⁷ Tú mismo te has buscado esta desgracia
al rebelarte contra el Señor tu Dios,
¡aun cuando él te guiaba por el camino!

¹⁸ »¿Qué provecho has sacado de tus alianzas
con Egipto
y de tus pactos con Asiria?
¿En qué te beneficias las corrientes del Nilo*
o las aguas del río Éufrates?*
¹⁹ Tu perversidad traerá su propio castigo.
El haberte alejado de mí te avergonzará.
Verás qué malo y amargo es
abandonar al Señor tu Dios y no temerle.
¡Yo, el Señor, el Señor de los Ejércitos
Celestiales, he hablado!

²⁰ »Hace tiempo rompí el yugo que te oprimía
y arranqué las cadenas de tu esclavitud,
pero aun así dijiste:
"No te serviré".
Sobre cada colina y debajo de todo árbol
frondoso
te has prostituido inclinándote ante ídolos.
²¹ Pero fui yo el que te planté,
al escoger una vid del más puro origen,
lo mejor de lo mejor.
¿Cómo te transformaste en esta vid
corrupta y silvestre?
²² Por más jabón o lejía que te pongas no puedes
limpiarte.
Aún puedo ver la mancha de tu culpa.
¡Yo, el Señor Soberano, he hablado!

Israel, una esposa infiel

²³ »Tú dices: "¡Esto no es cierto!
¡No he rendido culto a las imágenes
de Baal!".
¿Pero cómo puedes decir semejante cosa?
¡Ve y mira lo que hay en cualquier valle
de la tierra!
Reconoce los espantosos pecados que has
cometido.
Eres como una camella inquieta,
buscando un macho con desesperación.
²⁴ Eres como una burra salvaje,
olfateando el viento en época de
apareamiento.

2:3 En hebreo *las primicias de su cosecha.* 2:10 En hebreo *Quitim.* 2:11 En hebreo *su gloria.* 2:16 En hebreo *Nof.* 2:18a En
hebreo *de Shijor,* un brazo del río Nilo. 2:18b En hebreo *del río?*

¿Quién puede contenerla de su celo?
¡Los que la desean no necesitan buscar
demasiado,
porque es ella quien corre hacia ellos!
25 ¿Cuándo dejarás de correr?
¿Cuándo desistirás de jadear tras otros
dioses?
Pero tú dices: "Ahórrate tus palabras.
¡Estoy enamorada de estos dioses ajenos,
y no puedo dejar de amarlos!".

26 »Israel es como un ladrón
que se avergüenza solo cuando lo
descubren,
al igual que sus reyes, funcionarios,
sacerdotes y profetas.
27 A una imagen tallada en un trozo de madera
le dicen:
"Tú eres mi padre".
A un ídolo esculpido en un bloque de piedra
le dicen:
"Tú eres mi madre".
Me dan la espalda,
pero durante tiempos difíciles me suplican:
"¡Ven y sálvanos!".
28 Pero ¿por qué no invocas a esos dioses que
has fabricado?
Cuando lleguen los problemas, ¡que ellos
te salven si pueden!
Pues tú tienes tantos dioses
como ciudades hay en Judá.
29 ¿Por qué me acusas de hacer el mal?
Ustedes son los que se han rebelado
—dice el SEÑOR—.
30 He castigado a tus hijos,
pero no respondieron a mi disciplina.
Tú mismo mataste a tus profetas
como un león mata a su presa.

31 »¡Oh pueblo mío, presta atención a las
palabras del SEÑOR!
¿Acaso he sido como un desierto para
Israel?
¿Acaso le he sido una tierra de tinieblas?
Entonces díganme por qué mi pueblo declara:
"¡Por fin nos hemos librado de Dios!
¡No lo necesitamos más!".
32 ¿Se olvida una joven de sus joyas?
¿Esconde una recién casada su vestido
de bodas?
Aun así, año tras año
mi pueblo se ha olvidado de mí.

33 »¡Cómo maquinas y tramas para ganarte a
tus amantes!
¡Hasta una prostituta veterana podría
aprender de ti!
34 Tus vestidos están manchados con la sangre
de los inocentes y de los pobres,
¡aunque no los sorprendiste robando
tu casa!
35 Aun así dices:
"No he hecho nada malo.

¡Seguro que Dios no está enojado
conmigo!";
pero ahora te castigaré severamente
porque afirmas no haber pecado.
36 Primero acá, después allá,
saltas de un aliado a otro pidiendo ayuda.
Pero tus nuevos amigos de Egipto te fallarán,
tal como Asiria lo hizo antes.
37 Desesperado, serás llevado al destierro
con las manos en la cabeza,
porque el SEÑOR ha rechazado a las naciones
en las cuales confías.
Ellas no te ayudarán en absoluto.

3 1 »Si un hombre se divorcia de su esposa,
y ella se casa con otro,
él nunca la recibirá de nuevo,
porque eso sin duda corrompería la tierra.
Pero tú te has prostituido con muchos
amantes,
entonces, ¿por qué tratas de volver a mí?
—dice el SEÑOR—.
2 Fíjate en los santuarios que hay en cada
cumbre.
¿Hay algún lugar que no haya sido
profanado
por tu adulterio con otros dioses?
Te sientas junto al camino como una
prostituta en espera de un cliente.
Te sientas sola, como un nómada en el
desierto.
Contaminaste la tierra con tu prostitución
y tu perversidad.
3 Por eso incluso han faltado las lluvias de
primavera.
Pues eres una prostituta descarada y
totalmente desvergonzada.
4 Aun así me dices:
"Padre, tú has sido mi guía desde mi
juventud.
5 ¡Seguro que no estarás enojado para siempre!
¡Sin duda puedes olvidar lo que he
hecho!".
Hablas de esta manera,
pero sigues haciendo todo el mal posible».

Judá sigue el ejemplo de Israel

6 Durante el reinado de Josías, el SEÑOR me dijo: «¿Te has dado cuenta de lo que ha hecho la caprichosa Israel? Como una esposa que comete adulterio, Israel ha rendido culto a otros dioses en cada colina y debajo de todo árbol frondoso. 7 Yo pensaba: "Después de haber hecho todo esto regresará a mí"; pero no lo hizo, y su desleal hermana Judá lo observó. 8 Vio que me divorcié de la infiel Israel debido a su adulterio; pero Judá, esa hermana traicionera, no tuvo temor, y ahora ella también me ha dejado y se ha entregado a la prostitución. 9 Israel no lo tomó en serio y no le parece nada fuera de lo común cometer adulterio al rendir culto a ídolos hechos de madera y de piedra. Así que ahora la tierra se ha corrompido.

¹⁰Sin embargo, a pesar de esto, su infiel hermana Judá nunca ha vuelto a mí de corazón, solo fingió estar apenada. ¡Yo, el Señor, he hablado!».

Esperanza para la rebelde Israel

¹¹Luego el Señor me dijo: «¡Hasta la infiel Israel es menos culpable que la traidora Judá! ¹²Por lo tanto, ve y dale este mensaje a Israel.* Esto dice el Señor:

»"Oh Israel, mi pueblo infiel,
regresa otra vez a mí,
porque yo soy misericordioso.
No estaré enojado contigo para siempre.
¹³ Solo reconoce tu culpa;
admite que te has rebelado contra el
Señor tu Dios
y que cometiste adulterio contra él
al rendir culto a ídolos debajo de todo
árbol frondoso.
Confiesa que rehusaste oír mi voz.
¡Yo, el Señor, he hablado!

¹⁴ »"Regresen a casa, ustedes, hijos descarriados
—dice el Señor—,
porque yo soy su amo.
Los traeré de regreso a la tierra de Israel,*
uno de esta ciudad y dos de aquella familia,
de todo lugar donde estén esparcidos.
¹⁵ Y les daré pastores conforme a mi propio
corazón,
que los guiarán con conocimiento y
entendimiento.

¹⁶»"Cuando una vez más la tierra se llene de gente —dice el Señor—, ya no desearán más 'los viejos tiempos' cuando poseían el arca del pacto del Señor. No extrañarán aquellos días, ni siquiera los recordarán y no habrá necesidad de reconstruir el arca. ¹⁷En aquel día, Jerusalén será conocida como 'el Trono del Señor'. Todas las naciones acudirán a Jerusalén para honrar al Señor. Ya no seguirán tercamente sus propios malos deseos. ¹⁸En aquellos días la gente de Judá y la gente de Israel volverán juntas del destierro del norte. Regresarán a la tierra que les di a sus antepasados como herencia perpetua.

¹⁹ »Me dije a mí mismo:
'¡Cómo quisiera tratarlos como a mis
propios hijos!'.
Solo quería darles esta hermosa tierra,
la posesión más maravillosa del mundo.
Esperaba con anhelo que me llamaran 'Padre',
y quise que nunca se alejaran de mí.
²⁰ Sin embargo, me fuiste infiel, ¡pueblo de Israel!
Has sido como una esposa infiel que
deja a su marido.
Yo, el Señor, he hablado"».

²¹ Se escuchan voces en las alturas de las
montañas desoladas,
el llanto y las súplicas del pueblo de Israel.

Pues han escogido caminos torcidos
y se han olvidado del Señor su Dios.

²² «Vuelvan a mí, hijos descarriados —dice
el Señor—,
y les sanaré el corazón extraviado».

«Sí, ya vamos —responde el pueblo—,
porque tú eres el Señor nuestro Dios.
²³ Nuestro culto a ídolos en las colinas
y nuestras orgías religiosas en las montañas
son una falsa ilusión.
Solo en el Señor nuestro Dios
encontrará Israel salvación.
²⁴ Desde la niñez hemos visto
cómo todo aquello por lo que trabajaron
nuestros antepasados
—sus ganados y rebaños, sus hijos e hijas—
se despilfarraba en una falsa ilusión.
²⁵ Echémonos al suelo llenos de vergüenza
y cubiertos de deshonra,
porque tanto nosotros como nuestros
antepasados hemos pecado
contra el Señor nuestro Dios.
Desde la niñez hasta el día de hoy
nunca lo hemos obedecido».

4 ¹ «¡Oh, Israel! —dice el Señor—,
si quisieras, podrías volver a mí.
Podrías desechar tus ídolos detestables
y no alejarte nunca más.
² Después, cuando jures por mi nombre
diciendo:
"Tan cierto como que el Señor vive",
lo podrías hacer
con verdad, justicia y rectitud.
Entonces serías una bendición a las naciones
del mundo,
y todos los pueblos vendrían y alabarían
mi nombre».

Se acerca el juicio a Judá

³Esto dice el Señor a la gente de Judá y de Jerusalén:

«¡Pasen el arado por el terreno endurecido
de sus corazones!
No desperdicien la buena semilla entre
los espinos.
⁴ Oh, habitantes de Judá y de Jerusalén
renuncien a su orgullo y a su poder.
Cambien la actitud del corazón ante el
Señor,*
o mi enojo arderá como fuego insaciable
debido a todos sus pecados.

⁵ »¡Griten a la gente de Judá y proclamen a
los de Jerusalén!
Díganles que toquen alarma en toda la
tierra:
"¡Corran y salven sus vidas!
¡Huyan a las ciudades fortificadas!".

3:12 En hebreo *hacia el norte.*   3:14 En hebreo *a Sión.*   4:4 En hebreo *Circuncídense para el Señor y quiten el prepucio del corazón.*

⁶ Levanten una bandera de señales como una
   advertencia para Jerusalén:*
      "¡Huyan de inmediato! ¡No se demoren!".
   Pues desde el norte traigo una
      terrible destrucción sobre ustedes».

⁷ Desde su guarida un león acecha,
      un destructor de naciones.
   Ha salido de su guarida y se dirige hacia
      ustedes.
      ¡Arrasará su tierra!
   Sus ciudades quedarán en ruinas,
      y ya nadie vivirá en ellas,

⁸ Así que póngase ropa de luto
   y lloren con el corazón destrozado,
   porque la ira feroz del Señor
      todavía está sobre nosotros.

⁹ «En aquel día —dice el Señor—,
   el rey y los funcionarios temblarán
      de miedo.
   Los sacerdotes quedarán paralizados
      de terror y los profetas, horrorizados».

¹⁰ Entonces dije: «Oh Señor Soberano,
   el pueblo ha sido engañado por lo
      que dijiste,
   porque prometiste paz para Jerusalén.
   ¡Sin embargo, la espada está en su cuello!».

¹¹ Se acerca la hora en que el Señor dirá
      a la gente de Jerusalén:
   «Mi querido pueblo, desde el desierto sopla
      un viento abrasador,
   y no la brisa suave que se usa para separar
      la paja del grano.

¹² ¡Es una ráfaga estrepitosa que yo envié!
   ¡Ahora pronuncio la destrucción contra ti!».

¹³ ¡Nuestro enemigo avanza hacia nosotros
      como nubarrones!
   Sus carros de guerra son como torbellinos;
   sus caballos son más veloces que las águilas.
   ¡Qué horrible será, pues estamos
      condenados!

¹⁴ Oh Jerusalén, limpia tu corazón
      para que seas salvada.
   ¿Hasta cuándo guardarás
      tus malos pensamientos?

¹⁵ Tu destrucción ya se anunció
   desde Dan y la zona montañosa
      de Efraín.

¹⁶ «Adviertan a las naciones vecinas
      y anuncien esto a Jerusalén:
   "El enemigo viene desde una tierra lejana,
      dando gritos de guerra contra las ciudades
      de Judá.

¹⁷ Rodean a Jerusalén como guardianes
      alrededor de un campo
   porque mi pueblo se rebeló contra mí
      —dice el Señor—.

¹⁸ Tus propios hechos han traído todo esto
      sobre ti.

Este castigo es amargo, ¡te penetra hasta
   el corazón!"».

Jeremías llora por su pueblo

¹⁹ ¡Mi corazón, mi corazón, me retuerzo de
      dolor!
   ¡Mi corazón retumba dentro de mí! No
      puedo quedarme quieto.
   Pues he escuchado el sonar de las trompetas
      enemigas
   y el bramido de sus gritos de guerra.

²⁰ Olas de destrucción cubren la tierra,
      hasta dejarla en completa desolación.
   Súbitamente mis carpas son destruidas;
      de repente mis refugios son demolidos.

²¹ ¿Hasta cuándo tendré que ver las banderas
      de combate
   y oír el toque de trompetas de guerra?

²² «Mi pueblo es necio
      y no me conoce —dice el Señor—.
   Son hijos tontos,
      sin entendimiento.
   Son lo suficientemente listos para hacer
      lo malo,
   ¡pero no tienen ni idea de cómo hacer
      lo correcto!».

*La visión de Jeremías acerca del desastre
que se aproxima*

²³ Miré a la tierra y estaba vacía y no tenía forma;
      miré a los cielos y no había luz.

²⁴ Miré a las montañas y colinas
      que temblaban y se agitaban.

²⁵ Miré y toda la gente se había ido;
      todos los pájaros del cielo se habían volado.

²⁶ Miré y los terrenos fértiles se habían
      convertido en desiertos;
   las ciudades estaban en ruinas,
      destruidas por la ira feroz del Señor.

²⁷ Esto dice el Señor:
   «La tierra entera será arrasada,
      pero no la destruiré por completo.

²⁸ La tierra estará de luto
      y los cielos serán tapizados de negro
   a causa de la sentencia que pronuncié contra
      mi pueblo.
   Lo he decidido y no lo cambiaré».

²⁹ Al oír el ruido de los carros de guerra y los
      arqueros,
   la gente huye aterrorizada.
   Ellos se esconden en los matorrales
      y corren a las montañas.
   Todas las ciudades han sido abandonadas,
      ¡no queda nadie en ellas!

³⁰ ¿Qué es lo que haces,
      tú que has sido saqueado?
   ¿Por qué te vistes de ropas hermosas
      y te pones joyas de oro?
   ¿Por qué te resaltas los ojos con rímel?

4:6 En hebreo *Sión.*

¡Arreglarte así de nada te servirá!
Los aliados que fueron tus amantes
te desprecian y buscan tu muerte.

³¹ Oigo gritos, como los de una mujer que está de parto,
los gemidos de una mujer dando a luz a su primer hijo.
Es la bella Jerusalén,*
que respira con dificultad y grita:
«¡Socorro! ¡Me están matando!».

Los pecados de Judá

5 ¹ «Corran por todas las calles de Jerusalén
—dice el Señor—,
busquen arriba y abajo, ¡busquen por toda la ciudad!
Si encuentran aunque sea a una sola persona justa y honrada
no destruiré la ciudad.
² Pero aun cuando están bajo juramento
diciendo: "Tan cierto como que el Señor vive",
¡todos siguen mintiendo!».

³ Señor, tú estás buscando la honradez.
Golpeaste a tu pueblo,
pero no prestó atención.
Los has aplastado,
pero se negaron a ser corregidos.
Son tercos, de caras duras como piedra;
rehusaron arrepentirse.

⁴ Entonces dije: «¿Pero qué podemos esperar de los pobres?
Son unos ignorantes.
No conocen los caminos del Señor
ni entienden las leyes divinas.
⁵ Así que iré y hablaré a sus líderes.
Sin duda ellos conocen los caminos del Señor
y entienden las leyes de Dios».
Pero los líderes también, como un solo hombre,
se habían librado del yugo de Dios
y roto las cadenas.
⁶ Entonces ahora un león de la selva los atacará;
un lobo del desierto se les echará encima.
Un leopardo acechará cerca de sus ciudades,
y hará trizas a quien se atreva a salir.
Pues grande es la rebelión de ellos
y muchos son sus pecados.

⁷ «¿Cómo puedo perdonarte?
Pues aun tus hijos se han alejado de mí.
¡Ellos juraron por dioses que no son dioses en absoluto!
Alimenté a mi pueblo hasta que estuvo satisfecho;
pero su manera de darme las gracias fue
cometer adulterio
y hacer fila en los prostíbulos.

⁸ Son vigorosos sementales, bien alimentados,
cada uno relinchando por la mujer de su prójimo.
⁹ ¿No habría de castigarlos por esto? —dice el Señor—.
¿No habría de vengarme contra semejante nación?

¹⁰ »Vayan por las hileras de los viñedos y destruyan las vides
pero dejen algunas con vida.
Arranquen los sarmientos de las vides,
porque esta gente no pertenece al Señor.
¹¹ Los pueblos de Israel y Judá
están llenos de traición contra mí
—dice el Señor—.
¹² Mintieron acerca del Señor y dijeron:
"¡Él no nos molestará!
Ningún desastre vendrá sobre nosotros;
no habrá guerra ni hambre.
¹³ Todos los profetas de Dios son pura palabrería;
en realidad no hablan de parte de él.
¡Que caigan sobre ellos mismos sus predicciones de desastre!"».

¹⁴ Por lo tanto, esto dice el Señor Dios de los Ejércitos Celestiales:

«Debido a que mi pueblo habla de esta manera,
mis mensajes saldrán de tu boca como llamas de fuego
y quemarán al pueblo como si fuera leña.
¹⁵ Oh Israel, traeré una nación lejana contra ti,
—dice el Señor—.
Es una nación poderosa,
una nación antigua,
un pueblo cuyo idioma desconoces,
cuya forma de hablar no entiendes.
¹⁶ Sus armas son mortíferas;
sus guerreros, poderosos.
¹⁷ Devorarán la comida de tu cosecha;
devorarán a tus hijos e hijas.
Devorarán tus rebaños y manadas;
devorarán tus uvas y tus higueras.
Y destruirán tus ciudades fortificadas
que consideras tan seguras.

¹⁸ »Sin embargo, aun en esos días, no te eliminaré por completo —dice el Señor—. ¹⁹ Y cuando tu pueblo pregunte: "¿Por qué el Señor nuestro Dios nos hizo todo esto?", debes contestar: "Ustedes lo rechazaron y se entregaron a dioses extranjeros en su propia tierra. Ahora servirán a extranjeros en una tierra que a ustedes no les pertenece".

Advertencia al pueblo de Dios

²⁰ »Anuncien esto a Israel,*
y díganselo a Judá:

4:31 En hebreo *la hija de Sión.* **5:20** En hebreo *a la casa de Jacob.* Los nombres «Jacob» e «Israel» a menudo son intercambiables en el Antiguo Testamento. Algunas veces hacen referencia al patriarca como individuo y otras veces a la nación.

²¹ "Escucha, gente necia y sin sentido común,
   que tiene ojos que no ven,
   y oídos que no oyen.
²² ¿No me tienes respeto?
   ¿Por qué no tiemblas en mi presencia?
Yo, el SEÑOR, con la arena defino el límite
   del océano
como frontera eterna que las aguas no
   pueden cruzar.
Las olas pueden agitarse y rugir,
   pero nunca podrán pasar los límites que
   establecí.
²³ Sin embargo, mi pueblo tiene el corazón terco
   y rebelde;
   se alejó y me abandonó.
²⁴ No dicen de corazón:
   "Vivamos con temor reverente ante el
   SEÑOR nuestro Dios,
porque nos da la lluvia cada primavera y
   otoño,
   asegurándonos una cosecha en el tiempo
   apropiado".
²⁵ Su maldad les ha privado de estas maravillosas
   bendiciones;
   su pecado les ha robado todas estas cosas
   buenas.

²⁶ »Hay hombres perversos entre mi pueblo
   que están al acecho de víctimas, como un
   cazador oculto en su escondite.
Continuamente ponen trampas
   para atrapar a la gente.
²⁷ Como una jaula llena de pájaros
   sus casas están llenas de planes siniestros.
   Ahora son poderosos y ricos.
²⁸ Están gordos y con aspecto saludable,
   y sus obras de maldad no tienen límite.
Rehúsan dar justicia al huérfano
   y le niegan los derechos al pobre.
²⁹ ¿No habría de castigarlos por esto? —dice
   el SEÑOR—.
   ¿No habría de vengarme de semejante
   nación?
³⁰ Algo terrible y espantoso
   ha sucedido en este país:
³¹ los profetas dan profecías falsas,
   y los sacerdotes gobiernan con mano
   de hierro.
Peor todavía, ¡a mi pueblo le encanta que
   sea así!
   Ahora bien, ¿qué harán ustedes cuando
   todo esto llegue a su fin?

Advertencia final a Jerusalén

6 ¹ »¡Corran y salven sus vidas, habitantes
   de Benjamín!
   ¡Salgan de Jerusalén!
¡Toquen alarma en Tecoa!
   ¡Levanten señales en Bet-haquerem!
Un ejército poderoso viene del norte
   y trae calamidad y destrucción.

² Oh Jerusalén,* tú eres mi hija hermosa y
   delicada,
   ¡pero te destruiré!
³ Los enemigos te rodearán como pastores
   que acampan alrededor de la ciudad.
Cada uno escoge un lugar para que su
   tropa devore.
⁴ Ellos gritan: "¡Prepárense para la batalla!
   ¡Ataquen a mediodía!".
   "No, ya es muy tarde; el día se acaba,
   y caen las sombras de la noche".
⁵ "¡Entonces, ataquemos de noche
   y destruyamos sus palacios!"».

⁶ El SEÑOR de los Ejércitos Celestiales dice:
«Corten árboles para usarlos como arietes;
   construyan rampas de asalto contra las
   murallas de Jerusalén.
Esta es la ciudad que debe ser castigada,
   porque es perversa hasta más no poder.
⁷ De ella brota la maldad como de una
   fuente.
Sus calles resuenan con violencia y
   destrucción.
Siempre veo sus enfermedades y heridas.
⁸ Oye esta advertencia, Jerusalén,
   o me alejaré de ti indignado.
Escucha o te convertiré en un montón de
   escombros,
   una tierra donde no vive nadie».

⁹ El SEÑOR de los Ejércitos Celestiales dice:
«Aun los pocos que permanezcan en Israel
   serán nuevamente recogidos,
como cuando el que cosecha revisa cada vid
   por segunda vez
   para recoger las uvas que no se cortaron».

La rebelión constante de Judá

¹⁰ ¿A quién puedo advertir?
   ¿Quién escuchará cuando yo hable?
Tienen sordos los oídos
   y no pueden oír.
Ellos desprecian la palabra del SEÑOR.
   No quieren escuchar para nada.
¹¹ Por eso ahora estoy lleno de la furia
   del SEÑOR.
   ¡Sí, estoy cansado de contenerla!

«Derramaré mi furia sobre los niños que
   juegan en las calles
   y sobre las reuniones de jóvenes,
sobre esposos y esposas
   y sobre los que son viejos y canosos.
¹² Sus casas serán dadas a los enemigos,
   al igual que sus campos y sus esposas
porque levantaré mi puño poderoso
   contra la gente de esta tierra
   —dice el SEÑOR—.
¹³ Desde el menos importante hasta el más
   importante,
   sus vidas están dominadas por la avaricia.

6:2 En hebreo *hija de Sión.*

Desde los profetas hasta los sacerdotes,
todos son unos farsantes.
¹⁴ Ofrecen curas superficiales
para la herida mortal de mi pueblo.
Dan garantías de paz
cuando no hay paz.
¹⁵ ¿Se avergüenzan de sus actos repugnantes?
De ninguna manera, ¡ni siquiera saben lo
que es sonrojarse!
Por lo tanto, estarán entre los caídos en la
matanza;
serán derribados cuando los castigue»,
dice el SEÑOR.

Judá rechaza el camino del SEÑOR

¹⁶ Esto dice el SEÑOR:
«Deténganse en el cruce y miren a su
alrededor;
pregunten por el camino antiguo, el camino
justo, y anden en él.
Vayan por esa senda y encontrarán descanso
para el alma.
Pero ustedes responden: "¡No, ese no es el
camino que queremos!".
¹⁷ Puse centinelas sobre ustedes, que dijeron:
"Estén atentos al sonido de alarma".
Pero ustedes respondieron:
"¡No! ¡No prestaremos atención!".

¹⁸ »Por lo tanto, naciones, escuchen esto;
tomen nota de la situación de mi pueblo.
¹⁹ ¡Escucha, toda la tierra!
Traeré desastre sobre mi pueblo.
Es el fruto de sus propias intrigas,
porque se niegan a escucharme;
han rechazado mi palabra.
²⁰ Es inútil ofrecerme el incienso dulce de Saba.
¡Guárdense su cálamo aromático
importado de tierras lejanas!
No aceptaré sus ofrendas quemadas;
sus sacrificios no tienen ningún aroma
agradable para mí».

²¹ Por lo tanto, esto dice el SEÑOR:
«Pondré obstáculos en el camino de mi
pueblo.
Padres e hijos tropezarán contra ellos.
Vecinos y amigos morirán juntos».

Invasión desde el norte

²² Esto dice el SEÑOR:
«¡Miren! ¡Un gran ejército viene del norte!
Desde tierras lejanas se levanta contra ti
una gran nación.
²³ Están armados con arcos y lanzas;
son crueles y no perdonan a nadie.
Cuando avanzan montados a caballo
se oyen como el rugido del mar.
Vienen en formación de batalla,
con planes de destruirte, hermosa
Jerusalén*».

²⁴ Hemos oído informes acerca del enemigo
y las manos nos tiemblan de miedo.
Punzadas de angustia se han apoderado de
nosotros,
como las de la mujer que está en trabajo
de parto.
²⁵ ¡No salgan a los campos!
¡No viajen por los caminos!
¡La espada del enemigo está por todos lados,
y nos aterroriza a cada paso!
²⁶ Oh, pueblo mío, vístete de tela áspera
y siéntate entre las cenizas.
Lamentate y llora amargamente, como el que
pierde a un hijo único.
¡Pues los ejércitos destructores caerán de
sorpresa sobre ti!

²⁷ «Jeremías, te he hecho probador de metales,*
para que puedas determinar la calidad de
mi pueblo.
²⁸ Ellos son rebeldes de la peor clase,
llenos de calumnia.
Son tan duros como el bronce y el hierro
y llevan a otros a la corrupción.
²⁹ Los fuelles soplan las llamas con furor
para quemar la corrupción.
Pero no los purifica,
ya que su perversidad permanece.
³⁰ Los marcaré: "plata rechazada",
porque yo, el SEÑOR, los desecho».

Jeremías habla en el templo

7 El SEÑOR le dio otro mensaje a Jeremías
diciendo: ²«Vete a la entrada del templo
del SEÑOR y dale el siguiente mensaje al pueblo: "Oh Judá, ¡escucha este mensaje del SEÑOR!
¡Escúchenlo, todos ustedes que aquí adoran
al SEÑOR! ³Esto dice el SEÑOR de los Ejércitos
Celestiales, Dios de Israel:

»"Incluso ahora, si abandonan sus malos
caminos les permitiré quedarse en su propia
tierra; ⁴pero no se dejen engañar por los que les
prometen seguridad simplemente porque aquí
está el templo del SEÑOR. Ellos repiten: '¡El templo del SEÑOR está aquí! ¡El templo del SEÑOR
está aquí!'. ⁵Pero seré misericordioso únicamente si abandonan sus malos pensamientos y sus
malas acciones, y comienzan a tratarse el uno al
otro con justicia; ⁶si dejan de explotar a los extranjeros, a los huérfanos y a las viudas; si dejan
de asesinar; y si dejan de dañarse ustedes mismos al rendir culto a los ídolos. ⁷Entonces, les
permitiré quedarse en esta tierra que les di a sus
antepasados para siempre.

⁸»"No se dejen engañar ni crean que nunca
tendrán que sufrir porque el templo está aquí.
¡Es una mentira! ⁹¿De verdad piensan que pueden robar, matar, cometer adulterio, mentir y
quemar incienso a Baal y a los otros nuevos dioses que tienen, ¹⁰y luego venir y presentarse
delante de mí en mi templo a repetir: ¡Estamos

6:23 En hebreo *hija de Sión.*   **6:27** Así aparece en la versión griega; en hebreo dice *probador de mi pueblo una fortaleza.*

a salvo!', solo para irse a cometer nuevamente todas las mismas maldades? ¹¹¿No reconocen ustedes mismos que este templo, que lleva mi nombre, se ha convertido en una cueva de ladrones? Les aseguro que veo todo el mal que ocurre allí. ¡Yo, el Señor, he hablado!

¹²»Ahora vayan a Silo, al lugar donde puse antes mi tabernáculo que llevaba mi nombre. Vean lo que hice allí debido a toda la perversidad de mi pueblo, los israelitas. ¹³Cuando ustedes cometían estas perversidades, dice el Señor, yo les hablé de ello repetidas veces, pero ustedes no quisieron escuchar. Los llamé pero se negaron a contestar. ¹⁴Entonces, tal como destruí a Silo, ahora también destruiré a este templo que lleva mi nombre, este templo al que acuden en busca de ayuda, este lugar que les di a ustedes y a sus antepasados. ¹⁵Y los enviaré al destierro fuera de mi vista, así como hice con sus parientes, el pueblo de Israel*".

Persistente idolatría de Judá

¹⁶»Jeremías, no ores más por este pueblo. No llores ni ores por ellos y no me supliques que los ayude, porque no te escucharé. ¹⁷¿Acaso no ves lo que están haciendo en las ciudades de Judá y en las calles de Jerusalén? ¹⁸¡Con razón estoy tan enojado! Mira cómo los hijos juntan leña y los padres preparan el fuego para el sacrificio. Observa cómo las mujeres preparan la masa para hacer pasteles y ofrecérselos a la reina del cielo. ¡Y derraman ofrendas líquidas a sus otros dioses-ídolos! ¹⁹¿Soy yo al que ellos perjudican? —pregunta el Señor—. Más que nada se perjudican a sí mismos, para su propia vergüenza».

²⁰Así que dice el Señor Soberano: «Derramaré mi terrible furia sobre este lugar. Sus habitantes, animales, árboles y cosechas serán consumidos con el fuego insaciable de mi enojo».

²¹Esto dice el Señor de los Ejércitos Celestiales, Dios de Israel: «¡Tomen sus ofrendas quemadas y los demás sacrificios y cómanselas ustedes mismos! ²²Cuando saqué a sus antepasados de Egipto no eran ofrendas quemadas ni sacrificios lo que deseaba de ellos. ²³Esto les dije: "Obedézcanme, y yo seré su Dios, y ustedes serán mi pueblo. ¡Hagan todo lo que les diga y les irá bien!"

²⁴»Pero mi pueblo no quiso escucharme. Continuaron haciendo lo que querían, siguiendo los tercos deseos de su malvado corazón. Retrocedieron en vez de ir hacia adelante. ²⁵Desde el día en que sus antepasados salieron de Egipto hasta ahora, no he dejado de enviarles a mis siervos, los profetas, día tras día; ²⁶pero mi pueblo no me ha escuchado, ni siquiera ha tratado de oírme. Han sido tercos y pecadores, aún peores que sus antepasados.

²⁷»Diles todo esto, pero no esperes que te escuchen. Adviérteles a gritos, pero no esperes que te hagan caso. ²⁸Diles: "Esta es la nación que

no obedece al Señor su Dios y que rechaza ser enseñada. Entre ellos la verdad ha desaparecido; ya no se escucha en sus labios. ²⁹Ráparte en señal de luto y llora a solas en las montañas, porque el Señor ha rechazado y ha abandonado a esta generación que ha provocado su furia".

El valle de la Matanza

³⁰»La gente de Judá ha pecado ante mis propios ojos —dice el Señor—. Han puesto sus ídolos abominables precisamente en el templo que lleva mi nombre, y así lo han profanado. ³¹Han edificado santuarios paganos en Tofet, el basurero en el valle de Ben-hinom, donde queman a sus hijos y a sus hijas en el fuego. Jamás ordené un acto tan horrendo; ¡ni siquiera me pasó por la mente ordenar semejante cosa! ³²Así que, ¡atención!, se acerca la hora —dice el Señor—, cuando ese basurero ya no será llamado más Tofet ni valle de Ben-hinom, sino valle de la Matanza. Enterrarán a sus muertos en Tofet hasta que no haya más lugar. ³³Los cadáveres de mi pueblo servirán de comida para los buitres y los animales salvajes, y no habrá quien los ahuyente. ³⁴Pondré fin a las risas y a las alegres canciones en las calles de Judá. No se oirán más las voces felices de los novios ni de las novias en las ciudades de Judá. La tierra quedará completamente desolada.

8 »En ese día —dice el Señor—, el enemigo abrirá las tumbas de los reyes y los funcionarios de Judá, las tumbas de los sacerdotes, los profetas y la gente común de Jerusalén. ²Esparcirá los huesos sobre la tierra ante el sol, la luna y las estrellas: los dioses que mi pueblo ha amado, servido y rendido culto. Sus huesos no serán recogidos nuevamente ni enterrados, sino que serán esparcidos sobre la tierra como si fueran estiércol. ³Y la gente que sobreviva de esta nación malvada deseará morir en vez de vivir en el lugar donde la enviaré. ¡Yo, el Señor de los Ejércitos Celestiales, he hablado!

Engaño de los falsos profetas

⁴»Jeremías, dile al pueblo: "Esto dice el Señor:

»'Cuando una persona se cae, ¿acaso no vuelve a levantarse?
Cuando descubre que está en un camino equivocado, ¿acaso no da la vuelta?
⁵ Entonces, ¿por qué esta gente continúa en su camino de autodestrucción?
¿Por qué los habitantes de Jerusalén rehusan regresar?
Se aferran a sus mentiras
y se niegan a volver.
⁶ Escucho sus conversaciones
y no oigo una sola palabra de verdad.
¿Hay alguien que esté apenado por haber hecho lo malo?

7:15 En hebreo de *Efraín*, se refiere al reino del norte de Israel.

¿Alguien que diga: "¡Qué cosa tan terrible
he hecho!"?
¡No! ¡Todos corren por el camino del pecado
tan veloces como galopa un caballo a la
batalla!
⁷ Hasta la cigüeña que surca el cielo
conoce el tiempo de su migración,
al igual que la tórtola, la golondrina y la grulla.*
Todas regresan en el tiempo señalado
cada año.
¡Pero no en el caso de mi pueblo!
Ellos no conocen las leyes del Señor.

⁸ »'¿Cómo pueden decir: "Somos sabios porque
tenemos la palabra del Señor",
cuando, al escribir mentiras, sus maestros
la han torcido?
⁹ Estos maestros sabios caerán
en la trampa de su propia necedad,
porque han rechazado la palabra del Señor.
Después de todo, ¿son ellos tan sabios?
¹⁰ Les daré sus esposas a otros
y sus fincas a extranjeros.
Desde el menos importante hasta el más
importante,
sus vidas están dominadas por la avaricia.
Es cierto, incluso mis profetas y sacerdotes
son así;
todos ellos son unos farsantes.
¹¹ Ofrecen curas superficiales
para la herida mortal de mi pueblo.
Dan garantías de paz
cuando no hay paz.
¹² ¿Se avergüenzan de estos actos repugnantes?
De ninguna manera, ¡ni siquiera saben lo
que es sonrojarse!
Por lo tanto, estarán entre los caídos en la
matanza;
serán derribados cuando los castigue,
dice el Señor.
¹³ Con toda seguridad los consumiré.
No habrá más cosechas de higos ni de uvas;
todos sus árboles frutales morirán.
Todo lo que di, pronto se acabará.
¡Yo, el Señor, he hablado!'.

¹⁴ »Luego el pueblo dirá:
"¿Por qué deberíamos esperar aquí para
morir?
Vengan, vayamos a las ciudades fortificadas
para morir allí.
Pues el Señor nuestro Dios ha decretado
nuestra destrucción
y nos ha dado a beber una copa de veneno
porque pecamos contra el Señor.
¹⁵ Esperábamos paz, pero la paz no llegó;
esperábamos tiempos de sanidad, pero
solo encontramos terror".

¹⁶ »Ya se puede oír el resoplido de los caballos
de guerra del enemigo

¡desde tan lejos como la tierra de Dan en
el norte!
El relincho de sus sementales hace temblar
toda la tierra.
Vienen a devorar el país y todo lo que hay
en él,
tanto las ciudades como los habitantes.
¹⁷ Enviaré estas tropas enemigas entre ustedes
como serpientes venenosas a las que no
pueden encantar.
Los morderán y ustedes morirán.
¡Yo, el Señor, he hablado!».

Jeremías llora por Judá
¹⁸ Mi dolor no tiene remedio;
mi corazón está destrozado.
¹⁹ Escuchen el llanto de mi pueblo;
puede oírse por toda la tierra.
«¿Acaso ha abandonado el Señor a
Jerusalén?* —pregunta la gente—.
¿No está más su Rey allí?».

«Oh, ¿por qué han provocado mi enojo
con sus ídolos tallados
y sus despreciables dioses ajenos?»,
pregunta el Señor.

²⁰ «Ya se acabó la cosecha,
y el verano se ha ido —se lamenta el
pueblo—,
¡y todavía no hemos sido salvados!».

²¹ Sufro con el dolor de mi pueblo,
lloro y estoy abrumado de profunda pena.
²² ¿No hay medicina en Galaad?
¿No hay un médico allí?
¿Por qué no hay sanidad
para las heridas de mi pueblo?

9

¹*¡Si tan solo mi cabeza fuera una laguna
y mis ojos una fuente de lágrimas,
lloraría día y noche
por mi pueblo que ha sido masacrado!
²*Desearía poder marcharme y olvidarme
de mi pueblo
y vivir en una choza para viajeros en el
desierto.
Pues todos ellos son adúlteros,
una banda de mentirosos traicioneros.

Juicio por la desobediencia
³ «Mi pueblo encorva sus lenguas como arcos
para lanzar mentiras.
Se rehúsa a defender la verdad;
solo van de mal en peor.
Ellos no me conocen
—dice el Señor—.

⁴ »¡Cuidado con tu vecino,
ni siquiera confíes en tu hermano!
Pues un hermano saca ventaja de su hermano,
y un amigo calumnia a su amigo.

8:7 La identificación de algunas de estas aves es incierta.   8:19 En hebreo *Sión?*   9:1 El versículo 9:1 corresponde al 8:23 en el texto
hebreo.   9:2 Los versículos del 9:2-26 corresponden al 9:1-25 en el texto hebreo.

⁵ Todos se engañan y se estafan entre sí;
    ninguno dice la verdad.
  Con la lengua, entrenada a fuerza de práctica,
    dicen mentiras;
    pecan hasta el cansancio.
⁶ Amontonan mentira sobre mentira
    y rechazan por completo reconocerme»,
  dice el Señor.

⁷ Por lo tanto, esto dice el Señor de los Ejércitos
    Celestiales:
  «Mira, los derretiré en el crisol
    y los probaré como al metal.
  ¿Qué más puedo hacer con mi pueblo?*
⁸ Pues sus lenguas lanzan mentiras como
    flechas envenenadas.
  Dicen palabras amistosas a sus vecinos
    mientras en el corazón traman matarlos.
⁹ ¿No habría de castigarlos por eso? —dice
    el Señor—.
  ¿No habría de tomar venganza contra
    semejante nación?».

¹⁰ Lloraré por las montañas
    y gemiré por los pastos del desierto,
  pues están desolados y no tienen vida.
  Ya no se escucha el mugido del ganado;
    todas las aves y los animales salvajes
    han huido.

¹¹ «Haré de Jerusalén un montón de ruinas
    —dice el Señor—
  y será un lugar frecuentado por chacales.
  Las ciudades de Judá serán abandonadas,
    y nadie vivirá en ellas».

¹²¿Quién tiene suficiente sabiduría para entender todo esto? ¿Quién ha sido instruido por el Señor y puede explicárselo a otros? ¿Por qué ha sido tan arruinada esta tierra, que nadie se atreve a viajar por ella?

¹³El Señor contesta: «Esto sucedió porque mi pueblo abandonó mis instrucciones; se negó a obedecer lo que dije. ¹⁴En cambio, se pusieron tercos y siguieron sus propios deseos y rindieron culto a imágenes de Baal, como les enseñaron sus antepasados. ¹⁵Así que ahora esto dice el Señor de los Ejércitos Celestiales, Dios de Israel: ¡mira!, los alimentaré con amargura y les daré veneno para beber. ¹⁶Los esparciré por todo el mundo, a lugares que ni ellos ni sus antepasados han oído nombrar, y aun allí los perseguiré con espada hasta que los haya destruido por completo».

Llanto en Jerusalén

¹⁷ Esto dice el Señor de los Ejércitos Celestiales:
  «Piensa en todo esto y llama a las que se les
    paga por llorar;
  manda traer a las mujeres que lloran en
    los funerales.
¹⁸ ¡Rápido! ¡Comiencen a llorar!
  Que las lágrimas fluyan de sus ojos.

¹⁹ Escuchen a los habitantes de Jerusalén*
    llorando desesperados:
  "¡Estamos arruinados! ¡Estamos totalmente
    humillados!
  Tenemos que abandonar nuestra tierra,
    porque derribaron nuestras casas"».

²⁰ Escuchen, ustedes mujeres, las palabras
    del Señor;
  abran sus oídos a lo que él tiene que decir.
  Enseñen a sus hijas a gemir;
    enséñense unas a otras a lamentarse.
²¹ Pues la muerte se ha deslizado a través de
    nuestras ventanas
  y ha entrado a nuestras mansiones.
  Ha acabado con la flor de nuestra juventud:
    los niños ya no juegan en las calles,
    y los jóvenes ya no se reúnen en las plazas.

²² Esto dice el Señor:
  «Se esparcirán cadáveres a través de los
    campos como montones de estiércol,
  como manojos de grano después de la
    cosecha.
  No quedará nadie para enterrarlos».

²³ Esto dice el Señor:
  «No dejen que el sabio se jacte de su sabiduría,
    o el poderoso, de su poder,
    o el rico, de sus riquezas.
²⁴ Pero los que desean jactarse
    que lo hagan solamente en esto:
  en conocerme verdaderamente y entender
    que yo soy el Señor
  quien demuestra amor inagotable,
    y trae justicia y rectitud a la tierra,
  y que me deleito en estas cosas.
  ¡Yo, el Señor, he hablado!

²⁵»Se acerca la hora —dice el Señor—, cuando castigaré a todos los que están circuncidados en el cuerpo pero no en espíritu: ²⁶a los egipcios, a los edomitas, a los amonitas, a los moabitas, a la gente que vive en el desierto en lugares remotos,* y sí, aun a la gente de Judá. Igual que todas estas naciones paganas, el pueblo de Israel también tiene el corazón incircunciso».

La idolatría trae destrucción

10 ¡Escucha la palabra que el Señor te dice, oh Israel! ²Esto dice el Señor:

  «No te comportes como las otras naciones
    que tratan de leer el futuro en las estrellas.
  No tengas temor de sus predicciones,
    aun cuando otras naciones se aterren
    por ellas.
³ Sus costumbres son vanas y necias.
  Cortan un árbol y el artesano talla un ídolo.
⁴ Lo decoran con oro y plata
    y luego lo aseguran con martillo y clavos
    para que no se caiga.

9:7 En hebreo *con la hija de mi pueblo*. La versión griega dice *con la malvada hija de mi pueblo*. 9:19 En hebreo *Sión*. 9:26 O *en el desierto y que se recortan las puntas de su pelo*.

5 ¡Sus dioses son como
   inútiles espantapájaros en un campo
      de pepinos!
No pueden hablar
   y necesitan que los lleven en los brazos
      porque no pueden caminar.
No tengan temor de semejantes dioses,
   porque no pueden hacerles ningún daño,
      tampoco ningún bien».

6 ¡SEÑOR, no hay nadie como tú!
   Pues eres grande y tu nombre está lleno
      de poder.
7 ¿Quién no te temería, oh Rey de las naciones?
   ¡Ese título te pertenece solo a ti!
Entre todos los sabios de la tierra
   y en todos los reinos del mundo
      no hay nadie como tú.

8 Los que rinden culto a ídolos son estúpidos
      y necios.
   ¡Las cosas a las que rinden culto están
      hechas de madera!
9 Traen láminas de plata desde Tarsis
   y oro desde Ufaz,
   y les entregan esos materiales a hábiles
      artesanos
   que hacen sus ídolos.
Luego visten estos dioses con ropas de
      púrpura y azul real
   hechas por sastres expertos.
10 Sin embargo, el SEÑOR es el único Dios
      verdadero.
   ¡Él es el Dios viviente y el Rey eterno!
Toda la tierra tiembla ante su enojo;
   las naciones no pueden hacerle frente
      a su ira.

11 Diles a los que rinden culto a otros dioses:
«Sus supuestos dioses, que no hicieron los cielos
y la tierra, desaparecerán de la tierra y de debajo
de los cielos».*

12 Dios hizo la tierra con su poder,
   y la preserva con su sabiduría.
Con su propia inteligencia
   desplegó los cielos.
13 Cuando habla en los truenos,
   la lluvia desciende del cielo con estrépito.
Él hace que las nubes se levanten sobre la
      tierra.
   Envía el relámpago junto con la lluvia,
   y suelta el viento de sus depósitos.
14 ¡Toda la raza humana es necia y le falta
      conocimiento!
   Los artesanos quedan deshonrados por
      los ídolos que hacen,
   porque sus obras hechas con tanto esmero
      son un fraude.
   Estos ídolos no tienen ni aliento ni poder.
15 Los ídolos son inútiles; ¡son mentiras ridículas!
   En el día del juicio, todos serán destruidos.

16 ¡Pero el Dios de Israel* no es ningún ídolo!
   Él es el Creador de todo lo que existe,
   incluido Israel, su posesión más preciada.
   ¡El SEÑOR de los Ejércitos Celestiales es
      su nombre!

La destrucción que se acerca

17 Haz las maletas y prepárate para salir;
   el sitio está por comenzar.
18 Pues esto dice el SEÑOR:
   «De forma repentina echaré
      a todos los que viven en esta tierra.
   Derramaré sobre ustedes grandes
      dificultades,
   y por fin sentirán mi enojo».

19 Mi herida es profunda
   y grande mi dolor.
Mi enfermedad es incurable,
   pero debo soportarla.
20 Mi casa está destruida,
   y no queda nadie que me ayude a
      reconstruirla.
Se llevaron a mis hijos,
   y nunca volveré a verlos.
21 Los pastores de mi pueblo han perdido
      la razón.
   Ya no buscan la sabiduría del SEÑOR.
Por lo tanto, fracasan completamente
   y sus rebaños andan dispersos.
22 ¡Escuchen! Oigan el terrible rugir de los
      ejércitos poderosos
   mientras avanzan desde el norte.
Las ciudades de Judá serán destruidas
   y se convertirán en guarida de chacales.

Oración de Jeremías

23 Yo sé, SEÑOR, que nuestra vida no nos
      pertenece;
   no somos capaces de planear nuestro
      propio destino.
24 Así que corrígeme, SEÑOR, pero, por favor,
      sé tierno;
   no me corrijas con enojo porque moriría.
25 Derrama tu ira sobre las naciones que se
      niegan a reconocerte,
   sobre los pueblos que no invocan tu
      nombre.
Pues han devorado a tu pueblo Israel;*
   lo han devorado y consumido
   y han hecho de la tierra un desierto
      desolado.

Judá rompe el pacto

11 El SEÑOR le dio otro mensaje a Jeremías y
dijo:
   2 —Recuérdales a los habitantes de Judá y
de Jerusalén las condiciones de mi pacto con
ellos. 3 Diles: "Esto dice el SEÑOR, Dios de Israel:
'¡Maldito todo el que no obedece las condiciones

10:11 El texto original de este versículo está en arameo.   **10:16** En hebreo *la Porción de Jacob.* Ver la nota en 5:20.   **10:25** En hebreo
devoraron a Jacob. Ver la nota en 5:20.

de mi pacto! ⁴Pues cuando los saqué de ese horno de fundir hierro que es Egipto, les dije a sus antepasados: "Si me obedecen y hacen todo lo que les mando, serán mi pueblo y yo seré su Dios". ⁵Esto les dije para poder cumplir mi promesa a sus antepasados de darles a ustedes una tierra donde fluyen la leche y la miel, la tierra que hoy habitan'".

Entonces respondí:

—¡Amén, Señor! Que así sea.

⁶Después el Señor dijo:

—Proclama este mensaje en las calles de Jerusalén. Ve de ciudad en ciudad por toda la tierra y anuncia: "Recuerden el antiguo pacto y hagan todo lo que exige. ⁷Pues les advertí solemnemente a sus antepasados cuando los saqué de Egipto: '¡Obedézcanme!'. He repetido esta advertencia una y otra vez hasta el día de hoy; ⁸pero sus antepasados no escucharon y ni siquiera prestaron atención, sino que se pusieron tercos y siguieron sus propios malos deseos. Y debido a que se negaron a obedecer, traje sobre ellos todas las maldiciones descritas en este pacto".

⁹El Señor me habló una vez más y dijo: «Descubrí una conspiración contra mí entre los habitantes de Judá y Jerusalén. ¹⁰Han vuelto a los pecados de sus antepasados. Se han negado a escucharme y rinden culto a otros dioses. Israel y Judá han roto el pacto que hice con sus antepasados. ¹¹Por lo tanto, esto dice el Señor: traeré calamidad sobre ellos y no habrá escapatoria posible. Aunque supliquen misericordia no escucharé sus ruegos. ¹²Entonces los habitantes de Judá y Jerusalén clamarán a sus ídolos y quemarán incienso ante ellos. ¡Pero los ídolos no los salvarán cuando caiga el desastre! ¹³Miren ahora, gente de Judá: ustedes tienen tantos dioses como ciudades. Tienen tantos altares vergonzosos —altares para quemar incienso a su dios Baal— como calles hay en Jerusalén.

¹⁴»Jeremías, no ores más por este pueblo. No llores ni pidas por ellos porque yo no los escucharé cuando clamen a mí en su angustia.

¹⁵ »¿Qué derecho tiene mi amado pueblo de ir a mi templo
cuando ha cometido tantas inmoralidades?
¿Acaso sus votos y sacrificios pueden evitar su destrucción?
¡En realidad se alegran en hacer lo malo!
¹⁶ Yo, el Señor, antes los llamaba olivo frondoso,
hermoso a la vista y lleno de buen fruto.
Pero ahora he enviado el furor de sus enemigos
para quemarlos con fuego
y dejarlos carbonizados y quebrantados».

¹⁷»Yo, el Señor de los Ejércitos Celestiales, el que plantó ese olivo, he ordenado que lo destruyan. Pues los pueblos de Israel y de Judá han hecho lo malo, y despertaron mi enojo al quemar incienso a Baal».

Complot contra Jeremías

¹⁸Luego el Señor me avisó acerca de los complots que mis enemigos tramaban en mi contra. ¹⁹Yo era como cordero que se lleva al matadero. ¡No tenía idea de que pensaban matarme! «Destruyamos a ese hombre y todas sus palabras —dijeron—, derribémoslo para que su nombre sea olvidado para siempre».

²⁰ Oh Señor de los Ejércitos Celestiales,
tú juzgas con justicia,
y examinas los secretos y los pensamientos más profundos.
Déjame ver tu venganza contra ellos,
porque te he entregado mi causa.

²¹Esto dice el Señor acerca de los hombres de Anatot que deseaban mi muerte. Ellos habían dicho: «Te mataremos si no dejas de profetizar en el nombre del Señor». ²²Así que esto dice el Señor de los Ejércitos Celestiales acerca de ellos: «¡Yo los castigaré! Sus jóvenes morirán en batalla y sus hijos e hijas morirán de hambre. ²³Ninguno de esos conspiradores de Anatot sobrevivirá, porque traeré calamidad sobre ellos cuando llegue el momento de su castigo».

Jeremías cuestiona la justicia de Dios

12 ¹ Señor, tú siempre me haces justicia
cuando llevo un caso ante ti.
Así que déjame presentarte esta queja:
¿Por qué los malvados son tan prósperos?
¿Por qué son tan felices los malignos?
² Tú los has plantado,
y ellos echaron raíces y han prosperado.
Tu nombre está en sus labios,
aunque estás lejos de su corazón.
³ En cuanto a mí, Señor, tú conoces mi corazón;
me ves y pruebas mis pensamientos.
¡Arrastra a esta gente como se lleva a las ovejas al matadero!
¡Apártalos para la masacre!

⁴ ¿Hasta cuándo tendrá que llorar esta tierra?
Incluso la hierba de los campos se ha marchitado.
Los animales salvajes y las aves han desaparecido
debido a la maldad que hay en la tierra.
Pues la gente ha dicho:
«¡El Señor no ve nuestro futuro!».

El Señor le contesta a Jeremías

⁵ «Si te cansa competir contra simples hombres,
¿cómo podrás correr contra caballos?
Si tropiezas y caes en campo abierto,
¿qué harás en los matorrales cerca del Jordán?
⁶ Aun tus hermanos, miembros de tu propia familia,
se han vuelto contra ti;
conspiran y se quejan de ti.

No confíes en ellos,
no importa lo amable que sean sus palabras.

7 »Yo he abandonado a mi pueblo, mi posesión
más preciada.
He entregado a los que más amo a sus
enemigos.

8 Mi pueblo elegido ha rugido contra mí como
un león en la selva,
por eso le traté con desprecio.

9 Mi pueblo elegido se comporta como buitres
moteados,*
pero es el pueblo mismo el que está
rodeado de buitres.
¡Que salgan los animales salvajes para que
despedacen sus cadáveres!

10 »Muchos gobernantes han devastado mi
viñedo,
pisotearon las vides
y así transformaron toda su belleza en
un lugar desolado.

11 Lo han convertido en tierra baldía;
escucho su triste lamento.
Toda la tierra está desolada
y a nadie siquiera le importa.

12 Se pueden ver ejércitos destructores
en todas las cumbres desiertas de
las colinas.
La espada del Señor devora a la gente
de un extremo al otro de la nación.
¡Nadie escapará!

13 Mi pueblo sembró trigo
pero cosecha espinos.
Se esforzó
pero no le sirvió de nada.
Cosechará vergüenza
debido a la ira feroz del Señor».

Mensaje a los vecinos de Israel

14 Esto dice el Señor: «Desarraigaré de sus
tierras a todas las naciones malvadas que extendieron la mano para tomar lo que le di a Israel.
Desarraigaré a Judá de entre ellos, 15pero después regresaré y tendré compasión de todos
ellos. Los llevaré de regreso a su tierra, cada
nación a su propia heredad. 16Y si en verdad
estas naciones aprenden los caminos de mi pueblo y sí aprenden a jurar por mi nombre, y dicen:
"Tan cierto como que el Señor vive" (así como
ellos enseñaron a mi pueblo a jurar por el nombre de Baal), entonces se les dará un lugar entre
mi pueblo; 17pero la nación que rehúse obedecerme será arrancada de raíz y destruida. ¡Yo, el
Señor, he hablado!».

El calzoncillo de Jeremías

13 Esto me dijo el Señor: «Ve y cómprate un
calzoncillo de lino y póntelo, pero no lo
laves». 2Así que compré el calzoncillo como me
indicó el Señor y me lo puse.

3Luego el Señor me dio otro mensaje: 4«Toma

el calzoncillo que tienes puesto y vete al río
Éufrates.* Allí escóndelo en un agujero entre las
rocas». 5Así que fui y lo escondí junto al Éufrates
como el Señor me había indicado.

6Mucho tiempo después, el Señor me dijo:
«Regresa al Éufrates y toma el calzoncillo que te
dije que escondieras». 7Así que fui al Éufrates y
lo saqué del agujero donde lo había escondido,
pero ahora estaba podrido y deshecho. El calzoncillo ya no servía para nada.

8Entonces recibí este mensaje del Señor:
9«Así dice el Señor: esto muestra cómo pudriré
el orgullo de Judá y Jerusalén. 10Esta gente malvada se niega a escucharme. Tercamente siguen
sus propios deseos y rinden culto a otros dioses.
Por lo tanto, se volverán como este calzoncillo,
¡no servirán para nada! 11Tal como el calzoncillo
se adhiere a la cintura del hombre, así he creado
a Judá y a Israel para que se aferren a mí, dice el
Señor. Iban a ser mi pueblo, mi orgullo, mi gloria: un honor para mi nombre, pero no quisieron escucharme.

12»Así que diles: "Esto dice el Señor, Dios de
Israel: 'Que todas sus jarras sean llenas de vino'".
Ellos te contestarán: "¡Por supuesto, las jarras se
hacen para llenarlas de vino!"

13»Luego diles: "No, esto es lo que quiere dar
a entender el Señor: 'A todos los habitantes de
esta tierra los llenaré de borrachera, desde el
rey que se sienta en el trono de David, pasando
por los sacerdotes y los profetas, hasta la gente
común de Jerusalén. 14Los estrellaré el uno
contra el otro, aun los padres contra los hijos,
dice el Señor. No permitiré que mi lástima ni
mi misericordia ni mi compasión me impidan
destruirlos'"».

Advertencia contra el orgullo

15 ¡Escuchen y presten atención!
No sean arrogantes, porque el Señor
ha hablado.

16 Den gloria al Señor su Dios
antes de que sea demasiado tarde.
Reconózcanlo antes de que él traiga oscuridad
sobre ustedes,
la cual hace que tropiecen y caigan en las
montañas sombrías.
Pues entonces, cuando busquen luz,
solo encontrarán terrible oscuridad y
tinieblas.

17 Y si todavía se rehúsan a escuchar,
lloraré a solas a causa de su orgullo.
Mis ojos no podrán contener las lágrimas
porque el rebaño del Señor será llevado
al destierro.

18 Diles al rey y a su madre:
«Desciendan de sus tronos
y siéntense en el polvo,
porque sus coronas gloriosas
pronto serán arrebatadas de su cabeza».

12:9 O *hienas manchadas.* **13:4** En hebreo *Perat;* también en 13:5, 6 y 7.

¹⁹ Las ciudades del Neguev cerrarán sus
    puertas
    y nadie será capaz de abrirlas.
  La gente de Judá será llevada cautiva;
    todos serán llevados al destierro.

²⁰ ¡Abran sus ojos y vean los ejércitos
    que bajan marchando desde el norte!
  ¿Dónde está tu rebaño
    —tu hermoso rebaño—
    que él te encargó cuidar?

²¹ ¿Qué dirás cuando el SEÑOR tome a tus
    aliados con los que cultivaste una
    relación
    y los designe como tus gobernantes?
  ¡Se apoderarán de ti punzadas de angustia
    como una mujer en dolores de parto!

²² Quizá te preguntes:
    «¿Por qué me sucede todo esto?».
  ¡Se debe a tus muchos pecados!
  Por eso los ejércitos invasores
    te desnudaron y te violaron.

²³ ¿Acaso puede un etíope* cambiar el color de
    su piel?
    ¿Puede el leopardo quitarse sus manchas?
  Tampoco ustedes pueden comenzar a hacer
    el bien
    porque siempre han hecho lo malo.

²⁴ «Los dispersaré como la paja
    que es arrastrada por el viento del desierto.

²⁵ Esta es tu asignación,
    la porción que te he dado —dice el SEÑOR—,
  porque ustedes me han olvidado
    y han puesto su confianza en dioses
    falsos.

²⁶ Yo mismo te desnudaré
    y te expondré a la vergüenza.

²⁷ He visto tu adulterio y tu pasión sexual,
    y tu asquerosa adoración de ídolos en
    los campos y sobre las colinas.
  ¡Qué aflicción te espera, Jerusalén!
    ¿Cuánto falta para que seas pura?».

La terrible sequía en Judá

14 Jeremías recibió este mensaje del SEÑOR
    que explica por qué detuvo la lluvia:

² «Judá desfallece;
    el comercio a las puertas de la ciudad se
    estanca.
  Todo el pueblo se sienta en el suelo porque
    está de luto,
    y surge un gran clamor de Jerusalén.

³ Los nobles envían a sus sirvientes a buscar
    agua
    pero los pozos están secos.
  Confundidos y desesperados, los siervos
    regresan
    con sus cántaros vacíos,
    y con sus cabezas cubiertas en señal
    de dolor.

⁴ El suelo está reseco
    y agrietado por falta de lluvia.
  Los agricultores están profundamente
    angustiados;
    ellos también se cubren la cabeza.

⁵ Aun la cierva abandona su cría
    porque no hay pasto en el campo.

⁶ Los burros salvajes se paran sobre las
    lomas desiertas
    jadeando como chacales sedientos.
  Fuerzan la vista en busca de hierba,
    pero no la hay por ninguna parte».

⁷ La gente dice: «Nuestra maldad nos alcanzó,
    SEÑOR,
    pero ayúdanos por el honor de tu propia
    fama.
  Nos alejamos de ti
    y pecamos contra ti una y otra vez.

⁸ Oh, Esperanza de Israel, nuestro Salvador
    en tiempos de aflicción,
    ¿por qué eres como un desconocido?
  ¿Por qué eres como un viajero que pasa por
    la tierra
    y se detiene solo para pasar la noche?

⁹ ¿Estás confundido también?
    ¿Es nuestro guerrero valiente incapaz
    de salvarnos?
  SEÑOR, tú estás aquí entre nosotros
    y somos conocidos como pueblo tuyo.
  ¡Por favor, no nos abandones ahora!».

¹⁰ Así que el SEÑOR dice a su pueblo:
  «A ustedes les encanta andar lejos de mí
    y no se han contenido.
  Por lo tanto, no los aceptaré más como mi
    pueblo;
    ahora les recordaré todas sus maldades
    y los castigaré por sus pecados».

El SEÑOR le prohíbe a Jeremías que interceda

¹¹Luego el SEÑOR me dijo:
  —Ya no ores más por este pueblo. ¹²Cuando
ellos ayunen no les prestaré atención. Cuando
me presenten sus ofrendas quemadas y las
ofrendas de grano, no las aceptaré. En cambio,
los devoraré con guerra, hambre y enfermedad.

¹³Luego dije:
  —Oh SEÑOR Soberano, sus profetas les dicen:
"Todo está bien, no vendrá guerra ni hambre. El
SEÑOR ciertamente les enviará paz".

¹⁴Entonces el SEÑOR dijo:
  —Esos profetas dicen mentiras en mi nombre.
Yo no los envié ni les dije que hablaran. No les
transmití ningún mensaje. Ellos profetizan visiones y revelaciones que nunca han visto ni oído.
Hablan necedades, producto de su propio corazón mentiroso.¹⁵Por lo tanto, esto dice el SEÑOR:
yo castigaré a esos profetas mentirosos, porque
han hablado en mi nombre a pesar de que no
los envié. Dicen que no vendrá guerra ni hambre, ¡pero ellos mismos morirán en la guerra

13:23 En hebreo *un cusita.*

y morirán de hambre! ¹⁶En cuanto a aquellos a quienes profetizan, sus cadáveres serán arrojados en las calles de Jerusalén, víctimas del hambre y de la guerra. No quedará nadie para enterrarlos. Se habrán ido todos: esposos, esposas, hijos e hijas. Pues derramaré sobre ellos su propia maldad. ¹⁷Ahora bien, Jeremías, diles esto:

> »"Mis ojos derraman lágrimas día y noche.
> No puedo dejar de llorar
> porque mi hija virgen —mi pueblo precioso—
> ha sido derribada
> y yace herida de muerte.
> ¹⁸ Si salgo al campo,
> veo los cuerpos masacrados por el enemigo.
> Si camino por las calles de la ciudad
> veo gente muerta por el hambre.
> Los profetas y los sacerdotes continúan con
> su trabajo
> pero no saben lo que hacen".

Oración por sanidad

¹⁹ Señor, ¿has rechazado por completo a Judá?
¿Verdaderamente odias a Jerusalén?*
¿Por qué nos has herido sin la menor
esperanza de recuperarnos?
Esperábamos paz, pero la paz no llegó;
esperábamos un tiempo de sanidad, pero
solo encontramos terror.
²⁰ Señor, confesamos nuestra maldad
y también la de nuestros antepasados;
todos hemos pecado contra ti.
²¹ Por el honor de tu fama, Señor, no nos
abandones;
no deshonres tu propio trono glorioso.
Por favor, recuérdanos,
y no rompas tu pacto con nosotros.

²² ¿Puede alguno de los inútiles dioses ajenos
enviarnos lluvia?
¿O acaso cae del cielo por sí misma?
No, tú eres el único, ¡oh Señor nuestro Dios!
Solo tú puedes hacer tales cosas.
Entonces esperaremos que nos ayudes.

Inevitable condenación de Judá

15 Luego el Señor me dijo: «Aun si Moisés y Samuel se presentaran delante de mí para rogarme por este pueblo, no lo ayudaría. ¡Fuera con ellos! ¡Quítenlos de mi vista! ²Y si te dijeren: "¿Pero adónde podemos ir?", diles: "Esto dice el Señor:

> »'Los que están destinados a la muerte, a la
> muerte;
> los destinados a la guerra, a la guerra;
> los destinados al hambre, al hambre;
> los destinados al cautiverio, al cautiverio'".

³»Enviaré contra ellos cuatro clases de destructores —dice el Señor—. Enviaré la espada para matar, los perros para arrastrar, los buitres para devorar y los animales salvajes para acabar con lo que haya quedado. ⁴Debido a las cosas perversas que Manasés, hijo de Ezequías, rey de Judá, hizo en Jerusalén, haré a mi pueblo objeto de horror para todos los reinos de la tierra.

⁵ »¿Quién tendrá compasión de ti, Jerusalén?
¿Quién llorará por ti?
¿Quién se tomará la molestia de preguntar
cómo estás?
⁶ Tú me has abandonado
y me has dado la espalda
—dice el Señor—.
Por eso, levantaré mi puño para destruirte.
Estoy cansado de darte siempre otra
oportunidad.
⁷ Te aventaré como el grano a las puertas de
las ciudades
y te quitaré tus hijos que tanto quieres.
Destruiré a mi propio pueblo,
porque rehusó cambiar sus malos
caminos.
⁸ Habrá más viudas
que granos de arena a la orilla del mar.
Traeré al destructor al mediodía
contra las madres de los jóvenes.
Súbitamente haré que caiga sobre ellas
la angustia y el terror.
⁹ La madre de siete hijos se debilita y lucha
por respirar;
su sol se puso mientras todavía es
de día.
Ahora queda sin hijos,
avergonzada y humillada.
A los que quedaron, los entregaré
para que sus enemigos los maten.
¡Yo, el Señor, he hablado!».

Queja de Jeremías

¹⁰Luego dije:

—¡Qué aflicción tengo, madre mía!
¡Oh, si hubiera muerto al nacer!
En todas partes me odian.
No soy un acreedor que pretende cobrar
ni un deudor que se niega a pagar;
aun así todos me maldicen.

¹¹El Señor respondió:

—Yo cuidaré de ti, Jeremías;
tus enemigos te pedirán que ruegues
a su favor
en tiempos de aflicción y angustia.
¹² ¿Puede un hombre quebrar una barra
de hierro que proviene del norte
o una barra de bronce?
¹³ Sin que a ellos les cueste nada,
entregaré tus riquezas y tesoros
a tus enemigos como botín,
porque el pecado corre desenfrenado
en tu tierra.
¹⁴ Les diré a tus enemigos que te lleven
cautivo a una tierra extranjera.

14:19 En hebreo *Sión*?

Pues mi enojo arde como un fuego
que quemará para siempre.*

¹⁵Luego dije:

—SEÑOR, tú sabes lo que me sucede.
Por favor, ayúdame. ¡Castiga a mis
perseguidores!
Por favor, dame más tiempo; no dejes que
muera joven.
Es por tu causa que sufro.

¹⁶ Cuando descubrí tus palabras las devoré;
son mi gozo y la delicia de mi corazón,
porque yo llevo tu nombre,
oh SEÑOR Dios de los Ejércitos Celestiales.

¹⁷ Nunca me uní a la gente en sus alegres
banquetes.
Me senté a solas porque tu mano estaba
sobre mí
y me llené de indignación ante sus pecados.

¹⁸ ¿Por qué, entonces, continúa mi sufrimiento?
¿Por qué es incurable mi herida?
Tu ayuda parece tan incierta como el arroyo
estacional,
como un manantial que se ha secado.

¹⁹Esto responde el SEÑOR:

—Si regresas a mí te restauraré
para que puedas continuar sirviéndome.
Si hablas palabras beneficiosas en vez de
palabras despreciables,
serás mi vocero.
Tienes que influir en ellos;
¡no dejes que ellos influyan en ti!

²⁰ Pelearán contra ti como un ejército en ataque,
pero yo te haré tan seguro como una pared
de bronce fortificada.
Ellos no te conquistarán,
porque estoy contigo para protegerte y
rescatarte.
¡Yo, el SEÑOR, he hablado!

²¹ Sí, te mantendré a salvo de estos hombres
malvados;
te rescataré de sus manos crueles.

A Jeremías se le prohíbe casarse

16 El SEÑOR me dio otro mensaje: ²«No te
cases ni tengas hijos en este lugar. ³Pues
esto dice el SEÑOR acerca de los niños nacidos
en esta ciudad y de sus madres y padres: ⁴mo-
rirán de enfermedades terribles. Nadie llorará por ellos ni tampoco los enterrarán sino que
yacerán dispersos sobre el suelo como si fueran estiércol. Morirán por la guerra y morirán
de hambre, y sus cuerpos serán comida para los
buitres y los animales salvajes».

Se acerca el castigo a Judá

⁵Esto dice el SEÑOR: «No vayas a los funerales para llorar y mostrar compasión por ellos,
porque he retirado mi protección y mi paz
de ellos; he quitado mi amor inagotable y mi

misericordia. ⁶Tanto el grande como el humilde
morirán en esta tierra. Nadie los enterrará ni se
lamentará por ellos. Sus amigos no se cortarán
la piel ni se afeitarán la cabeza en señal de tristeza. ⁷Nadie ofrecerá una comida para consolar a
quienes estén de luto por un muerto, ni siquiera
por la muerte de una madre o de un padre. Nadie
enviará una copa de vino para consolarlos.

⁸»No vayas a sus fiestas ni a sus banquetes.
Ni siquiera comas o bebas con ellos. ⁹Pues esto
dice el SEÑOR de los Ejércitos Celestiales, Dios
de Israel: en sus propios días y ante sus propios
ojos pondré fin a las risas y a las canciones alegres en esta tierra. Ya no se oirán las voces felices
de los novios ni de las novias.

¹⁰»Cuando le digas todas estas cosas a la gente,
ellos te preguntarán: "¿Por qué el SEÑOR decretó
cosas tan terribles contra nosotros? ¿Qué hemos
hecho para merecer semejante trato? ¿Cuál es
nuestro pecado contra el SEÑOR nuestro Dios?".

¹¹»Entonces les darás la respuesta del SEÑOR:
"Es porque sus antepasados me fueron infieles
y rindieron culto a otros dioses y los sirvieron.
Me abandonaron y no obedecieron mi palabra.
¹²¡Y ustedes son peores que sus antepasados!
Se pusieron tercos y siguen sus propios malos
deseos y rehúsan escucharme. ¹³Por lo tanto, los
expulsaré de esta tierra y los enviaré a una tierra
extraña en la que ni ustedes ni sus antepasados
han estado. Allí podrán rendir culto a ídolos día
y noche, y ¡no les concederé ningún favor!".

Esperanza a pesar del desastre

¹⁴»Por tanto, se acerca la hora —dice el SEÑOR—,
cuando la gente que haga un juramento ya no dirá:
"Tan cierto como que el SEÑOR vive, quien rescató
al pueblo de Israel de la tierra de Egipto". ¹⁵En
cambio, dirán: "Tan cierto como que el SEÑOR vive,
quien trajo a Israel de regreso a su propia tierra
desde la tierra del norte y de todos los países a los
que él los envió al destierro". Pues los traeré nuevamente a esta tierra que les di a sus antepasados.

¹⁶»Ahora mandaré llamar a muchos pescadores para que los capturen —dice el SEÑOR—.
Mandaré llamar a cazadores para que los cacen
en los montes, en las colinas y en las cuevas. ¹⁷Los
vigilo de cerca y veo cada pecado. No hay esperanza de que se escondan de mí. ¹⁸Duplicaré su
castigo por todos sus pecados, porque han contaminado mi tierra con las imágenes sin vida de
sus detestables dioses y han llenado mi territorio con sus hechos malignos».

Oración de confianza de Jeremías

¹⁹ SEÑOR, ¡tú eres mi fuerza y mi fortaleza,
mi refugio en el día de aflicción!
Las naciones del mundo entero
vendrán a ti y te dirán:
«Nuestros antepasados nos han dejado una
herencia despreciable,
porque rendían culto a ídolos inútiles.

15:14 Así aparece en algunos manuscritos hebreos (ver también 17:4); la mayoría de los manuscritos hebreos dicen *arderá contra ti*.

²⁰ ¿Acaso puede la gente hacer sus propios
    dioses?
    ¡Esos no son dioses verdaderos en
        absoluto!».

²¹ El Señor dice:
    «Ahora les mostraré mi poder;
        ahora les mostraré mi fuerza.
    Al fin sabrán y entenderán
        que yo soy el Señor.

Pecado y castigo de Judá

17 ¹ »El pecado de Judá
    está escrito con cincel de hierro,
    grabado con punta de diamante en su
        corazón de piedra
    y en las esquinas de sus altares.
² Incluso sus hijos van a rendir culto
    en los altares paganos y en los postes
        dedicados a la diosa Asera,
    debajo de todo árbol frondoso
    y sobre cada colina alta.
³ Así que entregaré mi monte santo
    —junto con todas sus riquezas, tesoros
        y santuarios paganos—
    como botín a sus enemigos,
    porque el pecado corre desenfrenado
        en su tierra.
⁴ La herencia maravillosa que he reservado
        para ustedes
    se les escapará de las manos.
    Les diré a sus enemigos que los lleven
        cautivos a una tierra extranjera.
    Pues mi enojo arde como un fuego
    que quemará para siempre».

La sabiduría del Señor

⁵ Esto dice el Señor:
    «Malditos son los que ponen su confianza
        en simples seres humanos,
    que se apoyan en la fuerza humana
    y apartan el corazón del Señor.
⁶ Son como los arbustos raquíticos del desierto,
    sin esperanza para el futuro.
    Vivirán en lugares desolados,
    en tierra despoblada y salada.

⁷ »Pero benditos son los que confían en el
        Señor
    y han hecho que el Señor sea su esperanza
        y confianza.
⁸ Son como árboles plantados junto a la ribera
        de un río
    con raíces que se hunden en las aguas.
    A esos árboles no les afecta el calor
    ni temen los largos meses de sequía.
    Sus hojas están siempre verdes
    y nunca dejan de producir fruto.

⁹ »El corazón humano es lo más engañoso
        que hay,
    y extremadamente perverso.
    ¿Quién realmente sabe qué tan malo es?

¹⁰ Pero yo, el Señor, investigo todos los
        corazones
    y examino las intenciones secretas.
    A todos les doy la debida recompensa,
    según lo merecen sus acciones».

Jeremías confía en el Señor

¹¹ Los que acaparan riquezas en forma injusta
    son como las perdices que empollan los
        huevos que no han puesto.
    En la mitad de la vida perderán sus riquezas;
    al final, se volverán unos pobres viejos
        tontos.
¹² Pero nosotros adoramos frente a tu trono:
    ¡eterno, puesto en alto y glorioso!
¹³ Oh Señor, esperanza de Israel,
    serán avergonzados todos los que se alejan
        de ti.
    Serán enterrados en el polvo de la tierra,
    porque han abandonado al Señor, la
        fuente de agua viva.

¹⁴ Oh Señor, si me sanas, seré verdaderamente
        sano;
    si me salvas, seré verdaderamente salvo.
    ¡Mis alabanzas son solo para ti!
¹⁵ La gente se burla de mí y dice:
    «¿Cuál es este "mensaje del Señor" del
        que hablas?
    ¿Por qué no se cumplen tus predicciones?».

¹⁶ Señor, no he abandonado mi labor
    como pastor de tu pueblo
    ni he insistido que mandes desastres.
    Tú has oído todo lo que dije.
¹⁷ Señor, ¡no me aterrorices!
    Solo tú eres mi esperanza en el día de la
        calamidad.
¹⁸ Haz que se avergüencen y se desalienten
        todos los me persiguen,
    pero no dejes que sea yo el avergonzado y
        el desalentado.
    Haz que caiga sobre ellos un día de terror.
    ¡Sí, haz que caiga sobre ellos doble
        destrucción!

Guardar el día de descanso

¹⁹ Esto me dijo el Señor: «Ve y párate en las
puertas de Jerusalén, primero en la puerta por
donde el rey entra y sale, y luego en cada una
de las demás puertas. ²⁰Dile a todo el pueblo:
"Escuchen este mensaje del Señor, ustedes reyes de Judá y ustedes, habitantes de Judá
y todos los que viven en Jerusalén. ²¹Esto dice el
Señor: ¡Escuchen mi advertencia! No comercien más en las puertas de Jerusalén en el día
de descanso. ²²No trabajen en el día de descanso, sino hagan que sea un día sagrado. Yo les di
este mandato a sus antepasados, ²³pero ellos no
escucharon ni obedecieron. Tercamente rehusaron prestar atención o recibir mi disciplina.

²⁴»"Pero si me obedecen, dice el Señor, y no
comercian en las puertas ni trabajan en el día

de descanso, y si lo guardan como día sagrado, ²⁵entonces los reyes y sus funcionarios entrarán y saldrán para siempre por estas puertas. Siempre habrá un descendiente de David sentado en el trono aquí en Jerusalén. Los reyes y sus funcionarios siempre entrarán y saldrán en carros y a caballo por entre la gente de Judá, y esta ciudad permanecerá para siempre. ²⁶Desde todas partes de Jerusalén, desde las ciudades de Judá y Benjamín, desde las colinas occidentales* y la zona montañosa, y del Neguev vendrá gente con sus ofrendas quemadas y sus sacrificios. Traerán sus ofrendas de grano, incienso y las ofrendas de acción de gracias al templo del Señor.

²⁷»"Sin embargo, si no me escuchan y se niegan a guardar como sagrado el día de descanso, y si ese día pasan mercadería por las puertas de Jerusalén como si fuera cualquier otro, entonces quemaré estas puertas. El fuego se extenderá a los palacios y nadie podrá apagar las llamas rugientes"».

El alfarero y el barro

18 El Señor le dio otro mensaje a Jeremías: ²«Baja al taller del alfarero y allí te hablaré». ³Así que hice lo que me dijo y encontré al alfarero trabajando en el torno; ⁴pero la vasija que estaba formando no resultó como él esperaba, así que la aplastó y comenzó de nuevo.

⁵Después el Señor me dio este mensaje: ⁶«¡Oh, Israel! ¿No puedo hacer contigo lo mismo que hizo el alfarero con el barro? De la misma manera que el barro está en manos del alfarero, así estás en mis manos. ⁷Si anuncio que voy a desarraigar, a derribar y a destruir a cierta nación o a cierto reino, ⁸pero luego esa nación renuncia a sus malos caminos, no la destruiré como la había planeado. ⁹Y si anuncio que plantaré y edificaré a cierta nación o a cierto reino, ¹⁰pero después esa nación hace lo malo y se niega a obedecerme, no la bendeciré como dije que lo haría.

¹¹»Por lo tanto, Jeremías, advierte a todo Judá y a Jerusalén y diles: "Esto dice el Señor: 'En vez de algo bueno, les tengo preparado un desastre. Así que cada uno de ustedes abandone sus malos caminos y haga lo correcto'"».

¹²Sin embargo, el pueblo respondió: «No gastes saliva. Continuaremos viviendo como se nos antoja y con terquedad seguiremos nuestros propios malos deseos».

¹³Así que esto dice el Señor:

«¿Acaso alguien ha oído semejante cosa,
    aun entre las naciones paganas?
¡Israel, mi hija virgen,
    ha hecho algo terrible!
¹⁴¿Acaso la nieve desaparece de las cumbres
        del Líbano?
    ¿Quedan secos los arroyos helados que
        fluyen de esas montañas distantes?

¹⁵Pero mi pueblo no es confiable, porque
        me ha abandonado,
    quema incienso a ídolos inútiles.
Tropezó y salió de los caminos antiguos
    y anduvo por senderos llenos de lodo.
¹⁶Por lo tanto, su tierra quedará desolada,
        será un monumento a su necedad.
Todos los que pasen por allí quedarán
        pasmados
    y menearán la cabeza con asombro.
¹⁷Como el viento del oriente desparrama
        el polvo,
    así esparciré a mi pueblo delante de
        sus enemigos.
Cuando tengan dificultades, les daré
        la espalda
    y no prestaré atención a su aflicción».

Complot contra Jeremías

¹⁸Entonces el pueblo dijo: «Vengan, busquemos la manera de detener a Jeremías. Ya tenemos suficientes sacerdotes, sabios y profetas. No necesitamos que él enseñe la palabra ni que nos dé consejos ni profecías. Hagamos correr rumores acerca de él y no hagamos caso a lo que dice».

¹⁹Señor, ¡óyeme y ayúdame!
    Escucha lo que dicen mis enemigos.
²⁰¿Deben pagar mal por bien?
    Han cavado una fosa para matarme,
aunque intercedí por ellos
    y traté de protegerlos de tu enojo.
²¹Así que deja que sus hijos se mueran de
        hambre!
    ¡Deja que mueran a espada!
Que sus esposas se conviertan en viudas,
        sin hijos.
    ¡Que sus ancianos se mueran por una plaga
    y que sus jóvenes sean muertos en batalla!
²²Que se escuchen gritos de dolor desde sus
        casas
    cuando los guerreros caigan súbitamente
        sobre ellos.
Pues han cavado una fosa para mí
    y han escondido trampas a lo largo de mi
        camino.
²³Señor, tú conoces todos sus planes para
        matarme.
    No perdones sus crímenes ni borres sus
        pecados;
que caigan muertos ante de ti.
    En tu enojo encárgate de ellos.

La vasija de Jeremías hecha pedazos

19 Esto me dijo el Señor: «Ve y compra una vasija de barro. Después pide a algunos de los líderes de tu pueblo y a los sacerdotes que te sigan. ²Vete por la puerta de las Ollas Rotas a basurero en el valle de Ben-hinom, y dales este mensaje. ³Diles: "¡Reyes de Judá y ciudadanos de Jerusalén, escuchen este mensaje del Señor!

17:26 En hebreo *la Sefela*.

Esto dice el Señor de los Ejércitos Celestiales, Dios de Israel: "¡Traeré un terrible desastre a este lugar, y a los que se enteren les zumbarán los oídos!

⁴»Pues Israel me ha abandonado y convirtió este valle en un lugar de maldad. La gente quema incienso a dioses ajenos, ídolos nunca antes conocidos por esta generación ni por sus antepasados ni por los reyes de Judá. Y han llenado este lugar de sangre de niños inocentes. ⁵Han construido altares paganos a Baal y allí queman a sus hijos en sacrificio a Baal. Jamás ordené un acto tan horrendo; ¡ni siquiera me pasó por la mente ordenar semejante cosa! ⁶Así que, ¡atención!, se acerca la hora —dice el Señor—, cuando ese basurero ya no será llamado más Tofet ni valle de Ben-hinom, sino valle de la Matanza.

⁷»Trastornaré los planes cuidadosos de Judá y Jerusalén. Dejaré que los ejércitos invasores masacren a la gente y dejaré los cadáveres como comida para los buitres y los animales salvajes. ⁸Reduciré a ruinas a Jerusalén, y así la haré un monumento a su necedad. Todos los que pasen por allí quedarán pasmados y darán un grito de asombro al ver la destrucción. ⁹Me ocuparé de que sus enemigos sitien la ciudad hasta que no haya más comida. Entonces los que queden atrapados adentro se comerán a sus hijos, a sus hijas y a sus amigos. Caerán en una profunda desesperación'".

¹⁰»Jeremías, rompe en pedazos a la vista de estos hombres la vasija que trajiste. ¹¹Luego diles: "Esto dice el Señor de los Ejércitos Celestiales: 'Así como esta vasija está hecha pedazos, así haré pedazos a la gente de Judá y de Jerusalén, de tal manera que no habrá esperanza de reparación. Enterrarán a sus muertos aquí en Tofet, el basurero, hasta que ya no haya más lugar. ¹²Esto le haré a este lugar y a su gente, dice el Señor. Haré que esta ciudad sea profanada como Tofet. ¹³Efectivamente, todas las casas de Jerusalén —incluso el palacio de los reyes de Judá— quedarán como Tofet, es decir, todas las casas donde quemaron incienso en las azoteas en honor a los astros como si fueran dioses o donde derramaron ofrendas líquidas a sus ídolos'".

¹⁴Después de transmitir el mensaje, Jeremías regresó de Tofet, el basurero, y se detuvo frente al templo del Señor. Allí le dijo a la gente: ¹⁵«Esto dice el Señor de los Ejércitos Celestiales, Dios de Israel: "Traeré desastre sobre esta ciudad y las aldeas vecinas como lo prometí, porque tercamente se negaron a escucharme"».

Jeremías y Pasur

20 Ahora bien, Pasur, hijo de Imer, el sacerdote encargado del templo del Señor, oyó lo que Jeremías profetizaba. ²Así que arrestó al profeta Jeremías, ordenó que lo azotaran y que lo pusieran en el cepo junto a la puerta de Benjamín, en el templo del Señor.

³Al día siguiente, cuando al fin Pasur lo puso en libertad, Jeremías dijo: «Pasur, el Señor te ha cambiado el nombre. De ahora en adelante serás llamado: "El hombre que vive aterrorizado"*. ⁴Pues esto dice el Señor: "Enviaré terror sobre ti y todos tus amigos y verás cuando sean masacrados por las espadas del enemigo. Entregaré al pueblo de Judá en manos del rey de Babilonia. Él los llevará cautivos a Babilonia o los traspasará con la espada; ⁵y dejaré que tus enemigos saqueen a Jerusalén. Todos los tesoros famosos de la ciudad —las joyas preciosas, el oro y la plata de tus reyes— serán llevados a Babilonia. ⁶En cuanto a ti, Pasur, tú y todos los de tu casa irán cautivos a Babilonia. Allí morirán y serán enterrados, tú y todos tus amigos, a quienes profetizaste que todo iría bien"».

Queja de Jeremías

⁷ Oh Señor, me engañaste,
    y yo me dejé engañar.
Eres más fuerte que yo,
    y me dominaste.
Ahora soy objeto de burla todos los días;
    todos se ríen de mí.
⁸ Cuando hablo, me brotan las palabras.
    Grito: «¡Violencia y destrucción!».
Así que estos mensajes del Señor
    me han convertido en objeto de burla.
⁹ Sin embargo, si digo que nunca mencionaré al
        Señor
    o que nunca más hablaré en su nombre,
su palabra arde en mi corazón como fuego.
    ¡Es como fuego en mis huesos!
¡Estoy agotado tratando de contenerla!
    ¡No puedo hacerlo!
¹⁰ He oído los muchos rumores acerca de mí.
    Me llaman: «El hombre que vive
        aterrorizado».
Me amenazan diciendo: «Si dices algo lo
        denunciaremos».
Aun mis viejos amigos me vigilan,
    esperando que cometa algún error fatal.
«Caerá en su propia trampa —dicen—,
    entonces nos vengaremos de él».

¹¹ No obstante, el Señor está a mi lado como un
        gran guerrero;
    ante él mis perseguidores caerán.
    No pueden derrotarme.
Fracasarán y serán totalmente humillados;
    nunca se olvidará su deshonra.
¹² Oh Señor de los Ejércitos Celestiales,
    tú pruebas a los justos
    y examinas los secretos y los pensamientos
        más profundos.
Permíteme ver tu venganza contra ellos,
    porque a ti he encomendado mi causa.
¹³ ¡Canten al Señor!
    ¡Alaben al Señor!
Pues al pobre y al necesitado
    los ha rescatado de sus opresores.

20:3 En hebreo *Magor-misabib*, que significa «rodeado de terror», también en 20:10.

¹⁴ ¡Sin embargo, maldigo el día en que nací!
    Que nadie celebre el día de mi nacimiento.
¹⁵ Maldigo al mensajero que le dijo a mi padre:
    «¡Buenas noticias! ¡Es un varón!».
¹⁶ Que lo destruyan como a las ciudades de la
    antigüedad
    que el SEÑOR derribó sin misericordia.
    Asústenlo todo el día con gritos de batalla,
¹⁷ porque no me mató al nacer.
    ¡Oh, si tan solo hubiera muerto en el vientre
    de mi madre,
    si su cuerpo hubiera sido mi tumba!
¹⁸ ¿Por qué habré nacido?
    Mi vida entera se ha llenado
    de dificultades, de dolor y de vergüenza.

No hay escapatoria de Babilonia

21 El SEÑOR habló por medio de Jeremías
cuando el rey Sedequías envió a Pasur,
hijo de Malquías y al sacerdote Sofonías, hijo
de Maaseías, para hablar con el profeta. Le
suplicaron:

²—Por favor, habla al SEÑOR por nosotros y
pídele que nos ayude. El rey Nabucodonosor*
está atacando a Judá. Quizá el SEÑOR sea
misericordioso y haga un poderoso milagro
como lo ha hecho en el pasado. Tal vez obligue a
Nabucodonosor a que retire sus ejércitos.

³Jeremías respondió:

—Regresen al rey Sedequías y díganle: ⁴Esto
dice el SEÑOR, Dios de Israel: 'Haré que tus armas
no sirvan contra el rey de Babilonia ni contra los
babilonios* que te atacan fuera de las murallas.
Es más, traeré a tus enemigos al mismo corazón
de la ciudad. ⁵Yo mismo pelearé contra ti con
mano fuerte y brazo poderoso porque estoy muy
enojado. ¡Me has puesto furioso! ⁶Enviaré una
plaga terrible sobre esta ciudad y morirán tanta la gente como los animales. ⁷Después de todo
eso —dice el SEÑOR—, entregaré al rey Sedequías,
a sus funcionarios y a todo el que en la ciudad sobreviva a la enfermedad, a la guerra y al hambre,
en manos del rey Nabucodonosor de Babilonia y
de sus otros enemigos. Él los masacrará y no les
mostrará misericordia, piedad o compasión'".

⁸»Dile a todo el pueblo: "Esto dice el SEÑOR:
'¡Elijan entre la vida y la muerte! ⁹Todo el que permanezca en Jerusalén morirá por guerra, enfermedad o hambre, pero aquellos que salgan y se
entreguen a los babilonios vivirán. ¡Su recompensa será la vida! ¹⁰Pues he decidido hacer desastre
y no bien a esta ciudad —dice el SEÑOR—. Será
entregada al rey de Babilonia, quien la reducirá a
cenizas'".

Juicio contra los reyes de Judá

¹¹»Dile a la familia real de Judá: "¡Escuchen
el mensaje del SEÑOR! ¹²Esto dice el SEÑOR a la
dinastía de David:

»'¡Hagan justicia cada mañana al pueblo que
    ustedes juzgan!
    Ayuden a los que han sufrido robos,
    rescátenlos de sus opresores.
    De lo contrario, mi enojo arderá como fuego
    insaciable
    debido a todos sus pecados.
¹³ Yo pelearé personalmente contra el pueblo
    en Jerusalén,
    esa poderosa fortaleza,
    contra el pueblo que se jacta: 'Nadie puede
    tocarnos aquí;
    nadie puede entrar aquí'.
¹⁴ Y yo mismo los castigaré por ser tan pecadores,
    dice el SEÑOR.
    Prenderé fuego a sus bosques
    y ese fuego incendiará todo a su alrededor'"».

Mensaje a los reyes de Judá

22 Esto me dijo el SEÑOR: «Ve y habla directamente al rey de Judá. Dile: ²"Rey de Judá,
tú que te sientas en el trono de David, escucha el mensaje del SEÑOR. Deja que los ayudantes y tu pueblo también escuchen. ³Esto dice el
SEÑOR: 'Sean imparciales y justos. ¡Hagan lo que
es correcto! Ayuden a quienes han sufrido robos;
rescátenlos de sus opresores. ¡Abandonen sus
malas acciones! No maltraten a los extranjeros, ni
a los huérfanos ni a las viudas. ¡Dejen de matar al
inocente! ⁴Si me obedecen, siempre habrá un descendiente de David sentado en el trono aquí en
Jerusalén. El rey entrará por las puertas del palacio en carros y a caballo, con su corte de ayudantes
y súbditos. ⁵Sin embargo, si rehúsan prestar atención a esta advertencia, les juro por mi propio
nombre —dice el SEÑOR—, que este palacio se
convertirá en un montón de escombros'"».

Mensaje referente al palacio

⁶Ahora bien, esto dice el SEÑOR con respecto
al palacio real de Judá:

«Te amo tanto como a la fructífera Galaad
    y como a los verdes bosques del Líbano.
    Pero te convertiré en un desierto
    y nadie vivirá dentro de tus muros.
⁷ Citaré a obreros de demolición,
    los cuales sacarán sus herramientas para
    desmantelarte.
    Arrancarán todas tus selectas vigas de cedro
    y las echarán al fuego.

⁸»Gente de muchas naciones pasará por las
ruinas de la ciudad y se dirán el uno al otro:
"¿Por qué habrá destruido el SEÑOR esta gran
ciudad?". ⁹Y la contestación será: "Porque violaron su pacto con el SEÑOR su Dios al rendir culto
a otros dioses"».

Mensaje acerca de Joacaz

¹⁰ No lloren por el rey muerto ni lamenten
    su pérdida.

21:2 En hebreo *Nabucad-retsar*, una variante de *Nabucodonosor*; también en 21:7.   **21:4** O *caldeos*; también en 21:9.

¡En cambio, lloren por el rey cautivo que
se llevan al exilio
porque nunca más volverá para ver su
tierra natal!

¹¹Pues esto dice el SEÑOR acerca de Joacaz,*
quien sucedió en el trono a su padre, el rey
Josías, y fue llevado cautivo: «Él nunca regresará.
¹²Morirá en una tierra lejana y nunca más verá
su propio país».

Mensaje acerca de Joacim

¹³ Y el SEÑOR dice: «¡Qué aflicción le espera a
Joacim,*
que edifica su palacio con trabajo forzado!*
Construye las paredes a base de injusticia,
porque obliga a sus vecinos a trabajar,
y no les paga por su trabajo.
¹⁴ Dice: "Construiré un palacio magnífico
con habitaciones enormes y muchas
ventanas.
Lo revestiré con cedro fragante
y lo pintaré de un rojo agradable".
¹⁵ ¡Pero un hermoso palacio de cedro no hace
a un gran rey!
Josías, tu padre, también tenía mucha
comida y bebida;
pero él era justo y recto en todo lo que hacía.
Por esa razón Dios lo bendijo.
¹⁶ Hizo justicia al pobre y al necesitado y los
ayudó,
y le fue bien en todo.
¿No es eso lo que significa conocerme?
—dice el SEÑOR—.
¹⁷ ¡Pero tú, solo tienes ojos para la avaricia y
la deshonestidad!
Asesinas al inocente,
oprimes al pobre y reinas sin piedad».

¹⁸Por lo tanto, esto dice el SEÑOR acerca de
Joacim, hijo del rey Josías:

«El pueblo no llorará por él, lamentándose
entre sí:
"¡Ay, mi hermano! ¡Ay, mi hermana!".
Sus súbditos no llorarán por él, lamentando:
"¡Ay, nuestro amo ha muerto! ¡Ay, su
esplendor se ha ido!".
¹⁹ Será enterrado como un burro muerto:
¡arrastrado fuera de Jerusalén y arrojado
fuera de las puertas!
²⁰ Llora por tus aliados en el Líbano;
grita por ellos en Basán.
Búscalos en las regiones al oriente del río.
Mira, todos han sido destruidos.
No quedó nadie para ayudarte.
²¹ Te lo advertí cuando eras próspero
pero respondiste: "¡No me fastidies!".
Has sido así desde tu niñez,
¡nunca me obedeces!
²² Y ahora a tus aliados se los llevará el viento.

Todos tus amigos serán llevados cautivos.
Seguramente para entonces verás tu
maldad y te avergonzarás.
²³ Puede que sea lindo vivir en un palacio
magnífico,
recubierto con madera de cedros del
Líbano,
pero pronto gemirás con punzadas de
angustia,
angustia como la de una mujer con dolores
de parto.

Mensaje a Joaquín

²⁴»Tan cierto como que yo vivo —dice el
SEÑOR—, te abandonaré, Joaquín,* hijo de
Joacim, rey de Judá. Aunque fueras el anillo con
mi sello oficial en mi mano derecha, te arranca-
ría. ²⁵Te entregaré a los que buscan matarte —a
los que tanto temes— al rey Nabucodonosor*
de Babilonia y al poderoso ejército babilónico.*
²⁶Te expulsaré de esta tierra, a ti y a tu madre,
y morirás en un país extranjero, no en tu tierra
natal. ²⁷Nunca regresarás a la tierra que añoras.

²⁸ »¿Por qué es este hombre, Joaquín, como
una vasija desechada y rota?
¿Por qué serán él y sus hijos exiliados
al extranjero?
²⁹ ¡Oh tierra, tierra, tierra!
¡Escucha este mensaje del SEÑOR!
³⁰ Esto dice el SEÑOR:
"Que conste en acta que este hombre,
Joaquín, no tuvo hijos.
Él es un fracasado,
porque no tendrá hijos que le sucedan
en el trono de David
para gobernar a Judá".

El descendiente justo

23 »¡Qué aflicción les espera a los líderes de
mi pueblo —los pastores de mis ovejas—
porque han destruido y esparcido precisamente a
las ovejas que debían cuidar», dice el SEÑOR.
²Por lo tanto, esto dice el SEÑOR, Dios de Israel,
a los pastores: «En vez de cuidar de mis ovejas y
ponerlas a salvo, las han abandonado y las han
llevado a la destrucción. Ahora, yo derramaré
juicio sobre ustedes por la maldad que han hecho
a mi rebaño. ³pero reuniré al remanente de mi
rebaño de todos los países donde lo he expulsado.
Volveré a traer a mis ovejas a su redil y serán fructíferas y crecerán en número. ⁴Entonces nombraré pastores responsables que cuidarán de ellas, y
nunca más tendrán temor. Ni una sola se perderá
ni se extraviará. ¡Yo, el SEÑOR, he hablado!

⁵ »Pues se acerca la hora
—dice el SEÑOR—,
cuando levantaré a un descendiente justo*
del linaje del rey David.

22:11 En hebreo *Salum*, otro nombre de Joacaz.   22:13a Hermano y sucesor del exiliado Joacaz. Ver 22:18.   22:13b En hebreo *con injusticia*.   22:20 O *en Abarim*.   22:24 En hebreo *Conías*, una variante de Joaquín; también en 22:28.   22:25a En hebreo *Nabucad-retsar*, una variante de Nabucodonosor.   22:25b O *caldeo*.   23:5 En hebreo *una rama justa*.

Él será un rey que gobernará con sabiduría;
hará lo justo y lo correcto por toda la tierra.
⁶ Y su nombre será:
"El Señor es nuestra justicia"*.
En ese día Judá estará a salvo,
e Israel vivirá seguro.

⁷»En ese día —dice el Señor—, cuando la gente
jure ya no dirá: "Tan cierto como que el Señor
vive, quien rescató al pueblo de Israel de la tierra
de Egipto". ⁸En cambio, dirán: "Tan cierto como
que el Señor vive, quien trajo a Israel de regreso
a su propia tierra desde la tierra del norte y de
todos los países a los que él los envió al destierro".
Entonces vivirán en su propia tierra».

Juicio a los falsos profetas

⁹ Mi corazón está destrozado debido a los
falsos profetas,
y me tiemblan los huesos.
Me tambaleo como un borracho,
como alguien dominado por el vino,
debido a las santas palabras
que el Señor ha pronunciado contra ellos.
¹⁰ Pues la tierra está llena de adulterio,
y está bajo una maldición.
La tierra está de luto;
los pastos del desierto están resecos.
Todos hacen lo malo
y abusan del poder que tienen.

¹¹ «Aun los sacerdotes y los profetas
son hombres malvados que no tienen
a Dios.
He visto sus hechos despreciables
aquí mismo en mi propio templo
—dice el Señor—.
¹² Por lo tanto, los caminos que toman
llegarán a ser resbaladizos.
Serán perseguidos en la oscuridad
y allí caerán.
Pues traeré desastre sobre ellos
en el tiempo señalado para su castigo.
¡Yo, el Señor, he hablado!

¹³ »Vi que los profetas de Samaria eran
tremendamente malvados,
porque profetizaron en nombre de Baal
y llevaron a mi pueblo Israel al pecado.
¹⁴ ¡Pero ahora veo que los profetas de Jerusalén
son aún peores!
Cometen adulterio y les encanta la
deshonestidad.
Alientan a los que hacen lo malo
para que ninguno se arrepienta de
sus pecados.
Estos profetas son tan perversos
como lo fue la gente de Sodoma y
Gomorra».

¹⁵Por lo tanto, esto dice el Señor de los Ejércitos
Celestiales acerca de los profetas:

«Los alimentaré con amargura
y les daré veneno para beber.
Pues es debido a los profetas de Jerusalén
que se ha llenado esta tierra de maldad».

¹⁶Esto dice el Señor de los Ejércitos Celestiales
a su pueblo:

«No escuchen a estos profetas cuando ellos
les profeticen,
llenándolos de esperanzas vanas.
Todo lo que dicen son puros inventos.
¡No hablan de parte del Señor!
¹⁷ Siguen diciendo a los que desprecian mi
palabra:
"¡No se preocupen! ¡El Señor dice que
ustedes tendrán paz!".
Y a los que obstinadamente siguen sus
propios deseos,
los profetas les dicen: "¡No les sucederá
nada malo!".

¹⁸ ¿Ha estado alguno de estos profetas en la
presencia del Señor
para escuchar lo que en realidad dice?
¿Acaso alguno de ellos se ha interesado
lo suficiente como para escuchar?
¹⁹ ¡Miren! El enojo de Dios estalla como una
tormenta,
como un torbellino que se arremolina
sobre las cabezas de los perversos.
²⁰ El enojo del Señor no disminuirá
hasta que termine con todo lo que él tenía
pensado.
En los días futuros,
ustedes entenderán todo esto con claridad.

²¹ »Yo no envié a estos profetas,
sin embargo, van de un lado a otro
afirmando hablar en mi nombre.
No les he dado ningún mensaje,
pero aun así siguen profetizando.
²² Si hubieran estado en mi presencia y me
hubieran escuchado,
habrían hablado mis palabras
y habrían hecho que mi pueblo se apartara
de sus malos caminos y sus malas acciones.
²³ ¿Soy acaso Dios solo de cerca? —dice el
Señor—,
no, al mismo tiempo estoy lejos.
²⁴ ¿Puede alguien esconderse de mí en algún
lugar secreto?
¿Acaso no estoy en todas partes en los
cielos y en la tierra?
—dice el Señor.

²⁵»He oído a estos profetas decir: "Escuchen
el sueño que Dios me dio anoche". Y después
pasan a decir mentiras en mi nombre. ²⁶¿Hasta
cuándo seguirá esto? Si son profetas, son profetas del engaño, pues inventan todo lo que
dicen. ²⁷Con decir estos sueños falsos, pretenden hacer que mi pueblo me olvide, tal como lo

23:6 En hebreo *Yahveh-Tsidkenu.*

hicieron sus antepasados, al rendir culto a los ídolos de Baal.

28 »Que estos falsos profetas cuenten sus sueños, pero que mis verdaderos mensajeros proclamen todas mis palabras con fidelidad.

¡Hay diferencia entre la paja y el grano!
29 ¿No quema mi palabra como el fuego?
—dice el SEÑOR—.
¿No es como un martillo poderoso
que hace pedazos una roca?

30 »Por lo tanto —dice el SEÑOR—, estoy en contra de estos profetas que se roban mensajes el uno al otro y alegan que provienen de mí. 31 Estoy en contra de estos profetas que con mucha labia dicen: "¡Esta profecía es del SEÑOR!". 32 Yo estoy contra estos falsos profetas. Sus sueños imaginarios son mentiras descaradas que llevan a mi pueblo a pecar. Yo no los envié ni los nombré, y no tienen ningún mensaje para mi pueblo. ¡Yo, el SEÑOR, he hablado!

Falsas profecías y falsos profetas

33 »Supongamos que alguien del pueblo o uno de los profetas o sacerdotes te pregunta: "¿Y ahora, qué profecía te ha encargado el SEÑOR?". Debes responder: "¡Ustedes son la carga!* ¡El SEÑOR dice que los abandonará!".

34 »Si algún profeta, sacerdote o alguien más dice: "Tengo una profecía del SEÑOR", castigaré a tal persona junto con toda su familia. 35 Ustedes deberán preguntarse el uno al otro: "¿Cuál es la respuesta del SEÑOR?" o "¿Qué dice el SEÑOR?". 36 Ya dejen de usar esta frase: "Una profecía del SEÑOR". La gente la usa para darle importancia a sus propias ideas, tergiversando las palabras de nuestro Dios, el Dios viviente, el SEÑOR de los Ejércitos Celestiales.

37 »Esto deberás decir a los profetas: "¿Cuál es la respuesta del SEÑOR?" o "¿Qué dice el SEÑOR?". 38 Pero supongamos que responden: "¡Esta es una profecía del SEÑOR!". Entonces deberás decir: "Esto dice el SEÑOR: 'Debido a que han usado la frase "una profecía del SEÑOR", aun cuando les advertí que no la usaran, 39 me olvidaré de ustedes por completo.* Los expulsaré de mi presencia, junto con esta ciudad que les di a ustedes y a sus antepasados. 40 Los haré objeto de burla y su nombre será infame a lo largo de los siglos'"».

Higos buenos y malos

24 Después de que Nabucodonosor,* rey de Babilonia, desterró a Babilonia a Joaquín,* hijo de Joacim, rey de Judá, junto con las autoridades de Judá y todos los artífices y los artesanos, el SEÑOR me dio la siguiente visión. Vi dos canastas de higos colocadas frente al templo del SEÑOR en Jerusalén. 2 Una canasta estaba llena de higos frescos y maduros, mientras que la otra tenía higos malos, tan podridos que no podían comerse.

3 Entonces el SEÑOR me preguntó:
—¿Qué ves, Jeremías?
—Higos —contesté—, algunos muy buenos y otros muy malos, tan podridos que no pueden comerse.

4 Entonces el SEÑOR me dio este mensaje: 5 «Esto dice el SEÑOR, Dios de Israel: los higos buenos representan a los desterrados que yo envié a Judá a la tierra de los babilonios.* 6 Velaré por ellos, los cuidaré y los traeré de regreso a este lugar. Los edificaré y no los derribaré. Los plantaré y no los desarraigaré. 7 Les daré un corazón que me reconozca como el SEÑOR. Ellos serán mi pueblo y yo seré su Dios, porque se volverán a mí de todo corazón.

8 »Sin embargo, los higos malos —dice el SEÑOR—, representan al rey Sedequías de Judá, a sus funcionarios, a todo el pueblo que quedó en Jerusalén y a los que viven en Egipto. Los trataré como a higos malos, tan podridos que no pueden comerse. 9 Los haré objeto de horror y un símbolo de maldad para todas las naciones de la tierra. En todos los lugares donde yo los disperse, serán objetos de desprecio y de burla. Los maldecirán y se mofarán de ellos. 10 Les enviaré guerra, hambre y enfermedad hasta que desaparezcan de la tierra de Israel, tierra que les di a ellos y a sus antepasados».

Setenta años de cautiverio

25 Este mensaje del SEÑOR, para todo el pueblo de Judá, le vino a Jeremías durante el cuarto año del reinado de Joacim* sobre Judá. Este fue el año en que el rey Nabucodonosor* de Babilonia comenzó a reinar.

2 Jeremías el profeta le dijo a todo el pueblo de Judá y de Jerusalén: 3 «Durante los últimos veintitrés años —desde el año trece del reinado de Josías, hijo de Amón,* rey de Judá, hasta ahora— el SEÑOR me ha estado dando sus mensajes. Yo se los he comunicado con toda fidelidad, pero ustedes no han querido escuchar.

4 »Una y otra vez, el SEÑOR les ha enviado a sus siervos, los profetas, pero ustedes no escucharon ni prestaron atención. 5 Todas las veces el mensaje fue: "Apártense de su mal camino y de sus malas acciones. Solo entonces los dejaré vivir en esta tierra que el SEÑOR les dio a ustedes y a sus antepasados para siempre. 6 No provoquen mi enojo al rendir culto a ídolos que ustedes hicieron con sus propias manos. Entonces no les haré ningún daño".

7 »Pero ustedes no querían escucharme —dice el SEÑOR—. Me pusieron furioso al rendir culto a

---

24:33 Así aparece en la versión griega y en la Vulgata Latina; en hebreo dice *¿Qué carga?* 23:39 Algunos manuscritos hebreos y la versión griega dicen *ciertamente los levantaré.* 24:1a En hebreo *Nabucad-retsar*, una variante de Nabucodonosor. 24:1b En hebreo *Jeconías*, una variante de Joaquín. 24:5 O *caldeos.* 25:1a El cuarto año del reinado de Joacim y el año de la ascensión al reino de Nabucodonosor fue el 605 a. C. 25:1b En hebreo *Nabucad-retsar*, una variante de Nabucodonosor. 25:3 El año trece del reinado de Josías fue el 627 a. C.

ídolos hechos con sus propias manos y trajeron sobre ustedes todos los desastres que ahora sufren. ⁸Ahora el Señor de los Ejércitos Celestiales dice: "Como ustedes no me han escuchado, ⁹reuniré a todos los ejércitos del norte bajo el mando de Nabucodonosor, rey de Babilonia, a quien nombré mi representante. Los traeré contra esta tierra, contra su gente y contra las naciones vecinas. A ustedes los destruiré por completo* y los convertiré en objeto de horror, desprecio y ruina para siempre. Quitaré de ustedes la risa y las canciones alegres. No se oirán más las voces felices de los novios ni de las novias. Las piedras de molino se acallarán y las luces de las casas se apagarán. ¹¹Toda la tierra se convertirá en una desolada tierra baldía. Israel y las naciones vecinas servirán al rey de Babilonia por setenta años.

¹²»Entonces, después que hayan pasado los setenta años de cautiverio, castigaré al rey de Babilonia y a su nación por sus pecados —dice el Señor—. Haré del país de los babilonios* una tierra baldía para siempre. ¹³Traeré sobre ellos todos los terrores que prometí en este libro, todos los castigos contra las naciones anunciados por Jeremías. ¹⁴Muchas naciones y grandes reyes esclavizarán a los babilonios, así como ellos esclavizaron a mi pueblo. Los castigaré en proporción al sufrimiento que le ocasionaron a mi pueblo».

La copa del enojo del Señor

¹⁵Esto me dijo el Señor, Dios de Israel: «Toma de mi mano la copa de mi enojo, que está llena hasta el borde, y haz que todas las naciones a las que te envíe beban de ella. ¹⁶Cuando la beban se tambalearán, enloquecidos por la guerra que enviaré contra ellos».

¹⁷Así que tomé la copa del enojo del Señor e hice que todas las naciones bebieran de ella, cada nación a la que el Señor me envió. ¹⁸Fui a Jerusalén y a las otras ciudades de Judá, y a sus reyes y funcionarios bebieron de la copa. Desde ese día hasta ahora ellos han sido una ruina desolada, un objeto de horror, desprecio y maldición. ¹⁹Le di la copa al faraón, rey de Egipto, a sus asistentes, a sus funcionarios y a todo su pueblo, ²⁰junto con todos los extranjeros que vivían en esa tierra. También se la di a todos los reyes de la tierra de Uz, a los reyes de las ciudades filisteas de Ascalón, Gaza y Ecrón, y a lo que queda de Asdod. ²¹Después se la di a las naciones de Edom, Moab y Amón, ²²a los reyes de Tiro y Sidón, y a los reyes de las regiones al otro lado del mar ²³Se la di a Dedán, a Tema, a Buz y a la gente que vive en lugares remotos.* ²⁴Se la di a los reyes de Arabia, a los reyes de las tribus nómadas del desierto ²⁵y a los reyes de Zimri, Elam y Media. ²⁶Se la di a los reyes de los países del

norte, lejanos y cercanos, uno tras otro, es decir a todos los reinos del mundo. Finalmente, el mismo rey de Babilonia* bebió de la copa del enojo del Señor.

²⁷Entonces el Señor me dijo: «Ahora diles: "Esto dice el Señor de los Ejércitos Celestiales, Dios de Israel: 'Beban de la copa de mi enojo. Emborráchense y vomiten; caigan para nunca más levantarse, porque envío guerras terribles contra ustedes'"». ²⁸Ahora bien, si se niegan a aceptar la copa, diles: "El Señor de los Ejércitos Celestiales dice: 'No les queda más que beberla'. ²⁹He comenzado a castigar a Jerusalén, la ciudad que lleva mi nombre. ¿Acaso los dejaría a ustedes sin castigo? No, no escaparán del desastre. Enviaré guerra contra todas las naciones de la tierra. ¡Yo, el Señor de los Ejércitos Celestiales, he hablado!'".

³⁰»Ahora profetiza todas estas cosas y diles:

»"El Señor rugirá contra su propia tierra
    desde su santa morada en el cielo.
Él gritará como los que pisan las uvas;
    gritará contra todos los habitantes de
    la tierra.
³¹ Su grito de juicio llegará hasta los confines
    de la tierra,
    porque el Señor presentará su caso contra
    todas las naciones.
Él juzgará a todos los habitantes de la tierra,
    y matará con la espada a los perversos.
¡Yo, el Señor, he hablado!'".

³² Esto dice el Señor de los Ejércitos
    Celestiales:
    «¡Miren! ¡Nación tras nación sufrirá
    calamidades!
¡Se está levantando un gran torbellino de furia
    desde los rincones más distantes de
    la tierra!».

³³En aquel día, los que el Señor haya masacrado llenarán la tierra de un extremo a otro. Nadie llorará por ellos ni juntará sus cuerpos para enterrarlos. Estarán esparcidos sobre el suelo como estiércol.

³⁴ ¡Lloren y giman, pastores malvados!
    ¡Revuélquense en el polvo, líderes del
    rebaño!
Ha llegado el momento de su matanza;
    ustedes caerán y se harán añicos como
    vaso frágil.
³⁵ No encontrarán lugar donde esconderse;
    no habrá forma de escapar.
³⁶ Escuchen los gritos desesperados de los
    pastores.
    Los líderes del rebaño gimen en su
    desesperación
    porque el Señor está arruinando sus
    pastos.

25:9 El término hebreo empleado aquí se refiere a la consagración total de cosas o personas al Señor, ya sea destruyéndolas o entregándolas como ofrenda. 25:12 O caldeos. 25:23 O los que se recortan las puntas de su pelo. 25:26 En hebreo Sesac, un hombre codificado para Babilonia.

³⁷ Debido al gran enojo del Señor
los prados tranquilos se convertirán en
tierra baldía.
³⁸ Él salió de su guarida como un león fuerte
en busca de su presa,
y la tierra quedará desolada
por la espada del enemigo
y por la ira feroz del Señor.

Jeremías escapa de la muerte

26 Jeremías recibió el siguiente mensaje del Señor a principios del reinado de Joacim, hijo de Josías,* rey de Judá. ²«Esto dice el Señor: "Ponte de pie en el atrio que está delante del templo del Señor y haz un anuncio a la gente que ha venido de toda Judá a adorar. Dales mi mensaje completo sin que falte una sola palabra. ³Quizá te escuchen y se aparten de sus malos caminos. Entonces cambiaré de parecer acerca del desastre que estoy por derramar sobre ellos a causa de sus pecados".

⁴»Diles: "Esto dice el Señor: 'Si ustedes no me escuchan ni obedecen la palabra que les he dado ⁵ni tampoco escuchan a mis siervos, los profetas —porque los envié una y otra vez para advertirles, pero ustedes rehusaron escucharlos—, ⁶entonces destruiré este templo así como destruí a Silo, el lugar donde estaba el tabernáculo. Y haré que Jerusalén se convierta en objeto de maldición en cada nación de la tierra'"».

⁷Los sacerdotes, los profetas y todo el pueblo escucharon a Jeremías mientras hablaba frente al templo del Señor; ⁸pero cuando Jeremías terminó su mensaje, habiendo dicho todo lo que el Señor le ordenó que dijera, los sacerdotes, los profetas y todo el pueblo estaba junto al templo lo atacaron en masa. «¡Mátenlo! —gritaban—. ⁹¿Qué derecho tienes de profetizar en el nombre del Señor que este templo será destruido como lo fue Silo? ¿Qué quieres decir cuando afirmas que Jerusalén será destruida y dejada sin habitantes?». Así que todo el pueblo lo amenazaba mientras él estaba frente al templo.

¹⁰Cuando los funcionarios de Judá oyeron lo que pasaba, corrieron del palacio a sentarse a juzgar junto a la puerta Nueva del templo. ¹¹Los sacerdotes y los profetas presentaron sus acusaciones a los funcionarios y al pueblo. «¡Este hombre debe morir! —dijeron—. Ustedes han escuchado con sus propios oídos lo traidor que es, porque ha profetizado contra esta ciudad».

¹²Entonces Jeremías habló en su propia defensa a los funcionarios y al pueblo. «El Señor me envió para profetizar contra este templo y contra esta ciudad —dijo—. El Señor me dio cada una de las palabras que he hablado; ¹³pero si ustedes dejan de pecar y comienzan a obedecer al Señor su Dios, él cambiará de parecer acerca del desastre que anunció contra ustedes.

¹⁴En cuanto a mí, estoy en sus manos, hagan conmigo lo que mejor les parezca. ¹⁵¡Pero si me matan, tengan por seguro que estarán matando a un inocente! La responsabilidad por semejante acción caerá sobre ustedes, sobre esta ciudad y sobre cada persona que vive en ella. Pues es totalmente cierto que el Señor me envió a decir cada palabra que ustedes han oído».

¹⁶Así que los funcionarios y el pueblo les dijeron a los sacerdotes y a los profetas: «Este hombre no merece la pena de muerte porque nos ha hablado en el nombre del Señor nuestro Dios».

¹⁷Entonces algunos de los sabios ancianos se pusieron de pie y hablaron a todo el pueblo reunido en ese lugar. ¹⁸Dijeron: «Recuerden cuando Miqueas de Moréset profetizaba durante el reinado de Ezequías de Judá. Él le dijo al pueblo de Judá:

"Esto dice el Señor de los Ejércitos
Celestiales:
'El monte Sión quedará arado como un campo
abierto;
¡Jerusalén será reducida a escombros!
Un matorral crecerá en las cumbres,
donde ahora se encuentra el templo'".*

¹⁹»¿Acaso el rey Ezequías y el pueblo lo mataron por lo que dijo? No, se apartaron de sus pecados y adoraron al Señor. Le suplicaron misericordia. Entonces el Señor cambió de parecer acerca del terrible desastre que había declarado contra ellos. Así que estamos a punto de perjudicarnos a nosotros mismos».

²⁰En ese tiempo, Urías hijo de Semaías, de Quiriat-jearim, también profetizaba en nombre del Señor; y predijo el mismo terrible desastre contra la ciudad y la nación igual que Jeremías. ²¹Cuando el rey Joacim junto con los oficiales militares y los demás funcionarios escucharon lo que dijo, el rey envió a alguien para matarlo. Sin embargo, Urías se enteró del plan y escapó a Egipto atemorizado. ²²Entonces el rey Joacim envió a Elnatán, hijo de Acbor, a Egipto junto con algunos otros hombres para que capturaran a Urías. ²³Lo tomaron prisionero y lo trajeron de regreso al rey Joacim. Así que el rey mató a Urías a espada y mandó que lo enterraran en una fosa común.

²⁴No obstante, Ahicam, hijo de Safán, respaldó a Jeremías y persuadió al tribunal de no entregarlo a la multitud para que lo matara.

Jeremías se coloca un yugo para bueyes

27 Jeremías recibió el siguiente mensaje del Señor a principios del reinado de Sedequías,* hijo de Josías, rey de Judá.

²Esto me dijo el Señor: «Hazte un yugo y átatelo al cuello con correas de cuero. ³Luego envía un mensaje a los reyes de Edom, Moab, Amón, Tiro y Sidón a través de sus embajadores

26:1 El primer año del reinado de Joacim fue el 608 a. C.   26:18 Mi 3:12.   27:1 Así aparece en algunos manuscritos hebreos y en la versión siríaca (ver también 27:3 y 12); la mayoría de los manuscritos hebreos dicen *Joacim.*

que han llegado a visitar al rey Sedequías en Jerusalén. 4Dales este mensaje para sus amos: "Esto dice el SEÑOR de los Ejércitos Celestiales, Dios de Israel: 5Yo hice la tierra, la gente y cada animal con mi gran fuerza y brazo poderoso. Estas cosas me pertenecen y puedo dárselas a quien yo quiera. 6Ahora entregaré estos países al rey Nabucodonosor de Babilonia, quien es mi siervo. He puesto todo bajo su control, aun los animales salvajes. 7Todas las naciones lo servirán a él, a su hijo y a su nieto hasta que se acabe el tiempo de ellos. Entonces muchas naciones y grandes reyes conquistarán y dominarán a Babilonia. 8Así que ustedes deben someterse al rey de Babilonia y servirle; ¡pongan su cuello bajo el yugo de Babilonia! Castigaré a toda nación que rehúse ser su esclava, dice el SEÑOR. Enviaré guerra, hambre y enfermedad sobre esa nación hasta que Babilonia la conquiste.

9»'No les hagan caso a sus falsos profetas, adivinos, intérpretes de sueños, los médiums y hechiceros que dicen: "El rey de Babilonia no los conquistará". 10Todos son mentirosos y sus mentiras solo servirán para que ustedes sean expulsados de su propia tierra. Yo los expulsaré y los enviaré a morir lejos; 11pero a pueblo de toda nación que se someta al rey de Babilonia se le permitirá permanecer en su propio país para cultivar la tierra como siempre. ¡Yo, el SEÑOR, he hablado!'».

12Después repetí el mismo mensaje al rey Sedequías de Judá: «Si deseas vivir, sométete al yugo del rey de Babilonia y a su pueblo. 13¿Por qué insistes en morir, tú y tu pueblo? ¿Por qué habrán de escoger la guerra, el hambre y la enfermedad que Dios traerá contra toda nación que se niegue a someterse al rey de Babilonia? 14No les hagan caso a los falsos profetas que les siguen diciendo: "El rey de Babilonia no los conquistará". Son mentirosos. 15Esto dice el SEÑOR: "¡Yo no envié a estos profetas! Les dicen mentiras en mi nombre, así que yo los expulsaré de esta tierra. Todos ustedes morirán, junto con todos estos profetas"».

16Entonces me dirigí a los sacerdotes y al pueblo y les dije: «Esto dice el SEÑOR: "No escuchen a sus profetas que les aseguran que los artículos de oro que fueron sacados de mi templo pronto serán devueltos de Babilonia. ¡Es pura mentira! 17No los escuchen. Ríndanse al rey de Babilonia y vivirán. ¿Por qué ha de ser destruida toda esta ciudad? 18Si realmente son profetas y proclaman los mensajes del SEÑOR, ¡que supliquen que los objetos que aún quedan en el templo del SEÑOR, en el palacio real y en los palacios de Jerusalén no sean llevados a Babilonia!"

19»Pues el SEÑOR de los Ejércitos Celestiales ha hablado acerca de las columnas que están

al frente del templo, el enorme tazón de bronce llamado «el Mar», las carretas para llevar agua y los demás objetos ceremoniales. 20El rey Nabucodonosor de Babilonia los dejó aquí cuando desterró a Babilonia a Joaquín,* hijo de Joacim, rey de Judá, junto con los demás nobles de Judá y de Jerusalén. 21Sí, esto dice el SEÑOR de los Ejércitos Celestiales, Dios de Israel, acerca de los objetos preciosos que todavía permanecen en el templo y en el palacio del rey de Judá: 22 "Todos serán llevados a Babilonia y permanecerán allí hasta que yo envíe por ellos —dice el SEÑOR—. Entonces los traeré de regreso a Jerusalén"».

Jeremías condena a Hananías

28 Un día a fines del verano* del mismo año —el cuarto año del reinado de Sedequías, rey de Judá— Hananías, hijo de Azur, un profeta de Gabaón, se dirigió a mí públicamente en el templo mientras los sacerdotes y el pueblo escuchaban. Dijo:

2—Esto dice el SEÑOR de los Ejércitos Celestiales, Dios de Israel: "Quitaré del cuello de ustedes el yugo del rey de Babilonia. 3Dentro de dos años traeré de regreso todos los tesoros del templo que el rey Nabucodonosor llevó a Babilonia. 4También traeré de regreso a Joacim,* hijo de Joaquín, rey de Judá y a todos los demás cautivos que fueron llevados a Babilonia. Tengan por seguro que romperé el yugo que el rey de Babilonia ha puesto sobre sus cuellos. ¡Yo, el SEÑOR, he hablado!".

5Jeremías le respondió a Hananías mientras estaban delante de los sacerdotes y de la gente presente en el templo. 6Le dijo:

—¡Amén! ¡Que tus profecías se vuelvan realidad! Espero que el SEÑOR haga todo lo que tú dices. Espero que traiga de regreso los tesoros de este templo y a todos los cautivos; 7pero ahora presta atención a las palabras solemnes que te hablo en presencia de todas estas personas. 8Los profetas antiguos que nos precedieron hablaron en contra de muchas naciones y advirtieron siempre la llegada de guerra, desastre y enfermedad. 9Así que el profeta que predice paz debe demostrar que está en lo cierto. Solamente cuando sus predicciones se cumplan podremos saber que el SEÑOR lo ha enviado.

10Entonces el profeta Hananías quitó el yugo del cuello de Jeremías y lo hizo pedazos. 11Y Hananías dijo nuevamente a la multitud que se había reunido: «Esto dice el SEÑOR: "Así como este yugo ha sido roto, dentro de dos años romperé el yugo de opresión de todas las naciones ahora sometidas al rey Nabucodonosor de Babilonia"». Después de eso, Jeremías se fue de la zona del templo.

12Poco tiempo después de la confrontación con Hananías, el SEÑOR le dio a Jeremías este

---

27:20 En hebreo *Jeconías,* una variante de Joaquín. 28:1 En hebreo *En el quinto mes,* del antiguo calendario lunar hebreo. El quinto mes del cuarto año del reinado de Sedequías cayó entre los meses de agosto y septiembre del 593 a. C. Ver también la nota en 1:3. 28:4 En hebreo *Jeconías,* una variante de Joaquín.

mensaje: ¹³«Ve y dile a Hananías: "Esto dice el
Señor: 'Tú has quebrado un yugo de madera,
pero lo has reemplazado con un yugo de hierro.
¹⁴El Señor de los Ejércitos Celestiales, Dios de
Israel, dice: he puesto un yugo de hierro en el
cuello de todas estas naciones, y las he sometido a la esclavitud del rey Nabucodonosor
de Babilonia. He puesto todo bajo su control,
incluso los animales salvajes'"».

¹⁵Entonces el profeta Jeremías le dijo a
Hananías: «¡Escucha, Hananías! El Señor no te
ha enviado, pero el pueblo cree tus mentiras.
¹⁶Por lo tanto, esto dice el Señor: "Debes morir.
Tu vida terminará este mismo año porque te
rebelaste contra el Señor"».

¹⁷Dos meses después* murió el profeta
Hananías.

Carta a los desterrados

29 Jeremías escribió desde Jerusalén una
carta a los ancianos, a los sacerdotes, a
los profetas y a todos los que el rey Nabucodonosor había desterrado a Babilonia. ²Esto sucedió luego de que el rey Joaquín,* la reina
madre, los funcionarios de la corte, los demás
funcionarios de Judá y todos los artífices y los
artesanos fueran deportados de Jerusalén.
³Envió la carta con Elasa, hijo de Safán, y Gemarías, hijo de Hilcías, cuando fueron a Babilonia como embajadores del rey Sedequías ante
Nabucodonosor. Esto decía la carta de Jeremías:

⁴«Esto dice el Señor de los Ejércitos
Celestiales, Dios de Israel, a los cautivos que
él desterró de Jerusalén a Babilonia: ⁵"Edifiquen casas y hagan planes para
quedarse. Planten huertos y coman del
fruto que produzcan. ⁶Cásense y tengan
hijos. Luego encuentren esposos y esposas
para ellos para que tengan muchos nietos.
¡Multiplíquense! ¡No disminuyan! ⁷Y
trabajen para la paz y prosperidad de la
ciudad donde los envié al destierro. Pidan
al Señor por la ciudad, porque del bienestar
de la ciudad dependerá el bienestar de
ustedes".

⁸»Esto dice el Señor de los Ejércitos
Celestiales, Dios de Israel: "No permitan que
los engañen los profetas y los adivinos que
están entre ustedes en la tierra de Babilonia.
No presten atención a sus sueños, ⁹porque
les dicen mentiras en mi nombre. Yo no los
envié", dice el Señor.

¹⁰»Esto dice el Señor: "Ustedes
permanecerán en Babilonia durante setenta
años; pero luego vendré y cumpliré todas las
cosas buenas que les prometí, y los llevaré
de regreso a casa. ¹¹Pues yo sé los planes
que tengo para ustedes —dice el Señor—.
Son planes para el bueno y no para el malo,

para darles un futuro y una esperanza.
¹²En esos días, cuando oren, los escucharé.
¹³Si me buscan de todo corazón, podrán
encontrarme. ¹⁴Sí, me encontrarán —dice
el Señor—. Pondré fin a su cautiverio y
restableceré su bienestar. Los reuniré de
las naciones adonde los envié y los llevaré
a casa, de regreso a su propia tierra".

¹⁵»Ustedes afirman que el Señor les ha
levantado profetas en Babilonia; ¹⁶pero
esto dice el Señor acerca del rey que se
sienta en el trono de David y acerca de todos
los que todavía viven aquí en Jerusalén,
sus parientes que no fueron desterrados
a Babilonia. ¹⁷Esto dice el Señor de los
Ejércitos Celestiales: "Enviaré sobre ellos
guerra, hambre y enfermedad, y haré que
sean como higos podridos, tan podridos
que no pueden comerse. ¹⁸Sí, los perseguiré
con guerra, hambre y enfermedad, y los
esparciré por todo el mundo. En cada nación
por donde los envíe los convertiré en objeto
de condenación, horror, desprecio y burla.
¹⁹Pues ellos rehusaron escucharme, a pesar
de que les hablé repetidas veces por medio
de los profetas que envié. Y ustedes,
que están en el destierro, tampoco han
escuchado", dice el Señor.

²⁰»Por lo tanto, todos los cautivos en
Babilonia, escuchen el mensaje del Señor.
²¹Esto dice el Señor de los Ejércitos
Celestiales, Dios de Israel, acerca de los
profetas que tienen —Acab, hijo de Colaías
y Sedequías, hijo de Maaseías— que les
dicen mentiras en mi nombre: "Yo los
entregaré a Nabucodonosor* para que los
ejecute delante de sus ojos. ²²Su horrible
final será conocido por todos, entonces
cuando los desterrados judíos quieran
maldecir a alguien, dirán: '¡Que el Señor
te haga como a Sedequías y a Acab, a
quienes el rey de Babilonia quemó vivos!'.
²³Pues estos hombres han hecho cosas
terribles entre mi pueblo. Han cometido
adulterio con las esposas de sus vecinos
y han mentido en mi nombre diciendo
cosas que no les mandé decir. De eso soy
testigo. Yo, el Señor, he hablado"».

Mensaje a Semaías

²⁴El Señor envió este mensaje a Semaías el
nehelamita que estaba en Babilonia. ²⁵«Esto
dice el Señor de los Ejércitos Celestiales, Dios de
Israel: escribiste una carta por tu propia cuenta
a Sofonías, hijo de Maaseías, el sacerdote, y
enviaste copias a los demás sacerdotes y al pueblo en Jerusalén. Le escribiste a Sofonías:

²⁶»"El Señor te ha designado para que
reemplaces a Joiada como sacerdote a cargo

28:17 En hebreo *En el séptimo mes del mismo año.* Ver 28:1 y la nota a pie de página.   **29:2** En hebreo *Jeconías,* una variante de
Joaquín.   **29:21** En hebreo *Nabucad-retsar,* una variante de Nabucodonosor.

de la casa del Señor. Eres responsable de poner en cepos y grilletes a cualquier loco que afirme ser profeta. [27] Así que, ¿por qué no has hecho nada para detener a Jeremías de Anatot, que se hace pasar por profeta entre ustedes? [28] Jeremías envió aquí, a Babilonia, una carta prediciendo que nuestro cautiverio será por largo tiempo. Dijo: 'Edifiquen casas y hagan planes para quedarse. Planten huertos y coman del fruto que produzcan'"».

[29] Ahora bien, cuando el sacerdote Sofonías recibió la carta de Semaías, la llevó a Jeremías y se la leyó. [30] Entonces el Señor le dio a Jeremías este mensaje: [31] «Envía una carta abierta a todos los desterrados en Babilonia. Diles: "Esto dice el Señor con relación a Semaías el nehelamita: 'Como les ha profetizado, a pesar de que yo no lo envié, y los ha engañado, haciéndolos creer sus mentiras, [32] lo castigaré a él y a su familia. Ninguno de sus descendientes verá las buenas cosas que haré para mi pueblo, porque él los ha incitado a rebelarse contra mí. ¡Yo, el Señor, he hablado!'"».

Promesas de liberación

30 El Señor le dio otro mensaje a Jeremías. Le dijo: [2] «Esto dice el Señor, Dios de Israel: Jeremías, anota en un registro cada cosa que te he dicho. [3] Porque se acerca la hora cuando restableceré el bienestar de mi pueblo, Israel y Judá. Los traeré a casa, a esta tierra que di a sus antepasados, y volverán a poseerla. ¡Yo, el Señor, he hablado!».

[4] Este es el mensaje que el Señor con relación a Israel y Judá. [5] Esto dice el Señor:

«Oigo gritos de temor;
    hay terror y no hay paz.
[6] Déjenme hacerles una pregunta:
    ¿Acaso los varones dan a luz?
¿Entonces por qué están parados allí con sus
        caras pálidas
    y con las manos apoyadas sobre el vientre
        como una mujer en parto?
[7] En toda la historia nunca ha habido un
        tiempo de terror como este.
    Será un tiempo de angustia para mi
        pueblo Israel.*
¡Pero al final será salvo!

[8] Pues en ese día,
    —dice el Señor de los Ejércitos
        Celestiales—,
quebraré el yugo de sus cuellos
    y romperé sus cadenas.
Los extranjeros no serán más sus amos.
[9] Pues mi pueblo servirá al Señor su Dios
    y a su rey, descendiente de David,
    el rey que yo le levantaré

[10] »Así que no temas, Jacob, mi siervo;
    no te dejes abatir, Israel

—dice el Señor—.
Pues desde tierras lejanas los traeré de
        regreso a casa,
    y sus hijos regresarán del destierro.
Israel regresará a una vida de paz y
        tranquilidad,
    y nadie lo atemorizará.
[11] Yo estoy contigo y te salvaré
    —dice el Señor—.
Destruiré por completo a las naciones entre
        las cuales te esparcí,
    pero a ti no te destruiré por completo.
Te disciplinaré, pero con justicia;
    no puedo dejarte sin castigo».

[12] Esto dice el Señor:
«Tu lesión es incurable,
    una herida terrible.
[13] No hay nadie que te ayude
    ni que venda tu herida.
    Ningún medicamento puede curarte.
[14] Todos tus amantes, tus aliados, te han
        abandonado
    y ya no se interesan por ti.
Te he herido cruelmente
    como si fuera tu enemigo.
Pues tus pecados son muchos
    y tu culpa es grande.
[15] ¿Por qué te quejas de tu castigo,
    de esta herida que no tiene cura?
He tenido que castigarte
    porque tus pecados son muchos
    y tu culpa es grande.

[16] »Pero todos los que te devoran serán
        devorados,
    y todos tus enemigos serán enviados al
        destierro.
Todos los que te saquean serán saqueados,
    y todos los que te atacan serán atacados.
[17] Te devolveré la salud
    y sanaré tus heridas —dice el Señor—,
aunque te llamen desechada, es decir,
    "Jerusalén,* de quien nadie se interesa"».

[18] Esto dice el Señor:
«Cuando del cautiverio traiga a Israel de
        regreso a casa
    y cuando restablezca su bienestar,
Jerusalén será reedificada sobre sus ruinas
    y el palacio reconstruido como antes.
[19] Habrá alegría y canciones de acción de
        gracias,
    y multiplicaré a mi pueblo, no lo reduciré;
lo honraré, no lo despreciaré.
[20]   Sus hijos prosperarán como en el
        pasado
Los estableceré como una nación delante
        de mí,
    y castigaré a cualquiera que les haga daño.
[21] Volverán a tener su propio gobernante,
    quien surgirá de entre ellos mismos.

30:7 En hebreo *Jacob*; también en 30:10b, 18. Ver la nota en 5:20. **30:17** En hebreo *Sión.*

Lo invitaré a que se acerque a mí —dice
el Señor—,
porque ¿quién se atrevería a acercarse
sin ser invitado?
²² Ustedes serán mi pueblo
y yo seré su Dios».

²³ ¡Miren! El enojo del Señor estalla como
una tormenta,
un viento devastador que se arremolina
sobre las cabezas de los perversos.
²⁴ La ira feroz del Señor no disminuirá
hasta que haya terminado con todo lo
que él tiene pensado.
En los días futuros
ustedes entenderán todo esto.

Esperanza de restauración

31

«En ese día —dice el Señor—, seré el Dios
de todas las familias de Israel, y ellas serán
mi pueblo. ²Esto dice el Señor:

»Los que sobrevivan de la destrucción
venidera
encontrarán bendiciones aun en las
tierras áridas,
porque al pueblo de Israel le daré
descanso».

³ Hace tiempo el Señor le dijo a Israel:
«Yo te he amado, pueblo mío, con un amor
eterno.
Con amor inagotable te acerqué a mí.
⁴ Yo te reedificaré, mi virgen Israel.
Volverás a ser feliz
y con alegría danzarás con las panderetas.
⁵ De nuevo plantarás tus viñedos sobre las
montañas de Samaria
y allí comerás de tus propios huertos.
⁶ Llegará el día cuando los centinelas gritarán
desde la zona montañosa de Efraín:
"Vengan, subamos a Jerusalén*
a adorar al Señor nuestro Dios"».

⁷ Ahora esto dice el Señor:
«Canten con alegría por Israel.*
¡Griten por la mejor de las naciones!
Griten de alabanza y alegría:
"¡Salva a tu pueblo, oh Señor,
el remanente de Israel!".
⁸ Pues los traeré del norte
y de los extremos más lejanos de la tierra.
No me olvidaré del ciego ni del cojo,
ni de las mujeres embarazadas ni de las que
están en trabajo de parto.
¡Volverá un enorme grupo!
⁹ Por sus rostros correrán lágrimas de alegría,
y con mucho cuidado los guiaré a casa.
Caminarán junto a arroyos quietos
y por caminos llanos donde no tropezarán.
Pues soy el padre de Israel,
y Efraín es mi hijo mayor.

¹⁰ »Ustedes, naciones del mundo,
escuchen este mensaje del Señor;
proclámenlo en las costas lejanas:
El Señor que dispersó a su pueblo,
lo reunirá y lo cuidará
como hace un pastor con su rebaño.
¹¹ Pues el Señor ha rescatado a Israel
de manos más fuertes.
¹² Vendrán a su tierra y entonarán canciones
de alegría en las alturas de Jerusalén.
Estarán radiantes debido a los buenos
regalos del Señor:
abundancia de grano, vino nuevo y aceite
de oliva,
y los rebaños y las manadas saludables.
Su vida será como un jardín bien regado
y desaparecerán todas sus tristezas.
¹³ Las jóvenes danzarán de alegría
y los hombres —jóvenes y viejos— se
unirán a la celebración.
Convertiré su duelo en alegría.
Los consolaré y cambiaré su aflicción
en regocijo.
¹⁴ Los sacerdotes disfrutarán de la abundancia,
y mi pueblo se saciará de mis buenos
regalos.
¡Yo, el Señor, he hablado!».

Tristeza de Raquel se torna en alegría

¹⁵Esto dice el Señor:

«En Ramá se oye una voz,
profunda angustia y llanto bien amargo.
Raquel llora por sus hijos,
se niega a que la consuelen,
porque sus hijos se han ido».

¹⁶ Pero ahora esto dice el Señor:
«No llores más,
porque te recompensaré —dice el
Señor—.
Tus hijos volverán a ti
desde la tierra lejana del enemigo.
¹⁷ Hay esperanza para tu futuro —dice el
Señor—.
Tus hijos volverán a su propia tierra.
¹⁸ Oí a Israel* decir:
"Me disciplinaste severamente,
como a un becerro que necesita ser
entrenado para el yugo.
Hazme volver a ti y restáurame,
porque solo tú eres el Señor mi Dios.
¹⁹ Me aparté de Dios,
pero después tuve remordimiento.
¡Me di golpes por haber sido tan estúpido!
Estaba profundamente avergonzado por
todo lo que hice en los días de mi
juventud".
²⁰ »¿No es aún Israel mi hijo,
mi hijo querido? —dice el Señor—.

31:6 En hebreo *Sión*, también en 31:12.   31:7 En hebreo *Jacob*; también en 31:11. Ver la nota en 5:20.   31:18 En hebreo *Efraín*, se
refiere al reino del norte de Israel; también en 31:20.

A menudo tengo que castigarlo,
    pero aun así lo amo.
Por eso mi corazón lo anhela
    y ciertamente le tendré misericordia.
²¹ Pon señales en el camino;
    coloca postes indicadores.
Marca bien el camino
    por el cual viniste.
Regresa otra vez, mi virgen Israel;
    regresa aquí a tus ciudades.
²² ¿Hasta cuándo vagarás,
    mi hija descarriada?
Pues el Señor hará que algo nuevo suceda:
    Israel abrazará a su Dios».*

²³Esto dice el Señor de los Ejércitos Celestiales, Dios de Israel: «Cuando yo traiga de regreso del cautiverio, el pueblo de Judá y sus ciudades volverán a decir: "¡El Señor te bendiga, oh casa de rectitud, oh monte santo!". ²⁴Tanto la gente de la ciudad como los agricultores y los pastores vivirán juntos en paz y felicidad. ²⁵Pues le daré descanso al fatigado y al afligido, alegría».

²⁶Al oír esto, me desperté y miré a mi alrededor. Mi sueño había sido muy dulce.

²⁷«Se acerca el día —dice el Señor—, cuando aumentaré en gran manera la población humana y el número de los animales en Israel y Judá. ²⁸En el pasado con determinación desarraigué y derribé a esta nación. La derroqué, la destruí y sobre ella traje el desastre; pero en el futuro con la misma determinación la plantaré y la edificaré. ¡Yo, el Señor, he hablado!

²⁹»El pueblo ya no citará este proverbio:

"Los padres comieron uvas agrias
    pero la boca de sus hijos se frunce por
        el sabor".

³⁰Cada persona morirá por sus propios pecados, los que coman las uvas agrias serán los que tengan la boca fruncida.

³¹»Se acerca el día —dice el Señor—, en que haré un nuevo pacto con el pueblo de Israel y de Judá. ³²Este pacto no será como el que hice con sus antepasados cuando los tomé de la mano y los saqué de la tierra de Egipto. Ellos rompieron ese pacto, a pesar de que los amé como a un hombre ama a su esposa», dice el Señor.

³³«Pero este es el nuevo pacto que haré con el pueblo de Israel en ese día —dice el Señor—. Pondré mis instrucciones en lo más profundo de ellos y las escribiré en su corazón. Yo seré su Dios y ellos serán mi pueblo. ³⁴Y no habrá necesidad de enseñar a sus vecinos ni habrá necesidad de enseñar a sus parientes diciendo: "Deberías conocer al Señor". Pues todos ya me conocerán, desde el más pequeño hasta el más grande —dice el Señor—. Perdonaré sus maldades y nunca más me acordaré de sus pecados».

³⁵ Es el Señor quien provee el sol para alumbrar
        el día
    y la luna y las estrellas para alumbrar la
        noche,
    y agita el mar y hace olas rugientes.
Su nombre es el Señor de los Ejércitos
        Celestiales,
    y esto es lo que dice:
³⁶ «¡Igual de improbable es que anule las leyes
        de la naturaleza
    como que rechace a mi pueblo Israel!».

³⁷ Esto dice el Señor:
    «Así como no se puedan medir los cielos
        ni explorar los fundamentos de la tierra,
    así tampoco consideraré echarlos fuera
        por las maldades que han hecho.
    ¡Yo, el Señor, he hablado!

³⁸»Se acerca el día —dice el Señor—, cuando toda Jerusalén será reconstruida para mí, desde la torre de Hananeel hasta la puerta de la Esquina. ³⁹Se extenderá una cuerda de medir sobre la colina de Gareb hasta Goa ⁴⁰y el área entera —incluidos el cementerio y el basurero de cenizas en el valle, y todos los campos en el oriente hasta el valle de Cedrón y hasta la puerta de los Caballos— será santa al Señor. Nunca más la ciudad será conquistada ni destruida».

Jeremías compra un terreno

32 Jeremías recibió el siguiente mensaje del Señor en el décimo año del reinado de Sedequías,* rey de Judá. También era el año dieciocho del reinado de Nabucodonosor.* ²Para entonces, Jerusalén estaba sitiada por el ejército babilónico y Jeremías estaba preso en el patio de la guardia del palacio real. ³El rey Sedequías lo había puesto allí, y preguntaba por qué Jeremías seguía dando esta profecía: «Esto dice el Señor: "Estoy a punto de entregar esta ciudad al rey de Babilonia, y él la tomará. ⁴El rey Sedequías será capturado por los babilonios* y llevado a encontrarse cara a cara con el rey de Babilonia. ⁵El llevará a Sedequías a Babilonia y allí me ocuparé de él —dice el Señor—. Si ustedes pelean contra los babilonios, no vencerán"».

⁶En ese tiempo el Señor me envió un mensaje. Me dijo: ⁷«Tu primo Hanameel, hijo de Salum, vendrá y te dirá: "Compra mi terreno en Anatot. Por ley tienes derecho a comprarlo antes de que lo ofrezca a algún otro"».

⁸Entonces, así como el Señor dijo que haría, mi primo Hanameel vino y me visitó en la cárcel. Me dijo: «Por favor, compra mi terreno en Anatot en la tierra de Benjamín. Por ley tienes el derecho de comprarlo antes de que lo ofrezca a algún otro, así que cómpralo para ti». Entonces supe que el mensaje que había oído era del Señor

⁹Así que compré el terreno en Anatot

31:22 En hebreo *una mujer rodeará a un hombre.*   32:1a El décimo año del reinado de Sedequías y el año dieciocho del reinado de Nabucodonosor fue el 587 a. C.   32:1b En hebreo *Nabucad-retsar,* una variante de Nabucodonosor; también en 32:28.   32:4 O *caldeos;* también en 32:5, 24, 25, 28, 29 y 43.

pagándole a Hanameel diecisiete piezas* de plata. ¹⁰Firmé y sellé la escritura de compra delante de testigos, pesé la plata y le pagué. ¹¹Entonces tomé la escritura sellada y una copia de la escritura no sellada con los términos y condiciones de la compra, ¹²y se la di a Baruc, hijo de Nerías y nieto de Maaseías. Hice todo esto en presencia de mi primo Hanameel, de los testigos que firmaron la escritura y de todos los hombres de Judá que estaban allí en el patio de la guardia.

¹³Entonces le dije a Baruc mientras todos escuchaban: ¹⁴«Esto dice el SEÑOR de los Ejércitos Celestiales, Dios de Israel: "Toma tanto la escritura sellada como la copia no sellada y ponlas en una vasija de barro para preservarlas por largo tiempo". ¹⁵Pues esto dice el SEÑOR de los Ejércitos Celestiales, Dios de Israel: "Algún día de nuevo habrá dueños de estos terrenos que comprarán y venderán casas, viñedos y campos"».

Oración de Jeremías

¹⁶Después que le di los documentos a Baruc, oré al SEÑOR:

¹⁷«¡Oh SEÑOR Soberano! Hiciste los cielos y la tierra con tu enorme fuerza y tu brazo poderoso. ¡Nada es demasiado difícil para ti! ¹⁸Muestras un amor inagotable a miles, pero también haces recaer las consecuencias del pecado de una generación sobre la siguiente. Tú eres el Dios grande y poderoso, el SEÑOR de los Ejércitos Celestiales. ¹⁹Tú posees toda la sabiduría y haces grandes y maravillosos milagros. Ves la conducta de todas las personas y les das lo que se merecen. ²⁰Realizaste señales milagrosas y maravillas en la tierra de Egipto, ¡cosas que se recuerdan hasta el día de hoy! Y sigues haciendo grandes milagros en Israel y en todo el mundo. Así has hecho que tu nombre sea famoso hasta el día de hoy.

²¹»Tú sacaste a Israel de Egipto con señales poderosas y maravillas, con mano fuerte y brazo poderoso, y con un terror aplastante. ²²Le diste al pueblo de Israel esta tierra que habías prometido hace mucho tiempo a sus antepasados, tierra donde fluyen la leche y la miel. ²³Nuestros antepasados vinieron, la conquistaron y vivieron en ella, pero rehusaron obedecerte o seguir tu palabra. No hicieron nada de lo que les ordenaste. Por eso enviaste este terrible desastre sobre ellos.

²⁴»¡Miren cómo han construido rampas de asalto contra las murallas de la ciudad! Por medio de guerra, hambre y enfermedad la ciudad será entregada a los babilonios, que la conquistarán. Todo ha sucedido tal como lo dijiste. ²⁵Y aun así, oh SEÑOR Soberano,

me has ordenado comprar el terreno —hasta pagué mucho dinero en presencia de estos testigos— aunque la ciudad pronto será entregada a los babilonios».

Predicción de la caída de Jerusalén

²⁶Después Jeremías recibió el siguiente mensaje del SEÑOR: ²⁷«Yo soy el SEÑOR, Dios de todos los pueblos del mundo. ¿Hay algo demasiado difícil para mí? ²⁸Por lo tanto, esto dice el SEÑOR: entregaré esta ciudad a los babilonios y a Nabucodonosor, rey de Babilonia, y él la conquistará. ²⁹Los babilonios que están fuera de las murallas entrarán y prenderán fuego a la ciudad. Quemarán por completo todas estas casas, donde el pueblo provocó mi enojo al quemar incienso a Baal en las azoteas y al derramar ofrendas líquidas a otros dioses. ³⁰Desde su comienzo Israel y Judá solo han hecho lo malo. Me han enfurecido con todas sus malas acciones —dice el SEÑOR—. ³¹Desde el día que se construyó esta ciudad hasta ahora no han hecho más que enojarme, así que estoy decidido a deshacerme de ella.

³²»Los pecados de Israel y de Judá —los pecados de la gente de Jerusalén, de los reyes, de los funcionarios, de los sacerdotes y de los profetas— han provocado mi enojo. ³³Mi pueblo me ha dado la espalda y no quiere regresar. A pesar de que les he enseñado con diligencia, no aceptaron la instrucción ni obedecieron. ³⁴Levantaron sus ídolos abominables justo en mi propio templo, y así lo profanaron. ³⁵Edificaron santuarios paganos a Baal en el valle de Ben-hinom y allí sacrifican a sus hijos e hijas a Moloc. Jamás ordené un acto tan horrendo; ¡ni siquiera me pasó por la mente ordenar semejante cosa! ¡Qué maldad tan increíble la que hizo que Judá pecara tanto!

Promesa de restauración

³⁶»Ahora quiero decir algo más acerca de esta ciudad. Ustedes han estado diciendo: "La ciudad caerá ante el rey de Babilonia por guerra, hambre y enfermedad"; pero esto dice el SEÑOR, Dios de Israel: ³⁷ciertamente traeré de regreso a mi pueblo de todos los países adonde lo esparcí en mi furor. Lo traeré de regreso a esta misma ciudad para que viva en paz y seguridad. ³⁸Ellos serán mi pueblo y yo seré su Dios. ³⁹Les daré un solo corazón y un solo propósito: adorarme para siempre para su propio bien y el bien de todos sus descendientes. ⁴⁰Y haré un pacto eterno con ellos: nunca dejaré de hacerles bien. Pondré en el corazón de ellos el deseo de adorarme, y nunca me dejarán. ⁴¹Me gozaré en hacerles bien, y con fidelidad y de todo corazón los volveré a plantar en esta tierra.

⁴²»Esto dice el SEÑOR: así como traje todas estas calamidades sobre ellos, así haré todo el bien que les he prometido. ⁴³Se volverán a comprar y a vender terrenos en esta tierra de la que

ahora ustedes dicen: "Ha sido arrasada por los babilonios, es una tierra desolada de donde la gente y los animales han desaparecido". ⁴⁴Es cierto, otra vez se comprarán y venderán terrenos —con escrituras firmadas y selladas frente a testigos— en la tierra de Benjamín y aquí en Jerusalén, en las ciudades de Judá y en la zona montañosa, contra las murallas de Judá* y también en el Neguev. Pues algún día les devolveré la prosperidad. ¡Yo, el Señor, he hablado!».

Promesas de paz y prosperidad

33 Mientras Jeremías aún estaba detenido en el patio de la guardia, el Señor le dio un segundo mensaje: ²«Esto dice el Señor, el Señor que hizo la tierra, que la formó y la estableció, cuyo nombre es Señor: ³pídeme y te daré a conocer secretos sorprendentes que no conoces acerca de lo que está por venir. ⁴Pues esto dice el Señor, Dios de Israel: ustedes derribaron las casas de esta ciudad y hasta el palacio real a fin de conseguir materiales para fortalecer las murallas contra las rampas de asalto y contra la espada del enemigo. ⁵Ustedes esperan luchar contra los babilonios* pero los hombres de esta ciudad ya están muertos, porque en mi terrible enojo he decidido destruirlos. Los abandoné debido a toda su perversidad.

⁶»Sin embargo, llegará el día en que sanaré las heridas de Jerusalén y le daré prosperidad y verdadera paz. ⁷Restableceré el bienestar de Judá e Israel y reconstruiré sus ciudades. ⁸Los limpiaré de sus pecados contra mí y perdonaré todos sus pecados de rebelión. ⁹¡Entonces esta ciudad me traerá gozo, gloria y honra ante todas las naciones de la tierra! ¡Ellas verán todo el bien que hago a mi pueblo y temblarán de asombro al ver la paz y prosperidad que le doy!

¹⁰»Esto dice el Señor: ustedes dijeron: "Esta es una tierra desolada de donde la gente y los animales han desaparecido". Sin embargo, en las calles desiertas de Jerusalén y de las otras ciudades de Judá volverán a oírse ¹¹risas y voces de alegría. Otra vez se oirán las voces felices de los novios y las novias junto con las canciones alegres de las personas que traen ofrendas de gratitud al Señor. Cantarán:

"Denle gracias al Señor de los Ejércitos Celestiales, porque el Señor es bueno. ¡Su fiel amor perdura para siempre!".

Pues restauraré la prosperidad de esta tierra a como era en el pasado, dice el Señor.

¹²»Esto dice el Señor de los Ejércitos Celestiales: esta tierra —a pesar de que ahora está desolada y no tiene gente ni animales— tendrá otra vez pastizales donde los pastores podrán llevar sus rebaños. ¹³Una vez más los pastores contarán sus rebaños en las ciudades de la zona montañosa, en las colinas de Judá,* en el Neguev, en la tierra de Benjamín, en los alrededores de Jerusalén y en todas las ciudades de Judá. ¡Yo, el Señor, he hablado!

¹⁴»Llegará el día, dice el Señor, cuando haré por Israel y por Judá todas las cosas buenas que les he prometido.

¹⁵ »En esos días y en ese tiempo
    levantaré un descendiente* justo del linaje
        del rey David.
    Él hará lo que es justo y correcto en toda
        la tierra.
¹⁶ En ese día Judá será salvo,
    y Jerusalén vivirá segura.
    Y este será su nombre:
        "El Señor es nuestra justicia"*.

¹⁷Pues esto dice el Señor: David tendrá por siempre un descendiente sentado en el trono de Israel. ¹⁸Y siempre habrá sacerdotes levitas para ofrecerme ofrendas quemadas, ofrendas de grano y sacrificios».

¹⁹Luego Jeremías recibió el siguiente mensaje del Señor: ²⁰«Esto dice el Señor: si ustedes pudieran romper mi pacto con el día y con la noche de modo que uno no siguiera al otro, ²¹solo entonces se rompería mi pacto con mi siervo David. Solo entonces, él no tendría un descendiente para reinar sobre su trono. Lo mismo ocurre con mi pacto con los sacerdotes levitas que ministran ante mí. ²²Y así como no se pueden contar las estrellas de los cielos ni se puede medir la arena a la orilla del mar, así multiplicaré los descendientes de mi siervo David y de los levitas que ministran ante mí».

²³El Señor le dio a Jeremías otro mensaje y le dijo: ²⁴«¿Te has dado cuenta de lo que la gente dice?: "¡El Señor eligió a Judá y a Israel por luego los abandonó!". En son de burla dicen que Israel no es digno de ser considerado una nación. ²⁵Sin embargo, esto dice el Señor: así como no cambiaría las leyes que gobiernan el día y la noche, la tierra y el cielo, así tampoco rechazaré a mi pueblo. ²⁶Nunca abandonaré a los descendientes de Jacob o de mi siervo David ni cambiaré el plan de que los descendientes de David gobiernen a los descendientes de Abraham, Isaac y Jacob. En cambio, yo los restauraré a su tierra y tendré misericordia de ellos».

Advertencia a Sedequías

34 El rey Nabucodonosor de Babilonia llegó con todos los ejércitos de los reinos que él gobernaba y peleó contra Jerusalén y las ciudades de Judá. En ese momento Jeremías recibió el siguiente mensaje del Señor: ²«Ve ante Sedequías, rey de Judá, y dile: "Esto dice el Señor, Dios de Israel: Estoy por entregar esta ciudad en manos del rey de Babilonia y él la incendiará. ³No escaparás de sus garras sino

---

32:44 En hebreo *en la Sefela.*   33:5 O *caldeos.*   33:13 En hebreo *la Sefela.*   33:15 En hebreo *una rama justa.*   33:16 En hebreo *Yahveh-Tsidkenu.*

que te tomarán cautivo, te llevarán ante el rey de Babilonia y lo verás cara a cara. Después serás exiliado a Babilonia'.

4»"Pero escucha esta promesa del Señor, oh Sedequías, rey de Judá. Esto dice el Señor: 'No te matarán en la guerra 5sino que morirás en paz. La gente quemará incienso en tu memoria de la misma manera que lo hizo con tus antepasados, los reyes que te precedieron. Se lamentarán por ti llorando: "¡Ay, nuestro amo ha muerto!". Esto es lo que he decretado, dice el Señor'"».

6Así que el profeta Jeremías transmitió este mensaje al rey Sedequías de Judá. 7En ese tiempo, el ejército babilónico sitiaba a Jerusalén, a Laquis y a Azeca, las únicas ciudades fortificadas de Judá que todavía no habían sido conquistadas.

Liberación para los esclavos hebreos

8Jeremías recibió este mensaje del Señor luego que el rey Sedequías hizo un pacto con el pueblo que proclamó la libertad de los esclavos. 9El rey había ordenado que todo el pueblo dejara en libertad a sus esclavos hebreos, tanto hombres como mujeres. Nadie debía mantener a un hermano judío en esclavitud. 10Las autoridades y todo el pueblo habían obedecido el mandato del rey, 11pero luego cambiaron de opinión. Volvieron a tomar a los hombres y a las mujeres que habían liberado y los obligaron a ser esclavos otra vez.

12Así que el Señor les dio el siguiente mensaje por medio de Jeremías: 13«Esto dice el Señor, Dios de Israel: "Hace tiempo hice un pacto con sus antepasados cuando los rescaté de la esclavitud de Egipto. 14Les dije que todo esclavo hebreo debía ser liberado después de haber servido seis años; pero sus antepasados no me hicieron caso. 15Hace poco ustedes se arrepintieron e hicieron lo que es correcto obedeciendo mi palabra. Liberaron a sus esclavos e hicieron un pacto solemne conmigo en el templo que lleva mi nombre. 16Sin embargo, ahora ustedes abandonaron su juramento y profanaron mi nombre al volver a tomar a los hombres y a las mujeres que habían liberado y obligarlos a ser esclavos otra vez.

17»"Por lo tanto, esto dice el Señor: ya que ustedes me han desobedecido al no poner en libertad a sus compatriotas, yo los pondré a ustedes en libertad para ser destruidos por guerra, enfermedad y hambre. Serán objeto de horror para todas las naciones de la tierra. 18Puesto que rompieron las condiciones de nuestro pacto, los partiré en dos tal como ustedes partieron el becerro cuando caminaron entre las mitades para solemnizar sus votos. 19Así es, yo, partiré, sean autoridades de Judá o de Jerusalén, funcionarios de la corte, sacerdotes o gente común, porque rompieron su juramento. 20Los entregaré en manos de sus enemigos y

ellos los matarán. Sus cuerpos serán alimento para los buitres y para los animales salvajes.

21»"Yo entregaré a Sedequías, rey de Judá, y a sus funcionarios en manos del ejército del rey de Babilonia. A pesar de que el rey de Babilonia ha dejado Jerusalén por un tiempo, 22llamaré a los ejércitos babilónicos para que regresen. Pelearán contra esta ciudad, la conquistarán y la incendiarán. Me aseguraré de que todas las ciudades de Judá sean destruidas y que nadie viva allí"».

Los fieles recabitas

35 Este es el mensaje que el Señor le dio a Jeremías cuando Joacim, hijo de Josías, era rey de Judá: 2«Ve al asentamiento donde habitan las familias de los recabitas e invítalos al templo del Señor. Llévalos a una de las habitaciones interiores y ofréceles algo de vino».

3Así que fui a ver a Jaazanías, hijo de Jeremías y nieto de Habasinías, y a todos sus hermanos e hijos, que representan a todas las familias recabitas. 4Los llevé al templo y fuimos a la habitación asignada a los hijos de Hanán, hijo de Igdalías, hombre de Dios. Esta habitación se encontraba junto a la que usaban los funcionarios del templo, encima de la habitación de Maaseías, hijo de Salum, el portero del templo.

5Puse copas y jarras llenas de vino delante de ellos y los invité a beber, 6pero no aceptaron. «No —dijeron—, no bebemos vino porque nuestro antepasado Jonadab,* hijo de Recab, nos ordenó: "Nunca beban vino ni ustedes ni sus descendientes. 7Tampoco edifiquen casas, ni planten cultivos, ni viñedos, sino que siempre vivan en carpas. Si ustedes obedecen estos mandamientos vivirán largas y buenas vidas en la tierra". 8Así que le hemos obedecido en todas estas cosas. Nunca hemos bebido vino hasta el día de hoy, ni tampoco nuestras esposas, ni nuestros hijos, ni nuestras hijas. 9No hemos construido casas ni hemos sido dueños de viñedos o granjas, ni sembramos campos. 10Hemos vivido en carpas y hemos obedecido por completo los mandamientos de Jonadab, nuestro antepasado. 11Sin embargo, cuando el rey Nabucodonosor* de Babilonia atacó este país tuvimos miedo del ejército de Babilonia y del ejército de Siria.* Así que decidimos mudarnos a Jerusalén. Por esa razón, estamos aquí».

12Entonces el Señor le dio a Jeremías el siguiente mensaje: 13«Esto dice el Señor de los Ejércitos Celestiales, Dios de Israel: ve y dile al pueblo de Judá y de Jerusalén: "Vengan y aprendan una lección de cómo obedecerme. 14Los recabitas no beben vino hasta el día de hoy porque su antepasado Jonadab les dijo que no; pero yo les hablé a ustedes una y otra vez y se negaron a obedecerme. 15Vez tras vez les envié a mis profetas que decían: 'Apártense de su conducta

---

35:6 En hebreo *Jonadab*, una variante de Jehonadab; también en 35:10, 14, 16, 18, 19. Ver 2 Re 10:15.   35:11a En hebreo *Nabucad-retsar*, una variante de Nabucodonosor.   35:11b O *caldeo y arameo*.

perversa y comiencen a hacer lo que es correcto. Dejen de rendir culto a otros dioses para que vivan en paz aquí en la tierra que les di a ustedes y a sus antepasados'; pero ustedes no querían escucharme ni obedecerme. ¹⁶Los descendientes de Jonadab, hijo de Recab, han obedecido a su antepasado en todo, pero ustedes rehusaron escucharme".

¹⁷»Por lo tanto, esto dice el Señor Dios de los Ejércitos Celestiales, Dios de Israel: "Dado que ustedes se niegan a escuchar o a responder cuando llamo, enviaré sobre Judá y Jerusalén todos los desastres con que los amenacé"».

¹⁸Entonces Jeremías se dirigió a los recabitas y les dijo: «Esto dice el Señor de los Ejércitos Celestiales, Dios de Israel: "Ustedes han obedecido a su antepasado Jonadab en todos los aspectos y han seguido todas sus instrucciones", ¹⁹Por lo tanto, esto dice el Señor de los Ejércitos Celestiales, Dios de Israel: "Jonadab, hijo de Recab, siempre tendrá descendientes que me sirvan"».

Baruc lee los mensajes del Señor

36 El Señor le dio a Jeremías el siguiente mensaje en el cuarto año del reinado de Joacim, hijo de Josías, en Judá: ²«Toma un rollo y anota todos sus mensajes contra Israel, Judá y las demás naciones. Comienza con el primer mensaje allá por los tiempos de Josías y escribe todos los mensajes, hasta llegar al tiempo presente. ³Quizá los habitantes de Judá se arrepientan cuando vuelvan a escuchar todas las cosas terribles que tengo pensadas para ellos. Entonces perdonaré sus pecados y maldades».

⁴Así que Jeremías mandó llamar a Baruc, hijo de Nerías, y mientras Jeremías le dictaba todas las profecías que el Señor le había dado, Baruc las escribía en un rollo. ⁵Entonces Jeremías le dijo a Baruc: «Estoy preso aquí y no puedo ir al templo. ⁶Así que en el próximo día de ayuno ve al templo y lee los mensajes de parte del Señor que he hecho escribir en este rollo. Léelos para que la gente de todo Judá que esté presente los escuche. ⁷Quizá se aparten de sus malos caminos y antes de que sea demasiado tarde le pidan al Señor que los perdone. Pues el Señor los ha amenazado con su terrible enojo».

⁸Baruc hizo lo que Jeremías le dijo y leyó al pueblo los mensajes del Señor en el templo. ⁹Lo hizo en un día de ayuno sagrado, celebrado a finales del otoño,* durante el quinto año del reinado de Joacim, hijo de Josías. Gente de todo Judá había venido a Jerusalén ese día para asistir a los servicios en el templo. ¹⁰Baruc leyó al pueblo las palabras de Jeremías, escritas en el rollo. En el templo, se paró frente a la habitación de Gemarías, hijo de Safán, el secretario. Esa habi-

tación estaba junto al atrio superior del templo, cerca de la entrada de la puerta Nueva.

¹¹Cuando Micaías, hijo de Gemarías y nieto de Safán, oyó los mensajes de parte del Señor, ¹²bajó a la sala del secretario en el palacio, donde estaban reunidos los funcionarios administrativos. Allí estaba el secretario Elisama junto con Delaía, hijo de Semaías; Elnatán, hijo de Acbor; Gemarías, hijo de Safán; Sedequías, hijo de Ananías y todos los demás funcionarios. ¹³Cuando Micaías les contó acerca de los mensajes que Baruc leía al pueblo, ¹⁴los funcionarios enviaron a Jehudí, hijo de Netanías, nieto de Selemías y bisnieto de Cusi, para pedirle a Baruc que también viniera a leerles los mensajes. Entonces Baruc tomó el rollo y se dirigió a ellos. ¹⁵Los funcionarios le dijeron: «Siéntate y léenos el rollo». Entonces Baruc hizo lo que le pidieron.

¹⁶Cuando oyeron todos los mensajes, se miraron unos a otros asustados.

—Tenemos que contarle al rey lo que hemos oído —le dijeron a Baruc—, ¹⁷pero primero dinos cómo obtuviste estos mensajes. ¿Provinieron directamente de Jeremías?

¹⁸Así que Baruc explicó:

—Jeremías me los dictó y yo los escribí con tinta, palabra por palabra, en este rollo.

¹⁹—Tanto tú como Jeremías deberían esconderse —le dijeron los funcionarios a Baruc—. ¡No le digan a nadie dónde están!

²⁰Entonces, los funcionarios dejaron el rollo a salvo en la habitación de Elisama, el secretario, y le fueron a decir al rey lo que había acontecido.

El rey Joacim quema el rollo

²¹Luego el rey envió a Jehudí a buscar el rollo y Jehudí lo sacó de la habitación de Elisama y lo leyó al rey, con los funcionarios presentes. ²²Era avanzado el otoño, así que el rey estaba en el cuarto del palacio acondicionado para el invierno, sentado junto a un brasero para calentarse. ²³Cada vez que Jehudí terminaba de leer tres o cuatro columnas, el rey tomaba un cuchillo y cortaba esa sección del rollo. Luego lo lanzaba al fuego, sección por sección, hasta que quemó todo el rollo. ²⁴Ni el rey ni sus asistentes mostraron ninguna señal de temor o arrepentimiento ante lo que habían oído. ²⁵Aun cuando Elnatán, Delaía y Gemarías le suplicaron al rey que no quemara el rollo, él no les hizo caso.

²⁶Entonces el rey mandó a su hijo Jerameel, a Seraías, hijo de Azriel, y a Selemías, hijo de Abdeel, para que arrestaran a Baruc y a Jeremías; pero el Señor los había escondido.

Jeremías vuelve a escribir el rollo

²⁷Después de que el rey quemó el rollo en el que Baruc había escrito las palabras de Jeremías,

---

36:1 El cuarto año del reinado de Joacim fue el 605 a. C. **36:9** En hebreo *en el noveno mes,* del antiguo calendario lunar hebreo (también en 36:22). El noveno mes del quinto año del reinado de Joacim cayó entre los meses de noviembre y diciembre del 604 a. C. Ver también la nota en 1:3.

el Señor le dio a Jeremías otro mensaje. Le dijo: ²⁸«Toma otro rollo y escribe de nuevo todo tal como lo hiciste en el rollo que quemó el rey Joacim. ²⁹Luego dile al rey: "Esto dice el Señor: Tú quemaste el rollo porque allí dice que el rey de Babilonia destruiría esta tierra y la dejaría vacía de gente y de animales. ³⁰Ahora, esto dice el Señor acerca del rey Joacim de Judá: el rey no tendrá herederos que se sienten en el trono de David. Su cadáver será echado a la intemperie y permanecerá sin enterrar, expuesto al calor del día y a las heladas de la noche. ³¹Lo castigaré a él, a su familia y a sus ayudantes por sus pecados. Derramaré sobre ellos y sobre la gente de Jerusalén y de Judá todas las calamidades que prometí, porque no hicieron caso a mis advertencias'"».

³²Así que Jeremías tomó otro rollo y volvió a dictarle a su secretario Baruc. Escribió todo lo que estaba en el rollo que el rey Joacim había quemado en el brasero. ¡Solo que esta vez agregó mucho más!

Sedequías llama a Jeremías

37 Sedequías, hijo de Josías, subió al trono de Judá después de Joaquín,* hijo de Joacim. Fue nombrado rey por el rey Nabucodonosor* de Babilonia. ²Sin embargo, ni Sedequías ni sus ayudantes ni la gente que quedó en la tierra de Judá hicieron caso a lo que el Señor decía a través de Jeremías.

³No obstante, el rey Sedequías envió a Jucal, hijo de Selemías, y al sacerdote Sofonías, hijo de Maaseías, a pedirle a Jeremías: «Por favor, ora por nosotros al Señor, nuestro Dios». ⁴Todavía no habían encarcelado a Jeremías, por lo tanto, se movía con total libertad entre la gente.

⁵En ese tiempo, el ejército del faraón Hofra* de Egipto apareció en la frontera sur de Judá. Cuando el ejército babilónico* se enteró de esto, levantó el sitio de Jerusalén.

⁶Entonces el Señor le dio el siguiente mensaje a Jeremías: ⁷«Esto dice el Señor, Dios de Israel: el rey de Judá te envió a consultarme acerca de lo que va a suceder. Dile a él: "El ejército del faraón está a punto de regresar a Egipto aunque vino aquí para ayudarte. ⁸Luego los babilonios* regresarán y conquistarán esta ciudad y la quemarán hasta reducirla a cenizas".

⁹»Esto dice el Señor: "No se engañen a sí mismos creyendo que los babilonios se marcharon para siempre. ¡No es así! ¹⁰Y aunque pudieran destruir a todo el ejército babilónico y dejaran a solo un puñado de sobrevivientes heridos, ¡aun así estos saldrían tambaleando de sus carpas e incendiarían esta ciudad hasta reducirla a cenizas!"».

Jeremías encarcelado

¹¹Cuando el ejército babilónico se fue de Jerusalén debido a que se acercaba el ejército del faraón, ¹²Jeremías comenzó a salir de la ciudad camino al territorio de Benjamín para tomar posesión de su terreno allí, entre sus parientes.* ¹³Sin embargo, cuando atravesaba la puerta de Benjamín un guardia lo arrestó y le dijo:

—¿Estás desertando para unirte a los babilonios!

El guardia que lo arrestó era Irías, hijo de Selemías y nieto de Hananías.

¹⁴—¡Mentira! —protestó Jeremías—. No tenía la menor intención de hacer tal cosa.

Pero Irías no quiso escucharlo, así que llevó a Jeremías ante los funcionarios. ¹⁵Ellos estaban furiosos con Jeremías y mandaron que lo azotaran y encarcelaran en la casa del secretario Jonatán porque la casa del secretario había sido convertida en prisión. ¹⁶Jeremías fue puesto en un calabozo donde permaneció por muchos días.

¹⁷Más tarde, a escondidas, el rey Sedequías pidió que Jeremías fuera al palacio y allí el rey le preguntó:

—¿Tienes algún mensaje de parte del Señor?

—¡Sí, lo tengo! —dijo Jeremías—. Serás derrotado por el rey de Babilonia.

¹⁸Entonces Jeremías le preguntó al rey:

—¿Qué crimen he cometido? ¿Qué he hecho yo contra ti, tus ayudantes o el pueblo para que me hayan encarcelado? ¹⁹¿Ahora dónde están tus profetas que te dijeron que el rey de Babilonia no te atacaría a ti ni a esta tierra? ²⁰Escucha, mi señor y rey, te suplico que no me mandes de regreso al calabozo en la casa del secretario Jonatán, porque allí me moriré.

²¹Así que el rey Sedequías mandó que no regresaran a Jeremías al calabozo. En cambio, lo encerró en el patio de la guardia del palacio real. El rey también ordenó que cada día se le diera a Jeremías un pan recién horneado mientras hubiera pan en la ciudad. Así que Jeremías fue puesto en la prisión del palacio.

Jeremías en una cisterna

38 Entonces Sefatías, hijo de Matán; Gedalías, hijo de Pasur; Jehucal,* hijo de Selemías; y Pasur, hijo de Malquías, oyeron lo que Jeremías le decía al pueblo: ²«Esto dice el Señor: "Todo el que se quede en Jerusalén morirá por guerra, enfermedad o hambre, pero los que se rindan a los babilonios* vivirán. Su recompensa será su propia vida, ¡ellos vivirán!". ³El Señor también dice: "La ciudad de Jerusalén ciertamente será entregada al ejército del rey de Babilonia, quien la conquistará"».

⁴Entonces los funcionarios fueron a ver al rey y le dijeron:

—Señor, ¡este hombre debe morir! Esta forma de hablar desmoralizará a los pocos hombres de guerra que nos quedan, al igual que a todo el pueblo. ¡Este hombre es un traidor!

37:1a En hebreo *Conías*, una variante de Joaquín.   37:1b En hebreo *Nabucad-retsar*, una variante de Nabucodonosor.   37:5a En hebreo *el ejército del faraón*; ver 44:30.   37:5b O *caldeo*; también en 37:10 y 11.   37:8 O *caldeos*; también en 37:9 y 13.   37:12 En hebreo *para apartarse de allí en medio del pueblo*.   38:1 En hebreo *Jucal*, una variante de Jehucal; ver 37:3.   38:2 O *caldeos*; también en 38:18, 19 y 23.

⁵El rey Sedequías estuvo de acuerdo.

—Está bien —dijo—, hagan lo que quieran. No los puedo detener.

⁶Así que los funcionarios sacaron a Jeremías de la celda y lo bajaron con sogas a una cisterna vacía en el patio de la cárcel que pertenecía a Malquías, miembro de la familia real. La cisterna no tenía agua pero Jeremías se hundió en una espesa capa de barro que había en el fondo.

⁷Pero el etíope* Ebed-melec, un importante funcionario de la corte, oyó que Jeremías estaba en la cisterna. En ese momento el rey estaba en sesión junto a la puerta de Benjamín, ⁸entonces Ebed-melec salió del palacio a toda prisa para hablar con él.

⁹—Mi señor y rey —dijo—, estos hombres hicieron un gran mal al poner al profeta Jeremías dentro de la cisterna. Pronto morirá de hambre porque casi no hay pan en la ciudad.

¹⁰Entonces el rey le dijo a Ebed-melec:

—Toma contigo a unos treinta de mis hombres y saca a Jeremías de la cisterna antes de que muera.

¹¹Así que Ebed-melec se llevó a los hombres y fue a la habitación del palacio que estaba debajo de la tesorería. Allí encontró trapos viejos y ropa desechada que llevó a la cisterna y se los bajó con sogas a Jeremías. ¹²Ebed-melec le gritó a Jeremías: «Ponte estos trapos debajo de tus axilas para protegerte de las sogas».

Cuando Jeremías estuvo listo, ¹³lo sacaron. Entonces regresaron a Jeremías al patio de la guardia —la prisión del palacio— y allí permaneció.

Sedequías interroga a Jeremías

¹⁴Cierto día, el rey Sedequías mandó llamar a Jeremías e hizo que lo llevaran a la tercera entrada del templo del SEÑOR.

—Quiero preguntarte algo —le dijo el rey—. Y no intentes ocultar la verdad.

¹⁵—Si te dijera la verdad, me matarías —contestó Jeremías—. Y si te diera un consejo, igual no me escucharías.

¹⁶Entonces el rey Sedequías le prometió en secreto:

—Tan cierto como que el SEÑOR nuestro Creador vive, no te mataré ni te entregaré en manos de los hombres que desean verte muerto.

¹⁷Entonces Jeremías le dijo a Sedequías:

—Esto dice el SEÑOR Dios de los Ejércitos Celestiales, Dios de Israel: "Si te rindes a los oficiales babilónicos, tú y toda tu familia vivirán, y la ciudad no será incendiada; ¹⁸pero si rehúsas rendirte, ¡no escaparás! La ciudad será entregada en manos de los babilonios y la incendiarán hasta reducirla a cenizas".

¹⁹—Pero tengo miedo de rendirme —dijo el rey—, porque los babilonios me pueden entregar a los judíos que desertaron para unirse a ellos. ¡Y quién sabe qué me harán!

²⁰—Si eliges obedecer al SEÑOR no serás entregado a ellos —contestó Jeremías—, sino que salvarás tu vida y todo te irá bien; ²¹pero si te niegas a rendirte, el SEÑOR me ha revelado lo siguiente: ²²todas las mujeres que queden en el palacio serán sacadas y entregadas a los oficiales del ejército babilónico. Entonces las mujeres se mofarán de ti diciendo:

»"¡Qué buenos amigos tienes!
Te han traicionado y engañado.
¡Cuando tus pies se hundieron en el barro,
te abandonaron a tu suerte!".

²³Todas tus esposas e hijos serán entregados a los babilonios y tú no escaparás. El rey de Babilonia te apresará, y esta ciudad será incendiada.

²⁴Entonces Sedequías le dijo a Jeremías:

—No le comentes a nadie que me dijiste esto ¡o morirás! ²⁵Mis funcionarios quizá se enteren de que hablé contigo y te digan: "Cuéntanos de lo que hablaban tú y el rey. De lo contrario, te mataremos". ²⁶Si tal cosa sucediera, solo diles que me suplicaste que no te enviara de nuevo al calabozo de Jonatán por temor a morir allí.

²⁷Efectivamente, poco tiempo después los funcionarios del rey vinieron a Jeremías a preguntarle por qué el rey lo había llamado; pero Jeremías siguió las instrucciones del rey y ellos se fueron sin enterarse de la verdad ya que nadie había escuchado la conversación entre Jeremías y el rey. ²⁸Así que Jeremías permaneció encarcelado en el patio de la guardia hasta el día en que Jerusalén fue conquistada.

Caída de Jerusalén

39 En enero* del noveno año del reinado de Sedequías, el rey Nabucodonosor* llegó con su ejército para sitiar Jerusalén. ²Dos años y medio más tarde, el 18 de julio* del año once del reinado de Sedequías, los babilonios abrieron una brecha en la muralla y la ciudad cayó. ³Todos los oficiales del ejército babilónico entraron y, en señal de su triunfo, se sentaron en la puerta Central: Nergal-sarezer de Samgar y Nebo-sarsequim,* un oficial principal, Nergal-sarezer, consejero del rey, y todos los demás oficiales.

⁴Cuando el rey Sedequías y todos los soldados vieron que los babilonios habían invadido la ciudad, huyeron. Esperaron hasta la caída del sol y entonces se deslizaron por la puerta que está entre las dos murallas, detrás del jardín real, y se dirigieron al valle del Jordán.*

38:7 En hebreo *el cusita.* **39:1a** En hebreo *en el décimo mes* del antiguo calendario lunar hebreo. Varios sucesos del libro de Jeremías pueden corroborarse con las fechas que aparecen en los registros babilónicos que se han recuperado, y pueden relacionarse de manera precisa con nuestro calendario moderno. Ese suceso ocurrió el 15 de enero del 588 a. C.; ver 52:4 y la nota al pie de página. **39:1b** En hebreo *Nabucad-retsar,* una variante de Nabucodonosor; también en 39:11. **39:2** En hebreo *en el noveno día del cuarto mes.* Esta fecha fue el 18 de julio del 586 a. C.; también ver la nota en 39:1a. **39:3** O *Nergal-sarezer, Samgar-nebo y Sarsequim.* **39:4** En hebreo *el Arabá.*

⁵Sin embargo, las tropas babilónicas* persiguieron al rey y lo capturaron en las llanuras de Jericó. Entonces lo llevaron ante el rey Nabucodonosor de Babilonia, que se encontraba en Ribla, en la tierra de Hamat. Allí el rey de Babilonia dictó sentencia contra Sedequías. ⁶Hizo que Sedequías presenciara la masacre de sus hijos y de todos los nobles de Judá. ⁷Luego le sacaron los ojos, lo ataron con cadenas de bronce y lo llevaron a Babilonia.

⁸Mientras tanto, los babilonios quemaron Jerusalén, incluido el palacio, y derribaron las murallas de la ciudad. ⁹Luego Nabuzaradán, capitán de la guardia, envió a Babilonia a los que habían desertado para unirse a sus filas junto con el resto del pueblo que quedaba en la ciudad. ¹⁰Pero Nabuzaradán dejó a algunos de los más pobres en Judá, y les asignó viñedos y campos para cuidar.

Jeremías permanece en Judá

¹¹El rey Nabucodonosor había ordenado a Nabuzaradán, capitán de la guardia, que encontrara a Jeremías. ¹²«Asegúrate de que no esté herido —le dijo—, trátalo bien y dale todo lo que quiera». ¹³Así que Nabuzaradán, capitán de la guardia; Nabusazbán, un oficial principal; Nergal-sarezer, consejero del rey; y los demás oficiales del rey de Babilonia ¹⁴enviaron mensajeros para que sacaran a Jeremías de la prisión. Lo pusieron al cuidado de Gedalías, hijo de Ahicam y nieto de Safán, quien lo llevó de regreso a su casa. Entonces Jeremías permaneció en Judá, entre su propio pueblo.

¹⁵El Señor le dio a Jeremías el siguiente mensaje cuando todavía estaba en prisión: ¹⁶«Dile a Ebed-melec el etíope:* "Esto dice el Señor de los Ejércitos Celestiales, Dios de Israel: 'Cumpliré en esta ciudad todas mis amenazas; enviaré desastre y no prosperidad. Tú mismo verás tu destrucción, ¹⁷pero te libraré de aquellos a quienes tanto temes. ¹⁸Como has confiado en mí, te daré tu vida como recompensa; te rescataré y mantendré seguro. ¡Yo, el Señor, he hablado!'"».

40 El Señor le dio a Jeremías un mensaje después que Nabuzaradán, capitán de la guardia, lo dejó libre en Ramá. Este había encontrado a Jeremías atado con cadenas entre todos los demás cautivos de Jerusalén y de Judá que estaban siendo desterrados a Babilonia.

²El capitán de la guardia mandó llamar a Jeremías y le dijo: «El Señor tu Dios trajo desastre a esta tierra ³tal como dijo que haría, pues este pueblo ha pecado contra el Señor y lo desobedeció. Por eso ocurrió. ⁴Ahora voy a quitarte estas cadenas y a dejarte libre. Si quieres venir conmigo a Babilonia, eres bienvenido. Me ocuparé de que seas tratado bien, pero si no quieres venir, puedes quedarte aquí. Toda la tierra está ante ti, puedes irte a donde quieras. ⁵Si decides quedarte, regresa a Gedalías, hijo de Ahicam y nieto de Safán. Él fue nombrado gobernador de Judá por el rey de Babilonia. Quédate allí con la gente que él gobierna, pero eso depende de ti. Puedes irte a donde quieras».

Entonces Nabuzaradán, capitán de la guardia, le dio a Jeremías algo de comida y dinero y lo dejó ir. ⁶Entonces, Jeremías regresó a Gedalías, hijo de Ahicam, en Mizpa, y vivió en Judá con los pocos que se quedaron en la tierra.

Gedalías gobierna en Judá

⁷Los líderes de los grupos guerrilleros judíos que estaban en el campo oyeron que el rey de Babilonia había nombrado a Gedalías, hijo de Ahicam, gobernador sobre las personas pobres que fueron dejadas en Judá, es decir los hombres, las mujeres y los niños que no habían sido desterrados a Babilonia. ⁸Así que fueron a ver a Gedalías a Mizpa. El grupo incluía a: Ismael, hijo de Netanías; Johanán y Jonatán, hijos de Carea; Seraías, hijo de Tanhumet; los hijos de Efai el netofatita; Jezanías, hijo del maacateo, y todos sus hombres.

⁹Gedalías les juró que los babilonios* no querían hacerles ningún daño. «No tengan miedo de servirles. Vivan en la tierra y sirvan al rey de Babilonia, y todo les irá bien —les prometió—. ¹⁰En cuanto a mí, permaneceré en Mizpa para representarlos a ustedes ante los babilonios cuando vengan a reunirse con nosotros. Establézcanse en las ciudades que han tomado y vivan de la tierra. Cosechen las uvas, los frutos de verano y los olivos, y almacénenlos».

¹¹Cuando los judíos que se encontraban en Moab, Amón, Edom y en los otros países cercanos oyeron que el rey de Babilonia había dejado un puñado de gente en Judá y que Gedalías era el gobernador ¹²comenzaron a regresar a Judá de los lugares adonde habían huido. Se detuvieron en Mizpa para encontrarse con Gedalías y luego se fueron a los campos de Judá para recoger una gran cosecha de uvas y de otros cultivos.

Complot contra Gedalías

¹³Poco tiempo después, Johanán, hijo de Carea, y los otros líderes guerrilleros fueron a ver a Gedalías en Mizpa. ¹⁴Le dijeron: «¿Sabías que Baalis, rey de Amón, ha enviado a Ismael, hijo de Netanías, para asesinarte?», pero Gedalías se negó a creerles.

¹⁵Más adelante Johanán habló con Gedalías en privado y se ofreció para matar a Ismael en forma secreta.

—¿Por qué deberíamos permitir que venga y te mate? —preguntó Johanán—. ¿Qué les sucederá entonces a los judíos que regresaron? ¿Por qué los pocos que quedamos deberíamos terminar esparcidos y perdidos?

¹⁶Pero Gedalías le dijo a Johanán:

—Te prohíbo que hagas semejante cosa ya que mientes en cuanto a Ismael.

Asesinato de Gedalías

41

Ahora bien, a mediados del otoño,* Ismael, hijo de Netanías y nieto de Elisama, que era miembro de la familia real y que había sido uno de los altos funcionarios del rey, fue con diez hombres a Mizpa para encontrarse con Gedalías. Mientras comían juntos, ²Ismael y sus diez hombres de pronto se levantaron, desenvainaron sus espadas y mataron a Gedalías, a quien el rey de Babilonia había nombrado gobernador. ³Ismael también mató a todos los judíos y a los soldados babilónicos* que estaban con Gedalías en Mizpa.

⁴Al día siguiente, antes de que alguien se enterara del asesinato de Gedalías, ⁵llegaron ochenta hombres de Siquem, de Silo y de Samaria para adorar en el templo del SEÑOR. Venían con sus barbas afeitadas, con las ropas rasgadas y con cortaduras que se habían hecho en el cuerpo. También traían consigo incienso y ofrendas de grano. ⁶Cuando Ismael salió de Mizpa para ir a su encuentro e iba llorando por el camino. Cuando los alcanzó, les dijo: «¡Oh, vengan y vean lo que le ha sucedido a Gedalías!».

⁷En cuanto entraron a la ciudad, Ismael y sus hombres los mataron a todos, menos a diez, y echaron sus cuerpos en una cisterna. ⁸Los otros diez convencieron a Ismael de que los dejara en libertad, con la promesa de traerle todo el trigo, la cebada, el aceite de oliva y la miel que habían escondido. ⁹La cisterna donde Ismael echó los cuerpos de los hombres que asesinó era grande, cavada por órdenes del rey Asa cuando fortificó Mizpa para protegerse de Baasa, rey de Israel. Así que, Ismael, hijo de Netanías, la llenó de cadáveres.

¹⁰Después Ismael capturó a las hijas del rey y al resto del pueblo que había quedado en Mizpa bajo el cuidado de Gedalías, quien había sido encargado por Nabuzaradán, capitán de la guardia. Los llevó consigo y comenzó el regreso a la tierra de Amón.

¹¹Sin embargo, cuando Johanán, hijo de Carea, y los otros líderes guerrilleros se enteraron de los crímenes cometidos por Ismael, ¹²reunieron a todos sus hombres y salieron a detenerlo. Lo alcanzaron junto al estanque grande cerca de Gabaón. ¹³La gente que Ismael había capturado gritó de alegría cuando vio a Johanán y a los otros líderes guerrilleros. ¹⁴Entonces todos los cautivos de Mizpa escaparon y empezaron a ayudar a Johanán. ¹⁵Mientras tanto, Ismael y ocho de sus hombres escaparon de Johanán y huyeron a la tierra de los amonitas.

¹⁶Entonces Johanán, hijo de Carea, y los otros líderes guerrilleros tomaron a toda la gente que habían liberado en Gabaón: los soldados, las mujeres, los niños y los funcionarios de la corte* que Ismael había capturado después

de matar a Gedalías. ¹⁷Los llevaron a todos a la aldea de Gerut-quimam cerca de Belén, donde hicieron preparativos para irse a Egipto ¹⁸porque tenían miedo de lo que harían los babilonios* cuando se enteraran de que Ismael había matado a Gedalías, el gobernador designado por el rey babilónico.

Advertencia a quedarse en Judá

42

Entonces los líderes guerrilleros, incluidos Johanán, hijo de Carea, y Jezanías,* hijo de Osaías, junto con todo el pueblo, desde el menos importante hasta el más importante, se acercaron a ²Jeremías el profeta y le dijeron:

—Por favor, ora al SEÑOR tu Dios por nosotros. Como puedes ver, somos un pequeño remanente comparado con lo que éramos antes. ³Ora que el SEÑOR tu Dios nos muestre qué hacer y adónde ir.

⁴—Está bien —contestó Jeremías—, oraré al SEÑOR su Dios, como me lo han pedido, y les diré todo lo que él diga. No les ocultaré nada.

⁵Ellos dijeron a Jeremías:

—¡Que el SEÑOR tu Dios sea fiel testigo contra nosotros si rehusamos obedecer todo lo que él nos diga que hagamos! ⁶Nos guste o no, obedeceremos al SEÑOR nuestro Dios a quien te enviamos con nuestro ruego. Pues si le obedecemos, todo nos irá bien.

⁷Diez días más tarde, el SEÑOR le dio a Jeremías la respuesta. ⁸Así que él mandó a buscar a Johanán, hijo de Carea, a los demás líderes guerrilleros y a todo el pueblo, desde el menos importante hasta el más importante. ⁹Les dijo: «Ustedes me enviaron al SEÑOR, Dios de Israel, con su petición y esta es la respuesta: ¹⁰"Permanezcan aquí en esta tierra. Si lo hacen, los edificaré y no los derribaré; los plantaré y no los desarraigaré. Pues lamento todo el castigo que tuve que traer sobre ustedes. ¹¹No teman más al rey de Babilonia —dice el SEÑOR—. Pues yo estoy con ustedes, los salvaré y los libraré de su poder. ¹²Seré misericordioso con ustedes al hacer que les sea amable para que les permita quedarse en su propia tierra".

¹³»Sin embargo, si se niegan a obedecer al SEÑOR su Dios, y dicen: "No nos quedaremos aquí', ¹⁴sino que iremos a Egipto donde estaremos libres de guerra, de llamados a las armas y de hambre', ¹⁵entonces escuchen el mensaje del SEÑOR al remanente de Judá. Esto dice el SEÑOR de los Ejércitos Celestiales, Dios de Israel. "Si están decididos a irse a Egipto y vivir allí, ¹⁶la misma guerra y el mismo hambre que temen los alcanzarán, y allí morirán. ¹⁷Este es el destino que espera a quien insista en irse a vivir a Egipto. Efectivamente, morirán por guerra, enfermedad y hambre. Ninguno escapará del desastre que traeré sobre ustedes allí".

41:1 En hebreo *en el séptimo mes,* del antiguo calendario lunar hebreo. Este mes cayó entre los meses de octubre y noviembre del 586 a. C.; ver también la nota en 39:1a. 41:3 O *caldeos.* 41:16 O *eunucos.* 41:18 O *caldeos.* 42:1 La versión griega dice *Azarías;* comparar con 43:2.

¹⁸»Esto dice el Señor de los Ejércitos Celestiales, Dios de Israel: "Así como se derramó mi enojo y mi furia sobre la gente de Jerusalén, así se derramará sobre ustedes cuando entren en Egipto. Serán objeto de condenación, de horror, de maldición y de burla; y nunca más volverán a ver su tierra natal".

¹⁹»Escuchen, ustedes que forman el remanente de Judá. El Señor les ha dicho: "¡No se vayan a Egipto!". No olviden la advertencia que hoy les di. ²⁰Pues no fueron sinceros cuando me enviaron a orar al Señor su Dios por ustedes. Dijeron: "Solo dinos lo que el Señor nuestro Dios dice y lo haremos". ²¹Hoy les he transmitido exactamente lo que él dijo, pero ahora ustedes no obedecerán al Señor su Dios más que en el pasado. ²²Así que tengan por seguro que morirán por guerra, enfermedad y hambre en Egipto, donde ustedes insisten en ir.

Jeremías llevado a Egipto

43 Cuando Jeremías terminó de dar este mensaje del Señor su Dios a todo el pueblo, ²Azarías, hijo de Osaías, y Johanán, hijo de Carea, y los demás hombres arrogantes le dijeron a Jeremías: —¡Mentira! ¡El Señor nuestro Dios no nos ha prohibido ir a Egipto! ³Baruc, hijo de Nerías, te ha convencido para que digas esto, porque él quiere que nos quedemos aquí para que los babilonios* nos maten o nos lleven al destierro.

⁴Entonces Johanán, los demás líderes guerrilleros y todo el pueblo se negaron a obedecer la orden del Señor de permanecer en Judá. ⁵Johanán y los otros líderes se llevaron con ellos a toda la gente que había regresado de los países vecinos adonde habían huido. ⁶En la multitud había hombres, mujeres y niños, las hijas del rey y todos los que Nabuzaradán, capitán de la guardia, había dejado con Gedalías. El profeta Jeremías y Baruc también fueron incluidos. ⁷El pueblo rehusó obedecer la voz del Señor y se fue a Egipto hasta la ciudad de Tafnes.

⁸En Tafnes, el Señor le dio otro mensaje a Jeremías. Le dijo: ⁹«A la vista de toda la gente de Judá, toma unas piedras grandes y entiérralas debajo de las piedras del pavimento a la entrada del palacio del faraón aquí en Tafnes. ¹⁰Luego dile al pueblo de Judá: "Esto dice el Señor de los Ejércitos Celestiales, Dios de Israel: 'Les aseguro que traeré a mi siervo Nabucodonosor,* rey de Babilonia, aquí a Egipto. Estableceré su trono sobre estas piedras que he escondido. Sobre ellas extenderá su dosel real ¹¹y cuando venga, destruirá la tierra de Egipto. Traerá muerte a los destinados a la muerte, cautiverio a los destinados al cautiverio y guerra a los destinados a la guerra. ¹²Prenderá fuego a los templos de los dioses egipcios; quemará los templos y se llevará los ídolos como botín. Limpiará la tierra de

Egipto como un pastor que limpia su manto de pulgas, pero él saldrá ileso. ¹³Derribará las columnas sagradas que están en el templo al sol* en Egipto, y reducirá a cenizas los templos de los dioses de Egipto'"».

Castigo por idolatría

44 Este es el mensaje que recibió Jeremías con relación a los judíos que vivían en el norte de Egipto, en las ciudades de Migdol, Tafnes y Menfis* y también en el sur de Egipto.* ²«Esto dice el Señor de los Ejércitos Celestiales, Dios de Israel: ustedes vieron las calamidades que traje sobre Jerusalén y sobre todas las ciudades de Judá. Ahora están abandonadas y en ruinas. ³Ellos provocaron mi enojo con toda su perversidad. Quemaban incienso y rendían culto a otros dioses, dioses que ni ellos ni ustedes ni ninguno de sus antepasados conocieron.

⁴»Una y otra vez envié a mis siervos, los profetas, para rogarles: "No hagan estas cosas horribles que tanto detesto", ⁵pero mi pueblo no quiso escucharme ni apartarse de su conducta perversa. Siguieron quemando incienso a esos dioses. ⁶Por eso mi furia se desbordó y cayó como fuego sobre las ciudades de Judá y en las calles de Jerusalén, que hasta hoy son unas ruinas desoladas.

⁷»Ahora, el Señor Dios de los Ejércitos Celestiales, Dios de Israel, les pregunta: ¿por qué se destruyen ustedes mismos? Pues ninguno de ustedes sobrevivirá: ningún hombre, mujer o niño de entre ustedes que haya venido aquí desde Judá, ni siquiera los bebés que llevan en brazos. ⁸¿Por qué provocan mi enojo quemando incienso a ídolos que ustedes han hecho aquí en Egipto? Lo único que lograrán es destruirse y hacerse a sí mismos objeto de maldición y burla para todas las naciones de la tierra. ⁹¿Acaso han olvidado los pecados de sus antepasados, los pecados de los reyes y las reinas de Judá, y los pecados que ustedes y sus esposas cometieron en Judá y en Jerusalén? ¹⁰Hasta este mismo instante no han mostrado remordimiento ni reverencia. Ninguno ha elegido obedecer mi palabra ni los decretos que les di a ustedes y a sus antepasados.

¹¹»Por lo tanto, esto dice el Señor de los Ejércitos Celestiales, Dios de Israel: ¡estoy decidido a destruir a cada uno de ustedes! ¹²Tomaré a este remanente de Judá —los que estaban resueltos a venir y vivir en Egipto— y los consumiré. Caerán aquí en Egipto, muertos por guerra y hambre. Todos morirán, desde el menos importante hasta el más importante. Serán objeto de condenación, de horror, de maldición y de burla. ¹³Los castigaré en Egipto así como lo hice en Jerusalén, con guerra, hambre y enfermedad. ¹⁴Del remanente que huyó a Egipto, con la esperanza de regresar algún día a Judá, no

43:3 O *caldeos.* 43:10 En hebreo *Nabucad-retsar,* una variante de Nabucodonosor. 43:13 O *en Heliópolis.* 44:1a En hebreo *Nof.* 44:1b En hebreo *en Patros.*

quedarán sobrevivientes. A pesar de que anhelan volver a su tierra solo un puñado lo hará».

15Entonces todas las mujeres presentes y todos los hombres que sabían que sus esposas habían quemado incienso a los ídolos —una gran multitud de los judíos que vivían en el norte y en el sur de Egipto*— le contestaron a Jeremías:

16—¡No escucharemos tus mensajes del SEÑOR! 17Haremos lo que se nos antoje. Quemaremos incienso y derramaremos ofrendas líquidas a la reina del cielo tanto como nos guste, tal como nosotros, nuestros antepasados, nuestros reyes y funcionarios han hecho siempre en las ciudades de Judá y en las calles de Jerusalén. ¡Pues en aquellos días teníamos comida en abundancia, estábamos bien económicamente y no teníamos problemas! 18Pero desde que dejamos de quemar incienso a la reina del cielo y dejamos de rendirle culto con ofrendas líquidas, nos hemos visto en tremendos problemas y hemos muerto por guerra y hambre.

19Además —agregaron las mujeres—, ¿acaso crees que quemábamos incienso y derramábamos las ofrendas líquidas a la reina del cielo y hacíamos pasteles con su imagen sin el conocimiento y la ayuda de nuestros esposos? ¡Por supuesto que no!

20Entonces Jeremías les dijo a todos, tanto hombres como mujeres que le habían dado esa respuesta:

21—¿Acaso piensan que el SEÑOR no sabía que ustedes y sus antepasados, sus reyes y funcionarios y todo el pueblo quemaban incienso a los ídolos en las ciudades de Judá y en las calles de Jerusalén? 22Fue porque el SEÑOR no podía soportar más todas las cosas repugnantes que él convirtió su tierra en objeto de maldición —una ruina desolada sin habitantes— como sucede hoy. 23A ustedes les ocurrieron todas estas cosas horribles porque quemaron incienso a los ídolos y pecaron contra el SEÑOR. Se negaron a obedecerlo y no han seguido sus instrucciones, sus decretos ni sus leyes.

24Luego Jeremías les dijo a todos, incluidas las mujeres: «Escuchen este mensaje del SEÑOR, todos ustedes ciudadanos de Judá que viven en Egipto. 25Esto dice el SEÑOR de los Ejércitos Celestiales, Dios de Israel: "Ustedes y sus esposas han dicho: 'Guardaremos nuestras promesas de quemar incienso y derramar ofrendas líquidas a la reina del cielo' y por sus hechos han demostrado que hablaban en serio. ¡Así que vayan, cumplan sus promesas y votos a ella!".

26»Sin embargo, escuchen este mensaje del SEÑOR todos ustedes, los judíos que ahora viven en Egipto: "He jurado por mi gran nombre —dice el SEÑOR— que mi nombre ya no será pronunciado por ningún judío en la tierra de Egipto.

Ninguno de ustedes podrá invocar mi nombre ni usar el siguiente juramento: 'Tan cierto como que el SEÑOR Soberano vive'. 27Pues yo vigilaré para traerles desastre y no bien. Todos los de Judá que ahora viven en Egipto sufrirán guerra y hambre hasta que todos mueran. 28Solo un pequeño número escapará de morir y regresará a Judá desde Egipto. ¡Entonces todos los que vinieron a Egipto sabrán cuáles palabras son verdad: las mías o las de ellos!

29»"Esta es la prueba que les doy —dice el SEÑOR— de que se cumplirán todas mis amenazas y de que aquí en esta tierra los castigaré". 30Esto dice el SEÑOR: "Yo entregaré al faraón Hofra, rey de Egipto, en manos de sus enemigos, quienes desean su muerte, así como entregué al rey Sedequías de Judá en manos de Nabucodonosor* de Babilonia"».

Mensaje para Baruc

45 El profeta Jeremías le dio un mensaje a Baruc, hijo de Nerías, en el cuarto año del reinado de Joacim, hijo de Josías,* después que Baruc escribió todo lo que Jeremías le había dictado. Le dijo: 2«Baruc, esto te dice el SEÑOR, Dios de Israel: 3"Tú has dicho: '¡Estoy repleto de dificultades! ¿No he sufrido ya lo suficiente? ¡Y ahora el SEÑOR ha añadido más! Estoy agotado de tanto gemir y no encuentro descanso'".

4»Baruc, esto dice el SEÑOR: "Destruiré esta nación que construí; arrancaré lo que planté. 5¿Buscas grandes cosas para ti mismo? ¡No lo hagas! Yo traeré un gran desastre sobre todo este pueblo; pero a ti te daré tu vida como recompensa dondequiera vayas. ¡Yo, el SEÑOR, he hablado!"».

Mensajes para las naciones

46 El profeta Jeremías recibió del SEÑOR los siguientes mensajes con relación a las naciones extranjeras.

Mensajes acerca de Egipto

2En el cuarto año del reinado de Joacim, hijo de Josías, rey de Judá, se dio este mensaje con relación a Egipto. Fue en ocasión de la batalla de Carquemis* cuando Nabucodonosor* de Babilonia venció al faraón Necao, rey de Egipto y a su ejército, junto al río Éufrates.

3 «¡Preparen sus escudos
  y avancen a la batalla!
4 Ensillen los caballos,
  y monten los sementales.
Tomen sus posiciones
  y pónganse los cascos.
Afilen las lanzas
  y preparen sus armaduras.

44:15 En hebreo *en Egipto, en Patros.*   44:30 En hebreo *Nabucad-retsar,* una variante de Nabucodonosor.   45:1 El cuarto año del reinado de Joacim fue el 605 a. C.   46:2a Este suceso cayó en el año 605 a. C., durante el cuarto año del reinado de Joacim (de acuerdo con el calendario en el cual el año comienza en la primavera).   46:2b En hebreo *Nabucad-retsar,* una variante de Nabucodonosor; también en 46:13, 26.

⁵ Pero ¿qué es lo que veo?
El ejército egipcio huye aterrorizado.
Sus hombres de guerra más valientes
corren
sin mirar atrás.
A cada paso se llenan de terror
—dice el SEÑOR—.
⁶ El corredor más veloz no puede huir;
los guerreros más poderosos no pueden
escapar.
En el norte, junto al río Éufrates
tropiezan y caen.

⁷ »¿Quién es este que se levanta como el Nilo
en tiempos de crecida
e inunda toda la tierra?
⁸ Es el ejército egipcio
que inunda toda la tierra,
y se jacta de que cubrirá toda la tierra como
un diluvio,
destruyendo ciudades y sus habitantes.
⁹ ¡A la carga, caballos y carros de guerra;
ataquen, poderosos guerreros de Egipto!
¡Vengan, todos ustedes aliados de Etiopía,
Libia y Lidia*
que son hábiles con el escudo y el arco!
¹⁰ Pues este es el día del Señor, el SEÑOR de los
Ejércitos Celestiales,
día para vengarse de sus enemigos.
La espada devorará hasta quedar satisfecha,
¡sí, hasta que se emborrache de la sangre
de ustedes!
El Señor, el SEÑOR de los Ejércitos Celestiales,
recibirá hoy un sacrificio
en la tierra del norte, junto al río Éufrates.

¹¹ Sube a Galaad en busca de medicina,
¡oh virgen hija de Egipto!
Pero tus muchos tratamientos
no te devolverán la salud.
¹² Las naciones han oído de tu vergüenza.
La tierra está llena de tus gritos de
desesperación.
Tus guerreros más poderosos chocarán unos
contra otros
y caerán juntos».

¹³ Entonces el profeta Jeremías recibió del
SEÑOR el siguiente mensaje acerca de los planes
de Nabucodonosor para atacar Egipto.

¹⁴ «¡Grítenlo en Egipto!
¡Publíquenlo en las ciudades de Migdol,
Menfis* y Tafnes!
Movilícense para la batalla,
porque la espada devorará a todos los que
están a su alrededor.
¹⁵ ¿Por qué han caído sus guerreros?
No pueden mantenerse de pie porque el
SEÑOR los derribó.
¹⁶ Tropiezan y caen unos sobre otros
y se dicen entre sí:

"Vamos, volvamos a nuestra gente,
a la tierra donde nacimos.
¡Huyamos de la espada del enemigo!".
¹⁷ Allí dirán:
"¡El faraón, rey de Egipto, es un bocón
que perdió su oportunidad!".

¹⁸ »Tan cierto como que yo vivo —dice el Rey,
cuyo nombre es el SEÑOR de los Ejércitos
Celestiales—,
¡alguien viene contra Egipto
que es tan alto como el monte Tabor
o como el monte Carmelo junto al mar!
¹⁹ ¡Hagan las maletas! ¡Prepárense para ir al
destierro,
ustedes ciudadanos de Egipto!
La ciudad de Menfis será destruida,
quedará sin un solo habitante.
²⁰ Egipto es tan hermoso como una joven
novilla,
¡pero el tábano del norte ya está en camino!
²¹ Los mercenarios de Egipto se han vuelto
como becerros engordados.
Ellos también se darán vuelta y huirán,
porque este es el día del gran desastre
para Egipto,
un momento de enorme castigo.
²² Egipto huye, silencioso como serpiente
que se desliza.
Los soldados invasores avanzan;
se enfrentan a ella con hachas como
si fueran leñadores.
²³ Cortarán a su pueblo como se talan los
árboles —dice el SEÑOR—,
porque son más numerosos que las
langostas.
²⁴ Egipto será humillado,
será entregado en manos de la gente
del norte».

²⁵ El SEÑOR de los Ejércitos Celestiales, Dios
de Israel, dice: «Castigaré a Amón, el dios de
Tebas* y a todos los demás dioses de Egipto.
Castigaré a sus gobernantes y al faraón también,
y a todos los que confían en él. ²⁶ Los entregaré
en manos de los que buscan matarlos, al rey
Nabucodonosor de Babilonia y a su ejército. Sin
embargo, después la tierra se recuperará de los
estragos de la guerra. ¡Yo, el SEÑOR, he hablado!

²⁷ »Pero no temas, mi siervo Jacob;
no te desalientes, Israel.
Pues los traeré de regreso a casa desde tierras
lejanas,
y tus hijos regresarán del destierro.
Israel* regresará a vivir en paz y tranquilidad,
y nadie los atemorizará.
²⁸ No temas, mi siervo Jacob
porque yo estoy contigo —dice el SEÑOR—.
Destruiré por completo a las naciones donde
te envié al destierro,
pero no te destruiré a ti por completo.

46:9 En hebreo *de Cus, Fut y Lud.* 46:14 En hebreo *Nof*; también en 46:19. 46:25 En hebreo *de No.* 46:27 En hebreo *Jacob.* Ver la
nota en 5:20.

Te disciplinaré, pero con justicia;
no puedo dejarte sin castigo».

Mensaje acerca de Filistea

47 Este es el mensaje que el profeta Jeremías
recibió del Señor acerca de los filisteos
de Gaza, antes de que la ciudad fuera conquistada por el ejército egipcio. ²Esto dice el Señor:

«Del norte viene un diluvio
que inundará la tierra.
Destruirá la tierra y todo lo que hay en ella,
tanto las ciudades como sus habitantes.
La gente gritará de terror,
y todos en la tierra gemirán.
³ Escuchen el ruido de los cascos de los
caballos
y el estruendo de las ruedas de los carros
de guerra al pasar.
Los padres aterrorizados corren desesperados,
ni siquiera miran hacia atrás para ver a sus
hijos indefensos.

⁴ »Ha llegado el momento de destruir a los
filisteos,
junto con sus aliados de Tiro y Sidón.
Sí, el Señor está destruyendo a los pocos
que quedan de los filisteos,
a esos colonos de la isla de Creta.*
⁵ Gaza será humillada, su cabeza rapada;
Ascalón quedará en silencio.
Ustedes, los que quedan de las costas
mediterráneas,*
¿hasta cuándo se lamentarán y harán
duelo?

⁶ »Ahora, ¡oh espada del Señor!,
¿cuándo volverás a descansar?
Vuelve a tu vaina;
descansa y mantente quieta.

⁷ »¿Pero cómo se mantendrá quieta
cuando el Señor la ha enviado en
una misión?
Pues la ciudad de Ascalón
y el pueblo que vive junto al mar
deben ser destruidos».

Mensaje acerca de Moab

48 Este es el mensaje que se dio con relación a Moab. Esto dice el Señor de los
Ejércitos Celestiales, Dios de Israel:

«¡Qué aflicción le espera a la ciudad de Nebo;
pronto quedará en ruinas.
La ciudad de Quiriataim será humillada y
conquistada;
la fortaleza será humillada y derribada.
² Ya nunca más nadie se jactará de Moab,
porque en Hesbón hay un complot para
destruirla.

"Vengan —dicen—, haremos que nunca más
sea una nación".
La ciudad de Madmena* también será
silenciada;
la espada te seguirá allí.
³ Oigan los gritos que vienen de Horonaim,
gritos de devastación y gran destrucción.
⁴ Toda Moab está destruida;
sus pequeños clamarán.*
⁵ Sus refugiados lloran amargamente
mientras escalan las colinas de Luhit.
Gritan de terror,
mientras bajan la ladera de Horonaim.
⁶ ¡Huyan por su vida!
¡Escóndanse* en el desierto!
⁷ Puesto que ustedes confiaron en sus riquezas
y habilidades,
serán tomados cautivos.
¡Su dios Quemos, con sus sacerdotes y
funcionarios,
serán llevados a tierras distantes!

⁸ »Todas las ciudades serán destruidas
y nadie escapará,
ni en las mesetas ni en los valles,
porque el Señor así lo ha dicho.
⁹ Oh si Moab tuviera alas
para que volara lejos,*
porque sus ciudades quedarán abandonadas
y nadie vivirá en ellas.
¹⁰ ¡Malditos los que se rehúsen a hacer el trabajo
del Señor,
los que retengan la espada del
derramamiento de sangre!

¹¹ »Desde sus comienzos Moab ha vivido en paz,
nunca ha ido al destierro.
Es como el vino que se ha dejado reposar.
No ha sido vertida de botella en botella,
por eso es fragante y suave.
¹² Pero pronto se acerca el día —dice el
Señor—,
cuando enviaré hombres que la viertan
de su vasija.
¡Verterán a Moab
y luego destrozarán la vasija!
¹³ Por fin Moab se avergonzará de su ídolo
Quemos,
como el pueblo de Israel se avergonzó de
su becerro de oro en Betel.*

¹⁴ »Ustedes solían jactarse: "Nosotros somos
héroes,
hombres valientes de guerra".
¹⁵ Sin embargo, ahora Moab será destruida junto
con sus ciudades.
Sus jóvenes más prometedores son
condenados a la masacre,
—dice el Rey, cuyo nombre es el Señor de
los Ejércitos Celestiales—.

47:4 En hebreo *de Caftor.* 47:5 En hebreo *la llanura.* 48:2 *Madmena* suena como la palabra hebrea para «silencio». 48:4 La versión griega dice *Sus gritos se oyen desde tan lejos como Zoar.* 48:6 O *Escóndanse como un burro salvaje,* o *Escóndanse como como arbusto enebro;* o *Sean como* la *ciudad del Aroer.* El significado del hebreo es incierto. 48:9 O *Pongan sal sobre Moab, / porque será arrasada.* 48:13 En hebreo *se avergonzó cuando confió en Betel.*

¹⁶ Pronto se acerca la destrucción de Moab;
se avecina una calamidad amenazante.
¹⁷ ¡Amigos de Moab,
lloren y lamenten por esta nación!
¡Miren cómo se ha quebrado el cetro fuerte,
y se ha hecho pedazos el hermoso bastón!

¹⁸ »Bájense de su gloria
y siéntense en el polvo, gente de Dibón,
porque los que destruyan a Moab también
harán pedazos a Dibón.
Ellos derribarán todas sus torres.
¹⁹ Habitantes de Aroer,
párense junto al camino y observen.
Griten a los que huyen de Moab:
"¿Qué sucedió allí?".

²⁰ »Y la contestación que reciben es:
"¡Moab queda en ruinas, deshonrada;
lloren y giman!
Anúncienlo en las orillas del río Arnón:
¡Moab ha sido destruida!".
²¹ Se derramó el juicio sobre las ciudades de
la meseta,
sobre Holón, Jaza* y Mefaat,
²² sobre Dibón, Nebo y Bet-deblataim,
²³ sobre Quiriataim, Bet-gamul y Bet-meón,
²⁴ sobre Queriot y Bosra,
todas las ciudades de Moab, lejanas y
cercanas.

²⁵ »El poder de Moab ha llegado a su fin.
Su brazo ha sido quebrado —dice el
Señor—.
²⁶ Dejen que se tambalee y caiga como un
borracho,
porque se ha rebelado contra el Señor.
Moab se revolcará en su propio vómito
y será ridiculizada por todos.
²⁷ ¿No ridiculizaste tú a los israelitas?
¿Fueron ellos acaso sorprendidos en
compañía de ladrones
para que tú los desprecies como lo
haces?

²⁸ »Ustedes, habitantes de Moab,
huyan de sus ciudades y vivan en cuevas.
Escóndanse como palomas que anidan
en las hendiduras de las rocas.
²⁹ Todos hemos oído de la soberbia de Moab,
porque su orgullo es muy grande.
Sabemos de su orgullo altanero,
de su arrogancia y de su corazón altivo.
³⁰ Yo conozco su insolencia
—dice el Señor—,
pero sus alardes están vacíos,
tan vacíos como sus hechos.
³¹ Así que ahora gimo por Moab,
de veras, me lamentaré por Moab.
Mi corazón está quebrantado por los
hombres de Kir-hareset.*

³² »Pueblo de Sibma, rico en viñedos,
lloraré por ti aún más de lo que lloré
por Jazer.
Tus extensas vides en otro tiempo llegaban
hasta el mar Muerto,*
¡pero el destructor te ha dejado desnudo
y cosechó tus uvas y frutos de verano!
³³ El gozo y la alegría desaparecieron de la
fructífera Moab;
los lagares no producen vino.
Nadie pisa las uvas dando gritos de alegría.
Hay gritos, sí, pero no de alegría.

³⁴»En cambio, se pueden oír terribles gritos de
terror desde Hesbón hasta Eleale y Jahaza; desde
Zoar hasta Horonaim y Eglat-selisiya. Incluso las
aguas de Nimrim ya están secas.

³⁵»Acabaré con Moab —dice el Señor—, porque la gente ofrece sacrificios en los altares
paganos y quema incienso a sus dioses falsos.
³⁶Mi corazón gime como una flauta por Moab
y Kir-hareset porque ha desaparecido toda su
riqueza. ³⁷La gente se rapa la cabeza y se afeita
la barba en señal de luto. Se hacen cortaduras en
las manos y se ponen ropa de tela áspera. ³⁸Hay
llanto y dolor en cada hogar moabita y en cada
calle. Pues hice pedazos a Moab como a una
vasija vieja y despreciada. ³⁹¡Cómo quedó hecha
añicos! ¡Escuchen los lamentos! ¡Miren la vergüenza de Moab! Se ha vuelto objeto de burla,
ejemplo de ruina para todos sus vecinos».
⁴⁰Esto dice el Señor:

«¡Miren! El enemigo cae en picada como
un águila,
desplegando sus alas sobre Moab.
⁴¹ Sus ciudades caerán
y sus fortalezas serán tomadas.
Aun los guerreros más poderosos
estarán en agonía como mujeres en
trabajo de parto.
⁴² Moab ya no será más una nación
porque se jactó ante el Señor.

⁴³ »Terror, trampas y redes serán tu suerte,
oh Moab —dice el Señor—.
⁴⁴ Los que huyan en terror caerán en una trampa,
y los que escapen de la trampa serán
apresados por una red.
Me aseguraré de que no escapes
porque ha llegado el tiempo de tu juicio
—dice el Señor—.
⁴⁵ Los habitantes huyen hasta Hesbón
pero no pueden continuar
porque sale fuego de Hesbón,
la antigua casa de Sehón,
fuego que devora toda la tierra
junto con toda su gente rebelde.
⁴⁶ »¡Oh Moab, ellos lloran por ti!
¡El pueblo del dios Quemos queda
destruido!

48:21 En hebreo Jahaza, una variante de Jaza. 48:31 En hebreo Kir-hares, una variante de Kir-hareset; también en 48:36. 48:32 En hebreo mar de Jazer.

Tus hijos y tus hijas fueron llevados
cautivos.
⁴⁷ Pero en los días venideros
restableceré el bienestar de Moab.
¡Yo, el Señor, he hablado!».

Aquí termina la profecía de Jeremías acerca
de Moab.

Mensaje acerca de Amón

49 Este es el mensaje que se dio sobre los
amonitas. Esto dice el Señor:

«¿No hay descendientes de Israel
para que hereden la tierra de Gad?
¿Por qué ustedes, adoradores de Moloc,*
habitan en sus ciudades?
² En los días futuros —dice el Señor—,
haré sonar el grito de guerra contra la
ciudad de Rabá.
Se convertirá en un montón de escombros
y las ciudades vecinas serán quemadas.
Entonces Israel volverá a tomar
la tierra que ustedes le quitaron —dice el
Señor—.

³ Clama, oh Hesbón,
porque la ciudad de Hai quedó destruida.
¡Lloren, oh habitantes de Rabá!
Pónganse ropa de luto.
Lloren y giman, escondidos detrás de los
arbustos,
porque su dios Moloc será llevado a tierras
lejanas
junto con sus sacerdotes y funcionarios.
⁴ Estás orgullosa de tus fértiles valles, hija rebelde,
pero pronto se convertirán en ruinas.
Confiaste en tus riquezas
y pensaste que nadie podría hacerte daño.
⁵ ¡Pero mira! Yo traeré terror sobre ti
—dice el Señor, el Señor de los Ejércitos
Celestiales—.
Tus vecinos te expulsarán de tu tierra
y nadie ayudará a tus desterrados cuando
huyan.
⁶ Sin embargo, yo restableceré el bienestar
de los amonitas
en los días venideros.
Yo, el Señor, he hablado».

Mensajes acerca de Edom

⁷ Este es el mensaje que se dio acerca de Edom.
Esto dice el Señor de los Ejércitos Celestiales:

«¿No hay sabiduría en Temán?
¿No queda nadie que pueda dar sabios
consejos?
⁸ ¡Dense la vuelta y huyan!
¡Escóndanse en cuevas profundas,
habitantes de Dedán!
Pues cuando yo traiga desastre sobre Edom,*
¡a ti también te castigaré!

⁹ Los que cosechan uvas
siempre dejan algunas para los pobres.
Si de noche vinieran los ladrones
ni ellos se llevarían todo;
¹⁰ pero yo despojaré la tierra de Edom
y no habrá lugar dónde esconderse.
Sus hijos, hermanos y vecinos
serán todos destruidos,
y Edom no existirá más.
¹¹ Pero protegeré a los huérfanos que queden
entre ustedes.
También sus viudas pueden contar con
mi ayuda».

¹²Así dice el Señor: «Si el inocente debe sufrir, ¡cuánto más tú! ¡No quedarás sin castigo!
¡Debes beber de esta copa de juicio! ¹³Pues juré
por mi propio nombre —dice el Señor—, que
Bosra se convertirá en objeto de horror y en un
montón de ruinas; se burlarán de ella y la maldecirán. Todas sus ciudades y aldeas quedarán
desoladas para siempre».

¹⁴ He oído un mensaje del Señor.
Se envió un embajador a las naciones
para decir:
«¡Formen una coalición contra Edom,
y prepárense para la batalla!».

¹⁵ El Señor le dice a Edom:
«Te haré pequeña entre las naciones;
todos te despreciarán.
¹⁶ Has sido engañado por tu propio orgullo
y por el temor que inspirabas en
los demás.
Vives en una fortaleza de piedra
y controlas las alturas de las montañas.
Pero aun si haces tu nido con las águilas en
las cumbres,
te haré caer estrepitosamente», dice el
Señor.

¹⁷ «Edom será objeto de espanto;
todo el que pase por ese lugar quedará
horrorizado
y dará un grito de asombro por la
destrucción que verá allí.
¹⁸ Será como la destrucción de Sodoma,
Gomorra
y sus ciudades vecinas —dice el Señor—.
Nadie vivirá allí;
nadie la habitará.
¹⁹ Vendré como un león que sale de los
matorrales del Jordán
y atacaré a las ovejas en los pastos.
Echaré a Edom de su tierra,
y nombraré al líder que yo escoja.
Pues, ¿quién es como yo y quién puede
desafiarme?
¿Qué gobernante puede oponerse a
mi voluntad?».

49:1 En hebreo *Malcam,* una variante de Moloc; también en 49:3.   **49:8** En hebreo *Esaú;* también en 49:10.

²⁰ Escuchen los planes que tiene el S\ eñor
contra Edom
y contra la gente de Temán.
Aun sus hijos pequeños serán arrastrados
como ovejas
y sus casas serán destruidas.
²¹ La tierra temblará con el ruido de la caída
de Edom
y su grito de desesperación se oirá hasta
el mar Rojo.*
²² ¡Mira! El enemigo cae en picada como un
águila,
desplegando sus alas sobre Bosra.
Aun los guerreros más poderosos estarán
en agonía
como una mujer en trabajo de parto.

Mensaje acerca de Damasco

²³Este es el mensaje que se dio acerca de
Damasco. Esto dice el S\ eñor:

«El temor se apoderó de las ciudades de
Hamat y Arfad
porque oyeron los anuncios de su propia
destrucción.
El corazón de ellos está agitado
como el mar cuando hay una tormenta
furiosa.
²⁴ Damasco se volvió débil,
y toda la gente trató de huir.
El miedo, la angustia y el dolor se han
apoderado de ella
como a una mujer en trabajo de parto.
²⁵ ¡Esa ciudad famosa, ciudad de alegría,
será abandonada!
²⁶ Sus jóvenes caerán en las calles y morirán.
Todos sus soldados serán matados
—dice el S\ eñor de los Ejércitos Celestiales—,
²⁷ y prenderé fuego a las murallas de Damasco
que consumirá los palacios de Ben-adad».

Mensaje acerca de Cedar y Hazor

²⁸Este es el mensaje que se dio acerca de
Cedar y los reinos de Hazor, que fueron ataca-
dos por Nabucodonosor,* rey de Babilonia. Esto
dice el S\ eñor:

«¡Avancen contra Cedar!
¡Destruyan a los guerreros del oriente!
²⁹ Tomarán sus rebaños y carpas,
y sus pertenencias y camellos les serán
quitados.
Se escucharán voces de pánico en todas partes:
"¡Somos atemorizados a cada paso!".
³⁰ ¡Corran y salven sus vidas! —dice el S\ eñor—.
Gente de Hazor, escóndanse en cuevas
profundas,
porque Nabucodonosor, rey de Babilonia,
ha conspirado contra ustedes
y se prepara para destruirlos.

³¹ »Levántense y ataquen a esta nación tan
confiada
—dice el S\ eñor—.
Su gente vive aislada en el desierto
sin murallas ni puertas.
³² Todos sus camellos y demás animales
serán de ustedes.
A este pueblo que vive en lugares
remotos*
lo esparciré a los cuatro vientos.
Traeré sobre ellos calamidad
de todas partes —dice el S\ eñor—.
³³ Hazor será habitada por chacales
y quedará desolada para siempre.
Nadie vivirá allí;
nadie la habitará».

Mensaje acerca de Elam

³⁴El profeta Jeremías recibió del S\ eñor este
mensaje acerca de Elam al comienzo del reinado
de Sedequías, rey de Judá. ³⁵Esto dice el S\ eñor
de los Ejércitos Celestiales:

«Destruiré a los arqueros de Elam,
lo mejor de su ejército.
³⁶ Traeré enemigos de todas partes
y esparciré a la gente de Elam a los cuatro
vientos.
Serán desterrados a países de todo el
mundo.
³⁷ Yo mismo iré con los enemigos de Elam para
destrozarla.
En mi ira feroz traeré gran desastre
sobre el pueblo de Elam —dice el
S\ eñor—.
Sus enemigos lo perseguirán con espada
hasta que yo lo destruya por completo.
³⁸ Estableceré mi trono en Elam —dice el
S\ eñor—,
y destruiré a su rey y a sus oficiales.
³⁹ Sin embargo, en los días que vienen
restableceré el bienestar de Elam.
¡Yo, el S\ eñor, he hablado!».

Mensaje acerca de Babilonia

50 Jeremías recibió el siguiente mensaje
del S\ eñor con relación a Babilonia y a la
tierra de los babilonios.* ²Esto dice el S\ eñor:

«Anúncienlo a todo el mundo
y no se callen nada.
¡Levanten una bandera de señales
para decirles a todos que caerá Babilonia!
Sus imágenes e ídolos* serán hechos
pedazos.
Sus dioses Bel y Merodac serán
completamente deshonrados,
³ Pues una nación la atacará desde el norte
y traerá tal destrucción que nadie volverá
a vivir allí.

49:21 En hebreo *mar de juncos.* **49:28** En hebreo *Nabucad-retsar,* una variante de Nabucodonosor; también en 49:30. **49:32** O *que
se recorta las puntas de su pelo.* **50:1** O *caldeos,* también en 50:8, 25, 35 y 45. **50:2** El término hebreo (literalmente *cosas redondas*)
probablemente se refiere al estiércol.

Desaparecerá todo;
 huirán tanto las personas como los
  animales.

Esperanza para Israel y Judá

⁴ »En los días venideros
  —dice el Señor—,
 el pueblo de Israel volverá a su hogar
  junto con el pueblo de Judá.
 Llegarán llorando
  en busca del Señor su Dios.
⁵ Preguntarán por el camino a Jerusalén*
 y emprenderán el regreso a su hogar.
 Se aferrarán al Señor
  con un pacto eterno que nunca se
   olvidará.

⁶ »Mi pueblo ha sido como ovejas perdidas.
 Sus pastores los llevaron por mal camino
 y los dejaron sueltos en las montañas.
 Perdieron su rumbo
  y no recuerdan cómo regresar al redil.
⁷ Todos los que los encontraban los devoraban.
 Sus enemigos decían:
 "No hicimos nada malo al atacarlos
  porque ellos pecaron contra el Señor,
 quien es su verdadero lugar de descanso
  y la esperanza de sus antepasados".

⁸ »Pero ahora, ¡huyan de Babilonia!
 Abandonen la tierra de los babilonios.
 Guíen a mi pueblo de regreso al hogar
  como hace el macho cabrío que va a
   la cabeza de la manada.
⁹ Pues estoy levantando un ejército
  de grandes naciones del norte.
 Unirán fuerzas para atacar a Babilonia
  y esta será conquistada.
 Las flechas de los enemigos irán directamente
   al blanco!
  ¡no errarán!
¹⁰ Babilonia* será saqueada
  hasta que los agresores se sacien con
   el botín.
 ¡Yo, el Señor, he hablado!

Inevitable caída de Babilonia

¹¹ »Se alegran y regocijan,
  ustedes que despojaron a mi pueblo
   elegido.
 Retozan como becerros en el prado
  y relinchan como sementales.
¹² Pero su tierra natal* será llena
  de vergüenza y deshonra.
 Ustedes serán la última de las naciones,
  un desierto, tierra seca y desolada.
¹³ A causa del enojo del Señor,
  Babilonia se convertirá en una tierra
   baldía y desierta.

Todo el que pase por ese lugar quedará
  horrorizado
 y dará un grito por la destrucción que
  verá allí.

¹⁴ »Sí, prepárense para atacar Babilonia,
  todas ustedes, naciones vecinas.
 Que sus arqueros disparen contra ella,
  que no escatimen flechas,
 pues pecó contra el Señor.
¹⁵ Lancen gritos de guerra contra Babilonia
   desde todas partes.
 ¡Miren! ¡Se rinde!
 Sus murallas han caído.
 Es la venganza del Señor,
  así que vénguense también ustedes.
 ¡Háganle lo mismo que ella les hizo a otros!
¹⁶ Saquen de Babilonia a todos los sembradores;
  despidan a todos los segadores.
 Debido a la espada del enemigo
  todos huirán a sus propias tierras.

Esperanza para el pueblo de Dios

¹⁷ »Los israelitas son como ovejas
  que han sido esparcidas por los leones.
 Primero los devoró el rey de Asiria.
  Después Nabucodonosor,* rey de Babilonia,
   les quebró los huesos».
¹⁸ Por lo tanto, esto dice el Señor de los Ejércitos
   Celestiales,
  Dios de Israel:
 «Ahora, castigaré al rey de Babilonia y a su
   tierra
  de la misma manera que castigué al rey
   de Asiria.
¹⁹ Traeré a Israel de regreso a su hogar, a su
   propia tierra,
  para comer en los campos de Carmelo
   y Basán,
 y para quedar saciado una vez más
  en la zona montañosa de Efraín y
   Galaad.
²⁰ En esos días —dice el Señor—,
  no se encontrará pecado en Israel
 ni en Judá,
  porque perdonaré al remanente que
   yo guarde.

Juicio de Dios sobre Babilonia

²¹ »Mis guerreros, suban contra la tierra
   de Meraitaim
 y contra la gente de Pecod.
 Persíganlos, mátenlos y destrúyanlos por
   completo*
  como les he ordenado —dice el Señor—.
²² Que en la tierra se escuche el grito de guerra,
  un clamor de gran destrucción.
²³ Babilonia, el martillo más poderoso de toda
   la tierra
  queda roto y hecho pedazos.

50:5 En hebreo *Sión*, también en 50:28. **50:10** O *Caldea.* **50:12** En hebreo *su madre.* **50:17** En hebreo *Nabucad-retsar,* una variante de Nabucodonosor. **50:21** El término hebreo empleado aquí se refiere a la consagración total de cosas o personas al Señor, ya sea destruyéndolas o entregándolas como ofrenda.

¡Babilonia queda desolada entre las
naciones!

²⁴ Escucha, Babilonia, porque te tendí una
trampa.
Estás atrapada porque luchaste contra
el Señor.

²⁵ El Señor abrió su arsenal
y sacó armas para desahogar su furor.
El terror que caiga sobre los babilonios
será la obra del Señor Soberano de los
Ejércitos Celestiales.

²⁶ Sí, vengan contra ella desde tierras lejanas
y abran sus graneros.
Aplasten sus muros y sus casas, y
conviértanlos en montones de
escombros.
¡Destrúyanla por completo y no dejen
nada!

²⁷ Maten incluso a sus becerros,
¡para ellos también será terrible!
¡Masácrenlos a todos!
Pues ha llegado el día del juicio a
Babilonia.

²⁸ Escuchen a la gente que escapó de
Babilonia
mientras cuentan en Jerusalén
cómo el Señor nuestro Dios se vengó
de los que destruyeron su templo.

²⁹ »Manden llamar a los arqueros para que
vengan a Babilonia.
Rodeen la ciudad para que nadie escape.
Háganle lo mismo que ella les hizo a otros,
porque desafió al Señor, el Santo
de Israel.

³⁰ Sus jóvenes caerán en las calles y morirán.
Todos sus soldados serán matados»,
dice el Señor.

³¹ «Mira, pueblo arrogante, yo soy tu enemigo
—dice el Señor, el Señor de los Ejércitos
Celestiales—.
Ha llegado el día de tu juicio,
el día en que te castigaré.

³² Oh tierra de arrogancia, tropezarás y caerás,
y nadie te levantará.
Pues encenderé un fuego en las ciudades de
Babilonia
que consumirá todo a su alrededor».

³³ Esto dice el Señor de los Ejércitos Celestiales:
«Los pueblos de Israel y de Judá han sido
agraviados.
Sus captores los retienen y se niegan a
soltarlos.

³⁴ Pero el que los redime es fuerte.
Su nombre es el Señor de los Ejércitos
Celestiales.
Él los defenderá
y nuevamente les dará descanso en Israel.
¡Pero para la gente de Babilonia
no habrá descanso!

³⁵ »La espada destructora golpeará a los
babilonios
—dice el Señor—.
Golpeará al pueblo de Babilonia,
también a sus funcionarios y a sus
hombres sabios.

³⁶ La espada golpeará a sus sabios consejeros
y se volverán necios.
La espada golpeará a sus guerreros más
poderosos
y el pánico se apoderará de ellos.

³⁷ La espada golpeará sus caballos, sus
carros de guerra
y a sus aliados de otras tierras,
y todos se volverán como mujeres.
La espada golpeará sus tesoros
y todos serán saqueados.

³⁸ La espada golpeará aun el suministro
de agua
y hará que se seque.
¿Y por qué? Porque toda la tierra está
llena de ídolos
y la gente está locamente enamorada
de ellos.

³⁹ »Pronto Babilonia será habitada por
hienas y animales del desierto.
Será un hogar de búhos.
Nunca más vivirá gente allí;
quedará desolada para siempre.

⁴⁰ La destruiré tal como yo* destruí a Sodoma,
a Gomorra
y a sus ciudades vecinas —dice el Señor—.
Nadie vivirá allí;
nadie la habitará.

⁴¹ »¡Miren! Un gran ejército viene del norte.
Desde tierras lejanas se están levantando
contra ti
una gran nación y muchos reyes.

⁴² Están armados con arcos y lanzas.
Son crueles y no tienen compasión de
nadie.
Cuando avanzan sobre sus caballos
se oyen como el rugido del mar.
Vienen en formación de batalla
con planes de destruirte, Babilonia.

⁴³ El rey de Babilonia ha oído informes
acerca del enemigo
y tiembla de miedo.
Se apoderaron de él punzadas de angustia
como a una mujer en trabajo de parto.

⁴⁴ »Vendré como un león que sale de los
matorrales del Jordán
y atacaré las ovejas en los pastos.
Expulsaré a Babilonia de su tierra
y nombraré al líder que yo escoja.
Pues, ¿quién es como yo y quién puede
desafiarme?
¿Qué gobernante puede oponerse a
mi voluntad?».

50:40 En hebreo *tal como Dios.*

45 Escuchen los planes que tiene el Señor
    contra Babilonia
    y contra la tierra de los babilonios.
   Aun sus hijos pequeños serán arrastrados
    como ovejas
    y sus casas serán destruidas.
46 La tierra temblará con el grito: «¡Babilonia
    ha sido tomada!».
   Su grito de desesperación se oirá en todo
    el mundo.

51 Esto dice el Señor:
    «Incitaré a un destructor contra
    Babilonia
    y contra la gente de Babilonia.*
2 Vendrán extranjeros y la aventarán,
    la soplarán como si fuera paja.
   Vendrán de todos lados
    para levantarse contra ella en su día de
    tribulación.
3 No dejen que los arqueros se pongan sus
    armaduras
    ni que tensen sus arcos.
   ¡No perdonen la vida ni siquiera a sus
    mejores soldados!
   Que su ejército sea completamente
    destruido.*
4 Caerán muertos en la tierra de los babilonios,*
    acuchillados en sus calles.
5 Pues el Señor de los Ejércitos Celestiales
    no ha abandonado a Israel ni a Judá.
   Todavía es su Dios,
    aunque su tierra se llenó de pecado
    contra el Santo de Israel».

6 ¡Huyan de Babilonia! ¡Sálvense a sí mismos!
    ¡No queden atrapados en su castigo!
   Es el tiempo de la venganza del Señor,
    él le dará su merecido.
7 Babilonia ha sido como copa de oro en las
    manos del Señor,
   copa que hizo emborrachar a todo el
    mundo.
   Las naciones bebieron del vino de Babilonia
    y se enloquecieron.
8 Pero repentinamente, cayó también Babilonia.
   Lloren por ella.
   Denle medicina,
    quizá todavía pueda sanarse.
9 La habríamos ayudado si hubiéramos podido,
    pero ya nada se puede hacer por ella.
   Déjenla ir; abandónenla.
   Regresen ahora a su propio país.
   Pues su castigo llega hasta los cielos;
    es tan grande que no se puede medir.
10 El Señor nos ha hecho justicia.
    Vengan, anunciemos en Jerusalén*
    todo lo que hizo el Señor nuestro Dios.

11 ¡Afilen las flechas!
    ¡Alcen los escudos!*
   Pues el Señor ha incitado a los reyes de Media
    a que marchen contra Babilonia y la
    destruyan.
   Esta es su venganza contra los que
    profanaron su templo.
12 ¡Levanten la bandera de guerra contra
    Babilonia!
   Refuercen la guardia y pongan centinelas.
   Preparen la emboscada
    porque el Señor llevará a cabo todos sus
    planes contra Babilonia.
13 Tú eres una ciudad junto a un gran río,
    un gran centro comercial,
    pero tu fin ha llegado.
   Se cortó el hilo de tu vida.
14 El Señor de los Ejércitos Celestiales hizo
    este voto
   y lo juró por su propio nombre:
   «Tus ciudades se llenarán de enemigos,
    como campos plagados de langostas,
    y cantarán victoria sobre ti».

Himno de alabanza al Señor

15 El Señor hizo la tierra con su poder
    y la preserva con su sabiduría.
   Con su propia inteligencia
    desplegó los cielos.
16 Cuando habla en los truenos
    los cielos se llenan de agua.
   Él hace que las nubes se levanten sobre
    la tierra.
   Envía el relámpago junto con la lluvia
    y suelta el viento de sus depósitos.

17 ¡Toda la raza humana es necia y le falta
    conocimiento!
   Los artesanos quedan deshonrados por
    los ídolos que hacen,
   porque sus obras hechas con tanto esmero
    son un fraude.
   Estos ídolos no tienen ni aliento ni poder.
18 Los ídolos son inútiles; ¡son mentiras ridículas!
   En el día del juicio todos serán destruidos.
19 ¡Pero el Dios de Israel* no es ningún ídolo!
   Él es el Creador de todo lo que existe,
    incluido su pueblo, su posesión más preciada.
   ¡El Señor de los Ejércitos Celestiales es su
    nombre!

Gran castigo de Babilonia

20 «Tú* eres mi hacha de guerra y mi espada
    —dice el Señor—.
   Contigo destrozaré naciones
    y destruiré muchos reinos.
21 Contigo destrozaré ejércitos,
    destruiré al caballo y al jinete,
    al carro de guerra y al conductor.

51:1 En hebreo *Leb Camay,* el nombre codificado para Babilonia.   51:3 El término hebreo empleado aquí se refiere a la consagración total de cosas o personas al Señor, ya sea destruyéndolas o entregándolas como ofrenda.   51:4 O *caldeos,* también en 51:54.   51:10 En hebreo *Sión;* también en 51:24.   51:11 La versión griega dice *Llenen las aljabas.*   51:19 En hebreo *la Porción de Jacob.* Ver la nota en 5:20.   51:20 Posiblemente se refiera a Ciro, a quien Dios usó para conquistar Babilonia. Compara con Is 44:28; 45:1.

²² Contigo destrozaré a hombres y a mujeres,
   a ancianos y a niños,
   a jóvenes y a doncellas.
²³ Contigo destrozaré a pastores y rebaños,
   a campesinos y bueyes,
   a capitanes y a oficiales.

²⁴ »Le daré a Babilonia y a sus habitantes*
   el pago que se merecen
   por todo el mal que le hizo
   a mi pueblo en Jerusalén», dice el SEÑOR.

²⁵ «Mira, oh poderosa montaña, destructora de
   la tierra!
   Yo soy tu enemigo —dice el SEÑOR—.
   Levantaré mi puño contra ti,
   para derribarte desde las cumbres.
   Cuando termine contigo
   no serás más que un montón de escombros
   quemados.
²⁶ Para siempre quedarás desolada;
   aun tus piedras no volverán a usarse para
   construir.
   Te aniquilarán por completo»,
   dice el SEÑOR.

²⁷ Levanten una bandera de señales a las
   naciones.
   ¡Hagan sonar el grito de guerra!
   Movilicen a todas contra Babilonia.
   ¡Prepárenlas para luchar contra ella!
   Convoquen a los ejércitos de Ararat, Mini
   y Asquenaz.
   ¡Nombren a un comandante
   y traigan una multitud de caballos como
   una nube de langostas!
²⁸ Levanten contra ella a los ejércitos de las
   naciones
   dirigidos por los reyes de Media
   y por todos sus capitanes y oficiales.

²⁹ La tierra tiembla y se retuerce de dolor,
   porque todos los planes del SEÑOR contra
   Babilonia no han cambiado.
   Babilonia quedará desolada, sin un solo
   habitante.
³⁰ Sus guerreros más poderosos ya no luchan
   más.
   Permanecen en sus cuarteles, sin valentía;
   se volvieron como mujeres.
   Los invasores quemaron las casas
   y derribaron las puertas de la ciudad.
³¹ Las noticias se transmiten de un mensajero
   al otro,
   al paso que los mensajeros se apuran a
   avisarle al rey
   que la ciudad ha sido tomada.
³² Se han cortado todas las rutas de fuga.
   Los pantanos están en llamas
   y el ejército se llenó de pánico.

³³ Esto dice el SEÑOR de los Ejércitos Celestiales,
   Dios de Israel:

«Babilonia es como el trigo en el campo de
   trillar
   a punto de ser pisoteado.
Dentro de poco,
   comenzará la cosecha».

³⁴ «Nabucodonosor,* rey de Babilonia, nos
   devoró, nos aplastó
   y nos dejó sin fuerzas.
Nos tragó como un gran monstruo
   y llenó su barriga con nuestras riquezas.
Nos echó de nuestro propio país.
³⁵ Hagan que Babilonia sufra como nos hizo
   sufrir a nosotros
   —dice la gente de Sión—.
Hagan que el pueblo de Babilonia pague por
   derramar nuestra sangre»,
   dice Jerusalén.

Venganza del SEÑOR sobre Babilonia

³⁶ Esto dice el SEÑOR a Jerusalén:

«Yo seré tu abogado para defender tu causa
   y te vengaré.
Secaré su río,
   tal como sus fuentes de agua,
³⁷ y Babilonia se convertirá en un montón
   de ruinas,
   frecuentada por chacales.
Será objeto de horror y menosprecio,
   un lugar donde no vive nadie.
³⁸ Sus habitantes rugirán juntos como leones
   fuertes;
   gruñirán como cachorros de león.
³⁹ Y mientras estén sonrojados por el vino,
   les preparé otra clase de banquete.
Los haré beber hasta que se duerman
   y nunca se despertarán
   —dice el SEÑOR—.
⁴⁰ Los llevaré
   como a corderos al matadero,
   como a carneros y chivos para el sacrificio.

⁴¹ ¡Cómo ha caído Babilonia,*
   la gran Babilonia, aclamada en toda la tierra!
Ahora se ha convertido en objeto de horror
   entre las naciones.
⁴² El mar ha subido sobre Babilonia;
   está cubierta por las violentas olas.
⁴³ Sus ciudades ahora quedan en ruinas;
   es una árida tierra baldía
   donde no vive nadie, ni nadie pasa por allí.
⁴⁴ Entonces yo castigaré a Bel, el dios de
   Babilonia,
   y haré que vomite todo lo que se comió.
Nunca más las naciones vendrán a rendirle culto.
   ¡La muralla de Babilonia ha caído!

Mensaje a los desterrados

⁴⁵ »Sal, pueblo mío, huye de Babilonia.
   ¡Sálvense! Huyan del terrible enojo
   del SEÑOR.

51:24 O *Caldea*, también en 51:35.   51:34 En hebreo *Nabucad-retsar*, una variante de Nabucodonosor.   51:41 En hebreo *Sesac*,
un nombre codificado para Babilonia.

⁴⁶ Pero no tengan pánico ni temor
   cuando oigan los primeros rumores de
      que se acercan los soldados.
   Pues los rumores seguirán llegando año
      tras año.
   Estallará la violencia en la tierra
      en tanto los líderes se peleen unos
         contra otros.
⁴⁷ Pues ciertamente se acerca la hora
   cuando castigaré a esta gran ciudad y
      a todos sus ídolos.
   Toda su tierra será avergonzada,
      y sus muertos caerán en las calles.
⁴⁸ Entonces los cielos y la tierra se alegrarán,
   porque del norte los ejércitos destructores
      vendrán contra Babilonia —dice el
         Señor—.

⁴⁹ Así como Babilonia mató a la gente de Israel
      y a la gente de otros pueblos por todo el
         mundo,
   así mismo debe morir su gente.
⁵⁰ ¡Váyanse, todos ustedes que escaparon de
      la espada!
   ¡No se detengan para mirar, huyan
      mientras puedan!
   Recuerden al Señor, aunque estén en una
      tierra lejana,
   y piensen en su hogar en Jerusalén».

⁵¹ «Estamos avergonzados —dicen los del
      pueblo—.
   Estamos ofendidos y en desgracia
   porque extranjeros profanaron
      el templo del Señor».

⁵² «Sí —dice el Señor—, pero se acerca la hora
   en que destruiré los ídolos de Babilonia.
   Los quejidos de la gente herida
      se oirán por toda la tierra.
⁵³ Aunque Babilonia llegue tan alto como los
         cielos
   y haga sus fortificaciones increíblemente
      resistentes,
   aun así yo enviaré enemigos para que la
      saqueen.
   ¡Yo, el Señor, he hablado!

Destrucción completa de Babilonia

⁵⁴ »¡Escuchen! Oigan el llanto de Babilonia,
   el sonido de la gran destrucción que surge
      de la tierra de los babilonios.
⁵⁵ Pues el Señor destruye a Babilonia;
   silenciará su vozarrón.
   Oleadas de enemigos golpean contra ella;
      resuenan en la ciudad los ruidos de batalla.
⁵⁶ Vienen contra Babilonia ejércitos destructores.
   Apresan a sus hombres valientes
      y sus armas se quiebran en sus manos.
   Pues el Señor es Dios que da justo castigo;
      él siempre le da a cada cual su merecido.

⁵⁷ Haré que sus autoridades y hombres sabios
         se emborrachen,
   junto con sus capitanes, oficiales y
      guerreros.
   ¡Caerán dormidos
      y nunca más se despertarán!»,
   dice el Rey, cuyo nombre es
      el Señor de los Ejércitos Celestiales.

⁵⁸ Esto dice el Señor de los Ejércitos
         Celestiales:
   «Las gruesas murallas de Babilonia serán
      arrasadas
   y sus inmensas puertas serán quemadas.
   ¡Los constructores de muchos países han
      trabajado en vano
   porque su obra será destruida por fuego!».

Mensaje de Jeremías enviado a Babilonia

⁵⁹ El profeta Jeremías le dio el siguiente mensaje a Seraías, hijo de Nerías y nieto de Maaseías, un oficial del Estado Mayor, cuando Seraías fue a Babilonia junto con el rey Sedequías de Judá. Esto sucedió durante el cuarto año del reinado de Sedequías.* ⁶⁰Jeremías registró en un rollo todos los terribles desastres que pronto vendrían sobre Babilonia: todas las palabras escritas aquí. ⁶¹Le dijo a Seraías: «Cuando llegues a Babilonia, lee en voz alta todo lo que está en este rollo. ⁶²Luego di: "Señor, tú has dicho que destruirás a Babilonia de manera que no quedarán personas ni animales. Ella permanecerá vacía y abandonada para siempre". ⁶³Cuando hayas terminado de leer el rollo, átalo a una piedra y arrójalo al río Éufrates. ⁶⁴Luego di: "De la misma manera Babilonia y su pueblo se hundirán para no levantarse jamás a causa de los desastres que traeré sobre ella"».

Aquí terminan los mensajes de Jeremías.

Caída de Jerusalén

52 Sedequías tenía veintiún años cuando subió al trono y reinó en Jerusalén once años. Su madre se llamaba Hamutal y era hija de Jeremías, de Libna. ²Sedequías hizo lo malo a los ojos del Señor, igual que Joacim. ³Estas cosas sucedieron debido al enojo que el Señor tenía contra la gente de Jerusalén y de Judá, hasta que finalmente los expulsó de su presencia y los envió al destierro.

Sedequías se rebeló contra el rey de Babilonia. ⁴Así que el 15 de enero,* durante el noveno año del reinado de Sedequías, Nabucodonosor,* rey de Babilonia, dirigió a todo su ejército contra Jerusalén. Rodearon la ciudad y construyeron rampas de asalto contra las murallas. ⁵Jerusalén estuvo sitiada hasta el año once del reinado de Sedequías.

⁶Hacia el 18 de julio del año once del reinado

51:59 El cuarto año del reinado de Sedequías fue el 593 a. C.   52:4a En hebreo *el décimo día del décimo mes*, del antiguo calendario lunar hebreo. Varios sucesos del libro de Jeremías pueden corroborarse con las fechas que aparecen en los registros babilónicos que se han conservado, y pueden relacionarse de manera precisa con nuestro calendario moderno. Ese día fue el 15 de enero de 588 a. C.   52:4b En hebreo *Nabucad-retsar*, una variante de Nabucodonosor; también en 52:12, 28, 29, 30.

de Sedequías,* el hambre en la ciudad ya era muy intensa y se había agotado por completo lo último que quedaba de alimento. 7Entonces abrieron una brecha en la muralla de la ciudad, y todos los soldados huyeron. Como la ciudad estaba rodeada por los babilonios,* esperaron hasta la caída del sol y entonces se deslizaron por la puerta que está entre las dos murallas, detrás del jardín real, y se dirigieron al valle del Jordán.*

8Sin embargo, las tropas babilónicas persiguieron al rey Sedequías y lo capturaron en las llanuras de Jericó, porque todos sus hombres lo habían abandonado y se habían dispersado. 9Lo llevaron ante el rey de Babilonia, que se encontraba en Ribla, en la tierra de Hamat. Allí el rey de Babilonia dictó sentencia contra Sedequías. 10Hizo que Sedequías presenciara la masacre de cada uno de sus hijos y de los demás funcionarios de Judá. 11Luego le sacaron los ojos, lo ataron con cadenas de bronce y lo llevaron a Babilonia. Sedequías permaneció allí en prisión hasta el día de su muerte.

Destrucción del templo

12El 17 de agosto de ese año,* que era el día diecinueve del reinado de Nabucodonosor, llegó a Jerusalén Nabuzaradán, capitán de la guardia y funcionario del rey babilónico. 13Quemó por completo el templo del Señor, el palacio real y todas las casas de Jerusalén. Destruyó todos los edificios importantes* de la ciudad. 14Después supervisó a todo el ejército babilónico* mientras derribaba por completo las murallas de Jerusalén. 15Nabuzaradán, capitán de la guardia, se llevó cautivos a algunos de los más pobres, al resto de las personas que quedaban en la ciudad, a los desertores que habían jurado lealtad al rey de Babilonia y al resto de los artesanos; 16pero Nabuzaradán permitió que algunos de los más pobres se quedaran en Judá para cuidar los viñedos y los campos.

17Los babilonios hicieron pedazos las columnas de bronce que estaban al frente del templo del Señor, las carretas de bronce para llevar agua y el enorme tazón de bronce llamado el Mar, y se llevaron todo el bronce a Babilonia. 18También se llevaron los recipientes para la ceniza, las palas, la despabiladera de las lámparas, los tazones, los platos y todos los demás objetos de bronce que se usaban para realizar los sacrificios en el templo. 19Nabuzaradán, capitán de la guardia, también se llevó los cuencos pequeños, los recipientes para quemar incienso, los tazones, los calderos, los candelabros, la vajilla y los vasos

utilizadas para las ofrendas líquidas, y todos los demás objetos de oro puro o de plata.

20El peso del bronce de las dos columnas, el Mar con los doce bueyes de bronce que estaban debajo y las carretas para llevar agua era tanto que no podía calcularse. Estos objetos se habían hecho para el templo del Señor en tiempos del rey Salomón. 21Cada columna tenía unos ocho metros de altura y unos cinco metros y medio de circunferencia.* Eran huecas, con un grosor de ocho centímetros.* 22El capitel de bronce en la parte superior de cada columna era de casi dos metros y medio* de altura y estaba decorado alrededor con una red de granadas hecha de bronce. 23Había noventa y seis granadas a los lados, y un total de cien en la red alrededor de la parte superior.

24Nabuzaradán, capitán de la guardia, se llevó consigo como prisioneros al sumo sacerdote Seraías, al sacerdote de segundo rango Sofonías, y a los tres porteros principales. 25De la gente que seguía escondida en la ciudad, se llevó a un oficial que había estado al mando del ejército judío, a siete de los consejeros personales del rey, al secretario principal del comandante del ejército, quien estaba a cargo del reclutamiento, y a otros sesenta ciudadanos. 26Nabuzaradán, capitán de la guardia, los llevó a todos ante el rey de Babilonia, que se encontraba en Ribla. 27Allí, en Ribla, en la tierra de Hamat, el rey de Babilonia mandó que los ejecutara a todos. Así que el pueblo de Judá fue expulsado de su tierra y llevado al destierro.

28El número de cautivos llevados a Babilonia en el séptimo año del reinado de Nabucodonosor* fue de tres mil veintitrés. 29Más adelante, en el año dieciocho de Nabucodonosor,* se llevó a ochocientos treinta y dos más. 30En el año veintitrés del reinado de Nabucodonosor,* él envió a Nabuzaradán, capitán de la guardia, quien se llevó consigo a setecientos cuarenta y cinco más, un total de cuatro mil seiscientos cautivos.

Esperanza para la descendencia real de Israel

31En el año treinta y siete del exilio de Joaquín, rey de Judá, Evil-merodac ascendió al trono de Babilonia. El nuevo rey fue bondadoso con Joaquín* y lo puso en libertad el 31 de marzo de ese año.* 32Le habló con amabilidad y le dio una posición superior a la de los demás reyes exiliados en Babilonia. 33Le proporcionó a Joaquín ropa nueva para reemplazar la ropa de prisionero y le permitió comer en presencia del rey por el resto de su vida. 34Así que el rey de Babilonia le dio una ración diaria de comida mientras vivió. Esto continuó hasta el día de su muerte.

52:6 En hebreo *Por el noveno día del cuarto mes* [en el año once del reinado de Sedequías]. Este día fue el 18 de julio del 586 a. C.; ver también la nota en 52:4. **52:7a** O *caldeos;* similar en 52:8 y 17. **52:7b** En hebreo *el Arabá.* **52:12** En hebreo *El décimo día del quinto mes,* del antiguo calendario lunar hebreo. Ese día fue el 17 de agosto del 586 a. C.; ver también la nota en 52:4. **52:13** O *destruyó las casas de la gente importante.* **52:14** O *caldeo.* **52:21a** En hebreo *18 codos* [27 pies] *de altura* y *12 codos* [18 pies] *de circunferencia.* **52:21b** En hebreo *4 dedos de espesor* [3 pulgadas]. **52:22** En hebreo *5 codos* [7,5 pies]. **52:28** El destierro en el séptimo año del reinado de Nabucodonosor cayó en el 597 a. C. **52:29** El destierro en el año dieciocho del reinado de Nabucodonosor cayó en el 586 a. C. **52:30** El destierro en el año veintitrés del reinado de Nabucodonosor cayó en el 581 a. C. **52:31a** En hebreo *Alzó la cabeza de Joaquín.* **52:31b** En hebreo *a los veinticinco días del mes doce* del antiguo calendario lunar hebreo. Ese día fue el 31 de marzo del 561 a. C.; ver también la nota en 52:4.

Lamentaciones

Dolor en Jerusalén

1 ¹Jerusalén, antes colmada de gente,
   ahora está desierta.
La que en su día fue grande entre las naciones
   ahora queda sola como una viuda.
La que antes era la reina de toda la tierra,
   ahora es una esclava.

²Durante toda la noche solloza;
   las lágrimas corren por sus mejillas.
De todos sus amantes
   no hay quien la consuele.
Todos sus amigos la traicionaron
   y se volvieron sus enemigos.

³Judá fue llevada al cautiverio,
   oprimida por la cruel esclavitud.
Vive entre naciones extranjeras
   y no tiene lugar donde descansar.
Sus enemigos la persiguieron y la
   alcanzaron
   y ya no tiene a quien recurrir.

⁴Los caminos a Jerusalén* están de luto,
   porque las multitudes ya no vienen para
      celebrar los festivales.
En las puertas de la ciudad hay silencio,
   sus sacerdotes gimen,
   sus mujeres jóvenes lloran;
   ¡qué amarga es su suerte!

⁵Sus opresores son ahora sus amos
   y sus enemigos prosperan,
porque el Señor castigó a Jerusalén
   por sus muchos pecados.
Sus hijos fueron capturados
   y llevados a tierras lejanas.

⁶La bella Jerusalén* ha sido despojada
   de toda su majestad.
Sus príncipes son como venados hambrientos
   en busca de pastos.
Están demasiado débiles para huir
   del enemigo que los persigue.

⁷En medio de su tristeza y sus andanzas
   Jerusalén recuerda su antiguo esplendor.
Pero ahora ha caído en manos de su enemigo
   y no hay quien la ayude.

Su enemigo la derribó
   y se burlaba cuando ella caía.

⁸Jerusalén ha pecado grandemente,
   por eso fue desechada como un trapo sucio.
Todos los que antes la honraban ahora
   la desprecian,
porque vieron su desnudez y su
   humillación.
Lo único que puede hacer es gemir
   y taparse la cara.

⁹Se deshonró a sí misma con inmoralidad
   y no pensó en su futuro.
Ahora yace en una zanja
   y no hay nadie que la saque.
«Señor, mira mi sufrimiento —gime—,
   el enemigo ha triunfado».

¹⁰El enemigo la saqueó por completo
   y se llevó todo lo valioso que poseía.
Vio a los extranjeros profanar su templo
   sagrado,
   el lugar al que el Señor les había prohibido
      entrar.

¹¹Su pueblo gime en busca de pan;
   vendieron sus tesoros para comprar
      comida y mantenerse con vida.
«Oh Señor, mira —se lamenta—
   y observa cómo me desprecian.

¹²»¿No les importa nada, ustedes que pasan
      por aquí?
Miren a su alrededor y vean si hay otro
   sufrimiento como el mío,
que el Señor descargó sobre mí
   cuando estalló en ira feroz.

¹³»Él mandó fuego del cielo que me quema
   los huesos.
Tendió una trampa en mi camino y me
   hizo volver atrás.
Me dejó devastada
   y atormentada día y noche por la
      enfermedad.

¹⁴»Él tejió sogas con mis pecados
   para atarme a un yugo de cautiverio.

El Señor minó mis fuerzas; me entregó a mis
enemigos
y en sus manos soy incapaz de levantarme.

15 »El Señor trató con desdén
a mis hombres valientes.
A su orden llegó un gran ejército
para aplastar a mis jóvenes guerreros.
El Señor pisoteó su amada ciudad*
como se pisotean las uvas en un lagar.

16 »Por todas estas cosas lloro;
lágrimas corren por mis mejillas.
No tengo a nadie que me consuele;
todos los que podrían alentarme
están lejos.
Mis hijos no tienen futuro
porque el enemigo nos ha conquistado».

17 Jerusalén extiende la mano en busca de ayuda,
pero nadie la consuela.
El Señor ha dicho
de su pueblo Israel:*
«¡Que sus vecinos se conviertan en enemigos!
¡Que sean desechados como un trapo
sucio!».

18 «El Señor es justo —dijo Jerusalén—,
porque yo me rebelé contra él.
Escuchen, pueblos de todas partes;
miren mi angustia y mi desesperación,
porque mis hijos e hijas
fueron llevados cautivos a tierras lejanas.

19 »Les supliqué ayuda a mis aliados,
pero me traicionaron.
Mis sacerdotes y mis líderes
murieron de hambre en la ciudad,
mientras buscaban comida
para salvar sus vidas.

20 »¡Señor, mira mi angustia!
Mi corazón está quebrantado
y mi alma desespera
porque me rebelé contra ti.
En las calles la espada mata,
y en casa solo hay muerte.

21 »Otros oyeron mis lamentos
pero nadie se volvió para consolarme.
Cuando mis enemigos se enteraron de mis
tribulaciones
se pusieron felices al ver lo que habías
hecho.
Oh, manda el día que prometiste,
cuando ellos sufrirán como he sufrido yo.

22 »Señor, mira todas sus maldades.
Castígalos como me castigaste a mí
por todos mis pecados.
Son muchos mis gemidos
y tengo el corazón enfermo de angustia».

Enojo de Dios por el pecado

2 ¹ En su enojo el Señor
cubrió de sombras a la bella Jerusalén.*
La más hermosa de las ciudades de Israel
yace en el polvo,
derrumbada desde las alturas del cielo.
En su día de gran enojo
el Señor no mostró misericordia ni
siquiera con su templo.*

² El Señor ha destruido sin misericordia
todas las casas en Israel.*
En su enojo derribó
las murallas protectoras de la bella
Jerusalén.*
Las derrumbó hasta el suelo
y deshonró al reino y a sus gobernantes.

³ Toda la fuerza de Israel
desaparece ante su ira feroz.
El Señor ha retirado su protección
durante el ataque del enemigo.
Él consume toda la tierra de Israel
como un fuego ardiente.

⁴ Tensa el arco contra su pueblo
como si él fuera su enemigo.
Utiliza su fuerza contra ellos
para matar a sus mejores jóvenes.
Su furia se derrama como fuego
sobre la bella Jerusalén.*

⁵ Así es, el Señor venció a Israel
como lo hace un enemigo.
Destruyó sus palacios
y demolió sus fortalezas.
Causó dolor y llanto interminable
sobre la bella Jerusalén.

⁶ Derribó su templo
como si fuera apenas una choza en
el jardín.
El Señor ha borrado todo recuerdo
de los festivales sagrados y los días
de descanso.
Ante su ira feroz
reyes y sacerdotes caen juntos.

⁷ El Señor rechazó su propio altar;
desprecia su propio santuario.
Entregó los palacios de Jerusalén
a sus enemigos.
Ellos gritan en el templo del Señor
como si fuera un día de celebración.

⁸ El Señor decidió
destruir las murallas de la bella Jerusalén.
Hizo cuidadosos planes para su destrucción,
después los llevó a cabo.
Por eso, los terraplenes y las murallas
cayeron ante él.

1:15 En hebreo *a la virgen hija de Judá.*   1:17 En hebreo *Jacob.* Los nombres «Jacob» e «Israel» a menudo son intercambiables en el Antiguo Testamento. Algunas veces hacen referencia al patriarca como individuo y otras veces a la nación.   2:1a En hebreo *la hija de Sión;* también en 2:8, 10, 18.   2:1b En hebreo *el estrado de sus pies.*   2:2a En hebreo *Jacob;* también en 2:3b. Ver nota en 1:17.   2:2b En hebreo *la hija de Judá;* también en 2:5.   2:4 En hebreo *sobre la carpa de la hija de Sión.*

⁹ Las puertas de Jerusalén se han hundido
      en la tierra;
   él rompió sus cerrojos y sus barrotes.
Sus reyes y príncipes fueron desterrados
      a tierras lejanas;
   su ley dejó de existir.
Sus profetas no reciben
   más visiones de parte del Señor.

¹⁰ Los líderes de la bella Jerusalén
   se sientan en el suelo en silencio;
están vestidos de tela áspera
   y se echan polvo sobre la cabeza.
Las jóvenes de Jerusalén
   bajan la cabeza avergonzadas.

¹¹ Lloré hasta que no tuve más lágrimas;
   mi corazón está destrozado.
Mi espíritu se derrama de angustia
   al ver la situación desesperada de
      mi pueblo.
Los niños y los bebés
   desfallecen y mueren en las calles.

¹² Claman a sus madres:
      «¡Necesitamos comida y bebida!».
Sus vidas se extinguen en las calles
   como la de un guerrero herido en la batalla;
intentan respirar para mantenerse vivos
   mientras desfallecen en los brazos de
      sus madres.

¹³ ¿Qué puedo decir de ti?
   ¿Quién ha visto alguna vez semejante
      dolor?
Oh hija de Jerusalén,
   ¿con qué puedo comparar tu angustia?
Oh virgen hija de Sión,
   ¿cómo puedo consolarte?
Pues tu herida es tan profunda como el mar.
   ¿Quién puede sanarte?

¹⁴ Tus profetas han declarado
   tantas tonterías; son falsas hasta la médula.
No te salvaron del destierro
   exponiendo a la luz tus pecados.
Más bien, te pintaron cuadros engañosos
   y te llenaron de falsas esperanzas.

¹⁵ Todos los que pasan por tu camino te abuchean.
   Insultan a la bella Jerusalén* y se burlan de
      ella diciendo:
«¿Es esta la ciudad llamada "La más bella
      del mundo"
   y "La alegría de la tierra"?».

¹⁶ Todos tus enemigos se burlan de ti;
   se mofan, gruñen y dicen:
«¡Por fin la hemos destruido!
   ¡Hace mucho que esperábamos este día,
   y por fin llegó!».

¹⁷ Sin embargo, es el Señor quien hizo justo lo
   que se había propuesto;
cumplió las promesas de calamidad

que hizo hace mucho tiempo.
Destruyó a Jerusalén sin misericordia;
   hizo que sus enemigos se regodearan
      de ella
   y sobre ella les dio poder.

¹⁸ ¡Lloren a viva voz* delante del Señor,
   oh murallas de la bella Jerusalén!
Que sus lágrimas corran como un río,
   de día y de noche.
No se den descanso;
   no les den alivio a sus ojos.

¹⁹ Levántense durante la noche y clamen.
   Desahoguen el corazón como agua
      delante del Señor.
Levanten a él sus manos en oración,
   y rueguen por sus hijos
porque en cada calle
   desfallecen de hambre.

²⁰ «¡Oh Señor, piensa en esto!
   ¿Debieras tratar a tu propio pueblo
      de semejante manera?
¿Habrán de comerse las madres a sus
      propios hijos,
   a quienes mecieron en sus rodillas?
¿Habrán de ser asesinados los sacerdotes y
      los profetas
   dentro del templo del Señor?

²¹ »Mira cómo yacen en las calles,
      jóvenes y viejos,
   niños y niñas,
      muertos por la espada del enemigo.
Los mataste en tu enojo,
   los masacraste sin misericordia.

²² »Convocaste a los terrores para que vinieran
      de todas partes,
   como si los invitaras a un día de fiesta.
En el día del enojo del Señor
   no escapó ni sobrevivió nadie.
El enemigo mató a todos los niños
   que llevé en mis brazos y crié».

Esperanza en la fidelidad del Señor

3 ¹ Yo soy el que ha visto las aflicciones
      que provienen de la vara del enojo
         del Señor.
² Me llevó a las tinieblas,
   y dejó fuera toda luz.
³ Volvió su mano contra mí
   una y otra vez, todo el día.

⁴ Hizo que mi piel y mi carne envejecieran;
   quebró mis huesos.
⁵ Me sitió y me rodeó
   de angustia y aflicción.
⁶ Me enterró en un lugar oscuro,
   como a los que habían muerto hace tiempo.
⁷ Me cercó con un muro, y no puedo escapar;
   me ató con pesadas cadenas.

2:15 En hebreo *la hija de Jerusalén.*   2:18 En hebreo *Su corazón lloró.*

8 Y a pesar de que lloro y grito,
　cerró sus oídos a mis oraciones.
9 Impidió mi paso con un muro de piedra;
　hizo mis caminos tortuosos.

10 Se escondió como un oso o un león,
　esperando atacarme.
11 Me arrastró fuera del camino, me descuartizó
　y me dejó indefenso y destruido.
12 Tensó su arco
　y me hizo el blanco de sus flechas.

13 Disparó sus flechas
　a lo profundo de mi corazón.
14 Mi propio pueblo se ríe de mí;
　todo el día repiten sus canciones burlonas.
15 Él me llenó de amargura
　y me dio a beber una copa amarga de dolor.

16 Me hizo masticar piedras;
　me revolcó en el polvo.
17 Me arrebató la paz
　y ya no recuerdo qué es la prosperidad.
18 Yo exclamo: «¡Mi esplendor ha desaparecido!
　¡Se perdió todo lo que yo esperaba del
　Señor!».

19 Recordar mi sufrimiento y no tener hogar
　es tan amargo que no encuentro palabras.*
20 Siempre tengo presente este terrible tiempo
　mientras me lamento por mi pérdida.
21 No obstante, aún me atrevo a tener esperanza
　cuando recuerdo lo siguiente:

22 ¡el fiel amor del Señor nunca se acaba!*
　Sus misericordias jamás terminan.
23 Grande es su fidelidad;
　sus misericordias son nuevas cada mañana.
24 Me digo: «El Señor es mi herencia,
　por lo tanto, ¡esperaré en él!».

25 El Señor es bueno con los que dependen
　de él,
　con aquellos que lo buscan.
26 Por eso es bueno esperar en silencio
　la salvación que proviene del Señor.
27 Y es bueno que todos se sometan desde
　temprana edad
　al yugo de su disciplina.

28 que se queden solos en silencio
　bajo las exigencias del Señor.
29 Que se postren rostro en tierra
　pues quizá por fin haya esperanza.
30 Que vuelvan la otra mejilla a aquellos que
　los golpean
　y que acepten los insultos de sus enemigos.

31 Pues el Señor no abandona
　a nadie para siempre.
32 Aunque trae dolor, también muestra
　compasión
　debido a la grandeza de su amor
　inagotable.

33 Pues él no se complace en herir a la gente
　o en causarles dolor.

34 Si la gente pisotea
　a todos los prisioneros de la tierra,
35 si privan a otros de sus derechos,
　desafiando al Altísimo,
36 si tuercen la justicia en los tribunales,
　¿acaso no ve el Señor todas estas cosas?

37 ¿Quién puede ordenar que algo suceda
　sin permiso del Señor?
38 ¿No envía el Altísimo
　tanto calamidad como bien?
39 Entonces, ¿por qué nosotros, simples
　humanos,
　habríamos de quejarnos cuando somos
　castigados por nuestros pecados?

40 En cambio, probemos y examinemos nuestros
　caminos
　y volvamos al Señor.
41 Levantemos nuestro corazón y nuestras
　manos
　al Dios del cielo y digamos:
42 «Hemos pecado y nos hemos rebelado,
　y no nos has perdonado.

43 »Nos envolviste en tu enojo, nos perseguiste
　y nos masacraste sin misericordia.
44 Te escondiste en una nube
　para que nuestras oraciones no pudieran
　llegar a ti.
45 Nos desechaste como a basura y como
　a desperdicio
　entre las naciones.

46 »Todos nuestros enemigos
　se han pronunciado en contra de nosotros.
47 Estamos llenos de miedo,
　porque nos encontramos atrapados,
　destruidos y arruinados».
48 ¡Ríos de lágrimas brotan de mis ojos
　por la destrucción de mi pueblo!

49 Mis lágrimas corren sin cesar;
　no pararán
50 hasta que el Señor mire
　desde el cielo y vea.
51 Se me destroza el corazón
　por el destino de todas las mujeres de
　Jerusalén.

52 Mis enemigos, a quienes nunca les hice daño,
　me persiguen como a un pájaro.
53 Me arrojaron a un hoyo
　y dejaron caer piedras sobre mí.
54 El agua subió hasta cubrir mi cabeza
　y yo exclamé: «¡Éste es el fin!».

55 Pero desde lo profundo del hoyo
　invoqué tu nombre, Señor.
56 Me oíste cuando clamé: «¡Escucha mi ruego!
　¡Oye mi grito de socorro!».

3:19 O es *amargura e hiel.*　**3:22** Así aparece en la versión siríaca; en hebreo dice *del Señor nos guarda de la destrucción.*

⁵⁷ Así fue, cuando llamé tú viniste;
  me dijiste: «No tengas miedo».

⁵⁸ ¡Señor, tú eres mi abogado! ¡Defiende mi caso!
  Pues has redimido mi vida.

⁵⁹ Viste el mal que me hicieron, Señor;
  sé mi juez y demuestra que tengo razón.

⁶⁰ Has visto los planes vengativos
  que mis enemigos han tramado contra mí.

⁶¹ Señor, tú oíste los nombres repugnantes con
    los que me llaman
  y conoces los planes que hicieron.

⁶² Mis enemigos susurran y hablan entre dientes
    mientras conspiran contra mí todo el día.

⁶³ ¡Míralos! Estén sentados o de pie,
  yo soy el objeto de sus canciones burlonas.

⁶⁴ Señor, dales su merecido
  por todo lo malo que han hecho.

⁶⁵ ¡Dales corazones duros y tercos
  y después, que tu maldición caiga sobre
    ellos!

⁶⁶ Persíguelos en tu enojo
  y destrúyelos bajo los cielos del Señor.

El enojo de Dios aplacado

4 ¹ ¡Cómo perdió su brillo el oro!
  Hasta el oro más preciado se volvió
    opaco.
  ¡Las piedras preciosas sagradas
    yacen esparcidas en las calles!

² Miren cómo los preciosos hijos de Jerusalén,*
  que valen su peso en oro puro,
  ahora son tratados como vasijas de barro
  hechas por un alfarero común y corriente.

³ Hasta los chacales amamantan a sus
    cachorros,
  pero mi pueblo Israel no lo hace;
  ignoran los llantos de sus hijos,
  como los avestruces del desierto.

⁴ La lengua reseca de sus pequeños
  se pega al paladar a causa de la sed.
  Los niños lloran por pan,
  pero nadie tiene para darles.

⁵ Los que antes comían los manjares más ricos
  ahora mendigan en las calles por cualquier
    cosa que puedan obtener.
  Los que antes vestían ropa de la más alta
    calidad
  ahora hurgan en los basureros buscando
    qué comer.

⁶ La culpa* de mi pueblo
  es mayor que la de Sodoma,
  cuando en un instante cayó el desastre total
  y nadie ofreció ayuda.

⁷ Nuestros príncipes antes rebosaban de salud,
  más brillantes que la nieve, más blancos
    que la leche.

Sus rostros eran tan rosados como rubíes,
  su aspecto como joyas preciosas.*

⁸ Pero ahora sus caras son más negras que
    el carbón;
  nadie los reconoce en las calles.
  La piel se les pega a los huesos;
  está tan seca y dura como la madera.

⁹ Los que murieron a espada terminaron
    mejor
  que los que mueren de hambre.
  Hambrientos, se consumen
  por la falta de comida de los campos.

¹⁰ Mujeres de buen corazón
  han cocinado a sus propios hijos;
  los comieron
  para sobrevivir el sitio.

¹¹ Pero ahora, quedó satisfecho el enojo
    del Señor;
  su ira feroz ha sido derramada.
  Prendió un fuego en Jerusalén*
  que quemó la ciudad hasta sus
    cimientos.

¹² Ningún rey sobre toda la tierra,
  nadie en todo el mundo,
  hubiera podido creer que un enemigo
  lograra entrar por las puertas de Jerusalén.

¹³ No obstante, ocurrió a causa de los pecados
    de sus profetas
  y de los pecados de sus sacerdotes,
  que profanaron la ciudad
  al derramar sangre inocente.

¹⁴ Vagaban a ciegas
  por las calles,
  tan contaminados por la sangre
  que nadie se atrevía a tocarlos.

¹⁵ «¡Apártense! —les gritaba la gente—,
  ¡ustedes están contaminados! ¡No nos
    toquen!».
  Así que huyeron a tierras distantes
  y deambularon entre naciones
    extranjeras,
  pero nadie les permitió quedarse.

¹⁶ El Señor mismo los dispersó,
  y ya no los ayuda.
  La gente no tiene respeto por los sacerdotes
  y ya no honra a los líderes.

¹⁷ En vano esperamos que nuestros aliados
    vinieran a salvarnos,
  pero buscábamos socorro en naciones
  que no podían ayudarnos.

¹⁸ Era imposible andar por las calles
  sin poner en peligro la vida.
  Se acercaba nuestro fin; nuestros días
    estaban contados.
  ¡Estábamos condenados!

4:2 En hebreo *hijos preciosos de Sión.*   4:6 O *El castigo.*   4:7 En hebreo *como lapislázuli.*   4:11 En hebreo *en Sión.*

¹⁹ Nuestros enemigos fueron más veloces que
las águilas en vuelo.
Si huíamos a las montañas, nos
encontraban;
si nos escondíamos en el desierto,
allí estaban esperándonos.

²⁰ Nuestro rey —el ungido del Señor, la vida
misma de nuestra nación—
quedó atrapado en sus lazos.
¡Pensábamos que su sombra
nos protegería contra cualquier nación
de la tierra!

²¹ ¿Te estás alegrando en la tierra de Uz,
oh pueblo de Edom?
Tú también beberás de la copa del enojo
del Señor;
tú también serás desnudada en tu
borrachera.

²² Oh, bella Jerusalén,* tu castigo tendrá fin;
pronto regresarás del destierro.
Pero Edom, tu castigo apenas comienza;
pronto serán puestos al descubierto tus
muchos pecados.

Oración por restauración

5 ¹ Señor, recuerda lo que nos ha sucedido.
¡Mira cómo hemos sido deshonrados!
² Se entregó nuestra herencia a extraños;
nuestras casas, a extranjeros.
³ Somos huérfanos, sin padre,
y nuestras madres son viudas.
⁴ Tenemos que pagar por el agua que
bebemos,
y hasta la leña es costosa.
⁵ Los que nos persiguen nos pisan los talones;
estamos agotados pero no encontramos
descanso.
⁶ Nos sometimos a Egipto y a Asiria
para conseguir alimentos y así
sobrevivir.

⁷ Nuestros antepasados pecaron, pero
murieron,
¡y nosotros sufrimos el castigo que ellos
merecían!

⁸ Los esclavos son ahora nuestros amos;
no ha quedado nadie para rescatarnos.

⁹ Buscamos comida a riesgo de nuestra vida
porque la violencia domina el campo.

¹⁰ El hambre hizo ennegrecer nuestra piel
como si hubiera sido quemada en el horno.

¹¹ Nuestros enemigos violaron a las mujeres de
Jerusalén*
y a las muchachas de las ciudades de Judá.

¹² Cuelgan a nuestros príncipes de las manos,
y tratan a nuestros ancianos con desprecio.

¹³ Llevan a los jóvenes a trabajar en los molinos,
y los niños tambalean bajo pesadas cargas
de leña.

¹⁴ Los ancianos ya no se sientan en las puertas
de la ciudad;
los jóvenes ya no bailan ni cantan.

¹⁵ La alegría abandonó nuestro corazón;
nuestras danzas se convirtieron en luto.

¹⁶ Cayeron las guirnaldas* de nuestra cabeza.
Lloren por nosotros porque hemos pecado.

¹⁷ Tenemos el corazón angustiado y cansado,
y nuestros ojos se nublan por las lágrimas,

¹⁸ porque Jerusalén* está vacía y desolada;
es un lugar donde merodean los chacales.

¹⁹ ¡Pero Señor, tú serás el mismo para siempre!
Tu trono continúa de generación en
generación.

²⁰ ¿Por qué sigues olvidándonos?
¿Por qué nos has abandonado por tanto
tiempo?

²¹ ¡Restáuranos, oh Señor, y haz que regresemos
a ti!
¡Devuélvenos la alegría que teníamos antes!

²² ¿O acaso nos has rechazado por completo?
¿Todavía estás enojado con nosotros?

4:22 En hebreo *Oh hija de Sión.* 5:11 En hebreo *en Sión.* 5:16 O *Cayó la corona.* 5:18 En hebreo *el monte Sión.*

Ezequiel

Visión de los seres vivientes

1 El 31 de julio* de mis treinta años de vida,* me encontraba con los judíos en el destierro, junto al río Quebar, en Babilonia, cuando se abrieron los cielos y tuve visiones de Dios. ²Eso ocurrió durante el quinto año de cautividad del rey Joaquín. ³(El Señor le dio este mensaje al sacerdote Ezequiel, hijo de Buzi, junto al río Quebar, en la tierra de los babilonios;* y él sintió que la mano del Señor se apoderó de él).

⁴Mientras miraba, vi una gran tormenta que venía del norte empujando una nube enorme que resplandecía con relámpagos y brillaba con una luz radiante. Dentro de la nube había fuego, y en medio del fuego resplandecía algo que parecía como de ámbar reluciente.* ⁵Del centro de la nube salieron cuatro seres vivientes que parecían humanos, ⁶solo que cada uno tenía cuatro caras y cuatro alas. ⁷Las piernas eran rectas, y los pies tenían pezuñas como las de un becerro y brillaban como bronce bruñido. ⁸Pude ver que, debajo de cada una de las cuatro alas, tenían manos humanas. Así que cada uno de los cuatro seres tenía cuatro caras y cuatro alas. ⁹Las alas de cada ser viviente se tocaban con las de los seres que estaban al lado. Cada uno se movía de frente hacia adelante, en la dirección que fuera, sin darse vuelta.

¹⁰Cada uno tenía cara humana por delante, cara de león a la derecha, cara de buey a la izquierda, y cara de águila por detrás. ¹¹Cada uno tenía dos pares de alas extendidas: un par se tocaba con las alas de los seres vivientes a cada lado, y el otro par le cubría el cuerpo. ¹²Los seres iban en la dirección que indicara el espíritu y se movían de frente hacia delante, en la dirección que fuera, sin darse vuelta.

¹³Los seres vivientes parecían carbones encendidos o antorchas brillantes, y daba la impresión de que entre ellos destellaban relámpagos. ¹⁴Y los seres vivientes se desplazaban velozmente de un lado a otro como centellas.

¹⁵Mientras miraba a esos seres vivientes, vi junto a ellos cuatro ruedas que tocaban el suelo; a cada uno le correspondía una rueda. ¹⁶Las ruedas brillaban como si fueran de berilo. Las cuatro ruedas se parecían y estaban hechas de la misma manera:

dentro de cada rueda había otra rueda, que giraba en forma transversal. ¹⁷Los seres podían avanzar de frente en cualquiera de las cuatro direcciones, sin girar mientras se movían. ¹⁸Los aros de las cuatro ruedas eran altos y aterradores, y estaban cubiertos de ojos alrededor.

¹⁹Cuando los seres vivientes se movían, las ruedas se movían con ellos. Cuando volaban hacia arriba, las ruedas también subían. ²⁰El espíritu de los seres vivientes estaba en las ruedas. Así que a donde fuera el espíritu, iban también las ruedas y los seres vivientes. ²¹Cuando los seres se movían, las ruedas se movían. Cuando los seres se detenían, las ruedas se detenían. Cuando los seres volaban hacia arriba, las ruedas se elevaban, porque el espíritu de los seres vivientes estaba en las ruedas.

²²Por encima de ellos se extendía una superficie semejante al cielo, reluciente como el cristal. ²³Por debajo de esa superficie, dos alas de cada ser viviente se extendían para tocar las alas de los otros, y cada uno tenía otras dos alas que le cubrían el cuerpo. ²⁴Cuando volaban, el ruido de las alas me sonaba como olas que rompen contra la costa o la voz del Todopoderoso* o los gritos de un potente ejército. Cuando se detuvieron, bajaron las alas. ²⁵Mientras permanecían de pie con las alas bajas, se oyó una voz más allá de la superficie de cristal que estaba encima de ellos.

²⁶Sobre esta superficie había algo semejante a un trono hecho de lapislázuli. En ese trono, en lo más alto, había una figura con apariencia de hombre. ²⁷De lo que parecía ser su cintura para arriba, tenía aspecto de ámbar reluciente, titilante como el fuego; y de la cintura para abajo, parecía una llama encendida resplandeciente. ²⁸Lo rodeaba un halo luminoso, como el arco iris que brilla entre las nubes en un día de lluvia. Así se me presentó la gloria del Señor. Cuando la vi, caí con rostro en tierra, y oí la voz de alguien que me hablaba.

Llamado y encargo de Ezequiel

2 «Levántate, hijo de hombre —dijo la voz—, quiero hablarte». ²El Espíritu entró en mí mientras me hablaba y me puso de pie. Entonces escuché atentamente sus palabras. ³«Hijo de

---

1:1a En hebreo *El quinto día del cuarto mes,* del antiguo calendario lunar hebreo. Varias fechas que aparecen en Ezequiel pueden corroborarse con las fechas que aparecen en los registros babilónicos que se han conservado y pueden relacionarse de manera precisa con nuestro calendario moderno. Ese suceso ocurrió el 31 de julio del 593 a. C. 1:1b O *en el año treinta.* 1:3 O *caldeos.* 1:4 O *como metal bruñido;* también en 1:27. 1:24 En hebreo *Shaddai.*

hombre —me dijo—, te envío a la nación de Israel, un pueblo desobediente que se ha rebelado contra mí. Ellos y sus antepasados se han puesto en mi contra hasta el día de hoy. ⁴Son un pueblo terco y duro de corazón. Ahora te envío a decirles: "¡Esto dice el Señor Soberano!". ⁵Ya sea que te escuchen o se nieguen a escuchar —pues recuerda que son rebeldes—, al menos sabrán que han tenido un profeta entre ellos.

⁶»Hijo de hombre, no tengas miedo ni de ellos ni de sus palabras. No temas aunque sus amenazas te rodeen como ortigas, zarzas y escorpiones venenosos. No te desanimes por sus ceños fruncidos, por muy rebeldes que ellos sean. ⁷Debes darles mis mensajes, te escuchen o no. Sin embargo, no te escucharán, ¡porque son totalmente rebeldes! ⁸Hijo de hombre, presta atención a lo que te digo. No seas rebelde como ellos. Abre la boca y come lo que te doy».

⁹Luego miré y vi que se me acercaba una mano que sostenía un rollo, ¹⁰el cual él abrió. Entonces vi que estaba escrito en ambos lados con cantos fúnebres, lamentos y declaraciones de condena.

3 La voz me dijo: «Hijo de hombre, come lo que te doy, ¡cómete este rollo! Luego ve y transmite el mensaje a los israelitas». ²Así que abrí la boca y él me dio a comer el rollo. ³«Llénate el estómago con esto», me dijo. Al comerlo, sentí un sabor tan dulce como la miel.

⁴Luego me dijo: «Hijo de hombre, ve a los israelitas y dales mis mensajes. ⁵No te envío a un pueblo de extranjeros que habla un idioma que no comprendes. ⁶No, no te envío a gente que habla idioma extraño y difícil de entender. Si te enviara a esas personas, ¡ellas te escucharían! ⁷¡Pero los israelitas no te escucharán a ti como tampoco me escuchan a mí! Pues todos y cada uno de ellos son tercos y duros de corazón. ⁸Sin embargo, mira, te he hecho tan obstinado y duro de corazón como ellos. ⁹¡Endurecí tu frente tanto como la roca más dura! Por lo tanto, no les tengas miedo ni te asustes con sus miradas furiosas, por muy rebeldes que sean».

¹⁰Luego agregó: «Hijo de hombre, que todas mis palabras penetren primero en lo profundo de tu corazón. Escúchalas atentamente para tu propio bien. ¹¹Después ve a tus compatriotas desterrados y diles: "¡Esto dice el Señor Soberano!". Hazlo, te escuchen o no».

¹²Luego el Espíritu me levantó y oí detrás de mí un fuerte ruido que retumbaba. (¡Alabada sea la gloria del Señor en su lugar!).* ¹³Era el sonido de las alas de los seres vivientes al rozarse unas con otras y el retumbar de las ruedas debajo de ellos.

¹⁴El Espíritu me levantó y me sacó de allí. Salí amargado y confundido, pero era fuerte el poder del Señor sobre mí. ¹⁵Luego llegué a la colonia de judíos desterrados en Tel-abib, junto al

río Quebar. Estaba atónito y me quedé sentado entre ellos durante siete días.

Centinela para Israel

¹⁶Después de siete días, el Señor me dio el siguiente mensaje: ¹⁷«Hijo de hombre, te he puesto como centinela para Israel. Cada vez que recibas un mensaje mío, adviértele a la gente de inmediato. ¹⁸Si se avisa a los perversos: "Ustedes están bajo pena de muerte", pero tú no les das la advertencia, ellos morirán en sus pecados; y yo te haré responsable de su muerte. ¹⁹Si tú los adviertes, pero ellos se niegan a arrepentirse y siguen pecando, morirán en sus pecados; pero tú te habrás salvado porque me obedeciste.

²⁰»Si los justos se desvían de su conducta recta y no hacen caso a los obstáculos que pongo en su camino, morirán; y si tú no les adviertes, ellos morirán en sus pecados. No se recordará ninguno de sus actos de justicia y te haré responsable de la muerte de esas personas; ²¹pero si les adviertes a los justos que no pequen y te hacen caso y no pecan, entonces vivirán, y tú también te habrás salvado».

²²Luego el Señor puso su mano sobre mí y me dijo: «Levántate y sal al valle, y allí te hablaré». ²³Entonces me levanté y fui. Allí vi la gloria del Señor, tal como la había visto en mi primera visión junto al río Quebar, y caí con el rostro en tierra.

²⁴Después el Espíritu entró en mí y me puso de pie. Me habló y me dijo: «Vete a tu casa y enciérrate. ²⁵Allí, hijo de hombre, te atarán con cuerdas, para que no puedas salir a estar con el pueblo. ²⁶Haré que la lengua se te pegue al paladar para que quedes mudo y no puedas reprenderlos, porque son rebeldes. ²⁷Sin embargo, cuando te dé un mensaje, te soltaré la lengua y te dejaré hablar. Entonces les dirás: "¡Esto dice el Señor Soberano!". Los que quieran escuchar, escucharán, pero los que se nieguen, se negarán, porque son rebeldes.

Señal del inminente sitio

4 »Ahora, hijo de hombre, toma un ladrillo grande de barro y ponlo en el suelo, delante de ti. Luego dibuja en él un mapa de la ciudad de Jerusalén ²representa la ciudad bajo ataque. Construye un muro a su alrededor para que nadie pueda escapar. Establece el campamento enemigo y rodea la ciudad con rampas de asalto y arietes. ³Luego toma una plancha de hierro y colócala entre tú y la ciudad. Dirígete a la ciudad y demuestra lo terrible que será el ataque contra Jerusalén. Esto será una advertencia al pueblo de Israel.

⁴»Ahora acuéstate sobre tu lado izquierdo y pon sobre ti los pecados de Israel. Cargarás con sus pecados todos los días que permanezcas acostado sobre ese lado. ⁵Te exijo que cargues

---

3:12 Otra lectura posible de este versículo sería: *Entonces el Espíritu me levantó, y mientras la gloria del Señor se elevaba de su lugar, oí detrás de mí un fuerte ruido que retumbaba.*

con los pecados de Israel durante trescientos noventa días, un día por cada año de su pecado. ⁶Cumplido ese tiempo, date vuelta y acuéstate sobre el lado derecho cuarenta días, un día por cada año del pecado de Judá.

⁷»Mientras tanto, mira fijamente el sitio contra Jerusalén. Quédate acostado con el brazo descubierto y profetiza la destrucción de la ciudad. ⁸Te ataré con cuerdas para que no puedas moverte de un lado al otro hasta que se hayan cumplido los días del ataque.

⁹»Ahora ve a conseguir algo de trigo, cebada, frijoles, lentejas, mijo y trigo espelta, y mézclalos en un recipiente grande. Con esta mezcla, harás pan para ti durante los trescientos noventa días que estarás acostado sobre tu lado izquierdo. ¹⁰Prepárate raciones de alimento de doscientos veintiocho gramos* para cada día y cómelas a determinadas horas. ¹¹Luego mide una jarra* de agua para cada día y bébela a determinadas horas. ¹²Prepara este alimento y cómelo como si fuera un pan de cebada. Cocínalo a la vista de todo el pueblo, sobre un fuego encendido con excremento humano seco, y luego cómete el pan». ¹³Después el Señor dijo: «Así comerán los israelitas pan contaminado en las naciones gentiles* adonde los expulsaré».

¹⁴Entonces dije: «Oh Señor Soberano, ¿es necesario que me contamine con excremento humano? Pues nunca me he contaminado. Desde que era niño hasta ahora, jamás comí ningún animal que muriera por enfermedad o que fuera muerto por otros animales. Jamás probé ninguna carne prohibida por la ley».

¹⁵«Está bien —dijo el Señor—. Puedes cocinar tu pan con estiércol de vaca en vez de excremento humano». ¹⁶Luego me dijo: «Hijo de hombre, haré que escasee el alimento en Jerusalén. Tendrán que racionarlo con mucho cuidado y lo comerán con temor. El agua se racionará, gota a gota, y el pueblo la beberá afligido. ¹⁷Por la falta de alimento y de agua, ellos se mirarán unos a otros llenos de terror, y en su castigo se irán consumiendo.

Señal del juicio que viene

5 »Hijo de hombre, toma una espada afilada y úsala como navaja para afeitarte la cabeza y la barba. Toma una balanza y pesa el cabello en tres partes iguales. ²Coloca una tercera parte del cabello en el centro del mapa que hiciste de Jerusalén. Después de representar el ataque a la ciudad, quémalo allí. Esparce otra tercera parte del cabello por todo el mapa y córtalo con una espada. Arroja la otra tercera parte al viento, porque yo esparciré mi pueblo con la espada. ³Conserva apenas un poquito del cabello y átalo a tu túnica. ⁴Luego toma algunos de esos cabellos y arrójalos al fuego para que se consuman. De ese remanente se esparcirá un fuego que destruirá a todo Israel.

⁵El Señor Soberano dice: esto es una ilustración de lo que le ocurrirá a Jerusalén. Yo la puse en el centro de las naciones, ⁶pero ella se rebeló contra mis ordenanzas y decretos, y resultó ser aún más perversa que las naciones vecinas. Se ha negado a obedecer las ordenanzas y los decretos que le di para que siguiera.

⁷»Por lo tanto, esto dice el Señor Soberano al pueblo: te has comportado peor que tus vecinos y te has negado a obedecer mis decretos y ordenanzas. Ni siquiera has vivido a la altura de las naciones que te rodean. ⁸Por lo tanto, ahora, yo mismo, el Señor Soberano, soy tu enemigo. Te castigaré en público, a la vista de todas las naciones. ⁹A causa de tus ídolos detestables, te castigaré como nunca he castigado a nadie ni volveré a hacerlo jamás. ¹⁰Los padres se comerán a sus propios hijos y los hijos se comerán a sus padres. Te castigaré y esparciré a los pocos que sobrevivan a los cuatro vientos.

¹¹»Tan cierto como que yo vivo, dice el Señor Soberano, te eliminaré por completo. No te tendré ninguna lástima porque has contaminado mi templo con tus imágenes repugnantes y tus pecados detestables. ¹²Una tercera parte del pueblo morirá de hambre o de enfermedades en la ciudad. Otra tercera parte será masacrada por el enemigo fuera de las murallas de la ciudad. A la otra tercera parte la dispersaré a los cuatro vientos, y la perseguiré con mi espada. ¹³Entonces por fin mi enojo se habrá desahogado y quedaré satisfecho. Cuando se haya calmado mi furia contra ellos, todo Israel sabrá que yo, el Señor, les hablé movido de celos.

¹⁴»Así que te convertiré en ruinas, en una burla ante los ojos de las naciones vecinas y de todos los que pasen por allí. ¹⁵Te volverás objeto de burla, de mofas y de horror. Servirás de advertencia a las naciones que te rodean. Ellas verán lo que sucede cuando el Señor castiga con enojo a una nación y la reprende, dice el Señor.

¹⁶»Haré que te lluevan las flechas mortales del hambre para destruirte. El hambre se volverá cada vez más terrible hasta que haya desaparecido la última migaja de alimento. ¹⁷Junto con el hambre, te atacarán animales salvajes y te arrebatarán a tus hijos. La enfermedad y la guerra acecharán tu tierra, y mandaré la espada del enemigo contra ti. ¡Yo, el Señor, he hablado!».

Juicio contra los montes de Israel

6 Nuevamente recibí un mensaje del Señor: ²«Hijo de hombre, ponte de cara a los montes de Israel y profetiza contra ellos. ³Proclama este mensaje de parte del Señor Soberano contra los montes de Israel. Esto dice el Señor Soberano a los montes y a las colinas, a los barrancos y a los valles: "Estoy por provocar guerra contra ustedes y aplastaré sus santuarios paganos. ⁴Todos sus altares serán demolidos y sus lugares de culto quedarán destruidos. Mataré a la gente delante de

---

4:10 En hebreo *20 siclos* [8 onzas].   **4:11** En hebreo *⅙ de un hin* [aproximadamente 0.6 litros ó 1 pinta].   **4.13** *Gentiles*, que no es judío.

sus ídolos.* ⁵Arrojaré los cadáveres delante de sus ídolos y desparramaré sus huesos alrededor de sus altares. ⁶Dondequiera que vivan, habrá desolación y destruiré sus santuarios paganos. Sus altares serán demolidos; sus ídolos, aplastados; sus lugares de culto, derribados y todos los objetos religiosos que hayan hecho, destruidos. ⁷El lugar quedará sembrado de cadáveres y sabrán que solo yo soy el SEÑOR.

⁸»"Sin embargo, permitiré que algunos de mi pueblo escapen de la destrucción y esos pocos serán esparcidos entre las naciones del mundo. ⁹Luego, cuando estén desterrados entre las naciones, se acordarán de mí. Reconocerán cuánto me duele la infidelidad de su corazón y la lujuria de sus ojos que anhelan a sus ídolos. Entonces, al fin, se odiarán a sí mismos por todos sus pecados detestables. ¹⁰Sabrán que solo yo soy el SEÑOR y que hablaba en serio cuando dije que traería esta calamidad sobre ellos.

¹¹»"Esto dice el SEÑOR Soberano: den palmadas y pataleen en señal de horror. Griten por todos los pecados detestables que ha cometido el pueblo de Israel. Ahora morirán por la guerra, el hambre y la enfermedad: ¹²la enfermedad herirá de muerte a los que estén desterrados en lugares lejanos; la guerra destruirá a quienes estén cerca y cualquiera que sobreviva morirá a causa del hambre. Entonces, por fin desahogaré mi furia en ellos. ¹³Sabrán que yo soy el SEÑOR cuando sus muertos queden esparcidos en medio de sus ídolos y en torno a sus altares, sobre cada colina y montaña y debajo de todo árbol frondoso y cada árbol grande que da sombra, es decir, en los lugares donde ofrecían sacrificios a sus ídolos. ¹⁴Los aplastaré y dejaré desoladas sus ciudades, desde el desierto del sur hasta Ribla,* en el norte. Entonces sabrán que yo soy el SEÑOR».

Ya viene el fin

7 Después recibí este mensaje del SEÑOR: ²«Hijo de hombre, esto dice el SEÑOR Soberano a Israel:

»¡Ya llegó el fin!
  Dondequiera que mires
  —al oriente, al occidente, al norte o al sur—
  tu tierra está acabada.
³ No queda esperanza,
  porque desataré mi enojo contra ti.
  Te llamaré a rendir cuentas
  de todos tus pecados detestables.
⁴ Miraré para otro lado y no te tendré
  compasión.
  Te daré tu merecido por todos tus
  pecados detestables.
  Entonces sabrás que soy yo, el SEÑOR.

⁵ »Esto dice el SEÑOR Soberano:
  ¡Desastre tras desastre
  se te acerca!

⁶ El fin ha llegado.
  Finalmente llegó.
  ¡Te espera la condenación final!
⁷ ¡Oh pueblo de Israel, ya amanece el día
  de tu destrucción.
  Ha llegado la hora; está cerca el día
  de dificultad.
  En las montañas se oirán gritos de angustia,
  no serán gritos de alegría.
⁸ Pronto derramaré mi furia sobre ti
  y contra tu infame tu enojo.
  Te llamaré a rendir cuentas
  de todos tus pecados detestables.
⁹ Miraré para otro lado y no te tendré
  compasión.
  Te daré tu merecido por todos tus
  pecados detestables.
  Entonces sabrás que soy yo, el SEÑOR,
  quien da el golpe.

¹⁰ »¡El día del juicio ha llegado;
  tu destrucción está a la puerta!
  La perversidad y la soberbia de la gente
  han florecido en pleno.
¹¹ La violencia de ellos se ha transformado
  en una vara
  que los azotará por su perversidad.
  Ninguno de esos orgullosos y perversos
  sobrevivirá.
  Toda su riqueza y prestigio se esfumará.
¹² Sí, ha llegado la hora,
  ¡este es el día!
  Que los comerciantes no se alegren por las
  ofertas,
  ni los vendedores lamenten sus pérdidas,
  porque todos ellos caerán
  bajo mi enojo terrible.
¹³ Aunque los mercaderes sobrevivan,
  jamás regresarán a sus negocios.
  Pues lo que Dios ha dicho se aplica a todos
  sin excepción,
  ¡no se cambiará!
  Ninguna persona que viva descarriada por
  el pecado
  se recuperará jamás.

Desolación de Israel

¹⁴ »Suena la trompeta para movilizar al ejército
  de Israel,
  pero nadie presta atención,
  porque me he enfurecido contra todos
  ellos.
¹⁵ Fuera de la ciudad hay guerra,
  y dentro de la ciudad, enfermedades y
  hambre.
  Los que estén fuera de las murallas de la
  ciudad
  morirán al filo de las espadas enemigas.
  Los que estén dentro de la ciudad
  morirán de hambre y enfermedades.

6:4 El término hebreo (literalmente *cosas redondas*) probablemente se refiere al estiércol; también en 6:5, 6, 9, 13.   **6:14** Así aparece en algunos manuscritos hebreos; la mayoría de los manuscritos hebreos dicen *Diblat*.

¹⁶ Los sobrevivientes que escapen hacia las
    montañas
    gemirán como palomas, sollozando por
      sus pecados.
¹⁷ Sus manos colgarán sin fuerza,
    las rodillas les quedarán débiles como el agua.
¹⁸ Se vestirán de tela áspera;
    el horror y la vergüenza los cubrirán.
    Se afeitarán la cabeza
    en señal de dolor y remordimiento.

¹⁹ »Arrojarán su dinero a la calle,
    lo tirarán como si fuera basura.
    Ni su oro ni su plata los salvará
    cuando llegue ese día del enojo del Señor.
    No los saciarán ni los alimentarán,
    porque su avaricia solo los hace tropezar.
²⁰ Estaban orgullosos de sus hermosas joyas
    y con ellas hicieron ídolos detestables e
      imágenes repugnantes.
    Por lo tanto, haré que todas sus riquezas
    les resulten asquerosas.
²¹ Se las daré a los extranjeros como botín,
    a las naciones más perversas,
    y ellas las profanarán.
²² Apartaré mis ojos de ellos,
    cuando esos ladrones invadan y profanen
    mi preciosa tierra.

²³ »Prepara cadenas para mi pueblo,
    porque la tierra está ensangrentada
    por crímenes terribles.
    Jerusalén está llena de violencia.
²⁴ Traeré a las naciones más despiadadas
    para que se apoderen de sus casas.
    Derrumbaré sus orgullosas fortalezas
    y haré que se profanen sus santuarios.
²⁵ El terror y el temblor se apoderarán de
    mi pueblo.
    Buscarán paz, pero no la encontrarán.
²⁶ Habrá calamidad tras calamidad;
    un rumor seguirá a otro rumor.
    En vano buscarán
    una visión de los profetas.
    No recibirán enseñanza de los sacerdotes
    ni consejo de los líderes.
²⁷ El rey y el príncipe quedarán indefensos,
    sollozando de desesperación,
    y las manos de la gente
    temblarán de miedo.
    Los haré pasar por la misma maldad
    que ellos causaron a otros
    y recibirán el castigo
    que tanto merecen.
    ¡Entonces sabrán que yo soy el Señor!».

Idolatría en el templo

8 Después, el 17 de septiembre,* durante el
sexto año de cautiverio del rey Joaquín,
mientras los líderes de Judá estaban en mi casa,

el Señor Soberano puso su mano sobre mí. ²Vi
una figura con apariencia de hombre. De lo que
parecía ser su cintura para abajo, parecía una
llama encendida. De la cintura para arriba, tenía
aspecto de ámbar reluciente.* ³Extendió algo
que parecía ser una mano y me tomó del cabello.
Luego el Espíritu me elevó al cielo y me transportó a Jerusalén en una visión que procedía de
Dios. Me llevó a la puerta norte del atrio interior del templo, donde hay un ídolo grande que
ha provocado los celos del Señor. ⁴De pronto,
estaba allí la gloria del Dios de Israel, tal como
yo la había visto antes en el valle.

⁵Entonces el Señor me dijo: «Hijo de hombre,
mira hacia el norte». Así que miré hacia el norte
y, junto a la entrada de la puerta que está cerca
del altar, estaba el ídolo que tanto había provocado los celos del Señor.

⁶«Hijo de hombre —me dijo—, ¿ves lo que
hacen? ¿Ves los pecados detestables que cometen los israelitas para sacarme de mi templo?
¡Pero ven y verás pecados aún más detestables
que estos!». ⁷Luego me llevó a la puerta del
atrio del templo, donde pude ver un hueco en el
muro. ⁸Me dijo: «Ahora, hijo de hombre, cava en
el muro». Entonces cavé en el muro y hallé una
entrada escondida.

⁹«Entra —me dijo—, y mira los pecados
perversos y detestables que cometen ahí».
¹⁰Entonces entré y vi las paredes grabadas con
toda clase de reptiles y criaturas detestables.
También vi los diversos ídolos* a los que rendía culto el pueblo de Israel. ¹¹Allí había de pie
setenta líderes de Israel y en el centro estaba
Jaazanías, hijo de Safán. Todos tenían en la mano
un recipiente para quemar incienso y de cada
recipiente se elevaba una nube de incienso por
encima de sus cabezas.

¹²Entonces el Señor me dijo: «Hijo de hombre,
¿has visto lo que los líderes de Israel hacen con sus
ídolos en los rincones oscuros? Dicen: "¡El Señor
no nos ve; él ha abandonado nuestra tierra!"».
¹³Entonces el Señor agregó: «¡Ven y te mostraré
pecados aún más detestables que estos!».

¹⁴Así que me llevó a la puerta norte del templo del Señor; allí estaban sentadas algunas mujeres, sollozando por el dios Tamuz. ¹⁵«¿Has
visto esto? —me preguntó—. ¡Pero te mostraré
pecados aún más detestables!».

¹⁶Entonces me llevó al atrio interior del templo del Señor. En la entrada del santuario, entre
la antesala y el altar de bronce, había unos veinticinco hombres de espaldas al santuario del
Señor. ¡Estaban inclinados hacia el oriente, rindiendo culto al sol!

¹⁷«¿Ves esto, hijo de hombre? —me preguntó—. ¿No le importa nada al pueblo de
Judá cometer estos pecados detestables por
los cuales llevan a la nación a la violencia y se

8:1 En hebreo *el quinto día del sexto mes*, del antiguo calendario lunar hebreo. Ese suceso ocurrió el 17 de septiembre del 592 a. C.;
ver también la nota en 1:1. 8:2 O *metal bruñido*. 8:10 El término hebreo (literalmente *cosas redondas*) probablemente se refiere
al estiércol.

burlan de mí y provocan mi enojo? ¹⁸Por lo tanto, responderé con furia. No les tendré compasión ni les perdonaré la vida y por más que clamen por misericordia, ¡no los escucharé!».

Masacre de los idólatras

9 Entonces el SEÑOR dijo con voz de trueno: «¡Traigan a los hombres designados para castigar la ciudad! ¡Díganles que vengan con sus armas!». ²Pronto entraron seis hombres por la puerta superior que da al norte y cada uno llevaba un arma mortal en la mano. Con ellos había un hombre vestido de lino, que llevaba un estuche de escriba en la cintura. Todos se dirigieron al atrio del templo y se pusieron de pie junto al altar de bronce.

³Entonces la gloria del Dios de Israel se elevó de entre los querubines, donde había reposado, y se movió hacia la entrada del templo. Luego el SEÑOR llamó al hombre vestido de lino, que llevaba el estuche de escriba. ⁴Le dijo: «Recorre las calles de Jerusalén y pon una marca en la frente de todos los que lloren y suspiren por los pecados detestables que se cometen en la ciudad».

⁵Luego oí al SEÑOR decir a los demás hombres: «Síganlo por toda la ciudad y maten a todos los que no tengan la marca en la frente. ¡No tengan compasión! ¡No tengan lástima de nadie! ⁶Mátenlos a todos: ancianos, jóvenes, muchachas, mujeres y niños. Sin embargo, no toquen a ninguno que tenga la marca. Comiencen aquí mismo, en el templo». Entonces ellos comenzaron matando a sus setenta líderes.

⁷«¡Contaminen el templo! —mandó el SEÑOR—. Llenen los atrios con cadáveres. ¡Vayan!». Entonces ellos salieron y comenzaron la masacre por toda la ciudad.

⁸Mientras mataban a la gente, yo me quedé solo. Caí con el rostro en tierra y clamé:

—¡Oh SEÑOR Soberano! ¿Acaso tu furia contra Jerusalén destruirá a todos los que queden en Israel?

⁹Me contestó:

—Los pecados del pueblo de Israel y Judá son muy, pero muy grandes. La tierra está llena de homicidios; la ciudad está colmada de injusticia. Ellos dicen: "¡El SEÑOR no lo ve! ¡El SEÑOR ha abandonado esta tierra!". ¹⁰Por eso no les perdonaré la vida ni les tendré compasión. Les daré todo su merecido por lo que han hecho.

¹¹Luego regresó el hombre vestido de lino, que llevaba el estuche de escriba, e informó: «Ya hice lo que me ordenaste».

La gloria del SEÑOR abandona el templo

10 En mi visión, vi que, por encima de la superficie de cristal que estaba sobre las cabezas de los querubines, había algo que parecía un trono de lapislázuli. ²Entonces el SEÑOR le habló al hombre vestido de lino y le dijo: «Métete

entre las ruedas que giran debajo de los querubines, toma un puñado de carbones encendidos y espárcelos sobre la ciudad». Así que el hombre lo hizo mientras yo observaba.

³Cuando el hombre entró allí, los querubines estaban de pie en la parte sur del templo y la nube de gloria llenaba el atrio interior. ⁴Entonces la gloria del SEÑOR se elevó por encima de los querubines y se dirigió hacia la puerta del templo. El templo se llenó con esa nube de gloria y el atrio resplandecía con la gloria del SEÑOR. ⁵El sonido de las alas de los querubines sonaban como la voz del Dios Todopoderoso* y podía oírse hasta en el atrio exterior.

⁶El SEÑOR le dijo al hombre vestido de lino: «Métete entre los querubines y toma algunos carbones encendidos de entre las ruedas». Entonces el hombre entró y se paró junto a una de las ruedas. ⁷Luego uno de los querubines extendió la mano y tomó algunas brasas de en medio del fuego que ardía entre ellos. Puso las brasas en las manos del hombre vestido de lino y el hombre las tomó y salió de allí. ⁸(Todos los querubines tenían debajo de sus alas lo que parecían ser manos humanas).

⁹Me fijé y cada uno de los cuatro querubines tenía una rueda a su lado y las ruedas brillaban como el berilo. ¹⁰Las cuatro ruedas eran semejantes entre sí y estaban hechas de la misma manera; dentro de cada rueda había otra rueda que giraba en forma transversal. ¹¹Los querubines podían avanzar de frente en las cuatro direcciones, sin girar mientras se movían. Iban derecho en la dirección que tuvieran frente a ellos y nunca se desviaban. ¹²Tanto los querubines como las ruedas estaban cubiertos de ojos. Los querubines tenían ojos por todo el cuerpo, incluso las manos, la espalda y las alas. ¹³Oí que alguien hablaba de las ruedas como «las ruedas que giran». ¹⁴Cada uno de los cuatro querubines tenía cuatro caras: la primera era la cara de un buey,* la segunda era una cara humana, la tercera era la cara de un león y la cuarta era la cara de un águila.

¹⁵Luego los querubines se elevaron. Eran los mismos seres vivientes que yo había visto junto al río Quebar. ¹⁶Cuando los querubines se movían, las ruedas se movían con ellos. Cuando elevaban las alas para volar, las ruedas permanecían con ellos. ¹⁷Cuando los querubines se detenían, las ruedas también se detenían. Cuando volaban hacia arriba, las ruedas subían, porque el espíritu de los seres vivientes estaba en las ruedas.

¹⁸Luego la gloria del SEÑOR salió de la puerta del templo y se sostenía en el aire por encima de los querubines. ¹⁹Entonces, mientras yo observaba, los querubines volaron con sus ruedas a la puerta oriental del templo del SEÑOR y la gloria del Dios de Israel se sostenía en el aire por encima de ellos.

10:5 En hebreo *El-Shaddai*.   **10:14** En hebreo *el rostro de un querubín;* comparar con 1:10.

²⁰Eran los mismos seres vivientes que yo había visto debajo del Dios de Israel cuando me encontraba junto al río Quebar. Sabía que eran querubines, ²¹porque una tenía cuatro caras y cuatro alas y lo que parecían ser manos humanas debajo de las alas. ²²Además, sus caras eran como las caras de los seres que yo había visto junto al Quebar y se movían de frente y hacia adelante, tal como los otros.

Juicio a los líderes de Israel

11 Luego el Espíritu me levantó y me llevó a la entrada oriental del templo del SEÑOR, donde vi a veinticinco hombres prominentes de la ciudad. Entre ellos estaban Jaazanías, hijo de Azur, y Pelatías, hijo de Benaía, quienes eran líderes del pueblo.

²El Espíritu me dijo: «Hijo de hombre, estos son los hombres que piensan hacer maldades y dan consejos perversos en esta ciudad. ³Le dicen al pueblo: "¿Acaso no es un buen momento para construir casas? Esta ciudad es como una olla de hierro. Aquí adentro estamos a salvo, como la carne en la olla".* ⁴Por lo tanto, hijo de hombre, profetiza contra ellos en forma clara y a viva voz».

⁵Entonces vino sobre mí el Espíritu del SEÑOR y me ordenó que dijera: «Esto dice el SEÑOR a los habitantes de Israel: "Yo sé lo que ustedes hablan, porque conozco cada pensamiento que les viene a la mente. ⁶Ustedes asesinaron a muchos en esta ciudad y llenaron las calles con cadáveres.

⁷»Por lo tanto, esto dice el SEÑOR Soberano: es cierto que esta ciudad es una olla de hierro, pero los trozos de carne son las víctimas de la injusticia de ustedes. En cuanto a ustedes, pronto los sacaré a rastras de esta olla. ⁸Les haré caer la espada de la guerra que tanto temen, dice el SEÑOR Soberano. ⁹Los expulsaré de Jerusalén y los entregaré a extranjeros que ejecutarán mis castigos contra ustedes. ¹⁰Serán masacrados hasta las fronteras de Israel. Ejecutaré juicio contra ustedes y sabrán que yo soy el SEÑOR. ¹¹No, esta ciudad no será una olla de hierro para ustedes ni estarán a salvo como la carne dentro de ella. Los juzgaré, incluso hasta las fronteras de Israel, ¹²y sabrán que yo soy el SEÑOR. Pues se negaron a obedecer mis decretos y ordenanzas; en cambio, han imitado las costumbres de las naciones que los rodean"».

¹³Mientras yo aún profetizaba, murió de repente Pelatías, hijo de Benaía. Entonces caí rostro en tierra y clamé: «Oh SEÑOR Soberano, ¿vas a matar a todos en Israel?».

Esperanza para Israel en el destierro

¹⁴Luego recibí este mensaje del SEÑOR: ¹⁵«Hijo de hombre, el pueblo que aún queda en Jerusalén habla de ti, de tus parientes y de todos los israelitas desterrados. Dicen: "¡Ellos están lejos del SEÑOR, así que ahora él nos ha dado a nosotros la tierra que les pertenecía!".

¹⁶»Por lo tanto, diles a los desterrados: "Esto dice el SEÑOR Soberano: 'A pesar de que los esparcí por los países del mundo, yo seré un santuario para ustedes durante su tiempo en el destierro. ¹⁷Yo, el SEÑOR Soberano, los reuniré de entre las naciones adonde fueron esparcidos y les daré una vez más el territorio de Israel'".

¹⁸»Cuando los israelitas regresen a su patria, quitarán todo rastro de sus imágenes repugnantes y sus ídolos detestables. ¹⁹Les daré integridad de corazón y pondré un espíritu nuevo dentro de ellos. Les quitaré su terco corazón de piedra y les daré un corazón tierno y receptivo,* ²⁰para que obedezcan mis decretos y ordenanzas. Entonces, verdaderamente serán mi pueblo y yo seré su Dios. ²¹Sin embargo, a todos los que añoren las imágenes repugnantes y los ídolos detestables, les daré su merecido por sus pecados. ¡Yo, el SEÑOR Soberano, he hablado!».

La gloria del SEÑOR abandona a Jerusalén

²²Luego los querubines desplegaron las alas y se elevaron por el aire con las ruedas junto a ellos y la gloria del Dios de Israel se sostenía en el aire por encima de ellos. ²³Entonces la gloria del SEÑOR se levantó de la ciudad y se detuvo sobre la montaña que está al oriente.

²⁴Después el Espíritu de Dios me llevó de regreso a Babilonia,* al pueblo desterrado. Así terminó la visión de mi visita a Jerusalén. ²⁵Entonces les relaté a los desterrados todo lo que el SEÑOR me había mostrado.

Señales del próximo destierro

12 Nuevamente recibí un mensaje del SEÑOR: ²«Hijo de hombre, tú vives entre rebeldes que tienen ojos pero se niegan a ver; tienen oídos pero se niegan a oír, porque son un pueblo rebelde.

³»De modo que ahora, hijo de hombre, haz como si te enviaran al destierro. Prepara tu equipaje con las pocas pertenencias que podría llevarse un desterrado y sal de tu casa para ir a otro lugar. Hazlo a la vista de todos para que te vean. Pues quizás presten atención a eso, por muy rebeldes que sean. ⁴Saca tu equipaje en pleno día para que te vean. Luego, por la tarde, mientras aún estén mirándote, sal de tu casa como lo hacen los cautivos cuando inician una larga marcha a tierras lejanas. ⁵Cava un hueco en la muralla a la vista de todos y sal por ese hueco. ⁶Mientras todos observan, carga el equipaje sobre los hombros y aléjate caminando en la oscuridad de la noche. Cúbrete el rostro para que no puedas ver la tierra que dejas atrás, pues yo he hecho de ti una señal para el pueblo de Israel».

⁷Por lo tanto, hice lo que me ordenó. A plena luz del día, saqué mi equipaje, lleno de cosas que llevaría al destierro. Por la tarde, mientras el pueblo seguía observando, cavé con las manos

11:3 En hebreo *Esta ciudad es la olla y nosotros somos la carne.*   11:19 En hebreo *un corazón de carne.*   11:24 O *Caldea.*

un hueco en la muralla y salí en la oscuridad de la noche con el equipaje sobre los hombros.

8A la mañana siguiente, recibí este mensaje del Señor: 9«Hijo de hombre, esos rebeldes —el pueblo de Israel— te han preguntado qué significa todo lo que haces. 10Diles: "Esto dice el Señor Soberano: 'Estas acciones contienen un mensaje para el rey Sedequías, en Jerusalén,* y para todo el pueblo de Israel'". 11Explica, entonces, que tus acciones son una señal para mostrar lo que pronto les sucederá a ellos, pues serán llevados cautivos al destierro.

12»Hasta Sedequías se irá de Jerusalén de noche por un hueco en la muralla, cargando sólo lo que pueda llevar consigo. Se cubrirá el rostro y sus ojos no verán la tierra que deja atrás. 13Luego lanzaré mi red sobre él y lo capturaré con mi trampa. Lo llevaré a Babilonia, el territorio de los babilonios,* aunque él nunca lo verá y allí morirá. 14Esparciré a los cuatro vientos a sus siervos y guerreros, y mandaré la espada tras ellos. 15Entonces, cuando los disperse entre las naciones, sabrán que yo soy el Señor. 16No obstante, a algunos los libraré de morir en la guerra o por enfermedades o de hambre, para que confiesen sus pecados detestables a sus captores. ¡Entonces sabrán que yo soy el Señor!».

17Luego recibí este mensaje del Señor: 18«Hijo de hombre, estremécete al comer tu alimento; tiembla de miedo al beber tu agua. 19Dile al pueblo: "Esto dice el Señor Soberano acerca de los que viven en Israel y Jerusalén: 'Con temblor comerán su alimento y con desesperación beberán su agua, porque la tierra quedará arrasada a causa de la violencia de sus habitantes. 20Las ciudades serán destruidas y los campos quedarán hechos desiertos. Entonces ustedes sabrán que yo soy el Señor'"».

Nuevo proverbio para Israel

21Nuevamente recibí un mensaje del Señor: 22«Hijo de hombre, has oído ese proverbio que citan en Israel: "El tiempo pasa y las profecías quedan en nada". 23Dile al pueblo: "Esto dice el Señor Soberano: 'Pondré fin a este proverbio y pronto dejarán de citarlo'". Ahora dales este nuevo proverbio en reemplazo del otro: "¡Ha llegado la hora de que se cumplan todas las profecías!".

24»Ya no habrá más visiones falsas ni predicciones aduladoras en Israel. 25¡Pues yo soy el Señor! Si yo lo digo, sucederá. Ya no habrá más demora para ustedes, rebeldes de Israel. Cumpliré mi amenaza de destrucción durante los años de su vida. ¡Yo, el Señor Soberano, he hablado!».

26Luego recibí este mensaje del Señor: 27«Hijo de hombre, los israelitas andan diciendo: "Él habla de un futuro lejano. Sus visiones no se cumplirán por muchísimo tiempo". 28Por lo tanto, diles: "Esto dice el Señor Soberano: '¡Se acabó la demora! Ya mismo cumpliré todas mis amenazas. ¡Yo, el Señor Soberano, he hablado!'"».

Juicio contra los falsos profetas

13 Después recibí este mensaje del Señor: 2«Hijo de hombre, profetiza contra los falsos profetas de Israel que inventan sus propias profecías. Diles: "Escuchen la palabra del Señor. 3Esto dice el Señor Soberano: '¡Qué aflicción les espera a los falsos profetas que siguen su propia imaginación y no han visto absolutamente nada!'

4»"Oh pueblo de Israel, estos profetas tuyos son como chacales que escarban en las ruinas. 5No han hecho nada para reparar las grietas de las murallas que rodean la nación. No la han ayudado a mantenerse firme en la batalla el día del Señor. 6En cambio, han mentido y han hecho predicciones falsas. Dicen: 'Este mensaje es del Señor', aunque el Señor nunca los envió. ¡Y todavía esperan que el Señor cumpla las profecías de ellos! 7¿No son acaso totalmente falsas sus visiones si ustedes afirman: 'Este mensaje es del Señor', cuando yo ni siquiera les he hablado?

8»"Por lo tanto, esto dice el Señor Soberano: lo que ustedes afirman es falso y sus visiones son mentira, por eso yo me pondré en contra de ustedes, dice el Señor Soberano. 9Alzaré mi puño contra todos los profetas que tengan visiones falsas y hagan predicciones mentirosas, y serán expulsados de la comunidad de Israel. Tacharé sus nombres de los registros de Israel, y jamás volverán a pisar su tierra. Entonces ustedes sabrán que yo soy el Señor Soberano.

10»"Esto ocurrirá porque estos profetas malvados engañan a mi pueblo cuando dicen: 'Todo está en paz', ¡pero en realidad no hay paz en absoluto! Es como si el pueblo hubiera construido un muro frágil, ¡y estos profetas pretenden reforzarlo cubriéndolo con cal! 11Diles a esos que pintan con cal que pronto se les derrumbará el muro. Una lluvia torrencial debilitará sus cimientos; fuertes tormentas de granizo y vientos impetuosos lo demolerán. 12Entonces, cuando caiga el muro, la gente exclamará: ¿Qué pasó con la cal que pusieron ustedes?

13»"Por lo tanto, esto dice el Señor Soberano: arrasaré su muro blanqueado con una tormenta de indignación, una gran inundación de enojo y una granizada de furia. 14Derribaré su muro hasta los cimientos y cuando caiga lo aplastará a ustedes. Entonces sabrán que yo soy el Señor. 15Por fin se saciará mi enojo contra el muro y quienes lo blanquearon con cal. Luego les diré a ustedes: 'Ya desaparecieron el muro y quienes lo blanquearon con cal. 16Eran los profetas mentirosos que afirmaban que la paz llegaría a Jerusalén, cuando no había paz. ¡Yo, el Señor Soberano, he hablado!'".

Juicio contra las falsas profetisas

17»Ahora, hijo de hombre, denuncia a las mujeres que profetizan según su propia imaginación.

12:10 En hebreo *el príncipe de Jerusalén;* similar en 12:12. 12:13 O *caldeos.*

¹⁸Esto dice el SEÑOR Soberano: "Qué aflicción les espera a ustedes, mujeres, que atrapan el alma de mi pueblo, tanto de los jóvenes como de los mayores. Les atan amuletos mágicos en las muñecas y les dan velos mágicos para la cabeza. ¿Acaso piensan que pueden atrapar a otros sin provocar su propia destrucción? ¹⁹Ustedes me deshonran delante de mi pueblo por unos puñados de cebada o un trozo de pan. Al mentirle a mi pueblo —que disfruta de las mentiras—, ustedes matan a quienes no deben morir y prometen vida a quienes no deben vivir".

²⁰Esto dice el SEÑOR Soberano: "Estoy en contra de sus amuletos mágicos, esos que se usan para atrapar a mi pueblo como a pájaros. Yo se los arrancaré de los brazos y liberaré a mi pueblo como se libera a un pájaro de la jaula. ²¹Les quitaré los velos mágicos y rescataré a mi pueblo de las garras de ustedes. Ellos ya no serán más sus víctimas. Entonces ustedes sabrán que yo soy el SEÑOR. ²²Con sus mentiras desalentaron a los justos, pero yo no quería se estuvieran tristes; ustedes alentaron a los perversos al prometerles vida, aunque ellos continuaran pecando. ²³Por todo eso, ustedes ya no hablarán de visiones que jamás vieron ni harán más predicciones. Pues yo rescataré a mi pueblo de sus garras. Entonces ustedes sabrán que yo soy el SEÑOR"».

Idolatría de los líderes de Israel

14 Después me visitaron algunos de los líderes de Israel y, mientras estaban sentados conmigo, ²recibí este mensaje del SEÑOR: ³«¡Hijo de hombre, estos líderes han levantado ídolos* en su corazón. Se han entregado a cosas que los harán caer en pecado. ¿Por qué habría de escuchar sus peticiones? ⁴Diles: "Esto dice el SEÑOR Soberano: 'Los israelitas han levantado ídolos en su corazón y han caído en pecado y después corren a consultar a un profeta. Así que yo, el SEÑOR, les daré la clase de respuesta que merece su gran idolatría ⁵a fin de conquistar la mente y el corazón de mi pueblo, que me ha abandonado para rendir culto a sus ídolos detestables'".

⁶»Por lo tanto, dile a los israelitas: "Esto dice el SEÑOR Soberano: 'Arrepiéntanse y abandonen sus ídolos, y dejen de cometer a sus pecados detestables. ⁷Yo, el SEÑOR, les responderé a todos —sean israelitas o extranjeros— los que me rechazan y levantan ídolos en su corazón y así caen en pecado, y después van a consultar a un profeta en busca de mi consejo. ⁸Me pondré en contra de esas personas y haré de ellas un ejemplo espantoso cuando las elimine de mi pueblo. Entonces ustedes sabrán que yo soy el SEÑOR.

⁹»'Además, si un profeta es engañado para que dé un mensaje, es porque yo, el SEÑOR, engañé a ese profeta. Alzaré mi puño contra esos profetas y los eliminaré de la comunidad de Israel. ¹⁰Tanto los falsos profetas como quienes los consultan serán castigados por sus pecados.

¹¹De este modo, los israelitas aprenderán a no alejarse de mí y por tanto a no contaminarse con el pecado. Ellos serán mi pueblo y yo seré su Dios. ¡Yo, el SEÑOR Soberano, he hablado!'"».

Certeza del castigo del SEÑOR

¹²Luego recibí este mensaje del SEÑOR: ¹³«Hijo de hombre, supongamos que los habitantes de un país pecaran contra mí y yo alzara mi puño para aplastarlos al cortarles la provisión de alimento y al hacerles pasar un hambre que destruyera tanto a personas como a animales. ¹⁴Aunque Noé, Daniel y Job estuvieran allí, su justicia los salvaría solo a ellos y a ningún otro, dice el SEÑOR Soberano.

¹⁵»O supongamos que yo les enviara animales salvajes que invadieran el país, mataran a los habitantes y dejaran la tierra desolada y demasiado peligrosa para ser transitada. ¹⁶Tan cierto como que yo vivo, dice el SEÑOR Soberano, aun que esos tres hombres estuvieran allí, no podrían salvar ni a sus hijos ni a sus hijas. Se salvarían solo ellos tres, pero la tierra quedaría desolada.

¹⁷»O supongamos que yo provocara guerra contra el país y mandara ejércitos enemigos para destruir tanto a personas como a animales. ¹⁸Tan cierto como que yo vivo, dice el SEÑOR Soberano, aunque esos tres hombres estuvieran allí, no podrían salvar ni a sus hijos ni a sus hijas. Solo ellos tres se salvarían.

¹⁹»O supongamos que yo derramara mi furia y enviara una epidemia al país que matara tanto a personas como a animales. ²⁰Tan cierto como que yo vivo, dice el SEÑOR Soberano, aunque Noé, Daniel y Job estuvieran allí, no podrían salvar ni a sus hijos ni a sus hijas. Solo ellos tres se salvarían por causa de su justicia.

²¹»Ahora esto dice el SEÑOR Soberano: ¡qué terrible será cuando estos cuatro castigos espantosos caigan sobre Jerusalén —guerra, hambre, animales salvajes y enfermedades— destruyan a todos sus habitantes y a los animales! ²²Sin embargo, habrá sobrevivientes, quienes vendrán aquí, desterrados como ustedes en Babilonia. Ustedes verán con sus propios ojos lo perverso que ellos son y entonces no se sentirán tan mal por lo que hice en Jerusalén. ²³Cuando se reúnan con ellos y vean cómo se comportan, entenderán que lo que hice a Israel no fue sin motivo. ¡Yo, el SEÑOR Soberano, he hablado!».

Jerusalén, una vid inútil

15 Luego recibí este mensaje del SEÑOR: ²«Hijo de hombre, ¿cómo se compara una vid con un árbol? ¿Es la madera de una vid tan útil como lo es la de un árbol? ³¿Sirve su madera para hacer objetos, como ganchos para colgar ollas y sartenes? No, solo sirve para leña y, aun como leña se consume demasiado rápido. ⁵¡Las vides son inútiles antes y después de arrojarlas al fuego!

14:3 El término hebreo (literalmente *cosas redondas*) probablemente se refiere al estiércol; también en 14:4, 5, 6, 7.

⁶»Esto dice el Señor Soberano: los habitantes de Jerusalén son como vides que crecen entre los árboles del bosque. Dado que son inútiles, los arrojé al fuego para que se quemen. ⁷Si escapan de un fuego, me encargaré de que caigan en otro. Cuando me ponga en su contra, ustedes sabrán que yo soy el Señor. ⁸Haré que el país quede desolado porque mi pueblo me ha sido infiel. ¡Yo, el Señor Soberano, he hablado!».

Jerusalén, una esposa infiel

16 Después recibí otro mensaje del Señor: ²«Hijo de hombre, enfrenta a Jerusalén con sus pecados detestables. ³Dale este mensaje de parte del Señor Soberano: ¡No eres más que una cananea! Tu padre era amorreo y tu madre hitita. ⁴El día en que naciste, nadie se preocupó por ti. No te cortaron el cordón umbilical ni te lavaron ni te frotaron con sal ni te envolvieron en pañales. ⁵Nadie puso el más mínimo interés en ti; nadie tuvo compasión de ti ni te cuidó. El día de tu nacimiento, no fuiste deseada; te arrojaron en el campo y te abandonaron para que murieras.

⁶»Sin embargo, llegué yo y te vi ahí, pataleando indefensa en tu propia sangre. Mientras estabas allí tirada dije: ¡Vive!; ⁷y te ayudé a florecer como una planta del campo. Creciste y te convertiste en una joya preciosa. Te crecieron los pechos y te salió el vello, pero seguías desnuda. ⁸Cuando volví a pasar, vi que tenías edad para el amor. Entonces te envolví con mi manto para cubrir tu desnudez y te pronuncié mis votos matrimoniales. Hice un pacto contigo, dice el Señor Soberano, y pasaste a ser mía.

⁹»Luego te bañé, te limpié la sangre y te froté la piel con aceites fragantes. ¹⁰Te vestí con ropas costosas de lino fino y de seda con bordados hermosos, y te calcé con sandalias de cuero de cabra de la mejor calidad. ¹¹Te di joyas preciosas, pulseras y hermosos collares, ¹²un anillo para la nariz, aretes para las orejas y una hermosa corona para la cabeza. ¹³Así quedaste adornada con oro y plata. Tus ropas eran de lino fino con bordados hermosos. Comiste los mejores alimentos —harina selecta, miel y aceite de oliva— y te pusiste más hermosa que nunca. Parecías una reina ¡y lo eras! ¹⁴Tu fama pronto se extendió por todo el mundo a causa de tu belleza. Te vestí de mi esplendor y perfeccioné tu belleza, dice el Señor Soberano.

¹⁵»Pero pensaste que eras dueña de tu fama y tu belleza. Entonces te entregaste como prostituta a todo hombre que pasaba. Tu belleza estaba a la disposición del que la pidiera. ¹⁶Usaste los hermosos regalos que te di para construir lugares de culto a ídolos, donde te prostituiste. ¡Qué increíble! ¿Cómo pudo ocurrir semejante cosa? ¹⁷Tomaste las joyas y los adornos de oro y plata que yo te había dado y te hiciste estatuas de hombres y las rendiste culto. ¡Eso es adulterio contra

mí! ¹⁸Usaste las ropas con bordados hermosos que te di para vestir a tus ídolos. Después usaste mi aceite especial y mi incienso para rendirles culto. ¹⁹¡Imagínate! Ofreciste ante ellos en sacrificio la harina selecta, el aceite de oliva y la miel que yo te había dado, dice el Señor Soberano.

²⁰»Luego tomaste a tus hijos e hijas —los que di a luz para mí— y los sacrificaste a tus dioses. ¿No era suficiente con haberte prostituido? ²¹¿También tenías que masacrar a mis hijos ofreciéndolos en sacrificio a ídolos? ²²En todos tus años de adulterio y pecado detestable, no recordaste ni una sola vez los días pasados, cuando estabas desnuda y tirada en el campo, pataleando en tu propia sangre.

²³»¡Qué aflicción te espera!, dice el Señor Soberano. Además de todas tus otras perversidades, ²⁴edificaste un santuario pagano y levantaste altares a ídolos en la plaza de cada ciudad. ²⁵En cada esquina contaminaste tu belleza ofreciendo tu cuerpo a todo el que pasaba, en una interminable ola de prostitución. ²⁶Luego agregaste a tu lista de amantes al lujurioso Egipto y provocaste mi enojo con tu creciente promiscuidad. ²⁷Por eso te golpeé con mi puño y reduje tu territorio. Te entregué en manos de tus enemigos, los filisteos, y hasta ellos quedaron horrorizados ante tu conducta depravada. ²⁸También te prostituiste con los asirios. ¡Parece que nunca te cansas de buscar nuevos amantes! Después de prostituirte con los asirios, tampoco quedaste satisfecha. ²⁹Por si fueran pocos tus amantes, también te abrazaste a Babilonia,* el territorio de los mercaderes, pero ni aun así quedaste satisfecha.

³⁰»¡Qué enfermo tienes el corazón!, dice el Señor Soberano, para hacer semejantes cosas comportándote como una prostituta desvergonzada. ³¹Edificas tus santuarios paganos en cada esquina y construyes en cada plaza los altares para tus ídolos. En realidad, has sido peor que una prostituta, tan desesperada por pecar que ni siquiera exigías que te pagaran. ³²Sí, eres una esposa adúltera que recibe a extraños en lugar de a su propio marido. ³³Las prostitutas cobran por sus servicios, ¡pero tú no! Les das regalos a tus amantes, los sobornas para que tengan sexo contigo. ³⁴Así que haces lo contrario de las demás prostitutas; ¡tú les pagas a tus amantes en lugar de que ellos te paguen a ti!

Juicio por la prostitución de Jerusalén

³⁵»¡Por lo tanto, prostituta, escucha este mensaje de parte del Señor! ³⁶Esto dice el Señor Soberano: por haber derramado tus deseos lujuriosos y haberte desnudado como prostituta ante tus amantes y por haber rendido culto a ídolos detestables* y masacrado a tus hijos en sacrificio a tus dioses, ³⁷actuaré en consecuencia. Reuniré a todos tus aliados —los amantes con los que has pecado, tanto los que

16:29 O *Caldea.*   **16:36** El término hebreo (literalmente *cosas redondas*) probablemente se refiere al estiércol.

amaste como los que odiaste— y te desnudaré
delante de ellos para que vean tu desnudez. ³⁸Te
castigaré por tus homicidios y tu adulterio. En
mi celosa furia te cubriré con sangre. ³⁹Luego
te entregaré a todas esas naciones que son tus
amantes y ellas te destruirán. Derrumbarán tus
santuarios paganos y los altares de tus ídolos. Te
arrancarán la ropa, se llevarán tus hermosas joyas
y te dejarán completamente desnuda. ⁴⁰Juntas
formarán una turba violenta para apedrearte
y despedazarte con espadas. ⁴¹Quemarán tus
casas y te castigarán frente a muchas mujeres.
Yo pondré fin a tu prostitución y haré que no les
pagues más a tus numerosos amantes.

⁴²»"Finalmente desahogaré mi furia contra ti,
y se calmará el enojo de mis celos. Quedaré tranquilo y ya no estaré enojado contigo. ⁴³No obstante, primero, te daré tu merecido por todos
tus pecados, porque no recordaste los días de tu
juventud, sino que me hiciste enojar con todas
esas maldades, dice el SEÑOR Soberano. Pues a
todos tus pecados detestables les sumaste actos
depravados. ⁴⁴Todos los que compongan refra-
nes dirán de ti: "De tal madre, tal hija". ⁴⁵Pues
tu madre despreció a su esposo y a sus hijos, y
tú hiciste lo mismo. Eres igual a tus hermanas,
que despreciaron a sus esposos y a sus hijos.
Queda claro que tu madre era hitita, y tu padre
amorreo.

⁴⁶»"Tu hermana mayor fue Samaria, que vivía con sus hijas en el norte. Tu hermana menor fue Sodoma, que vivía con sus hijas en el sur.
⁴⁷Ahora bien, tú no solo pecaste igual que ellas
sino que tu corrupción pronto las superó. ⁴⁸Tan
cierto como que yo vivo, dice el SEÑOR Soberano,
Sodoma y sus hijas nunca fueron tan perversas
como tú y tus hijas. ⁴⁹Los pecados de Sodoma
eran el orgullo, la glotonería y la pereza, mientras que además, sufrían los pobres y los necesitados. ⁵⁰Ella fue arrogante y cometió pecados
detestables, por eso la destruí, como has visto.*

⁵¹»"Ni siquiera Samaria cometió la mitad de
tus pecados. Tú has hecho cosas mucho más
detestables de las que hicieron tus hermanas;
ahora ellas parecen rectas en comparación contigo. ⁵²¡Debería darte vergüenza! Tus pecados
son tan terribles que haces que tus hermanas
parezcan rectas, hasta virtuosas.

⁵³»"Sin embargo, algún día restauraré el bienestar de Sodoma y de Samaria, y también te
restauraré a ti. ⁵⁴Entonces realmente te avergonzarás de todo lo que has hecho, pues tus
pecados hacen que ellas se sientan bien al compararse contigo. ⁵⁵Así es, tus hermanas, Sodoma
y Samaria, serán restauradas junto con todos sus
habitantes y en ese tiempo también te restauraré a ti. ⁵⁶Cuando eras tan orgullosa, desprecia-
bas a Sodoma; ⁵⁷pero ahora tu peor perversidad
quedó a la vista de todo el mundo y eres tú la
despreciada, tanto por los edomitas* y todos

sus vecinos como por los filisteos. ⁵⁸Este será el
castigo por tu lascivia y tus pecados detestables,
dice el SEÑOR.

⁵⁹»"Por lo tanto, esto dice el SEÑOR Soberano:
te daré tu merecido, tomaste tus votos solemnes
a la ligera al romper el pacto. ⁶⁰Sin embargo,
recordaré el pacto que hice contigo cuando
eras joven y estableceré contigo un pacto
eterno. ⁶¹Entonces recordarás con vergüenza
todo el mal que hiciste. Haré que tus hermanas,
Samaria y Sodoma, sean tuyas, aunque no
formen parte de nuestro pacto. ⁶²Reafirmaré
mi pacto contigo y sabrás que yo soy el SEÑOR.
⁶³Recordarás tus pecados y te cubrirás la boca
enmudecida de vergüenza, cuando te perdone
por todo lo que hiciste. ¡Yo, el SEÑOR Soberano,
he hablado!"».

Relato de las dos águilas

17 Luego recibí el siguiente mensaje del
SEÑOR: ²«Hijo de hombre, propón este
enigma y cuenta este relato a los israelitas ³Diles
de parte del SEÑOR Soberano:

»"Un águila grande con alas anchas y
        plumas largas,
    cubierta de plumaje de varios colores,
    llegó al Líbano.
Agarró la copa de un cedro
⁴   y arrancó la rama más alta.
Se la llevó a una ciudad llena de mercaderes.
    La plantó en una ciudad de comerciantes.
⁵ También tomó de la tierra una planta de
        semillero
    y la sembró en tierra fértil.
La colocó junto a un río ancho,
    donde podría crecer como un sauce.
⁶ Allí echó raíces y creció
    hasta convertirse en una amplia vid
        de poca altura.
Sus ramas se extendieron hacia arriba,
    en dirección del águila,
    y sus raíces penetraron en el suelo.
Produjo ramas robustas
    y le salieron retoños.
⁷ Pero luego llegó otra águila grande
    con alas anchas y cubierta de plumaje.
Entonces la vid extendió las raíces y las ramas
    hacia esa águila para obtener agua,
⁸ aunque ya estaba plantada en buena tierra
    y tenía agua en abundancia
para crecer y convertirse en una vid
        espléndida
    y producir hojas frondosas y frutos
        suculentos".

⁹ »Así que ahora el SEÑOR Soberano pregunta:
    "¿Crecerá y prosperará esa vid?
    ¡No! ¡Yo la arrancaré de raíz!
Cortaré sus frutos

16:50 Así aparece en algunos manuscritos hebreos y en la versión griega; en el texto masorético dice *como yo lo he visto*. 16:57 Así
aparece en muchos manuscritos hebreos y en la versión siríaca; el texto masorético dice *Aram*.

y dejaré que se le sequen y marchiten
las hojas.
La arrancaré fácilmente
sin necesidad de un brazo fuerte ni
de un gran ejército.
¹⁰ Pero cuando la vid sea trasplantada,
¿volverá a florecer?
No, se secará
cuando el viento del oriente sople
contra ella.
Morirá en la misma tierra fértil
donde había crecido tan bien"».

Explicación del enigma

¹¹ Luego recibí este mensaje del SEÑOR:
¹²«Diles a esos rebeldes de Israel: "¿No entienden lo que significa este enigma de las águilas? El rey de Babilonia vino a Jerusalén y se llevó al rey y a los príncipes a Babilonia. ¹³Hizo un tratado con un miembro de la familia real y lo obligó a jurarle lealtad. También desterró a los líderes más influyentes de Israel, ¹⁴para que Israel no se fortaleciera nuevamente y se rebelara. Solo si cumplía su tratado con Babilonia podría Israel sobrevivir.

¹⁵"Sin embargo, este israelita de la familia real se rebeló contra Babilonia y envió embajadores a Egipto para solicitar un gran ejército con muchos caballos. ¿Acaso podrá Israel dejar de cumplir los tratados que hizo bajo juramento sin que haya consecuencias? ¹⁶¡No! Porque tan cierto como que yo vivo, dice el SEÑOR Soberano, el rey de Israel morirá en Babilonia. El territorio del rey que lo puso en el trono y con quien hizo un tratado que despreció y no cumplió. ¹⁷Ni el faraón con su poderoso ejército podrá ayudar a Israel cuando el rey de Babilonia vuelva a sitiar a Jerusalén y mate a mucha gente. ¹⁸Pues el rey de Israel despreció el tratado y no lo cumplió aun después de jurar que lo haría; así que no escapará.

¹⁹"Entonces esto dice el SEÑOR Soberano: tan cierto como que yo vivo, lo castigaré por no cumplir mi pacto y por despreciar el juramento solemne que hizo en mi nombre. ²⁰Arrojaré mi red sobre él y lo capturaré en mi trampa. Lo llevaré a Babilonia y lo juzgaré por haberme traicionado. ²¹Todos sus mejores guerreros* morirán en batalla y los que sobrevivan serán esparcidos a los cuatro vientos. Entonces ustedes sabrán que yo, el SEÑOR, he hablado.

²²"Esto dice el SEÑOR Soberano: tomaré una rama de la copa de un cedro alto y la plantaré sobre la cumbre de la montaña más alta de Israel. ²³Se convertirá en un cedro majestuoso, extenderá sus ramas y producirá semillas. Toda clase de aves anidarán en él y encontrarán refugio a la sombra de sus ramas. ²⁴Todos los árboles sabrán que soy yo, el SEÑOR, quien tala el árbol alto y hace crecer alto el árbol pequeño. Soy yo quien hace secar el árbol verde y le da vida al árbol seco. ¡Yo, el SEÑOR, he hablado y lo haría: que lo he dicho!"».

Justicia de un Dios justo

18 Luego recibí otro mensaje del SEÑOR: ²«¿Por qué citan ustedes ese proverbio acerca de la tierra de Israel, que dice: "Los padres comieron uvas agrias, pero la boca de sus hijos se frunce por el sabor"? ³Tan cierto como que yo vivo, dice el SEÑOR Soberano, que dejarán de citar ese proverbio en Israel. ⁴Pues todos los seres humanos son míos para juzgar, los padres y los hijos por igual. Esta es mi regla: la persona que peque es la que morirá.

⁵"Supongamos que cierto hombre es recto y hace lo que es justo y correcto. ⁶No participa en los banquetes que se ofrecen en los montes ante los ídolos de Israel* ni les rinde culto. No comete adulterio ni tiene relaciones sexuales con una mujer durante su período menstrual. ⁷Es un acreedor compasivo, no se queda con objetos entregados en garantía por deudores pobres. No les roba a los pobres, más bien, les da de comer a los hambrientos y les da ropa a los necesitados. ⁸Presta dinero sin cobrar interés, se mantiene lejos de la injusticia, es honesto e imparcial al juzgar a otros ⁹y obedece fielmente mis decretos y ordenanzas. Todo el que hace estas cosas es justo y ciertamente vivirá, dice el SEÑOR Soberano.

¹⁰"Pero supongamos que ese hombre tiene un hijo adulto que es ladrón o asesino y se niega a hacer lo correcto. ¹¹Ese hijo también comete todas las maldades que su padre jamás haría: rinde culto a ídolos en los montes, comete adulterio, ¹²oprime a los pobres e indefensos, roba a los deudores al negarles que recuperen sus garantías, rinde culto a ídolos, comete pecados detestables ¹³y presta dinero con intereses excesivos. ¿Acaso debería vivir ese pecador? ¡No! Tiene que morir y asumir toda la culpa.

¹⁴"Pero supongamos que ese hijo pecador, a su vez, tiene un hijo que ve la maldad de su padre y decide no llevar esa clase de vida. ¹⁵Este hijo se niega a rendir culto a ídolos en los montes y no comete adulterio. ¹⁶No explota a los pobres, más bien, es justo con los deudores y no les roba. Da de comer a los hambrientos y da ropa a los necesitados. ¹⁷Ayuda a los pobres,* presta dinero sin cobrar interés y obedece todos mis decretos y ordenanzas. Esa persona no morirá por los pecados del padre; ciertamente vivirá. ¹⁸Sin embargo, el padre morirá por todos sus pecados: por haber sido cruel, por robar a su gente y hacer lo que es indudablemente incorrecto en medio de su pueblo.

¹⁹"¿Cómo? —se preguntan ustedes—. ¿No pagará el hijo por los pecados del padre?". ¡No! Porque si el hijo hace lo que es justo y correcto y obedece mis decretos, ese hijo ciertamente vivirá. ²⁰La persona que peque es la que morirá. El hijo no será castigado por los pecados del padre ni el padre será castigado por los pecados

---

17:21 O *los guerreros que huyan.* El significado del hebreo es incierto. **18:6** El término hebreo (literalmente *cosas redondas*) probablemente se refiere al estiércol; también en 18:12, 15. **18:17** La versión griega dice *Se niega a hacer maldad.*

del hijo. Los justos serán recompensados por su propia conducta recta y las personas perversas serán castigadas por su propia perversidad. ²¹Ahora bien, si los perversos abandonan sus pecados y comienzan a obedecer mis decretos y a hacer lo que es justo y correcto, ciertamente vivirán y no morirán. ²²Todos los pecados pasados serán olvidados y vivirán por las acciones justas que han hecho.

²³»¿Acaso piensan que me agrada ver morir a los perversos?, pregunta el SEÑOR Soberano. ¡Claro que no! Mi deseo es que se aparten de su conducta perversa y vivan. ²⁴Sin embargo, si los justos se apartan de su conducta recta y comienzan a pecar y a comportarse como los demás pecadores, ¿se les permitirá vivir? No, ¡claro que no! Todas las acciones justas que han hecho serán olvidadas y morirán por sus pecados.

²⁵»Sin embargo, ustedes dicen: "¡El Señor no hace lo correcto!". Escúchame, pueblo de Israel. ¿Soy yo el que no hace lo correcto o son ustedes? ²⁶Cuando los justos abandonen su conducta justa y comiencen a cometer pecados, morirán por eso. Sí, morirán por sus acciones pecaminosas; ²⁷y si los perversos abandonan su perversidad, obedecen la ley y hacen lo que es justo y correcto, salvarán su vida. ²⁸Vivirán, porque lo pensaron bien y decidieron apartarse de sus pecados. Esas personas no morirán. ²⁹Aun así, los israelitas siguen diciendo: "¡El Señor no hace lo correcto!". Oh pueblo de Israel, tú eres quien no hace lo correcto, no yo.

³⁰»Por lo tanto, pueblo de Israel, juzgaré a cada uno de ustedes, según sus acciones, dice el SEÑOR Soberano. Arrepiéntete y apártate de tus pecados. ¡No permitas que tus pecados te destruyan! ³¹Deja atrás tu rebelión y procura encontrar un corazón nuevo y un espíritu nuevo. ¿Por qué habrías de morir, oh pueblo de Israel? ³²No quiero que mueras, dice el SEÑOR Soberano. ¡Cambia de rumbo y vive!

Canto fúnebre para los reyes de Israel

19 »Entona este canto fúnebre para los príncipes de Israel:

²»¿Qué es tu madre?
¡Una leona entre leones!
Se recostó entre los leones jóvenes
y crió a sus cachorros.
³A uno de sus cachorros lo crió
para que fuera un león fuerte.
Aprendió a cazar la presa y a devorarla
y llegó a alimentarse de carne humana.
⁴Luego las naciones oyeron hablar de él
y lo atraparon en una fosa.
Se lo llevaron con garfios
a la tierra de Egipto.

⁵»Cuando la leona vio
que su esperanza en él estaba perdida,

tomó a otro de sus cachorros
y le enseñó a ser un león fuerte.
⁶Él merodeaba entre los demás leones
y se destacaba por su fuerza.
Aprendió a cazar la presa y a devorarla,
y también le llegó a alimentarse de carne humana.
⁷Derribó fortalezas*
y destruyó sus aldeas y ciudades.
Las granjas quedaron devastadas
y las cosechas destruidas.
La tierra y sus habitantes temblaban de miedo
cuando lo oían rugir.
⁸Luego lo atacaron los ejércitos de las naciones,
lo rodearon por todas partes.
Arrojaron una red sobre él
y lo atraparon en una fosa.
⁹Lo arrastraron con ganchos, lo encerraron en una jaula
y lo llevaron ante el rey de Babilonia.
Lo mantuvieron cautivo,
para que nunca más se oyera su voz
en los montes de Israel.

¹⁰»Tu madre era como una vid
plantada junto a la orilla del agua.
Su follaje era verde y frondoso
por la abundancia de agua.
¹¹Sus ramas se fortalecieron
lo suficiente para ser el cetro de un rey.
Llegó a crecer muy alta,
muy por encima de las demás vides.
Se destacó por su altura
y sus abundantes ramas frondosas.
¹²Pero la vid fue arrancada de raíz con furia
y arrojada al suelo.
El viento del desierto le secó los frutos
y le desgajó las ramas fuertes;
así que se marchitó
y fue consumida por el fuego.
¹³Ahora la vid está trasplantada en el desierto,
donde el suelo es duro y reseco.
¹⁴De sus ramas surgió fuego
que devoró sus frutos.
Las ramas que le quedan no son
tan fuertes para ser el cetro de un rey».

»Este es un canto fúnebre y se entonará en un funeral».

Rebelión de Israel

20 El 14 de agosto,* durante el séptimo año de cautiverio del rey Joaquín, algunos de los líderes de Israel vinieron a pedir un mensaje del SEÑOR. Se sentaron frente a mí en espera de su respuesta. ²Entonces recibí el siguiente mensaje del SEÑOR: ³«Hijo de hombre, diles a los líderes de Israel: "Esto dice el SEÑOR Soberano: ¿Cómo se atreven a venir a pedirme un mensaje? ¡Tan cierto como que yo vivo, dice el SEÑOR Soberano, que no les diré nada!"».

19:7 Así aparece en la versión griega; en hebreo dice *Conoció viudas.*   **20:1** En hebreo *En el quinto mes, el décimo día,* del antiguo calendario lunar hebreo. Ese día fue el 14 de agosto del 591 a. C.; ver también la nota en 1:1.

4»Hijo de hombre, levanta cargos en contra de los líderes y condénalos. Hazles ver que los pecados de sus antepasados fueron realmente detestables. 5Dales el siguiente mensaje de parte del Señor Soberano: "Cuando elegí a Israel —cuando me di a conocer a los descendientes de Jacob en Egipto—, hice un juramento solemne de que yo, el Señor, sería su Dios. 6Ese día juré solemnemente que los sacaría de Egipto y los llevaría a una tierra que yo había explorado para ellos: una buena tierra donde fluyen la leche y la miel, la mejor tierra de todas. 7Entonces les dije: 'Cada uno de ustedes deshágase de las imágenes repugnantes con las que están tan obsesionados. No se contaminen con los ídolos* de Egipto, porque yo soy el Señor su Dios'.

8»"Sin embargo, ellos se rebelaron contra mí y no me hicieron caso. No se deshicieron de las imágenes repugnantes con las que estaban obsesionados ni abandonaron los ídolos de Egipto. Entonces, mientras seguían en Egipto, amenacé con derramar mi furia sobre ellos para satisfacer mi enojo; 9pero no lo hice porque actué para proteger el honor de mi nombre. Yo no permitiría que mi nombre fuera avergonzado ante las naciones vecinas, a las cuales me di a conocer cuando saqué a los israelitas de Egipto. 10Despues de sacarlos de Egipto, los llevé al desierto. 11Allí les di mis decretos y ordenanzas para que al ponerlos en práctica encontraran vida. 12Además, les di mis días de descanso como una señal entre ellos y yo. El propósito era recordarles que soy el Señor, quien los apartó para que fueran santos.

13»"Sin embargo, los israelitas se rebelaron contra mí y se negaron a obedecer mis decretos en el desierto. Desobedecieron mis ordenanzas, a pesar de que la obediencia la hubiera dado vida. Además profanaron mis días de descanso. Por lo tanto, amenacé con derramar mi furia sobre ellos e hice planes para consumirlos por completo en el desierto; 14pero otra vez me contuve para proteger el honor de mi nombre ante las naciones que habían visto mi poder cuando saqué a Israel de Egipto. 15Sin embargo, hice un juramento solemne contra ellos en el desierto. Juré que no los dejaría entrar en la tierra que les había dado, tierra donde fluyen la leche y la miel, el lugar más hermoso del mundo. 16Pues rechazaron mis ordenanzas, se negaron a obedecer mis decretos y profanaron mis días de descanso, ya que habían entregado su corazón a ídolos. 17Sin embargo, les tuve compasión y en el desierto me contuve y no los destruí.

18»"Después les advertí a sus hijos que no siguieran el ejemplo de sus padres, quienes se contaminaron con sus ídolos. 19Yo soy el Señor su Dios —les dije—. Sigan mis decretos, presten atención a mis ordenanzas 20y mantengan

santos mis días de descanso, porque son una señal para recordarles que yo soy el Señor su Dios.

21»"Sin embargo, sus hijos también se rebelaron contra mí. Se negaron a cumplir mis decretos y a seguir mis ordenanzas, a pesar de que la obediencia les hubiera dado vida. Además profanaron mis días de descanso. Así que amenacé nuevamente con derramar mi furia sobre ellos en el desierto. 22No obstante, quité mi juicio contra ellos a fin de proteger el honor de mi nombre ante las naciones que habían visto mi poder cuando los saqué de Egipto; 23pero hice un juramento solemne contra ellos en el desierto: juré esparcirlos por todas las naciones 24porque no obedecieron mis ordenanzas. Se burlaron de mis decretos al profanar mis días de descanso y anhelar los ídolos de sus antepasados. 25Los entregué a decretos y ordenanzas inútiles, que no los conducirían a la vida. 26Dejé que se contaminaran* con los mismos regalos que yo les había dado y permití que sacrificaran a su hijo mayor como ofrenda a sus dioses, para devastarlos y recordarles que solo yo soy el Señor".

Juicio y restauración

27»Por lo tanto, hijo de hombre, dale este mensaje al pueblo de Israel de parte del Señor Soberano: "Tus antepasados siguieron blasfemando y traicionándome, 28pues cuando los hice entrar en la tierra que les había prometido, ¡ofrecieron sacrificios en cada colina alta y debajo de cada árbol frondoso que encontraron! Provocaron mi furia al ofrecer sacrificios a sus dioses. ¡Les llevaron perfumes e incienso y derramaron ofrendas líquidas ante ellos! 29Les dije: ¿Qué es ese lugar alto adonde van?'". (Desde entonces, esa clase de santuario pagano se llama Bama, que significa "lugar alto").

30»Por lo tanto, dale este mensaje al pueblo de Israel de parte del Señor Soberano: "¿Piensas contaminarte como lo hicieron tus antepasados? ¿Seguirás prostituyéndote al adorar imágenes repugnantes? 31Pues, cuando les presentas ofrendas y les sacrificas a tus niños en el fuego,* te contaminas con ídolos hasta el día de hoy. ¿Y yo debería permitirte, pueblo de Israel, que me pidas un mensaje? Tan cierto como que yo vivo, dice el Señor Soberano, que no te diré nada.

32»"Tú dices: 'Queremos ser como las naciones que nos rodean, que sirven a ídolos de madera y de piedra'; pero eso que piensas nunca sucederá. 33Tan cierto como que yo vivo, dice el Señor Soberano, te gobernaré con puño de hierro, con gran enojo y un imponente poder. 34También con enojo, extenderé mi mano fuerte y mi brazo poderoso, y te traeré de regreso* desde los territorios por donde fuiste esparcido. 35Te llevaré al desierto de las naciones y allí te juzgaré cara

---

20:7 El término hebreo (literalmente *cosas redondas*) probablemente se refiere al estiércol; también en 20:8, 16, 18, 24, 31, 39.
20:25-26 O *Les di decretos y mandatos inútiles [...] Los contaminé.* 20:31 O *y hacen pasar a sus niños por el fuego.* 20:34 La
versión griega dice *te daré la bienvenida.* Comparar con 2 Co 6:17.

a cara. ³⁶Te juzgaré tal como hice con tus antepasados en el desierto después de sacarlos de Egipto, dice el Señor Soberano. ³⁷Te examinaré cuidadosamente y te obligaré a cumplir las condiciones del pacto. ³⁸Te limpiaré de todos los que se rebelen y se subleven contra mí. A ellos los sacaré de los países adonde fueron desterrados, pero nunca entrarán en la tierra de Israel. Entonces sabrás que yo soy el Señor.

³⁹»En cuanto a ti, pueblo de Israel, esto dice el Señor Soberano: adelante, rinde culto a tus ídolos, pero tarde o temprano me obedecerás y dejarás de deshonrar mi santo nombre al rendir culto a ídolos. ⁴⁰Pues algún día, dice el Señor Soberano, los israelitas me adorarán en mi monte santo, el gran monte de Israel, y yo los aceptaré. Allí les exigiré que me presenten todas sus ofrendas y los mejores regalos y sacrificios. ⁴¹Cuando los traiga de regreso a casa desde el destierro, ustedes serán para mí como un sacrificio agradable. Desplegaré mi santidad por medio de ustedes a la vista de las naciones. ⁴²Entonces, cuando yo los regrese a la tierra que mediante un juramento solemne prometí darles a sus antepasados, ustedes sabrán que yo soy el Señor. ⁴³Recordarán todas las formas en que se contaminaron y se odiarán a sí mismos por el mal que hicieron. ⁴⁴Y sabrás, pueblo de Israel, que yo soy el Señor, cuando haya honrado mi nombre al tratarte con compasión, a pesar de tu perversidad. ¡Yo, el Señor Soberano, he hablado!"».

Juicio contra el Neguev

⁴⁵*Después recibí este mensaje del Señor: ⁴⁶«Hijo de hombre, ponte de cara al sur* y denuncia a esa región; profetiza contra los matorrales del Neguev. ⁴⁷Dile al desierto del sur: "Esto dice el Señor Soberano: '¡Oye la palabra del Señor! Te prenderé fuego y se quemará todo árbol, esté verde o seco. Las horrendas llamas no se extinguirán y arrasarán con todo, desde el sur hasta el norte. ⁴⁸Entonces el mundo entero verá que yo, el Señor, prendí fuego, que no se apagará'"».

⁴⁹Entonces dije: «Oh Señor Soberano, ¡la gente anda diciendo de mí: "Él solo habla en enigmas!"».

Espada del juicio del Señor

21 ¹*Luego recibí este mensaje del Señor: ²«Hijo de hombre, ponte de cara a Jerusalén y profetiza contra Israel y sus santuarios. ³Dile: "Esto dice el Señor: 'Oh Israel, yo soy tu enemigo, y voy a desenvainar mi espada para destruir a tu gente, a justos y a perversos por igual. ⁴Así es, ¡eliminaré tanto a los justos como a los perversos! Sacaré mi espada contra todos los que estén en la tierra, desde el sur hasta el norte. ⁵El mundo entero sabrá que yo soy el Señor.

Tengo la espada en la mano, y no la devolveré a su vaina hasta que haya terminado su trabajo'".

⁶»¡Hijo de hombre, gime delante del pueblo! Gime ante ellos con amarga angustia y el corazón destrozado. ⁷Cuando te pregunten por qué gimes, diles: "Gimo por la aterradora noticia que oí. Cuando se haga realidad, el corazón más valiente se derretirá de miedo; toda fuerza se desvanecerá. Todo espíritu decaerá; las rodillas fuertes se debilitarán como el agua. Y el Señor Soberano dice: '¡Está por llegar! ¡Ya está en camino!'"».

⁸Entonces el Señor me dijo: ⁹«Hijo de hombre, da al pueblo el siguiente mensaje de parte del Señor:

»"Una espada, una espada
está siendo afilada y pulida.
¹⁰ ¡Está siendo afilada para una masacre espantosa
y pulida para destellar como un rayo!
¿Ahora te reirás?
¡Los más fuertes que tú han caído bajo
su poder!*
¹¹ Sí, ahora mismo la espada está siendo afilada
y pulida;
se prepara para el verdugo.

¹² »Hijo de hombre, grita y laméntate;
golpéate los muslos con angustia,
porque esa espada masacrará a mi
pueblo y a sus líderes,
¡todos morirán!
¹³ ¡A todos los pondrá a prueba!
¿Qué posibilidad tienen ellos?,*
dice el Señor Soberano".

¹⁴ »Hijo de hombre, profetízales
y bate las palmas.
Después toma la espada y esgrímela
dos veces en el aire,
incluso tres veces,
para simbolizar la gran masacre,
la gran masacre que los amenaza
por todas partes.
¹⁵ Que el corazón se les derrita de pavor,
porque la espada reluce en cada
puerta de la ciudad.
¡Destella como un rayo
y está pulida para la matanza!
¹⁶ Oh espada, acuchilla a la derecha
y luego a la izquierda;
corta por todas partes,
corta por donde quieras.
¹⁷ Yo también batiré las palmas,
y aplacaré mi furia.
¡Yo, el Señor, he hablado!».

Presagios para el rey de Babilonia

¹⁸Después recibí este mensaje del Señor: ¹⁹«Hijo de hombre, dibuja un mapa para que los siga la espada del rey de Babilonia. Coloca una señal en el camino que

---

20:45 Los versículos del 20:45-49 corresponden al 21:1-5 en el texto hebreo. **20:46** En hebreo *hacia Teman.* **21:1** Los versículos del 21:1-32 corresponden al 21:6-37 en el texto hebreo. **21:10** El significado del hebreo es incierto. **21:13** El significado del hebreo es incierto.

sale de Babilonia, donde el sendero se divide en dos; 20un camino con dirección a Amón y su capital, Rabá; y el otro camino rumbo a Judá y a Jerusalén, la ciudad fortificada. 21El rey de Babilonia ahora se encuentra donde se dividen los dos caminos y está indeciso sobre a quién atacar: a Jerusalén o a Rabá. Así que él convoca a sus magos en busca de presagios para que le adivinen la suerte. Ellos revuelven las flechas de la aljaba y examinan hígados de animales sacrificados. 22El presagio en su mano derecha le indica: "¡Jerusalén!". Sus soldados irán con arietes contra las puertas de la ciudad, pidiendo a gritos la masacre. Levantarán torres de asalto y construirán rampas contra las murallas. 23Los habitantes de Jerusalén pensarán que es un falso presagio, debido a su tratado con los babilonios; pero el rey de Babilonia le recordará a la gente su rebelión. Entonces los atacará y los capturará.

24»Por lo tanto, esto dice el Señor Soberano: una y otra vez me hiciste recordar tu pecado y tu culpa. ¡Ni siquiera intentas ocultarlo! En todo lo que haces, tus pecados son evidentes, están a la vista de todos. ¡Por lo tanto, ya ha llegado la hora de tu castigo!

25»Príncipe de Israel, corrupto y perverso, ¡ha llegado el día de tu juicio final! 26Esto dice el Señor Soberano:

»"Quítate la corona de joyas,
    porque el antiguo orden está por cambiar.
Ahora los humildes serán exaltados,
    y los poderosos serán humillados.
27 ¡Destrucción! ¡Destrucción!
    Sin duda destruiré el reino.
Y no será restaurado hasta que aparezca
    aquel que tiene derecho a juzgarlo.
Entonces se lo entregaré a él".

Mensaje para los amonitas

28»Ahora, hijo de hombre, profetiza sobre los amonitas y sus burlas. Dales el siguiente mensaje de parte del Señor Soberano:

»"Una espada, una espada
    se desenvainó para tu masacre.
Está pulida para destruir,
    ¡y destella como un rayo!
29 Tus profetas han transmitido falsas visiones
    y tus adivinos han dicho mentiras.
La espada caerá sobre el cuello de los
        malvados,
    para quienes ya ha llegado el día del
        juicio final.

30 »"Ahora devuelve la espada a su vaina,
    porque en tu propio país,
la tierra donde naciste,
    dictaré mi sentencia contra ti.
31 Sobre ti derramaré mi furia
    y te soplaré con el fuego de mi enojo.

Te entregaré a hombres crueles,
    expertos en destrucción.
32 Serás leña para el fuego,
    y derramarán tu sangre en tu propia tierra.
¡Serás arrasado por completo,
    y no habrá más memoria de ti en la historia,
porque yo, el Señor, he hablado!"».

Los pecados de Jerusalén

22 Entonces recibí este mensaje del Señor: 2«Hijo de hombre, ¿estás listo para juzgar a Jerusalén? ¿Estás preparado para juzgar a esta ciudad de asesinos? Denuncia públicamente sus pecados detestables 3y dale este mensaje de parte del Señor Soberano: "Ciudad de asesinos, condenada y maldita —ciudad de ídolos,* inmunda y repugnante— 4eres culpable por la sangre que has derramado. Te has contaminado con los ídolos que hiciste. ¡Has llegado el día de tu destrucción! Has llegado al fin de tus días. Te convertiré en objeto de burla en todos los países. 5Ciudad infame y llena de confusión, de ti se burlarán pueblos lejanos y cercanos.

6»"Cada uno de los líderes de Israel que vive dentro de tus murallas está decidido a derramar sangre. 7A los padres y a las madres se les trata con desprecio. Los extranjeros están obligados a pagar por protección. Los huérfanos y las viudas que viven en medio de ti, son objeto de abusos y maltratos. 8Desprecias mis objetos santos y profanas mis días de descanso. 9Hay quienes acusan falsamente a otros y los envían a la muerte. Estás llena de gente que rinde culto a ídolos y hace cosas obscenas. 10Hay entre ustedes hombres que se acuestan con la esposa de su padre y tienen relaciones sexuales con mujeres durante su período menstrual. 11Dentro de tus murallas viven hombres que cometen adulterio con la mujer de su vecino, que deshonran a sus nueras o violan a sus propias hermanas. 12Por todas partes hay asesinos a sueldo, prestamistas usureros y extorsionistas. Ni siquiera piensan en mí ni en mis mandatos, dice el Señor Soberano.

13»"Sin embargo, ahora yo bato las palmas con indignación por tus ganancias deshonestas y tu derramamiento de sangre. 14¿Qué tan fuerte y valiente serás en el día del juicio? Yo, el Señor, he hablado y cumpliré lo que he dicho. 15Te esparciré por todas las naciones y te limpiaré de tu maldad; 16y cuando sea deshonrado entre las naciones a causa de ti,* sabrás que yo soy el Señor».

El horno purificador del Señor

17Luego recibí este mensaje del Señor: 18«Hijo de hombre, los israelitas son la escoria inservible que queda después de fundir la plata. Son los desechos que sobran: una mezcla inútil de cobre, estaño, hierro y plomo. 19Entonces diles: "Esto dice el Señor Soberano: 'Dado que

---

22:3 El término hebreo (literalmente *cosas redondas*) probablemente se refiere al estiércol; también en 22:4.   22:16 O *cuando seas deshonrado entre las naciones a causa de mí.*

todos son escoria inservible, los traeré a mi crisol en Jerusalén. ²⁰Así como en un horno se funde cobre, hierro, plomo y estaño, los fundiré a ustedes con el calor de mi furia. ²¹Los reuniré y los soplaré con el fuego de mi enojo, ²²y se fundirán como la plata en el intenso calor. Entonces sabrán que yo, el Señor, he derramado mi furia sobre ustedes'"».

Pecados de los líderes de Israel

²³Nuevamente recibí un mensaje del Señor: ²⁴«Hijo de hombre, dale este mensaje al pueblo de Israel: "En el día de mi indignación, serás como tierra contaminada, una tierra sin lluvia. ²⁵Tus príncipes* traman conspiraciones tal como los leones que acechan su presa. Devoran a los inocentes apoderándose de sus tesoros y quitándoles su riqueza mediante la extorsión; y dejan viudas a muchas mujeres del país. ²⁶Tus sacerdotes desobedecieron mis enseñanzas y profanaron mis objetos santos. No hacen ninguna diferencia entre lo que es santo y lo que no es, tampoco enseñan a mi pueblo la diferencia entre lo que es ceremonialmente puro e impuro. Desprecian mis días de descanso, de modo que soy deshonrado entre ellos. ²⁷Tus líderes son como lobos que despedazan a sus víctimas. ¡En realidad destruyen vidas a cambio de dinero! ²⁸Y tus profetas les encubren dando falsas visiones y predicciones mentirosas. Dicen: 'Mi mensaje proviene del Señor Soberano', cuando en realidad el Señor no les ha dicho ni una sola palabra. ²⁹Hasta la gente común oprime a los pobres, les roba a los necesitados y priva de justicia a los extranjeros.

³⁰»Busqué a alguien que pudiera reconstruir la muralla de justicia que resguarda el país. Busqué a alguien que se pusiera en la brecha de la muralla para que yo no tuviera que destruirlos, pero no encontré a nadie. ³¹Por eso ahora derramaré mi furia sobre ellos y los consumiré con el fuego de mi enojo. Haré recaer sobre su cabeza todo el castigo por cada uno de sus pecados. ¡Yo, el Señor Soberano, he hablado!"».

Adulterio de dos hermanas

23 Recibí este mensaje de parte del Señor: ²«Hijo de hombre, había una vez dos hermanas que eran hijas de la misma madre. ³Ambas se hicieron prostitutas en Egipto. Incluso cuando eran jovencitas, dejaban que los hombres manosearan sus senos. ⁴La mayor se llamaba Aholá, y su hermana era Aholibá. Yo me casé con ellas y me dieron hijos e hijas. Me refiero a Samaria y a Jerusalén, pues Aholá es Samaria y Aholibá es Jerusalén.

⁵»Luego Aholá sintió deseos sensuales por otros amantes y no por mí, así que entregó su amor a los oficiales asirios. ⁶Eran todos jóvenes atractivos: capitanes y comandantes hermosamente vestidos de azul que conducían los carros de guerra. ⁷Así que se prostituyó con los hombres más deseables de Asiria, rindiendo culto a sus ídolos* y contaminándose. ⁸Cuando salió de Egipto, no abandonó la prostitución sino que continuó tan depravada como en su juventud, cuando los egipcios se acostaban con ella, le manoseaban los senos y la tenían como prostituta.

⁹»Entonces la entregué a sus amantes asirios, a quienes ella tanto deseaba. ¹⁰Ellos la desnudaron, se llevaron a sus hijos como esclavos y luego la mataron. Después de recibir su castigo, su mala fama llegó a oídos de todas las mujeres de la tierra.

¹¹»Sin embargo, Aholibá siguió los mismos pasos, a pesar de que vio todo lo que le había ocurrido a su hermana Aholá. Se corrompió todavía más y se entregó por completo a sus pasiones sexuales y a la prostitución. ¹²Aduló a todos los oficiales asirios, esos capitanes y comandantes con hermosos uniformes, esos jóvenes que conducían carros de guerra, todos apuestos y deseables. ¹³Yo vi cómo iba corrompiéndose, igual que su hermana mayor.

¹⁴»Luego llevó su prostitución a tal extremo que se enamoró de imágenes pintadas en un muro, imágenes de oficiales militares babilonios* con llamativos uniformes rojos, ¹⁵que portaban magníficos cinturones y sobre la cabeza turbantes grandes y distinguidos. Estaban vestidos como oficiales de carros de guerra de la tierra de Babilonia.* ¹⁶Cuando ella vio esas imágenes, anheló entregarse a ellos y envió mensajeros a Babilonia para invitarlos a que la visitaran. ¹⁷Entonces vinieron y cometieron adulterio con ella, y la corrompieron en la cama del amor. No obstante, después de contaminarse con ellos, los rechazó con asco.

¹⁸»Asimismo, yo sentí asco por Aholibá y la rechacé, tal como había rechazado a su hermana, porque se exhibió delante de ellos y se les entregó para satisfacerles sus pasiones sexuales. ¹⁹Sin embargo, ella se prostituyó mucho más recordando su juventud cuando se había prostituido en Egipto. ²⁰Sintió deseos sensuales por sus amantes con órganos sexuales tan grandes como los del burro, que eyaculan como un caballo. ²¹Y así, Aholibá, reviviste el pasado, esos días de jovencita en Egipto, cuando dejaste que te manosearan los senos por primera vez.

El Señor juzga a Aholibá

²²»Por lo tanto, Aholibá, esto dice el Señor Soberano: de todas partes enviaré a tus amantes contra ti, esas mismas naciones de las que te alejaste con asco. ²³Pues los babilonios vendrán con todos los caldeos de Pecod, de Soa y de Coa. Junto con ellos llegarán todos los asirios, esos jóvenes y apuestos capitanes, comandantes, oficiales de carros de guerra y demás oficiales de alto

---

22:25 Así aparece en la versión griega; en hebreo dice *profetas.* **23:7** El término hebreo (literalmente *cosas redondas*) probablemente se refiere al estiércol; también en 23:30, 37, 39, 49. **23:14** O *caldeos.* **23:15** O *Caldea;* también en 23:16.

rango, cada uno montado a caballo. 24Todos ellos vendrán contra ti desde el norte* con carros de guerra, carretas y un gran ejército preparado para atacar. Tomarán posiciones de batalla por todas partes y te rodearán de hombres armados con escudos y yelmos. Yo te entregaré a ellos para castigarte, a fin de que hagan contigo lo que quieran. 25Descargaré sobre ti el enojo de mis celos y ellos te tratarán con dureza. Te cortarán la nariz y las orejas, y a los sobrevivientes los matarán a espada. Se llevarán a tus hijos cautivos y quemarán todo lo que quede. 26Te arrancarán tus hermosas ropas y joyas. 27De ese modo pondré fin a la lascivia y a la prostitución que trajiste de Egipto. Nunca más tus ojos anhelarán aquellas cosas ni recordarás con nostalgia tus días en Egipto.

28»Pues esto dice el Señor Soberano: ciertamente te entregaré a tus enemigos, a quienes detestas, a quienes rechazaste. 29Te tratarán con odio, te robarán todo lo que tienes y te dejarán completamente desnuda. La vergonzosa prostitución quedará a la vista de todo el mundo. 30Tú misma te provocaste todo esto al prostituirte con otras naciones y contaminarte con todos sus ídolos. 31Por haber seguido los pasos de tu hermana, te obligaré a beber de la misma copa de terror que ella bebió.

32»Sí, esto dice el Señor Soberano:

»Beberás de la copa de terror de tu hermana,
    una copa grande y profunda,
que está llena hasta el borde
    de burla y de desprecio.
33 Te llenarás de borrachera y angustia,
    pues tu copa rebosa de aflicción y
        desolación;
    es la misma copa que bebió tu hermana,
        Samaria.
34 Beberás toda esa copa de terror
    hasta la última gota.
Luego la romperás en pedazos
    y te golpearás el pecho en señal de
        angustia.
¡Yo, el Señor Soberano, he hablado!

35»Y porque te olvidaste de mí y me diste la espalda, esto dice el Señor Soberano: tendrás que sufrir las consecuencias de toda tu lascivia y de tu prostitución».

El Señor juzga a las dos hermanas

36El Señor me dijo: «Hijo de hombre, debes acusar a Aholá y Aholibá de todos sus pecados detestables. 37Ellas han cometido adulterio y homicidio: adulterio al rendir culto a ídolos y homicidio al quemar en sacrificio a los hijos que me habían dado. 38¡Además, contaminaron mi templo y profanaron mi día de descanso! 39¡El mismo día que ofrecieron a sus hijos en sacrificio a ídolos, se atrevieron a venir a mi templo para adorar! Entraron y contaminaron mi casa.

40»Ustedes, hermanas, enviaron mensajeros a tierras lejanas para conseguir hombres. Cuando ellos llegaron, ustedes se bañaron, se pintaron los párpados y se pusieron sus mejores joyas para recibirlos. 41Se sentaron junto a ellos en un sofá con hermosos bordados y pusieron mi incienso y mi aceite especial sobre una mesa servida ante ustedes. 42Desde su habitación llegaba el ruido de muchos hombres en plena juerga. Eran hombres lujuriosos y borrachos* provenientes del desierto, que les pusieron brazaletes en las muñecas y hermosas coronas sobre la cabeza. 43Entonces dije: "Si realmente quieren tener sexo con prostitutas viejas y estropeadas como estas, ¡que lo hagan!". 44Y eso fue lo que hicieron. Tuvieron sexo con Aholá y Aholibá, esas prostitutas desvergonzadas. 45Sin embargo, gente recta juzgará a esas ciudades hermanas por lo que verdaderamente son: adúlteras y asesinas.

46»Ahora bien, esto dice el Señor Soberano: manda a un ejército contra ellas y entrégalas para que las aterroricen y las saqueen. 47Pues sus enemigos las apedrearán y las matarán a espada. Masacrarán a sus hijos e hijas y quemarán sus casas. 48De ese modo acabaré con la lascivia y la idolatría en la tierra y mi castigo servirá de advertencia a otros para que no sigan su mal ejemplo. 49Ustedes recibirán su merecido por su prostitución: por rendir culto a ídolos. Así es, recibirán todo el castigo. Entonces sabrán que yo soy el Señor Soberano».

Señal de la olla

24 El 15 de enero,* durante el noveno año de cautividad del rey Joaquín, recibí este mensaje del Señor: 2«Hijo de hombre, anota la fecha de hoy, porque en este preciso día el rey de Babilonia comenzará el ataque contra Jerusalén. 3Luego transmíteles a esos rebeldes, mediante una ilustración, este mensaje de parte del Señor Soberano:

»"Pon una olla al fuego
    y échale un poco de agua.
4 Llénala con trozos selectos de carne:
    de cadera, de lomo
    y de los cortes más tiernos.
5 Usa solo las mejores ovejas del rebaño
    y amontona leña en el fuego, debajo
        de la olla.
Hierve el contenido de la olla,
    y cocina los huesos junto con la carne.

6 »"Ahora bien, esto dice el Señor Soberano:
    ¡qué aflicción le espera a Jerusalén,
        ciudad de asesinos!
Ella es una olla de cocina
    cuya corrupción no puede limpiarse.
Saca los trozos de carne al azar,
    porque ningún pedazo es mejor que otro.

23:24 Así aparece en la versión griega; el significado del hebreo es incierto.   23:42 O *los sabeos*.   24:1 En hebreo *El décimo día del décimo mes*, del antiguo calendario lunar hebreo. Este suceso ocurrió el 15 de enero del 588 a. C.; ver también nota en 1:1.

7 Pues la sangre de sus homicidios
　　quedó salpicada en las rocas.
¡Ni siquiera se derramó en el suelo
　　donde el polvo podría cubrirla!
8 Así que yo salpicaré su sangre en una roca
　　para que todos vean
una expresión de mi enojo
　　y mi venganza contra ella.

9 »"Esto dice el Señor Soberano:
¡Qué aflicción le espera a Jerusalén,
　　ciudad de asesinos!
Yo mismo amontonaré leña debajo de ella.
10 ¡Sí, échale más leña!
Que ardan las llamas para que hierva la olla.
Cocina la carne con muchas especias
　　y después quema los huesos.
11 Luego deja la olla vacía sobre los carbones
　　encendidos.
¡Que se caliente al rojo vivo!
¡Que se quemen la inmundicia y
　　la corrupción!
12 Pero es un caso perdido;
　　la corrupción no puede limpiarse.
Así que échala al fuego.
13 Tu impureza es tu lascivia
　　y la corrupción fruto de tu idolatría.
Yo traté de limpiarte,
　　pero tú te negaste.
Ahora quedarás en tu inmundicia
　　hasta que sacie mi furia contra ti".

14 »¡Yo, el Señor, he hablado! Ha llegado la hora y no me contendré. No cambiaré de parecer ni tendré compasión de ti. Serás juzgada por tus acciones perversas, dice el Señor Soberano».

Muerte de la esposa de Ezequiel

15 Luego recibí este mensaje del Señor: 16 «Hijo de hombre, de un solo golpe te quitaré tu tesoro más querido; sin embargo, no debes expresar ningún dolor ante su muerte. No llores; que no haya lágrimas. 17 Gime en silencio, pero sin que haya lamentos junto a su tumba. No te descubras la cabeza ni te quites las sandalias. No cumplas con los ritos acostumbrados en el tiempo de duelo ni aceptes la comida de los amigos que se acerquen a consolarte».

18 Así que, por la mañana, anuncié ese mensaje al pueblo y por la tarde mi esposa murió. A la mañana siguiente hice todo lo que se me indicó. 19 Entonces la gente me preguntó: «¿Qué significa todo esto? ¿Qué tratas de decirnos?».

20 Así que les contesté: «Recibí un mensaje del Señor, 21 quien me dijo que se lo transmitiera a los israelitas. Esto dice el Señor Soberano: "Contaminaré mi templo, que es fuente de seguridad y orgullo para ustedes, el lugar en el que se deleita su corazón. Los hijos y las hijas que dejaron en Judea serán masacrados a espada. 22 Entonces ustedes harán lo mismo que hizo Ezequiel. No harán duelo en público ni se consolarán entre ustedes comiendo lo que les traigan

sus amigos. 23 Se dejarán la cabeza cubierta y no se quitarán las sandalias. No harán luto ni llorarán, pero se consumirán a causa de sus pecados. Harán luto en secreto por todo el mal que hicieron. 24 Ezequiel les sirve de ejemplo; ustedes harán lo mismo que él. Y cuando llegue ese tiempo, sabrán que yo soy el Señor Soberano"».

25 Luego el Señor me dijo: «Hijo de hombre, el día que quite su fortaleza —su alegría y su gloria, el deseo de su corazón, su tesoro más querido— también les quitaré a sus hijos e hijas. 26 Ese día, un sobreviviente llegará desde Jerusalén a Babilonia para contarte lo que sucedió. 27 Cuando llegue, enseguida recuperarás la voz para que hables con él y serás un símbolo para los de este pueblo. Entonces ellos sabrán que yo soy el Señor».

Mensaje para Amón

25 Luego recibí este mensaje del Señor: 2 «Hijo de hombre, ponte de cara a la tierra de Amón y profetiza contra sus habitantes. 3 Comunica este mensaje a los amonitas de parte del Señor Soberano: "¡Escuchen la palabra del Señor Soberano! Ustedes se alegraron cuando mi templo fue contaminado, se burlaron de Israel y de su desolación y se rieron de Judá cuando la llevaron al destierro. 4 Permitiré que invadan su país los nómadas de los desiertos orientales. Ellos establecerán su campamento entre ustedes y levantarán carpas en su tierra. Se llevarán el fruto de sus cosechas y se tomarán la leche de sus animales. 5 Convertiré la ciudad de Rabá en un pastizal para camellos y todo el territorio de los amonitas en un lugar de descanso para ovejas y cabras. Entonces ustedes sabrán que yo soy el Señor.

6 »"Esto dice el Señor Soberano: dado que ustedes aplaudieron, bailaron y gritaron de alegría por la destrucción de mi pueblo, 7 yo alzaré mi puño de juicio contra ustedes. Los entregaré como botín a muchas naciones. Los eliminaré y dejarán de ser nación, los destruiré por completo. Así sabrán que yo soy el Señor.

Mensaje para Moab

8 »"Esto dice el Señor Soberano: dado que los moabitas dijeron que Judá es igual a las demás naciones, 9 les abriré el flanco oriental y destruiré sus gloriosas ciudades fronterizas: Bet-jesimot, Baal-meón y Quiriataim. 10 Entregaré a los moabitas en manos de los nómadas de los desiertos orientales, tal como hice con los amonitas. Es cierto, los amonitas dejarán de ser contados entre las naciones. 11 Del mismo modo, haré caer mi castigo sobre los moabitas. Entonces sabrán que yo soy el Señor.

Mensaje para Edom

12 »"Esto dice el Señor Soberano: los edomitas pecaron grandemente al vengarse contra el pueblo de Judá. 13 Por lo tanto, dice el Señor

Soberano, alzaré mi puño de juicio contra Edom. Exterminaré a sus habitantes y a sus animales a filo de espada. Convertiré en una tierra baldía el territorio desde Temán hasta Dedán. ¹⁴Lo llevaré a cabo por medio de mi pueblo Israel. Con enojo los israelitas ejecutarán mi venganza, y los edomitas sabrán que esa venganza es mía. ¡Yo, el SEÑOR Soberano, he hablado!

Mensaje para Filistea

¹⁵»"Esto dice el SEÑOR Soberano: los filisteos arremetieron contra Judá por amarga venganza y por desprecio acumulado. ¹⁶Por lo tanto, esto dice el SEÑOR Soberano: alzaré mi puño de juicio contra la tierra de los filisteos. Exterminaré a los cereteos y destruiré por completo a la gente que vive junto al mar. ¹⁷Ejecutaré contra ellos una terrible venganza para castigarlos por lo que han hecho. Y una vez que me haya vengado, sabrán que yo soy el SEÑOR"».

Mensaje para Tiro

26 El 3 de febrero, durante el año doce de cautividad del rey Joaquín,* recibí este mensaje del SEÑOR: ²«Hijo de hombre, Tiro se alegró por la caída de Jerusalén diciendo: "¡Ajá! La que era la puerta de entrada a las prósperas rutas comerciales del oriente ha sido destruida y ¡ahora es mi turno! ¡Dado que ella quedó desolada, yo me enriqueceré!".

³»Por lo tanto, esto dice el SEÑOR Soberano: oh Tiro, yo soy tu enemigo y haré que muchas naciones se levanten contra ti como las olas del mar que rompen contra tu costa. ⁴Ellas destruirán las murallas de Tiro y derribarán sus torres. ¡Yo raspará su suelo hasta dejarla como roca desnuda! ⁵No será más que una roca en el mar, un lugar donde los pescadores tienden sus redes, pues yo he hablado, dice el SEÑOR Soberano. Tiro se convertirá en presa de muchas naciones, ⁶y sus aldeas de tierra adentro serán destruidas a espada. Entonces sabrán que yo soy el SEÑOR.

⁷»Esto dice el SEÑOR Soberano: haré que se levante el rey Nabucodonosor* de Babilonia contra Tiro. Él es rey de reyes y viene con sus caballos, sus carros de guerra, sus conductores y un gran ejército. ⁸Primero destruirá las aldeas de tierra adentro. Luego te atacará construyendo un muro de asalto y una rampa y levantando un techo de escudos. ⁹Golpeará tus murallas con arietes y demolerá tus torres a golpe de martillo. ¹⁰Las patas de sus caballos ahogarán con polvo la ciudad y el estruendo de las ruedas de los carros de guerra y sus conductores hará temblar tus murallas cuando entren por tus puertas derrumbadas. ¹¹Los caballos de sus jinetes pisotearán todas las calles de la ciudad. Masacrarán a tu gente y derribarán las fuertes columnas.

¹²»Saquearán tus riquezas y mercancías, y demolerán tus murallas. Destruirán tus preciosas casas y arrojarán al mar las piedras, los maderos y hasta el polvo de la ciudad. ¹³Pondré fin a la música de tus cánticos. Nunca más se oirá entre tu pueblo el sonido de las arpas. ¹⁴Transformaré tu isla en una roca desnuda, un lugar donde los pescadores tiendan sus redes. Jamás serás reconstruida, porque yo, el SEÑOR, he hablado. ¡Sí, el SEÑOR Soberano ha hablado!

Efectos de la destrucción de Tiro

¹⁵»Esto dice el SEÑOR Soberano a Tiro: toda la costa temblará ante el ruido de tu caída, mientras se oyen los gritos de los heridos que retumban en la prolongada masacre. ¹⁶Los gobernantes de las ciudades portuarias dejarán sus tronos y se quitarán las vestiduras reales y su hermosa ropa. Se sentarán en el suelo, temblando de terror a causa de tu destrucción. ¹⁷Después se lamentarán por ti entonando este canto fúnebre:

»¡Oh famosa ciudad isleña,
    que antes gobernaba el mar,
    cómo has sido destruida!
Tu gente, con su poderío naval,
    antes sembraba terror por todo el mundo.
¹⁸ Ahora las tierras costeras tiemblan
    de miedo por tu caída.
    Decaen las islas a medida que desapareces.

¹⁹»Esto dice el SEÑOR Soberano: convertiré a Tiro en ruinas despobladas, como muchas otras. La sepultaré bajo las terribles oleadas del ataque enemigo. Las grandes mares te tragarán. ²⁰Te enviaré a la fosa para que te reúnas con los que descendieron allí hace mucho tiempo. Tu ciudad quedará en ruinas, sepultada bajo tierra, como los que están en la fosa, quienes entraron al mundo de los muertos. Aquí, en el mundo de los vivos, no tendrás ningún lugar de honor. ²¹Te daré un fin terrible y dejarás de existir. Te buscarán, pero nunca más te encontrarán. ¡Yo, el SEÑOR Soberano, he hablado!».

Fin de la gloria de Tiro

27 Luego recibí este mensaje del SEÑOR: ²«Hijo de hombre, entona un canto fúnebre por Tiro, ³esa poderosa ciudad y portal al mar, el centro comercial del mundo. Dale a Tiro este mensaje de parte del SEÑOR Soberano:

»"Oh Tiro, te jactaste diciendo:
    'Mi belleza es perfecta!
⁴ Extendiste tus fronteras hacia el mar.
    Tus constructores hicieron perfecta
        tu belleza.
⁵ Eras como un gran barco
    construido con los mejores cipreses
        de Senir.*

26:1 En hebreo *En el año once, el primer día del mes,* según el año del antiguo calendario lunar hebreo. Dado que falta un elemento en la fórmula de la fecha, los eruditos han reconstruido esta lectura probable: *En el [mes] once [del] año [doce], el primer día del mes.* Según esa lectura este mensaje quedaría fechado el 3 de febrero de 585 a. C.; ver también la nota en 1:1.   26:7 En hebreo *Nabucad-retsar,* una variante de Nabucodonosor.   27:5 O *Hermón.*

Con un cedro del Líbano
    te fabricaron un mástil.
6 Te labraron los remos
    con robles de Basán.
Tu cubierta hecha de pino de las costas
    de Chipre*
    se incrustó con marfil.
7 Confeccionaron tus velas con el mejor lino
    de Egipto,
    y ondeaban sobre ti como una bandera.
Estabas bajo toldos azules y púrpura,
    abrillantados con tinturas de las costas
    de Elisa.
8 Tus remeros venían de Sidón y de Arvad;
    tus timoneles eran hombres hábiles de Tiro.
9 Sabios ancianos artesanos de Gebal
    calafateaban la nave.
De todos los países llegaban naves con
    mercancías para comerciar contigo.

10 »"Hombres de las lejanas tierras de Persia,
Lidia y Libia* servían en tu gran ejército. Ellos
colgaban sus escudos y yelmos en tus muros y
así te daban gran honor. 11 Hombres de Arvad y
de Heler montaban guardia en tus murallas. Tus
torres estaban al mando de hombres de Gamad.
Sus escudos colgados en tus murallas completa-
ban tu belleza.

12 »"De Tarsis enviaban mercaderes para comprar tus productos a cambio de plata, hierro,
estaño y plomo. 13 Mercaderes de Grecia,* Tubal
y Mesec llegaban con esclavos y objetos de
bronce para comerciar contigo.

14 »"De Bet-togarmá traían caballos para montar, caballos para carros de guerra y mulas para
cambiarlos por tus mercancías. 15 También te
llegaban mercaderes desde la tierra de Dedán.*
Tenías el monopolio del mercado en muchos
lugares costeros; te pagaban con colmillos de
marfil y madera de ébano.

16 »"De Siria* enviaban mercaderes para comprar tu gran variedad de artículos. Comerciaban
con turquesa, tinturas de púrpura, bordados, lino
fino y joyas de coral y de rubíes. 17 Judá e Israel
ofrecían trigo de Minit, higos,* miel, aceite de
oliva y bálsamo a cambio de tus mercancías.

18 »"De Damasco enviaban mercaderes a
comprar tu gran variedad de artículos, a cambio de vino de Helbón y lana blanca de Sajar.
19 Llegaban griegos desde Uzal* con hierro for-
jado, canela y cálamo aromático para cambiar
por tus mercancías.

20 »"Desde Dedán enviaban mercaderes para
intercambiar contigo sus costosas mantas para
montura. 21 Los árabes y los príncipes de Cedar
enviaban mercaderes para obtener tus mercancías a cambio de corderos, carneros y chivos. 22 Llegaban mercaderes de Saba y Raama
para conseguir tus mercancías a cambio de toda
clase de especias, joyas y oro.

23 »"También de Harán, Cane, Edén, Saba,
Asiria y Quilmad llegaban con sus mercancías.
24 Traían telas de alta calidad para comerciar:
tela de color azul, bordados y alfombras multi-
colores, enrolladas y atadas con cordeles. 25 Las
naves de Tarsis formaban una caravana acuática.
¡Los depósitos de tu isla estaban llenos hasta
el techo!

Destrucción de Tiro

26 »"¡Pero mira! ¡Tus remeros
    te han llevado hacia mares tempestuosos!
¡Un poderoso viento oriental
    te ha causado destrozos en alta mar!
27 Has perdido todo:
    tus riquezas y tus mercancías,
tus marineros y tus pilotos,
    tus constructores de naves, tus
        mercaderes y tus guerreros.
En el día de tu ruina,
    todos a bordo se hundirán en lo
        profundo del mar.
28 Tiemblan tus ciudades junto al mar
    mientras tus pilotos gritan de terror.
29 Todos los remeros abandonan sus naves;
    los marineros y los pilotos en tierra firme
        se agrupan en la playa.
30 Gritan fuerte por ti
    y lloran amargamente.
Se echan polvo sobre la cabeza
    y se revuelcan en cenizas.
31 Se rapan la cabeza en señal de duelo
        por ti
    y se visten de tela áspera.
Lloran por ti con gran amargura
    y profundo dolor.
32 Mientras se lamentan y gimen por ti,
    entonan este triste canto fúnebre:
'¿Hubo alguna vez una ciudad como Tiro,
    que ahora está en silencio, en el fondo
        del mar?
33 Las mercancías que comerciabas
    saciaron los deseos de muchas
        naciones.
Reyes de los confines de la tierra
    se enriquecieron con tu comercio.
34 Ahora eres una nave que naufragó,
    deshecha en el fondo del mar.
Toda tu mercancía y tu tripulación
    se hundieron contigo.
35 Todos los habitantes de las costas
    se horrorizan de tu terrible destino.
Los reyes están llenos de terror
    y lo ven con la cara retorcida de
        espanto.
36 Los mercaderes de las naciones
    menean la cabeza al verte,*
    pues llegaste a un horrible final
    y dejarás de existir'"».

27:6 En hebreo *Quitim.*   27:10 En hebreo *Paras, Lud y Put.*   27:13 En hebreo *Javán.*   27:15 La versión griega dice *Rodas.*
27:16 En hebreo *Aram;* algunos manuscritos dicen *Edom.*   27:17 El significado del hebreo es incierto.   27:19 En hebreo *Vedán*
y Javán de Uzal. El significado del hebreo es incierto.   27:36 En hebreo *te silban con desagrado*

Mensaje para el rey de Tiro

28 Después recibí este mensaje del Señor: ²«Hijo de hombre, dale al príncipe de Tiro este mensaje de parte del Señor Soberano:

»"En tu gran arrogancia afirmaste: ¡Soy
un dios!
Estoy sentado en un trono divino, en
el corazón del mar';
pero eres solo un hombre y no un dios,
aunque te jactes de ser un dios.
³ Te crees más sabio que Daniel
y piensas que ningún secreto está
oculto de ti.
⁴ Con tu sabiduría y entendimiento has
acumulado mucha riqueza:
oro y plata para tus tesoros.
⁵ Sí, tu sabiduría te hizo muy rico,
y tus riquezas muy orgulloso.

⁶ »"Por lo tanto, esto dice el Señor Soberano:
ya que te crees tan sabio como un dios,
⁷   haré que te ataque un ejército extranjero,
el terror de las naciones.
¡Ellos desenvainarán sus espadas contra
tu maravillosa sabiduría
y profanarán tu esplendor!
⁸ Te hundirán en la fosa,
y morirás en el corazón del mar,
traspasado de muchas heridas.
⁹ ¿Te jactarás, entonces, diciendo: "¡Soy
un dios!"
frente a tus asesinos?
¡Para ellos no serás un dios
sino un simple hombre!
¹⁰ Morirás como un pagano*
en manos de extranjeros.
¡Yo, el Señor Soberano, he hablado!"».

¹¹Luego recibí otro mensaje más del Señor: ¹²«Hijo de hombre, entona este canto fúnebre para el rey de Tiro. Dale este mensaje de parte del Señor Soberano:

»"Tú eras el modelo de la perfección,
lleno de sabiduría y de exquisita belleza.
¹³ Estabas en el Edén,
el jardín de Dios.
Tenías la ropa adornada con toda clase de
piedras preciosas*
—cornalina rojiza, peridoto verde pálido,
adularia blanca,
berilo azul y verde, ónice, jaspe verde,
lapislázuli, turquesa y esmeralda—,
todas talladas especialmente para ti
e incrustadas en el oro más puro.
Te las dieron
el día en que fuiste creado.
¹⁴ Yo te ordené y te ungí
como poderoso ángel guardián.*
Tenías acceso al monte santo de Dios
y caminabas entre las piedras de fuego.

¹⁵ »Eras intachable en todo lo que hacías,
desde el día en que fuiste creado
hasta el día en que se encontró maldad
en ti.
¹⁶ Tu abundante comercio te llevó a la
violencia,
y pecaste.
Entonces te expulsé en deshonra
de la montaña de Dios.
Te eché, guardián poderoso,
del lugar que tenías entre las piedras
de fuego.
¹⁷ Tu corazón se llenó de orgullo
debido a tu gran belleza.
Tu sabiduría se corrompió
a causa de tu amor por el esplendor.
Entonces te arrojé al suelo
y te expuse a la mirada curiosa de los reyes.
¹⁸ Profanaste tus santuarios
con tus muchos pecados y tu comercio
deshonesto.
Entonces hice brotar fuego de tu interior
y te consumió.
Te reduje a cenizas en el suelo
a la vista de todos los que te miraban.
¹⁹ Todos los que te conocían se horrorizaron
por tu destino.
Has llegado a un final terrible,
y dejarás de existir"».

Mensaje para Sidón

²⁰Luego recibí otro mensaje del Señor: ²¹«Hijo de hombre, ponte de cara a la ciudad de Sidón y profetiza contra ella. ²²Dale a la gente de Sidón este mensaje de parte del Señor Soberano:

»"Oh Sidón, yo soy tu enemigo,
y revelaré mi gloria en lo que te haré.
Cuando traiga juicio sobre ti
revelaré mi santidad en medio de ti
y todos los que observen sabrán
que yo soy el Señor.
²³ Enviaré una plaga contra ti
y correrá sangre por tus calles.
El ataque llegará de todas direcciones
y tu gente quedará masacrada dentro
de tus murallas.
Entonces todos sabrán
que yo soy el Señor.
²⁴ Los vecinos burlones de Israel ya no la
provocarán
punzándola y desgarrándola como zarzas
y espinos.
Pues entonces sabrán
que yo soy el Señor Soberano".

Restauración de Israel

²⁵»Esto dice el Señor Soberano: el pueblo de Israel volverá a vivir en su propio país, la tierra que le di a mi siervo Jacob. Pues reuniré a los

---

28:10 En hebreo *morirás como mueren los incircuncisos.*   **28:13** La identificación de algunas de estas piedras preciosas es incierta.
28:14 En hebreo *querubín guardián;* similar en 28:16.

israelitas de entre las tierras lejanas adonde los había esparcido. A la vista de las naciones del mundo, revelaré mi santidad en mi pueblo. ²⁶En Israel, ellos vivirán seguros, construirán casas y cultivarán viñedos; y cuando yo castigue a las naciones vecinas que los trataron con desprecio, ellos sabrán que yo soy el Señor su Dios».

Mensaje para Egipto

29 El 7 de enero,* durante el décimo año de cautividad del rey Joaquín, recibí este mensaje del Señor: ²«Hijo de hombre, ponte de cara a Egipto y profetiza contra su rey —el faraón— y contra todo el pueblo egipcio. ³Dales este mensaje de parte del Señor Soberano:

»"Yo soy tu enemigo, oh faraón, rey
de Egipto,
monstruo enorme que acechas
en las corrientes del Nilo.
Pues has dicho: 'El Nilo es mío;
lo hice para mí'.
⁴ Te pondré garfios en las mandíbulas
y te arrastraré hasta tierra firme
con peces pegados a tus escamas.
⁵ Te dejaré a ti y a tus peces
abandonados en el desierto para que
mueran.
Quedarás sin sepultura tirado en campo
abierto,
pues te daré como comida a los animales
salvajes y a las aves.
⁶ Todos los habitantes de Egipto sabrán que
yo soy el Señor,
pues para Israel no fuiste más que una
vara de juncos.
⁷ Cuando Israel se apoyó en ti,
te astillaste y te rompiste
y te clavaste en su axila.
Cuando Israel dejó caer su peso sobre ti,
te quebraste
y se dislocó la espalda.

⁸»"Por lo tanto, esto dice el Señor Soberano: oh Egipto, enviaré un ejército contra ti y destruiré tanto a la gente como a los animales. ⁹La tierra de Egipto se convertirá en una desolada tierra baldía y los egipcios sabrán que yo soy el Señor.

»"Debido a que dijiste: 'El Nilo es mío; yo lo hice', ¹⁰ahora soy enemigo tuyo y de tu río. Haré de Egipto una tierra totalmente desolada y baldía, desde Migdol hasta Asuán, y tan al sur como la frontera con Etiopía.* ¹¹Durante cuarenta años nadie pasará por allí, ni personas ni animales. Quedará totalmente despoblada. ¹²Haré de Egipto un lugar desolado, rodeado por otras naciones desoladas. Sus ciudades quedarán vacías y desoladas durante cuarenta años, rodea-

das por otras ciudades en ruinas. Esparciré a los egipcios por tierras lejanas.

¹³»"Esto también dice el Señor Soberano: pasados los cuarenta años traeré a los egipcios nuevamente a su patria de entre las naciones donde fueron esparcidos. ¹⁴Restauraré la prosperidad de Egipto y haré volver a sus habitantes a la tierra de Patros, en el sur de Egipto, de donde provenían. Sin embargo, Egipto seguirá siendo un reino menor y sin importancia. ¹⁵Será la más insignificante de todas las naciones y nunca volverá a destacarse por encima de las naciones vecinas.

¹⁶»Entonces Israel ya no tendrá la tentación de confiar en la ayuda de Egipto. Egipto quedará tan devastado que servirá para recordarle a Israel la magnitud del pecado que cometió al haber confiado en Egipto en tiempos pasados.

Entonces Israel sabrá que yo soy el Señor Soberano"».

Nabucodonosor sale a conquistar Egipto

¹⁷El 26 de abril, el primer día del año nuevo,* durante el año veintisiete de cautividad del rey Joaquín, recibí este mensaje del Señor: ¹⁸«Hijo de hombre, el ejército del rey Nabucodonosor* de Babilonia combatió tan ferozmente contra Tiro que los guerreros quedaron con la cabeza calva y los hombros llagados y ampollados; pero ni Nabucodonosor ni su ejército recibieron botín en recompensa por todo su esfuerzo. ¹⁹Por lo tanto, esto dice el Señor Soberano: le entregaré el territorio de Egipto a Nabucodonosor, rey de Babilonia. Se llevará la riqueza de Egipto saqueando todo lo que haya para poder pagarle a su ejército. ²⁰Así es, le he entregado la tierra de Egipto como recompensa por su esfuerzo, dice el Señor Soberano, porque trabajaba para mí cuando destruyó a Tiro.

²¹»Llegará el día cuando haré revivir la antigua gloria de Israel,* y por fin, Ezequiel, respetarán tus palabras. Entonces sabrán que yo soy el Señor».

Día triste para Egipto

30 Este es otro mensaje que recibí del Señor: ²«Hijo de hombre, profetiza y comunica este mensaje de parte del Señor Soberano:

»"Lloren y giman
por ese día,
³ porque ya se acerca el día terrible,
¡el día del Señor!
Será un día de nubes y de penumbra,
un día de desesperación para las naciones.
⁴ Vendrá una espada contra Egipto
y los masacrados cubrirán el suelo.

29:1 En hebreo *El día doce del décimo mes*, del antiguo calendario lunar hebreo. Este suceso ocurrió el 7 de enero del 587 a. C.; ver también nota en 1:1. **29:10** En hebreo *desde Migdol hasta Sevene y hasta la lejana frontera de Cus.* **29:17** En hebreo *El primer día del primer mes*, del antiguo calendario lunar hebreo. Ese suceso ocurrió el 26 de abril del 571 a. C.; ver también la nota en 1:1. **29:18** En hebreo *Nabucad-retsar*, una variante de Nabucodonosor; también en 29:19. **29:21** En hebreo *haré que brote un cuerno para la casa de Israel.*

Se llevarán sus riquezas
y destruirán sus cimientos.
La tierra de Etiopía* será saqueada.
5 Etiopía, Libia, Lidia, toda Arabia*
y sus demás aliadas
serán destruidas en esa guerra.

6 »"Esto dice el Señor:
caerán todos los aliados de Egipto
y acabará la soberbia de su poder.
Desde Migdol hasta Asuán*
serán masacrados a filo de espada,
dice el Señor Soberano.
7 Egipto quedará desolado,
rodeado de naciones desoladas,
y sus ciudades quedarán en ruinas,
rodeadas de otras ciudades en ruinas.
8 Los egipcios sabrán que yo soy el Señor
cuando le prenda fuego a Egipto
y destruya a todos sus aliados.
9 En ese tiempo enviaré veloces mensajeros
por barco
para aterrorizar a los tan confiados etíopes.
Un gran pánico se apoderará de ellos
el día de la indudable destrucción
de Egipto.
¡Espérenlo!
¡Sin falta, llegará!

10 »"Esto dice el Señor Soberano:
con el poder del rey Nabucodonosor*
de Babilonia,
destruiré a las multitudes de Egipto.
11 Él y sus ejércitos —los más despiadados
de todos—
serán enviados para destruir el país.
Harán guerra contra Egipto
hasta cubrir el suelo con egipcios
masacrados.
12 Secaré el río Nilo
y venderé el país a hombres perversos.
Haré destruir la tierra de Egipto y todo lo
que haya allí
por manos de extranjeros.
¡Yo, el Señor, he hablado!

13 »"Esto dice el Señor Soberano:
rompe en pedazos los ídolos* de Egipto
y las imágenes que están en Menfis.*
Ya no quedarán gobernantes en Egipto;
el terror se apoderará del país.
14 Destruiré el sur de Egipto,*
prenderé fuego a Zoán
y traeré juicio sobre Tebas.*
15 Derramaré mi furia sobre Pelusio,*
la fortaleza más fuerte de Egipto,
y pisotearé
a las multitudes de Tebas.

16 ¡Sí, le prenderé fuego a todo Egipto!
Pelusio se retorcerá de dolor;
Tebas será despedazada;
Menfis vivirá en constante terror.
17 Los jóvenes de Heliópolis y Bubastis*
morirán en batalla,
y las mujeres* serán llevadas como esclavas.
18 Cuando yo quiebre el orgullo de la fuerza
de Egipto,
también será un día oscuro para Tafnes.
Una nube oscura cubrirá Tafnes,
y sus hijas serán llevadas cautivas.
19 Así traeré un gran castigo sobre Egipto
y los egipcios sabrán que yo soy el Señor"».

Los brazos rotos del faraón

20 El 29 de abril,* durante el año once de cautividad del rey Joaquín, recibí este mensaje del Señor: 21 «Hijo de hombre, le he roto el brazo al faraón, rey de Egipto. No le han enyesado el brazo para que se cure, ni se lo han entablillado para que pueda sostener una espada. 22 Por lo tanto, esto dice el Señor Soberano: ¡yo soy enemigo del faraón, rey de Egipto! Le romperé ambos brazos —el que tiene sano y el que tiene roto— y haré que se le caiga la espada. 23 Esparciré a los egipcios por muchos países alrededor del mundo. 24 Fortaleceré los brazos al rey de Babilonia y le pondré mi espada en la mano. En cambio, le romperé los brazos al faraón, rey de Egipto, y quedará tendido, herido de muerte, gimiendo de dolor. 25 Fortaleceré los brazos del rey de Babilonia, mientras los brazos del faraón caerán inservibles a ambos lados de su cuerpo. Cuando ponga mi espada en la mano del rey de Babilonia y él la levante contra la tierra de Egipto, Egipto sabrá que yo soy el Señor. 26 Esparciré a los egipcios entre las naciones; los dispersaré por todo el mundo. Entonces sabrán que yo soy el Señor».

Comparación entre Egipto y la Asiria derrotada

31 El 21 de junio,* durante el año once de cautividad del rey Joaquín, recibí este mensaje del Señor: 2 «Hijo de hombre, dale este mensaje al faraón, rey de Egipto, y a todas sus multitudes:

»"¿Con quién compararás tu grandeza?
3 Eres como la poderosa Asiria,
que alguna vez fue como un cedro
del Líbano,
con hermosas ramas que daban una
intensa sombra al bosque
y su copa llegaba hasta las nubes.
4 Los manantiales profundos lo regaban
y lo ayudaban a crecer alto y frondoso.

30:4 En hebreo Cus; similar en 30:9. 30:5 En hebreo Cus, Put, Lud, toda Arabia, Cub. Aparte de este versículo, se desconoce Cub y podría ser una variante de Lub (Libia). 30:6 En hebreo hasta Sevene. 30:10 En hebreo Nabucad-retsar, una variante de Nabucodonosor. 30:13a El término hebreo (literalmente cosas redondas) probablemente se refiere al estiércol. 30:13b En hebreo Nof; también en 30:16. 30:14a En hebreo Patros. 30:14b En hebreo No; también en 30:15, 16. 30:15 En hebreo Sin; también en 30:16. 30:17a En hebreo de On y Pibeset. 30:17b O y sus ciudades. 30:20 En hebreo El séptimo día del primer mes, del antiguo calendario lunar hebreo. Ese suceso ocurrió el 29 de abril del 587 a. C.; ver también la nota en 1:1. 31:1 En hebreo El primer día del tercer mes, del antiguo calendario lunar hebreo. Ese suceso ocurrió el 21 de junio del 587 a. C.; ver también la nota en 1:1.

El agua corría a su alrededor como un río
y fluía hacia todos los árboles cercanos.
5 Este gran árbol se elevaba
muy por encima de los demás árboles
que lo rodeaban.
Creció y desarrolló ramas gruesas y largas
por el agua abundante que recibían sus
raíces.
6 Las aves anidaban en sus ramas
y bajo su sombra parían los animales salvajes.
Todas las grandes naciones del mundo
vivían bajo su sombra.
7 Era fuerte y hermoso,
con ramas que se extendían ampliamente
porque sus raíces llegaban a lo profundo,
donde había agua en abundancia.
8 Ningún otro cedro del jardín de Dios
podía hacerle competencia.
Ningún ciprés tenía ramas como las suyas;
ningún plátano oriental tenía ramas
comparables.
Ningún árbol del jardín de Dios
tenía una belleza parecida.
9 Como hice tan hermoso este árbol
y le di un follaje tan magnífico,
era la envidia de los demás árboles del Edén,
el jardín de Dios.

10»Por lo tanto, esto dice el SEÑOR Soberano:
como Egipto se volvió* vanidoso y arrogante,
y porque se puso tan por encima de los demás
que su copa llegaba a las nubes, 11lo entregaré en manos de una nación poderosa para que
lo destruya como merece su perversidad. Ya
lo he desechado. 12Un ejército extranjero —el
terror de las naciones— lo taló y lo dejó tendido en el suelo. Sus ramas quedaron esparcidas
por las montañas, los valles y los barrancos de
la tierra. Todos los que vivían bajo su sombra se
fueron y lo dejaron allí tirado.

13 »Las aves se posan en el tronco caído,
y los animales salvajes se tienden entre
sus ramas.
14 Que ningún árbol de ninguna otra nación
se envanezca por su propia grandeza,
aunque supere la altura de las nubes
y reciba agua de lo profundo.
Pues todos están condenados a morir
y a descender a las profundidades
de la tierra.
Caerán a la fosa
junto con el resto del mundo.

15»Esto dice el SEÑOR Soberano: cuando
Asiria descendió a la tumba,* hice que los manantiales profundos la lamentaran. Detuve el
curso de sus ríos y sequé su abundante agua.
Vestí de negro el Líbano e hice que se marchitaran los árboles del campo. 16Hice que las naciones temblaran de miedo al sonido de su caída,

porque la envié a la tumba junto con todos los
que descienden a la fosa. Los demás árboles
vanidosos del Edén, los mejores y más hermosos del Líbano, aquellos que hundían sus raíces profundamente en el agua, se consolaron al
encontrar a ese árbol allí con ellos en las profundidades de la tierra. 17También sus aliados
fueron destruidos y estaban muertos. Habían
descendido a la tumba todas esas naciones que
una vez vivieron bajo su sombra.

18»"Oh Egipto, ¿a cuál de los árboles del Edén
compararás tu fortaleza y tu gloria? Tú también
serás enviado a las profundidades con todas
esas naciones. Quedarás tendido entre los paganos* que murieron a espada. Ese será el destino del faraón y de todas sus multitudes. ¡Yo, el
SEÑOR Soberano, he hablado!"».

Advertencia al faraón

32 El 3 de marzo,* durante el año doce de
cautiverio del rey Joaquín, recibí este
mensaje del SEÑOR: 2«Hijo de hombre, laméntate
por el faraón, rey de Egipto, y dale este mensaje:

»"Te crees un león joven y fuerte entre las
naciones,
pero en realidad solo eres un monstruo
marino
que se retuerce en sus propios ríos
y revuelve el lodo con las patas.
3 Por lo tanto, esto dice el SEÑOR Soberano:
enviaré a muchas personas
para que te atrapen con mi red
y te arrastren fuera del agua.
4 Te dejaré abandonado en tierra para que
mueras.
Todas las aves de los cielos se posarán
sobre ti
y los animales salvajes de toda la tierra
te comerán hasta saciarse.
5 Esparciré tu carne por las colinas
y llenaré los valles con tus huesos.
6 Empaparé la tierra con la sangre que
brote de ti
que correrá hasta las montañas
y llenará los barrancos hasta el borde.
7 Cuando yo borre tu existencia,
cubriré los cielos y oscureceré las estrellas.
Taparé el sol con una nube
y la luna no te dará su luz.
8 Oscureceré las estrellas brillantes en lo alto
y cubriré tu territorio con tinieblas.
¡Yo, el SEÑOR Soberano, he hablado!

9 »"Inquietaré el corazón de muchos cuando
haga que se enteren de tu caída en naciones
lejanas que no conocías. 10Así es, espantaré a
muchos países y sus reyes quedarán aterrados al
conocer tu destino. Temblarán de miedo por su

31:10 En hebreo *tú te volviste*.   31:15 En hebreo *al Seol*; también en 31:16, 17.   31:18 En hebreo *entre los incircuncisos*.   32:1 En
hebreo *El primer día del mes doce*, del antiguo calendario lunar hebreo. Este suceso ocurrió el 3 de marzo del 585 a. C.; ver también la
nota en 1:1.

vida cuando yo esgrima mi espada ante ellos el día de tu caída. ¹¹Esto dice el Señor Soberano:

»"La espada del rey de Babilonia
    vendrá contra ti.
¹²Destruiré a tus multitudes con las espadas
    de poderosos guerreros,
    el terror de las naciones.
Destrozaré el orgullo de Egipto
    y todas sus multitudes quedarán
    destruidas.
¹³Destruiré todos tus rebaños y manadas
    que pastan junto a tus arroyos.
Nunca más ni personas ni animales
    enturbiarán esas aguas con sus pies.
¹⁴Luego dejaré que las aguas de Egipto se
    aquieten de nuevo,
    y fluirán tranquilas, como se desliza
    el aceite de oliva,
    dice el Señor Soberano.
¹⁵Cuando yo destruya a Egipto
    y te arranque todas tus posesiones
    y hiera de muerte a todo tu pueblo,
    entonces sabrás que yo soy el Señor.
¹⁶Sí, este es el canto fúnebre
    que entonarán para Egipto.
Que todas las naciones hagan luto.
    Que se lamenten por Egipto y sus
    multitudes.
    ¡Yo, el Señor Soberano, he hablado!"».

Egipto cae en la fosa

¹⁷El 17 de marzo,* durante el año doce, recibí otro mensaje del Señor: ¹⁸«Hijo de hombre, laméntate por las multitudes de Egipto y por las demás naciones poderosas.* Pues los enviaré al mundo de abajo, junto con los que descienden a la fosa. ¹⁹Diles:

»"Oh Egipto, ¿acaso eres más bella que las
    otras naciones?
¡No! Así que desciende a la fosa y quédate
    allí, entre los paganos*".

²⁰Los egipcios caerán junto a todos los que murieron a espada, pues la espada se ha desenvainado contra ellos. Egipto y sus multitudes irán arrastrados a su juicio. ²¹En lo profundo de la tumba,* líderes poderosos, en tono de burla, darán la bienvenida a Egipto y sus aliados diciendo: "Ya descendieron; yacen entre los paganos, entre multitudes masacradas a espada".

²²»Allí está Asiria rodeada por las tumbas de sus soldados, los que fueron masacrados a espada. ²³Sus tumbas están en lo más hondo de la fosa, rodeadas de las de sus aliados. Antes infundían terror en el corazón de muchos por todas partes, ahora han sido masacrados a espada.

²⁴»Allí está Elam, rodeado por las tumbas de todas sus multitudes, los que fueron masacrados a espada. Antes infundían terror en el corazón de muchos por todas partes, ahora descendieron como paganos al mundo de abajo. Ahora yacen en la fosa, con la misma vergüenza de los que murieron antes que ellos. ²⁵Tienen un lugar de descanso entre los masacrados, rodeados por las tumbas de todas sus multitudes. Sí, en vida aterrorizaban a las naciones, pero ahora quedaron avergonzados junto con los demás de la fosa, todos paganos, masacrados a filo de espada.

²⁶»Allí están Mesec y Tubal, rodeados por las tumbas de todas sus multitudes. Antes infundían terror por todas partes en el corazón de muchos; pero ahora son paganos, todos masacrados a espada. ²⁷No fueron enterrados con honores, como sus héroes caídos, quienes descendieron a la tumba* con sus armas: con el cuerpo cubierto por su escudo* y con la espada de la cabeza. Ellos cargan con la culpa porque en vida aterrorizaban a todos.

²⁸»También tú, Egipto, yacerás aplastado y destruido entre los paganos, todos masacrados a espada.

²⁹»Edom está allí con sus reyes y príncipes. Aunque eran poderosos, también yacen entre los masacrados a espada, entre los paganos que descendieron a la fosa.

³⁰»Todos los príncipes del norte y los sidonios están allí junto a otros que han muerto. Antes sembraban el terror, ahora son avergonzados. Yacen como paganos junto a otros que fueron masacrados a espada; y cargan con la misma vergüenza de todos los que descendieron a la fosa.

³¹»Cuando llegue el faraón con todo su ejército, se consolará al ver que no fue el único que perdió a sus multitudes en batalla, dice el Señor Soberano. ³²Aunque hice que sembrara el terror entre todos los seres vivientes, el faraón y sus multitudes yacerán en medio de los paganos que fueron masacrados a espada. ¡Yo, el Señor Soberano, he hablado!».

Ezequiel, centinela de Israel

33 Una vez más recibí un mensaje del Señor: ²«Hijo de hombre, da este mensaje a tu pueblo: "Cuando yo envío a un ejército contra un país, los habitantes de ese país escogen a uno de los suyos para que sea el centinela. ³Cuando el centinela ve acercarse al enemigo, toca la alarma para advertir a los habitantes. ⁴Entonces, si los que oyen la alarma se niegan a actuar y resulta que mueren, ellos mismos tendrán la culpa de su muerte. ⁵Oyeron la alarma pero no la hicieron caso, así que la responsabilidad es de ellos. Si hubieran prestado

---

33:17 En hebreo *El día quince del mes,* posiblemente en el mes doce del antiguo calendario lunar hebreo (ver 32:1). Ese dato colocaría la fecha de este mensaje al finalizar el año doce de la cautividad del rey Joaquín, el 17 de marzo del 585 a. C.; ver también la nota en 1:1. En la versión griega dice *El día quince del primer mes,* que colocaría la fecha de este mensaje el 27 de abril del 586 a. C., al comenzar el año doce del rey Joaquín. **32:18** El significado del hebreo es incierto. **32:19** En hebreo *los incircuncisos;* también en 32:21, 24, 25, 26, 28, 29, 30, 32. **32:21** En hebreo *en el Seol.* **32:27a** En hebreo *al Seol.* **32:27b** El significado del hebreo es incierto.

atención a la advertencia, podrían haber salvado sus vidas. 6Ahora bien, si el centinela ve acercarse al enemigo y no toca la alarma para advertir a la gente, él será responsable de la cautividad del pueblo. Todos morirán en sus pecados, pero haré responsable al centinela por la muerte de ellos».

7»Ahora, hijo de hombre, te pongo por centinela del pueblo de Israel. Por lo tanto, escucha lo que digo y adviérteles de mi parte. 8Si yo anuncio que unos malvados de cierto morirán y tú no les dices que cambien su manera de vivir, entonces ellos morirán en sus pecados y te haré a ti responsable de su muerte. 9En cambio, si les adviertes que se arrepientan y no lo hacen, morirán en sus pecados, pero tú te habrás salvado.

Mensaje del centinela

10»Hijo de hombre, da este mensaje al pueblo de Israel: "Ustedes dicen: 'Nuestros pecados son una carga pesada; ¡nos consumimos poco a poco! ¿Cómo sobreviviremos?'. 11Tan cierto como que yo vivo, dice el SEÑOR Soberano, no me complace la muerte de los perversos. Solo quiero que se aparten de su conducta perversa para que vivan. ¡Arrepiéntanse! ¡Apártense de su maldad, oh pueblo de Israel! ¿Por qué habrían de morir?".

12»Hijo de hombre, da este mensaje a tu pueblo: "La conducta recta de los justos no los salvará si se entregan al pecado, ni la mala conducta de los malvados los destruirá si se arrepienten y abandonan sus pecados. 13Cuando les digo a los justos que vivirán, pero después pecan y piensan que se salvarán por haber sido justos anteriormente, entonces no se tomará en cuenta ninguno de sus actos de justicia. Los destruiré por sus pecados. 14Y supongamos que les digo a unas personas malvadas que de cierto morirán, pero después abandonan sus pecados y hacen lo que es justo y recto. 15Por ejemplo, podrían restituir la garantía a un deudor, restituir lo que habían robado y obedecer mis leyes que dan vida dejando de hacer lo malo; si así lo hacen, entonces de cierto vivirán y no morirán. 16No se sacará a relucir ninguno de sus pecados pasados, porque hicieron lo que es justo y recto, por eso ciertamente vivirán.

17»'Tu pueblo dice: 'El Señor no hace lo correcto', pero son ellos quienes no hacen lo correcto. 18Pues reitero, si los justos abandonan su conducta recta y pecan, morirán. 19Sin embargo, si los malvados se apartan de su maldad y hacen lo que es justo y recto, vivirán. 20Oh pueblo de Israel, ustedes dicen: 'El Señor no hace lo correcto'; pero yo juzgo a cada uno de ustedes según sus acciones"».

Explicación de la caída de Jerusalén

21El 8 de enero,* durante el año doce de nuestra cautividad, un sobreviviente de Jerusalén

vino a verme y me dijo: «¡Ha caído la ciudad!». 22La noche anterior, el SEÑOR había puesto su mano sobre mí y me había devuelto la voz. De modo que pude hablar cuando llegó ese hombre a la mañana siguiente.

23Luego recibí el siguiente mensaje del SEÑOR: 24«Hijo de hombre, el remanente de Judá, que vive disperso en las ciudades destruidas, sigue diciendo: 'Abraham era un solo hombre y, sin embargo, llegó a poseer toda la tierra. Nosotros somos muchos; sin duda se nos ha entregado la tierra como posesión'. 25Por lo tanto, diles a esas personas: "Esto dice el SEÑOR Soberano: 'Ustedes comen carne con sangre, rinden culto a ídolos* y asesinan a los inocentes. ¿De veras piensan que la tierra debería ser suya? 26¡Asesinos! ¡Idólatras! ¡Adúlteros! ¿Acaso la tierra habría de pertenecerles?'".

27»Diles: "Esto dice el SEÑOR Soberano: 'Tan cierto como que yo vivo, los que vivan en las ruinas morirán a filo de espada y enviaré animales salvajes para que devoren a los que vivan en campo abierto. Los que se escondan en fuertes y cuevas morirán de enfermedades. 28Destruiré la tierra por completo y destrozaré su orgullo. Se acabará su poder arrogante. Las montañas de Israel quedarán tan desiertas que nadie siquiera pasará por ellas. 29Cuando yo haya destruido la tierra por completo a causa de los pecados detestables que cometieron, entonces sabrán que yo soy el SEÑOR'".

30»Hijo de hombre, los de tu pueblo hablan de ti en sus casas y murmuran acerca de ti junto a las puertas. Se dicen unos a otros: "¡Vayamos a oír lo que el profeta tiene para contarnos de parte del SEÑOR!". 31Entonces ellos se acercan fingiendo sinceridad y se sientan delante de ti. Escuchan tus palabras pero no tienen ninguna intención de hacer lo que tú les dices. Tienen la boca llena de palabras sensuales y en su corazón solo buscan dinero. 32Les resultas muy entretenido, como alguien que les canta canciones de amor con una hermosa voz o les toca buena música con un instrumento. ¡Oyen lo que les dices, pero se niegan a hacerlo! 33Sin embargo, cuando les sucedan todas estas cosas terribles —que sin duda les sucederán—, entonces sabrán que hubo un profeta entre ellos».

Los pastores de Israel

34 Después recibí este mensaje del SEÑOR: 2«Hijo de hombre, profetiza contra los pastores, los líderes de Israel. Dales este mensaje de parte del SEÑOR Soberano: '¡Qué aflicción les espera a ustedes, pastores, que se alimentan a sí mismos en lugar de alimentar a sus rebaños! ¿Acaso los pastores no deben alimentar a sus ovejas? 3Ustedes beben la leche, se visten con la lana y matan a los mejores animales, pero dejan que sus rebaños pasen hambre. 4No

---

33:21 En hebreo *El quinto día del décimo mes,* del antiguo calendario lunar hebreo. Ese suceso ocurrió el 8 de enero del 585 a. C.; ver también la nota en 1:1.   33:25 El término hebreo (literalmente *cosas redondas*) probablemente se refiere al estiércol.

han cuidado de las débiles; no se han ocupado de las enfermas ni han vendado las heridas; no salieron a buscar a las descarriadas y perdidas. En cambio, las gobernaron con mano dura y con crueldad. ⁵Por eso mis ovejas se dispersaron sin pastor y son presa fácil de cualquier animal salvaje. ⁶Han deambulado por todas las montañas y las colinas sobre la faz de la tierra; sin embargo, nadie salió a buscarlas.

⁷»"Por lo tanto, pastores, oigan la palabra del Señor: ⁸tan cierto como que yo vivo, dice el Señor Soberano, ustedes abandonaron a mi rebaño y lo expusieron al ataque de toda clase de animales salvajes. Aunque ustedes eran mis pastores, no salieron a buscar a mis ovejas cuando ellas se extraviaron. Se ocuparon de sí mismos y dejaron que las ovejas pasaran hambre. ⁹Por lo tanto, pastores, oigan la palabra del Señor. ¹⁰Esto dice el Señor Soberano: ahora me declaro enemigo de esos pastores y los haré responsables de lo que le sucedió a mi rebaño. Les quitaré el derecho de alimentar al rebaño y no dejaré que sigan alimentándose a sí mismos. Rescataré de su boca a mi rebaño; las ovejas ya no serán su presa.

El buen pastor

¹¹»"Esto dice el Señor Soberano: yo mismo saldré a buscar a mis ovejas y las encontraré. ¹²Seré como un pastor que busca al rebaño esparcido. Encontraré a mis ovejas y las rescataré de todos los lugares por donde quedaron esparcidas ese día oscuro y nublado. ¹³Las sacaré de entre los demás pueblos y naciones y las traeré de regreso a casa, a su propia tierra. Las alimentaré en las montañas de Israel, junto a los ríos y en todos los lugares habitados. ¹⁴Así es, les daré buenos pastizales en las altas colinas de Israel. Descansarán en lugares agradables y se alimentarán con los abundantes pastizales verdes de las colinas. ¹⁵Yo mismo cuidaré de mis ovejas y les daré un lugar para que se recuesten en paz, dice el Señor Soberano. ¹⁶Buscaré a mis perdidas y las traeré sanas y salvas de regreso a casa. Vendaré a las heridas y fortaleceré a las débiles. Sin embargo, destruiré a las gordas y poderosas; ¡a ellas también les daré de comer, pero juicio!

¹⁷»"En cuanto a ti, rebaño mío, esto dice el Señor Soberano a su pueblo: juzgaré entre un animal del rebaño y otro, y separaré a las ovejas de las cabras. ¹⁸¿No les basta quedarse con los mejores pastizales? ¿También tienen que pisotear lo que queda? ¿Y no les basta con beber el agua cristalina? ¿También tienen que enturbiar con las patas el resto del agua? ¹⁹¿Por qué mi rebaño tiene que comer lo que ustedes han pisoteado y beber el agua que han ensuciado?

²⁰»"Por lo tanto, esto dice el Señor Soberano: sin duda alguna, juzgaré entre las ovejas gordas y las ovejas escuálidas. ²¹Pues ustedes, las ovejas gordas, han empujado, embestido y desplazado a mi rebaño enfermo y hambriento hasta

esparcirlo por tierras lejanas. ²²Así que yo rescataré a mi rebaño y ya no será maltratado. Juzgaré entre un animal del rebaño y otro. ²³Sobre ellos pondré un solo pastor, a mi siervo David. Él las alimentará y será su pastor. ²⁴Yo, el Señor, seré su Dios, y mi siervo David será un príncipe en medio de mi pueblo. ¡Yo, el Señor, he hablado!

Pacto de paz del Señor

²⁵»"Haré un pacto de paz con mi pueblo y alejaré de la tierra a los animales peligrosos. Entonces los israelitas podrán acampar seguros en los lugares más silvestres y dormir sin temor en el bosque. ²⁶Bendeciré a mi pueblo y a sus hogares alrededor de mi colina sagrada. En la temporada oportuna me enviaré las lluvias que necesiten; habrá lluvias de bendición. ²⁷Los huertos y los campos de mi pueblo darán ricas cosechas y todos vivirán seguros. Una vez que yo rompa las cadenas de su esclavitud y los rescate de quienes los esclavizaron, entonces sabrán que yo soy el Señor. ²⁸Ya no serán presa de otras naciones, ni animales salvajes los devorarán. Vivirán seguros y nadie los atemorizará.

²⁹»"Haré que su tierra sea famosa por sus cosechas, para que mi pueblo nunca más pase hambre ni sufra los insultos de naciones extranjeras. ³⁰De ese modo, sabrán que yo, el Señor su Dios, estoy con ellos y sabrán que ellos —los israelitas— son mi pueblo, dice el Señor Soberano. ³¹Ustedes son mi rebaño, las ovejas de mi prado. Ustedes son mi pueblo y yo soy su Dios. ¡Yo, el Señor Soberano, he hablado!"».

Mensaje para Edom

35 Nuevamente recibí un mensaje del Señor: ²«Hijo de hombre, ponte de cara al monte Seir y profetiza contra sus habitantes. ³Dales este mensaje de parte del Señor Soberano:

»"Oh monte Seir, yo soy tu enemigo
     y levantaré mi puño contra ti
     para destruirte por completo.
⁴ Demoleré tus ciudades
     y te dejaré desolado.
Entonces sabrás que yo soy el Señor.

⁵»"Tu eterno odio por los israelitas te llevó a masacrarlos cuando estaban indefensos, cuando ya los había castigado por todos sus pecados. ⁶Tan cierto como que yo vivo, dice el Señor Soberano, ya que no muestras rechazo alguno a la sangre, te daré tu propio baño de sangre. ¡Ahora te toca a ti! ⁷Haré del monte Seir una desolación total; mataré a los que traten de escapar y a cualquiera que regrese. ⁸Llenaré tus montes con los cadáveres. Tus colinas, valles y barrancos se colmarán de gente masacrada a espada. ⁹Te dejaré desolado para siempre; tus ciudades jamás se reconstruirán. Entonces sabrás que yo soy el Señor.

¹⁰»"Pues dijiste: 'Los territorios de Israel y

Judá serán míos; me apoderaré de ellos. ¡Qué me importa que el Señor esté allí!' ¹¹Por lo tanto, tan cierto como que yo vivo, dice el Señor Soberano, te pagaré todos tus actos de enojo con los míos. Te castigaré por todos tus actos de enojo, envidia y odio; y me daré a conocer a Israel* por medio de lo que yo te haga a ti. ¹²Entonces sabrás que yo, el Señor, he oído cada palabra de desprecio que pronunciaste contra los montes de Israel. Pues dijiste: '¡Están desolados; nos fueron entregados para que los comamos!'. ¹³¡Al decir eso, se jactaron con arrogancia contra mí y lo oí todo!

¹⁴»Esto dice el Señor Soberano: todo el mundo se alegrará cuando te deje hecho un lugar desolado. ¹⁵Tú te alegraste cuando el territorio de Israel fue devastado. ¡Ahora yo me alegraré de tu desolación! ¡Serán exterminados, ustedes, pueblo del monte Seir y todos los que viven en Edom! Entonces sabrán que yo soy el Señor".

Restauración de Israel

36 »Hijo de hombre, profetiza a los montes de Israel y dales este mensaje: '¡Oh montañas de Israel, oigan la palabra del Señor! ²Esto dice el Señor Soberano: sus enemigos se mofaron de ustedes diciendo: '¡Ajá, ahora las alturas antiguas nos pertenecen!'". ³Por lo tanto, hijo de hombre, da este mensaje a los montes de Israel de parte del Señor Soberano: "Sus enemigos los atacaron por todas partes, los hicieron propiedad de muchas naciones y objeto de mucha burla y calumnia. ⁴Por lo tanto, montes de Israel, oigan la palabra del Señor Soberano. Él habla a las colinas y a los montes; a los barrancos y a los valles; a las asoladas tierras baldías y a las ciudades abandonadas de hace tiempo, que fueron destruidas y burladas por naciones vecinas. ⁵Esto dice el Señor Soberano: el enojo de mis celos arde contra esas naciones, especialmente contra Edom, porque me trataron con total desprecio cuando, con aires de triunfo, se apoderaron de mi tierra y la tomaron como botín".

⁶»Por lo tanto, profetiza a las colinas y a los montes, a los barrancos y a los valles por Israel. Esto dice el Señor Soberano: "Estoy furioso porque pasaron vergüenza ante las naciones vecinas. ⁷Por lo tanto, esto dice el Señor Soberano: he jurado solemnemente que pronto esas naciones tendrán que soportar su propia vergüenza.

⁸»Sin embargo, los montes de Israel producirán abundantes cosechas de frutos para mi pueblo, ¡que ya pronto regresará a casa! ⁹Ya ven, ustedes me importan y les prestaré atención. Su suelo será arado y se sembrarán cultivos. ¹⁰Aumentar en gran manera la población de Israel y las ciudades en ruinas se reconstruirán y se llenarán de gente. ¹¹No solo aumentar el número de habitantes, sino también de animales.

Oh montes de Israel, traeré gente para que vuelva a habitarlos. Los haré aún más prósperos que antes. Así sabrán que yo soy el Señor. ¹²Haré que mi pueblo vuelva a transitarlos y ustedes formarán parte de su territorio. Nunca más privarán ustedes a mi pueblo de sus hijos.

¹³»Esto dice el Señor Soberano: las demás naciones se mofan de ti al decir: 'Israel es una tierra que devora a su propia gente y deja a la nación sin hijos!'; ¹⁴pero nunca más devorarás a tu gente ni los dejarás sin hijos, dice el Señor Soberano. ¹⁵No permitiré que oigas los insultos de las otras naciones y ellas dejarán de burlarse de ti. No serás una tierra que provoque la caída de su propia nación, dice el Señor Soberano".

¹⁶Luego recibí este otro mensaje del Señor: ¹⁷«Hijo de hombre, cuando los israelitas vivían en su propia tierra, la contaminaron con su mala manera de vivir. Para mí, su conducta fue tan impura como el paño menstrual de una mujer. ¹⁸Contaminaron la tierra con homicidios y con la adoración de ídolos,* por eso derramé mi furia sobre ellos. ¹⁹Los esparcí por varios países a fin de castigarlos por su mala manera de vivir; ²⁰pero esparcidos entre las naciones, deshonraron mi santo nombre. Pues las naciones decían: '¡Estos son el pueblo del Señor, pero él no pudo protegerlos en su propia tierra!'. ²¹Entonces me preocupé por mi santo nombre, al cual mi pueblo trajo vergüenza entre las naciones.

²²»Por lo tanto, da este mensaje a los israelitas de parte del Señor Soberano: "Los llevaré de regreso a su tierra, pero no porque lo merezcan sino para proteger mi santo nombre, que deshonraron mientras estaban esparcidos entre las naciones. ²³Mostraré cuán santo es mi gran nombre, el nombre que deshonraron entre las naciones. Cuando revele mi santidad por medio de ustedes ante los ojos de las naciones, entonces ellas sabrán que yo soy el Señor. ²⁴Pues los recogeré de entre todas las naciones y los haré regresar a su tierra.

²⁵»Entonces los rociaré con agua pura y quedarán limpios. Lavaré su inmundicia y dejarán de rendir culto a ídolos. ²⁶Les daré un corazón nuevo y pondré un espíritu nuevo dentro de ustedes. Les quitaré su terco corazón de piedra y les daré un corazón tierno y receptivo.* ²⁷Pondré mi Espíritu en ustedes para que sigan mis decretos y se aseguren de obedecer mis ordenanzas.

²⁸»Vivirán en la tierra que hace mucho tiempo di a sus antepasados. Ustedes serán mi pueblo y yo seré su Dios. ²⁹Los limpiaré de su conducta inmunda. Les daré buenas cosechas de grano y no enviaré más hambrunas a su tierra. ³⁰Les daré abundantes cosechas de sus árboles frutales y sus campos, y nunca más las naciones vecinas podrán burlarse de su tierra a causa de las hambrunas. ³¹Entonces recordarán los pecados que cometieron en el pasado y

se avergonzarán de ustedes mismos por todas las cosas detestables que hicieron. ³²Sin embargo, recuerden, dice el Señor Soberano, que no lo hago porque lo merezcan. ¡Oh Israel, pueblo mío, ustedes deberían estar totalmente avergonzados por todo lo que hicieron!

³³»Esto dice el Señor Soberano: cuando yo los limpie de sus pecados, volveré a poblar sus ciudades y se reconstruirán las ruinas. ³⁴Los campos que estaban vacíos y desolados, a la vista de todos, se cultivarán de nuevo. ³⁵Cuando los regrese a su tierra, la gente dirá: '¡Esta tierra era baldía y ahora se parece al jardín del Edén! ¡Las ciudades abandonadas y en ruinas ahora tienen murallas fuertes y están llenas de gente!'. ³⁶Entonces las naciones vecinas que hayan sobrevivido sabrán que yo, el Señor, reedifiqué lo que estaba en ruinas y volví a sembrar la tierra baldía. Pues yo, el Señor, lo he dicho, y cumpliré mi palabra.

³⁷»Esto dice el Señor Soberano: estoy dispuesto a escuchar las oraciones de Israel y a aumentar su población como un rebaño. ³⁸Los israelitas serán tan numerosos como los rebaños sagrados que llenan las calles de Jerusalén en tiempos de los festivales. Las ciudades que estaban en ruinas estarán repletas de gente una vez más y todos sabrán que yo soy el Señor».

Un valle de huesos secos

37 El Señor puso su mano sobre mí y fui llevado por el Espíritu del Señor hasta un valle que estaba lleno de huesos. ²El Señor me condujo por entre los huesos que cubrían el fondo del valle. Estaban desparramados en el suelo por todas partes y completamente secos. ³Luego me preguntó:

—Hijo de hombre, ¿podrán estos huesos volver a convertirse en personas vivas?

—Oh Señor Soberano —respondí—, solo tú sabes la respuesta.

⁴Entonces me dijo:

—Anuncia un mensaje profético a estos huesos y diles: "¡Huesos secos, escuchen la palabra del Señor! ⁵Esto dice el Señor Soberano: ¡Atención! ¡Pondré aliento dentro de ustedes y haré que vuelvan a vivir! ⁶Les pondré carne y músculos y los recubriré con piel. Pondré aliento en ustedes y revivirán. Entonces sabrán que yo soy el Señor".

⁷Así que yo anuncié el mensaje, tal como él me dijo. De repente, mientras yo hablaba, se oyó un ruido, un traqueteo por todo el valle. Se juntaron los huesos de cada cuerpo y volvieron a unirse hasta formar esqueletos enteros. ⁸Mientras yo observaba, vi que se formaron músculos y apareció carne sobre los huesos. Después se formó piel para recubrir los cuerpos, pero aún no tenían aliento de vida.

⁹Luego me dijo: «Hijo de hombre, anuncia un mensaje profético a los vientos. Anuncia un mensaje profético y di: "Esto dice el Señor Soberano: '¡Ven, oh aliento, ven de los cuatro vientos y sopla en estos cuerpos muertos para que vuelvan a vivir!'"».

¹⁰Así que yo anuncié el mensaje como él me ordenó y entró aliento en los cuerpos. Todos volvieron a la vida y se pusieron de pie; era un gran ejército.

¹¹Luego me dijo: «Hijo de hombre, estos huesos representan al pueblo de Israel. Ellos dicen: "Nos hemos vuelto huesos viejos y secos; hemos perdido toda esperanza. Nuestra nación está acabada". ¹²Por lo tanto, profetiza y diles: "Esto dice el Señor Soberano: 'Oh pueblo mío, abriré las tumbas del destierro y haré que te levante. Luego te regresaré a la tierra de Israel. ¹³Cuando eso suceda, pueblo mío, sabrás que yo soy el Señor. ¹⁴Pondré mi Espíritu en ti, volverás a vivir y regresarás a tu propia tierra. Entonces sabrás que yo, el Señor, he hablado y que he cumplido mi palabra. ¡Sí, el Señor ha hablado!'"».

Reunificación de Israel y Judá

¹⁵Nuevamente recibí un mensaje del Señor: ¹⁶«Hijo de hombre, toma un trozo de madera y grábale estas palabras: "Esto representa a Judá y a sus tribus aliadas". Luego toma otro trozo y graba en él estas palabras: "Esto representa a Efraín y a las tribus del norte de Israel"*. ¹⁷Ahora toma ambos trozos en tu mano como si fueran una sola pieza de madera. ¹⁸Cuando la gente te pregunte qué significa lo que haces, ¹⁹diles: "Esto dice el Señor Soberano: 'Tomaré a Efraín y a las tribus del norte y las uniré a Judá. Las convertiré en una sola pieza de madera en mi mano'".

²⁰»Luego coloca, a la vista del pueblo, los trozos de madera que has grabado, para que puedan verlos. ²¹Dales este mensaje de parte del Señor Soberano: "Reuniré al pueblo de Israel de entre las naciones. Los regresaré a su propia tierra desde los lugares adonde fueron esparcidos. ²²Los unificaré para que formen una sola nación sobre los montes de Israel. Un rey los gobernará a todos; ya no estarán divididos en dos naciones o en dos reinos. ²³Nunca más se contaminarán con ídolos* ni con imágenes repugnantes ni rebelión, porque yo salvaré de recaer en el pecado y los limpiaré. Entonces serán verdaderamente mi pueblo y yo seré su Dios.

²⁴»Mi siervo David será su rey y tendrán un solo pastor. Obedecerán mis ordenanzas y se asegurarán de cumplir mis decretos. ²⁵Vivirán en la tierra que le di a mi siervo Jacob, la tierra donde vivieron sus antepasados. Tanto ellos como sus hijos y sus nietos vivirán allí para siempre, de generación en generación; y mi siervo David será su príncipe para siempre. ²⁶Haré con ellos un pacto de paz, un pacto eterno. Les daré su tierra y aumentaré su población,* y pondré mi

---

37:16 En hebreo *Esta es madera de Efraín, que representa a José y a toda la casa de Israel.* **37:23** Término hebreo (literalmente *cosas redondas*) probablemente se refiere al estiércol. **37:26** En hebreo *Les daré y aumentaré su población;* en la versión griega falta toda la frase.

templo en medio de ellos para siempre. ²⁷Haré mi hogar entre ellos. Yo seré su Dios y ellos serán mi pueblo. ²⁸Y cuando mi templo esté en medio de ellos para siempre, las naciones sabrán que yo soy el Señor, quien hace santo a Israel».

Mensaje para Gog

38 Este es otro mensaje que recibí del Señor: ²«Hijo de hombre, ponte de cara a Gog, de la tierra de Magog, el príncipe que gobierna a las naciones de Mesec y Tubal, y profetiza contra él. ³Dale este mensaje de parte del Señor Soberano: "¡Gog, yo soy tu enemigo! ⁴Te haré regresar y te pondré garfios en las mandíbulas para sacarte junto con todo tu ejército: tus caballos y tus conductores de carros con toda su armadura y una inmensa multitud armada con escudos y espadas. ⁵Además te acompañarán Persia, Etiopía y Libia* con todas sus armas. ⁶También se sumarán Gomer y todos sus ejércitos, junto con los ejércitos de Bet-togarmá desde el lejano norte y muchos otros.

⁷»¡Prepárate; alístate! Mantén movilizados a todos los ejércitos que te rodean y toma el mando de ellos. ⁸Al cabo de mucho tiempo, recibirás la orden de entrar en combate. En un futuro lejano, caerás en picada sobre la tierra de Israel, la cual estará disfrutando de paz, después de haberse recuperado de la guerra y luego de que su gente haya regresado de otras tierras hacia los montes de Israel. Tú y todos tus aliados —un inmenso y temible ejército— descenderán sobre Israel como una tormenta y cubrirán la tierra como una nube.

¹⁰»"Esto dice el Señor Soberano: en ese tiempo, te vendrán a la mente malos pensamientos y tramarás una estrategia perversa. ¹¹Dirás: '¡Israel es un país sin protección, lleno de aldeas sin murallas! ¡Marcharé contra Israel y destruiré a su pueblo, que vive tan confiado! ¹²Iré a esas ciudades que antes estaban desoladas, pero que ahora están repletas de gente que regresó del destierro de muchas naciones. Las saquearé y me llevaré un enorme botín porque ahora los habitantes son ricos en animales y en otras posesiones. ¡Piensan que el mundo gira a su alrededor!'. ¹³Sin embargo, los de Saba y Dedán, y los mercaderes de Tarsis preguntarán: '¿De verdad piensas que los ejércitos que has juntado podrán robarles la plata y el oro? ¿Piensas que puedes llevarte los animales, apoderarte de sus bienes y saquear su riqueza?'".

¹⁴»Por lo tanto, hijo de hombre, profetiza contra Gog. Dale este mensaje de parte del Señor Soberano: "Cuando mi pueblo viva en paz en su país, entonces tú te despertarás.* ¹⁵Vendrás desde tu tierra natal, en el lejano norte, con tu inmensa caballería y tu poderoso ejército, ¹⁶atacarás a mi pueblo Israel y cubrirás su tierra como una nube. En ese futuro lejano, te traeré contra mi tierra ante la vista de todos y se demostrará

mi santidad, Gog, por medio de lo que te suceda a ti. Luego todas las naciones sabrán que yo soy el Señor.

¹⁷»"Esto pregunta el Señor Soberano: ¿eres tú de quien yo hablé hace mucho tiempo, cuando anuncié mediante los profetas de Israel que en el futuro te enviaría contra mi pueblo? ¹⁸Pero esto dice el Señor Soberano: cuando Gog invada la tierra de Israel, ¡herviré de furia! ¹⁹En mis celos y en mi enojo ardiente prometo que ese día habrá una violenta sacudida en el territorio de Israel. ²⁰Todos los seres vivientes —los peces en el mar, las aves del cielo, los animales del campo, los pequeños animales que corren por el suelo y toda la gente de la tierra— temblarán de terror ante mi presencia. Se desmoronarán las montañas, se desintegrarán los acantilados y las murallas caerán al suelo. ²¹Convocaré contra ti a la espada en todas las colinas de Israel, dice el Señor Soberano. Tus hombres se atacarán con la espada unos contra otros. ²²Te castigaré a ti y a tus ejércitos con enfermedades y derramamiento de sangre; ¡enviaré lluvias torrenciales, granizo, fuego y azufre ardiente! ²³De ese modo, mostraré mi grandeza y santidad, y me daré a conocer a todas las naciones del mundo. Entonces sabrán que yo soy el Señor".

Masacre de las multitudes de Gog

39 »Hijo de hombre, profetiza contra Gog. Dale este mensaje de parte del Señor Soberano: "Yo soy tu enemigo, oh Gog, gobernante de las naciones de Mesec y Tubal. ²Te haré regresar, te traeré desde el lejano norte y te llevaré hacia las montañas de Israel. ³Te quitaré el arco de la mano izquierda y las flechas de la mano derecha y te dejaré indefenso. ⁴Tú, tu ejército y tus aliados morirán sobre las montañas. Te haré comida para los buitres y los animales salvajes. ⁵Caerás en campo abierto, porque yo he hablado, dice el Señor Soberano. ⁶Haré llover fuego sobre Magog y sobre todos tus aliados que viven seguros en las costas. Entonces sabrán que yo soy el Señor.

⁷»"De ese modo, daré a conocer mi santo nombre en medio de mi pueblo Israel. No permitiré que nadie deshonre mi nombre; y las naciones también sabrán que yo soy el Señor, el Santo de Israel. ⁸Ese día de juicio llegará, dice el Señor Soberano. Todo sucederá tal como lo he declarado.

⁹»"Entonces los habitantes de las ciudades de Israel saldrán a recoger tus escudos pequeños y grandes, tus arcos y flechas, tus jabalinas y tus lanzas, y los usarán como leña. ¡Habrá suficiente para que les dure siete años! ¹⁰No será necesario cortar leña de los campos ni de los bosques, porque con esas armas obtendrán toda la leña que necesiten. Saquearán a quienes pensaban saquearlos y robarán a quienes pensaban robarles, dice el Señor Soberano.

¹¹»"Prepararé un inmenso cementerio para Gog y sus multitudes en el valle de los Viajeros,

---

38:5 En hebreo *Paras, Cus y Put.*   **38:14** Así aparece en la versión griega; en hebreo dice *entonces tú sabrás.*

al oriente del mar Muerto.* Ese lugar impedirá el paso de quienes viajen por allí y el lugar pasará a llamarse valle de las Multitudes de Gog. ¹²Les llevará siete meses a los israelitas enterrar los cuerpos y limpiar la tierra. ¹³Todo el pueblo colaborará, pues será una victoria gloriosa para Israel ese día, cuando demuestre mi gloria, dice el Señor Soberano.

¹⁴»Pasados los siete meses, se nombrarán grupos de hombres que exploren la tierra en busca de esqueletos para enterrar y así la tierra quedará limpia de nuevo. ¹⁵Donde encuentren huesos pondrán un indicador para que los equipos encargados de enterrarlos los trasladen al valle de las Multitudes de Gog y los sepulten allí. ¹⁶(Habrá allí una ciudad llamada Hamona, que significa 'multitud'). Así por fin quedará limpia la tierra".

¹⁷»Ahora, hijo de hombre, esto dice el Señor Soberano: llama a las aves y a los animales salvajes y diles: "Reúnanse para mi gran banquete sacrificial. ¡Vengan de lejos y de cerca a los montes de Israel y coman allí carne y beban sangre! ¹⁸¡Coman la carne de hombres valientes y beban la sangre de príncipes como si fueran carneros, corderos, cabras y toros; todos animales engordados de Basán! ¹⁹Devoren la carne hasta quedar hastiados; beban la sangre hasta embriagarse. Es el banquete sacrificial que he preparado para ustedes. ²⁰Sáciense de la mesa de mi banquete; devoren caballos y conductores de carros, hombres poderosos y toda clase de guerreros valientes, dice el Señor Soberano".

²¹»De ese modo, mostraré mi gloria a las naciones. Todos verán el castigo que les impuse y el poder de mi puño cuando golpeé. ²²A partir de entonces, el pueblo de Israel sabrá que yo soy el Señor su Dios. ²³Luego las naciones sabrán por qué los israelitas fueron enviados al destierro: fue el castigo por su pecado, porque fueron infieles a su Dios. Por lo tanto, les di la espalda y dejé que sus enemigos los destruyeran. ²⁴Les di la espalda y los castigué por su contaminación y por sus pecados.

Restauración del pueblo de Dios

²⁵»Ahora bien, esto dice el Señor Soberano: pondré fin a la cautividad de mi pueblo.* ¡Tendré misericordia de todo Israel, pues yo protejo celosamente mi santa reputación! ²⁶Una vez que regresen a su propia tierra para vivir en paz, donde nadie los moleste, asumirán la responsabilidad de* la deshonra e infidelidad que cometieron. ²⁷Cuando los haga regresar de las tierras de sus enemigos, mostraré mi santidad en medio de ellos para que la vean todas las

naciones. ²⁸Entonces mi pueblo sabrá que yo soy el Señor su Dios, porque los envié al destierro y los regresé a su hogar. No abandonaré a ninguno de mi pueblo. ²⁹Nunca más esconderé mi rostro de ellos, pues derramaré mi Espíritu sobre el pueblo de Israel. ¡Yo, el Señor Soberano, he hablado!».

La nueva zona del templo

40 El 28 de abril,* durante el año veinticinco de nuestra cautividad —catorce años después de la caída de Jerusalén—, el Señor puso su mano sobre mí. ²En una visión que provenía de Dios, él me llevó a la tierra de Israel y me puso sobre una montaña muy alta. Desde allí pude ver hacia el sur lo que parecía ser una ciudad. ³A medida que me acercaba, vi a un hombre de pie junto a una puerta de entrada y su rostro brillaba como el bronce. En la mano tenía una cuerda de medir hecha de lino y una vara para medir.

⁴Me dijo: «Hijo de hombre, observa y escucha. Presta mucha atención a todo lo que te voy a mostrar. Te he traído aquí para enseñarte muchas cosas. Después regresarás y le contarás al pueblo de Israel todo lo que has visto».

La puerta oriental

⁵Pude ver un muro que rodeaba por completo la zona del templo. El hombre tomó una vara que medía tres metros con veinte centímetros* de largo y midió el muro, y el muro tenía tres metros con veinte centímetros* de espesor y tres metros con veinte centímetros de alto.

⁶Luego se dirigió a la puerta oriental. Subió los escalones y midió el umbral de la puerta; tenía tres metros con veinte centímetros de fondo.* ⁷También había cuartos de vigilancia construidos a cada lado del pasillo de la entrada. Cada cuarto formaba un cuadrado de tres metros con veinte centímetros de lado; entre cuarto y cuarto había una distancia de dos metros con setenta centímetros,* a lo largo de la pared del pasillo. El umbral interior de la puerta, que conducía a la antesala, en el extremo interior del pasillo de la entrada, tenía tres metros con veinte centímetros de fondo. ⁸También midió la antesala de la entrada.* ⁹Tenía cuatro metros con veinte centímetros* de un extremo a otro y columnas de apoyo de un metro con diez centímetros* de espesor. Esa antesala estaba en el extremo interior de la estructura de la entrada y daba al templo.

¹⁰Había tres cuartos de vigilancia a cada lado del pasillo de la entrada. Todos medían lo mismo y las paredes divisorias entre ellos también

---

39:11 En hebreo *el mar.* 39:25 En hebreo *de Jacob.* 39:26 Unos cuantos manuscritos hebreos dicen *olvidarán.* 40:1 En hebreo *Al comenzar el año, el décimo día del mes,* del antiguo calendario lunar hebreo. Ese suceso ocurrió el 28 de abril del 573 a. C.; ver también la nota en 1:1. 40:5a En hebreo *6 codos largos* [10,5 pies]; cada una equivale a *un codo* [45 centímetros ó 18 pulgadas] *y un palmo menor* [8 centímetros ó 3 pulgadas]; también en 40:5c. 40:5b En hebreo *una vara* [10,5 pies]; también en 40:5c, 7. 40:6 Así aparece en la versión griega, que dice *una vara* [10,5 pies] *de fondo;* en hebreo dice *una vara de fondo y un umbral, una vara de fondo.* 40:7 En hebreo *5 codos* [8,75 pies]; también en 40:48. 40:8 Muchos manuscritos hebreos agregan *que daba por dentro hacia el templo; medía una vara* [3,2 metros ó 10,5 pies] *de fondo.* *Luego midió la antesala de la entrada...* 40:9a En hebreo *8 codos* [14 pies]. 40:9b En hebreo *2 codos* [3,5 pies].

eran idénticas. 11El hombre midió la puerta de entrada; medía cinco metros con treinta centímetros* de ancho en la abertura y seis metros con noventa centímetros* de ancho en el pasillo. 12Delante de cada cuarto de vigilancia había un muro bajo de cincuenta y tres centímetros.* Los cuartos mismos medían tres metros con veinte centímetros* de lado.

13Luego el hombre midió la anchura total de la entrada tomando la distancia desde la pared del fondo de un cuarto hasta la pared del fondo del cuarto del lado opuesto; daba trece metros con treinta centímetros.* 14También midió las paredes divisorias a lo largo del interior de la entrada hasta la antesala de la entrada; la distancia era de treinta y un metros con ochenta centímetros.* 15La longitud total del pasillo de la entrada era de veintiséis metros con cincuenta centímetros* desde un extremo al otro. 16En los muros de los cuartos de vigilancia y en sus paredes divisorias había ventanas empotradas que se angostaban hacia adentro. También había ventanas en la antesala y las superficies de las paredes divisorias estaban decoradas con palmeras talladas.

El atrio exterior

17Luego el hombre me llevó por la entrada al atrio exterior del templo. A lo largo de los muros del atrio se extendía un empedrado y había treinta habitaciones construidas contra los muros, todas daban al empedrado. 18El empedrado flanqueaba las puertas y su distancia desde los muros hasta el atrio era equivalente a la puerta de abajo. Ese era el empedrado de abajo. 19Luego el hombre midió la distancia a lo ancho del atrio exterior del templo entre la entrada exterior y la interior; era de cincuenta y tres metros.*

La puerta norte

20El hombre midió la puerta norte, igual como midió la del oriente. 21En esta entrada también había tres cuartos de vigilancia a cada lado, con paredes divisorias y una antesala. Todas las medidas coincidían con las de la puerta oriental. El pasillo de la entrada tenía veintiséis metros con cincuenta centímetros de largo y trece metros con treinta centímetros de ancho entre las paredes del fondo de los cuartos de vigilancia de lados opuestos. 22Las ventanas, la antesala y las decoraciones de palmeras eran idénticas a las de la puerta oriental. Había siete escalones que conducían a la puerta de la entrada y la antesala estaba situada en el extremo interior del pasillo de la entrada. 23En el lado norte, tal como en el lado oriental, había otra puerta, que conducía al atrio interior del templo, la cual

estaba en dirección opuesta a esta entrada exterior. La distancia de puerta a puerta era de cincuenta y tres metros.

La puerta sur

24Luego el hombre me llevó hacia la puerta sur y midió sus diversas partes, las cuales eran exactamente iguales a las de las otras puertas. 25Tenía ventanas en las paredes, como las otras, y había una antesala mediante la cual el pasillo de la entrada salía al atrio exterior. Y como en las demás, el pasillo de la entrada tenía veintiséis metros con cincuenta centímetros de largo, y trece metros con treinta centímetros de ancho entre las paredes del fondo de los cuartos de vigilancia en lados opuestos. 26Esta entrada también tenía una escalera de siete escalones que conducía a la puerta, así como una antesala en el extremo interior y decoraciones de palmeras en las paredes divisorias. 27Asimismo, en dirección opuesta a la entrada exterior, había otra puerta que conducía al atrio interior. La distancia entre puerta y puerta era de cincuenta y tres metros.

Puertas del atrio interior

28Luego el hombre me llevó a la puerta sur que conducía al atrio interior. La midió y tenía las mismas medidas que las demás puertas. 29Los cuartos de vigilancia, las paredes divisorias y la antesala eran del mismo tamaño que en las otras. También tenía ventanas en las paredes y en la antesala. Y como las demás, el pasillo de la entrada tenía veintiséis metros con cincuenta centímetros de largo y trece metros con treinta centímetros de ancho. 30(Las antesalas de las entradas que conducían al atrio interior medían cuatro metros con veinte centímetros* de ancho y trece metros con treinta centímetros de largo). 31La antesala de la puerta sur daba al atrio exterior. Tenía decoraciones de palmeras en sus columnas y había ocho escalones que conducían a la entrada.

32Luego el hombre me llevó a la puerta oriental que conducía al atrio interior. La midió y tenía las mismas medidas que las demás puertas. 33Los cuartos de vigilancia, las paredes divisorias y la antesala eran del mismo tamaño que en las otras. También había ventanas en las paredes y en la antesala. El pasillo de la entrada medía veintiséis metros con cincuenta centímetros de largo y trece metros con treinta centímetros de ancho. 34La antesala daba al atrio exterior. Tenía decoraciones de palmeras en sus columnas y había ocho escalones que conducían a la entrada.

35Luego me llevó a la puerta norte que conducía al atrio interior. La midió y tenía las mismas medidas que las demás puertas. 36Los cuartos de

40:11a En hebreo 10 codos (17,5 pies). 40:11b En hebreo 13 codos (22,75 pies). 40:12a En hebreo 1 codo (21 pulgadas). 40:12b En hebreo 6 codos (10,5 pies). 40:13 En hebreo 25 codos (43,75 pies); también en 40:21, 25, 29, 30, 33, 36. 40:14 En hebreo 60 codos (105 pies). En la versión griega dice 20 codos (10,6 metros ó 35 pies). El significado de este versículo en el hebreo es incierto. 40:15 En hebreo 50 codos (87,5 pies); también en 40:21, 25, 29, 30, 33, 36. 40:19 En hebreo 100 codos (175 pies); también en 40:23, 27, 47. 40:30 Así aparece en 40:9, que dice 8 codos (4,2 metros ó 14 pies); en hebreo aquí dice 5 codos (2,7 metros ó 8,75 pies). En algunos manuscritos hebreos y en la versión griega falta este versículo.

vigilancia, las paredes divisorias y la antesala de esta entrada medían lo mismo que en las otras y tenían la misma disposición de ventanas. El pasillo de la entrada medía veintiséis metros con cincuenta centímetros de largo y trece metros con treinta centímetros de ancho. ³⁷La antesala daba al atrio exterior y tenía decoraciones de palmeras en las columnas; también había ocho escalones que conducían a la entrada.

Habitaciones para preparar los sacrificios

³⁸En la antesala de una de las entradas interiores, había una puerta que conducía a una habitación lateral donde se lavaba la carne para los sacrificios. ³⁹A cada lado de esta antesala había dos mesas, en las cuales se mataban los animales sacrificiales para las ofrendas quemadas, las ofrendas por el pecado y las ofrendas por la culpa. ⁴⁰Afuera de la antesala, a cada lado de la escalera que subía hacia la puerta norte, había dos mesas más. ⁴¹De modo que había en total ocho mesas —cuatro adentro y cuatro afuera— donde se cortaban y preparaban los sacrificios. ⁴²También había cuatro mesas de piedra labrada, que se usaban para preparar las ofrendas quemadas; cada una formaba un cuadro de ochenta centímetros de lado y cincuenta y tres centímetros de alto.* Sobre esas mesas se colocaban los cuchillos y demás utensilios para matar a los animales del sacrificio. ⁴³Había ganchos de ocho centímetros* de largo, sujetados a las paredes del vestíbulo, y la carne para los sacrificios se colocaba sobre las mesas.

Habitaciones para los sacerdotes

⁴⁴Dentro del atrio interior había dos habitaciones,* una ubicada junto a la entrada norte, que daba al sur, y la otra ubicada junto a la entrada sur,* que daba al norte. ⁴⁵Entonces el hombre me dijo: «La habitación que está junto a la entrada interior del lado norte es para los sacerdotes que supervisan el mantenimiento del templo. ⁴⁶La habitación junto a la entrada interior del lado sur es para los sacerdotes encargados del altar —los descendientes de Sadoc—, pues ellos son los únicos levitas que pueden acercarse al Señor para servirle».

El atrio interior y el templo

⁴⁷Luego el hombre midió el atrio interior y era un cuadrado de cincuenta y tres metros de ancho por cincuenta y tres metros de largo. El altar estaba ubicado en el atrio, delante del templo. ⁴⁸Después me llevó a la antesala del templo. Midió los muros a cada lado de la abertura

de entrada a la antesala y tenían dos metros con setenta centímetros de espesor. La entrada misma medía siete metros con cuarenta centímetros de ancho y los muros a cada lado de la entrada tenían un metro con sesenta centímetros* más de largo. ⁴⁹La antesala tenía diez metros con sesenta centímetros* de ancho y siete metros con cuarenta centímetros* de fondo. Había diez escalones que conducían a la antesala y una columna a cada lado de la entrada.

41

Después el hombre me llevó al santuario del templo. Midió el espesor de los muros a cada lado del portal y era de tres metros con veinte centímetros.* ²El portal medía cinco metros con treinta centímetros* de ancho y los muros a cada lado tenían una longitud de dos metros con setenta centímetros.* El santuario en sí era de veintiún metros con veinte centímetros de largo y diez metros con sesenta centímetros de ancho.*

³Luego él pasó del santuario a la sala interior. Midió los muros a cada lado de la entrada y tenían un espesor de un metro con diez centímetros.* La entrada medía tres metros con veinte centímetros de ancho y los muros a cada lado de la entrada tenían una longitud de tres metros con setenta centímetros.* ⁴La sala interior del santuario medía diez metros con sesenta centímetros* de largo y diez metros con sesenta centímetros de ancho. El hombre me dijo: «Este es el Lugar Santísimo».

⁵Luego midió el muro del templo y tenía un espesor de tres metros con veinte centímetros. Había una hilera de habitaciones a lo largo del muro exterior; cada habitación medía dos metros con diez centímetros* de ancho. ⁶Esas habitaciones laterales estaban construidas en tres pisos, uno encima del otro, y había treinta habitaciones en cada piso. Las vigas de esas habitaciones laterales se apoyaban sobre cornisas exteriores que sobresalían del muro del templo; no estaban empotradas en el muro. ⁷El muro del templo era más estrecho a medida que aumentaba su altura y por eso cada piso era más ancho que el de abajo. Una escalera subía desde el piso de abajo por el piso intermedio hacia el piso de arriba.

⁸Vi que el templo estaba construido sobre una plataforma elevada, la cual servía de base para las habitaciones laterales. La plataforma tenía una altura de tres metros con veinte centímetros.* ⁹La pared exterior de las habitaciones laterales del templo tenía un espesor de dos metros con setenta centímetros, lo cual dejaba un espacio libre entre las habitaciones laterales

---

40:42 En hebreo *1,5 codos* [31,5 pulgadas] *de largo y 1,5 codos de ancho y un codo* [21 pulgadas] *de alto.*   40:43 En hebreo *un palmo menor* [3 pulgadas].   40:44a Así aparece en la versión griega; en hebreo dice *habitaciones para los cantores.*   40:44b Así aparece en la versión griega; en hebreo dice *oriente.*   40:48 Así aparece en la versión griega, que dice *la entrada medía 14 codos* [24,5 pies] *de ancho y los muros de la entrada tenían 3 codos* [5,25 pies] *a cada lado;* en hebreo falta *14 codos de ancho y los muros de la entrada tenían.*   40:49a En hebreo *20 codos* [35 pies].   40:49b Así aparece en la versión griega, que dice *12 codos* [21 pies]; en hebreo dice *11 codos* [5,8 metros ó 19,25 pies].   41:1 En hebreo *6 codos* [10,5 pies]; también en 41:3, 5.   41:2a En hebreo *10 codos* [17,5 pies].   41:2b En hebreo *5 codos* [8,75 pies]; también en 41:9, 11.   41:2c En hebreo *40 codos* [70 pies] *de largo y 20 codos* [35 pies] *de ancho.*   41:3a En hebreo *2 codos* [3,5 pies].   41:3b En hebreo *7 codos* [12,25 pies].   41:4 En hebreo *20 codos* [35 pies]; también en 41:4b, 10.   41:5 En hebreo *4 codos* [7 pies].   41:8 En hebreo *una vara, 6 codos* [10,5 pies].

¹⁰y la hilera de habitaciones a lo largo del muro exterior del atrio interior. Ese espacio libre tenía diez metros con sesenta centímetros de ancho y rodeaba todo el templo. ¹¹De las habitaciones laterales salían dos puertas al atrio del terraplén, que tenía dos metros con setenta centímetros de ancho. Una puerta daba al norte y la otra daba al sur.

¹²Por el occidente había un gran edificio, cuyo frente daba al atrio del templo. De ancho medía treinta y siete metros con diez centímetros, de largo cuarenta y siete metros con setenta centímetros; sus muros tenían dos metros con setenta centímetros* de espesor. ¹³Luego el hombre midió la longitud del templo y era de cincuenta y tres metros.* El atrio que rodeaba el edificio con los muros incluidos, tenía de largo cincuenta y tres metros más. ¹⁴El atrio interior al atrio del templo también tenía cincuenta y tres metros de ancho. ¹⁵El edificio al occidente, con sus muros incluidos, también tenía cincuenta y tres metros de ancho.

El santuario, la sala interior y la antesala del templo ¹⁶tenían un revestimiento de madera, al igual que los marcos de las ventanas empotradas. Los muros interiores del templo estaban revestidos con madera por encima y por debajo de las ventanas. ¹⁷También estaban revestidos de madera el espacio sobre la puerta que daba a la habitación interior y sus paredes, por dentro y por fuera. ¹⁸Todas las paredes estaban decoradas con querubines tallados, cada uno con dos caras, y había una palmera tallada entre cada querubín. ¹⁹Una cara —que era de hombre— miraba hacia la palmera de un lado; la otra cara —de un león joven— miraba hacia la palmera del otro lado. Las figuras estaban talladas por todo el interior del templo, ²⁰desde el piso hasta la parte superior de las paredes, incluido el muro exterior del santuario.

²¹En la entrada al santuario había columnas cuadradas y eran similares a las que había en la entrada del Lugar Santísimo. ²²Había también un altar de madera, que medía un metro con sesenta centímetros de alto y un metro con diez centímetros de ancho.* Las esquinas, la base y los costados del altar estaban hechos de madera. El hombre me dijo: «Esta es la mesa que está delante de la presencia del Señor».

²³Tanto el santuario como el Lugar Santísimo tenían doble entrada ²⁴y cada entrada consistía de dos puertas giratorias. ²⁵Las puertas que conducían al santuario estaban decoradas con querubines tallados y palmeras talladas, como las de los muros. Había un techo de madera frente a la antesala del templo. ²⁶A ambos lados de la antesala había ventanas empotradas, decoradas con palmeras talladas. Las habitaciones

laterales a lo largo del muro exterior también tenían techos.

Habitaciones para los sacerdotes

42 Luego el hombre me llevó afuera del atrio del templo por la puerta norte. Entramos al atrio exterior y llegamos a un conjunto de habitaciones edificadas contra el muro norte del atrio interior. ²Esta estructura tenía cincuenta y tres metros de largo* y veintiséis metros con cincuenta centímetros de ancho;* la entrada abría hacia el norte. ³Un grupo de habitaciones daba al espacio del atrio interior que tenía diez metros con sesenta centímetros de ancho. Otro grupo de habitaciones daba al empedrado del atrio exterior. Ambos grupos tenían tres pisos de alto y estaban construidos uno frente al otro. ⁴Entre los dos grupos de habitaciones se extendía un pasillo de cinco metros con treinta centímetros de ancho, que recorría los cincuenta y tres metros de largo del complejo,* y todas las puertas daban al norte. ⁵Cada uno de los dos pisos de arriba era más angosto que el de debajo, porque era necesario dejar espacio delante de ellos para los pasillos. ⁶Dado que eran tres pisos y no tenían columnas de apoyo como las habitaciones de los atrios, cada piso de arriba comenzaba más atrás en relación con el piso de debajo. ⁷Había un muro exterior de veintiséis metros con cincuenta centímetros de largo, que separaba las habitaciones del atrio exterior. ⁸Este muro agregaba longitud al conjunto exterior de habitaciones, que medía solo veintiséis metros con cincuenta centímetros de largo, mientras que el conjunto interior —las habitaciones que daban al templo— tenía cincuenta y tres metros de largo. ⁹Desde el atrio exterior había una entrada a estas habitaciones por el oriente.

¹⁰En el lado sur* del templo había dos grupos de habitaciones, entre el templo y el atrio exterior, inmediatamente al sur del atrio interior. Estas habitaciones estaban dispuestas de la misma manera que las habitaciones del lado norte. ¹¹Había un pasillo entre ambos grupos de habitaciones, igual que en el complejo de edificios del lado norte del templo. Este complejo de habitaciones medía lo mismo de largo y de ancho que el otro complejo y tenía las mismas entradas y puertas. Las dimensiones de uno y otro eran idénticas. ¹²De modo que había una entrada en el muro, frente a las puertas del conjunto interior de habitaciones y otra entrada en el lado oriental, al final del pasillo interior.

¹³Luego el hombre me dijo: «Estas habitaciones que dan al templo desde el norte y el sur son santas. Aquí es donde los sacerdotes que ofrezcan sacrificios al Señor comerán las ofrendas más santas. Ahora bien, dado que estas habitaciones

41:12 En hebreo *70 codos* [122.5 pies] *de ancho y 90 codos* [157.5 pies] *de largo, y sus muros tenían 5 codos* [8.75 pies] *de grosor.* **41:13** En hebreo *100 codos* [175 pies]; también en 41:13b, 14, 15. **41:22** En hebreo *3 codos* [5.25 pies] *de alto y 2 codos* [3.5 pies] *de ancho.* **42:2a** En hebreo *100 codos* [175 pies]; también en 12:8. **42:2b** En hebreo *50 codos* [87.5 pies]; también en 42:7, 8. **42:3** En hebreo *20 codos* [35 pies]. **42:4a** En hebreo *10 codos* [17.5 pies]. **42:4b** Así aparece en la versión griega y en la siríaca, que dicen *su longitud era de 100 codos* [175 pies]; en hebreo dice *un pasillo de un codo* [53 centímetros o 18 pulgadas] *de ancho.* **42:10** Así aparece en la versión griega; en hebreo dice *este.*

son santas, se usarán para guardar las ofrendas sagradas: las ofrendas de grano, las ofrendas por el pecado y las ofrendas por la culpa. ¹⁴Cuando los sacerdotes salgan del santuario, no deberán ir directamente al atrio exterior. Primero tendrán que quitarse la ropa que llevaban puesta mientras oficiaban, porque esa ropa es santa. Deberán ponerse otra ropa antes de entrar a los sectores del complejo abiertos al público».

¹⁵Cuando el hombre terminó de medir la zona interior del templo, me llevó por la entrada oriental para medir todo el perímetro. ¹⁶Midió con su vara el lado oriental y resultó tener doscientos sesenta y cinco metros de largo.* ¹⁷Luego midió el lado norte y también tenía doscientos sesenta y cinco metros. ¹⁸El lado sur también tenía doscientos sesenta y cinco metros, ¹⁹y lo mismo el lado occidental, doscientos sesenta y cinco metros. ²⁰Así que la zona medía doscientos sesenta y cinco metros en cada lado y tenía un muro alrededor para separar lo santo de lo común.

La gloria del SEÑOR vuelve al templo

43 Después el hombre me llevó de regreso a la puerta oriental. ²De pronto, la gloria del Dios de Israel apareció desde el oriente. El sonido de su venida era como el rugir de aguas torrentosas y todo el paisaje resplandeció con su gloria. ³Esta visión fue igual a las otras que yo había tenido, primero junto al río Quebar y después cuando el SEÑOR vino a destruir Jerusalén. Caí con el rostro en tierra ⁴y la gloria del SEÑOR entró al templo por la puerta oriental.

⁵Luego el Espíritu me levantó y me llevó al atrio interior, y la gloria del SEÑOR llenó el templo. ⁶Entonces oí que alguien me hablaba desde el interior del templo, mientras el hombre que tomaba las medidas se ponía a mi lado. ⁷El SEÑOR me dijo: «Hijo de hombre, este es el lugar de mi trono y el lugar donde pondré los pies. Viviré aquí para siempre, entre los israelitas. Ni ellos ni sus reyes volverán a profanar mi santo nombre cometiendo adulterio al rendir culto a otros dioses y honrando las reliquias de sus reyes ya muertos. ⁸Colocaron los altares para sus ídolos junto a mi altar, con solo un muro de separación entre ellos y yo. Profanaron mi santo nombre con ese pecado tan detestable, por eso los consumí en mi enojo. ⁹Que dejen ya de rendir culto a otros dioses y de honrar las reliquias de sus reyes, y yo viviré entre ellos para siempre.

¹⁰»Hijo de hombre, describe al pueblo de Israel el templo que te he mostrado, para que ellos se avergüencen de todos sus pecados. Dejen que estudien el plano del templo ¹¹y se avergüenzarán* de lo que hicieron. Descríbeles

todas las especificaciones del templo —incluidas las entradas y las salidas— y todos los demás detalles. Háblales de los decretos y las leyes del templo. Escribe todas las especificaciones y los decretos mientras ellos observan, para que sin falta los recuerden y los sigan. ¹²Esta es la ley fundamental del templo: ¡santidad absoluta! Toda la cumbre del monte donde está el templo es santa. Sí, esta es la ley fundamental del templo.

El altar

¹³»Estas son las medidas del altar:* alrededor del altar hay una zanja de cincuenta y tres centímetros de profundidad por cincuenta y tres centímetros de ancho,* con un reborde de veintitrés centímetros* de ancho. Esta es la altura* del altar: ¹⁴desde la zanja, el altar se eleva un metro con diez centímetros* hasta una saliente inferior de cincuenta y tres centímetros* de ancho, que rodea el altar. Desde la saliente inferior, el altar se eleva dos metros con diez centímetros* hasta la saliente superior, también de cincuenta y tres centímetros de ancho. ¹⁵La parte superior del altar —la plataforma para el fuego— se eleva otros dos metros con diez centímetros y tiene un cuerno hacia arriba en cada una de las cuatro esquinas. ¹⁶La parte superior del altar es cuadrada y mide seis metros con cuarenta centímetros de lado.* ¹⁷La saliente superior también forma un cuadrado de siete metros con cuarenta centímetros de lado,* tiene una zanja de cincuenta y tres centímetros, un reborde de veintisiete centímetros* por alrededor y escalones para subir al altar por el lado oriental».

¹⁸Luego me dijo: «Hijo de hombre, esto dice el SEÑOR Soberano: cuando se construya el altar, estas serán las ordenanzas para quemar las ofrendas y rociar la sangre. ¹⁹En ese tiempo, a los sacerdotes levitas de la familia de Sadoc, quienes ministran delante de mí, se les dará un becerro para la ofrenda por el pecado, dice el SEÑOR Soberano. ²⁰Tomarás parte de la sangre del animal y con ella untarás los cuatro cuernos del altar, las cuatro esquinas de la saliente superior y el reborde que rodea la saliente. Esto limpiará el altar y hará expiación por él. ²¹Luego tomarás el becerro para la ofrenda por el pecado y lo quemarás en el lugar indicado afuera del templo.

²²»El segundo día, sacrificarás como ofrenda por el pecado un cabrito que no tenga ningún defecto físico. Después, nuevamente limpiarás el altar y harás expiación por él, tal como hiciste con el becerro. ²³Cuando hayas terminado con la ceremonia de purificación, ofrecerás otro becerro que no tenga defectos y un

---

42:16 Así aparece en 45:2 y en 42:17 de la versión griega, que dice *500 codos* (875 pies); en hebreo dice *500 varas* (1590 metros ó 5250 pies); similar en 42:17, 18, 19, 20.   **43:11** Así aparece en la versión griega; en hebreo dice *si se avergüenzan*.   **43:13a** En hebreo *las medidas del altar en codos largos, que equivalen a codos* (45 centímetros ó 18 pulgadas) *y un palmo menor* [8 centímetros ó 3 pulgadas] *de largo*.   **43:13b** En hebreo *un codo* (21 pulgadas) *de profundidad y un codo de ancho*.   **43:13c** En hebreo *un palmo* [9 pulgadas].   **43:13d** Así aparece en la versión griega; en hebreo dice *base*.   **43:14a** En hebreo *2 codos* (3.5 pies).   **43:14b** En hebreo *1 codo* [21 pulgadas]; también en 43:14d.   **43:14c** En hebreo *4 codos* [7 pies]; también en 43:15.   **43:16** En hebreo *12 codos* (21 pies) *de largo y 12 codos de ancho*.   **43:17a** En hebreo *14 codos* (24.5 pies) *de largo y 14 codos de ancho*.   **43:17b** En hebreo *una zanja de un codo* (21 pulgadas) *y un reborde de medio codo* (10.5 pulgadas).

carnero perfecto del rebaño. ²⁴Se los presentarás al SEÑOR, y los sacerdotes los rociarán con sal y los ofrecerán como ofrenda quemada al SEÑOR.

²⁵»Diariamente, durante siete días, se sacrificarán un cabrito, un becerro y un carnero del rebaño como ofrenda por el pecado. Esos animales no deberán tener ningún defecto físico. ²⁶Hazlo diariamente, durante siete días, para limpiar el altar y hacer expiación por él, y así quedará apartado para un uso santo. ²⁷A partir del octavo día, los sacerdotes sacrificarán a diario sobre el altar las ofrendas quemadas y las ofrendas de paz del pueblo. Entonces los aceptaré a ustedes. ¡Yo, el SEÑOR Soberano, he hablado!».

El príncipe, los levitas y los sacerdotes

44 Luego el hombre me llevó nuevamente a la puerta oriental, ubicada en el muro exterior de la zona del templo, pero estaba cerrada. ²Entonces el SEÑOR me dijo: «Esta entrada debe permanecer cerrada; nunca volverá a abrirse. Nadie jamás la abrirá ni entrará por ella, pues el SEÑOR, Dios de Israel, entró por aquí. Por lo tanto, permanecerá siempre cerrada. ³Únicamente el príncipe podrá sentarse debajo de esta entrada para disfrutar de una comida en la presencia del SEÑOR; pero solo podrá entrar y salir por la antesala de la entrada».

⁴Luego el hombre me llevó por la entrada norte hasta el frente del templo. Miré y vi que la gloria del SEÑOR llenaba el templo del SEÑOR, así que caí al suelo rostro en tierra.

⁵Entonces el SEÑOR me dijo: «Hijo de hombre, presta mucha atención. Usa los ojos y los oídos, y escucha atentamente todo lo que te diga sobre las ordenanzas acerca del templo del SEÑOR. Presta mucha atención a los procedimientos para usar las entradas y las salidas del templo. ⁶Da a esos rebeldes, los israelitas, este mensaje de parte del SEÑOR Soberano: "¡Oh pueblo de Israel, basta ya con tus pecados detestables! ⁷Has traído a extranjeros incircuncisos a mi santuario, gente que no tiene corazón para Dios. De ese modo, profanaste mi templo incluso mientras me ofrecías mi alimento: la grasa y la sangre de los sacrificios. Además de todos tus otros pecados detestables, rompiste mi pacto. ⁸En lugar de proteger mis ritos sagrados, contrataste a extranjeros para que se encargaran de mi santuario.

⁹»"Por lo tanto, esto dice el SEÑOR Soberano: ningún extranjero, ni siquiera los que vivan entre los israelitas, entrará en mi santuario si no se ha circuncidado y entregado al SEÑOR. ¹⁰Además, los hombres de la tribu de Leví que me abandonaron cuando Israel se alejó de mí para rendir culto a ídolos* tendrán que sufrir las consecuencias de su infidelidad. ¹¹Aun así podrán servir como guardias del templo y porteros, podrán matar los animales para las ofrendas quemadas y estar presentes para ayudar al pueblo.

¹²Sin embargo, incitaron a mi pueblo a rendir culto a ídolos e hicieron que los israelitas cayeran en un pecado muy grave. Por eso hice un juramento solemne que tendrán que sufrir las consecuencias de sus pecados, dice el SEÑOR Soberano. ¹³No se les permite acercarse a mí para ministrar como sacerdotes. Tampoco se les permite tocar ninguno de mis objetos santos ni las ofrendas santas, pues deberán cargar con la vergüenza de todos los pecados detestables que cometieron. ¹⁴Servirán como cuidadores del templo a cargo del trabajo de mantenimiento y las tareas generales.

¹⁵»"Sin embargo, los sacerdotes levitas de la familia de Sadoc continuaron sirviendo fielmente en el templo cuando los israelitas me abandonaron para rendir culto a ídolos. Estos hombres servirán en mi presencia como ministros míos. Estarán en mi presencia y ofrecerán la grasa y la sangre de los sacrificios, dice el SEÑOR Soberano. ¹⁶Solo ellos entrarán en mi santuario y se acercarán a mi mesa para servirme. Ellos cumplirán todos mis requisitos.

¹⁷»"Cuando entren por la puerta al atrio interior, deben vestir solamente ropa de lino. No se vestirán con lana cuando estén de turno en el atrio interior o en el templo mismo. ¹⁸Llevarán puestos turbantes de lino y ropa interior de lino. No deberán vestir nada que los haga transpirar. ¹⁹Cuando regresen al atrio exterior donde está el pueblo, tendrán que quitarse la ropa que usaron mientras me sirvieron. Dejarán esa ropa en las habitaciones sagradas y se cambiarán, a fin de no poner a nadie en peligro al transmitirle santidad con esa ropa.

²⁰»"No se raparán la cabeza ni se dejarán crecer demasiado el cabello, sino que deberán recortárselo con frecuencia. ²¹Los sacerdotes no beberán vino antes de entrar al atrio interior. ²²Podrán casarse únicamente con una virgen de Israel o con la viuda de un sacerdote. No podrán casarse con otras viudas ni con mujeres divorciadas. ²³Enseñarán a mi pueblo la diferencia entre lo santo y lo común, entre lo ceremonialmente puro y lo impuro.

²⁴»"Servirán de jueces para resolver cualquier desacuerdo que surja en mi pueblo y sus decisiones tendrán que basarse en mis ordenanzas. Y los sacerdotes mismos deberán obedecer mis instrucciones y decretos en todos los festivales sagrados y ocuparse de que los días de descanso sean apartados como días santos.

²⁵»"Un sacerdote no deberá contaminarse al estar en presencia de un cadáver, a menos que se trate de su padre, su madre, uno de sus hijos, de sus hermanos o hermanas solteras. En tales casos está permitido. ²⁶Aun así, podrá volver a desempeñar sus tareas en el templo solo después de purificarse ceremonialmente y luego esperar siete días. ²⁷El primer día que vuelva a su trabajo y entre al atrio interior y al santuario,

deberá presentar una ofrenda por su propio pecado, dice el SEÑOR Soberano.

²⁸»"Los sacerdotes no tendrán ninguna parte ni porción de la tierra, porque solo yo seré su preciada posesión. ²⁹Su alimento provendrá de las ofrendas y los sacrificios que el pueblo lleve al templo: las ofrendas de grano, las ofrendas por el pecado y las ofrendas por la culpa. Todo lo que alguien aparte* para el SEÑOR pertenecerá a los sacerdotes. ³⁰Los primeros frutos maduros y todas las ofrendas presentadas al SEÑOR pertenecerán a los sacerdotes. También se entregarán a los sacerdotes las primeras muestras de cada cosecha de grano y lo primero de la harina, para que el SEÑOR bendiga los hogares de ustedes. ³¹Los sacerdotes tendrán prohibido comer carne de cualquier ave o animal que muera de muerte natural o por haber sido atacado por otro animal.

División de la tierra

45 »"Cuando se repartan la tierra entre las tribus de Israel, deberán apartar una sección para el SEÑOR, la cual será su porción santa. Esa porción tendrá trece kilómetros con trescientos metros de largo por diez kilómetros con seiscientos metros de ancho.* Toda el área será santa. ²Una parte de esta tierra —un cuadrado de doscientos sesenta y cinco metros de lado*— se apartará para el templo. A su alrededor se dejará libre una franja adicional de tierra de veintiséis metros y medio* de ancho. ³Dentro del terreno sagrado más extenso, midan una parcela de tierra de trece kilómetros con trescientos metros de largo y cinco kilómetros con trescientos metros de ancho.* Allí se ubicará el santuario del Lugar Santísimo. ⁴Esta área será santa, apartada para los sacerdotes que ofician ante el SEÑOR en el santuario. Allí estarán sus casas y allí también se pondrá mi templo. ⁵La franja de tierra sagrada junto a esta área —también de trece kilómetros con trescientos metros de largo por cinco kilómetros con trescientos metros de ancho— se destinará a las viviendas de los levitas que trabajen en el templo. El lugar les pertenecerá a ellos y será un lugar para sus aldeas.*

⁶»"Junto a la tierra sagrada más extensa habrá una porción de tierra, de trece kilómetros con trescientos metros de largo por dos kilómetros seiscientos cincuenta metros de ancho,* la cual se apartará para construir una ciudad donde pueda vivir cualquier israelita.

⁷»"Apartarán también dos porciones de tierra especiales para el príncipe. La primera porción colindará con el lado oriental de las tierras sagradas y la ciudad, y la segunda colindará con el lado occidental. De modo que los límites extremos hacia el oriente y el occidente de las tierras del príncipe quedarán alineados con los límites oriental y occidental de los territorios de las tribus. ⁸Estas dos porciones de tierra se le asignarán al príncipe. Entonces mis príncipes dejarán de oprimir a mi pueblo y de robarle; repartirán el resto de la tierra al pueblo, asignando una porción a cada tribu.

Reglas para los príncipes

⁹»"Esto dice el SEÑOR Soberano: ¡basta ya, príncipes de Israel! Abandonen la violencia y la opresión, y hagan lo que es justo y correcto. Dejen de estafar a mi pueblo y de robarle su tierra. No los desalojen de sus casas, dice el SEÑOR Soberano. ¹⁰Utilicen solamente pesas y balanzas legítimas, y medidas exactas, tanto para sólidos como para líquidos.* ¹¹El homer* será la unidad estándar para medir volúmenes. Tanto el efa como el bato* equivaldrán a un décimo de homer. ¹²La unidad estándar para medir pesos será el siclo de plata.* Un siclo equivaldrá a veinte geras; y sesenta siclos equivaldrán a una mina.*

Ofrendas y celebraciones especiales

¹³»"Tendrán que pagarle al príncipe el siguiente impuesto: una canasta de trigo o cebada por cada sesenta* que cosechen, ¹⁴el uno por ciento de su aceite de oliva* ¹⁵y una oveja o cabra por cada doscientas que haya en los rebaños de Israel. Esas serán las ofrendas de grano, ofrendas quemadas y ofrendas de paz que harán expiación por quienes las presenten, dice el SEÑOR Soberano. ¹⁶Todo el pueblo de Israel debe contribuir y llevar esas ofrendas al príncipe. ¹⁷Al príncipe le corresponderá proveer las ofrendas que se entregan en los festivales religiosos, las celebraciones de luna nueva, los días de descanso y todas las demás ocasiones similares. Él también proveerá las ofrendas por el pecado, las ofrendas quemadas, las ofrendas de grano, las ofrendas líquidas y las ofrendas de paz, para purificar a los israelitas y así hacerlos justos ante el SEÑOR.*

¹⁸»"Esto dice el SEÑOR Soberano: a comienzos de la primavera, el primer día de cada año

44:29 El término hebreo empleado aquí se refiere a la consagración total de cosas o personas al SEÑOR, ya sea destruyéndolas o entregándolas como ofrenda. **45:1** Así aparece en la versión griega, que dice *25.000 codos* [8,33 millas] *de largo y 20.000 codos* [6,66 millas] *de ancho*; en hebreo dice *25.000 codos de largo y 10.000 codos* [3,33 millas ó 5,3 kilómetros] *de ancho*. Comparar con 45:3, 5; 48:9. **45:2a** En hebreo *un cuadrado de 500 codos* [875 pies] *de lado*. **45:2b** En hebreo *50 codos* [875 pies]. **45:3** En hebreo *25.000 codos* [8,33 millas] *de largo y 10.000 codos* [3,33 millas] *de ancho*; también en 45:5. **45:5** Así aparece en la versión griega, en hebreo dice *Tendrán 20 habitaciones como propiedad de ellos*. **45:6** En hebreo *25.000 codos* [8,33 millas] *de largo y 5000 codos* [1,66 millas] *de ancho*. **45:10** En hebreo *usen balanzas exactas, un efa exacto y un bato exacto*. **45:11a** El *homer* equivale a unos 182 litros ó 220 kilos. **45:11b** El *efa* una medida para áridos; el *bato* es una medida para líquidos. **45:12a** El *siclo* pesa aproximadamente 11 gramos ó 0,40 onzas. **45:12b** En todas las demás referencias, la *mina* equivale a 50 siclos. **45:13** En hebreo ⅙ *un efa por cada homer de trigo y* ⅙ *de un efa por cada homer de cebada*. **45:14** En hebreo *la porción de aceite, medida en batos, equivale a* ⅒ *de un bato por cada coro, el cual consiste en 10 batos ó un homer, pues 10 batos equivalen a un homer*. **45:17** O *para purificar a los israelitas de su pecado*. **45:18** En hebreo *El primer día del primer mes*, del calendario lunar hebreo. En el antiguo calendario hebreo ese día caía en marzo o en abril.

nuevo,* sacrifica un becerro sin defecto para purificar el templo. [19]El sacerdote tomará la sangre de ese sacrificio por el pecado y la pondrá sobre los marcos de la puerta del templo, sobre las cuatro esquinas de la saliente superior del altar y sobre los postes de la puerta de entrada al atrio interior. [20]Haz lo mismo el séptimo día del año nuevo por cualquiera que haya pecado por error o por ignorancia. De ese modo purificarás* el templo.

[21]»"El día catorce del primer mes,* deberán celebrar la Pascua, un festival que durará siete días. El pan que coman durante ese tiempo será preparado sin levadura. [22]El día de la Pascua, el príncipe proveerá un becerro como sacrificio por su propio pecado y el pueblo de Israel. [23]Cada uno de los siete días del festival, el príncipe preparará una ofrenda quemada para el Señor, la cual consistirá en siete becerros y siete carneros sin defecto. También se entregará un cabrito cada día como ofrenda por el pecado. [24]El príncipe proveerá una canasta de harina como ofrenda de grano y unos cuatro litros de aceite de oliva* con cada becerro y cada carnero.

[25]»"Durante los siete días del Festival de las Enramadas, que cada año ocurre a principios del otoño,* el príncipe proveerá esos mismos sacrificios para la ofrenda por el pecado, la ofrenda quemada y la ofrenda de grano, junto con la cantidad de aceite de oliva requerida.

46

»"Esto dice el Señor Soberano: la puerta oriental del atrio interior permanecerá cerrada durante los seis días laborables de cada semana, pero se abrirá los días de descanso y los días de celebración de luna nueva. [2]El príncipe entrará a la antesala de la entrada de afuera. Luego se quedará de pie junto al poste de la puerta de entrada mientras el sacerdote presenta su ofrenda quemada y su ofrenda de paz. Se inclinará en adoración dentro del pasillo de la entrada y luego regresará por donde entró. La puerta no se cerrará hasta el anochecer. [3]La gente común se inclinará y adorará al Señor delante de esta entrada los días de descanso y los días de celebración de luna nueva.

[4]»"Cada día de descanso el príncipe presentará al Señor una ofrenda quemada de seis corderos y un carnero, todos sin defecto. [5]Para acompañar al carnero, presentará una ofrenda de grano de una canasta de harina selecta y con cada cordero la cantidad de harina que él decida, y tendrá que ofrecer unos cuatro litros de aceite de oliva* por cada canasta de harina. [6]En las celebraciones de luna nueva llevará un becerro, seis corderos y un carnero, todos sin defecto. [7]Junto con el becerro presentará una canasta de harina como

ofrenda de grano. Junto con el carnero presentará otra canasta de harina y con cada cordero ofrecerá la cantidad de harina que decida. Con cada canasta de harina deberá ofrecer unos cuatro litros de aceite de oliva.

[8]»"El príncipe tendrá que entrar por la puerta por medio de la antesala y saldrá por el mismo lugar. [9]En cambio, durante los festivales religiosos, cuando algunos del pueblo entren por la puerta norte para adorar al Señor, tendrán que salir por la puerta sur; y los que entraron por la puerta sur deberán salir por la puerta norte. Nunca saldrán por donde entraron, sino que utilizarán siempre la entrada opuesta. [10]En esas ocasiones el príncipe entrará y saldrá con el pueblo.

[11]»"Entonces en las fiestas especiales y los festivales sagrados, la ofrenda de grano consistirá de una canasta de harina selecta con cada becerro, otra canasta de harina con cada carnero y la cantidad de harina que el príncipe decida presentar con cada cordero. Con cada canasta de harina, habrá que entregar unos cuatro litros de aceite de oliva. [12]Cuando el príncipe presente al Señor una ofrenda quemada o una ofrenda de paz voluntaria, se le abrirá la puerta oriental al atrio interior y ofrecerá sus sacrificios como lo hace los días de descanso. Luego saldrá y cerrarán la puerta detrás de él.

[13]»"Cada mañana sacrificarás, como ofrenda quemada al Señor, un cordero de un año sin defecto. [14]Junto con el cordero, se presentará también al Señor una ofrenda de grano, que consistirá en unos tres kilos de harina selecta con casi un litro y medio de aceite de oliva* para humedecer la harina selecta. Esta será una ley perpetua para ti. [15]El cordero, la ofrenda de grano y el aceite de oliva se entregarán como sacrificio diario, cada mañana, sin excepción.

[16]»"Esto dice el Señor Soberano: si el príncipe le regala un terreno a uno de sus hijos como herencia, le pertenecerá al hijo y a sus descendientes para siempre. [17]Sin embargo, si el príncipe, de su herencia le obsequia un terreno a uno de sus siervos, el siervo solo podrá conservarlo hasta el año del jubileo, que se celebra cada cincuenta años.* Llegado ese tiempo, se devolverá el terreno al príncipe. En cambio, los regalos que el príncipe le dé a sus hijos, serán permanentes. [18]Además, el príncipe nunca podrá quitarle a nadie su tierra por la fuerza. Si le regala propiedades a sus hijos, tendrán que ser de su propia tierra, porque no deseo que ninguno de mi pueblo sea desalojado injustamente de su propiedad"».

Las cocinas del templo

[19]En mi visión, el hombre me llevó por la entrada que había junto a la puerta y me condujo a la

---

45:20 O *harás expiación por.* 45:21 En el antiguo calendario lunar hebreo ese día caía a fines de marzo, en abril o a principios de mayo. 45:24 En hebreo *un efa* [22 litros ó 20 kilos] *de harina* [. . .] *y un hin* [un galón] *de aceite de oliva.* 45:25 En hebreo *el festival que comienza el día quince del séptimo mes* (ver Lv 23.33). En el antiguo calendario lunar hebreo ese día caía a fines de septiembre, en octubre o a principios de noviembre. 46:5 En hebreo *un efa* [22 litros ó 20 kilos] *de harina selecta* [. . .] *y un hin* [un galón] *de aceite de oliva;* similar en 46:7, 11. 46:14 En hebreo ⅙ *de un efa* [7 libras] *de harina con* ⅓ *de un hin* [⅓ de galón] *de aceite de oliva.* 46:17 En hebreo *hasta el año de liberación;* ver Lv 25:8-17.

habitaciones sagradas que daban al norte y estaban asignadas a los sacerdotes. Me mostró un lugar en el extremo occidental de esas habitaciones ²⁰y me explicó: «Aquí es donde los sacerdotes cocinarán la carne de las ofrendas por la culpa y de las ofrendas por el pecado, y donde también hornearán el pan hecho con la harina de las ofrendas de grano. Usarán este lugar, a fin de no llevar los sacrificios por el atrio exterior y poner al pueblo en peligro al trasmitirle la santidad».

²¹Luego me llevó nuevamente al atrio exterior y me condujo a cada una de sus cuatro esquinas. En cada esquina vi un recinto. ²²Cada recinto medía veintiún metros con veinte centímetros de largo por veinte metros con noventa centímetros de ancho,* y estaba rodeado por muros. ²³En el lado interior de esos muros, por todo alrededor, había una saliente de piedra con chimeneas debajo de toda la saliente. ²⁴El hombre me dijo: «Estas son las cocinas que usarán los ayudantes del templo para hervir los sacrificios ofrecidos por el pueblo».

El río de sanidad

47 En mi visión, el hombre me llevó nuevamente a la entrada del templo. Allí vi una corriente de agua que fluía hacia el oriente por debajo de la puerta del templo y pasaba por la derecha de la parte sur del altar. ²El hombre me llevó hacia afuera del muro por la puerta norte y me condujo hasta la entrada oriental. Allí pude ver que el agua fluía por el lado sur de la entrada oriental.

³Me llevó a lo largo de la corriente de agua y, mientras avanzábamos, él iba midiendo; cuando llegamos a quinientos treinta metros,* me llevó a través de la corriente. El agua me llegaba a los tobillos. ⁴Midió otros quinientos treinta metros y una vez más me llevó a través de la corriente. Esta vez el agua me llegaba hasta las rodillas. Después de otros quinientos treinta metros, el agua me alcanzaba a la cintura. ⁵Luego midió otros quinientos treinta metros y el río ya era demasiado profundo para cruzarlo caminando. Había buena profundidad para nadar, pero demasiada para atravesarlo a pie.

⁶Me preguntó: «Hijo de hombre, ¿has estado observando?». Después me llevó de regreso por la orilla del río. ⁷Al volver, me sorprendió ver muchos árboles que crecían a ambos lados del río. ⁸Entonces me dijo: «Este río fluye hacia el oriente, atraviesa el desierto y desemboca en el valle del mar Muerto.* Esa corriente hará que las aguas saladas del mar Muerto se vuelvan puras y dulces. ⁹Vivirán toda clase de criaturas vivientes por donde llegue el agua de este río. Abundarán los peces en el mar Muerto,

pues sus aguas se volverán dulces. Florecerá la vida a donde llegue esta agua. ¹⁰Habrá pescadores a lo largo de las costas del mar Muerto. Desde En-gadi hasta En-eglaim, toda la costa estará cubierta de redes secándose al sol. El mar Muerto se llenará de toda clase de peces, igual que en el Mediterráneo;* ¹¹pero los pantanos y las ciénagas no se purificarán, quedarán salados. ¹²A ambas orillas del río crecerá toda clase de árboles frutales. Sus hojas nunca se marchitarán ni caerán y sus ramas siempre tendrán fruto. Cada mes darán una nueva cosecha, pues se riegan con el agua del río que fluye del templo. Los frutos servirán para comer, y las hojas se usarán para sanar».

Límites para la tierra

¹³Esto dice el Señor Soberano: «La tierra para las doce tribus de Israel se dividirá de la siguiente manera: los descendientes de José recibirán dos porciones de tierra.* ¹⁴Las demás tribus recibirán partes iguales. Yo juré solemnemente que daría esa tierra a los antepasados de ustedes y ahora pasará a sus manos como posesión.

¹⁵»Estos son los límites de la tierra: el límite norte irá desde el mar Mediterráneo hacia Hetlón luego seguirá por Lebo-hamat hasta Zedad ¹⁶y de allí se extenderá a Berota y Sibraim, que están en la frontera entre Damasco y Hamat, y finalmente hacia Hazar-haticón, en la frontera con Haurán. ¹⁷De modo que el límite norte irá desde el mar Mediterráneo hasta Hazar-enán, en la frontera entre Hamat al norte y Damasco al sur.

¹⁸»La frontera oriental arranca entre Haurán y Damasco, y desciende al sur por el río Jordán, entre Israel y Galaad, pasa el mar Muerto* y sigue en dirección sur hasta llegar a Tamar.* Esta será la frontera oriental.

¹⁹»La frontera sur irá en dirección occidental desde Tamar hasta las aguas de Meriba en Cades* y seguirá allí desde el curso del arroyo de Egipto hasta el mar Mediterráneo. Esta será la frontera sur.

²⁰»Por el lado occidental, la frontera será el mar Mediterráneo, desde la frontera sur hasta el punto donde comienza la frontera norte, frente a Lebo-hamat.

²¹Dividan la tierra entre las tribus de Israel dentro de estos límites. ²²Repártanse la tierra como asignación para ustedes y para los extranjeros que se hayan unido a ustedes y estén criando a su familia en medio de ustedes. Ellos serán como israelitas de nacimiento y recibirán una asignación entre las tribus. ²³Estos extranjeros

---

46:22 En hebreo *40 codos* [70 pies] *de largo y 30 codos* [52,5 pies] *de ancho.*   **47:3** En hebreo *1000 codos* [1750 pies]; *también en 47:4, 5.*   **47:8** En hebreo *el mar*; también en 47:10.   **47:10** En hebreo *el mar Grande*; también en 47:15, 17, 19, 20.   **47:13** Era importante quedarse con 12 porciones de tierra. Quedar del Leví no recibía ninguna porción, los descendientes de los hijos de José (Efraín y Manasés) recibieron tierra como dos tribus.   **47:18a** En hebreo *el mar oriental.*   **47:18b** Así aparece en la versión griega; en hebreo dice *ustedes medirán.*   **47:19** En hebreo *las aguas de Meriba-cades.*

recibirán tierra dentro del territorio de la tribu con la cual ahora viven. ¡Yo, el SEÑOR Soberano, he hablado!

División de la tierra entre las tribus

48 »La siguiente lista corresponde a las tribus de Israel junto con el territorio que recibirá cada una. El territorio de Dan está ubicado en el extremo norte; la línea fronteriza sigue la ruta de Hetlón hasta Lebo-hamat y luego continúa a Hazar-enán en la frontera con Damasco, con Hamat por el norte. El territorio de Dan se extiende a lo ancho de todo el territorio de Israel, de oriente a occidente.

²»El territorio de Aser queda al sur del territorio de Dan y también se extiende de oriente a occidente. ³El territorio de Neftalí se ubica al sur del territorio de Aser y también se extiende de oriente a occidente. ⁴Luego sigue Manasés al sur de Neftalí y su territorio también se extiende de oriente a occidente. ⁵Al sur de Manasés está Efraín, ⁶después Rubén ⁷y luego Judá; todos los límites se extienden de oriente a occidente.

⁸»Al sur de Judá está la tierra apartada para un propósito especial. Esa porción tendrá trece kilómetros con trescientos metros* de ancho y se extenderá al oriente y al occidente igual que los territorios tribales, con el templo en el centro.

⁹»La tierra apartada para el templo del SEÑOR tendrá trece kilómetros con trescientos metros de largo por dos kilómetros con seiscientos metros de ancho.* ¹⁰Para los sacerdotes habrá una franja de tierra de trece kilómetros con trescientos metros de largo por cinco kilómetros con trescientos metros de ancho,* con el templo del SEÑOR en el centro. ¹¹Este terreno está apartado para los sacerdotes ordenados, es decir los descendientes de Sadoc, quienes me sirvieron fielmente y no se extraviaron con el pueblo de Israel y los demás levitas. ¹²Esa será su porción especial —la tierra más sagrada— cuando se haga la repartición. Junto al territorio de los sacerdotes estará la tierra donde vivirán los demás levitas.

¹³»El terreno asignado a los levitas tendrá la misma dimensión y forma que el terreno que pertenece a los sacerdotes: trece kilómetros con trescientos metros de largo y cinco kilómetros con trescientos metros de ancho. Las dos porciones juntas medirán trece kilómetros con trescientos metros de largo por diez kilómetros con seiscientos metros de ancho.* ¹⁴Ninguna parte de esa tierra especial podrá venderse ni será canjeada ni usada por otras personas, pues pertenece al SEÑOR; es tierra consagrada.

¹⁵»Al sur del terreno sagrado del templo, se

asignará una franja adicional de tierra, de trece kilómetros con trescientos metros de largo por dos kilómetros con seiscientos cincuenta metros de ancho,* para uso público: casas, pastizales y espacios comunes, con una ciudad en el centro. ¹⁶La ciudad medirá dos kilómetros cuatrocientos metros* en cada lado: norte, sur, oriente y occidente. ¹⁷Estará rodeada por cien treinta y tres metros* de campo abierto en cada dirección. ¹⁸Fuera de la ciudad habrá un terreno agrícola que se extenderá cinco kilómetros con trescientos metros al oriente y lo mismo al occidente,* por el límite del terreno sagrado. Esta tierra de labranza producirá alimentos para la gente que trabaje en la ciudad. ¹⁹Podrán cultivarla los miembros de las diversas tribus que vayan a la ciudad para trabajar. ²⁰Todo este terreno —incluidas las tierras sagradas y la ciudad— forma un cuadrado de trece kilómetros con trescientos metros* de lado.

²¹»Los terrenos restantes, al oriente y al occidente de las tierras sagradas y de la ciudad, pertenecerán al príncipe. Cada uno de estos terrenos medirá trece kilómetros con trescientos metros de ancho, y se extenderán en dirección opuesta uno de otro, hacia los límites oriental y occidental de Israel, con las tierras sagradas y el santuario del templo en el centro. ²²Por lo tanto, la tierra del príncipe abarcará todo lo que esté entre los territorios asignados a Judá y a Benjamín, con excepción de los terrenos separados para las tierras sagradas y la ciudad.

²³»Los territorios asignados a las demás tribus son los siguientes. El territorio de Benjamín está al sur de las tierras del príncipe y se extiende por toda la tierra de Israel de oriente a occidente. ²⁴Al sur del territorio de Benjamín está el territorio de Simeón, el cual también se extiende de oriente a occidente. ²⁵A continuación está el territorio de Isacar, con los mismos límites al oriente y al occidente.

²⁶»Luego sigue el territorio de Zabulón, que atraviesa la tierra de Israel de oriente a occidente. ²⁷El territorio de Gad está situado al sur de Zabulón, con los mismos límites al oriente y al occidente. ²⁸La frontera sur de Gad va desde Tamar hasta las aguas de Meriba en Cades* y de allí sigue el arroyo de Egipto hacia el mar Mediterráneo.*

²⁹»Estas son las asignaciones que se apartarán como posesión exclusiva de cada tribu. ¡Yo, el SEÑOR Soberano, he hablado!

Las puertas de la ciudad

³⁰»Estas serán las salidas de la ciudad. En la muralla norte, cuya extensión es de dos

48:8 En hebreo *25.000 codos* [8,33 millas]. **48:9** Así aparece en un manuscrito griego y en la versión griega en 45:1; *25.000 codos* [8,33 millas] *de largo y 20.000 codos* [6,66 millas] *de ancho*; en hebreo dice *25.000 codos de largo y 10.000 codos* [5,30 kilómetros ó 3,33 millas] *de ancho*. Similar en 48:13b. Comparar con 45:1-5; 48:10-13. **48:10** En hebreo *25.000 codos* [8,33 millas] *de largo por 10.000 codos* [3,33 millas] *de ancho*; también en 48:13a. **48:13** Ver nota en 48:9. **48:15** En hebreo *25.000 codos* [8,33 millas] *de largo por 5000 codos* [1,66 millas] *de ancho*; también en 48:30, 32, 33, 34. **48:17** En hebreo *250 codos* [150 yardas]. **48:18** En hebreo *10.000 codos* [3,33 millas] *al oriente y 10.000 codos al occidente*. **48:20** En hebreo *25.000 codos* [8,33 millas]; también en 48:21. **48:28a** En hebreo *las aguas de Meriba-cades*. **48:28b** En hebreo *el mar Grande*.

kilómetros con cuatrocientos metros de largo, [31]habrá tres puertas y cada una llevará el nombre de una tribu de Israel. La primera llevará el nombre de Rubén, la segunda de Judá y la tercera de Leví. [32]En la muralla oriental, que también mide dos kilómetros con cuatrocientos metros de largo, las puertas llevarán el nombre de José, de Benjamín y de Dan. [33]En la muralla sur, también de dos kilómetros con cuatrocientos

metros de largo, las puertas llevarán el nombre de Simeón, de Isacar y de Zabulón; [34]y en la muralla occidental, también de la misma longitud, las puertas llevarán el nombre de Gad, de Aser y de Neftalí.

[35]»El perímetro total de la ciudad tendrá una extensión de nueve kilómetros con seiscientos metros* y desde ese día, el nombre de la ciudad será: "El Señor está allí"*».

48:35a En hebreo *18.000 codos* [6 millas].　　**48:35b** En hebreo *Yahveh-sama*.

Daniel

Daniel en la corte del rey Nabucodonosor

1 Durante el tercer año del reinado de
Joacim, rey de Judá,* llegó a Jerusalén el rey
Nabucodonosor de Babilonia y la sitió. [2]El Señor
le dio la victoria sobre el rey Joacim de Judá y le
permitió llevarse algunos de los objetos sagrados del templo de Dios. Así que Nabucodonosor
se los llevó a Babilonia* y los puso en la casa del
tesoro del templo de su dios.

[3]Luego el rey ordenó a Aspenaz, jefe del
Estado Mayor, que trajera al palacio a algunos de los jóvenes de la familia real de Judá y
de otras familias nobles, que habían sido llevados a Babilonia como cautivos. [4]«Selecciona
solo a jóvenes sanos, fuertes y bien parecidos
—le dijo—. Asegúrate de que sean instruidos en
todas las ramas del saber, que estén dotados de
conocimiento y de buen juicio y que sean aptos
para servir en el palacio real. Enseña a estos
jóvenes el idioma y la literatura de Babilonia».*
[5]El rey les asignó una ración diaria de la comida y del vino que provenían de su propia cocina. Debían recibir entrenamiento por tres años y
después entrarían al servicio real.

[6]Daniel, Ananías, Misael y Azarías fueron cuatro de los jóvenes seleccionados, todos de la tribu de Judá. [7]El jefe del Estado Mayor les dio
nuevos nombres babilónicos:

A Daniel lo llamó Beltsasar.
A Ananías lo llamó Sadrac.
A Misael lo llamó Mesac.
A Azarías lo llamó Abed-nego.

[8]Sin embargo, Daniel estaba decidido a no contaminarse con la comida y el vino dados por el rey.
Le pidió permiso al jefe del Estado Mayor para no
comer esos alimentos inaceptables. [9]Ahora bien,
Dios había hecho que el jefe del Estado Mayor le
tuviera respeto y afecto a Daniel, [10]pero le respondió: «Tengo miedo de mi señor el rey quien
ordenó que ustedes comieran estos alimentos y
bebieran este vino. Si se vuelven pálidos y delga-
dos en comparación con otros jóvenes de su edad,
temo que el rey mandará a decapitarme».

[11]Entonces Daniel habló con el asistente
que había sido designado por el jefe del Estado

Mayor para cuidar a Daniel, Ananías, Misael y
Azarías, [12]y le dijo: «Por favor, pruébanos durante diez días con una dieta de vegetales y agua.
[13]Al cumplirse los diez días, compara nuestro
aspecto con el de los otros jóvenes que comen
de la comida del rey. Luego decide de acuerdo
con lo que veas».

[14]El asistente aceptó la sugerencia de Daniel y
los puso a prueba por diez días.

[15]Al cumplirse los diez días, Daniel y sus tres
amigos se veían más saludables y mejor nutri-
dos que los jóvenes alimentados con la comida
asignada por el rey. [16]Así que, desde entonces, el
asistente les dio de comer solo vegetales en lugar de los alimentos y el vino que servían a los
demás.

[17]A estos cuatro jóvenes Dios les dio aptitud
excepcional para comprender todos los aspectos de la literatura y la sabiduría; y a Daniel Dios
le dio la capacidad especial de interpretar el significado de visiones y sueños.

[18]Cuando se cumplió el período de instrucción
ordenado por el rey, el jefe del Estado Mayor llevó
a todos los jóvenes ante el rey Nabucodonosor.
[19]El rey habló con ellos y ninguno le causó mejor
impresión que Daniel, Ananías, Misael y Azarías.
De modo que entraron al servicio real. [20]Cada vez
que el rey los consultaba sobre cualquier asunto
que exigiera sabiduría y juicio equilibrado, los
encontraba diez veces más capaces que todos los
magos y brujos de su reino.

[21]Daniel permaneció en el servicio real hasta
el primer año del rey Ciro.*

Sueño del rey Nabucodonosor

2 Una noche, durante el segundo año de su
reinado,* Nabucodonosor tuvo unos sueños tan desconcertantes que no pudo dormir.
[2]Mandó llamar a sus magos, brujos, hechiceros y
astrólogos,* y les exigió que le dijeran lo que había
soñado. Cuando se presentaron ante el rey,
[3]les dijo:

—He tenido un sueño que me desconcierta
mucho y necesito saber lo que significa.

[4]Entonces los astrólogos respondieron al rey
en arameo:*

1:1 Este suceso ocurrió el 605 a. C., durante el tercer año del reinado de Joacim (de acuerdo con el calendario en el cual el año comienza en la primavera). 1:2 En hebreo *a Sinar*. 1:4 O *de los caldeos*. 1:21 Ciro comenzó a reinar (sobre Babilonia) en el 539 a. C. 2:1 El segundo año del reinado de Nabucodonosor fue el 603 a. C. 2:2 O *caldeos*; también en 2:4, 5, 10. 2:4 El texto original desde aquí hasta el capítulo 7 está en arameo.

—¡Que viva el rey! Cuéntenos el sueño y nosotros le diremos lo que significa.

⁵Pero el rey respondió a los astrólogos:

—Les digo esto en serio. Si no me dicen lo que soñé y lo que significa, ¡los haré despedazar y convertiré sus casas en un montón de escombros! ⁶Pero si me dicen lo que soñé y lo que significa, les daré muchos honores y regalos maravillosos. ¡Solo díganme lo que soñé y lo que significa!

⁷Ellos volvieron a decirle:

—Por favor, su Majestad, cuéntenos el sueño y nosotros le diremos lo que significa.

⁸El rey respondió:

—¡Ya sé lo que se proponen! Están tratando de ganar tiempo porque saben que hablo en serio cuando digo: 9"¡Si no me cuentan el sueño, están condenados!". Así que han conspirado para mentirme, con la esperanza de que yo cambie de idea, pero cuéntenme el sueño y entonces sabré que pueden explicarme el significado.

¹⁰Los astrólogos respondieron al rey:

—¡No hay nadie en la tierra que pueda decirle al rey lo que soñó! ¡Y ningún rey, por grande y poderoso que sea, jamás pidió tal cosa a sus magos, brujos o astrólogos! ¹¹Es imposible cumplir con lo que el rey exige. Nadie, excepto los dioses, puede contar al rey su sueño, pero los dioses no habitan entre los hombres.

¹²Cuando el rey oyó esto, se enfureció y mandó a ejecutar a todos los sabios de Babilonia. ¹³Entonces, debido al decreto del rey, enviaron hombres para que encontraran y mataran a Daniel y a sus amigos.

¹⁴Cuando Arioc, comandante de la guardia real, llegó a matarlos, Daniel manejó la situación con sabiduría y discreción. ¹⁵Le preguntó a Arioc: «¿Por qué emitió el rey un decreto tan severo?». Entonces Arioc le contó todo lo que había sucedido. ¹⁶Daniel fue a ver al rey inmediatamente y le pidió más tiempo para comunicarle el significado del sueño.

¹⁷Entonces Daniel regresó a casa y contó a sus amigos Ananías, Misael y Azarías lo que había ocurrido. ¹⁸Les rogó que pidieran al Dios del cielo que tuviera misericordia y les revelara el secreto, para que no fueran ejecutados junto con los demás sabios de Babilonia. ¹⁹Esa noche el misterio le fue revelado a Daniel en una visión. Entonces alabó al Dios del cielo ²⁰y dijo:

«Alabado sea el nombre de Dios por siempre
    y para siempre,
porque a él le pertenecen toda la sabiduría
    y todo el poder.
²¹ Él controla el curso de los sucesos del mundo;
    él quita reyes y pone otros reyes.
Él da sabiduría a los sabios
    y conocimiento a los estudiosos.
²² Él revela cosas profundas y misteriosas
    y conoce lo que se oculta en la oscuridad,
    aunque él está rodeado de luz.

²³ Te agradezco y te alabo, Dios de mis
    antepasados,
porque me has dado sabiduría y fortaleza.
Me revelaste lo que te pedimos
    y nos diste a conocer lo que el rey exigía».

Daniel interpreta el sueño

²⁴Entonces Daniel fue a ver a Arioc, a quien el rey había ordenado ejecutar a los sabios de Babilonia. Daniel le dijo: «No mates a los sabios. Llévame ante el rey y le explicaré el significado de su sueño».

²⁵Enseguida Arioc llevó a Daniel ante el rey y anunció: «¡Entre los cautivos de Judá, encontré a uno que le dirá al rey el significado de su sueño!».

²⁶Entonces el rey le preguntó a Daniel (también llamado Beltsasar):

—¿Es cierto? ¿Puedes decirme lo que soñé y lo que mi sueño significa?

²⁷Daniel contestó:

—No hay sabios, brujos, magos ni adivinos que puedan dar a conocer el secreto del rey; ²⁸pero hay un Dios en el cielo, quien revela secretos y le ha dado a conocer al rey Nabucodonosor lo que ocurrirá en el futuro. Ahora le diré lo que soñó y las visiones que vio mientras estaba acostado en su cama.

²⁹»Mientras su Majestad dormía, soñó sobre sucesos futuros. Aquel que da a conocer los secretos le ha mostrado a usted lo que ocurrirá. ³⁰Y no es porque yo sea más sabio que los demás que conozco el secreto de su sueño, sino porque Dios quiere que su Majestad entienda lo que estaba en su corazón cuando soñó.

³¹»En su visión, su Majestad vio frente a sí una enorme estatua resplandeciente de un hombre; daba terror verla. ³²La cabeza de la estatua era de oro fino. El pecho y los brazos eran de plata, el vientre y los muslos de bronce, ³³las piernas eran de hierro y los pies eran una mezcla de hierro y barro cocido. ³⁴Mientras usted observaba, una roca de una montaña fue cortada, pero no por manos humanas. La roca golpeó los pies de hierro y barro, y los hizo pedazos. ³⁵La estatua quedó reducida a pequeños trozos de hierro, barro, bronce, plata y oro. Luego el viento se los llevó sin dejar rastro alguno, como la paja cuando se trilla el grano. Sin embargo, la roca que derrumbó la estatua se convirtió en una gran montaña que cubrió toda la tierra.

³⁶»Ese fue el sueño. Ahora explicaremos al rey el significado. ³⁷Su Majestad, usted es supremo entre los reyes. El Dios del cielo le ha dado soberanía, poder, fuerza y honra. ³⁸Dios lo ha puesto como gobernante sobre todo el mundo habitado y le ha dado dominio aun sobre las aves y los animales salvajes. Usted es la cabeza de oro.

³⁹»Ahora bien, después de que termine su reino, surgirá otro reino, inferior al suyo, y ocupará su lugar. Cuando este caiga, un tercer reino, representado por el bronce, surgirá para gobernar

el mundo. ⁴⁰Después vendrá un cuarto reino, tan fuerte como el hierro. Ese reino destrozará y aplastará a todos los imperios anteriores, así como el hierro destroza y aplasta todo lo que golpea. ⁴¹Los pies y los dedos que usted vio eran una combinación de hierro y barro cocido, lo cual demuestra que ese reino se dividirá. Por ser barro mezclado con hierro, tendrá algo de la fuerza del hierro. ⁴²No obstante, si bien algunas de sus partes serán tan fuertes como el hierro, otras serán tan débiles como el barro. ⁴³Esta mezcla de hierro con barro también demuestra que esos reinos procurarán fortalecerse al hacer alianzas matrimoniales; pero no se mantendrán unidos, así como el hierro y el barro no se mezclan.

⁴⁴Durante los gobiernos de esos reyes, el Dios del cielo establecerá un reino que jamás será destruido o conquistado. Aplastará por completo a esos reinos y permanecerá para siempre. ⁴⁵Ese es el significado de la roca cortada de la montaña, aunque no por manos humanas, que hizo pedazos la estatua de hierro, bronce, barro, plata y oro. El gran Dios estaba mostrando al rey lo que ocurrirá en el futuro. El sueño es verdadero y el significado, seguro.

Nabucodonosor recompensa a Daniel

⁴⁶Entonces el rey Nabucodonosor se postró ante Daniel y le rindió culto, y mandó al pueblo que ofreciera sacrificios y quemara incienso dulce frente a Daniel. ⁴⁷El rey le dijo: «En verdad tu Dios es el más grande de todos los dioses, es el Señor de los reyes, y es quien revela los misterios, porque tú pudiste revelar este secreto».

⁴⁸Entonces el rey puso a Daniel en un puesto importante y le dio muchos regalos valiosos. Nombró a Daniel gobernador de toda la provincia de Babilonia y jefe de todos los sabios del rey. ⁴⁹A petición de Daniel, el rey puso a Sadrac, Mesac y Abed-nego a cargo de todos los asuntos de la provincia de Babilonia, mientras Daniel permaneció en la corte del rey.

Estatua de oro del rey Nabucodonosor

3 El rey Nabucodonosor hizo una estatua de oro que medía veintisiete metros de altura y dos metros y medio de ancho* y la levantó sobre la llanura de Dura, en la provincia de Babilonia. ²Luego envió mensajes a los altos funcionarios, autoridades, gobernadores, asesores, tesoreros, jueces y magistrados y a todos los funcionarios provinciales para que asistieran a la dedicación de la estatua que había levantado. ³De modo que todas estas autoridades* vinieron y se pusieron de pie ante la estatua que el rey Nabucodonosor había levantado.

⁴Entonces un vocero proclamó: «¡Gente de todas las razas, naciones y lenguas escuchen el mandato del rey! ⁵Cuando oigan tocar la trompeta, la flauta, la cítara, la lira, el arpa, la zampoña y otros instrumentos musicales,* inclínense rostro en tierra y rindan culto a la estatua de oro del rey Nabucodonosor. ⁶¡Cualquiera que se rehúse a obedecer, será arrojado inmediatamente a un horno ardiente!».

⁷Así que al sonido de los instrumentos musicales,* toda la gente, de cualquier raza, nación o lengua, se inclinó rostro en tierra y rindió culto a la estatua de oro que había levantado el rey Nabucodonosor.

⁸Sin embargo, algunos de los astrólogos* se presentaron ante el rey y denunciaron a los judíos. ⁹Dijeron al rey Nabucodonosor: «¡Que viva el rey! ¹⁰Usted emitió un decreto que exige a todo el pueblo inclinarse y rendir culto a la estatua de oro al oír tocar la trompeta, la flauta, la cítara, la lira, el arpa, la zampoña y otros instrumentos musicales. ¹¹Ese decreto también establece que quienes se rehúsen a obedecer serán arrojados dentro de un horno ardiente. ¹²Pues hay algunos judíos —Sadrac, Mesac y Abed-nego— a los que usted puso a cargo de la provincia de Babilonia que no le prestan atención, su Majestad. Se niegan a servir a los dioses de su Majestad y no rinden culto a la estatua de oro que usted ha levantado».

¹³Entonces Nabucodonosor se enfureció y ordenó que trajeran ante él a Sadrac, Mesac y Abed-nego. Cuando los trajeron, ¹⁴Nabucodonosor les preguntó:

—¿Es cierto, Sadrac, Mesac y Abed-nego, que ustedes se rehúsan a servir a mis dioses y a rendir culto a la estatua de oro que he levantado? ¹⁵Les daré una oportunidad más para inclinarse y rendir culto a la estatua que he hecho cuando oigan el sonido de los instrumentos musicales.* Sin embargo, si se niegan, serán inmediatamente arrojados al horno ardiente y entonces, ¿qué dios podrá rescatarlos de mi poder?

¹⁶Sadrac, Mesac y Abed-nego contestaron:

—Oh Nabucodonosor, no necesitamos defendernos delante de usted. ¹⁷Si nos arrojan al horno ardiente, el Dios a quien servimos es capaz de salvarnos. Él nos rescatará de su poder, su Majestad; ¹⁸pero aunque no lo hiciera, deseamos dejar en claro ante usted que jamás serviremos a sus dioses ni rendiremos culto a la estatua de oro que usted ha levantado.

El horno ardiente

¹⁹Entonces Nabucodonosor se enfureció tanto con Sadrac, Mesac y Abed-nego que el rostro se le desfiguró a causa de la ira. Mandó calentar

---

3:1 En arameo *60 codos* [90 pies] *de altura y 6 codos* [9 pies] *de ancho.*   **3:3** En arameo *los altos funcionarios, autoridades, gobernadores, asesores, tesoreros, jueces y magistrados y todos los funcionarios provinciales.*   **3:5** La identificación de algunos de estos instrumentos musicales es incierta.   **3:7** En arameo *la trompeta, la flauta, la cítara, la lira, el arpa y otros instrumentos musicales.*   **3:8** En arameo *caldeos.*   **3:15** En arameo *la trompeta, la flauta, la cítara, la lira, el arpa, la zampoña y otros instrumentos musicales.*

el horno siete veces más de lo habitual. ²⁰Entonces ordenó que algunos de los hombres más fuertes de su ejército ataran a Sadrac, Mesac y Abed-nego y los arrojaran al horno ardiente. ²¹Así que los ataron y los arrojaron al horno, totalmente vestidos con sus pantalones, turbantes, túnicas y demás ropa. ²²Ya que el rey, en su enojo, había exigido que el horno estuviera bien caliente, las llamas mataron a los soldados mientras arrojaban dentro a los tres hombres. ²³De esa forma Sadrac, Mesac y Abed-nego, firmemente atados, cayeron a las rugientes llamas.

²⁴De pronto, Nabucodonosor, lleno de asombro, se puso de pie de un salto y exclamó a sus asesores:

—¿No eran tres los hombres que atamos y arrojamos dentro del horno?

—Sí, su Majestad, así es —le contestaron.

²⁵—¡Miren! —gritó Nabucodonosor—. ¡Yo veo a cuatro hombres desatados que caminan en medio del fuego sin sufrir daño! ¡Y el cuarto hombre se parece a un dios!*

²⁶Entonces Nabucodonosor se acercó tanto como pudo a la puerta del horno en llamas y gritó: «¡Sadrac, Mesac y Abed-nego, siervos del Dios Altísimo, salgan y vengan aquí!».

Así que Sadrac, Mesac y Abed-nego salieron del fuego. ²⁷Entonces los altos funcionarios, autoridades, gobernadores y asesores los rodearon y vieron que el fuego no los había tocado. No se les había chamuscado ni un cabello, ni se les había estropeado la ropa. ¡Ni siquiera olían a humo!

²⁸Entonces Nabucodonosor dijo: «¡Alabado sea el Dios de Sadrac, Mesac y Abed-nego! Envió a su ángel para rescatar a sus siervos que confiaron en él. Desafiaron el mandato del rey y estuvieron dispuestos a morir en lugar de servir o rendir culto a otro dios que no fuera su propio Dios. ²⁹Por lo tanto, yo decreto: si alguien, cualquiera sea su raza, nación o lengua, habla en contra del Dios de Sadrac, Mesac y Abed-nego, será despedazado y su casa será reducida a un montón de escombros. ¡No hay otro dios que pueda rescatar de esta manera!».

³⁰Luego el rey ascendió a Sadrac, Mesac y Abed-nego a puestos aún más altos en la provincia de Babilonia.

El rey Nabucodonosor sueña con un árbol

4 ¹*El rey Nabucodonosor envió el siguiente mensaje a la gente de todas las razas, naciones y lenguas del mundo:

«¡Paz y prosperidad a todos!

²Quiero que todos conozcan las señales milagrosas y las maravillas que el Dios Altísimo ha realizado en mi favor.

³ ¡Cuán grandiosas son sus señales
y cuán poderosas sus maravillas!
Su reino durará para siempre,
y su dominio por todas las generaciones!

⁴»Yo, Nabucodonosor, vivía en mi palacio con comodidad y prosperidad. ⁵Una noche tuve un sueño que me asustó; mientras estaba en la cama vi visiones que me aterraron. ⁶Así que emití una orden llamando a todos los sabios de Babilonia para que me explicaran el significado de mi sueño. ⁷Cuando se presentaron los magos, los brujos, los astrólogos* y los adivinos, les conté el sueño, pero no pudieron explicarme el significado. ⁸Finalmente Daniel se presentó ante mí y le conté el sueño. (Daniel lleva el nombre de mi dios, Beltsasar. El espíritu de los dioses santos vive en él).

⁹»Le dije: "Beltsasar, jefe de los magos, sé que el espíritu de los dioses santos vive en ti y que ningún misterio es demasiado profundo para que lo resuelvas. Dime ahora el significado de mi sueño.

¹⁰»Mientras estaba acostado en mi cama, soñé esto: vi un enorme árbol en medio de la tierra. ¹¹El árbol creció muy alto y se hizo fuerte y se elevó hacia los cielos para que todo el mundo lo viera. ¹²Sus hojas eran verdes y nuevas, y tenía abundancia de fruta para que todos comieran. Los animales salvajes vivían bajo su sombra y las aves anidaban en sus ramas. Todo el mundo se alimentaba de ese árbol.

¹³»Luego mientras soñaba, vi a un mensajero,* un santo que descendía del cielo. ¹⁴El mensajero gritó:

¡Talen el árbol y córtenle las ramas!
¡Sacúdanle las hojas y desparramen
su fruta!
Espanten los animales salvajes que están
bajo su sombra
y las aves que están en sus ramas.
¹⁵ Pero dejen en la tierra el tocón con las
raíces,
sujeto con una faja de hierro y bronce
y rodeado por la hierba tierna.
Que lo moje el rocío del cielo,
y que viva con los animales salvajes entre
las plantas del campo.
¹⁶ Durante siete períodos de tiempo
que tenga la mente de un animal salvaje,
en lugar de una mente humana.
¹⁷ Pues esto es lo que decretaron los
mensajeros;*
es lo que ordenan los santos,
para que todos sepan
que el Altísimo gobierna los reinos del
mundo

3:25 En arameo *parece a un hijo de los dioses.* **4:1** Los versículos del 4:1-3 corresponden al 3:31-33 en el texto arameo. **4:4** Los versículos del 4:4-37 corresponden al 4:1-34 en el texto arameo. **4:7** O *caldeos.* **4:13** En arameo *un vigilante,* también en 4:23. **4:17** En arameo *los vigilantes.*

y los entrego a cualquiera que él elija,
incluso a las personas más humildes.

18»"Beltsasar, ese fue el sueño que tuve yo,
el rey Nabucodonosor. Ahora dime qué
significa, porque ninguno de los sabios
de mi reino ha podido hacerlo. Sin embargo, tú
puedes decírmelo porque el espíritu de los
dioses santos vive en ti".

Daniel explica el sueño

19»Al oír el relato, Daniel (también llamado
Beltsasar) se quedó agobiado por un rato,
atemorizado por el significado del sueño.
Entonces el rey le dijo: "Beltsasar, no te
alarmes por el sueño y lo que significa".

»Beltsasar respondió: "¡Mi señor, quisiera
que los sucesos anticipados en este sueño
ocurrieran a sus enemigos y no a usted!
20El árbol que usted vio crecía alto y se hacía
fuerte y se elevaba hacia los cielos para que
todo el mundo lo viera. 21Sus hojas eran
verdes y nuevas, y tenía abundancia de fruta
para que todos comieran. Los animales
salvajes vivían bajo su sombra y las aves
anidaban en sus ramas. 22Ese árbol es usted,
su Majestad. Pues usted ha crecido y se
ha hecho fuerte y poderoso; su esplendor
llega hasta el cielo y su gobierno hasta los
confines de la tierra.

23»"Luego usted vio a un mensajero, un
santo que descendía del cielo y decía: 'Talen
el árbol y destrúyanlo, pero dejen en la tierra
el tocón con las raíces, sujeto con una faja
de hierro y bronce, y rodeado por la hierba
tierna. Que lo moje el rocío del cielo. Que
viva con los animales del campo durante
siete períodos de tiempo'.

24»"Esto es lo que significa el sueño, su
Majestad, y lo que el Altísimo ha declarado
que le sucederá a mi señor, el rey. 25Usted será
expulsado de la sociedad humana y vivirá en
el campo con los animales salvajes. Comerá
pasto como el ganado y el rocío del cielo lo
mojará. Durante siete períodos de tiempo
vivirá de esa manera hasta que reconozca
que el Altísimo gobierna los reinos del
mundo y los entrega a cualquiera que él elija.
26Sin embargo, quedaron en la tierra el tocón
y las raíces del árbol. Esto significa que usted
recibirá nuevamente el reino cuando haya
reconocido que es el cielo el que gobierna.

27»"Rey Nabucodonosor, por favor, acepte
mi consejo. Deje de pecar y haga lo correcto.
Apártese de su perverso pasado y sea
compasivo con los pobres. Quizá, entonces,
pueda seguir prosperando".

Cumplimiento del sueño

28»Sin embargo, todas estas cosas le
ocurrieron al rey Nabucodonosor. 29Doce

meses más tarde, el rey caminaba sobre
la terraza del palacio real en Babilonia
30y mientras contemplaba la ciudad, dijo:
"¡Miren esta grandiosa ciudad de Babilonia!
Edifiqué esta hermosa ciudad con mi gran
poder para que fuera mi residencia real a fin
de desplegar mi esplendor majestuoso".

31»Mientras estas palabras aún estaban
en su boca, se oyó una voz desde el cielo que
decía: "¡Rey Nabucodonosor, este mensaje es
para ti! Ya no eres gobernante de este reino.
32Serás expulsado de la sociedad humana.
Vivirás en el campo con los animales salvajes
y comerás pasto como el ganado. Durante
siete períodos de tiempo vivirás de esta
manera hasta que reconozcas que el Altísimo
gobierna los reinos del mundo y los entrega a
cualquiera que él elija".

33»En ese mismo momento se cumplió la
sentencia y Nabucodonosor fue expulsado
de la sociedad humana. Comió pasto como
el ganado y lo mojó el rocío del cielo. Vivió
de esa manera hasta que el pelo le creció tan
largo como las plumas de las aguilas y las
uñas como las garras de un ave.

Nabucodonosor alaba a Dios

34»Cuando se cumplió el tiempo, yo,
Nabucodonosor, levanté los ojos al cielo.
Recuperé la razón, alabé y adoré al Altísimo
y di honra a aquel que vive para siempre.

Su dominio es perpetuo,
y eterno es su reino.
35 Todos los hombres de la tierra
no son nada comparados con él.
Él hace lo que quiere
entre los ángeles del cielo
y entre la gente de la tierra.
Nadie puede detenerlo ni decirle:
"¿Por qué haces estas cosas?".

36»Cuando recobré la razón, también
recuperé mi honra, mi gloria y mi reino.
Mis asesores y nobles me buscaron y fui
restituido como cabeza de mi reino, con
mayor honra que antes.

37»Ahora, yo, Nabucodonosor, alabo,
glorifico y doy honra al Rey del cielo. Todos
sus actos son justos y verdaderos, y es capaz
de humillar al soberbio.

La escritura en la pared

5 Muchos años después, el rey Belsasar ofreció un gran banquete a mil de sus nobles y
bebió vino con ellos. 2Mientras Belsasar bebía,
mandó traer las copas de oro y plata que su
antecesor,* Nabucodonosor, había sacado del
templo de Jerusalén. Quería beber en ellas con
sus nobles, sus esposas y sus concubinas. 3Así
que trajeron las copas de oro sacadas del templo —la casa de Dios en Jerusalén— y el rey y sus

5:2 En arameo *padre*; también en 5:11, 13, 18.

nobles, sus esposas y sus concubinas bebieron en ellas. ⁴Mientras bebían en las copas rindieron culto a sus ídolos de oro, plata, bronce, hierro, madera y piedra.

⁵De pronto, vieron los dedos de una mano humana que escribía sobre la pared blanqueada del palacio del rey, cerca del candelabro. El propio rey vio la mano mientras escribía ⁶y el rostro se le puso pálido del susto. Le temblaron las rodillas a causa del miedo y se le aflojaron las piernas.

⁷El rey llamó a gritos que trajeran a los brujos, a los astrólogos* y a los adivinos para que se presentaran ante él. Les dijo a esos sabios babilónicos: «El que pueda leer esta escritura y explicarme lo que significa será vestido con mantos púrpuras, propios de la realeza, y se le pondrá una cadena de oro alrededor del cuello. ¡Será el tercero en importancia en el reino!».

⁸Entonces entraron todos los sabios del rey, pero ninguno pudo leer lo que estaba escrito ni decirle al rey qué significaba. ⁹Así que el rey se asustó aún más y se puso pálido. Sus nobles también estaban perturbados.

¹⁰Cuando la reina madre oyó lo que estaba pasando, se dirigió apresuradamente a la sala del banquete y le dijo a Belsasar: «¡Que viva el rey! No se ponga tan pálido ni tenga miedo. ¹¹Hay un hombre en su reino en quien vive el espíritu de los dioses santos. Durante el reinado de Nabucodonosor, este hombre demostró percepción, entendimiento y sabiduría como la que tienen los dioses. El rey que precedió a usted, o sea su antecesor, el rey Nabucodonosor, lo nombró jefe de todos los magos, los brujos, los astrólogos y los adivinos de Babilonia. ¹²Este hombre, Daniel, a quien el rey le dio por nombre Beltsasar, tiene un intelecto excepcional y rebosa de conocimiento y entendimiento divino. Puede interpretar sueños, explicar acertijos y resolver problemas difíciles. Mande llamar a Daniel y él le dirá el significado de lo que está escrito en la pared».

Daniel explica la escritura

¹³Entonces trajeron a Daniel delante del rey y el rey le preguntó:

—¿Eres tú ese Daniel, uno de los cautivos traídos de Judá por mi antecesor, el rey Nabucodonosor? ¹⁴He oído que el espíritu de los dioses vive en ti y que tienes mucha percepción, entendimiento y sabiduría. ¹⁵Mis sabios y brujos han intentado leer las palabras escritas en la pared y explicarme su significado, pero no pueden. ¹⁶Me dicen que tú puedes dar interpretaciones y resolver problemas difíciles. Si eres capaz de leer estas palabras y explicarme el significado, te haré vestir con mantos púrpuras, propios de la realeza, y recibirás una cadena de oro en el cuello. ¡Serás el tercero en importancia en el reino!

¹⁷Daniel respondió al rey:

—Su Majestad, guarde sus regalos o déselos a otra persona, igual le diré el significado de lo que está escrito en la pared. ¹⁸El Dios Altísimo le dio soberanía, majestad, gloria y honor a su antecesor, Nabucodonosor. ¹⁹Lo hizo tan poderoso que gente de toda raza, nación y lengua temblaba de temor ante él. El rey mataba a quienes quería matar y perdonaba a quienes quería perdonar; honraba a quienes quería honrar y humillaba a quienes quería humillar. ²⁰Sin embargo, cuando su corazón y su mente se llenaron de arrogancia, le fue quitado el trono real y se le despojó de su gloria. ²¹Fue expulsado de la sociedad humana. Se le dio la mente de un animal salvaje y vivió entre los burros salvajes. Comió pasto como el ganado y lo mojó el rocío del cielo, hasta que reconoció que el Dios Altísimo gobierna los reinos del mundo y designa a quien él quiere para que los gobierne.

²²»Oh Belsasar, usted es el sucesor* del rey y sabía todo esto, pero aun así no se ha humillado. ²³Todo lo contrario, usted desafió con soberbia al Señor del cielo y mandó traer ante usted estas copas que pertenecían al templo. Usted, sus nobles, sus esposas y sus concubinas estuvieron bebiendo vino en esas copas mientras rendían culto a dioses de plata, oro, bronce, hierro, madera y piedra, dioses que no pueden ver ni oír, ni saben absolutamente nada. ¡Pero usted no honró al Dios que le da el aliento de vida y controla su destino! ²⁴Así que Dios envió esa mano para escribir el mensaje.

²⁵»Este es el mensaje que se escribió: Mene, Mene, Tekel y Parsin. ²⁶Y el significado de las palabras es el siguiente:

Mene significa "contado": Dios ha contado los días de su reinado y le ha puesto fin.

²⁷ *Tekel* significa "pesado": usted ha sido pesado en la balanza y no dio la medida.

²⁸ *Parsin** significa "dividido": su reino ha sido dividido y dado a los medos y a los persas.

²⁹Entonces por orden del rey Belsasar, vistieron a Daniel con mantos púrpuras, le pusieron una cadena de oro en el cuello y lo proclamaron el tercero en importancia en el reino.

³⁰Esa misma noche mataron* a Belsasar, rey de Babilonia.*

³¹*Y Darío el medo se apoderó del reino a los sesenta y dos años de edad.

Daniel en el foso de los leones

6 ¹*Darío el medo decidió dividir el reino en ciento veinte provincias y nombró a un alto funcionario para gobernar cada provincia. ²Asimismo, el rey escogió a Daniel y a dos

5:7 O *caldeos*; también en 5:11. 5:22 En arameo *hijo*. 5:28 En arameo *Peres*, singular de *Parsin*. 5:30a Los persas y los medos conquistaron Babilonia en octubre del 539 a. C. 5:30b O *de los caldeos*. 5:31 El versículo del 5:31 corresponde al 6:1 en el texto arameo. 6:1 Los versículos del 6:1-28 corresponden al 6:2-29 en el texto arameo.

personas más como administradores para que supervisaran a los altos funcionarios y protegieran los intereses del rey. ³Pronto Daniel demostró ser más capaz que los otros administradores y altos funcionarios. Debido a la gran destreza administrativa de Daniel, el rey hizo planes para ponerlo frente al gobierno de todo el imperio.

⁴Entonces los demás administradores y altos funcionarios comenzaron a buscar alguna falta en la manera en que Daniel conducía los asuntos de gobierno, pero no encontraron nada que pudieran criticar o condenar. Era fiel, siempre responsable y totalmente digno de confianza. ⁵Finalmente llegaron a la siguiente conclusión: «Nuestra única posibilidad de encontrar algún motivo para acusar a Daniel será en relación con las normas de su religión».

⁶Así que los administradores y los altos funcionarios se presentaron ante el rey y dijeron: «¡Que viva el rey Darío! ⁷Todos nosotros —administradores, autoridades, altos funcionarios, asesores y gobernadores— nos hemos puesto de acuerdo en que el rey apruebe una ley que se haga cumplir estrictamente. Ordene usted que, en los próximos treinta días, todo aquel que ore a quien sea, divino o humano —excepto a usted, su Majestad—, sea arrojado al foso de los leones. ⁸Ahora bien, su Majestad, emita y firme este ley de tal modo que no pueda ser alterada, una ley oficial de los medos y de los persas que no puede ser revocada». ⁹Así que el rey Darío firmó la ley.

¹⁰Sin embargo, cuando Daniel oyó que se había firmado la ley, fue a su casa y se arrodilló como de costumbre en la habitación de la planta alta, con las ventanas abiertas que se orientaban hacia Jerusalén. Oraba tres veces al día, tal como siempre lo había hecho, dando gracias a su Dios. ¹¹Entonces los funcionarios fueron juntos a la casa de Daniel y lo encontraron orando y pidiéndole a Dios que lo ayudara. ¹²De manera que fueron directo al rey y le recordaron el decreto.

—¿No firmó usted una ley por la cual, durante los próximos treinta días, todo aquel que ore a quien sea, divino o humano —excepto a usted, su Majestad—, sea arrojado al foso de los leones?

—Sí —contestó el rey—, esa decisión sigue en pie; es una ley oficial de los medos y de los persas que no puede ser revocada.

¹³Entonces le dijeron al rey:

—Ese hombre Daniel, uno de los cautivos de Judá, no hace caso a usted ni a su ley. Sigue orando a su Dios tres veces al día.

¹⁴Al oír esto, el rey se angustió mucho y procuró encontrar un modo de salvar a Daniel. Pasó el resto del día buscando una manera de librarlo de ese aprieto.

¹⁵Por la noche, los hombres volvieron a presentarse ante el rey y dijeron: «Su Majestad, usted sabe que según las leyes de los medos y los persas, ninguna ley firmada por el rey puede ser modificada».

¹⁶Entonces, finalmente el rey ordenó que arrestaran a Daniel y lo arrojaran al foso de los leones. El rey le dijo: «Que tu Dios, a quien sirves tan fielmente, te rescate».

¹⁷Así que trajeron una piedra y la colocaron sobre la boca del foso. El rey selló la piedra con su sello real y los sellos de sus nobles para que nadie pudiera rescatar a Daniel. ¹⁸Luego el rey regresó al palacio y pasó la noche en ayuno. Rechazó sus entretenimientos habituales y no pudo dormir en toda la noche.

¹⁹Muy temprano a la mañana siguiente, el rey se levantó y fue deprisa al foso de los leones. ²⁰Cuando llegó allí, gritó con angustia:

—¡Daniel, siervo del Dios viviente! ¿Pudo tu Dios, a quien sirves tan fielmente, rescatarte de los leones?

²¹Y Daniel contestó:

—¡Que viva el rey! ²²Mi Dios envió a su ángel para cerrarles la boca a los leones, a fin de que no me hicieran daño, porque fui declarado inocente ante Dios y no he hecho nada malo en contra de usted, su Majestad.

²³El rey se alegró mucho y mandó que sacaran a Daniel del foso. No tenía ningún rasguño, porque había confiado en su Dios.

²⁴Entonces el rey dio órdenes de que arrestaran a los hombres que maliciosamente habían acusado a Daniel y los hizo echar al foso de los leones, junto con sus esposas y con sus hijos. Los leones saltaron sobre ellos y los despedazaron aun antes de que llegaran al piso del foso.

²⁵Después el rey Darío envió el siguiente mensaje a la gente de toda raza, nación y lengua en el mundo entero:

«¡Paz y prosperidad a todos ustedes!

²⁶»Ordeno que en mi reino toda persona tiemble con temor delante del Dios de Daniel.

Pues él es el Dios viviente,
    y permanecerá para siempre.
Su reino jamás será destruido,
    y su dominio nunca tendrá fin.
²⁷ Él rescata y salva a su pueblo,
    realiza señales milagrosas y maravillas
        en los cielos y en la tierra.
    Él ha rescatado a Daniel
        del poder de los leones».

²⁸Así que Daniel prosperó durante el reinado de Darío y el reinado de Ciro, el persa.*

Visión de las cuatro bestias

7 Anteriormente, durante el primer año del reinado de Belsasar en Babilonia,* Daniel tuvo un sueño y vio visiones mientras estaba en su cama. Puso el sueño por escrito y esto es lo que vio:

6:28 O *de Darío, es decir, el reinado de Ciro el persa.* 7:1 El primer año del reinado de Belsasar (quien era corregente con su padre, Nabónido) fue el 556 a. C. (o posiblemente una fecha más tardía como el 553 a. C.).

²Esa noche, en mi visión, yo, Daniel, vi una tempestad que agitaba la superficie de un mar grande, con vientos fuertes soplando de todas direcciones. ³Del agua surgieron cuatro bestias enormes, cada una diferente de la otra.

⁴La primera bestia era como un león con alas de águila. Mientras yo observaba, le fueron arrancadas las alas y quedó de pie en el suelo sobre sus dos patas traseras, como un ser humano; y se le dio una mente humana.

⁵Luego vi a una segunda bestia que se parecía a un oso. Se levantó sobre uno de sus costados y llevaba tres costillas entre los dientes; y oí una voz que decía: «¡Levántate! ¡Devora la carne de mucha gente!».

⁶Después apareció la tercera de estas extrañas bestias y se parecía a un leopardo. Tenía cuatro alas de ave sobre la espalda y cuatro cabezas. A esta bestia se le dio gran autoridad.

⁷Luego, en mi visión de esa noche, vi a una cuarta bestia, aterradora, espantosa y muy fuerte. Devoraba y aplastaba a sus víctimas con enormes dientes de hierro y pisoteaba los restos bajo sus pies. Era diferente a las demás bestias y tenía diez cuernos.

⁸Mientras yo miraba los cuernos, surgió de pronto otro cuerno pequeño entre ellos. Tres de los primeros cuernos fueron arrancados de raíz para darle lugar al nuevo. Este cuerno pequeño tenía ojos que parecían humanos y una boca que presumía con arrogancia.

⁹Observé mientras colocaban unos tronos
en su lugar,
y el Anciano* se sentó a juzgar.
Su ropa era blanca como la nieve,
su cabello se parecía a la lana más pura.
Se sentó sobre un trono ardiente
con ruedas en llamas;
¹⁰y un río de fuego
brotaba de su presencia.
Millones de ángeles le atendían;
muchos millones se pusieron de pie
para servirle.
Entonces comenzó la sesión del tribunal
y se abrieron los libros.

¹¹Yo seguí mirando porque podía oír las palabras arrogantes del cuerno pequeño. Seguí mirando hasta que mataron a la cuarta bestia y su cuerpo fue destruido por el fuego. ¹²A las otras tres bestias les quitaron la autoridad, pero se les permitió seguir con vida un poco más.*

¹³Mientras continuó mi visión esa noche,* vi a alguien parecido a un hijo de hombre* descender con las nubes del cielo. Se acercó al Anciano y lo llevaron ante su presencia. ¹⁴Se le dio autoridad, honra y soberanía sobre todas las naciones del mundo, para que lo obedecieran los de toda

raza, nación y lengua. Su gobierno es eterno, no tendrá fin. Su reino jamás será destruido.

Explicación de la visión

¹⁵Yo, Daniel, quedé muy angustiado por todo lo que había visto, y las visiones me aterrorizaron. ¹⁶Así que me acerqué a uno de los que estaban de pie junto al trono y le pregunté lo que significaba todo eso. Entonces me lo explicó así: ¹⁷«Estas cuatro bestias enormes representan a cuatro reinos que surgirán de la tierra; ¹⁸pero al final, el reino será entregado al pueblo santo del Altísimo y los santos gobernarán por siempre y para siempre».

¹⁹Entonces quise conocer el verdadero significado de la cuarta bestia, que era tan diferente a las demás y tan espantosa. Había devorado y aplastado a sus víctimas con dientes de hierro y garras de bronce y pisoteaba los restos bajo sus pies. ²⁰También pregunté acerca de los diez cuernos que había en la cabeza de la cuarta bestia y por el cuerno pequeño que surgió después y destruyó a tres de los otros cuernos. Este cuerno no parecía más grande que los demás y tenía ojos humanos y una boca que presumía con arrogancia. ²¹Mientras miraba, ese cuerno hacía guerra contra el pueblo santo de Dios y lo vencía, ²²hasta que vino el Anciano —el Altísimo— y emitió un juicio en favor de su pueblo santo. Entonces llegó el tiempo para que los santos tomaran posesión del reino.

²³Después me dijo: «Esta cuarta bestia es la cuarta potencia mundial que gobernará la tierra. Será diferente a todas las demás. Devorará al mundo entero, pisoteando y aplastando todo lo que encuentre a su paso. ²⁴Sus diez cuernos son diez reyes que gobernarán ese imperio. Luego surgirá otro rey, diferente a los otros diez, y someterá a tres de ellos. ²⁵Desafiará al Altísimo y oprimirá al pueblo santo del Altísimo. Procurará cambiar las leyes de los santos y sus festivales sagrados y ellos quedarán bajo el dominio de ese rey por un tiempo, tiempos y medio tiempo.

²⁶»Sin embargo, después el tribunal dictará sentencia, se le quitará todo su poder y quedará totalmente destruido. ²⁷Entonces se dará al pueblo santo del Altísimo la soberanía, el poder y la grandeza de todos los reinos bajo el cielo. El reino del Altísimo permanecerá para siempre y todos los gobernantes le servirán y obedecerán».

²⁸Aquí termina la visión. Yo, Daniel, estaba espantado por mis pensamientos y mi rostro estaba pálido de miedo, pero no le dije nada a nadie.

Visión de un carnero y un chivo

8 ¹*Durante el tercer año del reinado de Belsasar, yo, Daniel, tuve otra visión, después de la que ya se me había aparecido. ²En esta visión me encontraba en la fortaleza de Susa, en la provincia de Elam, de pie junto al río Ulai.*

³Cuando levanté los ojos, vi un carnero con dos cuernos largos, de pie junto al río.* Uno de los cuernos era más largo que el otro, a pesar de que se había crecido después. ⁴El carnero embestía todo lo que encontraba a su paso hacia el occidente, el norte y el sur. Nadie podía hacerle frente ni ayudar a sus víctimas. El carnero hacía lo que quería y era muy poderoso.

⁵Mientras yo observaba, de pronto apareció un chivo desde el occidente y atravesó el campo con tanta rapidez que ni siquiera tocó la tierra. Este chivo, que tenía un cuerno enorme entre los ojos, ⁶se dirigió hacia el carnero de dos cuernos que yo había visto parado junto al río y se abalanzó con furia sobre él. ⁷El chivo atacó con violencia al carnero y le dio un golpe que le quebró ambos cuernos. El carnero quedó indefenso y el chivo lo derribó y lo pisoteó. Nadie pudo rescatar al carnero del poder del chivo.

⁸El chivo se hizo poderoso, pero cuando alcanzó el máximo de su poder, se quebró el enorme cuerno que tenía. En su lugar crecieron cuatro cuernos prominentes que apuntaban hacia los cuatro puntos cardinales. ⁹Luego, de uno de los cuernos prominentes salió un cuerno pequeño cuyo poder creció en gran manera. Se extendía hacia el sur y hacia el oriente y hacia el glorioso territorio de Israel. ¹⁰Su poder llegó hasta los cielos, donde atacó al ejército de los cielos y arrojó a la tierra a algunos de los seres celestiales y a algunas de las estrellas, y las pisoteó. ¹¹Incluso desafió al comandante del ejército de los cielos cancelando los sacrificios diarios que ofrecían al comandante y destruyendo su templo. ¹²No se le permitió al ejército de los cielos responder a esta rebelión. Así que se detuvieron los sacrificios diarios y la verdad fue derrocada. El cuerno tuvo éxito en todo lo que hizo.*

¹³Entonces oí a dos seres santos que hablaban entre sí. Uno de ellos preguntó:

—¿Cuánto tiempo durarán los sucesos de esta visión? ¿Por cuánto tiempo la rebelión que causa profanación detendrá los sacrificios diarios? ¿Por cuánto tiempo pisotearán el templo y al ejército celestial?

¹⁴El otro le contestó:

—Pasarán dos mil trescientas noches y mañanas; después será restaurado.

Gabriel explica la visión

¹⁵Mientras yo, Daniel, procuraba entender el significado de esta visión, alguien que se parecía a un hombre se paró frente a mí. ¹⁶Entonces oí una voz humana que exclamaba desde el río Ulai: «Gabriel, dile a este hombre el significado de su visión».

¹⁷Cuando Gabriel se acercó al lugar donde yo estaba, me aterroricé tanto que caí rostro en tierra. «Hijo de hombre —me dijo—, debes comprender que los sucesos que has visto en tu visión tienen que ver con el tiempo del fin».

¹⁸Mientras él hablaba, me desmayé y quedé tendido con el rostro contra el suelo, pero Gabriel con un toque me despertó y me ayudó a ponerme de pie.

¹⁹Entonces dijo: «Estoy aquí para explicarte lo que sucederá después, en el tiempo de la ira. Lo que has visto pertenece al fin del tiempo. ²⁰El carnero con los dos cuernos representa a los reyes de Media y de Persia. ²¹El chivo peludo representa al rey de Grecia,* y el cuerno enorme que tiene entre los ojos representa al primer rey del imperio griego. ²²Los cuatro cuernos prominentes que reemplazaron el cuerno enorme indican que el imperio griego se dividirá en cuatro reinos, pero que ninguno de ellos será tan grande como al primero.

²³»Al final de sus reinados, cuando el pecado llegue al colmo de su maldad, subirá al poder un rey brutal, un maestro de la intriga. ²⁴Se volverá muy fuerte, pero no por su propio poder. Provocará una tremenda cantidad de destrucción y tendrá éxito en todo lo que emprenda. Destruirá a líderes poderosos y arrasará al pueblo santo. ²⁵Será un maestro del engaño y se hará arrogante; destruirá a muchos de golpe. Hasta entrará en batalla con el Príncipe de príncipes, pero será quebrantado, aunque no por poder humano.

²⁶»Esta visión sobre las dos mil trescientas noches y mañanas* es verdadera, pero ninguna de esas cosas sucederá sino hasta dentro de mucho tiempo, de modo que mantén esta visión en secreto».

²⁷Entonces yo, Daniel, quedé abrumado y estuve enfermo durante varios días. Después me levanté y cumplí con mis deberes para con el rey. Sin embargo, la visión me dejó angustiado y no podía entenderla.

Oración de Daniel por su pueblo

9 Era el primer año del reinado de Darío, el medo, hijo de Asuero, quien llegó a ser rey de los babilonios.* ²Durante el primer año de su reinado, yo, Daniel, al estudiar la palabra del Señor, según fue revelada al profeta Jeremías, aprendí que Jerusalén debía quedar en desolación durante setenta años.* ³Así que dirigí mis ruegos al Señor Dios, en oración y ayuno. También me puse ropa de tela áspera y arrojé cenizas sobre mi cabeza.

⁴Oré al Señor mi Dios y le confesé:

«¡Oh Señor, tú eres un Dios grande y temible! Siempre cumples tu pacto y tus promesas de amor inagotable con los que te aman y obedecen tus mandatos, ⁵pero hemos pecado y hemos hecho lo malo. Nos hemos rebelado contra ti y hemos despreciado tus mandatos y ordenanzas.

8:3 O *a la puerta;* también en 8:6.   8:11-12 El significado del texto hebreo en estos versículos es incierto.   8:21 En hebreo *de Javán.*
8:26 En hebreo *sobre las noches y las mañanas;* comparar 8:14.   9:1 Los *caldeos.*   9:2 Ver Jr 25:11-12; 29:10.

⁶Nos hemos rehusado a escuchar a tus siervos, los profetas, quienes hablaron bajo tu autoridad a nuestros reyes, príncipes, antepasados y a todo el pueblo de la tierra.

⁷»Señor, tú tienes la razón; pero como ves, tenemos el rostro cubierto de vergüenza. Esto nos sucede a todos, tanto a los que están en Judá y en Jerusalén, como a todo el pueblo de Israel disperso en lugares cercanos y lejanos, adondequiera que nos has mandado por nuestra deslealtad a ti. ⁸Oh Señor, nosotros y nuestros reyes, príncipes y antepasados estamos cubiertos de vergüenza porque hemos pecado contra ti. ⁹Pero el Señor, nuestro Dios, es misericordioso y perdonador, a pesar de habernos rebelado contra él. ¹⁰No hemos obedecido al Señor nuestro Dios, porque no hemos seguido las instrucciones que nos dio por medio de sus siervos, los profetas. ¹¹Todo Israel ha desobedecido tus instrucciones, se ha dado la espalda y ha rehusado escuchar tu voz.

»Entonces ahora, a causa de nuestro pecado, se han derramado sobre nosotros las maldiciones solemnes y los juicios escritos en la ley de Moisés, siervo de Dios. ¹²Tú cumpliste tu palabra e hiciste con nosotros y nuestros gobernantes tal como habías advertido. Nunca hubo una calamidad tan grande como la que ocurrió en Jerusalén. ¹³Se han cumplido todas las maldiciones de la ley de Moisés escritas contra nosotros. Sin embargo, nos hemos rehusado a buscar la misericordia del Señor nuestro Dios al no reconocer su verdad ni abandonar nuestros pecados. ¹⁴Por lo tanto, el Señor nos ha enviado la calamidad que había preparado. El Señor nuestro Dios tuvo razón en hacer todas esas cosas, porque no lo obecimos.

¹⁵»Oh Señor nuestro Dios, al rescatar a tu pueblo de Egipto con gran despliegue de poder, le diste honor perpetuo a tu nombre; pero hemos pecado y estamos llenos de maldad. ¹⁶En vista de tus fieles misericordias, por favor, Señor, aparta tu enojo y furor de tu ciudad, Jerusalén, tu monte santo. Todas las naciones vecinas se burlan de Jerusalén y de tu pueblo por causa de nuestros pecados y de los pecados de nuestros antepasados.

¹⁷»¡Oh Señor nuestro, oye la oración de tu siervo! Escucha mientras te hago mis ruegos. Por amor a tu nombre, Señor, vuelve a sonreírle a tu desolado santuario.

¹⁸»Oh Dios mío, inclínate y escúchame. Abre tus ojos y mira nuestra desesperación. Mira cómo tu ciudad —la ciudad que lleva tu nombre— está en ruinas. Esto rogamos, no porque merezcamos tu ayuda, sino debido a tu misericordia.

¹⁹»Oh Señor, óyenos. Oh Señor, perdónanos. ¡Oh Señor, escúchanos y actúa! Por amor a tu nombre, no te demores, oh mi Dios, porque tu pueblo y tu ciudad llevan tu nombre».

Mensaje de Gabriel sobre el Ungido

²⁰Yo seguí orando y confesando mi pecado y el pecado de mi pueblo, rogándole al Señor mi Dios por Jerusalén, su monte santo. ²¹Mientras oraba, Gabriel, a quien había visto en la visión anterior, se me acercó con rapidez a la hora del sacrificio de la tarde. ²²Él me explicó: «Daniel, he venido para aquí para darte percepción y entendimiento. ²³En cuanto comenzaste a orar, se dio una orden y ahora estoy aquí para decírtela, porque eres muy precioso para Dios. Presta mucha atención, para que puedas entender el significado de la visión.

²⁴»Un período de setenta conjuntos de siete* se ha decretado para tu pueblo y tu ciudad santa para poner fin a su rebelión, para terminar con su pecado, para obtener perdón por su culpa, para traer justicia eterna, para confirmar la visión profética y para ungir el lugar santísimo.* ²⁵¡Ahora escucha y entiende! Pasarán siete conjuntos de siete más sesenta y dos conjuntos de siete* desde el momento en que se dé la orden de reconstruir Jerusalén hasta que venga un gobernante, el Ungido.* Jerusalén será reconstruida con calles y fuertes defensas,* a pesar de los tiempos peligrosos.

²⁶»Después de este período de sesenta y dos conjuntos de siete,* matarán al Ungido sin que parezca haber logrado nada y surgirá un gobernante cuyos ejércitos destruirán la ciudad y el templo. El fin llegará con una inundación; guerra, y la miseria que acarrea, está decretada desde ese momento hasta el fin. ²⁷El gobernante firmará un tratado con el pueblo por un período de un conjunto de siete,* pero al cumplirse la mitad de ese tiempo, pondrá fin a los sacrificios y a las ofrendas. Como punto culminante de todos sus terribles actos,* colocará un objeto sacrílego que causa profanación* hasta que el destino decretado para este profanador finalmente caiga sobre él».

Visión de un mensajero

10 En el tercer año del reinado de Ciro de Persia,* Daniel (también llamado Beltsasar) tuvo otra visión. Comprendió que la visión tenía que ver con sucesos que ciertamente ocurrirían en el futuro, es decir tiempos de guerra y de grandes privaciones.

²Cuando recibí esta visión, yo, Daniel, había estado de luto durante tres semanas enteras. ³En

---

9:24a En hebreo *setenta sietes*. 9:24b O *el Santísimo*. 9:25a En hebreo *siete sietes más sesenta y dos sietes*. 9:25b O *un ungido*; similar en 9:26. En hebreo *un mesías*. 9:25c O *y un foso o y trincheras*. 9:26 En hebreo *Después de sesenta y dos sietes*. 9:27a En hebreo *por un siete*. 9:27b En hebreo *Y sobre el ala de las abominaciones*; el significado del texto hebreo es incierto. 9:27c En hebreo *una abominación de desolación*. 10:1 El tercer año del reinado de Ciro fue el 536 a. C.

todo ese tiempo no comí nada pesado. No probé carne ni vino, ni me puse lociones perfumadas hasta que pasaron esas tres semanas.

⁴El 23 de abril,* mientras estaba de pie en la ribera del gran río Tigris, ⁵levanté los ojos y vi a un hombre vestido con ropas de lino y un cinto de oro puro alrededor de la cintura. ⁶Su cuerpo tenía el aspecto de una piedra preciosa. Su cara destellaba como un rayo y sus ojos ardían como antorchas. Sus brazos y sus pies brillaban como el bronce pulido y su voz era como el bramido de una enorme multitud.

⁷Sólo yo, Daniel, vi esta visión. Los hombres que estaban conmigo no vieron nada, pero de pronto tuvieron mucho miedo y corrieron a esconderse. ⁸De modo que quedé allí solo para contemplar tan sorprendente visión. Las fuerzas me abandonaron, mi rostro se volvió mortalmente pálido y me sentí muy débil. ⁹Entonces oí que el hombre hablaba y cuando oí el sonido de su voz, me desmayé y quedé tendido, con el rostro contra el suelo.

¹⁰En ese momento, una mano me tocó y, aún temblando, me levantó y me puso sobre las manos y las rodillas. ¹¹Entonces el hombre me dijo: «Daniel, eres muy precioso para Dios, así que presta mucha atención a lo que tengo que decirte. Ponte de pie, porque me enviaron a ti». Cuando me dijo esto, me levanté, todavía temblando.

¹²Entonces dijo: «No tengas miedo, Daniel. Desde el primer día que comenzaste a orar para recibir entendimiento y a humillarte delante de tu Dios, tu petición fue escuchada en el cielo. He venido en respuesta a tu oración; ¹³pero durante veintiún días el espíritu príncipe* del reino de Persia me impidió el paso. Entonces vino a ayudarme Miguel, uno de los arcángeles,* y lo dejé allí con el espíritu príncipe del reino de Persia.* ¹⁴Ahora estoy aquí para explicar lo que le sucederá en el futuro a tu pueblo, porque esta visión se trata de un tiempo aún por venir».

¹⁵Mientras me hablaba, bajé la vista al suelo, sin poder decir una palabra. ¹⁶Entonces el que se parecía a un hombre* me tocó los labios y abrí la boca y comencé a hablar. Le dije al que estaba de pie frente a mí:

—Estoy muy angustiado a causa de la visión que tuve, mi señor, y me siento muy débil. ¹⁷¿Cómo podría alguien como yo, tu siervo, hablar contigo, mi señor? Mis fuerzas se han ido y apenas puedo respirar.

¹⁸Entonces el que se parecía a un hombre volvió a tocarme, y sentí que recuperaba mis fuerzas. ¹⁹—No tengas miedo —dijo—, que eres muy precioso para Dios. ¡Que tengas paz, ánimo y fuerza!

Mientras me decía estas palabras, de pronto me sentí más fuerte y le dije:

—Por favor, háblame, señor mío, porque me has fortalecido.

²⁰—¿Sabes por qué he venido? —respondió él—. Pronto debo regresar a luchar contra el espíritu príncipe del reino de Persia y después de eso vendrá el espíritu príncipe del reino de Grecia.* ²¹Mientras tanto, te diré lo que está escrito en el libro de la verdad. (Nadie me ayuda contra esos espíritus príncipes, a excepción de Miguel, el espíritu príncipe de ustedes.* ¹¹:¹He acompañado a Miguel* para apoyarlo y fortalecerlo desde el primer año del reinado de Darío el medo).

Los reyes del sur y del norte

11 ²»Ahora te daré a conocer la verdad. Reinarán otros tres reyes persas y seguirá un cuarto rey, mucho más rico que los otros. Usará su riqueza para incitar a todos a luchar contra el reino de Grecia.

³»Entonces surgirá un rey poderoso que gobernará con gran autoridad y logrará todo lo que se proponga. ⁴Pero cuando esté en la cumbre de su poder, su reino será quebrado y dividido en cuatro partes. Este reino no será gobernado por los descendientes del rey, ni tendrá el poder que tuvo antes. Pues su imperio será arrancado de raíz y entregado a otros.

⁵»El rey del sur crecerá en poder, pero uno de sus propios funcionarios llegará a ser más poderoso que él y gobernará el reino con gran autoridad.

⁶»Algunos años después, se formará una alianza entre el rey del norte y el rey del sur. El rey del sur dará a su hija en matrimonio al rey del norte para asegurar la alianza, pero tanto ella como su padre perderán su influencia sobre el rey. Ella será abandonada junto con todos sus partidarios. ⁷No obstante, cuando uno de sus parientes* llegue a ser el rey del sur, este levantará un ejército, entrará en la fortaleza del rey del norte y lo derrotará. ⁸Cuando regrese a Egipto, se llevará consigo los ídolos de ellos, junto con objetos de oro y de plata de incalculable valor. Después de esto, dejará al rey del norte en paz por algunos años.

⁹»Más tarde el rey del norte invadirá el imperio del rey del sur pero regresará pronto a su propia tierra. ¹⁰Sin embargo, los hijos del rey del norte reunirán un ejército poderoso que avanzará como una inundación y llevará el combate hasta la fortaleza del enemigo.

¹¹»Entonces, furioso, el rey del sur saldrá a pelear contra los enormes ejércitos reunidos por el rey del norte y los derrotará. ¹²Después de arrasar con el ejército enemigo, el rey del sur se llenará de orgullo y ejecutará a muchos miles de sus enemigos; pero su triunfo no durará mucho tiempo.

¹³»Pocos años después, el rey del norte regresará con un ejército bien equipado, mucho más numeroso que antes. ¹⁴En esos días habrá una rebelión general contra el rey del sur. En cumplimiento de esta visión, hombres violentos del pueblo de Israel se unirán a esa rebelión, pero fracasarán. ¹⁵Después llegará el rey del norte y sitiará una ciudad fortificada y la conquistará. Las mejores tropas del sur no podrán hacer frente al ataque.

¹⁶»El rey del norte avanzará sin oposición; nadie podrá contenerlo. Se detendrá en la gloriosa tierra de Israel* decidido a destruirla. ¹⁷Hará planes para avanzar con la fuerza de su reino y formará una alianza con el rey del sur. Le dará en matrimonio a su hija, con la intención de derrotar al reino desde adentro, pero su plan fracasará.

¹⁸»Después, dirigirá su atención a la región de la costa y conquistará muchas ciudades. Sin embargo, un comandante de otra tierra pondrá fin a su insolencia y lo hará retirarse avergonzado. ¹⁹Se refugiará en sus propias fortalezas pero tropezará y caerá y no se le verá más.

²⁰»El sucesor del rey enviará a un cobrador de impuestos para mantener el esplendor del reino, pero morirá al cabo de un breve reinado, aunque no como resultado del enojo ni en batalla.

²¹»El siguiente en subir al poder será un hombre despreciable, quien no está en la línea de sucesión al trono. Cuando menos lo esperen, tomará el control del reino, mediante adulación e intrigas. ²²Arrasará a los grandes ejércitos que se le opongan, incluido un príncipe del pacto. ²³Formará diversas alianzas mediante promesas engañosas. Se volverá fuerte, a pesar de tener solo un puñado de seguidores. ²⁴De improviso, invadirá los lugares más ricos del territorio. Luego repartirá entre sus seguidores el botín y las fortunas de los ricos, algo que sus antecesores nunca habían hecho. Hará planes para conquistar las ciudades fortificadas, pero eso durará poco tiempo.

²⁵»Entonces se armará de valor y levantará un gran ejército en contra del rey del sur. Saldrá a la batalla con un ejército poderoso, pero será en vano, porque habrá intrigas en su contra. ²⁶Los de su propia casa causarán su derrota. Su ejército será arrasado y muchos morirán. ²⁷Entonces sin otro propósito que dañarse el uno al otro, estos reyes se sentarán a la mesa de negociaciones y conspirarán el uno contra el otro con el propósito de engañarse mutuamente; pero esto no cambiará nada, porque el fin llegará a la hora señalada.

²⁸»El rey del norte, entonces, regresará a su territorio con muchas riquezas. En su camino se pondrá en contra del pueblo del pacto sagrado y causará mucho daño antes de seguir su viaje.

²⁹»Después, a la hora señalada, volverá a invadir el sur, pero esta vez el resultado será diferente. ³⁰Pues lo espantarán barcos de guerra de las costas del occidente;* se retirará y volverá a su territorio. Sin embargo, descargará su enojo contra el pueblo del pacto sagrado y premiará a los que abandonen el pacto.

³¹»Su ejército se apoderará de la fortaleza del templo, contaminará el santuario, pondrá fin a los sacrificios diarios y colocará el objeto sacrílego que causa profanación.* ³²Capturará con adulaciones a quienes desobedecen el pacto. Sin embargo, el pueblo que conoce a su Dios se mantendrá fuerte y lo resistirá.

³³»Los líderes sabios instruirán a muchos, pero esos maestros morirán por fuego y espada o los encarcelarán y los robarán. ³⁴Durante estas persecuciones, recibirán poca ayuda y muchos de los que se unan a ellos no serán sinceros. ³⁵Algunos de los sabios serán víctimas de la persecución. De esa manera ellos se perfeccionarán, se limpiarán y se refinarán hasta que llegue el tiempo del fin, porque la hora señalada todavía está por venir.

³⁶»El rey hará lo que le venga en gana, se exaltará a sí mismo y afirmará ser más grande que todos los dioses, incluso blasfemará contra el Dios de dioses. El éxito lo acompañará, pero solo hasta que se cumpla el tiempo de la ira, pues lo que se ha establecido, sin lugar a dudas, ocurrirá. ³⁷No tendrá ningún respeto por los dioses de sus antepasados, ni por el dios querido por las mujeres, ni por ningún otro dios, porque se jactará de ser más grande que todos ellos. ³⁸En su lugar, rendirá culto al dios de las fortalezas —un dios que sus antepasados jamás conocieron— y lo engrandecerá con oro, plata, piedras preciosas y regalos costosos. ³⁹Atacará las fortalezas más resistentes, afirmando que cuenta con la ayuda de este dios extranjero. Honrará a quienes se sometan a él, al ponerlos en puestos de autoridad y al repartir la tierra entre ellos como recompensa.*

⁴⁰»Luego, al tiempo del fin, el rey del sur atacará al rey del norte. El rey del norte saldrá precipitadamente en carros de guerra con sus conductores y una enorme armada. Invadirá varios territorios y los arrasará como una inundación. ⁴¹Entrará en la gloriosa tierra de Israel* y muchas naciones caerán, pero Moab, Edom y la mayor parte de Amón escaparán de sus manos. ⁴²Conquistará muchos países y ni siquiera Egipto se salvará. ⁴³Se apoderará del oro, de la plata y de los tesoros de Egipto; los libios y los etíopes serán sus sirvientes.*

⁴⁴»Pero luego lo alarmarán las noticias provenientes del oriente y del norte y saldrá con furia

11:16 En hebreo *la tierra gloriosa.* 11:30 En hebreo *de Quitim.* 11:31 En hebreo *la abominación de desolación.* 11:39 O *por un precio.* 11:41 En hebreo *la tierra gloriosa.* 11:43 En hebreo *cusitas.*

a destruir y a aniquilar a muchos. ⁴⁵Se detendrá entre el glorioso monte santo y el mar y allí instalará sus carpas reales, pero mientras esté allí, terminará su tiempo de repente y no habrá quien lo ayude.

El tiempo del fin

12 »En ese tiempo se levantará Miguel, el arcángel* que hace guardia sobre tu nación. Entonces habrá un tiempo de angustia, como no lo hubo desde que existen las naciones. Sin embargo, en ese momento, cada uno de tu pueblo que tiene el nombre escrito en el libro será rescatado. ²Se levantarán muchos de los que están muertos y enterrados, algunos para vida eterna y otros para vergüenza y deshonra eterna. ³Los sabios resplandecerán tan brillantes como el cielo y quienes conducen a muchos a la justicia brillarán como estrellas para siempre. ⁴Pero tú, Daniel, mantén en secreto esta profecía: sella el libro hasta el tiempo del fin, cuando muchos correrán de aquí para allá y el conocimiento aumentará.

⁵Entonces yo, Daniel, vi a otros dos que estaban de pie en lados opuestos del río. ⁶Uno de ellos le preguntó al hombre vestido de lino, que estaba de pie sobre el río:

—¿Cuánto tiempo pasará hasta que terminen estos espantosos sucesos?

⁷El hombre vestido de lino —que estaba de pie sobre el río— levantó ambas manos hacia el cielo e hizo un juramento solemne por aquel que vive para siempre diciendo:

—Durará por un tiempo, tiempos y medio tiempo. Cuando finalmente termine el quebrantamiento del pueblo santo, todas estas cosas habrán sucedido.

⁸Oí lo que dijo, pero no entendí el significado. Entonces le pregunté:

—¿Mi señor, cómo terminará todo esto?

⁹Pero él dijo:

—Vete ya, Daniel, porque lo que he dicho se mantendrá en secreto y sellado hasta el tiempo del fin. ¹⁰Mediante estas pruebas, muchos serán purificados, limpiados y refinados. Sin embargo, los perversos seguirán en su perversidad y ninguno de ellos entenderá. Solo los sabios comprenderán lo que significa.

¹¹»Desde el momento en que se detengan los sacrificios diarios y coloquen el objeto sacrílego que causa profanación* para ser adorado, habrá mil doscientos noventa días. ¹²¡Benditos sean los que esperen y permanezcan hasta el fin de los mil trescientos treinta y cinco días!

¹³»En cuanto a ti, sigue tu camino hasta el final. Descansarás y, entonces, al final de los días, te levantarás para recibir la herencia que ha sido guardada para ti.

12:1 En hebreo *el gran príncipe.*   12:11 En hebreo *la abominación de desolación.*

Oseas

1 El Señor le dio este mensaje a Oseas, hijo de Beeri, durante los años en que Uzías, Jotam, Acaz y Ezequías eran reyes de Judá, y Jeroboam II, hijo de Yoás,* era rey de Israel.

La esposa y los hijos de Oseas

²Cuando el Señor le habló por primera vez a Israel por medio de Oseas, le dijo al profeta: «Ve y cásate con una prostituta,* de modo que algunos de los hijos de ella sean concebidos en prostitución. Esto ilustrará cómo Israel se ha comportado como una prostituta, al volverse en contra del Señor y al rendir culto a otros dioses».

³Así que Oseas se casó con Gomer, hija de Diblaim. Ella quedó embarazada y le dio un hijo. ⁴Entonces el Señor dijo: «Ponle al niño por nombre Jezreel, porque estoy a punto de castigar a la dinastía del rey Jehú para vengar los asesinatos que cometió en Jezreel. De hecho, pondré fin a la independencia de Israel ⁵y acabaré con su poderío militar en el valle de Jezreel».

⁶Al poco tiempo, Gomer quedó embarazada otra vez y dio a luz una niña. Entonces el Señor le dijo a Oseas: «Ponle por nombre a tu hija Lo-ruhamá —"no amada"— porque ya no le demostraré amor al pueblo de Israel ni lo perdonaré; ⁷pero sí le demostraré amor al pueblo de Judá. Lo libraré de sus enemigos, no con armas y ejércitos ni con caballos y jinetes, sino con mi poder como el Señor su Dios».

⁸Después que Gomer destetó a Lo-ruhamá, quedó nuevamente embarazada y dio a luz un segundo hijo. ⁹Entonces el Señor dijo: «Ponle por nombre Lo-ammí —"no es mi pueblo"— porque Israel no es mi pueblo y yo no soy su Dios.

¹⁰»Sin embargo, llegará el día cuando el pueblo de Israel será como la arena a la orilla del mar, ¡imposible de contar! Así que en el lugar donde se les dijo: "Ustedes no son mi pueblo", se dirá: "Ustedes son hijos del Dios viviente". ¹¹Entonces los pueblos de Judá e Israel se unirán, elegirán un solo líder y regresarán juntos del destierro. Qué gran día será —el día de Jezreel*— cuando Dios plantará de nuevo a su pueblo en su tierra.

²:¹»En ese día, llamarán a sus hermanos Ammí —"mi pueblo"— y a sus hermanas llamarán Ruhamá: "las que yo amo".

Cargos contra una esposa infiel

2 ²»Pero ahora, presenten cargos contra
  su madre Israel,
porque ya no es mi esposa,
  ni yo soy su esposo.
Díganle que se quite del rostro el maquillaje
    de prostituta
  y la ropa que muestra sus pechos.
³ De lo contrario, la desnudaré por completo,
  como estaba el día en que nació.
Dejaré que muera de sed,
  como en un desierto desolado y árido.
⁴ No amaré a sus hijos
  porque fueron concebidos en la
    prostitución.
⁵ Su madre es una prostituta descarada
  y quedó embarazada de una manera
    vergonzosa.
Dijo: "Iré tras otros amantes
  y me venderé a cambio de comida y agua,
a cambio de ropa de lana y lino,
  también a cambio de aceite de oliva y
    bebidas".

⁶ »Por esta razón la cercaré con espinos.
  Cerraré su paso con un muro
  para que pierda su rumbo.
⁷ Cuando corra tras sus amantes,
  no podrá alcanzarlos.
Los buscará
  pero no los encontrará.
Entonces pensará:
  "Mejor me sería volver a mi esposo
  porque con él estaba mejor que ahora".
⁸ Ella no se da cuenta de que fui yo quien le
  dio todo lo que tiene:
  grano, vino nuevo y aceite de oliva;
hasta le di plata y oro.
  Pero ella le ofreció todos mis regalos a Baal.

⁹ »Sin embargo, ahora le quitaré el grano
  maduro y el vino nuevo
  que generosamente le di en cada cosecha.
Le quitaré la ropa de lino y lana
  que le di para cubrir su desnudez.
¹⁰ La desnudaré por completo en público,
  a la vista de todos sus amantes.
Nadie podrá librarla
  de mis manos.

1:1 En hebreo *Joás*, una variante de Yoás. **1:2** O *una mujer promiscua.* **1:10** Los versículos del 1:10-11 corresponden al 2:1-2 en el texto hebreo. **1:11** *Jezreel* significa "Dios siembra". **2:1** Los versículos del 2:1-23 corresponden al 2:3-25 en el texto hebreo.

11 Pondré fin a sus festivales anuales,
   celebraciones de luna nueva y sus días
      de descanso:
   todos sus festivales establecidos.
12 Destruiré sus vides y sus higueras,
   las cuales, según ella, le dieron sus amantes.
Dejaré que crezcan hasta que se conviertan
      en espesos matorrales
   de los que solo los animales salvajes
      comerán su fruto.
13 La castigaré por todas las ocasiones
   en que quemaba incienso a las imágenes
      de Baal,
cuando se ponía aretes y joyas
   y salía a buscar a sus amantes,
   olvidándose de mí por completo
      —dice el SEÑOR—.

El amor del SEÑOR por un Israel infiel

14 »Pero luego volveré a conquistarla.
   La llevaré al desierto
   y allí le hablaré tiernamente.
15 Le devolveré sus viñedos
   y convertiré el valle de la Aflicción*
      en una puerta de esperanza.
Allí se me entregará
   como lo hizo hace mucho tiempo cuando
      era joven,
   cuando la liberé de su esclavitud en Egipto.
16 Al llegar ese día —dice el SEÑOR—,
   me llamarás "esposo mío"
   en vez de "mi señor"*.
17 Oh Israel, yo borraré los muchos nombres
      de Baal de tus labios
   y nunca más los mencionarás.
18 En ese día haré un pacto
   con todos los animales salvajes, las aves
      de los cielos
   y los animales que corren sobre la tierra,
   para que no te hagan daño.
Quitaré de la tierra todas las armas
      de guerra,
   todas las espadas y todos los arcos,
   para que puedas vivir sin temor,
      en paz y seguridad.
19 Te haré mi esposa para siempre,
   mostrándote rectitud y justicia,
   amor inagotable y compasión.
20 Te seré fiel y te haré mía
   y por fin me conocerás como el SEÑOR.

21 »En ese día, yo responderé
      —dice el SEÑOR—.
   Le responderé al cielo cuando clame por
      nubes,
   y el cielo contestará a la tierra con lluvia.
22 Entonces la tierra responderá a los clamores
      sedientos

del grano, de las vides y de los olivos.
Y ellos a su vez responderán:
   "Jezreel" que significa "¡Dios siembra!".
23 En ese tiempo yo sembraré una cosecha de
      israelitas
   y los haré crecer para mí.
Demostraré amor
   a los que antes llamé "no amados"*.
Y a los que llamé "no son mi pueblo"*,
   yo diré: "Ahora son mi pueblo".
Y ellos responderán: "¡Tú eres nuestro Dios!"».

La esposa de Oseas es redimida

3 Entonces el SEÑOR me dijo: «Ve y ama otra
   vez a tu esposa, aun cuando ella* comete
adulterio con un amante. Esto ilustrará que el
SEÑOR aún ama a Israel, aunque se haya vuelto a
otros dioses y le encante adorarlos».*

2 Así que la recuperé pagando quince piezas
de plata,* doscientos veinte kilos de cebada y
una medida de vino.* 3 Entonces le dije: «Tienes
que vivir en mi casa por muchos días y dejar
la prostitución. Durante este tiempo no tendrás relaciones sexuales con nadie, ni siquiera
conmigo».*

4 Esto muestra que Israel estará por mucho
tiempo sin rey ni príncipe, sin sacrificios ni columnas sagradas ni sacerdotes,* ¡ni siquiera ídolos! 5 Pero después el pueblo volverá y se dedicará
al SEÑOR su Dios y al descendiente de David, su
rey.* En los últimos días, temblarán de asombro
ante el SEÑOR y su bondad.

Cargos del SEÑOR contra Israel

4 1 ¡Escucha la palabra del SEÑOR, oh pueblo
   de Israel!
   El SEÑOR ha presentado cargos en tu
      contra, diciendo:
   «No hay fidelidad, ni bondad
      ni conocimiento de Dios en tu tierra.
2 Haces votos y los rompes;
   matas, robas y cometes adulterio.
Hay violencia en todas partes;
   un asesinato tras otro.
3 Por eso la tierra está de luto
   y todos desfallecen.
Hasta los animales salvajes y las aves
      de los cielos
   y los peces del mar desaparecen.

4 »¡No señales a otro
      para echarle la culpa!
   ¡Mi queja, sacerdotes,
      es con ustedes!*
5 Así que tropezarán en plena luz del día
   y sus falsos profetas caerán con ustedes
      durante la noche.
Y destruiré a su madre Israel.

2:15 En hebreo *el valle de Acor.* 2:16 En hebreo *baal mío.* 2:23a En hebreo *Lo-ruhama;* ver 1:6. 2:23b En hebreo *Lo ammí;* ver 1:9. 3:1a O *Ve y ama a una mujer que.* 3:1b En hebreo *que enuestan sus tortas de pasas.* 3:2a En hebreo *15 siclos de plata,* aproximadamente 171 gramos ó 6 onzas. 3:2b Así aparece en la versión griega, que dice *un homer de cebada y un odre lleno de vino;* en hebreo dice *un homer* [182 litros ó 484 libras] *de cebada y un létec* [91 litros ó 242 libras] *de cebada.* 3:3 O *y yo viviré contigo.* 3:4 En hebreo *efod,* chaleco usado por el sacerdote. 3:5 En hebreo *a David su rey.* 4:4 En hebreo *Tu pueblo es como aquellos que tienen quejas con los sacerdotes.*

⁶ Mi pueblo está siendo destruido
  porque no me conoce.
Así como ustedes, sacerdotes, se niegan
    a conocerme,
  yo me niego a reconocerlos como mis
    sacerdotes.
Ya que olvidaron las leyes de su Dios,
  me olvidaré de bendecir a sus hijos.

⁷ Mientras más sacerdotes hay,
  más pecan contra mí.
Han cambiado la gloria de Dios
  por la vergüenza de los ídolos.*

⁸ »Cuando la gente lleva su ofrenda por el
    pecado, los sacerdotes se alimentan.
  ¡Por eso se alegran cuando el pueblo peca!

⁹ "Y lo que hacen los sacerdotes, el pueblo
    también lo hace".
  Así que ahora castigaré tanto a los
    sacerdotes como al pueblo
  por sus perversas acciones.

¹⁰ Comerán pero seguirán con hambre.
  Se prostituirán pero no lograrán nada,
  porque han abandonado al Señor
¹¹   para rendir culto a otros dioses.

»El vino le ha robado
  el entendimiento a mi pueblo.
¹² ¡Piden consejo a un trozo de madera!
  ¡Creen que un palo puede decirles el
    futuro!
El deseo de ir tras los ídolos
  los ha vuelto necios.
Se prostituyeron
  sirviendo a otros dioses y abandonando a
    su Dios.

¹³ Ofrecen sacrificios a ídolos en la cima de las
    montañas.
  Suben a las colinas para quemar incienso
  bajo la sombra placentera de robles, álamos
    y terebintos.

»Por eso sus hijas se entregan a la prostitución
  y sus nueras cometen adulterio.
¹⁴ Pero ¿por qué debería yo castigarlas
  por su prostitución y adulterio?
Pues sus hombres hacen lo mismo,
  pecando con rameras y prostitutas de
    los templos paganos.
¡Oh pueblo necio! ¡Se niegan a entender,
  por eso será destruido!

¹⁵ »A pesar de que tú, Israel, eres una prostituta,
  que Judá se libre de semejante culpa.
No te unas a la falsa adoración en Gilgal o
    Bet-avén,*
  aunque allí se jure en el nombre del Señor.
¹⁶ Israel es obstinado
  como una vaquilla terca.

¿Debería el Señor alimentarlo
  como a un cordero en buenos pastizales?
¹⁷ Dejen a Israel* solo
  porque está casado con la idolatría.
¹⁸ Cuando los gobernantes de Israel terminan
    de beber,
  salen en busca de prostitutas.
  Aman más la vergüenza que el honor.*
¹⁹ Por lo tanto, un viento poderoso los arrasará.
  Sus sacrificios a ídolos les traerán
    vergüenza.

Fracaso de los líderes de Israel

5 ¹ »Escuchen esto, ustedes sacerdotes.
  Presten atención, líderes de Israel.
Escuchen, miembros de la familia real.
  Se ha pronunciado sentencia contra
    ustedes
porque han llevado al pueblo a una trampa,
  al rendirles culto a ídolos en Mizpa y en
    Tabor.
² Sí, ustedes cavaron un gran pozo para
    atraparlos en la arboleda de Acacia.*
  Pero yo ajustaré cuentas con ustedes por
    lo que hicieron.
³ Yo sé cómo eres, oh Efraín.
  No puedes esconderte de mí, oh Israel.
Me abandonaste como una prostituta deja
    a su esposo;
  estás totalmente contaminada.
⁴ Tus acciones no te permiten volver a tu Dios.
  Eres prostituta hasta la médula
  y no conoces al Señor.

⁵ »La arrogancia de Israel testifica en su propia
    contra;
Israel y Efraín tropezarán bajo el peso de
    su culpa.
  Judá también caerá con ellas.
⁶ Cuando vengan con sus manadas y rebaños
  para ofrecer sacrificios al Señor,
  no lo encontrarán,
  porque él se ha apartado de ellos.
⁷ Traicionaron el honor del Señor,
  engendrando hijos que no son de él.
Ahora su falsa religión los devorará
  junto con sus riquezas.*

⁸ »¡Toquen alarma en Guibeá!
  ¡Hagan sonar la trompeta en Ramá!
¡Den el grito de guerra en Bet-avén!*
  ¡Entren en batalla, oh guerreros de
    Benjamín!
⁹ Una cosa es segura, Israel:*
  en el día de tu castigo,
  te convertirás en un montón de
    escombros.

4:7 Así aparece en la versión siríaca y en una antigua tradición hebrea; el texto masorético dice *Cambiaré su gloria en vergüenza.*
4:15 *Bet-avén* significa «casa de perversidad»; aquí se usa como otro nombre para Betel, que significa «casa de Dios».   4:17 En hebreo
Efraín, se refiere al reino del norte de Israel.   4:18 Así aparece en la versión griega; el significado del hebreo es incierto.
5:2 En hebreo *en Sitim*. El significado del hebreo de esta frase es incierto.   5:7 El significado del hebreo es incierto.   5:8 *Bet-avén*
significa «casa de perversidad»; aquí se usa como otro nombre para Betel, que significa «casa de Dios».   5:9 En hebreo *Efraín*, se
refiere al reino del norte de Israel; también en 5:11, 12, 13, 14.

¹⁰ »Los líderes de Judá han llegado a ser como
ladrones,*
por lo tanto, derramaré mi enojo sobre ellos
como una cascada.
¹¹ El pueblo de Israel será aplastado y demolido
por mi juicio,
porque están decididos a rendir culto
a ídolos.*
¹² Destruiré a Israel como la polilla consume
la lana.
Dejaré a Judá tan débil como madera
podrida.

¹³ »Cuando Israel y Judá vieron lo enfermos que
estaban,
Israel acudió a Asiria
y a su gran rey,
pero este no pudo ayudarlos ni curarlos.
¹⁴ Seré como un león a Israel,
como un león joven y fuerte a Judá.
¡Los despedazaré!
Me los llevaré
y no quedará nadie para rescatarlos.
¹⁵ Entonces regresaré a mi lugar,
hasta que reconozcan su culpa y se
vuelvan a mí.
Pues tan pronto lleguen las dificultades,
me buscarán de todo corazón».

Un llamado al arrepentimiento

6 ¹ «Vengan, volvámonos al Señor.
Él nos despedazó,
pero ahora nos sanará.
Nos hirió,
pero ahora vendará nuestras heridas.
² Dentro de poco tiempo él nos restaurará,
para que podamos vivir en su presencia.
³ ¡Oh, si conociéramos al Señor!
Esforcémonos por conocerlo.
Él nos responderá, tan cierto como viene
el amanecer
o llegan las lluvias a comienzos de la
primavera».

⁴ «Oh Israel* y Judá,
¿qué debo hacer con ustedes? —pregunta
el Señor—.
Pues su amor se desvanece como la niebla
de la mañana
y desaparece como el rocío a la luz del sol.
⁵ Envié mis profetas para destrozarlos,
para aniquilarlos con mis palabras;
con juicios tan inevitables como la luz.
⁶ Quiero que demuestren amor,*
no que ofrezcan sacrificios.
Más que ofrendas quemadas,
quiero que me conozcan.*
⁷ Pero igual que Adán,* ustedes rompieron
mi pacto
y traicionaron mi confianza.

⁸ »Galaad es una ciudad de pecadores,
marcada con huellas de sangre.
⁹ Los sacerdotes forman bandas de asaltantes
que esperan para emboscar a sus víctimas.
Asesinan a los viajeros en el camino a Siquem
y cometen toda clase de pecados.
¹⁰ Sí, he visto cosas horribles en Efraín e Israel:
¡Mi pueblo se ha contaminado por
prostituirse con otros dioses!

¹¹ »Oh Judá, también a ti te espera una cosecha
de castigo,
a pesar de que yo deseaba volver el
bienestar de mi pueblo.

Israel ama la perversidad

7 ¹ »Yo quiero sanar a Israel,* pero sus
pecados son demasiado grandes.
Samaria está llena de mentirosos.
¡Hay ladrones adentro
y bandidos afuera!
² La gente no se da cuenta
de que los estoy mirando.
Están cercados por sus acciones pecaminosas
y yo las veo todas.

³ »El pueblo entretiene al rey con sus
perversidades
y los príncipes se ríen de todas las mentiras
del pueblo.
⁴ Son todos adúlteros,
siempre ardiendo con pasión.
Son como un horno que se mantiene
caliente
mientras el panadero prepara la masa.
⁵ Durante una fiesta del rey, los príncipes se
emborrachan con vino,
y se entregan a la juerga con los que se
burlan de ellos.
⁶ Sus corazones son como un horno
recalentado con intriga.
Sus maquinaciones humean* durante la
noche
y por la mañana estallan en un incendio
violento.
⁷ Como un horno ardiente,
consumen a sus líderes.
Matan a sus reyes uno tras otro,
y nadie clama a mí en busca de ayuda.

⁸ »El pueblo de Israel se mezcla con paganos
de otras naciones,
¡y se vuelven tan inútiles como un pastel
a medio cocer!
⁹ El rendir culto a dioses ajenos consume sus
fuerzas,
pero ellos ni cuenta se dan.
Su cabello se ha encanecido
pero no se dan cuenta de que están viejos
y débiles.

5:10 En hebreo *como esos que cambian los límites de propiedad.* 5:11 O *están decididos a seguir mandatos humanos.* El significado del hebreo es incierto. 6:4 En hebreo *Efraín,* se refiere al reino del norte de Israel. 6:6a La versión griega traduce este término hebreo como *tengan compasión.* Comparar Mt 9:13; 12:7. 6:6b En hebreo *conozcan a Dios.* 6:7 O *Pero en Adán.* 7:1 En hebreo *Efraín,* se refiere al reino del norte de Israel, también en 7:8, 11. 7:6 En hebreo *Su panadero duerme.*

¹⁰ Su arrogancia testifica en su contra,
     sin embargo, no se vuelven al Señor su Dios,
     ni siquiera tratan de encontrarlo.

¹¹ »El pueblo de Israel se ha vuelto como
          palomas, necias y tontas;
     primero clama a Egipto en busca de ayuda y
          luego vuela a Asiria.

¹² Pero mientras revolotean,
     arrojaré mi red sobre ellos
     y los derribaré como a un pájaro que cae
          del cielo.
     Los castigaré por todo el mal que hacen.*

¹³ ¡Qué aflicción les espera a los que me han
          abandonado!
     Déjenlos morir porque se han rebelado
          contra mí.
     Yo deseaba redimirlos
     pero han dicho mentiras de mí.

¹⁴ En lugar de invocarme con corazón sincero
     se quedan sentados en sus sillones y se
          lamentan.
     Se hacen cortadas en el cuerpo* y suplican
          grano y vino nuevo a dioses ajenos
     y se alejan de mí.

¹⁵ Yo los entrené y los hice fuertes,
     pero ahora, traman maldades en mi contra.

¹⁶ Miran en todas partes menos al Altísimo.
     Son tan inútiles como un arco torcido.
     Sus líderes morirán a manos de sus enemigos
     a causa de su insolencia hacia mí.
     Entonces el pueblo de Egipto
          se reirá de ellos.

Israel cosecha un torbellino

8 ¹ »¡Toquen alarma!
          El enemigo desciende como un águila
               sobre el pueblo del Señor,
     porque rompieron mi pacto
     y se rebelaron contra mi ley.

² Ahora Israel me suplica:
     "¡Ayúdanos, porque tú eres nuestro Dios!".

³ Pero es demasiado tarde.
     Los israelitas rechazaron lo bueno,
     y ahora sus enemigos los perseguirán.

⁴ El pueblo de Israel nombró reyes sin mi
          consentimiento
     y príncipes sin mi aprobación.
     Fabricaron ídolos de plata y oro para sí mismos
     y así provocaron su propia destrucción.

⁵ »Oh Samaria, yo rechazo este becerro,
     este ídolo que te has hecho.
     Mi furia arde contra ti.
     ¿Hasta cuándo serás incapaz de estar sin
          culpa?

⁶ Este becerro que adoras, oh Israel,
     ¡lo hiciste con tus propias manos!
     ¡No es Dios!
     Por lo tanto, debe ser hecho pedazos.

⁷ »Sembraron vientos
     y cosecharán torbellinos.
     Los tallos de grano se marchitan
     y no producen nada para comer.
     Y aun si hubiera grano,
     lo comerían los extranjeros.

⁸ El pueblo de Israel ha sido tragado;
     ahora está tirado en medio de las naciones
          como una olla vieja y descartada.

⁹ Como asno salvaje en celo,
     los israelitas* se han ido a Asiria.
     Se vendieron
     y se entregaron a muchos amantes.

¹⁰ Pero aunque se han vendido a muchos aliados,
     ahora los reuniré para el juicio.
     Entonces se retorcerán
          bajo la opresión del gran rey.

¹¹ »Israel construyó muchos altares para quitar
          el pecado,
     pero estos mismos altares se convirtieron
          en lugares para pecar!

¹² A pesar de que les di todas mis leyes,
     actúan como si esas leyes no se aplicaran
          a ellos.

¹³ El pueblo de Israel ama sus ceremonias de
          sacrificio,
     pero para mí, todos sus sacrificios no
          tienen sentido.
     Yo haré responsable a mi pueblo de sus
          pecados
     y lo castigaré;
     ellos volverán a Egipto.

¹⁴ Israel se olvidó de su Hacedor y construyó
          grandes palacios,
     y Judá fortificó sus ciudades.
     Por lo tanto, haré descender fuego sobre
          sus ciudades
     y quemaré sus fortalezas».

Oseas anuncia el castigo de Israel

9 ¹ Oh pueblo de Israel,
          no te alegres como lo hacen otras
               naciones.
     Pues has sido infiel a tu Dios,
     alquilándote como una prostituta
     y rindiendo culto a otros dioses en cada
          campo de trillar.

² Ahora tus cosechas serán insuficientes para
          alimentarte;
     no habrá uvas para hacer vino nuevo.

³ Ya no podrás quedarte aquí en la tierra del
          Señor.
     En cambio, volverás a Egipto,
     y en Asiria comerás alimentos
          ceremonialmente impuros.

⁴ Allí no presentarás ofrendas de vino al Señor
     y ninguno de tus sacrificios le agradará.
     Serás inmundo como el alimento tocado
          por una persona que está de luto.

7:12 En hebreo *Los castigaré por lo que de ellos fue reportado en la asamblea.*   **7:14** Así aparece en la versión griega; en hebreo dice *Se reúnen.*   **8:9** En hebreo *Efraín,* se refiere al reino del norte de Israel; también en 8:11.

Todo el que presente tales sacrificios
quedará contaminado.
Ellos mismos podrán comer esta comida
pero no podrán ofrecerla al Señor.
⁵ Entonces, ¿qué harás en los días de los
festivales?
¿Cómo celebrarás los festivales del Señor?
⁶ Aunque escapes de la destrucción a manos
de Asiria,
Egipto te vencerá y Menfis* te enterrará.
La ortiga se apoderará de tus tesoros de plata
y la zarza invadirá tus casas arruinadas.

⁷ Ha llegado la hora del castigo de Israel;
ha llegado el día del pago merecido.
Pronto Israel se dará perfecta cuenta
de esto.
A causa de tu gran pecado y hostilidad
dices: «¡Los profetas están locos
y los hombres inspirados son necios!».
⁸ El profeta es un centinela sobre Israel* para
mi Dios,
sin embargo, dondequiera que va le
tienden trampas.
Hasta en la casa de Dios enfrenta
hostilidad.
⁹ Lo que hace mi pueblo es tan depravado
como lo que se hizo en Guibeá hace
mucho tiempo.
Dios no olvidará;
sin falta los castigará por sus pecados.

¹⁰ Dice el Señor: «Oh Israel, cuando te encontré
por primera vez,
fue como encontrar uvas frescas en el
desierto.
Cuando vi a tus antepasados,
fue como ver los primeros higos maduros
de la temporada.
Pero después me abandonaron por Baal-peor
y se entregaron a ese ídolo vergonzoso.
En poco tiempo se volvieron viles,
tan viles como el dios al que rinden culto.
¹¹ La gloria de Israel saldrá volando como un ave,
porque tus hijos no nacerán,
ni crecerán en la matriz,
ni siquiera serán concebidos.
¹² Aunque algunos de tus hijos lleguen a crecer,
yo te los arrebataré.
Será un día terrible cuando me aleje
y te deje solo.
¹³ He visto a Israel llegar a ser tan hermoso
como Tiro.
Pero ahora Israel sacará a sus hijos para
ser masacrados».

¹⁴ Oh Señor, ¿qué debería pedir para tu
pueblo?
Pediré matrices que no den a luz
y pechos que no den leche.

¹⁵ Dice el Señor: «Toda su perversidad empezó
en Gilgal;
allí comencé a odiarlos.
A causa de sus malas acciones
los sacaré de mi tierra.
Ya no los amaré
porque todos sus líderes son rebeldes.
¹⁶ El pueblo de Israel ha sido derribado.
Sus raíces se han secado
y no darán más fruto.
Y si dan a luz,
yo mataré a sus amados hijos».

¹⁷ Mi Dios rechazará al pueblo de Israel
porque no quiere escuchar ni obedecer.
Será un vagabundo,
sin hogar entre las naciones.

Juicio de Dios contra Israel

10 ¹ Qué próspero es Israel,
una vid frondosa llena de uvas.
Pero mientras más se enriquece la gente,
más altares paganos construye.
Cuanto más abundantes sus cosechas,
tanto más hermosas sus columnas
sagradas.
² El corazón de los israelitas es inconstante;
ellos son culpables y deben ser castigados.
El Señor derribará sus altares
y hará pedazos sus columnas sagradas.
³ Entonces dirán: «No tenemos rey
porque no temimos al Señor.
Pero aun si tuviéramos un rey,
¿qué podría hacer por nosotros?».
⁴ La gente habla palabras vacías
y hace pactos que no tiene intención de
cumplir.
Así que la injusticia brota en medio de ellos
como hierbas venenosas en el campo de
un agricultor.

⁵ La gente de Samaria tiembla de miedo
por lo que pudiera ocurrirle a su ídolo,
el becerro en Bet-avén.*
El pueblo está de luto y los sacerdotes se
lamentan
porque la gloria del ídolo será
quitada.*
⁶ Este ídolo será llevado a Asiria,
un regalo para el gran rey.
Se burlarán de Efraín e Israel será
avergonzado
porque confiaron en ese ídolo.
⁷ Samaria y su rey serán arrancados;
flotarán a la deriva como un madero
sobre las olas del mar.
⁸ Y los santuarios paganos de Avén,* donde
Israel pecaba, se derrumbarán.
Alrededor de sus altares crecerán espinos
y cardos.

9:6 Menfis era la capital del norte de Egipto. 9:8 En hebreo *Efraín*, se refiere al reino del norte de Israel; también en 9:11, 13, 16. 10:5a *Bet-avén* significa «casa de perversidad»; aquí se usa como otro nombre para Betel, que significa «casa de Dios». 10:5b O *será llevada al destierro.* 10:8 *Avén* se refiere a Bet-avén; ver 10:5a y la nota de pie de página.

Suplicarán a los montes: «¡Entiérrennos!»
   y rogarán a las colinas: «¡Caigan sobre
      nosotros!».

⁹ Dice el Señor: «¡Oh Israel, desde los tiempos
      de Guibeá,
   hay tan solo pecado y más pecado!
No has mejorado en absoluto.
   ¿Acaso no fue justo que los hombres
      perversos de Guibeá fueran atacados?
¹⁰ Ahora, cuando concuerde con mis planes,
      también a ustedes los atacaré.
   Llamaré a los ejércitos de las naciones
      para castigarlos por sus múltiples
         pecados.

¹¹ »Israel* es como una vaquilla entrenada
      que pisotea el grano,
   un trabajo fácil que le encanta.
   Pero yo pondré un yugo pesado sobre
      su tierno cuello.
Forzaré a Judá a tirar el arado
   y a Israel* a labrar la tierra dura.
¹² Yo dije: "Planten buenas semillas de justicia,
   y levantarán una cosecha de amor.
Aren la dura tierra de sus corazones,
   porque ahora es tiempo de buscar
      al Señor
   para que él venga
   y haga llover justicia sobre ustedes".

¹³ »Sin embargo, han cultivado perversidad
   y han levantado una abundante cosecha
      de pecados.
Han comido el fruto de la mentira,
   confiando en su poderío militar
   y creyendo que los grandes ejércitos
      podrían mantener a su nación a salvo.
¹⁴ Ahora los terrores de la guerra
   se levantarán entre su gente.
Todas sus fortificaciones caerán,
   tal como Salmán destruyó a Bet-arbel.
Allí, a las madres y a los niños
   los estrellaron contra el suelo hasta matarlos.
¹⁵ Habitantes de Betel, debido a su gran
      maldad,
   les espera el mismo destino.
Cuando amanezca el día del juicio,
   el rey de Israel será completamente
      destruido.

El amor del Señor por Israel

11 ¹ »Cuando Israel era niño, yo lo amé,
   y de Egipto llamé a mi hijo;
² pero cuanto más lo llamaba,*
   más se alejaba de mí
y ofrecía sacrificios a las imágenes de Baal
   y quemaba incienso a ídolos.

³ Yo mismo le enseñé a Israel* a caminar,
   llevándolo de la mano;
pero no sabe ni le importa
   que fui yo quien lo cuidó.
⁴ Guié a Israel
   con mis cuerdas de ternura y de amor.
Quité el yugo de su cuello
   y yo mismo me incliné para alimentarlo.

⁵ »Sin embargo, como mi pueblo se niega a
      regresar a mí,
   regresará a Egipto
   y será forzado a servir a Asiria.
⁶ La guerra, como un torbellino, pasará por
      sus ciudades;
   los enemigos derribarán sus puertas.
Los destruirán,
   atrapándolos en sus propios planes
      malignos.
⁷ Pues mi pueblo está decidido a abandonarme.
   Aunque me llaman el Altísimo
   no me honran de verdad.

⁸ »Oh, Israel, ¿cómo podría abandonarte?
   ¿Cómo podría dejarte ir?
¿Cómo podría destruirte como a Adma
   o demolerte como a Zeboim?
Mi corazón está desgarrado dentro de mí
   y mi compasión se desborda.
⁹ No, no desataré mi ira feroz.
   No destruiré por completo a Israel,
   ya que no soy un simple mortal, soy Dios.
Yo soy el Santo que vive entre ustedes
   y no vendré a destruir.
¹⁰ Pues algún día la gente me seguirá.
   Yo, el Señor, rugiré como un león.
Y cuando ruja,
   mi pueblo regresará temblando del
      occidente.
¹¹ Vendrán de Egipto como una bandada
      de aves.
   Regresarán de Asiria temblando como
      palomas
y los traeré de regreso a casa»,
   dice el Señor.

Cargos contra Israel y Judá

¹²*Israel me rodea con mentiras y engaño,
   pero Judá todavía obedece a Dios
   y es fiel al Santo.*

12 ¹* El pueblo de Israel* se alimenta del
      viento;
   todo el día corre tras el viento del oriente.
Amontonan mentiras y violencia;
   hacen una alianza con Asiria
   mientras mandan aceite de oliva a fin de
      comprar el apoyo de Egipto.

10:11a En hebreo *Efraín*, se refiere al reino del norte de Israel.   10:11b En hebreo *Jacob*. Los nombres «Jacob» e «Israel» a menudo son intercambiables en el Antiguo Testamento. Algunas veces hacen referencia al patriarca como individuo y otras veces a la nación.   11:2 Así aparece en la versión griega; en hebreo dice *ellos llamaban.*   11:3 En hebreo *Efraín*, se refiere al reino del norte de Israel; también en 11:8, 9, 12.   11:12a El versículo del 11:12 corresponde al 12:1 en el texto hebreo.   11:12b *O Judá está rebelde contra Dios, el Santo fiel.* El significado del hebreo es incierto.   12:1a Los versículos del 12:1-14 corresponden al 12:2-15 en el texto hebreo.   12:1b En hebreo *Efraín*, se refiere al reino del norte de Israel; también en 12:8, 14.

2 Ahora el Señor presenta cargos contra Judá.
   Está a punto de castigar a Jacob* por todos
      sus caminos engañosos
   y cobrarle por todo lo que hizo.
3 Aun en la matriz,
      Jacob luchó con su hermano;
   cuando se hizo hombre,
      hasta peleó con Dios.
4 Sí, luchó con el ángel y venció.
   Lloró y clamó para que lo bendijera.
   Allá en Betel se encontró cara a cara con Dios
      y Dios habló con él,*
5 ¡el Señor Dios de los Ejércitos Celestiales,
      el Señor es su nombre!
6 Así que ahora, vuélvete a tu Dios.
   Actúa con amor y justicia,
      y confía siempre en él.

7 Pero no, la gente se comporta como astutos
         comerciantes
      que venden con balanzas fraudulentas;
   les encanta estafar.
8 Israel se jacta: «¡Yo soy rico!
   ¡Sin ayuda de nadie hice una fortuna!
   ¡Nadie me ha descubierto haciendo
         trampas!
   ¡Mi historial es impecable!».

9 «Pero yo soy el Señor tu Dios,
      quien te rescató de la esclavitud en Egipto.
   Y te haré habitar otra vez en carpas
      como lo haces cada año en el Festival de
         las Enramadas.*
10 Yo envié a mis profetas para advertirte
      con numerosas visiones y parábolas».

11 Pero la gente de Galaad no vale nada
      debido a su idolatría.
   Y en Gilgal también sacrifican toros;
      sus altares están en filas como montones
         de piedra
      a lo largo de los bordes de un campo arado.
12 Jacob huyó a la tierra de Aram
      y allí, a cambio de pastorear ovejas,* ganó
         una esposa.
13 Luego, por medio de un profeta,
      el Señor sacó de Egipto a los descendientes
         de Jacob;*
   y fueron protegidos
      por el mismo profeta.
14 Pero el pueblo de Israel
      amargamente ha provocado al Señor,
   ahora el Señor los sentenciará a muerte
      en pago por sus pecados.

La ira de Dios contra Israel

13 1 Cuando hablaba la tribu de Efraín,
   el pueblo temblaba de miedo
   porque esa tribu era importante en Israel;

pero la gente de Efraín pecó al rendir culto
      a Baal
   y así selló su destrucción.
2 Ahora siguen pecando, haciendo ídolos
         de plata,
   imágenes hábilmente formadas por
         manos humanas.
   «¡Ofrézcanles sacrificios —gritan—
   y besen a ídolos que tienen forma de
         becerros!».
3 Por lo tanto, desaparecerán como la neblina
      de la mañana,
   como el rocío bajo el sol del amanecer,
   como paja llevada por el viento
   y como el humo de una chimenea.

4 «He sido el Señor tu Dios
      desde que te saqué de Egipto.
   No debes reconocer a ningún otro Dios
         aparte de mí,
   porque no hay otro salvador.
5 Yo te cuidé en el desierto,
      en esa tierra árida y sedienta;
6 pero una vez que comiste y quedaste
         satisfecho,
      te volviste orgulloso y te olvidaste de mí.
7 Entonces ahora yo te atacaré como un león,
      como un leopardo que acecha en el
         camino.
8 Como una osa a quien le robaron sus
         cachorros,
      arrancaré tu corazón.
   Te devoraré como una leona hambrienta
      y te destrozaré como a un animal salvaje.

9 »Estás a punto de ser destruido, oh Israel;
      sí, por mí, el único que te ayuda.
10 Ahora, ¿dónde está* tu rey?
   ¡Que él te salve!
   ¿Dónde están los líderes de la tierra,
      el rey y los funcionarios que me exigiste?
11 En mi enojo te di reyes
      y en mi furia te los quité.

12 »La culpa de Efraín ha sido reunida
      y su pecado almacenado para el castigo.
13 El sufrimiento ha llegado al pueblo
      como dolores de parto,
   pero son como un bebé
      que se resiste a nacer.
   ¡El momento de nacer ha llegado,
      pero siguen en la matriz!

14 »¿Debo rescatarlos de la tumba?*
   ¿Debo redimirlos de la muerte?
   ¡Oh muerte, haz salir tus horrores!
   ¡Tumba, desata tus plagas!*
   Ya no les tendré compasión.
15 Efraín era el más productivo de sus hermanos,

12:2 *Jacob* suena como la palabra hebrea para «engañador». **12:4** Así aparece en la versión griega y en la siríaca; en hebreo dice *con nosotros.* **12:9** En hebreo *como en los días de su festival señalado.* **12:12** En hebreo *Israel.* Ver la nota en 10:11b. **12:13** En hebreo *sacó de Egipto a Israel.* Ver la nota en 10:11b. **13:10** Así aparece en la versión griega, en la siríaca y en la Vulgata Latina; en hebreo dice *Yo seré.* **13:14a** El hebreo *Seol* también en 13:14b. **13:14b** La versión griega dice *Oh muerte, ¿dónde está tu castigo? / Oh sepulcro* [Hades], *¿dónde está tu aguijón?* Comparar 1 Co 15:55.

pero el viento del oriente —una ráfaga
del Señor—
se levantará en el desierto.
Todos sus manantiales se secarán
y todos sus pozos desaparecerán.
Todo lo valioso que poseen
será saqueado y se lo llevarán.
¹⁶*El pueblo de Samaria
debe sufrir las consecuencias de
su culpa
porque se rebeló contra su Dios.
Un ejército invasor los matará,
a sus niños los estrellarán contra el
suelo hasta matarlos
y a las embarazadas las abrirán con
espadas».

Sanidad para los que se arrepienten

14 ¹*Regresa, oh Israel, al Señor tu Dios,
porque tus pecados te hicieron
caer.
² Presenta tus confesiones y vuélvete al
Señor.
Dile:
«Perdona todos nuestros pecados y recíbenos
con bondad
para que podamos ofrecerte nuestras
alabanzas.*
³ Asiria no puede salvarnos,
ni nuestros caballos de guerra.
Nunca más diremos a ídolos que hemos
hecho:
"Ustedes son nuestros dioses".
No, solamente en ti

los huérfanos encuentran misericordia».

⁴ El Señor dice:
«Entonces yo los sanaré de su falta de fe;
mi amor no tendrá límites,
porque mi enojo habrá desaparecido
para siempre.
⁵ Seré para Israel
como un refrescante rocío del cielo.
Israel florecerá como el lirio;
hundirá sus raíces profundamente en
la tierra
como los cedros del Líbano.
⁶ Sus ramas se extenderán como hermosos
olivos,
tan fragantes como los cedros del Líbano.
⁷ Mi pueblo vivirá otra vez bajo mi sombra.
Crecerán como el grano y florecerán como
la vid;
serán tan fragantes como los vinos del
Líbano.

⁸ »¡Oh Israel,* mantente lejos de los ídolos!
Yo soy el que contesta tus oraciones y
te cuida.
Soy como un árbol que siempre está verde;
todo tu fruto proviene de mí».

⁹ Que los sabios entiendan estas cosas.
Que los que tienen discernimiento
escuchen con atención.
Los caminos del Señor son rectos y
verdaderos,
los justos viven al andar en ellos;
pero en esos mismos caminos, los
pecadores tropiezan y caen.

13:16 El versículo del 13:16 corresponde al 14:1 en el texto hebreo. **14:1** Los versículos del 14:1-9 corresponden al 14:2-10 en el texto hebreo. **14:2** Así aparece en la versión griega y en la siríaca, que dicen *para que podamos recompensar el fruto de nuestros labios;* en hebreo dice *para que podamos recompensar los toros de nuestros labios.* **14:8** En hebreo *Efraín,* se refiere al reino del norte de Israel.

Joel

1 El Señor le dio el siguiente mensaje a Joel, hijo de Petuel.

Lamento por la plaga de langostas

² Oigan esto, líderes del pueblo.
  Escuchen, todos los habitantes de la tierra.
En toda su historia,
  ¿había sucedido antes algo semejante?
³ Cuéntenlo a sus hijos en los años venideros
  y que sus hijos lo relaten a sus hijos.
  Transmitan esta historia de generación
    en generación.
⁴ Después de que la oruga devoró las cosechas,
  ¡el pulgón acabó con lo que quedaba!
Luego vino el saltamontes
  y llegó también la langosta.*

⁵ ¡Despiértense, borrachos, y lloren!
  ¡Giman, bebedores de vino!
Todas las uvas están arruinadas
  y se acabó el vino dulce.
⁶ Un inmenso ejército* de langostas ha
    invadido mi tierra,
  un ejército terrible, imposible de contar.
Sus dientes son como los del león
  y sus colmillos se parecen a los de
    la leona.
⁷ Destruyó mis vides
  y arruinó mis higueras;
les arrancó la corteza y la destruyó,
  dejando sus ramas blancas y desnudas.

⁸ Lloren como una recién casada vestida
    de luto,
  quien llora la muerte de su esposo.
⁹ Pues no hay grano ni vino
  para ofrecer en el templo del Señor.
Por eso los sacerdotes están de luto;
  los ministros del Señor están llorando.
¹⁰ Los campos están arruinados,
  la tierra quedó desnuda.
El grano está destruido,
  las uvas se secaron
  y se acabó el aceite de oliva.

¹¹ ¡Laméntense, ustedes, agricultores!
  ¡Giman, ustedes que cultivan vides!
Lloren porque el trigo y la cebada
  —todos los cultivos del campo—
    están arruinados.

¹² Se secaron las vides
  y se marchitaron las higueras.
Los granados, las palmeras y los manzanos
  —todos los árboles frutales— se secaron.
  Y la alegría de la gente se marchitó con
    ellos.

¹³ Ustedes sacerdotes, ¡vístanse de tela áspera
    y lloren!
  ¡Giman, ustedes, los que sirven ante el altar!
Vengan, pasen la noche vestidos de tela
    áspera,
  ustedes, ministros de mi Dios.
Pues no hay grano ni vino
  para ofrecer en el templo de su Dios.
¹⁴ Proclamen un tiempo de ayuno;
  convoquen al pueblo a una reunión
    solemne.
Reúnan a los líderes
  y a toda la gente del país
en el templo del Señor su Dios
  y allí clamen a él.

¹⁵ El día del Señor está cerca,
  el día cuando la destrucción viene de
    parte del Todopoderoso.
  ¡Qué terrible será aquel día!

¹⁶ La comida desaparece delante de nuestros
    ojos.
Ya no hay celebraciones de júbilo en
  la casa de nuestro Dios.
¹⁷ Las semillas mueren en la tierra reseca
  y las cosechas de grano se pierden.
Los establos están vacíos
  y los graneros abandonados.
¹⁸ ¡Cómo braman de hambre los animales!
  Las manadas de ganado vagan
    desorientadas
porque no encuentran pasto.
  Los rebaños de ovejas y cabras gimen
    en su sufrimiento.

¹⁹ ¡Señor, ayúdanos!
El fuego ha devorado los pastos del desierto
  y las llamas han consumido todos los
    árboles.
²⁰ Hasta los animales salvajes claman a ti
  porque los arroyos se secaron
y el fuego ha devorado los pastos del
    desierto.

1:4 La identificación precisa de estas clases de langostas aquí mencionadas es incierta.   1:6 En hebreo *Una nación.*

Las langostas invaden como un ejército

2 ¹ ¡Toquen alarma en Jerusalén!*
   ¡Den el grito de guerra en mi monte
      santo!
Que todos tiemblen de miedo
   porque está cerca el día del Señor.
² Es un día de oscuridad y penumbra,
   un día de nubes densas y sombras
      profundas.
De repente, como el amanecer se extiende
   sobre las montañas,
aparece un ejército grande y poderoso.
Nunca antes se había visto algo semejante,
   ni volverá a verse jamás.

³ Fuego va delante del ejército
   y las llamas detrás.
Delante de ellos, la tierra se extiende
   tan hermosa como el jardín del Edén.
Detrás solo queda desolación;
   nada escapa.
⁴ Parecen caballos;
   van a la carga como caballos de guerra.*
⁵ Mírenlos saltar a lo largo de las cumbres.
   Escuchen el estruendo que producen, como
      el retumbar de carros de guerra,
como el rugir del fuego que arrasa los
      campos de hierba seca
   o el despliegue de un poderoso ejército
      en batalla.

⁶ El miedo se apodera de la gente;
   cada rostro palidece de terror.
⁷ Los agresores marchan como guerreros
   y escalan los muros de la ciudad como
      soldados.
Marchan hacia adelante,
   sin romper filas.
⁸ No se empujan unos a otros;
   cada uno se mueve en la posición exacta.
Atraviesan las líneas de defensa
   sin perder la formación.
⁹ Irrumpen en la ciudad,
   corren a lo largo de sus muros.
Se meten en todas las casas;
   como ladrones trepan por las ventanas.
¹⁰ La tierra tiembla mientras avanzan
   y los cielos se estremecen.
El sol y la luna se oscurecen
   y las estrellas dejan de brillar.
¹¹ El Señor va a la cabeza de la columna;
   con un grito los guía.
Este es su ejército poderoso
   y ellos siguen sus órdenes.
El día del Señor es algo imponente y pavoroso.
   ¿Quién lo podrá sobrevivir?

Un llamado al arrepentimiento

¹² Por eso dice el Señor:
   «Vuélvanse a mí ahora, mientras haya tiempo;
      entréguenme su corazón.

Acérquense con ayuno, llanto y luto.
¹³ No se desgarren la ropa en su dolor
   sino desgarren sus corazones».
Regresen al Señor su Dios,
   porque él es misericordioso y compasivo,
lento para enojarse y lleno de amor
      inagotable.
Está deseoso de desistir y no de castigar.
¹⁴ ¿Quién sabe? Quizá les suspenda el castigo
   y les envíe una bendición en vez de esta
      maldición.
Quizá puedan ofrendar grano y vino
   al Señor su Dios, como lo hacían antes.

¹⁵ »¡Toquen el cuerno de carnero en Jerusalén!
   Proclamen un tiempo de ayuno;
convoquen al pueblo
   a una reunión solemne.
¹⁶ Reúnan a toda la gente:
   ancianos, niños y aun los bebés.
Llamen al novio de su habitación
   y a la novia de su cuarto de espera.
¹⁷ Que los sacerdotes, quienes sirven en la
      presencia del Señor,
   se levanten y lloren entre la entrada del
      templo y el altar.
Que oren: "¡Perdona a tu pueblo, Señor!
   No permitas que tu preciada posesión
      se convierta en objeto de burla.
No dejes que lleguen a ser la burla de los
      extranjeros incrédulos que dicen:
   '¿Los ha abandonado el Dios de Israel?'».

El Señor promete restauración

¹⁸ Entonces el Señor se compadecerá de su
      pueblo
   y guardará celosamente el honor de su
      tierra.
¹⁹ El Señor responderá:
   «¡Miren!, les envío grano, vino nuevo y aceite
      de oliva,
   suficiente para satisfacer sus necesidades.
Ya no serán objeto de burla
   entre las naciones vecinas.
²⁰ Expulsaré a esos ejércitos que vienen del
      norte.
   Los enviaré a tierra árida y desolada.
Los que van a la vanguardia serán arrojados
      al mar Muerto,
   y los de la retaguardia al Mediterráneo.*
El hedor de sus cuerpos en descomposición
   se elevará sobre la tierra».

¡Realmente el Señor ha hecho grandes
      cosas!
²¹   No temas, pueblo mío.
Alégrate ahora y regocíjate
   porque el Señor ha hecho grandes
      cosas.
²² No teman, animales del campo,
   porque pronto los pastos del desierto
      recobrarán su verdor.

2:1 En hebreo *Sión*, también en 2:15, 23.   2:4 O *como jinetes*.   2:20 En hebreo *al mar oriental [...] al mar occidental.*

Los árboles volverán a colmarse de fruto;
las higueras y las vides se llenarán una
vez más.
²³ ¡Alégrense, habitantes de Jerusalén!
¡Alégrense en el SEÑOR su Dios!
Pues que él envía demuestra
su fidelidad.
Volverán las lluvias de otoño,
así como las de primavera.
²⁴ El grano volverá a amontonarse en los campos
de trillar
y los lagares desbordarán de vino nuevo
y aceite de oliva.

²⁵ El SEÑOR dice: «Les devolveré lo que
perdieron
a causa del pulgón, el saltamontes,
la langosta y la oruga.*
Fui yo quien envió ese gran ejército
destructor en contra de ustedes.
²⁶ Volverán a tener toda la comida que deseen
y alabarán al SEÑOR su Dios,
que hace esos milagros para ustedes.
Nunca más mi pueblo será avergonzado.
²⁷ Entonces sabrán que yo estoy en medio de
mi pueblo Israel,
que yo soy el SEÑOR su Dios, y que no hay otro.
Nunca más mi pueblo será avergonzado.

El SEÑOR promete su Espíritu

²⁸*»Entonces, después de hacer todas esas cosas,
derramaré mi Espíritu sobre toda la gente.
Sus hijos e hijas profetizarán.
Sus ancianos tendrán sueños
y sus jóvenes tendrán visiones.
²⁹ En esos días derramaré mi Espíritu
aun sobre los sirvientes, hombres y
mujeres por igual.
³⁰ Y haré maravillas en los cielos y en la tierra:
sangre, fuego y columnas de humo.
³¹ El sol se oscurecerá
y la luna se pondrá roja como la sangre
antes de que llegue el grande y terrible* día
del SEÑOR.
³² Pero todo el que invoque el nombre del SEÑOR
será salvo;
pues algunos que están en el monte Sión en
Jerusalén escaparán,
tal como lo ha dicho.
Estos se contarán entre los sobrevivientes
a quienes el SEÑOR ha llamado.

Juicio contra las naciones enemigas

3 ¹*»En el tiempo de esos acontecimientos
—dice el SEÑOR—,
cuando yo restaure la prosperidad de
Judá y de Jerusalén,
² reuniré a los ejércitos del mundo
en el valle de Josafat.*

Allí los juzgaré
por hacerle daño a mi pueblo, mi posesión
más preciada,
por dispersar a mi pueblo entre las naciones
y por dividir mi tierra.
³ Tiraron los dados* para decidir quiénes de
mi pueblo
serían sus esclavos.
Canjearon niños por prostitutas
y vendieron niñas por tan solo suficiente
vino para emborracharse.

⁴»¿Qué tienen contra mí, Tiro y Sidón y, ustedes,
ciudades de Filistea? ¿Tratan de vengarse de mí?
Si es así, ¡tengan cuidado! Los atacaré con rapidez
y les pagaré por todo lo que hicieron. ⁵Tomaron
mi plata y mi oro y todos mis tesoros preciados y
los llevaron a sus templos paganos. ⁶Les vendieron la gente de Judá y de Jerusalén a los griegos*
para que se la llevaran lejos de su tierra.

⁷Sin embargo, yo los traeré de regreso de
todos los lugares donde los vendieron y les pagaré a ustedes por todo lo que hicieron. ⁸Venderé a
sus hijos e hijas a la gente de Judá y ellos los venderán al pueblo de Arabia,* una nación lejana.
¡Yo, el SEÑOR, he hablado!».

⁹ Digan a las naciones de todas partes:
«¡Prepárense para la guerra!
Llamen a sus mejores hombres de guerra.
Que todos sus combatientes avancen para
el ataque.
¹⁰ Forjen las rejas de arado y conviértanlas en
espadas
y sus herramientas para podar, en lanzas.
Entrenen aun a los más débiles para que
sean guerreros.
¹¹ Vengan pronto, naciones de todas partes.
Reúnanse en el valle».

¡Y ahora, oh SEÑOR, llama a tus guerreros!

¹² «Que las naciones se movilicen para la guerra.
Que marchen hacia el valle de Josafat.
Allí, yo, el SEÑOR, me sentaré
para pronunciar juicio contra todas ellas.
¹³ Den rienda suelta a la hoz,
porque la cosecha está madura.*
Vengan, pisen las uvas,
porque el lagar está lleno
y los barriles rebosan
con la perversidad de esas naciones».

¹⁴ Miles y miles esperan en el valle de la
decisión.
Es allí donde llegará el día del SEÑOR.
¹⁵ El sol y la luna se oscurecerán
y las estrellas dejarán de brillar.
¹⁶ La voz del SEÑOR pronto rugirá desde Sión
y tronará desde Jerusalén
y los cielos y la tierra temblarán;

2:25 La identificación precisa de estas clases de langostas aquí mencionadas es incierta. 2:28 Los versículos del 2:28-32 corresponden al 3:1-5 en el texto hebreo. 2:31 La versión griega dice *glorioso.* 3:1 Los versículos del 3:1-21 corresponden al 4:1-21 en el texto hebreo. 3:2 *Josafat* significa «el SEÑOR juzga». 3:3 En hebreo *Echaron suertes.* 3:6 En hebreo *a la gente de Javán.* 3:8 En hebreo *a los sabeos.* 3:13 La versión griega dice *porque ha llegado el tiempo de la cosecha.* Comparar Mc 4:29.

pero el Señor será un refugio para su pueblo,
una fortaleza firme para el pueblo de Israel.

Bendiciones para el pueblo de Dios

17 «Entonces ustedes sabrán que yo, el Señor
su Dios,
habito en Sión, mi monte santo.
Jerusalén será santa para siempre
y los ejércitos extranjeros nunca más
volverán a conquistarla.
18 En aquel día las montañas destilarán vino dulce
y de los montes fluirá leche.
El agua llenará los arroyos de Judá
y del templo del Señor brotará una fuente
que regará el árido valle de las acacias.*

3:18 En hebreo *valle de Sitim.*   3:21 En hebreo *Sión.*

19 Sin embargo, Egipto se convertirá en
tierra baldía
y Edom en un desierto
porque atacaron al pueblo de Judá
y mataron a gente inocente en la tierra
de ellos.

20 »Judá, en cambio, se llenará de gente para
siempre
y Jerusalén perdurará a través de todas
las generaciones.
21 Perdonaré los crímenes de mi pueblo
que todavía no he perdonado;
y yo, el Señor, haré mi hogar
en Jerusalén* con mi pueblo».

Amós

1 Este mensaje fue dado a Amós, un pastor de ovejas de la ciudad de Tecoa, en Judá. Él recibió el mensaje por medio de visiones, dos años antes del terremoto, cuando Uzías era rey de Judá y Jeroboam II, hijo de Yoás,* era rey de Israel. ²Esto es lo que vio y oyó:

«¡La voz del Señor rugirá desde el monte Sión;
su voz tronará desde Jerusalén!
Los buenos pastizales de los pastores se
    secarán
y la hierba del monte Carmelo se
    marchitará y morirá».

Juicio contra las naciones vecinas

³Esto es lo que dice el Señor:

«¡Los habitantes de Damasco han pecado
    una y otra vez*
y no permitiré que queden sin castigo!
Azotaron a mi gente en Galaad
como se separa el grano con trillos de
    hierro.
⁴ Por lo tanto, haré caer fuego sobre el palacio
    del rey Hazael
y las fortalezas del rey Ben-adad serán
    destruidas.
⁵ Derribaré las puertas de Damasco
y masacraré a los habitantes en el valle de
    Avén.
Destruiré al gobernante de Bet-edén
y los habitantes de Aram serán llevados
    cautivos a Kir»,
dice el Señor.

⁶Esto es lo que dice el Señor:

«¡Los habitantes de Gaza han pecado una
    y otra vez
y no permitiré que queden sin castigo!
Enviaron a pueblos enteros al destierro
y los vendieron como esclavos a Edom.
⁷ Por lo tanto, haré caer fuego sobre los muros
    de Gaza
y todas sus fortalezas serán destruidas.
⁸ Masacraré a los habitantes de Asdod
y destruiré al rey de Ascalón.
Después me volveré para atacar a Ecrón
y los pocos filisteos que queden, morirán»,
dice el Señor Soberano.

⁹Esto es lo que dice el Señor:

«¡Los habitantes de Tiro han pecado una y
    otra vez
y no permitiré que queden sin castigo!
Rompieron su pacto de hermandad con Israel
al vender aldeas enteras como esclavas a
    Edom.
¹⁰ Por lo tanto, haré caer fuego sobre los muros
    de Tiro
y todas sus fortalezas serán destruidas».

¹¹Esto es lo que dice el Señor:

«¡Los habitantes de Edom han pecado una y
    otra vez
y no permitiré que queden sin castigo!
Espada en mano, persiguieron a sus parientes,
    los israelitas,
y no les tuvieron compasión.
En su furia, los apuñalaron continuamente
y fueron implacables en su enojo.
¹² Por lo tanto, haré caer fuego sobre Temán
y las fortalezas de Bosra serán destruidas».

¹³Esto es lo que dice el Señor:

«¡Los habitantes de Amón han pecado una
    y otra vez
y no permitiré que queden sin castigo!
Cuando atacaron a Galaad para extender
    sus fronteras,
con sus espadas abrieron a las mujeres
    embarazadas.
¹⁴ Por lo tanto, haré caer fuego sobre los muros
    de Rabá
y todas sus fortalezas serán destruidas.
La batalla vendrá sobre ellos con gritos,
como un torbellino en una tormenta
    impetuosa.
¹⁵ Y su rey* y sus príncipes irán juntos al
    destierro»,
dice el Señor.

2 Esto es lo que dice el Señor:

«¡Los habitantes de Moab han pecado una
    y otra vez*
y no permitiré que queden sin castigo!
Profanaron los huesos del rey de Edom,
    reduciéndolos a cenizas.

1:1 En hebreo *Joás,* una variante de Yoás. 1:3 En hebreo *han cometido tres pecados, aun cuatro;* también en 1:6, 9, 11, 13. 1:15 En hebreo *malcam,* posiblemente se refiere a su dios Moloc. 2:1 En hebreo *han cometido tres pecados, aun cuatro;* también en 2:4, 6.

² Por lo tanto, haré caer fuego sobre la tierra de
Moab
y todas las fortalezas de Queriot serán
destruidas.
Los habitantes caerán en el ruido de la batalla,
entre gritos de guerra y toques del cuerno
de carnero.
³ Y destruiré a su rey
y masacraré a todos sus príncipes»,
dice el SEÑOR.

Juicio de Dios contra Judá e Israel

⁴ Esto es lo que dice el SEÑOR:

«¡Los habitantes de Judá han pecado una y
otra vez
y no permitiré que queden sin castigo!
Rechazaron la instrucción del SEÑOR
y se negaron a obedecer sus decretos.
Se han descarriado por las mismas mentiras
que engañaron a sus antepasados.
⁵ Por lo tanto, haré caer fuego sobre Judá
y todas las fortalezas de Jerusalén serán
destruidas.

⁶ Esto es lo que dice el SEÑOR:

«¡Los habitantes de Israel han pecado una y
otra vez
y no permitiré que queden sin castigo!
Venden por dinero a la gente honrada
y a los pobres por un par de sandalias.
⁷ Pisotean en el polvo a los indefensos
y quitan a los oprimidos del camino.
Tanto el padre como el hijo se acuestan con
la misma mujer
y así profanan mi santo nombre.
⁸ En sus festivales religiosos
están a sus anchas usando la ropa que
sus deudores dejaron en garantía.
En la casa de sus dioses*
beben vino comprado con dinero de
multas injustas.

⁹ »Pero ante los ojos de mi pueblo
destruí a los amorreos,
aunque eran tan altos como cedros
y tan fuertes como robles.
Destruí el fruto de sus ramas
y arranqué sus raíces.
¹⁰ Fui yo quien los rescató a ustedes de Egipto
y los que guió por el desierto durante cuarenta
años
para que pudieran poseer la tierra de los
amorreos.
¹¹ Elegí a algunos de sus hijos para ser profetas
y a otros para ser nazareos.
¿Acaso puedes negar esto, Israel, pueblo mío?
—pregunta el SEÑOR—.
¹² Pero ustedes hicieron que los nazareos
pecaran, forzándolos a beber vino,
y les ordenaron a los profetas: "¡Cállense!"

¹³ »Por lo tanto, haré que giman
como una carreta cargada con gavillas
de grano.
¹⁴ Sus corredores más veloces no podrán
escapar.
El más fuerte entre ustedes se volverá débil.
Ni siquiera los guerreros más poderosos serán
capaces de salvarse.
¹⁵ Los arqueros no podrán mantenerse firmes.
Los más veloces no serán lo suficientemente
rápidos para escapar.
Ni siquiera los que montan a caballo
podrán salvarse.
¹⁶ En aquel día, los hombres de guerra más
valientes
dejarán caer sus armas y correrán por
sus vidas»,
dice el SEÑOR.

3 Escuchen este mensaje que el SEÑOR ha
hablado contra ustedes, oh pueblos de
Israel y Judá, contra toda la familia que rescaté
de Egipto:

² «De entre todas las familias de la tierra,
solo con ustedes he tenido una relación
tan íntima.
Por eso debo castigarlos
por todos sus pecados».

Testigos contra Israel

³ ¿Pueden dos caminar juntos
sin estar de acuerdo adonde van?
⁴ ¿Ruge un león en un matorral
sin antes encontrar a una víctima?
¿Gruñe un león joven en su guarida
sin antes agarrar a su presa?
⁵ ¿Cae un pájaro en una trampa
que no tiene cebo?
¿Se cierra una trampa
cuando no hay nada que atrapar?
⁶ Cuando el cuerno de carnero toca la alarma,
¿no debería el pueblo estar alarmado?
¿Llega el desastre a una ciudad
sin que el SEÑOR lo haya planeado?

⁷ De hecho, el SEÑOR Soberano nunca hace nada
sin antes revelar sus planes a sus siervos,
los profetas.

⁸ El león ha rugido,
así que, ¿quién no tiene miedo?
El SEÑOR Soberano ha hablado,
así que, ¿quién puede negarse a proclamar
su mensaje?
⁹ Anuncien lo siguiente a los líderes de
Filistea*
y a los grandes de Egipto:
«Siéntense ahora en las colinas que rodean
a Samaria
y sean testigos del caos y la opresión en
Israel.

2:8 O de sus Dios.   3:9 En hebreo *Asdod.*

¹⁰ »Mi pueblo ha olvidado cómo hacer lo
   correcto
   —dice el Señor—.
Sus fortalezas están llenas de riquezas
   obtenidas por el robo y la violencia.
¹¹ Por lo tanto —dice el Señor Soberano—,
   ¡se acerca un enemigo!
Los rodeará y destrozará sus defensas.
   Luego saqueará todas sus fortalezas».

¹²Esto es lo que dice el Señor:

«Un pastor que trate de rescatar una oveja
   de la boca del león
recuperará solo dos patas o un pedazo de
   oreja.
Así será con los israelitas en Samaria que se
   recuestan en camas lujosas
y con el pueblo de Damasco que se reclina
   en sillones.*

¹³»Escuchen ahora esto y anúncienlo por todo
Israel* —dice el Señor, el Señor Dios de los
Ejércitos Celestiales—:

¹⁴ »El mismo día que yo castigue a Israel por
   sus pecados,
destruiré los altares paganos en Betel.
Los cuernos del altar serán cortados
   y caerán al suelo.
¹⁵ Y destruiré las hermosas casas de los ricos
   —sus mansiones de invierno y también
   sus casas de verano—,
todos sus palacios cubiertos de marfil»,
   dice el Señor.

Israel no aprende

4 ¹ Escúchenme, ustedes, vacas gordas*
   que viven en Samaria,
ustedes, mujeres, que oprimen al pobre
   y aplastan al necesitado
y que les gritan siempre a sus esposos:
   «¡Tráigannos otra bebida!».
² El Señor Soberano ha jurado por su
   propia santidad:
«Llegará el día cuando ustedes serán
   llevadas
con garfios enganchados en sus narices.
¡Hasta la última de ustedes será arrastrada
   lejos
como un pez al anzuelo!
³ Las sacarán por las ruinas de la muralla;
   serán expulsadas de sus fortalezas»,*
   dice el Señor.

⁴ «Adelante, ofrezcan sacrificios a los ídolos
   en Betel;
continúen desobedeciendo en Gilgal.
Ofrezcan sacrificios cada mañana
   y lleven sus diezmos cada tercer día.
⁵ Presenten su pan hecho con levadura
como una ofrenda de gratitud.
¡Luego entreguen sus ofrendas voluntarias
   para poder jactarse de ello en todas partes!
Este es el tipo de cosas que a ustedes,
   israelitas, les encanta hacer»,
   dice el Señor Soberano.

⁶ «Hice que pasaran hambre en cada ciudad
   y que hubiera hambruna en cada pueblo,
pero aun así, ustedes no se volvieron a mí»,
   dice el Señor.

⁷ «Yo detuve la lluvia
   cuando sus cosechas más la necesitaban.
Envié la lluvia sobre una ciudad
   pero la retuve en otra.
Llovió en un campo,
   mientras otro se marchitaba.
⁸ La gente deambulaba de ciudad en ciudad
   buscando agua,
pero nunca había suficiente;
   pero aun así, ustedes no se volvieron a mí»,
   dice el Señor.

⁹ «Arruiné sus cultivos y viñedos con plaga
   y moho.
La langosta devoró todas sus higueras y
   todos sus olivos;
pero aun así, ustedes no se volvieron a mí»,
   dice el Señor.

¹⁰ «Les mandé plagas
   como las que envié sobre Egipto hace
   tiempo.
¡Maté a sus jóvenes en la guerra
   y llevé lejos a todos sus caballos!*
¡El hedor de la muerte llenó el aire!,
   pero aun así, ustedes no se volvieron a mí»,
   dice el Señor.

¹¹ «Destruí algunas de sus ciudades,
   así como destruí* Sodoma y Gomorra.
Ustedes que sobrevivieron
   parecían tizones rescatados del fuego;
pero aun así, no se volvieron a mí
   —dice el Señor—.

¹² »Por lo tanto, yo traeré sobre ustedes los
   desastres que he anunciado.
Pueblo de Israel, ¡prepárate para
   encontrarte con tu Dios en el juicio!».

¹³ Pues el Señor es quien formó las montañas,
   agita los vientos y da a conocer sus
   pensamientos a la humanidad.
Él convierte la luz del amanecer en
   oscuridad
y marcha sobre las alturas de la tierra.
   ¡El Señor Dios de los Ejércitos Celestiales
   es su nombre!

3:12 O El significado del hebreo es incierto.   3:13 En hebreo *la casa de Jacob.* Los nombres «Jacob» e «Israel» a menudo son
intercambiables en el Antiguo Testamento. Algunas veces hacen referencia al patriarca como individuo y otras veces a la nación.
4:1 En hebreo *ustedes, vacas de Basán.*   4:3 O *expulsadas hacia Hermón,* posiblemente se refiere al monte Hermón.   4:10 O *y
maté sus caballos capturados.*   4:11 En hebreo *como cuando Dios destruyó.*

Un llamado al arrepentimiento

5 ¡Escucha, pueblo de Israel! Oye este canto
fúnebre que entono:

2 «¡La virgen Israel ha caído,
nunca volverá a levantarse!
Yace abandonada en el suelo
y no hay quien la levante».

3 El Señor Soberano dice:

«Cuando una ciudad mande a mil hombres
a la guerra,
solo volverán cien.
Cuando un pueblo envíe a cien,
solo diez regresarán vivos».

4 Ahora bien, esto es lo que el Señor dice a la
familia de Israel:

«¡Vuelvan a buscarme y vivan!
5 No adoren en los altares paganos en Betel;
no vayan a los altares en Gilgal ni en
Beerseba.
Pues el pueblo de Gilgal será arrastrado al
destierro
y el pueblo de Betel será reducido a nada».

6 ¡Vuelvan a buscar al Señor y vivan!
De lo contrario, él pasará por Israel* como
un fuego
y los devorará completamente.
Sus dioses en Betel
no serán capaces de apagar las llamas.
7 Ustedes tuercen la justicia y la convierten
en trago amargo para el oprimido.
Tratan al justo como basura.

8 Es el Señor quien creó las estrellas,
las Pléyades y el Orión.
Él transforma la oscuridad en luz
y el día en noche.
Él levanta agua de los océanos
y la vierte como lluvia sobre la tierra.
¡El Señor es su nombre!
9 Con poder y deslumbrante velocidad
destruye a los poderosos
y aplasta todas sus defensas.

10 ¡Cómo odian ustedes a los jueces honestos!
¡Cómo desprecian a los que dicen la verdad!
11 Pisotean a los pobres,
robándoles el grano con impuestos y rentas
injustas.
Por lo tanto, aunque construyan hermosas
casas de piedra,
nunca vivirán en ellas.
Aunque planten viñedos exuberantes,
nunca beberán su vino.
12 Pues yo conozco la enorme cantidad de
sus pecados
y la profundidad de sus rebeliones.
Ustedes oprimen a los buenos al aceptar
sobornos

y privan al pobre de la justicia en los
tribunales.
13 Así que los que son listos permanecerán
con la boca cerrada,
porque es un tiempo malo.

14 ¡Hagan lo bueno y huyan del mal
para que vivan!
Entonces el Señor Dios de los Ejércitos
Celestiales será su ayudador,
así como ustedes han dicho.
15 Odien lo malo y amen lo bueno;
conviertan sus tribunales en verdaderas
cortes de justicia.
Quizás el Señor Dios de los Ejércitos Celestiales
todavía tenga compasión del remanente
de su pueblo.*

16 Por lo tanto, esto es lo que dice el Señor Dios
de los Ejércitos Celestiales:

«Habrá llanto en todas las plazas públicas
y lamentos en cada calle.
Llamen a los campesinos para que lloren con
ustedes
y traigan a los que les pagan por lamentar.
17 Habrá gemidos en cada viñedo,
porque yo los destruiré a todos»,
dice el Señor.

Advertencia sobre el juicio que viene

18 Qué aflicción les espera a ustedes que dicen:
«¡Si tan solo hoy fuera el día del Señor!».
No tienen la menor idea de lo que desean.
Ese día no traerá luz sino oscuridad.
19 En ese día ustedes serán como un hombre
que huye de un león,
solo para encontrarse con un oso.
Y, al escapar del oso, apoya su mano contra
una pared en su casa
y lo muerde una serpiente.
20 Así es, el día del Señor será oscuro y sin
remedio,
sin un rayo de alegría ni esperanza.

21 «Odio todos sus grandes alardes y pretensiones,
la hipocresía de sus festivales religiosos y
asambleas solemnes.
22 No aceptaré sus ofrendas quemadas ni sus
ofrendas de grano.
Ni siquiera prestaré atención a sus ofrendas
selectas de paz.
23 ¡Fuera de aquí con sus ruidosos himnos de
alabanza!
No escucharé la música de sus arpas.
24 En cambio, quiero ver una tremenda
inundación de justicia
y un río inagotable de rectitud.

25 »Israel, ¿acaso era a mí a quien traías sacrificios y ofrendas durante la cuarenta años en
el desierto? 26 No, servías a tus dioses paganos
—Sicut, tu dios rey y Quiyún, tu dios estrella—,

5:6 En hebreo *la casa de José.*   5:15 En hebreo *el remanente de José.*

las imágenes que hiciste para ti mismo. ²⁷Por lo tanto, te mandaré al destierro, a un país al oriente de Damasco»,* dice el SEÑOR, cuyo nombre es el Dios de los Ejércitos Celestiales.

6 ¹ ¡Qué aflicción les espera a ustedes que están a sus anchas en medio de lujos en Jerusalén,*
y a ustedes que se sienten seguros en Samaria!
Son famosos y conocidos en Israel,
y la gente acude a ustedes en busca de ayuda.
² Pero vayan a Calne
y vean lo que ocurrió allí.
Vayan luego a la gran ciudad de Hamat
y desciendan a la ciudad filistea de Gat.
Ustedes no son mejores que ellos
y miren cómo fueron destruidos.
³ No quieren pensar en el desastre que viene,
pero sus acciones solo acercan más el día del juicio.
⁴ Qué terrible será para ustedes que se dejan caer en camas de marfil
y están a sus anchas en sus sillones,
comiendo corderos tiernos del rebaño
y becerros selectos engordados en el establo.
⁵ Entonan canciones frívolas al son del arpa
y se creen músicos tan magníficos como David.
⁶ Beben vino en tazones llenos
y se perfuman con lociones fragantes.
No les importa la ruina de su nación.*
⁷ Por lo tanto, ustedes serán los primeros en ser llevados cautivos.
De repente se acabarán todas sus fiestas.

⁸El SEÑOR Soberano ha jurado por su propio nombre y esto es lo que dice el SEÑOR de los Ejércitos Celestiales:

«Desprecio la arrogancia de Israel*
y odio sus fortalezas.
Entregaré esta ciudad
a sus enemigos junto con todo lo que hay en ella».

⁹(Si quedan diez hombres en una casa, todos morirán. ¹⁰Luego, cuando el pariente responsable de deshacerse de los muertos* entre en la casa para llevarse los cuerpos, le preguntará al último sobreviviente: «¿Está alguien más contigo?». Entonces, cuando la persona comience a jurar: «No, por . . .», lo interrumpirá y dirá: «¡Cállate! Ni siquiera menciones el nombre del SEÑOR»).

¹¹ Cuando el SEÑOR dé la orden,
las casas, tanto grandes como pequeñas,
serán reducidas a escombros.

¹² ¿Pueden galopar los caballos sobre rocas grandes?
¿Se pueden usar bueyes para ararlas?
Así de necios son ustedes cuando convierten la justicia en veneno
y el fruto dulce de la rectitud en amargura.
¹³ Ustedes se jactan de su conquista de Lo-debar*
y alardean: «¿No tomamos Carnáyim* por nuestra propia fuerza?».

¹⁴ «Oh pueblo de Israel, estoy a punto de levantar una nación enemiga contra ti
—dice el SEÑOR de los Ejércitos Celestiales—.
Los oprimirán por todo su territorio,
desde Lebo-hamat en el norte
hasta el valle de Arabá en el sur».

La visión de las langostas

7 El SEÑOR Soberano me mostró una visión. Lo vi preparándose para enviar una enorme nube de langostas a la tierra. Esto ocurrió después de que la parte de la cosecha del rey había sido recolectada, pero cuando se acercaba la cosecha principal. ²En mi visión las langostas se comieron todo lo verde que se veía. Entonces dije:

—Oh SEÑOR Soberano, por favor, perdónanos o no sobreviviremos, porque Israel* es tan pequeño.

³Así que el SEÑOR se retractó de ese plan y dijo:

—No lo haré.

La visión del fuego

⁴Después el SEÑOR Soberano me mostró otra visión. Lo vi preparándose para castigar a su pueblo con un gran fuego. El fuego había quemado las profundidades del mar e iba devorando toda la tierra.

⁵Entonces dije:

—Oh SEÑOR Soberano, por favor, detente o no sobreviviremos, porque Israel es tan pequeño.

⁶Entonces el SEÑOR también se retractó de ese plan.

—Tampoco lo haré —dijo el SEÑOR Soberano.

La visión de la plomada

⁷Luego me mostró otra visión. Vi al Señor de pie al lado de una pared que se había construido usando una plomada. Usaba la plomada para ver si aún estaba derecha. ⁸Entonces el SEÑOR me dijo:

—Amós, ¿qué ves?

—Una plomada —contesté.

Y el Señor respondió:

—Probaré a mi pueblo con esta plomada. Ya no pasaré por alto sus pecados. ⁹Los altares

5:26-27 La versión griega dice No, tú llevaste a tus dioses paganos: el altar de Moloc, la estrella de tu dios Refán y las imágenes que hiciste para ti mismo. Por lo tanto, te mandaré al destierro, a un país al oriente de Damasco. Comparar Hch 7:43.   6:1 En hebreo en Sión.   6:6 En hebreo de José.   6:8 En hebreo Jacob. Ver nota en 3:13.   6:10 O quemar los muertos. El significado del hebreo es incierto.   6:13a Lo-debar significa «nada».   6:13b Carnáyim significa «cuernos», un término que simboliza fuerza.   7:2 En hebreo Jacob; también en 7:5. Ver nota en 3:13.

paganos de sus antepasados* quedarán en ruinas y los santuarios de Israel serán destruidos; acabaré de forma repentina con la dinastía del rey Jeroboam.

Amós y Amasías

¹⁰Luego Amasías, el sacerdote de Betel, mandó un mensaje a Jeroboam, rey de Israel: «¡Amós está tramando una conspiración contra usted, aquí mismo en el umbral de su casa! Lo que él dice es intolerable. ¹¹Anda diciendo: "Pronto matarán a Jeroboam y el pueblo de Israel será enviado al destierro"».

¹²Entonces Amasías envió órdenes a Amós:

—¡Vete de aquí, profeta! ¡Regresa a la tierra de Judá y gánate la vida profetizando allá! ¹³No nos molestes con tus profecías aquí en Betel. ¡Este es el santuario del rey y el lugar nacional de culto!

¹⁴Pero Amós contestó:

—No soy profeta profesional ni fui entrenado para serlo.* No soy más que un pastor de ovejas y cultivador de las higueras sicómoros. ¹⁵Sin embargo, el SEÑOR me llamó y me apartó de mi rebaño y me dijo: "Ve y profetiza a mi pueblo en Israel". ¹⁶Ahora bien, escuchen este mensaje del SEÑOR:

"Tú dices:
'No profetices contra Israel.
Deja de predicar contra mi pueblo'.*

¹⁷ Pero esto es lo que dice el SEÑOR:
'Tu esposa se convertirá en prostituta en
esta ciudad
y a tus hijos y a tus hijas los matarán.
Tu tierra será repartida
y tú morirás en tierra extranjera.
Con toda seguridad el pueblo de Israel irá
cautivo al destierro,
lejos de su patria'".

La visión de la fruta madura

8 Entonces el SEÑOR Soberano me mostró otra visión. Esta vez vi una cesta llena de fruta madura.

²—¿Qué ves, Amós? —me preguntó.

—Una cesta repleta de fruta madura —contesté.

Entonces el SEÑOR dijo:

—Al igual que esta fruta, ¡Israel está maduro para el castigo! No volveré a demorar su castigo. ³En aquel día el canto en el templo se convertirá en lamento. Habrá cadáveres tirados por todas partes. Serán llevados fuera de la ciudad en silencio. ¡Yo, el SEÑOR Soberano, he hablado!

⁴ ¡Escuchen esto, ustedes que roban al pobre
y pisotean al necesitado!
⁵ Ustedes no se aguantan a que termine el día
de descanso
y a que se acaben los festivales religiosos
para volver a estafar al desamparado.

Pesan el grano con medidas falsas
y estafan al comprador con balanzas
fraudulentas.*
⁶ Y el grano que venden lo mezclan
con los deshechos barridos del piso.
Por una moneda de plata o un par de
sandalias,
convierten en esclavos a los pobres.

⁷ Ahora el SEÑOR ha hecho este juramento
por su propio nombre, el Orgullo
de Israel:*
«¡Nunca olvidaré
las cosas perversas que han hecho!
⁸ La tierra temblará a causa de sus acciones
y todos harán duelo.
La tierra subirá como el río Nilo en tiempo
de inundaciones;
se levantará y volverá a hundirse.

⁹ »En aquel día —dice el SEÑOR Soberano—
haré que el sol se ponga al mediodía
y que en pleno día se oscurezca la tierra.
¹⁰ Convertiré sus celebraciones en lamentos
y su cantar en llanto.
Se vestirán de luto
y se raparán la cabeza en señal de dolor,
como si su único hijo hubiera muerto.
¡Qué tan amargo será ese día!

¹¹ »Ciertamente se acerca la hora —dice
el SEÑOR Soberano—
cuando enviaré hambre a la tierra,
no será hambre de pan ni sed de agua,
sino hambre de oír las palabras del SEÑOR.
¹² La gente deambulará de mar a mar
y vagará de frontera a frontera*
en busca de la palabra del SEÑOR,
pero no la encontrarán.
¹³ En aquel día, las jóvenes hermosas y
los muchachos fuertes se desmayarán,
sedientos por la palabra del SEÑOR.
¹⁴ Y los que juran por los vergonzosos ídolos
de Samaria,
los que hacen juramentos en nombre
del dios de Dan
y votos en nombre del dios de Beerseba,*
todos caerán y nunca más se levantarán».

La visión de Dios en el altar

9 Entonces vi una visión del Señor, quien estaba de pie junto al altar y dijo:

«Golpea la parte superior de las columnas
del templo
para que los cimientos se sacudan.
Derriba el techo
sobre las cabezas de la gente.
Mataré a espada a los que sobrevivan.
¡Nadie escapará!

7:9 En hebreo de *Isaac*. 7:14 O *Yo no soy profeta ni hijo de un profeta*. 7:16 En hebreo *contra la casa de Isaac*. 8:5 En hebreo *Ustedes hacen la efa* [una unidad para medir el grano] *pequeña y el siclo* [una unidad de peso] *grande y comercian con engaño al usar balanzas fraudulentas*. 8:7 En hebreo *el orgullo de Jacob*. Ver la nota en 3:13. 8:12 En hebreo *del norte al oriente*. 8:14 En hebreo *el camino de Beerseba*.

2 »Aunque caven hasta el lugar de los muertos,*
    allí descenderé y los sacaré.
Aunque suban hasta los cielos,
    de allí los derribaré.
3 Aunque se escondan en la cumbre del monte
        Carmelo,
    allí los buscaré y los capturaré.
Aunque se oculten en el fondo del océano,
    enviaré tras ellos a la serpiente marina
    para que los muerda.
4 Aunque sus enemigos los lleven al destierro,
    ordenaré a la espada que allí los mate.
Estoy decidido a traerles desastre
    y no a ayudarlos».

5 El Señor, el SEÑOR de los Ejércitos Celestiales,
    toca la tierra y esta se derrite,
    y todos sus habitantes lloran.
La tierra sube como el río Nilo en tiempo de
        inundaciones,
    y luego vuelve a hundirse.
6 El hogar del SEÑOR llega hasta los cielos,
    mientras que sus cimientos están en la
        tierra.
Él levanta agua de los océanos
    y la vierte como lluvia sobre la tierra.
    ¡El SEÑOR es su nombre!

7 «Israelitas, ¿son ustedes más importantes
        para mí
    que los etíopes?* —pregunta el SEÑOR—.
Saqué a Israel de Egipto,
    pero también traje a los filisteos de Creta*
    y a los arameos de Kir.

8 »Yo, el SEÑOR Soberano,
    estoy vigilando a esta nación pecaminosa
        de Israel
    y la destruiré
    de la faz de la tierra.
Sin embargo, nunca destruiré por completo a
        la familia de Israel*
    —dice el SEÑOR—.

9 Pues daré la orden
    y sacudiré a Israel junto con las demás
        naciones
como se sacude el grano en un cernidor,
    sin embargo, ningún grano verdadero
        se perderá.
10 En cambio, todos los pecadores morirán a
        filo de espada,
    esos que dicen: "Nada malo nos sucederá".

Promesa de restauración

11 »En aquel día restauraré la casa caída*
        de David.
    Repararé sus muros dañados.
De las ruinas, la reedificaré
    y restauraré su gloria anterior.
12 Israel poseerá lo que quede de Edom
    y todas las naciones que he llamado
        a ser mías».*
El SEÑOR ha hablado
    y cumplirá estas cosas.

13 «Llegará el día —dice el SEÑOR—
    en el que el grano y las uvas crecerán
        más rápido
    de lo que puedan ser cosechados.
¡Entonces los viñedos en las terrazas de
        las colinas de Israel
    destilarán vino dulce!
14 Traeré a mi pueblo Israel de su cautiverio
        en tierras lejanas;
    reedificarán sus ciudades que están
        en ruinas
    y nuevamente vivirán en ellas.
Plantarán viñedos y huertos,
    comerán sus cosechas y beberán
        su vino.
15 Los plantaré firmemente allí
    en su propia tierra.
Nunca más serán desarraigados
    de la tierra que yo les di»,
    dice el SEÑOR tu Dios.

9:2 En hebreo *al Seol.*   9:7a En hebreo *los cusitas?*   9:7b En hebreo *Caftor.*   9:8 En hebreo *la casa de Jacob.* Ver nota en 3:13.
9:11a O *ruino;* en hebreo dice *carpa*   9:11b–12 La versión griega dice *restauraré su gloria anterior / para que el resto de la
humanidad, incluidos los gentiles / —todos los que he llamado a ser míos— puedan buscarme.* Comparar Hch 15:16-17.

Abdías

Esta es la visión que el Señor Soberano reveló a Abdías acerca de la tierra de Edom.

Anuncio del juicio a Edom

Hemos oído un mensaje del Señor,
  que un embajador fue enviado a las
    naciones para decir:
«¡Prepárense todos!
  ¡Convoquemos a nuestros ejércitos y
    ataquemos a Edom!».

2 El Señor dice a Edom:
«Te haré pequeña entre las naciones;
  serás muy despreciada.
3 Has sido engañada por tu propio orgullo
  porque vives en una fortaleza de piedra
  y haces tu morada en lo alto de las montañas.
“¿Quién puede tocarnos aquí en las remotas
    alturas?”,
  te preguntas con arrogancia;
4 pero aunque te remontes tan alto como
    las águilas
  y construyas tu nido entre las estrellas,
te haré caer estrepitosamente»,
  dice el Señor.

5 «Si vinieran ladrones en la noche y te robaran,
  (¡qué desastre te espera!)
  no se llevarían todo.
Los que cosechan uvas
  siempre dejan unas cuantas para los pobres.
  ¡Pero tus enemigos te aniquilarán por
    completo!
6 Registrarán y saquearán
  cada rincón y cada grieta de Edom.*
Se llevarán hasta el último de los tesoros
    escondidos.

7 »Todos tus aliados se volverán contra ti
  y ayudarán a expulsarte de tu tierra.
Te prometerán paz
  mientras traman engañarte y destruirte.
Tus amigos de confianza te tenderán trampas
  y ni siquiera te darás cuenta.
8 En aquel día ni una sola persona sabia
  quedará en toda la tierra de Edom
  —dice el Señor—.
Pues destruiré las montañas de Edom
  a todos los que tengan entendimiento.

9 Los más poderosos guerreros de Temán
  sentirán terror,
y todos en las montañas de Edom
  serán exterminados en la masacre.

Causas del castigo de Edom

10 »A causa de la violencia con la que trataste
  a tus parientes cercanos de Israel,*
  te llenarás de vergüenza
  y serás destruido para siempre.
11 Cuando tus parientes fueron invadidos,
  te mantuviste al margen y te negaste a
    ayudarlos.
Los invasores se llevaron su riqueza
  y echaron suertes para repartirse
    Jerusalén,
  pero tú actuaste como un enemigo de
    Israel.

12 »No debiste alegrarte
  cuando desterraron a tus parientes a
    tierras lejanas.
No debiste gozarte
  cuando el pueblo de Judá sufría semejante
    desgracia.
No debiste hablar con arrogancia
  en ese terrible tiempo de angustia.
13 No debiste saquear la tierra de Israel
  mientras ellos sufrían semejante
    calamidad.
No debiste regodearte de su destrucción
  mientras sufrían semejante calamidad.
No debiste robar sus riquezas
  mientras sufrían semejante calamidad.
14 No debiste pararte en la encrucijada
  para matar a los que intentaban escapar.
No debiste capturar y entregar a los
    sobrevivientes
  en su terrible tiempo de angustia.

Destrucción de Edom, restauración de Israel

15 »¡Se acerca el día cuando yo, el Señor,
  juzgaré a todas las naciones paganas!
Como le hiciste a Israel,
  así se hará contigo.
Todas tus malas acciones
  recaerán sobre tu cabeza.
16 Así como te tragaste a mi pueblo

---

6 En hebreo *Esaú*; también en 8b, 9, 18, 19, 21. 10 En hebreo *tu hermano Jacob.* Los nombres «Jacob» e «Israel» a menudo son intercambiables en el Antiguo Testamento. Algunas veces hacen referencia al patriarca como individuo y otras veces a la nación.

en mi monte santo,
así tú y las naciones vecinas
se tragarán el castigo que derramaré
sobre ti.
Sí, todas las naciones beberán, se
tambalearán
y desaparecerán de la historia.

17 »Sin embargo, Jerusalén* será un refugio para
los que escapen;
será un lugar santo.
Y el pueblo de Israel* regresará
para reclamar su herencia.
18 El pueblo de Israel será un fuego violento
y Edom un campo de hierba seca.
Los descendientes de José serán una llama
que rugirá a través del campo,
devorándolo todo.
No quedará nadie con vida en Edom.
¡Yo, el SEÑOR, he hablado!

19 »Entonces mi pueblo que vive en el Neguev
ocupará las montañas de Edom.
Los que viven en las colinas de Judá*
poseerán las llanuras de los filisteos
y se apoderarán de los campos de Efraín
y de Samaria,
y el pueblo de Benjamín
ocupará la tierra de Galaad.
20 Los desterrados de Israel volverán a su tierra
y ocuparán la costa de Fenicia hasta el
norte de Sarepta.
Los cautivos de Jerusalén desterrados en el
norte*
volverán a casa y repoblarán los pueblos
del Neguev.
21 Los que hayan sido rescatados* subirán al*
monte Sión en Jerusalén
para gobernar sobre las montañas de Edom.
¡Y el SEÑOR mismo será rey!».

17a En hebreo *monte Sión.*   17b En hebreo *la casa de Jacob;* también en 18. Ver nota en 10.   19 En hebreo *la Sefela.*   20 En hebreo
en Sefarad.   21a Igual que en la versión griega y en la siríaca; en hebreo dice *Rescatadores.*   21b O *desde el.*

Jonás

Jonás huye del Señor

1 El Señor le dio el siguiente mensaje a Jonás, hijo de Amitai: ²«Levántate y ve a la gran ciudad de Nínive. Pronuncia mi juicio contra ella, porque he visto lo perversa que es su gente».

³Entonces Jonás se levantó y se fue en dirección contraria para huir del Señor. Descendió al puerto de Jope donde encontró un barco que partía para Tarsis. Compró un boleto, subió a bordo y se embarcó rumbo a Tarsis con la esperanza de escapar del Señor.

⁴Ahora bien, el Señor mandó un poderoso viento sobre el mar, el cual desató una violenta tempestad que amenazaba con despedazar el barco. ⁵Temiendo por sus vidas, los desesperados marineros pedían ayuda a sus dioses y lanzaban la carga por la borda para aligerar el barco.

Todo esto sucedía mientras Jonás dormía profundamente en la bodega del barco, ⁶así que el capitán bajó a buscarlo. «¿Cómo puedes dormir en medio de esta situación? —le gritó—. ¡Levántate y ora a tu dios! Quizá nos preste atención y nos perdone la vida».

⁷Entonces la tripulación echó suertes para ver quién había ofendido a los dioses y causado tan terrible tempestad. Cuando lo hicieron, la suerte señaló a Jonás como el culpable. ⁸Así que los marineros le reclamaron:

—¿Por qué nos ha venido esta espantosa tormenta? ¿Quién eres? ¿En qué trabajas? ¿De qué país eres? ¿Cuál es tu nacionalidad?

⁹—Soy hebreo —contestó Jonás— y temo al Señor, Dios del cielo, quien hizo el mar y la tierra.

¹⁰Los marineros se aterraron al escuchar esto, porque Jonás ya les había contado que huía del Señor.

—¡Ay, por qué lo hiciste! —gimieron.

¹¹Como la tormenta seguía empeorando, le preguntaron:

—¿Qué debemos hacer contigo para detener esta tempestad?

¹²—Échenme al mar —contestó Jonás— y volverá la calma. Yo sé que soy el único culpable de esta terrible tormenta.

¹³Sin embargo, los marineros remaron con más fuerza para llevar el barco a tierra, pero la tempestad era tan violenta que no lo lograron. ¹⁴Entonces clamaron al Señor, Dios de Jonás: «Oh Señor —le rogaron—, no nos dejes morir por el pecado de este hombre y no nos hagas responsables de su muerte. Oh Señor, has enviado esta tormenta sobre él y solo tú sabes por qué».

¹⁵Entonces los marineros tomaron a Jonás y lo lanzaron al mar embravecido, ¡y al instante se detuvo la tempestad! ¹⁶Los marineros quedaron asombrados por el gran poder del Señor, le ofrecieron un sacrificio y prometieron servirle.

¹⁷*Entre tanto, el Señor había provisto que un gran pez se tragara a Jonás; y Jonás estuvo dentro del pez durante tres días y tres noches.

Oración de Jonás

2 ¹*Entonces Jonás oró al Señor su Dios desde el interior del pez ²y dijo:

«En mi gran aflicción clamé al Señor
    y él me respondió.
Desde la tierra de los muertos* te llamé,
    ¡y tú, Señor, me escuchaste!
³ Me arrojaste a las profundidades del mar
    y me hundí en el corazón del océano.
Las poderosas aguas me envolvieron;
    tus salvajes y tempestuosas olas me cubrieron.
⁴ Entonces dije: "Oh Señor, me has expulsado de tu presencia;
    aun así volveré a mirar hacia tu santo templo".

⁵ »Me hundí bajo las olas
    y las aguas se cerraron sobre mí;
    las algas se enredaban en mi cabeza.
⁶ Me hundí hasta las raíces de las montañas.
Me quedé preso en la tierra,
    cuyas puertas se cierran para siempre.
Pero tú, oh Señor mi Dios,
    ¡me arrebataste de las garras de la muerte!
⁷ Cuando la vida se me escapaba,
    recordé al Señor.
Elevé mi oración sincera hacia ti
    en tu santo templo.

1:17 El versículo 1:17 corresponde al 2:1 en el texto hebreo.   2:1 Los versículos del 2:1-10 corresponden al 2:2-11 en el texto hebreo.   2:2 En hebreo *del Seol*.

⁸ Los que rinden culto a dioses falsos
le dan la espalda a todas las misericordias
de Dios.
⁹ Pero yo te ofreceré sacrificios con cantos de
alabanza,
y cumpliré todas mis promesas.
Pues mi salvación viene solo del SEÑOR».

¹⁰ Entonces el SEÑOR ordenó al pez escupir a
Jonás sobre la playa.

Jonás va a Nínive

3 El SEÑOR habló por segunda vez a Jonás:
«Levántate y ve a la gran ciudad de Nínive y
entrega el mensaje que te he dado».

³Esta vez Jonás obedeció el mandato del
SEÑOR y fue a Nínive, una ciudad tan grande que
tomaba tres días recorrerla toda.* ⁴El día que
Jonás entró en la ciudad, proclamó a la multitud:
«Dentro de cuarenta días Nínive será destruida». ⁵Entonces la gente de Nínive creyó el mensaje de Dios y desde el más importante hasta el
menos importante declararon ayuno y se vistieron de tela aspera en señal de remordimiento.

⁶Cuando el rey de Nínive oyó lo que Jonás
decía, bajó de su trono y se quitó sus vestiduras reales. Se vistió de tela áspera y se sentó sobre un montón de cenizas. ⁷Entonces el rey y sus
nobles enviaron el siguiente decreto por toda la
ciudad:

«Nadie puede comer ni beber nada, ni
siquiera los animales de las manadas o de los
rebaños. ⁸Tanto el pueblo como los animales
tienen que vestirse de luto y toda persona
debe orar intensamente a Dios, apartarse
de sus malos caminos y abandonar toda
su violencia. ⁹¡Quién sabe!, puede ser que
todavía Dios cambie de parecer, contenga su
ira feroz y no nos destruya».

¹⁰Cuando Dios vio lo que habían hecho y
cómo habían abandonado sus malos caminos,
cambió de parecer y no llevó a cabo la destrucción que les había amenazado.

Enojo de Jonás por la misericordia del SEÑOR

4 Este cambio de planes molestó mucho a
Jonás y se enfureció. ²Entonces le reclamó
al SEÑOR:

—SEÑOR, ¿no te dije antes de salir de casa
que tú harías precisamente esto? ¡Por eso huí a
Tarsis! Sabía que tú eres un Dios misericordioso
y compasivo, lento para enojarte y lleno de amor
inagotable. Estás dispuesto a perdonar y no destruir a la gente. ³¡Quítame la vida ahora, SEÑOR!
Prefiero estar muerto y no vivo si lo que yo predije no sucederá.

⁴El SEÑOR le respondió:

—¿Te parece bien enojarte por esto?

⁵Entonces Jonás se fue al oriente de la ciudad e hizo una enramada. Luego se sentó bajo
la sombra de la enramada mientras esperaba ver
lo que acontecería a la ciudad. ⁶Ahora bien,
el SEÑOR DIOS proveyó que una planta frondosa creciera allí y pronto extendió sus anchas hojas sobre la cabeza de Jonás y lo protegió del sol.
Esto le trajo alivio y Jonás estuvo muy agradecido por la planta.

⁷¡Pero Dios también proveyó un gusano! Al
amanecer del día siguiente, el gusano se comió
el tallo de la planta, de modo que se marchitó.
⁸Así que cuando el sol se intensificó, Dios proveyó un viento abrasador del oriente para que
soplara sobre Jonás. El sol pegó sobre su cabeza
hasta que se sintió tan débil que deseaba morirse y exclamó: «¡Es mejor morir que vivir así!».

⁹Entonces Dios dijo a Jonás:

—¿Te parece bien enojarte porque la planta
murió?

—¡Sí —replicó Jonás—, estoy tan enojado que
quisiera morirme!

¹⁰Entonces el SEÑOR le respondió:

—Sientes lástima por una planta, aunque tú
no hiciste nada para que creciera. Creció rápido
y murió rápido. ¹¹Pero Nínive tiene más de
ciento veinte mil habitantes que viven en oscuridad espiritual,* sin mencionar todos los animales. ¿No debería yo sentir lástima por esta
gran ciudad?

3:3 En hebreo *una gran ciudad para Dios, de un recorrido de tres días.* 4:11 En hebreo *gente que no sabe distinguir entre la mano derecha y la mano izquierda.*

Miqueas

1 El Señor le dio el siguiente mensaje a Miqueas de Moreset durante los años cuando Jotam, Acaz y Ezequías eran reyes de Judá. Las visiones que tuvo tenían que ver con Samaria y con Jerusalén.

Lamento por Samaria y Jerusalén

² ¡Atención! ¡Que todos los habitantes del
mundo escuchen!
Que oiga la tierra y todo lo que hay en ella.
El Señor Soberano hace acusaciones en
contra de ustedes;
el Señor habla desde su santo templo.
³ ¡Miren! ¡Viene el Señor!
Sale de su trono en el cielo
y pisotea las cumbres de la tierra.
⁴ Las montañas se derriten debajo de sus pies
y se derraman sobre los valles
como cera en el fuego,
como agua que desciende de una colina.
⁵ ¿Y por qué sucede esto?
Es a causa de la rebelión de Israel,*
sí, por los pecados de toda la nación.
¿Quién es culpable de la rebelión de
Israel?
¡Samaria, su ciudad capital!
¿Dónde está el centro de la idolatría
en Judá?
¡En Jerusalén, su capital!

⁶ «Así que, yo, el Señor, haré de la ciudad de
Samaria
un montón de escombros.
Sus calles serán aradas
para plantar viñedos.
Haré rodar las piedras de sus paredes hacia
el valle
hasta dejar al descubierto sus cimientos.
⁷ Todas sus imágenes talladas serán aplastadas;
todos sus tesoros sagrados serán
quemados.
Estas cosas fueron compradas con dinero
ganado por su prostitución,
pero ahora serán arrebatadas
para pagar prostitutas en otro lugar».

⁸ Por lo tanto, lloraré y me lamentaré;
andaré descalzo y desnudo.
Aullaré como un chacal
y gemiré como un búho.
⁹ Pues la herida de mi pueblo
es demasiado profunda para sanar.
Ha llegado hasta Judá
aun hasta las puertas de Jerusalén.

¹⁰ No se lo digan a nuestros enemigos en Gat;*
no lloren en absoluto.
Ustedes, pueblo de Bet-le-ofra,*
revuélquense en el polvo para mostrar su
desesperación.
¹¹ Ustedes, pueblo de Safir,*
vayan como cautivos al destierro, desnudos
y avergonzados.
El pueblo de Zaanán*
no se atreve a salir de sus murallas.
El pueblo de Bet-esel* gime
porque su casa no tiene apoyo.
¹² El pueblo de Marot* con ansias espera
la ayuda.
Sin embargo, solo le espera amargura,
porque el juicio del Señor llega
a las puertas de Jerusalén.

¹³ Enganchen los caballos a sus carros y huyan,
pueblo de Laquis.*
Ustedes fueron la primera ciudad de Judá
que siguió a Israel en su rebelión
e hicieron caer a Jerusalén* en pecado.
¹⁴ Den regalos de despedida a Moréset-gat;*
porque no hay esperanza de salvarla.
La ciudad de Aczib*
ha engañado a los reyes de Israel.
¹⁵ Oh, gente de Maresa,*
yo enviaré un conquistador para tomar
su ciudad.
Y los líderes* de Israel
irán a Adulam.
¹⁶ Oh, pueblo de Judá, rapen sus cabezas en
señal de aflicción,
porque sus amados hijos les serán
arrebatados.

1:5 En hebreo *Jacob*; también en 1:5b. Los nombres «Jacob» e «Israel» a menudo son intercambiables en el Antiguo Testamento. Algunas veces hacen referencia al patriarca como individuo y otras veces a la nación. **1:10a** *Gat* suena como el término hebreo que significa «decir». **1:10b** *Bet-le-afra* significa «casa del polvo». **1:11a** *Safir* significa «agradable». **1:11b** *Zaanán* suena como el término hebreo que significa «salir». **1:11c** *Bet-esel* significa «casa contigua». **1:12** *Marot* suena como el término hebreo que significa «amargo». **1:13a** *Laquis* suena como el término hebreo que significa «yunta de caballos». **1:13b** En hebreo *la hija de Sión*. **1:14a** *Moréset-gat* suena como el término hebreo que significa «regalo» o «dote». **1:14b** *Aczib* significa «engaño». **1:15a** *Maresa* suena como el término hebreo que significa «conquistador». **1:15b** En hebreo *la gloria*.

Rápense hasta quedar calvos como un buitre,
porque sus pequeños serán desterrados a
tierras lejanas.

Juicio contra los ricos opresores

2 ¹ ¡Qué aflicción les espera a ustedes que
despiertan en la noche,
tramando planes malvados!
Se levantan al amanecer y se apuran a
realizarlos,
solo porque tienen el poder para hacerlo.
² Cuando quieren un pedazo de tierra,
encuentran la forma de apropiárselo.
Cuando quieren la casa de alguien,
la toman mediante fraude y violencia.
Estafan a un hombre para quitarle su propiedad
y dejan a su familia sin herencia.

³ Pero esto es lo que dice el SEÑOR:
«Pagaré su maldad con maldad;
no podrán librar su cuello de la soga.
No volverán a caminar con orgullo,
porque será un tiempo terrible».

⁴ En aquel día sus enemigos se burlarán
de ustedes
cuando entonen esta canción de lamento
acerca de ustedes:
«¡Estamos acabados,
totalmente arruinados!
Dios confiscó la tierra,
nos la ha quitado.
Dio nuestros campos
a los que nos traicionaron».*

⁵ Entonces otros establecerán los límites de
propiedad
y el pueblo del SEÑOR no tendrá voz
ni voto
en cómo se reparte la tierra.

Falsos y verdaderos profetas

⁶ «No digan semejantes cosas
—responde la gente—.*
No profeticen así.
¡Esos desastres nunca nos llegarán!».

⁷ ¿Debes hablar de esa manera, oh familia
de Israel?*
¿Tendrá paciencia el Espíritu del SEÑOR
con semejante comportamiento?
Si ustedes hicieran lo correcto,
encontrarían consuelo en mis palabras.

⁸ Sin embargo, hasta este mismo instante
mi pueblo se rebela contra mí, ¡como si
un enemigo!
Les roban hasta la camisa
a los que confiaban en ustedes
y los dejan tan andrajosos como hombres
que regresan de la guerra.

⁹ Desalojaron a las mujeres de sus cómodos
hogares

y despojaron a sus hijos para siempre
de todo lo que Dios les hubiera dado.

¹⁰ ¡Levántense! ¡Fuera!
Esta ya no es su tierra ni su hogar,
porque la llenaron de pecado
y la arruinaron por completo.

¹¹ Supongamos que un profeta lleno de
mentiras les dice:
«¡Les predicaré las delicias del vino y
del alcohol!».
¡Esa es la clase de profeta que a ustedes
les gustaría!

Esperanza de restauración

¹² «Algún día, yo te reuniré, oh Israel;
juntaré al remanente que quedó.
Volveré a reunirlos como ovejas en su redil
y como un rebaño en su pastizal.
¡Sí, su tierra se llenará nuevamente
de ruidosas multitudes!
¹³ Su líder irrumpirá, se pondrá al frente
y los sacará del destierro,
a través de las puertas de las ciudades
enemigas,
y los llevará de regreso a su propia tierra.
Su rey los conducirá;
el SEÑOR mismo los guiará».

Juicio contra los líderes de Israel

3 ¹ Yo dije: «¡Escuchen, líderes de Israel!
Ustedes deberían saber cómo distinguir
entre lo bueno y lo malo.
² Sin embargo, ustedes mismos son los
que odian lo bueno y aman lo malo.
Despellejan vivo a mi pueblo
y le arrancan la carne de sus huesos.
³ Sí, devoran la carne de mi pueblo,
le arrancan la piel
y le rompen los huesos.
Los cortan en pedazos,
como carne para la olla.
⁴ ¡Y luego, cuando tienen problemas, suplican
la ayuda del SEÑOR!
¿Realmente esperan que él les responda?
Después de todo el mal que han hecho,
¡ni siquiera los mirará!

⁵ Esto es lo que dice el SEÑOR:
«¡Ustedes, falsos profetas, llevan a mi
pueblo por mal camino!
Prometen paz a quienes les dan de comer,
pero le declaran la guerra a quienes se
niegan a alimentarlos.
⁶ Ahora la noche caerá sobre ustedes
y acabará con todas sus visiones.
La oscuridad los cubrirá
y pondrá fin a sus predicciones.
El sol se pondrá para ustedes, profetas,
y su día terminará.

2:4 O a los que nos tomaron cautivos.   2:6 O responden los profetas; en hebreo dice ellos profetizan.   2:7 En hebreo oh casa de Jacob?
Ver la nota en 1:5a.

7 Entonces ustedes, videntes, serán
avergonzados
y ustedes, adivinadores, serán deshonrados.
Cubrirán sus rostros,
porque no hay respuesta de Dios».

8 Yo, en cambio, estoy lleno de poder,
lleno del Espíritu del SEÑOR.
Estoy lleno de justicia y de fuerza
para denunciar con valentía el pecado y
la rebelión de Israel.

9 ¡Escúchenme, líderes de Israel!
Ustedes odian la justicia y tuercen todo
lo recto.

10 Construyen Jerusalén
sobre cimientos de crimen y corrupción.

11 Ustedes, gobernantes, toman decisiones con
base en sobornos;
ustedes, sacerdotes, enseñan las leyes de
Dios solo por dinero;
ustedes, profetas, no profetizan a menos que
se les pague.
Sin embargo, todos alegan depender del
SEÑOR.
«Nada malo nos puede suceder —dicen
ustedes—
porque el SEÑOR está entre nosotros».

12 Por causa de ustedes, el monte Sión quedará
arado como un campo abierto;
¡Jerusalén será reducida a escombros!
Un matorral crecerá en las cumbres,
donde ahora se encuentra el templo.

El futuro reinado del SEÑOR

4 1 En los últimos días, el monte de la casa
del SEÑOR
será el más alto de todos,
el lugar más importante de la tierra.
Se levantará por encima de las demás colinas
y gente del mundo entero acudirá allí para
adorar.

2 Vendrá gente de muchas naciones y dirá:
«Vengan, subamos al monte del SEÑOR,
a la casa del Dios de Jacob.
Allí él nos enseñará sus caminos
y andaremos en sus sendas».
Pues la enseñanza del SEÑOR saldrá de Sión;
su palabra, de Jerusalén.

3 El SEÑOR mediará entre los pueblos
y resolverá conflictos entre naciones
poderosas y lejanas.
Ellos forjarán sus espadas para convertirlas
en rejas de arado
y sus lanzas en podaderas.
No peleará más nación contra nación,
ni seguirán entrenándose para la guerra.

4 Todos vivirán en paz y prosperidad;
disfrutarán de sus propias vides e higueras
porque no habrá nada que temer.
¡El SEÑOR de los Ejércitos Celestiales

ha hecho esta promesa!

5 Aunque las naciones que nos rodean sigan a
sus ídolos,
nosotros seguiremos al SEÑOR nuestro Dios
por siempre y para siempre.

Israel regresa del destierro

6 «En aquel día venidero —dice el SEÑOR—
reuniré a los lisiados,
a los que fueron desterrados,
y a quienes he llenado de profundo dolor.

7 Los que son débiles sobrevivirán como un
remanente,
los que fueron desterrados volverán a ser
una nación poderosa.
Entonces yo, el SEÑOR, desde Jerusalén*
gobernaré
como su rey para siempre».

8 En cuanto a ti, Jerusalén,
ciudadela* del pueblo de Dios,
recuperarás tu fuerza
y poder soberano.
El reino será restaurado
a mi muy amada Jerusalén.

9 Ahora pues, ¿por qué gritas de terror?
¿Acaso no tienes rey que te dirija?
¿Han muerto todos tus sabios?
El dolor te ha apresado como a una mujer
durante el parto.

10 Retuérzanse y giman como una mujer con
dolores de parto,
ustedes, habitantes de Jerusalén.*
porque ahora tendrán que salir de esta ciudad
para vivir en campos abiertos.
Pronto serán enviados al destierro
a la lejana Babilonia.
Pero allí el SEÑOR los rescatará;
él los redimirá de las garras de sus
enemigos.

11 Ahora muchas naciones se han reunido contra
ustedes.
«Que sean profanados —dicen ellos—.
Seamos testigos de la destrucción de
Jerusalén».*

12 Pero estas naciones no conocen los
pensamientos del SEÑOR
ni entienden su plan.
No saben
que las está reuniendo
para golpearlas y pisotearlas
como a gavillas de grano en el campo
de trillar.

13 «¡Levántate y aplasta a las naciones,
oh Jerusalén!*
—dice el SEÑOR—.
Pues te daré cuernos de hierro y pezuñas
de bronce,
para que pisotees a muchas naciones
hasta reducirlas a polvo.

4:7 En hebreo *monte Sión.* **4:8** En hebreo *En cuanto a ti, Migdal-eder, / el Ofel de la hija de Sión.* **4:10** En hebreo *oh hija de Sión.*
4:11 En hebreo *de Sión.* **4:13** En hebreo *«Levántate y trilla, oh hija de Sión».*

Presentarás al Señor las riquezas mal habidas
de esas naciones,
sus tesoros al Señor de toda la tierra».

5 1*¡Formen las tropas!
El enemigo pone sitio a Jerusalén.
Con una vara golpeará al líder de Israel
en la cara.

Un gobernante saldrá de Belén

2*»Pero tú, oh Belén Efrata,
eres solo una pequeña aldea entre todo el
pueblo de Judá.
No obstante, de ti saldrá un gobernante para
Israel,
cuyos orígenes vienen desde la eternidad.
3 El pueblo de Israel será entregado a sus
enemigos
hasta que dé a luz la mujer que está de
parto.
Entonces, por fin, sus compatriotas
volverán del destierro a su propia tierra.
4 Y él se levantará para dirigir a su rebaño con
la fuerza del Señor
y con la majestad del nombre del Señor
su Dios.
Entonces su pueblo vivirá allí tranquilo,
porque él es exaltado con honores en
todas partes.
5 Y él será la fuente de paz.

Cuando los asirios invadan nuestra tierra
y penetren en nuestras defensas,
nombraremos a siete gobernantes para que
nos vigilen,
a ocho príncipes para que nos dirijan.
6 Ellos gobernarán a Asiria con la espada
desenvainada
y entrarán por las puertas de la tierra
de Nimrod.
Él nos rescatará de los asirios
cuando desborden las fronteras para
invadir nuestra tierra.

Purificación del remanente

7 Entonces el remanente que quedó en
Israel*
ocupará su lugar entre las naciones.
Será como rocío enviado por el Señor
o como lluvia que cae sobre la hierba,
la cual nadie puede controlar
ni hacer que se detenga.
8 El remanente que quedó en Israel
ocupará su lugar entre las naciones.
Será como un león entre los animales
del bosque,
como un fuerte león joven entre los
rebaños de ovejas y cabras
que se abalanza sobre ellas y las desgarra
sin nadie que las rescate.

9 La gente de Israel enfrentará a sus adversarios
y todos sus enemigos serán aniquilados.

10 «En aquel día —dice el Señor—
mataré a tus caballos
y destruiré tus carros de guerra.
11 Derribaré tus muros
y demoleré tus defensas.
12 Pondré fin a toda la brujería
y no habrá más adivinos.
13 Destruiré todos tus ídolos y columnas
sagradas,
para que nunca más adores la obra de tus
propias manos.
14 Quitaré tus altares idólatras con las imágenes
de Asera
y destruiré tus ciudades paganas.
15 Derramaré mi venganza
sobre las naciones que se niegan a
obedecerme».

Cargos del Señor contra Israel

6 Escuchen lo que dice el Señor:

«Levántate y presenta tu caso contra mí.
Que se convoque a las montañas y a
las colinas para que sean testigos de tus
quejas.
2 ¡Y ahora, oh montañas,
escuchen las quejas del Señor!
Él entabla un pleito contra su pueblo
y presentará sus cargos contra Israel.

3 »Oh pueblo mío, ¿qué te he hecho?
¿Qué he hecho para que te canses de mí?
¡Contéstame!
4 Yo te saqué de Egipto
y te redimí de la esclavitud.
Envié a Moisés, a Aarón y a Miriam para
ayudarte.
5 ¿No te acuerdas, pueblo mío,
cómo el rey Balac de Moab intentó que
te maldijeran
y cómo, en lugar de eso, Balaam hijo de
Beor te bendijo?
Recuerda tu viaje de la arboleda de Acacia*
a Gilgal,
cuando yo, el Señor, hice todo lo posible
para enseñarte acerca de mi fidelidad».

6 ¿Qué podemos presentar al Señor?
¿Qué clase de ofrendas debemos darle?
¿Debemos inclinarnos ante Dios
con ofrendas de becerros de solo un año?
7 ¿Debemos ofrecerle miles de carneros
y diez mil ríos de aceite de oliva?
¿Debemos sacrificar a nuestros hijos mayores
para pagar por nuestros pecados?

8 ¡No!, oh pueblo. El Señor te ha dicho lo que
es bueno,
y lo que él exige de ti:

5:1 El versículo del 5:1 corresponde al 4:14 en el texto hebreo.   5:2 Los versículos del 5:2-15 corresponden al 5:1-14 en el texto
hebreo.   5:7 En hebreo *en Jacob*; también en 5:8. Ver nota en 1:5a.   6:5 En hebreo *Sitim*.

que hagas lo que es correcto, que ames la
compasión
y que camines humildemente con tu Dios.

Culpa y castigo de Israel

9 ¡Si son sabios, teman al SEÑOR!
Su voz llama a todos en Jerusalén:
«Los ejércitos de destrucción se acercan;
el SEÑOR los envía.*

10 ¿Qué puedo decir de las casas de los perversos
que se llenaron de riquezas obtenidas con
estafa?
¿Qué de la práctica repugnante
de pesar el grano con medidas falsas?*

11 ¿Cómo podré tolerar a tus mercaderes
que usan balanzas y pesas adulteradas?

12 Los ricos entre ustedes llegaron a tener
mucho dinero
mediante la extorsión y la violencia.
Tus habitantes están tan acostumbrados
a mentir,
que su lengua ya no puede decir la verdad.

13 »¡Por lo tanto, yo te heriré!
Te dejaré en la ruina a causa de todos
tus pecados.

14 Comerás pero no quedarás satisfecho.
Las punzadas de hambre y el vacío de
tu estómago no cesarán.
Aunque intentes ahorrar dinero,
al final no te quedará nada.
Guardarás un poco,
pero se lo daré a tus conquistadores.

15 Sembrarás
pero no cosecharás.
Prensarás tus aceitunas
pero no obtendrás aceite suficiente para
ungirte.
Pisarás las uvas
pero no conseguirás sacarles jugo para
hacer vino.

16 ¡Tú respetas solo las leyes del malvado rey
Omri;
sigues solo el ejemplo del perverso rey
Acab!
Por lo tanto, haré de ti un ejemplo,
llevándote a la ruina.
Serás tratado con desprecio,
ridiculizado por todos los que te vean».

El sufrimiento se transforma en esperanza

71 ¡Miserable de mí!
Me siento como el recolector de fruta que
después de cosechar
no encuentra nada que comer.
No encuentro ni un racimo de uvas ni uno de
los primeros higos
para saciar mi hambre.

2 La gente que sigue a Dios ha desaparecido;
no queda ni una sola persona honrada
sobre la tierra.

Son todos asesinos,
les tienden trampas hasta a sus propios
hermanos.

3 ¡Con ambas manos son hábiles para hacer
el mal!
Tanto los funcionarios como los jueces
exigen sobornos.
La gente con influencia obtiene lo que quiere
y juntos traman para torcer la justicia.

4 Hasta el mejor de ellos es como una zarza;
el más honrado es tan peligroso como
un cerco de espinos.
Pero ahora viene con prontitud el día de
juicio.
Su hora de castigo ha llegado, un tiempo
de confusión.

5 No confíen en nadie,
¡ni en su mejor amigo, ni siquiera en su
esposa!

6 Pues el hijo desprecia a su padre.
La hija se rebela contra su madre.
La nuera reta a su suegra.
¡Sus enemigos están dentro de su propia
casa!

7 En cuanto a mí, busco la ayuda del SEÑOR.
Espero confiadamente que Dios
me salve,
y con seguridad mi Dios me oirá.

8 ¡Enemigos míos, no se regodeen de mí!
Pues aunque caiga, me levantaré
otra vez.
Aunque esté en oscuridad,
el SEÑOR será mi luz.

9 Seré paciente cuando el SEÑOR me castigue,
porque he pecado contra él.
Pero después, él tomará mi caso
y me hará justicia por todo lo que he
sufrido a manos de mis enemigos.
El SEÑOR me llevará a la luz
y veré su justicia.

10 Entonces mis enemigos verán que el SEÑOR
está de mi lado.
Serán avergonzados los que se mofaban
de mí diciendo:
«Entonces, ¿dónde está el SEÑOR,
ese Dios tuyo?».
Con mis propios ojos veré su ruina;
como lodo en las calles serán pisoteados.

11 En aquel día, Israel, tus ciudades serán
reconstruidas
y tus fronteras se extenderán.

12 Vendrá gente de muchos países y te honrará;
desde Asiria hasta las ciudades de Egipto,
desde Egipto hasta el río Éufrates*
y desde los mares distantes y las montañas
lejanas.

13 Sin embargo, la tierra se volverá vacía y desolada
a causa de la perversidad de los que la
habitan.

6:9 En hebreo *«Escuchen a la vara. / ¿Quién la nombró?».*   6:10 En hebreo *de usar la efa corto?* El efa era una unidad para medir el grano.   7:12 En hebreo *el río.*

Compasión del Señor por Israel

14 Oh Señor, protege a tu pueblo con tu vara
        de pastor;
    guía a tu rebaño, tu posesión más preciada.
    Aunque viva solo en un matorral
        en lo alto del monte Carmelo,*
    que se alimente en los fértiles pastos de
        Basán y Galaad
    como lo hacía en tiempos pasados.

15 «Sí —dice el Señor—,
        haré para ti grandes milagros,
    como los que hice cuando te rescaté
        de la esclavitud en Egipto».

16 Todas las naciones del mundo quedarán
        maravilladas
    de lo que el Señor hará por ti.
    Estarán avergonzadas
        de su escaso poder.
    Se cubrirán la boca, mudas de respeto y temor,
        sordas a todo lo que las rodea.

7:14 O *rodeado por una tierra fértil.*

17 Como serpientes que salen de sus guaridas,
        saldrán para encontrarse con el Señor
        nuestro Dios.
    Sentirán mucho temor de él
        y temblarán de terror ante su presencia.

18 ¿Dónde hay otro Dios como tú,
        que perdona la culpa del remanente
        y pasa por alto los pecados de su preciado
        pueblo?
    No seguirás enojado con tu pueblo para
        siempre,
        porque tú te deleitas en mostrar tu amor
        inagotable.

19 Volverás a tener compasión de nosotros.
    ¡Aplastarás nuestros pecados bajo tus pies
        y los arrojarás a las profundidades del
        océano!

20 Nos mostrarás tu fidelidad y tu amor
        inagotable,
        como lo prometiste hace mucho tiempo a
        nuestros antepasados Abraham y Jacob.

Nahúm

1 Este mensaje sobre Nínive vino como una visión a Nahúm, que vivía en Elcos.

La ira del Señor contra Nínive

2 El Señor es Dios celoso,
  lleno de ira y venganza.
 ¡Él toma venganza de todos los que se le
    oponen
  y persiste en su furia contra sus enemigos!
3 El Señor es lento para enojarse, pero su
    poder es grande
  y nunca deja sin castigo al culpable.
 Da muestras de su poder en el torbellino
    y la tormenta;
  las nubes ondulantes son el polvo bajo
    sus pies.
4 Él da la orden y los océanos se secan
  y los ríos desaparecen.
 Los buenos pastizales de Basán y el Carmelo
    pierden su verdor,
  y los frondosos bosques del Líbano se
    marchitan.
5 Ante la presencia de Dios las montañas se
    estremecen
  y las colinas se derriten;
 la tierra tiembla
  y sus habitantes son destruidos.
6 ¿Quién podrá quedar en pie ante su
    ira feroz?
  ¿Quién podrá sobrevivir ante su furia
    abrasadora?
 Su furor arde como el fuego
  y ante él las montañas se desmenuzan.

7 El Señor es bueno,
  un refugio seguro cuando llegan dificultades.
  Él está cerca de los que confían en él.
8 Pero arrasará a sus enemigos
  con una inundación arrolladora.
 Él perseguirá a sus enemigos
  en la oscuridad de la noche.
9 ¿Por qué traman contra el Señor?
  ¡Él los destruirá de un golpe;
  no necesitará golpear dos veces!
10 Sus enemigos, enredados como espinos
  y tambaleantes como borrachos,
 serán quemados como hierba seca en
    el campo.

11 ¿Quién es este perverso consejero tuyo
  que maquina el mal contra el Señor?

12 Esto es lo que dice el Señor:
  «Aunque los asirios tienen muchos aliados,
    serán destruidos y desaparecerán.
 Oh pueblo mío, yo te castigué anteriormente
  pero no te volveré a castigar.
13 Ahora romperé el yugo de esclavitud de
    tu cuello
  y te quitaré las cadenas de la opresión asiria».

14 Esto es lo que dice el Señor acerca de Nínive,
    la ciudad de los asirios:
  «No tendrás más hijos para perpetuar tu
    nombre.
   Destruiré todos los ídolos en los templos
    de tus dioses.
 ¡Estoy preparando una tumba para ti
  porque eres despreciable!».

15*¡Miren! ¡Viene un mensajero sobre las
    montañas con buenas noticias!
  Trae un mensaje de paz.
 Celebra tus festivales, oh pueblo de Judá,
  y cumple todos tus votos,
 porque tus enemigos perversos no volverán
    a invadir tu tierra.
  ¡Serán destruidos por completo!

Caída de Nínive

2 1*Nínive, tu enemigo viene para aplastarte.
  ¡A las murallas! ¡Vigila los caminos!
  ¡Prepara tus defensas! ¡Reúne a tus fuerzas
    armadas!

2 Aunque el destructor arrasó con Judá,
  el Señor restaurará su honor.
 A la vid de Israel le arrancaron las ramas,
  pero él restaurará su esplendor.

3 ¡Los escudos resplandecen rojizos a la luz
    del sol!
  ¡Miren los uniformes escarlatas de las
    valientes tropas!
 Observen a los deslumbrantes carros de
    guerra tomar posiciones,
  sobre ellos se agita un bosque de lanzas.*
4 Los carros de guerra corren con imprudencia
    por las calles

1:15 El versículo del 1:15 corresponde al 2:1 en el texto hebreo. **2:1** Los versículos del 2:1-13 corresponden al 2:2-14 en el texto hebreo. **2:3** La versión griega y la siríaca dicen *tomar posiciones, /los caballos irrumpieron violentamente*.

y salvajemente por las plazas;
destellan como antorchas
y se mueven tan veloces como relámpagos.
⁵ El rey grita a sus oficiales
y ellos tropiezan en su apuro
por correr hacia los muros para levantar
las defensas.
⁶ ¡Las compuertas del río se abrieron con
violencia!
¡El palacio está a punto de desplomarse!
⁷ Se decretó el destierro de Nínive
y todas las sirvientas lloran su conquista.
Gimen como palomas
y se golpean el pecho en señal de aflicción.
⁸ Nínive es como un una represa agrietada
que deja escapar a su gente!
«¡Deténganse, deténganse!», grita alguien,
pero nadie siquiera mira hacia atrás.
⁹ ¡Roben la plata!
¡Saquen el oro!
Los tesoros de Nínive no tienen fin,
su riqueza es incalculable.
¹⁰ Pronto la ciudad es saqueada, queda vacía y
en ruinas.
Los corazones se derriten y tiemblan las
rodillas.
La gente queda horrorizada,
con la cara pálida, temblando de miedo.

¹¹ ¿Dónde está ahora la magnífica Nínive,
esa guarida repleta de cachorros de
león?
Era un lugar donde la gente —como leones
con sus cachorros—
caminaba libremente y sin temor.
¹² El león despedazaba carne para sus
cachorros
y estrangulaba presas para su leona.
Llenaba la guarida de presas
y sus cavernas con su botín.

¹³ ¡Yo soy tu enemigo!
—dice el Señor de los Ejércitos
Celestiales—.
Tus carros de guerra serán quemados,
tus jóvenes* morirán en la batalla.
Nunca más saquearás las naciones
conquistadas.
No volverán a oírse las voces de tus
orgullosos mensajeros».

Juicio del Señor contra Nínive

3 ¹ ¡Qué aflicción le espera a Nínive,
la ciudad de crímenes y mentiras!
Está saturada de riquezas
y nunca le faltan víctimas.
² ¡Oigan el chasquido de los látigos
y el retumbo de las ruedas!
Los cascos de los caballos retumban
y los carros de guerra traquetean sin
control.

³ ¡Miren cómo destellan las espadas y brillan
las lanzas
cuando pasa la caballería!
Hay muertos incontables,
hay montones de cadáveres,
tantos que la gente tropieza con ellos.
⁴ Y todo porque Nínive
—la ciudad hermosa e incrédula—
la amante con encantos mortales—
sedujo a las naciones con su belleza.
Ella les enseñó toda su magia
y hechizó a la gente por todas partes.

⁵ «¡Yo soy tu enemigo!
—dice el Señor de los Ejércitos
Celestiales—.
Ahora te levantaré la falda
y mostraré tu desnudez y tu vergüenza a
toda la tierra.
⁶ Te cubriré con inmundicias
y mostraré al mundo lo vil que eres.
⁷ Todos los que te vean se alejarán
de ti y dirán:
"Nínive yace en ruinas.
¿Dónde están los que lloran por ella?".
¿Lamenta alguien tu destrucción?».

⁸ ¿Acaso eres mejor que la ciudad de Tebas,*
situada en el río Nilo y rodeada de agua?
Estaba protegida a su alrededor por el río,
con el agua por muralla.
⁹ Etiopía* y la tierra de Egipto
le dieron ayuda sin límites.
Las naciones de Fut y de Libia
estaban entre sus aliados.
¹⁰ Sin embargo, Tebas cayó
y su gente fue llevada cautiva
y sus bebés fueron estrellados
contra las piedras de las calles
hasta morir.
Los soldados tiraban los dados* para quedarse
con los oficiales egipcios como sirvientes.
Ataron con cadenas a todos sus líderes.

¹¹ Y tú, Nínive, también te tambalearás como
un borracho;
te esconderás por temor al ataque del
enemigo.
¹² Todas tus fortalezas se derrumbarán.
Serán devoradas como higos maduros
que caen en la boca
de los que sacuden los árboles.
¹³ Tus tropas serán tan débiles e indefensas
como mujeres.
Las puertas de tu país se abrirán de par
en par al enemigo,
les prenderán fuego y se quemarán.
¹⁴ ¡Prepárate para el sitio!
¡Almacena agua!
¡Refuerza las defensas!
¡Métete en los pozos para pisotear el barro

2:13 En hebreo *leones jóvenes.*   3:8 En hebreo *No-amón;* también en 3:10.   3:9 En hebreo *Cus.*   3:10 En hebreo *echaron suertes.*

y llenar los moldes
y hacer ladrillos para reparar los muros!

15 Sin embargo, el fuego te devorará;
serás derribada a espada.
El enemigo te consumirá como langostas;
devorará todo lo que encuentre.
Aunque te multipliques como una nube
de langostas,
no tendrás escapatoria.

16 Tus comerciantes se han multiplicado
hasta llegar a ser más numerosos que
las estrellas.
Pero son como una nube de langostas
que despojan la tierra y alzan el vuelo.

17 Tus guardias* y tus oficiales también son
como una nube de langostas

3:17 O *príncipes.*

que se amontona sobre los cercos en
un día frío.
Pero al igual que las langostas que vuelan
cuando sale el sol,
todos levantarán el vuelo y desaparecerán.

18 Tus pastores duermen, oh rey asirio,
tus príncipes yacen muertos en el polvo.
Tu pueblo está disperso por las montañas,
sin nadie que lo reúna.

19 Tu herida no tiene remedio
tu lesión es mortal.
Todos los que se enteren de tu destrucción
aplaudirán con alegría.
¿Dónde se puede encontrar a alguien
que no haya sufrido tu constante
crueldad?

Habacuc

1 Este es el mensaje que el profeta Habacuc recibió en una visión.

Queja de Habacuc

2 ¿Hasta cuándo debo pedir ayuda, oh SEÑOR?
   ¡Pero tú no escuchas!
   «¡Hay violencia por todas partes!», clamo,
   pero tú no vienes a salvar.
3 ¿Tendré siempre que ver estas maldades?
   ¿Por qué debo mirar tanta miseria?
   Dondequiera que mire,
   veo destrucción y violencia.
   Estoy rodeado de gente
   que le encanta discutir y pelear.
4 La ley se ha estancado
   y no hay justicia en los tribunales.
   Los perversos suman más que los justos,
   de manera que la justicia se ha corrompido.

Respuesta del SEÑOR

5 El SEÑOR respondió:

   «Observen las naciones;
   ¡mírenlas y asómbrense!*
   Pues estoy haciendo algo en sus propios días,
   algo que no creerían
   aun si alguien les dijera.
6 Estoy levantando a los babilonios,*
   un pueblo cruel y violento.
   Marcharán por todo el mundo
   y conquistarán otras tierras.
7 Son reconocidos por su crueldad
   y hacen lo que se les antoja.
8 Sus caballos son más veloces que guepardos*
   y más feroces que lobos al anochecer.
   Sus jinetes arremeten desde lejos.
   Como águilas, se lanzan en picada para
   devorar a sus presas.

9 »Vienen sin tregua, decididos a la violencia.
   Sus multitudes avanzan como el viento
   del desierto,
   barriendo cautivos a su paso como si
   fueran arena.
10 Se burlan de reyes y príncipes
   y menosprecian todas sus fortalezas.
   ¡Simplemente hacen rampas de tierra
   contra las murallas y las toman por
   asalto!

11 Arrasan como el viento
   y desaparecen.
   Pero son profundamente culpables,
   porque hicieron de su propia fuerza
   un dios».

Segunda queja de Habacuc

12 Oh SEÑOR, mi Dios, Santo mío, tú que eres
   eterno,
   ¡no puede ser que estés planeando acabar
   con nosotros!
   Oh SEÑOR, nuestra Roca, tú has enviado a los
   babilonios para corregirnos
   y castigarnos por nuestros muchos
   pecados.
13 Pero tú eres puro y no soportas ver la maldad.
   ¿Serás indiferente ante la traición de ellos?
   ¿Guardarás silencio mientras los perversos
   se tragan a gente más justa que ellos?

14 ¿Somos tan solo peces para ser capturados y
   matados?
   ¿Somos simples criaturas del mar que no
   tienen quien las guíe?
15 ¿Tenemos que terminar ensartados en sus
   ganchos
   y atrapados en sus redes, mientras ellos
   se alegran y celebran?
16 Entonces adorarán a sus redes
   y quemarán incienso frente a ellas.
   «¡Estas redes son los dioses
   que nos han hecho ricos!», exclamarán.
17 ¿Permitirás que se salgan con la suya para
   siempre?
   ¿Tendrán siempre éxito en sus conquistas
   despiadadas?

2 1 Subiré a mi torre de vigilancia
   y montaré guardia.
   Allí esperaré hasta ver qué dice el SEÑOR
   y cómo responderá* a mi queja.

Segunda respuesta del SEÑOR

2 Entonces el SEÑOR me dijo:

   «Escribe mi respuesta con claridad en tablas,
   para que un corredor pueda llevar a otros
   el mensaje sin error.
3 Esta visión es para un tiempo futuro.

1:5 La versión griega dice *Miren ustedes, burlones; / miren y asómbrense y mueran.* Comparar Hch 13:41.   1:6 O *caldeos.*
1:8 O *leopardos.*   2:1 Igual que en la versión siríaca; en hebreo dice *responderé.*

Describe el fin, y este se cumplirá.
Aunque parezca que se demora en llegar,
espera con paciencia,
porque sin lugar a dudas sucederá.
No se tardará.

4 »¡Mira a los orgullosos!
Confían en sí mismos y sus vidas están
torcidas.
Pero el justo vivirá por su fidelidad a Dios.*

5 La riqueza* es traicionera
y los arrogantes nunca están tranquilos.
Abren la boca tan grande como una tumba*
y como la muerte nunca están satisfechos.
En su avaricia juntaron a muchas naciones
y devoraron a muchos pueblos.

6 »Pronto sus cautivos se burlarán de ellos.
Se mofarán, diciendo:
"¡Qué aflicción les espera, ladrones!
¡Ahora tendrán su merecido!
Se hicieron ricos por medio de la extorsión,
pero ¿cuánto tiempo puede durar esto?".

7 De repente tus deudores tomarán medidas.
Se volverán en tu contra y te quitarán todo
lo que tienes,
mientras que tú te quedarás temblando e
impotente.

8 Debido a que saqueaste a muchas naciones,
ahora todos los sobrevivientes te saquearán
a ti.
Cometiste asesinatos por toda la tierra
y llenaste los pueblos de violencia.

9 »¡Qué aflicción te espera a ti que construyes
mansiones
con dinero deshonesto!
Crees que tu riqueza comprará seguridad
y así pondrás el nido familiar fuera de peligro.

10 Sin embargo, por causa de los asesinatos que
cometiste,
deshonraste tu nombre y te costó la vida.

11 Hasta las piedras de los muros gritan contra ti
y las vigas de los techos le hacen eco a
la queja.

12 »¡Qué aflicción te espera a ti que construyes
ciudades
con el dinero adquirido mediante el crimen
y la corrupción!

13 ¿No ha prometido el SEÑOR de los Ejércitos
Celestiales
que las riquezas de las naciones se
convertirán en cenizas?
¡Se esfuerzan mucho,
pero todo es en vano!

14 Así como las aguas llenan el mar,
la tierra se llenará del conocimiento
de la gloria del SEÑOR.

15 »¡Qué aflicción te espera a ti que emborrachas
a tus vecinos!
Los obligas a beber
para regodearte de la vergüenza de su
desnudez.

16 Sin embargo, pronto te llegará el turno de ser
deshonrado.
¡Ven, bebe y demuestra tu desnudez!*
Bebe de la copa del juicio del SEÑOR
y toda tu gloria se convertirá en vergüenza.

17 Derribaste los bosques del Líbano.
Ahora serás derribado.
Destruiste los animales salvajes,
¡ahora el terror de ellos será el tuyo!
Cometiste asesinatos por toda la tierra
y llenaste los pueblos de violencia.

18 ¿De qué sirve un ídolo tallado por hombres
o una imagen fundida que te engaña?
¡Qué necio es confiar en algo elaborado
por tus propias manos,
un dios que ni siquiera puede hablar!

19 ¡Qué aflicción te espera a ti que les dices
a ídolos de madera:
"Despierten y sálvennos!".
A imágenes de piedra, mudas, dices:
"¡Levántense y enséñennos!".
¿Podrá un ídolo decirte qué hacer?
Aunque estén recubiertos de oro y plata,
por dentro no tienen vida.

20 Pero el SEÑOR está en su santo templo.
Que toda la tierra guarde silencio delante de
él».

Oración de Habacuc

3 Esta oración fue entonada por el profeta
Habacuc:*

2 «He oído todo acerca de ti, SEÑOR.
Estoy maravillado por tus hechos
asombrosos.
En este momento de profunda necesidad,
ayúdanos otra vez como lo hiciste en el
pasado.
Y en tu enojo,
recuerda tu misericordia.

3 »Veo a Dios cruzando el desierto de Edom,*
el Santo viene desde el monte Parán!*
Su brillante esplendor llena los cielos
y la tierra es llena de su alabanza.

4 Su llegada es tan radiante como la salida
del sol.
Rayos de luz salen de sus manos
donde se esconde su imponente poder.

5 La pestilencia marcha delante de él;
la plaga lo sigue de cerca.

6 Cuando él se detiene, la tierra se estremece.
Cuando mira, las naciones tiemblan.

2:3b-4 La versión griega dice *Si la visión se demora, espera con paciencia, / porque ciertamente vendrá y no se demorará. / ⁴No me complaceré con nadie que se aleje. / Pero el justo vivirá por mi fe.* Comparar Rm. 1:17; Ga 3:11; Hb 10:37-38.   2:5a Igual que en los Rollos del mar Muerto 1QpHab; otros manuscritos hebreos dicen *El vino es traicionero.*   2:5b En hebreo *como el Seol.*   2:16 Los Rollos del mar Muerto, la versión griega y la siríaca dicen *y tambalea!* 3:1 El hebreo incluye *de acuerdo a sigionot;* probablemente indica el arreglo musical para la oración.   3:3a En hebreo *Temán.*   3:3b El hebreo incluye *selah;* también en 3:9, 13. El significado de este término hebreo es incierto; probablemente es un término musical o literario.

Él derrumba las montañas perpetuas
 y arrasa las antiguas colinas.
 ¡Él es el Eterno!
7 Veo al pueblo de Cusán en angustia
 y a la nación de Madián temblando
 de terror.

8 »¿Estabas enojado, Señor, cuando golpeaste
 los ríos?
 ¿dividiste el mar?
 ¿Estabas disgustado con ellos?
 ¡No! ¡Enviabas tus carros de salvación!
9 Blandiste tu arco
 y tu aljaba de flechas.
 Partiste la tierra con caudalosos ríos.
10 Las montañas observaron y temblaron.
 Avanzaron las tempestuosas aguas.
 Las profundidades del mar rugieron
 levantando sus manos al Señor.
11 El sol y la luna se detuvieron en el cielo
 cuando volaron tus radiantes flechas
 y brilló tu deslumbrante lanza.

12 »Con enojo marchaste a través de la tierra
 y con furor pisoteaste las naciones.
13 Saliste a rescatar a tu pueblo elegido,
 a salvar a tus ungidos.
 Aplastaste las cabezas de los perversos
 y descarnaste sus huesos de pies a
 cabeza.

14 Con sus propias armas
 destruiste al jefe de los que
 se lanzaron como un torbellino,
 pensando que Israel sería presa fácil.
15 Pisoteaste el mar con tus caballos
 y las potentes aguas se amontonaron.

16 »Al oír esto, me estremecí por dentro;
 mis labios temblaron de miedo.
 Se me doblaron las piernas,* caí
 y temblé de terror.
 Esperaré en silencio el día venidero
 cuando la catástrofe golpee al pueblo
 invasor.
17 Aunque las higueras no florezcan
 y no haya uvas en las vides,
 aunque se pierda la cosecha de oliva
 y los campos queden vacíos y no
 den fruto,
 aunque los rebaños mueran en los
 campos
 y los establos estén vacíos,
18 ¡aun así me alegraré en el Señor!
 ¡Me gozaré en el Dios de mi salvación!
19 ¡El Señor Soberano es mi fuerza!
 Él me da pie firme como al venado,*
 capaz de pisar sobre las alturas».

(Para el director del coro: esta oración se acompaña con instrumentos de cuerda).

3:16 En hebreo *La descomposición entró en mis huesos.* 3:19 O *Él me da la velocidad de un ciervo.*

Sofonías

1 El Señor le dio este mensaje a Sofonías, cuando Josías, hijo de Amón, era rey de Judá. Sofonías fue hijo de Cusi, hijo de Gedalías, hijo de Amarías, hijo de Ezequías.

Juicio venidero contra Judá

² «Arrasaré con todo lo que hay
sobre la faz de la tierra —dice el Señor—.
³ Arrasaré con personas y animales por igual;
arrasaré con las aves de los cielos y con los
peces del mar.
Reduciré a los malvados a un montón de
escombros*
y borraré a la humanidad de la faz de la
tierra —dice el Señor—.
⁴ Aplastaré a Judá y a Jerusalén con mi puño
y destruiré todo rastro del culto a Baal.
Acabaré con todos los sacerdotes idólatras,
para que se borre hasta el recuerdo de ellos.
⁵ Pues ellos suben a las azoteas
y se postran ante el sol, la luna y las estrellas.
Dicen seguir al Señor,
pero al mismo tiempo rinden culto
a Moloc.*
⁶ Destruiré a los que antes me adoraban
pero ahora dejaron de hacerlo.
Ya no piden el consejo del Señor,
ni buscan mis bendiciones».

⁷ Guarden silencio en presencia del Señor
Soberano,
porque se acerca el imponente día del
juicio del Señor.
El Señor ha preparado a su pueblo para
una gran matanza
y ha seleccionado a sus verdugos.*
⁸ «En ese día del juicio
—dice el Señor—
castigaré a los líderes y a los príncipes de Judá
y a todos los que siguen costumbres paganas.
⁹ Sí, castigaré a los que toman parte en cultos
paganos
y a los que llenan las casas de sus amos
con violencia y engaño.

¹⁰ »En ese día —dice el Señor—
vendrá un grito de alarma desde la puerta
del Pescado

y el eco resonará por todo el Barrio Nuevo*
de la ciudad.
Un gran estrépito se oirá desde las colinas.
¹¹ Giman de dolor los que viven en la zona del
mercado,
porque todos los comerciantes y
negociantes serán destruidos.

¹² »Buscaré con linternas en los rincones más
oscuros de Jerusalén
para castigar a quienes descansen cómodos
con sus pecados.
Piensan que el Señor no les hará nada;
ni bueno ni malo.
¹³ Por eso serán despojados de sus posesiones y
sus casas serán saqueadas.
Construirán nuevas casas
pero nunca vivirán en ellas.
Plantarán viñedos
pero nunca beberán su vino.

¹⁴ »Ese terrible día del Señor está cerca.
Viene de prisa,
un día de llanto amargo,
un día cuando aun los hombres fuertes
clamarán.
¹⁵ Será un día cuando el Señor derramará su ira,
un día de terrible aflicción y angustia,
un día de ruina y desolación,
un día de oscuridad y penumbra,
un día de nubes y de negrura,
¹⁶ un día de sonido de trompeta y gritos
de batalla.
¡Caen las ciudades amuralladas
y las más sólidas fortificaciones!

¹⁷ »Por haber pecado contra el Señor,
los haré andar a tientas como el ciego.
Su sangre será vertida en el polvo
y sus cuerpos quedarán pudriéndose
sobre la tierra».

¹⁸ Ni su plata ni su oro los salvará
en el día de la ira del Señor.
Pues toda la tierra será devorada
por el fuego de su celo.
Él dará un final aterrador
a toda la gente de la tierra.*

1:3 El significado del hebreo es incierto.   1:5 En hebreo *Milcom,* una variante de Moloc; o posiblemente signifique *su rey.*   1:7 En hebreo *y ha preparado un sacrificio y santificado a sus invitados.*   1:10 O *el Segundo Barrio,* una nueva sección de Jerusalén. En hebreo dice *la Misné.*   1:18 O *al pueblo que vive en la tierra.*

Un llamado al arrepentimiento

2 ¹ Reúnanse, sí, júntense,
nación desvergonzada.

² Reúnanse antes de que comience el juicio,
antes de que su oportunidad de
arrepentirse vuele como la paja.
Actúen ahora, antes de que caiga la intensa
furia del SEÑOR
y comience el terrible día de la ira del SEÑOR.

³ Busquen al SEÑOR los que son humildes
y sigan sus mandamientos.
Procuren hacer lo que es correcto
y vivir con humildad.
Quizá todavía el SEÑOR los proteja
y los libre de su ira en ese día de
destrucción.

Juicio contra Filistea

⁴ Gaza y Ascalón serán abandonadas,
Asdod y Ecrón, derribadas.

⁵ Y qué aflicción les espera, ¡filisteos,*
que viven a lo largo de la costa y en la
tierra de Canaán,
porque este juicio es también en contra
de ustedes!
El SEÑOR los destruirá
hasta que no quede ni uno de ustedes.

⁶ La costa filistea se convertirá en pastizales
desiertos,
un lugar en el que acampan los pastores
con corrales para ovejas y cabras.

⁷ Allí pastoreará un remanente de la tribu
de Judá.
Por las noches descansarán en las casas
abandonadas de Ascalón.
Pues el SEÑOR su Dios visitará a su pueblo
con bondad
y le devolverá su prosperidad.

Juicio contra Moab y Amón

⁸ «He oído las burlas de los moabitas
y los insultos de los amonitas
cuando se mofan de mi pueblo
e invaden sus fronteras.

⁹ Ahora, tan cierto como que yo vivo,
—dice el SEÑOR de los Ejércitos Celestiales,
Dios de Israel—,
Moab y Amón serán destruidos,
aniquilados por completo, igual que
Sodoma y Gomorra.
Su tierra será un lugar de ortigas,
de pozos de sal y de desolación eterna.
El remanente de mi pueblo los saqueará
y tomará su tierra».

¹⁰ Recibirán el pago de su orgullo,
porque se burlaron del pueblo del SEÑOR
de los Ejércitos Celestiales.

¹¹ El SEÑOR los llenará de terror
cuando destruya a todos los dioses de
la tierra.

Entonces naciones en todo el mundo
adorarán al SEÑOR,
cada una en su propio país.

Juicio contra Etiopía y Asiria

¹² «Ustedes, etíopes,* también serán masacrados
por mi espada», dice el SEÑOR.

¹³ Con su puño, el SEÑOR golpeará a las tierras
del norte
y así destruirá a la tierra de Asiria.
Hará de Nínive, su gran capital, una desolada
tierra baldía,
reseca como un desierto.

¹⁴ La orgullosa ciudad vendrá a ser pastizal
para los rebaños y manadas;
allí se instalará y vivirá toda clase de
animales salvajes.
El búho del desierto y la lechuza blanca se
posarán sobre las columnas destruidas
y sus reclamos se oirán por las ventanas rotas.
Los escombros taparán todas las puertas
y los revestimientos de cedro quedarán a
la intemperie.

¹⁵ Esta es la ruidosa ciudad
que un día fue tan segura.
«¡Yo soy la más grande! —se jactaba—.
¡No hay otra ciudad que se compare
conmigo!».
Sin embargo, ahora, miren la ruina en la que
se convirtió,
un refugio de animales salvajes.
Todo el que pase por allí, se reirá con
desdén
y sacudirá su puño en señal de desafío.

Rebelión y redención de Jerusalén

3 ¹ ¡Qué aflicción le espera a la rebelde y
contaminada Jerusalén,
la ciudad de violencia y crimen!

² Nadie puede decirle nada;
rechaza toda corrección.
No confía en el SEÑOR
ni se acerca a su Dios.

³ Sus líderes son como leones rugientes
en cacería de sus víctimas.
Sus jueces son como lobos voraces al
anochecer,
que para la mañana no han dejado rastro
de su presa.

⁴ Sus profetas son mentirosos y arrogantes,
en busca de su propia ganancia.
Sus sacerdotes profanan el templo al
desobedecer las instrucciones
de Dios.

⁵ Pero el SEÑOR todavía está en la ciudad,
y él no hace nada malo.
Día tras día emite justicia,
él nunca falla.
Pero los perversos no conocen la
vergüenza.

2:5 En hebreo *cereteos.*   **2:12** En hebreo *cusitas.*

6 «Yo he aniquilado a muchas naciones
   y he devastado las murallas y torres
      de sus fortalezas.
Las calles ahora están desiertas;
   sus ciudades quedan en ruinas silenciosas.
No quedó nadie con vida,
   ni siquiera uno.
7 Yo pensé: "¡Seguramente ahora me temerán!
   Sin duda, escucharán mis advertencias.
Entonces no necesitaré intervenir otra vez
   y destruir sus casas".
¡Pero no es así! Se levantan temprano
   para continuar con sus malas acciones.
8 Por lo tanto, tengan paciencia —dice el
      SEÑOR—.
Pronto me levantaré y acusaré a esas
   naciones malvadas.
Pues he decidido reunir a los reinos de la
      tierra
y descargar mi más feroz ira y furia sobre
   ellos.
Toda la tierra será consumida
   por el fuego de mi celo.

9 »Entonces purificaré el lenguaje de todos
      los pueblos,
   para que todos juntos puedan adorar al
      SEÑOR.
10 Mi pueblo disperso, que vive más allá de
      los ríos de Etiopía*
   vendrá a presentar sus ofrendas.
11 En ese día ya no hará falta que sean
      avergonzados,
   porque dejarán de rebelarse contra mí.
Quitaré al orgulloso y al arrogante de entre
      ustedes;
   no habrá más altivez en mi monte santo.
12 Quedarán solo los sencillos y los humildes
   porque son ellos quienes confían en el
      nombre del SEÑOR.
13 Los del remanente de Israel no harán nada
      malo;

nunca mentirán ni se engañarán unos
   a otros.
Comerán y dormirán seguros,
   sin que nadie los atemorice».

14 ¡Canta, oh hija de Sión;
   grita fuerte, oh Israel!
¡Alégrate y gózate con todo tu corazón,
   oh hija de Jerusalén!
15 Pues el SEÑOR quitará su mano de juicio
   y dispersará a los ejércitos de tus enemigos.
¡El SEÑOR mismo, el Rey de Israel,
   vivirá en medio de ti!
Por fin, se habrán terminado tus aflicciones
   y nunca jamás temerás el desastre.
16 En ese día, la proclama en Jerusalén será:
   «¡Ánimo, Sión! ¡No temas!
17 Pues el SEÑOR tu Dios vive en medio de ti.
   Él es un poderoso salvador.
Se deleitará en ti con alegría.
   Con su amor calmará todos tus temores.*
   Se gozará por ti con cantos de alegría».

18 «Reuniré a los que añoran los festivales
      establecidos;
   nunca más serán avergonzados.*
19 Sin embargo, trataré con severidad
   a quienes te oprimieron.
Salvaré al débil y al indefenso;
   reuniré a los que fueron expulsados.
Daré gloria y renombre a los que
      fueron desterrados
   dondequiera que hayan sido ridiculizados
   y avergonzados.
20 En ese día los reuniré
   y los traeré de regreso a casa.
Les daré un buen nombre, un nombre
      distinguido
   entre todas las naciones de la tierra,
cuando, ante sus propios ojos, restauraré tu
   bienestar.
   ¡Yo, el SEÑOR, he hablado!».

3:10 En hebreo *Cus.*   3:17 O *Él estará silencioso en su amor.* La versión griega y la siríaca dicen *Él te renovará con su amor.*
3:18 El significado del hebreo de este versículo es incierto.

Hageo

Un llamado a reconstruir el templo

1 El 29 de agosto* del segundo año del reinado del rey Darío, el SEÑOR dio un mensaje por medio del profeta Hageo a Zorobabel, hijo de Salatiel, gobernador de Judá, y a Jesúa,* hijo de Josadac, el sumo sacerdote:

²«Esto es lo que dice el SEÑOR de los Ejércitos Celestiales: el pueblo alega: "Todavía no ha llegado el momento para reconstruir la casa del SEÑOR"».

³Entonces el SEÑOR envió el siguiente mensaje por medio del profeta Hageo: ⁴«¿Por qué viven ustedes en casas lujosas mientras mi casa permanece en ruinas?». ⁵Esto es lo que dice el SEÑOR de los Ejércitos Celestiales: «¡Miren lo que les está pasando! ⁶Han sembrado mucho pero cosechado poco; comen pero no quedan satisfechos; beben pero aún tienen sed; se abrigan pero todavía tienen frío. Sus salarios desaparecen, ¡como si los echaran en bolsillos llenos de agujeros!».

⁷Esto es lo que dice el SEÑOR de los Ejércitos Celestiales: «¡Miren lo que les está pasando! ⁸Vayan ahora a las montes, traigan madera y reconstruyan mi casa. Entonces me complaceré en ella y me sentiré honrado, dice el SEÑOR. ⁹Esperaban cosechas abundantes, pero fueron pobres; y cuando trajeron la cosecha a su casa, yo la hice desaparecer con un soplo. ¿Por qué? Porque mi casa está en ruinas —dice el SEÑOR de los Ejércitos Celestiales— mientras ustedes se ocupan de construir sus elegantes casas.

¹⁰»Es por causa de ustedes que los cielos retienen el rocío y la tierra no produce cosechas. ¹¹Yo mandé la sequía sobre sus campos y colinas; una sequía que destruirá el grano, el vino nuevo, el aceite de oliva y las demás cosechas; una sequía que hará que ustedes y sus animales pasen hambre y arruinará todo aquello por lo que tanto han trabajado».

Obediencia al llamado de Dios

¹²Entonces Zorobabel, hijo de Salatiel, y Jesúa, hijo de Josadac, el sumo sacerdote, y todo el remanente del pueblo de Dios comenzaron a obedecer el mensaje del SEÑOR su Dios. Cuando oyeron las palabras del profeta Hageo, a quien el SEÑOR su Dios había enviado, el pueblo temió al SEÑOR.

¹³Luego Hageo, el mensajero del SEÑOR, dio al pueblo el siguiente mensaje del SEÑOR: «¡Yo estoy con ustedes, dice el SEÑOR!».

¹⁴Entonces el SEÑOR despertó el entusiasmo de Zorobabel, hijo de Salatiel, gobernador de Judá, y de Jesúa, hijo de Josadac, el sumo sacerdote, y de todo el remanente del pueblo de Dios. Comenzaron a trabajar en la casa de su Dios, el SEÑOR de los Ejércitos Celestiales, ¹⁵el 21 de septiembre* del segundo año del reinado del rey Darío.

El menor esplendor del nuevo templo

2 Entonces el 17 de octubre de ese mismo año,* el SEÑOR envió otro mensaje por medio del profeta Hageo: ²«Di lo siguiente a Zorobabel, hijo de Salatiel, gobernador de Judá, y a Jesúa,* hijo de Josadac, sumo sacerdote, y al remanente del pueblo de Dios allí en la tierra: ³"¿Alguno de ustedes recuerda esta casa —este templo— con su antiguo esplendor? ¿Cómo se compara este con el otro? ¡No se parecen en nada! ⁴Sin embargo, ahora el SEÑOR dice: Zorobabel, sé fuerte. Jesúa, hijo de Josadac, sumo sacerdote, sé fuerte. Ustedes que aún quedan en la tierra, sean fuertes. Así que ahora, ¡manos a la obra!, porque yo estoy con ustedes, dice el SEÑOR de los Ejércitos Celestiales. ⁵Mi Espíritu permanece entre ustedes, así como lo prometí cuando salieron de Egipto. Por lo tanto, no teman".

⁶»El SEÑOR de los Ejércitos Celestiales dice: "Dentro de poco, haré temblar los cielos y la tierra, los océanos y la tierra firme una vez más. ⁷Haré temblar a todas las naciones y traerán los tesoros de todas las naciones a este templo. Llenaré este lugar de gloria —dice el SEÑOR de los Ejércitos Celestiales—. ⁸La plata es mía y el oro es mío —dice el SEÑOR de los Ejércitos Celestiales—. ⁹La futura gloria de éste templo será mayor que su pasada gloria —dice el SEÑOR

1:1a En hebreo *en el primer día del sexto mes*, del antiguo calendario lunar hebreo. Muchos de los sucesos del libro de Hageo pueden corroborarse con las fechas que aparecen en los registros persas que se han conservado y pueden relacionarse de manera precisa con nuestro calendario moderno. Ese suceso ocurrió el 29 de agosto del 520 a. C.   **1:1b** En hebreo *Josué* es una variante de Jesúa; también en 1:12, 14.   **1:15** En hebreo *en el día veinticuatro del sexto mes*, del antiguo calendario lunar hebreo. Ese suceso ocurrió el 21 de septiembre del 520 a. C.; ver también la nota en 1:1a.   **2:1** En hebreo *en el día veintiuno del séptimo mes*, del antiguo calendario lunar hebreo. Ese suceso (durante el segundo año del reinado de Darío) ocurrió el 17 de octubre del 520 a. C.; ver también la nota en 1:1a.   **2:2** En hebreo *Josué* es una variante de Jesúa; también en 2:4.

de los Ejércitos Celestiales— y en este lugar, traeré paz. ¡Yo, el Señor de los Ejércitos Celestiales, he hablado!"».

Promesas de bendición por la obediencia

¹⁰El 18 de diciembre* del segundo año del reinado del rey Darío, el Señor envió el siguiente mensaje al profeta Hageo: ¹¹«El Señor de los Ejércitos Celestiales dice: pregunta a los sacerdotes acerca de la ley: ¹²"Si alguno de ustedes trae entre sus vestiduras sacerdotales carne de un sacrificio consagrado y sucede que las vestiduras rozan con algún pan o guiso, vino o aceite de oliva o alguna otra clase de alimento, ¿quedará el alimento también consagrado?"».

Entonces los sacerdotes contestaron:

—No.

¹³Luego Hageo preguntó:

—Si alguien se vuelve ceremonialmente impuro por tocar a un muerto y después toca cualquiera de esos alimentos, ¿se contaminará la comida?

—Sí —contestaron los sacerdotes.

¹⁴Entonces Hageo respondió:

—Así mismo sucede con este pueblo y con esta nación —dice el Señor—. Todo lo que hacen y todo lo que ofrecen, está contaminado por su pecado. ¹⁵Miren lo que les pasaba antes de que comenzaran a edificar los cimientos del templo del Señor. ¹⁶Cuando esperaban veinte medidas

de grano, cosechaban solo diez. Cuando esperaban sacar cincuenta litros del lagar, encontraban solo veinte. ¹⁷Yo envié plaga, moho y granizo para destruir todo aquello por lo que hicieron tanto esfuerzo para producir. Aun así, rehusaban regresar a mí, dice el Señor.

¹⁸»Consideren este día, el 18 de diciembre,* cuando los cimientos del templo del Señor fueron establecidos. Considérenlo bien. ¹⁹Ahora les doy una promesa cuando la semilla aún está en el granero.* Todavía no han cosechado su grano, ni las vides ni las higueras ni los granados ni los olivos han dado sus frutos. Sin embargo, de hoy en adelante, yo los bendeciré.

Promesas para Zorobabel

²⁰En ese mismo día, el 18 de diciembre,* el Señor envió este segundo mensaje a Hageo: ²¹«Dile a Zorobabel, gobernador de Judá, que yo estoy a punto de hacer temblar los cielos y la tierra. ²²Derrocaré los tronos reales y destruiré el poder de los reinos de las naciones. Volcaré sus carros de guerra, los caballos caerán y los jinetes se matarán unos a otros.

²³»Pero cuando esto suceda —dice el Señor de los Ejércitos Celestiales—, te honraré, Zorobabel, hijo de Salatiel, mi siervo. Te haré como el anillo con mi sello oficial, dice el Señor, porque te he escogido. ¡Yo, el Señor de los Ejércitos Celestiales, he hablado!».

2:10 En hebreo *En el día veinticuatro del noveno mes*, del antiguo calendario lunar hebreo (similar en 2:18). Ese suceso ocurrió el 18 de diciembre del 520 a. C.; ver también la nota en 1:1a.   **2:18** O *En este día, el 18 de diciembre*, piensen acerca del día.   **2:19** En hebreo *¿Está la semilla aún en el granero?*   **2:20** En hebreo *en el día veinticuatro del [noveno] mes*; ver la nota en 2:10.

Zacarías

Un llamado a volver al SEÑOR

1 En noviembre* del segundo año del reinado de Darío, el SEÑOR le dio este mensaje al profeta Zacarías, hijo de Berequías, nieto de Iddo:

² «Yo, el SEÑOR, estuve muy enojado con los antepasados de ustedes. ³ Por lo tanto, dile al pueblo: "El SEÑOR de los Ejércitos Celestiales dice: 'Regresen a mí y yo me volveré a ustedes, dice el SEÑOR de los Ejércitos Celestiales'. ⁴ No sean como sus antepasados que no querían escuchar ni prestar atención cuando los antiguos profetas les dijeron: 'El SEÑOR de los Ejércitos Celestiales dice: "Apártense de sus malos caminos y abandonen todas sus prácticas malvadas"'.

⁵ »¿Dónde están ahora sus antepasados? Ellos y los profetas murieron hace mucho tiempo. ⁶ Pero todo lo que dije por medio de mis siervos, los profetas, tal como sucedió a sus antepasados, tal como lo dije. En consecuencia, ellos se arrepintieron y dijeron: 'Hemos recibido lo que merecíamos del SEÑOR de los Ejércitos Celestiales. Él ha hecho lo que dijo que haría'"».

Un hombre entre los arrayanes

⁷ Tres meses después, el 15 de febrero,* el SEÑOR envió otro mensaje al profeta Zacarías, hijo de Berequías, nieto de Iddo.

⁸ En una visión durante la noche, vi a un hombre montado en un caballo rojo que estaba entre unos arrayanes en un pequeño valle. Detrás de él había jinetes en caballos rojos, marrones y blancos. ⁹ Le pregunté al ángel que hablaba conmigo:

—Mi señor, ¿qué significan estos caballos?

—Te mostraré —me contestó el ángel.

¹⁰ Entonces el jinete que estaba entre los arrayanes me explicó: «Son los que el SEÑOR ha enviado a recorrer la tierra».

¹¹ Entonces los otros jinetes le informaron al ángel del SEÑOR, que se encontraba entre los arrayanes: «Hemos estado recorriendo la tierra y el mundo entero está en paz».

¹² Al escucharlo, el ángel del SEÑOR elevó la siguiente oración: «Oh SEÑOR de los Ejércitos Celestiales, durante los últimos setenta años has estado enojado con Jerusalén y con las ciudades de Judá. ¿Cuánto tiempo más pasará para que vuelvas a mostrarles compasión?». ¹³ Entonces el SEÑOR le habló palabras buenas y consoladoras al ángel que conversaba conmigo.

¹⁴ Luego el ángel me dijo: «Proclama este mensaje a gritos para que todos lo oigan: "El SEÑOR de los Ejércitos Celestiales dice: 'Mi amor por Jerusalén y el monte Sión es intenso y ferviente. ¹⁵ Sin embargo, estoy muy enojado con las otras naciones que ahora disfrutan de paz y seguridad. Solo me enojé un poco con mi pueblo, pero las naciones le causaron mucho más daño del que me proponía.

¹⁶ »Por lo tanto, esto es lo que dice el SEÑOR: he vuelto a mostrar misericordia a Jerusalén. Mi templo será reedificado —dice el SEÑOR de los Ejércitos Celestiales— y se tomarán las medidas para la reconstrucción de Jerusalén*'".

¹⁷ Proclama también: "El SEÑOR de los Ejércitos Celestiales dice: 'Otra vez las ciudades de Israel rebosarán de prosperidad y otra vez el SEÑOR consolará a Sión y elegirá a Jerusalén para sí mismo'"».

Los cuatro cuernos y los cuatro herreros

¹⁸ *Entonces levanté la mirada y vi cuatro cuernos.

¹⁹ —¿Qué significan estos cuernos? —pregunté al ángel que hablaba conmigo.

Él me contestó:

—Estos cuernos representan a las naciones que dispersaron a Judá, a Israel y a Jerusalén.

²⁰ Entonces el SEÑOR me mostró cuatro herreros.

²¹ —Y estos hombres, ¿qué vienen a hacer? —pregunté.

El ángel me contestó.

—Estos cuatro cuernos, es decir, estas naciones, dispersaron y humillaron a Judá. Ahora estos herreros han venido para aterrorizar, derribar y destruir a esas naciones.

1:1 En hebreo *En el octavo mes.* Muchos de los sucesos del libro de Zacarías pueden corroborarse con las fechas que aparecen en los registros persas que se han conservado, y pueden relacionarse de manera precisa con nuestro calendario moderno. En el antiguo calendario lunar hebreo ese mes cayó entre octubre y noviembre del 520 a. C. 1:7 En hebreo *El día veinticuatro del mes once, el mes de sebat, en el segundo año de Darío.* Ese suceso ocurrió el 15 de febrero del 519 a. C.; ver también la nota en 1:1. 1:16 En hebreo *y la cinta de medir será extendida sobre Jerusalén.* 1:18 Los versículos del 1:18-21 corresponden al 2:1-4 en el texto hebreo.

Prosperidad futura de Jerusalén

2 ¹*Cuando miré de nuevo, vi a un hombre con una cinta de medir en la mano.

²—¿Adónde vas? —le pregunté.

—Voy a medir Jerusalén —me contestó— para ver cuánto mide de ancho y de largo.

³Entonces el ángel que estaba conmigo fue a reunirse con un segundo ángel que se dirigía hacia él. ⁴El otro ángel dijo:

—Apresúrate y dile a ese joven: "¡Jerusalén algún día estará tan llena de gente y de animales que no habrá lugar suficiente para todos! Muchos vivirán fuera de las murallas de la ciudad. ⁵Entonces yo mismo seré un muro de fuego protector alrededor de Jerusalén —dice el Señor—. ¡Y seré la gloria dentro de la ciudad!".

Los desterrados son llamados a regresar

⁶El Señor dice: «¡Salgan! Huyan de Babilonia en la tierra del norte, porque yo los he dispersado a los cuatro vientos. ⁷¡Sal, pueblo de Sión, tú que estás desterrado en Babilonia!

⁸Después de un período de gloria, el Señor de los Ejércitos Celestiales me envió* contra las naciones que los saquearon a ustedes. Pues él dijo: «Cualquiera que te dañe, daña a mi más preciada posesión.* ⁹Levantaré mi puño para aplastarlos y sus propios esclavos los saquearán». Entonces ustedes sabrán que el Señor de los Ejércitos Celestiales me ha enviado.

¹⁰El Señor dice: «Grita y alégrate, oh Jerusalén hermosa, porque yo vengo a vivir en medio de ti. ¹¹Muchas naciones se unirán al Señor en ese día y ellos también serán mi pueblo. Viviré entre ustedes y sabrán que el Señor de los Ejércitos Celestiales me ha enviado a ustedes. ¹²La tierra de Judá será la preciada posesión del Señor en la tierra santa y él elegirá una vez más a Jerusalén para ser su propia ciudad. ¹³Que toda la humanidad guarde silencio ante el Señor, porque él entra en acción desde su santa morada».

Limpieza del sumo sacerdote

3 ¹Entonces el ángel me mostró a Jesús,* el sumo sacerdote, que estaba de pie ante el ángel del Señor. El Acusador, Satanás,* estaba allí a la derecha del ángel y presentaba acusaciones contra Jesús. ²Entonces el Señor le dijo a Satanás: «Yo, el Señor, rechazo tus acusaciones, Satanás. Así es, el Señor que eligió a Jerusalén te reprende. Este hombre es como un tizón en llamas que ha sido arrebatado del fuego».

³La ropa de Jesús estaba sucia cuando estuvo de pie ante el ángel. ⁴Entonces el ángel dijo a los otros que estaban allí: «Quítenle esa ropa sucia». Luego se volvió hacia Jesús y le dijo: «¿Ya ves? He quitado tus pecados y ahora te voy a dar esta ropa nueva y fina».

⁵Luego yo dije: «Deben también colocarle un turbante limpio en la cabeza». Así que ellos le pusieron en la cabeza un turbante sacerdotal limpio y lo vistieron de ropas nuevas, mientras el ángel del Señor permanecía cerca.

⁶Entonces el ángel del Señor habló solemnemente a Jesús y le dijo: ⁷«El Señor de los Ejércitos Celestiales dice: "Si tú sigues mis caminos y me sirves con cuidado, recibirás autoridad sobre mi templo y sus atrios. Permitiré que camines entre los otros que están aquí.

⁸»"Escúchenme, oh Jesús, sumo sacerdote, y ustedes los demás sacerdotes. Ustedes son símbolos de lo que está por venir. Pronto traeré a mi siervo llamado la Rama. ⁹Miren ahora la joya que he puesto ante Jesús, una sola piedra con siete facetas.* Grabaré una inscripción en ella —dice el Señor de los Ejércitos Celestiales— y en un solo día quitaré los pecados de esta tierra.

¹⁰»"En ese día —dice el Señor de los Ejércitos Celestiales— cada uno invitará a su vecino a sentarse en paz bajo sus propias vides e higueras"».

El candelabro y los dos olivos

4 ¹Entonces el ángel que había estado hablando conmigo volvió y me despertó, como si hubiera estado dormido.

²—¿Qué ves ahora? —me preguntó.

—Veo un candelabro de oro macizo con un tazón de aceite encima —contesté—. Alrededor del tazón hay siete lámparas y cada una tiene siete conductos para las mechas. ³También veo dos olivos, uno a cada lado del tazón.

⁴Entonces le pregunté al ángel:

—¿Qué es todo esto, mi señor? ¿Qué significa?

⁵—¿No lo sabes? —preguntó el ángel.

—No, mi señor —le contesté.

⁶Entonces me dijo:

—El Señor dice a Zorobabel: "No es por el poder ni por la fuerza, sino por mi Espíritu, dice el Señor de los Ejércitos Celestiales. ⁷Nada impedirá el camino de Zorobabel, ni siquiera una montaña gigantesca, ¡pues se convertirá en llanura delante de él! Y cuando Zorobabel coloque la última piedra del templo en su lugar, la gente gritará: '¡Dios lo bendiga! ¡Dios lo bendiga!'"*.

⁸Después recibí otro mensaje del Señor: ⁹«Zorobabel es quien colocó los cimientos de este templo y él los terminará. Así ustedes sabrán que el Señor de los Ejércitos Celestiales me envió. ¹⁰No menosprecien estos modestos comienzos, pues el Señor se alegrará cuando vea que el trabajo se inicia y que la plomada está en las manos de Zorobabel».

(Las siete lámparas* representan los ojos del Señor que recorren toda la tierra).

¹¹Entonces le pregunté al ángel:

2:1 Los versículos del 2:1-13 corresponden al 2:5-17 en el texto hebreo.   **2:8a** El significado del hebreo es incierto.   **2:8b** En hebreo *cualquiera que te toca, toca la niña de su ojo*.   **2:10** En hebreo *oh hija de Sión*.   **3:1a** En hebreo *Josué*, una variante de Jesús; también en 3:3, 4, 6, 8, 9.   **3:1b** En hebreo *el satán*; similar en 3:2.   **3:9** En hebreo *siete ojos*.   **4:7** En hebreo *"Gracia, gracia sea a esto"*.   **4:10** O *Las siete facetas* (ver 3:9); en hebreo dice *Estos siete*.

—¿Qué son esos dos olivos a cada lado del candelabro [12]y las dos ramas de olivo que vierten aceite dorado por dos tubos de oro?

[13]—¿No lo sabes? —pregunté.

—No, mi señor —respondí.

[14]Entonces él me dijo:

—Representan a los dos seres celestiales que están de pie en la corte del Señor de toda la tierra.

El rollo que volaba

5 Levanté otra vez la mirada y vi un rollo volando en el aire.

[2]—¿Qué ves? —preguntó el ángel.

—Veo un rollo que vuela —contesté—. Parece tener cerca de diez metros de largo y cinco metros de ancho.*

[3]Entonces él me dijo:

—Este rollo contiene la maldición que cubrirá toda la tierra. Un lado del rollo dice que los que roban serán desterrados; el otro lado dice que los que juran en falso serán desterrados. [4]El Señor de los Ejércitos Celestiales dice: "Envío esta maldición a la casa de cada ladrón y a la casa de todos los que juran en falso usando mi nombre. Mi maldición se quedará en esa casa y la destruirá por completo, hasta las maderas y las piedras».

La mujer en un canasto

[5]Entonces el ángel que hablaba conmigo se adelantó y dijo:

—Mira hacia arriba y fíjate en lo que viene.

[6]—¿Qué es? —pregunté.

—Es un canasto para medir grano* —respondió— y está lleno con los pecados* de los habitantes de todo el país.

[7]Entonces fue levantada la pesada tapa de plomo del canasto y adentro había una mujer sentada. [8]El ángel dijo: «La mujer se llama Perversidad», y la empujó adentro del canasto otra vez y cerró la pesada tapa.

[9]Entonces miré hacia arriba y vi a dos mujeres que volaban hacia nosotras, planeando con el viento. Tenían alas como de cigüeña, y recogieron el canasto y levantaron el vuelo.

[10]—¿Adónde llevan el canasto? —le pregunté al ángel.

[11]—A la tierra de Babilonia* —me respondió—, donde construirán un templo para el canasto. Luego, cuando el templo esté listo, colocarán el canasto allí sobre un pedestal.

Los cuatro carros de guerra

6 Entonces levanté la mirada otra vez y vi cuatro carros de guerra que salían de entre dos montañas de bronce. El primer carro era tirado por caballos rojos, el segundo por caballos negros, [3]el tercero por caballos blancos y el cuarto por poderosos caballos tordos.

[4]—¿Y qué son estos, mi señor? —le pregunté al ángel que hablaba conmigo.

[5]—Son los cuatro espíritus* del cielo que están delante del Señor de toda la tierra —el ángel contestó—. Ellos salen a hacer su trabajo. [6]El carro con caballos negros va al norte, el carro con caballos blancos va al occidente* y el carro con caballos tordos va al sur.

[7]Los poderosos caballos estaban ansiosos por salir a vigilar la tierra. Así que el Señor dijo: «¡Vayan y vigilen la tierra!». Entonces salieron de inmediato a hacer su recorrido.

[8]Luego el Señor me llamó y me dijo: «Mira, los que fueron al norte han desahogado el enojo de mi Espíritu* allí en la tierra del norte».

Coronación de Jesúa

[9]Entonces recibí otro mensaje del Señor: [10]«Heldai, Tobías, y Jedaías traerán obsequios de plata y oro de los judíos desterrados en Babilonia. En cuanto lleguen, encuéntrate con ellos en la casa de Josías, hijo de Sofonías.

[11]»Acepta sus obsequios y, con la plata y el oro, haz una corona.* Entonces coloca una corona en la cabeza de Jesúa* hijo de Josadac, el sumo sacerdote. [12]Dile: "El Señor de los Ejércitos Celestiales declara: 'Este es el hombre llamado la Rama. Él echará ramas desde donde está y construirá el templo del Señor. [13]Así es, él construirá el templo del Señor. Entonces recibirá el honor real y desde su trono gobernará como rey; también desde su trono servirá como sacerdote y habrá armonía perfecta entre sus dos oficios.

[14]»La corona servirá de recordatorio en el templo del Señor en reconocimiento a quienes la obsequiaron: Heldai,* Tobías, Jedaías y Josías,* hijo de Sofonías.

[15]Vendrá gente desde tierras lejanas a reedificar el templo del Señor. Cuando esto ocurra, ustedes sabrán que mis mensajes vinieron del Señor de los Ejércitos Celestiales. Todo esto sucederá si ustedes se aseguran de obedecer lo que dice el Señor su Dios.

Un llamado a la justicia y a la compasión

7 El 7 de diciembre* del cuarto año del reinado del rey Darío, el Señor le dio otro mensaje a Zacarías. [2]El pueblo de Betel había enviado a Sarezer y a Regem-melec,* junto con sus asistentes, para buscar el favor del Señor. [3]Les encargaron hacer la siguiente pregunta a los profetas y a los sacerdotes del templo del Señor de los Ejércitos Celestiales: «¿Debemos continuar de luto y ayuno cada verano en el aniversario de la

5:2 En hebreo *20 codos* [30 pies] *de largo y 10 codos* [15 pies] *de ancho.* 5:6a En hebreo *un efa* [?? litros o 20 kilos]; también en 5:7, 8, 9, 10, 11. 5:6b Igual que en la versión griega; en hebreo dice *la apariencia.* 5:11 En hebreo *la tierra de Sinar.* 6:5 Lo *los cuatro vientos.* 6:6 En hebreo *salen tras ellos.* 6:8 En hebreo *han dado descanso a mi Espíritu.* 6:11a Igual que en la versión griega y en la siríaca; en hebreo dice *coronas.* 6:11b En hebreo *Josué* una variante de Jesúa. 6:13 *Y y habrá un sacerdote al lado de su trono.* 6:14a Igual que en la versión siríaca (comparar 6:10); en hebreo dice *Helem.* 6:14b Igual que en la versión siríaca (comparar 6:10); en hebreo dice *Hen.* 7:1 En hebreo *En el cuarto día del noveno mes, el mes de quislev,* del antiguo calendario lunar hebreo. Ese suceso ocurrió el 7 de diciembre del 518 a. C.; ver también la nota en 1:1. 7:2 O *Betel-sarezer había enviado a Regem-melec.*

destrucción del templo,* como lo hemos estado haciendo durante muchos años?».

⁴En respuesta, el Señor de los Ejércitos Celestiales me envió este mensaje: ⁵«Diles a tu pueblo y a tus sacerdotes: "Durante estos setenta años de destierro, cuando ayunaban y se vestían de luto en el verano y a comienzos del otoño,* ¿hacían los ayunos realmente para mí? ⁶Incluso ahora, cuando comen y beben en sus festivales santos, ¿no lo hacen para complacerse a sí mismos? ⁷¿No es este el mismo mensaje del Señor que los profetas proclamaron en años anteriores cuando Jerusalén y los pueblos de Judá estaban llenos de gente y el Neguev y las colinas de Judá* estaban bien poblados?"».

⁸Luego Zacarías recibió este mensaje del Señor: ⁹«El Señor de los Ejércitos Celestiales dice: juzguen con imparcialidad y muestren compasión y bondad el uno por el otro. ¹⁰No opriman a las viudas ni a los huérfanos ni a los extranjeros ni a los pobres. Tampoco tramen el mal unos contra otros.

¹¹»Sus antepasados se negaron a escuchar este mensaje. Volvieron la espalda tercamente y se taparon los oídos para no oír. ¹²Endurecieron su corazón como la piedra para no oír las instrucciones ni los mensajes que el Señor de los Ejércitos Celestiales les había enviado por su Espíritu por medio de los antiguos profetas. Por eso el Señor de los Ejércitos Celestiales se enojó tanto con ellos.

¹³»Así como ellos se negaron a escuchar cuando los llamé, tampoco yo los escuché cuando clamaron a mí —dice el Señor de los Ejércitos Celestiales—. ¹⁴Como con un torbellino, los dispersé entre las naciones lejanas, donde vivieron como extranjeros. La tierra quedó tan desolada que nadie pasaba por allí. ¡Convirtieron su hermosa tierra en un desierto!».

Bendiciones prometidas para Jerusalén

8 Entonces el Señor de los Ejércitos Celestiales me dio otro mensaje: ²«El Señor de los Ejércitos Celestiales dice: mi amor en el monte Sión es intenso y ferviente, ¡me consume la pasión por Jerusalén!

³»Ahora dice el Señor: regresaré al monte Sión y viviré en Jerusalén. Entonces Jerusalén se llamará la Ciudad Fiel; y el monte del Señor de los Ejércitos Celestiales se llamará Monte Santo.

⁴»El Señor de los Ejércitos Celestiales dice: nuevamente los ancianos y las ancianas caminarán por las calles de Jerusalén apoyados en sus bastones y se sentarán juntos en las plazas de la ciudad, ⁵y las calles de la ciudad se llenarán de alegría de niños y niñas que juegan.

⁶»El Señor de los Ejércitos Celestiales dice:

ahora todo esto puede parecerles imposible, a ustedes que son el pequeño remanente del pueblo de Dios. ¿Pero será imposible para mí?, dice el Señor de los Ejércitos Celestiales.

⁷»El Señor de los Ejércitos Celestiales dice: pueden estar seguros de que rescataré a mi pueblo del oriente y del occidente. ⁸Yo los haré regresar a casa para que vivan seguros en Jerusalén. Ellos serán mi pueblo, y como su Dios los trataré con fidelidad y justicia.

⁹»El Señor de los Ejércitos Celestiales dice: ¡Sean fuertes y terminen la tarea! Desde que echaron los cimientos del templo del Señor de los Ejércitos Celestiales, ustedes han oído lo que los profetas han estado diciendo acerca de terminar el edificio. ¹⁰Antes de que la obra en el templo comenzara, no había trabajo ni dinero para contratar obreros o animales. Ningún viajero estaba a salvo porque había enemigos por todos lados. Yo hice que todos estuvieran unos contra otros.

¹¹»Pero ahora no trataré al remanente de mi pueblo como lo hice antes, dice el Señor de los Ejércitos Celestiales. ¹²Pues estoy plantando semillas de paz y prosperidad entre ustedes. Las vides estarán cargadas de fruta, la tierra producirá sus cosechas y los cielos soltarán el rocío. Una vez más yo haré que el remanente de Judá y de Israel herede estas bendiciones. ¹³Entre las demás naciones, Judá e Israel se convirtieron en símbolo de una nación maldita. ¡Pues ya no lo serán más! Ahora los rescataré y los haré símbolo y fuente de bendición. Así que no tengan miedo. ¡Sean fuertes y sigan con la reconstrucción del templo!

¹⁴»Pues el Señor de los Ejércitos Celestiales dice: estaba decidido a castigarlos cuando sus antepasados me hicieron enojar y no cambié de parecer, dice el Señor de los Ejércitos Celestiales. ¹⁵Sin embargo, ahora estoy decidido a bendecir a Jerusalén y al pueblo de Judá, así que no tengan miedo. ¹⁶Pero ustedes deben hacer lo siguiente: digan la verdad unos a otros. En sus tribunales, pronuncien veredictos que sean justos y que conduzcan a la paz. ¹⁷No tramen el mal unos contra otros. Dejen de amar el decir mentiras y jurar que son verdad. Yo odio todas esas cosas, dice el Señor».

¹⁸Este es otro mensaje que me dio el Señor de los Ejércitos Celestiales: ¹⁹«El Señor de los Ejércitos Celestiales dice: los ayunos tradicionales y los tiempos de luto que han mantenido al principio del verano, en pleno verano, en el otoño y en el invierno* ahora han terminado. Se convertirán en festivales de alegría y celebración para el pueblo de Judá. Así que amen la verdad y la paz.

7:3 En hebreo *guardar luto y ayuno en el quinto mes*. El templo había sido destruido en el quinto mes del antiguo calendario lunar hebreo (agosto del 586 a. C.); ver 2 Re 25:8.   **7:5** En hebreo *ayunado y enlutado en el quinto y séptimo mes*. El mes quinto del antiguo calendario lunar hebreo por lo general cae en el mes de julio o en agosto. El séptimo mes por lo general cae en el mes de septiembre o en octubre; tanto el Día del Perdón como el Festival de las Enramadas se celebraban en el séptimo mes.   **7:7** En hebreo *la Sefela*.
8:19 En hebreo *el cuarto, quinto, séptimo y décimo mes*. El cuarto mes del antiguo calendario lunar hebreo cae generalmente en el mes de junio o en julio; el quinto, en julio o en agosto; el séptimo, en septiembre o en octubre; el décimo, en diciembre o en enero.

20»El Señor de los Ejércitos Celestiales dice: gente de naciones y ciudades en todo el mundo viajará a Jerusalén. 21La gente de una ciudad dirá a la gente de otra: "Vengan con nosotros a Jerusalén para pedir que el Señor nos bendiga. Adoremos al Señor de los Ejércitos Celestiales. Yo estoy decidido a ir". 22Muchos pueblos y naciones poderosas irán a Jerusalén a buscar al Señor de los Ejércitos Celestiales y a pedir su bendición.

23»El Señor de los Ejércitos Celestiales dice: en aquellos días, diez hombres de naciones e idiomas diferentes agarrarán por la manga a un judío y le dirán: "Por favor, permítenos acompañarte, porque hemos oído que Dios está contigo"».

Juicio contra los enemigos de Israel

9 Este es el mensaje* del Señor contra la tierra de Aram* y contra la ciudad de Damasco, pues los ojos de la humanidad, incluidas todas las tribus de Israel, están puestos en el Señor.

2 La destrucción de Hamat está asegurada,
  ciudad ubicada cerca de Damasco,
también para las ciudades de Tiro
    y de Sidón,
  aunque sean tan astutas.
3 ¡Tiro ha construido una poderosa fortaleza
  y ha logrado que la plata y el oro
  sean tan abundantes como el polvo en
    las calles!
4 Pero ahora el Señor despojará a Tiro de
    sus posesiones
  y lanzará sus fortificaciones al mar,
  y será reducida a cenizas.
5 La ciudad de Ascalón verá la caída de Tiro
    y se llenará de miedo.
  Gaza temblará de terror
    y lo mismo hará Ecrón, porque sus
      esperanzas se desvanecerán.
  El rey de Gaza será asesinado
    y Ascalón será abandonada.
6 La ciudad de Asdod será ocupada por
    extranjeros.
  Destruiré el orgullo de los filisteos.
7 Les quitaré de la boca la carne ensangrentada
  y sacaré de entre sus dientes los sacrificios
    detestables.
  Entonces los filisteos que sobrevivan adorarán
    a nuestro Dios
  y serán como un clan en Judá.*
  Los filisteos de Ecrón se unirán a mi pueblo,
    como una vez lo hicieron los antiguos
    jebuseos.
8 Guardaré mi templo
    y lo protegeré de ejércitos invasores.
  Estoy vigilando de cerca para asegurar
    que nunca más los opresores extranjeros
    invadan la tierra de mi pueblo.

La venida del rey de Sión

9 ¡Alégrate, oh pueblo de Sión!*
    ¡Grita de triunfo, oh pueblo de
      Jerusalén!
  Mira, tu rey viene hacia ti.
    Él es justo y victorioso,*
    pero es humilde, montado en un
      burro:
    montado en la cría de una burra.
10 Quitaré los carros de guerra de Israel*
    y los caballos de guerra de Jerusalén.
  Destruiré todas las armas usadas en
    la batalla,
  y tu rey traerá paz a las naciones.
  Su reino se extenderá de mar a mar
    y desde el río Éufrates* hasta los
      confines de la tierra.*
11 Debido al pacto que hice contigo,
    sellado con sangre,
  yo liberaré a tus prisioneros
    de morir en un calabozo sin agua.
12 ¡Regresen al refugio,
    ustedes, prisioneros, que todavía
      tienen esperanza!
  Hoy mismo prometo
    que les daré dos bendiciones por
      cada dificultad.
13 Judá es mi arco,
    e Israel, mi flecha.
  Jerusalén* es mi espada
    y, como un guerrero, la blandiré contra
      los griegos.*
14 ¡El Señor aparecerá sobre su pueblo
    y sus flechas volarán como rayos!
  El Señor Soberano hará sonar el cuerno
    de carnero
  y atacará como un torbellino desde el
    desierto del sur.
15 El Señor de los Ejércitos Celestiales protegerá
    a su pueblo,
  quien derrotará a sus enemigos
    lanzándoles grandes piedras.
  Gritarán en la batalla como si estuvieran
    borrachos con vino.
  Se llenarán de sangre como si fueran un
    tazón,
  empapados con sangre como las esquinas
    del altar.
16 En aquel día el Señor su Dios rescatará a su
    pueblo,
  así como un pastor rescata a sus
    ovejas.
  Brillarán en la tierra del Señor
    como joyas en una corona.
17 ¡Qué espléndidos y hermosos serán!
  Los jóvenes florecerán con la abundancia
    de grano
  y las jóvenes con el vino nuevo*.

9:1a En hebreo Un oráculo: el mensaje.   9:1b En hebreo tierra de Hadrac.   9:7 En hebreo y será un líder en Judá.   9:9a En hebreo oh hija de Sión!   9:9b En hebreo y está siendo vindicado.   9:10a En hebreo Efraín, se refiere al reino del norte de Israel; también en 9:13.   9:10b En hebreo el río.   9:10c O el fin de la tierra.   9:13a En hebreo Sión.   9:13b En hebreo los hijos de Javán

El Señor restaurará a su pueblo

10 ¹ Pidan al Señor lluvia en la primavera,
porque él forma las nubes de
tempestad.
Y él mandará abundante lluvia
de modo que cada campo se convierta en
un buen pastizal.
² Los ídolos caseros dan consejos sin ningún
valor,
los adivinos predicen solo mentiras
y los que interpretan los sueños dicen
falsedades que no dan consuelo.
Así que mi pueblo vaga como ovejas perdidas;
y las atacan porque no tienen pastor.

³ «Mi ira se enciende contra sus pastores
y castigaré a esos líderes.*
Pues el Señor de los Ejércitos Celestiales
ha llegado
para cuidar a Judá, su rebaño.
Él los hará fuertes y magníficos,
como un caballo majestuoso en la batalla.
⁴ De Judá saldrá la piedra principal,
la estaca de la carpa,
el arco para la batalla
y todos los gobernantes.
⁵ Serán como guerreros poderosos en batalla,
que pisotean a sus enemigos en el lodo
debajo de sus pies.
Puesto que el Señor está con ellos cuando
luchan,
hasta derribarán a los jinetes de sus
enemigos.

⁶ »Yo fortaleceré a Judá y salvaré a Israel;*
los restauraré a causa de mi compasión.
Será como si nunca los hubiera rechazado,
porque yo soy el Señor su Dios, que
escuchará sus lamentos.
⁷ El pueblo de Israel* será como poderosos
guerreros,
y sus corazones se alegrarán como si
tomaran vino.
Sus hijos también verán esto y se alegrarán;
sus corazones se gozarán en el Señor.
⁸ Cuando los llame con un silbido vendrán
corriendo,
porque los he redimido.
De los pocos que queden,
volverán a ser tan numerosos como eran
antes.
⁹ Aunque los dispersé como semillas entre
las naciones,
aun así en tierras lejanas se acordarán de mí.
Ellos y sus hijos sobrevivirán
y volverán otra vez a Israel.
¹⁰ Los traeré de regreso desde Egipto
y los recogeré de Asiria.
Yo los estableceré otra vez en Galaad y en
el Líbano
hasta que no haya espacio para todos.
¹¹ Cruzarán a salvo el mar de la angustia,*
porque las olas serán contenidas
y las aguas del Nilo se secarán.
La soberbia de Asiria será aplastada
y el dominio de Egipto terminará.
¹² Mediante mi poder* haré fuerte a mi pueblo
y por mi autoridad irán a donde quieran.
¡Yo, el Señor, he hablado!».

11 ¹ Líbano, abre tus puertas,
para que el fuego pueda devorar
tus bosques de cedro.
² Lloren, ustedes cipreses, por todos los
cedros arruinados;
han caído los más majestuosos.
Lloren, ustedes robles de Basán,
porque los tupidos bosques han sido
talados.
³ Escuchen el gemido de los pastores
porque se destruyeron sus abundantes
pastizales.
Oigan rugir a los leones jóvenes
porque se arruinaron sus matorrales
en el valle del Jordán».

Buenos y malos pastores

⁴ El Señor mi Dios dice: «Ve y cuida del rebaño
que está destinado para el matadero. ⁵ Los com-
pradores matan a las ovejas sin remordimiento.
Los vendedores dicen: "¡Gloria al Señor! ¡Ahora
soy rico!". Ni siquiera los pastores tienen compasión de las ovejas. ⁶ De la misma manera, ya no
tendré compasión de la gente de la tierra —dice
el Señor—. Permitiré que uno caiga en manos
del otro y en manos de su rey. Convertirán la
tierra en un desierto y yo no los rescataré».

⁷ Así que cuidé el rebaño destinado al matadero,
el rebaño que fue oprimido. Entonces tomé dos
varas de pastor y a una nombré Favor y a la otra
Unión. ⁸ En un solo mes me deshice de los tres
pastores malvados.

Sin embargo, perdí la paciencia con estas ovejas y ellas también me odiaron. ⁹ Así que les dije:
«Ya no seré su pastor. Si se mueren, que se mueran. Si las matan, que las maten. ¡Y que las sobrevivientes se devoren unas a otras!».

¹⁰ Entonces tomé mi vara llamada Favor y la
partí en dos para mostrar que había revocado
el pacto que había hecho con todas las naciones. ¹¹ Así terminó mi pacto con ellas. El sufrido
rebaño me miraba y sabían que el Señor hablaba
por medio de mis acciones.

¹² Así que les dije: «Si les parece bien, páguen-
me lo que consideren que merezco; pero solo si
quieren». Entonces ellos valuaron mi pago en
treinta piezas de plata.

¹³ Luego el Señor me dijo: «Arrójalas al alfarero*», ¡esta magnífica cantidad con que me

---

10:3 O *esos chivos.* 10:6 En hebreo *salvaré a la casa de José.* 10:7 En hebreo *de Efraín.* 10:11 O *el mar de Egipto,* refiriéndose al mar Rojo. 10:12 En hebreo *En el Señor.* 11:13 La versión siríaca dice *dentro del tesoro;* también en 11:13b. Comparar Mt 27:6-10.

valuaron! Así que tomé las treinta monedas y las lancé al alfarero en el templo del SEÑOR.

14Después tomé mi otra vara, Unión, y la partí en dos para mostrar que el lazo de unidad entre Judá e Israel estaba roto.

15Entonces el SEÑOR me dijo: «Ve nuevamente e interpreta el papel de pastor irresponsable. 16Así ilustraré que le daré a esta nación un pastor que no cuidará de las que están muriendo, ni protegerá a las pequeñas,* ni sanará a las heridas, ni alimentará a las sanas. Al contrario, este pastor se comerá la carne de las ovejas más gordas y les arrancará las pezuñas.

17 »¡Qué aflicción le espera a este pastor
    despreciable
        que abandona el rebaño!
    La espada cortará su brazo
        y perforará su ojo derecho.
    Su brazo quedará inútil
        y su ojo derecho completamente
            ciego».

Liberación futura para Jerusalén

12 Este* mensaje vino con respecto al destino de Israel: «El siguiente mensaje es del SEÑOR, quien extendió los cielos, puso los cimientos de la tierra y formó el espíritu humano. 2Haré que Jerusalén sea como una bebida embriagante que causa que las naciones vecinas se tambaleen cuando envíen a sus ejércitos para sitiar a Jerusalén y a Judá. 3En aquel día yo convertiré a Jerusalén en una roca inamovible. Todas las naciones se reunirán en contra de ella para tratar de moverla, pero solo se herirán a sí mismas.

4»En aquel día —dice el SEÑOR— haré que todos los caballos se espanten y que todos los jinetes pierdan el valor. Vigilaré a la gente de Judá, pero cegaré los caballos de sus enemigos. 5Los clanes de Judá se dirán a sí mismos: "El pueblo de Jerusalén ha encontrado fuerzas en su Dios, el SEÑOR de los Ejércitos Celestiales".

6»En aquel día yo haré que los clanes de Judá sean como una llama que le prende fuego a un montón de leña o como una antorcha encendida entre los manojos de grano. Destruirán con fuego a las naciones vecinas a la derecha y a la izquierda, mientras que la gente que vive en Jerusalén permanecerá segura.

7»El SEÑOR dará primero la victoria al resto de Judá, antes que a Jerusalén, para que el pueblo de Jerusalén y el linaje real de David no tengan mayor honor que el resto de Judá. 8En aquel día el SEÑOR defenderá al pueblo de Jerusalén. ¡El más débil entre ellos será tan poderoso como el rey David! ¡Y los descendientes reales serán como Dios mismo, como el ángel del SEÑOR que va delante de ellos! 9Pues en aquel día comenzaré a destruir a todas las naciones que ataquen a Jerusalén.

10»Entonces derramaré un espíritu* de gracia y oración sobre la familia de David y sobre los habitantes de Jerusalén. Me mirarán a mí, a quien traspasaron, harán duelo por él como por un hijo único. Se lamentarán amargamente como quien llora la muerte de un primer hijo varón. 11El dolor y el luto en Jerusalén serán tan grandes como el duelo por Hadad-rimón en el valle de Meguido.

12»Todo Israel hará duelo, cada clan por su lado, los esposos separados de sus esposas. El clan de David llorará solo, como lo hará el clan de Natán, 13el clan de Leví y el clan de Simei. 14Cada clan sobreviviente de Judá se lamentará por separado, y los esposos separados de sus esposas.

Fuente de purificación

13 »En aquel día brotará un manantial para la dinastía de David y para el pueblo de Jerusalén; una fuente que los limpiará de todos sus pecados e impurezas.

2»En aquel día —dice el SEÑOR de los Ejércitos Celestiales— borraré el culto a ídolos en toda la tierra, para que se olviden hasta de los nombres de esos ídolos. Quitaré de la tierra tanto a los falsos profetas como al espíritu de impureza que los acompaña. 3Si alguno continúa profetizando, su propio padre y madre le dirán: "Debes morir, porque has profetizado mentiras en el nombre del SEÑOR". Entonces, mientras esté profetizando, su propio padre y madre lo apuñalarán.

4»En aquel día la gente se avergonzará de decir que tiene el don profético. Nadie se hará pasar por profeta vistiéndose con ropa de profeta. 5Dirá: "Yo no soy profeta; soy agricultor. Comencé a trabajar para un agricultor en mi niñez". 6Y si alguien pregunta: "¿Entonces qué de esas heridas en tu pecho?".* Él responderá: "¡Me hirieron en casa de mis amigos!".

Las ovejas se dispersan

7 »Despierta, oh espada, contra mi pastor,
    el hombre que es mi compañero
        —dice el SEÑOR de los Ejércitos
            Celestiales—.

    Mata al pastor,
        y las ovejas se dispersarán
    y me volveré contra los corderos.

8 Dos tercios de los habitantes del país
    serán cortados y morirán —dice el SEÑOR—,
        pero quedará un tercio en el país.

9 A este último grupo lo pasaré por el fuego
    y los haré puros.
    Los refinaré como se refina la plata
        y los purificaré como se purifica el oro.
    Invocarán mi nombre
        y yo les responderé.
    Les diré: "Este es mi pueblo",
        y ellos dirán: "El SEÑOR es nuestro Dios"».

11:16 O los dispersos.   **12:1** En hebreo *Un oráculo: este mensaje.*   **12:10** O el Espíritu.   **13:6** En hebreo *heridas entre tus manos?*

El Señor gobernará la tierra

14 ¡Atención, viene el día del Señor, cuando tus posesiones serán saqueadas frente a ti! [2]Reuniré a todas las naciones para que peleen contra Jerusalén. La ciudad será tomada, las casas saqueadas y las mujeres violadas. La mitad de la población será llevada al cautiverio y al resto de la dejarán entre las ruinas de la ciudad.

[3]Luego el Señor saldrá a pelear contra esas naciones, como lo hizo en tiempos pasados. [4]En aquel día sus pies estarán sobre el monte de los Olivos, al oriente de Jerusalén. Entonces el monte de los Olivos se partirá, formando un extenso valle del oriente al occidente. La mitad del monte se desplazará hacia el norte y la otra mitad hacia el sur. [5]Ustedes huirán por ese valle, porque llegará hasta Azal.* Así es, huirán como lo hicieron durante el terremoto en los días de Uzías, rey de Judá. Entonces vendrá el Señor mi Dios y todos sus santos con él.*

[6]En aquel día las fuentes de luz no brillarán más.* [7]Sin embargo, ¡la luz del día será perpetua! Solo el Señor sabe cómo esto podría suceder. No habrá días y noches como de costumbre, porque en las horas nocturnas todavía habrá luz.

[8]En aquel día fluirán desde Jerusalén aguas que dan vida, la mitad hacia el mar Muerto y la otra mitad hacia el Mediterráneo;* brotarán continuamente, tanto en el verano como en el invierno.

[9]El Señor será rey sobre toda la tierra. En aquel día habrá un solo Señor y únicamente su nombre será adorado.

[10]Toda la tierra desde Geba, al norte de Judá, hasta Rimón, al sur de Jerusalén, se convertirá en una inmensa llanura. Pero Jerusalén será levantada en su lugar original y estará poblada desde la puerta de Benjamín hasta el sitio de la puerta vieja, luego hasta la puerta de la Esquina, y desde la torre de Hananeel hasta las prensas de vino del rey. [11]Entonces Jerusalén, por fin a salvo, se llenará de gente y nunca más será maldecida ni destruida.

[12]Luego el Señor enviará una plaga sobre todas las naciones que pelearon contra Jerusalén. Sus habitantes llegarán a ser como cadáveres ambulantes, la carne se les pudrirá. Se les pudrirán los ojos en sus cuencas y la lengua en la boca. [13]En aquel día sentirán terror, agobiados por el Señor con un terrible pánico. Pelearán contra sus vecinos mano a mano. [14]También Judá peleará en Jerusalén. Tomarán las riquezas de todas las naciones vecinas: grandes cantidades de oro, plata y ropa costosa. [15]Esta misma plaga atacará a caballos, mulas, camellos, asnos y demás animales de los campos enemigos.

[16]A fin de cuentas, los enemigos de Jerusalén que sobrevivan a la plaga, subirán a Jerusalén cada año para adorar al Rey, el Señor de los Ejércitos Celestiales, y para celebrar el Festival de las Enramadas. [17]Toda nación que se niegue a ir a Jerusalén para adorar al Rey, el Señor de los Ejércitos Celestiales, no recibirá lluvia. [18]Si el pueblo de Egipto se niega a asistir al festival, el Señor lo castigará con la misma plaga que envió sobre las otras naciones que se negaron a ir. [19]Egipto y las demás naciones serán castigadas si no van para celebrar el Festival de las Enramadas.

[20]En aquel día hasta los cascabeles del arnés de los caballos se inscribirán estas palabras: Santo para el Señor. Las ollas de cocina en el templo del Señor serán tan sagradas como los tazones que se usan al lado del altar. [21]De hecho, toda olla de cocina en Jerusalén y Judá será consagrada al Señor de los Ejércitos Celestiales. Todo el que venga a adorar tendrá plena libertad de usar cualquiera de estas ollas para cocinar sus sacrificios. En aquel día no habrá más comerciantes* en el templo del Señor de los Ejércitos Celestiales.

14:5a El significado del hebreo es incierto.   **14:5b** Igual que en la versión griega; en hebreo dice *todos sus santos contigo.*   **14:6** En hebreo *allí no habrá luz, no habrá frío ni helada.* El significado del hebreo es incierto.   **14:8** En hebreo *la mitad hacia el mar oriente y la otra mitad hacia el mar del occidente.*   **14:21** En hebreo *cananitas.*

Malaquías

1 Este es el mensaje* que el Señor dio a Israel por medio del profeta Malaquías.*

Amor de Dios por Israel

² «Yo siempre los he amado», dice el Señor.

Sin embargo, ustedes replican: «¿De veras? ¿Cómo nos has amado?».

Entonces el Señor contesta: «Yo les he demostrado mi amor de la siguiente manera: amé a su antepasado Jacob, ³pero rechacé a su hermano, Esaú, y devasté su zona montañosa. Convertí la herencia de Esaú en un desierto para chacales».

⁴Los descendientes de Esaú en Edom podrán decir: «Hemos sido destrozados, pero reconstruiremos las ruinas».

No obstante, el Señor de los Ejércitos Celestiales responde: «Puede ser que intenten reconstruirlas, pero yo las derribaré de nuevo. Su país será conocido como "tierra de perversidad" y su pueblo será llamado "el pueblo con quien el Señor está para siempre enojado". ⁵Cuando vean la destrucción con sus propios ojos, dirán: "¡Verdaderamente la grandeza del Señor se extiende más allá de las fronteras de Israel!"».

Sacrificios indignos

⁶El Señor de los Ejércitos Celestiales dice a los sacerdotes: «Un hijo honra a su padre y un sirviente respeta a su señor. Si yo soy su padre y su señor, ¿dónde están el honor y el respeto que merezco? ¡Ustedes han tratado mi nombre con desprecio!

»No obstante, preguntan: "¿De qué manera hemos tratado tu nombre con desprecio?".

⁷»Mostraron su desprecio al ofrecer sacrificios contaminados sobre mi altar.

»Entonces preguntan: "¿Cómo hemos contaminado los sacrificios?".*

»Los contaminaron al decir que el altar del Señor no merece respeto. ⁸Cuando ofrecen animales ciegos como sacrificio, ¿acaso no está mal? ¿Y no está mal también ofrecer animales lisiados y enfermos? ¡Intenten dar este tipo de regalos al gobernador y vean qué contento se pone!, dice el Señor de los Ejércitos Celestiales.

⁹»¡Adelante, supliquen a Dios que sea misericordioso con ustedes! Pero cuando llevan esa clase de ofrendas a él, ¿por qué debería tratarlos bien?, pregunta el Señor de los Ejércitos Celestiales.

¹⁰»¡Cómo quisiera que alguno de ustedes cerrara las puertas del templo para que esos sacrificios despreciables no fueran ofrecidos! No estoy nada contento con ustedes —dice el Señor de los Ejércitos Celestiales— y no aceptaré sus ofrendas. ¹¹Sin embargo, mi nombre es honrado* desde la mañana hasta la noche por gente de otras naciones. En todo el mundo ofrecen* incienso dulce y ofrendas en honor de mi nombre. Pues mi nombre es grande entre las naciones, dice el Señor de los Ejércitos Celestiales.

¹²»Ustedes, en cambio, deshonran mi nombre con sus acciones. Al traer alimentos despreciables declaran que no está mal deshonrar la mesa del Señor. ¹³Ustedes dicen: "Es demasiado difícil servir al Señor" y consideran un fastidio mis mandamientos —dice el Señor de los Ejércitos Celestiales—. ¡Imagínense! ¡Están presentando animales robados, lisiados y enfermos como ofrendas! ¿Debo aceptar esa clase de ofrenda de ustedes?, pregunta el Señor.

¹⁴»Maldito sea el tramposo que promete dar un carnero selecto de su rebaño, pero después sacrifica uno defectuoso al Señor. ¡Pues yo soy un gran rey —dice el Señor de los Ejércitos Celestiales— y mi nombre es temido entre las naciones!

Advertencia a los sacerdotes

2 »Escuchen, ustedes sacerdotes, ¡este mandato es para ustedes! ²Escúchenme y decidan honrar mi nombre —dice el Señor de los Ejércitos Celestiales— o enviaré una maldición terrible contra ustedes. Maldeciré hasta las bendiciones que reciban. En realidad ya las he maldecido, porque ustedes no han tomado a pecho mi advertencia. ³Castigaré a sus descendientes y a ustedes les salpicaré la cara con el estiércol de los animales que sacrifican en sus festivales, y luego los arrojaré sobre el montón de estiércol. ⁴Entonces por fin sabrán que yo les envié esta advertencia, para que mi pacto con los levitas continúe, dice el Señor de los Ejércitos Celestiales.

⁵»El propósito de mi pacto con los levitas

1:1a En hebreo *Un oráculo: el mensaje.* 1:1b *Malaquías* significa «mi mensajero». 1:7 Igual que en la versión griega; en hebreo dice *¿Cómo te hemos contaminado a ti?* 1:11a O *será honrado.* 1:11b Il *ofrecerán.*

era darles vida y paz y eso fue lo que les di. De ellos se requería que me reverenciaran, y lo hicieron en gran manera y temieron mi nombre. 6Comunicaron al pueblo la verdad de las instrucciones que recibieron de mí. No mintieron ni estafaron; anduvieron conmigo y llevaron vidas buenas y justas e hicieron volver a muchas personas de sus vidas pecaminosas.

7»Las palabras que salen de la boca de un sacerdote deberían conservar el conocimiento de Dios y la gente debería acudir a él para recibir instrucción, porque el sacerdote es el mensajero del Señor de los Ejércitos Celestiales. 8No obstante, ustedes, sacerdotes, han abandonado los caminos de Dios. Sus instrucciones hicieron que muchos cayeran en pecado. Corrompieron el pacto que hice con los levitas —dice el Señor de los Ejércitos Celestiales—. 9Por lo tanto, yo los he vuelto despreciables y los he humillado ante los ojos de todo el pueblo. Pues no me obedecieron sino que mostraron favoritismo en su forma de llevar a la práctica mis instrucciones».

Un llamado a la fidelidad

10¿No somos hijos del mismo Padre? ¿No fuimos creados por el mismo Dios? Entonces, ¿por qué nos traicionamos unos a otros, violando el pacto de nuestros antepasados?

11Judá ha sido infiel y se ha hecho una cosa detestable en Israel y en Jerusalén. Los hombres de Judá han contaminado el amado santuario del Señor, al casarse con mujeres que rinden culto a ídolos. 12Que el Señor arranque de la nación de Israel* hasta el último de los hombres que haya hecho esto y que aun así lleva una ofrenda al Señor de los Ejércitos Celestiales.

13Esta es otra cosa que hacen: cubren el altar de Dios con lágrimas; lloran y gimen porque él no presta atención a sus ofrendas ni las acepta con agrado. 14Claman: «¿Por qué el Señor no acepta mi adoración?». ¡Les diré por qué! Porque el Señor fue testigo de los votos que tú y tu esposa hicieron cuando eran jóvenes. Pero tú le has sido infiel, aunque ella siguió siendo tu compañera fiel, la esposa con la que hiciste tus votos matrimoniales.

15¿No te hizo uno el Señor con tu esposa? En cuerpo y espíritu ustedes son de él.* ¿Y qué es lo que él quiere? De esa unión quiere hijos que vivan para Dios. Por eso, guarda tu corazón y permanece fiel a la esposa de tu juventud. 16«¡Pues yo odio el divorcio! —dice el Señor, Dios de Israel—. Divorciarte de tu esposa es abrumarla de crueldad* —dice el Señor de los Ejércitos Celestiales—. Por eso guarda tu corazón; y no le seas infiel a tu esposa».

17Ustedes han cansado al Señor con sus palabras.

«¿Cómo lo hemos cansado?», preguntan.

Lo cansaron diciendo que todos los que hacen el mal son buenos a los ojos del Señor y que él se agrada de ellos. Lo han fatigado al preguntar: «¿Dónde está el Dios de justicia?».

El día del juicio venidero

3 «¡Miren! Yo envío a mi mensajero y él preparará el camino delante de mí. Entonces el Señor al que ustedes buscan vendrá de repente a su templo. El mensajero del pacto a quien buscan con tanto entusiasmo, sin duda vendrá», dice el Señor de los Ejércitos Celestiales.

2Pero ¿quién será capaz de soportar su venida? ¿Quién podrá mantenerse de pie y estar cara a cara con él cuando aparezca? Pues él será como un fuego abrasador que refina el metal o como un jabón fuerte que blanquea la ropa. 3Se sentará como un refinador de plata y quemará la escoria. Purificará a los levitas, refinándolos como el oro y la plata, para que vuelvan a ofrecer sacrificios aceptables al Señor. 4Nuevamente el Señor recibirá las ofrendas que el pueblo de Judá y Jerusalén le lleven, como lo hizo en el pasado.

5«En ese día, yo los pondré a juicio. Estoy ansioso por dar testimonio contra todos los hechiceros, los adúlteros y los mentirosos. Declararé en contra de los que estafan a sus empleados con sus sueldos, de los que oprimen a viudas y huérfanos o privan de justicia a los extranjeros que viven entre ustedes, porque gente que hace estas cosas no me teme, dice el Señor de los Ejércitos Celestiales.

Un llamado al arrepentimiento

6»Yo soy el Señor y no cambio. Por eso ustedes, descendientes de Jacob, aún no han sido destruidos. 7Desde los días de sus antepasados, han despreciado mis decretos y los han desobedecido. Ahora, vuelvan a mí y yo volveré a ustedes, dice el Señor de los Ejércitos Celestiales.

»Pero ustedes preguntan: "¿Cómo podemos volver cuando nunca nos fuimos?".

8»¿Debería el pueblo estafar a Dios? ¡Sin embargo, ustedes me han estafado!

»Pero ustedes preguntan: "¿Qué quieres decir? ¿Cuándo te hemos estafado?".

»Me han robado los diezmos y ofrendas que me corresponden. 9Ustedes están bajo maldición porque toda la nación me ha estado estafando. 10Traigan todos los diezmos al depósito del templo, para que haya suficiente comida en mi casa. Si lo hacen —dice el Señor de los Ejércitos Celestiales— les abriré las ventanas de los cielos. ¡Derramaré una bendición tan grande que no tendrán suficiente espacio para guardarla! ¡Inténtenlo! ¡Pónganme a prueba!

11»Sus cosechas serán abundantes porque las protegeré de insectos y enfermedades.* Las uvas

2:12 En hebreo *de las carpas de Jacob.* Los nombres «Jacob» e «Israel» a menudo son intercambiables en el Antiguo Testamento. Algunas veces hacen referencia al patriarca como individuo y otras veces a la nación. 2:15 O *¿No nos hizo el único Señor y preserva nuestra vida y aliento? O ¿No la hizo el único Señor, carne y espíritu?* El significado del hebreo es incierto. 2:16 En hebreo *cubrir su vestidura con violencia.* 3:11 En hebreo *el devorador.*

no caerán de las vides antes de madurar —dice el SEÑOR de los Ejércitos Celestiales—. ¹²Entonces todas las naciones los llamarán benditos, porque su tierra será un deleite, dice el SEÑOR de los Ejércitos Celestiales.

¹³»Ustedes han dicho cosas terribles acerca de mí, dice el SEÑOR.

»Sin embargo, ustedes preguntan: "¿Qué quieres decir? ¿Qué hemos dicho contra ti?".

¹⁴»Ustedes han dicho: "¿De qué vale servir a Dios? ¿Qué hemos ganado con obedecer sus mandamientos o demostrarle al SEÑOR de los Ejércitos Celestiales que nos sentimos apenados por nuestros pecados? ¹⁵De ahora en adelante llamaremos bendito al arrogante. Pues los que hacen maldad se enriquecen y los que desafían a Dios a que los castigue no sufren ningún daño"».

Promesa de la misericordia de Dios

¹⁶Entonces los que temían al SEÑOR hablaron entre sí y el SEÑOR escuchó lo que dijeron. En la presencia de él, escribieron un rollo de memorias para registrar los nombres de los que temían al SEÑOR y siempre pensaban en el honor de su nombre.

¹⁷«Ellos serán mi pueblo —dice el SEÑOR de los Ejércitos Celestiales—. El día en que yo venga para juzgar, serán mi tesoro especial. Les tendré compasión así como un padre le muestra compasión a un hijo obediente. ¹⁸Entonces de nuevo podrán ver la diferencia entre los justos y los perversos, entre los que sirven a Dios y los que no lo hacen».

El día del juicio venidero

4 ¹*El SEÑOR de los Ejércitos Celestiales dice: «El día del juicio se acerca, ardiente como un horno. En aquel día el arrogante y el perverso serán quemados como paja. Serán consumidos, desde las raíces hasta las ramas.

²»Sin embargo, para ustedes que temen mi nombre, se levantará el Sol de Justicia con sanidad en sus alas.* Saldrán libres, saltando de alegría como becerros sueltos en medio de los pastos. ³El día en que yo actúe, ustedes pisotearán a los perversos como si fueran polvo debajo de sus pies, dice el SEÑOR de los Ejércitos Celestiales.

⁴»Acuérdense de obedecer la ley de Moisés, mi servidor, todos los decretos y ordenanzas que le entregué en el monte Sinaí* para todo Israel.

⁵»Miren, les envío al profeta Elías antes de que llegue el gran y terrible día del SEÑOR. ⁶Sus predicaciones harán volver el corazón de los padres* hacia sus hijos y el corazón de los hijos hacia sus padres. De lo contrario, vendré y haré caer una maldición sobre la tierra».

4:1 Los versículos del 4:1-6 corresponden al 3:19-24 en el texto hebreo.   **4:2** O *el sol de justicia se levantará con sanidad en sus alas.*   **4:4** En hebreo *Horeb,* otro nombre para Sinaí.   **4:6** En hebreo esta palabra se refiere solo a los hombres; también en 4:6b.

NUEVO
TESTAMENTO

Mateo

Antepasados de Jesús el Mesías

1 El siguiente es un registro de los antepasados de Jesús el Mesías, descendiente de David* y de Abraham:

² Abraham fue el padre de Isaac.
  Isaac fue el padre de Jacob.
  Jacob fue el padre de Judá y de sus
    hermanos.
³ Judá fue el padre de Fares y de Zara
    (la madre fue Tamar).
  Fares fue el padre de Esrom.
  Esrom fue el padre de Ram.*
⁴ Ram fue el padre de Aminadab.
  Aminadab fue el padre de Naasón.
  Naasón fue el padre de Salmón.
⁵ Salmón fue el padre de Booz (su madre
    fue Rahab).
  Booz fue el padre de Obed (su madre
    fue Rut).
  Obed fue el padre de Isaí.
⁶ Isaí fue el padre del rey David.
  David fue el padre de Salomón (su madre
    fue Betsabé, la viuda de Urías).
⁷ Salomón fue el padre de Roboam.
  Roboam fue el padre de Abías.
  Abías fue el padre de Asá.*
⁸ Asá fue el padre de Josafat.
  Josafat fue el padre de Yoram.*
  Yoram fue el padre* de Uzías.
⁹ Uzías fue el padre de Jotam.
  Jotam fue el padre de Acaz.
  Acaz fue el padre de Ezequías.
¹⁰ Ezequías fue el padre de Manasés.
  Manasés fue el padre de Amós.*
  Amós fue el padre de Josías.
¹¹ Josías fue el padre de Joaquín* y de sus
    hermanos (quienes nacieron en el tiempo
    del destierro a Babilonia).
¹² Luego del destierro a Babilonia:
  Joaquín fue el padre de Salatiel.
  Salatiel fue el padre de Zorobabel.
¹³ Zorobabel fue el padre de Abiud.
  Abiud fue el padre de Eliaquim.
  Eliaquim fue el padre de Azor.

¹⁴ Azor fue el padre de Sadoc.
  Sadoc fue el padre de Aquim.
  Aquim fue el padre de Eliud.
¹⁵ Eliud fue el padre de Eleazar.
  Eleazar fue el padre de Matán.
  Matán fue el padre de Jacob.
¹⁶ Jacob fue el padre de José, esposo de María.
  María dio a luz a Jesús, quien es llamado el
    Mesías.

¹⁷ Todos los que aparecen en la lista abarcan catorce generaciones desde Abraham hasta David, catorce desde David hasta el destierro a Babilonia, y catorce desde el destierro a Babilonia hasta el Mesías.

Nacimiento de Jesús el Mesías

¹⁸ Este es el relato de cómo nació Jesús el Mesías. Su madre, María, estaba comprometida para casarse con José, pero antes de que la boda se realizara, mientras todavía era virgen, quedó embarazada mediante el poder del Espíritu Santo. ¹⁹ José, su prometido, era un hombre bueno y no quiso avergonzarla en público; por lo tanto, decidió romper el compromiso* en privado.

²⁰ Mientras consideraba esa posibilidad, un ángel del Señor se le apareció en un sueño. «José, hijo de David —le dijo el ángel—, no tengas miedo de recibir a María por esposa, porque el niño que lleva dentro de ella fue concebido por el Espíritu Santo. ²¹ Y tendrá un hijo y lo llamarás Jesús,* porque él salvará a su pueblo de sus pecados».

²² Todo eso sucedió para que se cumpliera el mensaje del Señor a través de su profeta:

²³ «¡Miren! ¡La virgen concebirá un niño!
    Dará a luz un hijo,
    y lo llamarán Emanuel,*
    que significa "Dios está con nosotros"».

²⁴ Cuando José despertó, hizo como el ángel del Señor le había ordenado y recibió a María por esposa, ²⁵ pero no tuvo relaciones sexuales con ella hasta que nació su hijo; y José le puso por nombre Jesús.

1:1 En griego *Jesús el Mesías, hijo de David.* 1:3 En griego *Aram,* una variante de Ram; también en 1:4. Ver 1 Cr 2:9-10. 1:7 En griego *Asaf,* una variante de Asá; también en 1:8. Ver 1 Cr 3:10. 1:8a En griego *Joram,* una variante de Yoram; también en 1:8b. Ver 1 Re 22:50 y la nota en 1 Cr 3:11. 1:8b O *antepasado;* también en 1:11. 1:10 En griego *Amós,* una variante de Amón; también en 1:10b. Ver 1 Cr 3:14. 1:11 En griego *Jeconías,* una variante de Joaquín; también en 1:12. Ver 2 Re 24:6 y la nota en 1 Cr 3:16. 1:19 En griego *divorciarse de ella.* 1:21 *Jesús* significa «El Señor salva». 1:23 Is 7:14; 8:8, 10 (versión griega).

Visitantes del oriente

2 Jesús nació en Belén de Judea durante el reinado de Herodes. Por ese tiempo, algunos sabios* de países del oriente llegaron a Jerusalén y preguntaron: ²«¿Dónde está el rey de los judíos que acaba de nacer? Vimos su estrella mientras salía* y hemos venido a adorarlo».

³Cuando el rey Herodes oyó eso, se perturbó profundamente igual que todos en Jerusalén. ⁴Mandó llamar a los principales sacerdotes y maestros de la ley religiosa y les preguntó:

—¿Dónde se supone que nacerá el Mesías?

⁵—En Belén de Judea —le dijeron— porque eso es lo que escribió el profeta:

⁶ «Y tú, Belén, en la tierra de Judá,
    no eres la menor entre las ciudades
        reinantes* de Judá,
    porque de ti saldrá un gobernante
        que será el pastor de mi pueblo Israel»*.

⁷Luego Herodes convocó a los sabios a una reunión privada y, por medio de ellos, se enteró del momento en el que había aparecido la estrella por primera vez. ⁸Entonces les dijo: «Vayan a Belén y busquen al niño con esmero. Cuando lo encuentren, vuelvan y díganme dónde está para que yo también vaya y lo adore».

⁹Después de esa reunión, los sabios siguieron su camino, y la estrella que habían visto en el oriente los guió hasta Belén. Iba delante de ellos y se detuvo sobre el lugar donde estaba el niño. ¹⁰Cuando vieron la estrella, ¡se llenaron de alegría! ¹¹Entraron en la casa y vieron al niño con su madre, María, y se inclinaron y lo adoraron. Luego abrieron sus cofres de tesoro y le dieron regalos de oro, incienso y mirra.

¹²Cuando llegó el momento de irse, volvieron a su tierra por otro camino, ya que Dios les advirtió en un sueño que no regresaran a Herodes.

Huida a Egipto

¹³Después de que los sabios se fueron, un ángel del Señor se le apareció a José en un sueño. «¡Levántate! Huye a Egipto con el niño y su madre —dijo el ángel—. Quédate allí hasta que te diga que regreses, porque Herodes buscará al niño para matarlo».

¹⁴Esa noche José salió para Egipto con el niño y con María, su madre, ¹⁵y se quedaron allí hasta la muerte de Herodes. Así se cumplió lo que el Señor había dicho por medio del profeta: «De Egipto llamé a mi Hijo»*.

¹⁶Cuando Herodes se dio cuenta de que los sabios se habían burlado de él, se puso furioso. Entonces, basado en lo que dijeron los sabios sobre la primera aparición de la estrella, Herodes envió soldados para matar a todos los niños que vivieran en Belén y en sus alrededores y que tuvieran dos años o menos. ¹⁷Esta acción brutal

cumplió lo que Dios había anunciado por medio del profeta Jeremías:

¹⁸ «En Ramá se oyó una voz,
        llanto y gran lamento.
    Raquel llora por sus hijos,
        se niega a que la consuelen,
        porque están muertos»*.

Regreso a Nazaret

¹⁹Cuando Herodes murió, un ángel del Señor se le apareció en un sueño a José en Egipto. ²⁰«¡Levántate! —dijo el ángel—. Lleva al niño y a su madre de regreso a la tierra de Israel, porque ya murieron los que trataban de matar al niño».

²¹Entonces José se levantó y regresó a la tierra de Israel con Jesús y su madre; ²²pero cuando se enteró de que el nuevo gobernante de Judea era Arquelao, hijo de Herodes, tuvo miedo de ir allí. Entonces, luego de ser advertido en un sueño, se fue a la región de Galilea. ²³Después la familia fue a vivir a una ciudad llamada Nazaret y así se cumplió lo que los profetas habían dicho: «Lo llamarán nazareno».

Juan el Bautista prepara el camino

3 En esos días, Juan el Bautista llegó al desierto de Judea y comenzó a predicar. Su mensaje era el siguiente: ²«Arrepiéntanse de sus pecados y vuelvan a Dios, porque el reino del cielo está cerca»*. ³El profeta Isaías se refería a Juan cuando dijo:

«Es una voz que clama en el desierto:
    "¡Preparen el camino para la venida del
        SEÑOR!
    ¡Ábranle camino!"»*.

⁴Juan usaba ropa tejida con pelo rústico de camello y llevaba puesto un cinturón de cuero alrededor de la cintura. Se alimentaba con langostas y miel silvestre. ⁵Gente de Jerusalén, de toda Judea y de todo el valle del Jordán salía para ver y escuchar a Juan; ⁶y cuando confesaban sus pecados, él las bautizaba en el río Jordán.

⁷Cuando Juan vio que muchos fariseos y saduceos venían a mirarlo bautizar,* los enfrentó. ¡Camada de víboras! —exclamó—. ¿Quién les advirtió que huyeran de la ira divina que se acerca? ⁸Demuestren con su forma de vivir que se han arrepentido de sus pecados y han vuelto a Dios. ⁹No se digan simplemente el uno al otro: "Estamos a salvo porque somos descendientes de Abraham". Eso no significa nada, porque les digo que Dios puede crear hijos de Abraham de estas piedras. ¹⁰Ahora mismo el hacha del juicio de Dios está lista para cortar las raíces de los árboles. Así es, todo árbol que no produzca buenos frutos será cortado y arrojado al fuego.

¹¹»Yo bautizo con* agua a los que se arrepienten de sus pecados y vuelven a Dios, pero pronto viene

2:1 O *astrólogos reales*; en griego dice *magos*; también en 2:7, 16.   2:2 O *estrella en el oriente*.   2:6a En griego *los gobernantes*.
2:6b Mi 5:2; 2 Sm 5:2.   2:15 Os 11:1.   2:18 Jr 31:15.   3:2 O *ha llegado, o viene pronto*.   3:3 Is 40:3 (versión griega).   3:7 O *que
venían para ser bautizados*.   3:11a O *en*.

alguien que es superior a mí, tan superior que ni siquiera soy digno de ser su esclavo y llevarle las sandalias. Él los bautizará con el Espíritu Santo y con fuego.* [12]Está listo para separar el trigo de la paja con su rastrillo. Luego limpiará la zona donde se trilla y juntará el trigo en su granero, pero quemará la paja en un fuego interminable».

Bautismo de Jesús

[13]Luego Jesús fue de Galilea al río Jordán para que Juan lo bautizara, [14]pero Juan intentó convencerlo de que no lo hiciera.

—Yo soy el que necesita que tú me bautices —dijo Juan—, entonces, ¿por qué vienes tú a mí?

[15]Pero Jesús le dijo:

—Así debe hacerse, porque tenemos que cumplir con todo lo que Dios exige.*

Entonces Juan aceptó bautizarlo.

[16]Después del bautismo, mientras Jesús salía del agua, los cielos se abrieron* y vio al Espíritu de Dios que descendía sobre él como una paloma. [17]Y una voz dijo desde el cielo: «Este es mi Hijo amado, quien me da un gran gozo».

Tentación de Jesús

4 Luego el Espíritu llevó a Jesús al desierto para que allí lo tentara el diablo. [2]Durante cuarenta días y cuarenta noches ayunó y después tuvo mucha hambre.

[3]En ese tiempo, el diablo* se le acercó y le dijo:

—Si eres el Hijo de Dios, di a estas piedras que se conviertan en pan.

[4]Jesús le dijo:

—¡No! Las Escrituras dicen:

"La gente no vive solo de pan,
   sino de cada palabra que sale de la boca
      de Dios"*.

[5]Después el diablo lo llevó a la santa ciudad, Jerusalén, al punto más alto del templo, [6]y dijo:

—Si eres el Hijo de Dios, ¡tírate! Pues las Escrituras dicen:

"Él ordenará a sus ángeles que te protejan.
Y te sostendrán con sus manos
   para que ni siquiera te lastimes el pie con
      una piedra"*.

[7]Jesús le respondió:

—Las Escrituras también dicen: "No pondrás a prueba al SEÑOR tu Dios"*.

[8]Luego el diablo lo llevó a la cima de una montaña muy alta y le mostró todos los reinos del mundo y la gloria que hay en ellos.

[9]—Te daré todo esto —dijo— si te arrodillas y me adoras.

[10]—Vete de aquí, Satanás —le dijo Jesús—, porque las Escrituras dicen:

"Adora al SEÑOR tu Dios
   y sírvele sólo a él"*.

[11]Entonces el diablo se fue, y llegaron ángeles a cuidar a Jesús.

Comienzo del ministerio de Jesús

[12]Cuando Jesús oyó que habían arrestado a Juan, salió de Judea y regresó a Galilea. [13]Primero fue a Nazaret, luego salió de allí y siguió hasta Capernaúm, junto al mar de Galilea, en la región de Zabulón y Neftalí. [14]Así se cumplió lo que Dios dijo por medio del profeta Isaías:

[15] «En la tierra de Zabulón y Neftalí,
   junto al mar, más allá del río Jordán,
   en Galilea, donde viven tantos gentiles,*
[16] la gente que estaba en la oscuridad
   ha visto una gran luz.
   Y para aquellos que vivían en la tierra donde
      la muerte arroja su sombra,
   ha brillado una luz»*.

[17]A partir de entonces, Jesús comenzó a predicar: «Arrepiéntanse de sus pecados y vuelvan a Dios, porque el reino del cielo está cerca*».

Primeros discípulos

[18]Cierto día, mientras Jesús caminaba por la orilla del mar de Galilea, vio a dos hermanos —a Simón, también llamado Pedro, y a Andrés— que echaban la red al agua, porque vivían de la pesca. [19]Jesús los llamó: «Vengan, síganme, ¡y yo les enseñaré cómo pescar personas!». [20]Y enseguida dejaron las redes y lo siguieron.

[21]Un poco más adelante por la orilla, vio a otros dos hermanos, Santiago y Juan, sentados en una barca junto a su padre, Zebedeo, reparando las redes. También los llamó para que lo siguieran. [22]Ellos, dejando atrás la barca y a su padre, lo siguieron de inmediato.

Multitudes siguen a Jesús

[23]Jesús viajó por toda la región de Galilea enseñando en las sinagogas, anunciando la Buena Noticia del reino, y sanando a la gente de toda clase de enfermedades y dolencias. [24]Las noticias acerca de él corrieron y llegaron tan lejos como Siria, y pronto la gente comenzó a llevarle a todo el que estuviera enfermo. Y él los sanaba a todos, cualquiera fuera la enfermedad o el dolor que tuvieran, o si estaban poseídos por demonios, o eran epilépticos o paralíticos. [25]Numerosas multitudes lo seguían a todas partes: gente de Galilea, de las Diez Ciudades,* de Jerusalén, de toda Judea y del oriente del río Jordán.

El Sermón del monte

5 Cierto día, al ver que las multitudes se reunían, Jesús subió a la ladera de la montaña y se sentó. Sus discípulos se juntaron a su alrededor, [2]y él comenzó a enseñarles.

3:11 b O en el Espíritu Santo y en fuego. 3:15 O porque debemos cumplir con toda justicia. 3:16 Algunos manuscritos dicen se abrieron a él. 4:3 En griego el tentador. 4:4 Dt 8:3. 4:6 Sal 91:11-12. 4:7 Dt 6:16. 4:10 Dt 6:13. 4:15 Gentil(es), que no es judío. 4:15-16 Is 9.1-2 (versión griega). 4:17 O ha venido, o viene pronto. 4:25 En griego Decápolis.

Las bienaventuranzas

³ «Dios bendice a los que son pobres en
espíritu y se dan cuenta de la necesidad
que tienen de él,
porque el reino del cielo les pertenece.
⁴ Dios bendice a los que lloran,
porque serán consolados.
⁵ Dios bendice a los que son humildes,
porque heredarán toda la tierra.
⁶ Dios bendice a los que tienen hambre y sed
de justicia,
porque serán saciados.
⁷ Dios bendice a los compasivos,
porque serán tratados con compasión.
⁸ Dios bendice a los que tienen corazón puro,
porque ellos verán a Dios.
⁹ Dios bendice a los que procuran la paz,
porque serán llamados hijos de Dios.
¹⁰ Dios bendice a los que son perseguidos por
hacer lo correcto,
porque el reino del cielo les pertenece.

¹¹»Dios los bendice a ustedes cuando la gente
les hace burla y los persigue y miente acerca de
ustedes* y dice toda clase de cosas malas en su
contra porque son mis seguidores. ¹²¡Alégrense!
¡Estén contentos, porque les espera una gran
recompensa en el cielo! Y recuerden que a los
antiguos profetas los persiguieron de la misma
manera.

Enseñanza acerca de la sal y de la luz

¹³»Ustedes son la sal de la tierra. Pero ¿para
qué sirve la sal si ha perdido su sabor? ¿Pueden
lograr que vuelva a ser salada? La descartarán
y la pisotearán como algo que no tiene ningún
valor.

¹⁴»Ustedes son la luz del mundo, como una
ciudad en lo alto de una colina que no puede esconderse. ¹⁵Nadie enciende una lámpara y luego la pone debajo de una canasta. En cambio, la
coloca en un lugar alto donde ilumina a todos
los que están en la casa. ¹⁶De la misma manera,
dejen que sus buenas acciones brillen a la vista de todos, para que todos alaben a su Padre
celestial.

Enseñanza acerca de la ley

¹⁷»No malinterpreten la razón por la cual
he venido. No vine para abolir la ley de Moisés
o los escritos de los profetas. Al contrario, vine
para cumplir sus propósitos. ¹⁸Les digo la verdad, hasta que desaparezcan el cielo y la tierra,
no desaparecerá ni el más mínimo detalle de la
ley de Dios hasta que su propósito se cumpla.
¹⁹Entonces, si no hacen caso al más insignificante mandamiento y les enseñan a los demás
a hacer lo mismo, serán llamados los más insignificantes en el reino del cielo; pero el que

obedece las leyes de Dios y las enseña será llamado grande en el reino del cielo.
²⁰»Les advierto: a menos que su justicia supere a la de los maestros de la ley religiosa y a
de los fariseos, nunca entrarán en el reino del
cielo.

Enseñanza acerca del enojo

²¹»Han oído que a nuestros antepasados se
les dijo: "No asesines. Si cometes asesinato quedarás sujeto a juicio"*. ²²Pero yo digo: aun si te
enojas con alguien,* ¡quedarás sujeto a juicio!
Si llamas a alguien idiota,* corres peligro de
que te lleven ante el tribunal; y si maldices a alguien,* corres peligro de caer en los fuegos del
infierno.*
²³»Por lo tanto, si presentas una ofrenda en el
altar del templo y de pronto recuerdas que alguien tiene algo contra ti, ²⁴deja la ofrenda allí
en el altar. Anda y reconcíliate con esa persona.
Luego ven y presenta tu ofrenda a Dios.
²⁵»Cuando vayas camino al juicio con tu adversario, resuelvan rápidamente las diferencias.
De no ser así, el que te acusa podría entregarte al
juez, quien te entregará a un oficial y te meterán
en la cárcel. ²⁶Si eso sucede, te aseguro que no te
pondrán en libertad hasta que hayas pagado el
último centavo.*

Enseñanza acerca del adulterio

²⁷»Han oído el mandamiento que dice: "No
cometas adulterio"*. ²⁸Pero yo digo que el que
mira con pasión sexual a una mujer ya ha cometido adulterio con ella en el corazón. Por lo
tanto, si tu ojo —incluso tu ojo bueno*— te hace
caer en pasiones sexuales, sácatelo y tíralo. Es
preferible que pierdas una parte de tu cuerpo y
no que todo tu cuerpo sea arrojado al infierno.
³⁰Y si tu mano —incluso tu mano más fuerte*—
te hace pecar, córtala y tírala. Es preferible que
pierdas una parte del cuerpo y no que todo tu
cuerpo sea arrojado al infierno.

Enseñanza acerca del divorcio

³¹»Han oído la ley que dice: "Un hombre puede divorciarse de su esposa con solo darle por
escrito un aviso de divorcio"*. ³²Pero yo digo
que un hombre que se divorcia de su esposa, a
menos que ella le haya sido infiel, hace que ella
cometa adulterio; y el que se casa con una divorciada también comete adulterio.

Enseñanza acerca de los juramentos

³³»También han oído a nuestros antepasados se les dijo: "No rompas tus juramentos; debes cumplir con los juramentos que le haces al
SEÑOR"*. ³⁴Pero yo digo: ¡no hagas juramentos!
No digas: "¡Por el cielo!", porque el cielo es el trono de Dios. ³⁵No digas: "¡Por la tierra!", porque

5:11 Algunos manuscritos no incluyen *miente acerca de ustedes.* 5:21 Ex 20:13; Dt 5:17. 5:22a Algunos manuscritos incluyen *sin causa.* 5:22b El griego emplea un término arameo de desprecio: *Si le dices a tu hermano: "Raca".* 5:22c En griego *Si dices: "Necio".* 5:22d En griego *Gehena*; también en 5:29, 30. 5:26 En griego *los últimos kodrantes* [es decir, *cuadrantes*]. 5:27 Ex 20:14; Dt 5:18. 5:29 En griego *tu ojo derecho.* 5:30 En griego *tu mano derecha.* 5:31 Dt 24:1. 5:33 Nm 30:2.

la tierra es donde descansa sus pies. Tampoco digas: "¡Por Jerusalén!", porque Jerusalén es la ciudad del gran Rey. ³⁶Ni siquiera digas: "¡Por mi cabeza!", porque no puedes hacer que ninguno de tus cabellos se vuelva blanco o negro. ³⁷Simplemente di: "Sí, lo haré" o "No, no lo haré". Cualquier otra cosa proviene del maligno.

Enseñanza acerca de la venganza

³⁸»Han oído la ley que dice que el castigo debe ser acorde a la gravedad del daño: "Ojo por ojo, y diente por diente"*. ³⁹Pero yo digo: no resistas a la persona mala. Si alguien te da una bofetada en la mejilla derecha, ofrécele también la otra mejilla. ⁴⁰Si te demandan ante el tribunal y te quitan la camisa, dales también tu abrigo. ⁴¹Si un soldado te exige que lleves su equipo por un kilómetro,* llévalo dos. ⁴²Dale a los que te pidan y no des la espalda a quienes te pidan prestado.

Enseñanza acerca de amar a los enemigos

⁴³»Han oído la ley que dice: "Ama a tu prójimo"* y odia a tu enemigo. ⁴⁴Pero yo digo: ¡ama a tus enemigos!* ¡Ora por los que te persiguen! ⁴⁵De esa manera, estarás actuando como verdadero hijo de tu Padre que está en el cielo. Pues él da la luz de su sol tanto a los malos como a los buenos y envía la lluvia sobre los justos y los injustos por igual. ⁴⁶Si solo amas a quienes te aman, ¿qué recompensa hay por eso? Hasta los corruptos cobradores de impuestos hacen lo mismo. ⁴⁷Si eres amable solo con tus amigos,* ¿en qué te diferencias de cualquier otro? Hasta los paganos hacen lo mismo. ⁴⁸Pero tú debes ser perfecto, así como tu Padre en el cielo es perfecto.

Enseñanza acerca de dar a los necesitados

6 »¡Tengan cuidado! No hagan sus buenas acciones en público para que los demás los admiren, porque perderán la recompensa de su Padre, que está en el cielo. ²Cuando le des a alguien que pasa necesidad, no hagas lo que hacen los hipócritas que tocan la trompeta en las sinagogas y en las calles para llamar la atención a sus actos de caridad. Les digo la verdad, no recibirán otra recompensa más que esa. ³Pero tú, cuando le des a alguien que pasa necesidad, que no sepa tu mano izquierda lo que hace tu derecha. ⁴Entrega tu ayuda en privado, y tu Padre, quien todo lo ve, te recompensará.

Enseñanza acerca de la oración y el ayuno

⁵»Cuando ores, no hagas como los hipócritas a quienes les encanta orar en público, en las esquinas de las calles y en las sinagogas donde todos pueden verlos. Les digo la verdad, no recibirán otra recompensa más que esa. ⁶Pero tú, cuando ores, apártate a solas, cierra la puerta detrás de ti y ora a tu Padre en privado. Entonces, tu Padre, quien todo lo ve, te recompensará.

⁷»Cuando ores, no parlotees de manera interminable como hacen los seguidores de otras religiones. Piensan que sus oraciones recibirán respuesta solo por repetir las mismas palabras una y otra vez. ⁸No seas como ellos, porque tu Padre sabe exactamente lo que necesitas, incluso antes de que se lo pidas. ⁹Ora de la siguiente manera:

Padre nuestro que estás en el cielo,
    que sea siempre santo tu nombre.
¹⁰ Que tu reino venga pronto.
    Que se cumpla tu voluntad en la tierra
        como se cumple en el cielo.
¹¹ Danos hoy el alimento que necesitamos,*
¹² y perdona nuestros pecados,
        así como hemos perdonado a los que
        pecan contra nosotros.
¹³ No permitas que cedamos ante la tentación,*
        sino rescátanos del maligno.*

¹⁴»Si perdonas a los que pecan contra ti, tu Padre celestial te perdonará a ti; ¹⁵pero si te niegas a perdonar a los demás, tu Padre no perdonará tus pecados.

¹⁶»Cuando ayunes, que no sea evidente, porque así hacen los hipócritas; pues tratan de tener una apariencia miserable y andan desarreglados para que la gente los admire por sus ayunos. Les digo la verdad, no recibirán otra recompensa más que esa. ¹⁷Pero tú, cuando ayunes, lávate la cara y péinate. ¹⁸Así, nadie se dará cuenta de que estás ayunando, excepto tu Padre, quien sabe lo que haces en privado; y tu Padre, quien todo lo ve, te recompensará.

Enseñanza acerca del dinero y las posesiones

¹⁹»No almacenes tesoros aquí en la tierra, donde las polillas se los comen y el óxido los destruye, y donde los ladrones entran y roban. ²⁰Almacena tus tesoros en el cielo, donde las polillas y el óxido no pueden destruir, y los ladrones no entran a robar. ²¹Donde esté tu tesoro, allí estarán también los deseos de tu corazón.

²²»Tu ojo es una lámpara que da luz a tu cuerpo. Cuando tu ojo es bueno, todo tu cuerpo está lleno de luz; ²³pero cuando tu ojo es malo, todo tu cuerpo está lleno de oscuridad. Y si la luz que crees tener en realidad es oscuridad, ¡qué densa es esa oscuridad!

²⁴»Nadie puede servir a dos amos. Pues odiará a uno y amará al otro; será leal a uno y despreciará al otro. No se puede servir a Dios y al dinero.

²⁵»Por eso les digo que no se preocupen por la vida diaria, si tendrán suficiente alimento y

---

5:38 En griego *la ley que dice: "Ojo por ojo y diente por diente"*. Ex 21:24; Lv 24:20; Dt 19:21.   **5:41** En griego *million* [1478 metros ó 4854 pies].   **5:43** Lv 19:18.   **5:44** Algunos manuscritos incluyen *Bendigan a quienes los maldicen. Hagan el bien a todos los que los odian. Comparar* Lc 6:27-28.   **5:47** En griego *tus hermanos.*   **6:11** O *Danos hoy nuestro alimento para este día,* o *Danos hoy nuestro alimento para mañana.*   **6:13a** O *Y líbranos de ser puestos a prueba.*   **6:13b** O *del mal. Algunos manuscritos incluyen Pues tuyo es el reino y el poder y la gloria por siempre. Amén.*

bebida, o suficiente ropa para vestirse. ¿Acaso no es la vida más que la comida y el cuerpo más que la ropa? ²⁶Miren los pájaros. No plantan ni cosechan ni guardan comida en graneros, porque el Padre celestial los alimenta. ¿Y no son ustedes para él mucho más valiosos que ellos? ²⁷¿Acaso con todas sus preocupaciones pueden añadir un solo momento a su vida?

²⁸»¿Y por qué preocuparse por la ropa? Miren cómo crecen los lirios del campo. No trabajan ni cosen su ropa; ²⁹sin embargo, ni Salomón con toda su gloria se vistió tan hermoso como ellos. ³⁰Si Dios cuida de manera tan maravillosa a las flores silvestres que hoy están y mañana se echan al fuego, tengan por seguro que cuidará de ustedes. ¿Por qué tienen tan poca fe?

³¹»Así que no se preocupen por todo eso diciendo: "¿Qué comeremos?, ¿qué beberemos?, ¿qué ropa nos pondremos?". ³²Esas cosas dominan el pensamiento de los incrédulos, pero su Padre celestial ya conoce todas sus necesidades. ³³Busquen el reino de Dios* por encima de todo lo demás y lleven una vida justa, y él les dará todo lo que necesiten.

³⁴»Así que no se preocupen por el mañana, porque el día de mañana traerá sus propias preocupaciones. Los problemas del día de hoy son suficientes por hoy.

No juzgar a los demás

7 »No juzguen a los demás, y no serán juzgados. ²Pues serán tratados de la misma forma en que traten a los demás.* El criterio que usen para juzgar a otros es el criterio con el que se les juzgará a ustedes.*

³»¿Y por qué te preocupas por la astilla en el ojo de tu amigo,* cuando tú tienes un tronco en el tuyo? ⁴¿Cómo puedes pensar en decirle a tu amigo:* "Déjame ayudarte a sacar la astilla de tu ojo", cuando tú no puedes ver más allá del tronco que está en tu propio ojo? ⁵¡Hipócrita! Primero quita el tronco de tu ojo; después verás lo suficientemente bien para ocuparte de la astilla en el ojo de tu amigo.

⁶»No desperdicies lo que es santo en gente que no es santa.* ¡No arrojes tus perlas a los cerdos! Pisotearán las perlas y luego se darán vuelta y te atacarán.

Oración eficaz

⁷»Sigue pidiendo y recibirás lo que pides; sigue buscando y encontrarás; sigue llamando, y la puerta se te abrirá. ⁸Pues todo el que pide, recibe; todo el que busca, encuentra; y a todo el que llama, se le abrirá la puerta.

⁹»Ustedes, los que son padres, si sus hijos les piden un pedazo de pan, ¿acaso les dan una piedra en su lugar? ¹⁰O si les piden un pescado, ¿les dan una serpiente? ¡Claro que no! ¹¹Así que si

ustedes, gente pecadora, saben dar buenos regalos a sus hijos, cuánto más su Padre celestial dará buenos regalos a quienes le pidan.

La regla de oro

¹²»Haz a los demás todo lo que quieras que hagan a ti. Esa es la esencia de todo lo que se enseña en la ley y en los profetas.

La puerta angosta

¹³»Solo puedes entrar en el reino de Dios a través de la puerta angosta. La carretera al infierno* es amplia y la puerta es ancha para los muchos que escogen ese camino. ¹⁴Sin embargo, la puerta de acceso a la vida es muy angosta y el camino es difícil, y son solo unos pocos los que alguna vez lo encuentran.

El árbol y su fruto

¹⁵»Ten cuidado de los falsos profetas que vienen disfrazados de ovejas inofensivas pero en realidad son lobos feroces. ¹⁶Puedes identificarlos por su fruto, es decir, por la manera en que se comportan. ¿Acaso puedes recoger uvas de los espinos o higos de los cardos? ¹⁷El buen árbol produce frutos buenos y un árbol malo produce frutos malos. ¹⁸Un buen árbol no puede producir frutos malos y un árbol malo no puede producir frutos buenos. ¹⁹Por lo tanto, todo árbol que no produce frutos buenos se corta y se arroja al fuego. ²⁰Así es, de la misma manera que puedes identificar un árbol por su fruto, puedes identificar a la gente por sus acciones.

Verdaderos discípulos

²¹»No todo el que me llama: "¡Señor, Señor!" entrará en el reino del cielo. Solo entrarán aquellos que verdaderamente hacen la voluntad de mi Padre que está en el cielo. ²²El día del juicio, muchos me dirán: "¡Señor, Señor! Profetizamos en tu nombre, expulsamos demonios en tu nombre e hicimos muchos milagros en tu nombre". ²³Pero yo les responderé: "Nunca los conocí. Aléjense de mí, ustedes, que violan las leyes de Dios".

Edificar sobre un cimiento sólido

²⁴»Todo el que escucha mi enseñanza y la sigue es sabio, como la persona que construye su casa sobre una roca sólida. ²⁵Cuando llueva a cántaros y suban las aguas de la inundación y los vientos golpeen contra esa casa, no se vendrá abajo porque está construida sobre un lecho de roca. ²⁶Sin embargo, el que oye mi enseñanza y no la obedece es un necio, como la persona que construye su casa sobre la arena. ²⁷Cuando vengan las lluvias y lleguen las inundaciones y los vientos golpeen contra esa casa, se derrumbará con un gran estruendo».

6:33 Algunos manuscritos no incluyen *de Dios.* 7:2a O *Pues Dios los juzgará como ustedes juzgan a los demás.* 7:2b O *La misma medida que den será la que recibirán.* 7:3 En griego *del ojo de tu hermano;* también en 7:5. 7:4 En griego *tu hermano.* 7:6 En griego *No den lo sagrado a los perros.* 7:13 En griego *La senda que conduce a la destrucción.*

²⁸Cuando Jesús terminó de decir esas cosas, las multitudes quedaron asombradas de su enseñanza, ²⁹porque lo hacía con verdadera autoridad, algo completamente diferente de lo que hacían los maestros de la ley religiosa.

Jesús sana a un leproso

8 Al bajar Jesús por la ladera del monte, grandes multitudes lo seguían. ²De repente, un leproso se le acercó y se arrodilló delante de él.

—Señor —dijo el hombre—, si tú quieres, puedes sanarme y dejarme limpio.

³Jesús extendió la mano y lo tocó:

—Sí quiero —dijo—. ¡Queda sano!

Al instante, la lepra desapareció.

⁴—No se lo cuentes a nadie —le dijo Jesús—. En cambio, preséntate ante el sacerdote y deja que te examine. Lleva contigo la ofrenda que exige la ley de Moisés a los que son sanados de lepra.* Esto será un testimonio público de que has quedado limpio.

La fe de un oficial romano

⁵Cuando Jesús regresó a Capernaúm, un oficial romano* se le acercó y le rogó:

⁶—Señor, mi joven siervo* está en cama, paralizado y con terribles dolores.

⁷—Iré a sanarlo —dijo Jesús.

⁸—Señor —dijo el oficial—, no soy digno de que entres en mi casa. Tan solo pronuncia la palabra desde donde estás, y mi siervo se sanará. ⁹Lo sé porque estoy bajo la autoridad de mis oficiales superiores y tengo autoridad sobre mis soldados. Solo tengo que decir: "Vayan", y ellos van o "vengan", y ellos vienen. Y si les digo a mis esclavos: "Hagan esto", lo hacen.

¹⁰Al oírlo, Jesús quedó asombrado. Se dirigió a los que lo seguían y les dijo: «Les digo la verdad, ¡no he visto una fe como esta en todo Israel! ¹¹ Y les digo que muchos gentiles* vendrán de todas partes del mundo —del oriente y del occidente— y se sentarán con Abraham, Isaac y Jacob en la fiesta del reino del cielo. ¹²Pero muchos israelitas —para quienes se preparó el reino— serán arrojados a la oscuridad de afuera, donde habrá llanto y rechinar de dientes».

¹³Entonces Jesús le dijo al oficial romano: «Vuelve a tu casa. Debido a que creíste, ha sucedido». Y el joven siervo quedó sano en esa misma hora.

Jesús sana a mucha gente

¹⁴Cuando Jesús llegó a la casa de Pedro, la suegra de Pedro estaba enferma en cama con mucha fiebre. ¹⁵Jesús le tocó la mano, y la fiebre se fue. Entonces ella se levantó y le preparó una comida.

¹⁶Aquella noche, le llevaron a Jesús muchos endemoniados. Él expulsó a los espíritus malignos con una simple orden y sanó a todos los enfermos. ¹⁷Así se cumplió la palabra del Señor por medio del profeta Isaías, quien dijo:

«Se llevó nuestras enfermedades y quitó nuestras dolencias»*.

Lo que cuesta seguir a Jesús

¹⁸Cuando Jesús vio a la multitud que lo rodeaba, dio instrucciones a sus discípulos de que cruzaran al otro lado del lago.

¹⁹Entonces uno de los maestros de la ley religiosa le dijo:

—Maestro, te seguiré adondequiera que vayas.

²⁰Jesús le respondió:

—Los zorros tienen cuevas donde vivir y los pájaros tienen nidos, pero el Hijo del Hombre* no tiene ni siquiera un lugar donde recostar la cabeza.

²¹Otro de sus discípulos dijo:

—Señor, deja que primero regrese a casa y entierre a mi padre.

²²Jesús le dijo:

—Sígueme ahora. Deja que los muertos espirituales entierren a sus muertos.*

Jesús calma la tormenta

²³Luego Jesús entró en la barca y comenzó a cruzar el lago con sus discípulos. ²⁴De repente, se desató sobre el lago una fuerte tormenta, con olas que entraban en el barco; pero Jesús dormía. ²⁵Los discípulos fueron a despertarlo:

—Señor, ¡sálvanos! ¡Nos vamos a ahogar! —gritaron.

²⁶—¿Por qué tienen miedo? —preguntó Jesús—. ¡Tienen tan poca fe!

Entonces se levantó y reprendió al viento y a las olas y, de repente, hubo una gran calma.

²⁷Los discípulos quedaron asombrados y preguntaron: «¿Quién es este hombre? ¡Hasta el viento y las olas lo obedecen!».

Jesús sana a dos endemoniados

²⁸Cuando Jesús llegó al otro lado del lago, a la región de los gadarenos,* dos hombres que estaban poseídos por demonios salieron a su encuentro. Vivían en un cementerio y eran tan violentos que nadie podía pasar por esa zona.

²⁹Comenzaron a gritarle: «¿Por qué te entrometes con nosotros, Hijo de Dios? ¿Has venido aquí para torturarnos antes del tiempo establecido por Dios?».

³⁰Sucedió que a cierta distancia había una gran manada de cerdos alimentándose. ³¹Entonces los demonios suplicaron:

—Si nos echas afuera, envíanos a esa manada de cerdos.

³²—Muy bien, ¡vayan! —les ordenó Jesús.

Entonces los demonios salieron de los hombres y entraron en los cerdos, y toda la manada

---

8:4 Ver Lv 14:2-32.   8:5 En griego un *centurión*; similar en 8:8, 13.   8:6 O *hijo*; también en 8:13.   8:11 *Gentiles*], que no es judío. 8:17 Is 53:4.   8:20 «Hijo del Hombre» es un título que Jesús empleaba para referirse a sí mismo.   8:22 En griego *Deja que los muertos entierren a sus propios muertos*.   8:28 Otros manuscritos dicen *gergesenos*; incluso otros dicen *gerasenos*. Comparar Mc 5:1; Lc 8:26.

se lanzó al lago por el precipicio y se ahogó en el agua. ³³Los hombres que cuidaban los cerdos huyeron a la ciudad cercana y contaron a todos lo que había sucedido con los endemoniados. ³⁴Entonces toda la ciudad salió al encuentro de Jesús, pero le rogaron que se fuera y los dejara en paz.

Jesús sana a un paralítico

9 Jesús subió a una barca y regresó al otro lado del lago, a su propia ciudad. ²Unos hombres le llevaron a un paralítico en una camilla. Al ver la fe de ellos, Jesús le dijo al paralítico: «¡Ánimo, hijo mío! Tus pecados son perdonados».

³Entonces algunos de los maestros de la ley religiosa decían en su interior: «¡Es una blasfemia! ¿Acaso se cree que es Dios?».

⁴Jesús sabía* lo que ellos estaban pensando, así que les preguntó: «¿Por qué tienen pensamientos tan malvados en el corazón? ⁵¿Qué es más fácil decir: "Tus pecados son perdonados" o "Ponte de pie y camina"? ⁶Así que les demostraré que el Hijo del Hombre* tiene autoridad en la tierra para perdonar pecados». Entonces Jesús miró al paralítico y dijo: «¡Ponte de pie, toma tu camilla y vete a tu casa!».

⁷¡Y el hombre se levantó de un salto y se fue a su casa! ⁸Al ver esto, el temor se apoderó de la multitud; y alababan a Dios por enviar a un hombre con tanta autoridad.*

Jesús llama a Mateo

⁹Mientras caminaba, Jesús vio a un hombre llamado Mateo sentado en su cabina de cobrador de impuestos. «Sígueme y sé mi discípulo», le dijo Jesús. Entonces Mateo se levantó y lo siguió.

¹⁰Más tarde, Mateo invitó a Jesús y a sus discípulos a una cena en su casa, junto con muchos cobradores de impuestos y otros pecadores de mala fama. ¹¹Cuando los fariseos vieron esto, preguntaron a los discípulos: «¿Por qué su maestro come con semejante escoria?*».

¹²Cuando Jesús los oyó, les dijo: «La gente sana no necesita médico, sino los enfermos sí». ¹³Luego añadió: «Ahora vayan y aprendan el significado de la siguiente Escritura: "Quiero que tengan compasión, no que ofrezcan sacrificios"*. Pues no he venido a llamar a los que se creen justos, sino a los que saben que son pecadores».

Discusión acerca del ayuno

¹⁴Un día los discípulos de Juan el Bautista se acercaron a Jesús y le preguntaron:

—¿Por qué tus discípulos no ayunan,* como lo hacemos nosotros y los fariseos?

¹⁵Jesús respondió:

—¿Acaso los invitados de una boda están de luto mientras festejan con el novio? Por supuesto que no, pero un día el novio será llevado, y entonces sí ayunarán.

¹⁶»Además, ¿a quién se le ocurriría remendar una prenda vieja con tela nueva? Pues el remiendo nuevo encogería y se desprendería de la tela vieja, lo cual dejaría una rotura aún mayor que la anterior.

¹⁷»Y nadie pone vino nuevo en cueros viejos. Pues los cueros viejos se reventarían por la presión y el vino se derramaría, y los cueros quedarían arruinados. El vino nuevo se guarda en cueros nuevos para preservar a ambos.

Jesús sana en respuesta a la fe

¹⁸Mientras Jesús decía esas cosas, el líder de una sinagoga se le acercó y se arrodilló delante de él. «Mi hija acaba de morir —le dijo—, pero tú puedes traerla nuevamente a la vida solo con venir y poner tu mano sobre ella».

¹⁹Entonces Jesús y sus discípulos se levantaron y fueron con él. ²⁰Justo en ese momento, una mujer quien hacía doce años que sufría de una hemorragia continua se le acercó por detrás. Tocó el fleco de la túnica de Jesús ²¹porque pensó: «Si tan solo toco su túnica, quedaré sana».

²²Jesús se dio vuelta, y cuando la vio le dijo: «¡Ánimo, hija! Tu fe te ha sanado». Y la mujer quedó sana en ese instante.

²³Cuando Jesús llegó a la casa del oficial, vio a una ruidosa multitud y escuchó la música del funeral. ²⁴«¡Salgan de aquí! —les dijo—. La niña no está muerta; solo duerme»; pero la gente se rió de él. ²⁵Sin embargo, una vez que hicieron salir a todos, Jesús entró y tomó la mano de la niña, ¡y ella se puso de pie! ²⁶La noticia de este milagro corrió por toda la región.

Jesús sana a unos ciegos

²⁷Cuando Jesús salió de la casa de la niña, lo siguieron dos hombres ciegos, quienes gritaban: «¡Hijo de David, ten compasión de nosotros!».

²⁸Entraron directamente a la casa donde Jesús se hospedaba, y él les preguntó:

—¿Creen que puedo darles la vista?

—Sí, Señor —le dijeron—, lo creemos.

²⁹Entonces él les tocó los ojos y dijo:

—Debido a su fe, así se hará.

³⁰Entonces sus ojos se abrieron, ¡y pudieron ver! Jesús les advirtió severamente: «No se lo cuenten a nadie»; ³¹pero ellos, en cambio, salieron e hicieron correr su fama por toda la región.

³²Cuando se fueron, un hombre que no podía hablar, poseído por un demonio, fue llevado a Jesús. ³³Entonces Jesús expulsó al demonio y después el hombre empezó a hablar. Las multitudes quedaron asombradas. «¡Jamás sucedió algo así en Israel!», exclamaron.

9:4 Algunos manuscritos dicen *vio.* **9:6** «Hijo del Hombre» es un título que Jesús empleaba para referirse a sí mismo. **9:8** En griego *por darle semejante autoridad a los seres humanos.* **9:11** En griego *con cobradores de impuestos y pecadores?* **9:13** Os 6:6 (versión griega). **9:14** Algunos manuscritos dicen *ayunan a menudo.*

³⁴Sin embargo, los fariseos dijeron: «Puede expulsar demonios porque el príncipe de los demonios le da poder».

La necesidad de obreros

³⁵Jesús recorrió todas las ciudades y aldeas de esa región, enseñando en las sinagogas y anunciando la Buena Noticia acerca del reino; y sanaba toda clase de enfermedades y dolencias. ³⁶Cuando vio a las multitudes, les tuvo compasión, porque estaban confundidas y desamparadas, como ovejas sin pastor. ³⁷A sus discípulos les dijo: «La cosecha es grande, pero los obreros son pocos. ³⁸Así que oren al Señor que está a cargo de la cosecha; pídanle que envíe más obreros a sus campos».

Jesús envía a los doce apóstoles

10 Jesús reunió a sus doce discípulos y les dio autoridad para expulsar espíritus malignos* y para sanar toda clase de enfermedades y dolencias. ²Los nombres de los doce apóstoles son los siguientes:

Primero, Simón (también llamado Pedro),
luego Andrés (el hermano de Pedro),
Santiago (hijo de Zebedeo),
Juan (el hermano de Santiago),
³ Felipe,
Bartolomé,
Tomás,
Mateo (el cobrador de impuestos),
Santiago (hijo de Alfeo),
Tadeo,*
⁴ Simón (el zelote),*
Judas Iscariote (quien después lo traicionó).

⁵Jesús envió a los doce apóstoles con las siguientes instrucciones: «No vayan a los gentiles* ni a los samaritanos, ⁶sino solo al pueblo de Israel, las ovejas perdidas de Dios. ⁷Vayan y anúncienles que el reino del cielo está cerca.* ⁸Sanen a los enfermos, resuciten a los muertos, curen a los leprosos y expulsen a los demonios. ¡Den tan gratuitamente como han recibido!

⁹»No lleven nada de dinero en el cinturón, ni monedas de oro, ni de plata, ni siquiera de cobre. ¹⁰No lleven bolso de viaje con una muda de ropa ni con sandalias, ni siquiera lleven un bastón. No duden en aceptar la hospitalidad, porque los que trabajan merecen que se les dé alimento.

¹¹»Cada vez que entren en una ciudad o una aldea, busquen a una persona digna y quédense en su casa hasta que salgan de ese lugar. ¹²Cuando entren en el hogar, bendíganlo. ¹³Si resulta ser un hogar digno, dejen que su bendición siga en él; si no lo es, retiren la bendición. ¹⁴Si

cualquier casa o ciudad se niega a darles la bienvenida o a escuchar su mensaje, sacúdanse el polvo de los pies al salir. ¹⁵Les digo la verdad, el día del juicio les irá mejor a las ciudades perversas de Sodoma y Gomorra que a esa ciudad.

¹⁶»Miren, los envío como ovejas en medio de lobos. Por lo tanto, sean astutos como serpientes e inofensivos como palomas. ¹⁷Tengan cuidado, porque los entregarán a los tribunales y los azotarán con látigos en las sinagogas. ¹⁸Serán sometidos a juicio delante de gobernantes y reyes por ser mis seguidores; pero esa será una oportunidad para que les hablen a los gobernantes y a otros incrédulos acerca de mí.* ¹⁹Cuando los arresten, no se preocupen por cómo responder o qué decir. Dios les dará las palabras apropiadas en el momento preciso. ²⁰Pues no serán ustedes los que hablen, sino que el Espíritu de su Padre hablará por medio de ustedes.

²¹»Un hermano traicionará a muerte a su hermano, un padre traicionará a su propio hijo, los hijos se rebelarán contra sus padres y harán que los maten. ²²Todas las naciones los odiarán a ustedes por ser mis seguidores,* pero todo el que se mantenga firme hasta el fin será salvo. ²³Cuando los persigan en una ciudad, huyan a la siguiente. Les digo la verdad, el Hijo del Hombre* regresará antes de que hayan llegado a todas las ciudades de Israel.

²⁴»Los alumnos* no son superiores a su maestro, y los esclavos no son superiores a su amo. ²⁵Los alumnos deben parecerse a su maestro, y los esclavos deben parecerse a su amo. Si a mí, el amo de la casa, me han llamado príncipe de los demonios,* a los miembros de mi casa los llamarán con nombres todavía peores.

²⁶»Así que no tengan miedo de aquellos que los amenazan; pues llegará el tiempo en que todo lo que está encubierto será revelado y todo lo secreto se dará a conocer a todos. ²⁷Lo que ahora les digo en la oscuridad grítenlo por todas partes cuando llegue el amanecer. Lo que les susurro al oído grítenlo desde las azoteas, para que todos lo escuchen.

²⁸»No teman a los que quieren matarles el cuerpo; no pueden tocar el alma. Teman solo a Dios, quien puede destruir tanto el alma como el cuerpo en el infierno.* ²⁹¿Cuánto cuestan dos gorriones: una moneda de cobre?* Sin embargo, ni un solo gorrión puede caer a tierra sin que el Padre lo sepa. ³⁰En cuanto a ustedes, cada cabello de su cabeza está contado. ³¹Así que no tengan miedo; para Dios ustedes son más valiosos que toda una bandada de gorriones.

³²»Todo aquel que me reconozca en público aquí en la tierra también lo reconoceré delante de mi Padre en el cielo; ³³pero al que me niegue

10:1 En griego *impuros.* **10:3** Otros manuscritos dicen *Lebeo;* incluso otros dicen *Lebeo, a quien se llama Tadeo.* **10:1** En griego *el cananeo,* término arameo para designar a los judíos nacionalistas. **10:5** *Gentiles),* que no es judío. **10:7** O *ha venido pronto.* **10:18** O *Pero este será su testimonio en contra de los gobernantes y otros incrédulos.* **10:22** En griego *por causa de mi nombre.* **10:23** «Hijo del Hombre» es un título que Jesús empleaba para referirse a sí mismo. **10:24** O *discípulos.* **10:25** En griego *Beelzeboul;* otros manuscritos dicen *Beezeboul;* la versión latina dice *Beelzebú.* **10:28** En griego *Gehena.* **10:29** En griego *un asarión,* es decir, «as», moneda romana equivalente a ¹⁄₁₆ de un denario.

aquí en la tierra también yo lo negaré delante de mi Padre en el cielo.

³⁴»¡No crean que vine a traer paz a la tierra! No vine a traer paz, sino espada.

³⁵ "He venido a poner a un hombre contra
su padre,
a una hija contra su madre
y a una nuera contra su suegra.
³⁶ ¡Sus enemigos estarán dentro de su
propia casa!"*.

³⁷»Si amas a tu padre o a tu madre más que a mí, no eres digno de ser mío; si amas a tu hijo o a tu hija más que a mí, no eres digno de ser mío. ³⁸Si te niegas a tomar tu cruz y a seguirme, no eres digno de ser mío. ³⁹Si te aferras a tu vida, la perderás; pero, si entregas tu vida por mí, la salvarás.

⁴⁰»El que los recibe a ustedes me recibe a mí, y el que me recibe a mí recibe al Padre, quien me envió. ⁴¹Si reciben a un profeta como a alguien que habla de parte de Dios,* recibirán la misma recompensa que un profeta. Y, si reciben a un justo debido a su justicia, recibirán una recompensa similar a la de él. ⁴²Y si le dan siquiera un vaso de agua fresca a uno de mis seguidores más insignificantes, les aseguro que recibirán una recompensa».

Jesús y Juan el Bautista

11 Cuando Jesús terminó de darles esas instrucciones a los doce discípulos, salió a enseñar y a predicar en las ciudades de toda la región.

²Juan el Bautista, quien estaba en prisión, oyó acerca de todas las cosas que hacía el Mesías. Entonces envió a sus discípulos para que le preguntaran a Jesús:

³—¿Eres tú el Mesías a quien hemos esperado* o debemos seguir buscando a otro?

⁴Jesús les dijo:

—Regresen a Juan y cuéntenle lo que han oído y visto: ⁵los ciegos ven, los cojos caminan bien, los leprosos son curados, los sordos oyen, los muertos resucitan, y a los pobres se les predica la Buena Noticia. ⁶Y díganle: "Dios bendice a los que no se apartan por causa de mí"*.

⁷Mientras los discípulos de Juan se iban, Jesús comenzó a hablar acerca de él a las multitudes: «¿A qué clase de hombre fueron a ver al desierto? ¿Acaso era una caña débil sacudida con la más leve brisa? ⁸¿O esperaban ver a un hombre vestido con ropa costosa? No, la gente que usa ropa costosa vive en los palacios. ⁹¿Buscaban a un profeta? Así es, y él es más que un profeta. ¹⁰Juan es el hombre al que se refieren las Escrituras cuando dicen:

"Mira, envío a mi mensajero por anticipado,
y él preparará el camino delante de ti"*.

¹¹»Les digo la verdad, de todos los que han vivido, nadie es superior a Juan el Bautista. Sin embargo, hasta la persona más insignificante en el reino del cielo es superior a él. ¹²Desde los días en que Juan el Bautista comenzó a predicar hasta ahora, el reino del cielo ha venido avanzando con fuerza, y gente violenta lo está atacando.* ¹³Pues, antes de que viniera Juan, todos los profetas y la ley de Moisés anunciaban este tiempo; ¹⁴y si ustedes están dispuestos a aceptar lo que les digo, él es Elías, aquel que los profetas dijeron que vendría.* ¹⁵¡Todo el que tenga oídos para oír, que escuche y entienda!

¹⁶»¿Con qué puedo comparar a esta generación? Se parece a los niños que juegan en la plaza. Se quejan ante sus amigos:

¹⁷ "Tocamos canciones de bodas,
y no bailaron;
entonces tocamos cantos fúnebres,
y no se lamentaron".

¹⁸»Pues Juan no dedicaba el tiempo a comer y beber, y ustedes dicen: "Está poseído por un demonio". ¹⁹El Hijo del Hombre,* por su parte, festeja y bebe, y ustedes dicen: "¡Es un glotón y un borracho y amigo de cobradores de impuestos y de otros pecadores!". Pero la sabiduría demuestra estar en lo cierto por medio de sus resultados».

Juicio para los incrédulos

²⁰Luego Jesús comenzó a denunciar a las ciudades en las que había hecho tantos milagros, porque no se habían arrepentido de sus pecados ni se habían vuelto a Dios. ²¹«¡Qué aflicción les espera, Corazín y Betsaida! Pues, si las perversas ciudades de Tiro y de Sidón se hubieran hecho los milagros que hice entre ustedes, hace tiempo sus habitantes se habrían arrepentido de sus pecados vistiéndose con ropa de tela áspera y echándose ceniza sobre la cabeza en señal de remordimiento. ²²Les digo que el día del juicio, a Tiro y a Sidón les irá mejor que a ustedes.

²³»Y ustedes, los de Capernaúm, ¿serán honrados en el cielo? No, descenderán al lugar de los muertos.* Pues, si hubiera hecho en la perversa ciudad de Sodoma los milagros que hice entre ustedes, la ciudad estaría aquí hasta el día de hoy. ²⁴Les digo que, el día del juicio, aun a Sodoma le irá mejor que a ustedes».

Jesús da gracias al Padre

²⁵En esa ocasión, Jesús hizo la siguiente oración: «Oh Padre, Señor del cielo y de la tierra, gracias por esconder estas cosas de los que se creen sabios e inteligentes, y por revelárselas a los que son como niños. ²⁶Sí, Padre, ¡te agradó hacerlo de esa manera!

²⁷»Mi Padre me ha confiado todo. Nadie conoce verdaderamente al Hijo excepto el Padre,

---

10:35-36 Mi 7:6. **10:41** En griego *reciben a un profeta en nombre de un profeta.* **11:3** En griego *¿Eres tú el que viene?* **11:6** O *que no son ofendidos por mí.* **11:10** Ml 3:1. **11:12** O *El reino del cielo sufre violencia.* **11:14** Ver Ml 4:5. **11:19** «Hijo del Hombre» es un título que Jesús empleaba para referirse a sí mismo. **11:23** En griego al *Hades.*

y nadie conoce verdaderamente al Padre excepto el Hijo y aquellos a quienes el Hijo decide revelarlo».

[28]Luego dijo Jesús: «Vengan a mí todos los que están cansados y llevan cargas pesadas, y les daré descanso. [29]Pónganse mi yugo. Déjenme enseñarles, porque yo soy humilde y tierno de corazón, y encontrarán descanso para su alma. [30]Pues mi yugo es fácil de llevar y la carga que les doy es liviana».

Discusión acerca del día de descanso

12 Por ese tiempo, Jesús caminaba en el día de descanso por unos terrenos sembrados. Sus discípulos tenían hambre, entonces comenzaron a arrancar unas espigas de grano y a comérselas. [2]Algunos fariseos los vieron y protestaron.

—Mira, tus discípulos violan la ley al cosechar granos en el día de descanso.

[3]—¿No han leído en las Escrituras lo que hizo David cuando él y sus compañeros tuvieron hambre? [4]Entró en la casa de Dios, y él y sus compañeros violaron la ley al comer los panes sagrados, que solo a los sacerdotes se les permitía comer. [5]¿Y no han leído en la ley de Moisés que los sacerdotes de turno en el templo pueden trabajar en el día de descanso? [6]Les digo, ¡aquí hay uno que es superior al templo! [7]Ustedes no habrían condenado a mis discípulos —quienes son inocentes— si conocieran el significado de la Escritura que dice: "Quiero que tengan compasión, no que ofrezcan sacrificios"*. [8]Pues el Hijo del Hombre* es Señor, ¡incluso del día de descanso!

Jesús sana en el día de descanso

[9]Luego Jesús entró en la sinagoga de ellos, [10]y allí vio a un hombre que tenía una mano deforme. Los fariseos le preguntaron a Jesús:

—¿Permite la ley que una persona trabaje sanando en el día de descanso?

(Esperaban que él dijera que sí para poder levantar cargos en su contra).

[11]Él les respondió:

—Si tuvieran una oveja y esta cayera en un pozo de agua en el día de descanso, ¿no trabajarían para sacarla de allí? Por supuesto que lo harían. [12]¡Y cuánto más valiosa es una persona que una oveja! Así es, la ley permite que una persona haga el bien en el día de descanso.

[13]Después le dijo al hombre: «Extiende la mano». Entonces el hombre la extendió, y la mano quedó restaurada, ¡igual que la otra! [14]Entonces los fariseos convocaron a una reunión para tramar cómo matar a Jesús.

Jesús, el Siervo elegido de Dios

[15]Pero Jesús sabía lo que ellos tenían en mente. Entonces salió de esa región, y mucha gente

lo siguió. Sanó a todos los enfermos de esa multitud, [16]pero les advirtió que no revelaran quién era él. [17]Con eso se cumplió la profecía de Isaías acerca de él:

[18] «Miren a mi Siervo, al que he elegido.
    Él es mi Amado, quien me complace.
  Pondré mi Espíritu sobre él,
    y proclamará justicia a las naciones.
[19] No peleará ni gritará,
    ni levantará su voz en público.
[20] No aplastará la caña más débil
    ni apagará una vela que titila.
  Al final, hará que la justicia salga victoriosa.
[21] Y su nombre será la esperanza
    de todo el mundo»*.

Jesús y el príncipe de los demonios

[22]Luego le llevaron a Jesús a un hombre ciego y mudo porque estaba poseído por un demonio. Jesús sanó al hombre para que pudiera hablar y ver. [23]La multitud quedó llena de asombro, y preguntaba: «¿Será posible que Jesús sea el Hijo de David, el Mesías?».

[24]Pero cuando los fariseos oyeron del milagro, dijeron: «Con razón puede expulsar demonios. Él recibe su poder de Satanás,* el príncipe de los demonios».

[25]Jesús conocía sus pensamientos y les contestó: «Todo reino dividido por una guerra civil está condenado al fracaso. Una ciudad o una familia dividida por peleas se desintegrará. [26]Si Satanás expulsa a Satanás, está dividido y pelea contra sí mismo; su propio reino no sobrevivirá. [27]Entonces, si mi poder proviene de Satanás, ¿qué me dicen de sus propios exorcistas, quienes también expulsan demonios? Así que ellos los condenarán a ustedes por lo que acaban de decir. [28]Sin embargo, si yo expulso a los demonios por el Espíritu de Dios, entonces el reino de Dios ha llegado y está entre ustedes. [29]Pues, ¿quién tiene suficiente poder para entrar en la casa de un hombre fuerte como Satanás y saquear sus bienes? Solo alguien aún más fuerte, alguien que pudiera atarlo y después saquear su casa.

[30]»El que no está conmigo, a mí se opone, y el que no trabaja conmigo, en realidad, trabaja en mi contra.

[31]»Por eso les digo, cualquier pecado y blasfemia pueden ser perdonados, excepto la blasfemia contra el Espíritu Santo, que jamás será perdonada. [32]El que hable en contra del Hijo del Hombre puede ser perdonado, pero el que hable contra el Espíritu Santo jamás será perdonado, ya sea en este mundo o en el que vendrá. [33]»A un árbol se le identifica por su fruto. Si el árbol es bueno, su fruto será bueno. Si el árbol es malo, su fruto será malo. [34]¡Camada de víboras! ¿Cómo podrían hombres malvados como ustedes hablar de lo que es bueno y correcto? Pues

---

12:7 Os 6:6 (versión griega). **12:8** «Hijo del Hombre» es un título que Jesús empleaba para referirse a sí mismo. **12:18-21** Is 42:1-4 (versión griega para el 42:4). **12:24** En griego *Beelzeboul;* también en 12:27. Otros manuscritos dicen *Beezeboul;* la versión latina dice *Beelzebú.*

lo que está en el corazón determina lo que uno dice. ³⁵Una persona buena produce cosas buenas del tesoro de su buen corazón, y una persona mala produce cosas malas del tesoro de su mal corazón. ³⁶Les digo lo siguiente: el día del juicio, tendrán que dar cuenta de toda palabra inútil que hayan dicho. ³⁷Las palabras que digas te absolverán o te condenarán».

La señal de Jonás

³⁸Un día, algunos maestros de la ley religiosa y algunos fariseos se acercaron a Jesús y le dijeron:

—Maestro, queremos que nos muestres alguna señal milagrosa para probar tu autoridad.

³⁹Jesús les respondió:

—Solo una generación maligna y adúltera exigiría una señal milagrosa; pero la única que les daré será la señal del profeta Jonás. ⁴⁰Así como Jonás estuvo en el vientre del gran pez durante tres días y tres noches, el Hijo del Hombre estará en el corazón de la tierra durante tres días y tres noches.

⁴¹»El día del juicio los habitantes de Nínive se levantarán contra esta generación y la condenarán, porque ellos se arrepintieron de sus pecados al escuchar la predicación de Jonás. Ahora alguien superior está aquí, pero ustedes se niegan a arrepentirse. ⁴²La reina de Saba* también se levantará contra esta generación el día del juicio y la condenará, porque vino de una tierra lejana para oír la sabiduría de Salomón. Ahora alguien superior a Salomón está aquí, pero ustedes se niegan a escuchar.

⁴³»Cuando un espíritu maligno* sale de una persona, va al desierto en busca de descanso, pero no lo encuentra. ⁴⁴Entonces dice: "Volveré a la persona de la cual salí". De modo que regresa y encuentra su antigua casa vacía, barrida y en orden. ⁴⁵Entonces el espíritu busca a otros siete espíritus más malignos que él, y todos entran en la persona y viven allí. Y entonces esa persona queda peor que antes. Eso es lo que le ocurrirá a esta generación maligna.

La verdadera familia de Jesús

⁴⁶Mientras Jesús hablaba a la multitud, su madre y sus hermanos estaban afuera y pedían hablar con él. ⁴⁷Alguien le dijo a Jesús: «Tu madre y tus hermanos están afuera y desean hablar contigo»*.

⁴⁸Jesús preguntó: «¿Quién es mi madre? ¿Quiénes son mis hermanos?». ⁴⁹Luego señaló a sus discípulos y dijo: «Miren, estos son mi madre y mis hermanos. ⁵⁰Pues todo el que hace la voluntad de mi Padre que está en el cielo es mi hermano y mi hermana y mi madre».

Parábola del sembrador

13 Más tarde ese mismo día, Jesús salió de la casa y se sentó junto al lago. ²Pronto se reunió una gran multitud alrededor de él, así que entró en una barca. Se sentó allí y enseñó mientras la gente estaba de pie en la orilla. ³Contó muchas historias en forma de parábola como la siguiente:

«¡Escuchen! Un agricultor salió a sembrar. ⁴A medida que esparcía las semillas por el campo, algunas cayeron sobre el camino y los pájaros vinieron y se las comieron. ⁵Otras cayeron en tierra poco profunda con roca debajo de ella. Las semillas germinaron con rapidez porque la tierra era poco profunda; ⁶pero pronto las plantas se marchitaron bajo el calor del sol y, como no tenían raíces profundas, murieron. ⁷Otras semillas cayeron entre espinos, los cuales crecieron y ahogaron los brotes; ⁸pero otras semillas cayeron en tierra fértil, ¡y produjeron una cosecha que fue treinta, sesenta y hasta cien veces más numerosa de lo que se había sembrado! ⁹Todo el que tenga oídos para oír, que escuche y entienda».

¹⁰Sus discípulos vinieron y le preguntaron:

—¿Por qué usas parábolas cuando hablas con la gente?

¹¹—A ustedes se les permite entender los secretos* del reino del cielo —les contestó—, pero a otros no. ¹²A los que escuchan mis enseñanzas se les dará más comprensión, y tendrán conocimiento en abundancia; pero a los que no escuchan se les quitará aun lo poco que entiendan. ¹³Por eso uso estas parábolas:

Pues ellos miran, pero en realidad no ven.
Oyen, pero en realidad no escuchan ni entienden.

¹⁴De esa forma, se cumple la profecía de Isaías que dice:

"Cuando ustedes oigan lo que digo,
    no entenderán.
Cuando vean lo que hago,
    no comprenderán.
¹⁵ Pues el corazón de este pueblo está endurecido,
    y sus oídos no pueden oír,
y han cerrado los ojos,
    así que sus ojos no pueden ver,
y sus oídos no pueden oír,
    y sus corazones no pueden entender,
y no pueden volver a mí
    para que yo los sane"*.

¹⁶»Pero benditos son los ojos de ustedes, porque ven; y sus oídos, porque oyen. ¹⁷Les digo la verdad, muchos profetas y muchas personas justas anhelaron ver lo que ustedes ven, pero no lo vieron; y anhelaron oír lo que ustedes oyen, pero no lo oyeron.

¹⁸»Escuchen ahora la explicación de la parábola acerca del agricultor que salió a sembrar: ¹⁹Las semillas que cayeron en el camino representan a los que oyen el mensaje del reino y no lo

---

13:42 En griego *La reina del sur*. 13:43 En griego *impuro*. 13:47 Algunos manuscritos no incluyen el versículo 47. Comparar Mc 3:32 y Lc 8:20. 13:11 En griego *los misterios*. 13:14-15 Is 6:9-10 (versión griega).

entienden. Entonces viene el maligno y arrebata la semilla que fue sembrada en el corazón. ²⁰Las semillas sobre la tierra rocosa representan a los que oyen el mensaje y de inmediato lo reciben con alegría; ²¹pero, como no tienen raíces profundas, no duran mucho. En cuanto tienen problemas o son perseguidos por creer la palabra de Dios, caen. ²²Las semillas que cayeron entre los espinos representan a los que oyen la palabra de Dios, pero muy pronto el mensaje queda desplazado por las preocupaciones de esta vida y el atractivo de la riqueza, así que no se produce ningún fruto. ²³Las semillas que cayeron en la buena tierra representan a los que de verdad oyen y entienden la palabra de Dios, ¡y producen una cosecha treinta, sesenta y hasta cien veces más numerosa de lo que se había sembrado!

Parábola del trigo y la maleza

²⁴La siguiente es otra historia que contó Jesús: «El reino del cielo es como un agricultor que sembró buena semilla en su campo. ²⁵Pero aquella noche, mientras los trabajadores dormían, vino su enemigo, sembró hierbas malas entre el trigo y se escabulló. ²⁶Cuando el cultivo comenzó a crecer y a producir granos, la maleza también creció.

²⁷»Los empleados del agricultor fueron a hablar con él y le dijeron: "Señor, el campo donde usted sembró la buena semilla está lleno de maleza. ¿De dónde salió?".

²⁸»"¡Eso es obra de un enemigo!", exclamó el agricultor.

»"¿Arrancamos la maleza?", le preguntaron.

²⁹»"No —contestó el amo—, si lo hacen, también arrancarán el trigo. ³⁰Dejen que ambas crezcan juntas hasta la cosecha. Entonces les diré a los cosechadores que separen la maleza, la aten en manojos y la quemen, y que pongan el trigo en el granero"».

Parábola de la semilla de mostaza

³¹La siguiente es otra ilustración que usó Jesús: «El reino del cielo es como una semilla de mostaza sembrada en un campo. ³²Es la más pequeña de todas las semillas, pero se convierte en la planta más grande del huerto; crece hasta llegar a ser un árbol y vienen los pájaros y hacen nidos en las ramas».

Parábola de la levadura

³³Jesús también usó la siguiente ilustración: «El reino del cielo es como la levadura que utilizó una mujer para hacer pan. Aunque puso solo una pequeña porción de levadura en tres medidas de harina, la levadura impregnó toda la masa».

³⁴Jesús siempre usaba historias e ilustraciones como esas cuando hablaba con las multitudes. De hecho, nunca les habló sin usar

parábolas. ³⁵Así se cumplió lo que había dicho Dios por medio del profeta:

«Les hablaré en parábolas.
  Les explicaré cosas escondidas desde la
    creación del mundo*».

Explicación de la parábola del trigo y la maleza

³⁶Luego, Jesús dejó a las multitudes afuera y entró en la casa. Sus discípulos le dijeron:

—Por favor, explícanos la historia de la maleza en el campo.

³⁷Jesús respondió:

—El Hijo del Hombre* es el agricultor que siembra la buena semilla. ³⁸El campo es el mundo, y la buena semilla representa a la gente del reino. La maleza representa a las personas que pertenecen al maligno. ³⁹El enemigo que sembró la maleza entre el trigo es el diablo. La cosecha es el fin del mundo,* y los cosechadores son los ángeles.

⁴⁰Tal como se separa la maleza y se quema en el fuego, así será en el fin del mundo. ⁴¹El Hijo del Hombre enviará a sus ángeles, y ellos quitarán de su reino lo que produzca pecado y a todos aquellos que hagan lo malo. ⁴²Y los ángeles los arrojarán al horno ardiente, donde habrá llanto y rechinar de dientes. ⁴³Entonces los justos brillarán como el sol en el reino de su Padre. ¡Todo el que tenga oídos para oír, que escuche y entienda!

Parábolas del tesoro escondido y de la perla

⁴⁴El reino del cielo es como un tesoro escondido que un hombre descubrió en un campo. En medio de su entusiasmo, lo escondió nuevamente y vendió todas sus posesiones a fin de juntar el dinero suficiente para comprar el campo.

⁴⁵Además el reino del cielo es como un comerciante en busca de perlas de primera calidad. ⁴⁶Cuando descubrió una perla de gran valor, vendió todas sus posesiones y la compró.

Parábola de la red para pescar

⁴⁷También el reino del cielo es como una red para pescar, que se echó al agua y atrapó toda clase de peces. ⁴⁸Cuando la red se llenó, los pescadores la arrastraron a la orilla, se sentaron y agruparon los peces buenos en cajas, pero desecharon los que no servían. ⁴⁹Así será en el fin del mundo. Los ángeles vendrán y separarán a los perversos de los justos, ⁵⁰y arrojarán a los malos en el horno ardiente, donde habrá llanto y rechinar de dientes. ⁵¹¿Entienden todas estas cosas?

—Sí —le dijeron—, las entendemos.

⁵²Entonces añadió:

—Todo maestro de la ley religiosa que se convierte en un discípulo del reino del cielo es como

13:35 Algunos manuscritos no incluyen *del mundo*. Sal 78:2.   13:37 «Hijo del Hombre» es un título que Jesús empleaba para referirse a sí mismo.   13:39 O *del siglo*; también en 13:40, 19.

el propietario de una casa, que trae de su depósito joyas de la verdad tanto nuevas como viejas.

Jesús es rechazado en Nazaret

⁵³Cuando Jesús terminó de contar esas historias e ilustraciones, salió de esa región. ⁵⁴Regresó a Nazaret, su pueblo. Cuando enseñó allí en la sinagoga, todos quedaron asombrados, y decían: «¿De dónde saca esa sabiduría y el poder para hacer milagros?». ⁵⁵Y se burlaban: «No es más que el hijo del carpintero, y conocemos a María, su madre, y a sus hermanos: Santiago, José,* Simón y Judas. ⁵⁶Todas sus hermanas viven aquí mismo entre nosotros. ¿Dónde aprendió todas esas cosas?». ⁵⁷Se sentían profundamente ofendidos y se negaron a creer en él.

Entonces Jesús les dijo: «Un profeta recibe honra en todas partes menos en su propio pueblo y entre su propia familia». ⁵⁸Por lo tanto, hizo solo unos pocos milagros allí debido a la incredulidad de ellos.

Muerte de Juan el Bautista

14 Cuando Herodes Antipas, el gobernante de Galilea,* oyó hablar de Jesús, ²les dijo a sus consejeros: «¡Este debe ser Juan el Bautista que resucitó de los muertos! Por eso puede hacer semejantes milagros».

³Pues Herodes había arrestado y encarcelado a Juan como un favor para su esposa, Herodías (ex esposa de Felipe, el hermano de Herodes). ⁴Juan venía diciendo a Herodes: «Es contra la ley de Dios que te cases con ella». ⁵Herodes quería matar a Juan pero temía que se produjera un disturbio, porque toda la gente creía que Juan era un profeta.

⁶Pero durante la fiesta de cumpleaños de Herodes, la hija de Herodías bailó una danza que a él le agradó mucho; ⁷entonces le prometió con un juramento que le daría cualquier cosa que ella quisiera. ⁸Presionada por su madre, la joven dijo: «Quiero en una bandeja la cabeza de Juan el Bautista». ⁹Entonces el rey se arrepintió de lo que había dicho; pero debido al juramento que había hecho delante de sus invitados, dio las órdenes necesarias. ¹⁰Así fue que decapitaron a Juan en la prisión, ¹¹trajeron su cabeza en una bandeja y se la dieron a la joven, quien se la llevó a su madre. ¹²Después, los discípulos de Juan llegaron a buscar su cuerpo y lo enterraron. Luego fueron a contarle a Jesús lo que había sucedido.

Jesús alimenta a cinco mil

¹³En cuanto Jesús escuchó la noticia, salió en una barca a un lugar alejado para estar a solas; pero las multitudes oyeron hacia dónde se dirigía y lo siguieron a pie desde muchas ciudades. ¹⁴Cuando Jesús bajó de la barca, vio a la gran

multitud, tuvo compasión de ellos y sanó a los enfermos.

¹⁵Esa tarde, los discípulos se le acercaron y le dijeron:

—Este es un lugar alejado y ya se está haciendo tarde. Despide a las multitudes para que puedan ir a las aldeas a comprarse comida.

¹⁶Jesús les dijo:

—Eso no es necesario; denles ustedes de comer.

¹⁷—¡Pero lo único que tenemos son cinco panes y dos pescados! —le respondieron.

¹⁸—Tráiganlos aquí —dijo Jesús.

¹⁹Luego le dijo a la gente que se sentara sobre la hierba. Jesús tomó los cinco panes y los dos pescados, miró hacia el cielo y los bendijo. Después partió los panes en trozos y se los dio a sus discípulos, quienes los distribuyeron entre la gente. ²⁰Todos comieron cuanto quisieron, y después los discípulos juntaron doce canastas con lo que sobró. ²¹Aquel día, junos cinco mil hombres se alimentaron, además de las mujeres y los niños!

Jesús camina sobre el agua

²²Inmediatamente después, Jesús insistió en que los discípulos regresaran a la barca y cruzaran al otro lado del lago mientras él enviaba a la gente a casa. ²³Después de despedir a la gente, subió a las colinas para orar a solas. Mientras estaba allí solo, cayó la noche.

²⁴Mientras tanto, los discípulos se encontraban en problemas lejos de tierra firme, ya que se había levantado un fuerte viento y luchaban contra grandes olas. ²⁵A eso de las tres de la madrugada,* Jesús se acercó a ellos caminando sobre el agua. ²⁶Cuando los discípulos lo vieron caminar sobre el agua, quedaron aterrados. Llenos de miedo, clamaron: «¡Es un fantasma!».

²⁷Pero Jesús les habló de inmediato:

—No tengan miedo —dijo—. ¡Tengan ánimo! ¡Yo estoy aquí!*

²⁸Entonces Pedro lo llamó:

—Señor, si realmente eres tú, ordéname que vaya hacia ti caminando sobre el agua.

²⁹—Sí, ven —dijo Jesús.

Entonces Pedro se bajó por el costado de la barca y caminó sobre el agua hacia Jesús, ³⁰pero cuando vio el fuerte* viento y las olas, se aterrorizó y comenzó a hundirse.

—¡Sálvame, Señor! —gritó.

³¹De inmediato, Jesús extendió la mano y lo agarró.

—Tienes tan poca fe —le dijo Jesús—. ¿Por qué dudaste de mí?

³²Cuando subieron de nuevo a la barca, el viento se detuvo. ³³Entonces los discípulos lo adoraron. «¡De verdad eres el Hijo de Dios!», exclamaron.

³⁴Después de cruzar el lago, arribaron a

13:55 Otros manuscritos dicen *Joses;* incluso otros dicen *Josef.*   14:1 En griego *Herodes el tetrarca.* Herodes Antipas era un hijo del rey Herodes y gobernaba sobre Galilea.   14:25 En griego *En la cuarta vigilia de la noche.*   14:27 O *¡El "Yo Soy" está aquí!* En griego dice *Yo soy.* Ver Ex 3:14.   14:30 Algunos manuscritos no incluyen *fuerte.*

Genesaret. ³⁵Cuando la gente reconoció a Jesús, la noticia de su llegada corrió rápidamente por toda la región, y pronto la gente llevó a todos los enfermos para que fueran sanados. ³⁶Le suplicaban que permitiera a los enfermos tocar al menos el fleco de su túnica, y todos los que tocaban a Jesús eran sanados.

Jesús enseña acerca de la pureza interior

15 En ese momento, algunos fariseos y maestros de la ley religiosa llegaron desde Jerusalén para ver a Jesús.

²—¿Por qué tus discípulos desobedecen nuestra antigua tradición? —le preguntaron—. No respetan la ceremonia de lavarse las manos antes de comer.

³Jesús les respondió:

—¿Y por qué ustedes, por sus tradiciones, violan los mandamientos directos de Dios? ⁴Por ejemplo, Dios dice: "Honra a tu padre y a tu madre"* y "Cualquiera que hable irrespetuosamente de su padre o de su madre tendrá que morir"*. ⁵Sin embargo, ustedes dicen que está bien que uno les diga a sus padres: "Lo siento, no puedo ayudarlos porque he jurado darle a Dios lo que les hubiera dado a ustedes". ⁶De esta manera, ustedes afirman que no hay necesidad de honrar a los padres;* y entonces anulan la palabra de Dios por el bien de su propia tradición. ⁷¡Hipócritas! Isaías tenía razón cuando profetizó acerca de ustedes, porque escribió:

⁸ "Este pueblo me honra con sus labios,
    pero su corazón está lejos de mí.
⁹ Su adoración es una farsa
    porque enseñan ideas humanas como si
    fueran mandatos de Dios"*.

¹⁰Luego Jesús llamó a la multitud para que se acercara y oyera. —Escuchen —les dijo—, y traten de entender. ¹¹Lo que entra por la boca no es lo que los contamina; ustedes se contaminan con las palabras que salen de la boca».

¹²Entonces los discípulos se acercaron y le preguntaron:

—¿Te das cuenta de que has ofendido a los fariseos con lo que acabas de decir?

¹³Jesús contestó:

—Toda planta que no fue plantada por mi Padre celestial será arrancada de raíz, ¹⁴así que no les hagan caso. Son guías ciegos que conducen a los ciegos, y si un ciego guía a otro, los dos caerán en una zanja.

¹⁵Entonces Pedro le dijo a Jesús:

—Explícanos la parábola que dice que la gente no se contamina por lo que come.

¹⁶—¿Todavía no lo entienden? —preguntó Jesús—. ¹⁷Todo lo que comen pasa a través del estómago y luego termina en la cloaca, ¹⁸pero las palabras que ustedes dicen provienen del corazón; eso es lo que los contamina. ¹⁹Pues del

corazón salen los malos pensamientos, el asesinato, el adulterio, toda inmoralidad sexual, el robo, la mentira y la calumnia. ²⁰Esas cosas son las que los contaminan. Comer sin lavarse las manos nunca los contaminará.

La fe de una mujer gentil

²¹Luego Jesús salió de Galilea y se dirigió al norte, a la región de Tiro y Sidón. ²²Una mujer de los gentiles,* que vivía allí, se le acercó y le rogó: «¡Ten misericordia de mí, oh Señor, Hijo de David! Pues mi hija está poseída por un demonio que la atormenta terriblemente».

²³Pero Jesús no le contestó ni una palabra. Entonces sus discípulos le pidieron que la despidiera. «Dile que se vaya —dijeron—. Nos está molestando con sus súplicas».

²⁴Entonces Jesús le dijo a la mujer:

—Fui enviado para ayudar solamente a las ovejas perdidas de Dios, el pueblo de Israel.

²⁵Ella se acercó y lo adoró, y le rogó una vez más:

—¡Señor, ayúdame!

²⁶Jesús le respondió:

—No está bien tomar la comida de los hijos y arrojársela a los perros.

²⁷—Es verdad, Señor —respondió la mujer—, pero hasta a los perros se les permite comer las sobras que caen bajo la mesa de sus amos.

²⁸—Apreciada mujer —le dijo Jesús—, tu fe es grande. Se te concede lo que pides.

Y al instante la hija se sanó.

Jesús sana a mucha gente

²⁹Jesús regresó al mar de Galilea, subió a una colina y se sentó. ³⁰Una inmensa multitud le llevó a personas cojas, ciegas, lisiadas, mudas y a muchas más. Las pusieron delante de Jesús y él las sanó a todas. ³¹¡La multitud quedó asombrada! Los que no podían hablar, ahora hablaban; los lisiados quedaron sanos, los cojos caminaban bien y los ciegos podían ver; y alababan al Dios de Israel.

Jesús alimenta a cuatro mil

³²Entonces Jesús llamó a sus discípulos y les dijo:

—Siento compasión por ellos. Han estado aquí conmigo durante tres días y no les queda nada para comer. No quiero despedirlas con hambre, no sea que se desmayen por el camino.

³³Los discípulos contestaron:

—¿Dónde conseguiríamos comida suficiente aquí en el desierto para semejante multitud?

³⁴—¿Cuánto pan tienen? —preguntó Jesús.

—Siete panes y unos pocos pescaditos —contestaron ellos.

³⁵Entonces Jesús le dijo a la gente que se sentara en el suelo. ³⁶Tomó luego los siete panes y los pescados, dio gracias a Dios por ellos y los

---

15:4a Ex 20:12; Dt 5:16. **15:4b** Ex 21:17 (versión griega); Lv 20:9 (versión griega). **15:6** En griego *su padre;* otros manuscritos dicen *su padre o su madre.* **15:8-9** Is 29:13 (versión griega). **15:22** *Gentiles,* que no es judío. En griego *cananea.*

partió en trozos. Se los dio a los discípulos, quienes repartieron la comida entre la multitud.

[37] Todos comieron cuanto quisieron. Después los discípulos recogieron siete canastas grandes con la comida que sobró. [38] Aquel día, cuatro mil hombres recibieron alimento, además de las mujeres y los niños. [39] Entonces Jesús envió a todos a sus casas, subió a una barca y cruzó a la región de Magadán.

Los líderes demandan una señal milagrosa

16 Cierto día, los fariseos y saduceos se acercaron a Jesús para ponerlo a prueba, exigiéndole que les mostrara una señal milagrosa del cielo para demostrar su autoridad.

[2] Él respondió: «Ustedes conocen el dicho: "Si el cielo está rojo por la noche, mañana habrá buen clima; [3] si el cielo está rojo por la mañana, habrá mal clima todo el día". Saben interpretar las señales del clima en los cielos, pero no saben interpretar las señales de los tiempos.* [4] Solo una generación malvada y adúltera reclamaría una señal milagrosa, pero la única señal que les daré es la del profeta Jonás*». Luego Jesús los dejó y se fue.

La levadura de los fariseos y de los saduceos

[5] Más tarde, cuando ya habían cruzado al otro lado del lago, los discípulos descubrieron que se habían olvidado de llevar pan. [6] «¡Atención! —les advirtió Jesús—. Tengan cuidado con la levadura de los fariseos y con la de los saduceos».

[7] Al oír esto, comenzaron a discutir entre sí pues no habían traído nada de pan. [8] Jesús supo lo que hablaban, así que les dijo: «¡Tienen tan poca fe! ¿Por qué discuten entre sí por no tener pan? [9] ¿Todavía no entienden? ¿No recuerdan los cinco mil que alimenté con cinco panes y las canastas con sobras que recogieron? [10] ¿Ni los cuatro mil que alimenté con siete panes ni las grandes canastas con sobras que recogieron? [11] ¿Por qué no pueden entender que no hablo de pan? Una vez más les digo: "Tengan cuidado con la levadura de los fariseos y de los saduceos"».

[12] Entonces, al fin, comprendieron que no les hablaba de la levadura del pan, sino de las enseñanzas engañosas de los fariseos y de los saduceos.

Declaración de Pedro acerca de Jesús

[13] Cuando Jesús llegó a la región de Cesarea de Filipo, les preguntó a sus discípulos:

—¿Quién dice la gente que es el Hijo del Hombre?*

[14] —Bueno —contestaron—, algunos dicen Juan el Bautista, otros dicen Elías, y otros dicen Jeremías o algún otro profeta.

[15] Entonces les preguntó:

—Y ustedes, ¿quién dicen que soy?

[16] Simón Pedro contestó:

—Tú eres el Mesías,* el Hijo del Dios viviente.

[17] Jesús respondió:

—Bendito eres, Simón hijo de Juan,* porque mi Padre que está en el cielo te lo ha revelado. No lo aprendiste de ningún ser humano. [18] Ahora te digo que tú eres Pedro (que quiere decir "roca"),* y sobre esta roca edificaré mi iglesia, y el poder de la muerte* no la conquistará. [19] Y te daré las llaves del reino del cielo. Todo lo que prohíbas* en la tierra será prohibido en el cielo, y todo lo que permitas* en la tierra será permitido en el cielo.

[20] Luego advirtió severamente a los discípulos que no le contaran a nadie que él era el Mesías.

Jesús predice su muerte

[21] A partir de entonces, Jesús* empezó a decir claramente a sus discípulos que era necesario que fuera a Jerusalén, donde sufriría muchas cosas terribles a manos de los ancianos, de los principales sacerdotes y de los maestros de la ley religiosa. Lo matarían, pero al tercer día resucitaría.

[22] Entonces Pedro lo llevó aparte y comenzó a reprenderlo* por decir semejantes cosas.

—¡Dios nos libre, Señor! —dijo—. Eso jamás te sucederá a ti.

[23] Jesús se dirigió a Pedro y le dijo:

—¡Aléjate de mí, Satanás! Representas una trampa peligrosa para mí. Ves las cosas solamente desde el punto de vista humano, no desde el punto de vista de Dios.

[24] Luego Jesús dijo a sus discípulos: «Si alguno de ustedes quiere ser mi seguidor, tiene que abandonar su manera egoísta de vivir, tomar su cruz y seguirme. [25] Si tratas de aferrarte a la vida, la perderás, pero si entregas tu vida por mi causa, la salvarás. [26] ¿Y qué beneficio obtienes si ganas el mundo entero pero pierdes tu propia alma?* ¿Hay algo que valga más que tu alma? [27] Pues el Hijo del Hombre vendrá con sus ángeles en la gloria de su Padre y juzgará a cada persona de acuerdo con sus acciones. [28] Les digo la verdad, algunos de los que están aquí ahora no morirán antes de ver al Hijo del Hombre llegar en su reino».

La transfiguración

17 Seis días después, Jesús tomó a Pedro y a los dos hermanos, Santiago y Juan, y los llevó a una montaña alta para estar a solas. [2] Mientras ellos observaban, la apariencia de Jesús se transformó a tal punto que la cara le brillaba como el sol y su ropa se volvió tan blanca como la luz. [3] De repente, aparecieron Moisés y Elías y comenzaron a conversar con Jesús.

16:2-3 Varios manuscritos no incluyen ninguna de las palabras de 16:2-3 después de *Él respondió*. 16:4 En griego *la señal de Jonás*. 16:13 «Hijo del Hombre» es un título que Jesús empleaba para referirse a sí mismo. 16:16 O *el Cristo*. Tanto *Cristo* (término griego) como *Mesías* (término hebreo) quieren decir «el Ungido». 16:17 En griego *Simón bar-Jonás*; ver Jn 1:42; 21:15-17. 16:18a En griego *Petros.* 16:18b En griego *y las puertas del Hades no la conquistarán.* 16:19a O *ates,* o *cierres.* 16:19b O *desates,* o *abras.* 16:21 Algunos manuscritos dicen *Jesús el Mesías.* 16:22 O *comenzó a corregirlo.* 16:26 O *tu propio ser?;* también en el 16:26b.

4Pedro exclamó: «Señor, ¡es maravilloso que estemos aquí! Si deseas, haré tres enramadas como recordatorios:* una para ti, una para Moisés y la otra para Elías».

5No había terminado de hablar cuando una nube brillante los cubrió, y desde la nube una voz dijo: «Este es mi Hijo muy amado, quien me da gran gozo. Escúchenlo a él». 6Los discípulos estaban aterrados y cayeron rostro en tierra.

7Entonces Jesús se les acercó y los tocó. «Levántense —les dijo—, no tengan miedo». 8Cuando levantaron la vista, Moisés y Elías habían desaparecido, y vieron sólo a Jesús.

9Mientras descendían de la montaña, Jesús les ordenó: «No le cuenten a nadie lo que han visto hasta que el Hijo del Hombre* se haya levantado de los muertos».

10Luego sus discípulos le preguntaron:

—¿Por qué los maestros de la ley religiosa insisten en que Elías debe regresar antes de que venga el Mesías?*

11Jesús contestó:

—Es cierto que Elías viene primero a fin de dejar todo preparado. 12Pero les digo, Elías ya vino, pero no fue reconocido y ellos prefirieron maltratarlo. De la misma manera, también harán sufrir al Hijo del Hombre.

13Entonces Jesús les dieron cuenta de que hablaba de Juan el Bautista.

Jesús sana a un muchacho endemoniado

14Al pie del monte, les esperaba una gran multitud. Un hombre vino y se arrodilló delante de Jesús y le dijo: 15«Señor, ten misericordia de mi hijo. Le dan ataques y sufre terriblemente. A menudo cae al fuego o al agua. 16Así que lo llevé a tus discípulos, pero no pudieron sanarlo».

17Jesús dijo: «¡Gente corrupta y sin fe! ¿Hasta cuándo tendré que estar con ustedes? ¿Hasta cuándo tendré que soportarlos? Tráiganme aquí al muchacho». 18Entonces Jesús reprendió al demonio, y el demonio salió del joven. A partir de ese momento, el muchacho estuvo bien.

19Más tarde, los discípulos le preguntaron a Jesús en privado:

—¿Por qué nosotros no pudimos expulsar el demonio?

20—Ustedes no tienen la fe suficiente —les dijo Jesús—. Les digo la verdad, si tuvieran fe, aunque fuera tan pequeña como una semilla de mostaza, podrían decirle a esta montaña: "Muévete de aquí hasta allá", y la montaña se movería. Nada sería imposible.*

Jesús predice otra vez su muerte

22Luego, cuando volvieron a reunirse en Galilea, Jesús les dijo: «El Hijo del Hombre será traicionado y entregado en manos de sus enemigos. 23Lo matarán, pero al tercer día se levantará de los muertos». Y los discípulos se llenaron de profundo dolor.

El pago del impuesto del templo

24Cuando llegaron a Capernaúm, los cobradores del impuesto* del templo se acercaron a Pedro y le preguntaron:

—¿Tu maestro no paga el impuesto del templo?

25—Sí, lo paga —contestó Pedro.

Luego entró en la casa, pero antes de tener oportunidad de hablar, Jesús le preguntó:

—¿Qué te parece, Pedro?* Los reyes, ¿cobran impuestos a su propia gente o a la gente que han conquistado?*

26—Se los cobran a los que han conquistado —contestó Pedro.

—Muy bien —dijo Jesús—, entonces, ¡los ciudadanos quedan exentos! 27Sin embargo, no queremos que se ofendan, así que desciende al lago y echa el anzuelo. Abre la boca del primer pez que saques y allí encontrarás una gran moneda de plata.* Tómala y paga mi impuesto y el tuyo.

El más importante en el reino

18 Por ese tiempo, los discípulos se acercaron a Jesús y le preguntaron:

—¿Quién es el más importante en el reino del cielo?

2Jesús llamó a un niño pequeño y lo puso en medio de ellos. 3Entonces dijo:

—Les digo la verdad, a menos que se aparten de sus pecados y se vuelvan como niños, nunca entrarán en el reino del cielo. 4Así que el que se vuelva tan humilde como este pequeño es el más importante en el reino del cielo.

5»Todo el que recibe de mi parte* a un niño pequeño como este, me recibe a mí; 6pero si hacen que uno de estos pequeños que confía en mí caiga en pecado, sería mejor para ustedes que se aten una gran piedra de molino alrededor del cuello y se ahoguen en las profundidades del mar.

7»¡Qué aflicción le espera al mundo, porque tienta a la gente a pecar! Las tentaciones son inevitables, ¡pero qué aflicción le espera al que provoca la tentación! 8Por lo tanto, si tu mano o tu pie te hace pecar, córtatelo y tíralo. Es preferible entrar en la vida eterna con una sola mano o un solo pie que ser arrojado al fuego eterno con las dos manos y los dos pies. 9Y si tu ojo te hace pecar, sácatelo y tíralo. Es preferible entrar en la vida eterna con un solo ojo que tener los dos ojos y ser arrojado al fuego del infierno.*

10»Cuidado con despreciar a cualquiera de estos pequeños. Les digo que, en el cielo, sus

---

17:4 En griego *tres tabernáculos.* **17:9** «Hijo del Hombre» es un título que Jesús empleaba para referirse a sí mismo. **17:10** En griego *que Elías debe venir primero?* **17:20** Algunos manuscritos incluyen el versículo 21: *Pero esta clase de demonio no se va sino con oración y ayuno.* Comparar Mc 9:29. **17:24** En griego *[el impuesto] de dos dracmas;* también en 17:24b. Ver Ex 30:13-16; Ne 10:32-33. **17:25a** En griego *Simón?* **17:25b** En griego *a sus hijos o a extraños?* **17:27** En griego *un estatero* [moneda griega equivalente a cuatro dracmas]. **18:5** En griego *en mi nombre.* **18:9** En griego el *Gehena de fuego.*

ángeles siempre están en la presencia de mi Padre celestial.*

Parábola de la oveja perdida

¹²»Si un hombre tiene cien ovejas y una de ellas se extravía, ¿qué hará? ¿No dejará las otras noventa y nueve en las colinas y saldrá a buscar la perdida? ¹³Si la encuentra, les digo la verdad, se alegrará más por esa que por las noventa y nueve que no se extraviaron. ¹⁴De la misma manera, no es la voluntad de mi Padre celestial que ni siquiera uno de estos pequeñitos perezca.

Cómo corregir a otro creyente

¹⁵»Si un creyente* peca contra ti,* háblale en privado y hazle ver su falta. Si te escucha y confiesa el pecado, has recuperado a esa persona; ¹⁶pero si no te hace caso, toma a uno o dos más contigo y vuelve a hablarle, para que los dos o tres testigos puedan confirmar todo lo que digas. ¹⁷Si aun así la persona se niega a escuchar, lleva el caso ante la iglesia. Luego, si la persona no acepta la decisión de la iglesia, trata a esa persona como a un pagano o como a un corrupto cobrador de impuestos.

¹⁸»Les digo la verdad, todo lo que prohíban* en la tierra será prohibido en el cielo, y todo lo que permitan* en la tierra será permitido en el cielo.

¹⁹»También les digo lo siguiente: si dos de ustedes se ponen de acuerdo aquí en la tierra con respecto a cualquier cosa que pidan, mi Padre que está en el cielo lo hará. ²⁰Pues donde dos o tres se reúnen en mi nombre, yo estoy allí entre ellos.

Parábola del deudor que no perdona

²¹Luego Pedro se le acercó y preguntó:

—Señor, ¿cuántas veces debo perdonar a alguien* que peca contra mí? ¿Siete veces?

²²—No siete veces —respondió Jesús—, sino setenta veces siete.

²³»Por lo tanto, el reino del cielo se puede comparar a un rey que decidió poner al día las cuentas con los siervos que le habían pedido prestado dinero. ²⁴En el proceso, le trajeron a uno de sus deudores que le debía millones de monedas de plata.* ²⁵No podía pagar, así que su amo ordenó que lo vendieran —junto con su esposa, sus hijos y todo lo que poseía— para pagar la deuda.

²⁶»El hombre cayó de rodillas ante su amo y le suplicó: "Por favor, tenme paciencia y te pagaré todo". ²⁷Entonces el amo sintió mucha lástima por él, y lo liberó y le perdonó la deuda.

²⁸»Pero cuando el hombre salió de la presencia del rey, fue a buscar a un compañero, también siervo, que le debía unos pocos miles de monedas de plata.* Lo tomó del cuello y le exigió que le pagara de inmediato.

²⁹»El compañero cayó de rodillas ante él y le rogó que le diera un poco más de tiempo. "Ten paciencia conmigo, y yo te pagaré", le suplicó. ³⁰Pero el acreedor no estaba dispuesto a esperar. Hizo arrestar al hombre y lo puso en prisión hasta que pagara toda la deuda.

³¹»Cuando algunos de los otros siervos vieron eso, se disgustaron mucho. Fueron ante el rey y le contaron todo lo que había sucedido. ³²Entonces el rey llamó al hombre al que había perdonado y le dijo: "¡Siervo malvado! Te perdoné esa tremenda deuda porque me lo rogaste. ³³¿No deberías haber tenido compasión de tu compañero así como yo tuve compasión de ti?". ³⁴Entonces el rey, enojado, envió al hombre a la prisión para que lo torturaran hasta que pagara toda la deuda.

³⁵»Eso es lo que les hará mi Padre celestial a ustedes si se niegan a perdonar de corazón a sus hermanos.

Discusión acerca del divorcio y del matrimonio

19 Cuando Jesús terminó de decir esas cosas, salió de Galilea y descendió a la región de Judea, al oriente del río Jordán. ²Grandes multitudes lo siguieron, y él sanó a los enfermos.

³Unos fariseos se acercaron y trataron de tenderle una trampa con la siguiente pregunta:

—¿Se permite que un hombre se divorcie de su esposa por cualquier motivo?

⁴Jesús respondió:

—¿No han leído las Escrituras? Allí está escrito que, desde el principio, "Dios los hizo hombre y mujer"* ⁵—y agregó—: "Esto explica por qué el hombre deja a su padre y a su madre, y se une a su esposa, y los dos se convierten en uno solo"*. ⁶Como ya no son dos sino uno, que nadie separe lo que Dios ha unido.

⁷—Entonces —preguntaron—, ¿por qué dice Moisés en la ley que un hombre podría darle a su esposa un aviso de divorcio por escrito y despedirla?*

⁸Jesús contestó:

—Moisés permitió el divorcio solo como una concesión ante la dureza del corazón de ustedes, pero no fue la intención original de Dios. ⁹Y les digo lo siguiente: el que se divorcie de su esposa y se casa con otra comete adulterio, a menos que su esposa le haya sido infiel.*

¹⁰Entonces los discípulos le dijeron:

—Si así son las cosas, ¡será mejor no casarse!

¹¹—No todos pueden aceptar esta palabra

18:10 Algunos manuscritos incluyen el versículo 11: *Y el Hijo del Hombre vino a salvar a los que están perdidos.* Comparar Lc 19:10.
18:15a En griego *Si tu hermano.* 18:15b Algunos manuscritos no incluyen *contra ti.* 18:18a O *aten,* o *cierren.* 18:18b O *desaten,* o *abran.* 18:21 En griego *mi hermano.* 18:22 O *setenta y siete veces.* 18:24 En griego *10.000 talentos* [340 toneladas métricas ó 375 toneladas (de EE. UU.) de plata]. 18:28 En griego *cien denarios.* Un denario equivalía a la paga de un obrero por una jornada completa de trabajo. 19:4 Gn 1:27; 5:2. 19:5 Gn 2:24. 19:7 Ver Dt 24:1. 19:9 Algunos manuscritos incluyen *Y el que se casa con una mujer divorciada comete adulterio.* Comparar Mt 5:32.

—dijo Jesús—. Solo aquellos que reciben la ayuda de Dios. 12Algunos nacen como eunucos, a otros los hacen eunucos, y otros optan por no casarse* por amor al reino del cielo. El que pueda, que lo acepte.

Jesús bendice a los niños

13Cierto día, algunos padres llevaron a sus niños a Jesús para que pusiera sus manos sobre ellos y orara por ellos. Pero los discípulos regañaron a los padres por molestar a Jesús.

14Pero Jesús les dijo: «Dejen que los niños vengan a mí. ¡No los detengan! Pues el reino del cielo pertenece a los que son como estos niños». 15Entonces les puso las manos sobre la cabeza y los bendijo antes de irse.

El hombre rico

16Alguien se acercó a Jesús con la siguiente pregunta:

—Maestro,* ¿qué buena acción tengo que hacer para tener la vida eterna?

17—¿Por qué me preguntas a mí sobre lo que es bueno? —respondió Jesús—. Solo hay Uno que es bueno; pero para contestar a tu pregunta, si deseas recibir la vida eterna, cumple* los mandamientos.

18—¿Cuáles? —preguntó el hombre.

Y Jesús le contestó:

—«No cometas asesinato; no cometas adulterio; no robes; no des falso testimonio; 19honra a tu padre y a tu madre; ama a tu prójimo como a ti mismo»*.

20—He obedecido todos esos mandamientos —respondió el joven—. ¿Qué más debo hacer?

21Jesús le dijo:

—Si deseas ser perfecto, anda, vende todas tus posesiones y entrega el dinero a los pobres, y tendrás tesoro en el cielo. Después ven y sígueme.

22Cuando el joven escuchó lo que Jesús le dijo, se fue triste porque tenía muchas posesiones.

23Entonces Jesús dijo a sus discípulos: «Les digo la verdad, es muy difícil que una persona rica entre en el reino del cielo. 24Lo repito: es más fácil que un camello pase por el ojo de una aguja que un rico entre en el reino de Dios».

25Los discípulos quedaron atónitos.

—Entonces, ¿quién podrá ser salvo? —preguntaron.

26Jesús los miró y les dijo:

—Humanamente hablando es imposible, pero para Dios todo es posible.

27Entonces Pedro le dijo:

—Nosotros hemos dejado todo para seguirte. ¿Qué recibiremos a cambio?

28Jesús contestó:

—Les aseguro que, cuando el mundo se renueve* y el Hijo del Hombre* se siente sobre su trono glorioso, ustedes, que han sido mis seguidores, también se sentarán en tronos para juzgar a las doce tribus de Israel. 29Y todo el que haya dejado casas o hermanos o hermanas o padre o madre o hijos o bienes por mi causa recibirá cien veces más a cambio y heredará la vida eterna. 30Pero muchos que ahora son los más importantes en ese día serán los menos importantes, y aquellos que ahora parecen menos importantes en ese día serán los más importantes.*

Parábola de los trabajadores del viñedo

20 »El reino del cielo es como un propietario que salió temprano por la mañana con el fin de contratar trabajadores para su viñedo. 2Acordó pagar el salario* normal de un día de trabajo y los envió a trabajar.

3»A las nueve de la mañana, cuando pasaba por la plaza, vio a algunas personas que estaban allí sin hacer nada. 4Entonces las contrató y les dijo que, al final del día, les pagaría lo que fuera justo. 5Así que fueron a trabajar al viñedo. El propietario hizo lo mismo al mediodía y a las tres de la tarde.

6»A las cinco de la tarde, se encontraba nuevamente en la ciudad y vio a otros que estaban allí. Les preguntó: "¿Por qué ustedes no trabajaron hoy?".

7»Ellos contestaron: "Porque nadie nos contrató".

»El propietario les dijo: "Entonces vayan y únanse a los otros en mi viñedo".

8»Aquella noche, le dijo al capataz que llamara a los trabajadores y les pagara, comenzando por los últimos que había contratado. 9Cuando recibieron su paga los que habían sido contratados a las cinco de la tarde, cada uno recibió el salario por una jornada completa. 10Cuando los que habían sido contratados primero llegaron a recibir su paga, supusieron que recibirían más; pero a ellos también se les pagó el salario de un día. 11Cuando recibieron su paga, protestaron contra el propietario: 12"Aquellos trabajaron solo una hora, sin embargo, se les ha pagado lo mismo que a nosotros, que trabajamos todo el día bajo el intenso calor".

13»Él le respondió a uno de ellos: "Amigo, ¡no he sido injusto! ¿Acaso tú no acordaste conmigo que trabajarías todo el día por el salario acostumbrado? 14Toma tu dinero y vete. Quise pagarle a este último trabajador lo mismo que a ti. 15¿Acaso es contra la ley que yo haga lo que quiero con mi dinero? ¿Te pones celoso porque soy bondadoso con otros?".

16»Así que los que ahora son últimos, ese día serán los primeros, y los primeros serán los últimos.

19:12 En griego *y algunos se hacen eunucos ellos mismos.* 19:16 Algunos manuscritos dicen *Maestro bueno.* 19:17 Algunos manuscritos dicen *continúa cumpliendo.* 19:18-19 Ex 20.12-16; Dt 5.16-20; Lv 19.18. 19:28a O *en la regeneración.* 19:28b *el Hijo del Hombre* es un título que Jesús empleaba para referirse a sí mismo. 19:30 En griego *Pero muchos de los que son primeros serán los últimos; y los últimos, los primeros.* 20:2 En griego *denario,* la paga por una jornada completa de trabajo; similar en 20.9, 10, 13.

Jesús predice otra vez su muerte

¹⁷Mientras Jesús subía a Jerusalén, llevó a los doce discípulos aparte y les contó en privado lo que le iba a suceder. ¹⁸«Escuchen —les dijo—, subimos a Jerusalén, donde el Hijo del Hombre* será traicionado y entregado a los principales sacerdotes y a los maestros de la ley religiosa. Lo condenarán a muerte. ¹⁹Luego lo entregarán a los romanos* para que se burlen de él, lo azoten con un látigo y lo crucifiquen; pero al tercer día, se levantará de los muertos».

Jesús enseña acerca del servicio a los demás

²⁰Entonces la madre de Santiago y de Juan, hijos de Zebedeo, se acercó con sus hijos a Jesús. Se arrodilló respetuosamente para pedirle un favor.

²¹—¿Cuál es tu petición? —le preguntó Jesús.

La mujer contestó:

—Te pido, por favor, que permitas que, en tu reino, mis dos hijos se sienten en lugares de honor a tu lado, uno a tu derecha y el otro a tu izquierda.

²²Jesús les respondió:

—¡No saben lo que piden! ¿Acaso pueden beber de la copa amarga de sufrimiento que yo estoy a punto de beber?

—Claro que sí —contestaron ellos—, ¡podemos!

²³Jesús les dijo:

—Es cierto, beberán de mi copa amarga; pero no me corresponde a mí decir quién se sentará a mi derecha o a mi izquierda. Mi Padre preparó esos lugares para quienes él ha escogido.

²⁴Cuando los otros diez discípulos oyeron lo que Santiago y Juan habían pedido, se indignaron. ²⁵Así que Jesús los reunió a todos y les dijo: «Ustedes saben que los gobernantes de este mundo tratan a su pueblo con prepotencia y los funcionarios hacen alarde de su autoridad frente a sus súbditos. ²⁶Pero entre ustedes será diferente. El que quiera ser líder entre ustedes deberá ser sirviente, ²⁷y el que quiera ser el primero entre ustedes deberá convertirse en esclavo. ²⁸Pues ni aun el Hijo del Hombre vino para que lo sirvan, sino para servir a otros y para dar su vida en rescate por muchos».

Jesús sana a dos hombres ciegos

²⁹Mientras Jesús y sus discípulos salían de la ciudad de Jericó, una gran multitud los seguía. ³⁰Dos hombres ciegos estaban sentados junto al camino. Cuando oyeron que Jesús venía en dirección a ellos, comenzaron a gritar: «¡Señor, Hijo de David, ten compasión de nosotros!».

³¹«¡Cállense!», les gritó la multitud.

Sin embargo, los dos ciegos gritaban aún más fuerte: «¡Señor, Hijo de David, ten compasión de nosotros!».

³²Cuando Jesús los oyó, se detuvo y los llamó:

—¿Qué quieren que haga por ustedes?

³³—Señor —dijeron—, ¡queremos ver!

³⁴Jesús se compadeció de ellos y les tocó los ojos. ¡Al instante pudieron ver! Luego lo siguieron.

Entrada triunfal de Jesús

21 Mientras Jesús y los discípulos se acercaban a Jerusalén, llegaron a la ciudad de Betfagé, en el monte de los Olivos. Jesús mandó a dos de ellos que se adelantaran. ²«Vayan a la aldea que está allí —les dijo—. En cuanto entren, verán una burra atada junto con su cría. Desaten a los dos animales y tráiganmelos. ³Si alguien les pregunta qué están haciendo, simplemente digan: "El Señor los necesita", entonces les permitirá llevárselos de inmediato».

⁴Eso ocurrió para se cumpliera la profecía que decía:

⁵ «Dile a la gente de Jerusalén:*
  "Mira, tu Rey viene hacia ti.
  Es humilde y llega montado en un burro;
    montado en la cría de una burra"»*.

⁶Los dos discípulos hicieron tal como Jesús les había ordenado. ⁷Llevaron la burra y su cría, pusieron sus prendas sobre la cría, y Jesús se sentó allí.*

⁸De la multitud presente, la mayoría tendió sus prendas sobre el camino delante de él, y otros cortaron ramas de los árboles y las extendieron sobre el camino. ⁹Jesús estaba en el centro de la procesión, y toda la gente que lo rodeaba gritaba:

  «¡Alaben a Dios* por el Hijo de David!
    ¡Bendiciones al que viene en el nombre del
      Señor!
    ¡Alaben a Dios en el cielo más alto!»*.

¹⁰Toda la ciudad de Jerusalén estaba alborotada a medida que Jesús entraba. «¿Quién es este?», preguntaban.

¹¹Y las multitudes contestaban: «Es Jesús, el profeta de Nazaret de Galilea».

Jesús despeja el templo

¹²Jesús entró en el templo y comenzó a echar a todos los que compraban y vendían animales para el sacrificio. Volcó las mesas de los cambistas y las sillas de los que vendían palomas. ¹³Les dijo: «Las Escrituras declaran: "Mi templo será llamado casa de oración", ¡pero ustedes lo han convertido en una cueva de ladrones!»*.

¹⁴Los ciegos y los cojos se acercaron a Jesús en el templo y él los sanó. ¹⁵Los principales sacerdotes y los maestros de la ley religiosa vieron esos milagros maravillosos y oyeron que hasta los niños en el templo gritaban: «Alaben a Dios por el Hijo de David».

20:18 «Hijo del Hombre» es un título que Jesús empleaba para referirse a sí mismo.   **20:19** En griego *los gentiles. (Gentil[es]),* que no son judíos.   **21:5a** En griego *Dile a la hija de Sión.* Is 62:11.   **21:5b** Za 9:9.   **21:7** En griego *sobre ellas, y se sentó encima de ellas.*   **21:9a** En griego *Hosanna,* exclamación de alabanza que quiere decir literalmente «salva ahora»; también en 21:9b, 15.   **21:9b** Sal 118:25-26; 148:1.   **21:13a** Is 56:7; Jr 7:11.

Sin embargo, los líderes estaban indignados. [16]Le preguntaron a Jesús:

—¿Oyes lo que dicen esos niños?

—Sí —contestó Jesús—. ¿No han leído las Escrituras? Pues dicen: "A los niños y a los bebés les has enseñado a darte alabanza"*.

[17]Luego regresó a Betania, donde pasó la noche.

Jesús maldice la higuera

[18]Por la mañana, cuando Jesús regresaba a Jerusalén, tuvo hambre [19]y vio que había una higuera junto al camino. Se acercó para ver si tenía higos, pero solo había hojas. Entonces le dijo: «¡Que jamás vuelva a dar fruto!». De inmediato, la higuera se marchitó.

[20]Al ver eso los discípulos quedaron asombrados y le preguntaron:

—¿Cómo se marchitó tan rápido la higuera?

[21]Entonces Jesús les dijo:

—Les digo la verdad, si tienen fe y no dudan, pueden hacer cosas como esa y mucho más. Hasta pueden decirle a esta montaña: "Levántate y échate al mar", y sucederá. [22]Ustedes pueden orar por cualquier cosa, y si tienen fe la recibirán.

Desafían la autoridad de Jesús

[23]Cuando Jesús regresó al templo y comenzó a enseñar, se le acercaron los principales sacerdotes y los ancianos.

—¿Con qué autoridad haces todas estas cosas? —le reclamaron—. ¿Quién te dio el derecho?

[24]—Les diré con qué autoridad hago estas cosas si me contestan una pregunta —respondió Jesús—. [25]La autoridad de Juan para bautizar, ¿provenía del cielo o era meramente humana?

Ellos discutieron el asunto unos con otros: «Si decimos que provenía del cielo, nos preguntará por qué no le creímos a Juan; [26]pero si decimos que era meramente humana, la multitud se volverá contra nosotros porque todos creen que Juan era un profeta». [27]Entonces finalmente contestaron:

—No sabemos.

Y Jesús respondió:

—Entonces yo tampoco les diré con qué autoridad hago estas cosas.

Parábola de los dos hijos

[28]»¿Pero qué piensan de lo siguiente? Un hombre con dos hijos le dijo al mayor: "Hijo, ve a trabajar al viñedo hoy". [29]El hijo le respondió: "No, no iré", pero más tarde cambió de idea y fue. [30]Entonces el padre le dijo al otro hijo: "Ve tú", y él le dijo: "Sí, señor, iré"; pero no fue.

[31]¿Cuál de los dos obedeció al padre?

Ellos contestaron:

—El primero.

Luego Jesús explicó el significado:

—Les digo la verdad, los corruptos cobradores de impuestos y las prostitutas entrarán en el reino de Dios antes que ustedes. [32]Pues Juan el Bautista vino y les mostró la manera correcta de vivir, pero ustedes no le creyeron, mientras que los cobradores de impuestos y las prostitutas sí le creyeron. Aun viendo lo que ocurría, ustedes se negaron a creerle y a arrepentirse de sus pecados.

Parábola de los agricultores malvados

[33]»Ahora, escuchen otra historia. Cierto propietario plantó un viñedo, lo cercó con un muro, cavó un hoyo para extraer el jugo de las uvas y construyó una torre de vigilancia. Luego les alquiló el viñedo a unos agricultores arrendatarios y se mudó a otro país. [34]Llegado el tiempo de la cosecha de la uva, envió a sus siervos para recoger su parte de la cosecha. [35]Pero los agricultores agarraron a los siervos, golpearon a uno, mataron a otro y apedrearon a un tercero. [36]Entonces el dueño de la tierra envió un grupo más numeroso de siervos para recoger lo que era suyo, pero el resultado fue el mismo.

[37]»Finalmente, el dueño envió a su propio hijo porque pensó: "Sin duda, respetarán a mi hijo".

[38]»Sin embargo, cuando los agricultores vieron que venía el hijo, se dijeron unos a otros: "Aquí viene el heredero de esta propiedad. Vamos, matémoslo y nos quedaremos con la propiedad". [39]Entonces lo agarraron, lo arrastraron fuera del viñedo y lo asesinaron.

[40]Jesús preguntó:

—Cuando el dueño del viñedo regrese, ¿qué les parece que hará con esos agricultores?

[41]Los líderes religiosos contestaron:

—A los hombres malvados les dará una muerte horrible y alquilará el viñedo a otros que le darán su porción después de cada cosecha.

[42]Entonces Jesús les preguntó:

—¿Nunca leyeron en las Escrituras:

"La piedra que los constructores rechazaron
    ahora se ha convertido en la piedra
    principal.
Esto es obra del Señor
    y es maravilloso verlo"?*

[43]»Les digo que a ustedes se les quitará el reino de Dios y se le dará a una nación que producirá el fruto esperado. [44]Cualquiera que tropiece con esa piedra se hará pedazos, y la piedra aplastará a quienes les caiga encima.*

[45]Cuando los principales sacerdotes y los fariseos oyeron esa parábola, se dieron cuenta de que contaba esa historia en contra de ellos, pues ellos eran los agricultores malvados. [46]Querían arrestarlo, pero tenían miedo de las multitudes, que consideraban que Jesús era un profeta.

21:16 Sal 8:2.   21:29-31 Otros manuscritos dicen —*El segundo.* Incluso en otros manuscritos, el primer hijo dice «Sí», pero no hace nada; el segundo dice «NO», pero luego se arrepiente y va; y la respuesta a la pregunta de Jesús es que el segundo hijo obedeció a su padre.   21:42 Sal 118:22-23.   21:44 Algunos manuscritos antiguos no incluyen este versículo. Comparar Lc 20:18.

Parábola de la gran fiesta

22 Jesús también les contó otras parábolas. Dijo: 2«El reino del cielo también puede ilustrarse mediante la historia de un rey que preparó una gran fiesta de bodas para su hijo. 3Cuando el banquete estuvo listo, el rey envió a sus sirvientes para llamar a los invitados. ¡Pero todos se negaron a asistir!

4»Entonces envió a otros sirvientes a decirles: "La fiesta está preparada. Se han matado los toros y las reses engordadas, y todo está listo. ¡Vengan al banquete!". 5Pero las personas a quienes había invitado no hicieron caso y siguieron su camino: uno se fue a su granja y otro a su negocio. 6Otros agarraron a los mensajeros, los insultaron y los mataron.

7»El rey se puso furioso, y envió a su ejército para destruir a los asesinos y quemar su ciudad. 8Y les dijo a los sirvientes: "La fiesta de bodas está lista y las personas a las que invité no son dignas de tal honor. 9Ahora salgan a las esquinas de las calles e inviten a todos los que vean". 10Entonces los sirvientes llevaron a todos los que pudieron encontrar, tanto buenos como malos, y la sala del banquete se llenó de invitados.

11»Cuando el rey entró para recibir a los invitados, notó que había un hombre que no estaba vestido apropiadamente para una boda. 12"Amigo —le preguntó—, ¿cómo es que estás aquí sin ropa de bodas?". Pero el hombre no tuvo respuesta. 13Entonces el rey dijo a sus asistentes: "Átenlo de pies y manos y arrójenlo a la oscuridad de afuera, donde habrá llanto y rechinar de dientes".

14»Pues muchos son los llamados, pero pocos los elegidos».

Los impuestos para el César

15Entonces los fariseos se juntaron para tramar cómo hacer que Jesús cayera en la trampa de decir algo por lo cual pudiera ser arrestado. 16Enviaron a algunos de sus discípulos, junto con los partidarios de Herodes, a buscarlo.

—Maestro —dijeron—, sabemos lo honesto que eres. Enseñas con verdad el camino de Dios. Eres imparcial y no tienes favoritismos. 17Ahora bien, dinos qué piensas de lo siguiente: ¿Es correcto que paguemos impuestos al César o no?

18Pero Jesús conocía sus malas intenciones.

—¡Hipócritas! —dijo—. ¿Por qué intentan atraparme? 19Veamos, muéstrenme la moneda que se usa para el impuesto.

Cuando le entregaron una moneda romana,* 20les preguntó:

—¿A quién pertenecen la imagen y el título grabados en la moneda?

21—Al César —contestaron.

—Bien —dijo—, entonces den al César lo que pertenece al César y den a Dios lo que pertenece a Dios.

22Su respuesta los dejó asombrados, y se marcharon.

Discusión acerca de la resurrección

23Ese mismo día, se acercaron a Jesús algunos saduceos, líderes religiosos que dicen que no hay resurrección después de la muerte. Le plantearon la siguiente pregunta:

24—Maestro, Moisés dijo: "Si un hombre muere sin haber tenido hijos, su hermano debe casarse con la viuda y darle un hijo para que el nombre del hermano continúe"*.,25Ahora bien, supongamos que había siete hermanos. El mayor se casó y murió sin dejar hijos, entonces su hermano se casó con la viuda. 26El segundo hermano también murió, y el tercero se casó con ella. Lo mismo sucedió con los siete. 27Por último, la mujer también murió. 28Entonces dinos, ¿de quién será esposa en la resurrección? Pues los siete estuvieron casados con ella.

29Jesús contestó:

—El error de ustedes es que no conocen las Escrituras y no conocen el poder de Dios. 30Pues cuando los muertos resuciten, no se casarán ni se entregarán en matrimonio. En este sentido, serán como los ángeles del cielo.

31»Ahora bien, en cuanto a si habrá una resurrección de los muertos, ¿nunca han leído acerca de esto en las Escrituras? Mucho después de que Abraham, Isaac y Jacob murieran, Dios dijo:* 32"Yo soy el Dios de Abraham, el Dios de Isaac y el Dios de Jacob"*. Por lo tanto, él es Dios de los que están vivos, no de los muertos.

33Cuando las multitudes lo escucharon, quedaron atónitas ante su enseñanza.

El mandamiento más importante

34En cuanto los fariseos oyeron que había silenciado a los saduceos con esa respuesta, se juntaron para interrogarlo nuevamente. 35Uno de ellos, experto en la ley religiosa, intentó tenderle una trampa con la siguiente pregunta:

36—Maestro, ¿cuál es el mandamiento más importante en la ley de Moisés?

37Jesús contestó:

—"Amarás al Señor tu Dios con todo tu corazón, con toda tu alma y con toda tu mente"*. 38Este es el primer mandamiento y el más importante. 39Hay un segundo mandamiento que es igualmente importante: "Amarás a tu prójimo como a ti mismo"*. 40Toda la ley y las exigencias de los profetas se basan en estos dos mandamientos.

¿De quién es hijo el Mesías?

41Entonces, rodeado por los fariseos, Jesús les hizo una pregunta:

42—¿Qué piensan del Mesías? ¿De quién es hijo?

Ellos contestaron:

22:19 En griego *un denario.*   22:24 Dt 25:5-6.   22:31 En griego *¿no han leído acerca de esto? Dios dijo.*   22:32 Ex 3:6.   22:37 Dt 6:5.
22:39 Lv 19:18.

—Es hijo de David.

⁴³Jesús les respondió.

—Entonces, ¿por qué David, mientras hablaba bajo la inspiración del Espíritu, llama al Mesías "mi Señor"? Pues David dijo:

⁴⁴ "El SEÑOR le dijo a mi Señor:
  'Siéntate en el lugar de honor a mi derecha,
  hasta que humille a tus enemigos y los
    ponga debajo de tus pies'"*.

⁴⁵Si David llamó al Mesías "mi Señor", ¿cómo es posible que el Mesías sea su hijo?

⁴⁶Nadie pudo responderle, y a partir de entonces, ninguno se atrevió a hacerle más preguntas.

Jesús critica a los líderes religiosos

23 Entonces Jesús les dijo a las multitudes y a sus discípulos: ²«Los maestros de la ley religiosa y los fariseos son los intérpretes oficiales de la ley de Moisés.* ³Por lo tanto, practiquen y obedezcan todo lo que les digan, pero no sigan su ejemplo. Pues ellos no hacen lo que enseñan. ⁴Aplastan a la gente bajo el peso de exigencias religiosas insoportables y jamás mueven un dedo para aligerar la carga.

⁵»Todo lo que hacen es para aparentar. En los brazos se ponen anchas cajas de oración con versículos de la Escritura, y usan túnicas con flecos muy largos.* ⁶Y les encanta sentarse a la mesa principal en los banquetes y ocupar los asientos de honor en las sinagogas. ⁷Les encanta recibir saludos respetuosos cuando caminan por las plazas y que los llamen "Rabí"*.

⁸»Pero ustedes, no permitan que nadie les llame "Rabí", porque tienen un solo maestro y todos ustedes son hermanos por igual. ⁹Además, aquí en la tierra, no se dirijan a nadie llamándolo "Padre", porque solo Dios, que está en el cielo, es su Padre espiritual. ¹⁰Y no permitan que nadie los llame "Maestro", porque ustedes tienen un solo Maestro, el Mesías. ¹¹El más importante entre ustedes debe ser el sirviente de los demás, ¹²pero aquellos que se exaltan a sí mismos serán humillados, y los que se humillan a sí mismos serán exaltados.

¹³»¡Qué aflicción les espera, maestros de la ley religiosa y fariseos! ¡Hipócritas! Pues le cierran la puerta del reino del cielo en la cara a la gente. Ustedes no entrarán ni tampoco dejan que los demás entren.*

¹⁵»¡Qué aflicción les espera, maestros de la ley religiosa y fariseos! ¡Hipócritas! Pues cruzan tierra y mar para ganar un solo seguidor, ¡y luego lo convierten en un hijo del infierno* dos veces peor que ustedes mismos!

¹⁶»¡Guías ciegos! ¡Qué aflicción les espera! Pues dicen que no significa nada jurar "por

el templo de Dios" pero que el que jura "por el oro del templo" está obligado a cumplir ese juramento. ¹⁷¡Ciegos tontos! ¿Qué es más importante, el oro o el templo que lo hace sagrado? ¹⁸Y dicen que jurar "por el altar" no impone una obligación, pero jurar "por las ofrendas que están sobre el altar" sí la impone. ¹⁹¡Qué ciegos son! Pues, ¿qué es más importante, la ofrenda sobre el altar o el altar que hace que la ofrenda sea sagrada? ²⁰Cuando juran "por el altar", juran por el altar y por todo lo que hay encima. ²¹Cuando juran "por el templo", no solo juran por el templo sino por Dios, quien vive allí. ²²Y cuando juran "por el cielo", juran por el trono y por Dios, quien se sienta en el trono.

²³»¡Qué aflicción les espera, maestros de la ley religiosa y fariseos! ¡Hipócritas! Pues se cuidan de dar el diezmo sobre el más mínimo ingreso de sus jardines de hierbas,* pero pasan por alto los aspectos más importantes de la ley: la justicia, la misericordia y la fe. Es cierto que deben diezmar, pero sin descuidar las cosas más importantes. ²⁴¡Guías ciegos! ¡Cuelan el agua para no tragarse por accidente un mosquito, pero se tragan un camello!*

²⁵»¡Qué aflicción les espera, maestros de la ley religiosa y fariseos! ¡Hipócritas! ¡Pues se cuidan de limpiar la parte exterior de la taza y del plato pero ustedes están sucios por dentro, llenos de avaricia y se permiten todo tipo de excesos! ²⁶¡Fariseo ciego! Primero lava el interior de la taza* y del plato,* y entonces el exterior también quedará limpio.

²⁷»¡Qué aflicción les espera, maestros de la ley religiosa y fariseos! ¡Hipócritas! Pues son como tumbas blanqueadas: hermosas por fuera, pero llenas de huesos de muertos y de toda clase de impurezas por dentro. ²⁸Por fuera parecen personas rectas, pero por dentro, el corazón está lleno de hipocresía y desenfreno.

²⁹»¡Qué aflicción les espera, maestros de la ley religiosa y fariseos! ¡Hipócritas! Edifican tumbas a los profetas que sus antepasados mataron, y adornan los monumentos de la gente justa que sus antepasados destruyeron. ³⁰Luego dicen: "Si hubiéramos vivido en los días de nuestros antepasados, jamás nos habríamos unido a ellos para matar a los profetas".

³¹»Así que al decir eso, dan testimonio en contra de ustedes mismos, que en verdad son descendientes de aquellos que asesinaron a los profetas. ³²Sigan adelante y terminen lo que sus antepasados comenzaron. ³³¡Serpientes! ¡Hijos de víboras! ¿Cómo escaparán del juicio del infierno?

³⁴»Por lo tanto, les envío profetas, hombres sabios y maestros de la ley religiosa. A algunos los

---

22:44 Sal 110:1.   23:2 En griego y los fariseos se sientan en el asiento de Moisés.   23:5 En griego Agrandan sus filacterias y alargan sus borlas.   23:7 Rabí, del arameo, significa «amo», «maestro».   23:13 Algunos manuscritos incluyen el versículo 14: ¡Qué aflicción les espera a ustedes, maestros de la ley religiosa y fariseos! ¡Hipócritas! Con todo descaro engañan a las viudas y se apoderan de sus propiedades, y luego pretenden ser piadosos al hacer largas oraciones en público. Por esta causa, recibirán un severo castigo. Comparar con Mc 12:40 y Lc 20:47.   23:15 En griego Gehena; también en 23:33.   23:23 En griego la menta, el eneldo y el comino.   23:24 Ver Lv 11:4, 23, donde se prohíbe comer tanto mosquitos como camellos.   23:26 Algunos manuscritos no incluyen y del plato.

matarán crucificándolos, y a otros los azotarán con látigos en las sinagogas y los perseguirán de ciudad en ciudad. [35]Como consecuencia, se les hará responsables del asesinato de toda la gente justa de todos los tiempos, desde el asesinato del justo Abel hasta el de Zacarías, hijo de Berequías, a quien mataron en el templo, entre el santuario y el altar. [36]Les digo la verdad, ese juicio caerá sobre esta misma generación.

Lamento de Jesús por Jerusalén

[37]»¡Oh, Jerusalén, Jerusalén, la ciudad que mata a los profetas y apedrea a los mensajeros de Dios! Cuántas veces quise juntar a tus hijos como la gallina protege a sus pollitos debajo de sus alas, pero no me dejaste. [38]Y ahora, mira, tu casa está abandonada y desolada.* [39]Pues te digo lo siguiente: no volverás a verme hasta que digas: "¡Bendiciones al que viene en el nombre del Señor!"*.

Jesús predice eventos futuros

24 Cuando Jesús salía del terreno del templo, sus discípulos le señalaron los diversos edificios del templo. [2]Pero él les respondió: «¿Ven todos esos edificios? Les digo la verdad, serán demolidos por completo. ¡No quedará ni una sola piedra sobre otra!».

[3]Más tarde, Jesús se sentó en el monte de los Olivos. Sus discípulos se le acercaron en privado y le dijeron:

—Dinos, ¿cuándo sucederá todo eso? ¿Qué señal marcará tu regreso y el fin del mundo?*

[4]Jesús les dijo:

—No dejen que nadie los engañe, [5]porque muchos vendrán en mi nombre y afirmarán: "Yo soy el Mesías", y engañarán a muchos. [6]Oirán de guerras y de amenazas de guerras, pero no se dejen llevar por el pánico. Es verdad, esas cosas deben suceder, pero el fin no vendrá inmediatamente después. [7]Una nación entrará en guerra con otra, y un reino con otro reino. Habrá hambres y terremotos en muchas partes del mundo. [8]Sin embargo, todo eso es solo el comienzo de los dolores del parto, luego vendrán más.

[9]»Entonces los arrestarán, los perseguirán y los matarán. En todo el mundo los odiarán por ser mis seguidores.* [10]Muchos se apartarán de mí, se traicionarán unos a otros y se odiarán. [11]Aparecerán muchos falsos profetas y engañarán a mucha gente. [12]Abundará el pecado por todas partes, y el amor de muchos se enfriará; [13]pero el que se mantenga firme hasta el fin será salvo. [14]Y se predicará la Buena Noticia acerca del reino por todo el mundo, de manera que todas las naciones* la oirán; y entonces vendrá el fin.

[15]»Llegará el día cuando verán de lo que habló el profeta Daniel: el objeto sacrílego que causa profanación* de pie en el Lugar Santo. (Lector, ¡presta atención!). [16]Entonces los que estén en Judea huyan a las colinas. [17]La persona que esté en la azotea no baje a la casa para empacar. [18]La persona que esté en el campo no regrese ni para buscar un abrigo. [19]¡Qué terribles serán esos días para las mujeres embarazadas y para las madres que amamantan! [20]Y oren para que la huída no sea en invierno o en día de descanso. [21]Pues habrá más angustia que en cualquier otro momento desde el principio del mundo. Y jamás habrá una angustia tan grande. [22]De hecho, a menos que se acorte ese tiempo de calamidad, ni una sola persona sobrevivirá; pero se acortará por el bien de los elegidos de Dios.

[23]»Entonces, si alguien les dice: "Miren, aquí está el Mesías" o "Allí está", no lo crean. [24]Pues se levantarán falsos mesías y falsos profetas y realizarán grandes señales y milagros para engañar, de ser posible, aun a los elegidos de Dios. [25]Miren, que les he advertido esto de antemano.

[26]»Por lo tanto, si alguien les dice: "Miren, el Mesías está en el desierto", ni se molesten en ir a buscarlo. O bien, si les dicen: "Miren, se esconde aquí", ¡no lo crean! [27]Pues, así como el relámpago destella en el oriente y brilla en el occidente, así será cuando venga el Hijo del Hombre.* [28]Así como los buitres, cuando se juntan, indican que hay un cadáver cerca, de la misma manera, esas señales revelan que el fin está cerca.*

[29]»Inmediatamente después de la angustia de esos días,

"El sol se oscurecerá,
la luna no dará luz,
las estrellas caerán del cielo,
y los poderes de los cielos serán
sacudidos"*.

[30]»Y entonces, por fin, aparecerá en los cielos la señal de que el Hijo del Hombre viene, y habrá un profundo lamento entre todos los pueblos de la tierra. Verán al Hijo del Hombre venir en las nubes del cielo con poder y gran gloria.* [31]Enviará a sus ángeles con un potente toque de trompeta y reunirán a los elegidos de todas partes* desde los extremos más lejanos de la tierra y el cielo.

[32]»Ahora, aprendan una lección de la higuera. Cuando las ramas echan brotes y comienzan a salir las hojas, ustedes saben que el verano se acerca. [33]De la misma manera, cuando vean que suceden todas estas cosas, sabrán que su regreso está muy cerca, a las puertas. [34]Les digo la verdad, no pasará esta generación* hasta que todas estas cosas sucedan. [35]El cielo y la tierra desaparecerán, pero mis palabras no desaparecerán jamás.

[36]»Sin embargo, nadie sabe el día ni la hora en

23:38 Algunos manuscritos no incluyen *y desolada.* **23:39** Sal 118:26. **24:3** O *del siglo?* **24:9** En griego *por causa de mi nombre.* **24:14** O *todos los grupos étnicos.* **24:15** En griego *la abominación de la desolación.* Ver Dn 9:27; 11:31; 12:11. **24:27** «Hijo del Hombre» es un título que Jesús empleaba para referirse a sí mismo. **24:28** En griego *Donde hay un animal muerto, allí se juntan los buitres.* **24:29** Ver Is 13:10; 34:4; Jl 2:10. **24:30** Ver Dn 7:13. **24:31** En griego *los cuatro vientos.* **24:34** O *esta era,* o *esta nación.*

que sucederán estas cosas, ni siquiera los ángeles en el cielo ni el propio Hijo.* Solo el Padre lo sabe.

37»Cuando el Hijo del Hombre regrese, será como en los días de Noé. 38En esos días, antes del diluvio, la gente disfrutaba de banquetes, fiestas y casamientos, hasta el momento en que Noé entró en el barco. 39La gente no se daba cuenta de lo que iba a suceder hasta que llegó el diluvio y arrasó con todos. Así será cuando venga el Hijo del Hombre.

40»Dos hombres estarán trabajando juntos en el campo; uno será llevado, el otro será dejado. 41Dos mujeres estarán moliendo harina en el molino; una será llevada, la otra será dejada.

42»¡Así que ustedes también deben estar alerta!, porque no saben qué día vendrá su Señor. 43Entiendan lo siguiente: si el dueño de una casa supiera exactamente cuándo va a venir un ladrón, se mantendría alerta y no dejaría que asaltaran su casa. 44Ustedes también deben estar preparados todo el tiempo, porque el Hijo del Hombre vendrá cuando menos lo esperen.

45»Un sirviente fiel y sensato es aquel a quien el amo puede darle la responsabilidad de dirigir a los demás sirvientes y alimentarlos. 46Si el amo regresa y encuentra que el sirviente ha hecho un buen trabajo, habrá una recompensa. 47Les digo la verdad, el amo pondrá a ese sirviente a cargo de todo lo que posee. 48¿Pero qué tal si el sirviente es malo y piensa: "Mi amo no regresará por un tiempo" 49y comienza a golpear a los otros sirvientes, a parrandear y a emborracharse? 50El amo regresará inesperadamente y sin previo aviso, 51cortará al sirviente en pedazos y le asignará un lugar con los hipócritas. En ese lugar habrá llanto y rechinar de dientes.

Parábola de las diez damas de honor

25 »Entonces, el reino del cielo será como diez damas de honor* que tomaron sus lámparas y salieron a encontrarse con el novio. 2Cinco de ellas eran necias y cinco sabias. 3Las cinco que eran necias no llevaron suficiente aceite de oliva para sus lámparas, 4pero las otras cinco fueron tan sabias que llevaron aceite extra. 5Como el novio se demoró, a todas les dio sueño y se durmieron.

6»A la medianoche, se despertaron ante el grito de: "¡Miren, ya viene el novio! ¡Salgan a recibirlo!".

7»Todas las damas de honor se levantaron y prepararon sus lámparas. 8Entonces las cinco necias les pidieron a las otras: "Por favor, dennos un poco de aceite, porque nuestras lámparas se están apagando".

9»Sin embargo, las sabias contestaron: "No tenemos suficiente para todas. Vayan a una tienda y compren un poco para ustedes".

10»Pero durante el lapso en que se fueron a comprar aceite, llegó el novio. Entonces las que estaban listas entraron con él a la fiesta de bodas y se cerró la puerta con llave. 11Más tarde, cuando regresaron las otras cinco damas de honor, se quedaron afuera, y llamaron: "¡Señor, Señor! ¡Ábrenos la puerta!".

12»Él les respondió: "Créanme, ¡no las conozco!".

13»¡Así que ustedes también deben estar alerta! Porque no saben el día ni la hora de mi regreso.

Parábola de los tres siervos

14»También el reino del cielo puede ilustrarse mediante la historia de un hombre que tenía que emprender un largo viaje. Reunió a sus siervos y les confió su dinero mientras estuviera ausente. 15Lo dividió en proporción a las capacidades de cada uno. Al primero le dio cinco bolsas de plata;* al segundo, dos bolsas de plata; al último, una bolsa de plata. Luego se fue de viaje.

16»El siervo que recibió las cinco bolsas de plata comenzó a invertir el dinero y ganó cinco más. 17El que tenía las dos bolsas de plata también salió a trabajar y ganó dos más. 18Pero el siervo que recibió una bolsa de plata cavó un hoyo en la tierra y allí escondió el dinero de su amo.

19»Después de mucho tiempo, el amo regresó de su viaje y los llamó para que rindieran cuentas de cómo habían usado su dinero. 20El siervo al cual le había confiado las cinco bolsas de plata se presentó con cinco más y dijo: "Amo, usted me dio cinco bolsas de plata para invertir, y he ganado cinco más".

21»El amo lo llenó de elogios. "Bien hecho, mi buen siervo fiel. Has sido fiel en administrar esta pequeña cantidad, así que ahora te daré muchas más responsabilidades. ¡Ven a celebrar conmigo!"*.

22»Se presentó el siervo que había recibido las dos bolsas de plata y dijo: "Amo, usted me dio dos bolsas de plata para invertir, y he ganado dos más".

23»El amo dijo: "Bien hecho, mi buen siervo fiel. Has sido fiel en administrar esta pequeña cantidad, así que ahora te daré muchas más responsabilidades. ¡Ven a celebrar conmigo!".

24»Por último se presentó el siervo que tenía una sola bolsa de plata y dijo: "Amo, yo sabía que usted era un hombre severo, que cosecha lo que no sembró y recoge las cosechas que no cultivó. 25Tenía miedo de perder su dinero, así que lo escondí en la tierra. Mire, aquí está su dinero de vuelta".

26»Pero el amo le respondió: "¡Siervo perverso y perezoso! Si sabías que cosechaba lo que no sembré y recogía lo que no cultivé, 27¿por qué no depositaste mi dinero en el banco? Al menos hubiera podido obtener algún interés de él".

24:36 Algunos manuscritos no incluyen *ni el propio Hijo.* 25:1 O *vírgenes*; también en 25:7, 11. 25:15 En griego *cinco talentos,* lo mismo se repite en toda la historia. Un talento equivale a 34 kilogramos ó 75 libras. 25:21 En griego *Entra en el gozo de tu amo* (o *tu Señor*); también en 25:23.

²⁸»Entonces ordenó: "Quítenle el dinero a este siervo y dénselo al que tiene las diez bolsas de plata. ²⁹A los que usan bien lo que se les da, se les dará aún más y tendrán en abundancia; pero a los que no hacen nada se les quitará aun lo poco que tienen. ³⁰Ahora bien, arrojen a este siervo inútil a la oscuridad de afuera, donde habrá llanto y rechinar de dientes".

El juicio final

³¹»Cuando el Hijo del Hombre* venga en su gloria acompañado por todos los ángeles, entonces se sentará sobre su trono glorioso. ³²Todas las naciones* se reunirán en su presencia, y él separará a la gente como un pastor separa a las ovejas de las cabras. ³³Pondrá las ovejas a su derecha y las cabras a su izquierda.

³⁴»Entonces el Rey dirá a los que estén a su derecha: "Vengan, ustedes, que son benditos de mi Padre, hereden el reino preparado para ustedes desde la creación del mundo. ³⁵Pues tuve hambre, y me alimentaron. Tuve sed, y me dieron de beber. Fui extranjero, y me invitaron a su hogar. ³⁶Estuve desnudo, y me dieron ropa. Estuve enfermo, y me cuidaron. Estuve en prisión, y me visitaron".

³⁷»Entonces esas personas justas responderán: "Señor, ¿en qué momento te vimos con hambre y te alimentamos, o con sed y te dimos algo de beber, ³⁸o te vimos como extranjero y te brindamos hospitalidad, o te vimos desnudo y te dimos ropa, ³⁹o te vimos enfermo o en prisión, y te visitamos?".

⁴⁰»Y el Rey dirá: "Les digo la verdad, cuando hicieron alguna de estas cosas al más insignificante de estos, mis hermanos, ¡me lo hicieron a mí!".

⁴¹»Luego el Rey se dirigirá a los de la izquierda y dirá: "¡Fuera de aquí, ustedes, los malditos, al fuego eterno preparado para el diablo y sus demonios!* ⁴²Pues tuve hambre, y no me alimentaron. Tuve sed, y no me dieron de beber. ⁴³Fui extranjero, y no me invitaron a su hogar. Estuve desnudo, y no me dieron ropa. Estuve enfermo y en prisión, y no me visitaron".

⁴⁴»Entonces ellos responderán: "Señor, ¿en qué momento te vimos con hambre o con sed o como extranjero o desnudo o enfermo o en prisión y no te ayudamos?".

⁴⁵»Y él responderá: "Les digo la verdad, cuando se negaron a ayudar al más insignificante de estos, mis hermanos, se negaron a ayudarme a mí".

⁴⁶»Y ellos irán al castigo eterno, pero los justos entrarán en la vida eterna.

Conspiración para matar a Jesús

26 Cuando Jesús terminó de hablar todas esas cosas, dijo a sus discípulos: ²«Como ya saben, la Pascua comienza en dos días, y el Hijo del Hombre* será entregado para que lo crucifiquen».

³En ese mismo momento, los principales sacerdotes y los ancianos estaban reunidos en la residencia de Caifás, el sumo sacerdote, ⁴tramando cómo capturar a Jesús en secreto y matarlo. ⁵«Pero no durante la celebración de la Pascua —acordaron—, no sea que la gente cause disturbios».

Jesús es ungido en Betania

⁶Mientras tanto, Jesús se encontraba en Betania, en la casa de Simón, un hombre que había tenido lepra. ⁷Mientras comía,* entró una mujer con un hermoso frasco de alabastro que contenía un perfume costoso, y lo derramó sobre la cabeza de Jesús.

⁸Los discípulos se indignaron al ver esto. «¡Qué desperdicio! —dijeron—. ⁹Podría haberse vendido a un alto precio y el dinero dado a los pobres».

¹⁰Jesús, consciente de esto, les respondió: «¿Por qué critican a esta mujer por hacer algo tan bueno conmigo? ¹¹Siempre habrá pobres entre ustedes, pero a mí no siempre me tendrán. ¹²Ella ha derramado este perfume sobre mí a fin de preparar mi cuerpo para el entierro. ¹³Les digo la verdad, en cualquier lugar del mundo donde se predique la Buena Noticia, se recordará y se hablará de lo que hizo esta mujer».

Judas acuerda traicionar a Jesús

¹⁴Entonces Judas Iscariote, uno de los doce discípulos, fue a ver a los principales sacerdotes ¹⁵y preguntó: «¿Cuánto me pagarán por traicionar a Jesús?». Y ellos le dieron treinta piezas de plata. ¹⁶A partir de ese momento, Judas comenzó a buscar una oportunidad para traicionar a Jesús.

La última cena

¹⁷El primer día del Festival de los Panes sin Levadura, los discípulos se acercaron a Jesús y le preguntaron:

—¿Dónde quieres que te preparemos la cena de Pascua?

¹⁸—Al entrar en la ciudad —les dijo—, verán a cierto hombre. Díganle: "El Maestro dice: 'Mi tiempo ha llegado y comeré la cena de Pascua con mis discípulos en tu casa'".

¹⁹Entonces los discípulos hicieron como Jesús les dijo y prepararon la cena de Pascua allí.

²⁰Al anochecer, Jesús se sentó a la mesa* con los doce discípulos.* ²¹Mientras comían, les dijo:

—Les digo la verdad, uno de ustedes me traicionará.

²²Ellos, muy afligidos, le preguntaron uno por uno:

—¿Seré yo, Señor?

²³Jesús contestó:

—Uno de ustedes que acaba de comer de este

25:31 "Hijo del Hombre" es un título que Jesús empleaba para referirse a sí mismo.   25:32 O *Todos los grupos étnicos.*   25:41 En griego *el diablo y sus ángeles.*   26:2 "Hijo del Hombre" es un título que Jesús empleaba para referirse a sí mismo.   26:7 O *estaba reclinado.*   26:20a O *Jesús se reclinó.*   26:20b Algunos manuscritos dicen *los Doce.*

plato conmigo me traicionará. ²⁴Pues el Hijo del Hombre tiene que morir, tal como lo declararon las Escrituras hace mucho tiempo. ¡Pero qué terrible será para el que lo traiciona! ¡Para ese hombre sería mucho mejor no haber nacido!

²⁵Judas, el que lo iba a traicionar, también preguntó:

—¿Seré yo, Rabí?

Y Jesús le dijo:

—Tú lo has dicho.

²⁶Mientras comían, Jesús tomó un poco de pan y lo bendijo. Luego lo partió en trozos, lo dio a sus discípulos y dijo: «Tómenlo y cómanlo, porque esto es mi cuerpo».

²⁷Y tomó en sus manos una copa de vino y dio gracias a Dios por ella. Se la dio a ellos y dijo: «Cada uno de ustedes beba de la copa, ²⁸porque esto es mi sangre, la cual confirma el pacto* entre Dios y su pueblo. Es derramada como sacrificio para perdonar los pecados de muchos. ²⁹Acuérdense de lo que les digo: no volveré a beber vino hasta el día en que lo beba nuevo con ustedes en el reino de mi Padre».

³⁰Luego cantaron un himno y salieron al monte de los Olivos.

Jesús predice la negación de Pedro

³¹En el camino, Jesús les dijo: «Esta noche, todos ustedes me abandonarán, porque las Escrituras dicen:

"Dios golpeará* al Pastor,
    y las ovejas del rebaño se dispersarán".

³²»Sin embargo, después de ser levantado de los muertos, iré delante de ustedes a Galilea y allí los veré».

³³Pedro declaró:

—Aunque todos te abandonen, yo jamás te abandonaré.

³⁴Jesús respondió:

—Te digo la verdad, Pedro: esta misma noche, antes de que cante el gallo, negarás tres veces que me conoces.

³⁵—¡No! —insistió Pedro—. Aunque tenga que morir contigo, ¡jamás te negaré!

Y los demás discípulos juraron lo mismo.

Jesús ora en Getsemaní

³⁶Entonces Jesús fue con ellos al huerto de olivos llamado Getsemaní y dijo: «Siéntense aquí mientras voy allí para orar». ³⁷Se llevó a Pedro y a los hijos de Zebedeo, Santiago y Juan, y comenzó a afligirse y angustiarse. ³⁸Les dijo: «Mi alma está destrozada de tanta tristeza, hasta el punto de la muerte. Quédense aquí y velen conmigo».

³⁹Él se adelantó un poco más y se inclinó rostro en tierra mientras oraba: «¡Padre mío! Si es posible, que pase de mí esta copa de sufrimiento. Sin embargo, quiero que se haga tu voluntad, no la mía».

⁴⁰Luego volvió a los discípulos y los encontró dormidos. Le dijo a Pedro: «¿No pudieron velar conmigo ni siquiera una hora?» ⁴¹Velen y oren para que no cedan ante la tentación, porque el espíritu está dispuesto, pero el cuerpo es débil».

⁴²Entonces Jesús los dejó por segunda vez y oró: «¡Padre mío! Si no es posible que pase esta copa* a menos que yo la beba, entonces hágase tu voluntad». ⁴³Cuando regresó de nuevo adonde estaban ellos, los encontró dormidos porque no podían mantener los ojos abiertos.

⁴⁴Así que se fue a orar por tercera vez y repitió lo mismo. ⁴⁵Luego se acercó a sus discípulos y les dijo: «¡Adelante, duerman y descansen! Pero miren, ha llegado la hora y el Hijo del Hombre es traicionado y entregado en manos de pecadores. ⁴⁶Levántense, vamos. ¡Miren, el que me traiciona ya está aquí!».

Traicionan y arrestan a Jesús

⁴⁷Mientras Jesús hablaba, llegó Judas, uno de los doce discípulos, junto con una multitud de hombres armados con espadas y palos. Los habían enviado los principales sacerdotes y los ancianos del pueblo. ⁴⁸El traidor, Judas, había acordado con ellos una señal: «Sabrán a cuál arrestar cuando lo salude con un beso». ⁴⁹Entonces Judas fue directamente a Jesús.

—¡Saludos, Rabí! —exclamó y le dio el beso.

⁵⁰Jesús dijo:

—Amigo mío, adelante, haz lo que viniste a hacer.

Entonces los otros agarraron a Jesús y lo arrestaron. ⁵¹Pero uno de los hombres que estaban con Jesús sacó su espada e hirió al esclavo del sumo sacerdote cortándole una oreja.

⁵²«Guarda tu espada —le dijo Jesús—. Los que usan la espada morirán a espada. ⁵³¿No te das cuenta de que yo podría pedirle a mi Padre que enviara miles* de ángeles para que nos protejan, y él los enviaría de inmediato? ⁵⁴Pero si lo hiciera, ¿cómo se cumplirían las Escrituras, que describen lo que tiene que suceder ahora?».

⁵⁵Luego Jesús le dijo a la multitud: «¿Acaso soy un peligroso revolucionario, para que vengan con espadas y palos a arrestarme? ¿Por qué no me arrestaron en el templo? Estuve enseñando allí todos los días. ⁵⁶Pero todo esto sucede para que se cumplan las palabras de los profetas registradas en las Escrituras». En ese momento, todos los discípulos lo abandonaron y huyeron.

Jesús ante el Concilio

⁵⁷Luego la gente que había arrestado a Jesús lo llevó a la casa de Caifás, el sumo sacerdote, donde se habían reunido los maestros de la ley religiosa y los ancianos. ⁵⁸Mientras tanto, Pedro lo siguió de lejos y llegó al patio del sumo sacerdote. Entró, entre los guardias y esperó para ver cómo acabaría todo.

26:28 Algunos manuscritos dicen *el nuevo pacto.* 26:31 En griego *Golpearé.* Za 13:7. 26:42 En griego *Si esto no puede pasar.* 26:53 En griego *doce legiones.*

⁵⁹Adentro, los principales sacerdotes y todo el Concilio Supremo* intentaban encontrar testigos que mintieran acerca de Jesús para poder ejecutarlo. ⁶⁰Sin embargo, aunque encontraron a muchos que accedieron a dar un falso testimonio, no pudieron usar el testimonio de ninguno. Finalmente, se presentaron dos hombres ⁶¹y declararon: «Este hombre dijo: "Puedo destruir el templo de Dios y reconstruirlo en tres días"».

⁶²Entonces el sumo sacerdote se puso de pie y le dijo a Jesús: «Bien, ¿no vas a responder a estos cargos? ¿Qué tienes que decir a tu favor?».

⁶³Pero Jesús guardó silencio. Entonces el sumo sacerdote le dijo:

—Te exijo, en el nombre del Dios viviente, que nos digas si eres el Mesías, el Hijo de Dios.

⁶⁴Jesús respondió:

—Tú lo has dicho; y en el futuro verán al Hijo del Hombre sentado en el lugar de poder, a la derecha de Dios,* y viniendo en las nubes del cielo.*

⁶⁵Entonces el sumo sacerdote se rasgó las vestiduras en señal de horror y dijo: ¡Blasfemia! ¿Para qué necesitamos más testigos? Todos han oído la blasfemia que dijo. ⁶⁶¿Cuál es el veredicto?».

«¡Culpable! —gritaron—. ¡Merece morir!».

⁶⁷Entonces comenzaron a escupirle en la cara a Jesús y a darle puñetazos. Algunos le daban bofetadas ⁶⁸y se burlaban: —¡Profetízanos, Mesías! ¿Quién te golpeó esta vez?».

Pedro niega a Jesús

⁶⁹Mientras tanto, Pedro estaba sentado afuera en el patio. Una sirvienta se acercó y le dijo:

—Tú eras uno de los que estaban con Jesús, el galileo.

⁷⁰Pero Pedro lo negó frente a todos.

—No sé de qué hablas —le dijo.

⁷¹Más tarde, cerca de la puerta, lo vio otra sirvienta, quien les dijo a los que estaban por ahí: «Este hombre estaba con Jesús de Nazaret*».

⁷²Nuevamente, Pedro lo negó, esta vez con un juramento. «Ni siquiera conozco al hombre», dijo.

⁷³Un poco más tarde, algunos de los otros que estaban allí se acercaron a Pedro y dijeron:

—Seguro que tú eres uno de ellos; nos damos cuenta por el acento galileo que tienes.

⁷⁴Pedro juró:

—¡Que me caiga una maldición si les miento! ¡No conozco al hombre!

Inmediatamente, el gallo cantó.

⁷⁵De repente, las palabras de Jesús pasaron rápidamente por la mente de Pedro: «Antes de que cante el gallo, negarás tres veces que me conoces». Y Pedro salió llorando amargamente.

Judas se ahorca

27 Muy temprano por la mañana, los principales sacerdotes y los ancianos del pueblo se juntaron nuevamente para tramar de qué manera ejecutar a Jesús. ²Luego, lo ataron, se lo llevaron y lo entregaron a Pilato, el gobernador romano.

³Cuando Judas, quien lo había traicionado, se dio cuenta de que habían condenado a muerte a Jesús, se llenó de remordimiento. Así que devolvió las treinta piezas de plata a los principales sacerdotes y a los ancianos.

⁴—He pecado —declaró—, porque traicioné a un hombre inocente.

—¿Qué nos importa? —contestaron—. Ese es tu problema.

⁵Entonces Judas tiró las monedas de plata en el templo, salió y se ahorcó.

⁶Los principales sacerdotes recogieron las monedas. «No sería correcto poner este dinero en el tesoro del templo —dijeron—, ya que se usó para pagar a un asesino*». ⁷Luego de discutir unos instantes, finalmente decidieron comprar el campo del alfarero y convertirlo en un cementerio para extranjeros. ⁸Por eso todavía se llama el Campo de Sangre. ⁹Así se cumplió la profecía de Jeremías que dice:

«Tomaron* las treinta piezas de plata
—el precio que el pueblo de Israel le puso a él—
¹⁰ y compraron el campo del alfarero,
como indicó el SEÑOR*».

Juicio de Jesús ante Pilato

¹¹Jesús se encontraba frente a Pilato, el gobernador romano.

—¿Eres tú el rey de los judíos? —le preguntó el gobernador.

—Tú lo has dicho —contestó Jesús.

¹²Entonces, cuando los principales sacerdotes y los ancianos presentaron sus acusaciones contra él, Jesús guardó silencio.

¹³—¿No oyes todas las acusaciones que presentan en tu contra? —le preguntó Pilato.

¹⁴Para sorpresa del gobernador, Jesús no respondió a ninguno de esos cargos.

¹⁵Ahora bien, era costumbre del gobernador cada año, durante la celebración de la Pascua, poner en libertad a un preso —el que la gente quisiera— y entregarlo a la multitud. ¹⁶Ese año, había un preso de mala fama, un hombre llamado Barrabás.* ¹⁷Al reunirse la multitud frente a la casa de Pilato aquella mañana, él les preguntó: —¿A quién quieren que ponga en libertad, a Barrabás o a Jesús, llamado el Mesías?» ¹⁸(Él sabía muy bien que los líderes religiosos judíos habían arrestado a Jesús por envidia).

¹⁹Justo en ese momento, cuando Pilato estaba en el tribunal, su esposa le envió el

---

26:59 En griego el *Sanedrín.* 26:64a En griego *sentado a la derecha de poder.* Ver Sal 110:1. 26:64b Ver Dn 7:13. 26:71 O *Jesús nazareno.* 27:6 En griego *ya que es el precio de sangre.* 27:9 O *Tomé.* 27:9-10 En griego *como me ordenó el Señor.* Za 11:12-13; Jr 32:6-9. 27:16 Algunos manuscritos dicen *Jesús Barrabás;* también en 27:17.

siguiente mensaje: «Deja en paz a ese hombre inocente. Anoche sufrí una pesadilla terrible con respecto a él».

²⁰Mientras tanto, los principales sacerdotes y los ancianos persuadieron a la multitud para que pidiera la libertad de Barrabás y que se ejecutara a Jesús. ²¹Así que el gobernador volvió a preguntar:

—¿A cuál de estos dos quieren que les deje en libertad?

—¡A Barrabás! —contestó la multitud a gritos.

²²—Entonces, ¿qué hago con Jesús, llamado el Mesías? —preguntó Pilato.

—¡Crucifícalo! —le contestaron a gritos.

²³—¿Por qué? —insistió Pilato—. ¿Qué crimen ha cometido?

Pero la turba rugió aún más fuerte:

—¡Crucifícalo!

²⁴Pilato vio que no lograba nada y que se armaba un disturbio. Así que mandó a buscar un recipiente con agua y se lavó las manos delante de la multitud a la vez que decía:

—Soy inocente de la sangre de este hombre. La responsabilidad es de ustedes.

²⁵Y la gente respondió a gritos:

—¡Nos haremos responsables de su muerte, nosotros y nuestros hijos!*

²⁶Así fue que Pilato dejó a Barrabás en libertad. Mandó azotar a Jesús con un látigo que tenía puntas de plomo, y después lo entregó a los soldados romanos para que lo crucificaran.

Los soldados se burlan de Jesús

²⁷Algunos de los soldados del gobernador llevaron a Jesús al cuartel* y llamaron a todo el regimiento. ²⁸Le quitaron la ropa y le pusieron un manto escarlata. ²⁹Armaron una corona con ramas de espinos y se la pusieron en la cabeza y le colocaron una caña de junco en la mano derecha como si fuera un cetro. Luego se arrodillaron burlonamente delante de él mientras se mofaban: «¡Viva el rey de los judíos!». ³⁰Lo escupieron, le quitaron la caña de junco y lo golpearon en la cabeza con ella. ³¹Cuando al fin se cansaron de hacerle burla, le quitaron el manto y volvieron a ponerle su propia ropa. Luego lo llevaron para crucificarlo.

La crucifixión

³²En el camino, se encontraron con un hombre llamado Simón, quien era de Cirene,* y los soldados lo obligaron a llevar la cruz de Jesús. ³³Salieron a un lugar llamado Gólgota (que significa «Lugar de la Calavera»). ³⁴Los soldados le dieron a Jesús vino mezclado con hiel amarga, pero cuando lo probó, se negó a beberla.

³⁵Después de clavarlo en la cruz, los soldados sortearon su ropa tirando los dados.* ³⁶Luego se sentaron alrededor e hicieron guardia mientras

él estaba colgado allí. ³⁷Encima de la cabeza de Jesús, colocaron un letrero, que anunciaba el cargo en su contra. Decía: «Este es Jesús, el Rey de los judíos». ³⁸Con él crucificaron a dos revolucionarios,* uno a su derecha y otro a su izquierda.

³⁹La gente que pasaba por allí gritaba insultos y movía la cabeza en forma burlona. ⁴⁰«¡Pero mírate ahora! —le gritaban—. Dijiste que ibas a destruir el templo y a reconstruirlo en tres días. Muy bien, si eres el Hijo de Dios, sálvate a ti mismo y bájate de la cruz».

⁴¹Los principales sacerdotes, los maestros de la ley religiosa y los ancianos también se burlaban de Jesús. ⁴²«Salvó a otros —se mofaban—, ¡pero no puede salvarse a sí mismo! Con que es el Rey de Israel, ¿no? ¡Que baje de la cruz ahora mismo y creeremos en él! ⁴³Confió en Dios, entonces, ¡que Dios lo rescate ahora si lo quiere! Pues dijo: "Soy el Hijo de Dios"». ⁴⁴Hasta los revolucionarios que estaban crucificados con Jesús se burlaban de él de la misma manera.

Muerte de Jesús

⁴⁵Al mediodía, la tierra se llenó de oscuridad hasta las tres de la tarde. ⁴⁶A eso de las tres de la tarde, Jesús clamó en voz fuerte: *«Elí, Elí,* lema *sabactani»,* que significa: «Dios mío, Dios mío, ¿por qué me has abandonado?»*.

⁴⁷Algunos que pasaban por allí entendieron mal y pensaron que estaba llamando al profeta Elías. ⁴⁸Uno de ellos corrió y empapó una esponja en vino agrio, la puso sobre una caña de junco y la levantó para que pudiera beber. ⁴⁹Pero los demás dijeron: «¡Espera! A ver si Elías viene a salvarlo»*.

⁵⁰Entonces Jesús volvió a gritar y entregó su espíritu. ⁵¹En ese momento, la cortina del santuario del templo se rasgó en dos, de arriba a abajo. La tierra tembló, las rocas se partieron en dos, ⁵²y las tumbas se abrieron. Los cuerpos de muchos hombres y mujeres justos que habían muerto resucitaron. ⁵³Salieron del cementerio luego de la resurrección de Jesús, entraron en la santa ciudad de Jerusalén y se aparecieron a mucha gente.

⁵⁴El oficial romano* y los otros soldados que estaban en la crucifixión quedaron aterrorizados por el terremoto y por todo lo que había sucedido. Dijeron: «¡Este hombre era verdaderamente el Hijo de Dios!».

⁵⁵Muchas mujeres que habían llegado desde Galilea con Jesús para cuidar de él, miraban de lejos. ⁵⁶Entre ellas estaban María Magdalena, María (la madre de Santiago y José), y la madre de Santiago y Juan, los hijos de Zebedeo.

Entierro de Jesús

⁵⁷Al acercarse la noche, José, un hombre rico de Arimatea que se había convertido en seguidor

---

27:25 En griego —¡Su sangre sea sobre nosotros y sobre nuestros hijos! **27:27** O al pretorio. **27:32** Cirene era una ciudad al norte de África. **27:35** En griego echando suertes. Unos cuantos manuscritos tardíos incluyen Así se cumplió la palabra del profeta: «Dividieron entre sí mis vestidos y tiraron los dados por mi túnica». Ver Sal 22:18. **27:38** O criminales; también en 27:44. **27:46a** Algunos manuscritos dicen Eloi, Eloi. **27:46b** Sal 22:1. **27:49** Algunos manuscritos incluyen Y otro tomó una lanza y le traspasó el costado, y corrió agua y sangre. Comparar Jn 19:34. **27:34** En griego El centurión.

de Jesús, [58]fue a ver a Pilato y le pidió el cuerpo de Jesús. Pilato emitió una orden para que se lo entregaran. [59]José tomó el cuerpo y lo envolvió en un largo lienzo de lino limpio. [60]Lo colocó en una tumba nueva, su propia tumba que había sido tallada en la roca. Luego hizo rodar una gran piedra para tapar la entrada y se fue. [61]Tanto María Magdalena como la otra María estaban sentadas frente a la tumba y observaban.

La guardia en la tumba

[62]Al día siguiente, que era el día de descanso,* los principales sacerdotes y los fariseos fueron a ver a Pilato. [63]Le dijeron:

—Señor, recordamos lo que dijo una vez ese mentiroso cuando todavía estaba con vida: "Luego de tres días resucitaré de los muertos". [64]Por lo tanto, le pedimos que selle la tumba hasta el tercer día. Eso impedirá que sus discípulos vayan a robar su cuerpo, y luego le digan a todo el mundo que él resucitó de los muertos. Si eso sucede, estaremos peor que al principio.

[65]Pilato les respondió:

—Tomen guardias y aseguren la tumba lo mejor que puedan.

[66]Entonces ellos sellaron la tumba y pusieron guardias para que la protegieran.

La resurrección

28 El domingo por la mañana temprano,* cuando amanecía el nuevo día, María Magdalena y la otra María fueron a visitar la tumba.

[2]¡De repente, se produjo un gran terremoto! Pues un ángel del Señor descendió del cielo, corrió la piedra a un lado y se sentó sobre ella. [3]Su rostro brillaba como un relámpago, y su ropa era blanca como la nieve. [4]Los guardias temblaron de miedo cuando lo vieron y cayeron desmayados por completo.

[5]Entonces, el ángel les habló a las mujeres: «¡No teman! —dijo—. Sé que buscan a Jesús el que fue crucificado. [6]¡No está aquí! Ha resucitado tal como dijo que sucedería. Vengan, vean

el lugar donde estaba su cuerpo. [7]Y ahora, vayan rápidamente y cuéntenles a sus discípulos que ha resucitado y que va delante de ustedes a Galilea. Allí lo verán. Recuerden lo que les he dicho».

[8]Las mujeres se fueron a toda prisa. Estaban asustadas pero a la vez llenas de gran alegría, y se apresuraron para dar el mensaje del ángel a los discípulos. [9]Mientras iban, Jesús les salió al encuentro y las saludó. Ellas corrieron hasta él, abrazaron sus pies y lo adoraron. [10]Entonces Jesús les dijo: «¡No teman! Digan a mis hermanos que vayan a Galilea, y allí me verán».

El informe de los guardias

[11]Mientras las mujeres estaban en camino, algunos de los guardias entraron en la ciudad y les contaron a los principales sacerdotes lo que había sucedido. [12]Se convocó a una reunión con los ancianos, y decidieron dar a los soldados un gran soborno. [13]Les dijeron: «Ustedes deben decir: "Los discípulos de Jesús vinieron durante la noche, mientras dormíamos, y robaron el cuerpo". [14]Si llega a oídos del gobernador, nosotros los respaldaremos, así no se meterán en problemas». [15]Entonces los guardias aceptaron el soborno y dijeron lo que les habían ordenado. Su historia corrió por todas partes entre los judíos y la siguen contando hasta el día de hoy.

La gran comisión

[16]Entonces los once discípulos salieron hacia Galilea y se dirigieron al monte que Jesús les había indicado. [17]Cuando vieron a Jesús, lo adoraron, ¡pero algunos de ellos dudaban!

[18]Jesús se acercó y dijo a sus discípulos: «Se me ha dado toda autoridad en el cielo y en la tierra. [19]Por lo tanto, vayan y hagan discípulos de todas las naciones,* bautizándolos en el nombre del Padre y del Hijo y del Espíritu Santo. [20]Enseñen a los nuevos discípulos a obedecer todos los mandatos que les he dado. Y tengan por seguro esto: que estoy con ustedes siempre, hasta el fin de los tiempos».

27:62 O *Al día siguiente, luego de la preparación.* 28:1 En griego *Luego del día de descanso, el primer día de la semana.*
28:19 O *todos los grupos étnicos.*

Marcos

Juan el Bautista prepara el camino

1 Esta es la Buena Noticia acerca de Jesús el Mesías, el Hijo de Dios.* Comenzó [2] tal como el profeta Isaías había escrito:

«Mira, envío mi mensajero delante de ti,
    y él preparará tu camino.*
[3] Es una voz que clama en el desierto:
    "¡Preparen el camino para la venida del
        Señor!
    ¡Ábranle camino!"»*.

[4] Ese mensajero era Juan el Bautista. Estaba en el desierto y predicaba que la gente debía ser bautizada para demostrar que se había arrepentido de sus pecados y vuelto a Dios para ser perdonada. [5] Toda la gente de Judea, incluidos los habitantes de Jerusalén, salían para ver y oír a Juan; y cuando confesaban sus pecados, él los bautizaba en el río Jordán. [6] Juan usaba ropa tejida con pelo rústico de camello y llevaba puesto un cinturón de cuero alrededor de la cintura. Se alimentaba con langostas y miel silvestre.

[7] Juan anunciaba: «Pronto viene alguien que es superior a mí, tan superior que ni siquiera soy digno de inclinarme como un esclavo y desatarle las correas de sus sandalias. [8] Yo los bautizo con* agua, ¡pero él los bautizará con el Espíritu Santo!».

Bautismo y tentación de Jesús

[9] Cierto día, Jesús llegó de Nazaret de Galilea, y Juan lo bautizó en el río Jordán. [10] Cuando Jesús salió del agua, vio que el cielo se abría y el Espíritu Santo descendía sobre él* como una paloma. [11] Y una voz dijo desde el cielo: «Tú eres mi Hijo muy amado y me das gran gozo».

[12] Luego el Espíritu lo impulsó a ir al desierto, [13] donde Jesús fue tentado por Satanás durante cuarenta días. Estaba a la intemperie entre los animales salvajes, y los ángeles lo cuidaban.

[14] Más tarde, después del arresto de Juan, Jesús entró en Galilea, donde predicó la Buena Noticia de Dios.* [15] «¡Por fin ha llegado el tiempo prometido por Dios! —anunciaba—. ¡El reino de Dios está cerca! ¡Arrepiéntanse de sus pecados y crean la Buena Noticia!».

Primeros discípulos

[16] Cierto día, mientras Jesús caminaba por la orilla del mar de Galilea, vio a Simón* y a su hermano Andrés que echaban la red al agua, porque vivían de la pesca. [17] Jesús los llamó: «Vengan, síganme, ¡y yo les enseñaré cómo pescar personas!». [18] Y enseguida dejaron las redes y lo siguieron.

[19] Un poco más adelante por la orilla, Jesús vio a Santiago y a Juan, hijos de Zebedeo, en una barca, reparando las redes. [20] Los llamó de inmediato y ellos también lo siguieron, dejando a su padre Zebedeo en la barca con los hombres contratados.

Jesús expulsa a un espíritu maligno

[21] Jesús y sus compañeros fueron al pueblo de Capernaúm. Cuando llegó el día de descanso, Jesús entró en la sinagoga y comenzó a enseñar. [22] La gente quedó asombrada de su enseñanza, porque lo hacía con verdadera autoridad, algo completamente diferente de lo que hacían los maestros de la ley religiosa.

[23] De pronto, un hombre en la sinagoga, que estaba poseído por un espíritu maligno, comenzó a gritar: [24] «¿Por qué te entrometes con nosotros, Jesús de Nazaret? ¿Has venido a destruirnos? ¡Yo sé quién eres: el Santo de Dios!».

[25] «¡Cállate! —lo interrumpió Jesús y le ordenó—. ¡Sal de este hombre!». [26] En ese mismo momento, el espíritu soltó un alarido, le causó convulsiones al hombre y luego salió de él.

[27] El asombro se apoderó de la gente, y todos comenzaron a hablar de lo que había ocurrido. «¿Qué clase de enseñanza nueva es esta? —se preguntaban con emoción—. ¡Tiene tanta autoridad! ¡Hasta los espíritus malignos obedecen sus órdenes!». [28] Las noticias acerca de Jesús corrieron velozmente por toda la región de Galilea.

Jesús sana a mucha gente

[29] Después Jesús salió de la sinagoga con Santiago y Juan, y fueron a la casa de Simón y Andrés. [30] Resulta que la suegra de Simón estaba

1:1 Algunos manuscritos no incluyen el Hijo de Dios.   1:2 Ml 3:1.   1:3 Is 40:3 (versión griega).   1:8 O en; también en 1:8b.   1:10 O hacia él, o en él.   1:14 Algunos manuscritos dicen la Buena Noticia del reino de Dios.   1:16 Simón es llamado «Pedro» desde 3:16 en adelante.   1:23 En griego impuro; también un 1:26, 27.

enferma en cama con mucha fiebre. Se lo contaron a Jesús de inmediato. [31]Él se acercó a la cama, la tomó de la mano y la ayudó a sentarse. Entonces la fiebre se fue, y ella les preparó una comida.

[32]Esa tarde, después de la puesta del sol, le llevaron a Jesús muchos enfermos y endemoniados. [33]El pueblo entero se juntó en la puerta para mirar. [34]Entonces Jesús sanó a mucha gente que padecía de diversas enfermedades y expulsó a muchos demonios, pero como los demonios sabían quién era él, no los dejó hablar.

Jesús predica en Galilea

[35]A la mañana siguiente, antes del amanecer, Jesús se levantó y fue a un lugar aislado para orar. [36]Más tarde, Simón y los otros salieron a buscarlo. [37]Cuando lo encontraron, le dijeron:

—Todos te están buscando.

[38]Jesús les respondió:

—Debemos seguir adelante e ir a otras ciudades, y en ellas también predicaré porque para eso he venido.

[39]Así que recorrió toda la región de Galilea, predicando en las sinagogas y expulsando demonios.

Jesús sana a un leproso

[40]Un hombre con lepra se acercó, se arrodilló ante Jesús y le suplicó que lo sanara.

—Si tú quieres, puedes sanarme y dejarme limpio—dijo.

[41]Movido a compasión,* Jesús extendió la mano y lo tocó.

—Sí quiero —dijo—. ¡Queda sano!

[42]Al instante, la lepra desapareció y el hombre quedó sano. [43]Entonces Jesús lo despidió con una firme advertencia:

[44]—No se lo cuentes a nadie. En cambio, preséntate ante el sacerdote y deja que te examine. Lleva contigo la ofrenda que exige la ley de Moisés a los que son sanados de lepra.* Esto será un testimonio público de que has quedado limpio.

[45]Pero el hombre hizo correr la voz proclamando a todos lo que había sucedido. Como resultado, grandes multitudes pronto rodearon a Jesús, de modo que ya no pudo entrar abiertamente en ninguna ciudad. Tenía que quedarse en lugares apartados, pero aun así gente de todas partes seguía acudiendo a él.

Jesús sana a un paralítico

2 Cuando Jesús regresó a Capernaúm varios días después, enseguida corrió la voz de que había vuelto a casa. [2]Pronto la casa donde se hospedaba estaba tan llena de visitas que no había lugar ni siquiera frente a la puerta. Mientras él les predicaba la palabra de Dios, [3]llegaron cuatro hombres cargando a un paralítico en una camilla. [4]Como no podían llevarlo hasta Jesús debido a la multitud, abrieron un agujero en el techo, encima de donde estaba Jesús. Luego bajaron al hombre en la camilla, justo delante de Jesús. [5]Al ver la fe de ellos, Jesús le dijo al paralítico: «Hijo mío, tus pecados son perdonados».

[6]Algunos de los maestros de la ley religiosa que estaban allí sentados pensaron: [7]«¿Qué es lo que dice? ¡Es una blasfemia! ¡Solo Dios puede perdonar pecados!».

[8]En ese mismo instante, Jesús supo lo que pensaban, así que les preguntó: «¿Por qué cuestionan eso en su corazón? [9]¿Qué es más fácil decirle al paralítico: "Tus pecados son perdonados" o "Ponte de pie, toma tu camilla y camina"? [10]Así que les demostraré que el Hijo del Hombre* tiene autoridad en la tierra para perdonar pecados». Entonces Jesús miró al paralítico y dijo: [11]«¡Ponte de pie, toma tu camilla y vete a tu casa!».

[12]Y el hombre se levantó de un salto, tomó su camilla y salió caminando entre los espectadores, que habían quedado atónitos. Todos estaban asombrados y alababan a Dios, exclamando: «¡Jamás hemos visto algo así!».

Jesús llama a Leví (Mateo)

[13]Entonces Jesús salió de nuevo a la orilla del lago y enseñó a las multitudes que se acercaban a él. [14]Mientras caminaba, vio a Leví, hijo de Alfeo, sentado en su cabina de cobrador de impuestos. «Sígueme y sé mi discípulo», le dijo Jesús. Entonces Leví se levantó y lo siguió.

[15]Más tarde, Leví invitó a Jesús y a sus discípulos a una cena en su casa, junto con muchos cobradores de impuestos y otros pecadores de mala fama. (Había mucha de esa clase de gente entre los seguidores de Jesús). [16]Cuando los maestros de la ley religiosa, que eran fariseos,* lo vieron comer con los cobradores de impuestos y otros pecadores, preguntaron a los discípulos: «¿Por qué come con semejante escoria?*».

[17]Cuando Jesús los oyó, les dijo: «La gente sana no necesita médico, los enfermos sí. No he venido a llamar a los que se creen justos, sino a los que saben que son pecadores».

Discusión acerca del ayuno

[18]Cierta vez que los discípulos de Juan y los fariseos ayunaban, algunas personas se acercaron a Jesús y le preguntaron:

—¿Por qué tus discípulos no ayunan, como hacen los discípulos de Juan y los fariseos?

[19]Jesús les contestó:

—¿Acaso los invitados de una boda ayunan mientras festejan con el novio? Por supuesto que no. No pueden ayunar mientras el novio está con ellos; [20]pero un día el novio será llevado, y entonces sí ayunarán.

[21]Además, ¿a quién se le ocurriría remendar

1:41 Algunos manuscritos dicen *Por enojo.*   1:44 Ver Lv 14:2-32.   2:10 «Hijo del Hombre» es un título que Jesús empleaba para referirse a sí mismo.   2:16a En griego *los escribas de los fariseos.*   2:16b En griego *con cobradores de impuestos y pecadores?*

una prenda vieja con tela nueva? Pues el remiendo nuevo encogería y se desprendería de la tela vieja, lo cual dejaría una rotura aún mayor que la anterior.

²²»Y nadie pone vino nuevo en cueros viejos. Pues el vino reventaría los cueros, y tanto el vino como los cueros se echarían a perder. El vino nuevo necesita cueros nuevos.

Discusión acerca del día de descanso

²³Cierto día de descanso, mientras Jesús caminaba por unos terrenos sembrados, sus discípulos comenzaron a arrancar espigas de grano para comer. ²⁴Entonces los fariseos le dijeron a Jesús:

—Mira, ¿por qué tus discípulos violan la ley al cosechar granos en el día de descanso?

²⁵Jesús les dijo:

—¿Acaso no han leído en las Escrituras lo que hizo David cuando él y sus compañeros tuvieron hambre? ²⁶Entró en la casa de Dios (en el tiempo que Abiatar era sumo sacerdote) y violó la ley al comer los panes sagrados que solo a los sacerdotes se les permite comer, y también les dio una porción a sus compañeros.

²⁷Después Jesús les dijo:

—El día de descanso se hizo para satisfacer las necesidades de la gente, y no para que la gente satisfaga los requisitos del día de descanso. ²⁸Así que el Hijo del Hombre es Señor, ¡incluso del día de descanso!

Jesús sana en el día de descanso

3 Jesús entró de nuevo en la sinagoga y vio a un hombre que tenía una mano deforme. ²Como era el día de descanso, los enemigos de Jesús lo vigilaban de cerca. Si sanaba la mano del hombre, tenían pensado acusarlo por trabajar en el día de descanso.

³Jesús le dijo al hombre con la mano deforme: «Ven y ponte de pie frente a todos». ⁴Luego se dirigió a sus acusadores y les preguntó: «¿Permite la ley hacer buenas acciones en el día de descanso o es un día para hacer el mal? ¿Es un día para salvar la vida o para destruirla?». Pero ellos no quisieron contestarle.

⁵Jesús miró con enojo a los que lo rodeaban, profundamente entristecido por la dureza de su corazón. Entonces le dijo al hombre: «Extiende la mano». Así que el hombre la extendió, ¡y la mano quedó restaurada! ⁶Los fariseos salieron enseguida y se reunieron con los partidarios de Herodes para tramar cómo matar a Jesús.

Multitudes siguen a Jesús

⁷Jesús fue al lago con sus discípulos, y una gran multitud lo siguió. La gente llegaba de toda Galilea, Judea, ⁸Jerusalén, Idumea, del otro lado del río Jordán y de lugares tan al norte como Tiro y Sidón. Las noticias sobre sus milagros corrían

por todas partes, y una enorme cantidad de personas llegó para verlo.

⁹Jesús encargó a sus discípulos que prepararan una barca para que la multitud no lo apretujara. ¹⁰Ese día sanó a tanta gente, que todos los enfermos empujaban hacia adelante para poder tocarlo. ¹¹Y, cuando los que estaban poseídos por espíritus malignos* lo veían, los espíritus los arrojaban al suelo frente a él y gritaban: «¡Tú eres el Hijo de Dios!»; ¹²pero Jesús ordenó severamente a los espíritus que no revelaran quién era él.

Jesús escoge a los doce apóstoles

¹³Tiempo después Jesús subió a un monte y llamó a los que quería que lo acompañaran. Todos ellos se acercaron a él. ¹⁴Luego nombró a doce de ellos y los llamó sus apóstoles.* Ellos lo acompañarían, y él los enviaría a predicar ¹⁵y les daría autoridad para expulsar demonios. ¹⁶Estos son los doce que escogió:

Simón (a quien llamó Pedro),
¹⁷ Santiago y Juan (los hijos de Zebedeo, a quienes Jesús apodó «hijos del trueno»*),
¹⁸ Andrés,
Felipe,
Bartolomé,
Mateo,
Tomás,
Santiago (hijo de Alfeo),
Tadeo,
Simón (el zelote*),
¹⁹ Judas Iscariote (quien después lo traicionó).

Jesús y el príncipe de los demonios

²⁰Cierta vez, Jesús entró en una casa y las multitudes empezaron a juntarse nuevamente. Pronto ni él ni sus discípulos encontraron un momento para comer. ²¹Cuando sus familiares oyeron lo que sucedía, intentaron llevárselo. «Está fuera de sí», decían.

²²Pero los maestros de la ley religiosa que habían llegado de Jerusalén decían: «Está poseído por Satanás,* el príncipe de los demonios. De él recibe el poder para expulsar demonios».

²³Jesús los llamó para que se acercaran y respondió con una ilustración: «¿Cómo puede Satanás expulsar a Satanás? —preguntó—. ²⁴Un reino dividido por una guerra civil, acabará destruido. ²⁵De la misma manera una familia dividida por peleas se desintegrará. ²⁶Si Satanás está dividido y pelea contra sí mismo, ¿cómo podrá mantenerse en pie? Nunca sobreviviría. ²⁷Permítanme darles otra ilustración. ¿Quién tiene suficiente poder para entrar en la casa de un hombre fuerte como Satanás y saquear sus bienes? Solo alguien aún más fuerte, alguien que pudiera atarlo y después saquear su casa. ²⁸»Les digo la verdad, cualquier pecado y

---

3:11 En griego *impuros;* también en 3:30. 3:14 Algunos manuscritos no incluyen *y los llamó sus apóstoles.* 3:17 En griego *a quienes llamó Boanerges, que significa «hijos del trueno».* 3:18 En griego *el cananeo,* un término arameo para referirse a los judíos nacionalistas. 3:22 En griego *Beelzeboul;* otros manuscritos dicen *Beezeboul;* la versión latina dice *Beelzebú.*

blasfemia pueden ser perdonados, ²⁹pero todo el que blasfeme contra el Espíritu Santo jamás será perdonado. Este es un pecado que acarrea consecuencias eternas». ³⁰Les dijo esto porque ellos decían: «Está poseído por un espíritu maligno».

La verdadera familia de Jesús

³¹Luego la madre y los hermanos de Jesús vinieron a verlo. Se quedaron afuera y le mandaron a decir que saliera para hablar con ellos. ³²Había una multitud sentada alrededor de Jesús, y alguien dijo: «Tu madre y tus hermanos* están afuera y te llaman».

³³Jesús respondió: «¿Quién es mi madre? ¿Quiénes son mis hermanos?». ³⁴Entonces miró a los que estaban a su alrededor y dijo: «Miren, estos son mi madre y mis hermanos. ³⁵Todo el que hace la voluntad de Dios es mi hermano y mi hermana y mi madre».

Parábola del sembrador

4 Una vez más Jesús comenzó a enseñar a la orilla del lago. Pronto se reunió una gran multitud alrededor de él, así que entró en una barca. Luego se sentó en la barca, mientras que toda la gente permanecía en la orilla. ²Les enseñaba por medio de historias que contaba en forma de parábola, como la siguiente:

³«¡Escuchen! Un agricultor salió a sembrar. ⁴A medida que esparcía la semilla por el campo, algunas cayeron sobre el camino y los pájaros vinieron a comérselas. ⁵Otras cayeron en tierra poco profunda con roca debajo de ella. Las semillas germinaron con rapidez porque la tierra era poco profunda; ⁶pero pronto las plantas se marchitaron bajo el calor del sol y, como no tenían raíces profundas, murieron. ⁷Otras semillas cayeron entre espinos, los cuales crecieron y ahogaron los brotes, así que esos brotes no produjeron grano. ⁸Pero otras semillas cayeron en tierra fértil, y germinaron y crecieron, ¡y produjeron una cosecha que fue treinta, sesenta y hasta cien veces más numerosa de lo que se había sembrado!». ⁹Luego les dijo: «El que tenga oídos para oír, que escuche y entienda».

¹⁰Más tarde, cuando Jesús se quedó a solas con los doce discípulos y con las demás personas que se habían reunido, le preguntaron el significado de las parábolas.

¹¹Él contestó: «A ustedes se les permite entender el secreto* del reino de Dios; pero utilizo parábolas para hablarles a los de afuera, ¹²para que se cumplan las Escrituras: ·

«Cuando ellos vean lo que hago,
 no aprenderán nada.
Cuando oigan lo que digo,
 no entenderán.
De lo contrario, se volverían a mí
 y serían perdonados»*».

¹³Luego Jesús les dijo: «Si no pueden entender el significado de esta parábola, ¿cómo entenderán las demás parábolas? ¹⁴El agricultor siembra las semillas al llevar la palabra de Dios a otros. ¹⁵Las semillas que cayeron en el camino representan a los que oyen el mensaje, pero enseguida viene Satanás y las quita. ¹⁶Las semillas sobre la tierra rocosa representan a los que oyen el mensaje y de inmediato lo reciben con alegría; ¹⁷pero como no tienen raíces profundas, no duran mucho. En cuanto tienen problemas o son perseguidos por creer la palabra de Dios, caen. ¹⁸Las semillas que cayeron entre los espinos representan a los que oyen la palabra de Dios, ¹⁹pero muy pronto el mensaje queda desplazado por las preocupaciones de esta vida, el atractivo de la riqueza y el deseo por otras cosas, así que no se produce ningún fruto. ²⁰Y las semillas que cayeron en la buena tierra representan a los que oyen y aceptan la palabra de Dios, ¡y producen una cosecha treinta, sesenta y hasta cien veces más numerosa de lo que se había sembrado!».

Parábola de la lámpara

²¹Entonces Jesús les preguntó: «¿Acaso alguien encendería una lámpara y luego la pondría debajo de una canasta o de una cama? ¡Claro que no! Una lámpara se coloca en un lugar alto, donde su luz alumbre. ²²Pues todo lo que está escondido tarde o temprano se descubrirá y todo secreto saldrá a la luz. ²³El que tenga oídos para oír debería escuchar y entender».

²⁴Luego agregó: «Presten mucha atención a lo que oyen. Cuanto más atentamente escuchen, tanto más entendimiento les será dado,* y se les dará aún más. ²⁵A los que escuchan mis enseñanzas se les dará más entendimiento, pero a los que no escuchan, se les quitará aun lo poco que entiendan».

Parábola de la semilla que crece

²⁶Jesús también dijo: «El reino de Dios es como un agricultor que esparce semilla en la tierra. ²⁷Día y noche, sea que él esté dormido o despierto, la semilla brota y crece, pero él no entiende cómo sucede. ²⁸La tierra produce las cosechas por sí sola. Primero aparece una hoja, luego se forma la espiga y finalmente el grano maduro. ²⁹Tan pronto como el grano está listo, el agricultor lo corta con la hoz porque ha llegado el tiempo de la cosecha».

Parábola de la semilla de mostaza

³⁰Jesús dijo: «¿Cómo puedo describir el reino de Dios? ¿Qué relato emplearé para ilustrarlo? ³¹Es como una semilla de mostaza sembrada en la tierra. Es la más pequeña de todas las semillas, ³²pero se convierte en la planta más grande del huerto; sus ramas llegan a ser tan grandes que los pájaros hacen nidos bajo su sombra».

3:32 Algunos manuscritos incluyen *y hermanas.*   **4:11** En griego *misterio.*   **4:12** Is 6:9-10 (versión griega).   **4:24** O *La medida que ustedes den será la medida que recibirán.*

³³Jesús empleó muchas historias e ilustraciones similares para enseñar a la gente, tanto como pudieran entender. ³⁴De hecho, durante su ministerio público nunca enseñó sin usar parábolas; pero después, cuando estaba a solas con sus discípulos, les explicaba todo a ellos.

Jesús calma la tormenta

³⁵Al atardecer, Jesús dijo a sus discípulos: «Crucemos al otro lado del lago». ³⁶Así que dejaron a las multitudes y salieron con Jesús en la barca (aunque otras barcas los siguieron). ³⁷Pronto se desató una tormenta feroz y olas violentas entraban en la barca, la cual empezó a llenarse de agua.

³⁸Jesús estaba dormido en la parte posterior de la barca, con la cabeza recostada en una almohada. Los discípulos lo despertaron: «¡Maestro! ¿No te importa que nos ahoguemos?», gritaron.

³⁹Cuando Jesús se despertó, reprendió al viento y dijo a las olas: «¡Silencio! ¡Cálmense!». De repente, el viento se detuvo y hubo una gran calma. ⁴⁰Luego él les preguntó: «¿Por qué tienen miedo? ¿Todavía no tienen fe?».

⁴¹Los discípulos estaban completamente aterrados. «¿Quién es este hombre? —se preguntaban unos a otros—. ¡Hasta el viento y las olas lo obedecen!».

Jesús sana a un hombre endemoniado

5 Entonces llegaron al otro lado del lago, a la región de los gerasenos.* ²Cuando Jesús bajó de la barca, un hombre poseído por un espíritu maligno* salió del cementerio a su encuentro. ³Este hombre vivía entre las cuevas de entierro y ya nadie podía sujetarlo ni siquiera con cadenas. ⁴Siempre que lo ataban con cadenas y grilletes —lo cual le hacían a menudo—, él rompía las cadenas de sus muñecas y destrozaba los grilletes. No había nadie con suficiente fuerza para someterlo. ⁵Día y noche vagaba entre las cuevas donde enterraban a los muertos y por las colinas, aullando y cortándose con piedras afiladas.

⁶Cuando Jesús todavía estaba a cierta distancia, el hombre lo vio, corrió a su encuentro y se inclinó delante de él. ⁷Dando un alarido, gritó: «¿Por qué te entrometes conmigo, Jesús, Hijo del Dios Altísimo? ¡En el nombre de Dios, te suplico que no me tortures!». ⁸Pues Jesús ya le había dicho al espíritu: «Sal de este hombre, espíritu maligno».

⁹Entonces Jesús le preguntó:
—¿Cómo te llamas?
Y él contestó:
—Me llamo Legión, porque somos muchos los que estamos dentro de este hombre.

¹⁰Entonces los espíritus malignos le suplicaron una y otra vez que no los enviara a un lugar lejano.

¹¹Sucedió que había una gran manada de cerdos alimentándose en una ladera cercana. ¹²«Envíanos a esos cerdos —suplicaron los espíritus—. Déjanos entrar en ellos».

¹³Entonces Jesús les dio permiso. Los espíritus malignos salieron del hombre y entraron en los cerdos, y toda la manada de unos dos mil cerdos se lanzó al lago por el precipicio y se ahogó en el agua.

¹⁴Los hombres que cuidaban los cerdos huyeron a la ciudad cercana y sus alrededores, difundiendo la noticia mientras corrían. La gente salió corriendo para ver lo que había pasado. ¹⁵Pronto una multitud se juntó alrededor de Jesús, y todos vieron al hombre que había estado poseído por la legión de demonios. Se encontraba sentado allí, completamente vestido y en su sano juicio, y todos tuvieron miedo. ¹⁶Entonces los que habían visto lo sucedido, les contaron a los otros lo que había ocurrido con el hombre poseído por los demonios y con los cerdos; ¹⁷y la multitud comenzó a rogarle a Jesús que se fuera y los dejara en paz.

¹⁸Mientras Jesús entraba en la barca, el hombre que había estado poseído por los demonios le suplicaba que le permitiera acompañarlo. ¹⁹Pero Jesús le dijo: «No. Ve a tu casa y a tu familia y diles todo lo que el Señor ha hecho por ti y lo misericordioso que ha sido contigo». ²⁰Así que el hombre salió a visitar las Diez Ciudades* de esa región y comenzó a proclamar las grandes cosas que Jesús había hecho por él; y todos quedaban asombrados de lo que les decía.

Jesús sana en respuesta a la fe

²¹Jesús entró de nuevo en la barca y regresó al otro lado del lago, donde una gran multitud se juntó alrededor de él en la orilla. ²²Entonces llegó uno de los líderes de la sinagoga local, llamado Jairo. Cuando vio a Jesús, cayó a sus pies ²³y le rogó con fervor: «Mi hijita se está muriendo —dijo—. Por favor, ven y pon tus manos sobre ella para que se sane y viva».

²⁴Jesús fue con él, y toda la gente lo siguió, apretujada a su alrededor. ²⁵Una mujer de la multitud hacía doce años que sufría una hemorragia continua. ²⁶Había sufrido mucho con varios médicos y, a lo largo de los años, había gastado todo lo que tenía para poder pagarles, pero nunca mejoró. De hecho, se puso peor. ²⁷Ella había oído de Jesús, así que se le acercó por detrás entre la multitud y tocó su túnica. ²⁸Pues pensó: «Si tan solo tocara su túnica, quedaré sana». ²⁹Al instante, la hemorragia se detuvo, y ella pudo sentir en su cuerpo que había sido sanada de su terrible condición.

³⁰Jesús se dio cuenta de inmediato de que había salido poder sanador de él, así que se dio vuelta y preguntó a la multitud: «¿Quién tocó mi túnica?».

5:1 Otros manuscritos dicen *gadarenos*; incluso otros dicen *gergesenos*. Ver Mt 8:28; Lc 8:26.   5:2 En griego *impuro*; también en 5:8, 13.   5:20 En griego *Decápolis*.

31Sus discípulos le dijeron: «Mira a la multitud que te apretuja por todos lados. ¿Cómo puedes preguntar: "¿Quién me tocó?"?».

32Sin embargo, él siguió mirando a su alrededor para ver quién lo había hecho. 33Entonces la mujer, asustada y temblando al darse cuenta de lo que le había pasado, se acercó y se arrodilló delante de él y le confesó lo que había hecho. 34Y él le dijo: «Hija, tu fe te ha sanado. Ve en paz. Se acabó tu sufrimiento».

35Mientras él todavía hablaba con ella, llegaron mensajeros de la casa de Jairo, el líder de la sinagoga, y le dijeron: «Tu hija está muerta. Ya no tiene sentido molestar al Maestro».

36Jesús oyó* lo que decían y le dijo a Jairo: «No tengas miedo. Solo ten fe».

37Jesús detuvo a la multitud y no dejó que nadie fuera con él excepto Pedro, Santiago y Juan (el hermano de Santiago). 38Cuando llegaron a la casa del líder de la sinagoga, Jesús vio el alboroto y que había muchos llantos y lamentos. 39Entró y preguntó: «¿Por qué tanto alboroto y llanto? La niña no está muerta; solo duerme».

40La gente se rió de él; pero él hizo que todos salieran y llevó al padre y a la madre de la muchacha y a sus tres discípulos a la habitación donde estaba la niña. 41La tomó de la mano y le dijo: *«Talita cum»,* que significa «¡Niña, levántate!». 42Entonces la niña, que tenía doce años, ¡enseguida se puso de pie y caminó! Los presentes quedaron conmovidos y totalmente asombrados. 43Jesús dio órdenes estrictas de que no le dijeran a nadie lo que había sucedido y entonces les dijo que le dieran de comer a la niña.

Jesús es rechazado en Nazaret

6 Jesús salió de esa región y regresó con sus discípulos a Nazaret, su pueblo. 2El siguiente día de descanso, comenzó a enseñar en la sinagoga, y muchos de los que lo oían quedaban asombrados. Preguntaban: «¿De dónde sacó toda esa sabiduría y el poder para realizar semejantes milagros?». 3Y se burlaban: «Es un simple carpintero, hijo de María* y hermano de Santiago, José,* Judas y Simón. Y sus hermanas viven aquí mismo entre nosotros». Se sentían profundamente ofendidos y se negaron a creer en él.

4Entonces Jesús les dijo: «Un profeta recibe honra en todas partes menos en su propio pueblo y entre sus parientes y su propia familia». 5Y, debido a la incredulidad de ellos, Jesús no pudo hacer ningún milagro allí, excepto poner sus manos sobre algunos enfermos y sanarlos. 6Y estaba asombrado de su incredulidad.

Jesús envía a los doce discípulos

Después Jesús fue de aldea en aldea enseñando a la gente. 7Reunió a sus doce discípulos,

comenzó a enviarlos de dos en dos y les dio autoridad para expulsar espíritus malignos.* 8Les dijo que no llevaran nada para el viaje —ni comida, ni bolso de viaje, ni dinero*— sino solo un bastón. 9Les permitió llevar sandalias pero no una muda de ropa.

10Les dijo: «Por todo lugar que vayan, quédense en la misma casa hasta salir de la ciudad. 11Pero si en algún lugar se niegan a recibirlos o a escucharlos, sacúdanse el polvo de los pies al salir para mostrar que abandonan a esas personas a su suerte».

12Entonces los discípulos salieron y decían a todos que se arrepintieran de sus pecados y volvieran a Dios. 13También expulsaban muchos demonios y sanaban a muchos enfermos ungiéndolos con aceite de oliva.

Muerte de Juan el Bautista

14El rey Herodes Antipas pronto oyó hablar de Jesús, porque todos hablaban de él. Algunos decían:* «Este debe ser Juan el Bautista que resucitó de los muertos. Por eso puede hacer semejantes milagros». 15Otros decían: «Es Elías». Incluso otros afirmaban: «Es un profeta como los grandes profetas del pasado».

16Cuando Herodes oyó hablar de Jesús, dijo: «Juan, el hombre que yo decapité, ha regresado de los muertos».

17Pues Herodes había enviado soldados para arrestar y encarcelar a Juan para hacerle un favor a Herodías. Él se casó con ella a pesar de que era esposa de su hermano, Felipe. 18Juan le había estado diciendo a Herodes: «Es contra la ley de Dios que te cases con la esposa de tu hermano». 19Por eso Herodías le guardaba rencor a Juan y quería matarlo; pero sin el visto bueno de Herodes, ella no podía hacer nada, 20porque Herodes respetaba a Juan y lo protegía porque sabía que era un hombre bueno y santo. Herodes se inquietaba mucho siempre que hablaba con Juan, pero aun así le gustaba escucharlo.

21Finalmente, Herodías tuvo su oportunidad en el cumpleaños de Herodes. Él dio una fiesta para los altos funcionarios de su gobierno, los oficiales del ejército y los ciudadanos prominentes de Galilea. 22Luego la hija del rey, también llamada Herodías,* entró y bailó una danza que agradó mucho a Herodes y a sus invitados. «Pídeme lo que quieras —le dijo el rey a la muchacha— y te lo daré». 23Incluso juró: «Te daré cualquier cosa que me pidas, ¡hasta la mitad de mi reino!».

24Ella salió y le preguntó a su madre:
—¿Qué debo pedir?
Su madre le dijo:
—¡Pide la cabeza de Juan el Bautista!
25Así que la muchacha regresó de prisa y le dijo al rey:

5:36 Ó *ignoró.* 6:3a Algunos manuscritos dicen *Él es sólo el hijo del carpintero y de María.* 6:3b La mayoría de los manuscritos dicen *Joses;* ver Mt 13:55. 6:7 En griego *impuros.* 6:8 En griego *ni monedas de cobre en su cinturón.* 6:14 Algunos manuscritos dicen *Él decía.* 6:22 Algunos manuscritos dicen *la hija de la propia Herodías.*

—¡Quiero ahora mismo la cabeza de Juan el Bautista en una bandeja!

26Entonces el rey se arrepintió profundamente de lo que había dicho, pero debido a los juramentos que había hecho delante de sus invitados, no le podía negar lo que pedía. 27Así que envió de inmediato a un verdugo a la prisión para que le cortara la cabeza a Juan y luego se la trajera. El soldado decapitó a Juan en la prisión, 28trajo su cabeza en una bandeja y se la dio a la muchacha, quien se la llevó a su madre. 29Cuando los discípulos de Juan oyeron lo que había sucedido, fueron a buscar el cuerpo y lo pusieron en una tumba.

Jesús alimenta a cinco mil

30Los apóstoles regresaron de su viaje y le contaron a Jesús todo lo que habían hecho y enseñado. 31Entonces Jesús les dijo: «Vayamos solos a un lugar tranquilo para descansar un rato». Lo dijo porque había tanta gente que iba y venía que Jesús y sus apóstoles no tenían tiempo ni para comer.

32Así que salieron en la barca a un lugar tranquilo, donde pudieran estar a solas, 33pero muchos los reconocieron y los vieron salir, y gente de muchos pueblos corrió a lo largo de la orilla y llegó antes que ellos. 34Cuando Jesús salió de la barca, vio a la gran multitud y tuvo compasión de ellos, porque eran como ovejas sin pastor. Entonces comenzó a enseñarles muchas cosas.

35Al atardecer, los discípulos se le acercaron y le dijeron:

—Este es un lugar alejado y ya se está haciendo tarde. 36Despide a las multitudes para que puedan ir a las granjas y aldeas cercanas a comprar algo de comer.

37Jesús dijo:

—Denles ustedes de comer.

—¿Con qué? —preguntaron—. ¡Tendríamos que trabajar durante meses para ganar suficiente* a fin de comprar comida para toda esta gente!

38—¿Cuánto pan tienen? —preguntó—. Vayan y averigüen.

Ellos regresaron e informaron:

—Tenemos cinco panes y dos pescados.

39Entonces Jesús les dijo a los discípulos que sentaran a la gente en grupos sobre la hierba verde. 40Así que se sentaron en grupos de cincuenta y de cien.

41Jesús tomó los cinco panes y los dos pescados, miró al cielo y los bendijo. Luego, a medida que partía los panes en trozos, se los daba a sus discípulos para que los distribuyeran entre la gente. También dividió los pescados para cada persona tuviera su porción. 42Todos comieron cuanto quisieron, 43y los

discípulos juntaron doce canastas con lo que sobró de pan y pescado. 44¡Un total de cinco mil hombres y sus familias se alimentaron de esos panes!

Jesús camina sobre el agua

45Inmediatamente después, Jesús insistió en que sus discípulos regresaran a la barca y comenzaran a cruzar el lago hacia Betsaida mientras él enviaba a la gente a casa. 46Después de despedirse de la gente, subió a las colinas para orar a solas.

47Muy tarde esa misma noche, los discípulos estaban en la barca en medio del lago y Jesús estaba en tierra, solo. 48Jesús vio que ellos se encontraban en serios problemas, pues remaban con mucha fuerza y luchaban contra el viento y las olas. A eso de las tres de la madrugada,* Jesús se acercó a ellos caminando sobre el agua. Su intención era pasarlos de largo, 49pero cuando lo vieron caminar sobre el agua, gritaron de terror pues pensaron que era un fantasma. 50Todos quedaron aterrados al verlo.

Pero Jesús les habló de inmediato: «¡Tengan ánimo! ¡Yo estoy aquí!* ¡No tengan miedo!».

51Entonces subió a la barca, y el viento se detuvo. Ellos estaban totalmente asombrados 52porque todavía no entendían el significado del milagro de los panes. Tenían el corazón demasiado endurecido para comprenderlo.

53Después de cruzar el lago, arribaron a Genesaret. Llevaron la barca hasta la orilla 54y bajaron. Los habitantes reconocieron a Jesús enseguida 55y corrieron por toda la región llevando a los enfermos en camillas hasta donde oían que él estaba. 56Por donde iba —fueran aldeas, ciudades o granjas— le llevaban enfermos a las plazas. Le suplicaban que permitiera a los enfermos tocar al menos el fleco de la túnica, y todos los que tocaban a Jesús eran sanados.

Jesús enseña acerca de la pureza interior

7 Cierto día, algunos fariseos y maestros de la ley religiosa llegaron desde Jerusalén para ver a Jesús. 2Notaron que algunos de sus discípulos no seguían el ritual judío de lavarse las manos antes de comer. 3(Los judíos, sobre todo los fariseos, no comen si antes no han derramado agua sobre el hueco de sus manos,* como exigen sus tradiciones antiguas. 4Tampoco comen nada del mercado sin antes sumergir sus manos* en agua. Esa es solo una de las tantas tradiciones a las que se han aferrado, tal como el lavado ceremonial de vasos, jarras y vasijas de metal).*

5Entonces los fariseos y maestros de la ley religiosa le preguntaron:

—¿Por qué tus discípulos no siguen nuestra antigua tradición? Ellos comen sin antes realizar la ceremonia de lavarse las manos.

6:37 En griego *Esto costaría doscientos denarios.* Un denario equivalía a la paga de un obrero por una jornada completa de trabajo. **6:48** En griego *Cerca de la cuarta vigilia de la noche.* **6:50** O *¡El "Yo Soy" está aquí!* En griego dice *Yo soy.* Ver Éx 3:14. **7:3** En griego *han lavado con el puño.* **7:4a** Algunos manuscritos dicen *rociarse.* **7:4b** Algunos manuscritos incluyen *y divanes del comedor.*

⁶Jesús contestó:

—¡Hipócritas! Isaías tenía razón cuando profetizó acerca de ustedes, porque escribió:

"Este pueblo me honra con sus labios,
   pero su corazón está lejos de mí.
⁷ Su adoración es una farsa
   porque enseñan ideas humanas como si
      fueran mandatos de Dios"*.

⁸»Pues ustedes pasan por alto la ley de Dios y la reemplazan con su propia tradición.

⁹Entonces dijo:

—Ustedes esquivan hábilmente la ley de Dios para aferrarse a su propia tradición. ¹⁰Por ejemplo, Moisés les dio la siguiente ley de Dios: "Honra a tu padre y a tu madre" y "Cualquiera que hable irrespetuosamente de su padre o de su madre* tendrá que morir"*. ¹¹Sin embargo, ustedes dicen que está bien que uno le diga a sus padres: "Lo siento, no puedo ayudarlos porque he jurado darle a Dios lo que les hubiera dado a ustedes"*. ¹²De esta manera, ustedes permiten que la gente desatienda a sus padres necesitados. ¹³Y ustedes anulan la palabra de Dios para transmitir su propia tradición. Y este es solo un ejemplo entre muchos otros.

¹⁴Luego Jesús llamó a la multitud para que se acercara y oyera. «Escuchen, todos ustedes, y traten de entender. ¹⁵Lo que entra en el cuerpo no es lo que contamina; ustedes se contaminan por lo que sale de su corazón»*.

¹⁷Luego Jesús entró en una casa para alejarse de la multitud, y sus discípulos le preguntaron qué quiso decir con la parábola que acababa de emplear. ¹⁸«¿Ustedes tampoco entienden? —preguntó—. ¿No se dan cuenta de que la comida que introducen en los labios no puede contaminarlos? ¹⁹La comida no entra en su corazón, solo pasa a través del estómago y luego termina en la cloaca»*. (Al decir eso, declaró que toda clase de comida es aceptable a los ojos de Dios).

²⁰Y entonces agregó: «Es lo que sale de su interior lo que contamina. ²¹Pues de adentro, del corazón de la persona, salen los malos pensamientos, la inmoralidad sexual, el robo, el asesinato, ²²el adulterio, la avaricia, la perversidad, el engaño, los deseos sensuales, la envidia, la calumnia, el orgullo y la necedad. ²³Todas esas vilezas provienen de adentro; esas son las que los contaminan».

La fe de una mujer gentil

²⁴Luego Jesús salió de Galilea y se dirigió al norte, a la región de Tiro.* No quería que nadie supiera en qué casa se hospedaba, pero no pudo ocultarlo. ²⁵Enseguida una mujer que había oído de él se acercó y cayó a sus pies. Su hijita estaba poseída por un espíritu maligno,* ²⁶y ella le suplicó que expulsara al demonio de su hija.

Como la mujer era una gentil,* nacida en la región de Fenicia que está en Siria, ²⁷Jesús le dijo:

—Primero debo alimentar a los hijos, a mi propia familia, los judíos.* No está bien tomar la comida de los hijos y arrojársela a los perros.

²⁸—Es verdad, Señor —respondió ella—, pero hasta a los perros que están debajo de la mesa se les permite comer las sobras del plato de los hijos.

²⁹—¡Buena respuesta! —le dijo Jesús—. Ahora vete a tu casa, porque el demonio ha salido de tu hija.

³⁰Cuando ella llegó a su casa, encontró a su hijita tranquila recostada en la cama, y el demonio se había ido.

Jesús sana a un sordo

³¹Jesús salió de Tiro y subió hasta Sidón antes de regresar al mar de Galilea y a la región de las Diez Ciudades.* ³²Le trajeron a un hombre sordo con un defecto del habla, y la gente le suplicó a Jesús que pusiera sus manos sobre el hombre para sanarlo.

³³Jesús lo llevó aparte de la multitud para poder estar a solas con él. Metió sus dedos en los oídos del hombre. Después escupió sobre sus propios dedos y tocó la lengua del hombre. ³⁴Mirando al cielo, suspiró y dijo: «*Efatá*», que significa «¡Ábranse!». ³⁵Al instante el hombre pudo oír perfectamente bien y se le desató la lengua, de modo que hablaba con total claridad.

³⁶Jesús le dijo a la multitud que no lo contaran a nadie, pero cuanto más se lo pedía que no lo hicieran, tanto más hacían correr la voz. ³⁷Quedaron completamente asombrados y decían una y otra vez: «Todo lo que él hace es maravilloso. Hasta hace oír a los sordos y da la capacidad de hablar al que no puede hacerlo».

Jesús alimenta a cuatro mil

8 En esos días, se reunió otra gran multitud, y de nuevo la gente quedó sin alimentos. Jesús llamó a sus discípulos y les dijo:

²—Siento compasión por ellos. Han estado aquí conmigo durante tres días y no les queda nada para comer. ³Si los envío a sus casas con hambre, se desmayarán en el camino porque algunos han venido desde muy lejos.

⁴Sus discípulos respondieron:

—¿Cómo vamos a conseguir comida suficiente para darles de comer aquí en el desierto?

⁵—¿Cuánto pan tienen? —preguntó Jesús.

—Siete panes —contestaron ellos.

⁶Entonces Jesús le dijo a la gente que se sentara en el suelo. Luego tomó los siete panes, dio gracias a Dios por ellos, los partió en trozos y se

---

7:7 Is 29:13 (versión griega).   **7:10a** Ex 20:12; Dt 5:16.   **7:10b** Ex 21:17 (versión griega); Lv 20:9 (versión griega).   **7:11** En griego *"Lo que pudiera haberte dado es corbán" (esto es, un regalo).*   **7:15** Algunos manuscritos incluyen el versículo 16: *El que tenga oídos debe escuchar y entender.* Comparar 4:9, 23.   **7:24** Algunos manuscritos incluyen *y Sidón.*   **7:25** En griego *impuro.*   **7:26** Gentil, que no es judío. En griego *griega.*   **7:27** En griego *Permite que los hijos coman primero.*   **7:31** En griego *Decápolis.*

los dio a sus discípulos, quienes repartieron el pan entre la multitud. ⁷También encontraron unos pescaditos, así que Jesús los bendijo y pidió a sus discípulos que los repartieran.

⁸Todos comieron cuanto quisieron. Después los discípulos recogieron siete canastas grandes con la comida que sobró. ⁹Ese día había unas cuatro mil personas en la multitud, y Jesús las envió a sus casas luego de que comieron. ¹⁰Inmediatamente después, subió a una barca con sus discípulos y cruzó a la región de Dalmanuta.

Los fariseos exigen una señal milagrosa

¹¹Cuando los fariseos oyeron que Jesús había llegado, se acercaron y comenzaron a discutir con él. Para ponerlo a prueba, exigieron que les mostrara una señal milagrosa del cielo que demostrara su autoridad.

¹²Cuando Jesús oyó esto, suspiró profundamente en su espíritu y dijo: «¿Por qué esta gente sigue exigiendo una señal milagrosa? Les digo la verdad, no daré ninguna señal a esta generación». ¹³Luego regresó a la barca y los dejó y cruzó al otro lado del lago.

La levadura de los fariseos y de Herodes

¹⁴Pero los discípulos se habían olvidado de llevar comida y solo tenían un pan en la barca. ¹⁵Mientras cruzaban el lago, Jesús les advirtió: «¡Atención! ¡Tengan cuidado con la levadura de los fariseos y con la de Herodes!».

¹⁶Al oír esto, comenzaron a discutir entre sí, pues no habían traído nada de pan. ¹⁷Jesús supo lo que hablaban y les dijo:

—¿Por qué discuten por no tener pan? ¿Todavía no saben ni entienden? ¿Tienen el corazón demasiado endurecido para comprender? ¹⁸"Tienen ojos, ¿y no pueden ver? Tienen oídos, ¿y no pueden oír?"* ¿No recuerdan nada en absoluto? ¹⁹Cuando alimenté a los cinco mil con cinco panes, ¿cuántas canastas con sobras recogieron después?

—Doce —contestaron ellos.

²⁰—Y cuando alimenté a los cuatro mil con siete panes, ¿cuántas canastas grandes con sobras recogieron?

—Siete —dijeron.

²¹—¿Todavía no entienden? —les preguntó.

Jesús sana a un ciego

²²Cuando llegaron a Betsaida, algunas personas llevaron a un hombre ciego ante Jesús y le suplicaron que lo tocara y lo sanara. ²³Jesús tomó al ciego de la mano y lo llevó fuera de la aldea. Luego escupió en los ojos del hombre, puso sus manos sobre él y le preguntó:

—¿Puedes ver algo ahora?

²⁴El hombre miró a su alrededor y dijo:

—Sí, veo a algunas personas, pero no puedo verlas con claridad; parecen árboles que caminan.

²⁵Entonces Jesús puso nuevamente sus manos sobre los ojos del hombre y fueron abiertos. Su vista fue totalmente restaurada y podía ver todo con claridad. ²⁶Jesús lo envió a su casa y le dijo:

—No pases por la aldea cuando regreses a tu casa.

Declaración de Pedro acerca de Jesús

²⁷Jesús y sus discípulos salieron de Galilea y fueron a las aldeas cerca de Cesarea de Filipo. Mientras caminaban, él les preguntó:

—¿Quién dice la gente que soy?

²⁸—Bueno —contestaron—, algunos dicen Juan el Bautista, otros dicen Elías, y otros dicen que eres uno de los otros profetas.

²⁹Entonces les preguntó:

—Y ustedes, ¿quién dicen que soy?

Pedro contestó:

—Tú eres el Mesías.*

³⁰Pero Jesús les advirtió que no le contaran a nadie acerca de él.

Jesús predice su muerte

³¹Entonces Jesús comenzó a decirles que el Hijo del Hombre* tendría que sufrir muchas cosas terribles y ser rechazado por los ancianos, por los principales sacerdotes y por los maestros de la ley religiosa. Lo matarían, pero tres días después resucitaría. ³²Mientras hablaba abiertamente de eso con sus discípulos, Pedro lo llevó aparte y empezó a reprenderlo por decir semejantes cosas.*

³³Jesús se dio la vuelta, miró a sus discípulos y reprendió a Pedro: «¡Aléjate de mí, Satanás! —dijo—. Ves las cosas solamente desde el punto de vista humano, no del punto de vista de Dios».

³⁴Entonces llamó a la multitud para que se uniera a sus discípulos, y dijo: «Si alguno de ustedes quiere ser mi seguidor, tiene que abandonar su manera egoísta de vivir, tomar su cruz y seguirme. ³⁵Si tratas de aferrarte a la vida, la perderás; pero si entregas tu vida por mi causa y por causa de la Buena Noticia, la salvarás. ³⁶¿Y qué beneficio obtienes si ganas el mundo entero pero pierdes tu propia alma?* ³⁷¿Hay algo que valga más que tu alma? ³⁸Si alguien se avergüenza de mí y de mi mensaje en estos días de adulterio y de pecado, el Hijo del Hombre se avergonzará de esa persona cuando regrese en la gloria de su Padre con sus santos ángeles».

9 Jesús continuó diciendo: «¡Les digo la verdad, algunos de los que están aquí ahora no morirán antes de ver el reino de Dios llegar con gran poder!».

8:18 Jr 5:21.   **8:29** *O el Cristo.* Tanto *Cristo* (término griego) como *Mesías* (término hebreo) quieren decir «el Ungido».   **8:31** «Hijo del Hombre» es un título que Jesús empleaba para referirse a sí mismo.   **8:32** *O comenzó a corregirlo.*   **8:36** *O te pierdes a ti mismo;* **8:37** *O tú mismo.*

La transfiguración

²Seis días después, Jesús tomó a Pedro, a Santiago y a Juan y los llevó a una montaña alta para estar a solas. Mientras los hombres observaban, la apariencia de Jesús se transformó, ³y su ropa se volvió blanca resplandeciente, más de lo que cualquier blanqueador terrenal jamás podría lograr. ⁴Después aparecieron Elías y Moisés y comenzaron a conversar con Jesús.

⁵Pedro exclamó: «Rabí,* ¡es maravilloso que estemos aquí! Hagamos tres enramadas como recordatorios:* una para ti, una para Moisés y la otra para Elías». ⁶Dijo esto porque realmente no sabía qué otra cosa decir, pues todos estaban aterrados.

⁷Luego una nube los cubrió y, desde la nube, una voz dijo: «Este es mi Hijo muy amado. Escúchenlo». ⁸De pronto, cuando miraban ellos a su alrededor, Moisés y Elías se habían ido, y vieron sólo a Jesús con ellos.

⁹Mientras descendían de la montaña, él les dijo que no le contaran a nadie lo que habían visto hasta que el Hijo del Hombre* se levantara de los muertos. ¹⁰Así guardaron el secreto, pero a menudo se preguntaban qué quería decir con «levantarse de los muertos».

¹¹Entonces le preguntaron:

—¿Por qué los maestros de la ley religiosa insisten en que antes que venga el Mesías?*

¹²Jesús contestó:

—Es cierto que Elías viene primero a fin de dejar todo preparado. Sin embargo, ¿por qué las Escrituras dicen que el Hijo del Hombre debe sufrir mucho y ser tratado con total desprecio? ¹³Pero les digo, Elías ya vino, y ellos prefirieron maltratarlo, tal como lo predijeron las Escrituras.

Jesús sana a un muchacho endemoniado

¹⁴Cuando regresaron adonde estaban los demás discípulos, vieron que los rodeaba una gran multitud y que algunos maestros de la ley religiosa discutían con ellos. ¹⁵Cuando la multitud vio a Jesús, todos se llenaron de asombro y corrieron a saludarlo.

¹⁶—¿Sobre qué discuten? —preguntó Jesús.

¹⁷Un hombre de la multitud tomó la palabra y dijo:

—Maestro, traje a mi hijo para que lo sanaras. Está poseído por un espíritu maligno que no le permite hablar. ¹⁸Y, siempre que este espíritu se apodera de él, lo tira violentamente al suelo y él echa espuma por la boca, rechina los dientes y se pone rígido.* Así que les pedí a tus discípulos que echaran fuera al espíritu maligno, pero no pudieron hacerlo.

¹⁹Jesús les dijo:* «¡Gente sin fe! ¿Hasta cuándo tendré que estar con ustedes? ¿Hasta

cuándo tendré que soportarlos? Tráiganme al muchacho».

²⁰Así que se lo llevaron. Cuando el espíritu maligno vio a Jesús, le causó una violenta convulsión al muchacho, quien cayó al piso retorciéndose y echando espuma por la boca.

²¹—¿Hace cuánto tiempo que le pasa esto? —preguntó Jesús al padre del muchacho.

—Desde que era muy pequeño —contestó él—. ²²A menudo el espíritu lo arroja al fuego o al agua para matarlo. Ten misericordia de nosotros y ayúdanos si puedes.

²³—¿Cómo que "si puedo"? —preguntó Jesús—. Todo es posible si uno cree.

²⁴Al instante el padre clamó:

—¡Sí, creo, pero ayúdame a superar mi incredulidad!

²⁵Cuando Jesús vio que aumentaba el número de espectadores, reprendió al espíritu maligno.* «Escucha, espíritu que impides que este muchacho oiga y hable —dijo—. ¡Te ordeno que salgas de este muchacho y nunca más entres en él!».

²⁶Entonces el espíritu gritó, le causó otra convulsión violenta al muchacho y salió de él. El muchacho quedó como muerto. Un murmullo recorrió la multitud: «Está muerto», decía la gente. ²⁷Pero Jesús lo tomó de la mano, lo levantó, y el muchacho se puso de pie.

²⁸Más tarde, cuando Jesús quedó a solas en la casa con sus discípulos, ellos le preguntaron:

—¿Por qué nosotros no pudimos expulsar ese espíritu maligno?

²⁹Jesús contestó:

—Esa clase solo puede ser expulsada con oración.*

Jesús predice otra vez su muerte

³⁰Saliendo de esa región, viajaron por Galilea. Jesús no quería que nadie supiera por él estaba allí, ³¹porque deseaba pasar más tiempo con sus discípulos y enseñarles. Les dijo: «El Hijo del Hombre será traicionado y entregado en manos de sus enemigos. Lo matarán, pero tres días después se levantará de los muertos».³²Ellos no entendieron lo que quería decir, sin embargo, tenían miedo de preguntarle.

El más importante en el reino

³³Después de llegar a Capernaúm e instalarse en una casa, Jesús preguntó a sus discípulos: «¿Qué venían conversando en el camino?». ³⁴Pero no le contestaron porque venían discutiendo sobre quién de ellos era el más importante. ³⁵Jesús se sentó y llamó a los doce discípulos y dijo: «Quien quiera ser el primero, debe tomar el último lugar y ser el sirviente de todos los demás».

³⁶Entonces puso a un niño pequeño en medio de ellos. Y, tomándolo en sus brazos, les dijo: ³⁷«Todo el que recibe de mi parte* a un niño

---

9:5a *Rabí*, del arameo, significa «amo», «maestro».   9:5b En griego *tres tabernáculos*.   9:9 «Hijo del Hombre» es un título que Jesús empleaba para referirse a sí mismo.   9:11 En griego *Elías debe venir primero?*   9:18 O *se pone débil*.   9:19 O *dijo a sus discípulos*.   9:25 En griego *impuro*.   9:29 Algunos manuscritos dicen *con oración y ayuno*.   9:37 En griego *en mi nombre*.

pequeño como este me recibe a mí, y todo el que me recibe no solo me recibe a mí, sino también a mi Padre, quien me envió».

Uso del nombre de Jesús

³⁸Juan le dijo a Jesús:

—Maestro, vimos a alguien usar tu nombre para expulsar demonios, pero le dijimos que no lo hiciera, porque no pertenece a nuestro grupo.

³⁹—¡No lo detengan! —dijo Jesús—. Nadie que haga un milagro en mi nombre podrá luego hablar mal de mí. ⁴⁰Todo el que no está en contra de nosotros está a nuestro favor. ⁴¹Si alguien les da a ustedes incluso un vaso de agua porque pertenecen al Mesías, les digo la verdad, esa persona ciertamente será recompensada.

⁴²»Si tú haces que uno de estos pequeños que confían en mí caiga en pecado, sería mejor que te arrojaran al mar con una gran piedra de molino atada al cuello. ⁴³Si tu mano te hace pecar, córtala. Es preferible entrar en la vida eterna con una sola mano que en el fuego inextinguible del infierno* con las dos manos.* ⁴⁵Si tu pie te hace pecar, córtatelo. Es preferible entrar en la vida eterna con un solo pie que ser arrojado al infierno con los dos pies.* ⁴⁷Y si tu ojo te hace pecar, sácatelo. Es preferible entrar en el reino de Dios con un solo ojo que tener los dos ojos y ser arrojado al infierno, ⁴⁸donde de los gusanos nunca mueren y el fuego nunca se apaga*.

⁴⁹»Pues cada uno será probado con fuego.* ⁵⁰La sal es buena para condimentar, pero si pierde su sabor, ¿cómo la harán salada de nuevo? Entre ustedes deben tener las cualidades de la sal y vivir en paz unos con otros.

Discusión acerca del divorcio y del matrimonio

10 Luego Jesús salió de Capernaúm, descendió a la región de Judea y entró en la zona que está al oriente del río Jordán. Una vez más, las multitudes lo rodearon, y él les enseñaba como de costumbre.

²Unos fariseos se acercaron y trataron de tenderle una trampa con la siguiente pregunta:

—¿Está bien permitir que un hombre se divorcie de su esposa?

³Jesús les contestó con otra pregunta:

—¿Qué dijo Moisés en la ley sobre el divorcio?

⁴—Bueno, él lo permitió —contestaron—. Dijo que un hombre puede darle a su esposa un aviso de divorcio por escrito y despedirla.*

⁵Jesús les respondió:

—Moisés escribió ese mandamiento solo como una concesión ante la dureza del corazón de ustedes, ⁶pero desde el principio de

la creación "Dios los hizo hombre y mujer"*. ⁷"Esto explica por qué un hombre deja a su padre y a su madre, se une a su esposa,* ⁸y los dos se convierten en uno solo"*. Como ya no son dos sino uno, ⁹que nadie separe lo que Dios ha unido.

¹⁰Más tarde, cuando quedó a solas con sus discípulos en la casa, ellos sacaron el tema de nuevo. ¹¹Él les dijo: «El que se divorcia de su esposa y se casa con otra comete adulterio contra ella; ¹²y si una mujer se divorcia de su marido y se casa con otro, comete adulterio».

Jesús bendice a los niños

¹³Cierto día, algunos padres llevaron a sus niños a Jesús para que los tocara y los bendijera, pero los discípulos regañaron a los padres por molestarlo.

¹⁴Cuando Jesús vio lo que sucedía, se enojó con sus discípulos y les dijo: «Dejen que los niños vengan a mí. ¡No los detengan! Pues el reino de Dios pertenece a los que son como estos niños. ¹⁵Les digo la verdad, el que no reciba el reino de Dios como un niño nunca entrará en él». ¹⁶Entonces tomó a los niños en sus brazos y después de poner sus manos sobre la cabeza de ellos, los bendijo.

El hombre rico

¹⁷Cuando Jesús estaba por emprender su camino a Jerusalén, un hombre se le acercó corriendo, se arrodilló y le preguntó:

—Maestro bueno, ¿qué debo hacer para heredar la vida eterna?

¹⁸—¿Por qué me llamas bueno? —preguntó Jesús—. Solo Dios es verdaderamente bueno; ¹⁹pero para contestar a tu pregunta, tú conoces los mandamientos: «No asesines; no cometas adulterio; no robes; no des falso testimonio; no estafes a nadie; honra a tu padre y a tu madre»*.

²⁰—Maestro —respondió el hombre—, he obedecido todos esos mandamientos desde que era joven.

²¹Jesús miró al hombre y sintió profundo amor por él.

—Hay una cosa que todavía no has hecho —le dijo—. Anda y vende todas tus posesiones y entrega el dinero a los pobres, y tendrás tesoro en el cielo. Después ven y sígueme.

²²Al oír esto, el hombre puso cara larga y se fue triste porque tenía muchas posesiones.

²³Jesús miró a su alrededor y dijo a sus discípulos: «¡Qué difícil es para los ricos entrar en el reino de Dios!». ²⁴Los discípulos quedaron asombrados de sus palabras. Pero Jesús volvió a decir: «Queridos hijos, es muy difícil* entrar en el reino de Dios. De hecho, jes más fácil que un

---

9:43a En griego *Gehena;* también en 9:45, 47. **9:43b** Algunos manuscritos incluyen el versículo 44: *"donde los gusanos nunca mueren y el fuego nunca se apaga".* Ver 9:48. **9:45** Algunos manuscritos incluyen el versículo 46: *"donde los gusanos nunca mueren y el fuego nunca se apaga".* Ver 9:48. **9:48** Is 66:24. **9:49** En griego *salado con fuego;* otros manuscritos incluyen *y cada sacrificio será salado con sal.* **10:4** Ver Dt 24:1. **10:6** Ver Gn 1:27; 5:2. **10:7** Algunos manuscritos no incluyen *y se une a su esposa.* **10:7-8** Gn 2:24. **10:19** Ex 20:12-16; Dt 5:16-20. **10:24** Algunos manuscritos dicen *muy difícil para aquellos que confían en las riquezas.*

camello pase por el ojo de una aguja que un rico entre en el reino de Dios!».

²⁶Los discípulos quedaron atónitos.

—Entonces, ¿quién podrá ser salvo? —preguntaron.

²⁷Jesús los miró fijamente y dijo:

—Humanamente hablando, es imposible, pero no para Dios. Con Dios, todo es posible.

²⁸Entonces Pedro comenzó a hablar.

—Nosotros hemos dejado todo para seguirte —dijo.

²⁹—Así es —respondió Jesús—, y les aseguro que todo el que haya dejado casa o hermanos o hermanas o madre o padre o hijos o bienes por mi causa y por la Buena Noticia ³⁰recibirá ahora a cambio cien veces más el número de casas, hermanos, hermanas, madres, hijos y bienes, junto con persecución; y en el mundo que vendrá, esa persona tendrá la vida eterna. ³¹Pero muchos que ahora son los más importantes en ese día serán los menos importantes, y aquellos que ahora parecen menos importantes en ese día serán los más importantes.*

Jesús predice otra vez su muerte

³²Subían rumbo a Jerusalén, y Jesús caminaba delante de ellos. Los discípulos estaban llenos de asombro y la gente que los seguía, abrumada de temor. Jesús tomó a los doce discípulos aparte y, una vez más, comenzó a describir todo lo que estaba por sucederle. ³³—Escuchen —les dijo—, subimos a Jerusalén, donde el Hijo del Hombre* será traicionado y entregado a los principales sacerdotes y a los maestros de la ley religiosa. Lo condenarán a muerte y lo entregarán a los romanos.* ³⁴Se burlarán de él, lo escupirán, lo azotarán con un látigo y lo matarán; pero después de tres días, resucitará».

Jesús enseña acerca del servicio a los demás

³⁵Entonces Santiago y Juan, hijos de Zebedeo, se le acercaron y dijeron:

—Maestro, queremos que nos hagas un favor.

³⁶—¿Cuál es la petición? —preguntó él.

³⁷Ellos contestaron:

—Cuando te sientes en tu trono glorioso, nosotros queremos sentarnos en lugares de honor a tu lado, uno a tu derecha y el otro a tu izquierda.

³⁸Jesús les dijo:

—¡No saben lo que piden! ¿Acaso pueden beber de la copa amarga de sufrimiento que yo estoy a punto de beber? ¿Acaso pueden ser bautizados con el bautismo de sufrimiento con el cual yo tengo que ser bautizado?

³⁹—Claro que sí —contestaron ellos—, ¡podemos!

Entonces Jesús les dijo:

—Es cierto, beberán de mi copa amarga y serán bautizados con mi bautismo de sufrimiento;

⁴⁰pero no me corresponde a mí decir quién se sentará a mi derecha o a mi izquierda. Dios preparó esos lugares para quienes él ha escogido.

⁴¹Cuando los otros diez discípulos oyeron lo que Santiago y Juan habían pedido, se indignaron. ⁴²Así que Jesús los reunió a todos y les dijo: «Ustedes saben que los gobernantes de este mundo tratan a su pueblo con prepotencia y los funcionarios hacen alarde de su autoridad frente a los súbditos. ⁴³Pero entre ustedes será diferente. El que quiera ser líder entre ustedes deberá ser sirviente, ⁴⁴y el que quiera ser el primero entre ustedes deberá ser esclavo de los demás. ⁴⁵Pues ni aun el Hijo del Hombre vino para que le sirvan, sino para servir a otros y para dar su vida en rescate por muchos».

Jesús sana al ciego Bartimeo

⁴⁶Después llegaron a Jericó y mientras Jesús y sus discípulos salían de la ciudad, una gran multitud los siguió. Un mendigo ciego llamado Bartimeo (hijo de Timeo) estaba sentado junto al camino. ⁴⁷Cuando Bartimeo oyó que Jesús de Nazaret estaba cerca, comenzó a gritar: «¡Jesús, Hijo de David, ten compasión de mí!».

⁴⁸«¡Cállate!», muchos le gritaban, pero él gritó aún más fuerte: «¡Hijo de David, ten compasión de mí!».

⁴⁹Cuando Jesús lo oyó, se detuvo y dijo: «Díganle que se acerque».

Así que llamaron al ciego. «Anímate —le dijeron—. ¡Vamos, él te llama!». ⁵⁰Bartimeo echó a un lado su abrigo, se levantó de un salto y se acercó a Jesús.

⁵¹—¿Qué quieres que haga por ti? —preguntó Jesús.

—Mi Rabí* —dijo el hombre ciego—, ¡quiero ver!

⁵²Y Jesús le dijo:

—Puedes irte, pues tu fe te ha sanado.

Al instante el hombre pudo ver y siguió a Jesús por el camino.*

Entrada triunfal de Jesús

11 Mientras Jesús y los discípulos se acercaban a Jerusalén, llegaron a las ciudades de Betfagé y Betania, en el monte de los Olivos. Jesús mandó a dos de ellos que se adelantaran. ²«Vayan a la aldea que está allí —les dijo—. En cuanto entren, verán un burrito atado, que nadie ha montado jamás. Desátenlo y tráiganlo aquí. ³Si alguien les pregunta: "¿Qué están haciendo?" simplemente digan: "El Señor lo necesita y él lo devolverá pronto"».

⁴Los dos discípulos salieron y encontraron el burrito en la calle, atado frente a la puerta principal. ⁵Mientras lo desataban, algunos que estaban allí les preguntaron: «¿Qué están haciendo, por qué desatan ese burrito?». ⁶Ellos

---

10:31 En griego *Pero muchos que son primeros serán los últimos, y los últimos serán primeros.* **10:33a** «Hijo del Hombre» es un título que Jesús empleaba para referirse a sí mismo. **10:33b** En griego *los gentiles. (Gentiles),* que no es judío). **10:51** En griego se emplea el término hebreo *Raboni,* que significa «maestro». **10:52** O *en el camino.*

contestaron lo que Jesús había dicho y se les dio permiso para llevarlo. [7]Así que llevaron el burrito a Jesús y pusieron sus prendas encima y él se sentó allí.

[8]Muchos de la multitud tendían sus prendas sobre el camino delante de él y otros extendían ramas frondosas que habían cortado en los campos. [9]Jesús estaba en el centro de la procesión, y la gente que lo rodeaba gritaba:

«¡Alaben a Dios!*
¡Bendiciones al que viene en el nombre del Señor!

[10] ¡Bendiciones al reino que viene, el reino de nuestro antepasado David!
¡Alaben a Dios en el cielo más alto!»*.

[11]Así Jesús llegó a Jerusalén y entró en el templo. Después de mirar todo detenidamente a su alrededor, salió porque ya era tarde. Después regresó a Betania con los doce discípulos.

Jesús maldice la higuera

[12]A la mañana siguiente, cuando salían de Betania, Jesús tuvo hambre. [13]Vio que a cierta distancia había una higuera frondosa, así que se acercó para ver si encontraba higos; pero solo tenía hojas porque aún no había comenzado la temporada de los higos. [14]Entonces Jesús dijo al árbol: «¡Que nadie jamás vuelva a comer tu fruto!». Y los discípulos lo oyeron.

Jesús despeja el templo

[15]Cuando llegaron de nuevo a Jerusalén, Jesús entró en el templo y comenzó a echar a los que compraban y vendían animales para los sacrificios. Volcó las mesas de los cambistas y las sillas de los que vendían palomas, y les prohibió a todos que usaran el templo como un mercado.* [17]Les dijo: «Las Escrituras declaran: "Mi templo será llamado casa de oración para todas las naciones", pero ustedes lo han convertido en una cueva de ladrones"»*.

[18]Cuando los principales sacerdotes y los maestros de la ley religiosa oyeron lo que Jesús había hecho, comenzaron a planificar cómo matarlo; pero tenían miedo de Jesús, porque la gente estaba asombrada de su enseñanza.

[19]Esa tarde Jesús y los discípulos salieron* de la ciudad.

[20]A la mañana siguiente, al pasar junto a la higuera que él había maldecido, los discípulos notaron que se había marchitado desde la raíz. [21]Pedro recordó lo que Jesús había dicho al árbol el día anterior y exclamó:

¡Mira, Rabí!* ¡La higuera que maldijiste se marchitó y murió!

[22]Entonces Jesús les dijo a los discípulos:

—Tengan fe en Dios. [23]Les digo la verdad,

ustedes pueden decir a esta montaña: "Levántate y échate al mar", y sucederá; pero deben creer de verdad que ocurrirá y no tener ninguna duda en el corazón. [24]Les digo, ustedes pueden orar por cualquier cosa y si creen que lo han recibido, será suyo. [25]Cuando estén orando, primero perdonen a todo aquel contra quien guarden rencor, para que su Padre que está en el cielo también les perdone a ustedes sus pecados.*

Desafían la autoridad de Jesús

[27]Nuevamente entraron en Jerusalén. Mientras Jesús caminaba por la zona del templo, los principales sacerdotes, los maestros de la ley religiosa y los ancianos se le acercaron.

[28]—¿Con qué autoridad haces todas estas cosas? —le reclamaron—. ¿Quién te dio el derecho de hacerlas?

[29] —Les diré con qué autoridad hago estas cosas si me contestan una pregunta —respondió Jesús—. [30]La autoridad de Juan para bautizar, ¿provenía del cielo o era meramente humana? ¡Contéstenme!

[31]Ellos discutieron el asunto unos con otros: «Si decimos que provenía del cielo, preguntará por qué nosotros no le creímos a Juan. [32]¿Pero nos atrevemos a decir que era meramente humana?». Pues tenían temor de lo que haría la gente, porque todos creían que Juan era un profeta. [33]Entonces finalmente contestaron:

—No sabemos.

Y Jesús respondió:

—Entonces yo tampoco les diré con qué autoridad hago estas cosas.

Parábola de los agricultores malvados

12 Después Jesús comenzó a enseñarles con historias: «Un hombre plantó un viñedo. Lo cercó con un muro, cavó un hoyo para extraer el jugo de las uvas y construyó una torre de vigilancia. Luego alquiló el viñedo a unos agricultores arrendatarios y se mudó a otro país. [2]Llegado el tiempo de la cosecha de la uva, envió a uno de sus siervos para recoger su parte de la cosecha; [3]pero los agricultores agarraron al siervo, le dieron una paliza y lo mandaron de regreso con las manos vacías. [4]Entonces el dueño envió a otro siervo, pero lo insultaron y le pegaron en la cabeza. [5]Al próximo siervo que envió, lo mataron. Envió a otros, a unos los golpearon y a otros los mataron, [6]hasta que le quedó sólo uno, su hijo, a quien amaba profundamente. ¡El dueño lo envió porque pensó: "Sin duda, respetarán a mi hijo".

[7]»Los agricultores se dijeron unos a otros: "Aquí viene el heredero de esta propiedad. ¡Matémoslo y nos quedaremos con la propiedad!". [8]Así que lo agarraron, lo asesinaron y tiraron su cuerpo fuera del viñedo.

11:9 En griego *Hosanna*, una exclamación de alabanza que literalmente significa «salva ahora»; también en 11:10. 11:9-10 Sal 118:25-26; 148:1. 11:16 O *llevaran mercancías a través del templo.* 11:17 Is 56:7; Jer 7:11. 11:19 En griego *ellos salieron*; otros manuscritos dicen *él salió.* 11:21 *Rabí*, del arameo, significa «amo», «maestro». 11:25 Algunos manuscritos incluyen el versículo 26: *Pero si ustedes se niegan a perdonar, su Padre que está en el cielo no les perdonará sus pecados.* Comparar Mt 6:15.

9»¿Qué creen qué hará el dueño del viñedo? —preguntó Jesús—. Les diré: irá y matará a esos agricultores y alquilará el viñedo a otros. 10¿Nunca leyeron en las Escrituras:

"La piedra que los constructores rechazaron
ahora se ha convertido en la piedra
principal.
11 Esto es obra del Señor
y es maravilloso verlo"*?».

12Los líderes religiosos* querían arrestar a Jesús porque se dieron cuenta de que contaba esa historia en contra de ellos, pues ellos eran los agricultores malvados; pero tenían miedo de la multitud, así que lo dejaron y se marcharon.

Los impuestos para el César

13Después los ancianos enviaron a algunos fariseos y partidarios de Herodes para hacer que Jesús cayera en la trampa de decir algo por lo cual pudiera ser arrestado. 14—Maestro —dijeron—, sabemos lo honesto que eres. Eres imparcial y no tienes favoritismos. Enseñas con verdad el camino de Dios. Ahora dinos, ¿es correcto que paguemos impuestos al César o no? 15¿Debemos o no pagarlos?

Jesús se dio cuenta de su hipocresía y dijo:
—¿Por qué intentan atraparme? Muéstrenme una moneda romana,* y les diré.
16Cuando se la dieron, les preguntó:
—¿A quién pertenecen la imagen y el título grabados en la moneda?
—Al César —contestaron.
17—Bien —dijo Jesús—, entonces den al César lo que pertenece al César y den a Dios lo que pertenece a Dios.

Su respuesta los dejó totalmente asombrados.

Discusión acerca de la resurrección

18Después se acercaron a Jesús algunos saduceos, líderes religiosos que dicen que no hay resurrección después de la muerte. Le plantearon la siguiente pregunta:
19—Maestro, Moisés nos dio una ley que dice que, si un hombre muere y deja a una esposa sin hijos, su hermano debe casarse con la viuda y darle un hijo para que el nombre del hermano continúe.* 20Ahora bien, supongamos que había siete hermanos. El mayor se casó y murió sin dejar hijos. 21Entonces el segundo hermano se casó con la viuda, pero también murió sin dejar hijos. Luego el tercer hermano se casó con ella. 22Lo mismo sucedió con los siete y aún no había hijos. Por último, la mujer también murió. 23Entonces dinos, ¿de quién será esposa en la resurrección? Pues los siete estuvieron casados con ella.

24Jesús contestó:
—El error de ustedes es que no conocen las Escrituras y no conocen el poder de Dios. 25Pues, cuando los muertos resuciten, no se casarán ni se entregarán en matrimonio. En este sentido, serán como los ángeles del cielo.

26»Ahora bien, en cuanto a si los muertos resucitarán, ¿nunca han leído acerca de esto en los escritos de Moisés, en la historia de la zarza que ardía? Mucho después de que Abraham, Isaac y Jacob murieron, Dios le dijo a Moisés:* "Yo soy el Dios de Abraham, el Dios de Isaac y el Dios de Jacob"*. 27Por lo tanto, él es Dios de los que están vivos, no de los muertos. Ustedes han cometido un grave error.

El mandamiento más importante

28Uno de los maestros de la ley religiosa estaba allí escuchando el debate. Se dio cuenta de que Jesús había contestado bien, entonces preguntó:
—De todos los mandamientos, ¿cuál es el más importante?
29Jesús contestó:
—El mandamiento más importante es: "¡Escucha, oh Israel! El Señor nuestro Dios es el único Señor. 30Amarás al Señor tu Dios con todo tu corazón, con toda tu alma, con toda tu mente y con todas tus fuerzas"*. 31El segundo es igualmente importante: "Amarás a tu prójimo como a ti mismo"*. Ningún otro mandamiento es más importante que estos.

32El maestro de la ley religiosa respondió:
—Bien dicho, Maestro. Has hablado la verdad al decir que hay sólo un Dios y ningún otro. 33Además yo sé que es importante amarlo con todo mi corazón y todo mi entendimiento y todas mis fuerzas, y amar a mi prójimo como a mí mismo. Esto es más importante que presentar todas las ofrendas quemadas y sacrificios exigidos en la ley.

34Al ver cuánto entendía el hombre, Jesús le dijo:
—No estás lejos del reino de Dios.

Y, a partir de entonces, nadie se atrevió a hacerle más preguntas.

¿De quién es hijo el Mesías?

35Tiempo después, Jesús estaba enseñando al pueblo en el templo y preguntó: «¿Por qué afirman los maestros de la ley religiosa que el Mesías es hijo de David? 36Pues el propio David, mientras hablaba bajo la inspiración del Espíritu Santo, dijo:

"El Señor le dijo a mi Señor:
'Siéntate en el lugar de honor a mi derecha,
hasta que humille a tus enemigos y los
ponga por debajo de tus pies'"*.

37Ya que David mismo llamó al Mesías "mi Señor", ¿cómo es posible que el Mesías sea su hijo?». La gran multitud se deleitaba al escucharlo.

38Jesús también enseñó: «¡Cuídense de los

maestros de la ley religiosa! Pues les gusta pavonearse en túnicas largas y sueltas y recibir saludos respetuosos cuando caminan por las plazas. ³⁹¡Y cómo les encanta ocupar los asientos de honor en las sinagogas y sentarse a la mesa principal en los banquetes! ⁴⁰Sin embargo, estafan descaradamente a las viudas para apoderarse de sus propiedades y luego pretenden ser piadosos haciendo largas oraciones en público. Por eso serán castigados con más severidad».

La ofrenda de la viuda

⁴¹Jesús se sentó cerca de la caja de las ofrendas del templo y observó mientras la gente depositaba su dinero. Muchos ricos echaban grandes cantidades. ⁴²Entonces llegó una viuda pobre y echó dos monedas pequeñas.*

⁴³Jesús llamó a sus discípulos y les dijo: «Les digo la verdad, esta viuda pobre ha dado más que todos los demás que ofrendan. ⁴⁴Pues ellos dieron una mínima parte de lo que les sobraba, pero ella, con lo pobre que es, dio todo lo que tenía para vivir».

Jesús predice eventos futuros

13 Cuando Jesús salía del templo ese día, uno de sus discípulos le dijo:

—Maestro, ¡mira estos magníficos edificios! Observa las impresionantes piedras en los muros.

²Jesús respondió:

—Sí, mira estos grandes edificios, pero serán demolidos por completo. ¡No quedará ni una sola piedra sobre otra!

³Más tarde, Jesús se sentó en el monte de los Olivos, al otro lado del valle del templo. Pedro, Santiago, Juan y Andrés se le acercaron en privado y le preguntaron:

⁴—Dinos, ¿cuándo sucederá todo eso? ¿Qué señal nos indicará que esas cosas están por cumplirse?

⁵Jesús contestó:

—No dejen que nadie los engañe, ⁶porque muchos vendrán en mi nombre y afirmarán: "Yo soy el Mesías"*. Engañarán a muchos. ⁷Y ustedes oirán de guerras y amenazas de guerras, pero no se dejen llevar por el pánico. Es verdad, esas cosas deben suceder, pero el fin no vendrá inmediatamente después. ⁸Una nación entrará en guerra con otra, y un reino con otro reino. Habrá terremotos en muchas partes del mundo, y también hambres; pero eso es solo el comienzo de los dolores del parto, luego vendrán más.

⁹»Cuando esas cosas comiencen a suceder, ¡tengan cuidado! Los entregarán a los tribunales y los golpearán en las sinagogas. Serán sometidos a juicio ante gobernantes y reyes por ser mis seguidores, pero esa será una oportunidad para que ustedes les hablen de mí.* ¹⁰Pues la Buena

Noticia primero tiene que ser predicada a todas las naciones.* ¹¹Cuando los arresten y los sometan a juicio, no se preocupen de antemano por lo que van a decir. Solo hablen lo que Dios les diga en ese momento, porque no serán ustedes los que hablen, sino el Espíritu Santo.

¹²»Un hermano traicionará a muerte a su hermano, y un padre traicionará a su propio hijo, y los hijos se rebelarán contra sus padres y harán que los maten. ¹³Todos los odiarán a ustedes por ser mis seguidores,* pero el que se mantenga firme hasta el fin será salvo.

¹⁴»Llegará el día cuando verán el objeto sacrílego que causa profanación* de pie en un lugar donde él* no debe estar. (Lector, ¡presta atención!). Entonces los que estén en Judea huyan a las colinas. ¹⁵La persona que esté en la azotea no baje a la casa para empacar. ¹⁶El que esté en el campo no regrese ni para buscar un abrigo. ¹⁷¡Qué terribles serán esos días para las mujeres embarazadas y para las madres que amamantan! ¹⁸Y oren para que la huída no sea en invierno. ¹⁹Pues habrá más angustia en esos días que en cualquier otro momento desde que Dios creó al mundo. Y jamás habrá una angustia tan grande. ²⁰De hecho, a menos que el Señor acorte ese tiempo de calamidad, ni una sola persona sobrevivirá; pero por el bien de los elegidos, él ha acortado esos días.

²¹»Entonces, si alguien les dice: "Miren, aquí está el Mesías" o "Allí está", no lo crean. ²²Pues se levantarán falsos mesías y falsos profetas y realizarán señales y milagros para engañar, de ser posible, aun a los elegidos de Dios. ²³¡Tengan cuidado! ¡Les he advertido esto de antemano!

²⁴»En ese tiempo, después de la angustia de esos días,

el sol se oscurecerá,
    la luna no dará luz,
²⁵ las estrellas caerán del cielo,
    y los poderes de los cielos serán
        sacudidos.*

²⁶»Entonces todos verán al Hijo del Hombre* venir en las nubes con gran poder y gloria.* ²⁷Y él enviará a sus ángeles para que reúnan a los elegidos de todas partes del mundo,* desde los extremos más lejanos de la tierra y del cielo.

²⁸»Ahora, aprendan una lección de la higuera. Cuando las ramas echan brotes y comienzan a salir las hojas, ustedes saben que el verano se acerca. ²⁹De la misma manera, cuando vean que suceden todas estas cosas, sabrán que su regreso está muy cerca, a las puertas. ³⁰Les digo la verdad, no pasará esta generación* hasta que todas estas cosas sucedan. ³¹El cielo y la tierra desaparecerán, pero mis palabras no desaparecerán jamás.

12:42 En griego *dos leptas,* o *un kuadrante* [es decir, un cuadrante]. **13:6** En griego *y afirmarán: "Yo soy".* **13:9** O *Pero ese será su testimonio contra ellos.* **13:10** O *todos los grupos étnicos.* **13:13** En griego *por causa de mi nombre.* **13:14a** En griego *la abominación de la desolación.* Ver Dn 9:27; 11:31; 12:11. **13:14b** O *esto.* **13:24-25** Ver Is 13:10; 34:4; Jl 2:10. **13:26a** «Hijo del Hombre» es un título que Jesús empleaba para referirse a sí mismo. **13:26b** Ver Dn 7:13. **13:27** En griego *desde los cuatro vientos.* **13:30** O *esta era,* o *esta nación*

³²»Sin embargo, nadie sabe el día ni la hora en que sucederán esas cosas, ni siquiera los ángeles en el cielo ni el propio Hijo. Solo el Padre lo sabe. ³³Y, ya que ustedes tampoco saben cuándo llegará ese tiempo, ¡manténganse en guardia! ¡Estén alerta!*

³⁴»La venida del Hijo del Hombre puede ilustrarse mediante la historia de un hombre que tenía que emprender un largo viaje. Cuando salió de casa, dio instrucciones a cada uno de sus esclavos sobre el trabajo que debían hacer y le dijo al portero que esperara su regreso. ³⁵¡Ustedes también deben estar alerta! Pues no saben cuándo regresará el amo de la casa: si en la tarde, a medianoche, durante la madrugada o al amanecer. ³⁶Que no los encuentre dormidos cuando llegue sin previo aviso. ³⁷Les digo a ustedes lo que digo a todos: ¡Manténganse despiertos esperándolo a él!

Jesús es ungido en Betania

14 Faltaban dos días para la Pascua y el Festival de los Panes sin Levadura. Los principales sacerdotes y los maestros de la ley religiosa seguían buscando una oportunidad para capturar a Jesús en secreto y matarlo. ²«Pero no durante la celebración de la Pascua —acordaron—, no sea que la gente cause disturbios».

³Mientras tanto, Jesús se encontraba en Betania, en la casa de Simón, un hombre que había tenido lepra. Mientras comía,* entró una mujer con un hermoso frasco de alabastro que contenía un perfume costoso, preparado con esencias de nardo. Ella abrió el frasco y derramó el perfume sobre la cabeza de Jesús.

⁴Algunos que estaban a la mesa se indignaron. «¿Por qué desperdiciar un perfume tan costoso? —preguntaron—. ⁵¡Podría haberse vendido por el salario de un año* y el dinero dado a los pobres!». Así que la regañaron severamente.

⁶Pero Jesús respondió: «Déjenla en paz. ¿Por qué la critican por hacer algo tan bueno conmigo? ⁷Siempre habrá pobres entre ustedes, y pueden ayudarlos cuando quieran, pero a mí no siempre me tendrán. ⁸Ella hizo lo que pudo y ungió mi cuerpo en preparación para el entierro. ⁹Les digo la verdad, en cualquier lugar del mundo donde se predique la Buena Noticia, se recordará y se hablará de lo que hizo esta mujer».

Judas acuerda traicionar a Jesús

¹⁰Entonces Judas Iscariote, uno de los doce discípulos, fue a ver a los principales sacerdotes para llegar a un acuerdo de cómo entregarles a Jesús a traición. ¹¹Ellos quedaron complacidos cuando oyeron la razón de su visita y le prometieron darle dinero. Entonces él comenzó a buscar una oportunidad para traicionar a Jesús.

La última cena

¹²El primer día del Festival de los Panes sin Levadura, cuando se sacrifica el cordero de la Pascua, los discípulos de Jesús le preguntaron: «¿Dónde quieres que vayamos a prepararte la cena de Pascua?».

¹³Así que Jesús envió a dos de ellos a Jerusalén con las siguientes instrucciones: «Al entrar en la ciudad, se encontrarán con un hombre que lleva un cántaro de agua. Síganlo. ¹⁴En la casa donde él entre, díganle al dueño: "El Maestro pregunta: '¿Dónde está el cuarto de huéspedes para que pueda comer la cena de Pascua con mis discípulos?'". ¹⁵Él los llevará a un cuarto grande en el piso de arriba, que ya está listo. Allí deben preparar nuestra cena». ¹⁶Entonces los dos discípulos entraron en la ciudad y encontraron todo como Jesús les había dicho y allí prepararon la cena de Pascua.

¹⁷Por la noche, Jesús llegó con los doce discípulos.* ¹⁸Mientras estaban a la mesa,* comiendo, Jesús dijo: «Les digo la verdad, uno de ustedes que está aquí comiendo conmigo me traicionará».

¹⁹Ellos, muy afligidos, le preguntaron uno por uno: «¿Seré yo?».

²⁰Él contestó: «Es uno de ustedes doce que come de este plato conmigo. ²¹Pues el Hijo del Hombre* tiene que morir, tal como lo declararon las Escrituras hace mucho tiempo. Pero qué aflicción le espera a aquel que lo traiciona. ¡Para ese hombre sería mucho mejor no haber nacido!».

²²Mientras comían, Jesús tomó un poco de pan y lo bendijo. Luego lo partió en trozos, se lo dio a sus discípulos y dijo: «Tómenlo, porque este es mi cuerpo».

²³Y tomó en sus manos una copa de vino y dio gracias a Dios por ella. Se la dio a ellos, y todos bebieron de la copa. ²⁴Y les dijo: «Esto es mi sangre, la cual confirma el pacto* entre Dios y su pueblo. Es derramada como sacrificio por muchos. ²⁵Les digo la verdad, no volveré a beber vino hasta el día en que lo beba nuevo en el reino de Dios».

²⁶Luego cantaron un himno y salieron al monte de los Olivos.

Jesús predice la negación de Pedro

²⁷En el camino, Jesús les dijo: «Todos ustedes me abandonarán, porque las Escrituras dicen:

"Dios golpeará* al Pastor,
    y las ovejas se dispersarán".

²⁸Sin embargo, después de ser levantado de los muertos, iré delante de ustedes a Galilea y allí los veré».

²⁹Pedro le dijo: —Aunque todos te abandonen, yo jamás lo haré.

13:33 Algunos manuscritos incluyen *y oren.* 14:3 O *estaba reclinado.* 14:5 En griego *trescientos denarios.* Un denario equivalía a la paga de un obrero por una jornada completa de trabajo. 14:17 En griego *los Doce.* 14:18 O *se reclinaban.* 14:21 «Hijo del Hombre» es un título que Jesús empleaba para referirse a sí mismo. 14:24 Algunos manuscritos dicen *el nuevo pacto.* 14:27 En griego *Golpearé.* Za 13:7.

³⁰Jesús respondió:

—Te digo la verdad, Pedro: esta misma noche, antes de que cante el gallo dos veces, negarás tres veces que me conoces.

³¹—¡No! —exclamó Pedro enfáticamente—. Aunque tenga que morir contigo, ¡jamás te negaré!

Y los demás juraron lo mismo.

Jesús ora en Getsemaní

³²Fueron al huerto de olivos llamado Getsemaní, y Jesús dijo: «Siéntense aquí mientras yo voy a orar». ³³Se llevó a Pedro, a Santiago y a Juan y comenzó a afligirse y angustiarse profundamente. ³⁴Les dijo: «Mi alma está destrozada de tanta tristeza, hasta el punto de la muerte. Quédense aquí y velen conmigo».

³⁵Se adelantó un poco más y cayó en tierra. Pidió en oración que, si fuera posible, pasara de él la horrible hora que le esperaba. ³⁶«Abba, Padre*—clamó—, todo es posible para ti. Te pido que quites esta copa de sufrimiento de mí. Sin embargo, quiero que se haga tu voluntad, no la mía».

³⁷Luego volvió y encontró a los discípulos dormidos. Le dijo a Pedro: «Simón, ¿estás dormido? ¿No pudiste velar conmigo ni siquiera una hora? ³⁸Velen y oren para que no cedan ante la tentación, porque el espíritu está dispuesto, pero el cuerpo es débil».

³⁹Entonces Jesús los dejó otra vez e hizo la misma oración que antes. ⁴⁰Cuando regresó de nuevo adonde estaban ellos, los encontró dormidos porque no podían mantener los ojos abiertos. Y no sabían qué decir.

⁴¹Cuando volvió a ellos por tercera vez, les dijo: «Adelante, duerman, descansen; pero no, la hora ha llegado. El Hijo del Hombre es traicionado y entregado en manos de pecadores. ⁴²Levántense, vamos. ¡Miren, el que me traiciona ya está aquí!».

Traicionan y arrestan a Jesús

⁴³En ese mismo instante, mientras Jesús todavía habla, llegó Judas, uno de los doce discípulos, junto con una multitud de hombres armados con espadas y palos. Los habían enviado los principales sacerdotes, los maestros de la ley religiosa y los ancianos. ⁴⁴El traidor, Judas, había acordado previamente con ellos una señal: «Sabrán a cuál arrestar cuando yo lo salude con un beso. Entonces podrán llevárselo bajo custodia». ⁴⁵En cuanto llegaron, Judas se acercó a Jesús ¡Rabí!* —exclamó, y le dio el beso.

⁴⁶Entonces los otros agarraron a Jesús y lo arrestaron; ⁴⁷pero uno de los hombres que estaba con Jesús sacó su espada e hirió al esclavo del sumo sacerdote cortándole una oreja.

⁴⁸Jesús les preguntó: «¿Acaso soy un peligroso revolucionario, para que vengan con espadas y palos para arrestarme? ⁴⁹¿Por qué no me arrestaron en el templo? Estuve enseñando allí entre ustedes todos los días. Pero estas cosas suceden para que se cumpla lo que dicen las Escrituras acerca de mí».

⁵⁰Entonces todos sus discípulos lo abandonaron y huyeron. ⁵¹Un joven que lo seguía sólo llevaba puesta una camisa de noche de lino. Cuando la turba intentó agarrarlo, ⁵²su camisa de noche se deslizó y huyó desnudo.

Jesús ante el Concilio

⁵³Llevaron a Jesús a la casa del sumo sacerdote, donde se habían reunido los principales sacerdotes, los ancianos y los maestros de la ley religiosa. ⁵⁴Mientras tanto, Pedro lo siguió de lejos y entró directamente al patio del sumo sacerdote. Allí se sentó con los guardias para calentarse junto a la fogata.

⁵⁵Adentro, los principales sacerdotes y todo el Concilio Supremo* intentaban encontrar pruebas contra Jesús para poder ejecutarlo, pero no pudieron encontrar ninguna. ⁵⁶Había muchos falsos testigos que hablaban en contra de él, pero todos se contradecían. ⁵⁷Finalmente unos hombres se pusieron de pie y dieron el siguiente falso testimonio: ⁵⁸«Nosotros lo oímos decir: "Yo destruiré este templo hecho con manos humanas y en tres días construiré otro, no hecho con manos humanas"». ⁵⁹¡Pero aun así sus relatos no coincidían!

⁶⁰Entonces el sumo sacerdote se puso de pie ante todos y le preguntó a Jesús. «Bien, ¿no vas a responder a estos cargos? ¿Qué tienes que decir a tu favor?». ⁶¹Pero Jesús se mantuvo callado y no contestó. Entonces el sumo sacerdote le preguntó:

—¿Eres tú el Mesías, el Hijo del Bendito?

⁶²Jesús dijo:

—Yo Soy.* Y ustedes verán al Hijo del Hombre sentado en el lugar de poder, a la derecha de Dios,* y viniendo en las nubes del cielo.*

⁶³Entonces el sumo sacerdote se rasgó las vestiduras en señal de horror y dijo: «¿Para qué necesitamos más testigos? ⁶⁴Todos han oído la blasfemia que dijo. ¿Cuál es el veredicto?».

«¡Culpable! —gritaron todos—. ¡Merece morir!».

⁶⁵Entonces algunos comenzaron a escupirle, y le vendaron los ojos y le daban puñetazos. «¡Profetízanos!», se burlaban. Y los guardias lo abofeteaban mientras se lo llevaban.

Pedro niega a Jesús

⁶⁶Mientras tanto, Pedro estaba abajo, en el patio. Una de las sirvientas que trabajaba para el sumo sacerdote pasó ⁶⁷y vio que Pedro se calentaba junto a la fogata. Se quedó mirándolo y dijo:

—Tú eres uno de los que estaban con Jesús de Nazaret.*

14:36 *Abba* es un término arameo para la palabra *padre*. 14:45 *Rabí*, del arameo, significa «amo», «maestro». 14:55 En griego *el Sanedrín*. 14:62a O —El *"Yo Soy" está aquí;* o —*yo soy el Señor.* Ver Ex 3:14. 14:62b En griego *a la derecha del poder.* Ver Sal 110:1. 14:62c Ver Dn 7:13. 14:67 O *Jesús nazareno.*

68Pero Pedro lo negó y dijo:

—No sé de qué hablas.

Y salió afuera, a la entrada. En ese instante, cantó un gallo.*

69Cuando la sirvienta vio a Pedro parado allí, comenzó a decirles a los otros: «¡No hay duda de que este hombre es uno de ellos!». 70Pero Pedro lo negó otra vez.

Un poco más tarde, algunos de los otros que estaban allí confrontaron a Pedro y dijeron:

—Seguro que tú eres uno de ellos, porque eres galileo.

71Pedro juró:

—¡Que me caiga una maldición si les miento! ¡No conozco a ese hombre del que hablan!

72Inmediatamente, el gallo cantó por segunda vez.

De repente, las palabras de Jesús pasaron rápidamente por la mente de Pedro: «Antes de que cante el gallo dos veces, negarás tres veces que me conoces»; y se echó a llorar.

Juicio de Jesús ante Pilato

15 Muy temprano por la mañana, los principales sacerdotes, los ancianos y los maestros de la ley religiosa —todo el Concilio Supremo*— se reunieron para hablar del próximo paso. Ataron a Jesús, se lo llevaron y lo entregaron a Pilato, el gobernador romano.

2Pilato le preguntó a Jesús:

—¿Eres tú el rey de los judíos?

—Tú lo has dicho —contestó Jesús.

3Entonces los principales sacerdotes siguieron acusándolo de muchos delitos, 4y Pilato le preguntó: «¿No vas a contestarles? ¿Qué me dices de las acusaciones que presentan en tu contra?». 5Entonces, para sorpresa de Pilato, Jesús no dijo nada.

6Ahora bien, era costumbre del gobernador poner en libertad a un preso cada año, durante la celebración de la Pascua, el que la gente pidiera. 7Uno de los presos en ese tiempo era Barrabás, un revolucionario que había cometido un asesinato durante un levantamiento. 8La multitud acudió a Pilato y le pidió que soltara a un preso como era la costumbre.

9«¿Quieren que les deje en libertad al "rey de los judíos"?», preguntó Pilato. 10(Pues ya se había dado cuenta de que los principales sacerdotes habían arrestado a Jesús por envidia). 11Sin embargo, en ese momento, los principales sacerdotes incitaron a la multitud para que exigiera la libertad de Barrabás en lugar de Jesús. 12Pilato le preguntó:

—Entonces, ¿qué hago con este hombre al que ustedes llaman rey de los judíos?

13—¡Crucifícalo! —le contestaron a gritos.

14—¿Por qué? —insistió Pilato—. ¿Qué crimen ha cometido?

Pero la turba rugió aún más fuerte:

—¡Crucifícalo!

15Entonces Pilato, para calmar a la multitud, dejó a Barrabás en libertad. Y mandó azotar a Jesús con un látigo que tenía puntas de plomo, y después lo entregó a los soldados romanos para que lo crucificaran.

Los soldados se burlan de Jesús

16Los soldados llevaron a Jesús al patio del cuartel general del gobernador (llamado pretorio) y llamaron a todo el regimiento. 17Lo vistieron con un manto púrpura y armaron una corona con ramas de espinos y se la pusieron en la cabeza. 18Entonces lo saludaban y se mofaban: «¡Viva el rey de los judíos!». 19Y lo golpeaban en la cabeza con una caña de junco, le escupían y se ponían de rodillas para adorarlo burlonamente. 20Cuando al fin se cansaron de hacerle burla, le quitaron el manto púrpura y volvieron a ponerle su propia ropa. Luego lo llevaron para crucificarlo.

La crucifixión

21Un hombre llamado Simón, que pasaba por allí pero era de Cirene,* venía del campo justo en ese momento, y los soldados lo obligaron a llevar la cruz de Jesús. (Simón era el padre de Alejandro y de Rufo). 22Y llevaron a Jesús a un lugar llamado Gólgota (que significa «Lugar de la Calavera»). 23Le ofrecieron vino mezclado con mirra, pero él lo rechazó.

24Después los soldados lo clavaron en la cruz. Dividieron su ropa y tiraron los dados* para ver quién se quedaba con cada prenda. 25Eran las nueve de la mañana cuando lo crucificaron. 26Un letrero anunciaba el cargo en su contra. Decía: «El Rey de los judíos». 27Con él crucificaron a dos revolucionarios,* uno a su derecha y otro a su izquierda.*

29La gente que pasaba por allí gritaba insultos y movía la cabeza en forma burlona. «¡Eh! ¡Pero mírate ahora! —le gritaban—. Dijiste que ibas a destruir el templo y a reconstruirlo en tres días. 30¡Muy bien, sálvate a ti mismo y bájate de la cruz!».

31Los principales sacerdotes y los maestros de la ley religiosa también se burlaban de Jesús. «Salvó a otros —se mofaban—, ¡pero no puede salvarse a sí mismo! 32¡Que este Mesías, este Rey de Israel, baje de la cruz para que podamos verlo y creerle!». Hasta los hombres que estaban crucificados con Jesús se burlaban de él.

Muerte de Jesús

33Al mediodía, la tierra se llenó de oscuridad hasta las tres de la tarde. 34Luego, a las tres de la tarde, Jesús clamó con voz fuerte: «*Eloi, Eloi, ¿lema sabactani?*», que significa «Dios mío, ¿por qué me has abandonado?».

14:68 Algunos manuscritos no incluyen *En ese instante, cantó un gallo.*   15:1 En griego el *Sanedrín;* también en 15:43.   15:21 *Cirene* era una ciudad al norte de África.   15:24 En griego *echaron suertes.* Ver Sal 22:18.   15:27a O *dos criminales.*   15:27b Algunos manuscritos incluyen *versículo 28: Y se cumplió la Escritura que dice: «Fue contado entre los rebeldes».* Ver Is 53:12; comparar también Lc 22:37.   15:34 Sal 22:1.

³⁵Algunos que pasaban por allí entendieron mal y pensaron que estaba llamando al profeta Elías. ³⁶Uno de ellos corrió y empapó una esponja en vino agrio, la puso sobre una caña de junco y la levantó para que él pudiera beber. «¡Esperen! —dijo—. ¡A ver si Elías viene a bajarlo!».

³⁷Entonces Jesús soltó otro fuerte grito y dio su último suspiro. ³⁸Y la cortina del santuario del templo se rasgó en dos, de arriba abajo.

³⁹El oficial romano* que estaba frente a él,* al ver cómo había muerto, exclamó: «¡Este hombre era verdaderamente el Hijo de Dios!».

⁴⁰Algunas mujeres miraban de lejos, entre ellas, María Magdalena, María (la madre de Santiago el menor y de José*), y Salomé. ⁴¹Eran seguidoras de Jesús y lo habían cuidado mientras estaba en Galilea. También estaban allí muchas otras mujeres que habían venido con él a Jerusalén.

Entierro de Jesús

⁴²Todo eso sucedió el viernes —el día de preparación*— anterior al día de descanso. Al acercarse la noche, ⁴³José de Arimatea se arriesgó y fue a ver a Pilato y pidió el cuerpo de Jesús. (José era miembro honorable del Concilio Supremo y esperaba la venida del reino de Dios). ⁴⁴Pilato no podía creer que Jesús ya hubiera muerto, así que llamó al oficial romano y le preguntó si ya había muerto. ⁴⁵El oficial lo confirmó, así que Pilato le entregó a José que podía llevarse el cuerpo. ⁴⁶José compró un largo lienzo de lino. Luego bajó el cuerpo de Jesús de la cruz, lo envolvió en el lienzo y lo colocó en una tumba que había sido tallada en la roca. Después hizo rodar una piedra en la entrada. ⁴⁷María Magdalena y María, la madre de José, vieron dónde ponían el cuerpo de Jesús.

La resurrección

16 El sábado al atardecer, cuando terminó el día de descanso, María Magdalena, Salomé y María, la madre de Santiago, fueron a comprar especias para el entierro, a fin de ungir el cuerpo de Jesús. ²El domingo por la mañana* muy temprano, justo al amanecer, fueron a la tumba. ³En el camino, se preguntaban unas a otras: «¿Quién nos correrá la piedra de la entrada de la tumba?»; ⁴pero cuando llegaron, se

fijaron y vieron que la piedra, que era muy grande, ya estaba corrida.

⁵Cuando entraron en la tumba, vieron a un joven vestido con un manto blanco, sentado al lado derecho. Las mujeres estaban asustadas, ⁶pero el ángel les dijo: «No se alarmen. Ustedes buscan a Jesús de Nazaret,* el que fue crucificado. ¡No está aquí! ¡Ha resucitado! Miren, aquí es donde pusieron su cuerpo. ⁷Ahora vayan y cuéntenles a sus discípulos, incluido Pedro, que Jesús va delante de ustedes a Galilea. Allí lo verán, tal como les dijo antes de morir».

⁸Las mujeres, desconcertadas, huyeron temblando de la tumba y no dijeron nada a nadie porque estaban muy asustadas.*

⁹*Después de que Jesús resucitó el domingo por la mañana temprano, la primera persona que lo vio fue María Magdalena, la mujer de quien él había expulsado siete demonios. ¹⁰Ella fue a ver a los discípulos, quienes estaban lamentándose y llorando, y les dijo lo que había sucedido. ¹¹Sin embargo, cuando les dijo que Jesús estaba vivo y que lo había visto, ellos no le creyeron.

¹²Tiempo después, Jesús se apareció en otra forma a dos de sus seguidores que iban caminando desde Jerusalén hacia el campo. ¹³Ellos regresaron corriendo para contárselo a los demás, pero ninguno les creyó.

¹⁴Incluso más tarde, se apareció a los once discípulos mientras comían juntos. Los reprendió por su obstinada incredulidad, porque se habían negado a creer a los que lo habían visto después de que resucitó.*

¹⁵Entonces les dijo: «Vayan por todo el mundo y prediquen la Buena Noticia a todos.¹⁶El que crea y sea bautizado será salvo, pero el que se niegue a creer, será condenado. ¹⁷Estas señales milagrosas acompañarán a los que creen: expulsarán demonios en mi nombre y hablarán nuevos idiomas.* ¹⁸Podrán tomar serpientes en las manos sin que nada les pase y, si beben algo venenoso, no les hará daño. Pondrán sus manos sobre los enfermos, y ellos sanarán».

¹⁹Cuando el Señor Jesús terminó de hablar con ellos, fue levantado al cielo y se sentó en el lugar de honor, a la derecha de Dios. ²⁰Y los discípulos fueron a todas partes y predicaron, y el Señor actuaba por medio de ellos confirmando con muchas señales milagrosas lo que decían.

15:39a En griego *centurión*; similar en 15:44, 45.   **15:39b** Algunos manuscritos incluyen *oyó su grito o*.   **15:40** En griego *Joses*; también en 15:47. Ver Mt 27:56.   **15:42** En griego *Era el día de la preparación*.   **16:2** En griego *el primer día de la semana*; también en 16:9.   **16:6** O *Jesús nazareno*.   **16:8** Los manuscritos más antiguos y confiables del Evangelio de Marcos terminan aquí en el versículo 8. Otros manuscritos incluyen varios finales del Evangelio. Algunos incluyen un «final breve»: *Luego ellas informaron todo el mensaje de salvación a Pedro y a sus compañeros brevemente. Tiempo después, Jesús mismo los envió del oriente al occidente con el sagrado e inagotable mensaje de salvación que da vida eterna. Amén.*   **16:9-20** Algunos manuscritos incluyen un «final largo», es decir los versículos 9–20.   **16:14** Algunos manuscritos antiguos incluyen: *Y ellos se disculparon diciendo: «Esta época de desorden e incredulidad está bajo Satanás, que no permite que la verdad y el poder de Dios conquisten a los espíritus malignos (impuros). Por consiguiente, revela tu justicia ahora». Esto es lo que ellos le dijeron a Cristo. Y Cristo les respondió: «El período de años del poder de Satanás se ha cumplido, pero pronto otras cosas terribles ocurrirán. Y yo fui entregado a la muerte para beneficio de los que han pecado, a fin de que puedan volver al no pequen más, y así puedan heredar la gloria celestial, que es espiritual, incorruptible y justa».*   **16:17** O *nuevas lenguas*; algunos manuscritos no incluyen *nuevas*.

Lucas

Introducción

1 Muchas personas han intentado escribir un relato de los hechos que se han cumplido entre nosotros. ²Se valieron en Judea, hubo un informes que circulan entre nosotros dados por testigos oculares, los primeros discípulos.* ³Después de investigar todo con esmero desde el principio, yo también decidí escribir un relato cuidadoso para ti, muy honorable Teófilo, ⁴para que puedas estar seguro de la veracidad de todo lo que te han enseñado.

Anuncio del nacimiento de Juan el Bautista

⁵Cuando Herodes era rey en Judea, hubo un sacerdote judío llamado Zacarías. Era miembro del grupo sacerdotal de Abías; y su esposa, Elisabet, también pertenecía a la familia sacerdotal de Aarón. ⁶Zacarías y Elisabet eran justos a los ojos de Dios y cuidadosos en obedecer todos los mandamientos y las ordenanzas del Señor. ⁷No tenían hijos porque Elisabet no podía quedar embarazada y los dos eran ya muy ancianos.

⁸Cierto día, Zacarías se encontraba sirviendo a Dios en el templo, porque su grupo de sacerdotes estaba de turno esa semana. ⁹Como era costumbre entre los sacerdotes, le tocó por sorteo entrar en el santuario del Señor y quemar el incienso. ¹⁰Mientras el incienso se quemaba, una gran multitud estaba afuera orando.

¹¹Y mientras Zacarías estaba en el santuario, se le apareció un ángel del Señor, de pie a la derecha del altar del incienso. ¹²Cuando Zacarías lo vio, se alarmó y se llenó de temor, ¹³pero el ángel le dijo:

—¡No tengas miedo, Zacarías! Dios ha oído tu oración. Tu esposa, Elisabet, te dará un hijo, y lo llamarás Juan. ¹⁴Tendrás gran gozo y alegría, y muchos se alegrarán de su nacimiento, ¹⁵porque él será grande a los ojos del Señor. No deberá beber vino ni ninguna bebida alcohólica y será lleno del Espíritu Santo aun antes de nacer.* ¹⁶Y hará que muchos israelitas vuelvan al Señor su Dios. ¹⁷Será un hombre con el espíritu y el poder de Elías; preparará a la gente para la venida del Señor. Inclinará el corazón de los padres* hacia los hijos* y hará que los rebeldes acepten la sabiduría de los justos.

¹⁸Zacarías le dijo al ángel:

—¿Cómo puedo estar seguro de que ocurrirá esto? Ya soy muy anciano, y mi esposa también es de edad avanzada.

¹⁹Entonces el ángel dijo:

—¡Yo soy Gabriel! Estoy en la presencia misma de Dios. ¡Fue él quien me envió a darte esta buena noticia! ²⁰Pero ahora, como no creíste lo que te dije, te quedarás mudo, sin poder hablar hasta que nazca el niño. Te aseguro que mis palabras se cumplirán a su debido tiempo.

²¹Mientras tanto, la gente esperaba a que Zacarías saliera del santuario y se preguntaba por qué tardaba tanto. ²²Cuando por fin salió, no podía hablarles. Entonces, por las señas que hacía y su silencio, se dieron cuenta de que seguramente había tenido una visión en el santuario.

²³Cuando Zacarías terminó su semana de servicio en el templo, regresó a su casa. ²⁴Poco tiempo después, su esposa, Elisabet, quedó embarazada y permaneció recluida en su casa durante cinco meses. ²⁵«¡Qué bondadoso es el Señor! —exclamó ella—. Me ha quitado la vergüenza de no tener hijos».

Anuncio del nacimiento de Jesús

²⁶Cuando Elisabet estaba en su sexto mes de embarazo, Dios envió al ángel Gabriel a Nazaret, una aldea de Galilea, ²⁷a una virgen llamada María. Ella estaba comprometida para casarse con un hombre llamado José, descendiente del rey David. ²⁸Gabriel se le apareció y dijo: «¡Saludos, mujer favorecida! ¡El Señor está contigo!»*.

²⁹Confusa y perturbada, María trató de pensar lo que el ángel quería decir.

³⁰—No tengas miedo, María —le dijo el ángel—, ¡porque has hallado el favor de Dios! ³¹Concebirás y darás a luz un hijo, y le pondrás por nombre Jesús. ³²Él será muy grande y lo llamarán Hijo del Altísimo. El Señor Dios le dará el trono de su antepasado David. ³³Y reinará sobre Israel* para siempre; ¡su reino no tendrá fin!

³⁴—¿Pero cómo podrá suceder esto? —le preguntó María al ángel—. Soy virgen.

³⁵El ángel le contestó:

—El Espíritu Santo vendrá sobre ti, y el poder del Altísimo te cubrirá con su sombra. Por lo

---

1:2 En griego de aquellos que, desde un principio, fueron siervos de la palabra.   1:15 O aun desde su nacimiento.   1:17a En griego esta palabra se refiere solo a los hombres.   1:17b Ver Ml 4:5-6.   1:28 Algunos manuscritos incluyen Bendita eres entre las mujeres.
1:33 En griego sobre la casa de Jacob.

tanto, el bebé que nacerá será santo y será llamado Hijo de Dios. ³⁶Además, tu parienta Elisabet, ¡quedó embarazada en su vejez! Antes la gente decía que ella era estéril, pero ha concebido un hijo y ya está en su sexto mes de embarazo. ³⁷Pues nada es imposible para Dios.*

³⁸María respondió:

—Soy la sierva del Señor. Que se cumpla todo lo que has dicho acerca de mí.

Y el ángel la dejó.

María visita a Elisabet

³⁹Pocos días después, María fue de prisa a la zona montañosa de Judea, al pueblo ⁴⁰donde vivía Zacarías. Entró en la casa y saludó a Elisabet. ⁴¹Al escuchar el saludo de María, el bebé de Elisabet saltó en su vientre y Elisabet se llenó del Espíritu Santo.

⁴²Elisabet dio un grito de alegría y le exclamó a María:

—Dios te ha bendecido más que a todas las mujeres, y tu hijo es bendito. ⁴³¿Por qué tengo este honor, que la madre de mi Señor venga a visitarme? ⁴⁴Cuando escuché tu saludo, el bebé saltó de alegría en mi vientre. ⁴⁵Eres bendita porque creíste que el Señor haría lo que te dijo.

El Magníficat: canción de alabanza de María

⁴⁶María respondió:

—Oh, cuánto alaba mi alma al Señor.
⁴⁷ ¡Cuánto mi espíritu se alegra en Dios mi Salvador!
⁴⁸ Pues se fijó en su humilde sierva,
y de ahora en adelante todas las generaciones me llamarán bendita.
⁴⁹ Pues el Todopoderoso es santo
y ha hecho grandes cosas por mí.
⁵⁰ Él muestra misericordia de generación en generación
a todos los que le temen.
⁵¹ ¡Su brazo poderoso ha hecho cosas tremendas!
Dispersó a los orgullosos y a los altaneros.
⁵² A príncipes derrocó de sus tronos
y exaltó a los humildes.
⁵³ Al hambriento llenó de cosas buenas
y a los ricos despidió con las manos vacías.
⁵⁴ Ayudó a su siervo Israel
y no se olvidó de ser misericordioso.
⁵⁵ Pues lo prometió a nuestros antepasados,
a Abraham y a sus descendientes para siempre.

⁵⁶Y María se quedó con Elisabet unos tres meses y luego regresó a su casa.

Nacimiento de Juan el Bautista

⁵⁷Cuando se cumplió el tiempo para que naciera el bebé, Elisabet dio a luz un hijo varón.

⁵⁸Todos sus vecinos y parientes se alegraron al enterarse de que Dios había sido tan misericordioso con ella.

⁵⁹Cuando el bebé cumplió ocho días, todos se reunieron para la ceremonia de circuncisión. Querían ponerle por nombre Zacarías como su padre, ⁶⁰pero Elisabet dijo:

—¡No! ¡Su nombre es Juan!

⁶¹—¿Cómo? —exclamaron—. No hay nadie en tu familia con ese nombre.

⁶²Entonces, le preguntaron por gestos al padre cómo quería que se llamara. ⁶³Zacarías pidió con señas que le dieran una tablilla para escribir y, para sorpresa de todos, escribió: «Su nombre es Juan» ⁶⁴Al instante Zacarías pudo hablar de nuevo y comenzó a alabar a Dios.

⁶⁵Todo el vecindario se llenó de temor reverente, y la noticia de lo que había sucedido corrió por todas las colinas de Judea. ⁶⁶Los que la oían meditaban sobre los acontecimientos y se preguntaban: «¿Qué llegará a ser este niño?». Pues la mano del Señor estaba sobre él de una manera especial.

Profecía de Zacarías

⁶⁷Entonces su padre, Zacarías, se llenó del Espíritu Santo y dio la siguiente profecía:

⁶⁸ «Alaben al Señor, el Dios de Israel,
porque ha visitado y redimido a su pueblo.
⁶⁹ Nos envió un poderoso Salvador*
del linaje real de su siervo David,
⁷⁰ como lo prometió
mediante sus santos profetas hace mucho tiempo.
⁷¹ Ahora seremos rescatados de nuestros enemigos
y de todos los que nos odian.
⁷² Él ha sido misericordioso con nuestros antepasados
al recordar su pacto sagrado,
⁷³ el pacto que prometió mediante un juramento
a nuestro antepasado Abraham.
⁷⁴ Hemos sido rescatados de nuestros enemigos
para poder servir a Dios sin temor,
⁷⁵ en santidad y justicia,
mientras vivamos.
⁷⁶ »Y tú, mi pequeño hijo,
serás llamado profeta del Altísimo,
porque prepararás el camino para el Señor.
⁷⁷ Dirás a su pueblo cómo encontrar la salvación
mediante el perdón de sus pecados.
⁷⁸ Gracias a la tierna misericordia de Dios,
desde el cielo, la luz matinal está a punto de brillar entre nosotros,*
⁷⁹ para dar luz a los que están en oscuridad y en sombra de muerte,
y para guiarnos al camino de la paz».

1:37 Algunos manuscritos dicen *Pues la palabra de Dios nunca dejará de cumplirse.* 1:69 En griego *ha levantado un cuerno de salvación para nosotros.* 1:78 O *la Luz Matinal del Cielo está a punto de visitarnos.*

⁸⁰Juan creció y se fortaleció en espíritu. Y vivió en el desierto hasta que comenzó su ministerio público a Israel.

Nacimiento de Jesús

2 En esos días, Augusto, el emperador de Roma, decretó que se hiciera un censo en todo el Imperio romano. ²(Este fue el primer censo que se hizo cuando Cirenio era gobernador de Siria.) ³Todos regresaron a los pueblos de sus antepasados a fin de inscribirse para el censo. ⁴Como José era descendiente del rey David, tuvo que ir a Belén de Judea, el antiguo hogar de David. Viajó hacia allí desde la aldea de Nazaret de Galilea. ⁵Llevó consigo a María, su prometida, cuyo embarazo ya estaba avanzado.

⁶Mientras estaban allí, llegó el momento para que naciera el bebé. ⁷María dio a luz a su primer hijo, un varón. Lo envolvió en tiras de tela y lo acostó en un pesebre, porque no había alojamiento disponible para ellos.

Pastores y ángeles

⁸Esa noche había unos pastores en los campos cercanos, que estaban cuidando sus rebaños de ovejas. ⁹De repente, apareció un ángel del Señor, y el resplandor de la gloria del Señor los rodeó. Los pastores estaban aterrados, ¹⁰pero el ángel los tranquilizó. «No tengan miedo —dijo—. Les traigo buenas noticias que darán gran alegría a toda la gente. ¹¹¡El Salvador —sí, el Mesías, el Señor— ha nacido hoy en Belén, la ciudad de David! ¹²Y lo reconocerán por la siguiente señal: encontrarán a un niño envuelto en tiras de tela, acostado en un pesebre».

¹³De pronto, se unió a ese ángel una inmensa multitud —los ejércitos celestiales— que alababan a Dios y decían:

¹⁴ «Gloria a Dios en el cielo más alto
y paz en la tierra para aquellos en quienes
Dios se complace».

¹⁵Cuando los ángeles regresaron al cielo, los pastores se dijeron unos a otros: «¡Vayamos a Belén! Veamos esto que ha sucedido y que el Señor nos anunció».

¹⁶Fueron de prisa a la aldea y encontraron a María y a José. Y allí estaba el niño, acostado en el pesebre. ¹⁷Después de verlo, los pastores contaron a todos lo que había sucedido y lo que el ángel les había dicho acerca del niño. ¹⁸Todos los que escucharon el relato de los pastores quedaron asombrados, ¹⁹pero María guardaba todas estas cosas en el corazón y pensaba en ellas con frecuencia. ²⁰Los pastores regresaron a sus rebaños, glorificando y alabando a Dios por lo que habían visto y oído. Todo sucedió tal como el ángel les había dicho.

Presentación de Jesús en el templo

²¹Ocho días después, cuando el bebé fue circuncidado, le pusieron por nombre Jesús, el nombre que había dado el ángel aun antes de que el niño fuera concebido.

²²Luego llegó el tiempo para la ofrenda de purificación, como exigía la ley de Moisés después del nacimiento de un niño; así que sus padres lo llevaron a Jerusalén para presentarlo al Señor. ²³La ley del Señor dice: «Si el primer hijo de una mujer es varón, habrá que dedicarlo al Señor»*. ²⁴Así que ellos ofrecieron el sacrificio requerido en la ley del Señor, que consistía en «un par de tórtolas o dos pichones de paloma»*.

Profecía de Simeón

²⁵En ese tiempo, había en Jerusalén un hombre llamado Simeón. Era justo y devoto, y esperaba con anhelo que llegara el Mesías y rescatara a Israel. El Espíritu Santo estaba sobre él ²⁶y le había revelado que no moriría sin antes ver al Mesías del Señor. ²⁷Ese día, el Espíritu lo guió al templo. De manera que, cuando María y José llegaron para presentar al bebé Jesús ante el Señor como exigía la ley, ²⁸Simeón estaba allí. Tomó al niño en sus brazos y alabó a Dios diciendo:

²⁹ «Señor Soberano, permite ahora que tu siervo
muera en paz,
como prometiste.
³⁰ He visto tu salvación,
³¹ la que preparaste para toda la gente.
³² Él es una luz para revelar a Dios a las naciones,
¡y es la gloria de tu pueblo Israel!».

³³Los padres de Jesús estaban asombrados de lo que se decía de él. ³⁴Entonces Simeón les dio su bendición y le dijo a María, la madre del bebé: «Este niño está destinado a provocar la caída de muchos en Israel, pero también será la alegría de muchos otros. Fue enviado como una señal de Dios, pero muchos se le opondrán. ³⁵Como resultado, saldrán a la luz los pensamientos más profundos de muchos corazones, y una espada atravesará tu propia alma».

Profecía de Ana

³⁶En el templo también estaba Ana, una profetisa muy anciana, hija de Fanuel, de la tribu de Aser. Su esposo había muerto cuando solo llevaban siete años de casados. ³⁷Después ella vivió como viuda hasta la edad de ochenta y cuatro años.* Nunca salía del templo, sino que permanecía allí de día y de noche adorando a Dios en ayuno y oración. ³⁸Llegó justo en el momento que Simeón hablaba con María y José, y comenzó a alabar a Dios. Habló del niño a todos los que esperaban que Dios rescatara a Jerusalén.

³⁹Una vez que los padres de Jesús cumplieron con todas las exigencias de la ley del Señor, regresaron a su casa en Nazaret de Galilea. ⁴⁰Allí el niño crecía sano y fuerte. Estaba lleno de sabiduría, y el favor de Dios estaba sobre él.

2:23 Ex 13:2.　**2:24** Lv 12:8.　**2:37** O *Ella había sido viuda por ochenta y cuatro años.*

Jesús habla con los maestros

⁴¹Cada año, los padres de Jesús iban a Jerusalén para el festival de la Pascua. ⁴²Cuando Jesús tenía doce años, asistieron al festival como siempre. ⁴³Una vez terminada la celebración, emprendieron el regreso a Nazaret, pero Jesús se quedó en Jerusalén. Al principio, sus padres no se dieron cuenta, ⁴⁴porque creyeron que estaba entre los otros viajeros; pero cuando se puso de noche y no aparecía, comenzaron a buscarlo entre sus parientes y amigos.

⁴⁵Como no pudieron encontrarlo, regresaron a Jerusalén para buscarlo allí. ⁴⁶Tres días después, por fin lo encontraron en el templo, sentado entre los maestros religiosos, escuchándolos y haciéndoles preguntas. ⁴⁷Todos los que lo oían quedaban asombrados de su entendimiento y de sus respuestas.

⁴⁸Sus padres no sabían qué pensar.

—Hijo, ¿por qué nos has hecho esto? —le dijo su madre—. Tu padre y yo hemos estado desesperados buscándote por todas partes.

⁴⁹—¿Pero por qué tuvieron que buscarme? —les preguntó—. ¿No sabían que tengo que estar en la casa de mi Padre?*

⁵⁰Pero ellos no entendieron lo que les quiso decir.

⁵¹Luego regresó con sus padres a Nazaret, y vivió en obediencia a ellos. Y su madre guardó todas esas cosas en el corazón.

⁵²Jesús crecía en sabiduría y en estatura, y en el favor de Dios y de toda la gente.

Juan el Bautista prepara el camino

3 Era el año quince del reinado de Tiberio, el emperador de Roma. Poncio Pilato era gobernador de Judea; Herodes Antipas gobernaba* Galilea; su hermano Felipe gobernaba* Iturea y Traconite; y Lisanias gobernaba Abilinia. ²Anás y Caifás eran los sumos sacerdotes. En ese tiempo, un mensaje de Dios llegó a Juan, hijo de Zacarías, que vivía en el desierto. ³Entonces Juan fue de un lugar a otro, por ambos lados del río Jordán, predicando que la gente debía ser bautizada para demostrar que se había arrepentido de sus pecados y vuelto a Dios para ser perdonada. ⁴Isaías había hablado de Juan cuando dijo:

«Es una voz que clama en el desierto:
"¡Preparen el camino para la venida del Señor!
¡Ábranle camino!
⁵ Los valles serán rellenados,
y las montañas y las colinas, allanadas.
Las curvas serán enderezadas,
y los lugares ásperos, suavizados.
⁶ Y entonces todas las personas verán
la salvación enviada por Dios"»*.

⁷Cuando las multitudes acudieron a Juan para que los bautizara, les dijo:

—¡Camada de víboras! ¿Quién les advirtió que huyeran de la ira de Dios que se acerca? ⁸Demuestren con su forma de vivir que se han arrepentido de sus pecados y han vuelto a Dios. No se digan simplemente el uno al otro: "Estamos a salvo porque somos descendientes de Abraham". Eso no significa nada, porque les digo que Dios puede crear hijos de Abraham de estas mismas piedras. ⁹Ahora mismo el hacha del juicio de Dios está lista para cortar las raíces de los árboles. Así es, todo árbol que no produzca buenos frutos será cortado y arrojado al fuego.

¹⁰Las multitudes preguntaron:

—¿Qué debemos hacer?

¹¹Juan contestó:

—Si tienes dos camisas, da una a los pobres. Si tienes comida, comparte con los que tienen hambre.

¹²Hasta los corruptos recaudadores de impuestos vinieron a bautizarse y preguntaron:

—Maestro, ¿qué debemos hacer?

¹³Él les contestó:

—No recauden más impuestos de lo que el gobierno requiere.

¹⁴—¿Qué debemos hacer nosotros? —preguntaron algunos soldados.

Juan les contestó:

—No extorsionen ni hagan falsas acusaciones, y estén satisfechos con su salario.

¹⁵Todos esperaban que el Mesías viniera pronto, y tenían muchas ganas de saber si Juan era el Mesías. ¹⁶Juan contestó a sus preguntas diciendo: «Yo los bautizo con* agua, pero pronto viene alguien que es superior a mí, tan superior que ni siquiera soy digno de ser su esclavo y desatarle las correas de sus sandalias. Él los bautizará con el Espíritu Santo y con fuego.* ¹⁷Él está listo para separar el trigo de la paja con su rastrillo. Luego limpiará la zona donde se trilla y juntará el trigo en su granero, pero quemará la paja en un fuego interminable». ¹⁸Juan usó muchas advertencias similares al anunciar la Buena Noticia al pueblo.

¹⁹También Juan criticó públicamente a Herodes Antipas, el gobernador de Galilea,* por haberse casado con Herodías, la esposa de su hermano, y por muchas otras injusticias que había cometido. ²⁰Así que Herodes metió a Juan en la cárcel, agregando a sus muchos pecados uno más.

Bautismo de Jesús

²¹Cierto día, en que las multitudes se bautizaban, Jesús mismo fue bautizado. Mientras él oraba, los cielos se abrieron, ²²y el Espíritu Santo, en forma visible, descendió sobre él como una paloma. Y una voz dijo desde el cielo: «Tú eres mi Hijo muy amado, y me das un gran gozo»*.

2:49 O ¿No se dieron cuenta de que debo ocuparme de los asuntos de mi Padre? 3:1a En griego *Herodes era tetrarca de.* Herodes Antipas era hijo del rey Herodes. 3:1b En griego *era tetrarca de;* también en 3:1c. 3:4-6 Is 40:3-5 (versión griega). 3:16a O *en.* 3:16b O *en el Espíritu Santo y en fuego.* 3:19 En griego *Herodes tetrarca.* 3:22 Algunos manuscritos dicen *mi hijo, y hoy me he convertido en tu padre.*

Antepasados de Jesús

²³Jesús tenía unos treinta años cuando comenzó su ministerio público.

Jesús era conocido como el hijo de José.
José era hijo de Elí.
²⁴ Elí era hijo de Matat.
Matat era hijo de Leví.
Leví era hijo de Melqui.
Melqui era hijo de Jana.
Jana era hijo de José.
²⁵ José era hijo de Matatías.
Matatías era hijo de Amós.
Amós era hijo de Nahum.
Nahum era hijo de Esli.
Esli era hijo de Nagai.
²⁶ Nagai era hijo de Maat.
Maat era hijo de Matatías.
Matatías era hijo de Semei.
Semei era hijo de Josec.
Josec era hijo de Judá.
²⁷ Judá era hijo de Joana.
Joana era hijo de Resa.
Resa era hijo de Zorobabel.
Zorobabel era hijo de Salatiel.
Salatiel era hijo de Neri.
²⁸ Neri era hijo de Melqui.
Melqui era hijo de Adi.
Adi era hijo de Cosam.
Cosam era hijo de Elmodam.
Elmodam era hijo de Er.
²⁹ Er era hijo de Josué.
Josué era hijo de Eliezer.
Eliezer era hijo de Jorim.
Jorim era hijo de Matat.
Matat era hijo de Leví.
³⁰ Leví era hijo de Simeón.
Simeón era hijo de Judá.
Judá era hijo de José.
José era hijo de Jonán.
Jonán era hijo de Eliaquim.
³¹ Eliaquim era hijo de Melea.
Melea era hijo de Mainán.
Mainán era hijo de Matata.
Matata era hijo de Natán.
Natán era hijo de David.
³² David era hijo de Isaí.
Isaí era hijo de Obed.
Obed era hijo de Booz.
Booz era hijo de Salmón.*
Salmón era hijo de Naasón.
³³ Naasón era hijo de Aminadab.
Aminadab era hijo de Admín.
Admín era hijo de Arní.*
Arní era hijo de Esrom.
Esrom era hijo de Fares.
Fares era hijo de Judá.
³⁴ Judá era hijo de Jacob.
Jacob era hijo de Isaac.
Isaac era hijo de Abraham.

Abraham era hijo de Taré.
Taré era hijo de Nacor.
³⁵ Nacor era hijo de Serug.
Serug era hijo de Ragau.
Ragau era hijo de Peleg.
Peleg era hijo de Heber.
Heber era hijo de Sala.
³⁶ Sala era hijo de Caínán.
Caínán era hijo de Arfaxad.
Arfaxad era hijo de Sem.
Sem era hijo de Noé.
Noé era hijo de Lamec.
³⁷ Lamec era hijo de Matusalén.
Matusalén era hijo de Enoc.
Enoc era hijo de Jared.
Jared era hijo de Mahalaleel.
Mahalaleel era hijo de Caínán.
³⁸ Caínán era hijo de Enós.*
Enós era hijo de Set.
Set era hijo de Adán.
Adán era hijo de Dios.

Tentación de Jesús

4 Entonces Jesús, lleno del Espíritu Santo, regresó del río Jordán. Y el Espíritu lo llevó al desierto,* ²donde fue tentado por el diablo durante cuarenta días. Jesús no comió nada en todo ese tiempo y comenzó a tener mucha hambre.

³Entonces el diablo le dijo:

—Si eres el Hijo de Dios, dile a esta piedra que se transforme en pan.

⁴Jesús le dijo:

—¡No! Las Escrituras dicen: "La gente no vive solo de pan"*.

⁵Entonces el diablo lo llevó a una parte alta y desplegó ante él todos los reinos del mundo en un solo instante.

⁶—Te daré la gloria de estos reinos y autoridad sobre ellos —le dijo el diablo—, porque son míos para dárselos a quien yo quiera. ⁷Te daré todo esto si me adoras.

⁸Jesús le respondió:

—Las Escrituras dicen:

"Adora al Señor tu Dios
    y sírvele sólo a él"*.

⁹Entonces el diablo lo llevó a Jerusalén, al punto más alto del templo, y dijo:

—Si eres el Hijo de Dios, ¡tírate! ¹⁰Pues las Escrituras dicen:

"Él ordenará a sus ángeles que te protejan y te
    guarden.
¹¹ Y te sostendrán con sus manos
    para que ni siquiera te lastimes el pie con
        una piedra"*.

¹²Jesús le respondió:

—Las Escrituras también dicen: "No pondrás a prueba al Señor tu Dios"*.

3:32 En griego *Sala*, una variante de Salmón; también en 3:32b. Ver Rt 4:22.   3:33 Algunos manuscritos dicen *Aminadab era hijo de Aram. Arní y Aram* son variantes de Ram. Ver 1 Cr 2:9-10.   3:38 En griego *Enós*, una variante de Enosh; también en 3:38b. Ver Gn 5:6.   4:1 Algunos manuscritos dicen *hacia el desierto*.   4:4 Dt 8:3.   4:8 Dt 6:13.   4:10-11 Sal 91:11-12.   4:12 Dt 6:16.

¹³Cuando el diablo terminó de tentar a Jesús, lo dejó hasta la siguiente oportunidad.

Jesús es rechazado en Nazaret

¹⁴Entonces Jesús regresó a Galilea lleno del poder del Espíritu Santo. Las noticias acerca de él corrieron rápidamente por toda la región. ¹⁵Enseñaba con frecuencia en las sinagogas y todos lo elogiaban.

¹⁶Cuando llegó a Nazaret, la aldea donde creció, fue como de costumbre a la sinagoga el día de descanso y se puso de pie para leer las Escrituras. ¹⁷Le dieron el rollo del profeta Isaías. Jesús lo desenrolló y encontró el lugar donde está escrito lo siguiente:

¹⁸ «El Espíritu del Señor está sobre mí,
porque me ha ungido para llevar la Buena
Noticia a los pobres.
Me ha enviado a proclamar que los cautivos
serán liberados,
que los ciegos verán,
que los oprimidos serán puestos en libertad,
¹⁹ y que ha llegado el tiempo del favor del
Señor»*.

²⁰Lo enrolló de nuevo, se lo entregó al ayudante y se sentó. Todas las miradas en la sinagoga se fijaron en él. ²¹Después Jesús comenzó a hablarles: «La Escritura que acaban de oír, ¡se ha cumplido este mismo día!».

²²Todos hablaban bien de él y estaban asombrados de la gracia con que salían las palabras de su boca. «¿Cómo puede ser? —preguntaban—. ¿No es este el hijo de José?».

²³Entonces Jesús les dijo: «Seguramente ustedes me citarán el proverbio que dice: "Médico, cúrate a ti mismo" para decirme: "Haz milagros aquí en tu propio pueblo como los que hiciste en Capernaúm". ²⁴Pero les digo esto, ningún profeta es aceptado en su propio pueblo. ²⁵»Sin duda había muchas viudas necesitadas en Israel en el tiempo de Elías, cuando los cielos se cerraron por tres años y medio y un hambre terrible devastó la tierra. ²⁶Sin embargo, Elías no fue enviado a ninguna de ellas. En cambio, fue enviado a una extranjera, a una viuda de Sarepta en la tierra de Sidón. ²⁷También había muchos leprosos en Israel en el tiempo del profeta Eliseo, pero el único sanado fue Naamán, un sirio».

²⁸Al oír eso la gente de la sinagoga se puso furiosa. ²⁹Se levantaron de un salto, lo atacaron y lo llevaron a la fuerza hasta el borde del cerro sobre el cual estaba construida la ciudad. Querían arrojarlo por el precipicio, ³⁰pero él pasó por en medio de la multitud y siguió su camino.

Jesús expulsa un demonio

³¹Después Jesús fue a Capernaúm, una ciudad de Galilea, y enseñaba en la sinagoga cada día de descanso. ³²Allí también la gente quedó asombrada de su enseñanza, porque hablaba con autoridad.

³³Cierta vez que Jesús estaba en la sinagoga, un hombre poseído por un demonio, un espíritu maligno,* comenzó a gritarle a Jesús:

³⁴—¡Vete! ¿Por qué te entrometes con nosotros, Jesús de Nazaret? ¿Has venido a destruirnos? ¡Yo sé quién eres: el Santo de Dios!

³⁵—¡Cállate! —lo interrumpió Jesús y le ordenó—; ¡Sal de este hombre!

En ese mismo momento, el demonio arrojó al hombre al suelo mientras la multitud miraba; luego salió de él sin hacerle más daño.

³⁶La gente, asombrada, exclamó: «¡Qué poder y autoridad tienen las palabras de este hombre! Hasta los espíritus malignos le obedecen y huyen a su orden». ³⁷Las noticias acerca de Jesús corrieron por cada aldea de toda la región.

Jesús sana a mucha gente

³⁸Después de salir de la sinagoga ese día, Jesús fue a la casa de Simón, donde encontró a la suegra de Simón muy enferma, con mucha fiebre. «Por favor, sánala», le suplicaron todos. ³⁹De pie junto a su cama, Jesús reprendió a la fiebre y la fiebre se fue de la mujer. Ella se levantó de inmediato y les preparó una comida.

⁴⁰Esa tarde, al ponerse el sol, la gente de toda la aldea llevó ante Jesús a sus parientes enfermos. Cualquiera que fuera la enfermedad, al toque de su mano los sanaba a todos. ⁴¹Muchos estaban poseídos por demonios, los cuales salieron a su orden gritando: «¡Eres el Hijo de Dios!». Pero como ellos sabían que él era el Mesías, los reprendió y no los dejó hablar.

Jesús continúa predicando

⁴²Muy temprano a la mañana siguiente, Jesús salió a un lugar aislado. Las multitudes lo buscaron por todas partes y, cuando por fin lo encontraron, le suplicaron que no se fuera. ⁴³Él les respondió: «Debo predicar la Buena Noticia del reino de Dios también en otras ciudades, porque para eso fui enviado». ⁴⁴Así que siguió recorriendo la región, predicando en las sinagogas de toda Judea.*

Primeros discípulos

5 Cierto día, mientras Jesús predicaba en la orilla del mar de Galilea,* grandes multitudes se abalanzaban sobre él para escuchar la palabra de Dios. ²Jesús notó dos barcas vacías en la orilla porque los pescadores las habían dejado mientras lavaban sus redes. ³Al subir a una de las barcas, Jesús le pidió a Simón,* el dueño de la barca, que la empujara al agua. Luego se sentó en la barca y desde allí enseñaba a las multitudes.

4:18-19 O *y a proclamar el año aceptable del Señor.* Is 61:1-2 (versión griega); 58:6. 4:33 En griego *impuro;* también en 4:36. 4:44 Algunos manuscritos dicen *Galilea.* 5:1 En griego *lago de Genesaret,* otro nombre para el mar de Galilea. 5:3 *Simón* es llamado «Pedro» desde 6:14 en adelante.

⁴Cuando terminó de hablar, le dijo a Simón:

—Ahora ve a las aguas más profundas y echa tus redes para pescar.

⁵—Maestro —respondió Simón—, hemos trabajado mucho durante toda la noche y no hemos pescado nada; pero si tú lo dices, echaré las redes nuevamente.

⁶Y esta vez las redes se llenaron de tantos peces ¡que comenzaron a romperse! ⁷Un grito de auxilio atrajo a los compañeros de la otra barca, y pronto las dos barcas estaban llenas de peces a punto de hundirse.

⁸Cuando Simón Pedro se dio cuenta de lo que había sucedido, cayó de rodillas delante de Jesús y le dijo:

—Señor, por favor, aléjate de mí, soy demasiado pecador para estar cerca de ti.

⁹Pues estaba muy asombrado por la cantidad de peces que habían sacado, al igual que los otros que estaban con él. ¹⁰Sus compañeros, Santiago y Juan, hijos de Zebedeo, también estaban asombrados.

Jesús respondió a Simón: «¡No tengas miedo! ¡De ahora en adelante, pescarás personas!». ¹¹Y, en cuanto llegaron a tierra firme, dejaron todo y siguieron a Jesús.

Jesús sana a un leproso

¹²En una de las aldeas, Jesús conoció a un hombre que tenía una lepra muy avanzada. Cuando el hombre vio a Jesús, se inclinó rostro en tierra y le suplicó que lo sanara.

—¡Señor! —le dijo—, ¡si tú quieres, puedes sanarme y dejarme limpio!

¹³Jesús extendió la mano y lo tocó:

—Sí quiero —dijo—. ¡Queda sano!

Al instante, la lepra desapareció. ¹⁴Entonces Jesús le dio instrucciones de que no dijera a nadie lo que había sucedido. Le dijo: «Preséntate ante el sacerdote y deja que te examine. Lleva contigo la ofrenda que exige la ley de Moisés a los que son sanados de lepra.* Esto será un testimonio público de que has quedado limpio».

¹⁵Sin embargo, a pesar de las instrucciones de Jesús, la noticia de su poder corrió aún más, y grandes multitudes llegaron para escucharlo predicar y ser sanados de sus enfermedades. ¹⁶Así que Jesús muchas veces se alejaba al desierto para orar.

Jesús sana a un paralítico

¹⁷Cierto día, mientras Jesús enseñaba, algunos fariseos y maestros de la ley religiosa estaban sentados cerca. (Al parecer, esos hombres habían llegado de todas las aldeas de Galilea y Judea, y también de Jerusalén). Y el poder sanador del Señor estaba presente con fuerza en Jesús.

¹⁸Unos hombres llegaron cargando a un paralítico en una camilla. Trataron de llevarlo dentro a donde estaba Jesús, ¹⁹pero no pudieron acercarse a él debido a la multitud. Entonces subieron

al techo y quitaron algunas tejas. Luego bajaron al enfermo en su camilla hasta ponerlo en medio de la multitud, justo frente a Jesús. ²⁰Al ver la fe de ellos, Jesús le dijo al hombre: «Joven, tus pecados son perdonados».

²¹Entonces los fariseos y los maestros de la ley religiosa decían para sí: «¿Quién se cree que es? ¡Es una blasfemia! ¡Solo Dios puede perdonar pecados!».

²²Jesús supo lo que pensaban, así que les preguntó: «¿Por qué cuestionan eso en su corazón? ²³¿Qué es más fácil decir: "Tus pecados son perdonados" o "Ponte de pie y camina"? ²⁴Así que les demostraré que el Hijo del Hombre* tiene autoridad en la tierra para perdonar pecados».

Entonces Jesús miró al paralítico y dijo: «¡Ponte de pie, toma tu camilla y vete a tu casa!».

²⁵Al instante, delante de todos, el hombre se levantó de un salto, tomó su camilla y se fue a su casa alabando a Dios. ²⁶El asombro se apoderó de todos, y quedaron pasmados. Y alababan a Dios exclamando: «¡Hoy hemos visto cosas maravillosas!».

Jesús llama a Leví (Mateo)

²⁷Tiempo después, al salir de la ciudad, Jesús vio a un cobrador de impuestos llamado Leví sentado en su cabina de cobrador. «Sígueme y sé mi discípulo», le dijo Jesús. ²⁸Entonces Leví se levantó, dejó todo y lo siguió.

²⁹Más tarde, Leví dio un banquete en su casa, con Jesús como invitado de honor. Muchos de los cobradores de impuestos, compañeros de Leví, y otros invitados comieron con ellos. ³⁰Así que los fariseos y los maestros de la ley religiosa les reclamaron severamente a los discípulos de Jesús diciéndoles: «¿Por qué comen y beben con semejante escoria?*».

³¹Jesús les contestó: «La gente sana no necesita médico, los enfermos sí. ³²No he venido a llamar a los que se creen justos, sino a los que saben que son pecadores y necesitan arrepentirse».

Discusión acerca del ayuno

³³Cierto día, algunas personas le dijeron a Jesús:

—Los discípulos de Juan el Bautista ayunan y oran con frecuencia, igual que los discípulos de los fariseos. ¿Por qué tus discípulos están siempre comiendo y bebiendo?

³⁴Jesús contestó:

—¿Acaso los invitados de una boda ayunan mientras festejan con el novio? Por supuesto que no; ³⁵pero un día el novio será llevado, y entonces sí ayunarán.

³⁶Luego Jesús les dio la siguiente ilustración: «Nadie quita un pedazo de tela de una prenda nueva y la usa para remendar una prenda vieja; pues la prenda nueva se arruinaría y el remiendo nuevo no haría juego con la prenda vieja. ³⁷»Nadie pone vino nuevo en cueros viejos;

pues el vino nuevo reventaría los cueros, el vino se derramaría, y los cueros quedarían arruinados. ³⁸El vino nuevo debe guardarse en cueros nuevos. ³⁹Ni nadie que prueba el vino añejo parece querer el vino nuevo. Pues dicen: "El añejo es mejor"».

Discusión acerca del día de descanso

6 Cierto día de descanso, mientras Jesús caminaba por unos terrenos sembrados, sus discípulos arrancaron unas espigas de grano, las frotaron entre sus manos para sacarles la cáscara y se comieron los granos. ²Algunos fariseos dijeron:

—¿Por qué violan la ley al cosechar granos en el día de descanso?

³Jesús les respondió:

—¿Acaso no han leído en las Escrituras lo que hizo David cuando él y sus compañeros tuvieron hambre? ⁴Entró en la casa de Dios y violó la ley al comer los panes sagrados que solo los sacerdotes pueden comer, y también les dio una porción a sus compañeros.

⁵Entonces Jesús agregó:

—El Hijo del Hombre* es Señor incluso del día de descanso.

Jesús sana en el día de descanso

⁶Otro día de descanso, un hombre que tenía la mano derecha deforme estaba en la sinagoga mientras Jesús enseñaba. ⁷Los maestros de la ley religiosa y los fariseos vigilaban a Jesús de cerca. Si sanaba la mano del hombre, tenían pensado acusarlo por trabajar en el día de descanso.

⁸Pero Jesús sabía lo que pensaban y le dijo al hombre con la mano deforme: «Ven y ponte de pie frente a todos». Así que el hombre pasó adelante. ⁹Entonces Jesús les dijo a sus acusadores: «Tengo una pregunta para ustedes: ¿Permite la ley hacer buenas acciones en el día de descanso o es un día para hacer el mal? ¿Es un día para salvar la vida o para destruirla?».

¹⁰Miró uno por uno a los que lo rodeaban y luego le dijo al hombre: «Extiende la mano». Entonces el hombre la extendió, ¡y la mano quedó restaurada! ¹¹Al ver esto, los enemigos de Jesús se llenaron de rabia y comenzaron a discutir para decidir qué harían con él.

Jesús escoge a los doce apóstoles

¹²Cierto día, poco tiempo después, Jesús subió a un monte a orar y oró a Dios toda la noche. ¹³Al amanecer, llamó a todos sus discípulos y escogió a doce de ellos para que fueran apóstoles. Sus nombres son los siguientes:

¹⁴ Simón (a quien llamó Pedro),
Andrés (hermano de Pedro),
Santiago,
Juan,
Felipe,
Bartolomé,

¹⁵ Mateo,
Tomás,
Santiago (hijo de Alfeo),
Simón (a quien llamaban el zelote),
¹⁶ Judas (hijo de Santiago),
Judas Iscariote (quien después lo traicionó).

Multitudes siguen a Jesús

¹⁷Cuando descendieron del monte, los discípulos se quedaron con Jesús en un amplio lugar llano, rodeados de muchos seguidores y de las multitudes. Había gente de toda Judea y Jerusalén, y de lugares tan al norte como las costas de Tiro y Sidón. ¹⁸Habían llegado para oírlo y para ser sanados de sus enfermedades; y los que eran atormentados por espíritus malignos* fueron sanados. ¹⁹Todos trataban de tocarlo, porque de él salía poder sanador, y los sanó a todos.

Las bienaventuranzas

²⁰Entonces Jesús se volvió hacia sus discípulos y les dijo:

«Dios los bendice a ustedes, que son pobres,
porque el reino de Dios les pertenece.
²¹ Dios los bendice a ustedes, que ahora tienen hambre,
porque serán saciados.
Dios los bendice a ustedes, que ahora lloran,
porque a su debido tiempo reirán.

²²»Qué bendiciones les esperan cuando la gente los odie y los excluya, cuando se burlen de ustedes y los maldigan, como si fueran gente maligna, porque siguen al Hijo del Hombre. ²³Cuando les suceda eso, pónganse contentos. ¡Sí, salten de alegría, porque les espera una gran recompensa en el cielo! Y recuerden que los antepasados de ellos trataron a los antiguos profetas de la misma manera.

Tristeza anunciada

²⁴ »Qué aflicción les espera a ustedes, los que son ricos,
porque su única felicidad es aquí y ahora.
²⁵ Qué aflicción les espera a ustedes, los que ahora están gordos y prósperos,
porque tienen un horrible tiempo de hambre por delante.
Qué aflicción les espera a ustedes, los que ahora se ríen,
porque su risa se convertirá en luto y dolor.
²⁶ Qué aflicción les espera a ustedes, los que son elogiados por las multitudes,
porque sus antepasados también elogiaron a falsos profetas.

El amor hacia los enemigos

²⁷»A los que están dispuestos a escuchar, les digo: ¡amen a sus enemigos! Hagan bien a quienes los odian. ²⁸Bendigan a quienes los maldicen. Oren por aquellos que los lastiman. ²⁹Si

6:5 «Hijo del Hombre» es un título que Jesús empleaba para referirse a sí mismo.   6:18 En griego *impuros*.

alguien te da una bofetada en una mejilla, ofrécele también la otra mejilla. Si alguien te exige el abrigo, ofrécele también la camisa. 30Dale a cualquiera que te pida; y cuando te quiten las cosas, no trates de recuperarlas. 31Traten a los demás como les gustaría que ellos los trataran a ustedes.

32»Si solo aman a quienes los aman a ustedes, ¿qué mérito tienen? ¡Hasta los pecadores aman a quienes los aman a ellos! 33Y si solo hacen bien a los que son buenos con ustedes, ¿qué mérito tienen? ¡Hasta los pecadores hacen eso! 34Y si prestan dinero solamente a quienes pueden devolverlo, ¿qué mérito tienen? Hasta los pecadores prestan a otros pecadores a cambio de un reembolso completo.

35»¡Amen a sus enemigos! Háganles bien. Presten sin esperar nada a cambio. Entonces su recompensa del cielo será grande, y se estarán comportando verdaderamente como hijos del Altísimo, pues él es bondadoso con los que son desagradecidos y perversos. 36Deben ser compasivos, así como su Padre es compasivo.

No juzgar a los demás

37»No juzguen a los demás, y no serán juzgados. No condenen a otros, para que no se vuelva en su contra. Perdonen a otros, y ustedes serán perdonados. 38Den, y recibirán. Lo que den a otros les será devuelto por completo: apretado, sacudido para que haya lugar para más, desbordante y derramado sobre el regazo. La cantidad que den determinará la cantidad que recibirán a cambio*».

39Luego Jesús les dio la siguiente ilustración: «¿Puede un ciego guiar a otro ciego? ¿No caerán los dos en una zanja? 40Los alumnos* no son superiores a su maestro, pero el alumno que complete su entrenamiento se volverá como su maestro.

41»¿Y por qué te preocupas por la astilla en el ojo de tu amigo* cuando tú tienes un tronco en el tuyo? 42¿Cómo puedes decir: "Amigo,* déjame ayudarte a sacar la astilla de tu ojo", cuando tú no puedes ver más allá del tronco que está en tu propio ojo? ¡Hipócrita! Primero quita el tronco de tu ojo; después verás lo suficientemente bien para ocuparte de la astilla en el ojo de tu amigo.

El árbol y su fruto

43»Un buen árbol no puede producir frutos malos, y un árbol malo no puede producir frutos buenos. 44Al árbol se le identifica por su fruto. Los higos no se recogen de los espinos, y las uvas no se cosechan de las zarzas. 45Una persona buena produce cosas buenas del tesoro de su buen corazón, y una persona mala produce cosas malas del tesoro de su mal corazón. Lo que uno dice brota de lo que hay en el corazón.

Edificar sobre un cimiento sólido

46»Así que, ¿por qué siguen llamándome "¡Señor, Señor!" cuando no hacen lo que digo? 47Les mostraré cómo es cuando una persona viene a mí, escucha mi enseñanza y después la sigue. 48Es como una persona que, para construir una casa, cava hondo y echa los cimientos sobre roca sólida. Cuando suben las aguas de la inundación y golpean contra esa casa, esta queda intacta porque está bien construida. 49Pero el que oye y no obedece es como una persona que construye una casa sin cimientos. Cuando las aguas de la inundación azoten esa casa, se derrumbará en un montón de escombros».

La fe de un oficial romano

7 Cuando Jesús terminó de decir todo eso a la gente, regresó a Capernaúm. 2En ese tiempo, un apreciado esclavo de un oficial romano* estaba enfermo y a punto de morir. 3Cuando el oficial oyó hablar de Jesús, envió a unos respetados ancianos judíos a pedirle que fuera a sanar a su esclavo. 4De todo corazón, le suplicaron a Jesús que ayudara al hombre. Le dijeron: «Si alguien merece tu ayuda, es él; 5pues ama al pueblo judío y hasta construyó una sinagoga para nosotros».

6Entonces Jesús fue con ellos; pero, justo antes de que llegaran a la casa, el oficial envió a unos amigos a decir: «Señor, no te molestes en venir a mi casa, porque no soy digno de tanto honor. 7Ni siquiera soy digno de ir a tu encuentro. Tan solo pronuncia la palabra desde donde estás y mi siervo se sanará. 8Lo sé porque estoy bajo la autoridad de mis oficiales superiores y tengo autoridad sobre mis soldados. Solo tengo que decir: "Vayan", y ellos van, o "vengan", y ellos vienen. Y si le digo a mis esclavos: "Hagan esto", lo hacen».

9Al oírlo, Jesús quedó asombrado. Se dirigió a la multitud que lo seguía y dijo: «Les digo, ¡no he visto una fe como esta en todo Israel!». 10Cuando los amigos del oficial regresaron a la casa, encontraron al esclavo completamente sano.

Jesús resucita al hijo de una viuda

11Poco después, Jesús fue con sus discípulos a la aldea de Naín, y una multitud numerosa lo siguió. 12Cuando Jesús llegó a la entrada de la aldea, salía una procesión fúnebre. El joven que había muerto era el único hijo de una viuda, y una gran multitud de la aldea la acompañaba. 13Cuando el Señor la vio, su corazón rebosó de compasión. «No llores», le dijo. 14Luego se acercó al ataúd y lo tocó, y los que lo cargaban se detuvieron. «Joven —dijo Jesús—, te digo, levántate». 15¡Entonces el joven muerto se incorporó y comenzó a hablar! Y Jesús lo regresó a su madre.

16Un gran temor se apoderó de la multitud, y alababan a Dios diciendo: «Un profeta poderoso

6:38 O *La medida que den será la medida que les devolverán.* 6:40 O *discípulos.* 6:41 En griego *por el ojo de tu hermano;* también en 6:42. 6:42 En griego *Hermano.* 7:2 En griego *centurión;* similar en 7:6.

se ha levantado entre nosotros» y «Dios ha visitado hoy a su pueblo». 17Y las noticias acerca de Jesús corrieron por toda Judea y sus alrededores.

Jesús y Juan el Bautista

18Los discípulos de Juan el Bautista le contaron todo lo que Jesús hacía. Entonces Juan llamó a dos de sus discípulos 19y los envió al Señor para que le preguntaran: «¿Eres tú el Mesías* a quien hemos esperado o debemos seguir buscando a otro?».

20Los dos discípulos de Juan encontraron a Jesús y le dijeron: «Juan el Bautista nos envió a preguntar: "¿Eres tú el Mesías a quien hemos esperado o debemos seguir buscando a otro?"».

21En ese preciso momento Jesús sanó a muchas personas de enfermedades, dolencias, y expulsó espíritus malignos. También le devolvió la vista a muchos ciegos. 22Luego les dijo a los discípulos de Juan: «Regresen a Juan y cuéntenle lo que han visto y oído: los ciegos ven, los cojos caminan bien, los leprosos son curados, los sordos oyen, los muertos resucitan, y a los pobres se les predica la Buena Noticia. 23Y dígale: "Dios bendice a los que no se apartan por causa de mí"*».

24Después de que los discípulos de Juan se fueron, Jesús comenzó a hablar acerca de él a las multitudes. «¿A qué clase de hombre fueron a ver al desierto? ¿Acaso era una caña débil sacudida por la más leve brisa? 25¿O esperaban ver a un hombre vestido con ropa costosa? No, la gente que usa ropa elegante y vive rodeada de lujos se encuentra en los palacios. 26¿Buscaban a un profeta? Así es, y él es más que un profeta. 27Juan es el hombre al que se refieren las Escrituras cuando dicen:

"Mira, envío a mi mensajero por anticipado,
 y él preparará el camino delante de ti"*.

28»Les digo de todos los hombres que han vivido, nadie es superior a Juan. Sin embargo, hasta la persona más insignificante en el reino de Dios es superior a él».

29Cuando oyeron esto, todos —hasta los cobradores de impuestos— coincidieron en que el camino de Dios era el correcto,* porque fueron bautizados por Juan; 30pero los fariseos y los expertos en la ley religiosa no aceptaron el plan de Dios para ellos, porque rechazaron el bautismo de Juan.

31¿Con qué puedo comparar a la gente de esta generación? —preguntó Jesús—. ¿Cómo los puedo describir? 32Se parecen a los niños que juegan en la plaza. Se quejan ante sus amigos:

"Tocamos canciones de bodas,
 y no bailaron,

entonces tocamos cantos fúnebres,
 y no lloraron".

33»Pues Juan el Bautista no pasaba el tiempo comiendo pan y bebiendo vino, y ustedes dicen: "Está poseído por un demonio". 34El Hijo del Hombre,* por su parte, festeja y bebe, y ustedes dicen: "Es un glotón y un borracho, ¡y es amigo de cobradores de impuestos y de otros pecadores!". 35Pero la sabiduría demuestra estar en lo cierto por la vida de quienes la siguen*».

Una mujer pecadora unge a Jesús

36Uno de los fariseos invitó a Jesús a cenar, así que Jesús fue a su casa y se sentó a comer.* 37Cuando cierta mujer de mala vida que vivía en la ciudad se enteró de que Jesús estaba comiendo allí, llevó un hermoso frasco de alabastro lleno de un costoso perfume. 38Llorando, se arrodilló detrás de él a sus pies. Sus lágrimas cayeron sobre los pies de Jesús, y los secó con sus cabellos. No cesaba de besarle los pies y los ponía perfume.

39Cuando el fariseo que lo había invitado vio esto, dijo para sí: «Si este hombre fuera profeta, sabría qué tipo de mujer lo está tocando. ¡Es una pecadora!».

40Entonces Jesús respondió a los pensamientos del fariseo:

—Simón —le dijo—, tengo algo que decirte.

—Adelante, Maestro —respondió Simón.

41Entonces Jesús le contó la siguiente historia:

—Un hombre prestó dinero a dos personas, quinientas piezas de plata* a una y cincuenta piezas a la otra. 42Sin embargo, ninguna de las dos pudo devolver el dinero, así que el hombre perdonó amablemente a ambas y les canceló la deuda. ¿Quién crees que lo amó más?

43Simón contestó:

—Supongo que la persona a quien le perdonó la deuda más grande.

—Correcto —dijo Jesús.

44Luego se volvió a la mujer y le dijo a Simón:

—Mira a esta mujer que está arrodillada aquí. Cuando entré en tu casa, no me ofreciste agua para lavarme el polvo de los pies, pero ella los lavó con sus lágrimas y los secó con sus cabellos. 45Tú no me saludaste con un beso, pero ella, desde el momento en que entré, no ha dejado de besarme los pies. 46Tú no tuviste la cortesía de ungir mi cabeza con aceite de oliva, pero ella ha ungido mis pies con un perfume exquisito.

47»Te digo que sus pecados —que son muchos— han sido perdonados, por eso ella me demostró tanto amor; pero una persona a quien se le perdona poco, demuestra poco amor.

48Entonces Jesús le dijo a la mujer: «Tus pecados son perdonados».

49Los hombres que estaban sentados a la mesa

7:19 En griego *¿Eres tú el que viene?*; también en 7:20.   7:23 O *que no se ofendan por mí.*   7:27 Mal 3:1.   7:29 O *alabaron a Dios por su justicia.*   7:34 "Hijo del Hombre" es un título que Jesús empleaba para referirse a sí mismo.   7:35 O *Pero la sabiduría es justificada por todos sus hijos.*   7:36 O *y se reclinó.*   7:41 En griego *quinientos denarios.* Un denario equivalía a la paga de un obrero por una jornada completa de trabajo.

se decían entre sí: «¿Quién es este hombre que anda perdonando pecados?».

⁵⁰Y Jesús le dijo a la mujer: «Tu fe te ha salvado; ve en paz».

Las mujeres que seguían a Jesús

8 Poco después, Jesús comenzó un recorrido por las ciudades y aldeas cercanas, predicando y anunciando la Buena Noticia acerca del reino de Dios. Llevó consigo a sus doce discípulos, ²junto con algunas mujeres que habían sido sanadas de espíritus malignos y enfermedades. Entre ellas estaban María Magdalena, de quien él había expulsado siete demonios; ³Juana, la esposa de Chuza, administrador de Herodes; Susana; y muchas otras que contribuían con sus propios recursos al sostén de Jesús y sus discípulos.

Parábola del sembrador

⁴Cierto día, Jesús contó una historia en forma de parábola a una gran multitud, proveniente de varias ciudades, que se había reunido para escucharlo: ⁵«Un agricultor salió a sembrar: A medida que esparcía las semillas por el campo, algunas cayeron sobre el camino, donde las pisotearon y los pájaros se las comieron. ⁶Otras cayeron entre las rocas. Comenzaron a crecer, pero la planta pronto se marchitó y murió por falta de humedad. ⁷Otras semillas cayeron entre espinos, los cuales crecieron junto con ellas y ahogaron los brotes. ⁸Pero otras semillas cayeron en tierra fértil. Estas semillas crecieron, ¡y produjeron una cosecha que fue cien veces más numerosa de lo que se había sembrado!». Después de haber dicho esto, exclamó: «El que tenga oídos para oír, que escuche y entienda».

⁹Sus discípulos le preguntaron qué significaba esta parábola. ¹⁰Él respondió: «A ustedes se les permite entender los secretos* del reino de Dios, pero utilizo parábolas para enseñarles a los demás y para que se cumplan las Escrituras:

"Cuando miren, no verán realmente.
     Cuando oigan, no entenderán"*.

¹¹»Este es el significado de la parábola: la semilla es la palabra de Dios. ¹²Las semillas que cayeron en el camino representan a los que oyen el mensaje, pero viene el diablo, se lo quita del corazón e impide que crean y sean salvos. ¹³Las semillas sobre la tierra rocosa representan a los que oyen el mensaje y lo reciben con alegría; pero como no tienen raíces profundas, creen por un tiempo y luego se apartan cuando enfrentan la tentación. ¹⁴Las semillas que cayeron entre los espinos representan a los que oyen el mensaje, pero muy pronto el mensaje queda desplazado por las preocupaciones, las riquezas y los placeres de esta vida. Así que nunca crecen hasta la madurez. ¹⁵Y las semillas que cayeron en la buena tierra representan a las personas

sinceras, de buen corazón, que oyen la palabra de Dios, se aferran a ella y con paciencia producen una cosecha enorme.

Parábola de la lámpara

¹⁶»Nadie enciende una lámpara y luego la cubre con un tazón o la esconde debajo de la cama. Una lámpara se coloca en un lugar alto, donde todos los que entran a la casa puedan ver su luz. ¹⁷Pues todo lo secreto tarde o temprano se descubrirá, y todo lo oculto saldrá a la luz y se dará a conocer a todos.

¹⁸»Así que presten atención a cómo oyen. A los que escuchan mis enseñanzas se les dará más entendimiento; pero a los que no escuchan, se les quitará aun lo que piensan que entienden».

La verdadera familia de Jesús

¹⁹Entonces la madre y sus hermanos de Jesús vinieron a verlo, pero no pudieron acercarse a él debido a la gran cantidad de gente. ²⁰Alguien le dijo a Jesús:

—Tu madre y tus hermanos están afuera y quieren verte.

²¹Jesús respondió:

—Mi madre y mis hermanos son todos los que oyen la palabra de Dios y la obedecen.

Jesús calma la tormenta

²²Cierto día Jesús les dijo a sus discípulos: «Crucemos al otro lado del lago». Así que subieron a una barca y salieron. ²³Mientras navegaban, Jesús se recostó para dormir una siesta. Pronto se desató una tormenta feroz sobre el lago. La barca se llenaba de agua y estaban realmente en peligro.

²⁴Los discípulos fueron a despertarlo: «¡Maestro! ¡Maestro! ¡Nos vamos a ahogar!», gritaron.

Cuando Jesús se despertó, reprendió al viento y a las tempestuosas olas. De repente la tormenta se detuvo, y todo quedó en calma. ²⁵Entonces les preguntó: «¿Dónde está su fe?».

Los discípulos quedaron aterrados y asombrados. «¿Quién es este hombre? —se preguntaban unos a otros—. Cuando da una orden, ¡hasta el viento y las olas lo obedecen!».

Jesús sana a un hombre endemoniado

²⁶Luego llegaron a la región de los gerasenos,* al otro lado del lago de Galilea. ²⁷Mientras Jesús bajaba de la barca, un hombre que estaba poseído por demonios salió a su encuentro. Por mucho tiempo, había estado desnudo y sin hogar, y vivía en un cementerio, en las afueras de la ciudad.

²⁸En cuanto vio a Jesús, soltó un alarido y cayó al suelo frente a él, y gritó: «¿Por qué te entrometes conmigo, Jesús, Hijo del Dios Altísimo? ¡Por favor, te suplico que no me tortures!». ²⁹Pues Jesús ya le había ordenado al espíritu maligno*

8:10a En griego *misterios.* 8:10b Is 6:9 (versión griega). 8:26 Otros manuscritos dicen *gadarenos;* incluso otros dicen *gergesenos;* también en 8:37. Ver Mt 8:28; Mc 5:1. 8:29 En griego *impuro.*

que saliera del hombre. Ese espíritu a menudo tomaba control de él. Aun cuando el hombre estaba bajo custodia, con cadenas y grilletes, simplemente los rompía y se escapaba al desierto, totalmente controlado por el demonio.

³⁰Jesús le preguntó:

—¿Cómo te llamas?

—Legión —contestó, porque estaba lleno de muchos demonios.

³¹Los demonios seguían suplicándole a Jesús que no los enviara al abismo sin fondo.*

³²Sucedió que había una gran manada de cerdos alimentándose en una ladera cercana, y los demonios le suplicaron que les permitiera entrar en los cerdos.

Entonces Jesús les dio permiso. ³³Así que los demonios salieron del hombre y entraron en los cerdos, y toda la manada se lanzó al lago por el precipicio y se ahogó.

³⁴Cuando los que cuidaban los cerdos vieron lo sucedido, huyeron a la ciudad cercana y sus alrededores, difundiendo la noticia mientras corrían. ³⁵La gente salió corriendo para ver lo que había pasado. Pronto una multitud se juntó alrededor de Jesús, y todos vieron al hombre liberado de los demonios. Estaba sentado a los pies de Jesús, completamente vestido y en su sano juicio, y todos tuvieron miedo. ³⁶Entonces los que habían visto lo sucedido, les contaron a los otros cómo había sido sanado el hombre poseído por demonios. ³⁷Y todos los habitantes de la región de los gerasenos le suplicaron a Jesús que se fuera los dejara en paz, porque una gran ola de miedo se apoderó de ellos.

Entonces Jesús regresó a la barca y se cruzó nuevamente al otro lado del lago. ³⁸El hombre que había sido liberado de los demonios le suplicaba que le permitiera acompañarlo. Pero Jesús lo envió a su casa diciéndole: ³⁹«No, regresa a tu familia y diles todo lo que Dios ha hecho por ti». Entonces el hombre fue por toda la ciudad proclamando las grandes cosas que Jesús había hecho por él.

Jesús sana en respuesta a la fe

⁴⁰Del otro lado del lago, las multitudes recibieron a Jesús porque lo estaban esperando. ⁴¹Y un hombre llamado Jairo, líder de la sinagoga local, se acercó y cayó a los pies de Jesús mientras rogaba que lo acompañara a su casa. ⁴²Su única hija, que tenía unos doce años, estaba muriendo.

Mientras Jesús iba con Jairo, las multitudes lo rodeaban. ⁴³Una mujer de la multitud hacía doce años que sufría una hemorragia continua* y no encontraba ninguna cura. ⁴⁴Acercándose a Jesús por detrás, le tocó el fleco de la túnica. Al instante, la hemorragia se detuvo.

⁴⁵¿Quién me tocó?», preguntó Jesús.

Todos negaron, y Pedro dijo:

—Maestro, la multitud entera se apretuja contra ti.

⁴⁶Pero Jesús dijo:

—Alguien me tocó a propósito, porque yo sentí que salió poder sanador de mí.

⁴⁷Cuando la mujer se dio cuenta de que no podía permanecer oculta, comenzó a temblar y cayó de rodillas frente a Jesús. A oídos de toda la multitud, ella le explicó por qué lo había tocado y cómo había sido sanada al instante. ⁴⁸«Hija —le dijo Jesús—, tu fe te ha sanado. Ve en paz».

⁴⁹Mientras él todavía hablaba con ella, llegó un mensajero de la casa de Jairo, el líder de la sinagoga, y le dijo: «Tu hija está muerta. Ya no tiene sentido molestar al Maestro».

⁵⁰Cuando Jesús oyó lo que había sucedido, le dijo a Jairo: «No tengas miedo. Solo ten fe, y ella será sanada».

⁵¹Cuando llegaron a la casa, Jesús no dejó que nadie entrara a la casa excepto Pedro, Juan, Santiago, y el padre y la madre de la niña. ⁵²La casa estaba llena de personas que lloraban y se lamentaban, pero Jesús dijo: «¡Dejen de llorar! No está muerta; solo duerme».

⁵³La multitud se rió de él, porque todos sabían que había muerto. ⁵⁴Entonces Jesús la tomó de la mano y dijo en voz fuerte: «¡Niña, levántate!». ⁵⁵En ese momento, la volvió a la vida,* y se puso de pie enseguida! Entonces Jesús les dijo que le dieran de comer a la niña. ⁵⁶Sus padres quedaron conmovidos, pero Jesús insistió en que no le dijeran a nadie lo que había sucedido.

Jesús envía a los doce discípulos

9 Cierto día, Jesús reunió a sus doce discípulos* y les dio poder y autoridad para expulsar a todos los demonios y sanar enfermedades. ²Luego los envió para que anunciaran a todos acerca del reino de Dios y sanaran a los enfermos. ³Les dio las siguientes instrucciones: «No lleven nada para el viaje, ni bastón, ni bolso de viaje, ni comida, ni dinero,* ni siquiera una muda de ropa. ⁴Por todo lugar que vayan, quédense en la misma casa hasta salir de la ciudad. ⁵Y si en algún pueblo se niegan a recibirlos, sacúdanse el polvo de los pies al salir para mostrar que abandonan a esas personas a su suerte».

⁶Entonces ellos comenzaron su recorrido por las aldeas para predicar la Buena Noticia y sanar a los enfermos.

La confusión de Herodes

⁷Cuando Herodes Antipas, el gobernante de Galilea,* oyó hablar de todo lo que Jesús hacía, quedó perplejo. Algunos decían que Juan el Bautista había resucitado de los muertos. ⁸Otros pensaban que Jesús era Elías o algún otro profeta, levantando de los muertos.

8:31 O el abismo, o el averno.   8:43 Algunos manuscritos incluyen *y había gastado todo lo que tenía en médicos*.   8:55 O *Su espíritu*.
9:1 En griego *los Doce*. Otros manuscritos dicen *los doce apóstoles*.   9:3 O *monedas de plata*.   9:7 En griego *Herodes el tetrarca*.
Herodes Antipas era hijo del rey Herodes y gobernador de Galilea.

⁹«Decapité a Juan —decía Herodes—, así que, ¿quién es este hombre de quien oigo tantas historias?». Y siguió tratando de ver a Jesús.

Jesús alimenta a cinco mil

¹⁰Cuando los apóstoles regresaron, le contaron a Jesús todo lo que habían hecho. Luego él se retiró con ellos sin llamar la atención hacia la ciudad de Betsaida, ¹¹pero las multitudes descubrieron adónde iba y lo siguieron. Jesús los recibió y les enseñó acerca del reino de Dios y sanó a los que estaban enfermos.

¹²Al atardecer, los doce discípulos se le acercaron y le dijeron:

—Despide a las multitudes para que puedan conseguir comida y encontrar alojamiento para la noche en las aldeas y granjas cercanas. En este lugar alejado no hay nada para comer.

¹³Jesús les dijo:

—Denles ustedes de comer.

—Pero lo único que tenemos son cinco panes y dos pescados —le respondieron—. ¿O esperas que vayamos y compremos suficiente comida para toda esta gente?

¹⁴Pues había alrededor de cinco mil hombres allí.

Jesús les respondió:

—Díganles que se sienten en grupos de unos cincuenta cada uno.

¹⁵Entonces todos se sentaron. ¹⁶Jesús tomó los cinco panes y los dos pescados, miró hacia el cielo y los bendijo. Luego, a medida que partía los panes en trozos, se los daba a sus discípulos junto con los pescados para que los distribuyeran entre la gente. ¹⁷Todos comieron cuanto quisieron, y después los discípulos juntaron doce canastas con lo que sobró.

Declaración de Pedro acerca de Jesús

¹⁸Cierto día, Jesús se alejó de las multitudes para orar a solas. Solo estaban con él sus discípulos, y les preguntó:

—¿Quién dice la gente que soy?

¹⁹—Bueno —contestaron—, algunos dicen Juan el Bautista, otros dicen Elías, y otros dicen que eres uno de los otros antiguos profetas, que volvió de la muerte.

²⁰Entonces les preguntó:

—Y ustedes, ¿quién dicen que soy?

Pedro contestó:

—¡Tú eres el Mesías* enviado por Dios!

Jesús predice su muerte

²¹Jesús les advirtió a sus discípulos que no dijeran a nadie quién era él.

²²—El Hijo del Hombre* tendrá que sufrir muchas cosas terribles —les dijo—. Será rechazado por los ancianos, por los principales sacerdotes y por los maestros de la ley religiosa. Lo matarán pero al tercer día resucitará.

²³Entonces dijo a la multitud: «Si alguno de ustedes quiere ser mi seguidor, tiene que abandonar su manera egoísta de vivir, tomar su cruz cada día y seguirme. ²⁴Si tratas de aferrarte a la vida, la perderás, pero si entregas tu vida por mi causa, la salvarás. ²⁵¿Y qué beneficio obtienes si ganas el mundo entero, pero te pierdes o destruyes a ti mismo? ²⁶Si alguien se avergüenza de mí y de mi mensaje, el Hijo del Hombre se avergonzará de esa persona cuando regrese en su gloria y en la gloria del Padre y de los santos ángeles. ²⁷Les digo la verdad, algunos de los que están aquí ahora no morirán sin antes ver el reino de Dios».

La transfiguración

²⁸Cerca de ocho días después, Jesús llevó a Pedro, a Juan y a Santiago a una montaña para orar. ²⁹Y mientras oraba, la apariencia de su rostro se transformó y su ropa se volvió blanca resplandeciente. ³⁰De repente aparecieron dos hombres, Moisés y Elías, y comenzaron a hablar con Jesús. ³¹Se veían llenos de gloria. Y hablaban sobre la partida de Jesús de este mundo, lo cual estaba a punto de cumplirse en Jerusalén.

³²Pedro y los otros se durmieron. Cuando despertaron, vieron la gloria de Jesús y a los dos hombres de pie junto a él. ³³Cuando Moisés y Elías comenzaron a irse, Pedro, sin saber siquiera lo que decía, exclamó: «¡Maestro, es maravilloso que estemos aquí! Hagamos tres enramadas como recordatorios:* una para ti, una para Moisés y la otra para Elías». ³⁴Pero no había terminado de hablar cuando una nube los cubrió y, mientras los cubría, se llenaron de miedo.

³⁵Entonces, desde la nube, una voz dijo: «Este es mi Hijo, mi Elegido.* Escúchenlo a él». ³⁶Cuando la voz terminó de hablar, Jesús estaba allí solo. En aquel tiempo, no le contaron a nadie lo que habían visto.

Jesús sana a un muchacho endemoniado

³⁷Al día siguiente, después que bajaron del monte, una gran multitud salió al encuentro de Jesús. ³⁸Un hombre de la multitud le exclamó:

—Maestro, te suplico que veas a mi hijo, el único que tengo. ³⁹Un espíritu maligno sigue apoderándose de él, haciéndolo gritar. Le causa tales convulsiones que echa espuma por la boca; lo sacude violentamente y casi nunca lo deja en paz. ⁴⁰Le supliqué a tus discípulos que expulsaran ese espíritu, pero no pudieron hacerlo.

⁴¹—Gente corrupta y sin fe —dijo Jesús—, ¿hasta cuándo tendré que estar con ustedes y soportarlos?

Entonces le dijo al hombre:

—Tráeme a tu hijo aquí.

⁴²Cuando el joven se acercó, el demonio lo arrojó al piso y le causó una violenta convulsión; pero Jesús reprendió al espíritu maligno* y sanó

9:20 O *el Cristo.* Tanto *Mesías* (un término hebreo) como *Cristo* (un término griego) significan «el Ungido». 9:22 «Hijo del Hombre» es un título que Jesús empleaba para referirse a sí mismo. 9:33 En griego *tres tabernáculos.* 9:35 Algunos manuscritos dicen *Este es mi Hijo muy amado.* 9:42 En griego *impuro.*

al muchacho. Después lo devolvió a su padre. ⁴³El asombro se apoderó de la gente al ver esa majestuosa demostración del poder de Dios.

Jesús predice otra vez su muerte

Mientras todos se maravillaban de las cosas que él hacía, Jesús dijo a sus discípulos: ⁴⁴«Escúchenme y recuerden lo que digo. El Hijo del Hombre será traicionado y entregado en manos de sus enemigos». ⁴⁵Sin embargo, ellos no entendieron lo que quiso decir. El significado de lo que decía estaba oculto de ellos, por eso no pudieron entender y tenían miedo de preguntarle.

El más importante en el reino

⁴⁶Entonces los discípulos comenzaron a discutir entre ellos acerca de quién era el más importante. ⁴⁷Pero Jesús conocía lo que ellos pensaban, así que trajo a un niño y lo puso a su lado. ⁴⁸Luego les dijo: «Todo el que recibe de mi parte* a un niño pequeño como este, me recibe a mí; y todo el que me recibe a mí, también recibe al Padre, quien me envió. El más insignificante entre ustedes es el más importante».

Uso del nombre de Jesús

⁴⁹Juan le dijo a Jesús:

—Maestro, vimos a alguien usar tu nombre para expulsar demonios, pero le dijimos que no lo hiciera porque no pertenece a nuestro grupo.

⁵⁰Jesús le dijo:

—¡No lo detengan! Todo el que no está en contra de ustedes, está a su favor.

Oposición de los samaritanos

⁵¹Cuando se acercaba el tiempo de ascender al cielo, Jesús salió con determinación hacia Jerusalén. ⁵²Envió mensajeros por delante a una aldea de Samaria para que se hicieran los preparativos para su llegada, ⁵³pero los habitantes de la aldea no recibieron a Jesús porque iba camino a Jerusalén. ⁵⁴Cuando Santiago y Juan vieron eso, le dijeron a Jesús: «Señor, ¿quieres que hagamos bajar fuego del cielo para que los consuma?».* ⁵⁵Entonces Jesús se volvió a ellos y los reprendió.* ⁵⁶Así que siguieron de largo hacia otro pueblo.

Lo que cuesta seguir a Jesús

⁵⁷Mientras caminaban, alguien le dijo a Jesús:

—Te seguiré a cualquier lugar que vayas.

⁵⁸Jesús le respondió:

—Los zorros tienen cuevas donde vivir y los pájaros tienen nidos, pero el Hijo del Hombre no tiene ni siquiera un lugar donde recostar la cabeza.

⁵⁹Dijo a otro:

—Ven, sígueme.

El hombre aceptó, pero le dijo:

—Señor, deja que primero regrese a casa y entierre a mi padre.

⁶⁰Jesús le dijo:

—¡Deja que los muertos espirituales entierren a sus propios muertos!* Tu deber es ir y predicar acerca del reino de Dios.

⁶¹Otro dijo:

—Sí, Señor, te seguiré, pero primero deja que me despida de mi familia.

⁶²Jesús le dijo:

—El que pone la mano en el arado y luego mira atrás no es apto para el reino de Dios.

Jesús envía a sus discípulos

10 Después el Señor escogió a otros setenta y dos* discípulos y los envió de dos en dos delante de él a todas las ciudades y los lugares que tenía pensado visitar. ²Y les dio las siguientes instrucciones: «La cosecha es grande, pero los obreros son pocos. Así que oren al Señor que está a cargo de la cosecha; pídanle que envíe más obreros a sus campos. ³Ahora vayan, y recuerden que los envío como ovejas en medio de lobos. ⁴No lleven con ustedes nada de dinero, ni bolso de viaje, ni un par de sandalias de repuesto; y no se detengan a saludar a nadie por el camino.

⁵»Cuando entren en la casa de alguien, primero digan: "La paz de Dios sea sobre esta casa". ⁶Si los que viven en la casa son gente de paz, la bendición permanecerá; si no lo son, la bendición regresará a ustedes. ⁷No cambien de una casa a otra. Quédense en un lugar, coman y beban lo que les den. No duden en aceptar la hospitalidad, porque los que trabajan merecen recibir su salario.

⁸»Si entran en un pueblo donde los reciben bien, coman todo lo que les ofrezcan. ⁹Sanen a los enfermos y díganles: "El reino de Dios ahora está cerca de ustedes". ¹⁰Pero si un pueblo se niega a recibirlos den, salgan a las calles y digan: ¹¹"Nos limpiamos de los pies hasta el polvo de su ciudad para mostrar que los abandonamos a su suerte. Y sepan esto: ¡el reino de Dios está cerca!". ¹²Les aseguro que, el día del juicio, le irá mejor a la perversa Sodoma que a ese pueblo.

¹³»¡Qué aflicción les espera, Corazín y Betsaida! Pues, si las perversas ciudades de Tiro y de Sidón se hubieran hecho los milagros que hice entre ustedes, hace tiempo sus habitantes se habrían arrepentido de sus pecados vistiéndose de tela áspera y echándose ceniza sobre la cabeza en señal de remordimiento. ¹⁴Así es, el día del juicio, les irá mejor a Tiro y Sidón que a ustedes. ¹⁵Y ustedes, los de Capernaúm, ¿serán honrados en el cielo? No, descenderán al lugar de los muertos*».

¹⁶Entonces dijo a sus discípulos: «El que acepta el mensaje de ustedes me acepta también a

---

^{9:48} En griego *en mi nombre.* ^{9:54} Algunos manuscritos incluyen *como hizo Elías.* ^{9:55} Algunos manuscritos amplían el versículo 55 e incluyen una oración adicional en el versículo 56: *Y él dijo: «Ustedes no se dan cuenta de cómo son sus corazones.* ⁵⁶*Pues el Hijo del Hombre no vino a destruir vidas, sino a salvarlas».* ^{9:60} En griego *Deja que los muertos entierren a sus muertos.* ^{10:1} Algunos manuscritos dicen *setenta;* también en 10.17. ^{10:15} En griego *al Hades.*

mí. El que los rechaza a ustedes a mí me rechaza. Y el que me rechaza a mí rechaza a Dios, quien me envió».

¹⁷Cuando los setenta y dos discípulos regresaron, le informaron llenos de alegría:

—¡Señor, hasta los demonios nos obedecen cuando usamos tu nombre!

¹⁸—Sí —les dijo—. Vi a Satanás caer del cielo como un rayo. ¹⁹Miren, les he dado autoridad sobre todos los poderes del enemigo; pueden caminar entre serpientes y escorpiones y aplastarlos. Nada les hará daño. ²⁰Pero no se alegren de que los espíritus malignos los obedezcan; alégrense porque sus nombres están escritos en el cielo.

Jesús da gracias al Padre

²¹En esa misma ocasión, Jesús se llenó del gozo del Espíritu Santo y dijo: «Oh Padre, Señor del cielo y de la tierra, gracias por esconder estas cosas de los que se creen sabios e inteligentes y por revelárselas a los que son como niños. Sí, Padre, te agradó hacerlo de esa manera.

²²»Mi Padre me ha confiado todo. Nadie conoce verdaderamente al Hijo excepto el Padre, y nadie conoce verdaderamente al Padre excepto el Hijo y aquellos a quienes el Hijo decide revelarlo».

²³Después, cuando estuvieron a solas, se volvió a sus discípulos y les dijo: «Benditos los ojos que ven lo que ustedes han visto. ²⁴Les digo que muchos profetas y reyes anhelaron ver lo que ustedes ven, pero no lo vieron; y anhelaron oír lo que ustedes oyen, pero no lo oyeron».

El mandamiento más importante

²⁵Cierto día, un experto en la ley religiosa se levantó para probar a Jesús con la siguiente pregunta:

—Maestro, ¿qué debo hacer para heredar la vida eterna?

²⁶Jesús contestó:

—¿Qué dice la ley de Moisés? ¿Cómo la interpretas?

²⁷El hombre contestó:

—"Amarás al SEÑOR tu Dios con todo tu corazón, con toda tu alma, con toda tu fuerza y con toda tu mente" y "Amarás a tu prójimo como a ti mismo"*.

²⁸—¡Correcto! —le dijo Jesús—. ¡Haz eso y vivirás!

²⁹El hombre quería justificar sus acciones, entonces le preguntó a Jesús:

—¿Y quién es mi prójimo?

Parábola del buen samaritano

³⁰Jesús respondió con una historia:

—Un hombre judío bajaba de Jerusalén a Jericó y fue atacado por ladrones. Le quitaron la ropa, le pegaron y lo dejaron medio muerto al costado del camino.

³¹»Un sacerdote pasó por allí de casualidad, pero cuando vio al hombre en el suelo, cruzó al otro lado del camino y siguió de largo. ³²Un ayudante del templo* pasó y lo vio allí tirado, pero también siguió de largo por el otro lado.

³³»Entonces pasó un samaritano despreciado y, cuando vio al hombre, sintió compasión por él. ³⁴Se le acercó y le alivió las heridas con vino y aceite de oliva, y se las vendó. Luego subió al hombre en su propio burro y lo llevó hasta un alojamiento, donde cuidó de él. ³⁵Al día siguiente, le dio dos monedas de plata* al encargado de la posada y le dijo: "Cuida de este hombre. Si los gastos superan esta cantidad, te pagaré la diferencia la próxima vez que pase por aquí".

³⁶—Ahora bien, ¿cuál de los tres te parece que fue el prójimo del hombre atacado por los bandidos? —preguntó Jesús.

³⁷El hombre contestó:

—El que mostró compasión.

Entonces Jesús le dijo:

—Así es, ahora ve y haz lo mismo.

Jesús visita a Marta y a María

³⁸Durante el viaje a Jerusalén, Jesús y sus discípulos llegaron a cierta aldea donde una mujer llamada Marta los recibió en su casa. ³⁹Su hermana María se sentó a los pies del Señor a escuchar sus enseñanzas, ⁴⁰pero Marta estaba distraída con los preparativos para la gran cena. Entonces se acercó a Jesús y le dijo:

—Maestro, ¿no te parece injusto que mi hermana esté aquí sentada mientras yo hago todo el trabajo? Dile que venga a ayudarme.

⁴¹El Señor le dijo:

—Mi apreciada Marta, ¡estás preocupada y tan inquieta con todos los detalles! ⁴²Hay una sola cosa por la que vale la pena preocuparse. María la ha descubierto, y nadie se la quitará.

Enseñanza acerca de la oración

11 Una vez, Jesús estaba orando en cierto lugar. Cuando terminó, uno de sus discípulos se le acercó y le dijo:

—Señor, enséñanos a orar, así como Juan les enseñó a sus discípulos.

²Jesús dijo:

—Deberían orar de la siguiente manera:*

Padre, que siempre sea santificado tu
    nombre.
Que tu reino venga pronto.
³ Danos cada día el alimento que
    necesitamos*
⁴ y perdónanos nuestros pecados,
    así como nosotros perdonamos a los que
    pecan contra nosotros.

10:27 Dt 6:5; Lv 19:18. **10:32** En griego *Un levita*. **10:35** En griego *dos denarios*. Un denario equivalía a la paga de un obrero por una jornada completa de trabajo. **11:2** Algunos manuscritos incluyen frases adicionales en el padrenuestro, como aparece en Mt 6:9-13. **11:3** O *Danos cada día el alimento para ese día*; o *Danos cada día nuestro alimento para mañana*.

Y no permitas que cedamos ante la tentación.*

⁵Luego utilizó la siguiente historia para enseñarles más acerca de la oración: «Supongan que uno de ustedes va a la casa de un amigo a medianoche para pedirle que le preste tres panes. Le dices: ⁶"Acaba de llegar de visita un amigo mío y no tengo nada para darle de comer". ⁷Supongan que ese amigo está dentro del dormitorio: "No me molestes. La puerta ya está cerrada, y mi familia y yo estamos acostados. No puedo ayudarte". ⁸Les digo que, aunque no lo haga por amistad, si sigues tocando a la puerta el tiempo suficiente, él se levantará y te dará lo que necesitas debido a tu audaz insistencia.*

⁹Así que les digo, sigan pidiendo y recibirán lo que piden; sigan buscando y encontrarán; sigan llamando, y la puerta se les abrirá. ¹⁰Pues todo el que pide, recibe; todo el que busca, encuentra; y a todo el que llama, se le abrirá la puerta.

¹¹»Ustedes, los que son padres, si sus hijos les piden* un pescado, ¿les dan una serpiente en su lugar? ¹²O si les piden un huevo, ¿les dan un escorpión? ¡Claro que no! ¹³Así que si ustedes, gente pecadora, saben dar buenos regalos a sus hijos, cuánto más su Padre celestial dará el Espíritu Santo a quienes lo pidan».

Jesús y el príncipe de los demonios

¹⁴Cierto día, Jesús expulsó un demonio de un hombre que no podía hablar y, cuando el demonio salió, el hombre comenzó a hablar. Las multitudes quedaron asombradas, ¹⁵pero algunos dijeron: «Con razón puede expulsar demonios. Él recibe su poder de Satanás,* el príncipe de los demonios». ¹⁶Otros, con la intención de poner a Jesús a prueba, le exigían que les mostrara alguna señal milagrosa del cielo para demostrar su autoridad.

¹⁷Jesús conocía sus pensamientos, así que dijo: «Todo reino dividido por una guerra civil está condenado al fracaso. Una familia dividida por peleas se desintegrará. ¹⁸Ustedes dicen que mi poder proviene de Satanás, pero si Satanás está dividido y pelea contra sí mismo, ¿cómo puede sobrevivir su reino? ¹⁹Entonces, si mi poder proviene de Satanás, ¿qué me dicen de sus propios exorcistas quienes también expulsan demonios? Así que ellos los condenarán a ustedes por lo que acaban de decir. ²⁰Sin embargo, si yo expulso a los demonios con el poder de Dios,* entonces el reino de Dios ha llegado y está entre ustedes. ²¹Cuando un hombre fuerte, como Satanás, está armado y protege su palacio, sus posesiones están seguras, ²²hasta que alguien aún más fuerte lo ataca y lo vence, le quita sus armas y se lleva sus pertenencias.

²³»El que no está conmigo a mí se opone, y el que no trabaja conmigo, en realidad, trabaja en mi contra.

²⁴»Cuando un espíritu maligno* sale de una persona, va al desierto en busca de descanso, pero como no lo encuentra, dice: "Volveré a la persona de la cual salí". ²⁵De modo que regresa y encuentra que su antigua casa está barrida y en orden. ²⁶Entonces el espíritu busca a otros siete espíritus más malignos que él, y todos entran en la persona y viven allí. Y entonces esa persona queda peor que antes».

²⁷Mientras él hablaba, una mujer de la multitud exclamó: «¡Que Dios bendiga a tu madre, el vientre del cual saliste y los pechos que te amamantaron!».

²⁸Jesús respondió: «Pero aún más bendito es todo el que escucha la palabra de Dios y la pone en práctica».

La señal de Jonás

²⁹Al apretujarse la multitud contra Jesús, él dijo: «Esta generación maligna sigue pidiéndome que le muestre una señal milagrosa, pero la única que le daré será la señal de Jonás. ³⁰Lo que le sucedió a él fue una señal para los habitantes de Nínive de que Dios lo había enviado. Lo que suceda al Hijo del Hombre* será una señal para la gente de este tiempo de que él fue enviado por Dios.

³¹»El día del juicio, la reina de Saba* se levantará contra esta generación y la condenará, porque vino de una tierra lejana para oír la sabiduría de Salomón. Ahora alguien superior a Salomón está aquí, pero ustedes se niegan a escuchar. ³²Los habitantes de Nínive también se levantarán contra esta generación el día del juicio y la condenarán, porque ellos se arrepintieron de sus pecados al escuchar la predicación de Jonás. Ahora alguien superior a Jonás está aquí, pero ustedes se niegan a arrepentirse.

La lámpara del cuerpo

³³»Nadie enciende una lámpara y luego la esconde o la pone debajo de una canasta.* En cambio, una lámpara se coloca en un lugar alto donde todos los que entren en la casa puedan ver su luz.

³⁴»Tu ojo es una lámpara que da luz a tu cuerpo. Cuando tu ojo es bueno, todo tu cuerpo está lleno de luz; pero cuando tu ojo es malo, tu cuerpo está lleno de oscuridad. ³⁵Asegúrate de que la luz que crees tener no sea en realidad oscuridad. ³⁶Si estás lleno de luz, sin rincones oscuros, entonces toda tu vida será radiante, como si un reflector te llenara con su luz».

11:4 O líbranos de ser puestos a prueba.   11:8 O para evitar la vergüenza, o para que su reputación no se vea dañada.   11:11 Algunos manuscritos incluyen pan, ¿les darán una piedra? O [si les piden].   11:15 En griego Beelzeboul; también en 11:18,19. Otros manuscritos dicen Beezeboul; la versión latina dice Beelzebú.   11:20 En griego por el dedo de Dios.   11:24 En griego impuro.   11:30 «Hijo del Hombre» es un título que Jesús empleaba para referirse a sí mismo.   11:31 En griego la reina del sur.   11:33 Algunos manuscritos no incluyen o lo pone debajo de una canasta.

Jesús critica a los líderes religiosos

³⁷Mientras Jesús hablaba, uno de los fariseos lo invitó a comer en su casa. Jesús fue y se sentó a la mesa.* ³⁸Su anfitrión se sorprendió de que se sentara a la mesa sin antes realizar la ceremonia de lavarse las manos que exigía la costumbre judía. ³⁹Entonces el Señor le dijo: «Ustedes, los fariseos, son tan cuidadosos para limpiar la parte exterior de la taza y del plato pero están sucios por dentro, ¡llenos de avaricia y de perversidad! ⁴⁰¡Necios! ¿No hizo Dios tanto el interior como el exterior? ⁴¹Por lo tanto, limpien el interior dando de sus bienes a los pobres, y quedarán completamente limpios.

⁴²¡Qué aflicción les espera, fariseos! Pues se cuidan de dar el diezmo sobre el más mínimo ingreso de sus jardines de hierbas,* pero pasan por alto la justicia y el amor de Dios. Es cierto que deben diezmar, pero sin descuidar las cosas más importantes.

⁴³¡Qué aflicción les espera, fariseos! Pues les encanta ocupar los asientos de honor en las sinagogas y recibir saludos respetuosos cuando caminan por las plazas. ⁴⁴¡Sí, qué aflicción les espera! Pues son como tumbas escondidas en el campo. Las personas caminan sobre ellas sin saber de la corrupción que están pisando».

⁴⁵—Maestro —le dijo un experto en la ley religiosa—, nos has insultado a nosotros también con lo que has dicho.

⁴⁶—Sí —dijo Jesús—, ¡qué aflicción les espera también a ustedes, expertos en la ley religiosa! Pues aplastan a la gente bajo el peso de exigencias religiosas insoportables y jamás mueven un dedo para aligerar la carga. ⁴⁷¡Qué aflicción les espera! Pues levantan monumentos a los profetas que sus propios antepasados mataron tiempo atrás. ⁴⁸Por lo cual, ustedes quedan como testigos que aprueban lo que hicieron sus antepasados. Ellos mataron a los profetas, ¡y ustedes se convierten en cómplices al edificar los monumentos! ⁴⁹Esto es lo que Dios en su sabiduría dijo acerca de ustedes:* "Les enviaré profetas y apóstoles, pero ellos matarán a unos y perseguirán a otros"».

⁵⁰»Como consecuencia, a esta generación se le hará responsable del asesinato de todos los profetas de Dios desde la creación del mundo, ⁵¹desde el asesinato de Abel hasta el de Zacarías, a quien mataron entre el altar y el santuario. Sí, de verdad se culpará a esta generación.

⁵²»¡Qué aflicción les espera a ustedes, expertos en la ley religiosa! Pues le quitan a la gente la llave del conocimiento. Ustedes mismos no entran al reino e impiden que otros entren.

⁵³Mientras Jesús se retiraba, los maestros de la ley religiosa y los fariseos se pusieron agresivos y trataron de provocarlo con muchas preguntas. ⁵⁴Querían tenderle una trampa

para que dijera algo que pudieran usar en su contra.

Advertencia contra la hipocresía

12 Mientras tanto, las multitudes crecieron hasta que miles de personas se arremolinaban y se atropellaban unas a otras. Jesús primero se dirigió a sus discípulos y les advirtió: «Tengan cuidado con la levadura de los fariseos, es decir, su hipocresía. ²Llegará el tiempo en que todo lo que está encubierto será revelado y todo lo secreto se dará a conocer a todos. ³Todo lo que hayan dicho en la oscuridad se oirá a plena luz, y todo lo que hayan susurrado a puerta cerrada, ¡se gritará desde los techos para que todo el mundo lo oiga!

⁴»Queridos amigos, no teman a los que quieren matarles el cuerpo, después de eso, no pueden hacerles nada más. ⁵Les diré a quién temer: teman a Dios, quien tiene el poder de quitarles la vida y luego arrojarlos al infierno.* Claro, él es a quien deben temer.

⁶»¿Cuánto cuestan cinco gorriones: dos monedas de cobre?* Sin embargo, Dios no se olvida de ninguno de ellos. ⁷Y, en cuanto a ustedes, cada cabello de su cabeza está contado. Así que no tengan miedo; para Dios ustedes son más valiosos que toda una bandada de gorriones.

⁸»Les digo la verdad, a todo el que me reconozca en público aquí en la tierra, el Hijo del Hombre* también lo reconocerá en presencia de los ángeles de Dios. ⁹Pero el que me niegue aquí en la tierra será negado delante de los ángeles de Dios. ¹⁰El que hable en contra del Hijo del Hombre puede ser perdonado, pero el que blasfeme contra el Espíritu Santo no será perdonado.

¹¹»Cuando sean sometidos a juicio en las sinagogas y delante de gobernantes y autoridades, no se preocupen por cómo defenderse o qué decir, ¹²porque el Espíritu Santo les enseñará en ese momento lo que hay que decir».

Parábola del rico insensato

¹³Entonces alguien de la multitud exclamó:

—Maestro, por favor, dile a mi hermano que divida la herencia de nuestro padre conmigo.

¹⁴Jesús le respondió:

—Amigo, ¿quién me puso por juez sobre ustedes para decidir cosas como esa?

¹⁵Y luego dijo: «¡Tengan cuidado con toda clase de avaricia! La vida no se mide por cuánto tienen».

¹⁶Luego contó una historia: «Un hombre rico tenía un campo fértil que producía buenas cosechas. ¹⁷Se dijo a sí mismo: "¿Qué debo hacer? No tengo lugar para almacenar todas mis cosechas". ¹⁸Entonces pensó: "Ya sé. Tiraré abajo mis graneros y construiré unos más grandes.

11:37 O *se reclinó.*   11:42 En griego *diezman la menta, la ruda y cada hierba.*   11:49 En griego *Por lo tanto, la sabiduría de Dios dijo.*   12:5 En griego *Gehena.*   12:6 En griego *dos ases (moneda romana equivalente a ¹⁄₁₆ de un denario).*   12:8 «Hijo del Hombre» es un título que Jesús empleaba para referirse a sí mismo.

Así tendré lugar suficiente para almacenar todo mi trigo y mis otros bienes. ¹⁹Luego me pondré cómodo y me diré a mí mismo: 'Amigo mío, tienes almacenado para muchos años. ¡Relájate! ¡Come y bebe y diviértete!'".

²⁰»Pero Dios le dijo: "¡Necio! Vas a morir esta misma noche. ¿Y quién se quedará con todo aquello por lo que has trabajado?".

²¹»Así es, el que almacena riquezas terrenales pero no es rico en su relación con Dios es un necio».

Enseñanza acerca del dinero y las posesiones

²²Luego, dirigiéndose a sus discípulos, dijo: «Por eso les digo que no se preocupen por la vida diaria, si tendrán suficiente alimento para comer o suficiente ropa para vestirse. ²³Pues la vida es más que la comida, y el cuerpo es más que la ropa. ²⁴Miren los cuervos. No plantan ni cosechan ni guardan comida en graneros, porque Dios los alimenta. ¡Y ustedes son para él mucho más valiosos que cualquier pájaro! ²⁵¿Acaso con todas sus preocupaciones pueden añadir un solo momento a su vida? ²⁶Y, si por mucho preocuparse no se logra algo tan pequeño como eso, ¿de qué sirve preocuparse por cosas más grandes?

²⁷»Miren cómo crecen los lirios. No trabajan ni cosen su ropa; sin embargo, ni Salomón con toda su gloria se vistió tan hermoso como ellos. ²⁸Y, si Dios cuida de manera tan maravillosa a las flores que hoy están y mañana se echan al fuego, tengan por seguro que cuidará de ustedes. ¿Por qué tienen tan poca fe?

²⁹»No se inquieten por lo que van a comer o lo que van a beber. No se preocupen por esas cosas. ³⁰Esas cosas dominan el pensamiento de los incrédulos en todo el mundo, pero su Padre ya conoce sus necesidades. ³¹Busquen el reino de Dios por encima de todo lo demás, y él les dará todo lo que necesiten.

³²»Así que no se preocupe, pequeño rebaño. Pues al Padre le da mucha felicidad entregarles el reino.

³³»Vendan sus posesiones y den a los que pasan necesidad. ¡Eso almacenará tesoros para ustedes en el cielo! Y las bolsas celestiales nunca se ponen viejas ni se agujerean. Su tesoro de ustedes estará seguro; ningún ladrón podrá robarlo y ninguna polilla, destruirlo. ³⁴Donde esté su tesoro, allí estarán también los deseos de su corazón.

Preparados para la venida del Señor

³⁵»Estén vestidos, listos para servir y mantengan las lámparas encendidas, ³⁶como si esperaran el regreso de su amo de la fiesta de bodas. Entonces estarán listos para abrirle la puerta y dejarlo entrar en el momento que llegue y llame. ³⁷Los siervos que estén listos y a la espera de su regreso serán recompensados. Les digo la

verdad, él mismo les indicará dónde sentarse, se pondrá el delantal y les servirá mientras están a la mesa y comen. ³⁸Puede ser que llegue en la mitad de la noche o durante la madrugada,* pero cualquiera sea la hora a la que llegue, recompensará a los siervos que estén preparados.

³⁹»Entiendan lo siguiente: si el dueño de una casa supiera exactamente a qué hora viene un ladrón, no dejaría que asaltara su casa. ⁴⁰Ustedes también deben estar preparados todo el tiempo, porque el Hijo del Hombre vendrá cuando menos lo esperen.

⁴¹Pedro preguntó:

—Señor, ¿esa ilustración es solo para nosotros o es para todos?

⁴²Y el Señor respondió:

—Un siervo fiel y sensato es aquel a quien el amo puede darle la responsabilidad de dirigir a los demás siervos y alimentarlos. ⁴³Si el amo regresa y encuentra que el siervo ha hecho un buen trabajo, habrá una recompensa. ⁴⁴ Le digo la verdad, el amo pondrá a ese siervo a cargo de todo lo que posee. ⁴⁵¿Pero qué tal si el siervo piensa: "Mi amo no regresará por un tiempo" y comienza a golpear a los otros siervos, a parrandear y a emborracharse? ⁴⁶El amo regresará inesperadamente y sin previo aviso, cortará al siervo en pedazos y lo expulsará junto con los infieles.

⁴⁷»Un siervo que sabe lo que su amo quiere, pero no se prepara ni cumple las instrucciones, será severamente castigado. ⁴⁸Pero alguien que no lo sabe y hace algo malo, será castigado levemente. Alguien a quien se le ha dado mucho, mucho se le pedirá a cambio; y alguien a quien se le ha confiado mucho, aún más se le exigirá.

Jesús causa división

⁴⁹»Yo he venido para encender con fuego el mundo, ¡y quisiera que ya estuviera en llamas! ⁵⁰Me espera un terrible bautismo de sufrimiento, y estoy bajo una carga pesada hasta que se lleve a cabo. ⁵¹¿Piensan que vine a traer paz a la tierra? No, ¡vine a causar división entre las personas! ⁵²De ahora en adelante, las familias estarán divididas, tres a mi favor y dos en mi contra, o dos a favor y tres en contra.

⁵³ "Habrá divisiones, el padre estará contra el hijo
    y el hijo contra el padre;
 la madre contra la hija
    y la hija contra la madre;
 la suegra contra la nuera,
    y la nuera contra la suegra"*.

⁵⁴Entonces Jesús se dirigió a la multitud y dijo: «Cuando ustedes ven que se forman nubes en el occidente, dicen: "Viene la lluvia". Y tienen razón. ⁵⁵Cuando sopla viento del sur, dicen: "Hoy será un día de mucho calor". Y así sucede. ⁵⁶¡Necios! Saben interpretar las señales del

clima en la tierra y en los cielos, pero no saben interpretar los tiempos presentes.

⁵⁷»¿Por qué no pueden decidir por ustedes mismos lo que es correcto? ⁵⁸Cuando vayan camino al juicio con el que los acusa, traten de resolver el asunto antes de llegar. De no ser así, su acusador podría arrastrarlos ante el juez, quien los entregará a un oficial, que los meterá en la cárcel. ⁵⁹Y, si eso sucede, no los pondrán en libertad hasta que hayan pagado el último centavo*».

Un llamado al arrepentimiento

13 En esos días, le informaron a Jesús que Pilato había asesinado a varias personas de Galilea mientras ofrecían sacrificios en el templo. ²¿Piensan que esos galileos eran peores pecadores que todas las demás personas de Galilea? —preguntó Jesús—. ¿Por eso sufrieron? ³¡De ninguna manera! Y ustedes también perecerán a menos que se arrepientan de sus pecados y vuelvan a Dios. ⁴¿Y qué piensan de los dieciocho que murieron cuando la torre de Siloé les cayó encima? ¿Acaso eran los peores pecadores de Jerusalén? ⁵No, y les digo de nuevo, a menos que se arrepientan, ustedes también perecerán».

Parábola de la higuera estéril

⁶Luego Jesús les contó la siguiente historia: «Un hombre plantó una higuera en su jardín, y regresó varias veces para ver si había dado algún fruto, pero siempre quedaba decepcionado. ⁷Finalmente le dijo al jardinero: "Llevo tres años esperando, ¡y no ha producido ni un solo higo! Córtala, solo ocupa espacio en mi jardín".

⁸»El jardinero respondió: "Señor, dale otra oportunidad. Déjala un año más, y le daré un cuidado especial y mucho fertilizante. ⁹Si el año próximo da higos, bien. Si no, entonces puedes cortarla».

Jesús sana en el día de descanso

¹⁰Cierto día de descanso, mientras Jesús enseñaba en la sinagoga, ¹¹vio a una mujer que estaba lisiada a causa de un espíritu maligno. Había estado encorvada durante dieciocho años y no podía ponerse derecha. ¹²Cuando Jesús la vio, la llamó y le dijo: «Apreciada mujer, ¡estás sanada de tu enfermedad!». ¹³Luego la tocó y, al instante, ella pudo enderezarse. ¡Cómo alabó ella al Señor!

¹⁴En cambio, el líder a cargo de la sinagoga se indignó de que Jesús la sanara en un día de descanso. «Hay seis días en la semana para trabajar —dijo a la multitud—. Vengan esos días para ser sanados, no el día de descanso».

¹⁵Así que el Señor respondió: «¡Hipócritas! Cada uno de ustedes trabaja en el día de descanso. ¿Acaso no desatan su buey o su burro y lo sacan del establo el día de descanso y lo llevan a tomar agua? ¹⁶Esta apreciada mujer, una hija de Abraham, estuvo esclavizada por Satanás durante dieciocho años. ¿No es justo que sea liberada, aun en el día de descanso?».

¹⁷Esto avergonzó a sus enemigos, pero toda la gente se alegraba de las cosas maravillosas que él hacía.

Parábola de la semilla de mostaza

¹⁸Entonces Jesús dijo: «¿A qué se parece el reino de Dios? ¿Cómo puedo ilustrarlo? ¹⁹Es como una pequeña semilla de mostaza que un hombre sembró en un jardín; crece y se convierte en un árbol, y los pájaros hacen nidos en las ramas».

Parábola de la levadura

²⁰También preguntó: «¿A qué otra cosa se parece el reino de Dios? ²¹Es como la levadura que utilizó una mujer para hacer pan. Aunque puso solo una pequeña porción de levadura en tres medidas de harina, la levadura impregnó toda la masa».

La puerta angosta

²²Jesús iba enseñando por ciudades y aldeas mientras seguía adelante, camino a Jerusalén. ²³Alguien le preguntó:

—Señor, ¿solo unos pocos se salvarán?

Él contestó:

²⁴—Esfuércense por entrar por la puerta angosta del reino de Dios, porque muchos tratarán de entrar pero fracasarán. ²⁵Cuando el señor de la casa haya cerrado la puerta, será demasiado tarde. Ustedes quedarán afuera llamando y rogando: "¡Señor, ábrenos la puerta!", pero él contestará: "No los conozco ni sé de dónde vienen". ²⁶Entonces ustedes dirán: "Pero comimos y bebimos contigo, y enseñaste en nuestras calles". ²⁷Entonces él responderá: "Les digo que no sé quiénes son ni de dónde vienen. Aléjense de mí, todos ustedes, que hacen maldad".

²⁸»Habrá llanto y rechinar de dientes, porque verán a Abraham y a Isaac y a Jacob junto con todos los profetas en el reino de Dios, pero ustedes serán echados fuera. ²⁹Y vendrán personas de todas partes del mundo —del oriente y del occidente, del norte y del sur— para ocupar sus lugares en el reino de Dios. ³⁰Y tomen en cuenta lo siguiente: algunos que ahora parecen menos importantes en ese día serán los más importantes, y algunos que ahora son los más importantes en ese día serán los menos importantes.*

Lamento de Jesús por Jerusalén

³¹En ese tiempo, algunos fariseos le dijeron:

—¡Sal de aquí si quieres vivir! ¡Herodes Antipas quiere matarte!

³²Jesús respondió:

12:59 En griego *último lepton* (la más pequeña de las monedas judías). **13:30** En griego *algunos que son últimos serán primeros, y algunos que son primeros serán últimos.*

página 833 . . . **LUCAS 14**

—Vayan y díganle a ese zorro que seguiré expulsando demonios y sanando a la gente hoy y mañana; y al tercer día cumpliré mi propósito. ³³Sí, hoy, mañana y pasado mañana debo seguir mi camino. Pues, después de todo, ¡no se debe matar a un profeta de Dios en un lugar que no sea Jerusalén!

³⁴¡Oh, Jerusalén, Jerusalén, la ciudad que mata a los profetas y apedrea a los mensajeros de Dios! Cuántas veces quise juntar a tus hijos como la gallina protege a sus pollitos debajo de sus alas, pero no me dejaste. ³⁵Y ahora, mira, tu casa está abandonada. Y no volverás a verme hasta que digas: "Bendiciones al que viene en el nombre del SEÑOR"*.

Jesús sana en el día de descanso

14 Cierto día de descanso, Jesús fue a cenar en la casa de un líder de los fariseos, y la gente lo observaba de cerca. ²Había allí un hombre que tenía hinchados los brazos y las piernas.* ³Jesús preguntó a los fariseos y a los expertos de la ley religiosa: «¿Permite o no la ley sanar a la gente el día de descanso?». ⁴Como ellos se negaron a contestar, Jesús tocó al hombre enfermo, lo sanó y lo despidió. ⁵Después se dirigió a ellos y dijo: «¿Quién de ustedes no trabaja el día de descanso? Si tu hijo* o tu buey cae en un pozo, ¿acaso no lo corres para sacarlo?». ⁶Una vez más, ellos no pudieron responder.

Jesús enseña acerca de la humildad

⁷Cuando Jesús vio que todos los invitados a la cena trataban de sentarse en los lugares de honor, cerca de la cabecera de la mesa, les dio el siguiente consejo: ⁸«Cuando te inviten a una fiesta de bodas, no te sientes en el lugar de honor. ¿Qué pasaría si invitaron a alguien más distinguido que tú? ⁹El anfitrión vendría y te diría: "Cédele tu asiento a esta persona". Te sentirías avergonzado, ¡y tendrías que sentarte en cualquier otro lugar que haya quedado libre al final de la mesa!

¹⁰»Más bien, ocupa el lugar más humilde, al final de la mesa. Entonces, cuando el anfitrión te vea, vendrá y te dirá: "¡Amigo, tenemos un lugar mejor para ti!". Entonces serás honrado delante de todos los demás invitados. ¹¹Pues aquellos que se exaltan a sí mismos serán humillados, y los que se humillan a sí mismos serán exaltados».

¹²Luego Jesús se dirigió al anfitrión: «Cuando ofrezcas un almuerzo o un banquete —le dijo—, no invites a tus amigos, hermanos, parientes y vecinos ricos. Pues ellos también te invitarán a ti, y esa será tu única recompensa. ¹³Al contrario, invita al pobre, al lisiado, al cojo y al ciego. ¹⁴Luego, en la resurrección de los justos, Dios te recompensará por invitar a los que no podían devolverte el favor».

Parábola de la gran fiesta

¹⁵Al oír esto, un hombre que estaba sentado a la mesa con Jesús exclamó: «¡Qué bendición será participar de un banquete* en el reino de Dios!».

¹⁶Jesús respondió con la siguiente historia: «Un hombre preparó una gran fiesta y envió muchas invitaciones. ¹⁷Cuando el banquete estuvo listo, envió a su sirviente a decirles a los invitados: "Vengan, el banquete está preparado". ¹⁸pero todos comenzaron a poner excusas. Uno dijo: "Acabo de comprar un campo y debo ir a inspeccionarlo. Por favor, discúlpame". ¹⁹Otro dijo: "Acabo de comprar cinco yuntas de bueyes y quiero ir a probarlas. Por favor, discúlpame". ²⁰Otro dijo: "Acabo de casarme, así que no puedo ir".

²¹»El sirviente regresó y le informó a su amo lo que le habían dicho. Su amo se puso furioso y le dijo: "Ve rápido a las calles y callejones de la ciudad e invita a los pobres, a los lisiados, a los ciegos y a los cojos". ²²Después de hacerlo, el sirviente informó: "Todavía queda lugar para más personas". ²³Entonces su amo dijo: "Ve por los senderos y detrás de los arbustos a cualquiera que veas, insiste para que venga para que la casa esté llena. ²⁴Pues ninguno de mis primeros invitados probará ni una migaja de mi banquete"».

El costo de ser discípulo

²⁵Una gran multitud seguía a Jesús. Él se dio vuelta y les dijo: ²⁶«Si quieres ser mi discípulo, debes aborrecer a los demás —a tu padre y madre, esposa e hijos, hermanos y hermanas— sí, hasta tu propia vida. De lo contrario, no puedes ser mi discípulo. ²⁷Además, si no cargas tu propia cruz y me sigues, no puedes ser mi discípulo.

²⁸»Sin embargo, no comiences sin calcular el costo. Pues, ¿quién comenzaría a construir un edificio sin primero calcular el costo para ver si hay suficiente dinero para terminarlo? ²⁹De no ser así, tal vez termines solo los cimientos antes de quedarte sin dinero, y entonces todos se reirán de ti. ³⁰Dirán: "¡Ahí está el que comenzó un edificio y no pudo terminarlo!".

³¹»¿O qué rey entraría en guerra con otro rey sin primero sentarse con sus consejeros para evaluar si su ejército de diez mil puede vencer a los veinte mil soldados que marchan contra él? ³²Y, si no puede, enviará una delegación para negociar las condiciones de paz mientras el enemigo todavía esté lejos. ³³Así que no puedes convertirte en mi discípulo sin dejar todo lo que posees.

³⁴»La sal es buena para condimentar, pero si pierde su sabor, ¿cómo la harán salada de nuevo? ³⁵La sal sin sabor no sirve ni para la tierra ni para el abono. Se tira. ¡El que tenga oídos para oír debe escuchar y entender!».

13:35 Sal 118:26.   14:2 O que tenía hidropesía.   14:5 Algunos manuscritos dicen burro.   14:15 En griego comer pan.

Parábola de la oveja perdida

15 Los cobradores de impuestos y otros pecadores de mala fama a menudo venían a escuchar las enseñanzas de Jesús. ²Por eso los fariseos y los maestros de la ley religiosa se quejaban de que Jesús se juntaba con semejantes pecadores, ¡y hasta comía con ellos!

³Entonces Jesús les contó la siguiente historia: ⁴«Si un hombre tiene cien ovejas y una de ellas se pierde, ¿qué hará? ¿No dejará las otras noventa y nueve en el desierto y saldrá a buscar la perdida hasta que la encuentre? ⁵Y, cuando la encuentre, la cargará con alegría en sus hombros y la llevará a su casa. ⁶Cuando llegue, llamará a sus amigos y vecinos y les dirá: "Alégrense conmigo porque encontré mi oveja perdida". ⁷De la misma manera, ¡hay más alegría en el cielo por un pecador perdido que se arrepiente y regresa a Dios que por noventa y nueve justos que no se extraviaron!

Parábola de la moneda perdida

⁸»O supongamos que una mujer tiene diez monedas de plata* y pierde una. ¿No encenderá una lámpara y barrerá toda la casa y buscará con cuidado hasta que la encuentre? ⁹Y, cuando la encuentre, llamará a sus amigos y vecinos y les dirá: "¡Alégrense conmigo porque encontré mi moneda perdida!" ¹⁰De la misma manera, hay alegría en presencia de los ángeles de Dios cuando un solo pecador se arrepiente».

Parábola del hijo perdido

¹¹Para ilustrar mejor esa enseñanza, Jesús les contó la siguiente historia: «Un hombre tenía dos hijos. ¹²El hijo menor le dijo al padre: "Quiero la parte de mi herencia ahora, antes de que mueras". Entonces el padre accedió a dividir sus bienes entre sus dos hijos.

¹³»Pocos días después, el hijo menor empacó sus pertenencias y se mudó a una tierra distante, donde derrochó todo su dinero en una vida desenfrenada. ¹⁴Al mismo tiempo que se le acabó el dinero, hubo una gran hambruna en todo el país, y él comenzó a morirse de hambre. ¹⁵Convenció a un agricultor local de que lo contratara, y el hombre lo envió al campo para que diera de comer a sus cerdos. ¹⁶El joven llegó a tener tanta hambre que hasta las algarrobas con las que alimentaba a los cerdos le parecían buenas para comer, pero nadie le dio nada.

¹⁷»Cuando finalmente entró en razón, se dijo a sí mismo: "En casa, hasta los jornaleros tienen comida de sobra, ¡y aquí estoy yo, muriéndome de hambre! ¹⁸Volveré a la casa de mi padre y le diré: Padre, he pecado contra el cielo y contra ti. ¹⁹Ya no soy digno de que me llamen tu hijo. Te ruego que me contrates como jornalero'".

²⁰»Entonces regresó a la casa de su padre, y cuando todavía estaba lejos, su padre lo vio llegar. Lleno de amor y de compasión, corrió hacia su hijo, lo abrazó y lo besó. ²¹Su hijo le dijo: "Padre, he pecado contra el cielo y contra ti, y ya no soy digno de que me llamen tu hijo"*.

²²»Sin embargo, su padre dijo a los sirvientes: "Rápido, traigan la mejor túnica que haya en la casa y vístanlo. Consigan un anillo para su dedo y sandalias para sus pies. ²³Maten el ternero que hemos engordado. Tenemos que celebrar con un banquete, ²⁴porque este hijo mío estaba muerto y ahora ha vuelto a la vida; estaba perdido y ahora ha sido encontrado". Entonces comenzó la fiesta.

²⁵»Mientras tanto, el hijo mayor estaba trabajando en el campo. Cuando regresó, oyó el sonido de música y baile en la casa, ²⁶y llamó a uno de los sirvientes qué pasaba. ²⁷"Tu hermano ha vuelto —le dijo— y tu padre mató el ternero engordado. Celebramos porque llegó a salvo".

²⁸»El hermano mayor se enojó y no quiso entrar. Su padre salió y le suplicó que entrara, ²⁹pero él respondió: "Todos estos años, he trabajado para ti como un burro y nunca me negué a hacer nada de lo que me pediste. Y en todo ese tiempo, no me diste ni un cabrito para festejar con mis amigos. ³⁰Sin embargo, cuando este hijo tuyo regresa después de haber derrochado tu dinero en prostitutas, ¡matas el ternero engordado para celebrar!".

³¹»Su padre le dijo: "Mira, querido hijo, tú siempre has estado a mi lado y todo lo que tengo es tuyo. ³²Teníamos que celebrar este día feliz. ¡Pues tu hermano estaba muerto y ha vuelto a la vida! ¡Estaba perdido y ahora ha sido encontrado!"».

Parábola del administrador astuto

16 Jesús les contó la siguiente historia a sus discípulos: «Había cierto hombre rico que tenía un administrador que manejaba sus negocios. Un día llegó la noticia de que el administrador estaba malgastando el dinero de su patrón. ²Entonces el patrón lo llamó y le dijo: "¿Qué es esto que oigo acerca de ti? Prepara un informe final porque voy a despedirte".

³»El administrador pensó: "¿Y ahora qué haré? Mi jefe me ha despedido. No tengo fuerzas para cavar zanjas y soy demasiado orgulloso para mendigar. ⁴Ah, ya sé cómo asegurarme de que tendré muchos amigos que me recibirán en sus casas cuando mi patrón me despida".

⁵»Entonces invitó a todo el que le debía dinero a su patrón para conversar sobre la situación. Le preguntó al primero: "¿Cuánto debes a mi patrón?". ⁶El hombre contestó: "Le debo tres mil litros de aceite de oliva". Entonces el administrador le dijo: "Toma la factura y cámbiala a mil quinientos litros".*

⁷»Le preguntó al siguiente: "¿Cuánto le debes tú?". "Le debo mil medidas de trigo", respondió.

15:8 En griego *diez dracmas.* Una dracma equivalía a la paga de una jornada completa de trabajo.   **15:21** Algunos manuscritos incluyen *Por favor, contrátame como jornalero.*   **16:6** En griego *cien batos [...] cincuenta [batos].*

"Toma la factura y cámbiala a ochocientas medidas", le dijo.

8»El hombre rico tuvo que admirar a este pícaro deshonesto por su astucia. Y la verdad es que los hijos de este mundo son más astutos que los hijos de la luz al lidiar con el mundo que los rodea. 9Aquí está la lección: usen sus recursos mundanos para beneficiar a otros y para hacer amigos. Entonces, cuando esas posesiones terrenales se acaben, ellos les darán la bienvenida a un hogar eterno.*

10»Si son fieles en las cosas pequeñas, serán fieles en las grandes; pero si son deshonestos en las cosas pequeñas, no actuarán con honradez en las responsabilidades más grandes. 11Entonces, si no son confiables con las riquezas mundanas, ¿quién les confiará las verdaderas riquezas del cielo? 12y si no son fieles con las cosas de otras personas, ¿por qué se les debería confiar lo que es de ustedes?

13»Nadie puede servir a dos amos. Pues odiará a uno y amará al otro; será leal a uno y despreciará al otro. No se puede servir a Dios y al dinero».

14Los fariseos, que amaban mucho su dinero, oyeron todo eso y se burlaron de Jesús. 15Entonces él les dijo: «A ustedes les encanta aparecer como personas rectas en público, pero Dios conoce el corazón. Lo que este mundo honra es detestable a los ojos de Dios.

16»Hasta el tiempo de Juan el Bautista, la ley de Moisés y el mensaje de los profetas fueron sus guías; pero ahora se predica la Buena Noticia del reino de Dios, y todos están ansiosos por entrar.* 17Eso no significa que la ley haya perdido su fuerza. Es más fácil que el cielo y la tierra desaparezcan, a que el más pequeño punto de la ley de Dios sea anulado.

18»Por ejemplo, un hombre que se divorcia de su esposa y se casa con otra comete adulterio; y el que se case con una mujer divorciada de su esposo comete adulterio».

Parábola del rico y Lázaro

19Jesús dijo: «Había un hombre rico que se vestía con gran esplendor de púrpura y lino de la más alta calidad y vivía rodeado de lujos. 20Tirado a la puerta de su casa había un hombre pobre llamado Lázaro, quien estaba cubierto de llagas. 21Mientras Lázaro estaba tendido, deseando comer las sobras de la mesa del hombre rico, los perros venían y le lamían las llagas abiertas.

22»Con el tiempo, el hombre pobre murió, y los ángeles lo llevaron a estar con Abraham.* El hombre rico también murió y fue enterrado, 23y su alma fue al lugar de los muertos.* Allí, en medio del tormento, vio a Abraham a lo lejos con Lázaro junto a él.

24»El hombre rico gritó: "¡Padre Abraham, ten piedad! Envíame a Lázaro para que moje la punta de su dedo en agua y refresque mi lengua. Estoy en angustia en estas llamas".

25»Abraham le dijo: "Hijo, recuerda que tuviste todo lo que quisiste durante tu vida, y Lázaro no tuvo nada. Ahora él está aquí recibiendo consuelo y tú estás en angustia. 26Además, hay un gran abismo que nos separa. Ninguno de nosotros puede cruzar hasta allí, y ninguno de ustedes puede cruzar hasta aquí".

27»Entonces el hombre rico dijo: "Por favor, padre Abraham, al menos envíalo a la casa de mi padre. 28Tengo cinco hermanos y quiero advertirles que no terminen en este lugar de tormento".

29»Abraham le dijo: "Moisés y los profetas ya les advirtieron. Tus hermanos pueden leer lo que ellos escribieron".

30»El hombre rico respondió: "¡No, padre Abraham! Pero si se les envía a alguien de los muertos ellos se arrepentirán de sus pecados y volverán a Dios".

31»Pero Abraham le dijo: "Si no escuchan a Moisés y a los profetas, no escucharán por más que alguno se levantara de los muertos"».

Enseñanzas acerca del perdón y la fe

17 Cierto día, Jesús dijo a sus discípulos: «Siempre habrá tentaciones para pecar, ¡pero qué aflicción le espera a la persona que provoca la tentación! 2Sería mejor que se arrojara al mar con una piedra de molino alrededor del cuello que hacer que uno de estos pequeños caiga en pecado. 3Así que, ¡cuídense!

»Si un creyente* peca, repréndelo; luego, si hay arrepentimiento, perdónalo. 4Aun si la persona te agravia siete veces al día y cada vez regresa y te pide perdón, debes perdonarla».

5Los apóstoles le dijeron al Señor:

—Muéstranos cómo aumentar nuestra fe.

6El Señor respondió:

—Si tuvieran fe, aunque fuera tan pequeña como una semilla de mostaza, podrían decirle a este árbol: "Desarráigate y échate al mar", ¡y les obedecería!

7»Cuando un sirviente vuelve de arar o de cuidar las ovejas, ¿acaso su patrón le dice: "Ven y come conmigo"? 8No, le dirá: "Prepara mi comida, ponte el delantal y sírveme mientras como. Luego puedes comer tú". 9¿Y le agradece el amo al sirviente por hacer lo que se le dijo que hiciera? Por supuesto que no. 10De la misma manera, cuando ustedes me obedecen, deben decir: "Somos siervos indignos que simplemente cumplimos con nuestro deber".

Diez leprosos son sanados

11Mientras Jesús seguía camino a Jerusalén, llegó a la frontera entre Galilea y Samaria. 12Al entrar en una aldea, diez leprosos se quedaron a la distancia, 13gritando:

16:7 En griego *cien coros [...] ochenta [coros].*   16:9 O *serán bienvenidos en los hogares eternos.*   16:16 O *y a todos se les urge entrar.*
16:22 En griego *al seno de Abraham.*   16:23 En griego *al Hades.*   17:3 En griego *Si tu hermano.*

—¡Jesús! ¡Maestro! ¡Ten compasión de nosotros!

¹⁴Jesús los miró y dijo:

—Vayan y preséntense a los sacerdotes.*

Y, mientras ellos iban, quedaron limpios de la lepra.

¹⁵Uno de ellos, cuando vio que estaba sano, volvió a Jesús, y exclamó: «¡Alaben a Dios!». ¹⁶Y cayó al suelo, a los pies de Jesús, y le agradeció por lo que había hecho. Ese hombre era samaritano.

¹⁷Jesús preguntó: «¿No sané a diez hombres? ¿Dónde están los otros nueve? ¹⁸¿Ninguno volvió para darle gloria a Dios excepto este extranjero?». ¹⁹Y Jesús le dijo al hombre: «Levántate y sigue tu camino. Tu fe te ha sanado»*.

La venida del reino

²⁰Un día, los fariseos le preguntaron a Jesús:

—¿Cuándo vendrá el reino de Dios?

Jesús contestó:

—No pueden descubrir el reino de Dios por medio de señales visibles.* ²¹Nunca podrán decir: "¡Aquí está!" o "¡Está por allí!", porque el reino de Dios ya está entre ustedes.*

²²Entonces dijo a sus discípulos: «Se acerca el tiempo en que desearán ver el día que el Hijo del Hombre regrese,* pero no lo verán. ²³Algunos les dirán: "Miren, allí está el Hijo del Hombre" o "Aquí está", pero no los sigan. ²⁴Pues, así como el relámpago destella e ilumina el cielo de un extremo a otro, así será el día cuando venga el Hijo del Hombre. ²⁵Pero primero el Hijo del Hombre tiene que sufrir terriblemente* y ser rechazado por esta generación.

²⁶»Cuando el Hijo del Hombre regrese, será como en los días de Noé. ²⁷En esos días, la gente disfrutaba de banquetes, fiestas y casamientos, hasta el momento en que Noé entró en su barco y llegó el diluvio y los destruyó a todos. ²⁸»El mundo será como en los días de Lot, cuando las personas se ocupaban de sus quehaceres diarios —comían y bebían, compraban y vendían, cultivaban y edificaban— ²⁹hasta la mañana en que Lot salió de Sodoma. Entonces llovió del cielo fuego y azufre ardiente, y destruyó a todos. ³⁰Sí, será "todo como siempre" hasta el día en que se manifieste el Hijo del Hombre. ³¹Ese día, la persona que esté en la azotea no baje a la casa para empacar. La persona que esté en el campo no regrese a su casa. ³²¡Recuerden lo que le pasó a la esposa de Lot! ³³Si se aferran a su vida, la perderán; pero si dejan de aferrarse a su vida, la salvarán. ³⁴Esa noche, dos personas estarán durmiendo en una misma cama; una será llevada y la otra, dejada. ³⁵Dos mujeres estarán moliendo harina juntas en un molino; una será llevada, la otra será dejada».*

³⁷Los discípulos le preguntaron:

—¿Dónde sucederá eso, Señor?*

Jesús les contestó:

—Así como los buitres, cuando se juntan, indican que hay un cadáver cerca, de la misma manera, esas señales revelan que el fin está cerca.*

Parábola de la viuda persistente

18 Cierto día, Jesús les contó una historia a sus discípulos para mostrarles que siempre debían orar y nunca darse por vencidos. ²«Había un juez en cierta ciudad —dijo—, que no tenía temor de Dios ni se preocupaba por la gente. ³Una viuda de esa ciudad acudía a él repetidas veces para decirle: "Hágame justicia en este conflicto con mi enemigo". ⁴Durante un tiempo, el juez no le hizo caso, hasta que finalmente se dijo a sí mismo: "No temo a Dios ni me importa la gente, ⁵pero esta mujer me está volviendo loco. Me ocuparé de que reciba justicia, ¡porque me está agotando con sus constantes peticiones!"».

⁶Entonces el Señor dijo: «Aprendan una lección de este juez injusto. ⁷Si hasta él dio un veredicto justo al final, ¿acaso no creen que Dios hará justicia a su pueblo escogido que clama a él día y noche? ¿Seguirá aplazando su respuesta? ⁸Les digo, ¡que pronto les hará justicia! Pero cuando el Hijo del Hombre* regrese, ¿a cuántas personas con fe encontrará en la tierra?».

Parábola del fariseo y el cobrador de impuestos

⁹Luego Jesús contó la siguiente historia a algunos que tenían mucha confianza en su propia rectitud y despreciaban a los demás: ¹⁰«Dos hombres fueron al templo a orar. Uno era fariseo, y el otro era un despreciado cobrador de impuestos. ¹¹El fariseo, de pie, apartado de los demás, hizo la siguiente oración:* "Te agradezco, Dios, que no soy un pecador como todos los demás. Pues no engaño, no peco y no cometo adulterio. ¡Para nada soy como ese cobrador de impuestos! ¹²Ayuno dos veces a la semana y te doy el diezmo de mis ingresos".

¹³»En cambio, el cobrador de impuestos se quedó a la distancia y ni siquiera se atrevía a levantar la mirada al cielo mientras oraba, sino que golpeó su pecho en señal de dolor mientras decía: "Oh, Dios, ten compasión de mí, porque soy un pecador". ¹⁴Les digo que fue este pecador —y no el fariseo— quien regresó a su casa justificado delante de Dios. Pues los que se exaltan a sí mismos serán humillados, y los que se humillan serán exaltados».

Jesús bendice a los niños

¹⁵Cierto día, algunos padres llevaron a sus hijitos a Jesús para que él los tocara y los bendijera;

17:14 Ver Lv 14:2-32. 17:19 O Tu fe te ha salvado. 17:20 O por sus especulaciones. 17:21 O está dentro de ustedes, o está a su alcance. 17:22 O desearán aunque sea un día ver al Hijo del Hombre. «Hijo del Hombre» es un título que Jesús empleaba para referirse a sí mismo. 17:25 O sufrir muchas cosas. 17:35 Algunos manuscritos incluyen el versículo 36: Dos hombres estarán trabajando en el campo; uno será llevado, el otro será dejado. Comparar Mt 24:40. 17:37a En griego —¿Dónde, Señor? 17:37b En griego —Donde hay un cadáver, allí se juntan los buitres. 18:8 «Hijo del Hombre» es un título que Jesús empleaba para referirse a sí mismo. 18:11 Algunos manuscritos dicen se puso de pie e hizo esta oración para sí mismo.

pero cuando los discípulos vieron esto, regañaron a los padres por molestarlo.

¹⁶Entonces Jesús llamó a los niños y dijo a los discípulos: «Dejen que los niños vengan a mí. ¡No los detengan! Pues el reino de Dios pertenece a los que son como estos niños. ¹⁷Les digo la verdad, el que no reciba el reino de Dios como un niño nunca entrará en él».

El hombre rico

¹⁸Cierta vez, un líder religioso le hizo a Jesús la siguiente pregunta:

—Maestro bueno, ¿qué debería hacer para heredar la vida eterna?

¹⁹—¿Por qué me llamas bueno? —le preguntó Jesús—. Solo Dios es verdaderamente bueno; ²⁰pero para contestar a tu pregunta, tú conoces los mandamientos: "No cometas adulterio; no asesines; no robes; no des falso testimonio; honra a tu padre y a tu madre"*

²¹El hombre respondió:

—He obedecido todos esos mandamientos desde que era joven.

²²Cuando Jesús oyó su respuesta, le dijo:

—Hay una cosa que todavía no has hecho. Vende todas tus posesiones y entrega el dinero a los pobres, y tendrás tesoro en el cielo. Después ven y sígueme.

²³Cuando el hombre oyó esto, se puso triste porque era muy rico.

²⁴Jesús lo vio* y dijo: «¡Qué difícil es para los ricos entrar en el reino de Dios! ²⁵De hecho, ¡es más fácil que un camello pase por el ojo de una aguja que un rico entre en el reino de Dios!».

²⁶Los que lo oyeron, dijeron: «Entonces, ¿quién podrá ser salvo?».

²⁷Él contestó: «Lo que es imposible para los seres humanos es posible para Dios».

²⁸Pedro dijo:

—Nosotros hemos dejado nuestros hogares para seguirte.

²⁹—Así es —respondió Jesús—, y les aseguro que todo el que haya dejado casa o esposa o hermanos o padres o hijos por causa del reino de Dios ³⁰recibirá mucho más en esta vida y tendrá la vida eterna en el mundo que vendrá.

Jesús predice otra vez su muerte

³¹Jesús llevó a los doce discípulos aparte y dijo: «Escuchen, subimos a Jerusalén, donde todas las predicciones de los profetas acerca del Hijo del Hombre se harán realidad. ³²Será entregado a los romanos,* y se burlarán de él, lo tratarán de manera vergonzosa y lo escupirán. ³³Lo azotarán con un látigo y lo matarán; pero al tercer día resucitará».

³⁴Sin embargo, ellos no entendieron nada de esto. La importancia de sus palabras estaba oculta de ellos, y no captaron lo que decía.

Jesús sana a un mendigo ciego

³⁵Al acercarse Jesús a Jericó, un mendigo ciego estaba sentado junto al camino. ³⁶Cuando oyó el ruido de la multitud que pasaba, preguntó qué sucedía. ³⁷Le dijeron que Jesús de Nazaret* pasaba por allí. ³⁸Entonces comenzó a gritar: «¡Jesús, hijo de David, ten compasión de mí!».

³⁹«¡Cállate!», le gritaba la gente que estaba más adelante.

Sin embargo, él gritó aún más fuerte: «¡Hijo de David, ten compasión de mí!».

⁴⁰Cuando Jesús lo oyó, se detuvo y ordenó que le trajeran al hombre. Al acercarse el ciego, Jesús le preguntó:

⁴¹—¿Qué quieres que haga por ti?

—Señor —le dijo—, ¡quiero ver!

⁴²Jesús le dijo:

—Bien, recibe la vista. Tu fe te ha sanado.

⁴³Al instante el hombre pudo ver y siguió a Jesús mientras alababa a Dios. Y todos los que lo vieron también alabaron a Dios.

Jesús y Zaqueo

19 Jesús entró en Jericó y comenzó a pasar por la ciudad. ²Había allí un hombre llamado Zaqueo. Era jefe de los cobradores de impuestos de la región y se había hecho muy rico. ³Zaqueo trató de mirar a Jesús pero era de poca estatura y no podía ver por encima de la multitud. ⁴Así que se adelantó corriendo y se subió a una higuera sicómoro que estaba junto al camino, porque Jesús iba a pasar por allí.

⁵Cuando Jesús pasó, miró a Zaqueo y lo llamó por su nombre: «¡Zaqueo! —le dijo—, ¡baja enseguida! Debo hospedarme hoy en tu casa».

⁶Zaqueo bajó rápidamente y, lleno de entusiasmo y alegría, llevó a Jesús a su casa; ⁷pero la gente estaba disgustada, y murmuraba: «Fue a hospedarse en la casa de un pecador de mala fama».

⁸Mientras tanto, Zaqueo se puso de pie delante del Señor y dijo:

—Señor, daré la mitad de mi riqueza a los pobres y, si estafé a alguien con sus impuestos, le devolveré cuatro veces más.

⁹Jesús respondió:

—La salvación ha venido hoy a esta casa, porque este hombre ha demostrado ser un verdadero hijo de Abraham. ¹⁰Pues el Hijo del Hombre* vino a buscar y a salvar a los que están perdidos.

Parábola de los diez siervos

¹¹La multitud escuchaba todo lo que Jesús decía, y como ya se acercaba a Jerusalén, les contó una historia para corregir la idea de que el reino de Dios comenzaría de inmediato. ¹²Les dijo: «Un hombre de la nobleza fue llamado a un país lejano para ser coronado rey y luego regresar. ¹³Antes de partir, reunió a diez de sus siervos

---

18:20 Ex 20:12-16; Dt 5:16-20.   **18:24** Algunos manuscritos dicen *Cuando Jesús vio lo triste que estaba el hombre.*   **18:32** En griego *los gentiles.* (*Gentiles*], que no es judío.   **18:37** O *Jesús nazareno.*   **19:10** «Hijo del Hombre» es un título que Jesús empleaba para referirse a sí mismo.

dividió entre ellos cinco kilos de plata,* diciéndoles: "Inviertan esto por mí mientras estoy de viaje"; ¹⁴pero sus súbditos lo odiaban y enviaron una delegación tras él a decir: "No queremos que él sea nuestro rey".

¹⁵»Después de que lo coronaran rey, volvió y llamó a los siervos a quienes les había dado el dinero. Quería saber qué ganancias habían tenido. ¹⁶El primer siervo informó: "Amo, invertí su dinero, ¡y multipliqué diez veces el monto inicial!".

¹⁷»"¡Bien hecho! —exclamó el rey—. Eres un buen siervo. Has sido fiel con lo poco que te confié, así que como recompensa serás gobernador de diez ciudades".

¹⁸»El siguiente siervo informó: "Amo, invertí su dinero y multipliqué cinco veces el monto original".

¹⁹»"¡Bien hecho! —exclamó el rey—. Serás gobernador de cinco ciudades".

²⁰»Pero el tercer siervo trajo solo la suma original y dijo: "Amo, escondí su dinero para protegerlo. ²¹Tenía miedo, porque usted es un hombre muy difícil de tratar, que toma lo que no es suyo y cosecha lo que no sembró".

²²»"¡Siervo perverso! —dijo el rey a gritos—. Tus propias palabras te condenan. Si sabías que era un hombre duro que toma lo que no es mío y cosecho lo que no sembré, ²³¿por qué no depositaste mi dinero en el banco? Al menos hubiera podido obtener algún interés de él".

²⁴»Luego, dirigiéndose a los otros que estaban cerca, el rey ordenó: "Quiten el dinero de este siervo y dénselo al que tiene cinco kilos".

²⁵»"Pero amo —le dijeron—, él ya tiene cinco kilos".

²⁶»"Sí —respondió el rey—, y a los que usan bien lo que se les da, se les dará aún más; pero a los que no hacen nada se les quitará aun lo poco que tienen. ²⁷En cuanto a esos enemigos míos que no querían que yo fuera su rey, tráiganlos y ejecútenlos aquí mismo en mi presencia"».

Entrada triunfal de Jesús

²⁸Después de contar esa historia, Jesús siguió rumbo a Jerusalén, caminando delante de sus discípulos. ²⁹Al llegar a las ciudades de Betfagé y Betania, en el monte de los Olivos, mandó a dos discípulos que se adelantaran. ³⁰«Vayan a la aldea que está allí —les dijo—. Al entrar, verán un burrito atado, que nadie ha montado jamás. Desátenlo y tráiganlo aquí. ³¹Si alguien les pregunta: "¿Por qué desatan al burrito?", simplemente digan: "El Señor lo necesita"».

³²Así que ellos fueron y encontraron el burrito tal como lo había dicho el Señor. ³³Y, efectivamente, mientras lo desataban, los dueños les preguntaron:

—¿Por qué desatan ese burrito?

³⁴Y los discípulos simplemente contestaron:

—El Señor lo necesita.

³⁵Entonces le llevaron el burrito a Jesús y pusieron sus prendas encima para que él lo montara.

³⁶A medida que Jesús avanzaba, la multitud tendía sus prendas sobre el camino delante de él. ³⁷Cuando llegó a donde comienza la bajada del monte de los Olivos, todos sus seguidores empezaron a gritar y a cantar mientras alababan a Dios por todos los milagros maravillosos que habían visto.

³⁸ «¡Bendiciones al Rey que viene en el nombre del Señor!
¡Paz en el cielo y gloria en el cielo más alto!»*.

³⁹Algunos de los fariseos que estaban entre la multitud decían:

—¡Maestro, reprende a tus seguidores por decir cosas como esas!

⁴⁰Jesús les respondió:

—Si ellos se callaran, las piedras a lo largo del camino se pondrían a aclamar.

Jesús llora por Jerusalén

⁴¹Al acercarse a Jerusalén, Jesús vio la ciudad delante de él y comenzó a llorar, diciendo: ⁴²«¡Cómo quisiera que hoy tú, entre todos los pueblos, entendieras el camino de la paz! Pero ahora es demasiado tarde, y la paz está oculta a tus ojos. ⁴³No pasará mucho tiempo antes de que tus enemigos construyan murallas que te rodeen y te encierren por todos lados. ⁴⁴Te aplastarán contra el suelo, y a tus hijos contigo. Tus enemigos no dejarán una sola piedra en su lugar, porque no aceptaste tu oportunidad de salvación».

Jesús despeja el templo

⁴⁵Luego Jesús entró en el templo y comenzó a echar a los que vendían animales para los sacrificios. ⁴⁶Les dijo: «Las Escrituras declaran: "Mi templo será una casa de oración", pero ustedes lo han convertido en una cueva de ladrones»*.

⁴⁷Después de eso, enseñó todos los días en el templo, pero los principales sacerdotes y los maestros de la ley religiosa, junto con los otros líderes del pueblo, comenzaron a planificar cómo matarlo; ⁴⁸pero no se les ocurría nada, porque el pueblo prestaba mucha atención a cada palabra que él decía.

Desafían la autoridad de Jesús

20 Cierto día, mientras Jesús enseñaba a la gente y predicaba la Buena Noticia en el templo, los principales sacerdotes, los maestros de la ley religiosa y los ancianos se le acercaron.

²—¿Con qué autoridad haces todas estas cosas? —le reclamaron—. ¿Quién te dio el derecho?

19:13 En griego *diez minas*; una mina equivalía aproximadamente a tres meses de salario.   19:38 Sal 118:26; 148:1.   19:46 Is 56:7; Jr 7:11.

³—Primero, déjenme hacerles una pregunta —les respondió él—. ⁴La autoridad de Juan para bautizar, ¿provenía del cielo o era meramente humana?

⁵Ellos discutieron el asunto unos con otros: «Si decimos que provenía del cielo, preguntará por qué nosotros no le creímos a Juan, ⁶pero si decimos que era meramente humana, la gente nos apedreará, porque están convencidos de que Juan era un profeta». ⁷Entonces finalmente contestaron que no sabían.

⁸Jesús respondió:

—Entonces yo tampoco les diré con qué autoridad hago estas cosas.

Parábola de los agricultores malvados

⁹Jesús se dirigió nuevamente a la gente y les contó la siguiente historia: «Un hombre plantó un viñedo, lo alquiló a unos agricultores arrendatarios y se mudó a vivir a otro país por varios años. ¹⁰Llegado el tiempo de la cosecha de la uva, envió a uno de sus siervos para recoger su parte de la cosecha; pero los agricultores atacaron al siervo, le dieron una paliza y lo mandaron de regreso con las manos vacías. ¹¹Así que el dueño envió a otro siervo, pero a este también lo insultaron, le dieron una paliza y lo despacharon con las manos vacías. ¹²Entonces envió a un tercer hombre, a quien lastimaron y echaron a patadas.

¹³»"¿Qué haré?" —se preguntó el dueño—. ¡Ya sé! Enviaré a mi querido hijo. Sin duda a él lo respetarán".

¹⁴»Sin embargo, cuando los agricultores vieron al hijo, se dijeron unos a otros: "Aquí viene el heredero de esta propiedad. ¡Matémoslo y nos quedaremos con la propiedad!". ¹⁵Entonces lo arrastraron fuera del viñedo y lo asesinaron.

»¿Qué creen ustedes que hará con ellos el dueño del viñedo? —preguntó Jesús—. ¹⁶Les diré: irá y matará a esos agricultores y alquilará el viñedo a otros».

—¡Qué terrible que suceda algo así! —protestaron los oyentes.

¹⁷Jesús los miró y les dijo:

—Entonces, ¿a qué se refiere la siguiente Escritura:

"La piedra que los constructores rechazaron ahora se ha convertido en la piedra principal"?*

¹⁸Todo el que tropiece con esa piedra se hará pedazos, y la piedra aplastará a quienes les caiga encima.

¹⁹Los maestros de la ley religiosa y principales sacerdotes querían arrestar a Jesús en ese mismo momento, porque se dieron cuenta de que contaba esa historia en contra de ellos, pues eran los agricultores malvados; pero tenían miedo de la reacción de la gente.

Los impuestos para el César

²⁰Esperando su oportunidad, los líderes mandaron espías que se hicieron pasar por hombres sinceros. Trataban de hacer que Jesús dijera algo que pudieran informar al gobernador de Roma para que lo arrestara.

²¹—Maestro —le dijeron—, sabemos que dices y enseñas lo que es correcto y no te dejas influir por lo que piensan otros. Enseñas con verdad el camino de Dios. ²²Ahora dinos, ¿es correcto que paguemos impuestos al César o no?

²³Jesús se dio cuenta de la trampa y dijo:

²⁴—Muéstrenme una moneda romana.* ¿A quién pertenecen la imagen y el título grabados en la moneda?

—Al César —contestaron.

²⁵—Bien —dijo—, entonces den al César lo que pertenece al César y den a Dios lo que pertenece a Dios.

²⁶Así que no pudieron atraparlo por lo que decía en público. En cambio, quedaron asombrados de su respuesta y se callaron.

Discusión acerca de la resurrección

²⁷Después se acercaron a Jesús algunos saduceos, líderes religiosos que dicen que no hay resurrección de los muertos.

²⁸Le plantearon la siguiente pregunta:

—Maestro, Moisés nos dio una ley que dice que si un hombre muere y deja a una esposa sin haber tenido hijos, su hermano debe casarse con la viuda y darle un hijo para que el nombre del hermano continúe.* ²⁹Ahora bien, supongamos que había siete hermanos. El mayor se casó y murió sin dejar hijos. ³⁰Entonces el segundo hermano se casó con la viuda, pero él también murió. ³¹Luego el tercer hermano se casó con ella. Lo mismo sucedió con los siete, quienes murieron sin dejar hijos. ³²Por último, la mujer también murió. ³³Entonces dinos, ¿de quién será esposa en la resurrección? ¡Pues los siete estuvieron casados con ella!

³⁴Jesús respondió:

—El matrimonio es para las personas aquí en la tierra; ³⁵pero en el mundo que vendrá, los que sean dignos de ser levantados de los muertos no se casarán, ni se darán en casamiento, ³⁶ni volverán a morir. En este sentido, serán como ángeles. Ellos son hijos de Dios e hijos de la resurrección.

³⁷»Ahora bien, en cuanto a si los muertos resucitarán, hasta Moisés demostró esto cuando escribió acerca de la zarza que ardía. Mucho después de que Abraham, Isaac y Jacob murieron, él se refirió al Señor* como "el Dios de Abraham, el Dios de Isaac y el Dios de Jacob".* ³⁸Por lo tanto, él es Dios de los que están vivos, no de los muertos, porque todos están vivos para él.

³⁹«¡Bien dicho, Maestro!», comentaron algunos de los maestros de la ley religiosa que

estaban allí. ⁴⁰Y después nadie se atrevió a hacerle más preguntas.

¿De quién es hijo el Mesías?

⁴¹Entonces Jesús les planteó una pregunta: «¿Cómo es que se dice que el Mesías es hijo de David? ⁴²Pues David mismo escribió en el libro de los Salmos:

"El Señor le dijo a mi Señor:
    Siéntate en el lugar de honor a mi derecha,
⁴³ hasta que humille a tus enemigos
    y los ponga por debajo de tus pies"*.

⁴⁴»Si David llamó al Mesías "Señor", ¿cómo es posible que el Mesías sea su hijo?».

⁴⁵Entonces, mientras la multitud escuchaba, se dirigió a sus discípulos y les dijo: ⁴⁶«¡Cuídense de los maestros de la ley religiosa! Pues les gusta pavonearse en túnicas largas y sueltas y les encanta recibir saludos respetuosos cuando caminan por las plazas. ¡Y cómo les encanta ocupar los asientos de honor en las sinagogas y sentarse a la mesa principal en los banquetes! ⁴⁷Sin embargo, estafan descaradamente a las viudas para apoderarse de sus propiedades y luego pretenden ser piadosos haciendo largas oraciones en público. Por eso, serán castigados con más severidad».

La ofrenda de la viuda

21 Mientras Jesús estaba en el templo, observó a los ricos que depositaban sus ofrendas en la caja de las ofrendas. ²Luego pasó una viuda pobre y echó dos monedas pequeñas.*

³«Les digo la verdad —dijo Jesús—, esta viuda pobre ha dado más que todos los demás. ⁴Pues ellos dieron una mínima parte de lo que les sobraba, pero ella, con lo pobre que es, dio todo lo que tenía».

Jesús predice eventos futuros

⁵Algunos de sus discípulos comenzaron a hablar acerca del majestuoso trabajo hecho en piedra del templo, y de las decoraciones conmemorativas que adornaban las paredes. Pero Jesús les dijo: ⁶«Viene el tiempo cuando todo esto será demolido por completo. ¡No quedará ni una sola piedra sobre otra!».

⁷—Maestro —le preguntaron—, ¿cuándo sucederá todo eso? ¿Qué señal nos indicará que esas cosas están por ocurrir?

⁸Él les contestó:

—No dejen que nadie los engañe, porque muchos vendrán en mi nombre y afirmarán: "Yo soy el Mesías"* y dirán: "El tiempo ha llegado"; pero no les crean. ⁹Cuando oigan de guerras y de levantamientos, no se dejen llevar por el pánico. Es verdad, esas cosas deben suceder primero, pero el fin no vendrá inmediatamente después.

¹⁰Luego agregó:

—Una nación entrará en guerra con otra, y un reino con otro reino. ¹¹Habrá grandes terremotos, hambres y plagas en muchos países, y sucederán cosas aterradoras y grandes señales milagrosas del cielo.

¹²»Pero antes de que ocurra todo eso, habrá un tiempo de gran persecución. Los arrastrarán a las sinagogas y a las prisiones, y serán sometidos a juicio ante reyes y gobernantes, todo por ser mis seguidores; ¹³pero esa será una oportunidad para que ustedes les hablen de mí.* ¹⁴Así que no se preocupen de antemano por cómo contestarán los cargos en su contra, ¹⁵porque yo les daré las palabras apropiadas y tal sabiduría que ninguno de sus adversarios podrá responderles o refutarlos. ¹⁶Aun sus seres más cercanos —padres, hermanos, familiares y amigos— los traicionarán. Incluso a algunos de ustedes los matarán. ¹⁷Todos los odiarán por ser mis seguidores,* ¹⁸pero ni un solo cabello de su cabeza perecerá. ¹⁹Al mantenerse firmes, ganarán su alma.

²⁰»Cuando vean a Jerusalén rodeada de ejércitos, entonces sabrán que ha llegado el tiempo de su destrucción. ²¹Entonces los que estén en Judea huyan a las colinas. Los que estén en Jerusalén deben salir, y los que estén en el campo no deben volver a la ciudad. ²²Pues serán días de la venganza de Dios, y las palabras proféticas de las Escrituras se cumplirán. ²³Que terribles serán esos días para las mujeres embarazadas y para las madres que amamantan. Pues habrá desastre en la tierra y gran enojo contra este pueblo. ²⁴Los matarán a espada o serán enviados cautivos a todas las naciones del mundo. Y Jerusalén será pisoteada por los gentiles* hasta que el tiempo de los gentiles llegue a su fin.

²⁵»Y habrá señales extrañas en el sol, en la luna y en las estrellas. Y aquí en la tierra, las naciones del mundo estarán en caos, perplejas por los mares rugientes y las mareas extrañas. ²⁶La gente quedará aterrada de lo que verá venir sobre la tierra, porque los poderes de los cielos serán sacudidos. ²⁷Entonces todos verán al Hijo del Hombre* venir en una nube con poder y gran gloria.* ²⁸Por lo tanto, cuando todas estas cosas comiencen a suceder, pónganse de pie y levanten la mirada, ¡porque la salvación está cerca!

²⁹Luego les dio la siguiente ilustración:

—Fíjense en la higuera o en cualquier otro árbol. ³⁰Cuando brotan las hojas, sin que nadie les diga ustedes saben que el verano se acerca. ³¹De la misma manera, cuando vean que suceden todas estas cosas, sabrán que el reino de Dios está cerca. ³²Les digo la verdad, no pasará esta generación hasta que hayan sucedido todas estas cosas. ³³El cielo y la tierra desaparecerán, pero mis palabras no desaparecerán jamás.

20:42-43 Sal 110:1.   21:2 En griego *dos lepta* [la más pequeña de las monedas judías].   21:8 En griego *afirmarán: "Yo soy"*.   21:13 O *Este será su testimonio contra ellos.*   21:17 En griego *por causa de mi nombre.*   21:24 *Gentiles*, que no es judío.   21:27a «Hijo del Hombre» es un título que Jesús empleaba para referirse a sí mismo.   21:27b Ver Dn 7:13.

³⁴»¡Tengan cuidado! No dejen que su corazón se entorpezca con parrandas y borracheras, ni por las preocupaciones de esta vida. No dejen que ese día los agarre desprevenidos, ³⁵como una trampa. Pues ese día vendrá sobre cada ser viviente de la tierra. ³⁶Manténganse siempre alerta. Y oren para que sean suficientemente fuertes para escapar de los horrores que vendrán y para presentarse delante del Hijo del Hombre.

³⁷Cada día Jesús iba al templo a enseñar y cada tarde regresaba a pasar la noche en el monte de los Olivos. ³⁸Todas las mañanas, desde muy temprano, las multitudes se reunían en el templo para escucharlo.

Judas acuerda traicionar a Jesús

22 Se acercaba el Festival de los Panes sin Levadura, también llamado Pascua. ²Los principales sacerdotes y los maestros de la ley religiosa tramaban de qué manera matar a Jesús, pero tenían miedo de la reacción de la gente.

³Entonces Satanás entró en Judas Iscariote, uno de los doce discípulos, ⁴quien fue a ver a los principales sacerdotes y a los capitanes de la guardia del templo para hablar con ellos sobre la mejor manera de traicionar a Jesús. ⁵Ellos quedaron complacidos y prometieron darle dinero. ⁶Judas aceptó y comenzó a buscar una oportunidad para traicionar a Jesús de modo que ellos pudieran arrestarlo cuando las multitudes no estuvieran rodeándolo.

La última cena

⁷Llegó el Festival de los Panes sin Levadura, cuando se sacrifica el cordero de la Pascua. ⁸Jesús mandó que Pedro y Juan se adelantaran y les dijo:

—Vayan y preparen la cena de Pascua, para que podamos comerla juntos.

⁹—¿Dónde quieres que la preparemos? —le preguntaron.

¹⁰Él contestó:

—En cuanto entren en Jerusalén, les saldrá al encuentro un hombre que lleva un cántaro de agua. Síganlo. En la casa donde él entre, ¹¹díganle al dueño: "El Maestro pregunta: ¿Dónde está el cuarto de huéspedes en el que puedo comer la cena de Pascua con mis discípulos?". ¹²Él los llevará a un cuarto grande en el piso de arriba, que ya está listo. Allí deben preparar nuestra cena.

¹³Ellos fueron a la ciudad y encontraron todo como Jesús les había dicho y allí prepararon la cena de Pascua.

¹⁴Cuando llegó la hora, Jesús y los apóstoles se sentaron juntos a la mesa.* ¹⁵Jesús dijo: «He tenido muchos deseos de comer esta Pascua con ustedes antes de que comiencen mis sufrimientos. ¹⁶Pues ahora les digo que no volveré a comerla hasta que su significado se cumpla en el reino de Dios».

¹⁷Luego tomó en sus manos una copa de vino y le dio gracias a Dios por ella. Entonces dijo: «Tomen esto y repártanlo entre ustedes. ¹⁸Pues no volveré a beber vino hasta que venga el reino de Dios».

¹⁹Tomó un poco de pan y dio gracias a Dios por él. Luego lo partió en trozos, lo dio a sus discípulos y dijo: «Esto es mi cuerpo, el cual es entregado por ustedes. Hagan esto en memoria de mí».

²⁰Después de la cena, tomó en sus manos otra copa de vino y dijo: «Esta copa es el nuevo pacto entre Dios y su pueblo, un acuerdo confirmado con mi sangre, la cual es derramada como sacrificio por ustedes.*

²¹»Pero aquí en esta mesa, sentado entre nosotros como un amigo, está el hombre que me traicionará. ²²Pues está establecido que el Hijo del Hombre* tiene que morir. ¡Pero qué aflicción le espera a aquel que lo traiciona!». ²³Los discípulos comenzaron a preguntarse unos a otros quién sería capaz de hacer semejante cosa.

²⁴Después comenzaron a discutir quién sería el más importante entre ellos. ²⁵Jesús les dijo: «En este mundo, los reyes y los grandes hombres tratan a su pueblo con prepotencia; sin embargo, son llamados "amigos del pueblo". ²⁶Pero entre ustedes será diferente. El más importante de ustedes deberá tomar el puesto más bajo, y el líder debe ser como un sirviente. ²⁷¿Quién es más importante: el que se sienta a la mesa o el que la sirve? El que se sienta a la mesa, por supuesto. ¡Pero en este caso no!, pues yo estoy entre ustedes como uno que sirve.

²⁸»Ustedes han estado conmigo durante mis tiempos de prueba. ²⁹Así como mi Padre me concedió un reino, yo ahora les concedo el derecho ³⁰de comer y beber a mi mesa en mi reino, y se sentarán sobre tronos y juzgarán a las doce tribus de Israel.

Jesús predice la negación de Pedro

³¹»Simón, Simón, Satanás ha pedido zarandear a cada uno de ustedes como si fueran trigo; ³²pero yo he rogado en oración por ti, Simón, para que tu fe no falle, de modo que cuando te arrepientas y vuelvas a mí fortalezcas a tus hermanos».

³³Jesús dijo:

—Señor, estoy dispuesto a ir a prisión contigo y aun a morir contigo.

³⁴Jesús le respondió:

—Pedro, déjame decirte algo. Mañana por la mañana, antes de que cante el gallo, negarás tres veces que me conoces.

³⁵Entonces Jesús les preguntó:

—Cuando los envié a predicar la Buena Noticia y no tenían dinero ni bolso ni otro par de sandalias, ¿les faltó algo?

—No —respondieron ellos.

³⁶—Pero ahora —les dijo—, tomen su dinero

22:14 O *reclinaron juntos.*   22:19-20 Algunos manuscritos no incluyen los versículos 22:19b-20: *el cual es entregado por ustedes [...] la cual es derramada como sacrificio por ustedes.*   22:22 «Hijo del Hombre» es un título que Jesús empleaba para referirse a sí mismo.

y un bolso de viaje; y si no tienen espada, ¡vendan su manto y compren una! 37Pues ha llegado el tiempo en que se cumpla la siguiente profecía acerca de mí: "Fue contado entre los rebeldes"*. Así es, todo lo que los profetas escribieron acerca de mí se cumplirá.

38—Mira Señor —le respondieron—, contamos con dos espadas entre nosotros.

—Es suficiente —les dijo.

Jesús ora en el monte de los Olivos

39Luego, acompañado por sus discípulos, Jesús salió del cuarto en el piso de arriba y, como de costumbre, fue al monte de los Olivos. 40Allí les dijo: «Oren para que no cedan a la tentación».

41Se alejó a una distancia como de un tiro de piedra, se arrodilló y oró: 42«Padre, si quieres, te pido que quites esta copa de sufrimiento de mí. Sin embargo, quiero que se haga tu voluntad, no la mía». 43Entonces apareció un ángel del cielo y lo fortaleció. 44Oró con más fervor, y estaba en tal agonía de espíritu que su sudor caía a tierra como grandes gotas de sangre.*

45Finalmente se puso de pie y regresó adonde estaban sus discípulos, pero los encontró dormidos, exhaustos por la tristeza. 46«¿Por qué duermen? —les preguntó—. Levántense y oren para que no cedan ante la tentación».

Traicionan y arrestan a Jesús

47Mientras Jesús hablaba, se acercó una multitud, liderada por Judas, uno de los doce discípulos. Judas caminó hacia Jesús para saludarlo con un beso. 48Entonces Jesús le dijo: «Judas, ¿con un beso traicionas al Hijo del Hombre?».

49Cuando los otros discípulos vieron lo que estaba por suceder, exclamaron: «Señor, ¿peleamos? ¡Trajimos las espadas!». 50Y uno de ellos hirió al esclavo del sumo sacerdote cortándole la oreja derecha.

51Pero Jesús dijo: «Basta». Y tocó la oreja del hombre y lo sanó.

52Entonces Jesús habló a los principales sacerdotes, a los capitanes de la guardia del templo y a los ancianos, que habían venido a buscarlo. «¿Acaso soy un peligroso revolucionario, para que vengan con espadas y palos para arrestarme? —les preguntó—. 53¿Por qué no me arrestaron en el templo? Estuve allí todos los días, con este es el momento de ustedes, el tiempo en que reina el poder de la oscuridad».

Pedro niega a Jesús

54Entonces lo arrestaron y lo llevaron a la casa del sumo sacerdote. Y Pedro los siguió de lejos. 55Los guardias encendieron una fogata en medio del patio y se sentaron alrededor, y Pedro se sumó al grupo. 56Una sirvienta lo vio a la luz de la fogata y comenzó a mirarlo fijamente. Por fin dijo: «Este hombre era uno de los seguidores de Jesús».

57Pero Pedro lo negó: «¡Mujer, ni siquiera lo conozco!».

58Después de un rato, alguien más lo vio y dijo:

—Seguramente tú eres uno de ellos.

—¡No, hombre, no lo soy! —contestó.

59Alrededor de una hora más tarde, otra persona insistió: «Seguro este es uno de ellos porque también es galileo».

60Pero Pedro dijo: «¡Hombre, no sé de qué hablas!». Inmediatamente, mientras aún hablaba, el gallo cantó.

61En ese momento, el Señor se volvió y miró a Pedro. De repente, las palabras del Señor pasaron rápidamente por la mente de Pedro: «Mañana por la mañana, antes de que cante el gallo, negarás tres veces que me conoces». 62Y Pedro salió del patio, llorando amargamente.

63Los guardias que estaban a cargo de Jesús comenzaron a burlarse de él y a golpearlo. 64Le vendaron los ojos y le decían: «¡Profetízanos! ¿Quién te golpeó esta vez?». 65Y le lanzaban todo tipo de insultos.

Jesús ante el Concilio

66Al amanecer, todos los ancianos del pueblo se reunieron, incluidos los principales sacerdotes y los maestros de la ley religiosa. Llevaron a Jesús ante el Concilio Supremo* 67y le dijeron:

—Dinos, ¿eres tú el Mesías?

Él les respondió:

—Si lo dijera, no me creerían; 68y si yo les hiciera una pregunta, ustedes no me la contestarían. 69Sin embargo, desde ahora, el Hijo del Hombre estará sentado en el lugar de poder, a la derecha de Dios.*

70Todos gritaron:

—¿Entonces afirmas que eres el Hijo de Dios?

Y él contestó:

—Ustedes dicen que lo soy.

71«¿Para qué necesitamos otros testigos? —dijeron—. Nosotros mismos lo oímos decirlo».

Juicio de Jesús ante Pilato

23 Entonces todo el Concilio llevó a Jesús ante Pilato, el gobernador romano. 2Comenzaron a presentar su caso: «Este hombre ha estado llevando al pueblo por mal camino al decirles que no paguen los impuestos al gobierno romano y al afirmar que él es el Mesías, un rey».

3Entonces Pilato le preguntó:

—¿Eres tú el rey de los judíos?

Jesús contestó:

—Tú lo has dicho.

4Pilato se dirigió a los principales sacerdotes y a la multitud y les dijo:

—¡No encuentro ningún delito en este hombre!

5Pero insistían:

—Con sus enseñanzas causa disturbios por

22:37 Is 53:12. 22:43-44 Los versículos 43 y 44 no están incluidos en muchos manuscritos antiguos. 22:66 En griego *ante el Sanedrín.* 22:69 Ver Sal 110:1.

donde va, en toda Judea, desde Galilea hasta Jerusalén.

—Ah, ¿es galileo? —preguntó Pilato.

⁷Cuando le dijeron que sí, Pilato lo mandó a Herodes Antipas, porque Galilea estaba bajo la jurisdicción de Herodes, y dio la casualidad de que se encontraba en Jerusalén en ese momento.

⁸Herodes se alegró mucho por la oportunidad de ver a Jesús, porque había oído hablar de él y hacía tiempo que quería verlo realizar un milagro. ⁹Herodes le hizo una pregunta tras otra, pero Jesús se negó a contestar. ¹⁰Mientras tanto, los principales sacerdotes y los maestros de la ley religiosa se quedaron allí gritando sus acusaciones. ¹¹Entonces Herodes y sus soldados comenzaron a burlarse de Jesús y a ridiculizarlo. Finalmente lo pusieron un manto real y lo enviaron de regreso a Pilato. ¹²(Herodes y Pilato, quienes habían sido enemigos anteriormente, ese día se hicieron amigos.)

¹³Entonces Pilato llamó a los principales sacerdotes y a los otros líderes religiosos, junto con el pueblo, ¹⁴y anunció su veredicto: «Me trajeron a este hombre porque lo acusan de encabezar una revuelta. Detenidamente lo he examinado al respecto en presencia de ustedes y lo encuentro inocente. ¹⁵Herodes llegó a la misma conclusión y me lo devolvió. Este hombre no ha hecho nada que merezca la pena de muerte. ¹⁶Así que lo haré azotar y luego lo pondré en libertad.»*

¹⁸Pero un gran clamor surgió de la multitud, y a una voz la gente gritó: «¡Mátalo y suéltanos a Barrabás!». ¹⁹(Barrabás estaba en prisión por haber participado en un levantamiento contra el gobierno en Jerusalén, y por asesinato.) ²⁰Pilato discutió con ellos porque quería poner en libertad a Jesús, ²¹pero la multitud seguía gritando: «¡Crucifícalo! ¡Crucifícalo!».

²²Por tercera vez insistió Pilato: «¿Por qué? ¿Qué crimen ha cometido? No encuentro ninguna razón para condenarlo a muerte. Lo haré azotar y luego lo soltaré».

²³Pero la turba gritó cada vez más fuerte, exigiendo que Jesús fuera crucificado, y sus voces prevalecieron. ²⁴Entonces Pilato sentenció a Jesús a muerte como la gente reclamaba. ²⁵Como habían pedido, puso en libertad a Barrabás, el que estaba preso por levantamiento y asesinato. Y les entregó a Jesús para que hicieran con él como quisieran.

La crucifixión

²⁶Cuando ellos se llevaban a Jesús, sucedió que un hombre llamado Simón, que era de Cirene,* venía del campo. Los soldados lo agarraron, pusieron la cruz sobre él y lo obligaron a cargar

detrás de Jesús. ²⁷Una gran multitud lo seguía, incluidas muchas mujeres que lloraban desconsoladas. ²⁸Entonces Jesús se dio la vuelta y les dijo: «Hijas de Jerusalén, no lloren por mí; lloren más bien por ustedes y por sus hijos. ²⁹Pues vienen días cuando dirán: "¡Dichosas las mujeres que no tienen hijos, los vientres que no dieron a luz y los pechos que no amamantaron!". ³⁰La gente suplicará a los montes: "¡Caigan sobre nosotros!" y rogará a las colinas: "¡Entiérrennos!"*. ³¹Pues, si estas cosas suceden cuando el árbol está verde, ¿qué pasará cuando esté seco?»*

³²Llevaron a otros dos, ambos criminales, para ser ejecutados con Jesús. ³³Cuando llegaron a un lugar llamado «La Calavera»,* lo clavaron en la cruz y a los criminales también, uno a su derecha y otro a su izquierda.

³⁴Jesús dijo: «Padre, perdónalos, porque no saben lo que hacen»*. Y los soldados sortearon su ropa, tirando los dados.*

³⁵La multitud observaba, y los líderes se burlaban. «Salvó a otros —decían—, que se salve a sí mismo si de verdad es el Mesías de Dios, el Elegido». ³⁶Los soldados también se burlaban de él, al ofrecerle vino agrio para beber. ³⁷Y exclamaron: «Si eres el rey de los judíos, ¡sálvate a ti mismo!». ³⁸Encima de su cabeza, colocaron un letrero que decía: «Este es el Rey de los judíos».

³⁹Uno de los criminales colgados junto a él se burló: «¿Así que eres el Mesías? Demuéstralo salvándote a ti mismo, ¡y a nosotros también!».

⁴⁰Pero el otro criminal protestó: «¿Ni siquiera temes a Dios ahora que estás condenado a muerte? ⁴¹Nosotros merecemos morir por nuestros crímenes, pero este hombre no ha hecho nada malo». ⁴²Luego dijo:

—Jesús, acuérdate de mí cuando vengas en tu reino.

⁴³Jesús respondió:

—Te aseguro que hoy estarás conmigo en el paraíso.

Muerte de Jesús

⁴⁴Ya era alrededor del mediodía, y la tierra se llenó de oscuridad hasta las tres de la tarde. ⁴⁵La luz del sol desapareció. Y, de repente, la cortina del santuario del templo se rasgó por la mitad. ⁴⁶Después Jesús gritó: «Padre, ¡encomiendo mi espíritu en tus manos!»*. Y con esas palabras dio su último suspiro.

⁴⁷Cuando el oficial romano* encargado de la ejecución vio lo que había sucedido, adoró a Dios y dijo: «Este hombre era inocente* de verdad». ⁴⁸Y cuando todas las multitudes que habían venido a observar la ejecución vieron lo que había sucedido, regresaron a casa con gran dolor;* ⁴⁹pero los amigos de Jesús, incluidas las

23:16 Algunos manuscritos incluyen el versículo 17: *Ahora bien, era necesario que él pusiera en libertad a un preso y lo entregara a ellos durante la celebración de la Pascua.* Comparar con Mt 27:15; Mc 15:6; Jn 18:39.   23:26 *Cirene* era una ciudad del norte de África.   23:30 Os 10:8.   23:31 O *Si a mí, el árbol viviente, me hacen estas cosas, ¿qué les sucederá a ustedes, el árbol seco?*   23:33 A veces se traduce *Calvario*, que proviene de la palabra latina *calavera*.   23:34a Esta oración no está incluida en muchos manuscritos antiguos.   23:34b En griego *echando suertes.* Ver Sal 22:18.   23:46 Sal 31:5.   23:47a En griego el *centurión.*   23:47b O *justo.*   23:48 En griego *regresaron a casa golpeándose el pecho.*

mujeres que lo habían seguido desde Galilea, se quedaron mirando de lejos.

Entierro de Jesús

⁵⁰Había un hombre bueno y justo llamado José. Era miembro del Concilio Supremo judío, ⁵¹pero no había estado de acuerdo con la decisión y las acciones de los otros líderes religiosos. Era de la ciudad de Judea llamada Arimatea y esperaba la venida del reino de Dios. ⁵²Fue a Pilato y le pidió el cuerpo de Jesús. ⁵³Luego bajó el cuerpo de la cruz, lo envolvió en un largo lienzo de lino y lo colocó en una tumba nueva que había sido tallada en la roca. ⁵⁴Esto sucedió el viernes por la tarde, el día de preparación,* cuando el día de descanso estaba por comenzar.

⁵⁵Mientras llevaban el cuerpo, las mujeres de Galilea iban detrás y vieron la tumba donde lo colocaron. ⁵⁶Luego fueron a sus casas y prepararon especias y ungüentos para ungir el cuerpo de Jesús; pero cuando terminaron ya había comenzado el día de descanso, así que descansaron como ordena la ley.

La resurrección

24 El domingo, muy temprano por la mañana,* las mujeres fueron a la tumba, llevando las especias que habían preparado. ²Encontraron que la piedra de la entrada estaba corrida a un costado. ³Entonces entraron, pero no encontraron el cuerpo del Señor Jesús. ⁴Mientras estaban allí perplejas, de pronto aparecieron dos hombres vestidos con vestiduras resplandecientes.

⁵Las mujeres quedaron aterradas y se inclinaron rostro en tierra. Entonces los hombres preguntaron: ¿Por qué buscan entre los muertos a alguien que está vivo? ⁶¡Él no está aquí! ¡Ha resucitado! Recuerden los que les dijo en Galilea, ⁷que el Hijo del Hombre* debía ser traicionado y entregado en manos de hombres pecadores, y ser crucificado, y que resucitaría al tercer día».

⁸Entonces ellas recordaron lo que Jesús había dicho. ⁹Así que regresaron corriendo de la tumba a contarles a los once discípulos y a todos los demás lo que había sucedido. ¹⁰Fueron María Magdalena, Juana, María la madre de Santiago y varias mujeres más quienes contaron a los apóstoles lo que les pasó. ¹¹Pero a los hombres el relato les pareció una tontería, y no les creyeron. ¹²Sin embargo, Pedro se levantó de un salto y corrió a la tumba para ver por sí mismo. Agachándose, miró hacia adentro y vio solo los lienzos de lino, vacíos; luego regresó a la casa, preguntándose qué habría ocurrido.

De camino a Emaús

¹³Ese mismo día, dos de los seguidores de Jesús iban camino al pueblo de Emaús, a unos once kilómetros* de Jerusalén. ¹⁴Al ir caminando, hablaban acerca de las cosas que habían sucedido. ¹⁵Mientras conversaban y hablaban, de pronto Jesús mismo se apareció y comenzó a caminar con ellos; ¹⁶pero Dios impidió que lo reconocieran.

¹⁷Él les preguntó:

—¿De qué vienen discutiendo tan profundamente por el camino?

Se detuvieron de golpe, con sus rostros cargados de tristeza. ¹⁸Entonces uno de ellos, llamado Cleofas, contestó:

—Tú debes de ser la única persona en Jerusalén que no oyó acerca de las cosas que han sucedido allí en los últimos días.

¹⁹—¿Qué cosas? —preguntó Jesús.

—Las cosas que le sucedieron a Jesús, el hombre de Nazaret —le dijeron—. Era un profeta que hizo milagros poderosos, y también era un gran maestro a los ojos de Dios y de todo el pueblo. ²⁰Sin embargo, los principales sacerdotes y otros líderes religiosos lo entregaron para fuera condenado a muerte, y lo crucificaron. ²¹Nosotros teníamos la esperanza de que fuera el Mesías que había venido para rescatar a Israel. Todo esto sucedió hace tres días.

²²No obstante, algunas mujeres de nuestro grupo de seguidores fueron a su tumba esta mañana temprano y regresaron con noticias increíbles. ²³Dijeron que el cuerpo había desaparecido y que habían visto a ángeles, quienes les dijeron ¡que Jesús está vivo! ²⁴Algunos de nuestros hombres corrieron para averiguarlo, y efectivamente el cuerpo no estaba, tal como las mujeres habían dicho.

²⁵Entonces Jesús les dijo:

—¡Qué necios son! Les cuesta tanto creer todo lo que los profetas escribieron en las Escrituras. ²⁶¿Acaso no profetizaron claramente que el Mesías tendría que sufrir todas esas cosas antes de entrar en su gloria?

²⁷Entonces Jesús los guió por los escritos de Moisés y de todos los profetas, explicándoles lo que las Escrituras decían acerca de él mismo.

²⁸Para entonces ya estaban cerca de Emaús y del final del viaje. Jesús hizo como que iba a seguir adelante, ²⁹pero ellos le suplicaron: «Quédate con nosotros esta noche, ya que se está haciendo tarde». Entonces los acompañó a la casa. ³⁰Al sentarse a comer,* tomó el pan y lo bendijo. Luego lo partió y se lo dio a ellos. ³¹De pronto, se les abrieron los ojos y lo reconocieron. Y, en ese instante, Jesús desapareció.

³²Entonces se dijeron el uno al otro: «¿No ardía nuestro corazón cuando nos hablaba en el camino y nos explicaba las Escrituras?». ³³En menos de una hora, estaban de regreso a Jerusalén. Allí encontraron a los once discípulos y a los otros que se habían reunido con ellos,

---

23:54 En griego *Era el día de la preparación.* 24:1 En griego *Pero el primer día de la semana, muy temprano por la mañana.* 24:7 «Hijo del Hombre» es un título que Jesús empleaba para referirse a sí mismo. 24:13 En griego *60 estadios* [7 millas]. 24:30 O *Al reclinarse.*

³⁴quienes decían: «¡El Señor ha resucitado de verdad! Se le apareció a Pedro*».

Jesús se aparece a los discípulos

³⁵Luego los dos de Emaús les contaron cómo Jesús se les había aparecido mientras iban por el camino y cómo lo habían reconocido cuando partió el pan. ³⁶Entonces, justo mientras contaban la historia, de pronto Jesús mismo apareció de pie en medio de ellos. «La paz sea con ustedes», les dijo. ³⁷Pero todos quedaron asustados y temerosos; ¡pensaban que veían un fantasma!

³⁸«¿Por qué están asustados? —les preguntó—. ¿Por qué tienen el corazón lleno de dudas? ³⁹Miren mis manos. Miren mis pies. Pueden ver que de veras soy yo. Tóquenme y asegúrense de que no soy un fantasma, pues los fantasmas no tienen cuerpo, como ven que yo tengo». ⁴⁰Mientras hablaba, él les mostró sus manos y sus pies.

⁴¹Aun así, ellos seguían sin creer, llenos de alegría y asombro. Entonces les preguntó: «¿Tienen aquí algo para comer?». ⁴²Le dieron un pedazo de pescado asado, ⁴³y él lo comió mientras ellos miraban.

24:34 En griego *Simón.*   24:47 O *todos los grupos étnicos.*

⁴⁴Entonces dijo: «Cuando estaba con ustedes antes, les dije que tenía que cumplirse todo lo escrito acerca de mí en la ley de Moisés, en los profetas y en los Salmos». ⁴⁵Entonces les abrió la mente para que entendieran las Escrituras, ⁴⁶y dijo: «Efectivamente, se escribió hace mucho tiempo que el Mesías debería sufrir, morir y resucitar al tercer día. ⁴⁷También se escribió que este mensaje se proclamaría con la autoridad de su nombre a todas las naciones,* comenzando con Jerusalén: "Hay perdón de pecados para todos los que se arrepientan". ⁴⁸Ustedes son testigos de todas estas cosas.

⁴⁹»Ahora enviaré al Espíritu Santo, tal como prometió mi Padre; pero quédense aquí en la ciudad hasta que el Espíritu Santo venga y los llene con poder del cielo».

La ascensión

⁵⁰Entonces Jesús los llevó a Betania, levantó sus manos al cielo y los bendijo. ⁵¹Mientras los bendecía, los dejó y fue levantado al cielo. ⁵²Entonces ellos lo adoraron y regresaron a Jerusalén llenos de gran alegría; ⁵³y pasaban todo su tiempo en el templo, adorando a Dios.

Juan

Prólogo: Cristo, la Palabra eterna

1 ¹En el principio la Palabra ya existía.
   La Palabra estaba con Dios,
   y la Palabra era Dios.
²El que es la Palabra existía en el principio
   con Dios.
³Dios creó todas las cosas por medio de él,
   y nada fue creado sin él.
⁴La Palabra le dio vida a todo lo creado,*
   y su vida trajo luz a todos.
⁵La luz brilla en la oscuridad,
   y la oscuridad jamás podrá apagarla.*

⁶Dios envió a un hombre llamado Juan el Bautista,* ⁷para que contara acerca de la luz, a fin de que todos creyeran por su testimonio. ⁸Juan no era la luz; era solo un testigo para hablar de la luz. ⁹Aquel que es la luz verdadera, quien da luz a todos, venía al mundo.

¹⁰Vino al mismo mundo que él había creado, pero el mundo no lo reconoció. ¹¹Vino a los de su propio pueblo, y hasta ellos lo rechazaron; ¹²pero a todos los que creyeron en él y lo recibieron, les dio el derecho de llegar a ser hijos de Dios. ¹³Ellos nacen de nuevo, no mediante un nacimiento físico como resultado de la pasión o de la iniciativa humana, sino por medio de un nacimiento que proviene de Dios.

¹⁴Entonces la Palabra se hizo hombre* y vino a vivir entre nosotros. Estaba lleno de fidelidad y amor inagotable.* Y hemos visto su gloria, la gloria del único Hijo del Padre.

¹⁵Juan dio testimonio de él cuando clamó a las multitudes: «A él me refería yo cuando decía: "Alguien viene después de mí es muy superior a mí porque existe desde mucho antes que yo"».

¹⁶De su abundancia, todos hemos recibido una bendición inmerecida tras otra.* ¹⁷Pues la ley fue dada por medio de Moisés, pero el amor inagotable de Dios y su fidelidad vinieron por medio de Jesucristo. ¹⁸Nadie ha visto jamás a Dios; pero el Hijo, el Único, él mismo es Dios y* está íntimamente ligado al Padre. Él nos ha revelado a Dios.

El testimonio de Juan el Bautista

¹⁹Este fue el testimonio que dio Juan cuando los líderes judíos enviaron sacerdotes y ayudantes del templo* desde Jerusalén para preguntarle:

—¿Quién eres?

²⁰Él dijo con toda franqueza:

—Yo no soy el Mesías.

²¹—Bien. Entonces, ¿quién eres? —preguntaron—. ¿Eres Elías?

—No —contestó.

—¿Eres el Profeta que estamos esperando?*

—No.

²²—Entonces, ¿quién eres? Necesitamos alguna respuesta para los que nos enviaron. ¿Qué puedes decirnos de ti mismo?

²³Juan contestó con las palabras del profeta Isaías:

«Soy una voz que clama en el desierto:
   "¡Abran camino para la llegada del
      SEÑOR!"»*.

²⁴Entonces los fariseos que habían sido enviados ²⁵le preguntaron:

—Si no eres el Mesías, ni Elías, ni el Profeta, ¿con qué derecho bautizas?

²⁶Juan les dijo:

—Yo bautizo con* agua, pero aquí mismo, en medio de la multitud, hay alguien a quien ustedes no reconocen. ²⁷Aunque su servicio viene después del mío, yo ni siquiera soy digno de ser su esclavo, ni de desatar las correas de sus sandalias.

²⁸Ese encuentro ocurrió en Betania, una región situada al oriente del río Jordán, donde Juan estaba bautizando.

Jesús, el cordero de Dios

²⁹Al día siguiente, Juan vio que Jesús se le acercaba y dijo: «¡Miren! ¡El cordero de Dios, que quita el pecado del mundo! ³⁰A él me refería cuando yo decía: "Después de mí, vendrá un hombre que es superior a mí porque existe desde mucho antes que yo". ³¹No lo reconocí como el Mesías, aunque estuve bautizando con agua para que él fuera revelado a Israel».

³²Entonces Juan dio testimonio: «Vi al Espíritu Santo descender del cielo como una paloma y reposar sobre él. ³³Yo no sabía que era el Mesías,

1:3-4 O *y nada de lo que fue creado, fue creado sino por medio de él.* La Palabra dio vida a todo.   1:5 O *ya la oscuridad no la ha entendido.*   1:6 En griego *un hombre llamado Juan.*   1:14 En griego *se hizo carne.*   1:14b O *gracia y verdad;* también en 1:17.   1:16 O *gracia de Cristo en lugar de la gracia de la ley;* en griego dice *recibimos gracia sobre gracia.*   1:18 Algunos manuscritos dicen *pero el único Hijo.*   1:19 En griego *y levitas.*   1:21 En griego *¿Eres tú el Profeta?* Ver Dt 18:15, 18; Ml 4:5-6.   1:23 Is 40:3.   1:26 O *en;* también en 1:31, 33.

pero cuando Dios me envió a bautizar con agua, me dijo: "Aquel, sobre quien veas que el Espíritu desciende y reposa, es el que bautizará con el Espíritu Santo". [34]Vi que eso sucedió con Jesús, por eso doy testimonio de que él es el Elegido de Dios*».

Los primeros discípulos

[35]Al día siguiente, Juan estaba otra vez allí con dos de sus discípulos. [36]Al pasar Jesús, Juan lo miró y declaró: «¡Miren! ¡Ahí está el cordero de Dios!». [37]Cuando los dos discípulos de Juan lo oyeron, siguieron a Jesús.

[38]Jesús miró a su alrededor y vio que ellos lo seguían.

—¿Qué quieren? —les preguntó.

Ellos contestaron:

—Rabí —que significa "Maestro"—, ¿dónde se hospeda?

[39]—Vengan y vean —les dijo.

Eran como las cuatro de la tarde cuando lo acompañaron al lugar donde se hospedaba, y se quedaron el resto del día con él.

[40]Andrés, hermano de Simón Pedro, era uno de estos hombres que, al oír lo que Juan dijo, siguieron a Jesús. [41]Andrés fue a buscar a su hermano Simón y le dijo: «Hemos encontrado al Mesías» (que significa «Cristo*»).

[42]Luego Andrés llevó a Simón, para que conociera a Jesús. Jesús miró fijamente a Simón y le dijo: «Tu nombre es Simón hijo de Juan, pero te llamarás Cefas» (que significa «Pedro*»).

[43]Al día siguiente, Jesús decidió ir a Galilea. Encontró a Felipe y le dijo: «Ven, sígueme». [44]Felipe era de Betsaida, el pueblo natal de Andrés y Pedro.

[45]Felipe fue a buscar a Natanael y le dijo:

—¡Hemos encontrado a aquel de quien Moisés* y los profetas escribieron! Se llama Jesús, el hijo de José, de Nazaret.

[46]—¡Nazaret! —exclamó Natanael—. ¿Acaso puede salir algo bueno de Nazaret?

—Ven y compruébalo tú mismo —le respondió Felipe.

[47]Mientras ellos se acercaban, Jesús dijo:

—Aquí viene un verdadero hijo de Israel, un hombre totalmente íntegro.

[48]—¿Cómo es que me conoces? —le preguntó Natanael.

—Pude verte debajo de la higuera antes de que Felipe te encontrara —contestó Jesús.

[49]Entonces Natanael exclamó:

—Rabí, ¡tú eres el Hijo de Dios, el Rey de Israel!

[50]Jesús le preguntó:

—¿Crees eso solo porque te dije que te había visto debajo de la higuera? Verás cosas más grandes que esta.

[51]Y agregó: «Les digo la verdad, todos ustedes

verán el cielo abierto y a los ángeles de Dios subiendo y bajando sobre el Hijo del Hombre, quien es la escalera entre el cielo y la tierra»*.

La boda de Caná

2 Al día siguiente,* se celebró una boda en la aldea de Caná de Galilea. La madre de Jesús estaba presente, [2]y también fueron invitados a la fiesta Jesús y sus discípulos. [3]Durante la celebración, se acabó el vino, entonces la madre de Jesús le dijo:

—Se quedaron sin vino.

[4]—Apreciada mujer, ese no es nuestro problema —respondió Jesús—. Todavía no ha llegado mi momento.

[5]Sin embargo, su madre les dijo a los sirvientes: «Hagan lo que él les diga».

[6]Cerca de allí había seis tinajas de piedra, que se usaban para el lavado ceremonial de los judíos. Cada tinaja tenía una capacidad de entre setenta y cinco y ciento trece litros.* [7]Jesús les dijo a los sirvientes: «Llenen las tinajas con agua». Una vez que las tinajas estuvieron llenas, [8]les dijo: «Ahora saquen un poco y llévenselo al maestro de ceremonias». Así que los sirvientes siguieron sus indicaciones.

[9]Cuando el maestro de ceremonias probó el agua que ahora era vino, sin saber de dónde provenía (aunque, por supuesto, los sirvientes sí lo sabían), mandó a llamar al novio. [10]«Un anfitrión siempre sirve el mejor vino primero —le dijo— y una vez que todos han bebido bastante, comienza a ofrecer el vino más barato. ¡Pero tú has guardado el mejor vino hasta ahora!».

[11]Esta señal milagrosa en Caná de Galilea marcó la primera vez que Jesús reveló su gloria. Y sus discípulos creyeron en él.

[12]Después de la boda, se fue unos días a Capernaúm con su madre, sus hermanos y sus discípulos.

Jesús despeja el templo

[13]Se acercaba la fecha de la celebración de la Pascua judía, así Jesús fue a Jerusalén. [14]Vio que en la zona del templo había unos comerciantes que vendían ganado, ovejas y palomas para los sacrificios; vio a otros que estaban en sus mesas cambiando dinero extranjero. [15]Jesús se hizo un látigo con unas cuerdas y expulsó a todos del templo. Echó las ovejas y el ganado, arrojó por el suelo las monedas de los cambistas y los volteó sus mesas. [16]Luego se dirigió a los que vendían palomas y les dijo: «Saquen todas esas cosas de aquí. ¡Dejen de convertir la casa de mi Padre en un mercado!».

[17]Entonces sus discípulos recordaron la profecía de las Escrituras que dice: «El celo por la casa de Dios me consumirá»*.

1:34 Algunos manuscritos dicen *el Hijo de Dios.*   1:41 Tanto *Mesías* (un término hebreo) como *Cristo* (un término griego) significan «el Ungido».   1:42 Tanto el nombre *Cefas* (del arameo) como el nombre *Pedro* (del griego) significan «roca».   1:45 En griego *Moisés en la ley.*   1:51 En griego *subiendo y bajando sobre el Hijo del Hombre,* ver Gn 28:10-17. «Hijo del Hombre» es un título que Jesús empleaba para referirse a sí mismo.   2:1 En griego *Al tercer día;* ver 1:35, 43.   2:6 En griego *2 ó 3 medidas* (entre 20 y 30 galones).   2:17 O *«La preocupación por la casa de Dios será mi ruina».* Sal 69:9

¹⁸Pero los líderes judíos exigieron:

—¿Qué estás haciendo? Si Dios te dio autoridad para hacer esto, muéstranos una señal milagrosa que lo compruebe.

¹⁹—De acuerdo —contestó Jesús—. Destruyan este templo y en tres días lo levantaré.

²⁰—¡Qué dices! —exclamaron—. Tardaron cuarenta y seis años en construir este templo, ¿y tú puedes reconstruirlo en tres días?

²¹Pero cuando Jesús dijo «este templo», se refería a su propio cuerpo. ²²Después que resucitó de los muertos, sus discípulos recordaron que había dicho esto y creyeron en las Escrituras y también en lo que Jesús había dicho.

Jesús y Nicodemo

²³Debido a las señales milagrosas que Jesús hizo en Jerusalén durante la celebración de la Pascua, muchos comenzaron a confiar en él; ²⁴pero Jesús no confiaba en ellos porque conocía la naturaleza humana. ²⁵No hacía falta que nadie le dijera cómo es el ser humano.

3 Había un hombre llamado Nicodemo, un líder religioso judío, de los fariseos. ²Una noche, fue a hablar con Jesús:

—Rabí* —le dijo—, todos sabemos que Dios te ha enviado para enseñarnos. Las señales milagrosas que haces son la prueba de que Dios está contigo.

³Jesús le respondió:

—Te digo la verdad, a menos que nazcas de nuevo,* no puedes ver el reino de Dios.

⁴—¿Qué quieres decir? —exclamó Nicodemo—. ¿Cómo puede un hombre mayor volver al vientre de su madre y nacer de nuevo?

⁵Jesús le contestó:

—Te digo la verdad, nadie puede entrar en el reino de Dios si no nace de agua y del Espíritu.* ⁶El ser humano solo puede reproducir la vida humana, pero la vida espiritual nace del Espíritu Santo.* ⁷Así que no te sorprendas cuando digo: "Tienen que nacer de nuevo".* ⁸El viento sopla hacia donde quiere. De la misma manera que oyes el viento pero no sabes de dónde viene ni adónde va, tampoco puedes explicar cómo las personas nacen del Espíritu.

⁹—¿Cómo es posible todo esto? —preguntó Nicodemo.

¹⁰Jesús le contestó:

—¿Tú eres un respetado maestro judío y aún no entiendes estas cosas? ¹¹Te aseguro que les contamos lo que sabemos y hemos visto, y ustedes todavía se niegan a creer nuestro testimonio. ¹²Ahora bien, si no me creen cuando les hablo de cosas terrenales, ¿cómo creerán si les hablo de cosas celestiales? ¹³Nadie jamás fue al cielo y regresó, pero el Hijo del Hombre* bajó del cielo. ¹⁴Y, así como Moisés levantó la serpiente de bronce en un poste en el desierto, así deberá ser levantado el Hijo del Hombre, ¹⁵para que todo el que crea en él tenga vida eterna.*

¹⁶»Pues Dios amó tanto al mundo que dio a su único Hijo, para que todo el que crea en él no se pierda, sino que tenga vida eterna. ¹⁷Dios no envió a su Hijo al mundo para condenar al mundo, sino para salvarlo por medio de él.

¹⁸»No hay condenación para todo el que cree en él, pero el que no cree en él ya ha sido condenado por no haber creído en el único Hijo de Dios. ¹⁹Esta condenación se basa en el siguiente hecho: la luz de Dios llegó al mundo, pero la gente amó más la oscuridad que la luz, porque sus acciones eran malvadas. ²⁰Todos los que hacen el mal odian la luz y se niegan a acercarse a ella porque temen que sus pecados queden al descubierto, ²¹pero los que hacen lo correcto se acercan a la luz, para que otros puedan ver que están haciendo lo que Dios quiere.*

Juan el Bautista exalta a Jesús

²²Luego Jesús y sus discípulos salieron de Jerusalén y se fueron al campo de Judea. Jesús pasó un tiempo allí con ellos, bautizando a la gente.

²³En ese tiempo, Juan el Bautista bautizaba en Enón, cerca de Salim, porque allí había mucha agua; y la gente iba a él para ser bautizada. ²⁴(Eso ocurrió antes de que metieran a Juan en la cárcel). ²⁵Surgió un debate entre los discípulos de Juan y cierto judío* acerca de la purificación ceremonial. ²⁶Entonces los discípulos de Juan fueron a decirle:

—Rabí, el hombre que estaba contigo al otro lado del río Jordán, a quien identificaste como el Mesías, también está bautizando a la gente. Y todos van a él en lugar de venir a nosotros.

²⁷Juan respondió:

—Nadie puede recibir nada a menos que Dios se lo conceda desde el cielo. ²⁸Ustedes saben que les dije claramente: "Yo no soy el Mesías; estoy aquí sólo para prepararle el camino a él". ²⁹Es el novio quien se casa con la novia, y el amigo del novio simplemente se alegra de poder estar al lado del novio y oír sus votos. Por lo tanto, oír que él tiene éxito me llena de alegría. ³⁰Él debe tener cada vez más importancia y yo, menos.

³¹»Él vino de lo alto y es superior a cualquier otro. Nosotros somos de la tierra y hablamos de cosas terrenales, pero él vino del cielo y es superior a todos.* ³²Él da testimonio de lo que ha visto y oído, pero muy pocos creen en lo que él dice. ³³Todo el que acepta su testimonio puede confirmar que Dios es veraz. ³⁴Pues él es enviado por Dios y habla las palabras de Dios, porque Dios le da el Espíritu sin límites. ³⁵El Padre ama

3:2 *Rabí*, del arameo, significa «amo», «maestro»; también en 3:26.   3:3 O *nazcas de lo alto*; también en 3:7.   3:5 O *y espíritu*. La palabra griega que se usa para *Espíritu* también puede traducirse *viento*; ver 3:8.   3:6 En griego *lo que nace del Espíritu es espíritu*.   3:13 Algunos manuscritos incluyen *quien vive en el cielo*.   3:14 Huir que Jesús empleaba para referirse a sí mismo.   3:15 O *Todo el que cree tenga vida eterna en él*.   3:21 O *puedan ver a Dios obrando en lo que él hace*.   3:25 Algunos manuscritos dicen *algunos judíos*.   3:31 Algunos manuscritos no incluyen *y es superior a todos*.

a su Hijo y ha puesto todo en sus manos. ³⁶Los que creen en el Hijo de Dios tienen vida eterna. Los que no obedecen al Hijo nunca tendrán vida eterna, sino que permanecerán bajo la ira del juicio de Dios.

Jesús y la mujer samaritana

4 Jesús* sabía que los fariseos se habían enterado de que él hacía y bautizaba más discípulos que Juan ²(aunque no era Jesús mismo quien los bautizaba sino sus discípulos). ³Así que se fue de Judea y volvió a Galilea.

⁴En el camino, tenía que pasar por Samaria. ⁵Entonces llegó a una aldea samaritana llamada Sicar, cerca del campo que Jacob le dio a su hijo José. ⁶Allí estaba el pozo de Jacob; y Jesús, cansado por la larga caminata, se sentó junto al pozo cerca del mediodía. ⁷Poco después, llegó una mujer samaritana a sacar agua, y Jesús le dijo:

—Por favor, dame un poco de agua para beber.

⁸Él estaba solo en ese momento porque sus discípulos habían ido a la aldea a comprar algo para comer.

⁹La mujer se sorprendió, ya que los judíos rechazan todo trato con los samaritanos.* Entonces le dijo a Jesús:

—Usted es judío, y yo soy una mujer samaritana. ¿Por qué me pide agua para beber?

¹⁰Jesús contestó:

—Si tan solo supieras el regalo que Dios tiene para ti y con quién estás hablando, tú me pedirías a mí, y yo te daría agua viva.

¹¹—Pero señor, usted no tiene ni una soga ni un balde —le dijo ella—, y este pozo es muy profundo. ¿De dónde va a sacar esa agua viva? ¹²Además, ¿se cree usted superior a nuestro antepasado Jacob, quien nos dio este pozo? ¿Cómo puede usted ofrecer mejor agua que la que disfrutaron él, sus hijos y sus animales?

¹³Jesús contestó:

—Cualquiera que beba de esta agua pronto volverá a tener sed, ¹⁴pero todos los que beban del agua que yo doy no tendrán sed jamás. Esa agua se convierte en un manantial que brota con frescura dentro de ellos y les da vida eterna.

¹⁵—Por favor, señor —le dijo la mujer—, ¡déme de esa agua! Así nunca más volveré a tener sed y no tendré que venir aquí a sacar agua.

¹⁶Jesús le dijo:

—Ve y trae a tu esposo.

¹⁷—No tengo esposo —respondió la mujer.

—Es cierto —dijo Jesús—. No tienes esposo ¹⁸porque has tenido cinco esposos y ni siquiera estás casada con el hombre con el que ahora vives. ¡Ciertamente dijiste la verdad!

¹⁹—Señor —dijo la mujer—, seguro que usted es profeta. ²⁰Así que dígame, ¿por qué ustedes, los judíos, insisten en que Jerusalén es el único

lugar donde se debe adorar, mientras que nosotros, los samaritanos, afirmamos que es aquí, en el monte Gerizim,* donde adoraron nuestros antepasados?

²¹Jesús le contestó:

—Créeme, querida mujer, que se acerca el tiempo en que no tendrá importancia si se adora al Padre en este monte o en Jerusalén. ²²Ustedes, los samaritanos, saben muy poco acerca de aquel a quien adoran, mientras que nosotros, los judíos, conocemos bien a quien adoramos, porque la salvación viene por medio de los judíos. ²³Pero se acerca el tiempo —de hecho, ya ha llegado— cuando los verdaderos adoradores adorarán al Padre en espíritu y en verdad. El Padre busca personas que lo adoren de esa manera. ²⁴Pues Dios es Espíritu, por eso todos los que lo adoran deben hacerlo en espíritu y en verdad.

²⁵La mujer dijo:

—Sé que el Mesías está por venir, al que llaman Cristo. Cuando él venga, nos explicará todas las cosas.

²⁶Entonces Jesús le dijo:

—¡Yo Soy el Mesías!*

²⁷Justo en ese momento, volvieron sus discípulos. Se sorprendieron al ver que Jesús hablaba con una mujer, pero ninguno se atrevió a preguntarle: «¿Qué quieres de ella?» o «¿Por qué le hablas?». ²⁸La mujer dejó su cántaro junto al pozo y volvió corriendo a la aldea mientras les decía a todos: ²⁹«¡Vengan a ver a un hombre que me dijo todo lo que hice en mi vida! ¿No será este el Mesías?». ³⁰Así que la gente salió de la aldea para verlo.

³¹Mientras tanto, los discípulos le insistían a Jesús:

—Rabí,* come algo.

³²Jesús les respondió:

—Yo tengo una clase de alimento que ustedes no conocen.

³³«¿Le habrá traído alguien de comer mientras nosotros no estábamos?» —se preguntaban los discípulos unos a otros.

³⁴Entonces Jesús explicó:

—Mi alimento consiste en hacer la voluntad de Dios, quien me envió, y en terminar su obra. ³⁵Ustedes conocen el dicho: "Hay cuatro meses entre la siembra y la cosecha", pero yo les digo: despierten y miren a su alrededor, los campos ya están listos* para la cosecha. ³⁶A los segadores se les paga un buen salario, y los frutos que cosechan son personas que pasan a tener la vida eterna. ¡Qué alegría le espera tanto al que siembra como al que cosecha! ³⁷Ya saben el dicho: "Uno siembra y otro cosecha", y es cierto. ³⁸Yo los envié a ustedes a cosechar donde no sembraron, otros ya habían hecho el trabajo, y ahora a ustedes les toca levantar la cosecha.

4:1 Algunos manuscritos dicen *El Señor*. 4:9 Algunos manuscritos no incluyen toda esta oración. 4:20 En griego *en este monte*. 4:26 O *—El "Yo Soy" está aquí*; o *—Yo soy el Señor*; en griego dice *—Yo soy, el que habla contigo*. Ver Ex 3:14. 4:31 *Rabí*, del arameo, significa *amo*, *maestro*. 4:35 En griego *blancos*.

Muchos samaritanos creen

³⁹Muchos samaritanos de esa aldea creyeron en Jesús, porque la mujer había dicho: «¡Él me dijo todo lo que hice en mi vida!». ⁴⁰Cuando salieron a verlo, le rogaron que se quedara en la aldea. Así que Jesús se quedó dos días, ⁴¹tiempo suficiente para que muchos más escucharan su mensaje y creyeran. ⁴²Luego le dijeron a la mujer: «Ahora creemos, no solo por lo que tú nos dijiste, sino porque lo hemos oído en persona. Ahora sabemos que él es realmente el Salvador del mundo».

Jesús sana al hijo de un funcionario

⁴³Pasados los dos días, Jesús siguió camino a Galilea. ⁴⁴Él mismo había declarado que un profeta no recibe honra en su propio pueblo. ⁴⁵Sin embargo, los galileos lo recibieron bien, porque habían estado en Jerusalén durante la celebración de la Pascua y habían visto todo lo que él hizo allí.

⁴⁶En su paso por Galilea, Jesús llegó a Caná, donde había convertido el agua en vino. Cerca de allí, en Capernaúm, había un funcionario de gobierno que tenía un hijo muy enfermo. ⁴⁷Cuando supo que Jesús había ido de Judea a Galilea, fue a verlo y le rogó que se dirigiera a Capernaúm para sanar a su hijo, quien estaba al borde de la muerte.

⁴⁸Jesús le preguntó:

—¿Acaso nunca van a creer en mí a menos que vean señales milagrosas y maravillas?

⁴⁹—Señor, por favor —suplicó el funcionario—, ven ahora mismo, antes de que mi hijito se muera.

⁵⁰Entonces Jesús le dijo:

—Vuelve a tu casa. ¡Tu hijo vivirá!

Y el hombre creyó lo que Jesús le dijo y emprendió el regreso a su casa.

⁵¹Mientras el funcionario iba en camino, algunos de sus sirvientes salieron a su encuentro con la noticia de que su hijo estaba vivo y sano. ⁵²Él les preguntó a qué hora el niño había comenzado a mejorar, y ellos le contestaron: «Ayer, a la una de la tarde, ¡la fiebre de pronto se le fue!». ⁵³Entonces el padre se dio cuenta de que la sanidad había ocurrido en el mismo instante en que Jesús le había dicho: «¡Tu hijo vivirá». Y tanto él como todos los de su casa creyeron en Jesús. ⁵⁴Esa fue la segunda señal milagrosa que hizo Jesús en Galilea al volver de Judea.

Jesús sana a un hombre cojo

5 Después Jesús regresó a Jerusalén para la celebración de uno de los días sagrados de los judíos. ²Dentro de la ciudad, cerca de la puerta de las Ovejas, se encontraba el estanque de Betesda,* que tenía cinco pórticos cubiertos.

³Una multitud de enfermos —ciegos, cojos, paralíticos— estaban tendidos en los pórticos.* ⁵Uno de ellos era un hombre que hacía treinta y ocho años que estaba enfermo. ⁶Cuando Jesús lo vio y supo que hacía tanto que padecía la enfermedad, le preguntó:

—¿Te gustaría recuperar la salud?

⁷—Es que no puedo, señor —contestó el enfermo—, porque no tengo a nadie que me meta en el estanque cuando se agita el agua. Siempre alguien llega antes que yo.

⁸Jesús le dijo:

—¡Ponte de pie, toma tu camilla y anda!

⁹¡Al instante, el hombre quedó sano! Enrolló la camilla, ¡y comenzó a caminar! Pero ese milagro sucedió el día de descanso, ¹⁰así que los líderes judíos protestaron. Le dijeron al hombre que había sido sanado:

—¡No puedes trabajar el día de descanso! ¡La ley no te permite cargar esa camilla!

¹¹Pero él respondió:

—El hombre que me sanó me dijo: "Toma tu camilla y anda".

¹²—¿Quién te dijo semejante cosa? —le exigieron.

¹³El hombre no lo sabía, porque Jesús había desaparecido entre la multitud; ¹⁴pero después, Jesús lo encontró en el templo y le dijo: «Ya estás sano; así que deja de pecar o podría sucederte algo mucho peor». ¹⁵Entonces el hombre fue a ver a los líderes judíos y les dijo que era Jesús quien lo había sanado.

Jesús afirma ser el Hijo de Dios

¹⁶Entonces los líderes judíos comenzaron a acosar* a Jesús por haber violado las reglas del día de descanso. ¹⁷Pero Jesús respondió: «Mi Padre siempre trabaja, y yo también». ¹⁸Entonces los líderes judíos se esforzaron aún más por encontrar una forma de matarlo. Pues no solo violaba el día de descanso sino que, además, decía que Dios era su Padre, con lo cual se hacía igual a Dios.

¹⁹Entonces Jesús explicó: «Les digo la verdad, el Hijo no puede hacer nada por su propia cuenta; solo hace lo que ve que el Padre hace. Todo lo que hace el Padre, también lo hace el Hijo, ²⁰pues el Padre ama al Hijo y le muestra todo lo que hace. De hecho, el Padre le mostrará cómo hacer cosas más trascendentes que el sanar a ese hombre. Entonces ustedes quedarán realmente asombrados. ²¹Pues, así como el Padre da vida a los que resucita de los muertos, también el Hijo da vida a quien él quiere. ²²Además, el Padre no juzga a nadie, sino que le ha dado al Hijo autoridad absoluta para juzgar, ²³a fin de que todos honren al Hijo así como honran al Padre. El que no honra al Hijo, por cierto tampoco honra al Padre quien lo envió.

5:2 Otros manuscritos dicen *Bet-zata;* incluso otros dicen *Betsaida.* **5:3** Algunos manuscritos amplían el versículo 3 e incluyen en el versículo 4: *esperando un determinado movimiento del agua, ⁴porque un ángel del Señor descendía de vez en cuando y agitaba el agua. Y la primera persona que se metía en el agua después de que se agitara quedaba sana de cualquier enfermedad que tuviera.* **5:16** O *perseguir.*

²⁴»Les digo la verdad, todos los que escuchan mi mensaje y creen en Dios, quien me envió, tienen vida eterna. Nunca serán condenados por sus pecados, pues ya han pasado de la muerte a la vida.

²⁵»Y les aseguro que se acerca el tiempo —de hecho, ya ha llegado— cuando los muertos oirán mi voz, la voz del Hijo de Dios, y los que escuchen, vivirán. ²⁶El Padre tiene vida en sí mismo y le ha entregado a su Hijo ese mismo poder de dar vida.* ²⁷Y le ha dado autoridad para juzgar a todos, porque es el Hijo del Hombre.* ²⁸¡No se sorprendan tanto! Ciertamente, ya se acerca el tiempo en que todos los que están en las tumbas oirán la voz del Hijo de Dios ²⁹y resucitarán. Los que hicieron el bien resucitarán para gozar de la vida eterna, y los que continuaron en su maldad resucitarán para sufrir el castigo. ³⁰Yo no puedo hacer nada por mi propia cuenta; juzgo según Dios me indica. Por lo tanto, mi juicio es justo, porque llevo a cabo la voluntad del que me envió y no la mía.

Testigos de Jesús

³¹»Si yo diera testimonio en mi propio favor, mi testimonio no sería válido; ³²pero hay otro que también da testimonio de mí, y les aseguro que todo lo que dice acerca de mí es verdad. ³³De hecho, ustedes enviaron a sus hombres para que escucharan a Juan el Bautista, y el testimonio que él dio acerca de mí fue cierto. ³⁴Por supuesto, no necesito testigos humanos, pero digo estas cosas para que ustedes sean salvos. ³⁵Juan era como una lámpara que ardía y brillaba, y ustedes se entusiasmaron con su mensaje durante un tiempo; ³⁶pero yo tengo un testigo aún más importante que Juan: mis enseñanzas y mis milagros. El Padre me dio estas obras para que yo las realizara, y ellas prueban que él me envió. ³⁷El Padre mismo, quien me envió, ha dado testimonio de mí. Ustedes nunca han oído su voz ni lo han visto cara a cara, ³⁸y no tienen su mensaje en el corazón, porque no creen en mí, que soy a quien el Padre les ha enviado.

³⁹»Ustedes estudian las Escrituras a fondo porque piensan que ellas les dan vida eterna. ¡Pero las Escrituras me señalan a mí! ⁴⁰Sin embargo, ustedes se niegan a venir a mí para recibir esa vida.

⁴¹»La aprobación de ustedes no significa nada para mí, ⁴²porque sé que no tienen el amor de Dios adentro. ⁴³Yo he venido en nombre de mi Padre, y ustedes me han rechazado. Sin embargo, si otros vienen en su propio nombre, ustedes los reciben con gusto. ⁴⁴¡Con razón les cuesta creer! Pues a ustedes les encanta honrarse unos a otros, pero no les importa la honra que proviene del único que es Dios.*

⁴⁵»Sin embargo, no soy yo quien los acusará ante el Padre. ¡Moisés los acusará! Sí, Moisés, en quien ustedes han puesto su esperanza. ⁴⁶Si en verdad le creyeran a Moisés, me creerían a mí, porque él escribió acerca de mí; ⁴⁷pero como no creen en lo que él escribió, ¿cómo creerán lo que yo digo?».

Jesús alimenta a cinco mil

6 Después Jesús cruzó al otro lado del mar de Galilea, conocido también como el mar de Tiberias. ²Una gran multitud siempre lo seguía a todas partes porque veía las señales milagrosas que hacía cuando sanaba a los enfermos. ³Entonces Jesús subió a una colina y se sentó allí rodeado de sus discípulos. ⁴(Ya era casi el tiempo de la celebración de la Pascua judía.) ⁵Enseguida Jesús vio que una gran multitud venía a su encuentro. Dirigiéndose a Felipe, le preguntó:

—¿Dónde podemos comprar pan para alimentar a toda esta gente?

⁶Lo estaba poniendo a prueba, porque Jesús ya sabía lo que iba a hacer.

⁷Felipe contestó:

—¡Aunque trabajáramos meses enteros, no tendríamos el dinero suficiente* para alimentar a toda esta gente!

⁸Entonces habló Andrés, el hermano de Simón Pedro: ⁹«Aquí hay un muchachito que tiene cinco panes de cebada y dos pescados. ¿Pero de qué sirven ante esta enorme multitud?».

¹⁰Jesús dijo: «Díganles a todos que se sienten». Así que todos se sentaron sobre la hierba, en las laderas. (Solo contando a los hombres sumaban alrededor de cinco mil). ¹¹Luego Jesús tomó los panes, dio gracias a Dios y los distribuyó entre la gente. Después hizo lo mismo con los pescados. Y todos comieron cuanto quisieron. ¹²Una vez que quedaron satisfechos, Jesús les dijo a sus discípulos: «Ahora junten lo que sobró, para que no se desperdicie nada». ¹³Entonces ellos juntaron las sobras y llenaron doce canastos con los restos que la multitud había dejado después de comer de los cinco panes de cebada.

¹⁴La gente, al ver la señal milagrosa que Jesús* había hecho, exclamó: ¡No hay duda de que es el Profeta que esperábamos!*. ¹⁵Cuando Jesús vio que estaban dispuestos a hacerlo rey a la fuerza, se escabulló hacia las colinas él solo.

Jesús camina sobre el agua

¹⁶Al atardecer, los discípulos de Jesús bajaron a la orilla del lago para esperarlo; ¹⁷pero al ver que caía la noche y que Jesús aún no había vuelto, subieron a la barca y comenzaron a cruzar el lago rumbo a Capernaúm. ¹⁸Poco después, se levantó un fuerte viento sobre ellos y el mar se agitó mucho. ¹⁹Habían remado unos cinco o seis kilómetros* cuando de pronto vieron a Jesús caminando sobre el agua en dirección a la barca.

Estaban aterrados, [20]pero él exclamó: «No tengan miedo, ¡yo estoy aquí!*». [21]Entonces lo recibieron con entusiasmo en la barca, ¡y enseguida llegaron a su destino!

Jesús, el pan de vida

[22]Al día siguiente, la multitud que se había quedado en la otra orilla del lago se dio cuenta de que los discípulos habían tomado la única barca y que Jesús no había ido con ellos. [23]Varias barcas de Tiberias arribaron cerca del lugar donde el Señor había bendecido el pan y la gente había comido. [24]Cuando la multitud vio que ni Jesús ni sus discípulos estaban allí, subieron a las barcas y cruzaron el lago hasta Capernaúm para ir en busca de Jesús. [25]Lo encontraron al otro lado del lago y le preguntaron:

—Rabí,* ¿cuándo llegaste acá?

[26]Jesús les contestó:

—Les digo la verdad, ustedes quieren estar conmigo porque les di de comer, no porque hayan entendido las señales milagrosas. [27]No se preocupen tanto por las cosas que se echan a perder, tal como la comida. Pongan su energía en buscar la vida eterna que puede darles el Hijo del Hombre.* Pues Dios Padre me ha dado su sello de aprobación.

[28]—Nosotros también queremos realizar las obras de Dios —contestaron ellos—. ¿Qué debemos hacer?

[29]Jesús les dijo:

—La única obra que Dios quiere que hagan es que crean en quien él ha enviado.

[30]—Si quieres que creamos en ti —le respondieron—, muéstranos una señal milagrosa. ¿Qué puedes hacer? [31]Después de todo, ¡nuestros antepasados comieron maná mientras andaban por el desierto! Las Escrituras dicen: "Moisés les dio de comer pan del cielo"*.

[32]Jesús les respondió:

—Les digo la verdad, no fue Moisés quien les dio el pan del cielo, fue mi Padre. Y ahora él les ofrece el verdadero pan del cielo, [33]pues el verdadero pan de Dios es el que desciende del cielo y da vida al mundo.

[34]—Señor —le dijeron—, danos ese pan todos los días.

[35]Jesús les respondió:

—Yo soy el pan de vida. El que viene a mí nunca volverá a tener hambre; el que cree en mí no tendrá sed jamás. [36]Pero ustedes no han creído en mí, a pesar de que me han visto. [37]Sin embargo, los que el Padre me ha dado vendrán a mí, y jamás los rechazaré. [38]Pues he descendido del cielo para hacer la voluntad de Dios, quien me envió, no para hacer mi propia voluntad. [39]Y la voluntad de Dios es que yo no pierda a uno solo de todos los que él me dio, sino que los resucite, en el día final. [40]Pues la voluntad de mi Padre es que todos los que vean a su Hijo y crean en él tengan vida eterna; y yo los resucitaré en el día final.

[41]Entonces la gente* comenzó a murmurar en desacuerdo, porque él había dicho: «Yo soy el pan que descendió del cielo». [42]Ellos se decían: «¿Acaso no es éste Jesús, el hijo de José? Conocemos a su padre y a su madre. ¿Y ahora cómo puede decir: "Yo descendí del cielo"?».

[43]Jesús les contestó: «Dejen de quejarse por lo que dije. [44]Pues nadie puede venir a mí a menos que me lo traiga el Padre, que me envió, y yo lo resucitaré en el día final. [45]Como dicen las Escrituras:* "A todos les enseñará Dios". Todos los que escuchan al Padre y aprenden de él, vienen a mí. [46](No es que alguien haya visto al Padre; solamente yo lo he visto, el que Dios envió).

[47]»Les digo la verdad, todo el que cree, tiene vida eterna. [48]¡Sí, yo soy el pan de vida! [49]Sus antepasados comieron maná en el desierto, pero todos murieron. [50]Sin embargo, el que coma el pan del cielo nunca morirá. [51]Yo soy el pan vivo que descendió del cielo. Todo el que coma de este pan vivirá para siempre; y este pan, que ofreceré para que el mundo viva, es mi carne».

[52]Entonces la gente comenzó a discutir entre sí sobre lo que él quería decir. «¿Cómo puede este hombre darnos de comer su carne?», se preguntaban.

[53]Por eso Jesús volvió a decir: «Les digo la verdad, a menos que coman la carne del Hijo del Hombre y beban su sangre, no podrán tener vida eterna en ustedes; [54]pero todo el que coma mi carne y beba mi sangre tendrá vida eterna, y yo lo resucitaré en el día final. [55]Pues mi carne es verdadera comida y mi sangre es verdadera bebida. [56]Todo el que come mi carne y bebe mi sangre permanece en mí y yo en él. [57]Yo vivo gracias al Padre viviente que me envió; de igual manera, todo el que se alimente de mí vivirá gracias a mí. [58]Yo soy el pan verdadero que descendió del cielo. El que coma de este pan no morirá —como les pasó a sus antepasados a pesar de haber comido el maná— sino que vivirá para siempre».

[59]Jesús dijo esas cosas mientras enseñaba en la sinagoga de Capernaúm.

Muchos discípulos abandonan a Jesús

[60]Muchos de sus discípulos decían: «Esto es muy difícil de entender. ¿Cómo puede alguien aceptarlo?».

[61]Jesús estaba consciente de que sus discípulos se quejaban, así que les dijo: «¿Acaso esto los ofende? [62]¿Qué pensarán, entonces, si ven al Hijo del Hombre ascender al cielo otra vez? [63]Solo el Espíritu da vida eterna; los esfuerzos humanos no logran nada. Las palabras que yo les he hablado son espíritu y vida, [64]pero algunos

---

6:20 O *¡El "Yo Soy" está aquí!*; en griego dice *Yo soy*. Ver Ex 3:14. Hombre* es un título que Jesús empleaba para referirse a sí mismo. en 6:52. 6:45 En griego *está escrito en los profetas*. Is 54:13. 6:25 *Rabí*, del arameo, significa «amo», «maestro». 6:27 «Hijo del 6:31 Ex 16:4; Sal 78:24. 6:41 En griego *los judíos*; también

de ustedes no me creen». (Pues Jesús sabía, desde un principio, quiénes eran los que no creían y también quién lo traicionaría). ⁶⁵Entonces les dijo: «Por eso dije que nadie puede venir a mí a menos que el Padre me lo entregue».

⁶⁶A partir de ese momento, muchos de sus discípulos se apartaron de él y lo abandonaron. ⁶⁷Entonces Jesús, mirando a los Doce, les preguntó:

—¿Ustedes también van a marcharse?

⁶⁸Simón Pedro le contestó:

—Señor, ¿a quién iríamos? Tú tienes las palabras que dan vida eterna. ⁶⁹Nosotros creemos y sabemos que tú eres el Santo de Dios.*

⁷⁰Entonces Jesús dijo:

—Yo los elegí a ustedes doce, pero hay uno de ustedes que es un diablo.

⁷¹Se refería a Judas, hijo de Simón Iscariote, uno de los doce, quien más tarde lo traicionaría.

Jesús y sus hermanos

7 Después Jesús recorrió la región de Galilea. Quería alejarse de Judea, donde los líderes judíos estaban tramando su muerte; ²pero se acercaba el tiempo judío del Festival de las Enramadas, ³y sus hermanos le dijeron:

—¡Sal de aquí y vete a Judea, donde tus seguidores puedan ver tus milagros! ⁴¡No puedes hacerte famoso si te escondes así! Si tienes poder para hacer cosas tan maravillosas, ¡muéstrate al mundo!

⁵Pues ni siquiera sus hermanos creían en él.

⁶—Este no es el mejor momento para que yo vaya —respondió Jesús—, pero ustedes pueden ir cuando quieran. ⁷El mundo no puede odiarlos a ustedes, pero a mí sí me odia, porque yo lo acuso de hacer lo malo. ⁸Vayan ustedes; no iré* al festival, porque todavía no ha llegado mi momento.

⁹Después de decir esas cosas, se quedó en Galilea.

Jesús enseña abiertamente en el templo

¹⁰Pero después de que sus hermanos se fueron al festival, Jesús también fue, aunque en secreto, y se quedó fuera de la vista del público. ¹¹Los líderes judíos lo buscaron durante todo el festival y no dejaron de preguntar a la gente si alguien lo había visto. ¹²Se oían muchas discusiones acerca de él entre la multitud. Unos afirmaban: «Es un buen hombre», mientras que otros decían: «No es más que un farsante que engaña a la gente»; ¹³pero nadie se atrevía a hablar bien de él en público por miedo a tener problemas con los líderes judíos.

¹⁴Entonces, en la mitad del festival, Jesús subió al templo y comenzó a enseñar. ¹⁵Los presentes* quedaron maravillados al oírlo. Se preguntaban: «¿Cómo es que sabe tanto sin haber estudiado?».

¹⁶Así que Jesús les dijo:

—Mi mensaje no es mío sino que proviene de Dios, quien me envió. ¹⁷Todo el que quiera hacer la voluntad de Dios sabrá si lo que enseño proviene de Dios o solo hablo por mi propia cuenta. ¹⁸Los que hablan por su propia cuenta buscan su propia gloria, pero el que busca honrar a quien lo envió, habla con la verdad, no con mentiras. ¹⁹Moisés les dio la ley, ¡pero ninguno de ustedes la cumple! De hecho, tratan de matarme.

²⁰—¡Estás endemoniado! —respondió la multitud—. ¿Quién trata de matarte?

²¹Jesús contestó:

—Yo hice un milagro en el día de descanso, y ustedes se asombraron; ²²pero ustedes también trabajan en el día de descanso al obedecer la ley de la circuncisión dada por Moisés. (En realidad, la costumbre de la circuncisión comenzó con los patriarcas, mucho antes de la ley de Moisés). ²³Pues, si el tiempo indicado para circuncidar a un hijo coincide con el día de descanso, ustedes igual realizan el acto, para no violar la ley de Moisés. Entonces, ¿por qué se enojan conmigo por sanar a un hombre en el día de descanso? ²⁴Miren más allá de la superficie, para poder juzgar correctamente.

¿Es Jesús el Mesías?

²⁵Algunos de los que vivían en Jerusalén comenzaron a preguntarse unos a otros: «¿No es ese el hombre a quien procuran matar? ²⁶Sin embargo, está aquí hablando en público, y nadie le dice nada. ¿Será que nuestros líderes ahora creen que es el Mesías? ²⁷¿Pero cómo podría serlo? Nosotros sabemos de dónde proviene este hombre. Cuando venga el Mesías, sencillamente aparecerá; y nadie sabrá de dónde proviene».

²⁸Mientras Jesús enseñaba en el templo, exclamó: «Es cierto, ustedes me conocen y saben de dónde provengo, pero no estoy aquí por mi propia cuenta. El que me envió es veraz, y ustedes no lo conocen; ²⁹pero yo sí lo conozco porque vengo de él, y él me envió a ustedes». ³⁰Entonces los líderes trataron de arrestarlo, pero nadie le puso las manos encima, porque aún no había llegado su momento.*

³¹De las multitudes presentes en el templo, muchos creyeron en él. «Después de todo —decían—, ¿acaso esperan que el Mesías haga más señales milagrosas que las que hizo este hombre?».

³²Cuando los fariseos se enteraron de lo que las multitudes andaban murmurando, ellos y los principales sacerdotes enviaron guardias del templo para arrestar a Jesús. ³³Entonces Jesús les dijo: «Voy a estar con ustedes solo un poco más de tiempo, luego volveré al que me envió. ³⁴Ustedes me buscarán pero no me encontrarán; y no pueden ir a donde yo voy».

³⁵Desconcertados por esas palabras, los líderes judíos se preguntaban: «¿Adónde pensará ir? ¿Estará pensando salir del país e ir a los judíos

dispersos en otras tierras?* ¡Tal vez hasta les enseñe a los griegos! 36¿A qué se refiere cuando dice: "Me buscarán pero no me encontrarán" y "no pueden ir adonde voy"?».

Jesús promete agua viva

37El último día del festival, el más importante, Jesús se puso de pie y gritó a la multitud: «¡Todo el que tenga sed puede venir a mí! 38¡Todo el que crea en mí puede venir y beber! Pues las Escrituras declaran: "De su corazón, brotarán ríos de agua viva"»*. 39(Con la expresión «agua viva», se refería al Espíritu, el cual se le daría a todo el que creyera en él; pero el Espíritu aún no había sido dado,* porque Jesús todavía no había entrado en su gloria).

División e incredulidad

40Algunos de la multitud, al oír lo que Jesús decía, afirmaron: «Seguramente este hombre es el Profeta que estábamos esperando»*. 41Otros decían: «Es el Mesías». Pero otros expresaban: «¡No puede ser! ¿Acaso el Mesías vendrá de Galilea? 42Pues las Escrituras dicen claramente que el Mesías nacerá del linaje real de David, en Belén, la aldea donde nació el rey David»*. 43Así que hubo división entre la multitud a causa de él. 44Algunos querían que lo arrestaran, pero nadie le puso las manos encima.

45Cuando los guardias del templo regresaron sin haber arrestado a Jesús, los principales sacerdotes y los fariseos les preguntaron:

—¿Por qué no lo trajeron?

46—¡Jamás hemos oído a nadie hablar como él!—contestaron los guardias.

47—¿También ustedes se han dejado engañar? —se burlaron los fariseos—. 48¿Habrá siquiera uno de nosotros, gobernantes o fariseos, que crea en él? 49Esa multitud tonta que lo sigue es ignorante de la ley, ¡está bajo la maldición de Dios!

50Entonces tomó la palabra Nicodemo, el líder que había ido a ver a Jesús:

51—¿Es legal condenar a un hombre antes de darle la oportunidad de defenderse? —preguntó.

52—¿También tú eres de Galilea? —contestaron ellos—. Estudia las Escrituras y compruébalo tú mismo: jamás ha salido un profeta* de Galilea.

53Así terminó la reunión, y cada uno se volvió a su casa.*

Una mujer sorprendida en adulterio

8 Jesús regresó al monte de los Olivos, 2pero muy temprano a la mañana siguiente, estaba de vuelta en el templo. Pronto se juntó una multitud, y él se sentó a enseñarles. 3Mientras hablaba, los maestros de la ley religiosa y los fariseos le llevaron a una mujer que había sido sorprendida en el acto de adulterio; la pusieron en medio de la multitud.

4«Maestro —le dijeron a Jesús—, esta mujer fue sorprendida en el acto de adulterio. 5La ley de Moisés manda apedrearla, ¿tú qué dices?».

6Intentaban tenderle una trampa para que dijera algo que pudieran usar en su contra, pero Jesús se inclinó y escribió con el dedo en el polvo. 7Como ellos seguían exigiéndole una respuesta, él se incorporó nuevamente y les dijo: «¡Muy bien, pero el que nunca haya pecado que tire la primera piedra!». 8Luego volvió a inclinarse y siguió escribiendo en el polvo.

9Al oír eso, los acusadores se fueron retirando uno tras otro, comenzando por los de más edad, hasta que quedaron solo Jesús y la mujer en medio de la multitud. 10Entonces Jesús se incorporó de nuevo y le dijo a la mujer:

—¿Dónde están los que te acusaban? ¿Ni uno de ellos te condenó?

11—Ni uno, Señor —dijo ella.

—Yo tampoco —le dijo Jesús—. Vete y no peques más.

Jesús, la luz del mundo

12Jesús habló una vez más al pueblo y dijo: «Yo soy la luz del mundo. Si ustedes me siguen, no tendrán que andar en la oscuridad porque tendrán la luz que lleva a la vida».

13Los fariseos respondieron:

—¡Tú haces esas declaraciones acerca de ti mismo! Un testimonio así no es válido.

14—Estas afirmaciones sí son válidas, aunque las diga de mí mismo —respondió Jesús—. Pues sé de dónde vengo y adónde voy, pero eso es algo que ustedes no saben de mí. 15Ustedes me juzgan con criterios humanos, pero yo no juzgo a nadie. 16Y, si lo hiciera, mi juicio sería correcto en todo sentido, porque no estoy solo. El Padre,* quien me envió, está conmigo. 17La misma ley de ustedes establece que, si dos personas concuerdan en algo, su testimonio se acepta como un hecho.* 18Yo soy uno de los testigos, y mi Padre, quien me envió, es el otro.

19—¿Dónde está tu padre? —le preguntaron.

Jesús contestó:

—Como ustedes no saben quién soy yo, tampoco saben quién es mi Padre. Si me conocieran a mí, también conocerían a mi Padre.

20Jesús dijo todo esto mientras enseñaba en la parte del templo conocida como la tesorería, pero no lo arrestaron, porque aún no había llegado su momento.*

7:35 O los judíos que viven entre los griegos. 7:37-38 O «¡Que todo el que tenga sed venga a mí y beba! 38Pues las Escrituras declaran: "Ríos de agua viva brotarán del corazón de todo el que crea en mí"». 7:39 Algunos manuscritos dicen pero aún no había Espíritu; incluso otros dicen pero aún no había Espíritu Santo. 7:42 Ver Mi 5:2. 7:52 Algunos manuscritos dicen el profeta no tiene. 7:53–8:11 Los manuscritos griegos más antiguos no incluyen Juan 7:53–8:11. 8:16 Algunos manuscritos dicen Aquel. 8:17 Ver Dt 19:15. 8:20 En griego su hora.

Advertencia para los incrédulos

²¹Más tarde, Jesús volvió a decirles: «Yo me voy, y ustedes me buscarán, pero morirán en su pecado. Adonde yo voy, ustedes no pueden ir».

²²Por lo tanto, la gente* se preguntaba: «¿Estará pensando suicidarse? ¿Qué quiere decir con "no pueden ir adonde yo voy"?».

²³Jesús continuó diciendo: «Ustedes son de abajo; yo soy de arriba. Ustedes pertenecen a este mundo; yo no. ²⁴Por eso dije que morirán en sus pecados; porque, a menos que crean que Yo Soy quien afirmo ser,* morirán en sus pecados».

²⁵—¿Y quién eres? —preguntaron.

—El que siempre dije que era.* ²⁶Tengo mucho para decir acerca de ustedes y mucho para condenar, pero no lo haré. Pues digo solo lo que oí del que me envió, y él es totalmente veraz.

²⁷Pero ellos seguían sin entender que les hablaba de su Padre.

²⁸Por eso Jesús dijo: «Cuando hayan levantado al Hijo del Hombre en la cruz, entonces comprenderán que Yo Soy.* Yo no hago nada por mi cuenta, sino que digo únicamente lo que el Padre me enseñó. ²⁹Y el que me envió está conmigo, no me ha abandonado. Pues siempre hago lo que a él le agrada».

³⁰Entonces muchos de los que oyeron sus palabras creyeron en él.

Jesús y Abraham

³¹Jesús les dijo a los que creyeron en él:

—Ustedes son verdaderamente mis discípulos si se mantienen fieles a mis enseñanzas; ³²y conocerán la verdad, y la verdad los hará libres.

³³—Nosotros somos descendientes de Abraham —le respondieron—, nunca hemos sido esclavos de nadie. ¿Qué quieres decir con "los hará libres"?

³⁴Jesús contestó:

—Les digo la verdad, todo el que comete pecado es esclavo del pecado. ³⁵Un esclavo no es un miembro permanente de la familia, pero un hijo sí forma parte de la familia para siempre. ³⁶Así que, si el Hijo los hace libres, ustedes son verdaderamente libres. ³⁷Claro que me doy cuenta de que son descendientes de Abraham. Aun así, algunos de ustedes procuran matarme porque no tienen lugar para mi mensaje en su corazón. ³⁸Yo les cuento lo que vi cuando estaba con mi Padre, pero ustedes siguen el consejo de su padre.

³⁹—¡Nuestro padre es Abraham! —declararon.

—No —respondió Jesús— pues, si realmente fueran hijos de Abraham, seguirían su ejemplo.* ⁴⁰En cambio, procuran matarme porque les dije la verdad, la cual oí de Dios. Abraham nunca hizo algo así. ⁴¹No, ustedes imitan a su verdadero padre.

—¡Nosotros no somos hijos ilegítimos! —respondieron—, Dios mismo es nuestro verdadero Padre.

⁴²Jesús les dijo:

—Si Dios fuera su Padre, ustedes me amarían, porque he venido a ustedes de parte de Dios. No estoy aquí por mi propia cuenta, sino que él me envió. ⁴³¿Por qué no pueden entender lo que les digo? ¡Es porque ni siquiera toleran oírme! ⁴⁴Pues ustedes son hijos de su padre, el diablo, y les encanta hacer las cosas malvadas que él hace. Él ha sido asesino desde el principio y siempre ha odiado la verdad, porque en él no hay verdad. Cuando miente, actúa de acuerdo con su naturaleza porque es mentiroso y el padre de la mentira. ⁴⁵Por eso, es natural que no me crean cuando les digo la verdad. ⁴⁶¿Quién de ustedes puede, con toda sinceridad, acusarme de pecado? Y si les digo la verdad, ¿por qué, entonces, no me creen? ⁴⁷Los que pertenecen a Dios escuchan con gusto las palabras de Dios, pero ustedes no las escuchan porque no pertenecen a Dios.

⁴⁸—¡Samaritano endemoniado! —replicaron—. ¿No veníamos diciendo que estabas poseído por un demonio?

⁴⁹—No —dijo Jesús—, no tengo ningún demonio. Pues yo honro a mi Padre; en cambio, ustedes me deshonran a mí. ⁵⁰Y, aunque no tengo ninguna intención de glorificarme a mí mismo, Dios va a glorificarme y él es el verdadero juez. ⁵¹Les digo la verdad, ¡todo el que obedezca mi enseñanza jamás morirá!

⁵²—Ahora estamos convencidos de que estás poseído por un demonio —dijeron—. Hasta Abraham y los profetas murieron, pero tú dices: "¡El que obedezca mi enseñanza nunca morirá!". ⁵³¿Acaso eres más importante que nuestro padre Abraham? Él murió, igual que los profetas. ¿Tú quién te crees que eres?

⁵⁴Jesús contestó:

—Si yo buscara mi propia gloria, esa gloria no tendría ningún valor, pero es mi Padre quien me glorificará. Ustedes dicen: "Él es nuestro Dios"*, ⁵⁵pero ni siquiera lo conocen. Yo sí lo conozco; y si dijera lo contrario, ¡sería tan mentiroso como ustedes! Pero lo conozco y lo obedezco. ⁵⁶Abraham, el padre de ustedes, se alegró mientras esperaba con ansias mi venida; la vio y se llenó de alegría.

⁵⁷Entonces la gente le dijo:

—Ni siquiera tienes cincuenta años. ¿Cómo puedes decir que has visto a Abraham?*

⁵⁸Jesús contestó:

—Les digo la verdad, ¡aun antes de que Abraham naciera, Yo Soy!*

8:22 En griego *los judíos;* también en 8:31, 48, 52, 57. **8:24** En griego *a menos que ustedes crean que soy yo.* Ver Ex 3.14. **8:25** ¿*Por qué dije todo eso?* **8:28** En griego *Cuando ustedes hayan levantado al Hijo del Hombre, entonces sabrán que yo soy. «Hijo del Hombre»* es un título que Jesús empleaba para referirse a sí mismo. **8:39** Algunos manuscritos dicen *si ustedes verdaderamente fueran hijos de Abraham, seguirían su ejemplo.* **8:54** Algunos manuscritos dicen *ustedes dicen que él es su Dios.* **8:57** Algunos manuscritos dicen ¿*Cómo puedes decir que Abraham te ha visto?* **8:58** O *¡aun antes de que Abraham naciera, yo siempre he estado vivo!,* en griego *dios antes de que Abraham fuera yo soy.* Ver Ex 3.14.

⁵⁹En ese momento, tomaron piedras para arrojárselas, pero Jesús desapareció de la vista de ellos y salió del templo.

Jesús sana a un hombre ciego de nacimiento

9 Mientras caminaba, Jesús vio a un hombre que era ciego de nacimiento.

²—Rabí,* ¿por qué nació ciego este hombre? —le preguntaron sus discípulos—. ¿Fue por sus propios pecados o por los de sus padres?

³—No fue por sus pecados ni tampoco por los de sus padres —contestó Jesús—, nació ciego para que todos vieran el poder de Dios en él. ⁴Debemos llevar a cabo cuanto antes las tareas que nos encargó el que nos envió.* Pronto viene la noche cuando nadie puede trabajar; ⁵pero mientras estoy aquí en el mundo, yo soy la luz del mundo.

⁶Luego escupió en el suelo, hizo lodo con la saliva y lo untó en los ojos del ciego. ⁷Le dijo: «Ve a lavarte en el estanque de Siloé», (Siloé significa «enviado»). Entonces el hombre fue, se lavó, ¡y regresó viendo!

⁸Sus vecinos y otros que lo conocían como un pordiosero ciego se preguntaban: «¿No es ese el hombre que solía sentarse a mendigar?». ⁹Algunos decían que sí, y otros decían: «No, solo se le parece».

Pero el mendigo seguía diciendo: «¡Sí, soy yo!».

¹⁰Le preguntaron:

—¿Quién te sanó? ¿Cómo sucedió?

¹¹Él les dijo:

—El hombre al que llaman Jesús hizo lodo, me lo untó en los ojos y me dijo: "Ve al estanque de Siloé y lávate". Entonces fui, me lavé, ¡y ahora puedo ver!

¹²—¿Dónde está él ahora? —le preguntaron.

—No lo sé —contestó.

¹³Entonces llevaron ante los fariseos al hombre que había sido ciego, ¹⁴porque era día de descanso cuando Jesús hizo el lodo y lo sanó. ¹⁵Los fariseos interrogaron al hombre sobre todo lo que había sucedido y les respondió: —Él puso el lodo sobre mis ojos y, cuando me lavé, ¡pude ver!

¹⁶Algunos de los fariseos decían: «Ese tal Jesús no viene de Dios porque trabaja en el día de descanso». Otros decían: «¿Pero cómo puede un simple pecador hacer semejantes señales milagrosas?». Así que había una profunda diferencia de opiniones entre ellos.

¹⁷Luego los fariseos volvieron a interrogar al hombre que había sido ciego:

—¿Qué opinas del hombre que te sanó?

—Creo que debe de ser un profeta —contestó el hombre.

¹⁸Aun así los líderes judíos se negaban a creer que el hombre había sido ciego y ahora podía ver, así que llamaron a sus padres.

¹⁹—¿Es este su hijo? —les preguntaron—. ¿Es verdad que nació ciego? Si es cierto, ¿cómo es que ahora ve?

²⁰Sus padres contestaron:

—Sabemos que él es nuestro hijo y que nació ciego, ²¹pero no sabemos cómo es que ahora puede ver ni quién lo sanó. Pregúntenselo a él; ya tiene edad para hablar por sí mismo.

²²Los padres dijeron eso por miedo a los líderes judíos, quienes habían anunciado que cualquiera que dijera que Jesús era el Mesías sería expulsado de la sinagoga. ²³Por eso dijeron: «Ya tiene edad suficiente, entonces pregúntenle a él».

²⁴Por segunda vez llamaron al hombre que había nacido ciego y le dijeron:

—Dios debería recibir la gloria por lo que ha pasado,* porque sabemos que ese hombre, Jesús, es un pecador.

²⁵—Yo no sé si es un pecador —respondió el hombre—, pero lo que sé es que yo antes era ciego, ¡y ahora puedo ver!

²⁶—¿Pero qué fue lo que hizo? —le preguntaron—. ¿Cómo te sanó?

²⁷—¡Miren! —exclamó el hombre—. Ya les dije una vez. ¿Acaso no me escucharon? ¿Para qué quieren oírlo de nuevo? ¿Ustedes también quieren ser sus discípulos?

²⁸Entonces ellos lo insultaron y dijeron:

—Tú eres su discípulo, ¡pero nosotros somos discípulos de Moisés! ²⁹Sabemos que Dios le habló a Moisés, pero no sabemos ni siquiera de dónde proviene ese hombre.

³⁰—¡Qué cosa tan extraña! —respondió el hombre—. A mí me sanó los ojos, ¿y ustedes ni siquiera saben de dónde proviene? ³¹Sabemos que Dios no escucha a los pecadores pero está dispuesto a escuchar a los que lo adoran y hacen su voluntad. ³²Desde el principio del mundo, nadie ha podido abrir los ojos de un ciego de nacimiento. ³³Si este hombre no viniera de parte de Dios, no habría podido hacerlo.

³⁴—¡Tú naciste pecador hasta la médula! —le respondieron—. ¿Acaso tratas de enseñarnos a nosotros?

Y lo echaron de la sinagoga.

Ceguera espiritual

³⁵Cuando Jesús supo lo que había pasado, encontró al hombre y le preguntó:

—¿Crees en el Hijo del Hombre?*

³⁶—¿Quién es, señor? —contestó el hombre—. Quiero creer en él.

³⁷—Ya lo has visto —le dijo Jesús—, ¡y está hablando contigo!

³⁸—¡Sí, Señor, creo! —dijo el hombre. Y adoró a Jesús.

9:2 *Rabí*, del arameo, significa «amo», «maestro». 9:4 Otros manuscritos dicen *Debo llevar a cabo cuanto antes las tareas que me encargó el que me envió; incluso otros dicen Debemos llevar a cabo cuanto antes las tareas que nos encargó el que me envió.* 9:24 Ó *Dale la gloria a Dios, no a Jesús*; en griego dice *Dale la gloria a Dios.* 9:35 Algunos manuscritos dicen el *Hijo de Dios?* «Hijo del Hombre» es un título que Jesús empleaba para referirse a sí mismo.

³⁹Entonces Jesús le dijo:*

—Yo entré en este mundo para hacer juicio, para dar vista a los ciegos y para demostrarles a los que creen que ven* que, en realidad, son ciegos.

⁴⁰Algunos fariseos que estaban cerca lo oyeron y le preguntaron:

—¿Estás diciendo que nosotros somos ciegos?

⁴¹—Si fueran ciegos, no serían culpables —contestó Jesús—, pero siguen siendo culpables porque afirman que pueden ver.

El buen pastor y sus ovejas

10 »Les digo la verdad, el que trepa por la pared de un redil a escondidas en lugar de entrar por la puerta ¡con toda seguridad es un ladrón y un bandido! ²Pero el que entra por la puerta es el pastor de las ovejas. ³El portero le abre la puerta, y las ovejas reconocen la voz del pastor y se le acercan. Él llama a cada una de sus ovejas por su nombre y las lleva fuera del redil. ⁴Una vez reunido su propio rebaño, camina delante de las ovejas, y ellas lo siguen porque conocen su voz. ⁵Nunca seguirán a un desconocido; al contrario, huirán de él porque no conocen su voz.

⁶Los que oyeron a Jesús usar este ejemplo no entendieron lo que quiso decir, ⁷entonces les dio la explicación: «Les digo la verdad, yo soy la puerta de las ovejas. ⁸Todos los que vinieron antes que yo* eran ladrones y bandidos, pero las verdaderas ovejas no los escucharon. ⁹Yo soy la puerta; los que entren a través de mí serán salvos.* Entrarán y saldrán libremente y encontrarán buenos pastos. ¹⁰El propósito del ladrón es robar y matar y destruir; mi propósito es darles una vida plena y abundante.

¹¹Yo soy el buen pastor. El buen pastor da su vida en sacrificio por las ovejas. ¹²El que trabaja a sueldo sale corriendo cuando ve que se acerca un lobo; abandona las ovejas, porque no son suyas y él no es su pastor. Entonces el lobo ataca el rebaño y la dispersa. ¹³El cuidador contratado sale corriendo porque trabaja sólo por el dinero y, en realidad, no le importan las ovejas.

¹⁴Yo soy el buen pastor; conozco a mis ovejas, y ellas me conocen a mí, ¹⁵como también mi Padre me conoce a mí, y yo conozco al Padre. Así que sacrifico mi vida por las ovejas. ¹⁶Además, tengo otras ovejas que no están en este redil, también las debo traer. Ellas escucharán mi voz, y habrá un solo rebaño con un solo pastor.

¹⁷El Padre me ama, porque sacrifico mi vida para poder tomarla de nuevo. ¹⁸Nadie puede quitarme la vida sino que yo la entrego voluntariamente en sacrificio. Pues tengo la autoridad para entregarla cuando quiera y también para volver a tomarla. Esto es lo que me ordenó mi Padre».

¹⁹Al oírlo decir esas cosas, la gente* volvió a dividirse en cuanto a su opinión sobre Jesús. ²⁰Algunos decían: «Está loco y endemoniado, ¿para qué escuchar a un hombre así?». ²¹Otros decían: «¡No suena como alguien poseído por un demonio! ¿Acaso un demonio puede abrir los ojos de los ciegos?».

Jesús afirma ser el Hijo de Dios

²²Ya era invierno, y Jesús estaba en Jerusalén durante el festival de Janucá, el festival de la Dedicación. ²³Se encontraba en el templo, caminando por la parte conocida como el pórtico de Salomón. ²⁴Algunas personas lo rodearon y le preguntaron:

—¿Hasta cuándo nos tendrás en suspenso? Si tú eres el Mesías, dínoslo sin rodeos.

²⁵Jesús les contestó:

—Ya se los dije, y ustedes no me creen. La prueba es la obra que hago en nombre de mi Padre, ²⁶pero ustedes no me creen porque no son mis ovejas. ²⁷Mis ovejas escuchan mi voz; yo las conozco, y ellas me siguen. ²⁸Les doy vida eterna, y nunca perecerán. Nadie puede quitármelas, ²⁹porque mi Padre me las ha dado, y él es más poderoso que todos.* Nadie puede quitarlas de la mano del Padre. ³⁰El Padre y yo somos uno.

³¹Una vez más, las personas tomaron piedras para matarlo. ³²Jesús dijo:

—Bajo la dirección de mi Padre, he realizado muchas buenas acciones. ¿Por cuál de todas ellas me van a apedrear?

³³—No te apedreamos por ninguna buena acción, ¡sino por blasfemia! —contestaron—. Tú, un hombre común y corriente, afirmas ser Dios.

³⁴Jesús respondió:

—En sus propias Escrituras* está registrado que Dios les dijo a ciertos líderes del pueblo: "Yo digo que ustedes son dioses"*. ³⁵Y ustedes bien saben que las Escrituras no pueden ser modificadas. Así que, si a las personas que recibieron el mensaje de Dios se les llamó "dioses", ³⁶¿por qué ustedes me acusan de blasfemar cuando digo: "Soy el Hijo de Dios"? Después de todo, el Padre me separó y me envió al mundo. ³⁷No me crean a menos que lleve a cabo las obras de mi Padre; ³⁸pero si lo hago su trabajo, entonces crean en las obras milagrosas que he hecho aunque no me crean a mí. Entonces sabrán y entenderán que el Padre está en mí y yo estoy en el Padre.

³⁹Una vez más trataron de arrestarlo, pero él se escapó y los dejó. ⁴⁰Se fue al otro lado del río Jordán, cerca del lugar donde Juan bautizaba al principio, y se quedó un tiempo allí. ⁴¹Y muchos lo siguieron. «Juan no hacía señales milagrosas —se comentaban unos a otros—, pero todo lo que dijo acerca de este hombre resultó ser cierto». ⁴²Y muchos de los que estaban allí creyeron en Jesús.

La resurrección de Lázaro

11 Un hombre llamado Lázaro estaba enfermo. Vivía en Betania con sus hermanas María y Marta. ²María era la misma mujer que tiempo después derramó el perfume costoso sobre los pies del Señor y los secó con su cabello.* Su hermano, Lázaro, estaba enfermo. ³Así que las dos hermanas le enviaron un mensaje a Jesús que decía: «Señor, tu querido amigo está muy enfermo».

⁴Cuando Jesús oyó la noticia, dijo: «La enfermedad de Lázaro no acabará en muerte. Al contrario, sucedió para la gloria de Dios, a fin de que el Hijo de Dios reciba gloria como resultado». ⁵Aunque Jesús amaba a Marta, a María y a Lázaro, se quedó donde estaba dos días más. ⁷Pasado ese tiempo, les dijo a sus discípulos:

—Volvamos a Judea.

⁸Pero sus discípulos se opusieron diciendo:

—Rabí,* hace solo unos días, la gente* de Judea trató de apedrearte. ¿Irás allí de nuevo?

⁹Jesús contestó:

—Cada día tiene doce horas de luz. Durante el día, la gente puede andar segura y puede ver porque tiene la luz de este mundo; ¹⁰pero de noche se corre el peligro de tropezar, porque no hay luz. ¹¹Nuestro amigo Lázaro se ha dormido —agregó después—, pero ahora iré a despertarlo.

¹²—Señor —dijeron los discípulos—, si se ha dormido, ¡pronto se pondrá mejor!

¹³Ellos pensaron que Jesús había querido decir que Lázaro estaba dormido, pero Jesús se refería a que Lázaro había muerto.

¹⁴Por eso les dijo claramente:

—Lázaro está muerto. ¹⁵Y, por el bien de ustedes, me alegro de no haber estado allí, porque ahora ustedes van a creer de verdad. Vamos a verlo.

¹⁶Tomás, al que apodaban el Gemelo,* le dijo a los otros discípulos: «Vamos nosotros también y moriremos con Jesús».

¹⁷Cuando Jesús llegó a Betania, le dijeron que Lázaro ya llevaba cuatro días en la tumba. ¹⁸Betania quedaba solo a unos pocos kilómetros* de Jerusalén, ¹⁹y muchos se habían acercado para consolar a Marta y a María por la pérdida de su hermano. ²⁰Cuando Marta se enteró de que Jesús estaba por llegar, salió a su encuentro, pero María se quedó en la casa. ²¹Marta le dijo a Jesús:

—Señor, si tan solo hubieras estado aquí, mi hermano no habría muerto; ²²pero aun ahora, yo sé que Dios te dará todo lo que pidas.

²³Jesús le dijo:

—Tu hermano resucitará.

²⁴—Es cierto —respondió Marta—, resucitará cuando resuciten todos, en el día final.

²⁵Jesús le dijo:

—Yo soy la resurrección y la vida.* El que cree en mí vivirá aun después de haber muerto. ²⁶Todo el que vive en mí y cree en mí jamás morirá. ¿Lo crees, Marta?

²⁷—Sí, Señor —le dijo ella—. Siempre he creído que tú eres el Mesías, el Hijo de Dios, el que ha venido de Dios al mundo.

²⁸Luego Marta regresó adonde estaba María y los que se lamentaban. La llamó aparte y le dijo: «El Maestro está aquí y quiere verte». ²⁹Entonces María salió enseguida a su encuentro.

³⁰Jesús todavía estaba fuera de la aldea, en el lugar donde se había encontrado con Marta. ³¹Cuando los que estaban en la casa consolando a María la vieron salir con tanta prisa, creyeron que iba a la tumba de Lázaro a llorar. Así que la siguieron. ³²Cuando María llegó y vio a Jesús, cayó a sus pies y dijo:

—Señor, si tan solo hubieras estado aquí, mi hermano no habría muerto.

³³Cuando Jesús la vio llorando y vio que los demás se lamentaban con ella, se enojó en su interior* y se conmovió profundamente.

³⁴—¿Dónde lo pusieron? —les preguntó.

Ellos le dijeron:

—Señor, ven a verlo.

³⁵Entonces Jesús lloró. ³⁶Las personas que estaban cerca dijeron: «¡Miren cuánto lo amaba!». ³⁷Pero otros decían: «Este hombre sanó a un ciego. ¿Acaso no podía impedir que Lázaro muriera?».

³⁸Jesús todavía estaba enojado cuando llegó a la tumba, una cueva con una piedra que tapaba la entrada. ³⁹«Corran la piedra a un lado», les dijo Jesús.

Entonces Marta, la hermana del muerto, protestó:

—Señor, hace cuatro días que murió. Debe haber un olor espantoso.

⁴⁰Jesús respondió:

—¿No te dije que si crees, verás la gloria de Dios?

⁴¹Así que corrieron la piedra a un lado. Entonces Jesús miró al cielo y dijo: «Padre, gracias por haberme oído. ⁴²Tú siempre me oyes, pero lo dije en voz alta por el bien de toda esta gente que está aquí, para que crean que tú me enviaste». ⁴³Entonces Jesús gritó: «¡Lázaro, sal de ahí!». ⁴⁴Y el muerto salió de la tumba con las manos y los pies envueltos con vendas de entierro y la cabeza enrollada en un lienzo. Jesús les dijo: «¡Quítenle las vendas y déjenlo ir!».

Conspiración para matar a Jesús

⁴⁵Al ver lo que sucedió, muchos de los que estaban con María creyeron en Jesús; ⁴⁶pero otros fueron a ver a los fariseos para contarles lo que Jesús había hecho. ⁴⁷Entonces, los principales sacerdotes y los fariseos convocaron al Concilio Supremo.* «¿Qué vamos a hacer? —se

---

11:2 Este incidente se relata en el capítulo 12.   **11:8a** *Rabí,* del arameo, significa «amo», «maestro»; también en 11:19, 31, 33, 36, 44, 45, 54.   **11:8b** En griego *los judíos;* también en 11:19, 31, 33, 36, 45, 54.   **11:16** En griego *Tomás, a quien llamaban Dídimo.*   **11:18** En griego *estaba a unos 15 estadios* (cerca de 1,7 millas).   **11:25** Algunos manuscritos no incluyen *y la vida.*   **11:33** O *se enojó en su espíritu.*   **11:47** En griego *al Sanedrín.*

preguntaron unos a otros—». Sin duda, ese hombre realiza muchas señales milagrosas. ⁴⁸Si lo dejamos seguir así, dentro de poco todos van a creer en él. Entonces, el ejército romano vendrá y destruirá tanto nuestro templo* como nuestra nación».

⁴⁹Caifás, quien era el sumo sacerdote en aquel tiempo,* dijo: «¡No saben de qué están hablando! ³⁰No se dan cuenta de que es mejor para ustedes que muera un solo hombre por el pueblo, y no que la nación entera sea destruida».

⁵¹No dijo eso por su propia cuenta, como sumo sacerdote en aquel tiempo, fue guiado a profetizar que Jesús moriría por toda la nación. ⁵²Y no solo por esa nación, sino que también moriría para congregar y unir a todos los hijos de Dios dispersos por el mundo.

⁵³Así que, a partir de ese momento, los líderes judíos comenzaron a conspirar para matar a Jesús. ⁵⁴Como resultado, Jesús detuvo su ministerio público entre el pueblo y salió de Jerusalén. Fue a un lugar cercano al desierto, a la aldea de Efraín, y se quedó allí con sus discípulos.

⁵⁵Ya faltaba poco para la celebración de la Pascua judía, y mucha gente de todo el país llegó a Jerusalén varios días antes para participar en la ceremonia de purificación previa al comienzo de la Pascua. ⁵⁶Seguían buscando a Jesús, pero mientras estaban en el templo, se decían unos a otros: «¿Qué les parece? No vendrá para la Pascua, ¿verdad?». ⁵⁷Mientras tanto, los principales sacerdotes y los fariseos habían dado órdenes públicamente de que cualquiera que viera a Jesús avisara enseguida, para que ellos pudieran arrestarlo.

Jesús es ungido en Betania

12 Seis días antes de que comenzara la celebración de la Pascua, Jesús llegó a Betania, a la casa de Lázaro, el hombre a quien él había resucitado. ²Prepararon una cena en honor de Jesús. Marta servía, y Lázaro estaba entre los que comían* con él. ³Entonces María tomó un frasco con casi medio litro* de un costoso perfume preparado con esencia de nardo, le ungió los pies a Jesús y los secó con sus propios cabellos. La casa se llenó de la fragancia del perfume.

⁴Sin embargo, Judas Iscariote, el discípulo que pronto lo traicionaría, dijo: ⁵«Ese perfume valía el salario de un año.* Hubiera sido mejor venderlo para dar el dinero a los pobres». ⁶No es que a Judas le importaran los pobres; en verdad, era un ladrón y, como estaba a cargo del dinero de los discípulos, a menudo robaba una parte para él.

⁷Jesús respondió: «Déjala en paz. Esto lo hizo en preparación para mi entierro. ⁸Siempre habrá pobres entre ustedes, pero a mí no siempre me tendrán».

⁹Cuando todos los habitantes* de esa región se enteraron de que Jesús había llegado, corrieron en masa para verlo a él y también a Lázaro, el hombre al que Jesús había resucitado de los muertos. ¹⁰Entonces los principales sacerdotes decidieron matar a Lázaro también, ¹¹ya que, por causa de él, muchos los habían abandonado a ellos* y ahora creían en Jesús.

Entrada triunfal de Jesús

¹²Al día siguiente, la noticia de que Jesús iba camino a Jerusalén corrió por toda la ciudad. Una gran multitud de visitantes que habían venido para la Pascua ¹³tomaron ramas de palmera y salieron al camino para recibirlo. Gritaban:

«¡Alabado sea Dios!*
¡Bendiciones al que viene en el nombre del
Señor!
¡Viva el Rey de Israel!».*

¹⁴Jesús encontró un burrito y se montó en él; así se cumplió la profecía que dice:

¹⁵ «No temas, pueblo de Jerusalén.*
Mira, tu Rey ya viene
montado en la cría de una burra».*

¹⁶Sus discípulos no entendieron en ese momento que se trataba del cumplimiento de la profecía. Solo después de que Jesús entró en su gloria, se acordaron de lo sucedido y se dieron cuenta de que esas cosas se habían escrito acerca de él.

¹⁷Muchos de la multitud habían estado presentes cuando Jesús llamó a Lázaro de la tumba y lo resucitó de los muertos, y se lo habían contado a otros. ¹⁸Por eso tantos salieron a recibir a Jesús, porque habían oído de esa señal milagrosa. ¹⁹Entonces los fariseos se dijeron unos a otros: «Ya no hay nada que podamos hacer. ¡Miren, todo el mundo* se va tras él!».

Jesús anuncia su muerte

²⁰Algunos griegos que habían ido a Jerusalén para celebrar la Pascua ²¹le hicieron una visita a Felipe, que era de Betsaida de Galilea. Le dijeron: «Señor, queremos conocer a Jesús». ²²Felipe se lo comentó a Andrés, y juntos fueron a preguntarle a Jesús.

²³Jesús respondió: «Ya ha llegado el momento para que el Hijo del Hombre* entre en su gloria. ²⁴Les digo la verdad, el grano de trigo, a menos que sea sembrado en la tierra y muera, queda solo. Sin embargo, su muerte producirá muchos granos nuevos, una abundante cosecha de nuevas vidas. ²⁵Los que aman su vida en este mundo la perderán. Los que no le dan importancia a su vida en este mundo la conservarán por toda la

---

11:48 O *nuestra posición;* en griego dice *nuestro lugar.* 11:49 En griego *ese año;* también en 11:51. 12:2 O *los que se reclinaban.* 12:3 En griego *tomó una libra* [12 onzas]. 12:5 En griego *valía trescientos denarios.* Un denario equivalía a la paga de un obrero por una jornada completa de trabajo. 12:9 En griego *los judíos;* también en 12:11. 12:7 O *habían abandonado sus tradiciones;* en griego dice *habían abandonado.* 12:13a En griego *Hosanna,* una exclamación de alabanza adaptada de una expresión hebrea que significa «salva ahora». 12:13b Sal 118:25-26; So 3:15. 12:15a En griego *hija de Sión.* 12:15b Za 9:9. 12:17 En griego *y lo estaban testificando.* 12:10 En griego *el mundo.* 12:23 «Hijo del Hombre» es un título que Jesús empleaba para referirse a sí mismo.

eternidad. ²⁶Todo el que quiera ser mi discípulo debe seguirme, porque mis siervos tienen que estar donde yo esté. El Padre honrará a todo el que me sirva.

²⁷»Ahora mi alma está muy entristecida. ¿Acaso debería orar: "Padre, sálvame de esta hora"? ¡Pero esa es precisamente la razón por la que vine! ²⁸Padre, glorifica tu nombre».

Entonces habló una voz del cielo: «Ya he glorificado mi nombre y lo haré otra vez». ²⁹Al oír la voz, algunos de la multitud pensaron que era un trueno, mientras que otros decían que un ángel le había hablado.

³⁰Entonces Jesús les dijo: «La voz fue para beneficio de ustedes, no mío. ³¹Ha llegado el tiempo de juzgar a este mundo, cuando Satanás —quien gobierna este mundo— será expulsado. ³²Y, cuando yo sea levantado de la tierra, atraeré a todos hacia mí». ³³Con eso quería dar a entender de qué forma iba a morir.

³⁴La multitud respondió:

—Según entendimos de las Escrituras,* el Mesías vivirá para siempre. ¿Cómo puedes decir, entonces, que el Hijo del Hombre va a morir? Además, ¿quién es este Hijo del Hombre?

³⁵Jesús contestó:

—Mi luz brillará para ustedes solo un poco más de tiempo. Caminen en la luz mientras puedan, para que la oscuridad no los tome por sorpresa, porque los que andan en la oscuridad no pueden ver adónde van. ³⁶Pongan su confianza en la luz mientras aún haya tiempo; entonces se convertirán en hijos de la luz.

Después de decir esas cosas, Jesús salió y desapareció de la vista de ellos.

Incredulidad de la gente

³⁷A pesar de todas las señales milagrosas que Jesús había hecho, la mayoría de la gente aún no creía en él. ³⁸Eso era precisamente lo que el profeta Isaías había predicho:

«Señor, ¿quién ha creído nuestro mensaje?
  ¿A quién ha revelado el Señor su brazo
  poderoso?»*.

³⁹Pero la gente no podía creer, porque como también dijo Isaías:

⁴⁰ «El Señor les ha cegado los ojos
  y les ha endurecido el corazón,
  para que sus ojos no puedan ver
  y sus corazones no puedan entender
  y ellos no puedan regresar a mí
  para que yo los sane»*.

⁴¹Isaías se refería a Jesús cuando dijo esas palabras, porque vio el futuro y habló de la gloria del Mesías. ⁴²Sin embargo, hubo muchos que sí creyeron en él, entre ellos algunos líderes judíos; pero no lo admitían por temor a que los fariseos los expulsaran de la sinagoga; ⁴³porque amaban más la aprobación humana que la aprobación de Dios.

⁴⁴Jesús le gritó a la multitud: «Si confían en mí, no confían solo en mí, sino también en Dios, quien me envió. ⁴⁵Pues, cuando me ven a mí, están viendo al que me envió. ⁴⁶Yo he venido como una luz para brillar en este mundo de oscuridad, a fin de que todos los que pongan su confianza en mí no queden más en la oscuridad. ⁴⁷No voy a juzgar a los que me oyen pero no me obedecen, porque he venido para salvar al mundo y no para juzgarlo. ⁴⁸Pero todos los que me rechazan a mí y rechazan mi mensaje serán juzgados el día del juicio por la verdad que yo he hablado. ⁴⁹Yo no hablo con autoridad propia; el Padre, quien me envió, me ha ordenado qué decir y cómo decirlo. ⁵⁰Y sé que sus mandatos llevan a la vida eterna; por eso digo todo lo que el Padre me indica que diga».

Jesús lava los pies a sus discípulos

13 Antes de la celebración de la Pascua, Jesús sabía que había llegado su momento para dejar este mundo y regresar a su Padre. Había amado a sus discípulos durante el ministerio que realizó en la tierra y ahora los amó hasta el final.* ²Era la hora de cenar, y el diablo ya había incitado a Judas, hijo de Simón Iscariote, para que traicionara* a Jesús. ³Jesús sabía que el Padre le había dado autoridad sobre todas las cosas y que había venido de Dios y regresaría a Dios. ⁴Así que se levantó de la mesa, se quitó el manto, se ató una toalla a la cintura ⁵y echó agua en un recipiente. Luego comenzó a lavarles los pies a los discípulos y a secárselos con la toalla que tenía en la cintura.

⁶Cuando se acercó a Simón Pedro, este le dijo:

—Señor, ¿tú me vas a lavar los pies a mí?

⁷Jesús contestó:

—Ahora no entiendes lo que hago, pero algún día lo entenderás.

⁸—¡No! —protestó Pedro—. ¡Jamás me lavarás los pies!

—Si no te lavo —respondió Jesús—, no vas a pertenecerme.

⁹—¡Entonces, lávame también las manos y la cabeza, Señor, no solo los pies! —exclamó Simón Pedro.

¹⁰Jesús respondió:

—Una persona que se ha bañado bien no necesita lavarse más que los pies* para estar completamente limpia. Y ustedes, discípulos, están limpios, aunque no todos.

¹¹Pues Jesús sabía quién lo iba a traicionar. A eso se refería cuando dijo: «No todos están limpios».

¹²Después de lavarles los pies, se puso otra vez el manto, se sentó y preguntó:

—¿Entienden lo que acabo de hacer? ¹³Uste-

12:34 En griego *de la ley.* 12:38 Is 53:1. 12:40 Is 6:10. 13:1 O *les mostró toda la plenitud de su amor.* 13:2 O *el diablo ya se había propuesto que Judas, hijo de Simón Iscariote, traicionara.* 13:10 Algunos manuscritos no incluyen *más que los pies.*

des me llaman "Maestro" y "Señor" y tienen razón, porque es lo que soy. ¹⁴Y, dado que yo, su Señor y Maestro, les he lavado los pies, ustedes deben lavarse los pies unos a otros. ¹⁵Les di mi ejemplo para que lo sigan. Hagan lo mismo que yo he hecho con ustedes. ¹⁶Les digo la verdad, los esclavos no son superiores a su amo ni el mensajero es más importante que quien envía el mensaje. ¹⁷Ahora que saben estas cosas, Dios los bendecirá por hacerlas.

Jesús predice la traición

¹⁸«No les digo estas cosas a todos ustedes; yo conozco a los que he elegido. Pero es para que se cumpla la Escritura que dice: "El que come de mi comida se ha puesto en mi contra"*. ¹⁹Les aviso de antemano, a fin de que, cuando suceda, crean que Yo Soy el Mesías.* ²⁰Les digo la verdad, todo el que recibe a mi mensajero me recibe a mí, y el que me recibe a mí recibe al Padre, quien me envió.

²¹Entonces Jesús, muy angustiado,* exclamó: «Les digo la verdad, ¡uno de ustedes va a traicionarme!».

²²Los discípulos se miraron unos a otros sin saber a cuál se refería Jesús. ²³El discípulo a quien Jesús amaba estaba sentado a la mesa a su lado.* ²⁴Simón Pedro le hizo señas para que le preguntara a quién se refería. ²⁵Entonces, ese discípulo se inclinó hacia Jesús y le preguntó:

—Señor, ¿quién es?

²⁶Jesús le contestó:

—Es aquel a quien le doy el pan que mojo en el plato.

Y, después de mojar el pan, se lo dio a Judas, el hijo de Simón Iscariote. ²⁷Cuando Judas comió el pan, Satanás entró en él. Entonces Jesús le dijo: «Apresúrate a hacer lo que vas a hacer». ²⁸Ninguno de los demás que estaban a la mesa entendió lo que Jesús quiso decir. ²⁹Como Judas era el tesorero del grupo, algunos pensaron que Jesús le estaba diciendo que fuera a pagar la comida o que diera algo de dinero a los pobres. ³⁰Así que Judas se fue enseguida y se internó en la noche.

Jesús predice la negación de Pedro

³¹En cuanto Judas salió del lugar, Jesús dijo: «Ha llegado el momento para que el Hijo del Hombre* entre en su gloria y, por causa de él, Dios será glorificado. ³²Y dado que Dios recibe gloria a causa del Hijo,* pronto le dará gloria al Hijo. ³³Mis queridos hijos, voy a estar con ustedes solo un poco más de tiempo. Y, como les dije a los líderes judíos, ustedes me buscarán, pero no pueden ir adonde yo voy. ³⁴Así que ahora les doy un nuevo mandamiento: ámense unos

a otros. Tal como yo los he amado, ustedes deben amarse unos a otros. ³⁵El amor que tengan unos por otros será la prueba ante el mundo de que son mis discípulos».

³⁶Simón Pedro le preguntó:

—Señor, ¿adónde vas?

Y Jesús contestó:

—Ahora no puedes venir conmigo, pero me seguirás después.

³⁷—¿Pero por qué no puedo ir ahora, Señor? —le preguntó—. Estoy dispuesto a morir por ti.

³⁸—¿Morir por mí? —le contestó Jesús—. Pedro, te digo la verdad, mañana por la mañana, antes de que cante el gallo, negarás tres veces que me conoces.

Jesús, el camino al Padre

14 ¹«No dejen que el corazón se les llene de angustia; confíen en Dios y confíen también en mí. ²En el hogar de mi Padre, hay lugar más que suficiente.* Si no fuera así, ¿acaso les habría dicho que voy a prepararles un lugar?* ³Cuando todo esté listo, volveré para llevarlos, para que siempre estén conmigo donde yo estoy. ⁴Y ustedes conocen el camino que lleva adonde voy.

⁵ —No, Señor, no lo conocemos —dijo Tomás—. No tenemos ni idea de adónde vas, ¿cómo vamos a conocer el camino?

⁶Jesús le contestó:

—Yo soy el camino, la verdad y la vida; nadie puede ir al Padre si no es por medio de mí. ⁷Si ustedes realmente me conocieran, también sabrían quién es mi Padre.* De ahora en adelante, ya lo conocen y lo han visto.

⁸Felipe le dijo:

—Señor, muéstranos al Padre y quedaremos conformes.

⁹Jesús respondió:

—Felipe, ¿he estado con ustedes todo este tiempo, y todavía no sabes quién soy? ¡Los que me han visto a mí han visto al Padre! Entonces, ¿cómo me pides que te muestre al Padre? ¹⁰¿Acaso no crees que yo estoy en mí Padre y el Padre está en mí? Las palabras que yo digo no son mías, sino que mi Padre, quien vive en mí, hace su obra por medio de mí. ¹¹Solo crean que yo estoy en el Padre y el Padre está en mí; o al menos crean por las obras que me han visto hacer.

¹²»Les digo la verdad, todo el que crea en mí hará las mismas obras que yo he hecho y aún mayores, porque voy a estar con el Padre. ¹³Pueden pedir cualquier cosa en mi nombre, y yo lo haré, para que el Hijo le dé gloria al Padre. ¹⁴Es cierto, pídanme cualquier cosa en mi nombre, ¡y yo la haré!

13:18 Sal 41:9. **13:19** O *que el "Yo Soy" ha venido;* o *que yo soy el Señor;* en griego dice *que yo soy.* Ver Ex 3:14. **13:21** En griego *angustiado en su espíritu.* **13:23** En griego *estaba recostado en el pecho de Jesús.* El «discípulo que Jesús amaba» probablemente era Juan. **13:31** «Hijo del Hombre» era un título que Jesús empleaba para referirse a sí mismo. **13:32** Algunos manuscritos no incluyen *dado que Dios recibe gloria a causa del Hijo.* **14:2a** O *Hay muchas habitaciones en mi Padre.* **14:2b** O *Si no fuera así, te habría dicho que voy a prepararles un lugar.* Algunos manuscritos dicen *Si no fuera así, se los habría dicho. Voy a prepararles un lugar.* **14:7** Algunos manuscritos dicen *si realmente me han conocido, sabrán quién es mi Padre.*

Jesús promete el Espíritu Santo

15»Si me aman, obedezcan* mis mandamientos. 16Y yo le pediré al Padre, y él les dará otro Abogado Defensor,* quien estará con ustedes para siempre. 17Me refiero al Espíritu Santo, quien guía a toda la verdad. El mundo no puede recibirlo porque no lo busca ni lo reconoce; pero ustedes sí lo conocen, porque ahora él vive con ustedes y después estará en ustedes.* 18No los abandonaré como a huérfanos; vendré a ustedes. 19Dentro de poco, el mundo no me verá más, pero ustedes sí me verán. Dado que yo vivo, ustedes también vivirán. 20Cuando yo vuelva a la vida, ustedes sabrán que estoy en mi Padre y que ustedes están en mí, y yo, en ustedes. 21Los que aceptan mis mandamientos y los obedecen son los que me aman. Y, porque me aman a mí, mi Padre los amará a ellos. Y yo los amaré y me daré a conocer a cada uno de ellos.

22Judas (no Judas Iscariote, sino el otro discípulo con el mismo nombre) le dijo:

—Señor, ¿por qué te darás a conocer solo a nosotros y no al mundo en general?

23Jesús contestó:

—Todos los que me aman harán lo que yo diga. Mi Padre los amará, y vendremos para vivir con cada uno de ellos. 24El que no me ama no me obedece. Y recuerden, mis palabras no son mías, lo que les hablo proviene del Padre, quien me envió. 25Les digo estas cosas ahora, mientras todavía estoy con ustedes. 26Sin embargo, cuando el Padre envíe al Abogado Defensor como mi representante —es decir, el Espíritu Santo—, él les enseñará todo y les recordará cada cosa que les he dicho.

27»Les dejo un regalo: paz en la mente y en el corazón. Y la paz que yo doy es un regalo que el mundo no puede dar. Así que no se angustien ni tengan miedo. 28Recuerden lo que les dije: me voy, pero volveré a ustedes. Si de veras me amaran, se alegrarían de que voy al Padre, quien es más importante que yo. 29Les he dicho estas cosas antes de que sucedan para que, cuando sucedan, ustedes crean.

30»No me queda mucho tiempo para hablar con ustedes, porque se acerca el que gobierna este mundo. Él no tiene ningún poder sobre mí, 31pero haré lo que el Padre me manda, para que el mundo sepa que amo al Padre. Vamos, salgamos de aquí.

Jesús, la vid verdadera

15 »Yo soy la vid verdadera, y mi Padre es el labrador. 2Él corta de mí toda rama que no produce fruto y poda las ramas que sí dan fruto, para que den aún más. 3Ustedes ya han sido podados y purificados por el mensaje que les di. 4Permanezcan en mí, y yo permaneceré en ustedes. Pues una rama no puede producir

fruto si la cortan de la vid, y ustedes tampoco pueden ser fructíferos a menos que permanezcan en mí.

5»Ciertamente, yo soy la vid; ustedes son las ramas. Los que permanecen en mí y yo en ellos producirán mucho fruto porque, separados de mí, no pueden hacer nada. 6El que no permanece en mí es desechado como rama inútil y se seca. Todas esas ramas se juntan en un montón para quemarlas en el fuego. 7Si ustedes permanecen en mí y mis palabras permanecen en ustedes, pueden pedir lo que quieran, ¡y les será concedido! 8Cuando producen mucho fruto, demuestran que son mis verdaderos discípulos. Eso le da mucha gloria a mi Padre.

9»Yo los he amado a ustedes tanto como el Padre me ha amado a mí. Permanezcan en mi amor. 10Cuando obedecen mis mandamientos, permanecen en mi amor, así como yo obedezco los mandamientos de mi Padre y permanezco en su amor. 11Les he dicho estas cosas para que se llenen de mi gozo; así es, desbordarán de gozo. 12Este es mi mandamiento: ámense unos a otros de la misma manera en que yo los he amado. 13No hay un amor más grande que el dar la vida por los amigos. 14Ustedes son mis amigos si hacen lo que yo les mando. 15Ya no los llamo esclavos, porque el amo no confía sus asuntos a los esclavos. Ustedes ahora son mis amigos, porque les he contado todo lo que el Padre me dijo. 16Ustedes no me eligieron a mí, yo los elegí a ustedes. Les encargué que vayan y produzcan frutos duraderos, así el Padre les dará todo lo que pidan en mi nombre. 17Este es mi mandato: ámense unos a otros.

Odio del mundo

18»Si el mundo los odia, recuerden que a mí me odió primero. 19Si pertenecieran al mundo, el mundo los amaría como a uno de los suyos, pero ustedes ya no forman parte del mundo. Yo los elegí para que salieran del mundo, por eso el mundo los odia. 20¿Recuerdan lo que les dije? "El esclavo no es superior a su amo". Ya que me persiguieron a mí, también a ustedes los perseguirán. Y, si me hubieran escuchado a mí, también los escucharían a ustedes. 21Les harán todo eso a causa de mí, porque han rechazado a aquel que me envió. 22Ellos no serían culpables si yo no hubiera venido a hablarles, pero ahora no tienen ninguna excusa por su pecado. 23Cualquiera que me odia a mí también odia a mi Padre. 24Si yo no hubiera hecho entre ellos esas señales tan milagrosas que nadie más podría hacer, no serían culpables; pero la verdad es que vieron todo lo que hice, y aun así no siguen odiando a mí y a mi Padre. 25Con eso se cumple lo que está registrado en sus Escrituras:* "Me odiaron sin motivo".

26»A ustedes yo les enviaré el Abogado

14:15 Otros manuscritos dicen *obedecerán;* incluso otros dicen *deben obedecer.* **14:16** O *Consolador,* o *Alentador,* o *Consejero.* En griego dice *Paráclito;* también en 14:26. **14:17** Algunos manuscritos dicen *y está en ustedes.* **15:25** En griego está escrito *en su ley.* Sal 35:19; 69:4.

Defensor,* el Espíritu de verdad. Él vendrá del Padre y dará testimonio acerca de mí, 27y también ustedes deben dar testimonio de mí porque han estado conmigo desde el principio de mi ministerio.

16 »Les he dicho estas cosas para que no abandonen su fe. 2Los expulsarán de las sinagogas, y llegará el tiempo en que quienes los maten pensarán que están haciendo un servicio santo para Dios. 3Eso se debe a que nunca han conocido al Padre ni a mí. 4Les digo estas cosas ahora para que, cuando sucedan, recuerden mi advertencia. No las mencioné antes porque todavía iba a estar un tiempo más con ustedes.

La obra del Espíritu Santo

5»Ahora voy a aquel que me envió, y ninguno de ustedes me pregunta adónde voy. 6En cambio, se entristecen por lo que les he dicho. 7En realidad, es mejor para ustedes que me vaya porque, si no me fuera, el Abogado Defensor* no vendría. En cambio, si me voy, entonces se lo enviaré a ustedes; 8y cuando él venga, convencerá al mundo de pecado y de la justicia de Dios y del juicio que viene. 9El pueblo del mundo consiste en que el mundo se niega a creer en mí. 10La justicia está disponible, porque voy al Padre, y ustedes no me verán más. 11El juicio vendrá, porque quien gobierna este mundo ya ha sido juzgado.

12»Me queda aún mucho más que quisiera decirles, pero en este momento no pueden soportarlo. 13Cuando venga el Espíritu de verdad, él los guiará a toda la verdad. Él no hablará por su propia cuenta, sino que les dirá lo que ha oído y les contará acerca del futuro. 14Me glorificará porque les contará todo lo que reciba de mí. 15Todo lo que pertenece al Padre es mío; por eso dije: "El Espíritu les dirá todo lo que reciba de mí".

La tristeza se convertirá en alegría

16»Dentro de poco, ya no me verán más; pero tiempo después, me verán de nuevo.

17Algunos de los discípulos se preguntaron unos a otros: «¿A qué se refiere cuando dice: "Dentro de poco, no me verán, pero luego me verán" y "voy al Padre"? 18¿Qué quiere decir con "dentro de poco"? No lo entendemos».

19Jesús se dio cuenta de que querían preguntarle sobre eso, así que les dijo:

—¿Se están preguntando qué quise decir? Dije que, dentro de poco, no me verán más; pero tiempo después, volverán a verme. 20Les digo la verdad, ustedes llorarán y se lamentarán por lo que a mí sucederme, pero el mundo se alegrará. Ustedes se lamentarán, pero su dolor se convertirá de pronto en una alegría maravillosa. 21Será como una mujer que sufre dolores de parto, pero cuando nace su hijo, su angustia se transforma

en alegría, porque ha traído una nueva vida al mundo. 22Así que ahora ustedes tienen tristeza, pero volveré a verlos; entonces se alegrarán, y nadie podrá robarles esa alegría. 23Ese día, no necesitarán pedirme nada. Les digo la verdad, le pedirán directamente al Padre, y él les concederá la petición, porque piden en mi nombre. 24No lo han hecho antes. Pidan en mi nombre y recibirán y tendrán alegría en abundancia.

25»He hablado de estos asuntos en lenguaje figurativo, pero pronto dejaré de hablar en sentido figurado y les contaré acerca del Padre con toda claridad. 26Ese día pedirán en mi nombre. No digo que pediré al Padre de parte de ustedes, 27ya que el Padre mismo los ama profundamente, porque ustedes me aman a mí y han creído que vine de Dios.* 28Es cierto, vine del Padre al mundo y ahora dejaré el mundo y volveré al Padre.

29Entonces sus discípulos dijeron:

—Por fin hablas con claridad y no en sentido figurado. 30Ahora entendemos que sabes todas las cosas y que no es necesario que nadie te pregunte nada. Por eso creemos que viniste de Dios.

31—¿Por fin creen? —preguntó Jesús—. 32Pero se acerca el tiempo —de hecho, ya ha llegado— cuando ustedes serán dispersados, cada uno se irá por su lado y me dejarán solo. Sin embargo, no estoy solo, porque el Padre está conmigo. 33Les he dicho todo lo anterior para que en mí tengan paz. Aquí en el mundo tendrán muchas pruebas y tristezas; pero anímense, porque yo he vencido al mundo.

Oración de Jesús

17 Después de decir todas esas cosas, Jesús miró al cielo y dijo: «Padre, ha llegado la hora. Glorifica a tu Hijo para que él, a su vez, te dé la gloria a ti. 2Pues le has dado a tu Hijo autoridad sobre todo ser humano. Él da vida eterna a cada uno de los que tú le has dado. 3Y la manera de tener vida eterna es conocerte a ti, el único Dios verdadero, y a Jesucristo, a quien tú enviaste a la tierra. 4Yo te di la gloria aquí en la tierra, al terminar la obra que me encargaste. 5Ahora, Padre, llévame a la gloria que compartíamos antes de que comenzara el mundo.

6»Te he dado a conocer* a los que me diste de este mundo. Siempre fueron tuyos. Tú me los diste, y ellos han obedecido tu palabra. 7Ahora saben que todo lo que tengo es un regalo que proviene de ti, 8porque les he transmitido el mensaje que me diste. Ellos aceptaron el mensaje y saben que provine de ti y han creído que tú me enviaste.

9»Mi oración no es por el mundo, sino por los que me has dado, porque te pertenecen. 10Todos los que son míos te pertenecen, y me los has dado, para que me den gloria. 11Ahora me voy del mundo; ellos se quedan en este mundo, pero yo voy a ti. Padre santo, tú me has dado tu nombre;* ahora protégelos con el poder de tu nombre para que estén unidos como lo estamos nosotros. ¹²Durante el tiempo que estuve aquí, los protegí con el poder del nombre que me diste.* Los cuidé para que ni uno solo se perdiera, excepto el que va camino a la destrucción como predijeron las Escrituras.

¹³»Ahora voy a ti. Mientras estuve con ellos en este mundo, les dije muchas cosas para que estuvieran llenos de mi alegría. ¹⁴Les he dado tu palabra, y el mundo los odia, porque ellos no pertenecen al mundo, así como yo tampoco pertenezco al mundo. ¹⁵No te pido que los quites del mundo, sino que los protejas del maligno. ¹⁶Al igual que yo, ellos no pertenecen a este mundo. ¹⁷Hazlos santos con tu verdad; enséñales tu palabra, la cual es verdad. ¹⁸Así como tú me enviaste al mundo, yo los envío al mundo. ¹⁹Y me entrego por ellos como un sacrificio santo, para que tu verdad pueda hacerlos santos.

²⁰»No te pido solo por estos discípulos, sino también por todos los que creerán en mí por el mensaje de ellos. ²¹Te pido que todos sean uno, así como tú y yo somos uno, es decir, como tú estás en mí, Padre, y yo estoy en ti. Y que ellos estén en nosotros, para que el mundo crea que tú me enviaste.

²²»Les he dado la gloria que tú me diste, para que sean uno, como nosotros somos uno. ²³Yo estoy en ellos, y tú estás en mí. Que gocen de una unidad tan perfecta que el mundo sepa que tú me enviaste y que los amas tanto como me amas a mí. ²⁴Padre, quiero que los que me diste estén conmigo donde yo estoy. Entonces podrán ver toda la gloria que me diste, porque me amaste aun antes de que comenzara el mundo.

²⁵»Oh Padre justo, el mundo no te conoce, pero yo sí te conozco; y estos discípulos saben que tú me enviaste. ²⁶Yo te he dado a conocer a ellos y seguiré haciéndolo. Entonces tu amor por mí estará en ellos, y yo también estaré en ellos».

Traicionan y arrestan a Jesús

18 Después de decir esas cosas, Jesús cruzó el valle de Cedrón con sus discípulos y entró en un huerto de olivos. ²Judas, el traidor, conocía ese lugar, porque Jesús solía reunirse allí con sus discípulos. ³Los principales sacerdotes y los fariseos le habían dado a Judas un grupo de soldados romanos y guardias del templo para que lo acompañaran. Llegaron al huerto de olivos con antorchas encendidas, linternas y armas.

⁴Jesús ya sabía todo lo que le iba a suceder, así que salió al encuentro de ellos.

—¿A quién buscan? —les preguntó.

⁵—A Jesús de Nazaret* —contestaron.

—Yo Soy* —dijo Jesús.

(Judas, el que lo traicionó, estaba con ellos.)

⁶Cuando Jesús dijo «Yo Soy», ¡todos retrocedieron y cayeron al suelo! ⁷Una vez más les preguntó:

—¿A quién buscan?

Y nuevamente ellos contestaron:

—A Jesús de Nazaret.

⁸—Ya les dije que Yo Soy —dijo Jesús—, ya que soy la persona a quien buscan, dejen que los demás se vayan.

⁹Lo hizo para que se cumplieran sus propias palabras: «No perdí ni a uno solo de los que me diste»*.

¹⁰Entonces Simón Pedro sacó una espada y le cortó la oreja derecha a Malco, el esclavo del sumo sacerdote. ¹¹Pero Jesús le dijo a Pedro: «Mete tu espada en la vaina. ¿Acaso no voy a beber de la copa de sufrimiento que me ha dado el Padre?».

Jesús en la casa del sumo sacerdote

¹²Así que los soldados, el oficial que los comandaba y los guardias del templo arrestaron a Jesús y lo ataron. ¹³Primero lo llevaron ante Anás, el suegro de Caifás, quien era sumo sacerdote en ese momento.* ¹⁴Caifás era el que les había dicho a los otros líderes judíos: «Es mejor que muera un solo hombre por el pueblo».

Primera negación de Pedro

¹⁵Simón Pedro y otro discípulo siguieron a Jesús. Ese otro discípulo conocía al sumo sacerdote, así que le permitieron entrar con Jesús al patio del sumo sacerdote. ¹⁶Pedro tuvo que quedarse afuera, junto a la puerta. Entonces el discípulo que conocía al sumo sacerdote habló con la mujer que cuidaba la puerta, y ella dejó entrar a Pedro. ¹⁷La mujer le preguntó a Pedro:

—¿No eres tú también uno de los discípulos de ese hombre?

—No —le contestó Pedro—, no lo soy.

¹⁸Como hacía frío, los sirvientes de la casa y los guardias habían hecho una fogata con carbón. Estaban allí de pie, junto al fuego, calentándose, y Pedro estaba con ellos, también calentándose.

El sumo sacerdote interroga a Jesús

¹⁹Adentro, el sumo sacerdote comenzó a interrogar a Jesús acerca de sus seguidores y de lo que les había estado enseñando. ²⁰Jesús contestó: «Todos saben lo que enseño. He predicado con frecuencia en las sinagogas y en el templo, donde se reúne el pueblo.* No he hablado en secreto. ²¹¿Por qué me haces a mí esa pregunta? Pregúntales a los que me oyeron, ellos saben lo que dije».

²²Entonces uno de los guardias del templo que estaba cerca le dio una bofetada a Jesús.

—¿Es esa la forma de responder al sumo sacerdote? —preguntó.

²³Jesús contestó:

—Si dije algo indebido, debes demostrarlo; pero si digo la verdad, ¿por qué me pegas?

²⁴Entonces Anás ató a Jesús y lo envió a Caifás, el sumo sacerdote.

Segunda y tercera negación de Pedro

²⁵Mientras tanto, como Simón Pedro seguía de pie junto a la fogata calentándose, volvieron a preguntarle:

—¿No eres tú también uno de sus discípulos?

—No lo soy —negó Pedro.

²⁶Pero uno de los esclavos del sumo sacerdote, pariente del hombre al que Pedro le había cortado la oreja, preguntó: «¿No te vi en el huerto de olivos con Jesús?». ²⁷Una vez más, Pedro lo negó, y enseguida cantó un gallo.

Juicio de Jesús ante Pilato

²⁸El juicio de Jesús ante Caifás terminó cerca del amanecer. De allí lo llevaron a la residencia oficial del gobernador romano.* Sus acusadores no entraron porque, de haberlo hecho, se habrían contaminado y no hubieran podido celebrar la Pascua. ²⁹Por eso Pilato, el gobernador, salió adonde estaban ellos y les preguntó:

—¿Qué cargos tienen contra este hombre?

³⁰—¡No te lo habríamos entregado si no fuera un criminal! —replicaron.

³¹—Entonces llévenselo y júzguenlo de acuerdo con la ley de ustedes —les dijo Pilato.

—Solo los romanos tienen derecho a ejecutar a una persona —respondieron los líderes judíos.

³²(Con eso se cumplió la predicción de Jesús acerca de la forma en que iba a morir).*

³³Entonces Pilato volvió a entrar en su residencia y pidió que le trajeran a Jesús.

—¿Eres tú el rey de los judíos? —le preguntó.

³⁴Jesús contestó:

—¿Lo preguntas por tu propia cuenta o porque otros te hablaron de mí?

³⁵—¿Acaso yo soy judío? —replicó Pilato—. Tu propio pueblo y sus principales sacerdotes te trajeron a mí para que yo te juzgue. ¿Por qué? ¿Qué has hecho?

³⁶Jesús contestó:

—Mi reino no es un reino terrenal. Si lo fuera, mis seguidores lucharían para impedir que yo sea entregado a los líderes judíos; pero mi reino no es de este mundo.

³⁷Pilato le dijo:

—¿Entonces eres un rey?

—Tú dices que soy un rey —contestó Jesús—. En realidad, yo nací y vine al mundo para dar testimonio de la verdad. Todos los que aman la verdad reconocen que lo que digo es cierto.

³⁸—¿Qué es la verdad? —preguntó Pilato.

Entonces salió de nuevo adonde estaba el pueblo y dijo:

—Este hombre no es culpable de ningún delito, ³⁹pero ustedes tienen la costumbre de pedirme cada año que ponga en libertad a un preso durante la Pascua. ¿Quieren que deje en libertad a ese "rey de los judíos"?

⁴⁰Pero ellos contestaron a gritos:

—¡No!, a ese hombre, no. ¡Queremos a Barrabás! (Barrabás era un insurgente).

Sentencia de muerte para Jesús

19 Entonces Pilato mandó azotar a Jesús con un látigo que tenía puntas de plomo. ²Los soldados armaron una corona de espinas y se la pusieron en la cabeza y lo vistieron con un manto púrpura. ³«¡Viva el rey de los judíos!» —se burlaban de él mientras lo abofeteaban.

⁴Pilato volvió a salir y le dijo al pueblo: «Ahora lo voy a traer, pero que quede bien claro que yo no lo encuentro culpable de nada».⁵Entonces Jesús salió con la corona de espinas sobre la cabeza y el manto púrpura puesto. Y Pilato dijo: «¡Miren, aquí tienen al hombre!».

⁶Cuando lo vieron, los principales sacerdotes y los guardias del templo comenzaron a gritar: «¡Crucifícalo! ¡Crucifícalo!».

—Llévenlo ustedes y crucifíquenlo —dijo Pilato—. Yo no lo encuentro culpable.

⁷Los líderes judíos respondieron:

—Según nuestra ley, debe morir porque afirmó que era el Hijo de Dios.

⁸Cuando Pilato oyó eso, tuvo más miedo que nunca. ⁹Llevó a Jesús de nuevo a la residencia oficial* y le preguntó: «¿De dónde eres?». Pero Jesús no le dio ninguna respuesta.

¹⁰—¿Por qué no me hablas? —preguntó Pilato—. ¿No te das cuenta de que tengo poder para ponerte en libertad o para crucificarte?

¹¹Entonces Jesús le dijo:

—No tendrías ningún poder sobre mí si no te lo hubieran dado desde lo alto. Así que el que me entregó en tus manos es el que tiene el mayor pecado.

¹²Entonces Pilato trató de poner en libertad a Jesús, pero los líderes judíos gritaron: «Si pones en libertad a ese hombre, no eres "amigo del César"*. Todo el que se proclama a sí mismo rey está en rebeldía contra el César».

¹³Cuando dijeron eso, Pilato llevó de nuevo a Jesús ante el pueblo. Entonces Pilato se sentó en el tribunal, en la plataforma llamada el Empedrado (en hebreo, *Gabata*). ¹⁴Ya era el día de preparación para la Pascua, cerca del mediodía. Y Pilato dijo al pueblo:* «¡Miren, aquí tienen a su rey!».

¹⁵—¡Llévatelo! ¡Llévatelo! —gritaban—. ¡Crucifícalo!

—¿Cómo dicen?, ¿qué yo crucifique a su rey? —preguntó Pilato.

—No tenemos otro rey más que el César —le contestaron a gritos los principales sacerdotes.

18:18 En griego *al pretorio*; también en 18:33.   **18:32** Ver Jn 12:32-33.   **19:9** En griego *al pretorio*.   **19:12** "Amigo del César" es un término técnico para referirse a un aliado del emperador.   **19:14** En griego *pueblo judío*.

¹⁶Entonces Pilato les entregó a Jesús para que lo crucificaran.

La crucifixión

Así que se llevaron a Jesús. ¹⁷Él, cargando su propia cruz, fue al sitio llamado Lugar de la Calavera (en hebreo, *Gólgota*). ¹⁸Allí lo clavaron en la cruz. También crucificaron a otros dos con él, uno a cada lado, y a Jesús, en medio. ¹⁹Y Pilato colocó un letrero sobre la cruz, que decía: «Jesús de Nazaret,* el Rey de los judíos». ²⁰El lugar donde crucificaron a Jesús estaba cerca de la ciudad, y el letrero estaba escrito en hebreo, en latín y en griego, para que muchos* pudieran leerlo.

²¹Entonces los principales sacerdotes se opusieron y le dijeron a Pilato:

—Cambia la palabra: «el Rey de los judíos» por una que diga «él dice: 'Yo soy el Rey de los judíos'».

²²—No —respondió Pilato—. Lo que he escrito, escrito está y así quedará.

²³Una vez que los soldados terminaron de crucificarlo, tomaron la ropa de Jesús y la dividieron en cuatro partes, una para cada uno de ellos. También tomaron la túnica, la cual no tenía costura y había sido tejida de arriba a abajo en una sola pieza. ²⁴Así que dijeron: «En lugar de rasgarla, tiremos los dados* para ver quién se la queda». Con eso se cumplió la Escritura que dice: «Se repartieron entre ellos mi vestimenta y tiraron los dados por mi ropa»*. Así que eso fue lo que hicieron.

²⁵Estaban de pie junto a la cruz la madre de Jesús, la hermana de su madre, María la esposa de Cleofas y María Magdalena. ²⁶Cuando Jesús vio a su madre al lado del discípulo que él amaba, le dijo: «Apreciada mujer, ahí tienes a tu hijo». ²⁷Y al discípulo le dijo: «Ahí tienes a tu madre». Y, a partir de entonces, ese discípulo la llevó a vivir a su casa.

Muerte de Jesús

²⁸Jesús sabía que su misión ya había terminado y, para cumplir las Escrituras, dijo: «Tengo sed»*. ²⁹Había allí una vasija de vino agrio, así que mojaron una esponja en el vino, la pusieron en una rama de hisopo* la y acercaron a los labios de Jesús. ³⁰Después de probar el vino, Jesús dijo: «¡Todo ha terminado!». Entonces inclinó la cabeza y entregó su espíritu.

³¹Era el día de preparación, y los líderes judíos no querían que los cuerpos permanecieran allí colgados el día siguiente, que era el día de descanso (y uno muy especial, porque era la Pascua). Entonces le pidieron a Pilato que mandara a quebrarles las piernas a los crucificados para apresurarles la muerte. Así podrían bajar los cuerpos. ³²Entonces los soldados fueron y les quebraron las piernas a los dos hombres

crucificados con Jesús. ³³Cuando llegaron a Jesús, vieron que ya estaba muerto, así que no le quebraron las piernas. ³⁴Sin embargo, uno de los soldados le atravesó el costado con una lanza y, de inmediato, salió sangre y agua. ³⁵(La información anterior proviene de un testigo ocular que presenta un relato fiel. Él dice la verdad para que ustedes también crean*). ³⁶Esas cosas sucedieron para que se cumplieran las Escrituras que dicen: «Ni uno de sus huesos será quebrado»* ³⁷y «Mirarán al que atravesaron»*.

Entierro de Jesús

³⁸Más tarde, José de Arimatea, quien había sido un discípulo secreto de Jesús (por temor a los líderes judíos), pidió permiso a Pilato para bajar el cuerpo de Jesús. Cuando Pilato concedió el permiso, José fue a buscar el cuerpo y se lo llevó. ³⁹Lo acompañó Nicodemo, el hombre que había ido a ver a Jesús de noche. Llevó consigo unos treinta y tres kilos* de ungüento perfumado, una mezcla de mirra y áloe. ⁴⁰De acuerdo con la costumbre de los entierros judíos, envolvieron el cuerpo de Jesús untado con las especias en largos lienzos de lino. ⁴¹El lugar de la crucifixión estaba cerca de un huerto donde había una tumba nueva que nunca se había usado. ⁴²Y, como era el día de preparación para la Pascua* y la tumba estaba cerca, pusieron a Jesús allí.

La resurrección

20 El domingo por la mañana temprano,* mientras aún estaba oscuro, María Magdalena llegó a la tumba y vio que habían rodado la piedra de la entrada. ²Corrió y se encontró con Simón Pedro y con el otro discípulo, a quien Jesús amaba. Les dijo: «¡Sacaron de la tumba el cuerpo del Señor, y no sabemos dónde lo pusieron!».

³Pedro y el otro discípulo se dirigieron a la tumba. ⁴Ambos iban corriendo, pero el otro discípulo corrió más aprisa que Pedro y llegó primero a la tumba. ⁵Se agachó a mirar adentro y vio los lienzos de lino apoyados ahí, pero no entró. ⁶Luego llegó Simón Pedro y entró en la tumba. Él también notó los lienzos de lino allí, ⁷pero el lienzo que había cubierto la cabeza de Jesús estaba doblado y colocado aparte de las otras tiras. ⁸Entonces el discípulo que había llegado primero a la tumba también entró y vio y creyó, ⁹porque hasta ese momento aún no habían entendido las Escrituras que decían que Jesús tenía que resucitar de los muertos. ¹⁰Después cada uno se fue a su casa.

Jesús se aparece a María Magdalena

¹¹María se encontraba llorando fuera de la tumba, y mientras lloraba, se agachó y miró adentro. ¹²Vio a dos ángeles vestidos con vestiduras

---

19:19 O *Jesús nazareno.* **19:20** En griego *muchos judíos.* **19:24a** En griego *echemos suertes.* **19:24b** Sal 22:18. **19:28** Ver Sal 22:15; 69:21. **19:35** Algunos manuscritos dicen *puedan seguir creyendo.* **19:36** Ex 12:46; Nm 9:12; Sal 34:20. **19:37** Za 12:10. **19:39** En griego *100 libras* (antiguas) [75 libras]. **19:42** En griego *debido al día de preparación judío.* **20:1** En griego *El primer día de la semana.*

blancas, uno sentado a la cabecera y el otro a los pies, en el lugar donde había estado el cuerpo de Jesús.

¹³—Apreciada mujer, ¿por qué lloras? —le preguntaron los ángeles.

—Porque se han llevado a mi Señor —contestó ella—, y no sé dónde lo han puesto.

¹⁴Dio la vuelta para irse y vio a alguien que estaba de pie allí. Era Jesús, pero ella no lo reconoció.

¹⁵ Apreciada mujer, ¿por qué lloras? —le preguntó Jesús—. ¿A quién buscas?

Ella pensó que era el jardinero y le dijo:

—Señor, si usted se lo ha llevado, dígame dónde lo puso, y yo iré a buscarlo.

¹⁶—¡María! —dijo Jesús.

Ella giró hacia él y exclamó:

—¡Rabboni! (que en hebreo significa "Maestro").

¹⁷—No te aferres a mí —le dijo Jesús—, porque todavía no he subido al Padre; pero ve a buscar a mis hermanos y diles: "Voy a subir a mi Padre y al Padre de ustedes, a mi Dios y al Dios de ustedes".

¹⁸María Magdalena encontró a los discípulos y les dijo: «¡He visto al Señor!». Y les dio el mensaje de Jesús.

Jesús se aparece a sus discípulos

¹⁹Ese domingo, al atardecer,* los discípulos estaban reunidos con las puertas bien cerradas porque tenían miedo de los líderes judíos. De pronto, ¡Jesús estaba de pie en medio de ellos! «La paz sea con ustedes», dijo. ²⁰Mientras hablaba, les mostró las heridas de sus manos y su costado. ¡Ellos se llenaron de alegría cuando vieron al Señor! ²¹Una vez más les dijo: «La paz sea con ustedes. Como el Padre me envió a mí, así yo los envío a ustedes». ²²Entonces sopló sobre ellos y les dijo: «Reciban el Espíritu Santo. ²³Si ustedes perdonan los pecados de alguien, esos pecados son perdonados; pero si ustedes no los perdonan, esos pecados no son perdonados».

Jesús se aparece a Tomás

²⁴Tomás, uno de los doce discípulos (al que apodaban el Gemelo),* no estaba con los otros cuando llegó Jesús. ²⁵Ellos le contaron:

—¡Hemos visto al Señor!

Pero él respondió:

—No lo creeré a menos que vea las heridas de los clavos en sus manos, meta mis dedos en ellas y ponga mi mano dentro de la herida de su costado.

²⁶Ocho días después, los discípulos estaban juntos de nuevo, y esa vez Tomás se encontraba con ellos. Las puertas estaban bien cerradas; pero de pronto, igual que antes, Jesús estaba de pie en medio de ellos y dijo: «La paz sea con ustedes». ²⁷Entonces le dijo a Tomás:

—Pon tu dedo aquí y mira mis manos; mete tu mano en la herida de mi costado. Ya no seas incrédulo. ¡Cree!

²⁸—¡Mi Señor y mi Dios! —exclamó Tomás.

²⁹Entonces Jesús le dijo:

—Tú crees porque me has visto, benditos los que creen sin verme.

Propósito del libro

³⁰Los discípulos vieron a Jesús hacer muchas otras señales milagrosas además de las registradas en este libro. ³¹Pero estas se escribieron para que ustedes sigan creyendo* que Jesús es el Mesías, el Hijo de Dios, y para que, al creer en él, tengan vida por el poder de su nombre.

Epílogo: Jesús se aparece a siete discípulos

21 Más tarde, Jesús se apareció nuevamente a los discípulos junto al mar de Galilea.* Este es el relato de lo que sucedió. ²Varios de sus discípulos se encontraban allí: Simón Pedro, Tomás (al que apodaban el Gemelo),* Natanael de Caná de Galilea, los hijos de Zebedeo y otros dos discípulos.

³Simón Pedro dijo:

—Me voy a pescar.

—Nosotros también vamos —dijeron los demás.

Así que salieron en la barca, pero no pescaron nada en toda la noche.

⁴Al amanecer, Jesús apareció en la playa, pero los discípulos no podían ver quién era. ⁵Les preguntó:

—Amigos,* ¿pescaron algo?

—No —contestaron ellos.

⁶Entonces él dijo:

—¡Echen la red a la derecha de la barca y tendrán pesca!

Ellos lo hicieron y no podían sacar la red por la gran cantidad de peces que contenía.

⁷Entonces el discípulo a quien Jesús amaba le dijo a Pedro: «¡Es el Señor!». Cuando Simón Pedro oyó que era el Señor, se puso la túnica (porque se la había quitado para trabajar), se tiró al agua y se dirigió hacia la orilla. ⁸Los otros se quedaron en la barca y arrastraron la pesada red llena de pescados hasta la orilla, porque estaban solo a unos noventa metros* de la playa. ⁹Cuando llegaron, encontraron el desayuno preparado para ellos: pescado a la brasa y pan.

¹⁰«Traigan algunos de los pescados que acaban de sacar», dijo Jesús. ¹¹Así que Simón Pedro subió a la barca y arrastró la red hasta la orilla. Había 153 pescados grandes, y aun así la red no se había roto.

¹²«¡Ahora acérquense y desayunen!», dijo Jesús. Ninguno de los discípulos se atrevió a preguntarle: «¿Quién eres?». Todos sabían que era el Señor. ¹³Entonces Jesús les sirvió el pan y el

---

20:19 En griego *Al atardecer de ese día, el primer día de la semana.*
20:31 Algunos manuscritos dicen *puedan seguir creyendo.*   21:1 En griego *mar de Tiberias,* otro nombre para el mar de Galilea.
21:2 En griego *Tomás, a quien llamaban Dídimo.*   21:5 En griego *Hijos.*   21:8 En griego *200 codos* [100 yardas].
20:24 En griego *Tomás, a quien llamaban Dídimo.*

pescado. [14]Esa fue la tercera vez que se apareció a sus discípulos después de haber resucitado de los muertos.

[15]Después del desayuno, Jesús le preguntó a Simón Pedro:

—Simón, hijo de Juan, ¿me amas más que estos?*

—Sí, Señor —contestó Pedro—, tú sabes que te quiero.

—Entonces, alimenta a mis corderos —le dijo Jesús.

[16]Jesús repitió la pregunta:

—Simón, hijo de Juan, ¿me amas?

—Sí, Señor —dijo Pedro—, tú sabes que te quiero.

—Entonces, cuida de mis ovejas —dijo Jesús.

[17]Le preguntó por tercera vez:

—Simón, hijo de Juan, ¿me quieres?

A Pedro le dolió que Jesús le dijera la tercera vez: «¿Me quieres?». Le contestó:

—Señor, tú sabes todo. Tú sabes que yo te quiero.

Jesús dijo:

—Entonces, alimenta a mis ovejas.

[18]»Te digo la verdad, cuando eras joven, podías hacer lo que querías; te vestías tú mismo e ibas adonde querías ir. Sin embargo, cuando

seas viejo, extenderás los brazos, y otros te vestirán y te llevarán* adonde no quieras ir.

[19]Jesús dijo eso para darle a conocer el tipo de muerte con la que Pedro glorificaría a Dios. Entonces Jesús le dijo: «Sígueme».

[20]Pedro se dio vuelta y vio que, detrás de ellos, estaba el discípulo a quien Jesús amaba, el que se había inclinado hacia Jesús durante la cena para preguntarle: «Señor, ¿quién va a traicionarte?». [21]Pedro le preguntó a Jesús:

—Señor, ¿qué va a pasar con él?

[22]Jesús contestó:

—Si quiero que él siga vivo hasta que yo regrese, ¿qué tiene que ver contigo? En cuanto a ti, sígueme.

[23]Así que entre la comunidad de los creyentes* corrió el rumor de que ese discípulo no moriría; pero eso no fue en absoluto lo que dijo Jesús. Él sólo dijo: «Si quiero que él siga vivo hasta que yo regrese, ¿qué tiene que ver contigo?».

[24]Ese discípulo es el que da testimonio de todos estos sucesos y los ha registrado en este libro; y sabemos que su relato es fiel.

[25]Jesús también hizo muchas otras cosas. Si todas se pusieran por escrito, supongo que el mundo entero no podría contener los libros que se escribirían.

21:15 O *¿me amas más que ellos?* o *¿me amas más que a estas (cosas)?* 21:18 Algunos manuscritos dicen *algún otro te vestirá y te llevará.* 21:23 En griego *los hermanos.*

Hechos

La promesa del Espíritu Santo

1 Teófilo, en mi primer libro* te relaté todo lo que Jesús comenzó a hacer y a enseñar ²hasta el día que fue llevado al cielo, después de haberles dado a sus apóstoles escogidos instrucciones adicionales por medio del Espíritu Santo. ³Durante los cuarenta días posteriores a su crucifixión, Cristo se apareció varias veces a los apóstoles y les demostró con muchas pruebas convincentes que él realmente estaba vivo. Y les habló del reino de Dios.

⁴Una vez, mientras comía con ellos, les ordenó: «No se vayan de Jerusalén hasta que el Padre les envíe el regalo que les prometió, tal como les dije antes. ⁵Juan bautizaba con* agua, pero en unos cuantos días ustedes serán bautizados con el Espíritu Santo».

La ascensión de Jesús

⁶Así que mientras los apóstoles estaban con Jesús, le preguntaron con insistencia:

—Señor, ¿ha llegado ya el tiempo de que liberes a Israel y restaures nuestro reino?

⁷Él les contestó:

—Solo el Padre tiene la autoridad para fijar esas fechas y tiempos, y a ustedes no les corresponde saberlo; ⁸pero recibirán poder cuando el Espíritu Santo descienda sobre ustedes; y serán mis testigos, y le hablarán a la gente acerca de mí en todas partes: en Jerusalén, por toda Judea, en Samaria y hasta los lugares más lejanos de la tierra.

⁹Después de decir esto, Jesús fue levantado en una nube mientras ellos observaban, hasta que ya no pudieron verlo. ¹⁰Mientras se esforzaban por verlo ascender al cielo, dos hombres vestidos con túnicas blancas de repente se pusieron en medio de ellos. ¹¹«Hombres de Galilea —les dijeron—, ¿por qué están aquí parados, mirando al cielo? Jesús fue tomado de entre ustedes y llevado al cielo, ¡pero un día volverá del cielo de la misma manera en que lo vieron irse!».

Matías toma el lugar de Judas

¹²Después los apóstoles regresaron del monte de los Olivos a Jerusalén, a un kilómetro* de distancia. ¹³Cuando llegaron, subieron a la habitación de la planta alta de la casa donde se hospedaban.

Estos son los nombres de los que estaban presentes: Pedro, Juan, Santiago, Andrés, Felipe, Tomás, Bartolomé, Mateo, Santiago (hijo de Alfeo), Simón (el zelote) y Judas (hijo de Santiago). ¹⁴Todos se reunían y estaban constantemente unidos en oración junto con María, la madre de Jesús, varias mujeres más y los hermanos de Jesús.

¹⁵Durante aquellos días, cuando aproximadamente ciento veinte creyentes* estaban juntos en un mismo lugar, Pedro se puso de pie y se dirigió a ellos: ¹⁶«Hermanos —les dijo—, las Escrituras tenían que cumplirse con respecto a Judas, quien guió a los que arrestaron a Jesús. Esto lo predijo hace mucho tiempo el Espíritu Santo cuando habló por medio del rey David. ¹⁷Judas era uno de nosotros y participó con nosotros en el ministerio».

¹⁸(Judas había comprado un campo con el dinero que recibió por su traición. Allí cayó de cabeza, se le reventó el cuerpo y se le derramaron los intestinos. ¹⁹La noticia de su muerte llegó a todos los habitantes de Jerusalén, y ellos le pusieron a ese lugar el nombre arameo *Acéldama*, que significa «Campo de Sangre»).

²⁰«Esto estaba escrito en el libro de los Salmos —continuó Pedro—, donde dice: "Que su casa quede desolada y que nadie viva en ella". También dice: "Que otro tome su lugar"*.

²¹»Entonces ahora tenemos que elegir a alguien que tome el lugar de Judas entre los hombres que estaban con nosotros todo el tiempo mientras viajábamos con el Señor Jesús, ²²desde el día que Juan lo bautizó hasta el día que fue tomado de entre nosotros. El que salga elegido se unirá a nosotros como testigo de la resurrección de Jesús».

²³Así que propusieron a dos hombres: a José —a quien llamaban Barsabás (también conocido como Justo)— y a Matías. ²⁴Después todos ellos oraron: «Oh Señor, tú conoces cada corazón. Muéstranos a cuál de estos hombres has elegido ²⁵como apóstol para que tome el lugar de Judas en este ministerio, porque él nos ha abandonado y se ha ido al lugar que le corresponde». ²⁶Entonces echaron suertes, y Matías fue elegido para ser apóstol con los otros once.

1:1 Se refiere al Evangelio de Lucas. **1:5** O *en;* también en 1:5b. **1:12** En griego *trayecto de un día de descanso.* **1:15** En griego *hermanos.* **1:20** Sal 69:25; 109:8.

La llegada del Espíritu Santo

2 El día de Pentecostés,* todos los creyentes estaban reunidos en un mismo lugar. ²De repente, se oyó un ruido desde el cielo parecido al estruendo de un viento fuerte e impetuoso que llenó la casa donde estaban sentados. ³Luego, algo parecido a unas llamas o lenguas de fuego aparecieron y se posaron sobre cada uno de ellos. ⁴Y todos los presentes fueron llenos del Espíritu Santo y comenzaron a hablar en otros idiomas,* conforme el Espíritu Santo les daba esa capacidad.

⁵En esa ocasión, había judíos devotos de todas las naciones, que vivían en Jerusalén. ⁶Cuando oyeron el fuerte ruido, todos llegaron corriendo y quedaron desconcertados al escuchar sus propios idiomas hablados por los creyentes.

⁷Estaban totalmente asombrados. «¿Cómo puede ser? —exclamaban—. Todas estas personas son de Galilea, ⁸y aun así las oímos hablar en nuestra lengua materna! ⁹Aquí estamos nosotros: partos, medos, elamitas, gente de Mesopotamia, Judea, Capadocia, Ponto, de la provincia de Asia, ¹⁰de Frigia, Panfilia, Egipto y de las áreas de Libia alrededor de Cirene, visitantes de Roma ¹¹(tanto judíos como convertidos al judaísmo), cretenses y árabes. ¡Y todos oímos a esta gente hablar en nuestro propio idioma acerca de las cosas maravillosas que Dios ha hecho!» ¹²Quedaron allí, maravillados y perplejos. «¿Qué querrá decir esto?», se preguntaban unos a otros.

¹³Pero otros entre la multitud se burlaban de ellos diciendo: «Solo están borrachos, eso es todo».

Pedro predica a la multitud

¹⁴Entonces Pedro dio un paso adelante junto con los otros once apóstoles y gritó a la multitud: «¡Escuchen con atención, todos ustedes, compatriotas judíos y residentes de Jerusalén! No se equivoquen. ¹⁵Estas personas no están borrachas, como algunos de ustedes suponen. La nueve de la mañana es demasiado temprano para emborracharse. ¹⁶No, lo que ustedes ven es lo que el profeta Joel predijo hace mucho tiempo:

¹⁷ "En los últimos días —dice Dios—,
    derramaré mi Espíritu sobre toda la gente.
    Sus hijos e hijas profetizarán.
    Sus jóvenes tendrán visiones,
    y sus ancianos tendrán sueños.
¹⁸ En esos días derramaré mi Espíritu
    sobre mis siervos —hombres y mujeres
        por igual—
    y profetizarán.
¹⁹ Y haré maravillas arriba en los cielos
    y señales abajo en la tierra:
    sangre, fuego y nubes de humo.
²⁰ El sol se oscurecerá,

y la luna se pondrá roja como la sangre
    antes de que llegue el grande y glorioso día
        del Señor.
²¹ Pero todo el que invoque el nombre del Señor
    será salvo"*.

²²»Pueblo de Israel, ¡escucha! Dios públicamente aprobó a Jesús de Nazaret* al hacer milagros poderosos, maravillas y señales por medio de él, como ustedes bien saben; ²³pero Dios sabía lo que iba a suceder y su plan predeterminado se llevó a cabo cuando Jesús fue traicionado. Con la ayuda de gentiles* sin ley, ustedes lo clavaron en la cruz y lo mataron; ²⁴pero Dios lo liberó de los terrores de la muerte y lo volvió a la vida, pues la muerte no pudo retenerlo bajo su dominio. ²⁵El rey David dijo lo siguiente acerca de él:

"Veo que el Señor siempre está conmigo.
    No seré sacudido, porque él está aquí a mi
        lado.
²⁶ ¡Con razón mi corazón está contento,
    y mi lengua grita sus alabanzas!
    Mi cuerpo descansa en esperanza.
²⁷ Pues tú no dejarás mi alma entre los muertos*
    ni permitirás que tu Santo se pudra en la
        tumba.
²⁸ Me has mostrado el camino de la vida
    y me llenarás con la alegría de tu
        presencia"*.

²⁹»Queridos hermanos, ¡piensen en esto! Pueden estar seguros de que el patriarca David no se refería a sí mismo, porque él murió, fue enterrado y su tumba está todavía aquí entre nosotros; ³⁰pero él era un profeta y sabía que Dios había prometido mediante un juramento que uno de los propios descendientes de David se sentaría en su trono. ³¹David estaba mirando hacia el futuro y hablaba de la resurrección del Mesías. Él decía que Dios no lo dejaría entre los muertos ni permitiría que su cuerpo se pudriera en la tumba.

³²»Dios levantó a Jesús de los muertos y de esto todos nosotros somos testigos. ³³Ahora él ha sido exaltado al lugar de más alto honor en el cielo, a la derecha de Dios. Y el Padre, según lo había prometido, le dio el Espíritu Santo para que lo derramara sobre nosotros, tal como ustedes lo ven y lo oyen hoy. ³⁴Pues David nunca ascendió al cielo; sin embargo, dijo:

"El Señor dijo a mi Señor:
    'Siéntate en el lugar de honor a mi derecha,
³⁵ hasta que humille a tus enemigos
    y los ponga por debajo de tus pies'"*.

³⁶»Por lo tanto, que todos en Israel sepan sin lugar a dudas, que a este Jesús, a quien ustedes crucificaron, ¡Dios lo ha hecho tanto Señor como Mesías!».

2:1 El Festival de Pentecostés caía cincuenta días después de la Pascua (cuando Jesús fue crucificado).   2:4 O *en otras lenguas.*
2:17-21 Jl 2:28-32.   2:22 O *Jesús de Nazareno.*   2:23 *Gentil(es),* que no es judío.   2:27 En griego *en el Hades;* también en 2:31.
2:25-28 Sal 16:8-11 (versión griega).   2:34-35 Sal 110:1.

³⁷Las palabras de Pedro traspasaron el corazón de ellos, quienes le dijeron a él y a los demás apóstoles:

—Hermanos, ¿qué debemos hacer?

³⁸Pedro contestó:

—Cada uno de ustedes debe arrepentirse de sus pecados y volver a Dios, y ser bautizado en el nombre de Jesucristo para el perdón de sus pecados. Entonces recibirán el regalo del Espíritu Santo. ³⁹Esta promesa es para ustedes, para sus hijos e incluso para los gentiles,* es decir, para todos los que han sido llamados por el Señor nuestro Dios.

⁴⁰Entonces Pedro siguió predicando por largo rato, y les rogaba con insistencia a todos sus oyentes: «¡Sálvense de esta generación perversa!».

⁴¹Los que creyeron lo que Pedro dijo fueron bautizados y sumados a la iglesia en ese mismo día, como tres mil en total.

Los creyentes forman una comunidad

⁴²Todos los creyentes se dedicaban a las enseñanzas de los apóstoles, a la comunión fraternal, a participar juntos en las comidas (entre ellas la Cena del Señor*), y a la oración.

⁴³Un profundo temor reverente vino sobre todos ellos, y los apóstoles realizaban muchas señales milagrosas y maravillas. ⁴⁴Todos los creyentes se reunían en un mismo lugar y compartían todo lo que tenían. ⁴⁵Vendían sus propiedades y posesiones y compartían el dinero con aquellos en necesidad. ⁴⁶Adoraban juntos en el templo cada día, se reunían en casas para la Cena del Señor y compartían sus comidas con gran gozo y generosidad,* ⁴⁷todo el tiempo alabando a Dios y disfrutando de la buena voluntad de la gente. Y cada día el Señor agregaba a esa comunidad cristiana los que iban siendo salvos.

Pedro sana a un mendigo inválido

3 Cierta tarde, Pedro y Juan fueron al templo para participar en el servicio de oración de las tres de la tarde. ²Mientras se acercaban al templo, llevaban cargando a un hombre que era cojo de nacimiento. Todos los días lo ponían junto a la puerta del templo, la que se llama Hermosa, para que pidiera limosna a la gente que entraba. ³Cuando el hombre vio que Pedro y Juan estaban por entrar, les pidió dinero.

⁴Pedro y Juan lo miraron fijamente, y Pedro le dijo: «¡Míranos!». ⁵El hombre lisiado los miró ansiosamente, esperando recibir un poco de dinero, ⁶pero Pedro le dijo: «Yo no tengo plata ni oro para ti, pero te daré lo que tengo. En el nombre de Jesucristo de Nazaret,* ¡levántate y* camina!».

⁷Entonces Pedro tomó al hombre lisiado de la mano derecha y lo ayudó a levantarse. Y, mientras lo hacía, al instante los pies y los tobillos del hombre fueron sanados y fortalecidos. ⁸¡Se levantó de un salto, se puso de pie y comenzó a caminar! Luego entró en el templo con ellos caminando, saltando y alabando a Dios.

⁹Toda la gente lo vio caminar y lo oyó adorar a Dios. ¹⁰Cuando se dieron cuenta de que él era el mendigo cojo que muchas veces habían visto junto a la puerta Hermosa, ¡quedaron totalmente sorprendidos! ¹¹Llenos de asombro, salieron todos corriendo hacia el pórtico de Salomón, donde estaba el hombre sujetando fuertemente a Pedro y a Juan.

Pedro predica en el templo

¹²Pedro vio esto como una oportunidad y se dirigió a la multitud: «Pueblo de Israel —dijo—, ¿qué hay de sorprendente en esto? ¿Y por qué nos quedan viendo como si hubiéramos hecho caminar a este hombre con nuestro propio poder o nuestra propia rectitud? ¹³Pues es el Dios de Abraham, de Isaac y de Jacob —el Dios de todos nuestros antepasados— quien dio gloria a su siervo Jesús al hacer este milagro. Es el mismo Jesús a quien ustedes rechazaron y entregaron a Pilato, a pesar de que Pilato había decidido ponerlo en libertad. ¹⁴Ustedes rechazaron a ese santo y justo y, en su lugar, exigieron que soltaran a un asesino. ¹⁵Ustedes mataron al autor de la vida, pero Dios lo levantó de los muertos. ¡Y nosotros somos testigos de ese hecho!

¹⁶»Por la fe en el nombre de Jesús, este hombre fue sanado, y ustedes saben que él antes era un inválido. La fe en el nombre de Jesús lo ha sanado delante de sus propios ojos.

¹⁷»Amigos,* yo entiendo que lo que ustedes y sus líderes le hicieron a Jesús fue hecho en ignorancia; ¹⁸pero Dios estaba cumpliendo lo que los profetas predijeron acerca del Mesías, que él tenía que sufrir estas cosas. ¹⁹Ahora pues, arrepiéntanse de sus pecados y vuelvan a Dios para que sus pecados sean borrados. ²⁰Entonces, de la presencia del Señor vendrán tiempos de refrigerio y él les enviará nuevamente a Jesús, el Mesías designado para ustedes. ²¹Pues él debe permanecer en el cielo hasta el tiempo de la restauración final de todas las cosas, así como Dios lo prometió desde hace mucho mediante sus santos profetas. ²²Moisés dijo: "El SEÑOR, Dios de ustedes, les levantará un Profeta como yo de entre su propio pueblo. Escuchen con atención todo lo que él les diga"*. ²³Luego Moisés dijo: "Cualquiera que no escuche a ese Profeta será totalmente excluido del pueblo de Dios"*.

²⁴»Comenzando con Samuel, cada profeta habló acerca de lo que sucede hoy en día. ²⁵Ustedes son los hijos de esos profetas y están incluidos en el pacto que Dios les prometió

a sus antepasados. Pues Dios le dijo a Abraham: "Todas las familias de la tierra serán bendecidas por medio de tus descendientes*", ²⁶Cuando Dios resucitó a su siervo, lo envió primero a ustedes, pueblo de Israel, para bendecirlos al hacer que cada uno se aparte de sus caminos pecaminosos».

Pedro y Juan ante el Concilio

4 Mientras Pedro y Juan le hablaban a la gente, se vieron enfrentados por los sacerdotes, el capitán de la guardia del templo y algunos de los saduceos. ²Estos líderes estaban sumamente molestos porque Pedro y Juan enseñaban a la gente que hay resurrección de los muertos por medio de Jesús. ³Los arrestaron y, como ya era de noche, los metieron en la cárcel hasta la mañana siguiente. ⁴Pero muchos de los que habían oído el mensaje lo creyeron, así que el número de creyentes ascendió a un total aproximado de cinco mil hombres, sin contar a las mujeres y a los niños.*

⁵Al día siguiente, el Concilio —integrado por todos los gobernantes, ancianos y maestros de la ley religiosa— se reunió en Jerusalén. ⁶El sumo sacerdote, Anás, estaba presente junto con Caifás, Juan, Alejandro y otros parientes del sumo sacerdote. ⁷Hicieron entrar a los dos discípulos y les preguntaron:

—¿Con qué poder o en nombre de quién han hecho esto?

⁸Entonces Pedro, lleno del Espíritu Santo, les dijo:

—Gobernantes y ancianos de nuestro pueblo, ⁹¿nos interrogan hoy por haber hecho una buena obra a un inválido? ¿Quieren saber cómo fue sanado? ¹⁰Déjenme decirles claramente tanto a ustedes como a todo el pueblo de Israel que fue sanado por el poderoso nombre de Jesucristo de Nazaret,* el hombre a quien ustedes crucificaron pero a quien Dios levantó de los muertos. ¹¹Pues es Jesús a quien se refieren las Escrituras cuando dicen:

"La piedra que ustedes, los constructores, rechazaron
ahora se ha convertido en la piedra principal"*.

¹²»¡En ningún otro hay salvación! Dios no ha dado ningún otro nombre bajo el cielo, mediante el cual podamos ser salvos».

¹³Los miembros del Concilio quedaron asombrados cuando vieron el valor de Pedro y de Juan, porque veían que eran hombres comunes sin ninguna preparación especial en las Escrituras. También los identificaron como hombres que habían estado con Jesús. ¹⁴Sin embargo, dado que podían ver allí de pie entre ellos al hombre que había sido sanado, no hubo nada que el Concilio pudiera decir. ¹⁵Así que les

ordenaron a Pedro y a Juan que salieran de la sala del Concilio,* y consultaron entre ellos.

¹⁶«¿Qué debemos hacer con estos hombres? —se preguntaban unos a otros—. No podemos negar que han hecho una señal milagrosa, y todos en Jerusalén ya lo saben. ¹⁷Así que para evitar que sigan divulgando su propaganda aún más, tenemos que advertirles que no vuelvan a hablar con nadie en el nombre de Jesús». ¹⁸Entonces llamaron nuevamente a los apóstoles y les ordenaron que nunca más hablaran ni enseñaran en el nombre de Jesús.

¹⁹Pero Pedro y Juan respondieron:

«¿Acaso piensan que Dios quiere que los obedezcamos a ustedes en lugar de a él? ²⁰Nosotros no podemos dejar de hablar acerca de todo lo que hemos visto y oído».

²¹Entonces el Concilio los amenazó aún más, pero finalmente los dejaron ir porque no sabían cómo castigarlos sin provocar un disturbio. Pues todos alababan a Dios ²²por esa señal milagrosa, la sanidad de un hombre que había estado lisiado por más de cuarenta años.

Los creyentes oran por valentía

²³Tan pronto como quedaron libres, Pedro y Juan volvieron adonde estaban los demás creyentes y les contaron lo que los sacerdotes principales y los ancianos les habían dicho. ²⁴Cuando los creyentes oyeron las noticias, todos juntos alzaron sus voces en oración a Dios: «Oh Señor Soberano, Creador del cielo y de la tierra, del mar y de todo lo que hay, ²⁵hace mucho tiempo tú hablaste por el Espíritu Santo mediante nuestro antepasado David, tu siervo, y dijiste:

"¿Por qué estaban tan enojadas las naciones?
¿Por qué perdieron el tiempo en planes inútiles?
²⁶ Los reyes de la tierra se prepararon para la batalla,
los gobernantes se reunieron
en contra del Señor
y en contra de su Mesías"*.

²⁷»De hecho, ¡eso ha ocurrido aquí en esta misma ciudad! Pues Herodes Antipas, el gobernador Poncio Pilato, los gentiles* y el pueblo de Israel estaban todos unidos en contra de Jesús, tu santo siervo, a quien tú ungiste. ²⁸Sin embargo, todo lo que hicieron ya estaba determinado de antemano de acuerdo con tu voluntad. ²⁹Y ahora, oh Señor, escucha sus amenazas y danos a nosotros, tus siervos, mucho valor al predicar tu palabra. ³⁰Extiende tu mano con poder sanador; que se hagan señales milagrosas y maravillas por medio del nombre de tu santo siervo Jesús».

³¹Después de esta oración, el lugar donde estaban reunidos tembló y todos fueron llenos del Espíritu Santo. Y predicaban con valentía la palabra de Dios.

3:25 En griego *tu semilla;* Gn 12:3; 22:18.   **4:4** En griego *cinco mil hombres adultos.*   **4:10** O *Jesucristo nazareno.*   **4:15** En griego *del Sanedrín.*   **4:25-26** O *su Ungido;* o *su Cristo.* Sal 2:1-2.   **4:27** *Gentil(es),* que no es judío.

Los creyentes comparten sus bienes

³²Todos los creyentes estaban unidos de corazón y en espíritu. Consideraban que sus posesiones no eran propias, así que compartían todo lo que tenían. ³³Los apóstoles daban testimonio con poder de la resurrección del Señor Jesús y la gran bendición de Dios estaba sobre todos ellos. ³⁴No había necesitados entre ellos, porque los que tenían terrenos o casas los vendían ³⁵y llevaban el dinero a los apóstoles para que ellos lo dieran a los que pasaban necesidad.

³⁶Por ejemplo, había un tal José, a quien los apóstoles le pusieron el sobrenombre Bernabé (que quiere decir «hijo de ánimo»). Él pertenecía a la tribu de Leví y era oriundo de la isla de Chipre. ³⁷Vendió un campo que tenía y llevó el dinero a los apóstoles.

Ananías y Safira

5 Había cierto hombre llamado Ananías quien, junto con su esposa, Safira, vendió una propiedad; ²y llevó solo una parte del dinero a los apóstoles pero afirmó que era la suma total de la venta. Con el consentimiento de su esposa, se quedó con el resto.

³Entonces Pedro le dijo: «Ananías, ¿por qué has permitido que Satanás llenara tu corazón? Le mentiste al Espíritu Santo y te quedaste con una parte del dinero. ⁴La decisión de vender o no la propiedad fue tuya. Y, después de venderla, el dinero también era tuyo para regalarlo o no. ¿Cómo pudiste hacer algo así? ¡No mentiste a nosotros sino a Dios!».

⁵En cuanto Ananías oyó estas palabras, cayó al suelo y murió. Todos los que se enteraron de lo sucedido quedaron aterrados. ⁶Después unos muchachos se levantaron, lo envolvieron en una sábana, lo sacaron y lo enterraron.

⁷Como tres horas más tarde, entró su esposa sin saber lo que había pasado. ⁸Pedro le preguntó:

—¿Fue este todo el dinero que tú y tu esposo recibieron por la venta de su terreno?

—Sí —contestó ella—, ese fue el precio.

⁹Y Pedro le dijo:

—¿Cómo pudieron ustedes dos siquiera pensar en conspirar para poner a prueba al Espíritu del Señor de esta manera? Los jóvenes que enterraron a tu esposo están justo afuera de la puerta, ellos también te sacarán cargando a ti.

¹⁰Al instante, ella cayó al suelo y murió. Cuando los jóvenes entraron y vieron que estaba muerta, la sacaron y la enterraron al lado de su esposo. ¹¹Gran temor se apoderó de toda la iglesia y de todos los que oyeron lo que había sucedido.

Los apóstoles sanan a muchos

¹²Los apóstoles hacían muchas señales milagrosas y maravillas entre la gente. Y todos los creyentes se reunían con frecuencia en el área conocida como el Pórtico de Salomón; ¹³pero nadie más se atrevía a unirse a ellos, aunque toda la gente los tenía en alta estima. ¹⁴Sin embargo, cada vez más personas —multitudes de hombres y mujeres— creían y se acercaban al Señor. ¹⁵Como resultado del trabajo de los apóstoles, la gente sacaba a los enfermos a las calles en camas y camillas para que la sombra de Pedro cayera sobre algunos de ellos cuando él pasaba. ¹⁶Multitudes llegaban desde las aldeas que rodeaban a Jerusalén y llevaban a sus enfermos y a los que estaban poseídos por espíritus malignos,* y todos eran sanados.

Los apóstoles enfrentan oposición

¹⁷El sumo sacerdote y sus funcionarios, que eran saduceos, se llenaron de envidia. ¹⁸Arrestaron a los apóstoles y los metieron en la cárcel pública; ¹⁹pero un ángel del Señor llegó de noche, abrió las puertas de la cárcel y los sacó. Luego les dijo: ²⁰«¡Vayan al templo y denle a la gente este mensaje de vida!».

²¹Así que, al amanecer, los apóstoles entraron en el templo como se les había dicho, y comenzaron a enseñar de inmediato.

Cuando llegaron el sumo sacerdote y sus funcionarios, convocaron al Concilio Supremo,* es decir, a toda la asamblea de los ancianos de Israel. Luego mandaron a sacar a los apóstoles de la cárcel para llevarlos a juicio; ²²pero cuando los guardias del templo llegaron a la cárcel, los hombres ya no estaban. Entonces regresaron al Concilio y dieron el siguiente informe: ²³«La cárcel estaba bien cerrada, los guardias estaban afuera en sus puestos, pero cuando abrimos las puertas, ¡no había nadie!».

²⁴Cuando el capitán de la guardia del templo y los sacerdotes principales oyeron esto, quedaron perplejos y se preguntaban en qué iba a terminar todo el asunto. ²⁵Entonces alguien llegó con noticias sorprendentes: «¡Los hombres que ustedes metieron en la cárcel están en el templo enseñando a la gente!».

²⁶El capitán fue con los guardias del templo y arrestó a los apóstoles, pero sin violencia, porque tenían miedo de que la gente los apedreara. ²⁷Después llevaron a los apóstoles ante el Concilio Supremo, donde los confrontó el sumo sacerdote.

²⁸—¿Acaso no les dijimos que no enseñaran nunca más en nombre de ese hombre? —les reclamó—. En lugar de eso, ustedes han llenado a toda Jerusalén con la enseñanza acerca de él, ¡y quieren hacernos responsables de su muerte!

²⁹Pero Pedro y los apóstoles respondieron:

—Nosotros tenemos que obedecer a Dios antes que a cualquier autoridad humana. ³⁰El Dios de nuestros antepasados levantó a Jesús de los muertos después de que ustedes lo mataron colgándolo en una cruz.* ³¹Luego Dios lo puso en el lugar de honor, a su derecha, como Príncipe y

---

3.16 En griego *impuros.* **5:21** En griego *Sanedrín;* también en 5:27, 41. **5:30** En griego *en un madero.*

Salvador. Lo hizo para que el pueblo de Israel se arrepintiera de sus pecados y fuera perdonado. ³²Nosotros somos testigos de estas cosas y también lo es el Espíritu Santo, dado por Dios a todos los que lo obedecen.

³³Al oír esto, el Concilio Supremo se enfureció y decidió matarlos; ³⁴pero uno de los miembros, un fariseo llamado Gamaliel, experto en la ley religiosa y respetado por toda la gente, se puso de pie y ordenó que sacaran de la sala del Concilio a los apóstoles por un momento. ³⁵Entonces les dijo a sus colegas: «Hombres de Israel, ¡tengan cuidado con lo que piensan hacerles a estos hombres! ³⁶Hace algún tiempo, hubo un tal Teudas, quien fingía ser alguien importante. Unas cuatrocientas personas se le unieron, pero a él lo mataron y todos sus seguidores se fueron cada cual por su camino. Todo el movimiento se redujo a nada. ³⁷Después de él, en el tiempo en que se llevó a cabo el censo, apareció un tal Judas de Galilea. Logró que gente lo siguiera, pero a él también lo mataron, y todos sus seguidores se dispersaron.

³⁸»Así que mi consejo es que dejen a esos hombres en paz. Pónganlos en libertad. Si ellos están planeando y actuando por sí solos, pronto su movimiento caerá; ³⁹pero si es de Dios, ustedes no podrán detenerlos. ¡Tal vez hasta se encuentren peleando contra Dios!».

⁴⁰Los otros miembros aceptaron su consejo. Llamaron a los apóstoles y mandaron que los azotaran. Luego les ordenaron que nunca más hablaran en el nombre de Jesús y los pusieron en libertad.

⁴¹Los apóstoles salieron del Concilio Supremo con alegría, porque Dios los había considerado dignos de sufrir deshonra por el nombre de Jesús.* ⁴²Y cada día, en el templo y casa por casa, seguían enseñando y predicando este mensaje: «Jesús es el Mesías».

Siete hombres escogidos para servir

6 Al multiplicarse los creyentes* rápidamente, hubo muestras de descontento. Los creyentes que hablaban griego se quejaban de los que hablaban hebreo diciendo que sus viudas eran discriminadas en la distribución diaria de los alimentos.

²De manera que los Doce convocaron a todos los creyentes a una reunión. Dijeron: «Nosotros, los apóstoles, deberíamos ocupar nuestro tiempo en enseñar la palabra de Dios, y no en dirigir la distribución de alimento. ³Por lo tanto, hermanos, escojan a siete hombres que sean muy respetados, que estén llenos del Espíritu y de sabiduría. A ellos les daremos esa responsabilidad. ⁴Entonces nosotros, los apóstoles, podremos dedicar nuestro tiempo a la oración y a enseñar la palabra».

⁵A todos les gustó la idea y eligieron a Esteban (un hombre lleno de fe y del Espíritu Santo), a Felipe, a Prócoro, a Nicanor, a Timón, a Parmenas y a Nicolás de Antioquía (quien anteriormente se había convertido a la fe judía). ⁶Estos siete hombres fueron presentados ante los apóstoles, quienes oraron por ellos y les impusieron las manos.

⁷Así que el mensaje de Dios siguió extendiéndose. El número de creyentes aumentó en gran manera en Jerusalén, y muchos de los sacerdotes judíos también se convirtieron.

Arresto de Esteban

⁸Esteban, un hombre lleno de la gracia y del poder de Dios, hacía señales y milagros asombrosos entre la gente. ⁹Cierto día, unos hombres de la sinagoga de los Esclavos Liberados —así la llamaban— comenzaron a debatir con él. Eran judíos de Cirene, Alejandría, Cilicia y de la provincia de Asia. ¹⁰Ninguno de ellos podía hacerle frente a la sabiduría y al Espíritu con que hablaba Esteban.

¹¹Entonces persuadieron a unos hombres para que dijeran mentiras acerca de Esteban. Ellos declararon: «Nosotros lo oímos blasfemar contra Moisés y hasta contra Dios». ¹²Esto provocó a la gente, a los ancianos y a los maestros de la ley religiosa. Así que arrestaron a Esteban y lo llevaron ante el Concilio Supremo.*

¹³Los testigos mentirosos dijeron:
—Este hombre siempre habla contra el santo templo y contra la ley de Moisés. ¹⁴Lo hemos oído decir que ese tal Jesús de Nazaret* destruirá el templo y cambiará las costumbres que Moisés nos transmitió.

¹⁵En ese momento, todos los del Concilio Supremo fijaron la mirada en Esteban, porque su cara comenzó a brillar como la de un ángel.

Discurso de Esteban ante el Concilio

7 Entonces el sumo sacerdote le preguntó a Esteban:
—¿Son ciertas estas acusaciones?

²Esteban dio la siguiente respuesta:
—Hermanos y padres, escúchenme. Nuestro glorioso Dios se le apareció a nuestro antepasado Abraham en Mesopotamia antes de que él se estableciera en Harán.* ³Dios le dijo: "Deja tu patria y a tus parientes y entra en la tierra que yo te mostraré"*. ⁴Entonces Abraham salió del territorio de los caldeos y vivió en Harán hasta que su padre murió. Después Dios lo trajo hasta aquí, a la tierra donde ustedes viven ahora.

⁵»Sin embargo, Dios no le dio ninguna herencia aquí, ni siquiera un metro cuadrado de tierra; pero Dios sí le prometió que algún día toda la tierra les pertenecería a Abraham y a sus descendientes, aun cuando él todavía no tenía hijos.

5:41 En griego *por el nombre.* **6:1** En griego *discípulos*; también en 6:2, 7. **6:12** En griego *Sanedrín*; también en 6:15. **6:14** O *Jesús nazareno.* **7:2** *Mesopotamia* era la región que ahora se conoce como Irak. *Harán* era una ciudad en lo que ahora se conoce como Siria. **7:3** Gn 12:1.

⁶Dios también le dijo que sus descendientes vivirían en una tierra extranjera, donde serían oprimidos como esclavos durante cuatrocientos años. ⁷"Pero yo castigaré a la nación que los esclavice —dijo Dios—, y al final saldrán de allí y me adorarán en este lugar"*.

⁸»En aquel entonces, Dios también le dio a Abraham la práctica de la circuncisión. Así que cuando nació su hijo Isaac, Abraham lo circuncidó al octavo día; y esa práctica continuó cuando Isaac fue padre de Jacob y cuando Jacob fue padre de los doce patriarcas de la nación israelita.

⁹»Estos patriarcas tuvieron envidia de su hermano José y lo vendieron para que fuera esclavo en Egipto; pero Dios estaba con él ¹⁰y lo rescató de todas sus dificultades; y Dios le mostró su favor ante el faraón, el rey de Egipto. Dios también le dio a José una sabiduría fuera de lo común, de manera que el faraón lo nombró gobernador de todo Egipto y lo puso a cargo del palacio.

¹¹»Entonces un hambre azotó a Egipto y a Canaán. Hubo mucho sufrimiento, y nuestros antepasados se quedaron sin alimento. ¹²Jacob oyó que aún había grano en Egipto, por lo que envió a sus hijos —nuestros antepasados— a comprar un poco. ¹³La segunda vez que fueron, José reveló su identidad a sus hermanos* y se los presentó al faraón. ¹⁴Después José mandó a buscar a su padre, Jacob, y a todos sus parientes para que los llevaran a Egipto, setenta y cinco personas en total. ¹⁵De modo que Jacob fue a Egipto. Murió allí, al igual que nuestros antepasados. ¹⁶Sus cuerpos fueron llevados a Siquem, donde fueron enterrados en la tumba que Abraham les había comprado a los hijos de Hamor en Siquem a un determinado precio.

¹⁷»A medida que se acercaba el tiempo en que Dios cumpliría su promesa a Abraham, el número de nuestro pueblo en Egipto aumentó considerablemente. ¹⁸Pero luego ascendió un nuevo rey al trono de Egipto, quien no sabía nada de José. ¹⁹Este rey explotó a nuestro pueblo y lo oprimió, y forzó a los padres a que abandonaran a sus recién nacidos para que murieran.

²⁰»En esos días nació Moisés, un hermoso niño a los ojos de Dios. Sus padres lo cuidaron en casa durante tres meses. ²¹Cuando tuvieron que abandonarlo, la hija del faraón lo adoptó y lo crió como su propio hijo. ²²A Moisés le enseñaron toda la sabiduría de los egipcios, y era poderoso tanto en palabras como en acciones.

²³»Cierto día, cuando Moisés tenía cuarenta años, decidió visitar a sus parientes, el pueblo de Israel. ²⁴Vio que un egipcio maltrataba a un israelita. Entonces Moisés salió en defensa del hombre y mató al egipcio para vengarlo. ²⁵Moisés supuso que sus compatriotas israelitas se darían cuenta de que Dios lo había enviado para rescatarlos, pero no fue así.

²⁶»Al día siguiente, los visitó de nuevo y vio que dos hombres de Israel estaban peleando. Trató de ser un pacificador y les dijo: "Señores, ustedes son hermanos. ¿Por qué se están peleando?".

²⁷»Pero el hombre que era culpable empujó a Moisés. "¿Quién te puso como gobernante y juez sobre nosotros?" —le preguntó—. ²⁸"¿Me vas a matar como mataste ayer al egipcio?". ²⁹Cuando Moisés oyó eso, huyó del país y vivió como extranjero en la tierra de Madián. Allí nacieron sus dos hijos.

³⁰»Cuarenta años después, en el desierto que está cerca del monte Sinaí, un ángel se le apareció a Moisés en la llama de una zarza que ardía. ³¹Moisés quedó asombrado al verla. Y, cuando se estaba acercando para ver mejor, la voz del Señor le dijo: ³²"Yo soy el Dios de tus antepasados, el Dios de Abraham, de Isaac y de Jacob". Moisés tembló aterrorizado y no se atrevía a mirar.

³³»Entonces el Señor le dijo: "Quítate las sandalias, porque estás parado sobre tierra santa. ³⁴Ciertamente he visto la opresión de mi pueblo en Egipto. He escuchado sus gemidos y he descendido para rescatarlos. Ahora ve, porque te envío de regreso a Egipto"*.

³⁵»Así que Dios envió de vuelta al mismo hombre que su pueblo había rechazado anteriormente cuando le preguntaron: "¿Quién te puso como gobernante y juez sobre nosotros?". Mediante el ángel que se le apareció en la zarza que ardía, Dios envió a Moisés para que fuera gobernante y salvador. ³⁶Y, por medio de muchas maravillas y señales milagrosas, él los sacó de Egipto, los guió a través del mar Rojo y por el desierto durante cuarenta años.

³⁷»Moisés mismo le dijo al pueblo de Israel: "Dios les levantará un Profeta como yo de entre su propio pueblo"*. ³⁸Moisés estuvo con nuestros antepasados —la asamblea del pueblo de Dios en el desierto— cuando el ángel le habló en el monte Sinaí, y allí Moisés recibió palabras que dan vida para transmitirlas a nosotros. *

³⁹»Sin embargo, nuestros antepasados se negaron a escuchar a Moisés. Lo rechazaron y quisieron volver a Egipto. ⁴⁰Le dijeron a Aarón: "Haznos unos dioses que puedan guiarnos, porque no sabemos qué le ha pasado a ese Moisés, quien nos sacó de Egipto". ⁴¹De manera que hicieron un ídolo en forma de becerro, le ofrecieron sacrificios y festejaron ese objeto que habían hecho. ⁴²Entonces Dios se apartó de ellos y los abandonó, ¡para que sirvieran a las estrellas del cielo como sus dioses! En el libro de los profetas está escrito:

"Israel, ¿acaso era a mí a quien traías
    sacrificios y ofrendas
durante esos cuarenta años en el desierto?

7:5-7 Gn 12:7; 15:13-14; Ex 3:12.   7:13 Otros manuscritos dicen *José fue reconocido por sus hermanos.*   7:31-34 Ex 3:5-10.
7:37 Dt 18:15.   7:38 Algunos manuscritos dicen *a ustedes.*

43 No, tú llevaste a tus propios dioses paganos,
 el santuario de Moloc,
 la estrella de tu dios Refán
 y las imágenes que hiciste a fin de rendirles
 culto.
 Por eso te mandaré al destierro,
 tan lejos como Babilonia"*.

44»Nuestros antepasados llevaron el tabernáculo* con ellos a través del desierto. Lo
construyeron según el plan que Dios le había
mostrado a Moisés. 45Años después, cuando
Josué dirigió a nuestros antepasados en las batallas contra las naciones que Dios expulsó de
esta tierra, el tabernáculo fue llevado con ellos
al nuevo territorio. Y permaneció allí hasta los
tiempos del rey David.

46»David obtuvo el favor de Dios y pidió tener
el privilegio de construir un templo permanente para el Dios de Jacob.* 47Aunque en realidad,
fue Salomón quien lo construyó. 48Sin embargo,
el Altísimo no vive en templos hechos por manos humanas. Como dice el profeta:

49 "El cielo es mi trono
 y la tierra es el estrado de mis pies.
 ¿Podrían acaso construirme un templo tan
 bueno como ese?
 —pregunta el SEÑOR—.
 ¿Podrían construirme un lugar de descanso
 así?
50 ¿Acaso no fueron mis manos las que
 hicieron el cielo y la tierra?"*.

51»¡Pueblo terco! Ustedes son paganos*
de corazón y sordos a la verdad. ¿Se resisti-
rán para siempre al Espíritu Santo? Eso es lo
que hicieron sus antepasados, ¡y ustedes también! 52¡Mencionen a un profeta a quien sus
antepasados no hayan perseguido! Hasta mataron a los que predijeron la venida del Justo, el
Mesías a quien ustedes traicionaron y asesinaron. 53Deliberadamente desobedecieron la ley
de Dios, a pesar de que la recibieron de manos
de ángeles.

54Los líderes judíos se enfurecieron por la
acusación de Esteban y con rabia le mostraban
los puños;* 55pero Esteban, lleno del Espíritu
Santo, fijó la mirada en el cielo, y vio la gloria de
Dios y vio a Jesús de pie en el lugar de honor, a
la derecha de Dios. 56Y les dijo: «¡Miren, veo los
cielos abiertos y al Hijo del Hombre de pie en el
lugar de honor, a la derecha de Dios!».

57Entonces ellos se taparon los oídos con las
manos y empezaron a gritar. Se lanzaron sobre
él, 58lo arrastraron fuera de la ciudad y comenzaron a apedrearlo. Sus acusadores se quitaron
las túnicas y las pusieron a los pies de un joven
que se llamaba Saulo.*

59Mientras lo apedreaban, Esteban oró: «Señor
Jesús, recibe mi espíritu». 60Cayó de rodillas

gritando: «¡Señor, no los culpes por este pecado!». Dicho eso, murió.

8 Saulo fue uno de los testigos y estuvo totalmente de acuerdo con el asesinato de
Esteban.

La persecución dispersa a los creyentes

Ese día comenzó una gran ola de persecución
que se extendió por toda la iglesia de Jerusalén;
y todos los creyentes excepto los apóstoles fueron dispersados por las regiones de Judea y
Samaria. 2(Con profundo dolor, unos hombres
consagrados enterraron a Esteban). 3Y Saulo iba
por todas partes con la intención de acabar con
la iglesia. Iba de casa en casa y sacaba a rastras
tanto a hombres como a mujeres y los metía en
la cárcel.

Felipe predica en Samaria

4Así que los creyentes que se esparcieron predicaban la Buena Noticia acerca de Jesús adondequiera que iban. 5Felipe, por ejemplo, se
dirigió a la ciudad de Samaria y allí le contó a
la gente acerca del Mesías. 6Las multitudes escuchaban atentamente a Felipe, porque estaban deseosas de oír el mensaje y ver las señales
milagrosas que él hacía. 7Muchos espíritus malignos* fueron expulsados, los cuales gritaban
cuando salían de sus víctimas; y muchos que
habían sido paralíticos o cojos fueron sanados.
8Así que hubo mucha alegría en esa ciudad.

9Un hombre llamado Simón, quien por muchos años había sido hechicero allí, asombraba
a la gente de Samaria y decía ser alguien importante. 10Todos, desde el más pequeño hasta el
más grande, a menudo se referían a él como «el
Grande, el Poder de Dios». 11Lo escuchaban con
atención porque, por mucho tiempo, él los había
maravillado con su magia.

12Pero ahora la gente creyó el mensaje de
Felipe sobre la Buena Noticia acerca del reino
de Dios y del nombre de Jesucristo. Como resultado, se bautizaron muchos hombres y mujeres.
13Luego el mismo Simón creyó y fue bautizado.
Comenzó a seguir a Felipe a todos los lugares
adonde él iba y estaba asombrado por las señales y los grandes milagros que Felipe hacía.

14Cuando los apóstoles de Jerusalén oyeron
que la gente de Samaria había aceptado el mensaje de Dios, enviaron a Pedro y a Juan allá. 15En
cuanto ellos llegaron, oraron para que los nuevos creyentes para que recibieran el Espíritu Santo. 16El
Espíritu Santo todavía no había venido sobre
ninguno de ellos porque solo habían sido bautizados en el nombre del Señor Jesús. 17Entonces
Pedro y Juan impusieron sus manos sobre esos
creyentes, y recibieron el Espíritu Santo.

18Cuando Simón vio que el Espíritu se recibía

7:42-43 Am 5:25-27 (versión griega). 7:44 En griego *la carpa del testimonio.*
7:46 Algunos manuscritos dicen *la casa de Jacob.*
7:49-50 Is 66:1-2. 7:51 En griego *incircuncisos.* 7:54 En griego *crujían los dientes contra él.* 7:58 *Saulo es posteriormente*
llamado Pablo; ver 13:9. 8:7 En griego *impuros.*

cuando los apóstoles imponían sus manos sobre la gente, les ofreció dinero para comprar ese poder.

19 —Déjenme tener este poder también —exclamó—, para que, cuando yo imponga mis manos sobre las personas, ¡reciban el Espíritu Santo!

20 Pedro le respondió:

—¡Que tu dinero se destruya junto contigo por pensar que es posible comprar el don de Dios! 21 Tú no tienes parte ni derecho en esto porque tu corazón no es recto delante de Dios. 22 Arrepiéntete de tu maldad y ora al Señor. Tal vez él te perdone tus malos pensamientos, 23 porque puedo ver que estás lleno de una profunda envidia y que el pecado te tiene cautivo.

24 —¡Oren al Señor por mí! —exclamó Simón—. ¡Que no me sucedan estas cosas terribles que has dicho!

25 Después de dar testimonio y predicar la palabra del Señor en Samaria, Pedro y Juan regresaron a Jerusalén. Por el camino, se detuvieron en muchas aldeas samaritanas para predicar la Buena Noticia.

Felipe y el eunuco etíope

26 En cuanto a Felipe, un ángel del Señor le dijo: «Ve al sur* por el camino del desierto que va de Jerusalén a Gaza». 27 Entonces él emprendió su viaje y se encontró con el tesorero de Etiopía, un eunuco de mucha autoridad bajo el mando de Candace, la reina de Etiopía. El eunuco había ido a Jerusalén a adorar 28 y ahora venía de regreso. Sentado en su carruaje, leía en voz alta el libro del profeta Isaías.

29 El Espíritu Santo le dijo a Felipe: «Acércate y camina junto al carruaje».

30 Felipe se acercó corriendo y oyó que el hombre leía al profeta Isaías. Felipe le preguntó:

—¿Entiendes lo que estás leyendo?

31 El hombre contestó:

—¿Y cómo puedo entenderlo, a menos que alguien me explique?

Y le rogó a Felipe que subiera al carruaje y se sentara junto a él.

32 El pasaje de la Escritura que leía era el siguiente:

«Como oveja fue llevado al matadero.
    Y, como cordero en silencio ante sus
        trasquiladores,
    no abrió su boca.
33 Fue humillado y no le hicieron justicia.
    ¿Quién puede hablar de sus descendientes?
    Pues su vida fue quitada de la tierra»*.

34 El eunuco le preguntó a Felipe: «Dime, ¿hablaba el profeta acerca de sí mismo o de alguien más?». 35 Entonces, comenzando con esa misma porción de la Escritura, Felipe le habló de la Buena Noticia acerca de Jesús.

36 Mientras iban juntos, llegaron a un lugar donde había agua, y el eunuco dijo: «¡Mira, allí hay agua! ¿Qué impide que yo sea bautizado?»*. 38 Ordenó que detuvieran el carruaje, descendieron al agua, y Felipe lo bautizó.

39 Cuando salieron del agua, el Espíritu del Señor arrebató a Felipe. El eunuco nunca más volvió a verlo, pero siguió su camino con mucha alegría. 40 Entre tanto, Felipe se encontró más al norte, en la ciudad de Azoto. Predicó la Buena Noticia allí y en cada pueblo a lo largo del camino, hasta que llegó a Cesarea.

Conversión de Saulo

9 Mientras tanto, Saulo pronunciaba amenazas en cada palabra y estaba ansioso por matar a los seguidores* del Señor. Así que acudió al sumo sacerdote. 2 Le pidió cartas dirigidas a las sinagogas de Damasco para solicitarles su cooperación en el arresto de los seguidores del Camino que se encontraran ahí. Su intención era llevarlos —a hombres y mujeres por igual— de regreso a Jerusalén encadenados.

3 Al acercarse a Damasco para cumplir esa misión, una luz del cielo de repente brilló alrededor de él. 4 Saulo cayó al suelo y oyó una voz que le decía:

—¡Saulo, Saulo! ¿Por qué me persigues?

5 —¿Quién eres, señor? —preguntó Saulo.

—Yo soy Jesús, ¡a quien tú persigues! —contestó la voz—. 6 Ahora levántate, entra en la ciudad y se te dirá lo que debes hacer.

7 Los hombres que estaban con Saulo se quedaron mudos, porque oían el sonido de una voz, ¡pero no veían a nadie! 8 Saulo se levantó del suelo, pero cuando abrió los ojos, estaba ciego. Entonces sus acompañantes lo llevaron de la mano hasta Damasco. 9 Permaneció allí, ciego, durante tres días sin comer ni beber.

10 Ahora bien, había un creyente* en Damasco llamado Ananías. El Señor le habló en una visión, lo llamó:

—¡Ananías!

—¡Sí, Señor! —respondió.

11 El Señor le dijo:

—Ve a la calle llamada Derecha, a la casa de Judas. Cuando llegues, pregunta por un hombre de Tarso que se llama Saulo. En este momento, él está orando. 12 Le he mostrado en visión a un hombre llamado Ananías que entra y pone las manos sobre él para que recobre la vista.

13 —¡Pero Señor! —exclamó Ananías—, ¡he oído a mucha gente hablar de las cosas terribles que ese hombre les ha hecho a los creyentes* de Jerusalén! 14 Además, tiene la autorización de los sacerdotes principales para arrestar a todos los que invocan tu nombre.

15 El Señor le dijo:

—Ve, porque él es mi instrumento elegido

8:26 O *ve al mediodía.*   8:32-33 Is 53.7-8 (versión griega).   8:36 Algunos manuscritos incluyen el versículo 37: *—Puedes —respondió Felipe—, si crees con todo tu corazón. Y el eunuco respondió: —Creo que Jesucristo es el Hijo de Dios.*   9:1 En griego *discípulos.*   9:10 En griego *discípulo;* también en 9:26, 36.   9:13 En griego *pueblo santo de Dios;* también en 9:32, 41.

para llevar mi mensaje a los gentiles* y a reyes, como también al pueblo de Israel; [16]y le voy a mostrar cuánto debe sufrir por mi nombre.

[17]Así que Ananías fue y encontró a Saulo, puso sus manos sobre él y dijo: «Hermano Saulo, el Señor Jesús, quien se te apareció en el camino, me ha enviado para que recobres la vista y seas lleno del Espíritu Santo». [18]Al instante, algo como escamas cayó de los ojos de Saulo y recobró la vista. Luego se levantó y fue bautizado. [19]Después comió algo y recuperó las fuerzas.

Saulo en Damasco y Jerusalén

Saulo se quedó unos días con los creyentes* en Damasco. [20]Y enseguida comenzó a predicar acerca de Jesús en las sinagogas, diciendo: «¡Él es verdaderamente el Hijo de Dios!».

[21]Todos los que lo oían quedaban asombrados. «¿No es este el mismo hombre que causó tantos estragos entre los seguidores de Jesús en Jerusalén? —se preguntaban—. ¿Y no llegó aquí para arrestarlos y llevarlos encadenados ante los sacerdotes principales?».

[22]La predicación de Saulo se hacía cada vez más poderosa, y los judíos de Damasco no podían refutar las pruebas de que Jesús de verdad era el Mesías. [23]Poco tiempo después, unos judíos conspiraron para matarlo. [24]Día y noche vigilaban la puerta de la ciudad para poder asesinarlo, pero a Saulo se le informó acerca del complot. [25]De modo que, durante la noche, algunos de los creyentes* lo bajaron en un canasto grande por una abertura que había en la muralla de la ciudad.

[26]Cuando Saulo llegó a Jerusalén, trató de reunirse con los creyentes, pero todos le tenían miedo. ¡No creían que de verdad se había convertido en un creyente! [27]Entonces Bernabé se lo llevó a los apóstoles y les contó cómo Saulo había visto al Señor en el camino a Damasco y cómo el Señor le había hablado a Saulo. También les dijo que, en Damasco, Saulo había predicado con valentía en el nombre de Jesús.

[28]Así que Saulo se quedó con los apóstoles y los acompañó por toda Jerusalén, predicando con valor en el nombre del Señor. [29]Debatió con algunos judíos que hablaban griego, pero ellos trataron de matarlo. [30]Cuando los creyentes* se enteraron, lo llevaron a Cesarea y lo enviaron a Tarso, su ciudad natal.

[31]La iglesia, entonces, tuvo paz por toda Judea, Galilea y Samaria; se fortalecía y los creyentes vivían en el temor del Señor. Y, con la ayuda del Espíritu Santo, también creció en número.

Pedro sana a Eneas y resucita a Dorcas

[32]Mientras tanto, Pedro viajaba de un lugar a otro, y descendió a visitar a los creyentes de la ciudad de Lida. [33]Allí conoció a un hombre

llamado Eneas, quien estaba paralizado y postrado en cama hacía ocho años. [34]Pedro le dijo: «Eneas, ¡Jesucristo te sana! ¡Levántate y enrolla tu camilla!». Al instante, fue sanado. [35]Entonces todos los habitantes de Lida y Sarón vieron a Eneas caminando, y se convirtieron al Señor.

[36]Había una creyente en Jope que se llamaba Tabita (que en griego significa Dorcas*). Ella siempre hacía buenas acciones a los demás y ayudaba a los pobres. [37]En esos días, se enfermó y murió. Lavaron el cuerpo para el entierro y lo pusieron en un cuarto de la planta alta; [38]pero los creyentes habían oído que Pedro estaba cerca, en Lida, entonces mandaron a dos hombres a suplicarle: «Por favor, ¡ven tan pronto como puedas!».

[39]Así que Pedro regresó con ellos y, tan pronto como llegó, lo llevaron al cuarto de la planta alta. El cuarto estaba lleno de viudas que lloraban y le mostraban a Pedro las túnicas y demás ropa que Dorcas les había hecho. [40]Pero Pedro les pidió a todos que salieran del cuarto; luego se arrodilló y oró. Volviéndose hacia el cuerpo, dijo: «¡Tabita, levántate!». ¡Y ella abrió los ojos! Cuando vio a Pedro, ¡se sentó! [41]Él le dio la mano y la ayudó a levantarse. Después llamó a las viudas y a todos los creyentes, y la presentó viva.

[42]Las noticias corrieron por toda la ciudad y muchos creyeron en el Señor; [43]y Pedro se quedó mucho tiempo en Jope, viviendo con Simón, un curtidor de pieles.

Cornelio manda a buscar a Pedro

10 En Cesarea vivía un oficial del ejército romano* llamado Cornelio, quien era un capitán del regimiento italiano. [2]Era un hombre devoto, temeroso de Dios, igual que todos los de su casa. Daba generosamente a los pobres y oraba a Dios con frecuencia. [3]Una tarde, como a las tres, tuvo una visión en la cual vio que un ángel de Dios se le acercaba.

—¡Cornelio! —dijo el ángel.

[4]Cornelio lo miró fijamente, aterrorizado.

—¿Qué quieres, señor? —le preguntó al ángel.

Y el ángel contestó:

—¡Dios ha recibido tus oraciones y tus donativos a los pobres como una ofrenda! [5]Ahora pues, envía a algunos hombres a Jope y manda llamar a un hombre llamado Simón Pedro. [6]Él está hospedado con Simón, un curtidor que vive cerca de la orilla del mar.

[7]En cuanto el ángel se fue, Cornelio llamó a dos de los sirvientes de su casa y a un soldado devoto, que era uno de sus asistentes personales. [8]Les contó lo que había ocurrido y los envió a Jope.

Pedro visita a Cornelio

[9]Al día siguiente, mientras los mensajeros de Cornelio se acercaban a la ciudad, Pedro subió a

---

9:15 *Gentil(es)*, que no es judío. **9:19** En griego *discípulos*; también en 9:26, 38. **9:25** En griego *sus discípulos*. **9:30** En griego *hermanos*. **9:36** Ambos nombres, *Tabita* (en arameo) y *Dorcas* (en griego), significan «gacela». **10:1** En griego *un centurión*; similar en 10:22.

la azotea a orar. Era alrededor del mediodía, [10]y tuvo hambre; pero mientras preparaban la comida, cayó en un estado de éxtasis. [11]Vio los cielos abiertos y algo parecido a una sábana grande que bajaba por sus cuatro puntas. [12]En la sábana había toda clase de animales, reptiles y aves. [13]Luego una voz le dijo:

—Levántate, Pedro; mátalos y come de ellos.

[14]—No, Señor —dijo Pedro—. Jamás he comido algo que nuestras leyes judías declaren impuro e inmundo.*

[15]Pero la voz habló de nuevo:

—No llames a algo impuro si Dios lo ha hecho limpio.

[16]La misma visión se repitió tres veces, y repentinamente la sábana fue subida al cielo.

[17]Pedro quedó muy desconcertado. ¿Qué podría significar la visión? Justo en ese momento, los hombres enviados por Cornelio encontraron la casa de Simón. De pie, frente a la puerta, [18]preguntaron si se hospedaba allí un hombre llamado Simón Pedro.

[19]Entre tanto, mientras Pedro trataba de descifrar la visión, el Espíritu Santo le dijo: «Tres hombres han venido a buscarte. [20]Levántate, baja y vete con ellos sin titubear. No te preocupes, porque yo los he enviado».

[21]Entonces Pedro bajó y dijo:

—Yo soy el hombre que ustedes buscan. ¿Por qué han venido?

[22]Ellos dijeron:

—Nos envió Cornelio, un oficial romano. Es un hombre devoto y temeroso de Dios, muy respetado por todos los judíos. Un ángel santo le dio instrucciones para que vayas a su casa a fin de que le puedas escuchar tu mensaje.

[23]Entonces Pedro invitó a los hombres a quedarse para pasar la noche. Al siguiente día, fue con ellos, acompañado por algunos hermanos de Jope.

[24]Llegaron a Cesarea al día siguiente. Cornelio los estaba esperando y había reunido a sus parientes y amigos cercanos. [25]Cuando Pedro entró en la casa, Cornelio cayó a sus pies y lo adoró. [26]pero Pedro lo levantó y le dijo: «¡Ponte de pie, yo soy un ser humano como tú!». [27]Entonces conversaron y entraron en donde muchos otros estaban reunidos.

[28]Pedro les dijo:

—Ustedes saben que va en contra de nuestras leyes que un hombre judío se relacione con gentiles* o que entre en su casa; pero Dios me ha mostrado que ya no debo pensar que alguien es impuro o inmundo. [29]Por eso, sin oponerme, vine aquí tan pronto como me llamaron. Ahora díganme por qué enviaron por mí.

[30]Cornelio contestó:

—Hace cuatro días, yo estaba orando en mi casa como a esta misma hora, las tres de la tarde. De repente, un hombre con ropa resplandeciente

se paró delante de mí. [31]Me dijo: "Cornelio, ¡tu oración ha sido escuchada, y Dios ha tomado en cuenta tus donativos para los pobres! [32]Ahora, envía mensajeros a Jope y manda llamar a un hombre llamado Simón Pedro. Está hospedado en la casa de Simón, un curtidor que vive cerca de la orilla del mar". [33]Así que te mandé a llamar de inmediato, y te agradezco que hayas venido. Ahora, estamos todos aquí, delante de Dios, esperando escuchar el mensaje que el Señor te ha dado.

Los gentiles oyen la Buena Noticia

[34]Entonces Pedro respondió:

—Veo con claridad que Dios no muestra favoritismo. [35]En cada nación, él acepta a los que lo temen y hacen lo correcto. [36]Este es el mensaje de la Buena Noticia para el pueblo de Israel: que hay paz con Dios por medio de Jesucristo, quien es Señor de todo. [37]Ustedes saben lo que pasó en toda Judea, comenzando en Galilea, después de que Juan empezó a predicar su mensaje [38]y saben que Dios ungió a Jesús de Nazaret con el Espíritu Santo y con poder. Después Jesús anduvo haciendo el bien y sanando a todos los que eran oprimidos por el diablo, porque Dios estaba con él.

[39]»Y nosotros, los apóstoles, somos testigos de todo lo que él hizo por toda Judea y en Jerusalén. Lo mataron, colgándolo en una cruz,* [40]pero Dios lo resucitó al tercer día. Después Dios permitió que se apareciera, [41]no al público en general,* sino a nosotros, a quienes Dios había elegido de antemano para ser los que fuéramos sus testigos. Nosotros fuimos los que comimos y bebimos con él después de que se levantó de los muertos. [42]Y él nos ordenó que predicáramos en todas partes y diéramos testimonio de que Jesús es a quien Dios designó para ser el juez de todos, de los que están vivos y de los muertos. [43]De él dan testimonio todos los profetas cuando dicen que a todo el que cree en él se le perdonarán los pecados por medio de su nombre.

Los gentiles reciben el Espíritu Santo

[44]Mientras Pedro aún estaba diciendo estas cosas, el Espíritu Santo descendió sobre todos los que escuchaban el mensaje. [45]Los creyentes judíos* que habían llegado con Pedro quedaron asombrados al ver que el don del Espíritu Santo también era derramado sobre los gentiles. [46]Pues los oyeron hablar en otras lenguas* y alabar a Dios.

Entonces Pedro preguntó: [47]«¿Puede alguien oponerse a que ellos sean bautizados ahora que han recibido el Espíritu Santo, tal como nosotros lo recibimos?». [48]Por lo tanto, dio órdenes de que fueran bautizados en el nombre de Jesucristo. Después Cornelio le pidió que se quedara varios días con ellos.

10:14 En griego *nada común e impuro.* **10:28** *Gentil[es],* que no es judío. **10:39** En griego *en un madero.* **10:41** En griego *la gente.* **10:45** En griego *Los fieles de la circuncisión.* **10:46** O *en otros idiomas.*

Pedro explica sus acciones

11 La noticia de que los gentiles* habían recibido la palabra de Dios pronto llegó a los apóstoles y a los demás creyentes* de Judea. ²Así que cuando Pedro regresó a Jerusalén, los creyentes judíos* lo criticaron.

³—Entraste en una casa de gentiles,* ¡y hasta comiste con ellos! —le dijeron.

⁴Entonces Pedro les contó todo tal como había sucedido.

⁵—Yo estaba en la ciudad de Jope —les dijo—, y mientras oraba, entré en un estado de éxtasis y tuve una visión. Algo parecido a una sábana grande descendía por sus cuatro puntas desde el cielo y bajó justo hasta donde yo estaba. ⁶Cuando me fijé en el contenido de la sábana, vi toda clase de animales domésticos y salvajes, reptiles y aves. ⁷Y oí una voz que me decía: "Levántate, Pedro, mátalos y come de ellos".

⁸»"No, Señor —respondí—. Jamás he comido algo que nuestras leyes judías declaren impuro o inmundo".*

⁹»Pero la voz del cielo habló de nuevo: "No llames a algo impuro si Dios lo ha hecho limpio". ¹⁰Eso sucedió tres veces antes de que la sábana, con todo lo que había dentro, fuera subida al cielo otra vez.

¹¹»En ese preciso momento, tres hombres que habían sido enviados desde Cesarea llegaron a la casa donde estábamos hospedados. ¹²El Espíritu Santo me dijo que los acompañara y que no me preocupara que fueran gentiles. Estos seis hermanos que están aquí presentes me acompañaron, y entramos en la casa del hombre que había mandado a buscarnos. ¹³Él nos contó cómo un ángel se le había aparecido en su casa y le había dicho: "Envía mensajeros a Jope y manda a llamar a un hombre llamado Simón Pedro. ¹⁴¡Él te dirá cómo tú y todos los de tu casa pueden ser salvos!".

¹⁵»Cuando comencé a hablar —continuó Pedro—, el Espíritu Santo descendió sobre ellos tal como descendió sobre nosotros al principio. ¹⁶Entonces recordé las palabras del Señor cuando dijo: "Juan bautizó con* agua, pero ustedes serán bautizados con el Espíritu Santo". ¹⁷Y, como Dios les dio a esos gentiles el mismo don que nos dio a nosotros cuando creímos en el Señor Jesucristo, ¿quién era yo para estorbar a Dios?

¹⁸Cuando los demás oyeron esto, dejaron de oponerse y comenzaron a alabar a Dios. Dijeron:

—Podemos ver que Dios también les ha dado a los gentiles el privilegio de arrepentirse de sus pecados y de recibir vida eterna.

La iglesia en Antioquía de Siria

¹⁹Mientras tanto, los creyentes que fueron dispersados durante la persecución que hubo después de la muerte de Esteban, viajaron tan lejos como Fenicia, Chipre y Antioquía de Siria. Predicaban la palabra de Dios, pero solo a judíos. ²⁰Sin embargo, algunos de los creyentes que fueron a Antioquía desde Chipre y Cirene les comenzaron a predicar a los gentiles* acerca del Señor Jesús. ²¹El poder del Señor estaba con ellos, y un gran número de estos gentiles creyó y se convirtió al Señor.

²²Cuando la iglesia de Jerusalén se enteró de lo que había pasado, enviaron a Bernabé a Antioquía. ²³Cuando él llegó y vio las pruebas de la bendición de Dios, se llenó de alegría y alentó a los creyentes a que permanecieran fieles al Señor. ²⁴Bernabé era un hombre bueno, lleno del Espíritu Santo y firme en la fe. Y mucha gente llegó al Señor.

²⁵Después Bernabé siguió hasta Tarso para buscar a Saulo. ²⁶Cuando lo encontró, lo llevó de regreso a Antioquía. Los dos se quedaron allí con la iglesia durante todo un año, enseñando a grandes multitudes. (Fue en Antioquía donde, por primera vez, a los creyentes* los llamaron «cristianos»).

²⁷Durante aquellos días, unos profetas viajaron de Jerusalén a Antioquía. ²⁸Uno de ellos, llamado Ágabo, se puso de pie en una de las reuniones y predijo por medio del Espíritu que iba a haber una gran hambre en todo el mundo romano. (Esto se cumplió durante el reinado de Claudio). ²⁹Así que los creyentes de Antioquía decidieron enviar una ayuda a los hermanos de Judea, y cada uno dio lo que podía. ³⁰Así lo hicieron, y confiaron sus ofrendas a Bernabé y a Saulo para que las llevaran a los ancianos de la iglesia de Jerusalén.

Asesinato de Santiago y encarcelamiento de Pedro

12 Por ese tiempo, el rey Herodes Agripa* comenzó a perseguir a algunos creyentes de la iglesia. ²Mandó matar a espada al apóstol Santiago (hermano de Juan). ³Cuando Herodes vio cuánto esto le agradó al pueblo judío, también arrestó a Pedro. (Eso sucedió durante la celebración de la Pascua).* ⁴Después lo metió en la cárcel y lo puso bajo la vigilancia de cuatro escuadrones de cuatro soldados cada uno. Herodes tenía pensado llevar a Pedro a juicio público después de la Pascua. ⁵Pero, mientras Pedro estaba en la cárcel, la iglesia oraba fervientemente por él.

Pedro escapa milagrosamente de la cárcel

⁶La noche antes de ser sometido a juicio, Pedro dormía sujetado con dos cadenas entre dos soldados. Otros hacían guardia junto a la puerta de la prisión. ⁷De repente, una luz intensa iluminó la celda y un ángel del Señor se puso frente a Pedro. El ángel lo golpeó en el costado para

---

11:1a *Gentiles], que no es judío.* **11:1b** En griego *hermanos.* **11:2** En griego *de la circuncisión.* **11:3** En griego *de hombres incircuncisos.* **11:8** En griego *nada común o impuro.* **11:16** O en; también en 11:16. **11:20** En griego *helenistas; otros manuscritos dicen los griegos.* **11:26** En griego *discípulos;* también en 11:29. **12:1** En griego *Herodes el rey.* Era sobrino de Herodes Antipas y nieto de Herodes el Grande. **12:3** En griego *los días de los panes sin levadura.*

despertarlo y le dijo: «¡Rápido! ¡Levántate!». Y las cadenas cayeron de sus muñecas. [8]Después, el ángel le dijo: «Vístete y ponte tus sandalias». Pedro lo hizo, y el ángel le ordenó: «Ahora ponte tu abrigo y sígueme».

[9]Así que Pedro salió de la celda y siguió al ángel, pero todo el tiempo pensaba que era una visión; no se daba cuenta de que en verdad eso estaba sucediendo. [10]Pasaron el primer puesto de guardia y luego el segundo y llegaron a la puerta de hierro que lleva a la ciudad, y esta puerta se abrió por sí sola frente a ellos. De esta manera cruzaron la puerta y empezaron a caminar por la calle, y de pronto el ángel lo dejó.

[11]Finalmente Pedro volvió en sí. «¡De veras es cierto! —dijo—. ¡El Señor envió a su ángel y me salvó de Herodes y de lo que los líderes judíos* tenían pensado hacerme!».

[12]Cuando se dio cuenta de esto, fue a la casa de María, la madre de Juan Marcos, donde muchos se habían reunido para orar. [13]Tocó a la puerta de entrada, y una sirvienta llamada Rode fue a abrir. [14]Cuando ella reconoció la voz de Pedro, se alegró tanto que, en lugar de abrir la puerta, corrió hacia adentro y les dijo a todos:

—¡Pedro está a la puerta!

[15]—¡Estás loca! —le dijeron.

Como ella insistía, llegaron a la conclusión: «Debe ser su ángel».

[16]Mientras tanto, Pedro seguía tocando. Cuando por fin abrieron la puerta y lo vieron, quedaron asombrados. [17]Él les hizo señas para que se callaran y les contó cómo el Señor lo había sacado de la cárcel. «Díganles a Santiago y a los demás hermanos lo que pasó», dijo. Y después se fue a otro lugar.

[18]Al amanecer, hubo un gran alboroto entre los soldados por lo que había sucedido con Pedro. [19]Herodes Agripa ordenó que se hiciera una búsqueda exhaustiva para encontrar a Pedro. Como no pudieron encontrarlo, Herodes interrogó a los guardias y luego los condenó a muerte. Después Herodes se fue de Judea para quedarse en Cesarea por un tiempo.

Muerte de Herodes Agripa

[20]Ahora bien, Herodes estaba muy enojado con los habitantes de Tiro y de Sidón. Entonces ellos enviaron una delegación para que hiciera las paces con él, porque sus ciudades dependían del país de Herodes para obtener alimento. Los delegados se ganaron el apoyo de Blasto, el asistente personal de Herodes, [21]y así se les concedió una cita con Herodes. Cuando llegó el día, Herodes se puso sus vestiduras reales, se sentó en su trono y les dio un discurso. [22]El pueblo le dio una gran ovación, gritando: «¡Es la voz de un dios, no la de un hombre!».

[23]Al instante, un ángel del Señor hirió a Herodes con una enfermedad, porque él aceptó la adoración de la gente en lugar de darle la gloria a Dios. Así que murió carcomido por gusanos.

[24]Mientras tanto, la palabra de Dios seguía extendiéndose, y hubo muchos nuevos creyentes.

[25]Cuando Bernabé y Saulo terminaron su misión en Jerusalén, regresaron* llevándose con ellos a Juan Marcos.

Bernabé y Saulo son encomendados

13 Entre los profetas y maestros de la iglesia de Antioquía de Siria se encontraban Bernabé, Simeón (llamado «el Negro»*), Lucio (de Cirene), Manaén (compañero de infancia del rey Herodes Antipas*) y Saulo. [2]Cierto día, mientras estos hombres adoraban al Señor y ayunaban, el Espíritu Santo dijo: «Consagren a Bernabé y a Saulo para el trabajo especial al cual los he llamado». [3]Así que, después de pasar tiempo en ayuno y oración, les impusieron las manos y los enviaron.

Primer viaje misionero de Pablo

[4]Entonces Bernabé y Saulo fueron enviados por el Espíritu Santo. Descendieron hasta el puerto de Seleucia y luego navegaron hacia la isla de Chipre. [5]Allí, en la ciudad de Salamina, fueron a las sinagogas judías y predicaron la palabra de Dios. Juan Marcos fue con ellos como su asistente.

[6]Después viajaron de ciudad en ciudad por toda la isla hasta que finalmente llegaron a Pafos, donde conocieron a un hechicero judío, un falso profeta llamado Barjesús. [7]El tal se había apegado al gobernador, Sergio Paulo, quien era un hombre inteligente. El gobernador invitó a Bernabé y a Saulo para que fueran a verlo, porque quería oír la palabra de Dios; [8]pero Elimas, el hechicero (eso es lo que significa su nombre en griego), se enfrentó a ellos y trataba de persuadir al gobernador para que no prestara atención a lo que Bernabé y Saulo decían. Trataba de impedir que el gobernador creyera.

[9]Saulo, también conocido como Pablo, fue lleno del Espíritu Santo y miró al hechicero a los ojos. [10]Luego dijo: «¡Tú, hijo del diablo, lleno de toda clase de engaño y fraude, y enemigo de todo lo bueno! ¿Nunca dejarás de distorsionar los caminos verdaderos del Señor? [11]Ahora mira, el Señor ha puesto su mano de castigo sobre ti, y quedarás ciego. No verás la luz del sol por un tiempo». Al instante, neblina y oscuridad cubrieron los ojos del hombre, y comenzó a andar a tientas, mientras suplicaba que alguien lo tomara de la mano y lo guiara.

[12]Cuando el gobernador vio lo que había sucedido, se convirtió, pues quedó asombrado de la enseñanza acerca del Señor.

Pablo predica en Antioquía de Pisidia

[13]Luego Pablo y sus compañeros salieron de Pafos en barco rumbo a Panfilia y desembarcaron

---

12:11 O *los judíos.* **12:25** O *misión, regresaron a Jerusalén.* Otros manuscritos dicen *misión, regresaron de Jerusalén;* incluso otros dicen *misión, regresaron de Jerusalén a Antioquía.* **13:1a** En griego *llamado Niger.* **13:1b** En griego *Herodes el tetrarca.*

en la ciudad portuaria de Perge. Allí Juan Marcos los dejó y regresó a Jerusalén; [14]pero Pablo y Bernabé siguieron su viaje por tierra adentro hasta Antioquía de Pisidia.*

El día de descanso fueron a las reuniones de la sinagoga. [15]Después de las lecturas acostumbradas de los libros de Moisés* y de los profetas, los que estaban a cargo del servicio les mandaron el siguiente mensaje: «Hermanos, si tienen alguna palabra de aliento para el pueblo, ¡pasen a decirla!».

[16]Entonces Pablo se puso de pie, levantó la mano para hacer que se callaran y comenzó a hablar: «Hombres de Israel —dijo— y ustedes, gentiles* temerosos de Dios, escúchenme.

[17]»El Dios de esta nación de Israel eligió a nuestros antepasados e hizo que se multiplicaran y se hicieran fuertes durante el tiempo que pasaron en Egipto. Luego, con brazo poderoso los sacó de la esclavitud. [18]Tuvo que soportarlos* durante los cuarenta años que anduvieron vagando por el desierto. [19]Luego destruyó a siete naciones en Canaán y le dio su tierra a Israel como herencia. [20]Todo esto llevó cerca de cuatrocientos cincuenta años.

»Después de eso, Dios les dio jueces para que gobernaran hasta los días del profeta Samuel. [21]Luego el pueblo suplicó por un rey, y Dios les dio a Saúl, hijo de Quis, un hombre de la tribu de Benjamín que reinó durante cuarenta años. [22]Pero Dios quitó a Saúl y lo reemplazó por David, un hombre de quien Dios dijo: "He encontrado en David, hijo de Isaí, a un hombre conforme a mi propio corazón; él hará todo lo que yo quiero que haga"*.

[23]»Y es precisamente uno de los descendientes del rey David, Jesús, ¡el Salvador de Israel prometido por Dios! [24]Antes de que él viniera, Juan el Bautista predicaba que todo el pueblo de Israel tenía que arrepentirse de sus pecados, convertirse a Dios y bautizarse. [25]Cuando estaba en los últimos días de su ministerio, Juan preguntó: "¿Creen ustedes que yo soy el Mesías? No, ¡no lo soy! Pero él pronto viene, y no siquiera soy digno de ser su esclavo ni de desatarle las sandalias de sus pies".

[26]»Hermanos —ustedes, hijos de Abraham, y también ustedes, gentiles temerosos de Dios—, ¡este mensaje de salvación ha sido enviado a nosotros! [27]La gente de Jerusalén y sus líderes no reconocieron a Jesús como la persona de quien hablaron los profetas. En cambio, lo condenaron y, al hacerlo, cumplieron las palabras de los profetas que se leen todos los días de descanso. [28]No encontraron ninguna razón legal para ejecutarlo, pero de cualquier forma le pidieron a Pilato que lo matara.

[29]»Una vez que llevaron a cabo todo lo que las profecías decían acerca de él, lo bajaron de la cruz* y lo pusieron en una tumba. [30]¡Pero Dios lo levantó de los muertos! [31]Y, durante varios días, se apareció a los que habían ido con él de Galilea a Jerusalén. Actualmente ellos son sus testigos al pueblo de Israel.

[32]»Y ahora nosotros estamos aquí para traerles la Buena Noticia. La promesa fue dirigida a nuestros antepasados. [33]Y Dios nos la cumplió a nosotros, los descendientes, al resucitar a Jesús. Esto es lo que el segundo salmo dice sobre Jesús:

"Tú eres mi Hijo.
El día de hoy he llegado a ser tu Padre"*.

[34]»Pues Dios había prometido levantarlo de los muertos, no dejarlo que se pudriera en la tumba. Dijo: "Yo te daré las bendiciones sagradas que le prometí a David"*. [35]Otro salmo lo explica con más detalle: "No permitirás que tu Santo se pudra en la tumba"*. [36]Este salmo no hace referencia a David, pues, después de haber hecho la voluntad de Dios en su propia generación, David murió, fue enterrado con sus antepasados y su cuerpo se descompuso. [37]No, el salmo se refería a otra persona, a alguien a quien Dios resucitó y cuyo cuerpo no se descompuso.

[38]»Hermanos, ¡escuchen! Estamos aquí para proclamar que, por medio de este hombre Jesús, ustedes tienen el perdón de sus pecados. [39]Todo el que cree en él es declarado justo ante Dios, algo que la ley de Moisés nunca pudo hacer. [40]¡Tengan cuidado! No dejen que las palabras de los profetas se apliquen a ustedes. Pues ellos dijeron:

[41] "Miren, ustedes burlones,
¡asómbrense y mueran!
Pues estoy haciendo algo en sus días,
algo que no creerían
aun si alguien les dijera"*».

[42]Cuando Pablo y Bernabé salieron de la sinagoga ese día, la gente les suplicó que volvieran a hablar sobre esas cosas la semana siguiente. [43]Muchos judíos y devotos convertidos al judaísmo siguieron a Pablo y a Bernabé, y ambos hombres los exhortaban a que continuaran confiando en la gracia de Dios.

Pablo se dirige a los gentiles

[44]A la semana siguiente, casi toda la ciudad fue a oírlos predicar la palabra del Señor. [45]Cuando algunos judíos vieron las multitudes tuvieron envidia; así que calumniaban a Pablo y debatían contra todo lo que él decía.

[46]Entonces Pablo y Bernabé hablaron con valentía y declararon: «Era necesario que primero les predicáramos la palabra de Dios a ustedes, los judíos; pero ya que ustedes la han rechazado y se consideran indignos de la vida eterna, la

---

13:13-14 Panfilia y Pisidia eran distritos de lo que ahora es Turquía.   13:15 En griego *de la ley*.   13:16 *Gentil[es]*, que no era judío.
13:18 Algunos manuscritos dicen *Él los cuidó*; comparar Dt 1:31.   13:22 1 Sm 13:14.   13:29 En griego *del madero*.   13:33 O *El día de hoy te revelo como mi Hijo*. Sal 2:7.   13:34 Is 55:3.   13:35 Sal 16:10.   13:41 Ha 1:5 (versión griega).

ofreceremos a los gentiles. ⁴⁷Pues el Señor nos dio este mandato cuando dijo:

> "Yo te he hecho luz para los gentiles,
> a fin de llevar salvación a los rincones más lejanos de la tierra"*».

⁴⁸Cuando los gentiles oyeron esto, se alegraron y le dieron las gracias al Señor por su mensaje, y todos los que fueron elegidos para la vida eterna se convirtieron en creyentes. ⁴⁹Así que el mensaje del Señor se extendió por toda esa región.

⁵⁰Luego los judíos provocaron a las mujeres religiosas influyentes y a los líderes de la ciudad, e incitaron a una turba contra Pablo y Bernabé, y los echaron de la ciudad. ⁵¹Así que ellos se sacudieron el polvo de sus pies en señal de rechazo y se dirigieron a la ciudad de Iconio. ⁵²Y los creyentes* se llenaron de alegría y del Espíritu Santo.

Pablo y Bernabé en Iconio

14 Lo mismo sucedió en Iconio.* Pablo y Bernabé fueron a la sinagoga judía y predicaron con tanto poder que un gran número de judíos y griegos se hicieron creyentes. ²Sin embargo, algunos de los judíos rechazaron el mensaje de Dios y envenenaron la mente de los gentiles* en contra de Pablo y Bernabé; ³pero los apóstoles se quedaron allí por mucho tiempo, predicando con valentía acerca de la gracia del Señor. Y el Señor demostraba que el mensaje era verdadero al darles poder para hacer señales milagrosas y maravillas; ⁴pero la gente de la ciudad estaba dividida en cuanto a su opinión sobre ellos. Algunos estaban del lado de los judíos, y otros apoyaban a los apóstoles.

⁵Entonces una turba de gentiles y judíos, junto con sus líderes, decidieron atacarlos y apedrearlos. ⁶Cuando los apóstoles se enteraron, huyeron a la región de Licaonia, a las ciudades de Listra y Derbe y sus alrededores. ⁷Y allí predicaron la Buena Noticia.

Pablo y Bernabé en Listra y Derbe

⁸Mientras estaban en Listra, Pablo y Bernabé se toparon con un hombre lisiado de los pies. Como había nacido así, jamás había caminado. Estaba sentado, ⁹escuchando mientras Pablo predicaba. Pablo lo miró fijamente y se dio cuenta de que el hombre tenía fe para ser sanado. ¹⁰Así que Pablo lo llamó con voz alta: «¡Levántate!» Y el hombre se puso de pie de un salto y comenzó a caminar.

¹¹Cuando la multitud vio lo que Pablo había hecho, gritó en su dialecto local: «¡Estos hombres son dioses en forma humana!». ¹²Decidieron que Bernabé era el dios griego Zeus y que Pablo era Hermes por ser el orador principal. ¹³El templo de Zeus estaba situado justo fuera de la ciudad.

Así que el sacerdote del templo y la multitud llevaron toros y coronas de flores a las puertas de la ciudad, y se prepararon para ofrecerles sacrificios a los apóstoles.

¹⁴Cuando los apóstoles Bernabé y Pablo oyeron lo que pasaba, horrorizados se rasgaron la ropa y salieron corriendo entre la gente, mientras gritaban: ¹⁵«Amigos,* ¿por qué hacen esto? ¡Nosotros somos simples seres humanos, tal como ustedes! Hemos venido a traerles la Buena Noticia de que deben apartarse de estas cosas inútiles y volverse al Dios viviente, quien hizo el cielo y la tierra, el mar y todo lo que hay en ellos. ¹⁶En el pasado, él permitió que todas las naciones siguieran su propio camino, ¹⁷pero nunca las dejó sin pruebas de sí mismo y de su bondad. Por ejemplo, les envía lluvia y buenas cosechas, y les da alimento y corazones alegres». ¹⁸No obstante, aun con estas palabras, a duras penas Pablo y Bernabé pudieron contener a la gente para que no les ofreciera sacrificios.

¹⁹Luego unos judíos llegaron de Antioquía e Iconio, y lograron poner a la multitud de su lado. Apedrearon a Pablo y lo arrastraron fuera de la ciudad, pensando que estaba muerto; ²⁰pero los creyentes* lo rodearon, y él se levantó y regresó a la ciudad. Al día siguiente, salió junto con Bernabé hacia Derbe.

Pablo y Bernabé regresan a Antioquía de Siria

²¹Después de predicar la Buena Noticia en Derbe y de hacer muchos discípulos, Pablo y Bernabé regresaron a Listra, Iconio y Antioquía de Pisidia, ²²donde fortalecieron a los creyentes. Los animaron a continuar en la fe, y les recordaron que debemos sufrir muchas privaciones para entrar en el reino de Dios. ²³Pablo y Bernabé también nombraron ancianos en cada iglesia. Con oración y ayuno, encomendaron a los ancianos al cuidado del Señor, en quien habían puesto su confianza. ²⁴Luego atravesaron nuevamente Pisidia y llegaron a Panfilia. ²⁵Predicaron la palabra en Perge y después descendieron hasta Atalia.

²⁶Por último, regresaron en barco a Antioquía de Siria, donde habían iniciado su viaje. Los creyentes de allí los habían encomendado a la gracia de Dios para que hicieran el trabajo que ahora habían terminado. ²⁷Una vez que llegaron a Antioquía, reunieron a la iglesia y le informaron todo lo que Dios había hecho por medio de ellos y cómo él también había abierto la puerta de la fe a los gentiles. ²⁸Y se quedaron allí con los creyentes por mucho tiempo.

El concilio de Jerusalén

15 Cuando Pablo y Bernabé estaban en Antioquía de Siria, llegaron unos hombres de Judea y comenzaron a enseñarles a los

---

13:47 Is 49:6. **13:52** En griego *los discípulos.* **14:1** *Iconio,* así como *Listra* y *Derbe* (14:6), eran ciudades en lo que ahora es Turquía. **14:2** *Gentil(es),* que no es judío. **14:15** En griego *Hombres.* **14:20** En griego *discípulos;* también en 14:22, 28.

creyentes:* «A menos que se circunciden como exige la ley de Moisés, no podrán ser salvos». ²Pablo y Bernabé no estaban de acuerdo con ellos y discutieron con vehemencia. Finalmente, la iglesia decidió enviar a Pablo y a Bernabé a Jerusalén, junto con algunos creyentes del lugar, para que hablaran con los apóstoles y con los ancianos sobre esta cuestión. ³La iglesia envió a los delegados a Jerusalén, quienes de camino se detuvieron en Fenicia y Samaria para visitar a los creyentes. Les contaron —para alegría de todos— que los gentiles* también se convertían.

⁴Cuando llegaron a Jerusalén, toda la iglesia —incluidos los apóstoles y los ancianos— dio la bienvenida a Pablo y a Bernabé, quienes les informaron acerca de todo lo que Dios había hecho por medio de ellos. ⁵Pero después algunos creyentes que pertenecían a la secta de los fariseos se pusieron de pie e insistieron: «Los convertidos gentiles deben ser circuncidados y hay que exigirles que sigan la ley de Moisés».

⁶Así que los apóstoles y los ancianos se reunieron para resolver este asunto. ⁷En la reunión, después de una larga discusión, Pedro se puso de pie y se dirigió a ellos de la siguiente manera: «Hermanos, todos ustedes saben que hace tiempo Dios me eligió de entre ustedes para que predicara a los gentiles a fin de que pudieran oír la Buena Noticia y creer. ⁸Dios conoce el corazón humano y él confirmó que acepta a los gentiles al darles el Espíritu Santo, tal como lo hizo con nosotros. ⁹Él no hizo ninguna distinción entre nosotros y ellos, pues les limpió el corazón por medio de la fe. ¹⁰Entonces, ¿por qué ahora desafían a Dios al poner cargas sobre los creyentes* gentiles con un yugo que ni nosotros ni nuestros antepasados pudimos llevar? ¹¹Nosotros creemos que todos somos salvos de la misma manera, por la gracia no merecida que proviene del Señor Jesús».

¹²Todos escucharon en silencio mientras Bernabé y Pablo les contaron de las señales milagrosas y maravillas que Dios había hecho por medio de ellos entre los gentiles.

¹³Cuando terminaron, Santiago se puso de pie y dijo: «Hermanos, escúchenme. ¹⁴Pedro* les ha contado de cuando Dios visitó por primera vez a los gentiles para tomar de entre ellos un pueblo para sí mismo. ¹⁵Y la conversión de los gentiles es precisamente lo que los profetas predijeron. Como está escrito:

¹⁶ "Después yo volveré
y restauraré la casa* caída de David.
Reconstruiré sus ruinas
y la restauraré,
¹⁷ para que el resto de la humanidad busque
al Señor,
incluidos todos los gentiles,

todos los que he llamado para que sean míos.
El Señor ha hablado,
¹⁸ Aquel que hizo que estas cosas se dieran a conocer desde hace mucho"*.

¹⁹»Y mi opinión entonces es que no debemos ponerles obstáculos a los gentiles que se convierten a Dios. ²⁰Al contrario, deberíamos escribirles y decirles que se abstengan de comer alimentos ofrecidos a ídolos, de inmoralidad sexual, de comer carne de animales estrangulados y de consumir sangre. ²¹Pues esas leyes de Moisés se han predicado todos los días de descanso en las sinagogas judías de cada ciudad durante muchas generaciones».

Carta para los creyentes gentiles

²²Entonces los apóstoles y los ancianos, junto con toda la iglesia de Jerusalén, escogieron delegados y los enviaron a Antioquía de Siria con Pablo y Bernabé para que informaran acerca de esta decisión. Los delegados escogidos eran dos de los líderes de la iglesia:* Judas (también llamado Barsabás) y Silas. ²³La carta que llevaron decía lo siguiente:

«Nosotros, los apóstoles y los ancianos, sus hermanos de Jerusalén, escribimos esta carta a los creyentes gentiles de Antioquía, Siria y Cilicia. ¡Saludos!

²⁴»Tenemos entendido que unos hombres de aquí los han perturbado e inquietado con su enseñanza, ¡pero nosotros no los enviamos! ²⁵Así que decidimos, después de llegar a un acuerdo unánime, enviarles representantes oficiales junto con nuestros amados Bernabé y Pablo, ²⁶quienes han arriesgado la vida por el nombre de nuestro Señor Jesucristo. ²⁷Les enviamos a Judas y a Silas para confirmar lo que hemos decidido con relación a la pregunta de ustedes.

²⁸»Pues nos pareció bien al Espíritu Santo y a nosotros no imponer sobre ustedes una carga mayor que estos pocos requisitos: ²⁹deben abstenerse de comer alimentos ofrecidos a ídolos, de consumir sangre o la carne de animales estrangulados y de inmoralidad sexual. Si hacen esto, harán bien. Adiós».

³⁰Los mensajeros salieron de inmediato para Antioquía, donde convocaron a una reunión general de los creyentes y entregaron la carta. ³¹Y hubo mucha alegría en toda la iglesia ese día cuando leyeron este mensaje alentador. ³²Entonces Judas y Silas, ambos profetas, hablaron largo y tendido con los creyentes para animarlos y fortalecerlos en su fe. ³³Se quedaron allí un tiempo, y luego los creyentes los enviaron de regreso a la iglesia de Jerusalén con

una bendición de paz.* ³⁵Pablo y Bernabé se quedaron en Antioquía. Ellos y muchos otros enseñaban y predicaban la palabra del Señor en esa ciudad.

Pablo y Bernabé se separan

³⁶Después de un tiempo Pablo le dijo a Bernabé: «Volvamos a visitar cada una de las ciudades donde ya antes predicamos la palabra del Señor para ver cómo andan los nuevos creyentes». ³⁷Bernabé estuvo de acuerdo y quería llevar con ellos a Juan Marcos; ³⁸pero Pablo se opuso terminantemente ya que Juan Marcos los había abandonado en Panfilia y no había continuado con ellos en el trabajo. ³⁹Su desacuerdo fue tan intenso que se separaron. Bernabé tomó a Juan Marcos consigo y navegó hacia Chipre. ⁴⁰Pablo escogió a Silas y, al salir, los creyentes lo encomendaron al cuidado misericordioso del Señor. ⁴¹Luego viajó por toda Siria y Cilicia, fortaleciendo a las iglesias.

Segundo viaje misionero de Pablo

16 Pablo fue primero a Derbe y luego a Listra, donde había un discípulo joven llamado Timoteo. Su madre era una creyente judía, pero su padre era griego. ²Los creyentes* de Listra e Iconio tenían un buen concepto de Timoteo, ³de modo que Pablo quiso que él los acompañara en el viaje. Por respeto a los judíos de la región, dispuso que Timoteo se circuncidara antes de salir, ya que todos sabían que su padre era griego. ⁴Luego fueron de ciudad en ciudad enseñando a los creyentes a que siguieran las decisiones tomadas por los apóstoles y los ancianos de Jerusalén. ⁵Así que las iglesias se fortalecían en su fe y el número de creyentes crecía cada día.

Un llamado de Macedonia

⁶Luego, Pablo y Silas viajaron por la región de Frigia y Galacia, porque el Espíritu Santo les había impedido que predicaran la palabra en la provincia de Asia en ese tiempo. ⁷Luego, al llegar a los límites con Misia, se dirigieron al norte, hacia la provincia de Bitinia,* pero de nuevo el Espíritu de Jesús no les permitió ir allí. ⁸Así que siguieron su viaje por Misia hasta el puerto de Troas.

⁹Esa noche Pablo tuvo una visión: Puesto de pie, un hombre de Macedonia —al norte de Grecia— le rogaba: «¡Ven aquí a Macedonia y ayúdanos!». ¹⁰Entonces decidimos* salir de inmediato hacia Macedonia, después de haber llegado a la conclusión de que Dios nos llamaba a predicar la Buena Noticia allí.

En Filipos, Lidia cree en Jesús

¹¹Subimos a bordo de un barco en Troas, navegamos directo a la isla de Samotracia y, al día

siguiente, desembarcamos en Neápolis. ¹²De allí llegamos a Filipos, una ciudad principal de ese distrito de Macedonia y una colonia romana. Y nos quedamos allí varios días.

¹³El día de descanso nos alejamos un poco de la ciudad y fuimos a la orilla de un río, donde pensamos que la gente se reuniría para orar, y nos sentamos a hablar con unas mujeres que se habían congregado allí. ¹⁴Una de ellas era Lidia, de la ciudad de Tiatira, una comerciante de tela púrpura muy costosa, quien adoraba a Dios. Mientras nos escuchaba, el Señor abrió su corazón y ella aceptó lo que Pablo decía. ¹⁵Fue bautizada junto con otros miembros de su casa y nos invitó a que fuéramos sus huéspedes. «Si ustedes me reconocen que soy una verdadera creyente en el Señor —dijo ella—, vengan a quedarse en mi casa». Y nos insistió hasta que aceptamos.

Pablo y Silas en la cárcel

¹⁶Cierto día, cuando íbamos al lugar de oración, nos encontramos con una joven esclava que estaba poseída por un demonio. Era una adivina que ganaba mucho dinero para sus amos. ¹⁷Ella seguía a Pablo y también al resto de nosotros, gritando: «Estos hombres son siervos del Dios Altísimo y han venido para decirles cómo ser salvos».

¹⁸Esto mismo sucedió día tras día hasta que Pablo se exasperó de tal manera que se dio la vuelta y le dijo al demonio que estaba dentro de la joven: «Te ordeno, en el nombre de Jesucristo, que salgas de ella». Y al instante el demonio la dejó.

¹⁹Las esperanzas de sus amos de hacerse ricos ahora quedaron destruidas, así que agarraron a Pablo y a Silas y los arrastraron hasta la plaza del mercado ante las autoridades. ²⁰«¡Toda la ciudad está alborotada a causa de estos judíos! —les gritaron a los funcionarios de la ciudad—. ²¹Enseñan costumbres que nosotros, los romanos, no podemos practicar porque son ilegales».

²²Enseguida se formó una turba contra Pablo y Silas, y los funcionarios de la ciudad ordenaron que les quitaran la ropa y los golpearan con varas de madera. ²³Los golpearon severamente y después los metieron en la cárcel. Le ordenaron al carcelero que se asegurara de que no escaparan. ²⁴Así que el carcelero los puso en el calabozo de más adentro y les sujetó los pies en el cepo.

²⁵Alrededor de la medianoche, Pablo y Silas estaban orando y cantando himnos a Dios, y los demás prisioneros escuchaban. ²⁶De repente, hubo un gran terremoto y la cárcel se sacudió hasta sus cimientos. Al instante, todas las puertas se abrieron de golpe, ¡y a todos los prisioneros se les cayeron las cadenas! ²⁷El carcelero se despertó y vio las puertas abiertas de par en par. Dio por sentado que los prisioneros se habían escapado, por lo que sacó su espada para

---

15:33 Algunos manuscritos no incluyen el versículo 34. *Pero Silas decidió quedarse allí.* 16:2 En griego *hermanos*; también en 16:40. 16:6-7 *Frigia, Galacia, Asia, Misia* y *Bitinia* eran distritos en lo que ahora es Turquía. 16:10 Lucas, el escritor de este libro, aquí se unió a Pablo y lo acompañó en su viaje.

matarse; [28]pero Pablo le gritó: «¡Detente! ¡No te mates! ¡Estamos todos aquí».

[29]El carcelero pidió una luz y corrió al calabozo y cayó temblando ante Pablo y Silas. [30]Después los sacó y les preguntó:

—Señores, ¿qué debo hacer para ser salvo?

[31]Ellos le contestaron:

—Cree en el Señor Jesús y serás salvo, junto con todos los de tu casa.

[32]Y le presentaron la palabra del Señor tanto a él como a todos los que vivían en su casa. [33]Aun a esa hora de la noche, el carcelero los atendió y les lavó las heridas. Enseguida ellos lo bautizaron a él y a todos los de su casa. [34]El carcelero los llevó adentro de su casa y les dio de comer, y tanto él como los de su casa se alegraron porque todos habían creído en Dios.

[35]A la mañana siguiente, los funcionarios de la ciudad mandaron a la policía para que le dijera al carcelero: «¡Suelta a esos hombres!». [36]Entonces el carcelero le dijo a Pablo:

—Los funcionarios de la ciudad han dicho que tú y Silas quedan en libertad. Vayan en paz.

[37]Pero Pablo respondió:

—Ellos nos golpearon en público sin llevarnos a juicio y nos metieron en la cárcel, y nosotros somos ciudadanos romanos. ¿Ahora quieren que nos vayamos a escondidas? ¡De ninguna manera! ¡Que vengan ellos mismos a ponernos en libertad!

[38]Cuando la policía dio su informe, los funcionarios de la ciudad se alarmaron al enterarse de que Pablo y Silas eran ciudadanos romanos. [39]Entonces fueron a la cárcel y se disculparon con ellos. Luego los sacaron de allí y les suplicaron que se fueran de la ciudad. [40]Una vez que salieron de la cárcel, Pablo y Silas regresaron a la casa de Lidia. Allí se reunieron con los creyentes y los animaron una vez más. Después se fueron de la ciudad.

Pablo predica en Tesalónica

17 Más tarde, Pablo y Silas pasaron por las ciudades de Anfípolis y Apolonia y llegaron a Tesalónica donde había una sinagoga judía. [2]Como era su costumbre, Pablo fue al servicio de la sinagoga y, durante tres días de descanso seguidos, utilizó las Escrituras para razonar con la gente. [3]Explicó las profecías y demostró que el Mesías tenía que sufrir y resucitar de los muertos. Decía: «Este Jesús, de quien les hablo, es el Mesías». [4]Algunos judíos que escuchaban fueron persuadidos y se unieron a Pablo y Silas, junto con muchos griegos temerosos de Dios y un gran número de mujeres prominentes.*

[5]Entonces ciertos judíos tuvieron envidia y reunieron a unos alborotadores de la plaza del mercado para que formaran una turba e iniciaran un

disturbio. Atacaron la casa de Jasón en busca de Pablo y Silas a fin de sacarlos a rastras y entregarlos a la multitud.* [6]Como no los encontraron allí, en su lugar sacaron arrastrando a Jasón y a algunos de los otros creyentes* y los llevaron al concejo de la ciudad. «Pablo y Silas han causado problemas por todo el mundo —gritaban— y ahora están aquí perturbando también nuestra ciudad. [7]Y Jasón los ha recibido en su casa. Todos ellos son culpables de traición contra el César porque profesan lealtad a otro rey, llamado Jesús».

[8]La gente de la ciudad y también los del concejo de la ciudad quedaron totalmente confundidos por esas palabras. [9]Así que los funcionarios obligaron a Jasón y a los otros creyentes a pagar una fianza y luego los soltaron.

Pablo y Silas en Berea

[10]Esa misma noche, los creyentes enviaron a Pablo y a Silas a Berea. Cuando llegaron allí, fueron a la sinagoga judía. [11]Los de Berea tenían una mentalidad más abierta que los de Tesalónica y escucharon con entusiasmo el mensaje de Pablo. Día tras día examinaban las Escrituras para ver si Pablo y Silas enseñaban la verdad. [12]Como resultado, muchos judíos creyeron, como también lo hicieron muchos griegos prominentes, tanto hombres como mujeres.

[13]Cuando unos judíos de Tesalónica se enteraron de que Pablo predicaba la palabra de Dios en Berea, fueron allá y armaron un alboroto. [14]Los creyentes enseguida tomaron medidas y enviaron a Pablo a la costa, mientras que Silas y Timoteo permanecieron allí. [15]Los que acompañaban a Pablo fueron con él hasta Atenas; luego regresaron a Berea con instrucciones para Silas y Timoteo de que se apresuraran a unirse a él.

Pablo predica en Atenas

[16]Mientras Pablo los esperaba en Atenas, se indignó profundamente al ver la gran cantidad de ídolos que había por toda la ciudad. [17]Iba a la sinagoga para razonar con los judíos y con los gentiles* temerosos de Dios y hablaba a diario en la plaza pública con todos los que estuvieran allí.

[18]También debatió con algunos filósofos epicúreos y estoicos. Cuando les habló acerca de Jesús y de su resurrección, ellos dijeron: «¿Qué trata de decir este charlatán con sus ideas raras?». Otros decían: «Parece que predica de unos dioses extranjeros».

[19]Entonces lo llevaron al Concilio Supremo de la ciudad.* «Ven y háblanos sobre esta nueva enseñanza —dijeron—. [20]Dices cosas bastante extrañas y queremos saber de qué se trata». [21](Cabe explicar que todos los atenienses, al igual que los extranjeros que están en Atenas, al parecer pasan todo el tiempo discutiendo las ideas más recientes).

17:4 Algunos manuscritos dicen *muchas de las esposas de hombres prominentes.* **17:5** O *al concejo municipal.* **17:6** En griego *hermanos;* también en 17:10, 14. **17:17** *Gentil[es],* que no es judío. **17:19** O *a la sociedad de los filósofos más educados de la ciudad.* En griego dice *el Areópago.*

²²Entonces Pablo, de pie ante el Concilio,* les dirigió las siguientes palabras: «Hombres de Atenas, veo que ustedes son muy religiosos en todo sentido ²³porque, mientras caminaba observé la gran cantidad de lugares sagrados. Y uno de sus altares tenía la siguiente inscripción: "A un Dios Desconocido". Este Dios, a quien ustedes rinden culto sin conocer, es de quien yo les hablo.

²⁴»Él es el Dios que hizo el mundo y todo lo que hay en él. Ya que es el Señor del cielo y de la tierra, no vive en templos hechos por hombres, ²⁵y las manos humanas no pueden servirlo, porque él no tiene ninguna necesidad. Él es quien da vida y aliento a todo y satisface cada necesidad. ²⁶De un solo hombre* creó todas las naciones de toda la tierra. De antemano decidió cuándo se levantarían y cuándo caerían, y determinó los límites de cada una.

²⁷»Su propósito era que las naciones buscaran a Dios y, quizá acercándose a tientas, lo encontraran; aunque él no está lejos de ninguno de nosotros. ²⁸Pues en él vivimos, nos movemos y existimos. Como dijeron algunos de sus* propios poetas: "Nosotros somos su descendencia". ²⁹Y, como esto es cierto, no debemos pensar en Dios como un ídolo diseñado por artesanos y hecho de oro, plata o piedra.

³⁰»En la antigüedad Dios pasó por alto la ignorancia de la gente acerca de estas cosas, pero ahora él manda que todo el mundo en todas partes se arrepienta de sus pecados y vuelva a él. ³¹Pues él ha fijado un día para juzgar al mundo con justicia por el hombre que él ha designado, y les demostró a todos quién es ese hombre al levantarlo de los muertos».

³²Cuando oyeron a Pablo hablar acerca de la resurrección de los muertos, algunos se rieron con desprecio, pero otros dijeron: «Queremos oír más sobre este tema más tarde». ³³Con esto terminó el diálogo de Pablo con ellos, ³⁴pero algunos se unieron a él y se convirtieron en creyentes. Entre ellos estaban Dionisio —un miembro del Concilio*—, una mujer llamada Dámaris y varios más.

Pablo conoce a Priscila y a Aquila en Corinto

18 Después Pablo salió de Atenas y fue a Corinto.* ²Allí conoció a un judío llamado Aquila, nacido en la región del Ponto, quien estaba recién llegado de Italia junto con su esposa, Priscila. Habían salido de Italia cuando Claudio César deportó de Roma a todos los judíos. ³Pablo se fue a vivir y a trabajar con ellos, porque eran fabricantes de carpas* al igual que él.

⁴Cada día de descanso, Pablo se encontraba en la sinagoga tratando de persuadir tanto a judíos como a griegos. ⁵Después de que Silas y Timoteo llegaron de Macedonia, Pablo pasó todo el tiempo predicando la palabra. Testificaba a los judíos que Jesús era el Mesías; ⁶pero cuando ellos se opusieron y lo insultaron, Pablo se sacudió el polvo de su ropa y dijo: «La sangre de ustedes está sobre sus propias cabezas; yo soy inocente. De ahora en adelante iré a predicar a los gentiles*».

⁷Entonces salió de allí y fue a la casa de Ticio Justo, un gentil que adoraba a Dios y que vivía al lado de la sinagoga. ⁸Crispo, el líder de la sinagoga, y todos los de su casa creyeron en el Señor. Muchos otros en Corinto también escucharon a Pablo, se convirtieron en creyentes y fueron bautizados.

⁹Una noche, el Señor le habló a Pablo en una visión y le dijo: «¡No tengas miedo! ¡Habla con libertad! ¡No te quedes callado! ¹⁰Pues yo estoy contigo, y nadie te atacará ni te hará daño, porque mucha gente de esta ciudad me pertenece». ¹¹Así que Pablo se quedó allí un año y medio enseñando la palabra de Dios.

¹²Cuando Galión llegó a ser gobernador de Acaya, unos judíos se levantaron contra Pablo y lo llevaron ante el gobernador para juzgarlo. ¹³Acusaron a Pablo de «persuadir a la gente a adorar a Dios en formas contrarias a nuestra ley».

¹⁴Pero justo cuando Pablo comenzó a defenderse, Galión se dirigió a los acusadores de Pablo y dijo: «Escuchen, ustedes judíos, si aquí hubiera alguna fechoría o un delito grave, yo tendría una razón para aceptar el caso; ¹⁵pero dado que es solo un asunto de palabras y nombres, y de su ley judía, resuélvanlo ustedes mismos. Me niego a juzgar tales asuntos». ¹⁶Así que los expulsó de la corte.

¹⁷Entonces la multitud* agarró a Sóstenes, el líder de la sinagoga, y lo golpeó allí mismo en la corte; pero Galión no le dio a eso ninguna importancia.

Pablo regresa a Antioquía de Siria

¹⁸Después Pablo se quedó en Corinto un tiempo más, luego se despidió de los hermanos y fue a Cencrea, que quedaba cerca. Allí se rapó la cabeza según la costumbre judía en señal de haber cumplido un voto. Después se embarcó hacia Siria y llevó a Priscila y a Aquila con él.

¹⁹Primero se detuvieron en el puerto de Éfeso, donde Pablo dejó a los demás. Mientras estuvo en Éfeso, fue a la sinagoga para razonar con los judíos. ²⁰Le pidieron que se quedara más tiempo, pero él se negó. ²¹Al irse, sin embargo, dijo: «Si Dios quiere, regresaré».* Entonces zarpó de Éfeso. ²²La siguiente parada fue en el puerto de Cesarea. De allí subió y visitó a la iglesia de Jerusalén,* y luego regresó a Antioquía.

17:22 Tradicionalmente se traduce *de pie sobre el monte de Marte*. En griego *de pie en medio del Areópago*.   **17:26** En griego *De uno*; otros manuscritos dicen *De una sangre*.   **17:28** Algunos manuscritos dicen *nuestros*.   **17:34** En griego *un areopagita*.   **18:1** *Atenas* y *Corinto* eran ciudades importantes de Acaya, la región al norte y al sur de la península griega.   **18:3** O *curtidores de pieles*.   **18:6** *Gentil(es)*, que no es judío.   **18:17** En griego *todos*; otros manuscritos dicen *todos los griegos*.   **18:21** Algunos manuscritos dicen *«Debo estar sin falta en Jerusalén para la fiesta que se acerca, pero después regresaré»*.   **18:22** En griego *la iglesia*.

²³Después de pasar un tiempo en Antioquía, Pablo regresó por Galacia y Frigia, donde visitó y fortaleció a todos los creyentes.*

Apolos recibe instrucción en Éfeso

²⁴Mientras tanto, un judío llamado Apolos —un orador elocuente que conocía bien las Escrituras— llegó a Éfeso desde la ciudad de Alejandría, en Egipto. ²⁵Había recibido enseñanza en el camino del Señor y les enseñó a otros acerca de Jesús con espíritu entusiasta* y con precisión. Sin embargo, él solo sabía acerca del bautismo de Juan. ²⁶Cuando Priscila y Aquila lo escucharon predicar con valentía en la sinagoga, lo llevaron aparte y le explicaron el camino de Dios con aún más precisión.

²⁷Apolos pensaba ir a Acaya, y los hermanos de Éfeso lo animaron para que fuera. Les escribieron a los creyentes de Acaya para pedirles que lo recibieran. Cuando Apolos llegó, resultó ser de gran beneficio para los que, por la gracia de Dios, habían creído. ²⁸Refutaba a los judíos en debates públicos con argumentos poderosos. Usando las Escrituras, les explicaba que Jesús es el Mesías.

Tercer viaje misionero de Pablo

19 Mientras Apolos estaba en Corinto, Pablo viajó por las regiones del interior hasta que llegó a Éfeso, en la costa, donde encontró a varios creyentes.*

²—¿Recibieron el Espíritu Santo cuando creyeron? —les preguntó.

—No —contestaron—, ni siquiera hemos oído que hay un Espíritu Santo.

³—Entonces, ¿qué bautismo recibieron? —preguntó.

Y ellos contestaron:

—El bautismo de Juan.

⁴Pablo dijo:

—El bautismo de Juan exigía arrepentirse del pecado; pero Juan mismo le dijo a la gente que creyera en el que vendría después, es decir, en Jesús.

⁵En cuanto oyeron esto, fueron bautizados en el nombre del Señor Jesús. ⁶Después, cuando Pablo les impuso las manos, el Espíritu Santo descendió sobre ellos, y hablaron en otras lenguas* y profetizaron. ⁷Había unos doce hombres en total.

Pablo ministra en Éfeso

⁸Luego Pablo fue a la sinagoga y predicó con valentía durante los siguientes tres meses, discutiendo persuasivamente sobre el reino de Dios; ⁹pero algunos se pusieron tercos, rechazaron el mensaje y hablaron públicamente en contra del Camino. Así que Pablo salió de la sinagoga y se llevó a los creyentes con él. Entonces asistía

diariamente a la sala de conferencias de Tirano, donde exponía sus ideas y debatía. ¹⁰Esto continuó los siguientes dos años, de modo que gente de toda la provincia de Asia —tanto judíos como griegos— oyó la palabra del Señor.

¹¹Dios le dio a Pablo el poder para realizar milagros excepcionales. ¹²Cuando ponían sobre los enfermos pañuelos o delantales que apenas habían tocado la piel de Pablo, quedaban sanos de sus enfermedades y los espíritus malignos salían de ellos.

¹³Un grupo de judíos viajaba de ciudad en ciudad expulsando espíritus malignos. Trataban de usar el nombre del Señor Jesús en sus conjuros y decían: «¡Te ordeno en el nombre de Jesús, de quien Pablo predica, que salgas!». ¹⁴Siete de los hijos de Esceva, un sacerdote principal, hacían esto. ¹⁵En una ocasión que lo intentaron, el espíritu maligno respondió: «Conozco a Jesús y conozco a Pablo, ¿pero quiénes son ustedes?». ¹⁶Entonces el hombre con el espíritu maligno se lanzó sobre ellos, logró dominarlos y los atacó con tal violencia que ellos huyeron de la casa, desnudos y golpeados.

¹⁷Esta historia corrió velozmente por toda Éfeso, entre judíos y griegos por igual. Un temor solemne descendió sobre la ciudad, y el nombre del Señor Jesús fue honrado en gran manera. ¹⁸Muchos de los que llegaron a ser creyentes confesaron sus prácticas pecaminosas. ¹⁹Varios de ellos, que practicaban la hechicería, trajeron sus libros de conjuros y los quemaron en una hoguera pública. El valor total de los libros fue de cincuenta mil monedas de plata.* ²⁰Y el mensaje acerca del Señor se extendió por muchas partes y tuvo un poderoso efecto.

²¹Tiempo después Pablo se vio obligado por el Espíritu* a pasar por Macedonia y Acaya antes de ir a Jerusalén. «Y, después de eso —dijo—, ¡tengo que ir a Roma!». ²²Envió a sus dos asistentes, Timoteo y Erasto, a que se adelantaran a Macedonia mientras que él se quedó un poco más de tiempo en la provincia de Asia.

Disturbio en Éfeso

²³Por ese tiempo, se generó un grave problema en Éfeso con respecto al Camino. ²⁴Comenzó con Demetrio, un platero que tenía un importante negocio de fabricación de templos de plata en miniatura de la diosa griega Artemisa.* Él les daba trabajo a muchos artesanos. ²⁵Los reunió a todos, junto con otros que trabajaban en oficios similares y les dirigió las siguientes palabras:

«Caballeros, ustedes saben que nuestra riqueza proviene de este negocio. ²⁶Pero, como han visto y oído, este tal Pablo ha convencido a mucha gente al decirles que los dioses hechos a mano, no son verdaderos dioses; y no solo lo ha

18:23 En griego *discípulos*; también en 18:27. 18:25 O con entusiasmo en el Espíritu. 19:1 En griego *discípulos*; también en 19:9, 30. 19:6 O en otros idiomas. 19:19 En griego 50.000 piezas de plata, cada pieza equivalía al salario de una jornada de trabajo. 19:21 O decidió en su espíritu. 19:24 Artemisa también es conocida como Diana.

hecho en Éfeso, ¡sino por toda la provincia! 27Por supuesto que no solo hablo de la pérdida del respeto público para nuestro negocio. También me preocupa que el templo de la gran diosa Artemisa pierda su influencia y que a Artemisa —esta magnífica diosa adorada en toda la provincia de Asia y en todo el mundo— ¡se le despoje de su gran prestigio!».

28Al oír esto, montaron en cólera y comenzaron a gritar: «¡Grande es Artemisa de los efesios!». 29Pronto toda la ciudad se llenó de confusión. Todos corrieron al anfiteatro, arrastrando a Gayo y Aristarco, los compañeros de viaje de Pablo, que eran macedonios. 30Pablo también quiso entrar, pero los creyentes no lo dejaron. 31Algunos de los funcionarios de la provincia, amigos de Pablo, también le enviaron un mensaje para suplicarle que no arriesgara su vida por entrar en el anfiteatro.

32Adentro era un griterío; algunos gritaban una cosa, y otros otra. Todo era confusión. De hecho, la mayoría ni siquiera sabía por qué estaba allí. 33Los judíos de la multitud empujaron a Alejandro hacia adelante y le dijeron que explicara la situación. Él hizo señas para pedir silencio e intentó hablar; 34pero cuando la multitud se dio cuenta de que era judío, empezaron a gritar de nuevo y siguieron sin parar por dos horas: «¡Grande es Artemisa de los efesios! ¡Grande es Artemisa de los efesios!».

35Por fin, el alcalde logró callarlos lo suficiente para poder hablar. «Ciudadanos de Éfeso —les dijo—, todos saben que la ciudad de Éfeso es la guardiana oficial del templo de la gran Artemisa, cuya imagen nos cayó del cielo. 36Dado que esto es un hecho innegable, no deberían sentir la calma ni hacer algo precipitado. 37Ustedes han traído a estos hombres aquí, pero ellos no han robado nada del templo ni tampoco han hablado en contra de nuestra diosa.

38«Si Demetrio y los artesanos tienen algún caso contra ellos, las cortes están en sesión y los funcionarios pueden escuchar el caso de inmediato. Dejen que ellos presenten cargos formales; 39y si hubiera quejas sobre otros asuntos, podrían resolverse en una asamblea legal. 40Me temo que corremos peligro de que el gobierno romano nos acuse de generar disturbios, ya que no hay razón para todo este alboroto, y si Roma exige una explicación, no sabremos qué decir». 41*Entonces los despidió y ellos se dispersaron.

Pablo viaja a Macedonia y a Grecia

20 Cuando se acabó el alboroto, Pablo mandó llamar a los creyentes* y los alentó. Después se despidió y viajó a Macedonia. 2Mientras estuvo allí, animó a los creyentes en cada pueblo que atravesó. Luego descendió a Grecia, 3donde se quedó tres meses. Se

preparaba para regresar en barco a Siria cuando descubrió que unos judíos tramaban una conspiración contra su vida; entonces decidió regresar por Macedonia.

4Varios hombres viajaban con él. Sus nombres eran Sópater, hijo de Pirro, de Berea; Aristarco y Segundo, de Tesalónica; Gayo, de Derbe; Timoteo; también Tíquico y Trófimo, de la provincia de Asia. 5Ellos se adelantaron y nos esperaron en Troas. 6Finalizada la Pascua,* subimos a un barco en Filipos de Macedonia y, cinco días después, nos reencontramos con ellos en Troas, donde nos quedamos una semana.

Última visita de Pablo a Troas

7El primer día de la semana, nos reunimos con los creyentes locales para participar de la Cena del Señor.* Pablo les estaba predicando y, como iba a viajar al día siguiente, siguió hablando hasta la medianoche. 8El cuarto de la planta alta, donde nos reuníamos, estaba iluminado con muchas lámparas que titilaban. 9Como Pablo también hablaba y hablaba, a un joven llamado Eutico, que estaba sentado en el borde de la ventana, le dio mucho sueño. Finalmente se quedó profundamente dormido y se cayó desde el tercer piso y murió. 10Pablo bajó, se inclinó sobre él y lo tomó en sus brazos. «No se preocupen —les dijo—, ¡está vivo!» 11Entonces todos regresaron al cuarto de arriba, participaron de la Cena del Señor* y comieron juntos. Pablo siguió hablándoles hasta el amanecer y luego se fue. 12Mientras tanto, llevaron al joven a su casa ileso y todos sintieron un gran alivio.

Pablo se reúne con los ancianos de Éfeso

13Pablo viajó por tierra hasta Asón, donde había arreglado que nos encontráramos con él, y nosotros viajamos por barco. 14Allí él se unió a nosotros, y juntos navegamos a Mitilene. 15Al otro día, navegamos frente a la isla de Quío. Al día siguiente, cruzamos hasta la isla de Samos y,* un día después, llegamos a Mileto.

16Pablo había decidido navegar sin detenerse en Éfeso porque no quería pasar más tiempo en la provincia de Asia. Se apresuraba a llegar a Jerusalén, de ser posible, para el Festival de Pentecostés. 17Cuando llegamos a Mileto, Pablo envió a los ancianos de la iglesia de Éfeso para pedirles que vinieran a su encuentro.

18Cuando llegaron, Pablo declaró: «Ustedes saben que desde el día que pisé la provincia de Asia hasta ahora, 19he hecho el trabajo del Señor con humildad y con muchas lágrimas. He soportado las pruebas que me vinieron como consecuencia de las conspiraciones de los judíos. 20Nunca me eché para atrás a la hora de decirles lo que necesitaban oír, ya fuera en público o en sus casas. [21]He tenido un solo mensaje para los judíos y los griegos por igual: la necesidad de arrepentirse del pecado, de volver a Dios y de tener fe en nuestro Señor Jesucristo.

[22]»Ahora estoy obligado por el Espíritu* a ir a Jerusalén. No sé lo que me espera allí, [23]solo que el Espíritu Santo me dice que en ciudad tras ciudad, me esperan cárcel y sufrimiento; [24]pero mi vida no vale nada para mí a menos que la use para terminar la tarea que me asignó el Señor Jesús, la tarea de contarles a otros la Buena Noticia acerca de la maravillosa gracia de Dios.

[25]»Y ahora sé que ninguno de ustedes, a quienes les he predicado del reino, volverá a verme. [26]Declaro hoy que soy fiel. Si alguien sufre la muerte eterna, no será mi culpa,* [27]porque no me eché para atrás a la hora de declarar todo lo que Dios quiere que ustedes sepan.

[28]»Entonces cuídense a sí mismos y cuiden al pueblo de Dios. Alimenten y pastoreen al rebaño de Dios —su iglesia, comprada con su propia sangre*— sobre quien el Espíritu Santo los ha designado ancianos.* [29]Sé que, después de mi salida, vendrán en medio de ustedes falsos maestros como lobos rapaces y no perdonarán al rebaño. [30]Incluso algunos hombres de su propio grupo se levantarán y distorsionarán la verdad para jalar seguidores. [31]¡Cuidado! Recuerden los tres años que pasé con ustedes —de día y de noche mi constante atención y cuidado— así como mis muchas lágrimas por cada uno de ustedes.

[32]»Y ahora los encomiendo a Dios y al mensaje de su gracia, que tiene poder para edificarlos y darles una herencia junto con todos los que él ha consagrado para sí mismo. [33]»Yo nunca he codiciado la plata ni el oro ni la ropa de nadie. [34]Ustedes saben que estas dos manos han trabajado para satisfacer mis propias necesidades e incluso las necesidades de los que estuvieron conmigo. [35]Y he sido un ejemplo constante de cómo pueden ayudar con trabajo y esfuerzo a los que están en necesidad. Deben recordar las palabras del Señor Jesús: "Hay más bendición en dar que en recibir"».

[36]Cuando Pablo terminó de hablar, se arrodilló y oró con ellos. [37]Todos lloraban mientras lo abrazaban y le daban besos de despedida. [38]Estaban tristes principalmente porque les había dicho que nunca más volverían a verlo. Luego lo acompañaron hasta el barco.

Viaje de Pablo a Jerusalén

21 Después de despedirnos de los ancianos de Éfeso, navegamos directamente a la isla de Cos. Al día siguiente, llegamos a Rodas y luego fuimos a Pátara. [2]Allí abordamos un barco que iba a Fenicia. [3]Divisamos la isla de Chipre, la pasamos por nuestra izquierda y llegamos al

puerto de Tiro, en Siria, donde el barco tenía que descargar.

[4]Desembarcamos, encontramos a los creyentes* del lugar y nos quedamos con ellos una semana. Estos creyentes profetizaron por medio del Espíritu Santo, que Pablo no debía seguir a Jerusalén. [5]Cuando regresamos al barco al final de esa semana, toda la congregación, incluidos las mujeres* y los niños, salieron de la ciudad y nos acompañaron a la orilla del mar. Allí nos arrodillamos, oramos [6]y nos despedimos. Luego abordamos el barco y ellos volvieron a casa.

[7]Después de dejar Tiro, la siguiente parada fue Tolemaida, donde saludamos a los hermanos y nos quedamos un día. [8]Al día siguiente, continuamos hasta Cesarea y nos quedamos en la casa de Felipe el evangelista, uno de los siete hombres que habían sido elegidos para distribuir los alimentos. [9]Tenía cuatro hijas solteras, que habían recibido el don de profecía.

[10]Varios días después, llegó de Judea un hombre llamado Ágabo, quien también tenía el don de profecía. [11]Se acercó, tomó el cinturón de Pablo y se ató los pies y las manos. Luego dijo: «El Espíritu Santo declara: "De esta forma será atado el dueño de este cinturón por los líderes judíos en Jerusalén y entregado a los gentiles*"». [12]Cuando lo oímos, tanto nosotros como los creyentes del lugar le suplicamos a Pablo que no fuera a Jerusalén.

[13]Pero él dijo: «¿Por qué todo este llanto? ¡Me parten el corazón! Yo estoy dispuesto no solo a ser encarcelado en Jerusalén, sino incluso a morir por el Señor Jesús». [14]Al ver que era imposible convencerlo, nos dimos por vencidos y dijimos: «Que se haga la voluntad del Señor».

Pablo llega a Jerusalén

[15]Después de esto, empacamos nuestras cosas y salimos hacia Jerusalén. [16]Algunos creyentes de Cesarea nos acompañaron y nos llevaron a la casa de Mnasón, un hombre originario de Chipre y uno de los primeros creyentes. [17]Cuando llegamos, los hermanos de Jerusalén nos dieron una calurosa bienvenida.

[18]Al día siguiente, Pablo fue con nosotros para encontrarnos con Santiago, y todos los ancianos de la iglesia de Jerusalén estaban presentes. [19]Después de saludarlos, Pablo dio un informe detallado de las cosas que Dios había realizado entre los gentiles mediante su ministerio.

[20]Después de oírlo, alabaron a Dios. Luego dijeron: «Tú sabes, querido hermano, cuántos miles de judíos también han creído, y todos ellos siguen muy en serio la ley de Moisés; [21]pero se les ha dicho a los creyentes judíos de aquí, de Jerusalén, que tú enseñas a todos los judíos que viven entre los gentiles que abandonen la ley de Moisés. Ellos han oído que les enseñas que no

20:22 O *por mi espíritu, o por una convicción interna;* en griego dice *por el espíritu.*   20:26 En griego *soy inocente de la sangre de todos.*   20:28a O *con la sangre su propio [Hijo].*   20:28b En griego *supervisores.*   21:4 En griego *discípulos;* también en 21:16.   21:5 O *esposas.*   21:11 *Gentiles],* que no es judío.

circunciden a sus hijos ni que practiquen otras costumbres judías. ²²¿Qué debemos hacer? Seguramente se van a enterar de tu llegada.

²³»Queremos que hagas lo siguiente: hay entre nosotros cuatro hombres que han cumplido su voto; ²⁴acompáñalos al templo y participa con ellos en la ceremonia de purificación, y paga tú los gastos para que se rapen la cabeza según el ritual judío. Entonces todos sabrán que los rumores son falsos y que tú mismo cumples las leyes judías.

²⁵»En cuanto a los creyentes gentiles, ellos deben hacer lo que ya les dijimos en una carta: abstenerse de comer alimentos ofrecidos a ídolos, de consumir sangre o la carne de animales estrangulados, y de la inmoralidad sexual».

Arresto de Pablo

²⁶Así que, al día siguiente, Pablo fue al templo con los otros hombres. Ya comenzado el ritual de purificación, anunció públicamente la fecha en que se cumpliría el tiempo de los votos y se ofrecerían sacrificios por cada uno de los hombres.

²⁷Cuando estaban por cumplirse los siete días del voto, unos judíos de la provincia de Asia vieron a Pablo en el templo e incitaron a una turba en su contra. Lo agarraron ²⁸mientras gritaban: «¡Hombres de Israel, ayúdennos! Este es el hombre que predica en contra de nuestro pueblo en todas partes y les dice a todos que desobedezcan las leyes judías. Habla en contra del templo, ¡y hasta profana este lugar santo llevando gentiles* adentro! ²⁹(Pues más temprano ese mismo día lo habían visto en la ciudad con Trófimo, un gentil de Éfeso,* y supusieron que Pablo lo había llevado al templo).

³⁰Toda la ciudad fue estremecida por estas acusaciones y se desencadenó un gran disturbio. Agarraron a Pablo y lo arrastraron fuera del templo e inmediatamente cerraron las puertas detrás de él. ³¹Cuando estaban a punto de matarlo, le llegó al comandante del regimiento romano la noticia de que toda Jerusalén estaba alborotada. ³²De inmediato el comandante llamó a sus soldados y oficiales* y corrió entre la multitud. Cuando la turba vio que venían el comandante y las tropas, dejaron de golpear a Pablo.

³³Luego el comandante lo arrestó y ordenó que lo sujetaran con dos cadenas. Le preguntó a la multitud quién era él y qué había hecho. ³⁴Unos gritaban una cosa, y otros otra. Como no pudo averiguar la verdad entre todo el alboroto y la confusión, ordenó que llevaran a Pablo a la fortaleza. ³⁵Cuando Pablo llegó a las escaleras, la turba se puso tan violenta que los soldados tuvieron que levantarlo sobre sus hombros para protegerlo. ³⁶Y la multitud seguía gritando desde atrás: «¡Mátenlo! ¡Mátenlo!».

Pablo habla a la multitud

³⁷Cuando estaban por llevarlo adentro, Pablo le dijo al comandante:

—¿Puedo hablar con usted?

—¡¿Hablas griego!? —le preguntó el comandante, sorprendido—. ³⁸¿No eres tú el egipcio que encabezó una rebelión hace un tiempo y llevó al desierto a cuatro mil miembros del grupo llamado "Los Asesinos"?

³⁹—No —contestó Pablo—, soy judío y ciudadano de Tarso de Cilicia, que es una ciudad importante. Por favor, permítame hablar con esta gente.

⁴⁰El comandante estuvo de acuerdo, entonces Pablo se puso de pie en las escaleras e hizo señas para pedir silencio. Pronto un gran silencio envolvió a la multitud, y Pablo se dirigió a la gente en su propia lengua, en arameo.*

22 «Hermanos y estimados padres —dijo Pablo—, escuchen mientras presento mi defensa». ²Cuando los oyeron hablar en el idioma* de ellos, el silencio fue aún mayor.

³Entonces Pablo dijo: «Soy judío, nacido en Tarso, una ciudad de Cilicia, y fui criado y educado aquí en Jerusalén bajo el maestro Gamaliel. Como estudiante de él, fui cuidadosamente entrenado en nuestras leyes y costumbres judías. Llegué a tener un gran celo por honrar a Dios en todo lo que hacía, tal como todos ustedes hoy. ⁴Perseguí a los seguidores del Camino, acosando a algunos hasta la muerte, y arresté tanto a hombres como a mujeres para echarlos en la cárcel. ⁵El sumo sacerdote y todo el consejo de ancianos pueden dar fe de que esto es cierto. Pues recibí cartas de ellos, dirigidas a nuestros hermanos judíos en Damasco, las cuales me autorizaban a encadenar a los cristianos de esa ciudad y traerlos a Jerusalén para que fueran castigados.

⁶»Cuando iba de camino, ya cerca de Damasco, como a mediodía, de repente una intensa luz del cielo brilló alrededor de mí. ⁷Caí al suelo y oí una voz que me decía: "Saulo, Saulo, ¿por qué me persigues?".

⁸»"¿Quién eres, señor?", pregunté.

»Y la voz contestó: "Yo soy Jesús de Nazaret,* a quien tú persigues". ⁹La gente que iba conmigo vio la luz pero no entendió la voz que me hablaba.

¹⁰»Yo pregunté: "¿Qué debo hacer, Señor?". Y el Señor me dijo: "Levántate y entra en Damasco, allí se te dirá todo lo que debes hacer".

¹¹»Quedé ciego por la intensa luz y mis compañeros tuvieron que llevarme de la mano hasta Damasco. ¹²Allí vivía un hombre llamado Ananías. Era un hombre recto, muy devoto de la ley y muy respetado por todos los judíos de Damasco. ¹³Él llegó y se puso a mi lado y me dijo: "Hermano Saulo, recobra la vista". Y, en ese mismo instante, ¡pude verlo!

21:28 En griego *griegos.* 21:29 En griego *Trófimo, el efesio.* 21:32 En griego *centuriones.* 21:40 O *hebreo.* 22:2 En griego *en arameo,* o en *hebreo.* 22:8 O *Jesús nazareno.*

¹⁴»Después me dijo: "El Dios de nuestros antepasados te ha escogido para que conozcas su voluntad y para que veas al Justo y lo oigas hablar. ¹⁵Pues tú serás su testigo; les contarás a todos lo que has visto y oído. ¹⁶¿Qué esperas? Levántate y bautízate. Queda limpio de tus pecados al invocar el nombre del Señor".

¹⁷»Después de regresar a Jerusalén y, mientras oraba en el templo, caí en un estado de éxtasis. ¹⁸Tuve una visión de Jesús,* quien me decía: "¡Date prisa! Sal de Jerusalén, porque la gente de aquí no aceptará tu testimonio acerca de mí".

¹⁹»"Pero Señor —argumenté—, seguramente ellos saben que, en cada sinagoga, yo encarcelé y golpeé a los que creían en ti. ²⁰Y estuve totalmente de acuerdo cuando mataron a tu testigo Esteban. Estuve allí cuidando los abrigos que se quitaron cuando lo apedrearon".

²¹»Pero el Señor me dijo: "¡Ve, porque yo te enviaré lejos, a los gentiles*!"».

²²La multitud escuchó hasta que Pablo dijo esta palabra. Entonces todos comenzaron a gritar: «¡Llévense a ese tipo! ¡No es digno de vivir!». ²³Gritaron, arrojaron sus abrigos y lanzaron puñados de polvo al aire.

Pablo revela su ciudadanía romana

²⁴El comandante llevó a Pablo adentro y ordenó que lo azotaran con látigos para hacerlo confesar su delito. Quería averiguar por qué la multitud se había enfurecido. ²⁵Cuando ataron a Pablo para azotarlo, Pablo le preguntó al oficial* que estaba allí:

—¿Es legal que azoten a un ciudadano romano que todavía no ha sido juzgado?

²⁶Cuando el oficial oyó esto, fue al comandante y le preguntó: «¿Qué está haciendo? ¡Este hombre es un ciudadano romano!».

²⁷Entonces el comandante se acercó a Pablo y le preguntó:

—Dime, ¿eres ciudadano romano?

—Sí, por supuesto que lo soy —respondió Pablo.

²⁸—Yo también lo soy —dijo el comandante entre dientes—, ¡y me costó mucho dinero!

Pablo respondió:

—¡Pero yo soy ciudadano de nacimiento!

²⁹Los soldados que estaban a punto de interrogar a Pablo se retiraron velozmente cuando se enteraron de que era ciudadano romano, y el comandante quedó asustado porque había ordenado que lo amarraran y lo azotaran.

Pablo ante el Concilio Supremo

³⁰Al día siguiente, el comandante ordenó que los sacerdotes principales se reunieran en sesión con el Concilio Supremo judío.* Quería averiguar de qué se trataba el problema, así que soltó a Pablo para presentarlo delante de ellos.

23 Mirando fijamente al Concilio Supremo,* Pablo comenzó: «Hermanos, ¡siempre he vivido ante Dios con la conciencia limpia!».

²Al instante, Ananías, el sumo sacerdote, ordenó a los que estaban cerca de Pablo que le pegaran en la boca. ³Pero Pablo le dijo: «¡Dios te golpeará a ti, hipócrita corrupto!* ¿Qué clase de juez eres si tú mismo infringes la ley al ordenar que me golpeen así?».

⁴Los que estaban cerca de Pablo, le dijeron:

—¿Te atreves a insultar al sumo sacerdote de Dios?

⁵—Lo siento, hermanos. No me había dado cuenta de que él es el sumo sacerdote —contestó Pablo—, porque las Escrituras dicen: "No hablarás mal de ninguno de tus gobernantes"*.

⁶Pablo se dio cuenta de que algunos miembros del Concilio Supremo eran saduceos y que otros eran fariseos, por lo tanto, gritó: «Hermanos, ¡yo soy fariseo, al igual que mis antepasados! ¡Y estoy en juicio porque mi esperanza está en la resurrección de los muertos!».

⁷Esto dividió al Concilio —puso a los fariseos contra los saduceos—, ⁸porque los saduceos dicen que no hay resurrección, ni ángeles, ni espíritus, pero los fariseos sí creen en todo esto. ⁹Así que hubo un gran alboroto. Algunos de los maestros de la ley religiosa que eran fariseos se levantaron de un salto y comenzaron a discutir enérgicamente. «Nosotros no encontramos nada malo en él —gritaban—. Tal vez algún espíritu o ángel le habló». ¹⁰Como el conflicto se tornó más violento, el comandante tenía temor de que descuartizaran a Pablo. De modo que les ordenó a sus soldados que fueran a rescatarlo por la fuerza y lo regresaran a la fortaleza.

¹¹Esa noche el Señor se le apareció a Pablo y le dijo: «Ten ánimo, Pablo. Así como has sido mi testigo aquí en Jerusalén, también debes predicar la Buena Noticia en Roma».

Plan para matar a Pablo

¹²A la mañana siguiente, un grupo de judíos* se reunió y se comprometió mediante un juramento a no comer ni beber hasta matar a Pablo. ¹³Eran más de cuarenta los cómplices en la conspiración. ¹⁴Fueron a los sacerdotes principales y a los ancianos y les dijeron: «Nos hemos comprometido mediante un juramento a no comer nada hasta que hayamos matado a Pablo. ¹⁵Así que ustedes y el Concilio Supremo deberían pedirle al comandante que lleve otra vez a Pablo ante el Concilio. Aparenten que quieren examinar su caso más a fondo. Nosotros lo mataremos en el camino».

¹⁶Pero el sobrino de Pablo —el hijo de su hermana— se enteró del plan y fue a la fortaleza y se lo contó a Pablo. ¹⁷Pablo mandó llamar a uno de los oficiales romanos* y le dijo: «Lleva este

---

22:18 En griego *de él.* **22:21** *Gentiles),* que no es judío. **22:25** En griego *centurión;* también en 22:26. **22:30** En griego *Sanedrín.* **23:1** En griego *Sanedrín;* también en 23:6, 15, 20, 28. **23:3** En griego *a ti, pared blanqueada.* **23:5** Ex 22:28. **23:12** En griego *los judíos.* **23:17** En griego *centuriones;* también en 23:23.

joven al comandante; tiene algo importante que decirle».

¹⁸Entonces el oficial lo hizo y explicó: «El prisionero Pablo me llamó y me pidió que le trajera a este joven porque tiene algo que decirle».

¹⁹El comandante lo tomó de la mano, lo llevó a un lado y le preguntó:

—¿Qué es lo que quieres decirme?

²⁰El sobrino de Pablo le dijo:

—Unos judíos van a pedirle que usted lleve mañana a Pablo ante el Concilio Supremo, fingiendo que quieren obtener más información. ²¹¡Pero no lo haga! Hay más de cuarenta hombres escondidos por todo el camino, listos para tenderle una emboscada. Ellos han jurado no comer ni beber nada hasta que lo hayan matado. Ya están listos, solo esperan su consentimiento.

²²—Que nadie sepa que me has contado esto —le advirtió el comandante al joven.

Pablo es enviado a Cesarea

²³Entonces el comandante llamó a dos de sus oficiales y les dio la siguiente orden: «Preparen a doscientos soldados para que vayan a Cesarea esta noche a las nueve. Lleven también doscientos lanceros y setenta hombres a caballo. ²⁴Denle caballos a Pablo para el viaje y llévenlo a salvo al gobernador Félix. ²⁵Después escribió la siguiente carta al gobernador:

²⁶«De Claudio Lisias. A su excelencia, el gobernador Félix. ¡Saludos!

²⁷»Unos judíos detuvieron a este hombre y estaban a punto de matarlo cuando llegué con mis tropas. Luego me enteré de que él era ciudadano romano, entonces lo trasladé a un lugar seguro. ²⁸Después lo llevé al Concilio Supremo judío para tratar de averiguar la razón de las acusaciones en su contra. ²⁹Pronto descubrí que el cargo tenía que ver con sus leyes religiosas; nada que merezca prisión o muerte en absoluto; ³⁰pero cuando se me informó de un complot para matarlo, se lo envié a usted de inmediato. Les he dicho a sus acusadores que presenten los cargos ante usted.

³¹Así que, esa noche, tal como se les había ordenado, los soldados llevaron a Pablo tan lejos como Antípatris. ³²A la mañana siguiente, ellos regresaron a la fortaleza mientras que las tropas a caballo trasladaron a Pablo hasta Cesarea. ³³Cuando llegaron a Cesarea, lo presentaron ante el gobernador Félix y le entregaron la carta. ³⁴El gobernador la leyó y después le preguntó a Pablo de qué provincia era.

—De Cilicia —contestó Pablo.

³⁵—Yo mismo oiré tu caso cuando lleguen los que te acusan —le dijo el gobernador.

Luego el gobernador ordenó que lo pusieran en la prisión del cuartel general de Herodes.*

Pablo ante Félix

24 Cinco días después, Ananías, el sumo sacerdote, llegó con algunos de los ancianos judíos y con el abogado* Tértulo, para presentar su caso contra Pablo ante el gobernador. ²Una vez que hicieron entrar a Pablo, Tértulo presentó los cargos en su contra ante el gobernador con el siguiente discurso:

«Usted ha dado un largo período de paz a nosotros, los judíos y, con previsión, nos ha promulgado reformas. ³Por todo esto, su excelencia, le estamos muy agradecidos; ⁴pero no quiero aburrirlo, así que le ruego que me preste atención sólo por un momento. ⁵Hemos descubierto que este hombre es un alborotador que constantemente provoca disturbios entre los judíos por todo el mundo. Es un cabecilla de la secta conocida como "los nazarenos". ⁶Además, trataba de profanar el templo cuando lo arrestamos.* ⁸Puede averiguar la veracidad de nuestras acusaciones si lo interroga usted mismo». ⁹Así que los demás judíos intervinieron, declarando que todo lo que Tértulo había dicho era cierto.

¹⁰Entonces el gobernador le hizo una seña a Pablo para que hablara. Y Pablo dijo: «Yo sé, señor, que usted ha sido juez de asuntos judíos durante muchos años, por lo tanto, presento con gusto mi defensa ante usted. ¹¹Con facilidad puede averiguar que llegué a Jerusalén no hace más de doce días para adorar en el templo. ¹²Los que me acusan nunca me encontraron discutiendo con nadie en el templo ni provocando disturbios en ninguna sinagoga o en las calles de la ciudad. ¹³Estos hombres no pueden probar las cosas por las cuales me acusan.

¹⁴»Pero admito que soy seguidor del Camino, al cual ellos llaman secta. Adoro al Dios de nuestros antepasados y firmemente creo en la ley judía y en todo lo que escribieron los profetas. ¹⁵Tengo la misma esperanza en Dios que la que tienen estos hombres, la esperanza de que él resucitará tanto a los justos como a los injustos. ¹⁶Por esto, siempre trato de mantener una conciencia limpia delante de Dios y de toda la gente.

¹⁷»Después de estar ausente durante varios años, regresé a Jerusalén con dinero para ayudar a mi pueblo y para ofrecer sacrificios a Dios. ¹⁸Los que me acusan me vieron en el templo mientras yo terminaba una ceremonia de purificación. No había ninguna multitud a mi alrededor ni ningún disturbio; ¹⁹pero algunos judíos de la provincia de Asia estaban allí, los que deberían estar aquí para presentar cargos si es que tienen algo en mi contra. ²⁰Pregúnteles a estos hombres que están aquí de qué crimen me encontró culpable el Concilio Supremo judío,*

23:35 En griego *pretorio de Herodes.* 24:1 En griego *algunos ancianos y un orador.* 24:6 Algunos manuscritos amplían el versículo 6, incluyen todo el versículo 7 y una frase adicional en el versículo 8: *Nosotros lo habríamos juzgado de acuerdo con nuestra ley, ⁷ pero Lisias, el comandante de la guarnición, llegó y se lo llevó por la fuerza, ⁸ y ordenó a sus acusadores que se presentaran ante ti.* 24:20 En griego *Sanedrín.*

²¹excepto por una sola vez que grité: "¡Hoy se me juzga ante ustedes porque creo en la resurrección de los muertos!"».

²²En ese momento, Félix, quien estaba bastante familiarizado con el Camino, levantó la sesión y dijo: «Esperen hasta que llegue Lisias, el comandante de la guarnición. Entonces tomaré una decisión sobre el caso». ²³Le ordenó a un oficial* que mantuviera a Pablo bajo custodia pero le diera ciertas libertades y permitiera que sus amigos lo visitaran y se encargaran de sus necesidades.

²⁴Unos días después, Félix regresó con su esposa, Drusila, quien era judía. Mandó llamar a Pablo, y lo escucharon mientras les habló acerca de la fe en Cristo Jesús. ²⁵Al razonar Pablo con ellos acerca de la justicia, el control propio y el día de juicio que vendrá, Félix se llenó de miedo. «Vete por ahora —le dijo—. Cuando sea más conveniente, volveré a llamarte». ²⁶También esperaba que Pablo lo sobornara, de modo que lo mandaba a llamar muy a menudo y hablaba con él.

²⁷Pasaron dos años así, y Félix fue sucedido por Porcio Festo. Y, como Félix quería ganarse la aceptación del pueblo judío, dejó a Pablo en prisión.

Pablo ante Festo

25 Tres días después de que Festo llegó a Cesarea para asumir sus nuevas funciones, partió hacia Jerusalén, ²donde los sacerdotes principales y otros líderes judíos se reunieron con él y le presentaron sus acusaciones contra Pablo. ³Le pidieron a Festo que les hiciera el favor de trasladar a Pablo a Jerusalén (ya que tenían pensado tenderle una emboscada y matarlo en el camino). ⁴Pero Festo respondió que Pablo estaba en Cesarea y que pronto él mismo iba a regresar allí. ⁵Así que les dijo: «Algunos de ustedes que tengan autoridad pueden volver conmigo. Si Pablo ha hecho algo malo, entonces podrán presentar sus acusaciones».

⁶Unos ocho o diez días después, Festo regresó a Cesarea y, al día siguiente, tomó su lugar en la corte y ordenó que trajeran a Pablo. ⁷Cuando Pablo llegó, los líderes judíos de Jerusalén lo rodearon e hicieron muchas acusaciones graves que no podían probar.

⁸Pablo negó los cargos. «No soy culpable de ningún delito contra las leyes judías, ni contra el templo, ni contra el gobierno romano», dijo. ⁹Entonces Festo, queriendo complacer a los judíos, le preguntó:

—¿Estás dispuesto a ir a Jerusalén y ser juzgado ante mí allá?

¹⁰Pero Pablo contestó:

—¡No! Esta es la corte oficial romana, por lo tanto, debo ser juzgado aquí mismo. Usted sabe muy bien que no soy culpable de hacer daño a los judíos. ¹¹Si he hecho algo digno de muerte,

no me niego a morir; pero si soy inocente, nadie tiene el derecho de entregarme a estos hombres para que me maten. ¡Apelo al César!

¹²Festo consultó con sus consejeros y después respondió:

—¡Muy bien! Has apelado al César, ¡y al César irás!

¹³Unos días más tarde el rey Agripa llegó con su hermana, Berenice,* a presentar sus respetos a Festo. ¹⁴Durante su visita de varios días, Festo conversó con el rey acerca del caso de Pablo.

—Aquí hay un prisionero —le dijo— cuyo caso me dejó Félix. ¹⁵Cuando yo estaba en Jerusalén, los sacerdotes principales y los ancianos judíos presentaron cargos en su contra y me pidieron que yo lo condenara. ¹⁶Les hice ver que la ley romana no declara culpable a nadie sin antes tener un juicio. El acusado debe tener una oportunidad para que confronte a sus acusadores y se defienda.

¹⁷»Cuando los acusadores de Pablo llegaron aquí para el juicio, yo no me demoré. Convoqué al tribunal el día siguiente y di órdenes para que trajeran a Pablo, ¹⁸pero las acusaciones que hicieron en su contra no correspondían a ninguno de los delitos que yo esperaba. ¹⁹En cambio, tenían algo que ver con su religión y con un hombre muerto llamado Jesús, quien —según Pablo— está vivo. ²⁰No sabía cómo investigar estas cuestiones, así que le pregunté si él estaba dispuesto a ser juzgado por estos cargos en Jerusalén; ²¹pero Pablo apeló al emperador para que resuelva su caso. Así que di órdenes de que lo mantuvieran bajo custodia hasta que yo pudiera hacer los arreglos necesarios para enviarlo al César.

²²—Me gustaría oír personalmente a ese hombre —dijo Agripa.

Y Festo respondió:

—¡Mañana lo oirás!

Pablo habla con Agripa

²³Así que, al día siguiente, Agripa y Berenice llegaron al auditorio con gran pompa, acompañados por oficiales militares y hombres prominentes de la ciudad. Festo dio órdenes de que trajeran a Pablo. ²⁴Después Festo dijo: «Rey Agripa y los demás presentes, este es el hombre a quien todos los judíos tanto aquí como en Jerusalén quieren ver muerto; ²⁵pero en mi opinión, él no ha hecho nada que merezca la muerte. Sin embargo, como apeló al emperador, decidí enviarlo a Roma.

²⁶»¿Pero qué debo escribirle al emperador?, pues no hay ningún cargo concreto en su contra. Así que lo he traído ante todos ustedes —especialmente ante ti, rey Agripa— para tener algo que escribir después de que lo interroguemos. ²⁷¡Pues no tiene sentido enviarle al emperador un prisionero sin especificar los cargos que hay en su contra!

26

Entonces Agripa le dijo a Pablo: «Tienes permiso para hablar en tu defensa».

Así que Pablo, haciendo una seña con la mano, comenzó su defensa: 2«Me considero afortunado, rey Agripa, de que sea usted quien oye hoy mi defensa en contra de todas estas acusaciones que han hecho los líderes judíos, 3porque sé que usted es un experto en costumbres y controversias judías. Ahora, por favor, escúcheme con paciencia.

4»Como bien saben los líderes judíos, desde mi temprana infancia recibí una completa capacitación judía entre mi propia gente y también en Jerusalén. 5Ellos saben, si quisieran admitirlo, que he sido miembro de los fariseos, la secta más estricta de nuestra religión. 6Ahora se me juzga por la esperanza en el cumplimiento de la promesa que Dios les hizo a nuestros antepasados. 7De hecho, esta es la razón por la cual las doce tribus de Israel adoran a Dios con celo día y noche, y participan de la misma esperanza que yo tengo. Aun así, Su Majestad, ¡ellos me acusan por tener esta esperanza! 8¿Por qué les parece increíble a todos ustedes que Dios pueda resucitar a los muertos?

9»Yo solía creer que mi obligación era hacer todo lo posible para oponerme al nombre de Jesús de Nazaret.* 10Por cierto, eso fue justo lo que hice en Jerusalén. Con la autorización de los sacerdotes principales, hice a muchos creyentes* allí fueran enviados a la cárcel. Di mi voto en contra de ellos cuando los condenaban a muerte. 11Muchas veces hice que los castigaran en las sinagogas para que maldijeran* a Jesús. Estaba tan violentamente en contra de ellos que los perseguí hasta en ciudades extranjeras.

12»Cierto día, yo me dirigía a Damasco para cumplir una misión respaldado por la autoridad y el encargo de los sacerdotes principales. 13Cerca del mediodía, Su Majestad, mientras iba de camino, una luz del cielo, más intensa que la del sol, brilló sobre mí y mis compañeros. 14Todos caímos al suelo, y escuché una voz que me decía en arameo*: "Saulo, Saulo, ¿por qué me persigues? Es inútil que luches contra mi voluntad"*.

15»"¿Quién eres, señor?", pregunté. Y el Señor contestó: "Yo soy Jesús, a quien tú persigues. 16Ahora, ¡levántate! Pues me aparecí ante ti para designarte como mi siervo y testigo. Deberás contarle al mundo lo que has visto y lo que te mostraré en el futuro. 17Yo te rescataré de tu propia gente y de los gentiles.* Sí, te envío a los gentiles, 18para que les abras los ojos, a fin de que pasen de la oscuridad a la luz, y del poder de Satanás a Dios. Entonces recibirán el perdón de sus pecados y se les dará un lugar entre el pueblo de Dios, el cual es apartado por la fe en mí".

19»Por lo tanto, rey Agripa, obedecí esa vi-

sión del cielo. 20Primero les prediqué a los de Damasco, luego en Jerusalén y por toda Judea, y también a los gentiles; que todos tienen que arrepentirse de sus pecados y volver a Dios, y demostrar que han cambiado, por medio de las cosas buenas que hacen. 21Unos judíos me arrestaron en el templo por predicar esto y trataron de matarme; 22pero Dios me ha protegido hasta este mismo momento para que yo pueda dar testimonio a todos, desde el menos importante hasta el más importante. Yo no enseño nada fuera de lo que los profetas y Moisés dijeron que sucedería: 23que el Mesías sufriría y que sería el primero en resucitar de los muertos, y de esta forma anunciaría la luz de Dios tanto a judíos como a gentiles por igual».

24De repente Festo gritó:

—Pablo, estás loco. ¡Tanto estudio te ha llevado a la locura!

25Pero Pablo contestó:

—No estoy loco, excelentísimo Festo. Lo que digo es la pura verdad, 26y el rey Agripa sabe de estas cosas. Yo hablo con atrevimiento porque estoy seguro de que todos estos acontecimientos le son familiares, ¡pues no se hicieron en un rincón! 27Rey Agripa, ¿usted les cree a los profetas? Yo sé que sí.

28Agripa lo interrumpió:

—¿Acaso piensas que puedes persuadirme para que me convierta en cristiano en tan poco tiempo?*

29Pablo contestó:

—Sea en poco tiempo o en mucho, le pido a Dios en oración que tanto usted como todos los presentes en este lugar lleguen a ser como yo, excepto por estas cadenas.

30Entonces el rey, el gobernador, Berenice y todos los demás se pusieron de pie y se retiraron. 31Mientras salían, hablaron del tema y acordaron: «Este hombre no ha hecho nada que merezca la muerte o la cárcel».

32Y Agripa le dijo a Festo: «Podría ser puesto en libertad si no hubiera apelado al César».

Pablo navega a Roma

27

Cuando llegó el tiempo, zarpamos hacia Italia. A Pablo y a varios prisioneros más los pusieron bajo la custodia de un oficial romano* llamado Julio, un capitán del regimiento imperial. 2También nos acompañó Aristarco, un macedonio de Tesalónica. Salimos en un barco matriculado en el puerto de Adramitio, situado en la costa noroccidental de la provincia de Asia.* El barco tenía previsto hacer varias paradas en distintos puertos a lo largo de la costa de la provincia.

3Al día siguiente, cuando atracamos en Sidón, Julio fue muy amable con Pablo y le permitió desembarcar para visitar a sus amigos, a fin de

26:9 O Jesús nazareno.   26:10 En griego muchos del pueblo santo de Dios.   26:11 En griego blasfemaran.   26:14a O hebreo.   26:14b En griego Te es difícil dar patadas contra el aguijón, que no es judío.   26:28 O —Un poco más y tus argumentos me convierten en cristiano.   27:1 En griego centurión; similar en 27:6, 11, 31, 43.   27:2 Asia era una provincia romana en lo que ahora es la parte occidental de Turquía.

que ellos pudieran proveer sus necesidades. 4Desde allí nos hicimos a la mar y nos topamos con fuertes vientos de frente que hacían difícil mantener el barco en curso, así que navegamos hacia el norte de Chipre, entre la isla y el continente. 5Navegando en mar abierto, pasamos por la costa de Cilicia y Panfilia, y desembarcamos en Mira, en la provincia de Licia. 6Allí, el oficial al mando encontró un barco egipcio, de Alejandría, con destino a Italia, y nos hizo subir a bordo.

7Tuvimos que navegar despacio por varios días y, después de serias dificultades, por fin nos acercamos a Gnido; pero teníamos viento en contra, así que cruzamos a la isla de Creta, navegando al resguardo de la costa de la isla con menos viento, frente al cabo de Salmón. 8Seguimos por la costa con mucha dificultad y finalmente llegamos a Buenos Puertos, cerca de la ciudad de Lasea. 9Habíamos perdido bastante tiempo. El clima se ponía cada vez más peligroso para viajar por mar, porque el otoño estaba muy avanzado,* y Pablo comentó eso con los oficiales del barco.

10Les dijo: «Señores, creo que tendremos problemas más adelante si seguimos avanzando: naufragio, pérdida de la carga y también riesgo para nuestras vidas»; 11pero el oficial a cargo de los prisioneros les hizo más caso al capitán y al dueño del barco que a Pablo. 12Ya que Buenos Puertos era un puerto desprotegido —un mal lugar para pasar el invierno— la mayoría de la tripulación quería seguir hasta Fenice, que se encuentra más adelante en la costa de Creta, y pasar el invierno allí. Fenice era un buen puerto, con orientación solo al suroccidente y al noroccidente.

Tormenta en el mar

13Cuando un viento suave comenzó a soplar desde el sur, los marineros pensaron que podrían llegar a salvo. Entonces levaron anclas y navegaron cerca de la costa de Creta; 14pero el clima cambió abruptamente, y un viento huracanado (llamado «Nororiente») sopló sobre la isla y nos empujó a mar abierto. 15Los marineros no pudieron girar el barco para hacerle frente al viento, así que se dieron por vencidos y se dejaron llevar por la tormenta.

16Navegamos al resguardo del lado con menos viento de una pequeña isla llamada Gauda,* donde con gran dificultad subimos a bordo el bote salvavidas que era remolcado por el barco. 17Luego los marineros ataron cuerdas alrededor del casco del barco para reforzarlo. Tenían miedo de que el barco fuera llevado a los bancos de arena de Sirte, frente a la costa africana, así que bajaron el ancla flotante para disminuir la velocidad del barco y se dejaron llevar por el viento.

18El próximo día, como la fuerza del vendaval seguía azotando el barco, la tripulación comenzó a echar la carga por la borda. 19Luego, al día siguiente, hasta arrojaron al agua parte del equipo del barco. 20La gran tempestad rugió durante muchos días, ocultó el sol y las estrellas, hasta que al final se perdió toda esperanza.

21Nadie había comido en mucho tiempo. Finalmente, Pablo reunió a la tripulación y le dijo: «Señores, ustedes debieran haberme escuchado al principio y no haber salido de Creta. Así se hubieran evitado todos estos daños y pérdidas. 22¡Pero anímense! Ninguno de ustedes perderá la vida, aunque el barco se hundirá. 23Pues anoche un ángel del Dios a quien pertenezco y a quien sirvo estuvo a mi lado 24y dijo: "¡Pablo, no temas, porque ciertamente serás juzgado ante el César! Además, Dios, en su bondad, ha concedido protección a todos los que navegan contigo". 25Así que, ¡anímense! Pues yo le creo a Dios. Sucederá tal como él lo dijo, 26pero seremos náufragos en una isla».

El naufragio

27Como a la medianoche de la decimocuarta noche de la tormenta, mientras los vientos nos empujaban por el mar Adriático,* los marineros presintieron que había tierra cerca. 28Arrojaron una cuerda con una pesa y descubrieron que el agua tenía treinta y siete metros de profundidad. Un poco después, volvieron a medir y vieron que solo había veintisiete metros de profundidad.* 29A la velocidad que íbamos, ellos tenían miedo de que pronto fuéramos arrojados contra las rocas que estaban a lo largo de la costa; así que echaron cuatro anclas desde la parte trasera del barco y rezaron que amaneciera.

30Luego los marineros trataron de abandonar el barco; bajaron el bote salvavidas como si estuvieran echando anclas desde la parte delantera del barco. 31Así que Pablo les dijo al oficial al mando y a los soldados: «Todos ustedes morirán a menos que los marineros se queden a bordo». 32Entonces los soldados cortaron las cuerdas del bote salvavidas y lo dejaron a la deriva.

33Cuando empezó a amanecer, Pablo animó a todos a que comieran. «Ustedes han estado tan preocupados que no han comido nada en dos semanas —les dijo—. 34Por favor, por su propio bien, coman algo ahora. Pues no perderán ni un solo cabello de la cabeza». 35Así que tomó un poco de pan, dio gracias a Dios delante de todos, partió un pedazo y se lo comió. 36Entonces todos se animaron y empezaron a comer, 37los doscientos setenta y seis que estábamos a bordo. 38Después de comer, la tripulación redujo aún más el peso del barco echando al mar la carga de trigo.

39Cuando amaneció, no reconocieron la costa,

27:9 En griego *porque el ayuno ya había pasado*. Ese ayuno estaba relacionado con el Día del Perdón (*Yom Kippur*), que caía a fines de septiembre o a principios de octubre. 27:16 Algunos manuscritos dicen *Clauda*. 27:27 *El mar Adriático:* a diferencia de la denominación de este mar en tiempos modernos, en el siglo primero las aguas con este nombre incluían las de la parte central del Mediterráneo. 27:28 En griego *20 brazas [...] 15 brazas* (120 pies [...] 90 pies).

pero vieron una bahía con una playa y se preguntaban si podrían llegar a la costa haciendo encallar el barco. ⁴⁰Entonces cortaron las anclas y las dejaron en el mar. Luego soltaron los timones, izaron las velas de proa y se dirigieron a la costa; ⁴¹pero chocaron contra un banco de arena y el barco encalló demasiado rápido. La proa del barco se clavó en la arena, mientras que la popa fue golpeada repetidas veces por la fuerza de las olas y comenzó a hacerse pedazos.

⁴²Los soldados querían matar a los prisioneros para asegurarse de que no nadaran hasta la costa y escaparan; ⁴³pero el oficial al mando quería salvar a Pablo, así que no los dejó llevar a cabo su plan. Luego les ordenó a todos los que sabían nadar que saltaran por la borda primero y se dirigieran a tierra firme. ⁴⁴Los demás se sujetaron a tablas o a restos del barco destruido.* Así que todos escaparon a salvo hasta la costa.

Pablo en la isla de Malta

28 Una vez a salvo en la costa, nos enteramos de que estábamos en la isla de Malta. ²La gente de la isla fue muy amable con nosotros. Hacía frío y llovía, entonces encendieron una fogata en la orilla para recibirnos.

³Mientras Pablo juntaba una brazada de leña y la echaba en el fuego, una serpiente venenosa que huía del calor le mordió en la mano. ⁴Los habitantes de la isla, al ver la serpiente colgando de su mano, se decían unos a otros: «¡Sin duda este es un asesino! Aunque se salvó del mar, la justicia no le permitirá vivir»; ⁵pero Pablo se sacudió la serpiente en el fuego y no sufrió ningún daño. ⁶La gente esperaba que él se hinchara o que cayera muerto de repente; pero después de esperar y esperar y ver que estaba ileso, cambiaron de opinión y llegaron a la conclusión de que Pablo era un dios.

⁷Cerca de la costa adonde llegamos, había una propiedad que pertenecía a Publio, el funcionario principal de la isla. Él nos recibió y nos atendió con amabilidad por tres días. ⁸Dio la casualidad de que el padre de Publio estaba enfermo con fiebre y disentería. Pablo entró a verlo, oró por él, puso sus manos sobre él y lo sanó. ⁹Entonces todos los demás enfermos de la isla también vinieron y fueron sanados. ¹⁰Como resultado, nos colmaron de honores y, cuando llegó el tiempo de partir, la gente nos proveyó de todo lo que necesitaríamos para el viaje.

Pablo llega a Roma

¹¹Tres meses después del naufragio, zarpamos en otro barco, que había pasado el invierno en la isla; era un barco de Alejandría que tenía como figura de proa a los dioses gemelos.* ¹²Hicimos la primera parada en Siracusa,* donde nos quedamos tres días. ¹³De allí navegamos

hasta Regio.* Un día después, un viento del sur empezó a soplar, de manera que, al día siguiente, navegamos por la costa hasta Poteoli. ¹⁴Allí encontramos a algunos creyentes,* quienes nos invitaron a pasar una semana con ellos. Y así llegamos a Roma.

¹⁵Los hermanos de Roma se habían enterado de nuestra inminente llegada, y salieron hasta el Foro* por el Camino Apio para recibirnos. En Las Tres Tabernas* nos esperaba otro grupo. Cuando Pablo los vio, se animó y dio gracias a Dios.

¹⁶Una vez que llegamos a Roma, a Pablo se le permitió hospedarse en un alojamiento privado, aunque estaba bajo la custodia de un soldado.

Pablo predica en Roma bajo custodia

¹⁷Tres días después de haber llegado, Pablo mandó reunir a los líderes judíos locales. Les dijo:

—Hermanos, fui arrestado en Jerusalén y entregado al gobierno romano, a pesar de no haber hecho nada en contra de nuestro pueblo ni de las costumbres de nuestros antepasados. ¹⁸Los romanos me llevaron a juicio y querían ponerme en libertad, porque no encontraron ninguna causa para condenarme a muerte; ¹⁹pero cuando los líderes judíos protestaron por la decisión, creí necesario apelar al César, aunque no tenía deseos de presentar cargos en contra de mi propia gente. ²⁰Les pedí a ustedes que vinieran hoy aquí para que nos conociéramos y para que yo pudiera explicarles por qué estoy atado con esta cadena por creo que la esperanza de Israel —el Mesías— ya ha venido.

²¹Ellos respondieron:

—No hemos recibido ninguna carta de Judea ni ningún informe en tu contra de nadie que haya venido por aquí; ²²pero queremos escuchar lo que tú crees, pues lo único que sabemos de este movimiento es que se le ataca por todas partes.

²³Entonces fijaron una fecha, y ese día mucha gente llegó al lugar donde Pablo estaba alojado. Él explicó y dio testimonio acerca del reino de Dios y trató de convencerlos acerca de Jesús con las Escrituras. Usando la ley de Moisés y los libros de los profetas, les habló desde la mañana hasta la noche. ²⁴Algunos se convencieron por las cosas que dijo, pero otros no creyeron. ²⁵Después de discutir entre unos y otros, se fueron con las siguientes palabras finales de Pablo: «El Espíritu Santo tenía razón cuando les dijo a sus antepasados por medio del profeta Isaías:

²⁶ "Ve y dile a este pueblo:
Cuando ustedes oigan lo que digo,
    no entenderán.
Cuando vean lo que hago,
    no comprenderán.

27:44 O *fueron ayudados por miembros de la tripulación del barco.* 28:11 *Los dioses gemelos eran los dioses romanos Cástor y Pólux.* 28:12 *Siracusa estaba en la isla de Sicilia.* 28:13 *Regio estaba a la punta del sur de Italia.* 28:14 En griego *hermanos.* 28:15a *El Foro estaba como a 70 kilómetros (43 millas) de Roma.* 28:15b *Las Tres Tabernas estaba como a 57 kilómetros (35 millas) de Roma.*

27 Pues el corazón de este pueblo está
       endurecido,
    y sus oídos no pueden oír,
    y han cerrado los ojos,
  así que sus ojos no pueden ver,
    y sus oídos no pueden oír,
    y sus corazones no pueden entender,
  y no pueden volver a mí
    para que yo los sane"*.

28 »Así que quiero que sepan que esta salvación de Dios también se ha ofrecido a los gentiles,* y ellos la aceptarán».*

30 Durante los dos años siguientes Pablo vivió en Roma pagando sus gastos él mismo.* Recibía a todos los que lo visitaban, 31 y proclamaba con valentía el reino de Dios y enseñaba acerca del Señor Jesucristo; y nadie intentó detenerlo.

28:26-27 Is 6:9-10 (versión griega). 28:28a *Gentil(es)*, que no es judío. 28:28b Algunos manuscritos incluyen el versículo 29: *Y después de que dijo estas palabras, los judíos se fueron, muy en desacuerdo unos con otros.* 28:30 O *en una habitación rentada por él.*

Romanos

Saludos de Pablo

1 Yo, Pablo, esclavo de Cristo Jesús y elegido por Dios para ser apóstol y enviado a predicar su Buena Noticia, escribo esta carta. ²Dios prometió esa Buena Noticia hace tiempo por medio de sus profetas en las Sagradas Escrituras. ³La Buena Noticia trata de su Hijo. En su vida terrenal, él fue descendiente del rey David, ⁴y quedó demostrado que era* el Hijo de Dios cuando fue resucitado de los muertos mediante el poder del Espíritu Santo.* Él es Jesucristo nuestro Señor. ⁵Por medio de Cristo, Dios nos ha dado a nosotros, como apóstoles, el privilegio* y la autoridad de anunciar por todas partes a los gentiles* lo que Dios ha hecho por ellos, a fin de que crean en él y lo obedezcan, lo cual dará gloria a su nombre.

⁶Ustedes están incluidos entre los gentiles que fueron llamados a pertenecer a Jesucristo. ⁷Les escribo a todos ustedes, los amados de Dios que están en Roma y son llamados a ser su pueblo santo.

Que Dios nuestro Padre y el Señor Jesucristo les den gracia y paz.

La Buena Noticia de Dios

⁸Ante todo les digo, mediante Jesucristo, le doy gracias a mi Dios por todos ustedes, porque en todas partes del mundo se habla de la fe que tienen en él. ⁹Dios sabe cuántas veces los recuerdo en mis oraciones. Día y noche hago mención de ustedes y sus necesidades delante de Dios, a quien sirvo con todo mi corazón* anunciando la Buena Noticia acerca de su Hijo.

¹⁰Algo que siempre pido en oración es que, Dios mediante, se presente la oportunidad de ir por fin a verlos. ¹¹Pues tengo muchos deseos de visitarlos para llevarles algún don espiritual que los ayude a crecer firmes en el Señor. ¹²Cuando nos encontremos, quiero alentarlos en la fe pero también me gustaría recibir aliento de la fe de ustedes.

¹³Quiero que sepan, amados hermanos, que me propuse muchas veces ir a visitarlos pero, hasta el momento, me vi impedido. Mi deseo es trabajar entre ustedes y ver frutos espirituales tal como he visto entre otros gentiles. ¹⁴Pues siento una gran obligación tanto con los habitantes del mundo civilizado como con los del resto del mundo,* con los instruidos y los incultos por igual. ¹⁵Así es que estoy ansioso por visitarlos también a ustedes, que están en Roma, para predicarles la Buena Noticia.

¹⁶Pues no me avergüenzo de la Buena Noticia acerca de Cristo, porque es poder de Dios en acción para salvar a todos los que creen, a los judíos primero y también a los gentiles.* ¹⁷Esa Buena Noticia nos revela cómo Dios nos hace justos ante sus ojos, lo cual se logra del principio al fin por medio de la fe. Como dicen las Escrituras: «Es por medio de la fe que el justo tiene vida»*.

La ira de Dios contra el pecado

¹⁸Pero Dios muestra su ira desde el cielo contra todos los que son pecadores y perversos, que detienen la verdad con su perversión.* ¹⁹Ellos conocen la verdad acerca de Dios, porque él se la ha hecho evidente. ²⁰Pues, desde la creación del mundo, todos han visto los cielos y la tierra. Por medio de todo lo que Dios hizo, ellos pueden ver a simple vista las cualidades invisibles de Dios: su poder eterno y su naturaleza divina. Así que no tienen ninguna excusa para no conocer a Dios.

²¹Es cierto, ellos conocieron a Dios pero no quisieron adorarlo como Dios ni darle gracias. En cambio, comenzaron a inventar ideas necias sobre Dios. Como resultado, la mente les quedó en oscuridad y confusión. ²²Afirmaban ser sabios pero se convirtieron en completos necios. ²³Y, en lugar de adorar al Dios inmortal y glorioso, rindieron culto a ídolos que ellos mismos se hicieron con forma de simples mortales, de aves, de animales de cuatro patas y de reptiles.

²⁴Entonces Dios los abandonó para que hicieran todas las cosas vergonzosas que deseaban en su corazón. Como resultado, usaron sus cuerpos para hacerse cosas viles y degradantes entre sí. ²⁵Cambiaron la verdad acerca de Dios por una mentira. Y así rindieron culto y sirvieron a las cosas que Dios creó pero no al Creador mismo, ¡quien es digno de eterna alabanza! Amén. ²⁶Por

---

1:4a O y fue designado.   1:4b O por el Espíritu de santidad; o en el nuevo dominio del Espíritu.   1:5a O la gracia.   1:5b Gentil(es), que no es judío.   1:9 O en mi espíritu.   1:14 En griego con los griegos y los bárbaros.   1:16 En griego al judío primero y también al griego.   1:17 O «El justo vivirá por la fe», Ha 2:4.   1:18 O que, con su perversión, impiden que la verdad sea conocida.

esa razón, Dios los abandonó a sus pasiones vergonzosas. Aun las mujeres se rebelaron contra la forma natural de tener relaciones sexuales y, en cambio, dieron rienda suelta al sexo unas con otras. ²⁷Los hombres, por su parte, en lugar de tener relaciones sexuales normales, con la mujer, ardieron en pasiones unos con otros. Los hombres hicieron cosas vergonzosas con otros hombres y, como consecuencia de ese pecado, sufrieron dentro de sí el castigo que merecían.

²⁸Por pensar que era una tontería reconocer a Dios, él los abandonó a sus tontos razonamientos y dejó que hicieran cosas que jamás deberían hacerse. ²⁹Se llenaron de toda clase de perversiones, pecados, avaricia, odio, envidia, homicidios, peleas, engaños, conductas maliciosas y chismes. ³⁰Son traidores, insolentes, arrogantes, fanfarrones y gente que odia a Dios. Inventan nuevas formas de pecar y desobedecen a sus padres. ³¹No quieren entrar en razón, no cumplen lo que prometen, son crueles y no tienen compasión. ³²Saben bien que la justicia de Dios exige que los que hacen esas cosas merecen morir; pero ellos igual las hacen. Peor aún, incitan a otros a que también las hagan.

Juicio de Dios contra el pecado

2 Tal vez crees que puedes condenar a tales individuos, pero tu maldad es igual que la de ellos, ¡y no tienes ninguna excusa! Cuando dices que son perversos y merecen ser castigados, te condenas a ti mismo porque tú, que juzgas a otros, también practicas las mismas cosas. ²Y sabemos que Dios, en su justicia, castigará a todos los que hacen tales cosas. ³Y tú, que juzgas a otros por hacer esas cosas, ¿cómo crees que podrás evitar el juicio de Dios cuando tú haces lo mismo? ⁴¿No te das cuenta de la bondadoso, tolerante y paciente que es Dios contigo? ¿Acaso eso no significa nada para ti? ¿No ves que la bondad de Dios es para guiarte a que te arrepientas y abandones tu pecado?

⁵Pero eres terco y te niegas a arrepentirte y abandonar tu pecado, por eso vas acumulando un castigo terrible para ti mismo. Pues se acerca el día de la ira, en el cual se manifestará el justo juicio de Dios. ⁶Él juzgará a cada uno según lo que haya hecho. ⁷Dará vida eterna a los que siguen haciendo el bien, pues de esa manera demuestran que buscan la gloria, el honor y la inmortalidad que Dios ofrece; ⁸pero derramará su ira y enojo sobre los que viven para sí mismos, los que se niegan a obedecer la verdad y, en cambio, viven entregados a la maldad. ⁹Habrá aflicción y angustia para todos los que siguen haciendo lo malo, para los judíos primero y también para los gentiles;* ¹⁰pero habrá gloria, honra y paz de parte de Dios para todos los que hacen lo bueno, para los judíos primero y también para los gentiles. ¹¹Pues Dios no muestra favoritismo.

¹²Los gentiles serán destruidos por el hecho de pecar, aunque nunca tuvieron la ley escrita de Dios; y los judíos, quienes sí tienen la ley de Dios, serán juzgados por esa ley porque no la obedecen. ¹³Pues el simple acto de escuchar la ley no nos hace justos ante Dios. Es obedecer la ley lo que nos hace justos ante sus ojos. ¹⁴Aun los gentiles, quienes no cuentan con la ley escrita de Dios, muestran que conocen esa ley cuando, por instinto, la obedecen aunque nunca la hayan oído. ¹⁵Ellos demuestran que tienen la ley de Dios escrita en el corazón, porque su propia conciencia y sus propios pensamientos los acusan o les indican que están haciendo lo correcto. ¹⁶Y el mensaje que proclamo es que se acerca el día en que Dios juzgará, por medio de Cristo Jesús, la vida secreta de cada uno.

Los judíos y la ley

¹⁷Tú, que te llamas judío, confías en la ley de Dios y te jactas de tu relación especial con él. ¹⁸Tú sabes lo que a él le agrada, sabes bien qué es lo correcto, porque se te ha enseñado. ¹⁹Estás convencido de que eres guía para los ciegos y luz para los que andan perdidos en la oscuridad. ²⁰Piensas que puedes instruir al ignorante y enseñar a los niños los caminos de Dios. Pues estás seguro de que la ley de Dios te da pleno conocimiento y toda la verdad.

²¹Ahora bien, si tú enseñas a otros, ¿por qué no te enseñas a ti mismo? Predicas a otros que no se debe robar, ¿pero tú robas? ²²Dices que está mal cometer adulterio, ¿pero tú cometes adulterio? Condenas la idolatría, ¿pero tú usas objetos robados de los templos paganos?* ²³Te sientes muy orgulloso de conocer la ley pero deshonras a Dios al quebrantarla. ²⁴No es extraño que las Escrituras digan: «Los gentiles blasfeman el nombre de Dios por causa de ustedes»*.

²⁵La ceremonia judía de la circuncisión solo tiene valor si obedeces la ley de Dios; pero si no obedeces la ley de Dios, no estás en mejor condición que un gentil incircunciso. ²⁶Y si los gentiles obedecen la ley de Dios, ¿acaso él no los considerará su propio pueblo? ²⁷De hecho, los gentiles incircuncisos que cumplen la ley de Dios los condenarán a ustedes, judíos, que están circuncidados y tienen la ley de Dios pero no la obedecen.

²⁸Pues no es ser un verdadero judío solo por haber nacido de padres judíos ni por haber pasado por la ceremonia de la circuncisión. ²⁹No, un verdadero judío es aquel que tiene el corazón recto a los ojos de Dios. La verdadera circuncisión no consiste meramente en obedecer la letra de la ley, sino que es un cambio en el corazón, producido por el Espíritu de Dios. Y una persona con un corazón transformado busca* la aprobación de Dios, no la de la gente.

2:9 En griego *para el judío y también para el griego;* también en 2:10. *Gentil(es)*, que no es judío. **2:22** En griego *¿robas de los templos?* **2:24** Is 52:5 (versión griega). **2:29** O *recibe.*

Dios permanece fiel

3 Entonces, ¿cuál es la ventaja de ser judío? ¿Tiene algún valor la ceremonia de la circuncisión? [2]Claro que sí, ¡tiene muchos beneficios! En primer lugar, a los judíos se les confió toda la revelación de Dios.*

[3]Es cierto, algunos de ellos fueron infieles; ¿pero acaso eso significa que porque ellos fueron infieles, Dios también será infiel? [4]¡Por supuesto que no! Aun cuando todos los demás sean mentirosos, Dios es veraz. Como dicen las Escrituras acerca de él:

«Quedará demostrado que tienes razón en lo que dices,
   y ganarás tu caso en los tribunales»*.

[5]«Sin embargo —algunos podrían decir—, nuestro pecado cumple un buen propósito porque muestra a otros lo justo que es Dios. ¿No es injusto, entonces, que Dios nos castigue?». (Este no es más que un punto de vista humano). [6]¡De ninguna manera! Si Dios no fuera completamente justo, ¿cómo tendría autoridad para juzgar al mundo? [7]«Sin embargo —alguien podría seguir argumentando—, ¿por qué Dios me juzga como pecador si mi mentira realza su veracidad y le da más gloria a él?». [8]Algunos incluso nos difaman asegurando que nosotros decimos: «¡Cuanto más pecamos, mejor!». Los que dicen tales cosas merecen ser condenados.

Todos somos pecadores

[9]Ahora bien, ¿llegamos a la conclusión de que los judíos somos mejores que los demás? ¡Para nada! Tal como acabamos de demostrar, todos —sean judíos o gentiles*— están bajo el poder del pecado. [10]Como dicen las Escrituras:

«No hay ni un solo justo,
   ni siquiera uno.
[11] Nadie es realmente sabio,
   nadie busca a Dios.
[12] Todos se desviaron,
   todos se volvieron inútiles.
No hay ni uno que haga lo bueno,
   ni uno solo»*.
[13] «Lo que hablan es repugnante como el olor
   que sale de una tumba abierta.
Su lengua está llena de mentiras».
«Veneno de serpientes gotea de sus labios»*.
[14] «Su boca está llena de maldición y
   amargura»*.
[15] «Se apresuran a matar.
[16] Siempre hay sufrimiento y destrucción en
   sus caminos.
[17] No saben dónde encontrar paz»*.
[18] «No tienen temor de Dios en absoluto»*.

[19]Obviamente, la ley se aplica a quienes fue entregada, porque su propósito es evitar que la

gente tenga excusas y demostrar que todo el mundo es culpable delante de Dios. [20]Pues nadie llegará jamás a ser justo ante Dios por hacer lo que la ley manda. La ley sencillamente nos muestra lo pecadores que somos.

Cristo sufrió nuestro castigo

[21]Pero ahora, tal como se prometió tiempo atrás en los escritos de Moisés* y de los profetas, Dios nos ha mostrado cómo podemos ser justos ante él sin cumplir las exigencias de la ley. [22]Dios nos hace justos a sus ojos cuando ponemos nuestra fe en Jesucristo. Y eso es verdad para todo el que cree, sea quien fuere.

[23]Pues todos hemos pecado; nadie puede alcanzar la meta gloriosa establecida por Dios. [24]Sin embargo, con una bondad que no merecemos, Dios nos declara justos por medio de Cristo Jesús, quien nos liberó del castigo de nuestros pecados. [25]Pues Dios ofreció a Jesús como el sacrificio por el pecado. Las personas son declaradas justas a los ojos de Dios cuando creen que Jesús sacrificó su vida al derramar su sangre. Ese sacrificio muestra que Dios actuó con justicia cuando se contuvo y no castigó a los que pecaron en el pasado, [26]porque miraba hacia el futuro y de ese modo los incluiría a los que llevaría a cabo en el tiempo presente. Dios hizo todo eso para demostrar su justicia, porque él mismo es justo e imparcial, y declara a los pecadores justos a sus ojos cuando ellos creen en Jesús.

[27]¿Podemos, entonces, jactarnos de haber hecho algo para que Dios nos acepte? No, porque nuestra libertad de culpa y cargo no se basa en la obediencia a la ley. Está basada en la fe. [28]Así que somos declarados justos a los ojos de Dios por medio de la fe y no por obedecer la ley.

[29]Después de todo, ¿acaso Dios es solo el Dios de los judíos? ¿No es también el Dios de los gentiles? Claro que sí. [30]Hay sólo un Dios, y él declara justos a judíos y gentiles* únicamente por medio de la fe. [31]Entonces, si hacemos énfasis en la fe, ¿eso significa que podemos olvidarnos de la ley? ¡Por supuesto que no! De hecho, solo cuando tenemos fe cumplimos verdaderamente la ley.

La fe de Abraham

4 Humanamente hablando, Abraham fue el fundador de nuestra nación judía. ¿Qué descubrió él acerca de llegar a ser justo ante Dios? [2]Que si sus buenas acciones le hubieran servido para que Dios lo aceptara, habría tenido de qué jactarse; pero esa no era la forma de actuar de Dios. [3]Pues las Escrituras nos dicen: «Abraham le creyó a Dios, y Dios consideró a Abraham justo debido a su fe»*.

[4]Cuando la gente trabaja, el salario que recibe no es un regalo sino algo que se ha ganado;

3:2 En griego *confiaron todos los oráculos de Dios.*   3:4 Sal 51:4 (versión griega).   3:9 *Gentiles*, que no es judío. En griego *o griegos.*   3:10-12 Sal 14:1-3; 53:1-3 (versión griega).   3:13 Sal 5:9 (versión griega); Sal 140:3.   3:14 Sal 10:7 (versión griega). 3:15-17 Is 59:7-8.   3:18 Sal 36:1.   3:21 *En griego en la ley.*   3:30 En griego *a los circuncisos y a los incircuncisos.*   4:3 Gn 15:6.

⁵pero la gente no es considerada justa por sus acciones sino por su fe en Dios, quien perdona a los pecadores. ⁶David también habló de lo mismo cuando describió la felicidad de los que son declarados justos sin hacer esfuerzos para lograrlo:

⁷ «Oh, qué alegría para aquellos
a quienes se les perdona la desobediencia,
a quienes se les cubren los pecados.
⁸ Sí, qué alegría para aquellos
a quienes el Señor les borró el pecado de
su cuenta»*.

⁹Ahora bien, ¿es esta bendición solamente para los judíos o es también para los gentiles* incircuncisos?* Como venimos diciendo, Dios consideró a Abraham justo debido a su fe. ¹⁰¿Pero cómo sucedió esto? ¿Se le consideró justo solo después de ser circuncidado o fue antes? ¡Es evidente que Dios aceptó a Abraham antes de que fuera circuncidado!

¹¹La circuncisión era una señal de que Abraham ya tenía fe y de que Dios ya lo había aceptado y declarado justo aun antes de que fuera circuncidado. Por lo tanto, Abraham es el padre espiritual de los que tienen fe pero no han sido circuncidados. A ellos se les considera justos debido a su fe. ¹²Y Abraham también es el padre espiritual de los que han sido circuncidados, pero solo si tienen la misma clase de fe que tenía Abraham antes de ser circuncidado.

¹³Obviamente, la promesa que Dios hizo de dar toda la tierra a Abraham y a sus descendientes no se basaba en la obediencia de Abraham a la ley sino en una relación correcta con Dios, la cual viene por la fe. ¹⁴Si la promesa de Dios es solo para los que obedecen la ley, entonces la fe no hace falta y la promesa no tiene sentido. ¹⁵Pues la ley siempre trae castigo para los que tratan de obedecerla. (¡La única forma de no violar la ley es no tener ninguna ley para violar!).

¹⁶Así que la promesa se recibe por medio de la fe. Es un regalo inmerecido. Y, vivamos o no de acuerdo con la ley de Moisés, todos estamos seguros de recibir esta promesa si tenemos una fe como la de Abraham, quien es el padre de todos los que creen. ¹⁷A eso se refieren las Escrituras cuando citan lo que Dios le dijo: «Te hice padre de muchas naciones»*. Eso sucedió porque Abraham creyó en el Dios que da vida a los muertos y crea cosas nuevas de la nada.

¹⁸Aun cuando no había motivos para tener esperanza, Abraham siguió teniendo esperanza porque había creído en que llegaría a ser el padre de muchas naciones. Pues Dios le había dicho: «Esa será la cantidad de descendientes que tendrás»*. ¹⁹Y la fe de Abraham no se debilitó a pesar de que él reconoció que, por tener unos cien años de edad, su cuerpo ya estaba muy anciano para tener hijos, igual que el vientre de Sara.

²⁰Abraham siempre creyó la promesa de Dios sin vacilar. De hecho, su fe se fortaleció aún más y así le dio gloria a Dios. ²¹Abraham estaba plenamente convencido de que Dios es poderoso para cumplir todo lo que promete. ²²Y, debido a su fe, Dios lo consideró justo. ²³Y el hecho de que Dios lo considerara justo no fue solo para beneficio de Abraham, sino que quedó escrito ²⁴también para nuestro beneficio, porque nos asegura que Dios nos considerará justos a nosotros también si creemos en él, quien levantó de los muertos a Jesús nuestro Señor. ²⁵Él fue entregado a la muerte por causa de nuestros pecados, y resucitado para hacernos justos a los ojos de Dios.

La fe produce alegría

5 Por lo tanto, ya que fuimos declarados justos a los ojos de Dios por medio de la fe, tenemos paz con Dios gracias a lo que Jesucristo nuestro Señor hizo por nosotros. ²Debido a nuestra fe, Cristo nos hizo entrar en este lugar de privilegio inmerecido en el cual ahora permanecemos, y esperamos con confianza y alegría participar de la gloria de Dios.

³También nos alegramos al enfrentar pruebas y dificultades porque sabemos que nos ayudan a desarrollar resistencia. ⁴Y la resistencia desarrolla firmeza de carácter, y el carácter fortalece nuestra esperanza segura de salvación. ⁵Y esa esperanza no acabará en desilusión. Pues sabemos con cuánta ternura nos ama Dios, porque nos ha dado el Espíritu Santo para llenar nuestro corazón con su amor.

⁶Cuando éramos totalmente incapaces de salvarnos, Cristo vino en el momento preciso y murió por nosotros, pecadores. ⁷Ahora bien, casi nadie se ofrecería a morir por una persona honrada, aunque tal vez alguien podría estar dispuesto a dar su vida por una persona extraordinariamente buena; ⁸pero Dios mostró el gran amor que nos tiene al enviar a Cristo a morir por nosotros cuando todavía éramos pecadores. ⁹Entonces, como se nos declaró justos a los ojos de Dios por la sangre de Cristo, con toda seguridad él nos salvará de la condenación de Dios. ¹⁰Pues, como nuestra amistad con Dios quedó restablecida por la muerte de su Hijo cuando todavía éramos sus enemigos, con toda seguridad seremos salvos por la vida de su Hijo. ¹¹Así que ahora podemos alegrarnos por nuestra nueva y maravillosa relación con Dios gracias a que nuestro Señor Jesucristo nos hizo amigos de Dios.

Comparación entre Adán y Cristo

¹²Cuando Adán pecó, el pecado entró en el mundo. El pecado de Adán introdujo la muerte, de modo que la muerte se extendió a todos, porque todos pecaron. ¹³Es cierto, la gente ya pecaba aun antes de que se entregara la ley; pero no se le

tomaba en cuenta como pecado, porque todavía no existía ninguna ley para violar. [14]Sin embargo, desde los tiempos de Adán hasta los de Moisés, todos murieron, incluso los que no desobedecieron un mandamiento explícito de Dios como lo hizo Adán. Ahora bien, Adán es un símbolo, una representación de Cristo, quien aún tenía que venir; [15]pero hay una gran diferencia entre el pecado de Adán y el regalo del favor inmerecido de Dios. Pues el pecado de un solo hombre, Adán, trajo muerte a muchos; pero aún más grande es la gracia maravillosa de Dios y el regalo de su perdón para muchos por medio de otro hombre, Jesucristo; [16]y el resultado del regalo del favor inmerecido de Dios es muy diferente de la consecuencia del pecado de ese primer hombre. Pues el pecado de Adán llevó a la condenación, pero el regalo de Dios nos lleva a ser declarados justos a los ojos de Dios, a pesar de que somos culpables de muchos pecados. [17]Pues el pecado de un solo hombre, Adán, hizo que la muerte reinara sobre muchos; pero aún más grande es la gracia maravillosa de Dios y el regalo de su justicia, porque todos los que lo reciben vivirán en victoria sobre el pecado y la muerte por medio de un solo hombre, Jesucristo.

[18]Así es, un solo pecado de Adán trae condenación, pero un solo acto de justicia de Cristo trae una relación correcta con Dios y vida nueva para todos. [19]Por un solo que desobedeció a Dios, muchos pasaron a ser pecadores; pero por uno solo que obedeció a Dios, muchos serán declarados justos.

[20]La ley de Dios fue entregada para que toda la gente se diera cuenta de la magnitud de su pecado, pero mientras más pecaba la gente, más abundante la gracia maravillosa de Dios. [21]Entonces, así como el pecado reinó sobre todos y los llevó a la muerte, ahora reina en cambio la gracia maravillosa de Dios, la cual nos pone en la relación correcta con él y nos da como resultado la vida eterna por medio de Jesucristo nuestro Señor.

Cristo quebró el poder del pecado

6 Ahora bien, ¿deberíamos seguir pecando para que Dios nos muestre más y más su gracia maravillosa? [2]¡Por supuesto que no! Nosotros hemos muerto al pecado, entonces, ¿cómo es posible que sigamos viviendo en pecado? [3]¿O acaso olvidaron que, cuando fuimos unidos a Cristo en el bautismo, nos unimos a él en su muerte? [4]Pues hemos muerto y fuimos sepultados con Cristo mediante el bautismo; y tal como Cristo fue levantado de los muertos por el poder glorioso del Padre, ahora nosotros también podemos vivir una vida nueva.

[5]Dado que fuimos unidos a él en su muerte, también seremos resucitados como él. [6]Sabemos que nuestro antiguo ser pecaminoso fue crucificado con Cristo para que el pecado

perdiera su poder en nuestra vida. Ya no somos esclavos del pecado. [7]Pues, cuando morimos con Cristo, fuimos liberados del poder del pecado; [8]y dado que morimos con Cristo, sabemos que también viviremos con él. [9]Estamos seguros de eso, porque Cristo fue levantado de los muertos y nunca más volverá a morir. La muerte ya no tiene ningún poder sobre él. [10]Cuando él murió, murió una sola vez, a fin de quebrar el poder del pecado; pero ahora que él vive, vive para la gloria de Dios. [11]Así también ustedes deberían considerarse muertos al poder del pecado y vivos para Dios por medio de Cristo Jesús.

[12]No permitan que el pecado controle la manera en que viven;* ni caigan ante sus deseos pecaminosos. [13]No dejen que ninguna parte de su cuerpo se convierta en un instrumento del mal para servir al pecado. En cambio, entréguense completamente a Dios, porque antes estaban muertos pero ahora tienen una vida nueva. Así que usen todo su cuerpo como un instrumento para hacer lo que es correcto para la gloria de Dios. [14]El pecado ya no es su amo, porque ustedes ya no viven bajo las exigencias de la ley. En cambio, viven en la libertad de la gracia de Dios.

[15]Ahora bien, ¿eso significa que podemos seguir pecando porque la gracia de Dios nos ha liberado de la ley? ¡Claro que no! [16]¿No se dan cuenta de que uno se convierte en esclavo de todo lo que decide obedecer? Uno puede ser esclavo del pecado, lo cual lleva a la muerte, o puede decidir obedecer a Dios, lo cual lleva a una vida recta. [17]Antes ustedes eran esclavos del pecado pero, gracias a Dios, ahora obedecen de todo corazón la enseñanza que les hemos dado. [18]Ahora son libres de la esclavitud del pecado y se han hecho esclavos de la vida recta.

[19]Uso la ilustración de la esclavitud para ayudarlos a entender todo esto, porque la naturaleza humana de ustedes es débil. En el pasado, se dejaron esclavizar por la impureza y el desenfreno, lo cual los hundió aún más en el pecado. Ahora deben entregarse como esclavos a la vida recta para llegar a ser santos.

[20]Cuando eran esclavos del pecado, estaban libres de la obligación de hacer lo correcto. [21]¿Y cuál fue la consecuencia? Que ahora están avergonzados de las cosas que solían hacer, cosas que terminan en la condenación eterna; [22]pero ahora quedaron libres del poder del pecado y se han hecho esclavos de Dios. Ahora hacen las cosas que llevan a la santidad y que dan como resultado la vida eterna. [23]Pues la paga que deja el pecado es la muerte, pero el regalo que Dios da es la vida eterna por medio de Cristo Jesús nuestro Señor.

No más atados a la ley

7 Ahora bien, amados hermanos, ustedes que conocen la ley, ¿no saben que la ley se aplica solo mientras una persona está viva? [2]Por

6:12 O *No permitan que el pecado reine en su cuerpo, el cual está sujeto a la muerte.*

ejemplo, cuando una mujer se casa, la ley la une a su marido mientras él viva; pero si él muere, las leyes del matrimonio ya no se aplican a ella. ³Así que mientras su marido viva, ella cometería adulterio si se casara con otro hombre; pero si el esposo muere, ella queda libre de esa ley y no comete adulterio cuando se casa de nuevo.

⁴Por lo tanto, mis amados hermanos, la cuestión es la siguiente: ustedes murieron al poder de la ley cuando murieron con Cristo y ahora están unidos a aquel que fue levantado de los muertos. Como resultado, podemos producir una cosecha de buenas acciones para Dios. ⁵Cuando vivíamos controlados por nuestra vieja naturaleza,* los deseos pecaminosos actuaban dentro de nosotros y la ley despertaba esos malos deseos que producían una cosecha de acciones pecaminosas, las cuales nos llevaban a la muerte. ⁶Pero ahora fuimos liberados de la ley, porque morimos a ella y ya no estamos presos de su poder. Ahora podemos servir a Dios, no según el antiguo modo —que consistía en obedecer la letra de la ley— sino mediante uno nuevo, el de vivir en el Espíritu.

La ley de Dios revela nuestro pecado

⁷Ahora bien, ¿acaso sugiero que la ley de Dios es pecaminosa? ¡De ninguna manera! De hecho, fue la ley la que me mostró mi pecado. Yo nunca hubiera sabido que codiciar es malo si la ley no dijera: «No codicies».* ⁸¡Pero el pecado usó ese mandamiento para despertar toda clase de deseos codiciosos dentro de mí! Si no existiera la ley, el pecado no tendría ese poder. ⁹Hubo un tiempo en que viví sin entender la ley. Sin embargo, cuando aprendí, el mandamiento de no codiciar, el poder del pecado cobró vida ¹⁰y yo morí. Entonces me di cuenta de que los mandatos de la ley —que supuestamente traían vida— trajeron, en cambio, muerte espiritual. ¹¹La fuerza del pecado se aprovechó de esos mandatos y me engañó; usó los mandatos para matarme. ¹²Sin embargo, la ley en sí misma es santa, y sus mandatos son santos, rectos y buenos.

¹³¿Pero cómo puede ser? ¿Acaso la ley, que es buena, provocó mi muerte? ¡Por supuesto que no! El pecado usó lo que era bueno a fin de lograr mi condena de muerte. Por eso, podemos ver qué terrible es el pecado. Se vale de los buenos mandatos de Dios para lograr sus propios fines malvados.

La lucha contra el pecado

¹⁴Por lo tanto, el problema no es con la ley, porque la ley es buena y espiritual. El problema está en mí, porque soy demasiado humano, un esclavo del pecado. ¹⁵Realmente no me entiendo a mí mismo, porque quiero hacer lo que es correcto pero no lo hago. En cambio, hago lo que

odio. ¹⁶Pero si yo sé que lo que hago está mal, eso demuestra que estoy de acuerdo con que la ley es buena. ¹⁷Entonces no soy yo el que hace lo que está mal, sino el pecado que vive en mí.

¹⁸Yo sé que en mí, es decir, en mi naturaleza pecaminosa* no existe nada bueno. Quiero hacer lo que es correcto, pero no puedo. ¹⁹Quiero hacer lo que es bueno, pero no lo hago. No quiero hacer lo que está mal, pero igual lo hago. ²⁰Ahora, si hago lo que no quiero hacer, realmente no soy yo el que hace lo que está mal, sino el pecado que vive en mí.

²¹He descubierto el siguiente principio de vida: que cuando quiero hacer lo que es correcto, no puedo evitar hacer lo que está mal. ²²Amo la ley de Dios con todo mi corazón, ²³pero hay otro poder* dentro de mí que está en guerra con mi mente. Ese poder me esclaviza al pecado que todavía está dentro de mí. ²⁴¡Soy un pobre desgraciado! ¿Quién me libertará de esta vida dominada por el pecado y la muerte? ²⁵¡Gracias a Dios! La respuesta está en Jesucristo nuestro Señor. Así que ya ven: en mi mente de verdad quiero obedecer la ley de Dios, pero a causa de mi naturaleza pecaminosa, soy esclavo del pecado.

La vida en el Espíritu

8 Por lo tanto, ya no hay condenación para los que pertenecen a Cristo Jesús; ²y porque ustedes pertenecen a él, el poder* del Espíritu que da vida los* ha libertado del poder del pecado, que lleva a la muerte. ³La ley de Moisés no podía salvarnos, porque nuestra naturaleza pecaminosa* es débil. Así que Dios hizo lo que la ley no podía hacer. Él envió a su propio Hijo en un cuerpo como el que nosotros los pecadores tenemos; y en ese cuerpo, mediante la entrega de su Hijo como sacrificio por nuestros pecados, Dios declaró el fin del dominio que el pecado tenía sobre nosotros. ⁴Lo hizo para que se cumpliera totalmente la exigencia justa de la ley a favor de nosotros, que ya no seguimos a nuestra naturaleza pecaminosa sino que seguimos al Espíritu.

⁵Los que están dominados por la naturaleza pecaminosa piensan en cosas pecaminosas, pero los que son controlados por el Espíritu Santo piensan en las cosas que agradan al Espíritu. ⁶Por lo tanto, permitir que la naturaleza pecaminosa les controle la mente lleva a la muerte. Pero permitir que el Espíritu les controle la mente lleva a la vida y a la paz. ⁷Pues la naturaleza pecaminosa es enemiga de Dios siempre. Nunca obedeció las leyes de Dios y jamás lo hará. ⁸Por eso, los que todavía viven bajo el dominio de la naturaleza pecaminosa nunca pueden agradar a Dios.

⁹Pero ustedes no están dominados por su na-

turaleza pecaminosa. Son controlados por el Espíritu si el Espíritu de Dios vive en ustedes. (Y recuerden que los que no tienen al Espíritu de Cristo en ellos, de ninguna manera pertenecen a él. ¹⁰Y Cristo vive en ustedes; entonces, aunque el cuerpo morirá por causa del pecado, el Espíritu les da vida,* porque ustedes ya fueron declarados justos a los ojos de Dios. ¹¹El Espíritu de Dios, quien levantó a Jesús de los muertos, vive en ustedes; y así como Dios levantó a Cristo Jesús de los muertos, él dará vida a sus cuerpos mortales mediante el mismo Espíritu, quien vive en ustedes.

¹²Por lo tanto, amados hermanos, no están obligados a hacer lo que su naturaleza pecaminosa los incita a hacer; ¹³pues, si viven obedeciéndola, morirán; pero si mediante el poder del Espíritu hacen morir las acciones de la naturaleza pecaminosa,* vivirán. ¹⁴Pues todos los que son guiados por el Espíritu de Dios son hijos de Dios.

¹⁵Y ustedes no han recibido un espíritu que los esclavice al miedo. En cambio, recibieron el Espíritu de Dios cuando él los adoptó como sus propios hijos.* Ahora lo llamamos «Abba, Padre».* ¹⁶Pues su Espíritu se une a nuestro espíritu para confirmar que somos hijos de Dios. ¹⁷Así que como somos sus hijos, también somos sus herederos. De hecho, somos herederos junto con Cristo de la gloria de Dios; pero si vamos a participar de su gloria, también debemos participar de su sufrimiento.

La gloria futura

¹⁸Sin embargo, lo que ahora sufrimos no es nada comparado con la gloria que él nos revelará más adelante. ¹⁹Pues toda la creación espera con anhelo el día futuro en que Dios revelará quiénes son verdaderamente sus hijos. ²⁰Contra su propia voluntad, toda la creación quedó sujeta a la maldición de Dios. Sin embargo, con gran esperanza, ²¹la creación espera el día en que será liberada de la muerte y la descomposición, y se unirá a la gloria de los hijos de Dios. ²²Pues sabemos que, hasta el día de hoy, toda la creación gime de angustia como si tuviera dolores de parto; ²³y los creyentes también gemimos —aunque tenemos el Espíritu de Dios en nosotros como una muestra anticipada de la gloria futura— porque anhelamos que nuestro cuerpo sea liberado del pecado y el sufrimiento. Nosotros también deseamos con una esperanza ferviente que llegue el día en que Dios nos dé todos nuestros derechos como sus hijos adoptivos,* incluido el nuevo cuerpo que nos prometió. ²⁴Recibimos esa esperanza cuando fuimos salvos. (Si uno ya tiene algo, no necesita esperarlo; ²⁵pero si deseamos algo que todavía no tenemos, debemos esperar con paciencia y confianza).

²⁶Además, el Espíritu Santo nos ayuda en nuestra debilidad. Por ejemplo, nosotros no sabemos qué quiere Dios que le pidamos en oración, pero el Espíritu Santo ora por nosotros con gemidos que no pueden expresarse con palabras. ²⁷Y el Padre, quien conoce cada corazón, sabe lo que el Espíritu dice, porque el Espíritu intercede por nosotros, los creyentes,* en armonía con la voluntad de Dios. ²⁸Y sabemos que Dios hace que todas las cosas cooperen* para el bien de los que lo aman y son llamados según el propósito que él tiene para ellos. ²⁹Pues Dios conoció a los suyos de antemano y los eligió para que llegaran a ser como su Hijo, a fin de que su Hijo fuera el hijo mayor* de muchos hermanos. ³⁰Después de haberlos elegido, Dios los llamó para que se acercaran a él; y una vez que los llamó, los puso en la relación correcta con él; y luego de ponerlos en la relación correcta con él, les dio su gloria.

Nada puede separarnos del amor de Dios

³¹¿Qué podemos decir acerca de cosas tan maravillosas como estas? Si Dios está a favor de nosotros, ¿quién podrá ponerse en nuestra contra? ³²Si Dios no se guardó ni a su propio Hijo, sino que lo entregó por todos nosotros, ¿no nos dará también todo lo demás? ³³¿Quién se atreve a acusarnos a nosotros, a quienes Dios ha elegido para sí? Nadie, porque Dios mismo nos puso en la relación correcta con él. ³⁴Entonces, ¿quién nos condenará? Nadie, porque Cristo Jesús murió por nosotros y resucitó por nosotros, y está sentado en el lugar de honor, a la derecha de Dios, e intercede por nosotros.

³⁵¿Acaso hay algo que pueda separarnos del amor de Cristo? ¿Será que él ya no nos ama si tenemos problemas o aflicciones, si somos perseguidos o pasamos hambre o estamos en la miseria o en peligro o bajo amenaza de muerte? ³⁶(Como dicen las Escrituras: «Por tu causa nos matan cada día; nos tratan como a ovejas en el matadero»*). ³⁷Claro que no, a pesar de todas estas cosas, nuestra victoria es absoluta por medio de Cristo, quien nos amó.

³⁸Y estoy convencido de que nada podrá jamás separarnos del amor de Dios. Ni la muerte ni la vida, ni ángeles ni demonios,* ni nuestros temores de hoy ni nuestras preocupaciones de mañana. Ni siquiera los poderes del infierno pueden separarnos del amor de Dios. ³⁹Ningún poder en las alturas ni en las profundidades, de hecho, nada en toda la creación podrá jamás separarnos del amor de Dios, que está revelado en Cristo Jesús nuestro Señor.

Dios elige a Israel

9 Con Cristo de testigo hablo con toda veracidad. Mi conciencia y el Espíritu Santo lo confirman. ²Tengo el corazón lleno de amarga

---

8:10 O *el espíritu de ustedes está vivo.* 8:13 En griego *las acciones del cuerpo.* 8:15a En griego *recibieron un espíritu de adopción como hijos.* 8:15b *Abba* es un término arameo para la palabra «padre». 8:23 En griego *esperamos ansiosamente la adopción como hijos.* 8:27 En griego *el pueblo santo de Dios.* 8:28 Algunos manuscritos dicen *Y sabemos que todo coopera.* 8:29 O *fuera el supremo.* 8:36 Sal 44:22. 8:38 En griego *ni gobernantes.*

tristeza e infinito dolor ³por mi pueblo, mis hermanos judíos.* Yo estaría dispuesto a vivir bajo maldición para siempre —¡separado de Cristo!— si eso pudiera salvarlos. ⁴Ellos son el pueblo de Israel, elegidos para ser los hijos adoptivos* de Dios. Él les reveló su gloria, hizo pactos con ellos y les entregó su ley. Les dio el privilegio de adorarlo y de recibir sus promesas maravillosas. ⁵Abraham, Isaac y Jacob son los antepasados de los israelitas, y Cristo mismo era israelita en cuanto a su naturaleza humana. Y él es Dios, el que reina sobre todas las cosas, ¡y es digno de eterna alabanza! Amén.*

⁶Ahora bien, ¿acaso Dios no cumplió su promesa a Israel? ¡No, porque no todos los que nacen en la nación de Israel son en verdad miembros del pueblo de Dios! ⁷Ser descendientes de Abraham no los hace verdaderos hijos de Abraham, pues las Escrituras dicen: «Isaac es el hijo mediante el cual procederán tus descendientes»*, aunque Abraham también tuvo otros hijos. ⁸Eso significa que no todos los descendientes naturales de Abraham son necesariamente hijos de Dios. Solo los hijos de la promesa son considerados hijos de Abraham; ⁹Dios había prometido: «Volveré dentro de un año, y Sara tendrá un hijo»*.

¹⁰Ese hijo fue nuestro antepasado Isaac. Cuando se casó con Rebeca, ella dio a luz mellizos.* ¹¹Sin embargo, antes de que nacieran, antes de que pudieran hacer algo bueno o malo, ella recibió un mensaje de Dios. (Este mensaje demuestra que Dios elige a la gente según sus propósitos; ¹²él llama a las personas, pero no según las buenas o malas acciones que hayan hecho). Se le dijo: «Tu hijo mayor servirá a tu hijo menor»*. ¹³Como dicen las Escrituras: «Amé a Jacob, pero rechacé a Esaú»*.

¹⁴¿Estamos diciendo, entonces, que Dios fue injusto? ¡Por supuesto que no! ¹⁵Pues Dios le dijo a Moisés:

«Tendré misericordia de quien yo quiera
    y mostraré compasión con quien yo
    quiera»*.

¹⁶Por lo tanto, es Dios quien decide tener misericordia. No depende de nuestro deseo ni de nuestro esfuerzo.

¹⁷Pues las Escrituras cuentan que Dios le dijo al faraón: «Te he designado con el propósito específico de exhibir mi poder en ti y dar a conocer mi fama por toda la tierra»*. ¹⁸Así que, como ven, Dios decide tener misericordia de algunos y también decide endurecer el corazón de otros para que se nieguen a escuchar.

¹⁹Ahora bien, ustedes podrían decir: «¿Por qué Dios culpa a las personas por no responder? ¿Acaso no hicieron sencillamente lo que él les exige que hagan?».

²⁰No, no digan eso. ¿Quién eres tú, simple ser humano, para discutir con Dios? ¿Acaso el objeto creado puede preguntarle a su creador: «¿Por qué me has hecho así?»? ²¹Cuando un alfarero hace vasijas de barro, ¿no tiene derecho a usar del mismo trozo de barro para hacer una vasija de adorno y otra para arrojar basura? ²²De la misma manera, aunque Dios tiene el derecho de mostrar su enojo y su poder, él es muy paciente con aquellos que son objeto de su enojo, los que están destinados para destrucción. ²³Lo hace para que las riquezas de su gloria brillen con mucha más intensidad sobre aquellos a quienes les tiene misericordia, los que preparó de antemano para gloria. ²⁴Y nosotros estamos entre los que él eligió, ya sea del grupo de los judíos o de los gentiles.

²⁵Con respecto a los gentiles, Dios dice en la profecía de Oseas:

«A los que no eran mi pueblo,
    ahora los llamaré mi pueblo.
Y amaré a los
    antes no amaba»*.

²⁶Y también dice:

«En el lugar donde se les dijo:
    "Ustedes no son mi pueblo",
allí serán llamados
    "hijos del Dios viviente"»*.

²⁷Con respecto a Israel, el profeta Isaías clamó:

«Aunque los hijos de Israel son tan
    numerosos como la arena de la playa,
solo un remanente se salvará.
²⁸ Pues el SEÑOR ejecutará su sentencia sobre
    la tierra
sin demora y de manera terminante»*.

²⁹Y lo mismo dijo Isaías en otro lugar:

«Si el SEÑOR de los Ejércitos Celestiales
    no hubiera perdonado la vida a unos
    cuantos de nuestros hijos,
habríamos sido exterminados como
    Sodoma
y destruidos como Gomorra»*.

Incredulidad de Israel

³⁰¿Qué significa todo esto? Aunque los gentiles no trataban de seguir las normas de Dios, fueron declarados justos a los ojos de Dios; y eso sucedió por medio de la fe. ³¹Pero los hijos de Israel, que se esforzaron tanto en cumplir la ley para llegar a ser justos ante Dios, nunca lo lograron. ³²¿Por qué no? Porque trataban de hacerse justos ante Dios por cumplir la ley* en lugar de confiar en él. Tropezaron con la gran piedra en su camino. ³³Dios se lo advirtió en las Escrituras cuando dijo:

9:3 En griego *pueblo, mis hermanos.* 9:4 En griego *elegidos para la adopción como hijos.* 9:5 O *Que Dios, el que reina sobre todas las cosas, sea alabado por siempre. Amén.* 9:7 Gn 21:12. 9:9 Gn 18:10, 14. 9:10 En griego *ella concibió hijos de ese hombre solamente.* 9:12 Gn 25:23. 9:13 Ml 1:2-3. 9:15 Ex 33:19. 9:17 Ex 9:16 (versión griega). 9:25 Os 2:23. 9:26 Os 1:10. 9:27-28 Is 10:22-23 (versión griega). 9:29 Is 1:9. 9:32 En griego *por medio de acciones.*

«Pongo en Jerusalén* una piedra que hace
tropezar a muchos,
una roca que los hace caer.
Pero todo el que confíe en él
jamás será avergonzado»*.

10 Amados hermanos, el profundo deseo de
mi corazón y mi oración a Dios es que los
israelitas lleguen a ser salvos. ²Yo sé que ellos tienen un gran entusiasmo por Dios, pero es un fervor mal encauzado. ³Pues no entienden la forma en que Dios hace justas a las personas ante él. Se niegan a aceptar el modo de Dios y, en cambio, se aferran a su propio modo de hacerse justos ante él tratando de cumplir la ley. ⁴Sin embargo, Cristo ya cumplió el propósito por el cual se entregó la ley. Como resultado, a todos los que creen en él se les declara justos a los ojos de Dios.

La salvación es para todos

⁵Pues Moisés escribe que la ley exige obediencia a todos sus mandatos* para que una persona llegue a ser justa ante Dios. ⁶Pero el modo de la fe para hacernos justos ante Dios dice: «No digas en tu corazón: "¿Quién subirá al cielo?" (para hacer bajar a Cristo a la tierra). ⁷Ni tampoco digas: "¿Quién descenderá al lugar de los muertos?" (para volver a Cristo de nuevo a la vida)». ⁸En realidad, dice:

«El mensaje está muy cerca de ti,
está en tus labios y en tu corazón»*.

Y ese mensaje es el mismo mensaje que nosotros predicamos acerca de la fe: ⁹Si confiesas con tu boca que Jesús es el Señor y crees en tu corazón que Dios lo levantó de los muertos, serás salvo. ¹⁰Pues por creer en tu corazón que eres declarado justo a los ojos de Dios y por confesarlo con tu boca que eres salvo. ¹¹Como nos dicen las Escrituras: «Todo el que confíe en él jamás será deshonrado»*. ¹²No hay diferencia entre los judíos y los gentiles* en ese sentido. Ambos tienen el mismo Señor, quien da con generosidad a todos los que lo invocan. ¹³Pues «todo el que invoque el nombre del Señor será salvo»*.

¹⁴¿Pero cómo pueden ellos invocarlo para que los salve si no creen en él? ¿Y cómo pueden creer en él si nunca han oído de él? ¿Y cómo pueden oír de él a menos que alguien se lo diga? ¹⁵¿Y cómo irá alguien a contarles sin ser enviado? Por eso, las Escrituras dicen: «¡Qué hermosos son los pies de los mensajeros que traen buenas noticias!»*.

¹⁶Sin embargo, no todos aceptan la Buena Noticia, porque el profeta Isaías dijo: «Señor, ¿quién ha creído nuestro mensaje?»*. ¹⁷Así que la fe viene por oír, es decir, por oír la Buena Noticia acerca de Cristo. ¹⁸Pero pregunto: ¿de verdad el pueblo de Israel oyó el mensaje? Claro que sí.

«El mensaje se ha difundido por toda la tierra,
y sus palabras, por todo el mundo»*.

¹⁹Vuelvo a preguntar: ¿entendió realmente el pueblo de Israel? Por supuesto que sí. Pues, incluso en el tiempo de Moisés, Dios dijo:

«Despertaré sus celos con un pueblo que ni
siquiera es una nación.
Provocaré su enojo por medio de gentiles
insensatos»*.

²⁰Luego Isaías habló audazmente de parte de Dios y dijo:

«Me encontraron personas que no me
buscaban.
Me mostré a los que no preguntaban
por mí»*.

²¹Pero, con respecto a Israel, Dios dijo:

«Todo el día le abrí mis brazos,
pero ellos fueron desobedientes y
rebeldes»*.

Misericordia de Dios con Israel

11 Entonces pregunto: ¿acaso Dios ha rechazado a su propio pueblo, la nación de Israel? ¡Por supuesto que no! Yo mismo soy israelita, descendiente de Abraham y miembro de la tribu de Benjamín.

²No, Dios no ha rechazado a su propio pueblo, al cual eligió desde el principio. ¿Se dan cuenta de lo que dicen las Escrituras sobre el tema? El profeta Elías se quejó del pueblo de Israel ante Dios y dijo: ³«Señor, han matado a tus profetas y derribaron tus altares. Soy el único que queda con vida, y ahora me buscan para matarme a mí también»*.

⁴¿Y recuerdan la respuesta de Dios? Él dijo: «¡No, tengo a siete mil más que nunca se han inclinado ante Baal!»*.

⁵Lo mismo sucede hoy, porque unos cuantos del pueblo de Israel* han permanecido fieles por la gracia de Dios, es decir, por su bondad inmerecida al elegirlos; ⁶y como es mediante la bondad de Dios, entonces no es por medio de buenas acciones. Pues, en ese caso, la gracia de Dios no sería lo que realmente es: gratuita e inmerecida.

⁷Así que la situación es la siguiente: la mayoría del pueblo de Israel no ha encontrado el favor de Dios que tanto busca. Unos cuantos sí lo han encontrado —los que Dios ha elegido—, pero el corazón de los demás fue endurecido. ⁸Como dicen las Escrituras:

«Dios los hizo caer en un sueño profundo.
Hasta el día de hoy, les ha cerrado los ojos
para que no vean
y les ha tapado los oídos para que no
oigan»*.

9:33a En griego *en Sión.* **9:33b** Is 8:14; 28:16 (versión griega). **10:4** O *Pues Cristo es el fin de la ley.* **10:5** Ver Lv 18:5. **10:6-8** Dt 30:12-14. **10:8** Dt 30:14. **10:11** Is 28:16 (versión griega), que no es judío. En griego *y los griegos.* **10:13** Jl 2:32. **10:15** Is 52:7. **10:16** Is 53:1. **10:18** Sal 19:4. **10:19** Dt 32:21. **10:20** Is 65:1 (versión griega). **10:21** Is 65:2 (versión griega). **11:3** 1 Re 19:10, 14. **11:4** 1 Re 19:18. **11:5** En griego *porque un remanente.* **11:8** Is 29:10; Dt 29:4.

⁹También David dijo:

«Que su mesa de abundancia se convierta en
  una red,
  en una trampa que los lleve a pensar que
  todo está bien.
Que sus bendiciones los hagan tropezar
  y que reciban su merecido.
¹⁰ Que sus ojos queden ciegos para que no
  puedan ver,
  y la espalda se les encorve para siempre»*.

¹¹¿Acaso el pueblo de Dios tropezó y cayó sin
posibilidad de recuperarse? ¡De ninguna manera!
El pueblo fue desobediente, por eso Dios puso la
salvación al alcance de los gentiles.* Sin embargo, él quería que su propio pueblo sintiera celos y
la reclamara para sí. ¹²Ahora bien, si los gentiles
fueron enriquecidos porque los israelitas rechazaron la oferta de salvación de Dios, imagínense cuánto más grande será la bendición para el
mundo cuando ellos por fin la acepten.

¹³Menciono todo lo anterior especialmente
para ustedes, los gentiles. Dios me designó apóstol a los gentiles. Pongo énfasis en esto ¹⁴porque,
de alguna manera, quiero hacer que los hijos de
Israel sientan celos de lo que tienen ustedes, los
gentiles, y entonces yo pueda salvar a algunos
de ellos. ¹⁵Pues, si el rechazo de ellos hizo que
Dios ofreciera la salvación al resto del mundo, la
aceptación de ellos será algo aún más maravilloso. ¡Será vida para los que estaban muertos! ¹⁶Y
dado que Abraham y los otros patriarcas fueron
santos, sus descendientes también serán santos,
del mismo modo que toda la masa de pan es
santa porque la porción que se ofrece como
primicia es santa. Pues, si las raíces del árbol son santas,
las ramas también lo serán.

¹⁷Algunas ramas del árbol de Abraham —algunos del pueblo de Israel— han sido arrancadas; y ustedes, los gentiles, que eran ramas de un
olivo silvestre, fueron injertados. Así que ahora
ustedes también reciben la bendición que Dios
prometió a Abraham y a sus hijos, con lo cual
comparten con ellos el alimento nutritivo que
proviene de la raíz del olivo especial de Dios.
¹⁸Así que no se jacten de haber sido injertados
para reemplazar a las ramas que fueron arrancadas. Ustedes son solo una rama, no son la raíz.

¹⁹Tal vez digas: «Bueno, esas ramas fueron
arrancadas para darme lugar a mí». ²⁰Es cierto,
pero recuerda: esas ramas fueron arrancadas porque no creyeron en Cristo, y tú estás allí
porque sí crees. Así que no te consideres tan
importante, más bien teme lo que podría suceder.
²¹Pues, si Dios no perdonó a las ramas originales, tampoco te perdonará* a ti.

²²Fíjate en que Dios es bondadoso pero también es severo. Es severo con los que desobedecen, pero será bondadoso contigo si sigues
confiando en su bondad. En cambio, si dejas de

confiar, tú también serás arrancado por completo. ²³Y si el pueblo de Israel abandona su incredulidad, volverá a ser injertado, pues Dios tiene
poder para volver a injertarlo en el árbol. ²⁴Tú,
por naturaleza, eras una rama cortada de un olivo silvestre. Por lo tanto, si Dios estuvo dispuesto
a ir en contra de la naturaleza al injertarte en un
árbol cultivado, él estará mucho más dispuesto
a injertar las ramas originales en el árbol al que
pertenecen.

La misericordia de Dios es para todos

²⁵Mis amados hermanos, quiero que entiendan este misterio para que no se vuelvan orgullosos de ustedes mismos. Parte del pueblo de
Israel tiene el corazón endurecido, pero eso solo
durará hasta que se complete el número de gentiles que aceptarán a Cristo. ²⁶Y entonces todo
Israel será salvo. Como dicen las Escrituras:

«El que rescata vendrá de Jerusalén*
  y apartará a Israel* de la maldad.
²⁷ Y mi pacto con ellos es
  que quitaré sus pecados»*.

²⁸Muchos del pueblo de Israel ahora son enemigos de la Buena Noticia, y eso los beneficia a
ustedes, los gentiles. Sin embargo, ellos todavía
son el pueblo que Dios ama, porque él eligió a
los antepasados Abraham, Isaac y Jacob. ²⁹Pues
los dones de Dios y su llamado son irrevoca-
bles. ³⁰Ustedes, los gentiles, antes eran rebeldes
contra Dios, pero cuando el pueblo de Israel se
rebeló contra él, Dios tuvo misericordia de ustedes y no de ellos. ³¹Ahora ellos son los rebeldes y a ustedes Dios les mostró su misericordia
para que ellos también participen* de la misericordia de Dios. ³²Pues Dios encarceló a todos en
la desobediencia para poder tener misericordia
de todos.

³³¡Qué grande es la riqueza, la sabiduría y el
conocimiento de Dios! ¡Es realmente imposible para nosotros entender sus decisiones y sus
caminos!

³⁴ Pues, ¿quién puede conocer los pensamientos
  del SEÑOR?
  ¿Quién sabe lo suficiente para
  aconsejarlo?*
³⁵¿Y quién le ha entregado tanto
  para que él tenga que devolvérselo?*

³⁶Pues todas las cosas provienen de él y existen por su poder y son para su gloria. ¡A él sea
toda la gloria por siempre! Amén.

Sacrificio vivo para Dios

12 Por lo tanto, amados hermanos, les ruego
que entreguen su cuerpo a Dios por todo
lo que él ha hecho a favor de ustedes. Que sea un
sacrificio vivo y santo, la clase de sacrificio que

11:9-10 Sal 69:22-23 (versión griega). 11:11 *Gentil(es)*, que no es judío. 11:21 Algunos manuscritos dicen *quizá tampoco te
perdonará.* 11:26a En griego *de Sión.* 11:26b En griego *Jacob.* 11:26-27 Is 59:20-21; 27:9 (versión griega). 11:31 Otros
manuscritos dicen *ahora participen;* incluso otros dicen *algún día participen.* 11:34 Is 40:13 (versión griega). 11:35 Ver Jb 41:11.

a él le agrada. Esa es la verdadera forma de adorarlo.* ²No imiten las conductas ni las costumbres de este mundo, más bien dejen que Dios los transforme en personas nuevas al cambiarles la manera de pensar. Entonces aprenderán a conocer la voluntad de Dios para ustedes, la cual es buena, agradable y perfecta.

³Basado en el privilegio y la autoridad* que Dios me ha dado, le advierto a cada uno de ustedes lo siguiente: ninguno se crea mejor de lo que realmente es. Sean realistas al evaluarse a ustedes mismos, háganlo según la medida de fe que Dios les haya dado.* ⁴Así como nuestro cuerpo tiene muchas partes y cada parte tiene una función específica, ⁵el cuerpo de Cristo también. Nosotros somos las diversas partes de un solo cuerpo y nos pertenecemos unos a otros.

⁶Dios, en su gracia, nos ha dado dones diferentes para hacer bien determinadas cosas. Por lo tanto, si Dios te dio la capacidad de profetizar, habla con toda la fe que Dios te haya concedido. ⁷Si tu don es servir a otros, sírvelos bien. Si eres maestro, enseña bien. ⁸Si tu don consiste en animar a otros, anímalos. Si tu don es dar, hazlo con generosidad. Si Dios te ha dado la capacidad de liderar, toma la responsabilidad en serio. Y si tienes el don de mostrar bondad a otros, hazlo con gusto.

⁹No finjan amar a los demás; ámenlos de verdad. Aborrezcan lo malo. Aférrense a lo bueno. ¹⁰Ámense unos a otros con un afecto genuino* y deléitense al honrarse mutuamente. ¹¹No sean nunca perezosos, más bien trabajen con esmero y sirvan al Señor con entusiasmo.* ¹²Alégrense por la esperanza segura que tenemos. Tengan paciencia en las dificultades y sigan orando. ¹³Estén listos para ayudar a los hijos de Dios cuando pasen necesidad. Estén siempre dispuestos a brindar hospitalidad.

¹⁴Bendigan a quienes los persiguen. No los maldigan, sino pídanle a Dios en oración que los bendiga. ¹⁵Alégrense con los que están alegres y lloren con los que lloran. ¹⁶Vivan en armonía unos con otros. No sean tan orgullosos como para no disfrutar de la compañía de la gente común. ¡Y no piensen que lo saben todo!

¹⁷Nunca devuelvan a nadie mal por mal. Compórtense de tal manera que todo el mundo vea que ustedes son personas honradas. ¹⁸Hagan todo lo posible por vivir en paz con todos.

¹⁹Queridos amigos, nunca tomen venganza. Dejen que se encargue la justa ira de Dios. Pues dicen las Escrituras:

«Yo tomaré venganza;
Yo les pagaré lo que se merecen»*,
dice el SEÑOR.

²⁰En cambio,

«Si tus enemigos tienen hambre, dales de comer.
Si tienen sed, dales de beber.
Al hacer eso, amontonarás carbones encendidos de vergüenza sobre su cabeza»*.

²¹No dejen que el mal los venza, más bien venzan el mal haciendo el bien.

Respeto por las autoridades

13 Toda persona debe someterse a las autoridades de gobierno, pues toda autoridad proviene de Dios, y los que ocupan puestos de autoridad están allí colocados por Dios. ²Por lo tanto, cualquiera que se rebele contra la autoridad se rebela contra lo que Dios ha instituido, y será castigado. ³Pues las autoridades no infunden temor a los que hacen lo que está bien, sino en los que hacen lo que está mal. ¿Quieres vivir sin temor a las autoridades? Haz lo correcto, y ellas te honrarán. ⁴Las autoridades están al servicio de Dios para tu bien; pero si estás haciendo algo malo, por supuesto que deberías tener miedo, porque están al servicio de Dios para cumplir el propósito específico de castigar a los que hacen lo malo. ⁵Por eso tienes que someterte a ellas, no solo para evitar el castigo, sino para mantener tu conciencia limpia.

⁶Por esas mismas razones, también paguen sus impuestos, pues los funcionarios de gobierno necesitan cobrar su sueldo. Ellos sirven a Dios con lo que hacen. ⁷Ustedes den a cada uno lo que le deben: paguen los impuestos y demás aranceles a quien corresponda, y den respeto y honra a los que están en autoridad.

El amor cumple con los requisitos de Dios

⁸No deban nada a nadie, excepto el deber de amarse unos a otros. Si aman a su prójimo, cumplen con las exigencias de la ley de Dios. ⁹Pues los mandamientos dicen: «No cometas adulterio. No mates. No robes. No codicies».* Estos y otros mandamientos semejantes se resumen en uno solo: «Ama a tu prójimo como a ti mismo».* ¹⁰El amor no hace mal a otros, por eso el amor cumple con las exigencias de la ley de Dios.

¹¹Esto es aún más urgente, porque ustedes saben que es muy tarde; el tiempo se acaba. Despierten, porque nuestra salvación ahora está más cerca que cuando recién creímos. ¹²La noche ya casi llega a su fin; el día de la salvación amanecerá pronto. Por eso, dejen de lado sus actos oscuros como si se quitaran ropa sucia, y pónganse la armadura resplandeciente de la vida recta. ¹³Ya que nosotros pertenecemos al día, vivamos

12:1 O *Esa es la adoración espiritual de ustedes; o Ese es el servicio que se espera de ustedes.* **12:3a** O *Basado en la gracia;* comparar 1:5. **12:3b** O *fe que Dios nos haya dado; o según la medida de nuestra fe dada por Dios.* **12:10** En griego *con amor fraternal.* **12:11** O *sirvan al Señor con un espíritu ferviente; o dejen que el Espíritu los entusiasme siempre que sirvan al Señor.* **12:19** Dt 32:35. **12:20** Pr 25:21-22. **13:9a** Ex 20:13-15, 17. **13:9b** Lv 19:18.

con decencia a la vista de todos. No participen en la oscuridad de las fiestas desenfrenadas y de las borracheras, ni vivan en promiscuidad sexual e inmoralidad, ni se metan en peleas, ni tengan envidia. ¹⁴Más bien, vístanse con la presencia del Señor Jesucristo. Y no se permitan pensar en formas de complacer los malos deseos.

El peligro de juzgar

14 Acepten a los creyentes que son débiles en la fe y no discutan acerca de lo que ellos consideran bueno o malo. ²Por ejemplo, un creyente piensa que está bien comer de todo; pero otro creyente, con una conciencia sensible, come sólo verduras. ³Los que se sienten libres para comer de todo no deben menospreciar a los que no sienten la misma libertad; y los que no comen determinados alimentos no deben juzgar a los que sí los comen, porque a esos hermanos Dios los ha aceptado. ⁴¿Quién eres tú para juzgar a los sirvientes de otro? Su amo dirá si quedan en pie o caen; y con la ayuda del Señor, quedarán en pie y recibirán la aprobación de él.

⁵Del mismo modo, algunos piensan que un día es más sagrado que otro, mientras que otros creen que todos los días son iguales. Cada uno debería estar plenamente convencido de que el día que elija es aceptable. ⁶Los que adoran al Señor un día en particular lo hacen para honrarlo a él. Los que comen toda clase de alimentos lo hacen para honrar al Señor, ya que le dan gracias a Dios antes de comer. Y los que se niegan a comer ciertos alimentos también quieren agradar al Señor y le dan gracias a Dios. ⁷Pues no vivimos para nosotros mismos ni morimos para nosotros mismos. ⁸Si vivimos, es para honrar al Señor, y si morimos, es para honrar al Señor. Entonces, tanto si vivimos como si morimos, pertenecemos al Señor. ⁹Cristo murió y resucitó con este propósito: ser Señor de los vivos y de los muertos.

¹⁰¿Por qué, entonces, juzgas a otro creyente?* ¿Por qué menosprecias a otro creyente? Recuerda que todos estaremos delante del tribunal de Dios. ¹¹Pues dicen las Escrituras:

«Tan cierto como que yo vivo, dice el Señor,*
toda rodilla se doblará ante mí,
    y toda lengua confesará a Dios y le dará
        alabanza*».

¹²Es cierto, cada uno de nosotros tendrá que responder por sí mismo ante Dios. ¹³Así que dejemos de juzgarnos unos a otros. Por el contrario, propónganse vivir de tal manera que no causen tropiezo ni caída a otro creyente.

¹⁴Yo sé —y estoy convencido por la autoridad del Señor Jesús— que ningún alimento en sí mismo está mal; pero si alguien piensa que está mal comerlo, entonces, para esa persona, está mal.

¹⁵Si otro creyente se angustia por lo que tú comes, entonces no actúas con amor si lo comes. No permitas que lo que tú comes destruya a alguien por quien Cristo murió. ¹⁶Entonces no serás criticado por hacer algo que tú crees que es bueno. ¹⁷Pues el reino de Dios no se trata de lo que comemos o bebemos, sino de llevar una vida de bondad, paz y alegría en el Espíritu Santo. ¹⁸Si tú sirves a Cristo con esa actitud, agradarás a Dios y también tendrás la aprobación de los demás. ¹⁹Por lo tanto, procuremos que haya armonía en la iglesia y tratemos de edificarnos unos a otros.

²⁰No destruyas la obra de Dios a causa de lo que comes. Recuerda que todos los alimentos están permitidos; lo malo es comer algo que haga tropezar a otro. ²¹Es mejor no comer carne ni beber vino ni hacer ninguna otra cosa que pudiera causar tropiezo a otro creyente. ²²Tal vez crees que no hay nada malo en lo que haces, pero mantenlo entre tú y Dios. Benditos son los que no se sienten culpables por hacer algo que han decidido que es correcto. ²³Pero si tienes dudas acerca de si debes o no comer algo en particular, entonces es pecado comerlo, pues no eres fiel a tus convicciones. Si haces algo que crees que está mal, pecas.

Vivir para ayudar y edificar a otros

15 Los que somos fuertes debemos tener consideración de los que son sensibles a este tipo de cosas. No debemos agradarnos solamente a nosotros mismos. ²Deberíamos ayudar a otros a hacer lo que es correcto y edificarlos en el Señor. ³Pues ni siquiera Cristo vivió para agradarse a sí mismo. Como dicen las Escrituras: «Los insultos de aquellos que te insultan, oh Dios, han caído sobre mí»*. ⁴Tales cosas se escribieron hace tiempo en las Escrituras para que nos sirvan de enseñanza. Y las Escrituras nos dan esperanza y ánimo mientras esperamos con paciencia hasta que se cumplan las promesas de Dios.

⁵Que Dios, quien da esa paciencia y ese ánimo, los ayude a vivir en plena armonía unos con otros, como corresponde a los seguidores de Cristo Jesús. ⁶Entonces todos ustedes podrán unirse en una sola voz para dar alabanza y gloria a Dios, el Padre de nuestro Señor Jesucristo.

⁷Por lo tanto, acéptense unos a otros, tal como Cristo los aceptó a ustedes, para que Dios reciba la gloria. ⁸Recuerden que Cristo vino a servir a los judíos* para demostrar que Dios es fiel a las promesas que les hizo a los antepasados de ellos. ⁹También vino para que los gentiles* le dieran la gloria a Dios por la misericordia que él tuvo con ellos. A eso se refería el salmista cuando escribió:

«Por eso, te alabaré entre los gentiles,
    cantaré alabanzas a tu nombre»*.

14:10 En griego *tu hermano;* también en 14:10b, 13, 15, 21. 14:11a Is 49:18. 14:11b O *confesará lealtad a Dios.* Is 45:23 (versión griega). 15:3 En griego *te insultan han caído sobre mí.* Sal 69:9. 15:8 En griego *como siervo de la circuncisión.* 15:9a Gentil(es), que no es judío. 15:9b Sal 18:49.

10Y en otro lugar está escrito:

«Alégrense con el pueblo de Dios,
ustedes, los gentiles»*.

11Y además:

«Alaben al SEÑOR, todos ustedes, los gentiles.
Todos los pueblos de la tierra, alábenlo»*.

12Y en otro lugar Isaías dijo:

«El heredero del trono de David* vendrá
y reinará sobre los gentiles.
Ellos pondrán su esperanza en él»*.

13Le pido a Dios, fuente de esperanza, que os llene completamente de alegría y paz, porque confían en él. Entonces rebosarán de una esperanza segura mediante el poder del Espíritu Santo.

Propósito de la carta

14Mis amados hermanos, estoy plenamente convencido de que ustedes están llenos de bondad. Conocen estas cosas tan bien que pueden enseñárselas unos a otros. 15Aun así, me atreví a escribirles sobre algunos de estos temas porque sé que lo único que necesitan es recordarlos. Pues, por la gracia de Dios, 16soy un mensajero especial de Cristo Jesús enviado a ustedes, los gentiles. Les transmito la Buena Noticia para presentarlos como una ofrenda aceptable a Dios, hecha santa por el Espíritu Santo. 17Así que tengo razón de estar entusiasmado por todo lo que Cristo Jesús ha hecho por medio de mí al servir a Dios. 18Sin embargo, no me atrevo a jactarme de nada, salvo de lo que Cristo ha hecho por medio de mí al llevar a los gentiles a Dios a través de mi mensaje y de la manera en que he trabajado entre ellos. 19Los gentiles se convencieron por el poder de señales milagrosas y maravillas, y por el poder del Espíritu Santo de Dios.* De esa manera, presenté con toda plenitud la Buena Noticia de Cristo desde Jerusalén hasta llegar a la región del Ilírico.*

20Mi gran aspiración siempre ha sido predicar la Buena Noticia donde nunca antes se ha oído el nombre de Cristo, y no donde otro ya ha comenzado una iglesia. 21He seguido el plan que mencionan las Escrituras, donde dice:

«Los que nunca se enteraron de él verán,
y los que nunca oyeron de él entenderán»*.

22De hecho, mi visita a ustedes se demoró tanto precisamente porque estuve predicando en esos lugares.

Planes de viaje de Pablo

23Ahora que terminé mi trabajo en estas regiones y después de todos estos largos años

de espera, tengo muchos deseos de ir a verlos. 24Estoy pensando viajar a España. Cuando lo haga, me detendré en Roma, y luego de disfrutar de la compañía de ustedes por un breve tiempo, podrán ayudarme con lo necesario para mi viaje.

25Sin embargo, antes de visitarlos, debo ir a Jerusalén para llevar una ofrenda a los creyentes* de allí. 26Pues, les cuento, los creyentes de Macedonia y Acaya* con entusiasmo juntaron una ofrenda para los creyentes de Jerusalén que son pobres. 27Lo hicieron con gusto porque se sienten en deuda con ellos. Dado que los gentiles recibieron las bendiciones espirituales de la Buena Noticia por parte de los creyentes de Jerusalén, sienten lo menos que pueden hacer por ellos a cambio es ayudarlos económicamente. 28En cuanto yo entregue ese dinero y termine esa buena acción de los gentiles, iré a visitarlos a ustedes de camino a España. 29Cuando vaya, estoy seguro de que Cristo bendecirá en abundancia el tiempo que pasemos juntos.

30Mis amados hermanos, les pido encarecidamente en el nombre de nuestro Señor Jesucristo que se unan a mi lucha orando a Dios por mí. Háganlo por el amor que me tienen, ese amor que el Espíritu Santo les ha dado. 31Pídanle que me libre de los que están en Judea que se niegan a obedecer a Dios. Pídanle también que los creyentes de allí estén dispuestos a aceptar la ofrenda* que llevo a Jerusalén. 32Entonces, por la voluntad de Dios, podré ir a verlos con un corazón alegre, y nos alentaremos unos a otros.

33Y que Dios, quien nos da su paz, esté con todos ustedes. Amén.*

Pablo saluda a sus amigos

16 Les encomiendo a nuestra hermana Febe, quien es diaconisa de la iglesia en Cencrea. 2Recíbanla en el Señor como digna de honra en el pueblo de Dios. Ayúdenla en todo lo que necesite, porque ella ha sido de ayuda para muchos, especialmente para mí.

3Den mis saludos a Priscila y Aquila, mis colaboradores en el ministerio de Cristo Jesús. 4De hecho, ellos una vez arriesgaron la vida por mí. Yo les estoy agradecido, igual que todas las iglesias de los gentiles.* 5Den también mis saludos a la iglesia que se reúne en el hogar de ellos.

Saluden a mi querido amigo Epeneto. Él fue el primero de toda la provincia de Asia que se convirtió en seguidor de Cristo. 6Denle mis saludos a María, quien ha trabajado tanto por ustedes. 7Saluden a Andrónico y a Junias,* judíos como yo,* quienes estuvieron en la cárcel conmigo. Ellos son muy respetados entre los apóstoles y se hicieron seguidores de Cristo antes

15:10 Dt 32:43.   15:11 Sal 117:1.   15:12 En griego *La raíz de Isaí.* David era hijo de Isaí.   15:12b Is 11:10 (versión griega).
15:19a Otros manuscritos dicen *el Espíritu*; incluso otros dicen *el Espíritu Santo.*   15:19b *Ilírico,* una región situada al nororiente de
Italia.   15:21 Is 52:15 (versión griega).   15:25 En griego *pueblo santo de Jesús;* también en 15:26, 31.   15:26 *Macedonia y Acaya*
eran las regiones norte y sur de Grecia respectivamente.   15:31 En griego *el ministerio*; otros manuscritos dicen *el regalo.*
15:33 Algunos manuscritos no incluyen *Amén.* Un manuscrito muy antiguo ubica aquí los versículos 16:25-27.   16:4 *Gentil(es),* que
no es judío.   16:7a *Junias* es un nombre femenino. Algunos manuscritos antiguos ponen tilde a la palabra de modo que se lee *Junías,*
un nombre masculino; incluso otros manuscritos, dicen *Julia* (nombre femenino).   16:7b O *compatriotas;* también en 16:21.

que yo. ⁸Saluden a Amplias, mi querido amigo en el Señor. ⁹Saludos también a Urbano, nuestro colaborador en Cristo, y a mi querido amigo Estaquis.

¹⁰Saluden a Apeles, un buen hombre aprobado por Cristo. Y den mis saludos a los creyentes de la familia de Aristóbulo. ¹¹Saluden a Herodión, judío como yo.* Saluden a los de la familia de Narciso que son del Señor. ¹²Den mis saludos a Trifena y Trifosa, obreras del Señor, y a la amada Pérsida, quien ha trabajado tanto para el Señor. ¹³Saluden a Rufo, a quien el Señor eligió para hacerlo suyo; y también a su querida madre, quien ha sido como una madre para mí.

¹⁴Den mis saludos a Asíncrito, Flegonte, Hermas, Patrobas, Hermes y a los hermanos que se reúnen con ellos. ¹⁵Saluden también a Filólogo, Julia, Nereo y su hermana, y a Olimpas y a todos los creyentes* que se reúnen con ellos. ¹⁶Salúdense unos a otros con amor cristiano.* Todas las iglesias de Cristo les envían saludos.

Instrucciones finales de Pablo

¹⁷Y ahora, mis amados hermanos, les pido algo más. Tengan cuidado con los que causan divisiones y trastornan la fe de los creyentes al enseñar cosas que van en contra de las que a ustedes se les enseñaron. Manténganse lejos de ellos. ¹⁸Tales personas no sirven a Cristo nuestro Señor; sirven a sus propios intereses. Con palabras suaves y halagos, engañan a la gente inocente; ¹⁹pero todos saben que ustedes son obedientes al Señor. Eso me llena de alegría. Quiero que sean sabios para hacer lo que está bien y sigan siendo inocentes en cuanto a toda clase de mal. ²⁰El Dios de paz pronto aplastará a Satanás bajo los pies de ustedes. Que la gracia de nuestro Señor Jesús* sea con ustedes.

²¹Timoteo, mi compañero de trabajo, les manda saludos, igual que Lucio, Jasón y Sosípater, judíos como yo.

²²Yo, Tercio, quien escribo esta carta de parte de Pablo, también les envío mis saludos como uno de los seguidores del Señor.

²³Los saluda Gayo. Él es quien me hospeda y también recibe en su casa a toda la iglesia. Les envía saludos Erasto, el tesorero de la ciudad, y también el hermano Cuarto.*

²⁵Que toda la gloria sea para Dios, quien puede fortalecerlos tal como expresa la Buena Noticia. En ese mensaje acerca de Jesucristo se ha revelado su plan para ustedes, los gentiles, un plan que estuvo guardado en secreto desde el principio del tiempo. ²⁶Pero ahora, tal como lo predijeron los profetas* y el Dios eterno lo ha ordenado, ese mensaje se da a conocer a todos los gentiles en todas partes, para que ellos también puedan creer y obedecerlo a él. ²⁷Toda la gloria sea para el único sabio Dios eternamente por medio de Jesucristo. Amén.

16:11 O *compatriota.* **16:15** En griego *todo el pueblo santo de Dios.* **16:16** En griego *con un beso santo.* **16:20** Algunos manuscritos dicen *Señor Jesucristo.* **16:23** Algunos manuscritos incluyen el versículo 24: *Que la gracia de nuestro Señor Jesucristo sea con todos ustedes. Amén.* Incluso otros incluyen este versículo después del versículo 27. **16:26** En griego *los escritos proféticos.*

1 Corintios

Saludos de Pablo

1 Yo, Pablo, elegido por la voluntad de Dios para ser un apóstol de Cristo Jesús, escribo esta carta junto con nuestro hermano Sóstenes.

²Va dirigida a la iglesia de Dios en Corinto,* a ustedes que han sido llamados por Dios para ser su pueblo santo. Él los hizo santos por medio de Cristo Jesús,* tal como lo hizo con todos los que en todas partes invocan el nombre de nuestro Señor Jesucristo, Señor de ellos y de nosotros.

³Que Dios nuestro Padre y el Señor Jesucristo les den gracia y paz.

Pablo da gracias a Dios

⁴Siempre doy gracias a mi Dios por ustedes y por los dones inmerecidos que les dio ahora que pertenecen a Cristo Jesús. ⁵Por medio de él, Dios ha enriquecido la iglesia de ustedes en todo sentido, con toda la elocuencia y todo el conocimiento que tienen. ⁶Eso confirma que es verdad lo que les dije acerca de Cristo. ⁷Ahora tienen todos los dones espirituales que necesitan mientras esperan con anhelo el regreso de nuestro Señor Jesucristo. ⁸Él los mantendrá firmes hasta el final, para que estén libres de toda culpa el día que nuestro Señor Jesucristo vuelva. ⁹Dios lo hará porque él es fiel para hacer lo que dice y los ha invitado a que tengan comunión con su Hijo, Jesucristo nuestro Señor.

Divisiones en la iglesia

¹⁰Amados hermanos, les ruego por la autoridad de nuestro Señor Jesucristo que vivan en armonía los unos con los otros. Que no haya divisiones en la iglesia. Por el contrario, sean todos de un mismo parecer, unidos en pensamiento y propósito. ¹¹Pues algunos de la casa de Cloé me contaron de las peleas entre ustedes, mis amados hermanos. ¹²Algunos de ustedes dicen: «Yo soy seguidor de Pablo». Otros dicen: «Yo sigo a Apolos» o «Yo sigo a Pedro»,* o «Yo sigo únicamente a Cristo».

¹³¿Acaso Cristo está dividido en facciones? ¿Fui yo, Pablo, crucificado por ustedes? ¿Fue alguno de ustedes bautizado en el nombre de Pablo? ¡Por supuesto que no! ¹⁴Agradezco a Dios que no bauticé a ninguno de ustedes excepto a Crispo y a Gayo, ¹⁵porque ahora nadie puede decir que fue bautizado en mi nombre. ¹⁶(Ah, sí, también bauticé a los de la casa de Estéfanas, pero no recuerdo haber bautizado a nadie más). ¹⁷Pues Cristo no me envió a bautizar sino a predicar la Buena Noticia, y no con palabras ingeniosas, por temor a que la cruz de Cristo pierda su poder.

La sabiduría de Dios

¹⁸¡El mensaje de la cruz es una ridiculez para los que van rumbo a la destrucción! Pero nosotros, que vamos en camino a la salvación, sabemos que es el poder mismo de Dios. ¹⁹Como dicen las Escrituras:

«Destruiré la sabiduría de los sabios
    y desecharé la inteligencia de los
    inteligentes»*.

²⁰Así que, ¿dónde deja eso a los filósofos, a los estudiosos y a los especialistas en debates de este mundo? Dios ha hecho que la sabiduría de este mundo parezca una ridiculez. ²¹Ya que Dios, en su sabiduría, se aseguró de que el mundo nunca lo conociera por medio de la sabiduría humana, usó nuestra predicación «ridícula» para salvar a los que creen. ²²Es ridícula para los judíos, que piden señales del cielo. Y es ridícula para los griegos, que buscan la sabiduría humana. ²³Entonces cuando predicamos que Cristo fue crucificado, los judíos se ofenden y los gentiles* dicen que son puras tonterías.

²⁴Sin embargo, para los que Dios llamó a la salvación, tanto judíos como gentiles,* Cristo es el poder de Dios y la sabiduría de Dios. ²⁵Ese plan «ridículo» de Dios es más sabio que el más sabio de los planes humanos, y la debilidad de Dios es más fuerte que la mayor fuerza humana.

²⁶Recuerden, amados hermanos, que pocos de ustedes eran sabios a los ojos del mundo o poderosos o ricos* cuando Dios los llamó. ²⁷En cambio, Dios eligió lo que el mundo considera ridículo para avergonzar a los que se creen sabios. Y escogió cosas que no tienen poder para avergonzar a los poderosos. ²⁸Dios escogió lo despreciado por el mundo* —lo que se considera como nada— y lo usó para convertir en nada lo que el mundo considera importante. ²⁹Como

---

1:2a *Corinto* era la capital de Acaya, la región sur de la península griega.   1:2b O *porque ustedes pertenecen a Cristo Jesús.*   1:12 En griego *Cefas.*   1:19 Is 29:14.   1:23 *Gentil(es),* que no es judío.   1:24 En griego *griegos.*   1:26 O *de ilustre cuna.*   1:28 O *Dios eligió a los de cuna humilde.*

resultado, nadie puede jamás jactarse en presencia de Dios.

³⁰Dios los ha unido a ustedes con Cristo Jesús. Dios hizo que él fuera la sabiduría misma para nuestro beneficio. Cristo nos hizo justos ante Dios; nos hizo puros y santos y nos liberó del pecado. ³¹Por lo tanto, como dicen las Escrituras: «Si alguien quiere jactarse, que se jacte solamente del Señor»*.

Pablo y su mensaje de sabiduría

2 Amados hermanos, la primera vez que los visité, no me valí de palabras elevadas ni de una sabiduría impresionante para contarles acerca del plan secreto de Dios.* ²Pues decidí que, mientras estuviera con ustedes, olvidaría todo excepto a Jesucristo, el que fue crucificado. ³Me acerqué a ustedes en debilidad: con timidez y temblor. ⁴Y mi mensaje y mi predicación fueron muy sencillos. En lugar de usar discursos ingeniosos y persuasivos, confié solamente en el poder del Espíritu Santo. ⁵Lo hice así para que ustedes no confiaran en la sabiduría humana sino en el poder de Dios.

⁶Sin embargo, cuando estoy con creyentes maduros, sí hablo con palabras de sabiduría, pero no la clase de sabiduría que pertenece a este mundo o a los gobernantes de este mundo, quienes pronto son olvidados. ⁷No, la sabiduría de la que hablamos es el misterio de Dios,* su plan que antes estaba escondido, aunque él lo hizo para nuestra gloria final aún antes que comenzara el mundo; ⁸pero los gobernantes de este mundo no lo entendieron; si lo hubieran hecho, no habrían crucificado a nuestro glorioso Señor. ⁹A eso se refieren las Escrituras cuando dicen:

«Ningún ojo lo ha visto, ningún oído ha
    escuchado,
    ninguna mente ha imaginado
lo que Dios tiene preparado
    para quienes lo aman»*.

¹⁰Pero* fue a nosotros a quienes Dios reveló esas cosas por medio de su Espíritu. Pues su Espíritu investiga todo a fondo y nos muestra los secretos profundos de Dios. ¹¹Nadie puede conocer los pensamientos de una persona excepto el propio espíritu de esa persona y nadie puede conocer los pensamientos de Dios excepto el propio Espíritu de Dios. ¹²Y nosotros hemos recibido el Espíritu de Dios (no el espíritu del mundo), de manera que podemos conocer las cosas maravillosas que Dios nos ha regalado.

¹³Les decimos estas cosas sin emplear palabras que provienen de la sabiduría humana. En cambio, hablamos con palabras que el Espíritu nos da, usamos las palabras del Espíritu para explicar las verdades espirituales.* ¹⁴pero los que no son espirituales* no pueden recibir esas

verdades de parte del Espíritu de Dios. Todo les suena ridículo y no pueden entenderlo, porque solo los que son espirituales pueden entender lo que el Espíritu quiere decir. ¹⁵Los que son espirituales pueden evaluar todas las cosas, pero ellos mismos no pueden ser evaluados por otros. ¹⁶Pues,

«¿Quién puede conocer los pensamientos del
    Señor?
¿Quién sabe lo suficiente para enseñarle
    a él?»*.

Pero nosotros entendemos estas cosas porque tenemos la mente de Cristo.

Pablo y Apolos, siervos de Cristo

3 Amados hermanos, cuando estuve con ustedes, no pude hablarles como lo haría con personas espirituales.* Tuve que hablarles como si pertenecieran a este mundo o como si fueran niños en la vida cristiana.* ²Tuve que alimentarlos con leche, no con alimento sólido, porque no estaban preparados para algo más sustancioso. Y aún no están preparados, ³porque todavía están bajo el control de su naturaleza pecaminosa. Tienen celos unos de otros y se pelean entre sí. ¿Acaso eso no demuestra que los controla su naturaleza pecaminosa? ¿No viven como la gente del mundo? ⁴Cuando uno de ustedes dice: «Yo soy seguidor de Pablo» y otro dice: «Yo sigo a Apolos», ¿no actúan igual que la gente del mundo?

⁵Después de todo, ¿quién es Apolos?, ¿quién es Pablo? Nosotros solo somos siervos de Dios mediante los cuales ustedes creyeron la Buena Noticia. Cada uno de nosotros hizo el trabajo que el Señor nos encargó. ⁶Yo planté la semilla en sus corazones, y Apolos la regó, pero fue Dios quien la hizo crecer. ⁷No importa quién planta o quién riega, lo importante es que Dios hace crecer la semilla. ⁸El que planta y el que riega trabajan en conjunto con el mismo propósito. Y cada uno será recompensado por su propio arduo trabajo. ⁹Pues ambos somos trabajadores de Dios; y ustedes son el campo de cultivo de Dios, son el edificio de Dios.

¹⁰Por la gracia que Dios me dio, yo eché los cimientos como un experto en construcción. Ahora otros edifican encima; pero cualquiera que edifique sobre este fundamento tiene que tener mucho cuidado. ¹¹Pues nadie puede poner un fundamento distinto del que ya tenemos, que es Jesucristo.

¹²El que edifique sobre este fundamento podrá usar una variedad de materiales: oro, plata, joyas, madera, heno o hojarasca; ¹³pero en el día del juicio, el fuego revelará la clase de obra que cada constructor ha hecho. El fuego mostrará si la obra de alguien tiene algún valor. ¹⁴Si la obra

permanece, ese constructor recibirá una recompensa, [15]pero si la obra se consume, el constructor sufrirá una gran pérdida. El constructor se salvará, pero como quien apenas se escapa atravesando un muro de llamas.

[16]¿No se dan cuenta de que todos ustedes juntos son el templo de Dios y que el Espíritu de Dios vive en* ustedes? [17]Dios destruirá a cualquiera que destruya este templo. Pues el templo de Dios es santo, y ustedes son ese templo.

[18]Dejen de engañarse a sí mismos. Si piensan que son sabios de acuerdo con los criterios de este mundo, necesitan volverse necios para ser verdaderamente sabios. [19]Pues la sabiduría de este mundo es necedad para Dios. Como dicen las Escrituras:

«Él atrapa a los sabios
    en la trampa de su propia astucia»*.

[20]Y también:

«El Señor conoce los pensamientos de los sabios,
    sabe que no valen nada»*.

[21]Así que no se jacten de seguir a un líder humano en particular. Pues a ustedes les pertenece todo: [22]ya sea Pablo o Apolos o Pedro,* o el mundo, o la vida y la muerte, o el presente y el futuro. Todo les pertenece a ustedes, [23]y ustedes pertenecen a Cristo, y Cristo pertenece a Dios.

La relación de Pablo con los corintios

4 Así que, a Apolos y a mí, considérennos como simples siervos de Cristo, a quienes se nos encargó la tarea de explicar los misterios de Dios. [2]Ahora bien, alguien que recibe el cargo de administrador debe ser fiel. [3]En cuanto a mí, me importa muy poco cómo me califiquen ustedes o cualquier autoridad humana. Ni siquiera confío en mi propio juicio en este sentido. [4]Tengo la conciencia limpia, pero eso no demuestra que yo tenga razón. Es el Señor mismo quien me evaluará y tomará la decisión.

[5]Así que no juzguen a nadie antes de tiempo, es decir, antes de que el Señor vuelva. Pues él sacará a la luz nuestros secretos más oscuros y revelará nuestras intenciones más íntimas. Entonces Dios dará a cada uno el reconocimiento que le corresponda.

[6]Amados hermanos, puse el caso de Apolos y el mío propio como ilustración de lo que les vengo diciendo. Si prestan atención a lo que les cité de las Escrituras,* no estarán orgullosos de uno de sus líderes a costa de otro. [7]Pues, ¿qué derecho tienen a juzgar así? ¿Qué tienen que Dios no les haya dado? Y si todo lo que tienen proviene de Dios, ¿por qué se jactan como si no fuera un regalo?

[8]Ustedes piensan que ya tienen todo lo que necesitan. Creen que ya son ricos. ¡Hasta han comenzado a reinar sin nosotros en el reino de Dios! Yo desearía que en verdad ya estuvieran reinando, porque entonces nosotros estaríamos reinando con ustedes. [9]A veces pienso que a nosotros, los apóstoles, Dios nos puso en exhibición como prisioneros de guerra al final del desfile del vencedor, condenados a muerte. Nos hemos convertido en un espectáculo para el mundo entero, tanto para la gente como para los ángeles.

[10]Nuestra entrega a Cristo nos hace parecer tontos, en cambio, ¡ustedes afirman ser tan sabios en Cristo! Nosotros somos débiles, ¡pero ustedes son tan poderosos! A ustedes los estiman, ja nosotros nos ridiculizan! [11]Incluso ahora mismo pasamos hambre y tenemos sed y nos falta ropa para abrigarnos. A menudo somos golpeados y no tenemos casa. [12]Nos cansamos trabajando con nuestras manos para ganarnos la vida. Bendecimos a los que nos maldicen. Somos pacientes con los que nos maltratan. [13]Respondemos con gentileza cuando dicen cosas malas de nosotros. Aun así se nos trata como la basura del mundo, como el desperdicio de todos, hasta este preciso momento.

[14]No les escribo estas cosas para avergonzarlos, sino para advertirles como mis amados hijos. [15]Pues, aunque tuvieran diez mil maestros que les enseñaran acerca de Cristo, tienen solo un padre espiritual. Pues me convertí en su padre en Cristo Jesús cuando les prediqué la Buena Noticia. [16]Así que les ruego que me imiten.

[17]Por esa razón les envié a Timoteo, mi fiel y amado hijo en el Señor. Él les recordará la manera en que sigo a Cristo Jesús, así como lo enseño en todas las iglesias en todas partes.

[18]Algunos de ustedes se han vuelto arrogantes al pensar que no volveré a visitarlos. [19]Pero iré —y pronto— si el Señor me lo permite, y entonces comprobaré si esos arrogantes solo dan discursos pretenciosos o de verdad tienen el poder de Dios. [20]Pues el reino de Dios no consiste en las muchas palabras sino en vivir por el poder de Dios. [21]¿Qué prefieren? ¿Que llegue con una vara para castigarlos o que vaya con amor y un espíritu amable?

Pablo condena el orgullo espiritual

5 Me cuesta creer lo que me informan acerca de la inmoralidad sexual que hay entre ustedes, algo que ni siquiera los paganos hacen. Me dicen que un hombre de su iglesia vive en pecado con su madrastra.* [2]¿Ustedes están muy orgullosos de sí mismos, en cambio, deberían estar llorando de dolor y vergüenza y echar a ese hombre de la congregación.

[3]Aunque no estoy con ustedes en persona, sí lo estoy en el Espíritu,* y como si estuviera allí, ya emití mi juicio sobre ese hombre [4]en el nombre del Señor Jesús. Ustedes deben convocar a una reunión de la iglesia.* Yo estaré presente

---

3:16 O *entre.* 3:19 Jb 5:13. 3:20 Sal 94:11. 3:22 En griego *Cefas.* 4:6 O *Si ustedes aprenden a no ir más allá de «lo que está escrito».* 5:1 En griego *la esposa de su padre.* 5:3 O *en espíritu.* 5:4 O *En el nombre del Señor Jesús, ustedes deben convocar a una reunión de la iglesia.*

en espíritu, igual que el poder de nuestro Señor Jesús. ⁵Entonces deben expulsar a ese hombre y entregárselo a Satanás, para que su naturaleza pecaminosa sea destruida* y él mismo* sea salvo el día que el Señor vuelva.*

⁶Es terrible que se jacten sobre dicho asunto. ¿No se dan cuenta de que ese pecado es como un poco de levadura que impregna toda la masa? ⁷Deshágase de la vieja «levadura» quitando a ese perverso de entre ustedes. Entonces serán como una nueva masa preparada sin levadura, que es lo que realmente son. Cristo, nuestro Cordero Pascual, ha sido sacrificado por nosotros.* ⁸Por lo tanto, celebremos el festival, no con el viejo pan* de perversidad y maldad, sino con el nuevo pan* de sinceridad y verdad.

⁹Cuando les escribí anteriormente, les dije que no se relacionaran con personas que se entregan al pecado sexual; ¹⁰pero no me refería a los incrédulos que se entregan al pecado sexual o son avaros o estafadores o rinden culto a ídolos. Uno tendría que salir de este mundo para evitar gente como esa. ¹¹Lo que quise decir es: no se relacionen con ninguno que afirma ser creyente* y aun así se entrega al pecado sexual o es avaro o rinde culto a ídolos o insulta o es borracho o estafador. Ni siquiera coman con esa gente.

¹²No es mi deber juzgar a los de afuera, pero sí es responsabilidad de ustedes juzgar a los que son de la iglesia y están en pecado. ¹³Dios juzgará a los de afuera; pero como dicen las Escrituras: «Quiten al malvado de entre ustedes»*.

Evitar demandas legales con los cristianos

6 Cuando uno de ustedes tiene un conflicto con otro creyente, ¿cómo se atreve a presentar una demanda y a pedirle a un tribunal secular que decida sobre el asunto, en lugar de llevarlo ante otros creyentes?* ²¿No se dan cuenta de que algún día nosotros, los creyentes, juzgaremos al mundo? Y dado que ustedes van a juzgar al mundo, ¿no son capaces de resolver esas pequeñas cuestiones entre ustedes? ³¿No se dan cuenta de que juzgaremos a los ángeles? Así que deberían ser capaces de resolver los conflictos comunes y corrientes que ocurren en esta vida. ⁴Si tienen conflictos legales acerca de tales asuntos, ¿por qué acuden a jueces que son de afuera y no respetados por la iglesia? ⁵Digo esto para que se avergüencen. ¿No hay nadie en toda la iglesia con suficiente sabiduría para decidir sobre esos temas? ⁶¡Sino que un creyente* demanda a otro, justo frente a los incrédulos!

⁷El hecho de que tengan semejantes demandas legales unos contra otros es en sí una derrota para ustedes. ¿Por qué no aceptar la injusticia y dejar el asunto como está? ¿Por qué no se dejan estafar? ⁸En cambio, son ustedes mismos

los que hacen lo malo y estafan aun a sus propios hermanos en Cristo.*

⁹¿No se dan cuenta de que los que hacen lo malo no heredarán el reino de Dios? No se engañen a sí mismos. Los que se entregan al pecado sexual o rinden culto a ídolos o cometen adulterio o son prostitutos o practican la homosexualidad ¹⁰o son ladrones o avaros o borrachos o insultan o estafan a la gente: ninguno de esos heredará el reino de Dios. ¹¹Algunos de ustedes antes eran así; pero fueron limpiados; fueron hechos santos; fueron hechos justos ante Dios al invocar el nombre del Señor Jesucristo y por el Espíritu de nuestro Dios.

Evitar el pecado sexual

¹²Ustedes dicen: «Se me permite hacer cualquier cosa», pero no todo les conviene. Y aunque «se me permite hacer cualquier cosa», no debo volverme esclavo de nada. ¹³Ustedes dicen: «La comida se hizo para el estómago, y el estómago, para la comida». (Eso es cierto, aunque un día Dios acabará con ambas cosas). Pero ustedes no pueden decir que nuestro cuerpo fue creado para la inmoralidad sexual. Fue creado para el Señor, y al Señor le importa nuestro cuerpo. ¹⁴Y Dios nos levantará de los muertos con su poder, tal como levantó de los muertos a nuestro Señor.

¹⁵¿No se dan cuenta de que sus cuerpos en realidad son miembros de Cristo? ¿Acaso un hombre debería tomar su cuerpo, que es parte de Cristo, y unirlo a una prostituta? ¡Jamás! ¹⁶¿Y no se dan cuenta de que, si un hombre se une a una prostituta, se hace un solo cuerpo con ella? Pues las Escrituras dicen: «Los dos se convierten en uno solo»*. ¹⁷Pero la persona que se une al Señor es un solo espíritu con él.

¹⁸¡Huyan del pecado sexual! Ningún otro pecado afecta tanto al cuerpo como este, porque la inmoralidad sexual es un pecado contra el propio cuerpo. ¹⁹¿No se dan cuenta de que su cuerpo es el templo del Espíritu Santo, quien vive en ustedes y les fue dado por Dios? Ustedes no se pertenecen a sí mismos, ²⁰porque Dios los compró a un alto precio. Por lo tanto, honren a Dios con su cuerpo.

Instrucciones sobre el matrimonio

7 Ahora, en cuanto a las preguntas que me hicieron en su carta: es cierto que es bueno abstenerse de tener relaciones sexuales.* ²Sin embargo, dado que hay tanta inmoralidad sexual, cada hombre debería tener su propia esposa, y cada mujer su propio marido. ³El esposo debe satisfacer las necesidades sexuales de su esposa, y la esposa debe satisfacer las necesidades sexuales de su marido. ⁴La esposa le da la autoridad sobre su cuerpo a su marido, y el esposo le da la autoridad sobre su cuerpo a su esposa.

⁵No se priven ni el uno al otro de tener relaciones sexuales, a menos que los dos estén de acuerdo en abstenerse de la intimidad sexual por un tiempo limitado para entregarse más de lleno a la oración. Después deberán volverse a juntar, a fin de que Satanás no pueda tentarlos por la falta de control propio. ⁶Eso les digo a modo de concesión, no como un mandato. ⁷Sin embargo, quisiera que todos fueran solteros, igual que yo; pero cada uno tiene su don específico de Dios, unos de una clase y otros de otra.

⁸Así que les digo a los solteros y a las viudas: es mejor quedarse sin casar, tal como yo; ⁹pero si no pueden contenerse, entonces deberían casarse. Es mejor casarse que arder de pasión.

¹⁰No obstante, para los que ya están casados, tengo un mandato que no proviene de mí sino del Señor.* La esposa no debe dejar a su marido; ¹¹pero si lo deja, que no se case de nuevo o bien que se reconcilie con él; y el marido no debe dejar a su esposa.

¹²Ahora, me dirigiré al resto de ustedes, aunque no tengo un mandato directo del Señor. Si un hombre cristiano* está casado con una mujer que no es creyente y ella está dispuesta a seguir viviendo con él, no debe abandonarla. ¹³Y, si una mujer cristiana tiene un esposo que no es creyente y él está dispuesto a seguir viviendo con ella, no debe abandonarlo. ¹⁴Pues la esposa cristiana da santidad a su matrimonio, y el esposo cristiano* da santidad al suyo. De otro modo, sus hijos no serían santos, pero ahora son santos. ¹⁵(En cambio, si el esposo o la esposa que no es creyente insiste en irse, déjenlo o que se vaya. En esos casos, el cónyuge cristiano* ya no está ligado al otro, porque Dios los ha llamado a ustedes* a vivir en paz). ¹⁶¿Acaso ustedes, esposas, no se dan cuenta de que sus maridos podrían ser salvos a causa de ustedes? Y ustedes, esposos, ¿no se dan cuenta de que sus esposas podrían ser salvas a causa de ustedes?

¹⁷Cada uno debería seguir viviendo en la situación que el Señor lo haya puesto, y permanecer tal como estaba cuando Dios lo llamó por primera vez. Esa es mi regla para todas las iglesias. ¹⁸Por ejemplo, un hombre que se circuncidó antes de llegar a ser creyente no debería tratar de revertir su condición. Y el hombre que no estaba circuncidado cuando llegó a ser creyente no debería circuncidarse ahora. ¹⁹Pues no tiene importancia si un hombre ha sido o no circuncidado. Lo importante es cumplir los mandamientos de Dios.

²⁰Cada uno debería permanecer tal como estaba cuando Dios lo llamó. ²¹¿Eres un esclavo? No dejes que eso te preocupe; sin embargo, si tienes la oportunidad de ser libre, aprovéchala.

²²Y recuerda: si eras un esclavo cuando el Señor te llamó, ahora eres libre en el Señor; y si eras libre cuando el Señor te llamó, ahora eres un esclavo de Cristo. ²³Dios pagó un alto precio por ustedes, así que no se dejen esclavizar por el mundo.* ²⁴Amados hermanos, cada uno debería permanecer tal como estaba cuando Dios lo llamó por primera vez.

²⁵Ahora, con respecto a la pregunta acerca de las jóvenes que todavía no se han casado, para ellas no tengo ningún mandato del Señor. Pero el Señor, en su misericordia, me ha dado sabiduría digna de confianza, que les transmitiré a ustedes. ²⁶Debido a la crisis actual,* pienso que es mejor que cada uno se quede como está. ²⁷Si tienes esposa, no procures terminar tu matrimonio. Si no tienes esposa, no busques casarte; ²⁸pero si te casas, no es pecado; y si una joven se casa, tampoco es pecado. Sin embargo, los que se casen en este tiempo tendrán problemas, y estoy tratando de evitárselos.

²⁹Déjenme decirles lo siguiente, amados hermanos: el tiempo que queda es muy breve. Así que, de ahora en adelante, los que estén casados no deberían concentrarse únicamente en su matrimonio. ³⁰Los que lloran o los que se alegran o los que compran cosas, no deberían ser absorbidos por sus lágrimas ni su alegría ni sus posesiones. ³¹Los que usan las cosas del mundo no deberían apegarse a ellas. Pues este mundo, tal como lo conocemos, pronto desaparecerá.

³²Quisiera que estén libres de las preocupaciones de esta vida. Un soltero puede invertir su tiempo en hacer la obra del Señor y en pensar cómo agradarlo a él; ³³pero el casado tiene que pensar en sus responsabilidades terrenales y en cómo agradar a su esposa; ³⁴sus intereses están divididos. De la misma manera, una mujer que ya no está casada o que nunca se ha casado, puede dedicarse al Señor y ser santa en cuerpo y en espíritu; pero una mujer casada tiene que pensar en sus responsabilidades terrenales y en cómo agradar a su esposo. ³⁵Les digo esto para su propio beneficio, no para imponerles restricciones. Mi deseo es que hagan todo lo que les ayude a servir mejor al Señor, con la menor cantidad de distracciones posibles.

³⁶No obstante, si un hombre piensa que está tratando a su prometida en forma impropia y que inevitablemente cederá a sus pasiones, que se case con ella como él desea. No es pecado. ³⁷Pero si ha decidido con toda firmeza no casarse y no hay urgencia y puede controlar sus pasiones, hace bien en no casarse. ³⁸Así que el que se casa con su prometida hace bien, y el que no se casa hace aún mejor.

³⁹Una esposa está ligada a su esposo mientras el esposo vive. Si su esposo muere, ella queda

7:10 Ver Mt 5:32; 19:9; Mc 10:11-12; Lc 16:18.   7:12 En griego *un hermano*.   7:14 En griego *el hermano*.   7:15a En griego *el hermano o la hermana*.   7:15b Algunos manuscritos dicen *nos ha llamado a nosotros*.   7:23 En griego *no se conviertan en esclavos de la gente.*   7:26 O *los presiones de la vida.*

libre para casarse con quien quiera, pero solamente si ese hombre ama al Señor.* ⁴⁰Sin embargo, en mi opinión, sería mejor para ella no volver a casarse, y pienso que, al decirles esto, les doy consejo del Espíritu de Dios.

Comida sacrificada a ídolos

8 Ahora, con respecto a la pregunta acerca de la comida que ha sido ofrecida a ídolos, es cierto, sabemos que «todos tenemos conocimiento» sobre este tema. Sin embargo, mientras que el conocimiento nos hace sentir importantes, es el amor lo que fortalece a la iglesia. ²El que afirma que lo sabe todo, en realidad, no es que sepa mucho; ³pero la persona que ama a Dios es a quien Dios reconoce.*

⁴Entonces, ¿qué acerca de comer carne ofrecida a ídolos? Pues sabemos que un ídolo no es en verdad un dios y que hay sólo un Dios. ⁵Puede que existan esos llamados «dioses» tanto en el cielo como en la tierra, y algunas personas de hecho rinden culto a muchos dioses y a muchos señores. ⁶Pero nosotros sabemos que hay sólo un Dios, el Padre, quien creó todo, y vivimos para él; y hay sólo un Señor, Jesucristo, mediante el cual Dios hizo todas las cosas y mediante el cual nos ha dado vida.

⁷Sin embargo, no todos los creyentes saben esto. Algunos están acostumbrados a pensar que los ídolos son reales, entonces, cuando comen un alimento que fue ofrecido a ídolos, lo consideran adoración a dioses verdaderos, y violan su débil conciencia. ⁸Es cierto que no podemos obtener la aprobación de Dios por lo que comemos. No perdemos nada si no lo comemos, y no ganamos nada si lo comemos.

⁹Pero ustedes deben tener cuidado de que su libertad no haga tropezar a los que tienen una conciencia más débil. ¹⁰Pues, si otros te ven —con tu «conocimiento superior»— comiendo en el templo de un ídolo, ¿acaso no se sentirán alentados a violar su conciencia al comer un alimento que se ofreció a un ídolo? ¹¹Así que a causa de tu conocimiento superior, se destruirá un creyente débil* por quien Cristo murió. ¹²Cuando ustedes pecan contra otros creyentes* al alentarlos a hacer algo que para ellos está mal, pecan contra Cristo. ¹³Por lo tanto, si lo que como hace que otro creyente peque, nunca más comeré carne mientras viva, porque no quiero hacer que otro creyente tropiece.

Pablo renuncia a sus derechos

9 ¿Acaso no soy tan libre como cualquier otro? ¿No soy apóstol? ¿No he visto a Jesús nuestro Señor con mis propios ojos? ¿No es gracias a mi trabajo que ustedes pertenecen al Señor? ²Aunque otros piensen que no soy apóstol, ciertamente para ustedes lo soy. Ustedes mismos son la prueba de que soy apóstol del Señor.

³Esta es mi respuesta a los que cuestionan mi autoridad.* ⁴¿Acaso no tenemos derecho de hospedarnos con ustedes y compartir sus comidas? ⁵¿No tenemos derecho a llevar con nosotros a una esposa cristiana como lo hacen los demás apóstoles y los hermanos del Señor y como lo hace Pedro?* ⁶¿O Bernabé y yo somos los únicos que tenemos que trabajar para sostenernos?

⁷¿Qué soldado tiene que pagar sus propios gastos? ¿Qué agricultor planta un viñedo y no tiene derecho a comer de su fruto? ¿A qué pastor que cuida su rebaño de ovejas no se le permite beber un poco de la leche? ⁸¿Expreso meramente una opinión humana o dice la ley lo mismo? ⁹Porque la ley de Moisés dice: «No le pongas bozal al buey para impedirle que coma mientras trilla el grano»*. ¿Acaso pensaba Dios únicamente en bueyes cuando dijo eso? ¹⁰¿No nos hablaba a nosotros en realidad? Claro que sí, se escribió para nosotros, a fin de que tanto el que ara como el que trilla el grano puedan esperar una porción de la cosecha.

¹¹Ya que hemos plantado la semilla espiritual entre ustedes, ¿no tenemos derecho a cosechar el alimento y la bebida material? ¹²Si ustedes sostienen a otros que los predican, ¿no deberíamos tener nosotros aún mayor derecho a que nos sostengan? Pero nunca nos hemos valido de ese derecho. Preferiríamos soportar cualquier cosa antes que ser un obstáculo a la Buena Noticia acerca de Cristo.

¹³¿No se dan cuenta de que los que trabajan en el templo obtienen sus alimentos de las ofrendas que se llevan al templo? Y los que sirven en el altar reciben una porción de lo que se ofrece como sacrificio. ¹⁴Del mismo modo, el Señor ordenó que los que predican la Buena Noticia sean sostenidos por los que reciben el beneficio del mensaje. ¹⁵Sin embargo, yo jamás me he valido de ninguno de esos derechos. Y no escribo esto para sugerir que es mi deseo comenzar a hacerlo ahora. De hecho, preferiría morir antes que perder mi derecho a jactarme de predicar sin cobrar. ¹⁶Sin embargo, predicar la Buena Noticia no es algo de lo que pueda jactarme. Estoy obligado por Dios a hacerlo. ¡Qué terrible sería para mí si no predicara la Buena Noticia!

¹⁷Si lo hiciera por mi propia iniciativa, merecería que me paguen; pero no tengo opción, porque Dios me ha encomendado este deber sagrado. ¹⁸¿Cuál es, entonces, mi paga? Es la oportunidad de predicar la Buena Noticia sin cobrarle a nadie. Por esa razón, nunca reclamo mis derechos cuando predico la Buena Noticia.

¹⁹A pesar de que soy un hombre libre y sin amo, me he hecho esclavo de todos para llevar a muchos a Cristo. ²⁰Cuando estaba con los judíos, vivía como un judío para llevar a los judíos a Cristo. Cuando estaba con los que siguen la ley judía, yo también vivía bajo esa ley. A pesar de que

---

7:39 En griego *pero únicamente en el Señor.* 8:3 Algunos manuscritos dicen *la persona que ama tiene pleno conocimiento.* 8:11 En griego *hermano,* también en 8:13. 8:12 En griego *hermanos.* 9:3 En griego *a los que me evalúan.* 9:5 En griego *Cefas.* 9:9 Dt 25:4.

no estoy sujeto a la ley, me sujetaba a ella para poder llevar a Cristo a los que están bajo la ley. ²¹Cuando estoy con los gentiles,* quienes no siguen la ley judía,* yo también vivo independiente de esa ley para poder llevarlos a Cristo; pero no ignoro la ley de Dios, obedezco la ley de Cristo.

²²Cuando estoy con los que son débiles, me hago débil con ellos, porque deseo llevar a los débiles a Cristo. Sí, con todos trato de encontrar algo que tengamos en común, y hago todo lo posible para salvar a algunos. ²³Hago lo que sea para difundir la Buena Noticia y participar de sus bendiciones.

²⁴¿No se dan cuenta de que en una carrera todos corren, pero sólo una persona se lleva el premio? ¡Así que corran para ganar! ²⁵Todos los atletas se entrenan con disciplina. Lo hacen para ganar un premio que se desvanecerá, pero nosotros lo hacemos por un premio eterno. ²⁶Por eso yo corro cada paso con propósito. No solo doy golpes al aire. ²⁷Disciplino mi cuerpo como lo hace un atleta, lo entreno para que haga lo que debe hacer. De lo contrario, temo que, después de predicarles a otros, yo mismo quede descalificado.

Lecciones de la idolatría de Israel

10 Amados hermanos, no quiero que se olviden de lo que les sucedió a nuestros antepasados hace mucho tiempo en el desierto. Todos fueron guiados por una nube que iba delante de ellos y todos caminaron a través del mar sobre tierra seca. ²Todos ellos fueron bautizados en la nube y en el mar como seguidores de Moisés. ³Todos comieron el mismo alimento espiritual ⁴y todos bebieron la misma agua espiritual. Pues bebieron de la roca espiritual que viajaba con ellos, y esa roca era Cristo. ⁵Sin embargo, Dios no se agradó de la mayoría de ellos, y sus cuerpos fueron dispersados por el desierto.

⁶Esas cosas sucedieron como una advertencia para nosotros, a fin de que no codiciemos lo malo como hicieron ellos, ⁷ni rindamos culto a ídolos como hicieron algunos de ellos. Como dicen las Escrituras: «El pueblo celebró con abundante comida y bebida, y se entregó a diversiones paganas»*. ⁸Y no debemos cometer inmoralidad sexual como hicieron algunos de ellos, lo cual causó la muerte de veintitrés mil personas en un solo día.

⁹Tampoco deberíamos poner a prueba a Cristo* como hicieron algunos de ellos, y luego murieron mordidos por serpientes. ¹⁰Y no murmuren como lo hicieron algunos de ellos, y luego el ángel de la muerte los destruyó. ¹¹Esas cosas les sucedieron a ellos como ejemplo para nosotros. Se pusieron por escrito para que nos sirvieran de advertencia a los que vivimos en el fin de los tiempos.

¹²Si ustedes piensan que están firmes, tengan cuidado de no caer. ¹³Las tentaciones que enfrentan en su vida no son distintas de las que otros atraviesan. Y Dios es fiel; no permitirá que la tentación sea mayor de lo que puedan soportar. Cuando sean tentados, él les mostrará una salida, para que puedan resistir.

¹⁴Por lo tanto, mis queridos amigos, huyan de la adoración a los ídolos. ¹⁵Ustedes son personas razonables. Juzguen por sí mismos si lo que digo es cierto. ¹⁶Cuando bendecimos la copa en la Mesa del Señor, ¿no participamos en la sangre de Cristo? Y, cuando partimos el pan, ¿no participamos en el cuerpo de Cristo? ¹⁷Aunque somos muchos, todos comemos de un mismo pan, con lo cual demuestran que somos un solo cuerpo. ¹⁸Piensen en el pueblo de Israel. ¿No estaban unidos al comer de los sacrificios del altar?

¹⁹¿Qué es lo que trato de decir? ¿Que la comida ofrecida a ídolos tiene alguna importancia o que los ídolos son dioses verdaderos? ²⁰No, de ninguna manera. Lo que digo es que esos sacrificios se ofrecen a los demonios, no a Dios. Y no quiero que ustedes tengan parte con los demonios. ²¹Ustedes no pueden beber de la copa del Señor y también de la copa de los demonios. No pueden comer de la Mesa del Señor y también de la mesa de los demonios. ²²¿Qué? ¿Acaso nos atreveremos a despertar los celos del Señor? ¿Piensan que somos más fuertes que él?

²³Ustedes dicen: «Se me permite hacer cualquier cosa»*, pero no todo les conviene. Dicen: «Se me permite hacer cualquier cosa», pero no todo trae beneficio. ²⁴No se preocupen por su propio bien, sino por el bien de los demás.

²⁵Así que pueden comer cualquier carne que se venda en el mercado sin preguntar nada por motivos de conciencia. ²⁶Pues «la tierra es del Señor y todo lo que hay en ella»*.

²⁷Si alguien que no es creyente los invita a cenar a su casa, acepten la invitación si desean. Coman todo lo que les ofrezcan sin preguntar nada por motivos de conciencia. ²⁸(Pero supongamos que alguien les dice: «Esta carne se ofreció a un ídolo». No la coman, por respeto a la conciencia del que lo dijo. ²⁹Tal vez no sea una cuestión de conciencia para ustedes, pero lo es para la otra persona). Pues, ¿por qué tendría que ser restringida mi libertad por lo que piense otra persona? ³⁰Si puedo darle gracias a Dios por la comida y disfrutarla, ¿por qué debería ser condenado por comerla?

³¹Así que, sea que coman o beban o cualquier otra cosa que hagan, háganlo todo para la gloria de Dios. ³²No ofendan a los judíos ni a los gentiles* ni a la iglesia de Dios. ³³Yo también trato de complacer a todos en todo lo que hago. No sólo hago lo que es mejor para mí, sino lo que

es mejor para otros a fin de que muchos sean salvos. ¹¹:¹Y ustedes deberían imitarme a mí, así como yo imito a Cristo.

Instrucciones para la adoración en público

11 ²Cuánto me alegro de que ustedes siempre me tienen en sus pensamientos y de que siguen las enseñanzas que les transmití. ³Pero hay algo que quiero que sepan: la cabeza de todo hombre es Cristo, la cabeza de la mujer es el hombre, y la cabeza de Cristo es Dios.* ⁴El hombre deshonra a su cabeza si se cubre la cabeza* mientras ora o profetiza. ⁵En cambio, la mujer deshonra a su cabeza* si ora o profetiza sin cubrirse la cabeza, porque es como si se la rapara. ⁶Efectivamente, si ella se niega a ponerse algo para cubrirse la cabeza, ¡debería cortarse todo el cabello! Ya que es vergonzoso que la mujer se corte el cabello o se rape la cabeza, debería cubrírsela con algo.*

⁷El hombre no debería ponerse nada sobre la cabeza cuando adora a Dios, porque el hombre fue hecho a la imagen de Dios y refleja la gloria de Dios. Y la mujer refleja la gloria del hombre. ⁸Pues el primer hombre no provino de ninguna mujer, sino que la primera mujer provino de un hombre. ⁹Y el hombre no fue hecho para la mujer, sino que la mujer fue hecha para el hombre. ¹⁰Por esta razón y debido a que los ángeles observan, la mujer debería cubrirse la cabeza para mostrar que está bajo autoridad.*

¹¹Sin embargo, entre el pueblo del Señor, las mujeres no son independientes de los hombres, y los hombres no son independientes de las mujeres. ¹²Pues, aunque la primera mujer provino de un hombre, todos los demás hombres nacieron de una mujer, y todo proviene de Dios.

¹³Juzguen por sí mismos: ¿Es correcto que una mujer ore a Dios en público sin cubrirse la cabeza? ¹⁴¿No es obvio que es vergonzoso que un hombre tenga el cabello largo? ¹⁵¿Acaso el cabello largo no es el orgullo y la alegría de la mujer? Pues se le dio para que se cubra. ¹⁶Pero si alguien quiere discutir este tema, simplemente digo que no tenemos otra costumbre más que esa, y tampoco la tienen las demás iglesias de Dios.

Orden en la Cena del Señor

¹⁷En las siguientes instrucciones, no puedo elogiarlos. Pues parece que hacen más daño que bien cuando se juntan. ¹⁸Primero, oigo que hay divisiones entre ustedes cuando se reúnen como iglesia, y, hasta cierto punto, lo creo. ¹⁹Así que, ¡por supuesto que tiene que haber divisiones entre ustedes, para que los que tienen la aprobación de Dios sean reconocidos!

²⁰Cuando ustedes se reúnen, la verdad es que no les interesa la Cena del Señor. ²¹Pues algunos

se apresuran a comer su propia comida y no la comparten con los demás. Como resultado, algunos se quedan con hambre mientras que otros se emborrachan. ²²¿Qué? ¿Acaso no tienen sus propias casas para comer y beber? ¿O de veras quieren deshonrar a la iglesia de Dios y avergonzar a los pobres? ¿Qué se supone que debo decir? ¿Quieren que los elogie? Pues bien, ¡de ninguna manera los elogiaré por esto!

²³Pues yo les transmito lo que recibí del Señor mismo. La noche en que fue traicionado, el Señor Jesús tomó pan ²⁴y dio gracias a Dios por ese pan. Luego lo partió en trozos y dijo: «Esto es mi cuerpo, el cual es entregado por ustedes.* Hagan esto en memoria de mí». ²⁵De la misma manera, tomó en sus manos la copa de vino después de la cena, y dijo: «Esta copa es el nuevo pacto entre Dios y su pueblo, un acuerdo confirmado con mi sangre. Hagan esto en memoria de mí todas las veces que la beban». ²⁶Pues, cada vez que coman este pan y beban de esta copa, anuncian la muerte del Señor hasta que él vuelva.

²⁷Por lo tanto, cualquiera que coma este pan o beba de esta copa del Señor en forma indigna es culpable de pecar contra* el cuerpo y la sangre del Señor. ²⁸Por esa razón, cada uno debería examinarse a sí mismo antes de comer el pan y beber de la copa. ²⁹Pues, si alguno come el pan y bebe de la copa sin honrar el cuerpo de Cristo,* come y bebe el juicio de Dios sobre sí mismo. ³⁰Esa es la razón por la que muchos de ustedes son débiles y están enfermos y algunos incluso han muerto.

³¹Si nos examináramos a nosotros mismos, Dios no nos juzgaría de esa manera. ³²Sin embargo, cuando el Señor nos juzga, nos está disciplinando para que no seamos condenados junto con el mundo.

³³Así que, mis amados hermanos, cuando se reúnan para la Cena del Señor, espérense unos a otros. ³⁴Si de veras tienen hambre, que cada uno coma en su casa, a fin de no traer juicio sobre ustedes mismos cuando se reúnan. Les daré instrucciones sobre los demás asuntos después de mi llegada.

Dones espirituales

12 Ahora, amados hermanos, con respecto a la pregunta acerca de las capacidades especiales que el Espíritu nos da, no quiero que lo malentiendan. ²Ustedes saben que, cuando todavía eran paganos, fueron llevados por mal camino y arrastrados a rendir culto a ídolos mudos. ³Por lo tanto, quiero que sepan que nadie que habla por el Espíritu de Dios maldice a Jesús, y nadie puede decir que Jesús es el Señor excepto por el Espíritu Santo.

⁴Hay distintas clases de dones espirituales,

11:3 O que sepan: el origen de todo hombre es Cristo, el origen de la mujer es el hombre, y el origen de Cristo es Dios. O que sepan: cada hombre es responsable ante Cristo, la mujer es responsable ante su marido, y Cristo es responsable ante Dios.   11:4 O deshonra a Cristo.   11:5 O deshonra a su marido.   11:6 O debería tener el cabello largo.   11:10 En griego debería tener una autoridad sobre la cabeza.   11:24 En griego esto es para ustedes; otros manuscritos dicen que es partido para ustedes.   11:27 O es responsable de.   11:29 En griego el cuerpo; otros manuscritos dicen el cuerpo del Señor.

pero el mismo Espíritu es la fuente de todos ellos. [5]Hay distintas formas de servir, pero todos servimos al mismo Señor. [6]Dios trabaja de maneras diferentes, pero es el mismo Dios quien hace la obra en todos nosotros.

[7]A cada uno de nosotros se nos da un don espiritual para que nos ayudemos mutuamente. [8]A uno el Espíritu le da la capacidad de dar consejos sabios;* a otro el mismo Espíritu le da un mensaje de conocimiento especial.* [9]A otro el mismo Espíritu le da la gran fe y a alguien más ese único Espíritu le da el don de sanidad. [10]A uno le da el poder para hacer milagros y a otro, la capacidad de profetizar. A alguien más le da la capacidad de discernir si un mensaje es del Espíritu de Dios o de otro espíritu. Todavía a otro se le da la capacidad de hablar en idiomas desconocidos,* mientras que a otro se le da la capacidad de interpretar lo que se está diciendo. [11]Es el mismo y único Espíritu quien distribuye todos esos dones. Sólo él decide qué don cada uno debe tener.

Un cuerpo con muchas partes

[12]El cuerpo humano tiene muchas partes, pero las muchas partes forman un cuerpo entero. Lo mismo sucede con el cuerpo de Cristo. [13]Entre nosotros hay algunos que son judíos y otros que son gentiles;* algunos son esclavos, y otros son libres. Pero todos fuimos bautizados en un solo cuerpo por un mismo Espíritu, y todos compartimos el mismo Espíritu.*

[14]Así es, el cuerpo consta de muchas partes diferentes, no de una sola parte. [15]Si el pie dijera: «No formo parte del cuerpo porque no soy mano», no por eso dejaría de ser parte del cuerpo. [16]Y si la oreja dijera: «No formo parte del cuerpo porque no soy ojo», ¿dejaría por eso de ser parte del cuerpo? [17]Si todo el cuerpo fuera ojo, ¿cómo podríamos oír? O si todo el cuerpo fuera oreja, ¿cómo podríamos oler?

[18]Pero nuestro cuerpo tiene muchas partes, y Dios ha puesto cada parte justo donde él quiere. [19]¡Qué extraño sería el cuerpo si tuviera solo una parte! [20]Efectivamente, hay muchas partes, pero un solo cuerpo. [21]El ojo nunca puede decirle a la mano: «No te necesito». La cabeza tampoco puede decirle al pie: «No te necesito».

[22]De hecho, algunas partes del cuerpo que parecieran ser más débiles y menos importantes, en realidad, son las más necesarias. [23]Y las partes que consideramos menos honorables son las que vestimos con más esmero. Así que protegemos con mucho cuidado esas partes que no deberían verse, [24]mientras que las partes más honorables no precisan esa atención especial. Por eso Dios ha formado el cuerpo de tal manera que se les dé más honor y cuidado a las partes que tienen menos dignidad. [25]Esto hace

que haya armonía entre los miembros a fin de que los miembros se preocupen los unos por los otros. [26]Si una parte sufre, las demás partes sufren con ella y, si a una parte se le da honra, todas las partes se alegran.

[27]Todos ustedes en conjunto son el cuerpo de Cristo, y cada uno de ustedes es parte de ese cuerpo. [28]A continuación hay algunas de las partes que Dios ha designado para la iglesia:

en primer lugar, los apóstoles,
en segundo lugar, los profetas,
en tercer lugar, los maestros,
luego los que hacen milagros,
los que tienen el don de sanidad,
los que pueden ayudar a otros,
los que tienen el don de liderazgo,
los que hablan en idiomas desconocidos.

[29]¿Acaso somos todos apóstoles? ¿Somos todos profetas? ¿Somos todos maestros? ¿Tenemos todos el poder de hacer milagros? [30]¿Tenemos todos el don de sanidad? ¿Tenemos todos la capacidad de hablar en idiomas desconocidos? ¿Tenemos todos la capacidad de interpretar idiomas desconocidos? ¡Por supuesto que no! [31]Por lo tanto, ustedes deberían desear encarecidamente los dones que son de más ayuda. Pero ahora déjenme mostrarles una manera de vida que supera a todas las demás.

La mayor es el amor

13 Si pudiera hablar todos los idiomas del mundo y de los ángeles pero no amara a los demás, yo solo sería un metal ruidoso o un címbalo que resuena. [2]Si tuviera el don de profecía y entendiera todos los planes secretos de Dios y contara con todo el conocimiento, y si tuviera una fe que me hiciera capaz de mover montañas, pero no amara a otros, yo no sería nada. [3]Si diera todo lo que tengo a los pobres y hasta sacrificara mi cuerpo,* podría jactarme de eso; pero si no amara a los demás, no habría logrado nada.

[4]El amor es paciente y bondadoso. El amor no es celoso ni fanfarrón ni orgulloso [5]ni ofensivo. No exige que las cosas se hagan a su manera. No se irrita ni lleva un registro de las ofensas recibidas. [6]No se alegra de la injusticia sino que se alegra cuando la verdad triunfa. [7]El amor nunca se da por vencido, jamás pierde la fe, siempre tiene esperanzas y se mantiene firme en toda circunstancia.

[8]La profecía, el hablar en idiomas desconocidos,* y el conocimiento especial se volverán inútiles. ¡Pero el amor durará para siempre! [9]Ahora nuestro conocimiento es parcial e incompleto, ¡y aun el don de profecía revela solo una parte de todo el panorama! [10]Sin embargo, cuando llegue el tiempo de la perfección, esas cosas parciales se volverán inútiles.

¹¹Cuando yo era niño, hablaba, pensaba y razonaba como un niño; pero cuando crecí, dejé atrás las cosas de niño. ¹²Ahora vemos todo de manera imperfecta, como reflejos desconcertantes, pero luego veremos todo con perfecta claridad.* Todo lo que ahora conozco es parcial e incompleto, pero luego conoceré todo por completo, tal como Dios ya me conoce a mí completamente.

¹³Tres cosas durarán para siempre: la fe, la esperanza y el amor; y la mayor de las tres es el amor.

Lenguas y profecía

14 ¡Que el amor sea su meta más alta! Pero también deberían desear las capacidades especiales que da el Espíritu, sobre todo la capacidad de profetizar. ²Pues, si alguien tiene la capacidad de hablar en lenguas,* le hablará sólo a Dios, dado que la gente no podrá entenderle. Hablará por el poder del Espíritu,* pero todo será un misterio. ³En cambio, el que profetiza fortalece a otros, los anima y los consuela. ⁴La persona que habla en lenguas se fortalece a sí misma, pero el que dice una palabra de profecía fortalece a toda la iglesia.

⁵Yo desearía que todos pudieran hablar en lenguas, pero más aún me gustaría que todos pudieran profetizar. Pues la profecía es superior que hablar en lenguas, a menos que alguien interprete lo que se dice, para que toda la iglesia se fortalezca.

⁶Amados hermanos, si yo fuera a visitarlos y les hablara en un idioma desconocido,* ¿de qué les serviría a ustedes? En cambio, si les llevo una revelación o un conocimiento especial o una profecía o una enseñanza, eso sí les sería de ayuda. ⁷Aun los instrumentos inanimados como la flauta y el arpa, tienen que emitir sonidos nítidos, o nadie reconocerá la melodía. ⁸Si el toque de trompeta no es entendible, ¿cómo sabrán los soldados que se les llama a la batalla?

⁹Lo mismo ocurre con ustedes. Si hablan a la gente con palabras que no entienden, ¿cómo podrían saber lo que ustedes dicen? Igual sería estar hablando al viento.

¹⁰Hay muchos idiomas diferentes en el mundo, y cada uno tiene significado; ¹¹pero si no entiendo un idioma, soy un extranjero para el que lo habla, y el que lo habla es un extranjero para mí. ¹²Lo mismo ocurre con ustedes. Ya que están tan deseosos de tener las capacidades especiales que da el Espíritu, procuren las que fortalecerán a toda la iglesia.

¹³Por lo tanto, el que habla en lenguas también debería pedir en oración la capacidad de interpretar lo que se ha dicho. ¹⁴Pues, si oro en lenguas, mi espíritu ora, pero yo no entiendo lo que digo.

¹⁵¿Qué debo hacer entonces? Oraré en el espíritu* y también oraré con palabras que entiendo. Cantaré en el espíritu y también cantaré con palabras que entiendo. ¹⁶Pues, si alabas a Dios sólo en el espíritu, ¿cómo podrán los que no entienden alabar a Dios contigo? ¿Cómo podrán unirse a tus agradecimientos cuando no entienden lo que dices? ¹⁷Tú darás gracias muy bien, pero eso no fortalecerá a la gente que te oye.

¹⁸Yo le agradezco a Dios que hablo en lenguas más que cualquiera de ustedes; ¹⁹pero en una reunión de la iglesia, preferiría hablar cinco palabras comprensibles que diez mil palabras en un idioma desconocido.

²⁰Amados hermanos, no sean infantiles en su comprensión de estas cosas. Sean inocentes como bebés en cuanto a la maldad pero maduros en la comprensión de asuntos como estos. ²¹En las Escrituras* está escrito:

> «Hablaré a mi propio pueblo
> en idiomas extraños
> y mediante labios de extranjeros.
> Pero aun así, no me escucharán»*,
> dice el Señor.

²²Así que, como ven, el hablar en lenguas es una señal no para los creyentes sino para los incrédulos. La profecía, sin embargo, es para el beneficio de los creyentes, no de los incrédulos. ²³Aun así, si los incrédulos o la gente que no entiende esas cosas entran en la reunión de la iglesia y oyen a todos hablando en un idioma desconocido, pensarán que ustedes están locos; ²⁴pero si todos ustedes están profetizando, y los incrédulos o la gente que no entiende esas cosas entran en la reunión, serán convencidos de pecado y juzgados por lo que ustedes dicen. ²⁵Al escuchar, sus pensamientos secretos quedarán al descubierto y caerán de rodillas y adorarán a Dios declarando: «En verdad, Dios está aquí entre ustedes».

Un llamado a adorar con orden

²⁶Ahora bien, mis hermanos, hagamos un resumen. Cuando se reúnan, uno de ustedes cantará, otro enseñará, otro contará alguna revelación especial que Dios le haya dado, otro hablará en lenguas y otro interpretará lo que se dice; pero cada cosa que se haga debe fortalecer a cada uno de ustedes.

²⁷No más de dos o tres deberían hablar en lenguas. Deben hablar uno a la vez y que alguien interprete lo que ellos digan. ²⁸Pero, si no hay nadie presente que pueda interpretar, ellos deberán guardar silencio en la reunión de la iglesia y hablar en lenguas a Dios en forma privada.

²⁹Que dos o tres personas profeticen y que los demás evalúen lo que se dice. ³⁰Pero, si alguien está profetizando y otra persona recibe una revelación del Señor, el que está hablando debe

---

13:12 En griego *veremos cara a cara.* **14:2a** O *En idiomas desconocidos;* también en 14:4, 5, 13, 14, 18, 22, 26, 27, 28, 39. **14:2b** O *Hablará en su espíritu.* **14:6** O *en lenguas;* también en 14:19, 23. **14:15** O *en el Espíritu;* también en 14:15b, 16. **14:21a** En griego *En la ley.* **14:21b** Is 28:11-12.

callarse. ³¹De esa manera, todos los que profeticen tendrán su turno para hablar, uno después de otro, para que todos aprendan y sean alentados. ³²Recuerden que la gente que profetiza está en control de su espíritu y puede turnarse con otros. ³³Pues Dios no es Dios de desorden sino de paz, como en todas las reuniones del pueblo santo de Dios.*

³⁴Las mujeres deben guardar silencio durante las reuniones de la iglesia. No es apropiado que hablen. Deben ser sumisas, tal como dice la ley. ³⁵Si tienen preguntas, que le pregunten a su marido en casa, porque no es apropiado que las mujeres hablen en las reuniones de la iglesia.*

³⁶¿O acaso piensan, corintios, que la palabra de Dios se originó con ustedes? ¿Son ustedes los únicos a quienes fue entregada? ³⁷Si alguien afirma ser profeta o piensa que es espiritual, debería reconocer que lo que digo es un mandato del Señor mismo; ³⁸pero si no lo reconoce, él tampoco será reconocido.*

³⁹Por lo tanto, mis amados hermanos, con todo corazón deseen profetizar y no prohíban que se hable en lenguas; ⁴⁰pero asegúrense de que todo se haga de forma apropiada y con orden.

La resurrección de Cristo

15 Ahora, amados hermanos, permítanme recordarles la Buena Noticia que ya les prediqué. En ese entonces, la recibieron con gusto y todavía permanecen firmes en ella. ²Esa es la Buena Noticia que los salva si ustedes siguen creyendo el mensaje que les prediqué, a menos que hayan creído algo que a principio de cuentas nunca fue cierto.*

³Yo les transmití a ustedes lo más importante y lo que se me había transmitido a mí también. Cristo murió por nuestros pecados tal como dicen las Escrituras. ⁴Fue enterrado y al tercer día fue levantado de los muertos, tal como dicen las Escrituras. ⁵Lo vio Pedro* y luego lo vieron los Doce. ⁶Más tarde, lo vieron más de quinientos de sus seguidores* a la vez, la mayoría de los cuales todavía viven, aunque algunos ya han muerto. ⁷Luego lo vio Santiago y, después lo vieron todos los apóstoles. ⁸Por último, como si hubiera nacido en un tiempo que no me correspondía, también lo vi yo. ⁹Pues soy el más insignificante de todos los apóstoles. De hecho, ni siquiera soy digno de ser llamado apóstol después de haber perseguido a la iglesia de Dios, como lo hice.

¹⁰Sin embargo, lo que ahora soy, todo se debe a que Dios derramó su favor especial sobre mí, y no sin resultado. Pues he trabajado mucho más que cualquiera de los otros apóstoles; pero no fui yo sino Dios quien obraba a través de mí por su gracia. ¹¹Así que no importa si predico yo o predican ellos, porque todos predicamos el mismo mensaje que ustedes ya han creído.

La resurrección de los muertos

¹²Pero díganme lo siguiente: dado que nosotros predicamos que Cristo se levantó de los muertos, ¿por qué algunos de ustedes dicen que no habrá resurrección de los muertos? ¹³Pues, si no hay resurrección de los muertos, Cristo tampoco ha resucitado; ¹⁴y si Cristo no ha resucitado, entonces toda nuestra predicación es inútil, y la fe de ustedes también es inútil. ¹⁵Y nosotros, los apóstoles, estaríamos todos mintiendo acerca de Dios, porque hemos dicho que Dios levantó a Cristo de la tumba. Así que eso no puede ser cierto si no hay resurrección de los muertos; ¹⁶y si no hay resurrección de los muertos, entonces Cristo no ha resucitado; ¹⁷y si Cristo no ha resucitado, entonces la fe de ustedes es inútil, y todavía son culpables de sus pecados. ¹⁸En ese caso, ¡todos los que murieron creyendo en Cristo están perdidos! ¹⁹Y si nuestra esperanza en Cristo es solo para esta vida, somos los más dignos de lástima de todo el mundo.

²⁰Lo cierto es que Cristo sí resucitó de los muertos. Él es el primer fruto de una gran cosecha, el primero de los que morirán.*

²¹Así que, ya ven, tal como la muerte entró en el mundo por medio de un hombre, ahora la resurrección de los muertos ha comenzado por medio de otro hombre. ²²Así como todos mueren porque todos pertenecemos a Adán, todos los que pertenecen a Cristo recibirán vida nueva; ²³pero esta resurrección tiene un orden: Cristo fue resucitado como el primero de la cosecha, luego todos los que pertenecen a Cristo serán resucitados cuando él regrese.

²⁴Después de eso, vendrá el fin, cuando él le entregará el reino a Dios el Padre, luego de destruir a todo gobernante y poder y toda autoridad. ²⁵Pues Cristo tiene que reinar hasta que humille a todos sus enemigos debajo de sus pies. ²⁶Y el último enemigo que será destruido es la muerte. ²⁷Pues las Escrituras dicen: «Dios ha puesto todas las cosas bajo su autoridad»*. (Claro que, cuando dice «todas las cosas están bajo su autoridad», no incluye a Dios mismo, quien le dio a Cristo su autoridad). ²⁸Entonces, cuando todas las cosas estén bajo su autoridad, el Hijo se pondrá a sí mismo bajo la autoridad de Dios, para que Dios, quien le dio a su Hijo la autoridad sobre todas las cosas, sea completamente supremo sobre todas las cosas en todas partes.

²⁹Si los muertos no serán resucitados, ¿para qué se bautiza la gente por los que están muertos? ¿Para qué hacerlo a menos que los muertos algún día resuciten?

³⁰¿Y para qué nosotros a todas horas pondríamos en peligro nuestra vida? ³¹Pues juro, amados hermanos, que todos los días enfrento la muerte. Esto es tan cierto como el orgullo que siento por

14:33 La frase *como en todas las reuniones del pueblo santo de Dios* podría, en cambio, unirse al comienzo de 14:34.   14:35 Algunos manuscritos ubican los versículos 34-35 después de 14:40.   14:38 Algunos manuscritos dicen *Si ignora esto, permanece en su ignorancia.*   15:2 O *a menos que a principio de cuentas ustedes nunca lo hayan creído.*   15:5 En griego *Cefas.*   15:6 En griego *los hermanos.*   15:27 Sal 8:6

lo que Cristo Jesús nuestro Señor ha hecho en ustedes. ³²¿Y qué valor hubo en luchar contra las fieras salvajes —esa gente de Éfeso—* si no habrá resurrección de los muertos? Y si no hay resurrección, «¡comamos y bebamos, que mañana moriremos!»*. ³³No se dejen engañar por los que dicen semejantes cosas, porque «las malas compañías corrompen el buen carácter». ³⁴Piensen bien sobre lo que es correcto y dejen de pecar. Pues para su vergüenza les digo que algunos de ustedes no conocen a Dios en absoluto.

El cuerpo resucitado

³⁵Pero alguien podría preguntar: «¿Cómo resucitarán los muertos? ¿Qué clase de cuerpos tendrán?». ³⁶¡Qué pregunta tan tonta! Cuando pones una semilla en la tierra, esta no crece y llega a ser una planta a menos que muera primero; ³⁷y lo que pones en el suelo no es la planta que crecerá sino tan solo una simple semilla de trigo o de lo que estés sembrando. ³⁸Luego Dios le da el cuerpo nuevo que él quiere que tenga. De cada clase de semilla crece una planta diferente. ³⁹De modo parecido, hay diferentes clases de carne: una para los humanos, otra para los animales, otra para las aves y otra para los peces.

⁴⁰También hay cuerpos en los cielos y cuerpos sobre la tierra. La gloria de los cuerpos celestiales es diferente de la gloria de los cuerpos terrenales. ⁴¹El sol tiene una clase de gloria, mientras que la luna tiene otra y las estrellas tienen otra. Y hasta las estrellas se diferencian unas de otras por la gloria de cada una.

⁴²Lo mismo sucede con la resurrección de los muertos. Cuando morimos, nuestros cuerpos terrenales son plantados en la tierra, pero serán resucitados para que vivan por siempre. ⁴³Nuestros cuerpos son enterrados en deshonra, pero serán resucitados en gloria. Son enterrados en debilidad, pero serán resucitados en fuerza. ⁴⁴Son enterrados como cuerpos humanos naturales, pero serán resucitados como cuerpos espirituales. Pues, así como hay cuerpos naturales, también hay cuerpos espirituales.

⁴⁵Las Escrituras nos dicen: «El primer hombre, Adán, se convirtió en ser viviente»*, pero el último Adán —es decir, Cristo— es un Espíritu que da vida. ⁴⁶Lo que primero viene es el cuerpo natural, y más tarde viene el cuerpo espiritual. ⁴⁷Adán, el primer hombre, fue formado del polvo de la tierra, mientras que Cristo, el segundo hombre, vino del cielo. ⁴⁸Los que son terrenales son como el hombre terrenal, y los que son celestiales son como el hombre celestial. ⁴⁹Al igual que ahora somos como el hombre terrenal, algún día seremos como* el hombre celestial.

⁵⁰Lo que les digo, amados hermanos, es que nuestros cuerpos físicos no pueden heredar el reino de Dios. Estos cuerpos que mueren no pueden heredar lo que durará para siempre.

⁵¹Pero permítanme revelarles un secreto maravilloso. ¡No todos moriremos, pero todos seremos transformados! ⁵²Sucederá en un instante, en un abrir y cerrar de ojos, cuando se toque la trompeta final. Pues, cuando suene la trompeta, los que hayan muerto resucitarán para vivir por siempre. Y nosotros, los que estemos vivos, también seremos transformados. ⁵³Pues nuestros cuerpos mortales tienen que ser transformados en cuerpos que nunca morirán; nuestros cuerpos mortales deben ser transformados en cuerpos inmortales.

⁵⁴Entonces, cuando nuestros cuerpos mortales hayan sido transformados en cuerpos que nunca morirán,* se cumplirá la siguiente Escritura:

«La muerte es devorada en victoria.*
⁵⁵ Oh muerte, ¿dónde está tu victoria?
    Oh muerte, ¿dónde está tu aguijón?»*.

⁵⁶Pues el pecado es el aguijón que termina en muerte, y la ley le da al pecado su poder. ⁵⁷¡Pero gracias a Dios! Él nos da la victoria sobre el pecado y la muerte por medio de nuestro Señor Jesucristo.

⁵⁸Por lo tanto, mis amados hermanos, permanezcan fuertes y constantes. Trabajen siempre para el Señor con entusiasmo, porque ustedes saben que nada de lo que hacen para el Señor es inútil.

La colecta para Jerusalén

16 Ahora bien, consideremos la pregunta acerca del dinero que se está juntando para el pueblo de Dios en Jerusalén. Deberían seguir el mismo procedimiento que les di a las iglesias de Galacia. ²El primer día de cada semana, cada uno debería separar una parte del dinero que ha ganado. No esperen hasta que yo llegue para luego tratar de reunirlo todo de golpe. ³Cuando yo vaya, escribiré cartas de recomendación para los mensajeros que ustedes escojan como encargados de entregar su ofrenda en Jerusalén; ⁴y si parece oportuno que yo también vaya, ellos pueden viajar conmigo.

Instrucciones finales de Pablo

⁵Los visitaré después de haber ido a Macedonia,* pues estoy pensando pasar por Macedonia. ⁶Tal vez me quede un tiempo con ustedes, quizá todo el invierno, y después podrán enviarme a mi próximo destino. ⁷Esta vez no quiero hacerles una visita nada más y luego seguir mi viaje. Deseo ir y quedarme un tiempo si el Señor me lo permite. ⁸Mientras tanto, seguiré aquí, en Éfeso, hasta el Festival de Pentecostés. ⁹Se ha abierto una puerta de par

en par para hacer un gran trabajo en este lugar, aunque muchos se me oponen.

¹⁰Cuando llegue Timoteo, no lo intimiden. Él hace la obra del Señor igual que yo. ¹¹No permitan que nadie lo trate con desprecio. Despídanlo con su bendición cuando regrese para estar conmigo. Espero que venga, junto con los demás creyentes.*

¹²Ahora, en cuanto a nuestro hermano Apolos, yo le rogué que fuera a visitarlos en compañía de los otros creyentes, pero él no estaba dispuesto a ir por el momento. Los verá después, cuando tenga la oportunidad.

¹³Estén alerta. Permanezcan firmes en la fe. Sean valientes.* Sean fuertes. ¹⁴Y hagan todo con amor.

¹⁵Ustedes ya saben que Estéfanas y los de su casa fueron los primeros frutos de la cosecha de creyentes en Grecia,* y ellos tienen su vida puesta al servicio del pueblo de Dios. Les ruego, amados hermanos, ¹⁶que se sometan a ellos y a otros como ellos, que sirven con

tanta devoción. ¹⁷Estoy muy contento de que Estéfanas, Fortunato y Acaico hayan llegado. Ellos me han dado la ayuda que ustedes no pudieron darme al no estar aquí. ¹⁸Ellos también han sido de mucho aliento para mí como lo fueron para ustedes. Muéstrenles agradecimiento a todos los que sirven así de bien.

Saludos finales de Pablo

¹⁹Las iglesias de aquí, en la provincia de Asia,* les mandan saludos en el Señor, igual que Aquila y Priscila* y todos los demás que se congregan en la casa de ellos para las reuniones de la iglesia. ²⁰Todos los hermanos de aquí les envían saludos. Salúdense unos a otros con amor cristiano.*

²¹ESTE ES MI SALUDO DE PUÑO Y LETRA: PABLO.

²²Si alguien no ama al Señor, tal persona es maldita. Señor nuestro, ¡ven!*

²³Que la gracia del Señor Jesús sea con ustedes.

²⁴Mi amor a todos ustedes en Cristo Jesús.*

16:11 En griego *con los hermanos*; también en 16:12. 16:13 En griego *Sean hombres.* 16:15 En griego *en Acaya,* la región sur de la península griega. 16:19a *Asia* era una provincia romana en lo que ahora es la parte occidental de Turquía. 16:19b En griego *Prisca.* 16:20 En griego *con un beso santo.* 16:22 Del arameo, *Marana ta.* Algunos manuscritos dicen *Maran ata,* «*Nuestro Señor ha venido*». 16:24 Algunos manuscritos incluyen *Amén.*

2 Corintios

1 Yo, Pablo, elegido por la voluntad de Dios para ser un apóstol de Cristo Jesús, escribo esta carta junto con nuestro hermano Timoteo.

Va dirigida a la iglesia de Dios en Corinto y a todo su pueblo santo que está en toda Grecia.*

² Que Dios nuestro Padre y el Señor Jesucristo les den gracia y paz.

Dios ofrece consuelo a todos

³ Toda la alabanza sea para Dios, el Padre de nuestro Señor Jesucristo. Dios es nuestro Padre misericordioso y la fuente de todo consuelo. ⁴Él nos consuela en todas nuestras dificultades para que nosotros podamos consolar a otros. Cuando otros pasen por dificultades, podremos ofrecerles el mismo consuelo que Dios nos ha dado a nosotros. ⁵Pues, cuanto más sufrimos por Cristo, tanto más Dios nos colmará de su consuelo por medio de Cristo. ⁶Aun cuando estamos abrumados por dificultades, ¡es para el consuelo y la salvación de ustedes! Pues, cuando somos consolados, ciertamente los consolaremos a ustedes. Entonces podrán soportar con paciencia los mismos sufrimientos que nosotros. ⁷Tenemos la plena confianza de que, al participar ustedes de nuestros sufrimientos, también tendrán parte del consuelo que Dios nos da.

⁸Amados hermanos, pensamos que tienen que estar al tanto de las dificultades que hemos atravesado en la provincia de Asia. Fuimos oprimidos y agobiados más allá de nuestra capacidad de aguantar y hasta pensamos que no saldríamos con vida. ⁹De hecho, esperábamos morir; pero, como resultado, dejamos de confiar en nosotros mismos y aprendimos a confiar sólo en Dios, quien resucita a los muertos. ¹⁰Efectivamente él nos rescató del peligro mortal y volverá a hacerlo de nuevo. Hemos depositado nuestra confianza en Dios, y él seguirá rescatándonos, ¹¹y ustedes nos están ayudando al orar por nosotros. Entonces mucha gente dará gracias porque Dios contestó bondadosamente tantas oraciones por nuestra seguridad.

Cambio de planes de Pablo

¹²Podemos decir con confianza y con una conciencia limpia que, en todos nuestros asuntos, hemos vivido en santidad* y con una sinceridad dadas por Dios. Hemos dependido de la gracia de Dios y no de nuestra propia sabiduría humana. Esa es la forma en que nos hemos comportado con el mundo y en especial con ustedes. ¹³Nuestras cartas fueron transparentes, y no hay nada escrito entre líneas ni nada que no puedan entender. Espero que algún día nos entiendan plenamente, ¹⁴aunque no nos entiendan ahora. Entonces, en el día que el Señor Jesús* regrese, estarán orgullosos de nosotros de la misma manera que nosotros estamos orgullosos de ustedes.

¹⁵Como estaba tan seguro de su comprensión y confianza, quise darles una doble bendición al visitarlos dos veces: ¹⁶primero de camino a Macedonia, y otra vez al regresar de Macedonia.* Luego podrían ayudarme a seguir mi viaje a Judea.

¹⁷Tal vez se pregunten por qué cambié de planes. ¿Acaso piensan que hago mis planes a la ligera? ¿Piensan que soy como la gente del mundo que dice «sí» cuando en realidad quiere decir «no»? ¹⁸Tan cierto como que Dios es fiel, nuestra palabra a ustedes no oscila entre el «sí» y el «no». ¹⁹Pues Jesucristo, el Hijo de Dios, no titubea entre el «sí» y el «no». Él es aquel de quien Silas,* Timoteo y yo les predicamos, y siendo el «sí» definitivo de Dios, él siempre hace lo que dice. ²⁰Pues todas las promesas de Dios se cumplieron en Cristo con un resonante «¡sí!», y por medio de Cristo, nuestro «amén» (que significa «sí») se eleva a Dios para su gloria.

²¹Es Dios quien nos capacita, junto con ustedes, para estar firmes en Cristo. Él nos comisionó ²²y nos identificó como suyos al poner al Espíritu Santo en nuestro corazón como un anticipo que garantiza todo lo que él nos prometió.

²³Ahora pongo a Dios por testigo de que les digo la verdad. La razón por la cual no regresé a Corinto fue para ahorrarles una severa reprimenda; ²⁴pero eso no significa que queramos dominarlos al decirles cómo poner en práctica su fe. Queremos trabajar junto con ustedes para que estén llenos de alegría, porque es por medio de su propia fe que se mantienen firmes.

2 Así que decidí que no les causaría tristeza con otra visita dolorosa. ²Pues, si yo les causo tristeza, ¿quién me alegrará a mí? Por

---

1:1 En griego *Acaya*, la región sur de la península griega.   1:12 Algunos manuscritos dicen *honestidad*.   1:14 Algunos manuscritos dicen *nuestro Señor Jesús*.   1:16 *Macedonia* estaba situada en la región del norte de Grecia.   1:19 En griego *Silvano*.

cierto, no será alguien a quien yo haya entristecido. ³Por eso les escribí como lo hice, para que, cuando llegue, no me causen tristeza los mismos que deberían darme la más grande alegría. Seguramente, todos ustedes saben que mi alegría proviene de que estén alegres. ⁴Escribí aquella carta con gran angustia, un corazón afligido y muchas lágrimas. No quise causarles tristeza, más bien quería que supieran cuánto amor tengo por ustedes.

Perdón para el pecador

⁵No exagero cuando digo que el hombre que causó todos los problemas los lastimó más a todos ustedes que a mí. ⁶La mayoría de ustedes se le opusieron, y eso ya fue suficiente castigo. ⁷No obstante, ahora es tiempo de perdonarlo y consolarlo; de otro modo, podría ser vencido por el desaliento. ⁸Así que ahora les ruego que reafirmen su amor por él.

⁹Les escribí como lo hice para probarlos y ver si cumplirían mis instrucciones al pie de la letra. ¹⁰Si ustedes perdonan a este hombre, yo también lo perdono. Cuando yo perdono lo que necesita ser perdonado, lo hago con la autoridad de Cristo en beneficio de ustedes, ¹¹para que Satanás no se aproveche de nosotros. Pues ya conocemos sus maquinaciones malignas.

¹²Cuando llegué a la ciudad de Troas para predicar la Buena Noticia de Cristo, el Señor me abrió una puerta de oportunidad; ¹³pero no sentía paz, porque mi querido hermano Tito todavía no había llegado con un informe de ustedes. Así que me despedí y seguí hacia Macedonia para buscarlo.

Ministros del nuevo pacto

¹⁴Así que, ¡gracias a Dios!, quien nos ha hecho sus cautivos y siempre nos lleva en triunfo en el desfile victorioso de Cristo. Ahora nos usa para difundir el conocimiento de Cristo por todas partes como un fragante perfume. ¹⁵Nuestras vidas son la fragancia de Cristo que sube hasta Dios, pero esta fragancia se percibe de una manera diferente por los que se salvan y los que se pierden. ¹⁶Para los que se pierden, somos un espantoso olor de muerte y condenación, pero para aquellos que se salvan, somos un perfume que da vida. ¿Y quién es la persona adecuada para semejante tarea?

¹⁷Ya ven, no somos como tantos charlatanes* que predican para provecho personal. Nosotros predicamos la palabra de Dios con sinceridad y con la autoridad de Cristo, sabiendo que Dios nos observa.

3 ¿Otra vez comenzamos a elogiarnos a nosotros mismos? ¿Acaso somos como otros, que necesitan llevarles cartas de recomendación o que les piden que se escriban tales cartas

en nombre de ellos? ¡Por supuesto que no! ²La única carta de recomendación que necesitamos son ustedes mismos. Sus vidas son una carta escrita en nuestro* corazón; todos pueden leerla y reconocer el buen trabajo que hicimos entre ustedes. ³Es evidente que son una carta de Cristo que muestra el resultado de nuestro ministerio entre ustedes. Esta «carta» no está escrita con pluma y tinta, sino con el Espíritu del Dios viviente. No está tallada en tablas de piedra, sino en corazones humanos.

⁴Estamos seguros de todo esto debido a la gran confianza que tenemos en Dios por medio de Cristo. ⁵No es que pensemos que estamos capacitados para hacer algo por nuestra propia cuenta. Nuestra aptitud proviene de Dios. ⁶Él nos capacitó para que seamos ministros de su nuevo pacto. Este no es un pacto de leyes escritas, sino del Espíritu. El antiguo pacto escrito termina en muerte; pero, de acuerdo con el nuevo pacto, el Espíritu da vida.

La gloria del nuevo pacto

⁷El camino* antiguo, con leyes grabadas en piedra, conducía a la muerte, aunque comenzó con tanta gloria que el pueblo de Israel no podía mirar la cara de Moisés. Pues su rostro brillaba con la gloria de Dios, aun cuando el brillo ya estaba desvaneciéndose. ⁸¿No deberíamos esperar mayor gloria dentro del nuevo camino, ahora que el Espíritu Santo da vida? ⁹Si el antiguo camino, que trae condenación, era glorioso, ¡cuánto más glorioso es el nuevo camino, que nos hace justos ante Dios! ¹⁰De hecho, aquella primera gloria no era para nada gloriosa comparada con la gloria sobreabundante del nuevo camino. ¹¹Así que si el antiguo camino, que ha sido reemplazado, era glorioso, ¡cuánto más glorioso es el nuevo, que permanece para siempre!

¹²Ya que este nuevo camino nos da tal confianza, podemos ser muy valientes. ¹³No somos como Moisés, quien se cubría la cara con un velo para que el pueblo de Israel no pudiera ver la gloria, aun cuando esa gloria estaba destinada a desvanecerse. ¹⁴Pero la mente de ellos se endureció, y hasta el día de hoy, cada vez que se lee el antiguo pacto, el mismo velo les cubre la mente para que no puedan entender la verdad. Este velo puede quitarse solamente al creer en Cristo. ¹⁵Efectivamente, incluso hoy en día, cuando leen los escritos de Moisés, tienen el corazón cubierto con ese velo y no lo comprenden.

¹⁶En cambio, cuando alguien se vuelve al Señor, el velo es quitado. ¹⁷Pues el Señor es el Espíritu, y donde está el Espíritu del Señor, allí hay libertad. ¹⁸Así que, todos nosotros, a quienes nos ha sido quitado el velo, podemos ver y reflejar la gloria del Señor. El Señor, quien es el Espíritu, nos hace más y más parecidos a él a medida que somos transformados a su gloriosa imagen.

2:17 Algunos manuscritos dicen *el resto de los charlatanes.*   3:2 Algunos manuscritos dicen *su.*   3:7 O *ministerio;* también en 3:8, 9, 10, 11, 12.

Tesoros en frágiles vasijas de barro

4 Por lo tanto, ya que Dios, en su misericordia, nos ha dado este nuevo camino,* nunca nos damos por vencidos. ²Rechazamos todas las acciones vergonzosas y los métodos turbios. No tratamos de engañar a nadie ni de distorsionar la palabra de Dios. Decimos la verdad delante de Dios, y todos los que son sinceros lo saben bien.

³Si la Buena Noticia que predicamos está escondida detrás de un velo, solo está oculta de la gente que se pierde. ⁴Satanás, quien es el dios de este mundo, ha cegado la mente de los que no creen. Son incapaces de ver la gloriosa luz de la Buena Noticia. No entienden este mensaje acerca de la gloria de Cristo, quien es la imagen exacta de Dios.

⁵Como ven, no andamos predicando acerca de nosotros mismos. Predicamos que Jesucristo es Señor, y nosotros somos siervos de ustedes por causa de Jesús. ⁶Pues Dios, quien dijo: «Que haya luz en la oscuridad», hizo que esta luz brille en nuestro corazón para que podamos conocer la gloria de Dios que se ve en el rostro de Jesucristo.

⁷Ahora tenemos esta luz que brilla en nuestro corazón, pero nosotros mismos somos como frágiles vasijas de barro que contienen este gran tesoro.* Esto deja bien claro que nuestro gran poder proviene de Dios, no de nosotros mismos.

⁸Por todos lados nos presionan las dificultades, pero no nos aplastan. Estamos perplejos pero no caemos en la desesperación. ⁹Somos perseguidos pero nunca abandonados por Dios. Somos derribados, pero no destruidos. ¹⁰Mediante el sufrimiento, nuestro cuerpo sigue participando de la muerte de Jesús, para que la vida de Jesús también pueda verse en nuestro cuerpo.

¹¹Es cierto, vivimos en constante peligro de muerte porque servimos a Jesús, para que la vida de Jesús sea evidente en nuestro cuerpo que muere. ¹²Así que vivimos de cara a la muerte, pero esto ha dado como resultado vida eterna para ustedes.

¹³Sin embargo, seguimos predicando porque tenemos la misma clase de fe que tenía el salmista cuando dijo: «Creí en Dios, por tanto hablé».* ¹⁴Sabemos que Dios, quien resucitó al Señor Jesús,* también nos resucitará a nosotros con Jesús y nos presentará ante sí mismo junto con ustedes. ¹⁵Todo esto es para beneficio de ustedes, y a medida que la gracia de Dios alcance a más y más personas, habrá abundante acción de gracias, y Dios recibirá más y más gloria.

¹⁶Es por esto que nunca nos damos por vencidos. Aunque nuestro cuerpo está muriéndose, nuestro espíritu* se va renovándose cada día. ¹⁷Pues nuestras dificultades actuales son pequeñas y no durarán mucho tiempo. Sin embargo, ¡nos producen una gloria que durará para

siempre y que es de mucho más peso que las dificultades! ¹⁸Así que no miramos las dificultades que ahora vemos; en cambio, fijamos nuestra vista en cosas que no podemos ver. Pues las cosas que ahora podemos ver pronto se habrán ido, pero las cosas que no podemos ver permanecerán para siempre.

Nuevos cuerpos

5 Pues sabemos que, cuando se desarme esta carpa terrenal en la cual vivimos (es decir, cuando muramos y dejemos este cuerpo terrenal), tendremos una casa en el cielo, un cuerpo eterno hecho para nosotros por Dios mismo y no por manos humanas. ²Nos fatigamos en nuestro cuerpo actual y anhelamos ponernos nuestro cuerpo celestial como si fuera ropa nueva. ³Pues no nos vestiremos con un cuerpo celestial; no seremos espíritus sin cuerpo.* ⁴Mientras vivimos en este cuerpo terrenal, gemimos y suspiramos, pero no es que queramos morir y deshacernos de este cuerpo que nos viste. Más bien, queremos ponernos nuestro cuerpo nuevo para que este cuerpo que muere sea consumido por la vida. ⁵Dios mismo nos ha preparado para esto, y como garantía nos ha dado su Espíritu Santo.

⁶Así que siempre vivimos en plena confianza, aunque sabemos que mientras vivamos en este cuerpo no estamos en el hogar celestial con el Señor. ⁷Pues vivimos por lo que creemos y no por lo que vemos. ⁸Sí, estamos plenamente confiados, y preferiríamos estar fuera de este cuerpo terrenal porque entonces estaríamos en el hogar celestial con el Señor. ⁹Así que, ya sea que estemos aquí en este cuerpo o ausentes de este cuerpo, nuestro objetivo es agradarlo a él. ¹⁰Pues todos tendremos que estar delante de Cristo para ser juzgados. Cada uno de nosotros recibirá lo que merezca por lo bueno o lo malo que haya hecho mientras estaba en este cuerpo terrenal.

Somos embajadores de Dios

¹¹Dado que entendemos nuestra temible responsabilidad ante el Señor, trabajamos con esmero para persuadir a otros. Dios sabe que somos sinceros, y espero que ustedes también lo sepan. ¹²¿Estamos de nuevo recomendándonos a ustedes? No, estamos dándoles un motivo para que estén orgullosos de nosotros,* para que puedan responder a los que se jactan de tener ministerios espectaculares en vez de tener un corazón sincero. ¹³Si parecemos estar locos es para darle gloria a Dios, y si estamos en nuestro sano juicio, es para beneficio de ustedes. ¹⁴Sea de una forma u otra, el amor de Cristo nos controla.* Ya que creemos que Cristo murió por todos, también creemos que todos hemos muerto a nuestra vida antigua.* ¹⁵Él murió por todos para que

---

4:1 O *ministerio.*   4:7 En griego *Ahora tenemos este tesoro en vasijas de barro.*   4:14 Algunos manuscritos dicen *quien resucitó a Jesús.*   4:16 En griego *nuestro ser interior.*   5:3 En griego *no estaremos desnudos.*   5:12 Algunos manuscritos dicen *orgullosos de ustedes mismos.*   5:14a O *nos obliga.*   5:14b En griego *Ya que uno murió por todos, entonces todos murieron.*

los que reciben la nueva vida de Cristo ya no vivan más para sí mismos. Más bien, vivirán para Cristo, quien murió y resucitó por ellos.

¹⁶Así que hemos dejado de evaluar a otros desde el punto de vista humano. En un tiempo, pensábamos de Cristo solo desde un punto de vista humano. ¡Qué tan diferente lo conocemos ahora! ¹⁷Esto significa que todo el que pertenece a Cristo se ha convertido en una persona nueva. La vida antigua ha pasado, ¡una nueva vida ha comenzado!

¹⁸Y todo esto es un regalo de Dios, quien nos trajo de vuelta a sí mismo por medio de Cristo. Y Dios nos ha dado la tarea de reconciliar a la gente con él. ¹⁹Pues Dios estaba en Cristo reconciliando al mundo consigo mismo, no tomando más en cuenta el pecado de la gente. Y nos dio a nosotros este maravilloso mensaje de reconciliación. ²⁰Así que somos embajadores de Cristo; Dios hace su llamado por medio de nosotros. Hablamos en nombre de Cristo cuando les rogamos: «¡Vuelvan a Dios!». ²¹Pues Dios hizo que Cristo, quien nunca pecó, fuera la ofrenda por nuestro pecado,* para que nosotros pudiéramos estar en una relación correcta con Dios por medio de Cristo.

6 Como colaboradores de Dios,* les suplicamos que no reciban ese maravilloso regalo de la bondad de Dios y luego no le den importancia. ²Pues Dios dice:

«En el momento preciso, te oí.
    En el día de salvación te ayudé»*.

Efectivamente, el «momento preciso» es ahora. Hoy es el día de salvación.

Dificultades y privaciones de Pablo

³Vivimos de tal manera que nadie tropezará a causa de nosotros, y nadie encontrará ninguna falta en nuestro ministerio. ⁴En todo lo que hacemos, demostramos que somos verdaderos ministros de Dios. Con paciencia soportamos dificultades y privaciones y calamidades de toda índole. ⁵Fuimos golpeados, encarcelados, enfrentamos a turbas enfurecidas, trabajamos hasta quedar exhaustos, aguantamos noches sin dormir y pasamos hambre. ⁶Demostramos lo que somos por nuestra pureza, nuestro entendimiento, nuestra paciencia, nuestra bondad, por el Espíritu Santo que está dentro de nosotros* y por nuestro amor sincero. *Con fidelidad predicamos la verdad. El poder de Dios actúa en nosotros. Usamos las armas de la justicia con la mano derecha para atacar y en la izquierda para defender. ⁸Servimos a Dios, ya sea que la gente nos honre o nos desprecie, sea que nos calumnie o nos elogie. Somos sinceros, pero nos llaman impostores. ⁹Nos ignoran aun cuando somos bien conocidos.

Vivimos al borde de la muerte, pero aún seguimos con vida. Nos han golpeado, pero no matado. ¹⁰Hay dolor en nuestro corazón, pero siempre tenemos alegría. Somos pobres, pero damos riquezas espirituales a otros. No poseemos nada, y sin embargo, lo tenemos todo.

¹¹¡Oh, queridos amigos corintios!, les hemos hablado con toda sinceridad y nuestro corazón está abierto a ustedes. ¹²No hay falta de amor de nuestra parte, pero ustedes nos han negado su amor. ¹³Les pido que respondan como si fueran mis propios hijos. ¡Ábrannos su corazón!

El templo del Dios viviente

¹⁴No se asocien íntimamente con los que son incrédulos. ¿Cómo puede la justicia asociarse con la maldad? ¿Cómo puede la luz vivir con las tinieblas? ¹⁵¿Qué armonía puede haber entre Cristo y el diablo*? ¿Cómo puede un creyente asociarse con un incrédulo? ¹⁶¿Y qué clase de unión puede haber entre el templo de Dios y los ídolos? Pues nosotros somos el templo del Dios viviente. Como dijo Dios:

«Viviré en ellos
    y caminaré entre ellos.
Yo seré su Dios,
    y ellos serán mi pueblo.*
¹⁷ Por lo tanto, salgan de entre los incrédulos
    y apártense de ellos, dice el Señor.
No toquen sus cosas inmundas,
    y yo los recibiré a ustedes.*
¹⁸ Y yo seré su Padre,
    y ustedes serán mis hijos e hijas,
    dice el Señor Todopoderoso»*.

7 Queridos amigos, dado que tenemos estas promesas, limpiémonos de todo lo que pueda contaminar nuestro cuerpo o espíritu. Y procuremos alcanzar una completa santidad porque tememos a Dios.

²Por favor, ábrannos su corazón. No le hemos hecho mal a nadie ni hemos llevado a nadie por mal camino ni nos hemos aprovechado de nadie. ³No les digo esto para condenarlos. Ya les dije antes que ustedes están en nuestro corazón y que vivimos o morimos junto con ustedes. ⁴Tienen toda mi confianza, y estoy muy orgulloso de ustedes. Me han alentado en gran manera y me han hecho feliz a pesar de todas nuestras dificultades.

Alegría de Pablo por el arrepentimiento de la iglesia

⁵Cuando llegamos a Macedonia, no hubo descanso para nosotros. Enfrentamos conflictos de todos lados, con batallas por fuera y temores por dentro; ⁶pero Dios, quien alienta a los desanimados, nos alentó con la llegada de Tito. ⁷Su presencia fue una alegría, igual que la noticia que

---

5:21 O fuera hecho pecado.   6:1 O Mientras trabajamos juntos.   6:2 Is 49:8 (versión griega).   6:6 O por nuestra santidad de espíritu.
6:15 En griego Beliar; varios manuscritos traducen este nombre del diablo como Belian, Beliab o Belial.   6:16 Lv 26:12; Ez 37:27.
6:17 Is 52:11; Ez 20:34 (versión griega).   6:18 2 Sm 7:14.

nos trajo del ánimo que él recibió de ustedes. Cuando nos dijo cuánto anhelan verme y cuánto sienten lo que sucedió y lo leales que me son, ¡me llené de alegría!

⁸No lamento haberles enviado esa carta tan severa, aunque al principio sí me lamenté porque sé que les causó dolor durante un tiempo. ⁹Ahora me alegro de haberla enviado, no porque los haya lastimado, sino porque el dolor hizo que se arrepintieran y cambiaran su conducta. Fue la clase de tristeza que Dios quiere que su pueblo tenga, de modo que no les hicimos daño de ninguna manera. ¹⁰Pues la clase de tristeza que Dios desea que suframos nos aleja del pecado y trae como resultado salvación. No hay que lamentarse por esa clase de tristeza; pero la tristeza del mundo, al cual le falta arrepentimiento, resulta en muerte espiritual.

¹¹¡Tan solo miren lo que produjo en ustedes esa tristeza que proviene de Dios! Tal fervor, tal ansiedad por limpiar su nombre, tal indignación, tal preocupación, tal deseo de verme, tal celo y tal disposición para castigar lo malo. Ustedes demostraron haber hecho todo lo necesario para corregir la situación. ¹²Mi propósito, entonces, no fue escribir acerca de quién causó el daño o quién resultó dañado. Les escribí para que, a los ojos de Dios, pudieran comprobar por sí mismos qué tan leales son a nosotros. ¹³Esto nos ha alentado en gran manera.

Además de nuestro propio aliento, nos deleitamos particularmente al ver lo feliz que estaba Tito por la manera en que todos ustedes lo recibieron y lo tranquilizaron.* ¹⁴Le dije lo orgulloso que estaba de ustedes, y no me decepcionaron. Siempre les he dicho la verdad, ¡y ahora mi jactancia ante Tito también resultó ser cierta! ¹⁵Ahora él se preocupa por ustedes más que nunca cuando recuerda cómo todos le obedecieron y cómo lo recibieron con tanto temor y profundo respeto. ¹⁶Ahora estoy muy feliz porque tengo plena confianza en ustedes.

Un llamado a dar con generosidad

8 Ahora quiero que sepan, amados hermanos, lo que Dios, en su bondad, ha hecho por medio de las iglesias de Macedonia. ²Estas iglesias están siendo probadas con muchas aflicciones y además son muy pobres; pero a la vez rebosan de abundante alegría, la cual se desbordó en gran generosidad.

³Pues puedo dar fe de que dieron no solo lo que podían, sino aún mucho más. Y lo hicieron por voluntad propia. ⁴Nos suplicaron una y otra vez tener el privilegio de participar en la ofrenda para los creyentes de Jerusalén.* ⁵Incluso hicieron más de lo que esperábamos, porque su primer paso fue entregarse ellos mismos al Señor y a nosotros, tal como Dios quería.

⁶Así que le hemos pedido a Tito —quien los

alentó a que comenzaran a dar— que regrese a ustedes y los anime a completar este ministerio de ofrendar. ⁷Dado que ustedes sobresalen en tantas maneras —en su fe, sus oradores talentosos, su conocimiento, su entusiasmo y el amor que reciben de nosotros*— quiero que también sobresalgan en este acto bondadoso de ofrendar.

⁸No estoy ordenándoles que lo hagan, pero pongo a prueba qué tan genuino es su amor al compararlo con el anhelo de las otras iglesias.

⁹Ustedes conocen la gracia generosa de nuestro Señor Jesucristo. Aunque era rico, por amor a ustedes se hizo pobre para que mediante su pobreza pudiera hacerlos ricos.

¹⁰Este es mi consejo: sería bueno que completaran lo que comenzaron hace un año. El año pasado, ustedes fueron los primeros en querer dar y fueron los primeros en comenzar a hacerlo. ¹¹Ahora deberían terminar lo que comenzaron. Que el anhelo que mostraron al principio corresponda ahora con lo que den. Den en proporción a lo que tienen. ¹²Todo lo que den es bien recibido si lo dan con entusiasmo. Y den según lo que tienen, no según lo que no tienen. ¹³Claro, con eso no quiero decir que lo que ustedes den deba hacerles fácil la vida a otros y difícil a ustedes. Solo quiero decir que debería haber cierta igualdad. ¹⁴Ahora mismo ustedes tienen en abundancia y pueden ayudar a los necesitados. Más adelante, ellos tendrán en abundancia y podrán compartir con ustedes cuando pasen necesidad. De esta manera, habrá igualdad. ¹⁵Como dicen las Escrituras:

> «A los que recogieron mucho, nada les sobró,
> y a los que recogieron solo un poco, nada
> les faltó»*.

Tito y sus compañeros

¹⁶Por lo tanto, ¡gracias a Dios!, quien le ha dado a Tito el mismo entusiasmo que yo tengo por ustedes. ¹⁷Tito recibió con agrado nuestra petición de que él volviera a visitarlos. De hecho, él mismo estaba deseoso por ir a verlos. ¹⁸También les enviamos junto con Tito a otro hermano, a quien todas las iglesias elogian como predicador de la Buena Noticia. ¹⁹Las iglesias lo nombraron para que nos acompañara a llevar la ofrenda a Jerusalén,* un servicio que glorifica al Señor y que demuestra nuestro anhelo de ayudar.

²⁰Viajamos juntos para evitar cualquier crítica por la manera en que administramos esta generosa ofrenda. ²¹Tenemos cuidado de ser honorables ante el Señor, pero también queremos que todos los demás vean que somos honorables.

²²Además les enviamos junto con ellos a otro de nuestros hermanos, que muchas veces ha demostrado lo que es el fervor y en varias ocasiones ha manifestado su gran fervor. Ahora está aún más

---

7:13 En griego *tranquilizaron su espíritu.*   **8:4** En griego *pueblo santo de Dios.*   **8:7** Algunos manuscritos dicen *el amor por nosotros.*
8:15 Ex 16:18.   **8:19** Ver 1 Co 16:3-4.

entusiasmado debido a la gran confianza que tiene en ustedes. ²³Si alguien pregunta por Tito, díganle que él es mi colaborador, quien trabaja conmigo para ayudarlos. Y los hermanos que lo acompañan fueron enviados por las iglesias,* y le dan honor a Cristo. ²⁴Así que demuéstrenles su amor y pruébenles a todas las iglesias que está justificada nuestra jactancia por ustedes.

Ofrenda para los cristianos de Jerusalén

9 En realidad, no necesito escribirles acerca del ministerio de ofrendar para los creyentes de Jerusalén.* ²Pues sé lo deseosos que están de ayudar, y me estuve jactando en las iglesias de Macedonia de que ustedes, los de Grecia,* hace un año estuvieron dispuestos a enviar una ofrenda. De hecho, fue su entusiasmo lo que fomentó que muchos de los creyentes macedonios comenzaran a dar.

³Les envío a estos hermanos para estar seguro de que ustedes realmente están listos —como les he estado diciendo a ellos— y que ya tienen todo el dinero reunido. No quiero estar equivocado al jactarme de ustedes. ⁴Sería vergonzoso para nosotros —ni hablar de la vergüenza que significaría para ustedes— si algunos creyentes macedonios llegaran conmigo y encontraran que ustedes no están preparados ¡después de todo lo que les hablé de ustedes! ⁵Así que pensé que debería enviarles a estos hermanos primero, a fin de estar seguro de que tienen lista la ofrenda que prometieron; pero quiero que sea una ofrenda voluntaria, no una ofrenda dada de mala gana.

⁶Recuerden lo siguiente: un agricultor que siembra solo unas cuantas semillas obtendrá una cosecha pequeña. Pero el que siembra abundantemente obtendrá una cosecha abundante. ⁷Cada uno debe decidir en su corazón cuánto dar; y no de mala gana ni bajo presión, «porque Dios ama a la persona que da con alegría»*. ⁸Y Dios proveerá con generosidad todo lo que necesiten. Entonces siempre tendrán todo lo necesario y habrá bastante de sobra para compartir con otros. ⁹Como dicen las Escrituras:

«Ellos comparten con libertad y dan
    generosamente a los pobres.
Sus buenas acciones serán recordadas para
    siempre»*.

¹⁰Pues es Dios quien provee la semilla al agricultor y luego el pan para comer. De la misma manera, él proveerá y aumentará los recursos de ustedes y luego producirá una gran cosecha de generosidad* en ustedes.

¹¹Efectivamente, serán enriquecidos en todo sentido para que siempre puedan ser generosos; y cuando llevemos sus ofrendas a los que las necesitan, ellos darán gracias a Dios. ¹²Entonces

dos cosas buenas resultarán del ministerio de dar: se satisfarán las necesidades de los creyentes de Jerusalén* y ellos expresarán con alegría su agradecimiento a Dios.

¹³Como resultado del ministerio de ustedes, ellos darán la gloria a Dios. Pues la generosidad de ustedes tanto hacia ellos como a todos los creyentes demostrará que son obedientes a la Buena Noticia de Cristo. ¹⁴Y ellos orarán por ustedes con un profundo cariño debido a la desbordante gracia que Dios les ha dado a ustedes. ¹⁵¡Gracias a Dios por este don* que es tan maravilloso que no puede describirse con palabras!

Pablo defiende su autoridad

10 Ahora yo, Pablo, les ruego con la ternura y bondad de Cristo, aunque me doy cuenta de que piensan que soy tímido en persona y valiente solo cuando escribo desde lejos. ²Pues bien, les suplico ahora, para que cuando vaya, no tenga que ser atrevido con los que piensan que actuamos con intenciones humanas.

³Somos humanos, pero no luchamos como lo hacen los humanos. ⁴*Usamos las armas poderosas de Dios, no las del mundo, para derribar las fortalezas del razonamiento humano y para destruir argumentos falsos. ⁵Destruimos todo obstáculo de arrogancia que impide que la gente conozca a Dios. Capturamos los pensamientos rebeldes y enseñamos a las personas a obedecer a Cristo; ⁶y una vez que ustedes lleguen a ser totalmente obedientes, castigaremos a todo el que siga en desobediencia.

⁷Fíjense en los hechos evidentes.* Los que afirman que pertenecen a Cristo deben reconocer que nosotros pertenecemos a Cristo tanto como ellos. ⁸Pareciera que estoy jactándome demasiado de la autoridad que nos dio el Señor, pero nuestra autoridad los edifica a ustedes, no los destruye. Así que no me avergonzaré de usar mi autoridad.

⁹No es mi intención asustarlos con mis cartas. ¹⁰Pues algunos dicen: «Las cartas de Pablo son exigentes y fuertes, ¡pero él en persona es débil y sus discursos no valen nada!». ¹¹Esas personas deberían darse cuenta de que nuestras acciones, cuando lleguemos en persona, serán tan enérgicas como lo que decimos en nuestras cartas, que llegan desde lejos.

¹²¡Ah, no se preocupen! No nos atreveríamos a decir que somos tan maravillosos como esos hombres, que les dicen qué importantes son ellos pero solo se comparan el uno con el otro, empleándose a sí mismos como estándar de medición. ¡Qué ignorantes!

¹³Nosotros no nos jactaremos de cosas hechas fuera de nuestro campo de autoridad. Nos jactaremos solo de lo que haya sucedido dentro de los límites del trabajo que Dios nos ha dado,

---

8:23 En griego *son apóstoles de las iglesias.* 9:1 En griego *acerca de la ofrenda para el pueblo santo de Dios.* 9:2 En griego *de Acaya.* La región sur de la península griega. *Macedonia* estaba situada en la región del norte de Grecia. 9:7 Ver la nota al pie de página en Pr 22:8. 9:9 Sal 112:9. 9:10 En griego *justicia.* 9:12 En griego *del pueblo santo de Dios.* 9:15 En griego *su don.* 10:4 Diferentes tradiciones al español dividen los versículos 4 y 5 de maneras distintas. 10:7 O *Ustedes ven las cosas solo con base en las apariencias.*

los cuales incluyen nuestro trabajo con ustedes. ¹⁴No traspasamos esos límites cuando afirmamos tener autoridad sobre ustedes, como si nunca hubiéramos ido a visitarlos. Pues fuimos los primeros en viajar hasta Corinto con la Buena Noticia de Cristo.

¹⁵Tampoco nos jactamos ni nos atribuimos el mérito por el trabajo que otro haya hecho. En cambio, esperamos que la fe de ustedes crezca, a fin de que se extiendan los límites de nuestro trabajo entre ustedes. ¹⁶Entonces podremos ir a predicar la Buena Noticia en otros lugares más allá de ustedes, donde ningún otro esté trabajando. Así nadie pensará que nos jactamos de trabajar en el territorio de otro. ¹⁷Como dicen las Escrituras: «Si quieres jactarte, jáctate solo del Señor»*.

¹⁸Cuando la gente se alaba a sí misma, ese elogio no sirve de mucho. Lo importante es que los elogios provengan del Señor.

Pablo y los falsos apóstoles

11 Espero que toleren un poco más de mis «tonterías». Por favor, ténganme paciencia; ²pues los celo, con el celo de Dios mismo. Les prometí como a una novia pura* a su único esposo: Cristo. ³Pero temo que, de alguna manera, su pura y completa devoción a Cristo se corrompa, tal como Eva fue engañada por la astucia de la serpiente. ⁴Ustedes soportan de buena gana todo lo que cualquiera les dice, aun si les predican a un Jesús diferente del que nosotros predicamos o a un Espíritu diferente del que ustedes recibieron o un evangelio diferente del que creyeron.

⁵Pero de ninguna manera me considero inferior a esos «superapóstoles» que enseñan tales cosas. ⁶Podré ser un orador inexperto, pero no me falta conocimiento. Eso es algo que les hemos dejado bien claro a ustedes de todas las maneras posibles.

⁷¿Estaba equivocado cuando me humillé y los honré al predicarles la Buena Noticia de Dios sin esperar nada a cambio? ⁸Les «robé» a otras iglesias al aceptar sus contribuciones para poder servirlos a ustedes sin ningún costo. ⁹Cuando estuve con ustedes y no tenía lo suficiente para vivir, no llegué a ser una carga financiera para nadie. Pues los hermanos que llegaron de Macedonia me trajeron todo lo que necesitaba. Nunca he sido una carga para ustedes y jamás lo seré. ¹⁰Tan cierto como que la verdad de Cristo está en mí, nadie en toda Grecia* me impedirá que me jacte de esto. ¹¹¿Por qué? ¿Porque no los amo? Dios sabe que sí.

¹²Pero seguiré haciendo lo que siempre he hecho. Esto debilitará los argumentos de aquellos que andan buscando la oportunidad para jactarse de que su trabajo es igual al nuestro. ¹³Estos individuos son falsos apóstoles. Son obreros engañosos que se disfrazan de apóstoles de Cristo.

¹⁴¡Pero no me sorprende para nada! Aun Satanás se disfraza de ángel de luz. ¹⁵Así que no es de sorprenderse que los que lo sirven también se disfracen de siervos de la justicia. Al final, recibirán el castigo que sus acciones perversas merecen.

Las muchas pruebas de Pablo

¹⁶Otra vez lo digo, no piensen que soy un necio por hablar así; pero aun si lo piensan, escúchenme, tal como lo harían con una persona necia, mientras que yo también me jacto un poco. ¹⁷Dicha jactancia no proviene del Señor, pero actúo como un necio. ¹⁸Ya que otros se jactan de sus logros humanos, yo también lo haré. ¹⁹Después de todo, ustedes se creen muy sabios, ¡pero con gusto soportan a los necios! ²⁰Aguantan cuando alguien los esclaviza, les quita todo lo que tienen, se aprovecha de ustedes, toma control de todo y les da una bofetada. ²¹¡Me da vergüenza decir que nosotros fuimos demasiado «débiles» para hacer lo mismo!

Pero sea lo que sea de lo que ellos se atrevan a jactarse —otra vez hablo como un necio— yo también me atrevo a jactarme de lo mismo. ²²¿Son ellos hebreos? Yo también lo soy. ¿Son israelitas? También lo soy yo. ¿Son descendientes de Abraham? También yo. ²³¿Son siervos de Cristo? Sé que sueno como un loco, pero yo le he servido mucho más! He trabajado con más esfuerzo, me han encarcelado más seguido, fui azotado innumerables veces y enfrenté la muerte en repetidas ocasiones. ²⁴En cinco ocasiones distintas, los líderes judíos me dieron treinta y nueve latigazos. ²⁵Tres veces me azotaron con varas. Una vez fui apedreado. Tres veces sufrí naufragios. Una vez pasé toda una noche y el día siguiente a la deriva en el mar. ²⁶He estado en muchos viajes muy largos. Enfrenté peligros de ríos y de ladrones. Enfrenté peligros de parte de mi propio pueblo, los judíos, y también de los gentiles.* Enfrenté peligros en ciudades, en desiertos y en mares. Y enfrenté peligros de hombres que afirman ser creyentes, pero no lo son.* ²⁷He trabajado con esfuerzo y por largas horas y soporté muchas noches sin dormir. He tenido hambre y sed, y a menudo me he quedado sin nada que comer. He temblado de frío, sin tener ropa suficiente para mantenerme abrigado.

²⁸Además de todo eso, a diario llevo la carga de mi preocupación por todas las iglesias. ²⁹¿Quién está débil sin que yo no sienta esa misma debilidad? ¿Quién se ha dejado llevar por mal camino sin que yo arda de enojo?

³⁰Si debo jactarme, preferiría jactarme de las cosas que muestran lo débil que soy. ³¹Dios, el Padre de nuestro Señor Jesús, quien es digno de eterna alabanza, sabe que no miento. ³²Cuando estuve en Damasco, el gobernador bajo el mando del rey Aretas puso guardias en las puertas de la ciudad para atraparme. ³³Tuvieron que

10:17 Jr 9:24. **11:2** En griego *una virgen.* **11:10** En griego *Acaya,* la región sur de la península griega. **11:26a** *Gentil(es),* que no es judío. **11:26b** En griego *de falsos hermanos.*

descolgarme en un canasto por una ventana en el muro de la ciudad para que escapara de él.

La visión de Pablo y la espina en su carne

12 Mi jactancia no servirá de nada, sin embargo, debo seguir adelante. A mi pesar contaré acerca de visiones y revelaciones que provienen del Señor. ²Hace catorce años fui* llevado hasta el tercer cielo. Si fue en mi cuerpo o fuera de mi cuerpo no lo sé; solo Dios lo sabe. ³Es cierto, solo Dios sabe si estaba yo en mi cuerpo o fuera del cuerpo; pero sí sé ⁴que fui llevado al paraíso y oí* cosas tan increíbles que no pueden expresarse con palabras, cosas que a ningún humano se le permite contar.

⁵De esa experiencia vale la pena jactarse, pero no voy a hacerlo. Sólo me jactaré de mis debilidades. ⁶Si quisiera jactarme, no sería ningún necio al hacerlo porque estaría diciendo la verdad; pero no lo haré, porque no quiero que nadie me atribuya méritos más allá de lo que puede verse en mi vida u oírse en mi mensaje. ⁷aun cuando he recibido de Dios revelaciones tan maravillosas. Así que, para impedir que me volviera orgulloso, se me dio una espina en mi carne, un mensajero de Satanás para atormentarme e impedir que me volviera orgulloso.

⁸En tres ocasiones distintas, le supliqué al Señor que me la quitara.* ⁹Cada vez él me dijo: «Mi gracia es todo lo que necesitas; mi poder actúa mejor en la debilidad». Así que ahora me alegra jactarme de mis debilidades, para que el poder de Cristo pueda actuar a través de mí. ¹⁰Es por esto que me deleito en mis debilidades, y en los insultos, en privaciones, persecuciones y dificultades que sufro por Cristo. Pues, cuando soy débil, entonces soy fuerte.

Preocupación de Pablo por los corintios

¹¹Ustedes hicieron que me comportara como un necio al jactarme como lo hice.* Deberían estar escribiendo elogios acerca de mí, porque no soy de ninguna manera inferior a esos «superapóstoles», aun cuando no soy nada en absoluto. ¹²Cuando estuve con ustedes les di pruebas de que soy un apóstol. Pues con paciencia hice muchas señales, maravillas y milagros entre ustedes. ¹³Lo único que no hice, y que sí hago en las demás iglesias, fue convertirme en una carga financiera para ustedes. Por favor, ¡perdónenme por esta falta!

¹⁴Ahora voy a visitarlos por tercera vez y no les seré una carga. No busco lo que tienen, los busco a ustedes mismos. Después de todo, los hijos no mantienen a sus padres. Al contrario, son los padres quienes mantienen a sus hijos. ¹⁵Con gusto me desgastaré por ustedes y también gastaré todo lo que tengo, aunque parece que cuanto más los amo, menos me aman ustedes a mí.

¹⁶Algunos de ustedes admiten que no les fui

una carga, pero otros todavía piensan que fui muy astuto y que me aproveché de ustedes con engaños. ¹⁷¿Pero cómo? ¿Acaso alguno de los hombres que les envié se aprovechó de ustedes? ¹⁸Cuando le pedí a Tito que los visitara y envié con él al otro hermano, ¿acaso Tito se aprovechó de ustedes? ¡No!, porque ambos tenemos el mismo espíritu y caminamos sobre las pisadas del otro y hacemos las cosas de la misma manera.

¹⁹Tal vez piensen que decimos estas cosas solo para defendernos. No, les decimos esto como siervos de Cristo y con Dios como testigo. Todo lo que hacemos, queridos amigos, es para fortalecerlos. ²⁰Pues temo que, cuando vaya, no me gustará lo que encuentre, y que a ustedes no les gustará mi reacción. Temo que encontraré peleas, celos, enojo, egoísmo, calumnias, chismes, arrogancia y conducta desordenada. ²¹Así es, tengo miedo de que, cuando vaya de nuevo, Dios me humille ante ustedes. Y quedaré entristecido porque varios de ustedes no han abandonado sus viejos pecados. No se han arrepentido de su impureza, de su inmoralidad sexual ni del intenso deseo por los placeres sensuales.

Consejos finales de Pablo

13 Esta es la tercera vez que los visito, (y como dicen las Escrituras: «Los hechos de cada caso deben ser establecidos por el testimonio de dos o tres testigos»*). ²Ya puse sobre aviso a los que andaban en pecado cuando estuve ahí durante mi segunda visita. Ahora les advierto de nuevo a ellos y a todos los demás, tal como lo hice antes, que la próxima vez no tendré compasión de ellos.

³Les daré todas las pruebas que quieran de que Cristo habla por medio de mí. Cristo no es débil cuando trata con ustedes; es poderoso entre ustedes. ⁴Aunque fue crucificado en debilidad, ahora vive por el poder de Dios. Nosotros también somos débiles, al igual que Cristo lo fue, pero cuando tratemos con ustedes, estaremos vivos con él y tendremos el poder de Dios.

⁵Examínense para saber si su fe es genuina. Pruébense a sí mismos. Sin duda saben que Jesucristo está entre ustedes;* de no ser así, ustedes han reprobado el examen de la fe genuina. ⁶Al ponerse a prueba, espero que reconozcan que nosotros no hemos reprobado el examen de la autoridad apostólica.

⁷Pedimos a Dios en oración que ustedes no hagan lo malo al rechazar nuestra corrección. Espero que no sea necesario demostrar nuestra autoridad cuando lleguemos. Hagan lo correcto antes de nuestra llegada, aun si eso hace que parezca que no hemos demostrado nuestra autoridad. ⁸Pues no podemos oponernos a la verdad, más bien siempre debemos defender la verdad. ⁹Nos alegramos de parecer débiles si esto ayuda a mostrar que ustedes en realidad son fuertes. Nuestra oración es que lleguen a ser maduros.

¹⁰Les escribo todo esto antes de ir a verlos, con la esperanza de no tener que tratarlos con severidad cuando finalmente llegue. Pues mi deseo es usar la autoridad que el Señor me ha dado para fortalecerlos, no para destruirlos.

Saludos finales de Pablo

¹¹Amados hermanos, termino mi carta con estas últimas palabras: estén alegres. Crezcan hasta alcanzar la madurez. Anímense unos a otros. Vivan en paz y armonía. Entonces el Dios de amor y paz estará con ustedes.

¹²Salúdense unos a otros con amor cristiano.*
¹³Todo el pueblo de Dios que está aquí les envía sus saludos.

¹⁴*Que la gracia del Señor Jesucristo, el amor de Dios y la comunión del Espíritu Santo sean con todos ustedes.

13:12 En griego *con un beso santo.*   13:14 Algunas traducciones al español tienen el versículo 13 como parte del 12 y, entonces, el versículo 14 se convierte en el 13.

Gálatas

Saludos de Pablo

1 Les escribo, yo, el apóstol Pablo. No fui nombrado apóstol por ningún grupo de personas ni por ninguna autoridad humana, sino por Jesucristo mismo y por Dios Padre, quien levantó a Jesús de los muertos.

²Todos los hermanos de este lugar se unen a mí para enviar esta carta que escribo a las iglesias de Galacia.

³Que Dios nuestro Padre y el Señor Jesucristo* les concedan gracia y paz. ⁴Tal como Dios nuestro Padre lo planeó, Jesús entregó su vida por nuestros pecados para rescatarnos de este mundo de maldad en el que vivimos. ⁵¡A Dios sea toda la gloria por siempre y para siempre! Amén.

Un solo camino verdadero

⁶Estoy horrorizado de que ustedes estén apartándose tan pronto de Dios, quien los llamó a sí mismo por medio de la amorosa misericordia de Cristo.* Están siguiendo un evangelio diferente, que aparenta ser la Buena Noticia, ⁷pero no lo es en absoluto. Están siendo engañados por los que a propósito distorsionan la verdad acerca de Cristo.

⁸Si alguien —ya sea nosotros o incluso un ángel del cielo— les predica otra Buena Noticia diferente de la que nosotros les hemos predicado, que le caiga la maldición de Dios. ⁹Repito lo que ya hemos dicho: si alguien predica otra Buena Noticia distinta de la que ustedes han recibido, que esa persona sea maldita.

¹⁰Queda claro que no es mi intención ganarme el favor de la gente, sino el de Dios. Si mi objetivo fuera agradar a la gente, no sería un siervo de Cristo.

El mensaje de Pablo procede de Cristo

¹¹Amados hermanos, quiero que entiendan que el mensaje del evangelio que predico no se basa en un simple razonamiento humano. ¹²No recibí mi mensaje de ninguna fuente humana ni nadie me lo enseñó. En cambio, lo recibí por revelación directa de Jesucristo.*

¹³Ustedes saben cómo me comportaba cuando pertenecía a la religión judía y cómo perseguí con violencia a la iglesia de Dios. Hice todo lo posible por destruirla. ¹⁴Yo superaba ampliamente a mis compatriotas judíos en mi celo por las tradiciones de mis antepasados.

¹⁵Pero aun antes de que yo naciera, Dios me eligió y me llamó por su gracia maravillosa. Luego le agradó ¹⁶revelarme* a su Hijo para que yo proclamara a los gentiles* la Buena Noticia acerca de Jesús

Cuando esto sucedió, no me apresuré a consultar con ningún ser humano.* ¹⁷Tampoco subí a Jerusalén para pedir consejo de los que eran apóstoles antes que yo. En cambio, me fui a la región de Arabia y después regresé a la ciudad de Damasco.

¹⁸Luego, tres años más tarde, fui a Jerusalén para conocer a Pedro* y me quedé quince días con él. ¹⁹El único otro apóstol que conocí en esos días fue Santiago, el hermano del Señor. ²⁰Declaro delante de Dios que no es mentira lo que les escribo.

²¹Después de esa visita, me dirigí al norte, a las provincias de Siria y Cilicia. ²²Y aun así, las congregaciones cristianas de Judea todavía no me conocían personalmente. ²³Todo lo que sabían de mí era lo que la gente decía: «¡El que antes nos perseguía ahora predica la misma fe que trataba de destruir!». ²⁴Y alababan a Dios por causa de mí.

Los apóstoles aceptan a Pablo

2 Luego, catorce años más tarde, regresé a Jerusalén, esta vez con Bernabé; y Tito también vino. ²Fui a Jerusalén, porque Dios me reveló que debía hacerlo. Durante mi tiempo allí, me reuní en privado con los que eran reconocidos como los dirigentes de la iglesia y les presenté el mensaje que predico a los gentiles.* Quería asegurarme de que estábamos de acuerdo, porque temía que todos mis esfuerzos hubieran sido inútiles y que estaba corriendo la carrera en vano. ³Sin embargo, ellos me respaldaron y ni siquiera exigieron que mi compañero Tito se circuncidara, a pesar de que era griego.*

⁴Incluso esa cuestión surgió solo a causa de algunos que se dicen cristianos —falsos cristianos en realidad*— que se habían infiltrado entre nosotros. Se metieron con nosotros para espiarnos y

---

1:3 Algunos manuscritos dicen *Dios Padre y nuestro Señor Jesucristo.*   1:6 Algunos manuscritos dicen *por medio de la amorosa misericordia.*   1:12 O *por la revelación de Jesucristo.*   1:16a O *revelar en mí.*   1:16b *Gentil(es),* que no es judío.   1:16c En griego *con carne y sangre.*   1:18 En griego *Cefas.*   2:2 *Gentil(es),* que no es judío.   2:3 O *gentil.*   2:4 En griego *unos falsos hermanos*

privarnos de la libertad que tenemos en Cristo Jesús. Pues querían esclavizarnos y obligarnos a seguir los reglamentos judíos, [5]pero no nos doblegamos ante ellos ni por un solo instante. Queríamos preservar la verdad del mensaje del evangelio para ustedes.

[6]Los líderes de la iglesia no tenían nada que agregar a lo que yo predicaba. (Dicho sea de paso, su fama de grandes líderes a mí no me afectó para nada, porque Dios no tiene favoritos). [7]Al contrario, ellos comprendieron que Dios me había dado la responsabilidad de predicar el evangelio a los gentiles tal como le había dado a Pedro la responsabilidad de predicar a los judíos. [8]Pues el mismo Dios que actuaba por medio de Pedro, apóstol a los judíos, también actuaba por medio de mí, apóstol a los gentiles.

[9]De hecho, Santiago, Pedro* y Juan —quienes eran considerados pilares de la iglesia— reconocieron el don que Dios me había dado y nos aceptaron a Bernabé y a mí como sus colegas. Nos animaron a seguir predicando a los gentiles mientras ellos continuaban su tarea con los judíos. [10]La única sugerencia que hicieron fue que siguiéramos ayudando a los pobres, algo que yo siempre tengo deseos de hacer.

Pablo enfrenta a Pedro

[11]Pero cuando Pedro llegó a Antioquía, tuve que enfrentarlo cara a cara, porque él estaba muy equivocado en lo que hacía. [12]Cuando llegó por primera vez, Pedro comía con los gentiles que son cristianos, quienes no estaban circuncidados; pero después, cuando llegaron algunos amigos de Santiago, Pedro no quiso comer más con esos gentiles. Tenía miedo de la crítica de los que insistían en la necesidad de la circuncisión. [13]Como resultado, otros cristianos judíos imitaron la hipocresía de Pedro, e incluso Bernabé se dejó llevar por esa hipocresía.

[14]Cuando vi que ellos no seguían la verdad del mensaje del evangelio, le dije a Pedro delante de todos los demás: «Si tú, que eres judío de nacimiento, dejaste a un lado las leyes judías y vives como un gentil, ¿por qué ahora tratas de obligar a estos gentiles a seguir las tradiciones judías?

[15]»Tú y yo somos judíos de nacimiento, no somos "pecadores" como los gentiles. [16]Sin embargo, sabemos que una persona es declarada justa ante Dios por la fe en Jesucristo y no por la obediencia a la ley. Y nosotros hemos creído en Cristo Jesús para poder ser declarados justos ante Dios por causa de nuestra fe en Cristo y no porque hayamos obedecido la ley. Pues nadie jamás será declarado justo ante Dios mediante la obediencia a la ley»*.

[17]Pero supongamos que intentamos ser declarados justos ante Dios por medio de la fe en Cristo y luego se nos declara culpables por haber abandonado la ley. ¿Acaso esto quiere decir que Cristo nos ha llevado al pecado? ¡Por supuesto que no! [18]Más bien, soy un pecador si vuelvo a construir el viejo sistema de la ley que ya eché abajo. [19]Pues, cuando intenté obedecer la ley, la ley misma me condenó. Así que morí a la ley —es decir, dejé de intentar cumplir todas sus exigencias— a fin de vivir para Dios. [20]Mi antiguo yo ha sido crucificado con Cristo. Ya no vivo yo, sino que Cristo vive en mí. Así que vivo en este cuerpo terrenal confiando en el Hijo de Dios, quien me amó y se entregó a sí mismo por mí. [21]Yo no tomo la gracia de Dios como algo sin sentido. Pues, si cumplir la ley pudiera hacernos justos ante Dios, entonces no habría sido necesario que Cristo muriera.

La ley y la fe en Cristo

3 ¡Ay gálatas tontos! ¿Quién los ha hechizado? Pues el significado de la muerte de Jesucristo se les explicó con tanta claridad como si lo hubieran visto morir en la cruz. [2]Déjenme hacerles una pregunta: ¿recibieron al Espíritu Santo por obedecer la ley de Moisés? ¡Claro que no! Recibieron al Espíritu porque creyeron el mensaje que escucharon acerca de Cristo. [3]¿Será posible que sean tan tontos? Después de haber comenzado a vivir la vida cristiana en el Espíritu, ¿por qué ahora tratan de ser perfectos mediante sus propios esfuerzos? [4]¿Acaso han pasado por tantas experiencias* en vano? ¡No puede ser que no les hayan servido para nada!

[5]Vuelvo a preguntarles: ¿acaso Dios les da al Espíritu Santo y hace milagros entre ustedes porque obedecen la ley? ¡Por supuesto que no! Es porque creen el mensaje que oyeron acerca de Cristo.

[6]Del mismo modo, «Abraham le creyó a Dios, y Dios lo consideró justo debido a su fe»*. [7]Así que los verdaderos hijos de Abraham son los que ponen su fe en Dios.

[8]Es más, las Escrituras previeron este tiempo en el que Dios declararía justos a los gentiles* por causa de su fe. Dios anunció esa Buena Noticia a Abraham hace tiempo, cuando le dijo: «Todas las naciones serán bendecidas por medio de ti»*. [9]Así que todos los que ponen su fe en Cristo participan de la misma bendición que recibió Abraham por causa de su fe.

[10]Sin embargo, los que dependen de la ley para hacerse justos ante Dios están bajo la maldición de Dios, porque las Escrituras dicen: «Maldito es todo el que no cumple ni obedece cada uno de los mandatos que están escritos en el libro de la ley de Dios»*. [11]Queda claro, entonces, que nadie puede hacerse justo ante Dios por tratar de cumplir la ley, ya que las Escrituras dicen: «Es por medio de la fe que el justo tiene vida»*. [12]El camino de la fe es muy diferente del camino de

---

2:9 En griego *Cefas*; también en 2:11, 14. 2:16 Algunos traductores sostienen que la cita se extiende hasta el versículo 16; e incluso otros, hasta el versículo 21. 3:4 *O han sufrido tantas cosas.* 3:6 Gn 15:6. 3:8a *Gentil(es)*, que no es judío. 3:8b Gn 12:3; 18:18; 22:18. 3:10 Dt 27:26. 3:11 Ha 2:4.

la ley, que dice: «Es mediante la obediencia a la ley que una persona tiene vida»*.

13Pero Cristo nos ha rescatado de la maldición dictada en la ley. Cuando fue colgado en la cruz, cargó sobre sí la maldición de nuestras fechorías. Pues está escrito: «Maldito todo el que es colgado en un madero»*. 14Mediante Cristo Jesús, Dios bendijo a los gentiles con la misma bendición que le prometió a Abraham, a fin de que los creyentes pudiéramos recibir por medio de la fe el Espíritu Santo prometido.*

La ley y la promesa de Dios

15Amados hermanos, el siguiente es un ejemplo de la vida diaria: así como nadie puede anular ni modificar un acuerdo irrevocable, tampoco en este caso. 16Dios ha dado las promesas a Abraham y a su hijo.* Y noten que la Escritura no dice «a sus hijos», como si significara muchos descendientes. Más bien, dice «a su hijo», y eso sin duda se refiere a Cristo. 17Lo que trato de decir es lo siguiente: el acuerdo que Dios hizo con Abraham no podía anularse cuatrocientos treinta años más tarde —cuando Dios le dio la ley a Moisés—, porque Dios estaría rompiendo su promesa. 18Pues, si fuera posible recibir la herencia por cumplir la ley, entonces esa herencia ya no sería el resultado de aceptar la promesa de Dios; pero Dios, por su gracia, se la concedió a Abraham mediante una promesa.

19Entonces, ¿para qué se entregó la ley? Fue añadida a la promesa para mostrarle a la gente sus pecados, pero la intención era que la ley durara solo hasta la llegada del Hijo prometido. Por medio de ángeles, Dios entregó su ley a Moisés, quien hizo de mediador entre Dios y el pueblo. 20Ahora bien, un mediador es de ayuda si dos o más partes tienen que llegar a un acuerdo, pero Dios —quien es uno solo— no usó ningún mediador cuando le dio la promesa a Abraham.

21¿Hay algún conflicto, entonces, entre la ley de Dios y las promesas de Dios?* ¡De ninguna manera! Si la ley pudiera darnos vida nueva, nosotros podríamos hacernos justos ante Dios por obedecerla; 22pero las Escrituras declaran que todos somos prisioneros del pecado, así que recibimos la promesa de libertad que Dios hizo únicamente por creer en Jesucristo.

Hijos de Dios por medio de la fe

23Antes de que se nos abriera el camino de la fe en Cristo, estábamos vigilados por la ley. Nos mantuvo en custodia protectora, por así decirlo, hasta que fuera revelado el camino de la fe.

24Dicho de otra manera, la ley fue nuestra tutora hasta que vino Cristo; nos protegió hasta que se nos declarara justos ante Dios por medio de la fe. 25Y ahora que ha llegado el camino de la fe, ya no necesitamos que la ley sea nuestra tutora.

26Pues todos ustedes son hijos de Dios por la fe en Cristo Jesús. 27Y todos los que fueron unidos a Cristo en el bautismo se han puesto a Cristo como si se pusieran ropa nueva.* 28Ya no hay judío ni gentil,* esclavo ni libre, hombre ni mujer, porque todos ustedes son uno en Cristo Jesús. 29Y ahora que pertenecen a Cristo, son verdaderos hijos* de Abraham. Son sus herederos, y la promesa de Dios a Abraham les pertenece a ustedes.

4 Piénsenlo de la siguiente manera: si un padre muere y deja una herencia a sus hijos pequeños, esos niños no están en mejor situación que los esclavos hasta que se hagan mayores de edad, aunque son los verdaderos dueños de todas las posesiones de su padre. 2Tienen que obedecer a sus tutores hasta que cumplan la edad establecida por su padre. 3Eso mismo sucedía con nosotros antes de que viniera Cristo. Éramos niños; éramos esclavos de los principios* espirituales básicos de este mundo.

4Sin embargo, cuando se cumplió el tiempo establecido, Dios envió a su Hijo, nacido de una mujer y sujeto a la ley. 5Dios lo envió para que comprara la libertad de los que éramos esclavos de la ley, a fin de poder adoptarnos como sus propios hijos; 6y debido a que somos* sus hijos, Dios envió al Espíritu de su Hijo a nuestro corazón, el cual nos impulsa a exclamar «Abba, Padre»*. 7Ahora ya no eres un esclavo sino un hijo de Dios, y como eres su hijo, Dios te ha hecho su heredero.

Preocupación de Pablo por los gálatas

8Antes de conocer a Dios, ustedes, los gentiles,* eran esclavos de los llamados dioses, que ni siquiera existen. 9Así que ahora que conocen a Dios (o mejor dicho, ahora que Dios los conoce a ustedes), ¿por qué quieren retroceder y convertirse otra vez en esclavos de los débiles e inútiles principios espirituales de este mundo? 10Pretenden ganarse el favor de Dios al cumplir con ciertos días o meses, estaciones o años. 11Temo por ustedes. Quizá todo el arduo trabajo que hice entre ustedes fue en vano. 12Amados hermanos, les ruego que vivan como yo, libres de esas cosas, pues yo llegué a ser como ustedes, los gentiles, libre de esas leyes.

Ustedes no me trataron mal cuando les prediqué por primera vez. 13Sin duda, recordarán que yo estaba enfermo la primera vez que les llevé la Buena Noticia. 14Aunque mi condición los tentaba a no aceptarme, ustedes no me despreciaron ni me rechazaron. Todo lo contrario, me recibieron y me cuidaron como si yo fuera un ángel de Dios o incluso al mismo Cristo Jesús. 15¿Dónde ha ido a parar el espíritu de alegría y de gratitud que antes tenían? Estoy seguro

3:12 Lv 18:5.   3:13 Dt 21:23 (versión griega).   3:14 Algunos manuscritos dicen *la bendición del Espíritu Santo.*   3:16a En griego *simiente;* también en 3:16c, 19. Ver notas en Gn 12:7 y 13:15.   3:16b En griego *simientes.*   3:21 Algunos manuscritos dicen *la ley y las promesas?*   3:27 En griego *se han puesto a Cristo.*   3:28 En griego *judío ni griego.*   3:29 En griego *simiente.*   4:3 O *poderes;* también en 4:9.   4:6a En griego *ustedes.*   4:6b *Abba* es un término arameo para la palabra «padre».   4:8 *Gentil[es],* que no es judío.

de que ustedes se hubieran arrancado los propios ojos para dármelos de haber sido posible. [16]¿Acaso ahora me volví su enemigo porque les digo la verdad?

[17]Esos falsos maestros están muy ansiosos de ganarse el favor de ustedes, pero sus intenciones no son nada buenas. Lo que quieren es aislarlos de mí para que ustedes solo les presten atención a ellos. [18]Si alguien quiere hacer cosas buenas por ustedes, no hay ningún problema; pero que lo haga en todo tiempo, no solo cuando estoy con ustedes.

[19]¡Oh mis hijos queridos! Siento como si volviera a sufrir dolores de parto por ustedes, y seguirán hasta que Cristo se forme por completo en sus vidas. [20]Desearía estar con ustedes en este momento para poder hablarles en otro tono, pero estando tan lejos, no sé qué más puedo hacer para ayudarlos.

Los dos hijos de Abraham

[21]Díganme ustedes, los que quieren vivir bajo la ley, ¿saben lo que en realidad dice la ley? [22]Las Escrituras dicen que Abraham tuvo dos hijos, uno de la mujer esclava y el otro de su esposa, quien había nacido libre.* [23]El nacimiento del hijo de la esclava fue el resultado de un intento humano por lograr que se cumpliera la promesa de Dios; pero el nacimiento del hijo de la libre fue la manera en que Dios cumplió su promesa.

[24]Esas dos mujeres son una ilustración de los dos pactos de Dios. La primera mujer, Agar, representa el monte Sinaí, donde el pueblo recibió la ley que los hizo esclavos. [25]Y ahora Jerusalén es igual que el monte Sinaí, en Arabia,* porque la ciudad y sus hijos viven bajo la esclavitud de la ley; [26]pero la otra mujer, Sara, representa la Jerusalén celestial. Ella es la mujer libre y es nuestra madre. [27]Como dijo Isaías:

«¡Alégrate, oh mujer sin hijos,
    tú que nunca diste a luz!
¡Ponte a gritar de alegría,
    tú que nunca tuviste dolores de parto!
¡Pues la mujer desolada ahora tiene más
        hijos
    que la que vive con su esposo!»*.

[28]Y ustedes, amados hermanos, son hijos de la promesa igual que Isaac; [29]pero ahora son perseguidos por los que quieren que cumplan la ley, tal como Ismael —el hijo que nació del esfuerzo humano— persiguió a Isaac, el hijo que nació por el poder del Espíritu.

[30]¿Pero qué dicen las Escrituras al respecto? «Echa fuera a la esclava y a su hijo, porque el hijo de la mujer esclava no compartirá la herencia del hijo de la mujer libre»*. [31]Así que, amados hermanos, no somos hijos de la mujer esclava; somos hijos de la mujer libre.

Libertad en Cristo

5 Por lo tanto, Cristo en verdad nos ha liberado. Ahora asegúrense de permanecer libres y no se esclavicen de nuevo a la ley.

[2]¡Presten atención! Yo, Pablo, les digo lo siguiente: si dependen de la circuncisión para hacerse justos ante Dios, entonces Cristo no les servirá de nada. [3]Lo repito: si pretenden lograr el favor de Dios mediante la circuncisión, entonces están obligados a obedecer cada una de las ordenanzas de la ley de Moisés. [4]Pues, si ustedes pretenden hacerse justos ante Dios por cumplir la ley, ¡han quedado separados de Cristo! Han caído de la gracia de Dios.

[5]Sin embargo, los que vivimos por el Espíritu esperamos con anhelo recibir por la fe la justicia que Dios nos ha prometido. [6]Pues, una vez que depositamos nuestra fe en Cristo Jesús, de nada sirve estar o no circuncidado. Lo importante es la fe que se expresa por medio del amor.

[7]Ustedes corrían muy bien la carrera. ¿Quién les impidió seguir la verdad? [8]Seguro que no fue Dios, porque él es quien los llamó a ser libres. [9]¡Esa falsa enseñanza es como un poquito de levadura que impregna toda la masa! [10]Confío en que el Señor los guardará de creer falsas enseñanzas. Dios juzgará a la persona que los está confundiendo, sea quien fuere.

[11]Amados hermanos, si yo todavía predicara que ustedes deben circuncidarse —como algunos dicen que hago—, ¿por qué, entonces, aún se me persigue? Si ya no predicara que la salvación es por medio de la cruz de Cristo, nadie se ofendería. [12]¡Cómo me gustaría que esos perturbadores que quieren mutilarlos a ustedes mediante la circuncisión se mutilaran ellos mismos.*

[13]Pues ustedes, mis hermanos, han sido llamados a vivir en libertad; pero no usen esa libertad para satisfacer los deseos de la naturaleza pecaminosa. Al contrario, usen la libertad para servirse unos a otros por amor. [14]Pues toda la ley puede resumirse en un solo mandato: «Ama a tu prójimo como a ti mismo»*, [15]pero si están siempre mordiéndose y devorándose unos a otros, ¡tengan cuidado! Corren peligro de destruirse unos a otros.

Vivir por el poder del Espíritu

[16]Por eso les digo: dejen que el Espíritu Santo los guíe en la vida. Entonces no se dejarán llevar por los impulsos de la naturaleza pecaminosa. [17]La naturaleza pecaminosa desea hacer el mal, que es precisamente lo contrario de lo que quiere el Espíritu. Y el Espíritu nos da deseos que se oponen a lo que desea la naturaleza pecaminosa. Estas dos fuerzas luchan constantemente entre sí, entonces ustedes no son libres para llevar a cabo sus buenas intenciones, [18]pero cuando el Espíritu los guía, ya no están obligados a cumplir la ley de Moisés.

4:22 Ver Gn 16:15; 21:2-3.   **4:25** En griego Y Agar es el monte Sinaí, en Arabia, y ahora es como Jerusalén; otros manuscritos dicen Y el monte Sinaí, en Arabia, ahora es como Jerusalén.   **4:27** Is 54:1.   **4:30** Gn 21:10.   **5:12** O se castraran a sí mismos, o se amputaran de ustedes; en griego dice se amputaran a sí mismos.   **5:14** Lv 19:18.

¹⁹Cuando ustedes siguen los deseos de la naturaleza pecaminosa, los resultados son más que claros: inmoralidad sexual, impureza, pasiones sensuales, ²⁰idolatría, hechicería, hostilidad, peleas, celos, arrebatos de furia, ambición egoísta, discordias, divisiones, ²¹envidia, borracheras, fiestas desenfrenadas y otros pecados parecidos. Permítanme repetirles lo que les dije antes: cualquiera que lleve esa clase de vida no heredará el reino de Dios.

²²En cambio, la clase de fruto que el Espíritu Santo produce en nuestra vida es: amor, alegría, paz, paciencia, gentileza, bondad, fidelidad, ²³humildad y control propio. ¡No existen leyes contra esas cosas!

²⁴Los que pertenecen a Cristo Jesús han clavado en la cruz las pasiones y los deseos de la naturaleza pecaminosa y los han crucificado allí. ²⁵Ya que vivimos por el Espíritu, sigamos la guía del Espíritu en cada aspecto de nuestra vida. ²⁶No nos hagamos vanidosos ni nos provoquemos unos a otros ni tengamos envidia unos de otros.

Siempre cosechamos lo que sembramos

6 Amados hermanos, si otro creyente* está dominado por algún pecado, ustedes, que son espirituales, deberían ayudarlo a volver al camino recto con ternura y humildad. Y tengan mucho cuidado de no caer ustedes en la misma tentación. ²Ayúdense a llevar los unos las cargas de los otros, y obedezcan de esa manera la ley de Cristo. ³Si te crees demasiado importante para ayudar a alguien, solo te engañas a ti mismo. No eres tan importante.

⁴Presta mucha atención a tu propio trabajo, porque entonces obtendrás la satisfacción de haber hecho bien tu labor y no tendrás que compararte con nadie. ⁵Pues cada uno es responsable de su propia conducta.

⁶Los que reciben enseñanza de la palabra de Dios deberían proveer a las necesidades de sus maestros, compartiendo todas las cosas buenas con ellos.

⁷No se dejen engañar: nadie puede burlarse de la justicia de Dios. Siempre se cosecha lo que se siembra. ⁸Los que viven solo para satisfacer los deseos de su propia naturaleza pecaminosa cosecharán, de esa naturaleza, destrucción y muerte; pero los que viven para agradar al Espíritu, del Espíritu, cosecharán vida eterna. ⁹Así que no nos cansemos de hacer el bien. A su debido tiempo, cosecharemos numerosas bendiciones si no nos damos por vencidos. ¹⁰Por lo tanto, siempre que tengamos la oportunidad, hagamos el bien a todos, en especial a los de la familia de la fe.

Último consejo de Pablo

¹¹FÍJENSE QUE USO LETRAS GRANDES PARA ESCRIBIRLES DE MI PROPIO PUÑO Y LETRA ESTAS ÚLTIMAS PALABRAS.

¹²Los que tratan de obligarlos a circuncidarse lo hacen para quedar bien con otros. No quieren ser perseguidos por enseñar que solo la cruz de Cristo salva. ¹³Ni siquiera los que luchan a favor de la circuncisión cumplen toda la ley. Solo quieren que ustedes se circunciden para poder jactarse de ello y decir a todos que ustedes son sus discípulos.

¹⁴En cuanto a mí, que nunca me jacte de otra cosa que no sea la cruz de nuestro Señor Jesucristo. Debido a esa cruz*, mi interés por este mundo fue crucificado y el interés del mundo por mí también ha muerto. ¹⁵No importa si fuimos o no circuncidados. Lo que importa es que hayamos sido transformados en una creación nueva. ¹⁶Que la paz y la misericordia de Dios sean con todos los que viven según ese principio; ellos son el nuevo pueblo de Dios.*

¹⁷De ahora en adelante, que nadie me cause problemas con esas cosas. Pues yo llevo, en mi cuerpo, cicatrices que muestran que pertenezco a Jesús.

¹⁸Amados hermanos, que la gracia de nuestro Señor Jesucristo sea con el espíritu de cada uno de ustedes. Amén.

6:1 En griego *Hermanos, si un hombre.*   6.14 O *Debido a él.*   6:16 En griego *ese principio y (sean) con el Israel de Dios.*

Efesios

1 Yo, Pablo, elegido por la voluntad de Dios para ser apóstol de Cristo Jesús, escribo esta carta al pueblo santo de Dios en Éfeso,* fieles seguidores de Cristo Jesús.

²Que Dios nuestro Padre y el Señor Jesucristo les den gracia y paz.

Bendiciones espirituales

³Toda la alabanza sea para Dios, el Padre de nuestro Señor Jesucristo, quien nos ha bendecido con toda clase de bendiciones espirituales en los lugares celestiales, porque estamos unidos a Cristo. ⁴Incluso antes de haber hecho el mundo, Dios nos amó y nos eligió en Cristo para que seamos santos e intachables ante sus ojos. ⁵Dios decidió de antemano adoptarnos como miembros de su familia al acercarnos a sí mismo por medio de Jesucristo. Eso es precisamente lo que él quería hacer, y le dio gran gusto hacerlo. ⁶De manera que alabamos a Dios por la abundante gracia que derramó sobre nosotros, los que pertenecemos a su Hijo amado.* ⁷Dios es tan rico en gracia y bondad que compró nuestra libertad con la sangre de su Hijo y perdonó nuestros pecados. ⁸Él desbordó su bondad sobre nosotros junto con toda la sabiduría y el entendimiento.

⁹Ahora Dios nos ha dado a conocer su misterioso plan acerca de Cristo, un plan ideado para cumplir el buen propósito de Dios. ¹⁰Y el plan es el siguiente: a su debido tiempo, Dios reunirá todas las cosas y las pondrá bajo la autoridad de Cristo, todas las cosas que están en el cielo y también las que están en la tierra. ¹¹Es más, dado que estamos unidos a Cristo, hemos recibido una herencia de parte de Dios,* porque él nos eligió de antemano y hace que todas las cosas resulten de acuerdo con su plan.

¹²El propósito de Dios fue que nosotros, los judíos —que fuimos los primeros en confiar en Cristo—, diéramos gloria y alabanza a Dios. ¹³Y ahora ustedes, los gentiles,* también han oído la verdad, la Buena Noticia de que Dios los salva. Además, cuando creyeron en Cristo, Dios los identificó como suyos* al darles el Espíritu Santo, el cual había prometido tiempo atrás. ¹⁴El Espíritu es la garantía que tenemos de parte de Dios de que nos dará la herencia que nos prometió y de que nos ha comprado para que seamos su pueblo. Dios hizo todo esto para que nosotros le diéramos gloria y alabanza.

Pablo ora por sabiduría espiritual

¹⁵Desde que me enteré de su profunda fe en el Señor Jesús y del amor que tienen por el pueblo de Dios en todas partes,* ¹⁶no he dejado de dar gracias a Dios por ustedes. Los recuerdo constantemente en mis oraciones ¹⁷y le pido a Dios, el glorioso Padre de nuestro Señor Jesucristo, que les dé sabiduría espiritual* y percepción, para que crezcan en el conocimiento de Dios. ¹⁸Pido que les inunde de luz el corazón, para que puedan entender la esperanza segura que él ha dado a los que llamó —es decir, su pueblo santo—, quienes son su rica y gloriosa herencia.*

¹⁹También pido en oración que entiendan la increíble grandeza del poder de Dios para nosotros, los que creemos en él. Es el mismo gran poder ²⁰que levantó a Cristo de los muertos y lo sentó en el lugar de honor, a la derecha de Dios, en los lugares celestiales. ²¹Ahora Cristo está muy por encima de todo, sean gobernantes o autoridades o poderes o dominios o cualquier otra cosa, no solo en este mundo sino también en el mundo que vendrá. ²²Dios ha puesto todo bajo la autoridad de Cristo, a quien hizo cabeza de todas las cosas para beneficio de la iglesia. ²³Y la iglesia es el cuerpo de Cristo, la cual es la completa y la llena, y también es quien da plenitud a todas las cosas en todas partes con su presencia.

Vida nueva con Cristo

2 Antes ustedes estaban muertos a causa de su desobediencia y sus muchos pecados. ²Vivían en pecado, igual que el resto de la gente, obedeciendo al diablo —el líder de los poderes del mundo invisible*—, quien es el espíritu que actúa en el corazón de los que se niegan a obedecer a Dios. ³Todos vivíamos así en el pasado, siguiendo los deseos de nuestras pasiones y la inclinación de nuestra naturaleza pecaminosa. Por nuestra propia naturaleza, éramos objeto del enojo de Dios igual que todos los demás.

⁴Pero Dios es tan rico en misericordia y nos

1:1 Los manuscritos más antiguos no incluyen la frase *en Éfeso*. 1:6 En griego *sobre nosotros en el Amado*. 1:11 O *nos hemos convertido en herencia de Dios*. 1:13a *Gentil(es)*, que no es judío. 1:13b O *puso su sello en ustedes*. 1:15 Algunos manuscritos dicen *la fidelidad de ustedes para con el Señor Jesús y el pueblo de Dios en todas partes*. 1:17 O *que les dé el Espíritu de sabiduría*. 1:18 O *llamó, y la rica y gloriosa herencia que ha dado a su pueblo santo*. 2:2 En griego *obedeciendo al líder del poder del aire*.

amó tanto [5]que, a pesar de que estábamos muertos por causa de nuestros pecados, nos dio vida cuando levantó a Cristo de los muertos. (¡Es solo por la gracia de Dios que ustedes han sido salvados!) [6]Pues nos levantó de los muertos junto con Cristo y nos sentó con él en los lugares celestiales, porque estamos unidos a Cristo Jesús. [7]De modo que, en los tiempos futuros, Dios puede ponernos como ejemplos de la increíble riqueza de la gracia y la bondad que nos tuvo, como se ve en todo lo que ha hecho por nosotros, que estamos unidos a Cristo Jesús.

[8]Dios nos salvó por su gracia cuando creyeron. Ustedes no tienen ningún mérito en eso; es un regalo de Dios. [9]La salvación no es un premio por las cosas buenas que hayamos hecho, así que ninguno de nosotros puede jactarse de ser salvo. [10]Pues somos la obra maestra de Dios. Él nos creó de nuevo en Cristo Jesús, a fin de que hagamos las cosas buenas que preparó para nosotros tiempo atrás.

Unidad y paz por medio de Cristo

[11]No olviden que ustedes, los gentiles,* antes estaban excluidos. Eran llamados «paganos incircuncisos» por los judíos, quienes estaban orgullosos de la circuncisión, aun cuando esa práctica solo afectaba su cuerpo, no su corazón. [12]En esos tiempos, ustedes vivían apartados de Cristo. No se les permitía ser ciudadanos de Israel, ni conocían las promesas del pacto que Dios había hecho con ellos. Ustedes vivían en este mundo sin Dios y sin esperanza, [13]pero ahora han sido unidos a Cristo Jesús. Antes estaban muy lejos de Dios, pero ahora fueron acercados por medio de la sangre de Cristo.

[14]Pues Cristo mismo nos ha traído la paz. Él unió a judíos y a gentiles en un solo pueblo cuando, por medio de su cuerpo en la cruz, derribó el muro de hostilidad que nos separaba. [15]Lo logró al poner fin al sistema de leyes de mandamientos y ordenanzas. Hizo la paz entre judíos y gentiles al crear de los dos grupos un nuevo pueblo en él. [16]Cristo reconcilió a ambos grupos con Dios en un solo cuerpo por medio de su muerte en la cruz, y la hostilidad que había entre nosotros quedó destruida.

[17]Cristo les trajo la Buena Noticia de paz tanto a ustedes, los gentiles, que estaban lejos de él, como a los judíos, que estaban cerca. [18]Ahora todos podemos tener acceso al Padre por medio del mismo Espíritu Santo gracias a lo que Cristo hizo por nosotros.

Un templo para el Señor

[19]Así que ahora ustedes, los gentiles, ya no son unos desconocidos ni extranjeros. Son ciudadanos junto con todo el pueblo santo de Dios. Son miembros de la familia de Dios. [20]Juntos constituimos su casa, la cual está edificada sobre el fundamento de los apóstoles y los profetas. Y la piedra principal es Cristo Jesús mismo. [21]Estamos cuidadosamente unidos en él y vamos formando un templo santo para el Señor. [22]Por medio de él, ustedes, los gentiles, también llegan a formar parte de esa morada donde Dios vive mediante su Espíritu.

El plan secreto de Dios

3 Cuando pienso en todo esto, yo, Pablo, prisionero de Cristo Jesús por el bien de ustedes, los gentiles...* [2]A propósito, doy por sentado que ustedes saben que Dios me encargó de manera especial extenderles su gracia a ustedes, los gentiles. [3]Tal como antes les escribí brevemente, Dios mismo me reveló su misterioso plan. [4]Cuando lean esto que les escribo, entenderán la percepción que tengo de este plan acerca de Cristo. [5]Dios no se le reveló a las generaciones anteriores, pero ahora, por medio de su Espíritu, lo ha revelado a sus santos apóstoles y profetas.

[6]Y el plan de Dios consiste en lo siguiente: tanto los judíos como los gentiles que creen la Buena Noticia gozan por igual de las riquezas heredadas por los hijos de Dios. Ambos pueblos forman parte del mismo cuerpo y ambos disfrutan de la promesa de las bendiciones porque pertenecen a Cristo Jesús.* [7]Por la gracia y el gran poder de Dios, se me ha dado el privilegio de servirlo anunciando esta Buena Noticia.

[8]Aunque soy el menos digno de todo el pueblo de Dios, por su gracia él me concedió el privilegio de contarles a los gentiles acerca de los tesoros inagotables que tienen a disposición por medio de Cristo. [9]Fui elegido para explicarles a todos* el misterioso plan que Dios, el Creador de todas las cosas, mantuvo oculto desde el comienzo.

[10]El propósito de Dios con todo esto fue utilizar a la iglesia para mostrar la amplia variedad de su sabiduría a todos los gobernantes y autoridades invisibles que están en los lugares celestiales. [11]Ese era su plan eterno, que él llevó a cabo por medio de Cristo Jesús nuestro Señor.

[12]Gracias a Cristo y a nuestra fe en él,* podemos entrar en la presencia de Dios con toda libertad y confianza. [13]Por eso les ruego que no se desanimen a causa de mis pruebas en este lugar. Mi sufrimiento es por ustedes, así que deberían sentirse honrados.

Pablo ora por crecimiento espiritual

[14]Cuando pienso en todo esto, caigo de rodillas y elevo una oración al Padre,* [15]el Creador de todo lo que existe en el cielo y en la tierra.* [16]Pido en oración que, de sus gloriosos e inagotables recursos, los fortalezca con poder en el ser interior por medio de su Espíritu. [17]Entonces

---

2:11 *Gentil[es], que no es judío.* **3:1** *Gentil[es], que no es judío. Pablo completa este pensamiento en el versículo 14: caigo de rodillas y elevo una oración al Padre.* **3:6** *O porque están unidos a Cristo Jesús.* **3:9** *Algunos manuscritos no incluyen a todos.* **3:12** *O Debido a la fidelidad de Cristo.* **3:14** *Algunos manuscritos dicen el Padre de nuestro Señor Jesucristo.* **3:15** *O de quien toda familia en el cielo y en la tierra toma su nombre.*

Cristo habitará en el corazón de ustedes a medida que confíen en él. Echarán raíces profundas en el amor de Dios, y ellas los mantendrán fuertes. [18]Espero que puedan comprender, como corresponde a todo el pueblo de Dios, cuán ancho, cuán largo, cuán alto y cuán profundo es su amor. [19]Es mi deseo que experimenten el amor de Cristo, aun cuando es demasiado grande para comprenderlo todo. Entonces serán completos con toda la plenitud de la vida y el poder que proviene de Dios.

[20]Y ahora, que toda la gloria sea para Dios, quien puede lograr mucho más de lo que pudiéramos pedir e incluso imaginar mediante su gran poder, que actúa en nosotros. [21]¡Gloria a él en la iglesia y en Cristo Jesús por todas las generaciones desde hoy y para siempre! Amén.

Unidad en el cuerpo

4 Por lo tanto, yo, prisionero por servir al Señor, les suplico que lleven una vida digna del llamado que han recibido de Dios, porque en verdad han sido llamados. [2]Sean siempre humildes y amables. Sean pacientes unos con otros y tolérense las faltas por amor. [3]Hagan todo lo posible por mantenerse unidos en el Espíritu y enlazados mediante la paz. [4]Pues hay un solo cuerpo y un solo Espíritu, tal como ustedes fueron llamados a una misma esperanza gloriosa para el futuro. [5]Hay un solo Señor, una sola fe, un solo bautismo, [6]y un solo Dios y Padre de todos, quien está sobre todos y en todos, y vive por medio de todos.

[7]No obstante, él nos ha dado a cada uno de nosotros un don* especial mediante la generosidad de Cristo. [8]Por eso las Escrituras dicen:

«Cuando ascendió a las alturas,
se llevó a una multitud de cautivos
y dio dones a su pueblo»*.

[9]Fíjense que dice «ascendió». Sin duda, eso significa que Cristo también descendió a este mundo inferior.* [10]Y el que descendió es el mismo que ascendió por encima de todos los cielos, a fin de llenar la totalidad del universo con su presencia.

[11]Ahora bien, Cristo dio los siguientes dones a la iglesia: los apóstoles, los profetas, los evangelistas, y los pastores y maestros. [12]Ellos tienen la responsabilidad de preparar al pueblo de Dios para que lleve a cabo la obra de Dios y edifique la iglesia, es decir, el cuerpo de Cristo. [13]Ese proceso continuará hasta que todos alcancemos tal unidad en nuestra fe y conocimiento del Hijo de Dios que seamos maduros en el Señor, es decir, hasta que lleguemos a la plena y completa medida de Cristo.

[14]Entonces ya no seremos inmaduros como los niños. No seremos arrastrados de un lado a otro ni empujados por cualquier corriente de

nuevas enseñanzas. No nos dejaremos llevar por personas que intenten engañarnos con mentiras tan hábiles que parezcan la verdad. [15]En cambio, hablaremos la verdad con amor y así creceremos en todo sentido hasta parecernos más y más a Cristo, quien es la cabeza de su cuerpo, que es la iglesia. [16]Él hace que todo el cuerpo encaje perfectamente. Y cada parte, al cumplir con su función específica, ayuda a que las demás se desarrollen, y entonces todo el cuerpo crece y está sano y lleno de amor.

Vivir como hijos de luz

[17]Con la autoridad del Señor digo lo siguiente: ya no vivan como los que no conocen a Dios,* porque ellos están irremediablemente confundidos. [18]Tienen la mente llena de oscuridad; vagan lejos de la vida que Dios ofrece, porque cerraron la mente y endurecieron el corazón hacia él. [19]Han perdido la vergüenza. Viven para los placeres sensuales y practican con gusto toda clase de impureza.

[20]Pero eso no es lo que ustedes aprendieron acerca de Cristo. [21]Ya que han oído sobre Jesús y han conocido la verdad que procede de él, [22]deshágense de su vieja naturaleza pecaminosa y de su antigua manera de vivir, que está corrompida por la sensualidad y el engaño. [23]En cambio, dejen que el Espíritu les renueve los pensamientos y las actitudes. [24]Pónganse la nueva naturaleza, creada para ser a la semejanza de Dios, quien es verdaderamente justo y santo.

[25]Así que dejen de decir mentiras. Digamos siempre la verdad a todos porque nosotros somos miembros de un mismo cuerpo. [26]Además, «no pequen al dejar que el enojo los controle»*. No permitan que el sol se ponga mientras siguen enojados, [27]porque el enojo da lugar al diablo.

[28]Si eres ladrón, deja de robar. En cambio, usa tus manos en un buen trabajo digno y luego comparte generosamente con los que tienen necesidad. [29]No empleen un lenguaje grosero ni ofensivo. Que todo lo que digan sea bueno y útil, a fin de que sus palabras resulten de estímulo para quienes las oigan.

[30]No entristezcan al Espíritu Santo de Dios con la forma en que viven. Recuerden que él los identificó como suyos,* y así les ha garantizado que serán salvos el día de la redención.

[31]Líbrense de toda amargura, furia, enojo, palabras ásperas, calumnias y toda clase de mala conducta. [32]Por el contrario, sean amables unos con otros, sean de buen corazón, y perdónense unos a otros, tal como Dios los ha perdonado a ustedes por medio de Cristo.

Vivir en la luz

5 Por lo tanto, imiten a Dios en todo lo que hagan porque ustedes son sus hijos queridos. [2]Vivan una vida llena de amor, siguiendo el

---

4:7 En griego *una gracia.* **4:8** Sal 68:18. **4:9** O *a las partes más bajas de la tierra.* **4:17** En griego *los gentiles. (Gentiles),* que no es judío). **4:26** Sal 4:4. **4:30** O *ha puesto su sello en ustedes.*

ejemplo de Cristo. Él nos amó* y se ofreció a sí mismo como sacrificio por nosotros, como aroma agradable a Dios.

³Que no haya ninguna inmoralidad sexual, impureza ni avaricia entre ustedes. Tales pecados no tienen lugar en el pueblo de Dios. ⁴Los cuentos obscenos, las conversaciones necias y los chistes groseros no son para ustedes. En cambio, que haya una actitud de agradecimiento a Dios. ⁵Pueden estar seguros de que ninguna persona inmoral, impura o avara heredará el reino de Cristo y de Dios. Pues el avaro es un idólatra, que adora las cosas de este mundo.

⁶No se dejen engañar por los que tratan de justificar esos pecados, porque el enojo de Dios caerá sobre todos los que le desobedecen. ⁷No participen en las cosas que hace esa gente. ⁸Pues antes ustedes estaban llenos de oscuridad, pero ahora tienen la luz que proviene del Señor. Por lo tanto, ¡vivan como gente de luz! ⁹Pues esa luz que está dentro de ustedes produce solo cosas buenas, rectas y verdaderas.

¹⁰Averigüen bien lo que agrada al Señor. ¹¹No participen en las obras inútiles de la maldad y la oscuridad; al contrario, sáquenlas a la luz. ¹²Es vergonzoso siquiera hablar de las cosas que la gente malvada hace en secreto. ¹³No obstante, sus malas intenciones se descubrirán cuando la luz las ilumine, ¹⁴porque la luz hace todo visible. Por eso se dice:

«Despiértate tú que duermes,
    levántate de los muertos,
    y Cristo te dará luz».

Vivir por el poder del Espíritu

¹⁵Así que tengan cuidado de cómo viven. No vivan como necios sino como sabios. ¹⁶Saquen el mayor provecho de cada oportunidad en estos días malos. ¹⁷No actúen sin pensar, más bien procuren entender lo que el Señor quiere que hagan. ¹⁸No se emborrachen con vino, porque eso les arruinará la vida. En cambio, sean llenos del Espíritu Santo ¹⁹cantando salmos e himnos y canciones espirituales entre ustedes, y haciendo música al Señor en el corazón. ²⁰Y den gracias por todo a Dios el Padre en el nombre de nuestro Señor Jesucristo.

Relaciones guiadas por el Espíritu: el matrimonio

²¹Es más, sométanse unos a otros por reverencia a Cristo.

²²Para las esposas, eso significa: sométase cada una a su marido como al Señor, ²³porque el marido es la cabeza de la esposa como Cristo es cabeza de la iglesia. Él es el Salvador de su cuerpo, que es la iglesia. ²⁴Así como la iglesia se somete a Cristo, de igual manera la esposa debe someterse en todo a su marido.

²⁵Para los maridos, eso significa: ame cada uno a su esposa tal como Cristo amó a la iglesia. Él entregó su vida por ella ²⁶a fin de hacerla santa y limpia al lavarla mediante la purificación de la palabra de Dios.* ²⁷Lo hizo para presentársela a sí mismo como una iglesia gloriosa, sin mancha ni arruga ni ningún otro defecto. Será, en cambio, santa e intachable. ²⁸De la misma manera, el marido debe amar a su esposa como ama a su propio cuerpo. Pues un hombre que ama a su esposa en realidad demuestra que se ama a sí mismo. ²⁹Nadie odia su propio cuerpo, sino que lo alimenta y lo cuida tal como Cristo lo hace por la iglesia. ³⁰Y nosotros somos miembros de su cuerpo.

³¹Como dicen las Escrituras: «El hombre deja a su padre y a su madre, y se une a su esposa, y los dos se convierten en uno solo»*. ³²Eso es un gran misterio, pero ilustra la manera en que Cristo y la iglesia son uno. ³³Por eso les repito: cada hombre debe amar a su esposa como se ama a sí mismo, y la esposa debe respetar a su marido.

Padres e hijos

6 Hijos, obedezcan a sus padres porque ustedes pertenecen al Señor,* pues esto es lo correcto. ²«Honra a tu padre y a tu madre». Ese es el primer mandamiento que contiene una promesa: ³«si honras a tu padre y a tu madre, «te irá bien y tendrás una larga vida en la tierra»*.

⁴Padres.* no hagan enojar a sus hijos con la forma en que los tratan. Más bien, críenlos con la disciplina e instrucción que proviene del Señor.

Esclavos y amos

⁵Esclavos, obedezcan a sus amos terrenales con profundo respeto y temor. Sírvanlos con sinceridad, tal como servirían a Cristo. ⁶Traten de agradarlos todo el tiempo, no solo cuando ellos los observan. Como esclavos de Cristo, hagan la voluntad de Dios con todo el corazón. ⁷Trabajen con entusiasmo, como si lo hicieran para el Señor y no para la gente. ⁸Recuerden que el Señor recompensará a cada uno de nosotros por el bien que hagamos, seamos esclavos o libres.

⁹Y ustedes, amos, traten a sus esclavos de la misma manera. No los amenacen; recuerden que ambos tienen el mismo Amo en el cielo, y él no tiene favoritos.

Toda la armadura de Dios

¹⁰Una palabra final: sean fuertes en el Señor y en su gran poder. ¹¹Pónganse toda la armadura de Dios para poder mantenerse firmes contra todas las estrategias del diablo. ¹²Pues no luchamos* contra enemigos de carne y hueso, sino contra gobernadores malignos y autoridades

---

5:2 Algunos manuscritos dicen *nos amó.* 5:26 En griego *al lavarla con agua mediante la palabra.* 5:31 En 2:24. 6:1 O *Hijos, obedezcan a sus padres que pertenecen al Señor;* algunos manuscritos dicen simplemente *Hijos, obedezcan a sus padres.* 6:2-3 Ex 20:12; Dt 5:16. 6:4 En griego *esta palabra se refiere solo a los hombres.* 6:12 Algunos manuscritos dicen *luchan.*

del mundo invisible, contra fuerzas poderosas de este mundo tenebroso y contra espíritus malignos de los lugares celestiales.

[13]Por lo tanto, pónganse todas las piezas de la armadura de Dios para poder resistir al enemigo en el tiempo del mal. Así, después de la batalla, todavía seguirán de pie, firmes. [14]Defiendan su posición, poniéndose el cinturón de la verdad y la coraza de la justicia de Dios. [15]Pónganse como calzado la paz que proviene de la Buena Noticia a fin de estar completamente preparados.* [16]Además de todo eso, levanten el escudo de la fe para detener las flechas encendidas del diablo.* [17]Pónganse la salvación como casco y tomen la espada del Espíritu, la cual es la palabra de Dios.

[18]Oren en el Espíritu en todo momento y en toda ocasión. Manténganse alerta y sean persistentes en sus oraciones por todos los creyentes en todas partes.*

[19]Y oren también por mí. Pídanle a Dios que me dé las palabras adecuadas para poder explicar con valor su misterioso plan: que la Buena Noticia es para judíos y gentiles* por igual.* [20]Ahora estoy encadenado, pero sigo predicando este mensaje como embajador de Dios. Así que pidan en oración que yo siga hablando de él con valentía, como debo hacerlo.

Saludos finales

[21]Para tenerlos al tanto, Tíquico les dará un informe completo de lo que estoy haciendo y de cómo me va. Él es un amado hermano y un fiel colaborador en la obra del Señor. [22]Lo envié a ustedes con un propósito específico: que sepan cómo estamos y reciban ánimo.

[23]La paz sea con ustedes, queridos hermanos, y que Dios el Padre y el Señor Jesucristo les den amor junto con fidelidad. [24]Que la gracia de Dios sea eternamente con todos los que aman a nuestro Señor Jesucristo.

6:15 O *A modo de calzado, alístense para predicar la Buena Noticia de la paz con Dios.*   6:16 En griego *del maligno.*   6:18 En griego *todo el pueblo santo de Dios.*   6:19a *Gentil[es],* que no es judío.   6:19b En griego *explicar el misterio de la Buena Noticia;* algunos manuscritos dicen simplemente *explicar el misterio.*

Filipenses

Saludos de Pablo

1 Saludos de Pablo y de Timoteo, esclavos de Cristo Jesús.

Yo, Pablo, escribo esta carta a todo el pueblo santo de Dios en Filipos que pertenece a Cristo Jesús, incluidos los ancianos gobernantes* y los diáconos.

²Que Dios nuestro Padre y el Señor Jesucristo les den gracia y paz.

Oración y agradecimiento de Pablo

³Cada vez que pienso en ustedes, le doy gracias a mi Dios. ⁴Siempre que oro, pido por todos ustedes con alegría, ⁵porque han colaborado conmigo en dar a conocer la Buena Noticia acerca de Cristo desde el momento que la escucharon por primera vez hasta ahora. ⁶Y estoy seguro de que Dios, quien comenzó la buena obra en ustedes, la continuará hasta que quede completamente terminada el día que Cristo Jesús vuelva.

⁷Está bien que sienta estas cosas por todos ustedes, porque ocupan un lugar especial en mi corazón. Participan conmigo del favor especial de Dios, tanto en mi prisión como al defender y confirmar la verdad de la Buena Noticia. ⁸Dios sabe cuánto los amo y los extraño con la tierna compasión de Jesucristo.

⁹Le pido a Dios que el amor de ustedes desborde cada vez más y que sigan creciendo en conocimiento y entendimiento. ¹⁰Quiero que entiendan lo que realmente importa, a fin de que lleven una vida pura e intachable hasta el día que Cristo vuelva. ¹¹Que estén siempre llenos del fruto de la salvación —es decir, el carácter justo que Jesucristo produce en su vida*— porque esto traerá mucha gloria y alabanza a Dios.

Alegría de Pablo porque se predica a Cristo

¹²Además, mis amados hermanos, quiero que sepan que todo lo que me ha sucedido en este lugar ha servido para difundir la Buena Noticia. ¹³Pues cada persona de aquí —incluida toda la guardia del palacio*— sabe que estoy encadenado por causa de Cristo; ¹⁴y dado que estoy preso, la mayoría de los creyentes* de este lugar ha aumentado su confianza y anuncia con valentía el mensaje de Dios* sin temor.

¹⁵Es cierto que algunos predican acerca de Cristo por celos y rivalidad, pero otros lo hacen con intenciones puras. ¹⁶Estos últimos predican porque me aman, pues saben que fui designado para defender la Buena Noticia. ¹⁷Los otros no tienen intenciones puras cuando predican de Cristo. Lo hacen con ambición egoísta, no con sinceridad sino con el propósito de que las cadenas me resulten más dolorosas. ¹⁸Pero eso no importa; sean falsas o genuinas sus intenciones, el mensaje acerca de Cristo se predica de todas maneras, de modo que me gozo. Y seguiré gozándome ¹⁹porque sé que la oración de ustedes y la ayuda del Espíritu de Jesucristo, darán como resultado mi libertad.

Pablo vive para Cristo

²⁰Tengo la plena seguridad y la esperanza que jamás seré avergonzado, sino que seguiré actuando con valor por Cristo, como lo he hecho en el pasado. Y confío en que mi vida dará honor a Cristo, sea que yo viva o muera. ²¹Pues, para mí, vivir significa vivir para Cristo y morir es aún mejor. ²²Pero si vivo, puedo realizar más labor fructífera para Cristo. Así que realmente no sé qué es mejor. ²³Estoy dividido entre dos deseos: quisiera partir y estar con Cristo, lo cual sería mucho mejor para mí; ²⁴pero por el bien de ustedes, es mejor que siga viviendo.

²⁵Al estar consciente de esto, estoy convencido de que seguiré con vida para continuar ayudándolos a todos ustedes a crecer y a experimentar la alegría de su fe. ²⁶Y cuando vuelva, tendrán más razones todavía para sentirse orgullosos en Cristo Jesús de lo que él está haciendo por medio de mí.

Vivan como ciudadanos del cielo

²⁷Sobre todo, deben vivir como ciudadanos del cielo, comportándose de un modo digno de la Buena Noticia acerca de Cristo. Entonces, sea que vuelva a verlos o solamente tenga noticias de ustedes, sabré que están firmes y unidos en un mismo espíritu y propósito, luchando juntos por la fe, es decir, la Buena Noticia. ²⁸No se dejen intimidar por sus enemigos de ninguna manera. Eso les será por señal a ellos de que serán destruidos, mientras que ustedes serán salvos, aun por Dios mismo. ²⁹Pues a ustedes se les dio no

1:1 O supervisores; u obispos.   1:11 En griego con el fruto de la rectitud por medio de Jesucristo.   1:13 En griego incluido todo el pretorio.   1:14a En griego hermanos en el Señor.   1:14b Algunos manuscritos no incluyen de Dios.

solo el privilegio de confiar en Cristo sino también el privilegio de sufrir por él. ³⁰Estamos juntos en esta lucha. Ustedes han visto mi lucha en el pasado y saben que aún no ha terminado.

Tengan la actitud de Cristo

2 ¿Hay algún estímulo en pertenecer a Cristo? ¿Existe algún consuelo en su amor? ¿Tenemos en conjunto alguna comunión en el Espíritu? ¿Tienen ustedes un corazón tierno y compasivo? ²Entonces, háganme verdaderamente feliz poniéndose de acuerdo de todo corazón entre ustedes, amándose unos a otros y trabajando juntos con un mismo pensamiento y un mismo propósito.

³No sean egoístas; no traten de impresionar a nadie. Sean humildes, es decir, considerando a los demás como mejores que ustedes. ⁴No se ocupen solo de sus propios intereses, sino también procuren interesarse en los demás.

⁵Tengan la misma actitud que tuvo Cristo Jesús.

⁶ Aunque era Dios,*
　no consideró que el ser igual a Dios
　　fuera algo a lo cual aferrarse.
⁷ En cambio, renunció a sus privilegios
　　divinos;*
　adoptó la humilde posición de un esclavo*
　y nació como un ser humano.
　Cuando apareció en forma de hombre,*
⁸ 　se humilló a sí mismo en obediencia a Dios
　y murió en una cruz como morían los
　　criminales.

⁹ Por lo tanto, Dios lo elevó al lugar de máximo
　　honor
　y le dio el nombre que está por encima de
　　todos los demás nombres
¹⁰ para que, ante el nombre de Jesús, se doble
　　toda rodilla
　en el cielo y en la tierra y debajo de la tierra,
¹¹ y toda lengua confiese que Jesucristo es el
　　Señor
　para la gloria de Dios Padre.

Brillen intensamente por Cristo

¹²Queridos amigos, siempre siguieron mis instrucciones cuando estaban con ustedes; y ahora que estoy lejos, es aún más importante que lo hagan. Esfuércense por demostrar los resultados de su salvación obedeciendo a Dios con profunda reverencia y temor. ¹³Pues Dios trabaja en ustedes y les da el deseo y el poder para que hagan lo que a él le agrada.

¹⁴Hagan todo sin quejarse y sin discutir, ¹⁵para que nadie pueda criticarlos. Lleven una vida limpia e inocente como corresponde a hijos de Dios y, brillen como luces radiantes en un mundo lleno de gente perversa y corrupta. ¹⁶Aférrense a

la palabra de vida; entonces, el día que Cristo vuelva, me sentiré orgulloso de no haber corrido la carrera en vano y de que mi trabajo no fue inútil. ¹⁷Sin embargo, me alegraré aun si tengo que perder la vida derramándola como ofrenda líquida a Dios,* así como el fiel servicio de ustedes también es una ofrenda a Dios. Y quiero que todos ustedes participen de esta alegría. ¹⁸Claro que sí, deberían alegrarse, y yo me gozaré con ustedes.

Pablo encomienda a Timoteo

¹⁹Si el Señor Jesús quiere, espero enviarles pronto a Timoteo para que los visite. Así él puede animarme al traerme noticias de cómo están. ²⁰No cuento con nadie como Timoteo, quien se preocupa genuinamente por el bienestar de ustedes. ²¹Todos los demás solo se ocupan de sí mismos y no de lo que es importante para Jesucristo, ²²pero ustedes saben cómo Timoteo ha dado muestras de lo que es. Como un hijo con su padre, él ha servido a mi lado en la predicación de la Buena Noticia. ²³Espero enviarlo a ustedes en cuanto sepa lo que me sucederá aquí, ²⁴y el Señor me ha dado la confianza que yo mismo iré pronto a verlos.

Pablo encomienda a Epafrodito

²⁵Mientras tanto, pensé que debería enviarles de vuelta a Epafrodito. Él es un verdadero hermano, colaborador y compañero de lucha. Además, fue el mensajero de ustedes para ayudarme en mi necesidad. ²⁶Lo envío porque, desde hace tiempo, tiene deseos de verlos y se afligió mucho cuando ustedes se enteraron de que estaba enfermo. ²⁷Es cierto que estuvo enfermo e incluso a punto de morir; pero Dios tuvo misericordia de él, como también la tuvo de mí, para que yo no tuviera una tristeza tras otra. ²⁸Así que estoy aún más ansioso por enviarlo de regreso a ustedes, porque sé que se pondrán contentos al verlo, y entonces ya no estaré tan preocupado por ustedes. ²⁹Recíbanlo con amor cristiano* y mucha alegría, y denle el honor que una persona como él merece. ³⁰Pues arriesgó su vida por la obra de Cristo y estuvo al borde de la muerte mientras hacía por mí lo que ustedes no podían desde tan lejos.

El valor incalculable de conocer a Cristo

3 Mis amados hermanos, pase lo que pase, alégrense en el Señor. Nunca me canso de decirles estas cosas y lo hago para proteger su fe.

²Cuídense de esos "perros", de esa gente que hace lo malo, esos mutiladores que les dicen que deben circuncidarse para ser salvos. ³Pues los que adoramos por medio del Espíritu de Dios* somos los verdaderos circuncisos. Confiamos en lo que Cristo Jesús hizo por nosotros. No

---

2:6 O *Siendo en la forma de Dios.*　2:7a En griego *se vació a sí mismo.*　2:7b O *la forma de un esclavo.*　2:7c Algunas versiones colocan esta frase en el versículo 8.　2:17 En griego *me regocijaré aun si tengo que ser derramado como ofrenda líquida.*　2:29 En griego *en el Señor.*　3:3 Algunos manuscritos dicen *adoramos a Dios en espíritu;* uno de los manuscritos más antiguos dice *adoramos en espíritu.*

depositamos ninguna confianza en esfuerzos humanos [4]aunque, si alguien pudiera confiar en sus propios esfuerzos, ese sería yo. De hecho, si otros tienen razones para confiar en sus propios esfuerzos, ¡yo las tengo aún más!

[5]Fui circuncidado cuando tenía ocho días de vida. Soy un ciudadano de Israel de pura cepa y miembro de la tribu de Benjamín, ¡un verdadero hebreo como no ha habido otro! Fui miembro de los fariseos, quienes exigen la obediencia más estricta a la ley judía. [6]Era tan fanático que perseguía con crueldad a la iglesia, y en cuanto a la justicia, obedecía la ley al pie de la letra.

[7]Antes creía que esas cosas eran valiosas, pero ahora considero que no tienen ningún valor debido a lo que Cristo ha hecho. [8]Así es, todo lo demás no vale nada cuando se le compara con el infinito valor de conocer a Cristo Jesús, mi Señor. Por amor a él, he desechado todo lo demás y lo considero basura a fin de ganar a Cristo [9]y llegar a ser uno con él. Ya no me apoyo en mi propia justicia, por medio de obedecer la ley; más bien, llego a ser justo por medio de la fe en Cristo.* Pues la forma en que Dios nos hace justos delante de él se basa en la fe. [10]Quiero conocer a Cristo y experimentar el gran poder que lo levantó de los muertos. ¡Quiero sufrir con él y participar de su muerte, [11]para poder experimentar, de una u otra manera, la resurrección de los muertos!

Avanzar hacia la meta

[12]No quiero decir que ya haya logrado estas cosas ni que ya haya alcanzado la perfección; pero sigo adelante a fin de hacer mía esa perfección para la cual Cristo Jesús primeramente me hizo suyo. [13]No, amados hermanos, no lo he logrado,* pero me concentro sólo en esto: olvido el pasado y fijo la mirada en lo que tengo por delante, [14]y así avanzo hasta llegar al final de la carrera para recibir el premio celestial al cual Dios nos llama por medio de Cristo Jesús.

[15]Que todos los que son espiritualmente maduros estén de acuerdo en estas cosas. Si ustedes difieren en algún punto, estoy seguro de que Dios se lo hará entender; [16]pero debemos aferrarnos al avance que ya hemos logrado.

[17]Amados hermanos, tomen mi vida como modelo y aprendan de los que siguen nuestro ejemplo. [18]Pues ya les dije varias veces y ahora se los repito de nuevo con lágrimas en los ojos: hay muchos cuya conducta demuestra que son verdaderos enemigos de la cruz de Cristo. [19]Van camino a la destrucción. Su dios es su propio apetito, se jactan de cosas vergonzosas y sólo piensan en esta vida terrenal. [20]En cambio, nosotros somos ciudadanos del cielo, donde vive el Señor Jesucristo; y esperamos con mucho anhelo que él regrese como nuestro Salvador. [21]Él tomará nuestro débil cuerpo mortal y lo transformará

en un cuerpo glorioso, igual al de él. Lo hará valiéndose del mismo poder con el que pondrá todas las cosas bajo su dominio.

4 Por lo tanto, mis amados hermanos, manténganse fieles al Señor. Los amo y anhelo verlos, mis queridos amigos, porque ustedes son mi alegría y la corona que recibo por mi trabajo.

Palabras de aliento

[2]Ahora les ruego a Evodia y a Síntique, dado que pertenecen al Señor, que arreglen su desacuerdo. [3]Y te pido a ti, mi fiel colaborador,* que ayudes a esas dos mujeres, porque trabajaron mucho a mi lado para dar a conocer a otros la Buena Noticia. Trabajaron junto con Clemente y mis demás colaboradores, cuyos nombres están escritos en el libro de la vida.

[4]Estén siempre llenos de alegría en el Señor. Lo repito, ¡alégrense! [5]Que todo el mundo vea que son considerados en todo lo que hacen. Recuerden que el Señor vuelve pronto.

[6]No se preocupen por nada; en cambio, oren por todo. Díganle a Dios lo que necesitan y denle gracias por todo lo que él ha hecho. [7]Así experimentarán la paz de Dios, que supera todo lo que podemos entender. La paz de Dios cuidará su corazón y su mente mientras vivan en Cristo Jesús.

[8]Y ahora, amados hermanos, una cosa más para terminar. Concéntrense en todo lo que es verdadero, todo lo honorable, todo lo justo, todo lo puro, todo lo bello y todo lo admirable. Piensen en cosas excelentes y dignas de alabanza. [9]No dejen de poner en práctica todo lo que aprendieron y recibieron de mí, todo lo que oyeron de mis labios y vieron que hice. Entonces el Dios de paz estará con ustedes.

Pablo agradece las ofrendas

[10]¡Cuánto alabo al Señor de que hayan vuelto a preocuparse por mí! Sé que siempre se han preocupado por mí, pero no tenían la oportunidad de ayudarme. [11]No que haya pasado necesidad alguna vez, porque he aprendido a estar contento con lo que tengo. [12]Sé vivir con casi nada o con todo lo necesario. He aprendido el secreto de vivir en cualquier situación, sea con el estómago lleno o vacío, con mucho o con poco. [13]Pues lo puedo hacer por medio de Cristo,* quien me da las fuerzas. [14]De todos modos, han hecho bien al compartir conmigo en la dificultad por la que ahora atravieso.

[15]Como saben, filipenses, ustedes fueron los únicos que me ayudaron económicamente cuando les llevé la Buena Noticia por primera vez y luego seguí mi viaje desde Macedonia. Ninguna otra iglesia hizo lo mismo. [16]Incluso cuando estuve en Tesalónica, ustedes me

---

3:9 O *mediante la fidelidad de Cristo.* **3:13** Algunos manuscritos dicen *aún no lo he logrado.* **4:3** O leal *Sícigo.* **4:13** En griego *por medio de aquel.*

mandaron ayuda más de una vez. ¹⁷No digo esto esperando que me envíen una ofrenda. Más bien, quiero que ustedes reciban una recompensa por su bondad.

¹⁸Por el momento, tengo todo lo que necesito, ¡y aún más! Estoy bien abastecido con las ofrendas que ustedes me enviaron por medio de Epafrodito. Son un sacrificio de olor fragante aceptable y agradable a Dios. ¹⁹Y este mismo Dios quien me cuida suplirá todo lo que necesiten, de las gloriosas riquezas que nos ha dado por medio de Cristo Jesús.

²⁰¡Toda la gloria sea a Dios nuestro Padre por siempre y para siempre! Amén.

Saludos finales de Pablo

²¹Denle saludos de mi parte a cada persona del pueblo santo de Dios, a todos los que pertenecen a Cristo Jesús. Los hermanos que están conmigo envían saludos. ²²Los demás del pueblo de Dios también les envían saludos, en particular los de la casa de César.

²³Que la gracia del Señor Jesucristo sea con el espíritu de cada uno de ustedes.

Colosenses

1 Yo, Pablo, elegido por la voluntad de Dios para ser apóstol de Cristo Jesús, y nuestro hermano Timoteo ²les escribimos esta carta a los fieles hermanos en Cristo que conforman el pueblo santo de Dios en la ciudad de Colosas.

Que Dios nuestro Padre les dé gracia y paz.

Oración y agradecimiento de Pablo

³Siempre oramos por ustedes y le damos gracias a Dios, el Padre de nuestro Señor Jesucristo, ⁴porque hemos oído de su fe en Cristo Jesús y del amor que tienen por todo el pueblo de Dios. ⁵Ambas cosas provienen de la firme esperanza puesta en lo que Dios les ha reservado en el cielo. Ustedes han tenido esa esperanza desde la primera vez que escucharon la verdad de la Buena Noticia.

⁶Esa misma Buena Noticia que llegó a ustedes ahora corre por todo el mundo. Da fruto en todas partes mediante el cambio de vida que produce, así como los cambió la vida a ustedes desde el día que oyeron y entendieron por primera vez la verdad de la maravillosa gracia de Dios.

⁷Ustedes se enteraron de la Buena Noticia por medio de Epafras, nuestro amado colaborador; él es un fiel servidor de Cristo y nos ayuda en nombre de ustedes.* ⁸Nos contó del amor por los demás que el Espíritu Santo les ha dado.

⁹Así que, desde que supimos de ustedes, no dejamos de tenerlos presentes en nuestras oraciones. Le pedimos a Dios que les dé pleno conocimiento de su voluntad y que les conceda sabiduría y comprensión espiritual. ¹⁰Entonces la forma en que vivan siempre honrará y agradará al Señor, y sus vidas producirán toda clase de buenos frutos. Mientras tanto, irán creciendo a medida que aprendan a conocer a Dios más y más.

¹¹También pedimos que se fortalezcan con todo el glorioso poder de Dios para que tengan toda la constancia y la paciencia que necesitan. Mi deseo es que estén llenos de alegría* ¹²y den siempre gracias al Padre. Él los hizo aptos para que participen de la herencia que pertenece a su pueblo, el cual vive en la luz. ¹³Pues él nos rescató del reino de la oscuridad y nos trasladó al reino de su Hijo amado, ¹⁴quien compró nuestra libertad* y perdonó nuestros pecados.

Cristo es supremo

¹⁵ Cristo es la imagen visible del Dios invisible.
   Él ya existía antes de que las cosas fueran
      creadas y es supremo sobre toda la
      creación*
¹⁶ porque, por medio de él, Dios creó todo lo que
      existe
   en los lugares celestiales y en la tierra.
   Hizo las cosas que podemos ver
      y las que no podemos ver,
   tales como tronos, reinos, gobernantes y
      autoridades del mundo invisible.
   Todo fue creado por medio de él y para él.
¹⁷ Él ya existía antes de todas las cosas
   y mantiene unida toda la creación.
¹⁸ Cristo también es la cabeza de la iglesia,
   la cual es su cuerpo.
   Él es el principio,
      es supremo sobre todos los que se levantan
      de los muertos.*
   Así que él es el primero en todo.
¹⁹ Pues a Dios, en toda su plenitud,
   le agradó vivir en Cristo,
²⁰ y por medio de él, Dios reconcilió consigo
   todas las cosas.
   Hizo la paz con todo lo que existe en el cielo
      y en la tierra,
   por medio de la sangre de Cristo en la cruz.

²¹Eso los incluye a ustedes, que antes estaban lejos de Dios. Eran sus enemigos, estaban separados de él por sus malos pensamientos y acciones; ²²pero ahora él los reconcilió consigo mediante la muerte de Cristo en su cuerpo físico. Como resultado, los ha trasladado a su propia presencia, y ahora ustedes son santos, libres de culpa y pueden presentarse delante de él sin ninguna falta.

²³Pero deben seguir creyendo esa verdad y mantenerse firmes en ella. No se alejen de la seguridad que recibieron cuando oyeron la Buena Noticia. Esa Buena Noticia ha sido predicada por todo el mundo, y yo, Pablo, fui designado servidor de Dios para proclamarla.

1:7 O *ministra en nombre de ustedes*; algunos manuscritos dicen *ministra en nombre de nosotros*. **1:11** O *toda la paciencia y constancia que necesitan con alegría*. **1:14** Algunos manuscritos incluyen *con su sangre*. **1:15** O *Él es el primogénito de toda la creación*. **1:18** O *el primogénito de los muertos*.

Trabajo de Pablo por la iglesia

²⁴Me alegro cuando sufro en carne propia por ustedes, porque así participo de los sufrimientos de Cristo, que continúan a favor de su cuerpo, que es la iglesia. ²⁵Dios me ha dado la responsabilidad de servir a su iglesia mediante la proclamación de todo su mensaje a ustedes. ²⁶Este mensaje se mantuvo en secreto durante siglos y generaciones, pero ahora se dio a conocer al pueblo de Dios. ²⁷Pues él quería que su pueblo supiera las riquezas y la gloria de Cristo también son para ustedes, los gentiles.* Y el secreto es: Cristo vive en ustedes. Eso les da la seguridad de que participarán de su gloria.

²⁸Por lo tanto, hablamos a otros de Cristo, advertimos a todos y enseñamos a todos con toda la sabiduría que Dios nos ha dado. Queremos presentarlos a Dios perfectos* en su relación con Cristo. ²⁹Es por eso que trabajo y lucho con tanto empeño, apoyado en el gran poder de Cristo que actúa dentro de mí.

2 Quiero que sepan cuánta angustia he sufrido por ustedes y por la iglesia en Laodicea y por muchos otros creyentes que nunca me conocieron personalmente. ²Quiero que ellos cobren ánimo y estén bien unidos con fuertes lazos de amor. Quiero que tengan la plena confianza de que entienden el misterioso plan de Dios, que es Cristo mismo. ³En él están escondidos todos los tesoros de la sabiduría y el conocimiento.

⁴Les digo esto a ustedes para que nadie los engañe con argumentos ingeniosos. ⁵Pues, si bien estoy lejos, mi corazón está con ustedes. Y me alegro de que viven como deben hacerlo y de que su fe en Cristo se mantiene firme.

Libertad y vida nueva en Cristo

⁶Por lo tanto, de la manera que recibieron a Cristo Jesús como Señor, ahora deben seguir sus pasos. ⁷Arráiguense profundamente en él y edifiquen toda la vida sobre él. Entonces la fe de ustedes se fortalecerá en la verdad de que se les enseñó, y rebosarán de gratitud.

⁸No permitan que nadie los atrape con filosofías huecas y disparates elocuentes, que nacen del pensamiento humano y de los poderes espirituales* de este mundo y no de Cristo. ⁹Pues en Cristo habita toda la plenitud de Dios en un cuerpo humano.* ¹⁰De modo que ustedes también están completos mediante la unión con Cristo, quien es la cabeza de todo gobernante y toda autoridad.

¹¹Cuando ustedes llegaron a Cristo, fueron «circuncidados», pero no mediante un procedimiento corporal. Cristo llevó a cabo una circuncisión espiritual, es decir, les quitó la naturaleza pecaminosa.* ¹²Pues ustedes fueron

sepultados con Cristo cuando se bautizaron. Y con él también fueron resucitados para vivir una vida nueva, debido a que confiaron en el gran poder de Dios, quien levantó a Cristo de los muertos.

¹³Ustedes estaban muertos a causa de sus pecados y porque aún no les habían quitado la naturaleza pecaminosa. Entonces Dios les dio vida con Cristo al perdonar todos nuestros pecados. ¹⁴Él anuló el acta con los cargos que había contra nosotros y lo eliminó clavándola a la cruz. ¹⁵De esa manera, desarmó* a los gobernantes y a las autoridades espirituales. Los avergonzó públicamente con su victoria sobre ellos en la cruz.

¹⁶Por lo tanto, no permitan que nadie los condene por lo que comen o beben, o porque no celebran ciertos días santos ni ceremonias por luna nueva ni los días de descanso. ¹⁷Pues esas reglas son solo sombras de la realidad que vendrá. Y Cristo mismo es esa realidad. ¹⁸No dejen que los condene ninguno de aquellos que insisten en una religiosa abnegación o en el culto a los ángeles,* al afirmar que han tenido visiones sobre estas cosas. Su mente pecaminosa los ha llenado de arrogancia ¹⁹y no están unidos a Cristo, la cabeza del cuerpo. Pues él mantiene todo el cuerpo unido con las articulaciones y los ligamentos, el cual va creciendo a medida que Dios lo nutre.

²⁰Ustedes han muerto con Cristo, y él los ha rescatado de los poderes espirituales de este mundo. Entonces, ¿por qué siguen cumpliendo las reglas del mundo, tales como: ²¹«¡No toques esto! ¡No pruebes eso! ¡No te acerques a aquello!»? ²²Esas reglas son simples enseñanzas humanas acerca de cosas que se deterioran con el uso. ²³Podrán parecer sabias porque exigen una gran devoción, una religiosa abnegación y una severa disciplina corporal; pero a una persona no le ofrecen ninguna ayuda para vencer sus malos deseos.

Vida nueva con Cristo

3 Ya que han sido resucitados a una vida nueva con Cristo, pongan la mira en las verdades del cielo, donde Cristo está sentado en el lugar de honor, a la derecha de Dios. ²Piensen en las cosas del cielo, no en las de la tierra. ³Pues ustedes han muerto a esta vida, y su verdadera vida está escondida con Cristo en Dios. ⁴Cuando Cristo —quien es la vida de ustedes*— sea revelado a todo el mundo, ustedes participarán de toda su gloria.

⁵Así que hagan morir las cosas pecaminosas y terrenales que acechan dentro de ustedes. No tengan nada que ver con la inmoralidad sexual, la impureza, las bajas pasiones y los malos deseos. No sean avaros, pues la persona avara es

1:27 *Gentil[es], que no es judío.* 1:28 O *maduros.* 2:8 O *los principios espirituales;* también en 2:20. 2:9 O *en él habita toda la plenitud de la deidad en forma corporal.* 2:11 En griego *les cortó el cuerpo de carne.* 2:15 O *despojó.* 2:18 O *la adoración con ángeles.* 3:4 Algunos manuscritos dicen *nuestra vida.*

idólatra porque adora las cosas de este mundo. ⁶A causa de esos pecados, viene la furia de Dios.* ⁷Ustedes solían hacer esas cosas cuando su vida aún formaba parte de este mundo; ⁸pero ahora es el momento de eliminar el enojo, la furia, el comportamiento malicioso, la calumnia y el lenguaje sucio. ⁹No se mientan unos a otros, porque ustedes ya se han quitado la vieja naturaleza pecaminosa y todos sus actos perversos. ¹⁰Vístanse con la nueva naturaleza y se renovarán a medida que aprendan a conocer a su Creador y se parezcan más a él. ¹¹En esta vida nueva no importa si uno es judío y amado,* si está o no circuncidado, si es inculto, incivilizado,* esclavo o libre. Cristo es lo único que importa, y él vive en todos nosotros.

¹²Dado que Dios los eligió para que sean su pueblo santo, y ustedes tienen que vestirse de tierna compasión, bondad, humildad, gentileza y paciencia. ¹³Sean comprensivos con las faltas de los demás y perdónen a todo el que los ofenda. Recuerden que el Señor los perdonó a ustedes, así que ustedes deben perdonar a otros. ¹⁴Sobre todo, vístanse de amor, lo cual nos une a todos en perfecta armonía. ¹⁵Y que la paz que viene de Cristo gobierne en sus corazones. Pues, como miembros de un mismo cuerpo, ustedes son llamados a vivir en paz. Y sean siempre agradecidos.

¹⁶Que el mensaje de Cristo, con toda su riqueza, llene sus vidas. Enséñense y aconséjense unos a otros con toda la sabiduría que él da. Canten salmos e himnos y canciones espirituales a Dios con un corazón agradecido. ¹⁷Y todo lo que hagan o digan, háganlo como representantes del Señor Jesús y den gracias a Dios Padre por medio de él.

Instrucciones para las familias cristianas

¹⁸Esposas, sujétese cada una a su esposo como corresponde a quienes pertenecen al Señor.

¹⁹Maridos, ame cada uno a su esposa y nunca la trate con aspereza.

²⁰Hijos, obedezcan siempre a sus padres, porque eso agrada al Señor. ²¹Padres,* no exasperen a sus hijos, para que no se desanimen.

²²Esclavos, obedezcan en todo a sus amos terrenales. Traten de agradarles todo el tiempo, no solo cuando ellos los observan. Sírvanlos con sinceridad debido al temor reverente que ustedes tienen al Señor. ²³Trabajen de buena gana en todo lo que hagan, como si fuera para el Señor y no para la gente. ²⁴Recuerden que el Señor los recompensará con una herencia y que el Amo a quien sirven es Cristo;* ²⁵pero si hacen lo que está mal, recibirán el pago por el mal que hayan hecho, porque Dios no tiene favoritos.

4 Amos, sean justos e imparciales con sus esclavos. Recuerden que ustedes también tienen un Amo en el cielo.

Aliento para orar

²Dedíquense a la oración con una mente alerta y un corazón agradecido. ³Oren también por nosotros, para que Dios nos dé muchas oportunidades para hablar de su misterioso plan acerca de Cristo. Por eso estoy aquí en cadenas. ⁴Oren para que pueda proclamar ese mensaje con la claridad que debo hacerlo.

⁵Vivan sabiamente entre los que no creen en Cristo y aprovechen al máximo cada oportunidad. ⁶Que sus conversaciones sean cordiales y agradables,* a fin de que ustedes tengan la respuesta adecuada para cada persona.

Instrucciones finales y saludos de Pablo

⁷Tíquico les contará con detalles cómo me va. Él es un amado hermano y un fiel colaborador que sirve conmigo en la obra del Señor. ⁸Precisamente lo envié para que les cuente cómo estamos y nos anime. ⁹También les envío a Onésimo, un fiel y amado hermano, quien es uno de ustedes. Él y Tíquico les contarán todo lo que sucede aquí.

¹⁰Aristarco, quien está en la cárcel conmigo, les manda saludos; y también los saluda Marcos, el primo de Bernabé. Tal como ya se les indicó, si Marcos pasa por allí, hagan que se sienta bienvenido. ¹¹Jesús (al que llamamos Justo) también envía saludos. Ellos son los únicos creyentes judíos entre mis colaboradores; trabajan aquí conmigo para el reino de Dios. ¡Y qué consuelo han sido para mí!

¹²Les manda saludos Epafras, un miembro de la misma comunidad de fe que ustedes y siervo de Cristo Jesús. Siempre ora con fervor por ustedes y le pide a Dios que los fortalezca y perfeccione, y les dé la plena confianza de que están cumpliendo toda la voluntad de Dios. ¹³Puedo asegurarles que él ora intensamente por ustedes y también por los creyentes en Laodicea y en Hierápolis.

¹⁴Les manda saludos Lucas, el médico amado, y también Demas. ¹⁵Les ruego que saluden de mi parte a nuestros hermanos en Laodicea, y también a Ninfas y a la iglesia que se reúne en su casa.

¹⁶Una vez que hayan leído esta carta, pásenla a la iglesia en Laodicea para que ellos también puedan leerla. Y ustedes deberían leer la carta que les escribí a ellos.

¹⁷Además, díganle a Arquipo: «Asegúrate de llevar a cabo el ministerio que el Señor te dio».

¹⁸FIRMO MI PROPIO SALUDO DE PUÑO Y LETRA: PABLO.

Recuerden que estoy en cadenas.

Que la gracia de Dios sea con ustedes.

3.6 Algunos manuscritos dicen *la furia de Dios viene sobre todos los que la desobedecen.* 3.11 *Gentil,* que no es judío. En griego *o griego.* 3.11b En griego *bárbaro, escita.* 3.21 En griego esta palabra se refiere solo a los hombres. 3.24 *O sirvan a Cristo como su Amo.* 4.6 En griego *y condimentadas con sal.*

1 Tesalonicenses

Saludos de Pablo

1 Nosotros, Pablo, Silas* y Timoteo, escribimos esta carta a la iglesia en Tesalónica, a ustedes que pertenecen a Dios Padre y al Señor Jesucristo.

Que Dios les dé gracia y paz.

La fe de los creyentes de Tesalónica

²Siempre damos gracias a Dios por todos ustedes y continuamente los tenemos presentes en nuestras oraciones. ³Al orar a nuestro Dios y Padre por ustedes, pensamos en el fiel trabajo que hacen, las acciones de amor que realizan y la constante esperanza que tienen a causa de nuestro Señor Jesucristo.

⁴Sabemos, amados hermanos, que Dios los ama y los ha elegido para que sean su pueblo. ⁵Pues, cuando les llevamos la Buena Noticia, no fue solo con palabras sino también con poder, porque el Espíritu Santo les dio plena certeza* de que lo que decíamos era verdad. Y ya saben de nuestra preocupación por ustedes por la forma en que nos comportamos entre ustedes. ⁶Así que recibieron el mensaje con la alegría del Espíritu Santo, a pesar del gran sufrimiento que les trajo. De este modo nos imitaron a nosotros y también al Señor. ⁷Como resultado, han llegado a ser un ejemplo para todos los creyentes de Grecia, es decir, por toda Macedonia y Acaya.*

⁸Y ahora, la palabra del Señor está siendo anunciada, partiendo de ustedes a gente de todas partes, aun más allá de Macedonia y Acaya, pues adondequiera que vamos, encontramos personas que nos hablan de la fe que ustedes tienen en Dios. No hace falta que las mencionemos, ⁹pues no dejan de hablar de la maravillosa bienvenida que ustedes nos dieron y de cómo se apartaron de los ídolos para servir al Dios vivo y verdadero. ¹⁰También comentan cómo ustedes esperan con ansias la venida, desde el cielo, del Hijo de Dios, Jesús, a quien Dios levantó de los muertos. Él es quien nos rescató de los horrores del juicio venidero.

Pablo recuerda su visita

2 Ustedes bien saben, amados hermanos, que nuestra visita a ustedes no fue un fracaso. ²Saben lo mal que nos trataron en Filipos y cuánto sufrimos allí justo antes de verlos a ustedes. Aun así, nuestro Dios nos dio el valor de anunciarles la Buena Noticia con valentía, a pesar de gran oposición. ³Como ven, no predicamos con engaño ni con intenciones impuras o artimañas.

⁴Pues hablamos como mensajeros aprobados por Dios, a quienes se les confió la Buena Noticia. Nuestro propósito es agradar a Dios, no a las personas. Solamente él examina las intenciones de nuestro corazón. ⁵Como bien saben, ni una sola vez tratamos de ganarlos adulándolos. ¡Y Dios es nuestro testigo de que nunca aparentamos ser amigos de ustedes con el fin de sacarles dinero! ⁶En cuanto a elogios humanos, nunca los hemos buscado ni de ustedes ni de nadie.

⁷Como apóstoles de Cristo, sin duda teníamos el derecho de hacerles ciertas exigencias; sin embargo, fuimos como niños* entre ustedes. O bien, fuimos como una madre que alimenta y cuida a sus propios hijos. ⁸Los amamos tanto que no solo les presentamos la Buena Noticia de Dios, sino que también les abrimos nuestra propia vida.

⁹¿Acaso no se acuerdan, amados hermanos, cuánto trabajamos entre ustedes? Día y noche nos esforzamos por ganarnos la vida, a fin de no ser una carga para ninguno de ustedes mientras les predicábamos la Buena Noticia de Dios. ¹⁰Ustedes mismos son nuestros testigos —al igual que Dios— de que fuimos consagrados, sinceros e intachables con todos ustedes, los creyentes. ¹¹Y saben que tratamos a cada uno como un padre trata a sus propios hijos. ¹²Les rogamos, los alentamos y les insistimos que lleven una vida que Dios considere digna. Pues él los llamó para que tengan parte en su reino y gloria.

¹³Por lo tanto, nunca dejamos de darle gracias a Dios de que cuando recibieron su mensaje de parte nuestra, ustedes no consideraron nuestras palabras como solo ideas humanas. Tomaron lo que dijimos como la misma palabra de Dios, la cual, por supuesto, lo es. Y esta palabra sigue actuando en ustedes los que creen.

¹⁴Y luego, amados hermanos, sufrieron persecución por parte de sus propios compatriotas. De esta manera imitaron a los creyentes de las iglesias de Dios en Judea, quienes por su fe en

---

1:1 En griego *Silvano*, la forma griega de este nombre.   1:5 O *con el poder del Espíritu Santo, para que pudieran tener plena certeza*.   1:7 *Macedonia* y *Acaya* eran la región del norte y la región del sur de Grecia respectivamente.   2:7 Algunos manuscritos dicen *fuimos tiernos*.

Cristo Jesús sufrieron a manos de su propio pueblo, los judíos. ¹⁵Pues algunos de los judíos mataron a los profetas, y otros incluso mataron al Señor Jesús. Ahora también nos han perseguido a nosotros. Ellos no agradan a Dios y actúan en contra de toda la humanidad ¹⁶al tratar de impedir que prediquemos la Buena Noticia de salvación a los gentiles.* Cuando hacen esto siguen amontonando sus pecados, pero la ira de Dios por fin los ha alcanzado.

El buen informe de Timoteo sobre la iglesia

¹⁷Amados hermanos, después de estar separados de ustedes por un breve tiempo (aunque nuestro corazón nunca los dejó), hicimos todo lo posible por regresar, debido a nuestro intenso anhelo de volver a verlos. ¹⁸Teníamos muchas ganas de visitarlos de nuevo, y yo, Pablo, lo intenté una y otra vez, pero Satanás nos lo impidió. ¹⁹Después de todo, ¿qué es lo que nos da esperanza y alegría? ¿y cuál será nuestra orgullosa recompensa y corona al estar delante del Señor Jesús cuando él regrese? ¡Son ustedes! ²⁰Sí, ustedes son nuestro orgullo y nuestra alegría.

3 Por último, cuando ya no pudimos soportarlo más, decidimos quedarnos solos en Atenas ²y enviamos a Timoteo para que los visitara. Él es hermano nuestro y colaborador de Dios* en la proclamación de la Buena Noticia de Cristo. Lo enviamos a ustedes para que los fortaleciera, los alentara en su fe ³y los ayudara a no ser perturbados por las dificultades que atravesaban; pero ustedes saben que estamos destinados a pasar por tales dificultades. ⁴Aun cuando estábamos con ustedes, les advertimos que las dificultades pronto llegarían, y así sucedió, como bien saben. ⁵Por esta razón, cuando ya no pude más, envié a Timoteo para averiguar si la fe de ustedes seguía firme. Tenía miedo de que el tentador los hubiera vencido y que nuestro trabajo hubiera sido en vano.

⁶Pero ahora Timoteo acaba de regresar y nos trajo buenas noticias acerca de la fe y el amor de ustedes. Nos contó que siempre recuerdan nuestra visita con alegría y que desean vernos tanto como nosotros deseamos verlos a ustedes. ⁷Así que, amados hermanos, en medio de nuestras dificultades y sufrimientos hemos sido muy animados porque han permanecido firmes en su fe. ⁸Nos reaviva saber que están firmes en el Señor.

⁹¡Cuánto le agradecemos a Dios por ustedes! Gracias a ustedes tenemos gran alegría cuando entramos en la presencia de Dios. ¹⁰Día y noche oramos con fervor por ustedes, pidiéndole a Dios que nos permita volver a verlos y completar lo que falte en su fe.

¹¹Que Dios nuestro Padre y nuestro Señor Jesús nos lleven muy pronto a verlos a ustedes. ¹²Y que el Señor haga crecer y sobreabundar el amor que tienen unos por otros y por toda la gente, tanto como sobreabunda nuestro amor por ustedes. ¹³Que él nos establezca, fortalezca su corazón para que esté sin culpa y sea santo al estar ustedes delante de Dios nuestro Padre cuando nuestro Señor Jesús regrese con todo su pueblo santo. Amén.

Vivir para agradar a Dios

4 Finalmente, amados hermanos, les rogamos en el nombre del Señor Jesús que vivan de una manera que le agrada a Dios, tal como les enseñamos. Ustedes ya viven de esta manera, y los animamos a que lo sigan haciendo aún más. ²Pues recuerden lo que les enseñamos por la autoridad del Señor Jesús.

³La voluntad de Dios es que sean santos, entonces aléjense de todo pecado sexual. ⁴Como resultado cada uno controla su propio cuerpo* y vivirá en santidad y honor, ⁵no en pasiones sensuales como viven los paganos, que no conocen a Dios ni sus caminos. ⁶Nunca hagan daño ni engañen a un hermano cristiano en este asunto, teniendo relaciones sexuales con su esposa,* porque el Señor toma venganza de todos esos pecados, como ya les hemos advertido solemnemente. ⁷Dios nos ha llamado a vivir vidas santas, no impuras. ⁸Por lo tanto, todo el que se niega a vivir de acuerdo con estas reglas no desobedece enseñanzas humanas sino que rechaza a Dios, quien les da el Espíritu Santo.

⁹Pero no hace falta que les escribamos sobre la importancia de amarse mutuamente,* pues Dios mismo les ha enseñado a amarse unos a otros. ¹⁰Es más, ustedes ya muestran amor por todos los creyentes* en toda Macedonia. Aun así, amados hermanos, les rogamos que los amen todavía más.

¹¹Pónganse como objetivo vivir una vida tranquila, ocúpense de sus propios asuntos y trabajen con sus manos, tal como los instruimos anteriormente. ¹²Entonces la gente que no es cristiana respetará la manera en que ustedes viven, y no tendrán que depender de otros.

La esperanza de la resurrección

¹³Y ahora, amados hermanos, queremos que sepan lo que sucederá con los creyentes que han muerto,* para que no se entristezcan como los que no tienen esperanza. ¹⁴Pues, ya que creemos que Jesús murió y resucitó, también creemos que cuando Jesús vuelva, Dios traerá junto con él a los creyentes que hayan muerto.

¹⁵Les decimos lo siguiente de parte del Señor nosotros, los que todavía estemos vivos cuando el Señor regrese, no nos encontraremos con

2:16 *Gentil[es], que no es judío.* 3:2 Otros manuscritos dicen *y siervo de Dios;* incluso otros dicen *y un colaborador,* o *y siervo y colaborador de Dios,* o *y siervo de Dios y colaborador nuestro.* 4:4 O *sabrá cómo tomar a una esposa para sí mismo;* o *aprenderá a vivir con su propia esposa,* en griego dice *sabrá cómo poseer su propia vasija.* 4:6 En griego *Nunca hagan daño ni engañen a un hermano.* 4:9 En griego *sobre el amor fraternal.* 4:10 En griego *los hermanos.* 4:13 En griego *los que han dormido;* también en 4:14, 15.

él antes de los que ya hayan muerto. ¹⁶Pues el Señor mismo descenderá del cielo con un grito de mando, con voz de arcángel y con el llamado de trompeta de Dios. Primero, los cristianos que hayan muerto* se levantarán de sus tumbas. ¹⁷Luego, junto con ellos, nosotros los que aún sigamos vivos sobre la tierra, seremos arrebatados en las nubes para encontrarnos con el Señor en el aire. Entonces estaremos con el Señor para siempre. ¹⁸Así que anímense unos a otros con estas palabras.

5 Ahora bien, amados hermanos, con respecto a cómo y cuándo sucederá todo esto, en realidad no es necesario que les escribamos. ²Pues ustedes saben muy bien que el día del regreso del Señor llegará inesperadamente, como un ladrón en la noche. ³Cuando la gente esté diciendo: «Todo está tranquilo y seguro», entonces le caerá encima la catástrofe tan repentinamente como la vienen los dolores de parto a una mujer embarazada; y no habrá escapatoria posible.

⁴Pero ustedes, amados hermanos, no están a oscuras acerca de estos temas, y no serán sorprendidos cuando el día del Señor venga como un ladrón.* ⁵Pues todos ustedes son hijos de la luz y del día; no pertenecemos a la oscuridad y a la noche. ⁶Así que manténganse en guardia, no dormidos como los demás. Estén alerta y lúcidos. ⁷Es en la noche cuando la gente duerme y los bebedores se emborrachan; ⁸pero los que vivimos en la luz estemos lúcidos, protegidos por la armadura de la fe y el amor, y usemos, por casco, la confianza de nuestra salvación.

⁹Pues Dios escogió salvarnos por medio de nuestro Señor Jesucristo y no derramar su enojo sobre nosotros. ¹⁰Cristo murió por nosotros para que —estemos vivos o muertos cuando regrese— podamos vivir con él para siempre. ¹¹Así

que aliéntense y edifíquense unos a otros, tal como ya lo hacen.

Consejos finales de Pablo

¹²Amados hermanos, honren a sus líderes en la obra del Señor. Ellos trabajan arduamente entre ustedes y les dan orientación espiritual. ¹³Ténganles mucho respeto y de todo corazón demuéstrenles amor por la obra que realizan. Y vivan en paz unos con otros.

¹⁴Hermanos, les rogamos que amonesten a los perezosos. Alienten a los tímidos. Cuiden con ternura a los débiles. Sean pacientes con todos.

¹⁵Asegúrense de que ninguno pague mal por mal, más bien siempre traten de hacer el bien entre ustedes y a todos los demás.

¹⁶Estén siempre alegres. ¹⁷Nunca dejen de orar. ¹⁸Sean agradecidos en toda circunstancia, pues esta es la voluntad de Dios para ustedes, los que pertenecen a Cristo Jesús.

¹⁹No apaguen al Espíritu Santo. ²⁰No se burlen de las profecías, ²¹sino pongan a prueba todo lo que se dice. Retengan lo que es bueno. ²²Aléjense de toda clase de mal.

Saludos finales de Pablo

²³Ahora, que el Dios de paz los haga santos en todos los aspectos, y que todo su espíritu, alma y cuerpo se mantenga sin culpa hasta que nuestro Señor Jesucristo vuelva. ²⁴Dios hará que esto suceda, porque aquel que los llama es fiel.

²⁵Amados hermanos, oren por nosotros. ²⁶Saluden a todos los hermanos con amor cristiano.*

²⁷Les ordeno, en el nombre del Señor, que les lean esta carta a todos los demás hermanos.

²⁸Que la gracia de nuestro Señor Jesucristo sea con ustedes.

4:16 En griego *los muertos en Cristo.* **5:4** Algunos manuscritos dicen *les sobrevenga como si ustedes fueran ladrones.* **5:26** En griego *con un beso santo.*

2 Tesalonicenses

Saludos de Pablo

1 Nosotros, Pablo, Silas* y Timoteo, escribimos esta carta a la iglesia en Tesalónica, a ustedes que pertenecen a Dios nuestro Padre y al Señor Jesucristo.

² Que Dios nuestro Padre* y el Señor Jesucristo les den gracia y paz.

Ánimo durante la persecución

³ Amados hermanos, no podemos más que agradecerle a Dios por ustedes, porque su fe está floreciendo, y el amor de unos por otros, creciendo. ⁴ Con orgullo les contamos a las demás iglesias de Dios acerca de la constancia y la fidelidad de ustedes en todas las persecuciones y privaciones que están sufriendo. ⁵ Y Dios usará esa persecución para mostrar su justicia y para hacerlos dignos de su reino, por el cual sufren. ⁶ En su justicia él les dará su merecido a quienes los persiguen.

⁷ Y Dios les brindará descanso a ustedes que están siendo perseguidos y también a nosotros cuando el Señor Jesús aparezca desde el cielo. Él vendrá con sus ángeles poderosos, ⁸ en llamas de fuego, y traerá juicio sobre los que no conocen a Dios y sobre los que se niegan a obedecer la Buena Noticia de nuestro Señor Jesús. ⁹ Serán castigados con destrucción eterna, separados para siempre del Señor y de su glorioso poder. ¹⁰ Aquel día cuando él venga, recibirá gloria de su pueblo santo y alabanza de todos los que creen. Esto también los incluye a ustedes, porque creyeron lo que les dijimos acerca de él.

¹¹ Así que seguimos orando por ustedes, pidiéndole a nuestro Dios que los ayude para que vivan una vida digna de su llamado. Que él les dé el poder para llevar a cabo todas las cosas buenas que la fe los mueve a hacer. ¹² Entonces el nombre de nuestro Señor Jesús será honrado por la vida que llevan ustedes, y serán honrados junto con él. Todo esto se hace posible por la gracia de nuestro Dios y Señor, Jesucristo.*

Acontecimientos previos a la segunda venida del Señor

2 Ahora, amados hermanos, aclaremos algunos aspectos sobre la venida de nuestro Señor Jesucristo y cómo seremos reunidos para encontrarnos con él. ² No se dejen perturbar ni se alarmen tan fácilmente por los que dicen que el día del Señor ya ha comenzado. No les crean, ni siquiera si afirman haber tenido una visión espiritual, una revelación o haber recibido una carta supuestamente de nosotros. ³ No se dejen engañar por lo que dicen. Pues aquel día no vendrá hasta que haya una gran rebelión contra Dios y se dé a conocer el hombre de anarquía,* aquel que trae destrucción.* ⁴ Se exaltará a sí mismo y se opondrá a todo lo que la gente llame «dios» y a cada objeto de culto. Incluso se sentará en el templo de Dios y afirmará que él mismo es Dios.

⁵ ¿No se acuerdan de que les mencioné todo esto cuando estuve con ustedes? ⁶ Y ustedes saben qué es lo que lo detiene, porque solo puede darse a conocer cuando le llegue su momento. ⁷ Pues esa anarquía ya está en marcha en forma secreta, y permanecerá secreta hasta que el que la detiene se quite de en medio. ⁸ Entonces el hombre de anarquía será dado a conocer, pero el Señor Jesús lo matará con el soplo de su boca y lo destruirá con el esplendor de su venida.

⁹ Ese hombre vendrá a hacer la obra de Satanás con poder, señales y milagros falsos. ¹⁰ Se valdrá de toda clase de mentiras malignas para engañar a los que van rumbo a la destrucción, porque se niegan a amar y a aceptar la verdad que los salvaría. ¹¹ Por lo tanto, Dios hará que ellos sean engañados en gran manera y creerán esas mentiras. ¹² Entonces serán condenados por deleitarse en la maldad en lugar de creer en la verdad.

Los creyentes deben permanecer firmes

¹³ En cuanto a nosotros, no podemos más que agradecerle a Dios por ustedes, queridos hermanos, amados por el Señor. Siempre estamos agradecidos de que Dios los eligió para que estén entre los primeros* en experimentar la salvación, una salvación que vino mediante el Espíritu —quien los hace santos— y por creer en la verdad. ¹⁴ Él los llamó a la salvación cuando les anunciamos la Buena Noticia, ahora pueden participar de la gloria de nuestro Señor Jesucristo.

¹⁵ Con todo esto en mente, amados hermanos, permanezcan firmes y sigan bien aferrados a las

---

1:1 En griego *Silvano*, la forma griega de este nombre. **1:2** Algunos manuscritos dicen *Dios el Padre*. **1:12** O *de nuestro Dios y nuestro Señor Jesucristo*. **2:3a** Algunos manuscritos dicen *el hombre de pecado*. **2:3b** En griego *el hijo de destrucción*. **2:13** Algunos manuscritos dicen *los eligió desde el principio para experimentar*.

enseñanzas que les transmitimos tanto en persona como por carta.

16Que nuestro Señor Jesucristo mismo y Dios nuestro Padre, quien nos amó y por su gracia nos dio consuelo eterno y una esperanza maravillosa, 17los conforten y fortalezcan en todo lo bueno que ustedes hagan y digan.

Pablo pide oración

3 Finalmente, amados hermanos, les pedimos que oren por nosotros. Oren para que el mensaje del Señor se difunda rápidamente y sea honrado en todo lugar adonde llegue, así como cuando les llegó a ustedes. 2Oren, también, para que seamos rescatados de gente perversa y mala, porque no todos son creyentes. 3Pero el Señor es fiel; él los fortalecerá y los protegerá del maligno.* 4Además, confiamos en el Señor que ustedes hacen y seguirán haciendo lo que les ordenamos. 5Que el Señor les guíe el corazón a un entendimiento total y a una expresión plena del amor de Dios, y a la perseverancia con paciencia que proviene de Cristo.

Exhortación a vivir correctamente

6Y ahora, amados hermanos, les damos el siguiente mandato en el nombre de nuestro Señor Jesucristo: aléjense de todos los creyentes* que llevan vidas ociosas y que no siguen la tradición que recibieron* de nosotros. 7Pues ustedes saben que deben imitarnos. No estuvimos sin hacer nada cuando los visitamos a ustedes. 8En ningún momento aceptamos comida de nadie sin pagarla. Trabajamos mucho de día y de noche a fin de no ser una carga para ninguno de ustedes. 9Por cierto, teníamos el derecho de pedirles que nos alimentaran, pero quisimos dejarles un ejemplo que seguir. 10Incluso mientras estábamos con ustedes les dimos la siguiente orden: «Los que no están dispuestos a trabajar que tampoco coman».

11Sin embargo, oímos que algunos de ustedes llevan vidas de ocio, se niegan a trabajar y se entrometen en los asuntos de los demás. 12Les ordenamos a tales personas y les rogamos en el nombre del Señor Jesucristo que se tranquilicen y que trabajen para ganarse la vida. 13En cuanto al resto de ustedes, amados hermanos, nunca se cansen de hacer el bien.

14Tomen nota de quienes rehúsan obedecer lo que decimos en esta carta. Aléjense de ellos, para que se avergüencen. 15No los vean como enemigos, sino que llámenles la atención como lo harían con un hermano.*

Saludos finales de Pablo

16Ahora, que el mismo Señor de paz les dé su paz en todo momento y en cada situación. El Señor sea con todos ustedes.

17AQUÍ ESTÁ MI SALUDO DE MI PROPIO PUÑO Y LETRA: PABLO.

HAGO ESTO EN TODAS MIS CARTAS PARA PROBAR QUE SON MÍAS.

18Que la gracia de nuestro Señor Jesucristo sea con todos ustedes.*

3:3 O *del mal.* 3:6a En griego *de todo hermano.* 3:6b Algunos manuscritos dicen *ustedes recibieron.* 3:15 En griego *como a un hermano.*

1 Timoteo

Saludos de Pablo

1 Yo, Pablo, apóstol de Cristo Jesús, nombrado por mandato de Dios nuestro Salvador y de Cristo Jesús, quien nos da esperanza, ²le escribo esta carta a Timoteo, mi verdadero hijo en la fe.

Que Dios Padre y Cristo Jesús nuestro Señor te den gracia, misericordia y paz.

Advertencia contra las falsas enseñanzas

³Cuando partí hacia Macedonia, te rogué que te quedaras allí en Éfeso y que frenaras a esas personas cuyas enseñanzas son contrarias a la verdad. ⁴No dejes que pierdan el tiempo en debates interminables sobre mitos y linajes espirituales. Esto sólo conduce a especulaciones sin sentido alguno,* que no ayudan a que la gente lleve una vida de fe en Dios.*

⁵El propósito de mi instrucción es que todos los creyentes sean llenos del amor que brota de un corazón puro, de una conciencia limpia y de una fe sincera; ⁶pero algunos no lo entendieron. Se desviaron de estas cosas y pasan el tiempo en debates sin sentido. ⁷Quieren ser reconocidos como maestros de la ley de Moisés, pero no tienen ni idea de lo que están diciendo a pesar de que hablan con mucha seguridad.

⁸Nosotros sabemos que la ley es buena cuando se usa correctamente. ⁹Pues la ley no fue diseñada para la gente que hace lo correcto. Es para los transgresores y rebeldes, para los desobedientes a Dios y los pecadores, para quienes no consideran nada sagrado y que profanan lo que es santo, para quienes matan a su padre o a su madre, o cometen otros homicidios. ¹⁰La ley es para los que cometen inmoralidades sexuales o los que practican la homosexualidad o los traficantes de esclavos,* los mentirosos, los que no cumplen sus promesas o los que hacen cualquier otra cosa que contradiga la sana enseñanza ¹¹que proviene de la gloriosa Buena Noticia, que me confió nuestro bendito Dios.

Gratitud de Pablo por la misericordia de Dios

¹²Le doy gracias a Cristo Jesús nuestro Señor, quien me ha dado fuerzas para llevar a cabo su obra. Él me consideró digno de confianza y me designó para servirlo, ¹³a pesar de que yo antes blasfemaba el nombre de Cristo. En mi insolencia, yo perseguía a su pueblo; pero Dios tuvo misericordia de mí, porque lo hacía por ignorancia y porque era un incrédulo. ¹⁴¡Oh, qué tan generoso y lleno de gracia fue el Señor! Me llenó de la fe y del amor que provienen de Cristo Jesús.

¹⁵La siguiente declaración es digna de confianza, y todos deberían aceptarla: «Cristo Jesús vino al mundo para salvar a los pecadores», de los cuales yo soy el peor de todos. ¹⁶Pero Dios tuvo misericordia de mí, para que Cristo Jesús me usara como principal ejemplo de su gran paciencia con aun los peores pecadores. De esa manera, otros se darán cuenta de que también pueden creer en él y recibir la vida eterna. ¹⁷¡Que todo el honor y toda la gloria sean para Dios por siempre y para siempre! Él es el Rey eterno, el invisible que nunca muere; solamente él es Dios. Amén.

La responsabilidad de Timoteo

¹⁸Timoteo, hijo mío, te doy estas instrucciones, basadas en las palabras proféticas que se dijeron tiempo atrás acerca de ti. Espero que te ayuden a pelear bien en las batallas del Señor. ¹⁹Aférrate a tu fe en Cristo y mantén limpia tu conciencia. Pues algunas personas desobedecieron a propósito lo que les dictaba su conciencia y, como resultado, su fe naufragó. ²⁰Himeneo y Alejandro son dos ejemplos. Yo los expulsé y se los entregué a Satanás, para que aprendieran a no blasfemar contra Dios.

Instrucciones sobre la adoración

2 En primer lugar, te ruego que ores por todos los seres humanos. Pídele a Dios que los ayude; intercede en su favor, y da gracias por ellos. ²Ora de ese modo por los reyes y por todos los que están en autoridad, para que podamos tener una vida pacífica y tranquila, caracterizada por la devoción a Dios y la dignidad. ³Esto es bueno y le agrada a Dios nuestro Salvador, ⁴quien quiere que todos se salven y lleguen a conocer la verdad. ⁵Pues hay sólo un Dios y sólo un Mediador que puede reconciliar a la humanidad con Dios, y es el hombre Cristo Jesús. ⁶Él dio su vida para comprarles la libertad a todos. Este es el mensaje que Dios le dio al mundo justo en el momento preciso. ⁷Y yo fui elegido como predicador y

---

1:4a En griego *en mitos y genealogías interminables, que generan especulaciones.* 1:4b En griego *una mayordomía de Dios en la fe.*
1.10 O *secuestradores.*

apóstol para enseñarles a los gentiles* este mensaje acerca de la fe y la verdad. No estoy exagerando, solo digo la verdad.

⁸Deseo que en cada lugar de adoración los hombres oren con manos santas, levantadas a Dios, y libres de enojo y controversia.

⁹Y quiero que las mujeres se vistan de una manera modesta.* Deberían llevar ropa decente y apropiada y no llamar la atención con la manera en que se arreglan el cabello ni con accesorios de oro ni con perlas ni ropa costosa. ¹⁰Pues las mujeres que pretenden ser dedicadas a Dios deberían hacerse atractivas por las cosas buenas que hacen.

¹¹Las mujeres deben aprender en silencio y sumisión. ¹²Yo no les permito a las mujeres que les enseñen a los hombres ni que tengan autoridad sobre ellos,* sino que escuchen en silencio. ¹³Pues Dios primero creó a Adán y luego hizo a Eva. ¹⁴Ahora bien, no fue Adán el engañado por Satanás; la mujer fue la engañada y la consecuencia fue el pecado. ¹⁵Sin embargo, las mujeres se salvarán al tener hijos,* siempre y cuando sigan viviendo en la fe, el amor, la santidad y la modestia.

Los líderes de la iglesia

3 La siguiente declaración es digna de confianza: «Si alguno aspira a ocupar el cargo de anciano en la iglesia,* desea una posición honorable». ²Por esta razón un anciano debe ser un hombre que lleve una vida intachable. Debe serle fiel a su esposa.* Debe tener control propio, vivir sabiamente y tener una buena reputación. Con agrado debe recibir visitas y huéspedes en su casa y también debe tener la capacidad de enseñar. ³No debe emborracharse* ni ser violento. Debe ser amable, no debe buscar pleitos ni amar el dinero. ⁴Debe dirigir bien a su propia familia, y que sus hijos lo respeten y lo obedezcan. ⁵Pues, si un hombre no puede dirigir a los de su propia casa, ¿cómo podrá cuidar de la iglesia de Dios?

⁶Un anciano no debe ser un nuevo creyente porque podría volverse orgulloso, y el diablo lo haría caer.* ⁷Además, la gente que no es de la iglesia debe hablar bien de él, para que no sea deshonrado y caiga en la trampa del diablo.

⁸De la misma manera, los diáconos deben ser dignos de mucho respeto y tener integridad. No deben emborracharse ni ser deshonestos con el dinero. ⁹Tienen que estar comprometidos con el misterio de la fe que ahora ha sido revelado y vivir con la conciencia limpia. ¹⁰Que sean evaluados cuidadosamente antes de ser nombrados como diáconos. Si pasan el examen, entonces que sirvan como diáconos.

¹¹De la misma manera, sus esposas* deben ser dignas de respeto y no calumniar a nadie. Deben tener control propio y ser fieles en todo lo que hagan.

¹²Un diácono debe serle fiel a su esposa, dirigir bien a sus hijos y a los demás de su casa. ¹³Los que hagan bien su trabajo como diáconos serán recompensados con el respeto de los demás y aumentarán su confianza en la fe en Cristo Jesús.

Verdades de nuestra fe

¹⁴Aunque espero verte pronto te escribo estas cosas ahora, ¹⁵para que, si me retraso, sepas cómo deben comportarse las personas en la familia de Dios. Esta es la iglesia del Dios viviente, columna y fundamento de la verdad.

¹⁶Sin duda alguna, el gran misterio de nuestra fe es el siguiente:

Cristo* fue revelado en un cuerpo humano
    y vindicado por el Espíritu.*
Fue visto por ángeles
    y anunciado a las naciones.
Fue creído en todo el mundo
    y llevado al cielo en gloria.

Advertencias contra los falsos maestros

4 Ahora bien, el Espíritu Santo nos dice claramente que en los últimos tiempos algunos se apartarán de la fe verdadera; seguirán espíritus engañosos y enseñanzas que provienen de demonios. ²Estas personas son hipócritas y mentirosas, y tienen muerta* la conciencia. ³Dirán que está mal casarse y que está mal comer determinados alimentos; pero Dios creó esos alimentos para que los coman con gratitud las personas fieles que conocen la verdad. ⁴Ya que todo lo que Dios creó es bueno, no deberíamos rechazar nada, sino recibirlo con gratitud. ⁵Pues sabemos que se hace aceptable* por la palabra de Dios y la oración.

Un buen siervo de Cristo Jesús

⁶Si les explicas estas cosas a los hermanos, serás un digno siervo de Cristo Jesús, bien alimentado con el mensaje de fe y la buena enseñanza que has seguido. ⁷No pierdas el tiempo discutiendo sobre ideas mundanas y cuentos de viejas. En lugar de eso, entrénate para la sumisión a Dios. ⁸«El entrenamiento físico es bueno, pero entrenarse en la sumisión a Dios es mucho mejor, porque promete beneficios en esta vida y en la vida que viene». ⁹Esta declaración es digna de confianza, y todos deberían aceptarla. ¹⁰Es por eso que trabajamos con esmero y seguimos luchando,* porque nuestra esperanza está puesta en el Dios viviente, quien es el Salvador

---

2:7 Gentil(es), que no es judío.   2:9 U oren con ropa modesta.   2:12 O enseñen a los hombres ni usurpen su autoridad.   2:15 O serán salvas al aceptar su rol de madres, o serán salvas por el nacimiento del Niño.   3:1 O supervisor, u obispo; también en 3:2, 6.   3:2 O debe tener una sola esposa, o debe estar casado sólo una vez; en griego dice debe ser esposo de una sola esposa; también en 3:12.   3:3 En griego no debe beber demasiado vino; también en 3:8.   3:6 O podría caer en el mismo juicio que el diablo.   3:11 O las diaconisas. La palabra griega puede traducirse mujeres o esposas.   3:16a O de la sumisión a Dios.   3:16b En griego Él, quien; otros manuscritos dicen Dios.   3:16c O en su espíritu.   4:2 En griego cauterizada.   4:5 O se hace santo.   4:10 Algunos manuscritos dicen seguimos sufriendo.

de toda la humanidad y, en especial, de todos los creyentes.

¹¹Enseña esas cosas e insiste en que todos las aprendan. ¹²No permitas que nadie te subestime por ser joven. Sé un ejemplo para todos los creyentes en lo que dices, en la forma en que vives, en tu amor, tu fe y tu pureza. ¹³Hasta yo llegue, dedícate a leer las Escrituras a la iglesia, y a animar y a enseñarles a los creyentes.

¹⁴No descuides el don espiritual que recibiste mediante la profecía que se pronunció acerca de ti cuando los ancianos de la iglesia te impusieron las manos. ¹⁵Presta suma atención a estos asuntos. Entrégate de lleno a tus tareas, para que todos vean cuánto has progresado. ¹⁶Ten mucho cuidado de cómo vives y de lo que enseñas. Mantente firme en lo que es correcto por el bien de tu propia salvación y la de quienes te oyen.

Consejos sobre las viudas, los ancianos y los esclavos

5 Nunca le hables con aspereza a un hombre mayor,* sino llámale la atención con respeto como lo harías con tu propio padre. Dirígete a los jóvenes como si les hablaras a tus propios hermanos. ²Trata a las mujeres mayores como lo harías con tu madre y trata a las jóvenes como a tus propias hermanas, con toda pureza.

³Atiende* a toda viuda que no tenga a nadie quien la cuide. ⁴Pero, si ella tiene hijos o nietos, la primera responsabilidad de ellos es poner en práctica la sumisión a Dios en su hogar y retribuir a sus padres al cuidarlos. Esto es algo que le agrada a Dios.

⁵Ahora bien, una verdadera viuda —una mujer que realmente está sola en este mundo— es aquella que ha puesto su esperanza en Dios. Día y noche ora a Dios pidiéndole su ayuda, ⁶pero la viuda que solamente vive para el placer está espiritualmente muerta en vida. ⁷Dale estas instrucciones a la iglesia, para que nadie quede expuesto a la crítica.

⁸Aquellos que se niegan a cuidar de sus familiares, especialmente los de su propia casa, han negado la fe verdadera y son peores que los incrédulos.

⁹Para que una viuda esté en la lista de ayuda tiene que tener al menos sesenta años y haberle sido fiel a su marido.* ¹⁰Debe ser alguien que se haya ganado el respeto de todos por el bien que haya hecho. ¿Crió bien a sus hijos? ¿Fue amable con los extranjeros y sirvió con humildad a otros creyentes?* ¿Ha ayudado a los que están en dificultades? ¿Ha estado siempre dispuesta a hacer el bien?

¹¹Las viudas más jóvenes no deberían estar en la lista, porque sus deseos físicos podrán más que su devoción a Cristo y querrán volver a casarse. ¹²De esa manera, serían culpables de romper

su promesa anterior. ¹³Y, si están en la lista, se acostumbrarán a ser perezosas y pasarán todo el tiempo yendo de casa en casa chismeando, entrometiéndose en la vida de los demás y hablando de lo que no deben. ¹⁴Así que yo aconsejo a estas viudas jóvenes que vuelvan a casarse, que tengan hijos y que cuiden de sus propios hogares. Entonces el enemigo no podrá decir nada en contra de ellas. ¹⁵Pues me temo que algunas ya se han descarriado y ahora siguen a Satanás.

¹⁶Si una mujer creyente tiene parientes que son viudas, debe cuidar de ellas y no darle a la iglesia la responsabilidad. Entonces, la iglesia podrá atender a las viudas que están realmente solas.

¹⁷Los ancianos que cumplen bien su función deberían ser respetados y bien remunerados,* en particular los que trabajan con esmero tanto en la predicación como en la enseñanza. ¹⁸Pues la Escritura dice: «No le pongas bozal al buey para impedirle que coma mientras trilla el grano». Y dice también: «¡Todo el que trabaja merece recibir su salario!»*

¹⁹No escuches ninguna acusación contra un anciano, a menos que haya dos o tres testigos que lo confirmen. ²⁰Los que están en pecado deberían ser reprendidos delante de toda la congregación, lo cual servirá de firme advertencia para los demás.

²¹Te ordeno solemnemente, en presencia de Dios y de Cristo Jesús y de los ángeles altísimos, que obedezcas estas instrucciones sin tomar partido ni mostrar favoritismo por nadie.

²²Nunca te apresures cuando tengas que nombrar a un líder de la iglesia.* No participes en los pecados de los demás. Mantente puro.

²³No bebas agua solamente. Deberías tomar un poco de vino por el bien de tu estómago, ya que te enfermas muy seguido.

²⁴Recuerda que los pecados de algunos individuos son evidentes, y los llevan a un juicio inevitable; pero los pecados de otros se revelarán después. ²⁵De la misma manera, las buenas acciones de algunos son evidentes. Y las buenas acciones que se hacen en secreto algún día saldrán a la luz.

6 Todos los esclavos deberían tener sumo respeto por sus amos para no avergonzar el nombre de Dios y su enseñanza. ²El hecho de que tengan amos creyentes no es excusa para ser irrespetuosos. Al contrario, esos esclavos deberían servir a sus amos con mucho más esmero, porque ese esfuerzo beneficia a otros muy amados creyentes.*

La falsa enseñanza y la verdadera riqueza

Timoteo, enseña estas cosas y anima a todos a que las obedezcan. ³Puede ser que algunas personas nos contradigan, pero lo que enseñamos es la sana enseñanza de nuestro Señor Jesucristo, la cual conduce a una vida de sumisión a Dios. ⁴Cualquiera que enseñe algo diferente es arrogante y le falta entendimiento. Tal persona tiene el deseo enfermizo de cuestionar el significado de cada palabra. Esto provoca discusiones que terminan en celos, divisiones, calumnias y malas sospechas. ⁵Individuos como estos siempre causan problemas. Tienen la mente corrompida y le han dado la espalda a la verdad. Para ellos, mostrar sumisión a Dios es solo un medio para enriquecerse.

⁶Ahora bien, la verdadera sumisión a Dios es una gran riqueza en sí misma cuando uno está contento con lo que tiene. ⁷Después de todo, no trajimos nada cuando vinimos a este mundo ni tampoco podremos llevarnos nada cuando lo dejemos. ⁸Así que, si tenemos suficiente alimento y ropa, estemos contentos.

⁹Pero los que viven con la ambición de hacerse ricos caen en tentación y quedan atrapados por muchos deseos necios y dañinos que los hunden en la ruina y la destrucción. ¹⁰Pues el amor al dinero es la raíz de toda clase de mal; y algunas personas, en su intenso deseo por el dinero, se han desviado de la fe verdadera y se han causado muchas heridas dolorosas.

Instrucciones finales de Pablo

¹¹Pero tú, Timoteo, eres un hombre de Dios; así que huye de todas esas maldades. Persigue la justicia y la vida sujeta a Dios, junto con la fe, el amor, la perseverancia y la amabilidad. ¹²Pelea la buena batalla por la fe verdadera. Aférrate a la vida eterna a la que Dios te llamó y que confesaste tan bien delante de muchos testigos. ¹³Te encargo delante de Dios, quien da vida a todos, y delante de Cristo Jesús, quien dio un buen testimonio frente a Poncio Pilato, ¹⁴que obedezcas este mandamiento sin vacilar. Entonces nadie podrá encontrar ninguna falta en ti desde ahora y hasta que nuestro Señor Jesucristo regrese. ¹⁵Pues, en el momento preciso, Cristo será revelado desde el cielo por el bendito y único Dios todopoderoso, el Rey de todos los reyes y el Señor de todos los señores. ¹⁶Él es el único que nunca muere y vive en medio de una luz tan brillante que ningún ser humano puede acercarse a él. Ningún ojo humano jamás lo ha visto y nunca lo hará. ¡Que a él sea todo el honor y el poder para siempre! Amén.

¹⁷Enséñales a los ricos de este mundo que no sean orgullosos ni que confíen en su dinero, el cual es tan inestable. Deberían depositar su confianza en Dios, quien nos da en abundancia todo lo que necesitamos para que lo disfrutemos. ¹⁸Diles que usen su dinero para hacer el bien. Deberían ser ricos en buenas acciones, generosos con los que pasan necesidad y estar siempre dispuestos a compartir con otros. ¹⁹De esa manera, al hacer esto, acumularán su tesoro como un buen fundamento para el futuro, a fin de poder experimentar lo que es la vida verdadera.

²⁰Timoteo, cuida bien lo que Dios te ha confiado. Evita las discusiones mundanas y necias con los que se oponen a ti, con su así llamado «conocimiento». ²¹Algunos se han desviado de la fe por seguir semejantes tonterías.

Que la gracia de Dios sea con todos ustedes.

2 Timoteo

Saludos de Pablo

1 Yo, Pablo, elegido por la voluntad de Dios para ser apóstol de Cristo Jesús escribo esta carta. Fui enviado para contarles a otros acerca de la vida que él ha prometido mediante la fe en Cristo Jesús.

²Le escribo a Timoteo, mi querido hijo.

Que Dios Padre y Cristo Jesús nuestro Señor te den gracia, misericordia y paz.

Animado a ser fiel

³Timoteo, doy gracias a Dios por ti, al mismo Dios que sirvo con la conciencia limpia tal como lo hicieron mis antepasados. Día y noche te recuerdo constantemente en mis oraciones. ⁴Tengo muchos deseos de volver a verte porque no me olvido de tus lágrimas cuando nos separamos. Y me llenaré de alegría cuando estemos juntos otra vez.

⁵Me acuerdo de tu fe sincera, pues tú tienes la misma fe de la que primero estuvieron llenas tu abuela Loida y tu madre, Eunice, y sé que esa fe sigue firme en ti. ⁶Por esta razón, te recuerdo que avives el fuego del don espiritual que Dios te dio cuando te impuse mis manos. ⁷Pues Dios no nos ha dado un espíritu de temor y timidez sino de poder, amor y autodisciplina.

⁸Así que nunca te avergüences de contarles a otros acerca de nuestro Señor, ni te avergüences de mí, aun cuando estoy preso por él. Con las fuerzas que Dios te da prepárate para sufrir conmigo a causa de la Buena Noticia. ⁹Pues Dios nos salvó y nos llamó para vivir una vida santa. No lo hizo porque lo mereciéramos, sino porque ese era su plan desde antes del comienzo del tiempo, para mostrarnos su gracia por medio de Cristo Jesús; ¹⁰y ahora todo esto él nos lo ha hecho evidente mediante la venida de Cristo Jesús, nuestro Salvador. Destruyó el poder de la muerte e iluminó el camino a la vida y a la inmortalidad por medio de la Buena Noticia. ¹¹Y Dios me eligió para que sea predicador, apóstol y maestro de esta Buena Noticia.

¹²Por eso estoy sufriendo aquí, en prisión; pero no me avergüenzo de ello, porque yo sé en quién he puesto mi confianza y estoy seguro de que él es capaz de guardar lo que le he confiado* hasta el día de su regreso.

¹³Aférrate al modelo de la sana enseñanza que

aprendiste de mí, un modelo formado por la fe y el amor que tienes en Cristo Jesús. ¹⁴Mediante el poder del Espíritu Santo, quien vive en nosotros, guarda con sumo cuidado la preciosa verdad que se te confió.

¹⁵Como tú sabes, todos los de la provincia de Asia me abandonaron, incluso Figelo y Hermógenes. ¹⁶Que el Señor muestre una bondad especial con Onesíforo y toda su familia, porque él me visitó muchas veces y me dio ánimo. Jamás se avergonzó de que yo estuviera en cadenas. ¹⁷Cuando vino a Roma, me buscó por todas partes hasta que me encontró. ¹⁸Que el Señor le muestre una bondad especial el día que Cristo vuelva. Y tú bien sabes de cuánta ayuda fue en Éfeso.

Un buen soldado de Cristo Jesús

2 Timoteo, mi querido hijo, sé fuerte por medio de la gracia que Dios te da en Cristo Jesús. ²Me has oído enseñar verdades, que han sido confirmadas por muchos testigos confiables. Ahora enseña estas verdades a otras personas dignas de confianza que estén capacitadas para transmitirlas a otros.

³Soporta el sufrimiento junto conmigo como un buen soldado de Cristo Jesús. ⁴Ningún soldado se enreda en los asuntos de la vida civil, porque de ser así, no podría agradar al oficial que lo reclutó. ⁵Asimismo ningún atleta puede obtener el premio a menos que siga las reglas. ⁶Y el agricultor que se esfuerza en su trabajo debería ser el primero en gozar del fruto de su labor. ⁷Piensa en lo que te digo. El Señor te ayudará a entender todas estas cosas.

⁸Siempre recuerda que Jesucristo, descendiente del rey David, fue levantado de los muertos; esta es la Buena Noticia que yo predico. ⁹Debido a que predico esta Buena Noticia, sufro y estoy encadenado como un criminal; pero la palabra de Dios no puede ser encadenada. ¹⁰Por eso estoy dispuesto a soportar cualquier cosa si esta traerá salvación y gloria eterna en Cristo Jesús a los que Dios ha elegido.

¹¹La siguiente declaración es digna de confianza:

Si morimos con él,
también viviremos con él.

¹² Si soportamos privaciones,
    reinaremos con él.
  Si lo negamos,
    él nos negará.
¹³ Si somos infieles,
    él permanece fiel,
  pues él no puede negar quién es.

¹⁴Recuérdales estas cosas y ordénales en presencia de Dios que dejen de pelearse por palabras. Esos altercados son inútiles y pueden destruir a los que los oyen.

Un obrero aprobado

¹⁵Esfuérzate para poder presentarte delante de Dios y recibir su aprobación. Sé un buen obrero, alguien que no tiene de qué avergonzarse y que explica correctamente la palabra de verdad. ¹⁶Evita las conversaciones inútiles y necias, que solo llevan a una conducta cada vez más mundana. ¹⁷Este tipo de conversaciones se extienden como el cáncer,* en el caso de Himeneo y Fileto. ¹⁸Ellos han abandonado el camino de la verdad al afirmar que la resurrección de los muertos ya ocurrió; de esa manera, desviaron de la fe a algunas personas.

¹⁹Sin embargo, la verdad de Dios se mantiene firme como una piedra de cimiento con la siguiente inscripción: «El Señor conoce a los que son suyos»*, y «Todos los que pertenecen al Señor deben apartarse de la maldad»*.

²⁰En una casa de ricos, algunos utensilios son de oro y plata, y otros son de madera y barro. Los utensilios costosos se usan en ocasiones especiales, mientras que los baratos son para el uso diario. ²¹Si te mantienes puro, serás un utensilio especial para usos honorables. Tu vida será limpia, y estarás listo para que el Maestro te use en toda buena obra.

²²Huye de todo lo que estimule las pasiones juveniles. En cambio, sigue la vida recta, la fidelidad, el amor y la paz. Disfruta del compañerismo de los que invocan al Señor con un corazón puro.

²³Te repito: no te metas en discusiones necias y sin sentido que solo inician pleitos. ²⁴Un siervo del Señor no debe andar peleando, sino que debe ser bondadoso con todos, capaz de enseñar y paciente con las personas difíciles. ²⁵Instruye con ternura a los que se oponen a la verdad. Tal vez Dios les cambie el corazón, y aprendan la verdad. ²⁶Entonces entrarán en razón y escaparán de la trampa del diablo. Pues él los ha tenido cautivos, para que hagan lo que él quiere.

Peligros de los últimos días

3 Timoteo, es bueno que sepas que, en los últimos días, habrá tiempos muy difíciles. ²Pues la gente solo tendrá amor por sí misma y por su dinero. Serán fanfarrones y orgullosos, se burlarán de Dios, serán desobedientes a sus padres y malagradecidos. No considerarán nada sagrado. ³No amarán ni perdonarán; calumniarán a otros y no tendrán control propio. Serán crueles y odiarán lo que es bueno. ⁴Traicionarán a sus amigos, serán imprudentes, se llenarán de soberbia y amarán el placer en lugar de amar a Dios. ⁵Actuarán como religiosos pero rechazarán el único poder capaz de hacerlos obedientes a Dios. ¡Aléjate de esa clase de individuos!

⁶Pues son de los que se las ingenian para meterse en las casas de otros y ganarse la confianza de* mujeres vulnerables que cargan con la culpa del pecado y están dominadas por todo tipo de deseos. ⁷(Dichas mujeres siempre van detrás de nuevas enseñanzas pero jamás logran entender la verdad). ⁸Estos «maestros» se oponen a la verdad, tal como Janes y Jambres se opusieron a Moisés. Tienen la mente depravada, y una fe falsa; ⁹pero no se saldrán con la suya por mucho tiempo. Algún día, todos se darán cuenta de lo tontos que son, tal como pasó con Janes y Jambres.

Encargo de Pablo a Timoteo

¹⁰Pero tú, Timoteo, sabes muy bien lo que yo enseño y cómo vivo y cuál es el propósito de mi vida. También conoces mi fe, mi paciencia, mi amor y mi constancia. ¹¹Sabes cuánta persecución y sufrimiento he soportado, y cómo fui perseguido en Antioquía, Iconio y Listra; pero el Señor me rescató de todo eso. ¹²Es cierto, y todo el que quiera vivir una vida de sumisión a Dios en Cristo Jesús sufrirá persecución; ¹³pero los malos y los impostores serán cada vez más fuertes. Engañarán a otros, y ellos mismos serán engañados.

¹⁴Pero tú debes permanecer fiel a las cosas que se te han enseñado. Sabes que son verdad, porque sabes que puedes confiar en quienes te las enseñaron. ¹⁵Desde la niñez, se te han enseñado las sagradas Escrituras, las cuales te han dado la sabiduría para recibir la salvación que viene por confiar en Cristo Jesús. ¹⁶Toda la Escritura es inspirada por Dios y es útil para enseñarnos lo que es verdad y para hacernos ver lo que está mal en nuestra vida. Nos corrige cuando estamos equivocados y nos enseña a hacer lo correcto. ¹⁷Dios la usa para preparar y capacitar a su pueblo para que haga toda buena obra.

4 En presencia de Dios y de Cristo Jesús —quien un día juzgará a los vivos y a los muertos cuando venga para establecer su reino— te pido encarecidamente: ²predica la palabra de Dios. Mantente preparado, sea o no el tiempo oportuno. Corrige, reprende y anima a tu gente con paciencia y buena enseñanza.

³Llegará el tiempo en que la gente no escuchará más la sólida y sana enseñanza. Seguirán sus propios deseos y buscarán maestros que les digan lo que sus oídos se mueren por oír. ⁴Rechazarán la verdad e irán tras de mitos.

2:17 En griego *gangrena.* **2:19a** Nm 16:5. **2:19b** Ver Is 52:11. **3:6** En griego *y tomar cautivas a.*

⁵Pero tú debes mantener la mente clara en toda situación. No tengas miedo de sufrir por el Señor. Ocúpate en decirles a otros la Buena Noticia y lleva a cabo todo el ministerio que Dios te dio.

⁶En cuanto a mí, mi vida ya fue derramada como una ofrenda a Dios. Se acerca el tiempo de mi muerte. ⁷He peleado la buena batalla, he terminado la carrera y he permanecido fiel. ⁸Ahora me espera el premio, la corona de justicia que el Señor, el Juez justo, me dará el día de su regreso; y el premio no es solo para mí, sino para todos los que esperan con anhelo su venida.

Palabras finales de Pablo

⁹Timoteo, por favor, ven lo más pronto posible. ¹⁰Demas me abandonó porque ama las cosas de esta vida y se fue a Tesalónica. Crescente se fue a Galacia, y Tito a Dalmacia. ¹¹Solo Lucas está conmigo. Trae a Marcos contigo cuando vengas, porque me será de ayuda en mi ministerio. ¹²A Tíquico lo envié a Éfeso. ¹³Cuando vengas, no te olvides de traer el abrigo que dejé con Carpo en Troas. Tráeme también mis libros y especialmente mis pergaminos.

¹⁴Alejandro —el que trabaja el cobre— me hizo mucho daño, pero el Señor lo juzgará por lo que ha hecho. ¹⁵Cuídate de él, porque se opuso firmemente a todo lo que dijimos.

¹⁶La primera vez que fui llevado ante el juez, nadie me acompañó. Todos me abandonaron; que no se lo tomen en cuenta. ¹⁷Pero el Señor estuvo a mi lado y me dio fuerzas, a fin de que yo pudiera predicar la Buena Noticia en toda su plenitud, para que todos los *gentiles** la oyeran Y él me libró de una muerte segura.* ¹⁸Así es, y el Señor me librará de todo ataque maligno y me llevará a salvo a su reino celestial. ¡A Dios sea toda la gloria por siempre y para siempre! Amén.

Saludos finales de Pablo

¹⁹Dales mis saludos a Priscila y a Aquila, y a los que viven en la casa de Onesíforo. ²⁰Erasto se quedó en Corinto, y a Trófimo lo dejé enfermo en Mileto.

²¹Haz todo lo posible por llegar aquí antes del invierno. Eubulo te envía saludos, al igual que Pudente, Lino, Claudia y todos los hermanos.

²²Que el Señor esté con tu espíritu, y que su gracia sea con todos ustedes.

4:17a *Gentil[es]*, que no es judío.   4:17b En griego *de la boca de un león.*

Tito

Saludos de Pablo

1 Yo, Pablo, esclavo de Dios y apóstol de Jesucristo, escribo esta carta. Fui enviado para proclamar fe a* los que Dios ha elegido y para enseñarles a conocer la verdad que les muestra cómo vivir una vida dedicada a Dios. ²Esta verdad les da la confianza de que tienen la vida eterna, la cual Dios —quien no miente— les prometió antes de que comenzara el mundo. ³Y ahora, en el momento preciso, él dio a conocer este mensaje, que nosotros anunciamos a todos. Es por mandato de Dios nuestro Salvador que se me ha confiado esta tarea para él.

⁴Le escribo a Tito, mi verdadero hijo en la fe que compartimos.

Que Dios Padre y Cristo Jesús nuestro Salvador te den gracia y paz.

Tarea de Tito en Creta

⁵Te dejé en la isla de Creta para que pudieras terminar nuestro trabajo ahí y nombrar ancianos en cada ciudad, tal como te lo indiqué. El anciano debe llevar una vida intachable. Tiene que serle fiel a su esposa,* y sus hijos deben ser creyentes que no tengan una reputación de desenfrenados ni rebeldes. ⁷Pues un anciano* es un administrador de la casa de Dios, y debe vivir de manera intachable. No debe ser arrogante, ni iracundo, ni emborracharse,* ni ser violento, ni deshonesto con el dinero.

⁸Al contrario, debe recibir huéspedes en su casa con agrado y amar lo que es bueno. Debe vivir sabiamente y ser justo. Tiene que llevar una vida de devoción y disciplina. ⁹Debe tener una fuerte creencia en el mensaje fiel que se le enseñó; entonces podrá animar a otros con la sana enseñanza y demostrar a los que se oponen en qué están equivocados.

¹⁰Pues hay muchos rebeldes que participan en conversaciones inútiles y engañan a otros. Me refiero especialmente a los que insisten en que es necesario circuncidarse para ser salvo. ¹¹Hay que callarlos, porque, con su falsa enseñanza, alejan a familias enteras de la verdad, y solo lo hacen por dinero. ¹²Incluso uno de sus propios hombres, un profeta de Creta, dijo acerca de ellos: «Todos los cretenses son mentirosos,

animales crueles y glotones perezosos».* ¹³Es la verdad. Así que repréndelos con severidad para fortalecerlos en la fe. ¹⁴Tienen que dejar de prestar atención a mitos judíos y a los mandatos de aquellos que se han apartado de la verdad.

¹⁵Todo es puro para los de corazón puro. En cambio, para los corruptos e incrédulos nada es puro, porque tienen la mente y la conciencia corrompidas. ¹⁶Tales personas afirman que conocen a Dios, pero lo niegan con su manera de vivir. Son detestables y desobedientes, no sirven para hacer nada bueno.

Fomenta la enseñanza correcta

2 Tito, en cuanto a ti, fomenta la clase de vida que refleje la sana enseñanza. ²Enseña a los hombres mayores a ejercitar el control propio, a ser dignos de respeto y a vivir sabiamente. Deben tener una fe sólida y estar llenos de amor y paciencia.

³De manera similar, enseña a las mujeres mayores a vivir de una manera que honre a Dios. No deben calumniar a nadie ni emborracharse.* En cambio, deberían enseñarles a otros lo que es bueno. ⁴Esas mujeres mayores tienen que instruir a las más jóvenes a amar a sus esposos y a sus hijos, ⁵a vivir sabiamente y a ser puras, a trabajar en su hogar,* a hacer el bien y a someterse a sus esposos. Entonces no deshonrarán la palabra de Dios.

⁶Del mismo modo, anima a los hombres jóvenes a vivir sabiamente. ⁷Y sé tú mismo un ejemplo para ellos al hacer todo tipo de buenas acciones. Que todo lo que hagas refleje la integridad y la seriedad de tu enseñanza. ⁸Enseña la verdad, para que no puedan criticar tu enseñanza. Entonces los que se nos oponen quedarán avergonzados y no tendrán nada malo que decir de nosotros.

⁹Los esclavos siempre deben obedecer a sus amos y hacer todo lo posible por agradarlos. No deben ser respondones ¹⁰ni robar, sino demostrar que son buenos y absolutamente dignos de confianza. Entonces harán que la enseñanza acerca de Dios nuestro Salvador sea atractiva en todos los sentidos.

¹¹Pues la gracia de Dios ya ha sido revelada,

1:1 O *para fortalecer la fe a.*   **1:6** O *Debe tener una sola esposa,* o *Debe estar casado una sola vez;* en griego dice *Debe ser marido de una sola esposa.*   **1:7a** O *supervisor,* u *obispo.*   **1:7b** En griego *ni beber demasiado vino.*   **1:12** Esta cita es del poeta cretense Epiménides de Cnosos (siglo VI a. C.).   **2:3** En griego *estar esclavizadas por mucho vino.*   **2:5** Algunos manuscritos dicen *a cuidar su hogar.*

la cual trae salvación a todas las personas. [12]Y se nos instruye a que nos apartemos de la vida mundana y de los placeres pecaminosos. En este mundo maligno, debemos vivir con sabiduría, justicia y devoción a Dios, [13]mientras anhelamos con esperanza ese día maravilloso en que se revele la gloria de nuestro gran Dios y Salvador Jesucristo. [14]Él dio su vida para liberarnos de toda clase de pecado, para limpiarnos y para hacernos su pueblo, totalmente comprometidos a hacer buenas acciones.

[15]Debes enseñar estas cosas y alentar a los creyentes a que las hagan. Tienes la autoridad para corregirlos cuando sea necesario, así que no permitas que nadie ignore lo que dices.

Hagan lo que es bueno

3 Recuérdales a los creyentes que se sometan al gobierno y a sus funcionarios. Tienen que ser obedientes, siempre dispuestos a hacer lo que es bueno. [2]No deben calumniar a nadie y tienen que evitar pleitos. En cambio, deben ser amables y mostrar verdadera humildad en el trato con todos.

[3]En otro tiempo nosotros también éramos necios y desobedientes. Fuimos engañados y nos convertimos en esclavos de toda clase de pasiones y placeres. Nuestra vida estaba llena de maldad y envidia, y nos odiábamos unos a otros.

[4]Pero: «Cuando Dios nuestro Salvador dio a conocer su bondad y amor, [5]él nos salvó, no por las acciones justas que nosotros habíamos hecho, sino por su misericordia. Nos lavó, quitando nuestros pecados, y nos dio un nuevo nacimiento y vida nueva por medio del Espíritu

Santo.* [6]Él derramó su Espíritu sobre nosotros en abundancia por medio de Jesucristo nuestro Salvador. [7]Por su gracia él nos declaró justos y nos dio la seguridad de que vamos a heredar la vida eterna». [8]Esta declaración es digna de confianza, y quiero que insistas en estas enseñanzas, para que todos los que confían en Dios se dediquen a hacer el bien. Estas enseñanzas son buenas y de beneficio para todos.

[9]No te metas en discusiones necias sobre listas de linajes espirituales* o en riñas y peleas acerca de la obediencia a las leyes judías. Todo esto es inútil y una pérdida de tiempo. [10]Si entre ustedes hay individuos que causan divisiones, dales una primera y una segunda advertencia. Después de eso, no tengas nada más que ver con ellos. [11]Pues personas como esas se han apartado de la verdad y sus propios pecados las condenan.

Comentarios y saludos finales de Pablo

[12]Tengo pensado enviarte a Artemas o a Tíquico. Tan pronto como uno de ellos llegue, haz todo lo posible para encontrarte conmigo en Nicópolis, porque he decidido pasar allí el invierno. [13]Haz todo lo que puedas para ayudar al abogado Zenas y a Apolos en su viaje. Asegúrate de que se les dé todo lo que necesiten. [14]Los nuestros tienen que aprender a hacer el bien al satisfacer las necesidades urgentes de otros; entonces no serán personas improductivas.

[15]Todos aquí te envían saludos. Por favor, da mis saludos a los creyentes, a todos los que nos aman.

Que la gracia de Dios sea con todos ustedes.

3:5 En griego *él nos salvó por medio del lavamiento de la regeneración y la renovación del Espíritu Santo.*   **3:9** O *genealogías espirituales.*

Filemón

Saludos de Pablo

Yo, Pablo, prisionero por predicar la Buena Noticia acerca de Cristo Jesús, junto con nuestro hermano Timoteo, les escribo esta carta a Filemón, nuestro amado colaborador, [2]a nuestra hermana Apia, a Arquipo, nuestro compañero en la lucha, y a la iglesia que se reúne en tu casa. [3]Que Dios nuestro Padre y el Señor Jesucristo les den gracia y paz.

Agradecimiento y oración de Pablo

[4]Filemón, siempre le doy gracias a mi Dios cuando oro por ti [5]porque sigo oyendo de tu fe en el Señor Jesús y de tu amor por todo el pueblo de Dios. [6]Pido a Dios que pongas en práctica la generosidad que proviene de tu fe a medida que comprendes y vives todo lo bueno que tenemos en Cristo. [7]Hermano, tu amor me ha dado mucha alegría y consuelo, porque muchas veces tu bondad reanimó el corazón del pueblo de Dios.

Súplica de Pablo por Onésimo

[8]Por esta razón me atrevo a pedirte un favor. Podría exigírtelo en el nombre de Cristo, porque es correcto que lo hagas; [9]pero por amor, prefiero simplemente pedirte el favor. Toma esto como una petición mía, de Pablo, un hombre viejo y ahora también preso por la causa de Cristo Jesús.* [10]Te suplico que le muestres bondad a mi hijo Onésimo. Me convertí en su padre en la fe mientras yo estaba aquí, en la cárcel. [11]Onésimo* no fue de mucha ayuda para ti en el pasado, pero ahora nos es muy útil a los dos. [12]Te lo envío de vuelta, y con él va mi propio corazón.

[13]Quería retenerlo aquí conmigo mientras estoy en cadenas por predicar la Buena Noticia, y él me hubiera ayudado de tu parte; [14]pero no quise hacer nada sin tu consentimiento. Preferí que ayudaras de buena gana y no por obligación. [15]Parece que perdiste a Onésimo por un corto tiempo para que ahora pudieras tenerlo de regreso para siempre. [16]Él ya no es como un esclavo para ti. Es más que un esclavo, es un hermano amado, especialmente para mí. Ahora será de más valor para ti, como persona y como hermano en el Señor.

[17]Así que, si me consideras tu compañero, recíbelo a él como me recibirías a mí. [18]Si te perjudicó de alguna manera o te debe algo, cóbramelo a mí. [19]Yo, PABLO, ESCRIBO ESTO CON MI PROPIA MANO: «YO TE LO PAGARÉ». ¡Y NO MENCIONARÉ QUE TÚ ME DEBES TU PROPIA ALMA!

[20]Sí, mi hermano, te ruego que me hagas este favor* por amor al Señor. Dame ese ánimo en Cristo.

[21]Mientras escribo esta carta estoy seguro de que harás lo que te pido, ¡y aún más! [22]Otra cosa: por favor, prepárame un cuarto de huéspedes, porque espero que Dios responda a las oraciones de ustedes y que me permita volver a visitarlos pronto.

Saludos finales de Pablo

[23]Epafras, mi compañero de prisión en Cristo Jesús, les manda saludos. [24]También los saludan Marcos, Aristarco, Demas y Lucas, mis colaboradores.

[25]Que la gracia del Señor Jesucristo sea con el espíritu de cada uno de ustedes.

---

9 O *un preso de Cristo Jesús.*   **11** *Onésimo* significa «útil».   **20** En griego *onaimen,* un juego de palabras con el nombre Onésimo.

Hebreos

Jesucristo es el Hijo de Dios

1 Hace mucho tiempo, Dios habló muchas veces y de diversas maneras a nuestros antepasados por medio de los profetas. ²Y ahora, en estos últimos días, nos ha hablado por medio de su Hijo. Dios le prometió todo al Hijo como herencia y, mediante el Hijo, creó el universo. ³El Hijo irradia la gloria de Dios y expresa el carácter mismo de Dios, y sostiene todo con el gran poder de su palabra. Después de habernos limpiado de nuestros pecados, se sentó en el lugar de honor, a la derecha del majestuoso Dios en el cielo. ⁴Esto demuestra que el Hijo es muy superior a los ángeles, así como el nombre que Dios le dio es superior al nombre de ellos.

El Hijo es superior a los ángeles

⁵Pues Dios nunca le dijo a ningún ángel lo que le dijo a Jesús:

> «Tú eres mi Hijo.
> Hoy he llegado a ser tu Padre»*.

Dios también dijo:

> «Yo seré su Padre,
> y él será mi Hijo»*.

⁶Además, cuando trajo a su Hijo supremo* al mundo, Dios dijo:

> «Que lo adoren todos los ángeles de Dios»*.

⁷Pero con respecto a los ángeles, Dios dice:

> «Él envía a sus ángeles como los vientos
> y a sus sirvientes como llamas de fuego»*.

⁸Pero al Hijo le dice:

> «Tu trono, oh Dios, permanece por siempre y
> para siempre.
> Tú gobiernas con cetro de justicia.
> ⁹ Amas la justicia y odias la maldad
> Por eso oh Dios —tu Dios— te ha ungido
> derramando el aceite de alegría sobre ti
> más que sobre cualquier otro»*.

¹⁰También le dice al Hijo:

> «Señor, en el principio echaste los cimientos
> de la tierra
> y con tus manos formaste los cielos.

¹¹ Ellos dejarán de existir, pero tú permaneces
> para siempre.
> Ellos se desgastarán como ropa vieja.
¹² Los doblarás como un manto
> y los desecharás como ropa usada.
> Pero tú eres siempre el mismo;
> tú vivirás para siempre»*.

¹³Además, Dios nunca le dijo a ninguno de los ángeles:

> «Siéntate en el lugar de honor a mi derecha,
> hasta que humille a tus enemigos
> y los ponga por debajo de tus pies»*.

¹⁴Por lo tanto, los ángeles solo son sirvientes, espíritus enviados para cuidar a quienes heredarán la salvación.

Advertencia para no desviarse del camino

2 Así que debemos prestar mucha atención a las verdades que hemos oído, no sea que nos desviemos de ellas. ²Pues el mensaje que Dios transmitió mediante los ángeles se ha mantenido siempre firme, y toda infracción de la ley y todo acto de desobediencia recibió el castigo que merecía. ³Entonces, ¿qué nos hace pensar que podemos escapar si descuidamos esta salvación tan grande, que primeramente fue anunciada por el mismo Señor Jesús y luego nos fue transmitida por quienes lo oyeron hablar? ⁴Además, Dios confirmó el mensaje mediante señales, maravillas, diversos milagros y dones del Espíritu Santo según su voluntad.

Jesús, el hombre

⁵Es más, no son los ángeles quienes gobernarán el mundo futuro del cual hablamos, ⁶porque en cierto lugar las Escrituras dicen:

> «¿Qué son los simples mortales para que
> pienses en ellos,
> o el hijo del hombre* para que te preocupes
> por él?
> ⁷ Sin embargo, lo hiciste un poco menor que los
> ángeles
> y lo coronaste de gloria y honor.*
> ⁸ Le diste autoridad sobre todas las cosas»*.

1:5a U Hoy te doy a conocer como mi Hijo. Sal 2:7. 1:5b 2 Sm 7:14. 1:6a O primogénito. 1:6b O Cuando traiga nuevamente a su Hijo supremo (o Hijo primogénito) al mundo, Dios dirá. 1:6c Dt 32:14. 1:7 Sal 104:4 (versión griega). 1:8-9 Sal 45:6-7. 1:10-12 Sal 102:25-27. 1:13 Sal 110:1. 2:6 O el Hijo del Hombre. 2:7 Algunos manuscritos incluyen Le pusiste a cargo de todo lo que creaste. 2:6-8 Sal 8:4-6 (versión griega).

Ahora bien, cuando dice «todas las cosas», significa que nada queda afuera; pero todavía no vemos que todas las cosas sean puestas bajo su autoridad. [9]No obstante, lo que sí vemos es a Jesús, a quien se le dio una posición «un poco menor que los ángeles»; y debido a que sufrió la muerte por nosotros, ahora está «coronado de gloria y honor». Efectivamente, por la gracia de Dios, Jesús conoció la muerte por todos. [10]Dios —para quien y por medio de quien todo fue hecho— eligió llevar a muchos hijos a la gloria. Convenía a Dios que, mediante el sufrimiento, hiciera a Jesús un líder perfecto, apto para llevarlos a la salvación.

[11]Por lo tanto, Jesús y los que él hace santos tienen el mismo Padre. Por esa razón, Jesús no se avergüenza de llamarlos sus hermanos, [12]pues le dijo a Dios:

«Anunciaré tu nombre a mis hermanos.
    Entre tu pueblo reunido te alabaré»*.

[13]También dijo:

«Pondré mi confianza en él»,
    es decir, «yo y los hijos que Dios me dio»*.

[14]Debido a que los hijos de Dios son seres humanos —hechos de carne y sangre— el Hijo también se hizo de carne y sangre. Pues solo como ser humano podía morir y solo mediante la muerte podía quebrantar el poder del diablo, quien tenía* el poder sobre la muerte. [15]Únicamente de esa manera el Hijo podía libertar a todos los que vivían esclavizados por temor a la muerte.

[16]También sabemos que el Hijo no vino para ayudar a los ángeles, sino que vino para ayudar a los descendientes de Abraham. [17]Por lo tanto, era necesario que en todo sentido él se hiciera semejante a nosotros, sus hermanos,* para que fuera nuestro Sumo Sacerdote fiel y misericordioso, delante de Dios. Entonces podría ofrecer un sacrificio que quitaría los pecados del pueblo. [18]Debido a que él mismo ha pasado por sufrimientos y pruebas, puede ayudarnos cuando pasamos por pruebas.

Jesús es superior a Moisés

3 Así que, amados hermanos, ustedes que pertenecen a Dios y* al cielo, piensen con los que han sido llamados al* cielo, consideren detenidamente a este Jesús a quien declaramos mensajero de Dios* y Sumo Sacerdote. [2]Pues él fue fiel a Dios, quien lo nombró, así como Moisés fue fiel cuando se le encomendó toda* la casa de Dios.

[3]Pero Jesús merece mucha más gloria que Moisés, así como el que construye una casa merece más elogio que la casa misma. [4]Pues cada casa tiene un constructor, pero el que construyó todo es Dios.

[5]En verdad Moisés fue fiel como siervo en la casa de Dios. Su trabajo fue una ilustración de las verdades que Dios daría a conocer tiempo después; [6]pero Cristo, como Hijo, está a cargo de toda la casa de Dios; y nosotros somos la casa de Dios si nos armamos de valor y permanecemos confiados en nuestra esperanza en Cristo.*

[7]Por eso el Espíritu Santo dice:

«Cuando oigan hoy su voz,
[8]   no endurezcan el corazón
como lo hicieron los israelitas cuando se
    rebelaron,
    aquel día que me pusieron a prueba en el
    desierto.
[9] Allí sus antepasados me tentaron y pusieron
    a prueba mi paciencia
    a pesar de haber visto mis milagros durante
    cuarenta años.
[10] Por eso, me enojé con ellos y dije:
    "Su corazón siempre se aleja de mí.
    Rehúsan hacer lo que les digo".
[11] Así que en mi enojo juré:
    "Ellos nunca entrarán en mi lugar de
    descanso"»*.

[12]Por lo tanto, amados hermanos, ¡cuidado! Asegúrense de que ninguno de ustedes tenga un corazón maligno e incrédulo que los aleje del Dios vivo. [13]Adviértanse unos a otros todos los días mientras dure ese «hoy», para que ninguno sea engañado por el pecado y se endurezca contra Dios. [14]Pues, si somos fieles hasta el fin, confiando en Dios con la misma firmeza que teníamos al principio, cuando creímos en él, entonces tendremos parte en todo lo que le pertenece a Cristo. [15]Recuerden lo que dice:

«Cuando oigan hoy su voz,
    no endurezcan el corazón
como hicieron los israelitas cuando se
    rebelaron»*.

[16]¿Y quiénes fueron los que se rebelaron contra Dios a pesar de haber oído su voz? ¿No fue acaso el pueblo que salió de Egipto guiado por Moisés? [17]¿Y quiénes hicieron enojar a Dios durante cuarenta años? ¿Acaso no fueron los que pecaron, cuyos cadáveres quedaron tirados en el desierto? [18]¿Y a quiénes hablaba Dios cuando juró que jamás entrarían en su descanso? ¿Acaso no fue a los que lo desobedecieron? [19]Como vemos, ellos no pudieron entrar en el descanso de Dios a causa de su incredulidad.

El descanso prometido para el pueblo de Dios

4 Todavía sigue vigente la promesa que hizo Dios de entrar en su descanso; por lo tanto, debemos temblar de miedo ante la idea de que alguno de ustedes no llegue a alcanzarlo. [2]Pues esta buena noticia —que Dios nos ha preparado un lugar de descanso— se anunció tanto a ellos como a nosotros, pero a ellos no les sirvió de nada porque no tuvieron la fe de los que

Dios ha preparado— se nos ha anunciado tanto a ellos como a nosotros, pero a ellos no les sirvió de nada porque no tuvieron la fe de los que escucharon a Dios.* ³Pues solo los que creemos podemos entrar en su descanso. En cuanto a los demás, Dios dijo:

«En mi enojo juré:
 "Ellos nunca entrarán en mi lugar de descanso"»*,

si bien ese descanso está preparado desde que él hizo el mundo. ⁴Sabemos que está preparado debido al pasaje en las Escrituras que menciona el séptimo día: «En el séptimo día Dios descansó de todo su trabajo»*. ⁵Pero en el otro pasaje Dios dijo: «Nunca entrarán en mi lugar de descanso»*.

⁶Así que el descanso de Dios está disponible para que la gente entre, pero los primeros en oír esta buena noticia no entraron, porque desobedecieron a Dios. ⁷Entonces Dios fijó otro tiempo para entrar en su descanso, y ese tiempo es hoy. Lo anunció mucho más tarde por medio de David en las palabras que ya se han citado:

«Cuando oigan hoy su voz
 no endurezcan el corazón»*.

⁸Ahora bien, si Josué hubiera logrado darles ese descanso, Dios no habría hablado de otro día de descanso aún por venir. ⁹Así que todavía hay un descanso especial* en espera para el pueblo de Dios. ¹⁰Pues todos los que han entrado en el descanso de Dios han descansado de su trabajo, tal como Dios descansó del suyo después de crear el mundo. ¹¹Entonces, hagamos todo lo posible por entrar en ese descanso, para que si desobedecemos a Dios, como lo hizo el pueblo de Israel, caeremos.

¹²Pues la palabra de Dios es viva y poderosa. Es más cortante que cualquier espada de dos filos; penetra entre el alma y el espíritu, entre la articulación y la médula del hueso. Deja al descubierto nuestros pensamientos y deseos más íntimos. ¹³No hay nada en toda la creación que esté oculto a Dios. Todo está desnudo y expuesto ante sus ojos; y es a él a quien rendimos cuentas.

Cristo es nuestro Sumo Sacerdote

¹⁴Por lo tanto, ya que tenemos un gran Sumo Sacerdote que entró en el cielo, Jesús el Hijo de Dios, aferrémonos a lo que creemos. ¹⁵Nuestro Sumo Sacerdote comprende nuestras debilidades, porque enfrentó todas y cada una de las pruebas que enfrentamos nosotros, sin embargo, él nunca pecó. ¹⁶Así que acerquémonos con toda confianza al trono de la gracia de nuestro Dios. Allí recibiremos su misericordia y encontraremos la gracia que nos ayudará cuando más la necesitemos.

5 Todo sumo sacerdote es un hombre escogido para representar a otras personas en su trato con Dios. Él presenta a Dios las ofrendas de esas personas y ofrece sacrificios por los pecados. ²Y puede tratar con paciencia a los ignorantes y descarriados, porque él también está sujeto a las mismas debilidades. ³Por esa razón, debe ofrecer sacrificios tanto por sus propios pecados como por los del pueblo.

⁴Y nadie puede llegar a ser sumo sacerdote solo porque desee tener ese honor. Tiene que ser llamado por Dios para ese trabajo, como sucedió con Aarón. ⁵Por eso, Cristo no se honró a sí mismo haciéndose Sumo Sacerdote, sino que fue elegido por Dios, quien le dijo:

«Tú eres mi Hijo.
 Hoy he llegado a ser tu padre»*.

⁶Y en otro pasaje Dios le dijo:

«Tú eres sacerdote para siempre, según el orden de Melquisedec»*.

⁷Mientras estuvo aquí en la tierra, Jesús ofreció oraciones y súplicas con gran clamor y lágrimas al que podía rescatarlo de la muerte. Y Dios oyó sus oraciones por la gran reverencia que Jesús le tenía. ⁸Aunque era Hijo de Dios, Jesús aprendió obediencia por las cosas que sufrió. ⁹De ese modo, Dios lo hizo apto para ser el Sumo Sacerdote perfecto, y Jesús llegó a ser la fuente de salvación eterna para todos los que le obedecen. ¹⁰Y Dios lo designó Sumo Sacerdote según el orden de Melquisedec.

Un llamado al crecimiento espiritual

¹¹Nos gustaría decir mucho más sobre este tema, pero es difícil de explicar, sobre todo porque ustedes son torpes espiritualmente y parece que no escuchan. ¹²Hace tanto que son creyentes que ya deberían estar enseñando a otros. En cambio, necesitan que alguien vuelva a enseñarles las cosas básicas de la palabra de Dios.* Son como niños pequeños que necesitan leche y no pueden comer alimento sólido. ¹³Pues el que se alimenta de leche sigue siendo bebé y no sabe cómo hacer lo correcto. ¹⁴El alimento sólido es para los que son maduros, los que a fuerza de práctica están capacitados para distinguir entre lo bueno y lo malo.

6 Así que dejemos de repasar una y otra vez las enseñanzas elementales acerca de Cristo. Por el contrario, sigamos adelante hasta llegar a ser maduros en nuestro entendimiento. No puede ser que tengamos que comenzar de nuevo con los importantes cimientos acerca del arrepentimiento de las malas acciones* y de tener fe en Dios. ²Ustedes tampoco necesitan más enseñanza acerca de los bautismos, la imposición de

4:2 Algunos manuscritos dicen *no combinaron fe con lo que oyeron.* 4:3 Sal 95:11. 4:4 Gn 2:2 4:5 Sal 95:11. 4:7 Sal 95:7-8. 4:9 O *descanso sabático.* 5:5 *Un* Hoy te doy a conocer como mi Hijo. Sal 2:7. 5:6 Sal 110:4. 5:12 O *de los oráculos de Dios.* 6:1 En griego *acciones muertas.*

manos, la resurrección de los muertos y el juicio eterno. ³Así que, si Dios quiere, avanzaremos hacia una mayor entendimiento.

⁴Pues es imposible lograr que vuelvan a arrepentirse los que una vez fueron iluminados —aquellos que experimentaron las cosas buenas del cielo y fueron partícipes del Espíritu Santo, ⁵que saborearon la bondad de la palabra de Dios y el poder del mundo venidero— ⁶y que luego se alejan de Dios. Es imposible lograr que esas personas vuelvan a arrepentirse; al rechazar el Hijo de Dios, ellos mismos lo clavan otra vez en la cruz y lo exponen a la vergüenza pública.

⁷Cuando la tierra se empapa de la lluvia que cae y produce una buena cosecha para el agricultor, recibe la bendición de Dios. ⁸En cambio, el campo que produce espinos y cardos no sirve para nada. El agricultor no tardará en maldecirlo y quemarlo.

⁹Queridos amigos, aunque hablamos de este modo, no creemos que esto se aplica a ustedes. Estamos convencidos de que ustedes están destinados para cosas mejores, las cuales vienen con la salvación. ¹⁰Pues Dios no es injusto. No olvidará con cuánto esfuerzo han trabajado por él y cómo han demostrado su amor por él sirviendo a otros creyentes* como todavía lo hacen. ¹¹Nuestro gran deseo es que sigan amando a los demás mientras tengan vida, para asegurarse de que lo que esperan se hará realidad. ¹²Entonces, no se volverán torpes ni indiferentes espiritualmente. En cambio, seguirán el ejemplo de quienes, gracias a su fe y perseverancia, heredarán las promesas de Dios.

Las promesas de Dios traen esperanza

¹³Por ejemplo, estaba la promesa que Dios le hizo a Abraham. Como no existía nadie superior a Dios por quién jurar, Dios juró por su propio nombre, diciendo:

¹⁴ «Ciertamente te bendeciré
   y multiplicaré tu descendencia hasta que
      sea incontable»*.

¹⁵Entonces Abraham esperó con paciencia y recibió lo que Dios le había prometido.

¹⁶Ahora bien, cuando las personas hacen un juramento, invocan a alguien superior a ellas para obligarse a cumplirlo; y no cabe ninguna duda de que ese juramento conlleva una obligación. ¹⁷Dios también se comprometió mediante un juramento, para que los que recibieran la promesa pudieran estar totalmente seguros de que él jamás cambiaría de parecer. ¹⁸Así que Dios ha hecho ambas cosas: la promesa y el juramento. Estas dos cosas no pueden cambiar, porque es imposible que Dios mienta. Por lo tanto, los que hemos acudido a él en busca de refugio podemos estar bien confiados aferrándonos a la esperanza que está delante de nosotros. ¹⁹Esta esperanza es un ancla firme y confiable para el alma; nos

conduce a través de la cortina al santuario interior de Dios. ²⁰Jesús ya entró allí por nosotros. Él ha llegado a ser nuestro eterno Sumo Sacerdote, según el orden de Melquisedec.

Melquisedec es superior a Abraham

7 Este Melquisedec fue rey de la ciudad de Salem y también sacerdote del Dios Altísimo. Cuando Abraham regresaba triunfante de una gran batalla contra los reyes, Melquisedec salió a su encuentro y lo bendijo. ²Después Abraham tomó la décima parte de todo lo que había capturado en la batalla y se la dio a Melquisedec. El nombre Melquisedec significa «rey de justicia», y rey de Salem significa «rey de paz». ³No hay registro de su padre ni de su madre ni de ninguno de sus antepasados; no hay principio ni fin de su vida. A semejanza del Hijo de Dios, sigue siendo sacerdote para siempre.

⁴Consideren, entonces, la grandeza de este Melquisedec. Incluso Abraham, el gran patriarca de Israel, reconoció esto al entregarle la décima parte de lo que había capturado en la batalla. ⁵Ahora bien, la ley de Moisés exigía que los sacerdotes, que son descendientes de Leví, le cobraran el diezmo al resto del pueblo de Israel,* quienes también son descendientes de Abraham. ⁶Sin embargo, Melquisedec, que no era descendiente de Leví, recibió de Abraham la décima parte. Y Melquisedec bendijo a Abraham, quien ya había recibido las promesas de Dios. ⁷Sin lugar a dudas, el que tiene el poder para bendecir es superior a quien recibe la bendición.

⁸Los sacerdotes que reciben los diezmos son hombres que mueren, así que Melquisedec es superior a ellos porque se nos dice que sigue viviendo. ⁹Además podríamos decir que esos levitas —los que reciben el diezmo— pagaron un diezmo a Melquisedec cuando lo pagó su antepasado Abraham. ¹⁰A pesar de que Leví aún no había nacido, la simiente de la cual provino ya existía en el cuerpo de Abraham cuando Melquisedec recibió su diezmo.

¹¹Entonces, si el sacerdocio de Leví —sobre el cual se basó la ley— hubiera podido lograr la perfección que Dios propuso, ¿por qué fue necesario que Dios estableciera un sacerdocio diferente, con un sacerdote según el orden de Melquisedec en lugar del orden de Leví y Aarón?* ¹²Y si se cambia el sacerdocio, también es necesario cambiar la ley para permitirlo. ¹³Pues el sacerdote a quien nos referimos pertenece a una tribu diferente, cuyos miembros jamás han servido en el altar como sacerdotes. ¹⁴Lo que quiero decir es que nuestro Señor vino de la tribu de Judá, y Moisés nunca habló de que los sacerdotes provinieran de esa tribu.

Jesús es como Melquisedec

¹⁵Ese cambio resulta aún más evidente, ya que ha surgido un sacerdote diferente, quien es

---

6:10 En griego *para el pueblo santo de Dios.*   6:14 Gn 22:17.   7:5 En griego *de sus hermanos.*   7:11 En griego *la clase de Aarón?*

como Melquisedec. 16Jesús llegó a ser sacerdote, no por cumplir con la ley del requisito físico de pertenecer a la tribu de Leví, sino por el poder de una vida que no puede ser destruida. 17Y el salmista lo señaló cuando profetizó:

«Tú eres sacerdote para siempre, según el
    orden de Melquisedec»*.

18Así que el antiguo requisito del sacerdocio quedó anulado por ser débil e inútil. 19Pues la ley nunca perfeccionó nada, pero ahora confiamos en una mejor esperanza por la cual nos acercamos a Dios.

20Este nuevo sistema se estableció mediante un juramento solemne. Los descendientes de Aarón llegaron a ser sacerdotes sin un juramento, 21pero había un juramento con relación a Jesús. Pues Dios le dijo:

«El SEÑOR ha jurado y no romperá su
    juramento:
        "Tú eres sacerdote para siempre"»*.

22Debido a ese juramento, Jesús es quien garantiza este mejor pacto con Dios.

23Hubo muchos sacerdotes bajo el sistema antiguo, porque la muerte les impedía continuar con sus funciones; 24pero dado que Jesús vive para siempre, su sacerdocio dura para siempre. 25Por eso puede salvar —una vez y para siempre—* a los que vienen a Dios por medio de él, quien vive para siempre, a fin de interceder con Dios a favor de ellos.

26Él es la clase de Sumo Sacerdote que necesitamos, porque es santo y no tiene culpa ni mancha de pecado. Él ha sido apartado de los pecadores y se le ha dado el lugar de más alto honor en el cielo.* 27A diferencia de los demás sumos sacerdotes, no tiene necesidad de ofrecer sacrificios cada día. Ellos los ofrecían primero por sus propios pecados y luego por los del pueblo. Sin embargo, Jesús lo hizo una vez y para siempre cuando se ofreció a sí mismo como sacrificio por los pecados del pueblo. 28La ley nombra a sumos sacerdotes que están limitados por debilidades humanas; pero después de que la ley fue entregada, Dios nombró a su Hijo mediante un juramento y su Hijo ha sido hecho el perfecto Sumo Sacerdote para siempre.

Cristo es nuestro Sumo Sacerdote

8 El punto principal es el siguiente: tenemos un sumo sacerdote quien se sentó en el lugar de honor, a la derecha del trono del Dios majestuoso en el cielo. 2Allí sirve como ministro en el tabernáculo* del cielo, el verdadero lugar de adoración construido por el Señor y no por manos humanas.

3Ya que es deber de todo sumo sacerdote presentar ofrendas y sacrificios, nuestro Sumo

Sacerdote también tiene que presentar una ofrenda. 4Si estuviera aquí en la tierra, ni siquiera sería sacerdote, porque ya hay sacerdotes que presentan las ofrendas que exige la ley. 5Ellos sirven dentro de un sistema de adoración que es solo una copia, una sombra del verdadero, que está en el cielo. Pues cuando Moisés estaba por construir el tabernáculo, Dios le advirtió lo siguiente: «Asegúrate de hacer todo según el modelo que te mostré aquí en la montaña»*.

6Pero ahora a Jesús, nuestro Sumo Sacerdote, se le ha dado un ministerio que es muy superior al sacerdocio antiguo porque él es mediador a nuestro favor de un mejor pacto con Dios basado en promesas mejores.

7Si el primer pacto no hubiera tenido defectos, no habría sido necesario reemplazarlo con un segundo pacto. 8Pero cuando Dios encontró defectos en el pueblo, dijo:

«Llegará el día, dice el SEÑOR,
    en que haré un nuevo pacto
    con el pueblo de Israel y de Judá.
9 Este pacto no será como el que
    hice con sus antepasados
cuando los tomé de la mano
    y los saqué de la tierra de Egipto.
Ellos no permanecieron fieles a mi pacto,
    por eso les di la espalda, dice el SEÑOR.
10 Pero este es el nuevo pacto que haré
    con el pueblo de Israel en ese día* —dice el
    SEÑOR—:
Pondré mis leyes en su mente
    y las escribiré en su corazón.
Yo seré su Dios,
    y ellos serán mi pueblo.
11 Y no habrá necesidad de enseñar a sus
        vecinos
    ni habrá necesidad de enseñar a sus
        parientes,*
    diciendo: "Deberías conocer al SEÑOR".
Pues todos ya me conocerán,
    desde el más pequeño hasta el más grande.
12 Y perdonaré sus maldades
    y nunca más me acordaré de sus pecados»*.

13Cuando Dios habla de un «nuevo» pacto, quiere decir que ha hecho obsoleto al primero, el cual ha caducado y pronto desaparecerá.

Reglas antiguas sobre la adoración

9 Ese primer pacto entre Dios e Israel incluía ordenanzas para la adoración y un lugar de culto aquí, en la tierra. 2Ese tabernáculo* estaba formado por dos salas. En la primera sala había un candelabro, una mesa y los panes consagrados sobre ella. Esta sala se llamaba Lugar Santo. 3Luego había una cortina detrás de la cual se encontraba la segunda sala,* llamada Lugar Santísimo. 4En esa sala había un altar de

---

7:17 Sal 110:4.   7:21 Sal 110:4.   7:25 O puede salvar completamente.   7:26 O ha sido exaltado más que los cielos.   8:2 O carpa;
también en 8:5.   8:5 Ex 25:40; 26:30.   8:10 En griego después de esos días.   8:11 En griego su hermano.   8:8-12 Jr 31:31-34.
9:2 O carpa; ver también 9:11, 21.   9:3 En griego segunda carpa.

oro para el incienso y un cofre de madera conocido como el arca del pacto, el cual estaba totalmente cubierto de oro. Dentro del arca había un recipiente de oro que contenía el maná, la vara de Aarón a la que le habían salido hojas y las tablas del pacto que eran de piedra. [5]Por encima del arca estaban los querubines de la gloria divina, cuyas alas se extendían sobre la tapa del arca, es decir, el lugar de la expiación; pero ahora no podemos explicar estas cosas en detalle.

[6]Cuando estos elementos estaban en su lugar, los sacerdotes entraban con regularidad en la primera sala,* durante el cumplimiento de sus deberes religiosos. [7]Pero sólo el sumo sacerdote entraba en el Lugar Santísimo y lo hacía una sola vez al año; y siempre ofrecía sangre por sus propios pecados y por los pecados que el pueblo cometía por ignorancia. [8]Mediante esas ordenanzas, el Espíritu Santo daba a entender que la entrada al Lugar Santísimo no estaba abierta a todos en tanto siguiera en pie el tabernáculo* y el sistema que representaba.

[9]Esta es una ilustración que apunta al tiempo presente. Pues las ofrendas y los sacrificios que ofrecen los sacerdotes no pueden limpiar la conciencia de las personas que los traen. [10]Pues ese sistema antiguo solo consiste en alimentos, bebidas y diversas ceremonias de purificación, es decir, ordenanzas externas* que permanecieron vigentes solo hasta que se estableció un sistema mejor.

Cristo es el sacrificio perfecto

[11]Entonces Cristo ahora ha llegado a ser el Sumo Sacerdote de las cosas buenas que han venido.* Él entró en ese tabernáculo superior y más perfecto que está en el cielo, el cual no fue hecho por manos humanas ni forma parte del mundo creado. [12]Con su propia sangre —no con la sangre de cabras ni de becerros— entró en el Lugar Santísimo una sola vez y para siempre, y aseguró nuestra redención eterna.

[13]Bajo el sistema antiguo, la sangre de cabras y toros y las cenizas de una ternera podían limpiar el cuerpo de las personas que estaban ceremonialmente impuras. [14]Imagínense cuánto más la sangre de Cristo nos purificará la conciencia de acciones pecaminosas* para que adoremos al Dios viviente. Pues por el poder del Espíritu eterno, Cristo se ofreció a sí mismo a Dios como sacrificio perfecto por nuestros pecados. [15]Por eso él es el mediador de un nuevo pacto entre Dios y la gente, para que todos los que son llamados puedan recibir la herencia eterna que Dios les ha prometido. Pues Cristo murió para librarlos del castigo por los pecados que habían cometido bajo el primer pacto.

[16]Ahora bien, cuando alguien deja un testa-

mento,* es necesario comprobar que la persona que lo hizo ha muerto.* [17]El testamento sólo entra en vigencia después de la muerte de la persona. Mientras viva el que lo hizo, el testamento no puede entrar en vigencia.

[18]Por eso, aun el primer pacto fue puesto en vigencia con la sangre de un animal. [19]Pues después de que Moisés había leído cada uno de los mandamientos de Dios a todo el pueblo, tomó la sangre de los becerros y las cabras* junto con agua, y roció tanto el libro de la ley de Dios como a todo el pueblo con ramas de hisopo y lana de color escarlata. [20]Entonces dijo: «Esta sangre confirma el pacto que Dios ha hecho con ustedes».* [21]De la misma manera roció con la sangre el tabernáculo y todo lo que se usaba para adorar a Dios. [22]De hecho, según la ley de Moisés, casi todo se purificaba con sangre porque sin derramamiento de sangre no hay perdón.

[23]Por esa razón, el tabernáculo y todo lo que en él había —que eran copias de las cosas del cielo— debían ser purificados mediante la sangre de animales; pero las cosas verdaderas del cielo debían ser purificadas mediante sacrificios superiores a la sangre de animales.

[24]Pues Cristo no entró en un lugar santo hecho por manos humanas, que era solo una copia del verdadero, que está en el cielo. Él entró en el cielo mismo para presentarse ahora delante de Dios a favor de nosotros; [25]y no entró en el cielo para ofrecerse a sí mismo una y otra vez, como lo hace el sumo sacerdote aquí en la tierra, que entra en el Lugar Santísimo año tras año con la sangre de un animal. [26]Si eso hubiera sido necesario, Cristo tendría que haber sufrido la muerte una y otra vez, desde el principio del mundo; pero ahora, en el fin de los tiempos,* Cristo se presentó una sola vez y para siempre para quitar el pecado mediante su propia muerte en sacrificio.

[27]Y así como cada persona está destinada a morir una sola vez y después vendrá el juicio, [28]así también Cristo murió en sacrificio una sola vez y para siempre, a fin de quitar los pecados de muchas personas. Cristo vendrá otra vez, no para ocuparse de nuestros pecados, sino para traer salvación a todos los que esperan con anhelo su venida.

El sacrificio de Cristo, una vez y para siempre

10 El sistema antiguo bajo la ley de Moisés era solo una sombra —un tenue anticipo de las cosas buenas por venir— no las cosas buenas en sí mismas. Bajo aquel sistema se repetían los sacrificios una y otra vez, año tras año, pero nunca pudieron limpiar por completo a quienes venían a adorar. [2]Si los sacrificios hubieran podido limpiar por completo, entonces habrían dejado de ofrecerlos, porque los adoradores se habrían purificado una sola vez y para

---

9:6 En griego *primera carpa.*   **9:8** O *la primera sala;* en griego dice *la primera carpa.*   **9:10** En griego *ordenanzas para el cuerpo.*
9:11 Algunos manuscritos dicen *que están por venir.*   **9:14** En griego *de obras muertas.*   **9:16a** O *pacto;* también en 9:17.
9:16b O *Ahora bien, cuando alguien hace un pacto, es necesario ratificarlo con la muerte de un sacrificio.*   **9:19** Algunos manuscritos
no incluyen *y las cabras.*   **9:20** Ex 24:8.   **9:26** En griego *los siglos.*

siempre, y habrían desaparecido los sentimientos de culpa.

³Pero en realidad, esos sacrificios les recordaban sus pecados año tras año. ⁴Pues no es posible que la sangre de los toros y las cabras quite los pecados. ⁵Por eso, cuando Cristo* vino al mundo, le dijo a Dios:

«Tú no quisiste sacrificios de animales ni
      ofrendas por el pecado.
   Pero me has dado un cuerpo para ofrecer.
⁶ No te agradaron las ofrendas quemadas
      ni otras ofrendas por el pecado.
⁷ Luego dije: "Aquí estoy, oh Dios, he venido a
      hacer tu voluntad
   como está escrito acerca de mí en las
      Escrituras"»*.

⁸Primero, Cristo dijo: «No quisiste sacrificios de animales ni ofrendas por el pecado; ni ofrendas quemadas ni otras ofrendas por el pecado. Todas esas ofrendas tampoco te agradaron» (aun cuando la ley de Moisés las exige). ⁹Luego dijo: «Aquí estoy, he venido a hacer tu voluntad». Él anula el primer pacto para que el segundo entre en vigencia. ¹⁰Pues la voluntad de Dios fue que el sacrificio del cuerpo de Jesucristo nos hiciera santos, una vez y para siempre.

¹¹Bajo el antiguo pacto, el sacerdote oficia de pie delante del altar día tras día, ofreciendo los mismos sacrificios una y otra vez, los cuales nunca pueden quitar los pecados; ¹²pero nuestro Sumo Sacerdote se ofreció a sí mismo a Dios como un solo sacrificio por los pecados, válido para siempre. Luego se sentó en el lugar de honor, a la derecha de Dios. ¹³Allí espera hasta que sus enemigos sean humillados y puestos por debajo de sus pies. ¹⁴Pues mediante esa única ofrenda, él perfeccionó para siempre a los que está haciendo santos.

¹⁵Y el Espíritu Santo también da testimonio de que es verdad, pues dice:

¹⁶ «Este es el nuevo pacto que haré
      con mi pueblo en aquel día* —dice
      el Señor—:
   Pondré mis leyes en su corazón
      y las escribiré en su mente»*.

¹⁷Después dice:

   «Nunca más me acordaré
      de sus pecados y sus transgresiones»*.

¹⁸Y cuando los pecados han sido perdonados, ya no hace falta ofrecer más sacrificios.

Un llamado a permanecer firmes

¹⁹Así que, amados hermanos, podemos entrar con valentía en el Lugar Santísimo del cielo por causa de la sangre de Jesús. ²⁰Por su muerte,* Jesús abrió un nuevo camino —un camino que da

vida— a través de la cortina al Lugar Santísimo. ²¹Ya que tenemos un gran Sumo Sacerdote que gobierna la casa de Dios, ²²entremos directamente a la presencia de Dios con corazón sincero y con plena confianza en él. Pues nuestra conciencia culpable ha sido rociada con la sangre de Cristo a fin de purificarnos, y nuestro cuerpo ha sido lavado con agua pura.

²³Mantengámonos firmes sin titubear en la esperanza que afirmamos, porque se puede confiar en que Dios cumplirá su promesa. ²⁴Pensemos en maneras de motivarnos unos a otros a realizar actos de amor y buenas acciones. ²⁵Y no dejemos de congregarnos, como lo hacen algunos, sino animémonos unos a otros, sobre todo ahora que el día de su regreso se acerca.

²⁶Queridos amigos, si seguimos pecando a propósito después de haber recibido el conocimiento de la verdad, ya no queda ningún sacrificio que cubra esos pecados. ²⁷Solo queda la terrible expectativa del juicio de Dios y el fuego violento que consumirá a sus enemigos. ²⁸Pues todo el que rehusaba obedecer la ley de Moisés era ejecutado sin compasión por el testimonio de dos o tres testigos. ²⁹Piensen, pues, cuánto mayor será el castigo para quienes han pisoteado al Hijo de Dios y han considerado la sangre del pacto —la cual nos hizo santos— como si fuera algo vulgar e inmundo, y han insultado y despreciado al Espíritu Santo que nos trae la misericordia de Dios. ³⁰Pues conocemos al que dijo:

   «Yo tomaré venganza.
      Yo les pagaré lo que se merecen»*.

También dijo:

   «El Señor juzgará a su propio pueblo»*.

³¹¡Es algo aterrador caer en manos del Dios vivo!

³²Acuérdense de los primeros tiempos, cuando recién aprendían acerca de Cristo.* Recuerden cómo permanecieron fieles aunque tuvieron que soportar terrible sufrimiento. ³³Algunas veces los ponían en ridículo públicamente y los golpeaban, otras veces ustedes ayudaban a los que pasaban por lo mismo. ³⁴Sufrieron junto con los que fueron metidos en la cárcel y, cuando a ustedes les quitaron todos sus bienes, lo aceptaron con alegría. Sabían que en el futuro les esperaban cosas mejores, que durarán para siempre.

³⁵Por lo tanto, no desechen la firme confianza que tienen en el Señor. ¡Tengan presente la gran recompensa que les traerá! ³⁶Perseverar con paciencia es lo que necesitan ahora para seguir haciendo la voluntad de Dios. Entonces recibirán todo lo que él ha prometido.

³⁷ «Pues, dentro de muy poco tiempo,
      aquel que viene vendrá sin demorarse.

10:5 En griego *él;* también en 10:8.   **10:5-7** Sal 40:6-8 (versión griega).   **10:16a** En griego *después de aquellos días.*   **10:16b** Jr 31:33a.
10:17 Jr 31:34b.   **10:20** En griego *Mediante su carne.*   **10:30a** Dt 32:35.   **10:30b** Dt 32:36.   **10:32** En griego *cuando fueron iluminados por primera vez.*

38 Mis justos vivirán por la fe.*
  Pero no me agradará aquel que se aparte
  de mí»*.

39Pero nosotros no somos de los que se apartan de Dios hacia su propia destrucción. Somos los fieles, y nuestras almas serán salvas.

Grandes ejemplos de fe

11 La fe es la confianza de que en verdad sucederá lo que esperamos; es lo que nos da la certeza de las cosas que no podemos ver. **2**Por su fe, la gente de antaño gozó de una buena reputación.

3Por la fe entendemos que todo el universo fue formado por orden de Dios, de modo que lo que ahora vemos no vino de cosas visibles.

4Fue por la fe que Abel presentó a Dios una ofrenda más aceptable que la que presentó Caín. La ofrenda de Abel demostró que era un hombre justo, y Dios aprobó sus ofrendas. Aunque Abel murió hace mucho tiempo, todavía nos habla por su ejemplo de fe.

5Fue por la fe que Enoc ascendió al cielo sin morir, «desapareció porque Dios se lo llevó»*; porque antes de ser llevado, lo conocían como una persona que agradaba a Dios. **6**De hecho, sin fe es imposible agradar a Dios. Todo el que desee acercarse a Dios debe creer que él existe y que él recompensa a todo el que lo buscan con sinceridad.

7Fue por la fe que Noé construyó un barco grande para salvar a su familia del diluvio en obediencia a Dios, quien le advirtió de cosas que nunca antes habían sucedido. Por su fe, Noé condenó al resto del mundo y recibió la justicia que viene por la fe.

8Fue por la fe que Abraham obedeció cuando Dios lo llamó para que dejara su tierra y fuera a otra que él le daría por herencia. Se fue sin saber adónde iba. **9**Incluso cuando llegó a la tierra que Dios le había prometido, vivió allí por fe, pues era como un extranjero que vive en carpas. Lo mismo hicieron Isaac y Jacob, quienes heredaron la misma promesa. **10**Abraham esperaba con confianza una ciudad de cimientos eternos, una ciudad diseñada y construida por Dios.

11Fue por la fe que hasta Sara pudo tener un hijo, a pesar de ser estéril y demasiado anciana. Ella creyó* que Dios cumpliría su promesa. **12**Así que una nación entera provino de este solo hombre, quien estaba casi muerto en cuanto a tener hijos; una nación con tantos habitantes que, como las estrellas de los cielos y la arena de la orilla del mar, es imposible contar.

13Todas estas personas murieron aún creyendo lo que Dios les había prometido. Y aunque no recibieron lo prometido lo vieron desde lejos y lo aceptaron con gusto. Coincidieron en que eran extranjeros y nómadas aquí en este mundo. **14**Es obvio que quienes se expresan así esperan

tener su propio país. **15**Si hubieran añorado el país del que salieron, bien podrían haber regresado. **16**Sin embargo, buscaban un lugar mejor, una patria celestial. Por eso, Dios no se avergüenza de ser llamado el Dios de ellos, pues les ha preparado una ciudad.

17Fue por la fe que Abraham ofreció a Isaac en sacrificio cuando Dios lo puso a prueba. Abraham, quien había recibido las promesas de Dios, estuvo dispuesto a sacrificar a su único hijo, Isaac, **18**aun cuando Dios le había dicho: «Isaac es el hijo mediante el cual procederán tus descendientes»*. **19**Abraham llegó a la conclusión de que si Isaac moría, Dios tenía el poder para volverlo a la vida; y, en cierto sentido, Abraham recibió de vuelta a su hijo de entre los muertos.

20Fue por la fe que Isaac prometió a sus hijos, Jacob y Esaú, bendiciones para el futuro.

21Fue por la fe que Jacob, cuando ya era anciano y estaba por morir, bendijo a cada uno de los hijos de José y se inclinó para adorar, apoyado en su vara.

22Fue por la fe que José, cuando iba a morir, declaró con confianza que el pueblo de Israel saldría de Egipto. Incluso les mandó que se llevaran sus huesos cuando ellos salieran.

23Fue por la fe que cuando nació Moisés, sus padres lo escondieron durante tres meses. Vieron que Dios les había dado un hijo fuera de lo común y no tuvieron temor de desobedecer la orden del rey.

24Fue por la fe que Moisés, cuando ya fue adulto, rehusó llamarse hijo de la hija del faraón. **25**Prefirió ser maltratado con el pueblo de Dios a disfrutar de los placeres momentáneos del pecado. **26**Consideró que era mejor sufrir por causa de Cristo que poseer los tesoros de Egipto, pues tenía la mirada puesta en la gran recompensa que recibiría. **27**Fue por la fe que Moisés salió de la tierra de Egipto sin temer el enojo del rey. Siguió firme en su camino porque tenía los ojos puestos en el Invisible. **28**Fue por la fe que Moisés ordenó que el pueblo de Israel celebrara la Pascua y rociara con sangre los marcos de las puertas para que el ángel de la muerte no matara a ninguno de sus primeros hijos varones.

29Fue por la fe que el pueblo de Israel atravesó el mar Rojo como si estuviera pisando tierra seca, pero cuando los egipcios intentaron seguirlos, murieron todos ahogados.

30Fue por la fe que el pueblo de Israel marchó alrededor de Jericó durante siete días, y las murallas se derrumbaron.

31Fue por la fe que Rahab, la prostituta, no fue destruida junto con los habitantes de su ciudad que se negaron a obedecer a Dios. Pues ella había recibido en paz a los espías.

32¿Cuánto más les tengo que decir? Se necesitaría demasiado tiempo para contarles acerca

---

10:38 O *mis justos vivirán por su fidelidad*; en griego dice *mi justo vivirá por fe.*   **10:37-38** Ha 2:3-4.   **11:5** Gn 5:24.   **11:11** O *Fue por la fe que él (Abraham) pudo tener un hijo, aun cuando Sara era estéril y él demasiado anciano. Él creyó.*   **11:18** Gn 21:12.

de la fe de Gedeón, Barac, Sansón, Jefté, David, Samuel y todos los profetas. [33]Por la fe esas personas conquistaron reinos gobernaron con justicia y recibieron lo que Dios les había prometido. Cerraron bocas de leones, [34]apagaron llamas de fuego y escaparon de morir a filo de espada. Su debilidad se convirtió en fortaleza. Llegaron a ser poderosos en batalla e hicieron huir a ejércitos enteros. [35]Hubo mujeres que recibieron otra vez con vida a sus seres queridos que habían muerto.

Sin embargo, otros fueron torturados, porque rechazaron negar a Dios a cambio de la libertad. Ellos pusieron su esperanza en una vida mejor que viene después de la resurrección. [36]Algunos fueron ridiculizados y sus espaldas fueron laceradas con látigos; otros fueron encadenados en prisiones. [37]Algunos murieron apedreados, a otros los cortaron a la mitad con una sierra* y a otros los mataron a espada. Algunos anduvieron vestidos con pieles de ovejas y cabras, desposeídos y oprimidos y maltratados. [38]Este mundo no era digno de ellos. Vagaron por desiertos y montañas, se escondieron en cuevas y hoyos de la tierra.

[39]Debido a su fe, todas esas personas gozaron de una buena reputación, aunque ninguno recibió todo lo que Dios le había prometido. [40]Pues Dios tenía preparado algo mejor para nosotros, de modo que ellos no llegaran a la perfección sin nosotros.

La disciplina de Dios demuestra su amor

12 Por lo tanto, ya que estamos rodeados por una enorme multitud de testigos de la vida de la fe, quitémonos todo peso que nos impida correr, especialmente el pecado que tan fácilmente nos hace tropezar. Y corramos con perseverancia la carrera que Dios nos ha puesto por delante. [2]Esto lo hacemos al fijar la mirada en Jesús, el campeón que inicia y perfecciona nuestra fe.* Debido al gozo* que le esperaba, Jesús soportó la cruz, sin importarle la vergüenza que ésta representaba. Ahora está sentado en el lugar de honor, junto al trono de Dios. [3]Piensen en toda la hostilidad que soportó por parte de pecadores,* así no se cansarán ni se darán por vencidos. [4]Después de todo, ustedes aún no han dado su vida en la lucha contra el pecado.

[5]¿Acaso olvidaron las palabras de aliento con que Dios les habló a ustedes como a hijos? Él dijo:

«Hijo mío, no tomes a la ligera la disciplina
    del Señor
y no te des por vencido cuando te
    corrija.
[6] Pues el Señor disciplina a los que ama
y castiga a todo el que recibe como hijo»*.

[7]Al soportar esta disciplina divina, recuerden que Dios los trata como a sus propios hijos. ¿Acaso alguien oyó hablar de un hijo que nunca fue disciplinado por su padre? [8]Si Dios no los disciplina a ustedes como lo hace con todos sus hijos, quiere decir que ustedes no son verdaderamente sus hijos, sino ilegítimos. [9]Ya que respetábamos a nuestros padres terrenales que nos disciplinaban, entonces, ¿acaso no deberíamos someternos aún más a la disciplina del Padre de nuestro espíritu, y así vivir para siempre?*

[10]Pues nuestros padres terrenales nos disciplinaron durante algunos años e hicieron lo mejor que pudieron, pero la disciplina de Dios siempre es buena para nosotros, a fin de que participemos de su santidad. [11]Ninguna disciplina resulta agradable a la hora de recibirla. Al contrario, ¡es dolorosa! Pero después, produce la apacible cosecha de una vida recta para los que han sido entrenados por ella.

[12]Por lo tanto, renueven las fuerzas de sus manos cansadas y fortalezcan sus rodillas debilitadas. [13]Tracen un camino recto para sus pies, a fin de que los débiles y los cojos no caigan, sino que se fortalezcan.

Un llamado a escuchar a Dios

[14]Esfuércense por vivir en paz con todos y procuren llevar una vida santa, porque los que no son santos no verán al Señor. [15]Cuídense unos a otros, para que ninguno de ustedes deje de recibir la gracia de Dios. Tengan cuidado de que no brote ninguna raíz venenosa de amargura, la cual los trastorne a ustedes y envenene a muchos. [16]Asegúrense de que ninguno sea inmoral ni profano como Esaú, que cambió sus derechos de primer hijo varón por un simple plato de comida. [17]Ustedes saben que después, cuando quiso recibir la bendición de su padre, fue rechazado. Ya era demasiado tarde para arrepentirse, a pesar de que suplicó con lágrimas amargas.

[18]Ustedes no se han acercado a una montaña que se pueda tocar,* a un lugar que arde en llamas, un lugar de oscuridad y tinieblas, rodeado por un torbellino, como les sucedió a los israelitas cuando llegaron al monte Sinaí. [19]Ellos oyeron un imponente toque de trompeta y una voz tan temible que le suplicaron a Dios que dejara de hablar. [20]Retrocedieron tambaleándose bajo el mandato de Dios: «Si tan sólo un animal toca la montaña, deberá morir apedreado»*. [21]Incluso Moisés se asustó tanto de lo que vio, que dijo: «Estoy temblando de miedo»*.

[22]En cambio, ustedes han llegado al monte Sión, a la ciudad del Dios viviente, a la Jerusalén celestial, y a incontables miles de ángeles que se han reunido llenos de gozo. [23]Ustedes han llegado a la congregación de los primogénitos de Dios, cuyos nombres están escritos en el cielo.

11:37 Algunos manuscritos incluyen *algunos fueron puestos a prueba.*   12:2a O *Jesús, el autor y perfeccionador de nuestra fe.* 12:2b O *En lugar del gozo.*   12:3 Algunos manuscritos dicen *Piensen en cómo la gente se hiere a sí misma al oponerse a él.* 12:5-6 Pr 3:11-12 (versión griega).   12:9 O *y viviremos verdaderamente?*   12:18 En griego *a algo que se pueda tocar.* 12:20 Ex 19:13.   12:21 Dt 9:19.

Ustedes han llegado a Dios mismo, quien es el juez sobre todas las cosas. Ustedes han llegado a los espíritus de los justos, que están en el cielo y que ya han sido perfeccionados. ²⁴Ustedes han llegado a Jesús, el mediador del nuevo pacto entre Dios y la gente, y también a la sangre rociada, que habla de perdón en lugar de clamar por venganza como la sangre de Abel.

²⁵Tengan cuidado de no negarse a escuchar a aquel que habla. Pues, si el pueblo de Israel no escapó cuando se negó a escuchar a Moisés, el mensajero terrenal, ¡ciertamente nosotros tampoco escaparemos si rechazamos a aquél que nos habla desde el cielo! ²⁶Cuando Dios habló desde el monte Sinaí, su voz hizo temblar la tierra, pero ahora él hace otra promesa: «Una vez más, haré temblar no sólo la tierra, sino también los cielos»*. ²⁷Eso significa que toda la creación será agitada y removida, para que solo permanezcan las cosas inconmovibles.

²⁸Ya que estamos recibiendo un reino inconmovible, seamos agradecidos y agrademos a Dios adorándolo con santo temor y reverencia, ²⁹porque nuestro Dios es un fuego que todo lo consume.

Palabras finales

13 Sigan amándose unos a otros como hermanos.* ²No se olviden de brindar hospitalidad a los desconocidos, porque algunos que lo han hecho, ¡han hospedado ángeles sin darse cuenta! ³Acuérdense de aquellos que están en prisión, como si ustedes mismos estuvieran allí. Acuérdense también de los que son maltratados, como si ustedes mismos sintieran en carne propia el dolor de ellos.

⁴Honren el matrimonio, y los casados manténganse fieles el uno al otro. Con toda seguridad, Dios juzgará a los que cometen inmoralidades sexuales y a los que cometen adulterio.

⁵No amen el dinero; estén contentos con lo que tienen, pues Dios ha dicho:

«Nunca te fallaré.
   Jamás te abandonaré»*.

⁶Así que podemos decir con toda confianza:

«El SEÑOR es quien me ayuda,
   por eso no tendré miedo.
¿Qué me puede hacer un simple
   mortal?»*.

⁷Acuérdense de los líderes que les enseñaron la palabra de Dios. Piensen en todo lo bueno que haya resultado de su vida y sigan el ejemplo de su fe.

⁸Jesucristo es el mismo ayer, hoy y siempre. ⁹Así que no se dejen cautivar por ideas nuevas y extrañas. Su fortaleza espiritual proviene de la gracia de Dios y no depende de reglas sobre los alimentos, que de nada sirven a quienes las siguen.

¹⁰Tenemos un altar del cual los sacerdotes del tabernáculo* no tienen derecho a comer. ¹¹Bajo el sistema antiguo, el sumo sacerdote llevaba la sangre de los animales al Lugar Santo como sacrificio por el pecado, y los cuerpos de esos animales se quemaban fuera del campamento. ¹²De igual manera, Jesús sufrió y murió fuera de las puertas de la ciudad para hacer santo a su pueblo mediante su propia sangre. ¹³Entonces salgamos al encuentro de Jesús, fuera del campamento, y llevemos la deshonra que él llevó. ¹⁴Pues este mundo no es nuestro hogar permanente; esperamos el hogar futuro.

¹⁵Por lo tanto, por medio de Jesús, ofrezcamos un sacrificio continuo de alabanza a Dios, mediante el cual proclamamos nuestra lealtad a su nombre. ¹⁶Y no se olviden de hacer el bien ni de compartir lo que tienen con quienes pasan necesidad. Estos son los sacrificios que le agradan a Dios.

¹⁷Obedezcan a sus líderes espirituales y hagan lo que ellos dicen. Su tarea es cuidar el alma de ustedes y tienen que rendir cuentas a Dios. Denles motivos para que la hagan con alegría y no con dolor. Esto último ciertamente no los beneficiará a ustedes.

¹⁸Oren por nosotros, pues tenemos la conciencia limpia y deseamos comportarnos con integridad en todo lo que hacemos. ¹⁹Y oren especialmente para que pueda regresar a verlos pronto.

²⁰ Y ahora, que el Dios de paz
      —quien levantó de entre los muertos
         a nuestro Señor Jesús,
   el gran Pastor de las ovejas,
      y que ratificó un pacto eterno con su
         sangre—
²¹ los capacite con todo lo que necesiten
         para hacer su voluntad.
   Que él produzca en ustedes,*
      mediante el poder de Jesucristo,
   todo lo bueno que a él le agrada.
   ¡A él sea toda la gloria por siempre y para
         siempre! Amén.

²²Les ruego, amados hermanos, que hagan caso a lo que les escribí en esta breve exhortación. ²³Quiero que sepan que nuestro hermano Timoteo ya salió de la cárcel. Si llega pronto, lo llevaré conmigo cuando vaya a verlos. ²⁴Saluden a todos los líderes y a todos los creyentes que están allí. Los creyentes de Italia les envían sus saludos. ²⁵Que la gracia de Dios sea con todos ustedes.

12:26 Hag 2:6. **13:1** En griego *Continúen en amor fraternal.* **13:5** Dt 31:6, 8. **13:6** Sal 118:6. **13:10** O *carpa.* **13:21** Algunos manuscritos dicen *en nosotros.*

Santiago

Saludos de Santiago

1 Yo, Santiago, esclavo de Dios y del Señor Jesucristo, escribo esta carta a las «doce tribus»: los creyentes judíos que están dispersos por el mundo.

¡Reciban mis saludos!

Fe y constancia

²Amados hermanos, cuando tengan que enfrentar problemas, considérenlo como un tiempo para alegrarse mucho ³porque ustedes saben que, siempre que se pone a prueba la fe, la constancia tiene una oportunidad para desarrollarse. ⁴Así que dejen que crezca, pues una vez que su constancia se haya desarrollado plenamente, serán perfectos y completos, y no les faltará nada.

⁵Si necesitan sabiduría, pídansela a nuestro generoso Dios, y él se la dará; no los reprenderá por pedirla. ⁶Cuando se la pidan, asegúrense de que su fe sea solamente en Dios, y no duden, porque una persona que tiene la lealtad dividida y es tan inestable como una ola del mar que el viento arrastra y empuja de un lado a otro. ⁷Esas personas no deberían esperar nada del Señor; ⁸su lealtad está dividida entre Dios y el mundo, y son inestables en todo lo que hacen.

⁹Los creyentes que son pobres* pueden estar orgullosos, porque Dios los ha honrado; ¹⁰y los que son ricos* deberían estar orgullosos de que Dios los ha humillado. Se marchitarán como una pequeña flor de campo. ¹¹Cuando el sol calienta mucho y se seca el pasto, la flor pierde su fuerza, cae y desaparece su belleza. De la misma manera, se marchitarán los ricos junto con todos sus logros.

¹²Dios bendice a los que soportan con paciencia las pruebas y las tentaciones, porque después de superarlas, recibirán la corona de vida que Dios ha prometido a quienes lo aman. ¹³Cuando sean tentados, acuérdense de no decir: «Dios me está tentando». Dios nunca es tentado a hacer el mal y jamás tienta a nadie. ¹⁴La tentación viene de nuestros propios deseos, los cuales nos seducen y nos arrastran. ¹⁵De esos deseos nacen los actos pecaminosos, y el pecado, cuando se deja crecer, da a luz la muerte.

¹⁶Así que no se dejen engañar, mis amados hermanos. ¹⁷Todo lo que es bueno y perfecto desciende a nosotros de parte de Dios nuestro Padre, quien creó todas las luces de los cielos.* Él nunca cambia ni varía como una sombra en movimiento.* ¹⁸Él, por su propia voluntad, nos hizo nacer de nuevo por medio de la palabra de verdad que nos dio y, de toda la creación, nosotros llegamos a ser su valiosa posesión.*

Escuchar y obedecer

¹⁹Mis amados hermanos, quiero que entiendan lo siguiente: todos ustedes deben ser rápidos para escuchar, lentos para hablar y lentos para enojarse. ²⁰El enojo humano* no produce la rectitud* que Dios desea. ²¹Así que quiten de su vida todo lo malo y lo sucio, y acepten con humildad la palabra que Dios les ha sembrado en el corazón, porque tiene el poder para salvar su alma.

²²No solo escuchen la palabra de Dios, tienen que ponerla en práctica. De lo contrario, solamente se engañan a sí mismos. ²³Pues, si escuchas la palabra pero no la obedeces, sería como ver tu cara en un espejo; ²⁴te ves a ti mismo, luego te alejas y te olvidas cómo eres. ²⁵Pero si miras atentamente en la ley perfecta que te hace libre y la pones en práctica y no olvidas lo que escuchaste, entonces Dios te bendecirá por tu obediencia.

²⁶Si afirmas ser religioso pero no controlas tu lengua, te engañas a ti mismo y tu religión no vale nada. ²⁷La religión pura y verdadera a los ojos de Dios Padre consiste en ocuparse de los huérfanos y de las viudas en sus aflicciones, y no dejar que el mundo te corrompa.

No mostrar preferencia entre las personas

2 Mis amados hermanos, ¿cómo pueden afirmar que tienen fe en nuestro glorioso Señor Jesucristo si favorecen a algunas personas que a otras?

²Por ejemplo, supongamos que alguien llega a su reunión* vestido con ropa elegante y joyas costosas y al mismo tiempo entra una persona pobre y con ropa sucia. ³Si ustedes le dan un trato preferencial a la persona rica y le dan un buen

---

asiento, pero al pobre le dicen: «Tú puedes quedarte de pie allá o bien sentarte en el piso», acaso [4]esta discriminación no demuestra que sus juicios son guiados por malas intenciones?

[5]Escúchenme, amados hermanos. ¿No eligió Dios a los pobres de este mundo para que sean ricos en fe? Son ellos los que heredarán el reino que Dios prometió a quienes lo aman? [6]¡Pero ustedes desprecian a los pobres! ¿Acaso no son los ricos quienes los oprimen a ustedes y los arrastran a los tribunales? [7]¿Acaso no son ellos los que insultan a Jesucristo, cuyo noble nombre* ustedes llevan?

[8]Por supuesto, hacen bien cuando obedecen la ley suprema tal como aparece en las Escrituras: «Ama a tu prójimo como a ti mismo»*; [9]pero si favorecen más a algunas personas que a otras, cometen pecado. Son culpables de violar la ley.

[10]Pues el que obedece todas las leyes de Dios menos una es tan culpable como el que las desobedece todas, [11]porque el mismo Dios que dijo: «No cometas adulterio», también dijo: «No cometas asesinato»*. Así que, si ustedes matan a alguien pero no cometen adulterio, de todos modos han violado la ley.

[12]Entonces, en todo lo que digan y en todo lo que hagan, recuerden que serán juzgados por la ley que los hace libres. [13]No habrá compasión para quienes no hayan tenido compasión de otros, pero si ustedes han sido compasivos, Dios será misericordioso con ustedes cuando los juzgue.

La fe sin buenas acciones está muerta

[14]Amados hermanos, ¿de qué le sirve a uno decir que tiene fe si no lo demuestra con sus acciones? ¿Puede esa clase de fe salvar a alguien? [15]Supónganse que ven a un hermano o una hermana que no tiene qué comer ni con qué vestirse [16]y uno de ustedes le dice: «Adiós, que tengas un buen día; abrígate mucho y aliméntate bien», pero no le da ni alimento ni ropa. ¿Para qué le sirve?

[17]Como pueden ver, la fe por sí sola no es suficiente. A menos que produzca buenas acciones, está muerta y es inútil.

[18]Ahora bien, alguien podría argumentar: «Algunas personas tienen fe; otras, buenas acciones». Pero yo les digo: «¿Cómo me mostrarás tu fe si no haces buenas acciones? Yo les mostraré mi fe con mis buenas acciones».

[19]Tú dices tener fe porque crees que hay un solo Dios.* ¡Bien hecho! Aun los demonios lo creen y tiemblan aterrorizados. [20]¡Qué tontería! ¿Acaso no te das cuenta de que la fe sin buenas acciones es inútil?

[21]¿No recuerdas que nuestro antepasado Abraham fue declarado justo ante Dios por sus acciones cuando ofreció a su hijo Isaac sobre el altar? [22]¿Ya ves?, su fe y sus acciones actuaron en conjunto: sus acciones hicieron que su fe fuera

completa. [23]Y así se cumplió lo que dicen las Escrituras: «Abraham le creyó a Dios, y Dios lo consideró justo debido a su fe»*. Incluso lo llamaron «amigo de Dios»*. [24]Como puedes ver, se nos declara justos a los ojos de Dios por lo que hacemos y no solo por la fe.

[25]Rahab, la prostituta, es otro ejemplo. Fue declarada justa ante Dios por sus acciones cuando ella escondió a los mensajeros y los ayudó a regresar sin riesgo alguno por otro camino. [26]Así como el cuerpo sin aliento* está muerto, así también la fe sin buenas acciones está muerta.

Control de la lengua

3 Amados hermanos, no muchos deberían llegar a ser maestros en la iglesia, porque los que enseñamos seremos juzgados de una manera más estricta. [2]Es cierto que todos cometemos muchos errores. Pues, si pudiéramos dominar la lengua, seríamos perfectos, capaces de controlarnos en todo sentido.

[3]Podemos hacer que un caballo vaya adonde queramos si le ponemos un pequeño freno en la boca. [4]También un pequeño timón hace que un enorme barco gire adonde desee el capitán, por fuertes que sean los vientos. [5]De la misma manera, la lengua es algo pequeño que pronuncia grandes discursos.

Así también una sola chispa puede incendiar todo un bosque. [6]Y la lengua es una llama de fuego. Es un mundo entero de maldad que corrompe todo el cuerpo. Puede incendiar toda la vida, porque el infierno mismo la enciende.*

[7]El ser humano puede domar toda clase de animales, aves, reptiles y peces, [8]pero nadie puede domar la lengua. Es maligna e incansable, llena de veneno mortal. [9]A veces alaba a nuestro Señor y Padre, y otras veces maldice a quienes Dios creó a su propia imagen. [10]Y así, la bendición y la maldición salen de la misma boca. Sin duda, hermanos míos, ¡eso no está bien! [11]¿Acaso puede brotar de un mismo manantial agua dulce y agua amarga? [12]¿Acaso una higuera puede dar aceitunas o una vid, higos? No, como tampoco puede uno sacar agua dulce de un manantial salado.

La verdadera sabiduría proviene de Dios

[13]Si ustedes son sabios y entienden los caminos de Dios, demuéstrenlo viviendo una vida honesta y haciendo buenas acciones con la humildad que proviene de la sabiduría; [14]pero si tienen envidias amargas y ambiciones egoístas en el corazón, no encubran la verdad con jactancias y mentiras. [15]Pues la envidia y el egoísmo no forman parte de la sabiduría que proviene de Dios. Dichas cosas son terrenales, puramente humanas y demoníacas. [16]Pues, donde hay envidias y ambiciones egoístas, también habrá desorden y toda clase de maldad.

[17]Sin embargo, la sabiduría que proviene del

---

cielo es, ante todo, pura y también ama la paz; siempre es amable y dispuesta a ceder ante los demás. Está llena de compasión y de buenas acciones. No muestra favoritismo y siempre es sincera. [18]Y los que procuran la paz sembrarán semillas de paz y recogerán una cosecha de justicia.*

Acercarse más a Dios

4 ¿Qué es lo que causa las disputas y las peleas entre ustedes? ¿Acaso no surgen de los malos deseos que combaten en su interior? [2]Desean lo que no tienen, entonces traman y hasta matan para conseguirlo. Envidian lo que otros tienen, pero no pueden obtenerlo, por eso luchan y les hacen la guerra para quitárselo. Sin embargo, no tienen lo que desean porque no se lo piden a Dios. [3]Aun cuando se lo piden, tampoco lo reciben porque lo piden con malas intenciones: desean solamente lo que les dará placer.

[4]¡Adúlteros!* ¿No se dan cuenta de que la amistad con el mundo los convierte en enemigos de Dios? Lo repito: si alguien quiere ser amigo del mundo, se hace enemigo de Dios. [5]¿Qué creen ustedes que quieren decir las Escrituras cuando afirman que el espíritu que Dios ha puesto dentro de nosotros está lleno de envidia?* [6]Sin embargo, él nos da aún más gracia, para que hagamos frente a esos malos deseos. Como dicen las Escrituras:

«Dios se opone a los orgullosos
  pero muestra su favor a los humildes»*.

[7]Así que humíllense delante de Dios. Resistan al diablo, y él huirá de ustedes. [8]Acérquense a Dios, y Dios se acercará a ustedes. Lávense las manos, pecadores; purifiquen su corazón, porque su lealtad está dividida entre Dios y el mundo. [9]Derramen lágrimas por lo que han hecho. Que haya lamento y profundo dolor. Que haya llanto en lugar de risa y tristeza en lugar de alegría. [10]Humíllense delante del Señor, y él los levantará con honor.

No juzgar a los demás

[11]Amados hermanos, no hablen mal los unos de los otros. Si se critican y se juzgan entre ustedes, entonces critican y juzgan la ley de Dios. En cambio, les corresponde obedecer la ley, no hacer la función de jueces. [12]Solo Dios, quien ha dado la ley, es el Juez. Solamente él tiene el poder para salvar o destruir. Entonces, ¿qué derecho tienes tú para juzgar a tu prójimo?

Advertencia para los que confían en sí mismos

[13]Presten atención, ustedes que dicen: «Hoy o mañana iremos a tal o cual ciudad y nos quedaremos un año. Haremos negocios allí y ganaremos dinero». [14]¿Cómo saben qué será de su vida el día

de mañana? La vida de ustedes es como la neblina del amanecer: aparece un rato y luego se esfuma. [15]Lo que deberían decir es: «Si el Señor quiere, viviremos y haremos esto o aquello». [16]De lo contrario, están haciendo alarde de sus propios planes, y semejante jactancia es maligna.

[17]Recuerden que es pecado saber lo que se debe hacer y luego no hacerlo.

Advertencia para los ricos

5 Presten atención, ustedes los ricos: lloren y giman con angustia por todas las calamidades que les esperan. [2]Su riqueza se está pudriendo, y su ropa fina son trapos carcomidos por polillas. [3]Su oro y plata han perdido su valor. Las mismas riquezas con las que contaban les consumirán la carne como lo hace el fuego. El tesoro que han acumulado se usará como evidencia contra ustedes el día del juicio. [4]Así que ¡escuchen! Oigan las protestas de los obreros del campo a quienes estafaron con el salario. El dinero que no les pagaron clama en contra de ustedes. Los reclamos de quienes les cosechan sus campos han llegado a los oídos del Señor de los Ejércitos Celestiales.

[5]Sus años sobre la tierra los han pasado con lujos, satisfaciendo todos y cada uno de sus deseos. Se han dejado engordar para el día de la matanza. [6]Han condenado y matado a personas inocentes,* que no ponían resistencia.*

Paciencia y perseverancia

[7]Amados hermanos, tengan paciencia mientras esperan el regreso del Señor. Piensen en los agricultores, que con paciencia esperan las lluvias en el otoño y la primavera. Con ansias esperan a que maduren los preciosos cultivos. [8]Ustedes también deben ser pacientes. Anímense, porque la venida del Señor está cerca.

[9]Hermanos, no se quejen unos de otros, o serán juzgados. ¡Pues miren, el Juez ya está a la puerta!

[10]Amados hermanos, tomen como ejemplo de paciencia durante el sufrimiento a los profetas que hablaron en nombre del Señor. [11]Honramos en gran manera a quienes resisten con firmeza en tiempo de dolor. Por ejemplo, han oído hablar de Job, un hombre de gran perseverancia. Pueden ver cómo al final el Señor fue bueno con él, porque el Señor está lleno de ternura y misericordia.

[12]Pero sobre todo, hermanos míos, nunca juren por el cielo ni por la tierra ni por ninguna otra cosa. Simplemente digan «sí» o «no», para que no pequen y sean condenados.

El poder de la oración

[13]¿Alguno de ustedes está pasando por dificultades? Que ore. ¿Alguno está feliz? Que cante

---

3:18 O *cosas buenas.* **4:4** En griego *¡Adúlteras!* **4:5** O *que Dios anhela celosamente el espíritu humano que ha puesto dentro de nosotros?* o *que el Espíritu Santo, el cual Dios ha puesto dentro de nosotros, se opone a nuestra envidia?* **4:6** Pr 3:34 (versión griega). **5:6a** O *al Justo;* en griego dice *al Justo.* **5:6b** O *¿No se resisten a ustedes?* o *¿No se opone Dios a ustedes?* o *¿No los acusan ahora ellos a ustedes delante de Dios?*

alabanzas. [14]¿Alguno está enfermo? Que llame a los ancianos de la iglesia, para que vengan y oren por él y lo unjan con aceite en el nombre del Señor. [15]Una oración ofrecida con fe, sanará al enfermo, y el Señor hará que se recupere; y si ha cometido pecados, será perdonado.

[16]Confiésense los pecados unos a otros y oren los unos por los otros, para que sean sanados. La oración ferviente de una persona justa tiene mucho poder y da resultados maravillosos. [17]Elías era tan humano como cualquiera de nosotros; sin embargo, cuando oró con fervor para que no cayera lluvia, ¡no llovió durante tres años y medio! [18]Más tarde, cuando volvió a orar, el cielo envió lluvia, y la tierra comenzó a dar cosechas.

Restaurar a los creyentes que se apartan

[19]Mis amados hermanos, si alguno de ustedes se aparta de la verdad y otro lo hace volver, [20]pueden estar seguros de que quien haga volver al pecador de su mal camino salvará a esa persona de la muerte y traerá como resultado el perdón de muchos pecados.

1 Pedro

Saludos de Pedro

1 Yo, Pedro, apóstol de Jesucristo, escribo esta carta a los elegidos por Dios que viven como extranjeros en las provincias de Ponto, Galacia, Capadocia, Asia y Bitinia.* ²Dios Padre los conoció y los eligió desde hace mucho tiempo, y su Espíritu los ha hecho santos. Como resultado, ustedes le obedecieron y fueron limpiados por la sangre de Jesucristo.

Que Dios les conceda cada vez más gracia y paz.

La esperanza de la vida eterna

³Que toda la alabanza sea para Dios, el Padre de nuestro Señor Jesucristo. Es por su gran misericordia que hemos nacido de nuevo, porque Dios levantó a Jesucristo de los muertos. Ahora vivimos con gran expectación ⁴y tenemos una herencia que no tiene precio, una herencia que está reservada en el cielo para ustedes, pura y sin mancha, que no puede cambiar ni deteriorarse. ⁵Por la fe que tienen, Dios los protege con su poder hasta que reciban esta salvación, la cual está lista para ser revelada en el día final, a fin de que todos la vean.

⁶Así que alégrense de verdad.* Les espera una alegría inmensa, aun cuando tengan que soportar muchas pruebas por un tiempo breve. ⁷Estas pruebas demostrarán que su fe es auténtica. Está siendo probada de la misma manera que el fuego prueba y purifica el oro, aunque la fe de ustedes es mucho más preciosa que el mismo oro. Entonces su fe, al permanecer firme en tantas pruebas, les traerá mucha alabanza, gloria y honra en el día que Jesucristo sea revelado a todo el mundo.

⁸Ustedes aman a Jesucristo a pesar de que nunca lo han visto. Aunque ahora no lo ven, confían en él y se gozan con una alegría gloriosa e indescriptible. ⁹La recompensa por confiar en él será la salvación de sus almas.

¹⁰Incluso los profetas quisieron saber más cuando profetizaron acerca de esta salvación inmerecida que estaba preparada para ustedes. ¹¹Se preguntaban a qué tiempo y en qué circunstancias se refería el Espíritu de Cristo, que estaba en ellos, cuando les dijo de antemano sobre los sufrimientos de Cristo y de la inmensa gloria que después vendría.

¹²Se les dijo que los mensajes que habían recibido no eran para ellos sino para ustedes. Y ahora esta Buena Noticia les fue anunciada a ustedes por medio de aquellos que la predicaron con el poder del Espíritu Santo, enviado del cielo. Todo es tan maravilloso que aun los ángeles observan con gran expectación cómo suceden estas cosas.

Llamados a una vida santa

¹³Así que piensen con claridad y ejerciten el control propio. Pongan su esperanza en la salvación inmerecida que recibirán cuando Jesucristo sea revelado al mundo. ¹⁴Por lo tanto, vivan como hijos obedientes de Dios. No vuelvan atrás, a su vieja manera de vivir, con el fin de satisfacer sus propios deseos. Antes lo hacían por ignorancia, ¹⁵pero ahora sean santos en todo lo que hagan, tal como Dios, quien los eligió, es santo. ¹⁶Pues las Escrituras dicen: «Sean santos, porque yo soy santo»*.

¹⁷Recuerden que el Padre celestial, a quien ustedes oran, no tiene favoritos. Él los juzgará o los recompensará según lo que hagan. Así que tienen que vivir con un reverente temor de él mientras sean «extranjeros en la tierra». ¹⁸Pues ustedes saben que Dios pagó un rescate para salvarlos de la vida vacía que heredaron de sus antepasados. Y el rescate que él pagó no consistió simplemente en oro o plata ¹⁹sino que fue la preciosa sangre de Cristo, el Cordero de Dios, que no tiene pecado ni mancha. ²⁰Dios lo eligió como el rescate por ustedes mucho antes de que comenzara el mundo, pero ahora él se lo ha revelado a ustedes en estos últimos días.

²¹Por medio de Cristo, han llegado a confiar en Dios. Y han puesto su fe y su esperanza en Dios, porque él levantó a Cristo de los muertos y le dio una gloria inmensa.

²²Al obedecer la verdad, ustedes quedaron limpios de sus pecados, por eso ahora tienen que amarse unos a otros como hermanos, con amor sincero.* Ámense profundamente de todo corazón.*

²³Pues han nacido de nuevo pero no a una

1:1 Ponto, Galacia, Capadocia, Asia y Bitinia eran provincias romanas en lo que ahora es Turquía.   1:6 O Por eso están *verdaderamente alegres.*   1:16 Lv 11:44-45; 19:2; 20:7.   1:22a En griego *deben tener amor fraternal.*   1:22b Algunos manuscritos dicen *con un corazón puro.*

vida que pronto se acabará. Su nueva vida durará para siempre porque proviene de la eterna y viviente palabra de Dios. ²⁴Como dicen las Escrituras:

«Los seres humanos son como la hierba,
    su belleza es como la flor del campo.
La hierba se seca, y la flor se marchita.
²⁵   Pero la palabra del Señor permanece para
    siempre»*.

Y esta palabra es el mensaje de la Buena Noticia que se les ha predicado.

2 Por lo tanto, desháganse de toda mala conducta. Acaben con todo engaño, hipocresía, celos y toda clase de comentarios hirientes. ²Como bebés recién nacidos, deseen con ganas la leche espiritual pura para que crezcan a una experiencia plena de la salvación. Pidan a gritos ese alimento nutritivo ³ahora que han probado la bondad del Señor.

Piedras vivas para la casa de Dios

⁴Ahora ustedes se acercan a Cristo, quien es la piedra viva principal del templo de Dios. La gente lo rechazó, pero Dios lo eligió para darle gran honra.

⁵Y ustedes son las piedras vivas con las cuales Dios edifica su templo espiritual. Además, son sacerdotes santos.* Por la mediación de Jesucristo, ustedes ofrecen sacrificios espirituales que agradan a Dios. ⁶Como dicen las Escrituras:

«Pongo en Jerusalén* una piedra principal,
    elegida para gran honra,
y todo el que confíe en él
    jamás será deshonrado»*.

⁷Así es, ustedes, los que confían en él, reconocen la honra que Dios les ha dado; pero para aquellos que lo rechazan,

«La piedra que los constructores rechazaron
    ahora se ha convertido en la piedra
    principal»*.

⁸Además,

«Él es la piedra que hace tropezar a muchos,
    es la roca que los hace caer»*.

Tropiezan porque no obedecen la palabra de Dios y por eso se enfrentan con el destino que les fue preparado.

⁹Pero ustedes no son así porque son un pueblo elegido. Son sacerdotes del Rey,* una nación santa, posesión exclusiva de Dios. Por eso pueden mostrar a otros la bondad de Dios, pues él los ha llamado a salir de la oscuridad y entrar en su luz maravillosa.

¹⁰ «Antes no tenían identidad como pueblo,
    ahora son pueblo de Dios.

Antes no recibieron misericordia,
    ahora han recibido la misericordia
    de Dios»*.

¹¹Queridos amigos, ya que son «extranjeros y residentes temporales», les advierto que se alejen de los deseos mundanos, que luchan contra el alma. ¹²Procuren llevar una vida ejemplar entre sus vecinos no creyentes. Así, por más que ellos los acusen de actuar mal, verán que ustedes tienen una conducta honorable y le darán honra a Dios cuando él juzgue al mundo.*

Respeto por las autoridades

¹³Por amor al Señor, respeten a toda autoridad humana, ya sea al rey como jefe de Estado ¹⁴o a los funcionarios que él ha nombrado. Pues a ellos el rey los ha mandado a que castiguen a aquellos que hacen el mal y a que honren a los que hacen el bien.

¹⁵La voluntad de Dios es que la vida honorable de ustedes haga callar a la gente ignorante que los acusa sin fundamento alguno. ¹⁶Pues ustedes son libres, pero a la vez, son esclavos de Dios, así que no usen su libertad como una excusa para hacer el mal. ¹⁷Respeten a todos y amen a sus hermanos en Cristo.* Teman a Dios y respeten al rey.

A los esclavos

¹⁸Ustedes, los que son esclavos, deben aceptar la autoridad de sus amos con todo respeto.* Hagan lo que ellos les ordenan, no solo si son bondadosos y razonables, sino también si son crueles. ¹⁹Pues Dios se complace en ustedes cuando hacen lo que saben que es correcto y sufren con paciencia cuando reciben un trato injusto. ²⁰Es obvio que no hay mérito en ser paciente si a uno lo golpean por haber actuado mal, pero si sufren por hacer el bien y lo soportan con paciencia, Dios se agrada de ustedes. ²¹Pues Dios los llamó a hacer lo bueno, aunque eso signifique que tengan que sufrir, tal como Cristo sufrió* por ustedes. Él es su ejemplo, y deben seguir sus pasos.

²² Él nunca pecó
    y jamás engañó a nadie.*
²³ No respondía cuando lo insultaban
    ni amenazaba con vengarse cuando sufría.
Dejaba su causa en manos de Dios,
    quien siempre juzga con justicia.
²⁴ Él mismo cargó nuestros pecados
    sobre su cuerpo en la cruz,
para que nosotros podamos estar muertos
    al pecado
    y vivir para lo que es recto.
Por sus heridas,
    ustedes son sanados.
²⁵ Antes eran como ovejas
    que andaban descarriadas.

1:24-25 Is 40:6-8.   2:5 En griego *sacerdocio santo.*   2:6a En griego *en Sión.*   2:6b Is 28:16 (versión griega).   2:7 Sal 118:22.   2:8 Is 8:14.   2:9 En griego *sacerdocio del Rey.*   2:10 Os 1:6, 9; 2:23.   2:12 O *el día de la visitación.*   2:17 En griego *amen la hermandad.*   2:18 O *amos porque ustedes temen a Dios.*   2:21 Algunos manuscritos dicen *murió.*   2:22 Is 53:9.

Pero ahora han vuelto a su Pastor,
al Guardián de sus almas.

A las esposas

3 De la misma manera, ustedes esposas, tienen que aceptar la autoridad de sus esposos. Entonces, aun cuando alguno de ellos se niegue a obedecer la Buena Noticia, la vida recta de ustedes los hablará sin palabras. Ellos serán ganados ²al observar la vida pura y la conducta respetuosa de ustedes.

³No se interesen tanto por la belleza externa: los peinados extravagantes, las joyas costosas o la ropa elegante. ⁴En cambio, vístanse con la belleza interior, la que no se desvanece, la belleza de un espíritu tierno y sereno, que es tan precioso a los ojos de Dios. ⁵Así es como lucían hermosas las santas mujeres de la antigüedad. Ellas confiaban en Dios y aceptaban la autoridad de sus maridos. ⁶Por ejemplo, Sara obedecía a su esposo, Abraham, y lo llamaba «señor». Ustedes son sus hijas cuando hacen lo correcto sin temor a lo que sus esposos pudieran hacer.

A los esposos

⁷De la misma manera, ustedes maridos, tienen que honrar a sus esposas. Cada uno viva con su esposa y trátela con entendimiento. Ella podrá ser más débil, pero participa por igual del regalo de la nueva vida que Dios les ha dado. Trátela como es debido, para que nada estorbe las oraciones de ustedes.

A todos los cristianos

⁸Por último, todos deben ser de un mismo parecer. Tengan compasión unos de otros. Ámense como hermanos y hermanas.* Sean de buen corazón y mantengan una actitud humilde. ⁹No paguen mal por mal. No respondan con insultos cuando la gente los insulte. Por el contrario, contesten con una bendición. A esto los ha llamado Dios, y él los bendecirá por hacerlo. ¹⁰Pues las Escrituras dicen:

«Si quieres disfrutar de la vida
    y ver muchos días felices,
refrena tu lengua de hablar el mal
    y tus labios de decir mentiras.
¹¹ Apártate del mal y haz el bien.
    Busca la paz y esfuérzate por mantenerla.
¹² Los ojos del Señor están sobre los que hacen
        lo bueno,
    y sus oídos están abiertos a sus oraciones.
Pero el Señor aparta su rostro
    de los que hacen lo malo».

Sufrir por hacer el bien

¹³Ahora bien, ¿quién querrá hacerles daño si ustedes están deseosos de hacer el bien? ¹⁴Pero, aun si sufren por hacer lo correcto, Dios va a recompensarlos. Así que no se preocupen ni tengan miedo a las amenazas. ¹⁵En cambio, adoren a Cristo como el Señor de su vida. Si alguien les pregunta acerca de la esperanza cristiana que tienen, estén siempre preparados para dar una explicación; ¹⁶pero háganlo con humildad y respeto.* Mantengan siempre limpia la conciencia. Entonces, si la gente habla en contra de ustedes será avergonzada al ver la vida recta que llevan porque pertenecen a Cristo. ¹⁷Recuerden que es mejor sufrir por hacer el bien —si eso es lo que Dios quiere— ¡que sufrir por hacer el mal!

¹⁸Cristo sufrió* por nuestros pecados una sola vez y para siempre. Él nunca pecó, en cambio, murió por los pecadores para llevarlos a salvo con Dios. Sufrió la muerte física, pero volvió a la vida en el Espíritu.*

¹⁹Por lo tanto, fue a predicarles a los espíritus encarcelados, ²⁰esos que desobedecieron a Dios hace mucho tiempo, cuando Dios esperaba con paciencia mientras Noé construía el arca. Solo ocho personas se salvaron de morir ahogadas en ese terrible diluvio.* ²¹El agua del diluvio simboliza el bautismo que ahora los salva a ustedes —no por quitarles la suciedad del cuerpo, sino porque responden a Dios con una* conciencia limpia— y es eficaz por la resurrección de Jesucristo.

²²Ahora Cristo ha ido al cielo. Él está sentado en el lugar de honor, al lado de Dios, y todos los ángeles, las autoridades y los poderes aceptan su autoridad.

Vivir para Dios

4 Por lo tanto, ya que Cristo sufrió dolor en su cuerpo, ustedes prepárense, adoptando la misma actitud que tuvo él y estén listos para sufrir también. Pues, si han sufrido físicamente por Cristo, han terminado con el pecado.* ²No pasarán el resto de la vida siguiendo sus propios deseos, sino que estarán ansiosos de hacer la voluntad de Dios. ³En el pasado, han tenido más que suficiente de las cosas perversas que les gusta hacer a los que no tienen a Dios: inmoralidad y pasiones sexuales, parrandas, borracheras, fiestas desenfrenadas y abominable adoración a ídolos.

⁴No es de extrañarse que sus amigos de la vieja vida se sorprendan de que ustedes ya no participan en las cosas destructivas y descontroladas que ellos hacen. Por eso los calumnian, ⁵pero recuerden que ellos tendrán que enfrentarse con Dios, quien juzgará a todos, tanto a vivos como a muertos. ⁶Por esta razón, la Buena Noticia fue predicada a los que ahora están muertos;* aunque fueron destinados a morir como toda la gente,* ahora vivirán para siempre con Dios en el Espíritu.

3:8 En griego *Muestren amor fraternal.*   3:10-12 Sal 34.12-16.   3:16 Algunas traducciones colocan esta frase en el versículo 15.   3:18a Algunos manuscritos dicen *murió.*   3:18b O *en espíritu.*   3:20 En griego *se salvaron mediante agua.*   3:21 O *cena una solicitud a Dios por.*   4:1 O *Pues el que (o Pues Aquel que) sufrió físicamente ha terminado con el pecado.*   4:6a En griego *predicada aun a los muertos.*   4:6b O *aunque la gente los haya juzgado dignos de la muerte.*   4:6c O *en espíritu.*

⁷El fin del mundo se acerca. Por consiguiente, sean serios y disciplinados en sus oraciones. ⁸Lo más importante de todo es que sigan demostrando profundo amor unos a otros, porque el amor cubre gran cantidad de pecados. ⁹Abran las puertas de su hogar con alegría al que necesite un plato de comida o un lugar donde dormir.

¹⁰Dios, de su gran variedad de dones espirituales, les ha dado un don a cada uno de ustedes. Úsenlos bien para servirse los unos a los otros. ¹¹¿Has recibido el don de hablar en público? Entonces, habla como si Dios mismo estuviera hablando por medio de ti. ¿Has recibido el don de ayudar a otros? Ayúdalos con toda la fuerza y la energía que Dios te da. Así, cada cosa que hagan traerá gloria a Dios por medio de Jesucristo. ¡A él sea toda la gloria y todo el poder por siempre y para siempre! Amén.

Sufrir por ser cristiano

¹²Queridos amigos, no se sorprendan de las pruebas de fuego por las que están atravesando, como si algo extraño les sucediera. ¹³En cambio, alégrense mucho, porque estas pruebas los hacen ser partícipes con Cristo de su sufrimiento, para que tengan la inmensa alegría de ver su gloria cuando sea revelada a todo el mundo.

¹⁴Así que alégrense cuando los insulten por ser cristianos,* porque el glorioso Espíritu de Dios* reposa sobre ustedes.* ¹⁵Sin embargo, si sufren, que no sea por matar, robar, causar problemas o entrometerse en asuntos ajenos. ¹⁶En cambio, no es nada vergonzoso sufrir por ser cristianos. ¡Alaben a Dios por el privilegio de que los llamen por el nombre de Cristo! ¹⁷Pues ha llegado el tiempo del juicio, y debe comenzar por la casa de Dios; y si el juicio comienza con nosotros, ¿qué terrible destino les espera a los que nunca obedecieron la Buena Noticia de Dios? ¹⁸Además,

«Si el justo a duras penas se salva,
 ¿qué será de los pecadores que viven sin
 Dios?»*.

¹⁹De modo que, si sufren de la manera que agrada a Dios, sigan haciendo lo correcto y confíen su vida a Dios, quien los creó, pues él nunca les fallará.

Consejos para los líderes y los jóvenes

5 Y ahora, una palabra para ustedes los ancianos en las iglesias. También soy un anciano

y testigo de los sufrimientos de Cristo. Y yo también voy a participar de su gloria cuando él sea revelado a todo el mundo. Como anciano igual que ustedes, les ruego: ²cuiden del rebaño que Dios les ha encomendado. Háganlo con gusto, no de mala gana ni por el beneficio personal que puedan obtener de ello, sino porque están deseosos de servir a Dios. ³No abusen de la autoridad que tienen sobre los que están a su cargo, sino guíenlos con su buen ejemplo. ⁴Así, cuando venga el Gran Pastor, recibirán una corona de gloria y honor eternos.

⁵Del mismo modo, ustedes hombres más jóvenes tienen que aceptar la autoridad de los ancianos. Y todos sírvanse unos a otros con humildad, porque

«Dios se opone a los orgullosos
 pero muestra su favor a los humildes»*.

⁶Así que humíllense ante el gran poder de Dios y, a su debido tiempo, él los levantará con honor. ⁷Pongan todas sus preocupaciones y ansiedades en las manos de Dios, porque él cuida de ustedes.

⁸¡Estén alerta! Cuídense de su gran enemigo, el diablo, porque anda al acecho como un león rugiente, buscando a quién devorar. ⁹Manténganse firmes contra él y sean fuertes en su fe. Recuerden que sus hermanos en Cristo,* en todo el mundo, también están pasando por el mismo sufrimiento.

¹⁰En su bondad, Dios los llamó a ustedes a que participen de su gloria eterna por medio de Cristo Jesús. Entonces, después de que hayan sufrido un poco de tiempo, él los restaurará, los sostendrá, los fortalecerá y los afirmará sobre un fundamento sólido. ¹¹¡A él sea todo el poder para siempre! Amén.

Saludos finales de Pedro

¹²Les escribí y envié esta breve carta con la ayuda de Silas,* a quien les encomiendo como un hermano fiel. Mi propósito al escribirles es alentarlos y asegurarles que por lo que están atravesando es en verdad parte de la gracia de Dios para ustedes. Manténganse firmes en esta gracia.

¹³Su iglesia hermana aquí en Babilonia* les manda saludos, al igual que mi hijo Marcos. ¹⁴Salúdense unos a otros con amor cristiano.*

La paz sea con todos ustedes que están en Cristo.

4:14a En griego *por el nombre de Cristo.*   4:14b O *porque la gloria de Dios, que es su Espíritu.*   4:14c Algunos manuscritos incluyen *Por ellos él es blasfemado, pero por ustedes es glorificado.*   4:18 Pr 11:31 (versión griega).   5:5 Pr 3:34 (versión griega). 5:9 En griego *sus hermanos.*   5:12 En griego *Silvano.*   5:13 En griego *La elegida en Babilonia.* Es probable que Babilonia se usara como símbolo de Roma.   5:14 En griego *con un beso de amor (cristiano).*

2 Pedro

Saludos de Pedro

1 Yo, Simón* Pedro, esclavo y apóstol de Jesucristo, les escribo esta carta a ustedes, que gozan de la misma preciosa fe que tenemos. Esta fe les fue concedida debido a la justicia e imparcialidad* de Jesucristo, nuestro Dios y Salvador.

²Que Dios les dé cada vez más gracia y paz a medida que crecen en el conocimiento de Dios y de Jesús nuestro Señor.

Crecer en la fe

³Mediante su divino poder, Dios nos ha dado todo lo que necesitamos para llevar una vida de rectitud. Todo esto lo recibimos al llegar a conocer a aquel que nos llamó por medio de su maravillosa gloria y excelencia; ⁴y debido a su gloria y excelencia, nos ha dado grandes y preciosas promesas. Estas promesas hacen posible que ustedes participen de la naturaleza divina y escapen de la corrupción del mundo, causada por los deseos humanos.

⁵En vista de todo esto, esfuércense al máximo por responder a las promesas de Dios complementando su fe con una abundante provisión de excelencia moral; la excelencia moral, con conocimiento; ⁶el conocimiento, con control propio; el control propio, con perseverancia; la perseverancia, con sumisión a Dios; ⁷la sumisión a Dios, con afecto fraternal, y el afecto fraternal, con amor por todos.

⁸Cuanto más crezcan de esta manera, más productivos y útiles serán en el conocimiento de nuestro Señor Jesucristo; ⁹pero los que no llegan a desarrollarse de esta forma son cortos de vista o ciegos y olvidan que fueron limpiados de sus pecados pasados.

¹⁰Así que, amados hermanos, esfuércense por comprobar si realmente forman parte de los que Dios ha llamado y elegido. Hagan estas cosas y nunca caerán. ¹¹Entonces Dios les dará un gran recibimiento en el reino eterno de nuestro Señor y Salvador Jesucristo.

Prestar atención a las Escrituras

¹²Por lo tanto, siempre les recordaré todas estas cosas, aun cuando ya las saben y están firmes en la verdad que se les enseñó. ¹³Y es justo que deba seguir recordándoselas mientras viva.* ¹⁴Pues nuestro Señor Jesucristo me ha mostrado que pronto tendré que partir de esta vida terrenal,* ¹⁵así que me esforzaré por asegurarme de que siempre recuerden estas cosas después de que me haya ido.

¹⁶Pues no estábamos inventando cuentos ingeniosos cuando les hablamos de la poderosa venida de nuestro Señor Jesucristo. Nosotros vimos su majestuoso esplendor con nuestros propios ojos ¹⁷cuando él recibió honor y gloria de parte de Dios Padre. La voz de la majestuosa gloria de Dios le dijo: «Este es mi Hijo muy amado, quien me da gran gozo»*. ¹⁸Nosotros mismos oímos aquella voz del cielo cuando estuvimos con él en el monte santo.

¹⁹Debido a esa experiencia, ahora confiamos aún más en el mensaje que proclamaron los profetas. Ustedes deben prestar mucha atención a lo que ellos escribieron, porque sus palabras son como una lámpara que brilla en un lugar oscuro hasta que el día amanezca y Cristo, la Estrella de la Mañana, brille* en el corazón de ustedes. ²⁰Sobre todo, tienen que entender que ninguna profecía de la Escritura jamás surgió de la comprensión personal de los profetas* ²¹ni por iniciativa humana. Al contrario, fue el Espíritu Santo quien impulsó a los profetas y ellos hablaron de parte de Dios.

El peligro de los falsos maestros

2 En Israel también hubo falsos profetas, tal como habrá falsos maestros entre ustedes. Ellos los enseñarán con astucia herejías destructivas y hasta negarán al Señor, quien los compró. Esto provocará su propia destrucción repentina. ²Habrá muchos que seguirán sus malas enseñanzas y su vergonzosa inmoralidad; y por culpa de estos maestros, se hablará mal del camino de la verdad. ³Llevados por la avaricia, inventarán mentiras ingeniosas para apoderarse del dinero de ustedes; pero Dios los condenó desde hace mucho, y su destrucción no tardará en llegar.

⁴Pues Dios ni siquiera perdonó a los ángeles que pecaron, sino que los arrojó al infierno,*

1:1a En griego *Simeón*. 1:1b O los *fue concedida a ustedes en la justicia*. 1:13 En griego *mientras esté en esta carpa* [o *tabernáculo*]. 1:14 En griego *pronto tendré que abandonar mi carpa* [o *tabernáculo*]. 1:17 Mt 17:5; Mc 9:7; Lc 9:35. 1:19 O *salga*. 1:20 O *es cuestión de interpretación personal*. 2:4a En griego *tártaro*.

dentro de fosas tenebrosas,* donde están encerrados hasta el día del juicio. [5]Dios tampoco perdonó al mundo antiguo, aparte de Noé y a los otros siete miembros de su familia. Noé advirtió al mundo del justo juicio de Dios, y por eso Dios lo protegió cuando destruyó, con un gran diluvio, el mundo de los que vivían sin Dios. [6]Tiempo después, Dios condenó las ciudades de Sodoma y Gomorra, y las redujo a montones de cenizas. Las puso como ejemplo de lo que le sucederá a la gente que vive sin Dios. [7]Sin embargo, Dios también rescató a Lot y lo sacó de Sodoma, porque Lot era un hombre recto que estaba harto de la vergonzosa inmoralidad de la gente perversa que lo rodeaba. [8]Así es, Lot era un hombre recto atormentado en su alma por la perversión que veía y oía a diario. [9]Como ven, el Señor sabe rescatar de las pruebas a todos los que viven en obediencia a Dios, al mismo tiempo que mantiene castigados a los perversos hasta el día del juicio final. [10]Él trata con particular severidad a los que se entregan a sus propios deseos sexuales pervertidos y desprecian la autoridad.

Estas personas son orgullosas y arrogantes, y hasta se atreven a insultar a los seres sobrenaturales* sin siquiera temblar. [11]Aun los ángeles, que son mucho más grandes en poder y fuerza, no se atreven a presentar de parte del Señor* cargos de blasfemia en contra de esos seres sobrenaturales.

[12]Esos falsos maestros son como animales irracionales que viven por instinto y nacen para ser atrapados y destruidos. Se burlan de lo que no entienden, e igual que animales serán destruidos. [13]Su destrucción será la recompensa que recibirán por el daño que han causado. A ellos les encanta entregarse a los placeres perversos a plena luz del día. Son una vergüenza y una mancha entre ustedes. Se deleitan en el engaño* incluso mientras comen con ustedes en las reuniones de compañerismo. [14]Cometen adulterio con solo mirar y nunca sacian su deseo por el pecado. Incitan a los inestables a pecar y están bien entrenados en la avaricia. Viven bajo la maldición de Dios. [15]Se apartaron del buen camino y siguieron los pasos de Balaam, hijo de Beor,* a quien le encantaba ganar dinero haciendo el mal; [16]pero Balaam fue detenido de su locura cuando su burra lo reprendió con voz humana.

[17]Estos individuos son tan inútiles como manantiales secos o como la neblina que es llevada por el viento. Están condenados a la más negra oscuridad. [18]Se jactan de sí mismos con alardes tontos y sin sentido. Saben cómo apelar a los deseos sexuales pervertidos para incitar a que vuelvan al pecado los que apenas se escapaban de una vida de engaño. [19]Prometen libertad, pero ellos mismos son esclavos del pecado y de la corrupción

porque uno es esclavo de aquello que lo controla. [20]Y cuando la gente escapa de la maldad del mundo por medio de conocer a nuestro Señor y Salvador Jesucristo, pero luego se enreda y vuelve a quedar esclavizada por el pecado, termina peor que antes. [21]Les hubiera sido mejor nunca haber conocido el camino a la justicia, en lugar de conocerlo y luego rechazar el mandato que se les dio de vivir una vida santa. [22]Demuestran qué tan cierto es el proverbio que dice: «Un perro vuelve a su vómito»*. Y otro que dice: «Un cerdo recién lavado vuelve a revolcarse en el lodo».

El día del Señor se acerca

3 Queridos amigos, esta es la segunda carta que les escribo y, en ambas, he tratado de refrescarles la memoria y estimularlos a que sigan pensando sanamente. [2]Quiero que recuerden lo que los santos profetas dijeron hace mucho y lo que nuestro Señor y Salvador ordenó por medio de los apóstoles.

[3]Sobre todo, quiero recordarles que, en los últimos días, vendrán burladores que se reirán de la verdad y seguirán sus propios deseos. [4]Dirán: «¿Qué pasó con la promesa de que Jesús iba a volver? Desde tiempos antes de nuestros antepasados, el mundo sigue igual que al principio de la creación».

[5]Deliberadamente olvidan que Dios hizo los cielos al ordenarlo con una sola palabra y sacó la tierra de las aguas y la rodeó con agua. [6]Luego usó el agua para destruir el mundo antiguo con un potente diluvio. [7]Por esa misma palabra, los cielos y la tierra que ahora existen han sido reservados para el fuego. Están guardados para el día del juicio, cuando será destruida la gente que vive sin Dios.

[8]Sin embargo, queridos amigos, hay algo que no deben olvidar: para el Señor, un día es como mil años y mil años son como un día. [9]En realidad, no es que el Señor sea lento para cumplir su promesa, como algunos piensan. Al contrario, es paciente por amor a ustedes. No quiere que nadie sea destruido, quiere que todos se arrepientan. [10]Pero el día del Señor llegará tan inesperadamente como un ladrón. Entonces los cielos desaparecerán con un terrible estruendo, y los mismos elementos se consumirán en el fuego, y la tierra con todo lo que hay en ella quedará sometida a juicio.*

[11]Dado todo lo que nos rodea será destruido de esta manera, ¡cómo no llevar una vida santa y vivir en obediencia a Dios, [12]esperar con ansias el día de Dios y apresurar que este llegue! En aquel día, él prenderá fuego a los cielos, y los elementos se derretirán en las llamas. [13]Pero nosotros esperamos con entusiasmo los cielos nuevos y la tierra nueva que él prometió, un mundo lleno de la justicia de Dios.

2:4b Algunos manuscritos dicen *en cadenas de oscuridad.*   2:10 En griego *a los seres gloriosos,* probablemente se refiera a los ángeles caídos.   2:11 Otros manuscritos dicen *llevar ante el Señor;* incluso otros omiten esta frase.   2:13 Algunos manuscritos dicen *en las comidas de compañerismo.*   2:15 Otros manuscritos dicen *Bosor.*   2:22 Pr 26:11.   3:10 Otros manuscritos dicen *será consumida [por fuego];* incluso otros dicen *quedará destruida.*

¹⁴Por lo cual, queridos amigos, mientras esperan que estas cosas ocurran, hagan todo lo posible para que se vea que ustedes llevan una vida pacífica que es pura e intachable a los ojos de Dios.

¹⁵Y recuerden que la paciencia de nuestro Señor da tiempo para que la gente sea salva. Esto es lo que nuestro amado hermano Pablo también les escribió con la sabiduría que Dios le dio, ¹⁶al tratar estos temas en todas sus cartas. Algunos de sus comentarios son difíciles de entender, y los que son ignorantes e inestables han tergiversado sus cartas, para que signifiquen algo muy diferente, así como lo hacen con otras partes de la Escritura. Esto resultará en su propia destrucción.

Palabras finales de Pedro

¹⁷Queridos amigos, los estoy previniendo con tiempo. Manténganse en guardia para no ser arrastrados por los errores de esa gente perversa y perder la base firme que tienen. ¹⁸En cambio, crezcan en la gracia y el conocimiento de nuestro Señor y Salvador Jesucristo.

¡A él sea toda la gloria ahora y para siempre! Amén.

1 Juan

Introducción

1 Les anunciamos al que existe desde el principio,* a quien hemos visto y oído. Lo vimos con nuestros propios ojos y lo tocamos con nuestras propias manos. Él es la Palabra de vida. ²Él, quien es la vida misma, nos fue revelado, y nosotros lo vimos; y ahora testificamos y anunciamos a ustedes que él es la vida eterna. Estaba con el Padre, y luego nos fue revelado. ³Les anunciamos lo que nosotros mismos hemos visto y oído, para que ustedes tengan comunión con nosotros; y nuestra comunión es con el Padre y con su Hijo, Jesucristo. ⁴Escribimos estas cosas para que ustedes puedan participar plenamente de nuestra alegría.*

Vivamos en la luz

⁵Este es el mensaje que oímos de Jesús* y que ahora les declaramos a ustedes: Dios es luz y en él no hay nada de oscuridad. ⁶Por lo tanto, mentimos si afirmamos que tenemos comunión con Dios pero seguimos viviendo en oscuridad espiritual; no estamos practicando la verdad. ⁷Si vivimos en la luz, así como Dios está en la luz, entonces tenemos comunión unos con otros, y la sangre de Jesús, su Hijo, nos limpia de todo pecado.

⁸Si afirmamos que no tenemos pecado, lo único que hacemos es engañarnos a nosotros mismos y no vivimos en la verdad; ⁹pero si confesamos nuestros pecados a Dios, él es fiel y justo para perdonarnos nuestros pecados y limpiarnos de toda maldad. ¹⁰Si afirmamos que no hemos pecado, llamamos a Dios mentiroso y demostramos que no hay lugar para su palabra en nuestro corazón.

2 Mis queridos hijos, les escribo estas cosas, para que no pequen; pero si alguno peca, tenemos un abogado que defiende nuestro caso ante el Padre. Es Jesucristo, el que es verdaderamente justo. ²Él mismo es el sacrificio que pagó* por nuestros pecados, y no solo los nuestros sino también los de todo el mundo.

³Podemos estar seguros de que conocemos a Dios si obedecemos sus mandamientos. ⁴Si alguien afirma: «Yo conozco a Dios», pero no obedece los mandamientos de Dios, es un mentiroso y no vive en la verdad; ⁵pero los que obedecen la palabra de Dios demuestran verdaderamente cuánto lo aman.* Así es como sabemos que vivimos en él. ⁶Los que dicen que viven en Dios deben vivir como Jesús vivió.

Un mandamiento nuevo

⁷Queridos amigos, no les escribo un mandamiento nuevo, sino más bien uno antiguo que han tenido desde el principio. Ese mandamiento antiguo —ámense unos a otros— es el mismo mensaje que oyeron antes. ⁸Sin embargo, también es un mandamiento nuevo. Jesús vivió la verdad de este mandamiento, y ustedes también la viven. Pues la oscuridad está desapareciendo, y ya brilla la luz verdadera.

⁹Si alguien afirma: «Vivo en la luz», pero odia a un hermano* en Cristo, esa persona aún vive en la oscuridad. ¹⁰El que ama a su hermano vive en la luz y no hace que otros tropiecen; ¹¹pero el que odia a su hermano todavía vive y camina en la oscuridad. No sabe por dónde ir, pues la oscuridad lo ha cegado.

¹² Les escribo a ustedes, que son hijos de Dios,
　　porque sus pecados han sido perdonados
　　　por medio de Jesús.*
¹³ Les escribo a ustedes, los que son maduros
　　en la fe,
　　porque conocen a Cristo, quien existe
　　　desde el principio.
Les escribo a ustedes, los que son jóvenes
　　en la fe,
　　porque han ganado la batalla contra el
　　　maligno.
¹⁴ Les he escrito a ustedes, que son hijos de Dios,
　　porque conocen al Padre.
Les he escrito a ustedes, los que son maduros
　　en la fe,
　　porque conocen a Cristo, quien existe
　　　desde el principio.
Les he escrito a ustedes, los que son jóvenes
　　en la fe,
　　porque son fuertes;
la palabra de Dios vive en sus corazones,
　　y han ganado la batalla contra el maligno.

1:1 En griego *Lo que fue desde el principio.*　1:4 O *para que nuestra alegría sea completa;* algunos manuscritos dicen *la alegría de ustedes.*　1:5 En griego *de él.*　2:2 En griego *Él es la propiciación.*　2:5 O *demuestran en ellos verdaderamente el amor de Dios se ha perfeccionado.*　2:9 En griego *odia a su hermano;* similar en 2:11.　2:12 En griego *por medio de su nombre.*　2:13 En griego *a ustedes, padres;* también en 2:14.

No amen a este mundo

¹⁵No amen a este mundo ni las cosas que les ofrece, porque quien ama al mundo no tiene el amor del Padre en ustedes. ¹⁶Pues el mundo solo ofrece un intenso deseo por el placer físico, un deseo insaciable por todo lo que vemos, y el orgullo de nuestros logros y posesiones. Nada de eso proviene del Padre, sino que viene del mundo; ¹⁷y este mundo se acaba junto con todo lo que la gente tanto desea; pero el que hace lo que a Dios le agrada vivirá para siempre.

Cuidado con los anticristos

¹⁸Queridos hijos, llegó la última hora. Ustedes han oído que el Anticristo viene, y ya han surgido muchos anticristos. Por eso sabemos que la última hora ha llegado. ¹⁹Esas personas salieron de nuestras iglesias, pero en realidad nunca fueron parte de nosotros; de haber sido así, se habrían quedado con nosotros. Al irse demostraron que no eran parte de nosotros.

²⁰Pero ustedes no son así, porque el Santo les ha dado su Espíritu,* y todos ustedes conocen la verdad. ²¹Así que les escribo no porque no conozcan la verdad, sino porque conocen la diferencia entre la verdad y la mentira. ²²¿Y quién es un mentiroso? El que dice que Jesús no es el Cristo.* El que niega al Padre y al Hijo es un anticristo.* ²³El que niega al Hijo tampoco tiene al Padre; pero el que confiesa al Hijo tiene al Padre también.

²⁴Por lo tanto, ustedes deben seguir fieles a lo que se les ha enseñado desde el principio. Si lo hacen, permanecerán en comunión con el Hijo y con el Padre; ²⁵y en esta comunión disfrutamos de la vida eterna que él nos prometió.

²⁶Les escribo estas cosas para advertirles acerca de los que quieren apartarlos del camino. ²⁷Ustedes han recibido al Espíritu Santo,* y él vive dentro de cada uno de ustedes, así que no necesitan que nadie les enseñe lo que es la verdad. Pues el Espíritu* les enseña todo lo que necesitan saber, y lo que él enseña es verdad, no mentira. Así que, tal como él les ha enseñado, permanezcan en comunión con Cristo.

Vivan como hijos de Dios

²⁸Y ahora, queridos hijos, permanezcan en comunión con Cristo para que, cuando él regrese, estén llenos de valor y no se alejen de él avergonzados.

²⁹Ya que sabemos que Cristo es justo, también sabemos que todos los que hacen lo que es justo son hijos de Dios.

3 ¡Miren con cuánto amor nos ama nuestro Padre que nos llama sus hijos, ¡y eso es lo que somos! Pero la gente de este mundo no reconoce que somos hijos de Dios, porque no lo

conocen a él. ²Queridos amigos, ya somos hijos de Dios, pero él todavía no nos ha mostrado lo que seremos cuando Cristo venga; pero sí sabemos que seremos como él, porque lo veremos tal como él es. ³Y todos los que tienen esta gran expectativa se mantendrán puros, así como él es puro.

⁴Todo el que peca viola la ley de Dios, porque todo pecado va en contra de la ley de Dios; ⁵y ustedes saben que Jesús vino para quitar nuestros pecados, y en él no hay pecado. ⁶Todo el que siga viviendo en él no pecará; pero todo el que sigue pecando no lo conoce ni entiende quién es él.

⁷Queridos hijos, no dejen que nadie los engañe acerca de lo siguiente: cuando una persona hace lo correcto, demuestra que es justa, así como Cristo es justo. ⁸Sin embargo, cuando alguien sigue pecando, demuestra que pertenece al diablo, el cual peca desde el principio; pero el Hijo de Dios vino para destruir las obras del diablo. ⁹Los que han nacido en la familia de Dios no se caracterizan por practicar el pecado, porque la vida de Dios* está en ellos. Así que no pueden seguir pecando, porque son hijos de Dios. ¹⁰Por lo tanto, podemos identificar quiénes son hijos de Dios y quiénes son hijos del diablo. Todo el que no se conduce con rectitud y no ama a los creyentes* no pertenece a Dios.

Amor y odio entre hermanos

¹¹Este es el mensaje que ustedes han oído desde el principio: que nos amemos unos a otros. ¹²No debemos ser como Caín, quien pertenecía al maligno y mató a su hermano. ¿Y por qué lo mató? Porque Caín hacía lo malo y su hermano lo recto. ¹³Así que, amados hermanos, no se sorprendan si el mundo los odia.

¹⁴Si amamos a nuestros hermanos en Cristo,* eso demuestra que hemos pasado de muerte a vida; pero el que no tiene amor sigue muerto. ¹⁵Todo el que odia a un hermano, en el fondo de su corazón es un asesino, y ustedes saben que ningún asesino tiene la vida eterna en él.

¹⁶Conocemos lo que es el amor verdadero, porque Jesús entregó su vida por nosotros. De manera que nosotros también tenemos que dar la vida por nuestros hermanos. ¹⁷Si alguien tiene suficiente dinero para vivir bien y ve a un hermano en necesidad pero no le muestra compasión, ¿cómo puede estar el amor de Dios en esa persona?

¹⁸Queridos hijos, que nuestro amor no quede solo en palabras; mostremos la verdad por medio de nuestras acciones. ¹⁹Nuestras acciones demostrarán que pertenecemos a la verdad, entonces estaremos confiados cuando estemos delante de Dios. ²⁰Aun si nos sentimos culpables, Dios es superior a nuestros sentimientos y él lo sabe todo.

2:20 En griego *Pero ustedes tienen una unción del Santo.*   2:22a O *el Mesías.*   2:22b O *el Anticristo.*   2:27a En griego *la unción de parte de él.*   2:27b En griego *la unción.*   3:9 En griego *porque la semilla de él.*   3:10 En griego *no ama a su hermano.*   3:14 En griego *los hermanos;* similar en 3:16.

²¹Queridos amigos, si no nos sentimos culpables, podemos acercarnos a Dios con plena confianza. ²²Y recibiremos de él todo lo que le pidamos porque lo obedecemos y hacemos las cosas que le agradan.

²³Y su mandamiento es el siguiente: debemos creer en el nombre de su Hijo, Jesucristo, y amarnos unos a otros, así como él nos lo ordenó. ²⁴Los que obedecen los mandamientos de Dios permanecen en comunión con él, y él permanece en comunión con ellos. Y sabemos que él vive en nosotros, porque el Espíritu que nos dio vive en nosotros.

Cómo descubrir a los falsos profetas

4 Queridos amigos, no les crean a todos los que afirman hablar de parte del Espíritu. Pónganlos a prueba para averiguar si el espíritu que tienen realmente proviene de Dios, porque hay muchos falsos profetas en el mundo. ²Esta es la manera en que sabremos si tienen o no el Espíritu de Dios: si una persona que afirma ser profeta* reconoce que Jesucristo vino en un cuerpo humano, esa persona tiene el Espíritu de Dios; ³pero si alguien afirma ser profeta y no reconoce la verdad acerca de Jesús, aquella persona no es de Dios. Tal persona tiene el espíritu del Anticristo, del cual ustedes oyeron que viene al mundo, y de hecho, ya está aquí.

⁴Pero ustedes, mis queridos hijos, pertenecen a Dios. Ya lograron la victoria sobre esas personas, porque el Espíritu que vive en ustedes es más poderoso que el espíritu que vive en el mundo. ⁵Esas personas pertenecen a este mundo, por eso hablan desde el punto de vista del mundo, y el mundo les presta atención. ⁶En cambio, nosotros pertenecemos a Dios, y los que conocen a Dios nos prestan atención. Como ellos no pertenecen a Dios, no nos prestan atención. Así es como sabemos si alguien tiene el Espíritu de verdad o el espíritu de engaño.

Ámense unos a otros

⁷Queridos amigos, sigamos amándonos unos a otros, porque el amor viene de Dios. Todo el que ama es un hijo de Dios y conoce a Dios; ⁸pero el que no ama no conoce a Dios, porque Dios es amor.

⁹Dios mostró cuánto nos ama al enviar a su único Hijo al mundo, para que tengamos vida eterna por medio de él. ¹⁰En esto consiste el amor verdadero: no en que nosotros hayamos amado a Dios, sino en que él nos amó a nosotros y envió a su Hijo como sacrificio para quitar nuestros pecados.

¹¹Queridos amigos, ya que Dios nos amó tanto, sin duda nosotros también debemos amarnos unos a otros. ¹²Nadie jamás ha visto a Dios; pero si nos amamos unos a otros, Dios vive en nosotros y su amor llega a la máxima expresión en nosotros.

¹³Y Dios nos ha dado su Espíritu como prueba de que vivimos en él y él en nosotros. ¹⁴Además, hemos visto con nuestros propios ojos y ahora damos testimonio de que el Padre envió a su Hijo para que fuera el Salvador del mundo. ¹⁵Todos los que confiesan que Jesús es el Hijo de Dios, Dios vive en ellos y ellos en Dios. ¹⁶Nosotros sabemos cuánto nos ama Dios y hemos puesto nuestra confianza en su amor.

Dios es amor, y todos los que viven en amor viven en Dios y Dios vive en ellos; ¹⁷y al vivir en Dios, nuestro amor crece hasta hacerse perfecto. Por lo tanto, no tendremos temor en el día del juicio, sino que podremos estar ante Dios con confianza, porque vivimos como vivió Jesús en este mundo.

¹⁸En esa clase de amor no hay temor, porque el amor perfecto expulsa todo temor. Si tenemos miedo es por temor al castigo, y esto muestra que no hemos experimentado plenamente el perfecto amor de Dios. ¹⁹Nos amamos unos a otros,* porque él nos amó primero.

²⁰Si alguien dice: «Amo a Dios» pero odia a un hermano en Cristo, esa persona es mentirosa pues, si no amamos a quienes podemos ver, ¿cómo vamos a amar a Dios, a quien no podemos ver? ²¹Y él nos ha dado el siguiente mandato: los que aman a Dios amen también a sus hermanos en Cristo.*

La fe en el Hijo de Dios

5 Todo el que cree que Jesús es el Cristo* ha llegado a ser un hijo de Dios. Y todo el que ama al Padre ama también a los hijos nacidos de él. ²Sabemos que amamos a los hijos de Dios si amamos a Dios y obedecemos sus mandamientos. ³Amar a Dios significa obedecer sus mandamientos, y sus mandamientos no son una carga difícil de llevar. ⁴Pues todo hijo de Dios vence a este mundo de maldad, y logramos esa victoria por medio de nuestra fe. ⁵¿Y quién puede ganar esta batalla contra el mundo? Únicamente los que creen que Jesús es el Hijo de Dios.

⁶Y Jesucristo fue revelado como el Hijo de Dios por medio de su bautismo en agua y por derramar su sangre en la cruz,* es decir, no mediante agua solamente sino mediante agua y sangre. Y el Espíritu, quien es la verdad, lo confirma con su testimonio. ⁷Por lo tanto, son tres los testigos* *—el Espíritu, el agua y la sangre— y los tres están de acuerdo. ⁸Ya que creemos el testimonio humano, sin duda alguna podemos creer el testimonio de más valor que proviene de Dios; y Dios ha dado testimonio acerca de su Hijo. ¹⁰Todo el que cree en el Hijo de Dios sabe en su corazón que este testimonio es verdadero. Los que no lo creen, en realidad llaman a Dios

---

mentiroso porque no creen el testimonio que él ha dado acerca de su Hijo.

[11]Y este es el testimonio que Dios ha dado: él nos dio vida eterna, y esa vida está en su Hijo. [12]El que tiene al Hijo tiene la vida; el que no tiene al Hijo de Dios no tiene la vida.

Conclusión

[13]Les he escrito estas cosas a ustedes, que creen en el nombre del Hijo de Dios, para que sepan que tienen vida eterna. [14]Y estamos seguros de que él nos oye cada vez que le pedimos algo que le agrada; [15]y como sabemos que él nos oye cuando le hacemos nuestras peticiones, también sabemos que nos dará lo que le pedimos.

[16]Si alguno de ustedes ve que un hermano en Cristo* comete un pecado que no lleva a la muerte, debe orar por él, y Dios le dará vida a ese hermano. Pero hay un pecado que lleva a la muerte, y no digo que se ore por quienes lo cometen. [17]Todas las malas acciones son pecado, pero no todos los pecados llevan a la muerte.

[18]Sabemos que los hijos de Dios no se caracterizan por practicar el pecado, porque el Hijo de Dios los mantiene protegidos, y el maligno no puede tocarlos. [19]Sabemos que somos hijos de Dios y que el mundo que nos rodea está controlado por el maligno.

[20]Y sabemos que el Hijo de Dios ha venido y nos ha dado entendimiento, para que podamos conocer al Dios verdadero.* Y ahora vivimos en comunión con el Dios verdadero porque vivimos en comunión con su Hijo, Jesucristo. Él es el único Dios verdadero y él es la vida eterna.

[21]Queridos hijos, aléjense de todo lo que pueda ocupar el lugar de Dios en el corazón.*

5:16 En griego *un hermano.*   **5:20** En griego *al que es verdadero.*   **5:21** En griego *guárdense de los ídolos.*

2 Juan

Saludos

Yo, Juan, el anciano,* les escribo esta carta a la señora elegida y a sus hijos,* a quienes amo en la verdad —y no solo yo sino también todos los que conocen la verdad—, ²porque la verdad vive en nosotros y estará con nosotros para siempre.

³La gracia, la misericordia y la paz que provienen de Dios Padre y de Jesucristo —el Hijo del Padre— permanecerán con nosotros, los que vivimos en la verdad y el amor.

Vivan en la verdad

⁴¡Qué contento me puse al encontrarme con algunos de tus hijos y ver que viven de acuerdo con la verdad, tal como el Padre lo ordenó!

⁵Les escribo para recordarles, queridos amigos,* que nos amemos unos a otros. Este mandamiento no es nuevo, sino que lo hemos tenido desde el principio. ⁶El amor consiste en hacer lo que Dios nos ha ordenado, y él nos ordenado que nos amemos unos a otros, tal como ustedes lo oyeron desde el principio.

⁷Les digo esto, porque muchos engañadores han salido por el mundo. Ellos niegan que Jesucristo vino* en un cuerpo humano. Tales personas son engañadores y anticristos. ⁸Tengan cuidado de no perder lo que hemos* logrado con tanto trabajo. Sean diligentes para que reciban una recompensa completa. ⁹Todo el que se desvía de esta enseñanza no tiene ninguna relación con Dios; pero el que permanece en la enseñanza de Cristo tiene una relación tanto con el Padre como con el Hijo.

¹⁰Si a sus reuniones llegara alguien que no enseña la verdad acerca de Cristo, no lo inviten a su casa ni le den ninguna clase de apoyo. ¹¹Cualquiera que apoye a ese tipo de gente se hace cómplice de sus malas acciones.

Conclusión

¹²Tengo mucho más que decirles, pero no quiero hacerlo con papel y tinta. Pues espero visitarlos pronto y hablarles cara a cara. Entonces nuestra alegría será completa.

¹³Recibe saludos de los hijos de tu hermana,* la elegida por Dios.

1a En griego *El anciano.* 1b O *a la iglesia que Dios ha elegido y a sus miembros.* 5 En griego *Te ruego, señora.* 7 O *vendrá.* 8 Algunos manuscritos dicen *han.* 13 O *de los miembros de tu iglesia hermana.*

3 Juan

Saludos

Yo, Juan, el anciano,* le escribo esta carta a Gayo, mi querido amigo, a quien amo en la verdad.

²Querido amigo, espero que te encuentres bien, y que estés tan saludable en cuerpo así como eres fuerte en espíritu. ³Hace poco regresaron algunos de los maestros itinerantes,* y me alegraron mucho cuando me contaron de tu fidelidad y de que vives de acuerdo con la verdad. ⁴No hay nada que me cause más alegría que oír que mis hijos siguen la verdad.

Cuidar de los obreros del Señor

⁵Querido amigo, le eres fiel a Dios cada vez que te pones al servicio de los maestros itinerantes que pasan por ahí aunque no los conozcas. ⁶Ellos le han contado a la iglesia de aquí de tu cariñosa amistad. Te pido que sigas supliendo las necesidades de esos maestros tal como le agrada a Dios; ⁷pues viajan en servicio al Señor* y no aceptan nada de los que no son creyentes.* ⁸Por lo tanto, somos nosotros los que debemos apoyarlos y así ser sus colaboradores cuando enseñan la verdad.

⁹Le escribí a la iglesia acerca de esto, pero Diótrefes —a quien le encanta ser el líder— no quiere tener nada que ver con nosotros. ¹⁰Cuando yo vaya sacaré a relucir las cosas que hace y sus infames acusaciones contra nosotros. No solo se niega a recibir a los maestros itinerantes, sino que les dice a otros que no los ayuden y, cuando los ayudan, él los expulsa de la iglesia.

¹¹Querido amigo, no te dejes influir por ese mal ejemplo. Imita solamente lo bueno. Recuerda que los que hacen lo bueno demuestran que son hijos de Dios, y los que hacen lo malo demuestran que no conocen a Dios.*

¹²Todos, incluso la verdad misma, hablan bien de Demetrio. Nosotros también podemos afirmar lo mismo de él, y ustedes saben que decimos la verdad.

Conclusión

¹³Tengo mucho más que decirte, pero no quiero hacerlo con pluma y tinta, ¹⁴porque espero verte pronto, y entonces hablaremos cara a cara.

¹⁵La paz sea contigo.

Tus amigos de aquí te mandan saludos. Por favor, dales mis saludos a cada uno de nuestros amigos de ahí.

1 En griego El anciano. 3 En griego los hermanos; también en 5 y 10. 7a En griego Ellos salieron por causa del Nombre. 7b En griego de los gentiles. (Gentiles), que no es judío. 11 En griego no han visto a Dios.

Judas

Yo, Judas, esclavo de Jesucristo y hermano de Santiago, les escribo esta carta a todos los que han sido llamados por Dios Padre, quien los ama y los protege con el cuidado de Jesucristo.*

2 Que Dios les dé cada vez más misericordia, paz y amor.

El peligro de los falsos maestros

3 Queridos amigos, con gran anhelo tenía pensado escribirles acerca de la salvación que compartimos. Sin embargo, ahora me doy cuenta de que debo escribirles sobre otro tema para rogarles que defiendan la fe que Dios ha confiado una vez y para siempre a su pueblo santo. 4 Les digo esto, porque algunas personas que no tienen a Dios se han infiltrado en sus iglesias diciendo que la maravillosa gracia de Dios nos permite llevar una vida inmoral. La condena de tales personas fue escrita hace mucho tiempo, pues han negado a Jesucristo, nuestro único Dueño y Señor.

5 Aunque ustedes ya saben estas cosas, igual quiero recordarles que Jesús* primero rescató de Egipto a la nación de Israel pero luego destruyó a los que no permanecieron fieles. 6 Y les recuerdo de los ángeles que no se mantuvieron dentro de los límites de autoridad que Dios les puso, sino que abandonaron el lugar al que pertenecían. Dios los tenido firmemente encadenados en prisiones de oscuridad, en espera del gran día del juicio. 7 Asimismo no se olviden de Sodoma y Gomorra ni de las ciudades vecinas, las cuales estaban llenas de inmoralidad y de toda clase de perversión sexual. Esas ciudades fueron destruidas con fuego y sirven como advertencia del fuego eterno del juicio de Dios.

8 De la misma manera, estos individuos —que pretenden tener autoridad por lo que reciben en sueños— llevan una vida inmoral, desafían la autoridad y se burlan de los seres sobrenaturales.* 9 Pero ni siquiera Miguel, uno de los ángeles más poderosos,* se atrevió a acusar al diablo de blasfemia; simplemente le dijo: «¡Que el Señor te reprenda!». (Esto ocurrió cuando Miguel disputaba con el diablo acerca del cuerpo de Moisés). 10 Pero esa gente se burla de cosas que no entiende. Como animales irracionales,

hacen todo lo que les dictan sus instintos y de esta manera provocan su propia destrucción. 11 ¡Qué aflicción les espera! Pues siguen los pasos de Caín, quien mató a su hermano. Al igual que Balaam, engañan a la gente por dinero; y, como Coré, perecen en su propia rebelión.

12 Cuando estos individuos participan con ustedes en sus comidas de compañerismo —las cuales conmemoran el amor del Señor—, son como arrecifes peligrosos que pueden hacerlos naufragar.* Son como pastores que no tienen vergüenza y que solo se preocupan por sí mismos. Son como nubes que pasan sobre la tierra sin dar lluvia. Son como árboles en el otoño, doblemente muertos, porque no dan fruto y han sido arrancados de raíz. 13 Son como violentas olas del mar que arrojan la espuma de sus actos vergonzosos. Son como estrellas que han perdido su rumbo, condenadas para siempre a la más negra oscuridad.

14 Enoc, quien vivió en la séptima generación después de Adán, profetizó acerca de estas personas. Dijo: «¡Escuchen! El Señor viene con incontables millares de sus santos 15 para ejecutar juicio sobre la gente de este mundo. Declarará culpables a los seres humanos por todos los actos perversos que cada uno haya hecho y a los pecadores rebeldes por todos los insultos que hayan dicho contra él»*.

16 Estos individuos son rezongones, se quejan de todo y viven solo para satisfacer sus deseos. Son fanfarrones que se jactan de sí mismos y adulan a otros para conseguir lo que quieren.

Un llamado a permanecer fieles

17 Pero ustedes, mis queridos amigos, deben recordar lo que dijeron los apóstoles de nuestro Señor Jesucristo. 18 Ellos les advirtieron que en los últimos tiempos habría gente burlona cuyo objetivo en la vida es satisfacer sus malos deseos. 19 Estos individuos son los que causan divisiones entre ustedes. Se dejan llevar por sus instintos naturales porque no tienen al Espíritu de Dios en ellos.

20 Pero ustedes, queridos amigos, deben edificarse unos a otros en su más santísima fe, orar en el poder del Espíritu Santo*

---

1 O *los guarda para Jesucristo.*   5 Igual que en los mejores manuscritos; otros manuscritos dicen *[el] Señor,* o *Dios,* o *Cristo;* uno de ellos dice *Dios Cristo.*   8 En griego *de los seres gloriosos,* que probablemente son *ángeles caídos.*   9 En griego *Miguel, el arcángel.*   12 O *son contaminantes entre ustedes;* o *son manchas.*   14-15 La cita proviene de literatura intertestamentaria: Enoc 1:9.   20 En griego *orar en el Espíritu Santo.*

²¹y esperar la misericordia de nuestro Señor Jesucristo, quien les dará vida eterna. De esta manera, se mantendrán seguros en el amor de Dios.

²²Deben tener compasión de* los que no están firmes en la fe. ²³Rescaten a otros arrebatándolos de las llamas del juicio. Incluso a otros muéstrenles compasión* pero háganlo con mucho cuidado, aborreciendo los pecados que contaminan la vida de ellos.*

Una oración de alabanza

²⁴Y ahora, que toda la gloria sea para Dios, quien es poderoso para evitar que caigan, y para llevarlos sin mancha y con gran alegría a su gloriosa presencia. ²⁵Que toda la gloria sea para él, quien es el único Dios, nuestro Salvador por medio de Jesucristo nuestro Señor. ¡Toda la gloria, la majestad, el poder y la autoridad le pertenecen a él desde antes de todos los tiempos, en el presente y por toda la eternidad! Amén.

22 Algunos manuscritos dicen *Deben reprender a.*   **22-23a** Algunos manuscritos solo tienen dos categorías de personas: 1) las que no están firmes en la fe y, por lo tanto, necesitan ser arrebatadas de las llamas del juicio, y 2) las que necesitan que se les muestre compasión.   **23b** En griego *con temor, aborreciendo hasta la ropa manchada por la carne.*

Apocalipsis

Prólogo

1 Esta es una revelación de Jesucristo, la cual Dios le dio para mostrar a sus siervos los acontecimientos que deben suceder pronto.* Él envió a un ángel a presentarle esta revelación a su siervo, Juan, ²quien relató con fidelidad todo lo que vio. Este es su relato de la palabra de Dios y del testimonio de Jesucristo.

³Dios bendice al que lee a la iglesia las palabras de esta profecía y bendice a todos los que escuchan el mensaje y obedecen lo que dice, porque el tiempo está cerca.

Saludo de Juan a las siete iglesias

⁴Yo, Juan, les escribo esta carta a las siete iglesias que están en la provincia de Asia.*

Gracia y paz a ustedes de aquel que es, que siempre era y que aún está por venir; y del Espíritu de siete aspectos* que está delante de su trono; ⁵y de Jesucristo. Él es el testigo fiel de estas cosas, el primero en resucitar de los muertos y el gobernante de todos los reyes del mundo.

Toda la gloria sea al que nos ama y nos ha libertado de nuestros pecados al derramar su sangre por nosotros. ⁶Él ha hecho de nosotros un reino de sacerdotes para Dios, su Padre. ¡A él sea toda la gloria y el poder por siempre y para siempre! Amén.

⁷¡Miren! Él viene en las nubes del cielo.
    Y todos lo verán,
        incluso aquellos que lo traspasaron.
    Y todas las naciones del mundo
        se lamentarán por él.
    ¡Sí! ¡Amén!

⁸«Yo soy el Alfa y la Omega, el principio y el fin* —dice el Señor Dios—. Yo soy el que es, que siempre era y que aún está por venir, el Todopoderoso».

Visión del Hijo del Hombre

⁹Yo, Juan, soy hermano de ustedes, y su compañero en el sufrimiento, en el reino de Dios y en la paciente perseverancia a la que Jesús nos llama. Me exiliaron a la isla de Patmos por predicar la palabra de Dios y por mi testimonio acerca de Jesús. ¹⁰Era el día del Señor, y yo estaba adorando en el Espíritu.* De repente, oí detrás de mí una fuerte voz, como un toque de trompeta, ¹¹que decía: «Escribe en un libro* todo lo que veas y envíalo a las siete iglesias que están en las ciudades de Éfeso, Esmirna, Pérgamo, Tiatira, Sardis, Filadelfia y Laodicea».*

¹²Cuando me di vuelta para ver quién me hablaba, vi siete candelabros de oro. ¹³Y de pie en medio de los candelabros había alguien semejante al Hijo del Hombre.* Vestía una túnica larga con una banda de oro que cruzaba el pecho. ¹⁴La cabeza y el cabello eran blancos como la lana, tan blancos como la nieve, y los ojos eran como llamas de fuego. ¹⁵Los pies eran como bronce pulido refinado en un horno, y su voz tronaba como potentes olas del mar. ¹⁶Tenía siete estrellas en la mano derecha, y una espada aguda de doble filo salía de su boca. Y la cara era semejante al sol cuando brilla en todo su esplendor.

¹⁷Cuando lo vi, caí a sus pies como muerto; pero él puso la mano derecha sobre mí y me dijo: «¡No tengas miedo! Yo soy el Primero y el Último. ¹⁸Yo soy el que vive. Estuve muerto, ¡pero mira! ¡Ahora estoy vivo por siempre y para siempre! Y tengo en mi poder las llaves de la muerte y de la tumba.*

¹⁹»Escribe lo que has visto, tanto las cosas que suceden ahora, como las que van a suceder.* ²⁰Este es el significado de las siete estrellas que viste en mi mano derecha y de los siete candelabros de oro: las siete estrellas son los ángeles* de las siete iglesias, y los siete candelabros son las siete iglesias.

Mensaje a la iglesia de Éfeso

2 »Escribe esta carta al ángel* de la iglesia de Éfeso. Este es el mensaje de aquel que tiene las siete estrellas en la mano derecha, del que camina en medio de los siete candelabros de oro:

²»Yo sé todo lo que haces. He visto tu arduo trabajo y tu paciencia con perseverancia. Sé que no toleras a la gente malvada. Has puesto

---

1:1 O *de repente,* o *rápidamente.*   1:4a *Asia era una provincia romana en lo que ahora es la parte occidental de Turquía.*   1:4b En griego *los siete espíritus.*   1:8 En griego *Yo soy el Alfa y la Omega,* se refiere a la primera y a la última letra del alfabeto griego.   1:10 O *en un rollo.*   1:11 O *en un rollo.*   1:13 O *semejante a un hijo de hombre.* Ver Dn 7:13. «Hijo del Hombre» es un título que Jesús empleaba para referirse a sí mismo.   1:18 En griego *el Hades.*   1:19 O *lo que has visto y su significado, las cosas que ya han comenzado a suceder.*   1:20 O *los mensajeros.*   2:1 O *el mensajero;* también en 2:8, 12, 18.

a prueba las pretensiones de esos que dicen ser apóstoles pero no lo son. Has descubierto que son mentirosos. [3]Has sufrido por mi nombre con paciencia sin darte por vencido.

[4]»Pero tengo una queja en tu contra. ¡No me amas a mí ni se aman entre ustedes como al principio!* [5]¡Mira hasta dónde has caído! Vuélvete a mí y haz las obras que hacías al principio. Si no te arrepientes, vendré y quitaré tu candelabro de su lugar entre las iglesias; [6]pero tienes esto a tu favor: odias las obras malvadas de los nicolaítas, al igual que yo.

[7]»Todo el que tenga oídos para oír debe escuchar al Espíritu y entender lo que él dice a las iglesias. A todos los que salgan vencedores, les daré del fruto del árbol de la vida, que está en el paraíso de Dios.

Mensaje a la iglesia de Esmirna

[8]»Escribe esta carta al ángel de la iglesia de Esmirna. Este es el mensaje de aquel que es el Primero y el Último, que estuvo muerto pero ahora vive.

[9]»Yo sé de tu sufrimiento y tu pobreza, ¡pero tú eres rico! Conozco la blasfemia de los que se te oponen. Dicen ser judíos pero no lo son, porque su sinagoga le pertenece a Satanás. [10]No tengas miedo de lo que estás a punto de sufrir. El diablo meterá a algunos de ustedes en la cárcel para ponerlos a prueba, y sufrirán por diez días; pero si permaneces fiel, incluso cuando te enfrentes a la muerte, te daré la corona de la vida.

[11]»Todo el que tenga oídos para oír debe escuchar al Espíritu y entender lo que él dice a las iglesias. Los que salgan vencedores no sufrirán daño de la segunda muerte.

Mensaje a la iglesia de Pérgamo

[12]»Escribe esta carta al ángel de la iglesia de Pérgamo. Este es el mensaje de aquel que tiene la espada aguda de doble filo.

[13]»Yo sé que vives en la ciudad donde Satanás tiene su trono; sin embargo, has permanecido leal a mi nombre. Te rehusaste a negarme aun cuando mi fiel testigo, Antipas, murió como mártir en medio de ustedes, allí en la ciudad de Satanás.

[14]»Pero tengo unas cuantas quejas en tu contra. Toleras a algunos de entre ustedes que mantienen la enseñanza de Balaam, quien le enseñó a Balac cómo hacer tropezar al pueblo de Israel. Les enseñó a pecar, incitándolos a comer alimentos ofrecidos a ídolos y a cometer pecado sexual. [15]De modo parecido, entre ustedes hay algunos nicolaítas que siguen esa misma enseñanza.

[16]Arrepiéntete de tu pecado, o de lo contrario, vendré a ti de repente y pelearé contra ellos con la espada de mi boca.

[17]»Todo el que tenga oídos para oír debe escuchar al Espíritu y entender lo que él dice a las iglesias. A todos los que salgan vencedores, les daré del maná que ha sido escondido en el cielo. Y le daré a cada uno una piedra blanca, y en la piedra estará grabado un nombre nuevo que nadie comprende aparte de aquel que lo recibe.

Mensaje a la iglesia de Tiatira

[18]»Escribe esta carta al ángel de la iglesia de Tiatira. Este es el mensaje del Hijo de Dios, el que tiene los ojos como llamas de fuego y los pies como bronce pulido.

[19]»Yo sé todo lo que haces, he visto tu amor, tu fe, tu servicio y tu paciencia con perseverancia. Y veo tu constante mejoría en todas estas cosas.

[20]»Pero tengo una queja en tu contra. Permites que esa mujer —esa Jezabel que se llama a sí misma profetisa— lleve a mis siervos por mal camino. Ella les enseña a cometer pecado sexual y a comer alimentos ofrecidos a ídolos. [21]Le di tiempo para que se arrepintiera, pero ella no quiere abandonar su inmoralidad.

[22]»Por lo tanto, la arrojaré en una cama de sufrimiento,* y los que cometen adulterio con ella sufrirán terriblemente, a menos que se arrepientan y abandonen las maldades de ella. [23]Heriré de muerte a sus hijos. Entonces todas las iglesias sabrán que yo soy el que examina los pensamientos y las intenciones de cada persona. Y le daré a cada uno de ustedes lo que se merezca.

[24]»Pero también tengo un mensaje para el resto de ustedes en Tiatira, los que no han seguido esa falsa enseñanza ("verdades más profundas", como ellos las llaman, que en realidad son profundidades de Satanás) No les pediré nada más, [25]solo que retengan con firmeza lo que tienen hasta que yo venga. [26]A todos los que salgan vencedores y me obedezcan hasta el final:

Les daré autoridad sobre todas las naciones.
[27] Gobernarán las naciones con vara de hierro
y las harán pedazos como si fueran ollas de barro.*

[28]Tendrán la misma autoridad que yo recibí de mi Padre, ¡y también les daré la estrella de la mañana! [29]»Todo el que tenga oídos para oír debe escuchar al Espíritu y entender lo que él dice a las iglesias.

2:4 En griego *Has perdido tu primer amor.* 2:22 En griego *una cama.* 2:26-27 Sal 2:8-9 (versión griega)

Mensaje a la iglesia de Sardis

3 »Escribe esta carta al ángel* de la iglesia de Sardis. Este es el mensaje de aquel que tiene el Espíritu* de Dios de siete aspectos y las siete estrellas:

»Yo sé todo lo que haces y que tienes la fama de estar vivo, pero estás muerto. ²¡Despierta! Fortalece lo poco que te queda, porque hasta lo que queda está a punto de morir. Veo que tus acciones no cumplen con los requisitos de mi Dios. ³Vuelve a lo que escuchaste y creíste al principio, y retenlo con firmeza. Arrepiéntete y regresa a mí. Si no despiertas, vendré a ti de repente, cuando menos lo esperes, como lo hace un ladrón.

⁴»Sin embargo, hay algunos en la iglesia de Sardis que no se han manchado la ropa con maldad. Ellos caminarán conmigo vestidos de blanco, porque son dignos. ⁵Todos los que salgan vencedores serán vestidos de blanco. Nunca borraré sus nombres del libro de la vida, sino que anunciaré delante de mi Padre y de sus ángeles que ellos me pertenecen.

⁶»Todo el que tenga oídos para oír debe escuchar al Espíritu y entender lo que él dice a las iglesias.

Mensaje a la iglesia de Filadelfia

⁷»Escribe esta carta al ángel de la iglesia de Filadelfia.

Este es el mensaje de aquel que es santo
    y verdadero,
el que tiene la llave de David.
Lo que él abre, nadie puede cerrar;
    y lo que él cierra, nadie puede abrir:*

⁸»Yo sé todo lo que haces y te he abierto una puerta que nadie puede cerrar. Tienes poca fuerza; sin embargo, has obedecido mi palabra y no negaste mi nombre. ⁹Mira, a esos que pertenecen a la sinagoga de Satanás —esos mentirosos que dicen ser judíos y no lo son— los obligaré a que vengan y se postren a tus pies. Ellos reconocerán que es a ti a quien amo.

¹⁰»Dado que has obedecido mi mandato de perseverar, yo te protegeré del gran tiempo de prueba que vendrá sobre el mundo entero para probar a los que pertenecen a este mundo. ¹¹Yo vengo pronto.* Aférrate a lo que tienes, para que nadie te quite tu corona. ¹²A todos los que salgan vencedores, los haré columnas en el templo de mi Dios, y nunca tendrán que salir de allí. Yo escribiré sobre ellos el nombre de mi Dios, y ellos serán ciudadanos de la ciudad de mi Dios, la nueva Jerusalén que desciende del cielo y de mi Dios. Y también escribiré en ellos mi nuevo nombre.

¹³»Todo el que tenga oídos para oír debe escuchar al Espíritu y entender lo que él dice a las iglesias.

Mensaje a la iglesia de Laodicea

¹⁴»Escribe esta carta al ángel de la iglesia de Laodicea. Este es el mensaje de aquel que es el Amén, el testigo fiel y verdadero, el principio* de la nueva creación de Dios:

¹⁵»Yo sé todo lo que haces, que no eres ni frío ni caliente. ¡Cómo quisiera que fueras lo uno o lo otro!; ¹⁶pero ya que eres tibio, ni frío ni caliente, ¡te escupiré de mi boca! ¹⁷Tú dices: "Soy rico, tengo todo lo que quiero, ¡no necesito nada!". Y no te das cuenta que eres un infeliz y un miserable; eres pobre, ciego y estás desnudo. ¹⁸Así que te aconsejo que de mí compres oro —un oro purificado por fuego— y entonces serás rico. Compra también ropas blancas de mí, así no tendrás vergüenza por tu desnudez, y compra ungüento para tus ojos, para que así puedas ver. ¹⁹Yo corrijo y disciplino a todos los que amo. Por lo tanto, sé diligente y arrepiéntete de tu indiferencia.

²⁰»¡Mira! Yo estoy a la puerta y llamo. Si oyes mi voz y abres la puerta, yo entraré y cenaremos juntos como amigos. ²¹Todos los que salgan vencedores se sentarán conmigo en mi trono, tal como yo salí vencedor y me senté con mi Padre en su trono.

²²»Todo el que tenga oídos para oír debe escuchar al Espíritu y entender lo que él dice a las iglesias».

Adoración en el cielo

4 Entonces, mientras miraba, vi una puerta abierta en el cielo, y la misma voz que había escuchado antes me habló como un toque de trompeta. La voz dijo: «Sube aquí, y te mostraré lo que tiene que suceder después de esto». ²Y al instante, yo estaba en el Espíritu* y vi un trono en el cielo y a alguien sentado en él. ³El que estaba sentado en el trono brillaba como piedras preciosas: como el jaspe y la cornalina. El brillo de una esmeralda rodeaba el trono como un arco iris. ⁴Lo rodeaban veinticuatro tronos en los cuales estaban sentados veinticuatro ancianos. Todos vestían de blanco y tenían una corona de oro sobre la cabeza. ⁵Del trono salían relámpagos y estruendo de truenos. Delante del trono había siete antorchas con llamas encendidas; esto es el Espíritu de Dios de siete aspectos.* ⁶Delante del trono también había un mar de vidrio brillante, reluciente como el cristal.

En el centro y alrededor del trono había cuatro seres vivientes, cada uno cubierto de ojos por delante y por detrás. ⁷El primero de esos seres vivientes era semejante a un león, el segundo era

---

3:1a O *el mensajero;* también en 3:7, 14.   **3:1b** En griego *los siete espíritus.*   **3:7** Is 22:22.   **3:11** O *de repente,* o *rápidamente.*
3:14 O *el gobernante,* o *el origen.*   **4:2** O *en espíritu.*   **4:5** En griego *Estos son los siete espíritus de Dios.*

como un buey, el tercero tenía cara humana, y el cuarto era como un águila en vuelo. ⁸Cada uno de los seres vivientes tenía seis alas, y las alas estaban totalmente cubiertas de ojos por dentro y por fuera. Día tras día y noche tras noche repiten continuamente:

«Santo, santo, santo es el Señor Dios, el Todopoderoso,
el que siempre fue, que es, y que aún está por venir».

⁹Cada vez que los seres vivientes dan gloria, honor y gracias al que está sentado en el trono (el que vive por siempre y para siempre) ¹⁰los veinticuatro ancianos se postran y adoran al que está sentado en el trono (el que vive por siempre y para siempre), y ponen sus coronas delante del trono, diciendo:

¹¹ «Tú eres digno, oh Señor nuestro Dios,
de recibir gloria y honor y poder.
Pues tú creaste todas las cosas,
y existen porque tú las creaste según tu voluntad».

El Cordero abre el rollo

5 Luego vi un rollo* en la mano derecha de aquel que estaba sentado en el trono. El rollo estaba escrito por dentro y por fuera, y sellado con siete sellos. ²Vi a un ángel poderoso, que proclamaba con fuerte voz: ¿Quién es digno de romper los sellos de este rollo y abrirlo?». ³Pero nadie en el cielo ni en la tierra ni debajo de la tierra podía abrir el rollo y leerlo.

⁴Entonces comencé a llorar amargamente porque no se encontraba a nadie digno de abrir el rollo y leerlo; ⁵pero uno de los veinticuatro ancianos me dijo: «¡Deja de llorar! Mira, el León de la tribu de Judá, el heredero del trono de David,* ha ganado la victoria. Él es digno de abrir el rollo y sus siete sellos».

⁶Entonces vi a un Cordero que parecía que había sido sacrificado, pero que ahora estaba de pie entre el trono y los cuatro seres vivientes y en medio de los veinticuatro ancianos. Tenía siete cuernos y siete ojos, que representan los siete aspectos del Espíritu* de Dios del cual es enviado a todas las partes de la tierra. ⁷Él pasó adelante y tomó el rollo de la mano derecha del que estaba sentado en el trono. ⁸Y cuando tomó el rollo, los cuatro seres vivientes y los veinticuatro ancianos se postraron delante del Cordero. Cada uno tenía un arpa y llevaba copas de oro llenas de incienso, que son las oraciones del pueblo de Dios. ⁹Y cantaban un nuevo canto con las siguientes palabras:

«Tú eres digno de tomar el rollo
y de romper los sellos y abrirlo.
Pues tú fuiste sacrificado y tu sangre pagó el rescate para Dios

de gente de todo pueblo, tribu, lengua y nación.
¹⁰ Y has transformado
en un reino de sacerdotes para nuestro Dios.
Y reinarán* sobre la tierra».

¹¹Entonces volví a mirar y oí las voces de miles de millones de ángeles alrededor del trono y de los seres vivientes y de los ancianos. ¹²Ellos cantaban en un potente coro:

«Digno es el Cordero que fue sacrificado,
de recibir el poder y las riquezas
y la sabiduría y la fuerza
y el honor y la gloria y la bendición».

¹³Y entonces oí a toda criatura en el cielo, en la tierra, debajo de la tierra y en el mar que cantaban:

«Bendición y honor y gloria y poder
le pertenecen a aquel que está sentado en el trono
y al Cordero por siempre y para siempre».

¹⁴Y los cuatro seres vivientes decían: «¡Amén!». Y los veinticuatro ancianos se postraron y adoraron al Cordero.

El Cordero rompe los primeros seis sellos

6 Mientras miraba, el Cordero rompió el primero de los siete sellos que había en el rollo.* Entonces oí que uno de los cuatro seres vivientes decía con voz de trueno: «¡Ven!». ²Levanté la vista y vi había un caballo blanco, y su jinete llevaba un arco, y se le colocó una corona sobre la cabeza. Salió cabalgando para ganar muchas batallas y obtener la victoria.

³Cuando el Cordero rompió el segundo sello, oí que el segundo ser viviente decía: «¡Ven!». ⁴Entonces apareció otro caballo, de color rojo. Al jinete se le dio una gran espada, y la autoridad para quitar la paz de la tierra. Y hubo guerra y masacre por todas partes.

⁵Cuando el Cordero rompió el tercer sello, oí que el tercer ser viviente decía: «¡Ven!». Levanté la vista y vi un caballo negro, y el jinete llevaba una balanza en la mano. ⁶Y oí que una voz que salió de entre los cuatro seres vivientes decía: «Un pan de trigo o tres panes de cebada costarán el salario de un día.* Y no desperdicies* el aceite de oliva y el vino».

⁷Cuando el Cordero rompió el cuarto sello, oí que el cuarto ser viviente decía: «¡Ven!». ⁸Levanté la vista y vi un caballo de color verde pálido. El jinete se llamaba Muerte y su compañero era la Tumba.* A estos dos se les dio autoridad sobre una cuarta parte de la tierra, para matar con espada, con hambre y con enfermedad* y con animales salvajes.

5:1 O *libro;* también en 5:2, 3, 4, 5, 7, 8, 9.   5:5 En griego *la raíz de David.* Ver Is 11:10.   5:6 En griego *que son los siete espíritus.*   5:10 Algunos manuscritos dicen *ellos están reinando.*   6:1 O *libro.*   6:6a En griego un *choinix* [un kilo ó 2,2 libras] *de trigo por un denario y tres choinix de cebada por un denario.* Un denario equivalía a la paga de un obrero por una jornada completa de trabajo.   6:6b O *daños.*   6:8a En griego *era el Hades.*   6:8b En griego *muerte.*

⁹Cuando el Cordero rompió el quinto sello, vi debajo del altar las almas de todos los que habían muerto como mártires por causa de la palabra de Dios y por haber sido fieles en su testimonio. ¹⁰Ellos clamaban al Señor y decían: «Oh Señor Soberano, santo y verdadero, ¿cuánto tiempo hasta que juzgues a la gente de este mundo y tomes venganza de nuestra sangre por lo que nos han hecho?». ¹¹Entonces a cada uno de ellos se le dio una túnica blanca, y se les dijo que descansaran un poco más hasta que se completara el número de sus hermanos, los consiervos de Jesús que se unirían a ellos después de morir como mártires.

¹²Mientras yo miraba, el Cordero rompió el sexto sello, y hubo un gran terremoto. El sol se volvió tan oscuro como tela negra, y la luna se volvió tan roja como la sangre. ¹³Entonces las estrellas del cielo cayeron sobre la tierra como los higos verdes que caen de un árbol cuando es sacudido por el fuerte viento. ¹⁴El cielo fue enrollado como un pergamino, y todas las montañas y las islas fueron movidas de su lugar.

¹⁵Entonces todo el mundo —los reyes de la tierra, los gobernantes, los generales, los ricos, los poderosos, todo esclavo y hombre libre— se escondió en las cuevas y entre las rocas de las montañas. ¹⁶Y gritaban a las montañas y a las rocas: «Caigan sobre nosotros y escóndannos del rostro de aquel que se sienta en el trono, y de la ira del Cordero; ¹⁷porque ha llegado el gran día de su ira, ¿y quién podrá sobrevivir?».

El pueblo de Dios será protegido

7 Después vi a cuatro ángeles que estaban de pie en las cuatro esquinas de la tierra. Sujetaban los cuatro vientos para que no soplaran sobre la tierra ni sobre el mar ni sobre ningún árbol. ²Vi a otro ángel que subía del oriente llevando el sello del Dios viviente. Gritó a los cuatro ángeles que habían recibido poder para dañar la tierra y el mar: ³¡Esperen! No hagan daño a la tierra ni al mar ni a los árboles hasta que hayamos puesto el sello de Dios en la frente de sus siervos».

⁴Y oí el número de los que fueron marcados con el sello de Dios. Fueron sellados 144.000 de todas las tribus de Israel:

⁵ de la tribu de Judá	12.000
de la tribu de Rubén	12.000
de la tribu de Gad	12.000
⁶ de la tribu de Aser	12.000
de la tribu de Neftalí	12.000
de la tribu de Manasés	12.000
⁷ de la tribu de Simeón	12.000
de la tribu de Leví	12.000
de la tribu de Isacar	12.000
⁸ de la tribu de Zabulón	12.000
de la tribu de José	12.000
de la tribu de Benjamín	12.000

Alabanza de la gran multitud

⁹Después de esto vi una enorme multitud de todo pueblo y toda nación, tribu y lengua, que era tan extensa que nadie podía contarla. Estaban de pie delante del trono y delante del Cordero. Vestían túnicas blancas y tenían en sus manos ramas de palmeras. ¹⁰Y gritaban con gran estruendo:

«¡La salvación viene de nuestro Dios que está
  sentado en el trono
y del Cordero!».

¹¹Y todos los ángeles estaban de pie alrededor del trono y alrededor de los ancianos y de los cuatro seres vivientes; y se postraron rostro en tierra delante del trono y adoraron a Dios, ¹²cantando:

«¡Amén! ¡La bendición y la gloria y la sabiduría
  y la acción de gracias y el honor
y el poder y la fuerza pertenecen a
  nuestro Dios
  por siempre y para siempre! Amén».

¹³Entonces uno de los veinticuatro ancianos me preguntó:

—¿Quiénes son estos que están vestidos de blanco? ¿De dónde vienen?

¹⁴Y yo le contesté:

—Tú eres quien lo sabe, señor.

Entonces él me dijo:

—Estos son los que murieron en* la gran tribulación.* Han lavado y blanqueado sus ropas en la sangre del Cordero.

¹⁵ »Por eso están delante del trono de Dios
  y le sirven día y noche en su templo.
Y aquel que está sentado en el trono
  les dará refugio.
¹⁶ Nunca más tendrán hambre ni sed;
  nunca más les quemará el calor del sol.
¹⁷ Pues el Cordero que está en el trono*
  será su Pastor.
Él los guiará a manantiales del agua que da
  vida.
Y Dios les secará cada lágrima de sus ojos».

El Cordero rompe el séptimo sello

8 Cuando el Cordero rompió el séptimo sello del rollo,* hubo silencio en el cielo durante una media hora. ²Vi a los siete ángeles que están de pie delante de Dios, a los cuales se les dieron siete trompetas.

³Entonces vino otro ángel con un recipiente de oro para quemar incienso y se paró ante el altar. Se le dio una gran cantidad de incienso para mezclarlo con las oraciones del pueblo de Dios como una ofrenda sobre el altar de oro delante del trono. ⁴El humo del incienso, mezclado con las oraciones del pueblo santo de Dios, subió hasta la presencia de Dios desde el lugar donde el ángel lo había derramado. ⁵Entonces el

---

7:14a En griego *salieron de.*   **7:14b** O *el gran sufrimiento.*   **7:17** En griego *en el centro del trono.*   **8:1** O *libro.*

ángel llenó el recipiente para quemar incienso con fuego del altar y lo lanzó sobre la tierra; y hubo truenos con gran estruendo, relámpagos y un gran terremoto.

Las primeras cuatro trompetas

6Entonces los siete ángeles con las siete trompetas se prepararon para hacerlas sonar.

7El primer ángel tocó su trompeta, y granizo y fuego mezclados con sangre fueron lanzados sobre la tierra. Se incendió la tercera parte de la tierra, y se quemó la tercera parte de los árboles y toda la hierba verde.

8Entonces el segundo ángel tocó su trompeta, y una gran montaña de fuego fue lanzada al mar. La tercera parte de las aguas del mar se convirtió en sangre, 9y murió la tercera parte de todos los seres que viven en el mar, también fue destruida la tercera parte de todos los barcos.

10Entonces el tercer ángel tocó su trompeta, y una gran estrella cayó del cielo, ardiendo como una antorcha. Cayó sobre una tercera parte de los ríos y sobre los manantiales de agua. 11El nombre de la estrella era Amargura.* Hizo que la tercera parte de las aguas se volviera amarga, y mucha gente murió por beber de esa agua amarga.

12Entonces el cuarto ángel tocó su trompeta, y se dañó la tercera parte del sol y la tercera parte de la luna y la tercera parte de las estrellas, y se oscurecieron. Así que la tercera parte del día quedó sin luz, y también la tercera parte de la noche.

13Entonces miré, y oí la voz de un águila que cruzaba los cielos gritando fuerte: «¡Terror, terror, terror para los habitantes de este mundo por lo que vendrá cuando los últimos tres ángeles toquen sus trompetas!».

La quinta trompeta trae el primer terror

9 Entonces el quinto ángel tocó su trompeta, y vi una estrella que había caído del cielo a la tierra, y a la estrella se le dio la llave del pozo del abismo sin fondo.* 2Cuando lo abrió, salió humo como si fuera de un gran horno, y la luz del sol y el aire se oscurecieron debido al humo.

3Entonces del humo salieron langostas y descendieron sobre la tierra, y se les dio poder para picar como escorpiones. 4Se les ordenó que no dañaran la hierba ni las plantas ni los árboles, sino solamente a las personas que no tuvieran el sello de Dios en la frente. 5Se les ordenó que no las mataran, sino que las torturaran durante cinco meses con un dolor similar al dolor que causa la picadura del escorpión. 6Durante esos días, las personas buscarán la muerte, pero no la encontrarán; desearán morir, ¡pero la muerte escapará de ellas!

7Las langostas parecían caballos preparados para la batalla. Llevaban lo que parecían coronas de oro sobre la cabeza, y las caras parecían humanas. 8Su cabello era como el de una mujer,

y tenían dientes como los del león. 9Llevaban puestas armaduras de hierro, y sus alas rugían como un ejército de carros de guerra que se apresura a la batalla. 10Tenían colas que picaban como escorpiones, y durante cinco meses tuvieron el poder para atormentar a la gente. 11Su rey es el ángel del abismo sin fondo; su nombre —el Destructor— en hebreo es *Abadón* y en griego es *Apolión.*

12El primer terror ya pasó, pero mira, ¡vienen dos terrores más!

La sexta trompeta trae el segundo terror

13Entonces el sexto ángel tocó su trompeta, y oí una voz que hablaba desde los cuatro cuernos del altar de oro que está en la presencia de Dios. 14Y la voz le dijo al sexto ángel, que tenía la trompeta: «Suelta a los cuatro ángeles que están atados en el gran río Éufrates». 15Entonces los cuatro ángeles que habían sido preparados para esa hora, ese día, ese mes y ese año, fueron desatados para matar a la tercera parte de toda la gente de la tierra. 16Oí que su ejército estaba formado por doscientos millones de tropas a caballo.

17Así en mi visión, vi los caballos y a los jinetes montados sobre ellos. Los jinetes llevaban puesta una armadura de color rojo fuego, azul oscuro y amarillo. La cabeza de los caballos era como la de un león, y de la boca les salía fuego, humo y azufre ardiente. 18La tercera parte de toda la gente de la tierra murió a causa de estas tres plagas: el fuego, el humo y el azufre ardiente que salían de la boca de los caballos. 19El poder de estos caballos estaba en la boca y en la cola, pues sus colas tenían cabezas como de serpiente, con el poder para herir a la gente.

20Sin embargo, los que no murieron en esas plagas aun así rehusaron arrepentirse de sus fechorías y volverse a Dios. Siguieron rindiendo culto a demonios y a ídolos hechos de oro, plata, bronce, piedra y madera, ídolos que no pueden ni ver ni oír ni caminar! 21Esa gente no se arrepintió de sus asesinatos ni de su brujería ni de su inmoralidad sexual ni de sus robos.

El ángel y el rollo pequeño

10 Entonces vi a otro ángel poderoso que descendía del cielo envuelto en una nube con un arco iris sobre su cabeza. Su cara brillaba como el sol, y sus pies eran como columnas de fuego. 2En la mano tenía un rollo* pequeño que había sido abierto. Se paró con el pie derecho sobre el mar y el pie izquierdo sobre la tierra, 3y dio un fuerte grito, como el rugido de un león. Y cuando gritó, siete truenos respondieron.

4Cuando hablaron los siete truenos, yo estuve a punto de escribir, pero oí una voz del cielo que decía: «Guarda en secreto* lo que los siete truenos dijeron y no lo escribas».

5Entonces el ángel que vi de pie sobre el mar y

sobre la tierra levantó la mano derecha hacia el cielo. ⁶Hizo un juramento en el nombre de aquel que vive por siempre y para siempre, quien creó los cielos y todo lo que hay en ellos, la tierra y todo lo que hay en ella, y el mar y todo lo que hay en él. El ángel dijo: «Ya no habrá más demora. ⁷Cuando el séptimo ángel toque su trompeta, el misterioso plan de Dios se cumplirá. Sucederá tal como él lo anunció a sus siervos los profetas».

⁸Después la voz del cielo me habló de nuevo: «Ve y toma el rollo abierto de la mano del ángel, que está de pie sobre el mar y sobre la tierra».

⁹Así que me acerqué al ángel y le dije que me diera el pequeño rollo. Él me dijo: «Sí, tómalo y cómelo. Será dulce como la miel en tu boca, ¡pero se volverá amargo en tu estómago! ¹⁰Entonces tomé el pequeño rollo de la mano del ángel, ¡y me lo comí! Fue dulce en mi boca, pero cuando lo tragué, se volvió amargo en mi estómago.

¹¹Entonces me fue dicho: «Tienes que volver a profetizar sobre muchos pueblos, naciones, lenguas y reyes».

Los dos testigos

11 Luego me fue dada una vara para medir y me fue dicho: «Ve y mide el templo de Dios y el altar, y cuenta el número de adoradores, ²pero no midas el atrio exterior porque ha sido entregado a las naciones, las cuales pisotearán la ciudad santa durante cuarenta y dos meses. ³Mientras tanto yo daré poder a mis dos testigos, y ellos se vestirán de tela áspera y profetizarán durante esos 1260 días».

⁴Estos dos profetas son los dos olivos y los dos candelabros que están delante del Señor de toda la tierra. ⁵Si alguien trata de hacerles daño, sale fuego de sus bocas y consume a sus enemigos. Así debe morir cualquiera que intente hacerles daño. ⁶Ellos tienen el poder de cerrar los cielos para que no llueva durante el tiempo que profeticen. También tienen el poder de convertir los ríos y los mares en sangre, y de azotar la tierra cuantas veces quieran con toda clase de plagas.

⁷Cuando los testigos hayan terminado de dar su testimonio, la bestia que sube del abismo sin fondo* declarará la guerra contra ellos, los conquistará y los matará. ⁸Y sus cuerpos quedarán tendidos en la calle principal de Jerusalén,* la ciudad que simbólicamente se llama «Sodoma» y «Egipto», la ciudad en la cual su Señor fue crucificado. ⁹Y durante tres días y medio, todos los pueblos y todas las tribus, lenguas y naciones se quedarán mirando los cadáveres. A nadie se le permitirá enterrarlos. ¹⁰Los que pertenecen a este mundo se alegrarán y se harán regalos unos a otros para celebrar la muerte de los dos profetas que los habían atormentado.

¹¹Pero después de tres días y medio, Dios sopló vida en ellos, ¡y se pusieron de pie! El terror se apoderó de todos los que estaban mirándolos.

¹²Luego una fuerte voz del cielo llamó a los dos profetas: «¡Suban aquí!». Entonces ellos subieron al cielo en una nube mientras sus enemigos los veían.

¹³En ese mismo momento, hubo un gran terremoto que destruyó la décima parte de la ciudad. Murieron siete mil personas en el terremoto, y todos los demás quedaron aterrorizados y le dieron la gloria al Dios del cielo.

¹⁴El segundo terror ya pasó, pero mira, el tercer terror viene pronto.

La séptima trompeta trae el tercer terror

¹⁵Entonces el séptimo ángel tocó su trompeta, y hubo fuertes voces que gritaban en el cielo:

«Ahora el mundo ya es el reino de nuestro
  Señor y de su Cristo,*
y él reinará por siempre y para siempre».

¹⁶Los veinticuatro ancianos que estaban sentados en sus tronos delante de Dios se postraron rostro en tierra y lo adoraron, ¹⁷diciendo:

«Te damos gracias, Señor Dios, el
  Todopoderoso,
el que es y que siempre fue,
porque ahora has tomado tu gran poder
  y has comenzado a reinar.
¹⁸Las naciones se llenaron de ira,
  pero ahora el tiempo de tu ira ha llegado.
Es tiempo de juzgar a los muertos
  y de recompensar a tus siervos, los profetas,
  y también a tu pueblo santo
y a todos los que temen tu nombre,
  desde el menos importante hasta el más
    importante.
Es tiempo de destruir
  a todos los que han causado destrucción en
    la tierra».

¹⁹Después se abrió en el cielo el templo de Dios, y el arca de su pacto se podía ver dentro del templo. Salieron relámpagos, rugieron truenos y estruendos, y hubo un terremoto y una fuerte tormenta de granizo.

La mujer y el dragón

12 Entonces fui testigo de un suceso de gran importancia en el cielo. Vi a una mujer vestida del sol, con la luna debajo de los pies y una corona de doce estrellas sobre la cabeza. ²Estaba embarazada y gritaba a causa de los dolores de parto y de la agonía de dar a luz.

³Luego fui testigo de otro suceso importante en el cielo. Vi un gran dragón rojo con siete cabezas y diez cuernos, y una corona en cada cabeza. ⁴Con la cola arrastró la tercera parte de las estrellas en el cielo y las arrojó a la tierra. Cuando la mujer estaba a punto de dar a luz, el dragón se paró delante de ella, listo para devorar al bebé en cuanto naciera.

⁵Ella dio a luz a un hijo que gobernaría a todas

11:7 O *el abismo,* o *el averno.*   **11:8** En griego *la gran ciudad.*   **11:15** O *su Mesías.*

las naciones con vara de hierro. Al dragón le arrebataron el hijo y lo llevaron hasta Dios y su trono. 6Y la mujer huyó al desierto, donde Dios había preparado un lugar para que la cuidaran durante 1 260 días.

7Entonces hubo guerra en el cielo. Miguel y sus ángeles lucharon contra el dragón y sus ángeles. 8El dragón perdió la batalla y él y sus ángeles fueron expulsados del cielo. 9Este gran dragón —la serpiente antigua llamada diablo o Satanás, el que engaña al mundo entero— fue lanzado a la tierra junto con todos sus ángeles.

10Luego oí una fuerte voz que resonaba por todo el cielo:

«Por fin han llegado
la salvación y el poder,
el reino de nuestro Dios,
y la autoridad de su Cristo.*
Pues el acusador de nuestros hermanos
—el que los acusa delante de nuestro Dios
día y noche—
ha sido lanzado a la tierra.
11 Ellos lo han vencido por medio de la sangre
del Cordero
y por el testimonio que dieron.
Y no amaron tanto la vida
como para tenerle miedo a la muerte.
12 Por lo tanto, ¡alégrense, oh cielos!
¡Y alégrense, ustedes, los que viven en los
cielos!
Pero el terror vendrá sobre la tierra y el mar,
pues el diablo ha descendido a ustedes con
gran furia,
porque sabe que le queda poco tiempo».

13Cuando el dragón se dio cuenta de que había sido lanzado a la tierra, persiguió a la mujer que había dado a luz al hijo varón; 14pero a ella se le dieron dos alas como las de una gran águila para que pudiera volar al lugar que se había preparado para ella en el desierto. Allí sería cuidada y protegida lejos del dragón* durante un tiempo, tiempos y la mitad de un tiempo.

15Luego el dragón trató de ahogar a la mujer con un torrente de agua que salía de su boca; 16pero entonces la tierra ayudó a la mujer y abrió la boca y tragó el río que brotaba de la boca del dragón. 17Así que el dragón se enfureció contra la mujer y le declaró la guerra al resto de sus hijos, a todos los que obedecen los mandamientos de Dios y se mantienen firmes en su testimonio de Jesús.

18Entonces el dragón se plantó* a la orilla junto al mar.

La bestia que sale del mar

13 Después vi a una bestia que subía del mar. Tenía siete cabezas y diez cuernos, y una corona en cada cuerno; y escrito en cada cabeza había nombres que blasfemaban a Dios. 2Esta bestia se parecía a un leopardo, ¡pero tenía las patas de un oso y la boca de un león! Y el dragón le dio a la bestia su propio poder y trono y gran autoridad.

3Vi que una de las cabezas de la bestia parecía estar herida de muerte, ¡pero la herida mortal sanó! Todo el mundo se maravilló de este milagro y dio lealtad a la bestia. 4Adoraron al dragón por haberle dado semejante poder a la bestia y también adoraron a la bestia. «¿Quién es tan grande como la bestia? —exclamaban—, ¿quién puede luchar contra ella?».

5A la bestia se le permitió decir grandes blasfemias contra Dios, y se le dio autoridad para hacer todo lo que quisiera durante cuarenta y dos meses. 6Y abrió la boca con terribles blasfemias contra Dios, maldiciendo su nombre y su habitación, es decir a los que habitan en el cielo.* 7Además se le permitió a la bestia hacer guerra contra el pueblo santo de Dios y conquistarlo; y se le dio autoridad para gobernar sobre todo pueblo y toda tribu, lengua y nación. 8Y adoraron a la bestia todos los que pertenecen a este mundo cuyos nombres no estaban escritos en el libro de la vida antes de la creación del mundo, el libro que le pertenece al Cordero, que fue sacrificado.*

9 Todo el que tenga oídos para oír
debe escuchar y entender.
10 Todo el que esté destinado a la cárcel,
a la cárcel será llevado.
Todo el que esté destinado a morir a espada,
morirá a filo de espada.

Esto significa que el pueblo de Dios tiene que soportar la persecución con paciencia y permanecer fiel.

La bestia que sale de la tierra

11Luego vi a otra bestia; esta salía de la tierra. Tenía dos cuernos como los de un cordero, pero hablaba con la voz de un dragón. 12Ejercía toda la autoridad de la primera bestia y exigía que toda la tierra y sus habitantes adoraran a la primera bestia, la que había recuperado de su herida mortal. 13Hacía milagros asombrosos, incluso que cayera fuego del cielo a la tierra mientras todos observaban. 14Con los milagros que se le permitió hacer en nombre de la primera bestia, engañó a todos los que pertenecen a este mundo. Les ordenó que hicieran una gran estatua de la primera bestia, la que había sido herida de muerte y después volvió a la vida. 15Luego se le permitió dar vida a esa estatua para que pudiera hablar. Entonces la estatua de la bestia ordenó que todo el que se negara a adorarla debía morir.

16Además exigió que a todos —pequeños y

12:10 O *su Mesías.*   12:14 En griego *de la serpiente;* también en 12:15. Ver 12:9.   12:18 En griego *Entonces él se plantó;* algunos manuscritos dicen *Entonces me planté.* Algunas traducciones incluyen todo este versículo en el 13:1.   13:6 Algunos manuscritos dicen *y su habitación, a todos los que viven en el cielo.*   13:8 O *no estaban escritos en el libro de la vida que pertenece al Cordero, que fue sacrificado antes de la creación del mundo.*

grandes; ricos y pobres; libres y esclavos— se les pusiera una marca en la mano derecha o en la frente. [17]Y nadie podía comprar ni vender nada sin tener esa marca, que era el nombre de la bestia o bien el número que representa su nombre. [18]Aquí se requiere sabiduría. El que tenga entendimiento, que resuelva el significado del número de la bestia, porque es el número de un hombre.* Su número es 666.*

El Cordero y los 144.000

14 Luego vi al Cordero de pie sobre el monte Sión, y con él había 144.000 que tenían el nombre del Cordero y el de su Padre escrito en la frente. [2]Y oí un sonido que venía del cielo, era como el rugido de grandes olas del mar o el retumbar de fuertes truenos. Parecía el sonido de muchos arpistas tocando juntos.

[3]Ese gran coro entonaba un nuevo canto maravilloso delante del trono de Dios y delante de los cuatro seres vivientes y los veinticuatro ancianos. Nadie podía aprender ese canto aparte de los 144.000 que habían sido rescatados de la tierra. [4]Ellos se han mantenido tan puros como vírgenes,* y son los que siguen al Cordero dondequiera que va. Han sido comprados de entre los pueblos de la tierra como ofrenda especial* para Dios y para el Cordero. [5]Ellos no han dicho mentiras y son intachables.

Los tres ángeles

[6]Y vi a otro ángel, que volaba por el cielo y llevaba la eterna Buena Noticia para proclamarla a los que pertenecen a este mundo: a todo pueblo y toda nación, tribu y lengua. [7]«Teman a Dios —gritaba—. Denle gloria a él, porque ha llegado el tiempo en que ocupe su lugar como juez. Adoren al que hizo los cielos, la tierra, el mar y todos los manantiales de agua».

[8]Luego otro ángel lo siguió por el cielo mientras gritaba: «Babilonia ha caído —cayó esa gran ciudad— porque hizo que todas las naciones del mundo bebieran el vino de su apasionada inmoralidad».

[9]Después un tercer ángel los siguió mientras gritaba: «Todo el que adore a la bestia y a su estatua o acepte su marca en la frente o en la mano [10]tendrá que beber el vino de la ira de Dios, que se ha servido sin diluir en la copa del furor de Dios. Ellos serán atormentados con fuego y azufre ardiente en presencia de los ángeles santos y del Cordero. [11]El humo de su tormento subirá por siempre jamás, y no tendrán alivio ni de día ni de noche, porque adoraron a la bestia y a su estatua y aceptaron la marca de su nombre.

[12]Esto significa que el pueblo de Dios tiene que soportar la persecución con paciencia, obedeciendo sus mandamientos y manteniendo la fe en Jesús.

[13]Y oí una voz del cielo que decía: «Escribe lo siguiente: benditos son los que de ahora en adelante mueran en el Señor. El Espíritu dice: "Sí, ellos son en verdad benditos, porque descansarán de su arduo trabajo, ¡pues sus buenas acciones los siguen!"».

La cosecha de la tierra

[14]Entonces vi una nube blanca y sentado en la nube estaba alguien parecido al Hijo del Hombre.* Tenía una corona de oro en la cabeza y en la mano una hoz afilada. [15]Entonces vino otro ángel desde el templo y le gritó al que estaba sentado en la nube: «Da rienda suelta a la hoz, porque ha llegado el tiempo para cosechar; ya está madura la cosecha en la tierra». [16]Y el que estaba sentado en la nube pasó la hoz sobre la tierra, y toda la tierra fue cosechada.

[17]Después vino otro ángel desde el templo que está en el cielo, y él también tenía una hoz afilada. [18]Luego otro ángel, que tenía poder para destruir con fuego, vino desde el altar y le gritó al ángel que tenía la hoz afilada: «Pasa ahora tu hoz y junta los racimos de los viñedos de la tierra, porque las uvas ya están maduras para el juicio». [19]Así que el ángel pasó su hoz sobre la tierra y echó las uvas en el gran lagar de la ira de Dios. [20]Las uvas fueron pisadas en el lagar fuera de la ciudad, y del lagar brotó un río de sangre de unos trescientos kilómetros* de largo y de una altura que llegaba a los frenos de un caballo.

El canto de Moisés y del Cordero

15 Luego vi en el cielo otro maravilloso suceso de gran importancia. Siete ángeles sostenían las últimas siete plagas, que completarían la ira de Dios. [2]Vi delante de mí algo que parecía un mar de cristal mezclado con fuego. Sobre este mar estaban de pie todos los que habían vencido a la bestia, a su estatua y al número que representa su nombre. Todos tenían arpas que Dios les había dado [3]y entonaban el canto de Moisés, siervo de Dios, y el canto del Cordero:

«Grandes y maravillosas son tus obras,
   oh, Señor Dios, el Todopoderoso.
Justos y verdaderos son tus caminos,
   oh, Rey de las naciones.*
[4]¿Quién no te temerá, Señor,
   y glorificará tu nombre?
   Pues solo tú eres santo.
Todas las naciones vendrán y adorarán
   delante de ti,
   porque tus obras de justicia han sido
      reveladas».

Las siete copas de las siete plagas

[5]Luego miré y, se abría por completo el templo que está en el cielo, el tabernáculo de

13:18a O de la humanidad. 13:18b Algunos manuscritos dicen 616. 14:4a En griego Ellos son vírgenes que no se han contaminado con mujeres. 14:4b En griego como primicias. 14:14 O semejante a un hijo de hombre. Ver Dn 7:13. «Hijo del Hombre» es un título que Jesús empleaba para referirse a sí mismo. 14:20 En griego 1600 estadios [296 kilómetros ó 180 millas]. 15:3 Algunos manuscritos dicen Rey de los siglos.

Dios. ⁶Los siete ángeles que sostenían las siete plagas salieron del templo. Estaban vestidos de un lino blanco sin mancha alguna* y tenían una banda de oro que cruzaba el pecho. ⁷Entonces uno de los cuatro seres vivientes le entregó a cada uno de los siete ángeles una copa de oro llena de la ira de Dios, quien vive por siempre y para siempre. ⁸El templo se llenó del humo de la gloria y el poder de Dios. Nadie podía entrar en el templo hasta que los siete ángeles terminaran de derramar las siete plagas.

16 Luego oí una voz potente que venía del templo y decía a los siete ángeles: «Vayan y derramen sobre la tierra las siete copas que contienen la ira de Dios».

²Así que el primer ángel salió del templo y derramó su copa sobre la tierra, y a todos los que tenían la marca de la bestia y adoraban a su estatua les salieron horribles llagas malignas.

³Después el segundo ángel derramó su copa sobre el mar, y el agua se volvió como la sangre de un cadáver, y murió todo lo que estaba en el mar.

⁴Entonces el tercer ángel derramó su copa sobre los ríos y los manantiales, y estos se convirtieron en sangre. ⁵Y oí que el ángel que tenía autoridad sobre todas las aguas decía:

«Oh Santo, el que es y que siempre era, tú eres justo,
porque has enviado estos juicios.
⁶ Como derramaron la sangre
de tu pueblo santo y de tus profetas,
tú les has dado a beber sangre.
Es su justa recompensa».

⁷Y oí una voz que venía del altar y* decía:

«Sí, oh Señor Dios, el Todopoderoso,
tus juicios son verdaderos y justos».

⁸Entonces el cuarto ángel derramó su copa sobre el sol, esto hacía que quemara a todos con su fuego. ⁹Todos sufrieron quemaduras debido a la descarga de calor y maldijeron el nombre de Dios, quien tenía control sobre todas estas plagas. No se arrepintieron de sus pecados ni se volvieron a Dios ni le dieron la gloria.

¹⁰Después el quinto ángel derramó su copa sobre el trono de la bestia, y el reino de la bestia quedó sumergido en la oscuridad. Sus súbditos rechinaban los dientes de angustia ¹¹y maldecían al Dios del cielo por los dolores y las llagas, pero no se arrepintieron de sus fechorías ni volvieron a Dios.

¹²Luego el sexto ángel derramó su copa sobre el gran río Éufrates, y este se secó para que los reyes del oriente pudieran marchar con sus ejércitos sin obstáculos hacia el occidente. ¹³Y vi que de la boca del dragón, de la boca de la bestia

y de la boca del falso profeta saltaban tres espíritus malignos* que parecían ranas. ¹⁴Estos son espíritus de demonios que hacen milagros y salen a reunir a todos los gobernantes del mundo para pelear contra el Señor en la batalla del gran día del juicio de Dios, el Todopoderoso.

¹⁵«Miren, ¡yo vendré como un ladrón, cuando nadie lo espere! Benditos son todos los que me esperan y tienen su ropa lista para no tener que andar desnudos y avergonzados».

¹⁶Y los espíritus de demonios reunieron a todos los gobernantes y a sus ejércitos en un lugar que en hebreo se llama *Armagedón.*

¹⁷Luego el séptimo ángel derramó su copa en el aire, y desde el trono del templo salió un fuerte grito: «¡Todo ha terminado!». ¹⁸Entonces rugieron y retumbaron truenos, y salieron relámpagos; y se produjo un fuerte terremoto, el peor desde que el hombre fue puesto sobre la tierra. ¹⁹La gran ciudad de Babilonia se partió en tres secciones, y las ciudades de muchas naciones cayeron y quedaron reducidas a escombros. Así que Dios se acordó de todos los pecados de Babilonia, y la hizo beber de la copa que estaba llena del vino del furor de su ira. ²⁰Entonces desaparecieron todas las islas, y las montañas se vinieron abajo y no existieron más. ²¹Hubo una gran tormenta de granizo, y piedras de granizo, como de treinta y cuatro kilos* cada una, cayeron del cielo sobre las personas. Maldijeron a Dios debido a la terrible plaga de granizo.

La gran prostituta

17 Uno de los siete ángeles que derramaron las siete copas se acercó y me dijo: «Ven conmigo, y te mostraré la sentencia que recibirá la gran prostituta, que gobierna* sobre muchas aguas. ²Los reyes del mundo cometieron adulterio con ella, y los que pertenecen a este mundo se emborracharon con el vino de su inmoralidad».

³Entonces el ángel me llevó en el Espíritu* al desierto. Allí vi a una mujer sentada sobre una bestia de color escarlata que tenía siete cabezas y diez cuernos, y estaba llena de blasfemias escritas contra Dios. ⁴La mujer estaba vestida de púrpura y escarlata y llevaba puestas hermosas joyas de oro, piedras preciosas y perlas. En la mano tenía una copa de oro llena de obscenidades y de las inmundicias de su inmoralidad. ⁵Tenía escrito en la frente un nombre misterioso: Babilonia la grande, madre de todas las prostitutas y obscenidades del mundo. ⁶Pude ver que ella estaba borracha, borracha de la sangre del pueblo santo de Dios, es decir los que testificaron de Jesús. Me quedé mirándola totalmente asombrado.

⁷¿Por qué te asombras tanto? —preguntó el

16:6 Otros manuscritos dicen *piedra blanca;* incluso otros dicen *[prendas] blancas hechas de lino.*   16:7 En griego *el que al altar.*   16:13 En griego *impuros.*   16:16 O *Ar-Magedon.*   16:21 En griego *un talento* [75 libras].   17:1 En griego *está sentada;* también en 17:9, 15.   17:3 O *espíritu.*

ángel—. Te explicaré el misterio de esta mujer y de la bestia con siete cabezas y diez cuernos sobre la que ella está sentada. ⁸La bestia que viste, antes vivía pero ya no. Sin embargo, pronto subirá del abismo sin fondo* e irá a la destrucción eterna. Los que pertenecen a este mundo cuyos nombres no fueron escritos en el libro de la vida antes de la creación del mundo, se asombrarán al ver la reaparición de esta bestia, que había muerto.

⁹»Aquí se requiere una mente con entendimiento: las siete cabezas de la bestia representan las siete colinas donde la mujer gobierna. También representan siete reyes: ¹⁰cinco reyes ya han caído, el sexto reina actualmente, y el séptimo todavía no ha llegado pero su reino será breve.

¹¹»La bestia escarlata que existía pero que ya no existe es el octavo rey. Este rey es como los otros siete, y él también va rumbo a la destrucción. ¹²Los diez cuernos de la bestia son diez reyes que todavía no han subido al poder; pero estos serán designados como reyes por un breve momento para reinar junto con la bestia. ¹³Los diez estarán de acuerdo en entregarle a la bestia el poder y la autoridad que tienen. ¹⁴Irán juntos a la guerra contra el Cordero, pero el Cordero los derrotará porque él es el Señor de todos los señores y el Rey de todos los reyes. Y los que él ha llamado y elegido y le son fieles, estarán con él».

¹⁵Luego el ángel me dijo: «Las aguas donde la prostituta gobierna representan grandes multitudes de cada nación y raza. ¹⁶Tanto la bestia escarlata como sus diez cuernos odian a la prostituta. La desnudarán, comerán su carne y quemarán con fuego lo que quede de ella. ¹⁷Pues Dios les ha puesto su plan en la mente, un plan que llevará a cabo los propósitos de Dios. Ellos estarán de acuerdo en entregarle a la bestia escarlata la autoridad que tienen, y así se cumplirán las palabras de Dios. ¹⁸La mujer que viste en la visión representa la gran ciudad que reina sobre los reyes del mundo».

La caída de Babilonia

18 Después de todo esto vi que otro ángel bajaba del cielo con gran autoridad, y la tierra se iluminó con su resplandor. ²Dio un fuerte grito:

«¡Ha caído Babilonia, cayó esa gran ciudad!
    Se ha convertido en una casa para los
        demonios.
Es una guarida para todo espíritu inmundo*,
    un nido para todo buitre repugnante
    y una cueva para todo animal* sucio y
        espantoso.
³ Pues todas las naciones han caído*
    debido al vino de su apasionada
        inmoralidad.

Los reyes del mundo
    cometieron adulterio con ella.
Debido a su deseo por lujos excesivos,
    los comerciantes del mundo se han
        enriquecido».

⁴Después oí otra voz que clamaba desde el cielo:

«Pueblo mío, salgan de ella.
    No participen en sus pecados
    o serán castigados junto con ella.
⁵ Pues sus pecados se han amontonado hasta el
        cielo,
    y Dios se acuerda de sus maldades.
⁶ Háganle a ella lo que ella le ha hecho a otros.
    Denle doble castigo por* todas sus
        maldades.
Ella preparó una copa de terror para otros,
    así que preparen el doble* para ella.
⁷ Ella se glorificó a sí misma y vivió rodeada de
        lujos,
    ahora denle la misma proporción de
        tormento y tristeza.
Ella se jactó en su corazón, diciendo:
    "Soy reina en mi trono.
No soy ninguna viuda indefensa
    ni tengo motivos para lamentarme".
⁸ Por lo tanto, estas plagas le llegarán en un solo
        día:
    la muerte, el lamento y el hambre.
Ella será totalmente consumida por el fuego,
    porque el Señor Dios, quien la juzga, es
        poderoso».

⁹Y los reyes del mundo que cometieron adulterio con ella y disfrutaron de todos sus lujos, se lamentarán por ella cuando vean el humo que sube de sus restos carbonizados. ¹⁰Aterrorizados por su gran tormento, los reyes del mundo se mantendrán a distancia y clamarán:

«¡Qué terrible, qué terrible para ti,
    oh Babilonia, tú, gran ciudad!
En un solo instante
    el juicio de Dios cayó sobre ti».

¹¹Los comerciantes del mundo llorarán y se lamentarán por ella, porque ya no queda nadie que les compre sus mercaderías. ¹²Ella compró grandes cantidades de oro, plata, joyas y perlas; lino de la más alta calidad, púrpura, seda y tela de color escarlata; objetos hechos con la fragante madera de alerce, artículos de marfil y objetos hechos con madera costosa; y bronce, hierro y mármol. ¹³También compró canela, especias, especias aromáticas, mirra, incienso, vino, aceite de oliva, harina refinada, trigo, ganado, ovejas, caballos, carruajes, y cuerpos, es decir esclavos humanos.

¹⁴ «De las delicias que tanto amabas
    ya no queda nada —claman los
        comerciantes—.

17:8 O *el abismo*, o *el averno*. 18:2a En griego *impuro*; igual en las frases siguientes donde aparecen las palabras *repugnante* y *sucio*. 18:2b Algunos manuscritos condensan las últimas dos líneas y dicen *un nido para todo tipo de buitres sucios (impuros) y espantosos*. 18:3 Algunos manuscritos dicen *han bebido*. 18:6a O *Denle un castigo igual a*. 18:6b O *preparen la misma cantidad*.

Todos tus lujos y el esplendor
   se han ido para siempre
   y ya nunca volverán a ser tuyos».

¹⁵Los comerciantes que se enriquecieron vendiéndole esas cosas, se mantendrán a distancia, aterrados por el gran tormento de ella. Llorarán y clamarán:

¹⁶ «¡Qué terrible, qué terrible para esa gran
   ciudad!
   ¡Ella se vestía de púrpura de la más alta
   calidad y lino escarlata,
   adornada con oro, piedras preciosas y
   perlas!
¹⁷ ¡En un solo instante,
   toda la riqueza de la ciudad se esfumó!».

Y todos los capitanes de los barcos mercantes y los pasajeros, los marineros y las tripulaciones se mantendrán a distancia. ¹⁸Todos clamarán cuando vean subir el humo y dirán: *«¿Dónde habrá una ciudad de tanta grandeza como esta?».* ¹⁹Y llorarán y echarán tierra sobre su cabeza para mostrar su dolor y clamarán:

«¡Qué terrible, qué terrible para esa gran
   ciudad!
   Los dueños de barcos se hicieron ricos
   transportando por los mares la gran riqueza
   de ella.
   En un solo instante, se esfumó todo».

²⁰ ¡Oh cielo, alégrate del destino de ella,
   y también ustedes pueblo de Dios,
      apóstoles y profetas!
   Pues al fin Dios la ha juzgado
      por amor a ustedes.

²¹Luego un ángel poderoso levantó una roca inmensa del tamaño de una gran piedra de molino, la lanzó al mar y gritó:

«Así es como la gran ciudad de Babilonia
   será derribada con violencia
   y nunca más se encontrará.
²² Nunca más se oirá en ti el sonido de las
   arpas, los cantantes, las flautas y las
   trompetas.
   No se encontrarán en ti
   ni artesanos ni comercio,
   ni se volverá a oír
   el sonido del molino.
²³ Nunca más brillará en ti
   la luz de una lámpara
   ni se oirán las felices voces
   de los novios y las novias.
   Pues tus comerciantes eran los grandes del
   mundo,
   y tú engañaste a las naciones con tus
   hechicerías.
²⁴ La sangre de los profetas y del pueblo santo
   de Dios corrió en tus calles,*

junto con la sangre de gente masacrada
   por todo el mundo».

Cantos de victoria en el cielo

19 Después de esto, oí algo en el cielo que parecía las voces de una inmensa multitud que gritaba:

«¡Alabado sea el Señor!*
   La salvación, la gloria y el poder le
   pertenecen a nuestro Dios.
² Sus juicios son verdaderos y justos.
   Él ha castigado a la gran prostituta
   que corrompió a la tierra con su
   inmoralidad.
   Él ha vengado la muerte de sus siervos».

³Y otra vez, sus voces resonaron:

«¡Alabado sea el Señor!
   ¡El humo de esa ciudad subirá por siempre
   jamás!».

⁴Entonces los veinticuatro ancianos y los cuatro seres vivientes se postraron y adoraron a Dios, que estaba sentado en el trono. Exclamaron: «¡Amén! ¡Alabado sea el Señor!». ⁵Y del trono salió una voz que dijo:

«Alaben a nuestro Dios
   todos sus siervos
   y todos los que le temen,
   desde el más insignificante hasta el más
   importante».

⁶Entonces volví a oír algo que parecía el grito de una inmensa multitud o el rugido de enormes olas del mar o el estruendo de un potente trueno, que decían:

«¡Alabado sea el Señor!
   Pues el Señor nuestro Dios,* el
   Todopoderoso, reina.
⁷ Alegrémonos y llenémonos de gozo
   y démosle honor a él,
   porque el tiempo ha llegado para la boda
   del Cordero,
   y su novia se ha preparado.
⁸ A ella se le ha concedido vestirse del lino
   blanco y puro de la más alta calidad».
   Pues el lino de la más alta calidad
   representa las buenas acciones del
   pueblo santo de Dios.

⁹Y el ángel me dijo: «Escribe esto: benditos son los que están invitados a la cena de la boda del Cordero» y añadió: «Estas son palabras verdaderas que provienen de Dios». ¹⁰Entonces me postré a sus pies para adorarlo, pero me dijo: «No, no me adores a mí. Yo soy un siervo de Dios, como tú y tus hermanos que dan testimonio de su fe en Jesús. Adora a Dios, porque la esencia de la profecía es dar un claro testimonio de Jesús*».

18:24 En griego *las calles de ella.*   19:1 En griego *Aleluya;* también en 19:3, 4, 6. *Aleluya* es la transliteración de un término hebreo que significa «Alabado sea el Señor».   19:6 Algunos manuscritos dicen *el Señor Dios.*   19:10 O *es el mensaje confirmado por Jesús.*

El jinete sobre el caballo blanco

¹¹Entonces vi el cielo abierto, y había allí un caballo blanco. Su jinete se llamaba Fiel y Verdadero, porque juzga con rectitud y hace una guerra justa. ¹²Sus ojos eran como llamas de fuego, y llevaba muchas coronas en la cabeza. Tenía escrito un nombre que nadie entendía excepto él mismo. ¹³Llevaba puesta una túnica bañada de sangre, y su título era «la Palabra de Dios». ¹⁴Los ejércitos del cielo vestidos del lino blanco y puro de la más alta calidad lo seguían en caballos blancos. ¹⁵De su boca salía una espada afilada para derribar a las naciones. Él las gobernará con vara de hierro y desatará el furor de la ira de Dios, el Todopoderoso, como el jugo que corre del lagar. ¹⁶En la túnica, a la altura del muslo,* estaba escrito el título: «Rey de reyes y Señor de señores».

¹⁷Después vi a un ángel parado en el sol que les gritaba a los buitres que volaban en lo alto de los cielos: «¡Vengan! Reúnanse para el gran banquete que Dios ha preparado. ¹⁸Vengan y coman la carne de los reyes, los generales y los fuertes guerreros; la de los caballos y sus jinetes y la de toda la humanidad, tanto esclavos como libres, tanto pequeños como grandes».

¹⁹Después vi a la bestia y a los reyes del mundo y sus ejércitos, todos reunidos para luchar contra el que está sentado en el caballo y contra su ejército. ²⁰Y la bestia fue capturada, y junto con ella, el falso profeta que hacía grandes milagros en nombre de la bestia; milagros que engañaban a todos los que habían aceptado la marca de la bestia y adorado a su estatua. Tanto la bestia como el falso profeta fueron lanzados vivos al lago de fuego que arde con azufre. ²¹Todo su ejército fue aniquilado por la espada afilada que salía de la boca del que montaba el caballo blanco. Y todos los buitres devoraron los cuerpos muertos hasta hartarse.

Los mil años

20 Luego vi a un ángel que bajaba del cielo con la llave del abismo sin fondo* y una pesada cadena en la mano. ²Sujetó con fuerza al dragón —la serpiente antigua, quien es el diablo, Satanás— y lo encadenó por mil años. ³El ángel lo lanzó al abismo sin fondo y lo encerró con llave para que Satanás no pudiera engañar más a las naciones hasta que se cumplieran los mil años. Pasado ese tiempo, debe ser soltado por un poco de tiempo.

⁴Después vi tronos, y los que estaban sentados en ellos habían recibido autoridad para juzgar. Vi las almas de aquellos que habían sido decapitados por dar testimonio acerca de Jesús y proclamar la palabra de Dios. Ellos no habían adorado a la bestia ni a su estatua, ni habían aceptado su marca en la frente o en las manos. Volvieron a la vida, y reinaron con Cristo durante mil años.

⁵Esta es la primera resurrección. (El resto de los muertos no volvieron a la vida hasta que se cumplieron los mil años). ⁶Benditos y santos son aquellos que forman parte de la primera resurrección, porque la segunda muerte no tiene ningún poder sobre ellos, sino que serán sacerdotes de Dios y de Cristo, y reinarán con él durante mil años.

La derrota de Satanás

⁷Cuando se cumplan los mil años, Satanás será liberado de su prisión. ⁸Saldrá para engañar a las naciones —llamadas Gog y Magog— por todos los extremos de la tierra. Las reunirá a todas para la batalla: un poderoso ejército tan incalculable como la arena de la orilla del mar. ⁹Y los vi cuando subían por toda la anchura de la tierra y rodeaban al pueblo de Dios y a la ciudad amada; pero cayó fuego del cielo sobre el ejército que atacaba y lo consumió.

¹⁰Después el diablo, que los había engañado, fue lanzado al lago de fuego que arde con azufre, donde ya estaban la bestia y el falso profeta. Allí serán atormentados día y noche por siempre jamás.

El juicio final

¹¹Y vi un gran trono blanco y al que estaba sentado en él. La tierra y el cielo huyeron de su presencia, pero no encontraron ningún lugar donde esconderse. ¹²Vi a los muertos, tanto grandes como pequeños, de pie delante del trono de Dios. Los libros fueron abiertos, entre ellos el libro de la vida. A los muertos se les juzgó de acuerdo a las cosas que habían hecho, según lo que estaba escrito en los libros. ¹³El mar entregó sus muertos, y la muerte y la tumba* también entregaron sus muertos; luego fueron juzgados según lo que habían hecho. ¹⁴Entonces la muerte y la tumba fueron lanzadas al lago de fuego. Este lago de fuego es la segunda muerte. ¹⁵Y todo el que no tenía su nombre registrado en el libro de la vida fue lanzado al lago de fuego.

La nueva Jerusalén

21 Entonces vi un cielo nuevo y una tierra nueva, porque el primer cielo y la primera tierra habían desaparecido y también el mar. ²Y vi la ciudad santa, la nueva Jerusalén, que descendía del cielo desde la presencia de Dios, como una novia hermosamente vestida para su esposo.

³Oí una fuerte voz que salía del trono y decía: «¡Miren, el hogar de Dios ahora está con su pueblo! Él vivirá con ellos, y ellos serán su pueblo. Dios mismo estará con ellos. * ⁴Él les secará toda lágrima de los ojos, y no habrá más muerte ni tristeza ni llanto ni dolor. Todas esas cosas ya no existirán más».

⁵Y el que estaba sentado en el trono dijo:

19:16 O *En la túnica y el muslo.* 20:1 O *el abismo,* o *el averno;* también en 20:3. 20:13 En griego *y el Hades;* también en 20:14. 21:3 Algunos manuscritos dicen *Dios mismo estará con ellos, su Dios.*

«¡Miren, hago nuevas todas las cosas!». Entonces me dijo: «Escribe esto, porque lo que te digo es verdadero y digno de confianza». 6También dijo: «¡Todo ha terminado! Yo soy el Alfa y la Omega, el Principio y el Fin. A todo el que tenga sed, yo le daré a beber gratuitamente de los manantiales del agua de la vida. 7Los que salgan vencedores heredarán todas esas bendiciones, y yo seré su Dios, y ellos serán mis hijos.

8»Pero los cobardes, los incrédulos, los corruptos, los asesinos, los que cometen inmoralidades sexuales, los que practican la brujería, los que rinden culto a ídolos y todos los mentirosos, tendrán su destino en el lago de fuego que arde con azufre. Esta es la segunda muerte».

9Entonces uno de los siete ángeles que tenían las siete copas con las últimas siete plagas se me acercó y me dijo: «¡Ven conmigo! Te mostraré a la novia, la esposa del Cordero».

10Así que me llevó en el Espíritu* a una montaña grande y alta, y me mostró la ciudad santa, Jerusalén, que descendía del cielo, de la presencia de Dios. 11Resplandecía de la gloria de Dios y brillaba como una piedra preciosa, como un jaspe transparente como el cristal. 12La muralla de la ciudad era alta y ancha, y tenía doce puertas vigiladas por doce ángeles. Los nombres de las doce tribus de Israel estaban escritos en las puertas. 13Había tres puertas a cada lado: al oriente, al norte, al sur y al occidente. 14La muralla de la ciudad estaba fundada sobre doce piedras, las cuales llevaban escritos los nombres de los doce apóstoles del Cordero.

15El ángel que hablaba conmigo tenía en la mano una vara de oro para medir la ciudad, sus puertas y su muralla. 16Cuando la midió se dio cuenta de que era cuadrada, que medía lo mismo de ancho que de largo. En realidad, medía 2220 kilómetros de largo, lo mismo de alto y lo mismo de ancho.* 17Después midió el grosor de las murallas, que eran de sesenta y cinco metros* (según la medida humana que el ángel usó).

18La muralla estaba hecha de jaspe, y la ciudad era de oro puro y tan cristalino como el vidrio. 19La muralla de la ciudad estaba fundada sobre doce piedras, cada una adornada con una piedra preciosa:* la primera con jaspe, la segunda con zafiro, la tercera con ágata, la cuarta con esmeralda, 20la quinta con ónice, la sexta con cornalina, la séptima con crisólito, la octava con berilo, la novena con topacio, la décima con crisoprasa, la undécima con jacinto y la duodécima con amatista.*

21Las doce puertas estaban hechas de perlas, ¡cada puerta hecha de una sola perla! Y la calle principal era de oro puro y tan cristalino como el vidrio.

22No vi ningún templo en la ciudad, porque el Señor Dios Todopoderoso y el Cordero son

el templo. 23La ciudad no tiene necesidad de sol ni de luna, porque la gloria de Dios ilumina la ciudad, y el Cordero es su luz. 24Las naciones caminarán a la luz de la ciudad, y los reyes del mundo entrarán en ella con toda su gloria. 25Las puertas nunca se cerrarán al terminar el día porque allí no existe la noche. 26Todas las naciones llevarán su gloria y honor a la ciudad. 27No se permitirá la entrada a ninguna cosa mala* ni tampoco a nadie que practique la idolatría y el engaño. Solo podrán entrar los que tengan su nombre escrito en el libro de la vida del Cordero.

22 Luego el ángel me mostró un río con el agua de la vida, era transparente como el cristal y fluía del trono de Dios y del Cordero. 2Fluía por el centro de la calle principal. A cada lado del río crecía el árbol de la vida, el cual produce doce cosechas de fruto,* y una cosecha nueva cada mes. Las hojas se usaban como medicina para sanar a las naciones.

3Ya no habrá más maldición sobre ninguna cosa, porque allí estará el trono de Dios y del Cordero, y sus siervos lo adorarán. 4Verán su rostro y tendrán su nombre escrito en la frente. 5Allí no existirá la noche —no habrá necesidad de la luz de lámparas ni del sol— porque el Señor Dios brillará sobre ellos. Y ellos reinarán por siempre y para siempre.

6Entonces el ángel me dijo: «Todo lo que has oído y visto es verdadero y digno de confianza. El Señor Dios, que inspira a sus profetas,* ha enviado a su ángel para decirle a sus siervos lo que pronto* sucederá».

Jesús viene

7«¡Miren, ¡yo vengo pronto! Benditos son los que obedecen las palabras de la profecía que están escritas en este libro*».

8Yo, Juan, soy el que vio y oyó todas estas cosas. Cuando las oí y las vi, me postré para adorar a los pies del ángel que me las mostró. 9Pero él dijo: «No, no me adores a mí. Yo soy un siervo de Dios tal como tú y tus hermanos los profetas, al igual que todos los que obedecen lo que está escrito en este libro. ¡Adora sólo a Dios!».

10Entonces me indicó: «No selles las palabras proféticas de este libro porque el tiempo está cerca. 11Deja que el malo siga haciendo el mal; deja que el vil siga siendo vil; deja que el justo siga llevando una vida justa; deja que el santo permanezca santo».

12«¡Miren, yo vengo pronto, y traigo la recompensa conmigo para pagarle a cada uno según lo que haya hecho. 13Yo soy el Alfa y la Omega, el Primero y el Último, el Principio y el Fin.

21:10 O *en espíritu.* 21:16 En griego *12 000 estadios* [1400 millas]. 21:17 En griego *144 codos* [216 pies]. 21:19 La identidad de algunas de estas piedras preciosas es incierta. 21:27 O *nada ceremonialmente impuro.* 22:2 O *doce clases de fruto.* 22:6a O *El Señor, el Dios de los espíritus de los profetas.* 22:6b O *de repente,* o *rápidamente;* también en 22:7, 12, 20. 22:7 O *rollo;* también en 22:9, 10, 18, 19.

¹⁴Benditos son los que lavan sus ropas. A ellos se les permitirá entrar por las puertas de la ciudad y comer del fruto del árbol de la vida. ¹⁵Fuera de la ciudad están los perros: los que practican la brujería, los que cometen inmoralidades sexuales, los asesinos, los que rinden culto a ídolos, y todos los que les encanta vivir una mentira.

¹⁶«Yo, Jesús, he enviado a mi ángel con el fin de darte este mensaje para las iglesias. Yo soy tanto la fuente de David como el heredero de su trono.* Yo soy la estrella brillante de la mañana».

¹⁷El Espíritu y la esposa dicen: «Ven». Que todos los que oyen esto, digan: «Ven». Todos los que tengan sed, vengan. Todo aquel que quiera, beba gratuitamente del agua de la vida. ¹⁸Yo declaro solemnemente a todos los que oyen las palabras de la profecía escritas en este libro: si alguien agrega algo a lo que está escrito aquí, Dios le agregará a esa persona las plagas que se describen en este libro. ¹⁹Y si alguien quita cualquiera de las palabras de este libro de profecía, Dios le quitará su parte del árbol de la vida y de la ciudad santa que se describen en este libro.

²⁰Aquel que es el testigo fiel de todas esas cosas dice: «¡Sí, yo vengo pronto!».

¡Amén! ¡Ven, Señor Jesús!

²¹Que la gracia del Señor Jesús sea con el pueblo santo de Dios.*

22:16 En griego *Yo soy la raíz y la descendencia de David.* 22:21 Otros manuscritos dicen *sea con todos;* incluso otros dicen *sea con todo el pueblo santo de Dios.* Algunos manuscritos incluyen *Amén.*

TÚ PUEDES CONOCER A DIOS PERSONALMENTE

ÉL YA TE CONOCE Y TE AMA.

«Pues Dios amó tanto al mundo que dio a su único Hijo, para que todo el que crea en él no se pierda, sino que tenga vida eterna». —JUAN 3:16

Eres preciosa para Dios, aunque ahora sepas poco acerca de *él.* ¿Alguna vez alguien te ha mostrado en la Biblia cómo puedes estar segura de tener una relación amorosa con Dios e ir al cielo cuando mueras? Pues bien, aquí está la respuesta.

LA BIBLIA TIENE BUENAS Y MALAS NOTICIAS.

La mala noticia se refiere a *nosotros.*
La buena noticia se refiere a *Dios.*

CONSIDEREMOS PRIMERO LAS MALAS NOTICIAS...

Mala noticia #1: Todos somos pecadores.

Romanos 3:23 dice: «Todos hemos pecado; nadie puede alcanzar la meta gloriosa establecida por Dios».

Pecar significa que no hemos alcanzado la perfección que Dios requiere para que tengamos una relación con él. Cuando mentimos, cuando odiamos, cuando tenemos deseos lujuriosos o participamos en chismes, erramos la norma que Dios estableció.

Piénsalo de esta manera: imagina que, turnándonos, tú y yo lanzáramos una piedra y tratáramos de acertar en el Polo Norte. Quizás la lances más lejos que yo, pero nunca acertaríamos.

Cuando la Biblia dice que «todos hemos pecado; nadie puede alcanzar la meta», significa que ninguno de nosotros alcanza el nivel de perfección que Dios espera. En pensamientos, palabras y hechos, no somos perfectos.

LAS MALAS NOTICIAS EMPEORAN...

Mala noticia #2: La paga del pecado es la muerte.

Romanos 6:23 dice: «La paga que deja el pecado es la muerte».

Supongamos que has trabajado para mí y que te pagué 50 dólares. Esa fue tu paga. Eso fue lo que ganaste. La Biblia dice que por pecar ganamos la muerte. Eso significa que merecemos morir y quedar separados de Dios para siempre.

PERO... COMO NO HABÍA MANERA DE QUE PUDIÉRAMOS LLEGAR A DIOS, LA BIBLIA DICE QUE ¡DIOS VINO HASTA NOSOTROS!

Buena noticia #1: Cristo murió por ti.

Romanos 5:8 nos dice: «Dios mostró el gran amor que nos tiene al enviar a Cristo a morir por nosotros cuando todavía éramos pecadores».

Supongamos que estás en un hospital muriendo de cáncer. Llego y te digo: «Tomemos las células cancerosas de *tu* cuerpo y pongámoslas en el *mío*».

Si eso fuera posible, ¿qué me ocurriría a mí?

¿Qué te ocurriría a ti?

Yo moriría en tu lugar. Moriría *yo*, en lugar de que *tú* murieras.

La Biblia dice que Cristo tomó el castigo que merecía nuestro pecado y lo llevó sobre sí mismo. Fue clavado en una cruz, murió en nuestro lugar, y fue enterrado.

Tres días después, Cristo volvió a la vida para demostrar que el pecado y la muerte habían sido vencidos, y que su afirmación de ser Dios era verdadera. Fue visto por muchas personas que lo conocían bien. Lo vieron en el mismo momento más de 500 personas, y hasta comió con sus amigos. ¡Jesús estaba vivo otra vez! Porque él murió y resucitó, nosotros también podemos vivir.

CUANDO LAS MALAS NOTICIAS SE AGRAVARON, ¡LAS BUENAS FUERON MEJORES!

Buena noticia #2: Puedes ser salvo por medio de la fe en Cristo.

Efesios 2:8-9 dice: «Dios los salvó [los libró del castigo que merecían por el pecado] por su gracia [un favor inmerecido] cuando creyeron. Ustedes no tienen ningún mérito en eso; es un regalo de Dios. La salvación no es un premio por las cosas buenas que hayamos hecho, así que ninguno de nosotros puede jactarse de ser salvo».

FE significa *CONFIANZA.*

P: ¿En qué necesitas confiar en Cristo?

R: Debes depender solamente de él para que te perdone y te dé la vida eterna.

Así como confías que una silla te sostenga sin esfuerzo alguno de tu parte, de la misma manera debes confiar en Jesucristo para que te lleve al cielo sin esfuerzo de tu parte.

Quizás digas: «Soy religiosa» o «No soy tan mala; trato de hacer cosas buenas». O tal vez pienses: *Lo arruiné todo, no tengo esperanza*; o *me volví adicta*; o *me hice un aborto*; o *Dios no puede perdonarme.*

La Biblia dice que una vida buena, ayudar a los pobres, y otras cosas buenas que pudieras hacer, no te llevarán al cielo. Si tienes miedo de que Dios no te ame a causa de tu mal comportamiento, te sentirás alentada por Romanos 5:8, que dice: **«Dios mostró el gran amor que nos tiene al enviar a Cristo a morir por nosotros** *cuando todavía éramos pecadores».*

Debes confiar solamente en Jesucristo, y Dios te dará la vida eterna como un *regalo.*

¿Hay algo que te impida confiar ahora mismo en Cristo?

¿Te gustaría decirle a Dios que confías en Jesucristo como tu Salvador? Si quieres hacerlo, ¿por qué no oras ahora mismo y le dices a Dios que confías en su Hijo?

¡Recuerda que no es una oración lo que te salva! Lo que te salva es confiar en Jesucristo. La oración es la manera en que le dices a Dios lo que estás haciendo.

> *«Querido Dios, sé que soy una pecadora. Sé que mi pecado merece ser castigado. Creo que Cristo murió por mí y sé que resucitó. Confío en Jesucristo como mi único Salvador. Gracias por el perdón y por la vida eterna que ahora tengo. En el nombre de Jesús, amén».*

¿Qué es lo que acaba de suceder?

En Juan 5:24 Jesús dice: «Todos los que escuchan mi mensaje y creen en Dios, quien me envió, tienen vida eterna. Nunca serán condenados por sus pecados, pues ya han pasado de la muerte a la vida».

- ¿Has *escuchado* el mensaje de Dios?
- ¿Has *creído* lo que Dios dice, y confías en Cristo como tu Salvador?
- ¿Tener *vida eterna* es algo para más adelante o para ahora mismo?
- ¿Dice el Señor que *nunca serán condenados*, o que «quizás no sean condenados»?
- ¿Dice que *han pasado de la muerte a la vida* o que «pasarán...»?

La vida eterna se basa en hechos, no en sentimientos.

Memoriza hoy mismo Juan 5:24.

¿Qué debes hacer ahora?

Ahora que confías en Cristo como tu único camino al cielo, esta es la manera en que crecerá tu relación con él:

- Dile a Dios qué cosas ocupan tu mente (Filipenses 4:6-7).
- Lee la Biblia todos los días (2 Timoteo 3:16-17). Comienza con el libro de Filipenses (página 945).
- Adora a Dios junto a su pueblo en una iglesia que crea en la Biblia (Hebreos 10:24-25), y comienza a servir a Dios allí con otros seguidores de Cristo (Efesios 1).
- Cuéntale a alguien más acerca de Jesucristo (Mateo 4:19).

> «Pues Dios amó tanto
> al mundo que dio a su
> único Hijo, para que todo
> el que crea en él no se pierda,
> sino que tenga vida eterna.
> Dios no envió a su Hijo
> al mundo para condenar al
> mundo, sino para salvarlo
> por medio de él».
>
> JUAN 3:16-17 (NTV)

Si has decidido recibir a CRISTO en tu corazón o volver a consagrar tu vida a él, *¡felicitaciones!* Firma y escribe la fecha de hoy como recordatorio de tu compromiso de seguir a CRISTO:

_____   _____

NOMBRE   FECHA

LA MISIÓN
DE CARE NET

Reconociendo que cada vida humana empieza al momento de concepción y es digna de protección, Care Net ofrece compasión, esperanza y ayuda a quienes estén considerando tener un aborto, presentándoles alternativas realistas y apoyo Cristo-céntrico mediante una red de centros de embarazo, organizaciones e individuos que afirman la vida.

LA VISIÓN
DE CARE NET

Care Net se imagina una cultura en que las mujeres y los hombres que enfrentan decisiones relacionadas con un embarazo son transformados por el evangelio de Jesucristo y fortalecidos para escoger la vida para sus hijos no nacidos al igual que la vida abundante para sus familias.

CARE NET.
care-net.org

¿TE ENCUENTRAS EN MEDIO DE UN EMBARAZO NO PLANIFICADO?

Visita www.pdl-help.org para encontrar ayuda comprensiva y confidencial para las decisiones relacionadas con un embarazo.